T4-AJS-814

A CONCORDANCE TO THE SERMONS OF BISHOP ZENO OF VERONA

PHILOLOGICAL MONOGRAPHS
OF THE
AMERICAN PHILOLOGICAL ASSOCIATION
NUMBER 32

Legati Hahniani ope
hic liber prodit

Accepted for Publication by
The Editorial Board of
The American Philological Association

A CONCORDANCE TO THE SERMONS OF
Bishop Zeno of Verona

BENGT M. LÖFSTEDT
University of California, Los Angeles
DAVID W. PACKARD
University of North Carolina at Chapel Hill

Published by
THE AMERICAN PHILOLOGICAL ASSOCIATION
1975

ISBN 0-89192-001-3
Printed in the United States of America

Order from:
Interbook Incorporated
545 Eighth Avenue
New York, New York 10018

ERRATUM:
On page 244, read *nostram* (2 9 2) for *nosstram*.

Preface

A preliminary version of this concordance to the sermons of Bishop Zeno of Verona was used by B. Löfstedt in preparing his critical edition of the text (*Zeno Veronensis Tractatus*, edidit B. Löfstedt, Corpus Christianorum, Series Latina XXII, Turnhout, 1971). While Zeno is a less important figure than Tertullian, Cyprian, Augustine, or Jerome, he is one of the earlier Fathers of the Church, and his sermons—which constitute his *opera omnia*—are important both from a theological and a liturgical viewpoint. If he has been neglected by critics and linguists, this is largely due to the lack of a critical edition. Now that this gap has been filled, it is to be expected that work on Zeno will be intensified. In the belief that it will prove useful to those engaged in such work, we have brought the concordance into conformity with Löfstedt's final printed edition, and we are now making it available to other scholars. A computer tape containing the text of Zeno has been deposited in the American Philological Association's repository of machine-readable texts. A copy of this tape can be obtained by anyone wishing to subject the text of Zeno to further computer analysis.

The concordance was made by computer and follows the format of D. W. Packard's *A Concordance to Livy* (Harvard, 1968). The key word is centered on the page, with as many words of context, on the right and on the left, as will fit onto one printed line. The order is strictly alphabetical; inflected forms are not listed under standard dictionary headings. Since inconsistencies in spelling were retained in the critical edition (see p. 70* of Löfstedt's introduction), we have not eliminated them from the concordance (e.g. *adferre* and *afferre, intelligere* and *intellegere*). The numbers at the right refer to book, sermon, and (Arabic) paragraph; the Roman paragraph numbers and the line numbers within paragraphs are not cited. The titles of the sermons and the tables of contents have been omitted since they probably do not go back to Zeno himself (see the introduction, p. 9* ff. and 93*). In the concordance, capital letters are used only for proper names. Quotations are italicized.

As an appendix we have included (without context) a list of manuscript variants which either have strong manuscript support or are of interest for the textual critic or linguist. In order that the variants may more easily be found in the apparatus, the numbers in the appendix refer to book, sermon, and line (not paragraph). Certain non-classical spellings have been normalized in the appendix (e.g. *equabilitas* is listed as *aequabilitas*).

We wish to thank the University of California for providing funds for clerical help and for computer time. The concordance was generated on an IBM 360/91 computer at the Campus Computing Network at UCLA and set in type on an RCA Videocomp photocomposer at the plant of the *Los Angeles Times*. The development of the program for photocomposition was aided by an earlier grant to D.W. Packard from the American Philological Association.

tanta enim uis certaminis fuit, ut eam ipse quoque ignis horruerit. nam a barbaro rege nimia crudelitate tribus pueris consulente fornacis ultra 1 22 1
hominis nasci posset in caelo, ut de caelo descenderet, cum humanitatis a caelo et possessio longe dimota sit et natura? age, excita sensum, lector, 2 4 2
non foetidis cunis, sed suaue redolentibus sacri altaris feliciter enutrit a cancellis, per dominum nostrum Iesum Christum. 1 32
unde, fratres, sicut ueri Christiani, *quasi hospites et peregrini abstinete uos a carnalibus desideriis, quae militant aduersus animam*, nec uestrum 2 4 17
quotiens deus dei filius, qui patris maxima est gloria, aequalis patri a catholicis praedicatur. denique inde est, quod legis fundamenta 1 45 1
est, tuum secretum? illius a quouis libere tractari potest, tuum etiam a Christianis ipsis minime consecratis sine sacrilegio uideri non potest? 2 7 14
in ultimo preli pondere duabusque tabulis exsiccatur; similiter iudicii die a Christo secundum tabulas legis confessorum sanguinis uindicta usque ad 2 11 7
ex una natura unum spiritum, unum efficis corpus. tu martyres gloriosos a confessione Christiani nominis nullis tormentis, nulla nouitate mortis, 1 36 30
noua paterni sacro resurgit fontis ex gurgite iam pura, iam libera, iam a conuersatione mundi huius extranea, iam morte superior, iam caelestia 1 2 25
quantum etenim multiformis crudelitatis lugubris contemplatio retrahit a corona, tantum generosa ac perfecta fides quique illi fuerit cruciatus sua 1 11
cremantur, incensis hymnum canentibus flamma blanditur. deus a creatura uniuersa benedicitur. in tribus una mens, una uirtus, unus 2 27
se in homine uincere crederet deum. 'incidantur, ait, ab articulis manus, a cruribus pedes; uiuum se cadauer inspiciat.' [cui beatus Archadius ait:] o 1 39 6
tempora et saecula infinita. parit sibi de fine principium et tamen a cunis genitalibus non recedit. profecto sacramenti dominici imaginem 1 57
in annos, annos in saecula pandens. sine pausa crescit in senium et tamen a cunis genitalibus non recedit. profecto sacramenti dominici imaginem 1 58
octauum uel post octauum diem nec ipsi morienti puero subueniit, haec a cunis ipsis infantiae usque ad supremos exitus cuiusuis aetatis utroque 1 3 23
simulacra, parentalia in sacrificia, mores in sacra. sic, sic genus humanum a dei cultura rapuit, dum blanda festiuitate facinorosa facinorosorum et 1 1 12
fertur blandus, aestimare licet quid moliri potuerit incitatus, maxime cum a deo acceperit facultatem, ut atrocitatis inueteratae in examen iusti quibus 1 4 18
cessare nullo pacto potest uarietas ista regni, a legis conditore homini a deo assumpto iustisque eius est deputata rebus dispositis, non deo, non 2 5 6
animamque lineamentis corporis circumsaeptam. unde duae quoque uitae a deo attributae sunt nobis: una, qua nescientes communi cum pecudibus 2 4 8
interitu praestitutae circumcisionis iura uacuauit, quia solus octauus dies a deo circumcisionis priuilegium, non septimus, non nonus, accepit ac per 1 3 4
populus, cui praecipitur, ut semen excitet fratris, non utique illud, quod a deo damnatum iure uidebatur, sed ut reliquas nationes, quas idolatriae, 1 13 5
autem non habet, etiam id quod habet auferetur ab eo. per hanc, fratres, a deo Enoc meruit cum corpore contra legem naturae transferri; per hanc 1 36 7
incolumis inde respuitur. Ionas adaeque propheta ad Nineuitas missus a deo est, eorum ut imminere ciuitati interitum nuntiaret; ingentibus enim 1 34 5
pudicitiae splendore uestitus post calumniosam damnationem et liberatus a deo est et honoratus. denique rex iure secundus factus est regni, qui 1 1 16
praeferebat. denique comparatio indicat ueritatem. Iob iustus dictus a deo est; ipse iustitia, de cuius fonte omnes qui beati sunt gustant; ecce 1 15 7
qui aliam uictimam procurauit; nam Abraham cum filio sic probatus a deo est, ut non postulans misericordiam mereretur. uideamus, fratres 1 43 7
non habuit legem, cuius conuersatio lex fuit. audit imperatum sibi a deo exilium, ut cognationem suam simul dimisisset et terram. et tunc 1 62 1
enim elementa pulchrius aut uerius uerbis humanis asseri possunt, quam a deo facta sunt uel uidentur. itaque quod ad nos pertinet, uideamus, quid 2 30 1
e caelo, dubium quippe cum non sit unum hominem tantum e limo terrae a deo finctum eique eius ex latere mulierem coniugale solamen excussam, a 2 4 1
temperaret, in spe non denegans deo, quod *contra spem* acceperat a deo. igitur Isaac sibi dulcissimum filium, deo uictimam dulciorem 1 4 13
facies, quae plus pro ornatu es quam pro salute sollicita. quid autem a deo impetrare te posse credis, quae eum per id, per quod irascitur, 1 14 6
mobile totumque se nesciens simulacrum et, ut imago sit dei, inspiratur a deo in *animam uiuentem*. concepit spiritum adaeque, quem nescit; 1 56 3
filiis ignoscit. persecutorem suum et, quod magis est, regem aliquotiens a deo in manus traditum sibi mauult semper timere quam occidere, 2 9 7
credulitas quod natura denegauerat. Abraham patriarcha noster exploratus a deo in senectute suscepit unicum filium. nihil tam sollicitum patri, cuius 1 43 1
suis emori quam iustitiam praeterire. pro quo tam illustri facinore cibos a deo inmortales accepit, quos edacitas delibare nequiret: sua enim 2 1 20
quid, quod Abel iustus est sine hoc uulnere inuentus? quid, quod Enoc a deo integer legitur esse translatus? quid, quod Noe incircumcisus 1 3 5
ac fidei erat muro munitus, ut non auderet eum adtemptare diabolus nisi a deo iussus. iam hic considerate, fratres, quemadmodum saeuierit 1 15 2
in qua gentium iam inde noster populus morabatur, quae non in cassum a deo *magna ciuitas* dicta est; erat enim futurum, ut omnium nationum in 1 34 9
te furoris stimulis accende, quamuis cruciatus exerce molem: nos a deo non potes separare.' statim iudex uiperei ueneni felle commotus 1 39 5
ne hominum quidem uocabulo digni iudicarentur. pro quibus causis a deo non tantum sunt disperditi, sed etiam perpetuo poenali supplicio 1 13 4
Christum, immo illa per uos uobiscum complectitur Christum. per hanc a deo patre quod petitis impetratis, immo illa per uos impetrat, pro qua 1 1 4
suo. qui filius cum maligne domini ante faciem uersaretur, scriptura teste a deo perhibetur occisus. secundo imperat, ut intret ad fratris uxorem ac 1 13 1
uitam me possidere contendo, quia specialiter anxiam curam mortis mihi a deo praestitam recognosco.' recte Iudaeus hoc diceret, fratres, si ista 1 3 8
libidini uacantes et gutturi, longae nocti, id est aeternae morti, sunt a deo, quod opus tenebrarum dilexerint, destinati. uer sacrum fontem 1 33 2
cognoscunt se habere legitimum. nunc Iudaeorum quoque sacrificia <a> deo repudiata cognoscite, qui dicit ad eos in Esaiae libro: *quo mihi* 1 25 6
in terram, hoc est dei mandata neglexit et idolis profudit. propter quod a deo similiter etiam ipse praesentem sententiam damnationis excepit, quia, 1 13 6
uirgis suis annuntiabant; spiritu meretricio seducti sunt et fornicati sunt a deo suo. agnosce igitur, Iudaee, uel sero erroris tui miserum 1 3 11
hic est, cui *data est potestas in caelo et in terra*, nomini eius noua a deo suo, ipso dicente: *ego te clarificaui in terra; opus perfeci, quod* 2 5 4
eius graui seruitutis iugo depressos de Aegypto praedicant liberatos. a diaboli rabie idolorumque turba uiolenta non tantum nostri maiores, sed 1 46b 1
hasta persequentes hospitum terga depopulabantur, e caelo imber fusus a domino flammis et sulphure armatus poenali procella deleuit? Iudaei 1 4 10
noua et uetera duo testamenta, quae uidetis recte eadem sine ambiguitate a domino hic quoque *duorum denariorum* esse figura uestita, hac uidelicet 1 37 9
propheta quod pro ueteri uinea, quae a domino in Aegypto fuerat instituta, postulabat ad tempus nouellae 2 11 1
filius horarum, qui pater est omnium saeculorum. hic est dies, fratres, quo a domino nostro cunctus redemptus est orbis, quo aetherio semine nouellus 1 16 2
immaculata hostia nec uictima imparata, qui testis diuini timoris ad fidem a domino poscitur, a parente perducitur, sed hostia non sanguinis, sed 1 59 2
conuersa prophetae testantur. tauros, arietes, hircos et agnos a domino saepe reprobatos accepimus. quid ultra? non potest, fratres, 1 19 2
libenter audire. hoc igitur e profundo clamans similiter Petrus impetrauit a domino, ut profundi maris lubricos sinus insubditaque humanis gressibus 1 34 3
maioribus eorumque iter praecessisse, non intellegentes, quia exinde eos a facie sua remotos post suum dorsum cum postfuturis abiecerat; 1 18 1
nihil iam suffragantia tota illa ornamenta medentur, nisi quod a false plangentibus adhuc uiuenti rapiuntur. unde, fratres, sicut ueri 2 4 16
iocaris, blandiris, obsequeris. et si quod forte acceptum relatumue fuerit a fanatico solemne mysterium, ipsa suscipis, ipsa reponis, ipsa custodis. 2 7 17
spiritali, quae nostra est, edicamus. quae tantum potestatis gerit, ut a femina coeperit, quod priori impossibile fuit. denique a muliere, quae 1 3 19
fidei generositas uera, ut deo fideliter seruiat, in solo ipso fiduciam gerat, a fidelitate et fiducia fidelem se uocari cognoscat, inculpatis moribus uiuat, 2 3 19
quid pronuntiet, audiamus; cuius ista sunt uerba: *deminuerunt ueritates a filiis hominum. uana locuti sunt unusquisque ad proximum suum; labia* 2 9 2
immolaret. eo ferro mactauit arietem, quo filium percutere iam parabat. a filio ad agnum transtulit dextram semper laetatus et gaudens nec 1 43 7
sustinere. cum imperat pater orbem fieri, opus cum dicto completur a filio. quomodo autem, quantus aut qualis fieri debeat, nemo praecipit, 1 56 2
dici potest, quia uerbum est filius, sine filio non est, et quod factum est a filio uel fieri potest, sine dignatione paterna non est, quia filius sine patre 1 45 3
qui factus sit *ad imaginem et similitudinem dei*, posse iugulari, et hoc a fratre. erubescit rudis terra pio sanguine impiata. solus Cain exsultat 1 4 9
hic inuidae germanitatis impulsu in Aegyptum est delatus atque distractus a fratribus. quem domini sui uxor peius amare coeperat quam oderant 1 1 15
reparato seruiret. similiter Ioseph patiens inuenitur, e pascua cum a fratribus rapitur; patiens, cum in puteum dimittitur; patiens, dura cum 1 4 17
et schismata sic disseminantur, cum inflata fides ac spes dilectionis a fundamento uelluntur. quid autem sine caritate sint non tantum istae, 1 36 19
rursus in se riuus sanguinis ruens†. dehinc poplitibus surisque porrectis et a germana coniunctione naturae gladio saeui latronis plantarum limes 1 39 8
nomine domini *latrones in itineribus*, latrones *in ciuitatibus* patitur, cum *a Iudaeis uirgis ter caesus naufragio* trino diluitur, cum insani populi 1 34 4
erat complenda temporibus sub domini saluatoris aduentum, qui non esset a Iudaeorum populis audiendus, quod eum apostoli essent et homines ex 1 61 2
speculum, quia rigida quaedam dilectionis est forma; quicquid enim a iusto didicit, id facere iniustum quoque compellit, bifarie inclita: unum 1 36 18
benefecit mihi, quia liberauit animam meam a morte, oculos meos a lacrimis, pedes meos a lapsu; placebo domino in regione uiuorum. haec 1 2 32
quia liberauit animam meam a morte, oculos meos a lacrimis, pedes meos a lapsu; placebo domino in regione uiuorum. haec nos felicitas manet, hoc 1 2 32
duo testamenta. hos duos denarios a Samaritano stabulario pro eo, qui a latronibus adgressuram passus fuerat, dominus datos esse commemorat. 1 37 10
si legem, contemne tuam istam circumcisionem, quam euacuatam uidemus a lege, sic Ieremia dicente: *haec dicit dominus uiris Iuda et omnibus, qui* 1 3 12

si, ut ratio ipsa proclamat, cessare nullo pacto potest uarietas ista regni, a legis conditore homini a deo assumpto iustisque eius est deputata rebus 2 5 6

exspectabat bona illa tempestas, sorte ductus naufragus redditur, immo a ligneo ad nauigium uitale transfertur. qui ut est dimissus in altum 1 34 6

falce tonduntur, pura materia tabulatis infertur, nodis adstringitur, ne a ligno, quo portatur uel cuius adminiculo uel ducatu in uberes fructus 2 11 2

cum diuerse hominum mentes capit ac decipit, sic Cupido uocitari a luxuriosis suis sibi cultoribus coepit. nunc ergo uideamus, unde uera 1 36 27

tu deum in hominem demutare ualuisti. tu eum breuiatum paulisper a maiestatis suae immensitate peregrinari fecisti. tu uirginali carceri nouem 1 36 29

intelligitur, quia fides uestra capit deum. igitur ne quis operis rationem a me forte disquirat, paucis insinuabo. in totius fabricae fundamentis non 2 6 5

onerati estis et ego reficiam uos. tollite iugum meum super uos et discite a me, quia mitis sum et humilis corde, et inuenietis requiem animabus 2 9 4

ne <non> sit amplius quae uocatur. denique in solitudine, quae a moechantibus uocatur occasio, se tamquam arbitrum timet omneque 1 1 2

requiem tuam, quia dominus benefecit mihi, quia liberauit animam meam a morte, oculos meos a lacrimis, pedes meos a lapsu; placebo domino in 1 2 32

ore eius inuenies duos denarios: da pro me et pro te. piscem primum a mortuis ascendentem Christum debemus accipere, cuius ex ore duo 1 37 5

ut angelus, homo, puer, sponsus, gigas, crucifixus, sepultus, *primogenitus a mortuis* diceretur, hic est, inquam, qui *in omnibus omnia est*, quoniam 2 8 8

ista non credunt, tamen cum libamine infausto ad sepulcra concurrunt et a mortuis, quos in quiete tacitae noctis agnouerint, expeti a se aliquotiens 1 2 3

deriuauit, ita dominus omnes in se credentes sancti spiritus semine a mortuis rursus gloriosos in angelos excitabit. ad hoc unum euidens 1 2 26

reducat; unigenitus prodeundo de patre ante originem rerum, *primogenitus a mortuis*, ut ait apostolus, post multorum obitus populorum. hic est, cui 2 5 3

potestatis gerit, ut a femina coeperit, quod priori impossibile fuit. denique a muliere, quae prior peccauerat, circumcisionis incipit cura, et quia 1 3 19

legem, nolunt eius praecepta seruare. signum salutare uenerantur et tamen a mysteriis daemonum non recedunt. multos *namque dei metus in ecclesia* 1 35 5

alium certe misereris: discoloratur per momenta color, figura sua tollitur a natura, in obliquos horrores insani uertuntur orbes oculorum, acies 1 2 6

sunt nobis: una, qua nescientes communi cum pecudibus lege fundimur a natura, quae est corporalis ac per hoc etiam breuis; alia uero animi, 2 4 8

usurpatione, quod quidem uobis ulterius non licebit, fortassis requiratis et a nobis, qua genitura quoue signo tam diuersos, tam plures, tam dispares 1 38 2

ita corrupta sunt omnia, ut quicquid in eo geritur, non debere diligi a nobis sacris uocibus dum iubetur, recte sapientibus exsecrabilis esse 1 36 27

qui dixerunt: linguam nosstram magnificabimus, labia nostra a nobis sunt. quis noster dominus est? hanc superbiam propheta tumidi 2 9 2

ingenii qualitate argumentis asseritur. adde quod ab omnibus appetitur et a nullo completur. adde quod index dei uoluntatis est, non dei originis aut 2 3 5

uictima imparata, qui testis diuini timoris ad fidem a domino poscitur, a parente perducitur, sed hostia non sanguinis, sed salutis. ad hanc igitur 1 59 2

resurrectionis euidenter nos edocet iura, quae nobilitatem generis sui non a parentibus accepit, non liberis tradit; ipsa est sibi uterque sexus, ipsa 1 2 20

nullo pacto diuideris, nulla humanae curiositatis calumnia commoueris. a paterno fonte in filio tota refunderis et tamen, tota ubi refunderis, nec 1 36 32

principalem uim retulerunt, in cuius perpetuitate commanens in aeternum a patre filius regnum nec accepit aliquando nec posuit; semper enim cum 2 5 8

te, priusquam mundus fieret. qui resurgens ait: *omnia mihi tradita sunt a patre meo.* hic, qui purus de caelo descendit, carnatus ascendit in 2 5 4

naturae recuperauit, sicut est ipse testatus dicens: *omnia mihi tradita sunt a patre meo.* Iob uicarios filios genuit; dominus quoque post prophetas 1 15 9

carnis est et concupiscentia oculorum et ambitio saeculi, quae non est a patre, sed ex concupiscentia saeculi. et mundus transibit et concupiscentia 2 4 12

carnis est et concupiscentia oculorum et ambitio saeculi, quae non est a patre, sed ex concupiscentia mundi. per hanc enim diabolus cum diuerse 1 36 27

enim minus est facere magna quam dicere. quamuis et quod dictum est a patre uel dici potest, quia uerbum est filius, sine filio non est, et quod 1 45 3

similiter in inferno diues ille tenacissimus, quem chaos immensum a pauperis felicitate discernit, ardoribus suis implorando refrigerium 1 2 9

hic *sempiternus*, quia occisus est et inuentus est uiuus; hic *immaculatus*, a peccato quia solus est mundus; hic *salutaris*, quia per ipsum uincimus 1 8 2

ab operariis ibidem conculcantur, hoc est summa cum contumelia a persecutoribus illusi iugulantur. sucus earum in ultimo preli pondere 2 11 6

sicut lectio diuina testatur, in Aegypto a Pharaone populoque eius Israel dei populus captiuitatis ingenti iugo 2 26 1

quicquid feceris, uirgo iam non eris; unum tamen scio, quia nihil distat a prodigio, quisquis alterius causa et formam mutat et mores. sed dicis: 2 7 8

utrumque Christiano explicans uoto, ut et non longius uideretur a proelio et secedendo euangelicae iussionis animaretur exemplo. ecce in 1 39 3

inspirat infeliciter quasi liberam facultatem ac sic eorum quoque feminas a pudore diuellit, quae desertae, ardore seu dolore compulsae, si talia 1 1 13

omnique saecularis somni torpore discusso, apertis auribus cordis a pueris disce uirtutem. sed uide, ne aestimes falsum, quod eis cessit 2 27

non enim in ecclesia dei fucatus quaeritur sermo, sed ueritas pura, a qua longe omnes illi non immerito aberrauerunt, qui iustitiam dei 2 1 1

errabimus. subici enim se loquacitatis artificio fidei natura non patitur, a qua nihil aliud laboratur, nisi ut suis sibi tantum uirtutibus adprobetur: 2 3 6

a deo finctum eique eius ex latere mulierem coniugale solamen excussam, a quibus omne genus manauit humanum, caelestem uero ibidem nec 2 4 1

festi omnisque solemnitas abominatio est apud deum. cum haec ita sint, a quibus, quomodo, unde pascha celebratur? adde quod agnum legitimum 1 46a 2

cui tantum defert? quis est, quem altissimum dicit, cum ipse sit solus, a quo alius altior non sit? sin uero omni honorificentia deferentis patri 1 25 2

pascha celebrare non posse, periti legis, deo ipso loquente cognoscite; a quo appellatur synagoga *spelunca latronum,* sacerdotalis cathedra 2 25 1

nisi quis hostem, a quo impugnatur, expugnet, numquam bonis suis poterit uti securus. sunt 1 7 1

et salutem. Abel ideo martyr, quia iustus; ideo iustus, quia patiens; a quo pati martyres didicerunt patiendo libenter, quod non merentur. Noe 1 4 12

timore totus est humilis, sua peccata contestans, secundum domini dictum a quo procedunt uniuersa genera peccatorum, pectus crebro percutiens 2 9 9

ea commanens possidebit. memorandum quoque necessario est etiam illud, a quo quid agatur in templo. sacerdos uocat, ostium credulitas aperit, 2 6 9

exspectat ulterius, quinam sint isti, quibus est iudicium praeparatum. et a quo scire debemus, nisi ab ipso domino, qui suum dictum prosequitur 1 35 4

non amasse. unde infelices et miseri sunt Iudaei, qui deum patrem, a quo sunt geniti, respuerunt tanti immemores honoris, tantae dignitatis 1 61 6

si fatetur. magna ratio, magna potestas, magna pietas iudicis nostri, a quo uniuersi generis peccatores, ut possint beate uiuere, puniri festinant. 1 42 1

si fatetur. o magna potestas, magna peritia, magna pietas iudicis nostri, a quo uniuersi generis peccatores, ut possint beate uiuere, puniri festinant. 2 10 2

discitur et docetur. adde quod tota nec intellegitur nec tenetur. adde quod a quolibet pro ingenii qualitate argumentis asseritur. adde quod ab 2 3 5

nam neque cum ingreditur corpus neque cum de corpore egreditur, a quoquam conspicari potest tantumque potestatis habet, ut, cum sui 2 30 3

neque cum ingreditur corpus nostrum neque cum de corpore egreditur, a quoquam deprehendi potest tantumque potestatis habet, ut, cum sui 1 27 3

fiunt una. quid, quod illius sacrificium publicum est, tuum secretum? illius a quouis libere tractari potest, tuum etiam a Christianis ipsis minime 2 7 14

consulendo, quod sine alienis incommodis omnino non potest procurari, a quouis uere stultissimo negari non possit iniusta. ceterum si scire 2 1 3

perlecta narratio. cum Israelis populus enormi captiuitatis iugo depressus a rege Pharaone duris condicionibus in Aegypto necaretur, miseratione dei 1 29 1

praecauendum est, quem solum ueretur quicquid in uirtutibus naturae a regibus ipsis quoque metuitur. sed necessario unicuique sinceri amoris est 1 36 24

inuidiosis uocibus deo concinnat inuidiam, solemnia ipsa diuina, quibus a sacerdotibus dei quiescentes commendari consuerunt, profanis aliquotiens 1 2 14

in pace; dominus autem manet benedictus in aeternum ante saecula et a saeculis et in cuncta saecula saeculorum. 1 15 9

salutem in medio terrae, et alio loco: *parata sedes tua, deus ex tunc et a saeculis tu es.* ubi hominem mixtum, sic prosequitur: *dicite filiae Sion:* 2 5 2

intelligi uoluit, nouitate et uetustate duo testamenta. hos duos denarios a Samaritano stabulario pro eo, qui a latronibus adgressuram passus 1 37 10

erubesceret terra, postremo deos esse aduersus deum asserentes, qui a sanae mentis hominibus ne hominum quidem uocabulo digni 1 13 4

concurrunt et a mortuis, quos in quiete tacitae noctis agnouerint, expeti a se aliquotiens alimenta contendunt; ac sic fidem rei quam reprobant 1 2 3

de fide generis sui pater filio, de quo non dubitabat, patefecit, quid a se dominus postulasset, et quid ipse domino promisisset ostendit. laetatus 1 43 5

operis mundani pensa perpetuans, genitali semper nouellus occasu, a se in semet *sua per uestigia* reuolutus dies salutaris aduenit, officiis 1 6

inuita, non inprudens moritur, sed cum maturum leti tempus aduenerit, a semet ipsa inuitatis sacris ignibus libentissime concrematur. sepulcrum 1 2 20

de fornicatione conceperit; et ecclesia quasi legis adultera Iudaeorum est a senioribus accusata, quod sabbatum ruperit, quod eorum traditiones 1 13 12

paralyticos reformari, de obsessis daemones fugere mortuosque saepe ipsos a sepulcris cum suis sibi exsequiis reuerti iusserunt, ut omnes mirarentur 1 36 9

qui desiderat aliena. illinc alius uias uiantibus cludit, arcet ab herbis, arcet a siluis, arcet ab aquis, et quidem copiosis uacantibus plurimis negat 1 5 13

quia adsertor pudoris eius nondum uenerat Christus. non cognoscitur a socero: ad Iudaeos enim, non ad gentes prophetae fuerant destinati. 1 13 9

dominus, et sacrificium acceptum non habeo ex manibus uestris. quoniam a solis ortu usque in occasum clarificatum est nomen meum apud gentes, et 1 25 7

usque barbarici furoris moribus alligatus. deus illi ducatum praebuit: idem a sua eum facie postmodum abiecit. consecutus est regnum, ut post regiam 1 52

opus factum est alienum, quod non est in sua positum potestate, quod a sua substantia tollitur, quod mutatur, quod alieno mouetur pulsu, quod 1 7 2

donec omnis dulcedo medullitus exigatur sicque pretiosum fluentum a suis calcatoribus et bibitur et patris familias cellis uinariis infertur, ut 2 11 3

auium uolatus coniecturis inanibus statum plumeae salutis inquirunt, sed a suo corde remedium salutare deposcunt spiritumque suum tota 1 34 9

continere, positus in honore. caelestis profecto est ista patientia, quam a suo statu non aerumna, non felicitas, non affectus potuit commouere. 1 4 17

ad iudicium; falsum enim isti contestati sunt de ea. stupet populus, quod a supplicio ad iudicium repetendum reuocaretur addicta. falsos testes 1 40 3

ardens tota domus pugnet sua flamma cum sole honorumque exinanitus a te gradus non inueniat quod tibi praestet, meminisse tamen debes, quia 1 5 10

ceteris taceam, ecce maritum tuum postridie aliqua necessitas rapit, quae a te longe distractum decennio uel eo amplius, ut adsolet fieri, detineat 2 7 9

cuius ista sunt monita: *et nunc, Israel, quid dominus deus tuus postulat a te, nisi ut timeas dominum deum tuum et ambules in omnibus uiis eius* 2 2 4

sacrilegio possis placere sacrilego. ut rem compendio transigam: utique a templo regrediens necessario enarrabit tibi sciscitanti sibi de utriusque 2 7 16

haud dubie in paucis expediam. stellae praecipites labuntur e caelo et a tergo longo flammarum albescentium tractu funereae facis solemnitate in 1 2 17

dilectissimi, uocabulum est unum, sed accedente ratione timor discernitur a timore. fiunt enim duo: unus dei, alter qui naturae sit; naturae in homine 2 2 1

placiturus. rex mansuetus, pater pius, propheta modestus. totum potest, a toto dissimulat; magnis ac mirabilibus saeculi non mutatur; mitem 2 9 7

non hora, non sexu, non aetate, non condicione, non loco, non genere a tribuenda homini salute depellitur, sed gloriosa semper in omnibus 1 3 22

iustitia est diuina largita. cum haec ita sint, procul dubio non est a tyranno dissimilis, qui solus habet quod potest prodesse commodis 2 1 19

liberis patrem, in poena sui corporis iustum. namque summo capitis a uertice usque ad imos ungues pedum plaga inimici percussus populosis 1 15 5

accusat. quid inpatientiam Sodomorum, ubi inlicite uiri opprimebantur a uiris, prodigiosae libidinis ignes ignis diuinus incendit intestinique 1 4 10

premebatur. hunc deus praecipit proficisci, duce Moyseo uidelicet et Aaron, iter demonstrante nubis columna per diem, eadem ignis quoque per 2 26 1

Christianus, qui proficisci iubetur, ut ad futura contendat. Moyses et Aaron per id, quod erant, sacerdotium, per suum numerum demonstrabant 2 26 2

etenim deus dei filius tempore constituto dissimulata interim maiestate ab aetheria sede profectus in praedestinatae uirginis templum sibimet 1 54 3

fidei nosse naturam, quae talis ac tanta est, ut unicuique homini sua non ab alio commodetur, sed eius ex uoluntate nascatur. ceterum si, ut quidam 2 3 1

finis legis aut uerus Christus esse potuisset, si quid praetermitteret, quod ab alio saluti hominum praestari potuisset. eo accedit, quod secundum 1 3 17

ex libro Genitali, fides autem tenaciter inhaeret suo soli proposito. lex ab alio transit in alium; fides interit, si ab suo statu aliquando uel in 2 3 5

ea nisi cum summa difficultate, laboribus ac periculis magnis non possit	ab aliquo perueniri. adde quod illa in solo genitali uersatur, ille peregrinus	2	4	13
una deuotione, ne quid profanum sit, diligenter ac patienter geritur, quod	ab altero celebratur. sub tanto, non dicam humanitatis, sed ipsius naturae	1	4	14
auctore sit nata! o quam ridiculosa, quae duobus confligentibus Christianis	ab altero eorum, si non transducitur, perfidia, cum transducta fuerit, fides	2	3	10
caelum et terra, quod Iudaeis non audientibus Christus dominus esset	ab apostolis et gentibus audiendus. *filios*, inquit, *genui et exaltaui*. haec	1	61	4
illinc alius uias uiantibus cludit, arcet ab herbis, arcet a siluis, arcet	ab aquis, et quidem copiosis uacantibus plurimis negat hominibus, quod	1	5	13
supplicium, quo se in homine uincere crederet deum. 'incidantur, ait,	ab articulis manus, a cruribus pedes; uiuum se cadauer inspiciat.' [cui	1	39	6
et dei iniuriam prius prodit natura quam intellegat populus Iudaeorum.	ab auctore itaque coepit furoris horror; accingitur turba feralis et ad	1	59	9
quae certe uera et aeterna formositas, in paradisi solitudine, ubi Euam	ab auctore operis sui meminerant esse deceptam, hac re ipsa nato consilio	1	1	17
perpetrare tot crimina. denique hoc genere Iudaeos scriptura denotat	ab auribus incipiens: *clamaui*, inquit, *ad eos et non audierunt; clamabunt*	1	3	10
caritas autem finem non habet, momentis omnibus crescit quantoque	ab ea diligentibus inuicem creditur, tanto inuicem plus debetur. non	1	36	11
cuius monile, anulum teneret et uirgam. qua re cognita Iudas non tantum	ab ea se refrenauit, sed insuper eam et iustificauit. Iudas, quantum intelligi	1	13	3
uestris?. utique, fratres, incunctanter eis ademit pascha, qui id, per quod	ab eis pascha geritur, reprobauit. 'at imaginem colunt.' nec ipsam quidem,	2	25	2
possit implere, quod gerit. qui ad se ueniunt, professionem credulitatis	ab eis solam ideo, quia eorum fidem uidere non potest, exigit. quam si	2	3	3
illa promisso expetit pignus, magis illo contenta quam praemio acceptique	ab eo eius monile, anulum, uirgam; tumque negotio confecto, conceptu	1	13	2
prouisione truncatus, nobilitate alieni seminis grauidatur nutriturque	ab eo ipso quod nutrit, donec hospitis germinis adoptiua pinguedine	1	2	27
illi et abundabit; qui autem non habet, etiam id quod habet auferetur	*ab eo.* per hanc, fratres, a deo Enoc meruit cum corpore contra legem	1	36	7
colligit messem? quid Christianus credit in Christum, si promissum sibi	ab eo perpetuae felicitatis tempus non credit esse uenturum? sed spes ex	1	36	3
cordis nostri in penetralibus retinere, quod alieno iuri seruemus. at cum	ab eodem huius deuotionis inuitatione inhabitari seu nos in ipso habitare	1	36	21
etiam sua, qui desiderat aliena. illinc alius uias uiantibus cludit, arcet	ab herbis, arcet a siluis, arcet ab aquis, et quidem copiosis uacantibus	1	5	13
caecis inferre, tura non spirantibus concremare, allegare preces surdis,	ab his custodiam petere, quos fur non timet inuolare? quibus recte deus	1	25	4
tu mortem deum mori docendo uacuasti. tuum est, quod, cum occiditur	ab hominibus deus omnipotentis dei filius, nullus irascitur de duobus. tu	1	36	29
se dicit non ambulasse, utique non dei, sed in illis, quae magna	ab hominibus hoc putantur in saeculo. at *cum addidit: super me*, ostendit	2	9	6
angustia recreare consueuit. *ad oues suas tondendas pergit*, id est,	ab hominibus iustis bonorum operum fructus exposcit. quo audito Thamar	1	13	8
exclusa bibituri essemus? exaltati filii Israel, quando ad Iordanem securus	ab Horeb accessit. quid cotidiana dei colloquia? *ipsi autem me spreuerunt:*	1	61	8
sed traduntur tenerae adhuc uinculis manus [et], ne quid minus	ab hostia uideretur; pedem ligatura destringit, ne incitata uictima	1	59	6
membra, unum secretarium et patentes semper duodecim portae, quas	ab hostili defendit impulsu in modum tau litterae prominens lignum. o res	2	6	7
eique animam, qua spiramus, infudit e proprio fonte spiritus sui. cui	ab humo 'homo' nomen imposuit, credo, sicut res ipsa docet, ut	2	4	4
Israel.' uideamus nunc ergo, fratres carissimi, secunda illa circumcisio	ab Iesu Naue quo genere celebrata sit petrinis illis cultris: cor an	1	3	15
in his propheta non ambulet, quomodo bonum insuper sibi opus adsignat	ab illis recedendo, in quibus oportuerat ambulari? prioribus, fratres,	2	9	6
protulit monile, anulum, uirgam seque liberauit sacramento numeri	ab imminenti supplicio; ecclesia ipsa ueritate, in nomine patris et filii et	1	13	13
haedus mittitur, fornicaria quaeritur nullaque ibidem umquam fuisse	ab incolis renuntiatur. at Thamaris nostrae cum processu temporis procedit	1	13	3
auctor detestabilium pariter ac magistra malorum. hominis nam salutem	ab incunabulis mundi mors ut iugularet ac iugulet, ab ipsa prorupit.	1	4	7
naturae iura transmissa, felix caput comis uirentibus redimitum quasi	ab inferis emersum in superna sustollit perennitatis gloriam fructu	1	2	22
non est refrigerium in fine hominis et non est qui agnitus sit reuersus	*ab inferis, quia ex nihilo nati sumus et post hoc erimus tamquam qui non*	2	4	10
in uentre ceti euomitusque Niniue se intulit ciuitati, ita dominus postridie	ab inferno resurgens se ciuitati Ierusalem intulit ante quam caelo. at uero	1	34	8
uastamus. postremo abscindimus, quod habuisse non deberemus, quod	ab inimico hominibus superadditum recognoscimus, domino sic dicente:	1	3	22
sua, quae gessit, iniustus. non ergo sic accipiendum est, quemadmodum	ab inprudentibus aestimatur. ceterum domini dictum quo sit pondere	1	35	2
hominis nam salutem ab incunabulis mundi mors ut iugularet ac iugulet,	ab ipsa prorupit. denique Adam in arce cum esset adhuc paradisi	1	4	7
diuinae indignationis ostendunt, quae alias personas, ut uerbum dei	ab ipsis potius audiatur, hortantur [nos]. non est enim parum criminis, ut	1	61	1
sint isti, quibus est iudicium praeparatum. et a quo scire debemus, nisi	ab ipso domino, qui suum dictum prosequitur dicens: *hoc est autem*	1	35	4
et futura credidissent pariterque metuissent. nemo est enim tam uel	ab istius mundi sapientiae gustu ieiunus, qui audeat dicere animas cum	1	2	2
pelagi sollicitos sinus fidem tuam fideliter portet; solis cursus ac lunae	ab occidui carceris receptaculo orationis freno refrena; anhelantis camini	2	3	14
teneat, *et ideo semper peccat*, quod est iustitiae contrarium. *iustus autem*	*ab omni peccato se abstinet*, quod propterea facit, quia *praui* bonique	2	1	10
quod a quolibet pro ingenii qualitate argumentis asseritur. adde quod	ab omnibus appetitur et a nullo completur. adde quod index dei uoluntatis	2	3	5
uniuersa deseruit. pro nefas! quae istae sunt tenebrae? inest omnibus et	ab omnibus, quasi non sit, arguitur; accusatur et tamen colitur; iugulat et	2	1	8
auaritia quam facile arguitur	ab omnibus, utinam posset tam facile non amari! est enim artifex ac dulce	1	14	1
manus. ad torcular conportantur; id est ad supplicii locum deducuntur.	ab operariis ibidem conculcantur, hoc est summa cum contumelia a	2	11	6
in stibio fletus includis; ornamento ligas quod suspendio uoueras collum;	ab speculo oracula inquiris, quam commode possis circumscribere	2	7	8
inhaeret suo soli proposito. lex ab alio transit in alium; fides interit, si	ab suo statu aliquando uel in aliquo declinauerit. lex hominis conscientiam	2	3	5
fecerimus angustam. itaque estote securi: nihil in illa deest umquam, nihil	ab suo statu aut tollitur aut declinat; omnia bona atque perpetua exuberant	1	5	18
pars felicitatis sit nosse, quid fecerint. igitur Iob uir fuit iustus et uerax,	ab uniuersis concupiscentiis huius mundi secretus, conuersatione limpidus,	1	15	2
hanc Esaias in modum forcipis uidit; quibus ad conflanda labia inquinata	ab uno de seraphim ex ara dei sublatum carbonem uaticinando perhibuit.	1	37	2
nihil Christus mundo praestiterat; si hominem solum, sicut quidam putant	ab utero uirginis eum sumpsisse principium, quae spes futurae beatitudinis	2	5	1
simulant se esse cultrices. una denique asserit Iesum Christum	ab utero uirginis Mariae sumpsisse principium deumque exinde ob	2	8	1
caelum terramque testes citat, ut exaggeret crimen; filios appellat, ut	abdicatio, exaltatos, ut ruina timeatur, spretores sui, ut impios monstret.	1	20	
humana sentienti nundinari deterius quam puniri. denique filios uocat, ut	abdicatio timeatur; exaltatos, ut ruina terrori sit; spretores, ut poenam	1	30	
famem, sitim uniuersaque discrimina aequanimiter perferenda; mundum	abdicatione calcandum mortemque ipsam perennis cui beatitudo succedat,	2	4	11
cum uicem non reddidit patri dilectus filius, dignam sententiam percipit	abdicatus. cuius enim impietas paterno affectui parem gratiam non refert,	1	61	5
de quoquam bene mereri, quem pater patientissimus et clementissimus	abdicauerit, et quidem non accusatione, sed probatione conuictum. denique	2	21	
neque ei gratias egerunt, sed uanis persuasionibus cogitationes eorum	*abductae sunt et tenebris opertum est cor eorum*, ut *diligerent magis*	1	35	6
maioribus nostris illustri uirtute perennem gloriam peperit et salutem.	Abel ideo martyr, quia iustus; ideo iustus, quia patiens; a quo pati	1	4	12
ut utrumque inane sit, si infirmari potest alterum de duobus. quid, quod	Abel iustus est sine hoc uulnere inuentus? quid, quod Enoc a deo integer	1	3	5
quaeritur sermo, sed ueritas pura, a qua longe omnes illi non immerito	aberrauerunt, qui iustitiam dei manere in eloquentiae uiribus aestimabant.	2	1	1
ab eis solam ideo, quia eorum fidem uidere non potest, exigit. quam si	abesse ex moribus deprehenderit, confestim ut perfidum punit irata quem	2	3	3
afferre. denique pro fructibus spinas generauit, pro uua labruscam. cuius	abhorrens infelicitatem dominus rei, aliam sibi, id est populi nostri, sua	2	11	1
habent: qui eorum pro salute sacrificant? tauros, hircos, arietes et agnos	abhorret dominus: unde sacrificant? deum dereliquerunt, altaria eius	1	51	
ac fideliter *hominem* istum uestrum *ueterem* foetorosis suis cum pannis	abicite, nouelli omnes, omnes candidati, omnes spiritus sancti munere mox	1	49	
miserabiliter ingemescentes dimissis capitibus omne studium defensionis	abiecerant, iam etiam ipsa pudoris compendio mortis oderat moras,	1	1	19
quia exinde eos a facie sua remotos post suum dorsum cum postfuturis	abiecerat; Erythraeum quoque in geminas ripas medium scissum mare,	1	18	1
est a senioribus accusata, quod sabbatum ruperit, quod eorum traditiones	abiecerit. Thamar protulit monile, anulum, uirgam seque liberauit	1	13	12
quod stulti praeponunt corpus animae, idolum deo. sed nos, qui Adam	abiecimus, Christum induimus; qui, quae uis, qui exitus, quae merces	2	4	18
uultis), uestem uiduitatis deposuit, id est sordidae religionis sordidos ritus	abiecit. *aestiualia induit*: aestiua uestis, fratres, et munda est et exacta,	1	13	8
alligatus. deus illi ducatum praebuit: idem a sua eum facie postmodum	abiecit. consecutus est regnum, ut post regiam dignitatem maiore dedecore	1	52	
carcerem nouit; blanda peruigil cura aegritudinem cum aegro partitur;	abiecta cadauera intecta inhumataque esse non patitur; pauperes	2	1	12
qui diuinas litteras aut non legerunt aut lectas irritas putauerunt beneficio	abiecti impolitique sermonis (tamen dicentis: *nisi credideritis, neque*	2	1	14
lapidis pio pondere feliciter fracta, ordinabiliter creta, omni furfure	abiecto mirifico splendore in farinam candidam micuerunt; quae nullo	1	41	1
nisi quos inopinati honoris culmen extollit. *Dauid* quippe *humilis, abiectus*,	ignobilis sui iacebat in domo patris, oues semper pascendo	2	9	7
uos et plangite, sacerdotes; lugete omnes, qui deseruitis altari, quoniam	*ablata est de domo dei uestri hostia et immolatio.* multa sunt, quae dici	1	25	6
fortiter ac fideliter custodite. etenim omnis [actus] uester contractus	ablatus est. securi gaudete: nihil saeculo iam debetis. in magno quidem	1	42	1
diligenter, fortiter ac fideliter custodite. etenim uester contractus omnis	ablatus est. securi gaudete; nihil saeculo iam debetis. ecce nullum pondus,	2	29	1
plerumque gladiis amica uidemus esse quam sibi; quod parentes opulenti	abolita sui nominis sanctitate filios suos non sine utriusque dedecore	1	5	6
Christum blasphemando atque persequendo, alius deos asserendo atque	abominanda figmenta colendo — , tactu carbonis in unum populum per	1	37	3
ne incitata uictima displiceret. cesset itaque hic, carissimi, impietatis	abominanda suspicio: Abraham dominum filio, sacerdotem praetulit patri,	1	59	7
sibi sacrificio reprobatur. ieiunia eorum, dies festi omnisque solemnitas	abominatio est apud deum. cum haec ita sint, a quibus, quomodo, unde	1	46a	1
in ignibus frigida. sola fides praeferenda: hac nos, qui per fidem filii	Abrahae facti sumus, in ipsius gremium peruenire credamus.	1	62	5
igitur gloriam tardi partus ubertas et fecunditas desperata profertur. uxor	Abrahae fetus nescia, cum uisceribus frigente senio nec sperare subolem	1	59	3
spes totius praeteritae sterilitatis damna sarciret. inuenta est causa, ubi	Abrahae fides temptatione fortior militaret: carissimi membra, quae osculis	1	62	3
sit iustificatus et postea circumcisus, manifestum est circumcisionem non	Abrahae fuisse necessariam, sed in designationem Iudaici populi, qui	1	3	7
dignus euadere, qui in tanto orbis metu non festinauit euadere. nunc mihi	Abrahae memoranda est mira illa temptatio, quae eum aut sacrilegum	1	4	13
praebiturus. ecce carissimi, ut ait apostolus, *contra spem* natum	Abraham ad aram filium immolaturus domino auctore perducit nec deest	1	59	6
euadens Noe non inuenit, cum quo diluuium fuisse conferret; per hanc	Abraham ad dei peruenit amicitiam; per hanc Isaac praeter ceteros enituit;	1	36	7
credidit deo, et deputatum est illi ad iustitiam. numquidnam dixit:	Abraham circumcisus est et deputatum est illi ad iustitiam? cum igitur	1	3	6
non ueniant, quia ea semper secum suis in uirtutibus portat. hoc est, quod	Abraham *contra spem in spem credidit deo, ut fieret pater multarum*	1	36	5
ac fortiter creditur. dicit enim dominus: *omnia possibilia credenti*. unde	*Abraham credidit deo et deputatum est illi ad iustitiam*; qui ideo iustus,	1	36	6
uir iustus fuit et tamen necessario circumcisus. quid enim scriptura dicit?	*Abraham credidit deo, et deputatum est illi ad iustitiam.* numquidnam	1	3	6
in illo sacrificio solus deus doluit, qui aliam uictimam procurauit; nam	Abraham cum filio sic probatus a deo est, ut non postulans misericordiam	1	43	7
quapropter si pater bonus, si prouidus, si utilis esse desideras, sicut ille	Abraham, deum plus debes amare quam filios, ut habere merearis integros,	2	1	21

displiceret. cesset itaque hic, carissimi, impietatis abominanda suspicio: Abraham dominum filio, sacerdotem praetulit patri, nec pium se credidit, 1 59 7
Abraham, fratres dilectissimi, quale diuinae pietatis munus acceperit, 1 43 1
fuit Abraham, ut circumcideretur? an iustus et circumcidi non debuit?' Abraham, fratres, et uir iustus fuit et tamen necessario circumcisus. quid 1 3 6
sed in acrobustia meritae repromissionis accepit. unde manifestum est Abraham gemini populi typum in semet ipso portasse, ut circumcisionis 1 3 7
capite obligatus: hic est qui pro Isaac immolatus est deo; hunc obtulit Abraham, hunc iussus est immolare <...>. 1 43 8
diuinam indulgentiam meruisse sub casibus: nam retro respiciens Abraham inuenit uictimam, quam innocens immolaret. eo ferro mactauit 1 43 7
debetur; unde immolari iam iubeo.' non contristat frontem deuotissimus Abraham nec dolor patri lacrimas persuasit, sed exsultat et gaudet. nec 1 43 4
liceat, paratus offerre. superstitibus fratribus saltem cupit esse consultum; Abraham patrem deprecatur obnixe, ut aliquis nuntius pergat, qui eos tanti 1 2 10
fides quod ademerat tempus, extorsit credulitas quod natura denegauerat. Abraham patriarcha noster exploratus a deo in senectute suscepit unicum 1 43 1
infundit. Moyses primitiuam festinus maturamque procurauit agninam, Abraham pinguem conditamque fideliter uitulinam. Isaac innocenter ollam 1 24 2
erit, quia incredulo credentis fructum praestare non poterit. denique Abraham placuit deo credulitate sine lege et Iudaicus populus displicuit 2 3 1
an legem. si circumcisionem, non est tibi lex necessaria, quia iustus Abraham, qui ex fide uixit, deum credulitate, non lege promeruit. si legem, 1 3 12
repellitur. ad cuius fidem, carissimi, auctorem habemus, sanctum uidelicet Abraham, qui filium quondam Isaac habuit: simplex quidem uocabulum, 1 59 1
a deo exilium, ut cognationem suam simul dimisisset et terram. et tunc Abraham *respiciens oculis uidit <uiros> tres, cucurrit, adorat* prostratus 1 62 1
iuuentutis subiens in senecta, unde nomen accepit infans, qui post haec Abraham sacratam deo approbat mentem. unicus ille filius solliciti senis 1 43 2
fratres dilectissimi, legis arcana et intellectum altius proferamus. Abraham sub lege non erat, sed legem solus impleuit, et qui nullo iure 1 43 8
uoce postulatur ad uictimam. 'uolo, dixit deus, mihi fieri sacrificium, Abraham, tuis manibus in monte de filio tuo; haec mihi uictima placet, 1 43 3
turpe! *filios genui et exaltaui*: utique filios Israel dominus genuit, qui Abraham, unde nascerentur, elegit. hos in Aegypto genuit, ubi ingressis 1 61 7
ipsum sic ante fecisset. at fortasse quispiam dicat: 'peccator ergo fuit Abraham, ut circumcideretur? an iustus et circumcidi non debuit?' 1 3 6
Abraham ut pater esset multarum gentium, hic iustitiam non didicit, sed 1 62 1
rectum. adeo sine ulla reuerentia diuinae atque humanae religionis delet abrupte igni ferroque cum sua sibi tota substantia incolas, ciuitates et rura 2 1 7
diem, eadem ignis quoque per noctem. finditur mare et dextra laeuaque in abruptum digestis aggeribus stupens unda solidatur. dei populus nauigat 2 26 1
quam prosecuturi sumus, argumentationis totius uno ictu omnes neruos abscindet. quapropter duas esse natiuitates domini nostri Iesu Christi 2 8 2
persecutione pro nomine domini diabolum moriendo uastamus. postremo abscindimus, quod habuisse non deberemus, quod ab inimico hominibus 1 3 22
— non paruam cutem eiusdem membri, sed ipsum membrum radicitus abscisum mysteriis turpioribus immolauit, illa uidelicet ratione, quia 1 3 2
quae illic beatitudo uersetur? nemo suam uestem, nemo suas margaritas abscondit, nemo lapides pretiosos, nemo aurum, nemo argentum, et tamen 1 5 18
tardis. at uero spiritus bona non tantum sunt inuisibilia, tarda et abscondita, sed etiam nimis in arduo constituta, ut ad ea nisi cum summa 2 4 13
quem beati propinquus martyris, qui in eius forte degebat habitaculo, absentem esse assiduis uocibus inclamabat. hunc uero profitentem ad 1 39 4
igitur in deum cum haec non incidant, ergo dei imaginem non habemus? absit, fratres. habemus plane, et quidem manifestam ex eo ipso, quod non 2 30 3
spernenda est, quia iusto necessaria non est, peccatori uero molesta est'. absit, fratres: immo potius ueneranda est, quia ueritatis speculum, quia 1 36 18
aut certe Iesu Naue parricida sit, si cultris corda hominum desecat. sed absit, fratres, ut spiritales uiros ullo tangamus errore, maxime cum 1 3 16
iniuriosum uel superuacaneum putabitur deo indicare quod nouerit? absit. indicat ille, sed nobis, quos cupit quod facit ac praedicat imitari. 2 9 3
regnat, Paulus errauit; si traditurus est regnum, isti mentiuntur. absit! nullus hic error, diuersitas nulla est. Paulus enim de hominis 2 5 7
semet ipsum confundit. sed dicit aliquis: 'si ita est, nulli ergo lex prodest.' absit; prodest, et quidem plurimum, nam per ipsam dei uoluntas populis 2 3 3
non timetis. *uetus* enim *homo* uester feliciter condemnatus est, ut absolueretur, sacri gurgitis unda sepultus, ut sepulcri nido uiuificatus 2 29 1
prodat infirmam. sub hac denique immolantis immolandique constantia absolui meruit, dum humanum ex se deponit timorem et, quantum ad 1 59 7
auditi. nouum iudicii genus, in quo reus, si excusauerit crimen, damnatur, absoluitur, si fatetur. o magna potestas, magna peritia, magna pietas 2 10 2
nouum iudicii genus est, in quo reus, si excusauerit crimen, damnatur, absoluitur, si fatetur. magna ratio, magna potestas, magna pietas iudicis 1 42 1
intulerunt; sed laeta gaudentes, caelestis <...> libera peccatis omnibus absolutos non foetidis cunis, sed suaue redolentibus sacri altaris feliciter 1 32
moribus laedunt. *orant quia timent, peccant quia uolunt.* unde non est absolutus reatus, ubi de amoris comparatione duarum contrariarum sibimet 1 35 6
causa ipsi praestatori nihil prodesse possunt. at uero nostrae aceruatim absoluunt quicquid inuenerint nec aliquid subsiciui esse patiuntur, sed 2 24 1
humanis gressibus liquidi aequoris terga, quibus uiator trepidus absorbebatur, et perambularet pariter et euaderet. clamat de profundis et 1 34 3
spiritu loquitur dicens: *hic est deus noster et non deputabitur deus alius absque ipso. qui adinuenit uiam prudentiae et reuelauit eam Iacob puero* 2 8 6
peccat, quod est iustitiae contrarium. *iustus autem ab omni peccato se abstinet*, quod propterea facit, quia *praui* bonique *notitiam* gerit, quod est 2 1 10
rapiuntur. unde, fratres, sicut ueri Christiani, *quasi hospites et peregrini abstinete uos a carnalibus desideriis, quae militant aduersus animam*, nec 2 4 17
qui audeat dicere animas cum corporibus interire, caelestia cum terrenis absumi, praesertim cum eorundem ille sapientissimus dicat hanc esse 1 2 2
ciuitas seruit. sane ouium greges infinitos interficit, quos in amaritudine absumit. quis non intellegat, fratres, illud pascha non esse, sed bromosum 1 28 2
quoque linea una tanguntur, dubium non est horrendi supplicii perennibus absumptum iri tormentis eum, qui praeuaricatus fuerit e duobus. sed nec 1 1 14
ab eo ipso quod nutrit, donec hospitis germinis adoptiua pinguedine absumptus, immo pinguedo ipse factus, totusque acceptum translatus in 1 2 27
etiam ipsa praepostera memoratio, quoniam res est disconueniens et absurda, ut secundus sit inmortalis et qui mortalis est primus, cum 2 4 2
esse angelos lucis, descendentes uero angelos tenebrarum. sed hoc satis absurdum esse et inconueniens, fratres carissimi, aduerto, quia neque 1 37 11
honorabit, maxime cum scriptum sit: *qui habet, dabitur illi et abundabit; qui autem non habet, etiam id quod habet auferetur ab eo.* per 1 36 7
quid sit his uerbis edocuit: *melior qui deficit sensu in timore quam qui abundat astutia et transgreditur legem*; et iterum: *noli esse sapiens multum* 2 3 12
plus debes amare quam filios, ut habere merearis integros, incolumes ac beatos. stulta autem res est illis te uelle uitae substantiam prouidere, 2 1 21
deteriora mensuris pretia quam inopia. inde fraus, periurium, rapinae, lites ac bella. cotidie mugitibus alienis quaeritur lucrum et proscriptio industria 2 1 16
mundi. per hanc enim diabolus cum diuerse hominum mentes capit ac decipit, sic Cupido uocitari a luxuriosis suis sibi cultoribus coepit. nunc 1 36 27
qui inest, duplex persona, duplex uocabulum, sed originalis perpetuitatis ac deitatis est una substantia, domino ipso dicente: *ego et pater unum* 2 8 4
mirum, fratres dilectissimi, ac delectabile certamen deo historia sacra prodidit nobis ignis ac fidei. 1 48
genus humanum. namque sapientia densis exaestuans argumentis, suasorio ac delectabili luculentae orationis compta mendacio, armata uocis tuba et 2 1 6
natiuitatis et admiratione progenitus in primis infantiae rudimentis iubenti ac deposcenti deo innocens martyr offertur, immaculata hostia nec uictima 1 59 2
impar cultu semper ecclesia inueniretur. sed haec saecularia sine legitimo ac deuoto cultore nec sufficientia nec necessaria honori suo protestatur 2 6 3
eius comprehendere altitudinem, cuius non sequitur humilitatem! sequitur ac dicit: *neque elati sunt oculi mei.* oculorum peior est causa, quia 2 9 5
unam diuinitatis potestatisque esse omnipotentiam nos doceret. sequitur ac dicit: *omnia per ipsum facta sunt ac sine ipso factum est nihil*. uideamus 2 8 4
suis eius potestati subiecit, qui ei annos, tempora, menses, noctes ac dies clarissimosque duos regalium orbium currus munerifero semper 1 36 28
uocitatur et appetitio rei alienae sub praetextu propriae defensionis ac diligentiae callidissimis argumentis urguetur, ut quis indefensus aut 2 1 17
iure ipso, quo ex sese est, argumentis te cogere, examinare, metiri ac discernere posse praesumis, hic tibi ego respondere non audeo, sit 2 3 15
res uere miranda! cotidie aedificatur et cotidie dedicatur; floribus perpetuis ac diuersis gemmis, lapidibus, margaritis per momenta distinguitur et quia 2 6 7
potestas, non ambitio, non felicitas. semper inmobilis manet, alta quadam ac diuina temperantia robuste librata, uniuersas permotiones animorum 1 4 3
mea usque ad mortem. quod dictum non tam timentis quam exsultantis ac docentis est. utique non enim quicquam timere poterat, qui mortuos 1 2 31
arguitur ab omnibus, utinam posset tam facile non amari! est enim artifex ac dulce malum et hominibus uniuersis semper infestum. denique non 1 14 1
fide diuerso charismate, sed una natiuitate ecclesiae flores clarissimi ac dulces nostri funduntur infantes. aestas autem fidelis est populus, 1 33 2
fraudibus excolunt, diuites inpotentia, iudices gratia, diserti mercennaria ac duplici lingua, reges superbia, negotiatores astutia, inani pauperes uoto, 1 14 1
si cui forte asperum uidetur ac durum, quod fiducialiter loquimur, fratres, rerum paene contra 2 7 1
multos esse tractatus, multas etiam fides et quidem nouellas et litis labore ac fauore nutritas. quas, quia uera uix potest inueniri, credo, ne populi 2 3 7
prandio, honesto, puro, salubri atque perpetuo, quod, ut saturi semper ac felices esse possitis, esurienter accipite. pater familias panem uinumque 1 24 1
illa iustificata discessit; haec glorificata uestri numeri incrementis ac fidei cum Christo in aeterna saecula permanebit per dominum et 1 13 13
quorum pro numero deo diurnas hostias offerebat. tanto autem puritatis ac fidei erat muro munitus, ut non auderet eum adtemptare diabolus nisi a 1 15 2
dilectissimi, ac delectabile certamen deo historia sacra prodidit nobis ignis ac fidei. etenim duo discordantia deuotione dominica in unam concordiam 1 48
sinapis te habere demonstra. sin uero, quod magis est, sub sono legis ac fidei saecularis amore iactantiae accensus nascentis dei de deo 2 3 15
iustus neque pater gentium esse potuisset. quapropter manifestum est spei ac fidei unam inseparabilemque esse naturam, quia in homine ex his 1 36 6
in Christo, acceptaeque indulgentiae regale beneficium diligenter, fortiter ac fideliter custodite. etenim omnis [actus] uester contractus ablatus est. 1 42 1
in Christo, acceptaeque indulgentiae regale beneficium diligenter, fortiter ac fideliter custodite. etenim uester contractus omnis ablatus est. securi 2 29 1
qui plus crediderit, nobiliorem se ipse praestabit. constanter igitur ac fideliter *hominem* istum uestrum *ueterem* foetorosis suis cum pannis 1 49
aequitatem iustitiamque terris inlatam. quam qui constanter tenuerit ac fideliter ministrauerit, non dicam Scorpionem, sed, sicut dominus ait in 1 38 5
populum; adde quod fides paucorum est, caritas omnium; adde quod spes ac fides tempus habent, caritas autem finem non habet, momentis omnibus 1 36 11
temptauerit; uel cum amissis gubernaculis inter conpugnantes flatus ac fluctus gemens parturit carina naufragium. inter haec omnia deterior est 2 2 2
tu amicitiam *idem uelle atque idem nolle* docuisti. tu seruituti unica ac fortissima consolatio saepe libertatem paris. tu paupertati praestas, ut 1 4 21
murmur inuitat, lacteum genitalis fontis ad laticem conuolate incunctanter ac fortiter bibite, dum licet, superfluentis amnis undae subiecti toto impetu 1 12
est ac non uidetur; sed possibile hac spe fit, cum dei dicto indubitanter ac fortiter creditur. dicit enim dominus: *omnia possibilia credenti.* unde 1 36 5
uestrae aetatis omni curriculo manente in sua semper infantia custodite ac fortiter praecauete, ne primi hominis quondam uestri umquam 2 24 3
nostrae contrarius, cui recte hominis forma tribuitur, quia temporalis ac fragilis esse cognoscitur. ideo lineamento puerili depingitur, quia eius 1 36 25
tu es *honor corporum,* tu thesaurus animarum, tu *fundamentum,* culmen ac fructus omnium coaequarum, tu tui propositi insolubilis nodus aeternus. 1 1 21
malorum. hominis nam salutem ab incunabulis mundi mors ut iugularet ac iugulet, ab ipsa prorupit. denique Adam in arce cum esset adhuc 1 4 7
lactis et mellis exhibita est, nobis uero, quod plus est, melle dulcior ac lacte candidior aeternae uitae beatitudo dei tribuetur in regno. 1 46b 3
mentis curanda lacte cum melle prouidendo commonuit; nam infirmibus ac languidis mannae teneritudinem inrorauit. non enim erant idonei aut 1 18 2
sancti conceptione, insita fit ante fecunda, ut, cum dissolutionis eius ac legitimae reparationis tempus aduenerit, suo semini respondens iure 1 2 26
est in huius mundi caeno uersatus est inter ebullientes diuersis sceleribus ac libidinibus homines, qui ueri sunt uermes. Iob et sanitatem recepit et 1 15 9

populus, id est hemithei omnes potentissimi et reges, qui ferocitate uirtutis ac libidinis rabie digladiantes omnem orbem corruperant terrarum, insuper 1 13 4
quod peius est, gentium desiderat per momenta patrocinia! o quam turpis ac lubrica, de qua ludit aliena sententia! o quam adultera, quae non 2 3 10
trahit, congregat turbas, contionatur. lites sic discernit, ut seminet. prauos ac lubricos colligit mores. legibus suis suas leges impugnat, ius iure 2 1 7
tenebras magis quam lucem? ambiguos utique Christianos designauit ac lubricos, *qui inter pios impiosque sint medii* nullam partem tenentes ad 1 35 4
aestuantis pelagi sollicitos sinus fidem tuam fideliter portet; solis cursus ac lunae ab occidui carceris receptaculo orationis freno refrena; anhelantis 2 3 14
sanguinis suco, arescentibus uenis, dura cum uisceribus cutis, deformis ac luridus pallor iam paene uultus perdit humanos nec ullus in membris 1 59 4
sane hoc solum proprium retinent, quod, ut uilem libidinem magis ac magis augeant, uilioribus se lauacris omni momento baptizant, deo 1 51
parricida est; nec eius saltem coercentis uoce comprimitur, sed eo magis ac magis instat, donec effusione sanguinis conceptum piaculum duplicetur. 1 4 9
curiositatis magistra, acumen temeritatis, auctor detestabilium pariter ac magistra malorum. hominis nam salutem ab incunabulis mundi mors ut 1 4 7
sapiens iniustus ipsa ratione docente. *qui enim stultus est, quid sit bonum* ac malum *nescit* nec potest quid reprobet scire, quid teneat, *et ideo semper* 2 1 9
nomen imposuit, credo, sicut res ipsa docet, ut contemplatione opificii ac materiae semper suum et uereretur et uenerаretur artificem. post haec 2 4 4
unicus numero et in amoris soliditate iam primus totum <paternae ac> maternae pietatis occupauerat pectus festinata educatione nutritus, 1 59 5
suis deum insuper et exorat. una illi sola principalis sollicitudo ac maxima est cautio, ne quid mundo debeat, ne quid horum digne 2 1 13
communia, sicut scriptum est: *turba autem eorum, qui crediderant, animo ac mente una agebant, nec fuit inter illos discrimen ullum nec quicquam* 2 1 18
pater pius, propheta modestus. totum potest, a toto dissimulat; magnis ac mirabilibus saeculi non mutatur; mitem humilemque retinet ubique 2 9 7
illecebris huius mundi ac tenebris feralibus agitatur, profecto pecuina est ac misero, fragili detestabilique uersatur in iure. at cum mera fide credentis 1 2 25
non toruus fronte, non minax cornu Taurus, sed optimus, dulcis, blandus ac mitis uos admonet uitulus, ut nulla ullo in opere captantes auguria, eius 1 38 3
nec tamen instantis finis sorte terretur, suos ut repigret cursus, ut horas ac momenta producat, ut saltem paulo diutius diei sui demoretur in uita, 1 2 18
sua parturit fides, qui mundi huius fugientes insidias, reatum, uulnera ac mortem paternae inplorastis auxilium maiestatis omnique non pedum 2 23
umquam uenit in mentem non esse humanae potestatis crastinum diem ac ne ipsum, quo res agitur, quia quod uoluitur semper, in momento quid 1 5 7
diuerso per uirum ligno suspensum uiuificatum est omne genus humanum. ac ne non ex integro principium suo statui redditum uideretur, prior uir 1 3 20
antequam omne uirus uetustatis exstinguat, ne quid adulterum pariat. ac ne quem plus amare uideatur aut minus, unam natiuitatem, unum lac, 2 29 2
regem. qui ira sufflatus solito septies amplius caminum iussit incendi ac, ne quid immanitati saeuientis deesse uideretur, pice et stuppa armatum 2 22
mitisque discedit, ut probet se et meruisse et non ambisse quod meruit. ac ne quis hanc patientiam timiditatis nomine obscuret, in ducendis 1 4 16
caelos fecit; et in Deuteronomio: *sacrificauerunt daemoniis et non deo.* ac ne quis sacrilegium existimaret sibi impune esse cessurum, scriptura 1 25 5
quod defunctorum ibidem non tam formae quam facta noscantur ac necessario recipiant secundum quod mundanae administrationis suis in 1 2 4
putant irriduntque quasi uanam, quod, cum possit bonis frui mundi ac negligat, sponte se faciat infelicem, non credentes, quia dei praecepta 2 1 14
esse deceptam, hac re ipsa nato consilio capere dolo adgrediuntur ac, nisi culpae succumbat, ueluti adulterae deprehensae magnum 1 1 17
imbribus feliciter grandinatur, cum *in profundo maris die* demoratus *ac nocte* ad deum clamans incolumis inde respuitur. Ionas adaeque 1 34 4
mundo senescente detrita *obtundam uerbis palpantibus* aciem ueritatis ac non plene denuntiem, obseruantiae qua perfectione dei cultus debeat 2 7 5
pater multarum gentium. contra spem autem est, quod impossibile est ac non uidetur; sed possibile hac spe fit, cum dei dicto indubitanter ac 1 36 5
uel amici sunt nobis. huius est munus, quod diligimus seruos ut filios ac nos illi colunt libenter ut dominos. huius est munus, ut, non dicam 1 36 14
columna nubis atque ignis uiam demonstrauit, nobis testamenti ueteris ac noui clarissima oracula uiam, uerum Christum dominum, prodiderunt, 1 46b 2
utilitatem rei familiaris pietati praeponit? qui hominibus fame laborantibus ac nuditate pascit tineas, curculiones ac uermes? qui quod habet infelici 2 1 17
iusti quibus possit armis, quibus possit uiribus, niteretur. igitur nouum ac paene incredibile committitur proelium. ultra morem diabolus pugnat, 1 4 18
sed quia mors apud incredulos futurorum putatur poenae compendium ac paene pro infecto habetur quod non diffamatur, censuit eos caelo et 1 47
ille ceruicem. uno uoto, una deuotione, ne quid profanum sit, diligenter ac patienter geritur, quod ab altero celebratur. sub tanto, non dicam 1 4 14
communi cum pecudibus lege fundimur a natura, quae est corporalis ac per hoc etiam breuis; alia uero animi, quam nos nobis ipsi hac in uita 2 4 8
ueniam, non secundum iussum; uolo autem omnes uos esse sicut et me, ac per hoc ideo nubere melius, quia uri deterius. *omnia* quidem *licent, sed* 2 7 2
minuitur nec augetur. sin uero ex utroque, patriarcharum semesa fides est ac per hoc illis constitutionis nostrae uidelicet decernendi sunt libri, ut 2 3 9
quoniam femina de uiro suo facta est alterque alteri tenetur obnoxius ac per hoc iure legis quoque linea una tanguntur, dubium non est horrendi 1 1 14
sed aeterna sit, ut ipse est, *duo* sunt ergo principia et quidem *repugnantia.* ac per hoc necessario requirendum nobis erit, quid sit fortius de duobus: 1 7 2
dies a deo circumcisionis priuilegium, non septimus, non nonus, accepit ac per hoc necesse est, ut utrumque inane sit, si infirmari potest alterum 1 3 4
non est, sed peccatori. peccator autem ille est, qui caritatem non habet dei ac per hoc operanti iram recte subiacet legi. atquin forte aliquis dicat: 'lex 1 36 17
sit autem ex natura tempus, ineptum satis est opus suo praeponere artifici ac per hoc solum interest, quod soli se sciunt. denique apud Esaiam ad 2 8 5
crudelitatis lugubris contemplatio retrahit a corona, tantum generosa ac perfecta fides quique illi fuerit cruciatus sua complicat uota. denique 1 11
nimis in arduo constituta, ut ad ea nisi cum summa difficultate, laboribus ac periculis magnis non possit ab aliquo perueniri. adde quod illa in solo 2 4 13
re indiget, quia ei praeter quod est nihil est necessarium. haec rura, urbes ac populos composita pace conseruat; haec circa regum latera securos 1 36 13
indicare quod nouerit? absit. indicat ille, sed nobis, quos cupit quod facit ac praedicat imitari. ergo inquit: *non est exaltatum cor meum,* docens 2 9 3
fuit, siluosis errantium palmitum crinibus uilis; quae cum per uoluptuosa ac profana loca lasciua passim se fronde diffundit, generauit pro fructibus 1 10b 2
tota deliciis fluens, uariis temporum redimita muneribus opes multimodas ac profundas promittit, ostentat, obicit, donat, speciem proponit suam 2 4 9
ueritatem falsa componunt, sed caelestibus testimoniis multis, manifestis ac puris, ut docti probent, minus instructi sese confirment, rudes discant 2 18 2
me forte minus peritum peccare compellis, ipsa te magnopere retundens ac redarguens confutabit, Salomone dicente: *altiora te ne quaesieris et* 2 3 16
rursus eas pro ingeniorum argumentorumque uiribus retractando ac refellendo consumit. sin uero, sicut necesse est, una est illa nobilis et 2 3 7
festiuitate lasciua, auaritia caeca, libidine percita, delicate tumentis ac reflabilis tori plumeo sepulcro superba. iactat se ludibunda per nemora, 2 4 9
dominum semper ingrati uariis molitionibus pugnant multisque diis ac regibus seruire gestiunt, qui uni deo per inpatientiam seruire minime 1 4 10
nunc primum omnium scire debemus hominis fabricam *ex* duobus *diuersis ac repugnantibus* comparatam *discordique concordia* esse connexam 2 4 8
carnis, quid est ergo quod credimus in ecclesia remissa peccatorum ac resurrectionem carnis?' facile, fratres, pugna ista concordat statusque 1 2 24
superba. iactat se ludibunda per nemora, fontes, prata, baias, ciuitates ac rura, uniuersis uoluptatibus saepta, in cupidinem sui utrumque sexum, 2 4 10
pectorum aperiunt cuncta penetralia, diligenter uniuersa crimina expellunt ac rursus diligenter accludunt, ne quid illo uel friuolum, inde quod 2 24 1
denuntiat. statim oculis apertis folia radiata procedunt, quibus subiecti ac se commendantes sequaces fructus adridunt, quos solis ardores, pluuiae 2 11 3
a deo perhibetur occisus. secundo imperat, ut intret ad fratris uxorem ac semen excitet fratris; qui ingressus semen suum fudit in terram. quod 1 13 1
uniuersa constituit, uirtute regit, maiestate custodit; solus indemutabilis ac semper aequalis, quia in se non admittit aetatem; solus sempiternus, 1 7 3
confecto, conceptu signata, quem uerae fornicariae habent perosum ac semper uitant, uiduitatis uestem rursus accepit. interea secundum 1 13 2
nobilis et aeterna, quia animus, qui uicerit mundum agnoscendo ac seruando religionem ueram ueramque iustitiam, inmortalitatis necesse 2 4 8
exserte hic alteri iubet, in opere nullus otiosus est? o sancta aequalitas ac sibi soli dignissima indiuiduae dealitatis! unus homo ad duorum 1 45 2
torum peregrina luxuria inspirat infeliciter quasi liberam facultatem ac sic eorum quoque feminas a pudore diuellit, quae desertae, ardore seu 1 1 13
tacitae noctis agnouerint, expeti a se aliquotiens alimenta contendunt; ac sic fidem rei quam reprobant faciunt. philosophi de anima uaria 1 2 3
talis est, ut auariorem faciat. plerumque plus tulit auaro quam praestat, ac sic saepe contingit, ut merito perdat etiam sua, qui desiderat aliena. 1 5 12
omnipotentiam nos doceret. sequitur ac dicit: *omnia per ipsum facta sunt ac sine ipso factum est nihil*. uideamus nunc, optime Christiane, 2 8 4
nostri Iesu Christi, qui *in omnibus omnia* est; qui uere aeternus est ac sine nocte dies; cui duodecim horae in apostolis, duodecim menses 1 33 4
estis lapidibus adamantinis meliores. exsultate, pueri, sacrae turris dulces ac sine pretio margaritae. felicia, exsultate, coniugia: meliores ornatui 2 6 10
ad coronam. nam postquam turbari urbem funesta conuentione cognouit ac singulos quosque ad funestum illud spectaculum trahi, contemptis 1 39 3
uiuificat, quia *non sub lege, sed sub gratia sumus*, quae nos diligere deum ac soli illi seruire in sacramento semel creditae unitae trinitatis non 2 3 2
omnia saecula pater in profundo suae sacrae mentis arcano insuspicabili ac soli sibi nota conscientia, filii non sine affectu, sed sine reuelamine 1 17 1
non sicut in Iudaeae templo plurimi, sed magnus, praeclarus, pretiosus ac speciosus unus est lapis, qui quadrae turris totam solus sustinet molem. 2 6 6
mansit. nam et haereses et schismata sic disseminantur, cum inflata fides ac spes dilectionis a fundamento uelluntur. quid autem sine caritate sint 1 36 19
sit omnium iure ipso regina. triumphet licet quibus uult uirtutibus fides, ac spes multa et magna proponat, tamen sine hac utraeque non stabunt: 1 36 10
candidam micuerunt; quae nullo adulterata fermento est, consparsa ac subacta diligenter. sal inditum est illi; leuigata est oleo gremiali, officiis 1 41 1
curam geris, pecuinam te esse cognoscis. an eius uirtutem diligis? frangit ac subigit illam quiuis dolor. an pulchritudinem? leuis et commutabilis res 2 4 15
amentiam citae mortis sorte satiare, dum subito manus iubetur extendere ac super caespitem [nudus] proiectus in faciem pedum extrema nudare. 1 39 7
Christianae fidelitatis felicitas maxima est fidei nosse naturam, quae talis ac tanta est, ut unicuique homini sua non ab alio commodetur, sed eius ex 2 3 1
melior alia tamen prior ipsa. erubesce, Christiana conscientia, uel tot ac tantis ex rebus quemadmodum rursum eadem quae es sis melior futura 1 2 21
fundamentum, inuictum aduersus diaboli impetus propugnaculum pariter ac telum, animae nostrae inpenetrabilis lorica, legis conpendiosa ac uera 1 36 4
diligenter, undique castra munienda, defensanda regalia fortiter ac tenaciter signa; aestus, frigus, famem, sitim uniuersaque discrimina 2 4 11
paucis expediam. omnis caro quam diu flagitiosis illecebris huius mundi ac tenebris feralibus agitatur, profecto pecuina est ac misero, fragili 1 2 25
dei uoluntas populis intimatur, per ipsam disciplina caelestis colligitur ac tenetur, per ipsam, inquam, genus omne peccati, ne quis inprudens 2 3 3
de imis praecordiis; clamat de profundis, sed quibus saeptus erat maestus ac tristis calamitatibus humanis! et clamat non uoce, sed corde, non 1 34 3
ut tollat. cui autem parcat, quae et mori momentis omnibus etiam friuolo ac turpi lucro festinat? quid igitur, miser homo, auri argentique metalli 1 14 2
uniuersaeque nationes gladio. per orbem totum uesana bacchatur nouis ac uariis artibus feruens, numquam quieta, non die, non nocte, non bello, 1 14 2
imbris ad maturitatem cogitur; et iustus temptationibus crebris, magnis ac uariis perducitur ad coronam. at ubi uindemiae uenerit tempus, id est 2 11 6
eia, fratres, quos beatae sitis exoptatus ardor incendit, cupiditate ac uelocitate ceruina lacteum genitalis fontis ad laticem conuolate. fortiter 2 14
pariter ac telum, animae nostrae inpenetrabilis lorica, legis conpendiosa ac uera scientia, daemonum terror, martyrum uirtus, ecclesiae pulchritudo 1 36 4
et Iudaeos et gentes uel ceteros antecedimus. incomparabilis autem gloria ac uere deo digna, cum uno consensu, una fide alter alterum commendans 2 6 5
displicere facinore, quod deo gerebatur auctore. o nouum spectaculum ac uere deo dignum, in quo definire difficile est, utrum sit patientior 1 4 14
deum, aut crudelem, si occideret filium, nisi quadam singulari ac uere diuina patientia inter religionem pietatemque negotium temperaret, 1 4 13
per ipsum et in ipso sunt omnia. nec uos moueat, fratres, saecularis ac uere puerilis inconsideratorum hominum disputatio, qui ideo iustum 2 8 9

quo me uertam, nescio. non enim uideo, quid in exhortationibus diuini	ac ueri cultus gentibus praedicem. felicitatemne uirginitatis? at habent suas,	2	7	11
qui hominibus fame laborantibus ac nuditate pascit tineas, curculiones	ac uermes? qui quod habet infelici tenacitate non aliis tantum, sed etiam	2	1	17
expers otii, expers satietatis, per fas atque nefas, artibus multimodis	ac uersutiis armata bacchatur, salutis suae alienaeque contemptrix, solum	1	5	2
extremorum pallido ex recursu uoluminum quasi ius terrae cognoscens	ac uiolare deuitans mira patientia in se frangitur, his denique fluctibus,	1	4	5
deus noster, fratres, humilis corde est et ineffabilis eius illa sapientiae	ac uirtutis potestas intra hominem susceptum iacet, magis admirabilior,	2	9	4
timoris quidem, fratres dilectissimi, uocabulum est unum, sed	accedente ratione timor discernitur a timore. fiunt enim duo: unus dei,	2	2	1
aliquid derogetur, tantumque se in ipso amat, ut oderit se sine ipso.	accedit ad cumulum, quod ideo *deus hominem ad imaginem et*	1	36	23
uero ibidem nec memoratum nec factum posse doceri nec natum. huc	accedit etiam ipsa praepostera memoratio, quoniam res est disconueniens	2	4	2
uirtuti consentit, deinde quia delicias plus diligit quam laborem. huc	accedit, quia bona carnis inuenit, non requirit, mauultque potiri uel paruis	2	4	13
non poterit, quia *caro et sanguis regnum dei possidere non possunt.*	accedit, quod circumcisio aduersus sabbatum pugnat, quod uiolandum ullo	1	3	3
ore, procul dubio eodem aut cessante aut aliter docente consumitur. huc	accedit, quod, nisi insinuationem legis omni deuotione succincta praecedens	2	3	1
regnum traditur patri, maior patris iniuria est, si est aliquando sine regno.	accedit, quod oramus cotidie, ut *adueniat regnum* patris, speramus et filii.	2	5	5
quid praetermitteret, quod ab alio saluti hominum praestari potuisset. eo	accedit, quod secundum carnem Dauid filius futurus esse canebatur; qui	1	3	18
quibus potes suppliciis tormenta grauiora, maioribus te furoris stimulis	accende, quamuis cruciatus exerce molem: nos a deo non potes separare.'	1	39	5
germanos astrorumque candentium polorum claritatis suae de plenitudine	accendit. hic, qui semel occidit et ortus est rursum numquam repetiturus	2	12	4
geminum de religiositate commercium, cum ad caeleste praemium populus	accenditur et de martyris meritis non siletur. sed quis illustris martyrii	1	39	1
consumpta, sua morte reuiuescens, menstrualis ignis solemni germine	accenso sumat rursus de fine principium. similiter Phoenix auis illa	1	2	19
criminator, qui, quod sensim serpat, serpentis nomen accepit, detestabili	accensus inuidia eum, quia per se non ualebat, aliena forma blanditus per	2	4	5
uero, quod magis est, sub sono legis ac fidei saecularis amore iactantiae	accensus nascentis dei de deo spiritusque sancti inaestimabilem	2	3	15
negotium temperaret, in spe non denegans deo, quod *contra spem*	acceperat a deo. igitur Isaac sibi dulcissimum filium, deo uictimam	1	4	13
uino, sal, ignis et oleum, tunica rudis et unus denarius; quem qui libens	acceperit acceptumque non spreuerit, sed in labore usque ad ultimum	2	6	8
agnos uenturo tempore, non inter haedos deputatur, qui pignus trinitatis	acceperit. denique expetisse atque accepisse describitur *monile, anulum,*	1	13	9
blandus, aestimare licet quid moliri potuerit incitatus, maxime cum a deo	acceperit facultatem, ut atrocitatis inueteratae in examen iusti quibus possit	1	4	18
Abraham, fratres dilectissimi, quale diuinae pietatis munus	acceperit, uetustae legis gesta testantur. Sarra uxor eius non inferior longae	1	43	1
testantur. tauros, arietes, hircos et agnos a domino saepe reprobatos	accepimus. quid ultra? non potest, fratres, ullum celebrare mysterium,	1	19	2
idolatriae aedibus nunc usque aliquatenus comparari? nam et Salomonis	accepimus templum luculento opere fuisse constructum atque ita	2	6	2
haedos deputatur, qui pignus trinitatis acceperit. denique expetisse atque	accepisse describitur *monile, anulum, uirgam.* quibus ista significatio	1	13	10
octauus dies a deo circumcisionis priuilegium, non septimus, non nonus,	accepit ac per hoc necesse est, ut utrumque inane sit, si infirmari potest	1	3	4
in cuius perpetuitate commanens in aeternum a patre filius regnum nec	accepit aliquando nec posuit; semper enim cum ipso regnauit, cata	2	5	8
at liuidus ille criminator, qui, quod sensim serpat, serpentis nomen	accepit, detestabili accensus inuidia eum, quia per se non ualebat, aliena	2	4	5
filii casibus laetatur et gaudet et se dominum promeruisse triumphat.	accepit iam praemia, quae meretur; diuinae enim explorationis temptamina	1	43	6
se. tamquam aurum in fornace probauit illos et quasi holocaustomata	*accepit illos et in tempore erit respectus illorum. iudicabunt nationes et*	2	5	6
nam et risit Sarra munus iuuentutis subiens in senecta, unde nomen	accepit infans, qui post haec Abraham sacratam deo approbat mentem.	1	43	2
fornicariae habent perosum ac semper uitant, uiduitatis uestem rursus	accepit. interea secundum condictum haedus mittitur, fornicaria quaeritur	1	13	2
euidenter nos edocet iura, quae nobilitatem generis sui non a parentibus	accepit, non liberis tradit; ipsa est sibi uterque sexus, ipsa omnis affectus,	1	2	20
et incipit esse, quod non erat. sequitur, quod uiduitatis uestem rursus	accepit, non utique ut quae fecerat faceret, sed ut defleret se fecisse quod	1	13	12
iustitiam praeterire. pro quo tam illustri facinore cibos a deo inmortales	accepit, quos edacitas delibare nequiret: sua enim deminutione crescebant.	2	1	20
at fortasse adhuc quispiam dicat: 'cur ipse quoque signaculum carnis	accepit, si ei necessarium non fuit?' huius propositionis quae sit ratio,	1	3	17
praemiumque non circumcisionis, sed in acrobustia meritae repromissionis	accepit. unde manifestum est Abraham gemini populi typum in semet ipso	1	3	7
habuit: Her, Aunan, Selom. hic mulierem, cuius nomen est Thamar,	accepit uxorem maiori filio suo. qui filius cum maligne domini ante faciem	1	13	1
at illa promisso expetit pignus, magis illo contenta quam praemio	accepitque ab eo eius monile, anulum, uirgam; tumque negotio confecto,	1	13	2
exsultate, fratres in Christo,	acceptaeque indulgentiae regale beneficium diligenter, fortiter ac fideliter	1	42	1
saluete, hodie nati fratres in Christo,	acceptaeque indulgentiae regale beneficium diligenter, fortiter ac fideliter	2	29	1
per te legitima ieiunia celebrantur, per te allegatae priusquam fundantur	acceptantur preces. tu es sacrificium deo carum, tu legitimum dei	1	1	21
hic Samaritanus est, daemonium habet; *stabularius* doctor est legis, qui	acceptis *duobus denariis*, id est duorum testamentorum salutaribus monitis,	1	37	10
pater *est constitutus*? quid, quod Melchisedech, summus ipse sacerdos deo	acceptissimus huius fuit cicatricis ignarus? quid, quod cum praeputio	1	3	5
priorem inueniat, cui primum iustitiam crudi funeris soluat. quo nuntio	accepto dei seruus *scidit uestimenta sua*, non ut deo inuidiam faceret, sed	1	15	5
uos armaturam dei, ut possitis uos constare aduersus nequitias diaboli	*accepto scuto fidei, per quod poteritis omnes sagittas illius mali, quae sunt*	1	38	6
prophetam: *non est mihi uoluntas circa uos, dicit dominus, et sacrificium*	*acceptum non habeo ex manibus uestris. quoniam a solis ortu usque in*	1	25	7
altissimus. hic quaerite, Christiani, sacrificium uestrum an esse possit	acceptum, qui uicinarum possessionum omnes glebulas, lapillos et surculos	1	25	10
ararum carne tua deterges, iocaris, blandiris, obsequeris. et si quod forte	acceptum relatumue fuerit a fanatico solemne mysterium, ipsa suscipis,	2	7	17
adoptiua pinguedine absumptus, immo pinguedo ipse factus, totusque	acceptum translatus in honorem nouae frondis promotione ramis	1	2	27
ignis et oleum, tunica rudis et unus denarius; quem qui libens acceperit	acceptumque non spreuerit, sed in labore usque ad ultimum perdurauerit,	2	6	8
habuerit aut filius tradendo quod habeat perditurus, cum et pater quod	accepturus est habeat et filius non careat quod daturus. totum pater, totum	2	5	9
regnum non stare *diuisum*. unde non sic sentiendum est, fratres, ut pater	accepturus sit quod non habuerit aut filius tradendo quod habeat	2	5	9
et factum est, euangelista dicente: *tunc reliquit eum diabolus et ecce angeli*	*accesserunt et ministrabant ei.* unde dubium non est unum esse iter aerii	1	37	13
essemus? exaltati filii Israel, quando ad Iordanem securus ab Horeb	accessit. quid cotidiana dei colloquia? *ipsi autem me spreuerunt:* ad crucem	1	61	8
esset multarum gentium, hic iustitiam non didicit, sed genuit. non illum	accessus infecerat urbium. non habuit legem, cuius conuersatio lex fuit.	1	62	1
quia non artis est timere quod metuas; metuis autem *quod* tibi *nolis*	*accidere*. exsistit quippe diuersis ex modis, cum aut exaestuat aliquo reatu	2	2	1
ordinationis propago formata: ad principium aetas peracta reuocatur,	accingitur de sterilitate fecunditas, ut impleretur, quod scriptum est per	1	59	3
intellegat populus Iudaeorum. ab auctore itaque coepit furoris horror;	accingitur turba feralis et ad inuisibilem suspensum gladiorum mucro	1	59	9
Iudaeos legitimum pascha celebrare non posse paucis	accipe, Christiane. Salomonis templum hostili uastatione subuersum cum	1	51	
discedant, procul dubio hoc sunt, quod sese esse unicuique confitentur.	accipe et alia exempla et quidem certiora. primo in libro Regnorum	1	2	8
quod opus tenebrarum dilexerint, destinati. uer sacrum fontem debemus	accipere, cuius diuite ex alueo Fauonio non uento, sed spiritu sancto	1	33	2
me et pro te. piscem primum a mortuis ascendentem Christum debemus	accipere, cuius ex ore duo denarii, id est duo testamenta prolata sunt, quae	1	37	5
ei promittit, id est, quae sit peccatori peccati merces, ostendit. quam	accipere deuitauit, quia inter agnos uenturo tempore, non inter haedos	1	13	9
gestum est, ignis alterum, quod futurum. mare fontem sacrum debemus	accipere, in quo, quibus aquis dei serui liberantur, iisdem, qui non fugiunt,	2	26	3
fetae sueto more fomenta; neque enim, fratres, his poterat indigere, quae	accipere in uterum meruerat filium animarum omnium saluatorem. o	1	54	4
etenim labia inquinata duos populos Iudaeorum gentiumque debemus	accipere, qui, cum essent anterioris uitae facinoribus inquinati — unus	1	37	3
legitimo examinis numero examinatus. scrobem fontem sacrum debemus	accipere, qui uera sarmenta homines suscipit mortuos et inspiratos aqua	2	11	4
illustret. non ergo carnale hoc domicilium imaginem dei debemus	accipere, sed caelestis hominis spiritalem, quam in se credentibus dominus	1	27	3
illustret. non ergo carnale hoc indumentum imaginem dei debemus	accipere, sed caelestis hominis spiritalem, quam nobis plenitudinis suae pio	2	30	3
prosecutus est. *et magnificabis me*; quod dictum, fratres, non sic debetis	accipere, ut operis sui laudem sibimet soli deberi testatus sit, qui in	1	25	8
iustus, nisi recipiat secundum facta sua, quae gessit, iniustus. non ergo sic	accipiendum est, quemadmodum ab inprudentibus aestimatur. ceterum	1	35	2
praestat agonem. propter hoc dabit deus uobis signum: ecce uirgo in utero	*accipiet et pariet filium et uocabis nomen eius Emmanuel. butyrum et mel*	2	8	7
fratres, nauis typus est synagogae: eius proretam sacerdotale corpus	accipimus, nautas scribas et pharisaeos, iacturam uasorum repudiationem	1	34	7
autem mundus est iste tumidus; fluctus eius Iudaeorum populos et *gentes*	accipimus, qui aduersus deum inaniter *fremuerunt*. sors Ionam	1	34	8
turpitudo aut ueritate aut imagine perpetratur. praemia aut tradit aut	accipit, corrumpit aut corrumpitur, inicit amorem, paulo post odium de	1	1	7
sacram legem qui spiritaliter	accipit, fratres, iste est, eius qui fructu lactatur. Iudaei etenim cum	1	8	1
carnatus ascendit in caelum. hic, inquam, de quo Paulus ait: *qui*	*accipit regnum, regnat et tradet deo et patri*, et cetera. quid hinc	2	5	4
antecedit auaritiam: homines enim illa possidet, ista deum. adhuc	accipite, ad propriam sedem palmamque propositam quanto amore, qua	2	1	13
uitia uulnusque mulieris, dum de uirgine nascitur, curat. signum salutis	accipite! corruptelam integritas, partum est secuta uirginitas. Adam	1	3	19
si ei necessarium non fuit?' huius propositionis quae sit ratio, fratres,	accipite. igitur qui uenerat hominem uiuificare, per hominem necesse	1	3	17
non est. nam et Iohannes apostolus in euangelio quid praedicet, fratres,	accipite: *in principio*, inquit, *erat uerbum et uerbum erat apud deum et*	2	8	3
unde, fratres, in tali re non loquela est exhibenda, sed cura, quam paucis	accipite. iram dei generaliter comminantis qui uult effugere, debet illi	1	10a	
atque perpetuo, quod, ut saturi semper ac felices esse possitis, esurienter	accipite. pater familias panem uinumque pretiosum uobis ex usibus suis	1	24	1
delictorum taciturnitate, non uoce. quorum quis quid sit consecutus,	accipite: qui totum sibi ipse promiserat, inanis, qui nihil praesumpsit,	2	9	9
celebrare non posse, sed religionis diuinae prorsus nihil retinere, paucis	accipite. Salomonis templum, de quo praesumebant, cecidit. altaria dei ipsi	2	17	
spiritu saluabit. sed et dominus ipse nos pio promisso quid hortetur,	accipite. *uenite*, inquit, *qui laboratis et onerati estis et ego reficiam uos.*	2	9	4
penetralia, diligenter uniuersa crimina expellunt ac rursus diligenter	accludunt, ne quid illo uel friuolum, inde quod excluditur, reuertatur. mira	2	24	1
possunt; quae peccata cum dissimulando praetereunt, non adimunt, sed	accludunt; quae reum, qualem inuenerint, talem quoque dimittunt; quae in	2	24	1
cum sarda mirabili. Tobias peregrinus fluuialis piscis interanea diligenter	accurat et assat. Iohannes camelarius deuote praecurrens de silua mel	1	24	3
quem deus uidit, quem conscientia redarguit, quem fratris sanguis	accusat. quid inpatientiam Sodomorum, ubi inlicite uiri opprimebantur a	1	4	9
conceperit; et ecclesia quasi legis adultera Iudaeorum est a senioribus	accusata, quod sabbatum ruperit, quod eorum traditiones abiecerit.	1	13	12
quem pater patientissimus et clementissimus abdicauerit, et quidem non	accusatione, sed probatione conuictum. denique iniuriae suae testes citat	2	21	
ne per mare pedibus se ambulasse non credat. aduersus Theclam	accusator acerrimus linguae exserit gladium, cum suis sibi ministris	2	2	6
nunc hilaris, nunc humilis, nunc elatus, nunc ebrius, nunc ieiunius, nunc	accusator, nunc reus; iocatur, ludit, pallet, tabet, suspirat, zelat,	1	36	26

aestimat inueniri; cui securitatis profectus est nullus, etiam si contingat ei accusatore carere, teste conscio, cum se ipso carere non possit, quia 2 10 1
se ream praebere debere quam deo. interea instant illi ex amatoribus accusatores effecti crimenque suum in simplicitate circumuentae 1 1 18
celauerat faciem, non celat uentrem. defertur fornicationis rea sine labore accusatoris uidua praegnans. irascitur socer, eam produci iubet atque 1 13 3
istae sunt tenebrae? inest omnibus et ab omnibus, quasi non sit, arguitur; accusatur et tamen colitur; iugulat et amatur. inuincibile profecto 2 1 8
a Pharaone populoque eius Israel dei populus captiuitatis ingenti iugo acerrime premebatur. hunc deus praecipit proficisci, duce Moyseo uidelicet 2 26 1
per mare pedibus se ambulasse non credat. aduersus Theclam accusator acerrimus linguae exserit gladium, cum suis sibi ministris publicae leges 2 2 6
inlaesa planta calcabit. sed nec ipsum quoque diabolum, qui uere est acerrimus Sagittarius, formidabit umquam, uariis atque igneis sagittis 1 38 6
quae in pari causa ipsi praestatori nihil prodesse possunt. at uero nostrae aceruatim absoluunt quicquid inuenerint nec aliquid subsiciui esse 2 24 1
principio fuisse, id est informem indigestamque latentis naturae congeriem aceruo quodam magnitudinis suae per se in se manentem; *postea uero* 1 7 1
saporis de summa certantibus obrutum pectus saepe crudis atque acidis uomitibus inurguetur, in quo musti uestri dulcedo saecularis uini 1 24 1
ripas medium scissum mare, ductisque dextra laeuaque aggeribus in aciem stipatis undarum, saluo liquore arefactam profundi in semet contra 1 18 1
sit ille fidelis, qui sacra in praedicatione non ultra, quam licitum est, aciem suae tetenderit mentis; eo enim res deducta est, ut fides nostra per 2 3 12
uiuacitate mundo senescente detrita *obtundam uerbis palpantibus* aciem ueritatis ac non plene denuntiem, obseruantiae qua perfectione dei 2 7 5
tollitur a natura, in obliquos horrores insani uertuntur orbes oculorum, acies dentium spumosis horrida globis inter labra liuentia stridit, intorta 1 2 6
in duos producitur cultros, sed eorum unus est morsus; et gladius duas acies gerit, sed sunt unius corporis latera; et denarii sunt duo, sed una 1 37 14
deitatem, maiestatem uoluntatemque patris et filii contestans; duas acies, id est duo testamenta gerens, quorum regalibus monitis et creduli 1 37 2
turris totam solus sustinet molem. cui non innumerabilis uarie famulatur acies ualidissima columnarum, quia illi septem solae sufficiunt; non aeneum 2 6 6
mentis mancipes rapuerunt, quem oblatum sibi iubet crudelissimus rector acri obseruatione detineri. ad futurae gloriae testimonium tale beatus 1 39 4
ad egestatem postmodum deuolutus, praeteritorum bonorum recordatione acrius torquereris. 1 9
circumcisus est, placuit praemiumque non circumcisionis, sed in acrobustia meritae repromissionis accepit. unde manifestum est Abraham 1 3 7
animae. huius rei testes sunt nobis duo homines propheticum carmen suis actibus exponentes, pharisaeus et publicanus dei stantes in templo. 2 9 8
ipsa intulit mundo, per quos aut in quibus diabolus colitur, quorum in actibus origo monstratur. ipsa Iouem innumerabilibus uariis magnisque 1 1 11
ac necessario recipiant secundum quod mundanae administrationis suis in actibus portant, recte dicentes: *quisque suos patimur manes*. nos uero, 1 2 4
essent habituri sepulcra, nescirent, caelum promittentes sibi, pro quorum actibus, si posset, ipsa quoque erubesceret terra, postremo deos esse 1 13 4
at si utraeque partes iudicio uacant, quomodo unicuique merces pro suo actu reddetur? sine causa etenim laborare uidebitur iustus, nisi recipiat 1 35 1
speramus et filii. uacat ergo praesentis temporis regimen utroque cessante actumque est de mundo mundique tota substantia, si uel uno momento 2 5 5
orationis compta mendacio, armata uocis tuba et gladio linguae omnes actus ad se trahit, congregat turbas, contionatur. lites sic discernit, ut 2 1 6
diligit aurum et argentum, non tantum deos colere, sed eorum mores et actus imitari. cuius rei facilis probatio est, illa cum interim, quae nostra 1 14 4
crebris et rapidis se semper expugnans; animus infidelis etiam sibi; actus improuidus, instabilis, caecus, incautus, inconstans, totus concitatus 1 4 7
regale beneficium diligenter, fortiter ac fideliter custodite. etenim omnis [actus] uester contractus ablatus est. securi gaudete: nihil saeculo iam 1 42 1
esse mendacem, tanto propensius eius de pietate praesumunt statimque actus ueteris uitae damnantes pro salute redimenda non solito more ad 1 34 9
exserit gladium, cum suis sibi ministris publicae leges insaniunt; stimulis acuitur feritas in ferocitatem et tamen hominibus mitior inuenitur. ne quid 2 2 6
temptat, omnia momento disturbat, mater criminum, curiositatis magistra, acumen temeritatis, auctor detestabilium pariter ac magistra malorum. 1 4 7
Petrus nomen imposuit), id est sua doctrina formatos, spiritus sancti lima acuminatos constituit uiros apostolos omnesque discipulos. quorum 1 3 16
scribentis. calamus fissus est, fratres, duosque uertices gerit in unius acuminis tenuitate digestos, unam litteram utroque conficiens; cui si unum 1 37 4
scriptum est enim: *et dixit deus ad Iesum: fac tibi cultellos petrinos nimis acutos et adside et circumcide secundo filios Israel.*' uideamus nunc ergo, 1 3 14
gradus in caelum leuare consueunt. hanc in Apocalypsi Iohannes bis acutum gladium cum uno capulo nuncupauit, quem ex ore domini prodire 1 37 2
secundum dei sententiam, unde sumptum est, refundatur; dicit enim deus ad Adam: *maledicta terra erit in omnibus operibus tuis; in tristitiae gemitu* 1 2 30
eo ferro mactauit arietem, quo filium percutere iam parabat. a filio ad agnum transtulit dextram semper laetatus et gaudens nec mutatus est 1 43 7
omnium fontem matremque uirtutum. quae praeter ceteras tota se ad alienas utilitates colligit atque explicat sciens, quid deo principaliter 2 1 11
praebiturus. ecce carissimi, ut ait apostolus, *contra spem* natum Abraham ad aram filium immolaturus domino auctore perducit nec deest ad 1 59 6
et pro ipsorum tantummodo caecitate maerentem, ut Isaac non periturum ad aram, ita ad crucem Christum sublimandum nefarii perduxerunt. sed 1 59 8
pater dubitasse uideretur, si flesset. deuotus sic stricto uultu puerum ducit ad aram, stringit gladium medium, pectus fidei militabat; non pallescit 1 62 4
spe potiundi praecipitat, ne gratis homo uideatur occisus. sed nos non ad auaros, sed de auaris sermonem fecimus, fratres; alioquin solis diuinis 1 5 17
semper ardor animatur. erit geminum de religiositate commercium, cum ad caeleste praemium populus accenditur et de martyris meritis non 1 39 1
peccatorum, sicque cunctos in unam Christi corporis gratiam congregatos ad caelestia regna perducit per dominum et saluatorem nostrum Iesum 1 6
tympanum quatiens populum Christianum ducit, non in eremum, sed ad caelum. 2 26 3
scire nos par sit, in quo habitu regnaturus sit homo iste noster, qui tendit ad caelum, ne forte cum carne depereat, uana spe si captus fuerit caduca 1 2 24
uniuersa conficiens atque concludens patri et Adam reportauit et iter ad caelum omnibus se sequentibus patefecit. 1 37 15
inuenitur. igitur Iacob habet imaginem Christi, sed et lapis ipse, quem ad caput suum posuisse cognoscitur, quoniam *caput uiri Christus*, qui 1 37 1
temnentes uersuta disputatione, praetermisso deo de deo exeunte, ad communia humanitatis nomina, quae possunt argumentis attingi, patris 1 45 1
desertoresque puniuntur. hanc Esaias in modum forcipis uidit; quibus ad conflanda labia inquinata ab uno de seraphim ex ara dei sublatum 1 37 2
sine ambiguitate non tantum suam praesentiam exhibet, sed etiam ad consulta respondet liberiusque canit mortuus, quam canere consueuerat 1 2 8
missa per mundum mortem domini aduentumque testatur, sicut ad Corinthios scriptum est: *annuntiatis mortem domini, donec ueniat*. 1 37 6
cogitur; et iustus temptationibus crebris, magnis ac uariis perducitur ad coronam. at ubi uindemiae uenerit tempus, id est persecutionis dies, 2 11 6
sacrilegii horrore percussus paululum distulit pugnam, iam debitus ad coronam. nam postquam turbari urbem funesta conuentione cognouit 1 39 3
tantummodo caecitate maerentem, ut Isaac non periturum ad aram, ita ad crucem Christum sublimandum nefarii perduxerunt. sed quia nescit 1 59 8
ab Horeb accessit. quid cotidiana dei colloquia? *ipsi autem me spreuerunt:* ad crucem enim perduxerunt, per quam crucem euaserant Pharaonem. sed 1 61 8
praecepto uirginitas prouocatur, sed nec continentia relicta repellitur. ad cuius fidem, carissimi, auctorem habemus, sanctum uidelicet Abraham, 1 59 1
cogitatione puniri, quem nefarium fuerat etiam tardius adorari. ad cuius immanis ausi saeuitiam metuenda elementorum forma mutatur et 1 59 9
derogetur, tantumque se in ipso amat, ut oderit se sine ipso. accedit ad cumulum, quod ideo *deus hominem ad imaginem et similitudinem suam* 1 36 23
quas idolatriae, de qua diximus, disseminatae uenena confecerant, ad dei cultum bonae uitae exemplis sacraeque legis religiosis 1 13 5
hanc perpetuam futuri regni consortem, sine qua nemo possit omnino ad dei notitiam peruenire. unde primo omnium definiendum puto, quid sit 1 3 1
Noe non inuenit, cum quo diluuium fuisse conferret; per hanc Abraham ad dei peruenit amicitiam; per hanc Isaac praeter ceteros enituit; per hanc 1 36 7
nitantur, quod hominibus, quos perditos cupiunt, magis proficiat ad dei timorem et ipsis nihil prosit ad utilitatem? sane recte hoc facere 1 2 7
quos per fidem genitalis unda concepit, per sacramenta iam parturit? ad desiderata quantocius festinate! solemnis hymnus ecce iam canitur, ecce 2 28
feliciter grandinatur, cum *in profundo maris die* demoratus *ac nocte* ad deum clamans incolumis inde respuitur. Ionas adaeque propheta ad 1 34 4
hanc obseruantiam, hunc timorem, quod est uerius atque iustius, transfer ad deum et, quale uelit illud sit, repente exstinguetur incendium. sed sic 2 7 9
una fide alter alterum commendans deuotione consimili conuertuntur ad deum et sacerdos et templum. exsultate igitur, fratres, 2 6 5
si consurrexistis cum Christo, quae sursum sunt quaerite, ubi Christus est ad dexteram dei sedens. possumus et sic, fratres, intellegere: hoc de 1 37 12
et propter ipsum et auctorem per ipsum impleta est. denique sic ad discipulos ait: *omnis scriba doctus de regno caelorum similis est patri* 1 37 9
spiritu metet uitam aeternam. at uero dominus euidenter hoc edocens sic ad discipulos ait: *simile est regnum caelorum homini, qui seminauit bonum* 1 2 28
sibi perniciosum eorum in captiuitatibus quaerunt. at ubi uentum fuerit ad diuini certaminis campum coeperintque sacri nominis telo pulsari, tunc, 1 2 6
dicens: *nouissimis diebus circumcidet deus cor tuum et cor seminis tui ad dominum deum tuum amandum*. hinc nunc uobis iterum dicam: 1 3 13
dominus est? hanc superbiam propheta tumidi cordis euitans sic infit ad dominum: *domine, non est exaltatum cor meum*. cum scriptum sciat: 2 9 3
o sancta aequalitas ac sibi soli dignissima indiuiduae dealitatis! unus homo ad duorum imaginem et similitudinem fingitur nec tamen in eo, quid cuius 1 45 2
inuisibilia, tarda et abscondita, sed etiam nimis in arduo constituta, ut ad ea nisi cum summa difficultate, laboribus ac periculis magnis non possit 2 4 13
uxoris Lot. sed et apostolus sic: *quemadmodum reuertimini rursus ad ea, quae infirma et egena sunt elementa?* ascendentes uero sunt iusti, 1 37 12
mihi crede: in te colis, cuius ornatum, cuius imaginem non deponis. ad ecclesiam dei opere uario totum inaurata corpus, exsecrabili metallo 1 14 6
tuam faciem deformabit praestans aliquando et beneficium, cum te iubet ad ecclesiam non uenire. sed multo peius est, si places marito: neque enim 2 7 15
et cultu, quasi promota somniis, illas scholares calumnias dei usque ad ecclesiam transmiserunt, ut in ipsa quoque, si insanire cuiquam libeat, 2 9 2
praecedit, necubi crimen excuses. per mare ambulas; *ueloces pedes tuos ad effundendum sanguinem* dextra laeuaque in se refugiens unda testatur. 2 16
quorum os maledicto et amaritudinis plenum est; ueloces pedes eorum ad effundendum sanguinem; contritio et miseria in uiis eorum et iter pacis 1 3 11
in eremo aquam de petra bibisti, manna de caelo gustasti, ut, cum esses ad egestatem postmodum deuolutus, praeteritorum bonorum recordatione 1 9
impiorum unam, quae ducit in Tartarum, piorum aliam, quae ducit ad Elisium, eo fortius addentes, quod defunctorum ibidem non tam formae 1 2 4
genere Iudaeos scriptura denotat ab auribus incipiens: *clamaui*, inquit, *ad eos et non audierunt; clamabunt ad me et non erit, qui exaudiat eos.* 1 3 10
Iudaeorum quoque sacrificia <a> deo repudiata cognoscite, qui dicit ad eos in Esaiae libro: *quo mihi multitudinem sacrificiorum uestrorum?* 1 25 6
mysteriis coaptata cognoscat? hiems namque pigra, sordida et tristis ad eos pertinet, qui idolatriae deseruientes, mundanis uoluptatibus 1 33 2
genuit, ubi ingressis paucis hominibus innumerabilis multitudo processit et ad eremum dominus perduxit *manu forti et brachio excelso*. exaltatus est 1 61 7
ut caelestes effecti terram desiderare non norint. denique illi post mare ad eremum peruenerunt, nos post baptismum ad paradisum peruenimus. 1 46b 3
illam esse ueram uitam, cum idem animus custodia carceris liberatus ad eum locum, unde uenerit, reuertatur. si ergo hoc ille sensit, qui non 1 2 2
uultibus uestit alienis, hoc futura, non quod natura praestitit, sed quod ei ad examen speculi arbitrium temporale dictauerit. nunc emendat, nunc 1 1 10
ultra licere non puto quam ut sit aut continens aut maritus. uenio nunc ad exempla, quae sunt negotio uel maxime necessaria, quia plus est quod 1 1 15
martyrii prior solet domino confiteri. ductus est tandem beatus Archadius ad exoptatum iustis orationibus locum, et intuens caelum stetit deo 1 39 7
hic igitur infans, e cuius uita paternus affectus et maternus pendebat, ad explorationem fidei suae diuina uoce postulatur ad uictimam. 'uolo, 1 43 3
opus est ire per singula; quamuis et haec non fuerint dictu digna, tamen ad exprimendam uim impudicitiae uisa sunt necessaria, ut sciat 1 1 12
inquit autem, *modo per speculum in aenigmate; tunc autem facies ad faciem erit*. unde dubium non est in corporibus nostris, dum mortis 1 2 29

offertur, immaculata hostia nec uictima imparata, qui testis diuini timoris ad fidem a domino poscitur, a parente perducitur, sed hostia non 1 59 2
absolui meruit, dum humanum ex se deponit timorem et, quantum ad fidem pertinet, pater promissa compleuit, dominus parricidium probata 1 59 7
ac per hoc solum interest, quod soli se sciunt. denique apud Esaiam ad filium *sic dicit dominus deus sabaoth: fatigata est Aegyptus et mercatus* 2 8 5
scriptura teste a deo perhibetur occisus. secundo imperat, ut intret ad fratris uxorem ac semen excitet fratris; qui ingressus semen suum fudit 1 13 1
turbari urbem funesta conuentione cognouit ac singulos quosque ad funestum illud spectaculum trahi, contemptis uniuersis facultatibus suis, 1 39 3
omnis iniquitatis. Israel populus Christianus, qui proficisci iubetur, ut ad futura contendat. Moyses et Aaron per id, quod erant, sacerdotium, per 2 26 2
quem oblatum sibi iubet crudelissimus rector acri obseruatione detineri. ad futurae gloriae testimonium tale beatus Archadius debiti martyrii 1 39 4
uenerat Christus. non cognoscitur a socero: ad Iudaeos enim, non ad gentes prophetae fuerant destinati. *fornicariam putat*: recte, quia 1 13 9
praeceptum differri non potest. praestiteras, mater, cum sterilis esses: ad gladium nascitur puer. talem casum nemo doluit, nec quae genuerat 1 62 4
fuit in martyris deuotione constantia, ut omni corpore paratus uenisset ad gloriam. mox itaque deuotum corpus carnifex uidit, statim cadentis 1 39 7
auxilium maiestatis omnique non pedum uelocitate, sed mentis, pii fontis ad gurgitem conuolate! uos constanter inmergite, saluo salutis statu *ueteris* 2 23
poscitur, a parente perducitur, sed hostia non sanguinis, sed salutis. ad hanc igitur gloriam tardi partus ubertas et fecunditas desperata 1 59 2
denique eremo exciperis, quo te nunc peruenisse cognoscis; ubi sane ad hoc aquam de petra bibisti, manna de caelo gustasti, ut scires, miser, 2 16
omnes timores, quoscumque inuaserint, incremento conficiunt; hic solus ad hoc crescit, ut immortalem, quem possederit, faciat. 2 2 7
non resurrexit. at si resurrexit, humano generi formam dedit, quoniam ad hoc deus pro homine mortis iura gustauit, ut homo per deum ius 1 2 11
celebramus, qui ad hoc *recubans obdormiuit*, ut uinceret mortem, ad hoc euigilauit, ut beatae resurrectionis suae in nos munus inmortalitatis 1 38 4
praedone descendet, solum quod oculos infelices inanemque conscientiam ad hoc in maligni fulgoris cupidinem diram spe potiundi praecipitat, ne 1 5 16
sacrae historiae, fratres dilectissimi, ad hoc nobis est tradita legenda narratio, ut maiorum, si fieri potest, 1 15 1
protestatur, *leonis* est *catulus*, cuius ista pia sacramenta celebramus, qui ad hoc *recubans obdormiuit*, ut uinceret mortem, ad hoc euigilauit, ut 1 38 4
ingratus. per mare pedibus ambulasti, ut patereris in terra naufragium. ad hoc sane in eremo aquam de petra bibisti, manna de caelo gustasti, ut, 1 9
sancti spiritus semine a mortuis rursus gloriosos in angelos excitabit. ad hoc unum euidens adhuc proferamus exemplum, quamuis non possit 1 2 27
promissa compleuit, dominus parricidium probata uoluntate prohibuit. ad huius ergo personam Christi refertur uerecunda natiuitas, sed uirginalis 1 59 8
carissimi, intrepidus ad ministerium immolationis armatur; libratur ad ictum uulneris securus animus, sed securior manus; elatus in 1 59 7
exprimendam uim impudicitiae uisa sunt necessaria, ut sciat unusquisque ad idolatriam pertinere luxuriam. ipsa, inquam, mortuorum sepulcra 1 1 12
quam Moyses annuntiauerat, circumcisio. scriptum est enim: *et dixit deus ad Iesum: fac tibi cultellos petrinos nimis acutos et adside et circumcide* 1 3 14
alligari profundaeque noctis feralibus tenebris obcaecatum miserabiliter ad ima deferri. sed quia inexstinguibilis pestis incendio totus mundus 1 5 1
ad imaginem et similitudinem nostram (et fecit, inquit, *deus hominem ad imaginem et similitudinem dei)*, et alio loco dicat: *ego sum qui sum et* 1 27 2
pertinet partes, uideamus, quid sit quod deus ait: *faciamus hominem ad imaginem et similitudinem nostram (et fecit,* inquit, *deus hominem ad* 1 27 2
uacuus se duobus angustum; mirantur elementa hominem, qui factus sit *ad imaginem et similitudinem dei*, posse iugulari, et hoc a fratre. erubescit 1 4 9
plurimis, habitatori ulla ne querela subesset, sollertia mira perfecit, tunc *ad imaginem et similitudinem suam fecit sibi ipse simulacrum sensibile* 2 4 4
humani sensus opinationes excludit, quippe cum dicat: *faciamus hominem ad imaginem et similitudinem nostram*; non inquit: 'fac ad tuam', sed ait: 1 45 1
ut oderit se sine ipso. accedit ad cumulum, quod ideo *deus hominem ad imaginem et similitudinem suam fecit*, ut contemplatione imaginis 1 36 23
ergo ubi purum deum significat, sic dicit in Genesi: *et fecit deus hominem ad imaginem et similitudinem dei*, et in Psalmis: *deus autem rex noster* 2 5 2
ad nos pertinet, uideamus, quid sit, quod deus ait: *faciamus hominem ad imaginem et similitudinem nostram (et fecit,* inquit, *deus hominem ad* 2 30 2
ad imaginem et similitudinem nostram (et fecit, inquit, *deus hominem ad imaginem et similitudinem dei*), et alio loco dicat: *ego sum qui sum et* 2 30 2
in poena sui corporis iustum. namque summo capitis a uertice usque ad imos ungues pedum plaga inimici percussus populosis ulceribus non 1 15 5
tam figura quam oraculis frequentibus publicauit. igitur 'dei filius' ad ineffabilem originem pertinet, 'hominis' ad sacramentum. cuius 2 4 3
quereris, qui quod habes nescis. quicquid feceris, nihil horum tecum ad inferna portabis; quod enim naturae est, de loco ad locum transferri 1 14 3
dimersi inde nouello nouellique cum die resurgentes nobiscum possint ad inmortalitatis gloriam peruenire. 1 57
ab auctore itaque coepit furoris horror; accingitur turba feralis et ad inuisibilem suspensum gladiorum mucro conuertitur. nec inde, ut dixi, 1 59 9
praesumebant, cecidit. altaria dei ipsi euerterunt. *lex et prophetae usque ad Iohannem*. sacerdotibus eorum luctus indicitur. immolatio aufertur. 2 17
gentilitatis exclusa bibituri essemus? exaltati filii Israel, quando ad Iordanem securus ab Horeb accessit. quid cotidiana dei colloquia? *ipsi* 1 61 8
sed et Moyses ipse, cuius asserunt se saepe discipulos, eodem spiritu ad Israel loquitur dicens: *nouissimis diebus circumcidet deus cor tuum et* 1 3 13
adsertor pudoris eius nondum uenerat Christus. non cognoscitur a socero: ad Iudaeos enim, non ad gentes prophetae fuerant destinati. *fornicariam* 1 13 9
sed quia nescit aeternitas mori, uiuit dominus post sepulcrum, et ad Iudaeos remansit sola damnatae uoluntatis inuidia, qui dominum nec 1 59 8
sanctus ingressus ait, cum illa ad supplicium duceretur: *reuertimini ad iudicium; falsum enim isti contestati sunt de ea.* stupet populus, quod a 1 40 2
credit, iam iudicatus est? hoc dicendo *exemit iudicio fideles, non admisit ad iudicium infideles.* at si utraeque partes iudicio uacant, quomodo 1 35 1
falsum enim isti contestati sunt de ea. stupet populus, quod a supplicio ad iudicium repetendum reuocaretur addicta. falsos testes pauor inuadit. 1 40 3
afferre uindemiam. inde est, quod hodie uestro de numero nouellae uites ad iugum perductae, scaturientis musti dulci fluento feruentes uinariam 1 10b 3
in quibus aeternae fructus est uitae, et defenditur pariter et nutritur. ad iugum peruenit, cum praerogata omni facultate pauperibus crucem 2 11 6
cuius tutela defensus sese sustollat. at ubi adoleuerit in uitem perfectam ad iugumque peruenerit, eius omnes crines luxuriosi falce tonduntur, pura 2 11 2
numquidnam dixit: Abraham circumcisus est et deputatum est illi ad iustitiam? cum igitur integer, sicut Enoc et ceteri, sit iustificatus et 1 3 6
quid enim scriptura dicit? *Abraham credidit deo, et deputatum est illi ad iustitiam.* numquidnam dixit: Abraham circumcisus est et deputatum 1 3 6
omnia possibilia credenti. unde *Abraham credidit deo et deputatum est illi ad iustitiam*; qui ideo iustus, quia fidelis; *iustus enim ex fide uiuit*; ideo 1 36 6
ardor incendit, cupiditate ac uelocitate ceruina lacteum genitalis fontis ad laticem conuolate. fortiter bibite, ut semper uobis aqua sufficiat, hoc 2 14
quos nectarei fluenti dulce murmur inuitat, lacteum genitalis fontis ad laticem conuolate incunctanter ac fortiter bibite, dum licet, superfluentis 1 12
rogare non norunt; iam uiduae atque inopes testamenta conficiunt. plura ad laudem huius beatitudinis uestrae possem dicere, nisi essetis mei. unum 1 14 9
post haec si libet nubere, omnia illa mentita es. quid hoc est? ecce rursus ad lenocinia redis, colorem de pyxide mutuaris paulo ante damnatum. ecce 2 7 8
uniuersae cessabunt; tolle spem, et interempta sunt omnia. quid facit ad litteratorem puer, si litterarum non speraf fructum? quid ratem 1 36 3
nihil horum tecum ad inferna portabis; quod enim naturae est, de loco ad locum transferri potest, ei autem subtrahi non potest. denique aurum 1 14 3
inpudicitia mentiente in publicum traxerant, probatam et uindicatam ad mariti thalamos cum ingenti triumpho uictrix pudicitia reportauit. sed o 1 1 19
procedit. noua res, ut iure spiritali unusquisque nascatur. ultro currite ad matrem, quae tunc non laborat, si quos parit numerare non possit. 2 28
iustitia expeditior sequitur Christum. ui tempestatis, solis atque imbris ad maturitatem cogitur; et iustus temptationibus crebris, magnis ac uariis 2 11 6
adridunt, quos solis ardores, pluuiae uentique exercendo prouehunt ad maturitatemque perducunt. at ubi uindemiae uenerit tempus, decore 2 11 3
ab auribus incipiens: *clamaui,* inquit, *ad eos et non audierunt; clamabunt ad me et non erit, qui exaudiat eos.* similiter et de manibus dicit: *manus* 1 3 10
quantum spiritaliter mediocritas nostra conicere potest, computatus ad mensuram palmes competens intellegitur legitimo examinis numero 2 11 4
portat et ligna. Iacob patienter uaria exhibet pecora. Ioseph promotus ad mensuram praerogat cunctis annonam. sane si quis aliquid 1 24 2
Abraham ad aram filium immolaturus domino auctore perducit nec deest ad ministerium gladius, ut pater esset pariter et sacerdos. consimilis filii 1 59 6
nec pium se credidit, nisi probasset fidelem. denique, carissimi, intrepidus ad ministerium immolationis armatur; libratur ad ictum uulneris securus 1 59 7
quos uidere optabat. et iterum: *texit caelos uirtus eius*, eo quod apostolos ad mirabilia facienda spiritus sanctus obumbrauit et texit. et denuo *caeli*, 1 61 3
non domos? digne, digne iugulantur quae Christi ingratae beneficiis sponte ad mortem, de qua euaserant, reuertuntur. cum igitur semper insidietur se 2 7 12
ex persona hominis, quem adsumpserat, ait: *tristis est anima mea usque ad mortem.* quod dictum non tam timentis quam exsultantis ac docentis 1 2 31
bona illa tempestas, sorte ductus naufragus redditur, immo a ligneo ad nauigium uitale transfertur. qui ut est dimissus in altum ferinaeque 1 34 6
absentem esse assiduis uocibus inclamabat. hunc uero profitentem ad nefandam custodiam noxiae mentis mancipes rapuerunt, quem oblatum 1 39 4
nocte ad deum clamans incolumis inde respuitur. Ionas adaeque propheta ad Nineuitas missus a deo est, eorum ut imminere ciuitati interitum 1 34 5
humanis asseri possunt, quam a deo facta sunt uel uidentur. itaque quod ad nos pertinet, uideamus, quid sit, quod deus ait: *faciamus hominem ad* 2 30 2
repromissae inmortalitatis inaestimabili beatitudine perfruetur. sed quid ad nos, quid illi dicant? insignis uir sicut ait noster: *nouit deus cogitationes* 2 1 15
et similitudinem nostram; non inquit: 'fac ad tuam', sed ait: *faciamus ad nostram*, ne quam filius hominem induturus pati uideretur iniuriam. 1 45 1
quam nemo nouit nisi ipse solus, qui fecit. itaque quod specialiter ad nostras pertinet partes, uideamus, quid sit quod deus ait: *faciamus* 1 27 2
peior est causa, quia exaltatio cordis ad paucos pertinet, oculorum elatio ad omnes. de quibus Iohannes discipulis quid praedicet, omnibus est in 2 9 5
locutus sum non intellegentibus explanabis. denique hoc alibi manifestius ad omnes discipulos ait: *ite ergo et docete omnes gentes intingentes eos in* 1 37 7
qui uoluntate sua se parit, diuinae legis agnitione construit decorem, ad omnia genera uirtutum intrepidus corrigit, praeceptis omnibus fideliter 2 2 4
sed etiam nos omnes in aliqua constitutos angustia recreare consueuit. *ad oues suas tondendas pergit*, id est, ab hominibus iustis bonorum operum 1 13 8
exspectet. cum res sic se haberet, eius uxor moritur. qui consolatus cum ad oues tondendas pergeret suas atque hoc Thamari nuntiaretur, quae 1 13 2
denique illi post mare ad eremum peruenerunt, nos post baptismum ad paradisum peruenimus. illis inrorata est esurientibus manna, nos autem 1 46b 3
uicta sit autem, si dissimulatio celebritatem eius obscuret. nunc ad patientiae reuertamur uirtutem, quae maioribus nostris illustri uirtute 1 4 12
unito in lumine una dignitas retinetur. si quid enim filio detraxeris, ad patris, cuius habet totum, iniuriam pertinebit nec est in illo aliquid, 2 5 10
neque elati sunt oculi mei. oculorum peior est causa, quia exaltatio cordis ad paucos pertinet, oculorum elatio ad omnes. de quibus Iohannes 2 9 5
nesciunt, sed nec ipsi qui sciunt, quia legis scientiam obseruantiamque ad perfectionem perducere nullis rationibus possunt. si ex credulitate, non 2 3 9
sed et dominus ipse in euangelio hanc exprimit rationem dicens ad Petrum: *mitte hamum in mare et piscem, qui primus ascenderit, aperto* 1 37 5
ac lubricos, *qui inter pios impiosque sint medii* nullam partem tenentes ad plenum, cum utramque tenere non desinunt. fideles non sunt, *quia* 1 35 4
per hominem, *quem gerebat, et spem uincendae mortis offerret* et eum *ad praemia inmortalitatis admitteret.* sicque factum est, ut, quomodo per 2 4 7
omnes inimici eius sub pedibus eius inimicaque destruatur mors. hi autem ad principalem uim retulerunt, in cuius perpetuitate commanens in 2 5 8
et speranda saeculis post futuris diuinae ordinationis propago formata: ad principium aetas peracta reuocatur, accingitur de sterilitate fecunditas, 1 59 3
antecedit auaritiam: homines enim illa possidet, ista deum. adhuc accipite, ad propriam sedem palmamque propositam quanto amore, qua deuotione 2 1 13
deminuerunt ueritates a filiis hominum. uana locuti sunt unusquisque ad proximum suum; labia dolosa; in corde locuti sunt mala. disperdat deus 2 9 2
nec concipi nec disci quicquam poterit nec doceri. nam profecto sola est, ad quam prorsus res omnis spectet, dubium quippe cum non sit spem, 1 4 1

ut nec filios habeant nec maritos. talis est etiam causa maritorum, ad quos aliquid loqui superfluum est, quia, si uxor et maritus *in carne* sunt 2 7 11
nobiscum possint inmortalitatis per aerium tramitem cursu seruato ad repromissionis tempus, ubi in perpetuum quis oritur, peruenire. 1 44 2
pedum meorum. quam mihi aedificabitis domum? aut quis locus ad requiem mihi? omnia enim ista fecit manus mea. in euangelio quoque 2 6 3
iustitias: unam ciuilem, alteram naturalem. quarum fecit apertissime, cum ad Romanos loqueretur, apostolus mentionem dicens: *nam iustitiam dei* 2 1 2
publicauit. igitur 'dei filius' ad ineffabilem originem pertinet, 'hominis' ad sacramentum. cuius sacramenti arcanum euidenti ratione quasi quadam 2 4 3
effunditur, ut uita beata pretiosae mortis uindemia comparetur. dies uero ad sacramentum pertinet resurrectionis domini nostri Iesu Christi, qui *in* 1 33 4
descendentes sunt, qui saeculo renuntiantes rursus reuertuntur ad saeculum, de quibus dominus ait: *nemo retro attendens et superponens* 1 37 12
non potuit. libidinum commutatione uaria gaudet semper et paenitet, ad satietatem numquam lubrica utilitate perueniens. desiderat facere quod 1 1 9
hinc unus pecuniam suam tamquam hamum proponit, ut facultates ad se attrahat alienas; quam peregrinantem ferali supputatione nutrire non 1 5 12
meritorum quibuslibet passim sua munera infulcit, maxime indignis, ut ad se colligat turbas; ille numquam remunerat quemquam, nisi primo quis 2 4 14
compta mendacio, armata uocis tuba et gladio linguae omnes actus ad se trahit, congregat turbas, contionatur. lites sic discernit, ut seminet. 2 1 6
namque dei metus in ecclesia continet, sed tamen eos mundana uoluptas ad se trahit. *impii non manent, quia his dei nomen in honore est*; *pii non* 1 35 5
quod elegerit, tributura et ut iure possit implere, quod gerit. qui ad se ueniunt, professionem credulitatis ab eis solam ideo, quia eorum 2 3 3
interire. gentes, quae ista non credunt, tamen cum libamine infausto ad sepulcra concurrunt et a mortuis, quos in quiete tacitae noctis 1 2 3
diutius diei sui demoretur in uita, sed fidelis semper, semper intrepidus ad sepulcrum noctis cognatae contendit scius in ipso se habere quod uiuit; 1 2 18
actus ueteris uitae damnantes pro salute redimenda non solito more ad stupida simulacra concurrunt, non aris foetentibus funestos excitant 1 34 9
iustitiam stultitiae, iniustitiam sapientiae uocabulis infamantes. quae si ad sua corrigas propriisque sedibus reddas, inuenies iniustitiae magis 2 1 4
caeca, tempestas insana, rapacitas sine fine, sollicitudo sine requie, ad sua numquam perueniens uota, quia satiari non nouit. fidem frangit, 1 21
ipso orbe contenta. totum possidet et de inopia queritur semper. denique ad sua numquam peruenit uota. quantum fuerit auctior, fit tanto miserior: 1 5 2
fratres, ut spiritales uiros ullo tangamus errore, maxime cum prophetia ad sui dicti iam peruenerit ueritatem. Iesus enim Naue Christi imaginem 1 3 16
hominibus uiolenta infertur manus. ad torcular conportantur; id est ad supplicii locum deducuntur. ab operariis ibidem conculcantur, hoc est 2 11 6
tunc in puero sancto Daniele spiritus sanctus ingressus ait, cum illa ad supplicium duceretur: *reuertimini ad iudicium; falsum enim isti* 1 40 2
auctoritati: exsultant adulteri, damnatur integritas. iamiamque Susanna ad supplicium immerens trahebatur, iam totus populus in eius sanguine 1 1 19
diabolus infamaret, qui non potuit pudoris fundamenta subuertere. ibat ad supplicium non adulterum corpus, in quo extrema libido senilis 1 40 2
diem nec ipsi morienti puero subuenit, haec a cunis ipsis infantiae usque ad supremos exitus cuiusuis aetatis utroque generi salutare munus inpertit; 1 3 23
in horum inquisitione exaestuans propheta dicit: *de profundis clamaui ad te, domine.* clamat namque de profundis, id est de imis praecordiis; 1 34 2
dicit: *Hierusalem, Hierusalem, quae interficis prophetas et lapidas missos ad te, quotiens uolui colligere filios tuos sicut gallina pullos suos sub* 2 6 3
fatigata est Aegyptus et mercatus Aethiopum; et Sabain uiri excelsi ad te transibunt et tui erunt serui et sequentur te alligati compedibus et 2 8 5
pro ueteri uinea, quae a domino in Aegypto fuerat instituta, postulabat ad tempus nouellae profecisse, inscriptio ipsa tituli psalmi lecti declarat; sic 2 11 1
in thesauro naturae depositum incolume requiescere, quod in hoc mundo ad tempus perspicitur interire. similiter in inferno diues ille tenacissimus, 1 2 9
clusis dolore gemitibus saepe intermortua spiritu, labentibus membris ad terram incertas reddebas exsequias, cui magis lacrimas commodarent: 2 7 7
quaeris? sed et alio loco hoc, quod agitur, euidenter expressit, cum ad Timotheum loquitur instruendum his uerbis: *hortatus sum, ut* 2 3 17
id est inconsiderate sanctis hominibus uiolenta infertur manus. ad torcular conportantur; id est ad supplicii locum deducuntur. ab 2 11 6
hominem ad imaginem et similitudinem nostram; non inquit: 'fac ad tuam', sed ait: *faciamus ad nostram*, ne quam filius hominem induturus 1 45 1
uniuersi homines, quam dici potest, superfluum est demorari. unde nunc ad ueram iustitiam ueniamus, omnium fontem matremque uirtutum. quae 2 1 11
senis adhuc paruulus, cui pietas et miseratio maior debetur, postulatur ad uictimam; cui si per humanam fragilitatem aliqua in corpore infirmitas 1 43 3
diuinum praecipue custodiuit. cuius immolatione ille quoque gauderet, qui ad uictimam parabatur. aries haerebat in uepre implicitus spinis, capite 1 43 8
et maternus pendebat, ad explorationem fidei suae diuina uoce postulatur ad uictimam. 'uolo, dixit deus, mihi fieri sacrificium, Abraham, tuis 1 43 3
uirginitatis? at habent suas, et si non felices, habent tamen. sin uero ad uiduitatis sudorem gloriosum palmamque prouocauero, nobis fortassis 2 7 11
sui uiuum inest mare, non quod naufragos faciat, sed quod naufragos ad uitam suauem perducat; non aurum, non argentum, quia in suis 2 6 6
quem qui libens acceperit acceptumque non spreuerit, sed in labore usque ad ultimum perdurauerit, turri completa inaestimabiles diuitias in ea 2 6 8
a Christo secundum tabulas legis confessorum sanguinis uindicta usque ad ultimum quadrantem exigitur. calcatores de eodem musto bibunt; et 2 11 7
praecordia inplacabilis cupiditas pestifera flamma repleuerit. sed haec non ad uos, fratres, quorum largitas prouinciis omnibus nota est, quorum pia 1 14 8
non hodie mihi ad uos sermo est, fratres carissimi, de humanis gestis aut meritis nec 2 18 1
diuersi, mox unum futuri? fontanum semper uirginis matris dulcem ad uterum conuolate ibidemque uos uestra nobilitate fide scientes, 1 55
quos perditos cupiunt, magis proficiat ad dei timorem et ipsis nihil prosit ad utilitatem? sane recte hoc facere existimarentur, si sub praetextu alieni 1 2 7
ne uestra integritas mutiletur, ne ingruentium peccatorum rursum, sicut Adae et Euae spiritale praeputium, male repetita nuditas condemnetur, ne 1 3 24
conparanda confessio? Maccabaeorum est iungenda numero, Eleazari est adaequanda proposito, conparanda consilio. Archadius beatissimus martyr 1 39 9
dari non potest, quia si uerbis dari potest, poterit et uerbis auferri; nosci adaeque non potest, quia fieri potest, ut quis aliud gestit in labris, aliud in 2 3 11
die demoratus *ac nocte* ad deum clamans incolumis inde respuitur. Ionas adaeque propheta ad Nineuitas missus a deo est, eorum ut imminere 1 34 5
et hircorum nolo; quis enim exquisiuit ista de manibus uestris? per alium adaeque prophetam spiritus sanctus clamat et dicit: *praecingite uos et* 1 25 6
ut imago sit dei, inspiratur a deo in *animam uiuentem*. concepit spiritum adaeque, quem nescit; intrantem non uidet, exeuntem non potest prohibere. 1 56 3
sapientiam? quia fieri non potest, ut uerus sapiens non sit et iustus, iustus adaeque uerus non sit et sapiens, quia iustus esse non potest stultus neque 2 1 9
inde est, quod stulti praeponunt corpus animae, idolum deo. sed nos, qui Adam abiecimus, Christum induimus; qui, quae uis, qui exitus, quae 2 4 18
causa supersit, periturum se, nisi ueritatem requirat, agnoscit; si enim Adam curat, certe, in qua delicti omnis est summa, isto remedio curare 1 3 9
Isaac aliud offertur et aliud immolatur, ita et in passione Christi quod per Adam deliquerat, per Christum liberatur. 1 59 9
spiritaliter intuentibus patefecit: *homo* enim adgressuram passus Adam esse cognoscitur, *latrones* diabolus et concupiscentia, *Samaritanus* 1 37 10
ista non tam salutem pollicetur quam locum caputque criminis monstrat. Adam etenim, cum illicitum pomum hoc membro decerpit, sic in genus 1 3 8
incunabulis mundi mors ut iugularet ac iugulet, ab ipsa prorupit. denique Adam in arce cum esset adhuc paradisi constitutus beatissimusque beati 1 4 8
carceri nouem mensibus relegasti. tu Euam in Mariam redintegrasti. tu Adam in Christo renouasti. tu sacram crucem in salutem perdito iam 1 36 29
eorundem saluti, quos amabat, necessariam praeuideret. certe Adam ipsum sic ante fecisset. at fortasse quispiam dicat: 'peccator ergo 1 3 5
dei sententiam, unde sumptum est, refundatur; dicit enim deus ad Adam: *maledicta terra erit in omnibus operibus tuis; in tristitiae gemitu* 1 2 30
atque martyrium, spiritale corpus spiritalis feminae effunditur, ut legitime Adam per Christum, Eua per ecclesiam renouaretur. hoc nos, fratres, 1 3 20
Iesus Christus mysteria uniuersa conficiens atque concludens patri et Adam reportauit et iter ad caelum omnibus se sequentibus patefecit. 1 37 15
salutis accipite! corruptelam integritas, partum est secuta uirginitas. Adam similiter dominica circumciditur cruce, et quia per mulierem, quae 1 3 20
saltem suae pietatis affectum. hic facibus suis Euae pectus incendit; hic Adam suis telis occidit; hic Susannam conatus est duorum seniorum aut 1 36 26
uos estis huius operis firmamenta. exsultate, iuuenes: uos estis lapidibus adamantinis meliores. exsultate, pueri, sacrae turris dulces ac sine pretio 2 6 10
partibus et discitur et docetur. adde quod tota nec intellegitur nec tenetur. adde quod a quolibet pro ingenii qualitate argumentis asseritur. adde quod 2 3 5
tenetur. adde quod a quolibet pro ingenii qualitate argumentis asseritur. adde quod ab omnibus appetitur et a nullo completur. adde quod index dei 2 3 5
deum. cum haec ita sint, a quibus, quomodo, unde pascha celebratur? adde quod agnum legitimum suo uitio, quem inuenerant, perdiderunt. 1 46a 2
circumcisionis nota exprimeret Iudaeum, credulitatis iustitia Christianum. adde quod circumcisio ista non tam salutem pollicetur quam locum 1 3 8
spes si non ametur. adde quod fides sibi soli prodest, caritas omnibus; adde quod fides non gratis pugnat, caritas autem etiam ingratis conferre 1 36 11
fides non gratis pugnat, caritas autem etiam ingratis conferre consueuit; adde quod fides non transit in alium, caritas parum est dicere transit in 1 36 11
alium, caritas parum est dicere transit in alium quae transit in populum; adde quod fides paucorum est, caritas omnium; adde quod spes ac fides 1 36 11
stabunt: fides primo omnium si se ipsam non amet, spes si non ametur. adde quod fides sibi soli prodest, caritas omnibus; adde quod fides non 1 36 11
nos in quo uincimus, quia pro sua sanctitate Christianae plus nubunt. adde quod gentibus, quod sine dolore magno uel gemitu non potest dici. 2 7 11
difficultate, laboribus ac periculis magnis non possit ab aliquo perueniri. adde quod illa in solo genitali uersatur, ille peregrinus est. illa sine 2 4 14
asseritur. adde quod ab omnibus appetitur et a nullo completur. adde quod index dei uoluntatis est, non dei originis aut naturae. sequitur 2 3 5
qui enim suam conscientiam non timet, is est, qui deum non timet. adde quod lex partibus et discitur et docetur. adde quod tota nec 2 3 5
quae transit in populum; adde quod fides paucorum est, caritas omnium; adde quod spes ac fides tempus habent, caritas autem finem non habet, 1 36 11
is est, qui deum non timet. adde quod lex partibus et discitur et docetur. adde quod tota nec intellegitur nec tenetur. adde quod a quolibet pro 2 3 5
quae ducit in Tartarum, piorum aliam, quae ducit ad Elisium, eo fortius addentes, quod defunctorum ibidem non tam formae quam facta noscantur 1 2 4
quantus et qualis est; solus perfectus, quia non potest illi aliquid nec addi nec minui; solus omnipotens, quia ex nihilo uniuersa constituit, 1 7 3
ea. stupet populus, quod a supplicio ad iudicium repetendum reuocaretur addicta. falsos testes pauor inuadit. tremit diabolus, quod ipsius commenta 1 40 3
dedecus suum sacrilegio dotantes *membra Christi* daemoniorum seruis addicunt, *dei templum* profanis patefaciunt, sacraria usque ipsa denudant, 2 7 12
sed in illis, quae magna ab hominibus hoc putantur in saeculo. at *cum addidit: super me*, ostendit numquam se elatum fuisse, cum posset. nulli 2 9 6
mortuus est et resurrexit, sic et deus eos, qui dormierunt in Iesum, adducit cum eo. nam et deus per Ezechielem prophetam loquitur dicens: 1 2 12
†pius aut filius ederit partus effusione perciperet†. sed utrisque <aetas> ademerat spem sobolis: pignus succidaneum meruerunt. sic meruit fides 1 43 1
spem sobolis: pignus succidaneum meruerunt. sic meruit fides quod ademerat tempus, extorsit credulitas quod natura denegauerat. Abraham 1 43 1
enim haec exquisiuit de manibus uestris?. utique, fratres, incunctanter eis ademit pascha, qui id, per quod ab eis pascha geritur, reprobauit. 'at 2 25 2
necesse est iudicare credentem? iudicium enim ex ambiguis rebus exsistit; adempta ambiguitate iudicii non desideratur examen. ex quo ne *infideles* 1 35 2
huius mundi secretus, conuersatione limpidus, mente limpidior, usque adeo circumspectus atque inreprehensibilis, ut dei sit testimonio 1 15 2
sed terreni per orbem totum dispersionis futurae denuntiabat exitium. adeo eos in eremum inde perduxit uulneraque detestabilis mentis curanda 1 18 2
gaudio, tristitudine, nunc macie deformis, nunc enormis pinguedine, usque adeo incertus, ut idem in duobus per orbem totum non possit inueniri 2 30 2
quod cum nititur, auaritiae utique partes agit, quae est inimica iustitiae. adeo inde est, quod frumento paucorum horrea plena sunt, inanis 2 1 16
omne ius in uiribus habet: quod facere praeualuerit, aestimat rectum. adeo sine ulla reuerentia diuinae atque humanae religionis delet abrupte 2 1 7
futurorum, sine qua nec praesentia quidem ipsa stare posse perspicimus. adeo tolle spem: torpet humanitas tota; tolle spem: artes uirtutesque 1 36 2

facinorosa facinorosorum et colenda crimina et imitanda persuadet. adeo uiris contra dei legem deique iustitiam euagandi *extra legitimum* 1 1 13
Iudaeo deterior Christianus dei filium deum esse non credant. quos uellem adesse paulisper auremque praesenti commodare lectioni, ut edicerent 1 25 1
magnificus, fratres dilectissimi, saeculorum pater adest dies, omni genere fructuum fetibus pollens, diuite sinu, momentis 2 13
placens, cum subito, quauis uersutia qui fallitur numquam, confestim adest in Daniele puero deus. omnem repente malitiae scenam diripuit, 1 1 19
socer, eam produci iubet atque incendio concremari. at illa constanter adest, sibi quae non inpudicitiae, sed futuri scilicet indicii negotium 1 13 3
in unum sibimet conuenire diuersae religonis diem, quo tibi ecclesia, illi adeunda sint templa. quo genere unusquisque suum sacrificium 2 7 14
ac ne ipsum, quo res agitur, quia quod uoluitur semper, in momento quid adferat dubium est. sed oculis patentibus caeci dilatant horrea, terras 1 5 7
se credentes *baptizat spiritu sancto et igni*, ipse tunc quoque numero suae adfuit trinitatis. denique rem sacramento gestam esse cognosce. in 2 27
sui meminerant esse deceptam, hac re ipsa nato consilio capere dolo adgrediuntur ac, nisi culpae succumbat, ueluti adulterae deprehensae 1 1 17
pauet iudicii diem pellique se plangit, confitetur sexum, confitetur adgressurae tempus et locum et nomen proprium confitetur discessumque, 1 2 6
duobus denariis, id est duorum testamentorum salutaribus monitis, adgressuram hominem passum latrocinio diaboli angelorumque eius et 1 37 10
scalae sacramentum spiritaliter intuentibus patefecit: *homo* enim adgressuram passus Adam esse cognoscitur, *latrones* diabolus et 1 37 10
hos duos denarios a Samaritano stabulario pro eo, qui a latronibus adgressuram passus fuerat, dominus datos esse commemorat. quae 1 37 10
benedicit deum facultatesque suas contemnendo custodit. at ubi diabolus adgressuris tantis nihil se profecisse cognoscit, omnem impietatis suae 1 15 4
nullo puerum maternorum uiscerum prosecutae sunt damno. nulla adhibita rudi fetae sueto more fomenta; neque enim, fratres, his poterat 1 54 4
cupiditate antecedit auaritiam: homines enim illa possidet, ista deum. adhuc accipite, ad propriam sedem palmamque propositam quanto amore, 2 1 13
adaequanda proposito, conparanda consilio. Archadius beatissimus martyr adhuc demoratur in saeculo et iam martyr recitatur in caelo. 1 39 9
meo. quo uocabulo gentiles homines sine dubio comprehendit, in quibus adhuc erant opera terrena. hoc est ergo quod ait: *audi caelum et terra*, 1 61 4
[cui beatus Archadius ait:] o insania hominum! fraudauit te furor tuus; adhuc erat in uictima domini quod posses auferre: amputandam linguam 1 39 6
mel et fauum ori meo! haec, fratres, si quis libenter crediderit, largiores adhuc escas inueniet, quibus, si diligens fuerit, semper et se et alios bonis 1 24 4
non est pax ista, sed bellum; non osculum, sed uenenum. pro nefas! adhuc fumantia busto complecteris membra sudoremque sordidarum 2 7 17
astruit, destruit. nec ulli dabit quod non habet, sed potius ut non habeat, adhuc ipse disquirit. uideo praeterea, sicut assertorum indicant nomina 2 3 6
posse sine lege; alioquin ista innumerabilis simplicitate sua felicior turba adhuc mortis imperio subiaceret, si legis periti tantum iustificari 2 3 2
ut iugularet ac iugulet, ab ipsa prorupit. denique Adam in arce cum esset adhuc paradisi constitutus beatissimusque beati orbis imperio potiretur, 1 4 8
Abraham sacratam deo approbat mentem. unicus ille filius solliciti senis adhuc paruulus, cui pietas et miseratio maior debetur, postulatur ad 1 43 3
magis nihil habebit, quia tractatus, qui eas genuit uel cotidie generat, adhuc potest generare. e diuerso prouocatus rursus eas pro ingeniorum 2 3 7
a mortuis rursus gloriosos in angelos excitabit. ad hoc unum euidens adhuc proferamus exemplum, quamuis non possit ueri simile tantam uim 1 2 27
in augmentum hominis praeputium facinorosi cordis incidit. at fortasse adhuc quispiam dicat: 'cur ipse quoque signaculum carnis accepit, si ei 1 3 17
uenit inimicus eius et superseminauit zizania in triticum. at fortasse adhuc quispiam dicat: 'si caro perit, unde cognoscitur ille, qui resurgit?' 1 2 29
prouidet, cuius loco electus fuerat, requirebat. sed traduntur tenerae adhuc uinculis manus [et], ne quid minus ab hostia uideretur; pedem 1 59 6
suffragantia tota illa ornamenta medentur, nisi quod a false plangentibus adhuc uiuenti rapiuntur. unde, fratres, sicut ueri Christiani, *quasi hospites* 2 4 16
nec fuit ullus ulli usquam solacii locus. nam hominem uiuum, ut adhuc usque, consumebat labor, gemitus, impietas, dolor, aegritudo, 2 4 6
perire naufragio. haec Iudaeus praedicat, fratres, et tamen deo demens adhuc usque non credit, qui est benedictus in saecula saeculorum. 1 29 2
dominus noster incunctanter est Christus, quem ante omnia saecula pater adhuc utrumque in semet ipso deus beatae perpetuitatis indiscreta spiritus 1 56 1
saeculi non mutatur; mitem humilemque retinet ubique pastorem. post adiecit: *si non humiliter sentiebam, sed exaltaui animam meam.* uideamus, 2 9 8
acuminis tenuitate digestos, unam litteram utroque conficiens; cui si unum adimas, alterius inanis est usus. unde recte testamenta sunt duo, quae 1 37 4
propria, nulli priuata. etenim damnum patientur ubertatis et gratiae, si adimatur, quod uno eodemque aestu alterum ex altero decoratur. 1 7 4
deputatus patiatur iniuriam; idonea laus enim non est, cui principatum adimit peraequatio. at cum omnes omnino memorati omnesque felices eius 1 4 19
denique non habentibus diuitias habendi inicit cupiditatem, habentibus adimit satietatem. ita omnes in rabiem una tempestate praecipitat, ut 1 14 1
noctis cognatae contendit scius in ipso se habere quod uiuit; denique adimitur ei ortus, si ei auferatur occasus. luna quoque, quae uere rationis 1 2 18
liberare non possunt; quae peccata cum dissimulando praetereunt, non adimunt, sed accludunt; quae reum, qualem inuenerint, talem quoque 2 24 1
dicens: *hic est deus noster et non deputabitur deus alius absque ipso. qui adinuenit uiam prudentiae et reuelauit eam Iacob puero suo et Israel* 2 8 6
quae credere non didicit, sed praesumpsit, edicat mihi, perniciosa ista adinuentio tractatus sui quo proficit pugna. 'ne fides, inquit, intereat, cum 2 3 8
trium puerorum martyrium qui credit interritus, potest etiam ipse adipisci martyrium. tanta enim uis certaminis fuit, ut eam ipse quoque 1 22 1
exsultemus fide,iucundemur bona conuersatione, ut perpetuam uitam adipisci mereamur per dominum Iesum Christum. 1 33 4
extra periculum ieiunare. et Ionas timens dominum spontaneum non timet adire naufragium, ceto inhiante miserabilius sepelitur quam praecipitatur et 2 2 5
quaerentibus diabolus, aestimate, quid faciat inuitatus, cui omnes nocendi aditus reserati praestant sine pugna, sine ullo labore uictoriam. non enim 2 7 13
si sub praetextu alieni nominis inuasa optinere potuissent. at cum diuina adiuratione in eculeo spiritali et qui sint nolentes edicant et inuiti 1 2 7
pro qua sollicite laboratis, ne, dum aliquid postulat, erubescat. beata cum adludit in pueris, beatior cum <in> adolescentibus lapsus feliciter timet, 1 1 5
alterius; quod parentes filios, filii parentes oderunt; quod amicitia in facie adludit quam in cordibus commoratur; quod omne genus humanum suo 1 14 7
tabulatis infertur, nodis adstringitur, ne a ligno, quo portatur uel cuius adminiculo uel ducatu in uberes fructus longius inuitata producitur, ui 2 11 2
inter fumidos ignes pallenti aruina, funesto sanguine perlitare, ut illiciti administratione ministerii Christi panis mentibus possit expelli. sed dum 1 39 2
quam facta noscantur ac necessario recipiant secundum quod mundanae administrationis suis in actibus portant, recte dicentes: *quisque suos* 1 2 4
natiuitate, contra omni reatu iam liberi mundi estis infantes et, quod est admirabile et gratum, subito uno momento facti aetatibus diuersis 1 38 1
conuenire. denique nec inrorati camini eis baptismatis defuit gratia. o admirabile incendium! o uere spectaculum deo dignum! qui audiunt, 1 22 2
est uiuit. ambo sibi gloria, ambo claritatis exemplum, ambo dei cultus admirabile saeculis testimonium. felix orbis fuerat, fratres, si omnes sic 1 4 15
illa sapientiae ac uirtutis potestas intra hominem susceptum iacet, magis admirabilior, quia tantus est et talis. et homo curiosus cor suum extollit 2 9 4
quoniam, quantum quis crediderit, tantum beatitudinis et habebit. o admirabilis et uere diuina sacrosancta dignatio, in qua quae parturit non 1 55
erat apud deum et deus erat uerbum; hoc erat in principio apud deum. admirabilis gratia, fratres dilectissimi, conspicuae ueritatis, quae dum 2 8 4
esse persensit. denique arsit incendium incendentibus, non incensis. o admirabilis ratio! o inaestimabilis gloria dei! sacramento trinitatis tam 1 48
est, fratres, quamque salutare, quem paulo ante ridiculo habueris, admirari; cuius exsecratus sis corruptelam, optes imitari uirtutem; quem 2 29 3
sicque illa medica feliciter curiosa diu admirata mulierem uirginem, admirata infantem deum ingenti gaudio exsultans, quae curatum uenerat, 1 54 5
statim edax illa flamma sopitur sicque illa medica feliciter curiosa diu admirata mulierem uirginem, admirata infantem deum ingenti gaudio 1 54 5
uerecunda detulerat. sub hac igitur, carissimi, desperatione natiuitatis et admiratione progenitus in primis infantiae rudimentis iubenti ac deposcenti 1 59 2
aliquam demonstra uirtutem: impera montibus, ut transferant sese; in admirationem tui rictu blandiente leonum rabies euanescat; sub gressibus 2 3 14
non credit, iam iudicatus est? hoc dicendo *exemit iudicio fideles, non admisit ad iudicium infideles.* at si utraeque partes iudicio uacant, 1 35 1
et spem uincendae mortis offerret et eum *ad praemia inmortalitatis admitteret.* sicque factum est, ut, quomodo per unius hominis 2 4 7
maiestate custodit; solus indemutabilis ac semper aequalis, quia in se non admittit aetatem; solus sempiternus, quia immortalitatis est dominus. hic 1 7 3
se esse contestans. subicit se gradibus aetatis, cuius aeternitas in se non admittit aetatem. totum contra conscientiam suam ut homo infirmus 2 12 3
mundi praeponitur. quoduis etenim piaculum scelus dedecus nefas libenter admittit, cuius praecordia inplacabilis cupiditas pestifera flamma repleuerit. 1 14 7
Iudaeos obiurgabat incredulos et quae essent futura, priusquam fierent, admonebat. proprium enim dei est scire transacta et nosse uentura. *filios*, 1 61 5
te perduxit per diem, ut ostenderet caecum; ignis columna per noctem, ut admoneret arsurum. angelus praeuius tua castra promouit, ut etiam 1 9
conterendo innouat spatia, et tamen eius semper orbita est una. qui nos admonet, fratres, passionis resurrectionisque dominicae unanimes atque 1 26
laetam diuinorum seminum messem caelestibus horreis inferatis. et admonet prosequentibus Geminis, id est duobus salutare canentibus 1 38 4
non minax cornu Taurus, sed optimus, dulcis, blandus ac mitis uos admonet uitulus, ut nulla ullo in opere captantes auguria, eius sine malitia 1 38 3
retinet, diligit fratrem nec aliquid audire exspectauit ex lege, ne admonitione pietati aliquid derogetur, tantumque se in ipso amat, ut oderit 1 36 22
uno eodemque suggestu facillime possit agnosci. Ioseph, Hebraeus adolescens, clarus genere, clarior pulchritudine, morum quoque clarissimus 1 1 15
cellam communi gaudio repleuerunt. quod ut uobis quoque fide uestra adolescente contingat, praestabit deus pater omnipotens per dominum 1 10b 3
perpeti diligentia custodite, quia nescit iterare quod praestat. ecce pueri, adolescentes, iuuenes, senes utriusque sexus, qui eratis rei, eratis et 1 38 1
captat solitudinem, secretum captat et locum, in quali etiam non irritata adolescentia inuitis feminis saepe uiolenta esse consueuit. at ubi in 1 1 16
orbitatem. haec eorundem blanditiis uernantibus pascitur et incrementis adolescentibus cotidie delectatur; at illa aegra fastidio nouem mensium non 2 7 3
postulat, erubescat. beata cum adludit in pueris, beatior cum <in> adolescentibus lapsus feliciter timet, beatissima cum in iuuenibus carnalia 1 1 5
excusatio, quam spiritus sanctus per prophetam retundit hactenus dicens: *adolescentior fui et senui et numquam uidi iustum derelictum nec semen* 2 1 20
cognoscit, conserta manu inuersa uice adorta est in suum fomitem adolescentis ignem totis uiribus deriuare. at ille in repugnatione ueste sibi 1 1 16
sepulcro quam thalamo; quae, ipsae cum pereunt, detestabili exemplo adolescentulas quoque perire compellunt. quis has diligat filius, quis 2 7 10
illi necessario iungitur lignum, cuius tutela defensus sese sustollat. at ubi adoleuerit in uitem perfectam ad iugumque peruenerit, eius omnes crines 2 11 2
cuius est inmortalitas merces, propterea simulatae stultitiae uelamine adopertam, ut res magna magnis uirtutibus magnisque laboribus 2 1 4
iam uos sempiterni fontis calor salutaris inuitat; iam mater nostra adoptat ut pariat, sed non ea lege, qua uos matres uestrae pepererunt, 1 32
grauidatur nutriturque ab eo ipso quod nutrit, donec hospitis germinis adoptiua pinguedine absumptus, immo pinguedo ipse factus, totusque 1 2 27
ad te transibunt et tui erunt serui et sequentur te alligati compedibus et adorabunt te et in te precabuntur, quoniam in te deus est et non est deus 2 8 5
pares, passionis uictoria gloriosi. hos barbarus rex, quod eius statuam adorare contempserint, incendi praecepit. qui ubi iactati sunt in fornacem 1 53 1
robusti, supplicio suffragante gloriosi amore diuinae religionis regis adorare imaginem contempserunt, utpote qui ipsum contempserunt regem. 2 22
et sola crediderunt cogitatione puniri, quem nefarium fuerat etiam tardius adorari. ad cuius immanis ausi saeuitiam metuenda elementorum forma 1 59 8
et terram. et tunc Abraham *respiciens oculis uidit < uiros > tres, cucurrit, adorat* prostratus in faciem, offert hospitium. *refrigerate*, inquit, *sub ista* 1 62 1
irascitur dicens: *nolite ambulare post deos alienos, ut seruiatis eis, et ne adoraueritis eos, ne quando incitetis me in operibus manuum uestrarum et* 1 25 4
in qua deus habitat, non dicam diligitis, sed luculentis moribus adornatis. magna igitur gloria est ornare per quod orneris, seruare per 1 1 4
neque promissa sibimet prodesse cognoscit, conserta manu inuersa uice adorta est in suum fomitem adolescentis ignem totis uiribus deriuare. at 1 1 16

nostrae nobilitatem non relatione tantum, sed etiam fide similitudinis adprobemus. unde tamen prae me fero, fratres dilectissimi, quod ista, et 1 1 3
non patitur, a qua nihil aliud laboratur, nisi ut suis sibi tantum uirtutibus adprobetur: non enim potest esse perfectum quod aliunde exspectat sibi 2 3 6
faciunt, ut putent impunita fore quae clanculo gerunt. nam si iudicii diei adpropinquare iam cursus aduerterent, procul dubio et praesentia odissent 1 2 1
radiata procedunt, quibus subiecti ac se commendantes sequaces fructus adridunt, quos solis ardores, pluuiae uentique exercendo prouehunt ad 2 11 3
cum stellis nomina, soli labores inponunt, cum errores suos lunari circulo adscribunt, cum ingenii sui carmen coli uel maxime cupiunt, sic se et alios 2 9 1
expugnet, numquam bonis suis poterit uti securus. sunt enim multi, qui adserere conantur *chaos in principio fuisse*, id est informem indigestamque 1 7 1
sit facillime possit agnosci. sub uelamine Christi nominis, fratres, se adserere conatur Antichristus similiter pudicum, uti fallat. pudicitiae 1 1 6
rerum omnium conditoris ipse sit usus impossibilium possibilitatem adserere ex eoque quod non est facere quod est, naturam creare extra 1 2 16
ut scire debeamus, utrum tractatum fidei an fidem tractatus debeamus adserere. si tractatum fidei dixerimus, uehementer errabimus. subici enim 2 3 6
munde. igitur ne cognoscatur, faciem uelamine obscurat: necessario, quia adsertor pudoris eius nondum uenerat Christus. non cognoscitur a socero: 1 13 9
enim: *et dixit deus ad Iesum: fac tibi cultellos petrinos nimis acutos et adside et circumcide secundo filios Israel.*' uideamus nunc ergo, fratres 1 3 14
esset, si in his propheta non ambulet, quomodo bonum insuper sibi opus adsignat ab illis recedendo, in quibus oportuerat ambulari? prioribus, 2 9 6
uerbis in caelum, cum deum persuadent hoc esse quod uolunt, cum adsimulant se nosse rerum naturae secreta, cum stellis nomina, soli labores 2 9 1
necessitas rapit, quae a te longe distractum decennio uel eo amplius, ut adsolet fieri, detineat relegatum. quid facies? obseruabisne redeuntem, an 2 7 9
quam mortuus.' in euangelio quoque Petrus filiique Zebedaei cum domino adstare fulgentes Moysen Eliamque, quos propter tunc impedimentum 1 2 9
dei coaeternus filius. hic *et homo et deus*, quia *inter* patrem hominesque adstitit *medius*, probans infirmitatibus carnem et uirtutibus maiestatem. 2 12 4
patrem se esse nesciret! quid est pater? ecce sub oculis iacet filius uinculis adstrictus. ubi sunt lacrimae, ubi dolor, qui in humanis sensibus uersari 1 43 6
tabulatis infertur, caelestis uiae uitaeque altitudo monstratur. ligaturis adstringitur, cum renuntians saeculo sponsione facta spiritaliter sacris 2 11 5
crines luxuriosi falce tonduntur, pura materia tabulatis infertur, nodis adstringitur, ne a ligno, quo portatur uel cuius adminiculo uel ducatu in 2 11 2
uelit esse disponit. immo quod iam olim disposuerat complendum latenter adsumit. namque requiescit libens florentissimo in domicilio castitatis et in 2 12 1
transfretatione reddatur; et martyr dominicae habitationis in recondita adsumitur, ut ibidem ex homine in angelum transfusus aeternae uitae 2 11 7
donec reuertaris in terram. sed et dominus ex persona hominis, quem adsumpserat, ait: *tristis est anima mea usque ad mortem.* quod dictum non 1 2 31
absit! nullus hic error, diuersitas nulla est. Paulus enim de hominis adsumpti temporali locutus est regno, in quo uenturus et *iudicaturus est* 2 5 7
tanto autem puritatis ac fidei erat muro munitus, ut non auderet eum adtemptare diabolus nisi a deo iussus. iam hic considerate, fratres, 1 15 2
ignari. quid enim beatius, quam si homines deus paterno honore dignetur adtendere et tanta illa sublimitas humanam mediocritatem aut caram 1 61 6
sum, ut denuntiares quibusdam, ne peruersa doctrina uterentur neque adtenderent fabulis et genealogiis, quae sine fine sunt, quae magis 2 3 17
non inuita, non inprudens moritur, sed cum maturum leti tempus aduenerit, a semet ipsa inuitatis sacris ignibus libentissime concrematur. 1 2 20
ante fecunda, ut, cum dissolutionis eius ac legitimae reparationis tempus aduenerit, suo semini respondens iure possit mereri quod credimus. nec res 1 2 26
iniuria est, si est aliquando sine regno. accedit, quod oramus cotidie, ut *adueniat regnum* patris, speramus et filii. uacat ergo praesentis temporis 2 5 5
metae sua replicans complicando gyro solemni uestigia, dies salutaris aduenit. idem sibi successor idemque decessor, longaeua semper aetate 2 19 1
pernicibus plantis sua *recalcans* officio solemni *uestigia* dies salutaris aduenit. idem sibi successor idemque decessor, longaeua semper aetate 1 44 1
redimitus per temporum <ambages> solemni uestigio dies salutaris aduenit. idem sui successor idemque decessor, longaeua semper aetate 1 57
temporum metas perenni cursu una eademque orbita lustrans dies magnus aduenit, menses in tempora, tempora in annos, annos in saecula pandens. 1 58
nouellus occasu, a se in semet *sua per uestigia* reuolutus dies salutaris aduenit, officiis sacramenti dominici omnibus omni genere munerum 1 6
una eademque nec ipsa, sed ipsa orbita circumducens dies magnus aduenit suo sibi semper nouellus occasu. quod praeterit sequitur, quod 1 16 1
insuper uermes immittit edaces, ut in tormenta morientis cum homine aduenticium uulnus inquilino uulnere finiretur. at Iob cunctis uiribus 1 4 18
prophetia nouissimis erat complenda temporibus sub domini saluatoris aduentum, qui non esset a Iudaeorum populis audiendus, quod eum 1 61 2
ostendit, ita euangelica praedicatio missa per mundum mortem domini aduentumque testatur, sicut ad Corinthios scriptum est: *annuntiatis* 1 37 6
aduenticium uulnus inquilino uulnere finiretur. at Iob cunctis uiribus aduersae partis exspectatione placida profligatis, in semet fortior ruinis, 1 4 19
aduersus spiritum et spiritus aduersus carnem; haec duo inuicem ex aduersantur sibi. hinc caro tota deliciis fluens, uariis temporum redimita 2 4 8
nunc sacrificii nostri proprietatem nos conuenit nosse, quae facile ex aduerso cognoscitur. nam si diis *corporalibus* sacrificium conuenit 1 25 9
hospites et peregrini abstinete uos a carnalibus desideriis, quae militant aduersus animam, nec uestrum frangat affectum, quod eius secretum 2 4 17
apostolo sic dicente: *caro concupiscit aduersus spiritum et spiritus aduersus carnem; haec duo inuicem aduersantur sibi.* hinc caro tota deliciis 2 4 8
actibus, si posset, ipsa quoque erubesceret terra, postremo deos esse aduersus deum asserentes, qui a sanae mentis hominibus ne hominum 1 13 4
est, sed totus unum uulnus effectus. uerum tamen in his omnibus nihil aduersus deum improbe loquitur, non uxori inlicita suadenti succumbit, 1 15 6
est iste tumidus; fluctus eius Iudaeorum populos et *gentes* accipimus, qui aduersus deum inaniter *fremuerunt*. sors Ionam praecipitandum prodidit, 1 34 8
ipsa est enim uitae nostrae immobile fundamentum, inuictum aduersus diaboli impetus propugnaculum pariter ac telum, animae nostrae 1 36 4
uaria caede prophetas elidunt; Moysen amore nimio lapidare conantur; aduersus dominum semper ingrati uariis molitionibus pugnant multisque 1 4 10
et baculus tuus ipsa me consolata sunt. parasti in conspectu meo mensam aduersus eos, qui tribulant me. inpinguasti oleo caput meum et poculum 1 13 10
a suo statu non aerumna, non felicitas, non affectus potuit commouere. aduersus Iob diabolus, qui non fertur blandus, aestimare licet quid moliri 1 4 18
Paulus apostolus ait: *induite uos armaturam dei, ut possitis uos constare aduersus nequitias diaboli accepto scuto fidei, per quod poteritis omnes* 1 38 6
et sanguis regnum dei possidere non possunt. accedit, quod circumcisio aduersus sabbatum pugnat, quod uiolandum ullo opere in toto non esse 1 3 3
pars nititur alteram subiugare, apostolo sic dicente: *caro concupiscit aduersus spiritum et spiritus aduersus carnem; haec duo inuicem* 2 4 8
tamen in toto dissimulat, ne per mare pedibus se ambulasse non credat. aduersus Theclam accusator acerrimus linguae exserit gladium, cum suis 2 2 6
nihil opinantes praesentis tantum uitae commoda inspiciunt falsamque aduersus ueram pro uera defendunt, sic utramque mediis e manibus oculis 2 1 3
carpunt. sane nullis argumentis armatus, quibus illi libenter utuntur, qui aduersus ueritatem falsa componunt, sed caelestibus testimoniis multis, 2 18 2
liberius incertas atque inhonestas sibimet redimunt libidinum merces, non aduertentes esse infelix et impudicum quicquid legitimum fuerit extra 1 1 14
nefas, sub ipsis obtutibus matronarum uesana congressione desudant, non aduertentes miseri, quoniam in tali negotio iudice deo quod non licet 1 1 13
uno incensi prodigio, secus quam decuerat *deperire coeperant.* quam cum aduerterent muro <munitam> castitatis, quae certe uera et aeterna 1 1 17
fore quae clanculo gerunt. nam si iudicii diei adpropinquare iam cursus aduerterent, procul dubio et praesentia odissent et futura credidissent 1 2 1
sed competentibus poenis excruciandum. tertium quoque, quem aduerterit fraudulentum, coloratis ratiociniis sua furta excusantem, reseruat 1 35 8
fratres, ullum celebrare mysterium, cuius sacrificium diuina sententia aduertitis esse damnatum per dominum nostrum Iesum Christum, qui est 1 19 2
tenebrarum. sed hoc satis absurdum esse et inconueniens, fratres carissimi, aduerto, quia neque refugae descendunt, qui post peccatum in caelum 1 37 11
quis maritus, confundentes sanguinis iura, delentes merita maritorum, adulantes uiuis, mortuis suspirantes, nunc odientes ueteres, nunc nouos 2 7 10
creditur, tanto inuicem plus debetur. non quemquam pro persona diligit, adulari quia nescit; non pro honore, quia ambitiosa non est; non pro sexu, 1 36 12
dei contemplatio: ecce enim his omnibus, prout potest, uariis artibus aut adulatur aut nocet, si quid habuerint, tantum ut tollat. cui autem parcat, 1 14 2
Thamar arguitur, quod de fornicatione conceperit; et ecclesia quasi legis adultera Iudaeorum est a senioribus accusata, quod sabbatum ruperit, 1 13 12
patrocinia! o quam turpis ac lubrica, de qua ludit aliena sententia! o quam adultera, quae non agnoscit, quo auctore sit nata! o quam ridiculosa, quae 2 3 10
nato consilio capere dolo adgrediuntur ac, nisi culpae succumbat, ueluti adulterae deprehensae magnum minitantur exitium. at illa non Eua, 1 1 17
abiecto mirifico splendore in farinam candidam micuerunt; quae nullo adulterata fermento est, consparsa ac subacta diligenter. sal inditum est 1 41 1
uerum, pro nefas, creditur aetati, creditur auctoritati: exsultant adulteri, damnatur integritas. iamiamque Susanna ad supplicium immerens 1 1 18
conantem, immo animi sui uitium et corporis demonstrantem, post multa adulteria spectaculo totius mundi quoque prostituit. non opus est ire per 1 1 11
quod in praeceptis dominus ait: *qui dimiserit uxorem suam excepta causa adulterii, facit eam moechari.* quid hic respondere possint lubrici mariti, 1 1 13
iudicat, sed honorat ut filium. alterum uero, quem uenena contorsentem, in adulterio, in homicidio, in falso, in maleficio deprehenderit, carnifici 1 35 8
quid enim ille mali non suspicetur, non efficiat diis crudelibus, diis adulteris seruiens? itaque deinceps fuge, uirgo, fuge, uidua, nuptias tales. 2 7 18
cruciatur diabolus, quod nulla ex parte suam perfecerit uoluntatem: nec adulterium enim, quod factum diffamabat, exercuit nec homicidium, quod 1 40 3
et ueniam praestat et medicinam. ceterum qui parcit uenefico, homicidae, adultero, incestatori, sacrilego, nisi eius curauerit mentem, non uideo, quid 2 24 2
per membra desaeuit. alios amentes, alios furiosos, alios homicidas, alios adulteros, alios sacrilegos, alios auaritia efficit caecos. longum est ire per 1 38 6
qui non potuit pudoris fundamenta subuertere. ibat ad supplicium non adulterum corpus, in quo extrema libido senilis exarserat, sed quod 1 40 2
non ante uiuificat, antequam omne uirus uetustatis exstinguat, ne quid adulterum pariat. ac ne quem plus amare uideatur aut minus, unam 2 29 2
haec resurrectio, haec uita aeterna, haec est mater omnium, quae nos adunatos, ex omni gente et natione collectos unum postmodum efficit 1 55
seruiret. sane uultis scire, quantae sit sanctitatis? quem mare sustinuit adunatum, non potest terra baiulare dispersum. 1 52
sacerdos et templum. exsultate igitur, fratres, aedificationemque uestram aede ista de nouella cognoscite, cuius quoque capacitatem felici numero 2 6 5
loci membrum, quod possit quamuis ruina in se mergentibus idolatriae aedibus nunc usque aliquatenus comparari? nam et Salomonis accepimus 2 6 2
caelum mihi thronus et terra suppedaneum pedum meorum. quam mihi aedificabitis domum? aut quis locus ad requiem mihi? omnia enim ista fecit 2 6 3
nec tantum munus quasi praesumptor aut demens rapit, sed patienter aedificat, patienter exornat, patienter uariis animantibus replet. quando 1 4 12
conuertuntur ad deum et sacerdos et templum. exsultate igitur, fratres, aedificationemque uestram aede ista de nouella cognoscite, cuius quoque 2 6 5
in modum tau litterae prominens lignum. o res uere miranda! cotidie aedificatur et cotidie dedicatur; floribus perpetuis ac diuersis gemmis, 2 6 7
recte cultellos petrinos fecit (unde non sine ratione et *Simoni*, super quem aedificauit ecclesiam, *Petrus nomen imposuit*), id est sua doctrina formatos, 1 3 16
sunt, quae saluti cum domini gloria et Petri felicitate, utpote super quem aedificauit ecclesiam, duobus populis profecerunt. mare autem mundum 1 37 5
commune; nam et illi, si liceat uel si uelint, fortassis cultius synagogas aedificent, cultius erigant capitolia, sed in his omnibus operibus uero 2 6 1
pascitur et incrementis adolescentibus cotidie delectatur; at illa aegra fastidio nouem mensium non baiulat pondus, sub incerto partu 2 7 3
frangit; incarceratis medendo plus carcerem nouit; blanda peruigil cura aegritudinem cum aegro partitur; abiecta cadauera intecta inhumataque 2 1 12
uiuum, ut adhuc usque, consumebat labor, gemitus, impietas, dolor, aegritudo, miseria; mortui quippe corpus figuramque illam florentissimam 2 4 6
medendo plus carcerem nouit; blanda peruigil cura aegritudinem cum aegro partitur; abiecta cadauera intecta inhumataque esse non patitur; 2 1 12
lagenis et calicibus subito sibi martyres pepererunt, qui dies obseruant, qui Aegyptiacos de candidis faciunt, qui auguria captant salutemque suam 1 25 11
ibidem praesentariae exitum mortis expauit. hinc enim persequentium Aegyptiorum infestis mucronibus premebatur, inde maris magno clausus 1 29 1

Aegyptum circumdedit; exaltatus est Israel, quando tot et tanta tormenta Aegyptiorum solus ipse nihil aut timuit aut sensit. quid illud, quod per 1 61 7
quam beato in ultimas miserias deuoluto. nam praedicant patres suos Aegyptium populum fugiendo delesse, deum suis praefuisse maioribus 1 18 1
sicut lectio diuina testatur, in Aegypto a Pharaone populoque eius Israel dei populus captiuitatis ingenti 2 26 1
inanis, quem momenti praeterita delectatur umbra? exsultat, quod in Aegypto creuerit: at in originali decreuit solo; quod captiuitatis sit nexibus 1 52
salutem suam in pecorum morte constituunt, cum deus, posteaquam de Aegypto egressi sunt, ubi imaginarium pascha gesserunt, dicat: *plenus sum* 2 25 1
propheta quod pro ueteri uinea, quae a domino in Aegypto fuerat instituta, postulabat ad tempus nouellae profecisse, 2 11 1
filios Israel dominus genuit, qui Abraham, unde nascerentur, elegit. hos in Aegypto genuit, ubi ingressis paucis hominibus innumerabilis multitudo 1 61 7
non tantum nostri maiores, sed omnis Christiana progenies de uera Aegypto, id est isto de mundo, semper momentis omnibus liberatur. illis 1 46b 1
enormi captiuitatis iugo depressus a rege Pharaone duris condicionibus in Aegypto necaretur, miseratione dei duce Moyse iussus est proficisci. huic 1 29 1
suos Pharaonis exercitusque eius graui seruitutis iugo depressos de Aegypto praedicant liberatos. a diaboli rabie idolorumque turba uiolenta 1 46b 1
uerum tamen, Iudaee, quid designatione tui criminis gratularis? in Aegypto seruis diu, non necessitate, sed merito. ereptus es inde; non tua 2 16
uerum tamen, Iudaee, quid monumentis tui criminis gratularis? in Aegypto seruisti diu, non sorte peregrini, sed merito. ereptus es inde, non 1 9
excelso. exaltatus est Israel, quando per triduum tenebrae et caligo totam Aegyptum circumdedit; exaltatus est Israel, quando tot et tanta tormenta 1 61 7
Iacob aetate minor, sed spiritu maior. hic inuidae germanitatis impulsu in Aegyptum est delatus atque distractus a fratribus. quem domini sui uxor 1 1 15
ceteros enituit; per hanc Iacob deo colluctari praeualuit; per hanc Ioseph Aegyptum suae dicioni subiecit. haec Moysi in mari rubro terram uitream 1 36 7
denique apud Esaiam ad filium *sic dicit dominus deus sabaoth: fatigata est Aegyptus et mercatus Aethiopum; et Sabain uiri excelsi ad te transibunt et* 2 8 5
undis uia cum persecutore deletur. quantum spiritaliter intellegi datur, Aegyptus mundus est iste. Pharao cum populo suo diabolus et spiritus 2 26 2
ipsa necessitate etiam inpudicorum pudica fiunt membra. age nunc, eius aemulae rabiem breuiter etiam ex ratione nominum publicemus, ut quid 2 1 6
non potest diligere. decertemus igitur, fratres, inter nos mutui amoris aemulatione gloriosa imaginemque dei dignissime uenerando declaremus, 1 36 24
quoniam illi unus est ambo; non pro tempore, quia uaria non est; *non aemulatur*, quia inuidia quid sit ignorat; *non inflatur*, quia humilitatem 1 36 12
acies ualidissima columnarum, quia illi septem solae sufficiunt; non aeneum enim inhaeret mare, quia illi perennis fontis sui uiuum inest mare, non 2 6 6
docente nos Paulo: *uidemus*, inquit autem, *modo per speculum in aenigmate; tunc autem facies ad faciem erit*. unde dubium non est in 1 2 29
moriendi condicio, quae humano generi sine personarum aliqua exceptione aequabiliter iustitia est diuina largita. cum haec ita sint, procul dubio non 2 1 18
qui, quod maius est, duodenis non dicam spatiis, sed momentis horarum aequabiliter se partiri non posset, si inpatientia suos cursus urgueret. luna 1 4 4
est admirabile et gratum, subito uno momento facti aetatibus diuersis aequaeui. sed curiositatem uestram bene noui. ueteris uitae usurpatione, 1 38 1
credite et cognoscite, quoniam in me est pater et ego in illo. constat ergo aequale esse, quod inuicem se capit cum spiritu sancto. 1 45 3
coniugali iugo rudi ceruice subeuntes in nisum laboris uel amoris aequalem retinaculis blandis quasi quidam peritus auriga componis. tu 1 4 21
[spiritu]: per uos et in uobis dei maior est domus; nam et omnibus aequales estis et pedaturas omnes uestri corporis ambitu superatis; denique 2 6 10
omnes felices, omnes unanimes, omnes inmortales, omnes sunt semper aequales; quod unius est, omnium est; quod omnium, singulorum. uultis 1 5 18
satisque repugnantia olim deprehendisset interitus, nisi ea inuicem mutuis aequalibusque temperantiae dotata muneribus perennis connubii fideli 1 36 16
centenosque colligis fructus. tu in pauperibus diues, in diuitibus ditior, aequalis in omnibus consummaris. tu es *honor corporum*, tu thesaurus 1 1 21
quia orbem terrae erat ipse facturus humanumque uisitaturus genus, alias aequalis in omnibus patri. quicquid enim pater praecepit, ut fieret, filius, 1 50
patri; procedit in natiuitatem qui erat, antequam nasceretur, in patre, aequalis in omnibus, quia pater in ipsum alium se genuit ex se, ex 1 17 2
frustrandae ueritatis, quotiens deus dei filius, qui patris maxima est gloria, aequalis patri a catholicis praedicatur. denique inde est, quod legis 1 45 1
constituit, uirtute regit, maiestate custodit; solus indemutabilis ac semper aequalis, quia in se non admittit aetatem; solus sempiternus, quia 1 7 3
quia nullus exserte hic alteri iubet, in opere nullus otiosus est? o sancta aequalitas ac sibi soli dignissima indiuiduae dealitatis! unus homo ad 1 45 2
regni una possessio, coaeternitatis omnipotentiaeque una substantia, una aequalitas, una uirtus maiestatis augustae, unito in lumine una dignitas 2 5 10
trinitatis sacramento praemuniti, unitatis una fide solidi, <uirtutis> aequalitate pares, passionis uictoria gloriosi. hos barbarus rex, quod eius 1 53 1
ac tenaciter signa; aestus, frigus, famem, sitim uniuersaque discrimina aequanimiter perferenda; mundum abdicatione calcandum mortemque 2 4 11
intexta suspiriis fabula remansit. denique regium illud templum campis aequatum iacet. altaria dei eius subuersa manu cum suis sibi sacrificiis 1 28 1
cuius eminens famosumque illud templum miserabili uastatione campis aequatum suo puluere iacet sepultum. sacerdotalis *cathedra pestilentiae* 1 19 1
est ornare per quod orneris, seruare per quod et ipse serueris. postremo aequiparatur laus uestra laudi pudicitiae; illa enim uobis exhibet 1 1 4
refrenat. stat in angusto fides, in secreto pudicitia, in primo innocentia, aequitas in medio, in fine patientia. pax colligit, caritas ligat, sollicitudo 2 6 9
Libram, ut nosceremus per filium dei, qui incarnatus processit ex uirgine, aequitatem iustitiamque terris inlatam. quam qui constanter tenuerit ac 1 38 5
ubi pretiosae uirginitatis festa, utrisque dulcis occisio? ubi amor, qui in aequo unitoque coniugio, e duobus altero superante, non moritur? tune 2 7 6
ut profundi maris lubricos sinus insubditaque humanis gressibus liquidi aequoris terga, quibus uiator trepidus absorbebatur, et perambularet pariter 1 34 3
parent solemnisque remigii specioso discursu uel aquas sulcant uel aera distinguunt, et patienter ueniunt et patienter excedunt? solus homo 1 4 6
auium diuersarum decora commercia litterataeque quid arduis uolatibus *aeriae grues*? quid piscium dissimilium cum suis sibi ductoribus gradatae 1 4 6
angeli accesserunt et ministrabant ei. unde dubium non est unum esse iter aerii culminis angelis lucis et hominibus iustis. haec igitur omnia 1 37 13
an aquam terrae gremio contineri se nosse praesumat? quis spiritus aerios, quis figuras uentorum, quis inter marinos aestus fluminum 1 34 2
enim causas naturasque caeli huius et superiorum *scietʔ* quis corpoream aeris huius, ut quidam putant, inanitatem se disserere posse mentiatur? 1 34 1
nouelli cum die, sua luce radiantes nobiscum possint inmortalitatis per aerium tramitem cursu seruato ad repromissionis tempus, ubi in 1 44 2
in honore. caelestis profecto est ista patientia, quam a suo statu non aerumna, non felicitas, non affectus potuit commouere. aduersus Iob 1 4 17
tunc ei in aeternum manentis gloriae beatis in sedibus nullas deinceps aerumnas mundi sensura repromissa felicitas exhibetur, Dauid sancto 1 2 32
natiuitate ecclesiae flores clarissimi ac dulces nostri funduntur infantes. aestas autem fidelis est populus, angelicus et mundus, qui sponsionis suae 1 33 3
una natiuitate diffusis germinantia undique dulce prata respirant. exsultat aestas noua, sed diues, in frumenti uarias moles spiceam feliciter 1 33 1
munda est et exacta, cum qua facile et opus fieri possit et tolerari ardor aestatis, id est temptationis; quam esse utique credulitatem non potest 1 13 8
desideratus occurrit? quid miles non dicam horridae hiemis aut torridae aestatis iniurias, sed se ipsum contemnit, si gloriae spem futurae non gerit? 1 36 3
flores diuerso charismate redditurum, cum salubri unda perfusi, limpidae aestatis messe gaudentes panem nouum coeperint manducare. quos 2 13
immerito aberrauerunt, qui iustitiam dei manere in eloquentiae uiribus aestimabant. denique cum eam comprehendere non possent — neque enim 2 1 1
plus in te est quam in templo remansit! at si te serues atque contineas, aestimabit non amore diuini cultus, sed alterius alicuius desiderio in suam 2 7 18
caelum medio die perdidit diem, terra tremore nimio firmitatem. hinc aestimare licet, quid eis sit reseruatum, quorum in causa funerei luctus 1 47
affectus potuit commouere. aduersus Iob diabolus, qui non fertur blandus, aestimare licet quid moliri potuerit incitatus, maxime cum a deo acceperit 1 4 18
ieiunia *odium*, populus *progenies uiperarum*. post haec quid praesumant, aestimare non possum, homines qui salutem suam in pecorum morte 2 25 1
passa quasi nihil passa sit inuenitur. postremo impossibile est, fratres, eius aestimare uirtutem, cuius uinci uictoria est. non illam loco uis ulla 1 4 3
pectoris, quid deformi uulnere inferna metiris? si, quod quidem recte aestimas, in infernis, procul dubio omnes sacrilegos antecedis, qui Moysi 1 3 14
permittit nec uicaria laudis remunerari mercede: hoc damnum graue, hoc aestimat crimen. nam nihil relinquendo sibi beata cupiditate antecedit 2 1 12
ex fide uiuit, infidelis iniuste. errat igitur quisquis disputationem legis aestimat fidem, quisquis duo in unum diuersa confundit. disputatio enim 2 3 4
in damnum rotundi uulneris ferro circulata cicatrix. quam si Iudaeus aestimat gloriam, ut de ceteris taceam, maior est eius, qui in honorem deae 1 3 2
nomen iudicis pertimescit; qui, sicunde susurrus ingruerit, se quaeri, se aestimat inueniri; cui securitatis profectus est nullus, etiam si contingat ei 2 10 1
quem nescit; intrantem non uidet, exeuntem non potest prohibere. et aestimat quisquam dei se posse scire secretum, qui sui corporis nescit 1 56 3
feritate communis, omne ius in uiribus habet: quod facere praeualuerit, aestimat rectum. adeo sine ulla reuerentia diuinae atque humanae religionis 2 1 7
reuertuntur. cum igitur semper insidietur se non quaerentibus diabolus, aestimate, quid faciat inuitatus, cui omnes nocendi aditus reserati praestant 2 7 13
iniustus. non ergo sic accipiendum est, quemadmodum ab inprudentibus aestimatur. ceterum domini dictum quo sit pondere quaue ratione 1 35 2
nec potest eum reuereri, qui ingenii sui putat esse, quod ille fuerit aestimatus. ceterum illa est fidei generositas uera, ut deo fideliter seruiat, 2 3 18
in uitam; propter nos qui est occisus et uiuit, sepultus et resurrexit, homo aestimatus est et inuentus est deus gloriosus in saecula saeculorum. 1 46a 2
odientes ueteres, nunc nouos filios similiter et maritos? at e diuerso ipsae aestiment, quid sint, quibus in tam solemnibus uotis saepe contingit, ut nec 2 7 10
discusso, apertis auribus cordis a pueris disce uirtutem. sed uide, ne aestimes falsum, quod eis cessit incendium. ueritatem ratio protestatur. qui 2 27
hic infidelis, et quem putaueris infidelem, hic fidelis est. forte in eo se quis aestimet fideliorem, si loquatur argute, cum magis uerus sit ille fidelis, qui 2 3 12
aeternique gurgitis alueo genitali condentes ullam pro personis operari ne aestimetis hic gratiam. iudicio uestro nascimini scientes, quoniam, qui plus 1 49
deposuit, id est sordidae religionis sordidos ritus abiecit. *aestiualia induit*: aestiua uestis, fratres, et munda est et exacta, cum qua facile et opus fieri 1 13 8
uestem uiduitatis deposuit, id est sordidae religionis sordidos ritus abiecit. *aestiualia induit*: aestiua uestis, fratres, et munda est et exacta, cum qua 1 13 8
Selom uiderat maturum ei nec tamen nupserat, uestem uiduitatis exponit, aestiualia induit, semet decore componit locoque constituit, Iudas qua 1 13 2
damnum patientur ubertatis et gratiae, si adimatur, quod uno eodemque aestu alterum ex altero decoratur. 1 7 4
est aliqua nota confundi quam mori, deus Iudaicum populum luxuriae aestu exuberante corruptum publica increpatione confutat. caelum 1 20
naui. in oratione mons tremit: monti, non apostolis trepidatio est. Petrus aestu marino fertur non naufragus, sed uiator: timet profundum intercipere 2 2 6
sed in publicum tota diffusa sit, diffamationibus uigeat, huc atque illuc aestuans uarie caeca prorumpat, uicta sit autem, si dissimulatio 1 4 11
leonum rabidos rictus intrepidus, caelesti prandio satur nec Ionas inter aestuantes procellas sollicitique maris fluctus insanos tutior piscis aluo 2 18 1
saeuientis deesse uideretur, pice et stuppa armatum citatur incendium; aestuantibus globis erubescit quoque ipsum alienis ignibus caelum. illo 2 22
uicissitudine nunc pulsantibus caelum, nunc requirentibus terram aestuantibus undique uitreis armatum montibus, uiolentis undarum 1 4 5
maris unda pinguescens marmoreo stupore solidetur; cetina cymba inter aestuantis pelagi sollicitos sinus fidem tuam fideliter portet; solis cursus ac 2 3 14
quia beatus esse non potest, fratres, in prima natiuitate persistens, quem aestuantium delictorum fax incensa omnibus momentis exurit; qui 2 10 1
frumentum diuinis horreis inferre desiderans, licet suo uberet fonte, tamen aestuat semper iustae operationis ardore. autumnus quoque martyrii locus 1 33 3
si dicere dignum est, duo maria, quae in semet recumbunt, freto aestus alternos in unum conferente connexa, quae, licet sui proprietate, 1 7 4
praesumat? quis spiritus aerios, quis figuras uentorum, quis inter marinos aestus fluminum augmenta, quis denique opificium domini deique 1 34 2
undique castra munienda, defensanda regalia fortiter ac tenaciter signa; aestus, frigus, famem, sitim uniuersaque discrimina aequanimiter 2 4 11
cursibus †pius aut filius ederit partus effusione perciperet†. sed utrisque <aetas> ademerat spem sobolis: pignus succidaneum meruerunt. sic meruit 1 43 1

resederat corporis, sed nihil tamen in utero negabatur infanti et, cuius aetas auiam testaretur, matrem partus ornauit, cum sub incerto affectionis	1	59	4
opulentiam uelocitate mira contendunt, cui totus militat mundus, aetas cui uniuersa deseruit. pro nefas! quae istae sunt tenebrae? inest	2	1	8
a deo in senectute suscepit unicum filium. nihil tam sollicitum patri, cuius aetas in annis uergentibus in occasus sui terminum uersabatur et	1	43	1
manus. quaerit puer, ubi sit uictima. quae mox, ita ne percuteretur tenera aetas, ostenditur, quo nec pater ferire posset, quia nec dominus humanum	1	62	4
saeculis post futuris diuinae ordinationis propago formata: ad principium aetas peracta reuocatur, accingitur de sterilitate fecunditas, ut impleretur,	1	59	3
post haec promittitur ei de legitimo matrimonio filius de fide, non de aetate. concepit Sarra, portat sine labore uteri sarcinam, quae iam	1	62	2
prouidentia dei nostri! o bonae matris caritas pura! diuersos genere, sexu, aetate, condicione suscipiens necat odio criminum ut nouerca, pia seruat ut	2	29	2
lauacro uitali in spem inmortalitatis animas pullulantes, ex quo qui eratis aetate diuersi, diuersi natione, subito germani fratres, subito una geniti	1	24	1
desperatus parentibus, sed deo promittente susceptus in transacta aetate et generantis genitalis flore consumpto non tam ex parentibus quam	1	59	1
uultus omni conuersioni subiectus momentis omnibus inmutatur labore, aetate, languore, gaudio, tristitudine, nunc macie deformis, nunc enormis	2	30	2
omni conuersioni subiectus momentis omnibus demutatur labore, aetate, languore, ira, gaudio, tristitudine totque induat uultus, quot animi	1	27	2
pulchritudine, morum quoque clarissimus probitate, fuit inter filios Iacob aetate minor, sed spiritu maior. hic inuidae germanitatis impulsu in	1	1	15
liberorumque sacra iura custodit, haec in utroque sexu conspicua, in omni aetate miranda, in quauis condicione non dubia, soli sibi deuota, semper	1	1	1
quoniam multi filii desertae. ecce enim, carissimi, in Sarra attractis aetate neruis et, deficiente sanguinis suco, arescentibus uenis, dura cum	1	59	4
maneamus. haec, inquam, non die, non nocte, non hora, non sexu, non aetate, non condicione, non loco, non genere a tribuenda homini salute	1	3	22
salutaris aduenit. idem sui successor idemque decessor, longaeua semper aetate nouellus, anni parens annique progenies antecedit sequiturque	1	57	
salutaris aduenit. idem sibi successor idemque decessor, longaeua semper aetate nouellus, anni parens annique progenies antecedit quae sequitur	1	44	1
salutaris aduenit. idem sibi successor idemque decessor, longaeua semper aetate nouellus, anni parens annique progenies; antecedit quae sequitur	2	19	1
cum desinit. marcidae mammae lactis ubertatem ostendunt et de ieiuna aetate puer robustior saginatur. nihil difficile est fidei, quae tantum habet,	1	62	2
quid statis genere, aetate, sexu, condicione diuersi, mox unum futuri? fontanum semper	1	55	
tres Hebraei uenerabilis numeri sacramento muniti, aetate teneri, sed fidei soliditate robusti, supplicio suffragante gloriosi	2	22	
semper iunctus est gladius; ideo autem caecus, quia, cum exarserit, non aetatem considerat, non formam, non sexum, non gradum, non	1	36	25
eum morte damnauit. coniunctionem autem tertii filii apud nurum per aetatem excusat deterritus, ne etiam ipse similiter moreretur, praecepitque	1	13	1
custodit; solus indemutabilis ac semper aequalis, quia in se non admittit aetatem; solus sempiternus, quia immortalitatis est dominus. hic est deus	1	7	3
contestans. subicit se gradibus aetatis, cuius aeternitas in se non admittit aetatem. totum contra conscientiam suam ut homo infirmus patitur, ut	2	12	3
inane; colunt enim uani uana figmenta in quaslibet formas, uultus, sexus, aetates auri argentique detrimento matris limae moderato dente figurata.	1	25	3
saepta, in cupidinem sui utrumque sexum, omnes animas, omnes aetates isto carmine inuitans: *exiguum et cum taedio est tempus uitae*	2	4	10
exinde iam priores se ipsi condemnant. uerum, pro nefas, creditur aetati, creditur auctoritati: exsultant adulteri, damnatur integritas.	1	1	18
flagrantibus stimulis praecipitat in furorem, non sexui parcens, non aetati, non pietati, non sibi, quia pudorem alienum qui appetit primo suum	1	1	6
colis, patientiam diligis, spem repraesentas. tu diuersos homines moribus, aetatibus, dicione ex una natura unum spiritum, unum efficis corpus. tu	1	36	30
estis infantes et, quod est admirabile et gratum, subito uno momento facti aetatibus diuersis aequaeui. sed curiositatem uestram bene noui. ueteris	1	38	1
causa et formam mutat et mores. sed dicis: 'ardor me tenerae compellit aetatis.' credo. ecce nupsisti. ut de fragilitate humanitatis, casibus ut de	2	7	9
populorum pastorem pabulumque se esse contestans. subicit se gradibus aetatis, cuius aeternitas in se non admittit aetatem. totum contra	2	12	3
ueros homines factos, ex hominibus in angelos transituros, si prouectus aetatis eorum infantiam non mutauerit.	2	10	2
opinionem nato angelus Isaac nomen imposuit, ut firmaret laetitia, quod aetatis inbecillitas desperauit. nouus sane parentum circa filium crescit	1	59	5
cunis apparet paulatimque crescendo iam puella, iam uirgo pro cotidianae aetatis incremento progrediens lasciui cursus ambagibus carpit pensa	1	2	19
aeriae grues? quid piscium dissimilium cum suis sibi ductoribus gradatae aetatis innumerabiles cunei? nonne cum inuitationi temporum parent	1	4	6
incredulis uariis uirtutibus monstrans. cuius sanctionem uestrae aetatis omni curriculo manente in sua semper infantia custodite ac fortiter	2	24	3
quae quibusdam uidetur errare curriculo menstruali, solemnes suae ignes aetatis quod numquam prorogat inportune nec derogat, quid aliud intelligi	1	4	5
subuenit, haec a cunis ipsis infantiae usque ad supremos exitus cuiusuis aetatis utroque generi salutare munus inpertit; illa sanguine gaudet, haec	1	3	23
quam cum aduerterent muro <munitam> castitatis, quae certe uera et aeterna formositas, in paradisi solitudine, ubi Euam ab auctore operis sui	1	1	17
renascitur plorare non nouit! haec renouatio, haec resurrectio, haec uita aeterna, haec est mater omnium, quae nos adunatos, ex omni gente et	1	55	
corona, peccatoribus aut excusatis aut emendatis indulgentia, impiis autem aeterna poena tribuatur per dominum Iesum Christum, qui est benedictus	1	35	9
hac in uita per fidem sacri fontis uiuo de gurgite conparamus, nobilis et aeterna, quia animus, qui uicerit mundum agnoscendo ac seruando	2	4	8
haec glorificata uestri numeri incrementis ac fidei cum Christo in aeterna saecula permanebit per dominum et conseruatorem nostrum Iesum	1	13	13
per dominum Iesum Christum, qui est benedictus cum spiritu sancto in aeterna saecula saeculorum.	1	35	9
et ornasse. igitur si, ut uolunt, deus materiam, qua usus est, non fecit, sed aeterna sit, ut ipse est, *duo* sunt ergo principia et quidem *repugnantia*. ac	1	7	1
damnatio, sic per unius iustificationem in omnes homines iustificatio aeternae decurreret uitae. uidetisne iam manifeste in homine suscipiendo	2	4	7
Christianus monitis diuinis praecinentibus obsecundando, in quibus aeternae fructus est uitae, et defenditur pariter et nutritur. ad iugum	2	11	5
uoluptatibus conpediti, libidini uacantes et gutturi, longae nocti, id est aeternae morti, sunt a deo, quod opus tenebrarum dilexerint, destinati. uer	1	33	2
in recondita adsumitur, ut ibidem ex homine in angelum transfusus aeternae uitae beatitudine glorietur.	2	11	7
exhibita est, nobis uero, quod plus est, melle dulcior ac lacte candidior aeternae uitae beatitudo dei tribuetur in regno.	1	46b	3
esse gentis suae nobilitatem, hanc caelestis sacramenti uirtutem, hanc aeternae uitae legitimam genitricem, hanc perpetuam futuri regni	1	3	1
nouellum, et iterum: *tollite portas principis uestri et eleuamini, portae aeternales, et introibit rex gloriae*, et iterum magi: *ubi est*, inquiunt, *qui*	2	5	2
plus in eum, qui eam dilexerit, saeuit. quam qui uicerit, habebit uitam aeternam.	1	21	
sua metet interitum; qui autem seminat in spiritu, de spiritu metet uitam aeternam. at uero dominus euidenter hoc edocens sic ad discipulos ait:	1	2	28
cognoscat. 'ore tuo te, inquit, Christiane uicisti. inde est, quod et ego aeternam uitam me possidere contendo, quia specialiter anxiam curam	1	3	8
dei, ut saluo quod est possit esse quod non est. hic est deus noster aeterni dei coaeternus filius. hic *et homo et deus*, quia *inter* patrem	2	12	4
iamiamque dicto citius aetherias portas, fratres, intrate aeternique gurgitis alueo genitali condentes ullam pro personis operari ne	1	49	
pastorem pabulumque se esse contestans. subicit se gradibus aetatis, cuius aeternitas in se non admittit aetatem. totum contra conscientiam suam ut	2	12	3
ita ad crucem Christum sublimandum nefarii perduxerunt. sed quia nescit aeternitas mori, uiuit dominus post sepulcrum, et ad Iudaeos remansit sola	1	59	8
deus humanamque uitam mutuatur de tempore, qui praestat temporibus aeternitatem. mira res! concipit Maria de ipso, quem parit; tumet uterus	2	12	1
primae tubae regali tessera conuocati capient cum ingenti triumpho aeterno rege sub Christo; secunda uero, quae impios cum peccatoribus	1	2	23
existimauit. nunc scire debemus, quoniam iusti uitae perpetuae, impii aeterno sunt destinati supplicio nullaque eos cognitio exspectat ulterius,	1	35	4
autem ad principalem uim retulerunt, in cuius perpetuitate commanens in aeternum a patre filius regnum nec accepit aliquando nec posuit; semper	2	5	8
Iob beatus quieuit in pace; dominus autem manet benedictus in aeternum ante saecula et a saeculis et in cuncta saecula saeculorum.	1	15	9
quod nisi uerae circumcisionis spiritali fuerit sacramento purgatum, in aeternum homo, de quo agitur, periturus est; caro enim damnum pati	1	3	9
est, quia Iudaeis erat promissus, ideo cum praeputio natus, quia in aeternum incircumcisis gentibus fuerat profuturus. diximus de prima	1	3	18
poena est. cum autem mors, quae putatur metuenda, gustatur, tunc ei in aeternum manentis gloriae beatis in sedibus nullas deinceps aerumnas	1	2	32
amen dico tibi: hodie mecum eris in paradiso. itaque si homo mortuus in aeternum perit, ergo mentitus est dominus, qui ei deinceps nihil futuro	1	2	11
transibit et concupiscentia eius. qui autem fecerit uoluntatem dei, manet in aeternum, quomodo et deus manet in aeternum. sed dicit aliquis: 'si ita est,	2	4	12
fecerit uoluntatem dei, manet in aeternum, quomodo et deus manet in aeternum. sed dicit aliquis: 'si ita est, cur in se ipse potissimum superatur?'	2	4	12
illis sitientibus petra fluxit in poculum, at Christi fontem qui biberit, in aeternum sitire non nouit. illis in deserto suauitas lactis et mellis exhibita	1	46b	3
miseria; mortui quippe corpus figuramque illam florentissimam edax in aeternum terra delebat; animam quoque feralibus tenebris relegatam	2	4	6
effusos in unius uerticis nodum, honorem decoremque conducis. felix aeternumque felix est, qui semper te habuerit in se.	1	4	22
domini nostri Iesu Christi, qui *in omnibus omnia* est; qui uere aeternus est ac sine nocte dies; cui duodecim horae in apostolis, duodecim	1	33	4
dictus, quia praeter patrem ante ipsum nullus est primus, *maturus*, quia aeternus est, *perfectus*, quia *dei uirtus deique sapientia* est, *immaculatus*,	1	46a	2
martyribus computat totum. non fenestrarum lumen implorat, quia sol aeternus in eo manet. inaestimabilia unius plenitudinis tria illi sunt	2	6	7
culmen ac fructus omnium coaequarum, tu tui propositi insolubilis nodus aeternus. per te legitima ieiunia celebrantur, per te allegatae priusquam	1	1	21
tempseritis, longe his uitae uestrae thesaurus. uobis auro constructa aetheria illa ciuitas destinata est. nulla intrare uolentibus mora; patent	1	5	17
accipere, sed caelestis hominis spiritalem, quam in se credentibus dominus aetheria natiuitate renouatis plenitudinis suae pio de fonte largitur per	1	27	3
etenim deus dei filius tempore constituto dissimulata interim maiestate ab aetheria sede profectus in praedestinatae uirginis templum sibimet castra	1	54	3
unione signatum. gaudete itaque! in fontem quidem nudi demergitis, sed aetheria ueste uestiti mox candidati inde surgetis. quam qui non polluerit,	1	23	
aetheriae gentes, exsultate, nouella pignora in Christo, florentissimique	1	38	1
iamiamque dicto citius aetherias portas, fratres, intrate aeternique gurgitis alueo genitali condentes	1	49	
est dies, fratres, quo a domino nostro cunctus redemptus est orbis, quo aetherio semine nouellus uiuificatus est populus; hic, inquam, qui nobis	1	16	2
ad filium *sic dicit dominus deus sabaoth: fatigata est Aegyptus et mercatus Aethiopum; et Sabain uiri excelsi ad te transibunt et tui erunt serui et*	2	8	5
relauat lacrimarum crinium suorum damno cooperiens; miserandis affatim in uberiores fletus incendit etiam eos, quos causa non tangit,	1	2	14
Noe omnia illi arcarius non negabit. Petrus piscator recentes marinos affatim pisces apponit cum sarda mirabili. Tobias peregrinus fluuialis piscis	1	24	3
squamis incensus tumidus sese anguis opponit; aut dorsa fugientis affectans caedem uicino fremitu ferina rabies onerare temptauerit; uel cum	2	2	2
incedit, quia erubescere alienis sub coloribus nescit, non domesticis, non affectibus, non maritis nota, non sibi, quia non potest notum esse nec	1	1	10
tormentis, nulla nouitate mortis, nullis praemiis, nullis amicitiis, nullis affectibus omni sane tortore pietatis mordacitate peioribus separari	1	36	30
generis fundamenta confirmat, haec nominum proprietates uniuersis affectibus praestat, haec parentum, coniugum liberorumque sacra iura	1	1	1
et, cuius aetas auiam testaretur, matrem partus ornauit, cum sub incerto affectionis uocabulo pietas nutaret et, cum filium proferret uterus, nepotem	1	59	4
posteaquam deliquit, granditer uindicari, quem pater plurimo dilexit affectu et, quantam pietatem dilecto filio amatus pater exhibuit, tantam	1	61	5
in me est pater et ego in illo, dictum significatione unica maiestatis et affectu indiuiduo pietatis, quia laus filii est patris et laus patris amborum.	1	25	8
noscens nominibus pietatis excusat. proprios aut negat aut denudat affectu. nihil prorsus existimat turpe nec pati nec facere, dummodo in	1	1	7

tua sunt et tua omnia mea, quia pater in filio et filius manet in patre; cui affectu, non condicione, caritate, non necessitate, decore, <non 2 5 9
nec quicquam habet interiectum neque conscium qui ex paterni oris affectu processit uno consensu. secunda uero carnalis sicut est frequentibus 1 54 2
quod eius est fit pro partibus nostris. sequens est, ut etiam proximos eo affectu, quo nos ipsos diligimus, diligamus, maxime cum cognationis ipsa 1 36 22
spiritus plenitudine nescio qua sua conscientia uelatum filii non sine affectu, sed sine discrimine amplectebatur. sed excogitatarum ut ordinem 1 56 1
mentis arcano insuspicabili ac soli sibi nota conscientia, filii non sine affectu, sed sine reuelamine amplectebatur. igitur ineffabilis illa 1 17 1
agnoscimus. sed quid ego diutius demorer in humanis, quasi sola isto affectu sint praedita? nonne uidemus omne animantium genus 1 36 15
filius, dignam sententiam percipit abdicatus. cuius enim impietas paterno affectui parem gratiam non refert, quantum sit criminis dici non potest: 1 61 6
non sexum, non gradum, non sacrosanctum illum saltem suae pietatis affectum. hic facibus suis Euae pectus incendit; hic Adam suis telis occidit; 1 36 25
carnalibus desideriis, quae militant aduersus animam, nec uestrum frangat affectum, quod eius secretum figuramque nescitis; quam si propterea 2 4 17
uiolenter scissis in uentribus quaerunt, qui coniugale exasperant iugum affectuque calcato subditiciis personis, ut obumbrent furta turpissimae 1 25 11
edicam. quicquid locis natura negauerit, caritas reddit. haec coniugalis affectus duos homines sacramento uenerabili unam cogit in carnem. haec 1 36 13
si annis teneris moreretur. hic igitur infans, e cuius uita paternus affectus et maternus pendebat, ad explorationem fidei suae diuina uoce 1 43 3
accepit, non liberis tradit; ipsa est sibi uterque sexus, ipsa omnis affectus, ipsa genus, ipsa finis, ipsa principium; non ex coitu nascitur nec 1 2 20
non nouit. fidem frangit, caritatem neglegit, iustitiam negat, non cognoscit affectus, iura diuina contemnit, humana uersutis argumentis excludit, 1 21
non illam parentum pietas frangit, non dulcedo liberorum, non coniugalis affectus, non cara germanitas, non ius amicitiae, non tener pupillus, non 1 14 2
non dicam humanitatis, sed ipsius naturae metu laeti sunt soli. cedit affectus pietati, pietas religioni, fauet utrisque religio. medius stupet gladius 1 4 14
est ista patientia, quam a suo statu non aerumna, non felicitas, non affectus potuit commouere. aduersus Iob diabolus, qui non fertur blandus, 1 4 17
aetatis inbecillitas desperauit. nouus sane parentum circa filium crescit affectus, qui ex promissione certior, ex tarditate dulcior, ex desperatione 1 59 5
est, floruit quidem, sed infeliciter flore discusso nullos potuit fructus afferre. denique pro fructibus spinas generauit, pro uua labruscam. cuius 2 11 1
piaque potatione fecundans felici ligno suspensam uberrimam docuit afferre uindemiam. inde est, quod hodie uestro de numero nouellae uites 1 10b 2
caelum et terra. caelos autem apostolos esse claro testimonio ueritatis affirmat. sic enim ait: *et uidebo caelos, opera digitorum tuorum*. hic utique 1 61 3
maritum anne malum. si malum et desideras nubere, digna es, quam peior affligat; si bonum, fidei serua signaculum: pati non meretur iniuriam ipse, 2 7 6
feralibus tenebris relegatam perpetui carceris poena perpetua inplacabilis affligebat infernus. non superi, non inferi parcebant simulacro dei: etenim 2 4 6
carne sunt *una*, dubium non est, quia quod alter audit amborum est. quid agam, quo me uertam, nescio. non enim uideo, quid in exhortationibus 2 7 11
satis, ut opinor, praestigiae mundanae patuerunt. in quibus cum peritius agant uniuersi homines, quam dici potest, superfluum est demorari. unde 2 1 11
fidelis, sine te esse non poterunt, quia uxor infelix es, si nescis, quid agatur in domo, infelicior certe, si scieris. proponamus itaque, ut saepe 2 7 13
possidebit. memorandum quoque necessario est etiam illud, a quo quid agatur in templo. sacerdos uocat, ostium credulitas aperit, simplicitas 2 6 9
cum humanitatis a caelo et possessio longe dimota sit et natura? age, excita sensum, lector, inuenies ueritatem. qui erat in caelo, de caelo 2 4 3
morbis ipsa necessitate etiam inpudicorum pudica fiunt membra. age nunc, eius aemulae rabiem breuiter etiam ex ratione nominum 1 1 6
est enim unus timens dominum quam mille filii impii? cum haec ita sint, age uidua, quae sicut innocens uirgo nubere saepe festinas, interroganti 2 7 6
scriptum est: *turba autem eorum, qui crediderant, animo ac mente una agebant, nec fuit inter illos discrimen ullum nec quicquam suum ex bonis* 2 1 18
pharisaei agere se legitimum pascha contendunt, qui cum templo summo, ut 1 46a 1
quoque in geminas ripas medium scissum mare, ductisque dextra laeuaque aggeribus in aciem stipatis undarum, saluo liquore arefactam profundi in 1 18 1
quoque per noctem. finditur mare et dextra laeuaque in abruptum digestis aggeribus stupens unda solidatur. dei populus nauigat plantis. mira res! iter 2 26 1
deus pater omnipotens, ut, quomodo isto in terrestri domicilio ei gratias agimus, ita in caelestibus regnis uberiores sanctis cum omnibus referamus. 2 6 11
sane confiteor. denique et uos retinetis pondus antiquum; habetis aginam: exagium facite quemadmodum uultis; singulos ponderate: 1 41 3
tanto pro nuntio morigera coniux pacem si non ingeris, nec negabis. quid agis, misera? quid, uesana, laetaris? non est pax ista, sed bellum; non 2 7 17
gaudet, haec gratia; illa imagine, haec ueritate; illa damno, haec lucro; illa agit captiua sub lege, haec omnibus praestat in Christo bonae fidei 1 3 23
illi pallium quoque concedit; maledicitur et benedicit; caeditur et gratias agit; iugulatur et non repugnat; pro percussoribus suis deum insuper et 2 1 13
omnes crediderant perituram. o necessarius timor, qui nihil aliud agit, nisi ut beatos efficiat; qui timet arte, non casu, uoluntate, non 2 2 7
ut plus habeat, quam habebat; quod cum nititur, auaritiae utique partes agit, quae est inimica iustitiae. adeo inde est, quod frumento paucorum 2 1 16
caro quam diu flagitiosis illecebris huius mundi ac tenebris feralibus agitatur, profecto pecuina est ac misero, fragili detestabilique uersatur in 1 2 25
cogitationem dei? et tu eius naturam quaeris? sed et alio loco hoc, quod agitur, euidenter expressit, cum ad Timotheum loquitur instruendum his 2 3 17
spiritali fuerit sacramento purgatum, in aeternum homo, de quo agitur, periturus est; caro enim damnum pati potest, animo autem 1 3 9
non esse humanae potestatis crastinum diem ac ne ipsum, quo res agitur, quia quod uoluitur semper, in momento quid adferat dubium est. 1 5 7
Christus infundit. Moyses primitiuam festinus maturamque procurauit agninam, Abraham pinguem conditamque fideliter uitulinam. Isaac 1 24 2
legitimum celebrare, agnus requirendus est tibi, sicut praeceptum est, *ex agnis et haedis* discordi natura commissus, quem in gregibus pecuinis ipsi 2 20 1
qui in dei amore consistit, qui uoluntate sua se parit, diuinae legis agnitione construit decorem, ad omnia genera uirtutum intrepidus corrigit, 2 2 4
uitae nostrae et non est refrigerium in fine hominis et non est qui agnitus sit reuersus ab inferis, quia ex nihilo nati sumus et post hoc 2 4 10
eorum Romani regno. nihil, ut arbitror, illis restitit proprium, nisi quod agno salutari neglecto ingrati uiles agnos cum amaritudine, homines amari, 2 17
gesserunt, dicat: *plenus sum holocaustomatis arietum et pinguamine agnorum; quis enim haec exquisiuit de manibus uestris?*. utique, fratres, 2 25 1
uestrorum? plenus sum holocaustomatis arietum et pinguamine agnorum. sanguinem taurorum et hircorum nolo; quis enim exquisiuit ista 1 25 6
in lamentationem conuersa prophetae testantur. tauros, arietes, hircos et agnos a domino saepe reprobatos accepimus. quid ultra? non potest, 1 19 2
iam non habent: qui eorum pro salute sacrificant? tauros, hircos, arietes et agnos abhorret dominus: unde sacrificant? deum dereliquerunt, altaria eius 1 51
illis restitit proprium, nisi quod agno salutari neglecto ingrati uiles agnos cum amaritudine, homines amari, manducant. 2 17
diligit ueritatem. sane hoc solum competenter gerunt, innocentes quod agnos passim quasi *lupi rapaces* occidunt. 2 25 2
sit peccatori peccati merces, ostendit. quam accipere deuitauit, quia inter agnos uenturo tempore, non inter haedos deputatur, qui pignus trinitatis 1 13 9
unde refixae sunt quaeras, rediuiui luminis lege suis sedibus resurrexisse agnoscas. sol cotidie nascitur eademque die qua nascitur moritur nec 1 2 17
et in uno corpore quantum diabolus publicatus est furere, tantum agnoscatur dominus triumphasse. sed durat inter haec martyris spiritus et 1 39 9
annuntiabant; spiritu meretricio seducti sunt et fornicati sunt a deo suo. agnosce igitur, Iudaee, uel sero erroris tui miserum dolendumque 1 3 12
gurgite conparamus, nobilis et aeterna, quia animus, qui uicerit mundum agnoscendo ac seruando religionem ueram ueramque iustitiam, 2 4 8
illo resurrectionis die inter plurimos maritos non possis, cuius fueris uxor, agnoscere. noli esse sacrilega, noli proditrix legis. profano cur nubas, cum 2 7 18
hominis summum bonum ubinam sit constitutum, quiuis facillime possit agnoscere. posteaquam deus, fratres, hunc mundum quasi quandam futuri 2 4 3
sit? sin uero omni honorificentia deferentis patri uerba sunt filii, debetis agnoscere, quantis catenis uincta tenebrarum mens laboret incredulorum. 1 25 2
ad Iudaeos remansit sola damnatae uoluntatis inuidia, qui dominum nec agnoscere uoluerunt et sola crediderunt cogitatione puniri, quem nefarium 1 59 8
in carcere, in regno patientior, patientissimus, desideratos cum fratres agnosceret; et ubi iactantia se non potest continere, positus in honore. 1 4 17
puto, quid sit circumcisio, ut tunc demum, qualis sit, iure possit agnosci. circumcisio est, fratres, in damnum rotundi uulneris ferro 1 3 2
malum et bonum pudicitiae uno eodemque suggestu facillime possit agnosci. Ioseph, Hebraeus adolescens, clarus genere, clarior pulchritudine, 1 1 15
homo est, inquit, *et quis cognoscit eum?*. si ita est, quomodo ergo posset agnosci, prodidit Esaias his uerbis: *audite itaque, domus Dauid: non* 2 8 7
publicemus, ut quid appetendum quidue fugiendum sit facillime possit agnosci. sub uelamine Christi nominis, fratres, se adserere conatur 1 1 6
generaliter dictos. sed ascendentes et descendentes qui sint, in exemplis agnoscimus. descendentes sunt, qui saeculo renuntiantes rursus reuertuntur 1 37 12
est munus, quod antiquorum aut uirtutes ex libris aut ex uirtutibus libros agnoscimus. sed quid ego diutius demorer in humanis, quasi sola isto 1 36 14
turpis ac lubrica, de qua ludit aliena sententia! o quam adultera, quae non agnoscit, quo auctore sit nata! o quam ridiculosa, quae duobus 2 3 10
cum enim grauior causa supersit, periturum se, nisi ueritatem requirat, agnoscit; si enim Adam curat, certe, in qua delicti omnis est summa, isto 1 3 9
portat, haec iudicem. exsultate, feminae, promotionemque uestri sexus agnoscite. culpa deleta ueteri ecce per uos iungimur caelo: anus enim 2 8 8
magis Christianus, in quo non est figura sed ueritas! quam ex rebus ipsis agnoscite pariter et probate. Iudaei maiores suos Pharaonis exercitusque 1 46b 1
infausto ad sepulcra concurrunt et a mortuis, quos in quiete tacitae noctis agnouerint, expeti a se aliquotiens alimenta contendunt; ac sic fidem rei 1 2 3
lactatur. Iudaei etenim cum carnaliter sentiunt in gregibusque pecuinis agnum bifaria natura commissum, qui inueniri non potest, quaerunt, sic 1 8 1
peccatis, *ex ouibus* spiritus maiestatis; quae utraque in Christo concreta agnum legitimum praestiterunt. hic est agnus, fratres, de quo lex ait: 1 8 1
cum haec ita sint, a quibus, quomodo, unde pascha celebratur? adde quod agnum legitimum suo uitio, quem inuenerant, perdiderunt. quem scriptura 1 46a 2
eo ferro mactauit arietem, quo filium percutere iam parabat. a filio ad agnum transtulit dextram semper laetatus et gaudens nec mutatus est 1 43 7
agnum bifaria natura commissum, qui inueniri non potest, quaerunt, sic agnum uerum, quem inuenerant, perdiderunt. non enim intellexere, quia *ex* 1 8 1
fuerit immolari, Iohannes Baptista ante praedicauit his uerbis: *ecce agnus dei, ecce qui tollit peccatum mundi.* hic itaque dictus est *primitiuus*, 1 8 2
uestra. primus uos, qui in se credentem reprobat nullum, non Aries sed agnus excepit, qui uestram nuditatem uelleris sui niueo candore uestiuit, 1 38 3
quae utraque in Christo concreta agnum legitimum praestiterunt. hic est agnus, fratres, de quo lex ait: *Pascha est domini*; apostolus quoque Paulus: 1 8 2
ipsum uincimus mortem; hic *masculus*, quia dei est uirtus; hic, inquam, agnus *perfectus*, quia in ipso magnus ille sacerdos pio mysterio sua uictima 1 8 2
cognoscis? uerum tamen pro tuo sensu si uis pascha legitimum celebrare, agnus requirendus est tibi, sicut praeceptum est, *ex agnis et haedis* discordi 2 20 1
uanuerunt. sacerdotalis *cathedra pestilentiae* suo nomine deleta est. agnus salutaris, qui designatur *ex ouibus et ex haedis*, inter pecora non 1 28 2
dum beati Archadii martyris gesta annalibus triumphanda mandamus, in agonem immortalis laudis Christianus semper ardor animatur. erit 1 39 1
non pusillum uobis certamen cum hominibus, quoniam deus praestat agonem. propter hoc dabit deus uobis signum: ecce uirgo in utero accipiet et 2 8 7
omnibus diebus uitae tuae; spinas et tribulos eiciet tibi et edes pabulum agri; in sudore uultus tui edes panem tuum, donec reuertaris in terram. sed 1 2 30
iniurias, sed se ipsum contemnit, si gloriae spem futurae non gerit? quid agricola semina spargit, si sudoris sui praemium non colligit messem? quid 1 36 3
oleaster sua infelix et amarus est in natura; sed cum fuerit peritissimi agricolae artificis manu necessaria prouisione truncatus, nobilitate alieni 1 2 27
propheticus decucurrit. hic mihi, rustico uestro, beatissimi ignoscite agricultores, si quid uestrae sollertiae, uineae in ratione reddenda, ignauia 2 11 1
sic dicente: *simile est regnum caelorum homini, qui seminauit in suo agro bonum semen; dormientibus autem hominibus uenit inimicus eius et* 1 3 22
ait: *simile est regnum caelorum homini, qui seminauit bonum semen in agro suo; dormientibus autem hominibus uenit inimicus eius et* 1 2 28
multi edictis feralibus liberati, multi condicionibus duris exuti gratias agunt. uestrae domus peregrinis omnibus patent; sub uobis uiuus 1 14 8

supplicium, quo se in homine uincere crederet deum. 'incidantur, ait, ab articulis manus, a cruribus pedes; uiuum se cadauer inspiciat.' [cui 1 39 6
in se credenti, qui cum eo de patibulo dextra laeuaque pendebant, ait: *amen, amen dico tibi: hodie mecum eris in paradiso.* itaque si homo 1 2 11
susceptum cotidianis praedicationum medicaminibus curat. quod autem ait *angelos ascendentes et descendentes*, aliqui putant ascendentes esse 1 37 11
deo uictimam, parentibus pium parricidium praebiturus. ecce carissimi, ut ait apostolus, *contra spem* natum Abraham ad aram filium immolaturus 1 59 6
prodeundo de patre ante originem rerum, *primogenitus a mortuis*, ut ait apostolus, post multorum obitus populorum. hic est, cui *data est* 2 5 3
quod eum apostoli essent et homines ex gentibus audituri, et ideo ait: *audi caelum et terra*. caelos autem apostolos esse claro testimonio 1 61 2
comprehendit, in quibus adhuc erant opera terrena. hoc est ergo quod ait: *audi caelum et terra*, quod Iudaeis non audientibus Christus dominus 1 61 4
nunc uideamus, intellegendum quemadmodum nobis sit, propheta quod ait: *beati omnes qui timent dominum.* si omnes, qui timent dominum, beati 2 2 3
recte sanctissimus Dauid ait: *beati quorum remissae sunt iniquitates et quorum tecta sunt peccata*, 2 10 1
pudor inlaesus. tunc in puero sancto Daniele spiritus sanctus ingressus ait, cum illa ad supplicium duceretur: *reuertimini ad iudicium; falsum* 1 40 2
dominus interrogaretur, quod esset summum legis sacrae praeceptum, sic ait dicens: *diliges dominum deum tuum ex toto corde tuo et ex tota anima* 1 36 17
noui clarissima oracula uiam, uerum Christum dominum, prodiderunt, qui ait: *ego sum uia et ueritas*. illorum profugus populus per mare rubrum 1 46b 2
caelos autem apostolos esse claro testimonio ueritatis affirmat. sic enim ait: *et uidebo caelos, opera digitorum tuorum*. hic utique non de caelis istis 1 61 3
ad imaginem et similitudinem nostram; non inquit: 'fac ad tuam', sed ait: *faciamus ad nostram*, ne quam filius hominem induturus pati uideretur 1 45 1
quod specialiter ad nostras pertinet partes, uideamus, quid sit quod deus ait: *faciamus hominem ad imaginem et similitudinem nostram (et fecit,* 1 27 2
uel uidentur. itaque quod ad nos pertinet, uideamus, quid sit, quod deus ait: *faciamus hominem ad imaginem et similitudinem nostram (et fecit,* 2 30 2
continentes, nubant: melius est enim nubere quam uri. alio autem loco ait: *hoc dico secundum ueniam, non secundum iussum; uolo autem omnes* 2 7 2
sol iustitiae. Iob uerax est appellatus; at est uera ueritas dominus, qui ait in euangelio: *ego sum uia et ueritas*. Iob diues fuit; et quid ditius 1 15 7
ac fideliter ministrauerit, non dicam Scorpionem, sed, sicut dominus ait in euangelio, omnes omnino serpentes inlaesa planta calcabit. sed nec 1 38 5
omni momento corda destringens; propter quod sic Paulus apostolus ait: *induite uos armaturam dei, ut possitis uos constare aduersus nequitias* 1 38 6
explanabis. denique hoc alibi manifestius ad omnes discipulos ait: *ite ergo et docete omnes gentes intingentes eos in nomine patris et* 1 37 7
saeculo renuntiantes rursus reuertuntur ad saeculum, de quibus dominus ait: *nemo retro attendens et superponens manum suam super aratrum aptus* 1 37 12
gloria, quam hic iam tibi uindicas, taceam, in qua, ut dominus ait: *neque nubunt neque nubentur, sed sicut angeli erunt.* magnum 2 7 4
ius inmortalitatis reciperet, quod amisit. propter quod Paulus beatissimus ait: *nolumus autem ignorare uos, fratres, de dormientibus, ne contristemini* 1 2 12
non imaginem quaerens, iam spiritalia non sua desiderans, de qua Paulus ait: *non omnis caro eadem est caro: alia est hominis, alia iumenti, alia* 1 2 25
beatitudine perfruetur. sed quid ad nos, quid illi dicant? insignis uir sicut ait noster: *nouit deus cogitationes sapientium, quia sunt stultae.* nostram 2 1 15
a cruribus pedes; uiuum se cadauer inspiciat.' [cui beatus Archadius ait:] o insania hominum! fraudauit te furor tuus; adhuc erat in uictima 1 39 6
claritate, quam habui apud te, priusquam mundus fieret. qui resurgens ait: *omnia mihi tradita sunt a patre meo*. hic, qui purus de caelo 2 5 4
ipsum et auctorem per ipsum impleta est. denique sic ad discipulos ait: *omnis scriba doctus de regno caelorum similis est patri familias* 1 37 9
concreta agnum legitimum praestiterunt. hic est agnus, fratres, de quo lex ait: *Pascha est domini*; apostolus quoque Paulus: *Pascha nostrum* 1 8 2
laeta, de apostoli dicto calumniosam nobis inferat quaestionem, qui ait: *primus homo e limo terrae, secundus e caelo*, dubium quippe cum non 2 4 1
caelo descendit, carnatus ascendit in caelum. hic, inquam, de quo Paulus ait: *qui accipit regnum, regnat et tradet deo et patri*, et cetera. quid hinc 2 5 4
quos ambiguitas suo iudicio reseruauit? utique illi, sicut apostolus quoque ait, qui cognitum *deum non quasi dominum honorauerunt neque ei gratias* 1 35 6
putant se aut imitari aut uindicari. propter quod in praeceptis dominus ait: *qui dimiserit uxorem suam excepta causa adulterii, facit eam moechari.* 1 1 13
legitimam nec mortem potuit sentire nec uitam. recte igitur apostolus ait: *radix omnium malorum est auaritia*; hac enim matre eademque 1 5 4
uitam aeternam. at uero dominus euidenter hoc edocens sic ad discipulos ait: *simile est regnum caelorum homini, qui seminauit bonum semen in* 1 2 28
in terram. sed et dominus ex persona hominis, quem adsumpserat, ait: *tristis est anima mea usque ad mortem.* quod dictum non tam timentis 1 2 31
materiae, in qua dominus incumbebat, ex Dauid dicto cognoscimus, qui ait: *uirga tua et baculus tuus ipsa me consolata sunt*. uirga et baculus duo 1 37 8
domino ipso dicente: *ego et pater unum sumus*. quod non utique sic ait, ut in unum duos redigendo confunderet, sed ut duorum unam 2 8 4
gratiam referamus, qui nobis promissa perpetuans pia sanctione, ut aiunt, claues uere aureas misit, et quidem non illas, quae maligno beneficio 2 24 1
ad te, quotiens uolui colligere filios tuos sicut gallina pullos suos sub alas et noluisti? ecce remittetur uobis domus uestra; et iterum: *non* 2 6 3
expediam. stellae praecipites labuntur e caelo et a tergo longo flammarum albescentium tractu funereae facis solemnitate in occasus suos quasi 1 2 17
Paulus ait: *non omnis caro eadem est caro: alia est hominis, alia iumenti, alia caro uolucrum, alia piscium. et corpora sunt caelestia, sunt et* 1 2 25
deus hoc signum dedit, ut, locum matricalis culpae cum denotat, etiam alia crimina fugienda cognoscat. 'ore tuo te, inquit, Christiane uicisti. inde 1 3 8
non sua desiderans, de qua Paulus ait: *non omnis caro eadem est caro: alia est hominis, alia iumenti, alia caro uolucrum, alia piscium. et corpora* 1 2 25
procul dubio hoc sunt, quod sese esse unicuique confitentur. accipe et alia exempla et quidem certiora. primo in libro Regnorum Samuel, 1 2 8
inter haec omnia deterior est conscientiae timor, quia quae diximus et alia his similia cum passibilitate sui transeunt; timor conscientiae non 2 2 2
de qua Paulus ait: *non omnis caro eadem est caro: alia est hominis, alia iumenti, alia caro uolucrum, alia piscium. et corpora sunt caelestia,* 1 2 25
principium deumque exinde ob iustitiam factum esse, non natum. alia modestius, sed mordacius nocens dicit quidem dei filium deum, sed 2 8 1
hac enim matre eademque magistra uniuersa quae diximus, sed et alia multa, immo omnia undique sine pausa quae scaturiunt mala 1 5 4
fide, in caritate, quae ita inuicem sibi uidentur esse connexa, ut sint aliis alia necessaria. spes enim nisi praecedat, cui laborat fides? fides si non sit, 1 36 1
caro eadem est caro: alia est hominis, alia iumenti, alia caro uolucrum, alia piscium. et corpora sunt caelestia, sunt et terrestria. itaque 1 2 25
exsultat in tumulo, non umbra, sed ueritas, non imago, sed Phoenix, non alia, sed quamuis melior alia tamen prior ipsa. erubesce, Christiana 1 2 21
umbra, sed ueritas, non imago, sed Phoenix, non alia, sed quamuis melior alia tamen prior ipsa. erubesce, Christiana conscientia, uel tot ac tantis ex 1 2 21
lege fundimur a natura, quae est corporalis ac per hoc etiam breuis; alia uero animi, quam nos nobis ipsi hac in uita per fidem sacri fontis uiuo 2 4 8
uelluntur. quid autem sine caritate sint non tantum istae, sed et aliae quoque uirtutes, indice Paulo cognoscite: *et si habuero*, inquit, 1 36 20
deprehenderit, confestim ut perfidum punit irata quem docuit nullamque aliam ob causam promulgatam se esse testatur, nisi ut fides de infidelibus 2 3 3
apud inferos ponunt: impiorum unam, quae ducit in Tartarum, piorum aliam, quae ducit ad Elisium, eo fortius addentes, quod defunctorum 1 2 4
pro uua labruscam. cuius rei indignitate commotus dominus illa deserta aliam sibi, id est ecclesiam matrem, sua pro uoluntate plantauit, quam 1 10b 2
generauit, pro uua labruscam. cuius abhorrens infelicitatem dominus rei, aliam sibi, id est populi nostri, sua pro uoluntate plantauit, in quam omnis 2 11 1
ubi enim fides fuit, non erat dolor. in illo sacrificio solus deus doluit, qui aliam uictimam procurauit; nam Abraham cum filio sic probatus a deo est, 1 43 7
prolatus, nunc alteris uideatur ingestus. unde reiectio Iudaeorum est aliarum electio personarum, quia, cum alteris, ut uerbum dei audire 1 61 1
quia orbem terrae erat ipse facturus humanumque uisitaturus genus, alias aequalis in omnibus patri. quicquid enim pater praecepit, ut fieret, 1 50
dictauerit. nunc emendat, nunc delet quas amauerat species, nunc subicit alias, nunc parturit nouas. manibus suis facta hydra formarum procax 1 1 10
exordia proloquuntur et iracundiam diuinae indignationis ostendunt, quae alias personas, ut uerbum dei ab ipsis potius audiatur, hortantur [nos]. non 1 61 1
prophetarum assertio demonstrauit: *iubilate*, inquit, *omnis terra*, et alibi: *audi*, inquit, *terra, ex ore meo*. quo uocabulo gentiles homines sine 1 61 4
in prouerbiis locutus sum non intellegentibus explanabis. denique hoc alibi manifestius ad omnes discipulos ait: *ite ergo et docete omnes gentes* 1 37 7
te serues atque contineas, aestimabit non amore diuini cultus, sed alterius alicuius desiderio in suam hoc contumeliam procurari: castitatis 2 7 18
nomen accepit, detestabili accensus inuidia eum, quia per se non ualebat, aliena forma blanditus per mulierem transgressionem praecepti dei 2 4 5
praestat, ac sic saepe contingit, ut merito perdat etiam sua, qui desiderat aliena. illinc alius uias uiantibus cludit, arcet ab herbis, arcet a siluis, arcet 1 5 12
saluum fecit. igitur si nostra est, seruemus ut nostram, ut iure speremus aliena. nemo enim censum decoctori committit nec desertorem praemiis 1 36 7
sed etiam sibi ipsi subducit? 'sed, inquies, iustum est, ut mea seruem, aliena non quaeram.' hoc etiam gentes dicere consuerunt. ceterum apud 2 1 18
conspicor Christianos, qui perfectam putant esse iustitiam propria tueri, aliena non quaerere, sapientiae uerae negligentes imperium, quod uerbis 2 1 15
desiderat per momenta patrocinia! o quam turpis ac lubrica, de qua ludit aliena sententia! o quam adultera, quae non agnoscit, quo auctore sit nata! 2 3 10
alienis quaeritur lucrum et proscriptio industria uocitatur et appetitio rei alienae sub praetextu propriae defensionis ac diligentiae callidissimis 2 1 17
atque nefas, artibus multimodis ac uersutiis armata bacchatur, salutis suae alienaeque contemptrix, solum metuens ne desit ulli quod radat. inde est, 1 5 2
pecuniam suam tamquam hamum proponit, ut facultates ad se attrahat alienas; quam peregrinantem ferali supputatione nutrire non desinit, ut 1 5 12
omnium fontem matremque uirtutum. quae praeter ceteras tota se ad alienas utilitates colligit atque explicat sciens, quid deo principaliter 2 1 11
conata succedant. uerum tamen in ipso fructu suo, quo expugnati pudoris alieni labe gaudere consueuit, semper infelix est. denique post negotium 1 1 7
prosit ad utilitatem? sane recte hoc facere existimarentur, si sub praetextu alieni nominis inuasa optinere potuissent. at cum diuina adiuratione in 1 2 7
exaestuat, saeuit, pugnat, rapit, congregat, seruat sui tenax, *appetens alieni*, non suo, non alieno, non ipso orbe contenta. totum possidet et de 1 5 2
agricolae artificis manu necessaria prouisione truncatus, nobilitate alieni seminis grauidatur nutriturque ab eo ipso quod nutrit, donec hospitis 1 2 27
lenocinante uario magistri medicaminis fuco uultum suum uultibus uestit alienis, hoc futura, non quod natura praestitit, sed quod ei ad examen 1 1 10
armatum citatur incendium; aestuantibus globis erubescit quoque ipsum alienis ignibus caelum. illo praecipitantur insontes ibidemque propter quem 2 22
nomine falso uestita, tamen suis commodis consulendo, quod sine alienis incommodis omnino non potest procurari, a quouis uere stultissimo 2 1 3
quia libentius in tuis moribus, tuis fundamentis tuisque consiliis quam in alienis nudisque sermonibus conquiescis neque tantam in multiplicandis 1 4 20
quod exemplum, fratres, fortiter fugite simulque gaudete, quod alienis plagis dei discitis disciplinam, per dominum Iesum Christum. 1 30
inopia. inde fraus, periurium, rapinae, lites ac bella. cotidie mugitibus alienis quaeritur lucrum et proscriptio industria uocitatur et appetitio rei 2 1 17
iustitia, uerum tamen sciat, quia misero est miserior qui miseriis ditatur alienis. quisquamne iustum putet, qui utilitatem rei familiaris pietati 2 1 17
suis facta hydra formarum procax semper incedit, quia erubescere alienis sub coloribus nescit, non domesticis, non affectibus, non maritis 1 1 10
quod uiuimus, nihilque prorsus cordis nostri in penetralibus retinere, quod alieno iuri seruemus. at cum ab eodem huius deuotionis inuitatione 1 36 21
sua positum potestate, quod a sua substantia tollitur, quod mutatur, quod alieno mouetur pulsu, quod quid sit, quid fuerit, quid futurum sit, non 1 7 2
pugnat, rapit, congregat, seruat sui tenax, *appetens alieni*, non suo, non alieno, non ipso orbe contenta. totum possidet et de inopia queritur 1 5 2
ipsa genus, ipsa finis, ipsa principium; non ex coitu nascitur nec officio alieno nutritur; non inuita, non inprudens moritur, sed cum maturum leti 1 2 20
sub turpibus aut sub crudelibus factis subiugatos thalamos triumphauit alienos; haec uiros ardore uesano femineo stipendio ipsis feminis sic 1 1 8
inuolare? quibus recte deus irascitur dicens: *nolite ambulare post deos alienos, ut seruiatis eis, et ne adoraueritis eos, ne quando incitetis me in* 1 25 4
non sexui parcens, non aetati, non pietati, non sibi, quia pudorem alienum qui appetit primo suum perdit. pure non nox illi diesque succedit; 1 1 6

praecepit? unde non est principium quod senescit, quod opus factum est	alienum, quod non est in sua positum potestate, quod a sua substantia	1	7	2
dispendio suae, non dicam facultatis, sed etiam, si opus sit, et salutis —	alii magis prodesse quam sibi; suam, quia, quamuis sit sapientiae nomine	2	1	3
uxor, quod generosi liberi, quod ueri sunt patres. huius est munus, quod	alii ut nos aut plus quam nos proximi uel amici sunt nobis. huius est	1	36	14
in fide, in caritate, quae ita inuicem sibi uidentur esse connexa, ut sint	aliis alia necessaria. spes enim nisi praecedat, cui laborat fides? fides si non	1	36	1
tineas, curculiones ac uermes? qui quod habet infelici tenacitate non	aliis tantum, sed etiam sibi ipsi subducit? 'sed, inquies, iustum est, ut mea	2	1	17
a mortuis, quos in quiete tacitae noctis agnouerint, expeti a se aliquotiens	alimenta contendunt; ac sic fidem rei quam reprobant faciunt. philosophi	1	2	3
libris famis tempore, quo totus passim populus moriebatur, Eliae	alimenta poscenti memorabilem uiduam ultimam uictus sui filiorumque	2	1	20
uiuus mortuusque diu numquam uisus est nudus. iam pauperes nostri	alimenta rogare non norunt; iam uiduae atque inopes testamenta	1	14	9
multipliciter aptatum distinctumque elementis, opibus, animantibus,	alimoniis utilitatibusque diuersis, magnis et plurimis, habitatori ulla ne	2	4	4
autem non fuerint continentes, nubant: melius est enim nubere quam uri.	alio autem loco ait: *hoc dico secundum ueniam, non secundum iussum;*	2	7	2
nosse naturam, quae talis ac tanta est, ut unicuique homini sua non ab	alio commodetur, sed eius ex uoluntate nascatur. ceterum si, ut quidam	2	3	1
nuntiaret; ingentibus enim peccatorum sarcinis premebantur. at ille	alio deflexus itinere nauem Tarsos petiturus ascendit, cum subito	1	34	5
quia et cordis exaltatio nullos fructus inuenit et oculorum extollentia de	alio in aliud elata quicquid uiderit mobilitate fugaci statim deperdit. dehinc	2	9	5
putat se non habere, quas habet. in uno nititur auaritia, bacchatur in	alio, in utroque crescit, in utroque non desinit. uerum tamen eos uno	1	5	11
(et fecit, inquit, *deus hominem ad imaginem et similitudinem dei),* et	alio loco dicat: *ego sum qui sum et non demutor.* cum hoc ita sit, homo	1	27	2
(et fecit, inquit, *deus hominem ad imaginem et similitudinem dei*), et	alio loco dicat: *ego sum qui sum et non demutor.* cum hoc ita sit, homo	2	30	2
malum. quod signum ex prodromi quoque eius designatione dilucidauit	alio loco his uerbis: *ecce mitto angelum meum ante faciem tuam, qui*	2	8	7
quis enim cognouit cogitationem dei? et tu eius naturam quaeris? sed et	alio loco hoc, quod agitur, euidenter expressit, cum ad Timotheum	2	3	17
autem rex noster ante saecula operatus est salutem in medio terrae, et	alio loco: *parata sedes tua, deus ex tunc et a saeculis tu es.* ubi hominem	2	5	2
legis aut uerus Christus esse potuisset, si quid praetermitteret, quod ab	alio saluti hominum praestari potuisset. eo accedit, quod secundum carnem	1	3	17
si igitur in opere extraneo paritas sacra distingui non potest, deus in	alio se inferior esse quemadmodum potest? quicquid enim uni ex duobus	1	45	2
quia quod est filii, patris est, quod patris, amborum. laetatur pater in	alio se, quem genuit ex se. quomodo autem generatus sit, qui processit,	1	56	1
ex libro Genitali, fides autem tenaciter inhaeret suo soli proposito. lex ab	alio transit in alium; fides interit, si ab suo statu aliquando uel in aliquo	2	3	5
unde dubium non est legem non posse sine fide, fidem posse sine lege;	alioquin ista innumerabilis simplicitate sua felicior turba adhuc mortis	2	3	2
occisus. sed nos non ad auaros, sed de auaris sermonem fecimus, fratres;	alioquin solis diuinis exemplis oportuerat perorare, esset si quis hic talis.	1	5	17
per membra desaeuit. alios amentes, alios furiosos, alios homicidas,	alios adulteros, alios sacrilegos, alios auaritia efficit caecos. longum est ire	1	38	6
ebulliens palpitante ruina captiui tota miserabiliter per membra desaeuit.	alios amentes, alios furiosos, alios homicidas, alios adulteros, alios	1	38	6
amentes, alios furiosos, alios homicidas, alios adulteros, alios sacrilegos,	alios auaritia efficit caecos. longum est ire per singula: uarias atque	1	38	6
largiores adhuc escas inueniet, quibus, si diligens fuerit, semper et se et	alios bonis omnibus satiabit per dominum nostrum Iesum Christum.	1	24	4
ruina captiui tota miserabiliter per membra desaeuit. alios amentes,	alios furiosos, alios homicidas, alios adulteros, alios sacrilegos, alios	1	38	6
tota miserabiliter per membra desaeuit. alios amentes, alios furiosos,	alios homicidas, alios adulteros, alios sacrilegos, alios auaritia efficit caecos.	1	38	6
qui uiduas, qui pupillos exspoliant, qui profanis fabulis neglecta dei secta	alios non bene auocantes diuina sacramenta contaminant. iam uideat	1	25	11
adscribunt, cum ingenii sui carmen coli uel maxime cupiunt, sic se et	alios perdiderunt. nam mutato nomine et cultu, quasi promota somniis,	2	9	1
desaeuit. alios amentes, alios furiosos, alios homicidas, alios adulteros,	alios sacrilegos, alios auaritia efficit caecos. longum est ire per singula:	1	38	6
synagogae lapsu desolatis solacium praebuit, sed etiam nos omnes in	aliqua constitutos angustia recreare consueuit. *ad oues suas tondendas*	1	13	7
hoc nobis est tradita legenda narratio, ut maiorum, si fieri potest, saltem	aliqua ex parte mores imitemur, si non possumus imitari uirtutes. tanta	1	15	1
nascendi atque moriendi condicio, quae humano generi sine personarum	aliqua exceptione aequabiliter iustitia est diuina largita. cum haec ita sint,	2	1	18
maior debetur, postulatur ad uictimam; cui si per humanam fragilitatem	aliqua in corpore infirmitas nasceretur aut humanus exitus contingeret, uix	1	43	3
humanitatis, casibus ut de ceteris taceam, ecce maritum tuum postridie	aliqua necessitas rapit, quae a te longe distractum decennio uel eo amplius,	2	7	9
potest facillime uindicare. sed quia apud sapientes et honestos grauius est	aliqua nota confundi quam mori, deus Iudaicum populum luxuriae aestu	1	20	
noscamus eos esse, quos in idolatria commorantes nuper uel maxime ui	aliqua obisse meminerimus. hic nunc mihi responde, qui hominis post	1	2	6
auribus, terra. de caelo et terra prophetam fuisse testatum uel quasi de	aliqua re esse conquestum, cum dicit *audi caelum et terra,* tamquam	1	61	2
adminiculo uel ducatu in uberes fructus longius inuitata producitur, ui	aliqua separetur. tum solemniter plorans clementer imbre suo rorat	2	11	2
torquetur. sed dicet aliquis: 'etiam Maria uirgo et nupsit et peperit.' sit	aliqua talis, et cedo! ceterum illa fuit uirgo post connubium, uirgo post	2	7	4
canentis cum uniuersa non credis? sin uero fidem spiritus calles,	aliquam demonstra uirtutem: impera montibus, ut transferant sese; in	2	3	14
non tollit, mortem non repellit, nisi quod sanos occidit; nec manducatur	aliquando certe nec bibitur nec in inferno cum suo praedone descendet,	1	5	16
sacrificio tuo tuum pectus obtundet, tuam faciem deformabit praestans	aliquando et beneficium, cum te iubet ad ecclesiam non uenire. sed multo	2	7	15
perpetuitate commanens in aeternum a patre filius regnum nec accepit	aliquando nec posuit; semper enim cum ipso regnauit, cata Iohannem ipso	2	5	8
mouetur pulsu, quod quid sit, quid fuerit, quid futurum sit, non potest	aliquando sentire. solus deus est itaque principium, qui ex se ipso dedit	1	7	2
sentis de filio, quia regnum traditur patri, maior patris iniuria est, si est	aliquando sine regno. accedit, quod oramus cotidie, ut *adueniat regnum*	2	5	5
suo soli proposito. lex ab alio transit in alium; fides interit, si ab suo statu	aliquando uel in aliquo declinauerit. lex hominis conscientiam alloqui	2	3	5
possit quamuis ruina in se mergentibus idolatriae aedibus nunc usque	aliquatenus comparari? nam et Salomonis accepimus templum luculento	2	6	2
cotidiana propemodum tam iucundi certaminis exempla declarant; quia	aliqui eorum cum forte de numero audacis lupi rabie denotatus in praesens	1	36	15
Christum calicem pretiosum, quem paulo ante calcando fuderant, gustant,	aliqui etiam bibunt. mustum patris familias cellae reconditur, ut pretiosius	2	11	7
excarnata umbra tractabilis? longum est ire per singula. ecce peremptorius	aliqui morbus totam machinam lecto prosternit, ecce tempestas undique	2	4	16
medicaminibus curat. quod autem ait *angelos ascendentes et descendentes,*	aliqui putant ascendentes esse angelos lucis, descendentes uero angelos	1	37	11
quispiam <in> cachinnos erumpat, quod homo imperitissimus et elinguis	aliquid audeam de iustitia disputare, de cuius proprietate excellentes	2	1	1
quisque igitur nobilitatis suae conscientiam retinet, diligit fratrem nec	aliquid audire exspectauit ex lege, ne admonitione pietati aliquid derogetur,	1	36	22
non filius matris aut suis est ullis sordibus delibutus; neque enim re uera	aliquid circa se habere possit inmundum, qui humani generis peccata,	1	54	4
congeries? quid hic remansura peruigil sollicitudine cassa nec tibi ipsi inde	aliquid concedendo illibata custodis? insuper de inopia quereris, qui quod	1	14	3
quod amauerat; probat felicius esse quod oderat. gemit instanti poenae	aliquid de facultatibus notis mederi non posse, pro uno puncto requiei	1	2	10
sapor est. sed fortassis, quod nonnulli forma uidentur minores, si secus	aliquid de pistore sentiatur, mea nihil interest, fratres, quia, etsi pauper	1	41	3
fratrem nec aliquid audire exspectauit ex lege, ne admonitione pietati	aliquid derogetur, tantumque se in ipso amat, ut oderit se sine ipso.	1	36	22
Ioseph promotus ad mensuram praerogat cunctis annonam. sane si quis	aliquid desiderauerit, qui recondidit Noe omnia illi arcarius non negabit.	1	24	3
summa, isto remedio curare non potest Euam. quid, quod nec ipsi uiro	aliquid eam prodesse perspicio? quia huius circumscriptio characteris	1	3	9
carnales sunt, ambo sine fructu. unde dubium non est neque praeputium	aliquid esse neque circumcisionem, sed solam obseruationem uoluntatis dei	1	3	24
suas leges impugnat, ius iure distringit. quis non uideat numquam recti	aliquid illam facere uel fecisse, quod fecerit? uultis scire, quam iusta sit?	2	1	7
plenum, cum utramque tenere non desinunt. fideles non sunt, *quia* habent	*aliquid infidelitatis insertum*; infideles non sunt, quia habent imaginem	1	35	5
concitata uictima calcitraret: securus enim pater optimus timuit, ne dolori	aliquid liceret in mortem. o fratres, secura deuotio! o pater spiritum	1	43	5
nec filios habeant nec maritos. talis est etiam causa maritorum, ad quos	aliquid loqui superfluum est, quia, si uxor et maritus *in carne* sunt *una,*	2	7	11
sui conscius, quantus et qualis est; solus perfectus, quia non potest illi	aliquid nec addi nec minui; solus omnipotens, quia ex nihilo uniuersa	1	7	3
adprobetur: non enim potest esse perfectum quod aliunde exspectat sibi	aliquid necessarium. si uero fidem tractatus dicere coeperimus, erit	2	3	6
deuitat aut portat iniurias. incertum est, utrum inpassibilis iudicetur, cum	aliquid passa quasi nihil passa sit inuenitur. postremo impossibile est,	1	4	2
spiritus sancti non signaculo, sed signo censemur. hac circumcisione non	aliquid perdimus, sed crescere nos augmentis caelestibus inuenimus. non	1	3	21
impetratis, immo illa per uos impetrat, pro qua sollicite laboratis, ne, dum	aliquid postulat, erubescat. beata cum adludit in pueris, beatior cum	1	1	4
potissimum praedicarent. etenim uere perfectus deus non esset, si esset	aliquid quod esse uolens esse non posset. denique uultis scire conpendio	2	8	9
detraxeris, ad patris, cuius habet totum, iniuriam pertinebit nec est in illo	aliquid, quod sit inferius, quia sicut pater nec plus potest habere nec	2	5	10
possunt. at uero nostrae aceruatim absoluunt quicquid inuenerint nec	aliquid subsiciui esse patiuntur, sed pectorum aperiunt cuncta penetralia,	2	24	1
post connubium, uirgo post conceptum, uirgo post filium. denique si esset	aliquid uirginitate melius, dei filius hoc magis potuerat suae matri	2	7	4
non habet dei ac per hoc operanti iram recte subiacet legi. atquin forte	aliquis dicat: 'lex spernenda est, quia iusto necessaria non est, peccatori	1	36	18
momentis omnibus uariae sollicitudinis cura torquetur. sed dicet	aliquis: 'etiam Maria uirgo et nupsit et peperit.' sit aliqua talis, et cedo!	2	7	4
saltem cupit esse consultum; Abraham patrem deprecatur obnixe, ut	aliquis nuntius pergat, qui eos tanti negotii certos efficiat; cui ille	1	2	10
dei, manet in aeternum, quomodo et deus manet in aeternum. sed dicit	aliquis: 'si ita est, cur in se ipse potissimum superatur?' primo quia genus	2	4	13
sapientia infatuatus inquisitionibus uanis semet ipsum confundit. sed dicit	aliquis: 'si ita est, nulli ergo lex prodest.' absit; prodest, et quidem	2	3	3
lex ab alio transit in alium; fides interit, si ab suo statu aliquando uel in	aliquo declinauerit. lex hominis conscientiam alloqui tantum potest, uidere	2	3	5
cum sua sibi industria fenerator etiam ipse nudatur, ei cum casu	aliquo fraus, inopia, fuga, mors extorserint debitorem. auaritiae enim	1	5	12
facillime deleatur iniuria. ecce procuratores uel gubernatores eius oculi	aliquo ictu exstincti subsidunt. nonne cadauer est uiuum? ecce tabidus	2	4	15
nisi cum summa difficultate, laboribus ac periculis magnis non possit ab	aliquo perueniri. adde quod illa in solo genitali uersatur, ille peregrinus	2	4	13
tibi *nolis accidere.* exsistit quippe diuersis ex modis, cum aut exaestuat	aliquo reatu conscientia; aut cum hostilis imminens manus gladio salutem	2	2	2
se cupiat quam uideri, plane cauta, ne quam declinet in partem, ne in	aliquo se ipsa reprehendat, ne opere coepto umquam deficiat. haec	2	1	12
confitetur discessumque, uel qui sit signis euidentibus docet, ut plerumque	aliquos noscamus eos esse, quos in idolatria commorantes nuper uel	1	2	6
carissimi, circumcisionis, cuius non tantum in praesenti lectione, sed et	aliquot in locis fecit Paulus beatissimus mentionem, ratio uidetur esse	1	3	1
parricidalibus filiis ignoscit. persecutorem suum et, quod magis est, regem	aliquotiens a deo in manus traditum sibi mauult semper timere quam	2	9	7
et a mortuis, quos in quiete tacitae noctis agnouerint, expeti a se	aliquotiens alimenta contendunt; ac sic fidem rei quam reprobant faciunt.	1	2	3
fiducia. denique quod sapientia legibus per industriam colligit, uno impetu	aliquotiens clusis oculis illa <illidit>. tertio diues est auaritia, utraeque	2	1	7
membra! o quam indefensa, quae regum, iudicum, diuitum,	aliquotiens etiam, quod peius est, gentium desiderat per momenta	2	3	10
ingens supplicium	aliquotiens ingentior prosequitur gloria, maxime diuinis in rebus, in quibus	1	31	

ad caput suum posuisse cognoscitur, quoniam *caput uiri Christus*, qui aliquotiens lapis est nuncupatus. scala autem duo testamenta significat, 1 37 1
libidinis detestabili furto distracti, turpibus iam non contenti latibulis aliquotiens, pro nefas, sub ipsis obtutibus matronarum uesana congressione 1 1 13
cum illo quem uicerit. haec saepe indixit quietis gentibus bellum; haec aliquotiens robusta regna subuertit; haec aut sub turpibus aut sub 1 1 8
quibus a sacerdotibus dei quiescentes commendari consuerunt, profanis aliquotiens ululatibus rumpit taetraque inluuie suum totum deformans 1 2 14
putant, docentis pendet ex ore, procul dubio eodem aut cessante aut aliter docente consumitur. huc accedit, quod, nisi insinuationem legis omni 2 3 1
hoc induere incorruptionem et mortale hoc induere inmortalitatem. aliter etenim inmortalitatis stola illa non sumitur, nisi primo istud carnale 1 2 30
non utique ut quae fecerat faceret, sed ut defleret se fecisse quod fecerat; aliter etenim quis saluus esse non poterit, quamuis sit iustus, nisi 1 13 12
uictrix pudicitia reportauit. sed o quantum es miranda, pudicitia, quae aliter laudari te non uis quam ut custodiaris, solo bonae conscientiae 1 1 20
nullusque prorsus dies, quo iugiter sibi similis esse uideatur? cum haec aliter non sint, ergone dei imaginem non habemus? habemus plane et 1 27 3
qui non timent mortem: sic, sic interempti plerumque iacent canibus, alitibus ferisque donati, ubique dispersi, utrobique deperditi, semesis 1 5 8
tot suppliciis omnes crediderant perituram. o necessarius timor, qui nihil aliud agit, nisi ut beatos efficiat; qui timet arte, non casu, uoluntate, non 2 2 7
Iudaeus legitimum gerere se pascha contendit, cui nihil aliud de ueteri sacramento quam inanibus intexta suspiriis fabula remansit. 1 28 1
moneta percussis inesse similiter regum uultus signaque cognoscis nihilque aliud distat, nisi quod in tua domo minuta sunt, in templo maiora. quae si 1 14 5
et cordis exaltatio nullos fructus inuenit et oculorum extollentia de alio in aliud elata quicquid uiderit mobilitate fugaci statim deperdit. dehinc 2 9 5
dico, ut ingratum faciam doctrinae beneficium, sed ut sciat unusquisque aliud esse fidem, aliud esse tractatum nec fidem per tractatum posse uel 2 3 11
in penetralibus cordis; similiter ne destrui quidem, quia si uera fides est, aliud esse non potest quam quod est. igitur cum possibilitatis humanae non 2 3 11
faciam doctrinae beneficium, sed ut sciat unusquisque aliud esse fidem, aliud esse tractatum nec fidem per tractatum posse uel dari uel nosci uel 2 3 11
et uerbis auferri; nosci adaeque non potest, quia fieri potest, ut quis aliud gestit in labris, aliud in penetralibus cordis; similiter ne destrui 2 3 11
sui crudelitas fructum sortita est, quia, sicut in Isaac aliud offertur et aliud immolatur, ita et in passione Christi quod per Adam deliquerat, per 1 59 9
nosci adaeque non potest, quia fieri potest, ut quis aliud gestit in labris, aliud in penetralibus cordis; similiter ne destrui quidem, quia si uera fides 2 3 11
suae ignes aetatis quod numquam prorogat inportune nec derogat, quid aliud intelligi datur quam sui opificis moderationi deseruiens peritissima 1 4 5
subici enim se loquacitatis artificio fidei natura non patitur, a qua nihil aliud laboratur, nisi ut suis sibi tantum uirtutibus adprobetur: non enim 2 3 6
inde, ut dixi, sceleris sui crudelitas fructum sortita est, quia, sicut in Isaac aliud offertur et aliud immolatur, ita et in passione Christi quod per Adam 1 59 9
et hircorum nolo; quis enim exquisiuit ista de manibus uestris? per alium adaeque prophetam spiritus sanctus clamat et dicit: *praecingite uos* 1 25 6
autem etiam ingratis conferre consueuit; adde quod fides non transit in alium, caritas parum est dicere transit in alium quae transit in populum; 1 36 11
campum coeperintque sacri nominis telo pulsari, tunc, cum alium noueris, alium certe misereris: discoloratur per momenta color, figura sua tollitur a 1 2 6
id facere iniustum quoque compellit, bifarie inclita: unum glorificando, alium corrigendo. constat ergo omne Christianitatis magis in caritate quam 1 36 18
fides autem tenaciter inhaeret suo soli proposito. lex ab alio transit in alium; fides interit, si ab suo statu aliquando uel in aliquo declinauerit. lex 2 3 5
qui hominis post mortem nihil superesse contendis, quemadmodum per alium locutus sit mortuus ille, quem noueris. at dicis: ‘hoc daemones 1 2 7
certaminis campum coeperintque sacri nominis telo pulsari, tunc, cum alium noueris, alium certe misereris: discoloratur per momenta color, 1 2 6
adde quod fides non transit in alium, caritas parum est dicere transit in alium quae transit in populum; adde quod fides paucorum est, caritas 1 36 11
antequam nasceretur, in patre, aequalis in omnibus, quia pater in ipsum alium se genuit ex se, ex innascibili scilicet sua illa substantia, in qua 1 17 2
sibi tantum uirtutibus adprobetur: non enim potest esse perfectum quod aliunde exspectat sibi aliquid necessarium. si uero fidem tractatus dicere 2 3 6
quemadmodum deo. haec extrariis ornamentis ornatur; longe illa ornatior, aliunde quia nescit ornari. haec uariis unguentis et odoribus fragrat; illa 2 7 3
relegatum. quid facies? obseruabisne redeuntem, an ardori quaeres aliunde remedium? si obseruantiam pollicere, sine dubio fallis, cuius 2 7 9
eodem spiritu loquitur dicens: *hic est deus noster et non deputabitur deus alius absque ipso. qui adinuenit uiam prudentiae et reuelauit eam Iacob* 2 8 6
tantum defert? quis est, quem altissimum dicit, cum ipse sit solus, a quo alius altior non sit? sin uero omni honorificentia deferentis patri uerba sunt 1 25 2
proprietas, ne sub sono nominis commutetur regula ueritatis. est enim et alius amor sane saluti nostrae contrarius, cui recte hominis forma 1 36 25
facinoribus inquinati — unus Christum blasphemando atque persequendo, alius deos asserendo atque abominanda figmenta colendo — , tactu 1 37 3
non potest denegare. mera profecto uesania est beneficiis inuidere naturae. alius inde rerum omnium captat annonam, aucupatur distrahendi tempus, 1 5 14
te et in te precabuntur, quoniam in te deus est et non est deus alius praeter te. sed et Ieremias eodem spiritu loquitur dicens: *hic est deus* 2 8 5
sic saepe contingit, ut merito perdat etiam sua, qui desiderat aliena. illinc alius uias uiantibus cludit, arcet ab herbis, arcet a siluis, arcet ab aquis, et 1 5 13
procurare, lumen caecis inferre, tura non spirantibus concremare, allegare preces surdis, ab his custodiam petere, quos fur non timet 1 25 4
insolubilis nodus aeternus. per te legitima ieiunia celebrantur, per te allegatae priusquam fundantur acceptantur preces. tu es sacrificium deo 1 1 21
crimen est, fratres, uel maxime Christianum cupiditatis compedibus alligari profundaeque noctis feralibus tenebris obcaecatum miserabiliter ad 1 5 1
amore imaginis suae coactus in infantem uagit deus patiturque se pannis alligari, qui totius orbis debita uenerat soluturus. in stabuli praesaepe 2 12 3
laetatur pater filio quoque gaudente et cum gaudio unici pignoris alligat manus, quas ille uinciendas libentius offert. pedes quoque 1 43 5
Sabain uiri excelsi ad te transibunt et tui erunt serui et sequentur te alligati compedibus et adorabunt te et in te precabuntur, quoniam in te 2 8 5
et ipsae partus dolore gementes et uos plorantes, sordidos, pannis sordidis alligatos huic mundo dediticios intulerunt; sed laeta gaudentes, caelestis 1 32
sit nexibus exsolutus: sed est nunc usque barbarici furoris moribus alligatus. deus illi ducatum praebuit: idem a sua eum facie postmodum 1 52
haec in Tobiae caecitate medica fuit; haec in Daniele ora leonibus alligauit; haec in Iona cetum in cymbam conuertit; haec in Maccabaeicae 1 36 8
suo statu aliquando uel in aliquo declinauerit. lex hominis conscientiam alloqui tantum potest, uidere autem non potest; fides conscientiam 2 3 5
subito rapina, igne ferroque uniuersa uno momento disperdit. hinc Iob alta fidei radice robustus tot nuntiis lugubribus tunditur nec mouetur, sed 1 15 3
grauiora, non potestas, non ambitio, non felicitas. semper inmobilis manet, alta quadam ac diuina temperantia robuste librata, uniuersas permotiones 1 4 3
dicit: *praecingite uos et plangite, sacerdotes; lugete omnes, qui deseruitis altari, quoniam ablata est de domo dei uestri hostia et immolatio.* multa 1 25 6
ipsa, inquam, mortuorum sepulcra conuertit in templa, tumulos in altaria, cadauera in simulacra, parentalia in sacrificia, mores in sacra. sic, 1 1 12
fabula remansit. denique regium illud templum campis aequatum iacet. altaria dei eius subuersa manu cum suis sibi sacrificiis sparsa in puluerem 1 28 1
paucis accipite. Salomonis templum, de quo praesumebant, cecidit. altaria dei ipsi euerterunt. *lex et prophetae usque ad Iohannem*. 2 17
et sulphure armatus poenali procella deleuit? Iudaei contionibus tument; altaria diuina cum uenerantur, euertunt; uaria caede prophetas elidunt; 1 4 10
arietes et agnos abhorret dominus: unde sacrificant? deum dereliquerunt, altaria eius euerterunt: cui sacrificant? sane hoc solum proprium retinent, 1 51
peccatis omnibus absolutos non foetidis cunis, sed suaue redolentibus sacri altaris feliciter enutrit a cancellis, per dominum nostrum Iesum Christum. 1 32
filiumque tempus infulcias: si enim tempori, non sibi, debent, quod est alter alteri obnoxius, procul dubio, ut tu uis, maior est natura quam deus. 2 8 5
iugo, pro se quisque nitentes (amore uidelicet nimio), hereditatem captat alter alterius; quod parentes filios, filii parentes oderunt; quod amicitia in 1 14 7
autem gloria ac uere deo digna, cum uno consensu, una fide alter alterum commendans deuotione consimili conuertuntur ad deum et 2 6 5
Iohannes camelarius deuote praecurrens de silua mel attulit et locustas. ne alter alterum manducantem denotet, inuitator ammonet Paulus. Dauid 1 24 3
quia, si uxor et maritus *in carne* sunt *una*, dubium non est, quia quod alter audit amborum est. quid agam, quo me uertam, nescio. non enim 2 7 11
quod sit inferius, quia sicut pater nec plus potest habere nec minus; alter enim in alterius plenitudine infusus est, ut sit *omnia in omnibus* deus 2 5 10
sicut sacra scriptura testatur, erat ante omnia manens unus et idem alter ex semet ipso in semet ipsum deus, secreti sui solus conscius; cuius 1 50
statu totum se reciprocauit in filium, ne quid sibimet derogaret. denique alter in altero exsultat cum spiritus sancti plenitudine una originali 1 7 4
accedente ratione timor discernitur a timore. fiunt enim duo: unus dei, alter qui naturae sit; naturae in homine nascitur, dei autem et discitur et 2 2 1
propagat. *de deo nascitur deus* totum patris habens, nihil derogans patri. alter renitet in altero; cuiusuis gloria communis est honor, quia quod est 1 56 1
per idem tempus duae cognatae concipiunt, una contra spem, altera uerbo. haec miratur se habere quod nescit, laetatur illa quia scit. 2 8 8
cuius notitiam non habebant —, duas asseruere iustitias: unam ciuilem, alteram naturalem. quarum fecit apertissime, cum ad Romanos loqueretur, 2 1 2
populus Christianus, ne quem patiatur errorem: unam, qua natus est; alteram, qua renatus. sed sicut est spiritalis prima sine matre, ita sine patre 2 8 2
Christiane, ne quo decipiaris errore: unam, quam tibi non licet quaerere, alteram, quam legitime, si possis, permitteris edocere. prima itaque 1 54 2
fremit momentis omnibus bellum, cum unaquaeque pars nititur alteram subiugare, apostolo sic dicente: *caro concupiscit aduersus spiritum* 2 4 8
serenitatem suam nebulis turbulentare non nouit. paenitentiam nescit; altercatio quid sit ignorat. omnes aut deuitat aut portat iniurias. incertum 1 4 2
uideretur iniuriam. uidetisne, fratres dilectissimi, quia nullus exserte hic alteri iubet, in opere nullus otiosus est? o sancta aequalitas ac sibi soli 1 45 2
tempus infulcias: si enim tempori, non sibi, debent, quod est alter alteri obnoxius, procul dubio, ut tu uis, maior est natura quam deus. at 2 8 5
diuini operis sacramentum, quoniam femina de uiro suo facta est alterque alteri tenetur obnoxius ac per hoc iure legis quoque linea una tanguntur, 1 1 14
parum criminis, ut semper apud ipsos diuinus sit sermo prolatus, nunc alteris uideatur ingestus. unde reiectio Iudaeorum est aliarum electio 1 61 1
unde reiectio Iudaeorum est aliarum electio personarum, quia, cum alteris, ut uerbum dei audire debeant, dicitur, Israel sic reprobus inuenitur 1 61 1
at si te serues atque contineas, aestimabit non amore diuini cultus, sed alterius alicuius desiderio in suam hoc contumeliam procurari: castitatis 2 7 18
iam non eris; unum tamen scio, quia nihil distat a prodigio, quisquis alterius causa et formam mutat et mores. sed dicis: ‘ardor me tenerae 2 7 8
praestat et gratiam, cum [in] uniuscuiusque temporis fetus partu crudo in alterius contumeliam inpatientia non sinit praecipitare. quid auium 1 4 6
tenuitate digestos, unam litteram utroque conficiens; cui si unum adimas, alterius inanis est usus. unde recte testamenta sunt duo, quae similiter 1 37 4
ille terretur; ille uapulat, ut iste proficiat. compendiosum felicitatis genus alterius periculo discere, quid debeas deuitare. unde, fratres, in tali re non 1 10a
inferius, quia sicut pater nec plus potest habere nec minus; alter enim in alterius plenitudine infusus est, ut sit *omnia in omnibus* deus benedictus, 2 5 10
pro se quisque nitentes (amore uidelicet nimio), hereditatem captat alter alterius; quod parentes filios, filii parentes oderunt; quod amicitia in facie 1 14 7
firmum, quod habet statum semper incertum, quippe cum unius electio sit alterius reprobatio. uel si omnes omnino amplectendae sint, ut tot quis 2 3 7
sollicita mater patientia custodiret. sol denique quamuis mira celeritate alternas mundi metas illustret, tamen numquam dilectam uerecundamque 1 4 4
si dicere dignum est, duo maria, quae in semet recumbunt, freto aestus alternos in unum conferente connexa, quae, licet sui proprietate, locis 1 7 4
deuotione, ne quid profanum sit, diligenter ac patienter geritur, quod ab altero celebratur. sub tanto, non dicam humanitatis, sed ipsius naturae 1 4 14
deo nascitur deus totum patris habens, nihil derogans patri. alter renitet in altero; cuiusuis gloria communis est honor, quia quod est filii, patris est, 1 56 1
ubertatis et gratiae, si adimatur, quod uno eodemque aestu alterum ex altero decoratur. 1 7 4
sit nata! o quam ridiculosa, quae duobus confligentibus Christianis ab altero eorum, si non transducitur, perfidia, cum transducta fuerit, fides 2 3 10
totum se reciprocauit in filium, ne quid sibimet derogaret. denique alter in altero exsultat cum spiritus sancti plenitudine una originali coaeternitate 1 7 4

dulcis occisio? ubi amor, qui in aequo unitoque coniugio, e duobus altero superante, non moritur? tune non illa es, quae mariti corpus 2 7 6
unum diuini operis sacramentum, quoniam femina de uiro suo facta est alterque alteri tenetur obnoxius ac per hoc iure legis quoque linea una 1 1 14
autem gloria ac uere deo digna, cum uno consensu, una fide alter alterum commendans deuotione consimili conuertuntur ad deum et 2 6 5
accepit ac per hoc necesse est, ut utrumque inane sit, si infirmari potest alterum de duobus. quid, quod Abel iustus est sine hoc uulnere inuentus? 1 3 4
est neque sapiens qui fuerit iniustus. ceterum siue iusto siue sapienti si alterum defuerit ex duobus, quod illi putauerunt, nec sapiens profecto erit 2 1 10
patientur ubertatis et gratiae, si adimatur, quod uno eodemque aestu alterum ex altero decoratur. 1 7 4
apostolo dicente: *an nescitis, quia sancti de hoc mundo iudicabunt?*; alterum impiorum, qui non sunt iudicandi, quia iam iudicati sunt, sed 1 35 7
camelarius deuote praecurrens de silua mel attulit et locustas. ne alter alterum manducantem denotet, inuitator ammonet Paulus. Dauid regius 1 24 3
imaginem gerit, iudicia duo designat: unum aquae, quod gestum est, ignis alterum, quod futurum. mare fontem sacrum debemus accipere, in quo, 2 26 2
disce, Christiane, ne quo seducaris errore. unum est enim detestabile, alterum reprobum, tertium mundum. detestabile est gentium, reprobum 1 25 3
suae lucra offerentem sibi suum seruum iudicat, sed honorat ut filium. alterum uero, quem uenena conterentem, in adulterio, in homicidio, in 1 35 8
defert? quis est, quem altissimum dicit, cum ipse sit solus, a quo alius altior non sit? sin uero omni honorificentia deferentis patri uerba sunt filii, 1 25 2
ipsa te magnopere retundens ac redarguens confutabit, Salomone dicente: *altiora te ne quaesieris et fortiora te ne scrutatus sis. quae praecepit* 2 3 16
uerbum bonum et cetera, et apud Salomonem hactenus dicens: *ego ex ore altissimi prodiui ante omnem creaturam*. cum haec ita sint, humanitas, te, 2 8 2
aut sanguinem hircorum potabo? immola deo sacrificium laudis et redde altissimo uota tua et inuoca me in tribulatione tua et eripiam te et 1 25 1
deo, non daemoniis, *sacrificium laudis*, non uituperationis, et *redde altissimo uota tua.* honorem totum refudit in patrem, ex quo omnia. *et* 1 25 8
si pater loquitur, fratres, quis est iste, cui tantum defert? quis est, quem altissimum dicit, cum ipse sit solus, a quo alius altior non sit? sin uero 1 25 2
non sit, in Ecclesiastico Salomone clamante: *dona iniquorum non probat altissimus.* hic quaerite, Christiani, sacrificium uestrum an esse possit 1 25 9
parte sui corporis iam sepultus. o dignus gloriosi exitus finis! ascensurus altitudinem caeli corporis sui inpedimenta praemittit et exsequiis funeris 1 39 9
talis. et homo curiosus cor suum extollit conaturque eius comprehendere altitudinem, cuius non sequitur humilitatem! sequitur ac dicit: *neque elati* 2 9 4
uanitate detinuit sensus illorum. similiter Paulus curioso rescribit dicens: *o altitudo diuitiarum et sapientiae et scientiae dei! quam inexquisita sunt* 2 3 16
deique consilium se deprehendisse gloriabitur, cum apostolus dicat: *o altitudo diuitiarum sapientiae et scientiae dei! quam inenarrabilia sunt* 1 34 2
toto non potest Christianus. quod tabulatis infertur, caelestis uiae uitaeque altitudo monstratur. ligaturis adstringitur, cum renuntians saeculo 2 11 4
mereretur. uideamus, fratres dilectissimi, legis arcana et intellectum altius proferamus. Abraham sub lege non erat, sed legem solus impleuit, et 1 43 8
immo a ligneo ad nauigium uitale transfertur. qui ut est dimissus in altum ferinaeque uoraginis est receptus hospitio, uigilat in ceto qui 1 34 6
multum et noli argumentari plus quam oporteat. similiter Paulus: *noli altum sapere, sed time.* cum haec ita sint, cur legem lege distringis? cur 2 3 12
dilexerint, destinati. uer sacrum fontem debemus accipere, cuius diuite ex alueo Fauonio non uento, sed spiritu sancto generante *odorem diuinum* 1 33 2
iamiamque dicto citius aetherias portas, fratres, intrate aeternique gurgitis alueo genitali condentes ullam pro personis operari ne aestimetis hic 1 49
procellas sollicitique maris fluctus insanos tutior piscis aluo quam alueo nauis nec tres pueri, quo ardere putabantur incendio, de suis 2 18 1
inter aestuantes procellas sollicitique maris fluctus insanos tutior piscis aluo quam alueo nauis nec tres pueri, quo ardere putabantur incendio, de 2 18 1
circumcidi praecepisset, si carnis circumcisionem eorundem saluti, quos amabat, necessariam praeuideret. certe Adam ipsum sic ante fecisset. at 1 3 5
circumcidet deus cor tuum et cor seminis tui ad dominum deum tuum amandum. hinc nunc uobis iterum dicam: 'Pharisaee, responde, ubi cor 1 3 13
liberorum et, quod est parentibus gratum, utriusque sexus et inuicem se amantium; quorum pro numero deo diurnas hostias offerebat. tanto autem 1 15 2
de caelo cotidianum manna in eremo, potus e saxo? quid per lignum amara aqua dulcis effecta, quam per lignum crucis amaritudine gentilitatis 1 61 8
est delatus atque distractus a fratribus. quem domini sui uxor peius amare coeperat quam oderant fratres. nam cum medullitus mulier ardoris 1 1 15
si prouidus, si utilis esse desideras, sicut ille Abraham, deum plus debes amare quam filios, ut habere merearis integros, incolumes ac beatos. stulta 2 1 21
uirus uetustatis exstinguat, ne quid adulterum pariat. ac ne quem plus amare uideatur aut minus, unam natiuitatem, unum lac, unum stipendium, 2 29 2
auaritia quam facile arguitur ab omnibus, utinam posset tam facile non amari! est enim artifex ac dulce malum et hominibus uniuersis semper 1 14 1
quod agno salutari neglecto ingrati uiles agnos cum amaritudine, homines amari, manducant. 2 17
superba illa ciuitas seruit. sane ouium greges infinitos interficit, quos in amaritudine absumit. quis non intellegat, fratres, illud pascha non esse, sed 1 28 2
occidis, edacitatis est tuae, quod diuersis in locis, uanitatis, quod cum amaritudine comedis, infelicitatis. taceo, quod commemoratio est ingrati, 2 20 2
saxo? quid per lignum amara aqua dulcis effecta, quam per lignum crucis amaritudine gentilitatis exclusa bibituri essemus? exaltati filii Israel, 1 61 8
restitit proprium, nisi quod agno salutari neglecto ingrati uiles agnos cum amaritudine, homines amari, manducant. 2 17
egerunt, uenenum aspidum sub labiis eorum, quorum os maledicto et amaritudinis plenum est; ueloces pedes eorum ad effundendum sanguinem; 1 3 11
possit ueri simile tantam uim habere quam ueritas. oleaster sua infelix et amarus est in natura; sed cum fuerit peritissimi agricolae artificis manu 1 2 27
fonte, non humano, sed igni diuino: non illos aura corrupit, non fumus amarus infecit, non frigus elisit; quod plus est: sine fermento leuati sunt. 1 41 2
potest: dominum patrem non dilexisse, cum peccatum sit hominem non amasse. unde infelices et miseri sunt Iudaei, qui deum patrem, a quo sunt 1 61 6
ex lege, ne admonitione pietati aliquid derogetur, tantumque se in ipso amat, ut oderit se sine ipso. accedit ad cumulum, quod ideo *deus hominem* 1 36 22
hominibus se ream praebere debere quam deo. interea instant illi ex amatoribus accusatores effecti crimenque suum in simplicitate 1 1 18
maior est eius, qui in honorem deae suae — sane anus turpis atque amatricis — non paruam cutem eiusdem membri, sed ipsum membrum 1 3 2
quia non suo merito, sed auri, argenti facultatumque beneficio quis aut amatur aut odio est. denique haec est causa, quod fratrum pia nomina 1 5 5
ab omnibus, quasi non sit, arguitur; accusatur et tamen colitur; iugulat et amatur. inuincibile profecto calamitatis est genus, cui subiugata sapientia 2 1 8
quem pater plurimo dilexit affectu et, quantam pietatem dilecto filio amatus pater exhibuit, tantam laesus exigit ultionem, quia, cum uicem non 1 61 5
manibus, quibus stipem denegauerat uiuus. odit iam sine causa ante quod amauerat; probat felicius esse quod oderat. gemit instanti poenae aliquid de 1 2 10
speculi arbitrium temporale dictauerit. nunc emendat, nunc delet quas amauerat species, nunc subicit alias, nunc parturit nouas. manibus suis 1 1 10
quia uirtutem uoluptates semper offuscant nihilque unicuique, nisi quod amauerit, rectum est, maxime quod uno desiderio omnes excolunt populi, 2 7 1
esse naturam, quia in homine ex his quaecumque defecerit, ambae moriuntur. fides itaque uel maxime res propria nostra est, domino 1 36 6
stabilis cursor multiformi gratia redimitus, per temporum ambages *pernicibus plantis* sua *recalcans* officio solemni *uestigia* dies 1 44 1
[in] stabili cursu multiformi gratia redimitus per temporum <ambages> solemni uestigio dies salutaris aduenit. idem sui successor 1 57
iam uirgo pro cotidianae aetatis incremento progrediens lasciui cursus ambagibus carpit pensa mundana. at ubi matura aureo igne flagrantis 1 2 19
negotioso cursu, reciprocis ambagibus operis mundani pensa perpetuans, genitali semper nouellus 1 6
quaeue animae, deo magistro didicimus; qui non ignoramus uictoria carnis ambas exstingui, animae uictoria utramque seruari: meliora sequamur 2 4 18
unde tamen prae me fero, fratres dilectissimi, quod ista, et non ambigua, in uobis renitet assertio; deum enim patrem uos et habere et 1 1 4
recte: *quid enim necesse est iudicare credentem? iudicium enim ex ambiguis rebus exsistit; adempta ambiguitate iudicii non desideratur* 1 35 2
comparatione duarum contrariarum sibimet partium iudicium flagitatur. ambiguitas enim nisi fuerit discussa, iure non potest mereri sententiam. et 1 35 6
fuerit discussa, iure non potest mereri sententiam. et qui sunt isti, quos ambiguitas suo iudicio reseruauit? utique illi, sicut apostolus quoque ait, 1 35 6
uoluntas, *noua et uetera* duo testamenta, quae uidetis recte eadem sine ambiguitate a domino hic quoque *duorum denariorum* esse figura uestita, 1 37 9
est iudicare credentem? iudicium enim ex ambiguis rebus exsistit; adempta ambiguitate iudicii non desideratur examen. ex quo ne *infideles necesse est* 1 35 2
ille sacerdos, mortis iam lege dispunctus Sauli regi se desideranti sine ambiguitate non tantum suam praesentiam exhibet, sed etiam ad consulta 1 2 8
suo semini respondens iure possit mereri quod credimus. nec res in ambiguo est; quemadmodum etenim ille princeps iniquitatis suo semine per 1 2 26
in hunc mundum et dilexerunt homines tenebras magis quam lucem? ambiguos utique Christianos designauit ac lubricos, *qui inter pios impiosque* 1 35 4
contentus, quia inmortalitas eius est cursus. uerum currat an recurrat, ambiguum est, cuius praeteritum restat, ut redeat. mira prorsus ratio! 1 26
commendat, sensim mitisque discedit, ut probet se et meruisse et non ambisse quod meruit. ac ne quis hanc patientiam timiditatis nomine 1 4 16
secretis. lasciua, non linguis non oculis non auribus parcens iocatur sperat ambit obsequitur zelatur insanit armatur precibus, armatur et ira, similiter 1 1 9
hactenus increpat dicens: *quid profuit nobis superbia aut quid diuitiarum ambitio contulit nobis? transierunt ista omnia tamquam umbra.* sed et 1 5 9
non mors, non tormenta morte ipsa grauiora, non potestas, non ambitio, non felicitas. semper inmobilis manet, alta quadam ac diuina 1 4 3
in unum decorem uniuersa conuenerant, ut legitima domus dei caduca illa ambitio putaretur. quod si ita esset, inter memorata impar cultu semper 2 6 2
quod in mundo est, concupiscentia carnis est et concupiscentia oculorum et ambitio saeculi. his enim auctoribus concipitur, his ducibus geritur, his 2 9 5
quod in mundo est, concupiscentia carnis est et concupiscentia oculorum et ambitio saeculi, quae non est a patre, sed ex concupiscentia saeculi. et 2 4 12
quod in mundo est, concupiscentia carnis est et concupiscentia oculorum et ambitio saeculi, quae non est a patre, sed ex concupiscentia mundi. per 1 36 27
his ducibus geritur, his ministris impletur quicquid cotidie concupiscentia, ambitione, auaritia ardet in saeculo. quare utraque sunt uana, quia et 2 9 5
uno momento exigua humus et peraequat et satiat, enorme quod cum tota ambitione sua non potest aurum. hinc unus pecuniam suam tamquam 1 5 11
quemquam pro persona diligit, adulari quia nescit; non pro honore, quia ambitiosa non est; non pro sexu, quoniam illi unus est ambo; non pro 1 36 12
sterili solemnitate dimittimus, sed pudoris sanguinem retinemus, quem ambitiose plerumque effundimus, cum in persecutione pro nomine domini 1 3 21
salutare deposcunt spiritumque suum tota humilitate contribulatum ambitiose sacrificant sicque legitime celebrata paenitentia deum sibi 1 34 9
in uberiores fletus incendit etiam eos, quos causa non tangit, tanto ambitiosior in dolore quam ditior — sane post momentum misera (atque 1 2 14
de illo feralis caueae — iam non miserabilis, sed mirabilis — funereo ambitu excedit uicti saeculi triumphum reportans, quam tot suppliciis 2 2 7
domus; nam et omnibus aequales estis et pedaturas omnes uestri corporis ambitu superatis; denique sancti diuites pauci sunt, uos plures estis. haec 2 6 10
radiorum, id est apostolorum duodecim, *corona* circumdat, quem per ambitum totius orbis non muta *quattuor animalia*, sed salutiferis 2 12 4
uictoriam. non enim conabitur in dicionem redigere suam, quae esse eius ambiuit ancilla? in domo denique quae geruntur, sed et ipsis in fanis, 2 7 13
parricida incruentus redit et qui immolatus est uiuit. ambo sibi gloria, ambo claritatis exemplum, ambo dei cultus admirabile saeculis 1 4 15
et qui immolatus est uiuit. ambo sibi gloria, ambo claritatis exemplum, ambo dei cultus admirabile saeculis testimonium. felix orbis fuerat, fratres, 1 4 15
ne nouus homo quicquam Iudaei habere uideatur aut gentis. ambo enim illi carnales sunt, ambo sine fructu. unde dubium non est 1 3 24
pro honore, quia ambitiosa non est; non pro sexu, quoniam illi unus est ambo; non pro tempore, quia uaria non est; *non aemulatur*, quia inuidia 1 36 12
nominibus patris et filii non potest nosse, uter patiatur iniuriam, nisi quod ambo patiuntur, quia amborum unum nomen est deus. igitur duas 1 54 1
circumciderit. etenim si secundum ipsos nos quoque carnaliter sentiamus, ambo prophetae tenebuntur in crimine, ut aut Moyses fallax sit, si 1 3 15
in sacramentum; parricida incruentus redit et qui immolatus est uiuit. ambo sibi gloria, ambo claritatis exemplum, ambo dei cultus admirabile 1 4 15

quicquam Iudaei habere uideatur aut gentis. ambo enim illi carnales sunt, ambo sine fructu. unde dubium non est neque praeputium aliquid esse 1 3 24
uxor et maritus *in carne* sunt *una*, dubium non est, quia quod alter audit amborum est. quid agam, quo me uertam, nescio. non enim uideo, quid in 2 7 11
careat quod daturus. totum pater, totum possidet filius; unius est quod amborum est; quod unus possidet, singulorum, domino ipso dicente: *omnia* 2 5 9
gloria communis est honor, quia quod est filii, patris est, quod patris, amborum. laetatur pater in alio se, quem genuit ex se. quomodo autem 1 56 1
et affectu indiuiduo pietatis, quia laus filii est patris et laus patris amborum. nunc sacrificii nostri proprietatem nos conuenit nosse, quae 1 25 8
non potest nosse, uter patiatur iniuriam, nisi quod ambo patiuntur, quia amborum unum nomen est deus. igitur duas natiuitates esse domini nostri 1 54 1
non de aetate. concepit Sarra, portat sine labore uteri sarcinam, quae iam ambulare non poterat; tunc discit mater esse, cum desinit. marcidae 1 62 2
quos fur non timet inuolare? quibus recte deus irascitur dicens: *nolite ambulare post deos alienos, ut seruiatis eis, et ne adoraueritis eos, ne* 1 25 4
sola uicit; haec in tribus pueris ignes amoenos effecit; haec mare pedibus ambulari posse in Petro praesumpsit. per hanc apostoli multos in nitidam 1 36 8
bonum insuper sibi opus adsignat ab illis recedendo, in quibus oportuerat ambulari? prioribus, fratres, posteriora respondent: de rebus enim loquitur 2 9 6
arsurum. angelus tua castra praecedit, necubi crimen excuses. per mare ambulas; *ueloces pedes tuos ad effundendum sanguinem* dextra laeuaque in 2 16
non timentem; nec tamen in toto dissimulat, ne per mare pedibus se ambulasse non credat. aduersus Theclam accusator acerrimus linguae 2 2 6
de rebus enim loquitur saecularibus. *in magnis et mirabilibus* se dicit non ambulasse, utique non dei, sed in illis, quae magna ab hominibus hoc 2 9 6
promouit, ut etiam praesenti deo probareris ingratus. per mare pedibus ambulasti, ut patereris in terra naufragium. ad hoc sane in eremo aquam 1 9
quicquid uiderit mobilitate fugaci statim deperdit. dehinc sequitur: *neque ambulaui in magnis neque in mirabilibus super me. magna eloquia dei* 2 9 6
dominus deus tuus postulat a te, nisi ut timeas dominum deum tuum et ambules in omnibus uiis eius et diligas eum et custodias praecepta eius ex 2 2 4
ipse mirabilis in excelsis. cum in periculis esset, si in his propheta non ambulet, quomodo bonum insuper sibi opus adsignat ab illis recedendo, in 2 9 6
arcanum? quare, fratres, propter quod facti et nati sumus, timeamus, amemus et honorificemus quem inuenimus deum. sane quaerant illum, qui 1 56 3
in se credenti, qui cum eo de patibulo dextra laeuaque pendebant, ait: *amen, amen dico tibi: hodie mecum eris in paradiso.* itaque si homo 1 2 11
prophetiae magis gentes quam Iudaei fuerant credituri, domino dicente: *amen, amen dico uobis, quia publicani et meretrices praecedunt uos in* 1 13 9
se credenti, qui cum eo de patibulo dextra laeuaque pendebant, ait: *amen, amen dico tibi: hodie mecum eris in paradiso.* itaque si homo mortuus in 1 2 11
magis gentes quam Iudaei fuerant credituri, domino dicente: *amen, amen dico uobis, quia publicani et meretrices praecedunt uos in regnum* 1 13 9
quos domino, cum esset in terris, fecisse inuenimus officium, ipso dicente: *amen dico uobis: uidebitis caelum apertum et angelos dei ascendentes et* 1 37 13
palpitante ruina captiui tota miserabiliter per membra desaeuit. alios amentes, alios furiosos, alios homicidas, alios adulteros, alios sacrilegos, 1 38 6
colla, nudauerat gladiis uenientibus iugulum, putauerat se feralem iudicis amentiam citae mortis sorte satiare, dum subito manus iubetur extendere 1 39 7
sine hac utraeque non stabunt: fides primo omnium si se ipsam non amet, spes si non ametur. adde quod fides sibi soli prodest, caritas 1 36 10
non stabunt: fides primo omnium si se ipsam non amet, spes si non ametur. adde quod fides sibi soli prodest, caritas omnibus; adde quod fides 1 36 10
sola enim fides deambulat inter gladios tuta, inter esurientes feras amica, in ignibus frigida. sola fides praeferenda: hac nos, qui per fidem filii 1 62 5
martyrum uirtus, ecclesiae pulchritudo uel murus, dei ministra, Christi amica, spiritus sancti conuiua. huic et praesentia subiacent et futura: ista 1 36 4
est. denique haec est causa, quod fratrum pia nomina plerumque gladiis amica uidemus esse quam sibi; quod parentes opulenti abolita sui nominis 1 5 6
sua sibi tota substantia incolas, ciuitates et rura nihil omnino metuens amicae mortis fiducia. denique quod sapientia legibus per industriam 2 1 7
pinguescunt; testamenta heredes incognitos ex sese recitari mirantur; amicae sub fallacia manus innoxias animas secure conficit ebibita ueneni 1 5 3
et dominum, ut corruptelam seniorum sequatur, synagoga compellit. Iob amici sui insultasse perhibentur; et domino sui sacerdotes, sui insultauere 1 15 8
patres. huius est munus, quod alii ut nos aut plus quam nos proximi uel amici sunt nobis. huius est munus, quod diligimus seruos ut filios ac nos 1 36 14
deum improbe loquitur, non uxori inlicita suadenti succumbit, non amicis insultantibus cedit, sed uictor crudelitatis et impietatis in 1 15 6
captat alter alterius; quod parentes filios, filii parentes oderunt; quod amicitia in facie adludit quam in cordibus commoratur; quod omne genus 1 14 7
quod non expugnari pecunia possit; non necessitudo sanguinis, non amicitia, quia non suo merito, sed auri, argenti facultatumque beneficio 1 5 5
dilectione conuerti, ut quiuis intelligat hoc fieri non posse sine naturalis amicitiae disciplina? quid autem pro se in necessitatibus gerant, omnibus 1 36 15
dulcedo liberorum, non coniugalis affectus, non cara germanitas, non ius amicitiae, non tener pupillus, non dura uiduitas, non miseranda paupertas, 1 14 2
aequalem retinaculis blandis quasi quidam peritus auriga componis. tu amicitiam *idem uelle atque idem nolle* docuisti. tu seruituti unica ac 1 4 21
cum quo diluuium fuisse conferret; per hanc Abraham ad dei peruenit amicitiam; per hanc Isaac praeter ceteros enituit; per hanc Iacob deo 1 36 7
nominis nullis tormentis, nulla nouitate mortis, nullis praemiis, nullis amicitiis, nullis affectibus omni sane tortore pietatis mordacitate peioribus 1 36 30
illi colunt libenter ut dominos. huius est munus, ut, non dicam notos aut amicos, sed saepe etiam eos, quos numquam uidimus, diligamus. huius est 1 36 14
praedicationibus quattuor circumferunt euangelia. cuius quam uim habeat amictus et currus, his uerbis propheta testatur: *deus sicut ignis ueniet et* 2 12 4
quid, quod paupere cotidie moriente oppressione, fame, frigore, iniuria amicum tibi excolis aurum, custodis argentum, uestem pretiosam 2 1 19
innocens uirgo nubere saepe festinas, interroganti responde, bonumne amiseris maritum anne malum. si malum et desideras nubere, digna es, 2 7 6
dei non oportet litigare, quia lis et caritatis est hostis et fidei; quas si quis amiserit, nec diuina ille profecto nec humana cognoscit. haec, si religiosus 2 3 18
Iudaicum populum uniuersum salutis suae amisisse praesidium diuini carminis textus ostendit. in quo eum non 2 21
et dominum ter est temptare conatus. Iob facultates, quas habuit, amisit; et dominus caelestia sua bona amore nostro neglexit pauperemque 1 15 8
mortis iura gustauit, ut homo per deum ius inmortalitatis reciperet, quod amisit. propter quod Paulus beatissimus ait: *nolumus autem ignorare uos,* 1 2 11
profanis patefaciunt, sacraria usque ipsa denudant, sacra confundunt amissa luce laetantes in tenebris, habentes fana, non domos? digne, digne 2 7 12
laniatis et genis, totum crebris ictibus liuida pectus gentili uanitate circa amissi cadauer bacchatur insana nec Maccabaeae matris memoriam recolit, 1 2 13
occidit, religiose confidens deo filios se genuisse, non mundo. hinc uxor amissi mariti desolationem se ferre non posse testatur frigidumque latus 1 2 14
affectans caedem uicino fremitu ferina rabies onerare temptauerit; uel cum amissis gubernaculis inter conpugnantes flatus ac fluctus gemens parturit 2 2 2
contempsit denique in perditis facultatibus diuitem, dissimulauit in amissis liberis patrem, in poena sui corporis iustum. namque summo 1 15 5
in gremio renatus ecclesiae filius eius futurus fuerat, non maritus. Iudas amittit uxorem, id est synagogae fides moritur. quod autem inquit: 1 13 7
mel attulit et locustas. ne alter alterum manducantem denotet, inuitator ammonet Paulus. Dauid regius pastor omnibus momentis lac argenteum 1 24 3
atque innumerabiles *nocendi artes* habet, sed has omnes salutari profluens amne non magno opere noster Aquarius delere consueuit. quem necessario 1 38 7
laticem conuolate incunctanter ac fortiter bibite, dum licet, superfluentis amnis undae subiecti toto impetu totaque deuotione uestra uasa replete, ut 1 12
Maccabaeicae germanitatis exercitu sola uicit; haec in tribus pueris ignes amoenos effecit; haec mare pedibus ambulari posse in Petro praesumpsit. 1 36 8
patitur contumeliam, cuius praecepta contemnuntur, cui cultus, cui amor mundi praeponitur. quoduis etenim piaculum scelus dedecus nefas 1 14 7
dies? ubi pretiosae uirginitatis festa, utrisque dulcis occisio? ubi amor, qui in aequo unitoque coniugio, e duobus altero superante, non 2 7 6
ne sub sono nominis commutetur regula ueritatis. est enim et alius amor sane saluti nostrae contrarius, cui recte hominis forma tribuitur, quia 1 36 25
legi subiecta fidei thesaurum custodi. esto sancta et corpore et spiritu, amore Christi ignem carnis exstingue, ut de resurrectionis gloria, quam hic 2 7 4
tua, ut bene sit tibi? uidetisne hunc timorem nobis necessarium, qui in dei amore consistit, qui uoluntate sua se parit, diuinae legis agnitione construit 2 2 4
quem uideas sacrilega incredulitate dei potentiae derogare? sed hoc amore criminum faciunt, ut putent impunita fore quae clanculo gerunt. 1 2 1
aetate teneri, sed fidei soliditate robusti, supplicio suffragante gloriosi amore diuinae religionis regis adorare imaginem contempserunt, utpote qui 2 22
quam in templo remansit! at si te serues atque contineas, aestimabit non amore diuini cultus, sed alterius alicuius desiderio in suam hoc 2 7 18
accipit, corrumpit aut corrumpitur, inicit amorem, paulo post odium de amore factura. seminat inlicitos heredes crimenque noscens nominibus 1 1 7
sua apud dominum nostrum odia meruerunt, quoniam quanta fuit de amore gratia, tanta de eorum offensione futura uindicta est. certum est 1 61 5
hic est deus noster, qui dignitate interim seposita, non tamen potestate, amore hominis sui, cuius formam fuerat subiturus et creaturam, ut 2 8 8
parit sibi de fine principium. hic est, quo similiter, uerum tamen semel, amore hominis sui eius artifex deus et dominus noster occidit et exortus 2 19 2
demonstra. sin uero, quod magis est, sub sono legis ac fidei saecularis amore iactantiae accensus nascentis dei de deo spiritusque sancti 2 3 15
post conceptum, permaneret talis quoque post partum. o noua ratio! amore imaginis suae coactus in infantem uagit deus patiturque se pannis 2 12 3
rerum filius dei, cuius sapientia non habet finem nec fortitudo mensuram, amore imaginis suae de caelo descendit, uteri uirginalis illustrat hospitium 2 4 7
discurrunt, qui foetorosis prandia cadaueribus sacrificant mortuorum, qui amore luxuriandi atque bibendi in infamibus locis lagenis et calicibus 1 25 11
non deest enim qui dicere possit: 'si est resurrectio, quare plangis?' si amore mariti facis, cur postmodum nubis?' exsecrabilis res est, fratres, nec 1 2 14
diuina cum uenerantur, euertunt; uaria caede prophetas elidunt; Moysen amore nimio lapidare conantur; aduersus dominum semper ingrati uariis 1 4 10
furta turpissimae utilitatis, rem familiarem tuendam committunt amore non fidei, sed libidinis, qui publicanas mulieres cum ui subiciunt sibi 1 25 11
conatus. Iob facultates, quas habuit, amisit; et dominus caelestia sua bona amore nostro neglexit pauperemque se fecit, ut nos diuites faceret. Iob 1 15 8
fuerit e duobus. sed nec illis impune succedit, qui sine uxoribus amore peccandi liberius incertas atque inhonestas sibimet redimunt 1 1 14
deum. adhuc accipite, ad propriam sedem palmamque propositam quanto amore, qua deuotione festinet. si quis eam prouocat in iudicium, ut eius 2 1 13
coniuges nuptiali sanctissimo repugnantes iugo, pro se quisque nitentes (amore uidelicet nimio), hereditatem captat alter alterius; quod parentes 1 14 7
praemia aut tradit aut accipit, corrumpit aut corrumpitur, inicit amorem, paulo post odium de amore factura. seminat inlicitos heredes 1 1 7
laus uestra laudi pudicitiae; illa enim uobis exhibet sanctitatem, uos ei amorem. per hanc attingitis Christum, immo illa per uos uobiscum 1 1 4
non uidet, non potest diligere. decertemus igitur, fratres, inter nos mutui amoris aemulatione gloriosa imaginemque dei dignissime uenerando 1 36 24
tu sanctissimo coniugali iugo rudi ceruice subeuntes in nisum laboris uel amoris aequalem retinaculis blandis quasi quidam peritus auriga componis. 1 4 21
quia timent, peccant quia uolunt. unde non est absolutus reatus, ubi de amoris comparatione duarum contrariarum sibimet partium iudicium 1 35 6
naturae a regibus ipsis quoque metuitur. sed necessario unicuique sinceri amoris est noscenda proprietas, ne sub sono nominis commutetur regula 1 36 25
semper uicissitudinis delectamento seruire praecepit, qui eum supra dicti amoris male dulcibus uenenis occisum infernaeque sedi submersum 1 36 28
tarditate dulcior, ex desperatione felicior putabatur. unicus numero et in amoris soliditate iam primus totum <paternae ac> maternae pietatis 1 59 5
quod, nisi insinuationem legis omni deuotione succincta praecedens amplectatur fides, quae tam sibi quam illi credendo praestet effectum, 2 3 1
ac soli sibi nota conscientia, filii non sine affectu, sed sine reuelamine amplectebatur. igitur ineffabilis illa incomprehensibilisque sapientia 1 17 1
qua sua conscientia uelatum filii non sine affectu, sed sine discrimine amplectebatur. sed excogitatarum ut ordinem instrueret rerum, ineffabilis 1 56 1
spes habet fides meretur, quae quidem pro spe pugnat, sed sibi uincit. amplectenda est igitur, fratres, tenaciter nobis et omni genere custodienda 1 36 4
bona, quae pura, quae simplicia, quae pia, quae sancta sunt, sicut facitis, amplectenda, ut uidentes homines *opera uestra bona magnificent patrem* 1 25 13
quippe cum unius electio sit alterius reprobatio. uel si omnes omnino amplectendae sint, ut tot quis habeat fides quot non habet uerba, multo 2 3 7

tu populi caelestis animam tenes, cum ornas pacem, fidem custodis, amplecteris innocentiam, ueritatem colis, patientiam diligis, spem 1 36 30

rumpit taetraque inluuie suum totum deformans cultum cadauer amplectitur conclamatum; frigentia tepefacit crebris osculis labra; totum 1 2 14

cogitat, quia simplex est; *non irascitur*, quia etiam iniurias libenter amplectitur; non fallit, quia fidem ipsa custodit; non ulla re indiget, quia ei 1 36 12

unicus filius, spes populorum et gentium, origo tot rerum, cari genitoris amplexibus inhaerebat. strinxerat in se patris pietatem, quod unicus, quod 1 62 3

enim figura huius mundi. at cum ante annos ferme quadringentos uel eo amplius apostolicum hoc operetur edictum, quo et uiuaciores fuere 2 7 5

utpote qui ipsum contempserunt regem. qui ira sufflatus solito septies amplius caminum iussit incendi ac, ne quid immanitati saeuientis deesse 2 22

prorsus nulli rei subiecta, unum tantummodo metuens, ne <non> sit amplius quae uocatur. denique in solitudine, quae a moechantibus uocatur 1 1 1

maiestatis uera cognitio est deum non nosse nisi deum nihilque ex eo amplius requirendum quam ut quis eius nouerit uoluntatem, sine qua ei 1 54 1

aliqua necessitas rapit, quae a te longe distractum decennio uel eo amplius, ut adsolet fieri, detineat relegatum. quid facies? obseruabisne 2 7 9

etiam suis carnibus nudi. conspicite rem auaro condignam! ille, ille amplum qui habuit censum, exiguum non habet tumulum; quos prophetes 1 5 9

fraudauit te furor tuus; adhuc erat in uictima domini quod posses auferre: amputandam linguam mandare nescisti, quae in conluctatione martyrii 1 39 6

id est omnia omnino peccata baptismate spiritusque sancti uigore amputantur. plorat feliciter uitis purgata materia; de homine loto felicius 2 11 5

funestum illud spectaculum trahi, contemptis uniuersis facultatibus suis, amputatis radicibus saeculi delitescens secessionis se commendauit 1 39 3

ignauia nostra detraxerit. igitur, ut optime saepe recolitis, mensura seruata amputatur in surculum palmes, in scrobem dimittitur, ut animatus ibidem 2 11 2

putant, inanitatem se disserere posse mentiatur? quis terram aqua portari an aquam terrae gremio contineri se nosse praesumat? quis spiritus aerios, 1 34 1

ut adsolet fieri, detineat relegatum. quid facies? obseruabisne redeuntem, an ardori quaeres aliunde remedium? si obseruantiam pollicere, sine dubio 2 7 9

anima peritura est. hic, fratres carissimi, eligat utrum uelit, circumcidat an differat. si circumcidit, sabbatum corrumpit; si non circumcidit, cum 1 3 4

eius sicut flos feni? cuius si curam geris, pecuinam te esse cognoscis. an eius uirtutem diligis? frangit ac subigit illam quiuis dolor. an 2 4 15

non probat altissimus. hic quaerite, Christiani, sacrificium uestrum an esse possit acceptum, qui uicinarum possessionum omnes glebulas, 1 25 10

est ista ratio, mox uidebimus. nunc scire cupio, fides ex doctrina constet an ex credulitate an ex utroque. si ex doctrina constat, non habent ergo 2 3 9

uidebimus. nunc scire cupio, fides ex doctrina constet an ex credulitate an ex utroque. si ex doctrina constat, non habent ergo fidem qui litteras 2 3 9

dei originis aut naturae. sequitur ut scire debeamus, utrum tractatum fidei an fidem tractatus debeamus adserere. si tractatum fidei dixerimus, 2 3 6

fortasse quispiam dicat: 'peccator ergo fuit Abraham, ut circumcideretur? an iustus et circumcidi non debuit?' Abraham, fratres, et uir iustus fuit et 1 3 6

dolendumque discrimen et dic nobis, utrum circumcisionem obserues an legem. si circumcisionem, non est tibi lex necessaria, quia iustus 1 3 12

non iudicabuntur, sed istum mundum ipsi iudicabunt, apostolo dicente: *an nescitis, quia sancti de hoc mundo iudicabunt?*; alterum impiorum, qui 1 35 7

circumcisio ab Iesu Naue quo genere celebrata sit petrinis illis cultris: cor an praeputium circumciderit. etenim si secundum ipsos nos quoque 1 3 15

cognoscis. an eius uirtutem diligis? frangit ac subigit illam quiuis dolor. an pulchritudinem? leuis et commutabilis res est et quae una febri uel 2 4 15

requirendum nobis erit, quid sit fortius de duobus: illud quod sensibile est an quod caret sensu. uerum quis dubitet illud fortius esse, quod sentit, 1 7 2

nulla statione contentus, quia inmortalitas eius est cursus. uerum currat an recurrat, ambiguum est, cuius praeteritum restat, ut redeat. mira 1 26

expediunt. iam te hic, Christiane, cognosce, elige quid uelis: remedium an sanitatem. denique si uidetur, conferamus, quae sit inter uirginem 2 7 2

iam non potest. consequens est, ut profiteatur, utrum hanc carnalem an spiritalem esse defendat. si spiritalem, cur de carne gloriatur? si 1 3 3

uere deo dignum, in quo definire difficile est, utrum sit patientior sacerdos an uictima! non percussoris, non percutiendi claudicat color; non membra 1 4 14

beneficium, si deo uiuas puris moribus libera et hominis non sis ancilla. at tu, uidua, secundas cur desideras nuptias, cum temperare uideas 2 7 4

in templo maiora. quae si erogaueris, pecunia est, si seruaueris, simulacra. ancilla Christi, falso idolum respuis; mihi crede: in te colis, cuius ornatum, 1 14 6

non enim conabitur in dicionem redigere suam, quae esse eius ambiuit ancilla? in domo denique quae geruntur, sed et ipsis in fanis, Christiana 2 7 13

ueluti adulterae deprehensae magnum minitantur exitium. at illa non Eua, ancipiti quidem metu contemplatione praeclusa, cuius aut pudor esset 1 1 18

dicente: *iter impiorum peribit*; tertium peccatorum, quorum obliquae ancipitisque uitae sunt necessario discutienda secreta, apostolo utrumque 1 35 7

sicut et factum est, euangelista dicente: *tunc reliquit eum diabolus et ecce angeli accesserunt et ministrabant ei.* unde dubium non est unum esse iter 1 37 13

taceam, in qua, ut dominus ait: *neque nubunt neque nubentur, sed sicut angeli erunt.* magnum consequere beneficium, si deo uiuas puris moribus 2 7 4

pauor inuadit. tremit diabolus, quod ipsius commenta nudentur. gaudent angeli, quod oppressa ueritas tandem defendatur in terris. triumphat 1 40 3

ac dulces nostri funduntur infantes. aestas autem fidelis est populus, angelicus et mundus, qui sponsionis suae palmam fortiter retinens, 1 33 3

fortis, in coniugiis fidelis, in sacerdotibus pura, in martyribus gloriosa, in angelis clara, in omnibus uero regina. tu numquam carni, numquam ulli 1 1 20

dei sedens. possumus et sic, fratres, intellegere: hoc de ministris et de angelis dictum, quos domino, cum esset in terris, fecisse inuenimus 1 37 13

etenim ille princeps iniquitatis suo semine per inuidiam protoplastos ex angelis in homines deriuauit, ita dominus omnes in se credentes sancti 1 2 26

et ministrabant ei. unde dubium non est unum esse iter aerii culminis angelis lucis et hominibus iustis. haec igitur omnia combinata unius fructus 1 37 13

salutaribus monitis, adgressuram hominem passum latrocinio diaboli angelorumque eius et huius mundi in *stabulo*, id est in ecclesia, quo 1 37 10

cotidianis praedicationum medicaminibus curat. quod autem ait *angelos ascendentes et descendentes*, aliqui putant ascendentes esse angelos 1 37 11

officium, ipso dicente: *amen dico uobis: uidebitis caelum apertum et angelos dei ascendentes et descendentes super filium hominis*, sicut et 1 37 13

omnes in se credentes sancti spiritus semine a mortuis rursus gloriosos in angelos excitabit. ad hoc unum euidens adhuc proferamus exemplum, 1 2 26

tuam, qui praeparabit uiam tuam. ergo manifestum est prophetiae more angelos homines iustos et iniustos generaliter dictos. sed ascendentes et 1 37 12

ait *angelos ascendentes et descendentes*, aliqui putant ascendentes esse angelos lucis, descendentes uero angelos tenebrarum. sed hoc satis 1 37 11

ascendunt, quia numquam in terris, sed semper in caelo manserunt. unde angelos puto recte homines appellatos, quibus dominus sanctum per 1 37 11

aliqui putant ascendentes esse angelos lucis, descendentes uero angelos tenebrarum. sed hoc satis absurdum esse et inconueniens, fratres 1 37 11

et euomit uiuos, ex animalibus ueros homines factos, ex hominibus in angelos transituros, si prouectus aetatis eorum infantiam non mutauerit. 2 10 2

culpa deleta ueteri ecce per uos iungimur caelo: anus enim peperit angelum et uirgo deum. hic est deus noster, qui dignitate interim seposita, 2 8 8

quoque eius designatione dilucidauit alio loco his uerbis: *ecce mitto angelum meum ante faciem tuam, qui praeparabit uiam tuam.* quis est iste 2 8 7

sed et de Iohanne Baptista sic dictum esse meminimus: *ecce mitto angelum meum ante faciem tuam, qui praeparabit uiam tuam.* ergo 1 37 11

dominicae habitationis in recondita adsumitur, ut ibidem ex homine in angelum transfusus aeternae uitae beatitudine glorietur. 2 11 7

meum ante faciem tuam, qui praeparabit uiam tuam. quis est iste angelus, fratres, nisi Iohannes baptista? cuius est praeparatio: *uox* 2 8 7

amore hominis sui, cuius formam fuerat subiturus et creaturam, ut angelus, homo, puer, sponsus, gigas, crucifixus, sepultus, *primogenitus a* 2 8 8

ita denique dissensione temporis et naturae contra opinionem nato angelus Isaac nomen imposuit, ut firmaret laetitia, quod aetatis inbecillitas 1 59 5

ut ostenderet caecum; ignis columna per noctem, ut admoneret arsurum. angelus praeuius tua castra promouit, ut etiam praesenti deo probareris 1 9

ut ostenderet caecum; ignis columna per noctem, ut significaret arsurum. angelus tua castra praecedit, necubi crimen excuses. per mare ambulas; 2 16

itineri erectus in morsum, ardentibus squamis incensus tumidus sese anguis opponit; aut dorsa fugientis affectans caedem uicino fremitu ferina 2 2 2

sculpitis, quam uos estis. exsultate, uiduae: quadratura uestrae uirtutis *angularis lapidis* coniugio cohaeretis. exsultate, uirgines: omnem istam 2 6 10

unanimes una epularentur in domo, subito concussis toto nisu quattuor angulis eius in confusam molem parietibus tectisque labentibus illam 1 15 4

ista de nouella cognoscite, cuius quoque capacitatem felici numero fecistis angustam. ex eo enim ipso, quod uos non capit locus, exinde intelligitur, 2 6 5

nostrae insignis res erit, si dei ciuitatem felicitate nostri numeri fecerimus angustam. itaque estote securi: nihil in illa deest umquam, nihil ab suo 1 5 18

quid adferat dubium est. sed oculis patentibus caeci dilatant horrea, terras angustant, urgent saltibus saltus et, si orbem totum possideant, fines 1 5 8

at ubi matura aureo igne flagrantis luciflui aurigae par laboribus fratris angusti circuli argenteum compleuerit globum, paulatim deuergit in 1 2 19

nosti. tu oppressos uel cum dispendio tui incunctanter eripis in qualibet angustia constitutos. tu caecorum oculus. tu pes claudorum. tu scutum 1 36 31

desolatis solacium praebuit, sed etiam nos omnes in aliqua constitutos angustia recreare consueuit. *ad oues suas tondendas pergit*, id est, ab 1 13 7

timor excubat, disciplina coercet, continentia [se] refrenat. stat in angusto fides, in secreto pudicitia, in primo innocentia, aequitas in medio, 2 6 9

uergentibus in occasus sui terminum uersabatur et educationis tempus angustum et senectuti exitus iam uicinus. ecce prima deuotio: libenter 1 43 1

sanguinis conceptum piaculum duplicetur. miratur orbis uacuus se duobus angustum; mirantur elementa hominem, qui factus sit *ad imaginem et* 1 4 9

non timere. ecce pueri sacramento muniti tres numero, sed una uirtute, anhelantibus flammis, camino rugiente non laeduntur. incensi hymnum 2 15

cursus ac lunae ab occidui carceris receptaculo orationis freno refrena; anhelantis camini ignis exaestuans uicta natura sentiat per te tecum et ipse 2 3 14

denique nec mora est: inpatienter fraterni inuidus muneris in fratris Cain anhelat exitium et deo ante negotium parricida est; nec eius saltem 1 4 9

in Leuitico scriptura dicente: *omnis mundus manducabit carnem. anima autem quaecumque manducauerit de carne sacrificii salutaris, quod* 1 25 12

tu cotidiana martyrum et mater es et corona. tu murus fidei, fructus spei, anima caritatis. tu specialiter omnem populum diuinasque uirtutes quasi 1 4 22

metu contemplatione praeclusa, cuius aut pudor esset iugulandus aut anima, conscientiae suae conscium solum contestans deum honestam elegit 1 1 18

salutaris, quod est domini, et inmunditia eius super ipsum est, peribit anima illa de populo suo. haec, fratres, sicut cauenda sunt nobis, ita quae 1 25 12

sensura repromissa felicitas exhibetur, Dauid sancto dicente: *conuertere, anima mea, in requiem tuam, quia dominus benefecit mihi, quia liberauit* 1 2 32

sed et dominus ex persona hominis, quem adsumpserat, ait: *tristis est anima mea usque ad mortem.* quod dictum non tam timentis quam 1 2 31

sabbato, si non secundum legem circumcidat, de populo suo infantis anima peritura est. hic, fratres carissimi, eligat utrum uelit, circumcidat an 1 3 3

sic ait dicens: *diliges dominum deum tuum ex toto corde tuo et ex tota anima tua et ex tota uirtute tua; et secundum simile huic: diliges proximum* 1 36 17

et diligas eum et custodias praecepta eius ex toto corde tuo et ex tota anima tua, ut bene sit tibi? uidetisne hunc timorem nobis necessarium, qui 2 2 4

contendunt; ac sic fidem rei quam reprobant faciunt. philosophi de anima uaria disserunt, sed tamen hanc esse inmortalem <et> Epicuri, 1 2 4

et discite a me, quia mitis sum et humilis corde, et inuenietis requiem animabus uestris. deus noster, fratres, humilis corde est et ineffabilis eius 2 9 4

separare.' statim iudex uiperei ueneni felle commotus iubet non usitata animaduersione poenarum nec usuali in reos lege carnifices in martyris 1 39 6

induimus; qui, quae uis, qui exitus, quae merces carnis sit quaeue animae, deo magistro didicimus; qui non ignoramus uictoria carnis ambas 2 4 18

quia *qui se exaltauerit, humiliatur et, qui se humiliauerit, exaltatur.* animae enim depressio cor elatum est, cor cohibitum promotio est animae. 2 9 8

qui cor suum se non exaltasse gloriatur. non sibi repugnat, sed ostendit animae esse sublimitatem superiora uicisse, quia *qui se exaltauerit,* 2 9 8

aperire conabor, ut et prouidentiam dei et uim consociationis carnis et animae et hominis summum bonum ubinam sit constitutum, quiuis 2 4 3

animae enim depressio cor elatum est, cor cohibitum promotio est animae. huius rei testes sunt nobis duo homines propheticum carmen suis 2 9 8

sequitur ut oderit ueritatem. inde est, quod stulti praeponunt corpus animae, idolum deo. sed nos, qui Adam abiecimus, Christum induimus; 2 4 17

non oblecteris in illis; si non est timor domini cum illis, non corrideas animae illorum; melior est enim unus timens dominum quam mille filii 2 7 5

debeamus, scientes, quoniam, si quis imaginem laeserit, in exitium suae animae incitat ueritatem. nec est dicto longe probatio. si incliti cuiusquam 1 36 24
si circumcidit, sabbatum corrumpit; si non circumcidit, cum innocentis animae interitu praestitutae circumcisionis iura uacuauit, quia solus 1 3 4
inuictum aduersus diaboli impetus propugnaculum pariter ac telum, animae nostrae inpenetrabilis lorica, legis conpendiosa ac uera scientia, 1 36 4
spiritalem esse defendat. si spiritalem, cur de carne gloriatur? si carnalem, animae prodesse non poterit, quia *caro et sanguis regnum dei possidere non* 1 3 3
sed et dominus ipse dicit: *quid prodest unicuique lucrari mundum et animae suae pati detrimentum?* i nunc, insatiabilis homo, et in detestabilis 1 5 9
stola illa non sumitur, nisi primo istud carnale spolium, blandum animae uenenum, secundum dei sententiam, unde sumptum est, 1 2 30
magistro didicimus; qui non ignoramus uictoria carnis ambas exstingui, animae uictoria utramque seruari: meliora sequamur saltem uel eo studio, 2 4 18
gloriam; seminatur in infirmitatem, resurgit in uirtutem; seminatur corpus animale, surgit spiritale. satis, ut opinor, resurrectionis ueritas omnibus 1 2 22
corona circumdat, quem per ambitum totius orbis non muta *quattuor animalia,* sed salutiferis praedicationibus quattuor circumferunt euangelia. 2 12 4
uiuos, euomat mortuos, aqua nostra suscipit mortuos et euomit uiuos, ex animalibus ueros homines factos, ex hominibus in angelos transituros, si 2 10 2
timere poterat, qui mortuos excitabat, *qui potestatem habuit ponendi animam et iterum resumendi eam;* sed ut doceret, quoniam, cum uiuit in 1 2 31
non illas, quae maligno beneficio crimina excipiunt; quae corpori parcunt, animam liberare non possunt; quae peccata cum dissimulando praetereunt, 2 24 1
anima mea, in requiem tuam, quia dominus benefecit mihi, quia liberauit animam meam a morte, oculos meos a lacrimis, pedes meos a lapsu; 1 2 32
ubique pastorem. post adiecit: *si non humiliter sentiebam, sed exaltaui animam meam.* uideamus, ne forte propheta ipse se inpugnet exaltando 2 9 8
et peregrini abstinete uos a carnalibus desideriis, quae militant aduersus animam, nec uestrum frangat affectum, quod eius secretum figuramque 2 4 17
atque intellegens; sumpto quippe *limo terrae hominem figurauit* eique animam, qua spiramus, infudit e proprio fonte spiritus sui. cui ab humo 2 4 4
humanum suo interitu suisque calamitatibus delectatur uiliorem habens animam quam pecuniam; inde est, quod iustitia honestas pietas fides 1 14 7
corpus figuramque illam florentissimam edax in aeternum terra delebat; animam quoque feralibus tenebris relegatam perpetui carceris poena 2 4 6
animam meam. uideamus, ne forte propheta ipse se inpugnet exaltando animam suam, qui cor suum se non exaltasse gloriatur. non sibi repugnat, 2 9 8
deus omnipotentis dei filius, nullus irascitur de duobus. tu populi caelestis animam tenes, cum ornas pacem, fidem custodis, amplecteris innocentiam, 1 36 30
totumque se nesciens simulacrum et, ut imago sit dei, inspiratur a deo in *animam uiuentem.* concepit spiritum adaeque, quem nescit; intrantem non 1 56 3
ac repugnantibus comparatam *discordique concordia* esse connexam animamque lineamentis corporis circumsaeptam. unde duae quoque uitae a 2 4 8
generis domum multipliciter aptatum distinctumque elementis, opibus, animantibus, alimoniis utilitatibusque diuersis, magnis et plurimis, 2 4 4
aut demens rapit, sed patienter aedificat, patienter exornat, patienter uariis animantibus replet. quando ingredi iubeatur, quando ianuam claudere, 1 4 12
suam tradidit, qui orbem terrae donauit, qui omnia elementa mundi cum animantibus suis eius potestati subiecit, qui ei annos, tempora, menses, 1 36 28
beati sunt, non beatus est nullus, quia nulla gens est, nulla sunt pecora, animantium denique nulla natura, quae non timeat deum. cum grauamur 2 2 3
in humanis, quasi sola isto affectu sint praedita? nonne uidemus omne animantium genus congregatione, concordia testari caritatem atque ita 1 36 15
ut et non longius uideretur a proelio et secedendo euangelicae iussionis animaretur exemplo. ecce in eius hospitium uelut in hostilem praedam 1 39 3
subuenire non subuenit, ipse eum uidetur occidere? o quantarum neces animarum in phaleris pendent ornatae matronae! ornamentum cuius unum 2 1 19
fratres, his poterat indigere, quae accipere in uterum meruerat filium animarum omnium saluatorem. o magnum sacramentum! Maria uirgo 1 54 4
aequalis in omnibus consummaris. tu es *honor corporum,* tu thesaurus animarum, tu *fundamentum,* culmen ac fructus omnium coaequarum, tu 1 1 21
enim tam uel ab istius mundi sapientiae gustu ieiunus, qui audeat dicere animas cum corporibus interire, caelestia cum terrenis absumi, praesertim 1 2 2
te uelle uitae substantiam prouidere, quibus nec natiuitatem dederis nec animas inspiraueris nec salutem praestare possis. unde uel sero sacrilegam 2 1 21
instruxit, propter nos in semet ipso probando quod docuit, uiuere animas mortuorum non tam dicere quam oculatis rebus sufficimus 1 2 5
sibi praesumit de Christo? igitur primo omnium probandum puto animas nostras suorum corporum exuuiis <exui> nec cum labe carnalis 1 2 3
uniuersis uoluptatibus saepta, in cupidinem sui utrumque sexum, omnes animas, omnes aetates isto carmine inuitans: *exiguum et cum taedio est* 2 4 10
sole dulces uigilias, post lactei fontis lauacro uitali in spem inmortalitatis animas pullulantes, ex quo qui eratis aetate diuersi, diuersi natione, subito 1 24 1
sentiat per te tecum et ipse refrigerium; mortuorum in postliminium uitae animas reductas inspira; discute laborantibus morbos; cura languores; in 2 3 14
incognitos ex sese recitari mirantur; amicae sub fallacia manus innoxias animas secure conficit ebibita ueneni tempestas; sepelitur noua odii rabie, 1 5 3
mandamus, in agonem immortalis laudis Christianus semper ardor animatur. erit geminum de religiositate commercium, cum ad caeleste 1 39 1
mensura seruata amputatur in surculum palmes, in scrobem dimittitur, ut animatus ibidem genitalis humoris manente semper secum substantia 2 11 2
in omnibus inuenitur. denique prior circumcisio desecat carnem, secunda animi desecat uitia; illa ferro, haec spiritu; illa portionem, haec hominem 1 3 23
labore, aetate, languore, ira, gaudio, tristitudine totque induat uultus, quot animi fuerint motus, nullusque prorsus dies, quo iugiter sibi similis esse 1 27 2
fundimur a natura, quae est corporalis ac per hoc etiam breuis; alia uero animi, quam nos nobis ipsi hac in uita per fidem sacri fontis uiuo de 2 4 8
omnibus denudatam, conuexis manibus se tegere conantem, immo animi sui uitium et corporis demonstrantem, post multa adulteria 1 1 11
communia, sicut scriptum est: *turba autem eorum, qui crediderant, animo ac mente una agebant, nec fuit inter illos discrimen ullum nec* 2 1 18
homo, de quo agitur, periturus est; caro enim damnum pati potest, animo autem imperare non potest; ipse enim regalis potestatis imperio 1 3 9
alta quadam ac diuina temperantia robuste librata, uniuersas permotiones animorum placida moderatione compescens, et ut omnia non magno opere 1 4 3
si ipse sit, nec intellegit rem dementiae esse consimilem, in statu suo animum non manere. inpatientia enim quid est nisi mens lubrica, 1 4 7
tamquam carcere clausus tenetur, illam esse ueram uitam, cum idem animus custodia carceris liberatus ad eum locum, unde uenerit, reuertatur. 1 2 2
placentem deo. hoc enim placitum est domino, ubi se ipsum candidus animus immolauerit domino; cetera autem nihil proderunt, si colentis pura 1 25 9
nisi mens lubrica, permotionibus crebris et rapidis se semper expugnans; animus infidelis etiam sibi; actus improuidus, instabilis, caecus, incautus, 1 4 7
per fidem sacri fontis uiuo de gurgite conparamus, nobilis et aeterna, quia animus, qui uicerit mundum agnoscendo ac seruando religionem ueram 2 4 8
ad ministerium immolationis armatur; libratur ad ictum uulneris securus animus, sed securior manus; elatus in immolandum gladius uibratur nec 1 59 7
cum eorundem ille sapientissimus dicat hanc esse mortem, cum corpore animus tamquam carcere clausus tenetur, illam esse ueram uitam, cum 1 2 2
dum beati Archadii martyris gesta annalibus triumphanda mandamus, in agonem immortalis laudis 1 39 1
nubere saepe festinas, interroganti responde, bonumne amiseris maritum anne malum. si malum et desideras nubere, digna es, quam peior affligat; 2 7 6
inspector, in eo quid potissimum miraretur: magnitudinem, opus, ornatum anne materiam; ita enim in unum decorem uniuersa conuenerant, ut 2 6 2
incertas reddebas exsequias, cui magis lacrimas commodarent: mortuo anne morienti? post haec si libet nubere, omnia illa mentita es. quid hoc 2 7 7
idem sibi successor idemque decessor, longaeua semper aetate nouellus, anni parens annique progenies; antecedit quae sequitur tempora et, ut 2 19 1
idem sibi successor idemque decessor, longaeua semper aetate nouellus, anni parens annique progenies antecedit quae sequitur tempora et saecula 1 44 1
idem sui successor idemque decessor, longaeua semper aetate nouellus, anni parens annique progenies antecedit sequiturque tempora et saecula 1 57
perpetis anni pernicem cursum in bis senae mutationis augmentum una eademque 1 16 1
successor idemque decessor, longaeua semper aetate nouellus, anni parens annique progenies; antecedit quae sequitur tempora et, ut saecula 2 19 1
successor idemque decessor, longaeua semper aetate nouellus, anni parens annique progenies antecedit sequiturque tempora et saecula infinita. parit 1 57
successor idemque decessor, longaeua semper aetate nouellus, anni parens annique progenies antecedit quae sequitur tempora et saecula infinita 1 44 1
ideo lineamento puerili depingitur, quia eius lasciua lubricitas nec annis senilibus temperatur; ideo nudus, quia uoluntas eius est turpitudo; 1 36 25
humanus exitus contingeret, uix in eius casibus pater uiuere potuisset, si annis teneris moreretur. hic igitur infans, e cuius uita paternus affectus et 1 43 3
senectute suscepit unicum filium. nihil tam sollicitum patri, cuius aetas in annis uergentibus in occasus sui terminum uersabatur et educationis 1 43 1
quem euangeliorum salutaria quattuor praedicant tempora; cui non anniuersarii, sed cotidiani fructus respondent hymnum canentibus deo 1 33 4
habet nisi caelum. dicam praeterea, quae cotidie merces, quae impendatur annona. omnibus peraeque unus panis cum signo datur, aqua cum uino, 2 6 8
uesania est beneficiis inuidere naturae. alius inde rerum omnium captat annonam, aucupatur distrahendi tempus, minor in mensura, maior in 1 5 14
esurire non possumus, sempiternam qui caelestis panis nobiscum portamus annonam. illis sitientibus petra fluxit in poculum, at Christi fontem qui 1 46b 3
uaria exhibet pecora. Ioseph promotus ad mensuram praerogat cunctis annonam. sane si quis aliquid desiderauerit, qui recondidit Noe omnia illi 1 24 2
orbita lustrans dies magnus aduenit, menses in tempora, tempora in annos, annos in saecula pandens. sine pausa crescit in senium et tamen a 1 58
sint quasi non habentes; praeterit enim figura huius mundi. at cum ante annos ferme quadringentos uel eo amplius apostolicum hoc operetur 2 7 5
lustrans dies magnus aduenit, menses in tempora, tempora in annos, annos in saecula pandens. sine pausa crescit in senium et tamen a cunis 1 58
omnia elementa mundi cum animantibus suis eius potestati subiecit, qui ei annos, tempora, menses, noctes ac dies clarissimosque duos regalium 1 36 28
et de ipsa circumcisione in symbolis inquit: *interrogabant et in uirgis suis annuntiabant; spiritu meretricio seducti sunt et fornicati sunt a deo suo.* 1 3 11
corda decorare consueuit. uirga per lignum sacramentum passionis domini annuntiabat, sicut euidens declarat exemplum, quod Psalmorum in libro 1 13 10
mortem domini aduentumque testatur, sicut ad Corinthios scriptum est: *annuntiatis mortem domini, donec ueniat.* aperies os piscis: hoc est 1 37 6
est, inquit, in me per Iesum Naue domino iubente secunda, quam Moyses annuntiauerat, circumcisio. scriptum est enim: *et dixit deus ad Iesum: fac* 1 3 14
atque utinam incorrupta species uenderetur! ingemescit praeterea, si annus est sterilis, multo magis, si fertilis fuerit: illic quia parum distrahit, 1 5 14
sic sint quasi non habentes; praeterit enim figura huius mundi. at cum ante annos ferme quadringentos uel eo amplius apostolicum hoc operetur 2 7 5
persecutores saepe credentes in Christum calicem pretiosum, quem paulo ante calcando fuderant, gustant, aliqui etiam bibunt. mustum patris 2 11 7
non debet in statum pristinum mortuos excitari talesque legitima die ante conspectum dei ex illo naturae secreto produci, quales fuerint pro sua 1 2 15
hoc est? ecce rursus ad lenocinia redis, colorem de pyxide mutuaris paulo ante damnatum. ecce indulgenter excolis crinem; odorato puluere luctus 2 7 8
designatione dilucidauit alio loco his uerbis: *ecce mitto angelum meum ante faciem tuam, qui praeparabit uiam tuam.* quis est iste angelus, 2 8 7
Iohanne Baptista sic dictum esse meminimus: *ecce mitto angelum meum ante faciem tuam, qui praeparabit uiam tuam.* ergo manifestum est 1 37 11
Thamar, accepit uxorem maiori filio suo. qui filius cum maligne domini ante faciem uersaretur, scriptura teste a deo perhibetur occisus. secundo 1 13 1
saluti, quos amabat, necessariam praeuideret. certe Adam ipsum sic ante fecisset. at fortasse quispiam dicat: 'peccator ergo fuit Abraham, ut 1 3 5
et caelestis origo seminibus), scilicet spiritus sancti conceptione, insita fit ante fecunda, ut, cum dissolutionis eius ac legitimae reparationis tempus 1 2 26
nemo plangit uiuas exsequias et innocentis hominis obsequium nemo ante fletibus rigat, ne pater dubitasse uideretur, si flesset. deuotus sic 1 62 4
maxime cum res nostrae commissa sit uoluntati, propheta dicente: *ante hominem bonum et nequam, mors et uita; quod elegerit, hoc dabitur* 2 4 18
propter spiritum maiestatis. qui *primitiuus* est dictus, quia praeter patrem ante ipsum nullus est primus, *maturus,* quia aeternus est, *perfectus,* quia 1 46a 2
inpatienter fraterni inuidus muneris in fratris Cain anhelat exitium et deo ante negotium parricida est; nec eius saltem coercentis uoce comprimitur, 1 4 9
mala. etenim, fratres, facilius est reformari quod fuerit quam institui quod ante non fuit; quod si non fuit et est, multo magis poterit esse quod fuit, 1 2 16

carnalis futurus fuerat, procuratam. denique nihil illi contulit, quia deo ante, non posteaquam circumcisus est, placuit praemiumque non 1 3 7
Iesus Christus dei filius dulcia, sicut prior, qui hoc prandio pastus est ante nos, dicit: *quam dulcia faucibus meis eloquia tua super mel et fauum* 1 24 4
diei, huic deseruiunt tempora, dies, horae uniuersaque momenta; illa ante octauum uel post octauum diem nec ipsi morienti puero subuenit, 1 3 23
et miseria in uiis eorum et iter pacis non cognouerunt; non est timor dei ante oculos eorum. et de ipsa circumcisione in symbolis inquit: 1 3 11
et cetera, et apud Salomonem hactenus dicens: *ego ex ore altissimi prodiui ante omnem creaturam*. cum haec ita sint, humanitas, te, uersuta, 2 8 2
deus est itaque principium, qui ex se ipso dedit sibi ipse principium; solus ante omnia et post omnia, quoniam in eius manu inclusa sunt omnia; ex se 1 7 3
nihil est, fratres dilectissimi, ante omnia homini nato tam necessarium atque conueniens, quam ut se 2 30 1
nihil est, fratres dilectissimi, ante omnia homini timenti deum tam necessarium atque conueniens, quam 1 27 1
sicut sacra scriptura testatur, erat ante omnia manens unus et idem alter ex semet ipso in semet ipsum deus, 1 50
principium, fratres, dominus noster incunctanter est Christus, quem ante omnia saecula pater adhuc utrumque in semet ipso deus beatae 1 56 1
fratres dilectissimi, dominus noster incunctanter est Christus, quem ante omnia saecula pater in profundo suae sacrae mentis arcano 1 17 1
totaque deuotione uestra uasa replete, ut semper uobis aqua sufficiat, hoc ante omnia scientes, quia hanc nec effundere licet nec rursus haurire. 1 12
penetrat, ut mortuos uiuos inde reducat; unigenitus prodeundo de patre ante originem rerum, *primogenitus a mortuis*, ut ait apostolus, post 2 5 3
in omni negotio, fratres dilectissimi, nisi quis ante personam noscat et rationem, eius non potest nosse ueritatem. haec 1 25 1
est Christus. cur autem dignatus fuerit immolari, Iohannes Baptista ante praedicauit his uerbis: *ecce agnus dei, ecce qui tollit peccatum mundi.* 1 8 2
denique rex iure secundus factus est regni, qui insignis rex erat iam ante pudoris. Susannam quoque, columen matronatus, inaffectatae formae 1 1 16
ita dominus postridie ab inferno resurgens se ciuitati Ierusalem intulit ante quam caelo. at uero Nineue imaginem portat ecclesiae, in qua 1 34 8
contingi manibus, quibus stipem denegauerat uiuus. odit iam sine causa ante quod amauerat; probat felicius esse quod oderat. gemit instanti 1 2 10
scire conpendio ueritatem? factus est quod non erat, nec tamen desiit esse ante quod fuerat. 2 8 9
dignitatem. quam speciosum est, fratres, quamque salutare, quem paulo ante ridiculo habueris, admirari; cuius exsecratus sis corruptelam, optes 2 29 3
Iob beatus quieuit in pace; dominus autem manet benedictus in aeternum ante saecula et a saeculis et in cuncta saecula saeculorum. 1 15 9
nostrum Iesum Christum, qui est benedictus cum spiritu sancto ante saecula et in saeculis et in omnia saecula saeculorum. 1 13 13
ad imaginem et similitudinem dei, et in Psalmis: *deus autem rex noster ante saecula operatus est salutem in medio terrae*, et alio loco: *parata sedes* 2 5 2
damna iudicantes iniecta uiolenter manu ipsi naturae, inuasis hereditatibus ante tempus parentes suos compellunt uiuere miseriae, facultatibus mori. 1 5 6
quique qualitate suscepti, apostolo dicente: *omnes nos manifestari oportet ante tribunal Christi, ut recipiat unusquisque corporis sui merita secundum* 1 2 15
necat odio criminum ut nouerca, pia seruat ut mater necatosque non ante uiuificat, antequam omne uirus uetustatis exstinguat, ne quid 2 29 2
structura et propria est et perennis, qua et Iudaeos et gentes uel ceteros antecedimus. incomparabilis autem gloria ac uere deo digna, cum uno 2 6 4
si, quod quidem recte aestimas, in infernis, procul dubio omnes sacrilegos antecedis, qui Moysi reprobans dictum per hanc iniuriosam corporis 1 3 14
graue, hoc aestimat crimen. nam nihil relinquendo sibi beata cupiditate antecedit auaritiam: homines enim illa possidet, ista deum. adhuc accipite, 2 1 12
sibi semper nouellus occasu. quod praeterit sequitur, quod futurum est antecedit. in omnibus nouus est et tamen in omnibus uetus est. punctis 1 16 1
decessor, longaeua semper aetate nouellus, anni parens annique progenies; antecedit quae sequitur tempora et, ut saecula colligenda disseminet, parit 2 19 1
decessor, longaeua semper aetate nouellus, anni parens annique progenies antecedit quae sequitur tempora et saecula infinita disseminat. parit sibi de 1 44 1
decessor, longaeua semper aetate nouellus, anni parens annique progenies antecedit sequiturque tempora et saecula infinita. parit sibi de fine 1 57
crebrescentes insaniunt, horrendum sibilant funes, gemunt cedentibus uelis antennae, retunsa undique iter non inuenit prora. trepidant nautae, 1 34 5
enim bis carnem induit dominus. sed sic oportuit praedicari, quia primo, antequam esset, quod se fieri uoluisset, tam figura quam oraculis 2 4 3
tectis parietum cum ruina confusis, nimia crudelitate festinus sepelit, antequam iugulet. ipsum postremo, quem diuitiis exspoliauerat magnis, 1 4 18
tectisque labentibus illam sanctissimam fratrum cohortem sepelit antequam iugulet taleque est commentus pietatis excidium, ut in illa unius 1 15 4
nos impleamus et non praetereat nos flos temporis. coronemus nos rosis, antequam marcescant. nullum pratum sit, quod non transeat luxuria nostra. 2 4 10
animas secure conficit ebibita ueneni tempestas; sepelitur noua odii rabie, antequam nascatur, matris iam non in utero sed sepulcro incognitum 1 5 3
totum patris habens, nihil derogans patri; procedit in natiuitatem qui erat, antequam nasceretur, in patre, aequalis in omnibus, quia pater in ipsum 1 17 2
criminum ut nouerca, pia seruat ut mater necatosque non ante uiuificat, antequam omne uirus uetustatis exstinguat, ne quid adulterum pariat. ac 2 29 2
non fuit, saluo quod fuit, quanto magis deus hominem poterit excitare, antequam peccasset in paradiso, in id quod fuit! quam rationem seminum 1 2 28
qui meminit, quod renatus sit; beatior, qui non meminerit, <quid> fuit, antequam renatus sit; beatissimus, qui infantiam suam prouectu temporis 2 29 3
qui eam uictimam postulauerat, contradicit: 'respice retro, dixit deus, et antequam respicias, parce.' ecce et meritum principale diuinam 1 43 6
disposito ductus filius gaudens gaudente patre, patris dextra feriendus. qui antequam ueniret in montem, cum de patre quaereret, ubi esset uictima 1 43 5
sepelitur quam praecipitatur et tamen litus, quo tendebat, inuenit antequam uideat, felix sepulcro quam naui. in oratione mons tremit: 2 2 5
exurit; qui paedorem sui secum carceris portat; qui carnificem sentit, antequam uideat; qui nomen iudicis pertimescit; qui, sicunde susurrus 2 10 1
duos populos Iudaeorum gentiumque debemus accipere, qui, cum essent anterioris uitae facinoribus inquinati — unus Christum blasphemando 1 37 3
alternas mundi metas illustret, tamen numquam dilectam uerecundamque anteuertit auroram; qui, quod maius est, duodenis non dicam spatiis, sed 1 4 4
te saeculum uincitur, concupiscentia omnis eliditur, diabolus subiugatur, Antichristus non timetur, spiritus sanctus inducitur, glorificatur Christus, 1 1 21
possit agnosci. sub uelamine Christi nominis, fratres, se adserere conatur Antichristus similiter pudicum, uti fallat. pudicitiae nominis sonum post se 1 1 6
nec Maccabaeae matris memoriam recolit, quae spe succincta futurorum Antiocho saeuiente libenter semel septem filios non dicam extulit, sed ipsa 1 2 13
ac refellendo consumit. sin uero, sicut necesse est, una est illa nobilis et antiqua, quae non dicam tractatu, sed ipsius natiuitate porro maior est 2 3 8
dolore, sed gaudio. mira res! exsultans exponit infantem totius naturae antiquitate maiorem. interea rudis non gemit feta. non mundum, ut assolet, 1 54 3
quam praesumpta, quae mauult magis nouellae traditioni suae credi quam antiquitati, quam deo domino dicenti: *reicitis mandatum dei, ut traditiones* 2 3 10
qui tollit peccatum mundi. hic itaque dictus est *primitiuus*, quia paternae antiquitatis solus est conscius; hic *maturus*, quia post ipsum non est ullus; 1 8 2
etiam eos, quos numquam uidimus, diligamus. huius est munus, quod antiquorum aut uirtutes ex libris aut ex uirtutibus libros agnoscimus. sed 1 36 14
sed sine furti conscientia, sane confiteor. denique et uos retinetis pondus antiquum; habetis aginam: exagium facite quemadmodum uultis; singulos 1 41 3
diabolus satellites suos in domini populum, ueterani odii assertor antiquus, et totam familiam domini impastae feritatis grassatione turbabat. 1 39 2
negotium procurauerat, dicitque ei se debere conceptum, cuius monile, anulum teneret et uirgam. qua re cognita Iudas non tantum ab ea se 1 13 3
trinitatis acceperit. denique expetisse atque accepisse describitur *monile, anulum, uirgam.* quibus ista significatio coaptatur? monile, fratres 1 13 10
ruperit, quod eorum traditiones abiecerit. Thamar protulit monile, anulum, uirgam seque liberauit sacramento numeri ab imminenti supplicio; 1 13 13
pignus, magis illo contenta quam praemio accepitque ab eo eius monile, anulum, uirgam; tumque negotio confecto, conceptu signata, quem uerae 1 13 2
pendere dignatus est, ut in deum hominem, quem induerat, commutaret. anulus quoque signaculum fidei est, quod est Christus, cuius inlustratione 1 13 11
uestri sexus agnoscite. culpa deleta ueteri ecce per uos iungimur caelo: anus enim peperit angelum et uirgo deum. hic est deus noster, qui 2 8 8
sint, iam correcta sint crimina. pudet me dicere in populo graui anus saepe uideri nouas nuptas, quarum paene plures sint nuptiae quam 2 7 10
ut de ceteris taceam, maior est eius, qui in honorem deae suae — sane anus turpis atque amatricis — non paruam cutem eiusdem membri, sed 1 3 2
est, quod et ego aeternam uitam me possidere contendo, quia specialiter anxiam curam mortis mihi a deo praestitam recognosco.' recte Iudaeus hoc 1 3 8
impetrare te posse credis, quae eum per id, per quod irascitur, deprecaris? aperi tandem oculos cordis: inuenies te insultare potius quam rogare. 1 14 6
ad Corinthios scriptum est: *annuntiatis mortem domini, donec ueniat.* aperies os piscis: hoc est sacramentum uel quae in prouerbiis locutus sum 1 37 6
cum eo. nam et deus per Ezechielem prophetam loquitur dicens: *ecce ego aperio monumenta uestra et educam uos de monumentis uestris et inducam* 1 2 12
cuius sacramenti arcanum euidenti ratione quasi quadam claui aperire conabor, ut et prouidentiam dei et uim consociationis carnis et 2 4 3
illud, a quo quid agatur in templo. sacerdos uocat, ostium credulitas aperit, simplicitas introducit, intellectus inuitat, ueritas persuadet, timor 2 6 9
carnis?' facile, fratres, pugna ista concordat statusque futuri qualitas aperitur, fides si inlibata teneatur. unde rem paucis expediam. omnis caro 1 2 24
quicquid inuenerint nec aliquid subsiciui esse patiuntur, sed pectorum aperiunt cuncta penetralia, diligenter uniuersa crimina expellunt ac rursus 2 24 1
euigila, Christiane, omnique saecularis somni torpore discusso, apertis auribus cordis a pueris disce uirtutem. sed uide, ne aestimes falsum, 2 27
rorat conceptaque musti felicibus lacrimis fluenta denuntiat. statim oculis apertis folia radiata procedunt, quibus subiecti ac se commendantes 2 11 3
duas asseruere iustitias: unam ciuilem, alteram naturalem. quarum fecit apertissime, cum ad Romanos loqueretur, apostolus mentionem dicens: 2 1 2
cata Iohannem ipso dicente: *regnum meum non est de hoc mundo.* apertius autem hoc Paulus expressit dicens: *hoc enim scire debetis,* 2 5 8
dicens ad Petrum: *mitte hamum in mare et piscem, qui primus ascenderit, aperto ore eius inuenies duos denarios: da pro me et pro te.* piscem primum 1 37 5
fecisse inuenimus officium, ipso dicente: *amen dico uobis: uidebitis caelum apertum et angelos dei ascendentes et descendentes super filium hominis,* 1 37 13
meruit procreari atque in ultimis uitae curriculis Sarrae uterum filius aperuit primo uocabulo, cui iam auiae reuerentiam senectus uerecunda 1 59 1
per quosdam obseruantiae gradus in caelum leuare consuerunt. hanc in Apocalypsi Iohannes bis acutum gladium cum uno capulo nuncupauit, 1 37 2
subministrat et caseum. Zachaeus sine mora quadriplicata expungit apophoreta, deus et dominus noster Iesus Christus dei filius dulcia, sicut 1 24 4
ut sunt ingenia cotidie quae uidemus uersutis contentionibus laeta, de apostoli dicto calumniosam nobis inferat quaestionem, qui ait: *primus* 2 4 1
aduentum, qui non esset a Iudaeorum populis audiendus, quod eum apostoli essent et homines ex gentibus audituri, et ideo ait: *audi caelum et* 1 61 2
effecit; haec mare pedibus ambulari posse in Petro praesumpsit. per hanc apostoli multos in nitidam cutem leprae deformis contagiosis scabrosisque 1 36 9
et eius imaginem, qui de caelo est. quam qui sancte portauerint, sicut apostoli omnesque iusti, non tantum imaginem, sed ipsum dominum quoque 2 30 4
mortis subitis damnis familiam domini posse terreri, cum sciamus apostolica fide esse perscriptum: *mihi uiuere Christus est et mori lucrum*? 1 39 5
huius mundi. at cum ante annos ferme quadringentos uel eo amplius apostolicum hoc operetur edictum, quo et uiuaciores fuere homines et 2 7 5
omnia est; qui uere aeternus est ac sine nocte dies; cui duodecim horae in apostolis, duodecim menses seruiunt in prophetis; quem euangeliorum 1 33 4
caelum et terra, quod Iudaeis non audientibus Christus dominus esset ab apostolis et gentibus audiendus. *filios*, inquit, *genui et exaltaui*. haec 1 61 4
hic utique non de caelis istis loquitur, quos semper uiderat, sed de apostolis, quos uidere optabat. et iterum: *texit caelos uirtus eius*, eo quod 1 61 3
uideat, felix sepulcro quam naui. in oratione mons tremit: monti, non apostolis trepidatio est. Petrus aestu marino fertur non naufragus, sed 2 2 5
ut dictum est, non iudicabuntur, sed istum mundum ipsi iudicabunt, apostolo dicente: *an nescitis, quia sancti de hoc mundo iudicabunt?*; 1 35 7
naturae secreto produci, quales fuerint pro sua quique qualitate suscepti, apostolo dicente: *omnes nos manifestari oportet ante tribunal Christi, ut* 1 2 15
est contextio ista parietum, fidelis autem populus dei templum, apostolo dicente: *uos estis templum dei et spiritus dei habitat in uobis*. et 2 6 4

quod non iugulatur ut pereat, sed, sicut Isaac, immolatur ut uiuat,	apostolo hortante nos Paulo, cuius ista sunt uerba: *exhibete corpora uestra*	1	25	9
enim nuptias condemno, sed nuptiis meliora praepono, et quidem etiam	apostolo hortante sic Paulo: *dico autem innuptis et uiduis: bonum est illis,*	2	7	2
omnibus bellum, cum unaquaeque pars nititur alteram subiugare,	apostolo sic dicente: *caro concupiscit aduersus spiritum et spiritus aduersus*	2	4	8
quorum obliquae ancipitisque uitae sunt necessario discutienda secreta,	apostolo utrumque prosequente, nam *qui sine lege*, inquit, *peccauerunt,*	1	35	7
repetiturus occasum. hic, inquam, quem *duodecim* radiorum, id est	apostolorum duodecim, *corona* circumdat, quem per ambitum totius orbis	2	12	4
apostolis, quos uidere optabat. et iterum: *texit caelos uirtus eius*, eo quod	apostolos ad mirabilia facienda spiritus sanctus obumbrauit et texit. et	1	61	3
hic utique non tam caelos loqui dicit, quos loquentes nullus audiuit, sed	apostolos asseuerat, quorum praedicatione gloria domini per tota terrarum	1	61	3
ex gentibus audituri, et ideo ait: *audi caelum et terra*. caelos autem	apostolos esse claro testimonio ueritatis affirmat. sic enim ait: *et uidebo*	1	61	3
sui contenta, cum sustinet totum. tu prophetas prouexisti. tu Christo	apostolos glutinasti. tu cotidiana martyrum et mater es et corona. tu	1	4	22
est sua doctrina formatos, spiritus sancti lima acuminatos constituit uiros	apostolos omnesque discipulos. quorum salutaria monita canentibus linguis,	1	3	16
Iob uicarios filios genuit; dominus quoque post prophetas filios sanctos	apostolos procreauit. Iob beatus quieuit in pace; dominus autem manet	1	15	9
at tu, uidua, secundas cur desideras nuptias, cum temperare uideas	apostolum primas? cuius ista sunt uerba: *tempus coartatum est; superest ut*	2	7	5
humani generis omni momento corda destringens; propter quod sic Paulus	apostolus ait: *induite uos armaturam dei, ut possitis uos constare aduersus*	1	38	6
pecus, quod legitimam nec mortem potuit sentire nec uitam. recte igitur	apostolus ait: *radix omnium malorum est auaritia*; hac enim matre	1	5	4
uictimam, parentibus pium parricidium praebiturus. ecce carissimi, ut ait	apostolus, *contra spem* natum Abraham ad aram filium immolaturus	1	59	6
opificium domini deique consilium se deprehendisse gloriabitur, cum	apostolus dicat: *o altitudo diuitiarum sapientiae et scientiae dei! quam*	1	34	2
carne depereat, uana spe si captus fuerit caduca atque carnali, de qua	apostolus dicit: *caro et sanguis regnum dei possidere non possunt*. at e	1	2	24
non licet uxoribus non licet nec maritis, sicut praescribens talibus Paulus	apostolus dicit: *mulier sui corporis potestatem non habet, sed uir; similiter*	1	1	13
est; quod uero homo definiendum putauerit, non est. nam et Iohannes	apostolus in euangelio quid praedicet, fratres, accipite: *in principio*, inquit,	2	8	3
naturalem. quarum fecit apertissime, cum ad Romanos loqueretur,	apostolus mentionem dicens: *nam iustitiam dei ignorantes et suam uolentes*	2	1	2
praeceptorum cotidie spiritalis itineris gloria feruntur in caelum; quos	apostolus Paulus exhortatur et monstrat dicens: *si consurrexistis cum*	1	37	12
prodeundo de patre ante originem rerum, *primogenitus a mortuis*, ut ait	apostolus, post multorum obitus populorum. hic est, cui *data est potestas*	2	5	3
et qui sunt isti, quos ambiguitas suo iudicio reseruauit? utique illi, sicut	apostolus quoque ait, qui cognitum *deum non quasi dominum*	1	35	6
praestiterunt. hic est agnus, fratres, de quo lex ait: *Pascha est domini*;	apostolus quoque Paulus: *Pascha nostrum immolatus est Christus*. cur	1	8	2
aratrum aptus est regno dei; et iterum: *mementote uxoris Lot*. sed et	apostolus sic: *quemadmodum reuertimini rursus ad ea, quae infirma et*	1	37	12
eius mala, propheta dicente: *idola gentium argentum et aurum*. unde	apparet eum, qui diligit aurum et argentum, non tantum deos colere, sed	1	14	4
depingit, nata sanguineae teneritudinis dubio cornu primo quasi de cunis	apparet paulatimque crescendo iam puella, iam uirgo pro cotidianae aetatis	1	2	19
confutat. caelum terramque testes citat, ut exaggeret crimen; filios	appellat, ut abdicatio, exaltatos, ut ruina timeatur, spretores sui, ut impios	1	20	
terram, in qua uniuersa geruntur, caelum, sub quo geruntur. filios	appellat, ut exaggeret crimen; exaltatos, ut ingratos ostendat. bouem illis	2	21	
in terris, sed semper in caelo manserunt. unde angelos puto recte homines	appellatos, quibus dominus sanctum per spiritum dicit: *ego dixi: dii estis et*	1	37	11
celebrare non posse, periti legis, deo ipso loquente cognoscite; a quo	appellatur synagoga *spelunca latronum*, sacerdotalis cathedra *pestilentia*,	2	25	1
ecce enim de ipso dictum est: *orietur uobis sol iustitiae*. Iob uerax est	appellatus; at est uera ueritas dominus, qui ait in euangelio: *ego sum uia et*	1	15	7
aemulae rabiem breuiter etiam ex ratione nominum publicemus, ut quid	appetendum quidue fugiendum sit facillime possit agnosci. sub uelamine	1	1	6
semper exaestuat, saeuit, pugnat, rapit, congregat, seruat sui tenax,	*appetens alieni*, non suo, non alieno, non ipso orbe contenta. totum	1	5	2
sexui parcens, non aetati, non pietati, non sibi, quia pudorem alienum qui	appetit primo suum perdit. pure non nox illi diesque succedit; semper enim	1	1	6
mugitibus alienis quaeritur lucrum et proscriptio industria uocitatur et	appetitio rei alienae sub praetextu propriae defensionis ac diligentiae	2	1	17
quolibet pro ingenii qualitate argumentis asseritur. adde quod ab omnibus	appetitur et a nullo completur. adde quod index dei uoluntatis est, non dei	2	3	5
illi arcarius non negabit. Petrus piscator recentes marinos affatim pisces	apponit cum sarda mirabili. Tobias peregrinus fluuialis piscis interanea	1	24	3
portatur, crucis est dominicae signum, sine quo uiuere immortalitatemque	apprehendere in toto non potest Christianus. quod tabulatis infertur,	2	11	4
uiuere animas mortuorum non tam dicere quam oculatis rebus sufficimus	approbare. denique uagi atque inmundi spiritus utriusque sexus humani	1	2	5
senecta, unde nomen accepit infans, qui post haec Abraham sacratam deo	approbat mentem. unicus ille filius solliciti senis adhuc paruulus, cui pietas	1	43	2
nescis. 'at ille, cui iubetur, est, inquit, inferior.' quid, quod inde non esse	approbatur inferior, quia, unde processit, paterni cordis est exsecutor? non	1	45	3
proferemus exemplum, quod et Iudaei odiosum et Christiani sacrificium	approbet deo gratum, apud Malachiam prophetam: *non est mihi uoluntas*	1	25	7
hunc mundum quasi quandam futuri humani generis domum multipliciter	aptatum distinctumque elementis, opibus, animantibus, alimoniis	2	4	4
ait: *nemo retro attendens et superponens manum suam super aratrum*	*aptus est regno dei*; et iterum: *mementote uxoris Lot*. sed et apostolus sic:	1	37	12
et uerbum erat apud deum et deus erat uerbum; hoc erat in principio	*apud deum*. admirabilis gratia, fratres dilectissimi, conspicuae ueritatis,	2	8	3
reprobatur. ieiunia eorum, dies festi omnisque solemnitas abominatio est	apud deum. cum haec ita sint, a quibus, quomodo, unde pascha	1	46a	1
fratres, accipite: *in principio*, inquit, *erat uerbum et uerbum erat*	*apud deum et deus erat uerbum; hoc erat in principio apud deum.*	2	8	3
stultus fiat, ut sit prudens; nam huius mundi sapientia stultitia est	*apud deum*. ob quam causam idem deus per prophetam hactenus	2	1	5
seruem, aliena non quaeram.' hoc etiam gentes dicere consuerunt. ceterum	apud deum quam sit iniustum, mox uidebimus. nunc primo omnium,	2	1	18
uentura. *filios*, inquit, *genui et exaltaui*. infinita Iudaei infidelitate sua	apud dominum nostrum odia meruerunt, quoniam quanta fuit de amore	1	61	5
praeponere artifici ac per hoc solum interest, quod soli se sciunt. denique	apud Esaiam ad filium *sic dicit dominus deus sabaoth: fatigata est Aegyptus*	2	8	5
nomini meo et sacrificium mundum, quoniam magnum est nomen meum	*apud gentes, dicit dominus. immola deo sacrificium laudis. immola,* inquit,	1	25	7
quoniam a solis ortu usque in occasum clarificatum est nomen meum	*apud gentes, et in omni loco odores incensi offeruntur nomini meo et*	1	25	7
cum de eo ille queritur, qui mox eum poterat et punire. sed quia mors	apud incredulos futurorum putatur poenae compendium ac paene pro	1	47	
manifesta conuincunt. poetae autem melius, qui duplicem uiam	apud inferos ponunt: impiorum unam, quae ducit in Tartarum, piorum	1	2	4
potius audiatur, hortantur [nos]. non est enim parum criminis, ut semper	apud ipsos diuinus sit sermo prolatus, nunc alteris uideatur ingestus. unde	1	61	1
quod et Iudaei odiosum et Christiani sacrificium approbet deo gratum,	apud Malachiam prophetam: *non est mihi uoluntas circa uos, dicit*	1	25	7
uideretur, pari eum morte damnauit. coniunctionem autem tertii filii	apud nurum per aetatem excusat deterritus, ne etiam ipse similiter	1	13	1
praesidium diuini carminis textus ostendit. in quo eum non seueritas	apud omnes condemnat, fratres uenerandi, sed pietas. neque enim potest	2	21	
ipse nos edocet: *eructuauit*, inquit, *cor meum uerbum bonum* et cetera, et	apud Salomonem hactenus dicens: *ego ex ore altissimi prodiui ante omnem*	2	8	2
plene denuntiem, obseruantiae qua perfectione dei cultus debeat custodiri,	apud Salomonem maxime cum scriptum sit: *et si multiplicentur, non*	2	7	5
cum is de iniuria sua queritur, qui se potest facillime uindicare. sed quia	apud sapientes et honestos grauius est aliqua nota confundi quam mori,	1	20	
opus perfeci, quod dedisti mihi, ut facerem. et nunc tu clarifica me	*apud te ipsum claritate, quam habui apud te, priusquam mundus fieret*. qui	2	5	4
ut facerem. et nunc tu clarifica me apud te ipsum claritate, quam habui	*apud te, priusquam mundus fieret*. qui resurgens ait: *omnia mihi tradita*	2	5	4
accipere, qui uera sarmenta homines suscipit mortuos et inspiratos	aqua caelesti mox efficit uiuos. lignum auxiliare, quo tenditur uel portatur,	2	11	4
quae impendatur annona. omnibus peraeque unus panis cum signo datur,	aqua cum uino, sal, ignis et oleum, tunica rudis et unus denarius; quem	2	6	8
caelo cotidianum manna in eremo, potus e saxo? quid per lignum amara	aqua dulcis effecta, quam per lignum crucis amaritudine gentilitatis exclusa	1	61	8
talis, ut, cum in profundum homines susceperit uiuos, euomat mortuos,	aqua nostra suscipit mortuos et euomit uiuos, ex animalibus ueros homines	2	10	2
ut quidam putant, inanitatem se disserere posse mentiatur? quis terram	aqua portari an aquam terrae gremio contineri se nosse praesumat? quis	1	34	1
toto impetu totaque deuotione uestra uasa replete, ut semper uobis	aqua sufficiat, hoc ante omnia scientes, quia hanc nec effundere licet nec	1	12	
genitalis fontis ad laticem conuolate. fortiter bibite, ut semper uobis	aqua sufficiat, hoc principaliter scientes, quia hanc nec effundere licitum	2	14	
properate, properate bene loturi, fratres!	aqua uiua spiritu sancto et igne dulcissimo temperata blando murmure iam	1	23	
duo Pisces in signo, id est duo ex Iudaeis et gentibus populi baptismatis	aqua uiuentes, in unum populum Christi uno signo signati.	1	38	7
transfretandi praesidia, cum subito diuina prouidentia scinditur mare,	aquae dextra laeuaque gelido stupore frenatae uitreos diriguntur in muros	1	29	2
quod duplicem nubis et ignis imaginem gerit, iudicia duo designat: unum	aquae, quod gestum est, ignis alterum, quod futurum. mare fontem sacrum	2	26	2
postmodum laticem, domino dicente: *me dereliquerunt fontem*	*aquae uiuae et foderunt sibi lacus detritos, qui non possunt aquam portare*.	1	18	2
pedibus ambulasti, ut patereris in terra naufragium. ad hoc sane in eremo	aquam de petra bibisti, manna de caelo gustasti, ut, cum esses ad	1	9	
eremo exciperis, quo te nunc peruenisse cognoscis; ubi sane ad hoc	aquam de petra bibisti, manna de caelo gustasti, ut scires, miser, quid	2	16	
soporato similiter de eius latere ictu lanceae non costa diuellitur, sed per	aquam et sanguinem, quod est baptismum atque martyrium, spiritale	1	3	20
ut probetur. denique fornicaria requisita non est inuenta, quia renatus per	aquam et spiritum sanctum desinit esse, quod fuerat, et incipit esse, quod	1	13	12
fontem aquae uiuae et foderunt sibi lacus detritos, qui non possunt	*aquam portare*. postremo infelices quid sperant de imagine, cuius nosse	1	18	2
inanitatem se disserere posse mentiatur? quis terram aqua portari an	aquam terrae gremio contineri se nosse praesumat? quis spiritus aerios,	1	34	1
habet, sed has omnes salutari profluens amne non magno opere noster	Aquarius delere consueuit. quem necessario uno sequuntur duo Pisces in	1	38	7
ueterem, creat nouum, sacri gurgitis elemento sepelit. et cum omnium	aquarum natura sit talis, ut, cum in profundum homines susceperit uiuos,	2	10	2
inuitationi temporum parent solemnisque remigii specioso discursu uel	aquas sulcant uel aera distinguunt, et patienter ueniunt et patienter	1	4	6
quod futurum. mare fontem sacrum debemus accipere, in quo, quibus	aquis dei serui liberantur, iisdem, qui non fugiunt, sed portant peccata,	2	26	3
illinc alius uias uiantibus cludit, arcet ab herbis, arcet a siluis, arcet ab	aquis, et quidem copiosis uacantibus plurimis negat hominibus, quod	1	5	13
forcipis uidit; quibus ad conflanda labia inquinata ab uno de seraphim ex	ara dei sublatum carbonem uaticinando perhibuit. etenim labia inquinata	1	37	2
conflatio et puritatem designabat et unitatem; carbo enim uerbum dei est,	ara lex, forceps duo testamenta, quae credentes tenent, non credentes	1	37	3
ecce carissimi, ut ait apostolus, *contra spem* natum Abraham ad	aram filium immolaturus domino auctore perducit nec deest ad	1	59	6
pro ipsorum tantummodo caecitate maerentem, ut Isaac non periturum ad	aram, ita ad crucem Christum sublimandum nefarii perduxerunt. sed quia	1	59	8
dubitasse uideretur, si flesset. deuotus sic stricto uultu puerum ducit ad	aram, stringit gladium medium, pectus fidei militabat; non pallescit uultus,	1	62	4
ne uere sit parricidium, ille lignum quo inuratur sibi praeportat, ille	aram struit. ille exserit gladium, ille ceruicem. uno uoto, una deuotione, ne	1	4	14
fumantia busto complecteris membra sudoremque sordidarum uaporis	ararum carne tua deterges, iocaris, blandiris, obsequeris. et si quod forte	2	7	17
terrarum, insuper decernentes sibimet ipsis pro domibus templa, erigentes	aras nomini suo, qui, quae essent habituri sepulcra, nescirent, caelum	1	13	4
dominus ait: *nemo retro attendens et superponens manum suam super*	*aratrum aptus est regno dei*; et iterum: *mementote uxoris Lot*. sed et	1	37	12

hoc futura, non quod natura praestitit, sed quod ei ad examen speculi arbitrium temporale dictauerit. nunc emendat, nunc delet quas amauerat 1 1 10
et dies festi odio habentur. potiuntur eorum Romani regno. nihil, ut arbitror, illis restitit proprium, nisi quod agno salutari neglecto ingrati 2 17
sed inpatientiae hactenus exempla prolata sint. neque enim est studiose, ut arbitror, memorandum, quod optaueris compescendum, maxime cum eius 1 4 11
denique in solitudine, quae a moechantibus uocatur occasio, se tamquam arbitrum timet omneque secretum plus quam publicum reueretur. 1 1 2
esse quodam modo etiam ipse miretur. igitur si homo potest facere, ut sit arbor quod non fuit, saluo quod fuit, quanto magis deus hominem poterit 1 2 28
adorat prostratus in faciem, offert hospitium. *refrigerate*, inquit, *sub ista arbore magna*. similaginem conspargit, uitulum laniat. post haec 1 62 1
inuidi ex lubricitate serpentis est inpatientiam mutuatus sacraeque arboris pomum male dulce delibauit, lacrimas repperit, dolores et gemitus, 1 4 8
deleretur, denuntiante deo imminere per momenta et credit et timet arcamque, cum suis ut saluus foret, quam iussus est facere, non praecipiti 1 4 12
postulans misericordiam mereretur. uideamus, fratres dilectissimi, legis arcana et intellectum altius proferamus. Abraham sub lege non erat, sed 1 43 8
nemo discernat. tu, inquam, caelestia humanis, humana caelestibus iungis arcana. tu diuina custodis. tu in patre imperas. tu tibi in filio obtemperas. 1 36 32
Christus, quem ante omnia saecula pater in profundo suae sacrae mentis arcano insuspicabili ac soli sibi nota conscientia, filii non sine affectu, sed 1 17 1
deo fecisse uideamur; propter quod non inmerito Iohannes, peculiaris arcanorum domini consultor, constanter edicit: *si quis dixerit, quoniam* 1 36 23
ineffabilem originem pertinet, 'hominis' ad sacramentum. cuius sacramenti arcanum euidenti ratione quasi quadam claui aperire conabor, ut et 2 4 3
et aestimat quisquam dei se posse scire secretum, qui sui corporis nescit arcanum? quare, fratres, propter quod facti et nati sumus, timeamus, 1 56 3
annonam. sane si quis aliquid desiderauerit, qui recondidit Noe omnia illi arcarius non negabit. Petrus piscator recentes marinos affatim pisces 1 24 3
mundi mors ut iugularet ac iugulet, ab ipsa prorupit. denique Adam in arce cum esset adhuc paradisi constitutus beatissimusque beati orbis 1 4 8
fratres dilectissimi, triumphali quodam modo uti sermone nouique operis arcem sacram laudibus geminare. sed quamuis sit optimum laudare, quae 2 6 1
sua, qui desiderat aliena. illinc alius uias uiantibus cludit, arcet ab herbis, arcet a siluis, arcet ab aquis, et quidem copiosis uacantibus plurimis negat 1 5 13
aliena. illinc alius uias uiantibus cludit, arcet ab herbis, arcet a siluis, arcet ab aquis, et quidem copiosis uacantibus plurimis negat hominibus, 1 5 13
perdat etiam sua, qui desiderat aliena. illinc alius uias uiantibus cludit, arcet ab herbis, arcet a siluis, arcet ab aquis, et quidem copiosis uacantibus 1 5 13
dum beati Archadii martyris gesta annalibus triumphanda mandamus, in agonem 1 39 1
martyrii prior solet domino confiteri. ductus est tandem beatus Archadius ad exoptatum iustis orationibus locum, et intuens caelum stetit 1 39 7
articulis manus, a cruribus pedes; uiuum se cadauer inspiciat.' [cui beatus Archadius ait:] o insania hominum! fraudauit te furor tuus; adhuc erat in 1 39 6
iungenda numero, Eleazari est adaequanda proposito, conparanda consilio. Archadius beatissimus martyr adhuc demoratur in saeculo et iam martyr 1 39 9
bellum duri certaminis geritur et familia domini caelo spectante probatur, Archadius beatissimus martyr huius inopinati sacrilegii horrore percussus 1 39 3
acri obseruatione detineri. ad futurae gloriae testimonium tale beatus Archadius debiti martyrii quodam modo sequestrauerat pignus, in quo nec 1 39 4
sum. et si in cibos distribuero omnia mea et si tradidero corpus meum, ut ardeam, caritatem autem non habeam, nihil proficio. caritas enim, fratres, 1 36 20
formis referta penetralia, gemat terra sub pondere argenti, auro ardens tota domus pugnet sua flamma cum sole honorumque exinanitus a 1 5 10
curuis ignibus flammae intercepti diei lumen inconstanter assimulant, cum ardent *plura fulminibus*, cum terra uel tremit uel hiatu se recipit in se, 2 2 3
o uere spectaculum deo dignum! qui audiunt, timent; qui incenderant, ardent; qui incensi sunt, sanctificati et incolumes de camino procedunt per 1 22 2
manus gladio salutem premit; aut cum uiantis itineri erectus in morsum, ardentibus squamis incensus tumidus sese anguis opponit; aut dorsa 2 2 2
contempserint, incendi praecepit. qui ubi iactati sunt in fornacem ignis ardentis, hos deuote cupidus ignis excepit. lambunt roscidos flammae 1 53 2
deum uident. mors transit in uitam, metus in gloriam. sic quis non optet ardere? 2 15
melioratur uita supplicio. rex non inuiderat pueris, si non eos praecepisset ardere. 2 27
fluctus insanos tutior piscis aluo quam alueo nauis nec tres pueri, quo ardere putabantur incendio, de suis incensoribus uindicati, sed de domino 2 18 1
his ministris impletur quicquid cotidie concupiscentia, ambitione, auaritia ardet in saeculo. quare utraque sunt uana, quia et cordis exaltatio nullos 2 9 5
et munda est et exacta, cum qua facile et opus fieri possit et tolerari ardor aestatis, id est temptationis; quam esse utique credulitatem non 1 13 8
triumphanda mandamus, in agonem immortalis laudis Christianus semper ardor animatur. erit geminum de religiositate commercium, cum ad 1 39 1
eia, fratres, quos beatae sitis exoptatus ardor incendit, cupiditate ac uelocitate ceruina lacteum genitalis fontis ad 2 14
eia, fratres, quos beatae sitis exoptatus ardor incendit, quos nectarei fluenti dulce murmur inuitat, lacteum 1 12
a prodigio, quisquis alterius causa et formam mutat et mores. sed dicis: 'ardor me tenerae compellit aetatis.' credo. ecce nupsisti. ut de fragilitate 2 7 9
desiderans, licet suo uberet fonte, tamen aestuat semper iustae operationis ardore. autumnus quoque martyrii locus est, in quo non uitis, sed fossoris 1 33 3
facultatem ac sic eorum quoque feminas a pudore diuellit, quae desertae, ardore seu dolore compulsae, si talia gerant, putant se aut imitari aut 1 1 13
sub crudelibus factis subiugatos thalamos triumphauit alienos; haec uiros ardore uesano femineo stipendio ipsis feminis sic incognito inopinate 1 1 8
quibus subiecti ac se commendantes sequaces fructus adridunt, quos solis ardores, pluuiae uentique exercendo prouehunt ad maturitatemque 2 11 3
adsolet fieri, detineat relegatum. quid facies? obseruabisne redeuntem, an ardori quaeres aliunde remedium? si obseruantiam pollicere, sine dubio 2 7 9
conceperit uelociter ruit; ideo telis facibusque constructus, quia inlicitis ardoribus semper iunctus est gladius; ideo autem caecus, quia, cum 1 36 25
ille tenacissimus, quem chaos immensum a pauperis felicitate discernit, ardoribus suis implorando refrigerium Lazarum uerum diuitem sero 1 2 9
peius amare coeperat quam oderant fratres. nam cum medullitus mulier ardoris insani conflagraret incendio, in suadelam sacrilegam argumentis 1 1 16
praecipitare. quid auium diuersarum decora commercia litterataeque quid arduis uolatibus *aeriae grues*? quid piscium dissimilium cum suis sibi 1 4 6
bona non tantum sunt inuisibilia, tarda et abscondita, sed etiam nimis in arduo constituta, ut ad ea nisi cum summa difficultate, laboribus ac 2 4 13
dextra laeuaque aggeribus in aciem stipatis undarum, saluo liquore arefactam profundi in semet contra se obnixam stupidam pependisse 1 18 1
carissimi, in Sarra attractis aetate neruis et, deficiente sanguinis suco, arescentibus uenis, dura cum uisceribus cutis, deformis ac luridus pallor 1 59 4
sunt, exsecraris in simulacris, colis in penetralibus tuis. nam et illic aureis argenteisque innumerabilibus ueluti templis tereti moneta percussis inesse 1 14 5
aureo igne flagrantis luciflui aurigae par laboribus fratris angusti circuli argenteum compleuerit globum, paulatim deuergit in senium, donec ultima 1 2 19
inuitator ammonet Paulus. Dauid regius pastor omnibus momentis lac argenteum subministrat et caseum. Zachaeus sine mora quadriplicata 1 24 3
lapidum discoloribus formis referta penetralia, gemat terra sub pondere argenti, auro ardens tota domus pugnet sua flamma cum sole honorumque 1 5 10
non necessitudo sanguinis, non amicitia, quia non suo merito, sed auri, argenti facultatumque beneficio quis aut amatur aut odio est. denique haec 1 5 5
enim uani uana figmenta in quaslibet formas, uultus, sexus, aetates auri argentique detrimento matris limae moderato dente figurata. quae est ergo 1 25 3
etiam friuolo ac turpi lucro festinat? quid igitur, miser homo, auri argentique metallo incensus uana cupiditate, uana cura torqueris? quid 1 14 3
nudi transituri sumus. solum colitur, de quo dictum est: *idola gentium argentum et aurum*, pro quo quis aut iugulatur aut iugulat. uellem scire 1 5 15
exemplo noscantur uniuersa eius mala, propheta dicente: *idola gentium argentum et aurum*. unde apparet eum, qui diligit aurum et argentum, non 1 14 4
suas margaritas abscondit, nemo lapides pretiosos, nemo aurum, nemo argentum, et tamen ullus non timet furtum. 1 5 18
idola gentium argentum et aurum. unde apparet eum, qui diligit aurum et argentum, non tantum deos colere, sed eorum mores et actus imitari. cuius 1 14 4
faciat, sed quod naufragos ad uitam suauem perducat; non aurum, non argentum, quia in suis martyribus computat totum. non fenestrarum lumen 2 6 6
oppressione, fame, frigore, iniuria amicum tibi excolis aurum, custodis argentum, uestem pretiosam ornamentaque superba et superuacanea pro 2 1 19
non tam habere quam esse. nam uos estis aurum uiuum dei, Christi uos argentum, uos spiritus sancti diuitiae; uos si terrena metalla tempseritis, 1 5 17
facilis probatio est, illa cum interim, quae nostra sunt, uidemus. aurum argentumque, Christiane, si uera dicenda sunt, exsecraris in simulacris, 1 14 5
expultrix auaritiae, manet atque gloriatur, digni estis uniuersi aurum argentumque non tam habere quam esse. nam uos estis aurum uiuum dei, 1 5 17
ad locum transferri potest, ei autem subtrahi non potest. denique aurum argentumque, penitus quod eruitur magno opere terrae uisceribus, iterum 1 14 4
exarsit, auaritia, ut putatur, crimen esse desiit, quia neminem qui se possit arguere derelinquit. omnes enim passim furore insatiabili turpes 1 5 1
non potest dici. quae enim uox, quae increpatio has condigne possit arguere, quae dedecus suum sacrilegio dotantes *membra Christi* 2 7 12
auaritia quam facile arguitur ab omnibus, utinam posset tam facile non amari! est enim artifex 1 14 1
quae istae sunt tenebrae? inest omnibus et ab omnibus, quasi non sit, arguitur; accusatur et tamen colitur; iugulat et amatur. inuincibile profecto 2 1 8
faciens et praesentia sua peccata exstinguat et futura repellat. Thamar arguitur, quod de fornicatione conceperit; et ecclesia quasi legis adultera 1 13 12
sonus lectionis indicat, fratres, Iudaicus quidem populus impietatis arguitur, sed Christianus, ne talis euadat, pariter commonetur. denique ut 1 10a
astutia et transgreditur legem; et iterum: *noli esse sapiens multum et noli argumentari plus quam oporteat*. similiter Paulus: *noli altum sapere, sed* 2 3 12
hanc esse inmortalem <et> Epicuri, Dicaearchi Democritique uanitatem argumentatione manifesta conuincunt. poetae autem melius, qui duplicem 1 2 4
quoque terrenus? simile dictum euangelicum illud consentanea potest argumentatione pulsari; scriptum est enim: *nemo ascendit in caelum, nisi* 2 4 2
quam uerba concinnant! o quam debilis, cuius cotidie dissipantur uariis argumentationibus membra! o quam indefensa, quae regum, iudicum, 2 3 10
ei nec legitime seruire poterit nec placere. ceterum prouidentis dei de deo argumentationibus uanis opinari uelle dispositum non colentis est, sed 1 54 1
non habere. quibus omnibus exempla uel ratio, quam prosecuturi sumus, argumentationis totius uno ictu omnes neruos abscindet. quapropter duas 2 8 2
nefas, uenerantur externi, si tamen dicendum est, sui carpunt. sane nullis argumentis armatus, quibus illi libenter utuntur, qui aduersus ueritatem 2 18 2
nec intellegitur nec tenetur. adde quod a quolibet pro ingenii qualitate argumentis asseritur. adde quod ab omnibus appetitur et a nullo 2 3 5
deo de deo exeunte, ad communia humanitatis nomina, quae possunt argumentis attingi, patris et filii festinant nec intelligunt, quia in exordio 1 45 1
negat, non cognoscit affectus, iura diuina contemnit, humana uersutis argumentis excludit, orbem totum, si possit, ut rapiat. uultis scire, quale 1 21
imaginem fidei fidem deponis? cur ipsum fontem diuinitatis philosophicis argumentis exhaurire conaris? si peritiam legis ostendere cupis, lectionum 2 3 13
uiri praeter ceteros curiosi otioso negotio cor suum ultra quam licitum est argumentis insolentibus extulerunt. hi cum ascendunt uerbis in caelum, 2 9 1
cogitur omne genus humanum. namque sapientia densis exaestuans argumentis, suasorio ac delectabili luculentae orationis compta mendacio, 2 1 6
incomprehensibilemque diuinitatis perpetuitatem iure ipso, quo ex sese est, argumentis te cogere, examinare, metiri ac discernere posse praesumis, hic 2 3 15
mulier ardoris insani conflagraret incendio, in suadelam sacrilegam argumentis uehementer armata captat solitudinem, secretum captat et 1 1 16
rei alienae sub praetextu propriae defensionis ac diligentiae callidissimis argumentis urguetur, ut quis indefensus aut innocens quod habet legibus 2 1 17
fingant nomina, quorum est confessio in ceteris uera, aut qua ratione isto argumento nitantur, quod hominibus, quos perditos cupiunt, magis 1 2 7
deum ac soli illi seruire in sacramento semel creditae unitae trinitatis non argumento, non necessitate, sed uoluntate compellit, manifestissimum puto 2 3 2
adhuc potest generare. e diuerso prouocatus rursus eas pro ingeniorum argumentorumque uiribus retractando ac refellendo consumit. sin uero, 2 3 7
infidelem, hic fidelis est. forte in eo se quis aestimet fideliorem, si loquatur argute, cum magis uerus sit ille fidelis, qui sacra in praedicatione non 2 3 12
tempestate praecipitat, ut ubinam sit maior ignores. est autem similis igni arida pabula depascenti, quae nisi finiat non finitur. hanc mediocres 1 14 1

cuius immolatione ille quoque gauderet, qui ad uictimam parabatur. aries haerebat in uepre implicitus spinis, capite obligatus: hic est qui pro 1 43 8
talis est uestra. primus uos, qui in se credentem reprobat nullum, non Aries sed agnus excepit, qui uestram nuditatem uelleris sui niueo candore 1 38 3
mutatus est uultus eius, cum esset uictima commutata: cum tanta laetitia arietem obtulit, cum quanta obtulerat et filium; ubi enim fides fuit, non 1 43 7
Abraham inuenit uictimam, quam innocens immolaret. eo ferro mactauit arietem, quo filium percutere iam parabat. a filio ad agnum transtulit 1 43 7
iam non habent: qui eorum pro salute sacrificant? tauros, hircos, arietes et agnos abhorret dominus: unde sacrificant? deum dereliquerunt, 1 51
et cantica eius in lamentationem conuersa prophetae testantur. tauros, arietes, hircos et agnos a domino saepe reprobatos accepimus. quid ultra? 1 19 2
mihi multitudinem sacrificiorum uestrorum? plenus sum holocaustomatis arietum et pinguamine agnorum. sanguinem taurorum et hircorum nolo; 1 25 6
sunt, ubi imaginarium pascha gesserunt, dicat: *plenus sum holocaustomatis arietum et pinguamine agnorum; quis enim haec exquisiuit de manibus* 2 25 1
salute redimenda non solito more ad stupida simulacra concurrunt, non aris foetentibus funestos excitant ignes, non tura cremant, non merum 1 34 9
esse non inuenit inpudicum; hic synagogam expugnauit, cum sua illi arma concedit; hic ubique turbulentus, ubique fertur insanus: promittit, 1 36 26
otii, expers satietatis, per fas atque nefas, artibus multimodis ac uersutiis armata bacchatur, salutis suae alienaeque contemptrix, solum metuens ne 1 5 2
conflagraret incendio, in suadelam sacrilegam argumentis uehementer armata captat solitudinem, secretum captat et locum, in quali etiam non 1 1 16
enim explorationis temptamina porriguntur: exserit equidem ferrum et armata dextra subleuat manum, sed uox eius, qui eam uictimam 1 43 6
argumentis, suasorio ac delectabili luculentae orationis compta mendacio, armata uocis tuba et gladio linguae omnes actus ad se trahit, congregat 2 1 6
ut summam quaerat, non quam commodatio dedit, sed quam ei pepererint armati numero dies, menses et digiti. at plerumque cum sua sibi industria 1 5 12
Iesu Naue desiderio pareretur, soli lunaeque suos frenos induxit; haec de armato Golia Dauid inermi triumphos attulit; haec in Iob inter crebra et 1 36 8
incendi ac, ne quid immanitati saeuientis deesse uideretur, pice et stuppa armatum citatur incendium; aestuantibus globis erubescit quoque ipsum 2 22
caelum, nunc requirentibus terram aestuantibus undique uitreis armatum montibus, uiolentis undarum saeuientium cumulis, toto corpore 1 4 5
parcens iocatur sperat ambit obsequitur zelatur insanit armatur precibus, armatur et ira, similiter nonnumquam ui extorquens quod blandimentis 1 1 9
fidelem. denique, carissimi, intrepidus ad ministerium immolationis armatur; libratur ad ictum uulneris securus animus, sed securior manus; 1 59 7
oculis non auribus parcens iocatur sperat ambit obsequitur zelatur insanit armatur precibus, armatur et ira, similiter nonnumquam ui extorquens 1 1 9
corda destringens; propter quod sic Paulus apostolus ait: *induite uos armaturam dei, ut possitis uos constare aduersus nequitias diaboli accepto* 1 38 6
tribus pueris consulente fornacis ultra quam solet septenario pabulo ignis armatus est. credo diuina prouidentia sacramento trinitatis spiritalem 1 22 1
fortior militaret: carissimi membra, quae osculis premere consueuerat, armatus gladio iubetur occidere. quid faceret pietas? praeceptum differri 1 62 3
terga depopulabantur, e caelo imber fusus a domino flammis et sulphure armatus poenali procella deleuit? Iudaei contionibus tument; altaria diuina 1 4 10
externi, si tamen dicendum est, sui carpunt. sane nullis argumentis armatus, quibus illi libenter utuntur, qui aduersus ueritatem falsa 2 18 2
est acerrimus Sagittarius, formidabit umquam, uariis atque igneis sagittis armatus, totius humani generis omni momento corda destringens; propter 1 38 6
disserere, dum in uno corpore tot martyria uideantur esse quot membra? armauerat diabolus satellites suos in domini populum, ueterani odii 1 39 2
quasi quidam dux peritissimus, horum omnium praedicit fugam, in armis expeditissime standum, uigilandum diligenter, undique castra 2 4 11
tyrannicis duci, omnes repente concelerant, laboranti subueniunt, paene armis ipsis inimici certatim se crebro subiciunt, ingenti fragore confundunt 1 36 15
committitur proelium: illinc diabolus horrendum totis intonans armis ministrisque insuper suis in auxilium concitatis, terribili increpans 1 15 3
facultatem, ut atrocitatis inueteratae in examen iusti quibus possit armis, quibus possit uiribus, niteretur. igitur nouum ac paene incredibile 1 4 18
uenti saeuientes diuersi sunt reges, qui Iudaeam lugubri clangore tubarum armorumque fragore terribili instantibus undique proeliorum procellis 1 34 7
factumue displicuerit, tum tota mugiet litibus domus, blasphemabitur deus arreptoque forsitan ipso sacrificio tuo tuum pectus obtundet, tuam faciem 2 7 15
hiems hodie peccatorum. oleo confecto laetabuntur. hodie eos etiam uer arridens diuersos in flores diuerso charismate redditurum, cum salubri 2 13
sicut scriptum est: praecinge lumbos tuos, indue pedibus calceamenta, arripe baculum manu. in eremum proficiscere, si tuos uis imitari maiores. 2 20 2
ignis exaestuans detulit, ut eos unius uirtutis esse persensit. denique arsit incendium incendentibus, non incensis. o admirabilis ratio! o 1 48
per diem, ut ostenderet caecum; ignis columna per noctem, ut admoneret arsurum. angelus praeuius tua castra promouit, ut etiam praesenti deo 1 9
per diem, ut ostenderet caecum; ignis columna per noctem, ut significaret arsurum. angelus tua castra praecedit, necubi crimen excuses. per mare 2 16
uerecunda natiuitas, sed uirginalis uteri aula secretior: diuini sermonis arte formata in se tabescentis corporis uulua portauit. sed in caelesti prole, 1 59 8
o necessarius timor, qui nihil aliud agit, nisi ut beatos efficiat; qui timet arte, non casu, uoluntate, non necessitate, religione, non culpa; qui deum 2 2 7
caecos. longum est ire per singula: uarias atque innumerabiles *nocendi artes* habet, sed has omnes salutari profluens amne non magno opere 1 38 7
humilitatem, castitatem, probitatem, concordiam, caritatem, omnes artes omnesque uirtutes, ipsa quoque elementa eius constare non posse sine 1 4 1
posse perspicimus. adeo tolle spem: torpet humanitas tota; tolle spem: artes uirtutesque uniuersae cessabunt; tolle spem, et interempta sunt 1 36 2
non dei contemplatio: ecce enim his omnibus, prout potest, uariis artibus aut adulatur aut nocet, si quid habuerint, tantum ut tollat. cui 1 14 2
et in detestabilis congestionis lucra letifera etiam ipsa elementa nouis artibus coge! licet radient tibi pretiosorum lapidum discoloribus formis 1 5 10
nationes gladio. per orbem totum uesana bacchatur nouis ac uariis artibus feruens, numquam quieta, non die, non nocte, non bello, non pace, 1 14 2
fit tanto miserior: expers otii, expers satietatis, per fas atque nefas, artibus multimodis ac uersutiis armata bacchatur, salutis suae alienaeque 1 5 2
pudicitiam et tamen hoc cupit uideri, quod illa est. interea miris excolit artibus sese faciemque suam in se, quam non habet, quaerit. pingit se in se 1 1 10
supplicium, quo se in homine uincere crederet deum. 'incidantur, ait, ab articulis manus, a cruribus pedes; uiuum se cadauer inspiciat.' [cui beatus 1 39 6
facile arguitur ab omnibus, utinam posset tam facile non amari! est enim artifex ac dulce malum et hominibus uniuersis semper infestum. denique 1 14 1
hic est, quo similiter, uerum tamen semel, amore hominis sui eius artifex deus et dominus noster occidit et exortus est rursum, numquam 2 19 2
uindicauerat totum. haec cum diu sic haberentur, sollertissimus ille artifex rerum filius dei, cuius sapientia non habet finem nec fortitudo 2 4 7
interea promouent suum membra factorem et opus sui figura uestit artificem. parturit Maria non dolore, sed gaudio; nascitur sine patre filius, 2 12 2
opificii ac materiae semper suum et uereretur et ueneraretur artificem. post haec subiecit ei omnia bona mundi et quia erat iam 2 4 4
sit autem ex natura tempus, ineptum satis est opus suo praeponere artifici ac per hoc solum interest, quod soli se sciunt. denique apud Esaiam 2 8 5
fidei dixerimus, uehementer errabimus. subici enim se loquacitatis artificio fidei natura non patitur, a qua nihil aliud laboratur, nisi ut suis 2 3 6
effecti crimenque suum in simplicitate circumuentae transfusum artificiose dum exaggerant, exinde iam priores se ipsi condemnant. uerum, 1 1 18
sua infelix et amarus est in natura; sed cum fuerit peritissimi agricolae artificis manu necessaria prouisione truncatus, nobilitate alieni seminis 1 2 27
et est, multo magis poterit esse quod fuit, quippe cum illius potentissimi artificis rerum omnium conditoris ipse sit usus impossibilium possibilitatem 1 2 16
non discitur, sed impulsu nobis nostrae infirmitatis occurrit, quia non artis est timere quod metuas; metuis autem *quod* tibi *nolis accidere*. exsistit 2 2 1
aut grauia nidoribus tura succendere aut inter fumidos ignes pallenti aruina, funesto sanguine perlitare, ut illiciti administratione ministerii 1 39 2
eius inuenies duos denarios: da pro me et pro te. piscem primum a mortuis ascendentem Christum debemus accipere, cuius ex ore duo denarii, id est 1 37 5
curat. quod autem ait *angelos ascendentes et descendentes*, aliqui putant ascendentes esse angelos lucis, descendentes uero angelos tenebrarum. sed 1 37 11
cotidianis praedicationum medicaminibus curat. quod autem ait *angelos ascendentes et descendentes*, aliqui putant ascendentes esse angelos lucis, 1 37 11
ipso dicente: *amen dico uobis: uidebitis caelum apertum et angelos dei ascendentes et descendentes super filium hominis*, sicut et factum est, 1 37 13
prophetiae more angelos homines iustos et iniustos generaliter dictos. sed ascendentes et descendentes qui sint, in exemplis agnoscimus. descendentes 1 37 12
reuertimini rursus ad ea, quae infirma et egena sunt elementa? ascendentes uero sunt iusti, qui probis moribus per gradus diuinorum 1 37 12
rationem dicens ad Petrum: *mitte hamum in mare et piscem, qui primus ascenderit, aperto ore eius inuenies duos denarios: da pro me et pro te.* 1 37 5
sarcinis premebantur. at ille alio deflexus itinere nauem Tarsos petiturus ascendit, cum subito compugnantium uentorum flatu uiolento lacessitum 1 34 5
qui erat in caelo, de caelo descendit; *qui descendit, ipse est et qui ascendit* in caelum, filius hominis, qui erat in caelo; filius hominis 2 4 3
mihi tradita sunt a patre meo. hic, qui purus de caelo descendit, carnatus ascendit in caelum. hic, inquam, de quo Paulus ait: *qui accipit regnum,* 2 5 4
illud consentanea potest argumentatione pulsari; scriptum est enim: *nemo ascendit in caelum, nisi qui de caelo descendit, filius hominis, qui erat in* 2 4 2
ne mora faciat peccatum. necessaria sacramentis protinus praeparantur, ascenditur in montem. omni mysterio sacrificioque disposito ductus filius 1 43 4
qui post peccatum in caelum numquam recepti noscuntur, neque lucis ascendunt, quia numquam in terris, sed semper in caelo manserunt. unde 1 37 11
suum ultra quam licitum est argumentis insolentibus extulerunt. hi cum ascendunt uerbis in caelum, cum deum persuadent hoc esse quod uolunt, 2 9 1
uiuus, parte sui corporis iam sepultus. o dignus gloriosi exitus finis! ascensurus altitudinem caeli corporis sui inpedimenta praemittit et 1 39 9
moneta signati; et scala duos scapos habet et gradus plurimos, sed eius ascensus est unus. gradus autem eius, fratres dilectissimi, si uultis scire, 1 37 14
Sion: ecce rex tuus uenit tibi iustus et saluans, mitis, sedens super asinum nouellum, et iterum: *tollite portas principis uestri et eleuamini,* 2 5 2
appellat, ut exaggeret crimen; exaltatos, ut ingratos ostendat. bouem illis asinumque praeponit, ut grauius possint, si resipiscant, comparatione 2 21
legumina inferunt primi, quibus, ut scitus sit sapor, salem sapientiae aspergunt. oleum Christus infundit. Moyses primitiuam festinus 1 24 2
si cui forte asperum uidetur ac durum, quod fiducialiter loquimur, fratres, rerum 2 7 1
sepulcrum patens est guttur eorum, linguis suis dolose egerunt, uenenum aspidum sub labiis eorum, quorum os maledicto et amaritudinis plenum est; 1 3 11
a conuersatione mundi huius extranea, iam morte superior, iam caelestia aspirans, iam, non dicam saeculi ludibria, sed, ut sit honoratior, se ipsam 1 2 25
mirabili. Tobias peregrinus fluuialis piscis interanea diligenter accurat et assat. Iohannes camelarius deuote praecurrens de silua mel attulit et 1 24 3
inquinati — unus Christum blasphemando atque persequendo, alius deos asserendo atque abominanda figmenta colendo — , tactu carbonis in unum 1 37 3
posset, ipsa quoque erubesceret terra, postremo deos esse aduersus deum asserentes, qui a sanae mentis hominibus ne hominum quidem uocabulo 1 13 4
possit reddere. non enim elementa pulchrius aut uerius uerbis humanis asseri possunt, quam a deo facta sunt uel uidentur. itaque quod ad nos 2 30 1
sensus excedit, disputare deuita. negat quodam modo deum quisquis asserit deum. defensio enim non nisi inbecilli praestatur nec potest eum 2 3 18
eius, quem cupiant depurauatum, simulant se esse cultrices. una denique asserit Iesum Christum ab utero uirginis Mariae sumpsisse principium 2 8 1
nec tenetur. adde quod a quolibet pro ingenii qualitate argumentis asseritur. adde quod ab omnibus appetitur et a nullo completur. adde quod 2 3 5
spatia nuntiata est. terram homines intellegendos frequens prophetarum assertio demonstrauit: *iubilate*, inquit, *omnis terra*, et alibi: *audi*, inquit, 1 61 4
me fero, fratres dilectissimi, quod ista, et non ambigua, in uobis renitet assertio; deum enim patrem uos et habere et possidere monstratis, cum 1 1 4
armauerat diabolus satellites suos in domini populum, ueterani odii assertor antiquus, et totam familiam domini impastae feritatis grassatione 1 39 2
sed potius ut non habeat, adhuc ipse disquirit. uideo praeterea, sicut assertorum indicant nomina (quae si auferas, nulla fortassis est pugna), 2 3 7
sine magisterio diuinae sapientiae, cuius notitiam non habebant —, duas asseruere iustitias: unam ciuilem, alteram naturalem. quarum fecit 2 1 2
ignis inexstinguibilis supplicium comminatur. sed et Moyses ipse, cuius asserunt se saepe discipulos, eodem spiritu ad Israel loquitur dicens: 1 3 13

non tam caelos loqui dicit, quos loquentes nullus audiuit, sed apostolos asseuerat, quorum praedicatione gloria domini per tota terrarum spatia 1 61 3
securem percussor insanus et signans oculis uulneribus lineam feralis ictus assidua contemplatione uibrabat. haeserant confessionis suae glutino 1 39 7
propinquus martyris, qui in eius forte degebat habitaculo, absentem esse assiduis uocibus inclamabat. hunc uero profitentem ad nefandam 1 39 4
micantes curuis ignibus flammae intercepti diei lumen inconstanter assimulant, cum ardent *plura fulminibus,* cum terra uel tremit uel hiatu se 2 2 3
antiquitate maiorem. interea rudis non gemit feta. non mundum, ut assolet, infans fusus ingrediens sponte uitae reptantis praeuiis lacrimis 1 54 4
nihil futuro paradisum repromisit. sed et homo ipse, quem dominus assumpserat, perit, si Iesus non resurrexit. at si resurrexit, humano generi 1 2 11
nullo pacto potest uarietas ista regni, a legis conditore homini a deo assumpto iustisque eius est deputata rebus dispositis, non deo, non 2 5 6
hic sol noster, sol uerus, qui clarissimos ignes mundi germanos astrorumque candentium polorum claritatis suae de plenitudine accendit. 2 12 4
cuius esse dicetur, quia tractatus fidem cum astruit, ex eo ipso eam, quo astruit, destruit. nec ulli dabit quod non habet, sed potius ut non habeat, 2 3 6
nostra nec sua, sed nec eius, cuius esse dicetur, quia tractatus fidem cum astruit, ex eo ipso eam, quo astruit, destruit. nec ulli dabit quod non 2 3 6
obseruat, omnia soceri libens tolerat imperata; qui si esset inpatiens, astu circumscriptus pro Rachel postmodum tempore numquam reparato 1 4 16
sit his uerbis edocuit: *melior qui deficit sensu in timore quam qui abundat astutia et transgreditur legem*; et iterum: *noli esse sapiens multum et noli* 2 3 12
gratia, diserti mercennaria ac duplici lingua, reges superbia, negotiatores astutia, inani pauperes uoto, cultores dei odio simulato, totae autem gentes 1 14 1
non necessitate, sed uoluntate compellit, manifestissimum puto nimis astuto esse simplicem meliorem, quia simplex omnibus dei uerbis 2 3 2
simplicem meliorem, quia simplex omnibus dei uerbis simpliciter credit, astutus autem nimia sapientia infatuatus inquisitionibus uanis semet ipsum 2 3 2
nobiscum portamus annonam. illis sitientibus petra fluxit in poculum, at Christi fontem qui biberit, in aeternum sitire non nouit. illis in deserto 1 46b 3
prorsus cordis nostri in penetralibus retinere, quod alieno iuri seruemus. at cum ab eodem huius deuotionis inuitatione inhabitari seu nos in ipso 1 36 21
non dei, sed in illis, quae magna ab hominibus hoc putantur in saeculo. at *cum addidit: super me*, ostendit numquam se elatum fuisse, cum posset. 2 9 6
uxores, sic sint quasi non habentes; praeterit enim figura huius mundi. at cum ante annos ferme quadringentos uel eo amplius apostolicum hoc 2 7 5
existimarentur, si sub praetextu alieni nominis inuasa optinere potuissent. at cum diuina adiuratione in eculeo spiritali et qui sint nolentes edicant et 1 2 7
profecto pecuina est ac misero, fragili detestabilique uersatur in iure. at cum mera fide credentis salutari fuerit necata baptismate, noua paterni 1 2 25
alter alteri obnoxius, procul dubio, ut tu uis, maior est natura quam deus. at cum naturam ex nihilo fecerit Christus, sit autem ex natura tempus, 2 8 5
iniuriam; idonea laus enim non est, cui principatum adimit peraequatio. at cum omnes omnino memorati omnesque felices eius dono sint tales, 1 4 19
mortis imperio subiaceret, si legis periti tantum iustificari meruissent. at cum scriptum sit: *littera occidit, spiritus autem uiuificat,* quia *non sub* 2 3 2
quemadmodum per alium locutus sit mortuus ille, quem noueris. at dicis: 'hoc daemones fingunt'. o probatio melior, quod etiam fallaces 1 2 7
homines, qui ueri sunt uermes. Iob et sanitatem recepit et facultatem; at dominus resurgens non sanitatem tantum, sed immortalitatem in se 1 15 9
suspirantes, nunc odientes ueteres, nunc nouos filios similiter et maritos? at e diuerso ipsae aestiment, quid sint, quibus in tam solemnibus uotis 2 7 10
de qua apostolus dicit: *caro et sanguis regnum dei possidere non possunt.* at e diuerso uideor mihi audire proclamantem: 'si haec est condicio carnis, 1 2 24
hostis publicus aut certe iudicatur insanus, quisquis nuptias dissuaserit. at ego non pertimescam, sermonis publici quae de me fabuletur inuidia; 2 7 2
de ipso dictum est: *orietur uobis sol iustitiae*. Iob uerax est appellatus; at est uera ueritas dominus, qui ait in euangelio: *ego sum uia et ueritas*. 1 15 7
autem hominibus uenit inimicus eius et superseminauit zizania in triticum. at fortasse adhuc quispiam dicat: 'si caro perit, unde cognoscitur ille, qui 1 2 29
carnis, sed in augmentum hominis praeputium facinorosi cordis incidit. at fortasse adhuc quispiam dicat: 'cur ipse quoque signaculum carnis 1 3 17
quos amabat, necessariam praeuideret. certe Adam ipsum sic ante fecisset. at fortasse quispiam dicat: 'peccator ergo fuit Abraham, ut 1 3 6
diuini ac ueri cultus gentibus praedicem. felicitatemne uirginitatis? at habent suas, et si non felices, habent tamen. sin uero ad uiduitatis 2 7 11
uernantibus pascitur et incrementis adolescentibus cotidie delectatur; at illa aegra fastidio nouem mensium non baiulat pondus, sub incerto 2 7 3
praegnans. irascitur socer, eam produci iubet atque incendio concremari. at illa constanter adest, sibi quae non inpudicitiae, sed futuri scilicet indicii 1 13 3
prato iucundioris caelum ipsum honore laeto respirat. haec liberis gaudet; at illa liberorum non timet orbitatem. haec eorundem blanditiis 2 7 3
succumbat, ueluti adulterae deprehensae magnum minitantur exitium. at illa non Eua, ancipiti quidem metu contemplatione praeclusa, cuius aut 1 1 18
interpellat eam, poscit ingressum, missurum se promittit haedum. at illa promisso expetit pignus, magis illo contenta quam praemio 1 13 2
interitum nuntiaret; ingentibus enim peccatorum sarcinis premebantur. at ille alio deflexus itinere nauem Tarsos petiturus ascendit, cum subito 1 34 5
in omnibus sibimet similantibus detraxeris, cui detraxeris nescis. 'at ille, cui iubetur, est, inquit, inferior.' quid, quod inde non esse 1 45 3
uice adorta est in suum fomitem adolescentis ignem totis uiribus deriuare. at ille in repugnatione ueste sibi uiolenter extorta ex impudicitiae fouea 1 1 16
bonae uitae exemplis sacraeque legis religiosis exhortationibus excitaret. at ille *semen suum fudit in terram*; semen significat non creaturae, sed 1 13 5
semet decore componit locoque constituit, Iudas qua fuerat transiturus. at ille uisam mulierem fornicariam putat, quae pudoris integritatem faciem 1 13 2
eis ademit pascha, qui id, per quod ab eis pascha geritur, reprobauit. 'at imaginem colunt.' nec ipsam quidem, quia falso colit imaginem, qui eius 2 25 2
momenti praeterita delectatur umbra? exsultat, quod in Aegypto creuerit: at in originali decreuit solo; quod captiuitatis sit nexibus exsolutus: sed est 1 52
morientis cum homine aduenticium uulnus inquilino uulnere finiretur. at Iob cunctis uiribus aduersae partis exspectatione placida profligatis, in 1 4 19
praecepti eruditione commonitus, eum propriae uoluntati commisit. at liuidus ille criminator, qui, quod sensim serpat, serpentis nomen accepit, 2 4 5
rubrum dextra laeuaque undarum stupentibus rupibus pede sicco transiuit; at nostrum mare uoluntarios suscipit, feliciter naufragos facit 1 46b 2
dedit, sed quam ei pepererint armati numero dies, menses et digiti. at plerumque cum sua sibi industria fenerator etiam ipse nudatur, ei cum 1 5 12
prosequente, nam *qui sine lege*, inquit, *peccauerunt, sine lege peribunt. at qui in lege peccauerunt, per legem iudicabuntur.* uidetisne, fratres, 1 35 7
sacrificium procurabitis, quo sumptu, quibus uasis quibusue ministris? at si descrete fiunt ista, nihil prodest. ex uno enim proficiscendo et in 2 7 14
et homo ipse, quem dominus assumpserat, perit, si Iesus non resurrexit. at si resurrexit, humano generi formam dedit, quoniam ad hoc deus pro 1 2 11
concipis per maritum: infelix, iam plus in te est quam in templo remansit! at si te serues atque contineas, aestimabit non amore diuini cultus, sed 2 7 18
mundique tota substantia, si uel uno momento diuinitatis cessat imperium. at si, ut ratio ipsa proclamat, cessare nullo pacto potest uarietas ista regni, 2 5 6
est? hoc dicendo *exemit iudicio fideles, non admisit ad iudicium infideles.* at si utraeque partes iudicio uacant, quomodo unicuique merces pro suo 1 35 1
fornicaria quaeritur nullaque ibidem umquam fuisse ab incolis renuntiatur. at Thamaris nostrae cum processu temporis procedit et uterus. mirum 1 13 3
beneficium, si deo uiuas puris moribus libera et hominis non sis ancilla. at tu, uidua, secundas cur desideras nuptias, cum temperare uideas 2 7 5
illi necessario iungitur lignum, cuius tutela defensus sese sustollat. at ubi adoleuerit in uitem perfectam ad iugumque peruenerit, eius omnes 2 11 2
sed tantum benedicit deum facultatesque suas contemnendo custodit. at ubi diabolus adgressuris tantis nihil se profecisse cognoscit, omnem 1 15 4
non irritata adolescentia inuitis feminis saepe uiolenta esse consueuit. at ubi in destinata prorumpens neque blandimenta neque promissa sibimet 1 1 16
incremento progrediens lasciui cursus ambagibus carpit pensa mundana. at ubi matura aureo igne flagrantis luciflui aurigae par laboribus fratris 1 2 19
tam diu inexterminabilis uixit, quam diu imperata regalis edicti continuit. at ubi sinistro consensu inuidi ex lubricitate serpentis est inpatientiam 1 4 8
infringunt et latibulum sibi perniciosum eorum in captiuitatibus quaerunt. at ubi uentum fuerit ad diuini certaminis campum coeperintque sacri 1 2 6
et iustus temptationibus crebris, magnis ac uariis perducitur ad coronam. at ubi uindemiae uenerit tempus, id est persecutionis dies, passim uuae 2 11 6
pluuiae uentique exercendo prouehunt ad maturitatemque perducunt. at ubi uindemiae uenerit tempus, decore dissipato, passim uua detrahitur 2 11 3
interitum; qui autem seminat in spiritu, de spiritu metet uitam aeternam. at uero dominus euidenter hoc edocens sic ad discipulos ait: *simile est* 1 2 28
ab inferno resurgens se ciuitati Ierusalem intulit ante quam caelo. at uero Nineue imaginem portat ecclesiae, in qua gentium iam inde noster 1 34 9
dimittunt; quae in pari causa ipsi praestatori nihil prodesse possunt. at uero nostrae aceruatim absoluunt quicquid inuenerint nec aliquid 2 24 1
potiri uel paruis praesentibus bonis quam bonis ingentibus tardis. at uero spiritus bona non tantum sunt inuisibilia, tarda et abscondita, sed 2 4 13
— unus Christum blasphemando atque persequendo, alius deos asserendo atque abominanda figmenta colendo — , tactu carbonis in unum populum 1 37 3
inter haedos deputatur, qui pignus trinitatis acceperit. denique expetisse atque accepisse describitur *monile, anulum, uirgam.* quibus ista significatio 1 13 10
lenocinio saporis de summa certantibus obrutum pectus saepe crudis atque acidis uomitibus inurguetur, in quo musti uestri dulcedo saecularis 1 24 1
taceam, maior est eius, qui in honorem deae suae — sane anus turpis atque amatricis — non paruam cutem eiusdem membri, sed ipsum 1 3 2
prandia cadaueribus sacrificant mortuorum, qui amore luxuriandi atque bibendi in infamibus locis lagenis et calicibus subito sibi martyres 1 25 11
ad caelum, ne forte cum carne depereat, uana spe si captus fuerit caduca atque carnali, de qua apostolus dicit: *caro et sanguis regnum dei possidere* 1 2 24
multa, immo omnia undique sine pausa quae scaturiunt mala nascuntur atque concelebrantur, quae condemnare fabas humanitas gestit; *camelum* 1 5 4
quia per ipsam dominus Iesus Christus mysteria uniuersa conficiens atque concludens patri et Adam reportauit et iter ad caelum omnibus se 1 37 15
qui nos admonet, fratres, passionis resurrectionisque dominicae unanimes atque concordes salutaria celebrare mysteria, per dominum et 1 26
infelix, iam plus in te est quam in templo remansit! at si te serues atque contineas, aestimabit non amore diuini cultus, sed alterius alicuius 2 7 18
est, fratres dilectissimi, ante omnia homini timenti deum tam necessarium atque conueniens, quam ut se ipsum nouerit. etenim genus insaniae est 1 27 1
nihil est, fratres dilectissimi, ante omnia homini nato tam necessarium atque conueniens, quam ut se ipsum nouerit. etenim genus insaniae est 2 30 1
iactantia eius fungitur uoluntate. est autem in publicum tota prominens atque diffusa, sic tamen, ut sentiri se cupiat quam uideri, plane cauta, ne 2 1 12
spiritu maior. hic inuidae germanitatis impulsu in Aegyptum est delatus atque distractus a fratribus. quem domini sui uxor peius amare coeperat 1 1 15
principium suo statui redditum uideretur, prior uir consummatur in cruce atque eo feliciter soporato similiter de eius latere ictu lanceae non costa 1 3 20
confideret, matris suscepit officia, quae uxoris iam munera nesciebat. atque eo tempore partus profertur, quo calor genitalia iam relinquebat. 1 59 3
uirtutum. quae praeter ceteras tota se ad alienas utilitates colligit atque explicat sciens, quid deo principaliter debeatur, nihil sibi ipsa 2 1 11
sed quia in uobis fides et pietas, quae est idonea expultrix auaritiae, manet atque gloriatur, digni estis uniuersi aurum argentumque non tam habere 1 5 17
eius uxor moritur. qui consolatus cum ad oues tondendas pergeret suas atque hoc Thamari nuntiaretur, quae Selom uiderat maturum ei nec tamen 1 13 2
facere praeualuerit, aestimat rectum. adeo sine ulla reuerentia diuinae atque humanae religionis delet abrupte igni ferroque cum sua sibi tota 2 1 7
blandis quasi quidam peritus auriga componis. tu amicitiam *idem uelle atque idem nolle* docuisti. tu seruituti unica ac fortissima consolatio saepe 1 4 21
diabolum, qui uere est acerrimus Sagittarius, formidabit umquam, uariis atque igneis sagittis armatus, totius humani generis omni momento corda 1 38 6
Moyses praebuit, dux noster Christus est dominus; illis columna nubis atque ignis uiam demonstrauit, nobis testamenti ueteris ac noui clarissima 1 46b 2
in propriis, sed in publicum tota diffusa sit, diffamationibus uigeat, huc atque illuc aestuans uarie caeca prorumpat, uicta sit autem, si dissimulatio 1 4 11
omni iustitia expeditior sequitur Christum. ui tempestatis, solis atque imbris ad maturitatem cogitur; et iustus temptationibus crebris, 2 11 6
sacrilegium. cogebatur Christi populus uanis superstitionibus interesse atque in cultum nefandi ritus nunc aut libamina inceste profundere aut 1 39 2
non tam ex parentibus quam diuina praeceptione meruit procreari atque in ultimis uitae curriculis Sarrae uterum filius aperuit primo 1 59 1

sine labore accusatoris uidua praegnans. irascitur socer, eam produci iubet atque incendio concremari. at illa constanter adest, sibi quae non 1 13 3
illis impune succedit, qui sine uxoribus amore peccandi liberius incertas atque inhonestas sibimet redimunt libidinum merces, non aduertentes esse 1 1 14
non tam dicere quam oculatis rebus sufficimus approbare. denique uagi atque inmundi spiritus utriusque sexus humani dolosa blanditiarum 1 2 5
sacrilegos, alios auaritia efficit caecos. longum est ire per singula: uarias atque innumerabiles *nocendi artes* habet, sed has omnes salutari profluens 1 38 7
est nudus. iam pauperes nostri alimenta rogare non norunt; iam uiduae atque inopes testamenta conficiunt. plura ad laudem huius beatitudinis 1 14 9
conuersatione limpidus, mente limpidior, usque adeo circumspectus atque inreprehensibilis, ut dei sit testimonio collaudatus. unde non 1 15 2
ad imaginem et similitudinem suam fecit sibi ipse simulacrum sensibile atque intellegens; sumpto quippe *limo terrae hominem figurauit* eique 2 4 4
nam et Salomonis accepimus templum luculento opere fuisse constructum atque ita elaboratum, ut nesciret inspector, in eo quid potissimum 2 6 2
omne animantium genus congregatione, concordia testari caritatem atque ita omnis motus quasi uno sensu magistra dilectione conuerti, ut 1 36 15
mors timetur. itaque hanc obseruantiam, hunc timorem, quod est uerius atque iustius, transfer ad deum et, quale uelit illud sit, repente exstinguetur 2 7 9
non costa diuellitur, sed per aquam et sanguinem, quod est baptismum atque martyrium, spiritale corpus spiritalis feminae effunditur, ut legitime 1 3 20
sed erant illis omnia communia, sicut dies, sol, nox, pluuiae, nascendi atque moriendi condicio, quae humano generi sine personarum aliqua 2 1 18
fuerit auctior, fit tanto miserior: expers otii, expers satietatis, per fas atque nefas, artibus multimodis ac uersutiis armata bacchatur, salutis suae 1 5 2
diabolus pugnat, sed Iob dissimulando plus pugnat. ille eius magnum atque opulentissimum censum uno momento disperdit cohortemque 1 4 18
illa deest umquam, nihil ab suo statu aut tollitur aut declinat; omnia bona atque perpetua exuberant passim. certe, quod primum est, nemo eget, 1 5 18
exhalante foetore corrumpitur, sed caelesti prandio, honesto, puro, salubri atque perpetuo, quod, ut saturi semper ac felices esse possitis, esurienter 1 24 1
anterioris uitae facinoribus inquinati — unus Christum blasphemando atque persequendo, alius deos asserendo atque abominanda figmenta 1 37 3
saeculorum heres [et] pernici cursu procurrens atque recurrens, solemni meta rotatus in sese, proferens sibi de fine 1 33 1
fidei est, quod est Christus, cuius inlustratione maiestatis impressi atque signati, qua sincere uiuentes in custodiam nostrae salutis per 1 13 11
maior in pretio; negat se habere, quod distrahat, ut rogetur, ut iugulet. atque utinam incorrupta species uenderetur! ingemescit praeterea, si annus 1 5 14
tanto ambitiosior in dolore quam ditior — sane post momentum misera (atque utinam semel!) nimio dolore nuptura. hic, hic quemadmodum se quis 1 2 14
commissus, quem in gregibus pecuinis ipsi tui non inuenere maiores. atque utinam tu inuenias! dignus es enim immolatione tali, qui salutem 2 20 1
qui caritatem non habet dei ac per hoc operanti iram recte subiacet legi. atquin forte aliquis dicat: 'lex spernenda est, quia iusto necessaria non est, 1 36 18
ipsa elementa contra suam naturam famulari compellat. unde, fratres, atrocissimae rei non uos tereat contemplatio; non enim ulla est metuenda 1 31
uno momento disperdit cohortemque florentissimam dulcium liberorum atrocissimo impulsu, tectis parietum cum ruina confusis, nimia crudelitate 1 4 18
populus in eius sanguine tumescebat, iam sui quoque familiares nouae rei atrocitate perculsi, miserabiliter ingemescentes dimissis capitibus omne 1 1 19
quid moliri potuerit incitatus, maxime cum a deo acceperit facultatem, ut atrocitatis inueteratae in examen iusti quibus possit armis, quibus possit 1 4 18
rursus reuertuntur ad saeculum, de quibus dominus ait: *nemo retro attendens et superponens manum suam super aratrum aptus est regno dei*; 1 37 12
tantum, sed paene omnia suis mortibus uiuunt. unde pauca de multis attingam, ut omnium probationem haud dubie in paucis expediam. stellae 1 2 17
deo exeunte, ad communia humanitatis nomina, quae possunt argumentis attingi, patris et filii festinant nec intelligunt, quia in exordio carminis sacri 1 45 1
pudicitiae; illa enim uobis exhibet sanctitatem, uos ei amorem. per hanc attingitis Christum, immo illa per uos uobiscum complectitur Christum. 1 1 4
non parturis, quoniam multi filii desertae. ecce enim, carissimi, in Sarra attractis aetate neruis et, deficiente sanguinis suco, arescentibus uenis, dura 1 59 4
hinc unus pecuniam suam tamquam hamum proponit, ut facultates ad se attrahat alienas; quam peregrinantem ferali supputatione nutrire non 1 5 12
iustorumque discretio, ne generalitas nominis in conparatione malorum attrahat gloriam Christianae felicitatis. duplex itaque forma surgendi est: 1 2 23
lineamentis corporis circumsaeptam. unde duae quoque uitae a deo attributae sunt nobis: una, qua nescientes communi cum pecudibus lege 2 4 8
accurat et assat. Iohannes camelarius deuote praecurrens de silua mel attulit et locustas. ne alter alterum manducantem denotet, inuitator 1 24 3
suos frenos induxit; haec de armato Golia Dauid inermi triumphos attulit; haec in Iob inter crebra et ingentia mala non desperauit; haec in 1 36 8
fuga, mors extorserint debitorem. auaritiae enim natura talis est, ut auariorem faciat. plerumque plus tulit auaro quam praestat, ac sic saepe 1 5 12
ne gratis homo uideatur occisus. sed nos non ad auaros, sed de auaris sermonem fecimus, fratres; alioquin solis diuinis exemplis oportuerat 1 5 17
geritur, his ministris impletur quicquid cotidie concupiscentia, ambitione, auaritia ardet in saeculo. quare utraque sunt uana, quia et cordis exaltatio 2 9 5
habet; diues, cum diuitias putat se non habere, quas habet. in uno nititur auaritia, bacchatur in alio, in utroque crescit, in utroque non desinit. 1 5 11
gemmis seu floribus redimita, oculorum iocorumque festiuitate lasciua, auaritia caeca, libidine percita, delicate tumentis ac reflabilis tori plumeo 2 4 9
alios furiosos, alios homicidas, alios adulteros, alios sacrilegos, alios auaritia efficit caecos. longum est ire per singula: uarias atque 1 38 6
sentire nec uitam. recte igitur apostolus ait: *radix omnium malorum est auaritia*; hac enim matre eademque magistra uniuersa quae diximus, sed et 1 5 4
auaritia quam facile arguitur ab omnibus, utinam posset tam facile non 1 14 1
ima deferri. sed quia inexstinguibilis pestis incendio totus mundus exarsit, auaritia, ut putatur, crimen esse desiit, quia neminem qui se possit arguere 1 5 1
colligit, uno impetu aliquotiens clusis oculis illa <illidit>. tertio diues est auaritia, utraeque cuius exaggerare opulentiam uelocitate mira contendunt, 2 1 8
ei cum casu aliquo fraus, inopia, fuga, mors extorserint debitorem. auaritiae enim natura talis est, ut auariorem faciat. plerumque plus tulit 1 5 12
si quis hic talis. sed quia in uobis fides et pietas, quae est idonea expultrix auaritiae, manet atque gloriatur, digni estis uniuersi aurum argentumque 1 5 17
prae gaudio tacere non possum: fenerando pauperibus omnes copias auaritiae subactas uestrum sine inuidia transfertis in censum. quid enim 1 14 9
gestit; *camelum* enim *glutiens culicem liquat*; reicit stillas criminum et auaritiae, unde criminum fluenta funduntur, ebibit fontem. huic non iura, 1 5 4
omnibus elaboret, ut plus habeat, quam habebat; quod cum nititur, auaritiae utique partes agit, quae est inimica iustitiae. adeo inde est, quod 2 1 16
recte, fratres, sicut audistis, deus odit auaritiam. est enim libido profunda, cupiditas caeca, tempestas insana, 1 21
hoc aestimat crimen. nam nihil relinquendo sibi beata cupiditate antecedit auaritiam: homines enim illa possidet, ista deum. adhuc accipite, ad 2 1 12
possit contingere, ignoras excusationisque uanae depone fallaciam: ingratis auaritiam pietate condis; solius dei potestas est futurorum commodis 2 1 21
salutare canentibus testamentis, ut principaliter idolatriam, inpudicitiam auaritiamque fugiatis, quae est incurabilis Cancer. Leo autem noster, sicut 1 38 4
deperditi, semesis ossibus, etiam suis carnibus nudi. conspicite rem auaro condignam! ille, ille amplum qui habuit censum, exiguum non habet 1 5 9
auaritiae enim natura talis est, ut auariorem faciat. plerumque plus tulit auaro quam praestat, ac sic saepe contingit, ut merito perdat etiam sua, 1 5 12
spe potiundi praecipitat, ne gratis homo uideatur occisus. sed nos non ad auaros, sed de auaris sermonem fecimus, fratres; alioquin solis diuinis 1 5 17
mori. pro nefas! quid tibi tua tollis, infelix? quid extraneo facias, qui in te auarus es? o detestabili detestabilius malum! inuicem dum exspoliant 1 5 7
mortuos, refundere inferi coacti sunt uiuos. quem ut semper et ubique aucti fide, numero, caritate nostris cum fratribus celebremus, praestabit 2 19 2
queritur semper. denique ad sua numquam peruenit uota. quantum fuerit auctior, fit tanto miserior: expers otii, expers satietatis, per fas atque nefas, 1 5 2
disturbat, mater criminum, curiositatis magistra, acumen temeritatis, auctor detestabilium pariter ac magistra malorum. hominis nam salutem 1 4 7
pudicitiae nominis sonum post se trahit, sed quos fructus habeat, eius auctor ostendit. discurrit quippe uesana per populos hominumque lubricas 1 1 6
dei iniuriam prius prodit natura quam intellegat populus Iudaeorum. ab auctore itaque coepit furoris horror; accingitur turba feralis et ad 1 59 9
iugulet, securus illo se non posse displicere facinore, quod deo gerebatur auctore. o nouum spectaculum ac uere deo dignum, in quo definire difficile 1 4 13
quae certe uera et aeterna formositas, in paradisi solitudine, ubi Euam ab auctore operis sui meminerant esse deceptam, hac re ipsa nato consilio 1 1 17
contra spem natum Abraham ad aram filium immolaturus domino auctore perducit nec deest ad ministerium gladius, ut pater esset pariter et 1 59 6
de qua ludit aliena sententia! o quam adultera, quae non agnoscit, quo auctore sit nata! o quam ridiculosa, quae duobus confligentibus Christianis 2 3 10
sed nec continentia relicta repellitur. ad cuius fidem, carissimi, auctorem habemus, sanctum uidelicet Abraham, qui filium quondam Isaac 1 59 1
rectissime positum, quia historia totius scripturae et propter ipsum et auctorem per ipsum impleta est. denique sic ad discipulos ait: *omnis scriba* 1 37 8
diripuit, †profectitium† crimen propere recluditur, sed scelus suos redit in auctores purgaturque per innocentiam pudor. sicque Susannam, quam 1 1 19
carnis est et concupiscentia oculorum et ambitio saeculi. his enim auctoribus concipitur, his ducibus geritur, his ministris impletur quicquid 2 9 5
iam priores se ipsi condemnant. uerum, pro nefas, creditur aetati, creditur auctoritati: exsultant adulteri, damnatur integritas. iamiamque Susanna ad 1 1 18
est beneficiis inuidere naturae. alius inde rerum omnium captat annonam, aucupatur distrahendi tempus, minor in mensura, maior in pretio; negat se 1 5 14
certaminis exempla declarant; quia aliqui eorum cum forte de numero audacis lupi rabie denotatus in praesens periculum coeperit infestationibus 1 36 15
<in> cachinnos erumpat, quod homo imperitissimus et elinguis aliquid audeam de iustitia disputare, de cuius proprietate excellentes ingenio et 2 1 1
nemo est enim tam uel ab istius mundi sapientiae gustu ieiunus, qui audeat dicere animas cum corporibus interire, caelestia cum terrenis 1 2 2
non perdidit, sed mutauit. hic ego patientiam domini memorare non audeo, ne quam deus inter homines deputatus patiatur iniuriam; idonea 1 4 19
metiri ac discernere posse praesumis, hic tibi ego respondere non audeo, sit quippe cum tutius imperitum uideri quam esse sacrilegum. et 2 3 15
hostias offerebat. tanto autem puritatis ac fidei erat muro munitus, ut non auderet eum adtemptare diabolus nisi a deo iussus. iam hic considerate, 1 15 2
audi, caelum, et percipe auribus, terra, quoniam dominus locutus est: filios 1 61 1
comprehendit, in quibus adhuc erant opera terrena. hoc est ergo quod ait: *audi caelum et terra*, quod Iudaeis non audientibus Christus dominus esset 1 61 4
fuisse testatum uel quasi de aliqua re esse conquestum, cum dicit *audi caelum et terra*, tamquam numquam aut caelum audierit aut terra, 1 61 2
quod eum apostoli essent et homines ex gentibus audituri, et ideo ait: *audi caelum et terra*. caelos autem apostolos esse claro testimonio ueritatis 1 61 2
debeant, dicitur, Israel sic reprobus inuenitur et, dum clamat propheta *audi caelum et terra*, significat, quod illi audire contempserint. *audi*, 1 61 1
propheta *audi caelum et terra*, significat, quod illi audire contempserint. *audi*, inquit, *caelum, et percipe auribus, terra*. de caelo et terra prophetam 1 61 2
prophetarum assertio demonstrauit: *iubilate*, inquit, *omnis terra*, et alibi: *audi*, inquit, *terra, ex ore meo*. quo uocabulo gentiles homines sine dubio 1 61 4
commodare lectioni, ut edicerent nobis, quinam sit deus iste, qui dicit: *audi, populus meus, et loquar, Israel, et testificabor tibi, quoniam deus*, 1 25 1
quod nunc faciunt infideles, de quibus scriptura diuina quid pronuntiet, audiamus; cuius ista sunt uerba: *deminuerunt ueritates a filiis hominum*. 2 9 2
locus est, ubi non deuotionis, sed necessitatis est quod timetur. itaque audiamus scripturam, quid dicat, cuius ista sunt monita: *et nunc, Israel*, 2 2 4
indignationis ostendunt, quae alias personas, ut uerbum dei ab ipsis potius audiatur, hortantur [nos]. non est enim parum criminis, ut semper apud 1 61 1
in falso, in maleficio deprehenderit, carnifici destinat statim, non audiendum, sed competentibus poenis excruciandum. tertium quoque, 1 35 8
Iudaeis non audientibus Christus dominus esset ab apostolis et gentibus audiendus. *filios*, inquit, *genui et exaltaui*. haec domini uox est, qua iam 1 61 4
sub domini saluatoris aduentum, qui non esset a Iudaeorum populis audiendus, quod eum apostoli essent et homines ex gentibus audituri, et 1 61 2
eius, fratres dilectissimi, si uultis scire, quid uocentur, audite: conuersio, audientia, intellectus, credulitas, timor, sapientia, sobrietas, mansuetudo, 1 37 15
terrena. hoc est ergo quod ait: *audi caelum et terra*, quod Iudaeis non audientibus Christus dominus esset ab apostolis et gentibus audiendus. 1 61 4

cum dicit *audi caelum et terra,* tamquam numquam aut caelum audierit aut terra, cum iussu dei et caelum obsecundetur et terra, quia 1 61 2
scriptura denotat ab auribus incipiens: *clamaui,* inquit, *ad eos et non audierunt; clamabunt ad me et non erit, qui exaudiat eos.* similiter et de 1 3 10
deuotione suam religionem custodiunt potius quam salutem. igitur cum audio tres pueros incensos, prius uehementer horresco, mox deinde eorum 1 31
et, dum clamat propheta *audi caelum et terra*, significat, quod illi audire contempserint. *audi,* inquit, *caelum, et percipe auribus, terra.* de 1 61 1
est aliarum electio personarum, quia, cum alteris, ut uerbum dei audire debeant, dicitur, Israel sic reprobus inuenitur et, dum clamat 1 61 1
igitur nobilitatis suae conscientiam retinet, diligit fratrem nec aliquid audire exspectauit ex lege, ne admonitione pietati aliquid derogetur, 1 36 22
non uoce, sed corde, non clamore, sed fide, quam scit deum libenter audire. hoc igitur e profundo clamans similiter Petrus impetrauit a 1 34 3
ulcerum spoliauere uerticibus; per hanc, inquam, caecos uidere, surdos audire, mutos loqui, claudos currere, paralyticos reformari, de obsessis 1 36 9
caro et sanguis regnum dei possidere non possunt. at e diuerso uideor mihi audire proclamantem: 'si haec est condicio carnis, quid est ergo quod 1 2 24
consensu quasi quendam patientiae deferuntur in portum, sine qua nec audiri nec concipi nec disci quicquam poterit nec doceri. nam profecto sola 1 4 1
recte, fratres, sicut audistis, deus odit auaritiam. est enim libido profunda, cupiditas caeca, 1 21
si uxor et maritus *in carne* sunt *una*, dubium non est, quia quod alter audit amborum est. quid agam, quo me uertam, nescio. non enim uideo, 2 7 11
nouerat Christum, cur dubitet Christianus, qui resurrectionem futuram et audit et sperat et repositam sibi praesumit de Christo? igitur primo 1 2 2
accessus infecerat urbium. non habuit legem, cuius conuersatio lex fuit. audit imperatum sibi a deo exilium, ut cognationem suam simul dimisisset 1 62 1
unus. gradus autem eius, fratres dilectissimi, si uultis scire, quid uocentur, audite: conuersio, audientia, intellectus, credulitas, timor, sapientia, 1 37 15
eum?. si ita est, quomodo ergo posset agnosci, prodidit Esaias his uerbis: *audite itaque, domus Dauid: non pusillum uobis certamen cum hominibus,* 2 8 7
sed in doctrinae ratione consistit, sicut scriptum est: *uenite, filii, audite me; timorem domini docebo uos.* naturalis ergo non discitur, sed 2 2 1
sed ut indulgentiam perciperetis, pro uobis bene uigilastis, optime estis auditi. nouum iudicii genus, in quo reus, si excusauerit crimen, damnatur, 2 10 2
ut indulgentiam perciperetis, pro uobis ipsis bene uigilastis; optime estis auditi. nouum iudicii genus est, in quo reus, si excusauerit crimen, 1 42 1
pergit, id est, ab hominibus iustis bonorum operum fructus exposcit. quo audito Thamar cum esset *in domo patris sui*, id est in templis 1 13 8
solemnis hymnus ecce iam canitur, ecce mox infantum dulcis uagitus auditur, ecce parientis uno de uentre clarissima turba procedit. noua res, 2 28
opacitas intus, incendium foris est; intus hymnus canitur, foris ululatus auditur. o magna potentia dei! incensores incendio concremati sunt et, qui 1 53 2
populis audiendus, quod eum apostoli essent et homines ex gentibus audituri, et ideo ait: *audi caelum et terra*. caelos autem apostolos esse 1 61 2
testimonium, sicut scriptum est: *semel locutus est dominus et haec duo audiuimus.* sed et dominus ipse in euangelio hanc exprimit rationem dicens 1 37 4
dei; et hic utique non tam caelos loqui dicit, quos loquentes nullus audiuit, sed apostolos asseuerat, quorum praedicatione gloria domini per 1 61 3
gratia. o admirabile incendium! o uere spectaculum deo dignum! qui audiunt, timent; qui incenderant, ardent; qui incensi sunt, sanctificati et 1 22 2
parabola: semen est uerbum dei. qui autem iuxta uiam sunt, hi sunt, qui audiunt uerbum et uenit diabolus et tollit de corde illorum uerbum, ne 1 13 5
ipse disquirit. uideo praeterea, sicut assertorum indicant nomina (quae si auferas, nulla fortassis est pugna), multos esse tractatus, multas etiam fides 2 3 7
amore, qua deuotione festinet. si quis eam prouocat in iudicium, ut eius auferat tunicam, libens illi pallium quoque concedit; maledicitur et 2 1 13
scius in ipso se habere quod uiuit; denique adimitur ei ortus, si ei auferatur occasus. luna quoque, quae uere rationis humanae omnia in se 1 2 18
habet, dabitur illi et abundabit; qui autem non habet, etiam id quod habet auferetur ab eo. per hanc, fratres, a deo Enoc meruit cum corpore contra 1 36 7
fraudauit te furor tuus; adhuc erat in uictima domini quod posses auferre: amputandam linguam mandare nescisti, quae in conluctatione 1 39 6
uel destrui. dari non potest, quia si uerbis dari potest, poterit et uerbis auferri; nosci adaeque non potest, quia fieri potest, ut quis aliud gestit in 2 3 11
usque ad Iohannem. sacerdotibus eorum luctus indicitur. immolatio aufertur. cessat unguentum. circumcisio uacuatur. sabbatum denotatur. 2 17
in repugnatione ueste sibi uiolenter extorta ex impudicitiae fouea nudus aufugit. sed pudicitiae splendore uestitus post calumniosam damnationem 1 1 16
hoc solum proprium retinent, quod, ut uilem libidinem magis ac magis augeant, uilioribus se lauacris omni momento baptizant, deo semper 1 51
ex eo ipso, quod creditum est, consummata fides ultra nec minuitur nec augetur. sin uero ex utroque, patriarcharum semesa fides est ac per hoc 2 3 9
spiritus aerios, quis figuras uentorum, quis inter marinos aestus fluminum augmenta, quis denique opificium domini deique consilium se 1 34 2
signo censemur. hac circumcisione non aliquid perdimus, sed crescere nos augmentis caelestibus inuenimus. non sanguinem sterili solemnitate 1 3 21
Moysi dictum non in damnum hominis praeputium carnis, sed in augmentum hominis praeputium facinorosi cordis incidit. at fortasse adhuc 1 3 16
piis mercedem sacerdotibus praestat, consequentibus ministris promotionis augmentum, immortalitatis fidelibus fructum, paenitentibus curam, 1 6
perpetis anni pernicem cursum in bis senae mutationis augmentum una eademque nec ipsa, sed ipsa orbita circumducens dies 1 16 1
pepererunt, qui dies obseruant, qui Aegyptiacos de candidis faciunt, qui auguria captant salutemque suam pecudum uiolenter scissis in uentribus 1 25 11
blandus ac mitis uos admonet uitulus, ut nulla ullo in opere captantes auguria, eius sine malitia succedentes iugo terramque uestrae carnis 1 38 3
omnipotentiaeque una substantia, una aequalitas, una uirtus maiestatis augustae, unito in lumine una dignitas retinetur. si quid enim filio 2 5 10
uitae curriculis Sarrae uterum filius aperuit primo uocabulo, cui iam auiae reuerentiam senectus uerecunda detulerat. sub hac igitur, carissimi, 1 59 1
corporis, sed nihil tamen in utero negabatur infanti et, cuius aetas auiam testaretur, matrem partus ornauit, cum sub incerto affectionis 1 59 4
ab aquis, et quidem copiosis uacantibus plurimis negat hominibus, quod auibus, serpentibus, feris non potest denegare. mera profecto uesania est 1 5 13
germine accenso sumat rursus de fine principium. similiter Phoenix auis illa pretiosa resurrectionis euidenter nos edocet iura, quae nobilitatem 1 2 20
crudo in alterius contumeliam inpatientia non sinit praecipitare. quid auium diuersarum decora commercia litterataeque quid arduis uolatibus 1 4 6
inexpectata morte rapti iecoris spirantes consulunt fibras nec per uarios auium uolatus coniecturis inanibus statum plumeae salutis inquirunt, sed a 1 34 9
ergo personam Christi refertur uerecunda natiuitas, sed uirginalis uteri aula secretior: diuini sermonis arte formata in se tabescentis corporis uulua 1 59 8
non tantum sunt disperditi, sed etiam perpetuo poenali supplicio destinati. Aunan autem secundus frater Iudaicus est populus, cui praecipitur, ut 1 13 5
Iudas tres liberos habuit: Her, Aunan, Selom. hic mulierem, cuius nomen est Thamar, accepit uxorem 1 13 1
pupillos exspoliant, qui profanis fabulis neglecta dei secta alios non bene auocantes diuina sacramenta contaminant. iam uideat unusquisque, 1 25 11
excocti sunt non furno, sed fonte, non humano, sed igni diuino: non illos aura corrupit, non fumus amarus infecit, non frigus elisit; quod plus est: 1 41 2
qui nobis promissa perpetuans pia sanctione, ut aiunt, claues uere aureas misit, et quidem non illas, quae maligno beneficio crimina excipiunt; 2 24 1
sunt, exsecraris in simulacris, colis in penetralibus tuis. nam et illic aureis argenteisque innumerabilibus ueluti templis tereti moneta percussis 1 14 5
quae prior peccauerat, circumcisionis incipit cura, et quia suasione per aurem inrepens diabolus Euam uulnerans interemerat, per aurem intrat 1 3 19
suasione per aurem inrepens diabolus Euam uulnerans interemerat, per aurem intrat Christus in Mariam, uniuersa cordis desecat uitia uulnusque 1 3 19
dei filium deum esse non credant. quos uellem adesse paulisper auremque praesenti commodare lectioni, ut edicerent nobis, quinam sit 1 25 1
lasciui cursus ambagibus carpit pensa mundana. at ubi matura aureo igne flagrantis luciflui aurigae par laboribus fratris angusti circuli 1 2 19
exspectat, *quod unctui, quod tersui* opus est praebiturus, sed et denarium aureum triplicis numismatis unione signatum. gaudete itaque! in fontem 1 23
possit; non necessitudo sanguinis, non amicitia, quia non suo merito, sed auri, argenti facultatumque beneficio quis aut amatur aut odio est. denique 1 5 5
colunt enim uani uana figmenta in quaslibet formas, uultus, sexus, aetates auri argentique detrimento matris limae moderato dente figurata. quae est 1 25 3
omnibus etiam friuolo ac turpi lucro festinat? quid igitur, miser homo, auri argentique metallo incensus uana cupiditate, uana cura torqueris? quid 1 14 3
euigila, Christiane, omnique saecularis somni torpore discusso, apertis auribus cordis a pueris disce uirtutem. sed uide, ne aestimes falsum, quod 2 27
perpetrare tot crimina. denique hoc genere Iudaeos scriptura denotat ab auribus incipiens: *clamaui,* inquit, *ad eos et non audierunt; clamabunt ad* 1 3 10
opportunam in quibuscumque secretis. lasciua, non linguis non oculis non auribus parcens iocatur sperat ambit obsequitur zelatur insanit armatur 1 1 9
significat, quod illi audire contempserint. *audi,* inquit, *caelum, et percipe auribus, terra.* de caelo et terra prophetam fuisse testatum uel quasi de 1 61 2
audi, caelum, et percipe auribus, terra, quoniam dominus locutus est: filios genui et exaltaui, ipsi 1 61 1
laboris uel amoris aequalem retinaculis blandis quasi quidam peritus auriga componis. tu amicitiam *idem uelle atque idem nolle* docuisti. tu 1 4 21
sempiterni currus auriga, teretis metae sua replicans complicando gyro solemni uestigia, dies 2 19 1
carpit pensa mundana. at ubi matura aureo igne flagrantis luciflui aurigae par laboribus fratris angusti circuli argenteum compleuerit globum, 1 2 19
discoloribus formis referta penetralia, gemat terra sub pondere argenti, auro ardens tota domus pugnet sua flamma cum sole honorumque 1 5 10
uos si terrena metalla tempseritis, longe his uitae uestrae thesaurus. uobis auro constructa aetheria illa ciuitas destinata est. nulla intrare uolentibus 1 5 17
metas illustret, tamen numquam dilectam uerecundamque anteuertit auroram; qui, quod maius est, duodenis non dicam spatiis, sed momentis 1 4 4
cuius rei facilis probatio est, illa cum interim, quae nostra sunt, uidemus. aurum argentumque, Christiane, si uera dicenda sunt, exsecraris in 1 14 5
est idonea expultrix auaritiae, manet atque gloriatur, digni estis uniuersi aurum argentumque non tam habere quam esse. nam uos estis aurum 1 5 17
de loco ad locum transferri potest, ei autem subtrahi non potest. denique aurum argentumque, penitus quod eruitur magno opere terrae uisceribus, 1 14 4
cotidie moriente oppressione, fame, frigore, iniuria amicum tibi excolis aurum, custodis argentum, uestem pretiosam ornamentaque superba et 2 1 19
dicente: *idola gentium argentum et aurum*. unde apparet eum, qui diligit aurum et argentum, non tantum deos colere, sed eorum mores et actus 1 14 4
et peraequat et satiat, enorme quod cum tota ambitione sua non potest aurum. hinc unus pecuniam suam tamquam hamum proponit, ut facultates 1 5 11
quoniam deus temptauit illos et inuenit illos dignos se. tamquam aurum in fornace probauit illos et quasi holocaustomata accepit illos et in 2 5 6
si non semper fiat publicis luctibus diues. bene, bene: cum quis quaerit aurum, inuenit gladium. inter haec nemo considerat condicionem 1 5 14
uestem, nemo suas margaritas abscondit, nemo lapides pretiosos, nemo aurum, nemo argentum, et tamen ullus non timet furtum. 1 5 18
naufragos faciat, sed quod naufragos ad uitam suauem perducat; non aurum, non argentum, quia in suis martyribus computat totum. non 2 6 6
sumus. solum colitur, de quo dictum est: *idola gentium argentum et aurum,* pro quo quis aut iugulatur aut iugulat. uellem scire tamen, tanta 1 5 15
uniuersi aurum argentumque non tam habere quam esse. nam uos estis aurum uiuum dei, Christi uos argentum, uos spiritus sancti diuitiae; uos si 1 5 17
uniuersa eius mala, propheta dicente: *idola gentium argentum et aurum*. unde apparet eum, qui diligit aurum et argentum, non tantum 1 14 4
puniri, quem nefarium fuerat etiam tardius adorari. ad cuius immanis ausi saeuitiam metuenda elementorum forma mutatur et dei iniuriam prius 1 59 9
lambendo labris exhauris futurique haustus quasi quasdam primitias auspicaris, totum prorsus iniquitatis spiritum libens concipis per maritum: 2 7 17
ut assolet, infans fusus ingrediens sponte uitae reptantis praeuiis lacrimis auspicatur. non mater eius tanti partus pondere exhausta totis pallens 1 54 4
libidinis turpitudo aut ueritate aut imagine perpetratur. praemia aut tradit aut accipit, corrumpit aut corrumpitur, inicit amorem, paulo post odium 1 1 7
non dei contemplatio: ecce enim his omnibus, prout potest, uariis artibus aut adulatur aut nocet, si quid habuerint, tantum ut tollat. cui autem 1 14 2
quidam putant, docentis pendet ex ore, procul dubio eodem aut cessante aut aliter docente consumitur. huc accedit, quod, nisi insinuationem legis 2 3 1
quia non suo merito, sed auri, argenti facultatumque beneficio quis aut amatur aut odio est. denique haec est causa, quod fratrum pia nomina 1 5 5

nos illi colunt libenter ut dominos. huius est munus, ut, non dicam notos aut amicos, sed saepe etiam eos, quos numquam uidimus, diligamus. huius 1 36 14
quidem metu contemplatione praeclusa, cuius aut pudor esset iugulandus aut anima, conscientiae suae conscium solum contestans deum honestam 1 1 18
re esse conquestum, cum dicit *audi caelum et terra,* tamquam numquam aut caelum audierit aut terra, cum iussu dei et caelum obsecundetur et 1 61 2
dignetur adtendere et tanta illa sublimitas humanam mediocritatem aut caram habeat aut dilectam? *filios*, inquit, *genui*: hoc dominum de 1 61 6
recircumciditur rursum, ut hoc idem faciat aut ut quod non habet perdat; aut certe Iesu Naue parricida sit, si cultris corda hominum desecat. sed 1 3 15
desiderio omnes excolunt populi, dubium non est, quia aut hostis publicus aut certe iudicatur insanus, quisquis nuptias dissuaserit. at ego non 2 7 1
ceterum si, ut quidam putant, docentis pendet ex ore, procul dubio eodem aut cessante aut aliter docente consumitur. huc accedit, quod, nisi 2 3 1
uerum tamen ex his omnibus eligendum quid sit, non potest nosci aut comprehendi, quia non erit nec proprium nec firmum, quod habet 2 3 7
praebere uictoriam eiusque in resurrectione aut praemio perfrui perenni aut consimili poena puniri. 2 4 18
coniugium; Christiano enim, fratres, ultra licere non puto quam ut sit aut continens aut maritus. uenio nunc ad exempla, quae sunt negotio uel 1 1 14
quia iam sua sunt incredulitate damnati; ex hac enim uita quis secum aut coronam portat aut poenam. quam rationem Dauid in Psalmo primo 1 35 2
ueritate aut imagine perpetratur. praemia aut tradit aut accipit, corrumpit aut corrumpitur, inicit amorem, paulo post odium de amore factura. 1 1 7
tractatus sui quo proficit pugna. 'ne fides, inquit, intereat, cum male aut creditur aut docetur.' quod malum est ista ratio, mox uidebimus. nunc 2 3 8
illa temptatio, quae eum aut sacrilegum fecerat, si contemneret deum, aut crudelem, si occideret filium, nisi quadam singulari ac uere diuina 1 4 13
quippe diuersis ex modis, cum aut exaestuat aliquo reatu conscientia; aut cum hostilis imminens manus gladio salutem premit; aut cum uiantis 2 2 2
conscientia; aut cum hostilis imminens manus gladio salutem premit; aut cum uiantis itineri erectus in morsum, ardentibus squamis incensus 2 2 2
martyr uocibus exsiliit: 'quid, inquit, uanissime omnium iudicum, putasne aut de lucis istius incongruis usuris aut de praeproperae mortis subitis 1 39 5
uanissime omnium iudicum, putasne aut de lucis istius incongruis usuris aut de praeproperae mortis subitis damnis familiam domini posse terreri, 1 39 5
reus; iocatur, ludit, pallet, tabet, suspirat, zelat, obsequitur; aut temptat aut decipit peiusque blanditur quam furit. occasionem ullam prorsus 1 36 26
estote securi: nihil in illa deest umquam, nihil ab suo statu aut tollitur aut declinat; omnia bona atque perpetua exuberant passim. certe, quod 1 5 18
praecipiti festinatione compingit nec tantum munus quasi praesumptor aut demens rapit, sed patienter aedificat, patienter exornat, patienter uariis 1 4 12
heredes crimenque noscens nominibus pietatis excusat. proprios aut negat aut denudat affectu. nihil prorsus existimat turpe nec pati nec facere, 1 1 7
non nouit. paenitentiam nescit; altercatio quid sit ignorat. omnes aut deuitat aut portat iniurias. incertum est, utrum inpassibilis iudicetur, 1 4 2
neglegentes legis sacrae cultores saepe magno inplicantur errore, cum aut dicta non pro locis intelligunt aut dictorum minime rationes inquirunt. 1 35 1
saepe magno inplicantur errore, cum aut dicta non pro locis intelligunt aut dictorum minime rationes inquirunt. igitur in praesenti Psalmo 1 35 1
ac languidis mannae teneritudinem inrorauit. non enim erant idonei aut digni, qui caelestis panis perpetua soliditate fruerentur. petra illis 1 18 2
et tanta illa sublimitas humanam mediocritatem aut caram habeat aut dilectam? *filios*, inquit, *genui*: hoc dominum de hominibus dixisse 1 61 6
non iura, non leges, non honor ullus obsistit, quia quicquid aut emitur aut distrahitur, liberum non est: non nobilitas, quia per hanc credit, hanc 1 5 5
sui quo proficit pugna. 'ne fides, inquit, intereat, cum male aut creditur aut docetur.' quod malum est ista ratio, mox uidebimus. nunc scire cupio, 2 3 8
in morsum, ardentibus squamis incensus tumidus sese anguis opponit; aut dorsa fugientis affectans caedem uicino fremitu ferina rabies onerare 2 2 2
iure possit expromi. ita erit, ut iustis corona, peccatoribus aut excusatis aut emendatis indulgentia, impiis autem aeterna poena tribuatur per 1 35 9
fontem. huic non iura, non leges, non honor ullus obsistit, quia quicquid aut emitur aut distrahitur, liberum non est: non nobilitas, quia per hanc 1 5 5
diligamus. huius est munus, quod antiquorum aut uirtutes ex libris aut ex uirtutibus libros agnoscimus. sed quid ego diutius demorer in 1 36 14
autem *quod* tibi *nolis accidere*. exsistit quippe diuersis ex modis, cum aut exaestuat aliquo reatu conscientia; aut cum hostilis imminens manus 2 2 2
exstiterit, iure possit expromi. ita erit, ut iustis corona, peccatoribus aut excusatis aut emendatis indulgentia, impiis autem aeterna poena 1 35 9
Sarra uxor eius non inferior longae uitae transactis cursibus †pius aut filius ederit partus effusione perciperet†. sed utrisque <aetas> 1 43 1
non sic sentiendum est, fratres, ut pater accepturus sit quod non habuerit aut filius tradendo quod habeat perditurus, cum et pater quod accepturus 2 5 9
habuit, ne phantasma putaretur, edicta legis uniuersa complere. non enim aut *finis legis* aut uerus Christus esse potuisset, si quid praetermitteret, 1 3 17
dicens: *hoc enim scire debetis, quoniam omnis fornicarius aut impudicus aut fraudator, quod est idolorum seruitus, non habent hereditatem in regno* 2 5 8
parens. tibi oculos numquam siccos esse aut misericordia permittit aut gaudium. tu tuos ita diligis inimicos, ut inter eos carosque tibi quid 1 36 31
nuditas condemnetur, ne nouus homo quicquam Iudaei habere uideatur aut gentis. ambo enim illi carnales sunt, ambo sine fructu. unde dubium 1 3 24
nunc aut libamina inceste profundere aut ornatus sertis uictimas trahere aut grauia nidoribus tura succendere aut inter fumidos ignes pallenti 1 39 2
maxime quod uno desiderio omnes excolunt populi, dubium non est, quia aut hostis publicus aut certe iudicatur insanus, quisquis nuptias dissuaserit. 2 7 1
cui si per humanam fragilitatem aliqua in corpore infirmitas nasceretur aut humanus exitus contingeret, uix in eius casibus pater uiuere potuisset, 1 43 3
submergitur, dum semper exaestuans libidinis turpitudo aut ueritate aut imagine perpetratur. praemia aut tradit aut accipit, corrumpit aut 1 1 6
quae desertae, ardore seu dolore compulsae, si talia gerant, putant se aut imitari aut uindicari. propter quod in praeceptis dominus ait: *qui* 1 1 13
Paulus expressit dicens: *hoc enim scire debetis, quoniam omnis fornicarius aut impudicus aut fraudator, quod est idolorum seruitus, non habent* 2 5 8
enim possidet regnum. nam deos ipsa genuit, ipsa intulit mundo, per quos aut in quibus diabolus colitur, quorum in actibus origo monstratur. ipsa 1 1 11
ac diligentiae callidissimis argumentis urguetur, ut quis indefensus aut innocens quod habet legibus perdat. quod est omni uiolentia deterius, 2 1 17
aut ornatus sertis uictimas trahere aut grauia nidoribus tura succendere aut inter fumidos ignes pallenti aruina, funesto sanguine perlitare, ut illiciti 1 39 2
dictum est: *idola gentium argentum et aurum,* pro quo quis aut iugulatur aut iugulat. uellem scire tamen, tanta eius rabies quid uoluptatis habeat, 1 5 15
de quo dictum est: *idola gentium argentum et aurum,* pro quo quis aut iugulatur aut iugulat. uellem scire tamen, tanta eius rabies quid 1 5 15
ne quid horum digne patiatur. hanc qui diuinas litteras aut non legerunt aut lectas irritas putauerunt beneficio abiecti impolitique sermonis (tamen 2 1 14
uanis superstitionibus interesse atque in cultum nefandi ritus nunc aut libamina inceste profundere aut ornatus sertis uictimas trahere aut 1 39 2
Emmanuel. butyrum et mel manducabit, priusquam cognoscat puer bonum aut malum. quod signum ex prodromi quoque eius designatione 2 8 7
Christiano enim, fratres, ultra licere non puto quam ut sit aut continens aut maritus. uenio nunc ad exempla, quae sunt negotio uel maxime 1 1 14
non hodie mihi ad uos sermo est, fratres carissimi, de humanis gestis aut meritis nec Daniel inducitur inter frementium leonum rabidos rictus 2 18 1
exstinguat, ne quid adulterum pariat. ac ne quem plus amare uideatur aut minus, unam natiuitatem, unum lac, unum stipendium, unam spiritus 2 29 2
pupillorum, plus quam uterque parens. tibi oculos numquam siccos esse aut misericordia permittit aut gaudium. tu tuos ita diligis inimicos, ut inter 1 36 31
quoque carnaliter sentiamus, ambo prophetae tenebuntur in crimine, ut aut Moyses fallax sit, si circumcisio recircumciditur rursum, ut hoc idem 1 3 15
odit blanditias carnis inimicae et quicquid ingesserit mundus uoluptatis aut muneris, totum respuit praesumens totum se habere, si pura sit. 1 1 2
et a nullo completur. adde quod index dei uoluntatis est, non dei originis aut naturae. sequitur ut scire debeamus, utrum tractatum fidei an fidem 2 3 5
inlicitos heredes crimenque noscens nominibus pietatis excusat. proprios aut negat aut denudat affectu. nihil prorsus existimat turpe nec pati nec 1 1 7
est deus. igitur duas natiuitates esse domini nostri Iesu Christi, rudis aut neglegens disce Christiane, ne quo decipiaris errore: unam, quam tibi 1 54 2
ecce enim his omnibus, prout potest, uariis artibus aut adulatur aut nocet, si quid habuerint, tantum ut tollat. cui autem parcat, quae et 1 14 2
mundo debeat, ne quid horum digne patiatur. hanc qui diuinas litteras aut non legerunt aut lectas irritas putauerunt beneficio abiecti impolitique 2 1 14
uero iudicio structores magis possunt placere quam sacerdotes. quid, quod aut nullum aut perrarum est per omnem ecclesiam dei orationis loci 2 6 2
non suo merito, sed auri, argenti facultatumque beneficio quis aut amatur aut odio est. denique haec est causa, quod fratrum pia nomina plerumque 1 5 5
iam uideat unusquisque, quemadmodum sacrificium aut sumat aut offerat; sicut enim indigne offerre sacrilegum est, ita indigne 1 25 12
atque in cultum nefandi ritus nunc aut libamina inceste profundere aut ornatus sertis uictimas trahere aut grauia nidoribus tura succendere 1 39 2
Susannam conatus est duorum seniorum aut prodigiosis ignibus subicere aut parricidali gladio iugulare; hic Ioseph mulieri flagitat esse uiolentum, 1 36 26
structores magis possunt placere quam sacerdotes. quid, quod aut nullum aut perrarum est per omnem ecclesiam dei orationis loci membrum, quod 2 6 2
generosi liberi, quod ueri sunt patres. huius est munus, quod alii ut nos aut plus quam nos proximi uel amici sunt nobis. huius est munus, quod 1 36 14
incredulitate damnati; ex hac enim uita quis secum aut coronam portat aut poenam. quam rationem Dauid in Psalmo primo his uerbis expressit: 1 35 2
nouit. paenitentiam nescit; altercatio quid sit ignorat. omnes aut deuitat aut portat iniurias. incertum est, utrum inpassibilis iudicetur, cum aliquid 1 4 2
nostram, cui se iunxerit parti, praebere uictoriam eiusque in resurrectione aut praemio perfrui perenni aut consimili poena puniri. 2 4 18
hic Adam suis telis occidit; hic Susannam conatus est duorum seniorum aut prodigiosis ignibus subicere aut parricidali gladio iugulare; hic Ioseph 1 36 26
at illa non Eua, ancipiti quidem metu contemplatione praeclusa, cuius aut pudor esset iugulandus aut anima, conscientiae suae conscium solum 1 1 18
ueritati! cur autem fingant nomina, quorum est confessio in ceteris uera, aut qua ratione isto argumento nitantur, quod hominibus, quos perditos 1 2 7
orbem fieri, opus cum dicto completur a filio. quomodo autem, quantus aut qualis fieri debeat, nemo praecipit, interrogat nemo. neque enim sine 1 56 2
conscientia; testis est deus. non respexit castitas, quid falsi dicerent testes aut qualiter iudices circumuenti damnarent, non denique qualiter diabolus 1 40 2
prophetes egregius hactenus increpat dicens: *quid profuit nobis superbia aut quid diuitiarum ambitio contulit nobis? transierunt ista omnia tamquam* 1 5 9
et terra suppedaneum pedum meorum. quam mihi aedificabitis domum? aut quis locus ad requiem mihi? omnia enim ista fecit manus mea. in 2 6 3
nunc mihi Abrahae memoranda est mira illa temptatio, quae eum aut sacrilegum fecerat, si contemneret deum, aut crudelem, si occideret 1 4 13
est orbis terrae et plenitudo eius. numquid manducabo carnes taurorum aut sanguinem hircorum potabo? immola deo sacrificium laudis et redde 1 25 1
quando tot et tanta tormenta Aegyptiorum solus ipse nihil aut timuit aut sensit. quid illud, quod per mare medium terrenum duxit ingressum? 1 61 7
bellum; haec aliquotiens robusta regna subuertit; haec aut sub turpibus aut sub crudelibus factis subiugatos thalamos triumphauit alienos; haec 1 1 8
quietis gentibus bellum; haec aliquotiens robusta regna subuertit; haec aut sub turpibus aut sub crudelibus factis subiugatos thalamos triumphauit 1 1 8
pondere exhausta totis pallens iacuit resoluta uisceribus. non filius matris aut suis est ullis sordibus delibutus; neque enim re uera aliquid circa se 1 54 4
contaminant. iam uideat unusquisque, quemadmodum sacrificium aut sumat aut offerat; sicut enim indigne offerre sacrilegum est, ita indigne 1 25 12
nunc reus; iocatur, ludit, pallet, tabet, suspirat, zelat, obsequitur; aut temptat aut decipit peiusque blanditur quam furit. occasionem ullam 1 36 26
cum dicit *audi caelum et terra,* tamquam numquam aut caelum audierit aut terra, cum iussu dei et caelum obsecundetur et terra, quia caelum 1 61 2
est Israel, quando tot et tanta tormenta Aegyptiorum solus ipse nihil aut timuit aut sensit. quid illud, quod per mare medium terrenum duxit 1 61 7
itaque estote securi: nihil in illa deest umquam, nihil ab suo statu aut tollitur aut declinat; omnia bona atque perpetua exuberant passim. 1 5 18
portus desideratus occurrit? quid miles non dicam horridae hiemis aut torridae aestatis iniurias, sed se ipsum contemnit, si gloriae spem 1 36 3
libidinis turpitudo aut ueritate aut imagine perpetratur. praemia aut tradit aut accipit, corrumpit aut corrumpitur, inicit amorem, paulo 1 1 7
sui procella submergitur, dum semper exaestuans libidinis turpitudo aut ueritate aut imagine perpetratur. praemia aut tradit aut accipit, 1 1 6

disquirere, qui uitae suae non possit reddere. non enim elementa pulchrius aut uerius uerbis humanis asseri possunt, quam a deo facta sunt uel 2 30 1

putaretur, edicta legis uniuersa complere. non enim aut *finis legis* aut uerus Christus esse potuisset, si quid praetermitteret, quod ab alio 1 3 17

ardore seu dolore compulsae, si talia gerant, putant se aut imitari aut uindicari. propter quod in praeceptis dominus ait: *qui dimiserit uxorem* 1 1 13

quos numquam uidimus, diligamus. huius est munus, quod antiquorum aut uirtutes ex libris aut ex uirtutibus libros agnoscimus. sed quid ego 1 36 14

fallax sit, si circumcisio recircumciditur rursum, ut hoc idem faciat aut ut quod non habet perdat; aut certe Iesu Naue parricida sit, si cultris 1 3 15

facies, quae plus pro ornatu es quam pro salute sollicita. quid autem a deo impetrare te posse credis, quae eum per id, per quod 1 14 6

quid teneat, *et ideo semper peccat*, quod est iustitiae contrarium. *iustus autem ab omni peccato se abstinet*, quod propterea facit, quia *praui* 2 1 10

omnes inimici eius sub pedibus eius inimicaque destruatur mors. hi autem ad principalem uim retulerunt, in cuius perpetuitate commanens in 2 5 8

iustis corona, peccatoribus aut excusatis aut emendatis indulgentia, impiis autem aeterna poena tribuatur per dominum Iesum Christum, qui est 1 35 9

susceptum cotidianis praedicationum medicaminibus curat. quod autem ait *angelos ascendentes et descendentes*, aliqui putant ascendentes 1 37 11

et homines ex gentibus audituri, et ideo ait: *audi caelum et terra*. caelos autem apostolos esse claro testimonio ueritatis affirmat. sic enim ait: *et* 1 61 3

constructus, quia inlicitis ardoribus semper iunctus est gladius; ideo autem caecus, quia, cum exarserit, non aetatem considerat, non formam, 1 36 25

nonagesimo quinto declarat dicens: *omnes dii gentium daemonia; dominus autem caelos fecit*; et in Deuteronomio: *sacrificauerunt daemoniis et non* 1 25 5

stultas et ineruditas quaestiones euita sciens, quia lites generant. seruum autem dei non oportet litigare, quia lis et caritatis est hostis et fidei; quas 2 3 18

quia Iudaeus post sacramentum per hanc partem peccare potest, ille autem deinceps per hanc partem peccare iam non potest. consequens est, 1 3 2

hos opus uiuum carnaliter geritur, sed spiritaliter promouetur. praestabit autem deus pater omnipotens, ut, quomodo isto in terrestri domicilio ei 2 6 11

apostolus quoque Paulus: *Pascha nostrum immolatus est Christus*. cur autem dignatus fuerit immolari, Iohannes Baptista ante praedicauit his 1 8 2

eius quaerens panem; et iterum: *diuites eguerunt et esurierunt, requirentes autem dominum non minuentur omnibus bonis*. quod probare exemplo 2 1 20

quoniam *caput uiri Christus*, qui aliquotiens lapis est nuncupatus. scala autem duo testamenta significat, quae et euangelicis intexta praeceptis 1 37 1

duos scapos habet et gradus plurimos, sed eius ascensus est unus. gradus autem eius, fratres dilectissimi, si uultis scire, quid uocentur, audite: 1 37 15

carnalis. haec miranda, inenarrabilis illa, propheta dicente: *natiuitatem autem eius quis enarrabit?*. cur autem sit inenarrabilis, patre loquente 2 8 2

cum sint timentibus deum uniuersa communia, sicut scriptum est: *turba autem eorum, qui crediderant, animo ac mente una agebant, nec fuit inter* 2 1 18

spem in spem credidit deo, ut fieret pater multarum gentium. contra spem autem est, quod impossibile est ac non uidetur; sed possibile hac spe fit, 1 36 5

ad paradisum peruenimus. illis inrorata est esurientibus manna, nos autem esurire non possumus, sempiternam qui caelestis panis nobiscum 1 46b 3

enim duo: unus dei, alter qui naturae sit; naturae in homine nascitur, dei autem et discitur et docetur, quia non in trepidatione, sed in doctrinae 2 2 1

soli prodest, caritas omnibus; adde quod fides non gratis pugnat, caritas autem etiam ingratis conferre consueuit; adde quod fides non transit in 1 36 11

est natura quam deus. at cum naturam ex nihilo fecerit Christus, sit autem ex natura tempus, ineptum satis est opus suo praeponere artifici ac 2 8 5

nos Paulo: *uidemus*, inquit autem, *modo per speculum in aenigmate; tunc autem facies ad faciem erit*. unde dubium non est in corporibus nostris, 1 2 29

ex concupiscentia saeculi. et mundus transibit et concupiscentia eius. qui autem fecerit uoluntatem dei, manet in aeternum, quomodo et deus manet 2 4 12

ecclesiae flores clarissimi ac dulces nostri funduntur infantes. aestas autem fidelis est populus, angelicus et mundus, qui sponsionis suae 1 33 3

est, caritas omnium; adde quod spes ac fides tempus habent, caritas autem finem non habet, momentis omnibus crescit quantoque ab ea 1 36 11

o probatio melior, quod etiam fallaces testimonium perhibent ueritati! cur autem fingant nomina, quorum est confessio in ceteris uera, aut qua 1 2 7

patris, amborum. laetatur pater in alio se, quem genuit ex se. quomodo autem generatus sit, qui processit, dementis est opinari. namque temperat 1 56 2

negotiatores astutia, inani pauperes uoto, cultores dei odio simulato, totae autem gentes uniuersaeque nationes gladio. per orbem totum uesana 1 14 1

perennis, qua et Iudaeos et gentes uel ceteros antecedimus. incomparabilis autem gloria ac uere deo digna, cum uno consensu, una fide alter alterum 2 6 5

nostrae sacrae uirgines uiduaeque magno pro inmortalitatis praemio, suae autem gratis laborent. uerum hoc est solum, nos in quo uincimus, quia pro 2 7 11

semen cordis uerbum est dei, cata Lucanum domino sic dicente: *est autem haec parabola: semen est uerbum dei. qui autem iuxta uiam sunt, hi* 1 13 5

Iohannem ipso dicente: *regnum meum non est de hoc mundo*. apertius autem hoc Paulus expressit dicens: *hoc enim scire debetis, quoniam omnis* 2 5 8

caelorum homini, qui seminauit bonum semen in agro suo; dormientibus autem hominibus uenit inimicus eius et superseminauit zizania in triticum. 1 2 28

caelorum homini, qui seminauit in suo agro bonum semen; dormientibus autem hominibus uenit inimicus eius et superseminauit zizania in triticum. 1 3 22

reciperet, quod amisit. propter quod Paulus beatissimus ait: *nolumus autem ignorare uos, fratres, de dormientibus, ne contristemini sicut ceteri,* 1 2 12

sacra scriptura dicente: *iusto lex posita non est, sed peccatori*. peccator autem ille est, qui caritatem non habet dei ac per hoc operanti iram recte 1 36 17

homo, de quo agitur, periturus est; caro enim damnum pati potest, animo autem imperare non potest; ipse enim regalis potestatis imperio subiectum 1 3 9

nisi quod fideliter sine ulla iactantia eius fungitur uoluntate. est autem in publicum tota prominens atque diffusa, sic tamen, ut sentiri se 2 1 12

meliora praepono, et quidem etiam apostolo hortante sic Paulo: *dico autem innuptis et uiduis: bonum est illis, si sic perseuerauerint sicut ego;* 2 7 2

non maritus. Iudas amittit uxorem, id est synagogae fides moritur. quod autem inquit: *consolatus* est, utique intelligitur spe Christi uenientis, qui 1 13 7

nisi ab ipso domino, qui suum dictum prosequitur dicens: *hoc est autem iudicium, quia lux uenit in hunc mundum et dilexerunt homines* 1 35 4

quaestiones praestant quam ueram rationem dei, quae est in fide. definitio autem iussionis est caritas ex corde puro et conscientia bona ex fide 2 3 17

domino sic dicente: *est autem haec parabola: semen est uerbum dei. qui autem iuxta uiam sunt, hi sunt, qui audiunt uerbum et uenit diabolus et* 1 13 5

non fuerint continentes, nubant: melius est enim nubere quam uri. alio autem loco ait: *hoc dico secundum ueniam, non secundum iussum; uolo* 2 7 2

filios sanctos apostolos procreauit. Iob beatus quieuit in pace; dominus autem manet benedictus in aeternum ante saecula et a saeculis et in cuncta 1 15 9

ad Iordanem securus ab Horeb accessit. quid cotidiana dei colloquia? *ipsi autem me spreuerunt:* ad crucem enim perduxerunt, per quam crucem 1 61 8

auribus, terra, quoniam dominus locutus est: filios genui et exaltaui, ipsi autem me spreuerunt. grandem Iudaicae gentis offensam libri istius exordia 1 61 1

Democritique uanitatem argumentatione manifesta conuincunt. poetae autem melius, qui duplicem uiam apud inferos ponunt: impiorum unam, 1 2 4

suos fecerit motus, hanc rationem docente nos Paulo: *uidemus*, inquit autem, *modo per speculum in aenigmate; tunc autem facies ad faciem erit.* 1 2 29

in hoc mundo, semper in tribulatione, semper iustus in poena est. cum autem mors, quae putatur metuenda, gustatur, tunc ei in aeternum 1 2 32

utpote super quem aedificauit ecclesiam, duobus populis profecerunt. mare autem mundum significasse non dubium est, hamum uero praedicationem, 1 37 6

etenim significabat nauis materia crucem, somnus uero passionem. mare autem mundus est iste tumidus; fluctus eius Iudaeorum populos et *gentes* 1 34 8

est domino, ubi se ipsum candidus animus immolauerit domino; cetera autem nihil proderunt, si colentis pura mens non sit, in Ecclesiastico 1 25 9

meliorem, quia simplex omnibus dei uerbis simpliciter credit, astutus autem nimia sapientia infatuatus inquisitionibus uanis semet ipsum 2 3 2

dominus in euangelio dicit: *qui credit in me, non iudicabitur; qui autem non credit, iam iudicatus est*? hoc dicendo *exemit iudicio fideles,* 1 35 1

innuptis et uiduis: bonum est illis, si sic perseuerauerint sicut ego; si autem non fuerint continentes, nubant: melius est enim nubere quam uri. 2 7 2

distribuero omnia mea et si tradidero corpus meum, ut ardeam, caritatem autem non habeam, nihil proficio. caritas enim, fratres, *omnia diligit,* 1 36 20

maxime cum scriptum sit: *qui habet, dabitur illi et abundabit; qui autem non habet, etiam id quod habet auferetur ab eo*. per hanc, fratres, a 1 36 7

serpentis, et, quod omni est maius insania, deo se laudat. publicanus autem non membratim deum, sed totus exorat, quia timore totus est 2 9 9

aliquo declinauerit. lex hominis conscientiam alloqui tantum potest, uidere autem non potest; fides conscientiam medullitus mundat, ne quid reatui uel 2 3 5

inpudicitiam auaritiamque fugiatis, quae est incurabilis Cancer. Leo autem noster, sicut Genesis protestatur, *leonis* est *catulus*, cuius ista pia 1 38 4

autem loco ait: *hoc dico secundum ueniam, non secundum iussum; uolo autem omnes uos esse sicut et me*, ac per hoc ideo nubere melius, quia uri 2 7 2

artibus aut adulatur aut nocet, si quid habuerint, tantum ut tollat. cui autem parcat, quae et mori momentis omnibus etiam friuolo ac turpi lucro 1 14 2

etenim hominum conciliabulum est contextio ista parietum, fidelis autem populus dei templum, apostolo dicente: *uos estis templum dei et* 2 6 4

condicione nos beatiores sumus, quia ille occidit semper ut uiuat, fidelis autem post secundae natiuitatis occasum resurgens horrore numquam 1 16 2

se fingit, ita detestabilior qui deum colit, quem ipse disposuit. Selom autem praedictorum tertius frater minor ex gentibus uenientis nouelli 1 13 7

sancti, docentes eos seruare omnia quaecumque praecepi uobis. dabis autem *pro me et pro te*: hoc est meam praedicabis crucem, sed et tu crucis 1 37 7

intelligat hoc fieri non posse sine naturalis amicitiae disciplina? quid autem pro se in necessitatibus gerant, omnibus nota porcorum cotidiana 1 36 15

perseuerantia, consummatio. scaporum nomina duo testamenta. scala autem proprio nomine crux uocatur, quia per ipsam dominus Iesus 1 37 15

se amantium; quorum pro numero deo diurnas hostias offerebat. tanto autem puritatis ac fidei erat muro munitus, ut non auderet eum 1 15 2

in Leuitico scriptura dicente: *omnis mundus manducabit carnem. anima autem quaecumque manducauerit de carne sacrificii salutaris, quod est* 1 25 12

imperat pater orbem fieri, opus cum dicto completur a filio. quomodo autem, quantus aut qualis fieri debeat, nemo praecipit, interrogat nemo. 1 56 2

infirmitatis occurrit, quia non artis est timere quod metuas; metuis autem *quod* tibi *nolis accidere*. exsistit quippe diuersis ex modis, cum aut 2 2 1

amare quam filios, ut habere merearis integros, incolumes ac beatos. stulta autem res est illis te uelle uitae substantiam prouidere, quibus nec 2 1 21

fecit deus hominem ad imaginem et similitudinem dei, et in Psalmis: *deus autem rex noster ante saecula operatus est salutem in medio terrae*, et alio 2 5 2

sunt disperditi, sed etiam perpetuo poenali supplicio destinati. Aunan autem secundus frater Iudaicus est populus, cui praecipitur, ut semen 1 13 5

dicens: *qui seminat secundum carnem, de carne sua metet interitum; qui autem seminat in spiritu, de spiritu metet uitam aeternam*. at uero dominus 1 2 28

uigeat, huc atque illuc aestuans uarie caeca prorumpat, uicta sit autem, si dissimulatio celebritatem eius obscuret. nunc ad patientiae 1 4 11

sanctum per spiritum dicit: *ego dixi: dii estis et filii excelsi omnes, uos autem sicut homines moriemini*. sed et de Iohanne Baptista sic dictum esse 1 37 11

in rabiem una tempestate praecipitat, ut ubinam sit maior ignores. est autem similis igni arida pabula depascenti, quae nisi finiat non finitur. 1 14 1

cum inflata fides ac spes dilectionis a fundamento uelluntur. quid autem sine caritate sint non tantum istae, sed et aliae quoque uirtutes, 1 36 20

incitetis me in operibus manuum uestrarum et disperdam uos. quae autem sint ista opera manus humanae, spiritus sanctus in Psalmo 1 25 5

illa, propheta dicente: *natiuitatem autem eius quis enarrabit?*. cur autem sit inenarrabilis, patre loquente noscamus; dominus ipse nos edocet: 2 8 2

portabis; quod enim naturae est, de loco ad locum transferri potest, ei autem subtrahi non potest. denique aurum argentumque, penitus quod 1 14 3

pollicere, sine dubio fallis, cuius inpatientiae professio iam tenetur. si es autem sumptura remedium, dubium non est hoc esse solum, ut flammas 2 7 9

est, fides uero priuata, quia lex semper manat ex libro Genitali, fides autem tenaciter inhaeret suo soli proposito. lex ab alio transit in alium; 2 3 4

malignum quoque uideretur, pari eum morte damnauit. coniunctionem autem tertii filii apud nurum per aetatem excusat deterritus, ne etiam ipse 1 13 1

enim uestrae inquinatae sunt sanguine et digiti uestri in peccatis. labia autem uestra locuta sunt facinus et lingua uestra iniustitiam meditatur. et 1 3 10

possessionum omnes glebulas, lapillos et surculos nostis, in praediis autem uestris fumantia undique sola fana non nostis, quae, si uera dicenda 1 25 10

tantum iustificari meruissent. at cum scriptum sit: *littera occidit, spiritus autem uiuificat*, quia *non sub lege, sed sub gratia sumus*, quae nos diligere 2 3 2

aestatis messe gaudentes panem nouum coeperint manducare. quos autumnale quoque non morabitur mustum, quo repleti inebriatique feliciter 2 13

licet suo uberet fonte, tamen aestuat semper iustae operationis ardore. autumnus quoque martyrii locus est, in quo non uitis, sed fossoris sanguis 1 33 3
feliciter contundens palmam. quam prosequitur congrue *mustulentus autumnus*, ut necessario gratiae panis uini quoque iucunditas iungeretur. 1 33 1
ibidem genitalis humoris manente semper secum substantia nutriatur. auxiliare illi necessario iungitur lignum, cuius tutela defensus sese sustollat. 2 11 2
suscipit mortuos et inspiratos aqua caelesti mox efficit uiuos. lignum auxiliare, quo tenditur uel portatur, crucis est dominicae signum, sine quo 2 11 4
illinc diabolus horrendum totis intonans armis ministrisque insuper suis in auxilium concitatis, terribili increpans tuba praedonum corda face furiali 1 15 3
huius fugientes insidias, reatum, uulnera ac mortem paternae inplorastis auxilium maiestatis omnique non pedum uelocitate, sed mentis, pii fontis 2 23
illi; leuigata est oleo gremiali, officiis competentibus temperata, in panes azymos reddita. hi, quos uidetis, egregia coctura suaue redolentes, qui 1 41 1
cum diuitias putat se non habere, quas habet. in uno nititur auaritia, bacchatur in alio, in utroque crescit, in utroque non desinit. uerum tamen 1 5 11
totum crebris ictibus liuida pectus gentili uanitate circa amissi cadauer bacchatur insana nec Maccabaeae matris memoriam recolit, quae spe 1 2 13
totae autem gentes uniuersaeque nationes gladio. per orbem totum uesana bacchatur nouis ac uariis artibus feruens, numquam quieta, non die, non 1 14 2
satietatis, per fas atque nefas, artibus multimodis ac uersutiis armata bacchatur, salutis suae alienaeque contemptrix, solum metuens ne desit ulli 1 5 2
mensa corpus, oleum donum spiritus sancti significat, uirga cum baculo crucem, in qua deus pro homine pendere dignatus est, ut in deum 1 13 10
scriptum est: praecinge lumbos tuos, indue pedibus calceamenta, arripe baculum manu. in eremum proficiscere, si tuos uis imitari maiores. 2 20 2
qui ait: *uirga tua et baculus tuus ipsa me consolata sunt*. uirga et baculus duo sunt utique testamenta, quae ideo materiae ligni sunt 1 37 8
dominus incumbebat, ex Dauid dicto cognoscimus, qui ait: *uirga tua et baculus tuus ipsa me consolata sunt*. uirga et baculus duo sunt utique 1 37 8
declarat exemplum, quod Psalmorum in libro sic habetur: *uirga tua et baculus tuus ipsa me consolata sunt. parasti in conspectu meo mensam* 1 13 10
plumeo sepulcro superba. iactat se ludibunda per nemora, fontes, prata, baias, ciuitates ac rura, uniuersis uoluptatibus saepta, in cupidinem sui 2 4 10
quantae sit sanctitatis? quem mare sustinuit adunatum, non potest terra baiulare dispersum. 1 52
cotidie delectatur; at illa aegra fastidio nouem mensium non baiulat pondus, sub incerto partu parientis nascentisque de salute non 2 7 3
sancto et igne dulcissimo temperata blando murmure iam uos inuitat. iam balneator praecinctus exspectat, *quod unctui, quod tersui* opus est 1 23
uersatur in iure. at cum mera fide credentis salutari fuerit necata baptismate, noua paterni sacro resurgit fontis ex gurgite iam pura, iam 1 2 25
obligatur. luxuriosi crines falce tonduntur, id est omnia omnino peccata baptismate spiritusque sancti uigore amputantur. plorat feliciter uitis 2 11 5
sequuntur duo Pisces in signo, id est duo ex Iudaeis et gentibus populi baptismatis aqua uiuentes, in unum populum Christi uno signo signati. 1 38 7
spiritalem quoque numerum conuenire. denique nec inrorati camini eis baptismatis defuit gratia. o admirabile incendium! o uere spectaculum deo 1 22 2
Thamar ecclesiae, quae ei recte nupta non est, quia Christo ueniente baptismatis spiritali unda in gremio renatus ecclesiae filius eius futurus 1 13 7
non norint. denique illi post mare ad eremum peruenerunt, nos post baptismum ad paradisum peruenimus. illis inrorata est esurientibus manna, 1 46b 3
ictu lanceae non costa diuellitur, sed per aquam et sanguinem, quod est baptismum atque martyrium, spiritale corpus spiritalis feminae effunditur, 1 3 20
immolatus est Christus. cur autem dignatus fuerit immolari, Iohannes Baptista ante praedicauit his uerbis: *ecce agnus dei, ecce qui tollit peccatum* 1 8 2
qui praeparabit uiam tuam. quis est iste angelus, fratres, nisi Iohannes baptista? cuius est praeparatio: *uox clamantis in deserto: parate uiam* 2 8 7
filii excelsi omnes, uos autem sicut homines moriemini. sed et de Iohanne Baptista sic dictum esse meminimus: *ecce mitto angelum meum ante* 1 37 11
libidinem magis ac magis augeant, uilioribus se lauacris omni momento baptizant, deo semper ingrati. 1 51
eis cessit incendium. ueritatem ratio protestatur. qui nunc in se credentes *baptizat spiritu sancto et igni*, ipse tunc quoque numero suae adfuit 2 27
decreuit solo; quod captiuitatis sit nexibus exsolutus: sed est nunc usque barbarici furoris moribus alligatus. deus illi ducatum praebuit: idem a sua 1 52
stupens unda solidatur. dei populus nauigat plantis. mira res! iter eius barbaris uehementer urguentibus nec eques potest sequi nec nauis. Maria 2 26 1
tanta enim uis certaminis fuit, ut eam ipse quoque ignis horruerit. nam a barbaro rege nimia crudelitate tribus pueris consulente fornacis ultra quam 1 22 1
flammis, camino rugiente non laeduntur. incensi hymnum canunt. barbarum regem fidei tenacitate confundunt. uindicantur de incensoribus 2 15
non poenam. sicque inter taetros undantis incendii globos triumphantes barbarum regem, minas omnes, ipsum quoque supplicium docuerunt ignes 1 11
fide solidi, <uirtutis> aequalitate pares, passionis uictoria gloriosi. hos barbarus rex, quod eius statuam adorare contempserint, incendi praecepit. 1 53 1
impetrat, pro qua sollicite laboratis, ne, dum aliquid postulat, erubescat. beata cum adludit in pueris, beatior cum <in> adolescentibus lapsus 1 1 5
hoc damnum graue, hoc aestimat crimen. nam nihil relinquendo sibi beata cupiditate antecedit auaritiam: homines enim illa possidet, ista deum. 2 1 12
etsi beata diuersis uita uirtutibus quaeritur, cuius cupidine flagrans humanitas 1 4 1
martyrii locus est, in quo non uitis, sed fossoris sanguis effunditur, ut uita beata pretiosae mortis uindemia comparetur. dies uero ad sacramentum 1 33 3
ex alueo Fauonio non uento, sed spiritu sancto generante *odorem diuinum* beata *spirantes* fide diuerso charismate, sed una natiuitate ecclesiae flores 1 33 2
ut dei sit testimonio collaudatus. unde non inmerito beatus beata uita fruebatur. namque erat illi splendidissima domus, diues census, 1 15 2
quem ante omnia saecula pater adhuc utrumque in semet ipso deus beatae perpetuitatis indiscreta spiritus plenitudine nescio qua sua 1 56 1
qui ad hoc *recubans obdormiuit*, ut uinceret mortem, ad hoc euigilauit, ut beatae resurrectionis suae in nos munus inmortalitatis conferret. quem 1 38 4
eia, fratres, quos beatae sitis exoptatus ardor incendit, quos nectarei fluenti dulce murmur 1 12
eia, fratres, quos beatae sitis exoptatus ardor incendit, cupiditate ac uelocitate ceruina 2 14
magna pietas iudicis nostri, a quo uniuersi generis peccatores, ut possint beate uiuere, puniri festinant. descendit quippe gladius pius in uiscera 2 10 2
magna pietas iudicis nostri, a quo uniuersi generis peccatores, ut possint beate uiuere, puniri festinant. mira ratio, mirum profecto mysterium! saluo 1 42 1
dum beati Archadii martyris gesta annalibus triumphanda mandamus, in 1 39 1
uideamus, intellegendum quemadmodum nobis sit, propheta quod ait: *beati omnes qui timent dominum.* si omnes, qui timent dominum, beati 2 2 3
Adam in arce cum esset adhuc paradisi constitutus beatissimusque beati orbis imperio potiretur, tam diu felix, tam diu inexterminabilis uixit, 1 4 8
praeceps irruit manus, festinat dei famulum posse deprehendi; quem beati propinquus martyris, qui in eius forte degebat habitaculo, absentem 1 39 4
recte sanctissimus Dauid ait: *beati quorum remissae sunt iniquitates et quorum tecta sunt peccata*, quia 2 10 1
Iob iustus dictus a deo est; ipse iustitia, de cuius fonte omnes qui beati sunt gustant; ecce enim de ipso dictum est: *orietur uobis sol iustitiae*. 1 15 7
ait: *beati omnes qui timent dominum.* si omnes, qui timent dominum, beati sunt, non beatus est nullus, quia nulla gens est, nulla sunt pecora, 2 2 3
laboratis, ne, dum aliquid postulat, erubescat. beata cum adludit in pueris, beatior cum <in> adolescentibus lapsus feliciter timet, beatissima cum in 1 1 5
dei templum. itaque beatus est, semper qui meminit, quod renatus sit; beatior, qui non meminerit, <quid> fuit, antequam renatus sit; 2 29 3
elementi subacta natura est. qui putabantur incendio exstingui, emicant beatiores incensi. 1 48
qui nobis resurrectionis monstrat exemplum. cuius sane condicione nos beatiores sumus, quia ille occidit semper ut uiuat, fidelis autem post 1 16 2
pariter et euaderet. clamat de profundis et Paulus obrutus calamitatibus beatis, cum pro nomine domini *latrones in itineribus*, latrones *in ciuitatibus* 1 34 4
quae putatur metuenda, gustatur, tunc ei in aeternum manentis gloriae beatis in sedibus nullas deinceps aerumnas mundi sensura repromissa 1 2 32
adludit in pueris, beatior cum <in> adolescentibus lapsus feliciter timet, beatissima cum in iuuenibus carnalia exstinguere laborat incendia. sane in 1 1 5
in quam omnis fructus propheticus decucurrit. hic mihi, rustico uestro, beatissimi ignoscite agricultores, si quid uestrae sollertiae, uineae in ratione 2 11 1
sicut Esaiae beatissimi indicat carmen, Iudaico populo irascitur deus eumque, ne forte 1 30
cuius sunt omnes diuites serui, cuius est orbis totus omnisque natura, beatissimo Dauid dicente: *domini est terra et plenitudo eius, orbis terrarum* 1 15 7
per deum ius inmortalitatis reciperet, quod amisit. propter quod Paulus beatissimus ait: *nolumus autem ignorare uos, fratres, de dormientibus, ne* 1 2 12
Eleazari est adaequanda proposito, conparanda consilio. Archadius beatissimus martyr adhuc demoratur in saeculo et iam martyr recitatur in 1 39 9
certaminis geritur et familia domini caelo spectante probatur, Archadius beatissimus martyr huius inopinati sacrilegii horrore percussus paulum 1 39 3
cuius non tantum in praesenti lectione, sed et aliquot in locis fecit Paulus beatissimus mentionem,. ratio uidetur esse reddenda, ut et Christianus 1 3 1
peccasset in paradiso, in id quod fuit! quam rationem seminum etiam beatissimus Paulus subtiliter prodidit dicens: *qui seminat secundum* 1 2 28
sit; beatior, qui non meminerit, <quid> fuit, antequam renatus sit; beatissimus, qui infantiam suam prouectu temporis non mutauerit. 2 29 3
ipsa prorupit. denique Adam in arce cum esset adhuc paradisi constitutus beatissimusque beati orbis imperio potiretur, tam diu felix, tam diu 1 4 8
adsumitur, ut ibidem ex homine in angelum transfusus aeternae uitae beatitudine glorietur. 2 11 7
iustitiam, inmortalitatis necesse est pro laboris sui munere inmortali beatitudine perfruatur. inde est, quod intra hominem clandestinum fremit 2 4 8
uictor carnisque nexibus liber, repromissae inmortalitatis inaestimabili beatitudine perfruetur. sed quid ad nos, quid illi dicant? insignis uir sicut 2 1 14
putant ab utero uirginis eum sumpsisse principium, quae spes futurae beatitudinis credenti, cum scriptum sit: *maledictus homo, qui spem habet in* 2 5 1
uestra nobilitate fide scientes, quoniam, quantum quis crediderit, tantum beatitudinis et habebit. o admirabilis et uere diuina sacrosancta dignatio, in 1 55
plura fulminibus, cum terra uel tremit uel hiatu se recipit in se, nullus hic beatitudinis locus est, ubi non deuotionis, sed necessitatis est quod timetur. 2 2 3
ortu rediuiuo concelebrat, per quem nobis munus futurae beatitudinis pollicetur, hoc quoque nostris competentibus praestaturus, 1 57
ortu rediuiuo concelebrat, per quem nobis quoque resurrectionem futurae beatitudinis pollicetur. 1 58
felicitatis. duplex itaque forma surgendi est: prima sanctorum, in qua illud beatitudinis regnum primae tubae regali tessera conuocati capient cum 1 2 23
iam uiduae atque inopes testamenta conficiunt. plura ad laudem huius beatitudinis uestrae possem dicere, nisi essetis mei. unum tamen prae 1 14 9
nobis uero, quod plus est, melle dulcior ac lacte candidior aeternae uitae beatitudo dei tribuetur in regno. 1 46b 3
quid illo uel friuolum, inde quod excluditur, reuertatur. mira ratio, mira beatitudo! saluo reo puniur reatus in reo integroque statu moritur in 2 24 2
mundum abdicatione calcandum mortemque ipsam perennis cui beatitudo succedat, praemium uictoriae magis esse quam mortem. 2 4 11
unius est, omnium est; quod omnium, singulorum. uultis scire, quae illic beatitudo uersetur? nemo suam uestem, nemo suas margaritas abscondit, 1 5 18
respuerunt tanti immemores honoris, tantae dignitatis ignari. quid enim beatius, quam si homines deus paterno honore dignetur adtendere et tanta 1 61 6
noscuntur. etenim commodius puto misero in statu suo manenti quam beato in ultimas miserias deuoluto. nam praedicant patres suos Aegyptium 1 18 1
crediderant perituram. o necessarius timor, qui nihil aliud agit, nisi ut beatos efficiat; qui timet arte, non casu, uoluntate, non necessitate, 2 2 7
Iudaei unde se beatos putant, infelices inde esse noscuntur. etenim commodius puto 1 18 1
plus debes amare quam filios, ut habere merearis integros, incolumes ac beatos. stulta autem res est illis te uelle uitae substantiam prouidere, 2 1 21
qui uestram nuditatem uelleris sui niueo candore uestiuit, qui suum lacte beatum uagitu hiantibus uestris labris indulgenter infundit. idem non 1 38 3
in conluctatione martyrii prior solet domino confiteri. ductus est tandem beatus Archadius ad exoptatum iustis orationibus locum, et intuens caelum 1 39 7
ait, ab articulis manus, a cruribus pedes; uiuum se cadauer inspiciat.' [cui beatus Archadius ait:] o insania hominum! fraudauit te furor tuus; adhuc 1 39 6
rector acri obseruatione detineri. ad futurae gloriae testimonium tale beatus Archadius debiti martyrii quodam modo sequestrauerat pignus, in 1 39 4

inreprehensibilis, ut dei sit testimonio collaudatus. unde non inmerito	beatus beata uita fruebatur. namque erat illi splendidissima domus, diues	1 15 2
beati quorum remissae sunt iniquitates et quorum tecta sunt peccata, quia	beatus esse non potest, fratres, in prima natiuitate persistens, quem	2 10 1
qui timent dominum. si omnes, qui timent dominum, beati sunt, non	beatus est nullus, quia nulla gens est, nulla sunt pecora, animantium	2 2 3
postremo quem noueris idolatriae fanum, gaudeas dei templum. itaque	beatus est, semper qui meminit, quod renatus sit; beatior, qui non	2 29 3
alium se genuit ex se, ex innascibili scilicet sua illa substantia, in qua	beatus manens in sempiternum omnibus, quae habet, habentem filium paria	1 17 2
pignus, in quo nec Christum relinqueret nec propinquum. statim	beatus martyr se latere non passus est; se ultro offerens iudici moram	1 39 5
dominus quoque post prophetas filios sanctos apostolos procreauit. Iob	beatus quieuit in pace; dominus autem manet benedictus in aeternum ante	1 15 9
mensuris pretia quam inopia. inde fraus, periurium, rapinae, lites ac	bella. cotidie mugitibus alienis quaeritur lucrum et proscriptio industria	2 1 16
pace conseruat; haec circa regum latera securos gladios facit; haec	bella premit, lites tollit, iura euacuat, fora compescit, odia eradicat, iras	1 36 13
nouis ac uariis artibus feruens, numquam quieta, non die, non nocte, non	bello, non pace, numquam satura, lucrorum enormitate miserior. nouum	1 14 2
inde est, quod intra hominem clandestinum fremit momentis omnibus	bellum, cum unaquaeque pars nititur alteram subiugare, apostolo sic	2 4 8
administratione ministerii Christi panis mentibus possit expelli. sed dum	bellum duri certaminis geritur et familia domini caelo spectante probatur,	1 39 3
domini impastae feritatis grassatione turbabat. indixerat in homine deo	bellum et infaustae superstitionis busto in nefas conscium toto mundo	1 39 2
odit et se ipsam cum illo quem uicerit. haec saepe indixit quietis gentibus	bellum; haec aliquotiens robusta regna subuertit; haec aut sub turpibus aut	1 1 8
nec negabis. quid agis, misera? quid, uesana, laetaris? non est pax ista, sed	bellum; non osculum, sed uenenum. pro nefas! adhuc fumantia busto	2 7 17
placida profligatis, in semet fortior ruinis, omnibus quaeque deleuerat	bellum recuperatis in melius, felicitatis pristinae statum dissimulando non	1 4 19
qui pupillos exspoliant, qui profanis fabulis neglecta dei secta alios non	bene auocantes diuina sacramenta contaminant. iam uideat unusquisque,	1 25 11
obuolutus? irascitur deo, si non semper fiat publicis luctibus diues.	bene, bene: cum quis quaerit aurum, inuenit gladium. inter haec nemo	1 5 14
aetate miranda, in quauis condicione non dubia, soli sibi deuota, semper	bene conscia, prorsus nulli rei subiecta, unum tantummodo metuens, ne	1 1 1
obuolutus? irascitur deo, si non semper fiat publicis luctibus diues. bene,	bene: cum quis quaerit aurum, inuenit gladium. inter haec nemo considerat	1 5 14
fuerint, spes eorum immortalitatis plena est; et in paucis uexati in multis	*bene disponentur, quoniam deus temptauit illos et inuenit illos dignos se.*	2 5 6
properate, properate	bene loturi, fratres! aqua uiua spiritu sancto et igne dulcissimo temperata	1 23
condemnat, fratres uenerandi, sed pietas. neque enim potest de quoquam	bene mereri, quem pater patientissimus et clementissimus abdicauerit, et	2 21
uno momento facti aetatibus diuersis aequaeui. sed curiositatem uestram	bene noui. ueteris uitae usurpatione, quod quidem uobis ulterius non	1 38 2
et custodias praecepta eius ex toto corde tuo et ex tota anima tua, ut	*bene sit tibi?* uidetisne hunc timorem nobis necessarium, qui in dei amore	2 2 4
sed fortiter examinati estis et, ut indulgentiam perciperetis, pro uobis ipsis	bene uigilastis; optime estis auditi. nouum iudicii genus est, in quo reus, si	1 42 1
sed fortiter examinati estis. sed ut indulgentiam perciperetis, pro uobis	bene uigilastis, optime estis auditi. nouum iudicii genus, in quo reus, si	2 10 2
ut eius auferat tunicam, libens illi pallium quoque concedit; maledicitur et	benedicit; caeditur et gratias agit; iugulatur et non repugnat; pro	2 1 13
radice robustus tot nuntiis lugubribus tunditur nec mouetur, sed tantum	benedicit deum facultatesque suas contemnendo custodit. at ubi diabolus	1 15 3
incensis hymnum canentibus flamma blanditur. deus a creatura uniuersa	benedicitur. in tribus una mens, una uirtus, unus triumphus exsultat.	2 27
fuerat, fratres, si omnes sic fierent parricidae. Iacob per patientiam et	benedictionem lucratus est et fratrem. dat iracundiae locum, securus ut	1 4 16
aduertitis esse damnatum per dominum nostrum Iesum Christum, qui est	benedictus cum spiritu sancto in omnia saecula saeculorum.	1 19 2
per dominum et conseruatorem nostrum Iesum Christum, qui est	benedictus cum spiritu sancto ante saecula et in saeculis et in omnia	1 13 13
praestabit deus pater omnipotens per dominum Iesum Christum, qui est	benedictus cum spiritu sancto in saecula saeculorum.	1 10b 3
autem aeterna poena tribuatur per dominum Iesum Christum, qui est	benedictus cum spiritu sancto in aeterna saecula saeculorum.	1 35 9
apostolos procreauit. Iob beatus quieuit in pace; dominus autem manet	benedictus in aeternum ante saecula et a saeculis et in cuncta saecula	1 15 9
omnibus, quae habet, habentem filium paria procreauit, qui est deus	benedictus in saecula saeculorum.	1 17 2
ignes sanctis hominibus non esse fortiores, per dominum Iesum, qui est	benedictus in saecula saeculorum.	1 11
esse potest ditius homine, cuius profitetur deus se esse debitorem? qui est	benedictus in saecula saeculorum.	1 14 9
perducit per dominum et saluatorem nostrum Iesum Christum, qui est	benedictus in saecula saeculorum.	1 6
praedicat, fratres, et tamen deo demens adhuc usque non credit, qui est	benedictus in saecula saeculorum.	1 29 2
filius, qui magister est noster, probata glorietur per eundem, qui est	benedictus in saecula saeculorum.	1 25 13
quoque deo patri placere mereamur domino iuuante nos Christo, qui est	benedictus in saecula saeculorum.	1 2 32
alter enim in alterius plenitudine infusus est, ut sit *omnia in omnibus* deus	benedictus, pater in filio, filius in patre, cum spiritu sancto.	2 5 10
sancto dicente: *conuertere, anima mea, in requiem tuam, quia dominus*	*benefecit mihi, quia liberauit animam meam a morte, oculos meos a*	1 2 32
auibus, serpentibus, feris non potest denegare. mera profecto uesania est	beneficiis inuidere naturae. alius inde rerum omnium captat annonam,	1 5 13
habentes fana, non domos? digne, digne iugulantur quae Christi ingratae	beneficiis sponte ad mortem, de qua euaserant, reuertuntur. cum igitur	2 7 12
hanc qui diuinas litteras aut non legerunt aut lectas irritas putauerunt	beneficio abiecti impolitique sermonis (tamen dicentis: *nisi credideritis,*	2 1 14
ut aiunt, claues uere aureas misit, et quidem non illas, quae maligno	beneficio crimina excipiunt; quae corpori parcunt, animam liberare non	2 24 1
non amicitia, quia non suo merito, sed auri, argenti facultatumque	beneficio quis aut amatur aut odio est. denique haec est causa, quod	1 5 5
tuo tuum pectus obtundet, tuam faciem deformabit praestans aliquando et	beneficium, cum te iubet ad ecclesiam non uenire. sed multo peius est, si	2 7 15
exsultate, fratres in Christo, acceptaeque indulgentiae regale	beneficium diligenter, fortiter ac fideliter custodite. etenim omnis [actus]	1 42 1
saluete, hodie nati fratres in Christo, acceptaeque indulgentiae regale	beneficium diligenter, fortiter ac fideliter custodite. etenim uester	2 29 1
uestras statuatis! sed non eo dico, ut ingratum faciam doctrinae	beneficium, sed ut sciat unusquisque aliud esse fidem, aliud esse tractatum	2 3 11
neque nubunt neque nubentur, sed sicut angeli erunt. magnum consequere	beneficium, si deo uiuas puris moribus libera et hominis non sis ancilla. at	2 7 4
temperantiae dotata muneribus perennis connubii fideli propagine	benigna caritas illigasset. nihil est prorsus, quod sine hac gratum, sine hac	1 36 16
prandia cadaueribus sacrificant mortuorum, qui amore luxuriandi atque	bibendi in infamibus locis lagenis et calicibus subito sibi martyres	1 25 11
panis perpetua soliditate fruerentur. petra illis scaturiuit in fontem, ut	biberent detritis e lacunis, ut merebantur, caenulentum postmodum	1 18 2
annonam. illis sitientibus petra fluxit in poculum, at Christi fontem qui	biberit, in aeternum sitire non nouit. illis in deserto suauitas lactis et mellis	1 46b 3
ut patereris in terra naufragium. ad hoc sane in eremo aquam de petra	bibisti, manna de caelo gustasti, ut, cum esses ad egestatem postmodum	1 9
quo te nunc peruenisse cognoscis; ubi sane ad hoc aquam de petra	bibisti, manna de caelo gustasti, ut scires, miser, quid fueras perditurus.	2 16
lacteum genitalis fontis ad laticem conuolate incunctanter ac fortiter	bibite, dum licet, superfluentis amnis undae subiecti toto impetu totaque	1 12
ac uelocitate ceruina lacteum genitalis fontis ad laticem conuolate. fortiter	bibite, ut semper uobis aqua sufficiat, hoc principaliter scientes, quia hanc	2 14
medullitus exigatur sicque pretiosum fluentum a suis calcatoribus et	bibitur et patris familias cellis uinariis infertur, ut melius ueterescendo	2 11 3
non repellit, nisi quod sanos occidit; nec manducatur aliquando certe nec	bibitur nec in inferno cum suo praedone descendet, solum quod oculos	1 5 16
dulcis effecta, quam per lignum crucis amaritudine gentilitatis exclusa	bibituri essemus? exaltati filii Israel, quando ad Iordanem securus ab	1 61 8
usque ad ultimum quadrantem exigitur. calcatores de eodem musto	bibunt; et persecutores saepe credentes in Christum calicem pretiosum,	2 11 7
pretiosum, quem paulo ante calcando fuderant, gustant, aliqui etiam	bibunt. mustum patris familias cellae reconditur, ut pretiosius	2 11 7
Iudaei etenim cum carnaliter sentiunt in gregibusque pecuinis agnum	bifaria natura commissum, qui inueniri non potest, quaerunt, sic agnum	1 8 1
forma; quicquid enim a iusto didicit, id facere iniustum quoque compellit,	bifarie inclita: unum glorificando, alium corrigendo. constat ergo omne	1 36 18
gradus in caelum leuare consuerunt. hanc in Apocalypsi Iohannes	bis acutum gladium cum uno capulo nuncupauit, quem ex ore domini	1 37 2
hominis, qui erat in caelo; filius hominis uocabulo, non natura. non enim	bis carnem induit dominus. sed sic oportuit praedicari, quia primo,	2 4 3
perpetis anni pernicem cursum in	bis senae mutationis augmentum una eademque nec ipsa, sed ipsa orbita	1 16 1
monere non desinit, ignorantia ne quis reatum excuset. nunc seuera, nunc	blanda demonstrat praemium, demonstrat et gladium, unicuique, quod	2 3 3
mores in sacra. sic, sic genus humanum a dei cultura rapuit, dum	blanda festiuitate facinorosa facinorosorum et colenda crimina et imitanda	1 1 12
iuga redemptionibus frangit; incarceratis medendo plus carcerem nouit;	blanda peruigil cura aegritudinem cum aegro partitur; abiecta cadauera	2 1 12
eluxit; quo discussa conuolutae hiemis tristitudine, nouo uento Fauonio	blandiente, diuersis floribus genere colore pariter et odore una natiuitate	1 33 1
uirtutem: impera montibus, ut transferant sese; in admirationem tui rictu	blandiente leonum rabies euanescat; sub gressibus tuis maris unda	2 3 14
ignis ardentis, hos deuote cupidus ignis excepit. lambunt roscidos flammae	blandientes. mira res: opacitas intus, incendium foris est; intus hymnus	1 53 2
saepe uiolenta esse consueuit. at ubi in destinata prorumpens neque	blandimenta neque promissa sibimet prodesse cognoscit, conserta manu	1 1 16
precibus, armatur et ira, similiter nonnumquam ui extorquens quod	blandimentis impetrare non potuit. libidinum commutatione uaria gaudet	1 1 9
caeca mens hominum! quid praesentium carnalium rerum fugaci illuderis	blandimento? quid deteriori meliorem subiacere compellis, scriptum quippe	2 4 15
sudoremque sordidarum uaporis ararum carne tua deterges, iocaris,	blandiris, obsequeris. et si quod forte acceptum relatumue fuerit a fanatico	2 7 17
rudi ceruice subeuntes in nisum laboris uel amoris aequalem retinaculis	blandis quasi quidam peritus auriga componis. tu amicitiam *idem uelle*	1 4 21
denique uagi atque inmundi spiritus utriusque sexus humani dolosa	blanditiarum captione seu uiolentia uiuentium domos corporales infringunt	1 2 5
timet omneque secretum plus quam publicum reueretur. pestiferas odit	blanditias carnis inimicae et quicquid ingesserit mundus uoluptatis aut	1 1 2
haec liberis gaudet; at illa liberorum non timet orbitatem. haec eorundem	blanditiis uernantibus pascitur et incrementis adolescentibus cotidie	2 7 3
officium: incensores cremantur, incensis hymnum canentibus flamma	blanditur. deus a creatura uniuersa benedicitur. in tribus una mens, una	2 27
pallet, tabet, suspirat, zelat, obsequitur; aut temptat aut decipit peiusque	blanditur quam furit. occasionem ullam prorsus nocendi non praeterit.	1 36 26
detestabili accensus inuidia eum, quia per se non ualebat, aliena forma	blanditus per mulierem transgressionem praecepti dei persuadendo	2 4 5
bene loturi, fratres! aqua uiua spiritu sancto et igne dulcissimo temperata	blando murmure iam uos inuitat. iam balneator praecinctus exspectat,	1 23
inmortalitatis stola illa non sumitur, nisi primo istud carnale spolium,	blandum animae uenenum, secundum dei sententiam, unde sumptum est,	1 2 30
ceruice, non toruus fronte, non minax cornu Taurus, sed optimus, dulcis,	blandus ac mitis uos admonet uitulus, ut nulla ullo in opere captantes	1 38 3
non affectus potuit commouere. aduersus Iob diabolus, qui non fertur	blandus, aestimare licet quid moliri potuerit incitatus, maxime cum a deo	1 4 18
considerate, fratres, quemadmodum saeuierit incitatus, qui ferri non potest	blandus. igitur famigerabile committitur proelium: illinc diabolus	1 15 3
si factum non fuerit factumue displicuerit, tum tota mugiet litibus domus,	blasphemabitur deus arreptoque forsitan ipso sacrificio tuo tuum pectus	2 7 15
qui, cum essent anterioris uitae facinoribus inquinati — unus Christum	blasphemando atque persequendo, alius deos asserendo atque abominanda	1 37 3

docti probent, minus instructi sese confirment, rudes discant ipsique, qui	blasphemare nituntur, salutis suae bono uel sero, si potest fieri, resipiscant.	2	18	2
conatus. Iob facultates, quas habuit, amisit; et dominus caelestia sua	bona amore nostro neglexit pauperemque se fecit, ut nos diuites faceret.	1	15	8
in illa deest umquam, nihil ab suo statu aut tollitur aut declinat; omnia	bona atque perpetua exuberant passim. certe, quod primum est, nemo eget,	1	5	18
deinde quia delicias plus diligit quam laborem. huc accedit, quia	bona carnis inuenit, non requirit, mauultque potiri uel paruis praesentibus	2	4	13
in saecula. in huius diei luce gradientes exsultemus fide,iucundemur	bona conuersatione, ut perpetuam uitam adipisci mereamur per dominum	1	33	4
in fide. definitio autem iussionis est caritas ex corde puro et conscientia	*bona ex fide simplici.* igitur si dei seruus es, *stultas et ineruditas quaestiones*	2	3	17
quae prophetae pondere premebatur. tum Ionas, quem solum exspectabat	bona illa tempestas, sorte ductus naufragus redditur, immo a ligneo ad	1	34	6
sancta sunt, sicut facitis, amplectenda, ut uidentes homines *opera uestra*	*bona magnificent patrem uestrum, qui est in caelis.* itaque, dulcissimi flores	1	25	13
suum et uereretur et uenararetur artificem. post haec subiecit ei omnia	bona mundi et quia erat iam sapientia conditus, sensibus stipatus, eligendi	2	4	5
fidelem se uocari cognoscat, inculpatis moribus uiuat, conscientia eum	bona, non loquacitate, quae mater profecto peccati est, nosse praesumat	2	3	19
paruis praesentibus bonis quam bonis ingentibus tardis. at uero spiritus	bona non tantum sunt inuisibilia, tarda et abscondita, sed etiam nimis in	2	4	13
anima illa de populo suo. haec, fratres, sicut cauenda sunt nobis, ita quae	bona, quae pura, quae simplicia, quae pia, quae sancta sunt, sicut facitis,	1	25	13
ut recipiat unusquisque corporis sui merita secundum ea, quae gessit, siue	*bona siue mala.* etenim, fratres, facilius est reformari quod fuerit quam	1	2	15
cupidum semper horrueris, stupeas passim in pauperes et egenos sua	bona uniuersa fundentem; postremo quem noueris idolatriae fanum,	2	29	3
pudicitia, quae aliter laudari te non uis quam ut custodiaris, solo	bonae conscientiae ornamento contenta! tu in uirginibus felix, in uiduis	1	1	20
haec lucro; illa agit captiua sub lege, haec omnibus praestat in Christo	bonae fidei libertatem. igitur uos, qui *circumcisi estis circumcisione non*	1	3	23
uiuificatus resurrectionis iura gustaret. o magna prouidentia dei nostri! o	bonae matris caritas pura! diuersos genere, sexu, aetate, condicione	2	29	2
de qua diximus, disseminatae uenena confecerant, ad dei cultum	bonae uitae exemplis sacraeque legis religiosis exhortationibus excitaret. at	1	13	5
ueritatis in eaque res condicione dimissa est, ut, si quid mali seu	boni cuiquam fecerimus, deo fecisse uideamur; propter quod non inmerito	1	36	23
iustus autem ab omni peccato se abstinet, quod propterea facit, quia *praui*	bonique *notitiam* gerit, quod est utique sapientis. unde fit, *ut numquam*	2	1	10
perditorum falsorum testium oppressa mendaciis, conscientiae tamen	bonis contenta secretis, non tam rea susceptura sententiam quam dicata	1	40	1
ut siue metu siue incredulitate praeponantur praesentia futuris, mala	bonis, fragilia solidis, falsa ueris, terrena caelestibus, temporalia	2	4	14
intellegetis) stultam putant irriduntque quasi uanam, quod, cum possit	bonis frui mundi ac negligat, sponte se faciat infelicem, non credentes, quia	2	1	14
inuenit, non requirit, mauultque potiri uel paruis praesentibus bonis quam	bonis ingentibus tardis. at uero spiritus bona non tantum sunt inuisibilia,	2	4	13
adhuc escas inueniet, quibus, si diligens fuerit, semper et se et alios	bonis omnibus satiabit per dominum nostrum Iesum Christum.	1	24	4
haec nos felicitas manet, hoc munus exspectat. sic ergo uiuamus, ut	bonis operibus decorati nos quoque deo patri placere mereamur domino	1	2	32
una agebant, nec fuit inter illos discrimen ullum nec quicquam suum ex	*bonis putabant, quae eis erant, sed erant illis omnia communia,* sicut dies,	2	1	18
quoniam consignata est et nemo reuertitur; et infra: *uenite ergo, fruamur*	*bonis, quae sunt, et utamur creatura tamquam iuuentute celeriter; uino*	2	4	10
bona carnis inuenit, non requirit, mauultque potiri uel paruis praesentibus	bonis quam bonis ingentibus tardis. at uero spiritus bona non tantum sunt	2	4	13
et esurierunt, requirentes autem dominum non minuentur omnibus	*bonis.* quod probare exemplo perfacile est. meminimus in Regnorum	2	1	20
nisi quis hostem, a quo impugnatur, expugnet, numquam	bonis suis poterit uti securus. sunt enim multi, qui adserere conantur *chaos*	1	7	1
tu numquam carni, numquam ulli subiaces legi. de uoluntate nasceris, sed	bono puritatis uoluntatem ipsam paris, quia uoluntas fit uoluptas	1	1	20
confirment, rudes discant ipsique, qui blasphemare nituntur, salutis suae	bono uel sero, si potest fieri, resipiscant.	2	18	2
consueuit. *ad oues suas tondendas pergit*, id est, ab hominibus iustis	bonorum operum fructus exposcit. quo audito Thamar cum esset *in domo*	1	13	8
gustasti, ut, cum esses ad egestatem postmodum deuolutus, praeteritorum	bonorum recordatione acrius torquereris.	1	9	
neque sapiens iniustus ipsa ratione docente. *qui enim stultus est, quid sit*	*bonum* ac malum *nescit* nec potest quid reprobet scire, quid teneat, *et ideo*	2	1	9
eius Emmanuel. butyrum et mel manducabit, priusquam cognoscat puer	*bonum aut malum.* quod signum ex prodromi quoque eius designatione	2	8	7
quidem etiam apostolo hortante sic Paulo: *dico autem innuptis et uiduis:*	*bonum est illis, si sic perseuerauerint sicut ego; si autem non fuerint*	2	7	2
noscamus; dominus ipse nos edocet: *eructuauit*, inquit, *cor meum uerbum*	*bonum* et cetera, et apud Salomonem hactenus dicens: *ego ex ore altissimi*	2	8	2
cum res nostrae commissa sit uoluntati, propheta dicente: *ante hominem*	*bonum et nequam, mors et uita; quod elegerit, hoc dabitur ei.* unde dubium	2	4	18
malum. si malum et desideras nubere, digna es, quam peior affligat; si	bonum, fidei serua signaculum: pati non meretur iniuriam ipse, cui	2	7	6
fuisse prouidentiam, in passione sacramentum, in resurrectione summum	bonum? hic nunc primum omnium scire debemus hominis fabricam *ex*	2	4	7
excelsis. cum in periculis esset, si in his propheta non ambulet, quomodo	bonum insuper sibi opus adsignat ab illis recedendo, in quibus oportuerat	2	9	6
plus est quod geritur quam quod dicitur, ut et impudicitiae malum et	bonum pudicitiae uno eodemque suggestu facillime possit agnosci. Ioseph,	1	1	15
sic dicente: *simile est regnum caelorum homini, qui seminauit in suo agro*	*bonum semen; dormientibus autem hominibus uenit inimicus eius et*	1	3	22
sic ad discipulos ait: *simile est regnum caelorum homini, qui seminauit*	*bonum semen in agro suo; dormientibus autem hominibus uenit inimicus*	1	2	28
dei et uim consociationis carnis et animae et hominis summum	bonum ubinam sit constitutum, quiuis facillime possit agnoscere.	2	4	3
quae sicut innocens uirgo nubere saepe festinas, interroganti responde,	bonumne amiseris maritum anne malum. si malum et desideras nubere,	2	7	6
dempserat, tantum rediuiua fecunditas reponebat. quapropter si pater	bonus, si prouidus, si utilis esse desideras, sicut ille Abraham, deum plus	2	1	21
filios appellat, ut exaggeret crimen; exaltatos, ut ingratos ostendat.	bouem illis asinumque praeponit, ut grauius possint, si resipiscant,	2	21	
multitudo processit et ad eremum dominus perduxit *manu forti et*	*brachio excelso.* exaltatus est Israel, quando per triduum tenebrae et caligo	1	61	7
habet, qui te non habet. tu deum in hominem demutare ualuisti. tu eum	breuiatum paulisper a maiestatis suae immensitate peregrinari fecisti. tu	1	36	29
pecudibus lege fundimur a natura, quae est corporalis ac per hoc etiam	breuis; alia uero animi, quam nos nobis ipsi hac in uita per fidem sacri	2	4	8
mater. sicut paruulis morem geram sacrique horoscopi pandam tota	breuitate secreta. igitur, fratres, genesis talis est uestra. primus uos, qui in	1	38	2
diximus de prima circumcisione carnali, quae Iudaeorum est; nunc	breuiter de secunda spiritali, quae nostra est, edicamus. quae tantum	1	3	19
etiam inpudicorum pudica fiunt membra. age nunc, eius aemulae rabiem	breuiter etiam ex ratione nominum publicemus, ut quid appetendum	1	1	6
spiritale; quod non ex sacculo, sed ex corde profertur; quod non	bromosis pecudibus, sed suauissimis moribus comparatur; quod non	1	25	9
absumit. quis non intellegat, fratres, illud pascha non esse, sed	bromosum latronis cruenti conuiuium? per dominum nostrum Iesum	1	28	2
quam diu, Iudaee,	bruti cordis necdum discutis tenebras sacraeque legis oracula iam in	2	20	1
ista, sed bellum; non osculum, sed uenenum. pro nefas! adhuc fumantia	busto complecteris membra sudoremque sordidarum uaporis ararum carne	2	7	17
turbabat. indixerat in homine deo bellum et infaustae superstitionis	busto in nefas conscium toto mundo funereum fecerat rogum. scatebat per	1	39	2
uirgo in utero accipiet et pariet filium et uocabis nomen eius Emmanuel.	*butyrum et mel manducabit, priusquam cognoscat puer bonum aut malum.*	2	8	7
infecit, non frigus elisit; quod plus est: sine fermento leuati sunt. certe	caccabacei non sunt, non uetusti, non usti, non crudi, non mucidi. lacteus	1	41	2
fortassis de circumstantibus doctis quispiam <in>	cachinnos erumpat, quod homo imperitissimus et elinguis aliquid audeam	2	1	1
ululatibus rumpit taetraque inluuie suum totum deformans cultum	cadauer amplectitur conclamatum; frigentia tepefacit crebris osculis labra;	1	2	14
et genis, totum crebris ictibus liuida pectus gentili uanitate circa amissi	cadauer bacchatur insana nec Maccabaeae matris memoriam recolit, quae	1	2	13
uel gubernatores eius oculi aliquo ictu exstincti subsidunt. nonne	cadauer est uiuum? ecce tabidus pulmo pinguibus sputamentis exesus	2	4	15
deum. 'incidantur, ait, ab articulis manus, a cruribus pedes; uiuum se	cadauer inspiciat.' [cui beatus Archadius ait:] o insania hominum!	1	39	6
ipsa, inquam, mortuorum sepulcra conuertit in templa, tumulos in altaria,	cadauera in simulacra, parentalia in sacrificia, mores in sacra. sic, sic	1	1	12
nouit; blanda peruigil cura aegritudinem cum aegro partitur; abiecta	cadauera intecta inhumataque esse non patitur; pauperes miserosque sua	2	1	12
deo, sed et illi, qui per sepulcra discurrunt, qui foetorosis prandia	cadaueribus sacrificant mortuorum, qui amore luxuriandi atque bibendi in	1	25	11
uenisset ad gloriam. mox itaque deuotum corpus carnifex uidit, statim	cadentis <securis> ictus neruorum connexa dissoluit et cunctas conpage	1	39	8
tendit ad caelum, ne forte cum carne depereat, uana spe si captus fuerit	caduca atque carnali, de qua apostolus dicit: *caro et sanguis regnum dei*	1	2	24
ita enim in unum decorem uniuersa conuenerant, ut legitima domus dei	caduca illa ambitio putaretur. quod si ita esset, inter memorata impar	2	6	2
metuens ne desit ulli quod radat. inde est, quod uniuersae nationes mutuis	cadunt per momenta uulneribus, concussae gemunt urbes, deleta rura	1	5	3
seu floribus redimita, oculorum iocorumque festiuitate lasciua, auaritia	caeca, libidine percita, delicate tumentis ac reflabilis tori plumeo sepulcro	2	4	9
meminisse tamen debes, quia mors non timet nec diuitias nec honores. o	caeca mens hominum! quam uarie, unam tamen contendit in mortem:	1	5	11
fragilia solidis, falsa ueris, terrena caelestibus, temporalia sempiternis. o	caeca mens hominum! quid praesentium carnalium rerum fugaci illuderis	2	4	15
tota diffusa sit, diffamationibus uigeat, huc atque illuc aestuans uarie	caeca prorumpat, uicta sit autem, si dissimulatio celebritatem eius	1	4	11
progenitum fuisseque tempus, quando non fuit. tertia Iudaea est uere	caeca, quae cum in lege, ut dicere solet, sua legat ubique duas patris et filii	2	8	1
sicut audistis, deus odit auaritiam. est enim libido profunda, cupiditas	caeca, tempestas insana, rapacitas sine fine, sollicitudo sine requie, ad sua	1	21	
cum praeter morem terrifico fragore intonans concrepat caelum, cum inter	caecas pinguibus conductas nubibus tenebras crebrae micantes curuis	2	2	3
semper, in momento quid adferat dubium est. sed oculis patentibus	caeci dilatant horrea, terras angustant, urgent saltibus saltus et, si orbem	1	5	8
quae est ergo ista dementia sacrificium nescientibus procurare, lumen	caecis inferre, tura non spirantibus concremare, allegare preces surdis, ab	1	25	4
consilia. quem tacentem tamquam obnoxium et pro ipsorum tantummodo	caecitate maerentem, ut Isaac non periturum ad aram, ita ad crucem	1	59	8
haec in Iob inter crebra et ingentia mala non desperauit; haec in Tobiae	caecitate medica fuit; haec in Daniele ora leonibus alligauit; haec in Iona	1	36	8
cum dispendio tui incunctanter eripis in qualibet angustia constitutos. tu	caecorum oculus. tu pes claudorum. tu scutum fidelissimum uiduarum. tu	1	36	31
alios homicidas, alios adulteros, alios sacrilegos, alios auaritia efficit	caecos. longum est ire per singula: uarias atque innumerabiles *nocendi*	1	38	6
scabrosisque grassantium ulcerum spoliauere uerticibus; per hanc, inquam,	caecos uidere, surdos audire, mutos loqui, claudos currere, paralyticos	1	36	9
tua euasisti uirtute. columna nubis te perduxit per diem, ut ostenderet	caecum; ignis columna per noctem, ut admoneret arsurum. angelus	1	9	
non tua euasisti uirtute. columna nubis te deduxit per diem, ut ostenderet	caecum; ignis columna per noctem, ut significaret arsurum. angelus tua	2	16	
semper expugnans; animus infidelis etiam sibi; actus improuidus, instabilis,	caecus, incautus, inconstans, totus concitatus in ruinam; res sine	1	4	7
constructus, quia inlicitis ardoribus semper iunctus est gladius; ideo autem	caecus, quia, cum exarserit, non aetatem considerat, non formam, non	1	36	25
Iudaei contionibus tument; altaria diuina cum uenerantur, euertunt; uaria	caede prophetas elidunt; Moysen amore nimio lapidare conantur; aduersus	1	4	10
incensus tumidus sese anguis opponit; aut dorsa fugientis affectans	caedem uicino fremitu ferina rabies onerare temptauerit; uel cum amissis	2	2	2
sanctorum, quos synagoga pulsos Iudaei in damna salutis suae indignis	caedibus mactauerunt. uenti saeuientes diuersi sunt reges, qui Iudaeam	1	34	7
dei stantes in templo. pharisaeus insulse manus tendit in caelum, quae	caedis saepe, saepe ministrae sunt rapinarum. oculos inpudenter extollit,	2	9	9

tunicam, libens illi pallium quoque concedit; maledicitur et benedicit; caeditur et gratias agit; iugulatur et non repugnat; pro percussoribus suis 2 1 13
ardor animatur. erit geminum de religiositate commercium, cum ad caeleste praemium populus accenditur et de martyris meritis non siletur. 1 39 1
coniugale solamen excussam, a quibus omne genus manauit humanum, caelestem uero ibidem nec memoratum nec factum posse doceri nec 2 4 1
naufragos facit interimensque uniuersa peccata genitali unda submergit, ut caelestes effecti terram desiderare non norint. denique illi post mare ad 1 46b 2
accipere, qui uera sarmenta homines suscipit mortuos et inspiratos aqua caelesti mox efficit uiuos. lignum auxiliare, quo tenditur uel portatur, 2 11 4
uestri dulcedo saecularis uini pridiani exhalante foetore corrumpitur, sed caelesti prandio, honesto, puro, salubri atque perpetuo, quod, ut saturi 1 24 1
nec Daniel inducitur inter frementium leonum rabidos rictus intrepidus, caelesti prandio satur nec Ionas inter aestuantes procellas sollicitique maris 2 18 1
sermonis arte formata in se tabescentis corporis uulua portauit. sed in caelesti prole, non semine, progenitum certissimum dominum impia 1 59 8
iam a conuersatione mundi huius extranea, iam morte superior, iam caelestia aspirans, iam, non dicam saeculi ludibria, sed, ut sit honoratior, 1 2 25
gustu ieiunus, · qui audeat dicere animas cum corporibus interire, caelestia cum terrenis absumi, praesertim cum eorundem ille sapientissimus 1 2 2
exsultate, fratres in Christo, omnique desiderio conuolantes *caelestia dona* percipite. iam uos sempiterni fontis calor salutaris inuitat; 1 32
ut inter eos carosque tibi quid distet, nemo discernat. tu, inquam, caelestia humanis, humana caelestibus iungis arcana. tu diuina custodis. tu 1 36 32
ueste uestiti mox candidati inde surgetis. quam qui non polluerit, regna caelestia possidebit per dominum Iesum Christum. 1 23
sicque cunctos in unam Christi corporis gratiam congregatos ad caelestia regna perducit per dominum et saluatorem nostrum Iesum 1 6
ter est temptare conatus. Iob facultates, quas habuit, amisit; et dominus caelestia sua bona amore nostro neglexit pauperemque se fecit, ut nos 1 15 8
hominis, alia iumenti, alia caro uolucrum, alia piscium. et corpora sunt caelestia, sunt et terrestria. itaque inmortalitatis semine (de quo etiam 1 2 25
uestrae carnis domando fecundantes laetam diuinorum seminum messem caelestibus horreis inferatis. et admonet prosequentibus Geminis, id est 1 38 3
hac circumcisione non aliquid perdimus, sed crescere nos augmentis caelestibus inuenimus. non sanguinem sterili solemnitate dimittimus, sed 1 3 21
tibi quid distet, nemo discernat. tu, inquam, caelestia humanis, humana caelestibus iungis arcana. tu diuina custodis. tu in patre imperas. tu tibi in 1 36 32
necessario gratiae panis uini quoque iucunditas iungeretur. quis non haec caelestibus mysteriis coaptata cognoscat? hiems namque pigra, sordida et 1 33 2
ut, quomodo isto in terrestri domicilio ei gratias agimus, ita in caelestibus regnis uberiores sanctis cum omnibus referamus. 2 6 11
praesentia futuris, mala bonis, fragilia solidis, falsa ueris, terrena caelestibus, temporalia sempiternis. o caeca mens hominum! quid 2 4 14
quibus illi libenter utuntur, qui aduersus ueritatem falsa componunt, sed caelestibus testimoniis multis, manifestis ac puris, ut docti probent, minus 2 18 2
deus omnipotentis dei filius, nullus irascitur de duobus. tu populi caelestis animam tenes, cum ornas pacem, fidem custodis, amplecteris 1 36 30
nam per ipsam dei uoluntas populis intimatur, per ipsam disciplina caelestis colligitur ac tenetur, per ipsam, inquam, genus omne peccati, ne 2 3 3
feliciter uitis purgata materia; de homine loto felicius manant doctrinae caelestis diuina fluenta, ruptis oculis, id est spiritaliter patefactis. 2 11 5
inmortalitas in se ordinem temporis non recipiat, mortalitas capiat. uel si caelestis est primus, quid opus erat, ut fieret quoque terrenus? simile 2 4 2
non ergo carnale hoc domicilium imaginem dei debemus accipere, sed caelestis hominis spiritalem, quam in se credentibus dominus aetheria 1 27 3
non ergo carnale hoc indumentum imaginem dei debemus accipere, sed caelestis hominis spiritalem, quam nobis plenitudinis suae pio de fonte 2 30 3
nam si *ecclesia* ideo *Christi sponsa* est, quia *pudica*, ideo iugo thalami caelestis honorata, quia etiam post nuptias manet postmodum uirgo 1 1 3
sordidis alligatos huic mundo dediticios intulerunt; sed laeta gaudentes, caelestis <...> libera peccatis omnibus absolutos non foetidis cunis, sed 1 32
quo etiam poeta sapientissimus praesagauit dicens: *igneus est ollis uigor et caelestis origo seminibus),* scilicet spiritus sancti conceptione, insita fit ante 1 2 26
esurientibus manna, nos autem esurire non possumus, sempiternam qui caelestis panis nobiscum portamus annonam. illis sitientibus petra fluxit in 1 46b 3
mannae teneritudinem inrorauit. non enim erant idonei aut digni, qui caelestis panis perpetua soliditate fruerentur. petra illis scaturiuit in 1 18 2
sedi submersum maiestatis suae sacramento uiuificatum insuper regni caelestis participatione ditauit. o caritas, quam pia et quam opulenta, quam 1 36 28
naturam; uiam inter fluctus micuisse terrenam, quae utique non caelestis populi meritum, sed terreni per orbem totum dispersionis futurae 1 18 1
agnosceret; et ubi iactantia se non potest continere, positus in honore. caelestis profecto est ista patientia, quam a suo statu non aerumna, non 1 4 17
cum uociferationibus saepe iactare hanc esse gentis suae nobilitatem, hanc caelestis sacramenti uirtutem, hanc aeternae uitae legitimam genitricem, 1 3 1
praerogationibus crebris et iustis ueri diuites facti; promotioni etenim caelestis uestrae dignitatis debetur diuini operis perennis ista laudatio. 2 6 10
apprehendere in toto non potest Christianus. quod tabulatis infertur, caelestis uiae uitaeque altitudo monstratur. ligaturis adstringitur, cum 2 11 4
corporis iam sepultus. o dignus gloriosi exitus finis! ascensurus altitudinem caeli corporis sui inpedimenta praemittit et exsequiis funeris ipse praecedit. 1 39 9
ita curiositate non sunt inquietanda secreta. *quis enim causas naturasque caeli huius* et superiorum *sciet?* quis corpoream aeris huius, ut quidam 1 34 1
ad mirabilia facienda spiritus sanctus obumbrauit et texit. et denuo *caeli*, inquit, *enarrant gloriam dei*; et hic utique non tam caelos loqui 1 61 3
sic enim ait: *et uidebo caelos, opera digitorum tuorum*. hic utique non de caelis istis loquitur, quos semper uiderat, sed de apostolis, quos uidere 1 61 3
uidentes homines *opera uestra bona magnificent patrem uestrum, qui est in caelis.* itaque, dulcissimi flores mei, talia sacrificia procurate, quae sanctus 1 25 13
beatissimus martyr adhuc demoratur in saeculo et iam martyr recitatur in caelo. 1 39 9
uestri sexus agnoscite. culpa deleta ueteri ecce per uos iungimur caelo: anus enim peperit angelum et uirgo deum. hic est deus noster, qui 2 8 8
postridie ab inferno resurgens se ciuitati Ierusalem intulit ante quam caelo. at uero Nineue imaginem portat ecclesiae, in qua gentium iam inde 1 34 8
illud, quod per mare medium terrenum duxit ingressum? quid [quibus] de caelo cotidianum manna in eremo, potus e saxo? quid per lignum amara 1 61 8
sit et natura? age, excita sensum, lector, inuenies ueritatem. qui erat in caelo, de caelo descendit; *qui descendit, ipse est et qui ascendit* in caelum, 2 4 3
quomodo filius hominis uel cuius hominis nasci posset in caelo, ut de caelo descenderet, cum humanitatis a caelo et possessio longe dimota sit et 2 4 2
qui resurgens ait: *omnia mihi tradita sunt a patre meo*. hic, qui purus de caelo descendit, carnatus ascendit in caelum. hic, inquam, de quo Paulus 2 5 4
pulsari; scriptum est enim: *nemo ascendit in caelum, nisi qui de caelo descendit, filius hominis, qui erat in caelo.* quomodo filius hominis uel 2 4 2
age, excita sensum, lector, inuenies ueritatem. qui erat in caelo, de caelo descendit; *qui descendit, ipse est et qui ascendit* in caelum, filius 2 4 3
non habet finem nec fortitudo mensuram, amore imaginis suae de caelo descendit, uteri uirginalis illustrat hospitium ibidemque in homine 2 4 7
nobis inferat quaestionem, qui ait: *primus homo e limo terrae, secundus e caelo*, dubium quippe cum non sit unum hominem tantum e limo terrae a 2 4 1
maturo, diuinitatis interim dignitate deposita, non tamen potestate, caelo egressus metatura praedicta sacrario templi uirginalis hospes pudicus 2 12 1
imaginem eius, qui de limo est, portemus et eius imaginem, qui de caelo est. quam qui sancte portauerint, sicut apostoli omnesque iusti, non 2 30 4
probationem haud dubie in paucis expediam. stellae praecipites labuntur e caelo et a tergo longo flammarum albescentium tractu funereae facis 1 2 17
post multorum obitus populorum. hic est, cui *data est potestas in caelo et in terra*, nomini eius noua a deo suo, ipso dicente: *ego te* 2 5 4
hominis nasci posset in caelo, ut de caelo descenderet, cum humanitatis a caelo et possessio longe dimota sit et natura? age, excita sensum, lector, 2 4 2
illi audire contempserint. *audi*, inquit, *caelum, et percipe auribus, terra*. de caelo et terra prophetam fuisse testatum uel quasi de aliqua re esse 1 61 2
ac paene pro infecto habetur quod non diffamatur, censuit eos caelo et terra testibus denotare, ut inexcusati facinoris competenti iudicio 1 47
qui descendit, ipse est et qui ascendit in caelum, filius hominis, qui erat in caelo; filius hominis uocabulo, non natura. non enim bis carnem induit 2 4 3
terra naufragium. ad hoc sane in eremo aquam de petra bibisti, manna de caelo gustasti, ut, cum esses ad egestatem postmodum deuolutus, 1 9
peruenisse cognoscis; ubi sane ad hoc aquam de petra bibisti, manna de caelo gustasti, ut scires, miser, quid fueras perditurus. 2 16
subactis infami hasta persequentes hospitum terga depopulabantur, e caelo imber fusus a domino flammis et sulphure armatus poenali procella 1 4 10
noscuntur, neque lucis ascendunt, quia numquam in terris, sed semper in caelo manserunt. unde angelos puto recte homines appellatos, quibus 1 37 11
in caelum, nisi qui de caelo descendit, filius hominis, qui erat in caelo. quomodo filius hominis uel cuius hominis nasci posset in caelo, ut 2 4 2
possit expelli. sed dum bellum duri certaminis geritur et familia domini caelo spectante probatur, Archadius beatissimus martyr huius inopinati 1 39 3
qui erat in caelo. quomodo filius hominis uel cuius hominis nasci posset in caelo, ut de caelo descenderet, cum humanitatis a caelo et possessio longe 2 4 2
dominus euidenter hoc edocens sic ad discipulos ait: *simile est regnum caelorum homini, qui seminauit bonum semen in agro suo; dormientibus* 1 2 28
superadditum recognoscimus, domino sic dicente: *simile est regnum caelorum homini, qui seminauit in suo agro bonum semen; dormientibus* 1 3 22
impleta est. denique sic ad discipulos ait: *omnis scriba doctus de regno caelorum similis est patri familias proferenti de thesauris suis noua et* 1 37 9
essent et homines ex gentibus audituri, et ideo ait: *audi caelum et terra*. caelos autem apostolos esse claro testimonio ueritatis affirmat. sic enim ait: 1 61 3
quinto declarat dicens: *omnes dii gentium daemonia; dominus autem caelos fecit*; et in Deuteronomio: *sacrificauerunt daemoniis et non deo*. ac 1 25 5
texit. et denuo *caeli*, inquit, *enarrant gloriam dei*; et hic utique non tam caelos loqui dicit, quos loquentes nullus audiuit, sed apostolos asseuerat, 1 61 3
apostolos esse claro testimonio ueritatis affirmat. sic enim ait: *et uidebo caelos, opera digitorum tuorum*. hic utique non de caelis istis loquitur, 1 61 3
quos semper uiderat, sed de apostolis, quos uidere optabat. et iterum: *texit caelos uirtus eius*, eo quod apostolos ad mirabilia facienda spiritus sanctus 1 61 3
tympanum quatiens populum Christianum ducit, non in eremum, sed ad caelum. 2 26 3
terris, fecisse inuenimus officium, ipso dicente: *amen dico uobis: uidebitis caelum apertum et angelos dei ascendentes et descendentes super filium* 1 37 13
esse conquestum, cum dicit *audi caelum et terra*, tamquam numquam aut caelum audierit aut terra, cum iussu dei et caelum obsecundetur et terra, 1 61 2
licitum est argumentis insolentibus extulerunt. hi cum ascendunt uerbis in caelum, cum deum persuadent hoc esse quod uolunt, cum adsimulant se 2 9 1
cardinibus, cum praeter morem terrifico fragore intonans concrepat caelum, cum inter caecas pinguibus conductas nubibus tenebras crebrae 2 2 3
per momenta distinguitur et quia opus est uiuum, tectum non habet nisi caelum. dicam praeterea, quae cotidie merces, quae impendatur annona. 2 6 7
audi, caelum, et percipe auribus, terra, quoniam dominus locutus est: filios genui 1 61 1
caelum et terra, significat, quod illi audire contempserint. *audi*, inquit, *caelum, et percipe auribus, terra*. de caelo et terra prophetam fuisse 1 61 2
eum apostoli essent et homines ex gentibus audituri, et ideo ait: *audi caelum et terra*. caelos autem apostolos esse claro testimonio ueritatis 1 61 2
in quibus adhuc erant opera terrena. hoc est ergo quod ait: *audi caelum et terra*, quod Iudaeis non audientibus Christus dominus esset ab 1 61 4
dicitur, Israel sic reprobus inuenitur et, dum clamat propheta *audi caelum et terra*, significat, quod illi audire contempserint. *audi*, inquit, 1 61 1
fuisse testatum uel quasi de aliqua re esse conquestum, cum dicit *audi caelum et terra*, tamquam numquam aut caelum audierit aut terra, cum 1 61 2
erat in caelo, de caelo descendit; *qui descendit, ipse est et qui ascendit* in caelum, filius hominis, qui erat in caelo; filius hominis uocabulo, non 2 4 3
sunt a patre meo. hic, qui purus de caelo descendit, carnatus ascendit in caelum. hic, inquam, de quo Paulus ait: *qui accipit regnum, regnat et* 2 5 4
incendium; aestuantibus globis erubescit quoque ipsum alienis ignibus caelum. illo praecipitantur insontes ibidemque propter quem praecipitantur 2 22
unguentis et odoribus fragrat; illa unici floris sui quouis prato iucundioris caelum ipsum honore laeto respirat. haec liberis gaudet; at illa liberorum 2 7 3
sordido plus puluere tecta quam ueste? tu, inquam, non es, quae nunc caelum ipsum ululatibus rumpens post talem maritum puncto temporis 2 7 7
uoluntatemque dei facientes quasi per quosdam obseruantiae gradus in caelum leuare consuerunt. hanc in Apocalypsi Iohannes bis acutum 1 37 1

competenti iudicio subiacerent. denique res impleta est domini passione: caelum medio die perdidit diem, terra tremore nimio firmitatem. hinc 1 47
sufficientia nec necessaria honori suo protestatur deus, hactenus dicens: *caelum mihi thronus et terra suppedaneum pedum meorum. quam mihi* 2 6 3
nos par sit, in quo habitu regnaturus sit homo iste noster, qui tendit ad caelum, ne forte cum carne depereat, uana spe si captus fuerit caduca 1 2 24
potest argumentatione pulsari; scriptum est enim: *nemo ascendit in caelum, nisi qui de caelo descendit, filius hominis, qui erat in caelo.* 2 4 2
carissimi, aduerto, quia neque refugae descendunt, qui post peccatum in caelum numquam recepti noscuntur, neque lucis ascendunt, quia numquam 1 37 11
cum irascitur, quamuis reciproca uicissitudine nunc pulsantibus caelum, nunc requirentibus terram aestuantibus undique uitreis armatum 1 4 5
terra, tamquam numquam aut caelum audierit aut terra, cum iussu dei et caelum obsecundetur et terra, quia caelum pluuias et fruges terra non 1 61 2
uniuersa conficiens atque concludens patri et Adam reportauit et iter ad caelum omnibus se sequentibus patefecit. 1 37 15
audierit aut terra, cum iussu dei et caelum obsecundetur et terra, quia caelum pluuias et fruges terra non denegat! sed quia haec prophetia 1 61 2
erigentes aras nomini suo, qui, quae essent habituri sepulcra, nescirent, caelum promittentes sibi, pro quorum actibus, si posset, ipsa quoque 1 13 4
et publicanus dei stantes in templo. pharisaeus insulse manus tendit in caelum, quae caedis saepe, saepe ministrae sunt rapinarum. oculos 2 9 9
obseruantiae praeceptorum cotidie spiritalis itineris gloria feruntur in caelum; quos apostolus Paulus exhortatur et monstrat dicens: *si* 1 37 12
beatus Archadius ad exoptatum iustis orationibus locum, et intuens caelum stetit deo spectante securus. parauerat extensa futuris ictibus colla, 1 39 7
suae testes citat caelum terramque: terram, in qua uniuersa geruntur, caelum, sub quo geruntur. filios appellat, ut exaggeret crimen; exaltatos, ut 2 21
accusatione, sed probatione conuictum. denique iniuriae suae testes citat caelum terramque: terram, in qua uniuersa geruntur, caelum, sub quo 2 21
luxuriae aestu exuberante corruptum publica increpatione confutat. caelum terramque testes citat, ut exaggeret crimen; filios appellat, ut 1 20
sedet; dominus quoque in uero sterquilinio, id est in huius mundi caeno uersatus est inter ebullientes diuersis sceleribus ac libidinibus 1 15 9
primo suum perdit. pure non nox illi diesque succedit; semper enim caenosi gurgitis sui procella submergitur, dum semper exaestuans libidinis 1 1 6
illis scaturiuit in fontem, ut biberent detritis e lacunis, ut merebantur, caenulentum postmodum laticem, domino dicente: *me dereliquerunt fontem* 1 18 2
citae mortis sorte satiare, dum subito manus iubetur extendere ac super caespitem [nudus] proiectus in faciem pedum extrema nudare. ecce inter 1 39 7
in itineribus, latrones *in ciuitatibus* patitur, cum *a Iudaeis uirgis ter caesus naufragio* trino diluitur, cum insani populi furibunda tempestate 1 34 4
denique nec mora est: inpatienter fraterni inuidus muneris in fratris Cain anhelat exitium et deo ante negotium parricida est; nec eius saltem 1 4 9
iugulari, et hoc a fratre. erubescit rudis terra pio sanguine impiata. solus Cain exsultat infelix et, quod teste caret, putat se caruisse facinore, quem 1 4 9
et perambularet pariter et euaderet. clamat de profundis et Paulus obrutus calamitatibus beatis, cum pro nomine domini *latrones in itineribus,* latrones 1 34 4
in cordibus commoratur; quod omne genus humanum suo interitu suisque calamitatibus delectatur uiliorem habens animam quam pecuniam; inde est, 1 14 7
praecordiis; clamat de profundis, sed quibus saeptus erat maestus ac tristis calamitatibus humanis! et clamat non uoce, sed corde, non clamore, sed 1 34 3
accusatur et tamen colitur; iugulat et amatur. inuincibile profecto calamitatis est genus, cui subiugata sapientia seruit et uirtus. uidetisne iam 2 1 8
bello, non pace, numquam satura, lucrorum enormitate miserior. nouum calamitatis est genus, quod tantummodo crescit, senescere ignorat. non 1 14 2
argumentis excludit, orbem totum, si possit, ut rapiat. uultis scire, quale calamitatis sit genus? sane plus in eum, qui eam dilexerit, saeuit. quam qui 1 21
quae credentes tenent, non credentes incidunt. sed et Dauid hanc calamum nuncupauit, dicens: *lingua mea calamus scribae uelociter* 1 37 4
sunt duo, sed testator est unus; et scribens canna diuisa est, sed unus calamus; et forfex in duos producitur cultros, sed eorum unus est morsus; 1 37 14
nuncupauit, dicens: *lingua mea calamus scribae uelociter scribentis.* calamus fissus est, fratres, duosque uertices gerit in unius acuminis 1 37 4
incidunt. sed et Dauid hanc calamum nuncupauit, dicens: *lingua mea calamus scribae uelociter scribentis.* calamus fissus est, fratres, duosque 1 37 4
sicut dominus ait in euangelio, omnes omnino serpentes inlaesa planta calcabit. sed nec ipsum quoque diabolum, qui uere est acerrimus 1 38 5
saepe credentes in Christum calicem pretiosum, quem paulo ante calcando fuderant, gustant, aliqui etiam bibunt. mustum patris familias 2 11 7
uniuersaque discrimina aequanimiter perferenda; mundum abdicatione calcandum mortemque ipsam perennis cui beatitudo succedat, praemium 2 4 11
intellegens Christianae uirtutis hanc esse maximam gloriam, ipsam calcare naturam. sed quia uirtutem uoluptates semper offuscant nihilque 2 7 1
uestitur incendio. inter tot instrumenta mortis spectatore metuente secura calcat genera uniuersa terrorum; incolumis quasi orbe subacto de illo 2 2 7
scissis in uentribus quaerunt, qui coniugale exasperant iugum affectuque calcato subditiciis personis, ut obumbrent furta turpissimae utilitatis, rem 1 25 11
confessorum sanguinis uindicta usque ad ultimum quadrantem exigitur. calcatores de eodem musto bibunt; et persecutores saepe credentes in 2 11 7
donec omnis dulcedo medullitus exigatur sicque pretiosum fluentum a suis calcatoribus et bibitur et patris familias cellis uinariis infertur, ut melius 2 11 3
passim uua detrahitur in torculari que operariorum pedibus subiecta calcatur, prelo premitur duabusque tabulis uehementer urguetur, donec 2 11 3
in ceteris legem, sicut scriptum est: praecinge lumbos tuos, indue pedibus calceamenta, arripe baculum manu. in eremum proficiscere, si tuos uis 2 20 2
offert. pedes quoque constringit, ne in exitu mortis concitata uictima calcitraret: securus enim pater optimus timuit, ne dolori aliquid liceret in 1 43 5
de eodem musto bibunt; et persecutores saepe credentes in Christum calicem pretiosum, quem paulo ante calcando fuderant, gustant, aliqui 2 11 7
qui amore luxuriandi atque bibendi in infamibus locis lagenis et calicibus subito sibi martyres pepererunt, qui dies obseruant, qui 1 25 11
et brachio excelso. exaltatus est Israel, quando per triduum tenebrae et caligo totam Aegyptum circumdedit; exaltatus est Israel, quando tot et 1 61 7
caput meum et poculum tuum inebrians quam praeclarum. utique, fratres, calix sanguinem, mensa corpus, oleum donum spiritus sancti significat, 1 13 10
ream constituis, canentis cum uniuersa non credis? sin uero fidem spiritus calles, aliquam demonstra uirtutem: impera montibus, ut transferant sese; 2 3 14
et appetitio rei alienae sub praetextu propriae defensionis ac diligentiae callidissimis argumentis urguetur, ut quis indefensus aut innocens quod 2 1 17
quae uxoris iam munera nesciebat. atque eo tempore partus profertur, quo calor genitalia iam relinquebat. mira prorsus, carissimi, et speranda 1 59 3
desiderio conuolantes *caelestia dona* percipite. iam uos sempiterni fontis calor salutaris inuitat; iam mater nostra adoptat ut pariat, sed non ea lege, 1 32
non morabitur mustum, quo repleti inebriatique feliciter spiritus sancti calore feruebunt, qui ut numquam refrigescat in omnibus nobis praestabit 2 13
tu cum in tribus una sis, nullo pacto diuideris, nulla humanae curiositatis calumnia commoueris. a paterno fonte in filio tota refunderis et tamen, 1 36 32
saeculo contra laudabiles uiros multiformes tenduntur insidiae et diuersis calumniarum generibus factiosae emerserint causae, quid homo pestilens 1 40 1
nam mutato nomine et cultu, quasi promota somniis, illas scholares calumnias dei usque ad ecclesiam transmiserunt, ut in ipsa quoque, si 2 9 2
quam illae sunt produnt, qui iracundia tument, qui litibus fremunt, qui calumnias pariunt, qui pauperes, qui uiduas, qui pupillos exspoliant, qui 1 25 11
ex impudicitiae fouea nudus aufugit. sed pudicitiae splendore uestitus post calumniosam damnationem et liberatus a deo est et honoratus. denique rex 1 1 16
cotidie quae uidemus uersutis contentionibus laeta, de apostoli dicto calumniosam nobis inferat quaestionem, qui ait: *primus homo e limo terrae,* 2 4 1
peregrinus fluuialis piscis interanea diligenter accurat et assat. Iohannes camelarius deuote praecurrens de silua mel attulit et locustas. ne alter 1 24 3
nascuntur atque concelebrantur, quae condemnare falso humanitas gestit; *camelum* enim *glutiens culicem liquat;* reicit stillas criminum et auaritiae, 1 5 4
trinitatis spiritalem quoque numerum conuenire. denique nec inrorati camini eis baptismatis defuit gratia. o admirabile incendium! o uere 1 22 2
ac lunae ab occidui carceris receptaculo orationis freno refrena; anhelantis camini ignis exaestuans uicta natura sentiat per te tecum et ipse 2 3 14
conuenere. namque tribus in pueris fides puniri non timuit. inmissis camino ignis exaestuans detulit, ut eos unius uirtutis esse persensit. 1 48
qui incenderant, ardent; qui incensi sunt, sanctificati et incolumes de camino procedunt per dominum nostrum Iesum Christum. 1 22 2
sunt et, qui incensi sunt, incendio suo superstites triumphantes de camino procedunt, praestante domino nostro Iesu Christo. 1 53 2
sacramento muniti tres numero, sed una uirtute, anhelantibus flammis, camino rugiente non laeduntur. incensi hymnum canunt. barbarum regem 2 15
qui ipsum contempserunt regem. qui ira sufflatus solito septies amplius caminum iussit incendi ac, ne quid immanitati saeuientis deesse uideretur, 2 22
suae adfuit trinitatis. denique rem sacramento gestam esse cognosce. in caminum missi ut submersi sunt flammis, statim sibilo roris incendia 2 27
inanibus intexta suspiriis fabula remansit. denique regium illud templum campis aequatum iacet. altaria dei eius subuersa manu cum suis sibi 1 28 1
non uideo, cuius eminens famosumque illud templum miserabili uastatione campis aequatum suo puluere iacet sepultum. sacerdotalis *cathedra* 1 19 1
in captiuitatibus quaerunt. at ubi uentum fuerit ad diuini certaminis campum coeperintque sacri nominis telo pulsari, tunc, cum alium noueris, 1 2 6
non foetidis cunis, sed suaue redolentibus sacri altaris feliciter enutrit a cancellis, per dominum nostrum Iesum Christum. 1 32
idolatriam, inpudicitiam auaritiamque fugiatis, quae est incurabilis Cancer. Leo autem noster, sicut Genesis protestatur, *leonis* est *catulus,* 1 38 4
sol noster, sol uerus, qui clarissimos ignes mundi germanos astrorumque candentium polorum claritatis suae de plenitudine accendit. hic, qui semel 2 12 4
est proficisci. huic per diem non circulus solis, sed columna nubis, non candida luna, sed ignis columna per noctem iter pandebat ignotum. qui ut 1 29 1
ordinabiliter creta, omni furfure abiecto mirifico splendore in farinam candidam micuerunt; quae nullo adulterata fermento est, consparsa ac 1 41 1
itaque! in fontem quidem nudi demergitis, sed aetheria ueste uestiti mox candidati inde surgetis. quam qui non polluerit, regna caelestia possidebit 1 23
uestrum *ueterem* foetorosis suis cum pannis abicite, nouelli omnes, omnes candidati, omnes spiritus sancti munere mox diuites processuri. 1 49
et mellis exhibita est, nobis uero, quod plus est, melle dulcior ac lacte candidior aeternae uitae beatitudo dei tribuetur in regno. 1 46b 3
subito sibi martyres pepererunt, qui dies obseruant, qui Aegyptiacos de candidis faciunt, qui auguria captant salutemque suam pecudum uiolenter 1 25 11
sanctam, placentem deo. hoc enim placitum est domino, ubi se ipsum candidus animus immolauerit domino; cetera autem nihil proderunt, si 1 25 9
non Aries sed agnus excepit, qui uestram nuditatem uelleris sui niueo candore uestiuit, qui suum lacte beatum uagitu hiantibus uestris labris 1 38 3
nouella pignora in Christo, florentissimique hodierni spiritalis ortus uestri candorem, ne quo pacto maculetis, perpeti diligentia custodite, quia nescit 1 38 1
potuisset. eo accedit, quod secundum carnem Dauid filius futurus esse canebatur; qui nisi paterno generis signaculo responderet, neque Dauid 1 3 18
typus ecclesiae fuit, quae cum omnibus ecclesiis, quas peperit, hymnum canens et pectoris uerum tympanum quatiens populum Christianum ducit, 2 26 3
tempora; cui non anniuersarii, sed cotidiani fructus respondent hymnum canentibus deo credentibus populis, qui omnia inmortalitatis semine 1 33 4
mors refugiens mutat officium: incensores cremantur, incensis hymnum canentibus flamma blanditur. deus a creatura uniuersa benedicitur. in 2 27
constituit uiros apostolos omnesque discipulos. quorum salutaria monita canentibus linguis, quasi quibusdam spiritalibus cultris, credentium 1 3 16
inferatis. et admonet prosequentibus Geminis, id est duobus salutare canentibus testamentis, ut principaliter idolatriam, inpudicitiam 1 38 4
per hanc fidem quaeris, quam etiam ipsam infidelitatis ream constituis, canentis cum uniuersa non credis? sin uero fidem spiritus calles, aliquam 2 3 13
exhibet, sed etiam ad consulta respondet liberiusque canit mortuus, quam canere consueuerat uiuus; unde libet exclamare: 'profectus potius est iste 1 2 8
omen qui non timent mortem: sic, sic interempti plerumque iacent canibus, alitibus ferisque donati, ubique dispersi, utrobique deperditi, 1 5 8
synagoga *spelunca latronum,* sacerdotalis cathedra *pestilentia,* sacrificium *canina mactatio,* ieiunia *odium,* populus *progenies uiperarum.* post haec 2 25 1
lacessitum fremit mare sollicitique gurgitis praeruptorum montium canis uoluminibus repugnantium litorum spumantia ora contundens 1 34 5
nubila disserena. doce eam sibi non esse contrariam, doce omnia, quae canit, esse credenda. ceterum si eius partem probes, reprobes partem, 2 3 13
suam praesentiam exhibet, sed etiam ad consulta respondet liberiusque canit mortuus, quam canere consueuerat uiuus; unde libet exclamare: 1 2 8

potest sequi nec nauis. Maria cum mulieribus tympanum quatit; hymnus canitur; dei populus liberatur resolutisque undis uia cum persecutore 2 26 1
parturit? ad desiderata quantocius festinate! solemnis hymnus ecce iam canitur, ecce mox infantum dulcis uagitus auditur, ecce parientis uno de 2 28
blandientes. mira res: opacitas intus, incendium foris est; intus hymnus canitur, foris ululatus auditur. o magna potentia dei! incensores incendio 1 53 2
radice funduntur. testamenta sunt duo, sed testator est unus; et scribens canna diuisa est, sed unus calamus; et forfex in duos producitur cultros, 1 37 14
igitur in praesenti Psalmo propheta cum dicat: *misericordiam et iudicium cantabo tibi, domine*, quomodo dominus in euangelio dicit: *qui credit in* 1 35 1
est. exinanitum cornu iam non spirat unguenta. dies festos in luctum et cantica eius in lamentationem conuersa prophetae testantur. tauros, arietes, 1 19 2
ex ouibus et ex haedis, inter pecora non potest inueniri. dies festi eius et cantica secundum dei uocem in planctum et luctum illi profecerunt. 1 28 2
fratres in Christo, triumphatorique perpetuo hymnis, citharis, tympanis, canticis gratiam referamus, qui nobis promissa perpetuans pia sanctione, ut 2 24 1
anhelantibus flammis, camino rugiente non laeduntur. incensi hymnum canunt. barbarum regem fidei tenacitate confundunt. uindicantur de 2 15
aedificationemque uestram aede ista de nouella cognoscite, cuius quoque capacitatem felici numero fecistis angustam. ex eo enim ipso, quod uos 2 6 5
ab auctore operis sui meminerant esse deceptam, hac re ipsa nato consilio capere dolo adgrediuntur ac, nisi culpae succumbat, ueluti adulterae 1 1 17
primus, cum inmortalitas in se ordinem temporis non recipiat, mortalitas capiat. uel si caelestis est primus, quid opus erat, ut fieret quoque terrenus? 2 4 2
in qua illud beatitudinis regnum primae tubae regali tessera conuocati capient cum ingenti triumpho aeterno rege sub Christo; secunda uero, quae 1 2 23
mysterium, ipsa suscipis, ipsa reponis, ipsa custodis. una cibum praeterea capis, reliquias poculi propinati lambendo labris exhauris futurique haustus 2 7 17
mundi. per hanc enim diabolus cum diuerse hominum mentes capit ac decipit, sic Cupido uocitari a luxuriosis suis sibi cultoribus coepit. 1 36 27
in me est pater et ego in illo. constat ergo aequale esse, quod inuicem se capit cum spiritu sancto. 1 45 3
enim ipso, quod uos non capit locus, exinde intelligitur, quia fides uestra capit deum. igitur ne quis operis rationem a me forte disquirat, paucis 2 6 5
felici numero fecistis angustam. ex eo enim ipso, quod uos non capit locus, exinde intelligitur, quia fides uestra capit deum. igitur ne quis 2 6 5
maiestate, non semine, capitque uirgo, quem mundus mundique non capit plenitudo. interea promouent suum membra factorem et opus sui 2 12 2
interit et tamen in eo id, quod intus est, reuiuescit nec mortem medullitus capit, sed suum sibi genitale in germen exspirans uetusti corporis superficie 1 2 22
quiuis ulla uiolauerit ratione, nonne continuo uelut sacrilegii commissi capitales poenas luit? quanto magis in dei causa fortius praecauendum est, 1 36 24
qui ad uictimam parabatur. aries haerebat in uepre implicitus spinis, capite obligatus: hic est qui pro Isaac immolatus est deo; hunc obtulit 1 43 8
nouae rei atrocitate perculsi, miserabiliter ingemescentes dimissis capitibus omne studium defensionis abiecerant, iam etiam ipsa pudoris 1 1 19
inanis est usus. unde recte testamenta sunt duo, quae similiter duobus capitibus unam litteram fingunt, id est sacrae legis duobus edictis unum 1 37 4
in amissis liberis patrem, in poena sui corporis iustum. namque summo capitis a uertice usque ad imos ungues pedum plaga inimici percussus 1 15 5
si liceat uel si uelint, fortassis cultius synagogas aedificent, cultius erigant capitolia, sed in his omnibus operibus uero iudicio structores magis 2 6 1
concipit Maria de ipso, quem parit; tumet uterus maiestate, non semine, capitque uirgo, quem mundus mundique non capit plenitudo. interea 2 12 2
sunt igne plenae, exstinguere. is enim infelicibus nonnumquam inmittit Capricornum uultu deformem, qui cornu exsiliens, labra liuentia 1 38 6
aliquid liceret in mortem. o fratres, secura deuotio! o pater spiritum captans, corpus uero mortemque contemnens! o qui seruum domini ita se 1 43 6
qui dies obseruant, qui Aegyptiacos de candidis faciunt, qui auguria captant salutemque suam pecudum uiolenter scissis in uentribus quaerunt, 1 25 11
dulcis, blandus ac mitis uos admonet uitulus, ut nulla ullo in opere captantes auguria, eius sine malitia succedentes iugo terramque uestrae 1 38 3
iugo, pro se quisque nitentes (amore uidelicet nimio), hereditatem captat alter alterius; quod parentes filios, filii parentes oderunt; quod 1 14 7
profecto uesania est beneficiis inuidere naturae. alius inde rerum omnium captat annonam, aucupatur distrahendi tempus, minor in mensura, maior 1 5 14
sacrilegam argumentis uehementer armata captat solitudinem, secretum captat et locum, in quali etiam non irritata adolescentia inuitis feminis 1 1 16
incendio, in suadelam sacrilegam argumentis uehementer armata captat solitudinem, secretum captat et locum, in quali etiam non irritata 1 1 16
uagi atque inmundi spiritus utriusque sexus humani dolosa blanditiarum captione seu uiolentia uiuentium domos corporales infringunt et latibulum 1 2 5
haec gratia; illa imagine, haec ueritate; illa damno, haec lucro; illa agit captiua sub lege, haec omnibus praestat in Christo bonae fidei libertatem. 1 3 23
cornu exsiliens, labra liuentia spumantibus uenis ebulliens palpitante ruina captiui tota miserabiliter per membra desaeuit. alios amentes, alios 1 38 6
domos corporales infringunt et latibulum sibi perniciosum eorum in captiuitatibus quaerunt. at ubi uentum fuerit ad diuini certaminis campum 1 2 5
diuina testatur, in Aegypto a Pharaone populoque eius Israel dei populus captiuitatis ingenti iugo acerrime premebatur. hunc deus praecipit 2 26 1
historiae sacrae sic est perlecta narratio. cum Israelis populus enormi captiuitatis iugo depressus a rege Pharaone duris condicionibus in Aegypto 1 29 1
exsultat, quod in Aegypto creuerit: at in originali decreuit solo; quod captiuitatis sit nexibus exsolutus: sed est nunc usque barbarici furoris 1 52
ne in aliquo se ipsa reprehendat, ne opere coepto umquam deficiat. haec captiuorum iuga redemptionibus frangit; incarceratis medendo plus 2 1 12
iste noster, qui tendit ad caelum, ne forte cum carne depereat, uana spe si captus fuerit caduca atque carnali, de qua apostolus dicit: *caro et sanguis* 1 2 24
consuerunt. hanc in Apocalypsi Iohannes bis acutum gladium cum uno capulo nuncupauit, quem ex ore domini prodire describit. gladius enim 1 37 2
ex ore domini prodire describit. gladius enim spiritus sanctus est unum capulum habens, id est unam substantiam, uirtutem, deitatem, maiestatem 1 37 2
corporis superficie deleta, immo in melioris naturae iura transmissa, felix caput comis uirentibus redimitum quasi ab inferis emersum in superna 1 2 22
in conspectu meo mensam aduersus eos, qui tribulant me. inpinguasti oleo caput meum et poculum tuum inebrians quam praeclarum. utique, fratres, 1 13 10
inuenitur. igitur Iacob habet imaginem Christi, sed et lapis ipse, quem ad caput suum posuisse cognoscitur, quoniam *caput uiri Christus*, qui 1 37 1
sed et lapis ipse, quem ad caput suum posuisse cognoscitur, quoniam *caput uiri Christus*, qui aliquotiens lapis est nuncupatus. scala autem duo 1 37 1
adde quod circumcisio ista non tam salutem pollicetur quam locum caputque criminis monstrat. Adam etenim, cum illicitum pomum hoc 1 3 8
pietas frangit, non dulcedo liberorum, non coniugalis affectus, non cara germanitas, non ius amicitiae, non tener pupillus, non dura uiduitas, 1 14 2
haec humanitati praestat esse quod nascitur. huius est munus, quod cara uxor, quod generosi liberi, quod ueri sunt patres. huius est munus, 1 36 14
dignetur adtendere et tanta illa sublimitas humanam mediocritatem aut caram habeat aut dilectam? *filios*, inquit, *genui*: hoc dominum de 1 61 6
esse conflati. etenim conflatio et puritatem designabat et unitatem; carbo enim uerbum dei est, ara lex, forceps duo testamenta, quae credentes 1 37 3
ad conflanda labia inquinata ab uno de seraphim ex ara dei sublatum carbonem uaticinando perhibuit. etenim labia inquinata duos populos 1 37 2
alius deos asserendo atque abominanda figmenta colendo —, tactu carbonis in unum populum per confessionem nominis Christi noscuntur 1 37 3
ille sapientissimus dicat hanc esse mortem, cum corpore animus tamquam carcere clausus tenetur, illam esse ueram uitam, cum idem animus 1 2 2
cum in puteum dimittitur; patiens, dura cum hasta distrahitur; patiens in carcere, in regno patientior, patientissimus, desideratos cum fratres 1 4 17
haec captiuorum iuga redemptionibus frangit; incarceratis medendo plus carcerem nouit; blanda peruigil cura aegritudinem cum aegro partitur; 2 1 12
paulisper a maiestatis suae immensitate peregrinari fecisti. tu uirginali carceri nouem mensibus relegasti. tu Euam in Mariam redintegrasti. tu 1 36 29
clausus tenetur, illam esse ueram uitam, cum idem animus custodia carceris liberatus ad eum locum, unde uenerit, reuertatur. si ergo hoc ille 1 2 2
terra delebat; animam quoque feralibus tenebris relegatam perpetui carceris poena perpetua inplacabilis affligebat infernus. non superi, non 2 4 6
delictorum fax incensa omnibus momentis exurit; qui paedorem sui secum carceris portat; qui carnificem sentit, antequam uideat; qui nomen iudicis 2 10 1
sollicitos sinus fidem tuam fideliter portet; solis cursus ac lunae ab occidui carceris receptaculo orationis freno refrena; anhelantis camini ignis 2 3 14
non timeat deum. cum grauamur rumpentibus sonis, concussis undique cardinibus, cum praeter morem terrifico fragore intonans concrepat 2 2 3
habeat perditurus, cum et pater quod accepturus est habeat et filius non careat quod daturus. totum pater, totum possidet filius; unius est quod 2 5 9
nullus, etiam si contingat ei accusatore carere, teste conscio, cum se ipso carere non possit, quia uiolentior omni tortore conscientia numquam suum 2 10 1
cui securitatis profectus est nullus, etiam si contingat ei accusatore carere, teste conscio, cum se ipso carere non possit, quia uiolentior omni 2 10 1
rudis terra pio sanguine impiata. solus Cain exsultat infelix et, quod teste caret, putat se caruisse facinore, quem deus uidit, quem conscientia 1 4 9
inpudenter extollit, quorum lenocinio mundus in flore est. intonat lingua, caret quae numquam ueneno serpentis, et, quod omni est maius insania, 2 9 9
nobis erit, quid sit fortius de duobus: illud quod sensibile est an quod caret sensu. uerum quis dubitet illud fortius esse, quod sentit, quod sapit, 1 7 2
igitur Isaac unicus filius, spes populorum et gentium, origo tot rerum, cari genitoris amplexibus inhaerebat. strinxerat in se patris pietatem, quod 1 62 3
amissis gubernaculis inter conpugnantes flatus ac fluctus gemens parturit carina naufragium. inter haec omnia deterior est conscientiae timor, quia 2 2 2
angelos tenebrarum. sed hoc satis absurdum esse et inconueniens, fratres carissimi, aduerto, quia neque refugae descendunt, qui post peccatum in 1 37 11
prouocatur, sed nec continentia relicta repellitur. ad cuius fidem, carissimi, auctorem habemus, sanctum uidelicet Abraham, qui filium 1 59 1
suos non perdidit, sed mutauit! Iob, quantum intellegi datur, fratres carissimi, Christi imaginem praeferebat. denique comparatio indicat 1 15 7
diligentissime, fratres carissimi, circumcisionis, cuius non tantum in praesenti lectione, sed et 1 3 1
uere, fratres carissimi, cor eius non dormit, qui huius somnium secretaque cognoscit. 1 37 1
non hodie mihi ad uos sermo est, fratres carissimi, de humanis gestis aut meritis nec Daniel inducitur inter 2 18 1
cui iam auiae reuerentiam senectus uerecunda detulerat. sub hac igitur, carissimi, desperatione natiuitatis et admiratione progenitus in primis 1 59 2
simplex quidem uocabulum, sed multiplex pronuntiatio. hic namque, carissimi, desperatus parentibus, sed deo promittente susceptus in transacta 1 59 1
legem circumcidat, de populo suo infantis anima peritura est. hic, fratres carissimi, eligat utrum uelit, circumcidat an differat. si circumcidit, 1 3 4
partus profertur, quo calor genitalia iam relinquebat. mira prorsus, carissimi, et speranda saeculis post futuris diuinae ordinationis propago 1 59 3
pedem ligatura destringit, ne incitata uictima displiceret. cesset itaque hic, carissimi, impietatis abominanda suspicio: Abraham dominum filio, 1 59 7
et clama, quae non parturis, quoniam multi filii desertae. ecce enim, carissimi, in Sarra attractis aetate neruis et, deficiente sanguinis suco, 1 59 4
praetulit patri, nec pium se credidit, nisi probasset fidelem. denique, carissimi, intrepidus ad ministerium immolationis armatur; libratur ad 1 59 7
sarciret. inuenta est causa, ubi Abrahae fides temptatione fortior militaret: carissimi membra, quae osculis premere consueuerat, armatus gladio 1 62 3
et adside et circumcide secundo filios Israel.' uideamus nunc ergo, fratres carissimi, secunda illa circumcisio ab Iesu Naue quo genere celebrata sit 1 3 15
nutritus, deo uictimam, parentibus pium parricidium praebiturus. ecce carissimi, ut ait apostolus, *contra spem* natum Abraham ad aram filium 1 59 6
fides sibi soli prodest, caritas omnibus; adde quod fides non gratis pugnat, caritas autem etiam ingratis conferre consueuit; adde quod fides non 1 36 11
paucorum est, caritas omnium; adde quod spes ac fides tempus habent, caritas autem finem non habet, momentis omnibus crescit quantoque ab ea 1 36 11
corpus meum, ut ardeam, caritatem autem non habeam, nihil proficio. caritas enim, fratres, *omnia diligit, omnia credit, omnia sperat, omnia* 1 36 20
seu nos in ipso habitare coeperimus — sicut Iohannes dicit: *deus caritas est; qui manet in caritate, in deo manet et deus in illo manet* —, 1 36 21
quam ueram rationem dei, quae est in fide. definitio autem iussionis est caritas ex corde puro et conscientia bona ex fide simplici. igitur si dei 2 3 17
timor, sapientia, sobrietas, mansuetudo, temperantia, castitas, pietas, caritas, fides, ueritas, humilitas, gratia, honestas, uerecundia, patientia, 1 37 15
temperantiae dotata muneribus perennis connubii fideli propagine benigna caritas illigasset. nihil est prorsus, quod sine hac gratum, sine hac 1 36 16

Iudas Scariothes traditor domini et spem et fidem perdidit, quia caritas in ipso non mansit. nam et haereses et schismata sic disseminantur, 1 36 19
in primo innocentia, aequitas in medio, in fine patientia. pax colligit, caritas ligat, sollicitudo custodit, iustitia distribuit, pietas ministrat, puritas 2 6 9
enim, fratres, *omnia diligit, omnia credit, omnia sperat, omnia sustinet; caritas numquam excidet*. igitur non inmerito dominus deus proximi 1 36 20
se ipsam non amet, spes si non ametur. adde quod fides sibi soli prodest, caritas omnibus; adde quod fides non gratis pugnat, caritas autem etiam 1 36 11
transit in alium quae transit in populum; adde quod fides paucorum est, caritas omnium; adde quod spes ac fides tempus habent, caritas autem 1 36 11
etiam ingratis conferre consueuit; adde quod fides non transit in alium, caritas parum est dicere transit in alium quae transit in populum; adde 1 36 11
mundum neque ea, quae in mundo sunt. si quis dilexerit mundum, non est caritas patris in eo, quoniam omne, quod in mundo est, concupiscentia 2 9 5
mundum neque ea, quae in mundo sunt. si quis dilexerit mundum, non est caritas patris in illo, quoniam omne, quod in mundo est, concupiscentia 2 4 12
mundum neque ea, quae in mundo sunt. si quis dilexerit mundum, non est caritas patris in illo, quoniam omne, quod in mundo est, concupiscentia 1 36 27
ex lege discitur, sed in mentibus nascitur. lex enim pendet ex caritate, non caritas pendet ex lege, sacra scriptura dicente: *iusto lex posita non est, sed* 1 36 17
iura gustaret. o magna prouidentia dei nostri! o bonae matris caritas pura! diuersos genere, sexu, aetate, condicione suscipiens necat odio 2 29 2
sacramento uiuificatum insuper regni caelestis participatione ditauit. o caritas, quam pia et quam opulenta, quam potens! nihil habet, qui te non 1 36 29
potentiam, fratres, cito eius edicam. quicquid locis natura negauerit, caritas reddit. haec coniugalis affectus duos homines sacramento uenerabili 1 36 13
fuerant orbitatis. sed longum est, fratres, ire per singula, maxime quia caritas sua ingerit fortiora. quae ita rebus uniuersis est praedita, ut sit 1 36 10
a luxuriosis suis sibi cultoribus coepit. nunc ergo uideamus, unde uera caritas ueniat, ubinam consistat, cui uel maxime debeatur: utique illi, qui 1 36 28
habitare coeperimus — sicut Iohannes dicit: *deus caritas est; qui manet in caritate, in deo manet et deus in illo manet* — , tunc demum, fratres, 1 36 21
quibus si deneges caritatem, utraeque cessabunt, quia neque fides sine caritate neque spes poterit operari sine fide. itaque Christianus tribus in 1 36 1
quoniam ex lege discitur, sed in mentibus nascitur. lex enim pendet ex caritate, non caritas pendet ex lege, sacra scriptura dicente: *iusto lex posita* 1 36 17
quia pater in filio et filius manet in patre; cui affectu, non condicione, caritate, non necessitate, decore, <non diminutione> subicitur, per quem 2 5 9
inferi coacti sunt uiuos. quem ut semper et ubique aucti fide, numero, caritate nostris cum fratribus celebremus, praestabit deus pater 2 19 2
rebus Christiani culminis fundamenta consistunt, id est in spe, in fide, in caritate, quae ita inuicem sibi uidentur esse connexa, ut sint aliis alia 1 36 1
glorificando, alium corrigendo. constat ergo omne Christianitatis magis in caritate quam in spe uel fide esse depositum, sicut euidens testatur 1 36 19
mucronibus sordidis uelut testudine quadam resistunt uincuntque facilius caritate, quod singillatim nuda uix possunt superare uirtute. elementa 1 36 15
inflata fides ac spes dilectionis a fundamento uelluntur. quid autem sine caritate sint non tantum istae, sed et aliae quoque uirtutes, indice Paulo 1 36 20
nonne uidemus omne animantium genus congregatione, concordia testari caritatem atque ita omnis motus quasi uno sensu magistra dilectione 1 36 15
si in cibos distribuero omnia mea et si tradidero corpus meum, ut ardeam, caritatem autem non habeam, nihil proficio. caritas enim, fratres, *omnia* 1 36 20
cur postmodum nubis?' exsecrabilis res est, fratres, nec coniugio seruare caritatem nec deo fidem. haec etiam uiros reprehensio manet. Christianus 1 2 14
ad sua numquam perueniens uota, quia satiari non nouit. fidem frangit, caritatem neglegit, iustitiam negat, non cognoscit affectus, iura diuina 1 21
cognoscite: *et si habuero*, inquit, *omnem fidem, ita ut montes transferam, caritatem non habeam, nihil sum. et si in cibos distribuero omnia mea et si* 1 36 20
dicente: *iusto lex posita non est, sed peccatori*. peccator autem ille est, qui caritatem non habet dei ac per hoc operanti iram recte subiacet legi. 1 36 17
spem, fidem, iustitiam, humilitatem, castitatem, probitatem, concordiam, caritatem, omnes artes omnesque uirtutes, ipsa quoque elementa eius 1 4 1
in caritate, in deo manet et deus in illo manet — , tunc demum, fratres, caritatem per semet ipsum ei condigne reddemus, quia facta commutatione 1 36 21
fides? fides si non sit, quomodo spes ipsa nascetur? quibus si deneges caritatem, utraeque cessabunt, quia neque fides sine caritate neque spes 1 36 1
quia lites generant. seruum autem dei non oportet litigare, quia lis et caritatis est hostis et fidei; quas si quis amiserit, nec diuina ille profecto 2 3 18
maxime debeatur: utique illi, qui hominem fecit, qui ei munus perpetuae caritatis similitudinem suam tradidit, qui orbem terrae donauit, qui omnia 1 36 28
martyrum et mater es et corona. tu murus fidei, fructus spei, anima caritatis. tu specialiter omnem populum diuinasque uirtutes quasi crines 1 4 22
inponunt, cum errores suos lunari circulo adscribunt, cum ingenii sui carmen coli uel maxime cupiunt, sic se et alios perdiderunt. nam mutato 2 9 1
sicut Esaiae beatissimi indicat carmen, Iudaico populo irascitur deus eumque, ne forte paeniteat, publica 1 30
promotio est animae. huius rei testes sunt nobis duo homines propheticum carmen suis actibus exponentes, pharisaeus et publicanus dei stantes in 2 9 8
in cupidinem sui utrumque sexum, omnes animas, omnes aetates isto carmine inuitans: *exiguum et cum taedio est tempus uitae nostrae et non est* 2 4 10
argumentis attingi, patris et filii festinant nec intelligunt, quia in exordio carminis sacri deus deo sua sibi et diuinitate et nomine comparatus omnes 1 45 1
Iudaicum populum uniuersum salutis suae amisisse praesidium diuini carminis textus ostendit. in quo eum non seueritas apud omnes condemnat, 2 21
teneatur, tamen quicquid uoluerit, omnibus momentis illustret. non ergo carnale hoc domicilium imaginem dei debemus accipere, sed caelestis 1 27 3
teneatur, tamen quicquid uoluerit, omnibus momentis illustret. non ergo carnale hoc indumentum imaginem dei debemus accipere, sed caelestis 2 30 3
aliter etenim inmortalitatis stola illa non sumitur, nisi primo istud carnale spolium, blandum animae uenenum, secundum dei sententiam, 1 2 30
partem peccare iam non potest. consequens est, ut profiteatur, utrum hanc carnalem an spiritalem esse defendat. si spiritalem, cur de carne gloriatur? 1 3 3
an spiritalem esse defendat. si spiritalem, cur de carne gloriatur? si carnalem, animae prodesse non poterit, quia *caro et sanguis regnum dei* 1 3 3
nouus homo quicquam Iudaei habere uideatur aut gentis. ambo enim illi carnales sunt, ambo sine fructu. unde dubium non est neque praeputium 1 3 24
ne forte cum carne depereat, uana spe si captus fuerit caduca atque carnali, de qua apostolus dicit: *caro et sanguis regnum dei possidere non* 1 2 24
incircumcisis gentibus fuerat profuturus. diximus de prima circumcisione carnali, quae Iudaeorum est; nunc breuiter de secunda spiritali, quae 1 3 19
<in> adolescentibus lapsus feliciter timet, beatissima cum in iuuenibus carnalia exstinguere laborat incendia. sane in senibus ut est honoranda, ita 1 1 5
fratres, sicut ueri Christiani, *quasi hospites et peregrini abstinete uos a carnalibus desideriis, quae militant aduersus animam*, nec uestrum frangat 2 4 17
enim dei imago inuisibilis sit, necesse est. denique oculis non est subiecta carnalibus; nam neque cum ingreditur corpus nostrum neque cum de 1 27 3
hinc missus fuerit, credituri sunt', euidenter ostendens non in oculis esse carnalibus uerum, sed in fide credentium constitutum. nam et dominus ista 1 2 10
non Abrahae fuisse necessariam, sed in designationem Iudaici populi, qui carnalis futurus fuerat, procuratam. denique nihil illi contulit, quia deo 1 3 7
renatus. sed sicut est spiritalis prima sine matre, ita sine patre secunda carnalis. haec miranda, inenarrabilis illa, propheta dicente: *natiuitatem* 2 8 2
puto animas nostras suorum corporum exuuiis <exui> nec cum labe carnalis huiusce domicilii ista prima morte dissolui, sed pro qualitate 1 2 3
carnalis mentis homines, fratres dilectissimi, scandalum patiuntur, non 1 45 1
reliquias mors uindicat sibi, insuper ei poenas gehennae paritura. tunc carnalis mimus ille finitur exsanguique nihil iam suffragantia tota illa 2 4 16
conscium qui ex paterni oris affectu processit uno consensu. secunda uero carnalis sicut est frequentibus oraculis prodita, ita inuenimus esse 1 54 2
sacerdotum, hoc mysterium deo, hoc opus carum, hos opus uiuum carnaliter geritur, sed spiritaliter promouetur. praestabit autem deus pater 2 6 11
cor an praeputium circumciderit. etenim si secundum ipsos nos quoque carnaliter sentiamus, ambo prophetae tenebuntur in crimine, ut aut Moyses 1 3 15
accipit, fratres, iste est, eius qui fructu lactatur. Iudaei etenim cum carnaliter sentiunt in gregibusque pecuinis agnum bifaria natura 1 8 1
temporalia sempiternis. o caeca mens hominum! quid praesentium carnalium rerum fugaci illuderis blandimento? quid deteriori meliorem 2 4 15
omnia mihi tradita sunt a patre meo. hic, qui purus de caelo descendit, carnatus ascendit in caelum. hic, inquam, de quo Paulus ait: *qui accipit* 2 5 4
habitu regnaturus sit homo iste noster, qui tendit ad caelum, ne forte cum carne depereat, uana spe si captus fuerit caduca atque carnali, de qua 1 2 24
utrum hanc carnalem an spiritalem esse defendat. si spiritalem, cur de carne gloriatur? si carnalem, animae prodesse non poterit, quia *caro et* 1 3 3
mundus manducabit carnem. anima autem quaecumque manducauerit de carne sacrificii salutaris, quod est domini, et inmunditia eius super ipsum 1 25 12
totum denique sua luce resplendens corpus sine umbra gestabat, humilis carne, sed excelsus omnipotentiae maiestate. qui sane ideo carnem est 1 54 5
Paulus subtiliter prodidit dicens: *qui seminat secundum carnem, de carne sua metet interitum; qui autem seminat in spiritu, de spiritu metet* 1 2 28
ad quos aliquid loqui superfluum est, quia, si uxor et maritus *in carne* sunt *una*, dubium non est, quia quod alter audit amborum est. quid 2 7 11
busto complecteris membra sudoremque sordidarum uaporis ararum carne tua deterges, iocaris, blandiris, obsequeris. et si quod forte acceptum 2 7 17
mortiferum, in Leuitico scriptura dicente: *omnis mundus manducabit carnem. anima autem quaecumque manducauerit de carne sacrificii* 1 25 12
qui sane ideo carnem est dignatus induere, ut nemo se possit per carnem, cum iudicii dies uenerit, excusare. 1 54 5
ab alio saluti hominum praestari potuisset. eo accedit, quod secundum carnem Dauid filius futurus esse canebatur; qui nisi paterno generis 1 3 18
etiam beatissimus Paulus subtiliter prodidit dicens: *qui seminat secundum carnem, de carne sua metet interitum; qui autem seminat in spiritu, de* 1 2 28
humilis carne, sed excelsus omnipotentiae maiestate. qui sane ideo carnem est dignatus induere, ut nemo se possit per carnem, cum iudicii 1 54 5
deus, quia *inter* patrem hominesque adstitit *medius*, probans infirmitatibus carnem et uirtutibus maiestatem. hic sol noster, sol uerus, qui clarissimos 2 12 4
apostolo sic dicente: *caro concupiscit aduersus spiritum et spiritus aduersus carnem; haec duo inuicem aduersantur sibi*. hinc caro tota deliciis fluens, 2 4 8
coniugalis affectus duos homines sacramento uenerabili unam cogit in carnem. haec humanitati praestat esse quod nascitur. huius est munus, 1 36 13
qui erat in caelo; filius hominis uocabulo, non natura. non enim bis carnem induit dominus. sed sic oportuit praedicari, quia primo, antequam 2 4 3
hic est, fratres, qui uenturus denuntiatus est per prophetas, qui secundum carnem natus in tempore est, qui est excelsus in excelsis, humilis in terris, 2 5 3
gloriosa semper in omnibus inuenitur. denique prior circumcisio desecat carnem, secunda animi desecat uitia; illa ferro, haec spiritu; illa portionem, 1 3 23
Pharisaeus occidit. Iob ulceribus maculatus est; et dominus sumendo carnem totius humani generis peccatorum est sordibus obsoletatus. Iob 1 15 8
sum; et infra: *meus est orbis terrae et plenitudo eius. numquid manducabo carnes taurorum aut sanguinem hircorum potabo? immola deo sacrificium* 1 25 1
martyribus gloriosa, in angelis clara, in omnibus uero regina. tu numquam carni, numquam ulli subiaces legi. de uoluntate nasceris, sed bono puritatis 1 1 20
saluo quod erat meditatur esse quod non erat. mixtus itaque humanae carni se fingit infantem. Mariae superbus emicat uenter, non munere 1 54 3
donati, ubique dispersi, utrobique deperditi, semesis ossibus, etiam suis carnibus nudi. conspicite rem auaro condignam! ille, ille amplum qui 1 5 8
ferire posset, quia nec dominus humanum sanguinem postularet. religiosus carnifex reprimit gladium: patris erat, quod leuauit, dei fuit, quod pepercit. 1 62 5
ut omni corpore paratus uenisset ad gloriam. mox itaque deuotum corpus carnifex uidit, statim cadentis <securis> ictus neruorum connexa dissoluit 1 39 8
omnibus momentis exurit; qui paedorem sui secum carceris portat; qui carnificem sentit, antequam uideat; qui nomen iudicis pertimescit; qui, 2 10 1
iubet non usitata animaduersione poenarum nec usuali in reos lege carnifices in martyris membra saeuire. uiluerunt ungulae, inutiles ictus uisi 1 39 6
in adulterio, in homicidio, in falso, in maleficio deprehenderit, carnifici destinat statim, non audiendum, sed competentibus poenis 1 35 8
nudare. ecce inter ipsa supplicia uacare non sinitur et orationis instar per carnificis tormenta meditatur. erexerat securem percussor insanus et 1 39 7
incidit. at fortasse adhuc quispiam dicat: 'cur ipse quoque signaculum carnis accepit, si ei necessarium non fuit?' huius propositionis quae sit 1 3 17
sit quaeue animae, deo magistro didicimus; qui non ignoramus uictoria carnis ambas exstingui, animae uictoria utramque seruari: meliora 2 4 18
dei est indulgentia liberatus? quos utique omnes circumcidi praecepisset, si carnis circumcisionem eorundem saluti, quos amabat, necessariam 1 3 5

captantes auguria, eius sine malitia succedentes iugo terramque uestrae carnis domando fecundantes laetam diuinorum seminum messem 1 38 3
est caritas patris in illo, quoniam omne, quod in mundo est, concupiscentia carnis est et concupiscentia oculorum et ambitio saeculi, quae non est a 1 36 27
est caritas patris in illo, quoniam omne, quod in mundo est, concupiscentia carnis est et concupiscentia oculorum et ambitio saeculi, quae non est a 2 4 12
est caritas patris in eo, quoniam omne, quod in mundo est, concupiscentia carnis est et concupiscentia oculorum et ambitio saeculi. his enim auctoribus 2 9 5
claui aperire conabor, ut et prouidentiam dei et uim consociationis carnis et animae et hominis summum bonum ubinam sit constitutum, 2 4 3
ex ouibus et haedis: *ex haedis* utique propter peccatricis indumentum carnis, *ex ouibus* propter spiritum maiestatis. qui *primitiuus* est dictus, quia 1 46a 2
thesaurum custodi. esto sancta et corpore et spiritu, amore Christi ignem carnis exstingue, ut de resurrectionis gloria, quam hic iam tibi uindicas, 2 7 4
est ergo quod credimus in ecclesia remissa peccatorum ac resurrectionem carnis?' facile, fratres, pugna ista concordat statusque futuri qualitas 1 2 24
sibi corpus suo iudicio nasciturus. in hominem coaptatus integumento carnis includitur deus humanamque uitam mutuatur de tempore, qui 2 12 1
secretum plus quam publicum reueretur. pestiferas odit blanditias carnis inimicae et quicquid ingesserit mundus uoluptatis aut muneris, 1 1 2
deinde quia delicias plus diligit quam laborem. huc accedit, quia bona carnis inuenit, non requirit, mauultque potiri uel paruis praesentibus bonis 2 4 13
at e diuerso uideor mihi audire proclamantem: 'si haec est condicio carnis, quid est ergo quod credimus in ecclesia remissa peccatorum ac 1 2 24
uos, qui *circumcisi estis circumcisione non manu facta in spolationem carnis, sed circumcisione domini nostri Iesu Christi*, elaborate, ne uestra 1 3 24
populorum secundum Moysi dictum non in damnum hominis praeputium carnis, sed in augmentum hominis praeputium facinorosi cordis incidit. at 1 3 16
abiecimus, Christum induimus; qui, quae uis, qui exitus, quae merces carnis sit quaeue animae, deo magistro didicimus; qui non ignoramus 2 4 18
adstare fulgentes Moysen Eliamque, quos propter tunc impedimentum carnis uidere non possent, libertate spiritus uident, exinde intellegentes in 1 2 9
huius modi officiis saeculares obterens uoluptates cum fuerit uictor carnisque nexibus liber, repromissae inmortalitatis inaestimabili beatitudine 2 1 14
spiritalia non sua desiderans, de qua Paulus ait: *non omnis caro eadem est caro: alia est hominis, alia iumenti, alia caro uolucrum, alia piscium. et* 1 2 25
cum unaquaeque pars nititur alteram subiugare, apostolo sic dicente: *caro concupiscit aduersus spiritum et spiritus aduersus carnem; haec duo* 2 4 8
quaerens, iam spiritalia non sua desiderans, de qua Paulus ait: *non omnis caro eadem est caro: alia est hominis, alia iumenti, alia caro uolucrum,* 1 2 25
sacramento purgatum, in aeternum homo, de quo agitur, periturus est; caro enim damnum pati potest, animo autem imperare non potest; ipse 1 3 9
cur de carne gloriatur? si carnalem, animae prodesse non poterit, quia *caro et sanguis regnum dei possidere non possunt.* accedit, quod circumcisio 1 3 3
uana spe si captus fuerit caduca atque carnali, de qua apostolus dicit: *caro et sanguis regnum dei possidere non possunt.* at e diuerso uideor mihi 1 2 24
meliorem subiacere compellis, scriptum quippe cum noueris: *omnis caro fenum et gloria eius sicut flos feni*? cuius si curam geris, pecuinam te 2 4 15
adhuc quispiam dicat: 'si caro perit, unde cognoscitur ille, qui resurgit?' caro, fratres, quasi quoddam est speculum intuentis plenitudine 1 2 29
patiendo libenter, quod non merentur. Noe cataclysmum, quo omnis caro funditus deleretur, denuntiante deo imminere per momenta et credit 1 4 12
et superseminauit zizania in triticum. at fortasse adhuc quispiam dicat: 'si caro perit, unde cognoscitur ille, qui resurgit?' caro, fratres, quasi 1 2 29
aperitur, fides si inlibata teneatur. unde rem paucis expediam. omnis caro quam diu flagitiosis illecebris huius mundi ac tenebris feralibus 1 2 25
perdiderunt. non enim intellexere, quia *ex haedis* humana designabatur caro suis onusta peccatis, *ex ouibus* spiritus maiestatis; quae utraque in 1 8 1
et spiritus aduersus carnem; haec duo inuicem aduersantur sibi. hinc caro tota deliciis fluens, uariis temporum redimita muneribus opes 2 4 9
sui corporis potestatem non habet, sed uxor. sic igitur, quoniam una sunt caro, unum diuini operis sacramentum, quoniam femina de uiro suo facta 1 1 14
ait: *non omnis caro eadem est caro: alia est hominis, alia iumenti, alia caro uolucrum, alia piscium. et corpora sunt caelestia, sunt et terrestria.* 1 2 25
permittit aut gaudium. tu tuos ita diligis inimicos, ut inter eos carosque tibi quid distet, nemo discernat. tu, inquam, caelestia humanis, 1 36 31
pro cotidianae aetatis incremento progrediens lasciui cursus ambagibus carpit pensa mundana. at ubi matura aureo igne flagrantis luciflui aurigae 1 2 19
nostro, quem, pro nefas, uenerantur externi, si tamen dicendum est, sui carpunt. sane nullis argumentis armatus, quibus illi libenter utuntur, qui 2 18 1
sanguine impiata. solus Cain exsultat infelix et, quod teste caret, putat se caruisse facinore, quem deus uidit, quem conscientia redarguit, quem 1 4 9
illustris, haec gloria omnium sacerdotum, hoc mysterium deo, hoc opus carum, hos opus uiuum carnaliter geritur, sed spiritaliter promouetur. 2 6 11
te allegatae priusquam fundantur acceptantur preces. tu es sacrificium deo carum, tu legitimum dei templum, sacrarium pudoris. te corruptio intrare 1 1 21
Dauid regius pastor omnibus momentis lac argenteum subministrat et caseum. Zachaeus sine mora quadriplicata expungit apophoreta, deus et 1 24 3
ubi dolor, qui in humanis sensibus uersari consueuit? in tantis filii casibus laetatur et gaudet et se dominum promeruisse triumphat. accepit 1 43 6
parce.' ecce et meritum principale diuinam indulgentiam meruisse sub casibus: nam retro respiciens Abraham inuenit uictimam, quam innocens 1 43 7
corpore infirmitas nasceretur aut humanus exitus contingeret, uix in eius casibus pater uiuere potuisset, si annis teneris moreretur. hic igitur infans, 1 43 3
compellit aetatis.' credo. ecce nupsisti. ut de fragilitate humanitatis, casibus ut de ceteris taceam, ecce maritum tuum postridie aliqua necessitas 2 7 9
magnas struis congeries? quid hic remansura peruigil sollicitudine cassa nec tibi ipsi inde aliquid concedendo illibata custodis? insuper de 1 14 3
ecclesiae, in qua gentium iam inde noster populus morabatur, quae non in cassum a deo *magna ciuitas* dicta est; erat enim futurum, ut omnium 1 34 9
retunsa undique iter non inuenit prora. trepidant nautae, festinant in cassum iactura uasorum nauem leuare ponderibus, quae prophetae pondere 1 34 6
post deuotissime completa expiationis sacrae casta ieiunia, post clarissimae noctis suo sole dulces uigilias, post lactei 1 24 1
oppressa ueritas tandem defendatur in terris. triumphat maritus, quod castam inuenerit coniugem. laetatur familia omnis, quod in ea nihil 1 40 3
pectus crebro percutiens quodam modo cor suum manu uerecunde castigat postulatque tantum ueniam delictorum taciturnitate, non uoce. 2 9 9
credulitas, timor, sapientia, sobrietas, mansuetudo, temperantia, castitas, pietas, caritas, fides, ueritas, humilitas, gratia, honestas, 1 37 15
erigebat. sufficit ergo pudicitiae conscientia; testis est deus. non respexit castitas, quid falsi dicerent testes aut qualiter iudices circumuenti 1 40 2
contenta secretis, non tam rea susceptura sententiam quam dicata deo pro castitate fortiter moritura, et quam iudicantium sententia praua deiecerat 1 40 1
spectet, dubium quippe cum non sit spem, fidem, iustitiam, humilitatem, castitatem, probitatem, concordiam, caritatem, omnes artes omnesque 1 4 1
latenter adsumit. namque requiescit libens florentissimo in domicilio castitatis et in uisceribus sacrae uirginis comparat sibi corpus suo iudicio 2 12 1
Susanna illustris Hebraea, uerae decus pudicitiae, docuit feminas suae castitatis exemplo. stabat Susanna in iudicio perditorum falsorum testium 1 40 1
cultus, sed alterius alicuius desiderio in suam hoc contumeliam procurari: castitatis obseruantiaeque uirtutem deuocabit in crimen. quid enim ille 2 7 18
decuerat *deperire coeperant.* quam cum aduerterent muro <munitam> castitatis, quae certe uera et aeterna formositas, in paradisi solitudine, ubi 1 1 17
ab aetheria sede profectus in praedestinatae uirginis templum sibimet castra metatur, quibus latenter infunditur in hominem gigniturus 1 54 3
fugam, in armis expeditissime standum, uigilandum diligenter, undique castra munienda, defensanda regalia fortiter ac tenaciter signa; aestus, 2 4 11
caecum; ignis columna per noctem, ut significaret arsurum. angelus tua castra praecedit, necubi crimen excuses. per mare ambulas; *ueloces pedes* 2 16
ignis columna per noctem, ut admoneret arsurum. angelus praeuius tua castra promouit, ut etiam praesenti deo probareris ingratus. per mare 1 9
at plerumque cum sua sibi industria fenerator etiam ipse nudatur, ei cum casu aliquo fraus, inopia, fuga, mors extorserint debitorem. auaritiae enim 1 5 12
timor, qui nihil aliud agit, nisi ut beatos efficiat; qui timet arte, non casu, uoluntate, non necessitate, religione, non culpa; qui deum metuit, 2 2 7
praestiteras, mater, cum sterilis esses: ad gladium nascitur puer. talem casum nemo doluit, nec quae genuerat mater. nemo plangit uiuas exsequias 1 62 4
regnum nec accepit aliquando nec posuit; semper enim cum ipso regnauit, cata Iohannem ipso dicente: *regnum meum non est de hoc mundo.* 2 5 8
significat non creaturae, sed cordis. etenim semen cordis uerbum est dei, cata Lucanum domino sic dicente: *est autem haec parabola: semen est* 1 13 5
a quo pati martyres didicerunt patiendo libenter, quod non merentur. Noe cataclysmum, quo omnis caro funditus deleretur, denuntiante deo 1 4 12
augmentum, immortalitatis fidelibus fructum, paenitentibus curam, catechuminis lucis uiam, competentibus remissa omnium peccatorum, 1 6
ecce nullum pondus, stridor nullus est mundanarum uestris in ceruicibus catenarum. uinculis nullis impeditae sunt manus, nullis pedes onerati 2 29 1
honorificentia deferentis patri uerba sunt filii, debetis agnoscere, quantis catenis uincta tenebrarum mens laboret incredulorum. *immola,* inquit, *deo* 1 25 2
cognoscite; a quo appellatur synagoga *spelunca latronum,* sacerdotalis cathedra *pestilentia*, sacrificium *canina mactatio*, ieiunia *odium*, populus 2 25 1
uastatione campis aequatum suo puluere iacet sepultum. sacerdotalis *cathedra pestilentiae* cultorum suorum sacrilegio iure deleta est. exinanitum 1 19 1
manu cum suis sibi sacrificiis sparsa in puluerem uanuerunt. sacerdotalis *cathedra pestilentiae* suo nomine deleta est. agnus salutaris, qui designatur 1 28 1
quotiens deus dei filius, qui patris maxima est gloria, aequalis patri a catholicis praedicatur. denique inde est, quod legis fundamenta temnentes 1 45 1
incurabilis Cancer. Leo autem noster, sicut Genesis protestatur, *leonis* est *catulus*, cuius ista pia sacramenta celebramus, qui ad hoc *recubans* 1 38 4
genera uniuersa terrorum; incolumis quasi orbe subacto de illo feralis caueae — iam non miserabilis, sed mirabilis — funereo ambitu excedit 2 2 7
eius super ipsum est, peribit anima illa de populo suo. haec, fratres, sicut cauenda sunt nobis, ita quae bona, quae pura, quae simplicia, quae pia, 1 25 13
nostra per dei requiratur iniuriam. quod futurum Salomon enuntiauit et cauendum quid sit his uerbis edocuit: *melior qui deficit sensu in timore* 2 3 12
quod in praeceptis dominus ait: *qui dimiserit uxorem suam excepta causa adulterii, facit eam moechari.* quid hic respondere possint lubrici 1 1 13
illis contingi manibus, quibus stipem denegauerat uiuus. odit iam sine causa ante quod amauerat; probat felicius esse quod oderat. gemit instanti 1 2 10
non eris; unum tamen scio, quia nihil distat a prodigio, quisquis alterius causa et formam mutat et mores. sed dicis: 'ardor me tenerae compellit 2 7 8
iudicio uacant, quomodo unicuique merces pro suo actu reddetur? sine causa etenim laborare uidebitur iustus, nisi recipiat secundum facta sua, 1 35 1
uelut sacrilegii commissi capitales poenas luit? quanto magis in dei causa fortius praecauendum est, quem solum uereri quicquid in uirtutibus 1 36 24
nimio firmitatem. hinc aestimare licet, quid eis sit reseruatum, quorum in causa funerei luctus poenae pertulit natura supplicium. 1 47
quae reum, qualem inuenerint, talem quoque dimittunt; quae in pari causa ipsi praestatori nihil prodesse possunt. at uero nostrae aceruatim 2 24 1
uotis saepe contingit, ut nec filios habeant nec maritos. talis est etiam causa maritorum, ad quos aliquid loqui superfluum est, quia, si uxor et 2 7 11
miserandis affatibus in uberiores fletus incendit etiam eos, quos causa non tangit, tanto ambitiosior in dolore quam ditior — sane post 1 2 14
sequitur ac dicit: *neque elati sunt oculi mei.* oculorum peior est causa, quia exaltatio cordis ad paucos pertinet, oculorum elatio ad omnes. 2 9 5
facultatumque beneficio quis aut amatur aut odio est. denique haec est causa, quod fratrum pia nomina plerumque gladiis amica uidemus esse 1 5 6
fratres, si ista cura sexui utroque prodesse potuisset. cum enim grauior causa supersit, periturum se, nisi ueritatem requirat, agnoscit; si enim 1 3 9
sola unica spes totius praeteritae sterilitatis damna sarciret. inuenta est causa, ubi Abrahae fides temptatione fortior militaret: carissimi membra, 1 62 3
tenduntur insidiae et diuersis calumniarum generibus factiosae emerserint causae, quid homo pestilens excogitet uel quid diabolus machinetur, non 1 40 1
sit prudens; nam huius mundi sapientia stultitia est apud deum. ob quam causam idem deus per prophetam hactenus protestatur: *non glorietur* 2 1 5
confestim ut perfidum punit irata quem docuit nullamque aliam ob causam promulgatam se esse testatur, nisi ut fides de infidelibus uindicetur. 2 3 3
testimonia eius, ita curiositate non sunt inquietanda secreta. *quis enim causas naturasque caeli huius* et superiorum *sciet?* quis corpoream aeris 1 34 1
hominibus ne hominum quidem uocabulo digni iudicarentur. pro quibus causis a deo non tantum sunt disperditi, sed etiam perpetuo poenali 1 13 4
prominens atque diffusa, sic tamen, ut sentiri se cupiat quam uideri, plane cauta, ne quam declinet in partem, ne in aliquo se ipsa reprehendat, ne 2 1 12

non posse sine eruditione uel freno. est enim matura semper, humilis,	cauta, prudens, prouida, omni necessitate contenta, quauis turbationum	1	4	2
deum insuper et exorat. una illi sola principalis sollicitudo ac maxima est	cautio, ne quid mundo debeat, ne quid horum digne patiatur. hanc qui	2	1	13
nihil retinere, paucis accipite. Salomonis templum, de quo praesumebant,	cecidit. altaria dei ipsi euerterunt. *lex et prophetae usque ad Iohannem.*	2	17	
optauerim fieri, cum cognosco inter flammas rosculentos hymnum deo	cecinisse securos. tanta est enim fidei uirtus tantaque potestas, ut	1	31	
procellae crebrescentes insaniunt, horrendum sibilant funes, gemunt	cedentibus uelis antennae, retunsa undique iter non inuenit prora. trepidant	1	34	5
sub tanto, non dicam humanitatis, sed ipsius naturae metu laeti sunt soli.	cedit affectus pietati, pietas religioni, fauet utrisque religio. medius stupet	1	4	14
loquitur, non uxori inlicita suadenti succumbit, non amicis insultantibus	cedit, sed uictor crudelitatis et impietatis in sterquilinio foetido scaturiente	1	15	6
dicet aliquis: 'etiam Maria uirgo et nupsit et peperit.' sit aliqua talis, et	cedo! ceterum illa fuit uirgo post connubium, uirgo post conceptum, uirgo	2	7	4
argentumque, penitus quod eruitur magno opere terrae uisceribus, iterum	celandum terrae mandatur. etenim res est, quam habere falsum est	1	14	4
et uterus. mirum profecto uidete mysterium! quae celauerat faciem, non	celat uentrem. defertur fornicationis rea sine labore accusatoris uidua	1	13	3
temporis procedit et uterus. mirum profecto uidete mysterium! quae	celauerat faciem, non celat uentrem. defertur fornicationis rea sine labore	1	13	3
sicut Genesis protestatur, *leonis* est *catulus*, cuius ista pia sacramenta	celebramus, qui ad hoc *recubans obdormiuit*, ut uinceret mortem, ad hoc	1	38	4
tu tui propositi insolubilis nodus aeternus. per te legitima ieiunia	celebrantur, per te allegatae priusquam fundantur acceptantur preces. tu es	1	1	21
probando cognoscis? uerum tamen pro tuo sensu si uis pascha legitimum	celebrare, agnus requirendus est tibi, sicut praeceptum est, *ex agnis et*	2	20	1
una geniti emersistis infantes, hortor uos natiuitatis tantae festa laeto	celebrare conuiuio, sed non illo, in quo diuersis epulis intrimentorum	1	24	1
passionis resurrectionisque dominicae unanimes atque concordes salutaria	celebrare mysteria, per dominum et conseruatorem nostrum Iesum	1	26	
domino saepe reprobatos accepimus. quid ultra? non potest, fratres, ullum	celebrare mysterium, cuius sacrificium diuina sententia aduertitis esse	1	19	2
Iudaeos legitimum pascha	celebrare non posse paucis accipe, Christiane. Salomonis templum habuit	1	51	
Iudaeos legitimum pascha	celebrare non posse, periti legis, deo ipso loquente cognoscite; a quo	2	25	1
Iudaeos non tantum legitimum pascha	celebrare non posse, sed religionis diuinae prorsus nihil retinere, paucis	2	17	
Pharisaeus quemadmodum legitimum pascha possit	celebrare, non uideo, cuius eminens famosumque illud templum miserabili	1	19	1
suum tota humilitate contribulatum ambitiose sacrificant sicque legitime	celebrata paenitentia deum sibi propitium reddiderunt. quod et nos et	1	34	9
ergo, fratres carissimi, secunda illa circumcisio ab Iesu Naue quo genere	celebrata sit petrinis illis cultris: cor an praeputium circumciderit. etenim	1	3	15
est apud deum. cum haec ita sint, a quibus, quomodo, unde pascha	celebratur? adde quod agnum legitimum suo uitio, quem inuenerant,	1	46a	2
ne quid profanum sit, diligenter ac patienter geritur, quod ab altero	celebratur. sub tanto, non dicam humanitatis, sed ipsius naturae metu laeti	1	4	14
ut semper et ubique aucti fide, numero, caritate nostris cum fratribus	celebremus, praestabit deus pater omnipotens.	2	19	2
unguentis oblita, uestitu uaria, monilibus tota distincta, conuiuiorum	celebritate iucunda, uino madida, gemmis seu floribus redimita, oculorum	2	4	9
illuc aestuans uarie caeca prorumpat, uicta sit autem, si dissimulatio	celebritatem eius obscuret. nunc ad patientiae reuertamur uirtutem, quae	1	4	11
angularis lapidis coniugio cohaeretis. exsultate, uirgines: omnem istam	celebritatem honore uestri floris ornatis. exsultate, diuites, praerogationibus	2	6	10
quaedam sollicita mater patientia custodiret. sol denique quamuis mira	celeritate alternas mundi metas illustret, tamen numquam dilectam	1	4	4
ergo, fruamur bonis, quae sunt, et utamur creatura tamquam iuuentute	*celeriter; uino pretioso et unguentis nos impleamus et non praetereat nos*	2	4	10
calcando fuderant, gustant, aliqui etiam bibunt. mustum patris familias	cellae reconditur, ut pretiosius transfretatione reddatur; et martyr	2	11	7
perductae, scaturientis musti dulci fluento feruentes uinariam dominicam	cellam communi gaudio repleuerunt. quod ut uobis quoque fide uestra	1	10b	3
sicque pretiosum fluentum a suis calcatoribus et bibitur et patris familias	cellis uinariis infertur, ut melius ueterescendo reddatur. quantum	2	11	3
quam feminae circumcidimur. hoc spiritus sancti non signaculo, sed signo	censemur. hac circumcisione non aliquid perdimus, sed crescere nos	1	3	21
poenae compendium ac paene pro infecto habetur quod non diffamatur,	censuit eos caelo et terra testibus denotare, ut inexcusati facinoris	1	47	
si nostra est, seruemus ut nostram, ut iure speremus aliena. nemo enim	censum decoctori committit nec desertorem praemiis triumphalibus	1	36	7
nudi. conspicite rem auaro condignam! ille, ille amplum qui habuit	censum, exiguum non habet tumulum; quos prophetes egregius hactenus	1	5	9
omnes copias auaritiae subactas uestrum sine inuidia transfertis in	censum. quid enim esse potest ditius homine, cuius profitetur deus se esse	1	14	9
sed Iob dissimulando plus pugnat. ille eius magnum atque opulentissimum	censum uno momento disperdit cohortemque florentissimam dulcium	1	4	18
beatus beata uita fruebatur. namque erat illi splendidissima domus, diues	census, diues quoque numerus liberorum et, quod est parentibus gratum,	1	15	2
tibi fames saginatio est, si panem tuum inops esuriens manducauerit. tuus	census est totum in misericordiam habere quod habes. tu sola rogari non	1	36	31
fit uoluptas postmodum tua, cum per eam cotidie tricenos, sexagenos	centenosque colligis fructus. tu in pauperibus diues, in diuitibus ditior,	1	1	20
semet ipse condemnat. cur enim mereatur felicitatem futuri temporis	cernere, quem uideas sacrilega incredulitate dei potentiae derogare? sed	1	2	1
ipso homo iugulatur, ut uiuat. percussor non uidetur, percussoris non	cernitur gladius, percussi non hiat uulnus, non defluit sanguis; exspirantis	1	42	2
necessaria! homo iugulatur, ut uiuat. percussor percussorisque non	cernitur gladius; percussi non hiat uulnus, non defluit sanguis, non decolor	2	24	3
habitacula praeparata sunt infinita. nemo sit de mansione sollicitus:	certae gloriae nostrae insignis res erit, si dei ciuitatem felicitate nostri	1	5	18
prodidit Esaias his uerbis: *audite itaque, domus Dauid: non pusillum uobis*	*certamen cum hominibus, quoniam deus praestat agonem. propter hoc dabit*	2	8	7
mirum, fratres dilectissimi, ac delectabile	certamen deo historia sacra prodidit nobis ignis ac fidei. etenim duo	1	48	
illi fuerit cruciatus sua complicat uota. denique tres pueri in illo sacro	certamine prae oculis deum sibi proposuere, non flammas, praemium	1	11	
eorum in captiuitatibus quaerunt. at ubi uentum fuerit ad diuini	certaminis campum coeperintque sacri nominis telo pulsari, tunc, cum	1	2	6
gerant, omnibus nota porcorum cotidiana propemodum tam iucundi	certaminis exempla declarant; quia aliqui eorum cum forte de numero	1	36	15
qui credit interritus, potest etiam ipse adipisci martyrium. tanta enim uis	certaminis fuit, ut eam ipse quoque ignis horruerit. nam a barbaro rege	1	22	1
ministerii Christi panis mentibus possit expelli. sed dum bellum duri	certaminis geritur et familia domini caelo spectante probatur, Archadius	1	39	3
non illo, in quo diuersis epulis intrimentorum lenocinio saporis de summa	certantibus obrutum pectus saepe crudis atque acidis uomitibus inurguetur,	1	24	1
omnes repente concelerant, laboranti subueniunt, paene armis ipsis inimici	certatim se crebro subiciunt, ingenti fragore confundunt exsertisque	1	36	15
circumcisionem eorundem saluti, quos amabat, necessariam praeuideret.	certe Adam ipsum sic ante fecisset. at fortasse quispiam dicat: 'peccator	1	3	5
amarus infecit, non frigus elisit; quod plus est: sine fermento leuati sunt.	certe caccabacei non sunt, non uetusti, non usti, non crudi, non mucidi.	1	41	2
est, fratres, in qua locum qualiscumque non inuenit excusatio; detestabilis	certe filius, quem pater pius, quem pater damnat inuitus.	1	20	
rursum, ut hoc idem faciat aut ut quod non habet perdat; aut	certe Iesu Naue parricida sit, si cultris corda hominum desecat. sed absit,	1	3	15
periturum se, nisi ueritatem requirat, agnoscit; si enim Adam curat,	certe, in qua delicti omnis est summa, isto remedio curare non potest	1	3	9
omnes excolunt populi, dubium non est, quia aut hostis publicus aut	certe iudicatur insanus, quisquis nuptias dissuaserit. at ego non	2	7	1
coeperintque sacri nominis telo pulsari, tunc, cum alium noueris, alium	certe misereris: discoloratur per momenta color, figura sua tollitur a	1	2	6
mortem non repellit, nisi quod sanos occidit; nec manducatur aliquando	certe nec bibitur nec in inferno cum suo praedone descendet, solum quod	1	5	16
aut tollitur aut declinat; omnia bona atque perpetua exuberant passim.	certe, quod primum est, nemo eget, nemo inuidet, nemo furatur, nemo	1	5	18
quia, etsi pauper sum, tamen frontem meam tueor et fidem meam noui.	certe si quid sciunt, dicant operarii, qui mecum sunt. lucro gaudeo, sed	1	41	3
poterunt, quia uxor infelix es, si nescis, quid agatur in domo, infelicior	certe, si scieris. proponamus itaque, ut saepe contingit, in unum sibimet	2	7	13
coeperant. quam cum aduerterent muro <munitam> castitatis, quae	certe uera et aeterna formositas, in paradisi solitudine, ubi Euam ab	1	1	17
disputare, de cuius proprietate excellentes ingenio et doctrina uiri nihil	certi libris ingentibus prodiderunt. sed ego non curem, de me	2	1	1
nouus sane parentum circa filium crescit affectus, qui ex promissione	certior, ex tarditate dulcior, ex desperatione felicior putabatur. unicus	1	59	5
quod sese esse unicuique confitentur. accipe et alia exempla et quidem	certiora. primo in libro Regnorum Samuel, egregius ille sacerdos, mortis	1	2	8
corporis uulua portauit. sed in caelesti prole, non semine, progenitum	certissimum dominum impia Iudaeorum exarsere consilia. quem tacentem	1	59	8
terrae mandatur. etenim res est, quam habere falsum est gaudium,	certissimum periculum publicare. sed non opus est ire per singula, cum	1	14	4
patrem deprecatur obnixe, ut aliquis nuntius pergat, qui eos tanti negotii	certos efficiat; cui ille respondit: '*habent Moysen et prophetas*, quibus si	1	2	10
quanta fuit de amore gratia, tanta de eorum offensione futura uindicta est.	certum est enim in eum filium, posteaquam deliquit, granditer uindicari,	1	61	5
uagitu hiantibus uestris labris indulgenter infundit. idem non tumidus	ceruice, non toruus fronte, non minax cornu Taurus, sed optimus, dulcis,	1	38	3
miserandae uiduitatis es portus. tu sanctissimo coniugali iugo rudi	ceruice subeuntes in nisum laboris uel amoris aequalem retinaculis blandis	1	4	21
non manus tendis, tumidum monilibus pectus prosternere dedignaris. sane	ceruicem curuas non religione, sed pondere, quando exomologesin facies,	1	14	6
quo inuratur sibi praeportat, ille aram struit. ille exserit gladium, ille	ceruicem. uno uoto, una deuotione, ne quid profanum sit, diligenter ac	1	4	14
debetis. ecce nullum pondus, stridor nullus est mundanarum uestris in	ceruicibus catenarum. uinculis nullis impeditae sunt manus, nullis pedes	2	29	1
fratres, quos beatae sitis exoptatus ardor incendit, cupiditate ac uelocitate	ceruina lacteum genitalis fontis ad laticem conuolate. fortiter bibite, ut	2	14	
sit, quomodo spes ipsa nascetur? quibus si deneges caritatem, utraeque	cessabunt, quia neque fides sine caritate neque spes poterit operari sine	1	36	1
tolle spem: torpet humanitas tota; tolle spem: artes uirtutesque uniuersae	cessabunt; tolle spem, et interempta sunt omnia. quid facit ad litteratorem	1	36	2
patris, speramus et filii. uacat ergo praesentis temporis regimen utroque	cessante actumque est de mundo mundique tota substantia, si uel uno	2	5	5
si, ut quidam putant, docentis pendet ex ore, procul dubio eodem aut	cessante aut aliter docente consumitur. huc accedit, quod, nisi	2	3	1
deorum quae fuere responsa. si terribilia, consternata metu forsitan ipso	cessante illicita eis uota donabis (quod maritis etiam sub fidelibus multae	2	7	16
uno momento diuinitatis cessat imperium. at si, ut ratio ipsa proclamat,	cessare nullo pacto potest uarietas ista regni, a legis conditore homini a	2	5	6
sit uictrix, tamen triumphi sui palmam senectutis cum rigore partitur;	cessat enim concupiscentiae pugna, ubi sub crebrescentibus morbis ipsa	1	1	5
est de mundo mundique tota substantia, si uel uno momento diuinitatis	cessat imperium. at si, ut ratio ipsa proclamat, cessare nullo pacto potest	2	5	5
testatur, nisi ut fides de infidelibus uindicetur. denique tolle peccatum:	cessat legis imperium. *lex* enim, sicut scriptum est, *iusto posita non est,* sed	2	3	4
ad Iohannem. sacerdotibus eorum luctus indicitur. immolatio aufertur.	cessat unguentum. circumcisio uacuatur. sabbatum denotatur. neomeniae et	2	17	
hostia uideretur; pedem ligatura destringit, ne incitata uictima displiceret.	cesset itaque hic, carissimi, impietatis abominanda suspicio: Abraham	1	59	7
sacramentorum non sinit pondus. uerum tamen ne in toto solemnitas	cesset, paucis eius degustate sermonem. uinea dei quidem prior synagoga	1	10b	1
cordis a pueris disce uirtutem. sed uide, ne aestimes falsum, quod eis	cessit incendium. ueritatem ratio protestatur. qui nunc in se credentes	2	27	
daemoniis et non deo. ac ne quis sacrilegium existimaret sibi impune esse	cessurum, scriptura iterum ibidem dicit: *sacrificans diis eradicabitur, nisi*	1	25	5
placitum est domino, ubi se ipsum candidus animus immolauerit domino;	cetera autem nihil proderunt, si colentis pura mens non sit, in Ecclesiastico	1	25	9
dominus ipse nos edocet: *eructuauit*, inquit, *cor meum uerbum bonum* et	cetera, et apud Salomonem hactenus dicens: *ego ex ore altissimi prodiui*	2	8	2

de quo Paulus ait: *qui accipit regnum, regnat et tradet deo et patri*, et cetera. quid hinc scandalum pateris, Christiane, ex tuaque natura opinaris 2 5 4
iustitiam ueniamus, omnium fontem matremque uirtutum. quae praeter ceteras tota se ad alienas utilitates colligit atque explicat sciens, quid deo 2 1 11
autem ignorare uos, fratres, de dormientibus, ne contristemini sicut ceteri, qui spem non habent; si enim credimus, quia Iesus mortuus est et 1 2 12
est et deputatum est illi ad iustitiam? cum igitur integer, sicut Enoc et ceteri, sit iustificatus et postea circumcisus, manifestum est circumcisionem 1 3 7
quod ipse reprobat fieri, qui praecepit. hoc solum dico: imple uel in ceteris legem, sicut scriptum est: praecinge lumbos tuos, indue pedibus 2 20 2
locuta sunt facinus et lingua uestra iniustitiam meditatur. et iterum de ceteris membris: *sepulcrum patens est guttur eorum, linguis suis dolose* 1 3 11
aetatis.' credo. ecce nupsisti. ut de fragilitate humanitatis, casibus ut de ceteris taceam, ecce maritum tuum postridie aliqua necessitas rapit, quae a 2 7 9
uulneris ferro circulata cicatrix. quam si Iudaeus aestimat gloriam, ut de ceteris taceam, maior est eius, qui in honorem deae suae — sane anus 1 3 2
perhibent ueritati! cur autem fingant nomina, quorum est confessio in ceteris uera, aut qua ratione isto argumento nitantur, quod hominibus, 1 2 7
perhibes testimonium. ubi est ille, qui inuicem desiderantibus uobis tardior ceteris uidebatur primus matrimonii dies? ubi pretiosae uirginitatis festa, 2 7 6
dei structura et propria est et perennis, qua et Iudaeos et gentes uel ceteros antecedimus. incomparabilis autem gloria ac uere deo digna, cum 2 6 4
sapientes, ut uideri uolunt, Graeciae uiri praeter ceteros curiosi otioso negotio cor suum ultra quam licitum est argumentis 2 9 1
per hanc Abraham ad dei peruenit amicitiam; per hanc Isaac praeter ceteros enituit; per hanc Iacob deo colluctari praeualuit; per hanc Ioseph 1 36 7
ut mea seruem, aliena non quaeram.' hoc etiam gentes dicere consuerunt. ceterum apud deum quam sit iniustum, mox uidebimus. nunc primo 2 1 18
ergo sic accipiendum est, quemadmodum ab inprudentibus aestimatur. ceterum domini dictum quo sit pondere quaue ratione prolatum, explanat 1 35 2
uultis scire, quam iusta sit? miseram se putat, nisi euerterit ueritatem. ceterum fortitudo, quae hominibus est cum feritate communis, omne ius in 2 1 7
potest eum reuereri, qui ingenii sui putat esse, quod ille fuerit aestimatus. ceterum illa est fidei generositas uera, ut deo fideliter seruiat, in solo ipso 2 3 19
aliquis: 'etiam Maria uirgo et nupsit et peperit.' sit aliqua talis, et cedo! ceterum illa fuit uirgo post connubium, uirgo post conceptum, uirgo post 2 7 4
nouerit uoluntatem, sine qua ei nec legitime seruire poterit nec placere. ceterum prouidentis dei de deo argumentationibus uanis opinari uelle 1 54 1
pretiosa indulgentia est, fratres, quae et ueniam praestat et medicinam. ceterum qui parcit uenefico, homicidae, adultero, incestatori, sacrilego, nisi 2 24 2
doce eam sibi non esse contrariam, doce omnia, quae canit, esse credenda. ceterum si eius partem probes, reprobes partem, quomodo per hanc fidem 2 3 13
non potest procurari, a quouis uere stultissimo negari non possit iniusta. ceterum si scire potuissent ueram iustitiam, cuius est inmortalitas merces, 2 1 4
non ex deo considerant hominem factum, sed ex homine <deum>. ceterum si spiritaliter saperent, in ipso, quod infirmissimum putant, hoc 2 8 9
homini sua non ab alio commodetur, sed eius ex uoluntate nascatur. ceterum si, ut quidam putant, docentis pendet ex ore, procul dubio eodem 2 3 1
iustus possit esse qui stultus est neque sapiens qui fuerit iniustus. ceterum siue iusto siue sapienti si alterum defuerit ex duobus, quod illi 2 1 10
infernum; sicut enim Ionas tribus diebus et tribus noctibus fuit in uentre ceti euomitusque Niniue se intulit ciuitati, ita dominus postridie ab inferno 1 34 8
sub gressibus tuis maris unda pinguescens marmoreo stupore solidetur; cetina cymba inter aestuantis pelagi sollicitos sinus fidem tuam fideliter 2 3 14
et Ionas timens dominum spontaneum non timet adire naufragium, ceto inhiante miserabilius sepelitur quam praecipitatur et tamen litus, quo 2 2 5
est dimissus in altum ferinaeque uoraginis est receptus hospitio, uigilat in ceto qui stertebat in naui. mira res! post naufragium, post natatile 1 34 6
praedicauit, utrosque uolentes, illum condicione, dominum pietate. cetum esse non dubitatur infernum; sicut enim Ionas tribus diebus et 1 34 8
caecitate medica fuit; haec in Daniele ora leonibus alligauit; haec in Iona cetum in cymbam conuertit; haec in Maccabaeicae germanitatis exercitu 1 36 8
perspicitur interire. similiter in inferno diues ille tenacissimus, quem chaos immensum a pauperis felicitate discernit, ardoribus suis implorando 1 2 9
bonis suis poterit uti securus. sunt enim multi, qui adserere conantur *chaos in principio fuisse*, id est informem indigestamque latentis naturae 1 7 1
sapit, quod cogitat, quod mouet, quod mouetur, quod mira prouidentia chaos ipsum ut chaos non esset effecit, quod eius membra discreuit, ratione 1 7 2
quod mouet, quod mouetur, quod mira prouidentia chaos ipsum ut chaos non esset effecit, quod eius membra discreuit, ratione disposuit, 1 7 2
nec ipsi uiro aliquid eam prodesse perspicio? quia huius circumscriptio characteris potestati subiacet cordis, quod nisi uerae circumcisionis spiritali 1 3 9
sancti diuites pauci sunt, uos plures estis. haec sunt, dilectissimi fratres, charismata uestra, hae uirtutes, quibus Hierusalem spiritalis instruitur, 2 6 11
dilectissimi, lex est, quae salutaribus monitis diuersis uirtutibus diuersoque charismate omnium credentium non colla, sed corda decorare consueuit. 1 13 10
laetabuntur. hodie eos etiam uer arridens diuersos in flores diuerso charismate redditurum, cum salubri unda perfusi, limpidae aestatis messe 2 13
sed spiritu sancto generante *odorem diuinum* beata *spirantes* fide diuerso charismate, sed una natiuitate ecclesiae flores clarissimi ac dulces nostri 1 33 2
terror, martyrum uirtus, ecclesiae pulchritudo uel murus, dei ministra, Christi amica, spiritus sancti conuiua. huic et praesentia subiacent et 1 36 4
competentibus remissa omnium peccatorum, sicque cunctos in unam Christi corporis gratiam congregatos ad caelestia regna perducit per 1 6
condigne possit arguere, quae dedecus suum sacrilegio dotantes *membra Christi* daemoniorum seruis addicunt, *dei templum* profanis patefaciunt, 2 7 12
instruitur, quibus sacrae orationis iste locus nouus et populus cotidie Christi dei et domini nostri prouidentia comparatur. hic labor noster 2 6 11
non manu facta in spolationem carnis, sed circumcisione domini nostri Iesu Christi, elaborate, ne uestra integritas mutiletur, ne ingruentium 1 3 24
licet sectae sint plures, quae iniuriam Christi fabulari nitantur, tamen tres sunt quodam modo principales. e 2 8 1
maiora. quae si erogaueris, pecunia est, si seruaueris, simulacra. ancilla Christi, falso idolum respuis; mihi crede: in te colis, cuius ornatum, cuius 1 14 6
nobiscum portamus annonam. illis sitientibus petra fluxit in poculum, at Christi fontem qui biberit, in aeternum sitire non nouit. illis in deserto 1 46b 3
subiecta fidei thesaurum custodi. esto sancta et corpore et spiritu, amore Christi ignem carnis exstingue, ut de resurrectionis gloria, quam hic iam 2 7 4
non perdidit, sed mutauit! Iob, quantum intellegi datur, fratres carissimi, Christi imaginem praeferebat. denique comparatio indicat ueritatem. Iob 1 15 7
cum prophetia ad sui dicti iam peruenerit ueritatem. Iesus enim Naue Christi imaginem praeferebat, qui uerus omnium saluator esse cognoscitur 1 3 16
in tenebris, habentes fana, non domos? digne, digne iugulantur quae Christi ingratae beneficiis sponte ad mortem, de qua euaserant, 2 7 12
neruos abscindet. quapropter duas esse natiuitates domini nostri Iesu Christi necessario scire debet populus Christianus, ne quem patiatur 2 8 2
appetendum quidue fugiendum sit facillime possit agnosci. sub uelamine Christi nominis, fratres, se adserere conatur Antichristus similiter 1 1 6
colendo — , tactu carbonis in unum populum per confessionem nominis Christi noscuntur esse conflati. etenim conflatio et puritatem designabat et 1 37 3
quod est idolorum seruitus, non habent hereditatem in regno dei et Christi, ostendens unum esse regnum patris et filii. recte igitur patri tradet 2 5 8
aruina, funesto sanguine perlitare, ut illiciti administratione ministerii Christi panis mentibus possit expelli. sed dum bellum duri certaminis 1 39 2
nec fuerat locus, in quo non erat pro religione sacrilegium. cogebatur Christi populus uanis superstitionibus interesse atque in cultum nefandi 1 39 2
dies uero ad sacramentum pertinet resurrectionis domini nostri Iesu Christi, qui *in omnibus omnia* est; qui uere aeternus est ac sine nocte dies; 1 33 4
quia, sicut in Isaac aliud offertur et aliud immolatur, ita et in passione Christi quod per Adam deliquerat, per Christum liberatur. 1 59 9
dominus parricidium probata uoluntate prohibuit. ad huius ergo personam Christi refertur uerecunda natiuitas, sed uirginalis uteri aula secretior: 1 59 8
unum nomen est deus. igitur duas natiuitates esse domini nostri Iesu Christi, rudis aut neglegens disce Christiane, ne quo decipiaris errore: 1 54 2
loquitur, sed res una in omnibus inuenitur. igitur Iacob habet imaginem Christi, sed et lapis ipse, quem ad caput suum posuisse cognoscitur, 1 37 1
qui eius sanctificatori inuiolabili deseruit deo? nam si *ecclesia* ideo *Christi sponsa* est, quia *pudica*, ideo iugo thalami caelestis honorata, quia 1 1 3
fides moritur. quod autem inquit: *consolatus* est, utique intelligitur spe Christi uenientis, qui non tantum prophetis synagogae lapsu desolatis 1 13 7
ex Iudaeis et gentibus populi baptismatis aqua uiuentes, in unum populum Christi uno signo signati. 1 38 7
argentumque non tam habere quam esse. nam uos estis aurum uiuum dei, Christi uos argentum, uos spiritus sancti diuitiae; uos si terrena metalla 1 5 17
suscepti, apostolo dicente: *omnes nos manifestari oportet ante tribunal Christi, ut recipiat unusquisque corporis sui merita secundum ea, quae* 1 2 15
sed Phoenix, non alia, sed quamuis melior alia tamen prior ipsa. erubesce, Christiana conscientia, uel tot ac tantis ex rebus quemadmodum rursum 1 2 21
eius ambiuit ancilla? in domo denique quae geruntur, sed et ipsis in fanis, Christiana fidelis, sine te esse non poterunt, quia uxor infelix es, si nescis, 2 7 13
rabie idolorumque turba uiolenta non tantum nostri maiores, sed omnis Christiana progenies de uera Aegypto, id est isto de mundo, semper 1 46b 1
ne generalitas nominis in conparatione malorum attrahat gloriam Christianae felicitatis. duplex itaque forma surgendi est: prima sanctorum, 1 2 23
Christianae fidelitatis felicitas maxima est fidei nosse naturam, quae talis ac 2 3 1
uerum hoc est solum, nos in quo uincimus, quia pro sua sanctitate Christianae plus nubunt. adde quod gentibus, quod sine dolore magno uel 2 7 11
rerum paene contra naturam, iamiamque desinat permoueri, intellegens Christianae uirtutis hanc esse maximam gloriam, ipsam calcare naturam. 2 7 1
uri deterius. *omnia* quidem *licent, sed non omnia expediunt.* iam te hic, Christiane, cognosce, elige quid uelis: remedium an sanitatem. denique si 2 7 2
exsulta, Christiane, et deum fortiter time, diaboli si uis incendia non timere. ecce 2 15
regnat et tradet deo et patri, et cetera. quid hinc scandalum pateris, Christiane, ex tuaque natura opinaris prouisionis piae diuina mysteria? si 2 5 5
duas natiuitates esse domini nostri Iesu Christi, rudis aut neglegens disce Christiane, ne quo decipiaris errore: unam, quam tibi non licet quaerere, 1 54 2
laudis. primo omnium sacrificiorum tria esse genera, nouelle, disce, Christiane, ne quo seducaris errore. unum est enim detestabile, alterum 1 25 3
meum in uos et uiuetis. cum haec ita sint, resurrectionem futuram cur, Christiane, non credis? cur de huius mundi labe in meliora migrantes tam 1 2 13
euigila, Christiane, omnique saecularis somni torpore discusso, apertis auribus 2 27
credulo percipe corde rem miram, Christiane, omnique uirtutum exemplo famigerabilem. Hebraei uere tres 1 53 1
per ipsum facta sunt ac sine ipso factum est nihil. uideamus nunc, optime Christiane, quemadmodum inter patrem filiumque tempus infulcias: si enim 2 8 5
Iudaeos legitimum pascha celebrare non posse paucis accipe, Christiane. Salomonis templum hostili uastatione subuersum cum ruina sua 1 51
deum quam sit iniustum, mox uidebimus. nunc primo omnium, optime Christiane, scire cupio, quae sint tua, cum sint timentibus deum uniuersa 2 1 18
est, illa cum interim, quae nostra sunt, uidemus. aurum argentumque, Christiane, si uera dicenda sunt, exsecraris in simulacris, colis in 1 14 5
cum denotat, etiam alia crimina fugienda cognoscat. 'ore tuo te, inquit, Christiane uicisti. inde est, quod et ego aeternam uitam me possidere 1 3 8
tribus in rebus Christiani culminis fundamenta consistunt, id est in spe, in fide, in caritate, 1 36 1
hoc operetur edictum, quo et uiuaciores fuere homines et rarissimi Christiani, cur ego Christiano orbe paene iam toto hominumque uiuacitate 2 7 5
tertium mundum. detestabile est gentium, reprobum Iudaeorum, populi Christiani mundum. igitur gentium sacrificium quam exsecrabile est, iam 1 25 3
unum spiritum, unum efficis corpus. tu martyres gloriosos a confessione Christiani nominis nullis tormentis, nulla nouitate mortis, nullis praemiis, 1 36 30
quod a false plangentibus adhuc uiuenti rapiuntur. unde, fratres, sicut ueri Christiani, *quasi hospites et peregrini abstinete uos a carnalibus desideriis,* 2 4 17
Salomone clamante: *dona iniquorum non probat altissimus.* hic quaerite, Christiani, sacrificium uestrum an esse possit acceptum, qui uicinarum 1 25 10
unum sane necessario proferemus exemplum, quod et Iudaei odiosum et Christiani sacrificium approbet deo gratum, apud Malachiam prophetam: 1 25 7
quo auctore sit nata! o quam ridiculosa, quae duobus confligentibus Christianis ab altero eorum, si non transducitur, perfidia, cum transducta 2 3 10
est, tuum secretum? illius a quouis libere tractari potest, tuum etiam a Christianis ipsis minime consecratis sine sacrilegio uideri non potest? 2 7 14

bifarie inclita: unum glorificando, alium corrigendo. constat ergo omne	Christianitatis magis in caritate quam in spe uel fide esse depositum, sicut	1	36	19
esse sacrilega, noli proditrix legis. profano cur nubas, cum possis nubere	Christiano?	2	7	18
esse infelix et impudicum quicquid legitimum fuerit extra coniugium;	Christiano enim, fratres, ultra licere non puto quam ut sit aut continens	1	1	14
saeculi delitescens secessionis se commendauit umbraculo, utrumque	Christiano explicans uoto, ut et non longius uideretur a proelio et	1	39	3
edictum, quo et uiuaciores fuere homines et rarissimi Christiani, cur ego	Christiano orbe paene iam toto hominumque uiuacitate mundo senescente	2	7	5
inpudico praedone uersatur), quanto magis debet esse gloriosior in populo	Christiano, qui eius sanctificatori inuiolabili deseruit deo? nam si *ecclesia*	1	1	3
et dilexerunt homines tenebras magis quam lucem? ambiguos utique	Christianos designauit ac lubricos, *qui inter pios impiosque sint medii*	1	35	4
secum sapientiam suam; cuius quidem sectatores paene omnes conspicor	Christianos, qui perfectam putant esse iustitiam propria tueri, aliena non	2	1	15
portasse, ut circumcisionis nota exprimeret Iudaeum, credulitatis iustitia	Christianum. adde quod circumcisio ista non tam salutem pollicetur quam	1	3	7
nec singulare nec friuolum crimen est, fratres, uel maxime	Christianum cupiditatis compedibus alligari profundaeque noctis feralibus	1	5	1
peperit, hymnum canens et pectoris uerum tympanum quatiens populum	Christianum ducit, non in eremum, sed ad caelum.	2	26	3
semina spargit, si sudoris sui praemium non colligit messem? quid	Christianus credit in Christum, si promissum sibi ab eo perpetuae	1	36	3
ueritatem. haec enim res et fecit et facit, ut Iudaeus et Iudaeo deterior	Christianus dei filium deum esse non credant. quos uellem adesse paulisper	1	25	1
seruare caritatem nec deo fidem. haec etiam uiros reprehensio manet.	Christianus ergo in toto dubitare non debet in statum pristinum mortuos	1	2	15
si Iudaei uacuatae imaginis recordatione gloriantur, quanto magis	Christianus, in quo non est figura sed ueritas! quam ex rebus ipsis	1	46b	1
patefactis. praecedentibus foliis fructus sequela sese commendat; similiter	Christianus monitis diuinis praecinentibus obsecundando, in quibus	2	11	5
esse natiuitates domini nostri Iesu Christi necessario scire debet populus	Christianus, ne quem patiatur errorem: unam, qua natus est; alteram, qua	2	8	2
lectionis indicat, fratres, Iudaicus quidem populus impietatis arguitur, sed	Christianus, ne talis euadat, pariter commonetur. denique ut iste plus	1	10a	
cum populo suo diabolus et spiritus omnis iniquitatis. Israel populus	Christianus, qui proficisci iubetur, ut ad futura contendat. Moyses et	2	26	2
reuertatur. si ergo hoc ille sensit, qui non nouerat Christum, cur dubitet	Christianus, qui resurrectionem futuram et audit et sperat et repositam sibi	1	2	2
sine quo uiuere immortalitatemque apprehendere in toto non potest	Christianus. quod tabulatis infertur, caelestis uiae uitaeque altitudo	2	11	4
gesta annalibus triumphanda mandamus, in agonem immortalis laudis	Christianus semper ardor animatur. erit geminum de religiositate	1	39	1
quia neque fides sine caritate neque spes poterit operari sine fide. itaque	Christianus tribus in rebus, si cupit esse perfectus, debet esse constructus.	1	36	2
fecit Paulus beatissimus mentionem, ratio uidetur esse reddenda, ut et	Christianus ueritatem et Iudaeus suum cognoscat errorem. solet enim	1	3	1
triumphantes de camino procedunt, praestante domino nostro Iesu	Christo.	1	53	2
exsultate, fratres in	Christo, acceptaeque indulgentiae regale beneficium diligenter, fortiter ac	1	42	1
saluete, hodie nati fratres in	Christo, acceptaeque indulgentiae regale beneficium diligenter, fortiter ac	2	29	1
totum sui contenta, cum sustinet totum. tu prophetas prouexisti. tu	Christo apostolos glutinasti. tu cotidiana martyrum et mater es et corona.	1	4	22
illa damno, haec lucro; illa agit captiua sub lege, haec omnibus praestat in	Christo bonae fidei libertatem. igitur uos, qui *circumcisi estis circumcisione*	1	3	23
bruti cordis necdum discutis tenebras sacraeque legis oracula iam in	Christo completa nec probando cognoscis? uerum tamen pro tuo sensu si	2	20	1
caro suis onusta peccatis, *ex ouibus* spiritus maiestatis; quae utraque in	Christo concreta agnum legitimum praestiterunt. hic est agnus, fratres, de	1	8	1
a deo *magna ciuitas* dicta est; erat enim futurum, ut omnium nationum in	Christo credentibus populis totus orbis deo una ciuitas redderetur. denique	1	34	9
aetheriae gentes, exsultate, nouella pignora in	Christo, florentissimique hodierni spiritalis ortus uestri candorem, ne quo	1	38	1
resurrectionem futuram et audit et sperat et repositam sibi praesumit de	Christo? igitur primo omnium probandum puto animas nostras suorum	1	2	2
iustificata discessit; haec glorificata uestri numeri incrementis ac fidei cum	Christo in aeterna saecula permanebit per dominum et conseruatorem	1	13	13
exsultate, fratres in	Christo, omnique desiderio conuolantes *caelestia dona* percipite. iam uos	1	32	
quos apostolus Paulus exhortatur et monstrat dicens: *si consurrexistis cum*	*Christo, quae sursum sunt quaerite, ubi Christus est ad dexteram dei*	1	37	12
decorati nos quoque deo patri placere mereamur domino iuuante nos	Christo, qui est benedictus in saecula saeculorum.	1	2	32
nouem mensibus relegasti. tu Euam in Mariam redintegrasti. tu Adam in	Christo renouasti. tu sacram crucem in salutem perdito iam mundo	1	36	29
regali tessera conuocati capient cum ingenti triumpho aeterno rege sub	Christo; secunda uero, quae impios cum peccatoribus uniuersisque	1	2	23
in ultimo preli pondere duabusque tabulis exsiccatur; similiter iudicii die a	Christo secundum tabulas legis confessorum sanguinis uindicta usque ad	2	11	7
exsultemus, fratres in	Christo, tantique prouentus redditu ditati deo patri omnipotenti laudes et	1	41	1
exsultemus, fratres in	Christo, triumphatorique perpetuo hymnis, citharis, tympanis, canticis	2	24	1
imaginem depingebat, Thamar ecclesiae, quae ei recte nupta non est, quia	Christo ueniente baptismatis spiritali unda in gremio renatus ecclesiae filius	1	13	7
sed bromosum latronis cruenti conuiuium? per dominum nostrum Iesum	Christum.	1	28	2
plenitudinis suae pio de fonte largitur per dominum nostrum Iesum	Christum.	1	27	3
gaudete, quod alienis plagis dei discitis disciplinam, per dominum Iesum	Christum.	1	30	
celebrare mysteria, per dominum et conseruatorem nostrum Iesum	Christum.	1	26	
semper et se et alios bonis omnibus satiabit per dominum nostrum Iesum	Christum.	1	24	4
imagine, cuius nosse non sunt meriti ueritatem, dominum nostrum Iesum	Christum?	1	18	2
quam qui non polluerit, regna caelestia possidebit per dominum Iesum	Christum.	1	23	
et incolumes de camino procedunt per dominum nostrum Iesum	Christum.	1	22	2
ut perpetuam uitam adipisci mereamur per dominum Iesum	Christum.	1	33	4
sacri altaris feliciter enutrit a cancellis, per dominum nostrum Iesum	Christum.	1	32	
temptationes et futuri iudicii poenas euadere mereamur per Iesum	Christum.	1	34	9
cognouerat diabolum, sic et diabolus in saeculo non facile cognosceret	Christum <...>.	1	60	
cupiant deprauatum, simulant se esse cultrices. una denique asserit Iesum	Christum ab utero uirginis Mariae sumpsisse principium deumque exinde	2	8	1
accipere, qui, cum essent anterioris uitae facinoribus inquinati — unus	Christum blasphemando atque persequendo, alius deos asserendo atque	1	37	3
calcatores de eodem musto bibunt; et persecutores saepe credentes in	Christum calicem pretiosum, quem paulo ante calcando fuderant, gustant,	2	11	7
locum, unde uenerit, reuertatur. si ergo hoc ille sensit, qui non nouerat	Christum, cur dubitet Christianus, qui resurrectionem futuram et audit et	1	2	2
duos denarios: da pro me et pro te. piscem primum a mortuis ascendentem	Christum debemus accipere, cuius ex ore duo denarii, id est duo	1	37	5
capitibus unam litteram fingunt, id est sacrae legis duobus edictis unum	Christum dei filium spiritali temperamento conscribunt. quae sine se utilia	1	37	4
nobis testamenti ueteris ac noui clarissima oracula uiam, uerum	Christum dominum, prodiderunt, qui ait: *ego sum uia et ueritas*. illorum	1	46b	2
spiritale corpus spiritalis feminae effunditur, ut legitime Adam per	Christum, Eua per ecclesiam renouaretur. hoc nos, fratres, sacramento tam	1	3	20
illa enim uobis exhibet sanctitatem, uos ei amorem. per hanc attingitis	Christum, immo illa per uos uobiscum complectitur Christum. per hanc a	1	1	4
rogare. postremo, fratres, non potest timere maritum, quae non timet	Christum. inde est, quod coniuges nuptiali sanctissimo repugnantes iugo,	1	14	6
praeponunt corpus animae, idolum deo. sed nos, qui Adam abiecimus,	Christum induimus; qui, quae uis, qui exitus, quae merces carnis sit	2	4	18
aliud immolatur, ita et in passione Christi quod per Adam deliquerat, per	Christum liberatur.	1	59	9
hominum disputatio, qui ideo iustum patiuntur errorem, quia	Christum non ex deo considerant hominem factum, sed ex homine	2	8	9
est uiuos et mortuos, sicut lectio uniuersa testatur, qua praedicat	Christum oportere *regnare* cum sanctis suis, *donec* uacuatis omni	2	5	7
per hanc attingitis Christum, immo illa per uos uobiscum complectitur	Christum. per hanc a deo patre quod petitis impetratis, immo illa per uos	1	1	4
diuina sententia aduertitis esse damnatum per dominum nostrum Iesum	Christum, qui est benedictus cum spiritu sancto in omnia saecula	1	19	2
saecula permanebit per dominum et conseruatorem nostrum Iesum	Christum, qui est benedictus cum spiritu sancto ante saecula et in saeculis	1	13	13
contingat, praestabit deus pater omnipotens per dominum Iesum	Christum, qui est benedictus cum spiritu sancto in saecula saeculorum.	1	10b	3
ad caelestia regna perducit per dominum et saluatorem nostrum Iesum	Christum, qui est benedictus in saecula saeculorum.	1	6	
indulgentia, impiis autem aeterna poena tribuatur per dominum Iesum	Christum, qui est benedictus cum spiritu sancto in aeterna saecula	1	35	9
debiti martyrii quodam modo sequestrauerat pignus, in quo nec	Christum relinqueret nec propinquum. statim beatus martyr se latere non	1	39	4
si sudoris sui praemium non colligit messem? quid Christianus credit in	Christum, si promissum sibi ab eo perpetuae felicitatis tempus non credit	1	36	3
caecitate maerentem, ut Isaac non periturum ad aram, ita ad crucem	Christum sublimandum nefarii perduxerunt. sed quia nescit aeternitas	1	59	8
crucem suam portans consummata omni iustitia expeditior sequitur	Christum. ui tempestatis, solis atque imbris ad maturitatem cogitur; et	2	11	6
quem induerat, commutaret. anulus quoque signaculum fidei est, quod est	Christus, cuius inlustratione maiestatis impressi atque signati, qua sincere	1	13	11
est domini; apostolus quoque Paulus: *Pascha nostrum immolatus est*	*Christus*. cur autem dignatus fuerit immolari, Iohannes Baptista ante	1	8	2
mora quadriplicata expungit apophoreta, deus et dominus noster Iesus	Christus dei filius dulcia, sicut prior, qui hoc prandio pastus est ante nos,	1	24	4
Antichristus non timetur, spiritus sanctus inducitur, glorificatur	Christus, deus pater omnipotens propitiatur. postremo ille felix in futurum	1	1	21
hoc est ergo quod ait: *audi caelum et terra*, quod Iudaeis non audientibus	Christus dominus esset ab apostolis et gentibus audiendus. *filios*, inquit,	1	61	4
edicta legis uniuersa complere. non enim aut *finis legis* aut uerus	Christus esse potuisset, si quid praetermitteret, quod ab alio saluti	1	3	17
dicens: *si consurrexistis cum Christo, quae sursum sunt quaerite, ubi*	*Christus est ad dexteram dei sedens*. possumus et sic, fratres, intellegere:	1	37	12
momentis omnibus liberatur. illis ducatum Moyses praebuit, dux noster	Christus est dominus; illis columna nubis atque ignis uiam demonstrauit,	1	46b	2
duorum testamentorum sacramentum. columna uiam demonstrans	Christus est dominus. quod duplicem nubis et ignis imaginem gerit, iudicia	2	26	2
posse terreri, cum sciamus apostolica fide esse perscriptum: *mihi uiuere*	*Christus est et mori lucrum*? excogita quibus potes suppliciis tormenta	1	39	5
deum ingenti gaudio exsultans, quae curatum uenerat, curata recessit. ita	Christus in hominem se fecit nasci, quemadmodum homo non potest nasci.	1	54	5
aurem inrepens diabolus Euam uulnerans interemerat, per aurem intrat	Christus in Mariam, uniuersa cordis desecat uitia uulnusque mulieris, dum	1	3	19
primi, quibus, ut scitus sit sapor, salem sapientiae aspergunt. oleum	Christus infundit. Moyses primitiuam festinus maturamque procurauit	1	24	2
iugiter praedicaret, passionis resurrectionisque uacaret locus et nihil	Christus mundo praestiterat; si hominem solum, sicut quidam putant ab	2	5	1
<...>	Christus mundum latenter intrauit, ne sibi sapiens diabolus uideretur. qui	1	60	
scala autem proprio nomine crux uocatur, quia per ipsam dominus Iesus	Christus mysteria uniuersa conficiens atque concludens patri et Adam	1	37	15
uelamine obscurat: necessario, quia adsertor pudoris eius nondum uenerat	Christus. non cognoscitur a socero: ad Iudaeos enim, non ad gentes	1	13	9

principium, fratres dilectissimi, dominus noster incunctanter est Christus, quem ante omnia saecula pater in profundo suae sacrae mentis 1 17 1
principium, fratres, dominus noster incunctanter est Christus, quem ante omnia saecula pater adhuc utrumque in semet ipso 1 56 1
lapis ipse, quem ad caput suum posuisse cognoscitur, quoniam *caput uiri Christus*, qui aliquotiens lapis est nuncupatus. scala autem duo testamenta 1 37 1
ut tu uis, maior est natura quam deus. at cum naturam ex nihilo fecerit Christus, sit autem ex natura tempus, ineptum satis est opus suo 2 8 5
suis noua et uetera. scriba, fratres, est praedicator, *pater familias* Christus, *thesauri* eius indeminutae deitatis paterna substantia paternaque 1 37 9
signaculo responderet, neque Dauid filius esset neque nisi in filium Dauid Christus uenire potuisset; qui ideo circumcisus est, quia Iudaeis erat 1 3 18
liberis suis emori quam iustitiam praeterire. pro quo tam illustri facinore cibos a deo inmortales accepit, quos edacitas delibare nequiret: sua enim 2 1 20
fidem, ita ut montes transferam, caritatem non habeam, nihil sum. et si in cibos distribuero omnia mea et si tradidero corpus meum, ut ardeam, 1 36 20
fanatico solemne mysterium, ipsa suscipis, ipsa reponis, ipsa custodis. una cibum praeterea capis, reliquias poculi propinati lambendo labris exhauris 2 7 17
quod Melchisedech, summus ipse sacerdos deo acceptissimus huius fuit cicatricis ignarus? quid, quod cum praeputio Nineuitarum populus dei est 1 3 5
circumcisio est, fratres, in damnum rotundi uulneris ferro circulata cicatrix. quam si Iudaeus aestimat gloriam, ut de ceteris taceam, maior est 1 3 2
libentissime concrematur. sepulcrum nidus est illi, fauillae nutrices, cinis propagandi corporis semen, mors natalicius dies. denique post 1 2 21
laniatis et genis, totum crebris ictibus liuida pectus gentili uanitate circa amissi cadauer bacchatur insana nec Maccabaeae matris memoriam 1 2 13
firmaret laetitia, quod aetatis inbecillitas desperauit. nouus sane parentum circa filium crescit affectus, qui ex promissione certior, ex tarditate dulcior, 1 59 5
humanus circa impietatem Iudaici populi deficit sermo, qui dei patientiam sui 1 47
necessarium. haec rura, urbes ac populos composita pace conseruat; haec circa regum latera securos gladios facit; haec bella premit, lites tollit, iura 1 36 13
matris aut suis est ullis sordibus delibutus; neque enim re uera aliquid circa se habere possit inmundum, qui humani generis peccata, sordes et 1 54 4
timere nec fluctus. mira res! medio puluerulentus exsultat in profundo, qui circa se uideret feliciter triumphum suum perire naufragio. haec Iudaeus 1 29 2
approbet deo gratum, apud Malachiam prophetam: *non est mihi uoluntas circa uos, dicit dominus, et sacrificium acceptum non habeo ex manibus* 1 25 7
fora compescit, odia eradicat, iras exstinguit. haec mare penetrat, orbem circuit, commercio nationibus necessaria subministrat. potentiam, fratres, 1 36 13
possit agnosci. circumcisio est, fratres, in damnum rotundi uulneris ferro circulata cicatrix. quam si Iudaeus aestimat gloriam, ut de ceteris taceam, 1 3 2
matura aureo igne flagrantis luciflui aurigae par laboribus fratris angusti circuli argenteum compleuerit globum, paulatim deuergit in senium, donec 1 2 19
secreta, cum stellis nomina, soli labores inponunt, cum errores suos lunari circulo adscribunt, cum ingenii sui carmen coli uel maxime cupiunt, sic se 2 9 1
specioso circulo sacer inflexus dies in mundani operis pensa quadriga temporum 1 26
miseratione dei duce Moyse iussus est proficisci. huic per diem non circulus solis, sed columna nubis, non candida luna, sed ignis columna per 1 29 1
deus non tantum salutem non pollicetur, sed etiam, nisi legitime corde circumcidantur, ignis inexstinguibilis supplicium comminatur. sed et 1 3 13
suo infantis anima peritura est. hic, fratres carissimi, eligat utrum uelit, circumcidat an differat. si circumcidit, sabbatum corrumpit; si non 1 3 4
filius, quem octauo die, id est ueniente sabbato, si non secundum legem circumcidat, de populo suo infantis anima peritura est. hic, fratres 1 3 3
deus ad Iesum: fac tibi cultellos petrinos nimis acutos et adside et circumcide secundo filios Israel.' uideamus nunc ergo, fratres carissimi, 1 3 14
ante fecisset. at fortasse quispiam dicat: 'peccator ergo fuit Abraham, ut circumcideretur? an iustus et circumcidi non debuit?' Abraham, fratres, et 1 3 6
Iesu Naue quo genere celebrata sit petrinis illis cultris: cor an praeputium circumciderit. etenim si secundum ipsos nos quoque carnaliter sentiamus, 1 3 15
saepe discipulos, eodem spiritu ad Israel loquitur dicens: *nouissimis diebus circumcidet deus cor tuum et cor seminis tui ad dominum deum tuum* 1 3 13
dicat: 'peccator ergo fuit Abraham, ut circumcideretur? an iustus et circumcidi non debuit?' Abraham, fratres, et uir iustus fuit et tamen 1 3 6
Nineuitarum populus dei est indulgentia liberatus? quos utique omnes circumcidi praecepisset, si carnis circumcisionem eorundem saluti, quos 1 3 5
renouaretur. hoc nos, fratres, sacramento tam uiri quam feminae circumcidimur. hoc spiritus sancti non signaculo, sed signo censemur. hac 1 3 21
uelit, circumcidat an differat. si circumcidit, sabbatum corrumpit; si non circumcidit, cum innocentis animae interitu praestitutae circumcisionis iura 1 3 4
est. hic, fratres carissimi, eligat utrum uelit, circumcidat an differat. si circumcidit, sabbatum corrumpit; si non circumcidit, cum innocentis 1 3 4
in Ierusalem: renouate inter uos nouitatem et ne seminaueritis in spinis. circumcidite praeputium cordis uestri, ne exeat sicut ignis ira mea et exurat 1 3 12
integritas, partum est secuta uirginitas. Adam similiter dominica circumciditur cruce, et quia per mulierem, quae sola lignum letale 1 3 20
haec omnibus praestat in Christo bonae fidei libertatem. igitur uos, qui *circumcisi estis circumcisione non manu facta in spolationem carnis, sed* 1 3 24
secundo filios Israel.' uideamus nunc ergo, fratres carissimi, secunda illa circumcisio ab Iesu Naue quo genere celebrata sit petrinis illis cultris: cor 1 3 15
quia *caro et sanguis regnum dei possidere non possunt.* accedit, quod circumcisio aduersus sabbatum pugnat, quod uiolandum ullo opere in toto 1 3 3
salute depellitur, sed gloriosa semper in omnibus inuenitur. denique prior circumcisio desecat carnem, secunda animi desecat uitia; illa ferro, haec 1 3 23
puto, quid sit circumcisio, ut tunc demum, qualis sit, iure possit agnosci. circumcisio est, fratres, in damnum rotundi uulneris ferro circulata 1 3 2
nota exprimeret Iudaeum, credulitatis iustitia Christianum. adde quod circumcisio ista non tam salutem pollicetur quam locum caputque criminis 1 3 8
ambo prophetae tenebuntur in crimine, ut aut Moyses fallax sit, si circumcisio recircumciditur rursum, ut hoc idem faciat aut ut quod non 1 3 15
per Iesum Naue domino iubente secunda, quam Moyses annuntiauerat, circumcisio. scriptum est enim: *et dixit deus ad Iesum: fac tibi cultellos* 1 3 14
summum sacerdotium perdiderunt. regalis unguenti cornu priuati sunt. circumcisio, testimonium mentis impurae, iamiamque illis imminere 1 46a 1
eorum luctus indicitur. immolatio aufertur. cessat unguentum. circumcisio uacuatur. sabbatum denotatur. neomeniae et dies festi odio 2 17
ad dei notitiam peruenire. unde primo omnium definiendum puto, quid sit circumcisio, ut tunc demum, qualis sit, iure possit agnosci. circumcisio est, 1 3 2
in aeternum incircumcisis gentibus fuerat profuturus. diximus de prima circumcisione carnali, quae Iudaeorum est; nunc breuiter de secunda 1 3 19
eius et superseminauit zizania in triticum. quae necessario radicitus circumcisione diuellimus, ut diri seminis contagione purgati integri in 1 3 22
circumcisi estis circumcisione non manu facta in spolationem carnis, sed circumcisione domini nostri Iesu Christi, elaborate, ne uestra integritas 1 3 24
iter pacis non cognouerunt; non est timor dei ante oculos eorum. et de ipsa circumcisione in symbolis inquit: *interrogabant et in uirgis suis* 1 3 11
circumcidimur. hoc spiritus sancti non signaculo, sed signo censemur. hac circumcisione non aliquid perdimus, sed crescere nos augmentis caelestibus 1 3 21
praestat in Christo bonae fidei libertatem. igitur uos, qui *circumcisi estis circumcisione non manu facta in spolationem carnis, sed circumcisione* 1 3 24
indulgentia liberatus? quos utique omnes circumcidi praecepisset, si carnis circumcisionem eorundem saluti, quos amabat, necessariam praeuideret. 1 3 5
sicut Enoc et ceteri, sit iustificatus et postea circumcisus, manifestum est circumcisionem non Abrahae fuisse necessariam, sed in designationem 1 3 7
discrimen et dic nobis, utrum circumcisionem obserues an legem. si circumcisionem, non est tibi lex necessaria, quia iustus Abraham, qui ex 1 3 12
uel sero erroris tui miserum dolendumque discrimen et dic nobis, utrum circumcisionem obserues an legem. si circumcisionem, non est tibi lex 1 3 12
deum credulitate, non lege promeruit. si legem, contemne tuam istam circumcisionem, quam euacuatam uidemus a lege, sic Ieremia dicente: *haec* 1 3 12
sine fructu. unde dubium non est neque praeputium aliquid esse neque circumcisionem, sed solam obseruationem uoluntatis dei esse fideliter 1 3 24
diligentissime, fratres carissimi, circumcisionis, cuius non tantum in praesenti lectione, sed et aliquot in 1 3 1
quod priori impossibile fuit. denique a muliere, quae prior peccauerat, circumcisionis incipit cura, et quia suasione per aurem inrepens diabolus 1 3 19
corrumpit; si non circumcidit, cum innocentis animae interitu praestitutae circumcisionis iura uacuauit, quia solus octauus dies a deo circumcisionis 1 3 4
manifestum est Abraham gemini populi typum in semet ipso portasse, ut circumcisionis nota exprimeret Iudaeum, credulitatis iustitia Christianum. 1 3 7
praestitutae circumcisionis iura uacuauit, quia solus octauus dies a deo circumcisionis priuilegium, non septimus, non nonus, accepit ac per hoc 1 3 4
quia deo ante, non posteaquam circumcisus est, placuit praemiumque non circumcisionis, sed in acrobustia meritae repromissionis accepit. unde 1 3 7
huius circumscriptio characteris potestati subiacet cordis, quod nisi uerae circumcisionis spiritali fuerit sacramento purgatum, in aeternum homo, de 1 3 9
et exurat et non sit qui exstinguat. uidetis ergo, fratres, quia huius modi circumcisis deus non tantum salutem non pollicetur, sed etiam, nisi 1 3 13
deo, et deputatum est illi ad iustitiam. numquidnam dixit: Abraham circumcisus est et deputatum est illi ad iustitiam? cum igitur integer, sicut 1 3 6
procuratam. denique nihil illi contulit, quia deo ante, non posteaquam circumcisus est, placuit praemiumque non circumcisionis, sed in acrobustia 1 3 7
filius esset neque nisi in filium Dauid Christus uenire potuisset; qui ideo circumcisus est, quia Iudaeis erat promissus, ideo cum praeputio natus, 1 3 18
iustitiam? cum igitur integer, sicut Enoc et ceteri, sit iustificatus et postea circumcisus, manifestum est circumcisionem non Abrahae fuisse 1 3 7
non debuit?' Abraham, fratres, et uir iustus fuit et tamen necessario circumcisus. quid enim scriptura dicit? *Abraham credidit deo, et deputatum* 1 3 6
inquam, quem *duodecim* radiorum, id est apostolorum duodecim, *corona* circumdat, quem per ambitum totius orbis non muta *quattuor animalia,* 2 12 4
est Israel, quando per triduum tenebrae et caligo totam Aegyptum circumdedit; exaltatus est Israel, quando tot et tanta tormenta 1 61 7
bis senae mutationis augmentum una eademque nec ipsa, sed ipsa orbita circumducens dies magnus aduenit suo sibi semper nouellus occasu. quod 1 16 1
non muta *quattuor animalia,* sed salutiferis praedicationibus quattuor circumferunt euangelia. cuius quam uim habeat amictus et currus, his 2 12 4
discordique concordia esse connexam animamque lineamentis corporis circumsaeptam. unde duae quoque uitae a deo attributae sunt nobis: una, 2 4 8
uoueras collum; ab speculo oracula inquiris, quam commode possis circumscribere petitorem. quicquid feceris, uirgo iam non eris; unum 2 7 8
quid, quod nec ipsi uiro aliquid eam prodesse perspicio? quia huius circumscriptio characteris potestati subiacet cordis, quod nisi uerae 1 3 9
quia illud, quod ui eripitur, nonnumquam repeti potest, quod legum circumscriptionibus, non potest. glorietur qui uolet ista iustitia, uerum 2 1 17
obseruat, omnia soceri libens tolerat imperata; qui si esset inpatiens, astu circumscriptus pro Rachel postmodum tempore numquam reparato 1 4 16
mundi secretus, conuersatione limpidus, mente limpidior, usque adeo circumspectus atque inreprehensibilis, ut dei sit testimonio collaudatus. 1 15 2
fortassis de circumstantibus doctis quispiam <in> cachinnos erumpat, quod homo 2 1 1
illi ex amatoribus accusatores effecti crimenque suum in simplicitate circumuentae transfusum artificiose dum exaggerant, exinde iam priores se 1 1 18
deus. non respexit castitas, quid falsi dicerent testes aut qualiter iudices circumuenti damnarent, non denique qualiter diabolus infamaret, qui non 1 40 2
gladiis uenientibus iugulum, putauerat se feralem iudicis amentiam citae mortis sorte satiare, dum subito manus iubetur extendere ac super 1 39 7
non accusatione, sed probatione conuictum. denique iniuriae suae testes citat caelum terramque: terram, in qua uniuersa geruntur, caelum, sub quo 2 21
corruptum publica increpatione confutat. caelum terramque testes citat, ut exaggeret crimen; filios appellat, ut abdicatio, exaltatos, ut ruina 1 20
ne quid immanitati saeuientis deesse uideretur, pice et stuppa armatum citatur incendium; aestuantibus globis erubescit quoque ipsum alienis 2 22
exsultemus, fratres in Christo, triumphatorique perpetuo hymnis, citharis, tympanis, canticis gratiam referamus, qui nobis promissa 2 24 1
iamiamque dicto citius aetherias portas, fratres, intrate aeternique gurgitis alueo genitali 1 49
circuit, commercio nationibus necessaria subministrat. potentiam, fratres, cito eius edicam. quicquid locis natura negauerit, caritas reddit. haec 1 36 13
concitatus in ruinam; res sine substantia, negotium sine persona? omnia cito temptat, omnia momento disturbat, mater criminum, curiositatis 1 4 7
sapientiae, cuius notitiam non habebant —, duas asseruere iustitias: unam ciuilem, alteram naturalem. quarum fecit apertissime, cum ad Romanos 2 1 2

longe his uitae uestrae thesaurus. uobis auro constructa aetheria illa ciuitas destinata est. nulla intrare uolentibus mora; patent duodecim 1 5 17
iam inde noster populus morabatur, quae non in cassum a deo *magna ciuitas* dicta est; erat enim futurum, ut omnium nationum in Christo 1 34 9
ut omnium nationum in Christo credentibus populis totus orbis deo una ciuitas redderetur. denique comparationem salutaria gesta confirmant, quae 1 34 9
secundum dei uocem in planctum et luctum illi profecerunt. superba illa ciuitas seruit. sane ouium greges infinitos interficit, quos in amaritudine 1 28 2
sit de mansione sollicitus: certae gloriae nostrae insignis res erit, si dei ciuitatem felicitate nostri numeri fecerimus angustam. itaque estote securi: 1 5 18
sepulcro superba. iactat se ludibunda per nemora, fontes, prata, baias, ciuitates ac rura, uniuersis uoluptatibus saepta, in cupidinem sui utrumque 2 4 10
religionis delet abrupte igni ferroque cum sua sibi tota substantia incolas, ciuitates et rura nihil omnino metuens amicae mortis fiducia. denique quod 2 1 7
incolumis tertio post die Nineuitas illustrat terribilibus oraculis salutem ciuitati credulae praestaturus. quantum datur intelligi, fratres, nauis typus 1 34 6
Niniue se intulit ciuitati, ita dominus postridie ab inferno resurgens se ciuitati Ierusalem intulit ante quam caelo. at uero Nineue imaginem portat 1 34 8
adaeque propheta ad Nineuitas missus a deo est, eorum ut imminere ciuitati interitum nuntiaret; ingentibus enim peccatorum sarcinis 1 34 5
diebus et tribus noctibus fuit in uentre ceti euomitusque Niniue se intulit ciuitati, ita dominus postridie ab inferno resurgens se ciuitati Ierusalem 1 34 8
beatis, cum pro nomine domini *latrones in itineribus,* latrones *in ciuitatibus* patitur, cum *a Iudaeis uirgis ter caesus naufragio* trino diluitur, 1 34 4
scriptum est per prophetam: *exsulta, sterilis, quae non pariebas, erumpe et clama, quae non parturis, quoniam multi filii desertae.* ecce enim, 1 59 3
rumpens post talem maritum puncto temporis uiuere te non posse clamabas, nunc clusis dolore gemitibus saepe intermortua spiritu, 2 7 7
denotat ab auribus incipiens: *clamaui,* inquit, *ad eos et non audierunt; clamabunt ad me et non erit, qui exaudiat eos.* similiter et de manibus 1 3 10
grandinatur, cum *in profundo maris die* demoratus *ac nocte* ad deum clamans incolumis inde respuitur. Ionas adaeque propheta ad Nineuitas 1 34 4
clamore, sed fide, quam scit deum libenter audire. hoc igitur e profundo clamans similiter Petrus impetrauit a domino, ut profundi maris lubricos 1 34 3
nihil proderunt, si colentis pura mens non sit, in Ecclesiastico Salomone clamante: *dona iniquorum non probat altissimus.* hic quaerite, Christiani, 1 25 9
est iste angelus, fratres, nisi Iohannes baptista? cuius est praeparatio: *uox clamantis in deserto: parate uiam domini, rectas facite semitas dei nostri.* 2 8 7
quibus uiator trepidus absorbebatur, et perambularet pariter et euaderet. clamat de profundis et Paulus obrutus calamitatibus beatis, cum pro 1 34 4
ad te, domine. clamat namque de profundis, id est de imis praecordiis; clamat de profundis, sed quibus saeptus erat maestus ac tristis 1 34 3
ipsos diligimus, diligamus, maxime cum cognationis ipsa hoc exigant iura. clamat enim prophetes: *deus unus creauit uos; nonne pater unus est* 1 36 22
ista de manibus uestris? per alium adaeque prophetam spiritus sanctus clamat et dicit: *praecingite uos et plangite, sacerdotes; lugete omnes, qui* 1 25 6
exaestuans propheta dicit: *de profundis clamaui ad te, domine.* clamat namque de profundis, id est de imis praecordiis; clamat de 1 34 3
sed quibus saeptus erat maestus ac tristis calamitatibus humanis! et clamat non uoce, sed corde, non clamore, sed fide, quam scit deum 1 34 3
uerbum dei audire debeant, dicitur, Israel sic reprobus inuenitur et, dum clamat propheta *audi caelum et terra,* significat, quod illi audire 1 61 1
non enim in horum inquisitione exaestuans propheta dicit: *de profundis clamaui ad te, domine.* clamat namque de profundis, id est de imis 1 34 2
denique hoc genere Iudaeos scriptura denotat ab auribus incipiens: *clamaui,* inquit, *ad eos et non audierunt; clamabunt ad me et non erit, qui* 1 3 10
ac tristis calamitatibus humanis! et clamat non uoce, sed corde, non clamore, sed fide, quam scit deum libenter audire. hoc igitur e profundo 1 34 3
derogare? sed hoc amore criminum faciunt, ut putent impunita fore quae clanculo gerunt. nam si iudicii diei adpropinquare iam cursus aduerterent, 1 2 1
sui munere inmortali beatitudine perfruatur. inde est, quod intra hominem clandestinum fremit momentis omnibus bellum, cum unaquaeque pars 2 4 8
mactauerunt. uenti saeuientes diuersi sunt reges, qui Iudaeam lugubri clangore tubarum armorumque fragore terribili instantibus undique 1 34 7
in coniugiis fidelis, in sacerdotibus pura, in martyribus gloriosa, in angelis clara, in omnibus uero regina. tu numquam carni, numquam ulli subiaces 1 1 20
animale, surgit spiritale. satis, ut opinor, resurrectionis ueritas omnibus claret. sed necessario disserendum est, quae sit in ea iniustorum 1 2 22
in terra; opus perfeci, quod dedisti mihi, ut facerem. et nunc tu clarifica me apud te ipsum claritate, quam habui apud te, priusquam 2 5 4
non habeo ex manibus uestris. quoniam a solis ortu usque in occasum clarificatum est nomen meum apud gentes, et in omni loco odores incensi 1 25 7
in caelo et in terra, nomini eius noua a deo suo, ipso dicente: *ego te clarificaui in terra; opus perfeci, quod dedisti mihi, ut facerem. et nunc* 2 5 4
facillime possit agnosci. Ioseph, Hebraeus adolescens, clarus genere, clarior pulchritudine, morum quoque clarissimus probitate, fuit inter filios 1 1 15
nubis atque ignis uiam demonstrauit, nobis testamenti ueteris ac noui clarissima oracula uiam, uerum Christum dominum, prodiderunt, qui ait: 1 46b 2
ecce mox infantum dulcis uagitus auditur, ecce parientis uno de uentre clarissima turba procedit. noua res, ut iure spiritali unusquisque nascatur. 2 28
post deuotissime completa expiationis sacrae casta ieiunia, post clarissimae noctis suo sole dulces uigilias, post lactei fontis lauacro uitali in 1 24 1
beata *spirantes* fide diuerso charismate, sed una natiuitate ecclesiae flores clarissimi ac dulces nostri funduntur infantes. aestas autem fidelis est 1 33 2
carnem et uirtutibus maiestatem. hic sol noster, sol uerus, qui clarissimos ignes mundi germanos astrorumque candentium polorum 2 12 4
suis eius potestati subiecit, qui ei annos, tempora, menses, noctes ac dies clarissimosque duos regalium orbium currus munerifero semper 1 36 28
Hebraeus adolescens, clarus genere, clarior pulchritudine, morum quoque clarissimus probitate, fuit inter filios Iacob aetate minor, sed spiritu maior. 1 1 15
quod dedisti mihi, ut facerem. et nunc tu clarifica me apud te ipsum claritate, quam habui apud te, priusquam mundus fieret. qui resurgens ait: 2 5 4
incruentus redit et qui immolatus est uiuit. ambo sibi gloria, ambo claritatis exemplum, ambo dei cultus admirabile saeculis testimonium. felix 1 4 15
qui clarissimos ignes mundi germanos astrorumque candentium polorum claritatis suae de plenitudine accendit. hic, qui semel occidit et ortus est 2 12 4
audituri, et ideo ait: *audi caelum et terra.* caelos autem apostolos esse claro testimonio ueritatis affirmat. sic enim ait: *et uidebo caelos, opera* 1 61 3
eodemque suggestu facillime possit agnosci. Ioseph, Hebraeus adolescens, clarus genere, clarior pulchritudine, morum quoque clarissimus probitate, 1 1 15
uariis animantibus replet. quando ingredi iubeatur, quando ianuam claudere, patienter exspectat, dignus euadere, qui in tanto orbis metu non 1 4 12
utrum sit patientior sacerdos an uictima! non percussoris, non percutiendi claudicat color; non membra tremore uibrantur; non dimissi, non torui 1 4 14
eripis in qualibet angustia constitutos. tu caecorum oculus. tu pes claudorum. tu scutum fidelissimum uiduarum. tu melior pupillorum, plus 1 36 31
uerticibus; per hanc, inquam, caecos uidere, surdos audire, mutos loqui, claudos currere, paralyticos reformari, de obsessis daemones fugere 1 36 9
gratiam referamus, qui nobis promissa perpetuans pia sanctione, ut aiunt, claues uere aureas misit, et quidem non illas, quae maligno beneficio 2 24 1
sacramentum. cuius sacramenti arcanum euidenti ratione quasi quadam claui aperire conabor, ut et prouidentiam dei et uim consociationis carnis 2 4 3
Aegyptiorum infestis mucronibus premebatur, inde maris magno clausus obice reprimebatur. etenim illi nullae inerant naues, nulla 1 29 1
dicat hanc esse mortem, cum corpore animus tamquam carcere clausus tenetur, illam esse ueram uitam, cum idem animus custodia 1 2 2
longius inuitata producitur, ui aliqua separetur. tum solemniter plorans clementer imbre suo rorat conceptaque musti felicibus lacrimis fluenta 2 11 3
neque enim potest de quoquam bene mereri, quem pater patientissimus et clementissimus abdicauerit, et quidem non accusatione, sed probatione 2 21
ut merito perdat etiam sua, qui desiderat aliena. illinc alius uias uiantibus cludit, arcet ab herbis, arcet a siluis, arcet ab aquis, et quidem copiosis 1 5 13
post talem maritum puncto temporis uiuere te non posse clamabas, nunc clusis dolore gemitibus saepe intermortua spiritu, labentibus membris ad 2 7 7
quod sapientia legibus per industriam colligit, uno impetu aliquotiens clusis oculis illa <illidit>. tertio diues est auaritia, utraeque cuius 2 1 7
mors subacta est, quo homines, quos susceperant mortuos, refundere inferi coacti sunt uiuos. quem ut semper et ubique aucti fide, numero, caritate 2 19 2
permaneret talis quoque post partum. o noua ratio! amore imaginis suae coactus in infantem uagit deus patiturque se pannis alligari, qui totius 2 12 3
tu thesaurus animarum, tu *fundamentum,* culmen ac fructus omnium coaequarum, tu tui propositi insolubilis nodus aeternus. per te legitima 1 1 21
alter in altero exsultat cum spiritus sancti plenitudine una originali coaeternitate renitens, quemadmodum, si dicere dignum est, duo maria, 1 7 4
filius patri subiectus, cum quo originalis perpetuique regni una possessio, coaeternitatis omnipotentiaeque una substantia, una aequalitas, una uirtus 2 5 10
ut saluo quod est possit esse quod non est. hic est deus noster aeterni dei coaeternus filius. hic *et homo et deus,* quia *inter* patrem hominesque 2 12 4
uini quoque iucunditas iungeretur. quis non haec caelestibus mysteriis coaptata cognoscat? hiems namque pigra, sordida et tristis ad eos pertinet, 1 33 2
accepisse describitur *monile, anulum, uirgam.* quibus ista significatio coaptatur? monile, fratres dilectissimi, lex est, quae salutaribus monitis 1 13 10
sacrae uirginis comparat sibi corpus suo iudicio nasciturus. in hominem coaptatus integumento carnis includitur deus humanamque uitam mutuatur 2 12 1
cum temperare uideas apostolum primas? cuius ista sunt uerba: *tempus coartatum est; superest ut qui habent uxores, sic sint quasi non habentes;* 2 7 5
temperata, in panes azymos reddita. hi, quos uidetis, egregia coctura suaue redolentes, qui excocti sunt non furno, sed fonte, non 1 41 2
e senioribus duo, sed uno incensi prodigio, secus quam decuerat *deperire coeperant.* quam cum aduerterent muro <munitam> castitatis, quae certe 1 1 17
est delatus atque distractus a fratribus. quem domini sui uxor peius amare coeperat quam oderant fratres. nam cum medullitus mulier ardoris insani 1 1 15
aliunde exspectat sibi aliquid necessarium. si uero fidem tractatus dicere coeperimus, erit profecto nec nostra nec sua, sed nec eius, cuius esse 2 3 6
ab eodem huius deuotionis inuitatione inhabitari seu nos in ipso habitare coeperimus — sicut Iohannes dicit: *deus caritas est; qui manet in caritate,* 1 36 21
salubri unda perfusi, limpidae aestatis messe gaudentes panem nouum coeperint manducare. quos autumnale quoque non morabitur mustum, quo 2 13
captiuitatibus quaerunt. at ubi uentum fuerit ad diuini certaminis campum coeperintque sacri nominis telo pulsari, tunc, cum alium noueris, alium 1 2 6
cum forte de numero audacis lupi rabie denotatus in praesens periculum coeperit infestationibus tyrannicis duci, omnes repente concelerant, 1 36 15
quae nostra est, edicamus. quae tantum potestatis gerit, ut a femina coeperit, quod priori impossibile fuit. denique a muliere, quae prior 1 3 19
prius prodit natura quam intellegat populus Iudaeorum. ab auctore itaque coepit furoris horror; accingitur turba feralis et ad inuisibilem suspensum 1 59 9
capit ac decipit, sic Cupido uocitari a luxuriosis suis sibi cultoribus coepit. nunc ergo uideamus, unde uera caritas ueniat, ubinam consistat, cui 1 36 27
ne quam declinet in partem, ne in aliquo se ipsa reprehendat, ne opere coepto umquam deficiat. haec captiuorum iuga redemptionibus frangit; 2 1 12
Cain anhelat exitium et deo ante negotium parricida est; nec eius saltem coercentis uoce comprimitur, sed eo magis ac magis instat, donec effusione 1 4 9
introducit, intellectus inuitat, ueritas persuadet, timor excubat, disciplina coercet, continentia [se] refrenat. stat in angusto fides, in secreto pudicitia, 2 6 9
in detestabilis congestionis lucra letifera etiam ipsa elementa nouis artibus coge! licet radient tibi pretiosorum lapidum discoloribus formis referta 1 5 10
scelus nec fuerat locus, in quo non erat pro religione sacrilegium. cogebatur Christi populus uanis superstitionibus interesse atque in cultum 1 39 2
diuinitatis perpetuitatem iure ipso, quo ex sese est, argumentis te cogere, examinare, metiri ac discernere posse praesumis, hic tibi ego 2 3 15
reddit. haec coniugalis affectus duos homines sacramento uenerabili unam cogit in carnem. haec humanitati praestat esse quod nascitur. huius est 1 36 13
quaesieris et fortiora te ne scrutatus sis. quae praecepit tibi deus, illa cogita semper et in plurimis operibus illorum non eris curiosus; multos enim 2 3 16
si uidetur, conferamus, quae sit inter uirginem nuptamque discretio. *nupta cogitat, quemadmodum placeat marito,* uirgo, quemadmodum deo. haec 2 7 3
inuidia quid sit ignorat; *non inflatur,* quia humilitatem colit; *non malum cogitat,* quia simplex est; *non irascitur,* quia etiam iniurias libenter 1 36 12
sensu. uerum quis dubitet illud fortius esse, quod sentit, quod sapit, quod cogitat, quod mouet, quod mouetur, quod mira prouidentia chaos ipsum ut 1 7 2
inuidia, qui dominum nec agnoscere uoluerunt et sola crediderunt cogitatione puniri, quem nefarium fuerat etiam tardius adorari. ad cuius 1 59 8
sunt iudicia illius et quam inuestigabiles uiae illius! quis enim cognouit cogitationem dei? et tu eius naturam quaeris? sed et alio loco hoc, quod 2 3 16

dominum honorauerunt neque ei gratias egerunt, sed uanis persuasionibus cogitationes eorum abductae sunt et tenebris opertum est cor eorum, ut 1 35 6
sed quid ad nos, quid illi dicant? insignis uir sicut ait noster: *nouit deus cogitationes sapientium, quia sunt stultae.* nostram nobis stultitiam 2 1 15
sequitur Christum. ui tempestatis, solis atque imbris ad maturitatem cogitur; et iustus temptationibus crebris, magnis ac uariis perducitur ad 2 11 6
quibusdam tempestatibus naufragatum momentis uniuersis in interitionem cogitur omne genus humanum. namque sapientia densis exaestuans 2 1 6
deuitans mira patientia in se frangitur, his denique fluctibus, quibus cogitur, refrenatur. haec germinantibus pratis, messibus flauis, uitibus 1 4 5
possunt esse uirtutes, non perennes elementorum status, non tempora cognata connexione in solemnes reditus commearent, nisi rerum 1 4 4
dei nostri. nunc uideamus quae consequuntur. per idem tempus duae cognatae concipiunt, una contra spem, altera uerbo. haec miratur se habere 2 8 8
in uita, sed fidelis semper, semper intrepidus ad sepulcrum noctis cognatae contendit scius in ipso se habere quod uiuit; denique adimitur ei 1 2 18
legem, cuius conuersatio lex fuit. audit imperatum sibi a deo exilium, ut cognationem suam simul dimisisset et terram. et tunc Abraham *respiciens* 1 62 1
proximos eo affectu, quo nos ipsos diligimus, diligamus, maxime cum cognationis ipsa hoc exigant iura. clamat enim prophetes: *deus unus* 1 36 22
ei se debere conceptum, cuius monile, anulum teneret et uirgam. qua re cognita Iudas non tantum ab ea se refrenauit, sed insuper eam et 1 13 3
insuspicabilis secreti reuerendaeque maiestatis uera cognitio est deum non nosse nisi deum nihilque ex eo amplius 1 54 1
iusti uitae perpetuae, impii aeterno sunt destinati supplicio nullaque eos cognitio exspectat ulterius, quinam sint isti, quibus est iudicium 1 35 4
nemo hostem, nemo fiscum, nemo latronem, nemo domesticum, qui cognitione secreti est omnium peior, nemo imminentes diei iudicii flammas, 1 5 15
suo iudicio reseruauit? utique illi, sicut apostolus quoque ait, qui cognitum *deum non quasi dominum honorauerunt neque ei gratias egerunt,* 1 35 6
ut ruina terrori sit; spretores, ut poenam supplicii sibimet impendere cognoscant. quod exemplum, fratres, fortiter fugite simulque gaudete, quod 1 30
ratio uidetur esse reddenda, ut et Christianus ueritatem et Iudaeus suum cognoscat errorem. solet enim magnis cum uociferationibus saepe iactare 1 3 1
quoque iucunditas iungeretur. quis non haec caelestibus mysteriis coaptata cognoscat? hiems namque pigra, sordida et tristis ad eos pertinet, qui 1 33 2
seruiat, in solo ipso fiduciam gerat, a fidelitate et fiducia fidelem se uocari cognoscat, inculpatis moribus uiuat, conscientia eum bona, non loquacitate, 2 3 19
ut, locum matricalis culpae cum denotat, etiam alia crimina fugienda cognoscat. 'ore tuo te, inquit, Christiane uicisti. inde est, quod et ego 1 3 8
et uocabis nomen eius Emmanuel. butyrum et mel manducabit, priusquam cognoscat puer bonum aut malum. quod signum ex prodromi quoque eius 2 8 7
quia hanc qui habuerit, necesse est, ut expedite uiuat et munde. igitur ne cognoscatur, faciem uelamine obscurat: necessario, quia adsertor pudoris 1 13 9
omnia quidem *licent, sed non omnia expediunt.* iam te hic, Christiane, cognosce, elige quid uelis: remedium an sanitatem. denique si uidetur, 2 7 2
quoque numero suae adfuit trinitatis. denique rem sacramento gestam esse cognosce. in caminum missi ut submersi sunt flammis, statim sibilo roris 2 27
ac tantis ex rebus quemadmodum rursum eadem quae es sis melior futura cognosce. praeterea granum uniuscuiusque frumenti conditum terrae interit 1 2 21
prodiui ante omnem creaturam. cum haec ita sint, humanitas, te, uersuta, cognosce uel sero et intemperanti linguae silentii frenos impone. dementiae 2 8 3
tamen extremorum pallido ex recursu uoluminum quasi ius terrae cognoscens ac uiolare deuitans mira patientia in se frangitur, his denique 1 4 5
in paradiso non cognouerat diabolum, sic et diabolus in saeculo non facile cognosceret Christum <...>. 1 60
scala cuius esset materiae, in qua dominus incumbebat, ex Dauid dicto cognoscimus, qui ait: *uirga tua et baculus tuus ipsa me consolata sunt*. 1 37 8
fenum et gloria eius sicut flos feni? cuius si curam geris, pecuinam te esse cognoscis. an eius uirtutem diligis? frangit ac subigit illam quiuis dolor. an 2 4 15
templis tereti moneta percussis inesse similiter regum uultus signaque cognoscis nihilque aliud distat, nisi quod in tua domo minuta sunt, in 1 14 5
in pretium distribuasque necessitatibus singulorum, ex eorum respiratione cognoscis, quantorum malo ille constat ornatus. 'filios, inquit, habeo, quos 2 1 19
refugiens unda testatur. denique eremo exciperis, quo te nunc peruenisse cognoscis; ubi sane ad hoc aquam de petra bibisti, manna de caelo 2 16
tenebras sacraeque legis oracula iam in Christo completa nec probando cognoscis? uerum tamen pro tuo sensu si uis pascha legitimum celebrare, 2 20 1
satiari non nouit. fidem frangit, caritatem neglegit, iustitiam negat, non cognoscit affectus, iura diuina contemnit, humana uersutis argumentis 1 21
destinata prorumpens neque blandimenta neque promissa sibimet prodesse cognoscit, conserta manu inuersa uice adorta est in suum fomitem 1 1 16
ardoribus suis implorando refrigerium Lazarum uerum diuitem sero cognoscit cupitque mortuus uel uno digito illis contingi manibus, quibus 1 2 9
pudicitiam qui colit, quantae nobilitatis sit, facillime cognoscit; est etenim tantae uirtutis, ut sit honorabilis etiam hostibus suis. 1 1 1
in specie spiritu sancto loquente noscamus: *et homo est*, inquit, *et quis cognoscit eum?*. si ita est, quomodo ergo posset agnosci, prodidit Esaias his 2 8 6
hostis et fidei; quas si quis amiserit, nec diuina ille profecto nec humana cognoscit. haec, si religiosus es, serua; timoratus si uere, custodi. de eo, 2 3 18
contemnendo custodit. at ubi diabolus adgressuris tantis nihil se profecisse cognoscit, omnem impietatis suae rabiem in filios eius effundit. nam cum 1 15 4
uere, fratres carissimi, cor eius non dormit, qui huius somnium secretaque cognoscit. prophetia etenim semper figuris uariantibus loquitur, sed res una 1 37 1
legitimum pascha celebrare non posse, periti legis, deo ipso loquente cognoscite; a quo appellatur synagoga *spelunca latronum,* sacerdotalis 2 25 1
exsultate igitur, fratres, aedificationemque uestram aede ista de nouella cognoscite, cuius quoque capacitatem felici numero fecistis angustam. ex eo 2 6 5
caritate sint non tantum istae, sed et aliae quoque uirtutes, indice Paulo cognoscite: *et si habuero*, inquit, *omnem fidem, ita ut montes transferam,* 1 36 20
habere legitimum. nunc Iudaeorum quoque sacrificia <a> deo repudiata cognoscite, qui dicit ad eos in Esaiae libro: *quo mihi multitudinem* 1 25 6
nolite mihi credere; sed si mihi credere non uultis, factis credite et cognoscite, quoniam in me est pater et ego in illo, dictum significatione 1 25 8
nolite mihi credere; sed si mihi credere non uultis, factis credite et cognoscite, quoniam in me est pater et ego in illo. constat ergo aequale 1 45 3
necessario, quia adsertor pudoris eius nondum uenerat Christus. non cognoscitur a socero: ad Iudaeos enim, non ad gentes prophetae fuerant 1 13 9
enim Naue Christi imaginem praeferebat, qui uerus omnium saluator esse cognoscitur et factis et nomine. hic enim, quia ipse dictus est etiam petra, 1 3 16
cui recte hominis forma tribuitur, quia temporalis ac fragilis esse cognoscitur. ideo lineamento puerili depingitur, quia eius lasciua lubricitas 1 36 25
zizania in triticum. at fortasse adhuc quispiam dicat: 'si caro perit, unde cognoscitur ille, qui resurgit?' caro, fratres, quasi quoddam est speculum 1 2 29
intuentibus patefecit: *homo* enim adgressuram passus Adam esse cognoscitur, *latrones* diabolus et concupiscentia, *Samaritanus* dominus, cui 1 37 10
sacrificii nostri proprietatem nos conuenit nosse, quae facile ex aduerso cognoscitur. nam si diis *corporalibus* sacrificium conuenit *corporale, utique* 1 25 9
habet imaginem Christi, sed et lapis ipse, quem ad caput sum posuisse cognoscitur, quoniam *caput uiri Christus*, qui aliquotiens lapis est 1 37 1
uehementer horresco, mox deinde eorum particeps optauerim fieri, cum cognosco inter flammas rosculentos hymnum deo cecinisse securos. tanta 1 31
manet diuina sententia, quae nec deum nec sacrificium etiam ipsae cognoscunt se habere legitimum. nunc Iudaeorum quoque sacrificia <a> 1 25 5
hominem deceperat, consilio uincitur, ut, quomodo homo in paradiso non cognouerat diabolum, sic et diabolus in saeculo non facile cognosceret 1 60
sanguinem; contritio et miseria in uiis eorum et iter pacis non cognouerunt; non est timor dei ante oculos eorum. et de ipsa circumcisione 1 3 11
debitus ad coronam. nam postquam turbari urbem funesta conuentione cognouit ac singulos quosque ad funestum illud spectaculum trahi, 1 39 3
sunt iudicia illius et quam inuestigabiles uiae illius! quis enim cognouit cogitationem dei? et tu eius naturam quaeris? sed et alio loco hoc, 2 3 16
probare non desinam, cuius ista sunt uerba: *nam quia sapientiam dei non cognouit saeculum per sapientiam, deus optimum existimauit per stultitiam* 2 1 5
inenarrabilia sunt iudicia eius et quam inuestigabiles uiae eius! quis enim cognouit sensum domini? non enim in horum inquisitione exaestuans 1 34 2
exsultate, uiduae: quadratura uestrae uirtutis *angularis lapidis* coniugio cohaeretis. exsultate, uirgines: omnem istam celebritatem honore uestri 2 6 10
rebus, sed timore *dei intra mansuetudinis* metas uerecundiae freno *cohibendum*, ut possimus merito mereri, scriptura quod dicit: *proximus est* 2 9 3
qui se humiliauerit, exaltatur. animae enim depressio cor elatum est, cor cohibitum promotio est animae. huius rei testes sunt nobis duo homines 2 9 8
molem parietibus tectisque labentibus illam sanctissimam fratrum cohortem sepelit antequam iugulet taleque est commentus pietatis 1 15 4
ille eius magnum atque opulentissimum censum uno momento disperdit cohortemque florentissimam dulcium liberorum atrocissimo impulsu, tectis 1 4 18
sexus, ipsa omnis affectus, ipsa genus, ipsa finis, ipsa principium; non ex coitu nascitur nec officio alieno nutritur; non inuita, non inprudens 1 2 20
a dei cultura rapuit, dum blanda festiuitate facinorosa facinorosorum et colenda crimina et imitanda persuadet. adeo uiris contra dei legem deique 1 1 12
atque persequendo, alius deos asserendo atque abominanda figmenta colendo — , tactu carbonis in unum populum per confessionem nominis 1 37 3
transmiserunt, ut in ipsa quoque, si insanire cuiquam libeat, deus illi non colendus sit, sed quaerendus. quod nunc faciunt infideles, de quibus 2 9 2
dei de deo argumentationibus uanis opinari uelle dispositum non colentis est, sed dementis, maxime si deus, ut contentiosi putant, 1 54 1
candidus animus immolauerit domino; cetera autem nihil proderunt, si colentis pura mens non sit, in Ecclesiastico Salomone clamante: *dona* 1 25 9
unde apparet eum, qui diligit aurum et argentum, non tantum deos colere, sed eorum mores et actus imitari. cuius rei facilis probatio est, illa 1 14 4
cum errores suos lunari circulo adscribunt, cum ingenii sui carmen coli uel maxime cupiunt, sic se et alios perdiderunt. nam mutato nomine et 2 9 1
simulacra. ancilla Christi, falso idolum respuis; mihi crede: in te colis, cuius ornatum, cuius imaginem non deponis. ad ecclesiam dei opere 1 14 6
argentumque, Christiane, si uera dicenda sunt, exsecraris in simulacris, colis in penetralibus tuis. nam et illic aureis argenteisque innumerabilibus 1 14 5
cum ornas pacem, fidem custodis, amplecteris innocentiam, ueritatem colis, patientiam diligis, spem repraesentas. tu diuersos homines moribus, 1 36 30
geritur, reprobauit. 'at imaginem colunt.' nec ipsam quidem, quia falso colit imaginem, qui eius non diligit ueritatem. sane hoc solum competenter 2 25 2
aemulatur, quia inuidia quid sit ignorat; *non inflatur*, quia humilitatem colit; *non malum cogitat*, quia simplex est; *non irascitur*, quia etiam 1 36 12
pudicitiam qui colit, quantae nobilitatis sit, facillime cognoscit; est etenim tantae uirtutis, 1 1 1
detestabilis qui, cum sit homo, deum se fingit, ita detestabilior qui deum colit, quem ipse disposuit. Selom autem praedictorum tertius frater minor 1 13 6
diei iudicii flammas, per quas omnes nudi transituri sumus. solum colitur, de quo dictum est: *idola gentium argentum et aurum*, pro quo quis 1 5 15
inest omnibus et ab omnibus, quasi non sit, arguitur; accusatur et tamen colitur; iugulat et amatur. inuincibile profecto calamitatis est genus, cui 2 1 8
nam deos ipsa genuit, ipsa intulit mundo, per quos aut in quibus diabolus colitur, quorum in actibus origo monstratur. ipsa Iouem innumerabilibus 1 1 11
caelum stetit deo spectante securus. parauerat extensa futuris ictibus colla, nudauerat gladiis uenientibus iugulum, putauerat se feralem iudicis 1 39 7
monitis diuersis uirtutibus diuersoque charismate omnium credentium non colla, sed corda decorare consueuit. uirga per lignum sacramentum 1 13 10
usque adeo circumspectus atque inreprehensibilis, ut dei sit testimonio collaudatus. unde non inmerito beatus beata uita fruebatur. namque erat 1 15 2
haec est mater omnium, quae nos adunatos, ex omni gente et natione collectos unum postmodum efficit corpus. 1 55
quibuslibet passim sua munera infulcit, maxime indignis, ut ad se colligat turbas; ille numquam remunerat quemquam, nisi primo quis uictor 2 4 14
parens annique progenies; antecedit quae sequitur tempora et, ut saecula colligenda disseminet, parit sibi de fine principium. hic est, quo similiter, 2 19 1
quae interficis prophetas et lapidas missos ad te, quotiens uolui colligere filios tuos sicut gallina pullos suos sub alas et noluisti? ecce 2 6 3
postmodum tua, cum per eam cotidie tricenos, sexagenos centenosque colligis fructus. tu in pauperibus diues, in diuitibus ditior, aequalis in 1 1 20
matremque uirtutum. quae praeter ceteras tota se ad alienas utilitates colligit atque explicat sciens, quid deo principaliter debeatur, nihil sibi ipsa 2 1 11
pudicitia, in primo innocentia, aequitas in medio, in fine patientia. pax colligit, caritas ligat, sollicitudo custodit, iustitia distribuit, pietas ministrat, 2 6 9
non gerit? quid agricola semina spargit, si sudoris sui praemium non colligit messem? quid Christianus credit in Christum, si promissum sibi ab 1 36 3

turbas, contionatur. lites sic discernit, ut seminet. prauos ac lubricos	colligit mores. legibus suis suas leges impugnat, ius iure distringit. quis non	2 1 7
amicae mortis fiducia. denique quod sapientia legibus per industriam	colligit, uno impetu aliquotiens clusis oculis illa <illidit>. tertio diues est	2 1 7
per ipsam dei uoluntas populis intimatur, per ipsam disciplina caelestis	colligitur ac tenetur, per ipsam, inquam, genus omne peccati, ne quis	2 3 3
Israel, quando ad Iordanem securus ab Horeb accessit. quid cotidiana dei	colloquia? *ipsi autem me spreuerunt:* ad crucem enim perduxerunt, per	1 61 8
amicitiam; per hanc Isaac praeter ceteros enituit; per hanc Iacob deo	colluctari praeualuit; per hanc Ioseph Aegyptum suae dicioni subiecit. haec	1 36 7
mutas; in stibio fletus includis; ornamento ligas quod suspendio uoueras	collum; ab speculo oracula inquiris, quam commode possis circumscribere	2 7 8
uulnus, non defluit sanguis; exspirantis non palpitat corpus, non decolor	color est. ipse est et tamen non est ipse. uetus quidem uidetur domicilium,	1 42 2
gladius; percussi non hiat uulnus, non defluit sanguis, non decolor	color est. ipse est et tamen ipse non est. uetus quidem uidetur domicilium,	2 24 3
non sunt, non uetusti, non usti, non crudi, non mucidi. lacteus illis	color est, lacteus sapor est. sed fortassis, quod nonnulli forma uidentur	1 41 2
tunc, cum alium noueris, alium certe misereris: discoloratur per momenta	color, figura sua tollitur a natura, in obliquos horrores insani uertuntur	1 2 6
patientior sacerdos an uictima! non percussoris, non percutiendi claudicat	color; non membra tremore uibrantur; non dimissi, non torui sunt oculi.	1 4 14
poenis excruciandum. tertium quoque, quem aduerterit fraudulentum,	coloratis ratiociniis sua furta excusantem, reseruat examini, ut ponderatis	1 35 8
tristitudine, nouo uento Fauonio blandiente, diuersis floribus genere	colore pariter et odore una natiuitate diffusis germinantia undique dulce	1 33 1
nubere, omnia illa mentita es. quid hoc est? ecce rursus ad lenocinia redis,	colorem de pyxide mutuaris paulo ante damnatum. ecce indulgenter excolis	2 7 8
ut chaos non esset effecit, quod eius membra discreuit, ratione disposuit,	coloribus decorauit, determinauit mensura officiisque competentibus seruire	1 7 2
illi libuerit figuras, speculo conciliante semper incertam cotidie peregrinis	coloribus mutat, gulae labore culta, lauacro nitida, unguentis oblita, uestitu	2 4 9
facta hydra formarum procax semper incedit, quia erubescere alienis sub	coloribus nescit, non domesticis, non affectibus, non maritis nota, non sibi,	1 1 10
factus est regni, qui insignis rex erat iam ante pudoris. Susannam quoque,	columen matronatus, inaffectatae formae pulchrius suae pulchritudinis	1 1 17
illis ducatum Moyses praebuit, dux noster Christus est dominus; illis	columna nubis atque ignis uiam demonstrauit, nobis testamenti ueteris ac	1 46b 2
dei duce Moyse iussus est proficisci. huic per diem non circulus solis, sed	columna nubis, non candida luna, sed ignis columna per noctem iter	1 29 1
diu, non necessitate, sed merito. ereptus es inde; non tua euasisti uirtute.	columna nubis te deduxit per diem, ut ostenderet caecum; ignis columna	2 16
non sorte peregrini, sed merito. ereptus es inde, non tua euasisti uirtute.	columna nubis te perduxit per diem, ut ostenderet caecum; ignis columna	1 9
proficisci, duce Moyseo uidelicet et Aaron, iter demonstrante nubis	columna per diem, eadem ignis quoque per noctem. finditur mare et dextra	2 26 1
diem non circulus solis, sed columna nubis, non candida luna, sed ignis	columna per noctem iter pandebat ignotum. qui ut inter duo elementa	1 29 1
uirtute. columna nubis te perduxit per diem, ut ostenderet caecum; ignis	columna per noctem, ut admoneret arsurum. angelus praeuius tua castra	1 9
uirtute. columna nubis te deduxit per diem, ut ostenderet caecum; ignis	columna per noctem, ut significaret arsurum. angelus tua castra praecedit,	2 16
per suum numerum demonstrabant duorum testamentorum sacramentum.	columna uiam demonstrans Christus est dominus. quod duplicem nubis et	2 26 2
sustinet molem. cui non innumerabilis uarie famulatur acies ualidissima	columnarum, quia illi septem solae sufficiunt; non aeneum inhaeret mare,	2 6 6
mundum. igitur gentium sacrificium quam exsecrabile est, tam inane;	colunt enim uani uana figmenta in quaslibet formas, uultus, sexus, aetates	1 25 3
sunt nobis. huius est munus, quod diligimus seruos ut filios ac nos illi	colunt libenter ut dominos. huius est munus, ut, non dicam notos aut	1 36 14
pascha, qui id, per quod ab eis pascha geritur, reprobauit. 'at imaginem	colunt.' nec ipsam quidem, quia falso colit imaginem, qui eius non diligit	2 25 2
esse iter aerii culminis angelis lucis et hominibus iustis. haec igitur omnia	combinata unius fructus rediguntur in summam, quoniam uniuersa	1 37 14
edacitatis est tuae, quod diuersis in locis, uanitatis, quod cum amaritudine	comedis, infelicitatis. taceo, quod commemoratio est ingrati, non	2 20 2
superficie deleta, immo in melioris naturae iura transmissa, felix caput	comis uirentibus redimitum quasi ab inferis emersum in superna sustollit	1 2 22
mors. hi autem ad principalem uim retulerunt, in cuius perpetuitate	commanens in aeternum a patre filius regnum nec accepit aliquando nec	2 5 8
ad ultimum perdurauerit, turri completa inaestimabiles diuitias in ea	commanens possidebit. memorandum quoque necessario est etiam illud, a	2 6 8
esse possit iniuria, si hac necessitate opus esset illi, qui in sinu patris	commanens uoluntatis eius perfectionem non didicerat, sed habebat. igitur	1 56 2
communisque undae diuidi magnitudo ex utroque in utrumque	commeando largiflua, utrisque propria, nulli priuata. etenim damnum	1 7 4
elementorum status, non tempora cognata connexione in solemnes reditus	commearent, nisi rerum disciplinam conuersionemque quasi quaedam	1 4 4
pro eo, qui a latronibus adgressuram passus fuerat, dominus datos esse	commemorat. quae parabola sublata dubitatione scalae sacramentum	1 37 10
locis, uanitatis, quod cum amaritudine comedis, infelicitatis. taceo, quod	commemoratio est ingrati, non remedium, sacrificium quod ipse reprobat	2 20 2
autem gloria ac uere deo digna, cum uno consensu, una fide alter alterum	commendans deuotione consimili conuertuntur ad deum et sacerdos et	2 6 5
statim oculis apertis folia radiata procedunt, quibus subiecti ac se	commendantes sequaces fructus adridunt, quos solis ardores, pluuiae	2 11 3
inuidiam, solemnia ipsa diuina, quibus a sacerdotibus dei quiescentes	commendari consuerunt, profanis aliquotiens ululatibus rumpit taetraque	1 2 14
numquam excidet. igitur non inmerito dominus deus proximi dilectionem	commendat, quoniam solam praesumit seruare posse quod praecipit.	1 36 20
est et fratrem. dat iracundiae locum, securus ut redeat; domum patri	commendat, sensim mitisque discedit, ut probet se et meruisse et non	1 4 16
id est spiritaliter patefactis. praecedentibus foliis fructus sequela sese	commendat; similiter Christianus monitis diuinis praecinentibus	2 11 5
facultatibus suis, amputatis radicibus saeculi delitescens secessionis se	commendauit umbraculo, utrumque Christiano explicans uoto, ut et non	1 39 3
addicta. falsos testes pauor inuadit. tremit diabolus, quod ipsius	commenta nudentur. gaudent angeli, quod oppressa ueritas tandem	1 40 3
illam sanctissimam fratrum cohortem sepelit antequam iugulet taleque est	commentus pietatis excidium, ut in illa unius funeris turba paternus dolor	1 15 4
inpatientia non sinit praecipitare. quid auium diuersarum decora	commercia litterataeque quid arduis uolatibus *aeriae grues*? quid piscium	1 4 6
odia eradicat, iras exstinguit. haec mare penetrat, orbem circuit,	commercio nationibus necessaria subministrat. potentiam, fratres, cito eius	1 36 13
laudis Christianus semper ardor animatur. erit geminum de religiositate	commercium, cum ad caeleste praemium populus accenditur et de martyris	1 39 1
loquela est exhibenda, sed cura, quam paucis accipite. iram dei generaliter	comminantis qui uult effugere, debet illi inculpate seruire.	1 10a
etiam, nisi legitime corde circumcidantur, ignis inexstinguibilis supplicium	comminatur. sed et Moyses ipse, cuius asserunt se saepe discipulos, eodem	1 3 13
mortem uitamue praecepti eruditione commonitus, eum propriae uoluntati	commisit. at liuidus ille criminator, qui, quod sensim serpat, serpentis	2 4 5
sequimur mala. nulla ulli competit excusatio, maxime cum res nostrae	commissa sit uoluntati, propheta dicente: *ante hominem bonum et nequam,*	2 4 18
uultus quiuis ulla uiolauerit ratione, nonne continuo uelut sacrilegii	commissi capitales poenas luit? quanto magis in dei causa fortius	1 36 24
cum carnaliter sentiunt in gregibusque pecuinis agnum bifaria natura	commissum, qui inueniri non potest, quaerunt, sic agnum uerum, quem	1 8 1
est tibi, sicut praeceptum est, *ex agnis et haedis* discordi natura	commissus, quem in gregibus pecuinis ipsi tui non inuenere maiores. atque	2 20 1
ut nostram, ut iure speremus aliena. nemo enim censum decoctori	committit nec desertorem praemiis triumphalibus honorabit, maxime cum	1 36 7
puer, si litterarum non speret fructum? quid ratem profundo gurgiti nauta	committit, si ei numquam lucrum, numquam portus desideratus occurrit?	1 36 3
saeuierit incitatus, qui ferri non potest blandus. igitur famigerabile	committitur proelium: illinc diabolus horrendum totis intonans armis	1 15 3
armis, quibus possit uiribus, niteretur. igitur nouum ac paene incredibile	committitur proelium. ultra morem diabolus pugnat, sed Iob dissimulando	1 4 18
ut obumbrent furta turpissimae utilitatis, rem familiarem tuendam	committunt amore non fidei, sed libidinis, qui publicanas mulieres cum ui	1 25 11
oboedierunt. sed cum de futuro nihil opinantes praesentis tantum uitae	commoda inspiciunt falsamque aduersus ueram pro uera defendunt, sic	2 1 3
deum esse non credant. quos uellem adesse paulisper auremque praesenti	commodare lectioni, ut edicerent nobis, quinam sit deus iste, qui dicit:	1 25 1
membris ad terram incertas reddebas exsequias, cui magis lacrimas	commodarent: mortuo anne morienti? post haec si libet nubere, omnia illa	2 7 7
ferali supputatione nutrire non desinit, ut summam quaerat, non quam	commodatio dedit, sed quam ei pepererint armati numero dies, menses et	1 5 12
ligas quod suspendio uoueras collum; ab speculo oracula inquiris, quam	commode possis circumscribere petitorem. quicquid feceris, uirgo iam non	2 7 8
naturam, quae talis ac tanta est, ut unicuique homini sua non ab alio	commodetur, sed eius ex uoluntate nascatur. ceterum si, ut quidam putant,	2 3 1
sibi; suam, quia, quamuis sit sapientiae nomine falso uestita, tamen suis	commodis consulendo, quod sine alienis incommodis omnino non potest	2 1 3
dubio non est a tyranno dissimilis, qui solus habet quod potest prodesse	commodis plurimorum. quid, quod paupere cotidie moriente oppressione,	2 1 19
ingratis auaritiam pietate condis; solius dei potestas est futurorum	commodis prouidere.	2 1 21
Iudaei unde se beatos putant, infelices inde esse noscuntur. etenim	commodius puto misero in statu suo manenti quam beato in ultimas	1 18 1
per prophetas, filium suum saluatorem generi humano se esse missurum	commodum, tempore maturo, diuinitatis interim dignitate deposita, non	2 12 1
populus impietatis arguitur, sed Christianus, ne talis euadat, pariter	commonetur. denique ut iste plus timeat, ille terretur; ille uapulat, ut iste	1 10a
conditus, sensibus stipatus, eligendi mortem uitamue praecepti eruditione	commonitus, eum propriae uoluntati commisit. at liuidus ille criminator,	2 4 5
uulneraque detestabilis mentis curanda lacte cum melle prouidendo	commonuit; nam infirmibus ac languidis mannae teneritudinem inroráuit.	1 18 2
docet, ut plerumque aliquos noscamus eos esse, quos in idolatria	commorantes nuper uel maxime ui aliqua obisse meminerimus. hic nunc	1 2 6
filii parentes oderunt; quod amicitia in facie adludit quam in cordibus	commoratur; quod omne genus humanum suo interitu suisque	1 14 7
uehemens	commotio est, fratres, cum is de iniuria sua queritur, qui se potest	1 20
generauit pro fructibus spinas, pro uua labruscam. cuius rei indignitate	commotus dominus illa deserta aliam sibi, id est ecclesiam matrem, sua	1 10b 2
molem: nos a deo non potes separare.' statim iudex uiperei ueneni felle	commotus iubet non usitata animaduersione poenarum nec usuali in reos	1 39 6
quam a suo statu non aerumna, non felicitas, non affectus potuit	commouere. aduersus Iob diabolus, qui non fertur blandus, aestimare licet	1 4 17
tribus una sis, nullo pacto diuideris, nulla humanae curiositatis calumnia	commoueris. a paterno fonte in filio tota refunderis et tamen, tota ubi	1 36 32
tamen praecipuum non est, quod cum gentibus uel Iudaeis potest esse	commune; nam et illi, si liceat uel si uelint, fortassis cultius synagogas	2 6 1
unde duae quoque uitae a deo attributae sunt nobis: una, qua nescientes	communi cum pecudibus lege fundimur a natura, quae est corporalis ac	2 4 8
scaturientis musti dulci fluento feruentes uinariam dominicam cellam	communi gaudio repleuerunt. quod ut uobis quoque fide uestra adolescente	1 10b 3
temnentes uersuta disputatione, praetermisso deo de deo exeunte, ad	communia humanitatis nomina, quae possunt argumentis attingi, patris et	1 45 1
quicquam suum ex bonis putabant, quae eis erant, sed erant illis omnia	*communia,* sicut dies, sol, nox, pluuiae, nascendi atque moriendi condicio,	2 1 18
Christiane, scire cupio, quae sint tua, cum sint timentibus deum uniuersa	communia, sicut scriptum est: *turba autem eorum, qui crediderant, animo*	2 1 18
imaginem referimus, quam tenemus. quod conuenit cum ea, fidelium	communionis sanctae significabat sacramentum. Thamar *concepit in utero,*	1 13 11
fidem, quia fides profecto non est, ubi quaeritur fides; deinde quia lex	communis est, fides uero priuata, quia lex semper manat ex libro Genitali,	2 3 4
patris habens, nihil derogans patri. alter renitet in altero; cuiusuis gloria	communis est honor, quia quod est filii, patris est, quod patris, amborum.	1 56 1
euerterit ueritatem. ceterum fortitudo, quae hominibus est cum feritate	communis, omne ius in uiribus habet: quod facere praeualuerit, aestimat	2 1 7
uirtus, una substantia, una est fluenti natura nec potest incomprehensibilis	communisque undae diuidi magnitudo ex utroque in utrumque commeando	1 7 4

diligis? frangit ac subigit illam quiuis dolor. an pulchritudinem? leuis et commutabilis res est et quae una febri uel qualibet facillime deleatur 2 4 15
pro homine pendere dignatus est, ut in deum hominem, quem induerat, commutaret. anulus quoque signaculum fidei est, quod est Christus, cuius 1 13 10
semper laetatus et gaudens nec mutatus est uultus eius, cum esset uictima commutata:. cum tanta laetitia arietem obtulit, cum quanta obtulerat et 1 43 7
fratres, caritatem per semet ipsum ei condigne reddemus, quia facta commutatione quod eius est fit pro partibus nostris. sequens est, ut etiam 1 36 21
ui extorquens quod blandimentis impetrare non potuit. libidinum commutatione uaria gaudet semper et paenitet, ad satietatem numquam 1 1 9
in omnibus nouus est et tamen in omnibus uetus est. punctis omnibus commutatur, non natura, sed numero. fit filius horarum, qui pater est 1 16 1
unicuique sinceri amoris est noscenda proprietas, ne sub sono nominis commutetur regula ueritatis. est enim et alius amor sane saluti nostrae 1 36 25
ruina in se mergentibus idolatriae aedibus nunc usque aliquatenus comparari? nam et Salomonis accepimus templum luculento opere fuisse 2 6 2
libens florentissimo in domicilio castitatis et in uisceribus sacrae uirginis comparat sibi corpus suo iudicio nasciturus. in hominem coaptatus 2 12 1
uirga et baculus duo sunt utique testamenta, quae ideo materiae ligni sunt comparata, siue quod in eius usu et perpetuo et tutius maneat testatoris 1 37 8
scire debemus hominis fabricam *ex duobus diuersis ac repugnantibus* comparatam *discordique concordia* esse connexam animamque lineamentis 2 4 8
intellegi datur, fratres carissimi, Christi imaginem praeferebat. denique comparatio indicat ueritatem. Iob iustus dictus a deo est; ipse iustitia, de 1 15 7
timent, peccant quia uolunt. unde non est absolutus reatus, ubi de amoris comparatione duarum contrariarum sibimet partium iudicium flagitatur. 1 35 6
bouem illis asinumque praeponit, ut grauius possint, si resipiscant, comparatione torqueri quam poena. 2 21
credentibus populis totus orbis deo una ciuitas redderetur. denique comparationem salutaria gesta confirmant, quae et in nobis manent. ut est, 1 34 9
utitur et figura et condicione mortali. iustitiam docet inmortalitatis esse comparatricem. factis praecepta consummat. postremam suscipit mortem, 2 4 7
locus nouus et populus cotidie Christi dei et domini nostri prouidentia comparatur. hic labor noster illustris, haec gloria omnium sacerdotum, hoc 2 6 11
ex corde profertur; quod non bromosis pecudibus, sed suauissimis moribus comparatur; quod non cruentis manibus, sed sensibus mundis offertur; 1 25 9
quia in exordio carminis sacri deus deo sua sibi et diuinitate et nomine comparatus omnes humani sensus opinationes excludit, quippe cum dicat: 1 45 1
delibauit, lacrimas repperit, dolores et gemitus, *spinas et tribulos* sibimet comparauit ultimoque *sudore* turbatus posteris hereditatem indigestae 1 4 8
sed fossoris sanguis effunditur, ut uita beata pretiosae mortis uindemia comparetur. dies uero ad sacramentum pertinet resurrectionis domini 1 33 3
nec friuolum crimen est, fratres, uel maxime Christianum cupiditatis compedibus alligari profundaeque noctis feralibus tenebris obcaecatum 1 5 1
uiri excelsi ad te transibunt et tui erunt serui et sequentur te alligati compedibus et adorabunt te et in te precabuntur, quoniam in te deus est et 2 8 5
catenarum. uinculis nullis impeditae sunt manus, nullis pedes onerati compedibus. non uos ullus terror exagitat, non ullae sordes obfuscant. qui 2 29 1
ut cultoribus suis etiam ipsa elementa contra suam naturam famulari compellat. unde, fratres, atrocissimae rei non uos terreat contemplatio; non 1 31
pro me tibi obsistat: nam lex, per quam me forte minus peritum peccare compellis, ipsa te magnopere retundens ac redarguens confutabit, Salomone 2 3 16
rerum fugaci illuderis blandimento? quid deteriori meliorem subiacere compellis, scriptum quippe cum noueris: *omnis caro fenum et gloria eius* 2 4 15
alterius causa et formam mutat et mores. sed dicis: 'ardor me tenerae compellit aetatis.' credo. ecce nupsisti. ut de fragilitate humanitatis, casibus 2 7 9
est forma; quicquid enim a iusto didicit, id facere iniustum quoque compellit, bifarie inclita: unum glorificando, alium corrigendo. constat ergo 1 36 18
regalis potestatis imperio subiectum sibi corpus seruilibus officiis suae compellit implere desideria uoluntatis. qui si fuerit uitiosus, quot habet 1 3 9
ut peccet; et dominum, ut corruptelam seniorum sequatur, synagoga compellit. Iob amici sui insultasse perhibentur; et domino sui sacerdotes, 1 15 8
creditae unitae trinitatis non argumento, non necessitate, sed uoluntate compellit, manifestissimum puto nimis astuto esse simplicem meliorem, 2 3 2
quae, ipsae cum pereunt, detestabili exemplo adolescentulas quoque perire compellunt. quis has diligat filius, quis maritus, confundentes sanguinis 2 7 10
manu ipsi naturae, inuasis hereditatibus ante tempus parentes suos compellunt uiuere miseriae, facultatibus mori. pro nefas! quid tibi tua 1 5 6
capitibus omne studium defensionis abiecerant, iam etiam ipsa pudoris compendio mortis oderat moras, omnibus displicens, sed solae suae 1 1 19
places marito: neque enim sine sacrilegio possis placere sacrilego. ut rem compendio transigam: utique a templo regrediens necessario enarrabit tibi 2 7 16
denique ut iste plus timeat, ille terretur; ille uapulat, ut iste proficiat. compendiosum felicitatis genus alterius periculo discere, quid debeas 1 10a
et punire. sed quia mors apud incredulos futurorum putatur poenae compendium ac paene pro infecto habetur quod non diffamatur, censuit 1 47
non est hoc esse solum, ut flammas tuas maritalis gladii contemplatione compescas. mihi crede: non habet concupiscentia locum, ubi patientia 2 7 9
sint. neque enim est studiose, ut arbitror, memorandum, quod optaueris compescendum, maxime cum eius natura sit talis, ut numquam moretur in 1 4 11
robuste librata, uniuersas permotiones animorum placida moderatione compescens, et ut omnia non magno opere deuincat, se primo uincit. non 1 4 3
securos gladios facit; haec bella premit, lites tollit, iura euacuat, fora compescit, odia eradicat, iras exstinguit. haec mare penetrat, orbem circuit, 1 36 13
mediocritas nostra conicere potest, computatus ad mensuram palmes competens intellegitur legitimo examinis numero examinatus. scrobem 2 11 4
quia falso colit imaginem, qui eius non diligit ueritatem. sane hoc solum competenter gerunt, innocentes quod agnos passim quasi *lupi rapaces* 2 25 2
censuit eos caelo et terra testibus denotare, ut inexcusati facinoris competenti iudicio subiacerent. denique res impleta est domini passione: 1 47
fratres dilectissimi, longe lateque diffusos limites habet, quos peragrare competenti sermone urgentium sacramentorum non sinit pondus. uerum 1 10b 1
non siletur. sed quis illustris martyrii palmiferam trophaeis coronam competenti ualeat sermone disserere, dum in uno corpore tot martyria 1 39 1
momentis quibus uelis quattuor temporum munera expungens. denique competentibus nostris finitur hiems hodie peccatorum. oleo confecto 2 13
in maleficio deprehenderit, carnifici destinat statim, non audiendum, sed competentibus poenis excruciandum. tertium quoque, quem aduerterit 1 35 8
infinita disseminat. parit sibi de fine principium, hoc nostris quoque hodie competentibus praestaturus, quos iam nunc felix inuitat occasus, ut sacri 1 44 2
per quem nobis munus futurae beatitudinis pollicetur, hoc quoque nostris competentibus praestaturus, quos nunc inuitat felix occasus, ut sacri oceani 1 57
fidelibus fructum, paenitentibus curam, catechuminis lucis uiam, competentibus remissa omnium peccatorum, sicque cunctos in unam 1 6
ratione disposuit, coloribus decorauit, determinauit mensura officiisque competentibus seruire praecepit? unde non est principium quod senescit, 1 7 2
ac subacta diligenter. sal inditum est illi; leuigata est oleo gremiali, officiis competentibus temperata, in panes azymos reddita. hi, quos uidetis, egregia 1 41 1
meliora sequamur saltem uel eo studio, quo sequimur mala. nulla ulli competit excusatio, maxime cum res nostrae commissa sit uoluntati, 2 4 18
deinceps fuge, uirgo, fuge, uidua, nuptias tales. excusatio prorsus nulla competit tibi. si continens esse non poteris, saltem noli tuas nuptias 2 7 18
suis ut saluus foret, quam iussus est facere, non praecipiti festinatione compingit nec tantum munus quasi praesumptor aut demens rapit, sed 1 4 12
sed bellum; non osculum, sed uenenum. pro nefas! adhuc fumantia busto complecteris membra sudoremque sordidarum uaporis ararum carne tua 2 7 17
uos ei amorem. per hanc attingitis Christum, immo illa per uos uobiscum complectitur Christum. per hanc a deo patre quod petitis impetratis, immo 1 1 4
et fruges terra non denegat! sed quia haec prophetia nouissimis erat complenda temporibus sub domini saluatoris aduentum, qui non esset a 1 61 2
ibidemque qualis uelit esse disponit. immo quod iam olim disposuerat complendum latenter adsumit. namque requiescit libens florentissimo in 2 12 1
hominem necesse habuit, ne phantasma putaretur, edicta legis uniuersa complere. non enim aut *finis legis* aut uerus Christus esse potuisset, si quid 1 3 17
per hanc iniuriosam corporis stipem deo placere te posse praesumis.' 'iam completa est, inquit, in me per Iesum Naue domino iubente secunda, 1 3 14
post deuotissime completa expiationis sacrae casta ieiunia, post clarissimae noctis suo sole 1 24 1
non spreuerit, sed in labore usque ad ultimum perdurauerit, turri completa inaestimabiles diuitias in ea commanens possidebit. memorandum 2 6 8
cordis necdum discutis tenebras sacraeque legis oracula iam in Christo completa nec probando cognoscis? uerum tamen pro tuo sensu si uis 2 20 1
uero carnalis sicut est frequentibus oraculis prodita, ita inuenimus esse completam. etenim deus dei filius tempore constituto dissimulata interim 1 54 2
mediocritas sustinere. cum imperat pater orbem fieri, opus cum dicto completur a filio. quomodo autem, quantus aut qualis fieri debeat, nemo 1 56 2
qualitate argumentis asseritur. adde quod ab omnibus appetitur et a nullo completur. adde quod index dei uoluntatis est, non dei originis aut 2 3 5
flagrantis luciflui aurigae par laboribus fratris angusti circuli argenteum compleuerit globum, paulatim deuergit in senium, donec ultima senectute 1 2 19
ubi proponis, quia nihil te gerere sinit, nisi quae disposuerit prior ipse compleuerit. quod si factum non fuerit factumue displicuerit, tum tota 2 7 15
ex se deponit timorem et, quantum ad fidem pertinet, pater promissa compleuit, dominus parricidium probata uoluntate prohibuit. ad huius ergo 1 59 7
dei uirtus deique sapientia, omnia illa opere mirifico eius cum dicto compleuit. hunc curiosi opinationibus uanis uiolare conantur nec 1 50
sempiterni currus auriga, teretis metae sua replicans complicando gyro solemni uestigia, dies salutaris aduenit. idem sibi 2 19 1
a corona, tantum generosa ac perfecta fides quique illi fuerit cruciatus sua complicat uota. denique tres pueri in illo sacro certamine prae oculis deum 1 11
et superuacanea pro sacrosancto habes sicut idolum, te per momenta componis, diues in publico, ditior in secreto, nec intelligis, quia homini 2 1 19
uel amoris aequalem retinaculis blandis quasi quidam peritus auriga componis. tu amicitiam *idem uelle atque idem nolle* docuisti. tu seruituti 1 4 21
tamen nupserat, uestem uiduitatis exponit, aestiualia induit, semet decore componit locoque constituit, Iudas qua fuerat transiturus. at ille uisam 1 13 2
armatus, quibus illi libenter utuntur, qui aduersus ueritatem falsa componunt, sed caelestibus testimoniis multis, manifestis ac puris, ut docti 2 18 2
quia ei praeter quod est nihil est necessarium. haec rura, urbes ac populos composita pace conseruat; haec circa regum latera securos gladios facit; 1 36 13
significat, quia et *hominem deus de terra finxit* et homo idolum de terra composuit. *semen* ergo *suum fudit in terram*, hoc est dei mandata neglexit 1 13 6
tantus est et talis. et homo curiosus cor suum extollit conaturque eius comprehendere altitudinem, cuius non sequitur humilitatem! sequitur ac 2 9 4
iustitiam dei manere in eloquentiae uiribus aestimabant. denique cum eam comprehendere non possent — neque enim poterant sine magisterio 2 1 2
non enim ullo pacto potest humanis opinationibus substantia naturae comprehendi, quam nemo nouit nisi ipse solus, qui fecit. itaque quod 1 27 1
uerum tamen ex his omnibus eligendum quid sit, non potest nosci aut comprehendi, quia non erit nec proprium nec firmum, quod habet statum 2 3 7
audi, inquit, *terra, ex ore meo*. quo uocabulo gentiles homines sine dubio comprehendit, in quibus adhuc erant opera terrena. hoc est ergo quod ait: 1 61 4
inspiraueris nec salutem praestare possis. unde uel sero sacrilegam uocem comprime humanae fragilitatis memor, qui in hoc ipso, quod loquimur, 2 1 21
et deo ante negotium parricida est; nec eius saltem coercentis uoce comprimitur, sed eo magis ac magis instat, donec effusione sanguinis 1 4 9
densis exaestuans argumentis, suasorio ac delectabili luculentae orationis compta mendacio, armata uocis tuba et gladio linguae omnes actus ad se 2 1 6
at ille alio deflexus itinere nauem Tarsos petiturus ascendit, cum subito compugnantium uentorum flatu uiolento lacessitum fremit mare sollicitique 1 34 5
eorum quoque feminas a pudore diuellit, quae desertae, ardore seu dolore compulsae, si talia gerant, putant se aut imitari aut uindicari. propter quod 1 1 13
patrumque typus erat, qui ob iustitiam dei omnes homines filios computabant. igitur Her primitiuus filius primitiuus est populus, id est 1 13 4
suauem perducat; non aurum, non argentum, quia in suis martyribus computat totum. non fenestrarum lumen implorat, quia sol aeternus in eo 2 6 6
reddatur. quantum spiritaliter mediocritas nostra conicere potest, computatus ad mensuram palmes competens intellegitur legitimo examinis 2 11 4
aditus reserati praestant sine pugna, sine ullo labore uictoriam. non enim conabitur in dicionem redigere suam, quae esse eius ambiuit ancilla? in 2 7 13
cuius sacramenti arcanum euidenti ratione quasi quadam claui aperire conabor, ut et prouidentiam dei et uim consociationis carnis et animae et 2 4 3
ipsa Venerem membris omnibus denudatam, conuexis manibus se tegere conantem, immo animi sui uitium et corporis demonstrantem, post multa 1 1 11

euertunt; uaria caede prophetas elidunt; Moysen amore nimio lapidare conantur; aduersus dominum semper ingrati uariis molitionibus pugnant 1 4 10
numquam bonis suis poterit uti securus. sunt enim multi, qui adserere conantur *chaos in principio fuisse*, id est informem indigestamque latentis 1 7 1
eius cum dicto compleuit. hunc curiosi opinationibus uanis uiolare conantur nec intellegunt miseri, quoniam curiositas reum efficit, non 1 50
deponis? cur ipsum fontem diuinitatis philosophicis argumentis exhaurire conaris? si peritiam legis ostendere cupis, lectionum nubila disserena. doce 2 3 13
nihil prorsus existimat turpe nec pati nec facere, dummodo in effectu conata succedant. uerum tamen in ipso fructu suo, quo expugnati pudoris 1 1 7
facillime possit agnosci. sub uelamine Christi nominis, fratres, se adserere conatur Antichristus similiter pudicum, uti fallat. pudicitiae nominis 1 1 6
admirabilior, quia tantus est et talis. et homo curiosus cor suum extollit conaturque eius comprehendere altitudinem, cuius non sequitur 2 9 4
suis Euae pectus incendit; hic Adam suis telis occidit; hic Susannam conatus est duorum seniorum aut prodigiosis ignibus subicere aut 1 36 26
temptauit; similiter euangelista perhibente et dominum ter est temptare conatus. Iob facultates, quas habuit, amisit; et dominus caelestia sua bona 1 15 8
quid hic remansura peruigil sollicitudine cassa nec tibi ipsi inde aliquid concedendo illibata custodis? insuper de inopia quereris, qui quod habes 1 14 3
esse non inuenit inpudicum; hic synagogam expugnauit, cum sua illi arma concedit; hic ubique turbulentus, ubique fertur insanus: promittit, fallit, 1 36 26
prouocat in iudicium, ut eius auferat tunicam, libens illi pallium quoque concedit; maledicitur et benedicit; caeditur et gratias agit; iugulatur et non 2 1 13
immo omnia undique sine pausa quae scaturiunt mala nascuntur atque concelebrantur, quae condemnare falso humanitas gestit; *camelum* enim 1 5 4
uellem te, si possim, rerum omnium regina, patientia, magis moribus concelebrare! scio enim, quia libentius in tuis moribus, tuis fundamentis 1 4 20
imaginem portat, nam occasu passionem resurrectionemque ortu rediuiuo concelebrat, per quem nobis quoque resurrectionem futurae beatitudinis 1 58
imaginem portat, nam occasu passionem resurrectionemque ortu rediuiuo concelebrat, per quem nobis munus futurae beatitudinis pollicetur, hoc 1 57
praesens periculum coeperit infestationibus tyrannicis duci, omnes repente concelerant, laboranti subueniunt, paene armis ipsis inimici certatim se 1 36 15
exstinguat et futura repellat. Thamar arguitur, quod de fornicatione conceperit; et ecclesia quasi adultera Iudaeorum est a senioribus 1 13 12
quia uoluntas eius est turpitudo; ideo pennatus, quia in quaecumque conceperit uelociter ruit; ideo telis facibusque constructus, quia inlicitis 1 36 25
significabat sacramentum. Thamar *concepit in utero*, ecclesia corde concepit, illa semine, haec uerbo. haedus ei mittitur, temptationis uidelicet 1 13 11
cum ea, fidelium communionis sanctae significabat sacramentum. Thamar *concepit in utero*, ecclesia corde concepit, illa semine, haec uerbo. haedus 1 13 11
decem mensium fastidia nescit, utpote quae in se creatorem mundi concepit; parturit non dolore, sed gaudio. mira res! exsultans exponit 1 54 3
eia quid statis, fratres, uestram quos per fidem genitalis unda concepit, per sacramenta iam parturit? ad desiderata quantocius festinate! 2 28
omnium saluatorem. o magnum sacramentum! Maria uirgo incorrupta concepit, post conceptum uirgo peperit, post partum uirgo permansit. 1 54 5
haec promittitur ei de legitimo matrimonio filius de fide, non de aetate. concepit Sarra, portat sine labore uteri sarcinam, quae iam ambulare non 1 62 2
simulacrum et, ut imago sit dei, inspiratur a deo in *animam uiuentem*. concepit spiritum adaeque, quem nescit; intrantem non uidet, exeuntem 1 56 3
ui aliqua separetur. tum solemniter plorans clementer imbre suo rorat conceptaque musti felicibus lacrimis fluenta denuntiat. statim oculis apertis 2 11 3
igneus est ollis uigor et caelestis origo seminibus), scilicet spiritus sancti conceptione, insita fit ante fecunda, ut, cum dissolutionis eius ac legitimae 1 2 26
accepitque ab eo eius monile, anulum, uirgam; tumque negotio confecto, conceptu signata, quem uerae fornicariae habent perosum ac semper 1 13 2
sed futuri scilicet indicii negotium procurauerat, dicitque ei se debere conceptum, cuius monile, anulum teneret et uirgam. qua re cognita Iudas 1 13 3
qui ex se natus non crederetur, nisi, sicut fuit uirgo incorrupta post conceptum, permaneret talis quoque post partum. o noua ratio! amore 2 12 2
uoce comprimitur, sed eo magis ac magis instat, donec effusione sanguinis conceptum piaculum duplicetur. miratur orbis uacuus se duobus angustum; 1 4 9
o magnum sacramentum! Maria uirgo incorrupta concepit, post conceptum uirgo peperit, post partum uirgo permansit. obstetricis 1 54 5
sit aliqua talis, et cedo! ceterum illa fuit uirgo post connubium, uirgo post conceptum, uirgo post filium. denique si esset aliquid uirginitate melius, 2 7 4
sed gaudio; nascitur sine patre filius, non totus matris, sibi debens quod conceptus est, donans matri quod natus. quae principaliter stupet talem 2 12 2
opulens templum, quia in eo uerum non erat templum. etenim hominum conciliabulum est contextio ista parietum, fidelis autem populus dei 2 6 4
atque explicat sciens, quid deo principaliter debeatur, nihil sibi ipsa concilians, nihil proprium derelinquens, nisi quod fideliter sine ulla 2 1 11
speciem proponit suam faciemque, in quas illi libuerit figuras, speculo conciliante semper incertam cotidie peregrinis coloribus mutat, gulae 2 4 9
sunt libri, ut possint esse perfecti! o quam misera est fides, quam uerba concinnant! o quam debilis, cuius cotidie dissipantur uariis 2 3 10
frigidumque latus male dilatato queritur lecto; inuidiosis uocibus deo concinnat inuidiam, solemnia ipsa diuina, quibus a sacerdotibus dei 1 2 14
quasi quendam patientiae deferuntur in portum, sine qua nec audiri nec concipi nec disci quicquam poterit nec doceri. nam profecto sola est, ad 1 4 1
quasdam primitias auspicaris, totum prorsus iniquitatis spiritum libens concipis per maritum: infelix, iam plus in te est quam in templo remansit! 2 7 17
mutuatur de tempore, qui praestat temporibus aeternitatem. mira res! concipit Maria de ipso, quem parit; tumet uterus maiestate, non semine, 2 12 2
est et concupiscentia oculorum et ambitio saeculi. his enim auctoribus concipitur, his ducibus geritur, his ministris impletur quicquid cotidie 2 9 5
unam potentiae plenitudinem, quae una mente, una credulitate concipitur, non uiolet, sed honoret. 2 3 19
nunc uideamus quae consequuntur. per idem tempus duae cognatae concipiunt, una contra spem, altera uerbo. haec miratur se habere quod 2 8 8
uinciendas libentius offert. pedes quoque constringit, ne in exitu mortis concitata uictima calcitraret: securus enim pater optimus timuit, ne dolori 1 43 5
horrendum totis intonans armis ministrisque insuper suis in auxilium concitatis, terribili increpans tuba praedonum corda face furiali succensa, 1 15 3
etiam sibi; actus improuidus, instabilis, caecus, incautus, inconstans, totus concitatus in ruinam; res sine substantia, negotium sine persona? omnia 1 4 7
taetraque inluuie suum totum deformans cultum cadauer amplectitur conclamatum; frigentia tepefacit crebris osculis labra; totum corpus 1 2 14
quia per ipsam dominus Iesus Christus mysteria uniuersa conficiens atque concludens patri et Adam reportauit et iter ad caelum omnibus se 1 37 15
remissa peccatorum ac resurrectionem carnis?' facile, fratres, pugna ista concordat statusque futuri qualitas aperitur, fides si inlibata teneatur. unde 1 2 24
admonet, fratres, passionis resurrectionisque dominicae unanimes atque concordes salutaria celebrare mysteria, per dominum et conseruatorem 1 26
fabricam *ex* duobus *diuersis ac repugnantibus* comparatam *discordique concordia* esse connexam animamque lineamentis corporis circumsaeptam. 2 4 8
sint praedita? nonne uidemus omne animantium genus congregatione, concordia testari caritatem atque ita omnis motus quasi uno sensu 1 36 15
cum non sit spem, fidem, iustitiam, humilitatem, castitatem, probitatem, concordiam, caritatem, omnes artes omnesque uirtutes, ipsa quoque 1 4 1
nobis ignis ac fidei. etenim duo discordantia deuotione dominica in unam concordiam conuenere. namque tribus in pueris fides puniri non timuit. 1 48
nescientibus procurare, lumen caecis inferre, tura non spirantibus concremare, allegare preces surdis, ab his custodiam petere, quos fur non 1 25 4
uidua praegnans. irascitur socer, eam produci iubet atque incendio concremari. at illa constanter adest, sibi quae non inpudicitiae, sed futuri 1 13 3
canitur, foris ululatus auditur. o magna potentia dei! incensores incendio concremati sunt et, qui incensi sunt, incendio suo superstites triumphantes 1 53 2
leti tempus aduenerit, a semet ipsa inuitatis sacris ignibus libentissime concrematur. sepulcrum nidus est illi, fauillae nutrices, cinis propagandi 1 2 20
undique cardinibus, cum praeter morem terrifico fragore intonans concrepat caelum, cum inter caecas pinguibus conductas nubibus tenebras 2 2 3
suis onusta peccatis, *ex ouibus* spiritus maiestatis; quae utraque in Christo concreta agnum legitimum praestiterunt. hic est agnus, fratres, de quo lex 1 8 1
uxorumque in mortibus posuit; haec nomina pietatis nonnumquam concubitu prodigioso deleuit, pudicos equidem persequens, sed impudicos 1 1 8
conportantur; id est ad supplicii locum deducuntur. ab operariis ibidem conculcantur, hoc est summa cum contumelia a persecutoribus illusi 2 11 6
concipitur, his ducibus geritur, his ministris impletur quicquid cotidie concupiscentia, ambitione, auaritia ardet in saeculo. quare utraque sunt 2 9 5
mundum, non est caritas patris in eo, quoniam omne, quod in mundo est, concupiscentia carnis est et concupiscentia oculorum et ambitio saeculi. his 2 9 5
mundum, non est caritas patris in illo, quoniam omne, quod in mundo est, concupiscentia carnis est et concupiscentia oculorum et ambitio saeculi, quae 2 4 12
mundum, non est caritas patris in illo, quoniam omne, quod in mundo est, concupiscentia carnis est et concupiscentia oculorum et ambitio saeculi, quae 1 36 27
non est a patre, sed ex concupiscentia saeculi. et *mundus transibit et concupiscentia eius. qui autem fecerit uoluntatem dei, manet in aeternum,* 2 4 12
tuas maritalis gladii contemplatione compescas. mihi crede: non habet concupiscentia locum, ubi patientia dominatur, ubi uiuitur sobrie, ubi mors 2 7 9
concupiscentia oculorum et ambitio saeculi, quae non est a patre, sed ex concupiscentia mundi. per hanc enim diabolus cum diuerse hominum 1 36 27
in illo, quoniam omne, quod in mundo est, concupiscentia carnis est et concupiscentia oculorum et ambitio saeculi, quae non est a patre, sed ex 1 36 27
in illo, quoniam omne, quod in mundo est, concupiscentia carnis est et concupiscentia oculorum et ambitio saeculi, quae non est a patre, sed ex 2 4 12
in eo, quoniam omne, quod in mundo est, concupiscentia carnis est et concupiscentia oculorum et ambitio saeculi. his enim auctoribus concipitur, 2 9 5
pudoris. te corruptio intrare non nouit. per te saeculum uincitur, concupiscentia omnis eliditur, diabolus subiugatur, Antichristus non 1 1 21
concupiscentia oculorum et ambitio saeculi, quae non est a patre, sed ex concupiscentia saeculi. et mundus transibit et concupiscentia eius. qui autem 2 4 12
enim adgressuram passus Adam esse cognoscitur, *latrones* diabolus et concupiscentia, *Samaritanus* dominus, cui Iudaei dicebant: *hic Samaritanus* 1 37 10
tamen triumphi sui palmam senectutis cum rigore partitur; cessat enim concupiscentiae pugna, ubi sub crebrescentibus morbis ipsa necessitate 1 1 5
utrumque sexum; illa praeputium paruae cutis, haec praeputium totius concupiscentiae saecularis; illa octauo deseruit diei, huic deseruiunt 1 3 23
designatur, domino Iudaeos sic increpante: *uos de diabolo patre estis et concupiscentias patris uestri facere uultis), uestem uiduitatis deposuit*, id est 1 13 8
sit nosse, quid fecerint. igitur Iob uir fuit iustus et uerax, ab uniuersis concupiscentiis huius mundi secretus, conuersatione limpidus, mente 1 15 2
cum unaquaeque pars nititur alteram subiugare, apostolo sic dicente: *caro concupiscit aduersus spiritum et spiritus aduersus carnem; haec duo inuicem* 2 4 8
testatoris uoluntas inscripta, seu quod quasi ex transuerso in unam fidem concurrentia crucifigi habuisse dei filium nuntiabant; quem confirmat in 1 37 8
gentes, quae ista non credunt, tamen cum libamine infausto ad sepulcra concurrunt et a mortuis, quos in quiete tacitae noctis agnouerint, expeti a 1 2 3
damnantes pro salute redimenda non solito more ad stupida simulacra concurrunt, non aris foetentibus funestos excitant ignes, non tura cremant, 1 34 9
inde est, quod uniuersae nationes mutuis cadunt per momenta uulneribus, concussae gemunt urbes, deleta rura respirare non possunt, maria plus 1 5 3
effundit. nam cum solito more unanimes una epularentur in domo, subito concussis toto nisu quattuor angulis eius in confusam molem parietibus 1 15 4
nulla natura, quae non timeat deum. cum grauamur rumpentibus sonis, concussis undique cardinibus, cum praeter morem terrifico fragore 2 2 3
transfusum artificiose dum exaggerant, exinde iam priores se ipsi condemnant. uerum, pro nefas, creditur aetati, creditur auctoritati: 1 1 18
sine pausa quae scaturiunt mala nascuntur atque concelebrantur, quae condemnare falso humanitas gestit; *camelum* enim *glutiens culicem liquat*; 1 5 4
quisquis resurrectionem negat, uitam suam, semet ipse condemnat. cur enim mereatur felicitatem futuri temporis cernere, quem 1 2 1
diuini carminis textus ostendit. in quo eum non seueritas apud omnes condemnat, fratres uenerandi, sed pietas. neque enim potest de quoquam 2 21
timebatis, conscientiam non timetis. *uetus* enim *homo* uester feliciter condemnatus est, ut absolueretur, sacri gurgitis unda sepultus, ut sepulcri 2 29 1
rursum, sicut Adae et Euae spiritale praeputium, male repetita nuditas condemnetur, ne nouus homo quicquam Iudaei habere uideatur aut gentis. 1 3 24
sermonis publici quae de me fabuletur inuidia; non enim nuptias condemno, sed nuptiis meliora praepono, et quidem etiam apostolo 2 7 2
citius aetherias portas, fratres, intrate aeternique gurgitis alueo genitali condentes ullam pro personis operari ne aestimetis hic gratiam. iudicio 1 49

non possunt. at e diuerso uideor mihi audire proclamantem: 'si haec est condicio carnis, quid est ergo quod credimus in ecclesia remissa 1 2 24
timiditatis nomine obscuret, in ducendis quoque uxoribus talis est condicio: Liam excipit, prolixa tempora obseruat, omnia soceri libens 1 4 16
omnia communia, sicut dies, sol, nox, pluuiae, nascendi atque moriendi condicio, quae humano generi sine personarum aliqua exceptione 2 1 18
sine sacrilegio uideri non potest? postremo detestabilis est uiuendi condicio, ubi non licet facere uxori, quod marito placet; ubi proponis, quia 2 7 15
omnia mea, quia pater in filio et filius manet in patre; cui affectu, non condicione, caritate, non necessitate, decore, <non diminutione> 2 5 9
praecepti dei persuadendo miserabiliter iugulauit et exinde hereditaria condicione confectum uniformiter interibat omne genus humanum. nec fuit 2 4 5
ut contemplatione imaginis pateremur reuerentiam ueritatis in eaque res condicione dimissa est, ut, si quid mali seu boni cuiquam fecerimus, deo 1 36 23
quid statis genere, aetate, sexu, condicione diuersi, mox unum futuri? fontanum semper uirginis matris 1 55
prophetia passurum dominum praedicauit, utrosque uolentes, illum condicione, dominum pietate. cetum esse non dubitatur infernum; sicut 1 34 8
illustrat hospitium ibidemque in homine includit deum. utitur et figura et condicione mortali. iustitiam docet inmortalitatis esse comparatricem. factis 2 4 7
haec in utroque sexu conspicua, in omni aetate miranda, in quauis condicione non dubia, soli sibi deuota, semper bene conscia, prorsus nulli 1 1 1
haec, inquam, non die, non nocte, non hora, non sexu, non aetate, non condicione, non loco, non genere a tribuenda homini salute depellitur, sed 1 3 22
hic, inquam, qui nobis resurrectionis monstrat exemplum. cuius sane condicione nos beatiores sumus, quia ille occidit semper ut uiuat, fidelis 1 16 2
dei nostri! o bonae matris caritas pura! diuersos genere, sexu, aetate, condicione suscipiens necat odio criminum ut nouerca, pia seruat ut mater 2 29 2
cum quis quaerit aurum, inuenit gladium. inter haec nemo considerat condicionem fragilitatis humanae, nemo hostem, nemo fiscum, nemo 1 5 15
iactantur. uobis multi redempti, multi edictis feralibus liberati, multi condicionibus duris exuti gratias agunt. uestrae domus peregrinis omnibus 1 14 8
Israelis populus enormi captiuitatis iugo depressus a rege Pharaone duris condicionibus in Aegypto necaretur, miseratione dei duce Moyse iussus est 1 29 1
ac semper uitant, uiduitatis uestem rursus accepit. interea secundum condictum haedus mittitur, fornicaria quaeritur nullaque ibidem umquam 1 13 3
deperditi, semesis ossibus, etiam suis carnibus nudi. conspicite rem auaro condignam! ille, ille amplum qui habuit censum, exiguum non habet 1 5 9
felices eius dono sint tales, contumelia est laudare dominum, cuius condigne laudare non queas seruum. sed o quam uellem te, si possim, 1 4 19
magno uel gemitu non potest dici. quae enim uox, quae increpatio has condigne possit arguere, quae dedecus suum sacrilegio dotantes *membra* 2 7 12
deus in illo manet — , tunc demum, fratres, caritatem per semet ipsum ei condigne reddemus, quia facta commutatione quod eius est fit pro partibus 1 36 21
ignoras excusationisque uanae depone fallaciam: ingratis auaritiam pietate condis; solius dei potestas est futurorum commodis prouidere. 2 1 21
primitiuam festinus maturamque procurauit agninam, Abraham pinguem conditamque fideliter uitulinam. Isaac innocenter ollam portat et ligna. 1 24 2
ratio ipsa proclamat, cessare nullo pacto potest uarietas ista regni, a legis conditore homini a deo assumpto iustisque eius est deputata rebus 2 5 6
esse quod fuit, quippe cum illius potentissimi artificis rerum omnium conditoris ipse sit usus impossibilium possibilitatem adserere ex eoque 1 2 16
es sis melior futura cognosce. praeterea granum uniuscuiusque frumenti conditum terrae interit et tamen in eo id, quod intus est, reuiuescit nec 1 2 22
post haec subiecit ei omnia bona mundi et quia erat iam sapientia conditus, sensibus stipatus, eligendi mortem uitamue praecepti eruditione 2 4 5
quasi crines effusos in unius uerticis nodum, honorem decoremque conducis. felix aeternumque felix est, qui semper te habuerit in se. 1 4 22
terrifico fragore intonans concrepat caelum, cum inter caecas pinguibus conductas nubibus tenebras crebrae micantes curuis ignibus flammae 2 2 3
ut reliquas nationes, quas idolatriae, de qua diximus, disseminatae uenena confecerant, ad dei cultum bonae uitae exemplis sacraeque legis religiosis 1 13 5
praemio accepitque ab eo eius monile, anulum, uirgam; tumque negotio confecto, conceptu signata, quem uerae fornicariae habent perosum ac 1 13 2
denique competentibus nostris finitur hiems hodie peccatorum. oleo confecto laetabuntur. hodie eos etiam uer arridens diuersos in flores 2 13
dei persuadendo miserabiliter iugulauit et exinde hereditaria condicione confectum uniformiter interibat omne genus humanum. nec fuit ullus ulli 2 4 5
cognosce, elige quid uelis: remedium an sanitatem. denique si uidetur, conferamus, quae sit inter uirginem nuptamque discretio. *nupta cogitat,* 2 7 3
est, duo maria, quae in semet recumbunt, freto aestus alternos in unum conferente connexa, quae, licet sui proprietate, locis uocabulisque discreta 1 7 4
omnibus; adde quod fides non gratis pugnat, caritas autem etiam ingratis conferre consueuit; adde quod fides non transit in alium, caritas parum est 1 36 11
transferri; per hanc euadens Noe non inuenit, cum quo diluuium fuisse conferret; per hanc Abraham ad dei peruenit amicitiam; per hanc Isaac 1 36 7
hoc euigilauit, ut beatae resurrectionis suae in nos munus inmortalitatis conferret. quem conpetenter sequitur Virgo praenuntians Libram, ut 1 38 4
humanae deuotionis *religiosa confessio est* de *deo hoc nosse*, quod licitum est. sicut enim in simplici 1 34 1
testimonium perhibent ueritati! cur autem fingant nomina, quorum est confessio in ceteris uera, aut qua ratione isto argumento nitantur, quod 1 2 7
praemittit et exsequiis funeris ipse praecedit. cui haec est conparanda confessio? Maccabaeorum est iungenda numero, Eleazari est adaequanda 1 39 9
fuerat moriturus. inde est, quod nostra non habet necessaria tormenta confessio, quod sine sudore tortoris facinora sua sponte reus, ut fiat 2 24 2
fuerat moriturus. inde est quod nostra non habet necessaria tormenta confessio, quod sine truculenti sudore tortoris facinora sua sponte reus, ut 1 42 2
una natura unum spiritum, unum efficis corpus. tu martyres gloriosos a confessione Christiani nominis nullis tormentis, nulla nouitate mortis, 1 36 30
abominanda figmenta colendo — , tactu carbonis in unum populum per confessionem nominis Christi noscuntur esse conflati. etenim conflatio et 1 37 3
uulneribus lineam feralis ictus assidua contemplatione uibrabat. haeserant confessionis suae glutino intrepidae martyris manus nec salientes digiti 1 39 7
tabulis exsiccatur; similiter iudicii die a Christo secundum tabulas legis confessorum sanguinis uindicta usque ad ultimum quadrantem exigitur. 2 11 7
conscientiae placens, cum subito, quauis uersutia qui fallitur numquam, confestim adest in Daniele puero deus. omnem repente malitiae scenam 1 1 19
fidem uidere non potest, exigit. quam si abesse ex moribus deprehenderit, confestim ut perfidum punit irata quem docuit nullamque aliam ob causam 2 3 3
crux uocatur, quia per ipsam dominus Iesus Christus mysteria uniuersa conficiens atque concludens patri et Adam reportauit et iter ad caelum 1 37 15
uertices gerit in unius acuminis tenuitate digestos, unam litteram utroque conficiens; cui si unum adimas, alterius inanis est usus. unde recte 1 37 4
sese recitari mirantur; amicae sub fallacia manus innoxias animas secure conficit ebibita ueneni tempestas; sepelitur noua odii rabie, antequam 1 5 3
cuius proprietatis sit? omnes timores, quoscumque inuaserint, incremento conficiunt; hic solus ad hoc crescit, ut immortalem, quem possederit, 2 2 7
nostri alimenta rogare non norunt; iam uiduae atque inopes testamenta conficiunt. plura ad laudem huius beatitudinis uestrae possem dicere, nisi 1 14 9
dicam extulit, sed ipsa potius feliciter suis hortamentis occidit, religiose confidens deo filios se genuisse, non mundo. hinc uxor amissi mariti 1 2 13
cum uisceribus frigente senio nec sperare subolem posset nec portare confideret, matris suscepit officia, quae uxoris iam munera nesciebat. atque 1 59 3
uerum, sed in fide credentium constitutum. nam et dominus ista exempla confirmans uni ex latronibus in se credenti, qui cum eo de patibulo dextra 1 2 11
orbis deo una ciuitas redderetur. denique comparationem salutaria gesta confirmant, quae et in nobis manent. ut est, fratres, Nineuitis nuntiatus 1 34 9
sit honorabilis etiam hostibus suis. haec totius humani generis fundamenta confirmat, haec nominum proprietates uniuersis affectibus praestat, haec 1 1 1
in unam fidem concurrentia crucifigi habuisse dei filium nuntiabant; quem confirmat in scala rectissime positum, quia historia totius scripturae et 1 37 8
multis, manifestis ac puris, ut docti probent, minus instructi sese confirment, rudes discant ipsique, qui blasphemare nituntur, salutis suae 2 18 2
et inuiti discedant, procul dubio hoc sunt, quod sese esse unicuique confitentur. accipe et alia exempla et quidem certiora. primo in libro 1 2 7
operarii, qui mecum sunt. lucro gaudeo, sed sine furti conscientia, sane confiteor. denique et uos retinetis pondus antiquum; habetis aginam: 1 41 3
mandare nescisti, quae in conluctatione martyrii prior solet domino confiteri. ductus est tandem beatus Archadius ad exoptatum iustis 1 39 6
flet, denuntiatum pauet iudicii diem pellique se plangit, confitetur sexum, confitetur adgressurae tempus et locum et nomen proprium confitetur 1 2 6
sexum, confitetur adgressurae tempus et locum et nomen proprium confitetur discessumque, uel qui sit signis euidentibus docet, ut plerumque 1 2 6
quod sine sudore tortoris facinora sua sponte reus, ut fiat innocens, confitetur. pretiosa indulgentia est, fratres, quae et ueniam praestat et 2 24 2
sine truculenti sudore tortoris facinora sua sponte reus, ut fiat innocens, confitetur. pretiosa res est, fratres, quae et honorem praestat et praemium. 1 42 2
uibrantur; gemit, flet, denuntiatum pauet iudicii diem pellique se plangit, confitetur sexum, confitetur adgressurae tempus et locum et nomen 1 2 6
coeperat quam oderant fratres. nam cum medullitus mulier ardoris insani conflagraret incendio, in suadelam sacrilegam argumentis uehementer 1 1 16
desertoresque puniuntur. hanc Esaias in modum forcipis uidit; quibus ad conflanda labia inquinata ab uno de seraphim ex ara dei sublatum 1 37 2
in unum populum per confessionem nominis Christi noscuntur esse conflati. etenim conflatio et puritatem designabat et unitatem; carbo enim 1 37 3
populum per confessionem nominis Christi noscuntur esse conflati. etenim conflatio et puritatem designabat et unitatem; carbo enim uerbum dei est, 1 37 3
quae non agnoscit, quo auctore sit nata! o quam ridiculosa, quae duobus confligentibus Christianis ab altero eorum, si non transducitur, perfidia, 2 3 10
quoque perire compellunt. quis has diligat filius, quis maritus, confundentes sanguinis iura, delentes merita maritorum, adulantes uiuis, 2 7 10
pater unum sumus. quod non utique sic ait, ut in unum duos redigendo confunderet, sed ut duorum unam diuinitatis potestatisque esse 2 8 4
uindicare. sed quia apud sapientes et honestos grauius est aliqua nota confundi quam mori, deus Iudaicum populum luxuriae aestu exuberante 1 20
quisquis disputationem legis aestimat fidem, quisquis duo in unum diuersa confundit. disputatio enim sicut excolit legem, ita, si uersuta sit, eradicat 2 3 4
astutus autem nimia sapientia infatuatus inquisitionibus uanis semet ipsum confundit. sed dicit aliquis: 'si ita est, nulli ergo lex prodest.' absit; 2 3 2
dei templum profanis patefaciunt, sacraria usque ipsa denudant, sacra confundunt amissa luce laetantes in tenebris, habentes fana, non domos? 2 7 12
paene armis ipsis inimici certatim se crebro subiciunt, ingenti fragore confundunt exsertisque mucronibus sordidis uelut testudine quadam 1 36 15
non laeduntur. incensi hymnum canunt. barbarum regem fidei tenacitate confundunt. uindicantur de incensoribus suis. deum uident. mors transit in 2 15
epularentur in domo, subito concussis toto nisu quattuor angulis eius in confusam molem parietibus tectisque labentibus illam sanctissimam 1 15 4
ista, nihil prodest. ex uno enim proficiscendo et in unum remeando si non confusione, uel errore fiunt una. quid, quod illius sacrificium publicum est, 2 7 14
dulcium liberorum atrocissimo impulsu, tectis paritum cum ruina confusis, nimia crudelitate festinus sepelit, ornamentum iugulet. ipsum 1 4 18
peritum peccare compellis, ipsa te magnopere retundens ac redarguens confutabit, Salomone dicente: *altiora te ne quaesieris et fortiora te ne* 2 3 16
populum luxuriae aestu exuberante corruptum publica increpatione confutat. caelum terramque testes citat, ut exaggeret crimen; filios appellat, 1 20
populo irascitur deus eumque, ne forte paeniteat, publica obiurgatione confutat. humana sentienti nundinari deterius quam puniri. denique filios 1 30
chaos in principio fuisse, id est informem indigestamque latentis naturae congeriem aceruo quodam magnitudinis suae per se in se manentem; *postea* 1 7 1
uana cupiditate, uana cura torqueris? quid talentorum magnas struis congeries? quid hic remansura peruigil sollicitudine cassa nec tibi ipsi inde 1 14 3
animae suae pati detrimentum? i nunc, insatiabilis homo, et in detestabilis congestionis lucra letifera etiam ipsa elementa nouis artibus coge! licet 1 5 10
iustitiae frenos inponat. inquieta semper exaestuat, saeuit, pugnat, rapit, congregat, seruat sui tenax, *appetens alieni*, non suo, non alieno, non ipso 1 5 2
mendacio, armata uocis tuba et gladio linguae omnes actus ad se trahit, congregat turbas, contionatur. lites sic discernit, ut seminet. prauos ac 2 1 6
sola isto affectu sint praedita? nonne uidemus omne animantium genus congregatione, concordia testari caritatem atque ita omnis motus quasi uno 1 36 15
omnium peccatorum, sicque cunctos in unam Christi corporis gratiam congregatos ad caelestia regna perducit per dominum et saluatorem 1 6
latibulis aliquotiens, pro nefas, sub ipsis obtutibus matronarum uesana congressione desudant, non aduertentes miseri, quoniam in tali negotio 1 1 13

uarias moles spiceam feliciter contundens palmam. quam prosequitur	congrue *mustulentus autumnus*, ut necessario gratiae panis uini quoque	1 33 1
prodigioso deleuit, pudicos equidem persequens, sed impudicos tantum	congruenter occidens; haec, inquam, per momenta et parit omne quod	1 1 8
ut melius ueterescendo reddatur. quantum spiritaliter mediocritas nostra	conicere potest, computatus ad mensuram palmes competens intellegitur	2 11 4
morte rapti iecoris spirantes consulunt fibras nec per uarios auium uolatus	coniecturis inanibus statum plumeae salutis inquirunt, sed a suo corde	1 34 9
salutemque suam pecudum uiolenter scissis in uentribus quaerunt, qui	coniugale exasperant iugum affectuque calcato subditiciis personis, ut	1 25 11
tantum e limo terrae a deo finctum eique eius ex latere mulierem	coniugale solamen excussam, a quibus omne genus manauit humanum,	2 4 1
constitutae fidissimus miserandae uiduitatis es portus. tu sanctissimo	coniugali iugo rudi ceruice subeuntes in nisum laboris uel amoris aequalem	1 4 21
carni se fingit infantem. Mariae superbus emicat uenter, non munere	coniugali, sed fide, uerbo, non semine. decem mensium fastidia nescit,	1 54 3
cito eius edicam. quicquid locis natura negauerit, caritas reddit. haec	coniugalis affectus duos homines sacramento uenerabili unam cogit in	1 36 13
ignorat. non illam parentum pietas frangit, non dulcedo liberorum, non	coniugalis affectus, non cara germanitas, non ius amicitiae, non tener	1 14 2
tandem defendatur in terris. triumphat maritus, quod castam inuenerit	coniugem. laetatur familia omnis, quod in ea nihil inueniat fama quod	1 40 3
non potest timere maritum, quae non timet Christum. inde est, quod	coniuges nuptiali sanctissimo repugnantes iugo, pro se quisque nitentes	1 14 7
pueri, sacrae turris dulces ac sine pretio margaritae. felicia, exsultate,	coniugia: meliores ornatui gemmas sculpitis, quam uos estis. exsultate,	2 6 10
conscientiae ornamento contenta! tu in uirginibus felix, in uiduis fortis, in	coniugiis fidelis, in sacerdotibus pura, in martyribus gloriosa, in angelis	1 1 20
uos estis. exsultate, uiduae: quadratura uestrae uirtutis *angularis lapidis*	coniugio cohaeretis. exsultate, uirgines: omnem istam celebritatem honore	2 6 10
uirginitatis festa, utrisque dulcis occisio? ubi amor, qui in aequo unitoque	coniugio, e duobus altero superante, non moritur? tune non illa es, quae	2 7 6
nuptias manet postmodum uirgo perpetua, nos, qui nascimur de tanto	coniugio, omnifarie niti debemus, quemadmodum prosapiae nostrae	1 1 3
amore mariti facis, cur postmodum nubis?' exsecrabilis res est, fratres, nec	coniugio seruare caritatem nec deo fidem. haec etiam uiros reprehensio	1 2 14
non aduertentes esse infelix et impudicum quicquid legitimum fuerit extra	coniugium; Christiano enim, fratres, ultra licere non puto quam ut sit aut	1 1 14
haec nominum proprietates uniuersis affectibus praestat, haec parentum,	coniugum liberorumque sacra iura custodit, haec in utroque sexu	1 1 1
riuus sanguinis ruens†. dehinc poplitibus surisque porrectis et a germana	coniunctione naturae gladio saeui latronis plantarum limes inciditur et	1 39 8
quod cum deo malignum quoque uideretur, pari eum morte damnauit.	coniunctionem autem tertii filii apud nurum per aetatem excusat deterritus,	1 13 1
pacifica et salutaria, profecto laetaberis eique tanto pro nuntio morigera	coniux pacem si non ingeris, nec negabis. quid agis, misera? quid, uesana,	2 7 16
quod posses auferre: amputandam linguam mandare nescisti, quae in	conluctatione martyrii prior solet domino confiteri. ductus est tandem	1 39 6
deuotum corpus carnifex uidit, statim cadentis <securis> ictus neruorum	connexa dissoluit et cunctas conpage discussa iuncturas corporis rupit.	1 39 8
maria, quae in semet recumbunt, freto aestus alternos in unum conferente	connexa, quae, licet sui proprietate, locis uocabulisque discreta sint, tamen	1 7 4
id est in spe, in fide, in caritate, quae ita inuicem sibi uidentur esse	connexa, ut sint aliis alia necessaria. spes enim nisi praecedat, cui laborat	1 36 1
duobus *diuersis ac repugnantibus* comparatam *discordique concordia* esse	connexam animamque lineamentis corporis circumsaeptam. unde duae	2 4 8
esse uirtutes, non perennes elementorum status, non tempora cognata	connexione in solemnes reditus commearent, nisi rerum disciplinam	1 4 4
ea inuicem mutuis aequalibusque temperantiae dotata muneribus perennis	connubii fideli propagine benigna caritas illigasset. nihil est prorsus, quod	1 36 16
et nupsit et peperit.' sit aliqua talis, et cedo! ceterum illa fuit uirgo post	connubium, uirgo post conceptum, uirgo post filium. denique si esset	2 7 4
statim cadentis <securis> ictus neruorum connexa dissoluit et cunctas	conpage discussa iuncturas corporis rupit. exsilierunt exsectae manus †et	1 39 8
quam nos nobis ipsi hac in uita per fidem sacri fontis uiuo de gurgite	conparamus, nobilis et aeterna, quia animus, qui uicerit mundum	2 4 8
sui inpedimenta praemittit et exsequiis funeris ipse praecedit. cui haec est	conparanda confessio? Maccabaeorum est iungenda numero, Eleazari est	1 39 9
Maccabaeorum est iungenda numero, Eleazari est adaequanda proposito,	conparanda consilio. Archadius beatissimus martyr adhuc demoratur in	1 39 9
quae sit in ea iniustorum iustorumque discretio, ne generalitas nominis in	conparatione malorum attrahat gloriam Christianae felicitatis. duplex	1 2 23
tristis ad eos pertinet, qui idolatriae deseruientes, mundanis uoluptatibus	conpediti, libidini uacantes et gutturi, longae nocti, id est aeternae morti,	1 33 2
si esset aliquid quod esse uolens esse non posset. denique uultis scire	conpendio ueritatem? factus est quod non erat, nec tamen desiit esse ante	2 8 9
pariter ac telum, animae nostrae inpenetrabilis lorica, legis	conpendiosa ac uera scientia, daemonum terror, martyrum uirtus, ecclesiae	1 36 4
ut beatae resurrectionis suae in nos munus inmortalitatis conferret. quem	conpetenter sequitur Virgo praenuntians Libram, ut nosceremus per filium	1 38 5
id est inconsiderate sanctis hominibus uiolenta infertur manus. ad torcular	conportantur; id est ad supplicii locum deducuntur. ab operariis ibidem	2 11 6
ferina rabies onerare temptauerit; uel cum amissis gubernaculis inter	conpugnantes flatus ac fluctus gemens parturit carina naufragium. inter	2 2 2
de caelo et terra prophetam fuisse testatum uel quasi de aliqua re esse	conquestum, cum dicit *audi caelum et terra,* tamquam numquam aut	1 61 2
tuis fundamentis tuisque consiliis quam in alienis nudisque sermonibus	conquiescis neque tantam in multiplicandis uirtutibus laudem ponis,	1 4 20
miranda, in quauis condicione non dubia, soli sibi deuota, semper bene	conscia, prorsus nulli rei subiecta, unum tantummodo metuens, ne	1 1 1
accidere. exsistit quippe diuersis ex modis, cum aut exaestuat aliquo reatu	conscientia; aut cum hostilis imminens manus gladio salutem premit; aut	1 2 2
quae est in fide. definitio autem iussionis est caritas ex corde puro et	*conscientia bona ex fide simplici.* igitur si dei seruus es, *stultas et ineruditas*	2 3 17
a fidelitate et fiducia fidelem se uocari cognoscat, inculpatis moribus uiuat,	conscientia eum bona, non loquacitate, quae mater profecto peccati est,	2 3 19
pater in profundo suae sacrae mentis arcano insuspicabili ac soli sibi nota	conscientia, filii non sine affectu, sed sine reuelamine amplectebatur. igitur	1 17 1
edocere. prima itaque natiuitas domini nostri in patris et filii tantum	conscientia manet, nec quicquam habet interiectum neque conscium qui ex	1 54 2
teste conscio, cum se ipso carere non possit, quia uiolentior omni tortore	conscientia numquam suum deserit peccatorem. in hoc reatu, fratres, usque	2 10 1
et, quod teste caret, putat se caruisse facinore, quem deus uidit, quem	conscientia redarguit, quem fratris sanguis accusat. quid inpatientiam	1 4 9
quid sciunt, dicant operarii, qui mecum sunt. lucro gaudeo, sed sine furti	conscientia, sane confiteor. denique et uos retinetis pondus antiquum;	1 41 3
deiecerat illustris conscientiae integritas erigebat. sufficit ergo pudicitiae	conscientia; testis est deus. non respexit castitas, quid falsi dicerent testes	1 40 2
non alia, sed quamuis melior alia tamen prior ipsa. erubesce, Christiana	conscientia, uel tot ac tantis ex rebus quemadmodum rursum eadem quae	1 2 21
deus beatae perpetuitatis indiscreta spiritus plenitudine nescio qua sua	conscientia uelatum filii non sine affectu, sed sine discrimine	1 56 1
fortiter moritura, et quam iudicantium sententia praua deiecerat illustris	conscientiae integritas erigebat. sufficit ergo pudicitiae conscientia; testis est	1 40 1
quia quae diximus et alia his similia cum passibilitate sui transeunt; timor	conscientiae non deletur. nunc uideamus, intellegendum quemadmodum	2 2 2
pudicitia, quae aliter laudari te non uis quam ut custodiaris, solo bonae	conscientiae ornamento contenta! tu in uirginibus felix, in uiduis fortis, in	1 1 20
compendio mortis oderat moras, omnibus displicens, sed solae suae	conscientiae placens, cum subito, quauis uersutia qui fallitur numquam,	1 1 19
contemplatione praeclusa, cuius aut pudor esset iugulandus aut anima,	conscientiae suae conscium solum contestans deum honestam elegit	1 1 18
Susanna in iudicio perditorum falsorum testium oppressa mendaciis,	conscientiae tamen bonis contenta secretis, non tam rea susceptura	1 40 1
fluctus gemens parturit carina naufragium. inter haec omnia deterior est	conscientiae timor, quia quae diximus et alia his similia cum passibilitate	2 2 2
cum suo praedone descendet, solum quod oculos infelices inanemque	conscientiam ad hoc in maligni fulgoris cupidinem diram spe potiundi	1 5 16
interit, si ab suo statu aliquando uel in aliquo declinauerit. lex hominis	conscientiam alloqui tantum potest, uidere autem non potest; fides	2 3 5
conscientiam alloqui tantum potest, uidere autem non potest; fides	conscientiam medullitus mundat, ne quid reatui uel intrinsecus debeat; qui	2 3 5
medullitus mundat, ne quid reatui uel intrinsecus debeat; qui enim suam	conscientiam non timet, is est, qui deum non timet. adde quod lex partibus	2 3 5
ullus terror exagitat, non ullae sordes obfuscant. qui conscium timebatis,	conscientiam non timetis. *uetus* enim *homo* uester feliciter condemnatus	2 29 1
uos; nonne pater unus est omnium uestrum? quisque igitur nobilitatis suae	conscientiam retinet, diligit fratrem nec aliquid audire exspectauit ex lege,	1 36 22
gradibus aetatis, cuius aeternitas in se non admittit aetatem. totum contra	conscientiam suam ut homo infirmus patitur, ut homini mortis lege	2 12 3
profectus est nullus, etiam si contingat ei accusatore carere, teste	conscio, cum se ipso carere non possit, quia uiolentior omni tortore	2 10 1
et filii tantum conscientia manet, nec quicquam habet interiectum neque	conscium qui ex paterni oris affectu processit uno consensu. secunda uero	1 54 2
praeclusa, cuius aut pudor esset iugulandus aut anima, conscientiae suae	conscium solum contestans deum honestam elegit mortem quam uitam	1 1 18
compedibus. non uos ullus terror exagitat, non ullae sordes obfuscant. qui	conscium timebatis, conscientiam non timetis. *uetus* enim *homo* uester	2 29 1
indixerat in homine deo bellum et infaustae superstitionis busto in nefas	conscium toto mundo funereum fecerat rogum. scatebat per tecta	1 39 2
unus et idem alter ex semet ipso in semet ipsum deus, secreti sui solus	conscius; cuius ex ore, ut rerum natura, quae non erat, fingeretur, prodiuit	1 50
hic itaque dictus est *primitiuus*, quia paternae antiquitatis solus est	conscius; hic *maturus*, quia post ipsum non est ullus; hic *sempiternus*,	1 8 2
quoniam in eius manu inclusa sunt omnia; ex se est quod est; solus sui	conscius, quantus et qualis est; solus perfectus, quia non potest illi aliquid	1 7 3
legis duobus edictis unum Christum dei filium spiritali temperamento	conscribunt. quae sine se utilia esse non possunt, quia ueteri sicut nouum	1 37 4
illius a quouis libere tractari potest, tuum etiam a Christianis ipsis minime	consecratis sine sacrilegio uideri non potest? postremo detestabilis est	2 7 14
tantum ueniam delictorum taciturnitate, non uoce. quorum quis quid sit	consecutus, accipite: qui totum sibi ipse promiserat, inanis, qui nihil	2 9 9
deus illi ducatum praebuit: idem a sua eum facie postmodum abiecit.	consecutus est regnum, ut post regiam dignitatem maiore dedecore in	1 52
uixit, quam diu imperata regalis edicti continuit. at ubi sinistro	consensu inuidi ex lubricitate serpentis est inpatientiam mutuatus	1 4 8
flagrans humanitas per momenta suspirat, tamen omnes uno eodemque	consensu quasi quendam patientiae deferuntur in portum, sine qua nec	1 4 1
habet interiectum neque conscium qui ex paterni oris affectu processit uno	consensu. secunda uero carnalis sicut est frequentibus oraculis prodita, ita	1 54 2
antecedimus. incomparabilis autem gloria ac uere deo digna, cum uno	consensu, una fide alter alterum commendans deuotione consimili	2 6 5
quid opus erat, ut fieret quoque terrenus? simile dictum euangelicum illud	consentanea potest argumentatione pulsari; scriptum est enim: *nemo*	2 4 2
superatur?' primo quia genus humanum magis uoluptati quam uirtuti	consentit, deinde quia delicias plus diligit quam laborem. huc accedit, quia	2 4 13
potest, ille autem deinceps per hanc partem peccare iam non potest.	consequens est, ut profiteatur, utrum hanc carnalem an spiritalem esse	1 3 3
iustorum, quoniam scit dominus uiam iustorum et iter impiorum peribit.	consequens est, ut scire nos par sit, in quo habitu regnaturus sit homo iste	1 2 24
genere munerum largus. namque piis mercedem sacerdotibus praestat,	consequentibus ministris promotionis augmentum, immortalitatis fidelibus	1 6
ait: *neque nubunt neque nubentur, sed sicut angeli erunt.* magnum	consequere beneficium, si deo uiuas puris moribus libera et hominis non sis	2 7 4
parate uiam domini, rectas facite semitas dei nostri. nunc uideamus quae	consequuntur. per idem tempus duae cognatae concipiunt, una contra	2 8 8
neque blandimenta neque promissa sibimet prodesse cognoscit,	conserta manu inuersa uice adorta est in suum fomitem adolescentis ignem	1 1 16
est nihil est necessarium. haec rura, urbes ac populos composita pace	conseruat; haec circa regum latera securos gladios facit; haec bella premit,	1 36 13
ac fidei cum Christo in aeterna saecula permanebit per dominum et	conseruatorem nostrum Iesum Christum, qui est benedictus cum spiritu	1 13 13
unanimes atque concordes salutaria celebrare mysteria, per dominum et	conseruatorem nostrum Iesum Christum.	1 26

disputatio, qui ideo iustum patiuntur errorem, quia Christum non ex deo	considerant hominem factum, sed ex homine <deum>. ceterum si	2	8	9
bene, bene: cum quis quaerit aurum, inuenit gladium. inter haec nemo	considerat condicionem fragilitatis humanae, nemo hostem, nemo fiscum,	1	5	15
iunctus est gladius; ideo autem caecus, quia, cum exarserit, non aetatem	considerat, non formam, non sexum, non gradum, non sacrosanctum illum	1	36	25
ut non auderet eum adtemptare diabolus nisi a deo iussus. iam hic	considerate, fratres, quemadmodum saeuierit incitatus, qui ferri non potest	1	15	3
tamquam qui non fuerimus; et non est reuersio finis nostrae, quoniam	*consignata est et nemo reuertitur*; et infra: *uenite ergo, fruamur bonis, quae*	2	4	10
non semine, progenitum certissimum dominum impia Iudaeorum exarsere	consilia. quem tacentem tamquam obnoxium et pro ipsorum tantummodo	1	59	8
scio enim, quia libentius in tuis moribus, tuis fundamentis tuisque	consiliis quam in alienis nudisque sermonibus conquiescis neque tantam in	1	4	20
est iungenda numero, Eleazari est adaequanda proposito, conparanda	consilio. Archadius beatissimus martyr adhuc demoratur in saeculo et iam	1	39	9
Euam ab auctore operis sui meminerant esse deceptam, hac re ipsa nato	consilio capere dolo adgrediuntur ac, nisi culpae succumbat, ueluti	1	1	17
qui iudicandi sunt, iustorum, qui non iudicabuntur, dignos esse	consilio existimauit. nunc scire debemus, quoniam iusti uitae perpetuae,	1	35	3
Christus mundum latenter intrauit, ne sibi sapiens diabolus uideretur. qui	consilio hominem deceperat, consilio uincitur, ut, quomodo homo in	1	60	
uerbis expressit: *non resurgunt*, inquit, *impii in iudicio neque peccatores in*	*consilio iustorum.* gradatim pro meritis quasi cum quibusdam elogiis	1	35	3
sancto dicente: *ideo non resurgunt impii in iudicio neque peccatores in*	*consilio iustorum, quoniam scit dominus uiam iustorum et iter impiorum*	1	2	23
ne sibi sapiens diabolus uideretur. qui consilio hominem deceperat,	consilio uincitur, ut, quomodo homo in paradiso non cognouerat diabolum,	1	60	
marinos aestus fluminum augmenta, quis denique opificium domini deique	consilium se deprehendisse gloriabitur, cum apostolus dicat: *o altitudo*	1	34	2
studet; miserum se putat, si ipse sit, nec intellegit rem dementiae esse	consimilem, in statu suo animum non manere. inpatientia enim quid est	1	4	7
digna, cum uno consensu, una fide alter alterum commendans deuotione	consimili conuertuntur ad deum et sacerdos et templum. exsultate igitur,	2	6	5
uictoriam eiusque in resurrectione aut praemio perfrui perenni aut	consimili poena puniri.	2	4	18
nec deest ad ministerium gladius, ut pater esset pariter et sacerdos.	consimilis filii quoque est ex diuina uoluntate securitas. qui cum hostiam	1	59	6
cultoribus coepit. nunc ergo uideamus, unde uera caritas ueniat, ubinam	consistat, cui uel maxime debeatur: utique illi, qui hominem fecit, qui ei	1	36	28
bene sit tibi? uidetisne hunc timorem nobis necessarium, qui in dei amore	consistit, qui uoluntate sua se parit, diuinae legis agnitione construit	2	2	4
et discitur et docetur, quia non in trepidatione, sed in doctrinae ratione	consistit, sicut scriptum est: *uenite, filii, audite me; timorem domini docebo*	2	2	1
tribus in rebus Christiani culminis fundamenta	consistunt, id est in spe, in fide, in caritate, quae ita inuicem sibi uidentur	1	36	1
ratione quasi quadam claui aperire conabor, ut et prouidentiam dei et uim	consociationis carnis et animae et hominis summum bonum ubinam sit	2	4	3
quod Psalmorum in libro sic habetur: *uirga tua et baculus tuus ipsa me*	*consolata sunt. parasti in conspectu meo mensam aduersus eos, qui tribulant*	1	13	10
ex Dauid dicto cognoscimus, qui ait: *uirga tua et baculus tuus ipsa me*	*consolata sunt*. uirga et baculus duo sunt utique testamenta, quae ideo	1	37	8
idem uelle atque idem nolle docuisti. tu seruituti unica ac fortissima	consolatio saepe libertatem paris. tu paupertati praestas, ut habeat totum	1	4	21
nuptias maturas exspectet. cum res sic se haberet, eius uxor moritur. qui	consolatus cum ad oues tondendas pergeret suas atque hoc Thamari	1	13	2
Iudas amittit uxorem, id est synagogae fides moritur. quod autem inquit:	*consolatus* est, utique intelligitur spe Christi uenientis, qui non tantum	1	13	7
hanc aeternae uitae legitimam genitricem, hanc perpetuam futuri regni	consortem, sine qua nemo possit omnino ad dei notitiam peruenire. unde	1	3	1
offert hospitium. *refrigerate*, inquit, *sub ista arbore magna*. similaginem	conspargit, uitulum laniat. post haec promittitur ei de legitimo matrimonio	1	62	1
in farinam candidam micuerunt; quae nullo adulterata fermento est,	consparsa ac subacta diligenter. sal inditum est illi; leuigata est oleo	1	41	1
sic habetur: *uirga tua et baculus tuus ipsa me consolata sunt. parasti in*	*conspectu meo mensam aduersus eos, qui tribulant me. inpinguasti oleo*	1	13	10
non debet in statum pristinum mortuos excitari talesque legitima die ante	conspectum dei ex illo naturae secreto produci, quales fuerint pro sua	1	2	15
neque cum ingreditur corpus neque cum de corpore egreditur, a quoquam	conspicari potest tantumque potestatis habet, ut, cum sui domicilii saepto	2	30	3
dispersi, utrobique deperditi, semesis ossibus, etiam suis carnibus nudi.	conspicite rem auaro condignam! ille, ille amplum qui habuit censum,	1	5	9
habeant secum sapientiam suam; cuius quidem sectatores paene omnes	conspicor Christianos, qui perfectam putant esse iustitiam propria tueri,	2	1	15
coniugum liberorumque sacra iura custodit, haec in utroque sexu	conspicua, in omni aetate miranda, in quauis condicione non dubia, soli	1	1	1
hoc erat in principio apud deum. admirabilis gratia, fratres dilectissimi,	conspicuae ueritatis, quae dum secerni potest, tamen sibimet externa esse	2	8	4
irascitur socer, eam produci iubet atque incendio concremari. at illa	constanter adest, sibi quae non inpudicitiae, sed futuri scilicet indicii	1	13	3
quod non inmerito Iohannes, peculiaris arcanorum domini consultor,	constanter edicit: *si quis dixerit, quoniam diligo deum, et fratrem suum*	1	36	23
scientes, quoniam, qui plus crediderit, nobiliorem se ipse praestabit.	constanter igitur ac fideliter *hominem* istum uestrum *ueterem* foetorosis	1	49	
non pedum uelocitate, sed mentis, pii fontis ad gurgitem conuolate! uos	constanter inmergite, saluo salutis statu *ueteris hominis* uestri felici morte	2	23	
processit ex uirgine, aequitatem iustitiamque terris inlatam. quam qui	constanter tenuerit ac fideliter ministrauerit, non dicam Scorpionem, sed,	1	38	5
fidem prodat infirmam. sub hac denique immolantis immolandique	constantia absolui meruit, dum humanum ex se deponit timorem et,	1	59	7
omnique uirtutum exemplo famigerabilem. Hebraei uere tres pueri senum	constantia maiores, iuuenum uirtute fortiores, sibi pares, trinitatis	1	53	1
digiti futurae mortis exitio palpitabant. tanta fuit in martyris deuotione	constantia, ut omni corpore paratus uenisset ad gloriam. mox itaque	1	39	7
quod sic Paulus apostolus ait: *induite uos armaturam dei, ut possitis uos*	*constare aduersus nequitias diaboli accepto scuto fidei, per quod poteritis*	1	38	6
caritatem, omnes artes omnesque uirtutes, ipsa quoque elementa eius	constare non posse sine eruditione uel freno. est enim matura semper,	1	4	1
factis credite et cognoscite, quoniam in me est pater et ego in illo.	constat ergo aequale esse, quod inuicem se capit cum spiritu sancto.	1	45	3
quoque compellit, bifarie inclita: unum glorificando, alium corrigendo.	constat ergo omne Christianitatis magis in caritate quam in spe uel fide	1	36	19
fides ex doctrina constet an ex credulitate an ex utroque. si ex doctrina	constat, non habent ergo fidem qui litteras nesciunt, sed nec ipsi qui	2	3	9
singulorum, ex eorum respiratione cognoscis, quantorum malo ille	constat ornatus. 'filios, inquit, habeo, quos nudare non debeo.' ista et	2	1	19
utriusque salute uel unanimitate deorum quae fuere responsa. si terribilia,	consternata metu forsitan ipso cessante illicita eis uota donabis (quod	2	7	16
malum est ista ratio, mox uidebimus. nunc scire cupio, fides ex doctrina	constet an ex credulitate an ex utroque. si ex doctrina constat, non habent	2	3	9
mentionem dicens: *nam iustitiam dei ignorantes et suam uolentes*	*constituere iustitiae dei non oboedierunt.* sed cum de futuro nihil opinantes	2	1	2
quomodo per hanc fidem quaeris, quam etiam ipsam infidelitatis ream	constituis, canentis cum uniuersa non credis? sin uero fidem spiritus calles,	2	3	13
suae per se in se manentem; *postea uero deum* hanc *diremisse* ex eaque	constituisse *mundum pariter et ornasse.* igitur si, ut uolunt, deus materiam,	1	7	1
uiduitatis exponit, aestiualia induit, semet decore componit locoque	constituit, Iudas qua fuerat transiturus. at ille uisam mulierem fornicariam	1	13	2
imposuit), id est sua doctrina formatos, spiritus sancti lima acuminatos	constituit uiros apostolos omnesque discipulos. quorum salutaria monita	1	3	16
illi aliquid nec addi nec minui; solus omnipotens, quia ex nihilo uniuersa	constituit, uirtute regit, maiestate custodit; solus indemutabilis ac semper	1	7	3
non tantum sunt inuisibilia, tarda et abscondita, sed etiam nimis in arduo	constituta, ut ad ea nisi cum summa difficultate, laboribus ac periculis	2	4	13
deflorescat. tu uariarum semper in tempestatum crebris turbinibus	constitutae fidissimus miserandae uiduitatis es portus. tu sanctissimo	1	4	21
sin uero ex utroque, patriarcharum semesa fides est ac per hoc illis	constitutionis nostrae uidelicet decernendi sunt libri, ut possint esse	2	3	9
prodita, ita inuenimus esse completam. etenim deus dei filius tempore	constituto dissimulata interim maiestate ab aetheria sede profectus in	1	54	3
lapsu desolatis solacium praebuit, sed etiam nos omnes in aliqua	constitutos angustia recreare consueuit. *ad oues suas tondendas pergit*, id	1	13	7
tu oppressos uel cum dispendio tui incunctanter eripis in qualibet angustia	constitutos. tu caecorum oculus. tu pes claudorum. tu scutum fidelissimum	1	36	31
ostendens non in oculis esse carnalibus uerum, sed in fide credentium	constitutum. nam et dominus ista exempla confirmans uni ex latronibus in	1	2	10
consociationis carnis et animae et hominis summum bonum ubinam sit	constitutum, quiuis facillime possit agnoscere. posteaquam deus, fratres,	2	4	3
hinc nunc uobis iterum dicam: 'Pharisaee, responde, ubi cor habeas	constitutum. si in regione pectoris, quid deformi uulnere inferna metiris?	1	3	14
iugulet, ab ipsa prorupit. denique Adam in arce cum esset adhuc paradisi	constitutus beatissimusque beati orbis imperio potiretur, tam diu felix, tam	1	4	8
saeuiente diluuio diuina prouidentia humano generi *heres* et pater *est*	*constitutus*? quid, quod Melchisedech, summus ipse sacerdos deo	1	3	5
aestimare non possum, homines qui salutem suam in pecorum morte	constituunt, cum deus, posteaquam de Aegypto egressi sunt, ubi	2	25	1
pignoris alligat manus, quas ille uinciendas libentius offert. pedes quoque	constringit, ne in exitu mortis concitata uictima calcitraret: securus enim	1	43	5
terrena metalla tempseritis, longe his uitae uestrae thesaurus. uobis auro	constructa aetheria illa ciuitas destinata est. nulla intrare uolentibus mora;	1	5	17
comparari? nam et Salomonis accepimus templum luculento opere fuisse	constructum atque ita elaboratum, ut nesciret inspector, in eo quid	2	6	2
quia in quaecumque conceperit uelociter ruit; ideo telis facibusque	constructus, quia inlicitis ardoribus semper iunctus est gladius; ideo autem	1	36	25
fide. itaque Christianus tribus in rebus, si cupit esse perfectus, debet esse	constructus. si quid enim ei ex his defuerit, perfectionem sui operis non	1	36	2
in dei amore consistit, qui uoluntate sua se parit, diuinae legis agnitione	construit decorem, ad omnia genera uirtutum intrepidus corrigit, praeceptis	2	2	4
orbe perfecto postremus digito dei manuque e limo terrae fingitur homo.	construitur mobile totumque se nesciens simulacrum et, ut imago sit dei,	1	56	3
orbem totum possideant, fines oderunt. inlicitum putant habere uicinum.	construunt praedia, sepulcra defodiunt; timeant omen qui non timent	1	5	8
iustum est, ut mea seruem, aliena non quaeram.' hoc etiam gentes dicere	consuerunt. ceterum apud deum quam sit iniustum, mox uidebimus. nunc	2	1	18
dei facientes quasi per quosdam obseruantiae gradus in caelum leuare	consuerunt. hanc in Apocalypsi Iohannes bis acutum gladium cum uno	1	37	1
solemnia ipsa diuina, quibus a sacerdotibus dei quiescentes commendari	consuerunt, profanis aliquotiens ululatibus rumpit taetraque inluuie suum	1	2	14
fides temptatione fortior militaret: carissimi membra, quae osculis premere	consueuerat, armatus gladio iubetur occidere. quid faceret pietas?	1	62	3
sed etiam ad consulta respondet liberiusque canit mortuus, quam canere	consueuerat uiuus; unde libet exclamare: 'profectus potius est iste quam	1	2	8
praebuit, sed etiam nos omnes in aliqua constitutos angustia recreare	consueuit. *ad oues suas tondendas pergit*, id est, ab hominibus iustis	1	13	7
adde quod fides non gratis pugnat, caritas autem etiam ingratis conferre	consueuit; adde quod fides non transit in alium, caritas parum est dicere	1	36	11
in quali etiam non irritata adolescentia inuitis feminis saepe uiolenta esse	consueuit. at ubi in destinata prorumpens neque blandimenta neque	1	1	16
adstrictus. ubi sunt lacrimae, ubi dolor, qui in humanis sensibus uersari	consueuit? in tantis filii casibus laetatur et gaudet et se dominum	1	43	6
omnes salutari profluens amne non magno opere noster Aquarius delere	consueuit. quem necessario uno sequuntur duo Pisces in signo, id est duo	1	38	7
tamen in ipso fructu suo, quo expugnati pudoris alieni labe gaudere	consueuit, semper infelix est. denique post negotium perpetratum odit et se	1	1	7
diuersoque charismate omnium credentium non colla, sed corda decorare	consueuit. uirga per lignum sacramentum passionis domini annuntiabat,	1	13	10
quia, quamuis sit sapientiae nomine falso uestita, tamen suis commodis	consulendo, quod sine alienis incommodis omnino non potest procurari, a	2	1	3
praestat. in suo statu omni loco, omni tempore manet plus honestati	consulens quam utilitati. uultis scire, quantae felicitatis sit [sit]? eam et qui	1	1	2
quoque ignis horruerit. nam a barbaro rege nimia crudelitate tribus pueris	consulente fornacis ultra quam solet septenario pabulo ignis armatus est.	1	22	1
sine ambiguitate non tantum suam praesentiam exhibet, sed etiam ad	consulta respondet liberiusque canit mortuus, quam canere consueuerat	1	2	8

propter quod non inmerito Iohannes, peculiaris arcanorum domini consultor, constanter edicit: *si quis dixerit, quoniam diligo deum, et* 1 36 23
tota, si liceat, paratus offerre. superstitibus fratribus saltem cupit esse consultum; Abraham patrem deprecatur obnixe, ut aliquis nuntius pergat, 1 2 10
merum profundunt nec pecudum inexpectata morte rapti iecoris spirantes consulunt fibras nec per uarios auium uolatus coniecturis inanibus statum 1 34 9
fuit ullus ulli usquam solacii locus. nam hominem uiuum, ut adhuc usque, consumebat labor, gemitus, impietas, dolor, aegritudo, miseria; mortui 2 4 6
eas pro ingeniorum argumentorumque uiribus retractando ac refellendo consumit. sin uero, sicut necesse est, una est illa nobilis et antiqua, quae 2 3 7
pendet ex ore, procul dubio eodem aut cessante aut aliter docente consumitur. huc accedit, quod, nisi insinuationem legis omni deuotione 2 3 1
fructus. tu in pauperibus diues, in diuitibus ditior, aequalis in omnibus consummaris. tu es *honor corporum,* tu thesaurus animarum, tu 1 1 21
mortali. iustitiam docet inmortalitatis esse comparatricem. factis praecepta consummat. postremam suscipit mortem, ut ea deuicta resurgens *homini* 2 4 7
quia sicut semel creditur, ita semel ex eo ipso, quod creditum est, consummata fides ultra nec minuitur nec augetur. sin uero ex utroque, 2 3 9
peruenit, cum praerogata omni facultate pauperibus crucem suam portans consummata omni iustitia expeditior sequitur Christum. ui tempestatis, 2 11 6
ueritas, humilitas, gratia, honestas, uerecundia, patientia, perseuerantia, consummatio. scaporum nomina duo testamenta. scala autem proprio 1 37 15
ac ne non ex integro principium suo statui redditum uideretur, prior uir consummatur in cruce atque eo feliciter soporato similiter de eius latere 1 3 20
compleuerit globum, paulatim deuergit in senium, donec ultima senectute consumpta, sua morte reuiuescens, menstrualis ignis solemni germine 1 2 19
contra conscientiam suam ut homo infirmus patitur, ut homini mortis lege consumpto inmortalitas tribuatur. haec est enim potestas dei, ut saluo 2 12 3
deo promittente susceptus in transacta aetate et generantis genitalis flore consumpto non tam ex parentibus quam diuina praeceptione meruit 1 59 1
in caelum; quos apostolus Paulus exhortatur et monstrat dicens: *si consurrexistis cum Christo, quae sursum sunt quaerite, ubi Christus est ad* 1 37 12
quae necessario radicitus circumcisione diuellimus, ut diri seminis contagione purgati integri in ubertate paterni seminis maneamus. haec, 1 3 22
praesumpsit. per hanc apostoli multos in nitidam cutem leprae deformis contagiosis scabrosisque grassantium ulcerum spoliauere uerticibus; per 1 36 9
fabulis neglecta dei secta alios non bene auocantes diuina sacramenta contaminant. iam uideat unusquisque, quemadmodum sacrificium aut 1 25 11
qui ex fide uixit, deum credulitate, non lege promeruit. si legem, contemne tuam istam circumcisionem, quam euacuatam uidemus a lege, 1 3 12
tunditur nec mouetur, sed tantum benedicit deum facultatesque suas contemnendo custodit. at ubi diabolus adgressuris tantis nihil se profecisse 1 15 3
aspirans, iam, non dicam saeculi ludibria, sed, ut sit honoratior, se ipsam contemnens, iam ueritatem non imaginem quaerens, iam spiritalia non sua 1 2 25
fratres, secura deuotio! o pater spiritum captans, corpus uero mortemque contemnens! o qui seruum domini ita se esse meminerat, ut patrem se esse 1 43 6
propterea contemnitis, quia non uidetis, deum quoque, qui est inuisibilis, contemnere similiter poteritis. qui enim non diligit eius similitudinem, 2 4 17
memoranda est mira illa temptatio, quae eum aut sacrilegum fecerat, si contemneret deum, aut crudelem, si occideret filium, nisi quadam singulari 1 4 13
caritatem neglegit, iustitiam negat, non cognoscit affectus, iura diuina contemnit, humana uersutis argumentis excludit, orbem totum, si possit, ut 1 21
spiritus sancti conuiua. huic et praesentia subiacent et futura: ista quia contemnit, illa quia sua esse praesumit; nec spes timet, ne non ueniant, 1 36 5
non dicam horridae hiemis aut torridae aestatis iniurias, sed se ipsum contemnit, si gloriae spem futurae non gerit? quid agricola semina spargit, 1 36 3
a deo. igitur Isaac sibi dulcissimum filium, deo uictimam dulciorem contemnit, ut seruet, destinat iugulare, ne iugulet, securus illo se non posse 1 4 13
affectum, quod eius secretum figuramque nescitis; quam si propterea contemnitis, quia non uidetis, deum quoque, qui est inuisibilis, contemnere 2 4 17
quod deus ipse momentis omnibus patitur contumeliam, cuius praecepta contemnuntur, cui cultus, cui amor mundi praeponitur. quoduis etenim 1 14 7
non tener pupillus, non dura uiduitas, non miseranda paupertas, non dei contemplatio: ecce enim his omnibus, prout potest, uariis artibus aut 1 14 2
famulari compellat. unde, fratres, atrocissimae rei non uos terreat contemplatio; non enim ulla est metuenda iam poena, cum incensorum 1 31
horruisse supplicium. quantum etenim multiformis crudelitatis lugubris contemplatio retrahit a corona, tantum generosa ac perfecta fides quique 1 11
dubium non est hoc esse solum, ut flammas tuas maritalis gladii contemplatione compescas. mihi crede: non habet concupiscentia locum, 2 7 9
quod ideo *deus hominem ad imaginem et similitudinem suam fecit*, ut contemplatione imaginis pateremur reuerentiam ueritatis in eaque res 1 36 23
adde quod illa in solo genitali uersatur, ille peregrinus est. illa sine contemplatione meritorum quibuslibet passim sua munera infulcit, maxime 2 4 14
stetit contemptus eculeus, crebri fustium imbres maioris poenae contemplatione neglecti sunt. excogitatur nouum stupendumque 1 39 6
sui. cui ab humo 'homo' nomen imposuit, credo, sicut res ipsa docet, ut contemplatione opificii ac materiae semper suum et uereretur et 2 4 4
magnum minitantur exitium. at illa non Eua, ancipiti quidem metu contemplatione praeclusa, cuius aut pudor esset iugulandus aut anima, 1 1 18
percussor insanus et signans oculis uulneribus lineam feralis ictus assidua contemplatione uibrabat. haeserant confessionis suae glutino intrepidae 1 39 7
et, dum clamat propheta *audi caelum et terra*, significat, quod illi audire contempserint. *audi,* inquit, *caelum, et percipe auribus, terra.* de caelo et 1 61 1
passionis uictoria gloriosi. hos barbarus rex, quod eius statuam adorare contempserint, incendi praecepit. qui ubi iactati sunt in fornacem ignis 1 53 1
religionis regis adorare imaginem contempserunt, utpote qui ipsum contempserunt regem. qui ira sufflatus solito septies amplius caminum 2 22
suffragante gloriosi amore diuinae religionis regis adorare imaginem contempserunt, utpote qui ipsum contempserunt regem. qui ira sufflatus 2 22
sua, non ut deo inuidiam faceret, sed ut expeditus cum hoste pugnaret. contempsit denique in perditis facultatibus diuitem, dissimulauit in amissis 1 15 5
haec Moysi in mari rubro terram uitream fecit; haec, ut cursus soliti contempta mensura Iesu Naue desiderio pareretur, soli lunaeque suos 1 36 8
cognouit ac singulos quosque ad funestum illud spectaculum trahi, contemptis uniuersis facultatibus suis, amputatis radicibus saeculi 1 39 3
artibus multimodis ac uersutiis armata bacchatur, salutis suae alienaeque contemptrix, solum metuens ne desit ulli quod radat. inde est, quod 1 5 2
saeuire. uiluerunt ungulae, inutiles ictus uisi sunt plumbatarum, stetit contemptus eculeus, crebri fustium imbres maioris poenae contemplatione 1 39 6
iniquitatis. Israel populus Christianus, qui proficisci iubetur, ut ad futura contendat. Moyses et Aaron per id, quod erant, sacerdotium, per suum 2 26 2
hic nunc mihi responde, qui hominis post mortem nihil superesse contendis, quemadmodum per alium locutus sit mortuus ille, quem 1 2 7
Iudaeus legitimum gerere se pascha contendit, cui nihil aliud de ueteri sacramento quam inanibus intexta 1 28 1
sua legat ubique duas patris et filii designari personas, tamen nunc usque contendit deum filium non habere. quibus omnibus exempla uel ratio, 2 8 1
diuitias nec honores. o caeca mens hominum! quam uarie, unam tamen contendit in mortem: pauper, cum opes infeliciter quaerit, quas feliciter 1 5 11
uita, sed fidelis semper, semper intrepidus ad sepulcrum noctis cognatae contendit scius in ipso se habere quod uiuit; denique adimitur ei ortus, si 1 2 18
Christiane uicisti. inde est, quod et ego aeternam uitam me possidere contendo, quia specialiter anxiam curam mortis mihi a deo praestitam 1 3 8
quos in quiete tacitae noctis agnouerint, expeti a se aliquotiens alimenta contendunt; ac sic fidem rei quam reprobant faciunt. philosophi de anima 1 2 3
diues est auaritia, utraeque cuius exaggerare opulentiam uelocitate mira contendunt, cui totus militat mundus, aetas cui uniuersa deseruit. pro 2 1 8
pharisaei agere se legitimum pascha contendunt, qui cum templo summo, ut putabatur, summum sacerdotium 1 46a 1
saepe libertatem paris. tu paupertati praestas, ut habeat totum sui contenta, cum sustinet totum. tu prophetas prouexisti. tu Christo apostolos 1 4 22
mordacitate peioribus separari permittis. tu ut nudum uestias, nuda esse contenta es. tibi fames saginatio est, si panem tuum inops esuriens 1 36 31
missurum se promittit haedum. at illa promisso expetit pignus, magis illo contenta quam praemio accepitque ab eo eius monile, anulum, uirgam; 1 13 2
enim matura semper, humilis, cauta, prudens, prouida, omni necessitate contenta, quauis turbationum tempestate tranquilla. serenitatem suam 1 4 2
perditorum falsorum testium oppressa mendaciis, conscientiae tamen bonis contenta secretis, non tam rea susceptura sententiam quam dicata deo pro 1 40 1
seruat sui tenax, *appetens alieni*, non suo, non alieno, non ipso orbe contenta. totum possidet et de inopia queritur semper. denique ad sua 1 5 2
laudari te non uis quam ut custodiaris, solo bonae conscientiae ornamento contenta! tu in uirginibus felix, in uiduis fortis, in coniugiis fidelis, in 1 1 20
efficiunt; qui profanae libidinis detestabili furto distracti, turpibus iam non contenti latibulis aliquotiens, pro nefas, sub ipsis obtutibus matronarum 1 1 13
saepius replicauit, fortassis, ut sunt ingenia cotidie quae uidemus uersutis contentionibus laeta, de apostoli dicto calumniosam nobis inferat 2 4 1
uelle dispositum non colentis est, sed dementis, maxime si deus, ut contentiosi putant, dispositioni subiaceat. remotis enim paulisper nominibus 1 54 1
foetido scaturiente uermibus, quasi nihil passus, sed solo dei timore contentus. o felix uir, qui mira patientia deum promeruit, diabolum uicit, 1 15 6
fertur duodenis mensum perpeti cursu mutationibus diues, nulla statione contentus, quia inmortalitas eius est cursus. uerum currat an recurrat, 1 26
ut redeat. mira prorsus ratio! innumerabilium saeculorum diuersa mensura conterendo innouat spatia, et tamen eius semper orbita est una. qui nos 1 26
suum seruum iudicat, sed honorat ut filium. alterum uero, quem uenena conterentem, in adulterio, in homicidio, in falso, in maleficio 1 35 8
aut pudor esset iugulandus aut anima, conscientiae suae conscium solum contestans deum honestam elegit mortem quam uitam turpem, melius 1 1 18
substantiam, uirtutem, deitatem, maiestatem uoluntatemque patris et filii contestans; duas acies, id est duo testamenta gerens, quorum regalibus 1 37 2
deum, sed totus exorat, quia timore totus est humilis, sua peccata contestans, secundum domini dictum a quo procedunt uniuersa genera 2 9 9
in stabuli praesaepe deponitur populorum pastorem pabulumque se esse contestans. subicit se gradibus aetatis, cuius aeternitas in se non admittit 2 12 3
illa ad supplicium duceretur: *reuertimini ad iudicium; falsum enim isti contestati sunt de ea.* stupet populus, quod a supplicio ad iudicium 1 40 2
quia in eo uerum non erat templum. etenim hominum conciliabulum est contextio ista parietum, fidelis autem populus dei templum, apostolo 2 6 4
circumciditur cruce, et quia per mulierem, quae sola lignum letale contigerat, exceperat uterque sexus interitum, e diuerso per uirum ligno 1 3 20
infelix, iam plus in te est quam in templo remansit! at si te serues atque contineas, aestimabit non amore diuini cultus, sed alterius alicuius 2 7 18
coniugium; Christiano enim, fratres, ultra licere non puto quam ut sit aut continens aut maritus. uenio nunc ad exempla, quae sunt negotio uel 1 1 14
uirgo, fuge, uidua, nuptias tales. excusatio prorsus nulla competit tibi. si continens esse non poteris, saltem noli tuas nuptias fenerare, ne in illo 2 7 18
bonum est illis, si sic perseuerauerint sicut ego; si autem non fuerint continentes, nubant: melius est enim nubere quam uri. alio autem loco ait: 2 7 2
<...> non enim praecepto uirginitas prouocatur, sed nec continentia relicta repellitur. ad cuius fidem, carissimi, auctorem habemus, 1 59 1
intellectus inuitat, ueritas persuadet, timor excubat, disciplina coercet, continentia [se] refrenat. stat in angusto fides, in secreto pudicitia, in 2 6 9
desideratos cum fratres agnosceret; et ubi iactantia se non potest continere, positus in honore. caelestis profecto est ista patientia, quam a 1 4 17
posse mentiatur? quis terram aqua portari an aquam terrae gremio contineri se nosse praesumat? quis spiritus aerios, quis figuras uentorum, 1 34 1
a mysteriis daemonum non recedunt. multos *namque dei metus in ecclesia continet, sed tamen* eos mundana uoluptas ad se trahit. *impii non manent,* 1 35 5
quaerere, sapientiae uerae negligentes imperium, quod uerbis huius modi continetur: *si uis perfectus esse, uade et uende omnia tua et da pauperibus* 2 1 15
se quaeri, se aestimat inueniri; cui securitatis profectus est nullus, etiam si contingat ei accusatore carere, teste conscio, cum se ipso carere non possit, 2 10 1
gaudio repleuerunt. quod ut uobis quoque fide uestra adolescente contingat, praestabit deus pater omnipotens per dominum Iesum Christum, 1 10b 3
humanae fragilitatis memor, qui in hoc ipso, quod loquimur, quid possit contingere, ignoras excusationisque uanae depone fallaciam: ingratis 2 1 21
fragilitatem aliqua in corpore infirmitas nasceretur aut humanus exitus contingeret, uix in eius casibus pater uiuere potuisset, si annis teneris 1 43 3
uerum diuitem sero cognoscit cupitque mortuus uel uno digito illis contingi manibus, quibus stipem denegauerat uiuus. odit iam sine causa 1 2 9
agatur in domo, infelicior certe, si scieris. proponamus itaque, ut saepe contingit, in unum sibimet conuenire diuersae religonis diem, quo tibi 2 7 14

quod uiolandum ullo opere in toto non esse praeconat. etenim plerumque contingit, ut ei nascatur sabbatis filius, quem octauo die, id est ueniente 1 3 3
auariorem faciat. plerumque plus tulit auaro quam praestat, ac sic saepe contingit, ut merito perdat etiam sua, qui desiderat aliena. illinc alius uias 1 5 12
e diuerso ipsae aestiment, quid sint, quibus in tam solemnibus uotis saepe contingit, ut nec filios habeant nec maritos. talis est etiam causa 2 7 10
diu felix, tam diu inexterminabilis uixit, quam diu imperata regalis edicti continuit. at ubi sinistro consensu inuidi ex lubricitate serpentis est 1 4 8
regis, hominis tamen, uultus quiuis ulla uiolauerit ratione, nonne continuo uelut sacrilegii commissi capitales poenas luit? quanto magis in 1 36 24
uocis tuba et gladio linguae omnes actus ad se trahit, congregat turbas, contionatur. lites sic discernit, ut seminet. prauos ac lubricos colligit 2 1 6
magis esse quam mortem. luculenta oratione per Iohannem hactenus contionatur: *nolite diligere mundum neque ea, quae in mundo sunt. si quis* 2 4 12
a domino flammis et sulphure armatus poenali procella deleuit? Iudaei contionibus tument; altaria diuina cum uenerantur, euertunt; uaria caede 1 4 10
se gradibus aetatis, cuius aeternitas in se non admittit aetatem. totum contra conscientiam suam ut homo infirmus patitur, ut homini mortis lege 2 12 3
facinorosorum et colenda crimina et imitanda persuadet. adeo uiris contra dei legem deique iustitiam euagandi *extra legitimum torum* 1 1 13
quotienscumque in hoc peruerso saeculo contra laudabiles uiros multiformes tenduntur insidiae et diuersis 1 40 1
habet auferetur ab eo. per hanc, fratres, a deo Enoc meruit cum corpore contra legem naturae transferri; per hanc euadens Noe non inuenit, cum 1 36 7
uidetur ac durum, quod fiducialiter loquimur, fratres, rerum paene contra naturam, iamiamque desinat permoueri, intellegens Christianae 2 7 1
senes utriusque sexus, qui eratis rei, eratis et inmundi mundana natiuitate, contra omni reatu iam liberi mundi estis infantes et, quod est admirabile et 1 38 1
nepotem senectus optaret. ita denique dissensione temporis et naturae contra opinionem nato angelus Isaac nomen imposuit, ut firmaret laetitia, 1 59 5
in aciem stipatis undarum, saluo liquore arefactam profundi in semet contra se obnixam stupidam pependisse naturam; uiam inter fluctus 1 18 1
pietatemque negotium temperaret, in spe non denegans deo, quod *contra spem* acceperat a deo. igitur Isaac sibi dulcissimum filium, deo 1 4 13
quae consequuntur. per idem tempus duae cognatae concipiunt, una contra spem, altera uerbo. haec miratur se habere quod nescit, laetatur illa 2 8 8
contra spem in spem credidit deo, ut fieret pater multarum gentium. contra spem autem est, quod impossibile est ac non uidetur; sed possibile 1 36 5
quia ea semper secum suis in uirtutibus portat. hoc est, quod Abraham *contra spem in spem credidit deo, ut fieret pater multarum gentium.* contra 1 36 5
parentibus pium parricidium praebiturus. ecce carissimi, ut ait apostolus, *contra spem* natum Abraham ad aram filium immolaturus domino auctore 1 59 6
enim fidei uirtus tantaque potestas, ut cultoribus suis etiam ipsa elementa contra suam naturam famulari compellat. unde, fratres, atrocissimae rei 1 31
diligenter, fortiter ac fideliter custodite. etenim omnis [actus] uester contractus ablatus est. securi gaudete: nihil saeculo iam debetis. in magno 1 42 1
regale beneficium diligenter, fortiter ac fideliter custodite. etenim uester contractus omnis ablatus est. securi gaudete; nihil saeculo iam debetis. ecce 2 29 1
dextra subleuat manum, sed uox eius, qui eam uictimam postulauerat, contradicit: 'respice retro, dixit deus, et antequam respicias, parce.' ecce et 1 43 6
legis ostendere cupis, lectionum nubila disserena. doce eam sibi non esse contrariam, doce omnia, quae canit, esse credenda. ceterum si eius partem 2 3 13
unde non est absolutus reatus, ubi de amoris comparatione duarum contrariarum sibimet partium iudicium flagitatur. ambiguitas enim nisi 1 35 6
incertum. praeterea numquam diligit deum, quem scit operibus suis esse contrarium. diaboli est sane mancipium; eius enim possidet regnum. nam 1 1 11
quid reprobet scire, quid teneat, *et ideo semper peccat*, quod est iustitiae contrarium. *iustus autem ab omni peccato se abstinet,* quod propterea facit, 2 1 9
commutetur regula ueritatis. est enim et alius amor sane saluti nostrae contrarius, cui recte hominis forma tribuitur, quia temporalis ac fragilis 1 36 25
stringit gladium medium, pectus fidei militabat; non pallescit uultus, non contremuit manus. quaerit puer, ubi sit uictima. quae mox, ita ne 1 62 4
ut possimus merito mereri, scriptura quod dicit: *proximus est deus contribulatis corde et humiles spiritu saluabit.* sed et dominus ipse nos pio 2 9 3
suo corde remedium salutare deposcunt spiritumque suum tota humilitate contribulatum ambitiose sacrificant sicque legitime celebrata paenitentia 1 34 9
non est exaltatum cor meum, docens *optimum* esse *sacrificium deo cor contribulatum.* quapropter, fratres, *efferendum non est* prosperis *rebus, sed* 2 9 3
deplacabis, iste meis sacris debetur; unde immolari iam iubeo.' non contristat frontem deuotissimus Abraham nec dolor patri lacrimas 1 43 4
manus; elatus in immolandum gladius uibratur nec puerum mors uicina contristat, ne trepidatio fidem prodat infirmam. sub hac denique 1 59 7
beatissimus ait: *nolumus autem ignorare uos, fratres, de dormientibus, ne contristemini sicut ceteri, qui spem non habent; si enim credimus, quia* 1 2 12
amaritudinis plenum est; ueloces pedes eorum ad effundendum sanguinem; contritio et miseria in uiis eorum et iter pacis non cognouerunt; non est 1 3 11
increpat dicens: *quid profuit nobis superbia aut quid diuitiarum ambitio contulit nobis? transierunt ista omnia tamquam umbra.* sed et dominus ipse 1 5 9
Iudaici populi, qui carnalis futurus fuerat, procuratam. denique nihil illi contulit, quia deo ante, non posteaquam circumcisus est, placuit 1 3 7
locum deducuntur. ab operariis ibidem conculcantur, hoc est summa cum contumelia a persecutoribus illusi iugulantur. sucus earum in ultimo preli 2 11 6
at cum omnes omnino memorati omnesque felices eius dono sint tales, contumelia est laudare dominum, cuius condigne laudare non queas 1 4 19
pietas fides ueritas perit; quod deus ipse momentis omnibus patitur contumeliam, cuius praecepta contemnuntur, cui cultus, cui amor mundi 1 14 7
et gratiam, cum [in] uniuscuiusque temporis fetus partu crudo in alterius contumeliam inpatientia non sinit praecipitare. quid auium diuersarum 1 4 6
non amore diuini cultus, sed alterius alicuius desiderio in suam hoc contumeliam procurari: castitatis obseruantiaeque uirtutem deuocabit in 2 7 18
montium canis uoluminibus repugnantium litorum spumantia ora contundens minatur per momenta naufragium. procellae crebrescentes 1 34 5
exsultat aestas noua, sed diues, in frumenti uarias moles spiceam feliciter contundens palmam. quam prosequitur congrue *mustulentus autumnus*, ut 1 33 1
opus, ornatum anne materiam; ita enim in unum decorem uniuersa conuenerant, ut legitima domus dei caduca illa ambitio putaretur. quod si 2 6 2
ac fidei. etenim duo discordantia deuotione dominica in unam concordiam conuenere. namque tribus in pueris fides puniri non timuit. inmissis 1 48
dilectissimi, ante omnia homini timenti deum tam necessarium atque conueniens, quam ut se ipsum nouerit. etenim genus insaniae est eum 1 27 1
est, fratres dilectissimi, ante omnia homini nato tam necessarium atque conueniens, quam ut se ipsum nouerit. etenim genus insaniae est eum 2 30 1
fornicariam putat: recte, quia Iudaeorum populo seruiebat. cum ea conuenire cupit, quia prophetiae magis gentes quam Iudaei fuerant 1 13 9
credo diuina prouidentia sacramento trinitatis spiritalem quoque numerum conuenire. denique nec inrorati camini eis baptismatis defuit gratia. o 1 22 2
certe, si scieris. proponamus itaque, ut saepe contingit, in unum sibimet conuenire diuersae religonis diem, quo tibi ecclesia, illi adeunda sint 2 7 14
sedibus reddas, inuenies iniustitiae magis stultitiam, iustitiae sapientiam conuenire. quod etiam sacrae legis testimoniis probare non desinam, cuius 2 1 4
quae facile ex aduerso cognoscitur. nam si diis *corporalibus* sacrificium conuenit *corporale, utique* et spiritali deo *sacrificium est necessarium* 1 25 9
salutis per spiritum sanctum imaginem referimus, quam tenemus. quod conuenit cum ea, fidelium communionis sanctae significabat sacramentum. 1 13 11
magis tenebras quam lucem, creaturam potius quam creatorem. itaque tria conuenit esse iudicia: unum iustorum, qui non tantum, ut dictum est, non 1 35 7
est patris et laus patris amborum. nunc sacrificii nostri proprietatem nos conuenit nosse, quae facile ex aduerso cognoscitur. nam si diis *corporalibus* 1 25 9
habitat in uobis. et uerum est, nam sicut idolis insensatis similia templa conueniunt, ita uiuenti deo uiua templa sunt necessaria. in his enim solis 2 6 4
pugnam, iam debitus ad coronam. nam postquam turbari urbem funesta conuentione cognouit ac singulos quosque ad funestum illud spectaculum 1 39 3
spirat unguenta. dies festos in luctum et cantica eius in lamentationem conuersa prophetae testantur. tauros, arietes, hircos et agnos a domino 1 19 2
sed genuit. non illum accessus infecerat urbium. non habuit legem, cuius conuersatio lex fuit. audit imperatum sibi a deo exilium, ut cognationem 1 62 1
uir fuit iustus et uerax, ab uniuersis concupiscentiis huius mundi secretus, conuersatione limpidus, mente limpidior, usque adeo circumspectus atque 1 15 2
noua paterni sacro resurgit fontis ex gurgite iam pura, iam libera, iam a conuersatione mundi huius extranea, iam morte superior, iam caelestia 1 2 25
in saecula. in huius diei luce gradientes exsultemus fide,iucundemur bona conuersatione, ut perpetuam uitam adipisci mereamur per dominum Iesum 1 33 4
et Israel dilecto sibi. post haec in terris uisus est et cum hominibus conuersatus est. qua in specie spiritu sancto loquente noscamus: *et homo* 2 8 6
autem eius, fratres dilectissimi, si uultis scire, quid uocentur, audite: conuersio, audientia, intellectus, credulitas, timor, sapientia, sobrietas, 1 37 15
connexione in solemnes reditus commearent, nisi rerum disciplinam conuersionemque quasi quaedam sollicita mater patientia custodiret. sol 1 4 4
homo quemadmodum dei imaginem portat, cuius uultus passibilis, omni conuersioni subiectus momentis omnibus demutatur labore, aetate, 1 27 2
hoc ita sit, homo quemadmodum dei imaginem portat, cuius uultus omni conuersioni subiectus momentis omnibus inmutatur labore, aetate, 2 30 2
ibidem dicit: *sacrificans diis eradicabitur, nisi domino soli.* haec gentes, nisi conuertantur, manet diuina sententia, quae nec deum nec sacrificium etiam 1 25 5
mundi sensura repromissa felicitas exhibetur, Dauid sancto dicente: *conuertere, anima mea, in requiem tuam, quia dominus benefecit mihi, quia* 1 2 32
caritatem atque ita omnis motus quasi uno sensu magistra dilectione conuerti, ut quiuis intelligat hoc fieri non posse sine naturalis amicitiae 1 36 15
refunderis, nec recedis. recte deus diceris, quia trinitatis potentiam sola conuertis. 1 36 32
haec in Daniele ora leonibus alligauit; haec in Iona cetum in cymbam conuertit; haec in Maccabaeicae germanitatis exercitu sola uicit; haec in 1 36 8
ad idolatriam pertinere luxuriam. ipsa, inquam, mortuorum sepulcra conuertit in templa, tumulos in altaria, cadauera in simulacra, parentalia 1 1 12
accingitur turba feralis et ad inuisibilem suspensum gladiorum mucro conuertitur. nec inde, ut dixi, sceleris sui crudelitas fructum sortita est, 1 59 9
uno consensu, una fide alter alterum commendans deuotione consimili conuertuntur ad deum et sacerdos et templum. exsultate igitur, fratres, 2 6 5
superare non potuit. ipsa Venerem membris omnibus denudatam, conuexis manibus se tegere conantem, immo animi sui uitium et corporis 1 1 11
et clementissimus abdicauerit, et quidem non accusatione, sed probatione conuictum. denique iniuriae suae testes citat caelum terramque: terram, in 2 21
Epicuri, Dicaearchi Democritique uanitatem argumentatione manifesta conuincunt. poetae autem melius, qui duplicem uiam apud inferos ponunt: 1 2 4
pulchritudo uel murus, dei ministra, Christi amica, spiritus sancti conuiua. huic et praesentia subiacent et futura: ista quia contemnit, illa 1 36 4
geniti emersistis infantes, hortor uos natiuitatis tantae festa laeto celebrare conuiuio, sed non illo, in quo diuersis epulis intrimentorum lenocinio 1 24 1
lauacro nitida, unguentis oblita, uestitu uaria, monilibus tota distincta, conuiuiorum celebritate iucunda, uino madida, gemmis seu floribus 2 4 9
intellegat, fratres, illud pascha non esse, sed bromosum latronis cruenti conuiuium? per dominum nostrum Iesum Christum. 1 28 2
sanctorum, in qua illud beatitudinis regnum primae tubae regali tessera conuocati capient cum ingenti triumpho aeterno rege sub Christo; secunda 1 2 23
exsultate, fratres in Christo, omnique desiderio conuolantes *caelestia dona* percipite. iam uos sempiterni fontis calor 1 32
cupiditate ac uelocitate ceruina lacteum genitalis fontis ad laticem conuolate. fortiter bibite, ut semper uobis aqua sufficiat, hoc principaliter 2 14
mox unum futuri? fontanum semper uirginis matris dulcem ad uterum conuolate ibidemque uos uestra nobilitate fide scientes, quoniam, quantum 1 55
nectarei fluenti dulce murmur inuitat, lacteum genitalis fontis ad laticem conuolate incunctanter ac fortiter bibite, dum licet, superfluentis amnis 1 12
omnique non pedum uelocitate, sed mentis, pii fontis ad gurgitem conuolate! uos constanter inmergite, saluo salutis statu *ueteris hominis* 2 23
natalicia infinita de occasu dies sempiternus eluxit; quo discussa conuolutae hiemis tristitudine, nouo uento Fauonio blandiente, diuersis 1 33 1
labra; totum corpus imbribus relauat lacrimarum crinium suorum damno cooperiens; miserandis affatibus in uberiores fletus incendit etiam eos, quos 1 2 14
unum tamen prae gaudio tacere non possum: fenerando pauperibus omnes copias auaritiae subactas uestrum sine inuidia transfertis in censum. quid 1 14 9
uiantibus cludit, arcet ab herbis, arcet a siluis, arcet ab aquis, et quidem copiosis uacantibus plurimis negat hominibus, quod auibus, serpentibus, 1 5 13
illa circumcisio ab Iesu Naue quo genere celebrata sit petrinis illis cultris: cor an praeputium circumciderit. etenim si secundum ipsos nos quoque 1 3 15

et, qui se humiliauerit, exaltatur. animae enim depressio cor elatum est, cor cohibitum promotio est animae. huius rei testes sunt nobis duo 2 9 8
inquit: *non est exaltatum cor meum,* docens *optimum* esse *sacrificium deo cor contribulatum.* quapropter, fratres, *efferendum non est* prosperis *rebus,* 2 9 3
uere, fratres carissimi, cor eius non dormit, qui huius somnium secretaque cognoscit. prophetia 1 37 1
humiliatur et, qui se humiliauerit, exaltatur. animae enim depressio cor elatum est, cor cohibitum promotio est animae. huius rei testes sunt 2 9 8
persuasionibus cogitationes eorum abductae sunt et tenebris opertum est cor eorum, ut *diligerent magis tenebras quam lucem,* creaturam potius 1 35 6
tuum amandum. hinc nunc uobis iterum dicam: 'Pharisaee, responde, ubi cor habeas constitutum. si in regione pectoris, quid deformi uulnere 1 3 14
tumidi cordis euitans sic infit ad dominum: *domine, non est exaltatum cor meum.* cum scriptum sciat: *homo uidet in facie, deus in corde,* nonne 2 9 3
quos cupit quod facit ac praedicat imitari. ergo inquit: *non est exaltatum cor meum,* docens *optimum* esse *sacrificium deo cor contribulatum.* 2 9 3
patre loquente noscamus; dominus ipse nos edocet: *eructuauit,* inquit, *cor meum uerbum bonum* et cetera, et apud Salomonem hactenus dicens: 2 8 2
ad Israel loquitur dicens: *nouissimis diebus circumcidet deus cor tuum et cor seminis tui ad dominum deum tuum amandum.* hinc nunc uobis 1 3 13
iacet, magis admirabilior, quia tantus est et talis. et homo curiosus cor suum extollit conaturque eius comprehendere altitudinem, cuius non 2 9 4
uniuersa genera peccatorum, pectus crebro percutiens quodam modo cor suum manu uerecunde castigat postulatque tantum ueniam delictorum 2 9 9
uideamus, ne forte propheta ipse se inpugnet exaltando animam suam, qui cor suum se non exaltasse gloriatur. non sibi repugnat, sed ostendit animae 2 9 8
ut uideri uolunt, Graeciae uiri praeter ceteros curiosi otioso negotio cor suum ultra quam licitum est argumentis insolentibus extulerunt. hi 2 9 1
eodem spiritu ad Israel loquitur dicens: *nouissimis diebus circumcidet deus cor tuum et cor seminis tui ad dominum deum tuum amandum.* hinc nunc 1 3 13
Salomon in Sapientia similiter dicit, cum de eius loquitur seruis: *et si coram hominibus tormenta passi fuerint, spes eorum immortalitatis plena* 2 5 6
uirtutibus diuersoque charismate omnium credentium non colla, sed corda decorare consueuit. uirga per lignum sacramentum passionis domini 1 13 10
uariis atque igneis sagittis armatus, totius humani generis omni momento corda destringens; propter quod sic Paulus apostolus ait: *induite uos* 1 38 6
insuper suis in auxilium concitatis, terribili increpans tuba praedonum corda face furiali succensa, impetibus crebris passim totas hominis dei 1 15 3
aut ut quod non habet perdat; aut certe Iesu Naue parricida sit, si cultris corda hominum desecat. sed absit, fratres, ut spiritales uiros ullo tangamus 1 3 15
deus non tantum salutem non pollicetur, sed etiam, nisi legitime corde circumcidantur, ignis inexstinguibilis supplicium comminatur. sed et 1 3 13
sanctae significabat sacramentum. Thamar *concepit in utero,* ecclesia corde concepit, illa semine, haec uerbo. haedus ei mittitur, temptationis 1 13 11
corde, et inuenietis requiem animabus uestris. deus noster, fratres, humilis corde est et ineffabilis eius illa sapientiae ac uirtutis potestas intra 2 9 4
merito mereri, scriptura quod dicit: *proximus est deus contribulatis corde et humiles spiritu saluabit.* sed et dominus ipse nos pio promisso 2 9 3
tollite iugum meum super uos et discite a me, quia mitis sum et humilis corde, et inuenietis requiem animabus uestris. deus noster, fratres, humilis 2 9 4
uiam sunt, hi sunt, qui audiunt uerbum et uenit diabolus et tollit de corde illorum uerbum, ne credentes salui fiant. terra uero hominem 1 13 5
uana locuti sunt unusquisque ad proximum suum; labia dolosa; in corde locuti sunt mala. disperdat deus uniuersa labia dolosa, linguam 2 9 2
erat maestus ac tristis calamitatibus humanis! et clamat non uoce, sed corde, non clamore, sed fide, quam scit deum libenter audire. hoc igitur e 1 34 3
est exaltatum cor meum. cum scriptum sciat: *homo uidet in facie, deus in corde,* nonne iniuriosum uel superuacaneum putabitur deo indicare quod 2 9 3
deo *sacrificium est necessarium* spiritale; quod non ex sacculo, sed ex corde profertur; quod non bromosis pecudibus, sed suauissimis moribus 1 25 9
rationem dei, quae est in fide. definitio autem iussionis est caritas ex corde puro et conscientia bona ex fide simplici. igitur si dei seruus es, 2 3 17
credulo percipe corde rem miram, Christiane, omnique uirtutum exemplo famigerabilem. 1 53 1
uolatus coniecturis inanibus statum plumeae salutis inquirunt, sed a suo corde remedium salutare deposcunt spiritumque suum tota humilitate 1 34 9
confessio est de *deo hoc nosse,* quod licitum est. sicut enim in simplici corde scrutanda sunt testimonia eius, ita curiositate non sunt inquietanda 1 34 1
sacrae praeceptum, sic ait dicens: *diliges dominum deum tuum ex toto corde tuo et ex tota anima tua et ex tota uirtute tua; et secundum simile* 1 36 17
in omnibus uiis eius et diligas eum et custodias praecepta eius ex toto corde tuo et ex tota anima tua, ut bene sit tibi? uidetisne hunc timorem 2 2 4
filios, filii parentes oderunt; quod amicitia in facie adludit quam in cordibus commoratur; quod omne genus humanum suo interitu suisque 1 14 7
Christiane, omnique saecularis somni torpore discusso, apertis auribus cordis a pueris disce uirtutem. sed uide, ne aestimes falsum, quod eis cessit 2 27
dicit: *neque elati sunt oculi mei.* oculorum peior est causa, quia exaltatio cordis ad paucos pertinet, oculorum elatio ad omnes. de quibus Iohannes 2 9 5
uulnerans interemerat, per aurem intrat Christus in Mariam, uniuersa cordis desecat uitia uulnusque mulieris, dum de uirgine nascitur, curat. 1 3 19
ore, ut rerum natura, quae non erat, fingeretur, prodiuit unigenitus filius, cordis eius nobilis inquilinus exinde uisibilis necessario effectus, quia orbem 1 50
rerum, ineffabilis illa uirtus incomprehensibilisque sapientia e regione cordis *eructuat uerbum,* omnipotentia se propagat. *de deo nascitur deus* 1 56 1
quid, quod inde non esse approbatur inferior, quia, unde processit, paterni cordis est exsecutor? non enim minus est facere magna quam dicere. 1 45 3
at ille *semen suum fudit in terram;* semen significat non creaturae, sed cordis. etenim semen cordis uerbum est dei, cata Lucanum domino sic 1 13 5
a nobis sunt. quis noster dominus est? hanc superbiam propheta tumidi cordis euitans sic infit ad dominum: *domine, non est exaltatum cor meum.* 2 9 3
ambitione, auaritia ardet in saeculo. quare utraque sunt uana, quia et cordis exaltatio nullos fructus inuenit et oculorum extollentia de alio in 2 9 5
impietatem Iudaici populi deficit sermo, qui dei patientiam sui obstinati cordis impatientia superauit. non enim leue crimen est eius, cum de eo ille 1 47
praeputium carnis, sed in augmentum hominis praeputium facinorosi cordis incidit. at fortasse adhuc quispiam dicat: 'cur ipse quoque 1 3 16
quae eum per id, per quod irascitur, deprecaris? aperi tandem oculos cordis: inuenies te insultare potius quam rogare. postremo, fratres, non 1 14 6
quam diu, Iudaee, bruti cordis necdum discutis tenebras sacraeque legis oracula iam in Christo 2 20 1
quod nati sumus, solique debere, quod uiuimus, nihilque prorsus cordis nostri in penetralibus retinere, quod alieno iuri seruemus. at cum ab 1 36 21
prodesse perspicio? quia huius circumscriptio characteris potestati subiacet cordis, quod nisi uerae circumcisionis spiritali fuerit sacramento purgatum, 1 3 9
potest, quia fieri potest, ut quis aliud gestit in labris, aliud in penetralibus cordis; similiter ne destrui quidem, quia si uera fides est, aliud esse non 2 3 11
fudit in terram; semen significat non creaturae, sed cordis. etenim semen cordis uerbum est dei, cata Lucanum domino sic dicente: *est autem haec* 1 13 5
inter uos nouitatem et ne seminaueritis in spinis. circumcidite praeputium cordis uestri, ne exeat sicut ignis ira mea et exurat et non sit qui 1 3 12
missa per mundum mortem domini aduentumque testatur, sicut ad Corinthios scriptum est: *annuntiatis mortem domini, donec ueniat.* aperies 1 37 6
enim infelicibus nonnumquam inmittit Capricornum uultu deformem, qui cornu exsiliens, labra liuentia spumantibus uenis ebulliens palpitante ruina 1 38 6
pestilentiae cultorum suorum sacrilegio iure deleta est. exinanitum cornu iam non spirat unguenta. dies festos in luctum et cantica eius in 1 19 1
omnia in se lineamenta depingit, nata sanguineae teneritudinis dubio cornu primo quasi de cunis apparet paulatimque crescendo iam puella, iam 1 2 19
summo, ut putabatur, summum sacerdotium perdiderunt. regalis unguenti cornu priuati sunt. circumcisio, testimonium mentis impurae, iamiamque 1 46a 1
infundit. idem non tumidus ceruice, non toruus fronte, non minax cornu Taurus, sed optimus, dulcis, blandus ac mitis uos admonet uitulus, 1 38 3
felix supplicium, quod incolumitate superante inmortalitas prosequitur et corona. 2 22
hic, inquam, quem *duodecim* radiorum, id est apostolorum duodecim, *corona* circumdat, quem per ambitum totius orbis non muta *quattuor* 2 12 4
in eum, prout debitor exstiterit, iure possit expromi. ita erit, ut iustis corona, peccatoribus aut excusatis aut emendatis indulgentia, impiis autem 1 35 9
quantum etenim multiformis crudelitatis lugubris contemplatio retrahit a corona, tantum generosa ac perfecta fides quique illi fuerit cruciatus sua 1 11
tu Christo apostolos glutinasti. tu cotidiana martyrum et mater es et corona. tu murus fidei, fructus spei, anima caritatis. tu specialiter omnem 1 4 22
cogitur; et iustus temptationibus crebris, magnis ac uariis perducitur ad coronam. at ubi uindemiae uenerit tempus, id est persecutionis dies, passim 2 11 6
meritis non siletur. sed quis illustris martyrii palmiferam trophaeis coronam competenti ualeat sermone disserere, dum in uno corpore tot 1 39 1
sacrilegii horrore percussus paululum distulit pugnam, iam debitus ad coronam. nam postquam turbari urbem funesta conuentione cognouit ac 1 39 3
quia iam sua sunt incredulitate damnati; ex hac enim uita quis secum aut coronam portat aut poenam. quam rationem Dauid in Psalmo primo his 1 35 2
pretioso et unguentis nos impleamus et non praetereat nos flos temporis. coronemus nos rosis, antequam marcescant. nullum pratum sit, quod non 2 4 10
caro: alia est hominis, alia iumenti, alia caro uolucrum, alia piscium. et corpora sunt caelestia, sunt et terrestria. itaque inmortalitatis semine (de 1 2 25
ut uiuat, apostolo hortante nos Paulo, cuius ista sunt uerba: *exhibete corpora uestra hostiam uiuam, sanctam, placentem deo.* hoc enim placitum 1 25 9
facile ex aduerso cognoscitur. nam si diis *corporalibus* sacrificium conuenit *corporale, utique* et spiritali deo *sacrificium est necessarium* spiritale; quod 1 25 9
sexus humani dolosa blanditiarum captione seu uiolentia uiuentium domos corporales infringunt et latibulum sibi perniciosum eorum in captiuitatibus 1 2 5
nos conuenit nosse, quae facile ex aduerso cognoscitur. nam si diis *corporalibus* sacrificium conuenit *corporale, utique* et spiritali deo 1 25 9
qua nescientes communi cum pecudibus lege fundimur a natura, quae est corporalis ac per hoc etiam breuis; alia uero animi, quam nos nobis ipsi 2 4 8
cum eorundem ille sapientissimus dicat hanc esse mortem, cum corpore animus tamquam carcere clausus tenetur, illam esse ueram uitam, 1 2 2
id quod habet auferetur ab eo. per hanc, fratres, a deo Enoc meruit cum corpore contra legem naturae transferri; per hanc euadens Noe non 1 36 7
carnalibus; nam neque cum ingreditur corpus nostrum neque cum de corpore egreditur, a quoquam deprehendi potest tantumque potestatis 1 27 3
est subiecta mortalibus. nam neque cum ingreditur corpus neque cum de corpore egreditur, a quoquam conspicari potest tantumque potestatis habet, 2 30 3
pudoris florem nulli legi subiecta fidei thesaurum custodi. esto sancta et corpore et spiritu, amore Christi ignem carnis exstingue, ut de 2 7 4
postulatur ad uictimam; cui si per humanam fragilitatem aliqua in corpore infirmitas nasceretur aut humanus exitus contingeret, uix in eius 1 43 3
uitreis armatum montibus, uiolentis undarum saeuientium cumulis, toto corpore insaniat, tamen extremorum pallido ex recursu uoluminum quasi 1 4 5
exitio palpitabant. tanta fuit in martyris deuotione constantia, ut omni corpore paratus uenisset ad gloriam. mox itaque deuotum corpus carnifex 1 39 7
uiduatur. numerent martyria, qui possunt numerare supplicia, et in uno corpore quantum diabolus publicatus est furere, tantum agnoscatur 1 39 9
trophaeis coronam competenti ualeat sermone disserere, dum in uno corpore tot martyria uideantur esse quot membra? armauerat diabolus 1 39 1
secreta. *quis enim causas naturasque caeli huius* et superiorum *sciet?* quis corporeum aeris huius, ut quidam putant, inanitatem se disserere posse 1 34 1
misit, et quidem non illas, quae maligno beneficio crimina excipiunt; quae corpori parcunt, animam liberare non possunt; quae peccata cum 2 24 1
ab istius mundi sapientiae gustu ieiunus, qui audeat dicere animas cum corporibus interire, caelestia cum terrenis absumi, praesertim cum 1 2 2
in aenigmate; tunc autem facies ad faciem erit. unde dubium non est in corporibus nostris, dum mortis lege seminantur, non substantiam, non 1 2 30
maior est domus; nam et omnibus aequales estis et pedaturas omnes uestri corporis ambitu superatis; denique sancti diuites pauci sunt, uos plures 2 6 10
comparatam *discordique concordia* esse connexam animamque lineamentis corporis circumsaeptam. unde duae quoque uitae a deo attributae sunt 2 4 8
conuexis manibus se tegere conantem, immo animi sui uitium et corporis demonstrantem, post multa adulteria spectaculo totius mundi 1 1 11
remissa omnium peccatorum, sicque cunctos in unam Christi corporis gratiam congregatos ad caelestia regna perducit per dominum et 1 6
spiritus et morarum numerositate seruatus perstat uiuus, parte sui corporis iam sepultus. o dignus gloriosi exitus finis! ascensurus altitudinem 1 39 9
facultatibus diuitem, dissimulauit in amissis liberis patrem, in poena sui corporis iustum. namque summo capitis a uertice usque ad imos ungues 1 15 5

sed eorum unus est morsus; et gladius duas acies gerit, sed sunt unius corporis latera; et denarii sunt duo, sed una moneta signati; et scala duos 1 37 14
quippe gladius pius in uiscera peccatoris et uno eodemque ictu, incolumi corporis manente materia, interficit *hominem ueterem*, creat nouum, sacri 2 10 2
potest prohibere. et aestimat quisquam dei se posse scire secretum, qui sui corporis nescit arcanum? quare, fratres, propter quod facti et nati sumus, 1 56 3
nec maritis, sicut praescribens talibus Paulus apostolus dicit: *mulier sui corporis potestatem non habet, sed uir; similiter et uir sui corporis* 1 1 13
mulier sui corporis potestatem non habet, sed uir; similiter et uir sui corporis potestatem non habet, sed uxor. sic igitur, quoniam una sunt caro, 1 1 13
ictus neruorum connexa dissoluit et cunctas conpage discussa iuncturas corporis rupit. exsilierunt exsectae manus †et uenarum in se paululum 1 39 8
nec ullus in membris uoluptati motus. nihil in substantia resederat corporis, sed nihil tamen in utero negabatur infanti et, cuius aetas auiam 1 59 4
concrematur. sepulcrum nidus est illi, fauillae nutrices, cinis propagandi corporis semen, mors natalicius dies. denique post momentum festo 1 2 21
sacrilegos antecedis, qui Moysi reprobans dictum per hanc iniuriosam corporis stipem deo placere te posse praesumis.' 'iam completa est, inquit, 1 3 14
iam sepultus. o dignus gloriosi exitus finis! ascensurus altitudinem caeli corporis sui inpedimenta praemittit et exsequiis funeris ipse praecedit. cui 1 39 9
omnes nos manifestari oportet ante tribunal Christi, ut recipiat unusquisque corporis sui merita secundum ea, quae gessit, siue bona siue mala. etenim, 1 2 15
medullitus capit, sed suum sibi genitale in germen exspirans uetusti corporis superficie deleta, immo in melioris naturae iura transmissa, felix 1 2 22
uteri aula secretior: diuini sermonis arte formata in se tabescentis corporis uulua portauit. sed in caelesti prole, non semine, progenitum 1 59 8
de Christo? igitur primo omnium probandum puto animas nostras suorum corporum exuuiis <exui> nec cum labe carnalis huiusce domicilii ista 1 2 3
diues, in diuitibus ditior, aequalis in omnibus consummaris. tu es *honor corporum*, tu thesaurus animarum, tu *fundamentum*, culmen ac fructus 1 1 21
nos adunatos, ex omni gente et natione collectos unum postmodum efficit corpus. 1 55
intelligi, fratres, nauis typus est synagogae: eius proretam sacerdotale corpus accipimus, nautas scribas et pharisaeos, iacturam uasorum 1 34 7
sequitur ut oderit ueritatem. inde est, quod stulti praeponunt corpus animae, idolum deo. sed nos, qui Adam abiecimus, Christum 2 4 17
in gloriam; seminatur in infirmitatem, resurgit in uirtutem; seminatur corpus animale, surgit spiritale. satis, ut opinor, resurrectionis ueritas 1 2 22
ut omni corpore paratus uenisset ad gloriam. mox itaque deuotum corpus carnifex uidit, statim cadentis <securis> ictus neruorum connexa 1 39 8
e duobus altero superante, non moritur? tune non illa es, quae mariti corpus expositum lauisti lacrimis, osculis detersisti, crinium damno uelasti, 2 7 7
cuius imaginem non deponis. ad ecclesiam dei opere uario totum inaurata corpus, exsecrabili metallo procedis onusta, ubique delicata, sub monilibus 1 14 6
labor, gemitus, impietas, dolor, aegritudo, miseria; mortui quippe corpus figuramque illam florentissimam edax in aeternum terra delebat; 2 4 6
amplectitur conclamatum; frigentia tepefacit crebris osculis labra; totum corpus imbribus relauat lacrimarum crinium suorum damno cooperiens; 1 2 14
potuit pudoris fundamenta subuertere. ibat ad supplicium non adulterum corpus, in quo extrema libido senilis exarserat, sed quod infamauerat 1 40 2
naturae gladio saeui latronis plantarum limes inciditur et obsequio pedum corpus martyris uiduatur. numerent martyria, qui possunt numerare 1 39 8
habeam, nihil sum. et si in cibos distribuero omnia mea et si tradidero corpus meum, ut ardeam, caritatem autem non habeam, nihil proficio. 1 36 20
est. denique oculis non est subiecta mortalibus. nam neque cum ingreditur corpus neque cum de corpore egreditur, a quoquam conspicari potest 2 30 3
percussi non hiat uulnus, non defluit sanguis; exspirantis non palpitat corpus, non decolor color est. ipse est et tamen non est ipse. uetus quidem 1 42 2
est. denique oculis non est subiecta carnalibus; nam neque cum ingreditur corpus nostrum neque cum de corpore egreditur, a quoquam deprehendi 1 27 3
tuum inebrians quam praeclarum. utique, fratres, calix sanguinem, mensa corpus, oleum donum spiritus sancti significat, uirga cum baculo crucem, 1 13 10
imperare non potest; ipse enim regalis potestatis imperio subiectum sibi corpus seruilibus officiis suae compellit implere desideria uoluntatis. qui si 1 3 9
homo non potest nasci. totum denique sua luce resplendens corpus sine umbra gestabat, humilis carne, sed excelsus omnipotentiae 1 54 5
per aquam et sanguinem, quod est baptismum atque martyrium, spiritale corpus spiritalis feminae effunditur, ut legitime Adam per Christum, Eua 1 3 20
in domicilio castitatis et in uisceribus sacrae uirginis comparat sibi corpus suo iudicio nasciturus. in hominem coaptatus integumento carnis 2 12 1
moribus, aetatibus, dicione ex una natura unum spiritum, unum efficis corpus. tu martyres gloriosos a confessione Christiani nominis nullis 1 36 30
liceret in mortem. o fratres, secura deuotio! o pater spiritum captans, corpus uero mortemque contemnens! o qui seruum domini ita se esse 1 43 6
ego in rebus demoror prope sanis, quasi, quae uere exsecranda sint, iam correcta sint crimina. pudet me dicere in populo graui anus saepe uideri 2 7 10
non oblecteris in illis; si non est timor domini cum illis, non corrideas animae illorum; melior est enim unus timens dominum quam 2 7 5
stultitiae, iniustitiam sapientiae uocabulis infamantes. quae si ad sua corrigas propriisque sedibus reddas, inuenies iniustitiae magis stultitiam, 2 1 4
facere iniustum quoque compellit, bifarie inclita: unum glorificando, alium corrigendo. constat ergo omne Christianitatis magis in caritate quam in spe 1 36 18
legis agnitione construit decorem, ad omnia genera uirtutum intrepidus corrigit, praeceptis omnibus fideliter obtemperat incoactus, innocenter 2 2 4
aut ueritate aut imagine perpetratur. praemia aut tradit aut accipit, corrumpit aut corrumpitur, inicit amorem, paulo post odium de amore 1 1 7
eligat utrum uelit, circumcidat an differat. si circumcidit, sabbatum corrumpit; si non circumcidit, cum innocentis animae interitu praestitutae 1 3 4
aut imagine perpetratur. praemia aut tradit aut accipit, corrumpit aut corrumpitur, inicit amorem, paulo post odium de amore factura. seminat 1 1 7
in quo musti uestri dulcedo saecularis uini pridiani exhalante foetore corrumpitur, sed caelesti prandio, honesto, puro, salubri atque perpetuo, 1 24 1
reges, qui ferocitate uirtutis ac libidinis rabie digladiantes omnem orbem corruperant terrarum, insuper decernentes sibimet ipsis pro domibus 1 13 4
sunt non furno, sed fonte, non humano, sed igni diuino: non illos aura corrupit, non fumus amarus infecit, non frigus elisit; quod plus est: sine 1 41 2
uenenis eius cotidie totus exaestuat mundus pestiferisque uoluptatibus ita corrupta sunt omnia, ut quicquid in eo geritur, non debere diligi a nobis 1 36 27
in templis infamibusque spectaculorum omnium locis (pater enim omnium corrupte uiuentium diabolus designatur, domino Iudaeos sic increpante: 1 13 8
mulieris, dum de uirgine nascitur, curat. signum salutis accipite! corruptelam integritas, partum est secuta uirginitas. Adam similiter 1 3 19
salutare, quem paulo ante ridiculo habueris, admirari; cuius exsecratus sis corruptelam, optes imitari uirtutem; quem cupidum semper horrueris, 2 29 3
est sordibus obsoletatus. Iob uxor sua hortatur ut peccet; et dominum, ut corruptelam seniorum sequatur, synagoga compellit. Iob amici sui 1 15 8
sacrificium deo carum, tu legitimum dei templum, sacrarium pudoris. te corruptio intrare non nouit. per te saeculum uincitur, concupiscentia omnis 1 1 21
inutile est discuti, quod teritur demutari, sicut scriptum est: *oportet enim corruptiuum hoc induere incorruptionem et mortale hoc induere* 1 2 30
confundi quam mori, deus Iudaicum populum luxuriae aestu exuberante corruptum publica increpatione confutat. caelum terramque testes citat, ut 1 20
cruce atque eo feliciter soporato similiter de eius latere ictu lanceae non costa diuellitur, sed per aquam et sanguinem, quod est baptismum atque 1 3 20
exaltati filii Israel, quando ad Iordanem securus ab Horeb accessit. quid cotidiana dei colloquia? *ipsi autem me spreuerunt:* ad crucem enim 1 61 8
sustinet totum. tu prophetas prouexisti. tu Christo apostolos glutinasti. tu cotidiana martyrum et mater es et corona. tu murus fidei, fructus spei, 1 4 22
quid autem pro se in necessitatibus gerant, omnibus nota porcorum cotidiana propemodum tam iucundi certaminis exempla declarant; quia 1 36 15
quasi de cunis apparet paulatimque crescendo iam puella, iam uirgo pro cotidianae aetatis incremento progrediens lasciui cursus ambagibus carpit 1 2 19
salutaria quattuor praedicant tempora; cui non anniuersarii, sed cotidiani fructus respondent hymnum canentibus deo credentibus populis, 1 33 4
in ecclesia, quo pecora diuina succedunt, uenerabili sacramento susceptum cotidianis praedicationum medicaminibus curat. quod autem ait *angelos* 1 37 10
quod per mare medium terrenum duxit ingressum? quid [quibus] de caelo cotidianum manna in eremo, potus e saxo? quid per lignum amara aqua 1 61 8
impulsu in modum tau litterae prominens lignum. o res uere miranda! cotidie aedificatur et cotidie dedicatur; floribus perpetuis ac diuersis 2 6 7
spiritalis instruitur, quibus sacrae orationis iste locus nouus et populus cotidie Christi dei et domini nostri prouidentia comparatur. hic labor 2 6 11
auctoribus concipitur, his ducibus geritur, his ministris impletur quicquid cotidie concupiscentia, ambitione, auaritia ardet in saeculo. quare utraque 2 9 5
tau litterae prominens lignum. o res uere miranda! cotidie aedificatur et cotidie dedicatur; floribus perpetuis ac diuersis gemmis, lapidibus, 2 6 7
eorundem blanditiis uernantibus pascitur et incrementis adolescentibus cotidie delectatur; at illa aegra fastidio nouem mensium non baiulat 2 7 3
o quam misera est fides, quam uerba concinnant! o quam debilis, cuius cotidie dissipantur uariis argumentationibus membra! o quam indefensa, 2 3 10
habet uerba, multo magis nihil habebit, quia tractatus, qui eas genuit uel cotidie generat, adhuc potest generare. e diuerso prouocatus rursus eas pro 2 3 7
custoditis. probatio longe non est. ius templorum ne quis uobis eripiat, cotidie litigatis. non hi solum, qui tales sunt, displicent deo, sed et illi, qui 1 25 10
quia opus est uiuum, tectum non habet nisi caelum. dicam praeterea, quae cotidie merces, quae impendatur annona. omnibus peraeque unus panis 2 6 8
et patienter excedunt? solus homo praeceps, solus inpatiens, prauis cotidie mobilitatibus gaudet, uarietatibus studet; miserum se putat, si ipse 1 4 7
habet quod potest prodesse commodis plurimorum. quid, quod paupere cotidie moriente oppressione, fame, frigore, iniuria amicum tibi excolis 2 1 19
mensuris pretia quam inopia. inde fraus, periurium, rapinae, lites ac bella. cotidie mugitibus alienis quaeritur lucrum et proscriptio industria uocitatur 2 1 17
sunt quaeras, rediuiui luminis lege suis sedibus resurrexisse agnoscas. sol cotidie nascitur eademque die qua nascitur moritur nec tamen instantis 1 2 18
faciemque, in quas illi libuerit figuras, speculo conciliante semper incertam cotidie peregrinis coloribus mutat, gulae labore culta, lauacro nitida, 2 4 9
Moysei librum lectitando saepius replicauit, fortassis, ut sunt ingenia cotidie quae uidemus uersutis contentionibus laeta, de apostoli dicto 2 4 1
iusti, qui probis moribus per gradus diuinorum obseruantiae praeceptorum cotidie spiritalis itineris gloria feruntur in caelum; quos apostolus Paulus 1 37 12
scire, quod malum sit? in ipso fructu suo etiam ipse se odit. uenenis eius cotidie totus exaestuat mundus pestiferisque uoluptatibus ita corrupta sunt 1 36 27
ipsam paris, quia uoluntas fit uoluptas postmodum tua, cum per eam cotidie tricenos, sexagenos centenosque colligis fructus. tu in pauperibus 1 1 20
maior patris iniuria est, si est aliquando sine regno. accedit, quod oramus cotidie, ut *adueniat regnum* patris, speramus et filii. uacat ergo praesentis 2 5 5
excusant, nec sui umquam uenit in mentem non esse humanae potestatis crastinum diem ac ne ipsum, quo res agitur, quia quod uoluitur semper, in 1 5 7
possibilitatem adserere ex eoque quod non est facere quod est, naturam creare extra naturam, nihil prorsus habere difficile solumque ei hoc deesse 1 2 16
ictu, incolumi corporis manente materia, interficit *hominem ueterem*, creat nouum, sacri gurgitis elemento sepelit. et cum omnium aquarum 2 10 2
eorum, ut *diligerent magis tenebras quam lucem*, creaturam potius quam creatorem. itaque tria conuenit esse iudicia: unum iustorum, qui non 1 35 6
fide, uerbo, non semine. decem mensium fastidia nescit, utpote quae in se creatorem mundi concepit; parturit non dolore, sed gaudio. mira res! 1 54 3
nemo reuertitur; et infra: *uenite ergo, fruamur bonis, quae sunt, et utamur creatura tamquam iuuentute celeriter; uino pretioso et unguentis nos* 2 4 10
cremantur, incensis hymnum canentibus flamma blanditur. deus a creatura uniuersa benedicitur. in tribus una mens, una uirtus, unus 2 27
excitaret. at ille *semen suum fudit in terram*; semen significat non creaturae, sed cordis. etenim semen cordis uerbum est dei, cata Lucanum 1 13 5
apud Salomonem hactenus dicens: *ego ex ore altissimi prodiui ante omnem creaturam*. cum haec ita sint, humanitas, te, uersuta, cognosce uel sero et 2 8 2
tenebris opertum est cor eorum, ut *diligerent magis tenebras quam lucem*, creaturam potius quam creatorem. itaque tria conuenit esse iudicia: unum 1 35 6
non tamen potestate, amore hominis sui, cuius formam fuerat subiturus et creaturam, ut angelus, homo, puer, sponsus, gigas, crucifixus, sepultus, 2 8 8
cum cognationis ipsa hoc exigant iura. clamat enim prophetes: *deus unus creauit uos; nonne pater unus est omnium uestrum?* quisque igitur 1 36 22
haec de armato Golia Dauid inermi triumphos attulit; haec in Iob inter crebra et ingentia mala non desperauit; haec in Tobiae caecitate medica 1 36 8
concrepat caelum, cum inter caecas pinguibus conductas nubibus tenebras crebrae micantes curuis ignibus flammae intercepti diei lumen inconstanter 2 2 3

spumantia ora contundens minatur per momenta naufragium. procellae crebrescentes insaniunt, horrendum sibilant funes, gemunt cedentibus uelis 1 34 5
senectutis cum rigore partitur; cessat enim concupiscentiae pugna, ubi sub crebrescentibus morbis ipsa necessitate etiam inpudicorum pudica fiunt 1 1 5
ungulae, inutiles ictus uisi sunt plumbatarum, stetit contemptus eculeus, crebri fustium imbres maioris poenae contemplatione neglecti sunt. 1 39 6
honore uestri floris ornatis. exsultate, diuites, praerogationibus crebris et iustis ueri diuites facti; promotioni etenim caelestis uestrae 2 6 10
non manere. inpatientia enim quid est nisi mens lubrica, permotionibus crebris et rapidis se semper expugnans; animus infidelis etiam sibi; actus 1 4 7
nefas! hinc mater scissa ueste, laniatis crinibus, laniatis et genis, totum crebris ictibus liuida pectus gentili uanitate circa amissi cadauer bacchatur 1 2 13
solis atque imbris ad maturitatem cogitur; et iustus temptationibus crebris, magnis ac uariis perducitur ad coronam. at ubi uindemiae uenerit 2 11 6
deformans cultum cadauer amplectitur conclamatum; frigentia tepefacit crebris osculis labra; totum corpus imbribus relauat lacrimarum crinium 1 2 14
terribili increpans tuba praedonum corda face furiali succensa, impetibus crebris passim totas hominis dei facultates inuadit, subito rapina, igne 1 15 3
ullo morbo, ullo tempore deflorescat. tu uariarum semper in tempestatum crebris turbinibus constitutae fidissimus miserandae uiduitatis es portus. tu 1 4 21
domini dictum a quo procedunt uniuersa genera peccatorum, pectus crebro percutiens quodam modo cor suum manu uerecunde castigat 2 9 9
concelerant, laboranti subueniunt, paene armis ipsis inimici certatim se crebro subiciunt, ingenti fragore confundunt exsertisque mucronibus 1 36 15
nos, qui per fidem filii Abrahae facti sumus, in ipsius gremium peruenire credamus. 1 62 5
facit, ut Iudaeus et Iudaeo deterior Christianus dei filium deum esse non credant. quos uellem adesse paulisper auremque praesenti commodare 1 25 1
nec tamen in toto dissimulat, ne per mare pedibus se ambulasse non credat. aduersus Theclam accusator acerrimus linguae exserit gladium, 2 2 6
est, si seruaueris, simulacra. ancilla Christi, falso idolum respuis; mihi crede: in te colis, cuius ornatum, cuius imaginem non deponis. ad 1 14 6
solum, ut flammas tuas maritalis gladii contemplatione compescas. mihi crede: non habet concupiscentia locum, ubi patientia dominatur, ubi 2 7 9
disserena. doce eam sibi non esse contrariam, doce omnia, quae canit, esse credenda. ceterum si eius partem probes, reprobes partem, quomodo per 2 3 13
deuotione succincta praecedens amplectatur fides, quae tam sibi quam illi credendo praestet effectum, insinuatio inanis erit, quia incredulo credentis 2 3 1
dicam tractatu, sed ipsius natiuitate porro maior est legis, quae deum deo credendo promeruit, quae credere non didicit, sed praesumpsit, edicat 2 3 8
contestans deum honestam elegit mortem quam uitam turpem, melius credens hominibus se ream praebere debere quam deo. interea instant illi 1 1 18
inquit, in me, non iudicabitur. recte: *quid enim necesse est iudicare credentem? iudicium enim ex ambiguis rebus exsistit; adempta ambiguitate* 1 35 2
secreta. igitur, fratres, genesis talis est uestra. primus uos, qui in se credentem reprobat nullum, non Aries sed agnus excepit, qui uestram 1 38 3
quod eis cessit incendium. ueritatem ratio protestatur. qui nunc in se credentes *baptizat spiritu sancto et igni*, ipse tunc quoque numero suae 2 27
deus optimum existimauit per stultitiam praedicationis saluos facere credentes; et iterum manifestius: *si quis inter uos uidetur sapiens esse in* 2 1 5
autem duo testamenta significat, quae et euangelicis intexta praeceptis credentes homines uoluntatemque dei facientes quasi per quosdam 1 37 1
exigitur. calcatores de eodem musto bibunt; et persecutores saepe credentes in Christum calicem pretiosum, quem paulo ante calcando 2 11 7
dei est, ara lex, forceps duo testamenta, quae credentes tenent, non credentes incidunt. sed et Dauid hanc calamum nuncupauit, dicens: *lingua* 1 37 3
cum possit bonis frui mundi ac negligat, sponte se faciat infelicem, non credentes, quia dei praecepta custodiens, huius modi officiis saeculares 2 1 14
qui audiunt uerbum et uenit diabolus et tollit de corde illorum uerbum, ne credentes salui fiant. terra uero hominem idolumque significat, quia et 1 13 5
protoplastos ex angelis in homines deriuauit, ita dominus omnes in se credentes sancti spiritus semine a mortuis rursus gloriosos in angelos 1 2 26
carbo enim uerbum dei est, ara lex, forceps duo testamenta, quae credentes tenent, non credentes incidunt. sed et Dauid hanc calamum 1 37 3
ab utero uirginis eum sumpsisse principium, quae spes futurae beatitudinis credenti, cum scriptum sit: *maledictus homo, qui spem habet in homine?* 2 5 1
nam et dominus ista exempla confirmans uni ex latronibus in se credenti, qui cum eo de patibulo dextra laeuaque pendebant, ait: *amen,* 1 2 11
indubitanter ac fortiter creditur. dicit enim dominus: *omnia possibilia credenti*. unde *Abraham credidit deo et deputatum est illi ad iustitiam*; qui 1 36 5
dei debemus accipere, sed caelestis hominis spiritalem, quam in se credentibus dominus aetheria natiuitate renouatis plenitudinis suae pio de 1 27 3
non anniuersarii, sed cotidiani fructus respondent hymnum canentibus deo credentibus populis, qui omnia inmortalitatis semine propagantur in 1 33 4
ciuitas dicta est; erat enim futurum, ut omnium nationum in Christo credentibus populis totus orbis deo una ciuitas redderetur. denique 1 34 9
at dominus resurgens non sanitatem tantum, sed immortalitatem in se credentibus praestitit dominiumque totius naturae recuperauit, sicut est 1 15 9
quam illi credendo praestet effectum, insinuatio inanis erit, quia incredulo credentis fructum praestare non poterit. denique Abraham placuit deo 2 3 1
est ac misero, fragili detestabilique uersatur in iure. at cum mera fide credentis salutari fuerit necata baptismate, noua paterni sacro resurgit 1 2 25
sunt', euidenter ostendens non in oculis esse carnalibus uerum, sed in fide credentium constitutum. nam et dominus ista exempla confirmans uni ex 1 2 10
salutaribus monitis diuersis uirtutibus diuersoque charismate omnium credentium non colla, sed corda decorare consueuit. uirga per lignum 1 13 10
salutaria monita canentibus linguis, quasi quibusdam spiritalibus cultris, credentium populorum secundum Moysi dictum non in damnum hominis 1 3 16
natiuitate porro maior est legis, quae deum deo credendo promeruit, quae credere non didicit, sed praesumpsit, edicat mihi, perniciosa ista adinuentio 2 3 8
ipso dicente: *si non facio facta patris, nolite mihi credere; sed si mihi credere non uultis, factis credite et cognoscite, quoniam in me est pater et* 1 45 3
euangelio dicit: *si non facio facta patris, nolite mihi credere; sed si mihi credere non uultis, factis credite et cognoscite, quoniam in me est pater et* 1 25 8
testatus sit, qui in euangelio dicit: *si non facio facta patris, nolite mihi credere; sed si mihi credere non uultis, factis credite et cognoscite,* 1 25 8
filius sine patre non est, ipso dicente: *si non facio facta patris, nolite mihi credere; sed si mihi credere non uultis, factis credite et cognoscite,* 1 45 3
excogitatur nouum stupendumque supplicium, quo se in homine uincere crederet deum. 'incidantur, ait, ab articulis manus, a cruribus pedes; 1 39 6
quae principaliter stupet talem sibi filium prouenisse, qui ex se natus non crederetur, nisi, sicut fuit uirgo incorrupta post conceptum, permaneret 2 12 2
quod nolit esse; haec est enim proprietas dei, id operari quod non potest credi. igitur non homines tantum, sed paene omnia suis mortibus uiuunt. 1 2 16
poenalibus relegari, quasdam *placidis sedibus* refoueri, ut tunc demum credi possit resurgere, quod omnibus palam sit non penitus interire. gentes, 1 2 3
secreta! o quam praesumpta, quae mauult magis nouellae traditioni suae credi quam antiquitati, quam deo domino dicenti: *reicitis mandatum dei,* 2 3 10
deum uniuersa communia, sicut scriptum est: *turba autem eorum, qui crediderant, animo ac mente una agebant, nec fuit inter illos discrimen* 2 1 18
excedit uicti saeculi triumphum reportans, quam tot suppliciis omnes crediderant perituram. o necessarius timor, qui nihil aliud agit, nisi ut 2 2 7
meis eloquia tua super mel et fauum ori meo! haec, fratres, si quis libenter crediderit, largiores adhuc escas inueniet, quibus, si diligens fuerit, semper 1 24 4
hic gratiam. iudicio uestro nascimini scientes, quoniam, qui plus crediderit, nobiliorem se ipse praestabit. constanter igitur ac fideliter 1 49
ibidemque uos uestra nobilitate fide scientes, quoniam, quantum quis crediderit, tantum beatitudinis et habebit. o admirabilis et uere diuina 1 55
putauerunt beneficio abiecti impolitique sermonis (tamen dicentis: *nisi credideritis, neque intellegetis*) stultam putant irriduntque quasi uanam, 2 1 14
uoluntatis inuidia, qui dominum nec agnoscere uoluerunt et sola crediderunt cogitatione puniri, quem nefarium fuerat etiam tardius adorari. 1 59 8
iam cursus aduerterent, procul dubio et praesentia odissent et futura credidissent pariterque metuissent. nemo est enim tam uel ab istius mundi 1 2 1
fidelis; *iustus enim ex fide uiuit*; ideo fidelis, quia credidit deo; qui nisi credidisset, neque iustus neque pater gentium esse potuisset. quapropter 1 36 6
fuit et tamen necessario circumcisus. quid enim scriptura dicit? *Abraham credidit deo, et deputatum est illi ad iustitiam.* numquidnam dixit: 1 3 6
creditur. dicit enim dominus: *omnia possibilia credenti*. unde *Abraham credidit deo et deputatum est illi ad iustitiam*; qui ideo iustus, quia fidelis; 1 36 6
qui ideo iustus, quia fidelis; *iustus enim ex fide uiuit*; ideo fidelis, quia credidit deo; qui nisi credidisset, neque iustus neque pater gentium esse 1 36 6
suis in uirtutibus portat. hoc est, quod Abraham *contra spem in spem credidit deo, ut fieret pater multarum gentium.* contra spem autem est, 1 36 5
suspicio: Abraham dominum filio, sacerdotem praetulit patri, nec pium se credidit, nisi probasset fidelem. denique, carissimi, intrepidus ad 1 59 7
audire proclamantem: 'si haec est condicio carnis, quid est ergo quod credimus in ecclesia remissa peccatorum ac resurrectionem carnis?' facile, 1 2 24
tempus aduenerit, suo semini respondens iure possit mereri quod credimus. nec res in ambiguo est; quemadmodum etenim ille princeps 1 2 26
dormientibus, ne contristemini sicut ceteri, qui spem non habent; si enim credimus, quia Iesus mortuus est et resurrexit, sic et deus eos, qui 1 2 12
et uiuetis. cum haec ita sint, resurrectionem futuram cur, Christiane, non credis? cur de huius mundi labe in meliora migrantes tam pertinaciter 1 2 13
ornatu es quam pro salute sollicita. quid autem a deo impetrare te posse credis, quae eum per id, per quod irascitur, deprecaris? aperi tandem 1 14 6
quam etiam ipsam infidelitatis ream constituis, canentis cum uniuersa non credis? sin uero fidem spiritus calles, aliquam demonstra uirtutem: impera 2 3 13
esse simplicem meliorem, quia simplex omnibus dei uerbis simpliciter credit, astutus autem nimia sapientia infatuatus inquisitionibus uanis semet 2 3 2
in Christum, si promissum sibi ab eo perpetuae felicitatis tempus non credit esse uenturum? sed spes ex fide est, quae quamuis in futuro sit 1 36 3
omnis caro funditus deleretur, denuntiante deo imminere per momenta et credit et timet arcamque, cum suis ut saluus foret, quam iussus est facere, 1 4 12
aut emitur aut distrahitur, liberum non est: non nobilitas, quia per hanc credit, hanc excolit, per hanc hoc sibi nomen inuenit; non sanctitas, non 1 5 5
in euangelio dicit: *qui credit in me, non iudicabitur; qui autem non credit, iam iudicatus est?* hoc dicendo *exemit iudicio fideles, non admisit* 1 35 1
robustior saginatur. nihil difficile est fidei, quae tantum habet, quantum credit. igitur Isaac unicus filius, spes populorum et gentium, origo tot 1 62 2
spargit, si sudoris sui praemium non colligit messem? quid Christianus credit in Christum, si promissum sibi ab eo perpetuae felicitatis tempus 1 36 3
iudicium cantabo tibi, domine, quomodo dominus in euangelio dicit: *qui credit in me, non iudicabitur; qui autem non credit, iam iudicatus est?* hoc 1 35 1
pondere quaue ratione prolatum, explanat proprietas ipsa uerborum: *qui credit, inquit, in me, non iudicabitur.* recte: *quid enim necesse est iudicare* 1 35 2
trium puerorum martyrium qui credit interritus, potest etiam ipse adipisci martyrium. tanta enim uis 1 22 1
non habeam, nihil proficio. caritas enim, fratres, *omnia diligit, omnia credit, omnia sperat, omnia sustinet; caritas numquam excidet*. igitur non 1 36 20
haec Iudaeus praedicat, fratres, et tamen deo demens adhuc usque non credit, qui est benedictus in saecula saeculorum. 1 29 2
sumus, quae nos diligere deum ac soli illi seruire in sacramento semel creditae unitae trinitatis non argumento, non necessitate, sed uoluntate 2 3 2
facta patris, nolite mihi credere; sed si mihi credere non uultis, factis credite et cognoscite, quoniam in me est pater et ego in illo. constat ergo 1 45 3
facta patris, nolite mihi credere; sed si mihi credere non uultis, factis credite et cognoscite, quoniam in me est pater et ego in illo, dictum 1 25 8
est ulla interpretatio, quia sicut semel creditur, ita semel ex eo ipso, quod creditum est, consummata fides ultra nec minuitur nec augetur. sin uero ex 2 3 9
dum exaggerant, exinde iam priores se ipsi condemnant. uerum, pro nefas, creditur aetati, creditur auctoritati: exsultant adulteri, damnatur integritas. 1 1 18
exinde iam priores se ipsi condemnant. uerum, pro nefas, creditur aetati, creditur auctoritati: exsultant adulteri, damnatur integritas. iamiamque 1 1 18
tractatus sui quo proficit pugna. 'ne fides, inquit, intereat, cum male aut creditur aut docetur.' quod malum est ista ratio, mox uidebimus. nunc 2 3 8
uidetur; sed possibile hac spe fit, cum dei dicto indubitanter ac fortiter creditur. dicit enim dominus: *omnia possibilia credenti*. unde *Abraham* 1 36 5
si ex credulitate, non ei opus est ulla interpretatio, quia sicut semel creditur, ita semel ex eo ipso, quod creditum est, consummata fides ultra 2 3 9
habet, momentis omnibus crescit quantoque ab ea diligentibus inuicem creditur, tanto inuicem plus debetur. non quemquam pro persona diligit, 1 36 11
ea conuenire cupit, quia prophetiae magis gentes quam Iudaei fuerant credituri, domino dicente: *amen, amen dico uobis, quia publicani et* 1 13 9

et prophetas, quibus si non credunt, neque illi, qui hinc missus fuerit,	credituri sunt', euidenter ostendens non in oculis esse carnalibus uerum,	1	2	10
consulente fornacis ultra quam solet septenario pabulo ignis armatus est.	credo diuina prouidentia sacramento trinitatis spiritalem quoque numerum	1	22	2
et formam mutat et mores. sed dicis: 'ardor me tenerae compellit aetatis.'	credo. ecce nupsisti. ut de fragilitate humanitatis, casibus ut de ceteris	2	7	9
et litis labore ac fauore nutritas. quas, quia uera uix potest inueniri,	credo, ne populi penuria laborarent, uenales esse propositas. uerum tamen	2	3	7
infudit e proprio fonte spiritus sui. cui ab humo 'homo' nomen imposuit,	credo, sicut res ipsa docet, ut contemplatione opificii ac materiae semper	2	4	4
tertio post die Nineuitas illustrat terribilibus oraculis salutem ciuitati	credulae praestaturus. quantum datur intelligi, fratres, nauis typus est	1	34	6
duas acies, id est duo testamenta gerens, quorum regalibus monitis et	creduli deuotique seruantur et increduli desertoresque puniuntur. hanc	1	37	2
est etiam illud, a quo quid agatur in templo. sacerdos uocat, ostium	credulitas aperit, simplicitas introducit, intellectus inuitat, ueritas	2	6	9
succidaneum meruerunt. sic meruit fides quod ademerat tempus, extorsit	credulitas quod natura denegauerat. Abraham patriarcha noster exploratus	1	43	1
si uultis scire, quid uocentur, audite: conuersio, audientia, intellectus,	credulitas, timor, sapientia, sobrietas, mansuetudo, temperantia, castitas,	1	37	15
ratio, mox uidebimus. nunc scire cupio, fides ex doctrina constet an ex	credulitate an ex utroque. si ex doctrina constat, non habent ergo fidem	2	3	9
trinitatisque unam potentiae plenitudinem, quae una mente, una	credulitate concipitur, non uiolet, sed honoret.	2	3	19
ad perfectionem perducere nullis rationibus possunt. si ex	credulitate, non ei opus est ulla interpretatio, quia sicut semel creditur, ita	2	3	9
non est tibi lex necessaria, quia iustus Abraham, qui ex fide uixit, deum	credulitate, non lege promeruit. si legem, contemne tuam istam	1	3	12
credentis fructum praestare non poterit. denique Abraham placuit deo	credulitate sine lege et Iudaicus populus displicuit deo incredulitate cum	2	3	1
fieri possit et tolerari ardor aestatis, id est temptationis; quam esse utique	credulitatem non potest dubitari, quia hanc qui habuerit, necesse est, ut	1	13	8
et ut iure possit implere, quod gerit. qui ad se ueniunt, professionem	credulitatis ab eis solam ideo, quia eorum fidem uidere non potest, exigit.	2	3	3
typum in semet ipso portasse, ut circumcisionis nota exprimeret Iudaeum,	credulitatis iustitia Christianum. adde quod circumcisio ista non tam	1	3	7
	credulo percipe corde rem miram, Christiane, omnique uirtutum exemplo	1	53	1
quae et in nobis manent. ut est, fratres, Nineuitis nuntiatus interitus,	credunt et timent et quantum sciunt dominum non esse mendacem, tanto	1	34	9
efficiat; cui ille respondit: '*habent Moysen et prophetas*, quibus si non	credunt, neque illi, qui hinc missus fuerit, credituri sunt', euidenter	1	2	10
quod omnibus palam sit non penitus interire. gentes, quae ista non	credunt, tamen cum libamine infausto ad sepulcra concurrunt et a mortuis,	1	2	3
concurrunt, non aris foetentibus funestos excitant ignes, non tura	cremant, non merum profundunt nec pecudum inexpectata morte rapti	1	34	9
roris incendia temperantur. mors refugiens mutat officium: incensores	cremantur, incensis hymnum canentibus flamma blanditur. deus a creatura	2	27	
inmortales accepit, quos edacitas delibare nequiret: sua enim deminutione	crescebant. integer horum denique uasis semper in plenis manebat status	2	1	20
teneritudinis dubio cornu primo quasi de cunis apparet paulatimque	crescendo iam puella, iam uirgo pro cotidianae aetatis incremento	1	2	19
sed signo censemur. hac circumcisione non aliquid perdimus, sed	crescere nos augmentis caelestibus inuenimus. non sanguinem sterili	1	3	21
quod aetatis inbecillitas desperauit. nouus sane parentum circa filium	crescit affectus, qui ex promissione certior, ex tarditate dulcior, ex	1	59	5
in tempora, tempora in annos, annos in saecula pandens. sine pausa	crescit in senium et tamen a cunis genitalibus non recedit. profecto	1	58	
habere, quas habet. in uno nititur auaritia, bacchatur in alio, in utroque	crescit, in utroque non desinit. uerum tamen eos uno momento exigua	1	5	11
fides tempus habent, caritas autem finem non habet, momentis omnibus	crescit quantoque ab ea diligentibus inuicem creditur, tanto inuicem plus	1	36	11
enormitate miserior. nouum calamitatis est genus, quod tantummodo	crescit, senescere ignorat. non illam parentum pietas frangit, non dulcedo	1	14	2
timores, quoscumque inuaserint, incremento conficiunt; hic solus ad hoc	crescit, ut immortalem, quem possederit, faciat.	2	2	7
cultu purgata molarisque lapidis pio pondere feliciter fracta, ordinabiliter	creta, omni furfure abiecto mirifico splendore in farinam candidam	1	41	1
quem momenti praeterita delectatur umbra? exsultat, quod in Aegypto	creuerit: at in originali decreuit solo; quod captiuitatis sit nexibus	1	52	
optime estis auditi. nouum iudicii genus est, in quo reus, si excusauerit	crimen, damnatur, absoluitur, si fatetur. magna ratio, magna potestas,	1	42	1
optime estis auditi. nouum iudicii genus, in quo reus, si excusauerit	crimen, damnatur, absoluitur, si fatetur. o magna potestas, magna peritia,	2	10	2
inexstinguibilis pestis incendio totus mundus exarsit, auaritia, ut putatur,	crimen esse desiit, quia neminem qui se possit arguere derelinquit. omnes	1	5	1
dei patientiam sui obstinati cordis impatientia superauit. non enim leue	crimen est eius, cum de eo ille queritur, qui mox eum poterat et punire.	1	47	
nec singulare nec friuolum	crimen est, fratres, uel maxime Christianum cupiditatis compedibus alligari	1	5	1
uniuersa geruntur, caelum, sub quo geruntur. filios appellat, ut exaggeret	crimen; exaltatos, ut ingratos ostendat. bouem illis asinumque praeponit, ut	2	21	
per noctem, ut significaret arsurum. angelus tua castra praecedit, necubi	crimen excuses. per mare ambulas; *ueloces pedes tuos ad effundendum*	2	16	
publica increpatione confutat. caelum terramque testes citat, ut exaggeret	crimen; filios appellat, ut abdicatio, exaltatos, ut ruina timeatur, spretores	1	20	
nec uicaria laudis remunerari mercede: hoc damnum graue, hoc aestimat	crimen. nam nihil relinquendo sibi beata cupiditate antecedit auaritiam:	2	1	12
puero deus. omnem repente malitiae scenam diripuit, †profectitium†	crimen propere recluditur, sed scelus suos redit in auctores purgaturque	1	1	19
contumeliam procurari: castitatis obseruantiaeque uirtutem deuocabit in	crimen. quid enim ille mali non suspicetur, non efficiat diis crudelibus, diis	2	7	18
impedimento suspensus mactatione terribili gloriam se praestitisse, non	crimen. quid hoc est? ecce immanitas in fidem et scelus transit in	1	4	15
amorem, paulo post odium de amore factura. seminat inlicitos heredes	crimenque noscens nominibus pietatis excusat. proprios aut negat aut	1	1	7
debere quam deo. interea instant illi ex amatoribus accusatores effecti	crimenque suum in simplicitate circumuentae transfusum artificiose dum	1	1	18
si fuerit uitiosus, quot habet unusquisque membra, poterit perpetrare tot	crimina. denique hoc genere Iudaeos scriptura denotat ab auribus	1	3	9
cultura rapuit, dum blanda festiuitate facinorosa facinorosorum et colenda	crimina et imitanda persuadet. adeo uiris contra dei legem deique iustitiam	1	1	12
claues uere aureas misit, et quidem non illas, quae maligno beneficio	crimina excipiunt; quae corpori parcunt, animam liberare non possunt;	2	24	1
patiuntur, sed pectorum aperiunt cuncta penetralia, diligenter uniuersa	crimina expellunt ac rursus diligenter accludunt, ne quid illo uel friuolum,	2	24	1
hoc signum dedit, ut, locum matricalis culpae cum denotat, etiam alia	crimina fugienda cognoscat. 'ore tuo te, inquit, Christiane uicisti. inde est,	1	3	8
demoror prope sanis, quasi, quae uere exsecranda sint, iam correcta sint	crimina. pudet me dicere in populo graui anus saepe uideri nouas nuptas,	2	7	10
eruditione commonitus, eum propriae uoluntati commisit. at liuidus ille	criminator, qui, quod sensim serpat, serpentis nomen accepit, detestabili	2	4	5
ipsos nos quoque carnaliter sentiamus, ambo prophetae tenebuntur in	crimine, ut aut Moyses fallax sit, si circumcisio recircumciditur rursum, ut	1	3	15
in actibus origo monstratur. ipsa Iouem innumerabilibus uariis magnisque	criminibus maximum fecit. ipsa Herculem nouerca deterior in Omphales	1	1	11
enim impietas paterno affectui parem gratiam non refert, quantum sit	criminis dici non potest: dominum patrem non dilexisse, cum peccatum sit	1	61	6
imagini reddere ueritatem. uerum tamen, Iudaee, quid designatione tui	criminis gratularis? in Aegypto seruis diu, non necessitate, sed merito.	2	16	
imagini reddere ueritatem. uerum tamen, Iudaee, quid monumentis tui	criminis gratularis? in Aegypto seruisti diu, non sorte peregrini, sed	1	9	
quod circumcisio ista non tam salutem pollicetur quam locum caputque	criminis monstrat. Adam etenim, cum illicitum pomum hoc membro	1	3	8
uerbum dei ab ipsis potius audiatur, hortantur [nos]. non est enim parum	criminis, ut semper apud ipsos diuinus sit sermo prolatus, nunc alteris	1	61	1
sine persona? omnia cito temptat, omnia momento disturbat, mater	criminum, curiositatis magistra, acumen temeritatis, auctor detestabilium	1	4	7
falso humanitas gestit; *camelum* enim *glutiens culicem liquat*; reicit stillas	criminum et auaritiae, unde criminum fluenta funduntur, ebibit fontem.	1	5	4
quem uideas sacrilega incredulitate dei potentiae derogare? sed hoc amore	criminum faciunt, ut putent impunita fore quae clanculo gerunt. nam si	1	2	1
enim *glutiens culicem liquat*; reicit stillas criminum et auaritiae, unde	criminum fluenta funduntur, ebibit fontem. huic non iura, non leges, non	1	5	4
pura! diuersos genere, sexu, aetate, condicione suscipiens necat odio	criminum ut nouerca, pia seruat ut mater necatosque non ante uiuificat,	2	29	2
de pyxide mutuaris paulo ante damnatum. ecce indulgenter excolis	crinem; odorato puluere luctus puluerem mutas; in stibio fletus includis;	2	7	8
anima caritatis. tu specialiter omnem populum diuinasque uirtutes quasi	crines effusos in unius uerticis nodum, honorem decoremque conducis.	1	4	22
sponsione facta spiritaliter sacris interrogationibus obligatur. luxuriosi	crines falce tonduntur, id est omnia omnino peccata baptismate spiritusque	2	11	5
at ubi adoleuerit in uitem perfectam ad iugumque peruenerit, eius omnes	crines luxuriosi falce tonduntur, pura materia tabulatis infertur, nodis	2	11	2
tam pertinaciter plangis? pro nefas! hinc mater scissa ueste, laniatis	crinibus, laniatis et genis, totum crebris ictibus liuida pectus gentili	1	2	13
uinea dei quidem prior synagoga fuit, siluosis errantium palmitum	crinibus uilis; quae cum per uoluptuosa ac profana loca lasciua passim se	1	10b	2
illa es, quae mariti corpus expositum lauisti lacrimis, osculis detersisti,	crinium damno uelasti, scissis genis, liuore foedatis uberibus, sordido plus	2	7	7
tepefacit crebris osculis labra; totum corpus imbribus relauat lacrimarum	crinium suorum damno cooperiens; miserandis affatibus in uberiores fletus	1	2	14
principium suo statui redditum uideretur, prior uir consummatur in	cruce atque eo feliciter soporato similiter de eius latere ictu lanceae non	1	3	20
partum est secuta uirginitas. Adam similiter dominica circumciditur	cruce, et quia per mulierem, quae sola lignum letale contigerat, exceperat	1	3	20
tantummodo caecitate maerentem, ut Isaac non periturum ad aram, ita ad	crucem Christum sublimandum nefarii perduxerunt. sed quia nescit	1	59	8
Horeb accessit. quid cotidiana dei colloquia? *ipsi autem me spreuerunt:* ad	crucem enim perduxerunt, per quam crucem euaserant Pharaonem. sed	1	61	8
ipsi autem me spreuerunt: ad crucem enim perduxerunt, per quam	crucem euaserant Pharaonem. sed iterum *derelinquetur filia Sion* <...>.	1	61	8
mensa corpus, oleum donum spiritus sancti significat, uirga cum baculo	crucem, in qua deus pro homine pendere dignatus est, ut in deum	1	13	10
Euam in Mariam redintegrasti. tu Adam in Christo renouasti. tu sacram	crucem in salutem perdito iam mundo prouidisti. tu mortem deum mori	1	36	29
praecepi uobis. dabis autem *pro me et pro te*: hoc est meam praedicabis	crucem, sed et tu crucis tuae similiter dignitate gaudebis. igitur haec scala	1	37	7
dominici imaginem praeferebat; etenim significabat nauis materia	crucem, somnus uero passionem. mare autem mundus est iste tumidus;	1	34	8
et nutritur. ad iugum peruenit, cum praerogata omni facultate pauperibus	crucem suam portans consummata omni iustitia expeditior sequitur	2	11	6
si uis perfectus esse, uade et uende omnia tua et da pauperibus et tolle	crucem tuam *et ueni sequere me*. de hoc nescio quid possit quispiam	2	1	15
laetatur familia omnis, quod in ea nihil inueniat fama quod feriat.	cruciatur diabolus, quod nulla ex parte suam perfecerit uoluntatem: nec	1	40	3
tormenta grauiora, maioribus te furoris stimulis accende, quamuis	cruciatus exerce molem: nos a deo non potes separare.' statim iudex	1	39	5
retrahit a corona, tantum generosa ac perfecta fides quique illi fuerit	cruciatus sua complicat uota. denique tres pueri in illo sacro certamine	1	11	
inscripta, seu quod quasi ex transuerso in unam fidem concurrentia	crucifigi habuisse dei filium nuntiabant; quem confirmat in scala rectissime	1	37	8
fuerat subiturus et creaturam, ut angelus, homo, puer, sponsus, gigas,	crucifixus, sepultus, *primogenitus a mortuis* diceretur, hic est, inquam, qui	2	8	8
e saxo? quid per lignum amara aqua dulcis effecta, quam per lignum	crucis amaritudine gentilitatis exclusa bibituri essemus? exaltati filii Israel,	1	61	8
caelesti mox efficit uiuos. lignum auxiliare, quo tenditur uel portatur,	crucis est dominicae signum, sine quo uiuere immortalitatemque	2	11	4
dabis autem *pro me et pro te*: hoc est meam praedicabis crucem, sed et tu	crucis tuae similiter dignitate gaudebis. igitur haec scala cuius esset	1	37	7
illa temptatio, quae eum aut sacrilegum fecerat, si contemneret deum, aut	crudelem, si occideret filium, nisi quadam singulari ac uere diuina patientia	1	4	13
deuocabit in crimen. quid enim ille mali non suspicetur, non efficiat diis	crudelibus, diis adulteris seruiens? itaque deinceps fuge, uirgo, fuge, uidua,	2	7	18

haec aliquotiens robusta regna subuertit; haec aut sub turpibus aut sub crudelibus factis subiugatos thalamos triumphauit alienos; haec uiros 1 1 8
custodiam noxiae mentis mancipes rapuerunt, quem oblatum sibi iubet crudelissimus rector acri obseruatione detineri. ad futurae gloriae 1 39 4
suspensum gladiorum mucro conuertitur. nec inde, ut dixi, sceleris sui crudelitas fructum sortita est, quia, sicut in Isaac aliud offertur et aliud 1 59 9
liberorum atrocissimo impulsu, tectis parietum cum ruina confusis, nimia crudelitate festinus sepelit, antequam iugulet. ipsum postremo, quem 1 4 18
fuit, ut eam ipse quoque ignis horruerit. nam a barbaro rege nimia crudelitate tribus pueris consulente fornacis ultra quam solet septenario 1 22 1
inlicita suadenti succumbit, non amicis insultantibus cedit, sed uictor crudelitatis et impietatis in sterquilinio foetido scaturiente uermibus, quasi 1 15 6
martyrum non horruisse supplicium. quantum etenim multiformis crudelitatis lugubris contemplatio retrahit a corona, tantum generosa ac 1 11
quem primum plangat, quem priorem inueniat, cui primum iustitiam crudi funeris soluat. quo nuntio accepto dei seruus *scidit uestimenta sua*, 1 15 4
fermento leuati sunt. certe caccabacei non sunt, non uetusti, non usti, non crudi, non mucidi. lacteus illis color est, lacteus sapor est. sed fortassis, 1 41 2
lenocinio saporis de summa certantibus obrutum pectus saepe crudis atque acidis uomitibus inurguetur, in quo musti uestri dulcedo 1 24 1
praestat et gratiam, cum [in] uniuscuiusque temporis fetus partu crudo in alterius contumeliam inpatientia non sinit praecipitare. quid 1 4 6
quis non intellegat, fratres, illud pascha non esse, sed bromosum latronis cruenti conuiuium? per dominum nostrum Iesum Christum. 1 28 2
non bromosis pecudibus, sed suauissimis moribus comparatur; quod non cruentis manibus, sed sensibus mundis offertur; quod non iugulatur ut 1 25 9
plus praedonibus saeua sunt quam natura; obseratae gladiis uiae humano cruore pinguescunt; testamenta heredes incognitos ex sese recitari 1 5 3
se in homine uincere crederet deum. 'incidantur, ait, ab articulis manus, a cruribus pedes; uiuum se cadauer inspiciat.' [cui beatus Archadius ait:] o 1 39 6
scaporum nomina duo testamenta. scala autem proprio nomine crux uocatur, quia per ipsam dominus Iesus Christus mysteria uniuersa 1 37 15
et terram. et tunc Abraham *respiciens oculis uidit* <*uiros*> *tres*, *cucurrit, adorat* prostratus in faciem, offert hospitium. *refrigerate*, inquit, 1 62 1
figurauit eique animam, qua spiramus, infudit e proprio fonte spiritus sui. cui ab humo 'homo' nomen imposuit, credo, sicut res ipsa docet, ut 2 4 4
tua sunt et tua omnia mea, quia pater in filio et filius manet in patre; cui affectu, non condicione, caritate, non necessitate, decore, <non 2 5 9
omnibus patitur contumeliam, cuius praecepta contemnuntur, cui cultus, cui amor mundi praeponitur. quoduis etenim piaculum scelus dedecus 1 14 7
uariis artibus aut adulatur aut nocet, si quid habuerint, tantum ut tollat. cui autem parcat, quae et mori momentis omnibus etiam friuolo ac turpi 1 14 2
perferenda; mundum abdicatione calcandum mortemque ipsam perennis cui beatitudo succedat, praemium uictoriae magis esse quam mortem. 2 4 11
ait, ab articulis manus, a cruribus pedes; uiuum se cadauer inspiciat.' [cui beatus Archadius ait:] o insania hominum! fraudauit te furor tuus; 1 39 6
momentis omnibus patitur contumeliam, cuius praecepta contemnuntur, cui cultus, cui amor mundi praeponitur. quoduis etenim piaculum scelus 1 14 7
est; se ultro offerens iudici moram suam uoluntarie praeiudiciis excusauit. cui cum prouinciae rector pristinae eius fugae ueniam sub pactione 1 39 5
a mortuis, ut ait apostolus, post multorum obitus populorum. hic est, cui *data est potestas in caelo et in terra*, nomini eius noua a deo suo, ipso 2 5 4
enim uni ex duobus indiscrete in omnibus sibimet similantibus detraxeris, cui detraxeris nescis. 'at ille, cui iubetur, est, inquit, inferior.' quid, quod 1 45 2
Christi, qui *in omnibus omnia* est; qui uere aeternus est ac sine nocte dies; cui duodecim horae in apostolis, duodecim menses seruiunt in prophetis; 1 33 4
si cui forte asperum uidetur ac durum, quod fiducialiter loquimur, fratres, 2 7 1
corporis sui inpedimenta praemittit et exsequiis funeris ipse praecedit. cui haec est conparanda confessio? Maccabaeorum est iungenda numero, 1 39 9
in ultimis uitae curriculis Sarrae uterum filius aperuit primo uocabulo, cui iam auiae reuerentiam senectus uerecunda detulerat. sub hac igitur, 1 59 1
obnixe, ut aliquis nuntius pergat, qui eos tanti negotii certos efficiat; cui ille respondit: '*habent Moysen et prophetas*, quibus si non credunt, 1 2 10
in omnibus sibimet similantibus detraxeris, cui detraxeris nescis. 'at ille, cui iubetur, est, inquit, inferior.' quid, quod inde non esse approbatur 1 45 3
cognoscitur, *latrones* diabolus et concupiscentia, *Samaritanus* dominus, cui Iudaei dicebant: *hic Samaritanus est, daemonium habet*; *stabularius* 1 37 10
esse connexa, ut sint aliis alia necessaria. spes enim nisi praecedat, cui laborat fides? fides si non sit, quomodo spes ipsa nascetur? quibus si 1 36 1
spiritu, labentibus membris ad terram incertas reddebas exsequias, cui magis lacrimas commodarent: mortuo anne morienti? post haec si libet 2 7 7
Iudaeus legitimum gerere se pascha contendit, cui nihil aliud de ueteri sacramento quam inanibus intexta suspiriis fabula 1 28 1
in prophetis; quem euangeliorum salutaria quattuor praedicant tempora; cui non anniuersarii, sed cotidiani fructus respondent hymnum canentibus 1 33 4
ac speciosus unus est lapis, qui quadrae turris totam solus sustinet molem. cui non innumerabilis uarie famulatur acies ualidissima columnarum, quia 2 6 6
insidietur se non quaerentibus diabolus, aestimate, quid faciat inuitatus, cui omnes nocendi aditus reserati praestant sine pugna, sine ullo labore 2 7 13
affligat; si bonum, fidei serua signaculum: pati non meretur iniuriam ipse, cui perhibes testimonium. ubi est ille, qui inuicem desiderantibus uobis 2 7 6
deo approbat mentem. unicus ille filius solliciti senis adhuc paruulus, cui pietas et miseratio maior debetur, postulatur ad uictimam; cui si per 1 43 3
supplicio destinati. Aunan autem secundus frater Iudaicus est populus, cui praecipitur, ut semen excitet fratris, non utique illud, quod a deo 1 13 5
uirginitate melius, dei filius hoc magis potuerat suae matri praestare, cui praestitit, ut rediuiuae uirginitatis honore polleret. itaque in statu, quo 2 7 4
orbitati, cum nescit, quem primum plangat, quem priorem inueniat, cui primum iustitiam crudi funeris soluat. quo nuntio accepto dei seruus 1 15 4
deus inter homines deputatus patiatur iniuriam; idonea laus enim non est, cui principatum adimit peraequatio. at cum omnes omnino memorati 1 4 19
regula ueritatis. est enim et alius amor sane saluti nostrae contrarius, cui recte hominis forma tribuitur, quia temporalis ac fragilis esse 1 36 25
dominus: unde sacrificant? deum dereliquerunt, altaria eius euerterunt: cui sacrificant? sane hoc solum proprium retinent, quod, ut uilem 1 51
quod elegerit, hoc dabitur ei. unde dubium non est uoluntatem nostram, cui se iunxerit parti, praebere uictoriam eiusque in resurrectione aut 2 4 18
pertimescit; qui, sicunde susurrus ingruerit, se quaeri, se aestimat inueniri; cui securitatis profectus est nullus, etiam si contingat ei accusatore carere, 2 10 1
paruulus, cui pietas et miseratio maior debetur, postulatur ad uictimam; cui si per humanam fragilitatem aliqua in corpore infirmitas nasceretur aut 1 43 3
in unius acuminis tenuitate digestos, unam litteram utroque conficiens; cui si unum adimas, alterius inanis est usus. unde recte testamenta sunt 1 37 4
tamen colitur; iugulat et amatur. inuincibile profecto calamitatis est genus, cui subiugata sapientia seruit et uirtus. uidetisne iam manifeste sapientiam 2 1 8
et eripiam te et magnificabis me. si pater loquitur, fratres, quis est iste, cui tantum defert? quis est, quem altissimum dicit, cum ipse sit solus, a 1 25 2
utraeque cuius exaggerare opulentiam uelocitate mira contendunt, cui totus militat mundus, aetas cui uniuersa deseruit. pro nefas! quae istae 2 1 8
coepit. nunc ergo uideamus, unde uera caritas ueniat, ubinam consistat, cui uel maxime debeatur: utique illi, qui hominem fecit, qui ei munus 1 36 28
opulentiam uelocitate mira contendunt, cui totus militat mundus, aetas cui uniuersa deseruit. pro nefas! quae istae sunt tenebrae? inest omnibus et 2 1 8
ueritatis in eaque res condicione dimissa est, ut, si quid mali seu boni cuiquam fecerimus, deo fecisse uideamur; propter quod non inmerito 1 36 23
dei usque ad ecclesiam transmiserunt, ut in ipsa quoque, si insanire cuiquam libeat, deus illi non colendus sit, sed quaerendus. quod nunc 2 9 2
fructus afferre. denique pro fructibus spinas generauit, pro uua labruscam. cuius abhorrens infelicitatem dominus rei, aliam sibi, id est populi nostri, 2 11 1
materia tabulatis infertur, nodis adstringitur, ne a ligno, quo portatur uel cuius adminiculo uel ducatu in uberes fructus longius inuitata producitur, 2 11 2
resederat corporis, sed nihil tamen in utero negabatur infanti et, cuius aetas auiam testaretur, matrem partus ornauit, cum sub incerto 1 59 4
a deo in senectute suscepit unicum filium. nihil tam sollicitum patri, cuius aetas in annis uergentibus in occasus sui terminum uersabatur et 1 43 1
pastorem pabulumque se esse contestans. subicit se gradibus aetatis, cuius aeternitas in se non admittit aetatem. totum contra conscientiam 2 12 3
ignis inexstinguibilis supplicium comminatur. sed et Moyses ipse, cuius asserunt se saepe discipulos, eodem spiritu ad Israel loquitur dicens: 1 3 13
exitium. at illa non Eua, ancipiti quidem metu contemplatione praeclusa, cuius aut pudor esset iugulandus aut anima, conscientiae suae conscium 1 1 18
omnesque felices eius dono sint tales, contumelia est laudare dominum, cuius condigne laudare non queas seruum. sed o quam uellem te, si 1 4 19
didicit, sed genuit. non illum accessus infecerat urbium. non habuit legem, cuius conuersatio lex fuit. audit imperatum sibi a deo exilium, ut 1 62 1
perfecti! o quam misera est fides, quam uerba concinnant! o quam debilis, cuius cotidie dissipantur uariis argumentationibus membra! o quam 2 3 10
etsi beata diuersis uita uirtutibus quaeritur, cuius cupidine flagrans humanitas per momenta suspirat, tamen omnes uno 1 4 1
tenebrarum dilexerint, destinati. uer sacrum fontem debemus accipere, cuius diuite ex alueo Fauonio non uento, sed spiritu sancto generante 1 33 2
Pharisaeus quemadmodum legitimum pascha possit celebrare, non uideo, cuius eminens famosumque illud templum miserabili uastatione campis 1 19 1
non reddidit patri dilectus filius, dignam sententiam percipit abdicatus. cuius enim impietas paterno affectui parem gratiam non refert, quantum sit 1 61 6
tractatus dicere coeperimus, erit profecto nec nostra nec sua, sed nec eius, cuius esse dicetur, quia tractatus fidem cum astruit, ex eo ipso eam, quo 2 3 6
crucem, sed et tu crucis tuae similiter dignitate gaudebis. igitur haec scala cuius esset materiae, in qua dominus incumbebat, ex Dauid dicto 1 37 8
plenitudine grauidatum, quod non tam imaginem suam quam eius, cuius est in usibus, gerit. denique tot efficit uultus, quot ille intrinsecus 1 2 29
negari non possit iniusta. ceterum si scire potuissent ueram iustitiam, cuius est inmortalitas merces, propterea simulatae stultitiae uelamine 2 1 4
Iob diues fuit; et quid ditius domino, cuius sunt omnes diuites serui, cuius est orbis totus omnisque natura, beatissimo Dauid dicente: *domini est* 1 15 7
uiam tuam. quis est iste angelus, fratres, nisi Iohannes baptista? cuius est praeparatio: *uox clamantis in deserto: parate uiam domini, rectas* 2 8 7
te. piscem primum a mortuis ascendentem Christum debemus accipere, cuius ex ore duo denarii, id est duo testamenta prolata sunt, quae saluti 1 37 5
idem alter ex semet ipso in semet ipsum deus, secreti sui solus conscius; cuius ex ore, ut rerum natura, quae non erat, fingeretur, prodiuit 1 50
aliquotiens clusis oculis illa <illidit>. tertio diues est auaritia, utraeque cuius exaggerare opulentiam uelocitate mira contendunt, cui totus militat 2 1 8
fratres, quamque salutare, quem paulo ante ridiculo habueris, admirari; cuius exsecratus sis corruptelam, optes imitari uirtutem; quem cupidum 2 29 3
incomprehensibilisque uelle opinari secretum eiusque interna discutere, cuius extraria nequeat suspicari, quia deus hoc est quod est; quod uero 2 8 3
fides uocatur! o quam non uera, si *factionibus pollet*! o quam publicana, cuius fabulantur etiam profani secreta! o quam praesumpta, quae mauult 2 3 10
praecepto uirginitas prouocatur, sed nec continentia relicta repellitur. ad cuius fidem, carissimi, auctorem habemus, sanctum uidelicet Abraham, qui 1 59 1
comparatio indicat ueritatem. Iob iustus dictus a deo est; ipse iustitia, de cuius fonte omnes qui beati sunt gustant; ecce enim de ipso dictum est: 1 15 7
qui dignitate interim seposita, non tamen potestate, amore hominis sui, cuius formam fuerat subiturus et creaturam, ut angelus, homo, puer, 2 8 8
fenerare, ne in illo resurrectionis die inter plurimos maritos non possis, cuius fueris uxor, agnoscere. noli esse sacrilega, noli proditrix legis. 2 7 18
in lumine una dignitas retinetur. si quid enim filio detraxeris, ad patris, cuius habet totum, iniuriam pertinebit nec est in illo aliquid, quod sit 2 5 10
descendit, filius hominis, qui erat in caelo. quomodo filius hominis uel cuius hominis nasci posset in caelo, ut de caelo descenderet, cum 2 4 2
Christi, falso idolum respuis; mihi crede: in te colis, cuius ornatum, cuius imaginem non deponis. ad ecclesiam dei opere uario totum inaurata 1 14 6
cogitatione puniri, quem nefarium fuerat etiam tardius adorari. ad cuius immanis ausi saeuitiam metuenda elementorum forma mutatur et dei 1 59 9
et qui nullo iure legis tenebatur, omne ius diuinum praecipue custodiuit. cuius immolatione ille quoque gauderet, qui ad uictimam parabatur. aries 1 43 8
commutaret. anulus quoque signaculum fidei est, quod est Christus, cuius inlustratione maiestatis impressi atque signati, qua sincere uiuentes in 1 13 11
quaeres aliunde remedium? si obseruantiam pollicere, sine dubio fallis, cuius inpatientiae professio iam tenetur. si es autem sumptura remedium, 2 7 9
Cancer. Leo autem noster, sicut Genesis protestatur, *leonis* est *catulus*, cuius ista pia sacramenta celebramus, qui ad hoc *recubans obdormiuit*, ut 1 38 4

sed necessitatis est quod timetur. itaque audiamus scripturam, quid dicat, cuius ista sunt monita: *et nunc, Israel, quid dominus deus tuus postulat a* 2 2 4
conuenire. quod etiam sacrae legis testimoniis probare non desinam, cuius ista sunt uerba: *nam quia sapientiam dei non cognouit saeculum per* 2 1 5
faciunt infideles, de quibus scriptura diuina quid pronuntiet, audiamus; cuius ista sunt uerba: *deminuerunt ueritates a filiis hominum. uana locuti* 2 9 2
secundas cur desideras nuptias, cum temperare uideas apostolum primas? cuius ista sunt uerba: *tempus coartatum est; superest ut qui habent uxores,* 2 7 5
pereat, sed, sicut Isaac, immolatur ut uiuat, apostolo hortante nos Paulo, cuius ista sunt uerba: *exhibete corpora uestra hostiam uiuam, sanctam,* 1 25 9
filii quoque est ex diuina uoluntate securitas. qui cum hostiam prouidet, cuius loco electus fuerat, requirebat. sed traduntur tenerae adhuc uinculis 1 59 6
scilicet indicii negotium procurauerat, dicitque ei se debere conceptum, cuius monile, anulum teneret et uirgam. qua re cognita Iudas non tantum 1 13 3
Iudas tres liberos habuit: Her, Aunan, Selom. hic mulierem, cuius nomen est Thamar, accepit uxorem maiori filio suo. qui filius cum 1 13 1
curiosus cor suum extollit conaturque eius comprehendere altitudinem, cuius non sequitur humilitatem! sequitur ac dicit: *neque elati sunt oculi* 2 9 4
diligentissime, fratres carissimi, circumcisionis, cuius non tantum in praesenti lectione, sed et aliquot in locis fecit Paulus 1 3 1
non possunt aquam portare. postremo infelices quid sperant de imagine, cuius nosse non sunt meriti ueritatem, dominum nostrum Iesum Christum? 1 18 2
non possent — neque enim poterant sine magisterio diuinae sapientiae, cuius notitiam non habebant —, duas asseruere iustitias: unam ciuilem, 2 1 2
simulacra. ancilla Christi, falso idolum respuis; mihi crede: in te colis, cuius ornatum, cuius imaginem non deponis. ad ecclesiam dei opere uario 1 14 6
inimicaque destruatur mors. hi autem ad principalem uim retulerunt, in cuius perpetuitate commanens in aeternum a patre filius regnum nec 2 5 8
fides ueritas perit; quod deus ipse momentis omnibus patitur contumeliam, cuius praecepta contemnuntur, cui cultus, cui amor mundi praeponitur. 1 14 7
quoduis etenim piaculum scelus dedecus nefas libenter admittit, cuius praecordia inplacabilis cupiditas pestifera flamma repleuerit. sed haec 1 14 7
quia inmortalitas eius est cursus. uerum currat an recurrat, ambiguum est, cuius praeteritum restat, ut redeat. mira prorsus ratio! innumerabilium 1 26
sine inuidia transfertis in censum. quid enim esse potest ditius homine, cuius profitetur deus se esse debitorem? qui est benedictus in saecula 1 14 9
homo imperitissimus et elinguis aliquid audeam de iustitia disputare, de cuius proprietate excellentes ingenio et doctrina uiri nihil certi libris 2 1 1
religione, non culpa; qui deum metuit, non naturam. uultis scire, cuius proprietatis sit? omnes timores, quoscumque inuaserint, incremento 2 2 7
animalia, sed salutiferis praedicationibus quattuor circumferunt euangelia. cuius quam uim habeat amictus et currus, his uerbis propheta testatur: 2 12 4
nostram nobis stultitiam derelinquant, habeant secum sapientiam suam; cuius quidem sectatores paene omnes conspicor Christianos, qui perfectam 2 1 15
igitur, fratres, aedificationemque uestram aede ista de nouella cognoscite, cuius quoque capacitatem felici numero fecistis angustam. ex eo enim ipso, 2 6 5
et argentum, non tantum deos colere, sed eorum mores et actus imitari. cuius rei facilis probatio est, illa cum interim, quae nostra sunt, uidemus. 1 14 4
se fronde diffundit, generauit pro fructibus spinas, pro uua labruscam. cuius rei indignitate commotus dominus illa deserta aliam sibi, id est 1 10b 2
'dei filius' ad ineffabilem originem pertinet, 'hominis' ad sacramentum. cuius sacramenti arcanum euidenti ratione quasi quadam claui aperire 2 4 3
accepimus. quid ultra? non potest, fratres, ullum celebrare mysterium, cuius sacrificium diuina sententia aduertitis esse damnatum per dominum 1 19 2
morum natiuitatis suae nobilitatem incredulis uariis uirtutibus monstrans. cuius sanctionem uestrae aetatis omni curriculo manente in sua semper 2 24 3
est populus; hic, inquam, qui nobis resurrectionis monstrat exemplum. cuius sane condicione nos beatiores sumus, quia ille occidit semper ut 1 16 2
haec cum diu sic haberentur, sollertissimus ille artifex rerum filius dei, cuius sapientia non habet finem nec fortitudo mensuram, amore imaginis 2 4 7
quippe cum noueris: *omnis caro fenum et gloria eius sicut flos feni*? cuius si curam geris, pecuinam te esse cognoscis. an eius uirtutem diligis? 2 4 15
ad duorum imaginem et similitudinem fingitur nec tamen in eo, quid cuius sit, inuenitur. si igitur in opere extraneo paritas sacra distingui non 1 45 2
in euangelio: *ego sum uia et ueritas*. Iob diues fuit; et quid ditius domino, cuius sunt omnes diuites serui, cuius est orbis totus omnisque natura, 1 15 7
secum substantia nutriatur. auxiliare illi necessario iungitur lignum, cuius tutela defensus sese sustollat. at ubi adoleuerit in uitem perfectam ad 2 11 2
sit inuenitur. postremo impossibile est, fratres, eius aestimare uirtutem, cuius uinci uictoria est. non illam loco uis ulla detorquet, non labor, non 1 4 3
pater uiuere potuisset, si annis teneris moreretur. hic igitur infans, e cuius uita paternus affectus et maternus pendebat, ad explorationem fidei 1 43 3
neces animarum in phaleris pendent ornatae matronae! ornamentum cuius unum si soluas in pretium distribuasque necessitatibus singulorum, 2 1 19
non demutor. cum hoc ita sit, homo quemadmodum dei imaginem portat, cuius uultus omni conuersioni subiectus momentis omnibus inmutatur 2 30 2
non demutor. cum hoc ita sit, homo quemadmodum dei imaginem portat, cuius uultus passibilis, omni conuersioni subiectus momentis omnibus 1 27 2
suae animae incitat ueritatem. nec est dicto longe probatio. si incliti cuiusquam regis, hominis tamen, uultus quiuis ulla uiolauerit ratione, 1 36 24
puero subuenit, haec a cunis ipsis infantiae usque ad supremos exitus cuiusuis aetatis utroque generi salutare munus inpertit; illa sanguine 1 3 23
deus totum patris habens, nihil derogans patri. alter renitet in altero; cuiusuis gloria communis est honor, quia quod est filii, patris est, quod 1 56 1
quae condemnare falso humanitas gestit; *camelum* enim *glutiens culicem liquat*; reicit stillas criminum et auaritiae, unde criminum fluenta 1 5 4
tu es *honor corporum,* tu thesaurus animarum, tu *fundamentum,* culmen ac fructus omnium coaequarum, tu tui propositi insolubilis nodus 1 1 21
cum posset. nulli enim facilius efferuntur, nisi quos inopinati honoris culmen extollit. *Dauid* quippe *humilis, abiectus,* ignobilis sui iacebat in 2 9 6
accesserunt et ministrabant ei. unde dubium non est unum esse iter aerii culminis angelis lucis et hominibus iustis. haec igitur omnia combinata 1 37 13
tribus in rebus Christiani culminis fundamenta consistunt, id est in spe, in fide, in caritate, quae ita 1 36 1
in nefas conscium toto mundo funereum fecerat rogum. scatebat per tecta culminum publicum scelus nec fuerat locus, in quo non erat pro religione 1 39 2
haec iudicem. exsultate, feminae, promotionemque uestri sexus agnoscite. culpa deleta ueteri ecce per uos iungimur caelo: anus enim peperit 2 8 8
exaltatos, ut ruina timeatur, spretores sui, ut impios monstret. infelix culpa est, fratres, in qua locum qualiscumque non inuenit excusatio; 1 20
efficiat; qui timet arte, non casu, uoluntate, non necessitate, religione, non culpa; qui deum metuit, non naturam. uultis scire, cuius proprietatis sit? 2 2 7
ergo luxurioso populo deus hoc signum dedit, ut, locum matricalis culpae cum denotat, etiam alia crimina fugienda cognoscat. 'ore tuo te, 1 3 8
esse deceptam, hac re ipsa nato consilio capere dolo adgrediuntur ac, nisi culpae succumbat, ueluti adulterae deprehensae magnum minitantur 1 1 17
semper incertam cotidie peregrinis coloribus mutat, gulae labore culta, lauacro nitida, unguentis oblita, uestitu uaria, monilibus tota 2 4 9
et factis et nomine. hic enim, quia ipse dictus est etiam petra, recte cultellos petrinos fecit (unde non sine ratione et *Simoni,* super quem 1 3 16
circumcisio. scriptum est enim: *et dixit deus ad Iesum: fac tibi cultellos petrinos nimis acutos et adside et circumcide secundo filios* 1 3 14
nam et illi, si liceat uel si uelint, fortassis cultius synagogas aedificent, cultius erigant capitolia, sed in his omnibus operibus uero iudicio 2 6 1
Iudaeis potest esse commune; nam et illi, si liceat uel si uelint, fortassis cultius synagogas aedificent, cultius erigant capitolia, sed in his omnibus 2 6 1
semper ecclesia inueniretur. sed haec saecularia sine legitimo ac deuoto cultore nec sufficientia nec necessaria honori suo protestatur deus, hactenus 2 6 3
ac duplici lingua, reges superbia, negotiatores astutia, inani pauperes uoto, cultores dei odio simulato, totae autem gentes uniuersaeque nationes 1 14 1
amici sui insultasse perhibentur; et domino sui sacerdotes, sui insultauere cultores. Iob in sterquilinio pleno uermibus sedet; dominus quoque in uero 1 15 8
neglegentes legis sacrae cultores saepe magno implicantur errore, cum aut dicta non pro locis 1 35 1
iugulat. uellem scire tamen, tanta eius rabies quid uoluptatis habeat, suo cultori quid praestet. febrem non exstinguit, morbos non discutit, 1 5 16
hominum mentes capit ac decipit, sic Cupido uocitari a luxuriosis suis sibi cultoribus coepit. nunc ergo uideamus, unde uera caritas ueniat, ubinam 1 36 27
deo cecinisse securos. tanta est enim fidei uirtus tantaque potestas, ut cultoribus suis etiam ipsa elementa contra suam naturam famulari 1 31
quod malum est et peperit omne quod peius; nam in idolis dea est, in cultoribus uero eorum ministra. uenerandam se procurat in templis, 1 1 8
aequatum suo puluere iacet sepultum. sacerdotalis *cathedra pestilentiae* cultorum suorum sacrilegio iure deleta est. exinanitum cornu iam non 1 19 1
e quibus duae eius, quem cupiant deprauatum, simulant se esse cultrices. una denique asserit Iesum Christum ab utero uirginis Mariae 2 8 1
illa circumcisio ab Iesu Naue quo genere celebrata sit petrinis illis cultris: cor an praeputium circumciderit. etenim si secundum ipsos nos 1 3 15
faciat aut ut quod non habet perdat; aut certe Iesu Naue parricida sit, si cultris corda hominum desecat. sed absit, fratres, ut spiritales uiros ullo 1 3 15
quorum salutaria monita canentibus linguis, quasi quibusdam spiritalibus cultris, credentium populorum secundum Moysi dictum non in damnum 1 3 16
scribens canna diuisa est, sed unus calamus; et forfex in duos producitur cultros, sed eorum unus est morsus; et gladius duas acies gerit, sed sunt 1 37 14
zizania, lolium, lappas, tribulos in laeta frumenta mutauit, quae diligenti cultu purgata molarisque lapidis pio pondere feliciter fracta, ordinabiliter 1 41 1
uel maxime cupiunt, sic se et alios perdiderunt. nam mutato nomine et cultu, quasi promota somniis, illas scholares calumnias dei usque ad 2 9 2
dei caduca illa ambitio putaretur. quod si ita esset, inter memorata impar cultu semper ecclesia inueniretur. sed haec saecularia sine legitimo ac 2 6 2
quas idolatriae, de qua diximus, disseminatae uenena confecerant, ad dei cultum bonae uitae exemplis sacraeque legis religiosis exhortationibus 1 13 5
aliquotiens ululatibus rumpit taetraque inluuie suum totum deformans cultum cadauer amplectitur conclamatum; frigentia tepefacit crebris osculis 1 2 14
cogebatur Christi populus uanis superstitionibus interesse atque in cultum nefandi ritus nunc aut libamina inceste profundere aut ornatus 1 39 2
parentalia in sacrificia, mores in sacra. sic, sic genus humanum a dei cultura rapuit, dum blanda festiuitate facinorosa facinorosorum et colenda 1 1 12
immolatus est uiuit. ambo sibi gloria, ambo claritatis exemplum, ambo dei cultus admirabile saeculis testimonium. felix orbis fuerat, fratres, si omnes 1 4 15
omnibus patitur contumeliam, cuius praecepta contemnuntur, cui cultus, cui amor mundi praeponitur. quoduis etenim piaculum scelus 1 14 7
aciem ueritatis ac non plene denuntiem, obseruantiae qua perfectione dei cultus debeat custodiri, apud Salomonem maxime cum scriptum sit: *et si* 2 7 5
me uertam, nescio. non enim uideo, quid in exhortationibus diuini ac ueri cultus gentibus praedicem. felicitatemne uirginitatis? at habent suas, et si 2 7 11
procedis onusta, ubique delicata, sub monilibus fortis. denique ipso cultus rigore in oratione non flecteris, non manus tendis, tumidum 1 14 6
remansit! at si te serues atque contineas, aestimabit non amore diuini cultus, sed alterius alicuius desiderio in suam hoc contumeliam procurari: 2 7 18
non fertur blandus, aestimare licet quid moliri potuerit incitatus, maxime cum a deo acceperit facultatem, ut atrocitatis inueteratae in examen iusti 1 4 18
numquam reparato seruiret. similiter Ioseph patiens inuenitur, e pascua cum a fratribus rapitur; patiens, cum in puteum dimittitur; patiens, dura 1 4 17
pro nomine domini *latrones in itineribus,* latrones *in ciuitatibus* patitur, cum *a Iudaeis uirgis ter caesus naufragio* trino diluitur, cum insani populi 1 34 4
cordis nostri in penetralibus retinere, quod alieno iuri seruemus. at cum ab eodem huius deuotionis inuitatione inhabitari seu nos in ipso 1 36 21
semper ardor animatur. erit geminum de religiositate commercium, cum ad caeleste praemium populus accenditur et de martyris meritis non 1 39 1
exspectet. cum res sic se haberet, eius uxor moritur. qui consolatus cum ad oues tondendas pergeret suas atque hoc Thamari nuntiaretur, quae 1 13 2
iustitias: unam ciuilem, alteram naturalem. quam fecit apertissime, cum ad Romanos loqueretur, apostolus mentionem dicens: *nam iustitiam* 2 1 2
naturam quaeris? sed et alio loco hoc, quod agitur, euidenter expressit, cum ad Timotheum loquitur instruendum his uerbis: *hortatus sum, ut* 2 3 17
non dei, sed in illis, quae magna ab hominibus hoc putantur in saeculo. at *cum addidit: super me*, ostendit numquam se elatum fuisse, cum posset. 2 9 6
pro qua sollicite laboratis, ne, dum aliquid postulat, erubescat. beata cum adludit in pueris, beatior cum <in> adolescentibus lapsus feliciter 1 1 5
ascendunt uerbis in caelum, cum deum persuadent hoc esse quod uolunt, cum adsimulant se nosse rerum naturae secreta, cum stellis nomina, soli 2 9 1
sed uno incensi prodigio, secus quam decuerat *deperire coeperant.* quam cum aduerterent muro <munitam> castitatis, quae certe uera et aeterna 1 1 17

medendo plus carcerem nouit; blanda peruigil cura aegritudinem	cum	aegro partitur; abiecta cadauera intecta inhumataque esse non patitur;	2	1	12
aut deuitat aut portat iniurias. incertum est, utrum inpassibilis iudicetur,	cum	aliquid passa quasi nihil passa sit inuenitur. postremo impossibile est,	1	4	2
diuini certaminis campum coeperintque sacri nominis telo pulsari, tunc,	cum	alium noueris, alium certe misereris: discoloratur per momenta color,	1	2	6
ingestus. unde reiectio Iudaeorum est aliarum electio personarum, quia,	cum	alteris, ut uerbum dei audire debeant, dicitur, Israel sic reprobus	1	61	1
multos occidis, edacitatis est tuae, quod diuersis in locis, uanitatis, quod	cum	amaritudine comedis, infelicitatis. taceo, quod commemoratio est	2	20	2
illis restitit proprium, nisi quod agno salutari neglecto ingrati uiles agnos	cum	amaritudine, homines amari, manducant.	2	17	
affectans caedem uicino fremitu ferina rabies onerare temptauerit; uel	cum	amissis gubernaculis inter conpugnantes flatus ac fluctus gemens	2	2	2
suam tradidit, qui orbem terrae donauit, qui omnia elementa mundi	cum	animantibus suis eius potestati subiecit, qui ei annos, tempora,	1	36	28
uxores, sic sint quasi non habentes; praeterit enim figura huius mundi. at	cum	ante annos ferme quadringentos uel eo amplius apostolicum hoc	2	7	5
denique opificium domini deique consilium se deprehendisse gloriabitur,	cum	apostolus dicat: *o altitudo diuitiarum sapientiae et scientiae dei! quam*	1	34	2
curuis ignibus flammae intercepti diei lumen inconstanter assimulant,	cum	ardent *plura fulminibus,* cum terra uel tremit uel hiatu se recipit in	2	2	3
cor suum ultra quam licitum est argumentis insolentibus extulerunt. hi	cum	ascendunt uerbis in caelum, cum deum persuadent hoc esse quod	2	9	1
nec nostra nec sua, sed nec eius, cuius esse dicetur, quia tractatus fidem	cum	astruit, ex eo ipso eam, quo astruit, destruit. nec ulli dabit quod non	2	3	6
obnixa deuotione suam religionem custodiunt potius quam salutem. igitur	cum	audio tres pueros incensos, prius uehementer horresco, mox deinde	1	31	
neglegentes legis sacrae cultores saepe magno inplicantur errore,	cum	aut dicta non pro locis intelligunt aut dictorum minime rationes	1	35	1
metuis autem *quod* tibi *nolis accidere*. exsistit quippe diuersis ex modis,	cum	aut exaestuat aliquo reatu conscientia; aut cum hostilis imminens	2	2	2
uiuit in hoc mundo, semper in tribulatione, semper iustus in poena est.	cum	autem mors, quae putatur metuenda, gustatur, tunc ei in aeternum	1	2	32
sanguinem, mensa corpus, oleum donum spiritus sancti significat, uirga	cum	baculo crucem, in qua deus pro homine pendere dignatus est, ut in	1	13	10
spiritaliter accipit, fratres, iste est, eius qui fructu lactatur. Iudaei etenim	cum	carnaliter sentiunt in gregibusque pecuinis agnum bifaria natura	1	8	1
quo habitu regnaturus sit homo iste noster, qui tendit ad caelum, ne forte	cum	carne depereat, uana spe si captus fuerit caduca atque carnali, de qua	1	2	24
at plerumque cum sua sibi industria fenerator etiam ipse nudatur, ei	cum	casu aliquo fraus, inopia, fuga, mors extorserint debitorem. auaritiae	1	5	12
illa iustificata discessit; haec glorificata uestri numeri incrementis ac fidei	cum	Christo in aeterna saecula permanebit per dominum et conseruatorem	1	13	13
quos apostolus Paulus exhortatur et monstrat dicens: *si consurrexistis cum*	cum	*Christo, quae sursum sunt quaerite, ubi Christus est ad dexteram dei*	1	37	12
ut etiam proximos eo affectu, quo nos ipsos diligimus, diligamus, maxime	cum	cognationis ipsa hoc exigant iura. clamat enim prophetes: *deus unus*	1	36	22
prius uehementer horresco, mox deinde eorum participes optauerim fieri,	cum	cognosco inter flammas rosculentos hymnum deo cecinisse securos.	1	31	
locum deducuntur. ab operariis ibidem conculcantur, hoc est summa	cum	contumelia a persecutoribus illusi iugulantur. sucus earum in ultimo	2	11	6
praesertim cum eorundem ille sapientissimus dicat hanc esse mortem,	cum	corpore animus tamquam carcere clausus tenetur, illam esse ueram	1	2	2
etiam id quod habet auferetur ab eo. per hanc, fratres, a deo Enoc meruit	cum	corpore contra legem naturae transferri; per hanc euadens Noe non	1	36	7
tam uel ab istius mundi sapientiae gustu ieiunus, qui audeat dicere animas	cum	corporibus interire, caelestia cum terrenis absumi, praesertim cum	1	2	2
est subiecta carnalibus; nam neque cum ingreditur corpus nostrum neque	cum	de corpore egreditur, a quoquam deprehendi potest tantumque	1	27	3
non est subiecta mortalibus. nam neque cum ingreditur corpus neque	cum	de corpore egreditur, a quoquam conspicari potest tantumque	2	30	3
scriptura diuina	cum	de dei loquitur filio, non sibi repugnat, sed inter deum hominemque,	2	5	1
saecula et regni eius non erit finis. Salomon in Sapientia similiter dicit,	cum	de eius loquitur seruis: *et si coram hominibus tormenta passi fuerint,*	2	5	6
sui obstinati cordis impatientia superauit. non enim leue crimen est eius,	cum	de eo ille queritur, qui mox eum poterat et punire. sed quia mors	1	47	
ignorantes et suam uolentes constituere iustitiae dei non oboedierunt. sed	cum	de futuro nihil opinantes praesentis tantum uitae commoda inspiciunt	2	1	3
gaudente patre, patris dextra feriendus. qui antequam ueniret in montem,	cum	de patre quaereret, ubi esset uictima quam disponeret et immolaret,	1	43	5
autem est, quod impossibile est ac non uidetur; sed possibile hac spe fit,	cum	dei dicto indubitanter ac fortiter creditur. dicit enim dominus: *omnia*	1	36	5
ergo luxurioso populo deus hoc signum dedit, ut, locum matricalis culpae	cum	denotat, etiam alia crimina fugienda cognoscat. 'ore tuo te, inquit,	1	3	8
ac semen excitet fratris; qui ingressus semen suum fudit in terram. quod	cum	deo malignum quoque uideretur, pari eum morte damnauit.	1	13	1
uteri sarcinam, quae iam ambulare non poterat; tunc discit mater esse,	cum	desinit. marcidae mammae lactis ubertatem ostendunt et de ieiuna	1	62	2
argumentis insolentibus extulerunt. hi cum ascendunt uerbis in caelum,	cum	deum persuadent hoc esse quod uolunt, cum adsimulant se nosse	2	9	1
non possum, homines qui salutem suam in pecorum morte constituunt,	cum	deus, posteaquam de Aegypto egressi sunt, ubi imaginarium pascha	2	25	1
et nomine comparatus omnes humani sensus opinationes excludit, quippe	cum	dicat: *faciamus hominem ad imaginem et similitudinem nostram*; non	1	45	1
dictorum minime rationes inquirunt. igitur in praesenti Psalmo propheta	cum	dicat: *misericordiam et iudicium cantabo tibi, domine*, quomodo	1	35	1
et terra prophetam fuisse testatum uel quasi de aliqua re esse conquestum,	cum	dicit *audi caelum et terra,* tamquam numquam aut caelum audierit	1	61	2
mundi istius mediocritas sustinere. cum imperat pater orbem fieri, opus	cum	dicto completur a filio. quomodo autem, quantus aut qualis fieri	1	56	2
filius, utpote *dei uirtus deique sapientia*, omnia illa opere mirifico eius	cum	dicto compleuit. hunc curiosi opinationibus uanis uiolare conantur	1	50	
occasus, ut sacri oceani lacteo profundo dimersi inde nouello nouellique	cum	die resurgentes nobiscum possint ad inmortalitatis gloriam peruenire.	1	57	
ut sacri oceani lacteo profundo demersi, surgentes inde nouello nouelli	cum	die, sua luce radiantes nobiscum possint inmortalitatis per aerium	1	44	2
habere quod habes. tu sola rogari non nosti. tu oppressos uel	cum	dispendio tui incunctanter eripis in qualibet angustia constitutos. tu	1	36	31
quae corpori parcunt, animam liberare non possunt; quae peccata	cum	dissimulando praetereunt, non adimunt, sed accludunt; quae reum,	2	24	1
seminibus), scilicet spiritus sancti conceptione, insita fit ante fecunda, ut,	cum	dissolutionis eius ac legitimae reparationis tempus aduenerit, suo	1	2	26
simulacro dei: etenim mortis imperium sibimet uindicauerat totum. haec	cum	diu sic haberentur, sollertissimus ille artifex rerum filius dei, cuius	2	4	7
quae non est a patre, sed ex concupiscentia mundi. per hanc enim diabolus	cum	diuerse hominum mentes capit ac decipit, sic Cupido uocitari a	1	36	27
si sub praetextu alieni nominis inuasa optinere potuissent. at	cum	diuina adiuratione in eculeo spiritali et qui sint nolentes edicant et	1	2	7
pauper, cum opes infeliciter quaerit, quas feliciter non habet; diues,	cum	diuitias putat se non habere, quas habet. in uno nititur auaritia,	1	5	11
cuius ex ore duo denarii, id est duo testamenta prolata sunt, quae saluti	cum	domini gloria et Petri felicitate, utpote super quem aedificauit	1	37	5
est iste quam mortuus.' in euangelio quoque Petrus filiique Zebedaei	cum	domino adstare fulgentes Moysen Eliamque, quos propter tunc	1	2	9
gloriosum, sine hac deo iunctum, sine hac possit esse perfectum. denique	cum	dominus interrogaretur, quod esset summum legis sacrae praeceptum,	1	36	17
destinati. *fornicariam putat*: recte, quia Iudaeorum populo seruiebat.	cum	ea conuenire cupit, quia prophetiae magis gentes quam Iudaei fuerant	1	13	9
per spiritum sanctum imaginem referimus, quam tenemus. quod conuenit	cum	ea, fidelium communionis sanctae significabat sacramentum. Thamar	1	13	11
qui iustitiam dei manere in eloquentiae uiribus aestimabant. denique	cum	eam comprehendere non possent — neque enim poterant sine	2	1	2
ut arbitror, memorandum, quod optaueris compescendum, maxime	cum	eius natura sit talis, ut numquam moretur in propriis, sed in	1	4	11
Iudaeus hoc diceret, fratres, si ista cura sexui utroque prodesse potuisset.	cum	enim grauior causa supersit, periturum se, nisi ueritatem requirat,	1	3	9
et dominus ista exempla confirmans uni ex latronibus in se credenti, qui	cum	eo de patibulo dextra laeuaque pendebant, ait: *amen, amen dico tibi:*	1	2	11
est et resurrexit, sic et deus eos, qui dormierunt in Iesum, adducit cum	cum	*eo.* nam et deus per Ezechielem prophetam loquitur dicens: *ecce ego*	1	2	12
animas cum corporibus interire, caelestia cum terrenis absumi, praesertim	cum	eorundem ille sapientissimus dicat hanc esse mortem, cum corpore	1	2	2
se nosse rerum naturae secreta, cum stellis nomina, soli labores inponunt,	cum	errores suos lunari circulo adscribunt, cum ingenii sui carmen coli uel	2	9	1
inquinata duos populos Iudaeorum gentiumque debemus accipere, qui,	cum	essent anterioris uitae facinoribus inquinati — unus Christum	1	37	3
ad hoc sane in eremo aquam de petra bibisti, manna de caelo gustasti, ut,	cum	esses ad egestatem postmodum deuolutus, praeteritorum bonorum	1	9	
mors ut iugularet ac iugulet, ab ipsa prorupit. denique Adam in arce	cum	esset adhuc paradisi constitutus beatissimusque beati orbis imperio	1	4	8
hominibus iustis bonorum operum fructus exposcit. quo audito Thamar	cum	esset *in domo patris sui*, id est in templis infamibusque spectaculorum	1	13	8
fratres, intellegere: hoc de ministris et de angelis dictum, quos domino,	cum	esset in terris, fecisse inuenimus officium, ipso dicente: *amen dico*	1	37	13
transtulit dextram semper laetatus et gaudens nec mutatus est uultus eius,	cum	esset uictima commutata: cum tanta laetitia arietem obtulit, cum	1	43	7
promotione ramis resurgescentibus ornatus iam non oleaster sit, sed oliua,	cum	et oleaster sit et tamen oleastrum se non esse quodam modo etiam	1	2	27
sit quod non habuerit aut filius tradendo quod habeat perditurus,	cum	et pater quod accepturus est habeat et filius non careat quod daturus.	2	5	9
inlicitis ardoribus semper iunctus est gladius; ideo autem caecus, quia,	cum	exarserit, non aetatem considerat, non formam, non sexum, non	1	36	25
se putat, nisi euerterit ueritatem. ceterum fortitudo, quae hominibus est	cum	feritate communis, omne ius in uiribus habet: quod facere	2	1	7
sacrificio solus deus doluit, qui aliam uictimam procurauit; nam Abraham	cum	filio sic probatus a deo est, ut non postulans misericordiam mereretur.	1	43	7
partus ornauit, cum sub incerto affectionis uocabulo pietas nutaret et,	cum	filium proferret uterus, nepotem senectus optaret. ita denique	1	59	4
tam iucundi certaminis exempla declarant; quia aliqui eorum	cum	forte de numero audacis lupi rabie denotatus in praesens periculum	1	36	15
patiens in carcere, in regno patientior, patientissimus, desideratos	cum	fratres agnosceret; et ubi iactantia se non potest continere, positus in	1	4	17
sunt uiuos. quem ut semper et ubique aucti fide, numero, caritate nostris	cum	fratribus celebremus, praestabit deus pater omnipotens.	2	19	2
uim habere quam ueritas. oleaster sua infelix et amarus est in natura; sed	cum	fuerit peritissimi agricolae artificis manu necessaria prouisione	1	2	27
dei praecepta custodiens, huius modi officiis saeculares obterens uoluptates	cum	fuerit uictor carnisque nexibus liber, repromissae inmortalitatis	2	1	14
deus qui uitam dederat imperabat. laetatur pater filio quoque gaudente et	cum	gaudio unici pignoris alligat manus, quas ille uinciendas libentius	1	43	5
sit optimum laudare, quae dei sunt, tamen praecipuum non est, quod	cum	gentibus uel Iudaeis potest esse commune; nam et illi, si liceat uel si	2	6	1
sunt pecora, animantium denique nulla natura, quae non timeat deum.	cum	grauamur rumpentibus sonis, concussis undique cardinibus, cum	2	2	3
motus, nullusque prorsus dies, quo iugiter sibi similis esse uideatur?	cum	haec aliter non sint, ergone dei imaginem non habemus? habemus	1	27	3
ieiunia eorum, dies festi omnisque solemnitas abominatio est apud deum.	cum	haec ita sint, a quibus, quomodo, unde pascha celebratur? adde quod	1	46a	2
illorum; melior est enim unus timens dominum quam mille filii impii?	cum	haec ita sint, age uidua, quae sicut innocens uirgo nubere saepe	2	7	6
plus quam oportcat. similiter Paulus: *noli altum sapere, sed time.*	cum	haec ita sint, cur legem lege distringis? cur sub imaginem fidei fidem	2	3	13
hactenus dicens: *ego ex ore altissimi prodiui ante omnem creaturam.*	cum	haec ita sint, humanitas, te, uersuta, cognosce uel sero et	2	8	3
sine personarum aliqua exceptione aequabiliter iustitia est diuina largita.	cum	haec ita sint, procul dubio non est a tyranno dissimilis, qui solus	2	1	19
et inducam uos in terram Israel; dabo spiritum meum in uos et uiuetis.	cum	haec ita sint, resurrectionem futuram cur, Christiane, non credis? cur	1	2	13
in duobus per orbem totum non possit inueniri terrarum? igitur in deum	cum	haec non incidant, ergo dei imaginem non habemus? absit, fratres.	2	30	3
cum a fratribus rapitur; patiens, cum in puteum dimittitur; patiens, dura	cum	hasta distrahitur; patiens in carcere, in regno patientior,	1	4	17

et similitudinem dei), et alio loco dicat: *ego sum qui sum et non demutor.*	cum	hoc ita sit, homo quemadmodum dei imaginem portat, cuius uultus	2 30 2
et similitudinem dei), et alio loco dicat: *ego sum qui sum et non demutor.*	cum	hoc ita sit, homo quemadmodum dei imaginem portat, cuius uultus	1 27 2
ulceribus, quibus insuper uermes immittit edaces, ut in tormenta morientis	cum	homine aduenticium uulnus inquilino uulnere finiretur. at Iob cunctis	1 4 18
puero suo et Israel dilecto sibi. post haec in terris uisus est et	cum	*hominibus conuersatus est*. qua in specie spiritu sancto loquente	2 8 6
his uerbis: *audite itaque, domus Dauid: non pusillum uobis certamen*	cum	*hominibus, quoniam deus praestat agonem. propter hoc dabit deus*	2 8 7
scidit uestimenta sua, non ut deo inuidiam faceret, sed ut expeditus	cum	hoste pugnaret. contempsit denique in perditis facultatibus diuitem,	1 15 5
et sacerdos. consimilis filii quoque est ex diuina uoluntate securitas. qui	cum	hostiam prouidet, cuius loco electus fuerat, requirebat. sed traduntur	1 59 6
quippe diuersis ex modis, cum aut exaestuat aliquo reatu conscientia; aut	cum	hostilis imminens manus gladio salutem premit; aut cum uiantis	2 2 2
hominis uel cuius hominis nasci posset in caelo, ut de caelo descenderet,	cum	humanitatis a caelo et possessio longe dimota sit et natura? age,	2 4 2
optarent stultos iudicari se iustos quam sapientes iniustos, maxime	cum	iam sit eorum fraus omnis in medio. non enim rem ualuerunt	2 1 4
corpore animus tamquam carcere clausus tenetur, illam esse ueram uitam,	cum	idem animus custodia carceris liberatus ad eum locum, unde uenerit,	1 2 2
dixit: Abraham circumcisus est et deputatum est illi ad iustitiam?	cum	igitur integer, sicut Enoc et ceteri, sit iustificatus et postea	1 3 7
ingratae beneficiis sponte ad mortem, de qua euaserant, reuertuntur.	cum	igitur semper insidietur se non quaerentibus diabolus, aestimate, quid	2 7 13
pudor inlaesus. tunc in puero sancto Daniele spiritus sanctus ingressus ait,	cum	illa ad supplicium duceretur: *reuertimini ad iudicium; falsum enim*	1 40 2
pollicetur quam locum caputque criminis monstrat. Adam etenim,	cum	illicitum pomum hoc membro decerpit, sic in genus humanum ius	1 3 8
sit: *et si multiplicentur, non oblecteris in illis; si non est timor domini*	*cum*	*illis, non corrideas animae illorum; melior est enim unus timens*	2 7 5
fuit; quod si non fuit et est, multo magis poterit esse quod fuit, quippe	cum	illius potentissimi artificis rerum omnium conditoris ipse sit usus	1 2 16
pestilens excogitet uel quid diabolus machinetur, non metuat iustus, quia	cum	illo est deus. inde Susanna illustris Hebraea, uerae decus pudicitiae,	1 40 1
semper infelix est. denique post negotium perpetratum odit et se ipsam	cum	illo quem uicerit. haec saepe indixit quietis gentibus bellum; haec	1 1 7
maiestatis dominum non possit mundi istius mediocritas sustinere.	cum	imperat pater orbem fieri, opus cum dicto completur a filio. quomodo	1 56 2
ne, dum aliquid postulat, erubescat. beata cum adludit in pueris, beatior	cum	<in> adolescentibus lapsus feliciter timet, beatissima cum in	1 1 5
est deputata rebus dispositis, non deo, non sempiterno rectori, maxime	cum	in euangelio sic dicatur: *dabit illi dominus deus thronum Dauid patris*	2 5 6
pueris, beatior cum <in> adolescentibus lapsus feliciter timet, beatissima	cum	in iuuenibus carnalia exstinguere laborat incendia. sane in senibus ut	1 1 5
fuisseque tempus, quando non fuit. tertia Iudaea est uere caeca, quae	cum	in lege, ut dicere solet, sua legat ubique duas patris et filii designari	2 8 1
in mirabilibus super me. magna eloquia dei sunt, ipse mirabilis in excelsis.	cum	in periculis esset, si in his propheta non ambulet, quomodo bonum	2 9 6
sed pudoris sanguinem retinemus, quem ambitiose plerumque effundimus,	cum	in persecutione pro nomine domini diabolum moriendo uastamus.	1 3 21
insani populi furibunda tempestate lapideis imbribus feliciter grandinatur,	cum	*in profundo maris die* demoratus *ac nocte* ad deum clamans incolumis	1 34 4
gurgitis elemento sepelit. et cum omnium aquarum natura sit talis, ut,	cum	in profundum homines susceperit uiuos, euomat mortuos, aqua nostra	2 10 2
Ioseph patiens inuenitur, e pascua cum a fratribus rapitur; patiens,	cum	in puteum dimittitur; patiens, dura cum hasta distrahitur; patiens in	1 4 17
patre imperas. tu tibi in filio obtemperas. tu in spiritu sancto exsultas. tu	cum	in tribus una sis, nullo pacto diuideris, nulla humanae curiositatis	1 36 32
flauis, uitibus curuis, semipallidis oliuis et felicitatem praestat et gratiam,	cum	[in] uniuscuiusque temporis fetus partu crudo in alterius contumeliam	1 4 6
rei non uos terreat contemplatio; non enim ulla est metuenda iam poena,	cum	incensorum superstes insultet ignibus uita.	1 31
in ipso non mansit. nam et haereses et schismata sic disseminantur,	cum	inflata fides ac spes dilectionis a fundamento uelluntur. quid autem	1 36 19
nomina, soli labores inponunt, cum errores suos lunari circulo adscribunt,	cum	ingenii sui carmen coli uel maxime cupiunt, sic se et alios	2 9 1
illud beatitudinis regnum primae tubae regali tessera conuocati capient	cum	ingenti triumpho aeterno rege sub Christo; secunda uero, quae impios	1 2 23
in publicum traxerant, probatam et uindicatam ad mariti thalamos	cum	ingenti triumpho uictrix pudicitia reportauit. sed o quantum es	1 1 19
sit necesse est. denique oculis non est subiecta mortalibus. nam neque	cum	ingreditur corpus neque cum de corpore egreditur, a quoquam	2 30 3
sit, necesse est. denique oculis non est subiecta carnalibus; nam neque	cum	ingreditur corpus nostrum neque cum de corpore egreditur, a	1 27 3
et absurda, ut secundus sit inmortalis et qui mortalis est primus,	cum	inmortalitas in se ordinem temporis non recipiat, mortalitas capiat.	2 4 2
in domo patris, oues semper pascendo propemodum peregrinus. innocens	cum	innocentibus deputatus hic *placuit deo. unctus in regem,* spiratus in	2 9 7
an differat. si circumcidit, sabbatum corrumpit; si non circumcidit,	cum	innocentis animae interitu praestitutae circumcisionis iura uacuauit,	1 3 4
ciuitatibus patitur, cum *a Iudaeis uirgis ter caesus naufragio* trino diluitur,	cum	insani populi furibunda tempestate lapideis imbribus feliciter	1 34 4
cum praeter morem terrifico fragore intonans concrepat caelum,	cum	inter caecas pinguibus conductas nubibus tenebras crebrae micantes	2 2 3
colere, sed eorum mores et actus imitari. cuius rei facilis probatio est, illa	cum	interim, quae nostra sunt, uidemus. aurum argentumque, Christiane,	1 14 4
cum suis sibi ductoribus gradatae aetatis innumerabiles cunei? nonne	cum	inuitationi temporum parent solemnisque remigii specioso discursu uel	1 4 6
fratres, quis est iste, cui tantum defert? quis est, quem altissimum dicit,	cum	ipse sit solus, a quo alius altior non sit? sin uero omni honorificentia	1 25 2
a patre filius regnum nec accepit aliquando nec posuit; semper enim	cum	ipso regnauit, cata Iohannem ipso dicente: *regnum meum non est de*	2 5 8
peritissima insignis patientiae disciplina? sed et mare uentis lacessitum,	cum	irascitur, quamuis reciproca uicissitudine nunc pulsantibus caelum,	1 4 5
uehemens commotio est, fratres,	cum	is de iniuria sua queritur, qui se potest facillime uindicare. sed quia	1 20
mira, fratres dilectissimi, historiae sacrae sic est perlecta narratio.	cum	Israelis populus enormi captiuitatis iugo depressus a rege Pharaone	1 29 1
qui sane ideo carnem est dignatus induere, ut nemo se possit per carnem,	cum	iudicii dies uenerit, excusare.	1 54 5
audi caelum et terra, tamquam numquam aut caelum audierit aut terra,	cum	iussu dei et caelum obsecundetur et terra, quia caelum pluuias et	1 61 2
probandum puto animas nostras suorum corporum exuuiis <exui> nec	cum	labe carnalis huiusce domicilii ista prima morte dissolui, sed pro	1 2 3
deo credulitate sine lege et Iudaicus populus displicuit deo incredulitate	cum	lege. unde dubium non est legem non posse sine fide, fidem posse sine	2 3 1
palam sit non penitus interire. gentes, quae ista non credunt, tamen	cum	libamine infausto ad sepulcra concurrunt et a mortuis, quos in quiete	1 2 3
filiorumque substantiam non partitam, sed totam dedisse maluisseque se	cum	liberis suis emori quam iustitiam praeterire. pro quo tam illustri	2 1 20
hic fidelis est. forte in eo se quis aestimet fideliorem, si loquatur argute,	cum	magis uerus sit ille fidelis, qui sacra in praedicatione non ultra, quam	2 3 12
ista adinuentio tractatus sui quo proficit pugna. 'ne fides, inquit, intereat,	cum	male aut creditur aut docetur.' quod malum est ista ratio, mox	2 3 8
cuius nomen est Thamar, accepit uxorem maiori filio suo. qui filius	cum	maligne domini ante faciem uersaretur, scriptura teste a deo	1 13 1
nascitur nec officio alieno nutritur; non inuita, non inprudens moritur, sed	cum	maturum leti tempus aduenerit, a semet ipsa inuitatis sacris ignibus	1 2 20
quem domini sui uxor peius amare coeperat quam oderant fratres. nam	cum	medullitus mulier ardoris insani conflagraret incendio, in suadelam	1 1 16
eos in eremum inde perduxit uulneraque detestabilis mentis curanda lacte	cum	melle prouidendo commonuit; nam infirmibus ac languidis mannae	1 18 2
profecto pecuina est ac misero, fragili detestabilique uersatur in iure. at	cum	mera fide credentis salutari fuerit necata baptismate, noua paterni	1 2 25
iisdem, qui non fugiunt, sed portant peccata, delentur. Maria, quae	cum	mulieribus tympanum quatit, typus ecclesiae fuit, quae cum omnibus	2 26 3
barbaris uehementer urguentibus nec eques potest sequi nec nauis. Maria	cum	mulieribus tympanum quatit; hymnus canitur; dei populus liberatur	2 26 1
alteri obnoxius, procul dubio, ut tu uis, maior est natura quam deus. at	cum	naturam ex nihilo fecerit Christus, sit autem ex natura tempus,	2 8 5
ut in illa unius funeris turba paternus dolor non sufficeret orbitati,	cum	nescit, quem primum plangat, quem priorem inueniat, cui primum	1 15 4
qui non momentis omnibus elaboret, ut plus habeat, quam habebat; quod	cum	nititur, auaritiae utique partes agit, quae est inimica iustitiae. adeo	1 2 16
nam profecto sola est, ad quam prorsus res omnis spectet, dubium quippe	cum	non sit spem, fidem, iustitiam, humilitatem, castitatem, probitatem,	1 4 1
qui ait: *primus homo e limo terrae, secundus e caelo*, dubium quippe	cum	non sit unum hominem tantum e limo terrae a deo finctum eique eius	2 4 1
quid deteriori meliorem subiacere compellis, scriptum quippe	cum	noueris: *omnis caro fenum et gloria eius sicut flos feni*? cuius si curam	2 4 15
prouidisti. tu mortem deum mori docendo uacuasti. tuum est, quod,	cum	occiditur ab hominibus deus omnipotentis dei filius, nullus irascitur	1 36 29
iniuriam; idonea laus enim non est, cui principatum adimit peraequatio. at	cum	omnes omnino memorati omnesque felices eius dono sint tales,	1 4 19
Maria, quae cum mulieribus tympanum quatit, typus ecclesiae fuit, quae	cum	omnibus ecclesiis, quas peperit, hymnum canens et pectoris uerum	2 26 3
domicilio ei gratias agimus, ita in caelestibus regnis uberiores sanctis	cum	omnibus referamus.	2 6 11
hominem ueterem, creat nouum, sacri gurgitis elemento sepelit. et	cum	omnium aquarum natura sit talis, ut, cum in profundum homines	2 10 2
mens hominum! quam uarie, unam tamen contendit in mortem: pauper,	cum	opes infeliciter quaerit, quas feliciter non habet; diues, cum diuitias	1 5 11
dei filius, nullus irascitur de duobus. tu populi caelestis animam tenes,	cum	ornas pacem, fidem custodis, amplecteris innocentiam, ueritatem colis,	1 36 30
igitur ac fideliter *hominem* istum uestrum *ueterem* foetorosis suis	cum	pannis abicite, nouelli omnes, omnes candidati, omnes spiritus sancti	1 49
omnia deterior est conscientiae timor, quia quae diximus et alia his similia	cum	passibilitate sui transeunt; timor conscientiae non deletur. nunc	2 2 2
ingenti triumpho aeterno rege sub Christo; secunda uero, quae impios	cum	peccatoribus uniuersisque incredulis gentibus perenni destinat poenae,	1 2 23
quantum sit criminis dici non potest: dominum patrem non dilexisse,	cum	peccatum sit hominem non amasse. unde infelices et miseri sunt	1 61 6
quoque uitae a deo attributae sunt nobis: una, qua nescientes communi	cum	pecudibus lege fundimur a natura, quae est corporalis ac per hoc	2 4 8
uoluntatem ipsam paris, quia uoluntas fit uoluptas postmodum tua,	cum	per eam cotidie tricenos, sexagenos centenosque colligis fructus. tu in	1 1 20
prior synagoga fuit, siluosis errantium palmitum crinibus uilis; quae	cum	per uoluptuosa ac profana loca lasciua passim se fronde diffundit,	1 10b 2
sed ut dormiant inuitantur, propiores sepulcro quam thalamo; quae, ipsae	cum	pereunt, detestabili exemplo adolescentulas quoque perire compellunt.	2 7 10
ille nec iustus. satis, ut opinor, praestigiae mundanae patuerunt. in quibus	cum	peritius agant uniuersi homines, quam dici potest, superfluum est	2 1 11
quatit; hymnus canitur; dei populus liberatur resolutisque undis uia	cum	persecutore deletur. quantum spiritaliter intellegi datur, Aegyptus	2 26 1
quantum spiritaliter intellegi datur, Aegyptus mundus est iste. Pharao	cum	populo suo diabolus et spiritus omnis iniquitatis. Israel populus	2 26 2
in saeculo. at *cum addidit: super me*, ostendit numquam se elatum fuisse,	cum	posset. nulli enim facilius efferuntur, nisi quos inopinati honoris	2 9 6
quidem, quia si uera fides est, aliud esse non potest quam quod est. igitur	cum	possibilitatis humanae non sit fidei uidere secreta, nusquam, frater,	2 3 11
agnoscere. noli esse sacrilega, noli proditrix legis. profano cur nubas,	cum	possis nubere Christiano?	2 7 18
neque intellegetis) stultam putant irriduntque quasi uanam, quod,	cum	possit bonis frui mundi ac negligat, sponte se faciat infelicem, non	2 1 14
in secreto, nec intelligis, quia homini inopia morienti tantis opibus qui	cum	possit subuenire non subuenit, ipse eum uidetur occidere? o	2 1 19
non intellegentes, quia exinde eos a facie sua remotos post suum dorsum	cum	postfuturis abiecerat; Erythraeum quoque in geminas ripas medium	1 18 1
potuisset; qui ideo circumcisus est, quia Iudaeis erat promissus, ideo	cum	praeputio natus, quia in aeternum incircumcisis gentibus fuerat	1 3 18
ipse sacerdos deo acceptissimus huius fuit cicatricis ignarus? quid, quod	cum	praeputio Nineuitarum populus dei est indulgentia liberatus? quos	1 3 5

fructus est uitae, et defenditur pariter et nutritur. ad iugum peruenit, cum praerogata omni facultate pauperibus crucem suam portans 2 11 6
deum. cum grauamur rumpentibus sonis, concussis undique cardinibus, cum praeter morem terrifico fragore intonans concrepat caelum, cum inter 2 2 3
et euaderet. clamat de profundis et Paulus obrutus calamitatibus beatis, cum pro nomine domini *latrones in itineribus,* latrones *in ciuitatibus* 1 34 4
ibidem umquam fuisse ab incolis renuntiatur. at Thamaris nostrae cum processu temporis procedit et uterus. mirum profecto uidete 1 13 3
desecat. sed absit, fratres, ut spiritales uiros ullo tangamus errore, maxime cum prophetia ad sui dicti iam peruenerit ueritatem. Iesus enim Naue 1 3 16
se ultro offerens iudici moram suam uoluntarie praeiudiciis excusauit. cui cum prouinciae rector pristinae eius fugae ueniam sub pactione 1 39 5
renitet assertio; deum enim patrem uos et habere et possidere monstratis, cum pudicitiam, in qua deus habitat, non dicam diligitis, sed luculentis 1 1 4
abiecit. *aestiualia induit*: aestiua uestis, fratres, et munda est et exacta, cum qua facile et opus fieri possit et tolerari ardor aestatis, id est 1 13 8
eius, cum esset uictima commutata: cum tanta laetitia arietem obtulit, cum quanta obtulerat et filium; ubi enim fides fuit, non erat dolor. in illo 1 43 7
in iudicio neque peccatores in consilio iustorum. gradatim pro meritis quasi cum quibusdam elogiis paucissimis uerbis totius humani generis iudicium 1 35 3
irascitur deo, si non semper fiat publicis luctibus diues. bene, bene: cum quis quaerit aurum, inuenit gladium. inter haec nemo considerat 1 5 14
contra legem naturae transferri; per hanc euadens Noe non inuenit, cum quo diluuium fuisse conferret; per hanc Abraham ad dei peruenit 1 36 7
non diminutiua, sed religiosa, ut dixi, subiectione est filius patri subiectus, cum quo originalis perpetuique regni una possessio, coaeternitatis 2 5 10
infertur, caelestis uiae uitaeque altitudo monstratur. ligaturis adstringitur, cum renuntians saeculo sponsione facta spiritaliter sacris interrogationibus 2 11 5
uel eo studio, quo sequimur mala. nulla ulli competit excusatio, maxime cum res nostrae commissa sit uoluntati, propheta dicente: *ante hominem* 2 4 18
mulieri, ut in domo patris sui uidua permanens nuptias maturas exspectet. cum res sic se haberet, eius uxor moritur. qui consolatus cum ad oues 1 13 2
non est, quia licet sit uictrix, tamen triumphi sui palmam senectutis cum rigore partitur; cessat enim concupiscentiae pugna, ubi sub 1 1 5
florentissimam dulcium liberorum atrocissimo impulsu, tectis parietum cum ruina confusis, nimia crudelitate festinus sepelit, antequam iugulet. 1 4 18
accipe, Christiane. Salomonis templum hostili uastatione subuersum cum ruina sua iacet sepultum: ubi sacrificant? sacerdotes iam non habent: 1 51
eos etiam uer arridens diuersos in flores diuerso charismate redditurum, cum salubri unda perfusi, limpidae aestatis messe gaudentes panem nouum 2 13
sicut lectio uniuersa testatur, qua praedicat Christum oportere *regnare* cum sanctis suis, *donec* uacuatis omni principatu et potestate et uirtute et 2 5 7
non negabit. Petrus piscator recentes marinos affatim pisces apponit cum sarda mirabili. Tobias peregrinus fluuialis piscis interanea diligenter 1 24 3
aut de praeproperae mortis subitis damnis familiam domini posse terreri, cum sciamus apostolica fide esse perscriptum: *mihi uiuere Christus est et* 1 39 5
cordis euitans sic infit ad dominum: *domine, non est exaltatum cor meum.* cum scriptum sciat: *homo uidet in facie, deus in corde*, nonne iniuriosum 2 9 3
qua perfectione dei cultus debeat custodiri, apud Salomonem maxime cum scriptum sit: *et si multiplicentur, non oblecteris in illis; si non est* 2 7 5
mortis imperio subiaceret, si legis periti tantum iustificari meruissent. at cum scriptum sit: *littera occidit, spiritus autem uiuificat,* quia *non sub lege,* 2 3 2
eum sumpsisse principium, quae spes futurae beatitudinis credenti, cum scriptum sit: *maledictus homo, qui spem habet in homine*? ergo ubi 2 5 1
committit nec desertorem praemiis triumphalibus honorabit, maxime cum scriptum sit: *qui habet, dabitur illi et abundabit; qui autem non habet,* 1 36 7
profectus est nullus, etiam si contingat ei accusatore carere, teste conscio, cum se ipso carere non possit, quia uiolentior omni tortore conscientia 2 10 1
cotidie merces, quae impendatur annona. omnibus peraeque unus panis cum signo datur, aqua cum uino, sal, ignis et oleum, tunica rudis et unus 2 6 8
nunc primo omnium, optime Christiane, scire cupio, quae sint tua, cum sint timentibus deum uniuersa communia, sicut scriptum est: *turba* 2 1 18
praesentem sententiam damnationis excepit, quia, sicut est detestabilis qui, cum sit homo, deum se fingit, ita detestabilior qui deum colit, quem ipse 1 13 6
terra sub pondere argenti, auro ardens tota domus pugnet sua flamma cum sole honorumque exinanitus a te gradus non inueniat quod tibi 1 5 10
cognoscit, omnem impietatis suae rabiem in filios eius effundit. nam cum solito more unanimes una epularentur in domo, subito concussis toto 1 15 4
est pater et ego in illo. constat ergo aequale esse, quod inuicem se capit cum spiritu sancto. 1 45 3
est, ut sit *omnia in omnibus* deus benedictus, pater in filio, filius in patre, cum spiritu sancto. 2 5 10
dominum et conseruatorem nostrum Iesum Christum, qui est benedictus cum spiritu sancto ante saecula et in saeculis et in omnia saecula 1 13 13
aeterna poena tribuatur per dominum Iesum Christum, qui est benedictus cum spiritu sancto in aeterna saecula saeculorum. 1 35 9
esse damnatum per dominum nostrum Iesum Christum, qui est benedictus cum spiritu sancto in omnia saecula saeculorum. 1 19 2
deus pater omnipotens per dominum Iesum Christum, qui est benedictus cum spiritu sancto in saecula saeculorum. 1 10b 3
in filium, ne quid sibimet derogaret. denique alter in altero exsultat cum spiritus sancti plenitudine una originali coaeternitate renitens, 1 7 4
hoc esse quod uolunt, cum adsimulant se nosse rerum naturae secreta, cum stellis nomina, soli labores inponunt, cum errores suos lunari circulo 2 9 1
quid faceret pietas? praeceptum differri non potest. praestiteras, mater, cum sterilis esses: ad gladium nascitur puer. talem casum nemo doluit, nec 1 62 4
sic utramque mediis e manibus oculis patentibus perdiderunt: dei, cum stultam putant, quod elaboret — dispendio suae, non dicam facultatis, 2 1 3
dum denudat, esse non inuenit inpudicum; hic synagogam expugnauit, cum sua illi arma concedit; hic ubique turbulentus, ubique fertur insanus: 1 36 26
sed quam ei pepererint armati numero dies, menses et digiti. at plerumque cum sua sibi industria fenerator etiam ipse nudatur, ei cum casu aliquo 1 5 12
reuerentia diuinae atque humanae religionis delet abrupte igni ferroque cum sua sibi tota substantia incolas, ciuitates et rura nihil omnino metuens 2 1 7
negabatur infanti et, cuius aetas auiam testaretur, matrem partus ornauit, cum sub incerto affectionis uocabulo pietas nutaret et, cum filium proferret 1 59 4
premebantur. at ille alio deflexus itinere nauem Tarsos petiturus ascendit, cum subito compugnantium uentorum flatu uiolento lacessitum fremit 1 34 5
etenim illi nullae inerant naues, nulla transfretandi praesidia, cum subito diuina prouidentia scinditur mare, aquae dextra laeuaque 1 29 2
oderat moras, omnibus displicens, sed solae suae conscientiae placens, cum subito, quauis uersutia qui fallitur numquam, confestim adest in 1 1 19
egreditur, a quoquam deprehendi potest tantumque potestatis habet, ut, cum sui domicilii saepto teneatur, tamen quicquid uoluerit, omnibus 1 27 3
egreditur, a quoquam conspicari potest tantumque potestatis habet, ut, cum sui domicilii saepto teneatur, tamen quicquid uoluerit, omnibus 2 30 3
litterataeque quid arduis uolatibus *aeriae grues*? quid piscium dissimilium cum suis sibi ductoribus gradatae aetatis innumerabiles cunei? nonne cum 1 4 6
reformari, de obsessis daemones fugere mortuosque saepe ipsos a sepulcris cum suis sibi exsequiis reuerti iusserunt, ut omnes mirarentur fieri lacrimas 1 36 9
credat. aduersus Theclam accusator acerrimus linguae exserit gladium, cum suis sibi ministris publicae leges insaniunt; stimulis acuitur feritas in 2 2 6
illud templum campis aequatum iacet. altaria dei eius subuersa manu cum suis sibi sacrificiis sparsa in puluerem uanuerunt. sacerdotalis 1 28 1
denuntiante deo imminere per momenta et credit et timet arcamque, cum suis ut saluus foret, quam iussus est facere, non praecipiti festinatione 1 4 12
tarda et abscondita, sed etiam nimis in arduo constituta, ut ad ea nisi cum summa difficultate, laboribus ac periculis magnis non possit ab aliquo 2 4 13
sanos occidit; nec manducatur aliquando certe nec bibitur nec in inferno cum suo praedone descendet, solum quod oculos infelices inanemque 1 5 16
supplicium denotati uulneris inflictu minatur. omne genus pecudum cum suo sibi sacrificio reprobatur. ieiunia eorum, dies festi omnisque 1 46a 1
libertatem paris. tu paupertati praestas, ut habeat totum sui contenta, cum sustinet totum. tu prophetas prouexisti. tu Christo apostolos 1 4 22
sexum, omnes animas, omnes aetates isto carmine inuitans: *exiguum et cum taedio est tempus uitae nostrae et non est refrigerium in fine hominis* 2 4 10
et gaudens nec mutatus est uultus eius, cum esset uictima commutata: cum tanta laetitia arietem obtulit, cum quanta obtulerat et filium; ubi enim 1 43 7
obtundet, tuam faciem deformabit praestans aliquando et beneficium, cum te iubet ad ecclesiam non uenire. sed multo peius est, si places 2 7 15
et hominis non sis ancilla. at tu, uidua, secundas cur desideras nuptias, cum temperare uideas apostolum primas? cuius ista sunt uerba: *tempus* 2 7 5
pharisaei agere se legitimum pascha contendunt, qui cum templo summo, ut putabatur, summum sacerdotium perdiderunt. 1 46a 1
diei lumen inconstanter assimulant, cum ardent *plura fulminibus,* cum terra uel tremit uel hiatu se recipit in se, nullus hic beatitudinis locus 2 2 3
gustu ieiunus, qui audeat dicere animas cum corporibus interire, caelestia cum terrenis absumi, praesertim cum eorundem ille sapientissimus dicat 1 2 2
eos uno momento exigua humus et peraequat et satiat, enorme quod cum tota ambitione sua non potest aurum. hinc unus pecuniam suam 1 5 11
confligentibus Christianis ab altero eorum, si non transducitur, perfidia, cum transducta fuerit, fides uocatur! o quam non uera, si *factionibus* 2 3 10
discernere posse praesumis, hic tibi ego respondere non audeo, sit quippe cum tutius imperitum uideri quam esse sacrilegum. et tamen habeo, qui 2 3 15
armatus poenali procella deleuit? Iudaei contionibus tument; altaria diuina cum uenerantur, euertunt; uaria caede prophetas elidunt; Moysen amore 1 4 10
committunt amore non fidei, sed libidinis, qui publicanas mulieres cum ui subiciunt sibi uiliores se esse quam illae sunt produnt, qui 1 25 11
conscientia; aut cum hostilis imminens manus gladio salutem premit; aut cum uiantis itineri erectus in morsum, ardentibus squamis incensus 2 2 2
dilecto filio amatus pater exhibuit, tantam laesus exigit ultionem, quia, cum uicem non reddidit patri dilectus filius, dignam sententiam percipit 1 61 5
impendatur annona. omnibus peraeque unus panis cum signo datur, aqua cum uino, sal, ignis et oleum, tunica rudis et unus denarius; quem qui 2 6 8
aetate neruis et, deficiente sanguinis suco, arescentibus uenis, dura cum uisceribus cutis, deformis ac luridus pallor iam paene uultus perdit 1 59 4
ubertas et fecunditas desperata profertur. uxor Abrahae fetus nescia, cum uisceribus frigente senio nec sperare subolem posset nec portare 1 59 3
ponendi animam et iterum resumendi eam; sed ut doceret, quoniam, cum uiuit in hoc mundo, semper in tribulatione, semper iustus in poena 1 2 31
est, quod intra hominem clandestinum fremit momentis omnibus bellum, cum unaquaeque pars nititur alteram subiugare, apostolo sic dicente: *caro* 2 4 8
fidem quaeris, quam etiam ipsam infidelitatis ream constituis, canentis cum uniuersa non credis? sin uero fidem spiritus calles, aliquam demonstra 2 3 13
nec proprium nec firmum, quod habet statum semper incertum, quippe cum unius electio sit alterius reprobatio. uel si omnes omnino 2 3 7
leuare consuerunt. hanc in Apocalypsi Iohannes bis acutum gladium cum uno capulo nuncupauit, quem ex ore domini prodire describit. gladius 1 37 2
uel ceteros antecedimus. incomparabilis autem gloria ac uere deo digna, cum uno consensu, una fide alter alterum commendans deuotione consimili 2 6 5
certissimum periculum publicare. sed non opus est ire per singula, cum uno exemplo noscantur uniuersa eius mala, propheta dicente: *idola* 1 14 4
ueritatem et Iudaeus suum cognoscat errorem. solet enim magnis cum uociferationibus saepe iactare hanc esse gentis suae nobilitatem, hanc 1 3 1
qui inter pios impiosque sint medii nullam partem tenentes ad plenum, cum utramque tenere non desinunt. fideles non sunt, *quia* habent *aliquid* 1 35 4
undique uitreis armatum montibus, uiolentis undarum saeuientium cumulis, toto corpore insaniat, tamen extremorum pallido ex recursu 1 4 5
derogetur, tantumque se in ipso amat, ut oderit se sine ipso. accedit ad cumulum, quod ideo *deus hominem ad imaginem et similitudinem suam* 1 36 23
inuenerint nec aliquid subsiciui esse patiuntur, sed pectorum aperiunt cuncta penetralia, diligenter uniuersa crimina expellunt ac rursus diligenter 2 24 1
autem manet benedictus in aeternum ante saecula et a saeculis et in cuncta saecula saeculorum. 1 15 9
uidit, statim cadentis <securis> ictus neruorum connexa dissoluit et cunctas conpage discussa iuncturas corporis rupit. exsilierunt exsectae 1 39 8
patienter uaria exhibet pecora. Ioseph promotus ad mensuram praerogat cunctis annonam. sane si quis aliquid desiderauerit, qui recondidit Noe 1 24 2
cum homine aduenticium uulnus inquilino uulnere finiretur. at Iob cunctis uiribus aduersae partis exspectatione placida profligatis, in semet 1 4 19
lucis uiam, competentibus remissa omnium peccatorum, sicque cunctos in unam Christi corporis gratiam congregatos ad caelestia regna 1 6
pater est omnium saeculorum. hic est dies, fratres, quo a domino nostro cunctus redemptus est orbis, quo aetherio semine nouellus uiuificatus est 1 16 2

dissimilium cum suis sibi ductoribus gradatae aetatis innumerabiles	cunei? nonne cum inuitationi temporum parent solemnisque remigii	1	4	6
depingit, nata sanguineae teneritudinis dubio cornu primo quasi de	cunis apparet paulatimque crescendo iam puella, iam uirgo pro cotidianae	1	2	19
annos, annos in saecula pandens. sine pausa crescit in senium et tamen a	cunis genitalibus non recedit. profecto sacramenti dominici imaginem	1	58	
tempora et saecula infinita. parit sibi de fine principium et tamen a	cunis genitalibus non recedit. profecto sacramenti dominici imaginem	1	57	
octauum uel post octauum diem nec ipsi morienti puero subuenit, haec a	cunis ipsis infantiae usque ad supremos exitus cuiusuis aetatis utroque	1	3	23
gaudentes, caelestis <...> libera peccatis omnibus absolutos non foetidis	cunis, sed suaue redolentibus sacri altaris feliciter enutrit a cancellis, per	1	32	
tamen tres sunt quodam modo principales. e quibus duae eius, quem	cupiant deprauatum, simulant se esse cultrices. una denique asserit Iesum	2	8	1
autem in publicum tota prominens atque diffusa, sic tamen, ut sentiri se	cupiat quam uideri, plane cauta, ne quam declinet in partem, ne in aliquo	2	1	12
etsi beata diuersis uita uirtutibus quaeritur, cuius	cupidine flagrans humanitas per momenta suspirat, tamen omnes uno	1	4	1
quod oculos infelices inanemque conscientiam ad hoc in maligni fulgoris	cupidinem diram spe potiundi praecipitat, ne gratis homo uideatur occisus.	1	5	16
fontes, prata, baias, ciuitates ac rura, uniuersis uoluptatibus saepta, in	cupidinem sui utrumque sexum, omnes animas, omnes aetates isto carmine	2	4	10
recte, fratres, sicut audistis, deus odit auaritiam. est enim libido profunda,	cupiditas caeca, tempestas insana, rapacitas sine fine, sollicitudo sine	1	21	
scelus dedecus nefas libenter admittit, cuius praecordia inplacabilis	cupiditas pestifera flamma repleuerit. sed haec non ad uos, fratres, quorum	1	14	7
eia, fratres, quos beatae sitis exoptatus ardor incendit,	cupiditate ac uelocitate ceruina lacteum genitalis fontis ad laticem	2	14	
hoc damnum graue, hoc aestimat crimen. nam nihil relinquendo sibi beata	cupiditate antecedit auaritiam: homines enim illa possidet, ista deum.	2	1	12
festinat? quid igitur, miser homo, auri argentique metallo incensus uana	cupiditate, uana cura torqueris? quid talentorum magnas struis congeries?	1	14	3
uniuersis semper infestum. denique non habentibus diuitias habendi inicit	cupiditatem, habentibus adimit satietatem. ita omnes in rabiem una	1	14	1
nec singulare nec friuolum crimen est, fratres, uel maxime Christianum	cupiditatis compedibus alligari profundaeque noctis feralibus tenebris	1	5	1
per hanc enim diabolus cum diuerse hominum mentes capit ac decipit, sic	Cupido uocitari a luxuriosis suis sibi cultoribus coepit. nunc ergo	1	36	27
admirari; cuius exsecratus sis corruptelam, optes imitari uirtutem; quem	cupidum semper horrueris, stupeas passim in pauperes et egenos sua bona	2	29	3
praecepit. qui ubi iactati sunt in fornacem ignis ardentis, hos deuote	cupidus ignis excepit. lambunt roscidos flammae blandientes. mira res:	1	53	2
aut docetur.' quod malum est ista ratio, mox uidebimus. nunc scire	cupio, fides ex doctrina constet an ex credulitate an ex utroque. si ex	2	3	9
iniustum, mox uidebimus. nunc primo omnium, optime Christiane, scire	cupio, quae sint tua, cum sint timentibus deum uniuersa communia, sicut	2	1	18
philosophicis argumentis exhaurire conaris? si peritiam legis ostendere	cupis, lectionum nubila disserena. doce eam sibi non esse contrariam, doce	2	3	13
incunctanter tota, si liceat, paratus offerre. superstitibus fratribus saltem	cupit esse consultum; Abraham patrem deprecatur obnixe, ut aliquis	1	2	10
neque spes poterit operari sine fide. itaque Christianus tribus in rebus, si	cupit esse perfectus, debet esse constructus. si quid enim ei ex his defuerit,	1	36	2
putat: recte, quia Iudaeorum populo seruiebat. cum ea conuenire	cupit, quia prophetiae magis gentes quam Iudaei fuerant credituri, domino	1	13	9
putabitur deo indicare quod nouerit? absit. indicat ille, sed nobis, quos	cupit quod facit ac praedicat imitari. ergo inquit: *non est exaltatum cor*	2	9	3
uindicet totum. nouum prodigii genus est: odit pudicitiam et tamen hoc	cupit uideri, quod illa est. interea miris excolit artibus sese faciemque suam	1	1	9
suis implorando refrigerium Lazarum uerum diuitem sero cognoscit	cupitque mortuus uel uno digito illis contingi manibus, quibus stipem	1	2	9
aut qua ratione isto argumento nitantur, quod hominibus, quos perditos	cupiunt, magis proficiat ad dei timorem et ipsis nihil prosit ad utilitatem?	1	2	7
suos lunari circulo adscribunt, cum ingenii sui carmen coli uel maxime	cupiunt, sic se et alios perdiderunt. nam mutato nomine et cultu, quasi	2	9	1
domini; apostolus quoque Paulus: *Pascha nostrum immolatus est Christus.*	cur autem dignatus fuerit immolari, Iohannes Baptista ante praedicauit his	1	8	2
o probatio melior, quod etiam fallaces testimonium perhibent ueritati!	cur autem fingant nomina, quorum est confessio in ceteris uera, aut qua	1	2	7
inenarrabilis illa, propheta dicente: *natiuitatem autem eius quis enarrabit?*.	cur autem sit inenarrabilis, patre loquente noscamus; dominus ipse nos	2	8	2
meum in uos et uiuetis. cum haec ita sint, resurrectionem futuram	cur, Christiane, non credis? cur de huius mundi labe in meliora migrantes	1	2	13
utrum hanc carnalem an spiritalem esse defendat. si spiritalem,	cur de carne gloriatur? si carnalem, animae prodesse non poterit, quia *caro*	1	3	3
cum haec ita sint, resurrectionem futuram cur, Christiane, non credis?	cur de huius mundi labe in meliora migrantes tam pertinaciter plangis? pro	1	2	13
puris moribus libera et hominis non sis ancilla. at tu, uidua, secundas	cur desideras nuptias, cum temperare uideas apostolum primas? cuius ista	2	7	5
unde uenerit, reuertatur. si ergo hoc ille sensit, qui non nouerat Christum,	cur dubitet Christianus, qui resurrectionem futuram et audit et sperat et	1	2	2
operetur edictum, quo et uiuaciores fuere homines et rarissimi Christiani,	cur ego Christiano orbe paene iam toto hominumque uiuacitate mundo	2	7	5
quisquis resurrectionem negat, uitam suam, semet ipse condemnat.	cur enim mereatur felicitatem futuri temporis cernere, quem uideas	1	2	1
quomodo et deus manet in aeternum. sed dicit aliquis: 'si ita est,	cur in se ipse potissimum superatur?' primo quia genus humanum magis	2	4	13
praeputium facinorosi cordis incidit. at fortasse adhuc quispiam dicat:	'cur ipse quoque signaculum carnis accepit, si ei necessarium non fuit?'	1	3	17
ita sint, cur legem lege distringis? cur sub imaginem fidei fidem deponis?	cur ipsum fontem diuinitatis philosophicis argumentis exhaurire conaris? si	2	3	13
oporteat. similiter Paulus: *noli altum sapere, sed time.* cum haec ita sint,	cur legem lege distringis? cur sub imaginem fidei fidem deponis? cur ipsum	2	3	13
fueris uxor, agnoscere. noli esse sacrilega, noli proditrix legis. profano	cur nubas, cum possis nubere Christiano?	2	7	18
qui dicere possit: 'si est resurrectio, quare plangis? si amore mariti facis,	cur postmodum nubis?' exsecrabilis res est, fratres, nec coniugio seruare	1	2	14
noli altum sapere, sed time. cum haec ita sint, cur legem lege distringis?	cur sub imaginem fidei fidem deponis? cur ipsum fontem diuinitatis	2	3	13
frangit; incarceratis medendo plus carcerem nouit; blanda peruigil	cura aegritudinem cum aegro partitur; abiecta cadauera intecta	2	1	12
fuit. denique a muliere, quae prior peccauerat, circumcisionis incipit	cura, et quia suasione per aurem inrepens diabolus Euam uulnerans	1	3	19
postliminium uitae animas reductas inspira; discute laborantibus morbos;	cura languores; in temptationibus gaude, in tormentis pro nomine domini.	2	3	14
debeas deuitare. unde, fratres, in tali re non loquela est exhibenda, sed	cura, quam paucis accipite. iram dei generaliter comminantis qui uult	1	10a	
a deo praestitam recognosco.' recte Iudaeus hoc diceret, fratres, si ista	cura sexui utroque prodesse potuisset. cum enim grauior causa supersit,	1	3	9
igitur, miser homo, auri argentique metallo incensus uana cupiditate, uana	cura torqueris? quid talentorum magnas struis congeries? quid hic	1	14	3
de salute non gemit nulliusque momentis omnibus uariae sollicitudinis	cura torquetur. sed dicet aliquis: 'etiam Maria uirgo et nupsit et peperit.'	2	7	3
promotionis augmentum, immortalitatis fidelibus fructum, paenitentibus	curam, catechuminis lucis uiam, competentibus remissa omnium	1	6	
cum noueris: *omnis caro fenum et gloria eius sicut flos feni*? cuius si	curam geris, pecuinam te esse cognoscis. an eius uirtutem diligis? frangit	2	4	15
et ego aeternam uitam me possidere contendo, quia specialiter anxiam	curam mortis mihi a deo praestitam recognosco.' recte Iudaeus hoc	1	3	8
exitium. adeo eos in eremum inde perduxit uulneraque detestabilis mentis	curanda lacte cum melle prouidendo commonuit; nam infirmibus ac	1	18	2
si enim Adam curat, certe, in qua delicti omnis est summa, isto remedio	curare non potest Euam. quid, quod nec ipsi uiro aliquid eam prodesse	1	3	9
supersit, periturum se, nisi ueritatem requirat, agnoscit; si enim Adam	curat, certe, in qua delicti omnis est summa, isto remedio curare non	1	3	9
uenerabili sacramento susceptum cotidianis praedicationum medicaminibus	curat. quod autem ait *angelos ascendentes et descendentes*, aliqui putant	1	37	10
uniuersa cordis desecat uitia uulnusque mulieris, dum de uirgine nascitur,	curat. signum salutis accipite! corruptelam integritas, partum est secuta	1	3	19
admirata infantem deum ingenti gaudio exsultans, quae curatum uenerat,	curata recessit. ita Christus in hominem se fecit nasci, quemadmodum	1	54	5
uirginem, admirata infantem deum ingenti gaudio exsultans, quae	curatum uenerat, curata recessit. ita Christus in hominem se fecit nasci,	1	54	5
qui parcit uenefico, homicidae, adultero, incestatori, sacrilego, nisi eius	curauerit mentem, non uideo, quid illi praestiterit. o liberatoris nostri	2	24	2
praeponit? qui hominibus fame laborantibus ac nuditate pascit tineas,	curculiones ac uermes? qui quod habet infelici tenacitate non aliis tantum,	2	1	17
et doctrina uiri nihil certi libris ingentibus prodiderunt. sed ego non	curem, de me quemadmodum quis iocetur. non enim in ecclesia dei	2	1	1
tacto infante statim edax illa flamma sopitur sicque illa medica feliciter	curiosa diu admirata mulierem uirginem, admirata infantem deum ingenti	1	54	5
deique sapientia, omnia illa opere mirifico eius cum dicto compleuit. hunc	curiosi opinationibus uanis uiolare conantur nec intellegunt miseri,	1	50	
sapientes, ut uideri uolunt, Graeciae uiri praeter ceteros	curiosi otioso negotio cor suum ultra quam licitum est argumentis	2	9	1
possibilitatis humanae non sit fidei uidere secreta, nusquam, frater, tua	curiositas, nusquam tua proficit pugna, quia quem putas uel de tuis ipsis	2	3	11
opinationibus uanis uiolare conantur nec intellegunt miseri, quoniam	curiositas reum efficit, non peritum.	1	50	
licitum est. sicut enim in simplici corde scrutanda sunt testimonia eius, ita	curiositate non sunt inquietanda secreta. *quis enim causas naturasque caeli*	1	34	1
et gratum, subito uno momento facti aetatibus diuersis aequaeui. sed	curiositatem uestram bene noui. ueteris uitae usurpatione, quod quidem	1	38	2
exsultas. tu cum in tribus una sis, nullo pacto diuideris, nulla humanae	curiositatis calumnia commoueris. a paterno fonte in filio tota refunderis et	1	36	32
persona? omnia cito temptat, omnia momento disturbat, mater criminum,	curiositatis magistra, acumen temeritatis, auctor detestabilium pariter ac	1	4	7
suspicio illorum et in uanitate detinuit sensus illorum. similiter Paulus	curioso rescribit dicens: *o altitudo diuitiarum et sapientiae et scientiae dei!*	2	3	16
susceptum iacet, magis admirabilior, quia tantus est et talis. et homo	curiosus cor suum extollit conaturque eius comprehendere altitudinem,	2	9	4
tibi deus, illa cogita semper et in plurimis operibus illorum non eris	*curiosus; multos enim seduxit suspicio illorum et in uanitate detinuit sensus*	2	3	16
diues, nulla statione contentus, quia inmortalitas eius est cursus. uerum	currat an recurrat, ambiguum est, cuius praeteritum restat, ut redeat. mira	1	26	
per hanc, inquam, caecos uidere, surdos audire, mutos loqui, claudos	currere, paralyticos reformari, de obsessis daemones fugere mortuosque	1	36	9
quam diuina praeceptione meruit procreari atque in ultimis uitae	curriculis Sarrae uterum filius aperuit primo uocabulo, cui iam auiae	1	59	1
uariis uirtutibus monstrans. cuius sanctionem uestrae aetatis omni	curriculo manente in sua semper infantia custodite ac fortiter praecauete,	2	24	3
suos cursus urgueret. luna quoque, quae quibusdam uidetur errare	curriculo menstruali, solemnes suae ignes aetatis quod numquam prorogat	1	4	5
turba procedit. noua res, ut iure spiritali unusquisque nascatur. ultro	currite ad matrem, quae tunc non laborat, si quos parit numerare non	2	28	
sempiterni	currus auriga, teretis metae sua replicans complicando gyro solemni	2	19	1
currus, his uerbis propheta testatur: *deus sicut ignis ueniet et sicut procella*	*currus eius retribuere in ira uindictam.*	2	12	4
quattuor circumferunt euangelia. cuius quam uim habeat amictus et	currus, his uerbis propheta testatur: *deus sicut ignis ueniet et sicut procella*	2	12	4
tempora, menses, noctes ac dies clarissimosque duos regalium orbium	currus munerifero semper uicissitudinis delectamento seruire praecepit, qui	1	36	28
legis gesta testantur. Sarra uxor eius non inferior longae uitae transactis	cursibus †pius aut filius ederit partus effusione perciperet†. sed utrisque	1	43	1
stabilis	cursor multiformi gratia redimitus, per temporum ambages *pernicibus*	1	44	1
[in] stabili	cursu multiformi gratia redimitus per temporum <ambages> solemni	1	57	
operis pensa quadriga temporum fertur duodenis mensum perpeti	cursu mutationibus diues, nulla statione contentus, quia inmortalitas eius	1	26	
saeculorum heres [et] pernici	cursu procurrens atque recurrens, solemni meta rotatus in sese, proferens	1	33	1
negotioso	cursu, reciprocis ambagibus operis mundani pensa perpetuans, genitali	1	6	

sua luce radiantes nobiscum possint inmortalitatis per aerium tramitem	cursu seruato ad repromissionis tempus, ubi in perpetuum quis oritur,	1	44	2
uiuens, sepulcri nido uegetatus innumerabiles temporum metas perenni	cursu una eademque orbita lustrans dies magnus aduenit, menses in	1	58	
perpetis anni pernicem	cursum in bis senae mutationis augmentum una eademque nec ipsa, sed	1	16	1
inter aestuantis pelagi sollicitos sinus fidem tuam fideliter portet; solis	cursus ac lunae ab occidui carceris receptaculo orationis freno refrena;	2	3	14
impunita fore quae clanculo gerunt. nam si iudicii diei adpropinquare iam	cursus aduerterent, procul dubio et praesentia odissent et futura	1	2	1
puella, iam uirgo pro cotidianae aetatis incremento progrediens lasciui	cursus ambagibus carpit pensa mundana. at ubi matura aureo igne	1	2	19
dicioni subiecit. haec Moysi in mari rubro terram uitream fecit; haec, ut	cursus soliti contempta mensura Iesu Naue desiderio pareretur, soli	1	36	8
mutationibus diues, nulla statione contentus, quia inmortalitas eius est	cursus. uerum currat an recurrat, ambiguum est, cuius praeteritum restat,	1	26	
momentis horarum aequabiliter se partiri non posset, si inpatientia suos	cursus urgueret. luna quoque, quae quibusdam uidetur errare curriculo	1	4	4
nascitur moritur nec tamen instantis finis sorte terretur, suos ut repigret	cursus, ut horas ac momenta producat, ut saltem paulo diutius diei sui	1	2	18
tendis, tumidum monilibus pectus prosternere dedignaris. sane ceruicem	curuas non religione, sed pondere, quando exomologesin facies, quae plus	1	14	6
cum inter caecas pinguibus conductas nubibus tenebras crebrae micantes	curuis ignibus flammae intercepti diei lumen inconstanter assimulant, cum	2	2	3
cogitur, refrenatur. haec germinantibus pratis, messibus flauis, uitibus	curuis, semipallidis oliuis et felicitatem praestat et gratiam, cum [in]	1	4	6
nec humana cognoscit. haec, si religiosus es, serua; timoratus si uere,	custodi. de eo, quod modum humani sensus excedit, disputare deuita.	2	3	18
uirgo, gloriare sanctique pudoris florem nulli legi subiecta fidei thesaurum	custodi. esto sancta et corpore et spiritu, amore Christi ignem carnis	2	7	4
carcere clausus tenetur, illam esse ueram uitam, cum idem animus	custodia carceris liberatus ad eum locum, unde uenerit, reuertatur. si ergo	1	2	2
inlustratione maiestatis impressi atque signati, qua sincere uiuentes in	custodiam nostrae salutis per spiritum sanctum imaginem referimus, quam	1	13	11
esse assiduis uocibus inclamabat. hunc uero profitentem ad nefandam	custodiam noxiae mentis mancipes rapuerunt, quem oblatum sibi iubet	1	39	4
inferre, tura non spirantibus concremare, allegare preces surdis, ab his	custodiam petere, quos fur non timet inuolare? quibus recte deus irascitur	1	25	4
o quantum es miranda, pudicitia, quae aliter laudari te non uis quam ut	custodiaris, solo bonae conscientiae ornamento contenta! tu in uirginibus	1	1	20
dominum deum tuum et ambules in omnibus uiis eius et diligas eum et	*custodias praecepta eius ex toto corde tuo et ex tota anima tua, ut bene*	2	2	4
sibi uincit. amplectenda est igitur, fratres, tenaciter nobis et omni genere	custodienda uirtutum. in hanc fortiter incumbendum; ipsa est enim uitae	1	36	4
ac negligat, sponte se faciat infelicem, non credentes, quia dei praecepta	custodiens, huius modi officiis saeculares obterens uoluptates cum fuerit	2	1	14
disciplinam conuersionemque quasi quaedam sollicita mater patientia	custodiret. sol denique quamuis mira celeritate alternas mundi metas	1	4	4
ac non plene denuntiem, obseruantiae qua perfectione dei cultus debeat	custodiri, apud Salomonem maxime cum scriptum sit: *et si multiplicentur,*	2	7	5
de duobus. tu populi caelestis animam tenes, cum ornas pacem, fidem	custodis, amplecteris innocentiam, ueritatem colis, patientiam diligis, spem	1	36	30
moriente oppressione, fame, frigore, iniuria amicum tibi excolis aurum,	custodis argentum, uestem pretiosam ornamentaque superba et	2	1	19
peruigil sollicitudine cassa nec tibi ipsi inde aliquid concedendo illibata	custodis? insuper de inopia quereris, qui quod habes nescis. quicquid	1	14	3
inquam, caelestia humanis, humana caelestibus iungis arcana. tu diuina	custodis. tu in patre imperas. tu tibi in filio obtemperas. tu in spiritu	1	36	32
fuerit a fanatico solemne mysterium, ipsa suscipis, ipsa reponis, ipsa	custodis. una cibum praeterea capis, reliquias poculi propinati lambendo	2	7	17
nec mouetur, sed tantum benedicit deum facultatesque suas contemnendo	custodit. at ubi diabolus adgressuris tantis nihil se profecisse cognoscit,	1	15	3
affectibus praestat, haec parentum, coniugum liberorumque sacra iura	custodit, haec in utroque sexu conspicua, in omni aetate miranda, in	1	1	1
aequitas in medio, in fine patientia. pax colligit, caritas ligat, sollicitudo	custodit, iustitia distribuit, pietas ministrat, puritas supplicat, spiritus	2	6	9
quia etiam iniurias libenter amplectitur; non fallit, quia fidem ipsa	custodit; non ulla re indiget, quia ei praeter quod est nihil est necessarium.	1	36	12
omnipotens, quia ex nihilo uniuersa constituit, uirtute regit, maiestate	custodit; solus indemutabilis ac semper aequalis, quia in se non admittit	1	7	3
sanctionem uestrae aetatis omni curriculo manente in sua semper infantia	custodite ac fortiter praecauete, ne primi hominis quondam uestri umquam	2	24	3
acceptaeque indulgentiae regale beneficium diligenter, fortiter ac fideliter	custodite. etenim omnis [actus] uester contractus ablatus est. securi	1	42	1
acceptaeque indulgentiae regale beneficium diligenter, fortiter ac fideliter	custodite. etenim uester contractus omnis ablatus est. securi gaudete; nihil	2	29	1
spiritalis ortus uestri candorem, ne quo pacto maculetis, perpeti diligentia	custodite, quia nescit iterare quod praestat. ecce pueri, adolescentes,	1	38	1
sola fana non nostis, quae, si uera dicenda sunt, dissimulando subtiliter	custoditis. probatio longe non est. ius templorum ne quis uobis eripiat,	1	25	10
impleuit, et qui nullo iure legis tenebatur, omne ius diuinum praecipue	custodiuit. cuius immolatione ille quoque gauderet, qui ad uictimam	1	43	8
diuinis in rebus, in quibus felices obnixa deuotione suam religionem	custodiunt potius quam salutem. igitur cum audio tres pueros incensos,	1	31	
in honorem deae suae — sane anus turpis atque amatricis — non paruam	cutem eiusdem membri, sed ipsum membrum radicitus abscisum mysteriis	1	3	2
ambulari posse in Petro praesumpsit. per hanc apostoli multos in nitidam	cutem leprae deformis contagiosis scabrosisque grassantium ulcerum	1	36	9
et, deficiente sanguinis suco, arescentibus uenis, dura cum uisceribus	cutis, deformis ac luridus pallor iam paene uultus perdit humanos nec	1	59	4
illa masculum solum, haec utrumque sexum; illa praeputium paruae	cutis, haec praeputium totius concupiscentiae saecularis; illa octauo	1	3	23
gressibus tuis maris unda pinguescens marmoreo stupore solidetur; cetina	cymba inter aestuantis pelagi sollicitos sinus fidem tuam fideliter portet;	2	3	14
medica fuit; haec in Daniele ora leonibus alligauit; haec in Iona cetum in	cymbam conuertit; haec in Maccabaeicae germanitatis exercitu sola uicit;	1	36	8
huius modi continetur: *si uis perfectus esse, uade et uende omnia tua et*	*da pauperibus* et tolle crucem tuam *et ueni sequere me.* de hoc nescio quid	2	1	15
et piscem, qui primus ascenderit, aperto ore eius inuenies duos denarios:	*da pro me et pro te.* piscem primum a mortuis ascendentem Christum	1	37	5
et spiritus sancti, docentes eos seruare omnia quaecumque praecepi uobis.	dabis autem *pro me et pro te*: hoc est meam praedicabis crucem, sed et tu	1	37	7
certamen cum hominibus, quoniam deus praestat agonem. propter hoc	*dabit deus uobis signum: ecce uirgo in utero accipiet et pariet filium et*	2	8	7
non deo, non sempiterno rectori, maxime cum in euangelio sic dicatur:	*dabit illi dominus deus thronum Dauid patris sui et regnabit super domum*	2	5	6
tractatus fidem cum astruit, ex eo ipso eam, quo astruit, destruit. nec ulli	dabit quod non habet, sed potius ut non habeat, adhuc ipse disquirit. uideo	2	3	6
dicente: *ante hominem bonum et nequam, mors et uita; quod elegerit, hoc*	*dabitur ei*. unde dubium non est uoluntatem nostram, cui se iunxerit parti,	2	4	18
praemiis triumphalibus honorabit, maxime cum scriptum sit: *qui habet,*	*dabitur illi et abundabit; qui autem non habet, etiam id quod habet*	1	36	7
et educam uos de monumentis uestris et inducam uos in terram Israel;	*dabo spiritum meum in uos et uiuetis.* cum haec ita sint, resurrectionem	1	2	12
per alium locutus sit mortuus ille, quem noueris. at dicis: 'hoc	daemones fingunt'. o probatio melior, quod etiam fallaces testimonium	1	2	7
audire, mutos loqui, claudos currere, paralyticos reformari, de obsessis	daemones fugere mortuosque saepe ipsos a sepulcris cum suis sibi exsequiis	1	36	9
sanctus in Psalmo nonagesimo quinto declarat dicens: *omnes dii gentium*	*daemonia; dominus autem caelos fecit*; et in Deuteronomio: *sacrificauerunt*	1	25	5
dominus autem caelos fecit; et in Deuteronomio: *sacrificauerunt*	*daemoniis et non deo.* ac ne quis sacrilegium existimaret sibi impune esse	1	25	5
dicit dominus. immola deo sacrificium laudis. immola, inquit, *deo,* non	daemoniis, *sacrificium laudis,* non uituperationis, et *redde altissimo uota*	1	25	8
possit arguere, quae dedecus suum sacrilegio dotantes *membra Christi*	daemoniorum seruis addicunt, *dei templum* profanis patefaciunt, sacraria	2	7	12
Samaritanus dominus, cui Iudaei dicebant: *hic Samaritanus est,*	*daemonium habet*; *stabularius* doctor est legis, qui acceptis *duobus*	1	37	10
eius praecepta seruare. signum salutare uenerantur et tamen a mysteriis	daemonum non recedunt. multos *namque dei metus in ecclesia continet,*	1	35	5
animae nostrae inpenetrabilis lorica, legis conpendiosa ac uera scientia,	daemonum terror, martyrum uirtus, ecclesiae pulchritudo uel murus, dei	1	36	4
patiuntur errare stipi triuiali subiectos; quod liberi parentum uitam sua	damna iudicantes iniecta uiolenter manu ipsi naturae, inuasis hereditatibus	1	5	6
prophetarum omniumque sanctorum, quos synagoga pulsos Iudaei in	damna salutis suae indignis caedibus mactauerunt. uenti saeuientes diuersi	1	34	7
sero, quod promissus, quod sola unica spes totius praeteritae sterilitatis	damna sarciret. inuenta est causa, ubi Abrahae fides temptatione fortior	1	62	3
tanto propensius eius de pietate praesumunt statimque actus ueteris uitae	damnantes pro salute redimenda non solito more ad stupida simulacra	1	34	9
respexit castitas, quid falsi dicerent testes aut qualiter iudices circumuenti	damnarent, non denique qualiter diabolus infamaret, qui non potuit	1	40	2
inuenit excusatio; detestabilis certe filius, quem pater pius, quem pater	damnat inuitus.	1	20	
mori, uiuit dominus post sepulcrum, et ad Iudaeos remansit sola	damnatae uoluntatis inuidia, qui dominum nec agnoscere uoluerunt et sola	1	59	8
ex quo ne *infideles necesse est iudicare*, quia iam sua sunt incredulitate	damnati; ex hac enim uita quis secum aut coronam portat aut poenam.	1	35	2
nostri profunda prouidentia! o praestantia singularis! o dulcis sententia! o	damnatio necessaria! homo iugulatur, ut uiuat. percussor percussorisque	2	24	3
nostri profunda prouidentia! o praestantia singularis! o dulcis sententia! o	damnatio necessaria! in semet ipso homo iugulatur, ut uiuat. percussor non	1	42	2
est, ut, quomodo per unius hominis damnationem in omnes homines	damnatio, sic per unius iustificationem in omnes homines iustificatio	2	4	7
fouea nudus aufugit. sed pudicitiae splendore uestitus post calumniosam	damnationem et liberatus a deo est et honoratus. denique rex iure	1	1	16
admitteret. sicque factum est, ut, quomodo per unius hominis	damnationem in omnes homines damnatio, sic per unius iustificationem in	2	4	7
profudit. propter quod a deo similiter etiam ipse praesentem sententiam	damnationis excepit, quia, sicut est detestabilis qui, cum sit homo, deum se	1	13	6
est? ecce rursus ad lenocinia redis, colorem de pyxide mutuaris paulo ante	damnatum. ecce indulgenter excolis crinem; odorato puluere luctus	2	7	8
per legem iudicabuntur. uidetisne, fratres, multum interesse inter	damnatum et iudicandum? quam iudicii formam etiam ipsa humanitas,	1	35	8
cui praecipitur, ut semen excitet fratris, non utique illud, quod a deo	damnatum iure uidebatur, sed ut reliquas nationes, quas idolatriae, de qua	1	13	5
celebrare mysterium, cuius sacrificium diuina sententia aduertitis esse	damnatum per dominum nostrum Iesum Christum, qui est benedictus cum	1	19	2
estis auditi. nouum iudicii genus est, in quo reus, si excusauerit crimen,	damnatur, absoluitur, si fatetur. magna ratio, magna potestas, magna	1	42	1
estis auditi. nouum iudicii genus, in quo reus, si excusauerit crimen,	damnatur, absoluitur, si fatetur. o magna potestas, magna peritia, magna	2	10	2
uerum, pro nefas, creditur aetati, creditur auctoritati: exsultant adulteri,	damnatur integritas. iamiamque Susanna ad supplicium immerens	1	1	18
in terram. quod cum deo malignum quoque uideretur, pari eum morte	damnauit. coniunctionem autem tertii filii apud nurum per aetatem excusat	1	13	1
aut de lucis istius incongruis usuris aut de praeproperae mortis subitis	damnis familiam domini posse terreri, cum sciamus apostolica fide esse	1	39	5
coloratis ratiociniis sua furta excusantem, reseruat examini, ut ponderatis	damnis rebusque seruatis sententia in eum, prout debitor exstiterit, iure	1	35	8
osculis labra; totum corpus imbribus relauat lacrimarum crinium suorum	damno cooperiens; miserandis affatibus in uberiores fletus incendit etiam	1	2	14
inpertit; illa sanguine gaudet, haec gratia; illa imagine, haec ueritate; illa	damno, haec lucro; illa agit captiua sub lege, haec omnibus praestat in	1	3	23
tarditate periculosae, nullo puerum maternorum uiscerum prosecutae sunt	damno. nulla adhibita rudi fetae sueto more fomenta; neque enim, fratres,	1	54	4
quae mariti corpus expositum lauisti lacrimis, osculis detersisti, crinium	damno uelasti, scissis genis, liuore foedatis uberibus, sordido plus puluere	2	7	7
spargit. nec rogari se permittit nec uicaria laudis remunerari mercede: hoc	damnum graue, hoc aestimat crimen. nam nihil relinquendo sibi beata	2	1	12
spiritalibus cultris, credentium populorum secundum Moysi dictum non in	damnum hominis praeputium carnis, sed in augmentum hominis	1	3	16
purgatum, in aeternum homo, de quo agitur, periturus est; caro enim	damnum pati potest, animo autem imperare non potest; ipse enim regalis	1	3	9

in utrumque commeando largiflua, utrisque propria, nulli priuata. etenim damnum patientur ubertatis et gratiae, si adimatur, quod uno eodemque 1 7 4
ut tunc demum, qualis sit, iure possit agnosci. circumcisio est, fratres, in damnum rotundi uulneris ferro circulata cicatrix. quam si Iudaeus aestimat 1 3 2
mihi ad uos sermo est, fratres carissimi, de humanis gestis aut meritis nec Daniel inducitur inter frementium leonum rabidos rictus intrepidus, 2 18 1
ne quid praeter deum, quem diligit, timeat. denique huius suffragio Daniel populis terribilem inermis draconem necat, leonibus obiectus in 2 2 5
mala non desperauit; haec in Tobiae caecitate medica fuit; haec in Daniele ora leonibus alligauit; haec in Iona cetum in cymbam conuertit; 1 36 8
cum subito, quauis uersutia qui fallitur numquam, confestim adest in Daniele puero deus. omnem repente malitiae scenam diripuit, 1 1 19
et quod protexerat uirtus et ornabat pudor inlaesus. tunc in puero sancto Daniele spiritus sanctus ingressus ait, cum illa ad supplicium duceretur: 1 40 2
tractatum nec fidem per tractatum posse uel dari uel nosci uel destrui. dari non potest, quia si uerbis dari potest, poterit et uerbis auferri; nosci 2 3 11
posse uel dari uel nosci uel destrui. dari non potest, quia si uerbis dari potest, poterit et uerbis auferri; nosci adaeque non potest, quia fieri 2 3 11
aliud esse fidem, aliud esse tractatum nec fidem per tractatum posse uel dari uel nosci uel destrui. dari non potest, quia si uerbis dari potest, 2 3 11
parricidae. Iacob per patientiam et benedictionem lucratus est et fratrem. dat iracundiae locum, securus ut redeat; domum patri commendat, sensim 1 4 16
concedit; hic ubique turbulentus, ubique fertur insanus: promittit, fallit, dat, tollit; nunc tristis, nunc hilaris, nunc humilis, nunc elatus, nunc 1 36 26
a mortuis, ut ait apostolus, post multorum obitus populorum. hic est, cui *data est potestas in caelo et in terra*, nomini eius noua a deo suo, ipso 2 5 4
stabulario pro eo, qui a latronibus adgressuram passus fuerat, dominus datos esse commemorat. quae parabola sublata dubitatione scalae 1 37 10
undis uia cum persecutore deletur. quantum spiritaliter intellegi datur, Aegyptus mundus est iste. Pharao cum populo suo diabolus et 2 26 2
quae impendatur annona. omnibus peraeque unus panis cum signo datur, aqua cum uino, sal, ignis et oleum, tunica rudis et unus denarius; 2 6 8
exitus iam uicinus. ecce prima deuotio: libenter excipere quod sero datur et in tristissima senectute suscepta sollicitudinis mole gaudere; nam 1 43 2
ea se refrenauit, sed insuper eam et iustificauit. Iudas, quantum intelligi datur, ex parte prophetarum, ex parte patriarcharum patrumque typus 1 13 4
liberosque suos non perdidit, sed mutauit! Iob, quantum intellegi datur, fratres carissimi, Christi imaginem praeferebat. denique comparatio 1 15 7
terribilibus oraculis salutem ciuitati credulae praestaturus. quantum datur intelligi, fratres, nauis typus est synagogae: eius proretam sacerdotale 1 34 7
aetatis quod numquam prorogat inportune nec derogat, quid aliud intelligi datur quam sui opificis moderationi deseruiens peritissima insignis 1 4 5
cum et pater quod accepturus est habeat et filius non careat quod daturus. totum pater, totum possidet filius; unius est quod amborum est; 2 5 9
recte sanctissimus Dauid ait: *beati quorum remissae sunt iniquitates et quorum tecta sunt* 2 10 1
generis signaculo responderet, neque Dauid filius esset neque nisi in filium Dauid Christus uenire potuisset; qui ideo circumcisus est, quia Iudaeis erat 1 3 18
sunt omnes diuites serui, cuius est orbis totus omnisque natura, beatissimo Dauid dicente: *domini est terra et plenitudo eius, orbis terrarum et uniuersi* 1 15 7
igitur haec scala cuius esset materiae, in qua dominus incumbebat, ex Dauid dicto cognoscimus, qui ait: *uirga tua et baculus tuus ipsa me* 1 37 8
esse canebatur; qui nisi paterno generis signaculo responderet, neque Dauid filius esset neque nisi in filium Dauid Christus uenire potuisset; qui 1 3 18
saluti hominum praestari potuisset. eo accedit, quod secundum carnem Dauid filius futurus esse canebatur; qui nisi paterno generis signaculo 1 3 18
duo testamenta, quae credentes tenent, non credentes incidunt. sed et Dauid hanc calamum nuncupauit, dicens: *lingua mea calamus scribae* 1 37 4
enim uita quis secum aut coronam portat aut poenam. quam rationem Dauid in Psalmo primo his uerbis expressit: *non resurgunt*, inquit, *impii in* 1 35 3
pareretur, soli lunaeque suos frenos induxit; haec de armato Golia Dauid inermi triumphos attulit; haec in Iob inter crebra et ingentia mala 1 36 8
ergo posset agnosci, prodidit Esaias his uerbis: *audite itaque, domus Dauid: non pusillum uobis certamen cum hominibus, quoniam deus praestat* 2 8 7
maxime cum in euangelio sic dicatur: *dabit illi dominus deus thronum Dauid patris sui et regnabit super domum Iacob in saecula et regni eius* 2 5 6
nulli enim facilius efferuntur, nisi quos inopinati honoris culmen extollit. *Dauid* quippe *humilis, abiectus,* ignobilis sui iacebat in domo patris, oues 2 9 7
ne alter alterum manducantem denotet, inuitator ammonet Paulus. Dauid regius pastor omnibus momentis lac argenteum subministrat et 1 24 3
nullas deinceps aerumnas mundi sensura repromissa felicitas exhibetur, Dauid sancto dicente: *conuertere, anima mea, in requiem tuam, quia* 1 2 32
qui salutem suam in pecorum morte constituunt, cum deus, posteaquam de Aegypto egressi sunt, ubi imaginarium pascha gesserunt, dicat: *plenus* 2 25 1
maiores suos Pharaonis exercitusque eius graui seruitutis iugo depressos de Aegypto praedicant liberatos. a diaboli rabie idolorumque turba 1 46b 1
laniat. post haec promittitur ei de legitimo matrimonio filius de fide, non de aetate. concepit Sarra, portat sine labore uteri sarcinam, quae iam 1 62 2
quia et cordis exaltatio nullos fructus inuenit et oculorum extollentia de alio in aliud elata quicquid uiderit mobilitate fugaci statim deperdit. 2 9 5
auribus, terra. de caelo et terra prophetam fuisse testatum uel quasi de aliqua re esse conquestum, cum dicit *audi caelum et terra,* tamquam 1 61 2
aut accipit, corrumpit aut corrumpitur, inicit amorem, paulo post odium de amore factura. seminat inlicitos heredes crimenque noscens nominibus 1 1 7
sua apud dominum nostrum odia meruerunt, quoniam quanta fuit de amore gratia, tanta de eorum offensione futura uindicta est. certum est 1 61 5
orant quia timent, peccant quia uolunt. unde non est absolutus reatus, ubi de amoris comparatione duarum contrariarum sibimet partium iudicium 1 35 6
dei sedens. possumus et sic, fratres, intellegere: hoc de ministris et de angelis dictum, quos domino, cum esset in terris, fecisse inuenimus 1 37 13
alimenta contendunt; ac sic fidem rei quam reprobant faciunt. philosophi de anima uaria disserunt, sed tamen hanc esse inmortalem <et> Epicuri, 1 2 4
ut sunt ingenia cotidie quae uidemus uersutis contentionibus laeta, de apostoli dicto calumniosam nobis inferat quaestionem, at quia: *primus* 2 4 1
tuorum. hic utique non de caelis istis loquitur, quos semper uiderat, sed de apostolis, quos uidere optabat. et iterum: *texit caelos uirtus eius*, eo 1 61 3
Iesu Naue desiderio pareretur, soli lunaeque suos frenos induxit; haec de armato Golia Dauid inermi triumphos attulit; haec in Iob inter crebra 1 36 8
praecipitat, ne gratis homo uideatur occisus. sed nos non ad auaros, sed de auaris sermonem fecimus, fratres; alioquin solis diuinis exemplis 1 5 17
sic enim ait: *et uidebo caelos, opera digitorum tuorum*. hic utique non de caelis istis loquitur, quos semper uiderat, sed de apostolis, quos uidere 1 61 3
illud, quod per mare medium terrenum duxit ingressum? quid [quibus] de caelo cotidianum manna in eremo, potus e saxo? quid per lignum 1 61 8
caelo. quomodo filius hominis uel cuius hominis nasci posset in caelo, ut de caelo descenderet, cum humanitatis a caelo et possessio longe dimota sit 2 4 2
qui resurgens ait: *omnia mihi tradita sunt a patre meo*. hic, qui purus de caelo descendit, carnatus ascendit in caelum. hic, inquam, de quo 2 5 4
pulsari; scriptum est enim: *nemo ascendit in caelum, nisi qui de caelo descendit, filius hominis, qui erat in caelo.* quomodo filius hominis 2 4 2
et natura? age, excita sensum, lector, inuenies ueritatem. qui erat in caelo, de caelo descendit; *qui descendit, ipse est et qui ascendit* in caelum, filius 2 4 3
sapientia non habet finem nec fortitudo mensuram, amore imaginis suae de caelo descendit, uteri uirginalis illustrat hospitium ibidemque in homine 2 4 7
portauimus imaginem eius, qui de limo est, portemus et eius imaginem, qui de caelo est. quam qui sancte portauerint, sicut apostoli omnesque iusti, 2 30 4
illi audire contempserint. *audi*, inquit, *caelum, et percipe auribus, terra.* de caelo et terra prophetam fuisse testatum uel quasi de aliqua re esse 1 61 2
in terra naufragium. ad hoc sane in eremo aquam de petra bibisti, manna de caelo gustasti, ut, cum esses ad egestatem postmodum deuolutus, 1 9
nunc peruenisse cognoscis; ubi sane ad hoc aquam de petra bibisti, manna de caelo gustasti, ut scires, miser, quid fueras perditurus. 2 16
timent; qui incenderant, ardent; qui incensi sunt, sanctificati et incolumes de camino procedunt per dominum nostrum Iesum Christum. 1 22 2
concremati sunt et, qui incensi sunt, incendio suo superstites triumphantes de camino procedunt, praestante domino nostro Iesu Christo. 1 53 2
subito sibi martyres pepererunt, qui dies obseruant, qui Aegyptiacos de candidis faciunt, qui auguria captant salutemque suam pecudum 1 25 11
utrum hanc carnalem an spiritalem esse defendat. si spiritalem, cur de carne gloriatur? si carnalem, animae prodesse non poterit, quia *caro et* 1 3 3
mundus manducabit carnem. anima autem quaecumque manducauerit de carne sacrificii salutaris, quod est domini, et inmunditia eius super 1 25 12
Paulus subtiliter prodidit dicens: *qui seminat secundum carnem, de carne sua metet interitum; qui autem seminat in spiritu, de spiritu metet* 1 2 28
uestra locuta sunt facinus et lingua uestra iniustitiam meditatur. et iterum de ceteris membris: *sepulcrum patens est guttur eorum, linguis suis dolose* 1 3 11
aetatis.' credo. ecce nupsisti. ut de fragilitate humanitatis, casibus ut de ceteris taceam, ecce maritum tuum postridie aliqua necessitas rapit, 2 7 9
uulneris ferro circulata cicatrix. quam si Iudaeus aestimat gloriam, ut de ceteris taceam, maior est eius, qui in honorem deae suae — sane anus 1 3 2
qui resurrectionem futuram et audit et sperat et repositam sibi praesumit de Christo? igitur primo omnium probandum puto animas nostras suorum 1 2 2
fortassis de circumstantibus doctis quispiam <in> cachinnos erumpat, quod homo 2 1 1
iuxta uiam sunt, hi sunt, qui audiunt uerbum et uenit diabolus et tollit de corde illorum uerbum, ne credentes salui fiant. terra uero hominem 1 13 5
carnalibus; nam neque cum ingreditur corpus nostrum neque cum de corpore egreditur, a quoquam deprehendi potest tantumque potestatis 1 27 3
non est subiecta mortalibus. nam neque cum ingreditur corpus neque cum de corpore egreditur, a quoquam conspicari potest tantumque potestatis 2 30 3
comparatio indicat ueritatem. Iob iustus dictus a deo est; ipse iustitia, de cuius fonte omnes qui beati sunt gustant; ecce enim de ipso dictum est: 1 15 7
quod homo imperitissimus et elinguis aliquid audeam de iustitia disputare, de cuius proprietate excellentes ingenio et doctrina uiri nihil certi libris 2 1 1
depingit, nata sanguineae teneritudinis dubio cornu primo quasi de cunis apparet paulatimque crescendo iam puella, iam uirgo pro 1 2 19
scriptura diuina cum de dei loquitur filio, non sibi repugnat, sed inter deum hominemque, quem 2 5 1
qua ei nec legitime seruire poterit nec placere. ceterum prouidentis dei de deo argumentationibus uanis opinari uelle dispositum non colentis est, 1 54 1
quod legis fundamenta temnentes uersuta disputatione, praetermisso deo de deo exeunte, ad communia humanitatis nomina, quae possunt 1 45 1
humanae deuotionis *religiosa confessio est de deo hoc nosse*, quod licitum est. sicut enim in simplici corde scrutanda 1 34 1
sapientia e regione cordis *eructuat uerbum*, omnipotentia se propagat. *de deo nascitur deus* totum patris habens, nihil derogans patri. alter renitet 1 56 1
sapientia sapientiam, omnipotentia omnipotentiam propagat. *de deo nascitur deus*, de ingenito unigenitus, de solo solus, de toto totus, 1 17 2
sub sono legis ac fidei saecularis amore iactantiae accensus nascentis dei de deo spiritusque sancti inaestimabilem incomprehensibilemque diuinitatis 2 3 15
uiuentium diabolus designatur, domino Iudaeos sic increpante: *uos de diabolo patre estis et concupiscentias patris uestri facere uultis), uestem* 1 13 8
pueri, quo ardere putabantur incendio, de suis incensoribus uindicati, sed de domino nostro, quem, pro nefas, uenerantur externi, si tamen dicendum 2 18 1
plangite, sacerdotes; lugete omnes, qui deseruitis altari, quoniam ablata est de domo dei uestri hostia et immolatio. multa sunt, quae dici possunt, sed 1 25 6
propter quod Paulus beatissimus ait: *nolumus autem ignorare uos, fratres, de dormientibus, ne contristemini sicut ceteri, qui spem non habent; si enim* 1 2 12
repugnantia. ac per hoc necessario requirendum nobis erit, quid sit fortius de duobus: illud quod sensibile est an quod caret sensu. uerum quis dubitet 1 7 2
ac per hoc necesse est, ut utrumque inane sit, si infirmari potest alterum de duobus. quid, quod Abel iustus est sine hoc uulnere inuentus? quid, 1 3 4
cum occiditur ab hominibus deus filius, nullus irascitur de duobus. tu populi caelestis animam tenes, cum ornas pacem, fidem 1 36 29
duceretur: *reuertimini ad iudicium; falsum enim isti contestati sunt de ea.* stupet populus, quod a supplicio ad iudicium repetendum 1 40 2
prior uir consummatur in cruce atque eo feliciter soporato similiter de eius latere ictu lanceae non costa diuellitur, sed per aquam et 1 3 20
et regni eius non erit finis. Salomon in Sapientia similiter dicit, cum de eius loquitur seruis: *et si coram hominibus tormenta passi fuerint, spes* 2 5 6
obstinati cordis impatientia superauit. non enim leue crimen est eius, cum de eo ille queritur, qui mox eum poterat et punire. sed quia mors apud 1 47
humana cognoscit. haec, si religiosus es, serua; timoratus si uere, custodi. de eo, quod modum humani sensus excedit, disputare deuita. negat 2 3 18

sanguinis uindicta usque ad ultimum quadrantem exigitur. calcatores de eodem musto bibunt; et persecutores saepe credentes in Christum 2 11 7
nostrum odia meruerunt, quoniam quanta fuit de amore gratia, tanta de eorum offensione futura uindicta est. certum est enim in eum filium, 1 61 5
amauerat; probat felicius esse quod oderat. gemit instanti poenae aliquid de facultatibus notis mederi non posse, pro uno puncto requiei 1 2 10
patre quaereret, ubi esset uictima quam disponeret et immolaret, securus de fide generis sui pater filio, de quo non dubitabat, patefecit, quid a se 1 43 5
uitulum laniat. post haec promittitur ei de legitimo matrimonio filius de fide, non de aetate. concepit Sarra, portat sine labore uteri sarcinam, 1 62 2
inputaretur, sed magis ut deuotioni pareret, laetabatur hoc iussisse deum. de filio hostiam parat, festinat denique inplere sacrificium, ne mora faciat 1 43 4
ex tuaque natura opinaris prouisionis piae diuina mysteria? si minus sentis de filio, quia regnum traditur patri, maior patris iniuria est, si est 2 5 5
'uolo, dixit deus, mihi fieri sacrificium, Abraham, tuis manibus in monte de filio tuo; haec mihi uictima placet, hoc me sanguine deplacabis, iste 1 43 3
progenies antecedit sequiturque tempora et saecula infinita. parit sibi de fine principium et tamen a cunis genitalibus non recedit. profecto 1 57
quae sequitur tempora et, ut saecula colligenda disseminet, parit sibi de fine principium. hic est, quo similiter, uerum tamen semel, amore 2 19 1
antecedit quae sequitur tempora et saecula infinita disseminat. parit sibi de fine principium, hoc nostris quoque hodie competentibus praestaturus, 1 44 2
procurrens atque recurrens, solemni meta rotatus in sese, proferens sibi de fine principium, natalicia infinita de occasu dies sempiternus eluxit; quo 1 33 1
reuiuescens, menstrualis ignis solemni germine accenso sumat rursus de fine principium. similiter Phoenix auis illa pretiosa resurrectionis 1 2 19
se credentibus dominus aetheria natiuitate renouatis plenitudinis suae pio de fonte largitur per dominum nostrum Iesum Christum. 1 27 3
sed caelestis hominis spiritalem, quam nobis plenitudinis suae pio de fonte largitur. quam rationem Paulus euidenter prodidit dicens: 2 30 3
sua peccata exstinguat et futura repellat. Thamar arguitur, quod de fornicatione conceperit; et ecclesia quasi legis adultera Iudaeorum est a 1 13 12
sed dicis: 'ardor me tenerae compellit aetatis.' credo. ecce nupsisti. ut de fragilitate humanitatis, casibus ut de ceteris taceam, ecce maritum tuum 2 7 9
et suam uolentes constituere iustitiae dei non oboedierunt. sed cum de futuro nihil opinantes praesentis tantum uitae commoda inspiciunt 2 1 3
uero animi, quam nos nobis ipsi hac in uita per fidem sacri fontis uiuo de gurgite conparamus, nobilis et aeterna, quia animus, qui uicerit 2 4 8
cum ipso regnauit, cata Iohannem ipso dicente: *regnum meum non est de hoc mundo.* apertius autem hoc Paulus expressit dicens: *hoc enim scire* 2 5 8
istum mundum ipsi iudicabunt, apostolo dicente: *an nescitis, quia sancti de hoc mundo iudicabunt?*; alterum impiorum, qui non sunt iudicandi, 1 35 7
omnia tua et da pauperibus et tolle crucem tuam *et ueni sequere me.* de hoc nescio quid possit quispiam promouere; unum tamen scio, quia 2 1 16
spiritusque sancti uigore amputantur. plorat feliciter uitis purgata materia; de homine loto felicius manant doctrinae caelestis diuina fluenta, ruptis 2 11 5
aut caram habeat aut dilectam? *filios*, inquit, *genui*: hoc dominum de hominibus dixisse quam dulce est! talem patrem laesisse quam turpe! 1 61 7
isti mentiuntur. absit! nullus hic error, diuersitas nulla est. Paulus enim de hominis adsumpti temporali locutus est regno, in quo uenturus et 2 5 7
cum haec ita sint, resurrectionem futuram cur, Christiane, non credis? cur de huius mundi labe in meliora migrantes tam pertinaciter plangis? pro 1 2 13
non hodie mihi ad uos sermo est, fratres carissimi, de humanis gestis aut meritis nec Daniel inducitur inter frementium 2 18 1
mater esse, cum desinit. marcidae mammae lactis ubertatem ostendunt et de ieiuna aetate puer robustior saginatur. nihil difficile est fidei, quae 1 62 2
secura calcat genera uniuersa terrorum; incolumis quasi orbe subacto de illo ferali caueae — iam non miserabilis, sed mirabilis — funereo 2 2 7
detritos, qui non possunt aquam portare. postremo infelices quid sperant de imagine, cuius nosse non sunt meriti ueritatem, dominum nostrum 1 18 2
de profundis clamaui ad te, domine. clamat namque de profundis, id est de imis praecordiis; clamat de profundis, sed quibus saeptus erat maestus 1 34 3
hymnum canunt. barbarum regem fidei tenacitate confundunt. uindicantur de incensoribus suis. deum uident. mors transit in uitam, metus in gloriam. 2 15
nullamque aliam ob causam promulgatam se esse testatur, nisi ut fides de infidelibus uindicetur. denique tolle peccatum: cessat legis imperium. *lex* 2 3 3
sapientiam, omnipotentia omnipotentiam propagat. *de deo nascitur deus,* de ingenito unigenitus, de solo solus, de toto totus, de *uero uerus,* de 1 17 2
uehemens commotio est, fratres, cum is de iniuria sua queritur, qui se potest facillime uindicare. sed quia apud 1 20
cassa nec tibi ipsi inde aliquid concedendo illibata custodis? insuper de inopia quereris, qui quod habes nescis. quicquid feceris, nihil horum 1 14 3
alieni, non suo, non alieno, non ipso orbe contenta. totum possidet et de inopia queritur semper. denique ad sua numquam peruenit uota. 1 5 2
dii estis et filii excelsi omnes, uos autem sicut homines moriemini. sed et de Iohanne Baptista sic dictum esse meminimus: *ecce mitto angelum* 1 37 11
et iter pacis non cognouerunt; non est timor dei ante oculos eorum. et de ipsa circumcisione in symbolis inquit: *interrogabant et in uirgis suis* 1 3 11
est; ipse iustitia, de cuius fonte omnes qui beati sunt gustant; ecce enim de ipso dictum est: *orietur uobis sol iustitiae.* Iob uerax est appellatus; at 1 15 7
tempore, qui praestat temporibus aeternitatem. mira res! concipit Maria de ipso, quem parit; tumet uterus maiestate, non semine, capitque uirgo, 2 12 2
cachinnos erumpat, quod homo imperitissimus et elinguis aliquid audeam de iustitia disputare, de cuius proprietate excellentes ingenio et doctrina 2 1 1
magna. similaginem conspargit, uitulum laniat. post haec promittitur ei de legitimo matrimonio filius de fide, non de aetate. concepit Sarra, portat 1 62 2
euidenter prodidit dicens: *quemadmodum portauimus imaginem eius, qui de limo est, portemus et eius imaginem, qui de caelo est.* quam qui sancte 2 30 4
feceris, nihil horum tecum ad inferna portabis; quod enim naturae est, de loco ad locum transferri potest, ei autem subtrahi non potest. denique 1 14 3
uocibus exsiliit: 'quid, inquit, uanissime omnium iudicum, putasne aut de lucis istius incongruis usuris aut de praeproperae mortis subitis damnis 1 39 5
non audierunt; clamabunt ad me et non erit, qui exaudiat eos. similiter et de manibus dicit: *manus enim uestrae inquinatae sunt sanguine et digiti* 1 3 10
holocaustomatis arietum et pinguamine agnorum; quis enim haec exquisiuit de manibus uestris?. utique, fratres, incunctanter eis ademit pascha, qui id, 2 25 1
agnorum. sanguinem taurorum et hircorum nolo; quis enim exquisiuit ista de manibus uestris? per alium adaeque prophetam spiritus sanctus clamat 1 25 6
patent duodecim portae, habitacula praeparata sunt infinita. nemo sit de mansione sollicitus: certae gloriae nostrae insignis res erit, si dei 1 5 18
commercium, cum ad caeleste praemium populus accenditur et de martyris meritis non siletur. sed quis illustris martyrii palmiferam 1 39 1
nuptias dissuaserit. at ego non pertimescam, sermonis publici quae de me fabuletur inuidia; non enim nuptias condemno, sed nuptiis meliora 2 7 2
doctrina uiri nihil certi libris ingentibus prodiderunt. sed ego non curem, de me quemadmodum quis iocetur. non enim in ecclesia dei fucatus 2 1 1
pater familias panem uinumque pretiosum uobis ex usibus suis sua de mensa largitur. tres pueri unanimes legumina inferunt primi, quibus, ut 1 24 2
est ad dexteram dei sedens. possumus et sic, fratres, intellegere: hoc de ministris et de angelis dictum, quos domino, cum esset in terris, fecisse 1 37 13
loquitur dicens: *ecce ego aperio monumenta uestra et educam uos de monumentis uestris et inducam uos in terram Israel; dabo spiritum* 1 2 12
non homines tantum, sed paene omnia suis mortibus uiuunt. unde pauca de multis attingam, ut omnium probationem haud dubie in paucis 1 2 17
uacat ergo praesentis temporis regimen utroque cessante actumque est de mundo mundique tota substantia, si uel uno momento diuinitatis cessat 2 5 5
maiores, sed omnis Christiana progenies de uera Aegypto, id est isto de mundo, semper momentis omnibus liberatur. illis ducatum Moyses 1 46b 1
et templum. exsultate igitur, fratres, aedificationemque uestram aede ista de nouella cognoscite, cuius quoque capacitatem felici numero fecistis 2 6 5
tam iucundi certaminis exempla declarant; quia aliqui eorum cum forte de numero audacis lupi rabie denotatus in praesens periculum coeperit 1 36 15
uberrimam docuit afferre uindemiam. inde est, quod hodie uestro de numero nouellae uites ad iugum perductae, scaturientis musti dulci 1 10b 3
uidere, surdos audire, mutos loqui, claudos currere, paralyticos reformari, de obsessis daemones fugere mortuosque saepe ipsos a sepulcris cum suis 1 36 9
meta rotatus in sese, proferens sibi de fine principium, natalicia infinita de occasu dies sempiternus eluxit; quo discussa conuolutae hiemis 1 33 1
ista exempla confirmans uni ex latronibus in se credenti, qui cum eo de patibulo dextra laeuaque pendebant, ait: *amen, amen dico tibi: hodie* 1 2 11
inferos penetrat, ut mortuos uiuos inde reducat; unigenitus prodeundo de patre ante originem rerum, *primogenitus a mortuis,* ut ait apostolus, 2 5 3
patre, patris dextra feriendus. qui antequam ueniret in montem, cum de patre quaereret, ubi esset uictima quam disponeret et immolaret, 1 43 5
deus, de ingenito unigenitus, de solo solus, de toto totus, de *uero uerus,* de *perfecto perfectus,* totum patris habens, nihil derogans patri; procedit in 1 17 2
ambulasti, ut patereris in terra naufragium. ad hoc sane in eremo aquam de petra bibisti, manna de caelo gustasti, ut, cum esses ad egestatem 1 9
eremo exciperis, quo te nunc peruenisse cognoscis; ubi sane ad hoc aquam de petra bibisti, manna de caelo gustasti, ut scires, miser, quid fueras 2 16
et quantum sciunt dominum non esse mendacem, tanto propensius eius de pietate praesumunt statimque actus ueteris uitae damnantes pro salute 1 34 9
est. sed fortassis, quod nonnulli forma uidentur minores, si secus aliquid de pistore sentiatur, mea nihil interest, fratres, quia, etsi pauper sum, 1 41 3
ignes mundi germanos astrorumque candentium polorum claritatis suae de plenitudine accendit. hic, qui semel occidit et ortus est rursum 2 12 4
quod est domini, et inmunditia eius super ipsum est, peribit anima illa de populo suo. haec, fratres, sicut cauenda sunt nobis, ita quae bona, quae 1 25 12
octauo die, id est ueniente sabbato, si non secundum legem circumcidat, de populo suo infantis anima peritura est. hic, fratres carissimi, eligat 1 3 3
omnium iudicum, putasne aut de lucis istius incongruis usuris aut de praeproperae mortis subitis damnis familiam domini posse terreri, cum 1 39 5
natus, quia in aeternum incircumcisis gentibus fuerat profuturus. diximus de prima circumcisione carnali, quae Iudaeorum est; nunc breuiter de 1 3 19
domini? non enim in horum inquisitione exaestuans propheta dicit: *de profundis clamaui ad te, domine.* clamat namque de profundis, id est de 1 34 2
uiator trepidus absorbebatur, et perambularet pariter et euaderet. clamat de profundis et Paulus obrutus calamitatibus beatis, cum pro nomine 1 34 4
propheta dicit: *de profundis clamaui ad te, domine.* clamat namque de profundis, id est de imis praecordiis; clamat de profundis, sed quibus 1 34 3
domine. clamat namque de profundis, id est de imis praecordiis; clamat de profundis, sed quibus saeptus erat maestus ac tristis calamitatibus 1 34 3
illa mentita es. quid hoc est? ecce rursus ad lenocinia redis, colorem de pyxide mutuaris paulo ante damnatum. ecce indulgenter excolis crinem; 2 7 8
forte cum carne depereat, uana spe si captus fuerit caduca atque carnali, de qua apostolus dicit: *caro et sanguis regnum dei possidere non possunt.* at 1 2 24
a deo damnatum iure uidebatur, sed ut reliquas nationes, quas idolatriae, de qua diximus, disseminatae uenena confecerant, ad dei cultum bonae 1 13 5
digne, digne iugulantur quae Christi ingratae beneficiis sponte ad mortem, de qua euaserant, reuertuntur. cum igitur semper insidietur se non 2 7 12
est, gentium desiderat per momenta patrocinia! o quam turpis ac lubrica, de qua ludit aliena sententia! o quam adultera, quae non agnoscit, quo 2 3 10
iam ueritatem non imaginem quaerens, iam spiritalia non sua desiderans, de qua Paulus ait: *non omnis caro eadem est caro: alia est hominis, alia* 1 2 25
sunt, qui saeculo renuntiantes rursus reuertuntur ad saeculum, de quibus dominus ait: *nemo retro attendens et superponens manum suam* 1 37 12
causa, quia exaltatio cordis ad paucos pertinet, oculorum elatio ad omnes. de quibus Iohannes discipulis quid praedicet, omnibus est in usu: *nolite,* 2 9 5
deus illi non colendus sit, sed quaerendus. quod nunc faciunt infideles, de quibus scriptura diuina quid pronuntiet, audiamus; cuius ista sunt 2 9 2
circumcisionis spiritali fuerit sacramento purgatum, in aeternum homo, de quo agitur, periturus est; caro enim damnum pati potest, animo autem 1 3 9
diei iudicii flammas, per quas omnes nudi transituri sumus. solum colitur, de quo dictum est: *idola gentium argentum et aurum,* pro quo quis aut 1 5 15
et corpora sunt caelestia, sunt et terrestria. itaque inmortalitatis semine (de quo etiam poeta sapientissimus praesagauit dicens: *igneus est ollis uigor* 1 2 26
in Christo concreta agnum legitimum praestiterunt. hic est agnus, fratres, de quo lex ait: *Pascha est domini*; apostolus quoque Paulus: *Pascha* 1 8 2
quam disponeret et immolaret, securus de fide generis sui pater filio, de quo non dubitabat, patefecit, quid a se dominus postulasset, et quid ipse 1 43 5
qui purus de caelo descendit, carnatus ascendit in caelum. hic, inquam, de quo Paulus ait: *qui accipit regnum, regnat et tradet deo et patri,* et 2 5 4
diuinae prorsus nihil retinere, paucis accipite. Salomonis templum, de quo praesumebant, cecidit. altaria dei ipsi euerterunt. *lex et prophetae* 2 17

apud omnes condemnat, fratres uenerandi, sed pietas. neque enim potest de quoquam bene mereri, quem pater patientissimus et clementissimus 2 21
summam, quoniam uniuersa quamuis gemina esse noscantur, tamen una de radice funduntur. testamenta sunt duo, sed testator est unus; et scribens 1 37 14
in quibus oportuerat ambulari? prioribus, fratres, posteriora respondent: de rebus enim loquitur saecularibus. *in magnis et mirabilibus* se dicit non 2 9 6
per ipsum impleta est. denique sic ad discipulos ait: *omnis scriba doctus de regno caelorum similis est patri familias proferenti de thesauris suis* 1 37 9
immortalis laudis Christianus semper ardor animatur. erit geminum de religiositate commercium, cum ad caeleste praemium populus 1 39 1
esto sancta et corpore et spiritu, amore Christi ignem carnis exstingue, ut de resurrectionis gloria, quam hic iam tibi uindicas, taceam, in qua, ut 2 7 4
mensium non baiulat pondus, sub incerto partu parientis nascentisque de salute non gemit nulliusque momentis omnibus uariae sollicitudinis cura 2 7 3
de prima circumcisione carnali, quae Iudaeorum est; nunc breuiter de secunda spiritali, quae nostra est, edicamus. quae tantum potestatis 1 3 19
in modum forcipis uidit; quibus ad conflanda labia inquinata ab uno de seraphim ex ara dei sublatum carbonem uaticinando perhibuit. etenim 1 37 2
diligenter accurat et assat. Iohannes camelarius deuote praecurrens de silua mel attulit et locustas. ne alter alterum manducantem denotet, 1 24 3
omnipotentiam propagat. *de deo nascitur deus*, de ingenito unigenitus, de solo solus, de toto totus, de *uero uerus*, de *perfecto perfectus*, totum 1 17 2
carnem, de carne sua metet interitum; qui autem seminat in spiritu, de spiritu metet uitam aeternam. at uero dominus euidenter hoc edocens 1 2 28
propago formata: ad principium aetas peracta reuocatur, accingitur de sterilitate fecunditas, ut impleretur, quod scriptum est per prophetam: 1 59 3
aluo quam alueo nauis nec tres pueri, quo ardere putabantur incendio, de suis incensoribus uindicati, sed de domino nostro, quem, pro nefas, 2 18 1
sed non illo, in quo diuersis epulis intrimentorum lenocinio saporis de summa certantibus obrutum pectus saepe crudis atque acidis uomitibus 1 24 1
etiam post nuptias manet postmodum uirgo perpetua, nos, qui nascimur de tanto coniugio, omnifarie niti debemus, quemadmodum prosapiae 1 1 3
qui totum sibi ipse promiserat, inanis, qui nihil praesumpsit, iustificatus de templo discessit. 2 9 9
integumento carnis includitur deus humanamque uitam mutuatur de tempore, qui praestat temporibus aeternitatem. mira res! concipit Maria 2 12 1
significat, quia et *hominem deus de terra finxit* et homo idolum de terra composuit. *semen* ergo *suum fudit in terram*, hoc est dei mandata 1 13 6
fiant. terra uero hominem idolumque significat, quia et *hominem deus de terra finxit* et homo idolum de terra composuit. *semen* ergo *suum fudit* 1 13 6
omnis scriba doctus de regno caelorum similis est patri familias proferenti de thesauris suis noua et uetera. scriba, fratres, est praedicator, *pater* 1 37 9
propagat. *de deo nascitur deus*, de ingenito unigenitus, de solo solus, de toto totus, de *uero uerus*, de *perfecto perfectus*, totum patris habens, 1 17 2
frater, tua curiositas, nusquam tua proficit pugna, quia quem putas uel de tuis ipsis studiosis fidelissimum, hic infidelis, et quem putaueris 2 3 11
iam canitur, ecce mox infantum dulcis uagitus auditur, ecce parientis uno de uentre clarissima turba procedit. noua res, ut iure spiritali unusquisque 2 28
turba uiolenta non tantum nostri maiores, sed omnis Christiana progenies de uera Aegypto, id est isto de mundo, semper momentis omnibus 1 46b 1
de deo nascitur deus, de ingenito unigenitus, de solo solus, de toto totus, de *uero uerus*, de *perfecto perfectus*, totum patris habens, nihil derogans 1 17 2
Iudaeus legitimum gerere se pascha contendit, cui nihil aliud de ueteri sacramento quam inanibus intexta suspiriis fabula remansit. 1 28 1
in Mariam, uniuersa cordis desecat uitia uulnusque mulieris, dum de uirgine nascitur, curat. signum salutis accipite! corruptelam integritas, 1 3 19
una sunt caro, unum diuini operis sacramentum, quoniam femina de uiro suo facta est alterque alteri tenetur obnoxius ac per hoc iure legis 1 1 14
in omnibus uero regina. tu numquam carni, numquam ulli subiaces legi. de uoluntate nasceris, sed bono puritatis uoluntatem ipsam paris, quia 1 1 20
utique a templo regrediens necessario enarrabit tibi sciscitanti sibi de utriusque salute uel unanimitate deorum quae fuere responsa. si 2 7 16
et parit omne quod malum est et peperit omne quod peius; nam in idolis dea est, in cultoribus uero eorum ministra. uenerandam se procurat in 1 1 8
aestimat gloriam, ut de ceteris taceam, maior est eius, qui in honorem deae suae — sane anus turpis atque amatricis — non paruam cutem 1 3 2
nullus otiosus est? o sancta aequalitas ac sibi soli dignissima indiuiduae dealitatis! unus homo ad duorum imaginem et similitudinem fingitur nec 1 45 2
sed mutatur. melius seruauit filium, dum non pepercit. sola enim fides deambulat inter gladios tuta, inter esurientes feras amica, in ignibus 1 62 5
sequitur ut scire debeamus, utrum tractatum fidei an fidem tractatus debeamus adserere. si tractatum fidei dixerimus, uehementer errabimus. 2 3 6
imaginemque dei dignissime uenerando declaremus, quid ipsi ueritati debeamus, scientes, quoniam, si quis imaginem laeserit, in exitium suae 1 36 24
index dei uoluntatis est, non dei originis aut naturae. sequitur ut scire debeamus, utrum tractatum fidei an fidem tractatus debeamus adserere. si 2 3 6
est aliarum electio personarum, quia, cum alteris, ut uerbum dei audire debeant, dicitur, Israel sic reprobus inuenitur et, dum clamat propheta 1 61 1
proficiat. compendiosum felicitatis genus alterius periculo discere, quid debeas deuitare. unde, fratres, in tali re non loquela est exhibenda, sed 1 10a
ueritatis ac non plene denuntiem, obseruantiae qua perfectione dei cultus debeat custodiri, apud Salomonem maxime cum scriptum sit: *et si* 2 7 5
una illi sola principalis sollicitudo ac maxima est cautio, ne quid mundo debeat, ne quid horum digne patiatur. hanc qui diuinas litteras aut non 2 1 13
opus cum dicto completur a filio. quomodo autem, quantus aut qualis fieri debeat, nemo praecipit, interrogat nemo. neque enim sine patris esse possit 1 56 2
fides conscientiam medullitus mundat, ne quid reatui uel intrinsecus debeat; qui enim suam conscientiam non timet, is est, qui deum non timet. 2 3 5
se ad alienas utilitates colligit atque explicat sciens, quid deo principaliter debeatur, nihil sibi ipsa concilians, nihil proprium derelinquens, nisi quod 2 1 11
uideamus, unde uera caritas ueniat, ubinam consistat, cui uel maxime debeatur: utique illi, qui hominem fecit, qui ei munus perpetuae caritatis 1 36 28
da pro me et pro te. piscem primum a mortuis ascendentem Christum debemus accipere, cuius ex ore duo denarii, id est duo testamenta prolata 1 37 5
sunt a deo, quod opus tenebrarum dilexerint, destinati. uer sacrum fontem debemus accipere, cuius diuite ex alueo Fauonio non uento, sed spiritu 1 33 2
quod gestum est, ignis alterum, quod futurum. mare fontem sacrum debemus accipere, in quo, quibus aquis dei serui liberantur, iisdem, qui 2 26 3
perhibuit. etenim labia inquinata duos populos Iudaeorum gentiumque debemus accipere, qui, cum essent anterioris uitae facinoribus inquinati — 1 37 3
intellegitur legitimo examinis numero examinatus. scrobem fontem sacrum debemus accipere, qui uera sarmenta homines suscipit mortuos et 2 11 4
momentis illustret. non ergo carnale hoc indumentum imaginem dei debemus accipere, sed caelestis hominis spiritalem, quam nobis plenitudinis 2 30 3
momentis illustret. non ergo carnale hoc domicilium imaginem dei debemus accipere, sed caelestis hominis spiritalem, quam in se credentibus 1 27 3
in resurrectione summum bonum? hic nunc primum omnium scire debemus hominis fabricam *ex* duobus *diuersis ac repugnantibus* 2 4 8
ulterius, quinam sint isti, quibus est iudicium praeparatum. et a quo scire debemus, nisi ab ipso domino, qui suum dictum prosequitur dicens: *hoc est* 1 35 4
uirgo perpetua, nos, qui nascimur de tanto coniugio, omnifarie niti debemus, quemadmodum prosapiae nostrae nobilitatem non relatione 1 1 3
qui non iudicabuntur, dignos esse consilio existimauit. nunc scire debemus, quoniam iusti uitae perpetuae, impii aeterno sunt destinati 1 35 4
sibi propitium reddiderunt. quod et nos et fecimus et facere plerumque debemus, ut et praesentis temporis temptationes et futuri iudicii poenas 1 34 9
non dolore, sed gaudio; nascitur sine patre filius, non totus matris, sibi debens quod conceptus est, donans matri quod natus. quae principaliter 2 12 2
inter patrem filiumque tempus infulcias: si enim tempori, non sibi, debent, quod est alter alteri obnoxius, procul dubio, ut tu uis, maior est 2 8 5
malo ille constat ornatus. 'filios, inquit, habeo, quos nudare non debeo.' ista et infidelitatis est excusatio, quam spiritus sanctus per 2 1 20
sed futuri scilicet indicii negotium procurauerat, dicitque ei se debere conceptum, cuius monile, anulum teneret et uirgam. qua re cognita 1 13 3
uoluptatibus ita corrupta sunt omnia, ut quicquid in eo geritur, non debere diligi a nobis sacris uocibus dum iubetur, recte sapientibus 1 36 27
mortem quam uitam turpem, melius credens hominibus se ream praebere debere quam deo. interea instant illi ex amatoribus accusatores effecti 1 1 18
est itaque dilectionis officium deo refundere, quod nati sumus, solique debere, quod uiuimus, nihilque prorsus cordis nostri in penetralibus 1 36 21
diabolum moriendo uastamus. postremo abscindimus, quod habuisse non deberemus, quod ab inimico hominibus superadditum recognoscimus, 1 3 22
dictum, fratres, non sic debetis accipere, ut operis sui laudem sibimet soli deberi testatus sit, qui in euangelio dicit: *si non facio facta patris, nolite* 1 25 8
bonus, si prouidus, si utilis esse desideras, sicut ille Abraham, deum plus debes amare quam filios, ut habere merearis integros, incolumes ac beatos. 2 1 21
exinanitus a te gradus non inueniat quod tibi praestet, meminisse tamen debes, quia mors non timet nec diuitias nec honores. o caeca mens 1 5 10
operari sine fide. itaque Christianus tribus in rebus, si cupit esse perfectus, debet esse constructus. si quid enim ei ex his defuerit, perfectionem sui 1 36 2
uera esse non possit, quia sub inpudico praedone uersatur), quanto magis debet esse gloriosior in populo Christiano, qui eius sanctificatori inuiolabili 1 1 3
quam paucis accipite. iram dei generaliter comminantis qui uult effugere, debet illi inculpate seruire. 1 10a
haec etiam uiros reprehensio manet. Christianus ergo in toto dubitare non debet in statum pristinum mortuos excitari talesque legitima die ante 1 2 15
quapropter duas esse natiuitates domini nostri Iesu Christi necessario scire debet populus Christianus, ne quem patiatur errorem: unam, qua natus est; 2 8 2
se omnia prosecutus est. *et magnificabis me*; quod dictum, fratres, non sic debetis accipere, ut operis sui laudem sibimet soli deberi testatus sit, qui in 1 25 8
altior non sit? sin uero omni honorificentia deferentis patri uerba sunt filii, debetis agnoscere, quantis catenis uincta tenebrarum mens laboret 1 25 2
uester contractus omnis ablatus est. securi gaudete; nihil saeculo iam debetis. ecce nullum pondus, stridor nullus est mundanarum uestris in 2 29 1
[actus] uester contractus ablatus est. securi gaudete: nihil saeculo iam debetis. in magno quidem reatu nunc usque fuistis, sed fortiter examinati 1 42 1
de hoc mundo. apertius autem hoc Paulus expressit dicens: *hoc enim scire debetis, quoniam omnis fornicarius aut impudicus aut fraudator, quod est* 2 5 8
et iustis ueri diuites facti; promotioni etenim caelestis uestrae dignitatis debetur diuini operis perennis ista laudatio. exsultate, pauperes [spiritu]: 2 6 10
crescit quantoque ab ea diligentibus inuicem creditur, tanto inuicem plus debetur. non quemquam pro persona diligit, adulari quia nescit; non pro 1 36 11
ille filius solliciti senis adhuc paruulus, cui pietas et miseratio maior debetur, postulatur ad uictimam; cui si per humanam fragilitatem aliqua in 1 43 3
haec mihi uictima placet, hoc me sanguine deplacabis, iste meis sacris debetur; unde immolari iam iubeo.' non contristat frontem deuotissimus 1 43 3
esse perfecti! o quam misera est fides, quam uerba concinnant! o quam debilis, cuius cotidie dissipantur uariis argumentationibus membra! o quam 2 3 10
in infantem uagit deus patiturque se pannis alligari, qui totius orbis debita uenerat soluturus. in stabuli praesaepe deponitur populorum 2 12 3
detineri. ad futurae gloriae testimonium tale beatus Archadius debiti martyrii quodam modo sequestrauerat pignus, in quo nec Christum 1 39 4
examini, ut ponderatis damnis rebusque seruatis sententia in eum, prout debitor exstiterit, iure possit expromi. ita erit, ut iustis corona, 1 35 8
ipse nudatur, ei cum casu aliquo fraus, inopia, fuga, mors extorserint debitorem. auaritiae enim natura talis est, ut auariorem faciat. plerumque 1 5 12
censum. quid enim esse potest ditius homine, cuius profitetur deus se esse debitorem? qui est benedictus in saecula saeculorum. 1 14 9
huius inopinati sacrilegii horrore percussus paululum distulit pugnam, iam debitus ad coronam. nam postquam turbari urbem funesta conuentione 1 39 3
ergo fuit Abraham, ut circumcideretur? an iustus et circumcidi non debuit?' Abraham, fratres, et uir iustus fuit et tamen necessario 1 3 6
emicat uenter, non munere coniugali, sed fide, uerbo, non semine. decem mensium fastidia nescit, utpote quae in se creatorem mundi 1 54 3
maritum tuum postridie aliqua necessitas rapit, quae a te longe distractum decennio uel eo amplius, ut adsolet fieri, detineat relegatum. quid facies? 2 7 9
latenter intrauit, ne sibi sapiens diabolus uideretur. qui consilio hominem deceperat, consilio uincitur, ut, quomodo homo in paradiso non 1 60
multae fecere peiores, Euae non discipulae, sed magistrae; illa enim decepta, hae sua sponte se diabolo dediderunt). sin uero pacifica et 2 7 16
in paradisi solitudine, ubi Euam ab auctore operis sui meminerant esse deceptam, hac re ipsa nato consilio capere dolo adgrediuntur ac, nisi 1 1 17
lubrici mariti, non uideo; qui humanarum legum iniqua impunitate decepti, iustitiam ueram nec ex sua ipsa uoluntate noscentes, quod pati 1 1 13

semesa fides est ac per hoc illis constitutionis nostrae uidelicet decernendi sunt libri, ut possint esse perfecti! o quam misera est fides, 2 3 9
libidinis rabie digladiantes omnem orbem corruperant terrarum, insuper decernentes sibimet ipsis pro domibus templa, erigentes aras nomini suo, 1 13 4
criminis monstrat. Adam etenim, cum illicitum pomum hoc membro decerpit, sic in genus humanum ius mortis induxit. necessario ergo 1 3 8
enim non diligit fratrem suum, deum, quem non uidet, non potest diligere. decertemus igitur, fratres, inter nos mutui amoris aemulatione gloriosa 1 36 24
officio solemni *uestigia* dies salutaris aduenit. idem sibi successor idemque decessor, longaeua semper aetate nouellus, anni parens annique progenies 1 44 1
solemni uestigio dies salutaris aduenit. idem sui successor idemque decessor, longaeua semper aetate nouellus, anni parens annique progenies 1 57
gyro solemni uestigia, dies salutaris aduenit. idem sibi successor idemque decessor, longaeua semper aetate nouellus, anni parens annique progenies; 2 19 1
domini nostri Iesu Christi, rudis aut neglegens disce Christiane, ne quo decipiaris errore: unam, quam tibi non licet quaerere, alteram, quam 1 54 2
iocatur, ludit, pallet, tabet, suspirat, zelat, obsequitur; aut temptat aut decipit peiusque blanditur quam furit. occasionem ullam prorsus nocendi 1 36 26
mundi. per hanc enim diabolus cum diuerse hominum mentes capit ac decipit, sic Cupido uocitari a luxuriosis suis sibi cultoribus coepit. nunc 1 36 27
nota porcorum cotidiana propemodum tam iucundi certaminis exempla declarant; quia aliqui eorum cum forte de numero audacis lupi rabie 1 36 15
ista opera manus humanae, spiritus sanctus in Psalmo nonagesimo quinto declarat dicens: *omnes dii gentium daemonia; dominus autem caelos fecit;* 1 25 5
per lignum sacramentum passionis domini annuntiabat, sicut euidens declarat exemplum, quod Psalmorum in libro sic habetur: *uirga tua et* 1 13 10
postulabat ad tempus nouellae profecisse, inscriptio ipsa tituli psalmi lecti declarat; sic enim se habet: *in finem pro his qui immutabuntur.* Iudaicus 2 11 1
mutui amoris aemulatione gloriosa imaginemque dei dignissime uenerando declaremus, quid ipsi ueritati debeamus, scientes, quoniam, si quis 1 36 24
estote securi: nihil in illa deest umquam, nihil ab suo statu aut tollitur aut declinat; omnia bona atque perpetua exuberant passim. certe, quod 1 5 18
alio transit in alium; fides interit, si ab suo statu aliquando uel in aliquo declinauerit. lex hominis conscientiam alloqui tantum potest, uidere autem 2 3 5
diffusa, sic tamen, ut sentiri se cupiat quam uideri, plane cauta, ne quam declinet in partem, ne in aliquo se ipsa reprehendat, ne opere coepto 2 1 12
est, seruemus ut nostram, ut iure speremus aliena. nemo enim censum decoctori committit nec desertorem praemiis triumphalibus honorabit, 1 36 7
non hiat uulnus, non defluit sanguis; exspirantis non palpitat corpus, non decolor color est. ipse est et tamen non est ipse. uetus quidem uidetur 1 42 2
non cernitur gladius; percussi non hiat uulnus, non defluit sanguis, non decolor color est. ipse est et tamen ipse non est. uetus quidem uidetur 2 24 3
contumeliam inpatientia non sinit praecipitare. quid auium diuersarum decora commercia litterataeque quid arduis uolatibus *aeriae grues*? quid 1 4 6
uirtutibus diuersoque charismate omnium credentium non colla, sed corda decorare consueuit. uirga per lignum sacramentum passionis domini 1 13 10
felicitas manet, hoc munus exspectat. sic ergo uiuamus, ut bonis operibus decorati nos quoque deo patri placere mereamur domino iuuante nos 1 2 32
et gratiae, si adimatur, quod uno eodemque aestu alterum ex altero decoratur. 1 7 4
non esset effecit, quod eius membra discreuit, ratione disposuit, coloribus decorauit, determinauit mensura officiisque competentibus seruire 1 7 2
ei nec tamen nupserat, uestem uiduitatis exponit, aestiualia induit, semet decore componit locoque constituit, Iudas qua fuerat transiturus. at ille 1 13 2
ad maturitatemque perducunt. at ubi uindemiae uenerit tempus, decore dissipato, passim uua detrahitur in torcularique operariorum 2 11 3
filius manet in patre; cui affectu, non condicione, caritate, non necessitate, decore, <non diminutione> subicitur, per quem pater semper honoratur. 2 5 9
consistit, qui uoluntate sua se parit, diuinae legis agnitione construit decorem, ad omnia genera uirtutum intrepidus corrigit, praeceptis omnibus 2 2 4
magnitudinem, opus, ornatum anne materiam; ita enim in unum decorem uniuersa conuenerant, ut legitima domus dei caduca illa ambitio 2 6 2
diuinasque uirtutes quasi crines effusos in unius uerticis nodum, honorem decoremque conducis. felix aeternumque felix est, qui semper te habuerit 1 4 22
delectatur umbra? exsultat, quod in Aegypto creuerit: at in originali decreuit solo; quod captiuitatis sit nexibus exsolutus: sed est nunc usque 1 52
nostri, sua pro uoluntate plantauit, in quam omnis fructus propheticus decucurrit. hic mihi, rustico uestro, beatissimi ignoscite agricultores, si 2 11 1
testimonium, *e senioribus duo,* sed uno incensi prodigio, secus quam decuerat *deperire coeperant.* quam cum aduerterent muro <munitam> 1 1 17
sic per unius iustificationem in omnes homines iustificatio aeternae decurreret uitae. uidetisne iam manifeste in homine suscipiendo fuisse 2 4 7
iustus, quia cum illo est deus. inde Susanna illustris Hebraea, uerae decus pudicitiae, docuit feminas suae castitatis exemplo. stabat Susanna in 1 40 1
abiecit. consecutus est regnum, ut post regiam dignitatem maiore dedecore in perpetuum imperio Romano seruiret. sane uultis scire, quantae 1 52
opulenti abolita sui nominis sanctitate filios suos non sine utriusque dedecore patiuntur errare stipi triuiali subiectos; quod liberi parentum 1 5 6
cui cultus, cui amor mundi praeponitur. quoduis etenim piaculum scelus dedecus nefas libenter admittit, cuius praecordia inplacabilis cupiditas 1 14 7
dici. quae enim uox, quae increpatio has condigne possit arguere, quae dedecus suum sacrilegio dotantes *membra Christi* daemoniorum seruis 2 7 12
fideli ipse quoque fidelior, nec recusabat mortem, quam deus qui uitam dederat imperabat. laetatur pater filio quoque gaudente et cum gaudio 1 43 5
res est illis te uelle uitae substantiam prouidere, quibus nec natiuitatem dederis nec animas inspiraueris nec salutem praestare possis. unde uel sero 2 1 21
prominens lignum. o res uere miranda! cotidie aedificatur et cotidie dedicatur; floribus perpetuis ac diuersis gemmis, lapidibus, margaritis per 2 6 7
non discipulae, sed magistrae; illa enim decepta, hae sua sponte se diabolo dediderunt). sin uero pacifica et salutaria, profecto laetaberis eique tanto 2 7 16
non flecteris, non manus tendis, tumidum monilibus pectus prosternere dedignaris. sane ceruicem curuas non religione, sed pondere, quando 1 14 6
ultimam uictus sui filiorumque substantiam non partitam, sed totam dedisse maluisseque se cum liberis suis emori quam iustitiam praeterire. 2 1 20
noua a deo suo, ipso dicente: *ego te clarificaui in terra; opus perfeci, quod dedisti mihi, ut facerem. et nunc tu clarifica me apud te ipsum claritate,* 2 5 4
perit, si Iesus non resurrexit. at si resurrexit, humano generi formam dedit, quoniam ad hoc deus pro homine mortis iura gustauit, ut homo per 1 2 11
nutrire non desinit, ut summam quaerat, non quam commodatio dedit, sed quam ei pepererint armati numero dies, menses et digiti. at 1 5 12
potest aliquando sentire. solus deus est itaque principium, qui ex se ipso dedit sibi ipse principium; solus ante omnia et post omnia, quoniam in eius 1 7 3
ius mortis induxit. necessario ergo luxurioso populo deus hoc signum dedit, ut, locum matricalis culpae cum denotat, etiam alia crimina 1 3 8
gementes et uos plorantes, sordidos, pannis sordidis alligatos huic mundo deditícios intulerunt; sed laeta gaudentes, caelestis <...> libera peccatis 1 32
non ultra, quam licitum est, aciem suae tetenderit mentis; eo enim res deducta est, ut fides nostra per dei requiratur iniuriam. quod futurum 2 3 12
infertur manus. ad torcular conportantur; id est ad supplicii locum deducuntur. ab operariis ibidem conculcantur, hoc est summa cum 2 11 6
tractu funereae facis solemnitate in occasus suos quasi quibusdam deducuntur exsequiis; quas si per plagas unde refixae sunt quaeras, rediuiui 1 2 17
sed merito. ereptus es inde; non tua euasisti uirtute. columna nubis te deduxit per diem, ut ostenderet caecum; ignis columna per noctem, ut 2 16
creare extra naturam, nihil prorsus habere difficile solumque ei hoc deesse quod nolit esse; haec est enim proprietas dei, id operari quod non 1 2 16
tamen hominibus mitior inuenitur. ne quid scenae tam dirae immanitatis deesse uideatur, immittuntur etiam marina monstra; laciniis omnibus 2 2 6
septies amplius caminum iussit incendi ac, ne quid immanitati saeuientis deesse uideretur, pice et stuppa armatum citatur incendium; aestuantibus 2 22
Abraham ad aram filium immolaturus domino auctore perducit nec deest ad ministerium gladius, ut pater esset pariter et sacerdos. consimilis 1 59 6
nuptura. hic, hic quemadmodum se quis possit excusare, non uideo. non deest enim qui dicere possit: 'si est resurrectio, quare plangis? si amore 1 2 14
nostri numeri fecerimus angustam. itaque estote securi: nihil in illa deest umquam, nihil ab suo statu aut tollitur aut declinat; omnia bona 1 5 18
unam inseparabilemque esse naturam, quia in homine ex his quaecumque defecerit, ambae moriuntur. fides itaque uel maxime res propria nostra est, 1 36 6
consequens est, ut profiteatur, utrum hanc carnalem an spiritalem esse defendat. si spiritalem, cur de carne gloriatur? si carnalem, animae 1 3 3
ipsius commenta nudentur. gaudent angeli, quod oppressa ueritas tandem defendatur in terris. triumphat maritus, quod castam inuenerit coniugem. 1 40 3
unum secretarium et patentes semper duodecim portae, quas ab hostili defendit impulsu in modum tau litterae prominens lignum. o res uere 2 6 7
praecinentibus obsecundando, in quibus aeternae fructus est uitae, et defenditur pariter et nutritur. ad iugum peruenit, cum praerogata omni 2 11 5
tantum uitae commoda inspiciunt falsamque aduersus ueram pro uera defendunt, sic utramque mediis e manibus oculis patentibus perdiderunt: 2 1 3
expeditissime standum, uigilandum diligenter, undique castra munienda, defensanda regalia fortiter ac tenaciter signa; aestus, frigus, famem, sitim 2 4 11
disputare deuita. negat quodam modo deum quisquis asserit deum. defensio enim non nisi inbecilli praestatur nec potest eum reuereri, qui 2 3 18
perculsi, miserabiliter ingemescentes dimissis capitibus omne studium defensionis abiecerant, iam etiam ipsa pudoris compendio mortis oderat 1 1 19
industria uocitatur et appetitio rei alienae sub praetextu propriae defensionis ac diligentiae callidissimis argumentis urguetur, ut quis 2 1 17
substantia nutriatur. auxiliare illi necessario iungitur lignum, cuius tutela defensus sese sustollat. at ubi adoleuerit in uitem perfectam ad iugumque 2 11 2
cum ipse sit solus, a quo alius altior non sit? sin uero omni honorificentia deferentis patri uerba sunt filii, debetis agnoscere, quantis catenis uincta 1 25 2
profundaeque noctis feralibus tenebris obcaecatum miserabiliter ad ima deferri. sed quia inexstinguibilis pestis incendio totus mundus exarsit, 2 5 1
te et magnificabis me. si pater loquitur, fratres, quis est iste, cui tantum defert? quis est, quem altissimum dicit, cum ipse sit solus, a quo alius 1 25 2
profecto uidete mysterium! quae celauerat faciem, non celat uentrem. defertur fornicationis rea sine labore accusatoris uidua praegnans. irascitur 1 13 3
suspirat, tamen omnes uno eodemque consensu quasi quendam patientiae deferuntur in portum, sine qua nec audiri nec concipi nec disci quicquam 1 4 1
in partem, ne in aliquo se ipsa reprehendat, ne opere coepto umquam deficiat. haec captiuorum iuga redemptionibus frangit; incarceratis 2 1 12
multi filii desertae. ecce enim, carissimi, in Sarra attractis aetate neruis et, deficiente sanguinis suco, arescentibus uenis, dura cum uisceribus cutis, 1 59 4
Salomon enuntiauit et cauendum quid sit his uerbis edocuit: *melior qui deficit sensu in timore quam qui abundat astutia et transgreditur legem*; et 2 3 12
humanus circa impietatem Iudaici populi deficit sermo, qui dei patientiam sui obstinati cordis impatientia superauit. 1 47
extraria nequeat suspicari, quia deus hoc est quod est; quod uero homo definiendum putauerit, non est. nam et Iohannes apostolus in euangelio 2 8 3
qua nemo possit omnino ad dei notitiam peruenire. unde primo omnium definiendum puto, quid sit circumcisio, ut tunc demum, qualis sit, iure 1 3 2
deo gerebatur auctore. o nouum spectaculum ac uere deo dignum, in quo definire difficile est, utrum sit patientior sacerdos an uictima! non 1 4 14
magis quaestiones praestant quam ueram rationem dei, quae est in fide. definitio autem iussionis est caritas ex corde puro et conscientia bona ex 2 3 17
uiduitatis uestem rursus accepit, non utique ut quae fecerat faceret, sed ut defleret se fecisse quod fecerat; aliter etenim quis saluus esse non poterit, 1 13 12
nuntiaret; ingentibus enim peccatorum sarcinis premebantur. at ille alio deflexus itinere nauem Tarsos petiturus ascendit, cum subito 1 34 5
in finiendis. tu uirginitati praestas, ne flos eius ullo morbo, ullo tempore deflorescat. tu uariarum semper in tempestatum crebris turbinibus 1 4 20
uidetur, percussoris non cernitur gladius, percussi non hiat uulnus, non defluit sanguis; exspirantis non palpitat corpus, non decolor color est. ipse 1 42 2
percussorisque non cernitur gladius; percussi non hiat uulnus, non defluit sanguis, non decolor color est. ipse est et tamen ipse non est. uetus 2 24 3
oderunt. inlicitum putant habere uicinum. construunt praedia, sepulcra defodiunt; timeant omen qui non timent mortem: sic, sic interempti 1 5 8
arreptoque forsitan ipso sacrificio tuo tuum pectus obtundet, tuam faciem deformabit praestans aliquando et beneficium, cum te iubet ad ecclesiam 2 7 15
profanis aliquotiens ululatibus rumpit taetraque inluuie suum totum deformans cultum cadauer amplectitur conclamatum; frigentia tepefacit 1 2 14
exstinguere. is enim infelicibus nonnumquam inmittit Capricornum uultu deformem, qui cornu exsiliens, labra liuentia spumantibus uenis ebulliens 1 38 6
responde, ubi cor habeas constitutum. si in regione pectoris, quid deformi uulnere inferna metiris? si, quod quidem recte aestimas, in 1 3 14

et, deficiente sanguinis suco, arescentibus uenis, dura cum uisceribus cutis, deformis ac luridus pallor iam paene uultus perdit humanos nec ullus in 1 59 4
in Petro praesumpsit. per hanc apostoli multos in nitidam cutem leprae deformis contagiosis scabrosisque grassantium ulcerum spoliauere 1 36 9
inmutatur labore, aetate, languore, gaudio, tristitudine, nunc macie deformis, nunc enormis pinguedine, usque adeo incertus, ut idem in 2 30 2
sapiens qui fuerit iniustus. ceterum siue iusto siue sapienti si alterum defuerit ex duobus, quod illi putauerunt, nec sapiens profecto erit ille nec 2 1 10
si cupit esse perfectus, debet esse constructus. si quid enim ei ex his defuerit, perfectionem sui operis non habebit. unde primo omnium *spes* 1 36 2
quoque numerum conuenire. denique nec inrorati camini eis baptismatis defuit gratia. o admirabile incendium! o uere spectaculum deo dignum! qui 1 22 2
Tartarum, piorum aliam, quae ducit ad Elisium, eo fortius addentes, quod defunctorum ibidem non tam formae quam facta noscantur ac necessario 1 2 4
posse deprehendi; quem beati propinquus martyris, qui in eius forte degebat habitaculo, absentem esse assiduis uocibus inclamabat. hunc uero 1 39 4
non sinit pondus. uerum tamen ne in toto solemnitas cesset, paucis eius degustate sermonem. uinea dei quidem prior synagoga fuit, siluosis 1 10b 1
†et uenarum in se paululum stupore rursus in se riuus sanguinis ruens†. dehinc poplitibus surisque porrectis et a germana coniunctione naturae 1 39 8
de alio in aliud elata quicquid uiderit mobilitate fugaci statim deperdit. dehinc sequitur: *neque ambulaui in magnis neque in mirabilibus super me.* 2 9 6
diuinae indignationis ostendunt, quae alias personas, ut uerbum dei ab ipsis potius audiatur, hortantur [nos]. non est enim parum criminis, 1 61 1
non est, sed peccatori. peccator autem ille est, qui caritatem non habet dei ac per hoc operanti iram recte subiacet legi. atquin forte aliquis dicat: 1 36 17
sed accedente ratione timor discernitur a timore. fiunt enim duo: unus dei, alter qui naturae sit; naturae in homine nascitur, dei autem et discitur 2 2 1
tua, ut bene sit tibi? uidetisne hunc timorem nobis necessarium, qui in dei amore consistit, qui uoluntate sua se parit, diuinae legis agnitione 2 2 4
et miseria in uiis eorum et iter pacis non cognouerunt; non est timor dei ante oculos eorum. et de ipsa circumcisione in symbolis inquit: 1 3 11
ipso dicente: *amen dico uobis: uidebitis caelum apertum et angelos dei ascendentes et descendentes super filium hominis*, sicut et factum est, 1 37 13
Iudaeorum est aliarum electio personarum, quia, cum alteris, ut uerbum dei audire debeant, dicitur, Israel sic reprobus inuenitur et, dum clamat 1 61 1
enim duo: unus dei, alter qui naturae sit; naturae in homine nascitur, dei autem et discitur et docetur, quia non in trepidatione, sed in doctrinae 2 2 1
ita enim in unum decorem uniuersa conuenerant, ut legitima domus dei caduca illa ambitio putaretur. quod si ita esset, inter memorata impar 2 6 2
significat non creaturae, sed cordis. etenim semen cordis uerbum est dei, cata Lucanum domino sic dicente: *est autem haec parabola: semen est* 1 13 5
continuo uelut sacrilegii commissi capitales poenas luit? quanto magis in dei causa fortius praecauendum est, quem solum ueretur quicquid in 1 36 24
argentumque non tam habere quam esse. nam uos estis aurum uiuum dei, Christi uos argentum, uos spiritus sancti diuitiae; uos si terrena 1 5 17
nemo sit de mansione sollicitus: certae gloriae nostrae insignis res erit, si dei ciuitatem felicitate nostri numeri fecerimus angustam. itaque estote 1 5 18
dei, ut saluo quod est possit esse quod non est. hic est deus noster aeterni dei coaeternus filius. hic *et homo et deus*, quia *inter* patrem hominesque 2 12 4
filii Israel, quando ad Iordanem securus ab Horeb accessit. quid cotidiana dei colloquia? *ipsi autem me spreuerunt:* ad crucem enim perduxerunt, per 1 61 8
non tener pupillus, non dura uiduitas, non miseranda paupertas, non dei contemplatio: ecce enim his omnibus, prout potest, uariis artibus aut 1 14 2
totum. haec cum diu sic haberentur, sollertissimus ille artifex rerum filius dei, cuius sapientia non habet finem nec fortitudo mensuram, amore 2 4 7
quas idolatriae, de qua diximus, disseminatae uenena confecerant, ad dei cultum bonae uitae exemplis sacraeque legis religiosis exhortationibus 1 13 5
parentalia in sacrificia, mores in sacra. sic, sic genus humanum a dei cultura rapuit, dum blanda festiuitate facinorosa facinorosorum et 1 1 12
immolatus est uiuit. ambo sibi gloria, ambo claritatis exemplum, ambo dei cultus admirabile saeculis testimonium. felix orbis fuerat, fratres, si 1 4 15
aciem ueritatis ac non plene denuntiem, obseruantiae qua perfectione dei cultus debeat custodiri, apud Salomonem maxime cum scriptum sit: *et* 2 7 5
defendunt, sic utramque mediis e manibus oculis patentibus perdiderunt: dei, cum stultam putant, quod elaboret — dispendio suae, non dicam 2 1 3
sine qua ei nec legitime seruire poterit nec placere. ceterum prouidentis dei de deo argumentationibus uanis opinari uelle dispositum non colentis 1 54 1
est, sub sono legis ac fidei saecularis amore iactantiae accensus nascentis dei de deo spiritusque sancti inaestimabilem incomprehensibilemque 2 3 15
omnibus momentis illustret. non ergo carnale hoc domicilium imaginem dei debemus accipere, sed caelestis hominis spiritalem, quam in se 1 27 3
omnibus momentis illustret. non ergo carnale hoc indumentum imaginem dei debemus accipere, sed caelestis hominis spiritalem, quam nobis 2 30 3
est, quod impossibile est ac non uidetur; sed possibile hac spe fit, cum dei dicto indubitanter ac fortiter creditur. dicit enim dominus: *omnia* 1 36 5
finem pro his qui immutabuntur. Iudaicus etenim populus, qui prior uinea dei dictus est, floruit quidem, sed infeliciter flore discusso nullos potuit 2 11 1
quem praecipitantur inueniunt. denique excipiuntur non flamma, sed rore, dei dignatione, non poena. o felix supplicium, quod incolumitate superante 2 22
igitur, fratres, inter nos mutui amoris aemulatione gloriosa imaginemque dei dignissime uenerando declaremus, quid ipsi ueritati debeamus, scientes, 1 36 24
exemplum, fratres, fortiter fugite simulque gaudete, quod alienis plagis dei discitis disciplinam, per dominum Iesum Christum. 1 30
a rege Pharaone duris condicionibus in Aegypto necaretur, miseratione dei duce Moyse iussus est proficisci. huic per diem non circulus solis, sed 1 29 1
fuerit immolari, Iohannes Baptista ante praedicauit his uerbis: *ecce agnus dei, ecce qui tollit peccatum mundi.* hic itaque dictus est *primitiuus*, quia 1 8 2
remansit. denique regium illud templum campis aequatum iacet. altaria dei eius subuersa manu cum suis sibi sacrificiis sparsa in puluerem 1 28 1
aliquid esse neque circumcisionem, sed solam obseruationem uoluntatis dei esse fideliter uiuentibus necessariam. 1 3 24
etenim conflatio et puritatem designabat et unitatem; carbo enim uerbum dei est, ara lex, forceps duo testamenta, quae credentes tenent, non 1 37 3
fuit cicatricis ignarus? quid, quod cum praeputio Nineuitarum populus dei est indulgentia liberatus? quos utique omnes circumcidi praecepisset, si 1 3 5
et quae essent futura, priusquam fierent, admonebat. proprium enim dei est scire transacta et nosse uentura. *filios*, inquit, *genui et exaltaui.* 1 61 5
hic *salutaris*, quia per ipsum uincimus mortem; hic *masculus*, quia dei est uirtus; hic, inquam, agnus *perfectus*, quia in ipso magnus ille 1 8 2
nostram (et fecit, inquit, *deus hominem ad imaginem et similitudinem dei)*, et alio loco dicat: *ego sum qui sum et non demutor.* cum hoc ita sit, 1 27 2
nostram (et fecit, inquit, *deus hominem ad imaginem et similitudinem dei*), et alio loco dicat: *ego sum qui sum et non demutor.* cum hoc ita sit, 2 30 2
et terra, tamquam numquam aut caelum audierit aut terra, cum iussu dei et caelum obsecundetur et terra, quia caelum pluuias et fruges terra 1 61 2
aut fraudator, quod est idolorum seruitus, non habent hereditatem in regno dei et Christi, ostendens unum esse regnum patris et filii. recte igitur patri 2 5 8
quibus sacrae orationis iste locus nouus et populus cotidie Christi dei et domini nostri prouidentia comparatur. hic labor noster illustris, haec 2 6 11
sanctus obumbrauit et texit. et denuo *caeli*, inquit, *enarrant gloriam dei*; et hic utique non tam caelos loqui dicit, quos loquentes nullus audiuit, 1 61 3
sic dicit in Genesi: *et fecit deus hominem ad imaginem et similitudinem dei*, et in Psalmis: *deus autem rex noster ante saecula operatus est salutem* 2 5 2
retro attendens et superponens manum suam super aratrum aptus est regno dei; et iterum: *mementote uxoris Lot.* sed et apostolus sic: *quemadmodum* 1 37 12
fidelis autem populus dei templum, apostolo dicente: *uos estis templum dei et spiritus dei habitat in uobis.* et uerum est, nam sicut idolis insensatis 2 6 4
ipsum deum quoque portabunt, sicut et scriptum est: *uos estis templum dei, et spiritus dei habitat in uobis.* 2 30 4
illius et quam inuestigabiles uiae illius! quis enim cognouit cogitationem dei? et tu eius naturam quaeris? sed et alio loco hoc, quod agitur, 2 3 16
euidenti ratione quasi quandam claui aperire conabor, ut et prouidentiam dei et uim consociationis carnis et animae et hominis summum bonum 2 4 3
inplacabilis affligebat infernus. non superi, non inferi parcebant simulacro dei: etenim mortis imperium sibimet uindicauerat totum. haec cum diu sic 2 4 6
statum pristinum mortuos excitari talesque legitima die ante conspectum dei ex illo naturae secreto produci, quales fuerint pro sua quique qualitate 1 2 15
quae et euangelicis intexta praeceptis credentes homines uoluntatemque dei facientes quasi per quosdam obseruantiae gradus in caelum leuare 1 37 1
corda face furiali succensa, impetibus crebris passim totas hominis dei facultates inuadit, subito rapina, igne ferroque uniuersa uno momento 1 15 3
in hostilem praedam grassantium satellitum praeceps irruit manus, festinat dei famulum posse deprehendi; quem beati propinquus martyris, qui in 1 39 4
haec enim res et fecit et facit, ut Iudaeus et Iudaeo deterior Christianus dei filium deum esse non credant. quos uellem adesse paulisper auremque 1 25 1
esse, non natum. alia modestius, sed mordacius nocens dicit quidem dei filium deum, sed non ex patre nobilitatis perpetuitate progenitum 2 8 1
quod quasi ex transuerso in unam fidem concurrentia crucifigi habuisse dei filium nuntiabant; quem confirmat in scala rectissime positum, quia 1 37 8
unam litteram fingunt, id est sacrae legis duobus edictis unum Christum dei filium spiritali temperamento conscribunt. quae sine se utilia esse non 1 37 4
se fieri uoluisset, tam figura quam oraculis frequentibus publicauit. igitur 'dei filius' ad ineffabilem originem pertinet, 'hominis' ad sacramentum. 2 4 3
quadriplicata expungit apophoreta, deus et dominus noster Iesus Christus dei filius dulcia, sicut prior, qui hoc prandio pastus est ante nos, dicit: 1 24 4
conceptum, uirgo post filium. denique si esset aliquid uirginitate melius, dei filius hoc magis potuerat suae matri praestare, cui praestitit, ut 2 7 4
uacuasti. tuum est, quod, cum occiditur ab hominibus deus omnipotentis dei filius, nullus irascitur de duobus. tu populi caelestis animam tenes, cum 1 36 29
patiuntur, non studio noscendae, sed frustrandae ueritatis, quotiens deus dei filius, qui patris maxima est gloria, aequalis patri a catholicis 1 45 1
frequentibus oraculis prodita, ita inuenimus esse completam. etenim deus dei filius tempore constituto dissimulata interim maiestate ab aetheria sede 1 54 3
ego non curem, de me quemadmodum quis iocetur. non enim in ecclesia dei fucatus quaeritur sermo, sed ueritas pura, a qua longe omnes illi non 2 1 1
postularet. religiosus carnifex reprimit gladium: patris erat, quod leuauit, dei fuit, quod pepercit. nec qui feriebatur timuit, nec qui feriebat expauit. 1 62 5
in tali re non loquela est exhibenda, sed cura, quam paucis accipite. iram dei generaliter comminantis qui uult effugere, debet illi inculpate seruire. 1 10a
populus dei templum, apostolo dicente: *uos estis templum dei et spiritus dei habitat in uobis*. et uerum est, nam sicut idolis insensatis similia 2 6 4
quoque portabunt, sicut et scriptum est: *uos estis templum dei, et spiritus dei habitat in uobis.* 2 30 4
amen dico uobis, quia publicani et meretrices praecedunt uos in regnum dei. haedum ei promittit, id est, quae sit peccatori peccati merces, 1 13 9
difficile solumque ei hoc deesse quod nolit esse; haec est enim proprietas dei, id operari quod non potest credi. igitur non homines tantum, sed 1 2 16
cum ad Romanos loqueretur, apostolus mentionem dicens: *nam iustitiam dei ignorantes et suam uolentes constituere iustitiae dei non oboedierunt.* sed 2 1 2
quo iugiter sibi similis esse uideatur? cum haec aliter non sint, ergone dei imaginem non habemus? habemus plane et quidem manifestam ex eo 1 27 3
non possit inueniri terrarum? igitur in deum cum haec non incidant, ergo dei imaginem non habemus? absit, fratres. habemus plane, et quidem 2 30 3
ego sum qui sum et non demutor. cum hoc ita sit, homo quemadmodum dei imaginem portat, cuius uultus omni conuersioni subiectus momentis 2 30 2
ego sum qui sum et non demutor. cum hoc ita sit, homo quemadmodum dei imaginem portat, cuius uultus passibilis, omni conuersioni subiectus 1 27 2
ex eo ipso, quod non est nobis portantibus nota. incomprehensibilis enim dei imago inuisibilis sit, necesse est. denique oculis non est subiecta 1 27 3
ex eo ipso, quod non est portantibus nota. incomprehensibilis enim dei imago inuisibilis sit necesse est. denique oculis non est subiecta 2 30 3
foris est; intus hymnus canitur, foris ululatus auditur. o magna potentia dei! incensores incendio concremati sunt et, qui incensi sunt, incendio suo 1 53 2
ad cuius immanis ausi saeuitiam metuenda elementorum forma mutatur et dei iniuriam prius prodit natura quam intellegat populus Iudaeorum. ab 1 59 9
construitur mobile totumque se nesciens simulacrum et, ut imago sit dei, inspiratur a deo in *animam uiuentem*. concepit spiritum adaeque, 1 56 3
quapropter, fratres, *efferendum non est* prosperis *rebus, sed* timore *dei intra mansuetudinis* metas uerecundiae freno *cohibendum*, ut possimus 2 9 3
paucis accipite. Salomonis templum, de quo praesumebant, cecidit. altaria dei ipsi euerterunt. *lex et prophetae usque ad Iohannem.* sacerdotibus 2 17
facinorosorum et colenda crimina et imitanda persuadet. adeo uiris contra dei legem deique iustitiam euagandi *extra legitimum torum* peregrina 1 1 13

scriptura diuina cum de dei loquitur filio, non sibi repugnat, sed inter deum hominemque, quem 2 5 1
perennis ista laudatio. exsultate, pauperes [spiritu]: per uos et in uobis dei maior est domus; nam et omnibus aequales estis et pedaturas omnes 2 6 10
idolum de terra composuit. *semen* ergo *suum fudit in terram*, hoc est dei mandata neglexit et idolis profudit. propter quod a deo similiter etiam 1 13 6
pura, a qua longe omnes illi non immerito aberrauerunt, qui iustitiam dei manere in eloquentiae uiribus aestimabant. denique cum eam 2 1 1
et mundus transibit et concupiscentia eius. qui autem fecerit uoluntatem dei, manet in aeternum, quomodo et deus manet in aeternum. sed dicit 2 4 12
non didicerat, sed habebat. igitur orbe perfecto postremus digito dei manuque e limo terrae fingitur homo. construitur mobile totumque se 1 56 3
uenerantur et tamen a mysteriis daemonum non recedunt. multos *namque dei metus in ecclesia continet, sed tamen* eos mundana uoluptas ad se 1 35 5
daemonum terror, martyrum uirtus, ecclesiae pulchritudo uel murus, dei ministra, Christi amica, spiritus sancti conuiua. huic et praesentia 1 36 4
sibi mauult semper timere quam occidere, inuerso gratus officio, deo dei munus retinendo placiturus. rex mansuetus, pater pius, propheta 2 9 7
sed tamen eos mundana uoluptas ad se trahit. *impii non manent, quia his dei nomen in honore est*; *pii non sunt, quia* patrem uenerandum prauis 1 35 5
probare non desinam, cuius ista sunt uerba: *nam quia sapientiam dei non cognouit saeculum per sapientiam, deus optimum existimauit per* 2 1 5
dicens: *nam iustitiam dei ignorantes et suam uolentes constituere iustitiae dei non oboedierunt.* sed cum de futuro nihil opinantes praesentis tantum 2 1 2
et ineruditas quaestiones euita sciens, quia lites generant. seruum autem dei non oportet litigare, quia lis et caritatis est hostis et fidei; quas si quis 2 3 18
uox clamantis in deserto: parate uiam domini, rectas facite semitas dei nostri. nunc uideamus quae consequuntur. per idem tempus duae 2 8 7
sepulcri nido uiuificatus resurrectionis iura gustaret. o magna prouidentia dei nostri! o bonae matris caritas pura! diuersos genere, sexu, aetate, 2 29 2
hanc perpetuam futuri regni consortem, sine qua nemo possit omnino ad dei notitiam peruenire. unde primo omnium definiendum puto, quid sit 1 3 1
lingua, reges superbia, negotiatores astutia, inani pauperes uoto, cultores dei odio simulato, totae autem gentes uniuersaeque nationes gladio. per 1 14 1
ex parte patriarcharum patrumque typus erat, qui ob iustitiam dei omnes homines filios computabant. igitur Her primitiuus filius 1 13 4
in te colis, cuius ornatum, cuius imaginem non deponis. ad ecclesiam dei opere uario totum inaurata corpus, exsecrabili metallo procedis onusta, 1 14 6
sacerdotes. quid, quod aut nullum aut perrarum est per omnem ecclesiam dei orationis loci membrum, quod possit quamuis ruina in se mergentibus 2 6 2
appetitur et a nullo completur. adde quod index dei uoluntatis est, non dei originis aut naturae. sequitur ut scire debeamus, utrum tractatum fidei 2 3 5
humanus circa impietatem Iudaici populi deficit sermo, qui dei patientiam sui obstinati cordis impatientia superauit. non enim leue 1 47
ualebat, aliena forma blanditus per mulierem transgressionem praecepti dei persuadendo miserabiliter iugulauit et exinde hereditaria condicione 2 4 5
non inuenit, cum quo diluuium fuisse conferret; per hanc Abraham ad dei peruenit amicitiam; per hanc Isaac praeter ceteros enituit; per hanc 1 36 7
sicut lectio diuina testatur, in Aegypto a Pharaone populoque eius Israel dei populus captiuitatis ingenti iugo acerrime premebatur. hunc deus 2 26 1
sequi nec nauis. Maria cum mulieribus tympanum quatit; hymnus canitur; dei populus liberatur resolutisque undis uia cum persecutore deletur. 2 26 1
et dextra laeuaque in abruptum digestis aggeribus stupens unda solidatur. dei populus nauigat plantis. mira res! iter eius barbaris uehementer 2 26 1
mirantur elementa hominem, qui factus sit *ad imaginem et similitudinem dei*, posse iugulari, et hoc a fratre. erubescit rudis terra pio sanguine 1 4 9
si carnalem, animae prodesse non poterit, quia *caro et sanguis regnum dei possidere non possunt.* accedit, quod circumcisio aduersus sabbatum 1 3 3
fuerit caduca atque carnali, de qua apostolus dicit: *caro et sanguis regnum dei possidere non possunt.* at e diuerso uideor mihi audire proclamantem: 1 2 24
felicitatem futuri temporis cernere, quem uideas sacrilega incredulitate dei potentiae derogare? sed hoc amore criminum faciunt, ut putent 1 2 1
uanae depone fallaciam: ingratis auaritiam pietate condis; solius dei potestas est futurorum commodis prouidere. 2 1 21
frui mundi ac negligat, sponte se faciat infelicem, non credentes, quia dei praecepta custodiens, huius modi officiis saeculares obterens uoluptates 1 14
sine fine sunt, quae magis quaestiones praestant quam ueram rationem dei, quae est in fide. definitio autem iussionis est caritas ex corde puro 2 3 17
cum apostolus dicat: *o altitudo diuitiarum sapientiae et scientiae dei! quam inenarrabilia sunt iudicia eius et quam inuestigabiles uiae eius!* 1 34 2
curioso rescribit dicens: *o altitudo diuitiarum et sapientiae et scientiae dei! quam inexquisita sunt iudicia illius et quam inuestigabiles uiae illius!* 2 3 16
Lucanum domino sic dicente: *est autem haec parabola: semen est uerbum dei. qui autem iuxta uiam sunt, hi sunt, qui audiunt uerbum et uenit* 1 13 5
conpetenter sequitur Virgo praenuntians Libram, ut nosceremus per filium dei, qui incarnatus processit ex uirgine, aequitatem iustitiamque terris 1 38 5
tamen ne in toto solemnitas cesset, paucis eius degustate sermonem. uinea dei quidem prior synagoga fuit, siluosis errantium palmitum crinibus uilis; 1 10b 2
deo concinnat inuidiam, solemnia ipsa diuina, quibus a sacerdotibus dei quiescentes commendari consuerunt, profanis aliquotiens ululatibus 1 2 14
aciem suae tetenderit mentis; eo enim res deducta est, ut fides nostra per dei requiratur iniuriam. quod futurum Salomon enuntiauit et cauendum 2 3 12
incendentibus, non incensis. o admirabilis ratio! o inaestimabilis gloria dei! sacramento trinitatis tam potentis elementi subacta natura est. qui 1 48
non uidet, exeuntem non potest prohibere. et aestimat quisquam dei se posse scire secretum, qui sui corporis nescit arcanum? quare, fratres, 1 56 3
pauperes, qui uiduas, qui pupillos exspoliant, qui profanis fabulis neglecta dei secta alios non bene auocantes diuina sacramenta contaminant. iam 1 25 11
saecularibus. *in magnis et mirabilibus* se dicit non ambulasse, utique non dei, sed in illis, quae magna ab hominibus hoc putantur in saeculo. at *cum* 2 9 6
cum Christo, quae sursum sunt quaerite, ubi Christus est ad dexteram dei sedens. possumus et sic, fratres, intellegere: hoc de ministris et de 1 37 12
nisi primo istud carnale spolium, blandum animae uenenum, secundum dei sententiam, unde sumptum est, refundatur; dicit enim deus ad Adam: 1 2 30
futurum. mare fontem sacrum debemus accipere, in quo, quibus aquis dei serui liberantur, iisdem, qui non fugiunt, sed portant peccata, delentur. 2 26 3
est caritas ex corde puro et conscientia bona ex fide simplici. igitur si dei seruus es, *stultas et ineruditas quaestiones euita sciens, quia lites* 2 3 18
inueniat, cui primum iustitiam crudi funeris soluat. quo nuntio accepto dei seruus *scidit uestimenta sua*, non ut deo inuidiam faceret, sed ut 1 15 5
mente limpidior, usque adeo circumspectus atque inreprehensibilis, ut dei sit testimonio collaudatus. unde non inmerito beatus beata uita 1 15 2
propheticum carmen suis actibus exponentes, pharisaeus et publicanus dei stantes in templo. pharisaeus insulse manus tendit in caelum, quae 2 9 8
ita uiuenti deo uiua templa sunt necessaria. in his enim solis sacerdotum dei structura et propria est et perennis, qua et Iudaeos et gentes uel 2 6 4
uidit; quibus ad conflanda labia inquinata ab uno de seraphim ex ara dei sublatum carbonem uaticinando perhibuit. etenim labia inquinata duos 1 37 2
neque ambulaui in magnis neque in mirabilibus super me. magna eloquia dei sunt, ipse mirabilis in excelsis. cum in periculis esset, si in his propheta 2 9 6
arcem sacram laudibus geminare. sed quamuis sit optimum laudare, quae dei sunt, tamen praecipuum non est, quod cum gentibus uel Iudaeis potest 2 6 1
hominum conciliabulum est contextio ista parietum, fidelis autem populus dei templum, apostolo dicente: *uos estis templum dei et spiritus dei habitat* 2 6 4
uniuersa fundentem; postremo quem noueris idolatriae fanum, gaudeas dei templum. itaque beatus est, semper qui meminit, quod renatus sit; 2 29 3
suum sacrilegio dotantes *membra Christi* daemoniorum seruis addicunt, *dei templum* profanis patefaciunt, sacraria usque ipsa denudant, sacra 2 7 12
fundantur acceptantur preces. tu es sacrificium deo carum, tu legitimum dei templum, sacrarium pudoris. te corruptio intrare non nouit. per te 1 1 21
in sterquilinio foetido scaturiente uermibus, quasi nihil passus, sed solo dei timore contentus. o felix uir, qui mira patientia deum promeruit, 1 15 6
nitantur, quod hominibus, quos perditos cupiunt, magis proficiat ad dei timorem et ipsis nihil prosit ad utilitatem? sane recte hoc facere 1 2 7
laeuaque gelido stupore frenatae uitreos diriguntur in muros praestolantes dei transitum populi, ut persequentibus mare sint. inducitur in uiam Israel 1 29 2
quod plus est, melle dulcior ac lacte candidior aeternae uitae beatitudo dei tribuetur in regno. 1 46b 3
puto nimis astuto esse simplicem meliorem, quia simplex omnibus dei uerbis simpliciter credit, astutus autem nimia sapientia infatuatus 2 3 2
sacerdotes; lugete omnes, qui deseruitis altari, quoniam ablata est de domo dei uestri hostia et immolatio. multa sunt, quae dici possunt, sed satis 1 25 6
in omnibus patri. quicquid enim pater praecepit, ut fieret, filius, utpote *dei uirtus deique sapientia*, omnia illa opere mirifico eius cum dicto 1 50
ante ipsum nullus est primus, *maturus*, quia aeternus est, *perfectus*, quia *dei uirtus deique sapientia* est, *immaculatus*, quia peccatum non habet 1 46a 2
inter pecora non potest inueniri. dies festi eius et cantica secundum dei uocem in planctum et luctum illi profecerunt. superba illa ciuitas 1 28 2
ergo lex prodest.' absit; prodest, et quidem plurimum, nam per ipsam dei uoluntas populis intimatur, per ipsam disciplina caelestis colligitur ac 2 3 3
adde quod ab omnibus appetitur et a nullo completur. adde quod index dei uoluntatis est, non dei originis aut naturae. sequitur ut scire debeamus, 2 3 5
mutato nomine et cultu, quasi promota somniis, illas scholares calumnias dei usque ad ecclesiam transmiserunt, ut in ipsa quoque, si insanire 2 9 2
destringens; propter quod sic Paulus apostolus ait: *induite uos armaturam dei, ut possitis uos constare aduersus nequitias diaboli accepto scuto fidei,* 1 38 6
mortis lege consumpto inmortalitas tribuatur. haec est enim potestas dei, ut saluo quod est possit esse quod non est. hic est deus noster aeterni 2 12 3
suae credi quam antiquitati, quam deo domino dicenti: *reicitis mandatum dei, ut traditiones uestras statuatis*! sed non eo dico, ut ingratum faciam 2 3 10
deo pro castitate fortiter moritura, et quam iudicantium sententia praua deiecerat illustris conscientiae integritas erigebat. sufficit ergo pudicitiae 1 40 1
gustatur, tunc ei in aeternum manentis gloriae beatis in sedibus nullas deinceps aerumnas mundi sensura repromissa felicitas exhibetur, Dauid 1 2 32
non suspicetur, non efficiat diis crudelibus, diis adulteris seruiens? itaque deinceps fuge, uirgo, fuge, uidua, nuptias tales. excusatio prorsus nulla 2 7 18
si homo mortuus in aeternum perit, ergo mentitus est dominus, qui ei deinceps nihil futuro paradisum repromisit. sed et homo ipse, quem 1 2 11
Iudaeus post sacramentum per hanc partem peccare potest, ille autem deinceps per hanc partem peccare iam non potest. consequens est, ut 1 3 2
igitur cum audio tres pueros incensos, prius uehementer horresco, mox deinde eorum particeps optauerim fieri, cum cognosco inter flammas 1 31
primo quia genus humanum magis uoluptati quam uirtuti consentit, deinde quia delicias plus diligit quam laborem. huc accedit, quia bona 2 4 13
uersuta sit, eradicat fidem, quia fides profecto non est, ubi quaeritur fides; deinde quia lex communis est, fides uero priuata, quia lex semper manat 2 3 4
inter marinos aestus fluminum augmenta, quis denique opificium domini deique consilium se deprehendisse gloriabitur, cum apostolus dicat: *o* 1 34 2
et colenda crimina et imitanda persuadet. adeo uiris contra dei legem deique iustitiam euagandi *extra legitimum torum* peregrina luxuria inspirat 1 1 13
nullus est primus, *maturus*, quia aeternus est, *perfectus*, quia *dei uirtus deique sapientia* est, *immaculatus*, quia peccatum non habet solus, 1 46a 2
patri. quicquid enim pater praecepit, ut fieret, filius, utpote *dei uirtus deique sapientia*, omnia illa opere mirifico eius cum dicto compleuit. hunc 1 50
sanctus est unum capulum habens, id est unam substantiam, uirtutem, deitatem, maiestatem uoluntatemque patris et filii contestans; duas acies, id 1 37 2
inest, duplex persona, duplex uocabulum, sed originalis perpetuitatis ac deitatis est una substantia, domino ipso dicente: *ego et pater unum sumus.* 2 8 4
fratres, est praedicator, *pater familias* Christus, *thesauri* eius indeminutae deitatis paterna substantia paternaque uoluntas, *noua et uetera* duo 1 37 9
sed spiritu maior. hic inuidae germanitatis impulsu in Aegyptum est delatus atque distractus a fratribus. quem domini sui uxor peius amare 1 1 15
leuis et commutabilis res est et quae una febri uel qualibet facillime deleatur iniuria. ecce procuratores uel gubernatores eius oculi aliquo ictu 2 4 15
quippe corpus figuramque illam florentissimam edax in aeternum terra delebat; animam quoque feralibus tenebris relegatam perpetui carceris 2 4 6
mirum, fratres dilectissimi, ac delectabile certamen deo historia sacra prodidit nobis ignis ac fidei. etenim 1 48
humanum. namque sapientia densis exaestuans argumentis, suasorio ac delectabili luculentae orationis compta mendacio, armata uocis tuba et 2 1 6
duos regalium orbium currus munerifero semper uicissitudinis delectamento seruire praecepit, qui eum supra dicti amoris male dulcibus 1 36 28
blanditiis uernantibus pascitur et incrementis adolescentibus cotidie delectatur; at illa aegra fastidio nouem mensium non baiulat pondus, sub 2 7 3

quod omne genus humanum suo interitu suisque calamitatibus delectatur uiliorem habens animam quam pecuniam; inde est, quod iustitia 1 14 7
quid tumet Pharisaeus inanis, quem momenti praeterita delectatur umbra? exsultat, quod in Aegypto creuerit: at in originali 1 52
quis has diligat filius, quis maritus, confundentes sanguinis iura, delentes merita maritorum, adulantes uiuis, mortuis suspirantes, nunc 2 7 10
aquis dei serui liberantur, iisdem, qui non fugiunt, sed portant peccata, delentur. Maria, quae cum mulieribus tympanum quatit, typus ecclesiae 2 26 3
sed has omnes salutari profluens amne non magno opere noster Aquarius delere consueuit. quem necessario uno sequuntur duo Pisces in signo, id 1 38 7
libenter, quod non merentur. Noe cataclysmum, quo omnis caro funditus deleretur, denuntiante deo imminere per momenta et credit et timet 1 4 12
deuoluto. nam praedicant patres suos Aegyptium populum fugiendo delesse, deum suis praefuisse maioribus eorumque iter praecessisse, non 1 18 1
rectum. adeo sine ulla reuerentia diuinae atque humanae religionis delet abrupte igni ferroque cum sua sibi tota substantia incolas, ciuitates et 2 1 7
ei ad examen speculi arbitrium temporale dictauerit. nunc emendat, nunc delet quas amauerat species, nunc subicit alias, nunc parturit nouas. 1 1 10
in puluerem uanuerunt. sacerdotalis *cathedra pestilentiae* suo nomine deleta est. agnus salutaris, qui designatur *ex ouibus et ex haedis*, inter 1 28 1
sacerdotalis *cathedra pestilentiae* cultorum suorum sacrilegio iure deleta est. exinanitum cornu iam non spirat unguenta. dies festos in 1 19 1
sed suum sibi genitale in germen exspirans uetusti corporis superficie deleta, immo in melioris naturae iura transmissa, felix caput comis 1 2 22
nationes mutuis cadunt per momenta uulneribus, concussae gemunt urbes, deleta rura respirare non possunt, maria plus praedonibus saeua sunt quam 1 5 3
iudicem. exsultate, feminae, promotionemque uestri sexus agnoscite. culpa deleta ueteri ecce per uos iungimur caelo: anus enim peperit angelum et 2 8 8
et alia his similia cum passibilitate sui transeunt; timor conscientiae non deletur. nunc uideamus, intellegendum quemadmodum nobis sit, propheta 2 2 2
canitur; dei populus liberatur resolutisque undis uia cum persecutore deletur. quantum spiritaliter intellegi datur, Aegyptus mundus est iste. 2 26 1
exspectatione placida profligatis, in semet fortior ruinis, omnibus quaeque deleuerat bellum recuperatis in melius, felicitatis pristinae statum 1 4 19
caelo imber fusus a domino flammis et sulphure armatus poenali procella deleuit? Iudaei contionibus tument; altaria diuina cum uenerantur, 1 4 10
mortibus posuit; haec nomina pietatis nonnumquam concubitu prodigioso deleuit, pudicos equidem persequens, sed impudicos tantum congruenter 1 1 8
pro quo tam illustri facinore cibos a deo inmortales accepit, quos edacitas delibare nequiret: sua enim deminutione crescebant. integer horum denique 2 1 20
serpentis est inpatientiam mutuatus sacraeque arboris pomum male dulce delibauit, lacrimas repperit, dolores et gemitus, *spinas et tribulos* sibimet 1 4 8
iacuit resoluta uisceribus. non filius matris aut suis est ullis sordibus delibutus; neque enim re uera aliquid circa se habere possit inmundum, qui 1 54 4
uario totum inaurata corpus, exsecrabili metallo procedis onusta, ubique delicata, sub monilibus fortis. denique ipso cultus rigore in oratione non 1 14 6
oculorum iocorumque festiuitate lasciua, auaritia caeca, libidine percita, delicate tumentis ac reflabilis tori plumeo sepulcro superba. iactat se 2 4 9
quia genus humanum magis uoluptati quam uirtuti consentit, deinde quia delicias plus diligit quam laborem. huc accedit, quia bona carnis inuenit, 2 4 13
aduersus carnem; haec duo inuicem aduersantur sibi. hinc caro tota deliciis fluens, uariis temporum redimita muneribus opes multimodas ac 2 4 9
se, nisi ueritatem requirat, agnoscit; si enim Adam curat, certe, in qua delicti omnis est summa, isto remedio curare non potest Euam. quid, quod 1 3 9
esse non potest, fratres, in prima natiuitate persistens, quem aestuantium delictorum fax incensa omnibus momentis exurit; qui paedorem sui secum 2 10 1
modo cor suum manu uerecunde castigat postulatque tantum ueniam delictorum taciturnitate, non uoce. quorum quis quid sit consecutus, 2 9 9
offertur et aliud immolatur, ita et in passione Christi quod per Adam deliquerat, per Christum liberatur. 1 59 9
offensione futura uindicta est. certum est enim in eum filium, posteaquam deliquit, granditer uindicari, quem pater plurimo dilexit affectu et, 1 61 5
trahi, contemptis uniuersis facultatibus suis, amputatis radicibus saeculi delitescens secessionis se commendauit umbraculo, utrumque Christiano 1 39 3
suum perire naufragio. haec Iudaeus praedicat, fratres, et tamen deo demens adhuc usque non credit, qui est benedictus in saecula saeculorum. 1 29 2
praecipiti festinatione compingit nec tantum munus quasi praesumptor aut demens rapit, sed patienter aedificat, patienter exornat, patienter uariis 1 4 12
detrimento matris limae moderato dente figurata. quae est ergo ista dementia sacrificium nescientibus procurare, lumen caecis inferre, tura non 1 25 4
gaudet, uarietatibus studet; miserum se putat, si ipse sit, nec intellegit rem dementiae esse consimilem, in statu suo animum non manere. inpatientia 1 4 7
uersuta, cognosce uel sero et intemperanti linguae silentii frenos impone. dementiae genus est inuisibilis incomprehensibilisque uelle opinari secretum 2 8 3
in alio se, quem genuit ex se. quomodo autem generatus sit, qui processit, dementis est opinari. namque temperat se propter rerum naturam filius, ne 1 56 2
deo argumentationibus uanis opinari uelle dispositum non colentis est, sed dementis, maxime si deus, ut contentiosi putant, dispositioni subiaceat. 1 54 1
numismatis unione signatum. gaudete itaque! in fontem quidem nudi demergitis, sed aetheria ueste uestiti mox candidati inde surgetis. quam qui 1 23
quos iam nunc felix inuitat occasus, ut sacri oceani lacteo profundo demersi, surgentes inde nouello nouelli cum die, sua luce radiantes 1 44 2
quibus scriptura diuina quid pronuntiet, audiamus; cuius ista sunt uerba: *deminuerunt ueritates a filiis hominum. uana locuti sunt unusquisque ad* 2 9 2
cibos a deo inmortales accepit, quos edacitas delibare nequiret: sua enim deminutione crescebant. integer horum denique uasis semper in plenis 2 1 20
disserunt, sed tamen hanc esse inmortalem <et> Epicuri, Dicaearchi Democritique uanitatem argumentatione manifesta conuincunt. poetae 1 2 4
domini. si obuenerint dura, *fidem tamquam granum sinapis* te habere demonstra. sin uero, quod magis est, sub sono legis ac fidei saecularis 2 3 14
canentis cum uniuersa non credis? sin uero fidem spiritus calles, aliquam demonstra uirtutem: impera montibus, ut transferant sese; in admiratione 2 3 14
Moyses et Aaron per id, quod erant, sacerdotium, per suum numerum demonstrabant duorum testamentorum sacramentum. columna uiam 2 26 2
demonstrabant duorum testamentorum sacramentum. columna uiam demonstrans Christus est dominus. quod duplicem nubis et ignis imaginem 2 26 2
hunc deus praecipit proficisci, duce Moyseo uidelicet et Aaron, iter demonstrante nubis columna per diem, eadem ignis quoque per noctem. 2 26 1
conuexis manibus se tegere conantem, immo animi sui uitium et corporis demonstrantem, post multa adulteria spectaculo totius mundi quoque 1 1 11
ne quis reatum excuset. nunc seuera, nunc blanda demonstrat praemium, demonstrat et gladium, unicuique, quod elegerit, tributura et ut iure possit 2 3 3
non desinit, ignorantia ne quis reatum excuset. nunc seuera, nunc blanda demonstrat praemium, demonstrat et gladium, unicuique, quod elegerit, 2 3 3
nuntiata est. terram homines intellegendos frequens prophetarum assertio demonstrauit: *iubilate*, inquit, *omnis terra*, et alibi: *audi*, inquit, *terra, ex* 1 61 4
dux noster Christus est dominus; illis columna nubis atque ignis uiam demonstrauit, nobis testamenti ueteris ac noui clarissima oracula uiam, 1 46b 2
et immolatio. multa sunt, quae dici possunt, sed satis otiosum est in his demorari, quae in toto iam non sunt. unum sane necessario proferemus 1 25 6
cum peritius agant uniuersi homines, quam dici potest, superfluum est demorari. unde nunc ad ueram iustitiam ueniamus, omnium fontem 2 1 11
proposito, conparanda consilio. Archadius beatissimus martyr adhuc demoratur in saeculo et iam martyr recitatur in caelo. 1 39 9
lapideis imbribus feliciter grandinatur, cum *in profundo maris die* demoratus *ac nocte* ad deum clamans incolumis inde respuitur. Ionas 1 34 4
uirtutes ex libris aut ex uirtutibus libros agnoscimus. sed quid ego diutius demorer in humanis, quasi sola isto affectu sint praedita? nonne uidemus 1 36 15
cursus, ut horas ac momenta producat, ut saltem paulo diutius diei sui demoretur in uita, sed fidelis semper, semper intrepidus ad sepulcrum 1 2 18
quale uelit illud sit, repente exstinguetur incendium. sed sic ego in rebus demoror prope sanis, quasi, quae uere exsecranda sint, iam correcta sint 2 7 10
in plenis manebat status quantumque eis impensae diurnae necessitas dempserat, tantum rediuiua fecunditas reponebat. quapropter si pater 2 1 20
locis poenalibus relegari, quasdam *placidis sedibus* refoueri, ut tunc demum credi possit resurgere, quod omnibus palam sit non penitus 1 2 3
est; qui manet in caritate, in deo manet et deus in illo manet — , tunc demum, fratres, caritatem per semet ipsum ei condigne reddemus, quia 1 36 21
unde primo omnium definiendum puto, quid sit circumcisio, ut tunc demum, qualis sit, iure possit agnosci. circumcisio est, fratres, in damnum 1 3 2
quam potens! nihil habet, qui te non habet. tu deum in hominem demutare ualuisti. tu eum breuiatum paulisper a maiestatis suae 1 36 29
non imaginem, sed illud tantum quod inutile est discuti, quod teritur demutari, sicut scriptum est: *oportet enim corruptiuum hoc induere* 1 2 30
cuius uultus passibilis, omni conuersioni subiectus momentis omnibus demutatur labore, aetate, languore, ira, gaudio, tristitudine totque induat 1 27 2
et similitudinem dei), et alio loco dicat: *ego sum qui sum et non demutor.* cum hoc ita sit, homo quemadmodum dei imaginem portat, cuius 1 27 2
et similitudinem dei), et alio loco dicat: *ego sum qui sum et non demutor.* cum hoc ita sit, homo quemadmodum dei imaginem portat, cuius 2 30 2
a mortuis ascendentem Christum debemus accipere, cuius ex ore duo denarii, id est duo testamenta prolata sunt, quae saluti cum domini gloria 1 37 5
est morsus; et gladius duas acies gerit, sed sunt unius corporis latera; et denarii sunt duo, sed una moneta signati; et scala duos scapos habet et 1 37 14
est, daemonium habet; *stabularius* doctor est legis, qui acceptis *duobus denariis*, id est duorum testamentorum salutaribus monitis, adgressuram 1 37 10
quae uidetis recte eadem sine ambiguitate a domino hic quoque *duorum denariorum* esse figura uestita, hac uidelicet ratione, quia in *thesauris suis* 1 37 9
denarios intelligi uoluit, nouitate et uetustate duo testamenta. hos duos denarios a Samaritano stabulario pro eo, qui a latronibus adgressuram 1 37 10
in mare et piscem, qui primus ascenderit, aperto ore eius inuenies duos denarios: da pro me et pro te. piscem primum a mortuis ascendentem 1 37 5
esse figura uestita, hac uidelicet ratione, quia in *thesauris suis* duos denarios intelligi uoluit, nouitate et uetustate duo testamenta. hos duos 1 37 9
exspectat, *quod unctui, quod tersui* opus est praebiturus, sed et denarium aureum triplicis numismatis unione signatum. gaudete itaque! in 1 23
cum signo datur, aqua cum uino, sal, ignis et oleum, tunica rudis et unus denarius; quem qui libens acceperit acceptumque non spreuerit, sed in 2 6 8
patientia inter religionem pietatemque negotium temperaret, in spe non denegans deo, quod *contra spem* acceperat a deo. igitur Isaac sibi 1 4 13
plurimis negat hominibus, quod auibus, serpentibus, feris non potest denegare. mera profecto uesania est beneficiis inuidere naturae. alius inde 1 5 13
et caelum obsecundetur et terra, quia caelum pluuias et fruges terra non denegat! sed quia haec prophetia nouissimis erat complenda temporibus 1 61 2
sic meruit fides quod ademerat tempus, extorsit credulitas quod natura denegauerat. Abraham patriarcha noster exploratus a deo in senectute 1 43 1
cupitque mortuus uel uno digito illis contingi manibus, quibus stipem denegauerat uiuus. odit iam sine causa ante quod amauerat; probat felicius 1 2 9
cui laborat fides? fides si non sit, quomodo spes ipsa nascetur? quibus si deneges caritatem, utraeque cessabunt, quia neque fides sine caritate neque 1 36 1
tantum potestatis gerit, ut a femina coeperit, quod priori impossibile fuit. denique a muliere, quae prior peccauerat, circumcisionis incipit cura, et 1 3 19
inanis erit, quia incredulo credentis fructum praestare non poterit. denique Abraham placuit deo credulitate sine lege et Iudaicus populus 2 3 1
non ipso orbe contenta. totum possidet et de inopia queritur semper. denique ad sua numquam peruenit uota. quantum fuerit auctior, fit tanto 1 5 2
ab incunabulis mundi mors ut iugularet ac iugulet, ab ipsa prorupit. denique Adam in arce cum esset adhuc paradisi constitutus beatissimusque 1 4 8
ad sepulcrum noctis cognatae contendit scius in ipso se habere quod uiuit; denique adimitur ei ortus, si ei auferatur occasus. luna quoque, quae uere 1 2 18
integro statu totum se reciprocauit in filium, ne quid sibimet derogaret. denique alter in altero exsultat cum spiritus sancti plenitudine una originali 1 7 4
opus suo praeponere artifici ac per hoc solum interest, quod soli se sciunt. denique apud Esaiam ad filium *sic dicit dominus deus sabaoth: fatigata est* 2 8 5
camino ignis exaestuans detulit, ut eos unius uirtutis esse persensit. denique arsit incendium incendentibus, non incensis. o admirabilis ratio! o 1 48
duae eius, quem cupiant deprauatum, simulant se esse cultrices. una denique asserit Iesum Christum ab utero uirginis Mariae sumpsisse 2 8 1
est, de loco ad locum transferri potest, ei autem subtrahi non potest. denique aurum argentumque, penitus quod eruitur magno opere terrae 1 14 4
sacerdotem praetulit patri, nec pium se credidit, nisi probasset fidelem. denique, carissimi, intrepidus ad ministerium immolationis armatur; 1 59 7
quantum intellegi datur, fratres carissimi, Christi imaginem praeferebat. denique comparatio indicat ueritatem. Iob iustus dictus a deo est; ipse 1 15 7

in Christo credentibus populis totus orbis deo una ciuitas redderetur.	denique	comparationem salutaria gesta confirmant, quae et in nobis	1 34 9
diuite sinu, momentis quibus uelis quattuor temporum munera expungens.	denique	competentibus nostris finitur hiems hodie peccatorum. oleo	2 13
sine hac gloriosum, sine hac deo iunctum, sine hac possit esse perfectum.	denique	cum dominus interrogaretur, quod esset summum legis sacrae	1 36 17
aberrauerunt, qui iustitiam dei manere in eloquentiae uiribus aestimabant.	denique	cum eam comprehendere non possent — neque enim poterant sine	2 1 2
nutaret et, cum filium proferret uterus, nepotem senectus optaret. ita	denique	dissensione temporis et naturae contra opinionem nato angelus	1 59 5
ad effundendum sanguinem dextra laeuaque in se refugiens unda testatur.	denique	eremo exciperis, quo te nunc peruenisse cognoscis; ubi sane ad	2 16
qui mecum sunt. lucro gaudeo, sed sine furti conscientia, sane confiteor.	denique	et uos retinetis pondus antiquum; habetis aginam: exagium facite	1 41 3
inter impium et peccatorem, tantum interest inter peccatorem et iustum.	denique	etiam ipse impiis iudicium, quia iam sua impietate praeiudicati	1 35 3
praecipitantur insontes ibidemque propter quem praecipitantur inueniunt.	denique	excipiuntur non flamma, sed rore, dei dignatione, non poena. o	2 22
tempore, non inter haedos deputatur, qui pignus trinitatis acceperit.	denique	expetisse atque accepisse describitur *monile, anulum, uirgam.*	1 13 10
obiurgatione confutat. humana sentienti nundinari deterius quam puniri.	denique	filios uocat, ut abdicatio timeatur; exaltatos, ut ruina terrori sit;	1 30
terrae cognoscens ac uiolare deuitans mira patientia in se frangitur, his	denique	fluctibus, quibus cogitur, refrenatur. haec germinantibus pratis,	1 4 5
uidelicet signum; etenim iustitiam qui sequitur, necesse est ut probetur.	denique	fornicaria requisita non est inuenta, quia renatus per aquam et	1 13 12
sed auri, argenti facultatumque beneficio quis aut amatur aut odio est.	denique	haec est causa, quod fratrum pia nomina plerumque gladiis amica	1 5 6
uel quae in prouerbiis locutus sum non intellegentibus explanabis.	denique	hoc alibi manifestius ad omnes discipulos ait: *ite ergo et docete*	1 37 7
uitiosus, quot habet unusquisque membra, poterit perpetrare tot crimina.	denique	hoc genere Iudaeos scriptura denotat ab auribus incipiens:	1 3 10
sine fine studet timere, ne quid praeter deum, quem diligit, timeat.	denique	huius suffragio Daniel populis terribilem inermis draconem necat,	2 2 5
genitali unda submergit, ut caelestes effecti terram desiderare non norint.	denique	illi post mare ad eremum peruenerunt, nos post baptismum ad	1 46b 3
mors uicina contristat, ne trepidatio fidem prodat infirmam. sub hac	denique	immolantis immolandique constantia absolui meruit, dum	1 59 7
ut deo inuidiam faceret, sed ut expeditus cum hoste pugnaret. contempsit	denique	in perditis facultatibus diuitem, dissimulauit in amissis liberis	1 15 5
unum tantummodo metuens, ne <non> sit amplius quae uocatur.	denique	in solitudine, quae a moechantibus uocatur occasio, se tamquam	1 1 2
filius, qui patris maxima est gloria, aequalis patri a catholicis praedicatur.	denique	inde est, quod legis fundamenta temnentes uersuta disputatione,	1 45 1
abdicauerit, et quidem non accusatione, sed probatione conuictum.	denique	iniuriae suae testes citat caelum terramque: terram, in qua	2 21
pareret, laetabatur hoc iussisse deum. de filio hostiam parat, festinat	denique	inplere sacrificium, ne mora faciat peccatum. necessaria	1 43 4
decore, <non diminutione> subicitur, per quem pater semper honoratur.	denique	inquit: *ego et pater unum sumus.* unde non diminutiua, sed	2 5 10
exsecrabili metallo procedis onusta, ubique delicata, sub monilibus fortis.	denique	ipso cultus rigore in oratione non flecteris, non manus tendis,	1 14 6
prouidentia sacramento trinitatis spiritalem quoque numerum conuenire.	denique	nec inrorati camini eis baptismatis defuit gratia. o admirabile	1 22 2
indigestae mortis, quae homicidium mox [ut] peperit, dereliquit.	denique	nec mora est: inpatienter fraterni inuidus muneris in fratris Cain	1 4 9
in designationem Iudaici populi, qui carnalis futurus fuerat, procuratam.	denique	nihil illi contulit, quia deo ante, non posteaquam circumcisus est,	1 3 7
est enim artifex ac dulce malum et hominibus uniuersis semper infestum.	denique	non habentibus diuitias habendi inicit cupiditatem, habentibus	1 14 1
non beatus est nullus, quia nulla gens est, nulla sunt pecora, animantium	denique	nulla natura, quae non timeat deum. cum grauamur rumpentibus	2 2 3
nota. incomprehensibilis enim dei imago inuisibilis sit, necesse est.	denique	oculis non est subiecta carnalibus; nam neque cum ingreditur	1 27 3
nota. incomprehensibilis enim dei imago inuisibilis sit necesse est.	denique	oculis non est subiecta mortalibus. nam neque cum ingreditur	2 30 3
quis figuras uentorum, quis inter marinos aestus fluminum augmenta, quis	denique	opificium domini deique consilium se deprehendisse gloriabitur,	1 34 2
fauillae nutrices, cinis propagandi corporis semen, mors natalicius dies.	denique	post momentum festo exsultat in tumulo, non umbra, sed ueritas,	1 2 21
quo expugnati pudoris alieni labe gaudere consueuit, semper infelix est.	denique	post negotium perpetratum odit et se ipsam cum illo quem uicerit.	1 1 7
homini salute depellitur, sed gloriosa semper in omnibus inuenitur.	denique	prior circumcisio desecat carnem, secunda animi desecat uitia; illa	1 3 23
floruit quidem, sed infeliciter flore discusso nullos potuit fructus afferre.	denique	pro fructibus spinas generauit, pro uua labruscam. cuius abhorrens	2 11 1
qui humani generis peccata, sordes et maculas uenerat mundaturus.	denique	purgationes, quae sunt tarditate periculosae, nullo puerum	1 54 4
in dicionem redigere suam, quae esse eius ambiuit ancilla? in domo	denique	quae geruntur, sed et ipsis in fanis, Christiana fidelis, sine te esse	2 7 13
quid falsi dicerent testes aut qualiter iudices circumuenti damnarent, non	denique	qualiter diabolus infamaret, qui non potuit pudoris fundamenta	1 40 2
conuersionemque quasi quaedam sollicita mater patientia custodiret. sol	denique	quamuis mira celeritate alternas mundi metas illustret, tamen	1 4 4
incolas, ciuitates et rura nihil omnino metuens amicae mortis fiducia.	denique	quod sapientia legibus per industriam colligit, uno impetu	2 1 7
de ueteri sacramento quam inanibus intexta suspiriis fabula remansit.	denique	regium illud templum campis aequatum iacet. altaria dei eius	1 28 1
spiritu sancto et igni, ipse tunc quoque numero suae adfuit trinitatis.	denique	rem sacramento gestam esse cognosce. in caminum missi ut	2 27
testibus denotare, ut inexcusati facinoris competenti iudicio subiacerent.	denique	res impleta est domini passione: caelum medio die perdidit diem,	1 47
post calumniosam damnationem et liberatus a deo est et honoratus.	denique	rex iure secundus factus est regni, qui insignis rex erat iam ante	1 1 16
aequales estis et pedaturas omnes uestri corporis ambitu superatis;	denique	sancti diuites pauci sunt, uos plures estis. haec sunt, dilectissimi	2 6 10
illa fuit uirgo post connubium, uirgo post conceptum, uirgo post filium.	denique	si esset aliquid uirginitate melius, dei filius hoc magis potuerat	2 7 4
iam te hic, Christiane, cognosce, elige quid uelis: remedium an sanitatem.	denique	si uidetur, conferamus, quae sit inter uirginem nuptamque	2 7 3
totius scripturae et propter ipsum et auctorem per ipsum impleta est.	denique	sic ad discipulos ait: *omnis scriba doctus de regno caelorum similis*	1 37 9
in hominem se fecit nasci, quemadmodum homo non potest nasci. totum	denique	sua luce resplendens corpus sine umbra gestabat, humilis carne,	1 54 5
promulgatam se esse testatur, nisi ut fides de infidelibus uindicetur.	denique	tolle peccatum: cessat legis imperium. *lex* enim, sicut scriptum est,	2 3 4
quod non tam imaginem suam quam eius, cuius est in usibus, gerit.	denique	tot efficit uultus, quot ille intrinsecus tristes seu hilares suos fecerit	1 2 29
generosa ac perfecta fides quique illi fuerit cruciatus sua complicat uota.	denique	tres pueri in illo sacro certamine prae oculis deum sibi proposuere,	1 11
mortuorum non tam dicere quam oculatis rebus sufficimus approbare.	denique	uagi atque inmundi spiritus utriusque sexus humani dolosa	1 2 5
delibare nequiret: sua enim deminutione crescebant. integer horum	denique	uasis semper in plenis manebat status quantumque eis impensae	2 1 20
impietatis arguitur, sed Christianus, ne talis euadat, pariter commonetur.	denique	ut iste plus timeat, ille terretur; ille uapulat, ut iste proficiat.	1 10a
perfectus deus non esset, si esset aliquid quod esse uolens esse non posset.	denique	uultis scire conpendio ueritatem? factus est quod non erat, nec	2 8 9
infecto habetur quod non diffamatur, censuit eos caelo et terra testibus	denotare,	ut inexcusati facinoris competenti iudicio subiacerent. denique res	1 47
poterit perpetrare tot crimina. denique hoc genere Iudaeos scriptura	denotat	ab auribus incipiens: *clamaui,* inquit, *ad eos et non audierunt;*	1 3 10
luxurioso populo deus hoc signum dedit, ut, locum matricalis culpae cum	denotat,	etiam alia crimina fugienda cognoscat. 'ore tuo te, inquit,	1 3 8
testimonium mentis impurae, iamiamque illis imminere supplicium	denotati	uulneris inflictu minatur. omne genus pecudum cum suo sibi	1 46a 1
immolatio aufertur. cessat unguentum. circumcisio uacuatur. sabbatum	denotatur.	neomeniae et dies festi odio habentur. potiuntur eorum Romani	2 17
declarant; quia aliqui eorum cum forte de numero audacis lupi rabie	denotatus	in praesens periculum coeperit infestationibus tyrannicis duci,	1 36 15
praecurrens de silua mel attulit et locustas. ne alter alterum manducantem	denotet,	inuitator ammonet Paulus. Dauid regius pastor omnibus momentis	1 24 3
uniuersis in interitionem cogitur omne genus humanum. namque sapientia	densis	exaestuans argumentis, suasorio ac delectabili luculentae orationis	2 1 6
uultus, sexus, aetates auri argentique detrimento matris limae moderato	dente	figurata. quae est ergo ista dementia sacrificium nescientibus	1 25 3
a natura, in obliquos horrores insani uertuntur orbes oculorum, acies	dentium	spumosis horrida globis inter labra liuentia stridit, intorta omnia	1 2 6
seruis addicunt, *dei templum* profanis patefaciunt, sacraria usque ipsa	denudant,	sacra confundunt amissa luce laetantes in tenebris, habentes	2 7 12
crimenque noscens nominibus pietatis excusat. proprios aut negat aut	denudat	affectu. nihil prorsus existimat turpe nec pati nec facere,	1 1 7
iugulare; hic Ioseph mulieri flagitat esse uiolentum, quem, etiam dum	denudat,	esse non inuenit inpudicum; hic synagogam expugnauit, cum sua	1 36 26
pinguibus sputamentis exesus detestabili macie omnia gestatoris sui ossa	denudat.	nonne horrebit etiam sibi quodam modo illa excarnata umbra	2 4 15
turba monstrorum superare non potuit. ipsa Venerem membris omnibus	denudatam,	conuexis manibus se tegere conantem, immo animi sui uitium	1 1 11
caelestis populi meritum, sed terreni per orbem totum dispersionis futurae	denuntiabat	exitium. adeo eos in eremum inde perduxit uulneraque	1 18 1
quod non merentur. Noe cataclysmum, quo omnis caro funditus deleretur,	denuntiante	deo imminere per momenta et credit et timet arcamque, cum	1 4 12
cum ad Timotheum loquitur instruendum his uerbis: *hortatus sum, ut*	*denuntiares*	*quibusdam, ne peruersa doctrina uterentur neque adtenderent*	2 3 17
clementer imbre suo rorat conceptaque musti felicibus lacrimis fluenta	denuntiat.	statim oculis apertis folia radiata procedunt, quibus subiecti ac	2 11 3
stridit, intorta omnia passim membra tremore uibrantur; gemit, flet,	denuntiatum	pauet iudicii diem pellique se plangit, confitetur sexum,	1 2 6
est, inquiunt, *qui natus est rex Iudaeorum?*. hic est, fratres, qui uenturus	denuntiatus	est per prophetas, qui secundum carnem natus in tempore est,	2 5 3
detrita *obtundam uerbis palpantibus* aciem ueritatis ac non plene	denuntiem,	obseruantiae qua perfectione dei cultus debeat custodiri, apud	2 7 5
apostolos ad mirabilia facienda spiritus sanctus obumbrauit et texit. et	denuo	*caeli*, inquit, *enarrant gloriam dei*; et hic utique non tam caelos	1 61 3
autem caelos fecit; et in Deuteronomio: *sacrificauerunt daemoniis et non*	*deo.*	ac ne quis sacrilegium existimaret sibi impune esse cessurum,	1 25 5
blandus, aestimare licet quid moliri potuerit incitatus, maxime cum a	deo	acceperit facultatem, ut atrocitatis inueteratae in examen iusti quibus	1 4 18
et pater *est constitutus*? quid, quod Melchisedech, summus ipse sacerdos	deo	acceptissimus huius fuit cicatricis ignarus? quid, quod cum praeputio	1 3 5
est: inpatienter fraterni inuidus muneris in fratris Cain anhelat exitium et	deo	ante negotium parricida est; nec eius saltem coercentis uoce	1 4 9
qui carnalis futurus fuerat, procuratam. denique nihil illi contulit, quia	deo	ante, non posteaquam circumcisus est, placuit praemiumque non	1 3 7
in senecta, unde nomen accepit infans, qui post haec Abraham sacratam	deo	approbat mentem. unicus ille filius solliciti senis adhuc paruulus, cui	1 43 2
qua ei nec legitime seruire poterit nec placere. ceterum prouidentis dei de	deo	argumentationibus uanis opinari uelle dispositum non colentis est, sed	1 54 1
cessare nullo pacto potest uarietas ista regni, a legis conditore homini a	deo	assumpto iustisque eius est deputata rebus dispositis, non deo, non	2 5 6
lineamentis corporis circumsaeptam. unde duae quoque uitae a	deo	attributae sunt nobis: una, qua nescientes communi cum pecudibus	2 4 8
domini impastae feritatis grassatione turbabat. indixerat in homine	deo	bellum et infaustae superstitionis busto in nefas conscium toto mundo	1 39 2
per te allegatae priusquam fundantur acceptantur preces. tu es sacrificium	deo	carum, tu legitimum dei templum, sacrarium pudoris. te corruptio	1 1 21
optauerim fieri, cum cognosco inter flammas rosculentos hymnum	deo	cecinisse securos. tanta est enim fidei uirtus tantaque potestas, ut	1 31
interitu praestitutae circumcisionis iura uacuauit, quia solus octauus dies a	deo	circumcisionis priuilegium, non septimus, non nonus, accepit ac per	1 3 4
peruenit amicitiam; per hanc Isaac praeter ceteros enituit; per hanc Iacob	deo	colluctari praeualuit; per hanc Ioseph Aegyptum suae dicioni subiecit.	1 36 7
testatur frigidumque latus male dilatato queritur lecto; inuidiosis uocibus	deo	concinnat inuidiam, solemnia ipsa diuina, quibus a sacerdotibus dei	1 2 14

disputatio, qui ideo iustum patiuntur errorem, quia Christum non ex deo considerant hominem factum, sed ex homine <deum>. ceterum si 2 8 9
ergo inquit: *non est exaltatum cor meum,* docens *optimum* esse *sacrificium deo cor contribulatum.* quapropter, fratres, *efferendum non est* prosperis 2 9 3
non dicam tractatu, sed ipsius natiuitate porro maior est legis, quae deum deo credendo promeruit, quae credere non didicit, sed praesumpsit, edicat 2 3 8
cui non anniuersarii, sed cotidiani fructus respondent hymnum canentibus deo credentibus populis, qui omnia inmortalitatis semine propagantur in 1 33 4
credentis fructum praestare non poterit. denique Abraham placuit deo credulitate sine lege et Iudaicus populus displicuit deo incredulitate 2 3 1
populus, cui praecipitur, ut semen excitet fratris, non utique illud, quod a deo damnatum iure uidebatur, sed ut reliquas nationes, quas idolatriae, de 1 13 5
est, quod legis fundamenta temnentes uersuta disputatione, praetermisso deo de deo exeunte, ad communia humanitatis nomina, quae possunt 1 45 1
traditum sibi mauult semper timere quam occidere, inuerso gratus officio, deo dei munus retinendo placiturus. rex mansuetus, pater pius, propheta 2 9 7
suum perire naufragio. haec Iudaeus praedicat, fratres, et tamen deo demens adhuc usque non credit, qui est benedictus in saecula 1 29 2
et gentes uel ceteros antecedimus. incomparabilis autem gloria ac uere deo digna, cum uno consensu, una fide alter alterum commendans 2 6 5
facinore, quod deo gerebatur auctore. o nouum spectaculum ac uere deo dignum, in quo definire difficile est, utrum sit patientior sacerdos an 1 4 14
eis baptismatis defuit gratia. o admirabile incendium! o uere spectaculum deo dignum! qui audiunt, timent; qui incenderant, ardent; qui incensi sunt, 1 22 2
gratum, utriusque sexus et inuicem se amantium; quorum pro numero deo diurnas hostias offerebat. tanto autem puritatis ac fidei erat muro 1 15 2
quae mauult magis nouellae traditioni suae credi quam antiquitati, quam deo domino dicenti: *reicitis mandatum dei, ut traditiones uestras statuatis*! 2 3 10
autem non habet, etiam id quod habet auferetur ab eo. per hanc, fratres, a deo Enoc meruit cum corpore contra legem naturae transferri; per hanc 1 36 7
incolumis inde respuitur. Ionas adaeque propheta ad Nineuitas missus a deo est, eorum ut imminere ciuitati interitum nuntiaret; ingentibus enim 1 34 5
secerni potest, tamen sibimet externa esse non potest. si enim uerbum in deo est et deus est uerbum et hoc est, in quo est, quod est ille, qui inest, 2 8 4
splendore uestitus post calumniosam damnationem et liberatus a deo est et honoratus. denique rex iure secundus factus est regni, qui 1 1 16
praeferebat. denique comparatio indicat ueritatem. Iob iustus dictus a deo est; ipse iustitia, de cuius fonte omnes qui beati sunt gustant; ecce 1 15 7
qui aliam uictimam procurauit; nam Abraham cum filio sic probatus a deo est, ut non postulans misericordiam mereretur. uideamus, fratres 1 43 7
dicit enim dominus: *omnia possibilia credenti.* unde *Abraham credidit deo et deputatum est illi ad iustitiam*; qui ideo iustus, quia fidelis; *iustus* 1 36 6
tamen necessario circumcisus. quid enim scriptura dicit? *Abraham credidit deo, et deputatum est illi ad iustitiam.* numquidnam dixit: Abraham 1 3 6
hic, inquam, de quo Paulus ait: *qui accipit regnum, regnat et tradet deo et patri*, et cetera. quid hinc scandalum pateris, Christiane, ex tuaque 2 5 4
legis fundamenta temnentes uersuta disputatione, praetermisso deo de deo exeunte, ad communia humanitatis nomina, quae possunt argumentis 1 45 1
non habuit legem, cuius conuersatio lex fuit. audit imperatum sibi a deo exilium, ut cognationem suam simul dimisisset et terram. et tunc 1 62 1
enim elementa pulchrius aut uerius uerbis humanis asseri possunt, quam a deo facta sunt uel uidentur. itaque quod ad nos pertinet, uideamus, quid 2 30 1
insertum; infideles non sunt, quia habent imaginem fidei, professione deo, factis saeculo seruientes. uolunt nosse legem, nolunt eius praecepta 1 35 5
res condicione dimissa est, ut, si quid mali seu boni cuiquam fecerimus, deo fecisse uideamur; propter quod non inmerito Iohannes, peculiaris 1 36 23
esse, quod ille fuerit aestimatus. ceterum illa est fidei generositas uera, ut deo fideliter seruiat, in solo ipso fiduciam gerat, a fidelitate et fiducia 2 3 19
nubis?' exsecrabilis res est, fratres, nec coniugio seruare caritatem nec deo fidem. haec etiam uiros reprehensio manet. Christianus ergo in toto 1 2 14
extulit, sed ipsa potius feliciter suis hortamentis occidit, religiose confidens deo filios se genuisse, non mundo. hinc uxor amissi mariti desolationem se 1 2 13
caelo, dubium quippe cum non sit unum hominem tantum e limo terrae a deo finctum eique eius ex latere mulierem coniugale solamen excussam, a 2 4 1
iugulare, ne iugulet, securus illo se non posse displicere facinore, quod deo gerebatur auctore. o nouum spectaculum ac uere deo dignum, in quo 1 4 13
exemplum, quod et Iudaei odiosum et Christiani sacrificium approbet deo gratum, apud Malachiam prophetam: *non est mihi uoluntas circa uos,* 1 25 7
nupta cogitat, quemadmodum placeat marito, uirgo, quemadmodum deo. haec extrariis ornamentis ornatur; longe illa ornatior, aliunde quia 2 7 3
mirum, fratres dilectissimi, ac delectabile certamen deo historia sacra prodidit nobis ignis ac fidei. etenim duo discordantia 1 48
sunt uerba: *exhibete corpora uestra hostiam uiuam, sanctam, placentem deo.* hoc enim placitum est domino, ubi se ipsum candidus animus 1 25 9
humanae deuotionis *religiosa confessio est* de *deo hoc nosse*, quod licitum est. sicut enim in simplici corde scrutanda 1 34 1
hic labor noster illustris, haec gloria omnium sacerdotum, hoc mysterium deo, hoc opus carum, hos opus uiuum carnaliter geritur, sed spiritaliter 2 6 11
implicitus spinis, capite obligatus: hic est qui pro Isaac immolatus est deo; hunc obtulit Abraham, hunc iussus est immolare <...>. 1 43 8
temperaret, in spe non denegans deo, quod *contra spem* acceperat a deo. igitur Isaac sibi dulcissimum filium, deo uictimam dulciorem 1 4 13
Noe cataclysmum, quo omnis caro funditus deleretur, denuntiante deo imminere per momenta et credit et timet arcamque, cum suis ut 1 4 12
facies, quae plus pro ornatu es quam pro salute sollicita. quid autem a deo impetrare te posse credis, quae eum per id, per quod irascitur, 1 14 6
mobile totumque se nesciens simulacrum et, ut imago sit dei, inspiratur a deo in *animam uiuentem*. concepit spiritum adaeque, quem nescit; 1 56 3
filiis ignoscit. persecutorem suum et, quod magis est, regem aliquotiens a deo in manus traditum sibi mauult semper timere quam occidere, inuerso 2 9 7
quod natura denegauerat. Abraham patriarcha noster exploratus a deo in senectute suscepit unicum filium. nihil tam sollicitum patri, cuius 1 43 1
Abraham placuit deo credulitate sine lege et Iudaicus populus displicuit deo incredulitate cum lege. unde dubium non est legem non posse sine 2 3 1
in facie, deus in corde, nonne iniuriosum uel superuacaneum putabitur deo indicare quod nouerit? absit. indicat ille, sed nobis, quos cupit quod 2 9 3
suis emori quam iustitiam praeterire. pro quo tam illustri facinore cibos a deo inmortales accepit, quos edacitas delibare nequiret: sua enim 2 1 20
progenitus in primis infantiae rudimentis iubenti ac deposcenti deo innocens martyr offertur, immaculata hostia nec uictima imparata, qui 1 59 2
quid, quod Abel iustus est sine hoc uulnere inuentus? quid, quod Enoc a deo integer legitur esse translatus? quid, quod Noe incircumcisus saeuiente 1 3 5
uitam turpem, melius credens hominibus se ream praebere debere quam deo. interea instant illi ex amatoribus accusatores effecti crimenque suum 1 1 18
funeris soluat. quo nuntio accepto dei seruus *scidit uestimenta sua*, non ut deo inuidiam faceret, sed ut expeditus cum hoste pugnaret. contempsit 1 15 5
Iudaeos legitimum pascha celebrare non posse, periti legis, deo ipso loquente cognoscite; a quo appellatur synagoga *spelunca* 2 25 1
pacificum, sine hac fidele, sine hac securum, sine hac gloriosum, sine hac deo iunctum, sine hac possit esse perfectum. denique cum dominus 1 36 16
fidei erat muro munitus, ut non auderet eum adtemptare diabolus nisi a deo iussus. iam hic considerate, fratres, quemadmodum saeuierit incitatus, 1 15 2
induimus; qui, quae uis, qui exitus, quae merces carnis sit quaeue animae, deo magistro didicimus; qui non ignoramus uictoria carnis ambas 2 4 18
in qua gentium iam inde noster populus morabatur, quae non in cassum a deo *magna ciuitas* dicta est; erat enim futurum, ut omnium nationum in 1 34 9
semen excitet fratris; qui ingressus semen suum fudit in terram. quod cum deo malignum quoque uideretur, pari eum morte damnauit. coniunctionem 1 13 1
— sicut Iohannes dicit: *deus caritas est; qui manet in caritate, in deo manet et deus in illo manet* — , tunc demum, fratres, caritatem per 1 36 21
gloriosior in populo Christiano, qui eius sanctificatori inuiolabili deseruit deo? nam si *ecclesia* ideo *Christi sponsa* est, quia *pudica*, ideo iugo thalami 1 1 3
sapientia sapientiam, omnipotentia omnipotentiam propagat. *de deo nascitur deus*, de ingenito unigenitus, de solo solus, de toto totus, de 1 17 2
sapientia e regione cordis *eructuat uerbum*, omnipotentia se propagat. *de deo nascitur deus* totum patris habens, nihil derogans patri. alter renitet in 1 56 1
apud gentes, dicit dominus. immola deo sacrificium laudis. immola, inquit, *deo*, non daemoniis, *sacrificium laudis*, non uituperationis, et *redde* 1 25 8
te furoris stimulis accende, quamuis cruciatus exerce molem: nos a deo non potes separare.' statim iudex uiperei ueneni felle commotus iubet 1 39 5
homini a deo assumpto iustisque eius est deputata rebus dispositis, non deo, non sempiterno rectori, maxime cum in euangelio sic dicatur: *dabit* 2 5 6
ne hominum quidem uocabulo digni iudicarentur. pro quibus causis a deo non tantum sunt disperditi, sed etiam perpetuo poenali supplicio 1 13 4
Christum, immo illa per uos uobiscum complectitur Christum. per hanc a deo patre quod petitis impetratis, immo illa per uos impetrat, pro qua 1 1 4
exsultemus, fratres in Christo, tantique prouentus redditu ditati deo patri omnipotenti laudes et gratias referamus. qui zizania, lolium, 1 41 1
munus exspectat. sic ergo uiuamus, ut bonis operibus decorati nos quoque deo patri placere mereamur domino iuuante nos Christo, qui est 1 2 32
molitionibus pugnant multisque diis ac regibus seruire gestiunt, qui uni deo per inpatientiam seruire minime potuerunt. sed inpatientiae hactenus 1 4 10
qui filius cum maligne domini ante faciem uersaretur, scriptura teste a deo perhibetur occisus. secundo imperat, ut intret ad fratris uxorem ac 1 13 1
qui Moysi reprobans dictum per hanc iniuriosam corporis stipem deo placere te posse praesumis.' 'iam completa est, inquit, in me per Iesum 1 3 14
me possidere contendo, quia specialiter anxiam curam mortis mihi a deo praestitam recognosco.' recte Iudaeus hoc diceret, fratres, si ista cura 1 3 8
ceteras tota se ad alienas utilitates colligit atque explicat sciens, quid deo principaliter debeatur, nihil sibi ipsa concilians, nihil proprium 2 1 11
bonis contenta secretis, non tam rea susceptura sententiam quam dicata deo pro castitate fortiter moritura, et quam iudicantium sententia praua 1 40 1
arsurum. angelus praeuius tua castra promouit, ut etiam praesenti deo probareris ingratus. per mare pedibus ambulasti, ut patereris in terra 1 9
multiplex pronuntiatio. hic namque, carissimi, desperatus parentibus, sed deo promittente susceptus in transacta aetate et generantis genitalis flore 1 59 1
iustus, quia fidelis; *iustus enim ex fide uiuit*; ideo fidelis, quia credidit deo; qui nisi credidisset, neque iustus neque pater gentium esse potuisset. 1 36 6
inter religionem pietatemque negotium temperaret, in spe non denegans deo, quod *contra spem* acceperat a deo. igitur Isaac sibi dulcissimum 1 4 13
desudant, non aduertentes miseri, quoniam in tali negotio iudice deo quod non licet uxoribus non licet nec maritis, sicut praescribens 1 1 13
libidini uacantes et gutturi, longae nocti, id est aeternae morti, sunt a deo, quod opus tenebrarum dilexerint, destinati. uer sacrum fontem 1 33 2
seruare posse quod praecipit. primum est itaque dilectionis officium deo refundere, quod nati sumus, solique debere, quod uiuimus, nihilque 1 36 21
cognoscunt se habere legitimum. nunc Iudaeorum quoque sacrificia <a> deo repudiata cognoscite, qui dicit ad eos in Esaiae libro: *quo mihi* 1 25 6
nam si diis *corporalibus* sacrificium conuenit *corporale, utique* et spiritali deo *sacrificium est necessarium* spiritale; quod non ex sacculo, sed ex corde 1 25 9
quoniam magnum est nomen meum apud gentes, dicit dominus. immola deo sacrificium laudis. immola, inquit, *deo*, non daemoniis, *sacrificium* 1 25 8
catenis uincta tenebrarum mens laboret incredulorum. *immola*, inquit, *deo sacrificium laudis.* primo omnium sacrificiorum tria esse genera, 1 25 3
manducabo carnes taurorum aut sanguinem hircorum potabo? immola deo sacrificium laudis et redde altissimo uota tua et inuoca me in 1 25 1
caret quae numquam ueneno serpentis, et, quod omni est maius insania, deo se laudat. publicanus autem non membratim deum, sed totus exorat, 2 9 9
quis uobis eripiat, cotidie litigatis. non hi solum, qui tales sunt, displicent deo, sed et illi, qui per sepulcra discurrunt, qui foetorosis prandia 1 25 11
oderit ueritatem. inde est, quod stulti praeponunt corpus animae, idolum deo. sed nos, qui Adam abiecimus, Christum induimus; qui, quae uis, qui 2 4 17
magis ac magis augeant, uilioribus se lauacris omni momento baptizant, deo semper ingrati. 1 51
hic quia non solus. uultis scire, quantis sit tenebris obuolutus? irascitur deo, si non semper fiat publicis luctibus diues. bene, bene: cum quis 1 5 14
in terram, hoc est dei mandata neglexit et idolis profudit. propter quod a deo similiter etiam ipse praesentem sententiam damnationis excepit, quia, 1 13 6
Archadius ad exoptatum iustis orationibus locum, et intuens caelum stetit deo spectante securus. parauerat extensa futuris ictibus colla, nudauerat 1 39 7
sono legis ac fidei saecularis amore iactantiae accensus nascentis dei de deo spiritusque sancti inaestimabilem incomprehensibilemque diuinitatis 2 3 15
patris et filii festinant nec intelligunt, quia in exordio carminis sacri deus deo sua sibi et diuinitate et nomine comparatus omnes humani sensus 1 45 1

suis annuntiabant; spiritu meretricio seducti sunt et fornicati sunt a deo suo. agnosce igitur, Iudaee, uel sero erroris tui miserum dolendumque 1 3 11
hic est, cui *data est potestas in caelo et in terra*, nomini eius noua a deo suo, ipso dicente: *ego te clarificaui in terra; opus perfeci, quod dedisti* 2 5 4
quod *contra spem* acceperat a deo. igitur Isaac sibi dulcissimum filium, deo uictimam dulciorem contemnit, ut seruet, destinat iugulare, ne iugulet, 1 4 13
ac> maternae pietatis occupauerat pectus festinata educatione nutritus, deo uictimam, parentibus pium parricidium praebiturus. ecce carissimi, ut 1 59 5
est, nam sicut idolis insensatis similia templa conueniunt, ita uiuenti deo uiua templa sunt necessaria. in his enim solis sacerdotum dei structura 2 6 4
neque nubentur, sed sicut angeli erunt. magnum consequere beneficium, si deo uiuas puris moribus libera et hominis non sis ancilla. at tu, uidua, 2 7 4
futurum, ut omnium nationum in Christo credentibus populis totus orbis deo una ciuitas redderetur. denique comparationem salutaria gesta 1 34 9
propemodum peregrinus. innocens cum innocentibus deputatus hic *placuit deo. unctus in regem,* spiratus in uatem *non insolescit in regno*, obumbrat 2 9 7
in uirtutibus portat. hoc est, quod Abraham *contra spem in spem credidit deo, ut fieret pater multarum gentium.* contra spem autem est, quod 1 36 5
necessario enarrabit tibi sciscitanti sibi de utriusque salute uel unanimitate deorum quae fuere responsa. si terribilia, consternata metu forsitan ipso 2 7 16
timet inuolare? quibus recte deus irascitur dicens: *nolite ambulare post deos alienos, ut seruiatis eis, et ne adoraueritis eos, ne quando incitetis* 1 25 4
inquinati — unus Christum blasphemando atque persequendo, alius deos asserendo atque abominanda figmenta colendo — , tactu carbonis in 1 37 3
et aurum. unde apparet eum, qui diligit aurum et argentum, non tantum deos colere, sed eorum mores et actus imitari. cuius rei facilis probatio est, 1 14 4
pro quorum actibus, si posset, ipsa quoque erubesceret terra, postremo deos esse aduersus deum asserentes, qui a sanae mentis hominibus ne 1 13 4
contrarium. diaboli est sane mancipium; eius enim possidet regnum. nam deos ipsa genuit, ipsa intulit mundo, per quos aut in quibus diabolus 1 1 11
ut ubinam sit maior ignores. est autem similis igni arida pabula depascenti, quae nisi finiat non finitur. hanc mediocres fraudibus excolunt, 1 14 1
aetate, non condicione, non loco, non genere a tribuenda homini salute depellitur, sed gloriosa semper in omnibus inuenitur. denique prior 1 3 22
extollentia de alio in aliud elata quicquid uiderit mobilitate fugaci statim deperdit. dehinc sequitur: *neque ambulaui in magnis neque in mirabilibus* 2 9 5
iacent canibus, alitibus ferisque donati, ubique dispersi, utrobique deperditi, semesis ossibus, etiam suis carnibus nudi. conspicite rem auaro 1 5 8
regnaturus sit homo iste noster, qui tendit ad caelum, ne forte cum carne depereat, uana spe si captus fuerit caduca atque carnali, de qua apostolus 1 2 24
e senioribus duo, sed uno incensi prodigio, secus quam decuerat *deperire coeperant.* quam cum aduerterent muro <munitam> castitatis, 1 1 17
tertius frater minor ex gentibus uenientis nouelli populi imaginem depingebat, Thamar ecclesiae, quae ei recte nupta non est, quia Christo 1 13 7
occasus. luna quoque, quae uere rationis humanae omnia in se lineamenta depingit, nata sanguineae teneritudinis dubio cornu primo quasi de cunis 1 2 19
quia temporalis ac fragilis esse cognoscitur. ideo lineamento puerili depingitur, quia eius lasciua lubricitas nec annis senilibus temperatur; ideo 1 36 25
manibus in monte de filio tuo; haec mihi uictima placet, hoc me sanguine deplacabis, iste meis sacris debetur; unde immolari iam iubeo.' non 1 43 3
quod loquimur, quid possit contingere, ignoras excusationisque uanae depone fallaciam: ingratis auaritiam pietate condis; solius dei potestas est 2 1 21
respuis; mihi crede: in te colis, cuius ornatum, cuius imaginem non deponis. ad ecclesiam dei opere uario totum inaurata corpus, exsecrabili 1 14 6
cum haec ita sint, cur legem lege distringis? cur sub imaginem fidei fidem deponis? cur ipsum fontem diuinitatis philosophicis argumentis exhaurire 2 3 13
immolantis immolandique constantia absolui meruit, dum humanum ex se deponit timorem et, quantum ad fidem pertinet, pater promissa compleuit, 1 59 7
alligari, qui totius orbis debita uenerat soluturus. in stabuli praesaepe deponitur populorum pastorem pabulumque se esse contestans. subicit se 2 12 3
foedus, quo infeliciores subactis infami hasta persequentes hospitum terga depopulabantur, e caelo imber fusus a domino flammis et sulphure 1 4 10
et admiratione progenitus in primis infantiae rudimentis iubenti ac deposcenti deo innocens martyr offertur, immaculata hostia nec uictima 1 59 2
statum plumeae salutis inquirunt, sed a suo corde remedium salutare deposcunt spiritumque suum tota humilitate contribulatum ambitiose 1 34 9
esse missurum commodum, tempore maturo, diuinitatis interim dignitate deposita, non tamen potestate, caelo egressus metatura praedicta sacrario 2 12 1
possent, libertate spiritus uident, exinde intellegentes in thesauro naturae depositum incolume requiescere, quod in hoc mundo ad tempus perspicitur 1 2 9
ergo omne Christianitatis magis in caritate quam in spe uel fide esse depositum, sicut euidens testatur exemplum. Iudas Scariothes traditor 1 36 19
estis et concupiscentias patris uestri facere uultis), uestem uiduitatis deposuit, id est sordidae religionis sordidos ritus abiecit. *aestiualia induit*: 1 13 8
tres sunt quodam modo principales. e quibus duae eius, quem cupiant deprauatum, simulant se esse cultrices. una denique asserit Iesum 2 8 1
a deo impetrare te posse credis, quae eum per id, per quod irascitur, deprecaris? aperi tandem oculos cordis: inuenies te insultare potius quam 1 14 6
superstitibus fratribus saltem cupit esse consultum; Abraham patrem deprecatur obnixe, ut aliquis nuntius pergat, qui eos tanti negotii certos 1 2 10
uenena conterentem, in adulterio, in homicidio, in falso, in maleficio deprehenderit, carnifici destinat statim, non audiendum, sed competentibus 1 35 8
quia eorum fidem uidere non potest, exigit. quam si abesse ex moribus deprehenderit, confestim ut perfidum punit irata quem docuit nullamque 2 3 3
ingreditur corpus nostrum neque cum de corpore egreditur, a quoquam deprehendi potest tantumque potestatis habet, ut, cum sui domicilii saepto 1 27 3
grassantium satellitum praeceps irruit manus, festinat dei famulum posse deprehendi; quem beati propinquus martyris, qui in eius forte degebat 1 39 4
fluminum augmenta, quis denique opificium domini deique consilium se deprehendisse gloriabitur, cum apostolus dicat: *o altitudo diuitiarum* 1 34 2
elementa quoque ipsa, fratres, satis diuersa satisque repugnantia olim deprehendisset interitus, nisi ea inuicem mutuis aequalibusque temperantiae 1 36 16
capere dolo adgrediuntur ac, nisi culpae succumbat, ueluti adulterae deprehensae magnum minitantur exitium. at illa non Eua, ancipiti quidem 1 1 17
se exaltauerit, humiliatur et, qui se humiliauerit, exaltatur. animae enim depressio cor elatum est, cor cohibitum promotio est animae. huius rei 2 9 8
Iudaei maiores suos Pharaonis exercitusque eius graui seruitutis iugo depressos de Aegypto praedicant liberatos. a diaboli rabie idolorumque 1 46b 1
sic est perlecta narratio. cum Israelis populus enormi captiuitatis iugo depressus a rege Pharaone duris condicionibus in Aegypto necaretur, 1 29 1
sed et Ieremias eodem spiritu loquitur dicens: *hic est deus noster et non deputabitur deus alius absque ipso. qui adinuenit uiam prudentiae et* 2 8 6
ista regni, a legis conditore homini a deo assumpto iustisque eius est deputata rebus dispositis, non deo, non sempiterno rectori, maxime cum in 2 5 6
circumcisus. quid enim scriptura dicit? *Abraham credidit deo, et deputatum est illi ad iustitiam.* numquidnam dixit: Abraham circumcisus 1 3 6
enim dominus: *omnia possibilia credenti.* unde *Abraham credidit deo et deputatum est illi ad iustitiam*; qui ideo iustus, quia fidelis; *iustus enim ex* 1 36 6
est illi ad iustitiam. numquidnam dixit: Abraham circumcisus est et deputatum est illi ad iustitiam? cum igitur integer, sicut Enoc et ceteri, sit 1 3 6
accipere deuitauit, quia inter agnos uenturo tempore, non inter haedos deputatur, qui pignus trinitatis acceperit. denique expetisse atque accepisse 1 13 9
semper pascendo propemodum peregrinus. innocens cum innocentibus deputatus hic *placuit deo. unctus in regem,* spiratus in uatem *non insolescit* 2 9 7
ego patientiam domini memorare non audeo, ne quam deus inter homines deputatus patiatur iniuriam; idonea laus enim non est, cui principatum 1 4 19
hactenus dicens: *adolescentior fui et senui et numquam uidi iustum derelictum nec semen eius quaerens panem;* et iterum: *diuites eguerunt et* 2 1 20
deus cogitationes sapientium, quia sunt stultae. nostram nobis stultitiam derelinquant, habeant secum sapientiam suam; cuius quidem sectatores 2 1 15
quid deo principaliter debeatur, nihil sibi ipsa concilians, nihil proprium derelinquens, nisi quod fideliter sine ulla iactantia eius fungitur uoluntate. 2 1 11
enim perduxerunt, per quam crucem euaserant Pharaonem. sed iterum *derelinquetur filia Sion <...>.* 1 61 8
etiam ipse impiis iudicium, quia iam sua impietate praeiudicati sunt, non derelinquit neque peccatores, qui iudicandi sunt, iustorum, qui non 1 35 3
ut putatur, crimen esse desiit, quia neminem qui se possit arguere derelinquit. omnes enim passim furore insatiabili turpes praecipitantur in 1 5 1
tauros, hircos, arietes et agnos abhorret dominus: unde sacrificant? deum dereliquerunt, altaria eius euerterunt: cui sacrificant? sane hoc solum 1 51
ut merebantur, caenulentum postmodum laticem, domino dicente: *me dereliquerunt fontem aquae uiuae et foderunt sibi lacus detritos, qui non* 1 18 2
posteris hereditatem indigestae mortis, quae homicidium mox [ut] peperit, dereliquit. denique nec mora est: inpatienter fraterni inuidus muneris in 1 4 8
inuersa uice adorta est in suum fomitem adolescentis ignem totis uiribus deriuare. at ille in repugnatione ueste sibi uiolenter extorta ex impudicitiae 1 1 16
iniquitatis suo semine per inuidiam protoplastos ex angelis in homines deriuauit, ita dominus omnes in se credentes sancti spiritus semine a 1 2 26
omnipotentia se propagat. *de deo nascitur deus* totum patris habens, nihil derogans patri. alter renitet in altero; cuiusuis gloria communis est honor, 1 56 1
toto totus, de *uero uerus*, de *perfecto perfectus*, totum patris habens, nihil derogans patri; procedit in natiuitatem qui erat, antequam nasceretur, in 1 17 2
futuri temporis cernere, quem uideas sacrilega incredulitate dei potentiae derogare? sed hoc amore criminum faciunt, ut putent impunita fore quae 1 2 1
suo manente integro statu totum se reciprocauit in filium, ne quid sibimet derogaret. denique alter in altero exsultat cum spiritus sancti plenitudine 1 7 4
solemnes suae ignes aetatis quod numquam prorogat inportune nec derogat, quid aliud intellegi datur quam sui opificis moderationi deseruiens 1 4 5
nec aliquid audire exspectauit ex lege, ne admonitione pietati aliquid derogetur, tantumque se in ipso amat, ut oderit se sine ipso. accedit ad 1 36 22
uenis ebulliens palpitante ruina captiui tota miserabiliter per membra desaeuit. alios amentes, alios furiosos, alios homicidas, alios adulteros, alios 1 38 6
medicaminibus curat. quod autem ait *angelos ascendentes et descendentes*, aliqui putant ascendentes esse angelos lucis, descendentes 1 37 11
angelos homines iustos et iniustos generaliter dictos. sed ascendentes et descendentes qui sint, in exemplis agnoscimus. descendentes sunt, qui 1 37 12
dictos. sed ascendentes et descendentes qui sint, in exemplis agnoscimus. descendentes sunt, qui saeculo renuntiantes rursus reuertuntur ad 1 37 12
amen dico uobis: uidebitis caelum apertum et angelos dei ascendentes et descendentes super filium hominis, sicut et factum est, euangelista dicente: 1 37 13
ascendentes et descendentes, aliqui putant ascendentes esse angelos lucis, descendentes uero angelos tenebrarum. sed hoc satis absurdum esse et 1 37 11
filius hominis uel cuius hominis nasci posset in caelo, ut de caelo descenderet, cum humanitatis a caelo et possessio longe dimota sit et 2 4 2
manducatur aliquando certe nec bibitur nec in inferno cum suo praedone descendet, solum quod oculos infelices inanemque conscientiam ad hoc in 1 5 16
ait: *omnia mihi tradita sunt a patre meo.* hic, qui purus de caelo descendit, carnatus ascendit in caelum. hic, inquam, de quo Paulus ait: *qui* 2 5 4
pulsari; scriptum est enim: *nemo ascendit in caelum, nisi qui de caelo descendit, filius hominis, qui erat in caelo.* quomodo filius hominis uel 2 4 2
lector, inuenies ueritatem. qui erat in caelo, de caelo descendit; *qui descendit, ipse est et qui ascendit* in caelum, filius hominis, qui erat in 2 4 3
age, excita sensum, lector, inuenies ueritatem. qui erat in caelo, de caelo descendit; *qui descendit, ipse est et qui ascendit* in caelum, filius hominis, 2 4 3
a quo uniuersi generis peccatores, ut possint beate uiuere, puniri festinant. descendit quippe gladius pius in uiscera peccatoris et uno eodemque ictu, 2 10 2
non habet finem nec fortitudo mensuram, amore imaginis suae de caelo descendit, uteri uirginalis illustrat hospitium ibidemque in homine includit 2 4 7
esse et inconueniens, fratres carissimi, aduerto, quia neque refugae descendunt, qui post peccatum in caelum numquam recepti noscuntur, 1 37 11
procurabitis, quo sumptu, quibus uasis quibusue ministris? at si descrete fiunt ista, nihil prodest. ex uno enim proficiscendo et in unum 2 7 14
acutum gladium cum uno capulo nuncupauit, quem ex ore domini prodire describit. gladius enim spiritus sanctus est unum capulum habens, id est 1 37 2
deputatur, qui pignus trinitatis acceperit. denique expetisse atque accepisse describitur *monile, anulum, uirgam.* quibus ista significatio coaptatur? 1 13 10
sed gloriosa semper in omnibus inuenitur. denique prior circumcisio desecat carnem, secunda animi desecat uitia; illa ferro, haec spiritu; illa 1 3 23
habet perdat; aut certe Iesu Naue parricida sit, si cultris corda hominum desecat. sed absit, fratres, ut spiritales uiros ullo tangamus errore, maxime 1 3 15
inuenitur. denique prior circumcisio desecat carnem, secunda animi desecat uitia; illa ferro, haec spiritu; illa portionem, haec hominem totum; 1 3 23
interemerat, per aurem intrat Christus in Mariam, uniuersa cordis desecat uitia uulnusque mulieris, dum de uirgine nascitur, curat. signum 1 3 19

non possit, quia uiolentior omni tortore conscientia numquam suum deserit peccatorem. in hoc reatu, fratres, usque nunc fuistis. sed fortiter 2 10 1
spinas, pro uua labruscam. cuius rei indignitate commotus dominus illa deserta aliam sibi, id est ecclesiam matrem, sua pro uoluntate plantauit, 1 10b 2
liberam facultatem ac sic eorum quoque feminas a pudore diuellit, quae desertae, ardore seu dolore compulsae, si talia gerant, putant se aut imitari 1 1 13
non pariebas, erumpe et clama, quae non parturis, quoniam multi filii desertae. ecce enim, carissimi, in Sarra attractis aetate neruis et, deficiente 1 59 3
fratres, nisi Iohannes baptista? cuius est praeparatio: *uox clamantis in deserto: parate uiam domini, rectas facite semitas dei nostri*. nunc uideamus 2 8 7
at Christi fontem qui biberit, in aeternum sitire non nouit. illis in deserto suauitas lactis et mellis exhibita est, nobis uero, quod plus est, 1 46b 3
ut iure speremus aliena. nemo enim censum decoctori committit nec desertorem praemiis triumphalibus honorabit, maxime cum scriptum sit: 1 36 7
quorum regalibus monitis et creduli deuotique seruantur et increduli desertoresque puniuntur. hanc Esaias in modum forcipis uidit; quibus ad 1 37 2
nec derogat, quid aliud intelligi datur quam sui opificis moderationi deseruiens peritissima insignis patientiae disciplina? sed et mare uentis 1 4 5
hiems namque pigra, sordida et tristis ad eos pertinet, qui idolatriae deseruientes, mundanis uoluptatibus conpediti, libidini uacantes et gutturi, 1 33 2
esse gloriosior in populo Christiano, qui eius sanctificatori inuiolabili deseruit deo? nam si *ecclesia* ideo *Christi sponsa* est, quia *pudica*, ideo iugo 1 1 3
cutis, haec praeputium totius concupiscentiae saecularis; illa octauo deseruit diei, huic deseruiunt tempora, dies, horae uniuersaque momenta; 1 3 23
uelocitate mira contendunt, cui totus militat mundus, aetas cui uniuersa deseruit. pro nefas! quae istae sunt tenebrae? inest omnibus et ab omnibus, 2 1 8
clamat et dicit: *praecingite uos et plangite, sacerdotes; lugete omnes, qui deseruitis altari, quoniam ablata est de domo dei uestri hostia et immolatio.* 1 25 6
tripondes sunt omnes, numismatis sacri una libra signati, qui mensae deseruiunt. 1 41 3
praeputium totius concupiscentiae saecularis; illa octauo deseruit diei, huic deseruiunt tempora, dies, horae uniuersaque momenta; illa ante octauum 1 3 23
totum se habere, si pura sit. neminem foede desiderat nec ulli similiter se desiderabilem praestat. in suo statu omni loco, omni tempore manet plus 1 1 2
contemnens, iam ueritatem non imaginem quaerens, iam spiritalia non sua desiderans, de qua Paulus ait: *non omnis caro eadem est caro: alia est* 1 2 25
paleis limpidatus, semet pretiosum frumentum diuinis horreis inferre desiderans, licet suo uberet fonte, tamen aestuat semper iustae operationis 1 33 3
Samuel, egregius ille sacerdos, mortis iam lege dispunctus Sauli regi se desideranti sine ambiguitate non tantum suam praesentiam exhibet, sed 1 2 8
meretur iniuriam ipse, cui perhibes testimonium. ubi est ille, qui inuicem desiderantibus uobis tardior ceteris uidebatur primus matrimonii dies? ubi 2 7 6
uniuersa peccata genitali unda submergit, ut caelestes effecti terram desiderare non norint. denique illi post mare ad eremum peruenerunt, nos 1 46b 2
responde, bonumne amiseris maritum anne malum. si malum et desideras nubere, digna es, quam peior affligat; si bonum, fidei serua 2 7 6
puris moribus libera et hominis non sis ancilla. at tu, uidua, secundas cur desideras nuptias, cum temperare uideas apostolum primas? cuius ista sunt 2 7 5
fecunditas reponebat. quapropter si pater bonus, si prouidus, si utilis esse desideras, sicut ille Abraham, deum plus debes amare quam filios, ut 2 1 21
quam praestat, ac sic saepe contingit, ut merito perdat etiam sua, qui desiderat aliena. illinc alius uias uiantibus cludit, arcet ab herbis, arcet a 1 5 12
semper et paenitet, ad satietatem numquam lubrica utilitate perueniens. desiderat facere quod timeat publicari. totum prorsus temptat, ut sibi 1 1 9
totum respuit praesumens totum se habere, si pura sit. neminem foede desiderat nec ulli similiter se desiderabilem praestat. in suo statu omni 1 1 2
quae regum, iudicum, diuitum, aliquotiens etiam, quod peius est, gentium desiderat per momenta patrocinia! o quam turpis ac lubrica, de qua ludit 2 3 10
quos per fidem genitalis unda concepit, per sacramenta iam parturit? ad desiderata quantocius festinate! solemnis hymnus ecce iam canitur, ecce 2 28
hasta distrahitur; patiens in carcere, in regno patientior, patientissimus, desideratos cum fratres agnosceret; et ubi iactantia se non potest continere, 1 4 17
iudicium enim ex ambiguis rebus exsistit; adempta ambiguitate iudicii non desideratur examen. ex quo ne *infideles necesse est iudicare*, quia iam sua 1 35 2
gurgiti nauta committit, si ei numquam lucrum, numquam portus desideratus occurrit? quid miles non dicam horridae hiemis aut torridae 1 36 3
promotus ad mensuram praerogat cunctis annonam. sane si quis aliquid desiderauerit, qui recondidit Noe omnia illi arcarius non negabit. Petrus 1 24 3
imperio subiectum sibi corpus seruilibus officiis suae compellit implere desideria uoluntatis. qui si fuerit uitiosus, quot habet unusquisque membra, 1 3 9
sicut ueri Christiani, *quasi hospites et peregrini abstinete uos a carnalibus desideriis, quae militant aduersus animam*, nec uestrum frangat affectum, 2 4 17
exsultate, fratres in Christo, omnique desiderio conuolantes *caelestia dona* percipite. iam uos sempiterni fontis 1 32
atque contineas, aestimabit non amore diuini cultus, sed alterius alicuius desiderio in suam hoc contumeliam procurari: castitatis obseruantiaeque 2 7 18
nihilque unicuique, nisi quod amauerit, rectum est, maxime quod uno desiderio omnes excolunt populi, dubium non est, quia aut hostis publicus 2 7 1
terram uitream fecit; haec, ut cursus soliti contempta mensura Iesu Naue desiderio pareretur, soli lunaeque suos frenos induxit; haec de armato 1 36 8
nominis Christi noscuntur esse conflati. etenim conflatio et puritatem designabat et unitatem; carbo enim uerbum dei est, ara lex, forceps duo 1 37 3
agnum legitimum suo uitio, quem inuenerant, perdiderunt. quem scriptura designabat *ex ouibus et haedis*: *ex haedis* utique propter peccatricis 1 46a 2
inuenerant, perdiderunt. non enim intellexere, quia *ex haedis* humana designabatur caro suis onusta peccatis, *ex ouibus* spiritus maiestatis; quae 1 8 1
quae cum in lege, ut dicere solet, sua legat ubique duas patris et filii designari personas, tamen nunc usque contendit deum filium non habere. 2 8 1
est dominus. quod duplicem nubis et ignis imaginem gerit, iudicia duo designat: unum aquae, quod gestum est, ignis alterum, quod futurum. 2 26 2
cognoscat puer bonum aut malum. quod signum ex prodromi quoque eius designatione dilucidauit alio loco his uerbis: *ecce mitto angelum meum* 2 8 7
tempus non sinit imagini reddere ueritatem. uerum tamen, Iudaee, quid designatione tui criminis gratularis? in Aegypto seruis diu, non necessitate, 2 16
manifestum est circumcisionem non Abrahae fuisse necessariam, sed in designationem Iudaici populi, qui carnalis futurus fuerat, procuratam. 1 3 7
omnium locis (pater enim omnium corrupte uiuentium diabolus designatur, domino Iudaeos sic increpante: *uos de diabolo patre estis et* 1 13 8
cathedra pestilentiae suo nomine deleta est. agnus salutaris, qui designatur *ex ouibus et ex haedis*, inter pecora non potest inueniri. dies 1 28 2
homines tenebras magis quam lucem? ambiguos utique Christianos designauit ac lubricos, *qui inter pios impiosque sint medii* nullam partem 1 35 4
cum quibusdam elogiis paucissimis uerbis totius humani generis iudicium designauit; etenim quantum interest inter impium et peccatorem, tantum 1 35 3
uultis scire conpendio ueritatem? factus est quod non erat, nec tamen desiit esse ante quod fuerat. 2 8 9
pestis incendio totus mundus exarsit, auaritia, ut putatur, crimen esse desiit, quia neminem qui se possit arguere derelinquit. omnes enim passim 1 5 1
sapientiam conuenire. quod etiam sacrae legis testimoniis probare non desinam, cuius ista sunt uerba: *nam quia sapientiam dei non cognouit* 2 1 5
fiducialiter loquimur, fratres, rerum paene contra naturam, iamiamque desinat permoueri, intellegens Christianae uirtutis hanc esse maximam 2 7 1
requisita non est inuenta, quia renatus per aquam et spiritum sanctum desinit esse, quod fuerat, et incipit esse, quod non erat. sequitur, quod 1 13 12
omne peccati, ne quis inprudens intereat, diffamatur. semper monere non desinit, ignorantia ne quis reatum excuset. nunc seuera, nunc blanda 2 3 3
sarcinam, quae iam ambulare non poterat; tunc discit mater esse, cum desinit. marcidae mammae lactis ubertatem ostendunt et de ieiuna aetate 1 62 2
uno nititur auaritia, bacchatur in alio, in utroque crescit, in utroque non desinit. uerum tamen eos uno momento exigua humus et peraequat et 1 5 11
ad se attrahat alienas; quam peregrinantem ferali supputatione nutrire non desinit, ut summam quaerat, non quam commodatio dedit, sed quam ei 1 5 12
sint medii nullam partem tenentes ad plenum, cum utramque tenere non desinunt. fideles non sunt, *quia* habent *aliquid infidelitatis insertum*; 1 35 4
armata bacchatur, salutis suae alienaeque contemptrix, solum metuens ne desit ulli quod radat. inde est, quod uniuersae nationes mutuis cadunt per 1 5 2
confidens deo filios se genuisse, non mundo. hinc uxor amissi mariti desolationem se ferre non posse testatur frigidumque latus male dilatato 1 2 14
spe Christi uenientis, qui non tantum prophetis synagogae lapsu desolatis solacium praebuit, sed etiam nos omnes in aliqua constitutos 1 13 7
sed salutis. ad hanc igitur gloriam tardi partus ubertas et fecunditas desperata profertur. uxor Abrahae fetus nescia, cum uisceribus frigente 1 59 2
filium crescit affectus, qui ex promissione certior, ex tarditate dulcior, ex desperatione felicior putabatur. unicus numero et in amoris soliditate iam 1 59 5
auiae reuerentiam senectus uerecunda detulerat. sub hac igitur, carissimi, desperatione natiuitatis et admiratione progenitus in primis infantiae 1 59 2
quidem uocabulum, sed multiplex pronuntiatio. hic namque, carissimi, desperatus parentibus, sed deo promittente susceptus in transacta aetate et 1 59 1
inermi triumphos attulit; haec in Iob inter crebra et ingentia mala non desperauit; haec in Tobiae caecitate medica fuit; haec in Daniele ora 1 36 8
angelus Isaac nomen imposuit, ut firmaret laetitia, quod aetatis inbecillitas desperauit. nouus sane parentum circa filium crescit affectus, qui ex 1 59 5
sibi dulcissimum filium, deo uictimam dulciorem contemnit, ut seruet, destinat iugulare, ne iugulet, securus illo se non posse displicere facinore, 1 4 13
quae impios cum peccatoribus uniuersisque incredulis gentibus perenni destinat poenae, in Psalmis spiritu sancto dicente: *ideo non resurgunt impii* 1 2 23
in adulterio, in homicidio, in falso, in maleficio deprehenderit, carnifici destinat statim, non audiendum, sed competentibus poenis excruciandum. 1 35 8
his uitae uestrae thesaurus. uobis auro constructa aetheria illa ciuitas destinata est. nulla intrare uolentibus mora; patent duodecim portae, 1 5 17
irritata adolescentia inuitis feminis saepe uiolenta esse consueuit. at ubi in destinata prorumpens neque blandimenta neque promissa sibimet prodesse 1 1 16
a deo non tantum sunt disperditi, sed etiam perpetuo poenali supplicio destinati. Aunan autem secundus frater Iudaicus est populus, cui 1 13 4
cognoscitur a socero: ad Iudaeos enim, non ad gentes prophetae fuerant destinati. *fornicariam putat*: recte, quia Iudaeorum populo seruiebat. cum 1 13 9
nunc scire debemus, quoniam iusti uitae perpetuae, impii aeterno sunt destinati supplicio nullaque eos cognitio exspectat ulterius, quinam sint isti, 1 35 4
nocti, id est aeternae morti, sunt a deo, quod opus tenebrarum dilexerint, destinati. uer sacrum fontem debemus accipere, cuius diuite ex alueo 1 33 2
atque igneis sagittis armatus, totius humani generis omni momento corda destringens; propter quod sic Paulus apostolus ait: *induite uos armaturam* 1 38 6
uinculis manus [et], ne quid minus ab hostia uideretur; pedem ligatura destringit, ne incitata uictima displiceret. cesset itaque hic, carissimi, 1 59 6
et dominatione *ponantur omnes inimici eius sub pedibus eius inimicaque destruatur mors*. hi autem ad principalem uim retulerunt, in cuius 2 5 7
aliud esse tractatum nec fidem per tractatum posse uel dari uel nosci uel destrui. dari non potest, quia si uerbis dari potest, poterit et uerbis auferri; 2 3 11
ut quis aliud gestit in labris, aliud in penetralibus cordis; similiter ne destrui quidem, quia si uera fides est, aliud esse non potest quam quod est. 2 3 11
esse dicetur, quia tractatus fidem cum astruit, ex eo ipso eam, quo astruit, destruit. nec ulli dabit quod non habet, sed potius ut non habeat, adhuc 2 3 6
pro nefas, sub ipsis obtutibus matronarum uesana congressione desudant, non aduertentes miseri, quoniam in tali negotio iudice deo quod 1 1 13
complecteris membra sudoremque sordidarum uaporis ararum carne tua deterges, iocaris, blandiris, obsequeris. et si quod forte acceptum relatumue 2 7 17
nosse ueritatem. haec enim res et fecit et facit, ut Iudaeus et Iudaeo deterior Christianus dei filium deum esse non credant. quos uellem adesse 1 25 1
flatus ac fluctus gemens parturit carina naufragium. inter haec omnia deterior est conscientiae timor, quia quae diximus et alia his similia cum 2 2 2
uariis magnisque criminibus maximum fecit. ipsa Herculem nouerca deterior in Omphales libidine turpiter uicit, quem terribilis turba 1 1 11
paucorum horrea plena sunt, inanis plurimorum uenter. inde populis deteriora mensuris pretia quam inopia. inde fraus, periurium, rapinae, lites 2 1 16
quid praesentium carnalium rerum fugaci illuderis blandimento? quid deteriori meliorem subiacere compellis, scriptum quippe cum noueris: 2 4 15
autem omnes uos esse sicut et me, ac per hoc ideo nubere melius, quia uri deterius. *omnia* quidem *licent, sed non omnia expediunt*. iam te hic, 2 7 2
forte paeniteat, publica obiurgatione confutat. humana sentienti nundinari deterius quam puniri. denique filios uocat, ut abdicatio timeatur; exaltatos, 1 30
aut innocens quod habet legibus perdat. quod est omni uiolentia deterius, quia illud, quod ui eripitur, nonnumquam repeti potest, quod 2 1 17
effecit, quod eius membra discreuit, ratione disposuit, coloribus decorauit, determinauit mensura officiisque competentibus seruire praecepit? unde non 1 7 2

coniunctionem autem tertii filii apud nurum per aetatem excusat deterritus, ne etiam ipse similiter moreretur, praecepitque mulieri, ut in 1 13 1
tune non illa es, quae mariti corpus expositum lauisti lacrimis, osculis detersisti, crinium damno uelasti, scissis genis, liuore foedatis uberibus, 2 7 7
genera, nouelle, disce, Christiane, ne quo seducaris errore. unum est enim detestabile, alterum reprobum, tertium mundum. detestabile est gentium, 1 25 3
errore. unum est enim detestabile, alterum reprobum, tertium mundum. detestabile est gentium, reprobum Iudaeorum, populi Christiani mundum. 1 25 3
liuidus ille criminator, qui, quod sensim serpat, serpentis nomen accepit, detestabili accensus inuidia eum, quia per se non ualebat, aliena forma 2 4 5
quid tibi tua tollis, infelix? quid extraneo facias, qui in te auarus es? o detestabili detestabilius malum! inuicem dum exspoliant persequuntur 1 5 7
inuitantur, propiores sepulcro quam thalamo; quae, ipsae cum pereunt, detestabili exemplo adolescentulas quoque perire compellunt. quis has 2 7 10
noscentes, quod pati nolunt libenter efficiunt; qui profanae libidinis detestabili furto distracti, turpibus iam non contenti latibulis aliquotiens, 1 1 13
cadauer est uiuum? ecce tabidus pulmo pinguibus sputamentis exesus detestabili macie omnia gestatoris sui ossa denudat. nonne horrebit etiam 2 4 15
excepit, quia, sicut est detestabilis qui, cum sit homo, deum se fingit, ita detestabilior qui deum colit, quem ipse disposuit. Selom autem 1 13 6
mundi ac tenebris feralibus agitatur, profecto pecuina est ac misero, fragili detestabilique uersatur in iure. at cum mera fide credentis salutari fuerit 1 2 25
culpa est, fratres, in qua locum qualiscumque non inuenit excusatio; detestabilis certe filius, quem pater pius, quem pater damnat inuitus. 1 20
et animae suae pati detrimentum? i nunc, insatiabilis homo, et in detestabilis congestionis lucra letifera etiam ipsa elementa nouis artibus 1 5 10
ipsis minime consecratis sine sacrilegio uideri non potest? postremo detestabilis est uiuendi condicio, ubi non licet facere uxori, quod marito 2 7 15
denuntiabat exitium. adeo eos in eremum inde perduxit uulneraque detestabilis mentis curanda lacte cum melle prouidendo commonuit; nam 1 18 2
etiam ipse praesentem sententiam damnationis excepit, quia, sicut est detestabilis qui, cum sit homo, deum se fingit, ita detestabilior qui deum 1 13 6
mater criminum, curiositatis magistra, acumen temeritatis, auctor detestabilium pariter ac magistra malorum. hominis nam salutem ab 1 4 7
tua tollis, infelix? quid extraneo facias, qui in te auarus es? o detestabili detestabilius malum! inuicem dum exspoliant persequuntur fallunt, hostes 1 5 7
rapit, quae a te longe distractum decennio uel eo amplius, ut adsolet fieri, detineat relegatum. quid facies? obseruabisne redeuntem, an ardori quaeres 2 7 9
rapuerunt, quem oblatum sibi iubet crudelissimus rector acri obseruatione detineri. ad futurae gloriae testimonium tale beatus Archadius debiti 1 39 4
non eris curiosus; multos enim seduxit suspicio illorum et in uanitate detinuit sensus illorum. similiter Paulus curioso rescribit dicens: *o altitudo* 2 3 16
eius aestimare uirtutem, cuius uinci uictoria est. non illam loco uis ulla detorquet, non labor, non fames, non nuditas, non persecutio, non metus, 1 4 3
perducunt. at ubi uindemiae uenerit tempus, decore dissipato, passim uua detrahitur in torcularique operariorum pedibus subiecta calcatur, prelo 2 11 3
augustae, unito in lumine una dignitas retinetur. si quid enim filio detraxeris, ad patris, cuius habet totum, iniuriam pertinebit nec est in illo 2 5 10
quicquid enim uni ex duobus indiscrete in omnibus sibimet similantibus detraxeris, cui detraxeris nescis. 'at ille, cui iubetur, est, inquit, inferior.' 1 45 2
uni ex duobus indiscrete in omnibus sibimet similantibus detraxeris, cui detraxeris nescis. 'at ille, cui iubetur, est, inquit, inferior.' quid, quod inde 1 45 2
si quid uestrae sollertiae, uineae in ratione reddenda, ignauia nostra detraxerit. igitur, ut optime saepe recolitis, mensura seruata amputatur in 2 11 1
uana figmenta in quaslibet formas, uultus, sexus, aetates auri argentique detrimento matris limae moderato dente figurata. quae est ergo ista 1 25 3
ipse dicit: *quid prodest unicuique lucrari mundum et animae suae pati detrimentum?* i nunc, insatiabilis homo, et in detestabilis congestionis lucra 1 5 9
Christiano orbe paene iam toto hominumque uiuacitate mundo senescente detrita *obtundam uerbis palpantibus* aciem ueritatis ac non plene 2 7 5
perpetua soliditate fruerentur. petra illis scaturiuit in fontem, ut biberent detritis e lacunis, ut merebantur, caenulentum postmodum laticem, domino 1 18 2
dicente: *me dereliquerunt fontem aquae uiuae et foderunt sibi lacus detritos, qui non possunt aquam portare.* postremo infelices quid sperant de 1 18 2
aperuit primo uocabulo, cui iam auiae reuerentiam senectus uerecunda detulerat. sub hac igitur, carissimi, desperatione natiuitatis et admiratione 1 59 1
tribus in pueris fides puniri non timuit. inmissis camino ignis exaestuans detulit, ut eos unius uirtutis esse persensit. denique arsit incendium 1 48
laboribus fratris angusti circuli argenteum compleuerit globum, paulatim deuergit in senium, donec ultima senectute consumpta, sua morte 1 2 19
factis praecepta consummat. postremam suscipit mortem, ut ea deuicta resurgens *homini* per hominem, *quem gerebat, et spem uincendae* 2 4 7
uirginis, immortalis sibi, homini moriturus; mortem gustat, ut mortem deuincat; inferos penetrat, ut mortuos uiuos inde reducat; unigenitus 2 5 3
animorum placida moderatione compescens, et ut omnia non magno opere deuincat, se primo uincit. non uirtutes possunt esse uirtutes, non perennes 1 4 3
si uere, custodi. de eo, quod modum humani sensus excedit, disputare deuita. negat quodam modo deum quisquis asserit deum. defensio enim 2 3 18
pallido ex recursu uoluminum quasi ius terrae cognoscens ac uiolare deuitans mira patientia in se frangitur, his denique fluctibus, quibus 1 4 5
compendiosum felicitatis genus alterius periculo discere, quid debeas deuitare. unde, fratres, in tali re non loquela est exhibenda, sed cura, quam 1 10a
non nouit. paenitentiam nescit; altercatio quid sit ignorat. omnes aut deuitat aut portat iniurias. incertum est, utrum inpassibilis iudicetur, cum 1 4 2
id est, quae sit peccatori peccati merces, ostendit. quam accipere deuitauit, quia inter agnos uenturo tempore, non inter haedos deputatur, 1 13 9
autem uiuificat, quia *non sub lege, sed sub gratia sumus,* quae nos diligere deum ac soli illi seruire in sacramento semel creditae unitae trinitatis non 2 3 2
sibi beata cupiditate antecedit auaritiam: homines enim illa possidet, ista deum. adhuc accipite, ad propriam sedem palmamque propositam quanto 2 1 12
et uerbum erat apud deum et deus erat uerbum; hoc erat in principio apud deum. admirabilis gratia, fratres dilectissimi, conspicuae ueritatis, quae 2 8 3
si posset, ipsa quoque erubesceret terra, postremo deos esse aduersus deum asserentes, qui a sanae mentis hominibus ne hominum quidem 1 13 4
est mira illa temptatio, quae eum aut sacrilegum fecerat, si contemneret deum, aut crudelem, si occideret filium, nisi quadam singulari ac uere 1 4 13
quia Christum non ex deo considerant hominem factum, sed ex homine <deum>. ceterum si spiritaliter saperent, in ipso, quod infirmissimum 2 8 9
feliciter grandinatur, cum *in profundo maris die* demoratus *ac nocte* ad deum clamans incolumis inde respuitur. Ionas adaeque propheta ad 1 34 4
est detestabilis qui, cum sit homo, deum se fingit, ita detestabilior qui deum colit, quem ipse disposuit. Selom autem praedictorum tertius frater 1 13 6
non est tibi lex necessaria, quia iustus Abraham, qui ex fide uixit, deum credulitate, non lege promeruit. si legem, contemne tuam istam 1 3 12
est, nulla sunt pecora, animantium denique nulla natura, quae non timeat deum. cum grauamur rumpentibus sonis, concussis undique cardinibus, 2 2 3
ieiunia eorum, dies festi omnisque solemnitas abominatio est apud deum. cum haec ita sint, a quibus, quomodo, unde pascha celebratur? adde 1 46a 1
idem in duobus per orbem totum non possit inueniri terrarum? igitur in deum cum haec non incidant, ergo dei imaginem non habemus? absit, 2 30 3
ei inputaretur, sed magis ut deuotioni pareret, laetabatur hoc iussisse deum. de filio hostiam parat, festinat denique inplere sacrificium, ne mora 1 43 4
excedit, disputare deuita. negat quodam modo deum quisquis asserit deum. defensio enim non nisi inbecilli praestatur nec potest eum reuereri, 2 3 18
quae non dicam tractatu, sed ipsius natiuitate porro maior est legis, quae deum deo credendo promeruit, quae credere non didicit, sed praesumpsit, 2 3 8
tauros, hircos, arietes et agnos abhorret dominus: unde sacrificant? deum dereliquerunt, altaria eius euerterunt: cui sacrificant? sane hoc solum 1 51
fratres dilectissimi, quod ista, et non ambigua, in uobis renitet assertio; deum enim patrem uos et habere et possidere monstratis, cum pudicitiam, 1 1 4
res et fecit et facit, ut Iudaeus et Iudaeo deterior Christianus dei filium deum esse non credant. quos uellem adesse paulisper auremque praesenti 1 25 1
fratres, accipite: *in principio,* inquit, *erat uerbum et uerbum erat apud deum et deus erat uerbum; hoc erat in principio apud deum.* admirabilis 2 8 3
domini consultor, constanter edicit: *si quis dixerit, quoniam diligo deum, et fratrem suum odit, mendax est; qui enim non diligit fratrem* 1 36 23
obseruantiam, hunc timorem, quod est uerius atque iustius, transfer ad deum et, quale uelit illud sit, repente exstinguetur incendium. sed sic ego 2 7 9
una fide alter alterum commendans deuotione consimili conuertuntur ad deum et sacerdos et templum. exsultate igitur, fratres, aedificationemque 2 6 5
tot nuntiis lugubribus tunditur nec mouetur, sed tantum benedicit deum facultatesque suas contemnendo custodit. at ubi diabolus adgressuris 1 15 3
ubique duas patris et filii designari personas, tamen nunc usque contendit deum filium non habere. quibus omnibus exempla uel ratio, quam 2 8 1
exsulta, Christiane, et deum fortiter time, diaboli si uis incendia non timere. ecce pueri 2 15
aceruo quodam magnitudinis suae per se in se manentem; *postea uero deum* hanc *diremisse* ex eaque constituisse *mundum pariter et ornasse.* 1 7 1
ueteri ecce per uos iungimur caelo: anus enim peperit angelum et uirgo deum. hic est deus noster, qui dignitate interim seposita, non tamen 2 8 8
quia immortalitatis est dominus. hic est deus noster, qui se digessit in deum; hic pater, qui suo manente integro statu totum se reciprocauit in 1 7 4
cum baculo crucem, in qua deus pro homine pendere dignatus est, ut in deum hominem, quem induerat, commutaret. anulus quoque signaculum 1 13 10
scriptura diuina cum de dei loquitur filio, non sibi repugnat, sed inter deum hominemque, quem sumpsit, necessaria moderatione distinguit. si 2 5 1
esset iugulandus aut anima, conscientiae suae conscium solum contestans deum honestam elegit mortem quam uitam turpem, melius credens 1 1 18
ipso, quod uos non capit locus, exinde intelligitur, quia fides uestra capit deum. igitur ne quis operis rationem a me forte disquirat, paucis 2 6 5
totus unum uulnus effectus. uerum tamen in his omnibus nihil aduersus deum improbe loquitur, non uxori inlicita suadenti succumbit, non amicis 1 15 6
pia et quam opulenta, quam potens! nihil habet, qui te non habet. tu deum in hominem demutare ualuisti. tu eum breuiatum paulisper a 1 36 29
tumidus; fluctus eius Iudaeorum populos et *gentes* accipimus, qui aduersus deum inaniter *fremuerunt*. sors Ionam praecipitandum prodidit, prophetia 1 34 8
nouum stupendumque supplicium, quo se in homine uincere crederet deum. 'incidantur, ait, ab articulis manus, a cruribus pedes; uiuum se 1 39 6
feliciter curiosa diu admirata mulierem uirginem, admirata infantem deum ingenti gaudio exsultans, quae curatum uenerat, curata recessit. ita 1 54 5
caeditur et gratias agit; iugulatur et non repugnat; pro percussoribus suis deum insuper et exorat. una illi sola principalis sollicitudo ac maxima est 2 1 13
dedit, quoniam ad hoc deus pro homine mortis iura gustauit, ut homo per deum ius inmortalitatis reciperet, quod amisit. propter quod Paulus 1 2 11
humanis! et clamat non uoce, sed corde, non clamore, sed fide, quam scit deum libenter audire. hoc igitur e profundo clamans similiter Petrus 1 34 3
timet arte, non casu, uoluntate, non necessitate, religione, non culpa; qui deum metuit, non naturam. uultis scire, cuius proprietatis sit? omnes 2 2 7
tu sacram crucem in salutem perdito iam mundo prouidisti. tu mortem deum mori docendo uacuasti. tuum est, quod, cum occiditur ab hominibus 1 36 29
soli. haec gentes, nisi conuertantur, manet diuina sententia, quae nec deum nec sacrificium etiam ipsae cognoscunt se habere legitimum. nunc 1 25 5
secreti reuerendaeque maiestatis uera cognitio est deum non nosse nisi deum nihilque ex eo amplius requirendum quam ut quis eius nouerit 1 54 1
insuspicabilis secreti reuerendaeque maiestatis uera cognitio est deum non nosse nisi deum nihilque ex eo amplius requirendum quam ut 1 54 1
iudicio reseruauit? utique illi, sicut apostolus quoque ait, qui cognitum *deum non quasi dominum honorauerunt neque ei gratias egerunt, sed uanis* 1 35 6
uel intrinsecus debeat; qui enim suam conscientiam non timet, is est, qui deum non timet. adde quod lex partibus et discitur et docetur. adde quod 2 3 5
stultus fiat, ut sit prudens; nam huius mundi sapientia stultitia est apud deum. ob quam causam idem deus per prophetam hactenus protestatur: 2 1 5
sit hominem non amasse. unde infelices et miseri sunt Iudaei, qui deum patrem, a quo sunt geniti, respuerunt tanti immemores honoris, 1 61 6
insolentibus extulerunt. hi cum ascendunt uerbis in caelum, cum deum persuadent hoc esse quod uolunt, cum adsimulant se nosse rerum 2 9 1
si pater bonus, si prouidus, si utilis esse desideras, sicut ille Abraham, deum plus debes amare quam filios, ut habere merearis integros, incolumes 2 1 21
nihil passus, sed solo dei timore contentus. o felix uir, qui mira patientia deum promeruit, diabolum uicit, sanitatem recepit, facultates liberosque 1 15 6
hominemque, quem sumpsit, necessaria moderatione distinguit. si enim deum purum iugiter praedicaret, passionis resurrectionisque uacaret locus 2 5 1
aliena non quaeram.' hoc etiam gentes dicere consuerunt. ceterum apud deum quam sit iniustum, mox uidebimus. nunc primo omnium, optime 2 1 18

innocenter uiuit, iustitiam percolit, sine fine studet timere, ne quid praeter deum, quem diligit, timeat. denique huius suffragio Daniel populis 2 2 4
et fratrem suum odit, mendax est; qui enim non diligit fratrem suum, deum, quem non uidet, non potest diligere. decertemus igitur, fratres, inter 1 36 23
esse nec uerum quod est semper incertum. praeterea numquam diligit deum, quem scit operibus suis esse contrarium. diaboli est sane 1 1 11
modum humani sensus excedit, disputare deuita. negat quodam modo deum quisquis asserit deum. defensio enim non nisi inbecilli praestatur nec 2 3 18
sicut apostoli omnesque iusti, non tantum imaginem, sed ipsum deum quoque portabunt, sicut et scriptum est: *uos estis templum dei, et* 2 30 4
figuramque nescitis; quam si propterea contemnitis, quia non uidetis, deum quoque, qui est inuisibilis, contemnere similiter poteritis. qui enim 2 4 17
quia in ipso magnus ille sacerdos pio mysterio sua uictima inclusus hodie deum reddidit hominem, quem litauit. 1 8 2
facti et nati sumus, timeamus, amemus et honorificemus quem inuenimus deum. sane quaerant illum, qui eum non habent secum. 1 56 3
damnationis excepit, quia, sicut est detestabilis qui, cum sit homo, deum se fingit, ita detestabilior qui deum colit, quem ipse disposuit. Selom 1 13 6
non natum. alia modestius, sed mordacius nocens dicit quidem dei filium deum, sed non ex patre nobilitatis perpetuitate progenitum fuisseque 2 8 1
omni est maius insania, deo se laudat. publicanus autem non membratim deum, sed totus exorat, quia timore totus est humilis, sua peccata 2 9 9
contribulatum ambitiose sacrificant sicque legitime celebrata paenitentia deum sibi propitium reddiderunt. quod et nos et fecimus et facere 1 34 9
sua complicat uota. denique tres pueri in illo sacro certamine prae oculis deum sibi proposuere, non flammas, praemium futuri, non poenam. sicque 1 11
scriptum sit: *maledictus homo, qui spem habet in homine*? ergo ubi purum deum significat, sic dicit in Genesi: *et fecit deus hominem ad imaginem et* 2 5 2
nam praedicant patres suos Aegyptium populum fugiendo delesse, deum suis praefuisse maioribus eorumque iter praecessisse, non 1 18 1
nihil est, fratres dilectissimi, ante omnia homini timenti deum tam necessarium atque conueniens, quam ut se ipsum nouerit. 1 27 1
diebus circumcidet deus cor tuum et cor seminis tui ad dominum deum tuum amandum. hinc nunc uobis iterum dicam: 'Pharisaee, 1 3 13
Israel, quid dominus deus tuus postulat a te, nisi ut timeas dominum deum tuum et ambules in omnibus uiis eius et diligas eum et custodias 2 2 4
esset summum legis sacrae praeceptum, sic ait dicens: *diliges dominum deum tuum ex toto corde tuo et ex tota anima tua et ex tota uirtute tua;* 1 36 17
regem fidei tenacitate confundunt. uindicantur de incensoribus suis. deum uident. mors transit in uitam, metus in gloriam. sic quis non optet 2 15
optime Christiane, scire cupio, quae sint tua, cum sint timentibus deum uniuersa communia, sicut scriptum est: *turba autem eorum, qui* 2 1 18
descendit, uteri uirginalis illustrat hospitium ibidemque in homine includit deum. utitur et figura et condicione mortali. iustitiam docet inmortalitatis 2 4 7
asserit Iesum Christum ab utero uirginis Mariae sumpsisse principium deumque exinde ob iustitiam factum esse, non natum. alia modestius, sed 2 8 1
in suam hoc contumeliam procurari: castitatis obseruantiaeque uirtutem deuocabit in crimen. quid enim ille mali non suspicetur, non efficiat diis 2 7 18
puto misero in statu suo manenti quam beato in ultimas miserias deuoluto. nam praedicant patres suos Aegyptium populum fugiendo 1 18 1
bibisti, manna de caelo gustasti, ut, cum esses ad egestatem postmodum deuolutus, praeteritorum bonorum recordatione acrius torquereris. 1 9
in omni aetate miranda, in quauis condicione non dubia, soli sibi deuota, semper bene conscia, prorsus nulli rei subiecta, unum tantummodo 1 1 1
incendi praecepit. qui ubi iactati sunt in fornacem ignis ardentis, hos deuote cupidus ignis excepit. lambunt roscidos flammae blandientes. mira 1 53 2
fluuialis piscis interanea diligenter accurat et assat. Iohannes camelarius deuote praecurrens de silua mel attulit et locustas. ne alter alterum 1 24 3
educationis tempus angustum et senectuti exitus iam uicinus. ecce prima deuotio: libenter excipere quod sero datur et in tristissima senectute 1 43 2
pater optimus timuit, ne dolori aliquid liceret in mortem. o fratres, secura deuotio! o pater spiritum captans, corpus uero mortemque contemnens! o 1 43 6
ac uere deo digna, cum uno consensu, una fide alter alterum commendans deuotione consimili conuertuntur ad deum et sacerdos et templum. 2 6 5
nec salientes digiti futurae mortis exitio palpitabant. tanta fuit in martyris deuotione constantia, ut omni corpore paratus uenisset ad gloriam. mox 1 39 7
deo historia sacra prodidit nobis ignis ac fidei. etenim duo discordantia deuotione dominica in unam concordiam conuenere. namque tribus in 1 48
accipite, ad propriam sedem palmamque propositam quanto amore, qua deuotione festinet. si quis eam prouocat in iudicium, ut eius auferat 2 1 13
ille aram struit. ille exserit gladium, ille ceruicem. uno uoto, una deuotione, ne quid profanum sit, diligenter ac patienter geritur, quod ab 1 4 14
prosequitur gloria, maxime diuinis in rebus, in quibus felices obnixa deuotione suam religionem custodiunt potius quam salutem. igitur cum 1 31
docente consumitur. huc accedit, quod, nisi insinuationem legis omni deuotione succincta praecedens amplectatur fides, quae tam sibi quam illi 2 3 1
bibite, dum licet, superfluentis amnis undae subiecti toto impetu totaque deuotione uestra uasa replete, ut semper uobis aqua sufficiat, hoc ante 1 12
exsultat et gaudet. nec timuit, ne parricidium ei inputaretur, sed magis ut deuotioni pareret, laetabatur hoc iussisse deum. de filio hostiam parat, 1 43 4
penetralibus retinere, quod alieno iuri seruemus. at cum ab eodem huius deuotionis inuitatione inhabitari seu nos in ipso habitare coeperimus — 1 36 21
humanae deuotionis *religiosa confessio est* de *deo hoc nosse*, quod licitum est. sicut 1 34 1
tremit uel hiatu se recipit in se, nullus hic beatitudinis locus est, ubi non deuotionis, sed necessitatis est quod timetur. itaque audiamus scripturam, 2 2 3
acies, id est duo testamenta gerens, quorum regalibus monitis et creduli deuotique seruantur et increduli desertoresque puniuntur. hanc Esaias in 1 37 2
post deuotissime completa expiationis sacrae casta ieiunia, post clarissimae 1 24 1
iste meis sacris debetur; unde immolari iam iubeo.' non contristat frontem deuotissimus Abraham nec dolor patri lacrimas persuasit, sed exsultat et 1 43 4
cultu semper ecclesia inueniretur. sed haec saecularia sine legitimo ac deuoto cultore nec sufficientia nec necessaria honori suo protestatur deus, 2 6 3
constantia, ut omni corpore paratus uenisset ad gloriam. mox itaque deuotum corpus carnifex uidit, statim cadentis <securis> ictus neruorum 1 39 8
obsequium nemo ante fletibus rigat, ne pater dubitasse uideretur, si flesset. deuotus sic stricto uultu puerum ducit ad aram, stringit gladium medium, 1 62 4
incensores cremantur, incensis hymnum canentibus flamma blanditur. deus a creatura uniuersa benedicitur. in tribus una mens, una uirtus, unus 2 27
secundum dei sententiam, unde sumptum est, refundatur; dicit enim deus ad Adam: *maledicta terra erit in omnibus operibus tuis; in tristitiae* 1 2 30
quam Moyses annuntiauerat, circumcisio. scriptum est enim: *et dixit deus ad Iesum: fac tibi cultellos petrinos nimis acutos et adside et* 1 3 14
sunt uel uidentur. itaque quod ad nos pertinet, uideamus, quid sit, quod deus ait: *faciamus hominem ad imaginem et similitudinem nostram (et* 2 30 2
itaque quod specialiter ad nostras pertinet partes, uideamus, quid sit quod deus ait: *faciamus hominem ad imaginem et similitudinem nostram (et* 1 27 2
eodem spiritu loquitur dicens: *hic est deus noster et non deputabitur deus alius absque ipso. qui adinuenit uiam prudentiae et reuelauit eam* 2 8 6
et adorabunt te et in te precabuntur, quoniam in te deus est et non est deus alius praeter te. sed et Ieremias eodem spiritu loquitur dicens: *hic est* 2 8 5
factumue displicuerit, tum tota mugiet litibus domus, blasphemabitur deus arreptoque forsitan ipso sacrificio tuo tuum pectus obtundet, tuam 2 7 15
est alter alteri obnoxius, procul dubio, ut tu uis, maior est natura quam deus. at cum naturam ex nihilo fecerit Christus, sit autem ex natura 2 8 5
et fecit deus hominem ad imaginem et similitudinem dei, et in Psalmis: *deus autem rex noster ante saecula operatus est salutem in medio terrae*, et 2 5 2
Christus, quem ante omnia saecula pater adhuc utrumque in semet ipso deus beatae perpetuitatis indiscreta spiritus plenitudine nescio qua sua 1 56 1
omnibus, quae habet, habentem filium paria procreauit, qui est deus benedictus in saecula saeculorum. 1 17 2
alter enim in alterius plenitudine infusus est, ut sit *omnia in omnibus* deus benedictus, pater in filio, filius in patre, cum spiritu sancto. 2 5 10
inhabitari seu nos in ipso habitare coeperimus — sicut Iohannes dicit: *deus caritas est; qui manet in caritate, in deo manet et deus in illo* 1 36 21
sed quid ad nos, quid illi dicant? insignis uir sicut ait noster: *nouit deus cogitationes sapientium, quia sunt stultae.* nostram nobis stultitiam 2 1 15
ut possimus merito mereri, scriptura quod dicit: *proximus est deus contribulatis corde et humiles spiritu saluabit.* sed et dominus ipse nos 2 9 3
eodem spiritu ad Israel loquitur dicens: *nouissimis diebus circumcidet deus cor tuum et cor seminis tui ad dominum deum tuum amandum.* hinc 1 3 13
sapientiam, omnipotentia omnipotentiam propagat. *de deo nascitur deus*, de ingenito unigenitus, de solo solus, de toto totus, de *uero uerus*, 1 17 2
salui fiant. terra uero hominem idolumque significat, quia et *hominem deus de terra finxit* et homo idolum de terra composuit. *semen* ergo *suum* 1 13 6
patiuntur, non studio noscendae, sed frustrandae ueritatis, quotiens deus dei filius, qui patris maxima est gloria, aequalis patri a catholicis 1 45 1
est frequentibus oraculis prodita, ita inuenimus esse completam. etenim deus dei filius tempore constituto dissimulata interim maiestate ab aetheria 1 54 3
patris et filii festinant nec intelligunt, quia in exordio carminis sacri deus deo sua sibi et diuinitate et nomine comparatus omnes humani sensus 1 45 1
dicit: *audi, populus meus, et loquar, Israel, et testificabor tibi, quoniam deus, deus tuus ego sum*; et infra: *meus est orbis terrae et plenitudo eius.* 1 25 1
in filio tota refunderis et tamen, tota ubi refunderis, nec recedis. recte deus diceris, quia trinitatis potentiam sola conuertis. 1 36 32
et filium; ubi enim fides fuit, non erat dolor. in illo sacrificio solus deus doluit, qui aliam uictimam procurauit; nam Abraham cum filio sic 1 43 7
habent; si enim credimus, quia Iesus mortuus est et resurrexit, sic et deus eos, qui dormierunt in Iesum, adducit cum eo. nam et deus per 1 2 12
accipite: *in principio*, inquit, *erat uerbum et uerbum erat apud deum et deus erat uerbum; hoc erat in principio apud deum.* admirabilis gratia, 2 8 3
te alligati compedibus et adorabunt te et in te precabuntur, quoniam in te deus est et non est deus alius praeter te. sed et Ieremias eodem spiritu 2 8 5
quid sit, quid fuerit, quid futurum sit, non potest aliquando sentire. solus deus est itaque principium, qui ex se ipso dedit sibi ipse principium; solus 1 7 3
tamen sibimet externa esse non potest. si enim uerbum in deo est et deus est uerbum et hoc est, in quo est, quod est ille, qui inest, duplex 2 8 4
uox eius, qui eam uictimam postulauerat, contradicit: 'respice retro, dixit deus, et antequam respicias, parce.' ecce et meritum principale diuinam 1 43 6
et caseum. Zachaeus sine mora quadriplicata expungit apophoreta, deus et dominus noster Iesus Christus dei filius dulcia, sicut prior, qui hoc 1 24 4
hic est, quo similiter, uerum tamen semel, amore hominis sui eius artifex deus et dominus noster occidit et exortus est rursum, numquam sane 2 19 2
sicut Esaiae beatissimi indicat carmen, Iudaico populo irascitur deus eumque, ne forte paeniteat, publica obiurgatione confutat. humana 1 30
operatus est salutem in medio terrae, et alio loco: *parata sedes tua, deus ex tunc et a saeculis tu es*. ubi hominem mixtum, sic prosequitur: 2 5 2
ubinam sit constitutum, quiuis facillime possit agnoscere. posteaquam deus, fratres, hunc mundum quasi quandam futuri humani generis domum 2 4 4
occisus et uiuit, sepultus et resurrexit, homo aestimatus est et inuentus est deus gloriosus in saecula saeculorum. 1 46a 2
patrem uos et habere et possidere monstratis, cum pudicitiam, in qua deus habitat, non dicam diligitis, sed luculentis moribus adornatis. magna 1 1 4
ac deuoto cultore nec sufficientia nec necessaria honori suo protestatur deus, hactenus dicens: *caelum mihi thronus et terra suppedaneum pedum* 2 6 3
secretum eiusque interna discutere, cuius extraria nequeat suspicari, quia deus hoc est quod est; quod uero homo definiendum putauerit, non est. 2 8 3
in genus humanum ius mortis induxit. necessario ergo luxurioso populo deus hoc signum dedit, ut, locum matricalis culpae cum denotat, etiam 1 3 8
in homine? ergo ubi purum deum significat, sic dicit in Genesi: *et fecit deus hominem ad imaginem et similitudinem dei*, et in Psalmis: *deus* 2 5 2
faciamus hominem ad imaginem et similitudinem nostram (et fecit, inquit, *deus hominem ad imaginem et similitudinem dei)*, et alio loco dicat: *ego* 1 27 2
se in ipso amat, ut oderit se sine ipso. accedit ad cumulum, quod ideo *deus hominem ad imaginem et similitudinem suam fecit*, ut contemplatione 1 36 23
faciamus hominem ad imaginem et similitudinem nostram (et fecit, inquit, *deus hominem ad imaginem et similitudinem dei*), et alio loco dicat: *ego* 2 30 2
potest facere, ut sit arbor quod non fuit, saluo quod fuit, quanto magis deus hominem poterit excitare, antequam peccasset in paradiso, in id quod 1 2 28
iudicio nasciturus. in hominem coaptatus integumento carnis includitur deus humanamque uitam mutuatur de tempore, qui praestat temporibus 2 12 1
iniuriam, nisi quod ambo patiuntur, quia amborum unum nomen est deus. igitur duas natiuitates esse domini nostri Iesu Christi, rudis aut 1 54 1

te ne quaesieris et fortiora te ne scrutatus sis. quae praecepit tibi deus, illa cogita semper et in plurimis operibus illorum non eris curiosus; 2 3 16
nexibus exsolutus: sed est nunc usque barbarici furoris moribus alligatus. deus illi ducatum praebuit: idem a sua eum facie postmodum abiecit. 1 52
ad ecclesiam transmiserunt, ut in ipsa quoque, si insanire cuiquam libeat, deus illi non colendus sit, sed quaerendus. quod nunc faciunt infideles, de 2 9 2
sit, inuenitur. si igitur in opere extraneo paritas sacra distingui non potest, deus in alio se inferior esse quemadmodum potest? quicquid enim uni ex 1 45 2
non est exaltatum cor meum. cum scriptum sciat: *homo uidet in facie, deus in corde*, nonne iniuriosum uel superuacaneum putabitur deo indicare 2 9 3
Iohannes dicit: *deus caritas est; qui manet in caritate, in deo manet et deus in illo manet* — , tunc demum, fratres, caritatem per semet ipsum ei 1 36 21
uel quid diabolus machinetur, non metuat iustus, quia cum illo est deus. inde Susanna illustris Hebraea, uerae decus pudicitiae, docuit feminas 1 40 1
sed mutauit. hic ego patientiam domini memorare non audeo, ne quam deus inter homines deputatus patiatur iniuriam; idonea laus enim non est, 1 4 19
pecuniam; inde est, quod iustitia honestas pietas fides ueritas perit; quod deus ipse momentis omnibus patitur contumeliam, cuius praecepta 1 14 7
surdis, ab his custodiam petere, quos fur non timet inuolare? quibus recte deus irascitur dicens: *nolite ambulare post deos alienos, ut seruiatis eis, et* 1 25 4
auremque praesenti commodare lectioni, ut edicerent nobis, quinam sit deus iste, qui dicit: *audi, populus meus, et loquar, Israel, et testificabor* 1 25 1
apud sapientes et honestos grauius est aliqua nota confundi quam mori, deus Iudaicum populum luxuriae aestu exuberante corruptum publica 1 20
suos patimur manes. nos uero, fratres, quos non ingeniosa suspicio, sed deus magister instruxit, propter nos in semet ipso probando quod docuit, 1 2 5
eius. qui autem fecerit uoluntatem dei, manet in aeternum, quomodo et deus manet in aeternum. sed dicit aliquis: 'si ita est, cur in se ipse 2 4 12
ex eaque constituisse *mundum pariter et ornasse.* igitur si, ut uolunt, deus materiam, qua usus est, non fecit, sed aeterna sit, ut ipse est, *duo* 1 7 1
explorationem fidei suae diuina uoce postulatur ad uictimam. 'uolo, dixit deus, mihi fieri sacrificium, Abraham, tuis manibus in monte de filio tuo; 1 43 3
infirmissimum putant, hoc potissimum praedicarent. etenim uere perfectus deus non esset, si esset aliquid quod esse uolens esse non posset. denique 2 8 9
integritas erigebat. sufficit ergo pudicitiae conscientia; testis est deus. non respexit castitas, quid falsi dicerent testes aut qualiter iudices 1 40 2
et non sit qui exstinguat. uidetis ergo, fratres, quia huius modi circumcisis deus non tantum salutem non pollicetur, sed etiam, nisi legitime corde 1 3 13
est enim potestas dei, ut quod est possit esse quod non est. hic est deus noster aeterni dei coaeternus filius. hic *et homo et deus,* quia *inter* 2 12 4
deus alius praeter te. sed et Ieremias eodem spiritu loquitur dicens: *hic est deus noster et non deputabitur deus alius absque ipso. qui adinuenit uiam* 2 8 6
quia mitis sum et humilis corde, et inuenietis requiem animabus uestris. deus noster, fratres, humilis corde est et ineffabilis eius illa sapientiae ac 2 9 4
per uos iungimur caelo: anus enim peperit angelum et uirgo deum. hic est deus noster, qui dignitate interim seposita, non tamen potestate, amore 2 8 8
aetatem; solus sempiternus, quia immortalitatis est dominus. hic est deus noster, qui se digessit in deum; hic pater, qui suo manente integro 1 7 4
recte, fratres, sicut audistis, deus odit auaritiam. est enim libido profunda, cupiditas caeca, tempestas 1 21
quauis uersutia qui fallitur numquam, confestim adest in Daniele puero deus. omnem repente malitiae scenam diripuit, †profectitium† crimen 1 1 19
mori docendo uacuasti. tuum est, quod, cum occiditur ab hominibus deus omnipotentis dei filius, nullus irascitur de duobus. tu populi caelestis 1 36 29
uerba: *nam quia sapientiam dei non cognouit saeculum per sapientiam, deus optimum existimauit per stultitiam praedicationis saluos facere* 2 1 5
calore feruebunt, qui ut numquam refrigescat in omnibus nobis praestabit deus pater omnipotens. 2 13
aucti fide, numero, caritate nostris cum fratribus celebremus, praestabit deus pater omnipotens. 2 19 2
quod ut uobis quoque fide uestra adolescente contingat, praestabit deus pater omnipotens per dominum Iesum Christum, qui est benedictus 1 10b 3
Antichristus non timetur, spiritus sanctus inducitur, glorificatur Christus, deus pater omnipotens propitiatur. postremo ille felix in futurum regnabit, 1 1 21
uiuum carnaliter genitur, sed spiritaliter promouetur. praestabit autem deus pater omnipotens, ut, quomodo isto in terrestri domicilio ei gratias 2 6 11
honoris, tantae dignitatis ignari. quid enim beatius, quam si homines deus paterno honore dignetur adtendere et tanta illa sublimitas humanam 1 61 6
post partum. o noua ratio! amore imaginis suae coactus in infantem uagit deus patiturque se pannis alligari, qui totius orbis debita uenerat soluturus. 2 12 3
sic et deus eos, qui dormierunt in Iesum, adducit cum eo. nam et deus per Ezechielem prophetam loquitur dicens: *ecce ego aperio* 1 2 12
nam huius mundi sapientia stultitia est apud deum. ob quam causam idem deus per prophetam hactenus protestatur: *non glorietur sapiens in sua* 2 1 5
possum, homines qui salutem suam in pecorum morte constituunt, cum deus, posteaquam de Aegypto egressi sunt, ubi imaginarium pascha 2 25 1
eius Israel dei populus captiuitatis ingenti iugo acerrime premebatur. hunc deus praecipit proficisci, duce Moyseo uidelicet et Aaron, iter 2 26 1
domus Dauid: non pusillum uobis certamen cum hominibus, quoniam deus praestat agonem. propter hoc dabit deus uobis signum: ecce uirgo in 2 8 7
resurrexit. at si resurrexit, humano generi formam dedit, quoniam ad hoc deus pro homine mortis iura gustauit, ut homo per deum ius inmortalitatis 1 2 11
oleum donum spiritus sancti significat, uirga cum baculo crucem, in qua deus pro homine pendere dignatus est, ut in deum hominem, quem 1 13 10
omnia sustinet; caritas numquam excidet. igitur non inmerito dominus deus proximi dilectionem commendat, quoniam solam praesumit seruare 1 36 20
est puer patre fideli ipse quoque fidelior, nec recusabat mortem, quam deus qui uitam dederat imperabat. laetatur pater filio quoque gaudente et 1 43 5
non est. hic est deus noster aeterni dei coaeternus filius. hic *et homo et deus,* quia *inter* patrem hominesque adstitit *medius*, probans infirmitatibus 2 12 4
quod soli se sciunt. denique apud Esaiam ad filium *sic dicit dominus deus sabaoth: fatigata est Aegyptus et mercatus Aethiopum; et Sabain uiri* 2 8 5
transfertis in censum. quid enim esse potest ditius homine, cuius profitetur deus se esse debitorem? qui est benedictus in saecula saeculorum. 1 14 9
erat ante omnia manens unus et idem alter ex semet ipso in semet ipsum deus, secreti sui solus conscius; cuius ex ore, ut rerum natura, quae non 1 50
cuius quam uim habeat amictus et currus, his uerbis propheta testatur: *deus sicut ignis ueniet et sicut procella currus eius retribuere in ira* 2 12 4
secundum quod deus suos promiserat per prophetas, filium suum saluatorem generi 2 12 1
plena est; et in paucis uexati in multis bene disponentur, quoniam deus temptauit illos et inuenit illos dignos se. tamquam aurum in fornace 2 5 6
rectori, maxime cum in euangelio sic dicatur: *dabit illi dominus deus thronum Dauid patris sui et regnabit super domum Iacob in saecula et* 2 5 6
regione cordis *eructuat uerbum*, omnipotentia se propagat. *de deo nascitur deus* totum patris habens, nihil derogans patri. alter renitet in altero; 1 56 1
audi, populus meus, et loquar, Israel, et testificabor tibi, quoniam deus, deus tuus ego sum; et infra: *meus est orbis terrae et plenitudo eius.* 1 25 1
quid dicat, cuius ista sunt monita: *et nunc, Israel, quid dominus deus tuus postulat a te, nisi ut timeas dominum deum tuum et ambules in* 2 2 4
Cain exsultat infelix et, quod teste caret, putat se caruisse facinore, quem deus uidit, quem conscientia redarguit, quem fratris sanguis accusat. quid 1 4 9
ad proximum suum; labia dolosa; in corde locuti sunt mala. disperdat deus uniuersa labia dolosa, linguam magniloquam; qui dixerunt: linguam 2 9 2
maxime cum cognationis ipsa hoc exigant iura. clamat enim prophetes: *deus unus creauit uos; nonne pater unus est omnium uestrum?* quisque 1 36 22
cum hominibus, quoniam deus praestat agonem. propter hoc dabit deus uobis signum: ecce uirgo in utero accipiet et pariet filium et uocabis 2 8 7
uanis opinari uelle dispositum non colentis est, sed dementis, maxime si deus, ut contentiosi putant, dispositioni subiaceat. remotis enim paulisper 1 54 1
dicens: *omnes dii gentium daemonia; dominus autem caelos fecit*; et in Deuteronomio: *sacrificauerunt daemoniis et non deo.* ac ne quis sacrilegium 1 25 5
consurrexistis cum Christo, quae sursum sunt quaerite, ubi Christus est ad dexteram dei sedens. possumus et sic, fratres, intellegere: hoc de ministris 1 37 12
sacrificioque disposito ductus filius gaudens gaudente patre, patris dextra feriendus. qui antequam ueniret in montem, cum de patre 1 43 4
Erythraeum quoque in geminas ripas medium scissum mare, ductisque dextra laeuaque aggeribus in aciem stipatis undarum, saluo liquore 1 18 1
praesidia, cum subito diuina prouidentia scinditur mare, aquae dextra laeuaque gelido stupore frenatae uitreos diriguntur in muros 1 29 2
nubis columna per diem, eadem ignis quoque per noctem. finditur mare et dextra laeuaque in abruptum digestis aggeribus stupens unda solidatur. dei 2 26 1
excuses. per mare ambulas; *ueloces pedes tuos ad effundendum sanguinem* dextra laeuaque in se refugiens unda testatur. denique eremo exciperis, quo 2 16
confirmans uni ex latronibus in se credenti, qui cum eo de patibulo dextra laeuaque pendebant, ait: *amen, amen dico tibi: hodie mecum eris in* 1 2 11
ait: *ego sum uia et ueritas.* illorum profugus populus per mare rubrum dextra laeuaque undarum stupentibus rupibus pede sicco transiuit; at 1 46b 2
explorationis temptamina porriguntur: exserit equidem ferrum et armata dextra subleuat manum, sed uox eius, qui eam uictimam postulauerat, 1 43 6
arietem, quo filium percutere iam parabat. a filio ad agnum transtulit dextram semper laetatus et gaudens nec mutatus est uultus eius, cum esset 1 43 7
ait: *induite uos armaturam dei, ut possitis uos constare aduersus nequitias diaboli accepto scuto fidei, per quod poteritis omnes sagittas illius mali,* 1 38 6
salutaribus monitis, adgressuram hominem passum latrocinio diaboli angelorumque eius et huius mundi in *stabulo*, id est in ecclesia, 1 37 10
praeterea numquam diligit deum, quem scit operibus suis esse contrarium. diaboli est sane mancipium; eius enim possidet regnum. nam deos ipsa 1 1 11
ipsa est enim uitae nostrae immobile fundamentum, inuictum aduersus diaboli impetus propugnaculum pariter ac telum, animae nostrae 1 36 4
ipsa ueritate, in nomine patris et filii et spiritus sancti, non tantum diaboli praesentes ignes exstinguit, sed etiam futuri diei iudicii incendia 1 13 13
eius graui seruitutis iugo depressos de Aegypto praedicant liberatos. a diaboli rabie idolorumque turba uiolenta non tantum nostri maiores, sed 1 46b 1
exsulta, Christiane, et deum fortiter time, diaboli si uis incendia non timere. ecce pueri sacramento muniti tres 2 15
Euae non discipulae, sed magistrae; illa enim decepta, hae sua sponte se diabolo dediderunt). sin uero pacifica et salutaria, profecto laetaberis eique 2 7 16
uiuentium diabolus designatur, domino Iudaeos sic increpante: *uos de diabolo patre estis et concupiscentias patris uestri facere uultis),* uestem 1 13 8
ambitiose plerumque effundimus, cum in persecutione pro nomine domini diabolum moriendo uastamus. postremo abscindimus, quod habuisse non 1 3 21
omnes omnino serpentes inlaesa planta calcabit. sed nec ipsum quoque diabolum, qui uere est acerrimus Sagittarius, formidabit umquam, uariis 1 38 6
consilio uincitur, ut, quomodo homo in paradiso non cognouerat diabolum, sic et diabolus in saeculo non facile cognosceret Christum 1 60
solo dei timore contentus. o felix uir, qui mira patientia deum promeruit, diabolum uicit, sanitatem recepit, facultates liberosque suos non perdidit, 1 15 6
tantum benedicit deum facultatesque suas contemnendo custodit. at ubi diabolus adgressuris tantis nihil se profecisse cognoscit, omnem impietatis 1 15 4
euaserant, reuertuntur. cum igitur semper insidietur se non quaerentibus diabolus, aestimate, quid faciat inuitatus, cui omnes nocendi aditus reserati 2 7 13
regnum. nam deos ipsa genuit, ipsa intulit mundo, per quos aut in quibus diabolus colitur, quorum in actibus origo monstratur. ipsa Iouem 1 1 11
saeculi, quae non est a patre, sed ex concupiscentia mundi. per hanc enim diabolus cum diuerse hominum mentes capit ac decipit, sic Cupido uocitari 1 36 27
spectaculorum omnium locis (pater enim omnium corrupte uiuentium diabolus designatur, domino Iudaeos sic increpante: *uos de diabolo patre* 1 13 8
patefecit: *homo* enim adgressuram passus Adam esse cognoscitur, *latrones* diabolus et concupiscentia, *Samaritanus* dominus, cui Iudaei dicebant: *hic* 1 37 10
filium hominis, sicut et factum est, euangelista dicente: *tunc reliquit eum diabolus et ecce angeli accesserunt et ministrabant ei.* unde dubium non est 1 37 13
corpus, in quo extrema libido senilis exarserat, sed quod infamauerat diabolus et quod protexerat uirtus et ornabat pudor inlaesus. tunc in puero 1 40 2
intellegi datur, Aegyptus mundus est iste. Pharao cum populo suo diabolus et spiritus omnis iniquitatis. Israel populus Christianus, qui 2 26 2
dei. qui autem iuxta uiam sunt, hi sunt, qui audiunt uerbum et uenit diabolus et tollit de corde illorum uerbum, ne credentes salui fiant. terra 1 13 5
circumcisionis incipit cura, et quia suasione per aurem inrepens diabolus Euam uulnerans interemerat, per aurem intrat Christus in 1 3 19
ferri non potest blandus. igitur famigerabile committitur proelium: illinc diabolus horrendum totis intonans armis ministrisque insuper suis in 1 15 3
uincitur, ut, quomodo homo in paradiso non cognouerat diabolum, sic et diabolus in saeculo non facile cognosceret Christum <...>. 1 60

testes aut qualiter iudices circumuenti damnarent, non denique qualiter diabolus infamaret, qui non potuit pudoris fundamenta subuertere. ibat ad 1 40 2
neglexit pauperemque se fecit, ut nos diuites faceret. Iob filios furens diabolus interemit; et domini filios prophetas insanus populus Pharisaeus 1 15 8
factiosae emerserint causae, quid homo pestilens excogitet uel quid diabolus machinetur, non metuat iustus, quia cum illo est deus. inde 1 40 1
puritatis ac fidei erat muro munitus, ut non auderet eum adtemptare diabolus nisi a deo iussus. iam hic considerate, fratres, quemadmodum 1 15 2
martyria, qui possunt numerare supplicia, et in uno corpore quantum diabolus publicatus sit furere, tantum agnoscatur dominus triumphasse. 1 39 9
igitur nouum ac paene incredibile committitur proelium. ultra morem diabolus pugnat, sed Iob dissimulando plus pugnat. ille eius magnum atque 1 4 18
non aerumna, non felicitas, non affectus potuit commouere. aduersus Iob diabolus, qui non fertur blandus, aestimare licet quid moliri potuerit 1 4 18
repetendum reuocaretur addicta. falsos testes pauor inuadit. tremit diabolus, quod ipsius commenta nudentur. gaudent angeli, quod oppressa 1 40 3
familia omnis, quod in ea nihil inueniat fama quod feriat. cruciatur diabolus, quod nulla ex parte suam perfecerit uoluntatem: nec adulterium 1 40 3
dum in uno corpore tot martyria uideantur esse quot membra? armauerat diabolus satellites suos in domini populum, ueterani odii assertor antiquus, 1 39 2
intrare non nouit. per te saeculum uincitur, concupiscentia omnis eliditur, diabolus subiugatur, Antichristus non timetur, spiritus sanctus inducitur, 1 1 21
et plenitudo eius, orbis terrarum et uniuersi qui habitant in eo? Iob diabolus ter temptauit; similiter euangelista perhibente et dominum ter est 1 15 8
<...> Christus mundum latenter intrauit, ne sibi sapiens diabolus uideretur. qui consilio hominem deceperat, consilio uincitur, ut, 1 60
igitur, Iudaee, uel sero erroris tui miserum dolendumque discrimen et dic nobis, utrum circumcisionem obserues an legem. si circumcisionem, 1 3 12
de anima uaria disserunt, sed tamen hanc esse inmortalem <et> Epicuri, Dicaearchi Democritique uanitatem argumentatione manifesta conuincunt. 1 2 4
habere et possidere monstratis, cum pudicitiam, in qua deus habitat, non dicam diligitis, sed luculentis moribus adornatis. magna igitur gloria est 1 1 4
succincta futurorum Antiocho saeuiente libenter semel septem filios non dicam extulit, sed ipsa potius feliciter suis hortamentis occidit, religiose 1 2 13
dei, cum stultam putant, quod elaboret — dispendio suae, non dicam facultatis, sed etiam, si opus sit, et salutis — alii magis prodesse 2 1 3
numquam lucrum, numquam portus desideratus occurrit? quid miles non dicam horridae hiemis aut torridae aestatis iniurias, sed se ipsum 1 36 3
diligenter ac patienter geritur, quod ab altero celebratur. sub tanto, non dicam humanitatis, sed ipsius naturae metu laeti sunt soli. cedit affectus 1 4 14
ut filios ac nos illi colunt libenter ut dominos. huius est munus, ut, non dicam notos aut amicos, sed saepe etiam eos, quos numquam uidimus, 1 36 14
seminis tui ad dominum deum tuum amandum. hinc nunc uobis iterum dicam: 'Pharisaee, responde, ubi cor habeas constitutum. si in regione 1 3 14
distinguitur et quia opus est uiuum, tectum non habet nisi caelum. dicam praeterea, quae cotidie merces, quae impendatur annona. omnibus 2 6 8
huius extranea, iam morte superior, iam caelestia aspirans, iam, non dicam saeculi ludibria, sed, ut sit honoratior, se ipsam contemnens, iam 1 2 25
terris inlatam. quam qui constanter tenuerit ac fideliter ministrauerit, non dicam Scorpionem, sed, sicut dominus ait in euangelio, omnes omnino 1 38 5
uerecundamque anteuertit auroram; qui, quod maius est, duodenis non dicam spatiis, sed momentis horarum aequabiliter se partiri non posset, si 1 4 4
sin uero, sicut necesse est, una est illa nobilis et antiqua, quae non dicam tractatu, sed ipsius natiuitate porro maior est legis, quae deum deo 2 3 8
inaestimabili beatitudine perfruetur. sed quid ad nos, quid illi dicant? insignis uir sicut ait noster: *nouit deus cogitationes sapientium, quia* 2 1 15
tamen frontem meam tueor et fidem meam noui. certe si quid sciunt, dicant operarii, qui mecum sunt. lucro gaudeo, sed sine furti conscientia, 1 41 3
sed necessitatis est quod timetur. itaque audiamus scripturam, quid dicat, cuius ista sunt monita: *et nunc, Israel, quid dominus deus tuus* 2 2 4
hominis praeputium facinorosi cordis incidit. at fortasse adhuc quispiam dicat: 'cur ipse quoque signaculum carnis accepit, si ei necessarium non 1 3 17
inquit, *deus hominem ad imaginem et similitudinem dei)*, et alio loco dicat: *ego sum qui sum et non demutor.* cum hoc ita sit, homo 1 27 2
inquit, *deus hominem ad imaginem et similitudinem dei*), et alio loco dicat: *ego sum qui sum et non demutor.* cum hoc ita sit, homo 2 30 2
comparatus omnes humani sensus opinationes excludit, quippe cum dicat: *faciamus hominem ad imaginem et similitudinem nostram*; non 1 45 1
cum terrenis absumi, praesertim cum eorundem ille sapientissimus dicat hanc esse mortem, cum corpore animus tamquam carcere clausus 1 2 2
habet dei ac per hoc operanti iram recte subiacet legi. atquin forte aliquis dicat: 'lex spernenda est, quia iusto necessaria non est, peccatori uero 1 36 18
minime rationes inquirunt. igitur in praesenti Psalmo propheta cum dicat: *misericordiam et iudicium cantabo tibi, domine*, quomodo dominus 1 35 1
domini deique consilium se deprehendisse gloriabitur, cum apostolus dicat: *o altitudo diuitiarum sapientiae et scientiae dei! quam inenarrabilia* 1 34 2
praeuideret. certe Adam ipsum sic ante fecisset. at fortasse quispiam dicat: 'peccator ergo fuit Abraham, ut circumcideretur? an iustus et 1 3 6
posteaquam de Aegypto egressi sunt, ubi imaginarium pascha gesserunt, dicat: *plenus sum holocaustomatis arietum et pinguamine agnorum; quis* 2 25 1
eius et superseminauit zizania in triticum. at fortasse adhuc quispiam dicat: 'si caro perit, unde cognoscitur ille, qui resurgit?' caro, fratres, quasi 1 2 29
tamen bonis contenta secretis, non tam rea susceptura sententiam quam dicata deo pro castitate fortiter moritura, et quam iudicantium sententia 1 40 1
dispositis, non deo, non sempiterno rectori, maxime cum in euangelio sic dicatur: *dabit illi dominus deus thronum Dauid patris sui et regnabit super* 2 5 6
latrones diabolus et concupiscentia, *Samaritanus* dominus, cui Iudaei dicebant: *hic Samaritanus est, daemonium habet*; *stabularius* doctor est 1 37 10
autem uestris fumantia undique sola fana non nostis, quae, si uera dicenda sunt, dissimulando subtiliter custoditis. probatio longe non est. ius 1 25 10
quae nostra sunt, uidemus. aurum argentumque, Christiane, si uera dicenda sunt, exsecraris in simulacris, colis in penetralibus tuis. nam et 1 14 5
credit in me, non iudicabitur; qui autem non credit, iam iudicatus est? hoc dicendo *exemit iudicio fideles, non admisit ad iudicium infideles.* at si 1 35 1
in patrem, ex quo omnia. *et inuoca me in tribulatione tua et eripiam te* dicendo ostendit, quoniam per se omnia prosecutus est. *et magnificabis* 1 25 8
sed de domino nostro, quem, pro nefas, uenerantur externi, si tamen dicendum est, sui carpunt. sane nullis argumentis armatus, quibus illi 2 18 1
duo audiuimus. sed et dominus ipse in euangelio hanc exprimit rationem dicens ad Petrum: *mitte hamum in mare et piscem, qui primus ascenderit,* 1 37 5
est excusatio, quam spiritus sanctus per prophetam retundit hactenus dicens: *adolescentior fui et senui et numquam uidi iustum derelictum nec* 2 1 20
nec sufficientia nec necessaria honori suo protestatur deus, hactenus dicens: *caelum mihi thronus et terra suppedaneum pedum meorum. quam* 2 6 3
interrogaretur, quod esset summum legis sacrae praeceptum, sic ait dicens: *diliges dominum deum tuum ex toto corde tuo et ex tota anima tua* 1 36 17
Iesum, adducit cum eo. nam et deus per Ezechielem prophetam loquitur dicens: *ecce ego aperio monumenta uestra et educam uos de monumentis* 1 2 12
inquit, *cor meum uerbum bonum* et cetera, et apud Salomonem hactenus dicens: *ego ex ore altissimi prodiui ante omnem creaturam.* cum haec ita 2 8 2
est et non est deus alius praeter te. sed et Ieremias eodem spiritu loquitur dicens: *hic est deus noster et non deputabitur deus alius absque ipso. qui* 2 8 6
meum non est de hoc mundo. apertius autem hoc Paulus expressit dicens: *hoc enim scire debetis, quoniam omnis fornicarius aut impudicus* 2 5 8
et a quo scire debemus, nisi ab ipso domino, qui suum dictum prosequitur dicens: *hoc est autem iudicium, quia lux uenit in hunc mundum et* 1 35 4
inmortalitatis semine (de quo etiam poeta sapientissimus praesagauit dicens: *igneus est ollis uigor et caelestis origo seminibus),* scilicet spiritus 1 2 26
tenent, non credentes incidunt. sed et Dauid hanc calamum nuncupauit, dicens: *lingua mea calamus scribae uelociter scribentis.* calamus fissus est, 1 37 4
fecit apertissime, cum ad Romanos loqueretur, apostolus mentionem dicens: *nam iustitiam dei ignorantes et suam uolentes constituere iustitiae* 2 1 2
custodiam petere, quos fur non timet inuolare? quibus recte deus irascitur dicens: *nolite ambulare post deos alienos, ut seruiatis eis, et ne* 1 25 4
ipse, cuius asserunt se saepe discipulos, eodem spiritu ad Israel loquitur dicens: *nouissimis diebus circumcidet deus cor tuum et cor seminis tui ad* 1 3 13
et in uanitate detinuit sensus illorum. similiter Paulus curioso rescribit dicens: *o altitudo diuitiarum et sapientiae et scientiae dei! quam inexquisita* 2 3 16
manus humanae, spiritus sanctus in Psalmo nonagesimo quinto declarat dicens: *omnes dii gentium daemonia; dominus autem caelos fecit*; et in 1 25 5
praestitit dominiumque totius naturae recuperauit, sicut est ipse testatus dicens: *omnia mihi tradita sunt a patre meo.* Iob uicarios filios genuit; 1 15 9
suae pio de fonte largitur. quam rationem Paulus euidenter prodidit dicens: *quemadmodum portauimus imaginem eius, qui de limo est,* 2 30 4
fuit! quam rationem seminum etiam beatissimus Paulus subtiliter prodidit dicens: *qui seminat secundum carnem, de carne sua metet interitum; qui* 1 2 28
exiguum non habet tumulum; quos prophetes egregius hactenus increpat dicens: *quid profuit nobis superbia aut quid diuitiarum ambitio contulit* 1 5 9
gloria feruntur in caelum; quos apostolus Paulus exhortatur et monstrat dicens: *si consurrexistis cum Christo, quae sursum sunt quaerite, ubi* 1 37 12
stulte, tu quod seminas non uiuificatur, nisi mortuum fuerit, et subiecit dicens: *sic et resurrectio mortuorum; seminatur in interitum, resurgit in* 1 2 22
ipsa te magnopere retundens ac redarguens confutabit, Salomone dicente: *altiora te ne quaesieris et fortiora te ne scrutatus sis. quae* 2 3 16
cupit, quia prophetiae magis gentes quam Iudaei fuerant credituri, domino dicente: *amen, amen dico uobis, quia publicani et meretrices praecedunt uos* 1 13 9
dictum, quos domino, cum esset in terris, fecisse inuenimus officium, ipso dicente: *amen dico uobis: uidebitis caelum apertum et angelos dei* 1 37 13
est, non iudicabuntur, sed istum mundum ipsi iudicabunt, apostolo dicente: *an nescitis, quia sancti de hoc mundo iudicabunt?*; alterum 1 35 7
excusatio, maxime cum res nostrae commissa sit uoluntati, propheta dicente: *ante hominem bonum et nequam, mors et uita; quod elegerit, hoc* 2 4 18
bellum, cum unaquaeque pars nititur alteram subiugare, apostolo sic dicente: *caro concupiscit aduersus spiritum et spiritus aduersus carnem;* 2 4 8
aerumnas mundi sensura repromissa felicitas exhibetur, Dauid sancto dicente: *conuertere, anima mea, in requiem tuam, quia dominus benefecit* 1 2 32
diuites serui, cuius est orbis totus omnisque natura, beatissimo Dauid dicente: *domini est terra et plenitudo eius, orbis terrarum et uniuersi qui* 1 15 7
sed originalis perpetuitatis ac deitatis est una substantia, domino ipso dicente: *ego et pater unum sumus.* quod non utique sic ait, ut in unum 2 8 4
cui *data est potestas in caelo et in terra*, nomini eius noua a deo suo, ipso dicente: *ego te clarificaui in terra; opus perfeci, quod dedisti mihi, ut* 2 5 4
cordis. etenim semen cordis uerbum est dei, cata Lucanum domino sic dicente: *est autem haec parabola: semen est uerbum dei. qui autem iuxta* 1 13 5
moriuntur. fides itaque uel maxime res propria nostra est, domino ipso dicente: *fides tua te saluum fecit.* igitur si nostra est, seruemus ut nostram, 1 36 7
tuam istam circumcisionem, quam euacuatam uidemus a lege, sic Ieremia dicente: *haec dicit dominus uiris Iuda et omnibus, qui habitant in* 1 3 12
incredulis gentibus perenni destinat poenae, in Psalmis spiritu sancto dicente: *ideo non resurgunt impii in iudicio neque peccatores in consilio* 1 2 23
ire per singula, cum uno exemplo noscantur uniuersa eius mala, propheta dicente: *idola gentium argentum et aurum.* unde apparet eum, qui diligit 1 14 4
qui non sunt iudicandi, quia iam iudicati sunt, sed perituri, scriptura dicente: *iter impiorum peribit*; tertium peccatorum, quorum obliquae 1 35 7
lex enim pendet ex caritate, non caritas pendet ex lege, sacra scriptura dicente: *iusto lex posita non est, sed peccatori.* peccator autem ille est, qui 1 36 17
e lacunis, ut merebantur, caenulentum postmodum laticem, domino dicente: *me dereliquerunt fontem aquae uiuae et foderunt sibi lacus detritos,* 1 18 2
ita sine patre secunda carnalis. haec miranda, inenarrabilis illa, propheta dicente: *natiuitatem autem eius quis enarrabit?.* cur autem sit inenarrabilis, 2 8 2
uocibus dum iubetur, recte sapientibus exsecrabilis esse uideatur, Iohanne dicente: *nolite diligere mundum neque ea, quae in mundo sunt. si quis* 1 36 27
secreto produci, quales fuerint pro sua quique qualitate suscepti, apostolo dicente: *omnes nos manifestari oportet ante tribunal Christi, ut recipiat* 1 2 15
est quod amborum est; quod unus possidet, singulorum, domino ipso dicente: *omnia quaecumque habet pater, mea sunt*, et iterum: *pater, omnia* 2 5 9
sacrilegum est, ita indigne manducare mortiferum, in Leuitico scriptura dicente: *omnis mundus manducabit carnem. anima autem quaecumque* 1 25 12
aliquando nec posuit; semper enim cum ipso regnauit, cata Iohannem ipso dicente: *regnum meum non est de hoc mundo.* apertius autem hoc Paulus 2 5 8
potest, sine dignatione paterna non est, quia filius sine patre non est, ipso dicente: *si non facio facta patris, nolite mihi credere; sed si mihi credere* 1 45 3
quod ab inimico hominibus superadditum recognoscimus, domino sic dicente: *simile est regnum caelorum homini, qui seminauit in suo agro* 1 3 22

et descendentes super filium hominis, sicut et factum est, euangelista dicente: *tunc reliquit eum diabolus et ecce angeli accesserunt et* 1 37 13
est contextio ista parietum, fidelis autem populus dei templum, apostolo dicente: *uos estis templum dei et spiritus dei habitat in uobis*. et uerum 2 6 4
secundum quod mundanae administrationis suis in actibus portant, recte dicentes: *quisque suos patimur manes*. nos uero, fratres, quos non ingeniosa 1 2 4
magis nouellae traditioni suae credi quam antiquitati, quam deo domino dicenti: *reicitis mandatum dei, ut traditiones uestras statuatis*! sed non eo 2 3 10
aut lectas irritas putauerunt beneficio abiecti impolitique sermonis (tamen dicentis: *nisi credideritis, neque intellegetis*) stultam putant irriduntque 2 1 14
est enim tam uel ab istius mundi sapientiae gustu ieiunus, qui audeat dicere animas cum corporibus interire, caelestia cum terrenis absumi, 1 2 2
quod aliunde exspectat sibi aliquid necessarium. si uero fidem tractatus dicere coeperimus, erit profecto nec nostra nec sua, sed nec eius, cuius esse 2 3 6
inquies, iustum est, ut mea seruem, aliena non quaeram.' hoc etiam gentes dicere consuerunt. ceterum apud deum quam sit iniustum, mox uidebimus. 2 1 18
sancti plenitudine una originali coaeternitate renitens, quemadmodum, si dicere dignum est, duo maria, quae in semet recumbunt, freto aestus 1 7 4
quasi, quae uere exsecranda sint, iam correcta sint crimina. pudet me dicere in populo graui anus saepe uideri nouas nuptas, quarum paene 2 7 10
testamenta conficiunt. plura ad laudem huius beatitudinis uestrae possem dicere, nisi essetis mei. unum tamen prae gaudio tacere non possum: 1 14 9
hic quemadmodum se quis possit excusare, non uideo. non deest enim qui dicere possit: 'si est resurrectio, quare plangis? si amore mariti facis, cur 1 2 14
in semet ipso probando quod docuit, uiuere animas mortuorum non tam dicere quam oculatis rebus sufficimus approbare. denique uagi atque 1 2 5
paterni cordis est exsecutor? non enim minus est facere magna quam dicere. quamuis et quod dictum est a patre uel dici potest, quia uerbum est 1 45 3
quando non fuit. tertia Iudaea est uere caeca, quae cum in lege, ut dicere solet, sua legat ubique duas patris et filii designari personas, tamen 2 8 1
consueuit; adde quod fides non transit in alium, caritas parum est dicere transit in alium quae transit in populum; adde quod fides paucorum 1 36 11
ergo pudicitiae conscientia; testis est deus. non respexit castitas, quid falsi dicerent testes aut qualiter iudices circumuenti damnarent, non denique 1 40 2
curam mortis mihi a deo praestitam recognosco.' recte Iudaeus hoc diceret, fratres, si ista cura sexui utroque prodesse potuisset. cum enim 1 3 9
homo, puer, sponsus, gigas, crucifixus, sepultus, *primogenitus a mortuis* diceretur, hic est, inquam, qui *in omnibus omnia est*, quoniam per ipsum 2 8 8
filio tota refunderis et tamen, tota ubi refunderis, nec recedis. recte deus diceris, quia trinitatis potentiam sola conuertis. 1 36 32
nulliusque momentis omnibus uariae sollicitudinis cura torquetur. sed dicet aliquis: 'etiam Maria uirgo et nupsit et peperit.' sit aliqua talis, et 2 7 4
coeperimus, erit profecto nec nostra nec sua, sed nec eius, cuius esse dicetur, quia tractatus fidem cum astruit, ex eo ipso eam, quo astruit, 2 3 6
impietas paterno affectui parem gratiam non refert, quantum sit criminis dici non potest: dominum patrem non dilexisse, cum peccatum sit 1 61 6
ablata est de domo dei uestri hostia et immolatio. multa sunt, quae dici possunt, sed satis otiosum est in his demorari, quae in toto iam non 1 25 6
est facere magna quam dicere. quamuis et quod dictum est a patre uel dici potest, quia uerbum est filius, sine filio non est, et quod factum est a 1 45 3
patuerunt. in quibus cum peritius agant uniuersi homines, quam dici potest, superfluum est demorari. unde nunc ad ueram iustitiam 2 1 11
adde quod gentibus, quod sine dolore magno uel gemitu non potest dici. quae enim uox, quae increpatio has condigne possit arguere, quae 2 7 11
diligis, spem repraesentas. tu diuersos homines moribus, aetatibus, dicione ex una natura unum spiritum, unum efficis corpus. tu martyres 1 36 30
praestant sine pugna, sine ullo labore uictoriam. non enim conabitur in dicionem redigere suam, quae esse eius ambiuit ancilla? in domo denique 2 7 13
per hanc Iacob deo colluctari praeualuit; per hanc Ioseph Aegyptum suae dicioni subiecit. haec Moysi in mari rubro terram uitream fecit; haec, ut 1 36 7
distat a prodigio, quisquis alterius causa et formam mutat et mores. sed dicis: 'ardor me tenerae compellit aetatis.' credo. ecce nupsisti. ut de 2 7 9
quemadmodum per alium locutus sit mortuus ille, quem noueris. at dicis: 'hoc daemones fingunt'. o probatio melior, quod etiam fallaces 1 2 7
et uir iustus fuit et tamen necessario circumcisus. quid enim scriptura dicit? *Abraham credidit deo, et deputatum est illi ad iustitiam*. 1 3 6
nunc Iudaeorum quoque sacrificia <a> deo repudiata cognoscite, qui dicit ad eos in Esaiae libro: *quo mihi multitudinem sacrificiorum* 1 25 6
dei, manet in aeternum, quomodo et deus manet in aeternum. sed dicit aliquis: 'si ita est, cur in se ipse potissimum superatur?' primo quia 2 4 13
sapientia infatuatus inquisitionibus uanis semet ipsum confundit. sed dicit aliquis: 'si ita est, nulli ergo lex prodest.' absit; prodest, et quidem 2 3 3
prophetam fuisse testatum uel quasi de aliqua re esse conquestum, cum dicit *audi caelum et terra*, tamquam numquam aut caelum audierit aut 1 61 2
praesenti commodare lectioni, ut edicerent nobis, quinam sit deus iste, qui dicit: *audi, populus meus, et loquar, Israel, et testificabor tibi, quoniam* 1 25 1
depereat, uana spe si captus fuerit caduca atque carnali, de qua apostolus dicit: *caro et sanguis regnum dei possidere non possunt*. at e diuerso uideor 1 2 24
in saecula et regni eius non erit finis. Salomon in Sapientia similiter dicit, cum de eius loquitur seruis: *et si coram hominibus tormenta passi* 2 5 6
fratres, quis est iste, cui tantum defert? quis est, quem altissimum dicit, cum ipse sit solus, a quo alius altior non sit? sin uero omni 1 25 2
sensum domini? non enim in horum inquisitione exaestuans propheta dicit: *de profundis clamaui ad te, domine*. clamat namque de profundis, id 1 34 2
inhabitari seu nos in ipso habitare coeperimus — sicut Iohannes dicit: *deus caritas est; qui manet in caritate, in deo manet et deus in* 1 36 21
hoc solum interest, quod soli se sciunt. denique apud Esaiam ad filium *sic dicit dominus deus sabaoth: fatigata est Aegyptus et mercatus Aethiopum; et* 2 8 5
deo gratum, apud Malachiam prophetam: *non est mihi uoluntas circa uos, dicit dominus, et sacrificium acceptum non habeo ex manibus uestris*. 1 25 7
et sacrificium mundum, quoniam magnum est nomen meum apud gentes, dicit dominus. *immola deo sacrificium laudis*. *immola*, inquit, *deo*, non 1 25 7
quam euacuatam uidemus a lege, sic Ieremia dicente: *haec dicit dominus uiris Iuda et omnibus, qui habitant in Ierusalem: renouate* 1 3 12
puto recte homines appellatos, quibus dominus sanctum per spiritum dicit: *ego dixi: dii estis et filii excelsi omnes, uos autem sicut homines* 1 37 11
uenenum, secundum dei sententiam, unde sumptum est, refundatur; dicit enim deus ad Adam: *maledicta terra erit in omnibus operibus tuis*; in 1 2 30
sed possibile hac spe fit, cum dei dicto indubitanter ac fortiter creditur. dicit enim dominus: *omnia possibilia credenti*. unde *Abraham credidit deo* 1 36 5
requiem mihi? omnia enim ista fecit manus mea. in euangelio quoque sic dicit: *Hierusalem, Hierusalem, quae interficis prophetas et lapidas missos ad* 2 6 3
homo, qui spem habet in homine? ergo ubi purum deum significat, sic dicit in Genesi: *et fecit deus hominem ad imaginem et similitudinem dei*, 2 5 2
clamabunt ad me et non erit, qui exaudiat eos. similiter et de manibus dicit: *manus enim uestrae inquinatae sunt sanguine et digiti uestri in* 1 3 10
uxoribus non licet nec maritis, sicut praescribens talibus Paulus apostolus dicit: *mulier sui corporis potestatem non habet, sed uir; similiter et uir* 1 1 13
comprehendere altitudinem, cuius non sequitur humilitatem! sequitur ac dicit: *neque elati sunt oculi mei*. oculorum peior est causa, quia exaltatio 2 9 5
de rebus enim loquitur saecularibus. *in magnis et mirabilibus* se dicit non ambulasse, utique non dei, sed in illis, quae magna ab hominibus 2 9 6
unam diuinitatis potestatisque esse omnipotentiam nos doceret. sequitur ac dicit: *omnia per ipsum facta sunt ac sine ipso factum est nihil*. uideamus 2 8 4
manibus uestris? per alium adaeque prophetam spiritus sanctus clamat et dicit: *praecingite uos et plangite, sacerdotes; lugete omnes, qui deseruitis* 1 25 6
uerecundiae freno *cohibendum*, ut possimus merito mereri, scriptura quod dicit: *proximus est deus contribulatis corde et humiles spiritu saluabit*. sed 2 9 3
Christus dei filius dulcia, sicut prior, qui hoc prandio pastus est ante nos, dicit: *quam dulcia faucibus meis eloquia tua super mel et fauum ori meo!* 1 24 4
et iudicium cantabo tibi, domine, quomodo dominus in euangelio dicit: *qui credit in me, non iudicabitur; qui autem non credit, iam* 1 35 1
nobis? transierunt ista omnia tamquam umbra. sed et dominus ipse dicit: *quid prodest unicuique lucrari mundum et animae suae pati* 1 5 9
iustitiam factum esse, non natum. alia modestius, sed mordacius nocens dicit quidem dei filium deum, sed non ex patre nobilitatis perpetuitate 2 8 1
caeli, inquit, *enarrant gloriam dei*; et hic utique non tam caelos loqui dicit, quos loquentes nullus audiuit, sed apostolos asseuerat, quorum 1 61 3
existimaret sibi impune esse cessurum, scriptura iterum ibidem dicit: *sacrificans diis eradicabitur, nisi domino soli*. haec gentes, nisi 1 25 5
ut operis sui laudem sibimet soli deberi testatus sit, qui in euangelio dicit: *si non facio facta patris, nolite mihi credere; sed si mihi credere* 1 25 8
deus ex tunc et a saeculis tu es. ubi hominem mixtum, sic prosequitur: *dicite filiae Sion: ecce rex tuus uenit tibi iustus et saluans, mitis*, 2 5 2
quae non inpudicitiae, sed futuri scilicet indicii negotium procurauerat, dicitque ei se debere conceptum, cuius monile, anulum teneret et uirgam. 1 13 3
electio personarum, quia, cum alteris, ut uerbum dei audire debeant, dicitur, Israel sic reprobus inuenitur et, dum clamat propheta *audi caelum* 1 61 1
sunt negotio uel maxime necessaria, quia plus est quod geritur quam quod dicitur, ut et impudicitiae malum et bonum pudicitiae uno eodemque 1 1 15
nuptiis meliora praepono, et quidem etiam apostolo hortante sic Paulo: *dico autem innuptis et uiduis: bonum est illis, si sic perseuerauerint sicut* 2 7 2
remedium, sacrificium quod ipse reprobat fieri, qui praecepit. hoc solum dico: imple uel in ceteris legem, sicut scriptum est: praecinge lumbos tuos, 2 20 2
nubant: melius est enim nubere quam uri. alio autem loco ait: *hoc dico secundum ueniam, non secundum iussum; uolo autem omnes uos esse* 2 7 2
qui cum eo de patibulo dextra laeuaque pendebant, ait: *amen, amen dico tibi: hodie mecum eris in paradiso*. itaque si homo mortuus in 1 2 11
magis gentes quam Iudaei fuerant crediturі, domino dicente: *amen, amen dico uobis, quia publicani et meretrices praecedunt uos in regnum dei*. 1 13 9
domino, cum esset in terris, fecisse inuenimus officium, ipso dicente: *amen dico uobis: uidebitis caelum apertum et angelos dei ascendentes et* 1 37 13
dicenti: *reicitis mandatum dei, ut traditiones uestras statuatis*! sed non eo dico, ut ingratum faciam doctrinae beneficium, sed ut sciat unusquisque 2 3 11
inde noster populus morabatur, quae non in cassum a deo *magna ciuitas* dicta est; erat enim futurum, ut omnium nationum in Christo credentibus 1 34 9
neglegentes legis sacrae cultores saepe magno inplicantur errore, cum aut dicta non pro locis intelligunt aut dictorum minime rationes inquirunt. 1 35 1
quod natura praestitit, sed quod ei ad examen speculi arbitrium temporale dictauerit. nunc emendat, nunc delet quas amauerat species, nunc subicit 1 1 10
semper uicissitudinis delectamento seruire praecepit, qui eum supra dicti amoris male dulcibus uenenis occisum infernaeque sedi submersum 1 36 28
ut spiritales uiros ullo tangamus errore, maxime cum prophetia ad sui dicti iam peruenerit ueritatem. Iesus enim Naue Christi imaginem 1 3 16
ingenia cotidie quae uidemus uersutis contentionibus laeta, de apostoli dicto calumniosam nobis inferat quaestionem, qui ait: *primus homo e limo* 2 4 1
iamiamque dicto citius aetherias portas, fratres, intrate aeternique gurgitis alueo 1 49
haec scala cuius esset materiae, in qua dominus incumbebat, ex Dauid dicto cognoscimus, qui ait: *uirga tua et baculus tuus ipsa me consolata* 1 37 8
istius mediocritas sustinere. cum imperat pater orbem fieri, opus cum dicto completur a filio. quomodo autem, quantus aut qualis fieri debeat, 1 56 2
utpote *dei uirtus deique sapientia*, omnia illa opere mirifico eius cum dicto compleuit. hunc curiosi opinationibus uanis uiolare conantur nec 1 50
est, quod impossibile est ac non uidetur; sed possibile hac spe fit, cum dei dicto indubitanter ac fortiter creditur. dicit enim dominus: *omnia possibilia* 1 36 5
si quis imaginem laeserit, in exitium suae animae incitat ueritatem. nec est dicto longe probatio. si incliti cuiusquam regis, hominis tamen, uultus 1 36 24
magno inplicantur errore, cum aut dicta non pro locis intelligunt aut dictorum minime rationes inquirunt. igitur in praesenti Psalmo propheta 1 35 1
est prophetiae more angelos homines iustos et iniustos generaliter dictos. sed ascendentes et descendentes qui sint, in exemplis agnoscimus. 1 37 12
prostituit. non opus est ire per singula; quamuis et haec non fuerint dictu digna, tamen ad exprimendam uim impudicitiae uisa sunt necessaria, 1 1 12
quia timore totus est humilis, sua peccata contestans, secundum domini dictum a quo procedunt uniuersa genera peccatorum, pectus crebro 2 9 9
omnes, uos autem sicut homines moriemini. sed et de Iohanne Baptista sic dictum esse meminimus: *ecce mitto angelum meum ante faciem tuam, qui* 1 37 11
non enim minus est facere magna quam dicere. quamuis et quod dictum est a patre uel dici potest, quia uerbum est filius, sine filio non est, 1 45 3
flammas, per quas omnes nudi transituri sumus. solum colitur, de quo dictum est: *idola gentium argentum et aurum*, pro quo quis aut iugulatur 1 5 15
itaque tria conuenit esse iudicia: unum iustorum, qui non tantum, ut dictum est, non iudicabuntur, sed istum mundum ipsi iudicabunt, apostolo 1 35 7

iustitia, de cuius fonte omnes qui beati sunt gustant; ecce enim de ipso dictum est: *orietur uobis sol iustitiae*. Iob uerax est appellatus; at est uera 1 15 7
si caelestis est primus, quid opus erat, ut fieret quoque terrenus? simile dictum euangelicum illud consentanea potest argumentatione pulsari; 2 4 2
ostendit, quoniam per se omnia prosecutus est. *et magnificabis me*; quod dictum, fratres, non sic debetis accipere, ut operis sui laudem sibimet soli 1 25 8
quibusdam spiritalibus cultris, credentium populorum secundum Moysi dictum non in damnum hominis praeputium carnis, sed in augmentum 1 3 16
quem adsumpserat, ait: *tristis est anima mea usque ad mortem*. quod dictum non tam timentis quam exsultantis ac docentis est. utique non 1 2 31
in infernis, procul dubio omnes sacrilegos antecedis, qui Moysi reprobans dictum per hanc iniuriosam corporis stipem deo placere te posse 1 3 14
praeparatum. et a quo scire debemus, nisi ab ipso domino, qui suum dictum prosequitur dicens: *hoc est autem iudicium, quia lux uenit in hunc* 1 35 4
est, quemadmodum ab inprudentibus aestimatur. ceterum domini dictum quo sit pondere quaue ratione prolatum, explanat proprietas ipsa 1 35 2
sedens. possumus et sic, fratres, intellegere: hoc de ministris et de angelis dictum, quos domino, cum esset in terris, fecisse inuenimus officium, ipso 1 37 13
factis credite et cognoscite, quoniam in me est pater et ego in illo, dictum significatione unica maiestatis et affectu indiuiduo pietatis, quia 1 25 8
imaginem praeferebat. denique comparatio indicat ueritatem. Iob iustus dictus a deo est; ipse iustitia, de cuius fonte omnes qui beati sunt gustant; 1 15 7
omnium saluator esse cognoscitur et factis et nomine. hic enim, quia ipse dictus est etiam petra, recte cultellos petrinos fecit (unde non sine ratione 1 3 16
pro his qui immutabuntur. Iudaicus etenim populus, qui prior uinea dei dictus est, floruit quidem, sed infeliciter flore discusso nullos potuit fructus 2 11 1
his uerbis: *ecce agnus dei, ecce qui tollit peccatum mundi*. hic itaque dictus est *primitiuus*, quia paternae antiquitatis solus est conscius; hic 1 8 2
carnis, *ex ouibus* propter spiritum maiestatis. qui *primitiuus* est dictus, quia praeter patrem ante ipsum nullus est primus, *maturus*, quia 1 46a 2
esset illi, qui in sinu patris commanens uoluntatis eius perfectionem non didicerat, sed habebat. igitur orbe perfecto postremus digito dei manuque e 1 56 2
ideo martyr, quia iustus; ideo iustus, quia patiens; a quo pati martyres didicerunt patiendo libenter, quod non merentur. Noe cataclysmum, quo 1 4 12
quae uis, qui exitus, quae merces carnis sit quaeue animae, deo magistro didicimus; qui non ignoramus uictoria carnis ambas exstingui, animae 2 4 18
quia rigida quaedam dilectionis est forma; quicquid enim a iusto didicit, id facere iniustum quoque compellit, bifarie inclita: unum 1 36 18
Abraham ut pater esset multarum gentium, hic iustitiam non didicit, sed genuit. non illum accessus infecerat urbium. non habuit legem, 1 62 1
maior est legis, quae deum deo credendo promeruit, quae credere non didicit, sed praesumpsit, edicat mihi, perniciosa ista adinuentio tractatus 2 3 8
in ultimo preli pondere duabusque tabulis exsiccatur; similiter iudicii die a Christo secundum tabulas legis confessorum sanguinis uindicta usque 2 11 7
dubitare non debet in statum pristinum mortuos excitari talesque legitima die ante conspectum dei ex illo naturae secreto produci, quales fuerint pro 1 2 15
tempestate lapideis imbribus feliciter grandinatur, cum *in profundo maris die* demoratus *ac nocte* ad deum clamans incolumis inde respuitur. Ionas 1 34 4
etenim plerumque contingit, ut ei nascatur sabbatis filius, quem octauo die, id est ueniente sabbato, si non secundum legem circumcidat, de 1 3 3
esse non poteris, saltem noli tuas nuptias fenerare, ne in illo resurrectionis die inter plurimos maritos non possis, cuius fueris uxor, agnoscere. noli 2 7 18
mira res! post naufragium, post natatile sepulcrum incolumis tertio post die Nineuitas illustrat terribilibus oraculis salutem ciuitati credulae 1 34 6
uesana bacchatur nouis ac uariis artibus feruens, numquam quieta, non die, non nocte, non bello, non pace, numquam satura, lucrorum enormitate 1 14 2
purgati integri in ubertate paterni seminis maneamus. haec, inquam, non die, non nocte, non hora, non sexu, non aetate, non condicione, non loco, 1 3 22
subiacerent. denique res impleta est domini passione: caelum medio die perdidit diem, terra tremore nimio firmitatem. hinc aestimare licet, 1 47
lege suis sedibus resurrexisse agnoscas. sol cotidie nascitur eademque die qua nascitur moritur nec tamen instantis finis sorte terretur, suos ut 1 2 18
ut sacri oceani lacteo profundo dimersi inde nouello nouellique cum die resurgentes nobiscum possint ad inmortalitatis gloriam peruenire. 1 57
sacri oceani lacteo profundo demersi, surgentes inde nouello nouelli cum die, sua luce radiantes nobiscum possint inmortalitatis per aerium 1 44 2
se saepe discipulos, eodem spiritu ad Israel loquitur dicens: *nouissimis diebus circumcidet deus cor tuum et cor seminis tui ad dominum deum* 1 3 13
pietate. cetum esse non dubitatur infernum; sicut enim Ionas tribus diebus et tribus noctibus fuit in uentre ceti euomitusque Niniue se intulit 1 34 8
erit in omnibus operibus tuis; in tristitiae gemitu edes ex ea omnibus diebus uitae tuae; spinas et tribulos eiciet tibi et edes pabulum agri; in 1 2 30
faciunt, ut putent impunita fore quae clanculo gerunt. nam si iudicii diei adpropinquare iam cursus aduerterent, procul dubio et praesentia 1 2 1
haec praeputium totius concupiscentiae saecularis; illa octauo deseruit diei, huic deseruiunt tempora, dies, horae uniuersaque momenta; illa ante 1 3 23
domesticum, qui cognitione secreti est omnium peior, nemo imminentes diei iudicii flammas, per quas omnes nudi transituri sumus. solum colitur, 1 5 15
sancti, non tantum diaboli praesentes ignes exstinguit, sed etiam futuri diei iudicii incendia superabit. illa iustificata discessit; haec glorificata 1 13 13
populis, qui omnia inmortalitatis semine propagantur in saecula. in huius diei luce gradientes exsultemus fide,iucundemur bona conuersatione, ut 1 33 4
nubibus tenebras crebrae micantes curuis ignibus flammae intercepti diei lumen inconstanter assimulant, cum ardent *plura fulminibus*, cum 2 2 3
ut repigret cursus, ut horas ac momenta producat, ut saltem paulo diutius diei sui demoretur in uita, sed fidelis semper, semper intrepidus ad 1 2 18
nec sui umquam uenit in mentem non esse humanae potestatis crastinum diem ac ne ipsum, quo res agitur, quia quod uoluitur semper, in momento 1 5 7
duce Moyseo uidelicet et Aaron, iter demonstrante nubis columna per diem, eadem ignis quoque per noctem. finditur mare et dextra laeuaque in 2 26 1
dies, horae uniuersaque momenta; illa ante octauum uel post octauum diem nec ipsi morienti puero subuenit, haec a cunis ipsis infantiae usque 1 3 23
necaretur, miseratione dei duce Moyse iussus est proficisci. huic per diem non circulus solis, sed columna nubis, non candida luna, sed ignis 1 29 1
passim membra tremore uibrantur; gemit, flet, denuntiatum pauet iudicii diem pellique se plangit, confitetur sexum, confitetur adgressurae tempus et 1 2 6
itaque, ut saepe contingit, in unum sibimet conuenire diuersae religonis diem, quo tibi ecclesia, illi adeunda sint templa. quo genere unusquisque 2 7 14
denique res impleta est domini passione: caelum medio die perdidit diem, terra tremore nimio firmitatem. hinc aestimare licet, quid eis sit 1 47
ereptus es inde; non tua euasisti uirtute. columna nubis te deduxit per diem, ut ostenderet caecum; ignis columna per noctem, ut significaret 2 16
ereptus es inde, non tua euasisti uirtute. columna nubis te perduxit per diem, ut ostenderet caecum; ignis columna per noctem, ut admoneret 1 9
interitu praestitutae circumcisionis iura uacuauit, quia solus octauus dies a deo circumcisionis priuilegium, non septimus, non nonus, accepit ac 1 3 4
suis eius potestati subiecit, qui ei annos, tempora, menses, noctes ac dies clarissimosque duos regalium orbium currus munerifero semper 1 36 28
Iesu Christi, qui *in omnibus omnia* est; qui uere aeternus est ac sine nocte dies; cui duodecim horae in apostolis, duodecim menses seruiunt in 1 33 4
est illi, fauillae nutrices, cinis propagandi corporis semen, mors natalicius dies. denique post momentum festo exsultat in tumulo, non umbra, sed 1 2 21
qui designatur *ex ouibus et ex haedis*, inter pecora non potest inueniri. dies festi eius et cantica secundum dei uocem in planctum et luctum illi 1 28 2
unguentum. circumcisio uacuatur. sabbatum denotatur. neomeniae et dies festi odio habentur. potiuntur eorum Romani regno. nihil, ut arbitror, 2 17
omne genus pecudum cum suo sibi sacrificio reprobatur. ieiunia eorum, dies festi omnisque solemnitas abominatio est apud deum. cum haec ita 1 46a 1
sacrilegio iure deleta est. exinanitum cornu iam non spirat unguenta. dies festos in luctum et cantica eius in lamentationem conuersa prophetae 1 19 2
sed numero. fit filius horarum, qui pater est omnium saeculorum. hic est dies, fratres, quo a domino nostro cunctus redemptus est orbis, quo 1 16 2
saecularis; illa octauo deseruit diei, huic deseruiunt tempora, dies, horae uniuersaque momenta; illa ante octauum uel post octauum 1 3 23
specioso circulo sacer inflexus dies in mundani operis pensa quadriga temporum fertur duodenis mensum 1 26
temporum metas perenni cursu una eademque orbita lustrans dies magnus aduenit, menses in tempora, tempora in annos, annos in 1 58
augmentum una eademque nec ipsa, sed ipsa orbita circumducens dies magnus aduenit sui sibi semper nouellus occasu. quod praeterit 1 16 1
non quam commodatio dedit, sed quam ei pepererint armati numero dies, menses et digiti. at plerumque cum sua sibi industria fenerator etiam 1 5 12
in infamibus locis lagenis et calicibus subito sibi martyres pepererunt, qui dies obseruant, qui Aegyptiacos de candidis faciunt, qui auguria captant 1 25 11
magnificus, fratres dilectissimi, saeculorum pater adest dies, omni genere fructuum fetibus pollens, diuite sinu, momentis quibus 2 13
ad coronam. at ubi uindemiae uenerit tempus, id est persecutionis dies, passim uuae diripiuntur, id est inconsiderate sanctis hominibus 2 11 6
totque induat uultus, quot animi fuerint motus, nullusque prorsus dies, quo iugiter sibi similis esse uideatur? cum haec aliter non sint, ergone 1 27 2
genitali semper nouellus occasu, a se in semet *sua per uestigia* reuolutus dies salutaris aduenit, officiis sacramenti dominici omnibus omni genere 1 6
auriga, teretis metae sua replicans complicando gyro solemni uestigia, dies salutaris aduenit. idem sibi successor idemque decessor, longaeua 2 19 1
multiformi gratia redimitus per temporum <ambages> solemni uestigio dies salutaris aduenit. idem sui successor idemque decessor, longaeua 1 57
temporum ambages *pernicibus plantis* sua *recalcans* officio solemni *uestigia* dies salutaris aduenit. idem sibi successor idemque decessor, longaeua 1 44 1
in sese, proferens sibi de fine principium, natalicia infinita de occasu dies sempiternus eluxit; quo discussa conuolutae hiemis tristitudine, nouo 1 33 1
ex bonis putabant, quae eis erant, sed erant illis omnia communia, sicut dies, sol, nox, pluuiae, nascendi atque moriendi condicio, quae humano 2 1 18
inuicem desiderantibus uobis tardior ceteris uidebatur primus matrimonii dies? ubi pretiosae uirginitatis festa, utrisque dulcis occisio? ubi amor, qui 2 7 6
carnem est dignatus induere, ut nemo se possit per carnem, cum iudicii dies uenerit, excusare. 1 54 5
sanguis effunditur, ut uita beata pretiosae mortis uindemia comparetur. dies uero ad sacramentum pertinet resurrectionis domini nostri Iesu 1 33 4
quia pudorem alienum qui appetit primo suum perdit. pure non nox illi diesque succedit; semper enim caenosi gurgitis sui procella submergitur, 1 1 6
ex parte suam perfecerit uoluntatem: nec adulterium enim, quod factum diffamabat, exercuit nec homicidium, quod procurabat, inuenit. 1 40 3
sit talis, ut numquam moretur in propriis, sed in publicum tota diffusa sit, diffamationibus uigeat, huc atque illuc aestuans uarie caeca prorumpat, 1 4 11
putatur poenae compendium ac paene pro infecto habetur quod non diffamatur, censuit eos caelo et terra testibus denotare, ut inexcusati 1 47
per ipsam, inquam, genus omne peccati, ne quis inprudens intereat, diffamatur. semper monere non desinit, ignorantia ne quis reatum excuset. 2 3 3
peritura est. hic, fratres carissimi, eligat utrum uelit, circumcidat an differat. si circumcidit, sabbatum corrumpit; si non circumcidit, cum 1 3 4
armatus gladio iubetur occidere. quid faceret pietas? praeceptum differri non potest. praestiteras, mater, cum sterilis esses: ad gladium 1 62 3
ubertatem ostendunt et de ieiuna aetate puer robustior saginatur. nihil difficile est fidei, quae tantum habet, quantum credit. igitur Isaac unicus 1 62 2
auctore. o nouum spectaculum ac uere deo dignum, in quo definire difficile est, utrum sit patientior sacerdos an uictima! non percussoris, non 1 4 14
est facere quod est, naturam creare extra naturam, nihil prorsus habere difficile solumque ei hoc deesse quod nolit esse; haec est enim proprietas 1 2 16
abscondita, sed etiam nimis in arduo constituta, ut ad ea nisi cum summa difficultate, laboribus ac periculis magnis non possit ab aliquo perueniri. 2 4 13
uilis; quae cum per uoluptuosa ac profana loca lasciua passim se fronde diffundit, generauit pro fructibus spinas, pro uua labruscam. cuius rei 1 10b 2
eius fungitur uoluntate. est autem in publicum tota prominens atque diffusa, sic tamen, ut sentiri se cupiat quam uideri, plane cauta, ne quam 2 1 12
natura sit talis, ut numquam moretur in propriis, sed in publicum tota diffusa sit, diffamationibus uigeat, huc atque illuc aestuans uarie caeca 1 4 11
blandiente, diuersis floribus genere colore pariter et odore una natiuitate diffusis germinantia undique dulce prata respirant. exsultat aestas noua, 1 33 1
memoratae uineae disputatio, fratres dilectissimi, longe lateque diffusos limites habet, quos peragrare competenti sermone urgentium 1 10b 1
sempiternus, quia immortalitatis est dominus. hic est deus noster, qui se digessit in deum; hic pater, qui suo manente integro statu totum se 1 7 4
ignis quoque per noctem. finditur mare et dextra laeuaque in abruptum digestis aggeribus stupens unda solidatur. dei populus nauigat plantis. mira 2 26 1

fissus est, fratres, duosque uertices gerit in unius acuminis tenuitate digestos, unam litteram utroque conficiens; cui si unum adimas, alterius 1 37 4
commodatio dedit, sed quam ei pepererint armati numero dies, menses et digiti. at plerumque cum sua sibi industria fenerator etiam ipse nudatur, ei 1 5 12
confessionis suae glutino intrepidae martyris manus nec salientes digiti futurae mortis exitio palpitabant. tanta fuit in martyris deuotione 1 39 7
et de manibus dicit: *manus enim uestrae inquinatae sunt sanguine et digiti uestri in peccatis. labia autem uestra locuta sunt facinus et lingua* 1 3 10
perfectionem non didicerat, sed habebat. igitur orbe perfecto postremus digito dei manuque e limo terrae fingitur homo. construitur mobile 1 56 3
Lazarum uerum diuitem sero cognoscit cupitque mortuus uel uno digito illis contingi manibus, quibus stipem denegauerat uiuus. odit iam 1 2 9
esse claro testimonio ueritatis affirmat. sic enim ait: *et uidebo caelos, opera digitorum tuorum*. hic utique non de caelis istis loquitur, quos semper 1 61 3
omnes potentissimi et reges, qui ferocitate uirtutis ac libidinis rabie digladiantes omnem orbem corruperant terrarum, insuper decernentes 1 13 4
et gentes uel ceteros antecedimus. incomparabilis autem gloria ac uere deo digna, cum uno consensu, una fide alter alterum commendans deuotione 2 6 5
bonumne amiseris maritum anne malum. si malum et desideras nubere, digna es, quam peior affligat; si bonum, fidei serua signaculum: pati non 2 7 6
prostituit. non opus est ire per singula; quamuis et haec non fuerint dictu digna, tamen ad exprimendam uim impudicitiae uisa sunt necessaria, ut 1 1 12
laesus exigit ultionem, quia, cum uicem non reddidit patri dilectus filius, dignam sententiam percipit abdicatus. cuius enim impietas paterno affectui 1 61 5
tantum beatitudinis et habebit. o admirabilis et uere diuina sacrosancta dignatio, in qua quae parturit non gemit; qui renascitur plorare non nouit! 1 55
praecipitantur inueniunt. denique excipiuntur non flamma, sed rore, dei dignatione, non poena. o felix supplicium, quod incolumitate superante 2 22
est filius, sine filio non est, et quod factum est a filio uel fieri potest, sine dignatione paterna non est, quia filius sine patre non est, ipso dicente: *si* 1 45 3
significat, uirga cum baculo crucem, in qua deus pro homine pendere dignatus est, ut in deum hominem, quem induerat, commutaret. anulus 1 13 10
quoque Paulus: *Pascha nostrum immolatus est Christus.* cur autem dignatus fuerit immolari, Iohannes Baptista ante praedicauit his uerbis: 1 8 2
carne, sed excelsus omnipotentiae maiestate. qui sane ideo carnem est dignatus induere, ut nemo se possit per carnem, cum iudicii dies uenerit, 1 54 5
confundunt amissa luce laetantes in tenebris, habentes fana, non domos? digne, digne iugulantur quae Christi ingratae beneficiis sponte ad mortem, 2 7 12
amissa luce laetantes in tenebris, habentes fana, non domos? digne, digne iugulantur quae Christi ingratae beneficiis sponte ad mortem, de qua 2 7 12
sollicitudo ac maxima est cautio, ne quid mundo debeat, ne quid horum digne patiatur. hanc qui diuinas litteras aut non legerunt aut lectas irritas 2 1 13
dignitatis ignari. quid enim beatius, quam si homines deus paterno honore dignetur adtendere et tanta illa sublimitas humanam mediocritatem aut 1 61 6
fides et pietas, quae est idonea expultrix auaritiae, manet atque gloriatur, digni estis uniuersi aurum argentumque non tam habere quam esse. nam 1 5 17
asserentes, qui a sanae mentis hominibus ne hominum quidem uocabulo digni iudicarentur. pro quibus causis a deo non tantum sunt disperditi, sed 1 13 4
ac languidis mannae teneritudinem inrorauit. non enim erant idonei aut digni, qui caelestis panis perpetua soliditate fruerentur. petra illis scaturiuit 1 18 2
hic alteri iubet, in opere nullus otiosus est? o sancta aequalitas ac sibi soli dignissima indiuiduae dealitatis! unus homo ad duorum imaginem et 1 45 2
fratres, inter nos mutui amoris aemulatione gloriosa imaginemque dei dignissime uenerando declaremus, quid ipsi ueritati debeamus, scientes, 1 36 24
una aequalitas, una uirtus maiestatis augustae, unito in lumine una dignitas retinetur. si quid enim filio detraxeris, ad patris, cuius habet 2 5 10
se esse missurum commodum, tempore maturo, diuinitatis interim dignitate deposita, non tamen potestate, caelo egressus metatura praedicta 2 12 1
et pro te: hoc est meam praedicabis crucem, sed et tu crucis tuae similiter dignitate gaudebis. igitur haec scala cuius esset materiae, in qua dominus 1 37 7
caelo: anus enim peperit angelum et uirgo deum. hic est deus noster, qui dignitate interim seposita, non tamen potestate, amore hominis sui, cuius 2 8 8
sua eum facie postmodum abiecit. consecutus est regnum, ut post regiam dignitatem maiore dedecore in perpetuum imperio Romano seruiret. sane 1 52
unum lac, unum stipendium, unam spiritus sancti praestat omnibus dignitatem. quam speciosum est, fratres, quamque salutare, quem paulo 2 29 2
crebris et iustis ueri diuites facti; promotioni etenim caelestis uestrae dignitatis debetur diuini operis perennis ista laudatio. exsultate, pauperes 2 6 10
patrem, a quo sunt geniti, respuerunt tanti immemores honoris, tantae dignitatis ignari. quid enim beatius, quam si homines deus paterno honore 1 61 6
neque peccatores, qui iudicandi sunt, iustorum, qui non iudicabuntur, dignos esse consilio existimauit. nunc scire debemus, quoniam iusti uitae 1 35 3
in multis bene disponentur, quoniam deus temptauit illos et inuenit illos dignos se. tamquam aurum in fornace probauit illos et quasi 2 5 6
plenitudine una originali coaeternitate renitens, quemadmodum, si dicere dignum est, duo maria, quae in semet recumbunt, freto aestus alternos in 1 7 4
facinore, quod deo gerebatur auctore. o nouum spectaculum ac uere deo dignum, in quo definire difficile est, utrum sit patientior sacerdos an 1 4 14
baptismatis defuit gratia. o admirabile incendium! o uere spectaculum deo dignum! qui audiunt, timent; qui incenderant, ardent; qui incensi sunt, 1 22 2
gregibus pecuinis ipsi tui non inuenere maiores. atque utinam tu inuenias! dignus es enim immolatione tali, qui salutem tuam in incerti pecoris sitam 2 20 1
quando ingredi iubeatur, quando ianuam claudere, patienter exspectat, dignus euadere, qui in tanto orbis metu non festinauit euadere. nunc mihi 1 4 12
numerositate seruatus perstat uiuus, parte sui corporis iam sepultus. o dignus gloriosi exitus finis! ascensurus altitudinem caeli corporis sui 1 39 9
homines appellatos, quibus dominus sanctum per spiritum dicit: *ego dixi: dii estis et filii excelsi omnes, uos autem sicut homines moriemini.* sed et de 1 37 11
spiritus sanctus in Psalmo nonagesimo quinto declarat dicens: *omnes dii gentium daemonia; dominus autem caelos fecit*; et in Deuteronomio: 1 25 5
aduersus dominum semper ingrati uariis molitionibus pugnant multisque diis ac regibus seruire gestiunt, qui uni deo per inpatientiam seruire 1 4 10
in crimen. quid enim ille mali non suspicetur, non efficiat diis crudelibus, diis adulteris seruiens? itaque deinceps fuge, uirgo, fuge, uidua, nuptias 2 7 18
nos conuenit nosse, quae facile ex aduerso cognoscitur. nam si diis *corporalibus* sacrificium conuenit *corporale, utique* et spiritali deo 1 25 9
deuocabit in crimen. quid enim ille mali non suspicetur, non efficiat diis crudelibus, diis adulteris seruiens? itaque deinceps fuge, uirgo, fuge, 2 7 18
sibi impune esse cessurum, scriptura iterum ibidem dicit: *sacrificans diis eradicabitur, nisi domino soli.* haec gentes, nisi conuertantur, manet 1 25 5
semper, in momento quid adferat dubium est. sed oculis patentibus caeci dilatant horrea, terras angustant, urgent saltibus saltus et, si orbem totum 1 5 8
mariti desolationem se ferre non posse testatur frigidumque latus male dilatato queritur lecto; inuidiosis uocibus deo concinnat inuidiam, solemnia 1 2 14
et tanta illa sublimitas humanam mediocritatem aut caram habeat aut dilectam? *filios*, inquit, *genui*: hoc dominum de hominibus dixisse quam 1 61 6
quamuis mira celeritate alternas mundi metas illustret, tamen numquam dilectam uerecundamque anteuertit auroram; qui, quod maius est, duodenis 1 4 4
testari caritatem atque ita omnis motus quasi uno sensu magistra dilectione conuerti, ut quiuis intelligat hoc fieri non posse sine naturalis 1 36 15
caritas numquam excidet. igitur non inmerito dominus deus proximi dilectionem commendat, quoniam solam praesumit seruare posse quod 1 36 20
his duobus praeceptis pendet omnis lex et prophetae. unde manifestum est dilectionem uirtutum omnium diuinarum esse substantiam naturalemque 1 36 17
nam et haereses et schismata sic disseminantur, cum inflata fides ac spes dilectionis a fundamento uelluntur. quid autem sine caritate sint non 1 36 19
immo potius ueneranda est, quia ueritatis speculum, quia rigida quaedam dilectionis est forma; quicquid enim a iusto didicit, id facere iniustum 1 36 18
quoniam solam praesumit seruare posse quod praecipit. primum est itaque dilectionis officium deo refundere, quod nati sumus, solique debere, quod 1 36 21
mirum, fratres dilectissimi, ac delectabile certamen deo historia sacra prodidit nobis ignis 1 48
sacrae historiae, fratres dilectissimi, ad hoc nobis est tradita legenda narratio, ut maiorum, si fieri 1 15 1
nihil est, fratres dilectissimi, ante omnia homini timenti deum tam necessarium atque 1 27 1
nihil est, fratres dilectissimi, ante omnia homini nato tam necessarium atque conueniens, 2 30 1
erat uerbum; hoc erat in principio apud deum. admirabilis gratia, fratres dilectissimi, conspicuae ueritatis, quae dum secerni potest, tamen sibimet 2 8 4
principium, fratres dilectissimi, dominus noster incunctanter est Christus, quem ante omnia 1 17 1
superatis; denique sancti diuites pauci sunt, uos plures estis. haec sunt, dilectissimi fratres, charismata uestra, hae uirtutes, quibus Hierusalem 2 6 11
mira, fratres dilectissimi, historiae sacrae sic est perlecta narratio. cum Israelis populus 1 29 1
a deo est, ut non postulans misericordiam mereretur. uideamus, fratres dilectissimi, legis arcana et intellectum altius proferamus. Abraham sub 1 43 8
monile, anulum, uirgam. quibus ista significatio coaptatur? monile, fratres dilectissimi, lex est, quae salutaribus monitis diuersis uirtutibus diuersoque 1 13 10
memoratae uineae disputatio, fratres dilectissimi, longe lateque diffusos limites habet, quos peragrare competenti 1 10b 1
martyrii quodam modo pars est, fratres dilectissimi, martyrum non horruisse supplicium. quantum etenim 1 11
in omni negotio, fratres dilectissimi, nisi quis ante personam noscat et rationem, eius non potest 1 25 1
Abraham, fratres dilectissimi, quale diuinae pietatis munus acceperit, uetustae legis gesta 1 43 1
quam filius hominem induturus pati uideretur iniuriam. uidetisne, fratres dilectissimi, quia nullus exserte hic alteri iubet, in opere nullus otiosus est? 1 45 2
sed etiam fide similitudinis adprobemus. unde tamen prae me fero, fratres dilectissimi, quod ista, et non ambigua, in uobis renitet assertio; deum 1 1 4
magnificus, fratres dilectissimi, saeculorum pater adest dies, omni genere fructuum fetibus 2 13
carnalis mentis homines, fratres dilectissimi, scandalum patiuntur, non studio noscendae, sed frustrandae 1 45 1
et gradus plurimos, sed eius ascensus est unus. gradus autem eius, fratres dilectissimi, si uultis scire, quid uocentur, audite: conuersio, audientia, 1 37 15
uellem, fratres dilectissimi, triumphali quodam modo uti sermone nouique operis arcem 2 6 1
timoris quidem, fratres dilectissimi, uocabulum est unum, sed accedente ratione timor discernitur 2 2 1
uindicari, quem pater plurimo dilexit affectu et, quantam pietatem dilecto filio amatus pater exhibuit, tantam laesus exigit ultionem, quia, 1 61 5
qui adinuenit uiam prudentiae et reuelauit eam Iacob puero suo et Israel dilecto sibi. post haec in terris uisus est et cum hominibus conuersatus 2 8 6
tantam laesus exigit ultionem, quia, cum uicem non reddidit patri dilectus filius, dignam sententiam percipit abdicatus. cuius enim impietas 1 61 5
longae nocti, id est aeternae morti, sunt a deo, quod opus tenebrarum dilexerint, destinati. uer sacrum fontem debemus accipere, cuius diuite ex 1 33 2
dicente: *nolite diligere mundum neque ea, quae in mundo sunt. si quis dilexerit mundum, non est caritas patris in illo, quoniam omne, quod in* 1 36 27
contionatur: *nolite diligere mundum neque ea, quae in mundo sunt. si quis dilexerit mundum, non est caritas patris in illo, quoniam omne, quod in* 2 4 12
usu: *nolite*, inquit, *diligere mundum neque ea, quae in mundo sunt. si quis dilexerit mundum, non est caritas patris in eo, quoniam omne, quod in* 2 9 5
rapiat. uultis scire, quale calamitatis sit genus? sane plus in eum, qui eam dilexerit, saeuit. quam qui uicerit, habebit uitam aeternam. 1 21
dicens: *hoc est autem iudicium, quia lux uenit in hunc mundum et dilexerunt homines tenebras magis quam lucem*? ambiguos utique 1 35 4
non refert, quantum sit criminis dici non potest: dominum patrem non dilexisse, cum peccatum sit hominem non amasse. unde infelices et miseri 1 61 6
eum filium, posteaquam deliquit, granditer uindicari, quem pater plurimo dilexit affectu et, quantam pietatem dilecto filio amatus pater exhibuit, 1 61 5
dicam notos aut amicos, sed saepe etiam eos, quos numquam uidimus, diligamus. huius est munus, quod antiquorum aut uirtutes ex libris aut ex 1 36 14
nostris. sequens est, ut etiam proximos eo affectu, quo nos ipsos diligimus, diligamus, maxime cum cognationis ipsa hoc exigant iura. clamat enim 1 36 22
te, nisi ut timeas dominum deum tuum et ambules in omnibus uiis eius et diligas eum et custodias praecepta eius ex toto corde tuo et ex tota anima 2 2 4
detestabili exemplo adolescentulas quoque perire compellunt. quis has diligat filius, quis maritus, confundentes sanguinis iura, delentes merita 2 7 10
fratres, si quis libenter crediderit, largiores adhuc escas inueniet, quibus, si diligens fuerit, semper et se et alios bonis omnibus satiabit per dominum 1 24 4

gladium, ille ceruicem. uno uoto, una deuotione, ne quid profanum sit, diligenter ac patienter geritur, quod ab altero celebratur. sub tanto, non 1 4 14
aperiunt cuncta penetralia, diligenter uniuersa crimina expellunt ac rursus diligenter accludunt, ne quid illo uel friuolum, inde quod excluditur, 2 24 1
apponit cum sarda mirabili. Tobias peregrinus fluuialis piscis interanea diligenter accurat et assat. Iohannes camelarius deuote praecurrens de silua 1 24 3
exsultate, fratres in Christo, acceptaeque indulgentiae regale beneficium diligenter, fortiter ac fideliter custodite. etenim omnis [actus] uester 1 42 1
hodie nati fratres in Christo, acceptaeque indulgentiae regale beneficium diligenter, fortiter ac fideliter custodite. etenim uester contractus omnis 2 29 1
micuerunt; quae nullo adulterata fermento est, consparsa ac subacta diligenter. sal inditum est illi; leuigata est oleo gremiali, officiis 1 41 1
omnium praedicit fugam, in armis expeditissime standum, uigilandum diligenter, undique castra munienda, defensanda regalia fortiter ac tenaciter 2 4 11
aliquid subsiciui esse patiuntur, sed pectorum aperiunt cuncta penetralia, diligenter uniuersa crimina expellunt ac rursus diligenter accludunt, ne 2 24 1
qui zizania, lolium, lappas, tribulos in laeta frumenta mutauit, quae diligenti cultu purgata molarisque lapidis pio pondere feliciter fracta, 1 41 1
hodierni spiritalis ortus uestri candorem, ne quo pacto maculetis, perpeti diligentia custodite, quia nescit iterare quod praestat. ecce pueri, 1 38 1
uocitatur et appetitio rei alienae sub praetextu propriae defensionis ac diligentiae callidissimis argumentis urguetur, ut quis indefensus aut 2 1 17
autem finem non habet, momentis omnibus crescit quantoque ab ea diligentibus inuicem creditur, tanto inuicem plus debetur. non quemquam 1 36 11
diligentissime, fratres carissimi, circumcisionis, cuius non tantum in 1 3 1
est; qui enim non diligit fratrem suum, deum, quem non uidet, non potest diligere. decertemus igitur, fratres, inter nos mutui amoris aemulatione 1 36 23
spiritus autem uiuificat, quia *non sub lege, sed sub gratia sumus,* quae nos diligere deum ac soli illi seruire in sacramento semel creditae unitae 2 3 2
iubetur, recte sapientibus exsecrabilis esse uideatur, Iohanne dicente: *nolite diligere mundum neque ea, quae in mundo sunt. si quis dilexerit mundum,* 1 36 27
mortem. luculenta oratione per Iohannem hactenus contionatur: *nolite diligere mundum neque ea, quae in mundo sunt. si quis dilexerit mundum,* 2 4 12
Iohannes discipulis quid praedicet, omnibus est in usu: *nolite,* inquit, *diligere mundum neque ea, quae in mundo sunt. si quis dilexerit mundum,* 2 9 5
cogitationes eorum abductae sunt et tenebris opertum est cor eorum, ut *diligerent magis tenebras quam lucem,* creaturam potius quam creatorem. 1 35 6
quod esset summum legis sacrae praeceptum, sic ait dicens: *diliges dominum deum tuum ex toto corde tuo et ex tota anima tua et* 1 36 17
et ex tota anima tua et ex tota uirtute tua; et secundum simile huic: diliges proximum tuum tamquam te ipsum. in his duobus praeceptis pendet 1 36 17
ita corrupta sunt omnia, ut quicquid in eo geritur, non debere diligi a nobis sacris uocibus dum iubetur, recte sapientibus exsecrabilis esse 1 36 27
partibus nostris. sequens est, ut etiam proximos eo affectu, quo nos ipsos diligimus, diligamus, maxime cum cognationis ipsa hoc exigant iura. 1 36 22
aut plus quam nos proximi uel amici sunt nobis. huius est munus, quod diligimus seruos ut filios ac nos illi colunt libenter ut dominos. huius est 1 36 14
feni? cuius si curam geris, pecuniam te esse cognoscis. an eius uirtutem diligis? frangit ac subigit illam quiuis dolor. an pulchritudinem? leuis et 2 4 15
numquam siccos esse aut misericordia permittit aut gaudium. tu tuos ita diligis inimicos, ut inter eos carosque tibi quid distet, nemo discernat. tu, 1 36 31
fidem custodis, amplecteris innocentiam, ueritatem colis, patientiam diligis, spem repraesentas. tu diuersos homines moribus, aetatibus, dicione 1 36 30
inuicem creditur, tanto inuicem plus debetur. non quemquam pro persona diligit, adulari quia nescit; non pro honore, quia ambitiosa non est; non 1 36 12
dicente: *idola gentium argentum et aurum.* unde apparet eum, qui diligit aurum et argentum, non tantum deos colere, sed eorum mores et 1 14 4
notum esse nec uerum quod est semper incertum. praeterea numquam diligit deum, quem scit operibus suis esse contrarium. diaboli est sane 1 1 11
quoque, qui est inuisibilis, contemnere similiter poteritis. qui enim non diligit eius similitudinem, sequitur ut oderit ueritatem. inde est, quod stulti 2 4 17
quam utilitati. uultis scire, quantae felicitatis sit [sit]? eam et qui habet diligit, et qui non habet diligit. si ergo exsultat gloria eius saepe in 1 1 3
est omnium uestrum? quisque igitur nobilitatis suae conscientiam retinet, diligit fratrem nec aliquid audire exspectauit ex lege, ne admonitione 1 36 22
quoniam diligo deum, et fratrem suum odit, mendax est; qui enim non diligit fratrem suum, deum, quem non uidet, non potest diligere. 1 36 23
prophetae terrore. iniurias suas non exsequitur regia potestate; odientes se diligit; inimicis parcit; *parricidalibus filiis* ignoscit. persecutorem suum et, 2 9 7
caritatem autem non habeam, nihil proficio. caritas enim, fratres, *omnia diligit, omnia credit, omnia sperat, omnia sustinet; caritas numquam* 1 36 20
magis uoluptati quam uirtuti consentit, deinde quia delicias plus diligit quam laborem. huc accedit, quia bona carnis inuenit, non requirit, 2 4 13
scire, quantae felicitatis sit [sit]? eam et qui habet diligit, et qui non habet diligit. si ergo exsultat gloria eius saepe in gentibus (quamuis illic 1 1 3
iustitiam percolit, sine fine studet timere, ne quid praeter deum, quem diligit, timeat. denique huius suffragio Daniel populis terribilem inermis 2 2 4
colunt.' nec ipsam quidem, quia falso colit imaginem, qui eius non diligit ueritatem. sane hoc solum competenter gerunt, innocentes quod 2 25 2
et possidere monstratis, cum pudicitiam, in qua deus habitat, non dicam diligitis, sed luculentis moribus adornatis. magna igitur gloria est ornare 1 1 4
arcanorum domini consultor, constanter edicit: *si quis dixerit, quoniam diligo deum, et fratrem suum odit, mendax est; qui enim non diligit* 1 36 23
bonum aut malum. quod signum ex prodromi quoque eius designatione dilucidauit alio loco his uerbis: *ecce mitto angelum meum ante faciem* 2 8 7
in ciuitatibus patitur, cum *a Iudaeis uirgis ter caesus naufragio* trino diluitur, cum insani populi furibunda tempestate lapideis imbribus feliciter 1 34 4
integer legitur esse translatus? quid, quod Noe incircumcisus saeuiente diluuio diuina prouidentia humano generi *heres* et pater *est constitutus*? 1 3 5
legem naturae transferri; per hanc euadens Noe non inuenit, cum quo diluuium fuisse conferret; per hanc Abraham ad dei peruenit amicitiam; 1 36 7
quos nunc inuitat felix occasus, ut sacri oceani lacteo profundo dimersi inde nouello nouellique cum die resurgentes nobiscum possint ad 1 57
patre; cui affectu, non condicione, caritate, non necessitate, decore, <non diminutione> subicitur, per quem pater semper honoratur. denique inquit: 2 5 9
semper honoratur. denique inquit: *ego et pater unum sumus.* unde non diminutiua, sed religiosa, ut dixi, subiectione est filius patri subiectus, cum 2 5 10
se aut imitari aut uindicari. propter quod in praeceptis dominus ait: *qui dimiserit uxorem suam excepta causa adulterii, facit eam moechari.* quid 1 1 13
lex fuit. audit imperatum sibi a deo exilium, ut cognationem suam simul dimisisset et terram. et tunc Abraham *respiciens oculis uidit <uiros> tres,* 1 62 1
imaginis pateremur reuerentiam ueritatis in eaque res condicione dimissa est, ut, si quid mali seu boni cuiquam fecerimus, deo fecisse 1 36 23
non percutiendi claudicat color; non membra tremore uibrantur; non dimissi, non torui sunt oculi. nemo rogat, nemo trepidat, nemo se excusat, 1 4 14
quoque familiares nouae rei atrocitate perculsi, miserabiliter ingemescentes dimissis capitibus omne studium defensionis abiecerant, iam etiam ipsa 1 1 19
redditur, immo a ligneo ad nauigium uitale transfertur. qui ut est dimissus in altum ferinaeque uoraginis est receptus hospitio, uigilat in ceto 1 34 6
nos augmentis caelestibus inuenimus. non sanguinem sterili solemnitate dimittimus, sed pudoris sanguinem retinemus, quem ambitiose plerumque 1 3 21
inuenitur, e pascua cum a fratribus rapitur; patiens, cum in puteum dimittitur; patiens, dura cum hasta distrahitur; patiens in carcere, in regno 1 4 17
nec qui feriebatur timuit, nec qui feriebat expauit. sacrificium domini non dimittitur, sed mutatur. melius seruauit filium, dum non pepercit. sola 1 62 5
recolitis, mensura seruata amputatur in surculum palmes, in scrobem dimittitur, ut animatus ibidem genitalis humoris manente semper secum 2 11 2
non adimunt, sed accludunt; quae reum, qualem inuenerint, talem quoque dimittunt; quae in pari causa ipsi praestatori nihil prodesse possunt. at 2 24 1
caelo, ut de caelo descenderet, cum humanitatis a caelo et possessio longe dimota sit et natura? age, excita sensum, lector, inuenies ueritatem. qui 2 4 2
in ferocitatem et tamen hominibus mitior inuenitur. ne quid scenae tam dirae immanitatis deesse uideatur, immittuntur etiam marina monstra; 2 2 6
infelices inanemque conscientiam ad hoc in maligni fulgoris cupidinem diram spe potiundi praecipitat, ne gratis homo uideatur occisus. sed nos 1 5 16
quodam magnitudinis suae per se in se manentem; *postea uero deum* hanc *diremisse* ex eaque constituisse *mundum pariter et ornasse.* igitur si, ut 1 7 1
zizania in triticum. quae necessario radicitus circumcisione diuellimus, ut diri seminis contagione purgati integri in ubertate paterni seminis 1 3 22
scinditur mare, aquae dextra laeuaque gelido stupore frenatae uitreos diriguntur in muros praestolantes dei transitum populi, ut persequentibus 1 29 2
at ubi uindemiae uenerit tempus, id est persecutionis dies, passim uuae diripiuntur, id est inconsiderate sanctis hominibus uiolenta infertur manus. 2 11 6
confestim adest in Daniele puero deus. omnem repente malitiae scenam diripuit, †profectitium† crimen propere recluditur, sed scelus suos redit in 1 1 19
est rursum, numquam sane repetiturus occasum. hic, inquam, quo ferales diruptae sunt tenebrae, quo mors subacta est, quo homines, quos 2 19 2
ac puris, ut docti probent, minus instructi sese confirment, rudes discant ipsique, qui blasphemare nituntur, salutis suae bono uel sero, si 2 18 2
sacrificium laudis. primo omnium sacrificiorum tria esse genera, nouelle, disce, Christiane, ne quo seducaris errore. unum est enim detestabile, 1 25 3
igitur duas natiuitates esse domini nostri Iesu Christi, rudis aut neglegens disce Christiane, ne quo decipiaris errore: unam, quam tibi non licet 1 54 2
omnique saecularis somni torpore discusso, apertis auribus cordis a pueris disce uirtutem. sed uide, ne aestimes falsum, quod eis cessit incendium. 2 27
diuina adiuratione in eculeo spiritali et qui sint nolentes edicant et inuiti discedant, procul dubio hoc sunt, quod sese esse unicuique confitentur. 1 2 7
locum, securus ut redeat; domum patri commendat, sensim mitisque discedit, ut probet se et meruisse et non ambisse quod meruit. ac ne quis 1 4 16
uapulat, ut iste proficiat. compendiosum felicitatis genus alterius periculo discere, quid debeas deuitare. unde, fratres, in tali re non loquela est 1 10a
tu tuos ita diligis inimicos, ut inter eos carosque tibi quid distet, nemo discernat. tu, inquam, caelestia humanis, humana caelestibus iungis arcana. 1 36 31
iure ipso, quo ex sese est, argumentis te cogere, examinare, metiri ac discernere posse praesumis, hic tibi ego respondere non audeo, sit quippe 2 3 15
diues ille tenacissimus, quem chaos immensum a pauperis felicitate discernit, ardoribus suis implorando refrigerium Lazarum uerum diuitem 1 2 9
linguae omnes actus ad se trahit, congregat turbas, contionatur. lites sic discernit, ut seminet. prauos ac lubricos colligit mores. legibus suis suas 2 1 7
fratres dilectissimi, uocabulum est unum, sed accedente ratione timor discernitur a timore. fiunt enim duo: unus dei, alter qui naturae sit; 2 2 1
sibi ipse promiserat, inanis, qui nihil praesumpsit, iustificatus de templo discessit. 2 9 9
exstinguit, sed etiam futuri diei iudicii incendia superabit. illa iustificata discessit; haec glorificata uestri numeri incrementis ac fidei cum Christo in 1 13 13
confitetur adgressurae tempus et locum et nomen proprium confitetur discessumque, uel qui sit signis euidentibus docet, ut plerumque aliquos 1 2 6
patientiae deferuntur in portum, sine qua nec audiri nec concipi nec disci quicquam poterit nec doceri. nam profecto sola est, ad quam prorsus 1 4 1
plurimum, nam per ipsam dei uoluntas populis intimatur, per ipsam disciplina caelestis colligitur ac tenetur, per ipsam, inquam, genus omne 2 3 3
simplicitas introducit, intellectus inuitat, ueritas persuadet, timor excubat, disciplina coercet, continentia [se] refrenat. stat in angusto fides, in secreto 2 6 9
conuerti, ut quiuis intelligat hoc fieri non posse sine naturalis amicitiae disciplina? quid autem pro se in necessitatibus gerant, omnibus nota 1 36 15
quam sui opificis moderationi deseruiens peritissima insignis patientiae disciplina? sed et mare uentis lacessitum, cum irascitur, quamuis reciproca 1 4 5
tempora cognata connexione in solemnes reditus commearent, nisi rerum disciplinam conuersionemque quasi quaedam sollicita mater patientia 1 4 4
fratres, fortiter fugite simulque gaudete, quod alienis plagis dei discitis disciplinam, per dominum Iesum Christum. 1 30
donabis (quod maritis etiam sub fidelibus multae fecere peiores, Euae non discipulae, sed magistrae; illa enim decepta, hae sua sponte se diabolo 2 7 16
cordis ad paucos pertinet, oculorum elatio ad omnes. de quibus Iohannes discipulis quid praedicet, omnibus est in usu: *nolite,* inquit, *diligere* 2 9 5
non intellegentibus explanabis. denique hoc alibi manifestius ad omnes discipulos ait: *ite ergo et docete omnes gentes intingentes eos in nomine* 1 37 7
et propter ipsum et auctorem per ipsum impleta est. denique sic ad discipulos ait: *omnis scriba doctus de regno caelorum similis est patri* 1 37 9
metet uitam aeternam. at uero dominus euidenter hoc edocens sic ad discipulos ait: *simile est regnum caelorum homini, qui seminauit bonum* 1 2 28
supplicium comminatur. sed et Moyses ipse, cuius asserunt se saepe discipulos, eodem spiritu ad Israel loquitur dicens: *nouissimis diebus* 1 3 13

spiritus sancti lima acuminatos constituit uiros apostolos omnesque discipulos. quorum salutaria monita canentibus linguis, quasi quibusdam 1 3 16
portat sine labore uteri sarcinam, quae iam ambulare non poterat; tunc discit mater esse, cum desinit. marcidae mammae lactis ubertatem 1 62 2
et onerati estis et ego reficiam uos. tollite iugum meum super uos et discite a me, quia mitis sum et humilis corde, et inuenietis requiem 2 9 4
exemplum, fratres, fortiter fugite simulque gaudete, quod alienis plagis dei discitis disciplinam, per dominum Iesum Christum. 1 30
non timet, is est, qui deum non timet. adde quod lex partibus et discitur et docetur. adde quod tota nec intellegitur nec tenetur. adde quod 2 3 5
unus dei, alter qui naturae sit; naturae in homine nascitur, dei autem et discitur et docetur, quia non in trepidatione, sed in doctrinae ratione 2 2 1
est: *uenite, filii, audite me; timorem domini docebo uos.* naturalis ergo non discitur, sed impulsu nobis nostrae infirmitatis occurrit, quia non artis est 2 2 1
diuinarum esse substantiam naturalemque magistram, quoniam ex lege discitur, sed in mentibus nascitur. lex enim pendet ex caritate, non caritas 1 36 17
sacri nominis telo pulsari, tunc, cum alium noueris, alium certe misereris: discoloratur per momenta color, figura sua tollitur a natura, in obliquos 1 2 6
ipsa elementa nouis artibus coge! licet radient tibi pretiosorum lapidum discoloribus formis referta penetralia, gemat terra sub pondere argenti, 1 5 10
natum. huc accedit etiam ipsa praepostera memoratio, quoniam res est disconueniens et absurda, ut secundus sit inmortalis et qui mortalis est 2 4 2
certamen deo historia sacra prodidit nobis ignis ac fidei. etenim duo discordantia deuotione dominica in unam concordiam conuenere. namque 1 48
agnus requirendus est tibi, sicut praeceptum est, *ex agnis et haedis* discordi natura commissus, quem in gregibus pecuinis ipsi tui non inuenere 2 20 1
hominis fabricam *ex* duobus *diuersis ac repugnantibus* comparatam *discordique concordia* esse connexam animamque lineamentis corporis 2 4 8
in unum conferente connexa, quae, licet sui proprietate, locis uocabulisque discreta sint, tamen trini profundi saporis una uirtus, una substantia, una 1 7 4
sed necessario disserendum est, quae sit in ea iniustorum iustorumque discretio, ne generalitas nominis in conparatione malorum attrahat gloriam 1 2 23
denique si uidetur, conferamus, quae sit inter uirginem nuptamque discretio. *nupta cogitat, quemadmodum placeat marito,* uirgo, 2 7 3
prouidentia chaos ipsum ut chaos non esset effecit, quod eius membra discreuit, ratione disposuit, coloribus decorauit, determinauit mensura 1 7 2
deo suo. agnosce igitur, Iudaee, uel sero erroris tui miserum dolendumque discrimen et dic nobis, utrum circumcisionem obserues an legem. si 1 3 12
eorum, qui crediderant, animo ac mente una agebant, nec fuit inter illos discrimen ullum nec quicquam suum ex bonis putabant, quae eis erant, sed 2 1 18
regalia fortiter ac tenaciter signa; aestus, frigus, famem, sitim uniuersaque discrimina aequanimiter perferenda; mundum abdicatione calcandum 2 4 11
nescio qua sua conscientia uelatum filii non sine affectu, sed sine discrimine amplectebatur. sed excogitatarum ut ordinem instrueret rerum, 1 56 1
sonum post se trahit, sed quos fructus habeat, eius auctor ostendit. discurrit quippe uesana per populos hominumque lubricas mentes 1 1 6
non hi solum, qui tales sunt, displicent deo, sed et illi, qui per sepulcra discurrunt, qui foetorosis prandia cadaueribus sacrificant mortuorum, qui 1 25 11
nonne cum inuitationi temporum parent solemnisque remigii specioso discursu uel aquas sulcant uel aera distinguunt, et patienter ueniunt et 1 4 6
fine principium, natalicia infinita de occasu dies sempiternus eluxit; quo discussa conuolutae hiemis tristitudine, nouo uento Fauonio blandiente, 1 33 1
cadentis <securis> ictus neruorum connexa dissoluit et cunctas conpage discussa iuncturas corporis rupit. exsilierunt exsectae manus †et uenarum 1 39 8
sibimet partium iudicium flagitatur. ambiguitas enim nisi fuerit discussa, iure non potest mereri sententiam. et qui sunt isti, quos 1 35 6
euigila, Christiane, omnique saecularis somni torpore discusso, apertis auribus cordis a pueris disce uirtutem. sed uide, ne 2 27
populus, qui prior uinea dei dictus est, floruit quidem, sed infeliciter flore discusso nullos potuit fructus afferre. denique pro fructibus spinas 2 11 1
refrigerium; mortuorum in postliminium uitae animas reductas inspira; discute laborantibus morbos; cura languores; in temptationibus gaude, in 2 3 14
est inuisibilis incomprehensibilisque uelle opinari secretum eiusque interna discutere, cuius extraria nequeat suspicari, quia deus hoc est quod est; 2 8 3
non substantiam, non imaginem, sed illud tantum quod inutile est discuti, quod teritur demutari, sicut scriptum est: *oportet enim corruptiuum* 1 2 30
tertium peccatorum, quorum obliquae ancipitisque uitae sunt necessario discutienda secreta, apostolo utrumque prosequente, nam *qui sine lege,* 1 35 7
quam diu, Iudaee, bruti cordis necdum discutis tenebras sacraeque legis oracula iam in Christo completa nec 2 20 1
habeat, suo cultori quid praestet. febrem non exstinguit, morbos non discutit, uulneribus non medetur, dolores non tollit, mortem non repellit, 1 5 16
hanc mediocres fraudibus excolunt, diuites inpotentia, iudices gratia, diserti mercennaria ac duplici lingua, reges superbia, negotiatores astutia, 1 14 1
et a nobis, qua genitura quoue signo tam diuersos, tam plures, tam dispares una uno partu uestra uos peperit mater. sicut paruulis morem 1 38 2
oculis patentibus perdiderunt: dei, cum stultam putant, quod elaboret — dispendio suae, non dicam facultatis, sed etiam, si opus sit, et salutis — 2 1 3
habere quod habes. tu sola rogari non nosti. tu oppressos uel cum dispendio tui incunctanter eripis in qualibet angustia constitutos. tu 1 36 31
adoraueritis eos, ne quando incitetis me in operibus manuum uestrarum et disperdam uos. quae autem sint ista opera manus humanae, spiritus 1 25 4
unusquisque ad proximum suum; labia dolosa; in corde locuti sunt mala. disperdat deus uniuersa labia dolosa, linguam magniloquam; qui dixerunt: 2 9 2
pugnat. ille eius magnum atque opulentissimum censum uno momento disperdit cohortemque florentissimam dulcium liberorum atrocissimo 1 4 18
dei facultates inuadit, subito rapina, igne ferroque uniuersa uno momento disperdit. hinc Iob alta fidei radice robustus tot nuntiis lugubribus tunditur 1 15 3
uocabulo digni iudicarentur. pro quibus causis a deo non tantum sunt disperditi, sed etiam perpetuo poenali supplicio destinati. Aunan autem 1 13 4
instantibus undique proeliorum procellis miserabiliter per totum orbem dispersere terrarum. Ionas in naui dormiens sacramenti dominici imaginem 1 34 7
sic interempti plerumque iacent canibus, alitibus ferisque donati, ubique dispersi, utrobique deperditi, semesis ossibus, etiam suis carnibus nudi. 1 5 8
quae utique non caelestis populi meritum, sed terreni per orbem totum dispersionis futurae denuntiabat exitium. adeo eos in eremum inde perduxit 1 18 1
sit sanctitatis? quem mare sustinuit adunatum, non potest terra baiulare dispersum. 1 52
iam etiam ipsa pudoris compendio mortis oderat moras, omnibus displicens, sed solae suae conscientiae placens, cum subito, quauis uersutia 1 1 19
ne quis uobis eripiat, cotidie litigatis. non hi solum, qui tales sunt, displicent deo, sed et illi, qui per sepulcra discurrunt, qui foetorosis 1 25 11
ut seruet, destinat iugulare, ne iugulet, securus illo se non posse displicere facinore, quod deo gerebatur auctore. o nouum spectaculum ac 1 4 13
minus ab hostia uideretur; pedem ligatura destringit, ne incitata uictima displiceret. cesset itaque hic, carissimi, impietatis abominanda suspicio: 1 59 6
disposuerit prior ipse compleuerit. quod si factum non fuerit factumue displicuerit, tum tota mugiet litibus domus, blasphemabitur deus 2 7 15
denique Abraham placuit deo credulitate sine lege et Iudaicus populus displicuit deo incredulitate cum lege. unde dubium non est legem non 2 3 1
spes eorum immortalitatis plena est; et in paucis uexati in multis bene disponentur, quoniam deus temptauit illos et inuenit illos dignos se. 2 5 6
ueniret in montem, cum de patre quaereret, ubi esset uictima quam disponeret et immolaret, securus de fide generis sui pater filio, de quo non 1 43 5
templi uirginalis hospes pudicus inlabitur ibidemque qualis uelit esse disponit. immo quod iam olim disposuerat complendum latenter adsumit. 2 12 1
non colentis est, sed dementis, maxime si deus, ut contentiosi putant, dispositioni subiaceat. remotis enim paulisper nominibus patris et filii non 1 54 1
a legis conditore homini a deo assumpto iustisque eius est deputata rebus dispositis, non deo, non sempiterno rectori, maxime cum in euangelio sic 2 5 6
protinus praeparantur, ascenditur in montem. omni mysterio sacrificioque disposito ductus filius gaudens gaudente patre, patris dextra feriendus. qui 1 43 4
ceterum prouidentis dei de deo argumentationibus uanis opinari uelle dispositum non colentis est, sed dementis, maxime si deus, ut contentiosi 1 54 1
inlabitur ibidemque qualis uelit esse disponit. immo quod iam olim disposuerat complendum latenter adsumit. namque requiescit libens 2 12 1
quod marito placet; ubi proponis, quia nihil te gerere sinit, nisi quae disposuerit prior ipse compleuerit. quod si factum non fuerit factumue 2 7 15
ipsum ut chaos non esset effecit, quod eius membra discreuit, ratione disposuit, coloribus decorauit, determinauit mensura officiisque 1 7 2
cum sit homo, deum se fingit, ita detestabilior qui deum colit, quem ipse disposuit. Selom autem praedictorum tertius frater minor ex gentibus 1 13 6
primo in libro Regnorum Samuel, egregius ille sacerdos, mortis iam lege dispunctus Sauli regi se desideranti sine ambiguitate non tantum suam 1 2 8
uiros ardore uesano femineo stipendio ipsis feminis sic incognito inopinate dispungens suam docuit expugnare naturam; haec libidinis mercedem uel 1 1 8
erumpat, quod homo imperitissimus et elinguis aliquid audeam de iustitia disputare, de cuius proprietate excellentes ingenio et doctrina uiri nihil 2 1 1
timoratus si uere, custodi. de eo, quod modum humani sensus excedit, disputare deuita. negat quodam modo deum quisquis asserit deum. 2 3 18
legis aestimat fidem, quisquis duo in unum diuersa confundit. disputatio enim sicut excolit legem, ita, si uersuta sit, eradicat fidem, quia 2 3 4
memoratae uineae disputatio, fratres dilectissimi, longe lateque diffusos limites habet, quos 1 10b 1
uos moueat, fratres, saecularis ac uere puerilis inconsideratorum hominum disputatio, qui ideo iustum patiuntur errorem, quia Christum non ex deo 2 8 9
praedicatur. denique inde est, quod legis fundamenta temnentes uersuta disputatione, praetermisso deo de deo exeunte, ad communia humanitatis 1 45 1
peccatori, quia *iustus ex fide uiuit,* infidelis iniuste. errat igitur quisquis disputationem legis aestimat fidem, quisquis duo in unum diuersa 2 3 4
quia fides uestra capit deum. igitur ne quis operis rationem a me forte disquirat, paucis insinuabo. in totius fabricae fundamentis non sicut in 2 6 5
se ipsum nouerit. etenim genus insaniae est eum rationem secreti naturae disquirere; non enim ullo pacto potest humanis opinationibus substantia 1 27 1
se ipsum nouerit. etenim genus insaniae est eum rationem secreti naturae disquirere, qui uitae suae non possit reddere. non enim elementa pulchrius 2 30 1
nec ulli dabit quod non habet, sed potius ut non habeat, adhuc ipse disquirit. uideo praeterea, sicut assertorum indicant nomina (quae si 2 3 6
perdidit, quia caritas in ipso non mansit. nam et haereses et schismata sic disseminantur, cum inflata fides ac spes dilectionis a fundamento uelluntur. 1 36 19
annique progenies antecedit quae sequitur tempora et saecula infinita disseminat. parit sibi de fine principium, hoc nostris quoque hodie 1 44 1
iure uidebatur, sed ut reliquas nationes, quas idolatriae, de qua diximus, disseminatae uenena confecerant, ad dei cultum bonae uitae exemplis 1 13 5
progenies; antecedit quae sequitur tempora et, ut saecula colligenda disseminet, parit sibi de fine principium. hic est, quo similiter, uerum 2 19 1
et, cum filium proferret uterus, nepotem senectus optaret. ita denique dissensione temporis et naturae contra opinionem nato angelus Isaac 1 59 5
exhaurire conaris? si peritiam legis ostendere cupis, lectionum nubila disserena. doce eam sibi non esse contrariam, doce omnia, quae canit, esse 2 3 13
satis, ut opinor, resurrectionis ueritas omnibus claret. sed necessario disserendum est, quae sit in ea iniustorum iustorumque discretio, ne 1 2 23
martyrii palmiferam trophaeis coronam competenti ualeat sermone disserere, dum in uno corpore tot martyria uideantur esse quot membra? 1 39 1
sciet? quis corpoream aeris huius, ut quidam putant, inanitatem se disserere posse mentiatur? quis terram aqua portari an aquam terrae 1 34 1
ac sic fidem rei quam reprobant faciunt. philosophi de anima uaria disserunt, sed tamen hanc esse inmortalem <et> Epicuri, Dicaearchi 1 2 4
est diuina largita. cum haec ita sint, procul dubio non est a tyranno dissimilis, qui solus habet quod potest prodesse commodis plurimorum. 2 1 19
commercia litterataeque quid arduis uolatibus *aeriae grues*? quid piscium dissimilium cum suis sibi ductoribus gradatae aetatis innumerabiles cunei? 1 4 6
quaeque deleuerat bellum recuperatis in melius, felicitatis pristinae statum dissimulando non perdidit, sed mutauit. hic ego patientiam domini 1 4 19
incredibile committitur proelium. ultra morem diabolus pugnat, sed Iob dissimulando plus pugnat. ille eius magnum atque opulentissimum censum 1 4 18
quae corpori parcunt, animam liberare non possunt; quae peccata cum dissimulando praetereunt, non adimunt, sed accludunt; quae reum, qualem 2 24 1
uestris fumantia undique sola fana non nostis, quae, si uera dicenda sunt, dissimulando subtiliter custoditis. probatio longe non est. ius templorum ne 1 25 10
rex mansuetus, pater pius, propheta modestus. totum potest, a toto dissimulat; magnis ac mirabilibus saeculi non mutatur; mitem humilemque 2 9 7
sed uiator: timet profundum intercipere non timentem; nec tamen in toto dissimulat, ne per mare pedibus se ambulasse non credat. aduersus 2 2 6

ita inuenimus esse completam. etenim deus dei filius tempore constituto dissimulata interim maiestate ab aetheria sede profectus in praedestinatae 1 54 3
uigeat, huc atque illuc aestuans uarie caeca prorumpat, uicta sit autem, si dissimulatio celebritatem eius obscuret. nunc ad patientiae reuertamur 1 4 11
cum hoste pugnaret. contempsit denique in perditis facultatibus diuitem, dissimulauit in amissis liberis patrem, in poena sui corporis iustum. 1 15 5
misera est fides, quam uerba concinnant! o quam debilis, cuius cotidie dissipantur uariis argumentationibus membra! o quam indefensa, quae 2 3 10
ad maturitatemque perducunt. at ubi uindemiae uenerit tempus, decore dissipato, passim uua detrahitur in torcularique operariorum pedibus 2 11 3
uestra; et iterum: *non relinquetur in templo lapis super lapidem, qui non dissoluatur*. reprobat ergo tam inmensum, tam insigne, tam opulens 2 6 3
exuuiis <exui> nec cum labe carnalis huiusce domicilii ista prima morte dissolui, sed pro qualitate factorum quasdam locis poenalibus relegari, 1 2 3
corpus carnifex uidit, statim cadentis <securis> ictus neruorum connexa dissoluit et cunctas conpage discussa iuncturas corporis rupit. exsilierunt 1 39 8
scilicet spiritus sancti conceptione, insita fit ante fecunda, ut, cum dissolutionis eius ac legitimae reparationis tempus aduenerit, suo semini 1 2 26
est, quia aut hostis publicus aut certe iudicatur insanus, quisquis nuptias dissuaserit. at ego non pertimescam, sermonis publici quae de me fabuletur 2 7 1
quicquid feceris, uirgo iam non eris; unum tamen scio, quia nihil distat a prodigio, quisquis alterius causa et formam mutat et mores. sed 2 7 8
percussis inesse similiter regum uultus signaque cognoscis nihilque aliud distat, nisi quod in tua domo minuta sunt, in templo maiora. quae si 1 14 5
aut gaudium. tu tuos ita diligis inimicos, ut inter eos carosque tibi quid distet, nemo discernat. tu, inquam, caelestia humanis, humana caelestibus 1 36 31
labore culta, lauacro nitida, unguentis oblita, uestitu uaria, monilibus tota distincta, conuiuiorum celebritate iucunda, uino madida, gemmis seu 2 4 9
quasi quandam futuri humani generis domum multipliciter aptatum distinctumque elementis, opibus, animantibus, alimoniis utilitatibusque 2 4 4
ad imos ungues pedum plaga inimici percussus populosis ulceribus non distinctus est, sed totus unum uulnus effectus. uerum tamen in his 1 15 5
in eo, quid cuius sit, inuenitur. si igitur in opere extraneo paritas sacra distingui non potest, deus in alio se inferior esse quemadmodum potest? 1 45 2
sed inter deum hominemque, quem sumpsit, necessaria moderatione distinguit. si enim deum purum iugiter praedicaret, passionis 2 5 1
floribus perpetuis ac diuersis gemmis, lapidibus, margaritis per momenta distinguitur et quia opus est uiuum, tectum non habet nisi caelum. dicam 2 6 7
parent solemnisque remigii specioso discursu uel aquas sulcant uel aera distinguunt, et patienter ueniunt et patienter excedunt? solus homo 1 4 6
quod pati nolunt libenter efficiunt; qui profanae libidinis detestabili furto distracti, turpibus iam non contenti latibulis aliquotiens, pro nefas, sub 1 1 13
ecce maritum tuum postridie aliqua necessitas rapit, quae a te longe distractum decennio uel eo amplius, ut adsolet fieri, detineat relegatum. 2 7 9
maior. hic inuidae germanitatis impulsu in Aegyptum est delatus atque distractus a fratribus. quem domini sui uxor peius amare coeperat quam 1 1 15
tempus, minor in mensura, maior in pretio; negat se habere, quod distrahat, ut rogetur, ut iugulet. atque utinam incorrupta species 1 5 14
inuidere naturae. alius inde rerum omnium captat annonam, aucupatur distrahendi tempus, minor in mensura, maior in pretio; negat se habere, 1 5 14
si annus est sterilis, multo magis, si fertilis fuerit: illic quia parum distrahit, hic quia non solus. uultis scire, quantis sit tenebris obuolutus? 1 5 14
iura, non leges, non honor ullus obsistit, quia quicquid aut emitur aut distrahitur, liberum non est: non nobilitas, quia per hanc credit, hanc 1 5 5
rapitur; patiens, cum in puteum dimittitur; patiens, dura cum hasta distrahitur; patiens in carcere, in regno patientior, patientissimus, 1 4 17
pendent ornatae matronae! ornamentum cuius unum si soluas in pretium distribuasque necessitatibus singulorum, ex eorum respiratione cognoscis, 2 1 19
ita ut montes transferam, caritatem non habeam, nihil sum. et si in cibos distribuero omnia mea et si tradidero corpus meum, ut ardeam, caritatem 1 36 20
in fine patientia. pax colligit, caritas ligat, sollicitudo custodit, iustitia distribuit, pietas ministrat, puritas supplicat, spiritus postulat, spes 2 6 9
Paulus: *noli altum sapere, sed time.* cum haec ita sint, cur legem lege distringis? cur sub imaginem fidei fidem deponis? cur ipsum fontem 2 3 13
ac lubricos colligit mores. legibus suis suas leges impugnat, ius iure distringit. quis non uideat numquam recti aliquid illam facere uel fecisse, 2 1 7
beatissimus martyr huius inopinati sacrilegii horrore percussus paululum distulit pugnam, iam debitus ad coronam. nam postquam turbari urbem 1 39 3
substantia, negotium sine persona? omnia cito temptat, omnia momento disturbat, mater criminum, curiositatis magistra, acumen temeritatis, 1 4 7
exsultemus, fratres in Christo, tantique prouentus redditu ditati deo patri omnipotenti laudes et gratias referamus. qui zizania, 1 41 1
uolet ista iustitia, uerum tamen sciat, quia misero est miserior qui miseriis ditatur alienis. quisquamne iustum putet, qui utilitatem rei familiaris 2 1 17
suae sacramento uiuificatum insuper regni caelestis participatione ditauit. o caritas, quam pia et quam opulenta, quam potens! nihil habet, 1 36 28
sexagenos centenosque colligis fructus. tu in pauperibus diues, in diuitibus ditior, aequalis in omnibus consummaris. tu es *honor corporum,* tu 1 1 21
habes sicut idolum, te per momenta componis, diues in publico, ditior in secreto, nec intelligis, quia homini inopia morienti tantis opibus 2 1 19
etiam eos, quos causa non tangit, tanto ambitiosior in dolore quam ditior — sane post momentum misera (atque utinam semel!) nimio dolore 1 2 14
qui ait in euangelio: *ego sum uia et ueritas.* Iob diues fuit; et quid ditius domino, cuius sunt omnes diuites serui, cuius est orbis totus 1 15 7
subactas uestrum sine inuidia transfertis in censum. quid enim esse potest ditius homine, cuius profitetur deus se esse debitorem? qui est benedictus 1 14 9
infante statim edax illa flamma sopitur sicque illa medica feliciter curiosa diu admirata mulierem uirginem, admirata infantem deum ingenti gaudio 1 54 5
paradisi constitutus beatissimusque beati orbis imperio potiretur, tam diu felix, tam diu inexterminabilis uixit, quam diu imperata regalis edicti 1 4 8
fides si inlibata teneatur. unde rem paucis expediam. omnis caro quam diu flagitiosis illecebris huius mundi ac tenebris feralibus agitatur, profecto 1 2 25
imperio potiretur, tam diu felix, tam diu inexterminabilis uixit, quam diu imperata regalis edicti continuit. at ubi sinistro consensu inuidi ex 1 4 8
beatissimusque beati orbis imperio potiretur, tam diu felix, tam diu inexterminabilis uixit, quam diu imperata regalis edicti continuit. at 1 4 8
quam diu, Iudaee, bruti cordis necdum discutis tenebras sacraeque legis oracula 2 20 1
tamen, Iudaee, quid designatione tui criminis gratularis? in Aegypto seruis diu, non necessitate, sed merito. ereptus es inde; non tua euasisti uirtute. 2 16
Iudaee, quid monumentis tui criminis gratularis? in Aegypto seruisti diu, non sorte peregrini, sed merito. ereptus es inde, non tua euasisti 1 9
uestrae domus peregrinis omnibus patent; sub uobis uiuus mortuusque diu numquam uisus est nudus. iam pauperes nostri alimenta rogare non 1 14 8
dei: etenim mortis imperium sibimet uindicauerat totum. haec cum diu sic haberentur, sollertissimus ille artifex rerum filius dei, cuius 2 4 7
superseminauit zizania in triticum. quae necessario radicitus circumcisione diuellimus, ut diri seminis contagione purgati integri in ubertate paterni 1 3 22
infeliciter quasi liberam facultatem ac sic eorum quoque feminas a pudore diuellit, quae desertae, ardore seu dolore compulsae, si talia gerant, putant 1 1 13
atque eo feliciter soporato similiter de eius latere ictu lanceae non costa diuellitur, sed per aquam et sanguinem, quod est baptismum atque 1 3 20
igitur quisquis disputationem legis aestimat fidem, quisquis duo in unum diuersa confundit. disputatio enim sicut excolit legem, ita, si uersuta sit, 2 3 4
restat, ut redeat. mira prorsus ratio! innumerabilium saeculorum diuersa mensura conterendo innouat spatia, et tamen eius semper orbita est 1 26
nuda uix possunt superare uirtute. elementa quoque ipsa, fratres, satis diuersa satisque repugnantia olim deprehendisset interitus, nisi ea inuicem 1 36 16
scieris. proponamus itaque, ut saepe contingit, in unum sibimet conuenire diuersae religonis diem, quo tibi ecclesia, illi adeunda sint templa. quo 2 7 14
in alterius contumeliam inpatientia non sinit praecipitare. quid auium diuersarum decora commercia litterataeque quid arduis uolatibus *aeriae* 1 4 6
non est a patre, sed ex concupiscentia mundi. per hanc enim diabolus cum diuerse hominum mentes capit ac decipit, sic Cupido uocitari a luxuriosis 1 36 27
uitali in spem inmortalitatis animas pullulantes, ex quo qui eratis aetate diuersi, diuersi natione, subito germani fratres, subito una geniti emersistis 1 24 1
quid statis genere, aetate, sexu, condicione diuersi, mox unum futuri? fontanum semper uirginis matris dulcem ad 1 55
in spem inmortalitatis animas pullulantes, ex quo qui eratis aetate diuersi, diuersi natione, subito germani fratres, subito una geniti emersistis infantes, 1 24 1
in damna salutis suae indignis caedibus mactauerunt. uenti saeuientes diuersi sunt reges, qui Iudaeam lugubri clangore tubarum armorumque 1 34 7
hic nunc primum omnium scire debemus hominis fabricam *ex* duobus *diuersis ac repugnantibus* comparatam *discordique concordia* esse connexam 2 4 8
et, quod est admirabile et gratum, subito uno momento facti aetatibus diuersis aequaeui. sed curiositatem uestram bene noui. ueteris uitae 1 38 1
peruerso saeculo contra laudabiles uiros multiformes tenduntur insidiae et diuersis calumniarum generibus factiosae emerserint causae, quid homo 1 40 1
uos natiuitatis tantae festa laeto celebrare conuiuio, sed non illo, in quo diuersis epulis intrimentorum lenocinio saporis de summa certantibus 1 24 1
timere quod metuas; metuis autem *quod* tibi *nolis accidere*. exsistit quippe diuersis ex modis, cum aut exaestuat aliquo reatu conscientia; aut cum 2 2 2
discussa conuolutae hiemis tristitudine, nouo uento Fauonio blandiente, diuersis floribus genere colore pariter et odore una natiuitate diffusis 1 33 1
uere miranda! cotidie aedificatur et cotidie dedicatur; floribus perpetuis ac diuersis gemmis, lapidibus, margaritis per momenta distinguitur et quia 2 6 7
opinaris. sane quod passim multos occidis, edacitatis est tuae, quod diuersis in locis, uanitatis, quod cum amaritudine comedis, infelicitatis. 2 20 2
distinctumque elementis, opibus, animantibus, alimoniis utilitatibusque diuersis, magnis et plurimis, habitatori ulla ne querela subesset, sollertia 2 4 4
uero sterquilinio, id est in huius mundi caeno uersatus est inter ebullientes diuersis sceleribus ac libidinibus homines, qui ueri sunt uermes. Iob et 1 15 9
coaptatur? monile, fratres dilectissimi, lex est, quae salutaribus monitis diuersis uirtutibus diuersoque charismate omnium credentium non colla, 1 13 10
etsi beata diuersis uita uirtutibus quaeritur, cuius cupidine flagrans humanitas per 1 4 1
errauit; si traditurus est regnum, isti mentiuntur. absit! nullus hic error, diuersitas nulla est. Paulus enim de hominis adsumpti temporali locutus 2 5 7
oleo confecto laetabuntur. hodie eos etiam uer arridens diuersos in flores diuerso charismate redditurum, cum salubri unda perfusi, limpidae aestatis 2 13
uento, sed spiritu sancto generante *odorem diuinum* beata *spirantes* fide diuerso charismate, sed una natiuitate ecclesiae flores clarissimi ac dulces 1 33 2
nunc odientes ueteres, nunc nouos filios similiter et maritos? at e diuerso ipsae aestiment, quid sint, quibus in tam solemnibus uotis saepe 2 7 10
quae sola lignum letale contigerat, exceperat uterque sexus interitum, e diuerso per uirum ligno suspensum uiuificatum est omne genus humanum. 1 3 20
quia tractatus, qui eas genuit uel cotidie generat, adhuc potest generare. e diuerso prouocatus rursus eas pro ingeniorum argumentorumque uiribus 2 3 7
qua apostolus dicit: *caro et sanguis regnum dei possidere non possunt.* at e diuerso uideor mihi audire proclamantem: 'si haec est condicio carnis, quid 1 2 24
fratres dilectissimi, lex est, quae salutaribus monitis diuersis uirtutibus diuersoque charismate omnium credentium non colla, sed corda decorare 1 13 10
iura gustaret. o magna prouidentia dei nostri! o bonae matris caritas pura! diuersos genere, sexu, aetate, condicione suscipiens necat odio criminum ut 2 29 2
innocentiam, ueritatem colis, patientiam diligis, spem repraesentas. tu diuersos homines moribus, aetatibus, dicione ex una natura unum spiritum, 1 36 30
hodie peccatorum. oleo confecto laetabuntur. hodie eos etiam uer arridens diuersos in flores diuerso charismate redditurum, cum salubri unda perfusi, 2 13
non licebit, fortassis requiratis et a nobis, qua genitura quoue signo tam diuersos, tam plures, tam dispares una uno partu uestra uos peperit mater. 1 38 2
sit tenebris obuolutus? irascitur deo, si non semper fiat publicis luctibus diues. bene, bene: cum quis quaerit aurum, inuenit gladium. inter haec 1 5 14
beatus beata uita fruebatur. namque erat illi splendidissima domus, diues census, diues quoque numerus liberorum et, quod est parentibus 1 15 2
in mortem: pauper, cum opes infeliciter quaerit, quas feliciter non habet; diues, cum diuitias putat se non habere, quas habet. in uno nititur auaritia, 1 5 11
colligit, uno impetu aliquotiens clusis oculis illa <illidit>. tertio diues est auaritia, utraeque cuius exaggerare opulentiam uelocitate mira 2 1 8
est uera ueritas dominus, qui ait in euangelio: *ego sum uia et ueritas.* Iob diues fuit; et quid ditius domino, cuius sunt omnes diuites serui, cuius est 1 15 7
quod in hoc mundo ad tempus perspicitur interire. similiter in inferno diues ille tenacissimus, quem chaos immensum a pauperis felicitate 1 2 9
cotidie tricenos, sexagenos centenosque colligis fructus. tu in pauperibus diues, in diuitibus ditior, aequalis in omnibus consummaris. tu es *honor* 1 1 21

sapiens in sua sapientia neque glorietur fortis in fortitudine sua neque dives in diuitiis suis, sed in hoc glorietur, qui gloriatur, intellegere et 2 1 5
germinantia undique dulce prata respirant. exsultat aestas noua, sed dives, in frumenti uarias moles spiceam feliciter contundens palmam. quam 1 33 1
pro sacrosancto habes sicut idolum, te per momenta componis, diues in publico, ditior in secreto, nec intelligis, quia homini inopia 2 1 19
quadriga temporum fertur duodenis mensum perpeti cursu mutationibus diues, nulla statione contentus, quia inmortalitas eius est cursus. uerum 1 26
beata uita fruebatur. namque erat illi splendidissima domus, diues census, diues quoque numerus liberorum et, quod est parentibus gratum, utriusque 1 15 2
tu in spiritu sancto exsultas. tu cum in tribus una sis, nullo pacto diuideris, nulla humanae curiositatis calumnia commoueris. a paterno fonte 1 36 32
una est fluenti natura nec potest incomprehensibilis communisque undae diuidi magnitudo ex utroque in utrumque commeando largiflua, utrisque 1 7 4
si sub praetextu alieni nominis inuasa optinere potuissent. at cum diuina adiuratione in eculeo spiritali et qui sint nolentes edicant et inuiti 1 2 7
frangit, caritatem neglegit, iustitiam negat, non cognoscit affectus, iura diuina contemnit, humana uersutis argumentis excludit, orbem totum, si 1 21
scriptura diuina cum de dei loquitur filio, non sibi repugnat, sed inter deum 2 5 1
armatus poenali procella deleuit? Iudaei contionibus tument; altaria diuina cum uenerantur, euertunt; uaria caede prophetas elidunt; Moysen 1 4 10
tu, inquam, caelestia humanis, humana caelestibus iungis arcana. tu diuina custodis. tu in patre imperas. tu tibi in filio obtemperas. tu in 1 36 32
uitis purgata materia; de homine loto felicius manant doctrinae caelestis diuina fluenta, ruptis oculis, id est spiritaliter patefactis. praecedentibus 2 11 5
litigare, quia lis et caritatis est hostis et fidei; quas si quis amiserit, nec diuina ille profecto nec humana cognoscit. haec, si religiosus es, serua; 2 3 18
humano generi sine personarum aliqua exceptione aequabiliter iustitia est diuina largita. cum haec ita sint, procul dubio non est a tyranno dissimilis, 2 1 18
scandalum pateris, Christiane, ex tuaque natura opinaris prouisionis piae diuina mysteria? si minus sentis de filio, quia regnum traditur patri, maior 2 5 5
deum, aut crudelem, si occideret filium, nisi quadam singulari ac uere diuina patientia inter religionem pietatemque negotium temperaret, in spe 1 4 13
aetate et generantis genitalis flore consumpto non tam ex parentibus quam diuina praeceptione meruit procreari atque in ultimis uitae curriculis 1 59 1
legitur esse translatus? quid, quod Noe incircumcisus saeuiente diluuio diuina prouidentia humano generi *heres* et pater *est constitutus*? quid, quod 1 3 5
fornacis ultra quam solet septenario pabulo ignis armatus est. credo diuina prouidentia sacramento trinitatis spiritalem quoque numerum 1 22 2
etenim illi nullae inerant naues, nulla transfretandi praesidia, cum subito diuina prouidentia scinditur mare, aquae dextra laeuaque gelido stupore 1 29 2
queritur lecto; inuidiosis uocibus deo concinnat inuidiam, solemnia ipsa diuina, quibus a sacerdotibus dei quiescentes commendari consuerunt, 1 2 14
sit, sed quaerendus. quod nunc faciunt infideles, de quibus scriptura diuina quid pronuntiet, audiamus; cuius ista sunt uerba: *deminuerunt* 2 9 2
exspoliant, qui profanis fabulis neglecta dei secta alios non bene auocantes diuina sacramenta contaminant. iam uideat unusquisque, quemadmodum 1 25 11
quis crediderit, tantum beatitudinis et habebit. o admirabilis et uere diuina sacrosancta dignatio, in qua quae parturit non gemit, qui renascitur 1 55
ultra? non potest, fratres, ullum celebrare mysterium, cuius sacrificium diuina sententia aduertitis esse damnatum per dominum nostrum Iesum 1 19 2
diis eradicabitur, nisi domino soli. haec gentes, nisi conuertantur, manet diuina sententia, quae nec deum nec sacrificium etiam ipsae cognoscunt se 1 25 5
eius et huius mundi in *stabulo*, id est in ecclesia, quo pecora diuina succedunt, uenerabili sacramento susceptum cotidianis 1 37 10
non ambitio, non felicitas. semper inmobilis manet, alta quadam ac diuina temperantia robuste librata, uniuersas permotiones animorum 1 4 3
sicut lectio diuina testatur, in Aegypto a Pharaone populoque eius Israel dei populus 2 26 1
uita paternus affectus et maternus pendebat, ad explorationem fidei suae diuina uoce postulatur ad uictimam. 'uolo, dixit deus, mihi fieri 1 43 3
gladius, ut pater esset pariter et sacerdos. consimilis filii quoque est ex diuina uoluntate securitas. qui cum hostiam prouidet, cuius loco electus 1 59 6
habet: quod facere praeualuerit, aestimat rectum. adeo sine ulla reuerentia diuinae atque humanae religionis delet abrupte igni ferroque cum sua sibi 2 1 7
se dominum promeruisse triumphat. accepit iam praemia, quae meretur; diuinae enim explorationis temptamina porriguntur: exserit equidem 1 43 6
Iudaicae gentis offensam libri istius exordia proloquuntur et iracundiam diuinae indignationis ostendunt, quae alias personas, ut uerbum dei ab ipsis 1 61 1
nobis necessarium, qui in dei amore consistit, qui uoluntate sua se parit, diuinae legis agnitione construit decorem, ad omnia genera uirtutum 2 2 4
iam relinquebat. mira prorsus, carissimi, et speranda saeculis post futuris diuinae ordinationis propago formata: ad principium aetas peracta 1 59 3
Abraham, fratres dilectissimi, quale diuinae pietatis munus acceperit, uetustae legis gesta testantur. Sarra uxor 1 43 1
Iudaeos non tantum legitimum pascha celebrare non posse, sed religionis diuinae prorsus nihil retinere, paucis accipite. Salomonis templum, de quo 2 17
teneri, sed fidei soliditate robusti, supplicio suffragante gloriosi amore diuinae religionis regis adorare imaginem contempserunt, utpote qui ipsum 2 22
eam comprehendere non possent — neque enim poterant sine magisterio diuinae sapientiae, cuius notitiam non habebant —, duas asserere iustitias: 2 1 2
retro, dixit deus, et antequam respicias, parce.' ecce et meritum principale diuinam indulgentiam meruisse sub casibus: nam retro respiciens Abraham 1 43 7
lex et prophetae. unde manifestum est dilectionem uirtutum omnium diuinarum esse substantiam naturalemque magistram, quoniam ex lege 1 36 17
est cautio, ne quid mundo debeat, ne quid horum digne patiatur. hanc qui diuinas litteras aut non legerunt aut lectas irritas putauerunt beneficio 2 1 14
murus fidei, fructus spei, anima caritatis. tu specialiter omnem populum diuinasque uirtutes quasi crines effusos in unius uerticis nodum, honorem 1 4 22
agam, quo me uertam, nescio. non enim uideo, quid in exhortationibus diuini ac ueri cultus gentibus praedicem. felicitatemne uirginitatis? at 2 7 11
Iudaicum populum uniuersum salutis suae amisisse praesidium diuini carminis textus ostendit. in quo eum non seueritas apud omnes 2 21
sibi perniciosum eorum in captiuitatibus quaerunt. at ubi uentum fuerit ad diuini certaminis campum coeperintque sacri nominis telo pulsari, tunc, 1 2 6
in templo remansit! at si te serues atque contineas, aestimabit non amore diuini cultus, sed alterius alicuius desiderio in suam hoc contumeliam 2 7 18
ueri diuites facti; promotioni etenim caelestis uestrae dignitatis debetur diuini operis perennis ista laudatio. exsultate, pauperes [spiritu]: per uos et 2 6 10
potestatem non habet, sed uxor. sic igitur, quoniam una sunt caro, unum diuini operis sacramentum, quoniam femina de uiro suo facta est alterque 1 1 14
Christi refertur uerecunda natiuitas, sed uirginalis uteri aula secretior: diuini sermonis arte formata in se tabescentis corporis uulua portauit. sed 1 59 8
martyr offertur, immaculata hostia nec uictima imparata, qui testis diuini timoris ad fidem a domino poscitur, a parente perducitur, sed hostia 1 59 2
nos non ad auaros, sed de auaris sermonem fecimus, fratres; alioquin solis diuinis exemplis oportuerat perorare, esset si quis hic talis. sed quia in 1 5 17
retinens, peccatorum paleis limpidatus, semet pretiosum frumentum diuinis horreis inferre desiderans, licet suo uberet fonte, tamen aestuat 1 33 3
ingens supplicium aliquotiens ingentior prosequitur gloria, maxime diuinis in rebus, in quibus felices obnixa deuotione suam religionem 1 31
foliis fructus sequela sese commendat; similiter Christianus monitis diuinis praecinentibus obsecundando, in quibus aeternae fructus est uitae, 2 11 5
nec intelligunt, quia in exordio carminis sacri deus deo sua sibi et diuinitate et nomine comparatus omnes humani sensus opinationes 1 45 1
actumque est de mundo mundique tota substantia, si uel uno momento diuinitatis cessat imperium. at si, ut ratio ipsa proclamat, cessare nullo 2 5 5
generi humano se esse missurum commodum, tempore maturo, diuinitatis interim dignitate deposita, non tamen potestate, caelo egressus 2 12 1
dei de deo spiritusque sancti inaestimabilem incomprehensibilemque diuinitatis perpetuitatem iure ipso, quo ex sese est, argumentis te cogere, 2 3 15
lege distringis? cur sub imaginem fidei fidem deponis? cur ipsum fontem diuinitatis philosophicis argumentis exhaurire conaris? si peritiam legis 2 3 13
sic ait, ut in unum duos redigendo confunderet, sed ut duorum unam diuinitatis potestatisque esse omnipotentiam nos doceret. sequitur ac dicit: 2 8 4
redolentes, qui excocti sunt non furno, sed fonte, non humano, sed igni diuino: non illos aura corrupit, non fumus amarus infecit, non frigus elisit; 1 41 2
sunt elementa? ascendentes uero sunt iusti, qui probis moribus per gradus diuinorum obseruantiae praeceptorum cotidie spiritalis itineris gloria 1 37 12
succedentes iugo terramque uestrae carnis domando fecundantes laetam diuinorum seminum messem caelestibus horreis inferatis. et admonet 1 38 3
diuite ex alueo Fauonio non uento, sed spiritu sancto generante *odorem diuinum* beata *spirantes* fide diuerso charismate, sed una natiuitate 1 33 2
erat, sed legem solus impleuit, et qui nullo iure legis tenebatur, omne ius diuinum praecipue custodiuit. cuius immolatione ille quoque gauderet, qui 1 43 8
ubi inlicite uiri opprimebantur a uiris, prodigiosae libidinis ignes ignis diuinus incendit intestinique facinoris foedus, quo infeliciores subactis 1 4 10
hortantur [nos]. non est enim parum criminis, ut semper apud ipsos diuinus sit sermo prolatus, nunc alteris uideatur ingestus. unde reiectio 1 61 1
funduntur. testamenta sunt duo, sed testator est unus; et scribens canna diuisa est, sed unus calamus; et forfex in duos producitur cultros, sed 1 37 14
filii. recte igitur patri tradet regnum qui dixit in monitis *regnum* non stare *diuisum*. unde non sic sentiendum est, fratres, ut pater accepturus sit quod 2 5 9
dilexerint, destinati. uer sacrum fontem debemus accipere, cuius diuite ex alueo Fauonio non uento, sed spiritu sancto generante *odorem* 1 33 2
saeculorum pater adest dies, omni genere fructuum fetibus pollens, diuite sinu, momentis quibus uelis quattuor temporum munera expungens. 2 13
expeditus cum hoste pugnaret. contempsit denique in perditis facultatibus diuitem, dissimulauit in amissis liberis patrem, in poena sui corporis 1 15 5
felicitate discernit, ardoribus suis implorando refrigerium Lazarum uerum diuitem sero cognoscit cupitque mortuus uel uno digito illis contingi 1 2 9
uidi iustum derelictum nec semen eius quaerens panem; et iterum: *diuites eguerunt et esurierunt, requirentes autem dominum non minuentur* 2 1 20
caelestia sua bona amore nostro neglexit pauperemque se fecit, ut nos diuites faceret. Iob filios furens diabolus interemit; et domini filios 1 15 8
floris ornatis. exsultate, diuites, praerogationibus crebris et iustis ueri diuites facti; promotioni etenim caelestis uestrae dignitatis debetur diuini 2 6 10
depascenti, quae nisi finiat non finitur. hanc mediocres fraudibus excolunt, diuites inpotentia, iudices gratia, diserti mercennaria ac duplici lingua, 1 14 1
estis et pedaturas omnes uestri corporis ambitu superatis; denique sancti diuites pauci sunt, uos plures estis. haec sunt, dilectissimi fratres, 2 6 10
uirgines: omnem istam celebritatem honore uestri floris ornatis. exsultate, diuites, praerogationibus crebris et iustis ueri diuites facti; promotioni 2 6 10
nouelli omnes, omnes candidati, omnes spiritus sancti munere mox diuites processuri. 1 49
uia et ueritas. Iob diues fuit; et quid ditius domino, cuius sunt omnes diuites serui, cuius est orbis totus omnisque natura, beatissimo Dauid 1 15 7
nam uos estis aurum uiuum dei, Christi uos argentum, uos spiritus sancti diuitiae; uos si terrena metalla tempseritis, longe his uitae uestrae 1 5 17
egregius hactenus increpat dicens: *quid profuit nobis superbia aut quid diuitiarum ambitio contulit nobis? transierunt ista omnia tamquam umbra.* 1 5 9
detinuit sensus illorum. similiter Paulus curioso rescribit dicens: *o altitudo diuitiarum et sapientiae et scientiae dei! quam inexquisita sunt iudicia* 2 3 16
consilium se deprehendisse gloriabitur, cum apostolus dicat: *o altitudo diuitiarum sapientiae et scientiae dei! quam inenarrabilia sunt iudicia eius* 1 34 2
malum et hominibus uniuersis semper infestum. denique non habentibus diuitias habendi inicit cupiditatem, habentibus adimit satietatem. ita omnes 1 14 1
in labore usque ad ultimum perdurauerit, turri completa inaestimabiles diuitias in ea commanens possidebit. memorandum quoque necessario est 2 6 8
quod tibi praestet, meminisse tamen debes, quia mors non timet nec diuitias nec honores. o caeca mens hominum! quam uarie, unam tamen 1 5 10
pauper, cum opes infeliciter quaerit, quas feliciter non habet; diues, cum diuitias putat se non habere, quas habet. in uno nititur auaritia, bacchatur 1 5 11
tricenos, sexagenos centenosque colligis fructus. tu in pauperibus diues, in diuitibus ditior, aequalis in omnibus consummaris. tu es *honor corporum,* 1 1 21
crudelitate festinus sepelit, antequam iugulet. ipsum postremo, quem diuitiis exspoliauerat magnis, magnis uestit ulceribus, quibus insuper 1 4 18
in sua sapientia neque glorietur fortis in fortitudine sua neque diues in diuitiis suis, sed in hoc glorietur, qui gloriatur, intellegere et scire, 2 1 5
argumentationibus membra! o quam indefensa, quae regum, iudicum, diuitum, aliquotiens etiam, quod peius est, gentium desiderat per momenta 2 3 10
denique uasis semper in plenis manebat status quantumque eis impensae diurnae necessitas dempserat, tantum rediuiua fecunditas reponebat. 2 1 20

gratum, utriusque sexus et inuicem se amantium; quorum pro numero deo diurnas hostias offerebat. tanto autem puritatis ac fidei erat muro munitus, 1 15 2
aut uirtutes ex libris aut ex uirtutibus libros agnoscimus. sed quid ego diutius demorer in humanis, quasi sola isto affectu sint praedita? nonne 1 36 15
suos ut repigret cursus, ut horas ac momenta producat, ut saltem paulo diutius diei sui demoretur in uita, sed fidelis semper, semper intrepidus ad 1 2 18
tractatum fidei an fidem tractatus debeamus adserere. si tractatum fidei dixerimus, uehementer errabimus. subici enim se loquacitatis artificio fidei 2 3 6
Iohannes, peculiaris arcanorum domini consultor, constanter edicit: *si quis dixerit, quoniam diligo deum, et fratrem suum odit, mendax est; qui enim* 1 36 23
mala. disperdat deus uniuersa labia dolosa, linguam magniloquam; qui dixerunt: linguam nosstram magnificabimus, labia nostra a nobis sunt. quis 2 9 2
recte homines appellatos, quibus dominus sanctum per spiritum dicit: *ego dixi: dii estis et filii excelsi omnes, uos autem sicut homines moriemini.* 1 37 11
et ad inuisibilem suspensum gladiorum mucro conuertitur. nec inde, ut dixi, sceleris sui crudelitas fructum sortita est, quia, sicut in Isaac aliud 1 59 9
inquit: *ego et pater unum sumus*. unde non diminutiua, sed religiosa, ut dixi, subiectione est filius patri subiectus, cum quo originalis perpetuique 2 5 10
natus, quia in aeternum incircumcisis gentibus fuerat profuturus. diximus de prima circumcisione carnali, quae Iudaeorum est; nunc breuiter 1 3 19
damnatum iure uidebatur, sed ut reliquas nationes, quas idolatriae, de qua diximus, disseminatae uenena confecerant, ad dei cultum bonae uitae 1 13 5
naufragium. inter haec omnia deterior est conscientiae timor, quia quae diximus et alia his similia cum passibilitate sui transeunt; timor 2 2 2
malorum est auaritia; hac enim matre eademque magistra uniuersa quae diximus, sed et alia multa, immo omnia undique sine pausa quae 1 5 4
habeat aut dilectam? *filios*, inquit, *genui*: hoc dominum de hominibus dixisse quam dulce est! talem patrem laesisse quam turpe! *filios genui et* 1 61 7
Abraham credidit deo, et deputatum est illi ad iustitiam. numquidnam dixit: Abraham circumcisus est et deputatum est illi ad iustitiam? cum 1 3 6
secunda, quam Moyses annuntiauerat, circumcisio. scriptum est enim: *et dixit deus ad Iesum: fac tibi cultellos petrinos nimis acutos et adside et* 1 3 14
sed uox eius, qui eam uictimam postulauerat, contradicit: 'respice retro, dixit deus, et antequam respicias, parce.' ecce et meritum principale 1 43 6
ad explorationem fidei suae diuina uoce postulatur ad uictimam. 'uolo, dixit deus, mihi fieri sacrificium, Abraham, tuis manibus in monte de filio 1 43 3
unum esse regnum patris et filii. recte igitur patri tradet regnum qui dixit in monitis *regnum* non stare *diuisum*. unde non sic sentiendum est, 2 5 9
conaris? si peritiam legis ostendere cupis, lectionum nubila disserena. doce eam sibi non esse contrariam, doce omnia, quae canit, esse credenda. 2 3 13
cupis, lectionum nubila disserena. doce eam sibi non esse contrariam, doce omnia, quae canit, esse credenda. ceterum si eius partem probes, 2 3 13
consistit, sicut scriptum est: *uenite, filii, audite me; timorem domini docebo uos.* naturalis ergo non discitur, sed impulsu nobis nostrae 2 2 1
crucem in salutem perdito iam mundo prouidisti. tu mortem deum mori docendo uacuasti. tuum est, quod, cum occiditur ab hominibus deus 1 36 29
quod facit ac praedicat imitari. ergo inquit: *non est exaltatum cor meum,* docens *optimum* esse *sacrificium deo cor contribulatum.* quapropter, fratres, 2 9 3
putant, docentis pendet ex ore, procul dubio eodem aut cessante aut aliter docente consumitur. huc accedit, quod, nisi insinuationem legis omni 2 3 1
quot ille intrinsecus tristes seu hilares suos fecerit motus, hanc rationem docente nos Paulo: *uidemus,* inquit autem, *modo per speculum in* 1 2 29
quia iustus esse non potest stultus neque sapiens iniustus ipsa ratione docente. *qui enim stultus est, quid sit bonum* ac malum *nescit* nec potest 2 1 9
omnes gentes intingentes eos in nomine patris et filii et spiritus sancti, docentes eos seruare omnia quaecumque praecepi uobis. dabis autem *pro me* 1 37 7
mea usque ad mortem. quod dictum non tam timentis quam exsultantis ac docentis est. utique non enim quicquam timere poterat, qui mortuos 1 2 31
sed eius ex uoluntate nascatur. ceterum si, ut quidam putant, docentis pendet ex ore, procul dubio eodem aut cessante aut aliter docente 2 3 1
qui potestatem habuit ponendi animam et iterum resumendi eam; sed ut doceret, quoniam, cum uiuit in hoc mundo, semper in tribulatione, semper 1 2 31
sed ut duorum unam diuinitatis potestatisque esse omnipotentiam nos doceret. sequitur ac dicit: *omnia per ipsum facta sunt ac sine ipso factum* 2 8 4
in portum, sine qua nec audiri nec concipi nec disci quicquam poterit nec doceri. nam profecto sola est, ad quam prorsus res omnis spectet, dubium 1 4 1
humanum, caelestem uero ibidem nec memoratum nec factum posse doceri nec natum. huc accedit etiam ipsa praepostera memoratio, quoniam 2 4 1
in homine includit deum. utitur et figura et condicione mortali. iustitiam docet inmortalitatis esse comparatricem. factis praecepta consummat. 2 4 7
spiritus sui. cui ab humo 'homo' nomen imposuit, credo, sicut res ipsa docet, ut contemplatione opificii ac materiae semper suum et uereretur et 2 4 4
et nomen proprium confitetur discessumque, uel qui sit signis euidentibus docet, ut plerumque aliquos noscamus eos esse, quos in idolatria 1 2 6
denique hoc alibi manifestius ad omnes discipulos ait: *ite ergo et docete omnes gentes intingentes eos in nomine patris et filii et spiritus* 1 37 7
timet, is est, qui deum non timet. adde quod lex partibus et discitur et docetur. adde quod tota nec intellegitur nec tenetur. adde quod a quolibet 2 3 5
alter qui naturae sit; naturae in homine nascitur, dei autem et discitur et docetur, quia non in trepidatione, sed in doctrinae ratione consistit, sicut 2 2 1
quo proficit pugna. 'ne fides, inquit, intereat, cum male aut creditur aut docetur.' quod malum est ista ratio, mox uidebimus. nunc scire cupio, 2 3 8
falsa componunt, sed caelestibus testimoniis multis, manifestis ac puris, ut docti probent, minus instructi sese confirment, rudes discant ipsique, qui 2 18 2
fortassis de circumstantibus doctis quispiam <in> cachinnos erumpat, quod homo imperitissimus et 2 1 1
cui Iudaei dicebant: *hic Samaritanus est, daemonium habet*; *stabularius* doctor est legis, qui acceptis *duobus denariis*, id est duorum 1 37 10
scire cupio, fides ex doctrina constet an ex credulitate an ex utroque. si ex doctrina constat, non habent ergo fidem qui litteras nesciunt, sed nec ipsi 2 3 9
quod malum est ista ratio, mox uidebimus. nunc scire cupio, fides ex doctrina constet an ex credulitate an ex utroque. si ex doctrina constat, 2 3 9
super quem aedificauit ecclesiam, *Petrus nomen imposuit*), id est sua doctrina formatos, spiritus sancti lima acuminatos constituit uiros 1 3 16
audeam de iustitia disputare, de cuius proprietate excellentes ingenio et doctrina uiri nihil certi libris ingentibus prodiderunt. sed ego non curem, 2 1 1
his uerbis: *hortatus sum, ut denuntiares quibusdam, ne peruersa doctrina uterentur neque adtenderent fabulis et genealogiis, quae sine fine* 2 3 17
dei, ut traditiones uestras statuatis! sed non eo dico, ut ingratum faciam doctrinae beneficium, sed ut sciat unusquisque aliud esse fidem, aliud esse 2 3 11
plorat feliciter uitis purgata materia; de homine loto felicius manant doctrinae caelestis diuina fluenta, ruptis oculis, id est spiritaliter patefactis. 2 11 5
nascitur, dei autem et discitur et docetur, quia non in trepidatione, sed in doctrinae ratione consistit, sicut scriptum est: *uenite, filii, audite me;* 2 2 1
per ipsum impleta est. denique sic ad discipulos ait: *omnis scriba doctus de regno caelorum similis est patri familias proferenti de thesauris* 1 37 9
triumphantes barbarum regem, minas omnes, ipsum quoque supplicium docuerunt ignes sanctis hominibus non esse fortiores, per dominum Iesum, 1 11
quidam peritus auriga componis. tu amicitiam *idem uelle atque idem nolle* docuisti. tu seruituti unica ac fortissima consolatio saepe libertatem paris. 1 4 21
excolens piaque potatione fecundans felici ligno suspensam uberrimam docuit afferre uindemiam. inde est, quod hodie uestro de numero nouellae 1 10b 2
femineo stipendio ipsis feminis sic incognito inopinate dispungens suam docuit expugnare naturam; haec libidinis mercedem uel maxime parentum, 1 1 8
cum illo est deus. inde Susanna illustris Hebraea, uerae decus pudicitiae, docuit feminas suae castitatis exemplo. stabat Susanna in iudicio 1 40 1
abesse ex moribus deprehenderit, confestim ut perfidum punit irata quem docuit nullamque aliam ob causam promulgatam se esse testatur, nisi ut 2 3 3
sed deus magister instruxit, propter nos in semet ipso probando quod docuit, uiuere animas mortuorum non tam dicere quam oculatis rebus 1 2 5
sunt a deo suo. agnosce igitur, Iudaee, uel sero erroris tui miserum dolendumque discrimen et dic nobis, utrum circumcisionem obserues an 1 3 12
operis sui meminerant esse deceptam, hac re ipsa nato consilio capere dolo adgrediuntur ac, nisi culpae succumbat, ueluti adulterae deprehensae 1 1 17
hominem uiuum, ut adhuc usque, consumebat labor, gemitus, impietas, dolor, aegritudo, miseria; mortui quippe corpus figuramque illam 2 4 6
te esse cognoscis. an eius uirtutem diligis? frangit ac subigit illam quiuis dolor. an pulchritudinem? leuis et commutabilis res est et quae una febri 2 4 15
obtulit, cum quanta obtulerat et filium; ubi enim fides fuit, non erat dolor. in illo sacrificio solus deus doluit, qui aliam uictimam procurauit; 1 43 7
est commentus pietatis excidium, ut in illa unius funeris turba paternus dolor non sufficeret orbitati, cum nescit, quem primum plangat, quem 1 15 4
immolari iam iubeo.' non contristat frontem deuotissimus Abraham nec dolor patri lacrimas persuasit, sed exsultat et gaudet. nec timuit, ne 1 43 4
pater? ecce sub oculis iacet filius uinculis adstrictus. ubi sunt lacrimae, ubi dolor, qui in humanis sensibus uersari consueuit? in tantis filii casibus 1 43 6
ac sic eorum quoque feminas a pudore diuellit, quae desertae, ardore seu dolore compulsae, si talia gerant, putant se aut imitari aut uindicari. 1 1 13
sed non ea lege, qua uos matres uestrae pepererunt, quae et ipsae partus dolore gementes et uos plorantes, sordidos, pannis sordidis alligatos huic 1 32
talem maritum puncto temporis uiuere te non posse clamabas, nunc clusis dolore gemitibus saepe intermortua spiritu, labentibus membris ad terram 2 7 7
pro sua sanctitate Christianae plus nubunt. adde quod gentibus, quod sine dolore magno uel gemitu non potest dici. quae enim uox, quae increpatio 2 7 11
quam ditior — sane post momentum misera (atque utinam semel!) nimio dolore nuptura. hic, hic quemadmodum se quis possit excusare, non uideo. 1 2 14
fletus incendit etiam eos, quos causa non tangit, tanto ambitiosior in dolore quam ditior — sane post momentum misera (atque utinam semel!) 1 2 14
fastidia nescit, utpote quae in se creatorem mundi concepit; parturit non dolore, sed gaudio. mira res! exsultans exponit infantem totius naturae 1 54 3
membra factorem et opus sui figura uestit artificem. parturit Maria non dolore, sed gaudio; nascitur sine patre filius, non totus matris, sibi debens 2 12 2
sacraeque arboris pomum male dulce delibauit, lacrimas repperit, dolores et gemitus, *spinas et tribulos* sibimet comparauit ultimoque *sudore* 1 4 8
febrem non exstinguit, morbos non discutit, uulneribus non medetur, dolores non tollit, mortem non repellit, nisi quod sanos occidit; nec 1 5 16
mortis concitata uictima calcitraret: securus enim pater optimus timuit, ne dolori aliquid liceret in mortem. o fratres, secura deuotio! o pater spiritum 1 43 5
approbare. denique uagi atque inmundi spiritus utriusque sexus humani dolosa blanditiarum captione seu uiolentia uiuentium domos corporales 1 2 5
a filiis hominum. uana locuti sunt unusquisque ad proximum suum; labia dolosa; in corde locuti sunt mala. disperdat deus uniuersa labia dolosa, 2 9 2
labia dolosa; in corde locuti sunt mala. disperdat deus uniuersa labia dolosa, linguam magniloquam; qui dixerunt: linguam nosstram 2 9 2
iterum de ceteris membris: *sepulcrum patens est guttur eorum, linguis suis dolose egerunt, uenenum aspidum sub labiis eorum, quorum os maledicto et* 1 3 11
mater, cum sterilis esses: ad gladium nascitur puer. talem casum nemo doluit, nec quae genuerat mater. nemo plangit uiuas exsequias et 1 62 4
et filium; ubi enim fides fuit, non erat dolor. in illo sacrificio solus deus doluit, qui aliam uictimam procurauit; nam Abraham cum filio sic 1 43 7
auguria, eius sine malitia succedentes iugo terramque uestrae carnis domando fecundantes laetam diuinorum seminum messem caelestibus 1 38 3
procax semper incedit, quia erubescere alienis sub coloribus nescit, non domesticis, non affectibus, non maritis nota, non sibi, quia non potest 1 1 10
fragilitatis humanae, nemo hostem, nemo fiscum, nemo latronem, nemo domesticum, qui cognitione secreti est omnium peior, nemo imminentes 1 5 15
omnem orbem corruperant terrarum, insuper decernentes sibimet ipsis pro domibus templa, erigentes aras nomini suo, qui, quae essent habituri 1 13 4
nostras suorum corporum exuuiis <exui> nec cum labe carnalis huiusce domicilii ista prima morte dissolui, sed pro qualitate factorum quasdam 1 2 3
a quoquam deprehendi potest tantumque potestatis habet, ut, cum sui domicilii saepto teneatur, tamen quicquid uoluerit, omnibus momentis 1 27 3
a quoquam conspicari potest tantumque potestatis habet, ut, cum sui domicilii saepto teneatur, tamen quicquid uoluerit, omnibus momentis 2 30 3
complendum latenter adsumit. namque requiescit libens florentissimo in domicilio castitatis et in uisceribus sacrae uirginis comparat sibi corpus suo 2 12 1
praestabit autem deus pater omnipotens, ut, quomodo isto in terrestri domicilio ei gratias agimus, ita in caelestibus regnis uberiores sanctis cum 2 6 11
quicquid uoluerit, omnibus momentis illustret. non ergo carnale hoc domicilium imaginem dei debemus accipere, sed caelestis hominis 1 27 3
decolor color est. ipse est et tamen ipse non est. uetus quidem uidetur domicilium, sed nouus est inquilinus mutatione morum natiuitatis suae 2 24 3
decolor color est. ipse est et tamen non est ipse. uetus quidem uidetur domicilium, sed nouus inquilinus exsultat mutatione morum natiuitatis 1 42 2

puritas supplicat, spiritus postulat, spes promittit, sapientia domus domina praerogat munera. exsultate, seniores: uos estis huius operis 2 6 9
ecce tempestas undique mortis incumbit. nonne statim illa, quae erat domina uoluptatum, fit praeda morborum? postremo iacentes reliquias 2 4 16
accepit illos et in tempore erit respectus illorum. iudicabunt nationes et dominabuntur populis et regnabit dominus illorum in perpetuum. quid hoc 2 5 6
cum sanctis suis, *donec* uacuatis omni principatu et potestate et uirtute et dominatione *ponantur omnes inimici eius sub pedibus eius inimicaque* 2 5 7
compescas. mihi crede: non habet concupiscentia locum, ubi patientia dominatur, ubi uiuitur sobrie, ubi mors timetur. itaque hanc obseruantiam, 2 7 9
horum inquisitione exaestuans propheta dicit: *de profundis clamaui ad te, domine.* clamat namque de profundis, id est de imis praecordiis; clamat de 1 34 2
est? hanc superbiam propheta tumidi cordis euitans sic infit ad dominum: *domine, non est exaltatum cor meum.* cum scriptum sciat: *homo uidet in* 2 9 3
Psalmo propheta cum dicat: *misericordiam et iudicium cantabo tibi, domine*, quomodo dominus in euangelio dicit: *qui credit in me, non* 1 35 1
piscis ostendit, ita euangelica praedicatio missa per mundum mortem domini aduentumque testatur, sicut ad Corinthios scriptum est: *annuntiatis* 1 37 6
sed corda decorare consueuit. uirga per lignum sacramentum passionis domini annuntiabat, sicut euidens declarat exemplum, quod Psalmorum in 1 13 10
est Thamar, accepit uxorem maiori filio suo. qui filius cum maligne domini ante faciem uersaretur, scriptura teste a deo perhibetur occisus. 1 13 1
legitimum praestiterunt. hic est agnus, fratres, de quo lex ait: *Pascha est domini*; apostolus quoque Paulus: *Pascha nostrum immolatus est Christus.* 1 8 2
mentibus possit expelli. sed dum bellum duri certaminis geritur et familia domini caelo spectante probatur, Archadius beatissimus martyr huius 1 39 3
uideamur; propter quod non inmerito Iohannes, peculiaris arcanorum domini consultor, constanter edicit: *si quis dixerit, quoniam diligo deum, et* 1 36 23
sit: *et si multiplicentur, non oblecteris in illis; si non est timor domini cum illis, non corrideas animae illorum; melior est enim unus* 2 7 5
quis inter marinos aestus fluminum augmenta, quis denique opificium domini deique consilium se deprehendisse gloriabitur, cum apostolus dicat: 1 34 2
quem ambitiose plerumque effundimus, cum in persecutione pro nomine domini diabolum moriendo uastamus. postremo abscindimus, quod 1 3 21
exorat, quia timore totus est humilis, sua peccata contestans, secundum domini dictum a quo procedunt uniuersa genera peccatorum, pectus crebro 2 9 9
sic accipiendum est, quemadmodum ab inprudentibus aestimatur. ceterum domini dictum quo sit pondere quaue ratione prolatum, explanat 1 35 2
ratione consistit, sicut scriptum est: *uenite, filii, audite me; timorem domini docebo uos.* naturalis ergo non discitur, sed impulsu nobis nostrae 2 2 1
testatur, sicut ad Corinthios scriptum est: *annuntiatis mortem domini, donec ueniat.* aperies os piscis: hoc est sacramentum uel quae in 1 37 6
serui, cuius est orbis totus omnisque natura, beatissimo Dauid dicente: *domini est terra et plenitudo eius, orbis terrarum et uniuersi qui habitant* 1 15 7
autem quaecumque manducauerit de carne sacrificii salutaris, quod est domini, et inmunditia eius super ipsum est, peribit anima illa de populo 1 25 12
esse depositum, sicut euidens testatur exemplum. Iudas Scariothes traditor domini et spem et fidem perdidit, quia caritas in ipso non mansit. nam et 1 36 19
se fecit, ut nos diuites faceret. Iob filios furens diabolus interemit; et domini filios prophetas insanus populus Pharisaeus occidit. Iob ulceribus 1 15 8
ex ore duo denarii, id est duo testamenta prolata sunt, quae saluti cum domini gloria et Petri felicitate, utpote super quem aedificauit ecclesiam, 1 37 5
in domini populum, ueterani odii assertor antiquus, et totam familiam domini impastae feritatis grassatione turbabat. indixerat in homine deo 1 39 2
pater spiritum captans, corpus uero mortemque contemnens! o qui seruum domini ita se esse meminerat, ut patrem se esse nesciret! quid est pater? 1 43 6
de profundis et Paulus obrutus calamitatibus beatis, cum pro nomine domini *latrones in itineribus*, latrones *in ciuitatibus* patitur, cum *a Iudaeis* 1 34 4
statum dissimulando non perdidit, sed mutauit. hic ego patientiam domini memorare non audeo, ne quam deus inter homines deputatus 1 4 19
pepercit. nec qui feriebatur timuit, nec qui feriebat expauit. sacrificium domini non dimittitur, sed mutatur. melius seruauit filium, dum non 1 62 5
iudicia eius et quam inuestigabiles uiae eius! quis enim cognouit sensum domini? non enim in horum inquisitione exaestuans propheta dicit: *de* 1 34 2
estis circumcisione non manu facta in spolationem carnis, sed circumcisione domini nostri Iesu Christi, elaborate, ne uestra integritas mutiletur, ne 1 3 24
uindemia comparetur. dies uero ad sacramentum pertinet resurrectionis domini nostri Iesu Christi, qui *in omnibus omnia* est; qui uere aeternus est 1 33 4
quia amborum unum nomen est deus. igitur duas natiuitates esse domini nostri Iesu Christi, rudis aut neglegens disce Christiane, ne quo 1 54 2
totius uno ictu omnes neruos abscindet. quapropter duas esse natiuitates domini nostri Iesu Christi necessario scire debet populus Christianus, ne 2 8 2
quam legitime, si possis, permitteris edocere. prima itaque natiuitas domini nostri in patris et filii tantum conscientia manet, nec quicquam 1 54 2
quibus sacrae orationis iste locus nouus et populus cotidie Christi dei et domini nostri prouidentia comparatur. hic labor noster illustris, haec gloria 2 6 11
inexcusati facinoris competenti iudicio subiacerent. denique res impleta est domini passione: caelum medio die perdidit diem, terra tremore nimio 1 47
nullus audiuit, sed apostolos asseuerat, quorum praedicatione gloria domini per tota terrarum spatia nuntiata est. terram homines intellegendos 1 61 3
uideantur esse quot membra? armauerat diabolus satellites suos in domini populum, ueterani odii assertor antiquus, et totam familiam domini 1 39 2
incongruis usuris aut de praeproperae mortis subitis damnis familiam domini posse terreri, cum sciamus apostolica fide esse perscriptum: *mihi* 1 39 5
Iohannes bis acutum gladium cum uno capulo nuncupauit, quem ex ore domini prodire describit. gladius enim spiritus sanctus est unum capulum 1 37 2
ait:] o insania hominum! fraudauit te furor tuus; adhuc erat in uictima domini quod posses auferre: amputandam linguam mandare nescisti, quae 1 39 6
baptista? cuius est praeparatio: *uox clamantis in deserto: parate uiam domini, rectas facite semitas dei nostri.* nunc uideamus quae consequuntur. 2 8 7
sed quia haec prophetia nouissimis erat complenda temporibus sub domini saluatoris aduentum, qui non esset a Iudaeorum populis audiendus, 1 61 2
morbos; cura languores; in temptationibus gaude, in tormentis pro nomine domini. si obuenerint dura, *fidem tamquam granum sinapis* te habere 2 3 14
impulsu in Aegyptum est delatus atque distractus a fratribus. quem domini sui uxor peius amare coeperat quam oderant fratres. nam cum 1 1 15
ab apostolis et gentibus audiendus. *filios*, inquit, *genui et exaltaui*. haec domini uox est, qua iam tunc per prophetam Iudaeos obiurgabat 1 61 5
corruptelam integritas, partum est secuta uirginitas. Adam similiter dominica circumciditur cruce, et quia per mulierem, quae sola lignum 1 3 20
sacra prodidit nobis ignis ac fidei. etenim duo discordantia deuotione dominica in unam concordiam conuenere. namque tribus in pueris fides 1 48
familias cellae reconditur, ut pretiosius transfretatione reddatur; et martyr dominicae habitationis in recondita adsumitur, ut ibidem ex homine in 2 11 7
mox efficit uiuos. lignum auxiliare, quo tenditur uel portatur, crucis est dominicae signum, sine quo uiuere immortalitatemque apprehendere in 2 11 4
orbita est una. qui nos admonet, fratres, passionis resurrectionisque dominicae unanimes atque concordes salutaria celebrare mysteria, per 1 26
ad iugum perductae, scaturientis musti dulci fluento feruentes uinariam dominicam cellam communi gaudio repleuerunt. quod ut uobis quoque fide 1 10b 3
principium et tamen a cunis genitalibus non recedit. profecto sacramenti dominici imaginem portat, nam occasu passionem resurrectionemque ortu 1 57
in senium et tamen a cunis genitalibus non recedit. profecto sacramenti dominici imaginem portat, nam occasu passionem resurrectionemque ortu 1 58
per totum orbem dispersere terrarum. Ionas in naui dormiens sacramenti dominici imaginem praeferebat; etenim significabat nauis materia crucem, 1 34 8
semet *sua per uestigia* reuolutus dies salutaris aduenit, officiis sacramenti dominici omnibus omni genere munerum largus. namque piis mercedem 1 6
non sanitatem tantum, sed immortalitatem in se credentibus praestitit dominiumque totius naturae recuperauit, sicut est ipse testatus dicens: 1 15 9
est iste quam mortuus.' in euangelio quoque Petrus filiique Zebedaei cum domino adstare fulgentes Moysen Eliamque, quos propter tunc 1 2 9
ait apostolus, *contra spem* natum Abraham ad aram filium immolaturus domino auctore perducit nec deest ad ministerium gladius, ut pater esset 1 59 6
enim placitum est domino, ubi se ipsum candidus animus immolauerit domino; cetera autem nihil proderunt, si colentis pura mens non sit, in 1 25 9
linguam mandare nescisti, quae in conluctatione martyrii prior solet domino confiteri. ductus est tandem beatus Archadius ad exoptatum iustis 1 39 6
qui ait in euangelio: *ego sum uia et ueritas*. Iob diues fuit; et quid ditius domino, cuius sunt omnes diuites serui, cuius est orbis totus omnisque 1 15 7
et sic, fratres, intellegere: hoc de ministris et de angelis dictum, quos domino, cum esset in terris, fecisse inuenimus officium, ipso dicente: *amen* 1 37 13
cupit, quia prophetiae magis gentes quam Iudaei fuerant credituri, domino dicente: *amen, amen dico uobis, quia publicani et meretrices* 1 13 9
detritis e lacunis, ut merebantur, caenulentum postmodum laticem, domino dicente: *me dereliquerunt fontem aquae uiuae et foderunt sibi lacus* 1 18 2
mauult magis nouellae traditioni suae credi quam antiquitati, quam deo domino dicenti: *reicitis mandatum dei, ut traditiones uestras statuatis*! sed 2 3 10
hasta persequentes hospitum terga depopulabantur, e caelo imber fusus a domino flammis et sulphure armatus poenali procella deleuit? Iudaei 1 4 10
et uetera duo testamenta, quae uidetis recte eadem sine ambiguitate a domino hic quoque *duorum denariorum* esse figura uestita, hac uidelicet 1 37 9
propheta quod pro ueteri uinea, quae a domino in Aegypto fuerat instituta, postulabat ad tempus nouellae 2 11 1
meam a morte, oculos meos a lacrimis, pedes meos a lapsu; placebo domino in regione uiuorum. haec nos felicitas manet, hoc munus exspectat. 1 2 32
uocabulum, sed originalis perpetuitatis ac deitatis est una substantia, domino ipso dicente: *ego et pater unum sumus*. quod non utique sic ait, ut 2 8 4
ambae moriuntur. fides itaque uel maxime res propria nostra est, domino ipso dicente: *fides tua te saluum fecit.* igitur si nostra est, 1 36 7
filius; unius est quod amborum est; quod unus possidet, singulorum, domino ipso dicente: *omnia quaecumque habet pater, mea sunt*, et iterum: 2 5 9
te posse praesumis.' 'iam completa est, inquit, in me per Iesum Naue domino iubente secunda, quam Moyses annuntiauerat, circumcisio. 1 3 14
locis (pater enim omnium corrupte uiuentium diabolus designatur, domino Iudaeos sic increpante: *uos de diabolo patre estis et concupiscentias* 1 13 8
ut bonis operibus decorati nos quoque deo patri placere mereamur domino iuuante nos Christo, qui est benedictus in saecula saeculorum. 1 2 32
horarum, qui pater est omnium saeculorum. hic est dies, fratres, quo a domino nostro cunctus redemptus est orbis, quo aetherio semine nouellus 1 16 2
incendio suo superstites triumphantes de camino procedunt, praestante domino nostro Iesu Christo. 1 53 2
quo ardere putabantur incendio, de suis incensoribus uindicati, sed de domino nostro, quem, pro nefas, uenerantur externi, si tamen dicendum 2 18 1
hostia nec uictima imparata, qui testis diuini timoris ad fidem a domino poscitur, a parente perducitur, sed hostia non sanguinis, sed 1 59 2
quo non dubitabat, patefecit, quid a se dominus postulasset, et quid ipse domino promisisset ostendit. laetatus est puer patre fideli ipse quoque 1 43 5
isti, quibus est iudicium praeparatum. et a quo scire debemus, nisi ab ipso domino, qui suum dictum prosequitur dicens: *hoc est autem iudicium, quia* 1 35 4
conuersa prophetae testantur. tauros, arietes, hircos et agnos a domino saepe reprobatos accepimus. quid ultra? non potest, fratres, ullum 1 19 2
creaturae, sed cordis. etenim semen cordis uerbum est dei, cata Lucanum domino sic dicente: *est autem haec parabola: semen est uerbum dei. qui* 1 13 5
non deberemus, quod ab inimico hominibus superadditum recognoscimus, domino sic dicente: *simile est regnum caelorum homini, qui seminauit in* 1 3 22
cessurum, scriptura iterum ibidem dicit: *sacrificans diis eradicabitur, nisi domino soli.* haec gentes, nisi conuertantur, manet diuina sententia, quae 1 25 5
sequatur, synagoga compellit. Iob amici sui insultasse perhibentur; et domino sui sacerdotes, sui insultauere cultores. Iob in sterquilinio pleno 1 15 8
uestra hostiam uiuam, sanctam, placentem deo. hoc enim placitum est domino, ubi se ipsum candidus animus immolauerit domino; cetera autem 1 25 9
audire. hoc igitur e profundo clamans similiter Petrus impetrauit a domino, ut profundi maris lubricos sinus insubditaque humanis gressibus 1 34 3
est munus, quod diligimus seruos ut filios ac nos illi colunt libenter ut dominos. huius est munus, ut, non dicam notos aut amicos, sed saepe 1 36 14
propheta quod ait: *beati omnes qui timent dominum.* si omnes, qui timent dominum, beati sunt, non beatus est nullus, quia nulla gens est, nulla sunt 2 2 3
memorati omnesque felices eius dono sint tales, contumelia est laudare dominum, cuius condigne laudare non queas seruum. sed o quam uellem 1 4 19
mediocritatem aut caram habeat aut dilectam? *filios*, inquit, *genui*: hoc dominum de hominibus dixisse quam dulce est! talem patrem laesisse 1 61 7
dicens: *nouissimis diebus circumcidet deus cor tuum et cor seminis tui ad dominum deum tuum amandum.* hinc nunc uobis iterum dicam: 1 3 13

et nunc, Israel, quid dominus deus tuus postulat a te, nisi ut timeas dominum deum tuum et ambules in omnibus uiis eius et diligas eum et 2 2 4
quod esset summum legis sacrae praeceptum, sic ait dicens: *diliges dominum deum tuum ex toto corde tuo et ex tota anima tua et ex tota* 1 36 17
dominus est? hanc superbiam propheta tumidi cordis euitans sic infit ad dominum: *domine, non est exaltatum cor meum.* cum scriptum sciat: *homo* 2 9 3
incrementis ac fidei cum Christo in aeterna saecula permanebit per dominum et conseruatorem nostrum Iesum Christum, qui est benedictus 1 13 13
dominicae unanimes atque concordes salutaria celebrare mysteria, per dominum et conseruatorem nostrum Iesum Christum. 1 26
unam Christi corporis gratiam congregatos ad caelestia regna perducit per dominum et saluatorem nostrum Iesum Christum, qui est benedictus in 1 6
cesset itaque hic, carissimi, impietatis abominanda suspicio: Abraham dominum filio, sacerdotem praetulit patri, nec pium se credidit, nisi 1 59 7
utique illi, sicut apostolus quoque ait, qui cognitum *deum non quasi dominum honorauerunt neque ei gratias egerunt, sed uanis persuasionibus* 1 35 6
aut emendatis indulgentia, impiis autem aeterna poena tribuatur per dominum Iesum Christum, qui est benedictus cum spiritu sancto in 1 35 9
bona conuersatione, ut perpetuam uitam adipisci mereamur per dominum Iesum Christum. 1 33 4
fugite simulque gaudete, quod alienis plagis dei discitis disciplinam, per dominum Iesum Christum. 1 30
fide uestra adolescente contingat, praestabit deus pater omnipotens per dominum Iesum Christum, qui est benedictus cum spiritu sancto in 1 10b 3
inde surgetis. quam qui non polluerit, regna caelestia possidebit per dominum Iesum Christum. 1 23
supplicium docuerunt ignes sanctis hominibus non esse fortiores, per dominum Iesum, qui est benedictus in saecula saeculorum. 1 11
uulua portauit. sed in caelesti prole, non semine, progenitum certissimum dominum impia Iudaeorum exarsere consilia. quem tacentem tamquam 1 59 8
sepulcrum, et ad Iudaeos remansit sola damnatae uoluntatis inuidia, qui dominum nec agnoscere uoluerunt et sola crediderunt cogitatione puniri, 1 59 8
fratres, Nineuitis nuntiatus interitus, credunt et timent et quantum sciunt dominum non esse mendacem, tanto propensius eius de pietate praesumunt 1 34 9
panem; et iterum: *diuites eguerunt et esurierunt, requirentes autem dominum non minuentur omnibus bonis.* quod probare exemplo perfacile 2 1 20
namque temperat se propter rerum naturam filius, ne exsertae maiestatis dominum non possit mundi istius mediocritas sustinere. cum imperat pater 1 56 2
infelices quid sperant de imagine, cuius nosse non sunt meriti ueritatem, dominum nostrum Iesum Christum? 1 18 2
cuius sacrificium diuina sententia aduertitis esse damnatum per dominum nostrum Iesum Christum, qui est benedictus cum spiritu sancto 1 19 2
ardent; qui incensi sunt, sanctificati et incolumes de camino procedunt per dominum nostrum Iesum Christum. 1 22 2
aetheria natiuitate renouatis plenitudinis suae pio de fonte largitur per dominum nostrum Iesum Christum. 1 27 3
cunis, sed suaue redolentibus sacri altaris feliciter enutrit a cancellis, per dominum nostrum Iesum Christum. 1 32
illud pascha non esse, sed bromosum latronis cruenti conuiuium? per dominum nostrum Iesum Christum. 1 28 2
quibus, si diligens fuerit, semper et se et alios bonis omnibus satiabit per dominum nostrum Iesum Christum. 1 24 4
filios, inquit, *genui et exaltaui*. infinita Iudaei infidelitate sua apud dominum nostrum odia meruerunt, quoniam quanta fuit de amore gratia, 1 61 5
affectui parem gratiam non refert, quantum sit criminis dici non potest: dominum patrem non dilexisse, cum peccatum sit hominem non amasse. 1 61 6
passurum dominum praedicauit, utrosque uolentes, illum condicione, dominum pietate. cetum esse non dubitatur infernum; sicut enim Ionas 1 34 8
fremuerunt. sors Ionam praecipitandum prodidit, prophetia passurum dominum praedicauit, utrosque uolentes, illum condicione, dominum 1 34 8
nobis testamenti ueteris ac noui clarissima oracula uiam, uerum Christum dominum, prodiderunt, qui ait: *ego sum uia et ueritas*. illorum profugus 1 46b 2
sensibus uersari consueuit? in tantis filii casibus laetatur et gaudet et se dominum promeruisse triumphat. accepit iam praemia, quae meretur; 1 43 6
cum illis, non corrideas animae illorum; melior est enim unus timens dominum quam mille filii impii? cum haec ita sint, age uidua, quae sicut 2 7 5
caede prophetas elidunt; Moysen amore nimio lapidare conantur; aduersus dominum semper ingrati uariis molitionibus pugnant multisque diis ac 1 4 10
quemadmodum nobis sit, propheta quod ait: *beati omnes qui timent dominum.* si omnes, qui timent dominum, beati sunt, non beatus est 2 2 3
in periculo prandet, qui solet extra periculum ieiunare. et Ionas timens dominum spontaneum non timet adire naufragium, ceto inhiante 2 2 5
in eo? Iob diabolus ter temptauit; similiter euangelista perhibente et dominum ter est temptare conatus. Iob facultates, quas habuit, amisit; et 1 15 8
peccatorum est sordibus obsoletatus. Iob uxor sua hortatur ut peccet; et dominum, ut corruptelam seniorum sequatur, synagoga compellit. Iob 1 15 8
debemus accipere, sed caelestis hominis spiritalem, quam in se credentibus dominus aetheria natiuitate renouatis plenitudinis suae pio de fonte largitur 1 27 3
tenuerit ac fideliter ministrauerit, non dicam Scorpionem, sed, sicut dominus ait in euangelio, omnes omnino serpentes inlaesa planta calcabit. 1 38 5
sunt, qui saeculo renuntiantes rursus reuertuntur ad saeculum, de quibus dominus ait: *nemo retro attendens et superponens manum suam super* 1 37 12
ut de resurrectionis gloria, quam hic iam tibi uindicas, taceam, in qua, ut dominus ait: *neque nubunt neque nubentur, sed sicut angeli erunt.* magnum 2 7 4
gerant, putant se aut imitari aut uindicari. propter quod in praeceptis dominus ait: *qui dimiserit uxorem suam excepta causa adulterii, facit eam* 1 1 13
qui ei deinceps nihil futuro paradisum repromisit. sed et homo ipse, quem dominus assumpserat, perit, si Iesus non resurrexit. at si resurrexit, 1 2 11
Psalmo nonagesimo quinto declarat dicens: *omnes dii gentium daemonia; dominus autem caelos fecit*; et in Deuteronomio: *sacrificauerunt daemoniis* 1 25 5
prophetas filios sanctos apostolos procreauit. Iob beatus quieuit in pace; dominus autem manet benedictus in aeternum ante saecula et a saeculis et 1 15 9
Dauid sancto dicente: *conuertere, anima mea, in requiem tuam, quia dominus benefecit mihi, quia liberauit animam meam a morte, oculos meos* 1 2 32
dominum ter est temptare conatus. Iob facultates, quas habuit, amisit; et dominus caelestia sua bona amore nostro neglexit pauperemque se fecit, ut 1 15 8
Adam esse cognoscitur, *latrones* diabolus et concupiscentia, *Samaritanus* dominus, cui Iudaei dicebant: *hic Samaritanus est, daemonium habet*; 1 37 10
Samaritano stabulario pro eo, qui a latronibus adgressuram passus fuerat, dominus datos esse commemorat. quae parabola sublata dubitatione scalae 1 37 10
sperat, omnia sustinet; caritas numquam excidet. igitur non inmerito dominus deus proximi dilectionem commendat, quoniam solam praesumit 1 36 20
interest, quod soli se sciunt. denique apud Esaiam ad filium *sic dicit dominus deus sabaoth: fatigata est Aegyptus et mercatus Aethiopum; et* 2 8 5
non sempiterno rectori, maxime cum in euangelio sic dicatur: *dabit illi dominus deus thronum Dauid patris sui et regnabit super domum Iacob in* 2 5 6
scripturam, quid dicat, cuius ista sunt monita: *et nunc, Israel, quid dominus deus tuus postulat a te, nisi ut timeas dominum deum tuum et* 2 2 4
quod ait: *audi caelum et terra*, quod Iudaeis non audientibus Christus dominus esset ab apostolis et gentibus audiendus. *filios*, inquit, *genui et* 1 61 4
linguam nosstram magnificabimus, labia nostra a nobis sunt. quis noster dominus est? hanc superbiam propheta tumidi cordis euitans sic infit ad 2 9 2
ita nouo uetus perhibet testimonium, sicut scriptum est: *semel locutus est dominus et haec duo audiuimus.* sed et dominus ipse in euangelio hanc 1 37 4
apud Malachiam prophetam: *non est mihi uoluntas circa uos, dicit dominus, et sacrificium acceptum non habeo ex manibus uestris. quoniam a* 1 25 7
qui autem seminat in spiritu, de spiritu metet uitam aeternam. at uero dominus euidenter hoc edocens sic ad discipulos ait: *simile est regnum* 1 2 28
in sudore uultus tui edes panem tuum, donec reuertaris in terram. sed et dominus ex persona hominis, quem adsumpserat, ait: *tristis est anima mea* 1 2 31
patrem laesisse quam turpe! *filios genui et exaltaui*: utique filios Israel dominus genuit, qui Abraham, unde nascerentur, elegit. hos in Aegypto 1 61 7
quia in se non admittit aetatem; solus sempiternus, quia immortalitatis est dominus. hic est deus noster, qui se digessit in deum; hic pater, qui suo 1 7 3
percuteretur tenera aetas, ostenditur, quo nec pater ferire posset, quia nec dominus humanum sanguinem postularet. religiosus carnifex reprimit 1 62 4
duo testamenta. scala autem proprio nomine crux uocatur, quia per ipsam dominus Iesus Christus mysteria uniuersa conficiens atque concludens patri 1 37 15
pro fructibus spinas, pro uua labruscam. cuius rei indignitate commotus dominus illa deserta aliam sibi, id est ecclesiam matrem, sua pro uoluntate 1 10b 2
omnibus liberatur. illis ducatum Moyses praebuit, dux noster Christus est dominus; illis columna nubis atque ignis uiam demonstrauit, nobis 1 46b 2
respectus illorum. iudicabunt nationes et dominabuntur populis et regnabit dominus illorum in perpetuum. quid hoc est? si in perpetuum regnat, 2 5 6
mundum, quoniam magnum est nomen meum apud gentes, dicit dominus. immola deo sacrificium laudis. immola, inquit, *deo*, non 1 25 7
cum dicat: *misericordiam et iudicium cantabo tibi, domine*, quomodo dominus in euangelio dicit: *qui credit in me, non iudicabitur; qui autem* 1 35 1
similiter dignitate gaudebis. igitur haec scala cuius esset materiae, in qua dominus incumbebat, ex Dauid dicto cognoscimus, qui ait: *uirga tua et* 1 37 8
sine hac deo iunctum, sine hac possit esse perfectum. denique cum dominus interrogaretur, quod esset summum legis sacrae praeceptum, sic 1 36 17
ambitio contulit nobis? transierunt ista omnia tamquam umbra. sed et dominus ipse dicit: *quid prodest unicuique lucrari mundum et animae suae* 1 5 9
scriptum est: *semel locutus est dominus et haec duo audiuimus.* sed et dominus ipse in euangelio hanc exprimit rationem dicens ad Petrum: *mitte* 1 37 5
eius quis enarrabit?. cur autem sit inenarrabilis, patre loquente noscamus; dominus ipse nos edocet: *eructuauit*, inquit, *cor meum uerbum bonum* et 2 8 2
proximus est deus contribulatis corde et humiles spiritu saluabit. sed et dominus ipse nos pio promisso quid hortetur, accipite. *uenite*, inquit, *qui* 2 9 4
oculis esse carnalibus uerum, sed in fide credentium constitutum. nam et dominus ista exempla confirmans uni ex latronibus in se credenti, qui cum 1 2 11
audi, caelum, et percipe auribus, terra, quoniam dominus locutus est: filios genui et exaltaui, ipsi autem me spreuerunt. 1 61 1
et caseum. Zachaeus sine mora quadriplicata expungit apophoreta, deus et dominus noster Iesus Christus dei filius dulcia, sicut prior, qui hoc prandio 1 24 4
principium, fratres dilectissimi, dominus noster incunctanter est Christus, quem ante omnia saecula pater 1 17 1
principium, fratres, dominus noster incunctanter est Christus, quem ante omnia saecula pater 1 56 1
quo similiter, uerum tamen semel, amore hominis sui eius artifex deus et dominus noster occidit et exortus est rursum, numquam sane repetiturus 2 19 2
suo semine per inuidiam protoplastos ex angelis in homines deriuauit, ita dominus omnes in se credentes sancti spiritus semine a mortuis rursus 1 2 26
hac spe fit, cum de dei dicto indubitanter ac fortiter creditur. dicit enim dominus: *omnia possibilia credenti*. unde *Abraham credidit deo et* 1 36 5
deponit timorem et, quantum ad fidem pertinet, pater promissa compleuit, dominus parricidium probata uoluntate prohibuit. ad huius ergo personam 1 59 7
paucis hominibus innumerabilis multitudo processit et ad eremum dominus perduxit *manu forti et brachio excelso*. exaltatus est Israel, 1 61 7
sublimandum nefarii perduxerunt. sed quia nescit aeternitas mori, uiuit dominus post sepulcrum, et ad Iudaeos remansit sola damnatae uoluntatis 1 59 8
noctibus fuit in uentre ceti euomitusque Niniue se intulit ciuitati, ita dominus postridie ab inferno resurgens se ciuitati Ierusalem intulit ante 1 34 8
de fide generis sui pater filio, de quo non dubitabat, patefecit, quid a se dominus postulasset, et quid ipse domino promisisset ostendit. laetatus est 1 43 5
est: *orietur uobis sol iustitiae*. Iob uerax est appellatus; at est uera ueritas dominus, qui ait in euangelio: *ego sum uia et ueritas*. Iob diues fuit; et 1 15 7
in paradiso. itaque si homo mortuus in aeternum perit, ergo mentitus est dominus, qui ei deinceps nihil futuro paradisum repromisit. sed et homo 1 2 11
sed in hoc glorietur, qui gloriatur, intellegere et scire, quia ego sum dominus, qui facio misericordiam et iudicium et iustitiam super terram. o 2 1 5
testamentorum sacramentum. columna uiam demonstrans Christus est dominus. quod duplicem nubis et ignis imaginem gerit, iudicia duo 2 26 2
sui insultauere cultores. Iob in sterquilinio pleno uermibus sedet; dominus quoque in uero sterquilinio, id est in huius mundi caeno uersatus 1 15 9
dicens: *omnia mihi tradita sunt a patre meo*. Iob uicarios filios genuit; dominus quoque post prophetas filios sanctos apostolos procreauit. Iob 1 15 9
spinas generauit, pro uua labruscam. cuius abhorrens infelicitatem dominus rei, aliam sibi, id est populi nostri, sua pro uoluntate plantauit, in 2 11 1
homines, qui ueri sunt uermes. Iob et sanitatem recepit et facultatem; at dominus resurgens non sanitatem tantum, sed immortalitatem in se 1 15 9
in caelo manserunt. unde angelos puto recte homines appellatos, quibus dominus sanctum per spiritum dicit: *ego dixi: dii estis et filii excelsi omnes,* 1 37 11

in caelo; filius hominis uocabulo, non natura. non enim bis carnem induit dominus. sed sic oportuit praedicari, quia primo, antequam esset, quod se 2 4 3
insanus populus Pharisaeus occidit. Iob ulceribus maculatus est; et dominus sumendo carnem totius humani generis peccatorum est sordibus 1 15 8
in uno corpore quantum diabolus publicatus est furere, tantum agnoscatur dominus triumphasse. sed durat inter haec martyris spiritus et morarum 1 39 9
impii in iudicio neque peccatores in consilio iustorum, quoniam scit dominus uiam iustorum et iter impiorum peribit. consequens est, ut scire 1 2 23
quam euacuatam uidemus a lege, sic Ieremia dicente: *haec dicit dominus uiris Iuda et omnibus, qui habitant in Ierusalem: renouate inter* 1 3 12
qui eorum pro salute sacrificant? tauros, hircos, arietes et agnos abhorret dominus: unde sacrificant? deum dereliquerunt, altaria eius euerterunt: cui 1 51
sacerdotes; lugete omnes, qui deseruitis altari, quoniam ablata est de domo dei uestri hostia et immolatio. multa sunt, quae dici possunt, sed 1 25 6
conabitur in dicionem redigere suam, quae esse eius ambiuit ancilla? in domo denique quae geruntur, sed et ipsis in fanis, Christiana fidelis, sine te 2 7 13
sine te esse non poterunt, quia uxor infelix es, si nescis, quid agatur in domo, infelicior certe, si scieris. proponamus itaque, ut saepe contingit, in 2 7 13
regum uultus signaque cognoscis nihilque aliud distat, nisi quod in tua domo minuta sunt, in templo maiora. quae si erogaueris, pecunia est, si 1 14 5
culmen extollit. *Dauid* quippe *humilis, abiectus,* ignobilis sui iacebat in domo patris, oues semper pascendo propemodum peregrinus. innocens cum 2 9 7
iustis bonorum operum fructus exposcit. quo audito Thamar cum esset *in domo patris sui*, id est in templis infamibusque spectaculorum omnium 1 13 8
deterritus, ne etiam ipse similiter moreretur, praecepitque mulieri, ut in domo patris sui uidua permanens nuptias maturas exspectet. cum res sic se 1 13 1
in filios eius effundit. nam cum solito more unanimes una epularentur in domo, subito concussis toto nisu quattuor angulis eius in confusam molem 1 15 4
sexus humani dolosa blanditiarum captione seu uiolentia uiuentium domos corporales infringunt et latibulum sibi perniciosum eorum in 1 2 5
sacra confundunt amissa luce laetantes in tenebris, habentes fana, non domos? digne, digne iugulantur quae Christi ingratae beneficiis sponte ad 2 7 12
thronus et terra suppedaneum pedum meorum. quam mihi aedificabitis domum? aut quis locus ad requiem mihi? omnia enim ista fecit manus 2 6 3
dicatur: *dabit illi dominus deus thronum Dauid patris sui et regnabit super domum Iacob in saecula et regni eius non erit finis*. Salomon in Sapientia 2 5 6
deus, fratres, hunc mundum quasi quandam futuri humani generis domum multipliciter aptatum distinctumque elementis, opibus, 2 4 4
lucratus est et fratrem. dat iracundiae locum, securus ut redeat; domum patri commendat, sensim mitisque discedit, ut probet se et 1 4 16
quod si factum non fuerit factumue displicuerit, tum tota mugiet litibus domus, blasphemabitur deus arreptoque forsitan ipso sacrificio tuo tuum 2 7 15
quomodo ergo posset agnosci, prodidit Esaias his uerbis: *audite itaque, domus Dauid: non pusillum uobis certamen cum hominibus, quoniam deus* 2 8 7
materiam; ita enim in unum decorem uniuersa conuenerant, ut legitima domus dei caduca illa ambitio putaretur. quod si ita esset, inter memorata 2 6 2
non inmerito beatus beata uita fruebatur. namque erat illi splendidissima domus, diues census, diues quoque numerus liberorum et, quod est 1 15 2
ministrat, puritas supplicat, spiritus postulat, spes promittit, sapientia domus domina praerogat munera. exsultate, seniores: uos estis huius operis 2 6 9
laudatio. exsultate, pauperes [spiritu]: per uos et in uobis dei maior est domus; nam et omnibus aequales estis et pedaturas omnes uestri corporis 2 6 10
feralibus liberati, multi condicionibus duris exuti gratias agunt. uestrae domus peregrinis omnibus patent; sub uobis uiuus mortuusque diu 1 14 8
referta penetralia, gemat terra sub pondere argenti, auro ardens tota domus pugnet sua flamma cum sole honorumque exinanitus a te gradus 1 5 10
tuos sicut gallina pullos suos sub alas et noluisti? ecce remittetur uobis domus uestra; et iterum: *non relinquetur in templo lapis super lapidem, qui* 2 6 3
si colentis pura mens non sit, in Ecclesiastico Salomone clamante: *dona iniquorum non probat altissimus.* hic quaerite, Christiani, sacrificium 1 25 9
exsultate, fratres in Christo, omnique desiderio conuolantes *caelestia dona* percipite. iam uos sempiterni fontis calor salutaris inuitat; iam mater 1 32
si terribilia, consternata metu forsitan ipso cessante illicita eis uota donabis (quod maritis etiam sub fidelibus multae fecere peiores, Euae non 2 7 16
nascitur sine patre filius, non totus matris, sibi debens quod conceptus est, donans matri quod natus. quae principaliter stupet talem sibi filium 2 12 2
muneribus opes multimodas ac profundas promittit, ostentat, obicit, donat, speciem proponit suam faciemque, in quas illi libuerit figuras, 2 4 9
mortem: sic, sic interempti plerumque iacent canibus, alitibus ferisque donati, ubique dispersi, utrobique deperditi, semesis ossibus, etiam suis 1 5 8
munus perpetuae caritatis similitudinem suam tradidit, qui orbem terrae donauit, qui omnia elementa mundi cum animantibus suis eius potestati 1 36 28
eius saltem coercentis uoce comprimitur, sed eo magis ac magis instat, donec effusione sanguinis conceptum piaculum duplicetur. miratur orbis 1 4 9
nobilitate alieni seminis grauidatur nutriturque ab eo ipso quod nutrit, donec hospitis germinis adoptiua pinguedine absumptus, immo pinguedo 1 2 27
subiecta calcatur, prelo premitur duabusque tabulis uehementer urguetur, donec omnis dulcedo medullitus exigatur sicque pretiosum fluentum a suis 2 11 3
eiciet tibi et edes pabulum agri; in sudore uultus tui edes panem tuum, donec reuertaris in terram. sed et dominus ex persona hominis, quem 1 2 30
testatur, qua praedicat Christum oportere *regnare* cum sanctis suis, *donec* uacuatis omni principatu et potestate et uirtute et dominatione 2 5 7
testatur, sicut ad Corinthios scriptum est: *annuntiatis mortem domini, donec ueniat*. aperies os piscis: hoc est sacramentum uel quae in prouerbiis 1 37 6
circuli argenteum compleuerit globum, paulatim deuergit in senium, donec ultima senectute consumpta, sua morte reuiuescens, menstrualis 1 2 19
adimit peraequatio. at cum omnes omnino memorati omnesque felices eius dono sint tales, contumelia est laudare dominum, cuius condigne laudare 1 4 19
quam praeclarum. utique, fratres, calix sanguinem, mensa corpus, oleum donum spiritus sancti significat, uirga cum baculo crucem, in qua deus pro 1 13 10
plures sint nuptiae quam natales. quae non rogantur ut nubant, sed ut dormiant inuitantur, propiores sepulcro quam thalamo; quae, ipsae cum 2 7 10
procellis miserabiliter per totum orbem dispersere terrarum. Ionas in naui dormiens sacramenti dominici imaginem praeferebat; etenim significabat 1 34 8
est regnum caelorum homini, qui seminauit bonum semen in agro suo; dormientibus autem hominibus uenit inimicus eius et superseminauit zizania 1 2 28
est regnum caelorum homini, qui seminauit in suo agro bonum semen; dormientibus autem hominibus uenit inimicus eius et superseminauit zizania 1 3 22
quod Paulus beatissimus ait: *nolumus autem ignorare uos, fratres, de dormientibus, ne contristemini sicut ceteri, qui spem non habent; si enim* 1 2 12
enim credimus, quia Iesus mortuus est et resurrexit, sic et deus eos, qui dormierunt in Iesum, adducit cum eo. nam et deus per Ezechielem 1 2 12
uere, fratres carissimi, cor eius non dormit, qui huius somnium secretaque cognoscit. prophetia etenim semper 1 37 1
in morsum, ardentibus squamis incensus tumidus sese anguis opponit; aut dorsa fugientis affectans caedem uicino fremitu ferina rabies onerare 2 2 2
non intellegentes, quia exinde eos a facie sua remotos post suum dorsum cum postfuturis abiecerat; Erythraeum quoque in geminas ripas 1 18 1
quae increpatio has condigne possit arguere, quae dedecus suum sacrilegio dotantes *membra Christi* daemoniorum seruis addicunt, *dei templum* 2 7 12
interitus, nisi ea inuicem mutuis aequalibusque temperantiae dotata muneribus perennis connubii fideli propagine benigna caritas 1 36 16
diligit, timeat. denique huius suffragio Daniel populis terribilem inermis draconem necat, leonibus obiectus in periculo prandet, qui solet extra 2 2 5
a persecutoribus illusi iugulantur. sucus earum in ultimo preli pondere duabusque tabulis exsiccatur; similiter iudicii die a Christo secundum 2 11 7
in torculari que operariorum pedibus subiecta calcatur, prelo premitur duabusque tabulis uehementer urguetur, donec omnis dulcedo medullitus 2 11 3
semitas dei nostri. nunc uideamus quae consequuntur. per idem tempus duae cognatae concipiunt, una contra spem, altera uerbo. haec miratur se 2 8 8
fabulari nitantur, tamen tres sunt quodam modo principales. e quibus duae eius, quem cupiant deprauatum, simulant se esse cultrices. una 2 8 1
esse connexam animamque lineamentis corporis circumsaeptam. unde duae quoque uitae a deo attributae sunt nobis: una, qua nescientes 2 4 8
quia uolunt. unde non est absolutus reatus, ubi de amoris comparatione duarum contrariarum sibimet partium iudicium flagitatur. ambiguitas enim 1 35 6
forfex in duos producitur cultros, sed eorum unus est morsus; et gladius duas acies gerit, sed sunt unius corporis latera; et denarii sunt duo, sed 1 37 14
uirtutem, deitatem, maiestatem uoluntatemque patris et filii contestans; duas acies, id est duo testamenta gerens, quorum regalibus monitis et 1 37 2
sine magisterio diuinae sapientiae, cuius notitiam non habebant —, duas asseruere iustitias: unam ciuilem, alteram naturalem. quarum fecit 2 1 2
argumentationis totius uno ictu omnes neruos abscindet. quapropter duas esse natiuitates domini nostri Iesu Christi necessario scire debet 2 8 2
nisi quod ambo patiuntur, quia amborum unum nomen est deus. igitur duas natiuitates esse domini nostri Iesu Christi, rudis aut neglegens disce 1 54 2
Iudaea est uere caeca, quae cum in lege, ut dicere solet, sua legat ubique duas patris et filii designari personas, tamen nunc usque contendit deum 2 8 1
utroque sexu conspicua, in omni aetate miranda, in quauis condicione non dubia, soli sibi deuota, semper bene conscia, prorsus nulli rei subiecta, 1 1 1
uiuunt. unde pauca de multis attingam, ut omnium probationem haud dubie in paucis expediam. stellae praecipites labuntur e caelo et a tergo 1 2 17
alibi: *audi*, inquit, *terra, ex ore meo*. quo uocabulo gentiles homines sine dubio comprehendit, in quibus adhuc erant opera terrena. hoc est ergo 1 61 4
humanae omnia in se lineamenta depingit, nata sanguineae teneritudinis dubio cornu primo quasi de cunis apparet paulatimque crescendo iam 1 2 19
nascatur. ceterum si, ut quidam putant, docentis pendet ex ore, procul dubio eodem aut cessante aut aliter docente consumitur. huc accedit, quod, 2 3 1
gerunt. nam si iudicii diei adpropinquare iam cursus aduerterent, procul dubio et praesentia odissent et futura credidissent pariterque metuissent. 1 2 1
an ardori quaeres aliunde remedium? si obseruantiam pollicere, sine dubio fallis, cuius inpatientiae professio iam tenetur. si es autem sumptura 2 7 9
in eculeo spiritali et qui sint nolentes edicant et inuiti discedant, procul dubio hoc sunt, quod sese esse unicuique confitentur. accipe et alia 1 2 7
exceptione aequabiliter iustitia est diuina largita. cum haec ita sint, procul dubio non est a tyranno dissimilis, qui solus habet quod potest prodesse 2 1 19
uulnere inferna metiris? si, quod quidem recte aestimas, in infernis, procul dubio omnes sacrilegos antecedis, qui Moysi reprobans dictum per hanc 1 3 14
si enim tempori, non sibi, debent, quod est alter alteri obnoxius, procul dubio, ut tu uis, maior est natura quam deus. at cum naturam ex nihilo 2 8 5
disponeret et immolaret, securus de fide generis sui pater filio, de quo non dubitabat, patefecit, quid a se dominus postulasset, et quid ipse domino 1 43 5
deo fidem. haec etiam uiros reprehensio manet. Christianus ergo in toto dubitare non debet in statum pristinum mortuos excitari talesque legitima 1 2 15
aestatis, id est temptationis; quam esse utique credulitatem non potest dubitari, quia hanc qui habuerit, necesse est, ut expedite uiuat et munde. 1 13 8
et innocentis hominis obsequium nemo ante fletibus rigat, ne pater dubitasse uideretur, si flesset. deuotus sic stricto uultu puerum ducit ad 1 62 4
passus fuerat, dominus datos esse commemorat. quae parabola sublata dubitatione scalae sacramentum spiritaliter intuentibus patefecit: *homo* 1 37 10
utrosque uolentes, illum condicione, dominum pietate. cetum esse non dubitatur infernum; sicut enim Ionas tribus diebus et tribus noctibus fuit 1 34 8
uenerit, reuertatur. si ergo hoc ille sensit, qui non nouerat Christum, cur dubitet Christianus, qui resurrectionem futuram et audit et sperat et 1 2 2
de duobus: illud quod sensibile est an quod caret sensu. uerum quis dubitet illud fortius esse, quod sentit, quod sapit, quod cogitat, quod 1 7 2
duobus populis profecerunt. mare autem mundum significasse non dubium est, hamum uero praedicationem, quia, sicut hamus missus in 1 37 6
quo res agitur, quia quod uoluitur semper, in momento quid adferat dubium est. sed oculis patentibus caeci dilatant horrea, terras angustant, 1 5 7
cuius inpatientiae professio iam tenetur. si es autem sumptura remedium, dubium non est hoc esse solum, ut flammas tuas maritalis gladii 2 7 9
alteri tenetur obnoxius ac per hoc iure legis quoque linea una tanguntur, dubium non est horrendi supplicii perennibus absumptum iri tormentis 1 1 14
modo per speculum in aenigmate; tunc autem facies ad faciem erit. unde dubium non est in corporibus nostris, dum mortis lege seminantur, non 1 2 30
sine lege et Iudaicus populus displicuit deo incredulitate cum lege. unde dubium non est legem non posse sine fide, fidem posse sine lege; alioquin 2 3 2
uideatur aut gentis. ambo enim illi carnales sunt, ambo sine fructu. unde dubium non est neque praeputium aliquid esse neque circumcisionem, sed 1 3 24
amauerit, rectum est, maxime quod uno desiderio omnes excolunt populi, dubium non est, quia aut hostis publicus aut certe iudicatur insanus, 2 7 1
aliquid loqui superfluum est, quia, si uxor et maritus *in carne* sunt *una*, dubium non est, quia quod alter audit amborum est. quid agam, quo me 2 7 11

reliquit eum diabolus et ecce angeli accesserunt et ministrabant ei. unde dubium non est unum esse iter aerii culminis angelis lucis et hominibus 1 37 13
bonum et nequam, mors et uita; quod elegerit, hoc dabitur ei. unde dubium non est uoluntatem nostram, cui se iunxerit parti, praebere 2 4 18
nec doceri. nam profecto sola est, ad quam prorsus res omnis spectet, dubium quippe cum non sit spem, fidem, iustitiam, humilitatem, 1 4 1
inferat quaestionem, qui ait: *primus homo e limo terrae, secundus e caelo,* dubium quippe cum non sit unum hominem tantum e limo terrae a deo 2 4 1
nodis adstringitur, ne a ligno, quo portatur uel cuius adminiculo uel ducatu in uberes fructus longius inuitata producitur, ui aliqua separetur. 2 11 2
Aegypto, id est isto de mundo, semper momentis omnibus liberatur. illis ducatum Moyses praebuit, dux noster Christus est dominus; illis columna 1 46b 2
exsolutus: sed est nunc usque barbarici furoris moribus alligatus. deus illi ducatum praebuit: idem a sua eum facie postmodum abiecit. consecutus est 1 52
rege Pharaone duris condicionibus in Aegypto necaretur, miseratione dei duce Moyse iussus est proficisci. huic per diem non circulus solis, sed 1 29 1
ingenti iugo acerrime premebatur. hunc deus praecipit proficisci, duce Moyseo uidelicet et Aaron, iter demonstrante nubis columna per 2 26 1
quod meruit. ac ne quis hanc patientiam timiditatis nomine obscuret, in ducendis quoque uxoribus talis est condicio: Liam excipit, prolixa tempora 1 4 16
puero sancto Daniele spiritus sanctus ingressus ait, cum illa ad supplicium duceretur: *reuertimini ad iudicium; falsum enim isti contestati sunt de ea.* 1 40 2
rabie denotatus in praesens periculum coeperit infestationibus tyrannicis duci, omnes repente concelerant, laboranti subueniunt, paene armis ipsis 1 36 15
oculorum et ambitio saeculi. his enim auctoribus concipitur, his ducibus geritur, his ministris impletur quicquid cotidie concupiscentia, 2 9 5
ne pater dubitasse uideretur, si flesset. deuotus sic stricto uultu puerum ducit ad aram, stringit gladium medium, pectus fidei militabat; non 1 62 4
ponunt: impiorum unam, quae ducit in Tartarum, piorum aliam, quae ducit ad Elisium, eo fortius addentes, quod defunctorum ibidem non tam 1 2 4
melius, qui duplicem uiam apud inferos ponunt: impiorum unam, quae ducit in Tartarum, piorum aliam, quae ducit ad Elisium, eo fortius 1 2 4
canens et pectoris uerum tympanum quatiens populum Christianum ducit, non in eremum, sed ad caelum. 2 26 3
abiecerat; Erythraeum quoque in geminas ripas medium scissum mare, ductisque dextra laeuaque aggeribus in aciem stipatis undarum, saluo 1 18 1
quid arduis uolatibus *aeriae grues*? quid piscium dissimilium cum suis sibi ductoribus gradatae aetatis innumerabiles cunei? nonne cum inuitationi 1 4 6
nescisti, quae in conluctatione martyrii prior solet domino confiteri. ductus est tandem beatus Archadius ad exoptatum iustis orationibus 1 39 7
praeparantur, ascenditur in montem. omni mysterio sacrificioque disposito ductus filius gaudens gaudente patre, patris dextra feriendus. qui antequam 1 43 4
premebatur. tum Ionas, quem solum exspectabat bona illa tempestas, sorte ductus naufragus redditur, immo a ligneo ad nauigium uitale transfertur. 1 34 6
serpentis est inpatientiam mutuatus sacraeque arboris pomum male dulce delibauit, lacrimas repperit, dolores et gemitus, *spinas et tribulos* 1 4 8
dilectam? *filios,* inquit, *genui*: hoc dominum de hominibus dixisse quam dulce est! talem patrem laesisse quam turpe! *filios genui et exaltaui*: utique 1 61 7
ab omnibus, utinam posset tam facile non amari! est enim artifex ac dulce malum et hominibus uniuersis semper infestum. denique non 1 14 1
fratres, quos beatae sitis exoptatus ardor incendit, quos nectarei fluenti dulce murmur inuitat, lacteum genitalis fontis ad laticem conuolate 1 12
genere colore pariter et odore una natiuitate diffusis germinantia undique dulce prata respirant. exsultat aestas noua, sed diues, in frumenti uarias 1 33 1
crescit, senescere ignorat. non illam parentum pietas frangit, non dulcedo liberorum, non coniugalis affectus, non cara germanitas, non ius 1 14 2
prelo premitur duabusque tabulis uehementer urguetur, donec omnis dulcedo medullitus exigatur sicque pretiosum fluentum a suis calcatoribus 2 11 3
pectus saepe crudis atque acidis uomitibus inurguetur, in quo musti uestri dulcedo saecularis uini pridiani exhalante foetore corrumpitur, sed caelesti 1 24 1
condicione diuersi, mox unum futuri? fontanum semper uirginis matris dulcem ad uterum conuolate ibidemque uos uestra nobilitate fide scientes, 1 55
uos estis lapidibus adamantinis meliores. exsultate, pueri, sacrae turris dulces ac sine pretio margaritae. felicia, exsultate, coniugia: meliores 2 6 10
fide diuerso charismate, sed una natiuitate ecclesiae flores clarissimi ac dulces nostri funduntur infantes. aestas autem fidelis est populus, angelicus 1 33 2
completa expiationis sacrae casta ieiunia, post clarissimae noctis suo sole dulces uigilias, post lactei fontis lauacro uitali in spem inmortalitatis 1 24 1
uestro de numero nouellae uites ad iugum perductae, scaturientis musti dulci fluento feruentes uinariam dominicam cellam communi gaudio 1 10b 3
filius dulcia, sicut prior, qui hoc prandio pastus est ante nos, dicit: *quam dulcia faucibus meis eloquia tua super mel et fauum ori meo!* haec, fratres, 1 24 4
expungit apophoreta, deus et dominus noster Iesus Christus dei filius dulcia, sicut prior, qui hoc prandio pastus est ante nos, dicit: *quam dulcia* 1 24 4
delectamento seruire praecepit, qui eum supra dicti amoris male dulcibus uenenis occisum infernaeque sedi submersum maiestatis suae 1 36 28
suauitas lactis et mellis exhibita est, nobis uero, quod plus est, melle dulcior ac lacte candidior aeternae uitae beatitudo dei tribuetur in regno. 1 46b 3
circa filium crescit affectus, qui ex promissione certior, ex tarditate dulcior, ex desperatione felicior putabatur. unicus numero et in amoris 1 59 5
spem acceperat a deo. igitur Isaac sibi dulcissimum filium, deo uictimam dulciorem contemnit, ut seruet, destinat iugulare, ne iugulet, securus illo se 1 4 13
ceruice, non toruus fronte, non minax cornu Taurus, sed optimus, dulcis, blandus ac mitis uos admonet uitulus, ut nulla ullo in opere 1 38 3
cotidianum manna in eremo, potus e saxo? quid per lignum amara aqua dulcis effecta, quam per lignum crucis amaritudine gentilitatis exclusa 1 61 8
uidebatur primus matrimonii dies? ubi pretiosae uirginitatis festa, utrisque dulcis occisio? ubi amor, qui in aequo unitoque coniugio, e duobus altero 2 7 6
o liberatoris nostri profunda prouidentia! o praestantia singularis! o dulcis sententia! o damnatio necessaria! homo iugulatur, ut uiuat. percussor 2 24 3
o liberatoris nostri profunda prouidentia! o praestantia singularis! o dulcis sententia! o damnatio necessaria! in semet ipso homo iugulatur, ut 1 42 2
festinate! solemnis hymnus ecce iam canitur, ecce mox infantum dulcis uagitus auditur, ecce parientis uno de uentre clarissima turba 2 28
opera uestra bona magnificent patrem uestrum, qui est in caelis. itaque, dulcissimi flores mei, talia sacrificia procurate, quae sanctus spiritus 1 25 13
properate, properate bene loturi, fratres! aqua uiua spiritu sancto et igne dulcissimo temperata blando murmure iam uos inuitat. iam balneator 1 23
spe non denegans deo, quod *contra spem* acceperat a deo. igitur Isaac sibi dulcissimum filium, deo uictimam dulciorem contemnit, ut seruet, destinat 1 4 13
censum uno momento disperdit cohortemque florentissimam dulcium liberorum atrocissimo impulsu, tectis parietum cum ruina 1 4 18
impetratis, immo illa per uos impetrat, pro qua sollicite laboratis, ne, dum aliquid postulat, erubescat. beata cum adludit in pueris, beatior cum 1 1 4
dum beati Archadii martyris gesta annalibus triumphanda mandamus, in 1 39 1
illiciti administratione ministerii Christi panis mentibus possit expelli. sed dum bellum duri certaminis geritur et familia domini caelo spectante 1 39 3
in sacrificia, mores in sacra. sic, sic genus humanum a dei cultura rapuit, dum blanda festiuitate facinorosa facinorosorum et colenda crimina et 1 1 12
ut uerbum dei audire debeant, dicitur, Israel sic reprobus inuenitur et, dum clamat propheta *audi caelum et terra,* significat, quod illi audire 1 61 1
Christus in Mariam, uniuersa cordis desecat uitia uulnusque mulieris, dum de uirgine nascitur, curat. signum salutis accipite! corruptelam 1 3 19
gladio iugulare; hic Ioseph mulieri flagitat esse uiolentum, quem, etiam dum denudat, esse non inuenit inpudicum; hic synagogam expugnauit, cum 1 36 26
effecti crimenque suum in simplicitate circumuentae transfusum artificiose dum exaggerant, exinde iam priores se ipsi condemnant. uerum, pro nefas, 1 1 18
facias, qui in te auarus es? o detestabili detestabilius malum! inuicem dum exspoliant persequuntur fallunt, hostes probant, praedones laudant, 1 5 7
sub hac denique immolantis immolandique constantia absolui meruit, dum humanum ex se deponit timorem et, quantum ad fidem pertinet, 1 59 7
palmiferam trophaeis coronam competenti ualeat sermone disserere, dum in uno corpore tot martyria uideantur esse quot membra? armauerat 1 39 1
omnia, ut quicquid in eo geritur, non debere diligi a nobis sacris uocibus dum iubetur, recte sapientibus exsecrabilis esse uideatur, Iohanne dicente: 1 36 27
genitalis fontis ad laticem conuolate incunctanter ac fortiter bibite, dum licet, superfluentis amnis undae subiecti toto impetu totaque 1 12
autem facies ad faciem erit. unde dubium non est in corporibus nostris, dum mortis lege seminantur, non substantiam, non imaginem, sed illud 1 2 30
sacrificium domini non dimittitur, sed mutatur. melius seruauit filium, dum non pepercit. sola enim fides deambulat inter gladios tuta, inter 1 62 5
deum. admirabilis gratia, fratres dilectissimi, conspicuae ueritatis, quae dum secerni potest, tamen sibimet externa esse non potest. si enim uerbum 2 8 4
diesque succedit; semper enim caenosi gurgitis sui procella submergitur, dum semper exaestuans libidinis turpitudo aut ueritate aut imagine 1 1 6
iugulum, putauerat se feralem iudicis amentiam citae mortis sorte satiare, dum subito manus iubetur extendere ac super caespitem [nudus] proiectus 1 39 7
aut denudat affectu. nihil prorsus existimat turpe nec pati nec facere, dummodo in effectu conata succedant. uerum tamen in ipso fructu suo, 1 1 7
testimonium, sicut scriptum est: *semel locutus est dominus et haec duo audiuimus.* sed et dominus ipse in euangelio hanc exprimit rationem 1 37 4
primum a mortuis ascendentem Christum debemus accipere, cuius ex ore duo denarii, id est duo testamenta prolata sunt, quae saluti cum domini 1 37 5
est dominus. quod duplicem nubis et ignis imaginem gerit, iudicia duo designat: unum aquae, quod gestum est, ignis alterum, quod futurum. 2 26 2
certamen deo historia sacra prodidit nobis ignis ac fidei. etenim duo discordantia deuotione dominica in unam concordiam conuenere. 1 48
luna, sed ignis columna per noctem iter pandebat ignotum. qui ut inter duo elementa peruenit, ibidem praesentariae exitum mortis expauit. hinc 1 29 1
consueuit. quem necessario uno sequuntur duo Pisces in signo, id est duo ex Iudaeis et gentibus populi baptismatis aqua uiuentes, in unum 1 38 7
elatum est, cor cohibitum promotio est animae. huius rei testes sunt nobis duo homines propheticum carmen suis actibus exponentes, pharisaeus et 2 9 8
iniuste. errat igitur quisquis disputationem legis aestimat fidem, quisquis duo in unum diuersa confundit. disputatio enim sicut excolit legem, ita, si 2 3 4
caro concupiscit aduersus spiritum et spiritus aduersus carnem; haec duo inuicem aduersantur sibi. hinc caro tota deliciis fluens, uariis 2 4 8
una originali coaeternitate renitens, quemadmodum, si dicere dignum est, duo maria, quae in semet recumbunt, freto aestus alternos in unum 1 7 4
opere noster Aquarius delere consueuit. quem necessario uno sequuntur duo Pisces in signo, id est duo ex Iudaeis et gentibus populi baptismatis 1 38 7
cui si unum adimas, alterius inanis est usus. unde recte testamenta sunt duo, quae similiter duobus capitibus unam litteram fingunt, id est sacrae 1 37 4
gemina esse noscantur, tamen una de radice funduntur. testamenta sunt duo, sed testator est unus; et scribens canna diuisa est, sed unus calamus; 1 37 14
et gladius duas acies gerit, sed sunt unius corporis latera; et denarii sunt duo, sed una moneta signati; et scala duos scapos habet et gradus 1 37 14
pulchritudinis ornamentum, insigne pudicitiae testimonium, *e senioribus duo,* sed uno incensi prodigio, secus quam decuerat *deperire coeperant.* 1 1 17
uoluntate, deus materiam, qua usus est, non fecit, sed aeterna sit, ut ipse est, *duo* sunt ergo principia et quidem *repugnantia.* ac per hoc necessario 1 7 1
qui ait: *uirga tua et baculus tuus ipsa me consolata sunt.* uirga et baculus duo sunt utique testamenta, quae ideo materiae ligni sunt comparata, siue 1 37 8
maiestatem uoluntatemque patris et filii contestans; duas acies, id est duo testamenta gerens, quorum regalibus monitis et creduli deuotique 1 37 2
quia in *thesauris suis* duos denarios intelligi uoluit, nouitate et uetustate duo testamenta. hos duos denarios a Samaritano stabulario pro eo, qui a 1 37 9
ascendentem Christum debemus accipere, cuius ex ore duo denarii, id est duo testamenta prolata sunt, quae saluti cum domini gloria et Petri 1 37 5
designabat et unitatem; carbo enim uerbum dei est, ara lex, forceps duo testamenta, quae credentes tenent, non credentes incidunt. sed et 1 37 3
deitatis paterna substantia paternaque uoluntas, *noua et uetera* duo testamenta, quae uidetis recte eadem sine ambiguitate a domino hic 1 37 9
uerecundia, patientia, perseuerantia, consummatio. scaporum nomina duo testamenta. scala autem proprio nomine crux uocatur, quia per ipsam 1 37 15
caput uiri Christus, qui aliquotiens lapis est nuncupatus. scala autem duo testamenta significat, quae et euangelicis intexta praeceptis credentes 1 37 1
est unum, sed accedente ratione timor discernitur a timore. fiunt enim duo: unus dei, alter qui naturae sit; naturae in homine nascitur, dei autem 2 2 1
festa, utrisque dulcis occisio? ubi amor, qui in aequo unitoque coniugio, e duobus altero superante, non moritur? tune non illa es, quae mariti corpus 2 7 6
sanguinis conceptum piaculum duplicetur. miratur orbis uacuus se duobus angustum; mirantur elementa hominem, qui factus sit *ad imaginem* 1 4 9

alterius inanis est usus. unde recte testamenta sunt duo, quae similiter duobus capitibus unam litteram fingunt, id est sacrae legis duobus edictis 1 37 4
adultera, quae non agnoscit, quo auctore sit nata! o quam ridiculosa, quae duobus confligentibus Christianis ab altero eorum, si non transducitur, 2 3 10
est, daemonium habet; *stabularius* doctor est legis, qui acceptis *duobus denariis*, id est duorum testamentorum salutaribus monitis, 1 37 10
bonum? hic nunc primum omnium scire debemus hominis fabricam *ex* duobus *diuersis ac repugnantibus* comparatam *discordique concordia* esse 2 4 8
quae similiter duobus capitibus unam litteram fingunt, id est sacrae legis duobus edictis unum Christum dei filium spiritali temperamento 1 37 4
ac per hoc necessario requirendum nobis erit, quid sit fortius de duobus: illud quod sensibile est an quod caret sensu. uerum quis dubitet 1 7 2
deus in alio se inferior esse quemadmodum potest? quicquid enim uni ex duobus indiscrete in omnibus sibimet similantibus detraxeris, cui detraxeris 1 45 2
macie deformis, nunc enormis pinguedine, usque adeo incertus, ut idem in duobus per orbem totum non possit inueniri terrarum? igitur in deum cum 2 30 2
domini gloria et Petri felicitate, utpote super quem aedificauit ecclesiam, duobus populis profecerunt. mare autem mundum significasse non dubium 1 37 5
et secundum simile huic: diliges proximum tuum tamquam te ipsum. in his duobus praeceptis pendet omnis lex et prophetae. unde manifestum est 1 36 17
per hoc necesse est, ut utrumque inane sit, si infirmari potest alterum de duobus. quid, quod Abel iustus est sine hoc uulnere inuentus? quid, quod 1 3 4
qui fuerit iniustus. ceterum siue iusto siue sapienti si alterum defuerit ex duobus, quod illi putauerunt, nec sapiens profecto erit ille nec iustus. satis, 2 1 10
caelestibus horreis inferatis. et admonet prosequentibus Geminis, id est duobus salutare canentibus testamentis, ut principaliter idolatriam, 1 38 4
perennibus absumptum iri tormentis eum, qui praeuaricatus fuerit e duobus. sed nec illis impune succedit, qui sine uxoribus amore peccandi 1 1 14
occiditur ab hominibus deus omnipotentis dei filius, nullus irascitur de duobus. tu populi caelestis animam tenes, cum ornas pacem, fidem 1 36 29
occasum. hic, inquam, quem *duodecim* radiorum, id est apostolorum duodecim, *corona* circumdat, quem per ambitum totius orbis non muta 2 12 4
qui *in omnibus omnia* est; qui uere aeternus est ac sine nocte dies; cui duodecim horae in apostolis, duodecim menses seruiunt in prophetis; quem 1 33 4
qui uere aeternus est ac sine nocte dies; cui duodecim horae in apostolis, duodecim menses seruiunt in prophetis; quem euangeliorum salutaria 1 33 4
aetheria illa ciuitas destinata est. nulla intrare uolentibus mora; patent duodecim portae, habitacula praeparata sunt infinita. nemo sit de mansione 1 5 17
plenitudinis tria illi sunt membra, unum secretarium et patentes semper duodecim portae, quas ab hostili defendit impulsu in modum tau litterae 2 6 7
et ortus est rursum numquam repetiturus occasum. hic, inquam, quem *duodecim* radiorum, id est apostolorum duodecim, *corona* circumdat, quem 2 12 4
sacer inflexus dies in mundani operis pensa quadriga temporum fertur duodenis mensum perpeti cursu mutationibus diues, nulla statione 1 26
dilectam uerecundamque anteuertit auroram; qui, quod maius est, duodenis non dicam spatiis, sed momentis horarum aequabiliter se partiri 1 4 4
quae uidetis recte eadem sine ambiguitate a domino hic quoque *duorum denariorum* esse figura uestita, hac uidelicet ratione, quia in 1 37 9
aequalitas ac sibi soli dignissima indiuiduae dealitatis! unus homo ad duorum imaginem et similitudinem fingitur nec tamen in eo, quid cuius sit, 1 45 2
pectus incendit; hic Adam suis telis occidit; hic Susannam conatus est duorum seniorum aut prodigiosis ignibus subicere aut parricidali gladio 1 36 26
per id, quod erant, sacerdotium, per suum numerum demonstrabant duorum testamentorum sacramentum. columna uiam demonstrans Christus 2 26 2
habet; *stabularius* doctor est legis, qui acceptis *duobus denariis*, id est duorum testamentorum salutaribus monitis, adgressuram hominem passum 1 37 10
quod non utique sic ait, ut in unum duos redigendo confunderet, sed ut duorum unam diuinitatis potestatisque esse omnipotentiam nos doceret. 2 8 4
duos denarios intelligi uoluit, nouitate et uetustate duo testamenta. hos duos denarios a Samaritano stabulario pro eo, qui a latronibus 1 37 10
hamum in mare et piscem, qui primus ascenderit, aperto ore eius inuenies duos denarios: da pro me et pro te. piscem primum a mortuis ascendentem 1 37 5
denariorum esse figura uestita, hac uidelicet ratione, quia in *thesauris suis* duos denarios intelligi uoluit, nouitate et uetustate duo testamenta. hos 1 37 9
quicquid locis natura negauerit, caritas reddit. haec coniugalis affectus duos homines sacramento uenerabili unam cogit in carnem. haec 1 36 13
ara dei sublatum carbonem uaticinando perhibuit. etenim labia inquinata duos populos Iudaeorum gentiumque debemus accipere, qui, cum essent 1 37 3
est unus; et scribens canna diuisa est, sed unus calamus; et forfex in duos producitur cultros, sed eorum unus est morsus; et gladius duas acies 1 37 14
dicente: *ego et pater unum sumus*. quod non utique sic ait, ut in unum duos redigendo confunderet, sed ut duorum unam diuinitatis potestatisque 2 8 4
subiecit, qui ei annos, tempora, menses, noctes ac dies clarissimosque duos regalium orbium currus munerifero semper uicissitudinis 1 36 28
unius corporis latera; et denarii sunt duo, sed una moneta signati; et scala duos scapos habet et gradus plurimos, sed eius ascensus est unus. gradus 1 37 14
lingua mea calamus scribae uelociter scribentis. calamus fissus est, fratres, duosque uertices gerit in unius acuminis tenuitate digestos, unam litteram 1 37 4
nominis in conparatione malorum attrahat gloriam Christianae felicitatis. duplex itaque forma surgendi est: prima sanctorum, in qua illud 1 2 23
deo est et deus est uerbum et hoc est, in quo est, quod est ille, qui inest, duplex persona, duplex uocabulum, sed originalis perpetuitatis ac deitatis 2 8 4
est uerbum et hoc est, in quo est, quod est ille, qui inest, duplex persona, duplex uocabulum, sed originalis perpetuitatis ac deitatis est una 2 8 4
sacramentum. columna uiam demonstrans Christus est dominus. quod duplicem nubis et ignis imaginem gerit, iudicia duo designat: unum aquae, 2 26 2
uanitatem argumentatione manifesta conuincunt. poetae autem melius, qui duplicem uiam apud inferos ponunt: impiorum unam, quae ducit in 1 2 4
eo magis ac magis instat, donec effusione sanguinis conceptum piaculum duplicetur. miratur orbis uacuus se duobus angustum; mirantur elementa 1 4 9
excolunt, diuites inpotentia, iudices gratia, diserti mercennaria ac duplici lingua, reges superbia, negotiatores astutia, inani pauperes uoto, 1 14 1
cum a fratribus rapitur; patiens, cum in puteum dimittitur; patiens, dura cum hasta distrahitur; patiens in carcere, in regno patientior, 1 4 17
attractis aetate neruis et, deficiente sanguinis suco, arescentibus uenis, dura cum uisceribus cutis, deformis ac luridus pallor iam paene uultus 1 59 4
in temptationibus gaude, in tormentis pro nomine domini. si obuenerint dura, *fidem tamquam granum sinapis* te habere demonstra. sin uero, quod 2 3 14
affectus, non cara germanitas, non ius amicitiae, non tener pupillus, non dura uiduitas, non miseranda paupertas, non dei contemplatio: ecce enim 1 14 2
publicatus est furere, tantum agnoscatur dominus triumphasse. sed durat inter haec martyris spiritus et morarum numerositate seruatus 1 39 9
ministerii Christi panis mentibus possit expelli. sed dum bellum duri certaminis geritur et familia domini caelo spectante probatur, 1 39 3
cum Israelis populus enormi captiuitatis iugo depressus a rege Pharaone duris condicionibus in Aegypto necaretur, miseratione dei duce Moyse 1 29 1
uobis multi redempti, multi edictis feralibus liberati, multi condicionibus duris exuti gratias agunt. uestrae domus peregrinis omnibus patent; sub 1 14 8
si cui forte asperum uidetur ac durum, quod fiducialiter loquimur, fratres, rerum paene contra naturam, 2 7 1
semper momentis omnibus liberatur. illis ducatum Moyses praebuit, dux noster Christus est dominus; illis columna nubis atque ignis uiam 1 46b 2
quoniam haec est pars nostra et haec sors. illinc spiritus, quasi quidam dux peritissimus, horum omnium praedicit fugam, in armis expeditissime 2 4 11
nihil aut timuit aut sensit. quid illud, quod per mare medium terrenum duxit ingressum? quid [quibus] de caelo cotidianum manna in eremo, potus 1 61 8
nobis inferat quaestionem, qui ait: *primus homo e limo terrae, secundus e caelo*, dubium quippe cum non sit unum hominem tantum e limo terrae 2 4 1
probationem haud dubie in paucis expediam. stellae praecipites labuntur e caelo et a tergo longo flammarum albescentium tractu funereae facis 1 2 17
subactis infami hasta persequentes hospitum terga depopulabantur, e caelo imber fusus a domino flammis et sulphure armatus poenali procella 1 4 10
casibus pater uiuere potuisset, si annis teneris moreretur. hic igitur infans, e cuius uita paternus affectus et maternus pendebat, ad explorationem fidei 1 43 3
nunc odientes ueteres, nunc nouos filios similiter et maritos? at e diuerso ipsae aestiment, quid sint, quibus in tam solemnibus uotis saepe 2 7 10
quae sola lignum letale contigerat, exceperat uterque sexus interitum, e diuerso per uirum ligno suspensum uiuificatum est omne genus 1 3 20
quia tractatus, qui eas genuit uel cotidie generat, adhuc potest generare. e diuerso prouocatus rursus eas pro ingeniorum argumentorumque uiribus 2 3 7
qua apostolus dicit: *caro et sanguis regnum dei possidere non possunt.* at e diuerso uideor mihi audire proclamantem: 'si haec est condicio carnis, 1 2 24
festa, utrisque dulcis occisio? ubi amor, qui in aequo unitoque coniugio, e duobus altero superante, non moritur? tune non illa es, quae mariti 2 7 6
perennibus absumptum iri tormentis eum, qui praeuaricatus fuerit e duobus. sed nec illis impune succedit, qui sine uxoribus amore peccandi 1 1 14
soliditate fruerentur. petra illis scaturiuit in fontem, ut biberent detritis e lacunis, ut merebantur, caenulentum postmodum laticem, domino 1 18 2
secundus e caelo, dubium quippe cum non sit unum hominem tantum e limo terrae a deo finctum eique eius ex latere mulierem coniugale 2 4 1
didicerat, sed habebat. igitur orbe perfecto postremus digito dei manuque e limo terrae fingitur homo. construitur mobile totumque se nesciens 1 56 3
dicto calumniosam nobis inferat quaestionem, qui ait: *primus homo e limo terrae, secundus e caelo*, dubium quippe cum non sit unum 2 4 1
falsamque aduersus ueram pro uera defendunt, sic utramque mediis e manibus oculis patentibus perdiderunt: dei, cum stultam putant, quod 2 1 3
tempore numquam reparato seruiret. similiter Ioseph patiens inuenitur, e pascua cum a fratribus rapitur; patiens, cum in puteum dimittitur; 1 4 17
corde, non clamore, sed fide, quam scit deum libenter audire. hoc igitur e profundo clamans similiter Petrus impetrauit a domino, ut profundi 1 34 3
limo terrae hominem figurauit eique animam, qua spiramus, infudit e proprio fonte spiritus sui. cui ab humo 'homo' nomen imposuit, credo, 2 4 4
Christi fabulari nitantur, tamen tres sunt quodam modo principales. e quibus duae eius, quem cupiant deprauatum, simulant se esse cultrices. 2 8 1
instrueret rerum, ineffabilis illa uirtus incomprehensibilisque sapientia e regione cordis *eructuat uerbum*, omnipotentia se propagat. *de deo* 1 56 1
ingressum? quid [quibus] de caelo cotidianum manna in eremo, potus e saxo? quid per lignum amara aqua dulcis effecta, quam per lignum crucis 1 61 8
pulchrius suae pulchritudinis ornamentum, insigne pudicitiae testimonium, *e senioribus duo*, sed uno incensi prodigio, secus quam decuerat *deperire* 1 1 17
usque ad ultimum perdurauerit, turri completa inaestimabiles diuitias in ea commanens possidebit. memorandum quoque necessario est etiam illud, 2 6 8
destinati. *fornicariam putat*: recte, quia Iudaeorum populo seruiebat. cum ea conuenire cupit, quia prophetiae magis gentes quam Iudaei fuerant 1 13 9
factis praecepta consummat. postremam suscipit mortem, ut ea deuicta resurgens *homini* per hominem, *quem gerebat, et spem* 2 4 7
caritas autem finem non habet, momentis omnibus crescit quantoque ab ea diligentibus inuicem creditur, tanto inuicem plus debetur. non 1 36 11
spiritum sanctum imaginem referimus, quam tenemus. quod conuenit cum ea, fidelium communionis sanctae significabat sacramentum. Thamar 1 13 11
ueritas omnibus claret. sed necessario disserendum est, quae sit in ea iniustorum iustorumque discretio, ne generalitas nominis in 1 2 23
satis diuersa satisque repugnantia olim deprehendisset interitus, nisi ea inuicem mutuis aequalibusque temperantiae dotata muneribus perennis 1 36 16
fontis calor salutaris inuitat; iam mater nostra adoptat ut pariat, sed non ea lege, qua uos matres uestrae pepererunt, quae et ipsae partus dolore 1 32
maritus, quod castam inuenerit coniugem. laetatur familia omnis, quod in ea nihil inueniat fama quod feriat. cruciatur diabolus, quod nulla ex parte 1 40 3
inuisibilia, tarda et abscondita, sed etiam nimis in arduo constituta, ut ad ea nisi cum summa difficultate, laboribus ac periculis magnis non possit ab 2 4 13
maledicta terra erit in omnibus operibus tuis; in tristitiae gemitu edes ex ea omnibus diebus uitae tuae; spinas et tribulos eiciet tibi et edes pabulum 1 2 30
ante tribunal Christi, ut recipiat unusquisque corporis sui merita secundum ea, quae gessit, siue bona siue mala. etenim, fratres, facilius est reformari 1 2 15
per Iohannem hactenus contionatur: *nolite diligere mundum neque ea, quae in mundo sunt. si quis dilexerit mundum, non est caritas patris in* 2 4 12
quid praedicet, omnibus est in usu: *nolite*, inquit, *diligere mundum neque ea, quae in mundo sunt. si quis dilexerit mundum, non est caritas patris in* 2 9 5
exsecrabilis esse uideatur, Iohanne dicente: *nolite diligere mundum neque ea, quae in mundo sunt. si quis dilexerit mundum, non est caritas patris in* 1 36 27
uxoris Lot. sed et apostolus sic: *quemadmodum reuertimini rursus ad ea, quae infirma et egena sunt elementa?* ascendentes uero sunt iusti, qui 1 37 12
monile, anulum teneret et uirgam. qua re cognita Iudas non tantum ab ea se refrenauit, sed insuper eam et iustificauit. Iudas, quantum intelligi 1 13 3

illa quia sua esse praesumit; nec spes timet, ne non ueniant, quia	ea semper secum suis in uirtutibus portat. hoc est, quod Abraham *contra*	1 36 5
duceretur: *reuertimini ad iudicium; falsum enim isti contestati sunt de*	*ea.* stupet populus, quod a supplicio ad iudicium repetendum reuocaretur	1 40 2
iam spiritalia non sua desiderans, de qua Paulus ait: *non omnis caro*	*eadem est caro: alia est hominis, alia iumenti, alia caro uolucrum, alia*	1 2 25
Moyseo uidelicet et Aaron, iter demonstrante nubis columna per diem,	eadem ignis quoque per noctem. finditur mare et dextra laeuaque in	2 26 1
Christiana conscientia, uel tot ac tantis ex rebus quemadmodum rursum	eadem quae es sis melior futura cognosce. praeterea granum uniuscuiusque	1 2 21
paternaque uoluntas, *noua et uetera* duo testamenta, quae uidetis recte	eadem sine ambiguitate a domino hic quoque *duorum denariorum* esse	1 37 9
luminis lege suis sedibus resurrexisse agnoscas. sol cotidie nascitur	eademque die qua nascitur moritur nec tamen instantis finis sorte terretur,	1 2 18
igitur apostolus ait: *radix omnium malorum est auaritia*; hac enim matre	eademque magistra uniuersa quae diximus, sed et alia multa, immo omnia	1 5 4
perpetis anni pernicem cursum in bis senae mutationis augmentum una	eademque nec ipsa, sed ipsa orbita circumducens dies magnus aduenit suo	1 16 1
sepulcri nido uegetatus innumerabiles temporum metas perenni cursu una	eademque orbita lustrans dies magnus aduenit, menses in tempora,	1 58
qui iustitiam dei manere in eloquentiae uiribus aestimabant. denique cum	eam comprehendere non possent — neque enim poterant sine magisterio	2 1 2
ipsam paris, quia uoluntas fit uoluptas postmodum tua, cum per	eam cotidie tricenos, sexagenos centenosque colligis fructus. tu in	1 1 20
ut rapiat. uultis scire, quale calamitatis sit genus? sane plus in eum, qui	eam dilexerit, saeuit. quam qui uicerit, habebit uitam aeternam.	1 21
uirgam. qua re cognita Iudas non tantum ab ea se refrenauit, sed insuper	eam et iustificauit. Iudas, quantum intelligi datur, ex parte prophetarum,	1 13 3
honestati consulens quam utilitati. uultis scire, quantae felicitatis sit [sit]?	eam et qui habet diligit, et qui non habet diligit. si ergo exsultat gloria eius	1 1 3
deus alius absque ipso. qui adinuenit uiam prudentiae et reuelauit	*eam Iacob puero suo et Israel dilecto sibi. post haec in terris uisus est*	2 8 6
potest etiam ipse adipisci martyrium. tanta enim uis certaminis fuit, ut	eam ipse quoque ignis horruerit. nam a barbaro rege nimia crudelitate	1 22 1
dominus ait: *qui dimiserit uxorem suam excepta causa adulterii, facit*	*eam moechari.* quid hic respondere possint lubrici mariti, non uideo; qui	1 1 13
putat, quae pudoris integritatem faciem uelando monstrabat. interpellat	eam, poscit ingressum, missurum se promittit haedum. at illa promisso	1 13 2
isto remedio curare non potest Euam. quid, quod nec ipsi uiro aliquid	eam prodesse perspicio? quia huius circumscriptio characteris potestati	1 3 9
fornicationis rea sine labore accusatoris uidua praegnans. irascitur socer,	eam produci iubet atque incendio concremari. at illa constanter adest, sibi	1 13 3
palmamque propositam quanto amore, qua deuotione festinet. si quis	eam prouocat in iudicium, ut eius auferat tunicam, libens illi pallium	2 1 13
nec eius, cuius esse dicetur, quia tractatus fidem cum astruit, ex eo ipso	eam, quo astruit, destruit. nec ulli dabit quod non habet, sed potius ut non	2 3 6
excitabat, *qui potestatem habuit ponendi animam et iterum resumendi*	*eam;* sed ut doceret, quoniam, cum uiuit in hoc mundo, semper in	1 2 31
conaris? si peritiam legis ostendere cupis, lectionum nubila disserena. doce	eam sibi non esse contrariam, doce omnia, quae canit, esse credenda.	2 3 13
equidem ferrum et armata dextra subleuat manum, sed uox eius, qui	eam uictimam postulauerat, contradicit: 'respice retro, dixit deus, et	1 43 6
suae per se in se manentem; *postea uero deum* hanc *diremisse* ex	eaque constituisse *mundum pariter et ornasse.* igitur si, ut uolunt, deus	1 7 1
suam fecit, ut contemplatione imaginis pateremur reuerentiam ueritatis in	eaque res condicione dimissa est, ut, si quid mali seu boni cuiquam	1 36 23
hoc est summa cum contumelia a persecutoribus illusi iugulantur. sucus	earum in ultimo preli pondere duabusque tabulis exsiccatur; similiter	2 11 7
fides quot non habet uerba, multo magis nihil habebit, quia tractatus, qui	eas genuit uel cotidie generat, adhuc potest generare. e diuerso prouocatus	2 3 7
uel cotidie generat, adhuc potest generare. e diuerso prouocatus rursus	eas pro ingeniorum argumentorumque uiribus retractando ac refellendo	2 3 7
reicit stillas criminum et auaritiae, unde criminum fluenta funduntur,	ebibit fontem. huic non iura, non leges, non honor ullus obsistit, quia	1 5 4
mirantur; amicae sub fallacia manus innoxias animas secure conficit	ebibita ueneni tempestas; sepelitur noua odii rabie, antequam nascatur,	1 5 3
fallit, dat, tollit; nunc tristis, nunc hilaris, nunc humilis, nunc elatus, nunc	ebrius, nunc ieiunus, nunc accusator, nunc reus; iocatur, ludit, pallet,	1 36 26
uultu deformem, qui cornu exsiliens, labra liuentia spumantibus uenis	ebulliens palpitante ruina captiui tota miserabiliter per membra desaeuit.	1 38 6
quoque in uero sterquilinio, id est in huius mundi caeno uersatus est inter	ebullientes diuersis sceleribus ac libidinibus homines, qui ueri sunt uermes.	1 15 9
dignatus fuerit immolari, Iohannes Baptista ante praedicauit his uerbis:	*ecce agnus dei, ecce qui tollit peccatum mundi.* hic itaque dictus est	1 8 2
sicut et factum est, euangelista dicente: *tunc reliquit eum diabolus et*	*ecce angeli accesserunt et ministrabant ei.* unde dubium non est unum esse	1 37 13
nutritus, deo uictimam, parentibus pium parricidium praebiturus.	ecce carissimi, ut ait apostolus, *contra spem* natum Abraham ad aram	1 59 6
adducit cum eo. nam et deus per Ezechielem prophetam loquitur dicens:	*ecce ego aperio monumenta uestra et educam uos de monumentis uestris et*	1 2 12
pariebas, erumpe et clama, quae non parturis, quoniam multi filii desertae.	ecce enim, carissimi, in Sarra attractis aetate neruis et, deficiente sanguinis	1 59 4
dictus a deo est; ipse iustitia, de cuius fonte omnes qui beati sunt gustant;	ecce enim de ipso dictum est: *orietur uobis sol iustitiae.* Iob uerax est	1 15 7
non dura uiduitas, non miseranda paupertas, non dei contemplatio:	ecce enim his omnibus, prout potest, uariis artibus aut adulatur aut nocet,	1 14 2
contradicit: 'respice retro, dixit deus, et antequam respicias, parce.'	ecce et meritum principale diuinam indulgentiam meruisse sub casibus:	1 43 7
iam parturit? ad desiderata quantocius festinate! solemnis hymnus	ecce iam canitur, ecce mox infantum dulcis uagitus auditur, ecce parientis	2 28
mactatione terribili gloriam se praestitisse, non crimen. quid hoc est?	ecce immanitas in fidem et scelus transit in sacramentum; parricida	1 4 15
uideretur a proelio et secedendo euangelicae iussionis animaretur exemplo.	ecce in eius hospitium uelut in hostilem praedam grassantium satellitum	1 39 4
ad lenocinia redis, colorem de pyxide mutuaris paulo ante damnatum.	ecce indulgenter excolis crinem; odorato puluere luctus puluerem mutas; in	2 7 8
ac super caespitem [nudus] proiectus in faciem pedum extrema nudare.	ecce inter ipsa supplicia uacare non sinitur et orationis instar per carnificis	1 39 7
ecce nupsisti. ut de fragilitate humanitatis, casibus ut de ceteris taceam,	ecce maritum tuum postridie aliqua necessitas rapit, quae a te longe	2 7 9
ex prodromi quoque eius designatione dilucidauit alio loco his uerbis:	*ecce mitto angelum meum ante faciem tuam, qui praeparabit uiam tuam.*	2 8 7
moriemini. sed et de Iohanne Baptista sic dictum esse meminimus:	*ecce mitto angelum meum ante faciem tuam, qui praeparabit uiam tuam.*	1 37 11
ad desiderata quantocius festinate! solemnis hymnus ecce iam canitur,	ecce mox infantum dulcis uagitus auditur, ecce parientis uno de uentre	2 28
contractus omnis ablatus est. securi gaudete; nihil saeculo iam debetis.	ecce nullum pondus, stridor nullus est mundanarum uestris in ceruicibus	2 29 1
mutat et mores. sed dicis: 'ardor me tenerae compellit aetatis.' credo.	ecce nupsisti. ut de fragilitate humanitatis, casibus ut de ceteris taceam,	2 7 9
hymnus ecce iam canitur, ecce mox infantum dulcis uagitus auditur,	ecce parientis uno de uentre clarissima turba procedit. noua res, ut iure	2 28
feminae, promotionemque uestri sexus agnoscite. culpa deleta ueteri	ecce per uos iungimur caelo: anus enim peperit angelum et uirgo deum.	2 8 8
modo illa excarnata umbra tractabilis? longum est ire per singula.	ecce peremptorius aliqui morbus totam machinam lecto prosternit, ecce	2 4 16
et educationis tempus angustum et senectuti exitus iam uicinus.	ecce prima deuotio: libenter excipere quod sero datur et in tristissima	1 43 2
res est et quae una febri uel qualibet facillime deleatur iniuria.	ecce procuratores uel gubernatores eius oculi aliquo ictu exstincti	2 4 15
maculetis, perpeti diligentia custodite, quia nescit iterare quod praestat.	ecce pueri, adolescentes, iuuenes, senes utriusque sexus, qui eratis rei,	1 38 1
Christiane, et deum fortiter time, diaboli si uis incendia non timere.	ecce pueri sacramento muniti tres numero, sed una uirtute, anhelantibus	2 15
immolari, Iohannes Baptista ante praedicauit his uerbis: *ecce agnus dei,*	*ecce qui tollit peccatum mundi.* hic itaque dictus est *primitiuus*, quia	1 8 2
uolui colligere filios tuos sicut gallina pullos suos sub alas et noluisti?	*ecce remittetur uobis domus uestra*; et iterum: *non relinquetur in templo*	2 6 3
a saeculis tu es. ubi hominem mixtum, sic prosequitur: *dicite filiae Sion:*	*ecce rex tuus uenit tibi iustus et saluans, mitis, sedens super asinum*	2 5 2
morienti? post haec si libet nubere, omnia illa mentita es. quid hoc est?	ecce rursus ad lenocinia redis, colorem de pyxide mutuaris paulo ante	2 7 8
domini ita se esse meminerat, ut patrem se esse nesciret! quid est pater?	ecce sub oculis iacet filius uinculis adstrictus. ubi sunt lacrimae, ubi dolor,	1 43 6
eius oculi aliquo ictu exstincti subsidunt. nonne cadauer est uiuum?	ecce tabidus pulmo pinguibus sputamentis exesus detestabili macie omnia	2 4 15
ecce peremptorius aliqui morbus totam machinam lecto prosternit,	ecce tempestas undique mortis incumbit. nonne statim illa, quae erat	2 4 16
quoniam deus praestat agonem. propter hoc dabit deus uobis signum:	*ecce uirgo in utero accipiet et pariet filium et uocabis nomen eius*	2 8 7
tamen a mysteriis daemonum non recedunt. multos *namque dei metus in*	*ecclesia continet, sed tamen* eos mundana uoluptas ad se trahit. *impii non*	1 35 5
communionis sanctae significabat sacramentum. Thamar *concepit in utero,*	ecclesia corde concepit, illa semine, haec uerbo. haedus ei mittitur,	1 13 11
sed ego non curem, de me quemadmodum quis iocetur. non enim in	ecclesia dei fucatus quaeritur sermo, sed ueritas pura, a qua longe omnes	2 1 1
populo Christiano, qui eius sanctificatori inuiolabili deseruit deo? nam si	*ecclesia* ideo *Christi sponsa* est, quia *pudica*, ideo iugo thalami caelestis	1 1 3
contingit, in unum sibimet conuenire diuersae religonis diem, quo tibi	ecclesia, illi adeunda sint templa. quo genere unusquisque suum sacrificium	2 7 14
ambitio putaretur. quod si ita esset, inter memorata impar cultu semper	ecclesia inueniretur. sed haec saecularia sine legitimo ac deuoto cultore nec	2 6 2
uirgam seque liberauit sacramento numeri ab imminenti supplicio;	ecclesia ipsa ueritate, in nomine patris et filii et spiritus sancti, non tantum	1 13 13
et futura repellat. Thamar arguitur, quod de fornicatione conceperit; et	ecclesia quasi legis adultera Iudaeorum est a senioribus accusata, quod	1 13 12
latrocinio diaboli angelorumque eius et huius mundi in *stabulo*, id est in	ecclesia, quo pecora diuina succedunt, uenerabili sacramento susceptum	1 37 10
'si haec est condicio carnis, quid est ergo quod credimus in	ecclesia remissa peccatorum ac resurrectionem carnis?' facile, fratres,	1 2 24
non est, quia Christo ueniente baptismatis spiritali unda in gremio renatus	ecclesiae filius eius futurus fuerat, non maritus. Iudas amittit uxorem, id	1 13 7
odorem diuinum beata *spirantes* fide diuerso charismate, sed una natiuitate	ecclesiae flores clarissimi ac dulces nostri funduntur infantes. aestas autem	1 33 2
peccata, delentur. Maria, quae cum mulieribus tympanum quatit, typus	ecclesiae fuit, quae cum omnibus ecclesiis, quas peperit, hymnum canens et	2 26 3
Ierusalem intulit ante quam caelo. at uero Nineue imaginem portat	ecclesiae, in qua gentium iam inde noster populus morabatur, quae non in	1 34 9
legis conpendiosa ac uera scientia, daemonum terror, martyrum uirtus,	ecclesiae pulchritudo uel murus, dei ministra, Christi amica, spiritus sancti	1 36 4
minor ex gentibus uenientis nouelli populi imaginem depingebat, Thamar	ecclesiae, quae ei recte nupta non est, quia Christo ueniente baptismatis	1 13 7
mihi crede: in te colis, cuius ornatum, cuius imaginem non deponis. ad	ecclesiam dei opere uario totum inaurata corpus, exsecrabili metallo	1 14 6
quam sacerdotes. quid, quod aut nullum aut perrarum est per omnem	ecclesiam dei orationis loci membrum, quod possit quamuis ruina in se	2 6 2
saluti cum domini gloria et Petri felicitate, utpote super quem aedificauit	ecclesiam, duobus populis profecerunt. mare autem mundum significasse	1 37 5
cuius rei indignitate commotus dominus illa deserta aliam sibi, id est	ecclesiam matrem, sua pro uoluntate plantauit, quam sacerdotalibus officiis	1 10b 2
faciem deformabit praestans aliquando et beneficium, cum te iubet ad	ecclesiam non uenire. sed multo peius est, si places marito: neque enim	2 7 15
petrinos fecit (unde non sine ratione et *Simoni,* super quem aedificauit	ecclesiam, *Petrus nomen imposuit*), id est sua doctrina formatos, spiritus	1 3 16
spiritalis feminae effunditur, ut legitime Adam per Christum, Eua per	ecclesiam renouaretur. hoc nos, fratres, sacramento tam uiri quam feminae	1 3 20
et cultu, quasi promota somniis, illas scholares calumnias dei usque ad	ecclesiam transmiserunt, ut in ipsa quoque, si insanire cuiquam libeat, deus	2 9 2
domino; cetera autem nihil proderunt, si colentis pura mens non sit, in	Ecclesiastico Salomone clamante: *dona iniquorum non probat altissimus.*	1 25 9
cum mulieribus tympanum quatit, typus ecclesiae fuit, quae cum omnibus	ecclesiis, quas peperit, hymnum canens et pectoris uerum tympanum	2 26 3
alieni nominis inuasa optinere potuissent. at cum diuina adiuratione in	eculeo spiritali et qui sint nolentes edicant et inuiti discedant, procul dubio	1 2 7

uiluerunt ungulae, inutiles ictus uisi sunt plumbatarum, stetit contemptus eculeus, crebri fustium imbres maioris poenae contemplatione neglecti sunt. 1 39 6
magnis, magnis uestit ulceribus, quibus insuper uermes immittit edaces, ut in tormenta morientis cum homine aduenticium uulnus inquilino 1 4 18
pro quo tam illustri facinore cibos a deo inmortales accepit, quos edacitas delibare nequiret: sua enim deminutione crescebant. integer horum 2 1 20
incerti pecoris sitam uisceribus opinaris. sane quod passim multos occidis, edacitatis est tuae, quod diuersis in locis, uanitatis, quod cum amaritudine 2 20 2
eiusdem esse uirginitatis incenditur manus. qua tacto infante statim edax illa flamma sopitur sicque illa medica feliciter curiosa diu admirata 1 54 5
aegritudo, miseria; mortui quippe corpus figuramque illam florentissimam edax in aeternum terra delebat; animam quoque feralibus tenebris 2 4 6
uxor eius non inferior longae uitae transactis cursibus †pius aut filius ederit partus effusione perciperet†. sed utrisque <aetas> ademerat spem 1 43 1
ad Adam: *maledicta terra erit in omnibus operibus tuis; in tristitiae gemitu edes ex ea omnibus diebus uitae tuae; spinas et tribulos eiciet tibi et* 1 2 30
edes ex ea omnibus diebus uitae tuae; spinas et tribulos eiciet tibi et edes pabulum agri; in sudore uultus tui edes panem tuum, donec reuertaris 1 2 30
spinas et tribulos eiciet tibi et edes pabulum agri; in sudore uultus tui edes panem tuum, donec reuertaris in terram. sed et dominus ex persona 1 2 30
commercio nationibus necessaria subministrat. potentiam, fratres, cito eius edicam. quicquid locis natura negauerit, caritas reddit. haec coniugalis 1 36 13
quae Iudaeorum est; nunc breuiter de secunda spiritali, quae nostra est, edicamus. quae tantum potestatis gerit, ut a femina coeperit, quod priori 1 3 19
at cum diuina adiuratione in eculeo spiritali et qui sint nolentes edicant et inuiti discedant, procul dubio hoc sunt, quod sese esse unicuique 1 2 7
deum deo credendo promeruit, quae credere non didicit, sed praesumpsit, edicat mihi, perniciosa ista adinuentio tractatus sui quo proficit pugna. 'ne 2 3 8
quos uellem adesse paulisper auremque praesenti commodare lectioni, ut edicerent nobis, quinam sit deus iste, qui dicit: *audi, populus meus, et* 1 25 1
non inmerito Iohannes, peculiaris arcanorum domini consultor, constanter edicit: *si quis dixerit, quoniam diligo deum, et fratrem suum odit, mendax* 1 36 23
hominem uiuificare, per hominem necesse habuit, ne phantasma putaretur, edicta legis uniuersa complere. non enim aut *finis legis* aut uerus Christus 1 3 17
tam diu felix, tam diu inexterminabilis uixit, quam diu imperata regalis edicti continuit. at ubi sinistro consensu inuidi ex lubricitate serpentis est 1 4 8
quodam modo orbis per membra iactantur. uobis multi redempti, multi edictis feralibus liberati, multi condicionibus duris exuti gratias agunt. 1 14 8
duobus capitibus unam litteram fingunt, id est sacrae legis duobus edictis unum Christum dei filium spiritali temperamento conscribunt. quae 1 37 4
ante annos ferme quadringentos uel eo amplius apostolicum hoc operetur edictum, quo et uiuaciores fuere homines et rarissimi Christiani, cur ego 2 7 5
in spiritu, de spiritu metet uitam aeternam. at uero dominus euidenter hoc edocens sic ad discipulos ait: *simile est regnum caelorum homini, qui* 1 2 28
quam tibi non licet quaerere, alteram, quam legitime, si possis, permitteris edocere. prima itaque natiuitas domini nostri in patris et filii tantum 1 54 2
cur autem sit inenarrabilis, patre loquente noscamus; dominus ipse nos edocet: *eructuauit*, inquit, *cor meum uerbum bonum* et cetera, et apud 2 8 2
principium. similiter Phoenix auis illa pretiosa resurrectionis euidenter nos edocet iura, quae nobilitatem generis sui non a parentibus accepit, non 1 2 20
quod futurum Salomon enuntiauit et cauendum quid sit his uerbis edocuit: *melior qui deficit sensu in timore quam qui abundat astutia et* 2 3 12
prophetam loquitur dicens: *ecce ego aperio monumenta uestra et educam uos de monumentis uestris et inducam uos in terram Israel; dabo* 1 2 12
totum <paternae ac> maternae pietatis occupauerat pectus festinata educatione nutritus, deo uictimam, parentibus pium parricidium 1 59 5
cuius aetas in annis uergentibus in occasus sui terminum uersabatur et educationis tempus angustum et senectuti exitus iam uicinus. ecce prima 1 43 1
germanitatis exercitu sola uicit; haec in tribus pueris ignes amoenos effecit; haec mare pedibus ambulari posse in Petro praesumpsit. per hanc 1 36 8
quod mouetur, quod mira prouidentia chaos ipsum ut chaos non esset effecit, quod eius membra discreuit, ratione disposuit, coloribus decorauit, 1 7 2
manna in eremo, potus e saxo? quid per lignum amara aqua dulcis effecta, quam per lignum crucis amaritudine gentilitatis exclusa bibituri 1 61 8
praebere debere quam deo. interea instant illi ex amatoribus accusatores effecti crimenque suum in simplicitate circumuentae transfusum artificiose 1 1 18
facit interimensque uniuersa peccata genitali unda submergit, ut caelestes effecti terram desiderare non norint. denique illi post mare ad eremum 1 46b 2
affectu. nihil prorsus existimat turpe nec pati nec facere, dummodo in effectu conata succedant. uerum tamen in ipso fructu suo, quo expugnati 1 1 7
praecedens amplectatur fides, quae tam sibi quam illi credendo praestet effectum, insinuatio inanis erit, quia incredulo credentis fructum praestare 2 3 1
unigenitus filius, cordis eius nobilis inquilinus exinde uisibilis necessario effectus, quia orbem terrae erat ipse facturus humanumque uisitaturus 1 50
percussus populosis ulceribus non distinctus est, sed totus unum uulnus effectus. uerum tamen in his omnibus nihil aduersus deum improbe 1 15 5
optimum esse *sacrificium deo cor contribulatum.* quapropter, fratres, *efferendum non est* prosperis *rebus, sed* timore *dei intra mansuetudinis* 2 9 3
me, ostendit numquam se elatum fuisse, cum posset. nulli enim facilius efferuntur, nisi quos inopinati honoris culmen extollit. *Dauid* quippe 2 9 6
deprecatur obnixe, ut aliquis nuntius pergat, qui eos tanti negotii certos efficiat; cui ille respondit: '*habent Moysen et prophetas*, quibus si non 1 2 10
uirtutem deuocabit in crimen. quid enim ille mali non suspicetur, non efficiat diis crudelibus, diis adulteris seruiens? itaque deinceps fuge, uirgo, 2 7 18
perituram. o necessarius timor, qui nihil aliud agit, nisi ut beatos efficiat; qui timet arte, non casu, uoluntate, non necessitate, religione, non 2 2 7
homines moribus, aetatibus, dicione ex una natura unum spiritum, unum efficis corpus. tu martyres gloriosos a confessione Christiani nominis nullis 1 36 30
furiosos, alios homicidas, alios adulteros, alios sacrilegos, alios auaritia efficit caecos. longum est ire per singula: uarias atque innumerabiles 1 38 6
quae nos adunatos, ex omni gente et natione collectos unum postmodum efficit corpus. 1 55
uanis uiolare conantur nec intellegunt miseri, quoniam curiositas reum efficit, non peritum. 1 50
uera sarmenta homines suscipit mortuos et inspiratos aqua caelesti mox efficit uiuos. lignum auxiliare, quo tenditur uel portatur, crucis est 2 11 4
quemquam, nisi primo quis uictor mortis iura praetereat. quae res efficit, ut siue metu siue incredulitate praeponantur praesentia futuris, mala 2 4 14
non tam imaginem suam quam eius, cuius est in usibus, gerit. denique tot efficit uultus, quot ille intrinsecus tristes seu hilares suos fecerit motus, 1 2 29
ueram nec ex sua ipsa uoluntate noscentes, quod pati nolunt libenter efficiunt; qui profanae libidinis detestabili furto distracti, turpibus iam non 1 1 13
sed cura, quam paucis accipite. iram dei generaliter comminantis qui uult effugere, debet illi inculpate seruire. 1 10a
quorum os maledicto et amaritudinis plenum est; ueloces pedes eorum ad effundendum sanguinem; contritio et miseria in uiis eorum et iter pacis non 1 3 11
praecedit, necubi crimen excuses. per mare ambulas; *ueloces pedes tuos ad effundendum sanguinem* dextra laeuaque in se refugiens unda testatur. 2 16
ut semper uobis aqua sufficiat, hoc ante omnia scientes, quia hanc nec effundere licet nec rursus haurire. 1 12
ut semper uobis aqua sufficiat, hoc principaliter scientes, quia hanc nec effundere licitum est nec rursus haurire. 2 14
dimittimus, sed pudoris sanguinem retinemus, quem ambitiose plerumque effundimus, cum in persecutione pro nomine domini diabolum moriendo 1 3 21
nihil se profecisse cognoscit, omnem impietatis suae rabiem in filios eius effundit. nam cum solito more unanimes una epularentur in domo, subito 1 15 4
quod est baptismum atque martyrium, spiritale corpus spiritalis feminae effunditur, ut legitime Adam per Christum, Eua per ecclesiam renouaretur. 1 3 20
autumnus quoque martyrii locus est, in quo non uitis, sed fossoris sanguis effunditur, ut uita beata pretiosae mortis uindemia comparetur. dies uero 1 33 3
non inferior longae uitae transactis cursibus †pius aut filius ederit partus effusione perciperet†. sed utrisque <aetas> ademerat spem sobolis: pignus 1 43 1
saltem coercentis uoce comprimitur, sed eo magis ac magis instat, donec effusione sanguinis conceptum piaculum duplicetur. miratur orbis uacuus 1 4 9
caritatis. tu specialiter omnem populum diuinasque uirtutes quasi crines effusos in unius uerticis nodum, honorem decoremque conducis. felix 1 4 22
et apostolus sic: *quemadmodum reuertimini rursus ad ea, quae infirma et egena sunt elementa?* ascendentes uero sunt iusti, qui probis moribus per 1 37 12
uirtutem; quem cupidum semper horrueris, stupeas passim in pauperes et egenos sua bona uniuersa fundentem; postremo quem noueris idolatriae 2 29 3
ait, qui cognitum *deum non quasi dominum honorauerunt neque ei gratias egerunt, sed uanis persuasionibus cogitationes eorum abductae sunt et* 1 35 6
de ceteris membris: *sepulcrum patens est guttur eorum, linguis suis dolose egerunt, uenenum aspidum sub labiis eorum, quorum os maledicto et* 1 3 11
eremo aquam de petra bibisti, manna de caelo gustasti, ut, cum esses ad egestatem postmodum deuolutus, praeteritorum bonorum recordatione 1 9
bona atque perpetua exuberant passim. certe, quod primum est, nemo eget, nemo inuidet, nemo furatur, nemo rapit, nemo proscribit, nemo 1 5 18
fugienda cognoscat. 'ore tuo te, inquit, Christiane uicisti. inde est, quod et ego aeternam uitam me possidere contendo, quia specialiter anxiam curam 1 3 8
cum eo. nam et deus per Ezechielem prophetam loquitur dicens: *ecce ego aperio monumenta uestra et educam uos de monumentis uestris et* 1 2 12
edictum, quo et uiuaciores fuere homines et rarissimi Christiani, cur ego Christiano orbe paene iam toto hominumque uiuacitate mundo 2 7 5
aut uirtutes ex libris aut ex uirtutibus libros agnoscimus. sed quid ego diutius demorer in humanis, quasi sola isto affectu sint praedita? 1 36 15
recte homines appellatos, quibus dominus sanctum per spiritum dicit: *ego dixi: dii estis et filii excelsi omnes, uos autem sicut homines* 1 37 11
originalis perpetuitatis ac deitatis est una substantia, domino ipso dicente: *ego et pater unum sumus.* quod non utique sic ait, ut in unum duos 2 8 4
subicitur, per quem pater semper honoratur. denique inquit: *ego et pater unum sumus.* unde non diminutiua, sed religiosa, ut dixi, 2 5 10
cor meum uerbum bonum et cetera, et apud Salomonem hactenus dicens: *ego ex ore altissimi prodiui ante omnem creaturam.* cum haec ita sint, 2 8 2
non uultis, factis credite et cognoscite, quoniam in me est pater et ego in illo. constat ergo aequale esse, quod inuicem se capit cum spiritu 1 45 3
non uultis, factis credite et cognoscite, quoniam in me est pater et ego in illo, dictum significatione unica maiestatis et affectu indiuiduo 1 25 8
ad deum et, quale uelit illud sit, repente exstinguetur incendium. sed sic ego in rebus demoror prope sanis, quasi, quae uere exsecranda sint, iam 2 7 10
ingenio et doctrina uiri nihil certi libris ingentibus prodiderunt. sed ego non curem, de me quemadmodum quis iocetur. non enim in ecclesia 2 1 1
hostis publicus aut certe iudicatur insanus, quisquis nuptias dissuaserit. at ego non pertimescam, sermonis publici quae de me fabuletur inuidia; non 2 7 2
felicitatis pristinae statum dissimulando non perdidit, sed mutauit. hic ego patientiam domini memorare non audeo, ne quam deus inter homines 1 4 19
quid hortetur, accipite. *uenite*, inquit, *qui laboratis et onerati estis et ego reficiam uos. tollite iugum meum super uos et discite a me, quia mitis* 2 9 4
te cogere, examinare, metiri ac discernere posse praesumis, hic tibi ego respondere non audeo, sit quippe cum tutius imperium uideri quam 2 3 15
autem innuptis et uiduis: bonum est illis, si sic perseuerauerint sicut ego; si autem non fuerint continentes, nubant: melius est enim nubere quam 2 7 2
suis, sed in hoc glorietur, qui gloriatur, intellegere et scire, quia ego sum dominus, qui facio misericordiam et iudicium et iustitiam super 2 1 5
meus, et loquar, Israel, et testificabor tibi, quoniam deus, deus tuus ego sum; et infra: *meus est orbis terrae et plenitudo eius. numquid* 1 25 1
deus hominem ad imaginem et similitudinem dei), et alio loco dicat: *ego sum qui sum et non demutor.* cum hoc ita sit, homo quemadmodum 1 27 2
deus hominem ad imaginem et similitudinem dei), et alio loco dicat: *ego sum qui sum et non demutor.* cum hoc ita sit, homo quemadmodum 2 30 2
Iob uerax est appellatus; at est uera ueritas dominus, qui ait in euangelio: *ego sum uia et ueritas.* Iob diues fuit; et quid ditius domino, cuius sunt 1 15 7
clarissima oracula uiam, uerum Christum dominum, prodiderunt, qui ait: *ego sum uia et ueritas.* illorum profugus populus per mare rubrum dextra 1 46b 2
est potestas in caelo et in terra, nomini eius noua a deo suo, ipso dicente: *ego te clarificaui in terra; opus perfeci, quod dedisti mihi, ut facerem. et* 2 5 4
mortalibus. nam neque cum ingreditur corpus neque cum de corpore egreditur, a quoquam conspicari potest tantumque potestatis habet, ut, 2 30 3
nam neque cum ingreditur corpus nostrum neque cum de corpore egreditur, a quoquam deprehendi potest tantumque potestatis habet, ut, 1 27 3
competentibus temperata, in panes azymos reddita. hi, quos uidetis, egregia coctura suaue redolentes, qui excocti sunt non furno, sed fonte, 1 41 2
amplum qui habuit censum, exiguum non habet tumulum; quos prophetes egregius hactenus increpat dicens: *quid profuit nobis superbia aut quid* 1 5 9

et alia exempla et quidem certiora. primo in libro Regnorum Samuel, egregius ille sacerdos, mortis iam lege dispunctus Sauli regi se desideranti 1 2 8
suam in pecorum morte constituunt, cum deus, posteaquam de Aegypto egressi sunt, ubi imaginarium pascha gesserunt, dicat: *plenus sum* 2 25 1
maturo, diuinitatis interim dignitate deposita, non tamen potestate, caelo egressus metatura praedicta sacrario templi uirginalis hospes pudicus 2 12 1
uidi iustum derelictum nec semen eius quaerens panem; et iterum: *diuites eguerunt et esurierunt, requirentes autem dominum non minuentur omnibus* 2 1 20
se aestimat inueniri; cui securitatis profectus est nullus, etiam si contingat ei accusatore carere, teste conscio, cum se ipso carere non possit, quia 2 10 1
uultibus uestit alienis, hoc futura, non quod natura praestitit, sed quod ei ad examen speculi arbitrium temporale dictauerit. nunc emendat, nunc 1 1 10
laus uestra laudi pudicitiae; illa enim uobis exhibet sanctitatem, uos ei amorem. per hanc attingitis Christum, immo illa per uos uobiscum 1 1 4
omnia elementa mundi cum animantibus suis eius potestati subiecit, qui ei annos, tempora, menses, noctes ac dies clarissimosque duos regalium 1 36 28
contendit scius in ipso se habere quod uiuit; denique adimitur ei ortus, si ei auferatur occasus. luna quoque, quae uere rationis humanae omnia in se 1 2 18
portabis; quod enim naturae est, de loco ad locum transferri potest, ei autem subtrahi non potest. denique aurum argentumque, penitus quod 1 14 3
et deus in illo manet — , tunc demum, fratres, caritatem per semet ipsum ei condigne reddemus, quia facta commutatione quod eius est fit pro 1 36 21
digiti. at plerumque cum sua sibi industria fenerator etiam ipse nudatur, ei cum casu aliquo fraus, inopia, fuga, mors extorserint debitorem. 1 5 12
magna. similaginem conspargit, uitulum laniat. post haec promittitur ei de legitimo matrimonio filius de fide, non de aetate. concepit Sarra, 1 62 2
itaque si homo mortuus in aeternum perit, ergo mentitus est dominus, qui ei deinceps nihil futuro paradisum repromisit. sed et homo ipse, quem 1 2 11
in rebus, si cupit esse perfectus, debet esse constructus. si quid enim ei ex his defuerit, perfectionem sui operis non habebit. unde primo 1 36 2
autem deus pater omnipotens, ut, quomodo isto in terrestri domicilio ei gratias agimus, ita in caelestibus regnis uberiores sanctis cum omnibus 2 6 11
quoque ait, qui cognitum *deum non quasi dominum honorauerunt neque ei gratias egerunt, sed uanis persuasionibus cogitationes eorum abductae* 1 35 6
est, naturam creare extra naturam, nihil prorsus habere difficile solumque ei hoc deesse quod nolit esse; haec est enim proprietas dei, id operari quod 1 2 16
in poena est. cum autem mors, quae putatur metuenda, gustatur, tunc ei in aeternum manentis gloriae beatis in sedibus nullas deinceps aerumnas 1 2 32
patri lacrimas persuasit, sed exsultat et gaudet. nec timuit, ne parricidium ei inputaretur, sed magis ut deuotioni pareret, laetabatur hoc iussisse 1 43 4
concepit in utero, ecclesia corde concepit, illa semine, haec uerbo. haedus ei mittitur, temptationis uidelicet signum; etenim iustitiam qui sequitur, 1 13 11
consistat, cui uel maxime debeatur: utique illi, qui hominem fecit, qui ei munus perpetuae caritatis similitudinem suam tradidit, qui orbem terrae 1 36 28
ullo opere in toto non esse praeconat. etenim plerumque contingit, ut ei nascatur sabbatis filius, quem octauo die, id est ueniente sabbato, si non 1 3 3
eo amplius requirendum quam ut quis eius nouerit uoluntatem, sine qua ei nec legitime seruire poterit nec placere. ceterum prouidentis dei de deo 1 54 1
suas atque hoc Thamari nuntiaretur, quae Selom uiderat maturum ei nec tamen nupserat, uestem uiduitatis exponit, aestiualia induit, semet 1 13 2
adhuc quispiam dicat: 'cur ipse quoque signaculum carnis accepit, si ei necessarium non fuit?' huius propositionis quae sit ratio, fratres, 1 3 17
non sperat fructum? quid ratem profundo gurgiti nauta committit, si ei numquam lucrum, numquam portus desideratus occurrit? quid miles 1 36 3
semper suum et uereretur et ueneraretur artificem. post haec subiecit ei omnia bona mundi et quia erat iam sapientia conditus, sensibus stipatus, 2 4 5
ad perfectionem perducere nullis rationibus possunt. si ex credulitate, non ei opus est ulla interpretatio, quia sicut semel creditur, ita semel ex eo 2 3 9
cognatae contendit scius in ipso se habere quod uiuit; denique adimitur ei ortus, si ei auferatur occasus. luna quoque, quae uere rationis humanae 1 2 18
non desinit, ut summam quaerat, non quam commodatio dedit, sed quam ei pepererint armati numero dies, menses et digiti. at plerumque cum sua 1 5 12
praeda morborum? postremo iacentes reliquias mors uindicat sibi, insuper ei poenas gehennae paritura. tunc carnalis mimus ille finitur exsanguique 2 4 16
amplectitur; non fallit, quia fidem ipsa custodit; non ulla re indiget, quia ei praeter quod est nihil est necessarium. haec rura, urbes ac populos 1 36 12
uobis, quia publicani et meretrices praecedunt uos in regnum dei. haedum ei promittit, id est, quae sit peccatori peccati merces, ostendit. quam 1 13 9
uenientis nouelli populi imaginem depingebat, Thamar ecclesiae, quae ei recte nupta non est, quia Christo ueniente baptismatis spiritali unda in 1 13 7
praecipitantur in quaestus, nec quisquam prorsus inueniri potest, qui ei saltem uel uno momento iustitiae frenos inponat. inquieta semper 1 5 1
non inpudicitiae, sed futuri scilicet indicii negotium procurauerat, dicitque ei bene concepturn, cuius monile, anulum teneret et uirgam. qua re 1 13 3
tunc reliquit eum diabolus et ecce angeli accesserunt et ministrabant ei. unde dubium non est unum esse iter aerii culminis angelis lucis et 1 37 13
ante hominem bonum et nequam, mors et uita; quod elegerit, hoc dabitur ei. unde dubium non est uoluntatem nostram, cui se iunxerit parti, 2 4 18
eia, fratres, quos beatae sitis exoptatus ardor incendit, cupiditate ac 2 14
eia, fratres, quos beatae sitis exoptatus ardor incendit, quos nectarei fluenti 1 12
eia quid statis, fratres, uestram quos per fidem genitalis unda concepit, per 2 28
tristitiae gemitu edes ex ea omnibus diebus uitae tuae; spinas et tribulos eiciet tibi et edes pabulum agri; in sudore uultus tui edes panem tuum, 1 2 30
sensibile atque intellegens; sumpto quippe *limo terrae hominem figurauit* eique animam, qua spiramus, infudit e proprio fonte spiritus sui. cui ab 2 4 4
quippe cum non sit unum hominem tantum e limo terrae a deo finctum eique eius ex latere mulierem coniugale solamen excussam, a quibus omne 2 4 1
se diabolo dediderunt). sin uero pacifica et salutaria, profecto laetaberis eique tanto pro nuntio morigera coniux pacem si non ingeris, nec negabis. 2 7 16
quis enim haec exquisiuit de manibus uestris?. utique, fratres, incunctanter eis ademit pascha, qui id, per quod ab eis pascha geritur, reprobauit. 'at 2 25 2
spiritalem quoque numerum conuenire. denique nec inrorati camini eis baptismatis defuit gratia. o admirabile incendium! o uere spectaculum 1 22 2
auribus cordis a pueris disce uirtutem. sed uide, ne aestimes falsum, quod eis cessit incendium. ueritatem ratio protestatur. qui nunc in se credentes 2 27
inter illos discrimen ullum nec quicquam suum ex bonis putabant, quae eis erant, sed erant illis omnia communia, sicut dies, sol, nox, pluuiae, 2 1 18
recte deus irascitur dicens: *nolite ambulare post deos alienos, ut seruiatis eis, et ne adoraueritis eos, ne quando incitetis me in operibus manuum* 1 25 4
integer horum denique uasis semper in plenis manebat status quantumque eis impensae diurnae necessitas dempserat, tantum rediuiua fecunditas 2 1 20
utique, fratres, incunctanter eis ademit pascha, qui id, per quod ab eis pascha geritur, reprobauit. 'at imaginem colunt.' nec ipsam quidem, 2 25 2
perdidit diem, terra tremore nimio firmitatem. hinc aestimare licet, quid eis sit reseruatum, quorum in causa funerei luctus poenae pertulit natura 1 47
possit implere, quod gerit. qui ad se ueniunt, professionem credulitatis ab eis solam ideo, quia eorum fidem uidere non potest, exigit. quam si abesse 2 3 3
fuere responsa. si terribilia, consternata metu forsitan ipso cessante illicita eis uota donabis (quod maritis etiam sub fidelibus multae fecere peiores, 2 7 16
spiritus sancti conceptione, insita fit ante fecunda, ut, cum dissolutionis eius ac legitimae reparationis tempus aduenerit, suo semini respondens iure 1 2 26
ipsa necessitate etiam inpudicorum pudica fiunt membra. age nunc, eius aemulae rabiem breuiter etiam ex ratione nominum publicemus, ut 1 1 6
passa quasi nihil passa sit inuenitur. postremo impossibile est, fratres, eius aestimare uirtutem, cuius uinci uictoria est. non illam loco uis ulla 1 4 3
uictoriam. non enim conabitur in dicionem redigere suam, quae esse eius ambiuit ancilla? in domo denique quae geruntur, sed et ipsis in fanis, 2 7 13
principium. hic est, quo similiter, uerum tamen semel, amore hominis sui eius artifex deus et dominus noster occidit et exortus est rursum, 2 19 2
una moneta signati; et scala duos scapos habet et gradus plurimos, sed eius ascensus est unus. gradus autem eius, fratres dilectissimi, si uultis 1 37 14
fallat. pudicitiae nominis sonum post se trahit, sed quos fructus habeat, eius auctor ostendit. discurrit quippe uesana per populos hominumque 1 1 6
amore, qua deuotione festinet. si quis eam prouocat in iudicium, ut eius auferat tunicam, libens illi pallium quoque concedit; maledicitur et 2 1 13
stupens unda solidatur. dei populus nauigat plantis. mira res! iter eius barbaris uehementer urguentibus nec eques potest sequi nec nauis. 2 26 1
in corpore infirmitas nasceretur aut humanus exitus contingeret, uix in eius casibus pater uiuere potuisset, si annis teneris moreretur. hic igitur 1 43 3
quia tantus est et talis. et homo curiosus cor suum extollit conaturque eius comprehendere altitudinem, cuius non sequitur humilitatem! sequitur 2 9 4
caritatem, omnes artes omnesque uirtutes, ipsa quoque elementa eius constare non posse sine eruditione uel freno. est enim matura semper, 1 4 1
uultis scire, quod malum sit? in ipso fructu suo etiam ipse se odit. uenenis eius cotidie totus exaestuat mundus pestiferisque uoluptatibus ita corrupta 1 36 27
tractatus dicere coeperimus, erit profecto nec nostra nec sua, sed nec eius, cuius esse dicetur, quia tractatus fidem cum astruit, ex eo ipso eam, 2 3 6
intuentis plenitudine grauidatum, quod non tam imaginem suam quam eius, cuius est in usibus, gerit. denique tot efficit uultus, quot ille 1 2 29
sui obstinati cordis impatientia superauit. non enim leue crimen est eius, cum de eo ille queritur, qui mox eum poterat et punire. sed quia 1 47
ut fieret, filius, utpote *dei uirtus deique sapientia*, omnia illa opere mirifico eius cum dicto compleuit. hunc curiosi opinationibus uanis uiolare 1 50
transtulit dextram semper laetatus et gaudens nec mutatus est uultus eius, cum esset uictima commutata: cum tanta laetitia arietem obtulit, cum 1 43 7
qui parcit uenefico, homicidae, adultero, incestatori, sacrilego, nisi eius curauerit mentem, non uideo, quid illi praestiterit. o liberatoris nostri 2 24 2
timent et quantum sciunt dominum non esse mendacem, tanto propensius eius de pietate praesumunt statimque actus ueteris uitae damnantes pro 1 34 9
non sinit pondus. uerum tamen ne in toto solemnitas cesset, paucis eius degustate sermonem. uinea dei quidem prior synagoga fuit, siluosis 1 10b 1
cognoscat puer bonum aut malum. quod signum ex prodromi quoque eius designatione dilucidauit alio loco his uerbis: *ecce mitto angelum meum* 2 8 7
adimit peraequatio. at cum omnes omnino memorati omnesque felices eius dono sint tales, contumelia est laudare dominum, cuius condigne 1 4 19
commercio nationibus necessaria subministrat. potentiam, fratres, cito eius edicam. quicquid locis natura negauerit, caritas reddit. haec coniugalis 1 36 13
tantis nihil se profecisse cognoscit, omnem impietatis suae rabiem in filios eius effundit. nam cum solito more unanimes una epularentur in domo, 1 15 4
signum: ecce uirgo in utero accipiet et pariet filium et uocabis nomen eius Emmanuel. butyrum et mel manducabit, priusquam cognoscat puer 2 8 7
quem scit operibus suis esse contrarium. diaboli est sane mancipium; eius enim possidet regnum. nam deos ipsa genuit, ipsa intulit mundo, per 1 1 11
uiderat, sed de apostolis, quos uidere optabat. et iterum: *texit caelos uirtus eius*, eo quod apostolos ad mirabilia facienda spiritus sanctus obumbrauit 1 61 3
cursu mutationibus diues, nulla statione contentus, quia inmortalitas eius est cursus. uerum currat an recurrat, ambiguum est, cuius praeteritum 1 26
uarietas ista regni, a legis conditore homini a deo assumpto iustisque eius est deputata rebus dispositis, non deo, non sempiterno rectori, maxime 2 5 6
per semet ipsum ei condigne reddemus, quia facta commutatione quod eius est fit pro partibus nostris. sequens est, ut etiam proximos eo affectu, 1 36 21
lubricitas nec annis senilibus temperatur; ideo nudus, quia uoluntas eius est turpitudo; ideo pennatus, quia in quaecumque conceperit uelociter 1 36 25
ex ouibus et ex haedis, inter pecora non potest inueniri. dies festi eius et cantica secundum dei uocem in planctum et luctum illi profecerunt. 1 28 2
a te, nisi ut timeas dominum deum tuum et ambules in omnibus uiis eius et diligas eum et custodias praecepta eius ex toto corde tuo et ex 2 2 4
monitis, adgressuram hominem passum latrocinio diaboli angelorumque eius et huius mundi in *stabulo*, id est in ecclesia, quo pecora diuina 1 37 10
diuitiarum sapientiae et scientiae dei! quam inenarrabilia sunt iudicia eius et quam inuestigabiles uiae eius! quis enim cognouit sensum domini? 1 34 2
bonum semen in agro suo; dormientibus autem hominibus uenit inimicus eius et superseminauit zizania in triticum. at fortasse adhuc quispiam dicat: 1 2 28
in suo agro bonum semen; dormientibus autem hominibus uenit inimicus eius et superseminauit zizania in triticum. quae necessario radicitus 1 3 22
et agnos abhorret dominus: unde sacrificant? deum dereliquerunt, altaria eius euerterunt: cui sacrificant? sane hoc solum proprium retinent, quod, 1 51
cum non sit unum hominem tantum e limo terrae a deo finctum eique eius ex latere mulierem coniugale solamen excussam, a quibus omne genus 2 4 1
tuum et ambules in omnibus uiis eius et diligas eum et custodias praecepta eius ex toto corde tuo et ex tota anima tua, ut bene sit tibi? uidetisne 2 2 4

talis ac tanta est, ut unicuique homini sua non ab alio commodetur, sed eius ex uoluntate nascatur. ceterum si, ut quidam putant, docentis pendet 2 3 1
dei famulum posse deprehendi; quem beati propinquus martyris, qui in eius forte degebat habitaculo, absentem esse assiduis uocibus inclamabat. 1 39 4
scapos habet et gradus plurimos, sed eius ascensus est unus. gradus autem eius, fratres dilectissimi, si uultis scire, quid uocentur, audite: conuersio, 1 37 15
suam uoluntarie praeiudiciis excusauit. cui cum prouinciae rector pristinae eius fugae ueniam sub pactione promitteret, si se uel sero nefandis 1 39 5
nihil proprium derelinquens, nisi quod fideliter sine ulla iactantia eius fungitur uoluntate. est autem in publicum tota prominens atque 2 1 11
ueniente baptismatis spiritali unda in gremio renatus ecclesiae filius eius futurus fuerat, non maritus. Iudas amittit uxorem, id est synagogae 1 13 7
agnoscite pariter et probate. Iudaei maiores suos Pharaonis exercitusque eius graui seruitutis iugo depressos de Aegypto praedicant liberatos. a 1 46b 1
a proelio et secedendo euangelicae iussionis animaretur exemplo. ecce in eius hospitium uelut in hostilem praedam grassantium satellitum praeceps 1 39 4
animabus uestris. deus noster, fratres, humilis corde est et ineffabilis eius illa sapientiae ac uirtutis potestas intra hominem susceptum iacet, 2 9 4
quemadmodum portauimus imaginem eius, qui de limo est, portemus et eius imaginem, qui de caelo est. quam qui sancte portauerint, sicut apostoli 2 30 4
una epularentur in domo, subito concussis toto nisu quattuor angulis eius in confusam molem parietibus tectisque labentibus illam sanctissimam 1 15 4
cornu iam non spirat unguenta. dies festos in luctum et cantica eius in lamentationem conuersa prophetae testantur. tauros, arietes, hircos 1 19 2
et uetera. scriba, fratres, est praedicator, *pater familias* Christus, *thesauri* eius indeminutae deitatis paterna substantia paternaque uoluntas, *noua et* 1 37 9
et uirtute et dominatione *ponantur omnes inimici eius sub pedibus eius inimicaque destruatur mors.* hi autem ad principalem uim retulerunt, 2 5 7
Petrum: *mitte hamum in mare et piscem, qui primus ascenderit, aperto ore eius inuenies duos denarios: da pro me et pro te.* piscem primum a mortuis 1 37 5
sicut lectio diuina testatur, in Aegypto a Pharaone populoque eius Israel dei populus captiuitatis ingenti iugo acerrime premebatur. hunc 2 26 1
quod licitum est. sicut enim in simplici corde scrutanda sunt testimonia eius, ita curiositate non sunt inquietanda secreta. *quis enim causas* 1 34 1
somnus uero passionem. mare autem mundus est iste tumidus; fluctus eius Iudaeorum populos et *gentes* accipimus, qui aduersus deum inaniter 1 34 8
ac fragilis esse cognoscitur. ideo lineamento puerili depingitur, quia eius lasciua lubricitas nec annis senilibus temperatur; ideo nudus, quia 1 36 25
prior uir consummatur in cruce atque eo feliciter soporato similiter de eius latere ictu lanceae non costa diuellitur, sed per aquam et sanguinem, 1 3 20
et regni eius non erit finis. Salomon in Sapientia similiter dicit, cum de eius loquitur seruis: *et si coram hominibus tormenta passi fuerint, spes* 2 5 6
ultra morem diabolus pugnat, sed Iob dissimulando plus pugnat. ille eius magnum atque opulentissimum censum uno momento disperdit 1 4 18
sed non opus est ire per singula, cum uno exemplo noscantur uniuersa eius mala, propheta dicente: *idola gentium argentum et aurum.* unde 1 14 4
dedit sibi ipse principium; solus ante omnia et post omnia, quoniam in eius manu inclusa sunt omnia; ex se est quod est; solus sui conscius, 1 7 3
quod mira prouidentia chaos ipsum ut chaos non esset effecit, quod eius membra discreuit, ratione disposuit, coloribus decorauit, determinauit 1 7 2
expetit pignus, magis illo contenta quam praemio accepitque ab eo eius monile, anulum, uirgam; tumque negotio confecto, conceptu signata, 1 13 2
ut arbitror, memorandum, quod optaueris compescendum, maxime cum eius natura sit talis, ut numquam moretur in propriis, sed in publicum tota 1 4 11
quam inuestigabiles uiae illius! quis enim cognouit cogitationem dei? et tu eius naturam quaeris? sed et alio loco hoc, quod agitur, euidenter 2 3 17
rerum natura, quae non erat, fingeretur, prodiuit unigenitus filius, cordis eius nobilis inquilinus exinde uisibilis necessario effectus, quia orbem terrae 1 50
'at imaginem colunt.' nec ipsam quidem, quia falso colit imaginem, qui eius non diligit ueritatem. sane hoc solum competenter gerunt, innocentes 2 25 2
uere, fratres carissimi, cor eius non dormit, qui huius somnium secretaque cognoscit. prophetia 1 37 1
Dauid patris sui et regnabit super domum Iacob in saecula et regni eius non erit finis. Salomon in Sapientia similiter dicit, cum de eius 2 5 6
diuinae pietatis munus acceperit, uetustae legis gesta testantur. Sarra uxor eius non inferior longae uitae transactis cursibus †pius aut filius ederit 1 43 1
negotio, fratres dilectissimi, nisi quis ante personam noscat et rationem, eius non potest nosse ueritatem. haec enim res et fecit et facit, ut Iudaeus 1 25 1
cognoscatur, faciem uelamine obscurat: necessario, quia adsertor pudoris eius nondum uenerat Christus. non cognoscitur a socero: ad Iudaeos enim, 1 13 9
populorum. hic est, cui *data est potestas in caelo et in terra*, nomini eius noua a deo suo, ipso dicente: *ego te clarificaui in terra; opus perfeci,* 2 5 4
non nosse nisi deum nihilque ex eo amplius requirendum quam ut quis eius nouerit uoluntatem, sine qua ei nec legitime seruire poterit nec 1 54 1
deus, deus tuus ego sum; et infra: *meus est orbis terrae et plenitudo eius. numquid manducabo carnes taurorum aut sanguinem hircorum* 1 25 1
uarie caeca prorumpat, uicta sit autem, si dissimulatio celebritatem eius obscuret. nunc ad patientiae reuertamur uirtutem, quae maioribus 1 4 11
uel qualibet facillime deleatur iniuria. ecce procuratores uel gubernatores eius oculi aliquo ictu exstincti subsidunt. nonne cadauer est uiuum? ecce 2 4 15
sustollat. at ubi adoleuerit in uitem perfectam ad iugumque peruenerit, eius omnes crines luxuriosi falce tonduntur, pura materia tabulatis infertur, 2 11 2
omnisque natura, beatissimo Dauid dicente: *domini est terra et plenitudo eius, orbis terrarum et uniuersi qui habitant in eo?* Iob diabolus ter 1 15 7
non esse contrariam, doce omnia, quae canit, esse credenda. ceterum si eius partem probes, reprobes partem, quomodo per hanc fidem quaeris, 2 3 13
si hac necessitate opus esset illi, qui in sinu patris commanens uoluntatis eius perfectionem non didicerat, sed habebat. igitur orbe perfecto 1 56 2
orbem terrae donauit, qui omnia elementa mundi cum animantibus suis eius potestati subiecit, qui ei annos, tempora, menses, noctes ac dies 1 36 28
fidei, professione deo, factis saeculo seruientes. uolunt nosse legem, nolunt eius praecepta seruare. signum salutare uenerantur et tamen a mysteriis 1 35 5
praestaturus. quantum datur intelligi, fratres, nauis typus est synagogae: eius proretam sacerdotale corpus accipimus, nautas scribas et pharisaeos, 1 34 7
adolescentior fui et senui et numquam uidi iustum derelictum nec semen eius quaerens panem; et iterum: *diuites eguerunt et esurierunt, requirentes* 2 1 20
nitantur, tamen tres sunt quodam modo principales. e quibus duae eius, quem cupiant deprauatum, simulant se esse cultrices. una denique 2 8 1
patre, sed ex concupiscentia saeculi. et mundus transibit et concupiscentia eius. qui autem fecerit uoluntatem dei, manet in aeternum, quomodo et 2 4 12
Paulus euidenter prodidit dicens: *quemadmodum portauimus imaginem eius, qui de limo est, portemus et eius imaginem, qui de caelo est.* quam qui 2 30 4
exserit equidem ferrum et armata dextra subleuat manum, sed uox eius, qui eam uictimam postulauerat, contradicit: 'respice retro, dixit deus, 1 43 6
sacram legem qui spiritaliter accipit, fratres, iste est, eius qui fructu lactatur. Iudaei etenim cum carnaliter sentiunt in 1 8 1
quam si Iudaeus aestimat gloriam, ut de ceteris taceam, maior est eius, qui in honorem deae suae — sane anus turpis atque amatricis — non 1 3 2
haec miranda, inenarrabilis illa, propheta dicente: *natiuitatem autem eius quis enarrabit?*. cur autem sit inenarrabilis, patre loquente noscamus; 2 8 2
dei! quam inenarrabilia sunt iudicia eius et quam inuestigabiles uiae eius! quis enim cognouit sensum domini? non enim in horum inquisitione 1 34 2
aurum, pro quo quis aut iugulatur aut iugulat. uellem scire tamen, tanta eius rabies quid uoluptatis habeat, suo cultori quid praestet. febrem non 1 5 16
his uerbis propheta testatur: *deus sicut ignis ueniet et sicut procella currus eius retribuere in ira uindictam.* 2 12 4
eam et qui habet diligit, et qui non habet diligit. si ergo exsultat gloria eius saepe in gentibus (quamuis illic fructuosa uel uera esse non possit, 1 1 3
in fratris Cain anhelat exitium et deo ante negotium parricida est; nec eius saltem coercentis uoce comprimitur, sed eo magis ac magis instat, 1 4 9
uersatur), quanto magis debet esse gloriosior in populo Christiano, qui eius sanctificatori inuiolabili deseruit deo? nam si *ecclesia* ideo *Christi* 1 1 3
Susanna ad supplicium immerens trahebatur, iam totus populus in eius sanguine tumescebat, iam sui quoque familiares nouae rei atrocitate 1 1 19
quae militant aduersus animam, nec uestrum frangat affectum, quod eius secretum figuramque nescitis; quam si propterea contemnitis, quia non 2 4 17
saeculorum diuersa mensura conterendo innouat spatia, et tamen eius semper orbita est una. qui nos admonet, fratres, passionis 1 26
compellis, scriptum quippe cum noueris: *omnis caro fenum et gloria eius sicut flos feni?* cuius si curam geris, pecuinam te esse cognoscis. an 2 4 15
qui est inuisibilis, contemnere similiter poteritis. qui enim non diligit eius similitudinem, sequitur ut oderit ueritatem. inde est, quod stulti 2 4 17
ac mitis uos admonet uitulus, ut nulla ullo in opere captantes auguria, eius sine malitia succedentes iugo terramque uestrae carnis domando 1 38 3
aequalitate pares, passionis uictoria gloriosi. hos barbarus rex, quod eius statuam adorare contempserint, incendi praecepit. qui ubi iactati sunt 1 53 1
principatu et potestate et uirtute et dominatione *ponantur omnes inimici eius sub pedibus eius inimicaque destruatur mors.* hi autem ad principalem 2 5 7
denique regium illud templum campis aequatum iacet. altaria dei eius subuersa manu cum suis sibi sacrificiis sparsa in puluerem uanuerunt. 1 28 1
manducauerit de carne sacrificii salutaris, quod est domini, et inmunditia eius super ipsum est, peribit anima illa de populo suo. haec, fratres, sicut 1 25 12
ingrediens sponte uitae reptantis praeuiis lacrimis auspicatur. non mater eius tanti partus pondere exhausta totis pallens iacuit resoluta uisceribus. 1 54 4
eius sicut flos feni? cuius si curam geris, pecuinam te esse cognoscis. an eius uirtutem diligis? frangit ac subigit illam quiuis dolor. an 2 4 15
laudem ponis, quantam in finiendis. tu uirginitati praestas, ne flos eius ullo morbo, ullo tempore deflorescat. tu uariarum semper in 1 4 20
utique testamenta, quae ideo materiae ligni sunt comparata, siue quod in eius usu et perpetuo et tutius maneat testatoris uoluntas inscripta, seu 1 37 8
sui uidua permanens nuptias maturas exspectet. cum res sic se haberet, eius uxor moritur. qui consolatus cum ad oues tondendas pergeret suas 1 13 2
obstetricis incredulae periclitantis enixam in testimonium repertam eiusdem esse uirginitatis inceditur manus. qua tacto infante statim edax 1 54 5
deae suae — sane anus turpis atque amatricis — non paruam cutem eiusdem membri, sed ipsum membrum radicitus abscisum mysteriis 1 3 2
non est uoluntatem nostram, cui se iunxerit parti, praebere uictoriam eiusque in resurrectione aut praemio perfrui perenni aut consimili poena 2 4 18
genus est inuisibilis incomprehensibilisque uelle opinari secretum eiusque interna discutere, cuius extraria nequeat suspicari, quia deus hoc 2 8 3
facta in spolationem carnis, sed circumcisione domini nostri Iesu Christi, elaborate, ne uestra integritas mutiletur, ne ingruentium peccatorum 1 3 24
accepimus templum luculento opere fuisse constructum atque ita elaboratum, ut nesciret inspector, in eo quid potissimum miraretur: 2 6 2
e manibus oculis patentibus perdiderunt: dei, cum stultam putant, quod elaboret — dispendio suae, non dicam facultatis, sed etiam, si opus sit, et 2 1 3
unum tamen scio, quia nullus est nostrum, qui non momentis omnibus elaboret, ut plus habeat, quam habebat; quod cum nititur, auaritiae utique 2 1 16
exaltatio nullos fructus inuenit et oculorum extollentia de alio in aliud elata quicquid uiderit mobilitate fugaci statim deperdit. dehinc sequitur: 2 9 5
altitudinem, cuius non sequitur humilitatem! sequitur ac dicit: *neque elati sunt oculi mei.* oculorum peior est causa, quia exaltatio cordis ad 2 9 5
peior est causa, quia exaltatio cordis ad paucos pertinet, oculorum elatio ad omnes. de quibus Iohannes discipulis quid praedicet, omnibus est 2 9 5
humiliatur et, qui se humiliauerit, exaltatur. animae enim depressio cor elatum est, cor cohibitum promotio est animae. huius rei testes sunt nobis 2 9 8
hoc putantur in saeculo. at *cum addidit: super me*, ostendit numquam se elatum fuisse, cum posset. nulli enim facilius efferuntur, nisi quos inopinati 2 9 6
armatur; libratur ad ictum uulneris securus animus, sed securior manus; elatus in immolandum gladius uibratur nec puerum mors uicina contristat, 1 59 7
promittit, fallit, dat, tollit; nunc tristis, nunc hilaris, nunc humilis, nunc elatus, nunc ebrius, nunc ieiunus, nunc accusator, nunc reus; iocatur, ludit, 1 36 26
cui haec est conparanda confessio? Maccabaeorum est iungenda numero, Eleazari est adaequanda proposito, conparanda consilio. Archadius 1 39 9
nunc alteris uideatur ingestus. unde reiectio Iudaeorum est aliarum electio personarum, quia, cum alteris, ut uerbum dei audire debeant, 1 61 1
nec firmum, quod habet statum semper incertum, quippe cum unius electio sit alterius reprobatio. uel si omnes omnino amplectendae sint, ut 2 3 7
est ex diuina uoluntate securitas. qui cum hostiam prouidet, cuius loco electus fuerat, requirebat. sed traduntur tenerae adhuc uinculis manus [et], 1 59 6
propheta dicente: *ante hominem bonum et nequam, mors et uita; quod elegerit, hoc dabitur ei.* unde dubium non est uoluntatem nostram, cui se 2 4 18
blanda demonstrat praemium, demonstrat et gladium, unicuique, quod elegerit, tributura et ut iure possit implere, quod gerit. qui ad se ueniunt, 2 3 3

utique filios Israel dominus genuit, qui Abraham, unde nascerentur,	elegit. hos in Aegypto genuit, ubi ingressis paucis hominibus innumerabilis	1	61	7
aut anima, conscientiae suae conscium solum contestans deum honestam	elegit mortem quam uitam turpem, melius credens hominibus se ream	1	1	18
sic: *quemadmodum reuertimini rursus ad ea, quae infirma et egena sunt*	*elementa?* ascendentes uero sunt iusti, qui probis moribus per gradus	1	37	12
tanta est enim fidei uirtus tantaque potestas, ut cultoribus suis etiam ipsa	elementa contra suam naturam famulari compellat. unde, fratres,	1	31	
concordiam, caritatem, omnes artes omnesque uirtutes, ipsa quoque	elementa eius constare non posse sine eruditione uel freno. est enim	1	4	1
piaculum duplicetur. miratur orbis uacuus se duobus angustum; mirantur	elementa hominem, qui factus sit *ad imaginem et similitudinem dei*, posse	1	4	9
caritatis similitudinem suam tradidit, qui orbem terrae donauit, qui omnia	elementa mundi cum animantibus suis eius potestati subiecit, qui ei annos,	1	36	28
insatiabilis homo, et in detestabilis congestionis lucra letifera etiam ipsa	elementa nouis artibus coge! licet radient tibi pretiosorum lapidum	1	5	10
sed ignis columna per noctem iter pandebat ignotum. qui ut inter duo	elementa peruenit, ibidem praesentariae exitum mortis expauit. hinc enim	1	29	1
secreti naturae disquirere, qui uitae suae non possit reddere. non enim	elementa pulchrius aut uerius uerbis humanis asseri possunt, quam a deo	2	30	1
facilius caritate, quod singillatim nuda uix possunt superare uirtute.	elementa quoque ipsa, fratres, satis diuersa satisque repugnantia olim	1	36	16
ratio! o inaestimabilis gloria dei! sacramento trinitatis tam potentis	elementi subacta natura est. qui putabantur incendio exstingui, emicant	1	48	
futuri humani generis domum multipliciter aptatum distinctumque	elementis, opibus, animantibus, alimoniis utilitatibusque diuersis, magnis et	2	4	4
manente materia, interficit *hominem ueterem*, creat nouum, sacri gurgitis	elemento sepelit. et cum omnium aquarum natura sit talis, ut, cum in	2	10	2
fuerat etiam tardius adorari. ad cuius immanis ausi saeuitiam metuenda	elementorum forma mutatur et dei iniuriam prius prodit natura quam	1	59	9
deuincat, se primo uincit. non uirtutes possunt esse uirtutes, non perennes	elementorum status, non tempora cognata connexione in solemnes reditus	1	4	4
sedens super asinum nouellum, et iterum: *tollite portas principis uestri et*	*eleuamini, portae aeternales, et introibit rex gloriae*, et iterum magi: *ubi*	2	5	2
proditum libris famis tempore, quo totus passim populus moriebatur,	Eliae alimenta poscenti memorabilem uiduam ultimam uictus sui	2	1	20
quoque Petrus filiique Zebedaei cum domino adstare fulgentes Moysen	Eliamque, quos propter tunc impedimentum carnis uidere non possent,	1	2	9
intrare non nouit. per te saeculum uincitur, concupiscentia omnis	eliditur, diabolus subiugatur, Antichristus non timetur, spiritus sanctus	1	1	21
tument; altaria diuina cum uenerantur, euertunt; uaria caede prophetas	elidunt; Moysen amore nimio lapidare conantur; aduersus dominum	1	4	10
de populo suo infantis anima peritura est. hic, fratres carissimi,	eligat utrum uelit, circumcidat an differat. si circumcidit, sabbatum	1	3	4
quidem *licent, sed non omnia expediunt.* iam te hic, Christiane, cognosce,	elige quid uelis: remedium an sanitatem. denique si uidetur, conferamus,	2	7	2
omnia bona mundi et quia erat iam sapientia conditus, sensibus stipatus,	eligendi mortem uitamue praecepti eruditione commonitus, eum propriae	2	4	5
penuria laborarent, uenales esse propositas. uerum tamen ex his omnibus	eligendum quid sit, non potest nosci aut comprehendi, quia non erit nec	2	3	7
doctis quispiam <in> cachinnos erumpat, quod homo imperitissimus et	elinguis aliquid audeam de iustitia disputare, de cuius proprietate	2	1	1
altera uerbo. haec miratur se habere quod nescit, laetatur illa quia scit.	Elisabeth sterilis fecunditate tumet feliciter uenter, Mariae maiestate. illa	2	8	8
igni diuino: non illos aura corrupit, non fumus amarus infecit, non frigus	elisit; quod plus est: sine fermento leuati sunt. certe caccabacei non sunt,	1	41	2
impiorum unam, quae ducit in Tartarum, piorum aliam, quae ducit ad	Elisium, eo fortius addentes, quod defunctorum ibidem non tam formae	1	2	4
peccatores in consilio iustorum. gradatim pro meritis quasi cum quibusdam	elogiis paucissimis uerbis totius humani generis iudicium designauit; etenim	1	35	3
longe omnes illi non immerito aberrauerunt, qui iustitiam dei manere in	eloquentiae uiribus aestimabant. denique cum eam comprehendere non	2	1	1
sequitur: *neque ambulaui in magnis neque in mirabilibus super me. magna*	*eloquia dei sunt, ipse mirabilis in excelsis.* cum in periculis esset, si in his	2	9	6
qui hoc prandio pastus est ante nos, dicit: *quam dulcia faucibus meis*	*eloquia tua super mel et fauum ori meo!* haec, fratres, si quis libenter	1	24	4
sibi de fine principium, natalicia infinita de occasu dies sempiternus	eluxit; quo discussa conuolutae hiemis tristitudine, nouo uento Fauonio	1	33	1
sed quod ei ad examen speculi arbitrium temporale dictauerit. nunc	emendat, nunc delet quas amauerat species, nunc subicit alias, nunc	1	1	10
possit expromi. ita erit, ut iustis corona, peccatoribus aut excusatis aut	emendatis indulgentia, impiis autem aeterna poena tribuatur per dominum	1	35	9
tenduntur insidiae et diuersis calumniarum generibus factiosae	emerserint causae, quid homo pestilens excogitet uel quid diabolus	1	40	1
aetate diuersi, diuersi natione, subito germani fratres, subito una geniti	emersistis infantes, hortor uos natiuitatis tantae festa laeto celebrare	1	24	1
iura transmissa, felix caput comis uirentibus redimitum quasi ab inferis	emersum in superna sustollit perennitatis gloriam fructu populoso	1	2	22
potentis elementi subacta natura est. qui putabantur incendio exstingui,	emicant beatiores incensi.	1	48	
erat. mixtus itaque humanae carni se fingit infantem. Mariae superbus	emicat uenter, non munere coniugali, sed fide, uerbo, non semine. decem	1	54	3
quemadmodum legitimum pascha possit celebrare, non uideo, cuius	eminens famosumque illud templum miserabili uastatione campis aequatum	1	19	1
huic non iura, non leges, non honor ullus obsistit, quia quicquid aut	emitur aut distrahitur, liberum non est: non nobilitas, quia per hanc credit,	1	5	5
ecce uirgo in utero accipiet et pariet filium et uocabis nomen eius	*Emmanuel. butyrum et mel manducabit, priusquam cognoscat puer bonum*	2	8	7
non partitam, sed totam dedisse maluisseque se cum liberis suis	emori quam iustitiam praeterire. pro quo tam illustri facinore cibos a deo	2	1	20
miranda, inenarrabilis illa, propheta dicente: *natiuitatem autem eius quis*	*enarrabit?*. cur autem sit inenarrabilis, patre loquente noscamus; dominus	2	8	2
ut rem compendio transigam: utique a templo regrediens necessario	enarrabit tibi sciscitanti sibi de utriusque salute uel unanimitate deorum	2	7	16
facienda spiritus sanctus obumbrauit et texit. et denuo *caeli*, inquit,	*enarrant gloriam dei*; et hic utique non tam caelos loqui dicit, quos	1	61	3
ueritatis speculum, quia rigida quaedam dilectionis est forma; quicquid	enim a iusto didicit, id facere iniustum quoque compellit, bifarie inclita:	1	36	18
grauior causa supersit, periturum se, nisi ueritatem requirat, agnoscit; si	enim Adam curat, certe, in qua delicti omnis est summa, isto remedio	1	3	9
dubitatione scalae sacramentum spiritaliter intuentibus patefecit: *homo*	enim adgressuram passus Adam esse cognoscitur, *latrones* diabolus et	1	37	10
et terra. caelos autem apostolos esse claro testimonio ueritatis affirmat. sic	enim ait: *et uidebo caelos, opera digitorum tuorum.* hic utique non de	1	61	3
quam facile arguitur ab omnibus, utinam posset tam facile non amari! est	enim artifex ac dulce malum et hominibus uniuersis semper infestum.	1	14	1
concupiscentia carnis est et concupiscentia oculorum et ambitio saeculi. his	enim auctoribus concipitur, his ducibus geritur, his ministris impletur	2	9	5
habuit, ne phantasma putaretur, edicta legis uniuersa complere. non	enim aut *finis legis* aut uerus Christus esse potuisset, si quid	1	3	17
geniti, respuerunt tanti immemores honoris, tantae dignitatis ignari. quid	enim beatius, quam si homines deus paterno honore dignetur adtendere et	1	61	6
filius hominis, qui erat in caelo; filius hominis uocabulo, non natura. non	enim bis carnem induit dominus. sed sic oportuit praedicari, quia primo,	2	4	3
qui appetit primo suum perdit. pure non nox illi diesque succedit; semper	enim caenosi gurgitis sui procella submergitur, dum semper exaestuans	1	1	6
erumpe et clama, quae non parturis, quoniam multi filii desertae. ecce	enim, carissimi, in Sarra attractis aetate neruis et, deficiente sanguinis suco,	1	59	4
sunt testimonia eius, ita curiositate non sunt inquietanda secreta. *quis*	*enim causas naturasque caeli huius* et superiorum *sciet?* quis corpoream	1	34	1
igitur si nostra est, seruemus ut nostram, ut iure speremus aliena. nemo	enim censum decoctori committit nec desertorem praemiis triumphalibus	1	36	7
inexquisita sunt iudicia illius et quam inuestigabiles uiae illius! quis	*enim cognouit cogitationem dei?* et tu eius naturam quaeris? sed et alio	2	3	16
quam inenarrabilia sunt iudicia eius et quam inuestigabiles uiae eius! quis	*enim cognouit sensum domini?* non enim in horum inquisitione exaestuans	1	34	2
aditus reserati praestant sine pugna, sine ullo labore uictoriam. non	enim conabitur in dicionem redigere suam, quae esse eius ambiuit ancilla?	2	7	13
uictrix, tamen triumphi sui palmam senectutis cum rigore partitur; cessat	enim concupiscentiae pugna, ubi sub crebrescentibus morbis ipsa	1	1	5
quod inutile est discuti, quod teritur demutari, sicut scriptum est: *oportet*	*enim corruptiuum hoc induere incorruptionem et mortale hoc induere*	1	2	30
de dormientibus, ne contristemini sicut ceteri, qui spem non habent; si	*enim credimus, quia Iesus mortuus est et resurrexit, sic et deus eos, qui*	1	2	12
aeternum a patre filius regnum nec accepit aliquando nec posuit; semper	enim cum ipso regnauit, cata Iohannem ipso dicente: *regnum meum non*	2	5	8
purgatum, in aeternum homo, de quo agitur, periturus est; caro	enim damnum pati potest, animo autem imperare non potest; ipse enim	1	3	9
isti mentiuntur. absit! nullus hic error, diuersitas nulla est. Paulus	enim de hominis adsumpti temporali locutus est regno, in quo uenturus et	2	5	7
a deo est; ipse iustitia, de cuius fonte omnes qui beati sunt gustant; ecce	enim de ipso dictum est: *orietur uobis sol iustitiae.* Iob uerax est	1	15	7
fidelibus multae fecere peiores, Euae non discipulae, sed magistrae; illa	enim decepta, hae sua sponte se diabolo dediderunt). sin uero pacifica et	2	7	16
incredulos et quae essent futura, priusquam fierent, admonebat. proprium	enim dei est scire transacta et nosse uentura. *filios*, inquit, *genui et*	1	61	5
ex eo ipso, quod non est nobis portantibus nota. incomprehensibilis	enim dei imago inuisibilis sit, necesse est. denique oculis non est subiecta	1	27	3
manifestam ex eo ipso, quod non est portantibus nota. incomprehensibilis	enim dei imago inuisibilis sit necesse est. denique oculis non est subiecta	2	30	3
cibos a deo inmortales accepit, quos edacitas delibare nequiret: sua	enim deminutione crescebant. integer horum denique uasis semper in	2	1	20
qui se exaltauerit, humiliatur et, qui se humiliauerit, exaltatur. animae	enim depressio cor elatum est, cor cohibitum promotio est animae. huius	2	9	8
esse genera, nouelle, disce, Christiane, ne quo seducaris errore. unum est	enim detestabile, alterum reprobum, tertium mundum. detestabile est	1	25	3
deum hominemque, quem sumpsit, necessaria moderatione distinguit. si	enim deum purum iugiter praedicaret, passionis resurrectionisque uacaret	2	5	1
uenenum, secundum dei sententiam, unde sumptum est, refundatur; dicit	enim deus ad Adam: *maledicta terra erit in omnibus operibus tuis; in*	1	2	30
saeculi, quae non est a patre, sed ex concupiscentia mundi. per hanc	enim diabolus cum diuerse hominum mentes capit ac decipit, sic Cupido	1	36	27
possibile hac spe fit, cum dei dicto indubitanter ac fortiter creditur. dicit	enim dominus: *omnia possibilia credenti.* unde *Abraham credidit deo et*	1	36	5
est unum, sed accedente ratione timor discernitur a timore. fiunt	enim duo: unus dei, alter qui naturae sit; naturae in homine nascitur, dei	2	2	1
tribus in rebus, si cupit esse perfectus, debet esse constructus. si quid	enim ei ex his defuerit, perfectionem sui operis non habebit. unde primo	1	36	2
rationem secreti naturae disquirere, qui uitae suae non possit reddere. non	enim elementa pulchrius aut uerius uerbis humanis asseri possunt, quam a	2	30	1
nam infirmibus ac languidis mannae teneritudinem inrorauit. non	enim erant idonei aut digni, qui caelestis panis perpetua soliditate	1	18	2
copias auaritiae subactas uestrum sine inuidia transfertis in censum. quid	enim esse potest ditius homine, cuius profitetur deus se esse debitorem? qui	1	14	9
minime potuerunt. sed inpatientiae hactenus exempla prolata sint. neque	enim est studiose, ut arbitror, memorandum, quod optaueris	1	4	11
noscenda proprietas, ne sub sono nominis commutetur regula ueritatis. est	enim et alius amor sane saluti nostrae contrarius, cui recte hominis forma	1	36	25
iubente secunda, quam Moyses annuntiauerat, circumcisio. scriptum est	enim: *et dixit deus ad Iesum: fac tibi cultellos petrinos nimis acutos et*	1	3	14
non iudicabitur. recte: *quid enim necesse est iudicare credentem? iudicium*	*enim ex ambiguis rebus exsistit; adempta ambiguitate iudicii non*	1	35	2
deo et deputatum est illi ad iustitiam; qui ideo iustus, quia fidelis; *iustus*	*enim ex fide uiuit*; ideo fidelis, quia credidit deo; qui nisi credidisset,	1	36	6
promeruisse triumphat. accepit iam praemia, quae meretur; diuinae	enim explorationis temptamina porriguntur: exserit equidem ferrum et	1	43	6
et pinguamine agnorum. sanguinem taurorum et hircorum nolo; quis	*enim exquisiuit ista de manibus uestris?* per alium adaeque prophetam	1	25	6
addidit: super me, ostendit numquam se elatum fuisse, cum posset. nulli	enim facilius efferuntur, nisi quos inopinati honoris culmen extollit. *Dauid*	2	9	6
inter flammas rosculentos hymnum deo cecinisse securos. tanta est	enim fidei uirtus tantaque potestas, ut cultoribus suis etiam ipsa elementa	1	31	
dimittitur, sed mutatur. melius seruauit filium, dum non pepercit. sola	enim fides deambulat inter gladios tuta, inter esurientes feras amica, in	1	62	5

cum tanta laetitia arietem obtulit, cum quanta obtulerat et filium; ubi enim fides fuit, non erat dolor. in illo sacrificio solus deus doluit, qui aliam 1 43 7
est, quae quamuis in futuro sit posita, fidei tamen est iure subiecta. ubi enim fides non est, nec spes est; *fides* enim spei *substantia est* et spes fidei 1 36 4
est; superest ut qui habent uxores, sic sint quasi non habentes; praeterit enim figura huius mundi. at cum ante annos ferme quadringentos uel eo 2 7 5
uirtus maiestatis augustae, unito in lumine una dignitas retinetur. si quid enim filio detraxeris, ad patris, cuius habet totum, iniuriam pertinebit nec 2 5 10
sunt damno. nulla adhibita rudi fetae sueto more fomenta; neque enim, fratres, his poterat indigere, quae accipere in uterum meruerat filium 1 54 4
meum, ut ardeam, caritatem autem non habeam, nihil proficio. caritas enim, fratres, *omnia diligit, omnia credit, omnia sperat, omnia sustinet;* 1 36 20
et impudicum quicquid legitimum fuerit extra coniugium; Christiano enim, fratres, ultra licere non puto quam ut sit aut continens aut maritus. 1 1 14
morabatur, quae non in cassum a deo *magna ciuitas* dicta est; erat enim futurum, ut omnium nationum in Christo credentibus populis totus 1 34 9
atque concelebrantur, quae condemnare falso humanitas gestit; *camelum enim glutiens culicem liquat*; reicit stillas criminum et auaritiae, unde 1 5 4
hoc diceret, fratres, si ista cura sexui utroque prodesse potuisset. cum enim grauior causa supersit, periturum se, nisi ueritatem requirat, agnoscit; 1 3 9
dicat: *plenus sum holocaustomatis arietum et pinguamine agnorum; quis enim haec exquisiuit de manibus uestris?*. utique, fratres, incunctanter eis 2 25 1
non dura uiduitas, non miseranda paupertas, non dei contemplatio: ecce enim his omnibus, prout potest, uariis artibus aut adulatur aut nocet, si 1 14 2
sordes obfuscant. qui conscium timebatis, conscientiam non timetis. *uetus enim homo* uester feliciter condemnatus est, ut absolueretur, sacri gurgitis 2 29 1
nam nihil relinquendo sibi beata cupiditate antecedit auaritiam: homines enim illa possidet, ista deum. adhuc accipite, ad propriam sedem 2 1 12
procurari: castitatis obseruantiaeque uirtutem deuocabit in crimen. quid enim ille mali non suspicetur, non efficiat diis crudelibus, diis adulteris 2 7 18
ne nouus homo quicquam Iudaei habere uideatur aut gentis. ambo enim illi carnales sunt, ambo sine fructu. unde dubium non est neque 1 3 24
ipsi tui non inuenere maiores. atque utinam tu inuenias! dignus es enim immolatione tali, qui salutem tuam in incerti pecoris sitam uisceribus 2 20 1
reddidit patri dilectus filius, dignam sententiam percipit abdicatus. cuius enim impietas paterno affectui parem gratiam non refert, quantum sit 1 61 6
quod sit inferius, quia sicut pater nec plus potest habere nec minus; alter enim in alterius plenitudine infusus est, ut sit *omnia in omnibus* deus 2 5 10
prodiderunt. sed ego non curem, de me quemadmodum quis iocetur. non enim in ecclesia dei fucatus quaeritur sermo, sed ueritas pura, a qua longe 2 1 1
de amore gratia, tanta de eorum offensione futura uindicta est. certum est enim in eum filium, posteaquam deliquit, granditer uindicari, quem pater 1 61 5
et quam inuestigabiles uiae eius! quis enim cognouit sensum domini? non enim in horum inquisitione exaestuans propheta dicit: *de profundis clamaui* 1 34 2
deuotionis *religiosa confessio est de deo hoc nosse*, quod licitum est. sicut enim in simplici corde scrutanda sunt testimonia eius, ita curiositate non 1 34 1
potissimum miraretur: magnitudinem, opus, ornatum anne materiam; ita enim in unum decorem uniuersa conuenerant, ut legitima domus dei 2 6 2
unusquisque, quemadmodum sacrificium aut sumat aut offerat; sicut enim indigne offerre sacrilegum est, ita indigne manducare mortiferum, in 1 25 12
poteritis omnes sagittas illius mali, quae sunt igne plenae, exstinguere. is enim infelicibus nonnumquam inmittit Capricornum uultu deformem, qui 1 38 6
potest, quaerunt, sic agnum uerum, quem inuenerant, perdiderunt. non enim intellexere, quia *ex haedis* humana designabatur caro suis onusta 1 8 1
condicione, dominum pietate. cetum esse non dubitatur infernum; sicut enim Ionas tribus diebus et tribus noctibus fuit in uentre ceti euomitusque 1 34 8
cuius quoque capacitatem felici numero fecistis angustam. ex eo enim ipso, quod uos non capit locus, exinde intelligitur, quia fides uestra 2 6 5
quam mihi aedificabitis domum? aut quis locus ad requiem mihi? omnia enim ista fecit manus mea. in euangelio quoque sic dicit: *Hierusalem,* 2 6 3
ait, cum illa ad supplicium duceretur: *reuertimini ad iudicium; falsum enim isti contestati sunt de ea.* stupet populus, quod a supplicio ad 1 40 2
sermo, qui dei patientiam sui obstinati cordis impatientia superauit. non enim leue crimen est eius, cum de eo ille queritur, qui mox eum poterat et 1 47
recte, fratres, sicut audistis, deus odit auaritiam. est enim libido profunda, cupiditas caeca, tempestas insana, rapacitas sine fine, 1 21
oportuerat ambulari? prioribus, fratres, posteriora respondent: de rebus enim loquitur saecularibus. *in magnis et mirabilibus* se dicit non 2 9 6
ut et Christianus ueritatem et Iudaeus suum cognoscat errorem. solet enim magnis cum uociferationibus saepe iactare hanc esse gentis suae 1 3 1
uitam. recte igitur apostolus ait: *radix omnium malorum est auaritia*; hac enim matre eademque magistra uniuersa quae diximus, sed et alia multa, 1 5 4
quoque elementa eius constare non posse sine eruditione uel freno. est enim matura semper, humilis, cauta, prudens, prouida, omni necessitate 1 4 2
quisquis resurrectionem negat, uitam suam, semet ipse condemnat. cur enim mereatur felicitatem futuri temporis cernere, quem uideas sacrilega 1 2 1
approbatur inferior, quia, unde processit, paterni cordis est exsecutor? non enim minus est facere magna quam dicere. quamuis et quod dictum est a 1 45 3
quo impugnatur, expugnet, numquam bonis suis poterit uti securus. sunt enim multi, qui adserere conantur *chaos in principio fuisse*, id est 1 7 1
cum casu aliquo fraus, inopia, fuga, mors extorserint debitorem. auaritiae enim natura talis est, ut auariorem faciat. plerumque plus tulit auaro quam 1 5 12
nescis. quicquid feceris, nihil horum tecum ad inferna portabis; quod enim naturae est, de loco ad locum transferri potest, ei autem subtrahi non 1 14 3
errore, maxime cum prophetia ad sui dicti iam peruenerit ueritatem. Iesus enim Naue Christi imaginem praeferebat, qui uerus omnium saluator esse 1 3 16
ipsa uerborum: *qui credit, inquit, in me, non iudicabitur.* recte: *quid enim necesse est iudicare credentem? iudicium enim ex ambiguis rebus* 1 35 2
euangelicum illud consentanea potest argumentatione pulsari; scriptum est enim: *nemo ascendit in caelum, nisi qui de caelo descendit, filius hominis,* 2 4 2
duarum contrariarum sibimet partium iudicium flagitatur. ambiguitas enim nisi fuerit discussa, iure non potest mereri sententiam. et qui sunt 1 35 6
ita inuicem sibi uidentur esse connexa, ut sint aliis alia necessaria. spes enim nisi praecedat, cui laborat fides? fides si non sit, quomodo spes ipsa 1 36 1
eius nondum uenerat Christus. non cognoscitur a socero: ad Iudaeos enim, non ad gentes prophetae fuerant destinati. *fornicariam putat*: recte, 1 13 9
uidetis, deum quoque, qui est inuisibilis, contemnere similiter poteritis. qui enim non diligit eius similitudinem, sequitur ut oderit ueritatem. inde est, 2 4 17
quis dixerit, quoniam diligo deum, et fratrem suum odit, mendax est; qui enim non diligit fratrem suum, deum, quem non uidet, non potest diligere. 1 36 23
ne quam deus inter homines deputatus patiatur iniuriam; idonea laus enim non est, cui principatum adimit peraequatio. at cum omnes omnino 1 4 19
deuita. negat quodam modo deum quisquis asserit deum. defensio enim non nisi inbecilli praestatur nec potest eum reuereri, qui ingenii sui 2 3 18
sicut ego; si autem non fuerint continentes, nubant: melius est enim nubere quam uri. alio autem loco ait: *hoc dico secundum ueniam,* 2 7 2
ego non pertimescam, sermonis publici quae de me fabuletur inuidia; non enim nuptias condemno, sed nuptiis meliora praepono, et quidem etiam 2 7 2
sui, id est in templis infamibusque spectaculorum omnium locis (pater enim omnium corrupte uiuentium diabolus designatur, domino Iudaeos sic 1 13 8
personas, ut uerbum dei ab ipsis potius audiatur, hortantur [nos]. non est enim parum criminis, ut semper apud ipsos diuinus sit sermo prolatus, 1 61 1
crimen esse desiit, quia neminem qui se possit arguere derelinquit. omnes enim passim furore insatiabili turpes praecipitantur in quaestus, nec 1 5 1
constringit, ne in exitu mortis concitata uictima calcitraret: securus enim pater optimus timuit, ne dolori aliquid liceret in mortem. o fratres, 1 43 5
humanumque uisitaturus genus, alias aequalis in omnibus patri. quicquid enim pater praecepit, ut fieret, filius, utpote *dei uirtus deique sapientia,* 1 50
dilectissimi, quod ista, et non ambigua, in uobis renitet assertio; deum enim patrem uos et habere et possidere monstratis, cum pudicitiam, in qua 1 1 4
maxime si deus, ut contentiosi putant, dispositioni subiaceat. remotis enim paulisper nominibus patris et filii non potest nosse, uter patiatur 1 54 1
a deo est, eorum ut imminere ciuitati interitum nuntiaret; ingentibus enim peccatorum sarcinis premebantur. at ille alio deflexus itinere nauem 1 34 5
magistram, quoniam ex lege discitur, sed in mentibus nascitur. lex enim pendet ex caritate, non caritas pendet ex lege, sacra scriptura dicente: 1 36 17
sexus agnoscite. culpa deleta ueteri ecce per uos iungimur caelo: anus enim peperit angelum et uirgo deum. hic est deus noster, qui dignitate 2 8 8
quid cotidiana dei colloquia? *ipsi autem me spreuerunt:* ad crucem enim perduxerunt, per quam crucem euaserant Pharaonem. sed iterum 1 61 8
duo elementa peruenit, ibidem praesentariae exitum mortis expauit. hinc enim persequentium Aegyptiorum infestis mucronibus premebatur, inde 1 29 1
exhibete corpora uestra hostiam uiuam, sanctam, placentem deo. hoc enim placitum est domino, ubi se ipsum candidus animus immolauerit 1 25 9
quem scit operibus suis esse contrarium. diaboli est sane mancipium; eius enim possidet regnum. nam deos ipsa genuit, ipsa intulit mundo, per quos 1 1 11
aestimabant. denique cum eam comprehendere non possent — neque enim poterant sine magisterio diuinae sapientiae, cuius notitiam non 2 1 2
non seueritas apud omnes condemnat, fratres uenerandi, sed pietas. neque enim potest de quoquam bene mereri, quem pater patientissimus et 2 21
nihil aliud laboratur, nisi ut suis sibi tantum uirtutibus adprobetur: non enim potest esse perfectum quod aliunde exspectat sibi aliquid 2 3 6
patitur, ut homini mortis lege consumpto inmortalitas tribuatur. haec est enim potestas dei, ut saluo quod est possit esse quod non est. hic est deus 2 12 3
<...> non enim praecepto uirginitas prouocatur, sed nec continentia relicta repellitur. 1 59 1
aliqua ex parte mores imitemur, si non possumus imitari uirtutes. tanta enim probitate uixerunt, ut pars felicitatis sit nosse, quid fecerint. igitur 1 15 1
uasis quibusue ministris? at si descrete fiunt ista, nihil prodest. ex uno enim proficiscendo et in unum remeando si non confusione, uel errore 2 7 14
diligamus, maxime cum cognationis ipsa hoc exigant iura. clamat enim prophetes: *deus unus creauit uos; nonne pater unus est omnium* 1 36 22
prorsus habere difficile solumque ei hoc deesse quod nolit esse; haec est enim proprietas dei, id operari quod non potest credi. igitur non homines 1 2 16
hic, hic quemadmodum se quis possit excusare, non uideo. non deest enim qui dicere possit: 'si est resurrectio, quare plangis? si amore mariti 1 2 14
qui uerus omnium saluator esse cognoscitur et factis et nomine. hic enim, quia ipse dictus est etiam petra, recte cultellos petrinos fecit (unde 1 3 16
possim, rerum omnium regina, patientia, magis moribus concelebrare! scio enim, quia libentius in tuis moribus, tuis fundamentis tuisque consiliis 1 4 20
dictum non tam timentis quam exsultantis ac docentis est. utique non enim quicquam timere poterat, qui mortuos excitabat, *qui potestatem* 1 2 31
dementiae esse consimilem, in statu suo animum non manere. inpatientia enim quid est nisi mens lubrica, permotionibus crebris et rapidis se semper 1 4 7
diabolus, quod nulla ex parte suam perfecerit uoluntatem: nec adulterium enim, quod factum diffamabat, exercuit nec homicidium, quod procurabat, 1 40 3
uisceribus. non filius matris aut suis est ullis sordibus delibutus; neque enim re uera aliquid circa se habere possit inmundum, qui humani generis 1 54 4
caro enim damnum pati potest, animo autem imperare non potest; ipse enim regalis potestatis imperio subiectum sibi corpus seruilibus officiis suae 1 3 9
sapientes iniustos, maxime cum iam sit eorum fraus omnis in medio. non enim rem ualuerunt transferre, sed nomina, iustitiam stultitiae, iniustitiam 2 1 4
non ultra, quam licitum est, aciem suae tetenderit mentis; eo enim res deducta est, ut fides nostra per dei requiratur iniuriam. quod 2 3 12
ante personam noscat et rationem, eius non potest nosse ueritatem. haec enim res et fecit et facit, ut Iudaeus et Iudaeo deterior Christianus dei 1 25 1
non est de hoc mundo. apertius autem hoc Paulus expressit dicens: *hoc enim scire debetis, quoniam omnis fornicarius aut impudicus aut fraudator,* 2 5 8
Abraham, fratres, et uir iustus fuit et tamen necessario circumcisus. quid enim scriptura dicit? *Abraham credidit deo, et deputatum est illi ad* 1 3 6
tempus nouellae professe, inscriptio ipsa tituli psalmi lecti declarat; sic enim se habet: *in finem pro his qui immutabuntur.* Iudaicus etenim 2 11 1
adserere. si tractatum fidei dixerimus, uehementer errabimus. subici enim se loquacitatis artificio fidei natura non patitur, a qua nihil aliud 2 3 6
cogita semper et in plurimis operibus illorum non eris curiosus; multos enim seduxit suspicio illorum et in uanitate detinuit sensus illorum. similiter 2 3 16
legis aestimat fidem, quisquis duo in unum diuersa confundit. disputatio enim sicut excolit legem, ita, si uersuta sit, eradicat fidem, quia fides 2 3 4
infidelibus uindicetur. denique tolle peccatum: cessat legis imperium. *lex enim*, sicut scriptum est, *iusto posita non est,* sed peccatori, quia *iustus ex* 2 3 4
quantus aut qualis fieri debeat, nemo praecipit, interrogat nemo. neque enim sine patris esse possit iniuria, si hac necessitate opus esset illi, qui in 1 56 2
iubet ad ecclesiam non uenire. sed multo peius est, si places marito: neque enim sine sacrilegio possis placere sacrilego. ut rem compendio transigam: 2 7 16

templa conueniunt, ita uiuenti deo uiua templa sunt necessaria. in his enim solis sacerdotum dei structura et propria est et perennis, qua et 2 6 4
fidei tamen est iure subiecta. ubi enim fides non est, nec spes est; *fides* enim spei *substantia est* et spes fidei gloria, quoniam praemium quod spes 1 36 4
uno capulo nuncupauit, quem ex ore domini prodire describit. gladius enim spiritus sanctus est unum capulum habens, id est unam substantiam, 1 37 2
esse non potest stultus neque sapiens iniustus ipsa ratione docente. *qui enim stultus est, quid sit bonum* ac malum *nescit* nec potest quid reprobet 2 1 9
conscientiam medullitus mundat, ne quid reatui uel intrinsecus debeat; qui enim suam conscientiam non timet, is est, qui deum non timet. adde quod 2 3 5
praesentia odissent et futura credidissent pariterque metuissent. nemo est enim tam uel ab istius mundi sapientiae gustu ieiunus, qui audeat dicere 1 2 2
Christiane, quemadmodum inter patrem filiumque tempus infulcias: si enim tempori, non sibi, debent, quod est alter alteri obnoxius, procul 2 8 5
uerbis omne hoc mundi, enixe quod geritur, negotium perorauit! his enim tribus rebus, quae fundamenta sunt omnium uitiorum, uiolentis quasi 2 1 6
igitur gentium sacrificium quam exsecrabile est, tam inane; colunt enim uani uana figmenta in quaslibet formas, uultus, sexus, aetates auri 1 25 3
esse conflati. etenim conflatio et puritatem designabat et unitatem; carbo enim uerbum dei est, ara lex, forceps duo testamenta, quae credentes 1 37 3
quae dum secerni potest, tamen sibimet externa esse non potest. si enim uerbum in deo est et deus est uerbum et hoc est, in quo est, quod est 2 8 4
ad me et non erit, qui exaudiat eos. similiter et de manibus dicit: *manus enim uestrae inquinatae sunt sanguine et digiti uestri in peccatis. labia* 1 3 10
quod alter audit amborum est. quid agam, quo me uertam, nescio. non enim uideo, quid in exhortationibus diuini ac ueri cultus gentibus 2 7 11
qui credit interritus, potest etiam ipse adipisci martyrium. tanta enim uis certaminis fuit, ut eam ipse quoque ignis horruerit. nam a 1 22 1
necesse est iudicare, quia iam sua sunt incredulitate damnati; ex hac enim uita quis secum aut coronam portat aut poenam. quam rationem 1 35 2
omni genere custodienda uirtutum. in hanc fortiter incumbendum; ipsa est enim uitae nostrae immobile fundamentum, inuictum aduersus diaboli 1 36 4
unde, fratres, atrocissimae rei non uos terreat contemplatio; non enim ulla est metuenda iam poena, cum incensorum superstes insultet 1 31
etenim genus insaniae est eum rationem secreti naturae disquirere; non enim ullo pacto potest humanis opinationibus substantia naturae 1 27 1
non potest, deus in alio se inferior esse quemadmodum potest? quicquid enim uni ex duobus indiscrete in omnibus sibimet similantibus detraxeris, 1 45 2
non est timor domini cum illis, non corrideas animae illorum; melior est enim unus timens dominum quam mille filii impii? cum haec ita sint, age 2 7 5
et ipse serueris. postremo aequiparatur laus uestra laudi pudicitiae; illa enim uobis exhibet sanctitatem, uos ei amorem. per hanc attingitis 1 1 4
quod gentibus, quod sine dolore magno uel gemitu non potest dici. quae enim uox, quae increpatio has condigne possit arguere, quae dedecus suum 2 7 12
hanc Abraham ad dei peruenit amicitiam; per hanc Isaac praeter ceteros enituit; per hanc Iacob deo colluctari praeualuit; per hanc Ioseph 1 36 7
peperit, post partum uirgo permansit. obstetricis incredulae periclitantis enixam in testimonium repertam eiusdem esse uirginitatis incenditur 1 54 5
et iustitiam super terram. o quam paucissimis uerbis omne hoc mundi, enixe quod geritur, negotium perorauit! his enim tribus rebus, quae 2 1 6
duobus. quid, quod Abel iustus est sine hoc uulnere inuentus? quid, quod Enoc a deo integer legitur esse translatus? quid, quod Noe incircumcisus 1 3 5
circumcisus est et deputatum est illi ad iustitiam? cum igitur integer, sicut Enoc et ceteri, sit iustificatus et postea circumcisus, manifestum est 1 3 7
non habet, etiam id quod habet auferetur ab eo. per hanc, fratres, a deo Enoc meruit cum corpore contra legem naturae transferri; per hanc 1 36 7
uerum tamen eos uno momento exigua humus et peraequat et satiat, enorme quod cum tota ambitione sua non potest aurum. hinc unus 1 5 11
dilectissimi, historiae sacrae sic est perlecta narratio. cum Israelis populus enormi captiuitatis iugo depressus a rege Pharaone duris condicionibus in 1 29 1
labore, aetate, languore, gaudio, tristitudine, nunc macie deformis, nunc enormis pinguedine, usque adeo incertus, ut idem in duobus per orbem 2 30 2
non die, non nocte, non bello, non pace, numquam satura, lucrorum enormitate miserior. nouum calamitatis est genus, quod tantummodo 1 14 2
est, ut fides nostra per dei requiratur iniuriam. quod futurum Salomon enuntiauit et cauendum quid sit his uerbis edocuit: *melior qui deficit sensu* 2 3 12
absolutos non foetidis cunis, sed suaue redolentibus sacri altaris feliciter enutrit a cancellis, per dominum nostrum Iesum Christum. 1 32
si quid praetermitteret, quod ab alio saluti hominum praestari potuisset. eo accedit, quod secundum carnem Dauid filius futurus esse canebatur; qui 1 3 18
quod eius est fit pro partibus nostris. sequens est, ut etiam proximos eo affectu, quo nos ipsos diligimus, diligamus, maxime cum cognationis 1 36 22
enim figura huius mundi. at cum ante annos ferme quadringentos uel eo amplius apostolicum hoc operetur edictum, quo et uiuaciores fuere 2 7 5
maiestatis uera cognitio est deum non nosse nisi deum nihilque ex eo amplius requirendum quam ut quis eius nouerit uoluntatem, sine qua ei 1 54 1
postridie aliqua necessitas rapit, quae a te longe distractum decennio uel eo amplius, ut adsolet fieri, detineat relegatum. quid facies? obseruabisne 2 7 9
ista exempla confirmans uni ex latronibus in se credenti, qui cum eo de patibulo dextra laeuaque pendebant, ait: *amen, amen dico tibi: hodie* 1 2 11
dicenti: *reicitis mandatum dei, ut traditiones uestras statuatis*! sed non eo dico, ut ingratum faciam doctrinae beneficium, sed ut sciat unusquisque 2 3 11
promisso expetit pignus, magis illo contenta quam praemio accepitque ab eo eius monile, anulum, uirgam; tumque negotio confecto, conceptu 1 13 2
cognoscite, cuius quoque capacitatem felici numero fecistis angustam. ex eo enim ipso, quod uos non capit locus, exinde intelligitur, quia fides 2 6 5
in praedicatione non ultra, quam licitum est, aciem suae tetenderit mentis; eo enim res deducta est, ut fides nostra per dei requiratur iniuriam. quod 2 3 12
suo statui redditum uideretur, prior uir consummatur in cruce atque eo feliciter soporato similiter de eius latere ictu lanceae non costa 1 3 20
retro respiciens Abraham inuenit uictimam, quam innocens immolaret. eo ferro mactauit arietem, quo filium percutere iam parabat. a filio ad 1 43 7
unam, quae ducit in Tartarum, piorum aliam, quae ducit ad Elisium, eo fortius addentes, quod defunctorum ibidem non tam formae quam facta 1 2 4
mundus pestiferisque uoluptatibus ita corrupta sunt omnia, ut quicquid in eo geritur, non debere diligi a nobis sacris uocibus dum iubetur, recte 1 36 27
granum uniuscuiusque frumenti conditum terrae interit et tamen in eo id, quod intus est, reuiuescit nec mortem medullitus capit, sed suum 1 2 22
cordis impatientia superauit. non enim leue crimen est eius, cum de eo ille queritur, qui mox eum poterat et punire. sed quia mors apud 1 47
est terra et plenitudo eius, orbis terrarum et uniuersi qui habitant in eo? Iob diabolus ter temptauit; similiter euangelista perhibente et dominum 1 15 7
sua, sed nec eius, cuius esse dicetur, quia tractatus fidem cum astruit, ex eo ipso eam, quo astruit, destruit. nec ulli dabit quod non habet, sed 2 3 6
non ei opus est ulla interpretatio, quia sicut semel creditur, ita semel ex eo ipso, quod creditum est, consummata fides ultra nec minuitur nec 2 3 9
dei imaginem non habemus? habemus plane et quidem manifestam ex eo ipso, quod non est nobis portantibus nota. incomprehensibilis enim dei 1 27 3
non habemus? absit, fratres. habemus plane, et quidem manifestam ex eo ipso, quod non est portantibus nota. incomprehensibilis enim dei imago 2 30 3
prouisione truncatus, nobilitate alieni seminis grauidatur nutriturque ab eo ipso quod nutrit, donec hospitis germinis adoptiua pinguedine 1 2 27
negotium parricida est; nec eius saltem coercentis uoce comprimitur, sed eo magis ac magis instat, donec effusione sanguinis conceptum piaculum 1 4 9
computat totum. non fenestrarum lumen implorat, quia sol aeternus in eo manet. inaestimabilia unius plenitudinis tria illi sunt membra, unum 2 6 7
est et resurrexit, sic et deus eos, qui dormierunt in Iesum, adducit cum eo. nam et deus per Ezechielem prophetam loquitur dicens: *ecce ego aperio* 1 2 12
illi et abundabit; qui autem non habet, etiam id quod habet auferetur ab eo. per hanc, fratres, a deo Enoc meruit cum corpore contra legem naturae 1 36 7
messem? quid Christianus credit in Christum, si promissum sibi ab eo perpetuae felicitatis tempus non credit esse uenturum? sed spes ex fide 1 36 3
uetustate duo testamenta. hos duos denarios a Samaritano stabulario pro eo, qui a latronibus adgressuram passus fuerat, dominus datos esse 1 37 10
unus homo ad duorum imaginem et similitudinem fingitur nec tamen in eo, quid cuius sit, inuenitur. si igitur in opere extraneo paritas sacra 1 45 2
opere fuisse constructum atque ita elaboratum, ut nesciret inspector, in eo quid potissimum miraretur: magnitudinem, opus, ornatum anne 2 6 2
sed de apostolis, quos uidere optabat. et iterum: *texit caelos uirtus eius*, eo quod apostolos ad mirabilia facienda spiritus sanctus obumbrauit et 1 61 3
cognoscit. haec, si religiosus es, serua; timoratus si uere, custodi. de eo, quod modum humani sensus excedit, disputare deuita. negat quodam 2 3 18
quae in mundo sunt. si quis dilexerit mundum, non est caritas patris in eo, quoniam omne, quod in mundo est, concupiscentia carnis est et 2 9 5
hic infidelis, et quem putaueris infidelem, hic fidelis est. forte in eo se quis aestimet fideliorem, si loquatur argute, cum magis uerus sit ille 2 3 12
exstingui, animae uictoria utramque seruari: meliora sequamur saltem uel eo studio, quo sequimur mala. nulla ulli competit excusatio, maxime cum 2 4 18
matris suscepit officia, quae uxoris iam munera nesciebat. atque eo tempore partus profertur, quo calor genitalia iam relinquebat. mira 1 59 3
reprobat ergo tam inmensum, tam insigne, tam opulens templum, quia in eo uerum non erat templum. etenim hominum conciliabulum est contextio 2 6 4
ceterum si, ut quidam putant, docentis pendet ex ore, procul dubio eodem aut cessante aut aliter docente consumitur. huc accedit, quod, nisi 2 3 1
nostri in penetralibus retinere, quod alieno iuri seruemus. at cum ab eodem huius deuotionis inuitatione inhabitari seu nos in ipso habitare 1 36 21
sanguinis uindicta usque ad ultimum quadrantem exigitur. calcatores de eodem musto bibunt; et persecutores saepe credentes in Christum calicem 2 11 7
comminatur. sed et Moyses ipse, cuius asserunt se saepe discipulos, eodem spiritu ad Israel loquitur dicens: *nouissimis diebus circumcidet deus* 1 3 13
quoniam in te deus est et non est deus alius praeter te. sed et Ieremias eodem spiritu loquitur dicens: *hic est deus noster et non deputabitur deus* 2 8 6
etenim damnum patientur ubertatis et gratiae, si adimatur, quod uno eodemque aestu alterum ex altero decoratur. 1 7 4
cupidine flagrans humanitas per momenta suspirat, tamen omnes uno eodemque consensu quasi quendam patientiae deferuntur in portum, sine 1 4 1
puniri festinant. descendit quippe gladius pius in uiscera peccatoris et uno eodemque ictu, incolumi corporis manente materia, interficit *hominem* 2 10 2
quam quod dicitur, ut et impudicitiae malum et bonum pudicitiae uno eodemque suggestu facillime possit agnosci. Ioseph, Hebraeus adolescens, 1 1 15
omnium conditoris ipse sit usus impossibilium possibilitatem adserere ex eoque quod non est facere quod est, naturam creare extra naturam, nihil 1 2 16
honorauerunt neque ei gratias egerunt, sed uanis persuasionibus cogitationes eorum abductae sunt et tenebris opertum est cor eorum, ut *diligerent magis* 1 35 6
eorum, quorum os maledicto et amaritudinis plenum est; ueloces pedes eorum ad effundendum sanguinem; contritio et miseria in uiis eorum et iter 1 3 11
propemodum tam iucundi certaminis exempla declarant; quia aliqui eorum cum forte de numero audacis lupi rabie denotatus in praesens 1 36 15
minatur. omne genus pecudum cum suo sibi sacrificio reprobatur. ieiunia eorum, dies festi omnisque solemnitas abominatio est apud deum. cum 1 46a 1
uiis eorum et iter pacis non cognouerunt; non est timor dei ante oculos eorum. et de ipsa circumcisione in symbolis inquit: *interrogabant et in* 1 3 11
pedes eorum ad effundendum sanguinem; contritio et miseria in uiis eorum et iter pacis non cognouerunt; non est timor dei ante oculos eorum. 1 3 11
gerit. qui ad se ueniunt, professionem credulitatis ab eis solam ideo, quia eorum fidem uidere non potest, exigit. quam si abesse ex moribus 2 3 3
stultos iudicari se iustos quam sapientes iniustos, maxime cum iam sit eorum fraus omnis in medio. non enim rem ualeurunt transferre, sed 2 1 4
de eius loquitur seruis: *et si coram hominibus tormenta passi fuerint, spes eorum immortalitatis plena est; et in paucis uexati in multis bene* 2 5 6
uiuentium domos corporales infringunt et latibulum sibi perniciosum eorum in captiuitatibus quaerunt. at ubi uentum fuerit ad diuini certaminis 1 2 5
homines factos, ex hominibus in angelos transituros, si prouectus aetatis eorum infantiam non mutauerit. 2 10 2
meditatur. et iterum de ceteris membris: *sepulcrum patens est guttur eorum, linguis suis dolose egerunt, uenenum aspidum sub labiis eorum,* 1 3 11
dei ipsi euerterunt. *lex et prophetae usque ad Iohannem.* sacerdotibus eorum luctus indicitur. immolatio aufertur. cessat unguentum. circumcisio 2 17
est et peperit omne quod peius; nam in idolis dea est, in cultoribus uero eorum ministra. uenerandam se procurat in templis, hilarem in theatris, 1 1 8
apparet eum, qui diligit aurum et argentum, non tantum deos colere, sed eorum mores et actus imitari. cuius rei facilis probatio est, illa cum 1 14 4
nostrum odia meruerunt, quoniam quanta fuit de amore gratia, tanta de eorum offensione futura uindicta est. certum est enim in eum filium, 1 61 5

cum audio tres pueros incensos, prius uehementer horresco, mox deinde eorum particeps optauerim fieri, cum cognosco inter flammas rosculentos 1 31
ruina sua iacet sepultum: ubi sacrificant? sacerdotes iam non habent: qui eorum pro salute sacrificant? tauros, hircos, arietes et agnos abhorret 1 51
sint timentibus deum uniuersa communia, sicut scriptum est: *turba autem eorum, qui crediderant, animo ac mente una agebant, nec fuit inter illos* 2 1 18
torum peregrina luxuria inspirat infeliciter quasi liberam facultatem ac sic eorum quoque feminas a pudore diuellit, quae desertae, ardore seu dolore 1 1 13
est guttur eorum, linguis suis dolose egerunt, uenenum aspidum sub labiis eorum, quorum os maledicto et amaritudinis plenum est; ueloces pedes 1 3 11
unum si soluas in pretium distribuasque necessitatibus singulorum, ex eorum respiratione cognoscis, quantorum malo ille constat ornatus. 'filios, 2 1 19
sabbatum denotatur. neomeniae et dies festi odio habentur. potiuntur eorum Romani regno. nihil, ut arbitror, illis restitit proprium, nisi quod 2 17
nata! o quam ridiculosa, quae duobus confligentibus Christianis ab altero eorum, si non transducitur, perfidia, cum transducta fuerit, fides uocatur! o 2 3 10
Iudaeorum est a senioribus accusata, quod sabbatum ruperit, quod eorum traditiones abiecerit. Thamar protulit monile, anulum, uirgam seque 1 13 12
diuisa est, sed unus calamus; et forfex in duos producitur cultros, sed eorum unus est morsus; et gladius duas acies gerit, sed sunt unius corporis 1 37 14
persuasionibus cogitationes eorum abductae sunt et tenebris opertum est cor eorum, ut *diligerent magis tenebras quam lucem*, creaturam potius quam 1 35 6
inde respuitur. Ionas adaeque propheta ad Nineuitas missus a deo est, eorum ut imminere ciuitati interitum nuntiaret; ingentibus enim 1 34 5
Aegyptium populum fugiendo delesse, deum suis praefuisse maioribus eorumque iter praecessisse, non intellegentes, quia exinde eos a facie sua 1 18 1
respirat. haec liberis gaudet; at illa liberorum non timet orbitatem. haec eorundem blanditiis uernantibus pascitur et incrementis adolescentibus 2 7 3
cum corporibus interire, caelestia cum terrenis absumi, praesertim cum eorundem ille sapientissimus dicat hanc esse mortem, cum corpore animus 1 2 2
quos utique omnes circumcidi praecepisset, si carnis circumcisionem eorundem saluti, quos amabat, necessariam praeuideret. certe Adam ipsum 1 3 5
maioribus eorumque iter praecessisse, non intellegentes, quia exinde eos a facie sua remotos post suum dorsum cum postfuturis abiecerat; 1 18 1
compendium ac paene pro infecto habetur quod non diffamatur, censuit eos caelo et terra testibus denotare, ut inexcusati facinoris competenti 1 47
misericordia permittit aut gaudium. tu tuos ita diligis inimicos, ut inter eos carosque tibi quid distet, nemo discernat. tu, inquam, caelestia 1 36 31
iusti uitae perpetuae, impii aeterno sunt destinati supplicio nullaque eos cognitio exspectat ulterius, quinam sint isti, quibus est iudicium 1 35 4
uel qui sit signis euidentibus docet, ut plerumque aliquos noscamus eos esse, quos in idolatria commorantes nuper uel maxime ui aliqua obisse 1 2 6
genere Iudaeos scriptura denotat ab auribus incipiens: *clamaui*, inquit, *ad eos et non audierunt; clamabunt ad me et non erit, qui exaudiat eos.* 1 3 10
nostris finitur hiems hodie peccatorum. oleo confecto laetabuntur. hodie eos etiam uer arridens diuersos in flores diuerso charismate redditurum, 2 13
terreni per orbem totum dispersionis futurae denuntiabat exitium. adeo eos in eremum inde perduxit uulneraque detestabilis mentis curanda lacte 1 18 2
Iudaeorum quoque sacrificia <a> deo repudiata cognoscite, qui dicit ad eos in Esaiae libro: *quo mihi multitudinem sacrificiorum uestrorum? plenus* 1 25 6
ad omnes discipulos ait: *ite ergo et docete omnes gentes intingentes eos in nomine patris et filii et spiritus sancti, docentes eos seruare omnia* 1 37 7
non recedunt. multos *namque dei metus in ecclesia continet, sed tamen* eos mundana uoluptas ad se trahit. *impii non manent, quia his dei nomen* 1 35 5
nolite ambulare post deos alienos, ut seruiatis eis, et ne adoraueritis eos, ne quando incitetis me in operibus manuum uestrarum et disperdam 1 25 4
mysteriis coaptata cognoscat? hiems namque pigra, sordida et tristis ad eos pertinet, qui idolatriae deseruientes, mundanis uoluptatibus conpediti, 1 33 2
exsultat. melioratur uita supplicio. rex non inuiderat pueris, si non eos praecepisset ardere. 2 27
si enim credimus, quia Iesus mortuus est et resurrexit, sic et deus eos, qui dormierunt in Iesum, adducit cum eo. nam et deus per Ezechielem 1 2 12
tuus ipsa me consolata sunt. parasti in conspectu meo mensam aduersus eos, qui tribulant me. inpinguasti oleo caput meum et poculum tuum 1 13 10
damno cooperiens; miserandis affatibus in uberiores fletus incendit etiam eos, quos causa non tangit, tanto ambitiosior in dolore quam ditior — sane 1 2 14
huius est munus, ut, non dicam notos aut amicos, sed saepe etiam eos, quos numquam uidimus, diligamus. huius est munus, quod 1 36 14
intingentes eos in nomine patris et filii et spiritus sancti, docentes eos seruare omnia quaecumque praecepi uobis. dabis autem *pro me et pro* 1 37 7
inquit, *ad eos et non audierunt; clamabunt ad me et non erit, qui exaudiat eos.* similiter et de manibus dicit: *manus enim uestrae inquinatae sunt* 1 3 10
Abraham patrem deprecatur obnixe, ut aliquis nuntius pergat, qui eos tanti negotii certos efficiat; cui ille respondit: '*habent Moysen et* 1 2 10
pueris fides puniri non timuit. inmissis camino ignis exaestuans detulit, ut eos unius uirtutis esse persensit. denique arsit incendium incendentibus, 1 48
bacchatur in alio, in utroque crescit, in utroque non desinit. uerum tamen eos uno momento exigua humus et peraequat et satiat, enorme quod cum 1 5 11
de anima uaria disserunt, sed tamen hanc esse inmortalem <et> Epicuri, Dicaearchi Democritique uanitatem argumentatione manifesta 1 2 4
suae rabiem in filios eius effundit. nam cum solito more unanimes una epularentur in domo, subito concussis toto nisu quattuor angulis eius in 1 15 4
tantae festa laeto celebrare conuiuio, sed non illo, in quo diuersis epulis intrimentorum lenocinio saporis de summa certantibus obrutum 1 24 1
nauigat plantis. mira res! iter eius barbaris uehementer urguentibus nec eques potest sequi nec nauis. Maria cum mulieribus tympanum quatit; 2 26 1
quae meretur; diuinae enim explorationis temptamina porriguntur: exserit equidem ferrum et armata dextra subleuat manum, sed uox eius, qui eam 1 43 6
haec nomina pietatis nonnumquam concubitu prodigioso deleuit, pudicos equidem persequens, sed impudicos tantum congruenter occidens; haec, 1 1 8
sibi impune esse cessurum, scriptura iterum ibidem dicit: *sacrificans diis eradicabitur, nisi domino soli.* haec gentes, nisi conuertantur, manet diuina 1 25 5
diuersa confundit. disputatio enim sicut excolit legem, ita, si uersuta sit, eradicat fidem, quia fides profecto non est, ubi quaeritur fides; deinde quia 2 3 4
facit; haec bella premit, lites tollit, iura euacuat, fora compescit, odia eradicat, iras exstinguit. haec mare penetrat, orbem circuit, commercio 1 36 13
nam infirmibus ac languidis mannae teneritudinem inrorauit. non enim erant idonei aut digni, qui caelestis panis perpetua soliditate fruerentur. 1 18 2
discrimen ullum nec quicquam suum ex bonis putabant, quae eis erant, sed erant illis omnia communia, sicut dies, sol, nox, pluuiae, nascendi atque 2 1 18
quo uocabulo gentiles homines sine dubio comprehendit, in quibus adhuc erant opera terrena. hoc est ergo quod ait: *audi caelum et terra*, quod 1 61 4
proficisci iubetur, ut ad futura contendat. Moyses et Aaron per id, quod erant, sacerdotium, per suum numerum demonstrabant duorum 2 26 2
inter illos discrimen ullum nec quicquam suum ex bonis putabant, quae eis erant, sed erant illis omnia communia, sicut dies, sol, nox, pluuiae, 2 1 18
sicut sacra scriptura testatur, erat ante omnia manens unus et idem alter ex semet ipso in semet ipsum 1 50
totum patris habens, nihil derogans patri; procedit in natiuitatem qui erat, antequam nasceretur, in patre, aequalis in omnibus, quia pater in 1 17 2
praedicet, fratres, accipite: *in principio*, inquit, *erat uerbum et uerbum erat apud deum et deus erat uerbum; hoc erat in principio apud deum.* 2 8 3
pluuias et fruges terra non denegat! sed quia haec prophetia nouissimis erat complenda temporibus sub domini saluatoris aduentum, qui non esset 1 61 2
arietem obtulit, cum quanta obtulerat et filium; ubi enim fides fuit, non erat dolor. in illo sacrificio solus deus doluit, qui aliam uictimam 1 43 7
ecce tempestas undique mortis incumbit. nonne statim illa, quae erat domina uoluptatum, fit praeda morborum? postremo iacentes reliquias 2 4 16
populus morabatur, quae non in cassum a deo *magna ciuitas* dicta est; erat enim futurum, ut omnium nationum in Christo credentibus populis 1 34 9
deus, secreti sui solus conscius; cuius ex ore, ut rerum natura, quae non erat, fingeretur, prodiuit unigenitus filius, cordis eius nobilis inquilinus 1 50
et honoratus. denique rex iure secundus factus est regni, qui insignis rex erat iam ante pudoris. Susannam quoque, columen matronatus, inaffectatae 1 1 16
et ueneraretur artificem. post haec subiecit ei omnia bona mundi et quia erat iam sapientia conditus, sensibus stipatus, eligendi mortem uitamue 2 4 5
collaudatus. unde non inmerito beatus beata uita fruebatur. namque erat illi splendidissima domus, diues census, diues quoque numerus 1 15 2
dimota sit et natura? age, excita sensum, lector, inuenies ueritatem. qui erat in caelo, de caelo descendit; *qui descendit, ipse est et qui ascendit* in 2 4 3
qui descendit, ipse est et qui ascendit in caelum, filius hominis, qui erat in caelo; filius hominis uocabulo, non natura. non enim bis carnem 2 4 3
nemo ascendit in caelum, nisi qui de caelo descendit, filius hominis, qui erat in caelo. quomodo filius hominis uel cuius hominis nasci posset in 2 4 2
inquit, *erat uerbum et uerbum erat apud deum et deus erat uerbum; hoc erat in principio apud deum.* admirabilis gratia, fratres dilectissimi, 2 8 3
beatus Archadius ait:] o insania hominum! fraudauit te furor tuus; adhuc erat in uictima domini quod posses auferre: amputandam linguam mandare 1 39 6
nobilis inquilinus exinde uisibilis necessario effectus, quia orbem terrae erat ipse facturus humanumque uisitaturus genus, alias aequalis in omnibus 1 50
id est de imis praecordiis; clamat de profundis, sed quibus saeptus erat maestus ac tristis calamitatibus humanis! et clamat non uoce, sed 1 34 3
quibus latenter infunditur in hominem gigniturus ibidemque saluo quod erat meditatur esse quod non erat. mixtus itaque humanae carni se fingit 1 54 3
hominem gigniturus ibidemque saluo quod erat meditatur esse quod non erat. mixtus itaque humanae carni se fingit infantem. Mariae superbus 1 54 3
pro numero deo diurnas hostias offerebat. tanto autem puritatis ac fidei erat muro munitus, ut non auderet eum adtemptare diabolus nisi a deo 1 15 2
non posset. denique uultis scire conpendio ueritatem? factus est quod non erat, nec tamen desiit esse ante quod fuerat. 2 8 9
scatebat per tecta culminum publicum scelus nec fuerat locus, in quo non erat pro religione sacrilegium. cogebatur Christi populus uanis 1 39 2
Dauid Christus uenire potuisset; qui ideo circumcisus est, quia Iudaeis erat promissus, ideo cum praeputio natus, quia in aeternum incircumcisis 1 3 18
datur, ex parte prophetarum, ex parte patriarcharum patrumque typus erat, qui ob iustitiam dei omnes homines filios computabant. igitur Her 1 13 4
sanguinem postularet. religiosus carnifex reprimit gladium: patris erat, quod leuauit, dei fuit, quod pepercit. nec qui feriebatur timuit, nec 1 62 5
legis arcana et intellectum altius proferamus. Abraham sub lege non erat, sed legem solus impleuit, et qui nullo iure legis tenebatur, omne ius 1 43 8
et spiritum sanctum desinit esse, quod fuerat, et incipit esse, quod non erat. sequitur, quod uiduitatis uestem rursus accepit, non utique ut quae 1 13 12
tam inmensum, tam insigne, tam opulens templum, quia in eo uerum non erat templum. etenim hominum conciliabulum est contextio ista parietum, 2 6 4
apostolus in euangelio quid praedicet, fratres, accipite: *in principio*, inquit, *erat uerbum et uerbum erat apud deum et deus erat uerbum; hoc erat in* 2 8 3
in principio, inquit, *erat uerbum et uerbum erat apud deum et deus erat uerbum; hoc erat in principio apud deum.* admirabilis gratia, fratres 2 8 3
non recipiat, mortalitas capiat. uel si caelestis est primus, quid opus erat, ut fieret quoque terrenus? simile dictum euangelicum illud 2 4 2
fontis lauacro uitali in spem inmortalitatis animas pullulantes, ex quo qui eratis aetate diuersi, diuersi natione, subito germani fratres, subito una 1 24 1
ecce pueri, adolescentes, iuuenes, senes utriusque sexus, qui eratis rei, eratis et inmundi mundana natiuitate, contra omni reatu iam liberi mundi 1 38 1
quod praestat. ecce pueri, adolescentes, iuuenes, senes utriusque sexus, qui eratis rei, eratis et inmundi mundana natiuitate, contra omni reatu iam 1 38 1
hostilis imminens manus gladio salutem premit; aut cum uiantis itineri erectus in morsum, ardentibus squamis incensus tumidus sese anguis 2 2 2
mare pedibus ambulasti, ut patereris in terra naufragium. ad hoc sane in eremo aquam de petra bibisti, manna de caelo gustasti, ut, cum esses ad 1 9
sanguinem dextra laeuaque in se refugiens unda testatur. denique eremo exciperis, quo te nunc peruenisse cognoscis; ubi sane ad hoc aquam 2 16
terrenum duxit ingressum? quid [quibus] de caelo cotidianum manna in eremo, potus e saxo? quid per lignum amara aqua dulcis effecta, quam per 1 61 8
ubi ingressis paucis hominibus innumerabilis multitudo processit et ad eremum dominus perduxit *manu forti et brachio excelso*. exaltatus est 1 61 7
per orbem totum dispersionis futurae denuntiabat exitium. adeo eos in eremum inde perduxit uulneraque detestabilis mentis curanda lacte cum 1 18 2
ut caelestes effecti terram desiderare non norint. denique illi post mare ad eremum peruenerunt, nos post baptismum ad paradisum peruenimus. illis 1 46b 3
lumbos tuos, indue pedibus calceamenta, arripe baculum manu. in eremum proficiscere, si tuos uis imitari maiores. 2 20 2
et pectoris uerum tympanum quatiens populum Christianum ducit, non in eremum, sed ad caelum. 2 26 3

tui criminis gratularis? in Aegypto seruis diu, non necessitate, sed merito. ereptus es inde; non tua euasisti uirtute. columna nubis te deduxit per 2 16
gratularis? in Aegypto seruisti diu, non sorte peregrini, sed merito. ereptus es inde, non tua euasisti uirtute. columna nubis te perduxit per 1 9
uacare non sinitur et orationis instar per carnificis tormenta meditatur. erexerat securem percussor insanus et signans oculis uulneribus lineam 1 39 7
credite et cognoscite, quoniam in me est pater et ego in illo. constat ergo aequale esse, quod inuicem se capit cum spiritu sancto. 1 45 3
saepto teneatur, tamen quicquid uoluerit, omnibus momentis illustret. non ergo carnale hoc domicilium imaginem dei debemus accipere, sed caelestis 1 27 3
saepto teneatur, tamen quicquid uoluerit, omnibus momentis illustret. non ergo carnale hoc indumentum imaginem dei debemus accipere, sed 2 30 3
non possit inueniri terrarum? igitur in deum cum haec non incidant, ergo dei imaginem non habemus? absit, fratres. habemus plane, et quidem 2 30 3
explanabis. denique hoc alibi manifestius ad omnes discipulos ait: *ite ergo et docete omnes gentes intingentes eos in nomine patris et filii et* 1 37 7
felicitatis sit [sit]? eam et qui habet diligit, et qui non habet diligit. si ergo exsultat gloria eius saepe in gentibus (quamuis illic fructuosa uel uera 1 1 3
constet an ex credulitate an ex utroque. si ex doctrina constat, non habent ergo fidem qui litteras nesciunt, sed nec ipsi qui sciunt, quia legis 2 3 9
nimis acutos et adside et circumcide secundo filios Israel.' uideamus nunc ergo, fratres carissimi, secunda illa circumcisio ab Iesu Naue quo genere 1 3 15
ne exeat sicut ignis ira mea et exurat et non sit qui exstinguat. uidetis ergo, fratres, quia huius modi circumcisis deus non tantum salutem non 1 3 13
finis nostrae, quoniam consignata est et nemo reuertitur; et infra: *uenite ergo, fruamur bonis, quae sunt, et utamur creatura tamquam iuuentute* 2 4 10
certe Adam ipsum sic ante fecisset. at fortasse quispiam dicat: 'peccator ergo fuit Abraham, ut circumcideretur? an iustus et circumcidi non 1 3 6
custodia carceris liberatus ad eum locum, unde uenerit, reuertatur. si ergo hoc ille sensit, qui non nouerat Christum, cur dubitet Christianus, qui 1 2 2
caritatem nec deo fidem. haec etiam uiros reprehensio manet. Christianus ergo in toto dubitare non debet in statum pristinum mortuos excitari 1 2 15
absit. indicat ille, sed nobis, quos cupit quod facit ac praedicat imitari. ergo inquit: *non est exaltatum cor meum,* docens *optimum* esse *sacrificium* 2 9 3
matrem, quae tunc non laborat, si quos parit numerare non possit. intrate ergo, intrate felices, omnes simul subito futuri lactantes. 2 28
auri argentique detrimento matris limae moderato dente figurata. quae est ergo ista dementia sacrificium nescientibus procurare, lumen caecis inferre, 1 25 4
uanis semet ipsum confundit. sed dicit aliquis: 'si ita est, nulli ergo lex prodest.' absit; prodest, et quidem plurimum, nam per ipsam dei 2 3 3
membro decerpit, sic in genus humanum ius mortis induxit. necessario ergo luxurioso populo deus hoc signum dedit, ut, locum matricalis culpae 1 3 8
ecce mitto angelum meum ante faciem tuam, qui praeparabit uiam tuam. ergo manifestum est prophetiae more angelos homines iustos et iniustos 1 37 12
hodie mecum eris in paradiso. itaque si homo mortuus in aeternum perit, ergo mentitus est dominus, qui ei deinceps nihil futuro paradisum 1 2 11
scriptum est: *uenite, filii, audite me; timorem domini docebo uos.* naturalis ergo non discitur, sed impulsu nobis nostrae infirmitatis occurrit, quia non 2 2 1
compellit, bifarie inclita: unum glorificando, alium corrigendo. constat ergo omne Christianitatis magis in caritate quam in spe uel fide esse 1 36 19
compleuit, dominus parricidium probata uoluntate prohibuit. ad huius ergo personam Christi refertur uerecunda natiuitas, sed uirginalis uteri 1 59 8
noscamus: *et homo est,* inquit, *et quis cognoscit eum?.* si ita est, quomodo ergo posset agnosci, prodidit Esaias his uerbis: *audite itaque, domus Dauid:* 2 8 7
quod oramus cotidie, ut *adueniat regnum* patris, speramus et filii. uacat ergo praesentis temporis regimen utroque cessante actumque est de mundo 2 5 5
materiam, qua usus est, non fecit, sed aeterna sit, ut ipse est, *duo* sunt ergo principia et quidem *repugnantia.* ac per hoc necessario requirendum 1 7 1
sententia praua deiecerat illustris conscientiae integritas erigebat. sufficit ergo pudicitiae conscientia; testis est deus. non respexit castitas, quid falsi 1 40 2
sine dubio comprehendit, in quibus adhuc erant opera terrena. hoc est ergo quod ait: *audi caelum et terra,* quod Iudaeis non audientibus Christus 1 61 4
uideor mihi audire proclamantem: 'si haec est condicio carnis, quid est ergo quod credimus in ecclesia remissa peccatorum ac resurrectionem 1 2 24
iustus, nisi recipiat secundum facta sua, quae gessit, iniustus. non ergo sic accipiendum est, quemadmodum ab inprudentibus aestimatur. 1 35 2
hominem deus de terra finxit et homo idolum de terra composuit. *semen ergo suum fudit in terram,* hoc est dei mandata neglexit et idolis profudit. 1 13 6
relinquetur in templo lapis super lapidem, qui non dissoluatur. reprobat ergo tam inmensum, tam insigne, tam opulens templum, quia in eo uerum 2 6 4
credenti, cum scriptum sit: *maledictus homo, qui spem habet in homine*? ergo ubi purum deum significat, sic dicit in Genesi: *et fecit deus hominem* 2 5 2
ac decipit, sic Cupido uocitari a luxuriosis suis sibi cultoribus coepit. nunc ergo uideamus, unde uera caritas ueniat, ubinam consistat, cui uel maxime 1 36 28
in regione uiuorum. haec nos felicitas manet, hoc munus exspectat. sic ergo uiuamus, ut bonis operibus decorati nos quoque deo patri placere 1 2 32
dies, quo iugiter sibi similis esse uideatur? cum haec aliter non sint, ergone dei imaginem non habemus? habemus plane et quidem manifestam 1 27 3
et illi, si liceat uel si uelint, fortassis cultius synagogas aedificent, cultius erigant capitolia, sed in his omnibus operibus uero iudicio structores magis 2 6 1
quam iudicantium sententia praua deiecerat illustris conscientiae integritas erigebat. sufficit ergo pudicitiae conscientia; testis est deus. non respexit 1 40 1
terrarum, insuper decernentes sibimet ipsis pro domibus templa, erigentes aras nomini suo, qui, quae essent habituri sepulcra, nescirent, 1 13 4
agnitus sit reuersus ab inferis, quia ex nihilo nati sumus et post hoc erimus tamquam qui non fuerimus; et non est reuersio finis nostrae, 2 4 10
totum refudit in patrem, ex quo omnia. *et inuoca me in tribulatione tua et eripiam te* dicendo ostendit, quoniam per se omnia prosecutus est. *et* 1 25 8
laudis et redde altissimo uota tua et inuoca me in tribulatione tua et eripiam te et magnificabis me. si pater loquitur, fratres, quis est iste, cui 1 25 1
subtiliter custoditis. probatio longe non est. ius templorum ne quis uobis eripiat, cotidie litigatis. non hi solum, qui tales sunt, displicent deo, sed et 1 25 10
tu sola rogari non nosti. tu oppressos uel cum dispendio tui incunctanter eripis in qualibet angustia constitutos. tu caecorum oculus. tu pes 1 36 31
habet legibus perdat. quod est omni uiolentia deterius, quia illud, quod ui eripitur, nonnumquam repeti potest, quod legum circumscriptionibus, non 2 1 17
praecepit tibi deus, illa cogita semper et in plurimis operibus illorum non eris curiosus; multos enim seduxit suspicio illorum et in uanitate detinuit 2 3 16
dextra laeuaque pendebant, ait: *amen, amen dico tibi: hodie mecum eris in paradiso.* itaque si homo mortuus in aeternum perit, ergo mentitus 1 2 11
commode possis circumscribere petitorem. quicquid feceris, uirgo iam non eris; unum tamen scio, quia nihil distat a prodigio, quisquis alterius causa 2 7 8
patris sui et regnabit super domum Iacob in saecula et regni eius non erit finis. Salomon in Sapientia similiter dicit, cum de eius loquitur seruis: 2 5 6
in agonem immortalis laudis Christianus semper ardor animatur. erit geminum de religiositate commercium, cum ad caeleste praemium 1 39 1
si alterum defuerit ex duobus, quod illi putauerunt, nec sapiens profecto erit ille nec iustus. satis, ut opinor, praestigiae mundanae patuerunt. in 2 1 10
unde sumptum est, refundatur; dicit enim deus ad Adam: *maledicta terra erit in omnibus operibus tuis; in tristitiae gemitu edes ex ea omnibus* 1 2 30
omnibus eligendum quid sit, non potest nosci aut comprehendi, quia non erit nec proprium nec firmum, quod habet statum semper incertum, quippe 2 3 7
sibi aliquid necessarium. si uero fidem tractatus dicere coeperimus, erit profecto nec nostra nec sua, sed nec eius, cuius esse dicetur, quia 2 3 6
clamaui, inquit, *ad eos et non audierunt; clamabunt ad me et non erit, qui exaudiat eos.* similiter et de manibus dicit: *manus enim uestrae* 1 3 10
fides, quae tam sibi quam illi credendo praestet effectum, insinuatio inanis erit, quia incredulo credentis fructum praestare non poterit. denique 2 3 1
principia et quidem *repugnantia.* ac per hoc necessario requirendum nobis erit, quid sit fortius de duobus: illud quod sensibile est an quod caret 1 7 2
fornace probauit illos et quasi holocaustomata accepit illos et in tempore erit respectus illorum. iudicabunt nationes et dominabuntur populis et 2 5 6
infinita. nemo sit de mansione sollicitus: certae gloriae nostrae insignis res erit, si dei ciuitatem felicitate nostri numeri fecerimus angustam. itaque 1 5 18
autem, *modo per speculum in aenigmate; tunc autem facies ad faciem erit.* unde dubium non est in corporibus nostris, dum mortis lege 1 2 29
seruatis sententia in eum, prout debitor exstiterit, iure possit expromi. ita erit, ut iustis corona, peccatoribus aut excusatis aut emendatis indulgentia, 1 35 9
distat, nisi quod in tua domo minuta sunt, in templo maiora. quae si erogaueris, pecunia est, si seruaueris, simulacra. ancilla Christi, falso 1 14 5
tractatus debeamus adserere. si tractatum fidei dixerimus, uehementer errabimus. subici enim se loquacitatis artificio fidei natura non patitur, a 2 3 6
eius degustate sermonem. uinea dei quidem prior synagoga fuit, siluosis errantium palmitum crinibus uilis; quae cum per uoluptuosa ac profana 1 10b 2
si inpatientia suos cursus urgueret. luna quoque, quae quibusdam uidetur errare curriculo menstruali, solemnes suae ignes aetatis quod numquam 1 4 5
sui nominis sanctitate filios suos non sine utriusque dedecore patiuntur errare stipi triuiali subiectos; quod liberi parentum uitam sua damna 1 5 6
posita non est, sed peccatori, quia *iustus ex fide uiuit,* infidelis iniuste. errat igitur quisquis disputationem legis aestimat fidem, quisquis duo in 2 3 4
illorum in perpetuum. quid hoc est? si in perpetuum regnat, Paulus errauit; si traditurus est regnum, isti mentiuntur. absit! nullus hic error, 2 5 7
Paulus errauit; si traditurus est regnum, isti mentiuntur. absit! nullus hic error, diuersitas nulla est. Paulus enim de hominis adsumpti temporali 2 5 7
neglegentes legis sacrae cultores saepe magno inplicantur errore, cum aut dicta non pro locis intelligunt aut dictorum minime 1 35 1
ex uno enim proficiscendo et in unum remeando si non confusione, uel errore fiunt una. quid, quod illius sacrificium publicum est, tuum 2 7 14
hominum desecat. sed absit, fratres, ut spiritales uiros ullo tangamus errore, maxime cum prophetia ad sui dicti iam peruenerit ueritatem. Iesus 1 3 16
nostri Iesu Christi, rudis aut neglegens disce Christiane, ne quo decipiaris errore: unam, quam tibi non licet quaerere, alteram, quam legitime, si 1 54 2
sacrificiorum tria esse genera, nouelle, disce, Christiane, ne quo seducaris errore. unum est enim detestabile, alterum reprobum, tertium mundum. 1 25 3
puerilis inconsideratorum hominum disputatio, qui ideo iustum patiuntur errorem, quia Christum non ex deo considerant hominem factum, sed ex 2 8 9
esse reddenda, ut et Christianus ueritatem et Iudaeus suum cognoscat errorem. solet enim magnis cum uociferationibus saepe iactare hanc esse 1 3 1
Iesu Christi necessario scire debet populus Christianus, ne quem patiatur errorem: unam, qua natus est; alteram, qua renatus. sed sicut est spiritalis 2 8 2
rerum naturae secreta, cum stellis nomina, soli labores inponunt, cum errores suos lunari circulo adscribunt, cum ingenii sui carmen coli uel 2 9 1
seducti sunt et fornicati sunt a deo suo. agnosce igitur, Iudaee, uel sero erroris tui miserum dolendumque discrimen et dic nobis, utrum 1 3 12
illa per uos impetrat, pro qua sollicite laboratis, ne, dum aliquid postulat, erubescat. beata cum adludit in pueris, beatior cum <in> adolescentibus 1 1 4
imago, sed Phoenix, non alia, sed quamuis melior alia tamen prior ipsa. erubesce, Christiana conscientia, uel tot ac tantis ex rebus quemadmodum 1 2 21
nouas. manibus suis facta hydra formarum procax semper incedit, quia erubescere alienis sub coloribus nescit, non domesticis, non affectibus, non 1 1 10
caelum promittentes sibi, pro quorum actibus, si posset, ipsa quoque erubesceret terra, postremo deos esse aduersus deum asserentes, qui a 1 13 4
uideretur, pice et stuppa armatum citatur incendium; aestuantibus globis erubescit quoque ipsum alienis ignibus caelum. illo praecipitantur insontes 2 22
sit *ad imaginem et similitudinem dei,* posse iugulari, et hoc a fratre. erubescit rudis terra pio sanguine impiata. solus Cain exsultat infelix et, 1 4 9
ineffabilis illa uirtus incomprehensibilisque sapientia e regione cordis *eructuat uerbum,* omnipotentia se propagat. *de deo nascitur deus* totum 1 56 1
autem sit inenarrabilis, patre loquente noscamus; dominus ipse nos edocet: *eructuauit,* inquit, *cor meum uerbum bonum* et cetera, et apud Salomonem 2 8 2
sapientia conditus, sensibus stipatus, eligendi mortem uitamue praecepti eruditione commonitus, eum propriae uoluntati commisit. at liuidus ille 2 4 5
omnesque uirtutes, ipsa quoque elementa eius constare non posse sine eruditione uel freno. est enim matura semper, humilis, cauta, prudens, 1 4 1
ei autem subtrahi non potest. denique aurum argentumque, penitus quod eruitur magno opere terrae uisceribus, iterum celandum terrae mandatur. 1 14 4
fortassis de circumstantibus doctis quispiam <in> cachinnos erumpat, quod homo imperitissimus et elinguis aliquid audeam de iustitia 2 1 1
quod scriptum est per prophetam: *exsulta, sterilis, quae non pariebas, erumpe et clama, quae non parturis, quoniam multi filii desertae.* ecce 1 59 3
in qua, ut dominus ait: *neque nubunt neque nubentur, sed sicut angeli erunt.* magnum consequere beneficium, si deo uiuas puris moribus libera et 2 7 4
et mercatus Aethiopum; et Sabain uiri excelsi ad te transibunt et tui erunt serui et sequentur te alligati compedibus et adorabunt te et in te 2 8 5

eos a facie sua remotos post suum dorsum cum postfuturis abiecerat; Erythraeum quoque in geminas ripas medium scissum mare, ductisque 1 18 1
pollicere, sine dubio fallis, cuius inpatientiae professio iam tenetur. si es autem sumptura remedium, dubium non est hoc esse solum, ut flammas 2 7 9
pecuinis ipsi tui non inuenere maiores. atque utinam tu inuenias! dignus es enim immolatione tali, qui salutem tuam in incerti pecoris sitam 2 20 1
prouexisti. tu Christo apostolos glutinasti. tu cotidiana martyrum et mater es et corona. tu murus fidei, fructus spei, anima caritatis. tu specialiter 1 4 22
pauperibus diues, in diuitibus ditior, aequalis in omnibus consummaris. tu es *honor corporum,* tu thesaurus animarum, tu *fundamentum,* culmen ac 1 1 21
in Aegypto seruisti diu, non sorte peregrini, sed merito. ereptus es inde, non tua euasisti uirtute. columna nubis te perduxit per diem, ut 1 9
gratularis? in Aegypto seruis diu, non necessitate, sed merito. ereptus es inde; non tua euasisti uirtute. columna nubis te deduxit per diem, ut 2 16
cum ingenti triumpho uictrix pudicitia reportauit. sed o quantum es miranda, pudicitia, quae aliter laudari te non uis quam ut custodiaris, 1 1 20
nefas! quid tibi tua tollis, infelix? quid extraneo facias, qui in te auarus es? o detestabili detestabilius malum! inuicem dum exspoliant persequuntur 1 5 7
ut rediuiuae uirginitatis honore polleret. itaque in statu, quo nata es, permanens, uirgo, gloriare sanctique pudoris florem nulli legi subiecta 2 7 4
tempestatum crebris turbinibus constitutae fidissimus miserandae uiduitatis es portus. tu sanctissimo coniugali iugo rudi ceruice subeuntes in nisum 1 4 21
unitoque coniugio, e duobus altero superante, non moritur? tune non illa es, quae mariti corpus expositum lauisti lacrimis, osculis detersisti, crinium 2 7 7
foedatis uberibus, sordido plus puluere tecta quam ueste? tu, inquam, non es, quae nunc caelum ipsum ululatibus rumpens post talem maritum 2 7 7
amiseris maritum anne malum. si malum et desideras nubere, digna es, quam peior affligat; si bonum, fidei serua signaculum: pati non meretur 2 7 6
religione, sed pondere, quando exomologesin facies, quae plus pro ornatu es quam pro salute sollicita. quid autem a deo impetrare te posse credis, 1 14 6
mortuo anne morienti? post haec si libet nubere, omnia illa mentita es. quid hoc est? ecce rursus ad lenocinia redis, colorem de pyxide 2 7 7
celebrantur, per te allegatae priusquam fundantur acceptantur preces. tu es sacrificium deo carum, tu legitimum dei templum, sacrarium pudoris. te 1 1 21
amiserit, nec diuina ille profecto nec humana cognoscit. haec, si religiosus es, serua; timoratus si uere, custodi. de eo, quod modum humani sensus 2 3 18
in fanis, Christiana fidelis, sine te esse non poterunt, quia uxor infelix es, si nescis, quid agatur in domo, infelicior certe, si scieris. proponamus 2 7 13
conscientia, uel tot ac tantis ex rebus quemadmodum rursum eadem quae es sis melior futura cognosce. praeterea granum uniuscuiusque frumenti 1 2 21
ex corde puro et conscientia bona ex fide simplici. igitur si dei seruus es, *stultas et ineruditas quaestiones euita sciens, quia lites generant.* 2 3 18
peioribus separari permittis. tu ut nudum uestias, nuda esse contenta es. tibi fames saginatio est, si panem tuum inops esuriens manducauerit. 1 36 31
terrae, et alio loco: *parata sedes tua, deus ex tunc et a saeculis tu es.* ubi hominem mixtum, sic prosequitur: *dicite filiae Sion: ecce rex tuus* 2 5 2
sicut Esaiae beatissimi indicat carmen, Iudaico populo irascitur deus eumque, ne 1 30
quoque sacrificia <a> deo repudiata cognoscite, qui dicit ad eos in Esaiae libro: *quo mihi multitudinem sacrificiorum uestrorum? plenus sum* 1 25 6
artifici ac per hoc solum interest, quod soli se sciunt. denique apud Esaiam ad filium *sic dicit dominus deus sabaoth: fatigata est Aegyptus et* 2 8 5
et quis cognoscit eum?. si ita est, quomodo ergo posset agnosci, prodidit Esaias his uerbis: *audite itaque, domus Dauid: non pusillum uobis certamen* 2 8 7
et creduli deuotique seruantur et increduli desertoresque puniuntur. hanc Esaias in modum forcipis uidit; quibus ad conflanda labia inquinata ab uno 1 37 2
et fauum ori meo! haec, fratres, si quis libenter crediderit, largiores adhuc escas inueniet, quibus, si diligens fuerit, semper et se et alios bonis 1 24 4
quorum actibus, si posset, ipsa quoque erubesceret terra, postremo deos esse aduersus deum asserentes, qui a sanae mentis hominibus ne hominum 1 13 4
autem ait *angelos ascendentes et descendentes*, aliqui putant ascendentes esse angelos lucis, descendentes uero angelos tenebrarum. sed hoc satis 1 37 11
scire conpendio ueritatem? factus est quod non erat, nec tamen desiit esse ante quod fuerat. 2 8 9
nescis. 'at ille, cui iubetur, est, inquit, inferior.' quid, quod inde non esse approbatur inferior, quia, unde processit, paterni cordis est exsecutor? 1 45 3
beati propinquus martyris, qui in eius forte degebat habitaculo, absentem esse assiduis uocibus inclamabat. hunc uero profitentem ad nefandam 1 39 4
melior pupillorum, plus quam uterque parens. tibi oculos numquam siccos esse aut misericordia permittit aut gaudium. tu tuos ita diligis inimicos, ut 1 36 31
potuisset. eo accedit, quod secundum carnem Dauid filius futurus esse canebatur; qui nisi paterno generis signaculo responderet, neque Dauid 1 3 18
qui hinc missus fuerit, credituri sunt', euidenter ostendens non in oculis esse carnalibus uerum, sed in fide credentium constitutum. nam et 1 2 10
daemoniis et non deo. ac ne quis sacrilegium existimaret sibi impune esse cessurum, scriptura iterum ibidem dicit: *sacrificans diis eradicabitur,* 1 25 5
gentibus audituri, et ideo ait: *audi caelum et terra.* caelos autem apostolos esse claro testimonio ueritatis affirmat. sic enim ait: *et uidebo caelos, opera* 1 61 3
quoque numero suae adfuit trinitatis. denique rem sacramento gestam esse cognosce. in caminum missi ut submersi sunt flammis, statim sibilo 2 27
caro fenum et gloria eius sicut flos feni? cuius si curam geris, pecuinam te esse cognoscis. an eius uirtutem diligis? frangit ac subigit illam quiuis 2 4 15
enim Naue Christi imaginem praeferebat, qui uerus omnium saluator esse cognoscitur et factis et nomine. hic enim, quia ipse dictus est etiam 1 3 16
contrarius, cui recte hominis forma tribuitur, quia temporalis ac fragilis esse cognoscitur. ideo lineamento puerili depingitur, quia eius lasciua 1 36 25
spiritaliter intuentibus patefecit: *homo* enim adgressuram passus Adam esse cognoscitur, *latrones* diabolus et concupiscentia, *Samaritanus* dominus, 1 37 10
pro eo, qui a latronibus adgressuram passus fuerat, dominus datos esse commemorat. quae parabola sublata dubitatione scalae sacramentum 1 37 10
sunt, tamen praecipuum non est, quod cum gentibus uel Iudaeis potest esse commune; nam et illi, si liceat uel si uelint, fortassis cultius synagogas 2 6 1
deum. utitur et figura et condicione mortali. iustitiam docet inmortalitatis esse comparatricem. factis praecepta consummat. postremam suscipit 2 4 7
uero carnalis sicut est frequentibus oraculis prodita, ita inuenimus esse completam. etenim deus dei filius tempore constituto dissimulata 1 54 2
carbonis in unum populum per confessionem nominis Christi noscuntur esse conflati. etenim conflatio et puritatem designabat et unitatem; carbo 1 37 3
consistunt, id est in spe, in fide, in caritate, quae ita inuicem sibi uidentur esse connexa, ut sint aliis alia necessaria. spes enim nisi praecedat, cui 1 36 1
ex duobus diuersis ac repugnantibus comparatam discordique concordia esse connexam animamque lineamentis corporis circumsaeptam. unde duae 2 4 8
terra. de caelo et terra prophetam fuisse testatum uel quasi de aliqua re esse conquestum, cum dicit *audi caelum et terra,* tamquam numquam aut 1 61 2
peccatores, qui iudicandi sunt, iustorum, qui non iudicabuntur, dignos esse consilio existimauit. nunc scire debemus, quoniam iusti uitae 1 35 3
studet; miserum se putat, si ipse sit, nec intellegit rem dementiae esse consimilem, in statu suo animum non manere. inpatientia enim quid 1 4 7
sine fide. itaque Christianus tribus in rebus, si cupit esse perfectus, debet esse constructus. si quid enim ei ex his defuerit, perfectionem sui operis 1 36 2
in quali etiam non irritata adolescentia inuitis feminis saepe uiolenta esse consueuit. at ubi in destinata prorumpens neque blandimenta neque 1 1 16
tota, si liceat, paratus offerre. superstitibus fratribus saltem cupit esse consultum; Abraham patrem deprecatur obnixe, ut aliquis nuntius 1 2 10
mordacitate peioribus separari permittis. tu ut nudum uestias, nuda esse contenta es. tibi fames saginatio est, si panem tuum inops esuriens 1 36 31
in stabuli praesaepe deponitur populorum pastorem pabulumque se esse contestans. subicit se gradibus aetatis, cuius aeternitas in se non 2 12 3
legis ostendere cupis, lectionum nubila disserena. doce eam sibi non esse contrariam, doce omnia, quae canit, esse credenda. ceterum si eius 2 3 13
incertum. praeterea numquam diligit deum, quem scit operibus suis esse contrarium. diaboli est sane mancipium; eius enim possidet regnum. 1 1 11
disserena. doce eam sibi non esse contrariam, doce omnia, quae canit, esse credenda. ceterum si eius partem probes, reprobes partem, quomodo 2 3 13
principales. e quibus duae eius, quem cupiant deprauatum, simulant se esse cultrices. una denique asserit Iesum Christum ab utero uirginis Mariae 2 8 1
labore uteri sarcinam, quae iam ambulare non poterat; tunc discit mater esse, cum desinit. marcidae mammae lactis ubertatem ostendunt et de 1 62 2
ullum celebrare mysterium, cuius sacrificium diuina sententia aduertitis esse damnatum per dominum nostrum Iesum Christum, qui est benedictus 1 19 2
in censum. quid enim esse potest ditius homine, cuius profitetur deus se esse debitorem? qui est benedictus in saecula saeculorum. 1 14 9
in paradisi solitudine, ubi Euam ab auctore operis sui meminerant esse deceptam, hac re ipsa nato consilio capere dolo adgrediuntur ac, nisi 1 1 17
potest. consequens est, ut profiteatur, utrum hanc carnalem an spiritalem esse defendat. si spiritalem, cur de carne gloriatur? si carnalem, animae 1 3 3
constat ergo omne Christianitatis magis in caritate quam in spe uel fide esse depositum, sicut euidens testatur exemplum. Iudas Scariothes traditor 1 36 19
fecunditas reponebat. quapropter si pater bonus, si prouidus, si utilis esse desideras, sicut ille Abraham, deum plus debes amare quam filios, ut 2 1 21
pestis incendio totus mundus exarsit, auaritia, ut putatur, crimen esse desiit, quia neminem qui se possit arguere derelinquit. omnes enim 1 5 1
dicere coeperimus, erit profecto nec nostra nec sua, sed nec eius, cuius esse dicetur, quia tractatus fidem cum astruit, ex eo ipso eam, quo astruit, 2 3 6
sacrario templi uirginalis hospes pudicus inlabitur ibidemque qualis uelit esse disponit. immo quod iam olim disposuerat complendum latenter 2 12 1
patiuntur, quia amborum unum nomen est deus. igitur duas natiuitates esse domini nostri Iesu Christi, rudis aut neglegens disce Christiane, ne 1 54 2
labore uictoriam. non enim conabitur in dicionem redigere suam, quae esse eius ambiuit ancilla? in domo denique quae geruntur, sed et ipsis in 2 7 13
lucis, descendentes uero angelos tenebrarum. sed hoc satis absurdum esse et inconueniens, fratres carissimi, aduerto, quia neque refugae 1 37 11
esse neque circumcisionem, sed solam obseruationem uoluntatis dei esse fideliter uiuentibus necessariam. 1 3 24
ut ingratum faciam doctrinae beneficium, sed ut sciat unusquisque aliud esse fidem, aliud esse tractatum nec fidem per tractatum posse uel dari uel 2 3 11
recte eadem sine ambiguitate a domino hic quoque *duorum denariorum* esse figura uestita, hac uidelicet ratione, quia in *thesauris suis* duos 1 37 9
omnes, ipsum quoque supplicium docuerunt ignes sanctis hominibus non esse fortiores, per dominum Iesum, qui est benedictus in saecula 1 11
immola, inquit, *deo sacrificium laudis.* primo omnium sacrificiorum tria esse genera, nouelle, disce, Christiane, ne quo seducaris errore. unum est 1 25 3
errorem. solet enim magnis cum uociferationibus saepe iactare hanc esse gentis suae nobilitatem, hanc caelestis sacramenti uirtutem, hanc 1 3 1
esse non possit, quia sub inpudico praedone uersatur), quanto magis debet esse gloriosior in populo Christiano, qui eius sanctificatori inuiolabili 1 1 3
naturam, nihil prorsus habere difficile solumque ei hoc deesse quod nolit esse; haec est enim proprietas dei, id operari quod non potest credi. igitur 1 2 16
laudant, latrones excusant, nec sui umquam uenit in mentem non esse humanae potestatis crastinum diem ac ne ipsum, quo res agitur, quia 1 5 7
facere credentes; et iterum manifestius: *si quis inter uos uidetur sapiens esse in hoc saeculo, stultus fiat, ut sit prudens; nam huius mundi sapientia* 2 1 5
atque inhonestas sibimet redimunt libidinum merces, non aduertentes esse infelix et impudicum quicquid legitimum fuerit extra coniugium; 1 1 14
reprobant faciunt. philosophi de anima uaria disserunt, sed tamen hanc esse inmortalem <et> Epicuri, Dicaearchi Democritique uanitatem 1 2 4
et ecce angeli accesserunt et ministrabant ei. unde dubium non est unum esse iter aerii culminis angelis lucis et hominibus iustis. haec igitur omnia 1 37 13
quam lucem, creaturam potius quam creatorem. itaque tria conuenit esse iudicia: unum iustorum, qui non tantum, ut dictum est, non 1 35 7
seruit et uirtus. uidetisne iam manifeste sapientiam huius mundi non esse iustitiam et quidem nec ueram sapientiam? quia fieri non potest, ut 2 1 9
sectatores paene omnes conspicor Christianos, qui perfectam putant esse iustitiam propria tueri, aliena non quaerere, sapientiae uerae 2 1 15
iamiamque desinat permoueri, intellegens Christianae uirtutis hanc esse maximam gloriam, ipsam calcare naturam. sed quia uirtutem 2 7 1
captans, corpus uero mortemque contemnens! o qui seruum domini ita se esse meminerat, ut patrem se esse nesciret! quid est pater? ecce sub oculis 1 43 6
uos autem sicut homines moriemini. sed et de Iohanne Baptista sic dictum esse meminimus: *ecce mitto angelum meum ante faciem tuam, qui* 1 37 11
nuntiatus interitus, credunt et timent et quantum sciunt dominum non esse mendacem, tanto propensius eius de pietate praesumunt statimque 1 34 9
suos promiserat per prophetas, filium suum saluatorem generi humano se esse missurum commodum, tempore maturo, diuinitatis interim dignitate 2 12 1

terrenis absumi, praesertim cum eorundem ille sapientissimus dicat hanc esse mortem, cum corpore animus tamquam carcere clausus tenetur, illam 1 2 2
gloriatur, digni estis uniuersi aurum argentumque non tam habere quam esse. nam uos estis aurum uiuum dei, Christi uos argentum, uos spiritus 1 5 17
argumentationis totius uno ictu omnes neruos abscindet. quapropter duas esse natiuitates domini nostri Iesu Christi necessario scire debet populus 2 8 2
potuisset. quapropter manifestum est spei ac fidei unam inseparabilemque esse naturam, quia in homine ex his quaecumque defecerit, ambae 1 36 6
non affectibus, non maritis nota, non sibi, quia non potest notum esse nec uerum quod est semper incertum. praeterea numquam diligit 1 1 10
sunt, ambo sine fructu. unde dubium non est neque praeputium aliquid esse neque circumcisionem, sed solam obseruationem uoluntatis dei esse 1 3 24
contemnens! o qui seruum domini ita se esse meminerat, ut patrem se esse nesciret! quid est pater? ecce sub oculis iacet filius uinculis adstrictus. 1 43 6
et fecit et facit, ut Iudaeus et Iudaeo deterior Christianus dei filium deum esse non credant. quos uellem adesse paulisper auremque praesenti 1 25 1
praedicauit, utrosque uolentes, illum condicione, dominum pietate. cetum esse non dubitatur infernum; sicut enim Ionas tribus diebus et tribus 1 34 8
hic Ioseph mulieri flagitat esse uiolentum, quem, etiam dum denudat, esse non inuenit inpudicum; hic synagogam expugnauit, cum sua illi arma 1 36 26
uirginis Mariae sumpsisse principium deumque exinde ob iustitiam factum esse, non natum. alia modestius, sed mordacius nocens dicit quidem dei 2 8 1
aegritudinem cum aegro partitur; abiecta cadauera intecta inhumataque esse non patitur; pauperes miserosque sua necessitate neglecta pietatis 2 1 12
etenim uere perfectus deus non esset, si esset aliquid quod esse uolens esse non posset. denique uultis scire conpendio ueritatem? factus est quod 2 8 9
exsultat gloria eius saepe in gentibus (quamuis illic fructuosa uel uera esse non possit, quia sub inpudico praedone uersatur), quanto magis debet 1 1 3
Christum dei filium spiritali temperamento conscribunt. quae sine se utilia esse non possunt, quia ueteri sicut nouum praestat fidem, ita nouo uetus 1 37 4
uidua, nuptias tales. excusatio prorsus nulla competit tibi. si continens esse non poteris, saltem noli tuas nuptias fenerare, ne in illo resurrectionis 2 7 18
faceret, sed ut defleret se fecisse quod fecerat; aliter etenim quis saluus esse non poterit, quamuis sit iustus, nisi exomologesin faciens et praesentia 1 13 12
denique quae geruntur, sed et ipsis in fanis, Christiana fidelis, sine te esse non poterunt, quia uxor infelix es, si nescis, quid agatur in domo, 2 7 13
remissae sunt iniquitates et quorum tecta sunt peccata, quia beatus esse non potest, fratres, in prima natiuitate persistens, quem aestuantium 2 10 1
cordis; similiter ne destrui quidem, quia si uera fides est, aliud esse non potest quam quod est. igitur cum possibilitatis humanae non sit 2 3 11
conspicuae ueritatis, quae dum secerni potest, tamen sibimet externa esse non potest. si enim uerbum in deo est et deus est uerbum et hoc est, 2 8 4
non sit et iustus, iustus adaeque uerus non sit et sapiens, quia iustus esse non potest stultus neque sapiens iniustus ipsa ratione docente. *qui* 2 1 9
unius fructus rediguntur in summam, quoniam uniuersa quamuis gemina esse noscantur, tamen una de radice funduntur. testamenta sunt duo, sed 1 37 14
Iudaei unde se beatos putant, infelices inde esse noscuntur. etenim commodius puto misero in statu suo manenti quam 1 18 1
duos redigendo confunderet, sed ut duorum unam diuinitatis potestatisque esse omnipotentiam nos doceret. sequitur ac dicit: *omnia per ipsum facta* 2 8 4
uero nostrae aceruatim absoluunt quicquid inuenerint nec aliquid subsiciui esse patiuntur, sed pectorum aperiunt cuncta penetralia, diligenter uniuersa 2 24 1
hoc illis constitutionis nostrae uidelicet decernendi sunt libri, ut possint esse perfecti! o quam misera est fides, quam uerba concinnant! o quam 2 3 9
hac securum, sine hac gloriosum, sine hac deo iunctum, sine hac possit esse perfectum. denique cum dominus interrogaretur, quod esset summum 1 36 16
laboratur, nisi ut suis sibi tantum uirtutibus adprobetur: non enim potest esse perfectum quod aliunde exspectat sibi aliquid necessarium. si uero 2 3 6
spes poterit operari sine fide. itaque Christianus tribus in rebus, si cupit esse perfectus, debet esse constructus. si quid enim ei ex his defuerit, 1 36 2
subitis damnis familiam domini posse terreri, cum sciamus apostolica fide esse perscriptum: *mihi uiuere Christus est et mori lucrum*? excogita quibus 1 39 5
non timuit. inmissis camino ignis exaestuans didicit, ut eos unius uirtutis esse persensit. denique arsit incendium incendentibus, non incensis. o 1 48
non probat altissimus. hic quaerite, Christiani, sacrificium uestrum an esse possit acceptum, qui uicinarum possessionum omnes glebulas, lapillos 1 25 10
fieri debeat, nemo praecipit, interrogat nemo. neque enim sine patris esse possit iniuria, si hac necessitate opus esset illi, qui in sinu patris 1 56 2
honesto, puro, salubri atque perpetuo, quod, ut saturi semper ac felices esse possitis, esurienter accipite. pater familias panem uinumque pretiosum 1 24 1
auaritiae subactas uestrum sine inuidia transfertis in censum. quid enim esse potest ditius homine, cuius profitetur deus se esse debitorem? qui est 1 14 9
quia credidit deo; qui nisi credidisset, neque iustus neque pater gentium esse potuisset. quapropter manifestum est spei ac fidei unam 1 36 6
edicta legis uniuersa complere. non enim aut *finis legis* aut uerus Christus esse potuisset, si quid praetermitteret, quod ab alio saluti hominum 1 3 17
aduersus sabbatum pugnat, quod uiolandum ullo opere in toto non esse praeconat. etenim plerumque contingit, ut ei nascatur sabbatis filius, 1 3 3
huic et praesentia subiacent et futura: ista quia contemnit, illa quia sua esse praesumit; nec spes timet, ne non ueniant, quia ea semper secum suis 1 36 5
quia uera uix potest inueniri, credo, ne populi penuria laborarent, uenales esse propositas. uerum tamen ex his omnibus eligendum quid sit, non 2 3 7
sed libidinis, qui publicanas mulieres cum ui subiciunt sibi uiliores se esse quam illae sunt produnt, qui iracundia tument, qui litibus fremunt, 1 25 11
ipsam perennis cui beatitudo succedat, praemium uictoriae magis esse quam mortem. luculenta oratione per Iohannem hactenus contionatur: 2 4 11
est causa, quod fratrum pia nomina plerumque gladiis amica uidemus esse quam sibi; quod parentes opulenti abolita sui nominis sanctitate filios 1 5 6
opere extraneo paritas sacra distingui non potest, deus in alio se inferior esse quemadmodum potest? quicquid enim uni ex duobus indiscrete in 1 45 2
gerit, quod est utique sapientis. unde fit, *ut numquam iustus possit esse qui stultus est neque sapiens qui fuerit iniustus.* ceterum siue iusto siue 2 1 10
non est inuenta, quia renatus per aquam et spiritum sanctum desinit esse, quod fuerat, et incipit esse, quod non erat. sequitur, quod uiduitatis 1 13 12
institui quod ante non fuit; quod si non fuit et est, multo magis poterit esse quod fuit, quippe cum illius potentissimi artificis rerum omnium 1 2 16
non nisi inbecilli praestatur nec potest eum reuereri, qui ingenii sui putat esse, quod ille fuerit aestimatus. ceterum illa est fidei generositas uera, ut 2 3 18
et cognoscite, quoniam in me est pater et ego in illo. constat ergo aequale esse, quod inuicem se capit cum spiritu sancto. 1 45 3
sacramento uenerabili unam cogit in carnem. haec humanitati praestat esse quod nascitur. huius est munus, quod cara uxor, quod generosi liberi, 1 36 13
infunditur in hominem gigniturus ibidemque saluo quod erat meditatur esse quod non erat. mixtus itaque humanae carni se fingit infantem. 1 54 3
renatus per aquam et spiritum sanctum desinit esse, quod fuerat, et incipit esse, quod non erat. sequitur, quod uiduitatis uestem rursus accepit, non 1 13 12
inmortalitas tribuatur. haec est enim potestas dei, ut saluo quod est possit esse quod non est. hic est deus noster aeterni dei coaeternus filius. hic *et* 2 12 3
uiuus. odit iam sine causa ante quod amauerat; probat felicius esse quod oderat. gemit instanti poenae aliquid de facultatibus notis mederi 1 2 10
quod sensibile est an quod caret sensu. uerum quis dubitet illud fortius esse, quod sentit, quod sapit, quod cogitat, quod mouet, quod mouetur, 1 7 2
extulerunt. hi cum ascendunt uerbis in caelum, cum deum persuadent hoc esse quod uolunt, cum adsimulant se nosse rerum naturae secreta, cum 2 9 1
non oleaster sit, sed oliua, cum et oleaster sit et tamen oleastrum se non esse quodam modo etiam ipse miretur. igitur si homo potest facere, ut sit 1 2 27
uel qui sit signis euidentibus docet, ut plerumque aliquos noscamus eos esse, quos in idolatria commorantes nuper uel maxime ui aliqua obisse 1 2 6
ualeat sermone disserere, dum in uno corpore tot martyria uideantur esse quot membra? armauerat diabolus satellites suos in domini populum, 1 39 1
sed et aliquot in locis fecit Paulus beatissimus mentionem, ratio uidetur esse reddenda, ut et Christianus ueritatem et Iudaeus suum cognoscat 1 3 1
seruitus, non habent hereditatem in regno dei et Christi, ostendens unum esse regnum patris et filii. recte igitur patri tradet regnum qui dixit in 2 5 8
imitari. ergo inquit: *non est exaltatum cor meum*, docens *optimum* esse *sacrificium deo cor contribulatum.* quapropter, fratres, *efferendum non* 2 9 3
die inter plurimos maritos non possis, cuius fueris uxor, agnoscere. noli esse sacrilega, noli proditrix legis. profano cur nubas, cum possis nubere 2 7 18
ego respondere non audeo, sit quippe cum tutius imperitum uideri quam esse sacrilegum. et tamen habeo, qui pro me tibi obsistat: nam lex, per 2 3 15
in timore quam qui abundat astutia et transgreditur legem; et iterum: *noli esse sapiens multum et noli argumentari plus quam oportet.* similiter 2 3 12
quos in amaritudine absumit. quis non intellegat, fratres, illud pascha non esse, sed bromosum latronis cruenti conuiuium? per dominum nostrum 1 28 2
hoc dico secundum ueniam, non secundum iussum; uolo autem omnes uos esse sicut et me, ac per hoc ideo nubere melius, quia uri deterius. *omnia* 2 7 2
necessitate, sed uoluntate compellit, manifestissimum puto nimis astuto esse simplicem meliorem, quia simplex omnibus dei uerbis simpliciter 2 3 2
iam tenetur. si es autem sumptura remedium, dubium non est hoc esse solum, ut flammas tuas maritalis gladii contemplatione compescas. 2 7 9
suum se non exaltasse gloriatur. non sibi repugnat, sed ostendit animae esse sublimitatem superiora uicisse, quia *qui se exaltauerit, humiliatur et,* 2 9 8
prophetae. unde manifestum est dilectionem uirtutum omnium diuinarum esse substantiam naturalemque magistram, quoniam ex lege discitur, sed in 1 36 17
punit irata quem docuit nullamque aliam ob causam promulgatam se esse testatur, nisi ut fides de infidelibus uindicetur. denique tolle peccatum: 2 3 3
doctrinae beneficium, sed ut sciat unusquisque aliud esse fidem, aliud esse tractatum nec fidem per tractatum posse uel dari uel nosci uel destrui. 2 3 11
indicant nomina (quae si auferas, nulla fortassis est pugna), multos esse tractatus, multas etiam fides et quidem nouellas et litis labore ac 2 3 7
est sine hoc uulnere inuentus? quid, quod Enoc a deo integer legitur esse translatus? quid, quod Noe incircumcisus saeuiente diluuio diuina 1 3 5
negligentes imperium, quod uerbis huius modi continetur: *si uis perfectus esse, uade et uende omnia tua et da pauperibus* et tolle crucem tuam *et* 2 1 15
Christum, si promissum sibi ab eo perpetuae felicitatis tempus non credit esse uenturum? sed spes ex fide est, quae quamuis in futuro sit posita, fidei 1 36 3
esse mortem, cum corpore animus tamquam carcere clausus tenetur, illam esse ueram uitam, cum idem animus custodia carceris liberatus ad eum 1 2 2
quot animi fuerint motus, nullusque prorsus dies, quo iugiter sibi similis esse uideatur? cum haec aliter non sint, ergone dei imaginem non 1 27 2
diligi a nobis sacris uocibus dum iubetur, recte sapientibus exsecrabilis esse uideatur, Iohanne dicente: *nolite diligere mundum neque ea, quae in* 1 36 27
ignibus subicere aut parricidali gladio iugulare; hic Ioseph mulieri flagitat esse uiolentum, quem, etiam dum denudat, esse non inuenit inpudicum; hic 1 36 26
incredulae periclitantis enixam in testimonium repertam eiusdem esse uirginitatis incenditur manus. qua tacto infante statim edax illa 1 54 5
omnia non magno opere deuincat, se primo uincit. non uirtutes possunt esse uirtutes, non perennes elementorum status, non tempora cognata 1 4 4
sint nolentes edicant et inuiti discedant, procul dubio hoc sunt, quod sese esse unicuique confitentur. accipe et alia exempla et quidem certiora. 1 2 7
praedicarent. etenim uere perfectus deus non esset, si esset aliquid quod esse uolens esse non posset. denique uultis scire conpendio ueritatem? 2 8 9
et opus fieri possit et tolerari ardor aestatis, id est temptationis; quam esse utique credulitatem non potest dubitari, quia hanc qui habuerit, 1 13 8
effecta, quam per lignum crucis amaritudine gentilitatis exclusa bibituri essemus? exaltati filii Israel, quando ad Iordanem securus ab Horeb 1 61 8
duos populos Iudaeorum gentiumque debemus accipere, qui, cum essent anterioris uitae facinoribus inquinati — unus Christum 1 37 3
qui non esset a Iudaeorum populis audiendus, quod eum apostoli essent et homines ex gentibus audituri, et ideo ait: *audi caelum et terra.* 1 61 2
est, qua iam tunc per prophetam Iudaeos obiurgabat incredulos et quae essent futura, priusquam fierent, admonebat. proprium enim dei est scire 1 61 5
sibimet ipsis pro domibus templa, erigentes aras nomini suo, qui, quae essent habituri sepulcra, nescirent, caelum promittentes sibi, pro quorum 1 13 4
sane in eremo aquam de petra bibisti, manna de caelo gustasti, ut, cum esses ad egestatem postmodum deuolutus, praeteritorum bonorum 1 9
pietas? praeceptum differri non potest. praestiteras, mater, cum sterilis esses: ad gladium nascitur puer. talem casum nemo doluit, nec quae 1 62 4
erat complenda temporibus sub domini saluatoris aduentum, qui non esset a Iudaeorum populis audiendus, quod eum apostoli essent et homines 1 61 2
ait: *audi caelum et terra*, quod Iudaeis non audientibus Christus dominus esset ab apostolis et gentibus audiendus. *filios*, inquit, *genui et exaltaui.* 1 61 4
mors ut iugularet ac iugulet, ab ipsa prorupit. denique Adam in arce cum esset adhuc paradisi constitutus beatissimusque beati orbis imperio 1 4 8

hoc potissimum praedicarent. etenim uere perfectus deus non esset, si esset aliquid quod esse uolens esse non posset. denique uultis scire 2 8 9
uirgo post connubium, uirgo post conceptum, uirgo post filium. denique si esset aliquid uirginitate melius, dei filius hoc magis potuerat suae matri 2 7 4
mouet, quod mouetur, quod mira prouidentia chaos ipsum ut chaos non esset effecit, quod eius membra discreuit, ratione disposuit, coloribus 1 7 2
nemo. neque enim sine patris esse possit iniuria, si hac necessitate opus esset illi, qui in sinu patris commanens uoluntatis eius perfectionem non 1 56 2
iustis bonorum operum fructus exposcit. quo audito Thamar cum esset *in domo patris sui*, id est in templis infamibusque spectaculorum 1 13 8
intellegere: hoc de ministris et de angelis dictum, quos domino, cum esset in terris, fecisse inuenimus officium, ipso dicente: *amen dico uobis:* 1 37 13
prolixa tempora obseruat, omnia soceri libens tolerat imperata; qui si esset inpatiens, astu circumscriptus pro Rachel postmodum tempore 1 4 16
ut legitima domus dei caduca illa ambitio putaretur. quod si ita esset, inter memorata impar cultu semper ecclesia inueniretur. sed haec 2 6 2
non Eua, ancipiti quidem metu contemplatione praeclusa, cuius aut pudor esset iugulandus aut anima, conscientiae suae conscium solum contestans 1 1 18
sed et tu crucis tuae similiter dignitate gaudebis. igitur haec scala cuius esset materiae, in qua dominus incumbebat, ex Dauid dicto cognoscimus, 1 37 8
Abraham ut pater esset multarum gentium, hic iustitiam non didicit, sed genuit. non illum 1 62 1
qui nisi paterno generis signaculo responderet, neque Dauid filius esset neque nisi in filium Dauid Christus uenire potuisset; qui ideo 1 3 18
domino auctore perducit nec deest ad ministerium gladius, ut pater esset pariter et sacerdos. consimilis filii quoque est ex diuina uoluntate 1 59 6
carnem induit dominus. sed sic oportuit praedicari, quia primo, antequam esset, quod se fieri uoluisset, tam figura quam oraculis frequentibus 2 4 3
putant, hoc potissimum praedicarent. etenim uere perfectus deus non esset, si esset aliquid quod esse uolens esse non posset. denique uultis scire 2 8 9
me. magna eloquia dei sunt, ipse mirabilis in excelsis. cum in periculis esset, si in his propheta non ambulet, quomodo bonum insuper sibi opus 2 9 6
fecimus, fratres; alioquin solis diuinis exemplis oportuerat perorare, esset si quis hic talis. sed quia in uobis fides et pietas, quae est idonea 1 5 17
sine hac possit esse perfectum. denique cum dominus interrogaretur, quod esset summum legis sacrae praeceptum, sic ait dicens: *diliges dominum* 1 36 17
dextram semper laetatus et gaudens nec mutatus est uultus eius, cum esset uictima commutata: cum tanta laetitia arietem obtulit, cum quanta 1 43 7
feriendus. qui antequam ueniret in montem, cum de patre quaereret, ubi esset uictima quam disponeret et immolaret, securus de fide generis sui 1 43 5
conficiunt. plura ad laudem huius beatitudinis uestrae possem dicere, nisi essetis mei. unum tamen prae gaudio tacere non possum: fenerando 1 14 9
uel dici potest, quia uerbum est filius, sine filio non est, et quod factum est a filio uel fieri potest, sine dignatione paterna non est, quia filius sine 1 45 3
carnis est et concupiscentia oculorum et ambitio saeculi, quae non est a patre, sed ex concupiscentia mundi. per hanc enim diabolus cum 1 36 27
carnis est et concupiscentia oculorum et ambitio saeculi, quae non est a patre, sed ex concupiscentia saeculi. et mundus transibit et 2 4 12
non enim minus est facere magna quam dicere. quamuis et quod dictum est a patre uel dici potest, quia uerbum est filius, sine filio non est, et quod 1 45 3
quod de fornicatione conceperit; et ecclesia quasi legis adultera Iudaeorum est a senioribus accusata, quod sabbatum ruperit, quod eorum traditiones 1 13 12
aequabiliter iustitia est diuina largita. cum haec ita sint, procul dubio non est a tyranno dissimilis, qui solus habet quod potest prodesse commodis 2 1 19
constitutos angustia recreare consueuit. *ad oues suas tondendas pergit*, id est, ab hominibus iustis bonorum operum fructus exposcit. quo audito 1 13 8
sed in acrobustia meritae repromissionis accepit. unde manifestum est Abraham gemini populi typum in semet ipso portasse, ut 1 3 7
'lex spernenda est, quia iusto necessaria non est, peccatori uero molesta est'. absit, fratres: immo potius ueneranda est, quia ueritatis speculum, 1 36 18
prauis moribus laedunt. *orant quia timent, peccant quia uolunt.* unde non est absolutus reatus, ubi de amoris comparatione duarum contrariarum 1 35 6
illecebris huius mundi ac tenebris feralibus agitatur, profecto pecuina est ac misero, fragili detestabilique uersatur in iure. at cum mera fide 1 2 25
fieret pater multarum gentium. contra spem autem est, quod impossibile est ac non uidetur; sed possibile hac spe fit, cum dei dicto indubitanter ac 1 36 5
nec minuitur nec augetur. sin uero ex utroque, patriarcharum semesa fides est ac per hoc illis constitutionis nostrae uidelicet decernendi sunt libri, ut 2 3 9
domini nostri Iesu Christi, qui *in omnibus omnia* est; qui uere aeternus est ac sine nocte dies; cui duodecim horae in apostolis, duodecim menses 1 33 4
inlaesa planta calcabit. sed nec ipsum quoque diabolum, qui uere est acerrimus Sagittarius, formidabit umquam, uariis atque igneis sagittis 1 38 6
uerus sit ille fidelis, qui sacra in praedicatione non ultra, quam licitum est, aciem suae tetenderit mentis; eo enim res deducta est, ut fides nostra 2 3 12
si consurrexistis cum Christo, quae sursum sunt quaerite, ubi Christus est ad dexteram dei sedens. possumus et sic, fratres, intellegere: hoc de 1 37 12
nec concipi nec disci quicquam poterit nec doceri. nam profecto sola est, ad quam prorsus res omnis spectet, dubium quippe cum non sit spem, 1 4 1
sanctis hominibus uiolenta infertur manus. ad torcular conportantur; id est ad supplicii locum deducuntur. ab operariis ibidem conculcantur, hoc 2 11 6
est conparanda confessio? Maccabaeorum est iungenda numero, Eleazari est adaequanda proposito, conparanda consilio. Archadius beatissimus 1 39 9
natiuitate, contra omni reatu iam liberi mundi estis infantes et, quod est admirabile et gratum, subito uno momento facti aetatibus diuersis 1 38 1
denique apud Esaiam ad filium *sic dicit dominus deus sabaoth: fatigata est Aegyptus et mercatus Aethiopum; et Sabain uiri excelsi ad te* 2 8 5
uoluptatibus conpediti, libidini uacantes et gutturi, longae nocti, id est aeternae morti, sunt a deo, quod opus tenebrarum dilexerint, destinati. 1 33 2
quae utraque in Christo concreta agnum legitimum praestiterunt. hic est agnus, fratres, de quo lex ait: *Pascha est domini*; apostolus quoque 1 8 2
puluerem uanuerunt. sacerdotalis *cathedra pestilentiae* suo nomine deleta est. agnus salutaris, qui designatur *ex ouibus et ex haedis*, inter pecora non 1 28 1
sit sermo prolatus, nunc alteris uideatur ingestus. unde reiectio Iudaeorum est aliarum electio personarum, quia, cum alteris, ut uerbum dei audire 1 61 1
praecepit? unde non est principium quod senescit, quod opus factum est alienum, quod non est in sua positum potestate, quod a sua substantia 1 7 2
se potest facillime uindicare. sed quia apud sapientes et honestos grauius est aliqua nota confundi quam mori, deus Iudaicum populum luxuriae 1 20
sentis de filio, quia regnum traditur patri, maior patris iniuria est, si est aliquando sine regno. accedit, quod oramus cotidie, ut *adueniat regnum* 2 5 5
aliud in penetralibus cordis; similiter ne destrui quidem, quia si uera fides est, aliud esse non potest quam quod est. igitur cum possibilitatis humanae 2 3 11
patrem filiumque tempus infulcias: si enim tempori, non sibi, debent, quod est alter alteri obnoxius, procul dubio, ut tu uis, maior est natura quam 2 8 5
debet populus Christianus, ne quem patiatur errorem: unam, qua natus est; alteram, qua renatus. sed sicut est spiritalis prima sine matre, ita sine 2 8 2
caro, unum diuini operis sacramentum, quoniam femina de uiro suo facta est alterque alteri tenetur obnoxius ac per hoc iure legis quoque linea una 1 1 14
non pro honore, quia ambitiosa non est; non pro sexu, quoniam illi unus est ambo; non pro tempore, quia uaria non est; *non aemulatur*, quia 1 36 12
requirendum nobis erit, quid sit fortius de duobus: illud quod sensibile est an quod caret sensu. uerum quis dubitet illud fortius esse, quod sentit, 1 7 2
terram. sed et dominus ex persona hominis, quem adsumpserat, ait: *tristis est anima mea usque ad mortem.* quod dictum non tam timentis quam 1 2 31
exaltatur. animae enim depressio cor elatum est, cor cohibitum promotio est animae. huius rei testes sunt nobis duo homines propheticum carmen 2 9 8
mortem domini aduentumque testatur, sicut ad Corinthios scriptum est: *annuntiatis mortem domini, donec ueniat*. aperies os piscis: hoc est 1 37 6
noster Iesus Christus dei filius dulcia, sicut prior, qui hoc prandio pastus est ante nos, dicit: *quam dulcia faucibus meis eloquia tua super mel et* 1 24 4
suo sibi semper nouellus occasu. quod praeterit sequitur, quod futurum est antecedit. in omnibus nouus est et tamen in omnibus uetus est. punctis 1 16 1
numquam repetiturus occasum. hic, inquam, quem *duodecim* radiorum, id est apostolorum duodecim, *corona* circumdat, quem per ambitum totius 2 12 4
gustant; ecce enim de ipso dictum est: *orietur uobis sol iustitiae*. Iob uerax est appellatus; at est uera ueritas dominus, qui ait in euangelio: *ego sum* 1 15 7
reprobatur. ieiunia eorum, dies festi omnisque solemnitas abominatio est apud deum. cum haec ita sint, a quibus, quomodo, unde pascha 1 46a 1
saeculo, stultus fiat, ut sit prudens; nam huius mundi sapientia stultitia est apud deum. ob quam causam idem deus per prophetam hactenus 2 1 5
conflatio et puritatem designabat et unitatem; carbo enim uerbum dei est, ara lex, forceps duo testamenta, quae credentes tenent, non credentes 1 37 3
uiri praeter ceteros curiosi otioso negotio cor suum ultra quam licitum est argumentis insolentibus extulerunt. hi cum ascendunt uerbis in caelum, 2 9 1
incomprehensibilemque diuinitatis perpetuitatem iure ipso, quo ex sese est, argumentis te cogere, examinare, metiri ac discernere posse praesumis, 2 3 15
sentire nec uitam. recte igitur apostolus ait: *radix omnium malorum est auaritia*; hac enim matre eademque magistra uniuersa quae diximus, 1 5 4
colligit, uno impetu aliquotiens clusis oculis illa <illidit>. tertio diues est auaritia, utraeque cuius exaggerare opulentiam uelocitate mira 2 1 8
etenim semen cordis uerbum est dei, cata Lucanum domino sic dicente: *est autem haec parabola: semen est uerbum dei. qui autem iuxta uiam* 1 13 5
derelinquens, nisi quod fideliter sine ulla iactantia eius fungitur uoluntate. est autem in publicum tota prominens atque diffusa, sic tamen, ut sentiri 2 1 12
debemus, nisi ab ipso domino, qui suum dictum prosequitur dicens: *hoc est autem iudicium, quia lux uenit in hunc mundum et dilexerunt homines* 1 35 4
omnes in rabiem una tempestate praecipitat, ut ubinam sit maior ignores. est autem similis igni arida pabula depascenti, quae nisi finiat non finitur. 1 14 1
latere ictu lanceae non costa diuellitur, sed per aquam et sanguinem, quod est baptismum atque martyrium, spiritale corpus spiritalis feminae 1 3 20
permanebit per dominum et conseruatorem nostrum Iesum Christum, qui est benedictus cum spiritu sancto ante saecula et in saeculis et in omnia 1 13 13
praestabit deus pater omnipotens per dominum Iesum Christum, qui est benedictus cum spiritu sancto in saecula saeculorum. 1 10b 3
aduertitis esse damnatum per dominum nostrum Iesum Christum, qui est benedictus cum spiritu sancto in omnia saecula saeculorum. 1 19 2
impiis autem aeterna poena tribuatur per dominum Iesum Christum, qui est benedictus cum spiritu sancto in aeterna saecula saeculorum. 1 35 9
ignes sanctis hominibus non esse fortiores, per dominum Iesum, qui est benedictus in saecula saeculorum. 1 11
esse potest ditius homine, cuius profitetur deus se esse debitorem? qui est benedictus in saecula saeculorum. 1 14 9
regna perducit per dominum et saluatorem nostrum Iesum Christum, qui est benedictus in saecula saeculorum. 1 6
praedicat, fratres, et tamen deo demens adhuc usque non credit, qui est benedictus in saecula saeculorum. 1 29 2
probet, filius, qui magister est noster, probata glorietur per eundem, qui est benedictus in saecula saeculorum. 1 25 13
nos quoque deo patri placere mereamur domino iuuante nos Christo, qui est benedictus in saecula saeculorum. 1 2 32
quod auibus, serpentibus, feris non potest denegare. mera profecto uesania est beneficiis inuidere naturae. alius inde rerum omnium captat annonam, 1 5 13
quam ueram rationem dei, quae est in fide. definitio autem iussionis est caritas ex corde puro et conscientia bona ex fide simplici. igitur si dei 2 3 17
transit in alium quae transit in populum; adde quod fides paucorum est, caritas omnium; adde quod spes ac fides tempus habent, caritas autem 1 36 11
mundum neque ea, quae in mundo sunt. si quis dilexerit mundum, non est caritas patris in illo, quoniam omne, quod in mundo est, concupiscentia 1 36 27
mundum neque ea, quae in mundo sunt. si quis dilexerit mundum, non est caritas patris in eo, quoniam omne, quod in mundo est, concupiscentia 2 9 5
mundum neque ea, quae in mundo sunt. si quis dilexerit mundum, non est caritas patris in illo, quoniam omne, quod in mundo est, concupiscentia 2 4 12
spiritalia non sua desiderans, de qua Paulus ait: *non omnis caro eadem est caro: alia est hominis, alia iumenti, alia caro uolucrum, alia piscium.* 1 2 25
fuerit sacramento purgatum, in aeternum homo, de quo agitur, periturus est; caro enim damnum pati potest, animo autem imperare non potest; ipse 1 3 9
est incurabilis Cancer. Leo autem noster, sicut Genesis protestatur, *leonis est catulus*, cuius ista pia sacramenta celebramus, qui ad hoc *recubans* 1 38 4
humilitatem! sequitur ac dicit: *neque elati sunt oculi mei.* oculorum peior est causa, quia exaltatio cordis ad paucos pertinet, oculorum elatio ad 2 9 5
facultatumque beneficio quis aut amatur aut odio est. denique haec est causa, quod fratrum pia nomina plerumque gladiis amica uidemus esse 1 5 6
quod sola unica spes totius praeteritae sterilitatis damna sarciret. inuenta est causa, ubi Abrahae fides temptatione fortior militaret: carissimi 1 62 3

suis deum insuper et exorat. una illi sola principalis sollicitudo ac maxima est cautio, ne quid mundo debeat, ne quid horum digne patiatur. hanc qui 2 1 13
quanta fuit de amore gratia, tanta de eorum offensione futura uindicta est. certum est enim in eum filium, posteaquam deliquit, granditer 1 61 5
quem induerat, commutaret. anulus quoque signaculum fidei est, quod est Christus, cuius inlustratione maiestatis impressi atque signati, qua 1 13 11
Pascha est domini; apostolus quoque Paulus: *Pascha nostrum immolatus est Christus.* cur autem dignatus fuerit immolari, Iohannes Baptista ante 1 8 2
principium, fratres dilectissimi, dominus noster incunctanter est Christus, quem ante omnia saecula pater in profundo suae sacrae 1 17 1
principium, fratres, dominus noster incunctanter est Christus, quem ante omnia saecula pater adhuc utrumque in semet ipso 1 56 1
sicut Enoc et ceteri, sit iustificatus et postea circumcisus, manifestum est circumcisionem non Abrahae fuisse necessariam, sed in designationem 1 3 7
illam sanctissimam fratrum cohortem sepelit antequam iugulet taleque est commentus pietatis excidium, ut in illa unius funeris turba paternus 1 15 4
mundum, non est caritas patris in eo, quoniam omne, quod in mundo est, concupiscentia carnis est et concupiscentia oculorum et ambitio saeculi. 2 9 5
mundum, non est caritas patris in illo, quoniam omne, quod in mundo est, concupiscentia carnis est et concupiscentia oculorum et ambitio saeculi, 2 4 12
mundum, non est caritas patris in illo, quoniam omne, quod in mundo est, concupiscentia carnis est et concupiscentia oculorum et ambitio saeculi, 1 36 27
non possunt. at e diuerso uideor mihi audire proclamantem: 'si haec est condicio carnis, quid est ergo quod credimus in ecclesia remissa 1 2 24
patientiam timiditatis nomine obscuret, in ducendis quoque uxoribus talis est condicio: Liam excipit, prolixa tempora obseruat, omnia soceri libens 1 4 16
testimonium perhibent ueritati! cur autem fingant nomina, quorum est confessio in ceteris uera, aut qua ratione isto argumento nitantur, quod 1 2 7
sui inpedimenta praemittit et exsequiis funeris ipse praecedit. cui haec est conparanda confessio? Maccabaeorum est iungenda numero, Eleazari 1 39 9
ac fluctus gemens parturit carina naufragium. inter haec omnia deterior est conscientiae timor, quia quae diximus et alia his similia cum 2 2 2
mundi. hic itaque dictus est *primitiuus*, quia paternae antiquitatis solus est conscius; hic *maturus*, quia post ipsum non est ullus; hic *sempiternus*, 1 8 2
splendore in farinam candidam micuerunt; quae nullo adulterata fermento est, consparsa ac subacta diligenter. sal inditum est illi; leuigata est oleo 1 41 1
saeuiente diluuio diuina prouidentia humano generi *heres* et pater *est constitutus*? quid, quod Melchisedech, summus ipse sacerdos deo 1 3 5
quia sicut semel creditur, ita semel ex eo ipso, quod creditum est, consummata fides ultra nec minuitur nec augetur. sin uero ex utroque, 2 3 9
quia in eo uerum non erat templum. etenim hominum conciliabulum est contextio ista parietum, fidelis autem populus dei templum, apostolo 2 6 4
et, qui se humiliauerit, exaltatur. animae enim depressio cor elatum est, cor cohibitum promotio est animae. huius rei testes sunt nobis duo 2 9 8
uanis persuasionibus cogitationes eorum abductae sunt et tenebris opertum est cor eorum, ut *diligerent magis tenebras quam lucem,* creaturam potius 1 35 6
qua nescientes communi cum pecudibus lege fundimur a natura, quae est corporalis ac per hoc etiam breuis; alia uero animi, quam nos nobis 2 4 8
consulente fornacis ultra quam solet septenario pabulo ignis armatus est. credo diuina prouidentia sacramento trinitatis spiritalem quoque 1 22 1
a mortuis, ut ait apostolus, post multorum obitus populorum. hic est, cui *data est potestas in caelo et in terra*, nomini eius noua a deo suo, 2 5 4
deus inter homines deputatus patiatur iniuriam; idonea laus enim non est, cui principatum adimit peraequatio. at cum omnes omnino memorati 1 4 19
quia inmortalitas eius est cursus. uerum currat an recurrat, ambiguum est, cuius praeteritum restat, ut redeat. mira prorsus ratio! innumerabilium 1 26
cum uiuit in hoc mundo, semper in tribulatione, semper iustus in poena est. cum autem mors, quae putatur metuenda, gustatur, tunc ei in 1 2 31
se putat, nisi euerterit ueritatem. ceterum fortitudo, quae hominibus est cum feritate communis, omne ius in uiribus habet: quod facere 2 1 7
in aeternum, quomodo et deus manet in aeternum. sed dicit aliquis: 'si ita est, cur in se ipse potissimum superatur?' primo quia genus humanum 2 4 13
cursu mutationibus diues, nulla statione contentus, quia inmortalitas eius est cursus. uerum currat an recurrat, ambiguum est, cuius praeteritum 1 26
Samaritanus dominus, cui Iudaei dicebant: *hic Samaritanus est, daemonium habet*; *stabularius* doctor est legis, qui acceptis *duobus* 1 37 10
humanae deuotionis *religiosa confessio est* de *deo hoc nosse*, quod licitum est. sicut enim in simplici corde 1 34 1
et plangite, sacerdotes; lugete omnes, qui deseruitis altari, quoniam ablata est de domo dei uestri hostia et immolatio. multa sunt, quae dici possunt, 1 25 6
enim cum ipso regnauit, cata Iohannem ipso dicente: *regnum meum non est de hoc mundo.* apertius autem hoc Paulus expressit dicens: *hoc enim* 2 5 8
dicit: *de profundis clamaui ad te, domine.* clamat namque de profundis, id est de imis praecordiis; clamat de profundis, sed quibus saeptus erat 1 34 3
feceris, nihil horum tecum ad inferna portabis; quod enim naturae est, de loco ad locum transferri potest, ei autem subtrahi non potest. 1 14 3
et filii. uacat ergo praesentis temporis regimen utroque cessante actumque est de mundo mundique tota substantia, si uel uno momento diuinitatis 2 5 5
semen significat non creaturae, sed cordis. etenim semen cordis uerbum est dei, cata Lucanum domino sic dicente: *est autem haec parabola: semen* 1 13 5
homo idolum de terra composuit. *semen* ergo *suum fudit in terram*, hoc est dei mandata neglexit et idolis profudit. propter quod a deo similiter 1 13 6
minor, sed spiritu maior. hic inuidae germanitatis impulsu in Aegyptum est delatus atque distractus a fratribus. quem domini sui uxor peius amare 1 1 15
quibus cum peritius agant uniuersi homines, quam dici potest, superfluum est demorari. unde nunc ad ueram iustitiam ueniamus, omnium fontem 2 1 11
merito, sed auri, argenti facultatumque beneficio quis aut amatur aut odio est. denique haec est causa, quod fratrum pia nomina plerumque gladiis 1 5 5
portantibus nota. incomprehensibilis enim dei imago inuisibilis sit, necesse est. denique oculis non est subiecta carnalibus; nam neque cum ingreditur 1 27 3
portantibus nota. incomprehensibilis enim dei imago inuisibilis sit necesse est. denique oculis non est subiecta mortalibus. nam neque cum ingreditur 2 30 3
suo, quo expugnati pudoris alieni labe gaudere consueuit, semper infelix est. denique post negotium perpetratum odit et se ipsam cum illo quem 1 1 7
historia totius scripturae et propter ipsum et auctorem per ipsum impleta est. denique sic ad discipulos ait: *omnis scriba doctus de regno caelorum* 1 37 8
uepre implicitus spinis, capite obligatus: hic est qui pro Isaac immolatus est deo; hunc obtulit Abraham, hunc iussus est immolare <...>. 1 43 8
uarietas ista regni, a legis conditore homini a deo assumpto iustisque eius est deputata rebus dispositis, non deo, non sempiterno rectori, maxime 2 5 6
similiter etiam ipse praesentem sententiam damnationis excepit, quia, sicut est detestabilis qui, cum sit homo, deum se fingit, ita detestabilior qui 1 13 6
insuspicabilis secreti reuerendaeque maiestatis uera cognitio est deum non nosse nisi deum nihilque ex eo amplius requirendum quam 1 54 1
et adorabunt te et in te precabuntur, quoniam in te deus est et non est deus alius praeter te. sed et Ieremias eodem spiritu loquitur dicens: *hic* 2 8 5
sempiternum omnibus, quae habet, habentem filium paria procreauit, qui est deus benedictus in saecula saeculorum. 1 17 2
cohibendum, ut possimus merito mereri, scriptura quod dicit: *proximus est deus contribulatis corde et humiles spiritu saluabit.* sed et dominus ipse 2 9 3
est occisus et uiuit, sepultus et resurrexit, homo aestimatus est et inuentus est deus gloriosus in saecula saeculorum. 1 46a 2
patiatur iniuriam, nisi quod ambo patiuntur, quia amborum unum nomen est deus. igitur duas natiuitates esse domini nostri Iesu Christi, rudis aut 1 54 1
excogitet uel quid diabolus machinetur, non metuat iustus, quia cum illo est deus. inde Susanna illustris Hebraea, uerae decus pudicitiae, docuit 1 40 1
conscientiae integritas erigebat. sufficit ergo pudicitiae conscientia; testis est deus. non respexit castitas, quid falsi dicerent testes aut qualiter iudices 1 40 2
haec est enim potestas dei, ut saluo quod est possit esse quod non est. hic est deus noster aeterni dei coaeternus filius. hic *et homo et deus,* quia *inter* 2 12 4
est deus alius praeter te. sed et Ieremias eodem spiritu loquitur dicens: *hic est deus noster et non deputabitur deus alius absque ipso. qui adinuenit* 2 8 6
per uos iungimur caelo: anus enim peperit angelum et uirgo deum. hic est deus noster, qui dignitate interim seposita, non tamen potestate, amore 2 8 8
admittit aetatem; solus sempiternus, quia immortalitatis est dominus. hic est deus noster, qui se digessit in deum; hic pater, qui suo manente integro 1 7 4
conferre consueuit; adde quod fides non transit in alium, caritas parum est dicere transit in alium quae transit in populum; adde quod fides 1 36 11
si quis imaginem laeserit, in exitium suae animae incitat ueritatem. nec est dicto longe probatio. si incliti cuiusquam regis, hominis tamen, ultus 1 36 24
indumentum carnis, *ex ouibus* propter spiritum maiestatis. qui *primitiuus* est dictus, quia praeter patrem ante ipsum nullus est primus, *maturus*, 1 46a 2
sed numero. fit filius horarum, qui pater est omnium saeculorum. hic est dies, fratres, quo a domino nostro cunctus redemptus est orbis, quo 1 16 2
humilis carne, sed excelsus omnipotentiae maiestate. qui sane ideo carnem est dignatus induere, ut nemo se possit per carnem, cum iudicii dies 1 54 5
in his duobus praeceptis pendet omnis lex et prophetae. unde manifestum est dilectionem uirtutum omnium diuinarum esse substantiam 1 36 17
naufragus redditur, immo a ligneo ad nauigium uitale transfertur. qui ut est dimissus in altum ferinaeque uoraginis est receptus hospitio, uigilat in 1 34 6
nec natum. huc accedit etiam ipsa praepostera memoratio, quoniam res est disconueniens et absurda, ut secundus sit inmortalis et qui mortalis est 2 4 2
non substantiam, non imaginem, sed illud tantum quod inutile est discuti, quod teritur demutari, sicut scriptum est: *oportet enim* 1 2 30
humano generi sine personarum aliqua exceptione aequabiliter iustitia est diuina largita. cum haec ita sint, procul dubio non est a tyranno 2 1 18
legitimum praestiterunt. hic est agnus, fratres, de quo lex ait: *Pascha est domini*; apostolus quoque Paulus: *Pascha nostrum immolatus est* 1 8 2
anima autem quaecumque manducauerit de carne sacrificii salutaris, quod est domini, et inmunditia eius super ipsum est, peribit anima illa de populo 1 25 12
ut inexcusati facinoris competenti iudicio subiacerent. denique res impleta est domini passione: caelum medio die perdidit diem, terra tremore nimio 1 47
mox efficit uiuos. lignum auxiliare, quo tenditur uel portatur, crucis est dominicae signum, sine quo uiuere immortalitatemque apprehendere in 2 11 4
defecerit, ambae moriuntur. fides itaque uel maxime res propria nostra est, domino ipso dicente: *fides tua te saluum fecit.* igitur si nostra est, 1 36 7
corpora uestra hostiam uiuam, sanctam, placentem deo. hoc enim placitum est domino, ubi se ipsum candidus animus immolauerit domino; cetera 1 25 9
ita nouo uetus perhibet testimonium, sicut scriptum est: *semel locutus est dominus et haec duo audiuimus.* sed et dominus ipse in euangelio hanc 1 37 4
quia in se non admittit aetatem; solus sempiternus, quia immortalitatis est dominus. hic est deus noster, qui se digessit in deum; hic pater, qui suo 1 7 3
omnibus liberatur. illis ducatum Moyses praebuit, dux noster Christus est dominus; illis columna nubis atque ignis uiam demonstrauit, nobis 1 46b 2
eris in paradiso. itaque si homo mortuus in aeternum perit, ergo mentitus est dominus, qui ei deinceps nihil futuro paradisum repromisit. sed et 1 2 11
testamentorum sacramentum. columna uiam demonstrans Christus est dominus. quod duplicem nubis et ignis imaginem gerit, iudicia duo 2 26 2
ista laudatio. exsultate, pauperes [spiritu]: per uos et in uobis dei maior est domus; nam et omnibus aequales estis et pedaturas omnes uestri 2 6 10
nascitur sine patre filius, non totus matris, sibi debens quod conceptus est, donans matri quod natus. quae principaliter stupet talem sibi filium 2 12 2
delere consueuit. quem necessario uno sequuntur duo Pisces in signo, id est duo ex Iudaeis et gentibus populi baptismatis aqua uiuentes, in unum 1 38 7
una originali coaeternitate renitens, quemadmodum, si dicere dignum est, duo maria, quae in semet recumbunt, freto aestus alternos in unum 1 7 4
ut uolunt, deus materiam, qua usus est, non fecit, sed aeterna sit, ut ipse est, *duo* sunt ergo principia et quidem *repugnantia.* ac per hoc necessario 1 7 1
maiestatem uoluntatemque patris et filii contestans; duas acies, id est duo testamenta gerens, quorum regalibus monitis et creduli deuotique 1 37 2
ascendentem Christum debemus accipere, cuius ex ore duo denarii, id est duo testamenta prolata sunt, quae saluti cum domini gloria et Petri 1 37 5
caelestibus horreis inferatis. et admonet prosequentibus Geminis, id est duobus salutare canentibus testamentis, ut principaliter idolatriam, 1 38 4
numquam dilectam uerecundamque anteuertit auroram; qui, quod maius est, duodenis non dicam spatiis, sed momentis horarum aequabiliter se 1 4 4
Euae pectus incendit; hic Adam suis telis occidit; hic Susannam conatus est duorum seniorum aut prodigiosis ignibus subicere aut parricidali gladio 1 36 26
habet; *stabularius* doctor est legis, qui acceptis *duobus denariis*, id est duorum testamentorum salutaribus monitis, adgressuram hominem 1 37 10
mactatione terribili gloriam se praestitisse, non crimen. quid hoc est? ecce immanitas in fidem et scelus transit in sacramentum; parricida 1 4 15
anne morienti? post haec si libet nubere, omnia illa mentita es. quid hoc est? ecce rursus ad lenocinia redis, colorem de pyxide mutuaris paulo ante 2 7 8

cuius rei indignitate commotus dominus illa deserta aliam sibi, id est ecclesiam matrem, sua pro uoluntate plantauit, quam sacerdotalibus 1 10b 2
quae Iudaeorum est; nunc breuiter de secunda spiritali, quae nostra est, edicamus. quae tantum potestatis gerit, ut a femina coeperit, quod 1 3 19
sui obstinati cordis impatientia superauit. non enim leue crimen est eius, cum de eo ille queritur, qui mox eum poterat et punire. sed quia 1 47
sacram legem qui spiritaliter accipit, fratres, iste est, eius qui fructu lactatur. Iudaei etenim cum carnaliter sentiunt in 1 8 1
cicatrix. quam si Iudaeus aestimat gloriam, ut de ceteris taceam, maior est eius, qui in honorem deae suae — sane anus turpis atque amatricis — 1 3 2
quam facile arguitur ab omnibus, utinam posset tam facile non amari! est enim artifex ac dulce malum et hominibus uniuersis semper infestum. 1 14 1
tria esse genera, nouelle, disce, Christiane, ne quo seducaris errore. unum est enim detestabile, alterum reprobum, tertium mundum. detestabile est 1 25 3
est noscenda proprietas, ne sub sono nominis commutetur regula ueritatis. est enim et alius amor sane saluti nostrae contrarius, cui recte hominis 1 36 25
iubente secunda, quam Moyses annuntiauerat, circumcisio. scriptum est enim: *et dixit deus ad Iesum: fac tibi cultellos petrinos nimis acutos* 1 3 14
cognosco inter flammas rosculentos hymnum deo cecinisse securos. tanta est enim fidei uirtus tantaque potestas, ut cultoribus suis etiam ipsa 1 31
de amore gratia, tanta de eorum offensione futura uindicta est. certum est enim in eum filium, posteaquam deliquit, granditer uindicari, quem 1 61 5
recte, fratres, sicut audistis, deus odit auaritiam. est enim libido profunda, cupiditas caeca, tempestas insana, rapacitas sine 1 21
ipsa quoque elementa eius constare non posse sine eruditione uel freno. est enim matura semper, humilis, cauta, prudens, prouida, omni necessitate 1 4 2
euangelicum illud consentanea potest argumentatione pulsari; scriptum est enim: *nemo ascendit in caelum, nisi qui de caelo descendit, filius* 2 4 2
perseuerauerint sicut ego; si autem non fuerint continentes, nubant: melius est enim nubere quam uri. alio autem loco ait: *hoc dico secundum ueniam,* 2 7 2
personas, ut uerbum dei ab ipsis potius audiatur, hortantur [nos]. non est enim parum criminis, ut semper apud ipsos diuinus sit sermo prolatus, 1 61 1
patitur, ut homini mortis lege consumpto inmortalitas tribuatur. haec est enim potestas dei, ut saluo quod est possit esse quod non est. hic est 2 12 3
nihil prorsus habere difficile solumque ei hoc deesse quod nolit esse; haec est enim proprietas dei, id operari quod non potest credi. igitur non 1 2 16
et praesentia odissent et futura credidissent pariterque metuissent. nemo est enim tam uel ab istius mundi sapientiae gustu ieiunus, qui audeat 1 2 2
et omni genere custodienda uirtutum. in hanc fortiter incumbendum; ipsa est enim uitae nostrae immobile fundamentum, inuictum aduersus diaboli 1 36 4
si non est timor domini cum illis, non corrideas animae illorum; melior est enim unus timens dominum quam mille filii impii? cum haec ita sint, 2 7 5
inde respuitur. Ionas adaeque propheta ad Nineuitas missus a deo est, eorum ut imminere ciuitati interitum nuntiaret; ingentibus enim 1 34 5
noster populus morabatur, quae non in cassum a deo *magna ciuitas* dicta est; erat enim futurum, ut omnium nationum in Christo credentibus 1 34 9
auri argentique detrimento matris limae moderato dente figurata. quae est ergo ista dementia sacrificium nescientibus procurare, lumen caecis 1 25 4
sine dubio comprehendit, in quibus adhuc erant opera terrena. hoc est ergo quod ait: *audi caelum et terra*, quod Iudaeis non audientibus 1 61 4
uideor mihi audire proclamantem: 'si haec est condicio carnis, quid est ergo quod credimus in ecclesia remissa peccatorum ac resurrectionem 1 2 24
peruenerunt, nos post baptismum ad paradisum peruenimus. illis inrorata est esurientibus manna, nos autem esurire non possumus, sempiternam qui 1 46b 3
patris in illo, quoniam omne, quod in mundo est, concupiscentia carnis est et concupiscentia oculorum et ambitio saeculi, quae non est a patre, sed 1 36 27
patris in eo, quoniam omne, quod in mundo est, concupiscentia carnis est et concupiscentia oculorum et ambitio saeculi. his enim auctoribus 2 9 5
patris in illo, quoniam omne, quod in mundo est, concupiscentia carnis est et concupiscentia oculorum et ambitio saeculi, quae non est a patre, sed 2 4 12
eam Iacob puero suo et Israel dilecto sibi. post haec in terris uisus est et cum hominibus conuersatus est. qua in specie spiritu sancto loquente 2 8 6
deputatum est illi ad iustitiam. numquidnam dixit: Abraham circumcisus est et deputatum est illi ad iustitiam? cum igitur integer, sicut Enoc et 1 3 6
potest, tamen sibimet externa esse non potest. si enim uerbum in deo est et deus est uerbum et hoc est, in quo est, quod est ille, qui inest, 2 8 4
prophetas insanus populus Pharisaeus occidit. Iob ulceribus maculatus est; et dominus sumendo carnem totius humani generis peccatorum est 1 15 8
sordidos ritus abiecit. *aestiualia induit*: aestiua uestis, fratres, et munda est et exacta, cum qua facile et opus fieri possit et tolerari ardor aestatis, 1 13 8
sic fierent parricidae. Iacob per patientiam et benedictionem lucratus est et fratrem. dat iracundiae locum, securus ut redeat; domum patri 1 4 16
splendore uestitus post calumniosam damnationem et liberatus a deo est et honoratus. denique rex iure secundus factus est regni, qui insignis 1 1 16
si coram hominibus tormenta passi fuerint, spes eorum immortalitatis plena est; et in paucis uexati in multis bene disponentur, quoniam deus temptauit 2 5 6
et inuenietis requiem animabus uestris. deus noster, fratres, humilis corde est et ineffabilis eius illa sapientiae ac uirtutis potestas intra hominem 2 9 4
nos qui est occisus et uiuit, sepultus et resurrexit, homo aestimatus est et inuentus est deus gloriosus in saecula saeculorum. 1 46a 2
hic *maturus*, quia post ipsum non est ullus; hic *sempiternus*, quia occisus est et inuentus est uiuus; hic *immaculatus*, a peccato quia solus est 1 8 2
tua et eripiam te dicendo ostendit, quoniam per se omnia prosecutus est. *et magnificabis me*; quod dictum, fratres, non sic debetis accipere, ut 1 25 8
terreri, cum sciamus apostolica fide esse perscriptum: *mihi uiuere Christus est et mori lucrum*? excogita quibus potes suppliciis tormenta grauiora, 1 39 5
qui non fuerimus; et non est reuersio finis nostrae, quoniam consignata est et nemo reuertitur; et infra: *uenite ergo, fruamur bonis, quae sunt, et* 2 4 10
compedibus et adorabunt te et in te precabuntur, quoniam in te deus est et non est deus alius praeter te. sed et Ieremias eodem spiritu loquitur 2 8 5
occidens; haec, inquam, per momenta et parit omne quod malum est et peperit omne quod peius; nam in idolis dea est, in cultoribus uero 1 1 8
sunt necessaria. in his enim solis sacerdotum dei structura et propria est et perennis, qua et Iudaeos et gentes uel ceteros antecedimus. 2 6 4
ac subigit illam quiuis dolor. an pulchritudinem? leuis et commutabilis res est et quae una febri uel qualibet facillime deleatur iniuria. ecce 2 4 15
inuenies ueritatem. qui erat in caelo, de caelo descendit; *qui descendit, ipse est et qui ascendit* in caelum, filius hominis, qui erat in caelo; filius hominis 2 4 3
dictum est a patre uel dici potest, quia uerbum est filius, sine filio non est, et quod factum est a filio uel fieri potest, sine dignatione paterna non 1 45 3
sicut ceteri, qui spem non habent; si enim credimus, quia Iesus mortuus est et resurrexit, sic et deus eos, qui dormierunt in Iesum, adducit cum 1 2 12
subiecta. ubi enim fides non est, nec spes est; *fides* enim spei *substantia est* et spes fidei gloria, quoniam praemium quod spes habet fides meretur, 1 36 4
potestas intra hominem susceptum iacet, magis admirabilior, quia tantus est et talis. et homo curiosus cor suum extollit conaturque eius 2 9 4
quod praeterit sequitur, quod futurum est antecedit. in omnibus nouus est et tamen in omnibus uetus est. punctis omnibus commutatur, non 1 16 1
percussi non hiat uulnus, non defluit sanguis, non decolor color est. ipse est et tamen ipse non est. uetus quidem uidetur domicilium, sed nouus est 2 24 3
defluit sanguis; exspirantis non palpitat corpus, non decolor color est. ipse est et tamen non est ipse. uetus quidem uidetur domicilium, sed nouus 1 42 2
pudicitiam qui colit, quantae nobilitatis sit, facillime cognoscit; est etenim tantae uirtutis, ut sit honorabilis etiam hostibus suis. haec totius 1 1 1
solemnibus uotis saepe contingit, ut nec filios habeant nec maritos. talis est etiam causa maritorum, ad quos aliquid loqui superfluum est, quia, si 2 7 11
diuitias in ea commanens possidebit. memorandum quoque necessario est etiam illud, a quo quid agatur in templo. sacerdos uocat, ostium 2 6 9
saluator esse cognoscitur et factis et nomine. hic enim, quia ipse dictus est etiam petra, recte cultellos petrinos fecit (unde non sine ratione et 1 3 16
dei ascendentes et descendentes super filium hominis, sicut et factum est, euangelista dicente: *tunc reliquit eum diabolus et ecce angeli* 1 37 13
atque conueniens, quam ut se ipsum nouerit. etenim genus insaniae est eum rationem secreti naturae disquirere; non enim ullo pacto potest 1 27 1
atque conueniens, quam ut se ipsum nouerit. etenim genus insaniae est eum rationem secreti naturae disquirere, qui uitae suae non possit 2 30 1
pascha legitimum celebrare, agnus requirendus est tibi, sicut praeceptum est, *ex agnis et haedis* discordi natura commissus, quem in gregibus 2 20 1
gladius, ut pater esset pariter et sacerdos. consimilis filii quoque est ex diuina uoluntate securitas. qui cum hostiam prouidet, cuius loco 1 59 6
propheta tumidi cordis euitans sic infit ad dominum: *domine, non est exaltatum cor meum*. cum scriptum sciat: *homo uidet in facie, deus in* 2 9 3
ille, sed nobis, quos cupit quod facit ac praedicat imitari. ergo inquit: *non est exaltatum cor meum,* docens *optimum* esse *sacrificium deo cor* 2 9 3
est per prophetas, qui secundum carnem natus in tempore est, qui est excelsus in excelsis, humilis in terris, saeculorum genitor, filius uirginis, 2 5 3
ornatus. 'filios, inquit, habeo, quos nudare non debeo.' ista et infidelitatis est excusatio, quam spiritus sanctus per prophetam retundit hactenus 2 1 20
periculo discere, quid debeas deuitare. unde, fratres, in tali re non loquela est exhibenda, sed cura, quam paucis accipite. iram dei generaliter 1 10a
sacerdotalis *cathedra pestilentiae* cultorum suorum sacrilegio iure deleta est. exinanitum cornu iam non spirat unguenta. dies festos in luctum et 1 19 1
inde non esse approbatur inferior, quia, unde processit, paterni cordis est exsecutor? non enim minus est facere magna quam dicere. quamuis et 1 45 3
quia, unde processit, paterni cordis est exsecutor? non enim minus est facere magna quam dicere. quamuis et quod dictum est a patre uel dici 1 45 3
et credit et timet arcamque, cum suis ut saluus foret, quam iussus est facere, non praecipiti festinatione compingit nec tantum munus quasi 1 4 12
ipse sit usus impossibilium possibilitatem adserere ex eoque quod non est facere quod est, naturam creare extra naturam, nihil prorsus habere 1 2 16
reuereri, qui ingenii sui putat esse, quod ille fuerit aestimatus. ceterum illa est fidei generositas uera, ut deo fideliter seruiat, in solo ipso fiduciam 2 3 19
Christianae fidelitatis felicitas maxima est fidei nosse naturam, quae talis ac tanta est, ut unicuique homini sua 2 3 1
ostendunt et de ieiuna aetate puer robustior saginatur. nihil difficile est fidei, quae tantum habet, quantum credit. igitur Isaac unicus filius, spes 1 62 2
sit posita, fidei tamen est iure subiecta. ubi enim fides non est, nec spes est; *fides* enim spei *substantia est* et spes fidei gloria, quoniam praemium 1 36 4
uidelicet decernendi sunt libri, ut possint esse perfecti! o quam misera est fides, quam uerba concinnant! o quam debilis, cuius cotidie dissipantur 2 3 10
quia fides profecto non est, ubi quaeritur fides; deinde quia lex communis est, fides uero priuata, quia lex semper manat ex libro Genitali, fides 2 3 4
imaginis recordatione gloriantur, quanto magis Christianus, in quo non est figura sed ueritas! quam ex rebus ipsis agnoscite pariter et probate. 1 46b 1
alter renitet in altero; cuiusuis gloria communis est honor, quia quod est filii, patris est, quod patris, amborum. laetatur pater in alio se, quem 1 56 1
audi, caelum, et percipe auribus, terra, quoniam dominus locutus est: filios genui et exaltaui, ipsi autem me spreuerunt. grandem Iudaicae 1 61 1
unum sumus. unde non diminutiua, sed religiosa, ut dixi, subiectione est filius patri subiectus, cum quo originalis perpetuique regni una 2 5 10
dicere. quamuis et quod dictum est a patre uel dici potest, quia uerbum est filius, sine filio non est, et quod factum est a filio uel fieri potest, sine 1 45 3
semet ipsum ei condigne reddemus, quia facta commutatione quod eius est fit pro partibus nostris. sequens est, ut etiam proximos eo affectu, quo 1 36 21
his qui immutabuntur. Iudaicus etenim populus, qui prior uinea dei dictus est, floruit quidem, sed infeliciter flore discusso nullos potuit fructus 2 11 1
discreta sint, tamen trini profundi saporis una uirtus, una substantia, una est fluenti natura nec potest incomprehensibilis communisque undae diuidi 1 7 4
ueneranda est, quia ueritatis speculum, quia rigida quaedam dilectionis est forma; quicquid enim a iusto didicit, id facere iniustum quoque 1 36 18
studiosis fidelissimum, hic infidelis, et quem putaueris infidelem, hic fidelis est. forte in eo se quis aestimet fideliorem, si loquatur argute, cum magis 2 3 11
non hodie mihi ad uos sermo est, fratres carissimi, de humanis gestis aut meritis nec Daniel inducitur 2 18 1
uehemens commotio est, fratres, cum is de iniuria sua queritur, qui se potest facillime uindicare. 1 20
martyrii quodam modo pars est, fratres dilectissimi, martyrum non horruisse supplicium. quantum 1 11
nihil est, fratres dilectissimi, ante omnia homini timenti deum tam necessarium 1 27 1
nihil est, fratres dilectissimi, ante omnia homini nato tam necessarium atque 2 30 1
dicens: *lingua mea calamus scribae uelociter scribentis.* calamus fissus est, fratres, duosque uertices gerit in unius acuminis tenuitate digestos, 1 37 4

cum aliquid passa quasi nihil passa sit inuenitur. postremo impossibile est, fratres, eius aestimare uirtutem, cuius uinci uictoria est. non illam loco 1 4 3
sit circumcisio, ut tunc demum, qualis sit, iure possit agnosci. circumcisio est, fratres, in damnum rotundi uulneris ferro circulata cicatrix. quam si 1 3 2
ut ruina timeatur, spretores sui, ut impios monstret. infelix culpa est, fratres, in qua locum qualiscumque non inuenit excusatio; detestabilis 1 20
mirarentur fieri lacrimas gaudii, quae nunc fuerant orbitatis. sed longum est, fratres, ire per singula, maxime quia caritas sua ingerit fortiora. quae 1 36 10
plangis? si amore mariti facis, cur postmodum nubis?' exsecrabilis res est, fratres, nec coniugio seruare caritatem nec deo fidem. haec etiam uiros 1 2 14
comparationem salutaria gesta confirmant, quae et in nobis manent. ut est, fratres, Nineuitis nuntiatus interitus, credunt et timent et quantum 1 34 9
tortoris facinora sua sponte reus, ut fiat innocens, confitetur. pretiosa res est, fratres, quae et honorem praestat et praemium. o liberatoris nostri 1 42 2
facinora sua sponte reus, ut fiat innocens, confitetur. pretiosa indulgentia est, fratres, quae et ueniam praestat et medicinam. ceterum qui parcit 2 24 2
unam spiritus sancti praestat omnibus dignitatem. quam speciosum est, fratres, quamque salutare, quem paulo ante ridiculo habueris, admirari; 2 29 3
et iterum magi: *ubi est*, inquiunt, *qui natus est rex Iudaeorum?*. hic est, fratres, qui uenturus denuntiatus est per prophetas, qui secundum 2 5 3
nec singulare nec friuolum crimen est, fratres, uel maxime Christianum cupiditatis compedibus alligari 1 5 1
qui dixit in monitis *regnum* non stare *diuisum*. unde non sic sentiendum est, fratres, ut pater accepturus sit quod non habuerit aut filius tradendo 2 5 9
ex paterni oris affectu processit uno consensu. secunda uero carnalis sicut est frequentibus oraculis prodita, ita inuenimus esse completam. etenim 1 54 2
numerare supplicia, et in uno corpore quantum diabolus publicatus est furere, tantum agnoscatur dominus triumphasse. sed durat inter haec 1 39 9
depone fallaciam: ingratis auaritiam pietate condis; solius dei potestas est futurorum commodis prouidere. 2 1 21
sui operis non habebit. unde primo omnium *spes* nobis proponenda est *futurorum*, sine qua nec praesentia quidem ipsa stare posse 1 36 2
iterum celandum terrae mandatur. etenim res est, quam habere falsum est gaudium, certissimum periculum publicare. sed non opus est ire per 1 14 4
indefensa, quae regum, iudicum, diuitum, aliquotiens etiam, quod peius est, gentium desiderat per momenta patrocinia! o quam turpis ac lubrica, 2 3 10
est enim detestabile, alterum reprobum, tertium mundum. detestabile est gentium, reprobum Iudaeorum, populi Christiani mundum. igitur 1 25 3
et tamen colitur; iugulat et amatur. inuincibile profecto calamitatis est genus, cui subiugata sapientia seruit et uirtus. uidetisne iam manifeste 2 1 8
pace, numquam satura, lucrorum enormitate miserior. nouum calamitatis est genus, quod tantummodo crescit, senescere ignorat. non illam 1 14 2
ideo telis facibusque constructus, quia inlicitis ardoribus semper iunctus est gladius; ideo autem caecus, quia, cum exarserit, non aetatem 1 36 25
sed frustrandae ueritatis, quotiens deus dei filius, qui patris maxima est gloria, aequalis patri a catholicis praedicatur. denique inde est, quod 1 45 1
iniustitiam meditatur. et iterum de ceteris membris: *sepulcrum patens est guttur eorum, linguis suis dolose egerunt, uenenum aspidum sub labiis* 1 3 11
aut filius tradendo quod habeat perditurus, cum et pater quod accepturus est habeat et filius non careat quod daturus. totum pater, totum possidet 2 5 9
duobus populis profecerunt. mare autem mundum significasse non dubium est, hamum uero praedicationem, quia, sicut hamus missus in mare 1 37 6
nosstram magnificabimus, labia nostra a nobis sunt. quis noster dominus est? hanc superbiam propheta tumidi cordis euitans sic infit ad dominum: 2 9 2
filios computabant. igitur Her primitiuus filius primitiuus est populus, id est hemithei omnes potentissimi et reges, qui ferocitate uirtutis ac libidinis 1 13 4
haec est enim potestas dei, ut saluo quod est possit esse quod non est. hic est deus noster aeterni dei coaeternus filius. hic *et homo et deus*, 2 12 3
non secundum legem circumcidat, de populo suo infantis anima peritura est. hic, fratres carissimi, eligat utrum uelit, circumcidat an differat. si 1 3 3
qui credit in me, non iudicabitur; qui autem non credit, iam iudicatus est? hoc dicendo *exemit iudicio fideles, non admisit ad iudicium infideles*. 1 35 1
professio iam tenetur. si es autem sumptura remedium, dubium non est hoc esse solum, ut flammas tuas maritalis gladii contemplatione 2 7 9
sua desiderans, de qua Paulus ait: *non omnis caro eadem est caro: alia est hominis, alia iumenti, alia caro uolucrum, alia piscium. et corpora sunt* 1 2 25
nihil derogans patri. alter renitet in altero; cuiusuis gloria communis est honor, quia quod est filii, patris est, quod patris, amborum. laetatur 1 56 1
cum in iuuenibus carnalia exstinguere laborat incendia. sane in senibus ut est honoranda, ita miranda non est, quia licet sit uictrix, tamen triumphi 1 1 5
obnoxius ac per hoc iure legis quoque linea una tanguntur, dubium non est horrendi supplicii perennibus absumptum iri tormentis eum, qui 1 1 14
lites generant. seruum autem dei non oportet litigare, quia lis et caritatis est hostis et fidei; quas si quis amiserit, nec diuina ille profecto nec 2 3 18
autem non membratim deum, sed totus exorat, quia timore totus est humilis, sua peccata contestans, secundum domini dictum a quo 2 9 9
per quas omnes nudi transituri sumus. solum colitur, de quo dictum est: *idola gentium argentum et aurum*, pro quo quis aut iugulatur aut 1 5 15
scire debetis, quoniam omnis fornicarius aut impudicus aut fraudator, quod est idolorum seruitus, non habent hereditatem in regno dei et Christi, 2 5 8
perorare, esset si quis hic talis. sed quia in uobis fides et pietas, quae est idonea expultrix auaritiae, manet atque gloriatur, digni estis uniuersi 1 5 17
ne destrui quidem, quia si uera fides est, aliud esse non potest quam quod est. igitur cum possibilitatis humanae non sit fidei uidere secreta, nusquam, 2 3 11
fides meretur, quae quidem pro spe pugnat, sed sibi uincit. amplectenda est igitur, fratres, tenaciter nobis et omni genere custodienda uirtutum. in 1 36 4
et ignis imaginem gerit, iudicia duo designat: unum aquae, quod gestum est, ignis alterum, quod futurum. mare fontem sacrum debemus accipere, 2 26 2
deos colere, sed eorum mores et actus imitari. cuius rei facilis probatio est, illa cum interim, quae nostra sunt, uidemus. aurum argentumque, 1 14 4
uiribus retractando ac refellendo consumit. sin uero, sicut necesse est, una est illa nobilis et antiqua, quae non dicam tractatu, sed ipsius natiuitate 2 3 8
ab aliquo perueniri. adde quod illa in solo genitali uersatur, ille peregrinus est. illa sine contemplatione meritorum quibuslibet passim sua munera 2 4 14
si enim uerbum in deo est et deus est uerbum et hoc est, in quo est, quod est ille, qui inest, duplex persona, duplex uocabulum, sed originalis 2 8 4
signaculum: pati non meretur iniuriam ipse, cui perhibes testimonium. ubi est ille, qui inuicem desiderantibus uobis tardior ceteris uidebatur primus 2 7 6
omnia possibilia credenti. unde *Abraham credidit deo et deputatum est illi ad iustitiam*; qui ideo iustus, quia fidelis; *iustus enim ex fide* 1 36 6
quid enim scriptura dicit? *Abraham credidit deo, et deputatum est illi ad iustitiam*. numquidnam dixit: Abraham circumcisus est et 1 3 6
ad iustitiam. numquidnam dixit: Abraham circumcisus est et deputatum est illi ad iustitiam? cum igitur integer, sicut Enoc et ceteri, sit iustificatus 1 3 6
ipsa inuitatis sacris ignibus libentissime concrematur. sepulcrum nidus est illi, fauillae nutrices, cinis propagandi corporis semen, mors natalicius 1 2 21
nullo adulterata fermento est, consparsa ac subacta diligenter. sal inditum est illi; leuigata est oleo gremiali, officiis competentibus temperata, in panes 1 41 1
etiam apostolo hortante sic Paulo: *dico autem innuptis et uiduis: bonum est illis, si sic perseuerauerint sicut ego; si autem non fuerint* 2 7 2
filios, ut habere merearis integros, incolumes ac beatos. stulta autem res est illis te uelle uitae substantiam prouidere, quibus nec natiuitatem dederis 2 1 21
maturus, quia aeternus est, *perfectus*, quia *dei uirtus deique sapientia est*, *immaculatus*, quia peccatum non habet solus, *salutaris*, quia mortem 1 46a 2
est qui pro Isaac immolatus est deo; hunc obtulit Abraham, hunc iussus est immolare <...>. 1 43 8
ut uidentes homines *opera uestra bona magnificent patrem uestrum, qui est in caelis*. itaque, dulcissimi flores mei, talia sacrificia procurate, quae 1 25 13
in aenigmate; tunc autem facies ad faciem erit. unde dubium non est in corporibus nostris, dum mortis lege seminantur, non substantiam, 1 2 30
omne quod malum est et peperit omne quod peius; nam in idolis dea est, in cultoribus uero eorum ministra. uenerandam se procurat in templis, 1 1 8
passum latrocinio diaboli angelorumque eius et huius mundi in *stabulo*, id est in ecclesia, quo pecora diuina succedunt, uenerabili sacramento 1 37 10
sunt, quae magis quaestiones praestant quam ueram rationem dei, quae est in fide. definitio autem iussionis est caritas ex corde puro et 2 3 17
uestri hostia et immolatio. multa sunt, quae dici possunt, sed satis otiosum est in his demorari, quae in toto iam non sunt. unum sane necessario 1 25 6
sterquilinio pleno uermibus sedet; dominus quoque in uero sterquilinio, id est in huius mundi caeno uersatus est inter ebullientes diuersis sceleribus 1 15 9
enim filio detraxeris, ad patris, cuius habet totum, iniuriam pertinebit nec est in illo aliquid, quod sit inferius, quia sicut pater nec plus potest habere 2 5 10
ueri simile tantam uim habere quam ueritas. oleaster sua infelix et amarus est in natura; sed cum fuerit peritissimi agricolae artificis manu necessaria 1 2 27
esse non potest. si enim uerbum in deo est et deus est uerbum et hoc est, in quo est, quod est ille, qui inest, duplex persona, duplex uocabulum, 2 8 4
aestuat semper iustae operationis ardore. autumnus quoque martyrii locus est, in quo non uitis, sed fossoris sanguis effunditur, ut uita beata pretiosae 1 33 3
pro uobis ipsis bene uigilastis; optime estis auditi. nouum iudicii genus est, in quo reus, si excusauerit crimen, damnatur, absoluitur, si fatetur. 1 42 1
tribus in rebus Christiani culminis fundamenta consistunt, id est in spe, in fide, in caritate, quae ita inuicem sibi uidentur esse connexa, 1 36 1
est principium quod senescit, quod opus factum est alienum, quod non est in sua positum potestate, quod a sua substantia tollitur, quod mutatur, 1 7 2
promissa sibimet prodesse cognoscit, conserta manu inuersa uice adorta est in suum fomitem adolescentis ignem totis uiribus deriuare. at ille in 1 1 16
fructus exposcit. quo audito Thamar cum esset *in domo patris sui*, id est in templis infamibusque spectaculorum omnium locis (pater enim 1 13 8
plenitudine grauidatum, quod non tam imaginem suam quam eius, cuius est in usibus, gerit. denique tot efficit uultus, quot ille intrinsecus tristes 1 2 29
elatio ad omnes. de quibus Iohannes discipulis quid praedicet, omnibus est in usu: *nolite*, inquit, *diligere mundum neque ea, quae in mundo sunt*. 2 9 5
uenerit tempus, id est persecutionis dies, passim uuae diripiuntur, id est inconsiderate sanctis hominibus uiolenta infertur manus. ad torcular 2 11 6
ut principaliter idolatriam, inpudicitiam auaritiamque fugiatis, quae est incurabilis Cancer. Leo autem noster, sicut Genesis protestatur, *leonis* 1 38 4
fuit cicatricis ignarus? quid, quod cum praeputio Nineuitarum populus dei est indulgentia liberatus? quos utique omnes circumcidi praecepisset, si 1 3 5
sunt enim multi, qui adserere conantur *chaos in principio fuisse*, id est informem indigestamque latentis naturae congeriem aceruo quodam 1 7 1
quod cum amaritudine comedis, infelicitatis. taceo, quod commemoratio est ingrati, non remedium, sacrificium quod ipse reprobat fieri, qui 2 20 2
habeat, quam habebat; quod cum nititur, auaritiae utique partes agit, quae est inimica iustitiae. adeo inde est, quod frumento paucorum horrea plena 2 1 16
non possit iniusta. ceterum si scire potuissent ueram iustitiam, cuius est inmortalitas merces, propterea simulatae stultitiae uelamine adopertam, 2 1 4
mortis, quae homicidium mox [ut] peperit, dereliquit. denique nec mora est: inpatienter fraterni inuidus muneris in fratris Cain anhelat exitium et 1 4 9
edicti continuit. at ubi sinistro consensu inuidi ex lubricitate serpentis est inpatientiam mutuatus sacraeque arboris pomum male dulce delibauit, 1 4 8
sponsus, gigas, crucifixus, sepultus, *primogenitus a mortuis* diceretur, hic est, inquam, qui *in omnibus omnia est*, quoniam per ipsum et in ipso sunt 2 8 8
est et tamen ipse non est. uetus quidem uidetur domicilium, sed nouus est inquilinus mutatione morum natiuitatis suae nobilitatem incredulis 2 24 3
conuersatus est. qua in specie spiritu sancto loquente noscamus: *et homo est*, inquit, *et quis cognoscit eum?*. si ita est, quomodo ergo posset agnosci, 2 8 6
iniuriosam corporis stipem deo placere te posse praesumis.' 'iam completa est, inquit, in me per Iesum Naue domino iubente secunda, quam Moyses 1 3 14
sibimet similantibus detraxeris, cui detraxeris nescis. 'at ille, cui iubetur, est, inquit, inferior.' quid, quod inde non esse approbatur inferior, quia, 1 45 3
eleuamini, portae aeternales, et introibit rex gloriae, et iterum magi: *ubi est*, inquiunt, *qui natus est rex Iudaeorum?*. hic est, fratres, qui uenturus 2 5 2
dominus quoque in uero sterquilinio, id est in huius mundi caeno uersatus est inter ebullientes diuersis sceleribus ac libidinibus homines, qui ueri sunt 1 15 9
prodigii genus est: odit pudicitiam et tamen hoc cupit uideri, quod illa est. interea miris excolit artibus sese faciemque suam in se, quam non 1 1 9
rapinarum. oculos inpudenter extollit, quorum lenocinio mundus in flore est. intonat lingua, caret quae numquam ueneno serpentis, et, quod omni 2 9 9
roscidos flammae blandientes. mira res: opacitas intus, incendium foris est; intus hymnus canitur, foris ululatus auditur. o magna potentia dei! 1 53 2
qui sequitur, necesse est ut probetur. denique fornicaria requisita non est inuenta, quia renatus per aquam et spiritum sanctum desinit esse, quod 1 13 12
quam si propterea contemnitis, quia non uidetis, deum quoque, qui est inuisibilis, contemnere similiter poteritis. qui enim non diligit eius 2 4 17

uel sero et intemperanti linguae silentii frenos impone. dementiae genus est inuisibilis incomprehensibilisque uelle opinari secretum eiusque interna 2 8 3
gladius; percussi non hiat uulnus, non defluit sanguis, non decolor color est. ipse est et tamen ipse non est. uetus quidem uidetur domicilium, sed 2 24 3
non defluit sanguis; exspirantis non palpitat corpus, non decolor color est. ipse est et tamen non est ipse. uetus quidem uidetur domicilium, sed 1 42 2
praeferebat. denique comparatio indicat ueritatem. Iob iustus dictus a deo est; ipse iustitia, de cuius fonte omnes qui beati sunt gustant; ecce enim de 1 15 7
in se credentibus praestitit dominiumque totius naturae recuperauit, sicut est ipse testatus dicens: *omnia mihi tradita sunt a patre meo*. Iob uicarios 1 15 9
non palpitat corpus, non decolor color est. ipse est et tamen non est ipse. uetus quidem uidetur domicilium, sed nouus inquilinus exsultat 1 42 2
uel fieri potest, sine dignatione paterna non est, quia filius sine patre non est, ipso dicente: *si non facio facta patris, nolite mihi credere; sed si* 1 45 3
falsum est gaudium, certissimum periculum publicare. sed non opus est ire per singula, cum uno exemplo noscantur uniuersa eius mala, 1 14 4
horrebit etiam sibi quodam modo illa excarnata umbra tractabilis? longum est ire per singula. ecce peremptorius aliqui morbus totam machinam lecto 2 4 16
post multa adulteria spectaculo totius mundi quoque prostituit. non opus est ire per singula; quamuis et haec non fuerint dictu digna, tamen ad 1 1 12
alios adulteros, alios sacrilegos, alios auaritia efficit caecos. longum est ire per singula: uarias atque innumerabiles *nocendi artes* habet, sed has 1 38 7
et ad eremum dominus perduxit *manu forti et brachio excelso*. exaltatus est Israel, quando per triduum tenebrae et caligo totam Aegyptum 1 61 7
per triduum tenebrae et caligo totam Aegyptum circumdedit; exaltatus est Israel, quando tot et tanta tormenta Aegyptiorum solus ipse nihil aut 1 61 7
ubi iactantia se non potest continere, positus in honore. caelestis profecto est ista patientia, quam a suo statu non aerumna, non felicitas, non 1 4 17
fides, inquit, intereat, cum male aut creditur aut docetur.' quod malum est ista ratio, mox uidebimus. nunc scire cupio, fides ex doctrina constet 2 3 8
mitto angelum meum ante faciem tuam, qui praeparabit uiam tuam. quis est iste angelus, fratres, nisi Iohannes baptista? cuius est praeparatio: *uox* 2 8 7
tua et eripiam te et magnificabis me. si pater loquitur, fratres, quis est iste, cui tantum defert? quis est, quem altissimum dicit, cum ipse sit 1 25 2
persecutore deletur. quantum spiritaliter intellegi datur, Aegyptus mundus est iste. Pharao cum populo suo diabolus et spiritus omnis iniquitatis. 2 26 2
quam canere consueuerat uiuus; unde libet exclamare: 'profectus potius est iste quam mortuus.' in euangelio quoque Petrus filiique Zebedaei cum 1 2 8
nauis materia crucem, somnus uero passionem. mare autem mundus est iste tumidus; fluctus eius Iudaeorum populos et *gentes* accipimus, qui 1 34 8
nostri maiores, sed omnis Christiana progenies de uera Aegypto, id est isto de mundo, semper momentis omnibus liberatur. illis ducatum 1 46b 1
sacrificium aut sumat aut offerat; sicut enim indigne offerre sacrilegum est, ita indigne manducare mortiferum, in Leuitico scriptura dicente: *omnis* 1 25 12
quoniam solam praesumit seruare posse quod praecipit. primum est itaque dilectionis officium deo refundere, quod nati sumus, solique 1 36 21
sit, quid fuerit, quid futurum sit, non potest aliquando sentire. solus deus est itaque principium, qui ex se ipso dedit sibi ipse principium; solus ante 1 7 3
qui credit, inquit, in me, non iudicabitur. recte: *quid enim necesse est iudicare credentem? iudicium enim ex ambiguis rebus exsistit; adempta* 1 35 2
ambiguitate iudicii non desideratur examen. ex quo ne *infideles necesse est iudicare*, quia iam sua sunt incredulitate damnati; ex hac enim uita 1 35 2
supplicio nullaque eos cognitio exspectat ulterius, quinam sint isti, quibus est iudicium praeparatum. et a quo scire debemus, nisi ab ipso domino, 1 35 4
funeris ipse praecedit. cui haec est conparanda confessio? Maccabaeorum est iungenda numero, Eleazari est adaequanda proposito, conparanda 1 39 9
sed spes ex fide est, quae quamuis in futuro sit posita, fidei tamen est iure subiecta. ubi enim fides non est, nec spes est; *fides* enim spei 1 36 4
si uera dicenda sunt, dissimulando subtiliter custoditis. probatio longe non est. ius templorum ne quis uobis eripiat, cotidie litigatis. non hi solum, qui 1 25 10
nec potest quid reprobet scire, quid teneat, *et ideo semper peccat*, quod est iustitiae contrarium. *iustus autem ab omni peccato se abstinet*, quod 2 1 9
denique tolle peccatum: cessat legis imperium. *lex* enim, sicut scriptum est, *iusto posita non est*, sed peccatori, quia *iustus ex fide uiuit*, infidelis 2 3 4
non sunt, non uetusti, non usti, non cruditi, non mucidi. lacteus illis color est, lacteus sapor est. sed fortassis, quod nonnulli forma uidentur minores, 1 41 2
templo plurimi, sed magnus, praeclarus, pretiosus ac speciosus unus est lapis, qui quadrae turris totam solus sustinet molem. cui non 2 6 6
omnes omnino memorati omnesque felices eius dono sint tales, contumelia est laudare dominum, cuius condigne laudare non queas seruum. sed o 1 4 19
Iudaicus populus displicuit deo incredulitate cum lege. unde dubium non est legem non posse sine fide, fidem posse sine lege; alioquin ista 2 3 2
et antiqua, quae non dicam tractatu, sed ipsius natiuitate porro maior est legis, quae deum deo credendo promeruit, quae credere non didicit, sed 2 3 8
dicebant: *hic Samaritanus est, daemonium habet*; *stabularius* doctor est legis, qui acceptis *duobus denariis*, id est duorum testamentorum 1 37 10
est. intonat lingua, caret quae numquam ueneno serpentis, et, quod omni est maius insania, deo se laudat. publicanus autem non membratim deum, 2 9 9
non nouit! haec renouatio, haec resurrectio, haec uita aeterna, haec est mater omnium, quae nos adunatos, ex omni gente et natione collectos 1 55
semper offuscant nihilque unicuique, nisi quod amauerit, rectum est, maxime quod uno desiderio omnes excolunt populi, dubium non est, 2 7 1
omnia quaecumque praecepi uobis. dabis autem *pro me et pro te*: hoc est meam praedicabis crucem, sed et tu crucis tuae similiter dignitate 1 37 7
illis in deserto suauitas lactis et mellis exhibita est, nobis uero, quod plus est, melle dulcior ac lacte candidior aeternae uitae beatitudo dei tribuetur 1 46b 3
dominum non minuentur omnibus bonis. quod probare exemplo perfacile est. meminimus in Regnorum proditum libris famis tempore, quo totus 2 1 20
unde, fratres, atrocissimae rei non uos terreat contemplatio; non enim ulla est metuenda iam poena, cum incensorum superstes insultet ignibus uita. 1 31
sacrificium approbet deo gratum, apud Malachiam prophetam: *non est mihi uoluntas circa uos, dicit dominus, et sacrificium acceptum non* 1 25 7
tanto orbis metu non festinauit euadere. nunc mihi Abrahae memoranda est mira illa temptatio, quae eum aut sacrilegum fecerat, si contemneret 1 4 13
potest. glorietur qui uolet ista iustitia, uerum tamen sciat, quia misero est miserior qui miseriis ditatur alienis. quisquamne iustum putet, qui 2 1 17
sed unus calamus; et forfex in duos producitur cultros, sed eorum unus est morsus; et gladius duas acies gerit, sed sunt unius corporis latera; et 1 37 14
quod fuerit quam institui quod ante non fuit; quod si non fuit et est, multo magis poterit esse quod fuit, quippe cum illius potentissimi 1 2 16
gaudete; nihil saeculo iam debetis. ecce nullum pondus, stridor nullus est mundanarum uestris in ceruicibus catenarum. uinculis nullis impeditae 2 29 1
occisus est et inuentus est uiuus; hic *immaculatus*, a peccato quia solus est mundus; hic *salutaris*, quia per ipsum uincimus mortem; hic *masculus*, 1 8 2
munus, quod cara uxor, quod generosi liberi, quod ueri sunt patres. huius est munus, quod alii ut nos aut plus quam nos proximi uel amici sunt 1 36 14
amicos, sed saepe etiam eos, quos numquam uidimus, diligamus. huius est munus, quod antiquorum aut uirtutes ex libris aut ex uirtutibus libros 1 36 14
unam cogit in carnem. haec humanitati praestat esse quod nascitur. huius est munus, quod cara uxor, quod generosi liberi, quod ueri sunt patres. 1 36 14
quod alii ut nos aut plus quam nos proximi uel amici sunt nobis. huius est munus, quod diligimus seruos ut filios ac nos illi colunt libenter ut 1 36 14
diligimus seruos ut filios ac nos illi colunt libenter ut dominos. huius est munus, ut, non dicam notos aut amicos, sed saepe etiam eos, quos 1 36 14
quia deus hoc est quod est; quod uero homo definiendum putauerit, non est. nam et Iohannes apostolus in euangelio quid praedicet, fratres, 2 8 3
dicente: *uos estis templum dei et spiritus dei habitat in uobis*. et uerum est, nam sicut idolis insensatis similia templa conueniunt, ita uiuenti deo 2 6 4
sibi, debent, quod est alter alteri obnoxius, procul dubio, ut tu uis, maior est natura quam deus. at cum naturam ex nihilo fecerit Christus, sit autem 2 8 5
impossibilium possibilitatem adserere ex eoque quod non est facere quod est, naturam creare extra naturam, nihil prorsus habere difficile solumque 1 2 16
muneris in fratris Cain anhelat exitium et deo ante negotium parricida est; nec eius saltem coercentis uoce comprimitur, sed eo magis ac magis 1 4 9
aqua sufficiat, hoc principaliter scientes, quia hanc nec effundere licitum est nec rursus haurire. 2 14
in futuro sit posita, fidei tamen est iure subiecta. ubi enim fides non est, nec spes est; *fides* enim spei *substantia est* et spes fidei gloria, quoniam 1 36 4
quia fidem ipsa custodit; non ulla re indiget, quia ei praeter quod est nihil est necessarium. haec rura, urbes ac populos composita pace conseruat; 1 36 12
sacrificium conuenit *corporale, utique* et spiritali deo *sacrificium est necessarium* spiritale; quod non ex sacculo, sed ex corde profertur; 1 25 9
omnia bona atque perpetua exuberant passim. certe, quod primum est, nemo eget, nemo inuidet, nemo furatur, nemo rapit, nemo proscribit, 1 5 18
gentis. ambo enim illi carnales sunt, ambo sine fructu. unde dubium non est neque praeputium aliquid esse neque circumcisionem, sed solam 1 3 24
est utique sapientis. unde fit, *ut numquam iustus possit esse qui stultus est neque sapiens qui fuerit iniustus*. ceterum siue iusto siue sapienti si 2 1 10
fallit, quia fidem ipsa custodit; non ulla re indiget, quia ei praeter quod est nihil est necessarium. haec rura, urbes ac populos composita pace 1 36 12
doceret. sequitur ac dicit: *omnia per ipsum facta sunt ac sine ipso factum est nihil*. uideamus nunc, optime Christiane, quemadmodum inter patrem 2 8 4
esse consimilem, in statu suo animum non manere. inpatientia enim quid est nisi mens lubrica, permotionibus crebris et rapidis se semper 1 4 7
non habemus? habemus plane et quidem manifestam ex eo ipso, quod non est nobis portantibus nota. incomprehensibilis enim dei imago inuisibilis 1 27 3
aeternum sitire non nouit. illis in deserto suauitas lactis et mellis exhibita est, nobis uero, quod plus est, melle dulcior ac lacte candidior aeternae 1 46b 3
ex manibus uestris. quoniam a solis ortu usque in occasum clarificatum est nomen meum apud gentes, et in omni loco odores incensi offeruntur 1 25 7
incensi offeruntur nomini meo et sacrificium mundum, quoniam magnum est nomen meum apud gentes, dicit dominus. immola deo sacrificium 1 25 7
pro sexu, quoniam illi unus est ambo; non pro tempore, quia uaria non est; *non aemulatur*, quia inuidia quid sit ignorat; *non inflatur*, quia 1 36 12
omnibus appetitur et a nullo completur. adde quod index dei uoluntatis est, non dei originis aut naturae. sequitur ut scire debeamus, utrum 2 3 5
mundum pariter et ornasse. igitur si, ut uolunt, deus materiam, qua usus est, non fecit, sed aeterna sit, ut ipse est, *duo* sunt ergo principia et 1 7 1
impossibile est, fratres, eius aestimare uirtutem, cuius uinci uictoria est. non illam loco uis ulla detorquet, non labor, non fames, non nuditas, 1 4 3
non inflatur, quia humilitatem colit; *non malum cogitat*, quia simplex est; *non irascitur*, quia etiam iniurias libenter amplectitur; non fallit, quia 1 36 12
tria conuenit esse iudicia: unum iustorum, qui non tantum, ut dictum est, non iudicabuntur, sed istum mundum ipsi iudicabunt, apostolo dicente: 1 35 7
honor ullus obsistit, quia quicquid aut emitur aut distrahitur, liberum non est: non nobilitas, quia per hanc credit, hanc excolit, per hanc hoc sibi 1 5 5
persona diligit, adulari quia nescit; non pro honore, quia ambitiosa non est; non pro sexu, quoniam illi unus est ambo; non pro tempore, quia 1 36 12
a regibus ipsis quoque metuitur. sed necessario unicuique sinceri amoris est noscenda proprietas, ne sub sono nominis commutetur regula ueritatis. 1 36 25
uiuat, conscientia eum bona, non loquacitate, quae mater profecto peccati est, nosse praesumat trinitatisque unam potentiae plenitudinem, quae una 2 3 19
quae sanctus spiritus libenter offerat, pater probet, filius, qui magister est noster, probata glorietur per eundem, qui est benedictus in saecula 1 25 13
hoc nescio quid possit quispiam promouere; unum tamen scio, quia nullus est nostrum, qui non momentis omnibus elaboret, ut plus habeat, quam 2 1 16
omnibus patent; sub uobis uiuus mortuusque diu numquam uisus est nudus. iam pauperes nostri alimenta rogare non norunt; iam uiduae 1 14 8
uestrae thesaurus. uobis auro constructa aetheria illa ciuitas destinata est. nulla intrare uolentibus mora; patent duodecim portae, habitacula 1 5 17
qui timent dominum, beati sunt, non beatus est nullus, quia nulla gens est, nulla sunt pecora, animantium denique nulla natura, quae non timeat 2 2 3
inquisitionibus uanis semet ipsum confundit. sed dicit aliquis: 'si ita est, nulli ergo lex prodest.' absit; prodest, et quidem plurimum, nam per 2 3 3
susurrus ingruerit, se quaeri, se aestimat inueniri; cui securitatis profectus est nullus, etiam si contingat ei accusatore carere, teste conscio, cum se 2 10 1
timent dominum. si omnes, qui timent dominum, beati sunt, non beatus est nullus, quia nulla gens est, nulla sunt pecora, animantium denique 2 2 3
profuturus. diximus de prima circumcisione carnali, quae Iudaeorum est; nunc breuiter de secunda spiritali, quae nostra est, edicamus. quae 1 3 19
at in originali decreuit solo; quod captiuitatis sit nexibus exsolutus: sed est nunc usque barbarici furoris moribus alligatus. deus illi ducatum 1 52
posuisse cognoscitur, quoniam *caput uiri Christus*, qui aliquotiens lapis est nuncupatus. scala autem duo testamenta significat, quae et euangelicis 1 37 1

dilectissimi, quia nullus exserte hic alteri iubet, in opere nullus otiosus est? o sancta aequalitas ac sibi soli dignissima indiuiduae dealitatis! unus 1 45 2
non habet solus, *salutaris*, quia mortem mutauit in uitam; propter nos qui est occisus et uiuit, sepultus et resurrexit, homo aestimatus est et inuentus 1 46a 2
totum prorsus temptat, ut sibi uindicet totum. nouum prodigii genus est: odit pudicitiam et tamen hoc cupit uideri, quod illa est. interea miris 1 1 9
fermento est, consparsa ac subacta diligenter. sal inditum est illi; leuigata est oleo gremiali, officiis competentibus temperata, in panes azymos 1 41 1
semine (de quo etiam poeta sapientissimus praesagauit dicens: *igneus est ollis uigor et caelestis origo seminibus*), scilicet spiritus sancti 1 2 26
uterque sexus interitum, e diuerso per uirum ligno suspensum uiuificatum est omne genus humanum. ac ne non ex integro principium suo statui 1 3 20
urguetur, ut quis indefensus aut innocens quod habet legibus perdat. quod est omni uiolentia deterius, quia illud, quod ui eripitur, nonnumquam 2 1 17
sacris interrogationibus obligatur. luxuriosi crines falce tonduntur, id est omnia omnino peccata baptismate spiritusque sancti uigore amputantur. 2 11 5
unanimes, omnes inmortales, omnes sunt semper aequales; quod unius est, omnium est; quod omnium, singulorum. uultis scire, quae illic 1 5 18
nemo fiscum, nemo latronem, nemo domesticum, qui cognitione secreti est omnium peior, nemo imminentes diei iudicii flammas, per quas omnes 1 5 15
commutatur, non natura, sed numero. fit filius horarum, qui pater est omnium saeculorum. hic est dies, fratres, quo a domino nostro cunctus 1 16 1
iura. clamat enim prophetes: *deus unus creauit uos; nonne pater unus est omnium uestrum?* quisque igitur nobilitatis suae conscientiam retinet, 1 36 22
quem genuit ex se. quomodo autem generatus sit, qui processit, dementis est opinari. namque temperat se propter rerum naturam filius, ne exsertae 1 56 2
tantum quod inutile est discuti, quod teritur demutari, sicut scriptum est: *oportet enim corruptiuum hoc induere incorruptionem et mortale hoc* 1 2 30
ex nihilo fecerit Christus, sit autem ex natura tempus, ineptum satis est opus suo praeponere artifici ac per hoc solum interest, quod soli se 2 8 5
saeculorum. hic est dies, fratres, quo a domino nostro cunctus redemptus est orbis, quo aetherio semine nouellus uiuificatus est populus; hic, inquam, 1 16 2
et testificabor tibi, quoniam deus, deus tuus ego sum; et infra: *meus est orbis terrae et plenitudo eius. numquid manducabo carnes taurorum aut* 1 25 1
Iob diues fuit; et quid ditius domino, cuius sunt omnes diuites serui, cuius est orbis totus omnisque natura, beatissimo Dauid dicente: *domini est terra* 1 15 7
de cuius fonte omnes qui beati sunt gustant; ecce enim de ipso dictum est: *orietur uobis sol iustitiae*. Iob uerax est appellatus; at est uera uerax 1 15 7
non dicam diligitis, sed luculentis moribus adornatis. magna igitur gloria est ornare per quod orneris, seruare per quod et ipse serueris. postremo 1 1 4
domus, diues census, diues quoque numerus liberorum et, quod est parentibus gratum, utriusque sexus et inuicem se amantium; quorum 1 15 2
transeat luxuria nostra. ubique relinquamus signa laetitiae, quoniam haec est pars nostra et haec sors. illinc spiritus, quasi quidam dux peritissimus, 2 4 10
qui seruum domini ita se esse meminerat, ut patrem se esse nesciret! quid est pater? ecce sub oculis iacet filius uinculis adstrictus. ubi sunt lacrimae, 1 43 6
si mihi credere non uultis, factis credite et cognoscite, quoniam in me est pater et ego in illo. constat ergo aequale esse, quod inuicem se capit 1 45 3
si mihi credere non uultis, factis credite et cognoscite, quoniam in me est pater et ego in illo, dictum significatione unica maiestatis et affectu 1 25 8
sic ad discipulos ait: *omnis scriba doctus de regno caelorum similis est patri familias proferenti de thesauris suis noua et uetera. scriba*, 1 37 9
significatione unica maiestatis et affectu indiuiduo pietatis, quia laus filii est patris et laus patris amborum. nunc sacrificii nostri proprietatem nos 1 25 8
est regnum, isti mentiuntur. absit! nullus hic error, diuersitas nulla est. Paulus enim de hominis adsumpti temporali locutus est regno, in quo 2 5 7
si non ingeris, nec negabis. quid agis, misera? quid, uesana, laetaris? non est pax ista, sed bellum; non osculum, sed uenenum. pro nefas! adhuc 2 7 17
atquin forte aliquis dicat: 'lex spernenda est, quia iusto necessaria non est, peccatori uero molesta est'. absit, fratres: immo potius ueneranda est, 1 36 18
possunt placere quam sacerdotes. quid, quod aut nullum aut perrarum est per omnem ecclesiam dei orationis loci membrum, quod possit quamuis 2 6 2
accingitur de sterilitate fecunditas, ut impleretur, quod scriptum est per prophetam: *exsulta, sterilis, quae non pariebas, erumpe et clama,* 1 59 3
qui natus est rex Iudaeorum?. hic est, fratres, qui uenturus denuntiatus est per prophetas, qui secundum carnem natus in tempore est, qui est 2 5 3
quia praeter patrem ante ipsum nullus est primus, *maturus*, quia aeternus est, *perfectus*, quia *dei uirtus deique sapientia* est, *immaculatus*, quia 1 46a 2
carne sacrificii salutaris, quod est domini, et inmunditia eius super ipsum est, peribit anima illa de populo suo. haec, fratres, sicut cauenda sunt 1 25 12
mira, fratres dilectissimi, historiae sacrae sic est perlecta narratio. cum Israelis populus enormi captiuitatis iugo 1 29 1
ac uariis perducitur ad coronam. at ubi uindemiae uenerit tempus, id est persecutionis dies, passim uuae diripiuntur, id est inconsiderate sanctis 2 11 6
quam naui. in oratione mons tremit: monti, non apostolis trepidatio est. Petrus aestu marino fertur non naufragus, sed uiator: timet profundum 2 2 5
uoluptas ad se trahit. *impii non manent, quia his dei nomen in honore est; pii non sunt, quia* patrem uenerandum prauis moribus laedunt. *orant* 1 35 5
denique nihil illi contulit, quia deo ante, non posteaquam circumcisus est, placuit praemiumque non circumcisionis, sed in acrobustia meritae 1 3 7
uua labruscam. cuius abhorrens infelicitatem dominus rei, aliam sibi, id est populi nostri, sua pro uoluntate plantauit, in quam omnis fructus 2 11 1
flores clarissimi ac dulces nostri funduntur infantes. aestas autem fidelis est populus, angelicus et mundus, qui sponsionis suae palmam fortiter 1 33 3
poenali supplicio destinati. Aunan autem secundus frater Iudaicus est populus, cui praecipitur, ut semen excitet fratris, non utique illud, quod 1 13 5
cunctus redemptus est orbis, quo aetherio semine nouellus uiuificatus est populus; hic, inquam, qui nobis resurrectionis monstrat exemplum. 1 16 2
omnes homines filios computabant. igitur Her primitiuus filius primitiuus est populus, id est hemithei omnes potentissimi et reges, qui ferocitate 1 13 4
absit, fratres. habemus plane, et quidem manifestam ex eo ipso, quod non est portantibus nota. incomprehensibilis enim dei imago inuisibilis sit 2 30 3
prodidit dicens: *quemadmodum portauimus imaginem eius, qui de limo est, portemus et eius imaginem, qui de caelo est.* quam qui sancte 2 30 4
inmortalitas tribuatur. haec est enim potestas dei, ut saluo quod est possit esse quod non est. hic est deus noster aeterni dei coaeternus 2 12 3
ut ait apostolus, post multorum obitus populorum. hic est, cui *data est potestas in caelo et in terra*, nomini eius noua a deo suo, ipso dicente: 2 5 4
inuitat. iam balneator praecinctus exspectat, *quod unctui, quod tersui* opus est praebiturus, sed et denarium aureum triplicis numismatis unione 1 23
qui praecepit. hoc solum dico: imple uel in ceteris legem, sicut scriptum est: praecinge lumbos tuos, indue pedibus calceamenta, arripe baculum 2 20 2
patri familias proferenti de thesauris suis noua et uetera. scriba, fratres, est praedicator, *pater familias* Christus, *thesauri* eius indeminutae deitatis 1 37 9
singula, maxime quia caritas sua ingerit fortiora. quae ita rebus uniuersis est praedita, ut sit omnium iure ipso regina. triumphet licet quibus uult 1 36 10
uiam tuam. quis est iste angelus, fratres, nisi Iohannes baptista? cuius est praeparatio: *uox clamantis in deserto: parate uiam domini, rectas facite* 2 8 7
attrahat gloriam Christianae felicitatis. duplex itaque forma surgendi est: prima sanctorum, in qua illud beatitudinis regnum primae tubae regali 1 2 23
uerbis: *ecce agnus dei, ecce qui tollit peccatum mundi*. hic itaque dictus est *primitiuus*, quia paternae antiquitatis solus est conscius; hic *maturus*, 1 8 2
res est disconueniens et absurda, ut secundus sit inmortalis et qui mortalis est primus, cum inmortalitas in se ordinem temporis non recipiat, 2 4 2
qui *primitiuus* est dictus, quia praeter patrem ante ipsum nullus est primus, *maturus*, quia aeternus est, *perfectus*, quia *dei uirtus deique* 1 46a 2
in se ordinem temporis non recipiat, mortalitas capiat. uel si caelestis est primus, quid opus erat, ut fieret quoque terrenus? simile dictum 2 4 2
mensura officiisque competentibus seruire praecepit? unde non est principium quod senescit, quod opus factum est alienum, quod non est 1 7 2
ac seruando religionem ueram ueramque iustitiam, inmortalitatis necesse est pro laboris sui munere inmortali beatitudine perfruatur. inde est, quod 2 4 8
condicionibus in Aegypto necaretur, miseratione dei duce Moyse iussus est proficisci. huic per diem non circulus solis, sed columna nubis, non 1 29 1
meum ante faciem tuam, qui praeparabit uiam tuam. ergo manifestum est prophetiae more angelos homines iustos et iniustos generaliter dictos. 1 37 12
perennis connubii fideli propagine benigna caritas illigasset. nihil est prorsus, quod sine hac gratum, sine hac pacificum, sine hac fidele, sine 1 36 16
sacrificium deo cor contribulatum. quapropter, fratres, *efferendum non est prosperis rebus, sed* timore *dei intra mansuetudinis* metas uerecundiae 2 9 3
se dominus postulasset, et quid ipse domino promisisset ostendit. laetatus est puer patre fideli ipse quoque fidelior, nec recusabat mortem, quam deus 1 43 5
sicut assertorum indicant nomina (quae si auferas, nulla fortassis est pugna), multos esse tractatus, multas etiam fides et quidem nouellas et 2 3 7
futurum est antecedit. in omnibus nouus est et tamen in omnibus uetus est. punctis omnibus commutatur, non natura, sed numero. fit filius 1 16 1
et gentibus audiendus. *filios*, inquit, *genui et exaltaui*. haec domini uox est, qua iam tunc per prophetam Iudaeos obiurgabat incredulos et quae 1 61 5
dilecto sibi. post haec in terris uisus est et cum hominibus conuersatus est. qua in specie spiritu sancto loquente noscamus: *et homo est*, inquit, *et* 2 8 6
eo perpetuae felicitatis tempus non credit esse uenturum? sed spes ex fide est, quae quamuis in futuro sit posita, fidei tamen est iure subiecta. ubi 1 36 4
uirgam. quibus ista significatio coaptatur? monile, fratres dilectissimi, lex est, quae salutaribus monitis diuersis uirtutibus diuersoque charismate 1 13 10
opinor, resurrectionis ueritas omnibus claret. sed necessario disserendum est, quae sit in ea iniustorum iustorumque discretio, ne generalitas nominis 1 2 23
et meretrices praecedunt uos in regnum dei. haedum ei promittit, id est, quae sit peccatori peccati merces, ostendit. quam accipere deuitauit, 1 13 9
opere terrae uisceribus, iterum celandum terrae mandatur. etenim res est, quam habere falsum est gaudium, certissimum periculum publicare. 1 14 4
iniquitatis spiritum libens concipis per maritum: infelix, iam plus in te est quam in templo remansit! at si te serues atque contineas, aestimabit 2 7 17
imaginem eius, qui de limo est, portemus et eius imaginem, qui de caelo est. quam qui sancte portauerint, sicut apostoli omnesque iusti, non tantum 2 30 4
me. si pater loquitur, fratres, quis est iste, cui tantum defert? quis est, quem altissimum dicit, cum ipse sit solus, a quo alius altior non sit? 1 25 2
capitales poenas luit? quanto magis in dei causa fortius praecauendum est, quem solum ueretur quicquid in uirtutibus naturae a regibus ipsis 1 36 24
secundum facta sua, quae gessit, iniustus. non ergo sic accipiendum est, quemadmodum ab inprudentibus aestimatur. ceterum domini dictum 1 35 2
semini respondens iure possit mereri quod credimus. nec res in ambiguo est; quemadmodum etenim ille princeps iniquitatis suo semine per inuidiam 1 2 26
est tempus uitae nostrae et non est refrigerium in fine hominis et non est qui agnitus sit reuersus ab inferis, quia ex nihilo nati sumus et post 2 4 10
dicente: *iusto lex posita non est, sed peccatori*. peccator autem ille est, qui caritatem non habet dei ac per hoc operanti iram recte subiacet 1 36 17
reatui uel intrinsecus debeat; qui enim suam conscientiam non timet, is est, qui deum non timet. adde quod lex partibus et discitur et docetur. 2 3 5
edicit: *si quis dixerit, quoniam diligo deum, et fratrem suum odit, mendax est; qui enim non diligit fratrem suum, deum, quem non uidet, non potest* 1 36 23
denuntiatus est per prophetas, qui secundum carnem natus in tempore est, qui est excelsus in excelsis, humilis in terris, saeculorum genitor, filius 2 5 3
seu nos in ipso habitare coeperimus — sicut Iohannes dicit: *deus caritas est; qui manet in caritate, in deo manet et deus in illo manet* — , tunc 1 36 21
parabatur. aries haerebat in uepre implicitus spinis, capite obligatus: hic est qui pro Isaac immolatus est deo; hunc obtulit Abraham, hunc iussus 1 43 8
gloria dei! sacramento trinitatis tam potentis elementi subacta natura est. qui putabantur incendio exstingui, emicant beatiores incensi. 1 48
uerticis nodum, honorem decoremque conducis. felix aeternumque felix est, qui semper te habuerit in se. 1 4 22
pertinet resurrectionis domini nostri Iesu Christi, qui *in omnibus omnia* est; qui uere aeternus est ac sine nocte dies; cui duodecim horae in 1 33 4
est, maxime quod uno desiderio omnes excolunt populi, dubium non est, quia aut hostis publicus aut certe iudicatur insanus, quisquis nuptias 2 7 1
populi imaginem depingebat, Thamar ecclesiae, quae ei recte nupta non est, quia Christo ueniente baptismatis spiritali unda in gremio renatus 1 13 7
est, et quod factum est a filio uel fieri potest, sine dignatione paterna non est, quia filius sine patre non est, ipso dicente: *si non facio facta patris*, 1 45 3
neque nisi in filium Dauid Christus uenire potuisset; qui ideo circumcisus est, quia Iudaeis erat promissus, ideo cum praeputio natus, quia in 1 3 18
operanti iram recte subiacet legi. atquin forte aliquis dicat: 'lex spernenda est, quia iusto necessaria non est, peccatori uero molesta est'. absit, fratres: 1 36 18
laborat incendia. sane in senibus ut est honoranda, ita miranda non est, quia licet sit uictrix, tamen triumphi sui palmam senectutis cum rigore 1 1 5

sanctificatori inuiolabili deseruit deo? nam si *ecclesia* ideo *Christi sponsa* est, quia *pudica*, ideo iugo thalami caelestis honorata, quia etiam post 1 1 3
superfluum est, quia, si uxor et maritus *in carne* sunt *una*, dubium non est, quia quod alter audit amborum est. quid agam, quo me uertam, 2 7 11
talis est etiam causa maritorum, ad quos aliquid loqui superfluum est, quia, si uxor et maritus *in carne* sunt *una*, dubium non est, quia quod 2 7 11
mucro conuertitur. nec inde, ut dixi, sceleris sui crudelitas fructum sortita est, quia, sicut in Isaac aliud offertur et aliud immolatur, ita et in passione 1 59 9
non est, peccatori uero molesta est'. absit, fratres: immo potius ueneranda est, quia ueritatis speculum, quia rigida quaedam dilectionis est forma; 1 36 18
in carne sunt *una*, dubium non est, quia quod alter audit amborum est. quid agam, quo me uertam, nescio. non enim uideo, quid in 2 7 11
potest stultus neque sapiens iniustus ipsa ratione docente. *qui enim stultus est, quid sit bonum* ac malum *nescit* nec potest quid reprobet scire, quid 2 1 9
hic, inquam, quo ferales diruptae sunt tenebrae, quo mors subacta est, quo homines, quos susceperant mortuos, refundere inferi coacti sunt 2 19 2
et, ut saecula colligenda disseminet, parit sibi de fine principium. hic est, quo similiter, uerum tamen semel, amore hominis sui eius artifex deus 2 19 2
timet, ne non ueniant, quia ea semper secum suis in uirtutibus portat. hoc est quod Abraham *contra spem in spem credidit deo, ut fieret pater* 1 36 5
et filius non careat quod daturus. totum pater, totum possidet filius; unius est quod amborum est; quod unus possidet, singulorum, domino ipso 2 5 9
fratres, non potest timere maritum, quae non timet Christum. inde est, quod coniuges nuptiali sanctissimo repugnantes iugo, pro se quisque 1 14 7
sed quamuis sit optimum laudare, quae dei sunt, tamen praecipuum non est, quod cum gentibus uel Iudaeis potest esse commune; nam et illi, si 2 6 1
iam mundo prouidisti. tu mortem deum mori docendo uacuasti. tuum est, quod, cum occiditur ab hominibus deus omnipotentis dei filius, nullus 1 36 29
hominem, quem induerat, commutaret. anulus quoque signaculum fidei est quod est Christus, cuius inlustratione maiestatis impressi atque signati, 1 13 11
potest. si enim uerbum in deo est et deus est uerbum et hoc est, in quo est, quod est ille, qui inest, duplex persona, duplex uocabulum, sed 2 8 4
eiusque interna discutere, cuius extraria nequeat suspicari, quia deus hoc est quod est; quod uero homo definiendum putauerit, non est. nam et 2 8 3
omnia et post omnia, quoniam in eius manu inclusa sunt omnia; ex se est quod est; solus sui conscius, quantus et qualis est; solus perfectus, quia 1 7 3
alia crimina fugienda cognoscat. 'ore tuo te, inquit, Christiane uicisti. inde est, quod et ego aeternam uitam me possidere contendo, quia specialiter 1 3 8
nititur, auaritiae utique partes agit, quae est inimica iustitiae. adeo inde est, quod frumento paucorum horrea plena sunt, inanis plurimorum 2 1 16
nunc ad exempla, quae sunt negotio uel maxime necessaria, quia plus est quod geritur quam quod dicitur, ut et impudicitiae malum et bonum 1 1 15
felici ligno suspensam uberrimam docuit afferre uindemiam. inde est, quod hodie uestro de numero nouellae uites ad iugum perductae, 1 10b 3
spem credidit deo, ut fieret pater multarum gentium. contra spem autem est, quod impossibile est ac non uidetur; sed possibile hac spe fit, cum dei 1 36 5
necesse est pro laboris sui munere inmortali beatitudine perfruatur. inde est, quod intra hominem clandestinum fremit momentis omnibus bellum, 2 4 8
calamitatibus delectatur uiliorem habens animam quam pecuniam; inde est, quod iustitia honestas pietas fides ueritas perit; quod deus ipse 1 14 7
maxima est gloria, aequalis patri a catholicis praedicatur. denique inde est, quod legis fundamenta temnentes uersuta disputatione, praetermisso 1 45 1
uolens esse non posset. denique uultis scire conpendio ueritatem? factus est quod non erat, nec tamen desiit esse ante quod fuerat. 2 8 9
statu moritur in homine propter quod homo fuerat moriturus. inde est, quod nostra non habet necessaria tormenta confessio, quod sine sudore 2 24 2
statu moritur in homine propter quod homo fuerat moriturus. inde est quod nostra non habet necessaria tormenta confessio, quod sine 1 42 2
omnes inmortales, omnes sunt semper aequales; quod unius est, omnium est; quod omnium, singulorum. uultis scire, quae illic beatitudo uersetur? 1 5 18
in altero; cuiusuis gloria communis est honor, quia quod est filii, patris est, quod patris, amborum. laetatur pater in alio se, quem genuit ex se. 1 56 1
qui enim non diligit eius similitudinem, sequitur ut oderit ueritatem. inde est, quod stulti praeponunt corpus animae, idolum deo. sed nos, qui Adam 2 4 17
in se, nullus hic beatitudinis locus est, ubi non deuotionis, sed necessitatis est quod timetur. itaque audiamus scripturam, quid dicat, cuius ista sunt 2 2 3
interna discutere, cuius extraria nequeat suspicari, quia deus hoc est quod est; quod uero homo definiendum putauerit, non est. nam et Iohannes 2 8 3
suae alienaeque contemptrix, solum metuens ne desit ulli quod radat. inde est, quod uniuersae nationes mutuis cadunt per momenta uulneribus, 1 5 3
quod daturus. totum pater, totum possidet filius; unius est quod amborum est; quod unus possidet, singulorum, domino ipso dicente: *omnia* 2 5 9
loquente noscamus: *et homo est*, inquit, *et quis cognoscit eum?*. si ita est, quomodo ergo posset agnosci, prodidit Esaias his uerbis: *audite itaque,* 2 8 7
primogenitus a mortuis diceretur, hic est, inquam, qui *in omnibus omnia est*, quoniam per ipsum et in ipso sunt omnia. nec uos moueat, fratres, 2 8 8
sed haec non ad uos, fratres, quorum largitas prouinciis omnibus nota est, quorum pia semina totius quodam modo orbis per membra iactantur. 1 14 8
uitale transfertur. qui ut est dimissus in altum ferinaeque uoraginis est receptus hospitio, uigilat in ceto qui stertebat in naui. mira res! post 1 34 6
secundum ea, quae gessit, siue bona siue mala. etenim, fratres, facilius est reformari quod fuerit quam institui quod ante non fuit; quod si non 1 2 16
carmine inuitans: *exiguum et cum taedio est tempus uitae nostrae et non est refrigerium in fine hominis et non est qui agnitus sit reuersus ab* 2 4 10
blandum animae uenenum, secundum dei sententiam, unde sumptum est, refundatur; dicit enim deus ad Adam: *maledicta terra erit in omnibus* 1 2 30
parcit; *parricidalibus filiis* ignoscit. persecutorem suum et, quod magis est, regem aliquotiens a deo in manus traditum sibi mauult semper timere 2 9 7
et liberatus a deo est et honoratus. denique rex iure secundus factus est regni, qui insignis rex erat iam ante pudoris. Susannam quoque, 1 1 16
nemo retro attendens et superponens manum suam super aratrum aptus est regno dei; et iterum: *mementote uxoris Lot.* sed et apostolus sic: 1 37 12
diuersitas nulla est. Paulus enim de hominis adsumpti temporali locutus est regno, in quo uenturus et *iudicaturus est uiuos et mortuos*, sicut lectio 2 5 7
at uero dominus euidenter hoc edocens sic ad discipulos ait: *simile est regnum caelorum homini, qui seminauit bonum semen in agro suo;* 1 2 28
hominibus superadditum recognoscimus, domino sic dicente: *simile est regnum caelorum homini, qui seminauit in suo agro bonum semen;* 1 3 22
quid hoc est? si in perpetuum regnat, Paulus errauit; si traditurus est regnum, isti mentiuntur. absit! nullus hic error, diuersitas nulla est. 2 5 7
ducatum praebuit: idem a sua eum facie postmodum abiecit. consecutus est regnum, ut post regiam dignitatem maiore dedecore in perpetuum 1 52
se quis possit excusare, non uideo. non deest enim qui dicere possit: 'si est resurrectio, quare plangis? si amore mariti facis, cur postmodum 1 2 14
ex nihilo nati sumus et post hoc erimus tamquam qui non fuerimus; et non est reuersio finis nostrae, quoniam consignata est et nemo reuertitur; et 2 4 10
frumenti conditum terrae interit et tamen in eo id, quod intus est, reuiuescit nec mortem medullitus capit, sed suum sibi genitale in 1 2 22
et introibit rex gloriae, et iterum magi: *ubi est*, inquiunt, *qui natus est rex Iudaeorum?*. hic est, fratres, qui uenturus denuntiatus est per 2 5 2
claritatis suae de plenitudine accendit. hic, qui semel occidit et ortus est rursum numquam repetiturus occasum. hic, inquam, quem *duodecim* 2 12 4
amore hominis sui eius artifex deus et dominus noster occidit et exortus est rursum, numquam sane repetiturus occasum. hic, inquam, quo ferales 2 19 2
sunt duo, quae similiter duobus capitibus unam litteram fingunt, id est sacrae legis duobus edictis unum Christum dei filium spiritali 1 37 4
est: *annuntiatis mortem domini, donec ueniat*. aperies os piscis: hoc est sacramentum uel quae in prouerbiis locutus sum non intellegentibus 1 37 6
dei, et in Psalmis: *deus autem rex noster ante saecula operatus est salutem in medio terrae*, et alio loco: *parata sedes tua, deus ex tunc et* 2 5 2
numquam diligit deum, quem scit operibus suis esse contrarium. diaboli est sane mancipium; eius enim possidet regnum. nam deos ipsa genuit, ipsa 1 1 11
et quae essent futura, priusquam fierent, admonebat. proprium enim dei est scire transacta et nosse uentura. *filios*, inquit, *genui et exaltaui*. infinita 1 61 5
relinqueret nec propinquum. statim beatus martyr se latere non passus est; se ultro offerens iudici moram suam uoluntarie praeiudiciis excusauit. 1 39 5
ac fideliter custodite. etenim omnis [actus] uester contractus ablatus est. securi gaudete: nihil saeculo iam debetis. in magno quidem reatu nunc 1 42 1
fortiter ac fideliter custodite. etenim uester contractus omnis ablatus est. securi gaudete; nihil saeculo iam debetis. ecce nullum pondus, stridor 2 29 1
nascitur, curat. signum salutis accipite! corruptelam integritas, partum est secuta uirginitas. Adam similiter dominica circumciditur cruce, et quia 1 3 19
dei de deo argumentationibus uanis opinari uelle dispositum non colentis est, sed dementis, maxime si deus, ut contentiosi putant, dispositioni 1 54 1
non usti, non cruditi, non mucidi. lacteus illis color est, lacteus sapor est. sed fortassis, quod nonnulli forma uidentur minores, si secus aliquid 1 41 2
res agitur, quia quod uoluitur semper, in momento quid adferat dubium est. sed oculis patentibus caeci dilatant horrea, terras angustant, urgent 1 5 7
non caritas pendet ex lege, sacra scriptura dicente: *iusto lex posita non est, sed peccatori*. peccator autem ille est, qui caritatem non habet dei ac 1 36 17
cessat legis imperium. *lex* enim, sicut scriptum est, *iusto posita non est,* sed peccatori, quia *iustus ex fide uiuit,* infidelis iniuste. errat igitur 2 3 4
ungues pedum plaga inimici percussus populosis ulceribus non distinctus est, sed totus unum uulnus effectus. uerum tamen in his omnibus nihil 1 15 5
testamenta sunt duo, sed testator est unus; et scribens canna diuisa est, sed unus calamus; et forfex in duos producitur cultros, sed eorum 1 37 14
praestat fidem, ita nouo uetus perhibet testimonium, sicut scriptum est: *semel locutus est dominus et haec duo audiuimus.* sed et dominus ipse 1 37 4
non maritis nota, non sibi, quia non potest notum esse nec uerum quod est semper incertum. praeterea numquam diligit deum, quem scit operibus 1 1 10
quem noueris idolatriae fanum, gaudeas dei templum. itaque beatus est, semper qui meminit, quod renatus sit; beatior, qui non meminerit, 2 29 3
nostra est, domino ipso dicente: *fides tua te saluum fecit.* igitur si nostra est, seruemus ut nostram, ut iure speremus aliena. nemo enim censum 1 36 7
si minus sentis de filio, quia regnum traditur patri, maior patris iniuria est, si est aliquando sine regno. accedit, quod oramus cotidie, ut *adueniat* 2 5 5
dominabuntur populis et regnabit dominus illorum in perpetuum. quid hoc est? si in perpetuum regnat, Paulus errauit; si traditurus est regnum, isti 2 5 7
permittis. tu ut nudum uestias, nuda esse contenta es. tibi fames saginatio est, si panem tuum inops esuriens manducauerit. tuus census est totum in 1 36 31
et beneficium, cum te iubet ad ecclesiam non uenire. sed multo peius est, si places marito: neque enim sine sacrilegio possis placere sacrilego. ut 2 7 16
in tua domo minuta sunt, in templo maiora. quae si erogaueris, pecunia est, si seruaueris, simulacra. ancilla Christi, falso idolum respuis; mihi 1 14 5
nobilitatem generis sui non a parentibus accepit, non liberis tradit; ipsa est sibi uterque sexus, ipsa omnis affectus, ipsa genus, ipsa finis, ipsa 1 2 20
humanae deuotionis *religiosa confessio est* de *deo hoc nosse*, quod licitum est. sicut enim in simplici corde scrutanda sunt testimonia eius, ita 1 34 1
illos aura corrupit, non fumus amarus infecit, non frigus elisit; quod plus est: sine fermento leuati sunt. certe caccabacei non sunt, non uetusti, non 1 41 2
inane sit, si infirmari potest alterum de duobus. quid, quod Abel iustus est sine hoc uulnere inuentus? quid, quod Enoc a deo integer legitur esse 1 3 5
magno pro inmortalitatis praemio, suae autem gratis laborent. uerum hoc est solum, nos in quo uincimus, quia pro sua sanctitate Christianae plus 2 7 11
sunt omnia; ex se est quod est; solus sui conscius, quantus et qualis est; solus perfectus, quia non potest illi aliquid nec addi nec minui; solus 1 7 3
et post omnia, quoniam in eius manu inclusa sunt omnia; ex se est quod est; solus sui conscius, quantus et qualis est; solus perfectus, quia non 1 7 3
est; et dominus sumendo carnem totius humani generis peccatorum est sordibus obsoletatus. Iob uxor sua hortatur ut peccet; et dominum, ut 1 15 8
concupiscentias patris uestri facere uultis), uestem uiduitatis deposuit, id est sordidae religionis sordidos ritus abiecit. *aestiualia induit*: aestiua 1 13 8
perit, unde cognoscitur ille, qui resurgit?' caro, fratres, quasi quoddam est speculum intuentis plenitudine grauidatum, quod non tam imaginem 1 2 29
neque iustus neque pater gentium esse potuisset. quapropter manifestum est spei ac fidei unam inseparabilemque esse naturam, quia in homine ex 1 36 6
patiatur errorem: unam, qua natus est; alteram, qua renatus. sed sicut est spiritalis prima sine matre, ita sine patre secunda carnalis. haec 2 8 2
loto felicius manant doctrinae caelestis diuina fluenta, ruptis oculis, id est spiritaliter patefactis. praecedentibus foliis fructus sequela sese 2 11 5
atque utinam incorrupta species uenderetur! ingemescit praeterea, si annus est sterilis, multo magis, si fertilis fuerit: illic quia parum distrahit, hic 1 5 14
potuerunt. sed inpatientiae hactenus exempla prolata sint. neque enim est studiose, ut arbitror, memorandum, quod optaueris compescendum, 1 4 11

et *Simoni,* super quem aedificauit ecclesiam, *Petrus nomen imposuit*), id est sua doctrina formatos, spiritus sancti lima acuminatos constituit uiros 1 3 16
tamquam granum sinapis te habere demonstra. sin uero, quod magis est, sub sono legis ac fidei saecularis amore iactantiae accensus nascentis 2 3 15
enim dei imago inuisibilis sit, necesse est. denique oculis non est subiecta carnalibus; nam neque cum ingreditur corpus nostrum neque 1 27 3
enim dei imago inuisibilis sit necesse est. denique oculis non est subiecta mortalibus. nam neque cum ingreditur corpus neque cum de 2 30 3
domino nostro, quem, pro nefas, uenerantur externi, si tamen dicendum est, sui carpunt. sane nullis argumentis armatus, quibus illi libenter 2 18 1
est ad supplicii locum deducuntur. ab operariis ibidem conculcantur, hoc est summa cum contumelia a persecutoribus illusi iugulantur. sucus earum 2 11 6
requirat, agnoscit; si enim Adam curat, certe, in qua delicti omnis est summa, isto remedio curare non potest Euam. quid, quod nec ipsi uiro 1 3 9
uideas apostolum primas? cuius ista sunt uerba: *tempus coartatum est; superest ut qui habent uxores, sic sint quasi non habentes; praeterit* 2 7 5
ciuitati credulae praestaturus. quantum datur intelligi, fratres, nauis typus est synagogae: eius proretam sacerdotale corpus accipimus, nautas scribas 1 34 7
ecclesiae filius eius futurus fuerat, non maritus. Iudas amittit uxorem, id est synagogae fides moritur. quod autem inquit: *consolatus* est, utique 1 13 7
filios, inquit, *genui*: hoc dominum de hominibus dixisse quam dulce est! talem patrem laesisse quam turpe! *filios genui et exaltaui*: utique filios 1 61 7
populi Christiani mundum. igitur gentium sacrificium quam exsecrabile est, tam inane; colunt enim uani uana figmenta in quaslibet formas, uultus, 1 25 3
per hanc hoc sibi nomen inuenit; non sanctitas, non munitio, quia *nihil est tam sanctum quod non uiolari, nihil tam munitum quod non expugnari* 1 5 5
quae in conluctatione martyrii prior solet domino confiteri. ductus est tandem beatus Archadius ad exoptatum iustis orationibus locum, et 1 39 7
diabolus ter temptauit; similiter euangelista perhibente et dominum ter est temptare conatus. Iob facultates, quas habuit, amisit; et dominus 1 15 8
et exacta, cum qua facile et opus fieri possit et tolerari ardor aestatis, id est temptationis; quam esse utique credulitatem non potest dubitari, quia 1 13 8
animas, omnes aetates isto carmine inuitans: *exiguum et cum taedio est tempus uitae nostrae et non est refrigerium in fine hominis et non est* 2 4 10
cuius est orbis totus omnisque natura, beatissimo Dauid dicente: *domini est terra et plenitudo eius, orbis terrarum et uniuersi qui habitant in eo*? 1 15 7
quorum praedicatione gloria domini per tota terrarum spatia nuntiata est. terram homines intellegendos frequens prophetarum assertio 1 61 3
Iudas tres liberos habuit: Her, Aunan, Selom. hic mulierem, cuius nomen est Thamar, accepit uxorem maiori filio suo. qui filius cum maligne domini 1 13 1
nobis, utrum circumcisionem obserues an legem. si circumcisionem, non est tibi lex necessaria, quia iustus Abraham, qui ex fide uixit, deum 1 3 12
tamen pro tuo sensu si uis pascha legitimum celebrare, agnus requirendus est tibi, sicut praeceptum est, *ex agnis et haedis* discordi natura 2 20 1
discitur, sed impulsu nobis nostrae infirmitatis occurrit, quia non artis est timere quod metuas; metuis autem *quod* tibi *nolis accidere*. exsistit 2 2 1
contritio et miseria in uiis eorum et iter pacis non cognouerunt; non est timor dei ante oculos eorum. et de ipsa circumcisione in symbolis 1 3 11
cum scriptum sit: *et si multiplicentur, non oblecteris in illis; si non est timor domini cum illis, non corrideas animae illorum; melior est enim* 2 7 5
saginatio est, si panem tuum inops esuriens manducauerit. tuus census est totum in misericordiam habere quod habes. tu sola rogari non nosti. tu 1 36 31
sacrae historiae, fratres dilectissimi, ad hoc nobis est tradita legenda narratio, ut maiorum, si fieri potest, saltem aliqua ex 1 15 1
sitam uisceribus opinaris. sane quod passim multos occidis, edacitatis est tuae, quod diuersis in locis, uanitatis, quod cum amaritudine comedis, 2 20 2
sint tua, cum sint timentibus deum uniuersa communia, sicut scriptum est: *turba autem eorum, qui crediderant, animo ac mente una agebant, nec* 2 1 18
lubricitas nec annis senilibus temperatur; ideo nudus, quia uoluntas eius est turpitudo; ideo pennatus, quia in quaecumque conceperit uelociter ruit; 1 36 25
confusione, uel errore fiunt una. quid, quod illius sacrificium publicum est, tuum secretum? illius a quouis libere tractari potest, tuum etiam a 2 7 14
terra uel tremit uel hiatu se recipit in se, nullus hic beatitudinis locus est, ubi non deuotionis, sed necessitatis est quod timetur. itaque audiamus 2 2 3
excolit legem, ita, si uersuta sit, eradicat fidem, quia fides profecto non est, ubi quaeritur fides; deinde quia lex communis est, fides uero priuata, 2 3 4
aspidum sub labiis eorum, quorum os maledicto et amaritudinis plenum est; ueloces pedes eorum ad effundendum sanguinem; contritio et miseria in 1 3 11
plerumque contingit, ut et nascatur sabbatis filius, quem octauo die, id est ueniente sabbato, si non secundum legem circumcidat, de populo suo 1 3 3
quia non in trepidatione, sed in doctrinae ratione consistit, sicut scriptum est: *uenite, filii, audite me; timorem domini docebo uos.* naturalis ergo non 2 2 1
de ipso dictum est: *orietur uobis sol iustitiae*. Iob uerax est appellatus; at est uera ueritas dominus, qui ait in euangelio: *ego sum uia et ueritas*. Iob 1 15 7
est dei, cata Lucanum domino sic dicente: *est autem haec parabola: semen est uerbum dei. qui autem iuxta uiam sunt, hi sunt, qui audiunt uerbum et* 1 13 5
tamen sibimet externa esse non potest. si enim uerbum in deo est et deus est uerbum et hoc est, in quo est, quod est ille, qui inest, duplex persona, 2 8 4
perpetuitate progenitum fuisseque tempus, quando non fuit. tertia Iudaea est uere caeca, quae cum in lege, ut dicere solet, sua legat ubique duas 2 8 1
sobrie, ubi mors timetur. itaque hanc obseruantiam, hunc timorem, quod est uerius atque iustius, transfer ad deum et, quale uelit illud sit, repente 2 7 9
horoscopi pandam tota breuitate secreta. igitur, fratres, genesis talis est uestra. primus uos, qui in se credentem reprobat nullum, non Aries sed 1 38 3
non defluit sanguis, non decolor color est. ipse est et tamen ipse non est. uetus quidem uidetur domicilium, sed nouus est inquilinus mutatione 2 24 3
hic *salutaris*, quia per ipsum uincimus mortem; hic *masculus*, quia dei est uirtus; hic, inquam, agnus *perfectus*, quia in ipso magnus ille sacerdos 1 8 2
monitis diuinis praecinentibus obsecundando, in quibus aeternae fructus est uitae, et defenditur pariter et nutritur. ad iugum peruenit, cum 2 11 5
minime consecratis sine sacrilegio uideri non potest? postremo detestabilis est uiuendi condicio, ubi non licet facere uxori, quod marito placet; ubi 2 7 15
scelus transit in sacramentum; parricida incruentus redit et qui immolatus est uiuit. ambo sibi gloria, ambo claritatis exemplum, ambo dei cultus 1 4 15
adsumpti temporali locutus est regno, in quo uenturus et *iudicaturus est uiuos et mortuos*, sicut lectio uniuersa testatur, qua praedicat Christum 2 5 7
uel gubernatores eius oculi aliquo ictu exstincti subsidunt. nonne cadauer est uiuum? ecce tabidus pulmo pinguibus sputamentis exesus detestabili 2 4 15
gemmis, lapidibus, margaritis per momenta distinguitur et quia opus est uiuum, tectum non habet nisi caelum. dicam praeterea, quae cotidie 2 6 7
post ipsum non est ullus; hic *sempiternus*, quia occisus est et inuentus est uiuus; hic *immaculatus*, a peccato quia solus est mundus; hic *salutaris*, 1 8 2
perducere nullis rationibus possunt. si ex credulitate, non ei opus est ulla interpretatio, quia sicut semel creditur, ita semel ex eo ipso, quod 2 3 9
exhausta totis pallens iacuit resoluta uisceribus. non filius matris aut suis est ullis sordibus delibutus; neque enim re uera aliquid circa se habere 1 54 4
paternae antiquitatis solus est conscius; hic *maturus*, quia post ipsum non est ullus; hic *sempiternus*, quia occisus est et inuentus est uiuus; hic 1 8 2
uiribus retractando ac refellendo consumit. sin uero, sicut necesse est, una est illa nobilis et antiqua, quae non dicam tractatu, sed ipsius 2 3 8
diuersa mensura conterendo innouat spatia, et tamen eius semper orbita est una. qui nos admonet, fratres, passionis resurrectionisque dominicae 1 26
duplex persona, duplex uocabulum, sed originalis perpetuitatis ac deitatis est una substantia, domino ipso dicente: *ego et pater unum sumus*. quod 2 8 4
describit. gladius enim spiritus sanctus est unum capulum habens, id est unam substantiam, uirtutem, deitatem, maiestatem uoluntatemque 1 37 2
quem ex ore domini prodire describit. gladius enim spiritus sanctus est unum capulum habens, id est unam substantiam, uirtutem, deitatem, 1 37 2
diabolus et ecce angeli accesserunt et ministrabant ei. unde dubium non est unum esse iter aerii culminis angelis lucis et hominibus iustis. haec 1 37 13
timoris quidem, fratres dilectissimi, uocabulum est unum, sed accedente ratione timor discernitur a timore. fiunt enim duo: 2 2 1
tamen una de radice funduntur. testamenta sunt duo, sed testator est unus; et scribens canna diuisa est, sed unus calamus; et forfex in duos 1 37 14
signati; et scala duos scapos habet et gradus plurimos, sed eius ascensus est unus. gradus autem eius, fratres dilectissimi, si uultis scire, quid 1 37 14
et nequam, mors et uita; quod elegerit, hoc dabitur ei. unde dubium non est uoluntatem nostram, cui se iunxerit parti, praebere uictoriam eiusque 2 4 18
tantum imaginem, sed ipsum deum quoque portabunt, sicut et scriptum est: *uos estis templum dei, et spiritus dei habitat in uobis*. 2 30 4
unam litteram utroque conficiens; cui si unum adimas, alterius inanis est usus. unde recte testamenta sunt duo, quae similiter duobus capitibus 1 37 4
conscientiam non timetis. *uetus* enim *homo* uester feliciter condemnatus est, ut absolueretur, sacri gurgitis unda sepultus, ut sepulcri nido 2 29 1
fraus, inopia, fuga, mors extorserint debitorem. auaritiae enim natura talis est, ut auariorem faciat. plerumque plus tulit auaro quam praestat, ac sic 1 5 12
quia facta commutatione quod eius est fit pro partibus nostris. sequens est, ut etiam proximos eo affectu, quo nos ipsos diligimus, diligamus, 1 36 22
utique credulitatem non potest dubitari, quia hanc qui habuerit, necesse est, ut expedite uiuat et munde. igitur ne cognoscatur, faciem uelamine 1 13 8
ultra, quam licitum est, aciem suae tetenderit mentis; eo enim res deducta est, ut fides nostra per dei requiratur iniuriam. quod futurum Salomon 2 3 12
uirga cum baculo crucem, in qua deus pro homine pendere dignatus est, ut in deum hominem, quem induerat, commutaret. anulus quoque 1 13 10
non aliis tantum, sed etiam sibi ipsi subducit? 'sed, inquies, iustum est, ut mea seruem, aliena non quaeram.' hoc etiam gentes dicere 2 1 18
aliam uictimam procurauit; nam Abraham cum filio sic probatus a deo est, ut non postulans misericordiam mereretur. uideamus, fratres 1 43 7
temptationis uidelicet signum; etenim iustitiam qui sequitur, necesse est, ut probetur. denique fornicaria requisita non est inuenta, quia renatus 1 13 11
ille autem deinceps per hanc partem peccare iam non potest. consequens est, ut profiteatur, utrum hanc carnalem an spiritalem esse defendat. si 1 3 3
mortis offerret et eum *ad praemia inmortalitatis admitteret*. sicque factum est, ut, quomodo per unius hominis damnationem in omnes homines 2 4 7
quoniam scit dominus uiam iustorum et iter impiorum peribit. consequens est, ut scire nos par sit, in quo habitu regnaturus sit homo iste noster, qui 1 2 24
imaginis pateremur reuerentiam ueritatis in eaque res condicione dimissa est, ut, si quid mali seu boni cuiquam fecerimus, deo fecisse uideamur; 1 36 23
plus potest habere nec minus; alter enim in alterius plenitudine infusus est, ut sit *omnia in omnibus* deus benedictus, pater in filio, filius in patre, 2 5 10
fidelitatis felicitas maxima est fidei nosse naturam, quae talis ac tanta est, ut unicuique homini sua non ab alio commodetur, sed eius ex 2 3 1
priuilegium, non septimus, non nonus, accepit ac per hoc necesse est, ut utrumque inane sit, si infirmari potest alterum de duobus. quid, 1 3 4
uxorem, id est synagogae fides moritur. quod autem inquit: *consolatus* est, utique intelligitur spe Christi uenientis, qui non tantum prophetis 1 13 7
ad mortem. quod dictum non tam timentis quam exsultantis ac docentis est. utique non enim quicquam timere poterat, qui mortuos excitabat, *qui* 1 2 31
se abstinet, quod propterea facit, quia *praui* bonique *notitiam* gerit, quod est utique sapientis. unde fit, *ut numquam iustus possit esse qui stultus est* 2 1 10
altercatio quid sit ignorat. omnes aut deuitat aut portat iniurias. incertum est, utrum inpassibilis iudicetur, cum aliquid passa quasi nihil passa sit 1 4 2
o nouum spectaculum ac uere deo dignum, in quo definire difficile est, utrum sit patientior sacerdos an uictima! non percussoris, non 1 4 14
filio ad agnum transtulit dextram semper laetatus et gaudens nec mutatus est uultus eius, cum esset uictima commutata: cum tanta laetitia arietem 1 43 7
et, ut indulgentiam perciperetis, pro uobis ipsis bene uigilastis; optime estis auditi. nouum iudicii genus est, in quo reus, si excusauerit crimen, 1 42 1
estis. sed ut indulgentiam perciperetis, pro uobis bene uigilastis, optime estis auditi. nouum iudicii genus, in quo reus, si excusauerit crimen, 2 10 2
estis uniuersi aurum argentumque non tam habere quam esse. nam uos estis aurum uiuum dei, Christi uos argentum, uos spiritus sancti diuitiae; 1 5 17
praestat in Christo bonae fidei libertatem. igitur uos, qui *circumcisi estis circumcisione non manu facta in spolationem carnis, sed circumcisione* 1 3 24
diabolus designatur, domino Iudaeos sic increpante: *uos de diabolo patre estis et concupiscentias patris uestri facere uultis), uestem uiduitatis* 1 13 8
pio promisso quid hortetur, accipite. *uenite*, inquit, *qui laboratis et onerati estis et ego reficiam uos. tollite iugum meum super uos et discite a me,* 2 9 4
appellatos, quibus dominus sanctum per spiritum dicit: *ego dixi: dii estis et filii excelsi omnes, uos autem sicut homines moriemini*. sed et de 1 37 11
per uos et in uobis dei maior est domus; nam et omnibus aequales estis et pedaturas omnes uestri corporis ambitu superatis; denique sancti 2 6 10
debetis. in magno quidem reatu nunc usque fuistis, sed fortiter examinati estis et, ut indulgentiam perciperetis, pro uobis ipsis bene uigilastis; optime 1 42 1

felicia, exsultate, coniugia: meliores ornatui gemmas sculpitis, quam uos estis. exsultate, uiduae: quadratura uestrae uirtutis *angularis lapidis* 2 6 10
corporis ambitu superatis; denique sancti diuites pauci sunt, uos plures estis. haec sunt, dilectissimi fratres, charismata uestra, hae uirtutes, quibus 2 6 10
sapientia domus domina praerogat munera. exsultate, seniores: uos estis huius operis firmamenta. exsultate, iuuenes: uos estis lapidibus 2 6 10
eratis et inmundi mundana natiuitate, contra omni reatu iam liberi mundi estis infantes et, quod est admirabile et gratum, subito uno momento facti 1 38 1
seniores: uos estis huius operis firmamenta. exsultate, iuuenes: uos estis lapidibus adamantinis meliores. exsultate, pueri, sacrae turris dulces 2 6 10
in hoc reatu, fratres, usque nunc fuistis. sed fortiter examinati estis. sed ut indulgentiam perciperetis, pro uobis bene uigilastis, optime 2 10 2
ista parietum, fidelis autem populus dei templum, apostolo dicente: *uos estis templum dei et spiritus dei habitat in uobis*. et uerum est, nam sicut 2 6 4
imaginem, sed ipsum deum quoque portabunt, sicut et scriptum est: *uos estis templum dei, et spiritus dei habitat in uobis.* 2 30 4
et pietas, quae est idonea expultrix auaritiae, manet atque gloriatur, digni estis uniuersi aurum argentumque non tam habere quam esse. nam uos 1 5 17
sanctique pudoris florem nulli legi subiecta fidei thesaurum custodi. esto sancta et corpore et spiritu, amore Christi ignem carnis exstingue, ut 2 7 4
erit, si dei ciuitatem felicitate nostri numeri fecerimus angustam. itaque estote securi: nihil in illa deest umquam, nihil ab suo statu aut tollitur aut 1 5 18
nuda esse contenta es. tibi fames saginatio est, si panem tuum inops esuriens manducauerit. tuus census est totum in misericordiam habere 1 36 31
salubri atque perpetuo, quod, ut saturi semper ac felices esse possitis, esurienter accipite. pater familias panem uinumque pretiosum uobis ex 1 24 1
dum non pepercit. sola enim fides deambulat inter gladios tuta, inter esurientes feras amica, in ignibus frigida. sola fides praeferenda: hac nos, 1 62 5
nos post baptismum ad paradisum peruenimus. illis inrorata est esurientibus manna, nos autem esurire non possumus, sempiternam qui 1 46b 3
derelictum nec semen eius quaerens panem; et iterum: *diuites eguerunt et esurierunt, requirentes autem dominum non minuentur omnibus bonis.* quod 2 1 20
ad paradisum peruenimus. illis inrorata est esurientibus manna, nos autem esurire non possumus, sempiternam qui caelestis panis nobiscum portamus 1 46b 3
rursus in se riuus sanguinis ruens†. dehinc poplitibus surisque porrectis et a germana coniunctione naturae gladio saeui latronis plantarum limes 1 39 8
ista non credunt, tamen cum libamine infausto ad sepulcra concurrunt et a mortuis, quos in quiete tacitae noctis agnouerint, expeti a se 1 2 3
usurpatione, quod quidem uobis ulterius non licebit, fortassis requiratis et a nobis, qua genitura quoue signo tam diuersos, tam plures, tam 1 38 2
ingenii qualitate argumentis asseritur. adde quod ab omnibus appetitur et a nullo completur. adde quod index dei uoluntatis est, non dei originis 2 3 5
exspectat ulterius, quinam sint isti, quibus est iudicium praeparatum. et a quo scire debemus, nisi ab ipso domino, qui suum dictum prosequitur 1 35 4
in pace; dominus autem manet benedictus in aeternum ante saecula et a saeculis et in cuncta saecula saeculorum. 1 15 9
est salutem in medio terrae, et alio loco: *parata sedes tua, deus ex tunc et a saeculis tu es*. ubi hominem mixtum, sic prosequitur: *dicite filiae Sion:* 2 5 2
haud dubie in paucis expediam. stellae praecipites labuntur e caelo et a tergo longo flammarum albescentium tractu funereae facis solemnitate 1 2 17
premebatur. hunc deus praecipit proficisci, duce Moyseo uidelicet et Aaron, iter demonstrante nubis columna per diem, eadem ignis quoque 2 26 1
Christianus, qui proficisci iubetur, ut ad futura contendat. Moyses et Aaron per id, quod erant, sacerdotium, per suum numerum 2 26 2
cui uniuersa deseruit. pro nefas! quae istae sunt tenebrae? inest omnibus et ab omnibus, quasi non sit, arguitur; accusatur et tamen colitur; iugulat 2 1 8
ingentibus tardis. at uero spiritus bona non tantum sunt inuisibilia, tarda et abscondita, sed etiam nimis in arduo constituta, ut ad ea nisi cum 2 4 13
accedit etiam ipsa praepostera memoratio, quoniam res est disconueniens et absurda, ut secundus sit inmortalis et qui mortalis est primus, cum 2 4 2
triumphalibus honorabit, maxime cum scriptum sit: *qui habet, dabitur illi et abundabit; qui autem non habet, etiam id quod habet auferetur ab eo.* 1 36 7
qui diligit aurum et argentum, non tantum deos colere, sed eorum mores et actus imitari. cuius rei facilis probatio est, illa cum interim, quae nostra 1 14 4
genuit, ubi ingressis paucis hominibus innumerabilis multitudo processit et ad eremum dominus perduxit *manu forti et brachio excelso*. exaltatus 1 61 7
ab auctore itaque coepit furoris horror; accingitur turba feralis et ad inuisibilem suspensum gladiorum mucro conuertitur. nec inde, ut 1 59 9
sed quia nescit aeternitas mori, uiuit dominus post sepulcrum, et ad Iudaeos remansit sola damnatae uoluntatis inuidia, qui dominum nec 1 59 8
Iesus Christus mysteria uniuersa conficiens atque concludens patri et Adam reportauit et iter ad caelum omnibus se sequentibus patefecit. 1 37 15
uerecunda detulerat. sub hac igitur, carissimi, desperatione natiuitatis et admiratione progenitus in primis infantiae rudimentis iubenti ac 1 59 2
laetam diuinorum seminum messem caelestibus horreis inferatis. et admonet prosequentibus Geminis, id est duobus salutare canentibus 1 38 4
ad te transibunt et tui erunt serui et sequentur te alligati compedibus et adorabunt te et in te precabuntur, quoniam in te deus est et non est 2 8 5
est enim: *et dixit deus ad Iesum: fac tibi cultellos petrinos nimis acutos et adside et circumcide secundo filios Israel.'* uideamus nunc ergo, fratres 1 3 14
quem nescit; intrantem non uidet, exeuntem non potest prohibere. et aestimat quisquam dei se posse scire secretum, qui sui corporis nescit 1 56 3
quam cum aduerterent muro <munitam> castitatis, quae certe uera et aeterna formositas, in paradisi solitudine, ubi Euam ab auctore operis 1 1 17
ipsi hac in uita per fidem sacri fontis uiuo de gurgite conparamus, nobilis et aeterna, quia animus, qui uicerit mundum agnoscendo ac seruando 2 4 8
in me est pater et ego in illo, dictum significatione unica maiestatis et affectu indiuiduo pietatis, quia laus filii est patris et laus patris 1 25 8
eius in lamentationem conuersa prophetae testantur. tauros, arietes, hircos et agnos a domino saepe reprobatos accepimus. quid ultra? non potest, 1 19 2
iam non habent: qui eorum pro salute sacrificant? tauros, hircos, arietes et agnos abhorret dominus: unde sacrificant? deum dereliquerunt, altaria 1 51
procul dubio hoc sunt, quod sese esse unicuique confitentur. accipe et alia exempla et quidem certiora. primo in libro Regnorum Samuel, 1 2 8
inter haec omnia deterior est conscientiae timor, quia quae diximus et alia his similia cum passibilitate sui transeunt; timor conscientiae non 2 2 2
auaritia; hac enim matre eademque magistra uniuersa quae diximus, sed et alia multa, immo omnia undique sine pausa quae scaturiunt mala 1 5 4
fundamento uelluntur. quid autem sine caritate sint non tantum istae, sed et aliae quoque uirtutes, indice Paulo cognoscite: *et si habuero*, inquit, 1 36 20
frequens prophetarum assertio demonstrauit: *iubilate*, inquit, *omnis terra*, et alibi: *audi*, inquit, *terra, ex ore meo*. quo uocabulo gentiles homines 1 61 4
(et fecit, inquit, *deus hominem ad imaginem et similitudinem dei)*, et alio loco dicat: *ego sum qui sum et non demutor*. cum hoc ita sit, homo 1 27 2
(et fecit, inquit, *deus hominem ad imaginem et similitudinem dei*), et alio loco dicat: *ego sum qui sum et non demutor*. cum hoc ita sit, homo 2 30 2
illius! quis enim cognouit cogitationem dei? et tu eius naturam quaeris? sed et alio loco hoc, quod agitur, euidenter expressit, cum ad Timotheum 2 3 17
deus autem rex noster ante saecula operatus est salutem in medio terrae, et alio loco: *parata sedes tua, deus ex tunc et a saeculis tu es*. ubi 2 5 2
largiores adhuc escas inueniet, quibus, si diligens fuerit, semper et se et alios bonis omnibus satiabit per dominum nostrum Iesum Christum. 1 24 4
circulo adscribunt, cum ingenii sui carmen coli uel maxime cupiunt, sic se et alios perdiderunt. nam mutato nomine et cultu, quasi promota somniis, 2 9 1
carissimi, circumcisionis, cuius non tantum in praesenti lectione, sed et aliquot in locis fecit Paulus beatissimus mentionem, ratio uidetur esse 1 3 1
sceleris sui crudelitas fructum sortita est, quia, sicut in Isaac aliud offertur et aliud immolatur, ita et in passione Christi quod per Adam deliquerat, 1 59 9
proprietas, ne sub sono nominis commutetur regula ueritatis. est enim et alius amor sane saluti nostrae contrarius, cui recte hominis forma 1 36 25
dolose egerunt, uenenum aspidum sub labiis eorum, quorum os maledicto et amaritudinis plenum est; ueloces pedes eorum ad effundendum 1 3 11
possit ueri simile tantam uim habere quam ueritas. oleaster sua infelix et amarus est in natura; sed cum fuerit peritissimi agricolae artificis manu 1 2 27
et ab omnibus, quasi non sit, arguitur; accusatur et tamen colitur; iugulat et amatur. inuincibile profecto calamitatis est genus, cui subiugata 2 1 8
quod in mundo est, concupiscentia carnis est et concupiscentia oculorum et ambitio saeculi. his enim auctoribus concipitur, his ducibus geritur, his 2 9 5
quod in mundo est, concupiscentia carnis est et concupiscentia oculorum et ambitio saeculi, quae non est a patre, sed ex concupiscentia saeculi. et 2 4 12
quod in mundo est, concupiscentia carnis est et concupiscentia oculorum et ambitio saeculi, quae non est a patre, sed ex concupiscentia mundi. per 1 36 27
quid dominus deus tuus postulat a te, nisi ut timeas dominum deum tuum et ambules in omnibus uiis eius et diligas eum et custodias praecepta eius 2 2 4
officium, ipso dicente: *amen dico uobis: uidebitis caelum apertum et angelos dei ascendentes et descendentes super filium hominis*, sicut et 1 37 13
claui aperire conabor, ut et prouidentiam dei et uim consociationis carnis et animae et hominis summum bonum ubinam sit constitutum, quiuis 2 4 3
umbra. sed et dominus ipse dicit: *quid prodest unicuique lucrari mundum et animae suae pati detrimentum?* i nunc, insatiabilis homo, et in 1 5 9
eius, qui eam uictimam postulauerat, contradicit: 'respice retro, dixit deus, et antequam respicias, parce.' ecce et meritum principale diuinam 1 43 6
ac refellendo consumit. sin uero, sicut necesse est, una est illa nobilis et antiqua, quae non dicam tractatu, sed ipsius natiuitate porro maior est 2 3 8
super aratrum aptus est regno dei; et iterum: *mementote uxoris Lot*. sed et apostolus sic: *quemadmodum reuertimini rursus ad ea, quae infirma et* 1 37 12
mugitibus alienis quaeritur lucrum et proscriptio industria uocitatur et appetitio rei alienae sub praetextu propriae defensionis ac diligentiae 2 1 17
ipse nos edocet: *eructuauit*, inquit, *cor meum uerbum bonum* et cetera, et apud Salomonem hactenus dicens: *ego ex ore altissimi prodiui ante* 2 8 2
idola gentium argentum et aurum. unde apparet eum, qui diligit aurum et argentum, non tantum deos colere, sed eorum mores et actus imitari. 1 14 4
enim explorationis temptamina porriguntur: exserit equidem ferrum et armata dextra subleuat manum, sed uox eius, qui eam uictimam 1 43 6
mirabili. Tobias peregrinus fluuialis piscis interanea diligenter accurat et assat. Iohannes camelarius deuote praecurrens de silua mel attulit et 1 24 3
gestit; *camelum* enim *glutiens culicem liquat*; reicit stillas criminum et auaritiae, unde criminum fluenta funduntur, ebibit fontem. huic non 1 5 4
scala rectissime positum, quia historia totius scripturae et propter ipsum et auctorem per ipsum impleta est. denique sic ad discipulos ait: *omnis* 1 37 8
nouerat Christum, cur dubitet Christianus, qui resurrectionem futuram et audit et sperat et repositam sibi praesumit de Christo? igitur primo 1 2 2
sumus. solum colitur, de quo dictum est: *idola gentium argentum et aurum*, pro quo quis aut iugulatur aut iugulat. uellem scire tamen, tanta 1 5 15
noscantur uniuersa eius mala, propheta dicente: *idola gentium argentum et aurum*. unde apparet eum, qui diligit aurum et argentum, non tantum 1 14 4
qui ait: *uirga tua et baculus tuus ipsa me consolata sunt*. uirga et baculus duo sunt utique testamenta, quae ideo materiae ligni sunt 1 37 8
qua dominus incumbebat, ex Dauid dicto cognoscimus, qui ait: *uirga tua et baculus tuus ipsa me consolata sunt*. uirga et baculus duo sunt utique 1 37 8
declarat exemplum, quod Psalmorum in libro sic habetur: *uirga tua et baculus tuus ipsa me consolata sunt. parasti in conspectu meo mensam* 1 13 10
ut eius auferat tunicam, libens illi pallium quoque concedit; maledicitur et benedicit; caeditur et gratias agit; iugulatur et non repugnat; pro 2 1 13
orbis fuerat, fratres, si omnes sic fierent parricidae. Iacob per patientiam et benedictionem lucratus est et fratrem. dat iracundiae locum, securus ut 1 4 16
tuo tuum pectus obtundet, tuam faciem deformabit praestans aliquando et beneficium, cum te iubet ad ecclesiam non uenire. sed multo peius est, 2 7 15
dulcedo medullitus exigatur sicque pretiosum fluentum a suis calcatoribus et bibitur et patris familias cellis uinariis infertur, ut melius ueterescendo 2 11 3
quia plus est quod geritur quam quod dicitur, ut et impudicitiae malum et bonum pudicitiae uno eodemque suggestu facillime possit agnosci. 1 1 15
multitudo processit et ad eremum dominus perduxit *manu forti et brachio excelso*. exaltatus est Israel, quando per triduum tenebrae et 1 61 7
quo etiam poeta sapientissimus praesagauit dicens: *igneus est ollis uigor et caelestis origo seminibus)*, scilicet spiritus sancti conceptione, insita fit 1 2 26
et terra, tamquam numquam aut caelum audierit aut terra, cum iussu dei et caelum obsecundetur et terra, quia caelum pluuias et fruges terra non 1 61 2
mortuorum, qui amore luxuriandi atque bibendi in infamibus locis lagenis et calicibus subito sibi martyres pepererunt, qui dies obseruant, qui 1 25 11
forti et brachio excelso. exaltatus est Israel, quando per triduum tenebrae et caligo totam Aegyptum circumdedit; exaltatus est Israel, quando tot et 1 61 7
est. exinanitum cornu iam non spirat unguenta. dies festos in luctum et cantica eius in lamentationem conuersa prophetae testantur. tauros, 1 19 2

ex ouibus et ex haedis, inter pecora non potest inueniri. dies festi eius et cantica secundum dei uocem in planctum et luctum illi profecerunt. 1 28 2
sciens, quia lites generant. seruum autem dei non oportet litigare, quia lis et caritatis est hostis et fidei; quas si quis amiserit, nec diuina ille profecto 2 3 18
Dauid regius pastor omnibus momentis lac argenteum subministrat et caseum. Zachaeus sine mora quadriplicata expungit apophoreta, deus et 1 24 3
fides nostra per dei requiratur iniuriam. quod futurum Salomon enuntiauit et cauendum quid sit his uerbis edocuit: *melior qui deficit sensu in timore* 2 3 12
sed dicet aliquis: 'etiam Maria uirgo et nupsit et peperit.' sit aliqua talis, et cedo! ceterum illa fuit uirgo post connubium, uirgo post conceptum, 2 7 4
dominus ipse nos edocet: *eructuauit*, inquit, *cor meum uerbum bonum* et cetera, et apud Salomonem hactenus dicens: *ego ex ore altissimi prodiui* 2 8 2
de quo Paulus ait: *qui accipit regnum, regnat et tradet deo et patri*, et cetera. quid hinc scandalum pateris, Christiane, ex tuaque natura 2 5 4
est et deputatum est illi ad iustitiam? cum igitur integer, sicut Enoc et ceteri, sit iustificatus et postea circumcisus, manifestum est 1 3 7
fraudator, quod est idolorum seruitus, non habent hereditatem in regno dei et Christi, ostendens unum esse regnum patris et filii. recte igitur patri 2 5 8
unum sane necessario proferemus exemplum, quod et Iudaei odiosum et Christiani sacrificium approbet deo gratum, apud Malachiam 1 25 7
locis fecit Paulus beatissimus mentionem, ratio uidetur esse reddenda, ut et Christianus ueritatem et Iudaeus suum cognoscat errorem. solet enim 1 3 1
dixit deus ad Iesum: fac tibi cultellos petrinos nimis acutos et adside et circumcide secundo filios Israel.' uideamus nunc ergo, fratres carissimi, 1 3 14
dicat: 'peccator ergo fuit Abraham, ut circumcideretur? an iustus et circumcidi non debuit?' Abraham, fratres, et uir iustus fuit et tamen 1 3 6
scriptum est per prophetam: *exsulta, sterilis, quae non pariebas, erumpe et clama, quae non parturis, quoniam multi filii desertae*. ecce enim, 1 59 3
sed quibus saeptus erat maestus ac tristis calamitatibus humanis! et clamat non uoce, sed corde, non clamore, sed fide, quam scit deum 1 34 3
neque enim potest de quoquam bene mereri, quem pater patientissimus et clementissimus abdicauerit, et quidem non accusatione, sed probatione 2 21
patris, nolite mihi credere; sed si mihi credere non uultis, factis credite et cognoscite, quoniam in me est pater et ego in illo. constat ergo aequale 1 45 3
patris, nolite mihi credere; sed si mihi credere non uultis, factis credite et cognoscite, quoniam in me est pater et ego in illo, dictum significatione 1 25 8
a dei cultura rapuit, dum blanda festiuitate facinorosorum et colenda crimina et imitanda persuadet. adeo uiris contra dei legem 1 1 12
diligis? frangit ac subigit illam quiuis dolor. an pulchritudinem? leuis et commutabilis res est et quae una febri uel qualibet facillime deleatur 2 4 15
quae non est a patre, sed ex concupiscentia saeculi. et mundus transibit et concupiscentia eius. qui autem fecerit uoluntatem dei, manet in 2 4 12
patris in illo, quoniam omne, quod in mundo est, concupiscentia carnis est et concupiscentia oculorum et ambitio saeculi, quae non est a patre, sed ex 2 4 12
patris in eo, quoniam omne, quod in mundo est, concupiscentia carnis est et concupiscentia oculorum et ambitio saeculi. his enim auctoribus 2 9 5
patris in illo, quoniam omne, quod in mundo est, concupiscentia carnis est et concupiscentia oculorum et ambitio saeculi, quae non est a patre, sed ex 1 36 27
homo enim adgressuram passus Adam esse cognoscitur, *latrones* diabolus et concupiscentia, *Samaritanus* dominus, cui Iudaei dicebant: *hic* 1 37 10
designatur, domino Iudaeos sic increpante: *uos de diabolo patre estis et concupiscentias patris uestri facere uultis), uestem uiduitatis deposuit*, id 1 13 8
illustrat hospitium ibidemque in homine includit deum. utitur et figura et condicione mortali. iustitiam docet inmortalitatis esse comparatricem. 2 4 7
dei, quae est in fide. definitio autem iussionis est caritas ex corde puro et conscientia bona ex fide simplici. igitur si dei seruus es, *stultas et* 2 3 17
ac fidei cum Christo in aeterna saecula permanebit per dominum et conseruatorem nostrum Iesum Christum, qui est benedictus cum spiritu 1 13 13
unanimes atque concordes salutaria celebrare mysteria, per dominum et conseruatorem nostrum Iesum Christum. 1 26
ad Israel loquitur dicens: *nouissimis diebus circumcidet deus cor tuum et cor seminis tui ad dominum deum tuum amandum.* hinc nunc uobis 1 3 13
ambitione, auaritia ardet in saeculo. quare utraque sunt uana, quia et cordis exaltatio nullos fructus inuenit et oculorum extollentia de alio in 2 9 5
o felix supplicium, quod incolumitate superante inmortalitas prosequitur et corona. 2 22
tu Christo apostolos glutinasti. tu cotidiana martyrum et mater es et corona. tu murus fidei, fructus spei, anima caritatis. tu specialiter 1 4 22
est caro: alia est hominis, alia iumenti, alia caro uolucrum, alia piscium. et corpora sunt caelestia, sunt et terrestria. itaque inmortalitatis semine (de 1 2 25
pudoris florem nulli legi subiecta fidei thesaurum custodi. esto sancta et corpore et spiritu, amore Christi ignem carnis exstingue, ut de 2 7 4
denudatam, conuexis manibus se tegere conantem, immo animi sui uitium et corporis demonstrantem, post multa adulteria spectaculo totius mundi 1 1 11
tau litterae prominens lignum. o res uere miranda! cotidie aedificatur et cotidie dedicatur; floribus perpetuis ac diuersis gemmis, lapidibus, 2 6 7
non tamen potestate, amore hominis sui, cuius formam fuerat subiturus et creaturam, ut angelus, homo, puer, sponsus, gigas, crucifixus, sepultus, 2 8 8
omnis caro funditus deleretur, denuntiante deo imminere per momenta et credit et timet arcamque, cum suis ut saluus foret, quam iussus est 1 4 12
duas acies, id est duo testamenta gerens, quorum regalibus monitis et creduli deuotique seruantur et increduli desertoresque puniuntur. hanc 1 37 2
in substantia resederat corporis, sed nihil tamen in utero negabatur infanti et, cuius aetas auiam testaretur, matrem partus ornauit, cum sub incerto 1 59 4
coli uel maxime cupiunt, sic se et alios perdiderunt. nam mutato nomine et cultu, quasi promota somniis, illas scholares calumnias dei usque ad 2 9 2
partus ornauit, cum sub incerto affectionis uocabulo pietas nutaret et, cum filium proferret uterus, nepotem senectus optaret. ita denique 1 59 4
deus qui uitam dederat imperabat. laetatur pater filio quoque gaudente et cum gaudio unici pignoris alligat manus, quas ille uinciendas libentius 1 43 5
Iacob puero suo et Israel dilecto sibi. post haec in terris uisus est et cum hominibus conuersatus est. qua in specie spiritu sancto loquente 2 8 6
interficit *hominem ueterem*, creat nouum, sacri gurgitis elemento sepelit. et cum omnium aquarum natura sit talis, ut, cum in profundum homines 2 10 2
sexum, omnes animas, omnes aetates isto carmine inuitans: *exiguum et cum taedio est tempus uitae nostrae et non est refrigerium in fine* 2 4 10
uidit, statim cadentis <securis> ictus neruorum connexa dissoluit et cunctas compage discussa iuncturas corporis rupit. exsilierunt exsectae 1 39 8
quattuor circumferunt euangelia. cuius quam uim habeat amictus et currus, his uerbis propheta testatur: *deus sicut ignis ueniet et sicut* 2 12 4
dominum deum tuum et ambules in omnibus uiis eius et diligas eum et custodias praecepta eius ex toto corde tuo et ex tota anima tua, ut 2 2 4
huius modi continetur: *si uis perfectus esse, uade et uende omnia tua et da pauperibus* et tolle crucem tuam *et ueni sequere me.* de hoc nescio 2 1 15
forceps duo testamenta, quae credentes tenent, non credentes incidunt. sed et Dauid hanc calamum nuncupauit, dicens: *lingua mea calamus scribae* 1 37 4
dexteram dei sedens. possumus et sic, fratres, intellegere: hoc de ministris et de angelis dictum, quos domino, cum esset in terris, fecisse inuenimus 1 37 13
mater esse, cum desinit. marcidae mammae lactis ubertatem ostendunt et de ieiuna aetate puer robustior saginatur. nihil difficile est fidei, quae 1 62 2
alieni, non suo, non alieno, non ipso orbe contenta. totum possidet et de inopia queritur semper. denique ad sua numquam peruenit uota. 1 5 2
dii estis et filii excelsi omnes, uos autem sicut homines moriemini. sed et de Iohanne Baptista sic dictum esse meminimus: *ecce mitto angelum* 1 37 11
eorum et iter pacis non cognouerunt; non est timor dei ante oculos eorum. et de ipsa circumcisione in symbolis inquit: *interrogabant et in uirgis suis* 1 3 11
et non audierunt; clamabunt ad me et non erit, qui exaudiat eos. similiter et de manibus dicit: *manus enim uestrae inquinatae sunt sanguine et digiti* 1 3 10
religiositate commercium, cum ad caeleste praemium populus accenditur et de martyris meritis non siletur. sed quis illustris martyrii palmiferam 1 39 1
diuinis praecinentibus obsecundando, in quibus aeternae fructus est uitae, et defenditur pariter et nutritur. ad iugum peruenit, cum praerogata omni 2 11 5
multi filii desertae. ecce enim, carissimi, in Sarra attractis aetate neruis et, deficiente sanguinis suco, arescentibus uenis, dura cum uisceribus cutis, 1 59 4
ad cuius immanis ausi saeuitiam metuenda elementorum forma mutatur et dei iniuriam prius prodit natura quam intellegat populus Iudaeorum. ab 1 59 9
est morsus; et gladius duas acies gerit, sed sunt unius corporis latera; et denarii sunt duo, sed una moneta signati; et scala duos scapos habet et 1 37 14
praecinctus exspectat, *quod unctui, quod tersui* opus est praebiturus, sed et denarium aureum triplicis numismatis unione signatum. gaudete itaque! 1 23
quod apostolos ad mirabilia facienda spiritus sanctus obumbrauit et texit. et denuo *caeli*, inquit, *enarrant gloriam dei*; et hic utique non tam caelos 1 61 3
est: inpatienter fraterni inuidus muneris in fratris Cain anhelat exitium et deo ante negotium parricida est; nec eius saltem coercentis uoce 1 4 9
necessario circumcisus. quid enim scriptura dicit? *Abraham credidit deo, et deputatum est illi ad iustitiam.* numquidnam dixit: Abraham circumcisus 1 3 6
dicit enim dominus: *omnia possibilia credenti*. unde *Abraham credidit deo et deputatum est illi ad iustitiam*; qui ideo iustus, quia fidelis; *iustus enim* 1 36 6
est illi ad iustitiam. numquidnam dixit: Abraham circumcisus est et deputatum est illi ad iustitiam? cum igitur integer, sicut Enoc et ceteri, 1 3 6
praedicationum medicaminibus curat. quod autem ait *angelos ascendentes et descendentes*, aliqui putant ascendentes esse angelos lucis, descendentes 1 37 11
more angelos homines iustos et iniustos generaliter dictos. sed ascendentes et descendentes qui sint, in exemplis agnoscimus. descendentes sunt, qui 1 37 12
amen dico uobis: uidebitis caelum apertum et angelos dei ascendentes et descendentes super filium hominis, sicut et factum est, euangelista 1 37 13
interroganti responde, bonumne amiseris maritum anne malum. si malum et desideras nubere, digna es, quam peior affligat; si bonum, fidei serua 2 7 6
exsulta, Christiane, et deum fortiter time, diaboli si uis incendia non timere. ecce pueri 2 15
non habent; si enim credimus, quia Iesus mortuus est et resurrexit, sic et deus eos, qui dormierunt in Iesum, adducit cum eo. nam et deus per 1 2 12
accipite: *in principio*, inquit, *erat uerbum et uerbum erat apud deum et deus erat uerbum; hoc erat in principio apud deum.* admirabilis gratia, 2 8 3
potest, tamen sibimet externa esse non potest. si enim uerbum in deo est et deus est uerbum et hoc est, in quo est, quod est ille, qui inest, duplex 2 8 4
sicut Iohannes dicit: *deus caritas est; qui manet in caritate, in deo manet et deus in illo manet* — , tunc demum, fratres, caritatem per semet ipsum 1 36 21
eius. qui autem fecerit uoluntatem dei, manet in aeternum, quomodo et deus manet in aeternum. sed dicit aliquis: 'si ita est, cur in se ipse 2 4 12
resurrexit, sic et deus eos, qui dormierunt in Iesum, adducit cum eo. nam et deus per Ezechielem prophetam loquitur dicens: *ecce ego aperio* 1 2 12
quod non est. hic est deus noster aeterni dei coaeternus filius. hic *et homo et deus*, quia *inter* patrem hominesque adstitit *medius*, probans 2 12 4
nubis columna per diem, eadem ignis quoque per noctem. finditur mare et dextra laeuaque in abruptum digestis aggeribus stupens unda solidatur. 2 26 1
uincitur, ut, quomodo homo in paradiso non cognouerat diabolum, sic et diabolus in saeculo non facile cognosceret Christum <...>. 1 60
igitur, Iudaee, uel sero erroris tui miserum dolendumque discrimen et dic nobis, utrum circumcisionem obserues an legem. si circumcisionem, 1 3 12
de manibus uestris? per alium adaeque prophetam spiritus sanctus clamat et dicit: *praecingite uos et plangite, sacerdotes; lugete omnes, qui deseruitis* 1 25 6
cessat unguentum. circumcisio uacuatur. sabbatum denotatur. neomeniae et dies festi odio habentur. potiuntur eorum Romani regno. nihil, ut 2 17
commodatio dedit, sed quam ei pepererint armati numero dies, menses et digiti. at plerumque cum sua sibi industria fenerator etiam ipse nudatur, 1 5 12
similiter et de manibus dicit: *manus enim uestrae inquinatae sunt sanguine et digiti uestri in peccatis. labia autem uestra locuta sunt facinus et* 1 3 10
dicens: *hoc est autem iudicium, quia lux uenit in hunc mundum et dilexerunt homines tenebras magis quam lucem*? ambiguos utique 1 35 4
a te, nisi ut timeas dominum deum tuum et ambules in omnibus uiis eius et diligas eum et custodias praecepta eius ex toto corde tuo et ex tota 2 2 4
et onerati estis et ego reficiam uos. tollite iugum meum super uos et discite a me, quia mitis sum et humilis corde, et inuenietis requiem 2 9 4
non timet, is est, qui deum non timet. adde quod lex partibus et discitur et docetur. adde quod tota nec intellegitur nec tenetur. adde 2 3 5
duo: unus dei, alter qui naturae sit; naturae in homine nascitur, dei autem et discitur et docetur, quia non in trepidatione, sed in doctrinae ratione 2 2 1
ne adoraueritis eos, ne quando incitetis me in operibus manuum uestrarum et disperdam uos. quae autem sint ista opera manus humanae, spiritus 1 25 4
peruerso saeculo contra laudabiles uiros multiformes tenduntur insidiae et diuersis calumniarum generibus factiosae emerserint causae, quid homo 1 40 1
festinant nec intelligunt, quia in exordio carminis sacri deus deo sua sibi et diuinitate et nomine comparatus omnes humani sensus opinationes 1 45 1

secunda, quam Moyses annuntiauerat, circumcisio. scriptum est enim: *et dixit deus ad Iesum: fac tibi cultellos petrinos nimis acutos et adside* 1 3 14
explanabis. denique hoc alibi manifestius ad omnes discipulos ait: *ite ergo et docete omnes gentes intingentes eos in nomine patris et filii et spiritus* 1 37 7
non timet, is est, qui deum non timet. adde quod lex partibus et discitur et docetur. adde quod tota nec intellegitur nec tenetur. adde quod a 2 3 5
alter qui naturae sit; naturae in homine nascitur, dei autem et discitur et docetur, quia non in trepidatione, sed in doctrinae ratione consistit, 2 2 1
audeam de iustitia disputare, de cuius proprietate excellentes ingenio et doctrina uiri nihil certi libris ingentibus prodiderunt. sed ego non 2 1 1
accepit illos et in tempore erit respectus illorum. iudicabunt nationes et dominabuntur populis et regnabit dominus illorum in perpetuum. quid 2 5 6
cum sanctis suis, *donec* uacuatis omni principatu et potestate et uirtute et dominatione *ponantur omnes inimici eius sub pedibus eius inimicaque* 2 5 7
se fecit, ut nos diuites faceret. Iob filios furens diabolus interemit; et domini filios prophetas insanus populus Pharisaeus occidit. Iob ulceribus 1 15 8
quibus sacrae orationis iste locus nouus et populus cotidie Christi dei et domini nostri prouidentia comparatur. hic labor noster illustris, haec 2 6 11
sequatur, synagoga compellit. Iob amici sui insultasse perhibentur; et domino sui sacerdotes, sui insultauere cultores. Iob in sterquilinio pleno 1 15 8
habitant in eo? Iob diabolus ter temptauit; similiter euangelista perhibente et dominum ter est temptare conatus. Iob facultates, quas habuit, amisit; et 1 15 8
peccatorum est sordibus obsoletatus. Iob uxor sua hortatur ut peccet; et dominum, ut corruptelam seniorum sequatur, synagoga compellit. Iob 1 15 8
et dominum ter est temptare conatus. Iob facultates, quas habuit, amisit; et dominus caelestia sua bona amore nostro neglexit pauperemque se fecit, 1 15 8
in sudore uultus tui edes panem tuum, donec reuertaris in terram. sed et dominus ex persona hominis, quem adsumpserat, ait: *tristis est anima* 1 2 31
ambitio contulit nobis? transierunt ista omnia tamquam umbra. sed et dominus ipse dicit: *quid prodest unicuique lucrari mundum et animae* 1 5 9
sicut scriptum est: *semel locutus est dominus et haec duo audiuimus.* sed et dominus ipse in euangelio hanc exprimit rationem dicens ad Petrum: 1 37 5
dicit: *proximus est deus contribulatis corde et humiles spiritu saluabit.* sed et dominus ipse nos pio promisso quid hortetur, accipite. *uenite*, inquit, 2 9 4
in oculis esse carnalibus uerum, sed in fide credentium constitutum. nam et dominus ista exempla confirmans uni ex latronibus in se credenti, qui 1 2 11
et caseum. Zachaeus sine mora quadriplicata expungit apophoreta, deus et dominus noster Iesus Christus dei filius dulcia, sicut prior, qui hoc 1 24 4
est, quo similiter, uerum tamen semel, amore hominis sui eius artifex deus et dominus noster occidit et exortus est rursum, numquam sane repetiturus 2 19 2
prophetas insanus populus Pharisaeus occidit. Iob ulceribus maculatus est; et dominus sumendo carnem totius humani generis peccatorum est 1 15 8
alteris, ut uerbum dei audire debeant, dicitur, Israel sic reprobus inuenitur et, dum clamat propheta *audi caelum et terra*, significat, quod illi audire 1 61 1
sicut et factum est, euangelista dicente: *tunc reliquit eum diabolus et ecce angeli accesserunt et ministrabant ei.* unde dubium non est unum 1 37 13
et futura repellat. Thamar arguitur, quod de fornicatione conceperit; et ecclesia quasi legis adultera Iudaeorum est a senioribus accusata, quod 1 13 12
edes ex ea omnibus diebus uitae tuae; spinas et tribulos eiciet tibi et edes pabulum agri; in sudore uultus tui edes panem tuum, donec 1 2 30
Ezechielem prophetam loquitur dicens: *ecce ego aperio monumenta uestra et educam uos de monumentis uestris et inducam uos in terram Israel;* 1 2 12
patri, cuius aetas in annis uergentibus in occasus sui terminum uersabatur et educationis tempus angustum et senectuti exitus iam uicinus. ecce prima 1 43 1
et apostolus sic: *quemadmodum reuertimini rursus ad ea, quae infirma et egena sunt elementa?* ascendentes uero sunt iusti, qui probis moribus per 1 37 12
uirtutem; quem cupidum semper horrueris, stupeas passim in pauperes et egenos sua bona uniuersa fundentem; postremo quem noueris idolatriae 2 29 3
fugienda cognoscat. 'ore tuo te, inquit, Christiane uicisti. inde est, quod et ego aeternam uitam me possidere contendo, quia specialiter anxiam 1 3 8
credere non uultis, factis credite et cognoscite, quoniam in me est pater et ego in illo. constat ergo aequale esse, quod inuicem se capit cum spiritu 1 45 3
credere non uultis, factis credite et cognoscite, quoniam in me est pater et ego in illo, dictum significatione unica maiestatis et affectu indiuiduo 1 25 8
quid hortetur, accipite. *uenite*, inquit, *qui laboratis et onerati estis et ego reficiam uos. tollite iugum meum super uos et discite a me, quia* 2 9 4
quemadmodum portauimus imaginem eius, qui de limo est, portemus et eius imaginem, qui de caelo est. quam qui sancte portauerint, sicut 2 30 4
sedens super asinum nouellum, et iterum: *tollite portas principis uestri et eleuamini, portae aeternales, et introibit rex gloriae*, et iterum magi: *ubi* 2 5 2
doctis quispiam <in> cachinnos erumpat, quod homo imperitissimus et elinguis aliquid audeam de iustitia disputare, de cuius proprietate 2 1 1
philosophi de anima uaria disserunt, sed tamen hanc esse inmortalem <et> Epicuri, Dicaearchi Democritique uanitatem argumentatione manifesta 1 2 4
totum refudit in patrem, ex quo omnia. *et inuoca me in tribulatione tua et eripiam te* dicendo ostendit, quoniam per se omnia prosecutus est. *et* 1 25 8
laudis et redde altissimo uota tua et inuoca me in tribulatione tua et eripiam te et magnificabis me. si pater loquitur, fratres, quis est iste, cui 1 25 1
reformari quod fuerit quam institui quod ante non fuit; quod si non fuit et est, multo magis poterit esse quod fuit, quippe cum illius potentissimi 1 2 16
derelictum nec semen eius quaerens panem; et iterum: *diuites eguerunt et esurierunt, requirentes autem dominum non minuentur omnibus bonis.* 2 1 20
terga, quibus uiator trepidus absorbebatur, et perambularet pariter et euaderet. clamat de profundis et Paulus obrutus calamitatibus beatis, 1 34 3
integritas mutiletur, ne ingruentium peccatorum rursum, sicut Adae et Euae spiritale praeputium, male repetita nuditas condemnetur, ne nouus 1 3 24
lapis est nuncupatus. scala autem duo testamenta significat, quae et euangelicis intexta praeceptis credentes homines uoluntatemque dei 1 37 1
homini per hominem, *quem gerebat, et spem uincendae mortis offerret et* eum *ad praemia inmortalitatis admitteret.* sicque factum est, ut, 2 4 7
homines susceperit uiuos, euomat mortuos, aqua nostra suscipit mortuos et euomit uiuos, ex animalibus ueros homines factos, ex hominibus in 2 10 2
suo nomine deleta est. agnus salutaris, qui designatur *ex ouibus et ex haedis*, inter pecora non potest inueniri. dies festi eius et cantica 1 28 2
uiis eius et diligas eum et custodias praecepta eius ex toto corde tuo et ex tota anima tua, ut bene sit tibi? uidetisne hunc timorem nobis 2 2 4
praeceptum, sic ait dicens: *diliges dominum deum tuum ex toto corde tuo et ex tota anima tua et ex tota uirtute tua; et secundum simile huic:* 1 36 17
diliges dominum deum tuum ex toto corde tuo et ex tota anima tua et ex tota uirtute tua; et secundum simile huic: diliges proximum tuum 1 36 17
ritus abiecit. *aestiualia induit*: aestiua uestis, fratres, et munda est et exacta, cum qua facile et opus fieri possit et tolerari ardor aestatis, id 1 13 8
dominus esset ab apostolis et gentibus audiendus. *filios*, inquit, *genui et exaltaui*. haec domini uox est, qua iam tunc per prophetam Iudaeos 1 61 5
enim dei est scire transacta et nosse uentura. *filios*, inquit, *genui et exaltaui*. infinita Iudaei infidelitate sua apud dominum nostrum odia 1 61 5
caelum, et percipe auribus, terra, quoniam dominus locutus est: filios genui et exaltaui, ipsi autem me spreuerunt. grandem Iudaicae gentis offensam 1 61 1
dixisse quam dulce est! talem patrem laesisse quam turpe! *filios genui et exaltaui*: utique filios Israel dominus genuit, qui Abraham, unde 1 61 7
transgressionem praecepti dei persuadendo miserabiliter iugulauit et exinde hereditaria condicione confectum uniformiter interibat omne 2 4 5
agit; iugulatur et non repugnat; pro percussoribus suis deum insuper et exorat. una illi sola principalis sollicitudo ac maxima est cautio, ne quid 2 1 13
semel, amore hominis sui eius artifex deus et dominus noster occidit et exortus est rursum, numquam sane repetiturus occasum. hic, inquam, 2 19 2
finis! ascensurus altitudinem caeli corporis sui inpedimenta praemittit et exsequiis funeris ipse praecedit. cui haec est conparanda confessio? 1 39 9
spinis. circumcidite praeputium cordis uestri, ne exeat sicut ignis ira mea et exurat et non sit qui exstinguat. uidetis ergo, fratres, quia huius modi 1 3 12
paenitentia deum sibi propitium reddiderunt. quod et nos et fecimus et facere plerumque debemus, ut et praesentis temporis temptationes et 1 34 9
noscat et rationem, eius non potest nosse ueritatem. haec enim res et fecit et facit, ut Iudaeus et Iudaeo deterior Christianus dei filium deum esse non 1 25 1
Christi imaginem praeferebat, qui uerus omnium saluator esse cognoscitur et factis et nomine. hic enim, quia ipse dictus est etiam petra, recte 1 3 16
et angelos dei ascendentes et descendentes super filium hominis, sicut et factum est, euangelista dicente: *tunc reliquit eum diabolus et ecce angeli* 1 37 13
ac libidinibus homines, qui ueri sunt uermes. Iob et sanitatem recepit et facultatem; at dominus resurgens non sanitatem tantum, sed 1 15 9
panis mentibus possit expelli. sed dum bellum duri certaminis geritur et familia domini caelo spectante probatur, Archadius beatissimus martyr 1 39 3
est ante nos, dicit: *quam dulcia faucibus meis eloquia tua super mel et fauum ori meo!* haec, fratres, si quis libenter crediderit, largiores adhuc 1 24 4
celebrata paenitentia deum sibi propitium reddiderunt. quod et nos et fecimus et facere plerumque debemus, ut et praesentis temporis 1 34 9
habet in homine? ergo ubi purum deum significat, sic dicit in Genesi: *et fecit deus hominem ad imaginem et similitudinem dei*, et in Psalmis: 2 5 2
noscat et rationem, eius non potest nosse ueritatem. haec enim res et fecit et facit, ut Iudaeus et Iudaeo deterior Christianus dei filium deum 1 25 1
quod deus ait: *faciamus hominem ad imaginem et similitudinem nostram (et fecit*, inquit, *deus hominem ad imaginem et similitudinem dei)*, et alio 1 27 2
quod deus ait: *faciamus hominem ad imaginem et similitudinem nostram (et fecit*, inquit, *deus hominem ad imaginem et similitudinem dei*), et alio 2 30 2
non sanguinis, sed salutis. ad hanc igitur gloriam tardi partus ubertas et fecunditas desperata profertur. uxor Abrahae fetus nescia, cum 1 59 2
germinantibus pratis, messibus flauis, uitibus curuis, semipallidis oliuis et felicitatem praestat et gratiam, cum [in] uniuscuiusque temporis fetus 1 4 6
seruum autem dei non oportet litigare, quia lis et caritatis est hostis et fidei; quas si quis amiserit, nec diuina ille profecto nec humana 2 3 18
nihil interest, fratres, quia, etsi pauper sum, tamen frontem meam tueor et fidem meam noui. certe si quid sciunt, dicant operarii, qui mecum sunt. 1 41 3
sicut euidens testatur exemplum. Iudas Scariothes traditor domini et spem et fidem perdidit, quia caritas in ipso non mansit. nam et haereses et 1 36 19
uera, ut deo fideliter seruiat, in solo ipso fiduciam gerat, a fidelitate et fiducia fidelem se uocari cognoscat, inculpatis moribus uiuat, conscientia 2 3 19
uirginalis illustrat hospitium ibidemque in homine includit deum. utitur et figura et condicione mortali. iustitiam docet inmortalitatis esse 2 4 7
unam substantiam, uirtutem, deitatem, maiestatem uoluntatemque patris et filii contestans; duas acies, id est duo testamenta gerens, quorum 1 37 2
uere caeca, quae cum in lege, ut dicere solet, sua legat ubique duas patris et filii designari personas, tamen nunc usque contendit deum filium non 2 8 1
ait: *ite ergo et docete omnes gentes intingentes eos in nomine patris et filii et spiritus sancti, docentes eos seruare omnia quaecumque praecepi* 1 37 7
numeri ab imminenti supplicio; ecclesia ipsa ueritate, in nomine patris et filii et spiritus sancti, non tantum diaboli praesentes ignes exstinguit, sed 1 13 13
appellatos, quibus dominus sanctum per spiritum dicit: *ego dixi: dii estis et filii excelsi omnes, uos autem sicut homines moriemini.* sed et de 1 37 11
ad communia humanitatis nomina, quae possunt argumentis attingi, patris et filii festinant nec intelligunt, quia in exordio carminis sacri deus deo sua 1 45 1
putant, dispositioni subiaceat. remotis enim paulisper nominibus patris et filii non potest nosse, uter patiatur iniuriam, nisi quod ambo patiuntur, 1 54 1
hereditatem in regno dei et Christi, ostendens unum esse regnum patris et filii. recte igitur patri tradet regnum qui dixit in monitis *regnum* non 2 5 8
possis, permitteris edocere. prima itaque natiuitas domini nostri in patris et filii tantum conscientia manet, nec quicquam habet interiectum neque 1 54 2
regno. accedit, quod oramus cotidie, ut *adueniat regnum* patris, speramus et filii. uacat ergo praesentis temporis regimen utroque cessante actumque 2 5 5
commutata: cum tanta laetitia arietem obtulit, cum quanta obtulerat et filium; ubi enim fides fuit, non erat dolor. in illo sacrificio solus deus 1 43 7
et iterum: *pater, omnia mea tua sunt et tua omnia mea*, quia pater in filio et filius manet in patre; cui affectu, non condicione, caritate, non 2 5 9
quod habeat perditurus, cum et pater quod accepturus est habeat et filius non careat quod daturus. totum pater, totum possidet filius; unius 2 5 9
laticem, domino dicente: *me dereliquerunt fontem aquae uiuae et foderunt sibi lacus detritos, qui non possunt aquam portare*. postremo 1 18 2
duo, sed testator est unus; et scribens canna diuisa est, sed unus calamus; et forfex in duos producitur cultros, sed eorum unus est morsus; et gladius 1 37 14
eris; unum tamen scio, quia nihil distat a prodigio, quisquis alterius causa et formam mutat et mores. sed dicis: 'ardor me tenerae compellit aetatis.' 2 7 8
interrogabant et in uirgis suis annuntiabant; spiritu meretricio seducti sunt et fornicati sunt a deo suo. agnosce igitur, Iudaee, uel sero erroris tui 1 3 11
ac redarguens confutabit, Salomone dicente: *altiora te ne quaesieris et fortiora te ne scrutatus sis. quae praecepit tibi deus, illa cogita* 2 3 16

sic fierent parricidae. Iacob per patientiam et benedictionem lucratus est et fratrem. dat iracundiae locum, securus ut redeat; domum patri 1 4 16
domini consultor, constanter edicit: *si quis dixerit, quoniam diligo deum, et fratrem suum odit, mendax est; qui enim non diligit fratrem suum,* 1 36 23
terra, cum iussu dei et caelum obsecundetur et terra, quia caelum pluuias et fruges terra non denegat! sed quia haec prophetia nouissimis erat 1 61 2
adpropinquare iam cursus aduerterent, procul dubio et praesentia odissent et futura credidissent pariterque metuissent. nemo est enim tam uel ab 1 2 1
Christi amica, spiritus sancti conuiua. huic et praesentia subiacent et futura: ista quia contemnit, illa quia sua esse praesumit; nec spes timet, 1 36 5
sit iustus, nisi exomologesin faciens et praesentia sua peccata exstinguat et futura repellat. Thamar arguitur, quod de fornicatione conceperit; et 1 13 12
et facere plerumque debemus, ut et praesentis temporis temptationes et futuri iudicii poenas euadere mereamur per Iesum Christum. 1 34 9
iam parabat. a filio ad agnum transtulit dextram semper laetatus et gaudens nec mutatus est uultus eius, cum esset uictima commutata: cum 1 43 7
qui in humanis sensibus uersari consueuit? in tantis filii casibus laetatur et gaudet et se dominum promeruisse triumphat. accepit iam praemia, 1 43 6
deuotissimus Abraham nec dolor patri lacrimas persuasit, sed exsultat et gaudet. nec timuit, ne parricidium ei inputaretur, sed magis ut deuotioni 1 43 4
sacraeque arboris pomum male dulce delibauit, lacrimas repperit, dolores et gemitus, *spinas et tribulos* sibimet comparauit ultimoque *sudore* turbatus 1 4 8
quibusdam, ne peruersa doctrina uterentur neque adtenderent fabulis et genealogiis, quae sine fine sunt, quae magis quaestiones praestant quam 2 3 17
desperatus parentibus, sed deo promittente susceptus in transacta aetate et generantis genitalis flore consumpto non tam ex parentibus quam diuina 1 59 1
plangis? pro nefas! hinc mater scissa ueste, laniatis crinibus, laniatis et genis, totum crebris ictibus liuida pectus gentili uanitate circa amissi 1 2 13
mare autem mundus est iste tumidus; fluctus eius Iudaeorum populos et *gentes* accipimus, qui aduersus deum inaniter *fremuerunt*. sors Ionam 1 34 8
solis sacerdotum dei structura et propria est et perennis, qua et Iudaeos et gentes uel ceteros antecedimus. incomparabilis autem gloria ac uere deo 2 6 4
terra, quod Iudaeis non audientibus Christus dominus esset ab apostolis et gentibus audiendus. *filios*, inquit, *genui et exaltaui*. haec domini uox 1 61 4
quem necessario uno sequuntur duo Pisces in signo, id est duo ex Iudaeis et gentibus populi baptismatis aqua uiuentes, in unum populum Christi 1 38 7
tantum habet, quantum credit. igitur Isaac unicus filius, spes populorum et gentium, origo tot rerum, cari genitoris amplexibus inhaerebat. 1 62 3
ac delectabili luculentae orationis compta mendacio, armata uocis tuba et gladio linguae omnes actus ad se trahit, congregat turbas, contionatur. 2 1 6
excuset. nunc seuera, nunc blanda demonstrat praemium, demonstrat et gladium, unicuique, quod elegerit, tributura et ut iure possit implere, 2 3 3
calamus; et forfex in duos producitur cultros, sed eorum unus est morsus; et gladius duas acies gerit, sed sunt unius corporis latera; et denarii sunt 1 37 14
subiacere compellis, scriptum quippe cum noueris: *omnis caro fenum et gloria eius sicut flos feni*? cuius si curam geris, pecuinam te esse 2 4 15
et denarii sunt duo, sed una moneta signati; et scala duos scapos habet et gradus plurimos, sed eius ascensus est unus. gradus autem eius, fratres 1 37 14
utrisque propria, nulli priuata. etenim damnum patientur ubertatis et gratiae, si adimatur, quod uno eodemque aestu alterum ex altero 1 7 4
messibus flauis, uitibus curuis, semipallidis oliuis et felicitatem praestat et gratiam, cum [in] uniuscuiusque temporis fetus partu crudo in alterius 1 4 6
libens illi pallium quoque concedit; maledicitur et benedicit; caeditur et gratias agit; iugulatur et non repugnat; pro percussoribus suis deum 2 1 13
in Christo, tantique prouentus redditu ditati deo patri omnipotenti laudes et gratias referamus. qui zizania, lolium, lappas, tribulos in laeta frumenta 1 41 1
contra omni reatu iam liberi mundi estis infantes et, quod est admirabile et gratum, subito uno momento facti aetatibus diuersis aequaeui. sed 1 38 1
idolatriae deseruientes, mundanis uoluptatibus conpediti, libidini uacantes et gutturi, longae nocti, id est aeternae morti, sunt a deo, quod opus 1 33 2
fide scientes, quoniam, quantum quis crediderit, tantum beatitudinis et habebit. o admirabilis et uere diuina sacrosancta dignatio, in qua quae 1 55
ista, et non ambigua, in uobis renitet assertio; deum enim patrem uos et habere et possidere monstratis, cum pudicitiam, in qua deus habitat, 1 1 4
uetus perhibet testimonium, sicut scriptum est: *semel locutus est dominus et haec duo audiuimus*. sed et dominus ipse in euangelio hanc exprimit 1 37 4
totius mundi quoque prostituit. non opus est ire per singula; quamuis et haec non fuerint dictu digna, tamen ad exprimendam uim impudicitiae 1 1 12
nostra. ubique relinquamus signa laetitiae, quoniam haec est pars nostra et haec sors. illinc spiritus, quasi quidam dux peritissimus, horum omnium 2 4 10
celebrare, agnus requirendus est tibi, sicut praeceptum est, *ex agnis et haedis* discordi natura commissus, quem in gregibus pecunis ipsi tui 2 20 1
uitio, quem inuenerant, perdiderunt. quem scriptura designabat *ex ouibus et haedis*: *ex haedis* utique propter peccatricis indumentum carnis, *ex* 1 46a 2
domini et spem et fidem perdidit, quia caritas in ipso non mansit. nam et haereses et schismata sic disseminantur, cum inflata fides ac spes 1 36 19
sanctus obumbrauit et texit. et denuo *caeli*, inquit, *enarrant gloriam dei*; et hic utique non tam caelos loqui dicit, quos loquentes nullus audiuit, sed 1 61 3
holocaustomatis arietum et pinguamine agnorum. sanguinem taurorum et hircorum nolo; quis enim exquisiuit ista de manibus uestris? per alium 1 25 6
hominem, qui factus sit *ad imaginem et similitudinem dei*, posse iugulari, et hoc a fratre. erubescit rudis terra pio sanguine impiata. solus Cain 1 4 9
externa esse non potest. si enim uerbum in deo est et deus est uerbum et hoc est, in quo est, quod est ille, qui inest, duplex persona, duplex 2 8 4
ne credentes salui fiant. terra uero hominem idolumque significat, quia et *hominem deus de terra finxit* et homo idolum de terra composuit. *semen* 1 13 6
qui non esset a Iudaeorum populis audiendus, quod eum apostoli essent et homines ex gentibus audituri, et ideo ait: *audi caelum et terra*. caelos 1 61 2
ei. unde dubium non est unum esse iter aerii culminis angelis lucis et hominibus iustis. haec igitur omnia combinata unius fructus rediguntur 1 37 13
utinam posset tam facile non amari! est enim artifex ac dulce malum et hominibus uniuersis semper infestum. denique non habentibus diuitias 1 14 1
erunt. magnum consequere beneficium, si deo uiuas puris moribus libera et hominis non sis ancilla. at tu, uidua, secundas cur desideras nuptias, 2 7 4
conabor, ut et prouidentiam dei et uim consociationis carnis et animae et hominis summum bonum ubinam sit constitutum, quiuis facillime possit 2 4 3
hominem susceptum iacet, magis admirabilior, quia tantus est et talis. et homo curiosus cor suum extollit conaturque eius comprehendere 2 9 4
conuersatus est. qua in specie spiritu sancto loquente noscamus: *et homo est*, inquit, *et quis cognoscit eum?*. si ita est, quomodo ergo posset 2 8 6
esse quod non est. hic est deus noster aeterni dei coaeternus filius. hic *et homo et deus*, quia *inter* patrem hominesque adstitit *medius*, probans 2 12 4
uero hominem idolumque significat, quia et *hominem deus de terra finxit* et homo idolum de terra composuit. *semen* ergo *suum fudit in terram*, hoc 1 13 6
est dominus, qui ei deinceps nihil futuro paradisum repromisit. sed et homo ipse, quem dominus assumpserat, perit, si Iesus non resurrexit. at 1 2 11
sua queritur, qui se potest facillime uindicare. sed quia apud sapientes et honestos grauius est aliqua nota confundi quam mori, deus Iudaicum 1 20
splendore uestitus post calumniosam damnationem et liberatus a deo est et honoratus. denique rex iure secundus factus est regni, qui insignis rex 1 1 16
sua sponte reus, ut fiat innocens, confitetur. pretiosa res est, fratres, quae et honorem praestat et praemium. o liberatoris nostri profunda 1 42 2
quare, fratres, propter quod facti et nati sumus, timeamus, amemus et honorificemus quem inuenimus deum. sane quaerant illum, qui eum non 1 56 3
adgressuram hominem passum latrocinio diaboli angelorumque eius et huius mundi in *stabulo*, id est in ecclesia, quo pecora diuina succedunt, 1 37 10
merito mereri, scriptura quod dicit: *proximus est deus contribulatis corde et humiles spiritu saluabit*. sed et dominus ipse nos pio promisso quid 2 9 3
uos. tollite iugum meum super uos et discite a me, quia mitis sum et humilis corde, et inuenietis requiem animabus uestris. deus noster, 2 9 4
consilio. Archadius beatissimus martyr adhuc demoratur in saeculo et iam martyr recitatur in caelo. 1 39 9
sicut sacra scriptura testatur, erat ante omnia manens unus et idem alter ex semet ipso in semet ipsum deus, secreti sui solus conscius; 1 50
audiendus, quod eum apostoli essent et homines ex gentibus audituri, et ideo ait: *audi caelum et terra*. caelos autem apostolos esse claro 1 61 2
sit bonum ac malum *nescit* nec potest quid reprobet scire, quid teneat, *et ideo semper peccat*, quod est iustitiae contrarium. *iustus autem ab omni* 2 1 9
semen ergo *suum fudit in terram*, hoc est dei mandata neglexit et idolis profudit. propter quod a deo similiter etiam ipse praesentem 1 13 6
precabuntur, quoniam in te deus est et non est deus alius praeter te. sed et Ieremias eodem spiritu loquitur dicens: *hic est deus noster et non* 2 8 6
properate, properate bene loturi, fratres! aqua uiua spiritu sancto et igne dulcissimo temperata blando murmure iam uos inuitat. iam 1 23
ueritatem ratio protestatur. qui nunc in se credentes *baptizat spiritu sancto et igni*, ipse tunc quoque numero suae adfuit trinitatis. denique rem 2 27
columna uiam demonstrans Christus est dominus. quod duplicem nubis et ignis imaginem gerit, iudicia duo designat: unum aquae, quod gestum 2 26 2
eripiat, cotidie litigatis. non hi solum, qui tales sunt, displicent deo, sed et illi, qui per sepulcra discurrunt, qui foetorosis prandia cadaueribus 1 25 11
non est, quod cum gentibus uel Iudaeis potest esse commune; nam et illi, si liceat uel si uelint, fortassis cultius synagogas aedificent, cultius 2 6 1
uera dicenda sunt, exsecraris in simulacris, colis in penetralibus tuis. nam et illic aureis argenteisque innumerabilibus ueluti templis tereti moneta 1 14 5
dum blanda festiuitate facinorosa facinorosorum et colenda crimina et imitanda persuadet. adeo uiris contra dei legem deique iustitiam 1 1 12
in montem, cum de patre quaereret, ubi esset uictima quam disponeret et immolaret, securus de fide generis sui pater filio, de quo non dubitabat, 1 43 5
omnes, qui deseruitis altari, quoniam ablata est de domo dei uestri hostia et immolatio. multa sunt, quae dici possunt, sed satis otiosum est in his 1 25 6
suadenti succumbit, non amicis insultantibus cedit, sed uictor crudelitatis et impietatis in sterquilinio foetido scaturiente uermibus, quasi nihil passus, 1 15 6
uel maxime necessaria, quia plus est quod geritur quam quod dicitur, ut et impudicitiae malum et bonum pudicitiae uno eodemque suggestu 1 1 15
inhonestas sibimet redimunt libidinum merces, non aduertentes esse infelix et impudicum quicquid legitimum fuerit extra coniugium; Christiano enim, 1 1 14
ex tarditate dulcior, ex desperatione felicior putabatur. unicus numero et in amoris soliditate iam primus totum <paternae ac> maternae pietatis 1 59 5
dominus autem manet benedictus in aeternum ante saecula et a saeculis et in cuncta saecula saeculorum. 1 15 9
mundum et animae suae pati detrimentum? i nunc, insatiabilis homo, et in detestabilis congestionis lucra letifera etiam ipsa elementa nouis 1 5 10
declarat dicens: *omnes dii gentium daemonia; dominus autem caelos fecit*; et in Deuteronomio: *sacrificauerunt daemoniis et non deo*. ac ne quis 1 25 5
diceretur, hic est, inquam, qui *in omnibus omnia est*, quoniam per ipsum et in ipso sunt omnia. nec uos moueat, fratres, saecularis ac uere puerilis 2 8 8
redderetur. denique comparationem salutaria gesta confirmant, quae et in nobis manent. ut est, fratres, Nineuitis nuntiatus interitus, credunt et 1 34 9
a solis ortu usque in occasum clarificatum est nomen meum apud gentes, et in omni loco odores incensi offeruntur nomini meo et sacrificium 1 25 7
Christum, qui est benedictus cum spiritu sancto ante saecula et in saeculis et in omnia saecula saeculorum. 1 13 13
sortita est, quia, sicut in Isaac aliud offertur et aliud immolatur, ita et in passione Christi quod per Adam deliquerat, per Christum liberatur. 1 59 9
hominibus tormenta passi fuerint, spes eorum immortalitatis plena est; et in paucis uexati in multis bene disponentur, quoniam deus temptauit illos 2 5 6
fortiora te ne scrutatus sis. quae praecepit tibi deus, illa cogita semper et in plurimis operibus illorum non eris curiosus; multos enim seduxit 2 3 16
dicit in Genesi: *et fecit deus hominem ad imaginem et similitudinem dei*, et in Psalmis: *deus autem rex noster ante saecula operatus est salutem in* 2 5 2
Iesum Christum, qui est benedictus cum spiritu sancto ante saecula et in saeculis et in omnia saecula saeculorum. 1 13 13
et tui erunt serui et sequentur te alligati compedibus et adorabunt te et in te precabuntur, quoniam in te deus est et non est deus alius praeter 2 8 5
aurum in fornace probauit illos et quasi holocaustomata accepit illos et in tempore erit respectus illorum. iudicabunt nationes et dominabuntur 2 5 6
post multorum obitus populorum. hic est, cui *data est potestas in caelo et in terra*, nomini eius noua a deo suo, ipso dicente: *ego te clarificaui in* 2 5 4
exitus iam uicinus. ecce prima deuotio: libenter excipere quod sero datur et in tristissima senectute suscepta sollicitudinis mole gaudere; nam et risit 1 43 2
operibus illorum non eris curiosus; multos enim seduxit suspicio illorum et in uanitate detinuit sensus illorum. similiter Paulus curioso rescribit 2 3 16
oculos eorum. et de ipsa circumcisione in symbolis inquit: *interrogabant et in uirgis suis annuntiabant; spiritu meretricio seducti sunt et fornicati* 1 3 11

adsumit. namque requiescit libens florentissimo in domicilio castitatis et in uisceribus sacrae uirginis comparat sibi corpus suo iudicio nasciturus. 2 12 1
martyris uiduatur. numerent martyria, qui possunt numerare supplicia, et in uno corpore quantum diabolus publicatus est furere, tantum 1 39 9
ministris? at si descrete fiunt ista, nihil prodest. ex uno enim proficiscendo et in unum remeando si non confusione, uel errore fiunt una. quid, quod 2 7 14
diuini operis perennis ista laudatio. exsultate, pauperes [spiritu]: per uos et in uobis dei maior est domus; nam et omnibus aequales estis et 2 6 10
quia renatus per aquam et spiritum sanctum desinit esse, quod fuerat, et incipit esse, quod non erat. sequitur, quod uiduitatis uestem rursus 1 13 12
qui audiunt, timent; qui incenderant, ardent; qui incensi sunt, sanctificati et incolumes de camino procedunt per dominum nostrum Iesum Christum. 1 22 2
lucis, descendentes uero angelos tenebrarum. sed hoc satis absurdum esse et inconueniens, fratres carissimi, aduerto, quia neque refugae descendunt, 1 37 11
gerens, quorum regalibus monitis et creduli deuotique seruantur et increduli desertoresque puniuntur. hanc Esaias in modum forcipis uidit; 1 37 2
non timet orbitatem. haec eorundem blanditiis uernantibus pascitur et incrementis adolescentibus cotidie delectatur; at illa aegra fastidio 2 7 3
ecce ego aperio monumenta uestra et educam uos de monumentis uestris et inducam uos in terram Israel; dabo spiritum meum in uos et uiuetis. 1 2 12
inuenietis requiem animabus uestris. deus noster, fratres, humilis corde est et ineffabilis eius illa sapientiae ac uirtutis potestas intra hominem 2 9 4
puro et conscientia bona ex fide simplici. igitur si dei seruus es, *stultas et ineruditas quaestiones euita sciens, quia lites generant. seruum autem dei* 2 3 18
impastae feritatis grassatione turbabat. indixerat in homine deo bellum et infaustae superstitionis busto in nefas conscium toto mundo funereum 1 39 2
ille constat ornatus. 'filios, inquit, habeo, quos nudare non debeo.' ista et infidelitatis est excusatio, quam spiritus sanctus per prophetam retundit 2 1 20
et loquar, Israel, et testificabor tibi, quoniam deus, deus tuus ego sum; et infra: *meus est orbis terrae et plenitudo eius. numquid manducabo carnes* 1 25 1
non est reuersio finis nostrae, quoniam consignata est et nemo reuertitur; et infra: *uenite ergo, fruamur bonis, quae sunt, et utamur creatura* 2 4 10
de armato Golia Dauid inermi triumphos attulit; haec in Iob inter crebra et ingentia mala non desperauit; haec in Tobiae caecitate medica fuit; haec 1 36 8
uiam tuam. ergo manifestum est prophetiae more angelos homines iustos et iniustos generaliter dictos. sed ascendentes et descendentes qui sint, in 1 37 12
pueri, adolescentes, iuuenes, senes utriusque sexus, qui eratis rei, eratis et inmundi mundana natiuitate, contra omni reatu iam liberi mundi estis 1 38 1
quaecumque manducauerit de carne sacrificii salutaris, quod est domini, et inmunditia eius super ipsum est, peribit anima illa de populo suo. haec, 1 25 12
nemo doluit, nec quae genuerat mater. nemo plangit uiuas exsequias et innocentis hominis obsequium nemo ante fletibus rigat, ne pater 1 62 4
sacrum debemus accipere, qui uera sarmenta homines suscipit mortuos et inspiratos aqua caelesti mox efficit uiuos. lignum auxiliare, quo tenditur 2 11 4
misericordiam mereretur. uideamus, fratres dilectissimi, legis arcana et intellectum altius proferamus. Abraham sub lege non erat, sed legem 1 43 8
creaturam. cum haec ita sint, humanitas, te, uersuta, cognosce uel sero et intemperanti linguae silentii frenos impone. dementiae genus est 2 8 3
tota; tolle spem: artes uirtutesque uniuersae cessabunt; tolle spem, et interempta sunt omnia. quid facit ad litteratorem puer, si litterarum non 1 36 2
et iterum: *tollite portas principis uestri et eleuamini, portae aeternales, et introibit rex gloriae*, et iterum magi: *ubi est*, inquiunt, *qui natus est* 2 5 2
est tandem beatus Archadius ad exoptatum iustis orationibus locum, et intuens caelum stetit deo spectante securus. parauerat extensa futuris 1 39 7
iugum meum super uos et discite a me, quia mitis sum et humilis corde, et inuenietis requiem animabus uestris. deus noster, fratres, humilis corde 2 9 4
in paucis uexati in multis bene disponentur, quoniam deus temptauit illos et inuenit illos dignos se. tamquam aurum in fornace probauit illos et quasi 2 5 6
nos qui est occisus et uiuit, sepultus et resurrexit, homo aestimatus est et inuentus est deus gloriosus in saecula saeculorum. 1 46a 2
maturus, quia post ipsum non est ullus; hic *sempiternus*, quia occisus est et inuentus est uiuus; hic *immaculatus*, a peccato quia solus est mundus; 1 8 2
numerus liberorum et, quod est parentibus gratum, utriusque sexus et inuicem se amantium; quorum pro numero deo diurnas hostias 1 15 2
at cum diuina adiuratione in eculeo spiritali et qui sint nolentes edicant et inuiti discedant, procul dubio hoc sunt, quod sese esse unicuique 1 2 7
redde altissimo uota tua. honorem totum refudit in patrem, ex quo omnia. *et inuoca me in tribulatione tua et eripiam te* dicendo ostendit, quoniam 1 25 8
potabo? immola deo sacrificium laudis et redde altissimo uota tua et inuoca me in tribulatione tua et eripiam te et magnificabis me. si pater 1 25 1
hoc est quod est; quod uero homo definiendum putauerit, non est. nam et Iohannes apostolus in euangelio quid praedicet, fratres, accipite: *in* 2 8 3
leonibus obiectus in periculo prandet, qui solet extra periculum ieiunare. et Ionas timens dominum spontaneum non timet adire naufragium, ceto 2 2 5
ut pariat, sed non ea lege, qua uos matres uestrae pepererunt, quae et ipsae partus dolore gementes et uos plorantes, sordidos, pannis sordidis 1 32
anhelantis camini ignis exaestuans uicta natura sentiat per te tecum et ipse refrigerium; mortuorum in postliminium uitae animas reductas 2 3 14
magna igitur gloria est ornare per quod orneris, seruare per quod et ipse serueris. postremo aequiparatur laus uestra laudi pudicitiae; illa 1 1 4
suam, quae esse eius ambiuit ancilla? in domo denique quae geruntur, sed et ipsis in fanis, Christiana fidelis, sine te esse non poterunt, quia uxor 2 7 13
quod hominibus, quos perditos cupiunt, magis proficiat ad dei timorem et ipsis nihil prosit ad utilitatem? sane recte hoc facere existimarentur, si 1 2 7
iocatur sperat ambit obsequitur zelatur insanit armatur precibus, armatur et ira, similiter nonnumquam ui extorquens quod blandimentis impetrare 1 1 9
grandem Iudaicae gentis offensam libri istius exordia proloquuntur et iracundiam diuinae indignationis ostendunt, quae alias personas, ut 1 61 1
ipso. qui adinuenit uiam prudentiae et reuelauit eam Iacob puero suo et Israel dilecto sibi. post haec in terris uisus est et cum hominibus 2 8 6
mysteria uniuersa conficiens atque concludens patri et Adam reportauit et iter ad caelum omnibus se sequentibus patefecit. 1 37 15
peccatores in consilio iustorum, quoniam scit dominus uiam iustorum et iter impiorum peribit. consequens est, ut scire nos par sit, in quo habitu 1 2 23
pedes eorum ad effundendum sanguinem; contritio et miseria in uiis eorum et iter pacis non cognouerunt; non est timor dei ante oculos eorum. et de 1 3 11
autem uestra locuta sunt facinus et lingua uestra iniustitiam meditatur. et iterum de ceteris membris: *sepulcrum patens est guttur eorum, linguis* 1 3 11
senui et numquam uidi iustum derelictum nec semen eius quaerens panem; et iterum: *diuites eguerunt et esurierunt, requirentes autem dominum non* 1 2 20
principis uestri et eleuamini, portae aeternales, et introibit rex gloriae, et iterum magi: *ubi est*, inquiunt, *qui natus est rex Iudaeorum?*. hic est, 2 5 2
optimum existimauit per stultitiam praedicationis saluos facere credentes; et iterum manifestius: *si quis inter uos uidetur sapiens esse in hoc saeculo,* 2 1 5
attendens et superponens manum suam super aratrum aptus est regno dei; et iterum: *mementote uxoris Lot*. sed et apostolus sic: *quemadmodum* 1 37 12
deficit sensu in timore quam qui abundat astutia et transgreditur legem; et iterum: *noli esse sapiens multum et noli argumentari plus quam oporteat.* 2 3 12
pullos suos sub alas et noluisti? ecce remittetur uobis domus uestra; et iterum: *non relinquetur in templo lapis super lapidem, qui non* 2 6 3
domino ipso dicente: *omnia quaecumque habet pater, mea sunt*, et iterum: *pater, omnia mea tua sunt et tua omnia mea*, quia pater in filio 2 5 9
poterat, qui mortuos excitabat, *qui potestatem habuit ponendi animam et iterum resumendi eam;* sed ut doceret, quoniam, cum uiuit in hoc 1 2 31
istis loquitur, quos semper uiderat, sed de apostolis, quos uidere optabat. et iterum: *texit caelos uirtus eius*, eo quod apostolos ad mirabilia facienda 1 61 3
rex tuus uenit tibi iustus et saluans, mitis, sedens super asinum nouellum, et iterum: *tollite portas principis uestri et eleuamini, portae aeternales, et* 2 5 2
in toto iam non sunt. unum sane necessarium proferemus exemplum, quod et Iudaei odiosum et Christiani sacrificium approbet deo gratum, apud 1 25 7
eius non potest nosse ueritatem. haec enim res et fecit et facit, ut Iudaeus et Iudaeo deterior Christianus dei filium deum esse non credant. quos 1 25 1
in his enim solis sacerdotum dei structura et propria est et perennis, qua et Iudaeos et gentes uel ceteros antecedimus. incomparabilis autem gloria 2 6 4
mentionem, ratio uidetur esse reddenda, ut et Christianus ueritatem et Iudaeus suum cognoscat errorem. solet enim magnis cum 1 3 1
praestare non poterit. denique Abraham placuit deo credulitate sine lege et Iudaicus populus displicuit deo incredulitate cum lege. unde dubium 2 3 1
legem iudicabuntur. uidetisne, fratres, multum interesse inter damnatum et iudicandum? quam iudicii formam etiam ipsa humanitas, quamuis 1 35 8
enim de hominis adsumpti temporali locutus est regno, in quo uenturus et *iudicaturus est uiuos et mortuos*, sicut lectio uniuersa testatur, qua 2 5 7
inquirunt. igitur in praesenti Psalmo propheta cum dicat: *misericordiam et iudicium cantabo tibi, domine*, quomodo dominus in euangelio dicit: *qui* 1 35 1
intellegere et scire, quia ego sum dominus, qui facio misericordiam et iudicium et iustitiam super terram. o quam paucissimis uerbis omne hoc 2 1 5
qua re cognita Iudas non tantum ab ea se refrenauit, sed insuper eam et iustificauit. Iudas, quantum intelligi datur, ex parte prophetarum, ex 1 13 3
honore uestri floris ornatis. exsultate, diuites, praerogationibus crebris et iustis ueri diuites facti; promotioni etenim caelestis uestrae dignitatis 2 6 10
et scire, quia ego sum dominus, qui facio misericordiam et iudicium et iustitiam super terram. o quam paucissimis uerbis omne hoc mundi, 2 1 5
interest inter impium et peccatorem, tantum interest inter peccatorem et iustum. denique etiam ipse impiis iudicium, quia iam sua impietate 1 35 3
nec ueram sapientiam? quia fieri non potest, ut uerus sapiens non sit et iustus, iustus adaeque uerus non sit et sapiens, quia iustus esse non 2 1 9
Christum. ui tempestatis, solis atque imbris ad maturitatem cogitur; et iustus temptationibus crebris, magnis ac uariis perducitur ad coronam. 2 11 6
quoque sic dicit: *Hierusalem, Hierusalem, quae interficis prophetas et lapidas missos ad te, quotiens uolui colligere filios tuos sicut gallina* 2 6 3
res una in omnibus inuenitur. igitur Iacob habet imaginem Christi, sed et lapis ipse, quem ad caput suum posuisse cognoscitur, quoniam *caput* 1 37 1
captione seu uiolentia uiuentium domos corporales infringunt et latibulum sibi perniciosum eorum in captiuitatibus quaerunt. at ubi 1 2 5
unica maiestatis et affectu indiuiduo pietatis, quia laus filii est patris et laus patris amborum. nunc sacrificii nostri proprietatem nos conuenit 1 25 8
sese faciemque suam in se, quam non habet, quaerit. pingit se in se ipsam et lenocinante uario magistri medicaminis fuco uultum suum uultibus 1 1 10
aufugit. sed pudicitiae splendore uestitus post calumniosam damnationem et liberatus a deo est et honoratus. denique rex iure secundus factus est 1 1 16
pinguem conditamque fideliter uitulinam. Isaac innocenter ollam portat et ligna. Iacob patienter uaria exhibet pecora. Ioseph promotus ad 1 24 2
et digiti uestri in peccatis. labia autem uestra locuta sunt facinus et lingua uestra iniustitiam meditatur. et iterum de ceteris membris: 1 3 10
est pugna), multos esse tractatus, multas etiam fides et quidem nouellas et litis labore ac fauore nutritas. quas, quia uera uix potest inueniri, credo, 2 3 7
diem pellique se plangit, confitetur sexum, confitetur adgressurae tempus et locum et nomen proprium confitetur discessumque, uel qui sit signis 1 2 6
argumentis uehementer armata captat solitudinem, secretum captat et locum, in quali etiam non irritata adolescentia inuitis feminis saepe 1 1 16
et assat. Iohannes camelarius deuote praecurrens de silua mel attulit et locustas. ne alter alterum manducantem denotet, inuitator ammonet 1 24 3
ut edicerent nobis, quinam sit deus iste, qui dicit: *audi, populus meus, et loquar, Israel, et testificabor tibi, quoniam deus, deus tuus ego sum*; 1 25 1
potest inueniri. dies festi eius et cantica secundum dei uocem in planctum et luctum illi profecerunt. superba illa ciuitas seruit. sane ouium greges 1 28 2
circa se habere possit inmundum, qui humani generis peccata, sordes et maculas uenerat mundaturus. denique purgationes, quae sunt tarditate 1 54 4
iure ipso regina. triumphet licet quibus uult uirtutibus fides, ac spes multa et magna proponat, tamen sine hac utraeque non stabunt: fides primo 1 36 10
tua et eripiam te dicendo ostendit, quoniam per se omnia prosecutus est. *et magnificabis me*; quod dictum, fratres, non sic debetis accipere, ut 1 25 8
redde altissimo uota tua et inuoca me in tribulatione tua et eripiam te et magnificabis me. si pater loquitur, fratres, quis est iste, cui tantum 1 25 1
moderationi deseruiens peritissima insignis patientiae disciplina? sed et mare uentis lacessitum, cum irascitur, quamuis reciproca uicissitudine 1 4 5
mortuis suspirantes, nunc odientes ueteres, nunc nouos filios similiter et maritos? at e diuerso ipsae aestiment, quid sint, quibus in tam 2 7 10
causa maritorum, ad quos aliquid loqui superfluum est, quia, si uxor et maritus *in carne* sunt *una*, dubium non est, quia quod alter audit 2 7 11
patris familias cellae reconditur, ut pretiosius transfretatione reddatur; et martyr dominicae habitationis in recondita adsumitur, ut ibidem ex 2 11 7
prouexisti. tu Christo apostolos glutinasti. tu cotidiana martyrum et mater es et corona. tu murus fidei, fructus spei, anima caritatis. tu 1 4 22

si annis teneris moreretur. hic igitur infans, e cuius uita paternus affectus et maternus pendebat, ad explorationem fidei suae diuina uoce postulatur 1 43 3
secundum ueniam, non secundum iussum; uolo autem omnes uos esse sicut et *me,* ac per hoc ideo nubere melius, quia uri deterius. *omnia* quidem 2 7 2
confitetur. pretiosa indulgentia est, fratres, quae et ueniam praestat et medicinam. ceterum qui parcit uenefico, homicidae, adultero, incestatori, 2 24 2
utero accipiet et pariet filium et uocabis nomen eius Emmanuel. butyrum et *mel manducabit, priusquam cognoscat puer bonum aut malum.* quod 2 8 7
qui biberit, in aeternum sitire non nouit. illis in deserto suauitas lactis et mellis exhibita est, nobis uero, quod plus est, melle dulcior ac lacte 1 46b 3
Esaiam ad filium *sic dicit dominus deus sabaoth: fatigata est Aegyptus* et *mercatus Aethiopum; et Sabain uiri excelsi ad te transibunt et tui* 2 8 5
fuerant credituri, domino dicente: *amen, amen dico uobis, quia publicani* et *meretrices praecedunt uos in regnum dei.* haedum ei promittit, id est, 1 13 9
contradicit: 'respice retro, dixit deus, et antequam respicias, parce.' ecce et meritum principale diuinam indulgentiam meruisse sub casibus: nam 1 43 7
ut redeat; domum patri commendat, sensim mitisque discedit, ut probet se et meruisse et non ambisse quod meruit. ac ne quis hanc patientiam 1 4 16
euangelista dicente: *tunc reliquit eum diabolus et ecce angeli accesserunt* et *ministrabant ei.* unde dubium non est unum esse iter aerii culminis 1 37 13
posteriora respondent: de rebus enim loquitur saecularibus. *in magnis* et *mirabilibus* se dicit non ambulasse, utique non dei, sed in illis, quae 2 9 6
mentem. unicus ille filius solliciti senis adhuc paruulus, cui pietas et miseratio maior debetur, postulatur ad uictimam; cui si per humanam 1 43 3
non dilexisse, cum peccatum sit hominem non amasse. unde infelices et miseri sunt Iudaei, qui deum patrem, a quo sunt geniti, respuerunt tanti 1 61 6
plenum est; ueloces pedes eorum ad effundendum sanguinem; contritio et *miseria in uiis eorum et iter pacis non cognouerunt; non est timor dei* 1 3 11
itineris gloria feruntur in caelum; quos apostolus Paulus exhortatur et monstrat dicens: *si consurrexistis cum Christo, quae sursum sunt* 1 37 12
agnoscatur dominus triumphasse. sed durat inter haec martyris spiritus et morarum numerositate seruatus perstat uiuus, parte sui corporis iam 1 39 9
scio, quia nihil distat a prodigio, quisquis alterius causa et formam mutat et mores. sed dicis: 'ardor me tenerae compellit aetatis.' credo. ecce 2 7 8
cum sciamus apostolica fide esse perscriptum: *mihi uiuere Christus est* et *mori lucrum*? excogita quibus potes suppliciis tormenta grauiora, 1 39 5
aut nocet, si quid habuerint, tantum ut tollat. cui autem parcat, quae et mori momentis omnibus etiam friuolo ac turpi lucro festinat? quid 1 14 2
sicut scriptum est: *oportet enim corruptiuum hoc induere incorruptionem* et *mortale hoc induere inmortalitatem.* aliter etenim inmortalitatis stola illa 1 2 30
temporali locutus est regno, in quo uenturus et *iudicaturus est uiuos* et *mortuos*, sicut lectio uniuersa testatur, qua praedicat Christum oportere 2 5 7
corde circumcidantur, ignis inexstinguibilis supplicium comminatur. sed et Moyses ipse, cuius asserunt se saepe discipulos, eodem spiritu ad Israel 1 3 13
religionis sordidos ritus abiecit. *aestiualia induit*: aestiua uestis, fratres, et munda est et exacta, cum qua facile et opus fieri possit et tolerari ardor 1 13 8
non potest dubitari, quia hanc qui habuerit, necesse est, ut expedite uiuat et munde. igitur ne cognoscatur, faciem uelamine obscurat: necessario, 1 13 8
nostri funduntur infantes. aestas autem fidelis est populus, angelicus et mundus, qui sponsionis suae palmam fortiter retinens, peccatorum paleis 1 33 3
et ambitio saeculi, quae non est a patre, sed ex concupiscentia saeculi. et *mundus transibit et concupiscentia eius. qui autem fecerit uoluntatem* 2 4 12
qui sui corporis nescit arcanum? quare, fratres, propter quod facti et nati sumus, timeamus, amemus et honorificemus quem inuenimus deum. 1 56 3
uita aeterna, haec est mater omnium, quae nos adunatos, ex omni gente et natione collectos unum postmodum efficit corpus. 1 55
caelo descenderet, cum humanitatis a caelo et possessio longe dimota sit et natura? age, excita sensum, lector, inuenies ueritatem. qui erat in caelo, 2 4 2
uterus, nepotem senectus optaret. ita denique dissensione temporis et natura contra opinionem nato angelus Isaac nomen imposuit, ut 1 59 5
deus irascitur dicens: *nolite ambulare post deos alienos, ut seruiatis eis,* et *ne adoraueritis eos, ne quando incitetis me in operibus manuum* 1 25 4
electus fuerat, requirebat. sed traduntur tenerae adhuc uinculis manus [et], ne quid minus ab hostia uideretur; pedem ligatura destringit, ne 1 59 6
Iuda et omnibus, qui habitant in Ierusalem: renouate inter uos nouitatem et *ne seminaueritis in spinis. circumcidite praeputium cordis uestri, ne exeat* 1 3 12
qui non fuerimus; et non est reuersio finis nostrae, quoniam consignata est et *nemo reuertitur*; et infra: *uenite ergo, fruamur bonis, quae sunt,* et 2 4 10
nostrae commissa sit uoluntati, propheta dicente: *ante hominem bonum* et *nequam, mors et uita; quod elegerit, hoc dabitur ei.* unde dubium non 2 4 18
deum purum iugiter praedicaret, passionis resurrectionisque uacaret locus et nihil Christus mundo praestiterat; si hominem solum, sicut quidam 2 5 1
astutia et transgreditur legem; et iterum: *noli esse sapiens multum* et *noli argumentari plus quam oporteat.* similiter Paulus: *noli altum sapere,* 2 3 12
te, quotiens uolui colligere filios tuos sicut gallina pullos suos sub alas et *noluisti? ecce remittetur uobis domus uestra*; et iterum: *non relinquetur* 2 6 3
se plangit, confitetur sexum, confitetur adgressurae tempus et locum et nomen proprium confitetur discessumque, uel qui sit signis euidentibus 1 2 6
intelligunt, quia in exordio carminis sacri deus deo sua sibi et diuinitate et nomine comparatus omnes humani sensus opinationes excludit, quippe 1 45 1
praeferebat, qui uerus omnium saluator esse cognoscitur et factis et nomine. hic enim, quia ipse dictus est etiam petra, recte cultellos 1 3 16
adprobemus. unde tamen prae me fero, fratres dilectissimi, quod ista, et non ambigua, in uobis renitet assertio; deum enim patrem uos et habere 1 1 4
patri commendat, sensim mitisque discedit, ut probet se et meruisse et non ambisse quod meruit. ac ne quis hanc patientiam timiditatis nomine 1 4 16
Iudaeos scriptura denotat ab auribus incipiens: *clamaui,* inquit, *ad eos* et *non audierunt; clamabunt ad me et non erit, qui exaudiat eos.* similiter 1 3 10
ad imaginem et similitudinem dei), et alio loco dicat: *ego sum qui sum* et *non demutor.* cum hoc ita sit, homo quemadmodum dei imaginem 1 27 2
ad imaginem et similitudinem dei), et alio loco dicat: *ego sum qui sum* et *non demutor.* cum hoc ita sit, homo quemadmodum dei imaginem 2 30 2
dominus autem caelos fecit; et in Deuteronomio: *sacrificauerunt daemoniis* et *non deo.* ac ne quis sacrilegium existimaret sibi impune esse cessurum, 1 25 5
te. sed et Ieremias eodem spiritu loquitur dicens: *hic est deus noster* et *non deputabitur deus alius absque ipso.* qui adinuenit uiam prudentiae et 2 8 6
incipiens: *clamaui,* inquit, *ad eos et non audierunt; clamabunt ad me* et *non erit, qui exaudiat eos.* similiter et de manibus dicit: *manus enim* 1 3 10
compedibus et adorabunt te et in te precabuntur, quoniam in te deus est et *non est deus alius praeter te.* sed et Ieremias eodem spiritu loquitur 2 8 5
cum taedio est tempus uitae nostrae et non est refrigerium in fine hominis et *non est qui agnitus sit reuersus ab inferis, quia ex nihilo nati sumus* 2 4 10
isto carmine inuitans: *exiguum et cum taedio est tempus uitae nostrae* et *non est refrigerium in fine hominis et non est qui agnitus sit reuersus* 2 4 10
quia ex nihilo nati sumus et post hoc erimus tamquam qui non fuerimus; et *non est reuersio finis nostrae, quoniam consignata est et nemo* 2 4 10
se commendauit umbraculo, utrumque Christiano explicans uoto, ut et non longius uideretur a proelio et secedendo euangelicae iussionis 1 39 3
tamquam iuuentute celeriter; uino pretioso et unguentis nos impleamus et *non praetereat nos flos temporis. coronemus nos rosis, antequam* 2 4 10
concedit; maledicitur et benedicit; caeditur et gratias agit; iugulatur et non repugnat; pro percussoribus suis deum insuper et exorat. una illi 2 1 13
praeputium cordis uestri, ne exeat sicut ignis ira mea et exurat et *non sit qui exstinguat.* uidetis ergo, fratres, quia huius modi circumcisis 1 3 12
legitime celebrata paenitentia deum sibi propitium reddiderunt. quod et nos et fecimus et facere plerumque debemus, ut et praesentis temporis 1 34 9
priusquam fierent, admonebat. proprium enim dei est scire transacta et nosse uentura. *filios,* inquit, *genui et exaltaui.* infinita Iudaei infidelitate 1 61 5
sanctus per prophetam retundit hactenus dicens: *adolescentior fui et senui* et *numquam uidi iustum derelictum nec semen eius quaerens panem;* et 2 1 20
timetur. itaque audiamus scripturam, quid dicat, cuius ista sunt monita: *et nunc, Israel, quid dominus deus tuus postulat a te, nisi ut timeas* 2 2 4
ego te clarificaui in terra; opus perfeci, quod dedisti mihi, ut facerem. et *nunc tu clarifica me apud te ipsum claritate, quam habui apud te,* 2 5 4
uariae sollicitudinis cura torquetur. sed dicet aliquis: 'etiam Maria uirgo et nupsit et peperit.' sit aliqua talis, et cedo! ceterum illa fuit uirgo post 2 7 4
obsecundando, in quibus aeternae fructus est uitae, et defenditur pariter et nutritur. ad iugum peruenit, cum praerogata omni facultate pauperibus 2 11 5
coniunctione naturae gladio saeui latronis plantarum limes inciditur et obsequio pedum corpus martyris uiduatur. numerent martyria, qui 1 39 8
quare utraque sunt uana, quia et cordis exaltatio nullos fructus inuenit et oculorum extollentia de alio in aliud elata quicquid uiderit mobilitate 2 9 5
nouo uento Fauonio blandiente, diuersis floribus genere colore pariter et odore una natiuitate diffusis germinantia undique dulce prata respirant. 1 33 1
longe illa ornatior, aliunde quia nescit ornari. haec uariis unguentis et odoribus fragrat; illa unici floris sui quouis prato iucundioris caelum 2 7 3
ramis resurgescentibus ornatus iam non oleaster sit, sed oliua, cum et oleaster sit et tamen oleastrum se non esse quodam modo etiam ipse 1 2 27
omnibus peraeque unus panis cum signo datur, aqua cum uino, sal, ignis et oleum, tunica rudis et unus denarius; quem qui libens acceperit 2 6 8
spe pugnat, sed sibi uincit. amplectenda est igitur, fratres, tenaciter nobis et omni genere custodienda uirtutum. in hanc fortiter incumbendum; ipsa 1 36 4
exsultate, pauperes [spiritu]: per uos et in uobis dei maior est domus; nam et omnibus aequales estis et pedaturas omnes uestri corporis ambitu 2 6 10
uidemus a lege, sic Ieremia dicente: *haec dicit dominus uiris Iuda* et *omnibus, qui habitant in Ierusalem: renouate inter uos nouitatem et ne* 1 3 12
ipse nos pio promisso quid hortetur, accipite. *uenite,* inquit, *qui laboratis* et *onerati estis et ego reficiam uos. tollite iugum meum super uos et* 2 9 4
induit: aestiua uestis, fratres, et munda est et exacta, cum qua facile et opus fieri possit et tolerari ardor aestatis, id est temptationis; quam esse 1 13 8
mundique non capit plenitudo. interea promouent suum membra factorem et opus sui figura uestit artificem. parturit Maria non dolore, sed gaudio; 2 12 2
faciem pedum extrema nudare. ecce inter ipsa supplicia uacare non sinitur et orationis instar per carnificis tormenta meditatur. erexerat securem 1 39 7
senilis exarserat, sed quod infamauerat diabolus et quod protexerat uirtus et ornabat pudor inlaesus. tunc in puero sancto Daniele spiritus sanctus 1 40 2
postea uero deum hanc *diremisse* ex eaque constituisse *mundum pariter* et *ornasse.* igitur si, ut uolunt, deus materiam, qua usus est, non fecit, sed 1 7 1
polorum claritatis suae de plenitudine accendit. hic, qui semel occidit et ortus est rursum numquam repetiturus occasum. hic, inquam, quem 2 12 4
impetrare non potuit. libidinum commutatione uaria gaudet semper et paenitet, ad satietatem numquam lubrica utilitate perueniens. desiderat 1 1 9
agonem. propter hoc dabit deus uobis signum: ecce uirgo in utero accipiet et *pariet filium et uocabis nomen eius Emmanuel. butyrum et mel* 2 8 7
sed impudicos tantum congruenter occidens; haec, inquam, per momenta et parit omne quod malum est et peperit omne quod peius; nam in idolis 1 1 8
inaestimabilia unius plenitudinis tria illi sunt membra, unum secretarium et patentes semper duodecim portae, quas ab hostili defendit impulsu in 2 6 7
incircumcisus saeuiente diluuio diuina prouidentia humano generi *heres* et *pater est constitutus*? quid, quod Melchisedech, summus ipse sacerdos 1 3 5
sit quod non habuerit aut filius tradendo quod habeat perditurus, cum et pater quod accepturus est habeat et filius non careat quod daturus. 2 5 9
subicitur, per quem pater semper honoratur. denique inquit: *ego* et *pater unum sumus.* unde non diminutiua, sed religiosa, ut dixi, 2 5 10
perpetuitatis ac deitatis est una substantia, domino ipso dicente: *ego* et *pater unum sumus.* quod non utique sic ait, ut in unum duos redigendo 2 8 4
discursu uel aquas sulcant uel aera distinguunt, et patienter ueniunt et patienter excedunt? solus homo praeceps, solus inpatiens, prauis cotidie 1 4 6
remigii specioso discursu uel aquas sulcant uel aera distinguunt, et patienter ueniunt et patienter excedunt? solus homo praeceps, solus 1 4 6
hic, inquam, de quo Paulus ait: *qui accipit regnum, regnat et tradet deo* et *patri*, et cetera. quid hinc scandalum pateris, Christiane, ex tuaque 2 5 4
exigatur sicque pretiosum fluentum a suis calcatoribus et bibitur et patris familias cellis uinariis infertur, ut melius ueterescendo reddatur. 2 11 3
absorbebatur, et perambularet pariter et euaderet. clamat de profundis et Paulus obrutus calamitatibus beatis, cum pro nomine domini *latrones in* 1 34 4
generis iudicium designauit; etenim quantum interest inter impium et peccatorem, tantum interest inter peccatorem et iustum. denique etiam 1 35 3
ecclesiae fuit, quae cum omnibus ecclesiis, quas peperit, hymnum canens et pectoris uerum tympanum quatiens populum Christianum ducit, non in 2 26 3
per uos et in uobis dei maior est domus; nam et omnibus aequales estis et pedaturas omnes uestri corporis ambitu superatis; denique sancti diuites 2 6 10
occidens; haec, inquam, per momenta et parit omne quod malum est et peperit omne quod peius; nam in idolis dea est, in cultoribus uero 1 1 8

cura torquetur. sed dicet aliquis: 'etiam Maria uirgo et nupsit et peperit.' sit aliqua talis, et cedo! ceterum illa fuit uirgo post connubium, 2 7 4
in utroque non desinit. uerum tamen eos uno momento exigua humus et peraequat et satiat, enorme quod cum tota ambitione sua non potest 1 5 11
gressibus liquidi aequoris terga, quibus uiator trepidus absorbebatur, et perambularet pariter et euaderet. clamat de profundis et Paulus obrutus 1 34 3
et terra, significat, quod illi audire contempserint. *audi,* inquit, *caelum, et percipe auribus, terra.* de caelo et terra prophetam fuisse testatum uel 1 61 2
audi, caelum, et percipe auribus, terra, quoniam dominus locutus est: filios genui et 1 61 1
adhuc uiuenti rapiuntur. unde, fratres, sicut ueri Christiani, *quasi hospites et peregrini abstinete uos a carnalibus desideriis, quae militant aduersus* 2 4 17
sunt necessaria. in his enim solis sacerdotum dei structura et propria est et perennis, qua et Iudaeos et gentes uel ceteros antecedimus. 2 6 4
saeculorum heres [et] pernici cursu procurrens atque recurrens, solemni meta rotatus in sese, 1 33 1
quae ideo materiae ligni sunt comparata, siue quod in eius usu et perpetuo et tutius maneat testatoris uoluntas inscripta, seu quod quasi 1 37 8
ad ultimum quadrantem exigitur. calcatores de eodem musto bibunt; et persecutores saepe credentes in Christum calicem pretiosum, quem 2 11 7
denarii, id est duo testamenta prolata sunt, quae saluti cum domini gloria et Petri felicitate, utpote super quem aedificauit ecclesiam, duobus populis 1 37 5
est synagogae: eius proretam sacerdotale corpus accipimus, nautas scribas et pharisaeos, iacturam uasorum repudiationem prophetarum omniumque 1 34 7
exemplis oportuerat perorare, esset si quis hic talis. sed quia in uobis fides et pietas, quae est idonea expultrix auaritiae, manet atque gloriatur, digni 1 5 17
sacrificiorum uestrorum? plenus sum holocaustomatis arietum et pinguamine agnorum. sanguinem taurorum et hircorum nolo; quis enim 1 25 6
imaginarium pascha gesserunt, dicat: *plenus sum holocaustomatis arietum et pinguamine agnorum; quis enim haec exquisiuit de manibus uestris?.* 2 25 1
hanc exprimit rationem dicens ad Petrum: *mitte hamum in mare et piscem, qui primus ascenderit, aperto ore eius inuenies duos denarios: da* 1 37 5
alium adaeque prophetam spiritus sanctus clamat et dicit: *praecingite uos et plangite, sacerdotes; lugete omnes, qui deseruitis altari, quoniam ablata* 1 25 6
tibi, quoniam deus, deus tuus ego sum; et infra: *meus est orbis terrae et plenitudo eius. numquid manducabo carnes taurorum aut sanguinem* 1 25 1
orbis totus omnisque natura, beatissimo Dauid dicente: *domini est terra et plenitudo eius, orbis terrarum et uniuersi qui habitant in eo?* Iob 1 15 7
elementis, opibus, animantibus, alimoniis utilitatibusque diuersis, magnis et plurimis, habitatori ulla ne querela subesset, sollertia mira perfecit, tunc 2 4 4
meo mensam aduersus eos, qui tribulant me. inpinguasti oleo caput meum et poculum tuum inebrians quam praeclarum. utique, fratres, calix 1 13 10
Hierusalem spiritalis instruitur, quibus sacrae orationis iste locus nouus et populus cotidie Christi dei et domini nostri prouidentia comparatur. hic 2 6 11
nasci posset in caelo, ut de caelo descenderet, cum humanitatis a caelo et possessio longe dimota sit et natura? age, excita sensum, lector, inuenies 2 4 2
non ambigua, in uobis renitet assertio; deum enim patrem uos et habere et possidere monstratis, cum pudicitiam, in qua deus habitat, non dicam 1 1 4
et non est qui agnitus sit reuersus ab inferis, quia ex nihilo nati sumus et post hoc erimus tamquam qui non fuerimus; et non est reuersio finis 2 4 10
principium, qui ex se ipso dedit sibi ipse principium; solus ante omnia et post omnia, quoniam in eius manu inclusa sunt omnia; ex se est quod 1 7 3
est illi ad iustitiam? cum igitur integer, sicut Enoc et ceteri, sit iustificatus et postea circumcisus, manifestum est circumcisionem non Abrahae fuisse 1 3 7
oportere *regnare* cum sanctis suis, *donec* uacuatis omni principatu et potestate et uirtute et dominatione *ponantur omnes inimici eius sub* 2 5 7
fiat innocens, confitetur. pretiosa res est, fratres, quae et honorem praestat et praemium. o liberatoris nostri profunda prouidentia! o praestantia 1 42 2
nam si iudicii diei adpropinquare iam cursus aduerterent, procul dubio et praesentia odissent et futura credidissent pariterque metuissent. nemo est 1 2 1
quis saluus esse non poterit, quamuis sit iustus, nisi exomologesin faciens et praesentia sua peccata exstinguat et futura repellat. Thamar arguitur, 1 13 12
uel murus, dei ministra, Christi amica, spiritus sancti conuiua. huic et praesentia subiacent et futura: ista quia contemnit, illa quia sua esse 1 36 5
reddiderunt. quod et nos et fecimus et facere plerumque debemus, ut et praesentis temporis temptationes et futuri iudicii poenas euadere 1 34 9
impia Iudaeorum exarsere consilia. quem tacentem tamquam obnoxium et pro ipsorum tantummodo caecitate maerentem, ut Isaac non periturum 1 59 8
eos seruare omnia quaecumque praecepi uobis. dabis autem *pro me et pro te*: hoc est meam praedicabis crucem, sed et tu crucis tuae similiter 1 37 7
qui primus ascenderit, aperto ore eius inuenies duos denarios: da pro me et pro te. piscem primum a mortuis ascendentem Christum debemus 1 37 5
in quo non est figura sed ueritas! quam ex rebus ipsis agnoscite pariter et probate. Iudaei maiores suos Pharaonis exercitusque eius graui seruitutis 1 46b 1
tuum tamquam te ipsum. in his duobus praeceptis pendet omnis lex et prophetae. unde manifestum est dilectionem uirtutum omnium 1 36 17
templum, de quo praesumebant, cecidit. altaria dei ipsi euerterunt. *lex et prophetae usque ad Iohannem*. sacerdotibus eorum luctus indicitur. 2 17
qui eos tanti negotii certos efficiat; cui ille respondit: '*habent Moysen et prophetas*, quibus si non credunt, neque illi, qui hinc missus fuerit, 1 2 10
uiua templa sunt necessaria. in his enim solis sacerdotum dei structura et propria est et perennis, qua et Iudaeos et gentes uel ceteros 2 6 4
quem confirmat in scala rectissime positum, quia historia totius scripturae et propter ipsum et auctorem per ipsum impleta est. denique sic ad 1 37 8
rapinae, lites ac bella. cotidie mugitibus alienis quaeritur lucrum et proscriptio industria uocitatur et appetitio rei alienae sub praetextu 2 1 17
arcanum euidenti ratione quasi quadam claui aperire conabor, ut et prouidentiam dei et uim consociationis carnis et animae et hominis 2 4 3
duo homines propheticum carmen suis actibus exponentes, pharisaeus et publicanus dei stantes in templo. pharisaeus insulse manus tendit in 2 9 8
enim leue crimen est eius, cum de eo ille queritur, qui mox eum poterat et punire. sed quia mors apud incredulos futurorum putatur poenae 1 47
per confessionem nominis Christi noscuntur esse conflati. etenim conflatio et puritatem designabat et unitatem; carbo enim uerbum dei est, ara lex, 1 37 3
uox est, qua iam tunc per prophetam Iudaeos obiurgabat incredulos et quae essent futura, priusquam fierent, admonebat. proprium enim dei est 1 61 5
illam quiuis dolor. an pulchritudinem? leuis et commutabilis res est et quae una febri uel qualibet facillime deleatur iniuria. ecce procuratores 2 4 15
hunc timorem, quod est uerius atque iustius, transfer ad deum et, quale uelit illud sit, repente exstinguetur incendium. sed sic ego in 2 7 9
manu inclusa sunt omnia; ex se est quod est; solus sui conscius, quantus et qualis est; solus perfectus, quia non potest illi aliquid nec addi nec 1 7 3
et sapientiae et scientiae dei! quam inexquisita sunt iudicia illius et quam inuestigabiles uiae illius! quis enim cognouit cogitationem dei? et 2 3 16
diuitiarum sapientiae et scientiae dei! quam inenarrabilia sunt iudicia eius et quam inuestigabiles uiae eius! quis enim cognouit sensum domini? non 1 34 2
rea susceptura sententiam quam dicata deo pro castitate fortiter moritura, et quam iudicantium sententia praua deiecerat illustris conscientiae 1 40 1
insuper regni caelestis participatione ditauit. o caritas, quam pia et quam opulenta, quam potens! nihil habet, qui te non habet. tu deum in 1 36 29
deliquit, granditer uindicari, quem pater plurimo dilexit affectu et, quantam pietatem dilecto filio amatus pater exhibuit, tantam laesus 1 61 5
constantia absolui meruit, dum humanum ex se deponit timorem et, quantum ad fidem pertinet, pater promissa compleuit, dominus 1 59 7
manent. ut est, fratres, Nineuitis nuntiatus interitus, credunt et timent et quantum sciunt dominum non esse mendacem, tanto propensius eius de 1 34 9
illos et inuenit illos dignos se. tamquam aurum in fornace probauit illos et quasi holocaustomata accepit illos et in tempore erit respectus illorum. 2 5 6
quia quem putas uel de tuis ipsis studiosis fidelissimum, hic infidelis, et quem putaueris infidelem, hic fidelis est. forte in eo se quis aestimet 2 3 11
ueritatem. qui erat in caelo, de caelo descendit; *qui descendit, ipse est et qui ascendit* in caelum, filius hominis, qui erat in caelo; filius hominis 2 4 3
consulens quam utilitati. uultis scire, quantae felicitatis sit [sit]? eam et qui habet diligit, et qui non habet diligit. si ergo exsultat gloria eius 1 1 3
in fidem et scelus transit in sacramentum; parricida incruentus redit et qui immolatus est uiuit. ambo sibi gloria, ambo claritatis exemplum, 1 4 15
auditur. o magna potentia dei! incensores incendio concremati sunt et, qui incensi sunt, incendio suo superstites triumphantes de camino 1 53 2
quoniam res est disconueniens et absurda, ut secundus sit inmortalis et qui mortalis est primus, cum inmortalitas in se ordinem temporis non 2 4 2
utilitati. uultis scire, quantae felicitatis sit [sit]? eam et qui habet diligit, et qui non habet diligit. si ergo exsultat gloria eius saepe in gentibus 1 1 3
altius proferamus. Abraham sub lege non erat, sed legem solus impleuit, et qui nullo iure legis tenebatur, omne ius diuinum praecipue custodiuit. 1 43 8
esse sublimitatem superiora uicisse, quia *qui se exaltauerit, humiliatur et, qui se humiliauerit, exaltatur.* animae enim depressio cor elatum est, 2 9 8
inuasa optinere potuissent. at cum diuina adiuratione in eculeo spiritali et qui sint nolentes edicant et inuiti discedant, procul dubio hoc sunt, 1 2 7
ambiguitas enim nisi fuerit discussa, iure non potest mereri sententiam. et qui sunt isti, quos ambiguitas suo iudicio reseruauit? utique illi, sicut 1 35 6
uereretur et uenerаretur artificem. post haec subiecit ei omnia bona mundi et quia erat iam sapientia conditus, sensibus stipatus, eligendi mortem 2 4 5
ac diuersis gemmis, lapidibus, margaritis per momenta distinguitur et quia opus est uiuum, tectum non habet nisi caelum. dicam praeterea, 2 6 7
est secuta uirginitas. Adam similiter dominica circumciditur cruce, et quia per mulierem, quae sola lignum letale contigerat, exceperat uterque 1 3 20
fuit. denique a muliere, quae prior peccauerat, circumcisionis incipit cura, et quia suasione per aurem inrepens diabolus Euam uulnerans interemerat, 1 3 19
plus quam publicum reueretur. pestiferas odit blanditias carnis inimicae et quicquid ingesserit mundus uoluptatis aut muneris, totum respuit 1 1 2
dominus, qui ait in euangelio: *ego sum uia et ueritas*. Iob diues fuit; et quid ditius domino, cuius sunt omnes diuites serui, cuius est orbis totus 1 15 7
pater filio, de quo non dubitabat, patefecit, quid a se dominus postulasset, et quid ipse domino promisisset ostendit. laetatus est puer patre fideli ipse 1 43 5
hoc sunt, quod sese esse unicuique confitentur. accipe et alia exempla et quidem certiora. primo in libro Regnorum Samuel, egregius ille 1 2 8
alius uias uiantibus cludit, arcet ab herbis, arcet a siluis, arcet ab aquis, et quidem copiosis uacantibus plurimis negat hominibus, quod auibus, 1 5 13
inuidia; non enim nuptias condemno, sed nuptiis meliora praepono, et quidem etiam apostolo hortante sic Paulo: *dico autem innuptis et uiduis:* 2 7 2
haec aliter non sint, ergone dei imaginem non habemus? habemus plane et quidem manifestam ex eo ipso, quod non est nobis portantibus nota. 1 27 3
incidant, ergo dei imaginem non habemus? absit, fratres. habemus plane, et quidem manifestam ex eo ipso, quod non est portantibus nota. 2 30 3
uirtus. uidetisne iam manifeste sapientiam huius mundi non esse iustitiam et quidem nec ueram sapientiam? quia fieri non potest, ut uerus sapiens 2 1 9
bene mereri, quem pater patientissimus et clementissimus abdicauerit, et quidem non accusatione, sed probatione conuictum. denique iniuriae 2 21
promissa perpetuans pia sanctione, ut aiunt, claues uere aureas misit, et quidem non illas, quae maligno beneficio crimina excipiunt; quae corpori 2 24 1
nulla fortassis est pugna), multos esse tractatus, multas etiam fides et quidem nouellas et litis labore ac fauore nutritas. quas, quia uera uix 2 3 7
sed dicit aliquis: 'si ita est, nulli ergo lex prodest.' absit; prodest, et quidem plurimum, nam per ipsam dei uoluntas populis intimatur, per 2 3 3
qua usus est, non fecit, sed aeterna sit, ut ipse est, *duo* sunt ergo principia et quidem *repugnantia.* ac per hoc necessario requirendum nobis erit, quid 1 7 1
est. qua in specie spiritu sancto loquente noscamus: *et homo est*, inquit, *et quis cognoscit eum?.* si ita est, quomodo ergo posset agnosci, prodidit 2 8 6
est executor? non enim minus est facere magna quam dicere. quamuis et quod dictum est a patre uel dici potest, quia uerbum est filius, sine filio 1 45 3
mundana natiuitate, contra omni reatu iam liberi mundi estis infantes et, quod est admirabile et gratum, subito uno momento facti aetatibus 1 38 1
illi splendidissima domus, diues census, diues quoque numerus liberorum et, quod est parentibus gratum, utriusque sexus et inuicem se amantium; 1 15 2
dictum est a patre uel dici potest, quia uerbum est filius, sine filio non est, et quod factum est a filio uel fieri potest, sine dignatione paterna non est, 1 45 3
se diligit; inimicis parcit; *parricidalibus filiis* ignoscit. persecutorem suum et, quod magis est, regem aliquotiens a deo in manus traditum sibi mauult 2 9 7
in flore est. intonat lingua, caret quae numquam ueneno serpentis, et, quod omni est maius insania, deo se laudat. publicanus autem non 2 9 9
in quo extrema libido senilis exarserat, sed quod infamauerat diabolus et quod protexerat uirtus et ornabat pudor inlaesus. tunc in puero sancto 1 40 2
erubescit rudis terra pio sanguine impiata. solus Cain exsultat infelix et, quod teste caret, putat se caruisse facinore, quem deus uidit, quem 1 4 9

recte sanctissimus Dauid ait: *beati quorum remissae sunt iniquitates et quorum tecta sunt peccata*, quia beatus esse non potest, fratres, in prima 2 10 1
manere. inpatientia enim quid est nisi mens lubrica, permotionibus crebris et rapidis se semper expugnans; animus infidelis etiam sibi; actus 1 4 7
apostolicum hoc operetur edictum, quo et uiuaciores fuere homines et rarissimi Christiani, cur ego Christiano orbe paene iam toto 2 7 5
in omni negotio, fratres dilectissimi, nisi quis ante personam noscat et rationem, eius non potest nosse ueritatem. haec enim res et fecit et facit, 1 25 1
inquit, *deo*, non daemoniis, *sacrificium laudis*, non uituperationis, et *redde altissimo uota tua.* honorem totum refudit in patrem, ex quo 1 25 8
taurorum aut sanguinem hircorum potabo? immola deo sacrificium laudis et redde altissimo uota tua et inuoca me in tribulatione tua et eripiam te 1 25 1
primitiuus filius primitiuus est populus, id est hemithei omnes potentissimi et reges, qui ferocitate uirtutis ac libidinis rabie digladiantes omnem orbem 1 13 4
tempore erit respectus illorum. iudicabunt nationes et dominabuntur populis et regnabit dominus illorum in perpetuum. quid hoc est? si in perpetuum 2 5 6
in euangelio sic dicatur: *dabit illi dominus deus thronum Dauid patris sui et regnabit super domum Iacob in saecula et regni eius non erit finis.* 2 5 6
deus thronum Dauid patris sui et regnabit super domum Iacob in saecula et regni eius non erit finis. Salomon in Sapientia similiter dicit, cum de 2 5 6
cur dubitet Christianus, qui resurrectionem futuram et audit et sperat et repositam sibi praesumit de Christo? igitur primo omnium probandum 1 2 2
quod seminas non uiuificatur, nisi mortuum fuerit, et subiecit dicens: *sic et resurrectio mortuorum; seminatur in interitum, resurgit in perpetuitatem;* 1 2 22
mortem mutauit in uitam; propter nos qui est occisus et uiuit, sepultus et resurrexit, homo aestimatus est et inuentus est deus gloriosus in saecula 1 46a 2
ceteri, qui spem non habent; si enim credimus, quia Iesus mortuus est et resurrexit, sic et deus eos, qui dormierunt in Iesum, adducit cum eo. 1 2 12
et non deputabitur deus alius absque ipso. qui adinuenit uiam prudentiae et reuelauit eam Iacob puero suo et Israel dilecto sibi. post haec in 2 8 6
datur et in tristissima senectute suscepta sollicitudinis mole gaudere; nam et risit Sarra munus iuuentutis subiens in senecta, unde nomen accepit 1 43 2
delet abrupte igni ferroque cum sua sibi tota substantia incolas, ciuitates et rura nihil omnino metuens amicae mortis fiducia. denique quod 2 1 7
dicit dominus deus sabaoth: fatigata est Aegyptus et mercatus Aethiopum; et Sabain uiri excelsi ad te transibunt et tui erunt serui et sequentur te 2 8 5
auctore perducit nec deest ad ministerium gladius, ut pater esset pariter et sacerdos. consimilis filii quoque est ex diuina uoluntate securitas. qui 1 59 6
fide alter alterum commendans deuotione consimili conuertuntur ad deum et sacerdos et templum. exsultate igitur, fratres, aedificationemque uestram 2 6 5
Malachiam prophetam: *non est mihi uoluntas circa uos, dicit dominus, et sacrificium acceptum non habeo ex manibus uestris. quoniam a solis ortu* 1 25 7
meum apud gentes, et in omni loco odores incensi offeruntur nomini meo et sacrificium mundum, quoniam magnum est nomen meum apud gentes, 1 25 7
nouellus, anni parens annique progenies antecedit quae sequitur tempora et saecula infinita disseminat. parit sibi de fine principium, hoc nostris 1 44 1
nouellus, anni parens annique progenies antecedit sequiturque tempora et saecula infinita. parit sibi de fine principium et tamen a cunis genitalibus 1 57
se mergentibus idolatriae aedibus nunc usque aliquatenus comparari? nam et Salomonis accepimus templum luculento opere fuisse constructum atque 2 6 2
mixtum, sic prosequitur: *dicite filiae Sion: ecce rex tuus uenit tibi iustus et saluans, mitis, sedens super asinum nouellum*, et iterum: *tollite portas* 2 5 2
corporis gratiam congregatos ad caelestia regna perducit per dominum et saluatorem nostrum Iesum Christum, qui est benedictus in saecula 1 6
illa enim decepta, hae sua sponte se diabolo dediderunt). sin uero pacifica et salutaria, profecto laetaberis eique tanto pro nuntio morigera coniux 2 7 16
uirtutem, quae maioribus nostris illustri uirtute perennem gloriam peperit et salutem. Abel ideo martyr, quia iustus; ideo iustus, quia patiens; a quo 1 4 12
elaboret — dispendio suae, non dicam facultatis, sed etiam, si opus sit, et salutis — alii magis prodesse quam sibi; suam, quia, quamuis sit 2 1 3
similiter de eius latere ictu lanceae non costa diuellitur, sed per aquam et sanguinem, quod est baptismum atque martyrium, spiritale corpus 1 3 20
spe si captus fuerit caduca atque carnali, de qua apostolus dicit: *caro et sanguis regnum dei possidere non possunt.* at e diuerso uideor mihi 1 2 24
de carne gloriatur? si carnalem, animae prodesse non poterit, quia *caro et sanguis regnum dei possidere non possunt.* accedit, quod circumcisio 1 3 3
diuersis sceleribus ac libidinibus homines, qui ueri sunt uermes. Iob et sanitatem recepit et facultatem; at dominus resurgens non sanitatem 1 15 9
non potest, ut uerus sapiens non sit et iustus, iustus adaeque uerus non sit et sapiens, quia iustus esse non potest stultus neque sapiens iniustus ipsa 2 1 9
illorum. similiter Paulus curioso rescribit dicens: *o altitudo diuitiarum et sapientiae et scientiae dei! quam inexquisita sunt iudicia illius et quam* 2 3 16
non desinit. uerum tamen eos uno momento exigua humus et peraequat et satiat, enorme quod cum tota ambitione sua non potest aurum. hinc 1 5 11
sunt unius corporis latera; et denarii sunt duo, sed una moneta signati; et scala duos scapos habet et gradus plurimos, sed eius ascensus est unus. 1 37 14
gloriam se praestitisse, non crimen. quid hoc est? ecce immanitas in fidem et scelus transit in sacramentum; parricida incruentus redit et qui 1 4 15
spem et fidem perdidit, quia caritas in ipso non mansit. nam et haereses et schismata sic disseminantur, cum inflata fides ac spes dilectionis a 1 36 19
gloriabitur, cum apostolus dicat: *o altitudo diuitiarum sapientiae et scientiae dei! quam inenarrabilia sunt iudicia eius et quam inuestigabiles* 1 34 2
similiter Paulus curioso rescribit dicens: *o altitudo diuitiarum et sapientiae et scientiae dei! quam inexquisita sunt iudicia illius et quam inuestigabiles* 2 3 16
diues in diuitiis suis, sed in hoc glorietur, qui gloriatur, intellegere et scire, quia ego sum dominus, qui facio misericordiam et iudicium et 2 1 5
una de radice funduntur. testamenta sunt duo, sed testator est unus; et scribens canna diuisa est, sed unus calamus; et forfex in duos producitur 1 37 14
iusti, non tantum imaginem, sed ipsum deum quoque portabunt, sicut et scriptum est: *uos estis templum dei, et spiritus dei habitat in uobis.* 2 30 4
sensibus uersari consueuit? in tantis filii casibus laetatur et gaudet et se dominum promeruisse triumphat. accepit iam praemia, quae meretur; 1 43 6
crediderit, largiores adhuc escas inueniet, quibus, si diligens fuerit, semper et se et alios bonis omnibus satiabit per dominum nostrum Iesum 1 24 4
consueuit, semper infelix est. denique post negotium perpetratum odit et se ipsam cum illo quem uicerit. haec saepe indixit quietis gentibus 1 1 7
utrumque Christiano explicans uoto, ut et non longius uideretur a proelio et secedendo euangelicae iussionis animaretur exemplo. ecce in eius 1 39 3
tuum ex toto corde tuo et ex tota anima tua et ex tota uirtute tua; et secundum simile huic: diliges proximum tuum tamquam te ipsum. in his 1 36 17
in occasus sui terminum uersabatur et educationis tempus angustum et senectuti exitus iam uicinus. ecce prima deuotio: libenter excipere quod 1 43 1
spiritus sanctus per prophetam retundit hactenus dicens: *adolescentior fui et senui et numquam uidi iustum derelictum nec semen eius quaerens* 2 1 20
Aethiopum; et Sabain uiri excelsi ad te transibunt et tui erunt serui et sequentur te alligati compedibus et adorabunt te et in te precabuntur, 2 8 5
erit finis. Salomon in Sapientia similiter dicit, cum de eius loquitur seruis: *et si coram hominibus tormenta passi fuerint, spes eorum immortalitatis* 2 5 6
non tantum istae, sed et aliae quoque uirtutes, indice Paulo cognoscite: *et si habuero*, inquit, *omnem fidem, ita ut montes transferam, caritatem* 1 36 20
omnem fidem, ita ut montes transferam, caritatem non habeam, nihil sum. et si in cibos distribuero omnia mea et si tradidero corpus meum, ut 1 36 20
dei cultus debeat custodiri, apud Salomonem maxime cum scriptum sit: *et si multiplicentur, non oblecteris in illis; si non est timor domini cum* 2 7 5
ueri cultus gentibus praedicem. felicitatemne uirginitatis? at habent suas, et si non felices, habent tamen. sin uero ad uiduitatis sudorem gloriosum 2 7 11
patentibus caeci dilatant horrea, terras angustant, urgent saltibus saltus et, si orbem totum possideant, fines oderunt. inlicitum putant habere 1 5 8
uaporis ararum carne tua deterges, iocaris, blandiris, obsequeris. et si quod forte acceptum relatumue fuerit a fanatico solemne mysterium, 2 7 17
caritatem non habeam, nihil sum. et si in cibos distribuero omnia mea et si tradidero corpus meum, ut ardeam, caritatem autem non habeam, 1 36 20
sursum sunt quaerite, ubi Christus est ad dexteram dei sedens. possumus et sic, fratres, intellegere: hoc de ministris et de angelis dictum, quos 1 37 13
amictus et currus, his uerbis propheta testatur: *deus sicut ignis ueniet et sicut procella currus eius retribuere in ira uindictam.* 2 12 4
per carnificis tormenta meditatur. erexerat securem percussor insanus et signans oculis uulneribus lineam feralis ictus assidua contemplatione 1 39 7
deum significat, sic dicit in Genesi: *et fecit deus hominem ad imaginem et similitudinem dei*, et in Psalmis: *deus autem rex noster ante saecula* 2 5 2
et similitudinem nostram (et fecit, inquit, *deus hominem ad imaginem et similitudinem dei)*, et alio loco dicat: *ego sum qui sum et non demutor.* 1 27 2
angustum; mirantur elementa hominem, qui factus sit *ad imaginem et similitudinem dei*, posse iugulari, et hoc a fratre. erubescit rudis terra 1 4 9
et similitudinem nostram (et fecit, inquit, *deus hominem ad imaginem et similitudinem dei*), et alio loco dicat: *ego sum qui sum et non demutor.* 2 30 2
sibi soli dignissima indiuiduae dealitatis! unus homo ad duorum imaginem et similitudinem fingitur nec tamen in eo, quid cuius sit, inuenitur. si igitur 1 45 2
opinationes excludit, quippe cum dicat: *faciamus hominem ad imaginem et similitudinem nostram*; non inquit: 'fac ad tuam', sed ait: *faciamus ad* 1 45 1
uideamus, quid sit, quod deus ait: *faciamus hominem ad imaginem et similitudinem nostram (et fecit,* inquit, *deus hominem ad imaginem et* 2 30 2
partes, uideamus, quid sit quod deus ait: *faciamus hominem ad imaginem et similitudinem nostram (et fecit,* inquit, *deus hominem ad imaginem et* 1 27 2
se sine ipso. accedit ad cumulum, quod ideo *deus hominem ad imaginem et similitudinem suam fecit*, ut contemplatione imaginis pateremur 1 36 23
ulla ne querela subesset, sollertia mira perfecit, tunc *ad imaginem et similitudinem suam fecit sibi ipse simulacrum sensibile atque intellegens*; 2 4 4
dictus est etiam petra, recte cultellos petrinos fecit (unde non sine ratione et *Simoni,* super quem aedificauit ecclesiam, *Petrus nomen imposuit*), id est 1 3 16
sola damnatae uoluntatis inuidia, qui dominum nec agnoscere uoluerunt et sola crediderunt cogitatione puniri, quem nefarium fuerat etiam tardius 1 59 8
sicut euidens testatur exemplum. Iudas Scariothes traditor domini et spem et fidem perdidit, quia caritas in ipso non mansit. nam et haereses 1 36 19
mortem, ut ea deuicta resurgens *homini* per hominem, *quem gerebat, et spem uincendae mortis offerret* et eum *ad praemia inmortalitatis* 2 4 7
profertur, quo calor genitalia iam relinquebat. mira prorsus, carissimi, et speranda saeculis post futuris diuinae ordinationis propago formata: ad 1 59 3
Christum, cur dubitet Christianus, qui resurrectionem futuram et audit et sperat et repositam sibi praesumit de Christo? igitur primo omnium 1 2 2
subiecta. ubi enim fides non est, nec spes est; *fides* enim spei *substantia est et* spes fidei gloria, quoniam praemium quod spes habet fides meretur, 1 36 4
cognoscitur. nam si diis *corporalibus* sacrificium conuenit *corporale, utique et* spiritali deo *sacrificium est necessarium* spiritale; quod non ex sacculo, 1 25 9
florem nulli legi subiecta fidei thesaurum custodi. esto sancta et corpore et spiritu, amore Christi ignem carnis exstingue, ut de resurrectionis gloria, 2 7 4
denique fornicaria requisita non est inuenta, quia renatus per aquam et spiritum sanctum desinit esse, quod fuerat, et incipit esse, quod non 1 13 11
alteram subiugare, apostolo sic dicente: *caro concupiscit aduersus spiritum et spiritus aduersus carnem; haec duo inuicem aduersantur sibi.* hinc caro 2 4 8
fidelis autem populus dei templum, apostolo dicente: *uos estis templum dei et spiritus dei habitat in uobis*. et uerum est, nam sicut idolis insensatis 2 6 4
deum quoque portabunt, sicut et scriptum est: *uos estis templum dei, et spiritus dei habitat in uobis.* 2 30 4
datur, Aegyptus mundus est iste. Pharao cum populo suo diabolus et spiritus omnis iniquitatis. Israel populus Christianus, qui proficisci 2 26 2
ite ergo et docete omnes gentes intingentes eos in nomine patris et filii et spiritus sancti, docentes eos seruare omnia quaecumque praecepi uobis. 1 37 7
ab imminenti supplicio; ecclesia ipsa ueritate, in nomine patris et filii et spiritus sancti, non tantum diaboli praesentes ignes exstinguit, sed etiam 1 13 13
iussit incendi ac, ne quid immanitati saeuientis deesse uideretur, pice et stuppa armatum citatur incendium; aestuantibus globis erubescit quoque 2 22
loqueretur, apostolus mentionem dicens: *nam iustitiam dei ignorantes et suam uolentes constituere iustitiae dei non oboedierunt.* sed cum de 2 1 2
firmante: *stulte, tu quod seminas non uiuificatur, nisi mortuum fuerit, et* subiecit dicens: *sic et resurrectio mortuorum; seminatur in interitum,* 1 2 22
hospitum terga depopulabantur, e caelo imber fusus a domino flammis et sulphure armatus poenali procella deleuit? Iudaei contionibus tument; 1 4 10
non sunt inquietanda secreta. *quis enim causas naturasque caeli huius et superiorum sciet?* quis corpoream aeris huius, ut quidam putant, 1 34 1
reuertuntur ad saeculum, de quibus dominus ait: *nemo retro attendens et superponens manum suam super aratrum aptus est regno dei*; et iterum: 1 37 12
semen in agro suo; dormientibus autem hominibus uenit inimicus eius et superseminauit zizania in triticum. at fortasse adhuc quispiam dicat: 'si 1 2 28

suo agro bonum semen; dormientibus autem hominibus uenit inimicus eius et superseminauit zizania in triticum. quae necessario radicitus 1 3 22
aurum, custodis argentum, uestem pretiosam ornamentaque superba et superuacanea pro sacrosancto habes sicut idolum, te per momenta 2 1 19
esse possit acceptum, qui uicinarum possessionum omnes glebulas, lapillos et surculos nostis, in praediis autem uestris fumantia undique sola fana 1 25 10
intra hominem susceptum iacet, magis admirabilior, quia tantus est et talis. et homo curiosus cor suum extollit conaturque eius comprehendere 2 9 4
sequiturque tempora et saecula infinita. parit sibi de fine principium et tamen a cunis genitalibus non recedit. profecto sacramenti dominici 1 57
tempora in annos, annos in saecula pandens. sine pausa crescit in senium et tamen a cunis genitalibus non recedit. profecto sacramenti dominici 1 58
nosse legem, nolunt eius praecepta seruare. signum salutare uenerantur et tamen a mysteriis daemonum non recedunt. multos *namque dei metus* 1 35 5
tenebrae? inest omnibus et ab omnibus, quasi non sit, arguitur; accusatur et tamen colitur; iugulat et amatur. inuincibile profecto calamitatis est 2 1 8
triumphum suum perire naufragio. haec Iudaeus praedicat, fratres, et tamen deo demens adhuc usque non credit, qui est benedictus in saecula 1 29 2
innumerabilium saeculorum diuersa mensura conterendo innouat spatia, et tamen eius semper orbita est una. qui nos admonet, fratres, passionis 1 26
non audeo, sit quippe cum tutius imperitum uideri quam esse sacrilegum. et tamen habeo, qui pro me tibi obsistat: nam lex, per quam me forte 2 3 16
temptat, ut sibi uindicet totum. nouum prodigii genus est: odit pudicitiam et tamen hoc cupit uideri, quod illa est. interea miris excolit artibus sese 1 1 9
ministris publicae leges insaniunt; stimulis acuitur feritas in ferocitatem et tamen hominibus mitior inuenitur. ne quid scenae tam dirae immanitatis 2 2 6
praeterea granum uniuscuiusque frumenti conditum terrae interit et tamen in eo id, quod intus est, reuiuescit nec mortem medullitus capit, 1 2 22
quod praeterit sequitur, quod futurum est antecedit. in omnibus nouus est et tamen in omnibus uetus est. punctis omnibus commutatur, non natura, 1 16 1
non hiat uulnus, non defluit sanguis, non decolor color est. ipse est et tamen ipse non est. uetus quidem uidetur domicilium, sed nouus est 2 24 3
adire naufragium, ceto inhiante miserabilius sepelitur quam praecipitatur et tamen litus, quo tendebat, inuenit antequam uideat, felix sepulcro quam 2 2 5
an iustus et circumcidi non debuit?' Abraham, fratres, et uir iustus fuit et tamen necessario circumcisus. quid enim scriptura dicit? *Abraham* 1 3 6
sanguis; exspirantis non palpitat corpus, non decolor color est. ipse est et tamen non est ipse. uetus quidem uidetur domicilium, sed nouus 1 42 2
ornatus iam non oleaster sit, sed oliua, cum et oleaster sit et tamen oleastrum se non esse quodam modo etiam ipse miretur. igitur si 1 2 27
curiositatis calumnia commoueris. a paterno fonte in filio tota refunderis et tamen, tota ubi refunderis, nec recedis. recte deus diceris, quia trinitatis 1 36 32
abscondit, nemo lapides pretiosos, nemo aurum, nemo argentum, et tamen ullus non timet furtum. 1 5 18
enim beatius, quam si homines deus paterno honore dignetur adtendere et tanta illa sublimitas humanam mediocritatem aut caram habeat aut 1 61 6
et caligo totam Aegyptum circumdedit; exaltatus est Israel, quando tot et tanta tormenta Aegyptiorum solus ipse nihil aut timuit aut sensit. quid 1 61 7
commendans deuotione consimili conuertuntur ad deum et sacerdos et templum. exsultate igitur, fratres, aedificationemque uestram aede ista 2 6 5
gratias egerunt, sed uanis persuasionibus cogitationes eorum abductae sunt et tenebris opertum est cor eorum, ut *diligerent magis tenebras quam lucem,* 1 35 6
apostoli essent et homines ex gentibus audituri, et ideo ait: *audi caelum et terra*. caelos autem apostolos esse claro testimonio ueritatis affirmat. sic 1 61 2
contempserint. *audi,* inquit, *caelum, et percipe auribus, terra.* de caelo et terra prophetam fuisse testatum uel quasi de aliqua re esse conquestum, 1 61 2
aut caelum audierit aut terra, cum iussu dei et caelum obsecundetur et terra, quia caelum pluuias et fruges terra non denegat! sed quia haec 1 61 2
in quibus adhuc erant opera terrena. hoc est ergo quod ait: *audi caelum et terra*, quod Iudaeis non audientibus Christus dominus esset ab apostolis 1 61 4
Israel sic reprobus inuenitur et, dum clamat propheta *audi caelum et terra*, significat, quod illi audire contempserint. *audi,* inquit, *caelum, et* 1 61 1
honori suo protestatur deus, hactenus dicens: *caelum mihi thronus et terra suppedaneum pedum meorum. quam mihi aedificabitis domum? aut* 2 6 3
testatum uel quasi de aliqua re esse conquestum, cum dicit *audi caelum et terra,* tamquam numquam aut caelum audierit aut terra, cum iussu dei 1 61 2
ac paene pro infecto habetur quod non diffamatur, censuit eos caelo et terra testibus denotare, ut inexcusati facinoris competenti iudicio 1 47
audit imperatum sibi a deo exilium, ut cognationem suam simul dimisisset et terram. et tunc Abraham *respiciens oculis uidit* <*uiros*> *tres, cucurrit,* 1 62 1
iumenti, alia caro uolucrum, alia piscium. et corpora sunt caelestia, sunt et terrestria. itaque inmortalitatis semine (de quo etiam poeta 1 2 25
nobis, quinam sit deus iste, qui dicit: *audi, populus meus, et loquar, Israel, et testificabor tibi, quoniam deus, deus tuus ego sum*; et infra: *meus est* 1 25 1
eius, eo quod apostolos ad mirabilia facienda spiritus sanctus obumbrauit et texit. et denuo *caeli*, inquit, *enarrant gloriam dei*; et hic utique non tam 1 61 3
et in nobis manent. ut est, fratres, Nineuitis nuntiatus interitus, credunt et timent et quantum sciunt dominum non esse mendacem, tanto 1 34 9
caro funditus deleretur, denuntiante deo imminere per momenta et credit et timet arcamque, cum suis ut saluus foret, quam iussus est facere, non 1 4 12
uestis, fratres, et munda est et exacta, cum qua facile et opus fieri possit et tolerari ardor aestatis, id est temptationis; quam esse utique credulitatem 1 13 8
continetur: *si uis perfectus esse, uade et uende omnia tua et da pauperibus* et tolle crucem tuam *et ueni sequere me.* de hoc nescio quid possit 2 1 15
qui autem iuxta uiam sunt, hi sunt, qui audiunt uerbum et uenit diabolus et tollit de corde illorum uerbum, ne credentes salui fiant. terra uero 1 13 5
satellites suos in domini populum, ueterani odii assertor antiquus, et totam familiam domini impastae feritatis grassatione turbabat. indixerat 1 39 2
in caelum. hic, inquam, de quo Paulus ait: *qui accipit regnum, regnat et tradet deo et patri*, et cetera. quid hinc scandalum pateris, Christiane, ex 2 5 4
uerbis edocuit: *melior qui deficit sensu in timore quam qui abundat astutia et transgreditur legem*; et iterum: *noli esse sapiens multum et noli* 2 3 12
tuis; in tristitiae gemitu edes ex ea omnibus diebus uitae tuae; spinas et tribulos eiciet tibi et edes pabulum agri; in sudore uultus tui edes 1 2 30
pomum male dulce delibauit, lacrimas repperit, dolores et gemitus, *spinas et tribulos* sibimet comparauit ultimoque *sudore* turbatus posteris 1 4 8
pietate. cetum esse non dubitatur infernum; sicut enim Ionas tribus diebus et tribus noctibus fuit in uentre ceti euomitusque Niniue se intulit ciuitati, 1 34 8
caelestibus mysteriis coaptata cognoscat? hiems namque pigra, sordida et tristis ad eos pertinet, qui idolatriae deseruientes, mundanis uoluptatibus 1 33 2
dabis autem *pro me et pro te*: hoc est meam praedicabis crucem, sed et tu crucis tuae similiter dignitate gaudebis. igitur haec scala cuius esset 1 37 7
et quam inuestigabiles uiae illius! quis enim cognouit cogitationem dei? et tu eius naturam quaeris? sed et alio loco hoc, quod agitur, euidenter 2 3 17
quaecumque habet pater, mea sunt, et iterum: *pater, omnia mea tua sunt et tua omnia mea*, quia pater in filio et filius manet in patre; cui affectu, 2 5 9
Aegyptus et mercatus Aethiopum; et Sabain uiri excelsi ad te transibunt et tui erunt serui et sequentur te alligati compedibus et adorabunt te et 2 8 5
sibi a deo exilium, ut cognationem suam simul dimisisset et terram. et tunc Abraham *respiciens oculis uidit* <*uiros*> *tres, cucurrit, adorat* 1 62 1
ideo materiae ligni sunt comparata, siue quod in eius usu et perpetuo et tutius maneat testatoris uoluntas inscripta, seu quod quasi ex transuerso 1 37 8
in regno patientior, patientissimus, desideratos cum fratres agnosceret; et ubi iactantia se non potest continere, positus in honore. caelestis 1 4 17
susceperant mortuos, refundere inferi coacti sunt uiuos. quem ut semper et ubique aucti fide, numero, caritate nostris cum fratribus celebremus, 2 19 2
conpage discussa iuncturas corporis rupit. exsilierunt exsectae manus †et uenarum in se paulatim stupore rursus in se riuus sanguinis ruens†. 1 39 8
imperium, quod uerbis huius modi continetur: *si uis perfectus esse, uade et uende omnia tua et da pauperibus* et tolle crucem tuam *et ueni sequere* 2 1 15
docet, ut contemplatione opificii ac materiae semper suum et uereretur et ueneraretur artificem. post haec subiecit ei omnia bona mundi et quia 2 4 4
esse, uade et uende omnia tua et da pauperibus et tolle crucem tuam *et ueni sequere me.* de hoc nescio quid possit quispiam promouere; unum 2 1 15
reus, ut fiat innocens, confitetur. pretiosa indulgentia est, fratres, quae et ueniam praestat et medicinam. ceterum qui parcit uenefico, homicidae, 2 24 2
est uerbum dei. qui autem iuxta uiam sunt, hi sunt, qui audiunt uerbum et uenit diabolus et tollit de corde illorum uerbum, ne credentes salui 1 13 5
ut pars felicitatis sit nosse, quid fecerint. igitur Iob uir fuit iustus et uerax, ab uniuersis concupiscentiis huius mundi secretus, conuersatione 1 15 2
uel nosci uel destrui. dari non potest, quia si uerbis dari potest, poterit et uerbis auferri; nosci adaeque non potest, quia fieri potest, ut quis aliud 2 3 11
euangelio quid praedicet, fratres, accipite: *in principio*, inquit, *erat uerbum et uerbum erat apud deum et deus erat uerbum; hoc erat in principio apud* 2 8 3
quantum quis crediderit, tantum beatitudinis et habebit. o admirabilis et uere diuina sacrosancta dignatio, in qua quae parturit non gemit, qui 1 55
sicut res ipsa docet, ut contemplatione opificii ac materiae semper suum et uereretur et uenerarerur artificem. post haec subiecit ei omnia bona 2 4 4
uiam, uerum Christum dominum, prodiderunt, qui ait: *ego sum uia et ueritas*. illorum profugus populus per mare rubrum dextra laeuaque 1 46b 2
appellatus; at est uera ueritas dominus, qui ait in euangelio: *ego sum uia et ueritas*. Iob diues fuit; et quid ditius domino, cuius sunt omnes diuites 1 15 7
apostolo dicente: *uos estis templum dei et spiritus dei habitat in uobis*. et uerum est, nam sicut idolis insensatis similia templa conueniunt, ita 2 6 4
eius indeminutae deitatis paterna substantia paternaque uoluntas, *noua et uetera* duo testamenta, quae uidetis recte eadem sine ambiguitate a 1 37 9
regno caelorum similis est patri familias proferenti de thesauris suis noua et uetera. scriba, fratres, est praedicator, *pater familias* Christus, *thesauri* 1 37 9
ratione, quia in *thesauris suis* duos denarios intelligi uoluit, nouitate et uetustate duo testamenta. hos duos denarios a Samaritano stabulario pro 1 37 9
autem apostolos esse claro testimonio ueritatis affirmat. sic enim ait: *et uidebo caelos, opera digitorum tuorum*. hic utique non de caelis istis 1 61 3
et quidem etiam apostolo hortante sic Paulo: *dico autem innuptis et uiduis: bonum est illis, si sic perseuerauerint sicut ego; si autem non* 2 7 2
ratione quasi quadam claui aperire conabor, ut et prouidentiam dei et uim consociationis carnis et animae et hominis summum bonum ubinam 2 4 3
Susannam, quam inpudicitia mentiente in publicum traxerant, probatam et uindicatam ad mariti thalamos cum ingenti triumpho uictrix pudicitia 1 1 19
ut circumcideretur? an iustus et circumcidi non debuit?' Abraham, fratres, et uir iustus fuit et tamen necessario circumcisus. quid enim scriptura 1 3 6
apostolus dicit: *mulier sui corporis potestatem non habet, sed uir; similiter et uir sui corporis potestatem non habet, sed uxor.* sic igitur, quoniam una 1 1 13
dicitque ei se debere conceptum, cuius monile, anulum teneret et uirgam. qua re cognita Iudas non tantum ab ea se refrenauit, sed 1 13 3
deleta ueteri ecce per uos iungimur caelo: anus enim peperit angelum et uirgo deum. hic est deus noster, qui dignitate interim seposita, non 2 8 8
inuincibile profecto calamitatis est genus, cui subiugata sapientia seruit et uirtus. uidetisne iam manifeste sapientiam huius mundi non esse 2 1 8
regnare cum sanctis suis, *donec* uacuatis omni principatu et potestate et uirtute et dominatione *ponantur omnes inimici eius sub pedibus eius* 2 5 7
inter patrem hominesque adstitit *medius*, probans infirmitatibus carnem et uirtutibus maiestatem. hic sol noster, sol uerus, qui clarissimos ignes 2 12 4
sit uoluntati, propheta dicente: *ante hominem bonum et nequam, mors et uita; quod elegerit, hoc dabitur ei*. unde dubium non est uoluntatem 2 4 18
quadringentos uel eo amplius apostolicum hoc operetur edictum, quo et uiuaciores fuere homines et rarissimi Christiani, cur ego Christiano orbe 2 7 5
uestris et inducam uos in terram Israel; dabo spiritum meum in uos et uiuetis. cum haec ita sint, resurrectionem futuram cur, Christiane, non 1 2 12
salutaris, quia mortem mutauit in uitam; propter nos qui est occisus et uiuit, sepultus et resurrexit, homo aestimatus est et inuentus est deus 1 46a 2
quae sunt, et utamur creatura tamquam iuuentute celeriter; uino pretioso et unguentis nos impleamus et non praetereat nos flos temporis. coronemus 2 4 10
Christi noscuntur esse conflati. etenim conflatio et puritatem designabat et unitatem; carbo enim uerbum dei est, ara lex, forceps duo testamenta, 1 37 3
Dauid dicente: *domini est terra et plenitudo eius, orbis terrarum et uniuersi qui habitant in eo?* Iob diabolus ter temptauit; similiter 1 15 7
uiuere, puniri festinant. descendit quippe gladius pius in uiscera peccatoris et uno eodemque ictu, incolumi corporis manente materia, interficit 2 10 2
panis cum signo datur, aqua cum uino, sal, ignis et oleum, tunica rudis et unus denarius; quem qui libens acceperit acceptumque non spreuerit, 2 6 8
hoc dabit deus uobis signum: ecce uirgo in utero accipiet et pariet filium et uocabis nomen eius Emmanuel. butyrum et mel manducabit, priusquam 2 8 7
qua uos matres uestrae pepererunt, quae et ipsae partus dolore gementes et uos plorantes, sordidos, pannis sordidis alligatos huic mundo deditios 1 32

sunt. lucro gaudeo, sed sine furti conscientia, sane confiteor. denique et uos retinetis pondus antiquum; habetis aginam: exagium facite 1 41 3
terrae fingitur homo. construitur mobile totumque se nesciens simulacrum et, ut imago sit dei, inspiratur a deo in *animam uiuentem*. concepit 1 56 3
in magno quidem reatu nunc usque fuistis, sed fortiter examinati estis et, ut indulgentiam perciperetis, pro uobis ipsis bene uigilastis; optime estis 1 42 1
praemium, demonstrat et gladium, unicuique, quod elegerit, tributura et ut iure possit implere, quod gerit. qui ad se ueniunt, professionem 2 3 3
librata, uniuersas permotiones animorum placida moderatione compescens, et ut omnia non magno opere deuincat, se primo uincit. non uirtutes 1 4 3
nouellus, anni parens annique progenies; antecedit quae sequitur tempora et, ut saecula colligenda disseminet, parit sibi de fine principium. hic est, 2 19 1
est et nemo reuertitur; et infra: *uenite ergo, fruamur bonis, quae sunt, et utamur creatura tamquam iuuentute celeriter; uino pretioso et unguentis* 2 4 10
incolis renuntiatur. at Thamaris nostrae cum processu temporis procedit et uterus. mirum profecto uidete mysterium! quae celauerat faciem, non 1 13 3
diuites, praerogationibus crebris et iustis ueri diuites facti; promotioni etenim caelestis uestrae dignitatis debetur diuini operis perennis ista 2 6 10
Iudaei unde se beatos putant, infelices inde esse noscuntur. etenim commodius puto misero in statu suo manenti quam beato in 1 18 1
unum populum per confessionem nominis Christi noscuntur esse conflati. etenim conflatio et puritatem designabat et unitatem; carbo enim uerbum 1 37 3
qui spiritaliter accipit, fratres, iste est, eius qui fructu lactatur. Iudaei etenim cum carnaliter sentiunt in gregibusque pecuinis agnum bifaria 1 8 1
tam salutem pollicetur quam locum caputque criminis monstrat. Adam etenim, cum illicitum pomum hoc membro decerpit, sic in genus 1 3 8
utroque in utrumque commeando largiflua, utrisque propria, nulli priuata. etenim damnum patientur ubertatis et gratiae, si adimatur, quod uno 1 7 4
sicut est frequentibus oraculis prodita, ita inuenimus esse completam. etenim deus dei filius tempore constituto dissimulata interim maiestate ab 1 54 3
ac delectabile certamen deo historia sacra prodidit nobis ignis ac fidei. etenim duo discordantia deuotione dominica in unam concordiam 1 48
corporis sui merita secundum ea, quae gessit, siue bona siue mala. etenim, fratres, facilius est reformari quod fuerit quam institui quod ante 1 2 16
deum tam necessarium atque conueniens, quam ut se ipsum nouerit. etenim genus insaniae est eum rationem secreti naturae disquirere; non 1 27 1
nato tam necessarium atque conueniens, quam ut se ipsum nouerit. etenim genus insaniae est eum rationem secreti naturae disquirere, qui 2 30 1
tam insigne, tam opulens templum, quia in eo uerum non erat templum. etenim hominum conciliabulum est contextio ista parietum, fidelis autem 2 6 4
iure possit mereri quod credimus. nec res in ambiguo est; quemadmodum etenim ille princeps iniquitatis suo semine per inuidiam protoplastos ex 1 2 26
mucronibus premebatur, inde maris magno clausus obice reprimebatur. etenim illi nullae inerant naues, nulla transfretandi praesidia, cum subito 1 29 2
hoc induere incorruptionem et mortale hoc induere inmortalitatem. aliter etenim inmortalitatis stola illa non sumitur, nisi primo istud carnale 1 2 30
illa semine, haec uerbo. haedus ei mittitur, temptationis uidelicet signum; etenim iustitiam qui sequitur, necesse est ut probetur. denique fornicaria 1 13 11
ab uno de seraphim ex ara dei sublatum carbonem uaticinando perhibuit. etenim labia inquinata duos populos Iudaeorum gentiumque debemus 1 37 3
uacant, quomodo unicuique merces pro suo actu reddetur? sine causa etenim laborare uidebitur iustus, nisi recipiat secundum facta sua, quae 1 35 1
affligebat infernus. non superi, non inferi parcebant simulacro dei: etenim mortis imperium sibimet uindicauerat totum. haec cum diu sic 2 4 6
est, fratres dilectissimi, martyrum non horruisse supplicium. quantum etenim multiformis crudelitatis lugubris contemplatio retrahit a corona, 1 11
indulgentiae regale beneficium diligenter, fortiter ac fideliter custodite. etenim omnis [actus] uester contractus ablatus est. securi gaudete: nihil 1 42 1
praecepta contemnuntur, cui cultus, cui amor mundi praeponitur. quoduis etenim piaculum scelus dedecus nefas libenter admittit, cuius praecordia 1 14 7
sabbatum pugnat, quod uiolandum ullo opere in toto non esse praeconat. etenim plerumque contingit, ut ei nascatur sabbatis filius, quem octauo die, 1 3 3
declarat; sic enim se habet: *in finem pro his qui immutabuntur.* Iudaicus etenim populus, qui prior uinea dei dictus est, floruit quidem, sed 2 11 1
elogiis paucissimis uerbis totius humani generis iudicium designauit; etenim quantum interest inter impium et peccatorem, tantum interest inter 1 35 3
utique ut quae fecerat faceret, sed ut defleret se fecisse quod fecerat; aliter etenim quis saluus esse non poterit, quamuis sit iustus, nisi exomologesin 1 13 12
eruitur magno opere terrae uisceribus, iterum celandum terrae mandatur. etenim res est, quam habere falsum est gaudium, certissimum periculum 1 14 4
semen suum fudit in terram; semen significat non creaturae, sed cordis. etenim semen cordis uerbum est dei, cata Lucanum domino sic dicente: *est* 1 13 5
cor eius non dormit, qui huius somnium secretaque cognoscit. prophetia etenim semper figuris uariantibus loquitur, sed res una in omnibus 1 37 1
genere celebrata sit petrinis illis cultris: cor an praeputium circumciderit. etenim si secundum ipsos nos quoque carnaliter sentiamus, ambo 1 3 15
Ionas in naui dormiens sacramenti dominici imaginem praeferebat; etenim significabat nauis materia crucem, somnus uero passionem. mare 1 34 8
pudicitiam qui colit, quantae nobilitatis sit, facillime cognoscit; est etenim tantae uirtutis, ut sit honorabilis etiam hostibus suis. haec totius 1 1 1
in ipso, quod infirmissimum putant, hoc potissimum praedicarent. etenim uere perfectus deus non esset, si esset aliquid quod esse uolens esse 2 8 9
indulgentiae regale beneficium diligenter, fortiter ac fideliter custodite. etenim uester contractus omnis ablatus est. securi gaudete; nihil saeculo 2 29 1
publicum est, tuum secretum? illius a quouis libere tractari potest, tuum etiam a Christianis ipsis minime consecratis sine sacrilegio uideri non 2 7 14
se desideranti sine ambiguitate non tantum suam praesentiam exhibet, sed etiam ad consulta respondet liberiusque canit mortuus, quam canere 1 2 8
populo deus hoc signum dedit, ut, locum matricalis culpae cum denotat, etiam alia crimina fugienda cognoscat. 'ore tuo te, inquit, Christiane 1 3 8
non enim nuptias condemno, sed nuptiis meliora praepono, et quidem etiam apostolo hortante sic Paulo: *dico autem innuptis et uiduis: bonum est* 2 7 2
antequam peccasset in paradiso, in id quod fuit! quam rationem seminum etiam beatissimus Paulus subtiliter prodidit dicens: *qui seminat secundum* 1 2 28
calicem pretiosum, quem paulo ante calcando fuderant, gustant, aliqui etiam bibunt. mustum patris familias cellae reconditur, ut pretiosius 2 11 7
cum pecudibus lege fundimur a natura, quae est corporalis ac per hoc etiam breuis; alia uero animi, quam nos nobis ipsi hac in uita per fidem 2 4 8
uotis saepe contingit, ut nec filios habeant nec maritos. talis est etiam causa maritorum, ad quos aliquid loqui superfluum est, quia, si uxor 2 7 11
gladio iugulare; hic Ioseph mulieri flagitat esse uiolentum, quem, etiam dum denudat, esse non inuenit inpudicum; hic synagogam 1 36 26
suorum damno cooperiens; miserandis affatibus in uberiores fletus incendit etiam eos, quos causa non tangit, tanto ambitiosior in dolore quam ditior 1 2 14
ut dominos. huius est munus, ut, non dicam notos aut amicos, sed saepe etiam eos, quos numquam uidimus, diligamus. huius est munus, quod 1 36 14
pudica fiunt membra. age nunc, eius aemulae rabiem breuiter etiam ex ratione nominum publicemus, ut quid appetendum quidue 1 1 6
quem noueris. at dicis: 'hoc daemones fingunt'. o probatio melior, quod etiam fallaces testimonium perhibent ueritati! cur autem fingant nomina, 1 2 7
quemadmodum prosapiae nostrae nobilitatem non relatione tantum, sed etiam fide similitudinis adprobemus. unde tamen prae me fero, fratres 1 1 3
(quae si auferas, nulla fortassis est pugna), multos esse tractatus, multas etiam fides et quidem nouellas et litis labore ac fauore nutritas. quas, quia 2 3 7
tantum ut tollat. cui autem parcat, quae et mori momentis omnibus etiam friuolo ac turpi lucro festinat? quid igitur, miser homo, auri 1 14 2
filii et spiritus sancti, non tantum diaboli praesentes ignes exstinguit, sed etiam futuri diei iudicii incendia superabit. illa iustificata discessit; haec 1 13 13
'sed, inquies, iustum est, ut mea seruem, aliena non quaeram.' hoc etiam gentes dicere consuerunt. ceterum apud deum quam sit iniustum, 2 1 18
sit, facillime cognoscit; est etenim tantae uirtutis, ut sit honorabilis etiam hostibus suis. haec totius humani generis fundamenta confirmat, 1 1 1
scriptum sit: *qui habet, dabitur illi et abundabit; qui autem non habet, etiam id quod habet auferetur ab eo.* per hanc, fratres, a deo Enoc meruit 1 36 7
diuitias in ea commanens possidebit. memorandum quoque necessario est etiam illud, a quo quid agatur in templo. sacerdos uocat, ostium credulitas 2 6 9
prodest, caritas omnibus; adde quod fides non gratis pugnat, caritas autem etiam ingratis conferre consueuit; adde quod fides non transit in alium, 1 36 11
colit; *non malum cogitat*, quia simplex est; *non irascitur*, quia etiam iniurias libenter amplectitur; non fallit, quia fidem ipsa custodit; non 1 36 12
concupiscentiae pugna, ubi sub crebrescentibus morbis ipsa necessitate etiam inpudicorum pudica fiunt membra. age nunc, eius aemulae rabiem 1 1 5
securos. tanta est enim fidei uirtus tantaque potestas, ut cultoribus suis etiam ipsa elementa contra suam naturam famulari compellat. unde, 1 31
i nunc, insatiabilis homo, et in detestabilis congestionis lucra letifera etiam ipsa elementa nouis artibus coge! licet radient tibi pretiosorum 1 5 10
multum interesse inter damnatum et iudicandum? quam iudicii formam etiam ipsa humanitas, quamuis iniusta sit, seruat. nemo namque pater 1 35 8
ibidem nec memoratum nec factum posse doceri nec natum. huc accedit etiam ipsa praepostera memoratio, quoniam res est disconueniens et 2 4 2
ingemescentes dimissis capitibus omne studium defensionis abiecerant, iam etiam ipsa pudoris compendio mortis oderat moras, omnibus displicens, 1 1 19
nisi conuertantur, manet diuina sententia, quae nec deum nec sacrificium etiam ipsae cognoscunt se habere legitimum. nunc Iudaeorum quoque 1 25 5
partem probes, reprobes partem, quomodo per hanc fidem quaeris, quam etiam ipsam infidelitatis ream constituis, canentis cum uniuersa non credis? 2 3 13
trium puerorum martyrium qui credit interritus, potest etiam ipse adipisci martyrium. tanta enim uis certaminis fuit, ut eam ipse 1 22 1
et peccatorem, tantum interest inter peccatorem et iustum. denique etiam ipse impiis iudicium, quia iam sua impietate praeiudicati sunt, non 1 35 3
oliua, cum et oleaster sit et tamen oleastrum se non esse quodam modo etiam ipse miretur. igitur si homo potest facere, ut sit arbor quod non fuit, 1 2 27
dies, menses et digiti. at plerumque cum sua sibi industria fenerator etiam ipse nudatur, ei cum casu aliquo fraus, inopia, fuga, mors extorserint 1 5 12
est dei mandata neglexit et idolis profudit. propter quod a deo similiter etiam ipse praesentem sententiam damnationis excepit, quia, sicut est 1 13 6
nocendi non praeterit. uultis scire, quod malum sit? in ipso fructu suo etiam ipse se odit. uenenis eius cotidie totus exaestuat mundus pestiferisque 1 36 27
autem tertii filii apud nurum per aetatem excusat deterritus, ne etiam ipse similiter moreretur, praecepitque mulieri, ut in domo patris sui 1 13 1
momentis omnibus uariae sollicitudinis cura torquetur. sed dicet aliquis: 'etiam Maria uirgo et nupsit et peperit.' sit aliqua talis, et cedo! ceterum 2 7 4
ne quid scenae tam dirae immanitatis deesse uideatur, immittuntur etiam marina monstra; laciniis omnibus spoliatur puella, uestitur incendio. 2 2 6
at uero spiritus bona non tantum sunt inuisibilia, tarda et abscondita, sed etiam nimis in arduo constituta, ut ad ea nisi cum summa difficultate, 2 4 13
quia huius modi circumcisis deus non tantum salutem non pollicetur, sed etiam, nisi legitime corde circumcidantur, ignis inexstinguibilis supplicium 1 3 13
uehementer armata captat solitudinem, secretum captat et locum, in quali etiam non irritata adolescentia inuitis feminis saepe uiolenta esse consueuit. 1 1 16
qui non tantum prophetis synagogae lapsu desolatis solacium praebuit, sed etiam nos omnes in aliqua constitutos angustia recreare consueuit. *ad oues* 1 13 7
iudicarentur. pro quibus causis a deo non tantum sunt disperditi, sed etiam perpetuo poenali supplicio destinati. Aunan autem secundus frater 1 13 4
saluator esse cognoscitur et factis et nomine. hic enim, quia ipse dictus est etiam petra, recte cultellos petrinos fecit (unde non sine ratione et *Simoni,* 1 3 16
sunt caelestia, sunt et terrestria. itaque inmortalitatis semine (de quo etiam poeta sapientissimus praesagauit dicens: *igneus est ollis uigor et* 1 2 26
Christi sponsa est, quia *pudica*, ideo iugo thalami caelestis honorata, quia etiam post nuptias manet postmodum uirgo perpetua, nos, qui nascimur de 1 1 3
noctem, ut admoneret arsurum. angelus praeuius tua castra promouit, ut etiam praesenti deo probareris ingratus. per mare pedibus ambulasti, ut 1 9
quam non uera, si *factionibus pollet*! o quam publicana, cuius fabulantur etiam profani secreta! o quam praesumpta, quae mauult magis nouellae 2 3 10
facta commutatione quod eius est fit pro partibus nostris. sequens est, ut etiam proximos eo affectu, quo nos ipsos diligimus, diligamus, maxime 1 36 22
membra! o quam indefensa, quae regum, iudicum, diuitum, aliquotiens etiam, quod peius est, gentium desiderat per momenta patrocinia! o quam 2 3 10
inuenies iniustitiae magis stultitiam, iustitiae sapientiam conuenire. quod etiam sacrae legis testimoniis probare non desinam, cuius ista sunt uerba: 2 1 5
se quaeri, se aestimat inueniri; cui securitatis profectus est nullus, etiam si contingat ei accusatore carere, teste conscio, cum se ipso carere 2 10 1
stultam putant, quod elaboret — dispendio suae, non dicam facultatis, sed etiam, si opus sit, et salutis — alii magis prodesse quam sibi; suam, quia, 2 1 3

permotionibus crebris et rapidis se semper expugnans; animus infidelis etiam sibi; actus improuidus, instabilis, caecus, incautus, inconstans, totus 1 4 7
ac uermes? qui quod habet infelici tenacitate non aliis tantum, sed etiam sibi ipsi subducit? 'sed, inquies, iustum est, ut mea seruem, aliena 2 1 17
exesus detestabili macie omnia gestatoris sui ossa denudat. nonne horrebit etiam sibi quodam modo illa excarnata umbra tractabilis? longum est ire 2 4 15
plus tulit auaro quam praestat, ac sic saepe contingit, ut merito perdat etiam sua, qui desiderat aliena. illinc alius uias uiantibus cludit, arcet ab 1 5 12
metu forsitan ipso cessante illicita eis uota donabis (quod maritis etiam sub fidelibus multae fecere peiores, Euae non discipulae, sed 2 7 16
ferisque donati, ubique dispersi, utrobique deperditi, semesis ossibus, etiam suis carnibus nudi. conspicite rem auaro condignam! ille, ille 1 5 8
uoluerunt et sola crediderunt cogitatione puniri, quem nefarium fuerat etiam tardius adorari. ad cuius immanis ausi saeuitiam metuenda 1 59 8
finitur hiems hodie peccatorum. oleo confecto laetabuntur. hodie eos etiam uer arridens diuersos in flores diuerso charismate redditurum, cum 2 13
res est, fratres, nec coniugio seruare caritatem nec deo fidem. haec etiam uiros reprehensio manet. Christianus ergo in toto dubitare non debet 1 2 14
etsi beata diuersis uita uirtutibus quaeritur, cuius cupidine flagrans 1 4 1
si secus aliquid de pistore sentiatur, mea nihil interest, fratres, quia, etsi pauper sum, tamen frontem meam tueor et fidem meam noui. certe si 1 41 3
ueluti adulterae deprehensae magnum minitantur exitium. at illa non Eua, ancipiti quidem metu contemplatione praeclusa, cuius aut pudor esset 1 1 18
corpus spiritalis feminae effunditur, ut legitime Adam per Christum, Eua per ecclesiam renouaretur. hoc nos, fratres, sacramento tam uiri quam 1 3 20
circa regum latera securos gladios facit; haec bella premit, lites tollit, iura euacuat, fora compescit, odia eradicat, iras exstinguit. haec mare penetrat, 1 36 13
non lege promeruit. si legem, contemne tuam istam circumcisionem, quam euacuatam uidemus a lege, sic Ieremia dicente: *haec dicit dominus uiris* 1 3 12
Iudaicus quidem populus impietatis arguitur, sed Christianus, ne talis euadat, pariter commonetur. denique ut iste plus timeat, ille terretur; ille 1 10a
a deo Enoc meruit cum corpore contra legem naturae transferri; per hanc euadens Noe non inuenit, cum quo diluuium fuisse conferret; per hanc 1 36 7
debemus, ut et praesentis temporis temptationes et futuri iudicii poenas euadere mereamur per Iesum Christum. 1 34 9
patienter exspectat, dignus euadere, qui in tanto orbis metu non festinauit euadere. nunc mihi Abrahae memoranda est mira illa temptatio, quae eum 1 4 12
ingredi iubeatur, quando ianuam claudere, patienter exspectat, dignus euadere, qui in tanto orbis metu non festinauit euadere. nunc mihi 1 4 12
terga, quibus uiator trepidus absorbebatur, et perambularet pariter et euaderet. clamat de profundis et Paulus obrutus calamitatibus beatis, cum 1 34 3
eis uota donabis (quod maritis etiam sub fidelibus multae fecere peiores, Euae non discipulae, sed magistrae; illa enim decepta, hae sua sponte se 2 7 16
non sacrosanctum illum saltem suae pietatis affectum. hic facibus suis Euae pectus incendit; hic Adam suis telis occidit; hic Susannam conatus 1 36 26
integritas mutiletur, ne ingruentium peccatorum rursum, sicut Adae et Euae spiritale praeputium, male repetita nuditas condemnetur, ne nouus 1 3 24
et imitanda persuadet. adeo uiris contra dei legem deique iustitiam euagandi *extra legitimum torum* peregrina luxuria inspirat infeliciter quasi 1 1 13
castitatis, quae certe uera et aeterna formositas, in paradisi solitudine, ubi Euam ab auctore operis sui meminerant esse deceptam, hac re ipsa nato 1 1 17
peregrinari fecisti. tu uirginali carceri nouem mensibus relegasti. tu Euam in Mariam redintegrasti. tu Adam in Christo renouasti. tu sacram 1 36 29
certe, in qua delicti omnis est summa, isto remedio curare non potest Euam. quid, quod nec ipsi uiro aliquid eam prodesse perspicio? quia huius 1 3 9
circumcisionis incipit cura, et quia suasione per aurem inrepens diabolus Euam uulnerans interemerat, per aurem intrat Christus in Mariam, 1 3 19
ut transferant sese; in admirationem tui rictu blandiente leonum rabies euanescat; sub gressibus tuis maris unda pinguescens marmoreo stupore 2 3 14
quattuor animalia, sed salutiferis praedicationibus quattuor circumferunt euangelia. cuius quam uim habeat amictus et currus, his uerbis propheta 2 12 4
quia, sicut hamus missus in mare mortem piscis ostendit, ita euangelica praedicatio missa per mundum mortem domini aduentumque 1 37 6
explicans uoto, ut et non longius uideretur a proelio et secedendo euangelicae iussionis animaretur exemplo. ecce in eius hospitium uelut in 1 39 3
lapis est nuncupatus. scala autem duo testamenta significat, quae et euangelicis intexta praeceptis credentes homines uoluntatemque dei 1 37 1
est primus, quid opus erat, ut fieret quoque terrenus? simile dictum euangelicum illud consentanea potest argumentatione pulsari; scriptum est 2 4 2
misericordiam et iudicium cantabo tibi, domine, quomodo dominus in euangelio dicit: *qui credit in me, non iudicabitur; qui autem non credit,* 1 35 1
accipere, ut operis sui laudem sibimet soli deberi testatus sit, qui in euangelio dicit: *si non facio facta patris, nolite mihi credere; sed si mihi* 1 25 8
iustitiae. Iob uerax est appellatus; at est uera ueritas dominus, qui ait in euangelio: *ego sum uia et ueritas*. Iob diues fuit; et quid ditius domino, 1 15 7
semel locutus est dominus et haec duo audiuimus. sed et dominus ipse in euangelio hanc exprimit rationem dicens ad Petrum: *mitte hamum in mare* 1 37 5
ac fideliter ministrauerit, non dicam Scorpionem, sed, sicut dominus ait in euangelio, omnes omnino serpentes inlaesa planta calcabit. sed nec ipsum 1 38 5
uero homo definiendum putauerit, non est. nam et Iohannes apostolus in euangelio quid praedicet, fratres, accipite: *in principio*, inquit, *erat uerbum* 2 8 3
uiuus; unde libet exclamare: 'profectus potius est iste quam mortuus.' in euangelio quoque Petrus filiique Zebedaei cum domino adstare fulgentes 1 2 9
aut quis locus ad requiem mihi? omnia enim ista fecit manus mea. in euangelio quoque sic dicit: *Hierusalem, Hierusalem, quae interficis* 2 6 3
rebus dispositis, non deo, non sempiterno rectori, maxime cum in euangelio sic dicatur: *dabit illi dominus deus thronum Dauid patris sui et* 2 5 6
horae in apostolis, duodecim menses seruiunt in prophetis; quem euangeliorum salutaria quattuor praedicant tempora; cui non anniuersarii, 1 33 4
dei ascendentes et descendentes super filium hominis, sicut et factum est, euangelista dicente: *tunc reliquit eum diabolus et ecce angeli accesserunt et* 1 37 13
et uniuersi qui habitant in eo? Iob diabolus ter temptauit; similiter euangelista perhibente et dominum ter est temptare conatus. Iob facultates, 1 15 8
ipsi autem me spreuerunt: ad crucem enim perduxerunt, per quam crucem euaserant Pharaonem. sed iterum *derelinquetur filia Sion* <...>. 1 61 8
iugulantur quae Christi ingratae beneficiis sponte ad mortem, de qua euaserant, reuertuntur. cum igitur semper insidietur se non quaerentibus 2 7 12
Aegypto seruis diu, non necessitate, sed merito. ereptus es inde; non tua euasisti uirtute. columna nubis te deduxit per diem, ut ostenderet caecum; 2 16
seruisti diu, non sorte peregrini, sed merito. ereptus es inde, non tua euasisti uirtute. columna nubis te perduxit per diem, ut ostenderet caecum; 1 9
fecisse, quod fecerit? uultis scire, quam iusta sit? miseram se putat, nisi euerterit ueritatem. ceterum fortitudo, quae hominibus est cum feritate 2 1 7
agnos abhorret dominus: unde sacrificant? deum dereliquerunt, altaria eius euerterunt: cui sacrificant? sane hoc solum proprium retinent, quod, ut 1 51
Salomonis templum, de quo praesumebant, cecidit. altaria dei ipsi euerterunt. *lex et prophetae usque ad Iohannem*. sacerdotibus eorum luctus 2 17
deleuit? Iudaei contionibus tument; altaria diuina cum uenerantur, euertunt; uaria caede prophetas elidunt; Moysen amore nimio lapidare 1 4 10
semine a mortuis rursus gloriosos in angelos excitabit. ad hoc unum euidens adhuc proferamus exemplum, quamuis non possit ueri simile 1 2 27
uirga per lignum sacramentum passionis domini annuntiabat, sicut euidens declarat exemplum, quod Psalmorum in libro sic habetur: *uirga* 1 13 10
Christianitatis magis in caritate quam in spe uel fide esse depositum, sicut euidens testatur exemplum. Iudas Scariothes traditor domini et spem et 1 36 19
dei? et tu eius naturam quaeris? sed et alio loco hoc, quod agitur, euidenter expressit, cum ad Timotheum loquitur instruendum his uerbis: 2 3 17
seminat in spiritu, de spiritu metet uitam aeternam. at uero dominus euidenter hoc edocens sic ad discipulos ait: *simile est regnum caelorum* 1 2 28
de fine principium. similiter Phoenix auis illa pretiosa resurrectionis euidenter nos edocet iura, quae nobilitatem generis sui non a parentibus 1 2 20
quibus si non credunt, neque illi, qui hinc missus fuerit, credituri sunt', euidenter ostendens non in oculis esse carnalibus uerum, sed in fide 1 2 10
quam nobis plenitudinis suae pio de fonte largitur. quam rationem Paulus euidenter prodidit dicens: *quemadmodum portauimus imaginem eius, qui* 2 30 4
originem pertinet, 'hominis' ad sacramentum. cuius sacramenti arcanum euidenti ratione quasi quadam claui aperire conabor, ut et prouidentiam 2 4 3
et locum et nomen proprium confitetur discessumque, uel qui sit signis euidentibus docet, ut plerumque aliquos noscamus eos esse, quos in 1 2 6
euigila, Christiane, omnique saecularis somni torpore discusso, apertis 2 27
celebramus, qui ad hoc *recubans obdormiuit*, ut uinceret mortem, ad hoc euigilauit, ut beatae resurrectionis suae in nos munus inmortalitatis 1 38 4
ex fide simplici. igitur si dei seruus es, *stultas et ineruditas quaestiones euita sciens, quia lites generant. seruum autem dei non oportet litigare,* 2 3 18
sunt. quis noster dominus est? hanc superbiam propheta tumidi cordis euitans sic infit ad dominum: *domine, non est exaltatum cor meum.* cum 2 9 3
homini per hominem, *quem gerebat, et spem uincendae mortis offerret et* eum *ad praemia inmortalitatis admitteret.* sicque factum est, ut, quomodo 2 4 7
offerebat. tanto autem puritatis ac fidei erat muro munitus, ut non auderet eum adtemptare diabolus nisi a deo iussus. iam hic considerate, fratres, 1 15 2
saluatoris aduentum, qui non esset a Iudaeorum populis audiendus, quod eum apostoli essent et homines ex gentibus audituri, et ideo ait: *audi* 1 61 2
euadere. nunc mihi Abrahae memoranda est mira illa temptatio, quae eum aut sacrilegum fecerat, si contemneret deum, aut crudelem, si 1 4 13
fiducia fidelem se uocari cognoscat, inculpatis moribus uiuat, conscientia eum bona, non loquacitate, quae mater profecto peccati est, nosse 2 3 19
nihil habet, qui te non habet. tu deum in hominem demutare ualuisti. tu eum breuiatum paulisper a maiestatis suae immensitate peregrinari fecisti. 1 36 29
super filium hominis, sicut et factum est, euangelista dicente: *tunc reliquit eum diabolus et ecce angeli accesserunt et ministrabant ei*. unde dubium 1 37 13
ut timeas dominum deum tuum et ambules in omnibus uiis eius et diligas eum et custodias praecepta eius ex toto corde tuo et ex tota anima tua, ut 2 2 4
barbarici furoris moribus alligatus. deus illi ducatum praebuit: idem a sua eum facie postmodum abiecit. consecutus est regnum, ut post regiam 1 52
gratia, tanta de eorum offensione futura uindicta est. certum est enim in eum filium, posteaquam deliquit, granditer uindicari, quem pater plurimo 1 61 5
illam esse ueram uitam, cum idem animus custodia carceris liberatus ad eum locum, unde uenerit, reuertatur. si ergo hoc ille sensit, qui non 1 2 2
suum fudit in terram. quod cum deo malignum quoque uideretur, pari eum morte damnauit. coniunctionem autem tertii filii apud nurum per 1 13 1
amemus et honorificemus quem inuenimus deum. sane quaerant illum, qui eum non habent secum. 1 56 3
salutis suae amisisse praesidium diuini carminis textus ostendit. in quo eum non seueritas apud omnes condemnat, fratres uenerandi, sed pietas. 2 21
pro salute sollicita. quid autem a deo impetrare te posse credis, quae eum per id, per quod irascitur, deprecaris? aperi tandem oculos cordis: 1 14 6
superauit. non enim leue crimen est eius, cum de eo ille queritur, qui mox eum poterat et punire. sed quia mors apud incredulos futurorum putatur 1 47
stipatus, eligendi mortem uitamue praecepti eruditione commonitus, eum propriae uoluntati commisit. at liuidus ille criminator, qui, quod 2 4 5
reseruat examini, ut ponderatis damnis rebusque seruatis sententia in eum, prout debitor exstiterit, iure possit expromi. ita erit, ut iustis corona, 1 35 8
mala, propheta dicente: *idola gentium argentum et aurum*. unde apparet eum, qui diligit aurum et argentum, non tantum deos colere, sed eorum 1 14 4
si possit, ut rapiat. uultis scire, quale calamitatis sit genus? sane plus in eum, qui eam dilexerit, saeuit. quam qui uicerit, habebit uitam aeternam. 1 21
dubium non est horrendi supplicii perennibus absumptum iri tormentis eum, qui praeuaricatus fuerit e duobus. sed nec illis impune succedit, qui 1 1 14
quod sensim serpat, serpentis nomen accepit, detestabili accensus inuidia eum, quia per se non ualebat, aliena forma blanditus per mulierem 2 4 5
atque conueniens, quam ut se ipsum nouerit. etenim genus insaniae est eum rationem secreti naturae disquirere; non enim ullo pacto potest 1 27 1
atque conueniens, quam ut se ipsum nouerit. etenim genus insaniae est eum rationem secreti naturae disquirere, qui uitae suae non possit reddere. 2 30 1
asserit deum. defensio enim non nisi inbecilli praestatur nec potest eum uereri, qui ingenii sui putat esse, quod ille fuerit aestimatus. 2 3 18
promitteret, si se uel sero nefandis superstitionibus miscuisset, talibus in eum sanctissimus martyr uocibus exsiliit: 'quid, inquit, uanissime omnium 1 39 5
spiritu sancto loquente noscamus: *et homo est*, inquit, *et quis cognoscit eum?*. si ita est, quomodo ergo posset agnosci, prodidit Esaias his uerbis: 2 8 6
praestiterat; si hominem solum, sicut quidam putant ab utero uirginis eum sumpsisse principium, quae spes futurae beatitudinis credenti, cum 2 5 1

munerifero semper uicissitudinis delectamento seruire praecepit, qui eum supra dicti amoris male dulcibus uenenis occisum infernaeque sedi 1 36 28
inopia morienti tantis opibus qui cum possit subuenire non subuenit, ipse eum uidetur occidere? o quantarum neces animarum in phaleris pendent 2 1 19
sicut Esaiae beatissimi indicat carmen, Iudaico populo irascitur deus eumque, ne forte paeniteat, publica obiurgatione confutat. humana sentienti 1 30
offerat, pater probet, filius, qui magister est noster, probata glorietur per eundem, qui est benedictus in saecula saeculorum. 1 25 13
aquarum natura sit talis, ut, cum in profundum homines susceperit uiuos, euomat mortuos, aqua nostra suscipit mortuos et euomit uiuos, ex 2 10 2
susceperit uiuos, euomat mortuos, aqua nostra suscipit mortuos et euomit uiuos, ex animalibus ueros homines factos, ex hominibus in angelos 2 10 2
sicut enim Ionas tribus diebus et tribus noctibus fuit in uentre ceti euomitusque Niniue se intulit ciuitati, ita dominus postridie ab inferno 1 34 8
nunc sacrificii nostri proprietatem nos conuenit nosse, quae facile ex aduerso cognoscitur. nam si diis *corporalibus* sacrificium conuenit 1 25 9
legitimum celebrare, agnus requirendus est tibi, sicut praeceptum est, *ex agnis et haedis* discordi natura commissus, quem in gregibus pecuinis 2 20 1
ubertatis et gratiae, si adimatur, quod uno eodemque aestu alterum ex altero decoratur. 1 7 4
dilexerint, destinati. uer sacrum fontem debemus accipere, cuius diuite ex alueo Fauonio non uento, sed spiritu sancto generante *odorem diuinum* 1 33 2
credens hominibus se ream praebere debere quam deo. interea instant illi ex amatoribus accusatores effecti crimenque suum in simplicitate 1 1 18
recte: *quid enim necesse est iudicare credentem? iudicium enim ex ambiguis rebus exsistit; adempta ambiguitate iudicii non desideratur* 1 35 2
etenim ille princeps iniquitatis suo semine per inuidiam protoplastos ex angelis in homines deriuauit, ita dominus omnes in se credentes sancti 1 2 26
uiuos, euomat mortuos, aqua nostra suscipit mortuos et euomit uiuos, ex animalibus ueros homines factos, ex hominibus in angelos transituros, si 2 10 2
forcipis uidit; quibus ad conflanda labia inquinata ab uno de seraphim ex ara dei sublatum carbonem uaticinando perhibuit. etenim labia 1 37 2
una agebant, nec fuit inter illos discrimen ullum nec quicquam suum ex bonis putabant, quae eis erant, sed erant illis omnia communia, sicut 2 1 18
quoniam ex lege discitur, sed in mentibus nascitur. lex enim pendet ex caritate, non caritas pendet ex lege, sacra scriptura dicente: *iusto lex* 1 36 17
sexus, ipsa omnis affectus, ipsa genus, ipsa finis, ipsa principium; non ex coitu nascitur nec officio alieno nutritur; non inuita, non inprudens 1 2 20
et concupiscentia oculorum et ambitio saeculi, quae non est a patre, sed ex concupiscentia mundi. per hanc enim diabolus cum diuerse hominum 1 36 27
et concupiscentia oculorum et ambitio saeculi, quae non est a patre, sed ex concupiscentia saeculi. et mundus transibit et concupiscentia eius. qui 2 4 12
spiritali deo *sacrificium est necessarium* spiritale; quod non ex sacculo, sed ex corde profertur; quod non bromosis pecudibus, sed suauissimis moribus 1 25 9
ueram rationem dei, quae est in fide. definitio autem iussionis est caritas ex corde puro et conscientia bona ex fide simplici. igitur si dei seruus es, 2 3 17
ista ratio, mox uidebimus. nunc scire cupio, fides ex doctrina constet an ex credulitate an ex utroque. si ex doctrina constat, non habent ergo fidem 2 3 9
obseruantiamque ad perfectionem perducere nullis rationibus possunt. si ex credulitate, non ei opus est ulla interpretatio, quia sicut semel creditur, 2 3 9
igitur haec scala cuius esset materiae, in qua dominus incumbebat, ex Dauid dicto cognoscimus, qui ait: *uirga tua et baculus tuus ipsa me* 1 37 8
disputatio, qui ideo iustum patiuntur errorem, quia Christum non ex deo considerant hominem factum, sed ex homine <deum>. ceterum si 2 8 9
filium crescit affectus, qui ex promissione certior, ex tarditate dulcior, ex desperatione felicior putabatur. unicus numero et in amoris soliditate 1 59 5
gladius, ut pater esset pariter et sacerdos. consimilis filii quoque est ex diuina uoluntate securitas. qui cum hostiam prouidet, cuius loco electus 1 59 6
scire cupio, fides ex doctrina constet an ex credulitate an ex utroque. si ex doctrina constat, non habent ergo fidem qui litteras nesciunt, sed nec 2 3 9
quod malum est ista ratio, mox uidebimus. nunc scire cupio, fides ex doctrina constet an ex credulitate an ex utroque. si ex doctrina constat, 2 3 9
bonum? hic nunc primum omnium scire debemus hominis fabricam *ex* duobus *diuersis ac repugnantibus* comparatam *discordique concordia* esse 2 4 8
deus in alio se inferior esse quemadmodum potest? quicquid enim uni ex duobus indiscrete in omnibus sibimet similantibus detraxeris, cui 1 45 2
qui fuerit iniustus. ceterum siue iusto siue sapienti si alterum defuerit ex duobus, quod illi putauerunt, nec sapiens profecto erit ille nec iustus. 2 1 10
maledicta terra erit in omnibus operibus tuis; in tristitiae gemitu edes ex ea omnibus diebus uitae tuae; spinas et tribulos eiciet tibi et edes 1 2 30
suae per se in se manentem; *postea uero deum* hanc *diremisse* ex eaque constituisse *mundum pariter et ornasse.* igitur si, ut uolunt, deus 1 7 1
maiestatis uera cognitio est deum non nosse nisi deum nihilque ex eo amplius requirendum quam ut quis eius nouerit uoluntatem, sine qua 1 54 1
cognoscite, cuius quoque capacitatem felici numero fecistis angustam. ex eo enim ipso, quod uos non capit locus, exinde intelligitur, quia fides 2 6 5
nec sua, sed nec eius, cuius esse dicetur, quia tractatus fidem cum astruit, ex eo ipso eam, quo astruit, destruit. nec ulli dabit quod non habet, sed 2 3 6
non ei opus est ulla interpretatio, quia sicut semel creditur, ita semel ex eo ipso, quod creditum est, consummata fides ultra nec minuitur nec 2 3 9
ergone dei imaginem non habemus? habemus plane et quidem manifestam ex eo ipso, quod non est nobis portantibus nota. incomprehensibilis enim 1 27 3
non habemus? absit, fratres. habemus plane, et quidem manifestam ex eo ipso, quod non est portantibus nota. incomprehensibilis enim dei 2 30 3
omnium conditoris ipse sit usus impossibilium possibilitatem adserere ex eoque quod non est facere quod est, naturam creare extra naturam, 1 2 16
cuius unum si soluas in pretium distribuasque necessitatibus singulorum, ex eorum respiratione cognoscis, quantorum malo ille constat ornatus. 2 1 19
sibi ab eo perpetuae felicitatis tempus non credit esse uenturum? sed spes ex fide est, quae quamuis in futuro sit posita, fidei tamen est iure subiecta. 1 36 4
definitio autem iussionis est caritas ex corde puro et conscientia bona ex fide simplici. igitur si dei seruus es, *stultas et ineruditas quaestiones* 2 3 17
et deputatum est illi ad iustitiam; qui ideo iustus, quia fidelis; *iustus enim ex fide uiuit*; ideo fidelis, quia credidit deo; qui nisi credidisset, neque 1 36 6
lex enim, sicut scriptum est, *iusto posita non est,* sed peccatori, quia *iustus ex fide uiuit,* infidelis iniuste. errat igitur quisquis disputationem legis 2 3 4
si circumcisionem, non est tibi lex necessaria, quia iustus Abraham, qui ex fide uixit, deum credulitate, non lege promeruit. si legem, contemne 1 3 12
a Iudaeorum populis audiendus, quod eum apostoli essent et homines ex gentibus audituri, et ideo ait: *audi caelum et terra.* caelos autem 1 61 2
colit, quem ipse disposuit. Selom autem praedictorum tertius frater minor ex gentibus uenientis nouelli populi imaginem depingebat, Thamar 1 13 7
salutari fuerit necata baptismate, noua paterni sacro resurgit fontis ex gurgite iam pura, iam libera, iam a conuersatione mundi huius 1 2 25
ne *infideles necesse est iudicare*, quia iam sua sunt incredulitate damnati; ex hac enim uita quis secum aut coronam portat aut poenam. quam 1 35 2
agnum uerum, quem inuenerant, perdiderunt. non enim intellexere, quia *ex haedis* humana designabatur caro suis onusta peccatis, *ex ouibus* 1 8 1
suo nomine deleta est. agnus salutaris, qui designatur *ex ouibus et ex haedis*, inter pecora non potest inueniri. dies festi eius et cantica 1 28 2
inuenerant, perdiderunt. quem scriptura designabat *ex ouibus et haedis*: *ex haedis* utique propter peccatricis indumentum carnis, *ex ouibus* propter 1 46a 2
in rebus, si cupit esse perfectus, debet esse constructus. si quid enim ei ex his defuerit, perfectionem sui operis non habebit. unde primo omnium 1 36 2
credo, ne populi penuria laborarent, uenales esse propositas. uerum tamen ex his omnibus eligendum quid sit, non potest nosci aut comprehendi, quia 2 3 7
est spei ac fidei unam inseparabilemque esse naturam, quia in homine ex his quaecumque defecerit, ambae moriuntur. fides itaque uel maxime res 1 36 6
errorem, quia Christum non ex deo considerant hominem factum, sed ex homine <deum>. ceterum si spiritaliter saperent, in ipso, quod 2 8 9
et martyr dominicae habitationis in recondita adsumitur, ut ibidem ex homine in angelum transfusus aeternae uitae beatitudine glorietur. 2 11 7
suscipit mortuos et euomit uiuos, ex animalibus ueros homines factos, ex hominibus in angelos transituros, si prouectus aetatis eorum infantiam 2 10 2
pristinum mortuos excitari talesque legitima die ante conspectum dei ex illo naturae secreto produci, quales fuerint pro sua quique qualitate 1 2 15
totis uiribus deriuare. at ille in repugnatione ueste sibi uiolenter extorta ex impudicitiae fouea nudus aufugit. sed pudicitiae splendore uestitus post 1 1 16
in patre, aequalis in omnibus, quia pater in ipsum alium se genuit ex se, ex innascibili scilicet sua illa substantia, in qua beatus manens in 1 17 2
uirum ligno suspensum uiuificatum est omne genus humanum. ac ne non ex integro principium suo statui redditum uideretur, prior uir 1 3 20
consueuit. quem necessario uno sequuntur duo Pisces in signo, id est duo ex Iudaeis et gentibus populi baptismatis aqua uiuentes, in unum populum 1 38 7
non sit unum hominem tantum e limo terrae a deo finctum eique eius ex latere mulierem coniugale solamen excussam, a quibus omne genus 2 4 1
fide credentium constitutum. nam et dominus ista exempla confirmans uni ex latronibus in se credenti, qui cum eo de patibulo dextra laeuaque 1 2 11
omnium diuinarum esse substantiam naturalemque magistram, quoniam ex lege discitur, sed in mentibus nascitur. lex enim pendet ex caritate, non 1 36 17
suae conscientiam retinet, diligit fratrem nec aliquid audire exspectauit ex lege, ne admonitione pietati aliquid derogetur, tantumque se in ipso 1 36 22
sed in mentibus nascitur. lex enim pendet ex caritate, non caritas pendet ex lege, sacra scriptura dicente: *iusto lex posita non est, sed peccatori.* 1 36 17
uidimus, diligamus. huius est munus, quod antiquorum aut uirtutes ex libris aut ex uirtutibus libros agnoscimus. sed quid ego diutius demorer 1 36 14
deinde quia lex communis est, fides uero priuata, quia lex semper manat ex libro Genitali, fides autem tenaciter inhaeret suo soli proposito. lex ab 2 3 4
quam diu imperata regalis edicti continuit. at ubi sinistro consensu inuidi ex lubricitate serpentis est inpatientiam mutuatus sacraeque arboris pomum 1 4 8
mihi uoluntas circa uos, dicit dominus, et sacrificium acceptum non habeo ex manibus uestris. quoniam a solis ortu usque in occasum clarificatum est 1 25 7
metuas; metuis autem *quod* tibi *nolis accidere*. exsistit quippe diuersis ex modis, cum aut exaestuat aliquo reatu conscientia; aut cum hostilis 2 2 2
eis solam ideo, quia eorum fidem uidere non potest, exigit. quam si abesse ex moribus deprehenderit, confestim ut perfidum punit irata quem docuit 2 3 3
natura quam deus. at cum naturam ex nihilo fecerit Christus, sit autem ex natura tempus, ineptum satis est opus suo praeponere artifici ac per hoc 2 8 5
procul dubio, ut tu uis, maior est natura quam deus. at cum naturam ex nihilo fecerit Christus, sit autem ex natura tempus, ineptum satis est 2 8 5
in fine hominis et non est qui agnitus sit reuersus ab inferis, quia ex nihilo nati sumus et post hoc erimus tamquam qui non fuerimus; et non 2 4 10
quia non potest illi aliquid nec addi nec minui; solus omnipotens, quia ex nihilo uniuersa constituit, uirtute regit, maiestate custodit; solus 1 7 3
resurrectio, haec uita aeterna, haec est mater omnium, quae nos adunatos, ex omni gente et natione collectos unum postmodum efficit corpus. 1 55
meum uerbum bonum et cetera, et apud Salomonem hactenus dicens: *ego ex ore altissimi prodiui ante omnem creaturam*. cum haec ita sint, 2 8 2
Iohannes bis acutum gladium cum uno capulo nuncupauit, quem ex ore domini prodire describit. gladius enim spiritus sanctus est unum 1 37 2
piscem primum a mortuis ascendentem Christum debemus accipere, cuius ex ore duo denarii, id est duo testamenta prolata sunt, quae saluti cum 1 37 5
demonstrauit: *iubilate*, inquit, *omnis terra*, et alibi: *audi*, inquit, *terra*, *ex ore meo*. quo uocabulo gentiles homines sine dubio comprehendit, in 1 61 4
eius ex uoluntate nascatur. ceterum si, ut quidam putant, docentis pendet ex ore, procul dubio eodem aut cessante aut aliter docente consumitur. 2 3 1
alter ex semet ipso in semet ipsum deus, secreti sui solus conscius; cuius ex ore, ut rerum natura, quae non erat, fingeretur, prodiuit unigenitus 1 50
cathedra pestilentiae suo nomine deleta est. agnus salutaris, qui designatur *ex ouibus et ex haedis*, inter pecora non potest inueniri. dies festi eius et 1 28 2
suo uitio, quem inuenerant, perdiderunt. quem scriptura designabat *ex ouibus et haedis*: *ex haedis* utique propter peccatricis indumentum 1 46a 2
ouibus et haedis: *ex haedis* utique propter peccatricis indumentum carnis, *ex ouibus* propter spiritum maiestatis. qui *primitiuus* est dictus, quia 1 46a 2
intellexere, quia *ex haedis* humana designabatur caro suis onusta peccatis, *ex ouibus* spiritus maiestatis; quae utraque in Christo concreta agnum 1 8 1
in transacta aetate et generantis genitalis flore consumpto non tam ex parentibus quam diuina praeceptione meruit procreari atque in ultimis 1 59 1
est tradita legenda narratio, ut maiorum, si fieri potest, saltem aliqua ex parte mores imitemur, si non possumus imitari uirtutes. tanta enim 1 15 1
eam et iustificauit. Iudas, quantum intelligi datur, ex parte prophetarum, ex parte patriarcharum patrumque typus erat, qui ob iustitiam dei omnes 1 13 4
refrenauit, sed insuper eam et iustificauit. Iudas, quantum intelligi datur, ex parte prophetarum, ex parte patriarcharum patrumque typus erat, qui 1 13 4

quod in ea nihil inueniat fama quod feriat. cruciatur diabolus, quod nulla	ex	parte suam perfecerit uoluntatem: nec adulterium enim, quod factum	1 40 3
conscientia manet, nec quicquam habet interiectum neque conscium qui	ex	paterni oris affectu processit uno consensu. secunda uero carnalis sicut	1 54 2
modestius, sed mordacius nocens dicit quidem dei filium deum, sed non	ex	patre nobilitatis perpetuitate progenitum fuisseque tempus, quando non	2 8 1
uultus tui edes panem tuum, donec reuertaris in terram. sed et dominus	ex	persona hominis, quem adsumpserat, ait: *tristis est anima mea usque ad*	1 2 31
manducabit, priusquam cognoscat puer bonum aut malum. quod signum	ex	prodromi quoque eius designatione dilucidauit alio loco his uerbis: *ecce*	2 8 7
desperauit. nouus sane parentum circa filium crescit affectus, qui	ex	promissione certior, ex tarditate dulcior, ex desperatione felicior	1 59 5
rebus exsistit; adempta ambiguitate iudicii non desideratur examen.	ex	*quo ne infideles necesse est iudicare,* quia iam sua sunt incredulitate	1 35 2
et *redde altissimo uota tua.* honorem totum refudit in patrem,	ex	quo omnia. *et inuoca me in tribulatione tua et eripiam te* dicendo	1 25 8
post lactei fontis lauacro uitali in spem inmortalitatis animas pullulantes,	ex	quo qui eratis aetate diuersi, diuersi natione, subito germani fratres,	1 24 1
pudica fiunt membra. age nunc, eius aemulae rabiem breuiter etiam	ex	ratione nominum publicemus, ut quid appetendum quidue fugiendum sit	1 1 6
quanto magis Christianus, in quo non est figura sed ueritas! quam	ex	rebus ipsis agnoscite pariter et probate. Iudaei maiores suos Pharaonis	1 46b 1
alia tamen prior ipsa. erubesce, Christiana conscientia, uel tot ac tantis	ex	rebus quemadmodum rursum eadem quae es sis melior futura cognosce.	1 2 21
saeuientium cumulis, toto corpore insaniat, tamen extremorum pallido	ex	recursu uoluminum quasi ius terrae cognoscens ac uiolare deuitans mira	1 4 5
utique et spiritali deo *sacrificium est necessarium* spiritale; quod non	ex	sacculo, sed ex corde profertur; quod non bromosis pecudibus, sed	1 25 9
immolantis immolandique constantia absolui meruit, dum humanum	ex	se deponit timorem et, quantum ad fidem pertinet, pater promissa	1 59 7
ante omnia et post omnia, quoniam in eius manu inclusa sunt omnia;	ex	se est quod est; solus sui conscius, quantus et qualis est; solus perfectus,	1 7 3
in patre, aequalis in omnibus, quia pater in ipsum alium se genuit	ex	se, ex innascibili scilicet sua illa substantia, in qua beatus manens in	1 17 2
sit, non potest aliquando sentire. solus deus est itaque principium, qui	ex	se ipso dedit sibi ipse principium; solus ante omnia et post omnia,	1 7 3
quod natus. quae principaliter stupet talem sibi filium prouenisse, qui	ex	se natus non crederetur, nisi, sicut fuit uirgo incorrupta post	2 12 2
patris est, quod patris, amborum. laetatur pater in alio se, quem genuit	ex	se. quomodo autem generatus sit, qui processit, dementis est opinari.	1 56 1
sicut sacra scriptura testatur, erat ante omnia manens unus et idem alter	ex	semet ipso in semet ipsum deus, secreti sui solus conscius; cuius ex ore,	1 50
incomprehensibilemque diuinitatis perpetuitatem iure ipso, quo	ex	sese est, argumentis te cogere, examinare, metiri ac discernere posse	2 3 15
gladiis uiae humano cruore pinguescunt; testamenta heredes incognitos	ex	sese recitari mirantur; amicae sub fallacia manus innoxias animas secure	1 5 3
qui humanarum legum iniqua impunitate decepti, iustitiam ueram nec	ex	sua ipsa uoluntate noscentes, quod pati nolunt libenter efficiunt; qui	1 1 13
sane parentum circa filium crescit affectus, qui ex promissione certior,	ex	tarditate dulcior, ex desperatione felicior putabatur. unicus numero et in	1 59 5
sic ait dicens: *diliges dominum deum tuum ex toto corde tuo et*	ex	*tota anima tua et ex tota uirtute tua; et secundum simile huic: diliges*	1 36 17
uiis eius et diligas eum et custodias praecepta eius ex toto corde tuo et	ex	*tota anima tua, ut bene sit tibi?* uidetisne hunc timorem nobis	2 2 4
diliges dominum deum tuum ex toto corde tuo et ex tota anima tua et	ex	*tota uirtute tua; et secundum simile huic: diliges proximum tuum*	1 36 17
legis sacrae praeceptum, sic ait dicens: *diliges dominum deum tuum*	ex	*toto corde tuo et ex tota anima tua et ex tota uirtute tua; et*	1 36 17
et ambules in omnibus uiis eius et diligas eum et custodias praecepta eius	ex	*toto corde tuo et ex tota anima tua, ut bene sit tibi?* uidetisne hunc	2 2 4
et perpetuo et tutius maneat testatoris uoluntas inscripta, seu quod quasi	ex	transuerso in unam fidem concurrentia crucifigi habuisse dei filium	1 37 8
et tradet deo et patri, et cetera. quid hinc scandalum pateris, Christiane,	ex	tuaque natura opinaris prouisionis piae diuina mysteria? si minus sentis	2 5 5
operatus est salutem in medio terrae, et alio loco: *parata sedes tua, deus*	ex	*tunc et a saeculis tu es.* ubi hominem mixtum, sic prosequitur: *dicite*	2 5 2
Libram, ut nosceremus per filium dei, qui incarnatus processit	ex	uirgine, aequitatem iustitiamque terris inlatam. quam qui constanter	1 38 5
diligamus. huius est munus, quod antiquorum aut uirtutes ex libris aut	ex	uirtutibus libros agnoscimus. sed quid ego diutius demorer in humanis,	1 36 14
diligis, spem repraesentas. tu diuersos homines moribus, aetatibus, dicione	ex	una natura unum spiritum, unum efficis corpus. tu martyres gloriosos a	1 36 30
quibus uasis quibusue ministris? at si descrete fiunt ista, nihil prodest.	ex	uno enim proficiscendo et in unum remeando si non confusione, uel	2 7 14
ac tanta est, ut unicuique homini sua non ab alio commodetur, sed eius	ex	uoluntate nascatur. ceterum si, ut quidam putant, docentis pendet ex	2 3 1
esurienter accipite. pater familias panem uinumque pretiosum uobis	ex	usibus suis sua de mensa largitur. tres pueri unanimes legumina	1 24 2
nec potest incomprehensibilis communisque undae diuidi magnitudo	ex	utroque in utrumque commeando largiflua, utrisque propria, nulli	1 7 4
creditum est, consummata fides ultra nec minuitur nec augetur. sin uero	ex	utroque, patriarcharum semesa fides est ac per hoc illis constitutionis	2 3 9
uidebimus. nunc scire cupio, fides ex doctrina constet an ex credulitate an	ex	utroque. si ex doctrina constat, non habent ergo fidem qui litteras	2 3 9
ritus abiecit. *aestiualia induit:* aestiua uestis, fratres, et munda est et	exacta,	cum qua facile et opus fieri possit et tolerari ardor aestatis, id est	1 13 8
in interitionem cogitur omne genus humanum. namque sapientia densis	exaestuans	argumentis, suasorio ac delectabili luculentae orationis compta	2 1 6
namque tribus in pueris fides puniri non timuit. inmissis camino ignis	exaestuans	detulit, ut eos unius uirtutis esse persensit. denique arsit	1 48
semper enim caenosi gurgitis sui procella submergitur, dum semper	exaestuans	libidinis turpitudo aut ueritate aut imagine perpetratur. praemia	1 1 6
eius! quis enim cognouit sensum domini? non enim in horum inquisitione	exaestuans	propheta dicit: *de profundis clamaui ad te, domine.* clamat	1 34 2
carceris receptaculo orationis freno refrena; anhelantis camini ignis	exaestuans	uicta natura sentiat per te tecum et ipse refrigerium;	2 3 14
autem *quod* tibi *nolis accidere.* exsistit quippe diuersis ex modis, cum aut	exaestuat	aliquo reatu conscientia; aut cum hostilis imminens manus gladio	2 2 2
malum sit? in ipso fructu suo etiam ipse se odit. uenenis eius cotidie totus	exaestuat	mundus pestiferisque uoluptatibus ita corrupta sunt omnia, ut	1 36 27
qui ei saltem uel uno momento iustitiae frenos inponat. inquieta semper	exaestuat,	saeuit, pugnat, rapit, congregat, seruat sui tenax, *appetens alieni,*	1 5 2
crimenque suum in simplicitate circumuentae transfusum artificiose dum	exaggerant,	exinde iam priores se ipsi condemnant. uerum, pro nefas,	1 1 18
clusis oculis illa <illidit>. tertio diues est auaritia, utraeque cuius	exaggerare	opulentiam uelocitate mira contendunt, cui totus militat	2 1 8
in qua uniuersa geruntur, caelum, sub quo geruntur. filios appellat, ut	exaggeret	crimen; exaltatos, ut ingratos ostendat. bouem illis asinumque	2 21
corruptum publica increpatione confutat. caelum terramque testes citat, ut	exaggeret	crimen; filios appellat, ut abdicatio, exaltatos, ut ruina timeatur,	1 20
sunt manus, nullis pedes onerati compedibus. non uos ullus terror	exagitat,	non ullae sordes obfuscant. qui conscium timebatis, conscientiam	2 29 1
sane confiteor. denique et uos retinetis pondus antiquum; habetis aginam:	exagium	facite quemadmodum uultis; singulos ponderate: inuenietis nullum	1 41 3
sed exaltaui animam meam. uideamus, ne forte propheta ipse se inpugnet	exaltando	animam suam, qui cor suum se non exaltasse gloriatur. non sibi	2 9 8
propheta ipse se inpugnet exaltando animam suam, qui cor suum se non	exaltasse	gloriatur. non sibi repugnat, sed ostendit animae esse	2 9 8
quam per lignum crucis amaritudine gentilitatis exclusa bibituri essemus?	exaltati	filii Israel, quando ad Iordanem securus ab Horeb accessit. quid	1 61 8
ac dicit: *neque elati sunt oculi mei.* oculorum peior est causa, quia	exaltatio	cordis ad paucos pertinet, oculorum elatio ad omnes. de quibus	2 9 5
auaritia ardet in saeculo. quare utraque sunt uana, quia et cordis	exaltatio	nullos fructus inuenit et oculorum extollentia de alio in aliud	2 9 5
geruntur, caelum, sub quo geruntur. filios appellat, ut exaggeret crimen;	exaltatos,	ut ingratos ostendat. bouem illis asinumque praeponit, ut grauius	2 21
deterius quam puniri. denique filios uocat, ut abdicatio timeatur;	exaltatos,	ut ruina terrori sit; spretores, ut poenam supplicii sibimet	1 30
terramque testes citat, ut exaggeret crimen; filios appellat, ut abdicatio,	exaltatos,	ut ruina timeatur, spretores sui, ut impios monstret. infelix culpa	1 20
propheta tumidi cordis euitans sic infit ad dominum: *domine, non est*	*exaltatum*	*cor meum.* cum scriptum sciat: *homo uidet in facie, deus in*	2 9 3
sed nobis, quos cupit quod facit ac praedicat imitari. ergo inquit: *non est*	*exaltatum*	*cor meum,* docens *optimum* esse *sacrificium deo cor*	2 9 3
uicisse, quia *qui se exaltauerit, humiliatur et, qui se humiliauerit,*	*exaltatur.*	animae enim depressio cor elatum est, cor cohibitum promotio	2 9 8
processit et ad eremum dominus perduxit *manu forti et brachio excelso.*	exaltatus	est Israel, quando per triduum tenebrae et caligo totam	1 61 7
quando per triduum tenebrae et caligo totam Aegyptum circumdedit;	exaltatus	est Israel, quando tot et tanta tormenta Aegyptiorum solus ipse	1 61 7
sed ostendit animae esse sublimitatem superiora uicisse, quia *qui se*	*exaltauerit,*	*humiliatur et, qui se humiliauerit, exaltatur.* animae enim	2 9 8
retinet ubique pastorem. post adiecit: *si non humiliter sentiebam, sed*	*exaltaui*	*animam meam.* uideamus, ne forte propheta ipse se inpugnet	2 9 8
dominus esset ab apostolis et gentibus audiendus. *filios,* inquit, *genui et*	*exaltaui.*	haec domini uox est, qua iam tunc per prophetam Iudaeos	1 61 5
enim dei est scire transacta et nosse uentura. *filios,* inquit, *genui et*	*exaltaui.*	infinita Iudaei infidelitate sua apud dominum nostrum odia	1 61 5
et percipe auribus, terra, quoniam dominus locutus est: filios genui et	*exaltaui,*	*ipsi autem me spreuerunt.* grandem Iudaicae gentis offensam libri	1 61 1
dixisse quam dulce est! talem patrem laesisse quam turpe! *filios genui et*	*exaltaui:*	utique filios Israel dominus genuit, qui Abraham, unde	1 61 7
ex ambiguis rebus exsistit; adempta ambiguitate iudicii non desideratur	*examen.*	*ex quo ne infideles necesse est iudicare,* quia iam sua sunt	1 35 2
maxime cum a deo acceperit facultatem, ut atrocitatis inueteratae in	examen	iusti quibus possit armis, quibus possit uiribus, niteretur. igitur	1 4 18
uestit alienis, hoc futura, non quod natura praestitit, sed quod ei ad	examen	speculi arbitrium temporale dictauerit. nunc emendat, nunc delet	1 1 10
diuinitatis perpetuitatem iure ipso, quo ex sese est, argumentis te cogere,	examinare,	metiri ac discernere posse praesumis, hic tibi ego respondere	2 3 15
iam debetis. in magno quidem reatu nunc usque fuistis, sed fortiter	examinati	estis et, ut indulgentiam perciperetis, pro uobis ipsis bene	1 42 1
deserit peccatorem. in hoc reatu, fratres, usque nunc fuistis. sed fortiter	examinati	estis. sed ut indulgentiam perciperetis, pro uobis bene uigilastis,	2 10 2
ad mensuram palmes competens intellegitur legitimo examinis numero	examinatus.	scrobem fontem sacrum debemus accipere, qui uera sarmenta	2 11 4
fraudulentum, coloratis ratiociniis sua furta excusantem, reseruat	examini,	ut ponderatis damnis rebusque seruatis sententia in eum, prout	1 35 8
potest, computatus ad mensuram palmes competens intellegitur legitimo	examinis	numero examinatus. scrobem fontem sacrum debemus accipere,	2 11 4
ibat ad supplicium non adulterum corpus, in quo extrema libido senilis	exarserat,	sed quod infamauerat diabolus et quod protexerat uirtus et	1 40 2
prole, non semine, progenitum certissimum dominum impia Iudaeorum	exarsere	consilia. quem tacentem tamquam obnoxium et pro ipsorum	1 59 8
ardoribus semper iunctus est gladius; ideo autem caecus, quia, cum	exarserit,	non aetatem considerat, non formam, non sexum, non gradum,	1 36 25
ad ima deferri. sed quia inexstinguibilis pestis incendio totus mundus	exarsit,	auaritia, ut putatur, crimen esse desiit, quia neminem qui se possit	1 5 1
suam pecudum uiolenter scissis in uentribus quaerunt, qui coniugale	exasperant	iugum affectuque calcato subditiciis personis, ut obumbrent	1 25 11
clamaui, inquit, *ad eos et non audierunt; clamabunt ad me et non erit, qui*	*exaudiat eos.*	similiter et de manibus dicit: *manus enim uestrae inquinatae*	1 3 10
gestatoris sui ossa denudat. nonne horrebit etiam sibi quodam modo illa	excarnata	umbra tractabilis? longum est ire per singula. ecce peremptorius	2 4 15
es, serua; timoratus si uere, custodi. de eo, quod modum humani sensus	excedit,	disputare deuita. negat quodam modo deum quisquis asserit deum.	2 3 18
illo feralis caueae — iam non miserabilis, sed mirabilis — funereo ambitu	excedit	uicti saeculi triumphum reportans, quam tot suppliciis omnes	2 2 7
uel aquas sulcant uel aera distinguunt, et patienter ueniunt et patienter	excedunt?	solus homo praeceps, solus inpatiens, prauis cotidie mobilitatibus	1 4 6
et elinguis aliquid audeam de iustitia disputare, de cuius proprietate	excellentes	ingenio et doctrina uiri nihil certi libris ingentibus prodiderunt.	2 1 1
deus sabaoth: fatigata est Aegyptus et mercatus Aethiopum; et Sabain uiri	*excelsi*	*ad te transibunt et tui erunt serui et sequentur te alligati*	2 8 5

quibus dominus sanctum per spiritum dicit: *ego dixi: dii estis et filii excelsi omnes, uos autem sicut homines moriemini.* sed et de Iohanne 1 37 11
neque in mirabilibus super me. magna eloquia dei sunt, ipse mirabilis in excelsis. cum in periculis esset, si in his propheta non ambulet, quomodo 2 9 6
prophetas, qui secundum carnem natus in tempore est, qui est excelsus in excelsis, humilis in terris, saeculorum genitor, filius uirginis, immortalis 2 5 3
multitudo processit et ad eremum dominus perduxit *manu forti et brachio excelso*. exaltatus est Israel, quando per triduum tenebrae et caligo totam 1 61 7
est per prophetas, qui secundum carnem natus in tempore est, qui est excelsus in excelsis, humilis in terris, saeculorum genitor, filius uirginis, 2 5 3
sua luce resplendens corpus sine umbra gestabat, humilis carne, sed excelsus omnipotentiae maiestate. qui sane ideo carnem est dignatus 1 54 5
cruce, et quia per mulierem, quae sola lignum letale contigerat, exceperat uterque sexus interitum, e diuerso per uirum ligno suspensum 1 3 20
qui ubi iactati sunt in fornacem ignis ardentis, hos deuote cupidus ignis excepit. lambunt roscidos flammae blandientes. mira res: opacitas intus, 1 53 2
primus uos, qui in se credentem reprobat nullum, non Aries sed agnus excepit, qui uestram nuditatem uelleris sui niueo candore uestiuit, qui 1 38 3
quod a deo similiter etiam ipse praesentem sententiam damnationis excepit, quia, sicut est detestabilis qui, cum sit homo, deum se fingit, ita 1 13 6
propter quod in praeceptis dominus ait: *qui dimiserit uxorem suam excepta causa adulterii, facit eam moechari.* quid hic respondere possint 1 1 13
atque moriendi condicio, quae humano generi sine personarum aliqua exceptione aequabiliter iustitia est diuina largita. cum haec ita sint, procul 2 1 18
omnia diligit, omnia credit, omnia sperat, omnia sustinet; caritas numquam excidet. igitur non inmerito dominus deus proximi dilectionem 1 36 20
fratrum cohortem sepelit antequam iugulet taleque est commentus pietatis excidium, ut in illa unius funeris turba paternus dolor non sufficeret 1 15 4
angustum et senectuti exitus iam uicinus. ecce prima deuotio: libenter excipere quod sero datur et in tristissima senectute suscepta sollicitudinis 1 43 2
sanguinem dextra laeuaque in se refugiens unda testatur. denique eremo exciperis, quo te nunc peruenisse cognoscis; ubi sane ad hoc aquam de 2 16
nomine obscuret, in ducendis quoque uxoribus talis est condicio: Liam excipit, prolixa tempora obseruat, omnia soceri libens tolerat imperata; qui 1 4 16
uere aureas misit, et quidem non illas, quae maligno beneficio crimina excipiunt; quae corpori parcunt, animam liberare non possunt; quae 2 24 1
insontes ibidemque propter quem praecipitantur inueniunt. denique excipiuntur non flamma, sed rore, dei dignatione, non poena. o felix 2 22
cum humanitatis a caelo et possessio longe dimota sit et natura? age, excita sensum, lector, inuenies ueritatem. qui erat in caelo, de caelo 2 4 3
ac docentis est. utique non enim quicquam timere poterat, qui mortuos excitabat, *qui potestatem habuit ponendi animam et iterum resumendi eam;* 1 2 31
in se credentes sancti spiritus semine a mortuis rursus gloriosos in angelos excitabit. ad hoc unum euidens adhuc proferamus exemplum, quamuis non 1 2 26
solito more ad stupida simulacra concurrunt, non aris foetentibus funestos excitant ignes, non tura cremant, non merum profundunt nec pecudum 1 34 9
arbor quod non fuit, saluo quod fuit, quanto magis deus hominem poterit excitare, antequam peccasset in paradiso, in id quod fuit! quam rationem 1 2 28
dei cultum bonae uitae exemplis sacraeque legis religiosis exhortationibus excitaret. at ille *semen suum fudit in terram*; semen significat non 1 13 5
Christianus ergo in toto dubitare non debet in statum pristinum mortuos excitari talesque legitima die ante conspectum dei ex illo naturae secreto 1 2 15
autem secundus frater Iudaicus est populus, cui praecipitur, ut semen excitet fratris, non utique illud, quod a deo damnatum iure uidebatur, sed 1 13 5
perhibetur occisus. secundo imperat, ut intret ad fratris uxorem ac semen excitet fratris; qui ingressus semen suum fudit in terram. quod cum deo 1 13 1
liberiusque canit mortuus, quam canere consueuerat uiuus; unde libet exclamare: 'profectus potius est iste quam mortuus.' in euangelio quoque 1 2 8
non cognoscit affectus, iura diuina contemnit, humana uersutis argumentis excludit, orbem totum, si possit, ut rapiat. uultis scire, quale calamitatis sit 1 21
sibi et diuinitate et nomine comparatus omnes humani sensus opinationes excludit, quippe cum dicat: *faciamus hominem ad imaginem et* 1 45 1
ac rursus diligenter accludunt, ne quid illo uel friuolum, inde quod excluditur, reuertatur. mira ratio, mira beatitudo! saluo reo punitur reatus 2 24 1
amara aqua dulcis effecta, quam per lignum crucis amaritudine gentilitatis exclusa bibituri essemus? exaltati filii Israel, quando ad Iordanem securus 1 61 8
azymos reddita. hi, quos uidetis, egregia coctura suaue redolentes, qui excocti sunt non furno, sed fonte, non humano, sed igni diuino: non illos 1 41 2
apostolica fide esse perscriptum: *mihi uiuere Christus est et mori lucrum*? excogita quibus potes suppliciis tormenta grauiora, maioribus te furoris 1 39 5
uelatum filii non sine affectu, sed sine discrimine amplectebatur. sed excogitatarum ut ordinem instrueret rerum, ineffabilis illa uirtus 1 56 1
crebri fustium imbres maioris poenae contemplatione neglecti sunt. excogitatur nouum stupendumque supplicium, quo se in homine uincere 1 39 6
calumniarum generibus factiosae emerserint causae, quid homo pestilens excogitet uel quid diabolus machinetur, non metuat iustus, quia cum illo 1 40 1
matrem, sua pro uoluntate plantauit, quam sacerdotalibus officiis excolens piaque potatione fecundans felici ligno suspensam uberrimam 1 10b 2
paupere cotidie moriente oppressione, fame, frigore, iniuria amicum tibi excolis aurum, custodis argentum, uestem pretiosam ornamentaque superba 2 1 19
redis, colorem de pyxide mutuaris paulo ante damnatum. ecce indulgenter excolis crinem; odorato puluere luctus puluerem mutas; in stibio fletus 2 7 8
est: odit pudicitiam et tamen hoc cupit uideri, quod illa est. interea miris excolit artibus sese faciemque suam in se, quam non habet, quaerit. pingit 1 1 10
fidem, quisquis duo in unum diuersa confundit. disputatio enim sicut excolit legem, ita, si uersuta sit, eradicat fidem, quia fides profecto non est, 2 3 4
aut distrahitur, liberum non est: non nobilitas, quia per hanc credit, hanc excolit, per hanc hoc sibi nomen inuenit; non sanctitas, non munitio, quia 1 5 5
pabula depascenti, quae nisi finiat non finitur. hanc mediocres fraudibus excolunt, diuites inpotentia, iudices gratia, diserti mercennaria ac duplici 1 14 1
nisi quod amauerit, rectum est, maxime quod uno desiderio omnes excolunt populi, dubium non est, quia aut hostis publicus aut certe 2 7 1
carnifici destinat statim, non audiendum, sed competentibus poenis excruciandum. tertium quoque, quem aduerterit fraudulentum, coloratis 1 35 8
aperit, simplicitas introducit, intellectus inuitat, ueritas persuadet, timor excubat, disciplina coercet, continentia [se] refrenat. stat in angusto fides, 2 6 9
persequuntur fallunt, hostes probant, praedones laudant, latrones excusant, nec sui umquam uenit in mentem non esse humanae potestatis 1 5 7
quoque, quem aduerterit fraudulentum, coloratis ratiociniis sua furta excusantem, reseruat examini, ut ponderatis damnis rebusque seruatis 1 35 8
dignatus induere, ut nemo se possit per carnem, cum iudicii dies uenerit, excusare. 1 54 5
semel!) nimio dolore nuptura. hic, hic quemadmodum se quis possit excusare, non uideo. non deest enim qui dicere possit: 'si est resurrectio, 1 2 14
morte damnauit. coniunctionem autem tertii filii apud nurum per aetatem excusat deterritus, ne etiam ipse similiter moreretur, praecepitque mulieri, 1 13 1
non dimissi, non torui sunt oculi. nemo rogat, nemo trepidat, nemo se excusat, nemo turbatur. ne uere sit parricidium, ille lignum quo inuratur 1 4 14
factura. seminat inlicitos heredes crimenque noscens nominibus pietatis excusat. proprios aut negat aut denudat affectu. nihil prorsus existimat 1 1 7
infelix culpa est, fratres, in qua locum qualiscumque non inuenit excusatio; detestabilis certe filius, quem pater pius, quem pater damnat 1 20
sequamur saltem uel eo studio, quo sequimur mala. nulla ulli competit excusatio, maxime cum res nostrae commissa sit uoluntati, propheta 2 4 18
adulteris seruiens? itaque deinceps fuge, uirgo, fuge, uidua, nuptias tales. excusatio prorsus nulla competit tibi. si continens esse non poteris, saltem 2 7 18
'filios, inquit, habeo, quos nudare non debeo.' ista et infidelitatis est excusatio, quam spiritus sanctus per prophetam retundit hactenus dicens: 2 1 20
memor, qui in hoc ipso, quod loquimur, quid possit contingere, ignoras excusationisque uanae depone fallaciam: ingratis auaritiam pietate condis; 2 1 21
exstiterit, iure possit expromi. ita erit, ut iustis corona, peccatoribus aut excusatis aut emendatis indulgentia, impiis autem aeterna poena tribuatur 1 35 9
bene uigilastis; optime estis auditi. nouum iudicii genus est, in quo reus, si excusauerit crimen, damnatur, absoluitur, si fatetur. magna ratio, magna 1 42 1
bene uigilastis, optime estis auditi. nouum iudicii genus, in quo reus, si excusauerit crimen, damnatur, absoluitur, si fatetur. o magna potestas, 2 10 2
passus est; se ultro offerens iudici moram suam uoluntarie praeiudiciis excusauit. cui cum prouinciae rector pristinae eius fugae ueniam sub 1 39 5
ut significaret arsurum. angelus tua castra praecedit, necubi crimen excuses. per mare ambulas; *ueloces pedes tuos ad effundendum sanguinem* 2 16
intereat, diffamatur. semper monere non desinit, ignorantia ne quis reatum excuset. nunc seuera, nunc blanda demonstrat praemium, demonstrat et 2 3 3
limo terrae a deo finctum eique eius ex latere mulierem coniugale solamen excussam, a quibus omne genus manauit humanum, caelestem uero ibidem 2 4 1
et ne seminaueritis in spinis. circumcidite praeputium cordis uestri, ne exeat sicut ignis ira mea et exurat et non sit qui exstinguat. uidetis ergo, 1 3 12
me, non iudicabitur; qui autem non credit, iam iudicatus est? hoc dicendo *exemit iudicio fideles, non admisit ad iudicium infideles.* at si utraeque 1 35 1
uerum, sed in fide credentium constitutum. nam et dominus ista exempla confirmans uni ex latronibus in se credenti, qui cum eo de 1 2 11
omnibus nota porcorum cotidiana propemodum tam iucundi certaminis exempla declarant; quia aliqui eorum cum forte de numero audacis lupi 1 36 15
procul dubio hoc sunt, quod sese esse unicuique confitentur. accipe et alia exempla et quidem certiora. primo in libro Regnorum Samuel, egregius ille 1 2 8
deo per inpatientiam seruire minime potuerunt. sed inpatientiae hactenus exempla prolata sint. neque enim est studiose, ut arbitror, memorandum, 1 4 11
licere non puto quam ut sit aut continens aut maritus. uenio nunc ad exempla, quae sunt negotio uel maxime necessaria, quia plus est quod 1 1 15
tamen nunc usque contendit deum filium non habere. quibus omnibus exempla uel ratio, quam prosecuturi sumus, argumentationis totius uno 2 8 2
et iniustos generaliter dictos. sed ascendentes et descendentes qui sint, in exemplis agnoscimus. descendentes sunt, qui saeculo renuntiantes rursus 1 37 12
ad auaros, sed de auaris sermonem fecimus, fratres; alioquin solis diuinis exemplis oportuerat perorare, esset si quis hic talis. sed quia in uobis fides 1 5 17
qua diximus, disseminatae uenena confecerant, ad dei cultum bonae uitae exemplis sacraeque legis religiosis exhortationibus excitaret. at ille *semen* 1 13 5
propiores sepulcro quam thalamo; quae, ipsae cum pereunt, detestabili exemplo adolescentulas quoque perire compellunt. quis has diligat filius, 2 7 10
longius uideretur a proelio et secedendo euangelicae iussionis animaretur exemplo. ecce in eius hospitium uelut in hostilem praedam grassantium 1 39 3
credulo percipe corde rem miram, Christiane, omnique uirtutum exemplo famigerabilem. Hebraei uere tres pueri senum constantia maiores, 1 53 1
periculum publicare. sed non opus est ire per singula, cum uno exemplo noscantur uniuersa eius mala, propheta dicente: *idola gentium* 1 14 4
requirentes autem dominum non minuentur omnibus bonis. quod probare exemplo perfacile est. meminimus in Regnorum proditum libris famis 2 1 20
illustris Hebraea, uerae decus pudicitiae, docuit feminas suae castitatis exemplo. stabat Susanna in iudicio perditorum falsorum testium oppressa 1 40 1
redit et qui immolatus est uiuit. ambo sibi gloria, ambo claritatis exemplum, ambo dei cultus admirabile saeculis testimonium. felix orbis 1 4 15
uiuificatus est populus; hic, inquam, qui nobis resurrectionis monstrat exemplum. cuius sane condicione nos beatiores sumus, quia ille occidit 1 16 2
sit; spretores, ut poenam supplicii sibimet impendere cognoscant. quod exemplum, fratres, fortiter fugite simulque gaudete, quod alienis plagis dei 1 30
in caritate quam in spe uel fide esse depositum, sicut euidens testatur exemplum. Iudas Scariothes traditor domini et spem et fidem perdidit, 1 36 19
gloriosos in angelos excitabit. ad hoc unum euidens adhuc proferamus exemplum, quamuis non possit ueri simile tantam uim habere quam 1 2 27
demorari, quae in toto iam non sunt. unum sane necessario proferemus exemplum, quod et Iudaei odiosum et Christiani sacrificium approbet deo 1 25 7
lignum sacramentum passionis domini annuntiabat, sicut euidens declarat exemplum, quod Psalmorum in libro sic habetur: *uirga tua et baculus tuus* 1 13 10
grauiora, maioribus te furoris stimulis accende, quamuis cruciatus exerce molem: nos a deo non potes separare.' statim iudex uiperei ueneni 1 39 5
sequaces fructus adridunt, quos solis ardores, pluuiae uentique exercendo prouehunt ad maturitatemque perducunt. at ubi uindemiae 2 11 3
in Iona cetum in cymbam conuertit; haec in Maccabaeicae germanitatis exercitu sola uicit; haec in tribus pueris ignes amoenos effecit; haec mare 1 36 8
ex rebus ipsis agnoscite pariter et probate. Iudaei maiores suos Pharaonis exercitusque eius graui seruitutis iugo depressos de Aegypto praedicant 1 46b 1
perfecerit uoluntatem: nec adulterium enim, quod factum diffamabat, exercuit nec homicidium, quod procurabat, inuenit. 1 40 3
nonne cadauer est uiuum? ecce tabidus pulmo pinguibus sputamentis exesus detestabili macie omnia gestatoris sui ossa denudat. nonne horrebit 2 4 15

legis fundamenta temnentes uersuta disputatione, praetermisso deo de deo exeunte, ad communia humanitatis nomina, quae possunt argumentis 1 45 1
uiuentem. concepit spiritum adaeque, quem nescit; intrantem non uidet, exeuntem non potest prohibere. et aestimat quisquam dei se posse scire 1 56 3
uomitibus inurguetur, in quo musti uestri dulcedo saecularis uini pridiani exhalante foetore corrumpitur, sed caelesti prandio, honesto, puro, salubri 1 24 1
fidei fidem deponis? cur ipsum fontem diuinitatis philosophicis argumentis exhaurire conaris? si peritiam legis ostendere cupis, lectionum nubila 2 3 13
una cibum praeterea capis, reliquias poculi propinati lambendo labris exhauris futurique haustus quasi quasdam primitias auspicaris, totum 2 7 17
reptantis praeuiis lacrimis auspicatur. non mater eius tanti partus pondere exhausta totis pallens iacuit resoluta uisceribus. non filius matris aut suis 1 54 4
discere, quid debeas deuitare. unde, fratres, in tali re non loquela est exhibenda, sed cura, quam paucis accipite. iram dei generaliter 1 10a
uitulinam. Isaac innocenter ollam portat et ligna. Iacob patienter uaria exhibet pecora. Ioseph promotus ad mensuram praerogat cunctis annonam. 1 24 2
postremo aequiparatur laus uestra laudi pudicitiae; illa enim uobis exhibet sanctitatem, uos ei amorem. per hanc attingitis Christum, immo 1 1 4
Sauli regi se desideranti sine ambiguitate non tantum suam praesentiam exhibet, sed etiam ad consulta respondet liberiusque canit mortuus, quam 1 2 8
immolatur ut uiuat, apostolo hortante nos Paulo, cuius ista sunt uerba: *exhibete corpora uestra hostiam uiuam, sanctam, placentem deo.* hoc enim 1 25 9
in sedibus nullas deinceps aerumnas mundi sensura repromissa felicitas exhibetur, Dauid sancto dicente: *conuertere, anima mea, in requiem tuam,* 1 2 32
in aeternum sitire non nouit. illis in deserto suauitas lactis et mellis exhibita est, nobis uero, quod plus est, melle dulcior ac lacte candidior 1 46b 3
plurimo dilexit affectu et, quantam pietatem dilecto filio amatus pater exhibuit, tantam laesus exigit ultionem, quia, cum uicem non reddidit patri 1 61 5
amborum est. quid agam, quo me uertam, nescio. non enim uideo, quid in exhortationibus diuini ac ueri cultus gentibus praedicem. felicitatemne 2 7 11
confecerant, ad dei cultum bonae uitae exemplis sacraeque legis religiosis exhortationibus excitaret. at ille *semen suum fudit in terram*; semen 1 13 5
cotidie spiritalis itineris gloria feruntur in caelum; quos apostolus Paulus exhortatur et monstrat dicens: *si consurrexistis cum Christo, quae sursum* 1 37 12
quo nos ipsos diligimus, diligamus, maxime cum cognationis ipsa hoc exigant iura. clamat enim prophetes: *deus unus creauit uos; nonne pater* 1 36 22
duabusque tabulis uehementer urguetur, donec omnis dulcedo medullitus exigatur sicque pretiosum fluentum a suis calcatoribus et bibitur et patris 2 11 3
credulitatis ab eis solam ideo, quia eorum fidem uidere non potest, exigit. quam si abesse ex moribus deprehenderit, confestim ut perfidum 2 3 3
et, quantam pietatem dilecto filio amatus pater exhibuit, tantam laesus exigit ultionem, quia, cum uicem non reddidit patri dilectus filius, dignam 1 61 5
legis confessorum sanguinis uindicta usque ad ultimum quadrantem exigitur. calcatores de eodem musto bibunt; et persecutores saepe credentes 2 11 7
in utroque crescit, in utroque non desinit. uerum tamen eos uno momento exigua humus et peraequat et satiat, enorme quod cum tota ambitione sua 1 5 11
sui utrumque sexum, omnes animas, omnes aetates isto carmine inuitans: *exiguum et cum taedio est tempus uitae nostrae et non est refrigerium in* 2 4 10
conspicite rem auaro condignam! ille, ille amplum qui habuit censum, exiguum non habet tumulum; quos prophetes egregius hactenus increpat 1 5 9
non habuit legem, cuius conuersatio lex fuit. audit imperatum sibi a deo exilium, ut cognationem suam simul dimisisset et terram. et tunc Abraham 1 62 1
cathedra pestilentiae cultorum suorum sacrilegio iure deleta est. exinanitum cornu iam non spirat unguenta. dies festos in luctum et cantica 1 19 1
auro ardens tota domus pugnet sua flamma cum sole honorumque exinanitus a te gradus non inueniat quod tibi praestet, meminisse tamen 1 5 10
praefuisse maioribus eorumque iter praecessisse, non intellegentes, quia exinde eos a facie sua remotos post suum dorsum cum postfuturis 1 18 1
transgressionem praecepti dei persuadendo miserabiliter iugulauit et exinde hereditaria condicione confectum uniformiter interibat omne genus 2 4 5
suum in simplicitate circumuentae transfusum artificiose dum exaggerant, exinde iam priores se ipsi condemnant. uerum, pro nefas, creditur aetati, 1 1 18
tunc impedimentum carnis uidere non possent, libertate spiritus uident, exinde intellegentes in thesauro naturae depositum incolume requiescere, 1 2 9
numero fecistis angustam. ex eo enim ipso, quod uos non capit locus, exinde intelligitur, quia fides uestra capit deum. igitur ne quis operis 2 6 5
Iesum Christum ab utero uirginis Mariae sumpsisse principium deumque exinde ob iustitiam factum esse, non natum. alia modestius, sed mordacius 2 8 1
erat, fingeretur, prodiuit unigenitus filius, cordis eius nobilis inquilinus exinde uisibilis necessario effectus, quia orbem terrae erat ipse facturus 1 50
ad dei timorem et ipsis nihil prosit ad utilitatem? sane recte hoc facere existimarentur, si sub praetextu alieni nominis inuasa optinere potuissent. 1 2 7
sacrificauerunt daemoniis et non deo. ac ne quis sacrilegium existimaret sibi impune esse cessurum, scriptura iterum ibidem dicit: 1 25 5
pietatis excusat. proprios aut negat aut denudat affectu. nihil prorsus existimat turpe nec pati nec facere, dummodo in effectu conata succedant. 1 1 7
qui iudicandi sunt, iustorum, qui non iudicabuntur, dignos esse consilio existimauit. nunc scire debemus, quoniam iusti uitae perpetuae, impii 1 35 3
quia sapientiam dei non cognouit saeculum per sapientiam, deus optimum existimauit per stultitiam praedicationis saluos facere credentes; et iterum 2 1 5
suae glutino intrepidae martyris manus nec salientes digiti futurae mortis exitio palpitabant. tanta fuit in martyris deuotione constantia, ut omni 1 39 7
meritum, sed terreni per orbem totum dispersionis futurae denuntiabat exitium. adeo eos in eremum inde perduxit uulneraque detestabilis mentis 1 18 1
nisi culpae succumbat, ueluti adulterae deprehensae magnum minitantur exitium. at illa non Eua, ancipiti quidem metu contemplatione praeclusa, 1 1 17
nec mora est: inpatienter fraterni inuidus muneris in fratris Cain anhelat exitium et deo ante negotium parricida est; nec eius saltem coercentis uoce 1 4 9
ipsi ueritati debeamus, scientes, quoniam, si quis imaginem laeserit, in exitium suae animae incitat ueritatem. nec est dicto longe probatio. si 1 36 24
quas ille unciendas libentius offert. pedes quoque constringit, ne in exitu mortis concitata uictima calcitraret: securus enim pater optimus 1 43 5
ignotum. qui ut inter duo elementa peruenit, ibidem praesentariae exitum mortis expauit. hinc enim persequentium Aegyptiorum infestis 1 29 1
fragilitatem aliqua in corpore infirmitas nasceretur aut humanus exitus contingeret, uix in eius casibus pater uiuere potuisset, si annis 1 43 3
morienti puero subuenit, haec a cunis ipsis infantiae usque ad supremos exitus cuiusuis aetatis utroque generi salutare munus impertit; illa sanguine 1 3 23
seruatus perstat uiuus, parte sui corporis iam sepultus. o dignus gloriosi exitus finis! ascensurus altitudinem caeli corporis sui inpedimenta 1 39 9
sui terminum uersabatur et educationis tempus angustum et senectuti exitus iam uicinus. ecce prima deuotio: libenter excipere quod sero datur et 1 43 1
deo. sed nos, qui Adam abiecimus, Christum induimus; qui, quae uis, qui exitus, quae merces carnis sit quaeue animae, deo magistro didicimus; qui 2 4 18
fecerat; aliter etenim quis saluus esse non poterit, quamuis sit iustus, nisi exomologesin faciens et praesentia sua peccata exstinguat et futura repellat. 1 13 12
dedignaris. sane ceruicem curuas non religione, sed pondere, quando exomologesin facies, quae plus pro ornatu es quam pro salute sollicita. 1 14 6
prior solet domino confiteri. ductus est tandem beatus Archadius ad exoptatum iustis orationibus locum, et intuens caelum stetit deo spectante 1 39 7
eia, fratres, quos beatae sitis exoptatus ardor incendit, quos nectarei fluenti dulce murmur inuitat, 1 12
eia, fratres, quos beatae sitis exoptatus ardor incendit, cupiditate ac uelocitate ceruina lacteum genitalis 2 14
insania, deo se laudat. publicanus autem non membratim deum, sed totus exorat, quia timore totus est humilis, sua peccata contestans, secundum 2 9 9
agit; iugulatur et non repugnat; pro percussoribus suis deum insuper et exorat. una illi sola principalis sollicitudo ac maxima est cautio, ne quid 2 1 13
ipsi autem me spreuerunt. grandem Iudaicae gentis offensam libri istius exordia proloquuntur et iracundiam diuinae indignationis ostendunt, quae 1 61 1
possunt argumentis attingi, patris et filii festinant nec intelligunt, quia in exordio carminis sacri deus deo sua sibi et diuinitate et nomine 1 45 1
quasi praesumptor aut demens rapit, sed patienter aedificat, patienter exornat, patienter uariis animantibus replet. quando ingredi iubeatur, 1 4 12
semel, amore hominis sui eius artifex deus et dominus noster occidit et exortus est rursum, numquam sane repetiturus occasum. hic, inquam, quo 2 19 2
qui ut inter duo elementa peruenit, ibidem praesentariae exitum mortis expauit. hinc enim persequentium Aegyptiorum infestis mucronibus 1 29 1
leuauit, dei fuit, quod pepercit. nec qui feriebatur timuit, nec qui feriebat expauit. sacrificium domini non dimittitur, sed mutatur. melius seruauit 1 62 5
futuri qualitas aperitur, fides si inlibata teneatur. unde rem paucis expediam. omnis caro quam diu flagitiosis illecebris huius mundi ac 1 2 24
pauca de multis attingam, ut omnium probationem haud dubie in paucis expediam. stellae praecipites labuntur e caelo et a tergo longo flammarum 1 2 17
credulitatem non potest dubitari, quia hanc qui habuerit, necesse est, ut expedite uiuat et munde. igitur ne cognoscatur, faciem uelamine obscurat: 1 13 8
omni facultate pauperibus crucem suam portans consummata omni iustitia expeditior sequitur Christum. ui tempestatis, solis atque imbris ad 2 11 6
quasi quidam dux peritissimus, horum omnium praedicit fugam, in armis expeditissime standum, uigilandum diligenter, undique castra munienda, 2 4 11
dei seruus *scidit uestimenta sua*, non ut deo inuidiam faceret, sed ut expeditus cum hoste pugnaret. contempsit denique in perditis facultatibus 1 15 5
ideo nubere melius, quia uri deterius. *omnia* quidem *licent, sed non omnia expediunt.* iam te hic, Christiane, cognosce, elige quid uelis: remedium an 2 7 2
perlitare, ut illiciti administratione ministerii Christi panis mentibus possit expelli. sed dum bellum duri certaminis geritur et familia domini caelo 1 39 2
sed pectorum aperiunt cuncta penetralia, diligenter uniuersa crimina expellunt ac rursus diligenter accludunt, ne quid illo uel friuolum, inde 2 24 1
ad sua numquam peruenit uota. quantum fuerit auctior, fit tanto miserior: expers otii, expers satietatis, per fas atque nefas, artibus multimodis ac 1 5 2
peruenit uota. quantum fuerit auctior, fit tanto miserior: expers otii, expers satietatis, per fas atque nefas, artibus multimodis ac uersutiis 1 5 2
sepulcra concurrunt et a mortuis, quos in quiete tacitae noctis agnouerint, expeti a se aliquotiens alimenta contendunt; ac sic fidem rei quam 1 2 3
non inter haedos deputatur, qui pignus trinitatis acceperit. denique expetisse atque accepisse describitur *monile, anulum, uirgam.* quibus ista 1 13 10
eam, poscit ingressum, missurum se promittit haedum. at illa promisso expetit pignus, magis illo contenta quam praemio accepitque ab eo eius 1 13 2
post deuotissime completa expiationis sacrae casta ieiunia, post clarissimae noctis suo sole dulces 1 24 1
est sacramentum uel quae in prouerbiis locutus sum non intellegentibus explanabis. denique hoc alibi manifestius ad omnes discipulos ait: *ite ergo* 1 37 6
ceterum domini dictum quo sit pondere quaue ratione prolatum, explanat proprietas ipsa uerborum: *qui credit, inquit, in me, non* 1 35 2
delitescens secessionis se commendauit umbraculo, utrumque Christiano explicans uoto, ut et non longius uideretur a proelio et secedendo 1 39 3
uirtutum. quae praeter ceteras tota se ad alienas utilitates colligit atque explicat sciens, quid deo principaliter debeatur, nihil sibi ipsa concilians, 2 1 11
hic igitur infans, e cuius uita paternus affectus et maternus pendebat, ad explorationem fidei suae diuina uoce postulatur ad uictimam. 'uolo, dixit 1 43 3
promeruisse triumphat. accepit iam praemia, quae meretur; diuinae enim explorationis temptamina porriguntur: exserit equidem ferrum et armata 1 43 6
extorsit credulitas quod natura denegauerat. Abraham patriarcha noster exploratus a deo in senectute suscepit unicum filium. nihil tam sollicitum 1 43 1
huius rei testes sunt nobis duo homines propheticum carmen suis actibus exponentes, pharisaeus et publicanus dei stantes in templo. pharisaeus 2 9 8
quae Selom uiderat maturum ei nec tamen nupserat, uestem uiduitatis exponit, aestiualia induit, semet decore componit locoque constituit, Iudas 1 13 2
mundi concepit; parturit non dolore, sed gaudio. mira res! exsultans exponit infantem totius naturae antiquitate maiorem. interea rudis non 1 54 3
tondendas pergit, id est, ab hominibus iustis bonorum operum fructus exposcit. quo audito Thamar cum esset *in domo patris sui*, id est in 1 13 8
altero superante, non moritur? tune non illa es, quae mariti corpus expositum lauisti lacrimis, osculis detersisti, crinium damno uelasti, scissis 2 7 7
et tu eius naturam quaeris? sed et alio loco hoc, quod agitur, euidenter expressit, cum ad Timotheum loquitur instruendum his uerbis: *hortatus* 2 3 17
dicente: *regnum meum non est de hoc mundo.* apertius autem hoc Paulus expressit dicens: *hoc enim scire debetis, quoniam omnis fornicarius aut* 2 5 8
portat aut poenam. quam rationem Dauid in Psalmo primo his uerbis expressit: *non resurgunt*, inquit, *impii in iudicio neque peccatores in* 1 35 3
est ire per singula; quamuis et haec non fuerint dictu digna, tamen ad exprimendam uim impudicitiae uisa sunt necessaria, ut sciat unusquisque 1 1 12
gemini populi typum in semet ipso portasse, ut circumcisionis nota exprimeret Iudaeum, credulitatis iustitia Christianum. adde quod 1 3 7

est dominus et haec duo audiuimus. sed et dominus ipse in euangelio hanc	exprimit rationem dicens ad Petrum: *mitte hamum in mare et piscem, qui*	1	37	5
rebusque seruatis sententia in eum, prout debitor exstiterit, iure possit	expromi. ita erit, ut iustis corona, peccatoribus aut excusatis aut emendatis	1	35	8
quid est nisi mens lubrica, permotionibus crebris et rapidis se semper	expugnans; animus infidelis etiam sibi; actus improuidus, instabilis, caecus,	1	4	7
stipendio ipsis feminis sic incognito inopinate dispungens suam docuit	expugnare naturam; haec libidinis mercedem uel maxime parentum,	1	1	8
quia *nihil* est *tam sanctum quod non uiolari, nihil tam munitum quod non*	*expugnari pecunia possit*; non necessitudo sanguinis, non amicitia, quia non	1	5	5
in effectu conata succedant. uerum tamen in ipso fructu suo, quo	expugnati pudoris alieni labe gaudere consueuit, semper infelix est. denique	1	1	7
quem, etiam dum denudat, esse non inuenit inpudicum; hic synagogam	expugnauit, cum sua illi arma concedit; hic ubique turbulentus, ubique	1	36	26
nisi quis hostem, a quo impugnatur,	expugnet, numquam bonis suis poterit uti securus. sunt enim multi, qui	1	7	1
esset si quis hic talis. sed quia in uobis fides et pietas, quae est idonea	expultrix auaritiae, manet atque gloriatur, digni estis uniuersi aurum	1	5	17
pollens, diuite sinu, momentis quibus uelis quattuor temporum munera	expungens. denique competentibus nostris finitur hiems hodie peccatorum.	2	13	
lac argenteum subministrat et caseum. Zachaeus sine mora quadriplicata	expungit apophoreta, deus et dominus noster Iesus Christus dei filius	1	24	4
sum holocaustomatis arietum et pinguamine agnorum; quis enim haec	*exquisiuit de manibus uestris?*. utique, fratres, incunctanter eis ademit	2	25	1
et pinguamine agnorum. sanguinem taurorum et hircorum nolo; quis enim	*exquisiuit ista de manibus uestris?* per alium adaeque prophetam spiritus	1	25	6
sibi, insuper ei poenas gehennae paritura. tunc carnalis mimus ille finitur	exsanguique nihil iam suffragantia tota illa ornamenta medentur, nisi quod	2	4	16
Iudaeorum, populi Christiani mundum. igitur gentium sacrificium quam	exsecrabile est, tam inane; colunt enim uani uana figmenta in quaslibet	1	25	3
non deponis. ad ecclesiam dei opere uario totum inaurata corpus,	exsecrabili metallo procedis onusta, ubique delicata, sub monilibus fortis.	1	14	6
non debere diligi a nobis sacris uocibus dum iubetur, recte sapientibus	exsecrabilis esse uideatur, Iohanne dicente: *nolite diligere mundum neque*	1	36	27
resurrectio, quare plangis? si amore mariti facis, cur postmodum nubis?'	exsecrabilis res est, fratres, nec coniugio seruare caritatem nec deo fidem.	1	2	14
incendium. sed sic ego in rebus demoror prope sanis, quasi, quae uere	exsecranda sint, iam correcta sint crimina. pudet me dicere in populo graui	2	7	10
sunt, uidemus. aurum argentumque, Christiane, si uera dicenda sunt,	exsecraris in simulacris, colis in penetralibus tuis. nam et illic aureis	1	14	5
quamque salutare, quem paulo ante ridiculo habueris, admirari; cuius	exsecratus sis corruptelam, optes imitari uirtutem; quem cupidum semper	2	29	3
dissoluit et cunctas conpage discussa iuncturas corporis rupit. exsilierunt	exsectae manus †et uenarum in se paululum stupore rursus in se riuus	1	39	8
inde non esse approbatur inferior, quia, unde processit, paterni cordis est	executor? non enim minus est facere magna quam dicere. quamuis et	1	45	3
saepe intermortua spiritu, labentibus membris ad terram incertas reddebas	exsequias, cui magis lacrimas commodarent: mortuo anne morienti? post	2	7	7
talem casum nemo doluit, nec quae genuerat mater. nemo plangit uiuas	exsequias et innocentis hominis obsequium nemo ante fletibus rigat, ne	1	62	4
finis! ascensurus altitudinem caeli corporis sui inpedimenta praemittit et	exsequiis funeris ipse praecedit. cui haec est conparanda confessio?	1	39	9
funereae facis solemnitate in occasus suos quasi quibusdam deducuntur	exsequiis; quas si per plagas unde refixae sunt quaeras, rediuiui luminis	1	2	17
obsessis daemones fugere mortuosque saepe ipsos a sepulcris cum suis sibi	exsequiis reuerti iusserunt, ut omnes mirarentur fieri lacrimas gaudii, quae	1	36	9
in regno, obumbrat neminem prophetae terrore. iniurias suas non	exsequitur regia potestate; odientes se diligit; inimicis parcit; *parricidalibus*	2	9	7
quae meretur; diuinae enim explorationis temptamina porriguntur:	exserit equidem ferrum et armata dextra subleuat manum, sed uox eius,	1	43	6
se ambulasse non credat. aduersus Theclam accusator acerrimus linguae	exserit gladium, cum suis sibi ministris publicae leges insaniunt; stimulis	2	2	6
parricidium, ille lignum quo inuratur sibi praeportat, ille aram struit. ille	exserit gladium, ille ceruicem. uno uoto, una deuotione, ne quid profanum	1	4	14
est opinari. namque temperat se propter rerum naturam filius, ne	exsertae maiestatis dominum non possit mundi istius mediocritas sustinere.	1	56	2
pati uideretur iniuriam. uidetisne, fratres dilectissimi, quia nullus	exserte hic alteri iubet, in opere nullus otiosus est? o sancta aequalitas ac	1	45	2
ipsis inimici certatim se crebro subiciunt, ingenti fragore confundunt	exsertisque mucronibus sordidis uelut testudine quadam resistunt	1	36	15
illusi iugulantur. sucus earum in ultimo preli pondere duabusque tabulis	exsiccatur; similiter iudicii die a Christo secundum tabulas legis	2	11	7
infelicibus nonnumquam inmittit Capricornum uultu deformem, qui cornu	exsiliens, labra liuentia spumantibus uenis ebulliens palpitante ruina captiui	1	38	6
connexa dissoluit et cunctas conpage discussa iuncturas corporis rupit.	exsilierunt exsectae manus †et uenarum in se paululum stupore rursus in	1	39	8
superstitionibus miscuisset, talibus in eum sanctissimus martyr uocibus	exsiliit: 'quid, inquit, uanissime omnium iudicum, putasne aut de lucis	1	39	5
enim necesse est iudicare credentem? iudicium enim ex ambiguis rebus	*exsistit; adempta ambiguitate iudicii non desideratur examen. ex quo* ne	1	35	2
non artis est timere quod metuas; metuis autem *quod* tibi *nolis accidere*.	exsistit quippe diuersis ex modis, cum aut exaestuat aliquo reatu	2	2	2
creuerit: at in originali decreuit solo; quod captiuitatis sit nexibus	exsolutus: sed est nunc usque barbarici furoris moribus alligatus. deus ill	1	52	
ponderibus, quae prophetae pondere premebatur. tum Ionas, quem solum	exspectabat bona illa tempestas, sorte ductus naufragus redditur, immo a	1	34	6
replet. quando ingredi iubeatur, quando ianuam claudere, patienter	exspectat, dignus euadere, qui in tanto orbis metu non festinauit euadere.	1	4	12
temperata blando murmure iam uos inuitat. iam balneator praecinctus	exspectat, *quod unctui, quod tersui* opus est praebiturus, sed et denarium	1	23	
uirtutibus adprobetur: non enim potest esse perfectum quod aliunde	exspectat sibi aliquid necessarium. si uero fidem tractatus dicere	2	3	6
placebo domino in regione uiuorum. haec nos felicitas manet, hoc munus	exspectat. sic ergo uiuamus, ut bonis operibus decorati nos quoque deo	1	2	32
perpetuae, impii aeterno sunt destinati supplicio nullaque eos cognitio	exspectat ulterius, quinam sint isti, quibus est iudicium praeparatum. et a	1	35	4
uulnus inquilino uulnere finiretur. at Iob cunctis uiribus aduersae partis	exspectatione placida profligatis, in semet fortior ruinis, omnibus quaeque	1	4	19
nobilitatis suae conscientiam retinet, diligit fratrem nec aliquid audire	exspectauit ex lege, ne admonitione pietati aliquid derogetur, tantumque se	1	36	22
mulieri, ut in domo patris sui uidua permanens nuptias maturas	exspectet. cum res sic se haberet, eius uxor moritur. qui consolatus cum ad	1	13	1
reuiuescit nec mortem medullitus capit, sed suum sibi genitale in germen	exspirans uetusti corporis superficie deleta, immo in melioris naturae iura	1	2	22
non cernitur gladius, percussi non hiat uulnus, non defluit sanguis;	exspirantis non palpitat corpus, non decolor color est. ipse est et tamen	1	42	2
facias, qui in te auarus es? o detestabili detestabilius malum! inuicem dum	exspoliant persequuntur fallunt, hostes probant, praedones laudant,	1	5	7
fremunt, qui calumnias pariunt, qui pauperes, qui uiduas, qui pupillos	exspoliant, qui profanis fabulis neglecta dei secta alios non bene auocantes	1	25	11
festinus sepelit, antequam iugulet. ipsum postremo, quem diuitiis	exspoliauerat magnis, magnis uestit ulceribus, quibus insuper uermes	1	4	18
deleatur iniuria. ecce procuratores uel gubernatores eius oculi aliquo ictu	exstincti subsidunt. nonne cadauer est uiuum? ecce tabidus pulmo	2	4	15
quamuis sit iustus, nisi exomologesin faciens et praesentia sua peccata	exstinguat et futura repellat. Thamar arguitur, quod de fornicatione	1	13	12
ut mater necatosque non ante uiuificat, antequam omne uirus uetustatis	exstinguat, ne quid adulterum pariat. ac ne quem plus amare uideatur aut	2	29	2
cordis uestri, ne exeat sicut ignis ira mea et exurat et non sit qui	*exstinguat.* uidetis ergo, fratres, quia huius modi circumcisis deus non	1	3	12
custodi. esto sancta et corpore et spiritu, amore Christi ignem carnis	exstingue, ut de resurrectionis gloria, quam hic iam tibi uindicas, taceam,	2	7	4
per quod poteritis omnes sagittas illius mali, quae sunt igne plenae,	*exstinguere.* is enim infelicibus nonnumquam inmittit Capricornum uultu	1	38	6
adolescentibus lapsus feliciter timet, beatissima cum in iuuenibus carnalia	exstinguere laborat incendia. sane in senibus ut est honoranda, ita miranda	1	1	5
est uerius atque iustius, transfer ad deum et, quale uelit illud sit, repente	exstinguetur incendium. sed sic ego in rebus demoror prope sanis, quasi,	2	7	9
animae, deo magistro didicimus; qui non ignoramus uictoria carnis ambas	exstingui, animae uictoria utramque seruari: meliora sequamur saltem uel	2	4	18
tam potentis elementi subacta natura est. qui putabantur incendio	exstingui, emicant beatiores incensi.	1	48	
bella premit, lites tollit, iura euacuat, fora compescit, odia eradicat, iras	exstinguit. haec mare penetrat, orbem circuit, commercio nationibus	1	36	13
eius rabies quid uoluptatis habeat, suo cultori quid praestet. febrem non	exstinguit, morbos non discutit, uulneribus non medetur, dolores non tollit,	1	5	16
patris et filii et spiritus sancti, non tantum diaboli praesentes ignes	exstinguit, sed etiam futuri diei iudicii incendia superabit. illa iustificata	1	13	13
ut ponderatis damnis rebusque seruatis sententia in eum, prout debitor	exstiterit, iure possit expromi. ita erit, ut iustis corona, peccatoribus aut	1	35	8
	exsulta, Christiane, et deum fortiter time, diaboli si uis incendia non	2	15	
de sterilitate fecunditas, ut impleretur, quod scriptum est per prophetam:	*exsulta, sterilis, quae non pariebas, erumpe et clama, quae non parturis,*	1	59	3
in se creatorem mundi concepit; parturit non dolore, sed gaudio. mira res!	exsultans exponit infantem totius naturae antiquitate maiorem. interea	1	54	3
diu admirata mulierem uirginem, admirata infantem deum ingenti gaudio	exsultans, quae curatum uenerat, curata recessit. ita Christus in hominem	1	54	5
se ipsi condemnant. uerum, pro nefas, creditur aetati, creditur auctoritati:	exsultant adulteri, damnatur integritas. iamiamque Susanna ad supplicium	1	1	18
est anima mea usque ad mortem. quod dictum non tam timentis quam	exsultantis ac docentis est. utique non enim quicquam timere poterat, qui	1	2	31
tu in patre imperas. tu tibi in filio obtemperas. tu in spiritu sancto	exsultas. tu cum in tribus una sis, nullo pacto diuideris, nulla humanae	1	36	32
et odore una natiuitate diffusis germinantia undique dulce prata respirant.	exsultat aestas noua, sed diues, in frumenti uarias moles spiceam feliciter	1	33	1
se reciprocauit in filium, ne quid sibimet derogaret. denique alter in altero	exsultat cum spiritus sancti plenitudine una originali coaeternitate renitens,	1	7	4
frontem deuotissimus Abraham nec dolor patri lacrimas persuasit, sed	exsultat et gaudet. nec timuit, ne parricidium ei inputaretur, sed magis ut	1	43	4
felicitatis sit [sit]? eam et qui habet diligit, et qui non habet diligit. si ergo	exsultat gloria eius saepe in gentibus (quamuis illic fructuosa uel uera esse	1	1	3
in qua nec gladios possit timere nec fluctus. mira res! medio puluerulentus	exsultat in profundo, qui circa se uideret feliciter triumphum suum perire	1	29	2
corporis semen, mors natalicius dies. denique post momentum festo	exsultat in tumulo, non umbra, sed ueritas, non imago, sed Phoenix, non	1	2	21
et hoc a fratre. erubescit rudis terra pio sanguine impiata. solus Cain	exsultat infelix et, quod teste caret, putat se caruisse facinore, quem deus	1	4	9
uniuersa benedicitur. in tribus una mens, una uirtus, unus triumphus	exsultat. melioratur uita supplicio. rex non inuiderat pueris, si non eos	2	27	
non est ipse. uetus quidem uidetur domicilium, sed nouus inquilinus	exsultat mutatione morum natiuitatis suae nobilitatem incredulis uariis	1	42	2
quid tumet Pharisaeus inanis, quem momenti praeterita delectatur umbra?	exsultat, quod in Aegypto creuerit: at in originali decreuit solo; quod	1	52	
exsultate, pueri, sacrae turris dulces ac sine pretio margaritae. felicia,	exsultate, coniugia: meliores ornatui gemmas sculpitis, quam uos estis.	2	6	10
exsultate, uirgines: omnem istam celebritatem honore uestri floris ornatis.	exsultate, diuites, praerogationibus crebris et iustis ueri diuites facti;	2	6	10
feliciter uenter, Mariae maiestate. illa praeconem portat, haec iudicem.	exsultate, feminae, promotionemque uestri sexus agnoscite. culpa deleta	2	8	8
	exsultate, fratres in Christo, acceptaeque indulgentiae regale beneficium	1	42	1
	exsultate, fratres in Christo, omnique desiderio conuolantes *caelestia dona*	1	32	
	exsultate, fratres, quos sua parturit fides, qui mundi huius fugientes	2	23	
deuotione consimili conuertuntur ad deum et sacerdos et templum.	exsultate igitur, fratres, aedificationemque uestram aede ista de nouella	2	6	5
praerogat munera. exsultate, seniores: uos estis huius operis firmamenta.	exsultate, iuuenes: uos estis lapidibus adamantinis meliores. exsultate,	2	6	10
aetheriae gentes,	exsultate, nouella pignora in Christo, florentissimique hodierni spiritalis	1	38	1
caelestis uestrae dignitatis debetur diuini operis perennis ista laudatio.	exsultate, pauperes [spiritu]: per uos et in uobis dei maior est domus; nam	2	6	10

firmamenta. exsultate, iuuenes: uos estis lapidibus adamantinis meliores. exsultate, pueri, sacrae turris dulces ac sine pretio margaritae. felicia, 2 6 10
postulat, spes promittit, sapientia domus domina praerogat munera. exsultate, seniores: uos estis huius operis firmamenta. exsultate, iuuenes: 2 6 10
exsultate, coniugia: meliores ornatui gemmas sculpitis, quam uos estis. exsultate, uiduae: quadratura uestrae uirtutis *angularis lapidis* coniugio 2 6 10
uiduae: quadratura uestrae uirtutis *angularis lapidis* coniugio cohaeretis. exsultate, uirgines: omnem istam celebritatem honore uestri floris ornatis. 2 6 10
inmortalitatis semine propagantur in saecula. in huius diei luce gradientes exsultemus fide,iucundemur bona conuersatione, ut perpetuam uitam 1 33 4
exsultemus, fratres in Christo, tantique prouentus redditu ditati deo patri 1 41 1
exsultemus, fratres in Christo, triumphatorique perpetuo hymnis, citharis, 2 24 1
iudicis amentiam citae mortis sorte satiare, dum subito manus iubetur extendere ac super caespitem [nudus] proiectus in faciem pedum extrema 1 39 7
locum, et intuens caelum stetit deo spectante securus. parauerat extensa futuris ictibus colla, nudauerat gladiis uenientibus iugulum, 1 39 7
dilectissimi, conspicuae ueritatis, quae dum secerni potest, tamen sibimet externa esse non potest. si enim uerbum in deo est et deus est uerbum et 2 8 4
incensoribus uindicati, sed de domino nostro, quem, pro nefas, uenerantur externi, si tamen dicendum est, sui carpunt. sane nullis argumentis 2 18 1
sunt uana, quia et cordis exaltatio nullos fructus inuenit et oculorum extollentia de alio in aliud elata quicquid uiderit mobilitate fugaci statim 2 9 5
magis admirabilior, quia tantus est et talis. et homo curiosus cor suum extollit conaturque eius comprehendere altitudinem, cuius non sequitur 2 9 4
posset. nulli enim facilius efferuntur, nisi quos inopinati honoris culmen extollit. *Dauid* quippe *humilis, abiectus,* ignobilis sui iacebat in domo 2 9 6
quae caedis saepe, saepe ministrae sunt rapinarum. oculos inpudenter extollit, quorum lenocinio mundus in flore est. intonat lingua, caret quae 2 9 9
zelatur insanit armatur precibus, armatur et ira, similiter nonnumquam ui extorquens quod blandimentis impetrare non potuit. libidinum 1 1 9
fenerator etiam ipse nudatur, ei cum casu aliquo fraus, inopia, fuga, mors extorserint debitorem. auaritiae enim natura talis est, ut auariorem faciat. 1 5 12
pignus succidaneum meruerunt. sic meruit fides quod ademerat tempus, extorsit credulitas quod natura denegauerat. Abraham patriarcha noster 1 43 1
ignem totis uiribus deriuare. at ille in repugnatione ueste sibi uiolenter extorta ex impudicitiae fouea nudus aufugit. sed pudicitiae splendore 1 1 16
non aduertentes esse infelix et impudicum quicquid legitimum fuerit extra coniugium; Christiano enim, fratres, ultra licere non puto quam ut 1 1 14
imitanda persuadet. adeo uiris contra dei legem deique iustitiam euagandi *extra legitimum torum* peregrina luxuria inspirat infeliciter quasi liberam 1 1 13
adserere ex eoque quod non est facere quod est, naturam creare extra naturam, nihil prorsus habere difficile solumque ei hoc deesse quod 1 2 16
inermis draconem necat, leonibus obiectus in periculo prandet, qui solet extra periculum ieiunare. et Ionas timens dominum spontaneum non timet 2 2 5
fontis ex gurgite iam pura, iam libera, iam a conuersatione mundi huius extranea, iam morte superior, iam caelestia aspirans, iam, non dicam 1 2 25
miseriae, facultatibus mori. pro nefas! quid tibi tua tollis, infelix? quid extraneo facias, qui in te auarus es? o detestabili detestabilius malum! 1 5 7
fingitur nec tamen in eo, quid cuius sit, inuenitur. si igitur in opere extraneo paritas sacra distingui non potest, deus in alio se inferior esse 1 45 2
uelle opinari secretum eiusque interna discutere, cuius extraria nequeat suspicari, quia deus hoc est quod est; quod uero homo 2 8 3
cogitat, quemadmodum placeat marito, uirgo, quemadmodum deo. haec extrariis ornamentis ornatur; longe illa ornatior, aliunde quia nescit ornari. 2 7 3
fundamenta subuertere. ibat ad supplicium non adulterum corpus, in quo extrema libido senilis exarserat, sed quod infamauerat diabolus et quod 1 40 2
iubetur extendere ac super caespitem [nudus] proiectus in faciem pedum extrema nudare. ecce inter ipsa supplicia uacare non sinitur et orationis 1 39 7
uiolentis undarum saeuientium cumulis, toto corpore insaniat, tamen extremorum pallido ex recursu uoluminum quasi ius terrae cognoscens ac 1 4 5
otioso negotio cor suum ultra quam licitum est argumentis insolentibus extulerunt. hi cum ascendunt uerbis in caelum, cum deum persuadent hoc 2 9 1
futurorum Antiocho saeuiente libenter semel septem filios non dicam extulit, sed ipsa potius feliciter suis hortamentis occidit, religiose confidens 1 2 13
nihil ab suo statu aut tollitur aut declinat; omnia bona atque perpetua exuberant passim. certe, quod primum est, nemo eget, nemo inuidet, nemo 1 5 18
aliqua nota confundi quam mori, deus Iudaicum populum luxuriae aestu exuberante corruptum publica increpatione confutat. caelum terramque 1 20
omnium probandum puto animas nostras suorum corporum exuuiis <exui> nec cum labe carnalis huiusce domicilii ista prima morte dissolui, 1 2 3
circumcidite praeputium cordis uestri, ne exeat sicut ignis ira mea et exurat et non sit qui exstinguat. uidetis ergo, fratres, quia huius modi 1 3 12
persistens, quem aestuantium delictorum fax incensa omnibus momentis exurit; qui paedorem sui secum carceris portat; qui carnificem sentit, 2 10 1
multi redempti, multi edictis feralibus liberati, multi condicionibus duris exuti gratias agunt. uestrae domus peregrinis omnibus patent; sub uobis 1 14 8
igitur primo omnium probandum puto animas nostras suorum corporum exuuiis <exui> nec cum labe carnalis huiusce domicilii ista prima morte 1 2 3
sic et deus eos, qui dormierunt in Iesum, adducit cum eo. nam et deus per Ezechielem prophetam loquitur dicens: *ecce ego aperio monumenta uestra* 1 2 12
ne quis operis rationem a me forte disquirat, paucis insinuabo. in totius fabricae fundamenta non sicut in Iudaeae templo plurimi, sed magnus, 2 6 6
summum bonum? hic nunc primum omnium scire debemus hominis fabricam *ex* duobus *diuersis ac repugnantibus* comparatam *discordique* 2 4 8
cui nihil aliud de ueteri sacramento quam inanibus intexta suspiriis fabula remansit. denique regium illud templum campis aequatum iacet. 1 28 1
uocatur! o quam non uera, si *factionibus pollet*! o quam publicana, cuius fabulantur etiam profani secreta! o quam praesumpta, quae mauult magis 2 3 10
licet sectae sint plures, quae iniuriam Christi fabulari nitantur, tamen tres sunt quodam modo principales. e quibus duae 2 8 1
nuptias dissuaserit. at ego non pertimescam, sermonis publici quae de me fabuletur inuidia; non enim nuptias condemno, sed nuptiis meliora 2 7 2
denuntiares quibusdam, ne peruersa doctrina uterentur neque adtenderent fabulis et genealogiis, quae sine fine sunt, quae magis quaestiones praestant 2 3 17
pariunt, qui pauperes, qui uiduas, qui pupillos exspoliant, qui profanis fabulis neglecta dei secta alios non bene auocantes diuina sacramenta 1 25 11
faciamus hominem ad imaginem et similitudinem nostram; non inquit: 'fac ad tuam', sed ait: *faciamus ad nostram*, ne quam filius hominem 1 45 1
annuntiauerat, circumcisio. scriptum est enim: *et dixit deus ad Iesum: fac tibi cultellos petrinos nimis acutos et adside et circumcide secundo* 1 3 14
suis in auxilium concitatis, terribili increpans tuba praedonum corda face furiali succensa, impetibus crebris passim totas hominis dei facultates 1 15 3
sapientiam, deus optimum existimauit per stultitiam praedicationis saluos facere credentes; et iterum manifestius: *si quis inter uos uidetur sapiens esse* 2 1 5
aut negat aut denudat affectu. nihil prorsus existimat turpe nec pati nec facere, dummodo in effectu conata succedant. uerum tamen in ipso fructu 1 1 7
proficiat ad dei timorem et ipsis nihil prosit ad utilitatem? sane recte hoc facere existimarentur, si sub praetextu alieni nominis inuasa optinere 1 2 7
rigida quaedam dilectionis est forma; quicquid enim a iusto didicit, id facere iniustum quoque compellit, bifarie inclita: unum glorificando, alium 1 36 18
quia, unde processit, paterni cordis est exsecutor? non enim minus est facere magna quam dicere. quamuis et quod dictum est a patre uel dici 1 45 3
et credit et timet arcamque, cum suis ut saluus foret, quam iussus est facere, non praecipiti festinatione compingit nec tantum munus quasi 1 4 12
paenitentia deum sibi propitium reddiderunt. quod et nos et fecimus et facere plerumque debemus, ut et praesentis temporis temptationes et futuri 1 34 9
hominibus est cum feritate communis, omne ius in uiribus habet: quod facere praeualuerit, aestimat rectum. adeo sine ulla reuerentia diuinae 2 1 7
ipse sit usus impossibilium possibilitatem adserere ex eoque quod non est facere quod est, naturam creare extra naturam, nihil prorsus habere 1 2 16
et paenitet, ad satietatem numquam lubrica utilitate perueniens. desiderat facere quod timeat publicari. totum prorsus temptat, ut sibi uindicet 1 1 9
impugnat, ius iure distringit. quis non uideat numquam recti aliquid illam facere uel fecisse, quod fecerit? uultis scire, quam iusta sit? miseram se 2 1 7
se non esse quodam modo etiam ipse miretur. igitur si homo potest facere, ut sit arbor quod non fuit, saluo quod fuit, quanto magis deus 1 2 28
sic increpante: *uos de diabolo patre estis et concupiscentias patris uestri facere uultis), uestem uiduitatis deposuit*, id est sordidae religionis sordidos 1 13 8
uideri non potest? postremo detestabilis est uiuendi condicio, ubi non licet facere uxori, quod marito placet; ubi proponis, quia nihil te gerere sinit, 2 7 15
dicente: *ego te clarificaui in terra; opus perfeci, quod dedisti mihi, ut facerem. et nunc tu clarifica me apud te ipsum claritate, quam habui apud* 2 5 4
sua bona amore nostro neglexit pauperemque se fecit, ut nos diuites faceret. Iob filios furens diabolus interemit; et domini filios prophetas 1 15 8
quae osculis premere consueuerat, armatus gladio iubetur occidere. quid faceret pietas? praeceptum differri non potest. praestiteras, mater, cum 1 62 3
sequitur, quod uiduitatis uestem rursus accepit, non utique ut quae fecerat faceret, sed ut defleret se fecisse quod fecerat; aliter etenim quis saluus esse 1 13 12
quo nuntio accepto dei seruus *scidit uestimenta sua*, non ut deo inuidiam faceret, sed ut expeditus cum hoste pugnaret. contempsit denique in 1 15 5
dei, ut traditiones uestras statuatis! sed non eo dico, ut ingratum faciam doctrinae beneficium, sed ut sciat unusquisque aliud esse fidem, 2 3 11
ad imaginem et similitudinem nostram; non inquit: 'fac ad tuam', sed ait: *faciamus ad nostram*, ne quam filius hominem induturus pati uideretur 1 45 1
comparatus omnes humani sensus opinationes excludit, quippe cum dicat: *faciamus hominem ad imaginem et similitudinem nostram*; non inquit: 'fac 1 45 1
specialiter ad nostras pertinet partes, uideamus, quid sit quod deus ait: *faciamus hominem ad imaginem et similitudinem nostram (et fecit,* inquit, 1 27 2
uidentur. itaque quod ad nos pertinet, uideamus, quid sit, quod deus ait: *faciamus hominem ad imaginem et similitudinem nostram (et fecit,* inquit, 2 30 2
facultatibus mori. pro nefas! quid tibi tua tollis, infelix? quid extraneo facias, qui in te auarus es? o detestabili detestabilius malum! inuicem dum 1 5 7
conficiunt; hic solus ad hoc crescit, ut immortalem, quem possederit, faciat. 2 2 7
aut Moyses fallax sit, si circumcisio recircumciditur rursum, ut hoc idem faciat aut ut quod non habet perdat; aut certe Iesu Naue parricida sit, si 1 3 15
quasi uanam, quod, cum possit bonis frui mundi ac negligat, sponte se faciat infelicem, non credentes, quia dei praecepta custodiens, huius modi 2 1 14
cum igitur semper insidietur se non quaerentibus diabolus, aestimate, quid faciat inuitatus, cui omnes nocendi aditus reserati praestant sine pugna, 2 7 13
deum. de filio hostiam parat, festinat denique inplere sacrificium, ne mora faciat peccatum. necessaria sacramentis protinus praeparantur, ascenditur 1 43 4
mors extorserint debitorem. auaritiae enim natura talis est, ut auariorem faciat. plerumque plus tulit auaro quam praestat, ac sic saepe contingit, ut 1 5 12
mare, quia illi perennis fontis sui uiuum inest mare, non quod naufragos faciat, sed quod naufragos ad uitam suauem perducat; non aurum, non 2 6 6
non gradum, non sacrosanctum illum saltem suae pietatis affectum. hic facibus suis Euae pectus incendit; hic Adam suis telis occidit; hic 1 36 26
ideo pennatus, quia in quaecumque conceperit uelociter ruit; ideo telis facibusque constructus, quia inlicitis ardoribus semper iunctus est gladius; 1 36 25
alter alterius; quod parentes filios, filii parentes oderunt; quod amicitia in facie adludit quam in cordibus commoratur; quod omne genus humanum 1 14 7
domine, non est exaltatum cor meum. cum scriptum sciat: *homo uidet in facie, deus in corde*, nonne iniuriosum uel superuacaneum putabitur deo 2 9 3
furoris moribus alligatus. deus illi ducatum praebuit: idem a sua eum facie postmodum abiecit. consecutus est regnum, ut post regiam dignitatem 1 52
maioribus eorumque iter praecessisse, non intellegentes, quia exinde eos a facie sua remotos post suum dorsum cum postfuturis abiecerat; 1 18 1
deus arreptoque forsitan ipso sacrificio tuo tuum pectus obtundet, tuam faciem deformabit praestans aliquando et beneficium, cum te iubet ad 2 7 15
inquit autem, *modo per speculum in aenigmate; tunc autem facies ad faciem erit.* unde dubium non est in corporibus nostris, dum mortis lege 1 2 29
procedit et uterus. mirum profecto uidete mysterium! quae celauerat faciem, non celat uentrem. defertur fornicationis rea sine labore accusatoris 1 13 3
respiciens oculis uidit <*uiros*> *tres, cucurrit, adorat* prostratus in faciem, offert hospitium. *refrigerate*, inquit, *sub ista arbore magna.* 1 62 1
subito manus iubetur extendere ac super caespitem [nudus] proiectus in faciem pedum extrema nudare. ecce inter ipsa supplicia uacare non sinitur 1 39 7
Baptista sic dictum esse meminimus: *ecce mitto angelum meum ante faciem tuam, qui praeparabit uiam tuam.* ergo manifestum est prophetiae 1 37 11
dilucidauit alio loco his uerbis: *ecce mitto angelum meum ante faciem tuam, qui praeparabit uiam tuam.* quis est iste angelus, fratres, nisi 2 8 7

habuerit, necesse est, ut expedite uiuat et munde. igitur ne cognoscatur, faciem uelamine obscurat: necessario, quia adsertor pudoris eius nondum 1 13 9
at ille uisam mulierem fornicariam putat, quae pudoris integritatem faciem uelando monstrabat. interpellat eam, poscit ingressum, missurum se 1 13 2
accepit uxorem maiori filio suo. qui filius cum maligne domini ante faciem uersaretur, scriptura teste a deo perhibetur occisus. secundo 1 13 1
ac profundas promittit, ostentat, obicit, donat, speciem proponit suam faciemque, in quas illi libuerit figuras, speculo conciliante semper incertam 2 4 9
et tamen hoc cupit uideri, quod illa est. interea miris excolit artibus sese faciemque suam in se, quam non habet, quaerit. pingit se in se ipsam et 1 1 10
optabat. et iterum: *texit caelos uirtus eius*, eo quod apostolos ad mirabilia facienda spiritus sanctus obumbrauit et texit. et denuo *caeli*, inquit, 1 61 3
etenim quis saluus esse non poterit, quamuis sit iustus, nisi exomologesin faciens et praesentia sua peccata exstinguat et futura repellat. Thamar 1 13 12
et euangelicis intexta praeceptis credentes homines uoluntatemque dei facientes quasi per quosdam obseruantiae gradus in caelum leuare 1 37 1
uidemus, inquit autem, *modo per speculum in aenigmate; tunc autem facies ad faciem erit.* unde dubium non est in corporibus nostris, dum 1 2 29
decennio uel eo amplius, ut adsolet fieri, detineat relegatum. quid facies? obseruabisne redeuntem, an ardori quaeres aliunde remedium? si 2 7 9
sane ceruicem curuas non religione, sed pondere, quando exomologesin facies, quae plus pro ornatu es quam pro salute sollicita. quid autem a deo 1 14 6
auaritia quam facile arguitur ab omnibus, utinam posset tam facile non amari! est enim 1 14 1
in paradiso non cognouerat diabolum, sic et diabolus in saeculo non facile cognosceret Christum <...>. 1 60
aestiualia induit: aestiua uestis, fratres, et munda est et exacta, cum qua facile et opus fieri possit et tolerari ardor aestatis, id est temptationis; 1 13 8
amborum. nunc sacrificii nostri proprietatem nos conuenit nosse, quae facile ex aduerso cognoscitur. nam si diis *corporalibus* sacrificium conuenit 1 25 9
quod credimus in ecclesia remissa peccatorum ac resurrectionem carnis?' facile, fratres, pugna ista concordat statusque futuri qualitas aperitur, fides 1 2 24
auaritia quam facile arguitur ab omnibus, utinam posset tam facile non amari! est enim artifex ac dulce malum et hominibus uniuersis 1 14 1
non tantum deos colere, sed eorum mores et actus imitari. cuius rei facilis probatio est, illa cum interim, quae nostra sunt, uidemus. aurum 1 14 4
mucronibus sordidis uelut testudine quadam resistunt uincuntque facilius caritate, quod singillatim nuda uix possunt superare uirtute. 1 36 15
super me, ostendit numquam se elatum fuisse, cum posset. nulli enim facilius efferuntur, nisi quos inopinati honoris culmen extollit. *Dauid* 2 9 6
sui merita secundum ea, quae gessit, siue bona siue mala. etenim, fratres, facilius est reformari quod fuerit quam instituí quod ante non fuit; quod si 1 2 16
pudicitiam qui colit, quantae nobilitatis sit, facillime cognoscit; est etenim tantae uirtutis, ut sit honorabilis etiam 1 1 1
leuis et commutabilis res est et quae una febri uel qualibet facillime deleatur iniuria. ecce procuratores uel gubernatores eius oculi 2 4 15
et animae et hominis summum bonum ubinam sit constitutum, quiuis facillime possit agnoscere. posteaquam deus, fratres, hunc mundum quasi 2 4 3
ratione nominum publicemus, ut quid appetendum quidue fugiendum sit facillime possit agnosci. sub uelamine Christi nominis, fratres, se adserere 1 1 6
ut et impudicitiae malum et bonum pudicitiae uno eodemque suggestu facillime possit agnosci. Ioseph, Hebraeus adolescens, clarus genere, clarior 1 1 15
commotio est, fratres, cum is de iniuria sua queritur, qui se potest facillime uindicare. sed quia apud sapientes et honestos grauius est aliqua 1 20
nostra non habet necessaria tormenta confessio, quod sine sudore tortoris facinora sua sponte reus, ut fiat innocens, confitetur. pretiosa indulgentia 2 24 2
habet necessaria tormenta confessio, quod sine truculenti sudore tortoris facinora sua sponte reus, ut fiat innocens, confitetur. pretiosa res est, 1 42 2
se cum liberis suis emori quam iustitiam praeterire. pro quo tam illustri facinore cibos a deo inmortales accepit, quos edacitas delibare nequiret: 2 1 20
impiata. solus Cain exsultat infelix et, quod teste caret, putat se caruisse facinore, quem deus uidit, quem conscientia redarguit, quem fratris sanguis 1 4 9
ut seruet, destinat iugulare, ne iugulet, securus illo se non posse displicere facinore, quod deo gerebatur auctore. o nouum spectaculum ac uere deo 1 4 13
Iudaeorum gentiumque debemus accipere, qui, cum essent anterioris uitae facinoribus inquinati — unus Christum blasphemando atque persequendo, 1 37 3
non diffamatur, censuit eos caelo et terra testibus denotare, ut inexcusati facinoris competenti iudicio subiacerent. denique res impleta est domini 1 47
a uiris, prodigiosae libidinis ignes ignis diuinus incendit intestinique facinoris foedus, quo infeliciores subactis infami hasta persequentes 1 4 10
sacra. sic, sic genus humanum a dei cultura rapuit, dum blanda festiuitate facinorosa facinorosorum et colenda crimina et imitanda persuadet. adeo 1 1 12
hominis praeputium carnis, sed in augmentum hominis praeputium facinorosi cordis incidit. at fortasse adhuc quispiam dicat: 'cur ipse quoque 1 3 16
sic genus humanum a dei cultura rapuit, dum blanda festiuitate facinorosa facinorosorum et colenda crimina et imitanda persuadet. adeo uiris contra 1 1 12
sunt sanguine et digiti uestri in peccatis. labia autem uestra locuta sunt facinus et lingua uestra iniustitiam meditatur. et iterum de ceteris membris: 1 3 10
paterna non est, quia filius sine patre non est, ipso dicente: *si non facio facta patris, nolite mihi credere; sed si mihi credere non uultis,* 1 45 3
sui laudem sibimet soli deberi testatus sit, qui in euangelio dicit: *si non facio facta patris, nolite mihi credere; sed si mihi credere non uultis,* 1 25 8
glorietur, qui gloriatur, intellegere et scire, quia ego sum dominus, qui facio misericordiam et iudicium et iustitiam super terram. o quam 2 1 5
enim qui dicere possit: 'si est resurrectio, quare plangis? si amore mariti facis, cur postmodum nubis?' exsecrabilis res est, fratres, nec coniugio 1 2 14
labuntur e caelo et a tergo longo flammarum albescentium tractu funereae facis solemnitate in occasus suos quasi quibusdam deducuntur exsequiis; 1 2 17
deo indicare quod nouerit? absit. indicat ille, sed nobis, quos cupit quod facit ac praedicat imitari. ergo inquit: *non est exaltatum cor meum,* docens 2 9 3
uniuersae cessabunt; tolle spem, et interempta sunt omnia. quid facit ad litteratorem puer, si litterarum non speret fructum? quid ratem 1 36 3
praeceptis dominus ait: *qui dimiserit uxorem suam excepta causa adulterii, facit eam moechari.* quid hic respondere possint lubrici mariti, non uideo; 1 1 13
populos composita pace conseruat; haec circa regum latera securos gladios facit; haec bella premit, lites tollit, iura euacuat, fora compescit, odia 1 36 13
sicco transiuit; at nostrum mare uoluntarios suscipit, feliciter naufragos facit interimensque uniuersa peccata genitali unda submergit, ut caelestes 1 46b 2
contrarium. *iustus autem ab omni peccato se abstinet,* quod propterea facit, quia *praui* bonique *notitiam* gerit, quod est utique sapientis. unde fit, 2 1 10
et rationem, eius non potest nosse ueritatem. haec enim res et fecit et facit, ut Iudaeus et Iudaeo deterior Christianus dei filium deum esse non 1 25 1
denique et uos retinetis pondus antiquum; habetis aginam: exagium facite quemadmodum uultis; singulos ponderate: inuenietis nullum habere 1 41 3
cuius est praeparatio: *uox clamantis in deserto: parate uiam domini, rectas facite semitas dei nostri.* nunc uideamus quae consequuntur. per idem 2 8 7
ita quae bona, quae pura, quae simplicia, quae pia, quae sancta sunt, sicut facitis, amplectenda, ut uidentes homines *opera uestra bona magnificent* 1 25 13
cuiquam libeat, deus illi non colendus sit, sed quaerendus. quod nunc faciunt infideles, de quibus scriptura diuina quid pronuntiet, audiamus; 2 9 2
a se aliquotiens alimenta contendunt; ac sic fidem rei quam reprobant faciunt. philosophi de anima uaria disserunt, sed tamen hanc esse 1 2 3
sibi martyres pepererunt, qui dies obseruant, qui Aegyptiacos de candidis faciunt, qui auguria captant salutemque suam pecudum uiolenter scissis in 1 25 11
sacrilega incredulitate dei potentiae derogare? sed hoc amore criminum faciunt, ut putent impunita fore quae clanculo gerunt. nam si iudicii diei 1 2 1
demum, fratres, caritatem per semet ipsum ei condigne reddemus, quia facta commutatione quod eius est fit pro partibus nostris. sequens est, ut 1 36 21
sunt caro, unum diuini operis sacramentum, quoniam femina de uiro suo facta est alterque alteri tenetur obnoxius ac per hoc iure legis quoque linea 1 1 14
amauerat species, nunc subicit alias, nunc parturit nouas. manibus suis facta hydra formarum procax semper incedit, quia erubescere alienis sub 1 1 10
fidei libertatem. igitur uos, qui *circumcisi estis circumcisione non manu facta in spolationem carnis, sed circumcisione domini nostri Iesu Christi,* 1 3 24
eo fortius addentes, quod defunctorum ibidem non tam formae quam facta noscantur ac necessario recipiant secundum quod mundanae 1 2 4
paterna non est, quia filius sine patre non est, ipso dicente: *si non facio facta patris, nolite mihi credere; sed si mihi credere non uultis, factis* 1 45 3
laudem sibimet soli deberi testatus sit, qui in euangelio dicit: *si non facio facta patris, nolite mihi credere; sed si mihi credere non uultis, factis* 1 25 8
monstratur. ligaturis adstringitur, cum renuntians saeculo sponsione facta spiritaliter sacris interrogationibus obligatur. luxuriosi crines falce 2 11 5
sine causa etenim laborare uidebitur iustus, nisi recipiat secundum facta sua, quae gessit, iniustus. non ergo sic accipiendum est, 1 35 1
esse omnipotentiam nos doceret. sequitur ac dicit: *omnia per ipsum facta sunt ac sine ipso factum est nihil.* uideamus nunc, optime Christiane, 2 8 4
elementa pulchrius aut uerius uerbis humanis asseri possunt, quam a deo facta sunt uel uidentur. itaque quod ad nos pertinet, uideamus, quid sit, 2 30 1
estis infantes et, quod est admirabile et gratum, subito uno momento facti aetatibus diuersis aequaeui. sed curiositatem uestram bene noui. 1 38 1
secretum, qui sui corporis nescit arcanum? quare, fratres, propter quod facti et nati sumus, timeamus, amemus et honorificemus quem inuenimus 1 56 3
ornatis. exsultate, diuites, praerogationibus crebris et iustis ueri diuites facti; promotioni etenim caelestis uestrae dignitatis debetur diuini operis 2 6 10
ignibus frigida. sola fides praeferenda: hac nos, qui per fidem filii Abrahae facti sumus, in ipsius gremium peruenire credamus. 1 62 5
perfidia, cum transducta fuerit, fides uocatur! o quam non uera, si *factionibus pollet*! o quam publicana, cuius fabulantur etiam profani 2 3 10
uiros multiformes tenduntur insidiae et diuersis calumniarum generibus factiosae emerserint causae, quid homo pestilens excogitet uel quid 1 40 1
facio facta patris, nolite mihi credere; sed si mihi credere non uultis, factis credite et cognoscite, quoniam in me est pater et ego in illo. 1 45 3
facio facta patris, nolite mihi credere; sed si mihi credere non uultis, factis credite et cognoscite, quoniam in me est pater et ego in illo, 1 25 8
imaginem praeferebat, qui uerus omnium saluator esse cognoscitur et factis et nomine. hic enim, quia ipse dictus est etiam petra, recte cultellos 1 3 16
et condicione mortali. iustitiam docet inmortalitatis esse comparatricem. factis praecepta consummat. postremam suscipit mortem, ut ea deuicta 2 4 7
insertum; infideles non sunt, quia habent imaginem fidei, professione deo, factis saeculo seruientes. uolunt nosse legem, nolunt eius praecepta seruare. 1 35 5
robusta regna subuertit; haec aut sub turpibus aut sub crudelibus factis subiugatos thalamos triumphauit alienos; haec uiros ardore uesano 1 1 8
mundus mundique non capit plenitudo. interea promouent suum membra factorem et opus sui figura uestit artificem. parturit Maria non dolore, sed 2 12 2
labe carnalis huiusce domicilii ista prima morte dissolui, sed pro qualitate factorum quasdam locis poenalibus relegari, quasdam *placidis sedibus* 1 2 3
nostra suscipit mortuos et euomit uiuos, ex animalibus ueros homines factos, ex hominibus in angelos transituros, si prouectus aetatis eorum 2 10 2
nulla ex parte suam perfecerit uoluntatem: nec adulterium enim, quod factum diffamabat, exercuit nec homicidium, quod procurabat, inuenit. 1 40 3
utero uirginis Mariae sumpsisse principium deumque exinde ob iustitiam factum esse, non natum. alia modestius, sed mordacius nocens dicit 2 8 1
a patre uel dici potest, quia uerbum est filius, sine filio non est, et quod factum est a filio uel fieri potest, sine dignatione paterna non est, quia 1 45 3
seruire praecepit? unde non est principium quod senescit, quod opus factum est alienum, quod non est in sua positum potestate, quod a sua 1 7 2
et angelos dei ascendentes et descendentes super filium hominis, sicut et factum est, euangelista dicente: *tunc reliquit eum diabolus et ecce angeli* 1 37 13
nos doceret. sequitur ac dicit: *omnia per ipsum facta sunt ac sine ipso factum est nihil.* uideamus nunc, optime Christiane, quemadmodum inter 2 8 4
mortis offerret et eum ad praemia inmortalitatis admitteret. sicque factum est, ut, quomodo per unius hominis damnationem in omnes 2 4 7
nihil te gerere sinit, nisi quae disposuerit prior ipse compleuerit. quod si factum non fuerit factumue displicuerit, tum tota mugiet litibus domus, 2 7 15
genus manauit humanum, caelestem uero ibidem nec memoratum nec factum posse doceri nec natum. huc accedit etiam ipsa praepostera 2 4 1
patiuntur errorem, quia Christum non ex deo considerant hominem factum, sed ex homine <deum>. ceterum si spiritaliter saperent, in ipso, 2 8 9
nisi quae disposuerit prior ipse compleuerit. quod si factum non fuerit factumue displicuerit, tum tota mugiet litibus domus, blasphemabitur deus 2 7 15
corrumpit aut corrumpitur, inicit amorem, paulo post odium de amore factura. seminat inlicitos heredes crimenque noscens nominibus pietatis 1 1 7
inquilinus exinde uisibilis necessario effectus, quia orbem terrae erat ipse facturus humanumque uisitaturus genus, alias aequalis in omnibus patri. 1 50

esse uolens esse non posset. denique uultis scire conpendio ueritatem? factus est quod non erat, nec tamen desiit esse ante quod fuerat. 2 8 9
et liberatus a deo est et honoratus. denique rex iure secundus factus est regni, qui insignis rex erat iam ante pudoris. Susannam quoque, 1 1 16
orbis uacuus se duobus angustum; mirantur elementa hominem, qui factus sit *ad imaginem et similitudinem dei*, posse iugulari, et hoc a fratre. 1 4 9
hospitis germinis adoptiua pinguedine absumptus, immo pinguedo ipse factus, totusque acceptum translatus in honorem nouae frondis promotione 1 2 27
et defenditur pariter et nutritur. ad iugum peruenit, cum praerogata omni facultate pauperibus crucem suam portans consummata omni iustitia 2 11 6
extra legitimum torum peregrina luxuria inspirat infeliciter quasi liberam facultatem ac sic eorum quoque feminas a pudore diuellit, quae desertae, 1 1 13
ac libidinibus homines, qui ueri sunt uermes. Iob et sanitatem recepit et facultatem; at dominus resurgens non sanitatem tantum, sed 1 15 9
aestimare licet quid moliri potuerit incitatus, maxime cum a deo acceperit facultatem, ut atrocitatis inueteratae in examen iusti quibus possit armis, 1 4 18
potest aurum. hinc unus pecuniam suam tamquam hamum proponit, ut facultates ad se attrahat alienas; quam peregrinantem ferali supputatione 1 5 12
corda face furiali succensa, impetibus crebris passim totas hominis dei facultates inuadit, subito rapina, igne ferroque uniuersa uno momento 1 15 3
uir, qui mira patientia deum promeruit, diabolum uicit, sanitatem recepit, facultates liberosque suos non perdidit, sed mutauit! Iob, quantum intellegi 1 15 6
similiter euangelista perhibente et dominum ter est temptare conatus. Iob facultates, quas habuit, amisit; et dominus caelestia sua bona amore nostro 1 15 8
tot nuntiis lugubribus tunditur nec mouetur, sed tantum benedicit deum facultatesque suas contemnendo custodit. at ubi diabolus adgressuris tantis 1 15 3
sed ut expeditus cum hoste pugnaret. contempsit denique in perditis facultatibus diuitem, dissimulauit in amissis liberis patrem, in poena sui 1 15 5
hereditatibus ante tempus parentes suos compellunt uiuere miseriae, facultatibus mori. pro nefas! quid tibi tua tollis, infelix? quid extraneo 1 5 6
probat felicius esse quod oderat. gemit instanti poenae aliquid de facultatibus notis mederi non posse, pro uno puncto requiei incunctanter 1 2 10
quosque ad funestum illud spectaculum trahi, contemptis uniuersis facultatibus suis, amputatis radicibus saeculi delitescens secessionis se 1 39 3
dei, cum stultam putant, quod elaboret — dispendio suae, non dicam facultatis, sed etiam, si opus sit, et salutis — alii magis prodesse quam 2 1 3
necessitudo sanguinis, non amicitia, quia non suo merito, sed auri, argenti facultatumque beneficio quis aut amatur aut odio est. denique haec est 1 5 5
facta spiritaliter sacris interrogationibus obligatur. luxuriosi crines falce tonduntur, id est omnia omnino peccata baptismate spiritusque sancti 2 11 5
in uitem perfectam ad iugumque peruenerit, eius omnes crines luxuriosi falce tonduntur, pura materia tabulatis infertur, nodis adstringitur, ne a 2 11 2
noueris. at dicis: 'hoc daemones fingunt'. o probatio melior, quod etiam fallaces testimonium perhibent ueritati! cur autem fingant nomina, quorum 1 2 7
testamenta heredes incognitos ex sese recitari mirantur; amicae sub fallacia manus innoxias animas secure conficit ebibita ueneni tempestas; 1 5 3
loquimur, quid possit contingere, ignoras excusationisque uanae depone fallaciam: ingratis auaritiam pietate condis; solius dei potestas est 2 1 21
nominis, fratres, se adserere conatur Antichristus similiter pudicum, uti fallat. pudicitiae nominis sonum post se trahit, sed quos fructus habeat, 1 1 6
sentiamus, ambo prophetae tenebuntur in crimine, ut aut Moyses fallax sit, si circumcisio recircumciditur rursum, ut hoc idem faciat aut ut 1 3 15
an ardori quaeres aliunde remedium? si obseruantiam pollicere, sine dubio fallis, cuius inpatientiae professio iam tenetur. si es autem sumptura 2 7 9
arma concedit; hic ubique turbulentus, ubique fertur insanus: promittit, fallit, dat, tollit; nunc tristis, nunc hilaris, nunc humilis, nunc elatus, nunc 1 36 26
simplex est; *non irascitur*, quia etiam iniurias libenter amplectitur; non fallit, quia fidem ipsa custodit; non ulla re indiget, quia ei praeter quod est 1 36 12
sed solae suae conscientiae placens, cum subito, quauis uersutia qui fallitur numquam, confestim adest in Daniele puero deus. omnem repente 1 1 19
o detestabili detestabilius malum! inuicem dum exspoliant persequuntur fallunt, hostes probant, praedones laudant, latrones excusant, nec sui 1 5 7
argumentis armatus, quibus illi libenter utuntur, qui aduersus ueritatem falsa componunt, sed caelestibus testimoniis multis, manifestis ac puris, ut 2 18 2
incredulitate praeponantur praesentia futuris, mala bonis, fragilia solidis, falsa ueris, terrena caelestibus, temporalia sempiternis. o caeca mens 2 4 14
de futuro nihil opinantes praesentis tantum uitae commoda inspiciunt falsamque aduersus ueram pro uera defendunt, sic utramque mediis e 2 1 3
nihil iam suffragantia tota illa ornamenta medentur, nisi quod a false plangentibus adhuc uiuenti rapiuntur. unde, fratres, sicut ueri 2 4 16
ergo pudicitiae conscientia; testis est deus. non respexit castitas, quid falsi dicerent testes aut qualiter iudices circumuenti damnarent, non 1 40 2
pascha geritur, reprobauit. 'at imaginem colunt.' nec ipsam quidem, quia falso colit imaginem, qui eius non diligit ueritatem. sane hoc solum 2 25 2
quae scaturiunt mala nascuntur atque concelebrantur, quae condemnare falso humanitas gestit; *camelum* enim *glutiens culicem liquat*; reicit stillas 1 5 4
quae si erogaueris, pecunia est, si seruaueris, simulacra. ancilla Christi, falso idolum respuis; mihi crede: in te colis, cuius ornatum, cuius 1 14 6
alterum uero, quem uenena conterentem, in adulterio, in homicidio, in falso, in maleficio deprehenderit, carnifici destinat statim, non audiendum, 1 35 8
alii magis prodesse quam sibi; suam, quia, quamuis sit sapientiae nomine falso uestita, tamen suis commodis consulendo, quod sine alienis 2 1 3
feminas suae castitatis exemplo. stabat Susanna in iudicio perditorum falsorum testium oppressa mendaciis, conscientiae tamen bonis contenta 1 40 1
populus, quod a supplicio ad iudicium repetendum reuocaretur addicta. falsos testes pauor inuadit. tremit diabolus, quod ipsius commenta 1 40 3
ingressus ait, cum illa ad supplicium duceretur: *reuertimini ad iudicium; falsum enim isti contestati sunt de ea*. stupet populus, quod a supplicio ad 1 40 2
uisceribus, iterum celandum terrae mandatur. etenim res est, quam habere falsum est gaudium, certissimum periculum publicare. sed non opus est ire 1 14 4
apertis auribus cordis a pueris disce uirtutem. sed uide, ne aestimes falsum, quod eis cessit incendium. ueritatem ratio protestatur. qui nunc in 2 27
inuenerit coniugem. laetatur familia omnis, quod in ea nihil inueniat fama quod feriat. cruciatur diabolus, quod nulla ex parte suam perfecerit 1 40 3
commodis plurimorum. quid, quod paupere cotidie moriente oppressione, fame, frigore, iniuria amicum tibi excolis aurum, custodis argentum, 2 1 19
iustum putet, qui utilitatem rei familiaris pietati praeponit? qui hominibus fame laborantibus ac nuditate pascit tineas, curculiones ac uermes? qui 2 1 17
munienda, defensanda regalia fortiter ac tenaciter signa; aestus, frigus, famem, sitim uniuersaque discrimina aequanimiter perferenda; mundum 2 4 11
cuius uinci uictoria est. non illam loco uis ulla detorquet, non labor, non fames, non nuditas, non persecutio, non metus, non periculum, non mors, 1 4 3
separari permittis. tu ut nudum uestias, nuda esse contenta es. tibi fames saginatio est, si panem tuum inops esuriens manducauerit. tuus 1 36 31
quemadmodum saeuierit incitatus, qui ferri non potest blandus. igitur famigerabile committitur proelium: illinc diabolus horrendum totis 1 15 3
credulo percipe corde rem miram, Christiane, omnique uirtutum exemplo famigerabilem. Hebraei uere tres pueri senum constantia maiores, iuuenum 1 53 1
panis mentibus possit expelli. sed dum bellum duri certaminis geritur et familia domini caelo spectante probatur, Archadius beatissimus martyr 1 39 3
in terris. triumphat maritus, quod castam inuenerit coniugem. laetatur familia omnis, quod in ea nihil inueniat fama quod feriat. cruciatur 1 40 3
suos in domini populum, ueterani odii assertor antiquus, et totam familiam domini impastae feritatis grassatione turbabat. indixerat in 1 39 2
de lucis istius incongruis usuris aut de praeproperae mortis subitis damnis familiam domini posse terreri, cum sciamus apostolica fide esse 1 39 5
calcato subditiciis personis, ut obumbrent furta turpissimae utilitatis, rem familiarem tuendam committunt amore non fidei, sed libidinis, qui 1 25 11
iam totus populus in eius sanguine tumescebat, iam sui quoque familiares nouae rei atrocitate perculsi, miserabiliter ingemescentes dimissis 1 1 19
qui miseriis ditatur alienis. quisquamne iustum putet, qui utilitatem rei familiaris pietati praeponit? qui hominibus fame laborantibus ac nuditate 2 1 17
paulo ante calcando fuderant, gustant, aliqui etiam bibunt. mustum patris familias cellae reconditur, ut pretiosius transfretatione reddatur; et martyr 2 11 7
exigatur sicque pretiosum fluentum a suis calcatoribus et bibitur et patris familias cellis uinariis infertur, ut melius ueterescendo reddatur. quantum 2 11 3
de thesauris suis noua et uetera. scriba, fratres, est praedicator, *pater familias* Christus, *thesauri* eius indeminutae deitatis paterna substantia 1 37 9
etiam ipsa humanitas, quamuis iniusta sit, seruat. nemo namque pater familias honesta fidelitatis suae lucra offerentem sibi suum seruum iudicat, 1 35 8
quod, ut saturi semper ac felices esse possitis, esurienter accipite. pater familias panem uinumque pretiosum uobis ex usibus suis sua de mensa 1 24 2
ad discipulos ait: *omnis scriba doctus de regno caelorum similis est patri familias proferenti de thesauris suis noua et uetera. scriba*, fratres, est 1 37 9
probare exemplo perfacile est. meminimus in Regnorum proditum libris famis tempore, quo totus passim populus moriebatur, Eliae alimenta 2 1 20
legitimum pascha possit celebrare, non uideo, cuius eminens famosumque illud templum miserabili uastatione campis aequatum suo 1 19 1
potestas, ut cultoribus suis etiam ipsa elementa contra suam naturam famulari compellat. unde, fratres, atrocissimae rei non uos terreat 1 31
quadrae turris totam solus sustinet molem. cui non innumerabilis uarie famulatur acies ualidissima columnarum, quia illi septem solae sufficiunt; 2 6 6
praedam grassantium satellitum praeceps irruit manus, festinat dei famulum posse deprehendi; quem beati propinquus martyris, qui in eius 1 39 4
denudant, sacra confundunt amissa luce laetantes in tenebris, habentes fana, non domos? digne, digne iugulantur quae Christi ingratae beneficiis 2 7 12
lapillos et surculos nostis, in praediis autem uestris fumantia undique sola fana non nostis, quae, si uera dicenda sunt, dissimulando subtiliter 1 25 10
iocaris, blandiris, obsequeris. et si quod forte acceptum relatumue fuerit a fanatico solemne mysterium, ipsa suscipis, ipsa reponis, ipsa custodis. una 2 7 17
esse eius ambiuit ancilla? in domo denique quae geruntur, sed et ipsis in fanis, Christiana fidelis, sine te esse non poterunt, quia uxor infelix es, si 2 7 13
et egenos sua bona uniuersa fundentem; postremo quem noueris idolatriae fanum, gaudeas dei templum. itaque beatus est, semper qui meminit, quod 2 29 3
fracta, ordinabiliter creta, omni furfure abiecto mirifico splendore in farinam candidam micuerunt; quae nullo adulterata fermento est, 1 41 1
quantum fuerit auctior, fit tanto miserior: expers otii, expers satietatis, per fas atque nefas, artibus multimodis ac uersutiis armata bacchatur, salutis 1 5 2
non munere coniugali, sed fide, uerbo, non semine. decem mensium fastidia nescit, utpote quae in se creatorem mundi concepit; parturit non 1 54 3
pascitur et incrementis adolescentibus cotidie delectatur; at illa aegra fastidio nouem mensium non baiulat pondus, sub incerto partu parientis 2 7 3
genus est, in quo reus, si excusauerit crimen, damnatur, absoluitur, si fatetur. magna ratio, magna potestas, magna pietas iudicis nostri, a quo 1 42 1
iudicii genus, in quo reus, si excusauerit crimen, damnatur, absoluitur, si fatetur. o magna potestas, magna peritia, magna pietas iudicis nostri, a quo 2 10 2
se sciunt. denique apud Esaiam ad filium *sic dicit dominus deus sabaoth: fatigata est Aegyptus et mercatus Aethiopum; et Sabain uiri excelsi ad te* 2 8 5
dulcia, sicut prior, qui hoc prandio pastus est ante nos, dicit: *quam dulcia faucibus meis eloquia tua super mel et fauum ori meo!* haec, fratres, si quis 1 24 4
ipsius naturae metu laeti sunt soli. cedit affectus pietati, pietas religioni, fauet utrisque religio. medius stupet gladius nullo impedimento suspensus 1 4 14
inuitatis sacris ignibus libentissime concrematur. sepulcrum nidus est illi, fauillae nutrices, cinis propagandi corporis semen, mors natalicius dies. 1 2 21
eluxit; quo discussa conuolutae hiemis tristitudine, nouo uento Fauonio blandiente, diuersis floribus genere colore pariter et odore una 1 33 1
destinati. uer sacrum fontem debemus accipere, cuius diuite ex alueo Fauonio non uento, sed spiritu sancto generante *odorem diuinum* beata 1 33 2
esse tractatus, multas etiam fides et quidem nouellas et litis labore ac fauore nutritas. quas, quia uera uix potest inueniri, credo, ne populi 2 3 7
est ante nos, dicit: *quam dulcia faucibus meis eloquia tua super mel et fauum ori meo!* haec, fratres, si quis libenter crediderit, largiores adhuc 1 24 4
fratres, in prima natiuitate persistens, quem aestuantium delictorum fax incensa omnibus momentis exurit; qui paedorem sui secum carceris 2 10 1
tamen, tanta eius rabies quid uoluptatis habeat, suo cultori quid praestet. febrem non exstinguit, morbos non discutit, uulneribus non medetur, 1 5 16
quiuis dolor. an pulchritudinem? leuis et commutabilis res est et quae una febri uel qualibet facillime deleatur iniuria. ecce procuratores uel 2 4 15
accepit, non utique ut quae fecerat faceret, sed ut defleret se fecisse quod fecerat; aliter etenim quis saluus esse non poterit, quamuis sit iustus, nisi 1 13 12
erat. sequitur, quod uiduitatis uestem rursus accepit, non utique ut quae fecerat faceret, sed ut defleret se fecisse quod fecerat; aliter etenim quis 1 13 12
et infaustae superstitionis busto in nefas conscium toto mundo funereum fecerat rogum. scatebat per tecta culminum publicum scelus nec fuerat 1 39 2

Abrahae memoranda est mira illa temptatio, quae eum aut sacrilegum fecerat, si contemneret deum, aut crudelem, si occideret filium, nisi 1 4 13
cessante illicita eis uota donabis (quod maritis etiam sub fidelibus multae fecere peiores, Euae non discipulae, sed magistrae; illa enim decepta, hae 2 7 16
gloriae nostrae insignis res erit, si dei ciuitatem felicitate nostri numeri fecerimus angustam. itaque estote securi: nihil in illa deest umquam, nihil 1 5 18
in eaque res condicione dimissa est, ut, si quid mali seu boni cuiquam fecerimus, deo fecisse uideamur; propter quod non inmerito Iohannes, 1 36 23
uirtutes. tanta enim probitate uixerunt, ut pars felicitatis sit nosse, quid fecerint. igitur Iob uir fuit iustus et uerax, ab uniuersis concupiscentiis 1 15 1
custodis? insuper de inopia quereris, qui quod habes nescis. quicquid feceris, nihil horum tecum ad inferna portabis; quod enim naturae est, de 1 14 3
inquiris, quam commode possis circumscribere petitorem. quicquid feceris, uirgo iam non eris; unum tamen scio, quia nihil distat a prodigio, 2 7 8
dubio, ut tu uis, maior est natura quam deus. at cum naturam ex nihilo fecerit Christus, sit autem ex natura tempus, ineptum satis est opus suo 2 8 5
gerit. denique tot efficit uultus, quot ille intrinsecus tristes seu hilares suos fecerit motus, hanc rationem docente nos Paulo: *uidemus,* inquit autem, 1 2 29
saeculi. et mundus transibit et concupiscentia eius. qui autem fecerit uoluntatem dei, manet in aeternum, quomodo et deus manet in 2 4 12
quis non uideat numquam recti aliquid illam facere uel fecisse, quod fecerit? uultis scire, quam iusta sit? miseram se putat, nisi euerterit 2 1 7
celebrata paenitentia deum sibi propitium reddiderunt. quod et nos et fecimus et facere plerumque debemus, ut et praesentis temporis 1 34 9
homo uideatur occisus. sed nos non ad auaros, sed de auaris sermonem fecimus, fratres; alioquin solis diuinis exemplis oportuerat perorare, esset si 1 5 17
hoc de ministris et de angelis dictum, quos domino, cum esset in terris, fecisse inuenimus officium, ipso dicente: *amen dico uobis: uidebitis caelum* 1 37 13
rursus accepit, non utique ut quae fecerat faceret, sed ut defleret se fecisse quod fecerat; aliter etenim quis saluus esse non poterit, quamuis sit 1 13 12
ius iure distringit. quis non uideat numquam recti aliquid illam facere uel fecisse, quod fecerit? uultis scire, quam iusta sit? miseram se putat, nisi 2 1 7
condicione dimissa est, ut, si quid mali seu boni cuiquam fecerimus, deo fecisse uideamur; propter quod non inmerito Iohannes, peculiaris 1 36 23
saluti, quos amabat, necessariam praeuideret. certe Adam ipsum sic ante fecisset. at fortasse quispiam dicat: 'peccator ergo fuit Abraham, ut 1 3 5
tu eum breuiatum paulisper a maiestatis suae immensitate peregrinari fecisti. tu uirginali carceri nouem mensibus relegasti. tu Euam in Mariam 1 36 29
aede ista de nouella cognoscite, cuius quoque capacitatem felici numero fecistis angustam. ex eo enim ipso, quod uos non capit locus, exinde 2 6 5
—, duas asseruere iustitias: unam ciuilem, alteram naturalem. quarum fecit apertissime, cum ad Romanos loqueretur, apostolus mentionem 2 1 2
habet in homine? ergo ubi purum deum significat, sic dicit in Genesi: *et fecit deus hominem ad imaginem et similitudinem dei*, et in Psalmis: *deus* 2 5 2
noscat et rationem, eius non potest nosse ueritatem. haec enim res et fecit et facit, ut Iudaeus et Iudaeo deterior Christianus dei filium deum 1 25 1
declarat dicens: *omnes dii gentium daemonia; dominus autem caelos fecit*; et in Deuteronomio: *sacrificauerunt daemoniis et non deo.* ac ne quis 1 25 5
Aegyptum suae dicioni subiecit. haec Moysi in mari rubro terram uitream fecit; haec, ut cursus soliti contempta mensura Iesu Naue desiderio 1 36 8
maxime res propria nostra est, domino ipso dicente: *fides tua te saluum fecit.* igitur si nostra est, seruemus ut nostram, ut iure speremus aliena. 1 36 7
deus ait: *faciamus hominem ad imaginem et similitudinem nostram (et fecit,* inquit, *deus hominem ad imaginem et similitudinem dei)*, et alio loco 1 27 2
deus ait: *faciamus hominem ad imaginem et similitudinem nostram (et fecit,* inquit, *deus hominem ad imaginem et similitudinem dei*), et alio loco 2 30 2
ipsa Iouem innumerabilibus uariis magnisque criminibus maximum fecit. ipsa Herculem nouerca deterior in Omphales libidine turpiter uicit, 1 1 11
substantia naturae comprehendi, quam nemo nouit nisi ipse solus, qui fecit. itaque quod specialiter ad nostras pertinet partes, uideamus, quid sit 1 27 1
aedificabitis domum? aut quis locus ad requiem mihi? omnia enim ista fecit manus mea. in euangelio quoque sic dicit: *Hierusalem, Hierusalem,* 2 6 3
quae curatum uenerat, curata recessit. ita Christus in hominem se fecit nasci, quemadmodum homo non potest nasci. totum denique sua luce 1 54 5
cuius non tantum in praesenti lectione, sed et aliquot in locis fecit Paulus beatissimus mentionem, ratio uidetur esse reddenda, ut et 1 3 1
ubinam consistat, cui uel maxime debeatur: utique illi, qui hominem fecit, qui ei munus perpetuae caritatis similitudinem suam tradidit, qui 1 36 28
pariter et ornasse. igitur si, ut uolunt, deus materiam, qua usus est, non fecit, sed aeterna sit, ut ipse est, *duo* sunt ergo principia et quidem 1 7 1
subesset, sollertia mira perfecit, tunc *ad imaginem et similitudinem suam fecit sibi ipse simulacrum sensibile atque intellegens*; sumpto quippe *limo* 2 4 4
nomine. hic enim, quia ipse dictus est etiam petra, recte cultellos petrinos fecit (unde non sine ratione et *Simoni,* super quem aedificauit ecclesiam, 1 3 16
cumulum, quod ideo *deus hominem ad imaginem et similitudinem suam fecit*, ut contemplatione imaginis pateremur reuerentiam ueritatis in eaque 1 36 23
et dominus caelestia sua bona amore nostro neglexit pauperemque se fecit, ut nos diuites faceret. Iob filios furens diabolus interemit; et domini 1 15 8
caelestis origo seminibus), scilicet spiritus sancti conceptione, insita fit ante fecunda, ut, cum dissolutionis eius ac legitimae reparationis tempus 1 2 26
uoluntate plantauit, quam sacerdotalibus officiis excolens piaque potatione fecundans felici ligno suspensam uberrimam docuit afferre uindemiam. inde 1 10b 2
eius sine malitia succedentes iugo terramque uestrae carnis domando fecundantes laetam diuinorum seminum messem caelestibus horreis 1 38 3
non sanguinis, sed salutis. ad hanc igitur gloriam tardi partus ubertas et fecunditas desperata profertur. uxor Abrahae fetus nescia, cum uisceribus 1 59 2
quantumque eis impensae diurnae necessitas dempserat, tantum rediuiua fecunditas reponebat. quapropter si pater bonus, si prouidus, si utilis esse 2 1 20
formata: ad principium aetas peracta reuocatur, accingitur de sterilitate fecunditas, ut impleretur, quod scriptum est per prophetam: *exsulta,* 1 59 3
miratur se habere quod nescit, laetatur illa quia scit. Elisabeth sterilis fecunditate tumet feliciter uenter, Mariae maiestate. illa praeconem portat, 2 8 8
adimit peraequatio. at cum omnes omnino memorati omnesque felices eius dono sint tales, contumelia est laudare dominum, cuius 1 4 19
prandio, honesto, puro, salubri atque perpetuo, quod, ut saturi semper ac felices esse possitis, esurienter accipite. pater familias panem uinumque 1 24 1
gentibus praedicem. felicitatemne uirginitatis? at habent suas, et si non felices, habent tamen. sin uero ad uiduitatis sudorem gloriosum 2 7 11
ingentior prosequitur gloria, maxime diuinis in rebus, in quibus felices obnixa deuotione suam religionem custodiunt potius quam salutem. 1 31
tunc non laborat, si quos parit numerare non possit. intrate ergo, intrate felices, omnes simul subito futuri lactantes. 2 28
furatur, nemo rapit, nemo proscribit, nemo iugulat, moritur nemo; omnes felices, omnes unanimes, omnes inmortales, omnes sunt semper aequales; 1 5 18
plantauit, quam sacerdotalibus officiis excolens piaque potatione fecundans felici ligno suspensam uberrimam docuit afferre uindemiam. inde est, quod 1 10b 2
uos constanter inmergite, saluo salutis statu *ueteris hominis* uestri felici morte uicturi! 2 23
uestram aede ista de nouella cognoscite, cuius quoque capacitatem felici numero fecistis angustam. ex eo enim ipso, quod uos non capit locus, 2 6 5
meliores. exsultate, pueri, sacrae turris dulces ac sine pretio margaritae. felicia, exsultate, coniugia: meliores ornatui gemmas sculpitis, quam uos 2 6 10
tum solemniter plorans clementer imbre suo rorat conceptaque musti felicibus lacrimis fluenta denuntiat. statim oculis apertis folia radiata 2 11 3
affectus, qui ex promissione certior, ex tarditate dulcior, ex desperatione felicior putabatur. unicus numero et in amoris soliditate iam primus totum 1 59 5
sine fide, fidem posse sine lege; alioquin ista innumerabilis simplicitate sua felicior turba adhuc mortis imperio subiaceret, si legis periti tantum 2 3 2
beatis in sedibus nullas deinceps aerumnas mundi sensura repromissa felicitas exhibetur, Dauid sancto dicente: *conuertere, anima mea, in* 1 2 32
lacrimis, pedes meos a lapsu; placebo domino in regione uiuorum. haec nos felicitas manet, hoc munus exspectat. sic ergo uiuamus, ut bonis operibus 1 2 32
Christianae fidelitatis felicitas maxima est fidei nosse naturam, quae talis ac tanta est, ut 2 3 1
caelestis profecto est ista patientia, quam a suo statu non aerumna, non felicitas, non affectus potuit commouere. aduersus Iob diabolus, qui non 1 4 17
mors, non tormenta morte ipsa grauiora, non potestas, non ambitio, non felicitas. semper inmobilis manet, alta quadam ac diuina temperantia 1 4 3
in inferno diues ille tenacissimus, quem chaos immensum a pauperis felicitate discernit, ardoribus suis implorando refrigerium Lazarum uerum 1 2 9
mansione sollicitus: certae gloriae nostrae insignis res erit, si dei ciuitatem felicitate nostri numeri fecerimus angustam. itaque estote securi: nihil in 1 5 18
id est duo testamenta prolata sunt, quae saluti cum domini gloria et Petri felicitate, utpote super quem aedificauit ecclesiam, duobus populis 1 37 5
negat, uitam suam, semet ipse condemnat. cur enim mereatur felicitatem futuri temporis cernere, quem uideas sacrilega incredulitate dei 1 2 1
germinantibus pratis, messibus flauis, uitibus curuis, semipallidis oliuis et felicitatem praestat et gratiam, cum [in] uniuscuiusque temporis fetus partu 1 4 6
uideo, quid in exhortationibus diuini ac ueri cultus gentibus praedicem. felicitatemne uirginitatis? at habent suas, et si non felices, habent tamen. 2 7 11
generalitas nominis in conparatione malorum attrahat gloriam Christianae felicitatis. duplex itaque forma surgendi est: prima sanctorum, in qua illud 1 2 23
iste plus timeat, ille terretur; ille uapulat, ut iste proficiat. compendiosum felicitatis genus alterius periculo discere, quid debeas deuitare. unde, 1 10a
fortior ruinis, omnibus quaeque deleuerat bellum recuperatis in melius, felicitatis pristinae statum dissimulando non perdidit, sed mutauit. hic ego 1 4 19
si non possumus imitari uirtutes. tanta enim probitate uixerunt, ut pars felicitatis sit nosse, quid fecerint. igitur Iob uir fuit iustus et uerax, ab 1 15 1
manet plus honestati consulens quam utilitati. uultis scire, quantae felicitatis sit [sit]? eam et qui habet diligit, et qui non habet diligit. si ergo 1 1 3
quid Christianus credit in Christum, si promissum sibi ab eo perpetuae felicitatis tempus non credit esse uenturum? sed spes ex fide est, quae 1 36 3
qui conscium timebatis, conscientiam non timetis. *uetus* enim *homo* uester feliciter condemnatus est, ut absolueretur, sacri gurgitis unda sepultus, ut 2 29 1
exsultat aestas noua, sed diues, in frumenti uarias moles spiceam feliciter contundens palmam. quam prosequitur congrue *mustulentus* 1 33 1
qua tacto infante statim edax illa flamma sopitur sicque illa medica feliciter curiosa diu admirata mulierem uirginem, admirata infantem deum 1 54 5
omnibus absolutos non foetidis cunis, sed suaue redolentibus sacri altaris feliciter enutrit a cancellis, per dominum nostrum Iesum Christum. 1 32
mutauit, quae diligenti cultu purgata molarisque lapidis pio pondere feliciter fracta, ordinabiliter creta, omni furfure abiecto mirifico splendore 1 41 1
trino diluitur, cum insani populi furibunda tempestate lapideis imbribus feliciter grandinatur, cum *in profundo maris die* demoratus *ac nocte* ad 1 34 4
rupibus pede sicco transiuit; at nostrum mare uoluntarios suscipit, feliciter naufragos facit interimensque uniuersa peccata genitali unda 1 46b 2
tamen contendit in mortem: pauper, cum opes infeliciter quaerit, quas feliciter non habet; diues, cum diuitias putat se non habere, quas habet. in 1 5 11
suo statui redditum uideretur, prior uir consummatur in cruce atque eo feliciter soporato similiter de eius latere ictu lanceae non costa diuellitur, 1 3 20
quos autumnale quoque non morabitur mustum, quo repleti inebriatique feliciter spiritus sancti calore feruebunt, qui ut numquam refrigescat in 2 13
saeuiente libenter semel septem filios non dicam extulit, sed ipsa potius feliciter suis hortamentis occidit, religiose confidens deo filios se genuisse, 1 2 13
beata cum adludit in pueris, beatior cum <in> adolescentibus lapsus feliciter timet, beatissima cum in iuuenibus carnalia exstinguere laborat 1 1 5
mira res! medio puluerulentus exsultat in profundo, qui circa se uideret feliciter triumphum suum perire naufragio. haec Iudaeus praedicat, fratres, 1 29 2
quod nescit, laetatur illa quia scit. Elisabeth sterilis fecunditate tumet feliciter uenter, Mariae maiestate. illa praeconem portat, haec iudicem. 2 8 8
omnino peccata baptismate spiritusque sancti uigore amputantur. plorat feliciter uitis purgata materia; de homine loto felicius manant doctrinae 2 11 5
stipem denegauerat uiuus. odit iam sine causa ante quod amauerat; probat felicius esse quod oderat. gemit instanti poenae aliquid de facultatibus notis 1 2 10
uigore amputantur. plorat feliciter uitis purgata materia; de homine loto felicius manant doctrinae caelestis diuina fluenta, ruptis oculis, id est 2 11 5
crines effusos in unius uerticis nodum, honorem decoremque conducis. felix aeternumque felix est, qui semper te habuerit in se. 1 4 22
corporis superficie deleta, immo in melioris naturae iura transmissa, felix caput comis uirentibus redimitum quasi ab inferis emersum in 1 2 22
unius uerticis nodum, honorem decoremque conducis. felix aeternumque felix est, qui semper te habuerit in se. 1 4 22
glorificatur Christus, deus pater omnipotens propitiatur. postremo ille felix in futurum regnabit, qui tecum illo peruenerit. 1 1 21

custodiaris, solo bonae conscientiae ornamento contenta! tu in uirginibus felix, in uiduis fortis, in coniugiis fidelis, in sacerdotibus pura, in 1 1 20
hoc nostris quoque hodie competentibus praestaturus, quos iam nunc felix inuitat occasus, ut sacri oceani lacteo profundo demersi, surgentes 1 44 2
hoc quoque nostris competentibus praestaturus, quos nunc inuitat felix occasus, ut sacri oceani lacteo profundo dimersi inde nouello 1 57
claritatis exemplum, ambo dei cultus admirabile saeculis testimonium. felix orbis fuerat, fratres, si omnes sic fierent parricidae. Iacob per 1 4 15
quam praecipitatur et tamen litus, quo tendebat, inuenit antequam uideat, felix sepulcro quam naui. in oratione mons tremit: monti, non apostolis 2 2 5
denique excipiuntur non flamma, sed rore, dei dignatione, non poena. o felix supplicium, quod incolumitate superante inmortalitas prosequitur et 2 22
paradisi constitutus beatissimusque beati orbis imperio potiretur, tam diu felix, tam diu inexterminabilis uixit, quam diu imperata regalis edicti 1 4 8
scaturiente uermibus, quasi nihil passus, sed solo dei timore contentus. o felix uir, qui mira patientia deum promeruit, diabolum uicit, sanitatem 1 15 6
exerce molem: nos a deo non potes separare.' statim iudex uiperei ueneni felle commotus iubet non usitata animaduersione poenarum nec usuali in 1 39 6
spiritali, quae nostra est, edicamus. quae tantum potestatis gerit, ut a femina coeperit, quod priori impossibile fuit. denique a muliere, quae prior 1 3 19
igitur, quoniam una sunt caro, unum diuini operis sacramentum, quoniam femina de uiro suo facta est alterque alteri tenetur obnoxius ac per hoc 1 1 14
per ecclesiam renouaretur. hoc nos, fratres, sacramento tam uiri quam feminae circumcidimur. hoc spiritus sancti non signaculo, sed signo 1 3 21
quod est baptismum atque martyrium, spiritale corpus spiritalis feminae effunditur, ut legitime Adam per Christum, Eua per ecclesiam 1 3 20
uenter, Mariae maiestate. illa praeconem portat, haec iudicem. exsultate, feminae, promotionemque uestri sexus agnoscite. culpa deleta ueteri ecce 2 8 8
luxuria inspirat infeliciter quasi liberam facultatem ac sic eorum quoque feminas a pudore diuellit, quae desertae, ardore seu dolore compulsae, si 1 1 13
illo est deus. inde Susanna illustris Hebraea, uerae decus pudicitiae, docuit feminas suae castitatis exemplo. stabat Susanna in iudicio perditorum 1 40 1
factis subiugatos thalamos triumphauit alienos; haec uiros ardore uesano femineo stipendio ipsis feminis sic incognito inopinate dispungens suam 1 1 8
secretum captat et locum, in quali etiam non irritata adolescentia inuitis feminis saepe uiolenta esse consueuit. at ubi in destinata prorumpens neque 1 1 16
triumphauit alienos; haec uiros ardore uesano femineo stipendio ipsis feminis sic incognito inopinate dispungens suam docuit expugnare 1 1 8
dicere, nisi essetis mei. unum tamen prae gaudio tacere non possum: fenerando pauperibus omnes copias auaritiae subactas uestrum sine inuidia 1 14 9
nulla competit tibi. si continens esse non poteris, saltem noli tuas nuptias fenerare, ne in illo resurrectionis die inter plurimos maritos non possis, 2 7 18
armati numero dies, menses et digiti. at plerumque cum sua sibi industria fenerator etiam ipse nudatur, ei cum casu aliquo fraus, inopia, fuga, mors 1 5 12
non aurum, non argentum, quia in suis martyribus computat totum. non fenestrarum lumen implorat, quia sol aeternus in eo manet. inaestimabilia 2 6 7
scriptum quippe cum noueris: *omnis caro fenum et gloria eius sicut flos feni*? cuius si curam geris, pecuniam te esse cognoscis. an eius uirtutem 2 4 15
meliorem subiacere compellis, scriptum quippe cum noueris: *omnis caro fenum et gloria eius sicut flos feni*? cuius si curam geris, pecuniam te esse 2 4 15
futuris ictibus colla, nudauerat gladiis uenientibus iugulum, putauerat se feralem iudicis amentiam citae mortis sorte satiare, dum subito manus 1 39 7
exortus est rursum, numquam sane repetiturus occasum. hic, inquam, quo ferales diruptae sunt tenebrae, quo mors subacta est, quo homines, quos 2 19 2
hamum proponit, ut facultates ad se attrahat alienas; quam peregrinantem ferali supputatione nutrire non desinit, ut summam quaerat, non quam 1 5 12
omnis caro quam diu flagitiosis illecebris huius mundi ac tenebris feralibus agitatur, profecto pecuina est ac misero, fragili detestabilique 1 2 25
modo orbis per membra iactantur. uobis multi redempti, multi edictis feralibus liberati, multi condicionibus duris exuti gratias agunt. uestrae 1 14 8
maxime Christianum cupiditatis compedibus alligari profundaeque noctis feralibus tenebris obcaecatum miserabiliter ad ima deferri. sed quia 1 5 1
illam florentissimam edax in aeternum terra delebat; animam quoque feralibus tenebris relegatam perpetui carceris poena perpetua inplacabilis 2 4 6
calcat genera uniuersa terrorum; incolumis quasi orbe subacto de illo feralis caueae — iam non miserabilis, sed mirabilis — funereo ambitu 2 2 7
Iudaeorum. ab auctore itaque coepit furoris horror; accingitur turba feralis et ad inuisibilem suspensum gladiorum mucro conuertitur. nec inde, 1 59 9
erexerat securem percussor insanus et signans oculis uulneribus lineam feralis ictus assidua contemplatione uibrabat. haeserant confessionis suae 1 39 7
non pepercit. sola enim fides deambulat inter gladios tuta, inter esurientes feras amica, in ignibus frigida. sola fides praeferenda: hac nos, qui per 1 62 5
coniugem. laetatur familia omnis, quod in ea nihil inueniat fama quod feriat. cruciatur diabolus, quod nulla ex parte suam perfecerit uoluntatem: 1 40 3
quod leuauit, dei fuit, quod pepercit. nec qui feriebatur timuit, nec qui feriebat expauit. sacrificium domini non dimittitur, sed mutatur. melius 1 62 5
gladium: patris erat, quod leuauit, dei fuit, quod pepercit. nec qui feriebatur timuit, nec qui feriebat expauit. sacrificium domini non 1 62 5
sacrificioque disposito ductus filius gaudens gaudente patre, patris dextra feriendus. qui antequam ueniret in montem, cum de patre quaereret, ubi 1 43 4
sese anguis opponit; aut dorsa fugientis affectans caedem uicino fremitu ferina rabies onerare temptauerit; uel cum amissis gubernaculis inter 2 2 2
immo a ligneo ad nauigium uitale transfertur. qui ut est dimissus in altum ferinaeque uoraginis est receptus hospitio, uigilat in ceto qui stertebat in 1 34 6
quae mox, ita ne percuteretur tenera aetas, ostenditur, quo nec pater ferire posset, quia nec dominus humanum sanguinem postularet. religiosus 1 62 4
copiosis uacantibus plurimis negat hominibus, quod auibus, serpentibus, feris non potest denegare. mera profecto uesania est beneficiis inuidere 1 5 13
non timent mortem: sic, sic interempti plerumque iacent canibus, alitibus ferisque donati, ubique dispersi, utrobique deperditi, semesis ossibus, etiam 1 5 8
gladium, cum suis sibi ministris publicae leges insaniunt; stimulis acuitur feritas in ferocitatem et tamen hominibus mitior inuenitur. ne quid scenae 2 2 6
putat, nisi euerterit ueritatem. ceterum fortitudo, quae hominibus est cum feritate communis, omne ius in uiribus habet: quod facere praeualuerit, 2 1 7
ueterani odii assertor antiquus, et totam familiam domini impastae feritatis grassatione turbabat. indixerat in homine deo bellum et infaustae 1 39 2
quasi non habentes; praeterit enim figura huius mundi. at cum ante annos ferme quadringentos uel eo amplius apostolicum hoc operetur edictum, 2 7 5
mirifico splendore in farinam candidam micuerunt; quae nullo adulterata fermento est, consparsa ac subacta diligenter. sal inditum est illi; leuigata 1 41 1
corrupit, non fumus amarus infecit, non frigus elisit; quod plus est: sine fermento leuati sunt. certe caccabacei non sunt, non uetusti, non usti, non 1 41 2
tantum, sed etiam fide similitudinis adprobemus. unde tamen prae me fero, fratres dilectissimi, quod ista, et non ambigua, in uobis renitet 1 1 4
primitiuus est populus, id est hemithei omnes potentissimi et reges, qui ferocitate uirtutis ac libidinis rabie digladiantes omnem orbem corruperant 1 13 4
cum suis sibi ministris publicae leges insaniunt; stimulis acuitur feritas in ferocitatem et tamen hominibus mitior inuenitur. ne quid scenae tam dirae 2 2 6
deo filios se genuisse, non mundo. hinc uxor amissi mariti desolationem se ferre non posse testatur frigidumque latus male dilatato queritur lecto; 1 2 14
iussus. iam hic considerate, fratres, quemadmodum saeuierit incitatus, qui ferri non potest blandus. igitur famigerabile committitur proelium: illinc 1 15 3
iure possit agnosci. circumcisio est, fratres, in damnum rotundi uulneris ferro circulata cicatrix. quam si Iudaeus aestimat gloriam, ut de ceteris 1 3 2
denique prior circumcisio desecat carnem, secunda animi desecat uitia; illa ferro, haec spiritu; illa portionem, haec hominem totum; illa masculum 1 3 23
retro respiciens Abraham inuenit uictimam, quam innocens immolaret. eo ferro mactauit arietem, quo filium percutere iam parabat. a filio ad agnum 1 43 7
sine ulla reuerentia diuinae atque humanae religionis delet abrupte igni ferroque cum sua sibi tota substantia incolas, ciuitates et rura nihil omnino 2 1 7
crebris passim totas hominis dei facultates inuadit, subito rapina, igne ferroque uniuersa uno momento disperdit. hinc Iob alta fidei radice 1 15 3
diuinae enim explorationis temptamina porriguntur: exserit equidem ferrum et armata dextra subleuat manum, sed uox eius, qui eam uictimam 1 43 6
uenderetur! ingemescit praeterea, si annus est sterilis, multo magis, si fertilis fuerit: illic quia parum distrahit, hic quia non solus. uultis scire, 1 5 14
felicitas, non affectus potuit commouere. aduersus Iob diabolus, qui non fertur blandus, aestimare licet quid moliri potuerit incitatus, maxime cum 1 4 18
circulo sacer inflexus dies in mundani operis pensa quadriga temporum fertur duodenis mensum perpeti cursu mutationibus diues, nulla statione 1 26
expugnauit, cum sua illi arma concedit; hic ubique turbulentus, ubique fertur insanus: promittit, fallit, dat, tollit; nunc tristis, nunc hilaris, nunc 1 36 26
mons tremit: monti, non apostolis trepidatio est. Petrus aestu marino fertur non naufragus, sed uiator: timet profundum intercipere non 2 2 6
morabitur mustum, quo repleti inebriatique feliciter spiritus sancti calore feruebunt, qui ut numquam refrigescat in omnibus nobis praestabit deus 2 13
nationes gladio. per orbem totum uesana bacchatur nouis ac uariis artibus feruens, numquam quieta, non die, non nocte, non bello, non pace, 1 14 2
nouellae uites ad iugum perductae, scaturientis musti dulci fluento feruentes uinariam dominicam cellam communi gaudio repleuerunt. quod 1 10b 3
diuinorum obseruantiae praeceptorum cotidie spiritalis itineris gloria feruntur in caelum; quos apostolus Paulus exhortatur et monstrat dicens: *si* 1 37 12
fratres, subito una geniti emersistis infantes, hortor uos natiuitatis tantae festa laeto celebrare conuiuio, sed non illo, in quo diuersis epulis 1 24 1
tardior ceteris uidebatur primus matrimonii dies? ubi pretiosae uirginitatis festa, utrisque dulcis occisio? ubi amor, qui in aequo unitoque coniugio, e 2 7 6
designatur *ex ouibus et ex haedis*, inter pecora non potest inueniri. dies festi eius et cantica secundum dei uocem in planctum et luctum illi 1 28 2
unguentum. circumcisio uacuatur. sabbatum denotatur. neomeniae et dies festi odio habentur. potiuntur eorum Romani regno. nihil, ut arbitror, illis 2 17
genus pecudum cum suo sibi sacrificio reprobatur. ieiunia eorum, dies festi omnisque solemnitas abominatio est apud deum. cum haec ita sint, a 1 46a 1
nostri, a quo uniuersi generis peccatores, ut possint beate uiuere, puniri festinant. descendit quippe gladius pius in uiscera peccatoris et uno 2 10 2
uelis antennae, retunsa undique iter non inuenit prora. trepidant nautae, festinant in cassum iactura uasorum nauem leuare ponderibus, quae 1 34 6
nostri, a quo uniuersi generis peccatores, ut possint beate uiuere, puniri festinant. mira ratio, mirum profecto mysterium! saluo reo punitur reatus 1 42 1
humanitatis nomina, quae possunt argumentis attingi, patris et filii festinant nec intelligunt, quia in exordio carminis sacri deus deo sua sibi et 1 45 1
cum haec ita sint, age uidua, quae sicut innocens uirgo nubere saepe festinas, interroganti responde, bonumne amiseris maritum anne malum. si 2 7 6
uelut in hostilem praedam grassantium satellitum praeceps irruit manus, festinat dei famulum posse deprehendi; quem beati propinquus martyris, 1 39 4
ut deuotioni pareret, laetabatur hoc iussisse deum. de filio hostiam parat, festinat denique inplere sacrificium, ne mora faciat peccatum. necessaria 1 43 4
parcat, quae et mori momentis omnibus etiam friuolo ac turpi lucro festinat? quid igitur, miser homo, auri argentique metallo incensus uana 1 14 2
iam primus totum <paternae ac> maternae pietatis occupauerat pectus festinata educatione nutritus, deo uictimam, parentibus pium parricidium 1 59 5
unda concepit, per sacramenta iam parturit? ad desiderata quantocius festinate! solemnis hymnus ecce iam canitur, ecce mox infantum dulcis 2 28
arcamque, cum suis ut saluus foret, quam iussus est facere, non praecipiti festinatione compingit nec tantum munus quasi praesumptor aut demens 1 4 12
claudere, patienter exspectat, dignus euadere, qui in tanto orbis metu non festinauit euadere. nunc mihi Abrahae memoranda est mira illa temptatio, 1 4 12
ad propriam sedem palmamque propositam quanto amore, qua deuotione festinet. si quis eam prouocat in iudicium, ut eius auferat tunicam, libens 2 1 13
salem sapientiae aspergunt. oleum Christus infundit. Moyses primitiuam festinus maturamque procurauit agninam, Abraham pinguem conditamque 1 24 2
atrocissimo impulsu, tectis parietum cum ruina confusis, nimia crudelitate festinus sepelit, antequam iugulet. ipsum postremo, quem diuitiis 1 4 18
mores in sacra. sic, sic genus humanum a dei cultura rapuit, dum blanda festiuitate facinorosa facinorosorum et colenda crimina et imitanda 1 1 12
uino madida, gemmis seu floribus redimita, oculorum iocorumque festiuitate lasciua, auaritia caeca, libidine percita, delicate tumentis ac 2 4 9
propagandi corporis semen, mors natalicius dies. denique post momentum festo exsultat in tumulo, non umbra, sed ueritas, non imago, sed Phoenix, 1 2 21
sacrilegio iure deleta est. exinanitum cornu iam non spirat unguenta. dies festos in luctum et cantica eius in lamentationem conuersa prophetae 1 19 2
infantem totius naturae antiquitate maiorem. interea rudis non gemit feta. non mundum, ut assolet, infans fusus ingrediens sponte uitae reptantis 1 54 4
puerum maternorum uiscerum prosecutae sunt damno. nulla adhibita rudi fetae sueto more fomenta; neque enim, fratres, his poterat indigere, quae 1 54 4

fratres dilectissimi, saeculorum pater adest dies, omni genere fructuum fetibus pollens, diuite sinu, momentis quibus uelis quattuor temporum 2 13
tardi partus ubertas et fecunditas desperata profertur. uxor Abrahae fetus nescia, cum uisceribus frigente senio nec sperare subolem posset nec 1 59 3
oliuis et felicitatem praestat et gratiam, cum [in] uniuscuiusque temporis fetus partu crudo in alterius contumeliam inpatientia non sinit praecipitare. 1 4 6
et uenit diabolus et tollit de corde illorum uerbum, ne credentes salui fiant. terra uero hominem idolumque significat, quia et *hominem deus de* 1 13 5
tormenta confessio, quod sine sudore tortoris facinora sua sponte reus, ut fiat innocens, confitetur. pretiosa indulgentia est, fratres, quae et ueniam 2 24 2
confessio, quod sine truculenti sudore tortoris facinora sua sponte reus, ut fiat innocens, confitetur. pretiosa res est, fratres, quae et honorem praestat 1 42 2
uultis scire, quantis sit tenebris obuolutus? irascitur deo, si non semper fiat publicis luctibus diues. bene, bene: cum quis quaerit aurum, inuenit 1 5 14
manifestius: *si quis inter uos uidetur sapiens esse in hoc saeculo, stultus fiat, ut sit prudens; nam huius mundi sapientia stultitia est apud deum.* ob 2 1 5
nec pecudum inexpectata morte rapti iecoris spirantes consulunt fibras nec per uarios auium uolatus coniecturis inanibus statum plumeae 1 34 9
incomparabilis autem gloria ac uere deo digna, cum uno consensu, una fide alter alterum commendans deuotione consimili conuertuntur ad deum 2 6 5
pecuina est ac misero, fragili detestabilique uersatur in iure. at cum mera fide credentis salutari fuerit necata baptismate, noua paterni sacro resurgit 1 2 25
sunt', euidenter ostendens non in oculis esse carnalibus uerum, sed in fide credentium constitutum. nam et dominus ista exempla confirmans uni 1 2 10
quae magis quaestiones praestant quam ueram rationem dei, quae est in fide. definitio autem iussionis est caritas ex corde puro et conscientia bona 2 3 17
non uento, sed spiritu sancto generante *odorem diuinum* beata *spirantes* fide diuerso charismate, sed una natiuitate ecclesiae flores clarissimi ac 1 33 2
constat ergo omne Christianitatis magis in caritate quam in spe uel fide esse depositum, sicut euidens testatur exemplum. Iudas Scariothes 1 36 19
subitis damnis familiam domini posse terreri, cum sciamus apostolica fide esse perscriptum: *mihi uiuere Christus est et mori lucrum*? excogita 1 39 5
ab eo perpetuae felicitatis tempus non credit esse uenturum? sed spes ex fide est, quae quamuis in futuro sit posita, fidei tamen est iure subiecta. 1 36 4
deo incredulitate cum lege. unde dubium non est legem non posse sine fide, fidem posse sine lege; alioquin ista innumerabilis simplicitate sua 2 3 2
quaereret, ubi esset uictima quam disponeret et immolaret, securus de fide generis sui pater filio, de quo non dubitabat, patefecit, quid a se 1 43 5
tribus in rebus Christiani culminis fundamenta consistunt, id est in spe, in fide, in caritate, quae ita inuicem sibi uidentur esse connexa, ut sint aliis 1 36 1
cessabunt, quia neque fides sine caritate neque spes poterit operari sine fide. itaque Christianus tribus in rebus, si cupit esse perfectus, debet esse 1 36 1
semine propagantur in saecula. in huius diei luce gradientes exsultemus fide,iucundemur bona conuersatione, ut perpetuam uitam adipisci 1 33 4
uitulum laniat. post haec promittitur ei de legitimo matrimonio filius de fide, non de aetate. concepit Sarra, portat sine labore uteri sarcinam, quae 1 62 2
refundere inferi coacti sunt uiuos. quem ut semper et ubique aucti fide, numero, caritate nostris cum fratribus celebremus, praestabit deus 2 19 2
calamitatibus humanis! et clamat non uoce, sed corde, non clamore, sed fide, quam scit deum libenter audire. hoc igitur e profundo clamans 1 34 3
matris dulcem ad uterum conuolate ibidemque uos uestra nobilitate fide scientes, quoniam, quantum quis crediderit, tantum beatitudinis et 1 55
prosapiae nostrae nobilitatem non relatione tantum, sed etiam fide similitudinis adprobemus. unde tamen prae me fero, fratres 1 1 3
definitio autem iussionis est caritas ex corde puro et conscientia bona ex fide simplici. igitur si dei seruus es, *stultas et ineruditas quaestiones euita* 2 3 17
uirtute fortiores, sibi pares, trinitatis sacramento praemuniti, unitatis una fide solidi, <uirtutis> aequalitate pares, passionis uictoria gloriosi. hos 1 53 1
fingit infantem. Mariae superbus emicat uenter, non munere coniugali, sed fide, uerbo, non semine. decem mensium fastidia nescit, utpote quae in se 1 54 3
dominicam cellam communi gaudio repleuerunt. quod ut uobis quoque fide uestra adolescente contingat, praestabit deus pater omnipotens per 1 10b 3
deputatum est illi ad iustitiam; qui ideo iustus, quia fidelis; *iustus enim ex fide uiuit*; ideo fidelis, quia credidit deo; qui nisi credidisset, neque iustus 1 36 6
enim, sicut scriptum est, *iusto posita non est,* sed peccatori, quia *iustus ex fide uiuit,* infidelis iniuste. errat igitur quisquis disputationem legis aestimat 2 3 4
circumcisionem, non est tibi lex necessaria, quia iustus Abraham, qui ex fide uixit, deum credulitate, non lege promeruit. si legem, contemne tuam 1 3 12
non dei originis aut naturae. sequitur ut scire debeamus, utrum tractatum fidei an fidem tractatus debeamus adserere. si tractatum fidei dixerimus, 2 3 6
illa iustificata discessit; haec glorificata uestri numeri incrementis ac fidei cum Christo in aeterna saecula permanebit per dominum et 1 13 13
utrum tractatum fidei an fidem tractatus debeamus adserere. si tractatum fidei dixerimus, uehementer errabimus. subici enim se loquacitatis artificio 2 3 6
pro numero deo diurnas hostias offerebat. tanto autem puritatis ac fidei erat muro munitus, ut non auderet eum adtemptare diabolus nisi a 1 15 2
deum hominem, quem induerat, commutaret. anulus quoque signaculum fidei est, quod est Christus, cuius inlustratione maiestatis impressi atque 1 13 11
ac delectabile certamen deo historia sacra prodidit nobis ignis ac fidei. etenim duo discordantia deuotione dominica in unam concordiam 1 48
sed time. cum haec ita sint, cur legem lege distringis? cur sub imaginem fidei fidem deponis? cur ipsum fontem diuinitatis philosophicis argumentis 2 3 13
glutinasti. tu cotidiana martyrum et mater es et corona. tu murus fidei, fructus spei, anima caritatis. tu specialiter omnem populum 1 4 22
qui ingenii sui putat esse, quod ille fuerit aestimatus. ceterum illa est fidei generositas uera, ut deo fideliter seruiat, in solo ipso fiduciam gerat, a 2 3 19
ubi enim fides non est, nec spes est; *fides* enim spei *substantia est* et spes fidei gloria, quoniam praemium quod spes habet fides meretur, quae 1 36 4
lucro; illa agit captiua sub lege, haec omnibus praestat in Christo bonae fidei libertatem. igitur uos, qui *circumcisi estis circumcisione non manu* 1 3 23
sic stricto uultu puerum ducit ad aram, stringit gladium medium, pectus fidei militabat; non pallescit uultus, non contremuit manus. quaerit puer, 1 62 4
fidei dixerimus, uehementer errabimus. subici enim se loquacitatis artificio fidei natura non patitur, a qua nihil aliud laboratur, nisi ut suis sibi 2 3 6
Christianae fidelitatis felicitas maxima est fidei nosse naturam, quae talis ac tanta est, ut unicuique homini sua non 2 3 1
dei, ut possitis uos constare aduersus nequitias diaboli accepto scuto fidei, per quod poteritis omnes sagittas illius mali, quae sunt igne plenae, 1 38 6
aliquid infidelitatis insertum; infideles non sunt, quia habent imaginem fidei, professione deo, factis saeculo seruientes. uolunt nosse legem, nolunt 1 35 5
ostendunt et de ieiuna aetate puer robustior saginatur. nihil difficile est fidei, quae tantum habet, quantum credit. igitur Isaac unicus filius, spes 1 62 2
seruum autem dei non oportet litigare, quia lis et caritatis est hostis et fidei; quas si quis amiserit, nec diuina ille profecto nec humana cognoscit. 2 3 18
rapina, igne ferroque uniuersa uno momento disperdit. hinc Iob alta fidei radice robustus tot nuntiis lugubribus tunditur nec mouetur, sed 1 15 3
sinapis te habere demonstra. sin uero, quod magis est, sub sono legis ac fidei saecularis amore iactantiae accensus nascentis dei de deo spiritusque 2 3 15
turpissimae utilitatis, rem familiarem tuendam committunt amore non fidei, sed libidinis, qui publicanas mulieres cum ui subiciunt sibi uiliores se 1 25 11
si malum et desideras nubere, digna es, quam peior affligat; si bonum, fidei serua signaculum: pati non meretur iniuriam ipse, cui perhibes 2 7 6
tres Hebraei uenerabilis numeri sacramento muniti, aetate teneri, sed fidei soliditate robusti, supplicio suffragante gloriosi amore diuinae 2 22
e cuius uita paternus affectus et maternus pendebat, ad explorationem fidei suae diuina uoce postulatur ad uictimam. 'uolo, dixit deus, mihi fieri 1 43 3
esse uenturum? sed spes ex fide est, quae quamuis in futuro sit posita, fidei tamen est iure subiecta. ubi enim fides non est, nec spes est; *fides* 1 36 4
camino rugiente non laeduntur. incensi hymnum canunt. barbarum regem fidei tenacitate confundunt. uindicantur de incensoribus suis. deum uident. 2 15
es, permanens, uirgo, gloriare sanctique pudoris florem nulli legi subiecta fidei thesaurum custodi. esto sancta et corpore et spiritu, amore Christi 2 7 4
esse non potest quam quod est. igitur cum possibilitatis humanae non sit fidei uidere secreta, nusquam, frater, tua curiositas, nusquam tua proficit 2 3 11
inter flammas rosculentos hymnum deo cecinisse securos. tanta est enim fidei uirtus tantaque potestas, ut cultoribus suis etiam ipsa elementa contra 1 31
neque pater gentium esse potuisset. quapropter manifestum est spei ac fidei unam inseparabilemque esse naturam, quia in homine ex his 1 36 6
nihil est prorsus, quod sine hac gratum, sine hac pacificum, sine hac fidele, sine hac securum, sine hac gloriosum, sine hac deo iunctum, sine 1 36 16
filio, sacerdotem praetulit patri, nec pium se credidit, nisi probasset fidelem. denique, carissimi, intrepidus ad ministerium immolationis 1 59 7
ut deo fideliter seruiat, in solo ipso fiduciam gerat, a fidelitate et fiducia fidelem se uocari cognoscat, inculpatis moribus uiuat, conscientia eum 2 3 19
qui autem non credit, iam iudicatus est? hoc dicendo *exemit iudicio fideles, non admisit ad iudicium infideles.* at si utraeque partes iudicio 1 35 1
nullam partem tenentes ad plenum, cum utramque tenere non desinunt. fideles non sunt, *quia* habent *aliquid infidelitatis insertum*; infideles non 1 35 5
et quid ipse domino promisisset ostendit. laetatus est puer patre fideli ipse quoque fidelior, nec recusabat mortem, quam deus qui uitam 1 43 5
mutuis aequalibusque temperantiae dotata muneribus perennis connubii fideli propagine benigna caritas illigasset. nihil est prorsus, quod sine hac 1 36 16
praestat, consequentibus ministris promotionis augmentum, immortalitatis fidelibus fructum, paenitentibus curam, catechuminis lucis uiam, 1 6
forsitan ipso cessante illicita eis uota donabis (quod maritis etiam sub fidelibus multae fecere peiores, Euae non discipulae, sed magistrae; illa 2 7 16
ipse domino promisisset ostendit. laetatus est puer patre fideli ipse quoque fidelior, nec recusabat mortem, quam deus qui uitam dederat imperabat. 1 43 5
et quem putaueris infidelem, hic fidelis est. forte in eo se quis aestimet fideliorem, si loquatur argute, cum magis uerus sit ille fidelis, qui sacra in 2 3 12
erat templum. etenim hominum conciliabulum est contextio ista parietum, fidelis autem populus dei templum, apostolo dicente: *uos estis templum dei* 2 6 4
sane condicione nos beatiores sumus, quia ille occidit semper ut uiuat, fidelis autem post secundae natiuitatis occasum resurgens horrore 1 16 2
ipsis studiosis fidelissimum, hic infidelis, et quem putaueris infidelem, hic fidelis est. forte in eo se quis aestimet fideliorem, si loquatur argute, cum 2 3 11
ecclesiae flores clarissimi ac dulces nostri funduntur infantes. aestas autem fidelis est populus, angelicus et mundus, qui sponsionis suae palmam 1 33 3
ornamento contenta! tu in uirginibus felix, in uiduis fortis, in coniugiis fidelis, in sacerdotibus pura, in martyribus gloriosa, in angelis clara, in 1 1 20
credidit deo et deputatum est illi ad iustitiam; qui ideo iustus, quia fidelis; *iustus enim ex fide uiuit*; ideo fidelis, quia credidit deo; qui nisi 1 36 6
eo se quis aestimet fideliorem, si loquatur argute, cum magis uerus sit ille fidelis, qui sacra in praedicatione non ultra, quam licitum est, aciem suae 2 3 12
ad iustitiam; qui ideo iustus, quia fidelis; *iustus enim ex fide uiuit*; ideo fidelis, quia credidit deo; qui nisi credidisset, neque iustus neque pater 1 36 6
momenta producat, ut saltem paulo diutius diei sui demoretur in uita, sed fidelis semper, semper intrepidus ad sepulcrum noctis cognatae contendit 1 2 18
ancilla? in domo denique quae geruntur, sed et ipsis in fanis, Christiana fidelis, sine te esse non poterunt, quia uxor infelix es, si nescis, quid agatur 2 7 13
nusquam tua proficit pugna, quia quem putas uel de tuis ipsis studiosis fidelissimum, hic infidelis, et quem putaueris infidelem, hic fidelis est. forte 2 3 11
angustia constitutos. tu caecorum oculus. tu pes claudorum. tu scutum fidelissimum uiduarum. tu melior pupillorum, plus quam uterque parens. 1 36 31
generositas uera, ut deo fideliter seruiat, in solo ipso fiduciam gerat, a fidelitate et fiducia fidelem se uocari cognoscat, inculpatis moribus uiuat, 2 3 19
Christianae fidelitatis felicitas maxima est fidei nosse naturam, quae talis ac tanta est, 2 3 1
quamuis iniusta sit, seruat. nemo namque pater familias honesta fidelitatis suae lucra offerentem sibi suum seruum iudicat, sed honorat ut 1 35 8
Christo, acceptaeque indulgentiae regale beneficium diligenter, fortiter ac fideliter custodite. etenim omnis [actus] uester contractus ablatus est. securi 1 42 1
Christo, acceptaeque indulgentiae regale beneficium diligenter, fortiter ac fideliter custodite. etenim uester contractus omnis ablatus est. securi 2 29 1
qui plus crediderit, nobiliorem se ipse praestabit. constanter igitur ac fideliter *hominem* istum uestrum *ueterem* foetorosis suis cum pannis 1 49
aequitatem iustitiamque terris inlatam. quam qui constanter tenuerit ac fideliter ministrauerit, non dicam Scorpionem, sed, sicut dominus ait in 1 38 5
ad omnia genera uirtutum intrepidus corrigit, praeceptis omnibus fideliter obtemperat incoactus, innocenter uiuit, iustitiam percolit, sine fine 2 2 4
solidetur; cetina cymba inter aestuantis pelagi sollicitos sinus fidem tuam fideliter portet; solis cursus ac lunae ab occidui carceris receptaculo 2 3 14
quod ille fuerit aestimatus. ceterum illa est fidei generositas uera, ut deo fideliter seruiat, in solo ipso fiduciam gerat, a fidelitate et fiducia fidelem se 2 3 19

debeatur, nihil sibi ipsa concilians, nihil proprium derelinquens, nisi quod fideliter sine ulla iactantia eius fungitur uoluntate. est autem in publicum 2 1 11
festinus maturamque procurauit agninam, Abraham pinguem conditamque fideliter uitulinam. Isaac innocenter ollam portat et ligna. Iacob patienter 1 24 2
esse neque circumcisionem, sed solam obseruationem uoluntatis dei esse fideliter uiuentibus necessariam. 1 3 24
sanctum imaginem referimus, quam tenemus. quod conuenit cum ea, fidelium communionis sanctae significabat sacramentum. Thamar *concepit* 1 13 11
immaculata hostia nec uictima imparata, qui testis diuini timoris ad fidem a domino poscitur, a parente perducitur, sed hostia non sanguinis, 1 59 2
ingratum faciam doctrinae beneficium, sed ut sciat unusquisque aliud esse fidem, aliud esse tractatum nec fidem per tractatum posse uel dari uel 2 3 11
uirginitas prouocatur, sed nec continentia relicta repellitur. ad cuius fidem, carissimi, auctorem habemus, sanctum uidelicet Abraham, qui 1 59 1
testatoris uoluntas inscripta, seu quod quasi ex transuerso in unam fidem concurrentia crucifigi habuisse dei filium nuntiabant; quem confirmat 1 37 8
nec nostra nec sua, sed nec eius, cuius esse dicetur, quia tractatus fidem cum astruit, ex eo ipso eam, quo astruit, destruit. nec ulli dabit 2 3 6
irascitur de duobus. tu populi caelestis animam tenes, cum ornas pacem, fidem custodis, amplecteris innocentiam, ueritatem colis, patientiam diligis, 1 36 30
time. cum haec ita sint, cur legem lege distringis? cur sub imaginem fidei fidem deponis? cur ipsum fontem diuinitatis philosophicis argumentis 2 3 13
gloriam se praestitisse, non crimen. quid hoc est? ecce immanitas in fidem et scelus transit in sacramentum; parricida incruentus redit et qui 1 4 15
feras amica, in ignibus frigida. sola fides praeferenda: hac nos, qui per fidem filii Abrahae facti sumus, in ipsius gremium peruenire credamus. 1 62 5
sine requie, ad sua numquam perueniens uota, quia satiari non nouit. fidem frangit, caritatem neglegit, iustitiam negat, non cognoscit affectus, 1 21
eia quid statis, fratres, uestram quos per fidem genitalis unda concepit, per sacramenta iam parturit? ad desiderata 2 28
nubis?' exsecrabilis res est, fratres, nec coniugio seruare caritatem nec deo fidem. haec etiam uiros reprehensio manet. Christianus ergo in toto 1 2 14
est; *non irascitur*, quia etiam iniurias libenter amplectitur; non fallit, quia fidem ipsa custodit; non ulla re indiget, quia ei praeter quod est nihil est 1 36 12
quae sine se utilia esse non possunt, quia ueteri sicut nouum praestat fidem, ita nouo uetus perhibet testimonium, sicut scriptum est: *semel* 1 37 4
quoque uirtutes, indice Paulo cognoscite: *et si habuero*, inquit, *omnem fidem, ita ut montes transferam, caritatem non habeam, nihil sum. et si in* 1 36 20
est, ad quam prorsus res omnis spectet, dubium quippe cum non sit spem, fidem, iustitiam, humilitatem, castitatem, probitatem, concordiam, 1 4 1
interest, fratres, quia, etsi pauper sum, tamen frontem meam tueor et fidem meam noui. certe si quid sciunt, dicant operarii, qui mecum sunt. 1 41 3
sed ut sciat unusquisque aliud esse fidem, aliud esse tractatum nec fidem per tractatum posse uel dari uel nosci uel destrui. dari non potest, 2 3 11
euidens testatur exemplum. Iudas Scariothes traditor domini et spem et fidem perdidit, quia caritas in ipso non mansit. nam et haereses et 1 36 19
absolui meruit, dum humanum ex se deponit timorem et, quantum ad fidem pertinet, pater promissa compleuit, dominus parricidium probata 1 59 7
incredulitate cum lege. unde dubium non est legem non posse sine fide, fidem posse sine lege; alioquin ista innumerabilis simplicitate sua felicior 2 3 2
gladius uibratur nec puerum mors uicina contristat, ne trepidatio fidem prodat infirmam. sub hac denique immolantis immolandique 1 59 7
ceterum si eius partem probes, reprobes partem, quomodo per hanc fidem quaeris, quam etiam ipsam infidelitatis ream constituis, canentis cum 2 3 13
an ex credulitate an ex utroque. si ex doctrina constat, non habent ergo fidem qui litteras nesciunt, sed nec ipsi qui sciunt, quia legis scientiam 2 3 9
confundit. disputatio enim sicut excolit legem, ita, si uersuta sit, eradicat fidem, quia fides profecto non est, ubi quaeritur fides; deinde quia lex 2 3 4
uiuit, infidelis iniuste. errat igitur quisquis disputationem legis aestimat fidem, quisquis duo in unum diuersa confundit. disputatio enim sicut 2 3 4
noctis agnouerint, expeti a se aliquotiens alimenta contendunt; ac sic fidem rei quam reprobant faciunt. philosophi de anima uaria disserunt, sed 1 2 3
per hoc etiam breuis; alia uero animi, quam nos nobis ipsi hac in uita per fidem sacri fontis uiuo de gurgite conparamus, nobilis et aeterna, quia 2 4 8
infidelitatis ream constituis, canentis cum uniuersa non credis? sin uero fidem spiritus calles, aliquam demonstra uirtutem: impera montibus, ut 2 3 14
gaude, in tormentis pro nomine domini. si obuenerint dura, *fidem tamquam granum sinapis* te habere demonstra. sin uero, quod magis 2 3 14
originis aut naturae. sequitur ut scire debeamus, utrum tractatum fidei an fidem tractatus debeamus adserere. si tractatum fidei dixerimus, 2 3 6
esse perfectum quod aliunde exspectat sibi aliquid necessarium. si uero fidem tractatus dicere coeperimus, erit profecto nec nostra nec sua, sed nec 2 3 6
stupore solidetur; cetina cymba inter aestuantis pelagi sollicitos sinus fidem tuam fideliter portet; solis cursus ac lunae ab occidui carceris 2 3 14
qui ad se ueniunt, professionem credulitatis ab eis solam ideo, quia eorum fidem uidere non potest, exigit. quam si abesse ex moribus deprehenderit, 2 3 3
non mansit. nam et haereses et schismata sic disseminantur, cum inflata fides ac spes dilectionis a fundamento uelluntur. quid autem sine caritate 1 36 19
ut sit omnium iure ipso regina. triumphet licet quibus uult uirtutibus fides, ac spes multa et magna proponat, tamen sine hac utraeque non 1 36 10
communis est, fides uero priuata, quia lex semper manat ex libro Genitali, fides autem tenaciter inhaeret suo soli proposito. lex ab alio transit in 2 3 4
lex hominis conscientiam alloqui tantum potest, uidere autem non potest; fides conscientiam medullitus mundat, ne quid reatui uel intrinsecus 2 3 5
docuit nullamque aliam ob causam promulgatam se esse testatur, nisi ut fides de infidelibus uindicetur. denique tolle peccatum: cessat legis 2 3 3
sed mutatur. melius seruauit filium, dum non pepercit. sola enim fides deambulat inter gladios tuta, inter esurientes feras amica, in ignibus 1 62 5
ita, si uersuta sit, eradicat fidem, quia fides profecto non est, ubi quaeritur fides; deinde quia lex communis est, fides uero priuata, quia lex semper 2 3 4
posita, fidei tamen est iure subiecta. ubi enim fides non est, nec spes est; *fides* enim spei *substantia est* et spes fidei gloria, quoniam praemium quod 1 36 4
nec minuitur nec augetur. sin uero ex utroque, patriarcharum semesa fides est ac per hoc illis constitutionis nostrae uidelicet decernendi sunt 2 3 9
aliud in penetralibus cordis; similiter ne destrui quidem, quia si uera fides est, aliud esse non potest quam quod est. igitur cum possibilitatis 2 3 11
exemplis oportuerat perorare, esset si quis hic talis. sed quia in uobis fides et pietas, quae est idonea expultrix auaritiae, manet atque gloriatur, 1 5 17
si auferas, nulla fortassis est pugna), multos esse tractatus, multas etiam fides et quidem nouellas et litis labore ac fauore nutritas. quas, quia uera 2 3 7
aut docetur.' quod malum est ista ratio, mox uidebimus. nunc scire cupio, fides ex doctrina constet an ex credulitate an ex utroque. si ex doctrina 2 3 9
connexa, ut sint aliis alia necessaria. spes enim nisi praecedat, cui laborat fides? fides si non sit, quomodo spes ipsa nascetur? quibus si deneges 1 36 1
tanta laetitia arietem obtulit, cum quanta obtulerat et filium; ubi enim fides fuit, non erat dolor. in illo sacrificio solus deus doluit, qui aliam 1 43 7
timor excubat, disciplina coercet, continentia [se] refrenat. stat in angusto fides, in secreto pudicitia, in primo innocentia, aequitas in medio, in fine 2 6 9
edicat mihi, perniciosa ista adinuentio tractatus sui quo proficit pugna. 'ne fides, inquit, intereat, cum male aut creditur aut docetur.' quod malum est 2 3 8
autem tenaciter inhaeret suo soli proposito. lex ab alio transit in alium; fides interit, si ab suo statu aliquando uel in aliquo declinauerit. lex 2 3 5
naturam, quia in homine ex his quaecumque defecerit, ambae moriuntur. fides itaque uel maxime res propria nostra est, domino ipso dicente: *fides* 1 36 7
spei *substantia est* et spes fidei gloria, quoniam praemium quod spes habet fides meretur, quae quidem pro spe pugnat, sed sibi uincit. amplectenda est 1 36 4
eius futurus fuerat, non maritus. Iudas amittit uxorem, id est synagogae fides moritur. quod autem inquit: *consolatus* est, utique intelligitur spe 1 13 7
quae quamuis in futuro sit posita, fidei tamen est iure subiecta. ubi enim fides non est, nec spes est; *fides* enim spei *substantia est* et spes fidei gloria, 1 36 4
non ametur. adde quod fides sibi soli prodest, caritas omnibus; adde quod fides non gratis pugnat, caritas autem etiam ingratis conferre consueuit; 1 36 11
gratis pugnat, caritas autem etiam ingratis conferre consueuit; adde quod fides non transit in alium, caritas parum est dicere transit in alium quae 1 36 11
licitum est, aciem suae tetenderit mentis; eo enim res deducta est, ut fides nostra per dei requiratur iniuriam. quod futurum Salomon enuntiauit 2 3 12
parum est dicere transit in alium quae transit in populum; adde quod fides paucorum est, caritas omnium; adde quod spes ac fides tempus 1 36 11
inter gladios tuta, inter esurientes feras amica, in ignibus frigida. sola fides praeferenda: hac nos, qui per fidem filii Abrahae facti sumus, in 1 62 5
ac spes multa et magna proponat, tamen sine hac utraeque non stabunt: fides primo omnium si se ipsam non amet, spes si non ametur. adde quod 1 36 10
disputatio enim sicut excolit legem, ita, si uersuta sit, eradicat fidem, quia fides profecto non est, ubi quaeritur fides; deinde quia lex communis est, 2 3 4
dominica in unam concordiam conuenere. namque tribus in pueris fides puniri non timuit. inmissis camino ignis exaestuans detulit, ut eos 1 48
nisi insinuationem legis omni deuotione succincta praecedens amplectatur fides, quae tam sibi quam illi credendo praestet effectum, insinuatio inanis 2 3 1
uidelicet decernendi sunt libri, ut possint esse perfecti! o quam misera est fides, quam uerba concinnant! o quam debilis, cuius cotidie dissipantur 2 3 10
exsultate, fratres, quos sua parturit fides, qui mundi huius fugientes insidias, reatum, uulnera ac mortem 2 23
lugubris contemplatio retrahit a corona, tantum generosa ac perfecta fides quique illi fuerit cruciatus sua complicat uota. denique tres pueri in 1 11
ademerat spem sobolis: pignus succidaneum meruerunt. sic meruit fides quod ademerat tempus, extorsit credulitas quod natura denegauerat. 1 43 1
reprobatio. uel si omnes omnino amplectendae sint, ut tot quis habeat fides quot non habet uerba, multo magis nihil habebit, quia tractatus, qui 2 3 7
facile, fratres, pugna ista concordat statusque futuri qualitas aperitur, fides si inlibata teneatur. unde rem paucis expediam. omnis caro quam diu 1 2 24
ut sint aliis alia necessaria. spes enim nisi praecedat, cui laborat fides? fides si non sit, quomodo spes ipsa nascetur? quibus si deneges caritatem, 1 36 1
fides primo omnium si se ipsam non amet, spes si non ametur. adde quod fides sibi soli prodest, caritas omnibus; adde quod fides non gratis pugnat, 1 36 11
ipsa nascetur? quibus si deneges caritatem, utraeque cessabunt, quia neque fides sine caritate neque spes poterit operari sine fide. itaque Christianus 1 36 1
praeteritae sterilitatis damna sarciret. inuenta est causa, ubi Abrahae fides temptatione fortior militaret: carissimi membra, quae osculis premere 1 62 3
adde quod fides paucorum est, caritas omnium; adde quod spes ac fides tempus habent, caritas autem finem non habet, momentis omnibus 1 36 11
fides itaque uel maxime res propria nostra est, domino ipso dicente: *fides tua te saluum fecit.* igitur si nostra est, seruemus ut nostram, ut iure 1 36 7
sapientia, sobrietas, mansuetudo, temperantia, castitas, pietas, caritas, fides, ueritas, humilitas, gratia, honestas, uerecundia, patientia, 1 37 15
habens animam quam pecuniam; inde est, quod iustitia honestas pietas fides ueritas perit; quod deus ipse momentis omnibus patitur contumeliam, 1 14 7
fides profecto non est, ubi quaeritur fides; deinde quia lex communis est, fides uero priuata, quia lex semper manat ex libro Genitali, fides autem 2 3 4
ex eo enim ipso, quod uos non capit locus, exinde intelligitur, quia fides uestra capit deum. igitur ne quis operis rationem a me forte disquirat, 2 6 5
sicut semel creditur, ita semel ex eo ipso, quod creditum est, consummata fides ultra nec minuitur nec augetur. sin uero ex utroque, patriarcharum 2 3 9
ab altero eorum, si non transducitur, perfidia, cum transducta fuerit, fides uocatur! o quam non uera, si *factionibus pollet*! o quam publicana, 2 3 10
tu uariarum semper in tempestatum crebris turbinibus constitutae fidissimus miserandae uiduitatis es portus. tu sanctissimo coniugali iugo 1 4 21
substantia incolas, ciuitates et rura nihil omnino metuens amicae mortis fiducia. denique quod sapientia legibus per industriam colligit, uno impetu 2 1 7
uera, ut deo fideliter seruiat, in solo ipso fiduciam gerat, a fidelitate et fiducia fidelem se uocari cognoscat, inculpatis moribus uiuat, conscientia 2 3 19
si cui forte asperum uidetur ac durum, quod fiducialiter loquimur, fratres, rerum paene contra naturam, iamiamque 2 7 1
ceterum illa est fidei generositas uera, ut deo fideliter seruiat, in solo ipso fiduciam gerat, a fidelitate et fiducia fidelem se uocari cognoscat, inculpatis 2 3 19
Iudaeos obiurgabat incredulos et quae essent futura, priusquam fierent, admonebat. proprium enim dei est scire transacta et nosse uentura. 1 61 5
admirabile saeculis testimonium. felix orbis fuerat, fratres, si omnes sic fierent parricidae. Iacob per patientiam et benedictionem lucratus est et 1 4 15
genus, alias aequalis in omnibus patri. quicquid enim pater praecepit, ut fieret, filius, utpote *dei uirtus deique sapientia*, omnia illa opere mirifico 1 50
portat. hoc est, quod Abraham *contra spem in spem credidit deo, ut fieret pater multarum gentium.* contra spem autem est, quod impossibile 1 36 5
me apud te ipsum claritate, quam habui apud te, priusquam mundus fieret. qui resurgens ait: *omnia mihi tradita sunt a patre meo.* hic, qui 2 5 4

recipiat, mortalitas capiat. uel si caelestis est primus, quid opus erat, ut fieret quoque terrenus? simile dictum euangelicum illud consentanea potest 2 4 2
prius uehementer horresco, mox deinde eorum particeps optauerim fieri, cum cognosco inter flammas rosculentos hymnum deo cecinisse 1 31
opus cum dicto completur a filio. quomodo autem, quantus aut qualis fieri debeat, nemo praecipit, interrogat nemo. neque enim sine patris esse 1 56 2
rapit, quae a te longe distractum decennio uel eo amplius, ut adsolet fieri, detineat relegatum. quid facies? obseruabisne redeuntem, an ardori 2 7 9
a sepulcris cum suis sibi exsequiis reuerti iusserunt, ut omnes mirarentur fieri lacrimas gaudii, quae nunc fuerant orbitatis. sed longum est, fratres, 1 36 9
quasi uno sensu magistra dilectione conuerti, ut quiuis intelligat hoc fieri non posse sine naturalis amicitiae disciplina? quid autem pro se in 1 36 15
huius mundi non esse iustitiam et quidem nec ueram sapientiam? quia fieri non potest, ut uerus sapiens non sit et iustus, iustus adaeque uerus 2 1 9
non possit mundi istius mediocritas sustinere. cum imperat pater orbem fieri, opus cum dicto completur a filio. quomodo autem, quantus aut qualis 1 56 2
aestiua uestis, fratres, et munda est et exacta, cum qua facile et opus fieri possit et tolerari ardor aestatis, id est temptationis; quam esse utique 1 13 8
dilectissimi, ad hoc nobis est tradita legenda narratio, ut maiorum, si fieri potest, saltem aliqua ex parte mores imitemur, si non possumus 1 15 1
quia uerbum est filius, sine filio non est, et quod factum est a filio uel fieri potest, sine dignatione paterna non est, quia filius sine patre non est, 1 45 3
uerbis dari potest, poterit et uerbis auferri; nosci adaeque non potest, quia fieri potest, ut quis aliud gestit in labris, aliud in penetralibus cordis; 2 3 11
commemoratio est ingrati, non remedium, sacrificium quod ipse reprobat fieri, qui praecepit. hoc solum dico: imple uel in ceteris legem, sicut 2 20 2
ipsique, qui blasphemare nituntur, salutis suae bono uel sero, si potest fieri, resipiscant. 2 18 2
fidei suae diuina uoce postulatur ad uictimam. 'uolo, dixit deus, mihi fieri sacrificium, Abraham, tuis manibus in monte de filio tuo; haec mihi 1 43 3
dominus. sed sic oportuit praedicari, quia primo, antequam esset, quod se fieri uoluisset, tam figura quam oraculis frequentibus publicauit. igitur 'dei 2 4 3
blasphemando atque persequendo, alios deos asserendo atque abominanda figmenta colendo —, tactu carbonis in unum populum per confessionem 1 37 3
sacrificium quam exsecrabile est, tam inane; colunt enim uani uana figmenta in quaslibet formas, uultus, sexus, aetates auri argentique 1 25 3
uirginalis illustrat hospitium ibidemque in homine includit deum. utitur et figura et condicione mortali. iustitiam docet inmortalitatis esse 2 4 7
superest ut qui habent uxores, sic sint quasi non habentes; praeterit enim figura huius mundi. at cum ante annos ferme quadringentos uel eo amplius 2 7 5
praedicari, quia primo, antequam esset, quod se fieri uoluisset, tam figura quam oraculis frequentibus publicauit. igitur 'dei filius' ad 2 4 3
recordatione glorientur, quanto magis Christianus, in quo non est figura sed ueritas! quam ex rebus ipsis agnoscite pariter et probate. Iudaei 1 46b 1
cum alium noueris, alium certe misereris: discoloratur per momenta color, figura sua tollitur a natura, in obliquos horrores insani uertuntur orbes 1 2 6
capit plenitudo. interea promouent suum membra factorem et opus sui figura uestit artificem. parturit Maria non dolore, sed gaudio; nascitur sine 2 12 2
eadem sine ambiguitate a domino hic quoque *duorum denariorum* esse figura uestita, hac uidelicet ratione, quia in *thesauris suis* duos denarios 1 37 9
labor, gemitus, impietas, dolor, aegritudo, miseria; mortui quippe corpus figuramque illam florentissimam edax in aeternum terra delebat; animam 2 4 6
aduersus animam, nec uestrum frangat affectum, quod eius secretum figuramque nescitis; quam si propterea contemnitis, quia non uidetis, deum 2 4 17
obicit, donat, speciem proponit suam faciemque, in quas illi libuerit figuras, speculo conciliante semper incertam cotidie peregrinis coloribus 2 4 9
terrae gremio contineri se nosse praesumat? quis spiritus aerios, quis figuras uentorum, quis inter marinos aestus fluminum augmenta, quis 1 34 2
sexus, aetates auri argentique detrimento matris limae moderato dente figurata. quae est ergo ista dementia sacrificium nescientibus procurare, 1 25 3
sensibile atque intellegens; sumpto quippe *limo terrae hominem figurauit* eique animam, qua spiramus, infudit e proprio fonte spiritus sui. 2 4 4
dormit, qui huius somnium secretaque cognoscit. prophetia etenim semper figuris uariantibus loquitur, sed res una in omnibus inuenitur. igitur Iacob 1 37 1
per quam crucem euaserant Pharaonem. sed iterum *derelinquetur filia Sion* <...>. 1 61 8
ex tunc et a saeculis tu es. ubi hominem mixtum, sic prosequitur: *dicite filiae Sion: ecce rex tuus uenit tibi iustus et saluans, mitis, sedens* 2 5 2
amica, in ignibus frigida. sola fides praeferenda: hac nos, qui per fidem filii Abrahae facti sumus, in ipsius gremium peruenire credamus. 1 62 5
quoque uideretur, pari eum morte damnauit. coniunctionem autem tertii filii apud nurum per aetatem excusat deterritus, ne etiam ipse similiter 1 13 1
trepidatione, sed in doctrinae ratione consistit, sicut scriptum est: *uenite, filii, audite me; timorem domini docebo uos.* naturalis ergo non discitur, 2 2 1
lacrimae, ubi dolor, qui in humanis sensibus uersari consueuit? in tantis filii casibus laetatur et gaudet et se dominum promeruisse triumphat. 1 43 6
substantiam, uirtutem, deitatem, maiestatem uoluntatemque patris et filii contestans; duas acies, id est duo testamenta gerens, quorum regalibus 1 37 2
altior non sit? sin uero omni honorificentia deferentis patri uerba sunt filii, debetis agnoscere, quantis catenis uincta tenebrarum mens laboret 1 25 2
quae non pariebas, erumpe et clama, quae non parturis, quoniam multi filii desertae. ecce enim, carissimi, in Sarra attractis aetate neruis et, 1 59 3
caeca, quae cum in lege, ut dicere solet, sua legat ubique duas patris et filii designari personas, tamen nunc usque contendit deum filium non 2 8 1
significatione unica maiestatis et affectu indiuiduo pietatis, quia laus filii est patris et laus patris amborum. nunc sacrificii nostri proprietatem 1 25 8
ait: *ite ergo et docete omnes gentes intingentes eos in nomine patris et filii et spiritus sancti, docentes eos seruare omnia quaecumque praecepi* 1 37 7
numeri ab imminenti supplicio; ecclesia ipsa ueritate, in nomine patris et filii et spiritus sancti, non tantum diaboli praesentes ignes exstinguit, sed 1 13 13
quibus dominus sanctum per spiritum dicit: *ego dixi: dii estis et filii excelsi omnes, uos autem sicut homines moriemini.* sed et de Iohanne 1 37 11
communia humanitatis nomina, quae possunt argumentis attingi, patris et filii festinant nec intelligunt, quia in exordio carminis sacri deus deo sua 1 45 1
animae illorum; melior est enim unus timens dominum quam mille filii impii? cum haec ita sint, age uidua, quae sicut innocens uirgo nubere 2 7 5
lignum crucis amaritudine gentilitatis exclusa bibituri essemus? exaltati filii Israel, quando ad Iordanem securus ab Horeb accessit. quid cotidiana 1 61 8
putant, dispositioni subiaceat. remotis enim paulisper nominibus patris et filii non potest nosse, uter patiatur iniuriam, nisi quod ambo patiuntur, 1 54 1
indiscreta spiritus plenitudine nescio qua sua conscientia uelatum filii non sine affectu, sed sine discrimine amplectebatur. sed excogitatarum 1 56 1
suae sacrae mentis arcano insuspicabili ac soli sibi nota conscientia, filii non sine affectu, sed sine reuelamine amplectebatur. igitur ineffabilis 1 17 1
uidelicet nimio), hereditatem captat alter alterius; quod parentes filios, filii parentes oderunt; quod amicitia in facie adludit quam in cordibus 1 14 7
alter renitet in altero; cuiusuis gloria communis est honor, quia quod est filii, patris est, quod patris, amborum. laetatur pater in alio se, quem 1 56 1
deest ad ministerium gladius, ut pater esset pariter et sacerdos. consimilis filii quoque est ex diuina uoluntate securitas. qui cum hostiam prouidet, 1 59 6
hereditatem in regno dei et Christi, ostendens unum esse regnum patris et filii. recte igitur patri tradet regnum qui dixit in monitis *regnum* non stare 2 5 8
permitteris edocere. prima itaque natiuitas domini nostri in patris et filii tantum conscientia manet, nec quicquam habet interiectum neque 1 54 2
accedit, quod oramus cotidie, ut *adueniat regnum* patris, speramus et filii. uacat ergo praesentis temporis regimen utroque cessante actumque est 2 5 5
'profectus potius est iste quam mortuus.' in euangelio quoque Petrus filiique Zebedaei cum domino adstare fulgentes Moysen Eliamque, quos 1 2 9
quid pronuntiet, audiamus; cuius ista sunt uerba: *deminuerunt ueritates a filiis hominum. uana locuti sunt unusquisque ad proximum suum; labia* 2 9 2
exsequitur regia potestate; odientes se diligit; inimicis parcit; *parricidalibus filiis* ignoscit. persecutorem suum et, quod magis est, regem aliquotiens a 2 9 7
immolaret. eo ferro mactauit arietem, quo filium percutere iam parabat. a filio ad agnum transtulit dextram semper laetatus et gaudens nec mutatus 1 43 7
uindicari, quem pater plurimo dilexit affectu et, quantam pietatem dilecto filio amatus pater exhibuit, tantam laesus exigit ultionem, quia, cum uicem 1 61 5
uictima quam disponeret et immolaret, securus de fide generis sui pater filio, de quo non dubitabat, patefecit, quid a se dominus postulasset, et 1 43 5
maiestatis augustae, unito in lumine una dignitas retinetur. si quid enim filio detraxeris, ad patris, cuius habet totum, iniuriam pertinebit nec est in 2 5 10
et iterum: *pater, omnia mea tua sunt et tua omnia mea*, quia pater in filio et filius manet in patre; cui affectu, non condicione, caritate, non 2 5 9
plenitudine infusus est, ut sit *omnia in omnibus* deus benedictus, pater in filio, filius in patre, cum spiritu sancto. 2 5 10
sed magis ut deuotioni pareret, laetabatur hoc iussisse deum. de filio hostiam parat, festinat denique inplere sacrificium, ne mora faciat 1 43 4
et quod dictum est a patre uel dici potest, quia uerbum est filius, sine filio non est, et quod factum est a filio uel fieri potest, sine dignatione 1 45 3
scriptura diuina cum de dei loquitur filio, non sibi repugnat, sed inter deum hominemque, quem sumpsit, 2 5 1
caelestibus iungis arcana. tu diuina custodis. tu in patre imperas. tu tibi in filio obtemperas. tu in spiritu sancto exsultas. tu cum in tribus una sis, 1 36 32
tuaque natura opinaris prouisionis piae diuina mysteria? si minus sentis de filio, quia regnum traditur patri, maior patris iniuria est, si est aliquando 2 5 5
sustinere. cum imperat pater orbem fieri, opus cum dicto completur a filio. quomodo autem, quantus aut qualis fieri debeat, nemo praecipit, 1 56 2
recusabat mortem, quam deus qui uitam dederat imperabat. laetatur pater filio quoque gaudente et cum gaudio unici pignoris alligat manus, quas ille 1 43 5
itaque hic, carissimi, impietatis abominanda suspicio: Abraham dominum filio, sacerdotem praetulit patri, nec pium se credidit, nisi probasset 1 59 7
solus deus doluit, qui aliam uictimam procurauit; nam Abraham cum filio sic probatus a deo est, ut non postulans misericordiam mereretur. 1 43 7
Selom. hic mulierem, cuius nomen est Thamar, accepit uxorem maiori filio suo. qui filius cum maligne domini ante faciem uersaretur, scriptura 1 13 1
nulla humanae curiositatis calumnia commoueris. a paterno fonte in filio tota refunderis et tamen, tota ubi refunderis, nec recedis. recte deus 1 36 32
dixit deus, mihi fieri sacrificium, Abraham, tuis manibus in monte de filio tuo; haec mihi uictima placet, hoc me sanguine deplacabis, iste meis 1 43 3
dici potest, quia uerbum est filius, sine filio non est, et quod factum est a filio uel fieri potest, sine dignatione paterna non est, quia filius sine patre 1 45 3
expugnare naturam; haec libidinis mercedem uel maxime parentum, filiorum, maritorum uxorumque in mortibus posuit; haec nomina pietatis 1 1 8
Eliae alimenta poscenti memorabilem uiduam ultimam uictus sui filiorumque substantiam non partitam, sed totam dedisse maluisseque se 2 1 20
proximi uel amici sunt nobis. huius est munus, quod diligimus seruos ut filios ac nos illi colunt libenter ut dominos. huius est munus, ut, non 1 36 14
increpatione confutat. caelum terramque testes citat, ut exaggeret crimen; filios appellat, ut abdicatio, exaltatos, ut ruina timeatur, spretores sui, ut 1 20
terramque: terram, in qua uniuersa geruntur, caelum, sub quo geruntur. filios appellat, ut exaggeret crimen; exaltatos, ut ingratos ostendat. bouem 2 21
patriarcharum patrumque typus erat, qui ob iustitiam dei omnes homines filios computabant. igitur Her primitiuus filius primitiuus est populus, id 1 13 4
tantis nihil se profecisse cognoscit, omnem impietatis suae rabiem in filios eius effundit. nam cum solito more unanimes una epularentur in 1 15 4
(amore uidelicet nimio), hereditatem captat alter alterius; quod parentes filios, filii parentes oderunt; quod amicitia in facie adludit quam in 1 14 7
amore nostro neglexit pauperemque se fecit, ut nos diuites faceret. Iob filios furens diabolus interemit; et domini filios prophetas insanus populus 1 15 8
audi, caelum, et percipe auribus, terra, quoniam dominus locutus est: filios genui et exaltaui, ipsi autem me spreuerunt. grandem Iudaicae gentis 1 61 1
de hominibus dixisse quam dulce est! talem patrem laesisse quam turpe! *filios genui et exaltaui*: utique filios Israel dominus genuit, qui Abraham, 1 61 7
est ipse testatus dicens: *omnia mihi tradita sunt a patre meo.* Iob uicarios filios genuit; dominus quoque post prophetas filios sanctos apostolos 1 15 9
quid sint, quibus in tam solemnibus uotis saepe contingit, ut nec filios habeant nec maritos. talis est etiam causa maritorum, ad quos aliquid 2 7 10
clarior pulchritudine, morum quoque clarissimus probitate, fuit inter filios Iacob aetate minor, sed spiritu maior. hic inuidae germanitatis 1 1 15
illa sublimitas humanam mediocritatem aut caram habeat aut dilectam? *filios*, inquit, *genui*: hoc dominum de hominibus dixisse quam dulce est! 1 61 7
admonebat. proprium enim dei est scire transacta et nosse uentura. *filios*, inquit, *genui et exaltaui*. infinita Iudaei infidelitate sua apud 1 61 5
audientibus Christus dominus esset ab apostolis et gentibus audiendus. *filios*, inquit, *genui et exaltaui*. haec domini uox est, qua iam tunc per 1 61 5

ex eorum respiratione cognoscis, quantorum malo ille constat ornatus. 'filios, inquit, habeo, quos nudare non debeo.' ista et infidelitatis est 2 1 20
est! talem patrem laesisse quam turpe! *filios genui et exaltaui*: utique filios Israel dominus genuit, qui Abraham, unde nascerentur, elegit. hos in 1 61 7
fac tibi cultellos petrinos nimis acutos et adside et circumcide secundo filios Israel.' uideamus nunc ergo, fratres carissimi, secunda illa 1 3 14
quae spe succincta futurorum Antiocho saeuiente libenter semel septem filios non dicam extulit, sed ipsa potius feliciter suis hortamentis occidit, 1 2 13
fecit, ut nos diuites faceret. Iob filios furens diabolus interemit; et domini filios prophetas insanus populus Pharisaeus occidit. Iob ulceribus 1 15 8
a patre meo. Iob uicarios filios genuit; dominus quoque post prophetas filios sanctos apostolos procreauit. Iob beatus quieuit in pace; dominus 1 15 9
sed ipsa potius feliciter suis hortamentis occidit, religiose confidens deo filios se genuisse, non mundo. hinc uxor amissi mariti desolationem se 1 2 13
adulantes uiuis, mortuis suspirantes, nunc odientes ueteres, nunc nouos filios similiter et maritos? at e diuerso ipsae aestiment, quid sint, quibus in 2 7 10
esse quam sibi; quod parentes opulenti abolita sui nominis sanctitate filios suos non sine utriusque dedecore patiuntur errare stipi triuiali 1 5 6
quae interficis prophetas et lapidas missos ad te, quotiens uolui colligere filios tuos sicut gallina pullos suos sub alas et noluisti? ecce remittetur 2 6 3
confutat. humana sentienti nundinari deterius quam puniri. denique filios uocat, ut abdicatio timeatur; exaltatos, ut ruina terrori sit; spretores, 1 30
si utilis esse desideras, sicut ille Abraham, deum plus debes amare quam filios, ut habere merearis integros, incolumes ac beatos. stulta autem res est 2 1 21
fidelitatis suae lucra offerentem sibi suum seruum iudicat, sed honorat ut filium. alterum uero, quem uenena conterentem, in adulterio, in homicidio, 1 35 8
enim, fratres, his poterat indigere, quae accipere in uterum meruerat filium animarum omnium saluatorem. o magnum sacramentum! Maria 1 54 4
laetitia, quod aetatis inbecillitas desperauit. nouus sane parentum circa filium crescit affectus, qui ex promissione certior, ex tarditate dulcior, ex 1 59 5
generis signaculo responderet, neque Dauid filius esset neque nisi in filium Dauid Christus uenire potuisset; qui ideo circumcisus est, quia 1 3 18
quem conpetenter sequitur Virgo praenuntians Libram, ut nosceremus per filium dei, qui incarnatus processit ex uirgine, aequitatem iustitiamque 1 38 5
ceterum illa fuit uirgo post connubium, uirgo post conceptum, uirgo post filium. denique si esset aliquid uirginitate melius, dei filius hoc magis 2 7 4
deo, quod *contra spem* acceperat a deo. igitur Isaac sibi dulcissimum filium, deo uictimam dulciorem contemnit, ut seruet, destinat iugulare, ne 1 4 13
enim res et fecit et facit, ut Iudaeus et Iudaeo deterior Christianus dei filium deum esse non credant. quos uellem adesse paulisper auremque 1 25 1
esse, non natum. alia modestius, sed mordacius nocens dicit quidem dei filium deum, sed non ex patre nobilitatis perpetuitate progenitum fuisseque 2 8 1
expauit. sacrificium domini non dimittitur, sed mutatur. melius seruauit filium, dum non pepercit. sola enim fides deambulat inter gladios tuta, 1 62 5
hoc dabit deus uobis signum: ecce uirgo in utero accipiet et pariet filium et uocabis nomen eius Emmanuel. butyrum et mel manducabit, 2 8 7
uidebitis caelum apertum et angelos dei ascendentes et descendentes super filium hominis, sicut et factum est, euangelista dicente: *tunc reliquit eum* 1 37 13
ecce carissimi, ut ait apostolus, *contra spem* natum Abraham ad aram filium immolaturus domino auctore perducit nec deest ad ministerium 1 59 6
in deum; hic pater, qui suo manente integro statu totum se reciprocauit in filium, ne quid sibimet derogaret. denique alter in altero exsultat cum 1 7 4
Abraham patriarcha noster exploratus a deo in senectute suscepit unicum filium. nihil tam sollicitum patri, cuius aetas in annis uergentibus in 1 43 1
aut sacrilegum fecerat, si contemneret deum, aut crudelem, si occideret filium, nisi quadam singulari ac uere diuina patientia inter religionem 1 4 13
duas patris et filii designari personas, tamen nunc usque contendit deum filium non habere. quibus omnibus exempla uel ratio, quam prosecuturi 2 8 1
quasi ex transuerso in unam fidem concurrentia crucifigi habuisse dei filium nuntiabant; quem confirmat in scala rectissime positum, quia 1 37 8
in qua beatus manens in sempiternum omnibus, quae habet, habentem filium paria procreauit, qui est deus benedictus in saecula saeculorum. 1 17 2
uictimam, quam innocens immolaret. eo ferro mactauit arietem, quo filium percutere iam parabat. a filio ad agnum transtulit dextram semper 1 43 7
tanta de eorum offensione futura uindicta est. certum est enim in eum filium, posteaquam deliquit, granditer uindicari, quem pater plurimo dilexit 1 61 5
ornauit, cum sub incerto affectionis uocabulo pietas nutaret et, cum filium proferret uterus, nepotem senectus optaret. ita denique dissensione 1 59 4
est, donans matri quod natus. quae principaliter stupet talem sibi filium prouenisse, qui ex se natus non crederetur, nisi, sicut fuit uirgo 2 12 2
fidem, carissimi, auctorem habemus, sanctum uidelicet Abraham, qui filium quondam Isaac habuit: simplex quidem uocabulum, sed multiplex 1 59 1
ac per hoc solum interest, quod soli se sciunt. denique apud Esaiam ad filium *sic dicit dominus deus sabaoth: fatigata est Aegyptus et mercatus* 2 8 5
litteram fingunt, id est sacrae legis duobus edictis unum Christum dei filium spiritali temperamento conscribunt. quae sine se utilia esse non 1 37 4
secundum quod deus suos promiserat per prophetas, filium suum saluatorem generi humano se esse missurum commodum, 2 12 1
commutata: cum tanta laetitia arietem obtulit, cum quanta obtulerat et filium; ubi enim fides fuit, non erat dolor. in illo sacrificio solus deus 1 43 7
est nihil. uideamus nunc, optime Christiane, quemadmodum inter patrem filiumque tempus infulcias: si enim tempori, non sibi, debent, quod est 2 8 5
fieri uoluisset, tam figura quam oraculis frequentibus publicauit. igitur 'dei filius' ad ineffabilem originem pertinet, 'hominis' ad sacramentum. cuius 2 4 3
meruit procreari atque in ultimis uitae curriculis Sarrae uterum filius aperuit primo uocabulo, cui iam auiae reuerentiam senectus 1 59 1
ex ore, ut rerum natura, quae non erat, fingeretur, prodiuit unigenitus filius, cordis eius nobilis inquilinus exinde uisibilis necessario effectus, quia 1 50
mulierem, cuius nomen est Thamar, accepit uxorem maiori filio suo. qui filius cum maligne domini ante faciem uersaretur, scriptura teste a deo 1 13 1
uitulum laniat. post haec promittitur ei de legitimo matrimonio filius de fide, non de aetate. concepit Sarra, portat sine labore uteri 1 62 2
totum. haec cum diu sic haberentur, sollertissimus ille artifex rerum filius dei, cuius sapientia non habet finem nec fortitudo mensuram, amore 2 4 7
tantam laesus exigit ultionem, quia, cum uicem non reddidit patri dilectus filius, dignam sententiam percipit abdicatus. cuius enim impietas paterno 1 61 5
expungit apophoreta, deus et dominus noster Iesus Christus dei filius dulcia, sicut prior, qui hoc prandio pastus est ante nos, dicit: *quam* 1 24 4
Sarra uxor eius non inferior longae uitae transactis cursibus †pius aut filius ederit partus effusione perciperet†. sed utrisque <aetas> ademerat 1 43 1
Christo ueniente baptismatis spiritali unda in gremio renatus ecclesiae filius eius futurus fuerat, non maritus. Iudas amittit uxorem, id est 1 13 7
canebatur; qui nisi paterno generis signaculo responderet, neque Dauid filius esset neque nisi in filium Dauid Christus uenire potuisset; qui ideo 1 3 18
hominum praestari potuisset. eo accedit, quod secundum carnem Dauid filius futurus esse canebatur; qui nisi paterno generis signaculo responderet, 1 3 18
ascenditur in montem. omni mysterio sacrificioque disposito ductus filius gaudens gaudente patre, patris dextra feriendus. qui antequam ueniret 1 43 4
est possit esse quod non est. hic est deus noster aeterni dei coaeternus filius. hic *et homo et deus,* quia *inter* patrem hominesque adstitit *medius,* 2 12 4
uirgo post filium. denique si esset aliquid uirginitate melius, dei filius hoc magis potuerat suae matri praestare, cui praestitit, ut rediuiuae 2 7 4
non inquit: 'fac ad tuam', sed ait: *faciamus ad nostram*, ne quam filius hominem induturus pati uideretur iniuriam. uidetisne, fratres 1 45 1
scriptum est enim: *nemo ascendit in caelum, nisi qui de caelo descendit, filius hominis, qui erat in caelo.* quomodo filius hominis uel cuius hominis 2 4 2
caelo, de caelo descendit; *qui descendit, ipse est et qui ascendit* in caelum, filius hominis, qui erat in caelo; filius hominis uocabulo, non natura. non 2 4 3
nisi qui de caelo descendit, filius hominis, qui erat in caelo. quomodo filius hominis uel cuius hominis nasci posset in caelo, ut de caelo 2 4 2
ipse est et qui ascendit in caelum, filius hominis, qui erat in caelo; filius hominis uocabulo, non natura. non enim bis carnem induit dominus. 2 4 3
uetus est. punctis omnibus commutatur, non natura, sed numero. fit filius horarum, qui pater est omnium saeculorum. hic est dies, fratres, quo 1 16 1
infusus est, ut sit *omnia in omnibus* deus benedictus, pater in filio, filius in patre, cum spiritu sancto. 2 5 10
iterum: *pater, omnia mea tua sunt et tua omnia mea*, quia pater in filio et filius manet in patre; cui affectu, non condicione, caritate, non necessitate, 2 5 9
tanti partus pondere exhausta totis pallens iacuit resoluta uisceribus. non filius matris aut suis est ullis sordibus delibutus; neque enim re uera 1 54 4
dementis est opinari. namque temperat se propter rerum naturam filius, ne exsertae maiestatis dominum non possit mundi istius mediocritas 1 56 2
quod habeat perditurus, cum et pater quod accepturus est habeat et filius non careat quod daturus. totum pater, totum possidet filius; unius est 2 5 9
uestit artificem. parturit Maria non dolore, sed gaudio; nascitur sine patre filius, non totus matris, sibi debens quod conceptus est, donans matri quod 2 12 2
tuum est, quod, cum occiditur ab hominibus deus omnipotentis dei filius, nullus irascitur de duobus. tu populi caelestis animam tenes, cum 1 36 29
unum sumus. unde non diminutiua, sed religiosa, ut dixi, subiectione est filius patri subiectus, cum quo originalis perpetuique regni una possessio, 2 5 10
ob iustitiam dei omnes homines filios computabant. igitur Her primitiuus filius primitiuus est populus, id est hemithei omnes potentissimi et reges, 1 13 4
non esse praeconat. etenim plerumque contingit, ut ei nascatur sabbatis filius, quem octauo die, id est ueniente sabbato, si non secundum legem 1 3 3
in qua locum qualiscumque non inuenit excusatio; detestabilis certe filius, quem pater pius, quem pater damnat inuitus. 1 20
sacrificia procurate, quae sanctus spiritus libenter offerat, pater probet, filius, qui magister est noster, probata glorietur per eundem, qui est 1 25 13
non studio noscendae, sed frustrandae ueritatis, quotiens deus dei filius, qui patris maxima est gloria, aequalis patri a catholicis praedicatur. 1 45 1
exemplo adolescentulas quoque perire compellunt. quis has diligat filius, quis maritus, confundentes sanguinis iura, delentes merita 2 7 10
uim retulerunt, in cuius perpetuitate commanens in aeternum a patre filius regnum nec accepit aliquando nec posuit; semper enim cum ipso 2 5 8
quamuis et quod dictum est a patre uel dici potest, quia uerbum est filius, sine filio non est, et quod factum est a filio uel fieri potest, sine 1 45 3
factum est a filio uel fieri potest, sine dignatione paterna non est, quia filius sine patre non est, ipso dicente: *si non facio facta patris, nolite mihi* 1 45 3
infans, qui post haec Abraham sacratam deo approbat mentem. unicus ille filius solliciti senis adhuc paruulus, cui pietas et miseratio maior debetur, 1 43 3
difficile est fidei, quae tantum habet, quantum credit. igitur Isaac unicus filius, spes populorum et gentium, origo tot rerum, cari genitoris 1 62 3
oraculis prodita, ita inuenimus esse completam. etenim deus dei filius tempore constituto dissimulata interim maiestate ab aetheria sede 1 54 3
sic sentiendum est, fratres, ut pater accepturus sit quod non habuerit aut filius tradendo quod habeat perditurus, cum et pater quod accepturus est 2 5 9
meminerat, ut patrem se esse nesciret! quid est pater? ecce sub oculis iacet filius uinculis adstrictus. ubi sunt lacrimae, ubi dolor, qui in humanis 1 43 6
est, qui est excelsus in excelsis, humilis in terris, saeculorum genitor, filius uirginis, immortalis sibi, homini moriturus; mortem gustat, ut 2 5 3
est habeat et filius non careat quod daturus. totum pater, totum possidet filius; unius est quod amborum est; quod unus possidet, singulorum, 2 5 9
alias aequalis in omnibus patri. quicquid enim pater praecepit, ut fieret, filius, utpote *dei uirtus deique sapientia*, omnia illa opere mirifico eius cum 1 50
dubium quippe cum non sit unum hominem tantum e limo terrae a deo finctum eique eius ex latere mulierem coniugale solamen excussam, a 2 4 1
demonstrante nubis columna per diem, eadem ignis quoque per noctem. finditur mare et dextra laeuaque in abruptum digestis aggeribus stupens 2 26 1
exiguum et cum taedio est tempus uitae nostrae et non est refrigerium in fine hominis et non est qui agnitus sit reuersus ab inferis, quia ex nihilo 2 4 10
fides, in secreto pudicitia, in primo innocentia, aequitas in medio, in fine patientia. pax colligit, caritas ligat, sollicitudo custodit, iustitia 2 6 9
progenies antecedit sequiturque tempora et saecula infinita. parit sibi de fine principium et tamen a cunis genitalibus non recedit. profecto 1 57
quae sequitur tempora et, ut saecula colligenda disseminet, parit sibi de fine principium. hic est, quo similiter, uerum tamen semel, amore hominis 2 19 1
quae sequitur tempora et saecula infinita disseminat. parit sibi de fine principium, hoc nostris quoque hodie competentibus praestaturus, quos 1 44 2
procurrens atque recurrens, solemni meta rotatus in sese, proferens sibi de fine principium, natalicia infinita de occasu dies sempiternus eluxit; quo 1 33 1
reuiuescens, menstrualis ignis solemni germine accenso sumat rursus de fine principium. similiter Phoenix auis illa pretiosa resurrectionis euidenter 1 2 19
est enim libido profunda, cupiditas caeca, tempestas insana, rapacitas sine fine, sollicitudo sine requie, ad sua numquam perueniens uota, quia satiari 1 21

fideliter obtemperat incoactus, innocenter uiuit, iustitiam percolit, sine fine studet timere, ne quid praeter deum, quem diligit, timeat. denique 2 2 4
doctrina uterentur neque adtenderent fabulis et genealogiis, quae sine fine sunt, quae magis quaestiones praestant quam ueram rationem dei, quae 2 3 17
sollertissimus ille artifex rerum filius dei, cuius sapientia non habet finem nec fortitudo mensuram, amore imaginis suae de caelo descendit, 2 4 7
est, caritas omnium; adde quod spes ac fides tempus habent, caritas autem finem non habet, momentis omnibus crescit quantoque ab ea diligentibus 1 36 11
profecisse, inscriptio ipsa tituli psalmi lecti declarat; sic enim se habet: *in finem pro his qui immutabuntur.* Iudaicus etenim populus, qui prior uinea 2 11 1
terras angustant, urgent saltibus saltus et, si orbem totum possideant, fines oderunt. inlicitum putant habere uicinum. construunt praedia, 1 5 8
melior, quod etiam fallaces testimonium perhibent ueritati! cur autem fingant nomina, quorum est confessio in ceteris uera, aut qua ratione isto 1 2 7
secreti sui solus conscius; cuius ex ore, ut rerum natura, quae non erat, fingeretur, prodiuit unigenitus filius, cordis eius nobilis inquilinus exinde 1 50
quod erat meditatur esse quod non erat. mixtus itaque humanae carni se fingit infantem. Mariae superbus emicat uenter, non munere coniugali, sed 1 54 3
excepit, quia, sicut est detestabilis qui, cum sit homo, deum se fingit, ita detestabilior qui deum colit, quem ipse disposuit. Selom autem 1 13 6
habebat. igitur orbe perfecto postremus digito dei manuque e limo terrae fingitur homo. construitur mobile totumque se nesciens simulacrum et, ut 1 56 3
indiuiduae dealitatis! unus homo ad duorum imaginem et similitudinem fingitur nec tamen in eo, quid cuius sit, inuenitur. si igitur in opere 1 45 2
recte testamenta sunt duo, quae similiter duobus capitibus unam litteram fingunt, id est sacrae legis duobus edictis unum Christum dei filium 1 37 4
per alium locutus sit mortuus ille, quem noueris. at dicis: 'hoc daemones fingunt'. o probatio melior, quod etiam fallaces testimonium perhibent 1 2 7
sit maior ignores. est autem similis igni arida pabula depascenti, quae nisi finiat non finitur. hanc mediocres fraudibus excolunt, diuites inpotentia, 1 14 1
neque tantam in multiplicandis uirtutibus laudem ponis, quantam in finiendis. tu uirginitati praestas, ne flos eius ullo morbo, ullo tempore 1 4 20
in tormenta morientis cum homine aduenticium uulnus inquilino uulnere finiretur. at Iob cunctis uiribus aduersae partis exspectatione placida 1 4 18
perstat uiuus, parte sui corporis iam sepultus. o dignus gloriosi exitus finis! ascensurus altitudinem caeli corporis sui inpedimenta praemittit et 1 39 9
tradit; ipsa est sibi uterque sexus, ipsa omnis affectus, ipsa genus, ipsa finis, ipsa principium; non ex coitu nascitur nec officio alieno nutritur; non 1 2 20
ne phantasma putaretur, edicta legis uniuersa complere. non enim aut *finis legis* aut uerus Christus esse potuisset, si quid praetermitteret, quod 1 3 17
sumus et post hoc erimus tamquam qui non fuerimus; et non est reuersio finis nostrae, quoniam consignata est et nemo reuertitur; et infra: *uenite* 2 4 10
sui et regnabit super domum Iacob in saecula et regni eius non erit finis. Salomon in Sapientia similiter dicit, cum de eius loquitur seruis: *et si* 2 5 6
cotidie nascitur eademque die qua nascitur moritur nec tamen instantis finis sorte terretur, suos ut repigret cursus, ut horas ac momenta producat, 1 2 18
sibi, insuper ei poenas gehennae paritura. tunc carnalis mimus ille finitur exsanguique nihil iam suffragantia tota illa ornamenta medentur, 2 4 16
ignores. est autem similis igni arida pabula depascenti, quae nisi finiat non finitur. hanc mediocres fraudibus excolunt, diuites inpotentia, iudices 1 14 1
quattuor temporum munera expungens. denique competentibus nostris finitur hiems hodie peccatorum. oleo confecto laetabuntur. hodie eos etiam 2 13
terra uero hominem idolumque significat, quia et *hominem deus de terra finxit* et homo idolum de terra composuit. *semen* ergo *suum fudit in* 1 13 6
domina praerogat munera. exsultate, seniores: uos estis huius operis firmamenta. exsultate, iuuenes: uos estis lapidibus adamantinis meliores. 2 6 10
perennitatis gloriam fructu populoso tenturum, hoc hactenus Paulo firmante: *stulte, tu quod seminas non uiuificatur, nisi mortuum fuerit,* et 1 2 22
et naturae contra opinionem nato angelus Isaac nomen imposuit, ut firmaret laetitia, quod aetatis inbecillitas desperauit. nouus sane parentum 1 59 5
est domini passione: caelum medio die perdidit diem, terra tremore nimio firmitatem. hinc aestimare licet, quid eis sit reseruatum, quorum in causa 1 47
sit, non potest nosci aut comprehendi, quia non erit nec proprium nec firmum, quod habet statum semper incertum, quippe cum unius electio sit 2 3 7
nemo considerat condicionem fragilitatis humanae, nemo hostem, nemo fiscum, nemo latronem, nemo domesticum, qui cognitione secreti est 1 5 15
dicens: *lingua mea calamus scribae uelociter scribentis.* calamus fissus est, fratres, duosque uertices gerit in unius acuminis tenuitate 1 37 4
et caelestis origo seminibus), scilicet spiritus sancti conceptione, insita fit ante fecunda, ut, cum dissolutionis eius ac legitimae reparationis tempus 1 2 26
spem autem est, quod impossibile est ac non uidetur; sed possibile hac spe fit, cum dei dicto indubitanter ac fortiter creditur. dicit enim dominus: 1 36 5
omnibus uetus est. punctis omnibus commutatur, non natura, sed numero. fit filius horarum, qui pater est omnium saeculorum. hic est dies, fratres, 1 16 1
undique mortis incumbit. nonne statim illa, quae erat domina uoluptatum, fit praeda morborum? postremo iacentes reliquias mors uindicat sibi, 2 4 16
ipsum ei condigne reddemus, quia facta commutatione quod eius est fit pro partibus nostris. sequens est, ut etiam proximos eo affectu, quo nos 1 36 21
semper. denique ad sua numquam peruenit uota. quantum fuerit auctior, fit tanto miserior: expers otii, expers satietatis, per fas atque nefas, artibus 1 5 2
nasceris, sed bono puritatis uoluntatem ipsam paris, quia uoluntas fit uoluptas postmodum tua, cum per eam cotidie tricenos, sexagenos 1 1 20
facit, quia *praui* bonique *notitiam* gerit, quod est utique sapientis. unde fit, *ut numquam iustus possit esse qui stultus est neque sapiens qui fuerit* 2 1 10
uocabulum est unum, sed accedente ratione timor discernitur a timore. fiunt enim duo: unus dei, alter qui naturae sit; naturae in homine nascitur, 2 2 1
procurabitis, quo sumptu, quibus uasis quibusue ministris? at si descrete fiunt ista, nihil prodest. ex uno enim proficiscendo et in unum remeando si 2 7 14
ubi sub crebrescentibus morbis ipsa necessitate etiam inpudicorum pudica fiunt membra. age nunc, eius aemulae rabiem breuiter etiam ex ratione 1 1 5
enim proficiscendo et in unum remeando si non confusione, uel errore fiunt una. quid, quod illius sacrificium publicum est, tuum secretum? illius 2 7 14
ignibus subicere aut parricidali gladio iugulare; hic Ioseph mulieri flagitat esse uiolentum, quem, etiam dum denudat, esse non inuenit 1 36 26
de amoris comparatione duarum contrariarum sibimet partium iudicium flagitatur. ambiguitas enim nisi fuerit discussa, iure non potest mereri 1 35 6
fides si inlibata teneatur. unde rem paucis expediam. omnis caro quam diu flagitiosis illecebris huius mundi ac tenebris feralibus agitatur, profecto 1 2 25
etsi beata diuersis uita uirtutibus quaeritur, cuius cupidine flagrans humanitas per momenta suspirat, tamen omnes uno eodemque 1 4 1
quippe uesana per populos hominumque lubricas mentes libidinum flagrantibus stimulis praecipitat in furorem, non sexui parcens, non aetati, 1 1 6
lasciui cursus ambagibus carpit pensa mundana. at ubi matura aureo igne flagrantis luciflui aurigae par laboribus fratris angusti circuli argenteum 1 2 19
mutat officium: incensores cremantur, incensis hymnum canentibus flamma blanditur. deus a creatura uniuersa benedicitur. in tribus una 2 27
gemat terra sub pondere argenti, auro ardens tota domus pugnet sua flamma cum sole honorumque exinanitus a te gradus non inueniat quod 1 5 10
nefas libenter admittit, cuius praecordia inplacabilis cupiditas pestifera flamma repleuerit. sed haec non ad uos, fratres, quorum largitas prouinciis 1 14 7
propter quem praecipitantur inueniunt. denique excipiuntur non flamma, sed rore, dei dignatione, non poena. o felix supplicium, quod 2 22
esse uirginitatis incenditur manus. qua tacto infante statim edax illa flamma sopitur sicque illa medica feliciter curiosa diu admirata mulierem 1 54 5
ignis ardentis, hos deuote cupidus ignis excepit. lambunt roscidos flammae blandientes. mira res: opacitas intus, incendium foris est; intus 1 53 2
pinguibus conductas nubibus tenebras crebrae micantes curuis ignibus flammae intercepti diei lumen inconstanter assimulant, cum ardent *plura* 2 2 3
in paucis expediam. stellae praecipites labuntur e caelo et a tergo longo flammarum albescentium tractu funereae facis solemnitate in occasus suos 1 2 17
qui cognitione secreti est omnium peior, nemo imminentes diei iudicii flammas, per quas omnes nudi transituri sumus. solum colitur, de quo 1 5 15
tres pueri in illo sacro certamine prae oculis deum sibi proposuere, non flammas, praemium futuri, non poenam. sicque inter taetros undantis 1 11
horresco, mox deinde eorum particeps optauerim fieri, cum cognosco inter flammas rosculentos hymnum deo cecinisse securos. tanta est enim fidei 1 31
si es autem sumptura remedium, dubium non est hoc esse solum, ut flammas tuas maritalis gladii contemplatione compescas. mihi crede: non 2 7 9
ecce pueri sacramento muniti tres numero, sed una uirtute, anhelantibus flammis, camino rugiente non laeduntur. incensi hymnum canunt. 2 15
hospitum terga depopulabantur, e caelo imber fusus a domino flammis et sulphure armatus poenali procella deleuit? Iudaei contionibus 1 4 10
rem sacramento gestam esse cognosce. in caminum missi ut submersi sunt flammis, statim sibilo roris incendia temperantur. mors refugiens mutat 2 27
nauem Tarsos petiturus ascendit, cum subito compugnantium uentorum flatu uiolento lacessitum fremit mare sollicitique gurgitis praeruptorum 1 34 5
onerare temptauerit; uel cum amissis gubernaculis inter conpugnantes flatus ac fluctus gemens parturit carina naufragium. inter haec omnia 2 2 2
fluctibus, quibus cogitur, refrenatur. haec germinantibus pratis, messibus flauis, uitibus curuis, semipallidis oliuis et felicitatem praestat et gratiam, 1 4 6
delicata, sub monilibus fortis. denique ipso cultus rigore in oratione non flecteris, non manus tendis, tumidum monilibus pectus prosternere 1 14 6
obsequium nemo ante fletibus rigat, ne pater dubitasse uideretur, si flesset. deuotus sic stricto uultu puerum ducit ad aram, stringit gladium 1 62 4
liuentia stridit, intorta omnia passim membra tremore uibrantur; gemit, flet, denuntiatum pauet iudicii diem pellique se plangit, confitetur sexum, 1 2 6
nemo plangit uiuas exsequias et innocentis hominis obsequium nemo ante fletibus rigat, ne pater dubitasse uideretur, si flesset. deuotus sic stricto 1 62 4
crinium suorum damno cooperiens; miserandis affatibus in uberiores fletus incendit etiam eos, quos causa non tangit, tanto ambitiosior in 1 2 14
excolis crinem; odorato puluere luctus puluerem mutas; in stibio fletus includis; ornamento ligas quod suspendio uoueras collum; ab speculo 2 7 8
sed deo promittente susceptus in transacta aetate et generantis genitalis flore consumpto non tam ex parentibus quam diuina praeceptione meruit 1 59 1
populus, qui prior uinea dei dictus est, floruit quidem, sed infeliciter flore discusso nullos potuit fructus afferre. denique pro fructibus spinas 2 11 1
sunt rapinarum. oculos inpudenter extollit, quorum lenocinio mundus in flore est. intonat lingua, caret quae numquam ueneno serpentis, et, quod 2 9 9
itaque in statu, quo nata es, permanens, uirgo, gloriare sanctique pudoris florem nulli legi subiecta fidei thesaurum custodi. esto sancta et corpore et 2 7 4
atque opulentissimum censum uno momento disperdit cohortemque florentissimam dulcium liberorum atrocissimo impulsu, tectis parietum 1 4 18
impietas, dolor, aegritudo, miseria; mortui quippe corpus figuramque illam florentissimam edax in aeternum terra delebat; animam quoque feralibus 2 4 6
aetheriae gentes, exsultate, nouella pignora in Christo, florentissimique hodierni spiritalis ortus uestri candorem, ne quo pacto 1 38 1
olim disposuerat complendum latenter adsumit. namque requiescit libens florentissimo in domicilio castitatis et in uisceribus sacrae uirginis 2 12 1
beata *spirantes* fide diuerso charismate, sed una natiuitate ecclesiae flores clarissimi ac dulces nostri funduntur infantes. aestas autem fidelis est 1 33 2
oleo confecto laetabuntur. hodie eos etiam uer arridens diuersos in flores diuerso charismate redditurum, cum salubri unda perfusi, limpidae 2 13
bona magnificent patrem uestrum, qui est in caelis. itaque, dulcissimi flores mei, talia sacrificia procurate, quae sanctus spiritus libenter offerat, 1 25 13
conuolutae hiemis tristitudine, nouo uento Fauonio blandiente, diuersis floribus genere colore pariter et odore una natiuitate diffusis germinantia 1 33 1
lignum. o res uere miranda! cotidie aedificatur et cotidie dedicatur; floribus perpetuis ac diuersis gemmis, lapidibus, margaritis per momenta 2 6 7
tota distincta, conuiuiorum celebritate iucunda, uino madida, gemmis seu floribus redimita, oculorum iocorumque festiuitate lasciua, auaritia caeca, 2 4 9
cohaeretis. exsultate, uirgines: omnem istam celebritatem honore uestri floris ornatis. exsultate, diuites, praerogationibus crebris et iustis ueri 2 6 10
quia nescit ornari. haec uariis unguentis et odoribus fragrat; illa unici floris sui quouis prato iucundioris caelum ipsum honore laeto respirat. 2 7 3
immutabuntur. Iudaicus etenim populus, qui prior uinea dei dictus est, floruit quidem, sed infeliciter flore discusso nullos potuit fructus afferre. 2 11 1
uirtutibus laudem ponis, quantam in finiendis. tu uirginitati praestas, ne flos eius ullo morbo, ullo tempore deflorescat. tu uariarum semper in 1 4 20
scriptum quippe cum noueris: *omnis caro fenum et gloria eius sicut flos feni*? cuius si curam geris, pecuinam te esse cognoscis. an eius 2 4 15
celeriter; uino pretioso et unguentis nos impleamus et non praetereat nos flos temporis. coronemus nos rosis, antequam marcescant. nullum pratum 2 4 10
cognoscens ac uiolare deuitans mira patientia in se frangitur, his denique fluctibus, quibus cogitur, refrenatur. haec germinantibus pratis, messibus 1 4 5

crucem, somnus uero passionem. mare autem mundus est iste tumidus; fluctus eius Iudaeorum populos et *gentes* accipimus, qui aduersus deum 1 34 8
temptauerit; uel cum amissis gubernaculis inter conpugnantes flatus ac fluctus gemens parturit carina naufragium. inter haec omnia deterior est 2 2 2
prandio satur nec Ionas inter aestuantes procellas sollicitique maris fluctus insanos tutior piscis aluo quam alueo nauis nec tres pueri, quo 2 18 1
in semet contra se obnixam stupidam pependisse naturam; uiam inter fluctus micuisse terrenam, quae utique non caelestis populi meritum, sed 1 18 1
inducitur in uiam Israel ingratus, in qua nec gladios possit timere nec fluctus. mira res! medio puluerulentus exsultat in profundo, qui circa se 1 29 2
carnem; haec duo inuicem aduersantur sibi. hinc caro tota deliciis fluens, uariis temporum redimita muneribus opes multimodas ac profundas 2 4 9
plorans clementer imbre suo rorat conceptaque musti felicibus lacrimis fluenta denuntiat. statim oculis apertis folia radiata procedunt, quibus 2 11 3
glutiens culicem liquat; reicit stillas criminum et auaritiae, unde criminum fluenta funduntur, ebibit fontem. huic non iura, non leges, non honor ullus 1 5 4
purgata materia; de homine loto felicius manant doctrinae caelestis diuina fluenta, ruptis oculis, id est spiritaliter patefactis. praecedentibus foliis 2 11 5
eia, fratres, quos beatae sitis exoptatus ardor incendit, quos nectarei fluenti dulce murmur inuitat, lacteum genitalis fontis ad laticem conuolate 1 12
sint, tamen trini profundi saporis una uirtus, una substantia, una est fluenti natura nec potest incomprehensibilis communisque undae diuidi 1 7 4
de numero nouellae uites ad iugum perductae, scaturientis musti dulci fluento feruentes uinariam dominicam cellam communi gaudio repleuerunt. 1 10b 3
urguetur, donec omnis dulcedo medullitus exigatur sicque pretiosum fluentum a suis calcatoribus et bibitur et patris familias cellis uinariis 2 11 3
quis spiritus aerios, quis figuras uentorum, quis inter marinos aestus fluminum augmenta, quis denique opificium domini deique consilium se 1 34 2
marinos affatim pisces apponit cum sarda mirabili. Tobias peregrinus fluuialis piscis interanea diligenter accurat et assat. Iohannes camelarius 1 24 3
qui caelestis panis nobiscum portamus annonam. illis sitientibus petra fluxit in poculum, at Christi fontem qui biberit, in aeternum sitire non 1 46b 3
laticem, domino dicente: *me dereliquerunt fontem aquae uiuae et foderunt sibi lacus detritos, qui non possunt aquam portare*. postremo 1 18 2
lacrimis, osculis detersisti, crinium damno uelasti, scissis genis, liuore foedatis uberibus, sordido plus puluere tecta quam ueste? tu, inquam, non 2 7 7
muneris, totum respuit praesumens totum se habere, si pura sit. neminem foede desiderat nec ulli similiter se desiderabilem praestat. in suo statu 1 1 2
prodigiosae libidinis ignes ignis diuinus incendit intestinique facinoris foedus, quo infeliciores subactis infami hasta persequentes hospitum terga 1 4 10
redimenda non solito more ad stupida simulacra concurrunt, non aris foetentibus funestos excitant ignes, non tura cremant, non merum 1 34 9
sed laeta gaudentes, caelestis <...> libera peccatis omnibus absolutos non foetidis cunis, sed suaue redolentibus sacri altaris feliciter enutrit a 1 32
insultantibus cedit, sed uictor crudelitatis et impietatis in sterquilinio foetido scaturiente uermibus, quasi nihil passus, sed solo dei timore 1 15 6
inurguetur, in quo musti uestri dulcedo saecularis uini pridiani exhalante foetore corrumpitur, sed caelesti prandio, honesto, puro, salubri atque 1 24 1
qui tales sunt, displicent deo, sed et illi, qui per sepulcra discurrunt, qui foetorosis prandia cadaueribus sacrificant mortuorum, qui amore 1 25 11
praestabit. constanter igitur ac fideliter *hominem* istum uestrum *ueterem* foetorosis suis cum pannis abicite, nouelli omnes, omnes candidati, omnes 1 49
musti felicibus lacrimis fluenta denuntiat. statim oculis apertis folia radiata procedunt, quibus subiecti ac se commendantes sequaces 2 11 3
diuina fluenta, ruptis oculis, id est spiritaliter patefactis. praecedentibus foliis fructus sequela sese commendat; similiter Christianus monitis diuinis 2 11 5
uiscerum prosecutae sunt damno. nulla adhibita rudi fetae sueto more fomenta; neque enim, fratres, his poterat indigere, quae accipere in uterum 1 54 4
sibimet prodesse cognoscit, conserta manu inuersa uice adorta est in suum fomitem adolescentis ignem totis uiribus deriuare. at ille in repugnatione 1 1 16
quid statis genere, aetate, sexu, condicione diuersi, mox unum futuri? fontanum semper uirginis matris dulcem ad uterum conuolate ibidemque 1 55
diuideris, nulla humanae curiositatis calumnia commoueris. a paterno fonte in filio tota refunderis et tamen, tota ubi refunderis, nec recedis. 1 36 32
credentibus dominus aetheria natiuitate renouatis plenitudinis suae pio de fonte largitur per dominum nostrum Iesum Christum. 1 27 3
sed caelestis hominis spiritalem, quam nobis plenitudinis suae pio de fonte largitur. quam rationem Paulus euidenter prodidit dicens: 2 30 3
uidetis, egregia coctura suaue redolentes, qui excocti sunt non furno, sed fonte, non humano, sed igni diuino: non illos aura corrupit, non fumus 1 41 2
indicat ueritatem. Iob iustus dictus a deo est; ipse iustitia, de cuius fonte omnes qui beati sunt gustant; ecce enim de ipso dictum est: *orietur* 1 15 7
terrae hominem figurauit eique animam, qua spiramus, infudit e proprio fonte spiritus sui. cui ab humo 'homo' nomen imposuit, credo, sicut res 2 4 4
pretiosum frumentum diuinis horreis inferre desiderans, licet suo uberet fonte, tamen aestuat semper iustae operationis ardore. autumnus quoque 1 33 3
caenulentum postmodum laticem, domino dicente: *me dereliquerunt fontem aquae uiuae et foderunt sibi lacus detritos, qui non possunt aquam* 1 18 2
morti, sunt a deo, quod opus tenebrarum dilexerint, destinati. uer sacrum fontem debemus accipere, cuius diuite ex alueo Fauonio non uento, sed 1 33 2
legem lege distringis? cur sub imaginem fidei fidem deponis? cur ipsum fontem diuinitatis philosophicis argumentis exhaurire conaris? si peritiam 2 3 13
stillas criminum et auaritiae, unde criminum fluenta funduntur, ebibit fontem. huic non iura, non leges, non honor ullus obsistit, quia quicquid 1 5 4
est demorari. unde nunc ad ueram iustitiam ueniamus, omnium fontem matremque uirtutum. quae praeter ceteras tota se ad alienas 2 1 11
portamus annonam. illis sitientibus petra fluxit in poculum, at Christi fontem qui biberit, in aeternum sitire non nouit. illis in deserto suauitas 1 46b 3
denarium aureum triplicis numismatis unione signatum. gaudete itaque! in fontem quidem nudi demergitis, sed aetheria ueste uestiti mox candidati 1 23
unum aquae, quod gestum est, ignis alterum, quod futurum. mare fontem sacrum debemus accipere, in quo, quibus aquis dei serui liberantur, 2 26 3
competens intellegitur legitimo examinis numero examinatus. scrobem fontem sacrum debemus accipere, qui uera sarmenta homines suscipit 2 11 4
qui caelestis panis perpetua soliditate fruerentur. petra illis scaturiuit in fontem, ut biberent detritis e lacunis, ut merebantur, caenulentum 1 18 2
ac reflabilis tori plumeo sepulcro superba. iactat se ludibunda per nemora, fontes, prata, baias, ciuitates ac rura, uniuersis uoluptatibus saepta, in 2 4 10
auxilium maiestatis omnique non pedum uelocitate, sed mentis, pii fontis ad gurgitem conuolate! uos constanter inmergite, saluo salutis statu 2 23
exoptatus ardor incendit, cupiditate ac uelocitate ceruina lacteum genitalis fontis ad laticem conuolate. fortiter bibite, ut semper uobis aqua sufficiat, 2 14
incendit, quos nectarei fluenti dulce murmur inuitat, lacteum genitalis fontis ad laticem conuolate incunctanter ac fortiter bibite, dum licet, 1 12
desiderio conuolantes *caelestia dona* percipite. iam uos sempiterni fontis calor salutaris inuitat; iam mater nostra adoptat ut pariat, sed non 1 32
fide credentis salutari fuerit necata baptismate, noua paterni sacro resurgit fontis ex gurgite iam pura, iam libera, iam a conuersatione mundi huius 1 2 25
casta ieiunia, post clarissimae noctis suo sole dulces uigilias, post lactei fontis lauacro uitali in spem inmortalitatis animas pullulantes, ex quo qui 1 24 1
illi septem solae sufficiunt; non aeneum inhaeret mare, quia illi perennis fontis sui uiuum inest mare, non quod naufragos faciat, sed quod 2 6 6
breuis; alia uero animi, quam nos nobis ipsi hac in uita per fidem sacri fontis uiuo de gurgite conparamus, nobilis et aeterna, quia animus, qui 2 4 8
latera securos gladios facit; haec bella premit, lites tollit, iura euacuat, fora compescit, odia eradicat, iras exstinguit. haec mare penetrat, orbem 1 36 13
et puritatem designabat et unitatem; carbo enim uerbum dei est, ara lex, forcipes duo testamenta, quae credentes tenent, non credentes incidunt. sed 1 37 3
seruantur et increduli desertoresque puniuntur. hanc Esaias in modum forcipis uidit; quibus ad conflanda labia inquinata ab uno de seraphim ex 1 37 2
potentiae derogare? sed hoc amore criminum faciunt, ut putent impunita fore quae clanculo gerunt. nam si iudicii diei adpropinquare iam cursus 1 2 1
imminere per momenta et credit et timet arcamque, cum suis ut saluus foret, quam iussus est facere, non praecipiti festinatione compingit nec 1 4 12
sed testator est unus; et scribens canna diuisa est, sed unus calamus; et forfex in duos producitur cultros, sed eorum unus est morsus; et gladius 1 37 14
lambunt roscidos flammae blandientes. mira res: opacitas intus, incendium foris est; intus hymnus canitur, foris ululatus auditur. o magna potentia 1 53 2
mira res: opacitas intus, incendium foris est; intus hymnus canitur, foris ululatus auditur. o magna potentia dei! incensores incendio 1 53 2
accepit, detestabili accensus inuidia eum, quia per se non ualebat, aliena forma blanditus per mulierem transgressionem praecepti dei persuadendo 2 4 5
tardius adorari. ad cuius immanis ausi saeuitiam metuenda elementorum forma mutatur et dei iniuriam prius prodit natura quam intellegat populus 1 59 9
ueneranda est, quia ueritatis speculum, quia rigida quaedam dilectionis est forma; quicquid enim a iusto didicit, id facere iniustum quoque compellit, 1 36 18
malorum attrahat gloriam Christianae felicitatis. duplex itaque forma surgendi est: prima sanctorum, in qua illud beatitudinis regnum 1 2 23
est enim et alius amor sane saluti nostrae contrarius, cui recte hominis forma tribuitur, quia temporalis ac fragilis esse cognoscitur. ideo 1 36 25
lacteus illis color est, lacteus sapor est. sed fortassis, quod nonnulli forma uidentur minores, si secus aliquid de pistore sentiatur, mea nihil 1 41 3
iam ante pudoris. Susannam quoque, columen matronatus, inaffectatae formae pulchrius suae pulchritudinis ornamentum, insigne pudicitiae 1 1 17
ducit ad Elisium, eo fortius addentes, quod defunctorum ibidem non tam formae quam facta noscantur ac necessario recipiant secundum quod 1 2 4
assumpserat, perit, si Iesus non resurrexit. at si resurrexit, humano generi formam dedit, quoniam ad hoc deus pro homine mortis iura gustauit, ut 1 2 11
fratres, multum interesse inter damnatum et iudicandum? quam iudicii formam etiam ipsa humanitas, quamuis iniusta sit, seruat. nemo namque 1 35 8
dignitate interim seposita, non tamen potestate, amore hominis sui, cuius formam fuerat subiturus et creaturam, ut angelus, homo, puer, sponsus, 2 8 8
unum tamen scio, quia nihil distat a prodigio, quisquis alterius causa et formam mutat et mores. sed dicis: 'ardor me tenerae compellit aetatis.' 2 7 8
ideo autem caecus, quia, cum exarserit, non aetatem considerat, non formam, non sexum, non gradum, non sacrosanctum illum saltem suae 1 36 25
species, nunc subicit alias, nunc parturit nouas. manibus suis facta hydra formarum procax semper incedit, quia erubescere alienis sub coloribus 1 1 10
exsecrabile est, tam inane; colunt enim uani uana figmenta in quaslibet formas, uultus, sexus, aetates auri argentique detrimento matris limae 1 25 3
carissimi, et speranda saeculis post futuris diuinae ordinationis propago formata: ad principium aetas peracta reuocatur, accingitur de sterilitate 1 59 3
natiuitas, sed uirginalis uteri aula secretior: diuini sermonis arte formata in se tabescentis corporis uulua portauit. sed in caelesti prole, non 1 59 8
quem aedificauit ecclesiam, *Petrus nomen imposuit*), id est sua doctrina formatos, spiritus sancti lima acuminatos constituit uiros apostolos 1 3 16
sed nec ipsum quoque diabolum, qui uere est acerrimus Sagittarius, formidabit umquam, uariis atque igneis sagittis armatus, totius humani 1 38 6
nouis artibus coge! licet radient tibi pretiosorum lapidum discoloribus formis referta penetralia, gemat terra sub pondere argenti, auro ardens tota 1 5 10
cum aduerterent muro <munitam> castitatis, quae certe uera et aeterna formositas, in paradisi solitudine, ubi Euam ab auctore operis sui 1 1 17
quoniam deus temptauit illos et inuenit illos dignos se. tamquam aurum in fornace probauit illos et quasi holocaustomata accepit illos et in tempore 2 5 6
statuam adorare contempserint, incendi praecepit. qui ubi iactati sunt in fornacem ignis ardentis, hos deuote cupidus ignis excepit. lambunt roscidos 1 53 2
horruerit. nam a barbaro rege nimia crudelitate tribus pueris consulente fornacis ultra quam solet septenario pabulo ignis armatus est. credo diuina 1 22 1
uestem rursus accepit. interea secundum condictum haedus mittitur, fornicaria quaeritur nullaque ibidem umquam fuisse ab incolis renuntiatur. 1 13 3
signum; etenim iustitiam qui sequitur, necesse est ut probetur. denique fornicaria requisita non est inuenta, quia renatus per aquam et spiritum 1 13 12
anulum, uirgam; tumque negotio confecto, conceptu signata, quem uerae fornicariae habent perosum ac semper uitant, uiduitatis uestem rursus 1 13 2
locoque constituit, Iudas qua fuerat transiturus. at ille uisam mulierem fornicariam putat, quae pudoris integritatem faciem uelando monstrabat. 1 13 2
a socero: ad Iudaeos enim, non ad gentes prophetae fuerant destinati. *fornicariam putat*: recte, quia Iudaeorum populo seruiebat. cum ea 1 13 9
autem hoc Paulus expressit dicens: *hoc enim scire debetis, quoniam omnis fornicarius aut impudicus aut fraudator, quod est idolorum seruitus, non* 2 5 8
et in uirgis suis annuntiabant; spiritu meretricio seducti sunt et fornicati sunt a deo suo. agnosce igitur, Iudaee, uel sero erroris tui 1 3 11
sua peccata exstinguat et futura repellat. Thamar arguitur, quod de fornicatione conceperit; et ecclesia quasi legis adultera Iudaeorum est a 1 13 12

uidete mysterium! quae celauerat faciem, non celat uentrem. defertur fornicationis rea sine labore accusatoris uidua praegnans. irascitur socer, 1 13 3
unanimitate deorum quae fuere responsa. si terribilia, consternata metu forsitan ipso cessante illicita eis uota donabis (quod maritis etiam sub 2 7 16
tum tota mugiet litibus domus, blasphemabitur deus arreptoque forsitan ipso sacrificio tuo tuum pectus obtundet, tuam faciem deformabit 2 7 15
carnis, sed in augmentum hominis praeputium facinorosi cordis incidit. at fortasse adhuc quispiam dicat: 'cur ipse quoque signaculum carnis accepit, 1 3 17
hominibus uenit inimicus eius et superseminauit zizania in triticum. at fortasse adhuc quispiam dicat: 'si caro perit, unde cognoscitur ille, qui 1 2 29
amabat, necessariam praeuideret. certe Adam ipsum sic ante fecisset. at fortasse quispiam dicat: 'peccator ergo fuit Abraham, ut circumcideretur? 1 3 6
uel Iudaeis potest esse commune; nam et illi, si liceat uel si uelint, fortassis cultius synagogas aedificent, cultius erigant capitolia, sed in his 2 6 1
fortassis de circumstantibus doctis quispiam <in> cachinnos erumpat, 2 1 1
uideo praeterea, sicut assertorum indicant nomina (quae si auferas, nulla fortassis est pugna), multos esse tractatus, multas etiam fides et quidem 2 3 7
sin uero ad uiduitatis sudorem gloriosum palmamque prouocauero, nobis fortassis insultent, quia nostrae sacrae uirgines uiduaeque magno pro 2 7 11
usti, non crudi, non mucidi. lacteus illis color est, lacteus sapor est. sed fortassis, quod nonnulli forma uidentur minores, si secus aliquid de pistore 1 41 3
noui. ueteris uitae usurpatione, quod quidem uobis ulterius non licebit, fortassis requiratis et a nobis, qua genitura quoue signo tam diuersos, tam 1 38 2
legis naturae Natiuitatis Moysei librum lectitando saepius replicauit, fortassis, ut sunt ingenia cotidie quae uidemus uersutis contentionibus 2 4 1
ararum carne tua deterges, iocaris, blandiris, obsequeris. et si quod forte acceptum relatumue fuerit a fanatico solemne mysterium, ipsa 2 7 17
non habet dei ac per hoc operanti iram recte subiacet legi. atquin forte aliquis dicat: 'lex spernenda est, quia iusto necessaria non est, 1 36 18
si cui forte asperum uidetur ac durum, quod fiducialiter loquimur, fratres, rerum 2 7 1
in quo habitu regnaturus sit homo iste noster, qui tendit ad caelum, ne forte cum carne depereat, uana spe si captus fuerit caduca atque carnali, 1 2 24
tam iucundi certaminis exempla declarant; quia aliqui eorum cum forte de numero audacis lupi rabie denotatus in praesens periculum 1 36 15
famulum posse deprehendi; quem beati propinquus martyris, qui in eius forte degebat habitaculo, absentem esse assiduis uocibus inclamabat. hunc 1 39 4
quia fides uestra capit deum. igitur ne quis operis rationem a me forte disquirat, paucis insinuabo. in totius fabricae fundamentis non sicut 2 6 5
fidelissimum, hic infidelis, et quem putaueris infidelem, hic fidelis est. forte in eo se quis aestimet fideliorem, si loquatur argute, cum magis uerus 2 3 12
et tamen habeo, qui pro me tibi obsistat: nam lex, per quam me forte minus peritum peccare compellis, ipsa te magnopere retundens ac 2 3 16
beatissimi indicat carmen, Iudaico populo irascitur deus eumque, ne forte paeniteat, publica obiurgatione confutat. humana sentienti nundinari 1 30
si non humiliter sentiebam, sed exaltaui animam meam. uideamus, ne forte propheta ipse se inpugnet exaltando animam suam, qui cor suum se 2 9 8
innumerabilis multitudo processit et ad eremum dominus perduxit *manu forti et brachio excelso.* exaltatus est Israel, quando per triduum tenebrae 1 61 7
damna sarciret. inuenta est causa, ubi Abrahae fides temptatione fortior militaret: carissimi membra, quae osculis premere consueuerat, 1 62 3
cunctis uiribus aduersae partis exspectatione placida profligatis, in semet fortior ruinis, omnibus quaeque deleuerat bellum recuperatis in melius, 1 4 19
sed longum est, fratres, ire per singula, maxime quia caritas sua ingerit fortiora. quae ita rebus uniuersis est praedita, ut sit omnium iure ipso 1 36 10
ac redarguens confutabit, Salomone dicente: *altiora te ne quaesieris et fortiora te ne scrutatus sis. quae praecepit tibi deus, illa cogita semper* 2 3 16
ipsum quoque supplicium docuerunt ignes sanctis hominibus non esse fortiores, per dominum Iesum, qui est benedictus in saecula saeculorum. 1 11
Hebraei uere tres pueri senum constantia maiores, iuuenum uirtute fortiores, sibi pares, trinitatis sacramento praemuniti, unitatis una fide 1 53 1
corpus, exsecrabili metallo procedis onusta, ubique delicata, sub monilibus fortis. denique ipso cultus rigore in oratione non flecteris, non manus 1 14 6
bonae conscientiae ornamento contenta! tu in uirginibus felix, in uiduis fortis, in coniugiis fidelis, in sacerdotibus pura, in martyribus gloriosa, in 1 1 20
hactenus protestatur: *non glorietur sapiens in sua sapientia neque glorietur fortis in fortitudine sua neque diues in diuitiis suis, sed in hoc* 2 1 5
tu amicitiam *idem uelle atque idem nolle* docuisti. tu seruituti unica ac fortissima consolatio saepe libertatem paris. tu paupertati praestas, ut 1 4 21
fratres in Christo, acceptaeque indulgentiae regale beneficium diligenter, fortiter ac fideliter custodite. etenim omnis [actus] uester contractus 1 42 1
fratres in Christo, acceptaeque indulgentiae regale beneficium diligenter, fortiter ac fideliter custodite. etenim uester contractus omnis ablatus est. 2 29 1
uigilandum diligenter, undique castra munienda, defensanda regalia fortiter ac tenaciter signa; aestus, frigus, famem, sitim uniuersaque 2 4 11
inuitat, lacteum genitalis fontis ad laticem conuolate incunctanter ac fortiter bibite, dum licet, superfluentis amnis undae subiecti toto impetu 1 12
ac uelocitate ceruina lacteum genitalis fontis ad laticem conuolate. fortiter bibite, ut semper uobis aqua sufficiat, hoc principaliter scientes, 2 14
est ac non uidetur; sed possibile hac spe fit, cum dei dicto indubitanter ac fortiter creditur. dicit enim dominus: *omnia possibilia credenti.* unde 1 36 5
nihil saeculo iam debetis. in magno quidem reatu nunc usque fuistis, sed fortiter examinati estis et, ut indulgentiam perciperetis, pro uobis ipsis bene 1 42 1
suum deserit peccatorem. in hoc reatu, fratres, usque nunc fuistis. sed fortiter examinati estis. sed ut indulgentiam perciperetis, pro uobis bene 2 10 2
poenam supplicii sibimet impendere cognoscant. quod exemplum, fratres, fortiter fugite simulque gaudete, quod alienis plagis dei discitis disciplinam, 1 30
fratres, tenaciter nobis et omni genere custodienda uirtutum. in hanc fortiter incumbendum; ipsa est enim uitae nostrae immobile fundamentum, 1 36 4
secretis, non tam rea susceptura sententiam quam dicata deo pro castitate fortiter moritura, et quam iudicantium sententia praua deiecerat illustris 1 40 1
uestrae aetatis omni curriculo manente in sua semper infantia custodite ac fortiter praecauete, ne primi hominis quondam uestri umquam memoriam 2 24 3
fidelis est populus, angelicus et mundus, qui sponsionis suae palmam fortiter retinens, peccatorum paleis limpidatus, semet pretiosum frumentum 1 33 3
exsulta, Christiane, et deum fortiter time, diaboli si uis incendia non timere. ecce pueri sacramento 2 15
protestatur: *non glorietur sapiens in sua sapientia neque glorietur fortis in fortitudine sua neque diues in diuitiis suis, sed in hoc glorietur, qui* 2 1 5
ille artifex rerum filius dei, cuius sapientia non habet finem nec fortitudo mensuram, amore imaginis suae de caelo descendit, uteri 2 4 7
scire, quam iusta sit? miseram se putat, nisi euerterit ueritatem. ceterum fortitudo, quae hominibus est cum feritate communis, omne ius in uiribus 2 1 7
unam, quae ducit in Tartarum, piorum aliam, quae ducit ad Elisium, eo fortius addentes, quod defunctorum ibidem non tam formae quam facta 1 2 4
repugnantia. ac per hoc necessario requirendum nobis erit, quid sit fortius de duobus: illud quod sensibile est an quod caret sensu. uerum quis 1 7 2
illud quod sensibile est an quod caret sensu. uerum quis dubitet illud fortius esse, quod sentit, quod sapit, quod cogitat, quod mouet, quod 1 7 2
uelut sacrilegii commissi capitales poenas luit? quanto magis in dei causa fortius praecauendum est, quem solum ueretur quicquid in uirtutibus 1 36 24
ardore. autumnus quoque martyrii locus est, in quo non uitis, sed fossoris sanguis effunditur, ut uita beata pretiosae mortis uindemia 1 33 3
at ille in repugnatione ueste sibi uiolenter extorta ex impudicitiae fouea nudus aufugit. sed pudicitiae splendore uestitus post calumniosam 1 1 16
quae diligenti cultu purgata molarisque lapidis pio pondere feliciter fracta, ordinabiliter creta, omni furfure abiecto mirifico splendore in 1 41 1
huius mundi ac tenebris feralibus agitatur, profecto pecuina est ac misero, fragili detestabilique uersatur in iure. at cum mera fide credentis salutari 1 2 25
siue metu siue incredulitate praeponantur praesentia futuris, mala bonis, fragilia solidis, falsa ueris, terrena caelestibus, temporalia sempiternis. o 2 4 14
nostrae contrarius, cui recte hominis forma tribuitur, quia temporalis ac fragilis esse cognoscitur. ideo lineamento puerili depingitur, quia eius 1 36 25
sed dicis: 'ardor me tenerae compellit aetatis.' credo. ecce nupsisti. ut de fragilitate humanitatis, casibus ut de ceteris taceam, ecce maritum tuum 2 7 9
et miseratio maior debetur, postulatur ad uictimam; cui si per humanam fragilitatem aliqua in corpore infirmitas nasceretur aut humanus exitus 1 43 3
quaerit aurum, inuenit gladium. inter haec nemo considerat condicionem fragilitatis humanae, nemo hostem, nemo fiscum, nemo latronem, nemo 1 5 15
praestare possis. unde uel sero sacrilegam uocem comprime humanae fragilitatis memor, qui in hoc ipso, quod loquimur, quid possit contingere, 2 1 21
subueniunt, paene armis ipsis inimici certatim se crebro subiciunt, ingenti fragore confundunt exsertisque mucronibus sordidis uelut testudine 1 36 15
sonis, concussis undique cardinibus, cum praeter morem terrifico fragore intonans concrepat caelum, cum inter caecas pinguibus conductas 2 2 3
diuersi sunt reges, qui Iudaeam lugubri clangore tubarum armorumque fragore terribili instantibus undique proeliorum procellis miserabiliter per 1 34 7
illa ornatior, aliunde quia nescit ornari. haec uariis unguentis et odoribus fragrat; illa unici floris sui quouis prato iucundioris caelum ipsum honore 2 7 3
uos a carnalibus desideriis, quae militant aduersus animam, nec uestrum frangat affectum, quod eius secretum figuramque nescitis; quam si 2 4 17
cuius si curam geris, pecuinam te esse cognoscis. an eius uirtutem diligis? frangit ac subigit illam quiuis dolor. an pulchritudinem? leuis et 2 4 15
requie, ad sua numquam perueniens uota, quia satiari non nouit. fidem frangit, caritatem neglegit, iustitiam negat, non cognoscit affectus, iura 1 21
ne opere coepto umquam deficiat. haec captiuorum iuga redemptionibus frangit; incarceratis medendo plus carcerem nouit; blanda peruigil cura 2 1 12
quod tantummodo crescit, senescere ignorat. non illam parentum pietas frangit, non dulcedo liberorum, non coniugalis affectus, non cara 1 14 2
quasi ius terrae cognoscens ac uiolare deuitans mira patientia in se frangitur, his denique fluctibus, quibus cogitur, refrenatur. haec 1 4 5
sed etiam perpetuo poenali supplicio destinati. Aunan autem secundus frater Iudaicus est populus, cui praecipitur, ut semen excitet fratris, non 1 13 5
qui deum colit, quem ipse disposuit. Selom autem praedictorum tertius frater minor ex gentibus uenientis nouelli populi imaginem depingebat, 1 13 7
igitur cum possibilitatis humanae non sit fidei uidere secreta, nusquam, frater, tua curiositas, nusquam tua proficit pugna, quia quem putas uel de 2 3 11
homicidium mox [ut] peperit, dereliquit. denique nec mora est: inpatienter fraterni inuidus muneris in fratris Cain anhelat exitium et deo ante 1 4 9
qui factus sit *ad imaginem et similitudinem dei,* posse iugulari, et hoc a fratre. erubescit rudis terra pio sanguine impiata. solus Cain exsultat 1 4 9
fierent parricidae. Iacob per patientiam et benedictionem lucratus est et fratrem. dat iracundiae locum, securus ut redeat; domum patri 1 4 16
uestrum? quisque igitur nobilitatis suae conscientiam retinet, diligit fratrem nec aliquid audire exspectauit ex lege, ne admonitione pietati 1 36 22
diligo deum, et fratrem suum odit, mendax est; qui enim non diligit fratrem suum, deum, quem non uidet, non potest diligere. decertemus 1 36 23
consultor, constanter edicit: *si quis dixerit, quoniam diligo deum, et fratrem suum odit, mendax est; qui enim non diligit fratrem suum, deum,* 1 36 23
qui autem non habet, etiam id quod habet auferetur ab eo. per hanc, fratres, a deo Enoc meruit cum corpore contra legem naturae transferri; 1 36 7
accepit, si ei necessarium non fuit?' huius propositionis quae sit ratio, fratres, accipite. igitur qui uenerat hominem uiuificare, per hominem 1 3 17
putauerit, non est. nam et Iohannes apostolus in euangelio quid praedicet, fratres, accipite: *in principio,* inquit, *erat uerbum et uerbum erat apud* 2 8 3
consimili conuertuntur ad deum et sacerdos et templum. exsultate igitur, fratres, aedificationemque uestram aede ista de nouella cognoscite, cuius 2 6 5
patiens in carcere, in regno patientior, patientissimus, desideratos cum fratres agnosceret; et ubi iactantia se non potest continere, positus in 1 4 17
uideatur occisus. sed nos non ad auaros, sed de auaris sermonem fecimus, fratres; alioquin solis diuinis exemplis oportuerat perorare, esset si quis hic 1 5 17
properate, properate bene loturi, fratres! aqua uiua spiritu sancto et igne dulcissimo temperata blando 1 23
suis etiam ipsa elementa contra suam naturam famulari compellat. unde, fratres, atrocissimae rei non uos terreat contemplatio; non enim ulla est 1 31
oleo caput meum et poculum tuum inebrians quam praeclarum. utique, fratres, calix sanguinem, mensa corpus, oleum donum spiritus sancti 1 13 10
uero angelos tenebrarum. sed hoc satis absurdum esse et inconueniens, fratres carissimi, aduerto, quia neque refugae descendunt, qui post 1 37 11
liberosque suos non perdidit, sed mutauit! Iob, quantum intellegi datur, fratres carissimi, Christi imaginem praeferebat. denique comparatio indicat 1 15 7
diligentissime, fratres carissimi, circumcisionis, cuius non tantum in praesenti lectione, 1 3 1

uere, fratres carissimi, cor eius non dormit, qui huius somnium secretaque 1 37 1
non hodie mihi ad uos sermo est, fratres carissimi, de humanis gestis aut meritis nec Daniel inducitur inter 2 18 1
legem circumcidat, de populo suo infantis anima peritura est. hic, fratres carissimi, eligat utrum uelit, circumcidat an differat. si circumcidit, 1 3 4
acutos et adside et circumcide secundo filios Israel.' uideamus nunc ergo, fratres carissimi, secunda illa circumcisio ab Iesu Naue quo genere 1 3 15
manet in caritate, in deo manet et deus in illo manet — , tunc demum, fratres, caritatem per semet ipsum ei condigne reddemus, quia facta 1 36 21
denique sancti diuites pauci sunt, uos plures estis. haec sunt, dilectissimi fratres, charismata uestra, hae uirtutes, quibus Hierusalem spiritalis 2 6 11
orbem circuit, commercio nationibus necessaria subministrat. potentiam, fratres, cito eius edicam. quicquid locis natura negauerit, caritas reddit. 1 36 13
uehemens commotio est, fratres, cum is de iniuria sua queritur, qui se potest facillime uindicare. sed 1 20
amisit. propter quod Paulus beatissimus ait: *nolumus autem ignorare uos, fratres, de dormientibus, ne contristemini sicut ceteri, qui spem non habent;* 1 2 12
utraque in Christo concreta agnum legitimum praestiterunt. hic est agnus, fratres, de quo lex ait: *Pascha est domini*; apostolus quoque Paulus: *Pascha* 1 8 2
mirum, fratres dilectissimi, ac delectabile certamen deo historia sacra prodidit 1 48
sacrae historiae, fratres dilectissimi, ad hoc nobis est tradita legenda narratio, ut maiorum, 1 15 1
nihil est, fratres dilectissimi, ante omnia homini timenti deum tam necessarium 1 27 1
nihil est, fratres dilectissimi, ante omnia homini nato tam necessarium atque 2 30 1
et deus erat uerbum; hoc erat in principio apud deum. admirabilis gratia, fratres dilectissimi, conspicuae ueritatis, quae dum secerni potest, tamen 2 8 4
principium, fratres dilectissimi, dominus noster incunctanter est Christus, quem ante 1 17 1
mira, fratres dilectissimi, historiae sacrae sic est perlecta narratio. cum Israelis 1 29 1
monile, anulum, uirgam. quibus ista significatio coaptatur? monile, fratres dilectissimi, lex est, quae salutaribus monitis diuersis uirtutibus 1 13 10
probatus a deo est, ut non postulans misericordiam mereretur. uideamus, fratres dilectissimi, legis arcana et intellectum altius proferamus. Abraham 1 43 8
memoratae uineae disputatio, fratres dilectissimi, longe lateque diffusos limites habet, quos peragrare 1 10b 1
martyrii quodam modo pars est, fratres dilectissimi, martyrum non horruisse supplicium. quantum etenim 1 11
in omni negotio, fratres dilectissimi, nisi quis ante personam noscat et rationem, eius non 1 25 1
ne quam filius hominem induturus pati uideretur iniuriam. uidetisne, fratres dilectissimi, quia nullus exserte hic alteri iubet, in opere nullus 1 45 2
Abraham, fratres dilectissimi, quale diuinae pietatis munus acceperit, uetustae legis 1 43 1
sed etiam fide similitudinis adprobemus. unde tamen prae me fero, fratres dilectissimi, quod ista, et non ambigua, in uobis renitet assertio; 1 1 4
magnificus, fratres dilectissimi, saeculorum pater adest dies, omni genere fructuum 2 13
carnalis mentis homines, fratres dilectissimi, scandalum patiuntur, non studio noscendae, sed 1 45 1
habet et gradus plurimos, sed eius ascensus est unus. gradus autem eius, fratres dilectissimi, si uultis scire, quid uocentur, audite: conuersio, 1 37 15
uellem, fratres dilectissimi, triumphali quodam modo uti sermone nouique operis 2 6 1
timoris quidem, fratres dilectissimi, uocabulum est unum, sed accedente ratione timor 2 2 1
principium, fratres, dominus noster incunctanter est Christus, quem ante omnia saecula 1 56 1
dicens: *lingua mea calamus scribae uelociter scribentis.* calamus fissus est, fratres, duosque uertices gerit in unius acuminis tenuitate digestos, unam 1 37 4
docens *optimum* esse *sacrificium deo cor contribulatum.* quapropter, fratres, *efferendum non est* prosperis *rebus, sed* timore *dei intra* 2 9 3
cum aliquid passa quasi nihil passa sit inuenitur. postremo impossibile est, fratres, eius aestimare uirtutem, cuius uinci uictoria est. non illam loco uis 1 4 3
est patri familias proferenti de thesauris suis noua et uetera. scriba, fratres, est praedicator, *pater familias* Christus, *thesauri* eius indeminutae 1 37 9
sordidae religionis sordidos ritus abiecit. *aestiualia induit*: aestiua uestis, fratres, et munda est et exacta, cum qua facile et opus fieri possit et 1 13 8
feliciter triumphum suum perire naufragio. haec Iudaeus praedicat, fratres, et tamen deo demens adhuc usque non credit, qui est benedictus in 1 29 2
ut circumcideretur? an iustus et circumcidi non debuit?' Abraham, fratres, et uir iustus fuit et tamen necessario circumcisus. quid enim 1 3 6
corporis sui merita secundum ea, quae gessit, siue bona siue mala. etenim, fratres, facilius est reformari quod fuerit quam institui quod ante non fuit; 1 2 16
ut poenam supplicii sibimet impendere cognoscant. quod exemplum, fratres, fortiter fugite simulque gaudete, quod alienis plagis dei discitis 1 30
morem geram sacrique horoscopi pandam tota breuitate secreta. igitur, fratres, genesis talis est uestra. primus uos, qui in se credentem reprobat 1 38 3
in deum cum haec non incidant, ergo dei imaginem non habemus? absit, fratres. habemus plane, et quidem manifestam ex eo ipso, quod non est 2 30 3
sunt damno. nulla adhibita rudi fetae sueto more fomenta; neque enim, fratres, his poterat indigere, quae accipere in uterum meruerat filium 1 54 4
sum et humilis corde, et inuenietis requiem animabus uestris. deus noster, fratres, humilis corde est et ineffabilis eius illa sapientiae ac uirtutis 2 9 4
sit constitutum, quiuis facillime possit agnoscere. posteaquam deus, fratres, hunc mundum quasi quandam futuri humani generis domum 2 4 4
greges infinitos interficit, quos in amaritudine absumit. quis non intellegat, fratres, illud pascha non esse, sed bromosum latronis cruenti conuiuium? 1 28 2
tempus non sinit, fratres, imagini reddere ueritatem. uerum tamen, Iudaee, quid monumentis 1 9
est, quia iusto necessaria non est, peccatori uero molesta est'. absit, fratres: immo potius ueneranda est, quia ueritatis speculum, quia rigida 1 36 18
exsultate, fratres in Christo, acceptaeque indulgentiae regale beneficium diligenter, 1 42 1
saluete, hodie nati fratres in Christo, acceptaeque indulgentiae regale beneficium diligenter, 2 29 1
exsultate, fratres in Christo, omnique desiderio conuolantes *caelestia dona* percipite. 1 32
exsultemus, fratres in Christo, tantique prouentus redditu ditati deo patri omnipotenti 1 41 1
exsultemus, fratres in Christo, triumphatorique perpetuo hymnis, citharis, tympanis, 2 24 1
ut tunc demum, qualis sit, iure possit agnosci. circumcisio est, fratres, in damnum rotundi uulneris ferro circulata cicatrix. quam si 1 3 2
sunt iniquitates et quorum tecta sunt peccata, quia beatus esse non potest, fratres, in prima natiuitate persistens, quem aestuantium delictorum fax 2 10 1
ut ruina timeatur, spretores sui, ut impios monstret. infelix culpa est, fratres, in qua locum qualiscumque non inuenit excusatio; detestabilis certe 1 20
felicitatis genus alterius periculo discere, quid debeas deuitare. unde, fratres, in tali re non loquela est exhibenda, sed cura, quam paucis 1 10a
agnorum; quis enim haec exquisiuit de manibus uestris?. utique, fratres, incunctanter eis ademit pascha, qui id, per quod ab eis pascha 2 25 2
sunt quaerite, ubi Christus est ad dexteram dei sedens. possumus et sic, fratres, intellegere: hoc de ministris et de angelis dictum, quos domino, 1 37 13
suum, deum, quem non uidet, non potest diligere. decertemus igitur, fratres, inter nos mutui amoris aemulatione gloriosa imaginemque dei 1 36 24
iamiamque dicto citius aetherias portas, fratres, intrate aeternique gurgitis alueo genitali condentes ullam pro 1 49
fieri lacrimas gaudii, quae nunc fuerant orbitatis. sed longum est, fratres, ire per singula, maxime quia caritas sua ingerit fortiora. quae ita 1 36 10
sacram legem qui spiritaliter accipit, fratres, iste est, eius qui fructu lactatur. Iudaei etenim cum carnaliter 1 8 1
quantum sonus lectionis indicat, fratres, Iudaicus quidem populus impietatis arguitur, sed Christianus, ne 1 10a
peribunt. at qui in lege peccauerunt, per legem iudicabuntur. uidetisne, fratres, multum interesse inter damnatum et iudicandum? quam iudicii 1 35 8
a fratribus. quem domini sui uxor peius amare coeperat quam oderant fratres. nam cum medullitus mulier ardoris insani conflagraret incendio, in 1 1 15
oraculis salutem ciuitati credulae praestaturus. quantum datur intelligi, fratres, nauis typus est synagogae: eius proretam sacerdotale corpus 1 34 7
plangis? si amore mariti facis, cur postmodum nubis?' exsecrabilis res est, fratres, nec coniugio seruare caritatem nec deo fidem. haec etiam uiros 1 2 14
salutaria gesta confirmant, quae et in nobis manent. ut est, fratres, Nineuitis nuntiatus interitus, credunt et timent et quantum sciunt 1 34 9
ante faciem tuam, qui praeparabit uiam tuam. quis est iste angelus, fratres, nisi Iohannes baptista? cuius est praeparatio: *uox clamantis in* 2 8 7
tandem oculos cordis: inuenies te insultare potius quam rogare. postremo, fratres, non potest timere maritum, quae non timet Christum. inde est, 1 14 6
quoniam per se omnia prosecutus est. *et magnificabis me*; quod dictum, fratres, non sic debetis accipere, ut operis sui laudem sibimet soli deberi 1 25 8
ut ardeam, caritatem autem non habeam, nihil proficio. caritas enim, fratres, *omnia diligit, omnia credit, omnia sperat, omnia sustinet; caritas* 1 36 20
innouat spatia, et tamen eius semper orbita est una. qui nos admonet, fratres, passionis resurrectionisque dominicae unanimes atque concordes 1 26
opus adsignat ab illis recedendo, in quibus oportuerat ambulari? prioribus, fratres, posteriora respondent: de rebus enim loquitur saecularibus. *in* 2 9 6
dei se posse scire secretum, qui sui corporis nescit arcanum? quare, fratres, propter quod facti et nati sumus, timeamus, amemus et 1 56 3
credimus in ecclesia remissa peccatorum ac resurrectionem carnis?' facile, fratres, pugna ista concordat statusque futuri qualitas aperitur, fides si 1 2 24
facinora sua sponte reus, ut fiat innocens, confitetur. pretiosa res est, fratres, quae et honorem praestat et praemium. o liberatoris nostri 1 42 2
sua sponte reus, ut fiat innocens, confitetur. pretiosa indulgentia est, fratres, quae et ueniam praestat et medicinam. ceterum qui parcit uenefico, 2 24 2
unam spiritus sancti praestat omnibus dignitatem. quam speciosum est, fratres, quamque salutare, quem paulo ante ridiculo habueris, admirari; 2 29 3
quispiam dicat: 'si caro perit, unde cognoscitur ille, qui resurgit?' caro, fratres, quasi quoddam est speculum intuentis plenitudine grauidatum, 1 2 29
auderet eum adtemptare diabolus nisi a deo iussus. iam hic considerate, fratres, quemadmodum saeuierit incitatus, qui ferri non potest blandus. 1 15 3
et iterum magi: *ubi est*, inquiunt, *qui natus est rex Iudaeorum?*. hic est, fratres, qui uenturus denuntiatus est per prophetas, qui secundum carnem 2 5 3
uidentur minores, si secus aliquid de pistore sentiatur, mea nihil interest, fratres, quia, etsi pauper sum, tamen frontem meam tueor et fidem meam 1 41 3
exeat sicut ignis ira mea et exurat et non sit qui exstinguat. uidetis ergo, fratres, quia huius modi circumcisis deus non tantum salutem non 1 3 13
me in tribulatione tua et eripiam te et magnificabis me. si pater loquitur, fratres, quis est iste, cui tantum defert? quis est, quem altissimum dicit, 1 25 2
numero. fit filius horarum, qui pater est omnium saeculorum. hic est dies, fratres, quo a domino nostro cunctus redemptus est orbis, quo aetherio 1 16 2
inplacabilis cupiditas pestifera flamma repleuerit. sed haec non ad uos, fratres, quorum largitas prouinciis omnibus nota est, quorum pia semina 1 14 8
eia, fratres, quos beatae sitis exoptatus ardor incendit, quos nectarei fluenti 1 12
eia, fratres, quos beatae sitis exoptatus ardor incendit, cupiditate ac uelocitate 2 14
in actibus portant, recte dicentes: *quisque suos patimur manes.* nos uero, fratres, quos non ingeniosa suspicio, sed deus magister instruxit, propter 1 2 5
exsultate, fratres, quos sua parturit fides, qui mundi huius fugientes insidias, reatum, 2 23
si cui forte asperum uidetur ac durum, quod fiducialiter loquimur, fratres, rerum paene contra naturam, iamiamque desinat permoueri, 2 7 1
ut legitime Adam per Christum, Eua per ecclesiam renouaretur. hoc nos, fratres, sacramento tam uiri quam feminae circumcidimur. hoc spiritus 1 3 21
omnia est, quoniam per ipsum et in ipso sunt omnia. nec uos moueat, fratres, saecularis ac uere puerilis inconsideratorum hominum disputatio, 2 8 9
quod singillatim nuda uix possunt superare uirtute. elementa quoque ipsa, fratres, satis diuersa satisque repugnantia olim deprehendisset interitus, nisi 1 36 16
fugiendum sit facillime possit agnosci. sub uelamine Christi nominis, fratres, se adserere conatur Antichristus similiter pudicum, uti fallat. 1 1 6

securus enim pater optimus timuit, ne dolori aliquid liceret in mortem. o fratres, secura deuotio! o pater spiritum captans, corpus uero mortemque 1 43 6
mortis mihi a deo praestitam recognosco.' recte Iudaeus hoc diceret, fratres, si ista cura sexui utroque prodesse potuisset. cum enim grauior 1 3 9
ambo dei cultus admirabile saeculis testimonium. felix orbis fuerat, fratres, si omnes sic fierent parricidae. Iacob per patientiam et 1 4 15
quam dulcia faucibus meis eloquia tua super mel et fauum ori meo! haec, fratres, si quis libenter crediderit, largiores adhuc escas inueniet, quibus, si 1 24 4
recte, fratres, sicut audistis, deus odit auaritiam. est enim libido profunda, 1 21
et inmunditia eius super ipsum est, peribit anima illa de populo suo. haec, fratres, sicut cauenda sunt nobis, ita quae bona, quae pura, quae simplicia, 1 25 13
medentur, nisi quod a false plangentibus adhuc uiuenti rapiuntur. unde, fratres, sicut ueri Christiani, *quasi hospites et peregrini abstinete uos a* 2 4 17
ex quo qui eratis aetate diuersi, diuersi natione, subito germani fratres, subito una geniti emersistis infantes, hortor uos natiuitatis tantae 1 24 1
quae quidem pro spe pugnat, sed sibi uincit. amplectenda est igitur, fratres, tenaciter nobis et omni genere custodienda uirtutum. in hanc 1 36 4
nec singulare nec friuolum crimen est, fratres, uel maxime Christianum cupiditatis compedibus alligari 1 5 1
textus ostendit. in quo eum non seueritas apud omnes condemnat, fratres uenerandi, sed pietas. neque enim potest de quoquam bene mereri, 2 21
eia quid statis, fratres, uestram quos per fidem genitalis unda concepit, per sacramenta 2 28
et agnos a domino saepe reprobatos accepimus. quid ultra? non potest, fratres, ullum celebrare mysterium, cuius sacrificium diuina sententia 1 19 2
impudicum quicquid legitimum fuerit extra coniugium; Christiano enim, fratres, ultra licere non puto quam ut sit aut continens aut maritus. uenio 1 1 14
tortore conscientia numquam suum deserit peccatorem. in hoc reatu, fratres, usque nunc fuistis. sed fortiter examinati estis. sed ut indulgentiam 2 10 2
dixit in monitis *regnum* non stare *diuisum*. unde non sic sentiendum est, fratres, ut pater accepturus sit quod non habuerit aut filius tradendo quod 2 5 9
certe Iesu Naue parricida sit, si cultris corda hominum desecat. sed absit, fratres, ut spiritales uiros ullo tangamus errore, maxime cum prophetia ad 1 3 16
uiuos. quem ut semper et ubique aucti fide, numero, caritate nostris cum fratribus celebremus, praestabit deus pater omnipotens. 2 19 2
inuidae germanitatis impulsu in Aegyptum est delatus atque distractus a fratribus. quem domini sui uxor peius amare coeperat quam oderant 1 1 15
reparato seruiret. similiter Ioseph patiens inuenitur, e pascua cum a fratribus rapitur; patiens, cum in puteum dimittitur; patiens, dura cum 1 4 17
puncto requiei incunctanter tota, si liceat, paratus offerre. superstitibus fratribus saltem cupit esse consultum; Abraham patrem deprecatur obnixe, 1 2 10
at ubi matura aureo igne flagrantis luciflui aurigae par laboribus fratris angusti circuli argenteum compleuerit globum, paulatim deuergit in 1 2 19
dereliquit. denique nec mora est: inpatienter fraterni inuidus muneris in fratris Cain anhelat exitium et deo ante negotium parricida est; nec eius 1 4 9
secundus frater Iudaicus est populus, cui praecipitur, ut semen excitet fratris, non utique illud, quod a deo damnatum iure uidebatur, sed ut 1 13 5
occisus. secundo imperat, ut intret ad fratris uxorem ac semen excitet fratris; qui ingressus semen suum fudit in terram. quod cum deo malignum 1 13 1
se caruisse facinore, quem deus uidit, quem conscientia redarguit, quem fratris sanguis accusat. quid inpatientiam Sodomorum, ubi inlicite uiri 1 4 9
scriptura teste a deo perhibetur occisus. secundo imperat, ut intret ad fratris uxorem ac semen excitet fratris; qui ingressus semen suum fudit in 1 13 1
eius in confusam molem parietibus tectisque labentibus illam sanctissimam fratrum cohortem sepelit antequam iugulet taleque est commentus pietatis 1 15 4
beneficio quis aut amatur aut odio est. denique haec est causa, quod fratrum pia nomina plerumque gladiis amica uidemus esse quam sibi; quod 1 5 6
hoc enim scire debetis, quoniam omnis fornicarius aut impudicus aut fraudator, quod est idolorum seruitus, non habent hereditatem in regno dei 2 5 8
se cadauer inspiciat.' [cui beatus Archadius ait:] o insania hominum! fraudauit te furor tuus; adhuc erat in uictima domini quod posses auferre: 1 39 6
igni arida pabula depascenti, quae nisi finiat non finitur. hanc mediocres fraudibus excolunt, diuites inpotentia, iudices gratia, diserti mercennaria ac 1 14 1
sed competentibus poenis excruciandum. tertium quoque, quem aduerterit fraudulentum, coloratis ratiociniis sua furta excusantem, reseruat examini, 1 35 8
cum sua sibi industria fenerator etiam ipse nudatur, ei cum casu aliquo fraus, inopia, fuga, mors extorserint debitorem. auaritiae enim natura talis 1 5 12
iudicari se iustos quam sapientes iniustos, maxime cum iam sit eorum fraus omnis in medio. non enim rem ualuerunt transferre, sed nomina, 2 1 4
uenter. inde populis deteriora mensuris pretia quam inopia. inde fraus, periurium, rapinae, lites ac bella. cotidie mugitibus alienis quaeritur 2 1 16
fratres carissimi, de humanis gestis aut meritis nec Daniel inducitur inter frementium leonum rabidos rictus intrepidus, caelesti prandio satur nec 2 18 1
ascendit, cum subito compugnantium uentorum flatu uiolento lacessitum fremit mare sollicitique gurgitis praeruptorum montium canis uoluminibus 1 34 5
beatitudine perfruatur. inde est, quod intra hominem clandestinum fremit momentis omnibus bellum, cum unaquaeque pars nititur alteram 2 4 8
tumidus sese anguis opponit; aut dorsa fugientis affectans caedem uicino fremitu ferina rabies onerare temptauerit; uel cum amissis gubernaculis 2 2 2
eius Iudaeorum populos et *gentes* accipimus, qui aduersus deum inaniter *fremuerunt*. sors Ionam praecipitandum prodidit, prophetia passurum 1 34 8
uiliores se esse quam illae sunt produnt, qui iracundia tument, qui litibus fremunt, qui calumnias pariunt, qui pauperes, qui uiduas, qui pupillos 1 25 11
diuina prouidentia scinditur mare, aquae dextra laeuaque gelido stupore frenatae uitreos diriguntur in muros praestolantes dei transitum populi, ut 1 29 2
est prosperis *rebus, sed* timore *dei intra mansuetudinis* metas uerecundiae freno *cohibendum*, ut possimus merito mereri, scriptura quod dicit: 2 9 3
uirtutes, ipsa quoque elementa eius constare non posse sine eruditione uel freno. est enim matura semper, humilis, cauta, prudens, prouida, omni 1 4 1
portet; solis cursus ac lunae ab occidui carceris receptaculo orationis freno refrena; anhelantis camini ignis exaestuans uicta natura sentiat per te 2 3 14
humanitas, te, uersuta, cognosce uel sero et intemperanti linguae silentii freno impone. dementiae genus est inuisibilis incomprehensibilisque uelle 2 8 3
contempta mensura Iesu Naue desiderio pareretur, soli lunaeque suos frenos induxit; haec de armato Golia Dauid inermi triumphos attulit; haec 1 36 8
quisquam prorsus inueniri potest, qui ei saltem uel uno momento iustitiae frenos inponat. inquieta semper exaestuat, saeuit, pugnat, rapit, congregat, 1 5 1
per tota terrarum spatia nuntiata est. terram homines intellegendos frequens prophetarum assertio demonstrauit: *iubilate*, inquit, *omnis terra*, 1 61 4
paterni oris affectu processit uno consensu. secunda uero carnalis sicut est frequentibus oraculis prodita, ita inuenimus esse completam. etenim deus 1 54 2
primo, antequam esset, quod se fieri uoluisset, tam figura quam oraculis frequentibus publicauit. igitur 'dei filius' ad ineffabilem originem pertinet, 2 4 3
si dicere dignum est, duo maria, quae in semet recumbunt, freto aestus alternos in unum conferente connexa, quae, licet sui 1 7 4
fecunditas desperata profertur. uxor Abrahae fetus nescia, cum uisceribus frigente senio nec sperare subolem posset nec portare confideret, matris 1 59 3
inluuie suum totum deformans cultum cadauer amplectitur conclamatum; frigentia tepefacit crebris osculis labra; totum corpus imbribus relauat 1 2 14
fides deambulat inter gladios tuta, inter esurientes feras amica, in ignibus frigida. sola fides praeferenda: hac nos, qui per fidem filii Abrahae facti 1 62 5
mundo. hinc uxor amissi mariti desolationem se ferre non posse testatur frigidumque latus male dilatato queritur lecto; inuidiosis uocibus deo 1 2 14
plurimorum. quid, quod paupere cotidie moriente oppressione, fame, frigore, iniuria amicum tibi excolis aurum, custodis argentum, uestem 2 1 19
sed igni diuino: non illos aura corrupit, non fumus amarus infecit, non frigus elisit; quod plus est: sine fermento leuati sunt. certe caccabacei non 1 41 2
castra munienda, defensanda regalia fortiter ac tenaciter signa; aestus, frigus, famem, sitim uniuersaque discrimina aequanimiter perferenda; 2 4 11
tantum ut tollat. cui autem parcat, quae et mori momentis omnibus etiam friuolo ac turpi lucro festinat? quid igitur, miser homo, auri argentique 1 14 2
nec singulare nec friuolum crimen est, fratres, uel maxime Christianum cupiditatis 1 5 1
uniuersa crimina expellunt ac rursus diligenter accludunt, ne quid illo uel friuolum, inde quod excluditur, reuertatur. mira ratio, mira beatitudo! 2 24 1
crinibus uilis; quae cum per uoluptuosa ac profana loca lasciua passim se fronde diffundit, generauit pro fructibus spinas, pro uua labruscam. cuius 1 10b 2
pinguedo ipse factus, totusque acceptum translatus in honorem nouae frondis promotione ramis resurgescentibus ornatus iam non oleaster sit, sed 1 2 27
uestris labris indulgenter infundit. idem non tumidus ceruice, non toruus fronte, non minax cornu Taurus, sed optimus, dulcis, blandus ac mitis uos 1 38 3
iste meis sacris debetur; unde immolari iam iubeo.' non contristat frontem deuotissimus Abraham nec dolor patri lacrimas persuasit, sed 1 43 4
pistore sentiatur, mea nihil interest, fratres, quia, etsi pauper sum, tamen frontem meam tueor et fidem meam noui. certe si quid sciunt, dicant 1 41 3
nostrae, quoniam consignata est et nemo reuertitur; et infra: *uenite ergo, fruamur bonis, quae sunt, et utamur creatura tamquam iuuentute celeriter;* 2 4 10
sed infeliciter flore discusso nullos potuit fructus afferre. denique pro fructibus spinas generauit, pro uua labruscam. cuius abhorrens 2 11 1
ac profana loca lasciua passim se fronde diffundit, generauit pro fructibus spinas, pro uua labruscam. cuius rei indignitate commotus 1 10b 2
sacram legem qui spiritaliter accipit, fratres, iste est, eius qui fructu lactatur. Iudaei etenim cum carnaliter sentiunt in gregibusque 1 8 1
quasi ab inferis emersum in superna sustollit perennitatis gloriam fructu populoso tenturum, hoc hactenus Paulo firmante: *stulte, tu quod* 1 2 22
ullam prorsus nocendi non praeterit. uultis scire, quod malum sit? in ipso fructu suo etiam ipse se odit. uenenis eius cotidie totus exaestuat mundus 1 36 27
nec facere, dummodo in effectu conata succedant. uerum tamen in ipso fructu suo, quo expugnati pudoris alieni labe gaudere consueuit, semper 1 1 7
Iudaei habere uideatur aut gentis. ambo enim illi carnales sunt, ambo sine fructu. unde dubium non est neque praeputium aliquid esse neque 1 3 24
consequentibus ministris promotionis augmentum, immortalitatis fidelibus fructum, paenitentibus curam, catechuminis lucis uiam, competentibus 1 6
credendo praestet effectum, insinuatio inanis erit, quia incredulo credentis fructum praestare non poterit. denique Abraham placuit deo credulitate 2 3 1
sunt omnia. quid facit ad litteratorem puer, si litterarum non speret fructum? quid ratem profundo gurgiti nauta committit, si ei numquam 1 36 3
gladiorum mucro conuertitur. nec inde, ut dixi, sceleris sui crudelitas fructum sortita est, quia, sicut in Isaac aliud offertur et aliud immolatur, 1 59 9
habet diligit. si ergo exsultat gloria eius saepe in gentibus (quamuis illic fructuosa uel uera esse non possit, quia sub inpudico praedone uersatur), 1 1 3
folia radiata procedunt, quibus subiecti ac se commendantes sequaces fructus adridunt, quos solis ardores, pluuiae uentique exercendo prouehunt 2 11 3
dei dictus est, floruit quidem, sed infeliciter flore discusso nullos potuit fructus afferre. denique pro fructibus spinas generauit, pro uua labruscam. 2 11 1
monitis diuinis praecinentibus obsecundando, in quibus aeternae fructus est uitae, et defenditur pariter et nutritur. ad iugum peruenit, cum 2 11 5
oues suas tondendas pergit, id est, ab hominibus iustis bonorum operum fructus exposcit. quo audito Thamar cum esset *in domo patris sui*, id est 1 13 8
pudicum, uti fallat. pudicitiae nominis sonum post se trahit, sed quos fructus habeat, eius auctor ostendit. discurrit quippe uesana per populos 1 1 6
ardet in saeculo. quare utraque sunt uana, quia et cordis exaltatio nullos fructus inuenit et oculorum extollentia de alio in aliud elata quicquid 2 9 5
ne a ligno, quo portatur uel cuius adminiculo uel ducatu in uberes fructus longius inuitata producitur, ui aliqua separetur. tum solemniter 2 11 2
es *honor corporum*, tu thesaurus animarum, tu *fundamentum*, culmen ac fructus omnium coaequarum, tu tui propositi insolubilis nodus aeternus. 1 1 21
sibi, id est populi nostri, sua pro uoluntate plantauit, in quam omnis fructus propheticus decucurrit. hic mihi, rustico uestro, beatissimi ignoscite 2 11 1
angelis lucis et hominibus iustis. haec igitur omnia combinata unius fructus rediguntur in summam, quoniam uniuersa quamuis gemina esse 1 37 14
salutaria quattuor praedicant tempora; cui non anniuersarii, sed cotidiani fructus respondent hymnum canentibus deo credentibus populis, qui omnia 1 33 4
fluenta, ruptis oculis, id est spiritaliter patefactis. praecedentibus foliis fructus sequela sese commendat; similiter Christianus monitis diuinis 2 11 5
glutinasti. tu cotidiana martyrum et mater es et corona. tu murus fidei, fructus spei, anima caritatis. tu specialiter omnem populum diuinasque 1 4 22
tua, cum per eam cotidie tricenos, sexagenos centenosque colligis fructus. tu in pauperibus diues, in diuitibus ditior, aequalis in omnibus 1 1 20
magnificus, fratres dilectissimi, saeculorum pater adest dies, omni genere fructuum fetibus pollens, diuite sinu, momentis quibus uelis quattuor 2 13
ut dei sit testimonio collaudatus. unde non inmerito beatus beata uita fruebatur. namque erat illi splendidissima domus, diues census, diues 1 15 2

non enim erant idonei aut digni, qui caelestis panis perpetua soliditate fruerentur. petra illis scaturiuit in fontem, ut biberent detritis e lacunis, ut 1 18 2
cum iussu dei et caelum obsecundetur et terra, quia caelum pluuias et fruges terra non denegat! sed quia haec prophetia nouissimis erat 1 61 2
stultam putant irriduntque quasi uanam, quod, cum possit bonis frui mundi ac negligat, sponte se faciat infelicem, non credentes, quia dei 2 1 14
laudes et gratias referamus. qui zizania, lolium, lappas, tribulos in laeta frumenta mutauit, quae diligenti cultu purgata molarisque lapidis pio 1 41 1
quae es sis melior futura cognosce. praeterea granum uniuscuiusque frumenti conditum terrae interit et tamen in eo id, quod intus est, 1 2 22
undique dulce prata respirant. exsultat aestas noua, sed diues, in frumenti uarias moles spiceam feliciter contundens palmam. quam 1 33 1
auaritiae utique partes agit, quae est inimica iustitiae. adeo inde est, quod frumento paucorum horrea plena sunt, inanis plurimorum uenter. inde 2 1 16
palmam fortiter retinens, peccatorum paleis limpidatus, semet pretiosum frumentum diuinis horreis inferre desiderans, licet suo uberet fonte, tamen 1 33 3
fratres dilectissimi, scandalum. patiuntur, non studio noscendae, sed frustrandae ueritatis, quotiens deus dei filius, qui patris maxima est gloria, 1 45 1
non curem, de me quemadmodum quis iocetur. non enim in ecclesia dei fucatus quaeritur sermo, sed ueritas pura, a qua longe omnes illi non 2 1 1
quaerit. pingit se in se ipsam et lenocinante uario magistri medicaminis fuco uultum suum uultibus uestit alienis, hoc futura, non quod natura 1 1 10
saepe credentes in Christum calicem pretiosum, quem paulo ante calcando fuderant, gustant, aliqui etiam bibunt. mustum patris familias cellae 2 11 7
deus de terra finxit et homo idolum de terra composuit. *semen* ergo *suum fudit in terram*, hoc est dei mandata neglexit et idolis profudit. propter 1 13 6
ad fratris uxorem ac semen excitet fratris; qui ingressus semen suum fudit in terram. quod cum deo malignum quoque uideretur, pari eum 1 13 1
sacraeque legis religiosis exhortationibus excitaret. at ille *semen suum fudit in terram*; semen significat non creaturae, sed cordis. etenim semen 1 13 5
cum ea conuenire cupit, quia prophetiae magis gentes quam Iudaei fuerant credituri, domino dicente: *amen, amen dico uobis, quia publicani et* 1 13 9
non cognoscitur a socero: ad Iudaeos enim, non ad gentes prophetae fuerant destinati. *fornicariam putat*: recte, quia Iudaeorum populo 1 13 9
reuerti iusserunt, ut omnes mirarentur fieri lacrimas gaudii, quae nunc fuerant orbitatis. sed longum est, fratres, ire per singula, maxime quia 1 36 9
hoc aquam de petra bibisti, manna de caelo gustasti, ut scires, miser, quid fueras perditurus. 2 16
ueritatem? factus est quod non erat, nec tamen desiit esse ante quod fuerat. 2 8 9
a Samaritano stabulario pro eo, qui a latronibus adgressuram passus fuerat, dominus datos esse commemorat. quae parabola sublata dubitatione 1 37 10
inuenta, quia renatus per aquam et spiritum sanctum desinit esse, quod fuerat, et incipit esse, quod non erat. sequitur, quod uiduitatis uestem 1 13 12
agnoscere uoluerunt et sola crediderunt cogitatione puniri, quem nefarium fuerat etiam tardius adorari. ad cuius immanis ausi saeuitiam metuenda 1 59 8
exemplum, ambo dei cultus admirabile saeculis testimonium. felix orbis fuerat, fratres, si omnes sic fierent parricidae. Iacob per patientiam et 1 4 15
propheta quod pro ueteri uinea, quae a domino in Aegypto fuerat instituta, postulabat ad tempus nouellae profecisse, inscriptio ipsa 2 11 1
funereum fecerat rogum. scatebat per tecta culminum publicum scelus nec fuerat locus, in quo non erat pro religione sacrilegium. cogebatur Christi 1 39 2
reatus in reo integroque statu moritur in homine propter quod homo fuerat moriturus. inde est quod nostra non habet necessaria tormenta 1 42 1
reatus in reo integroque statu moritur in homine propter quod homo fuerat moriturus. inde est, quod nostra non habet necessaria tormenta 2 24 2
baptismatis spiritali unda in gremio renatus ecclesiae filius eius futurus fuerat, non maritus. Iudas amittit uxorem, id est synagogae fides moritur. 1 13 7
necessariam, sed in designationem Iudaici populi, qui carnalis futurus fuerat, procuratam. denique nihil illi contulit, quia deo ante, non 1 3 7
ideo cum praeputio natus, quia in aeternum incircumcisis gentibus fuerat profuturus. diximus de prima circumcisione carnali, quae Iudaeorum 1 3 18
diuina uoluntate securitas. qui cum hostiam prouidet, cuius loco electus fuerat, requirebat. sed traduntur tenerae adhuc uinculis manus [et], ne 1 59 6
interim seposita, non tamen potestate, amore hominis sui, cuius formam fuerat subiturus et creaturam, ut angelus, homo, puer, sponsus, gigas, 2 8 8
aestiualia induit, semet decore componit locoque constituit, Iudas qua fuerat transiturus. at ille uisam mulierem fornicariam putat, quae pudoris 1 13 2
uel eo amplius apostolicum hoc operetur edictum, quo et uiuaciores fuere homines et rarissimi Christiani, cur ego Christiano orbe paene iam 2 7 5
tibi sciscitanti sibi de utriusque salute uel unanimitate deorum quae fuere responsa. si terribilia, consternata metu forsitan ipso cessante illicita 2 7 16
ab inferis, quia ex nihilo nati sumus et post hoc erimus tamquam qui non fuerimus; et non est reuersio finis nostrae, quoniam consignata est et nemo 2 4 10
et uiduis: bonum est illis, si sic perseuerauerint sicut ego; si autem non fuerint continentes, nubant: melius est enim nubere quam uri. alio autem 2 7 2
quoque prostituit. non opus est ire per singula; quamuis et haec non fuerint dictu digna, tamen ad exprimendam uim impudicitiae uisa sunt 1 1 12
aetate, languore, ira, gaudio, tristitudine totque induat uultus, quot animi fuerint motus, nullusque prorsus dies, quo iugiter sibi similis esse uideatur? 1 27 2
legitima die ante conspectum dei ex illo naturae secreto produci, quales fuerint pro sua quique qualitate suscepti, apostolo dicente: *omnes nos* 1 2 15
dicit, cum de eius loquitur seruis: *et si coram hominibus tormenta passi fuerint, spes eorum immortalitatis plena est; et in paucis uexati in multis* 2 5 6
ne in illo resurrectionis die inter plurimos maritos non possis, cuius fueris uxor, agnoscere. noli esse sacrilega, noli proditrix legis. profano cur 2 7 18
iocaris, blandiris, obsequeris. et si quod forte acceptum relatumue fuerit a fanatico solemne mysterium, ipsa suscipis, ipsa reponis, ipsa 2 7 17
sibi perniciosum eorum in captiuitatibus quaerunt. at ubi uentum fuerit ad diuini certaminis campum coeperintque sacri nominis telo pulsari, 1 2 6
praestatur nec potest eum reuereri, qui ingenii sui putat esse, quod ille fuerit aestimatus. ceterum illa est fidei generositas uera, ut deo fideliter 2 3 18
inopia queritur semper. denique ad sua numquam peruenit uota. quantum fuerit auctior, fit tanto miserior: expers otii, expers satietatis, per fas atque 1 5 2
qui tendit ad caelum, ne forte cum carne depereat, uana spe si captus fuerit caduca atque carnali, de qua apostolus dicit: *caro et sanguis regnum* 1 2 24
Moysen et prophetas, quibus si non credunt, neque illi, qui hinc missus fuerit, credituri sunt', euidenter ostendens non in oculis esse carnalibus 1 2 10
retrahit a corona, tantum generosa ac perfecta fides quique illi fuerit cruciatus sua complicat uota. denique tres pueri in illo sacro 1 11
contrariarum sibimet partium iudicium flagitatur. ambiguitas enim nisi fuerit discussa, iure non potest mereri sententiam. et qui sunt isti, quos 1 35 6
supplicii perennibus absumptum iri tormentis eum, qui praeuaricatus fuerit e duobus. sed nec illis impune succedit, qui sine uxoribus amore 1 1 14
Paulo firmante: *stulte, tu quod seminas non uiuificatur, nisi mortuum fuerit,* et subiecit dicens: *sic et resurrectio mortuorum; seminatur in* 1 2 22
merces, non aduertentes esse infelix et impudicum quicquid legitimum fuerit extra coniugium; Christiano enim, fratres, ultra licere non puto 1 1 14
sinit, nisi quae disposuerit prior ipse compleuerit. quod si factum non fuerit factumue displicuerit, tum tota mugiet litibus domus, blasphemabitur 2 7 15
Christianis ab altero eorum, si non transducitur, perfidia, cum transducta fuerit, fides uocatur! o quam non uera, si *factionibus pollet*! o quam 2 3 10
ingemescit praeterea, si annus est sterilis, multo magis, si fertilis fuerit: illic quia parum distrahit, hic quia non solus. uultis scire, quantis sit 1 5 14
Paulus: *Pascha nostrum immolatus est Christus.* cur autem dignatus fuerit immolari, Iohannes Baptista ante praedicauit his uerbis: *ecce agnus* 1 8 2
unde fit, *ut numquam iustus possit esse qui stultus est neque sapiens qui fuerit iniustus.* ceterum siue iusto siue sapienti si alterum defuerit ex 2 1 10
fragili detestabilique uersatur in iure. at cum mera fide credentis salutari fuerit necata baptismate, noua paterni sacro resurgit fontis ex gurgite iam 1 2 25
habere quam ueritas. oleaster sua infelix et amarus est in natura; sed cum fuerit peritissimi agricolae artificis manu necessaria prouisione truncatus, 1 2 27
gessit, siue bona siue mala. etenim, fratres, facilius est reformari quod fuerit quam institui quod ante non fuit; quod si non fuit et est, multo 1 2 16
tollitur, quod mutatur, quod alieno mouetur pulsu, quod quid sit, quid fuerit, quid futurum sit, non potest aliquando sentire. solus deus est itaque 1 7 2
potestati subiacet cordis, quod nisi uerae circumcisionis spiritali fuerit sacramento purgatum, in aeternum homo, de quo agitur, periturus 1 3 9
quis libenter crediderit, largiores adhuc escas inueniet, quibus, si diligens fuerit, semper et se et alios bonis omnibus satiabit per dominum nostrum 1 24 4
custodiens, huius modi officiis saeculares obterens uoluptates cum fuerit uictor carnisque nexibus liber, repromissae inmortalitatis 2 1 14
corpus seruilibus officiis suae compellit implere desideria uoluntatis. qui si fuerit uitiosus, quot habet unusquisque membra, poterit perpetrare tot 1 3 9
industria fenerator etiam ipse nudatur, ei cum casu aliquo fraus, inopia, fuga, mors extorserint debitorem. auaritiae enim natura talis est, ut 1 5 12
sempiternis. o caeca mens hominum! quid praesentium carnalium rerum fugaci illuderis blandimento? quid deteriori meliorem subiacere compellis, 2 4 15
et oculorum extollentia de alio in aliud elata quicquid uiderit mobilitate fugaci statim deperdit. dehinc sequitur: *neque ambulaui in magnis neque in* 2 9 5
uoluntarie praeiudiciis excusauit. cui cum prouinciae rector pristinae eius fugae ueniam sub pactione promitteret, si se uel sero nefandis 1 39 5
illinc spiritus, quasi quidam dux peritissimus, horum omnium praedicit fugam, in armis expeditissime standum, uigilandum diligenter, undique 2 4 11
efficiat diis crudelibus, diis adulteris seruiens? itaque deinceps fuge, uirgo, fuge, uidua, nuptias tales. excusatio prorsus nulla competit tibi. si 2 7 18
non efficiat diis crudelibus, diis adulteris seruiens? itaque deinceps fuge, uirgo, fuge, uidua, nuptias tales. excusatio prorsus nulla competit 2 7 18
mutos loqui, claudos currere, paralyticos reformari, de obsessis daemones fugere mortuosque saepe ipsos a sepulcris cum suis sibi exsequiis reuerti 1 36 9
testamentis, ut principaliter idolatriam, inpudicitiam auaritiamque fugiatis, quae est incurabilis Cancer. Leo autem noster, sicut Genesis 1 38 4
signum dedit, ut, locum matricalis culpae cum denotat, etiam alia crimina fugienda cognoscat. 'ore tuo te, inquit, Christiane uicisti. inde est, quod et 1 3 8
miserias deuoluto. nam praedicant patres suos Aegyptium populum fugiendo delesse, deum suis praefuisse maioribus eorumque iter 1 18 1
etiam ex ratione nominum publicemus, ut quid appetendum quidue fugiendum sit facillime possit agnosci. sub uelamine Christi nominis, 1 1 6
exsultate, fratres, quos sua parturit fides, qui mundi huius fugientes insidias, reatum, uulnera ac mortem paternae inplorastis auxilium 2 23
ardentibus squamis incensus tumidus sese anguis opponit; aut dorsa fugientis affectans caedem uicino fremitu ferina rabies onerare temptauerit; 2 2 2
supplicii sibimet impendere cognoscant. quod exemplum, fratres, fortiter fugite simulque gaudete, quod alienis plagis dei discitis disciplinam, per 1 30
accipere, in quo, quibus aquis dei serui liberantur, iisdem, qui non fugiunt, sed portant peccata, delentur. Maria, quae cum mulieribus 2 26 3
spiritus sanctus per prophetam retundit hactenus dicens: *adolescentior fui et senui et numquam uidi iustum derelictum nec semen eius quaerens* 2 1 20
condictum haedus mittitur, fornicaria quaeritur nullaque ibidem umquam fuisse ab incolis renuntiatur. at Thamaris nostrae cum processu temporis 1 13 3
naturae transferri; per hanc euadens Noe non inuenit, cum quo diluuium fuisse conferret; per hanc Abraham ad dei peruenit amicitiam; per hanc 1 36 7
comparari? nam et Salomonis accepimus templum luculento opere fuisse constructum atque ita elaboratum, ut nesciret inspector, in eo quid 2 6 2
in saeculo. at *cum addidit: super me*, ostendit numquam se elatum fuisse, cum posset. nulli enim facilius efferuntur, nisi quos inopinati 2 9 6
uti securus. sunt enim multi, qui adserere conantur *chaos in principio fuisse*, id est informem indigestamque latentis naturae congeriem aceruo 1 7 1
et postea circumcisus, manifestum est circumcisionem non Abrahae fuisse necessariam, sed in designationem Iudaici populi, qui carnalis 1 3 7
aeternae decurreret uitae. uidetisne iam manifeste in homine suscipiendo fuisse prouidentiam, in passione sacramentum, in resurrectione summum 2 4 7
audi, inquit, *caelum, et percipe auribus, terra.* de caelo et terra prophetam fuisse testatum uel quasi de aliqua re esse conquestum, cum dicit *audi* 1 61 2
dei filium deum, sed non ex patre nobilitatis perpetuitate progenitum fuisseque tempus, quando non fuit. tertia Iudaea est uere caeca, quae cum 2 8 1
numquam suum deserit peccatorem. in hoc reatu, fratres, usque nunc fuistis. sed fortiter examinati estis. sed ut indulgentiam perciperetis, pro 2 10 2
gaudete: nihil saeculo iam debetis. in magno quidem reatu nunc usque fuistis, sed fortiter examinati estis et, ut indulgentiam perciperetis, pro 1 42 1
Adam ipsum sic ante fecisset. at fortasse quispiam dicat: 'peccator ergo fuit Abraham, ut circumcideretur? an iustus et circumcidi non debuit?' 1 3 6
qui meminit, quod renatus sit; beatior, qui non meminerit, <quid> fuit, antequam renatus sit; beatissimus, qui infantiam suam prouectu 2 29 3

illum accessus infecerat urbium. non habuit legem, cuius conuersatio lex fuit. audit imperatum sibi a deo exilium, ut cognationem suam simul 1 62 1
quid, quod Melchisedech, summus ipse sacerdos deo acceptissimus huius fuit cicatricis ignarus? quid, quod cum praeputio Nineuitarum populus dei 1 3 5
infidelitate sua apud dominum nostrum odia meruerunt, quoniam quanta fuit de amore gratia, tanta de eorum offensione futura uindicta est. certum 1 61 5
quae tantum potestatis gerit, ut a femina coeperit, quod priori impossibile fuit. denique a muliere, quae prior peccauerat, circumcisionis incipit cura, 1 3 19
est reformari quod fuerit quam institui quod ante non fuit; quod si non fuit et est, multo magis poterit esse quod fuit, quippe cum illius 1 2 16
ueritas dominus, qui ait in euangelio: *ego sum uia et ueritas*. Iob diues fuit; et quid ditius domino, cuius sunt omnes diuites serui, cuius est orbis 1 15 7
an iustus et circumcidi non debuit?' Abraham, fratres, et uir iustus fuit et tamen necessario circumcisus. quid enim scriptura dicit? *Abraham* 1 3 6
crebra et ingentia mala non desperauit; haec in Tobiae caecitate medica fuit; haec in Daniele ora leonibus alligauit; haec in Iona cetum in cymbam 1 36 8
dicat: 'cur ipse quoque signaculum carnis accepit, si ei necessarium non fuit?' huius propositionis quae sit ratio, fratres, accipite. igitur qui uenerat 1 3 17
martyris manus nec salientes digiti futurae mortis exitio palpitabant. tanta fuit in martyris deuotione constantia, ut omni corpore paratus uenisset ad 1 39 7
non dubitatur infernum; sicut enim Ionas tribus diebus et tribus noctibus fuit in uentre ceti euomitusque Niniue se intulit ciuitati, ita dominus 1 34 8
clarus genere, clarior pulchritudine, morum quoque clarissimus probitate, fuit inter filios Iacob aetate minor, sed spiritu maior. hic inuidae 1 1 15
est: *turba autem eorum, qui crediderant, animo ac mente una agebant, nec fuit inter illos discrimen ullum nec quicquam suum ex bonis putabant, quae* 2 1 18
probitate uixerunt, ut pars felicitatis sit nosse, quid fecerint. igitur Iob uir fuit iustus et uerax, ab uniuersis concupiscentiis huius mundi secretus, 1 15 2
laetitia arietem obtulit, cum quanta obtulerat et filium; ubi enim fides fuit, non erat dolor. in illo sacrificio solus deus doluit, qui aliam uictimam 1 43 7
delentur. Maria, quae cum mulieribus tympanum quatit, typus ecclesiae fuit, quae cum omnibus ecclesiis, quas peperit, hymnum canens et pectoris 2 26 3
hominem poterit excitare, antequam peccasset in paradiso, in id quod fuit! quam rationem seminum etiam beatissimus Paulus subtiliter prodidit 1 2 28
igitur si homo potest facere, ut sit arbor quod non fuit, saluo quod fuit, quanto magis deus hominem poterit excitare, antequam peccasset in 1 2 28
quod ante non fuit; quod si non fuit et est, multo magis poterit esse quod fuit, quippe cum illius potentissimi artificis rerum omnium conditoris ipse 1 2 16
religiosus carnifex reprimit gladium: patris erat, quod leuauit, dei fuit, quod pepercit. nec qui feriebatur timuit, nec qui feriebat expauit. 1 62 5
fratres, facilius est reformari quod fuerit quam institui quod ante non fuit; quod si non fuit et est, multo magis poterit esse quod fuit, quippe 1 2 16
etiam ipse miretur. igitur si homo potest facere, ut sit arbor quod non fuit, saluo quod fuit, quanto magis deus hominem poterit excitare, 1 2 28
cesset, paucis eius degustate sermonem. uinea dei quidem prior synagoga fuit, siluosis errantium palmitum crinibus uilis; quae cum per uoluptuosa 1 10b 2
ex patre nobilitatis perpetuitate progenitum fuisseque tempus, quando non fuit. tertia Iudaea est uere caeca, quae cum in lege, ut dicere solet, sua 2 8 1
talem sibi filium prouenisse, qui ex se natus non crederetur, nisi, sicut fuit uirgo incorrupta post conceptum, permaneret talis quoque post 2 12 2
Maria uirgo et nupsit et peperit.' sit aliqua talis, et cedo! ceterum illa fuit uirgo post connubium, uirgo post conceptum, uirgo post filium. 2 7 4
condicione confectum uniformiter interibat omne genus humanum. nec fuit ullus ulli usquam solacii locus. nam hominem uiuum, ut adhuc usque, 2 4 6
interritus, potest etiam ipse adipisci martyrium. tanta enim uis certaminis fuit, ut eam ipse quoque ignis horruerit. nam a barbaro rege nimia 1 22 1
in euangelio quoque Petrus filiique Zebedaei cum domino adstare fulgentes Moysen Eliamque, quos propter tunc impedimentum carnis 1 2 9
solum quod oculos infelices inanemque conscientiam ad hoc in maligni fulgoris cupidinem diram spe potiundi praecipitat, ne gratis homo uideatur 1 5 16
flammae intercepti diei lumen inconstanter assimulant, cum ardent *plura fulminibus,* cum terra uel tremit uel hiatu se recipit in se, nullus hic 2 2 3
non est pax ista, sed bellum; non osculum, sed uenenum. pro nefas! adhuc fumantia busto complecteris membra sudoremque sordidarum uaporis 2 7 17
omnes glebulas, lapillos et surculos nostis, in praediis autem uestris fumantia undique sola fana non nostis, quae, si uera dicenda sunt, 1 25 10
sertis uictimas trahere aut grauia nidoribus tura succendere aut inter fumidos ignes pallenti aruina, funesto sanguine perlitare, ut illiciti 1 39 2
sed fonte, non humano, sed igni diuino: non illos aura corrupit, non fumus amarus infecit, non frigus elisit; quod plus est: sine fermento leuati 1 41 2
uirtutis, ut sit honorabilis etiam hostibus suis. haec totius humani generis fundamenta confirmat, haec nominum proprietates uniuersis affectibus 1 1 1
tribus in rebus Christiani culminis fundamenta consistunt, id est in spe, in fide, in caritate, quae ita inuicem 1 36 1
non denique qualiter diabolus infamaret, qui non potuit pudoris fundamenta subuertere. ibat ad supplicium non adulterum corpus, in quo 1 40 2
enixe quod geritur, negotium perorauit! his enim tribus rebus, quae fundamenta sunt omnium uitiorum, uiolentis quasi quibusdam 2 1 6
gloria, aequalis patri a catholicis praedicatur. denique inde est, quod legis fundamenta temnentes uersuta disputatione, praetermisso deo de deo 1 45 1
operis rationem a me forte disquirat, paucis insinuabo. in totius fabricae fundamentis non sicut in Iudaeae templo plurimi, sed magnus, praeclarus, 2 6 6
magis moribus concelebrare! scio enim, quia libentius in tuis moribus, tuis fundamentis tuisque consiliis quam in alienis nudisque sermonibus 1 4 20
et schismata sic disseminantur, cum inflata fides ac spes dilectionis a fundamento uelluntur. quid autem sine caritate sint non tantum istae, sed 1 36 19
omnibus consummaris. tu es *honor corporum,* tu thesaurus animarum, tu *fundamentum,* culmen ac fructus omnium coaequarum, tu tui propositi 1 1 21
in hanc fortiter incumbendum; ipsa est enim uitae nostrae immobile fundamentum, inuictum aduersus diaboli impetus propugnaculum pariter 1 36 4
aeternus. per te legitima ieiunia celebrantur, per te allegatae priusquam fundantur acceptantur preces. tu es sacrificium deo carum, tu legitimum 1 1 21
semper horrueris, stupeas passim in pauperes et egenos sua bona uniuersa fundentem; postremo quem noueris idolatriae fanum, gaudeas dei templum. 2 29 3
attributae sunt nobis: una, qua nescientes communi cum pecudibus lege fundimur a natura, quae est corporalis ac per hoc etiam breuis; alia uero 2 4 8
patiendo libenter, quod non merentur. Noe cataclysmum, quo omnis caro funditus deleretur, denuntiante deo imminere per momenta et credit et 1 4 12
culicem liquat; reicit stillas criminum et auaritiae, unde criminum fluenta funduntur, ebibit fontem. huic non iura, non leges, non honor ullus 1 5 4
charismate, sed una natiuitate ecclesiae flores clarissimi ac dulces nostri funduntur infantes. aestas autem fidelis est populus, angelicus et mundus, 1 33 2
quoniam uniuersa quamuis gemina ese noscantur, tamen una de radice funduntur. testamenta sunt duo, sed testator est unus; et scribens canna 1 37 14
labuntur e caelo et a tergo longo flammarum albescentium tractu funereae facis solemnitate in occasus suos quasi quibusdam deducuntur 1 2 17
firmitatem. hinc aestimare licet, quid eis sit reseruatum, quorum in causa funerei luctus poenae pertulit natura supplicium. 1 47
orbe subacto de illo feralis caueae — iam non miserabilis, sed mirabilis — funereo ambitu excedit uicti saeculi triumphum reportans, quam tot 2 2 7
deo bellum et infaustae superstitionis busto in nefas conscium toto mundo funereum fecerat rogum. scatebat per tecta culminum publicum scelus nec 1 39 2
altitudinem caeli corporis sui inpedimenta praemittit et exsequiis funeris ipse praecedit. cui haec est conparanda confessio? Maccabaeorum 1 39 9
primum plangat, quem priorem inueniat, cui primum iustitiam crudi funeris soluat. quo nuntio accepto dei seruus *scidit uestimenta sua*, non ut 1 15 4
antequam iugulet taleque est commentus pietatis excidium, ut in illa unius funeris turba paternus dolor non sufficeret orbitati, cum nescit, quem 1 15 4
naufragium. procellae crebrescentes insaniunt, horrendum sibilant funes, gemunt cedentibus uelis antennae, retunsa undique iter non inuenit 1 34 5
distulit pugnam, iam debitus ad coronam. nam postquam turbari urbem funesta conuentione cognouit ac singulos quosque ad funestum illud 1 39 3
grauia nidoribus tura succendere aut inter fumidos ignes pallenti aruina, funesto sanguine perlitare, ut illiciti administratione ministerii Christi panis 1 39 2
non solito more ad stupida simulacra concurrunt, non aris foetentibus funestos excitant ignes, non tura cremant, non merum profundunt nec 1 34 9
turbari urbem funesta conuentione cognouit ac singulos quosque ad funestum illud spectaculum trahi, contemptis uniuersis facultatibus suis, 1 39 3
nihil proprium derelinquens, nisi quod fideliter sine ulla iactantia eius fungitur uoluntate. est autem in publicum tota prominens atque diffusa, sic 2 1 11
concremare, allegare preces surdis, ab his custodiam petere, quos fur non timet inuolare? quibus recte deus irascitur dicens: *nolite ambulare* 1 25 4
passim. certe, quod primum est, nemo eget, nemo inuidet, nemo furatur, nemo rapit, nemo proscribit, nemo iugulat, moritur nemo; omnes 1 5 18
nostro neglexit pauperemque se fecit, ut nos diuites faceret. Iob filios furens diabolus interemit; et domini filios prophetas insanus populus 1 15 8
numerare supplicia, et in uno corpore quantum diabolus publicatus est furere, tantum agnoscatur dominus triumphasse. sed durat inter haec 1 39 9
molarisque lapidis pio pondere feliciter fracta, ordinabiliter creta, omni furfure abiecto mirifico splendore in farinam candidam micuerunt; quae 1 41 1
suis in auxilium concitatis, terribili increpans tuba praedonum corda face furiali succensa, impetibus crebris passim totas hominis dei facultates 1 15 3
cum *a Iudaeis uirgis ter caesus naufragio* trino diluitur, cum insani populi furibunda tempestate lapideis imbribus feliciter grandinatur, cum *in* 1 34 4
ruina captiui tota miserabiliter per membra desaeuit. alios amentes, alios furiosos, alios homicidas, alios adulteros, alios sacrilegos, alios auaritia 1 38 6
zelat, obsequitur; aut temptat aut decipit peiusque blanditur quam furit. occasionem ullam prorsus nocendi non praeterit. uultis scire, quod 1 36 26
hi, quos uidetis, egregia coctura suaue redolentes, qui excocti sunt non furno, sed fonte, non humano, sed igni diuino: non illos aura corrupit, non 1 41 2
inspiciat.' [cui beatus Archadius ait:] o insania hominum! fraudauit te furor tuus; adhuc erat in uictima domini quod posses auferre: amputandam 1 39 6
desiit, quia neminem qui se possit arguere derelinquit. omnes enim passim furore insatiabili turpes praecipitantur in quaestus, nec quisquam prorsus 1 5 1
hominumque lubricas mentes libidinum flagrantibus stimulis praecipitat in furorem, non sexui parcens, non aetati, non pietati, non sibi, quia pudorem 1 1 6
natura quam intellegat populus Iudaeorum. ab auctore itaque coepit furoris horror; accingitur turba feralis et ad inuisibilem suspensum 1 59 9
solo; quod captiuitatis sit nexibus exsolutus: sed est nunc usque barbarici furoris moribus alligatus. deus illi ducatum praebuit: idem a sua eum facie 1 52
lucrum? excogita quibus potes suppliciis tormenta grauiora, maioribus te furoris stimulis accende, quamuis cruciatus exerce molem: nos a deo non 1 39 5
tertium quoque, quem aduerterit fraudulentum, coloratis ratiociniis sua furta excusantem, reseruat examini, ut ponderatis damnis rebusque seruatis 1 35 8
exasperant iugum affectuque calcato subditiciis personis, ut obumbrent furta turpissimae utilitatis, rem familiarem tuendam committunt amore 1 25 11
si quid sciunt, dicant operarii, qui mecum sunt. lucro gaudeo, sed sine furti conscientia, sane confiteor. denique et uos retinetis pondus antiquum; 1 41 3
non patitur; pauperes miserosque sua necessitate neglecta pietatis largiter furtim semina spargit. nec rogari se permittit nec uicaria laudis remunerari 2 1 12
quod pati nolunt libenter efficiunt; qui profanae libidinis detestabili furto distracti, turpibus iam non contenti latibulis aliquotiens, pro nefas, 1 1 13
lapides pretiosos, nemo aurum, nemo argentum, et tamen ullus non timet furtum. 1 5 18
inutiles ictus uisi sunt plumbatarum, stetit contemptus eculeus, crebri fustium imbres maioris poenae contemplatione neglecti sunt. excogitatur 1 39 6
infami hasta persequentes hospitum terga depopulabantur, e caelo imber fusus a domino flammis et sulphure armatus poenali procella deleuit? 1 4 10
maiorem. interea rudis non gemit feta. non mundum, ut assolet, infans fusus ingrediens sponte uitae reptantis praeuiis lacrimis auspicatur. non 1 54 4
tot ac tantis ex rebus quemadmodum rursum eadem quae es sis melior futura cognosce. praeterea granum uniuscuiusque frumenti conditum terrae 1 2 21
omnis iniquitatis. Israel populus Christianus, qui proficisci iubetur, ut ad futura contendat. Moyses et Aaron per id, quod erant, sacerdotium, per 2 26 2
iam cursus aduerterent, procul dubio et praesentia odissent et futura credidissent pariterque metuissent. nemo est enim tam uel ab istius 1 2 1
Christi amica, spiritus sancti conuiua. huic et praesentia subiacent et futura: ista quia contemnit, illa quia sua esse praesumit; nec spes timet, ne 1 36 5
uario magistri medicaminis fuco uultum suum uultibus uestit alienis, hoc futura, non quod natura praestitit, sed quod ei ad examen speculi 1 1 10
qua iam tunc per prophetam Iudaeos obiurgabat incredulos et quae essent futura, priusquam fierent, admonebat. proprium enim dei est scire 1 61 5
sit iustus, nisi exomologesin faciens et praesentia sua peccata exstinguat et futura repellat. Thamar arguitur, quod de fornicatione conceperit; et 1 13 12

quoniam quanta fuit de amore gratia, tanta de eorum offensione futura uindicta est. certum est enim in eum filium, posteaquam deliquit, 1 61 5
quidam putant ab utero uirginis eum sumpsisse principium, quae spes futurae beatitudinis credenti, cum scriptum sit: *maledictus homo, qui spem* 2 5 1
resurrectionemque ortu rediuiuo concelebrat, per quem nobis munus futurae beatitudinis pollicetur, hoc quoque nostris competentibus 1 57
ortu rediuiuo concelebrat, per quem nobis quoque resurrectionem futurae beatitudinis pollicetur. 1 58
non caelestis populi meritum, sed terreni per orbem totum dispersionis futurae denuntiabat exitium. adeo eos in eremum inde perduxit uulneraque 1 18 1
oblatum sibi iubet crudelissimus rector acri obseruatione detineri. ad futurae gloriae testimonium tale beatus Archadius debiti martyrii quodam 1 39 4
confessionis suae glutino intrepidae martyris manus nec salientes digiti futurae mortis exitio palpitabant. tanta fuit in martyris deuotione 1 39 7
aut torridae aestatis iniurias, sed se ipsum contemnit, si gloriae spem futurae non gerit? quid agricola semina spargit, si sudoris sui praemium 1 36 3
dabo spiritum meum in uos et uiuetis. cum haec ita sint, resurrectionem futuram cur, Christiane, non credis? cur de huius mundi labe in meliora 1 2 13
qui non nouerat Christum, cur dubitet Christianus, qui resurrectionem futuram et audit et sperat et repositam sibi praesumit de Christo? igitur 1 2 2
spiritus sancti, non tantum diaboli praesentes ignes exstinguit, sed etiam futuri diei iudicii incendia superabit. illa iustificata discessit; haec 1 13 13
quid statis genere, aetate, sexu, condicione diuersi, mox unum futuri? fontanum semper uirginis matris dulcem ad uterum conuolate 1 55
possit agnoscere. posteaquam deus, fratres, hunc mundum quasi quandam futuri humani generis domum multipliciter aptatum distinctumque 2 4 4
et facere plerumque debemus, ut et praesentis temporis temptationes et futuri iudicii poenas euadere mereamur per Iesum Christum. 1 34 9
parit numerare non possit. intrate ergo, intrate felices, omnes simul subito futuri lactantes. 2 28
certamine prae oculis deum sibi proposuere, non flammas, praemium futuri, non poenam. sicque inter taetros undantis incendii globos 1 11
ac resurrectionem carnis?' facile, fratres, pugna ista concordat statusque futuri qualitas aperitur, fides si inlibata teneatur. unde rem paucis 1 2 24
uirtutem, hanc aeternae uitae legitimam genitricem, hanc perpetuam futuri regni consortem, sine qua nemo possit omnino ad dei notitiam 1 3 1
concremari. at illa constanter adest, sibi quae non inpudicitiae, sed futuri scilicet indicii negotium procurauerat, dicitque ei se debere 1 13 3
negat, uitam suam, semet ipse condemnat. cur enim mereatur felicitatem futuri temporis cernere, quem uideas sacrilega incredulitate dei potentiae 1 2 1
cibum praeterea capis, reliquias poculi propinati lambendo labris exhauris futurique haustus quasi quasdam primitias auspicaris, totum prorsus 2 7 17
iam relinquebat. mira prorsus, carissimi, et speranda saeculis post futuris diuinae ordinationis propago formata: ad principium aetas peracta 1 59 3
locum, et intuens caelum stetit deo spectante securus. parauerat extensa futuris ictibus colla, nudauerat gladiis uenientibus iugulum, putauerat se 1 39 7
quae res efficit, ut siue metu siue incredulitate praeponantur praesentia futuris, mala bonis, fragilia solidis, falsa ueris, terrena caelestibus, 2 4 14
et suam uolentes constituere iustitiae dei non oboedierunt. sed cum de futuro nihil opinantes praesentis tantum uitae commoda inspiciunt 2 1 3
in aeternum perit, ergo mentitus est dominus, qui ei deinceps nihil futuro paradisum repromisit. sed et homo ipse, quem dominus 1 2 11
tempus non credit esse uenturum? sed spes ex fide est, quae quamuis in futuro sit posita, fidei tamen est iure subiecta. ubi enim fides non est, nec 1 36 4
insana nec Maccabaeae matris memoriam recolit, quae spe succincta futurorum Antiocho saeuiente libenter semel septem filios non dicam 1 2 13
depone fallaciam: ingratis auaritiam pietate condis; solius dei potestas est futurorum commodis prouidere. 2 1 21
queritur, qui mox eum poterat et punire. sed quia mors apud incredulos futurorum putatur poenae compendium ac paene pro infecto habetur quod 1 47
sui operis non habebit. unde primo omnium *spes* nobis proponenda est *futurorum*, sine qua nec praesentia quidem ipsa stare posse perspicimus. 1 36 2
aduenit suo sibi semper nouellus occasu. quod praeterit sequitur, quod futurum est antecedit. in omnibus nouus est et tamen in omnibus uetus 1 16 1
iudicia duo designat: unum aquae, quod gestum est, ignis alterum, quod futurum. mare fontem sacrum debemus accipere, in quo, quibus aquis dei 2 26 2
Christus, deus pater omnipotens propitiatur. postremo ille felix in futurum regnabit, qui tecum illo peruenerit. 1 1 21
eo enim res deducta est, ut fides nostra per dei requiratur iniuriam. quod futurum Salomon enuntiauit et cauendum quid sit his uerbis edocuit: 2 3 12
quod mutatur, quod alieno mouetur pulsu, quod quid sit, quid fuerit, quid futurum sit, non potest aliquando sentire. solus deus est itaque principium, 1 7 2
morabatur, quae non in cassum a deo *magna ciuitas* dicta est; erat enim futurum, ut omnium nationum in Christo credentibus populis totus orbis 1 34 9
praestari potuisset. eo accidit, quod secundum carnem Dauid filius futurus esse canebatur; qui nisi paterno generis signaculo responderet, 1 3 18
ueniente baptismatis spiritali unda in gremio renatus ecclesiae filius eius futurus fuerat, non maritus. Iudas amittit uxorem, id est synagogae fides 1 13 7
fuisse necessariam, sed in designationem Iudaici populi, qui carnalis futurus fuerat, procuratam. denique nihil illi contulit, quia deo ante, non 1 3 7
et lapidas missos ad te, quotiens uolui colligere filios tuos sicut gallina pullos suos sub alas et noluisti? ecce remittetur uobis domus 2 6 3
inspira; discute laborantibus morbos; cura languores; in temptationibus gaude, in tormentis pro nomine domini. si obuenerint dura, *fidem* 2 3 14
sua bona uniuersa fundentem; postremo quem noueris idolatriae fanum, gaudeas dei templum. itaque beatus est, semper qui meminit, quod renatus 2 29 3
hoc est meam praedicabis crucem, sed et tu crucis tuae similiter dignitate gaudebis. igitur haec scala cuius esset materiae, in qua dominus 1 37 7
ascenditur in montem. omni mysterio sacrificioque disposito ductus filius gaudens gaudente patre, patris dextra feriendus. qui antequam ueniret in 1 43 4
iam parabat. a filio ad agnum transtulit dextram semper laetatus et gaudens nec mutatus est uultus eius, cum esset uictima commutata: cum 1 43 7
testes pauor inuadit. tremit diabolus, quod ipsius commenta nudentur. gaudent angeli, quod oppressa ueritas tandem defendatur in terris. 1 40 3
quam deus qui uitam dederat imperabat. laetatur pater filio quoque gaudente et cum gaudio unici pignoris alligat manus, quas ille uinciendas 1 43 5
in montem. omni mysterio sacrificioque disposito ductus filius gaudens gaudente patre, patris dextra feriendus. qui antequam ueniret in montem, 1 43 4
pannis sordidis alligatos huic mundo dediticios intulerunt; sed laeta gaudentes, caelestis <...> libera peccatis omnibus absolutos non foetidis 1 32
charismate redditurum, cum salubri unda perfusi, limpidae aestatis messe gaudentes panem nouum coeperint manducare. quos autumnale quoque 2 13
meam noui. certe si quid sciunt, dicant operarii, qui mecum sunt. lucro gaudeo, sed sine furti conscientia, sane confiteor. denique et uos retinetis 1 41 3
uerum tamen in ipso fructu suo, quo expugnati pudoris alieni labe gaudere consueuit, semper infelix est. denique post negotium perpetratum 1 1 7
quod sero datur et in tristissima senectute suscepta sollicitudinis mole gaudere; nam et risit Sarra munus iuuentutis subiens in senecta, unde 1 43 2
omne ius diuinum praecipue custodiuit. cuius immolatione ille quoque gauderet, qui ad uictimam parabatur. aries haerebat in uepre implicitus 1 43 8
quouis prato iucundioris caelum ipsum honore laeto respirat. haec liberis gaudet; at illa liberorum non timet orbitatem. haec eorundem blanditiis 2 7 3
qui in humanis sensibus uersari consueuit? in tantis filii casibus laetatur et gaudet et se dominum promeruisse triumphat. accepit iam praemia, quae 1 43 6
exitus cuiusuis aetatis utroque generi salutare munus inpertit; illa sanguine gaudet, haec gratia; illa imagine, haec ueritate; illa damno, haec lucro; illa 1 3 23
deuotissimus Abraham nec dolor patri lacrimas persuasit, sed exsultat et gaudet. nec timuit, ne parricidium ei inputaretur, sed magis ut deuotioni 1 43 4
quod blandimentis impetrare non potuit. libidinum commutatione uaria gaudet semper et paenitet, ad satietatem numquam lubrica utilitate 1 1 9
solus homo praeceps, solus inpatiens, prauis cotidie mobilitatibus gaudet, uarietatibus studet; miserum se putat, si ipse sit, nec intellegit rem 1 4 7
sed et denarium aureum triplicis numismatis unione signatum. gaudete itaque! in fontem quidem nudi demergitis, sed aetheria ueste uestiti 1 23
custodite. etenim omnis [actus] uester contractus ablatus est. securi gaudete: nihil saeculo iam debetis. in magno quidem reatu nunc usque 1 42 1
ac fideliter custodite. etenim uester contractus omnis ablatus est. securi gaudete; nihil saeculo iam debetis. ecce nullum pondus, stridor nullus est 2 29 1
impendere cognoscant. quod exemplum, fratres, fortiter fugite simulque gaudete, quod alienis plagis dei discitis disciplinam, per dominum Iesum 1 30
suis sibi exsequiis reuerti iusserunt, ut omnes mirarentur fieri lacrimas gaudii, quae nunc fuerant orbitatis. sed longum est, fratres, ire per singula, 1 36 9
curiosa diu admirata mulierem uirginem, admirata infantem deum ingenti gaudio exsultans, quae curatum uenerat, curata recessit. ita Christus in 1 54 5
utpote quae in se creatorem mundi concepit; parturit non dolore, sed gaudio. mira res! exsultans exponit infantem totius naturae antiquitate 1 54 3
factorem et opus sui figura uestit artificem. parturit Maria non dolore, sed gaudio; nascitur sine patre filius, non totus matris, sibi debens quod 2 12 2
musti dulci fluento feruentes uinariam dominicam cellam communi gaudio repleuerunt. quod ut uobis quoque fide uestra adolescente 1 10b 3
beatitudinis uestrae possem dicere, nisi essetis mei. unum tamen prae gaudio tacere non possum: fenerando pauperibus omnes copias auaritiae 1 14 9
subiectus momentis omnibus inmutatur labore, aetate, languore, gaudio, tristitudine, nunc macie deformis, nunc enormis pinguedine, usque 2 30 2
subiectus momentis omnibus demutatur labore, aetate, languore, ira, gaudio, tristitudine totque induat uultus, quot animi fuerint motus, 1 27 2
qui uitam dederat imperabat. laetatur pater filio quoque gaudente et cum gaudio unici pignoris alligat manus, quas ille uinciendas libentius offert. 1 43 5
iterum celandum terrae mandatur. etenim res est, quam habere falsum est gaudium, certissimum periculum publicare. sed non opus est ire per 1 14 4
parens. tibi oculos numquam siccos esse aut misericordia permittit aut gaudium. tu tuos ita diligis inimicos, ut inter eos carosque tibi quid distet, 1 36 31
postremo iacentes reliquias mors uindicat sibi, insuper ei poenas gehennae paritura. tunc carnalis mimus ille finitur exsanguique nihil iam 2 4 16
cum subito diuina prouidentia scinditur mare, aquae dextra laeuaque gelido stupore frenatae uitreos diriguntur in muros praestolantes dei 1 29 2
radient tibi pretiosorum lapidum discoloribus formis referta penetralia, gemat terra sub pondere argenti, auro ardens tota domus pugnet sua 1 5 10
uel cum amissis gubernaculis inter conpugnantes flatus ac fluctus gemens parturit carina naufragium. inter haec omnia deterior est 2 2 2
ea lege, qua uos matres uestrae pepererunt, quae et ipsae partus dolore gementes et uos plorantes, sordidos, pannis sordidis alligatos huic mundo 1 32
unius fructus rediguntur in summam, quoniam uniuersa quamuis gemina esse noscantur, tamen una de radice funduntur. testamenta sunt 1 37 14
quodam modo uti sermone nouique operis arcem sacram laudibus geminare. sed quamuis sit optimum laudare, quae dei sunt, tamen 2 6 1
post suum dorsum cum postfuturis abiecerat; Erythraeum quoque in geminas ripas medium scissum mare, ductisque dextra laeuaque aggeribus 1 18 1
acrobustia meritae repromissionis accepit. unde manifestum est Abraham gemini populi typum in semet ipso portasse, ut circumcisionis nota 1 3 7
seminum messem caelestibus horreis inferatis. et admonet prosequentibus Geminis, id est duobus salutare canentibus testamentis, ut principaliter 1 38 4
in agonem immortalis laudis Christianus semper ardor animatur. erit geminum de religiositate commercium, cum ad caeleste praemium populus 1 39 1
exponit infantem totius naturae antiquitate maiorem. interea rudis non gemit feta. non mundum, ut assolet, infans fusus ingrediens sponte uitae 1 54 4
labra liuentia stridit, intorta omnia passim membra tremore uibrantur; gemit, flet, denuntiatum pauet iudicii diem pellique se plangit, confitetur 1 2 6
odit iam sine causa ante quod amauerat; probat felicius esse quod oderat. gemit instanti poenae aliquid de facultatibus notis mederi non posse, pro 1 2 10
non baiulat pondus, sub incerto partu parientis nascentisque de salute non gemit nulliusque momentis omnibus uariae sollicitudinis cura torquetur. 2 7 3
admirabilis et uere diuina sacrosancta dignatio, in qua quae parturit non gemit, qui renascitur plorare non nouit! haec renouatio, haec resurrectio, 1 55
puncto temporis uiuere te non posse clamabas, nunc clusis dolore gemitibus saepe intermortua spiritu, labentibus membris ad terram incertas 2 7 7
deus ad Adam: *maledicta terra erit in omnibus operibus tuis; in tristitiae gemitu edes ex ea omnibus diebus uitae tuae; spinas et tribulos eiciet tibi* 1 2 30
Christianae plus nubunt. adde quod gentibus, quod sine dolore magno uel gemitu non potest dici. quae enim uox, quae increpatio has condigne possit 2 7 11
solacii locus. nam hominem uiuum, ut adhuc usque, continebat labor, gemitus, impietas, dolor, aegritudo, miseria; mortui quippe corpus 2 4 6
arboris pomum male dulce delibauit, lacrimas repperit, dolores et gemitus, *spinas et tribulos* sibimet comparauit ultimoque *sudore* turbatus 1 4 8

ac sine pretio margaritae. felicia, exsultate, coniugia: meliores ornatui gemmas sculpitis, quam uos estis. exsultate, uiduae: quadratura uestrae 2 6 10
cotidie aedificatur et cotidie dedicatur; floribus perpetuis ac diuersis gemmis, lapidibus, margaritis per momenta distinguitur et quia opus est 2 6 7
monilibus tota distincta, conuiuiorum celebritate iucunda, uino madida, gemmis seu floribus redimita, oculorum iocorumque festiuitate lasciua, 2 4 9
naufragium. procellae crebrescentes insaniunt, horrendum sibilant funes, gemunt cedentibus uelis antennae, retunsa undique iter non inuenit prora. 1 34 5
uniuersae nationes mutuis cadunt per momenta uulneribus, concussae gemunt urbes, deleta rura respirare non possunt, maria plus praedonibus 1 5 3
quibusdam, ne peruersa doctrina uterentur neque adtenderent fabulis et genealogiis, quae sine fine sunt, quae magis quaestiones praestant quam 2 3 17
inquit, *deo sacrificium laudis.* primo omnium sacrificiorum tria esse genera, nouelle, disce, Christiane, ne quo seducaris errore. unum est enim 1 25 3
peccata contestans, secundum domini dictum a quo procedunt uniuersa genera peccatorum, pectus crebro percutiens quodam modo cor suum 2 9 9
uoluntate sua se parit, diuinae legis agnitione construit decorem, ad omnia genera uirtutum intrepidus corrigit, praeceptis omnibus fideliter obtemperat 2 2 4
incendio. inter tot instrumenta mortis spectatore metuente secura calcat genera uniuersa terrorum; incolumis quasi orbe subacto de illo feralis 2 2 7
disserendum est, quae sit in ea iniustorum iustorumque discretio, ne generalitas nominis in conparatione malorum attrahat gloriam Christianae 1 2 23
tali re non loquela est exhibenda, sed cura, quam paucis accipite. iram dei generaliter comminantis qui uult effugere, debet illi inculpate seruire. 1 10a
ergo manifestum est prophetiae more angelos homines iustos et iniustos generaliter dictos. sed ascendentes et descendentes qui sint, in exemplis 1 37 12
si dei seruus es, *stultas et ineruditas quaestiones euita sciens, quia lites generant. seruum autem dei non oportet litigare*, quia lis et caritatis est 2 3 18
accipere, cuius diuite ex alueo Fauonio non uento, sed spiritu sancto generante *odorem diuinum* beata *spirantes* fide diuerso charismate, sed una 1 33 2
desperatus parentibus, sed deo promittente susceptus in transacta aetate et generantis genitalis flore consumpto non tam ex parentibus quam diuina 1 59 1
habebit, quia tractatus, qui eas genuit uel cotidie generat, adhuc potest generare. e diuerso prouocatus rursus eas pro ingeniorum 2 3 7
uerba, multo magis nihil habebit, quia tractatus, qui eas genuit uel cotidie generat, adhuc potest generare. e diuerso prouocatus rursus eas pro 2 3 7
amborum. laetatur pater in alio se, quem genuit ex se. quomodo autem generatus sit, qui processit, dementis est opinari. namque temperat se 1 56 2
cum per uoluptuosa ac profana loca lasciua passim se fronde diffundit, generauit pro fructibus spinas, pro uua labruscam. cuius rei indignitate 1 10b 2
flore discusso nullos potuit fructus afferre. denique pro fructibus spinas generauit, pro uua labruscam. cuius abhorrens infelicitatem dominus rei, 2 11 1
non nocte, non hora, non sexu, non aetate, non condicione, non loco, non genere a tribuenda homini salute depellitur, sed gloriosa semper in 1 3 22
quid statis genere, aetate, sexu, condicione diuersi, mox unum futuri? fontanum 1 55
nunc ergo, fratres carissimi, secunda illa circumcisio ab Iesu Naue quo genere celebrata sit petrinis illis cultris: cor an praeputium circumciderit. 1 3 15
suggestu facillime possit agnosci. Ioseph, Hebraeus adolescens, clarus genere, clarior pulchritudine, morum quoque clarissimus probitate, fuit 1 1 15
hiemis tristitudine, nouo uento Fauonio blandiente, diuersis floribus genere colore pariter et odore una natiuitate diffusis germinantia undique 1 33 1
sed sibi uincit. amplectenda est igitur, fratres, tenaciter nobis et omni genere custodienda uirtutum. in hanc fortiter incumbendum; ipsa est enim 1 36 4
magnificus, fratres dilectissimi, saeculorum pater adest dies, omni genere fructuum fetibus pollens, diuite sinu, momentis quibus uelis 2 13
habet unusquisque membra, poterit perpetrare tot crimina. denique hoc genere Iudaeos scriptura denotat ab auribus incipiens: *clamaui*, inquit, *ad* 1 3 10
reuolutus dies salutaris aduenit, officiis sacramenti dominici omnibus omni genere munerum largus. namque piis mercedem sacerdotibus praestat, 1 6
o magna prouidentia dei nostri! o bonae matris caritas pura! diuersos genere, sexu, aetate, condicione suscipiens necat odio criminum ut nouerca, 2 29 2
diuersae religonis diem, quo tibi ecclesia, illi adeunda sint templa. quo genere unusquisque suum sacrificium procurabitis, quo sumptu, quibus 2 7 14
assumpserat, perit, si Iesus non resurrexit. at si resurrexit, humano generi formam dedit, quoniam ad hoc deus pro homine mortis iura 1 2 11
quod Noe incircumcisus saeuiente diluuio diuina prouidentia humano generi *heres* et pater *est constitutus*? quid, quod Melchisedech, summus 1 3 5
quod deus suos promiserat per prophetas, filium suum saluatorem generi humano se esse missurum commodum, tempore maturo, diuinitatis 2 12 1
a cunis ipsis infantiae usque ad supremos exitus cuiusuis aetatis utroque generi salutare munus inpertit; illa sanguine gaudet, haec gratia; illa 1 3 23
dies, sol, nox, pluuiae, nascendi atque moriendi condicio, quae humano generi sine personarum aliqua exceptione aequabiliter iustitia est diuina 2 1 18
laudabiles uiros multiformes tenduntur insidiae et diuersis calumniarum generibus factiosae emerserint causae, quid homo pestilens excogitet uel 1 40 1
posteaquam deus, fratres, hunc mundum quasi quandam futuri humani generis domum multipliciter aptatum distinctumque elementis, opibus, 2 4 4
tantae uirtutis, ut sit honorabilis etiam hostibus suis. haec totius humani generis fundamenta confirmat, haec nominum proprietates uniuersis 1 1 1
pro meritis quasi cum quibusdam elogiis paucissimis uerbis totius humani generis iudicium designauit; etenim quantum interest inter impium et 1 35 3
formidabit umquam, uariis atque igneis sagittis armatus, totius humani generis omni momento corda destringens; propter quod sic Paulus 1 38 6
neque enim re uera aliquid circa se habere possit inmundum, qui humani generis peccata, sordes et maculas uenerat mundaturus. denique 1 54 4
magna ratio, magna potestas, magna pietas iudicis nostri, a quo uniuersi generis peccatores, ut possint beate uiuere, puniri festinant. mira ratio, 1 42 1
magna potestas, magna peritia, magna pietas iudicis nostri, a quo uniuersi generis peccatores, ut possint beate uiuere, puniri festinant. descendit 2 10 2
Iob ulceribus maculatus est; et dominus sumendo carnem totius humani generis peccatorum est sordibus obsoletatus. Iob uxor sua hortatur ut 1 15 8
secundum carnem Dauid filius futurus esse canebatur; qui nisi paterno generis signaculo responderet, neque Dauid filius esset neque nisi in filium 1 3 18
auis illa pretiosa resurrectionis euidenter nos edocet iura, quae nobilitatem generis sui non a parentibus accepit, non liberis tradit; ipsa est sibi uterque 1 2 20
quaereret, ubi esset uictima quam disponeret et immolaret, securus de fide generis sui pater filio, de quo non dubitabat, patefecit, quid a se dominus 1 43 5
multiformis crudelitatis lugubris contemplatio retrahit a corona, tantum generosa ac perfecta fides quique illi fuerit cruciatus sua complicat uota. 1 11
praestat esse quod nascitur. huius est munus, quod cara uxor, quod generosi liberi, quod ueri sunt patres. huius est munus, quod alii ut nos 1 36 14
qui ingenii sui putat esse, quod ille fuerit aestimatus. ceterum illa est fidei generositas uera, ut deo fideliter seruiat, in solo ipso fiduciam gerat, a 2 3 19
qui spem habet in homine? ergo ubi purum deum significat, sic dicit in Genesi: *et fecit deus hominem ad imaginem et similitudinem dei*, et in 2 5 2
auaritiamque fugiatis, quae est incurabilis Cancer. Leo autem noster, sicut Genesis protestatur, *leonis* est *catulus*, cuius ista pia sacramenta 1 38 4
geram sacrique horoscopi pandam tota breuitate secreta. igitur, fratres, genesis talis est uestra. primus uos, qui in se credentem reprobat nullum, 1 38 3
expositum lauisti lacrimis, osculis detersisti, crinium damno uelasti, scissis genis, liuore foedatis uberibus, sordido plus puluere tecta quam ueste? tu, 2 7 7
plangis? pro nefas! hinc mater scissa ueste, laniatis crinibus, laniatis et genis, totum crebris ictibus liuida pectus gentili uanitate circa amissi 1 2 13
id, quod intus est, reuiuescit nec mortem medullitus capit, sed suum sibi genitale in germen exspirans uetusti corporis superficie deleta, immo in 1 2 22
dicto citius aetherias portas, fratres, intrate aeternique gurgitis alueo genitali condentes ullam pro personis operari ne aestimetis hic gratiam. 1 49
quia lex communis est, fides uero priuata, quia lex semper manat ex libro Genitali, fides autem tenaciter inhaeret suo soli proposito. lex ab alio 2 3 4
negotioso cursu, reciprocis ambagibus operis mundani pensa perpetuans, genitali semper nouellus occasu, a se in semet *sua per uestigia* reuolutus 1 6
ac periculis magnis non possit ab aliquo perueniri. adde quod illa in solo genitali uersatur, ille peregrinus est. illa sine contemplatione meritorum 2 4 14
suscipit, feliciter naufragos facit interimensque uniuersa peccata genitali unda submergit, ut caelestes effecti terram desiderare non norint. 1 46b 2
iam munera nesciebat. atque eo tempore partus profertur, quo calor genitalia iam relinquebat. mira prorsus, carissimi, et speranda saeculis post 1 59 3
tempora et saecula infinita. parit sibi de fine principium et tamen a cunis genitalibus non recedit. profecto sacramenti dominici imaginem portat, 1 57
annos in saecula pandens. sine pausa crescit in senium et tamen a cunis genitalibus non recedit. profecto sacramenti dominici imaginem portat, 1 58
parentibus, sed deo promittente susceptus in transacta aetate et generantis genitalis flore consumpto non tam ex parentibus quam diuina praeceptione 1 59 1
sitis exoptatus ardor incendit, cupiditate ac uelocitate ceruina lacteum genitalis fontis ad laticem conuolate. fortiter bibite, ut semper uobis aqua 2 14
ardor incendit, quos nectarei fluenti dulce murmur inuitat, lacteum genitalis fontis ad laticem conuolate incunctanter ac fortiter bibite, dum 1 12
amputatur in surculum palmes, in scrobem dimittitur, ut animatus ibidem genitalis humoris manente semper secum substantia nutriatur. auxiliare illi 2 11 2
eia quid statis, fratres, uestram quos per fidem genitalis unda concepit, per sacramenta iam parturit? ad desiderata 2 28
qui eratis aetate diuersi, diuersi natione, subito germani fratres, subito una geniti emersistis infantes, hortor uos natiuitatis tantae festa laeto celebrare 1 24 1
amasse. unde infelices et miseri sunt Iudaei, qui deum patrem, a quo sunt geniti, respuerunt tanti immemores honoris, tantae dignitatis ignari. quid 1 61 6
in tempore est, qui est excelsus in excelsis, humilis in terris, saeculorum genitor, filius uirginis, immortalis sibi, homini moriturus; mortem gustat, 2 5 3
igitur Isaac unicus filius, spes populorum et gentium, origo tot rerum, cari genitoris amplexibus inhaerebat. strinxerat in se patris pietatem, quod 1 62 3
hanc caelestis sacramenti uirtutem, hanc aeternae uitae legitimam genitricem, hanc perpetuam futuri regni consortem, sine qua nemo possit 1 3 1
quod quidem uobis ulterius non licebit, fortassis requiratis et a nobis, qua genitura quoue signo tam diuersos, tam plures, tam dispares una uno partu 1 38 2
omnes, qui timent dominum, beati sunt, non beatus est nullus, quia nulla gens est, nulla sunt pecora, animantium denique nulla natura, quae non 2 2 3
haec uita aeterna, haec est mater omnium, quae nos adunatos, ex omni gente et natione collectos unum postmodum efficit corpus. 1 55
mare autem mundus est iste tumidus; fluctus eius Iudaeorum populos et *gentes* accipimus, qui aduersus deum inaniter *fremuerunt*. sors Ionam 1 34 8
'sed, inquies, iustum est, ut mea seruem, aliena non quaeram.' hoc etiam gentes dicere consuerunt. ceterum apud deum quam sit iniustum, mox 2 1 18
meo et sacrificium mundum, quoniam magnum est nomen meum apud gentes, dicit dominus. immola deo sacrificium laudis. immola, inquit, *deo*, 1 25 7
quoniam a solis ortu usque in occasum clarificatum est nomen meum apud gentes, et in omni loco odores incensi offeruntur nomini meo et sacrificium 1 25 7
aetheriae gentes, exsultate, nouella pignora in Christo, florentissimique hodierni 1 38 1
hoc alibi manifestius ad omnes discipulos ait: *ite ergo et docete omnes gentes intingentes eos in nomine patris et filii et spiritus sancti, docentes* 1 37 7
iterum ibidem dicit: *sacrificans diis eradicabitur, nisi domino soli.* haec gentes, nisi conuertantur, manet diuina sententia, quae nec deum nec 1 25 5
uenerat Christus. non cognoscitur a socero: ad Iudaeos enim, non ad gentes prophetae fuerant destinati. *fornicariam putat*: recte, quia 1 13 9
credi possit resurgere, quod omnibus palam sit non penitus interire. gentes, quae ista non credunt, tamen cum libamine infausto ad sepulcra 1 2 3
populo seruiebat. cum ea conuenire cupit, quia prophetiae magis gentes quam Iudaei fuerant credituri, domino dicente: *amen, amen dico* 1 13 9
solis sacerdotum dei structura et propria est et perennis, qua et Iudaeos et gentes uel ceteros antecedimus. incomparabilis autem gloria ac uere deo 2 6 4
astutia, inani pauperes uoto, cultores dei odio simulato, totae autem gentes uniuersaeque nationes gladio. per orbem totum uesana bacchatur 1 14 1
quod Iudaeis non audientibus Christus dominus esset ab apostolis et gentibus audiendus. *filios*, inquit, *genui et exaltaui*. haec domini uox est, 1 61 4
a Iudaeorum populis audiendus, quod eum apostoli essent et homines ex gentibus audituri, et ideo ait: *audi caelum et terra*. caelos autem apostolos 1 61 2
odit et se ipsam cum illo quem uicerit. haec saepe indixit quietis gentibus bellum; haec aliquotiens robusta regna subuertit; haec aut sub 1 1 8
erat promissus, ideo cum praeputio natus, quia in aeternum incircumcisis gentibus fuerat profuturus. diximus de prima circumcisione carnali, quae 1 3 18
secunda uero, quae impios cum peccatoribus uniuersisque incredulis gentibus perenni destinat poenae, in Psalmis spiritu sancto dicente: *ideo* 1 2 23
necessario uno sequuntur duo Pisces in signo, id est duo ex Iudaeis et gentibus populi baptismatis aqua uiuentes, in unum populum Christi uno 1 38 7

nescio. non enim uideo, quid in exhortationibus diuini ac ueri cultus gentibus praedicem. felicitatemne uirginitatis? at habent suas, et si non 2 7 11
habet diligit, et qui non habet diligit. si ergo exsultat gloria eius saepe in gentibus (quamuis illic fructuosa uel uera esse non possit, quia sub 1 1 3
quo uincimus, quia pro sua sanctitate Christianae plus nubunt. adde quod gentibus, quod sine dolore magno uel gemitu non potest dici. quae enim 2 7 11
sit optimum laudare, quae dei sunt, tamen praecipuum non est, quod cum gentibus uel Iudaeis potest esse commune; nam et illi, si liceat uel si 2 6 1
quem ipse disposuit. Selom autem praedictorum tertius frater minor ex gentibus uenientis nouelli populi imaginem depingebat, Thamar ecclesiae, 1 13 7
inquit, *omnis terra*, et alibi: *audi*, inquit, *terra, ex ore meo*. quo uocabulo gentiles homines sine dubio comprehendit, in quibus adhuc erant opera 1 61 4
ueste, laniatis crinibus, laniatis et genis, totum crebris ictibus liuida pectus gentili uanitate circa amissi cadauer bacchatur insana nec Maccabaeae 1 2 13
lignum amara aqua dulcis effecta, quam per lignum crucis amaritudine gentilitatis exclusa bibituri essemus? exaltati filii Israel, quando ad 1 61 8
condemnetur, ne nouus homo quicquam Iudaei habere uideatur aut gentis. ambo enim illi carnales sunt, ambo sine fructu. unde dubium non 1 3 24
est: filios genui et exaltaui, ipsi autem me spreuerunt. grandem Iudaicae gentis offensam libri istius exordia proloquuntur et iracundiam diuinae 1 61 1
errorem. solet enim magnis cum uociferationibus saepe iactare hanc esse gentis suae nobilitatem, hanc caelestis sacramenti uirtutem, hanc aeternae 1 3 1
cum uno exemplo noscantur uniuersa eius mala, propheta dicente: *idola gentium argentum et aurum*. unde apparet eum, qui diligit aurum et 1 14 4
quas omnes nudi transituri sumus. solum colitur, de quo dictum est: *idola gentium argentum et aurum*, pro quo quis aut iugulatur aut iugulat. 1 5 15
quod Abraham *contra spem in spem credidit deo, ut fieret pater multarum gentium*. contra spem autem est, quod impossibile est ac non uidetur; sed 1 36 5
spiritus sanctus in Psalmo nonagesimo quinto declarat dicens: *omnes dii gentium daemonia; dominus autem caelos fecit*; et in Deuteronomio: 1 25 5
quae regum, iudicum, diuitum, aliquotiens etiam, quod peius est, gentium desiderat per momenta patrocinia! o quam turpis ac lubrica, de 2 3 10
fidelis, quia credidit deo; qui nisi credidisset, neque iustus neque pater gentium esse potuisset. quapropter manifestum est spei ac fidei unam 1 36 6
Abraham ut pater esset multarum gentium, hic iustitiam non didicit, sed genuit. non illum accessus infecerat 1 62 1
intulit ante quam caelo. at uero Nineue imaginem portat ecclesiae, in qua gentium iam inde noster populus morabatur, quae non in cassum a deo 1 34 9
habet, quantum credit. igitur Isaac unicus filius, spes populorum et gentium, origo tot rerum, cari genitoris amplexibus inhaerebat. strinxerat 1 62 3
est enim detestabile, alterum reprobum, tertium mundum. detestabile est gentium, reprobum Iudaeorum, populi Christiani mundum. igitur gentium 1 25 3
est gentium, reprobum Iudaeorum, populi Christiani mundum. igitur gentium sacrificium quam exsecrabile est, tam inane; colunt enim uani 1 25 3
uaticinando perhibuit. etenim labia inquinata duos populos Iudaeorum gentiumque debemus accipere, qui, cum essent anterioris uitae facinoribus 1 37 3
esses: ad gladium nascitur puer. talem casum nemo doluit, nec quae genuerat mater. nemo plangit uiuas exsequias et innocentis hominis 1 62 4
Christus dominus esset ab apostolis et gentibus audiendus. *filios*, inquit, *genui et exaltaui*. haec domini uox est, qua iam tunc per prophetam 1 61 5
proprium enim dei est scire transacta et nosse uentura. *filios*, inquit, *genui et exaltaui*. infinita Iudaei infidelitate sua apud dominum nostrum 1 61 5
audi, caelum, et percipe auribus, terra, quoniam dominus locutus est: filios genui et exaltaui, ipsi autem me spreuerunt. grandem Iudaicae gentis 1 61 1
hominibus dixisse quam dulce est! talem patrem laesisse quam turpe! *filios genui et exaltaui*: utique filios Israel dominus genuit, qui Abraham, unde 1 61 7
humanam mediocritatem aut caram habeat aut dilectam? *filios*, inquit, *genui*: hoc dominum de hominibus dixisse quam dulce est! talem patrem 1 61 7
potius feliciter suis hortamentis occidit, religiose confidens deo filios se genuisse, non mundo. hinc uxor amissi mariti desolationem se ferre non 1 2 13
testatus dicens: *omnia mihi tradita sunt a patre meo*. Iob uicarios filios genuit; dominus quoque post prophetas filios sanctos apostolos procreauit. 1 15 9
nasceretur, in patre, aequalis in omnibus, quia pater in ipsum alium se genuit ex se, ex innascibili scilicet sua illa substantia, in qua beatus manens 1 17 2
est filii, patris est, quod patris, amborum. laetatur pater in alio se, quem genuit ex se. quomodo autem generatus sit, qui processit, dementis est 1 56 1
diaboli est sane mancipium; eius enim possidet regnum. nam deos ipsa genuit, ipsa intulit mundo, per quos aut in quibus diabolus colitur, quorum 1 1 11
Abraham ut pater esset multarum gentium, hic iustitiam non didicit, sed genuit. non illum accessus infecerat urbium. non habuit legem, cuius 1 62 1
laesisse quam turpe! *filios genui et exaltaui*: utique filios Israel dominus genuit, qui Abraham, unde nascerentur, elegit. hos in Aegypto genuit, ubi 1 61 7
dominus genuit, qui Abraham, unde nascerentur, elegit. hos in Aegypto genuit, ubi ingressis paucis hominibus innumerabilis multitudo processit et 1 61 7
quot non habet uerba, multo magis nihil habebit, quia tractatus, qui eas genuit uel cotidie generat, adhuc potest generare. e diuerso prouocatus 2 3 7
effectus, quia orbem terrae erat ipse facturus humanumque uisitaturus genus, alias aequalis in omnibus patri. quicquid enim pater praecepit, ut 1 50
timeat, ille terretur; ille uapulat, ut iste proficiat. compendiosum felicitatis genus alterius periculo discere, quid debeas deuitare. unde, fratres, in tali 1 10a
quasi sola isto affectu sint praedita? nonne uidemus omne animantium genus congregatione, concordia testari caritatem atque ita omnis motus 1 36 15
et tamen colitur; iugulat et amatur. inuincibile profecto calamitatis est genus, cui subiugata sapientia seruit et uirtus. uidetisne iam manifeste 2 1 8
pro uobis ipsis bene uigilastis; optime estis auditi. nouum iudicii genus est, in quo reus, si excusauerit crimen, damnatur, absoluitur, si 1 42 1
uel sero et intemperanti linguae silentii frenos impone. dementiae genus est inuisibilis incomprehensibilisque uelle opinari secretum eiusque 2 8 3
publicari. totum prorsus temptat, ut sibi uindicet totum. nouum prodigii genus est: odit pudicitiam et tamen hoc cupit uideri, quod illa est. interea 1 1 9
cadauera in simulacra, parentalia in sacrificia, mores in sacra. sic, sic genus humanum a dei cultura rapuit, dum blanda festiuitate facinorosa 1 1 12
interitum, e diuerso per uirum ligno suspensum uiuificatum est omne genus humanum. ac ne non ex integro principium suo statui redditum 1 3 20
Adam etenim, cum illicitum pomum hoc membro decerpit, sic in genus humanum ius mortis induxit. necessario ergo luxurioso populo deus 1 3 8
dicit aliquis: 'si ita est, cur in se ipse potissimum superatur?' primo quia genus humanum magis uoluptati quam uirtuti consentit, deinde quia 2 4 13
naufragatum momentis uniuersis in interitionem cogitur omne genus humanum. namque sapientia densis exaestuans argumentis, suasorio 2 1 6
et exinde hereditaria condicione confectum uniformiter interibat omne genus humanum. nec fuit ullus ulli usquam solacii locus. nam hominem 2 4 5
quod amicitia in facie adludit quam in cordibus commoratur; quod omne genus humanum suo interitu suisque calamitatibus delectatur uiliorem 1 14 7
perciperetis, pro uobis bene uigilastis, optime estis auditi. nouum iudicii genus, in quo reus, si excusauerit crimen, damnatur, absoluitur, si fatetur. 2 10 2
tam necessarium atque conueniens, quam ut se ipsum nouerit. etenim genus insaniae est eum rationem secreti naturae disquirere; non enim ullo 1 27 1
tam necessarium atque conueniens, quam ut se ipsum nouerit. etenim genus insaniae est eum rationem secreti naturae disquirere, qui uitae suae 2 30 1
non liberis tradit; ipsa est sibi uterque sexus, ipsa omnis affectus, ipsa genus, ipsa finis, ipsa principium; non ex coitu nascitur nec officio alieno 1 2 20
eique eius ex latere mulierem coniugale solamen excussam, a quibus omne genus manauit humanum, caelestem uero ibidem nec memoratum nec 2 4 1
per ipsam disciplina caelestis colligitur ac tenetur, per ipsam, inquam, genus omne peccati, ne quis inprudens intereat, diffamatur. semper monere 2 3 3
illis imminere supplicium denotati uulneris inflictu minatur. omne genus pecudum cum suo sibi sacrificio reprobatur. ieiunia eorum, dies festi 1 46a 1
numquam satura, lucrorum enormitate miserior. nouum calamitatis est genus, quod tantummodo crescit, senescere ignorat. non illam parentum 1 14 2
orbem totum, si possit, ut rapiat. uultis scire, quale calamitatis sit genus? sane plus in eum, qui eam dilexerit, saeuit. quam qui uicerit, 1 21
dispares una uno partu uestra uos peperit mater. sicut paruulis morem geram sacrique horoscopi pandam tota breuitate secreta. igitur, fratres, 1 38 2
sine naturalis amicitiae disciplina? quid autem pro se in necessitatibus gerant, omnibus nota porcorum cotidiana propemodum tam iucundi 1 36 15
a pudore diuellit, quae desertae, ardore seu dolore compulsae, si talia gerant, putant se aut imitari aut uindicari. propter quod in praeceptis 1 1 13
illa est fidei generositas uera, ut deo fideliter seruiat, in solo ipso fiduciam gerat, a fidelitate et fiducia fidelem se uocari cognoscat, inculpatis moribus 2 3 19
suscipit mortem, ut ea deuicta resurgens *homini* per hominem, *quem gerebat, et spem uincendae mortis offerret et* eum *ad praemia inmortalitatis* 2 4 7
ne iugulet, securus illo se non posse displicere facinore, quod deo gerebatur auctore. o nouum spectaculum ac uere deo dignum, in quo 1 4 13
uoluntatemque patris et filii contestans; duas acies, id est duo testamenta gerens, quorum regalibus monitis et creduli deuotique seruantur et 1 37 2
Iudaeus legitimum gerere se pascha contendit, cui nihil aliud de ueteri sacramento quam 1 28 1
ubi non licet facere uxori, quod marito placet; ubi proponis, quia nihil te gerere sinit, nisi quae disposuerit prior ipse compleuerit. quod si factum 2 7 15
noueris: *omnis caro fenum et gloria eius sicut flos feni*? cuius si curam geris, pecuinam te esse cognoscis. an eius uirtutem diligis? frangit ac 2 4 15
grauidatum, quod non tam imaginem suam quam eius, cuius est in usibus, gerit. denique tot efficit uultus, quot ille intrinsecus tristes seu hilares suos 1 2 29
scribae uelociter scribentis. calamus fissus est, fratres, duosque uertices gerit in unius acuminis tenuitate digestos, unam litteram utroque 1 37 4
Christus est dominus. quod duplicem nubis et ignis imaginem gerit, iudicia duo designat: unum aquae, quod gestum est, ignis alterum, 2 26 2
unicuique, quod elegerit, tributura et ut iure possit implere, quod gerit. qui ad se ueniunt, professionem credulitatis ab eis solam ideo, quia 2 3 3
aestatis iniurias, sed se ipsum contemnit, si gloriae spem futurae non gerit? quid agricola semina spargit, si sudoris sui praemium non colligit 1 36 3
omni peccato se abstinet, quod propterea facit, quia *praui* bonique *notitiam* gerit, quod est utique sapientis. unde fit, *ut numquam iustus possit esse qui* 2 1 10
duos producitur cultros, sed eorum unus est morsus; et gladius duas acies gerit, sed sunt unius corporis latera; et denarii sunt duo, sed una moneta 1 37 14
de secunda spiritali, quae nostra est, edicamus. quae tantum potestatis gerit, ut a femina coeperit, quod priori impossibile fuit. denique a muliere, 1 3 19
Christi panis mentibus possit expelli. sed dum bellum duri certaminis geritur et familia domini caelo spectante probatur, Archadius beatissimus 1 39 3
oculorum et ambitio saeculi. his enim auctoribus concipitur, his ducibus geritur, his ministris impletur quicquid cotidie concupiscentia, ambitione, 2 9 5
super terram. o quam paucissimis uerbis omne hoc mundi, enixe quod geritur, negotium perorauit! his enim tribus rebus, quae fundamenta sunt 2 1 6
pestiferisque uoluptatibus ita corrupta sunt omnia, ut quicquid in eo geritur, non debere diligi a nobis sacris uocibus dum iubetur, recte 1 36 27
ad exempla, quae sunt negotio uel maxime necessaria, quia plus est quod geritur quam quod dicitur, ut et impudicitiae malum et bonum pudicitiae 1 1 15
uno uoto, una deuotione, ne quid profanum sit, diligenter ac patienter geritur, quod ab altero celebratur. sub tanto, non dicam humanitatis, sed 1 4 14
fratres, incunctanter eis ademit pascha, qui id, per quod ab eis pascha geritur, reprobauit. 'at imaginem colunt.' nec ipsam quidem, quia falso 2 25 2
hoc mysterium deo, hoc opus carum, hos opus uiuum carnaliter geritur, sed spiritaliter promouetur. praestabit autem deus pater 2 6 11
in se riuus sanguinis ruens†. dehinc poplitibus surisque porrectis et a germana coniunctione naturae gladio saeui latronis plantarum limes 1 39 8
animas pullulantes, ex quo qui eratis aetate diuersi, diuersi natione, subito germani fratres, subito una geniti emersistis infantes, hortor uos natiuitatis 1 24 1
pietas frangit, non dulcedo liberorum, non coniugalis affectus, non cara germanitas, non ius amicitiae, non tener pupillus, non dura uiduitas, non 1 14 2
alligauit; haec in Iona cetum in cymbam conuertit; haec in Maccabaeicae germanitatis exercitu sola uicit; haec in tribus pueris ignes amoenos effecit; 1 36 8
fuit inter filios Iacob aetate minor, sed spiritu maior. hic inuidae germanitatis impulsu in Aegyptum est delatus atque distractus a fratribus. 1 1 15
maiestatem. hic sol noster, sol uerus, qui clarissimos ignes mundi germanos astrorumque candentium polorum claritatis suae de plenitudine 2 12 4
est, reuiuescit nec mortem medullitus capit, sed suum sibi genitale in germen exspirans uetusti corporis superficie deleta, immo in melioris 1 2 22
diuersis floribus genere colore pariter et odore una natiuitate diffusis germinantia undique dulce prata respirant. exsultat aestas noua, sed diues, 1 33 1
in se frangitur, his denique fluctibus, quibus cogitur, refrenatur. haec germinantibus pratis, messibus flauis, uitibus curuis, semipallidis oliuis et 1 4 6
senectute consumpta, sua morte reuiuescens, menstrualis ignis solemni germine accenso sumat rursus de fine principium. similiter Phoenix auis 1 2 19

seminis grauidatur nutriturque ab eo ipso quod nutrit, donec hospitis germinis adoptiua pinguedine absumptus, immo pinguedo ipse factus, 1 2 27
imaginem, qui eius non diligit ueritatem. sane hoc solum competenter gerunt, innocentes quod agnos passim quasi *lupi rapaces* occidunt. 2 25 2
sed hoc amore criminum faciunt, ut putent impunita fore quae clanculo gerunt. nam si iudicii diei adpropinquare iam cursus aduerterent, procul 1 2 1
iniuriae suae testes citat caelum terramque: terram, in qua uniuersa geruntur, caelum, sub quo geruntur. filios appellat, ut exaggeret crimen; 2 21
caelum terramque: terram, in qua uniuersa geruntur, caelum, sub quo geruntur. filios appellat, ut exaggeret crimen; exaltatos, ut ingratos 2 21
redigere suam, quae esse eius ambiuit ancilla? in domo denique quae geruntur, sed et ipsis in fanis, Christiana fidelis, sine te esse non poterunt, 2 7 13
cum deus, posteaquam de Aegypto egressi sunt, ubi imaginarium pascha gesserunt, dicat: *plenus sum holocaustomatis arietum et pinguamine* 2 25 1
etenim laborare uidebitur iustus, nisi recipiat secundum facta sua, quae gessit, iniustus. non ergo sic accipiendum est, quemadmodum ab 1 35 1
Christi, ut recipiat unusquisque corporis sui merita secundum ea, quae gessit, siue bona siue mala. etenim, fratres, facilius est reformari quod 1 2 15
dum beati Archadii martyris gesta annalibus triumphanda mandamus, in agonem immortalis laudis 1 39 1
totus orbis deo una ciuitas redderetur. denique comparationem salutaria gesta confirmant, quae et in nobis manent. ut est, fratres, Nineuitis 1 34 9
fratres dilectissimi, quale diuinae pietatis munus acceperit, uetustae legis gesta testantur. Sarra uxor eius non inferior longae uitae transactis 1 43 1
non potest nasci. totum denique sua luce resplendens corpus sine umbra gestabat, humilis carne, sed excelsus omnipotentiae maiestate. qui sane 1 54 5
ipse tunc quoque numero suae adfuit trinitatis. denique rem sacramento gestam esse cognosce. in caminum missi ut submersi sunt flammis, statim 2 27
ecce tabidus pulmo pinguibus sputamentis exesus detestabili macie omnia gestatoris sui ossa denudat. nonne horrebit etiam sibi quodam modo illa 2 4 15
non hodie mihi ad uos sermo est, fratres carissimi, de humanis gestis aut meritis nec Daniel inducitur inter frementium leonum rabidos 2 18 1
mala nascuntur atque concelebrantur, quae condemnare falso humanitas gestit; *camelum enim glutiens culicem liquat*; reicit stillas criminum et 1 5 4
et uerbis auferri; nosci adaeque non potest, quia fieri potest, ut quis aliud gestit in labris, aliud in penetralibus cordis; similiter ne destrui quidem, 2 3 11
ingrati uariis molitionibus pugnant multisque diis ac regibus seruire gestiunt, qui uni deo per inpatientiam seruire minime potuerunt. sed 1 4 10
nubis et ignis imaginem gerit, iudicia duo designat: unum aquae, quod gestum est, ignis alterum, quod futurum. mare fontem sacrum debemus 2 26 2
formam fuerat subiturus et creaturam, ut angelus, homo, puer, sponsus, gigas, crucifixus, sepultus, *primogenitus a mortuis* diceretur, hic est, 2 8 8
templum sibimet castra metatur, quibus latenter infunditur in hominem gignitur ibidemque saluo quod erat meditatur esse quod non erat. mixtus 1 54 3
remedium, dubium non est hoc esse solum, ut flammas tuas maritalis gladii contemplatione compescas. mihi crede: non habet concupiscentia 2 7 9
aut odio est. denique haec est causa, quod fratrum pia nomina plerumque gladiis amica uidemus esse quam sibi; quod parentes opulenti abolita sui 1 5 6
deo spectante securus. parauerat extensa futuris ictibus colla, nudauerat gladiis uenientibus iugulum, putauerat se feralem iudicis amentiam citae 1 39 7
non possunt, maria plus praedonibus saeua sunt quam natura; obseratae gladiis uiae humano cruore pinguescunt; testamenta heredes incognitos ex 1 5 3
militaret: carissimi membra, quae osculis premere consueuerat, armatus gladio iubetur occidere. quid faceret pietas? praeceptum differri non potest. 1 62 3
est duorum seniorum aut prodigiosis ignibus subicere aut parricidali gladio iugulare; hic Ioseph mulieri flagitat esse uiolentum, quem, etiam 1 36 26
ac delectabili luculentae orationis compta mendacio, armata uocis tuba et gladio linguae omnes actus ad se trahit, congregat turbas, contionatur. lites 2 1 6
uoto, cultores dei odio simulato, totae autem gentes uniuersaeque nationes gladio. per orbem totum uesana bacchatur nouis ac uariis artibus feruens, 1 14 1
dehinc poplitibus surisque porrectis et a germana coniunctione naturae gladio saeui latronis plantarum limes inciditur et obsequio pedum corpus 1 39 8
aut exaestuat aliquo reatu conscientia; aut cum hostilis imminens manus gladio salutem premit; aut cum uiantis itineri erectus in morsum, 2 2 2
coepit furoris horror; accingitur turba feralis et ad inuisibilem suspensum gladiorum mucro conuertitur. nec inde, ut dixi, sceleris sui crudelitas 1 59 9
ac populos composita pace conseruat; haec circa regum latera securos gladios facit; haec bella premit, lites tollit, iura euacuat, fora compescit, 1 36 13
ut persequentibus mare sint. inducitur in uiam Israel ingratus, in qua nec gladios possit timere nec fluctus. mira res! medio puluerulentus exsultat in 1 29 2
melius seruauit filium, dum non pepercit. sola enim fides deambulat inter gladios tuta, inter esurientes feras amica, in ignibus frigida. sola fides 1 62 5
non credat. aduersus Theclam accusator acerrimus linguae exserit gladium, cum suis sibi ministris publicae leges insaniunt; stimulis acuitur 2 2 6
in caelum leuare consuerunt. hanc in Apocalypsi Iohannes bis acutum gladium cum uno capulo nuncupauit, quem ex ore domini prodire 1 37 2
ille lignum quo inuratur sibi praeportat, ille aram struit. ille exserit gladium, ille ceruicem. uno uoto, una deuotione, ne quid profanum sit, 1 4 14
fiat publicis luctibus diues. bene, bene: cum quis quaerit aurum, inuenit gladium. inter haec nemo considerat condicionem fragilitatis humanae, 1 5 14
si flesset. deuotus sic stricto uultu puerum ducit ad aram, stringit gladium medium, pectus fidei militabat; non pallescit uultus, non 1 62 4
praeceptum differri non potest. praestiteras, mater, cum sterilis esses: ad gladium nascitur puer. talem casum nemo doluit, nec quae genuerat mater. 1 62 4
nec dominus humanum sanguinem postularet. religiosus carnifex reprimit gladium: patris erat, quod leuauit, dei fuit, quod pepercit. nec qui 1 62 5
excuset. nunc seuera, nunc blanda demonstrat praemium, demonstrat et gladium, unicuique, quod elegerit, tributura et ut iure possit implere, quod 2 3 3
et forfex in duos producitur cultros, sed eorum unus est morsus; et gladius duas acies gerit, sed sunt unius corporis latera; et denarii sunt duo, 1 37 14
cum uno capulo nuncupauit, quem ex ore domini prodire describit. gladius enim spiritus sanctus est unum capulum habens, id est unam 1 37 2
telis facibusque constructus, quia inlicitis ardoribus semper iunctus est gladius; ideo autem caecus, quia, cum exarserit, non aetatem considerat, 1 36 25
cedit affectus pietati, pietas religioni, fauet utrisque religio. medius stupet gladius nullo impedimento suspensus mactatione terribili gloriam se 1 4 15
homo iugulatur, ut uiuat. percussor non uidetur, percussoris non cernitur gladius, percussi non hiat uulnus, non defluit sanguis; exspirantis non 1 42 2
homo iugulatur, ut uiuat. percussor percussorisque non cernitur gladius; percussi non hiat uulnus, non defluit sanguis, non decolor color 2 24 3
peccatores, ut possint beate uiuere, puniri festinant. descendit quippe gladius pius in uiscera peccatoris et uno eodemque ictu, incolumi corporis 2 10 2
ictum uulneris securus animus, sed securior manus; elatus in immolandum gladius uibratur nec puerum mors uicina contristat, ne trepidatio fidem 1 59 7
filium immolaturus domino auctore perducit nec deest ad ministerium gladius, ut pater esset pariter et sacerdos. consimilis filii quoque est ex 1 59 6
uestrum an esse possit acceptum, qui uicinarum possessionum omnes glebulas, lapillos et surculos nostis, in praediis autem uestris fumantia 1 25 10
deesse uideretur, pice et stuppa armatum citatur incendium; aestuantibus globis erubescit quoque ipsum alienis ignibus caelum. illo praecipitantur 2 22
horrores insani uertuntur orbes oculorum, acies dentium spumosis horrida globis inter labra liuentia stridit, intorta omnia passim membra tremore 1 2 6
praemium futuri, non poenam. sicque inter taetros undantis incendii globos triumphantes barbarum regem, minas omnes, ipsum quoque 1 11
luciflui aurigae par laboribus fratris angusti circuli argenteum compleuerit globum, paulatim deuergit in senium, donec ultima senectute consumpta, 1 2 19
qua et Iudaeos et gentes uel ceteros antecedimus. incomparabilis autem gloria ac uere deo digna, cum uno consensu, una fide alter alterum 2 6 5
sed frustrandae ueritatis, quotiens deus dei filius, qui patris maxima est gloria, aequalis patri a catholicis praedicatur. denique inde est, quod legis 1 45 1
parricida incruentus redit et qui immolatus est uiuit. ambo sibi gloria, ambo claritatis exemplum, ambo dei cultus admirabile saeculis 1 4 15
totum patris habens, nihil derogans patri. alter renitet in altero; cuiusuis gloria communis est honor, quia quod est filii, patris est, quod patris, 1 56 1
incendium incendentibus, non incensis. o admirabilis ratio! o inaestimabilis gloria dei! sacramento trinitatis tam potentis elementi subacta natura est. 1 48
loquentes nullus audiuit, sed apostolos asseuerat, quorum praedicatione gloria domini per tota terrarum spatia nuntiata est. terram homines 1 61 3
sit [sit]? eam et qui habet diligit, et qui non habet diligit. si ergo exsultat gloria eius saepe in gentibus (quamuis illic fructuosa uel uera esse non 1 1 3
subiacere compellis, scriptum quippe cum noueris: *omnis caro fenum et gloria eius sicut flos feni*? cuius si curam geris, pecuniam te esse cognoscis. 2 4 15
habitat, non dicam diligitis, sed luculentis moribus adornatis. magna igitur gloria est ornare per quod orneris, seruare per quod et ipse serueris. 1 1 4
duo denarii, id est duo testamenta prolata sunt, quae saluti cum domini gloria et Petri felicitate, utpote super quem aedificauit ecclesiam, duobus 1 37 5
per gradus diuinorum obseruantiae praeceptorum cotidie spiritalis itineris gloria feruntur in caelum; quos apostolus Paulus exhortatur et monstrat 1 37 12
ingens supplicium aliquotiens ingentior prosequitur gloria, maxime diuinis in rebus, in quibus felices obnixa deuotione suam 1 31
et domini nostri prouidentia comparatur. hic labor noster illustris, haec gloria omnium sacerdotum, hoc mysterium deo, hoc opus carum, hos opus 2 6 11
et spiritu, amore Christi ignem carnis exstingue, ut de resurrectionis gloria, quam hic iam tibi uindicas, taceam, in qua, ut dominus ait: *neque* 2 7 4
enim fides non est, nec spes est; *fides* enim spei *substantia est* et spes fidei gloria, quoniam praemium quod spes habet fides meretur, quae quidem pro 1 36 4
quis denique opificium domini deique consilium se deprehendisse gloriabitur, cum apostolus dicat: *o altitudo diuitiarum sapientiae et* 1 34 2
mors, quae putatur metuenda, gustatur, tunc ei in aeternum manentis gloriae beatis in sedibus nullas deinceps aerumnas mundi sensura 1 2 32
portas principis uestri et eleuamini, portae aeternales, et introibit rex gloriae, et iterum magi: *ubi est*, inquiunt, *qui natus est rex Iudaeorum?*. 2 5 2
habitacula praeparata sunt infinita. nemo sit de mansione sollicitus: certae gloriae nostrae insignis res erit, si dei ciuitatem felicitate nostri numeri 1 5 18
horridae hiemis aut torridae aestatis iniurias, sed se ipsum contemnit, si gloriae spem futurae non gerit? quid agricola semina spargit, si sudoris sui 1 36 3
sibi iubet crudelissimus rector acri obseruatione detineri. ad futurae gloriae testimonium tale beatus Archadius debiti martyrii quodam modo 1 39 4
discretio, ne generalitas nominis in conparatione malorum attrahat gloriam Christianae felicitatis. duplex itaque forma surgendi est: prima 1 2 23
spiritus sanctus obumbrauit et texit. et denuo *caeli*, inquit, *enarrant gloriam dei*; et hic utique non tam caelos loqui dicit, quos loquentes nullus 1 61 3
redimitum quasi ab inferis emersum in superna sustollit perennitatis gloriam fructu populoso tenturum, hoc hactenus Paulo firmante: *stulte, tu* 1 2 22
desinat permoueri, intellegens Christianae uirtutis hanc esse maximam gloriam, ipsam calcare naturam. sed quia uirtutem uoluptates semper 2 7 1
fuit in martyris deuotione constantia, ut omni corpore paratus uenisset ad gloriam. mox itaque deuotum corpus carnifex uidit, statim cadentis 1 39 7
reuertamur uirtutem, quae maioribus nostris illustri uirtute perennem gloriam peperit et salutem. Abel ideo martyr, quia iustus; ideo iustus, quia 1 4 12
nouello nouellique cum die resurgentes nobiscum possint ad inmortalitatis gloriam peruenire. 1 57
medius stupet gladius nullo impedimento suspensus mactatione terribili gloriam se praestitisse, non crimen. quid hoc est? ecce immanitas in fidem 1 4 15
interitum, resurgit in perpetuitatem; seminatur in humilitatem, resurgit in gloriam; seminatur in infirmitatem, resurgit in uirtutem; seminatur corpus 1 2 22
de incensoribus suis. deum uident. mors transit in uitam, metus in gloriam. sic quis non optet ardere? 2 15
a parente perducitur, sed hostia non sanguinis, sed salutis. ad hanc igitur gloriam tardi partus ubertas et fecunditas desperata profertur. uxor 1 59 2
rotundi uulneris ferro circulata cicatrix. quam si Iudaeus aestimat gloriam, ut de ceteris taceam, maior est eius, qui in honorem deae suae — 1 3 2
si Iudaei uacuatae imaginis recordatione gloriantur, quanto magis Christianus, in quo non est figura sed ueritas! 1 46b 1
uirginitatis honore polleret. itaque in statu, quo nata es, permanens, uirgo, gloriare sanctique pudoris florem nulli legi subiecta fidei thesaurum 2 7 4
in uobis fides et pietas, quae est idonea expultrix auaritiae, manet atque gloriatur, digni estis uniuersi aurum argentumque non tam habere quam 1 5 17
in fortitudine sua neque diues in diuitiis suis, sed in hoc glorietur, qui gloriatur, intellegere et scire, quia ego sum dominus, qui facio 2 1 5
ipse se inpugnet exaltando animam suam, qui cor suum se non exaltasse gloriatur. non sibi repugnat, sed ostendit animae esse sublimitatem 2 9 8
hanc carnalem an spiritalem esse defendat. si spiritalem, cur de carne gloriatur? si carnalem, animae prodesse non poterit, quia *caro et sanguis* 1 3 3

ut ibidem ex homine in angelum transfusus aeternae uitae beatitudine glorietur. 2 11 7

hactenus protestatur: *non glorietur sapiens in sua sapientia neque glorietur fortis in fortitudine sua neque diues in diuitiis suis, sed in hoc* 2 1 5

libenter offerat, pater probet, filius, qui magister est noster, probata glorietur per eundem, qui est benedictus in saecula saeculorum. 1 25 13

fortis in fortitudine sua neque diues in diuitiis suis, sed in hoc glorietur, qui gloriatur, intellegere et scire, quia ego sum dominus, qui 2 1 5

nonnumquam repeti potest, quod legum circumscriptionibus, non potest. glorietur qui uolet ista iustitia, uerum tamen sciat, quia misero est miserior 2 1 17

ob quam causam idem deus per prophetam hactenus protestatur: *non glorietur sapiens in sua sapientia neque glorietur fortis in fortitudine sua* 2 1 5

a iusto didicit, id facere iniustum quoque compellit, bifarie inclita: unum glorificando, alium corrigendo. constat ergo omne Christianitatis magis in 1 36 18

etiam futuri diei iudicii incendia superabit. illa iustificata discessit; haec glorificata uestri numeri incrementis ac fidei cum Christo in aeterna 1 13 13

diabolus subiugatur, Antichristus non timetur, spiritus sanctus inducitur, glorificatur Christus, deus pater omnipotens propitiatur. postremo ille felix 1 1 21

diligere. decertemus igitur, fratres, inter nos mutui amoris aemulatione gloriosa imaginemque dei dignissime uenerando declaremus, quid ipsi 1 36 24

in uiduis fortis, in coniugiis fidelis, in sacerdotibus pura, in martyribus gloriosa, in angelis clara, in omnibus uero regina. tu numquam carni, 1 1 20

condicione, non loco, non genere a tribuenda homini salute depellitur, sed gloriosa semper in omnibus inuenitur. denique prior circumcisio desecat 1 3 22

muniti, aetate teneri, sed fidei soliditate robusti, supplicio suffragante gloriosi amore diuinae religionis regis adorare imaginem contempserunt, 2 22

seruatus perstat uiuus, parte sui corporis iam sepultus. o dignus gloriosi exitus finis! ascensurus altitudinem caeli corporis sui inpedimenta 1 39 9

unitatis una fide solidi, <uirtutis> aequalitate pares, passionis uictoria gloriosi. hos barbarus rex, quod eius statuam adorare contempserint, 1 53 1

non possit, quia sub inpudico praedone uersatur), quanto magis debet esse gloriosior in populo Christiano, qui eius sanctificatori inuiolabili deseruit 1 1 3

dicione ex una natura unum spiritum, unum efficis corpus. tu martyres gloriosos a confessione Christiani nominis nullis tormentis, nulla nouitate 1 36 30

ita dominus omnes in se credentes sancti spiritus semine a mortuis rursus gloriosos in angelos excitabit. ad hoc unum euidens adhuc proferamus 1 2 26

suas, et si non felices, habent tamen. sin uero ad uiduitatis sudorem gloriosum palmamque prouocauero, nobis fortassis insultent, quia nostrae 2 7 11

gratum, sine hac pacificum, sine hac fidele, sine hac securum, sine hac gloriosum, sine hac deo iunctum, sine hac possit esse perfectum. denique 1 36 16

et uiuit, sepultus et resurrexit, homo aestimatus est et inuentus est deus gloriosus in saecula saeculorum. 1 46a 2

concelebrantur, quae condemnare falso humanitas gestit; *camelum* enim *glutiens culicem liquat*; reicit stillas criminum et auaritiae, unde criminum 1 5 4

cum sustinet totum. tu prophetas prouexisti. tu Christo apostolos glutinasti. tu cotidiana martyrum et mater es et corona. tu murus fidei, 1 4 22

feralis ictus assidua contemplatione uibrabat. haeserant confessionis suae glutino intrepidae martyris manus nec salientes digiti futurae mortis exitio 1 39 7

desiderio pareretur, soli lunaeque suos frenos induxit; haec de armato Golia Dauid inermi triumphos attulit; haec in Iob inter crebra et ingentia 1 36 8

uolatibus *aeriae grues*? quid piscium dissimilium cum suis sibi ductoribus gradatae aetatis innumerabiles cunei? nonne cum inuitationi temporum 1 4 6

resurgunt, inquit, *impii in iudicio neque peccatores in consilio iustorum.* gradatim pro meritis quasi cum quibusdam elogiis paucissimis uerbis totius 1 35 3

deponitur populorum pastorem pabulumque se esse contestans. subicit se gradibus aetatis, cuius aeternitas in se non admittit aetatem. totum contra 2 12 3

qui omnia inmortalitatis semine propagantur in saecula. in huius diei luce gradientes exsultemus fide,iucundemur bona conuersatione, ut perpetuam 1 33 4

cum exarserit, non aetatem considerat, non formam, non sexum, non gradum, non sacrosanctum illum saltem suae pietatis affectum. hic facibus 1 36 25

et scala duos scapos habet et gradus plurimos, sed eius ascensus est unus. gradus autem eius, fratres dilectissimi, si uultis scire, quid uocentur, 1 37 15

egena sunt elementa? ascendentes uero sunt iusti, qui probis moribus per gradus diuinorum obseruantiae praeceptorum cotidie spiritalis itineris 1 37 12

homines uoluntatemque dei facientes quasi per quosdam obseruantiae gradus in caelum leuare consuerunt. hanc in Apocalypsi Iohannes bis 1 37 1

tota domus pugnet sua flamma cum sole honorumque exinanitus a te gradus non inueniat quod tibi praestet, meminisse tamen debes, quia mors 1 5 10

et denarii sunt duo, sed una moneta signati; et scala duos scapos habet et gradus plurimos, sed eius ascensus est unus. gradus autem eius, fratres 1 37 14

sapientes, ut uideri uolunt, Graeciae uiri praeter ceteros curiosi otioso negotio cor suum ultra quam 2 9 1

dominus locutus est: filios genui et exaltaui, ipsi autem me spreuerunt. grandem Iudaicae gentis offensam libri istius exordia proloquuntur et 1 61 1

diluitur, cum insani populi furibunda tempestate lapideis imbribus feliciter grandinatur, cum *in profundo maris die* demoratus *ac nocte* ad deum 1 34 4

futura uindicta est. certum est enim in eum filium, posteaquam deliquit, granditer uindicari, quem pater plurimo dilexit affectu et, quantam 1 61 5

in tormentis pro nomine domini. si obuenerint dura, *fidem tamquam granum sinapis* te habere demonstra. sin uero, quod magis est, sub sono 2 3 14

rursum eadem quae es sis melior futura cognosce. praeterea granum uniuscuiusque frumenti conditum terrae interit et tamen in eo id, 1 2 22

animaretur exemplo. ecce in eius hospitium uelut in hostilem praedam grassantium satellitum praeceps irruit manus, festinat dei famulum posse 1 39 4

apostoli multos in nitidam cutem leprae deformis contagiosis scabrosisque grassantium ulcerum spoliauere uerticibus; per hanc, inquam, caecos 1 36 9

odii assertor antiquus, et totam familiam domini impastae feritatis grassatione turbabat. indixerat in homine deo bellum et infaustae 1 39 2

non finitur. hanc mediocres fraudibus excolunt, diuites inpotentia, iudices gratia, diserti mercennaria ac duplici lingua, reges superbia, negotiatores 1 14 1

deum et deus erat uerbum; hoc erat in principio apud deum. admirabilis gratia, fratres dilectissimi, conspicuae ueritatis, quae dum secerni potest, 2 8 4

mansuetudo, temperantia, castitas, pietas, caritas, fides, ueritas, humilitas, gratia, honestas, uerecundia, patientia, perseuerantia, consummatio. 1 37 15

aetatis utroque generi salutare munus inpertit; illa sanguine gaudet, haec gratia; illa imagine, haec ueritate; illa damno, haec lucro; illa agit captiua 1 3 23

numerum conuenire. denique nec inrorati camini eis baptismatis defuit gratia. o admirabile incendium! o uere spectaculum deo dignum! qui 1 22 2

stabilis cursor multiformi gratia redimitus, per temporum ambages *pernicibus plantis* sua *recalcans* 1 44 1

[in] stabili cursu multiformi gratia redimitus per temporum <ambages> solemni uestigio dies salutaris 1 57

sit: *littera occidit, spiritus autem uiuificat,* quia *non sub lege, sed sub gratia sumus*, quae nos diligere deum ac soli illi seruire in sacramento 2 3 2

apud dominum nostrum odia meruerunt, quoniam quanta fuit de amore gratia, tanta de eorum offensione futura uindicta est. certum est enim in 1 61 5

palmam. quam prosequitur congrue *mustulentus autumnus*, ut necessario gratiae panis uini quoque iucunditas iungeretur. quis non haec caelestibus 1 33 1

utrisque propria, nulli priuata. etenim damnum patientur ubertatis et gratiae, si adimatur, quod uno eodemque aestu alterum ex altero 1 7 4

remissa omnium peccatorum, sicque cunctos in unam Christi corporis gratiam congregatos ad caelestia regna perducit per dominum et 1 6

messibus flauis, uitibus curuis, semipallidis oliuis et felicitatem praestat et gratiam, cum [in] uniuscuiusque temporis fetus partu crudo in alterius 1 4 6

alueo genitali condentes ullam pro personis operari ne aestimetis hic gratiam. iudicio uestro nascimini scientes, quoniam, qui plus crediderit, 1 49

sententiam percipit abdicatus. cuius enim impietas paterno affectui parem gratiam non refert, quantum sit criminis dici non potest: dominum patrem 1 61 6

in Christo, triumphatorique perpetuo hymnis, citharis, tympanis, canticis gratiam referamus, qui nobis promissa perpetuans pia sanctione, ut aiunt, 2 24 1

autem deus pater omnipotens, ut, quomodo isto in terrestri domicilio ei gratias agimus, ita in caelestibus regnis uberiores sanctis cum omnibus 2 6 11

libens illi pallium quoque concedit; maledicitur et benedicit; caeditur et gratias agit; iugulatur et non repugnat; pro percussoribus suis deum 2 1 13

redempti, multi edictis feralibus liberati, multi condicionibus duris exuti gratias agunt. uestrae domus peregrinis omnibus patent; sub uobis uiuus 1 14 8

ait, qui cognitum *deum non quasi dominum honorauerunt neque ei gratias egerunt, sed uanis persuasionibus cogitationes eorum abductae sunt* 1 35 6

Christo, tantique prouentus redditu ditati deo patri omnipotenti laudes et gratias referamus. qui zizania, lolium, lappas, tribulos in laeta frumenta 1 41 1

ad hoc in maligni fulgoris cupidinem diram spe potiundi praecipitat, ne gratis homo uideatur occisus. sed nos non ad auaros, sed de auaris 1 5 16

sacrae uirgines uiduaeque magno pro inmortalitatis praemio, suae autem gratis laborent. uerum hoc est solum, nos in quo uincimus, quia pro sua 2 7 11

adde quod fides sibi soli prodest, caritas omnibus; adde quod fides non gratis pugnat, caritas autem etiam ingratis conferre consueuit; adde quod 1 36 11

reddere ueritatem. uerum tamen, Iudaee, quid designatione tui criminis gratularis? in Aegypto seruis diu, non necessitate, sed merito. ereptus es 2 16

reddere ueritatem. uerum tamen, Iudaee, quid monumentis tui criminis gratularis? in Aegypto seruisti diu, non sorte peregrini, sed merito. ereptus 1 9

exemplum, quod et Iudaei odiosum et Christiani sacrificium approbet deo gratum, apud Malachiam prophetam: *non est mihi uoluntas circa uos, dicit* 1 25 7

fideli propagine benigna caritas illigasset. nihil est prorsus, quod sine hac gratum, sine hac pacificum, sine hac fidele, sine hac securum, sine hac 1 36 16

omni reatu iam liberi mundi estis infantes et, quod est admirabile et gratum, subito uno momento facti aetatibus diuersis aequaeui. sed 1 38 1

diues census, diues quoque numerus liberorum et, quod est parentibus gratum, utriusque sexus et inuicem se amantium; quorum pro numero deo 1 15 2

deo in manus traditum sibi mauult semper timere quam occidere, inuerso gratus officio, deo dei munus retinendo placiturus. rex mansuetus, pater 2 9 7

pecora, animantium denique nulla natura, quae non timeat deum. cum grauamur rumpentibus sonis, concussis undique cardinibus, cum praeter 2 2 3

rogari se permittit nec uicaria laudis remunerari mercede: hoc damnum graue, hoc aestimat crimen. nam nihil relinquendo sibi beata cupiditate 2 1 12

uere exsecranda sint, iam correcta sint crimina. pudet me dicere in populo graui anus saepe uideri nouas nuptas, quarum paene plures sint nuptiae 2 7 10

pariter et probate. Iudaei maiores suos Pharaonis exercitusque eius graui seruitutis iugo depressos de Aegypto praedicant liberatos. a diaboli 1 46b 1

aut libamina inceste profundere aut ornatus sertis uictimas trahere aut grauia nidoribus tura succendere aut inter fumidos ignes pallenti aruina, 1 39 2

resurgit?' caro, fratres, quasi quoddam est speculum intuentis plenitudine grauidatum, quod non tam imaginem sumat quam eius, cuius est in usibus, 1 2 29

artificis manu necessaria prouisione truncatus, nobilitate alieni seminis grauidatur nutriturque ab eo ipso quod nutrit, donec hospitis germinis 1 2 27

diceret, fratres, si ista cura sexui utroque prodesse potuisset. cum enim grauior causa supersit, periturum se, nisi ueritatem requirat, agnoscit; si 1 3 9

Christus est et mori lucrum? excogita quibus potes suppliciis tormenta grauiora, maioribus te furoris stimulis accende, quamuis cruciatus exerce 1 39 5

non metus, non periculum, non mors, non tormenta morte ipsa grauiora, non potestas, non ambitio, non felicitas. semper inmobilis manet, 1 4 3

qui se potest facillime uindicare. sed quia apud sapientes et honestos grauius est aliqua nota confundi quam mori, deus Iudaicum populum 1 20

exaltatos, ut ingratos ostendat. bouem illis asinumque praeponit, ut grauius possint, si resipiscant, comparatione torqueri quam poena. 2 21

planctum et luctum illi profecerunt. superba illa ciuitas seruit. sane ouium greges infinitos interficit, quos in amaritudine absumit. quis non intellegat, 1 28 2

praeceptum est, *ex agnis et haedis* discordi natura commissus, quem in gregibus pecuinis ipsi tui non inuenere maiores. atque utinam tu inuenias! 2 20 1

iste est, eius qui fructu lactatur. Iudaei etenim cum carnaliter sentiunt in gregibusque pecuinis agnum bifaria natura commissum, qui inueniri non 1 8 1

est, consparsa ac subacta diligenter. sal inditum est illi; leuigata est oleo gremiali, officiis competentibus temperata, in panes azymos reddita. hi, 1 41 1

se disserere posse mentiatur? quis terram aqua portari an aquam terrae gremio contineri se nosse praesumat? quis spiritus aerios, quis figuras 1 34 1

ei recte nupta non est, quia Christo ueniente baptismatis spiritali unda in gremio renatus ecclesiae filius eius futurus fuerat, non maritus. Iudas 1 13 7

praeferenda: hac nos, qui per fidem filii Abrahae facti sumus, in ipsius gremium peruenire credamus. 1 62 5

a domino, ut profundi maris lubricos sinus insubditaque humanis gressibus liquidi aequoris terga, quibus uiator trepidus absorbebatur, et 1 34 3

sese; in admirationem tui rictu blandiente leonum rabies euanescat; sub gressibus tuis maris unda pinguescens marmoreo stupore solidetur; cetina 2 3 14

diuersarum decora commercia litterataeque quid arduis uolatibus *aeriae grues*? quid piscium dissimilium cum suis sibi ductoribus gradatae aetatis 1 4 6

caedem uicino fremitu ferina rabies onerare temptauerit; uel cum amissis gubernaculis inter conpugnantes flatus ac fluctus gemens parturit carina 2 2 2
quae una febri uel qualibet facillime deleatur iniuria. ecce procuratores uel gubernatores eius oculi aliquo ictu exstincti subsidunt. nonne cadauer est 2 4 15
speculo conciliante semper incertam cotidie peregrinis coloribus mutat, gulae labore culta, lauacro nitida, unguentis oblita, uestitu uaria, monilibus 2 4 9
uero animi, quam nos nobis ipsi hac in uita per fidem sacri fontis uiuo de gurgite conparamus, nobilis et aeterna, quia animus, qui uicerit mundum 2 4 8
salutari fuerit necata baptismate, noua paterni sacro resurgit fontis ex gurgite iam pura, iam libera, iam a conuersatione mundi huius extranea, 1 2 25
maiestatis omnique non pedum uelocitate, sed mentis, pii fontis ad gurgitem conuolate! uos constanter inmergite, saluo salutis statu *ueteris* 2 23
litteratorem puer, si litterarum non speret fructum? quid ratem profundo gurgiti nauta committit, si ei numquam lucrum, numquam portus 1 36 3
iamiamque dicto citius aetherias portas, fratres, intrate aeternique gurgitis alueo genitali condentes ullam pro personis operari ne aestimetis 1 49
corporis manente materia, interficit *hominem ueterem*, creat nouum, sacri gurgitis elemento sepelit. et cum omnium aquarum natura sit talis, ut, cum 2 10 2
uentorum flatu uiolento lacessitum fremit mare sollicitique gurgitis praeruptorum montium canis uoluminibus repugnantium litorum 1 34 5
suum perdit. pure non nox illi diesque succedit; semper enim caenosi gurgitis sui procella submergitur, dum semper exaestuans libidinis 1 1 6
uetus enim *homo* uester feliciter condemnatus est, ut absolueretur, sacri gurgitis unda sepultus, ut sepulcri nido uiuificatus resurrectionis iura 2 29 1
in Christum calicem pretiosum, quem paulo ante calcando fuderant, gustant, aliqui etiam bibunt. mustum patris familias cellae reconditur, ut 2 11 7
iustus dictus a deo est; ipse iustitia, de cuius fonte omnes qui beati sunt gustant; ecce enim de ipso dictum est: *orietur uobis sol iustitiae*. Iob uerax 1 15 7
sacri gurgitis unda sepultus, ut sepulcri nido uiuificatus resurrectionis iura gustaret. o magna prouidentia dei nostri! o bonae matris caritas pura! 2 29 1
naufragium. ad hoc sane in eremo aquam de petra bibisti, manna de caelo gustasti, ut, cum esses ad egestatem postmodum deuolutus, praeteritorum 1 9
cognoscis; ubi sane ad hoc aquam de petra bibisti, manna de caelo gustasti, ut scires, miser, quid fueras perditurus. 2 16
genitor, filius uirginis, immortalis sibi, homini moriturus; mortem gustat, ut mortem deuincat; inferos penetrat, ut mortuos uiuos inde 2 5 3
semper iustus in poena est. cum autem mors, quae putatur metuenda, gustatur, tunc ei in aeternum manentis gloriae beatis in sedibus nullas 1 2 32
generi formam dedit, quoniam ad hoc deus pro homine mortis iura gustauit, ut homo per deum ius inmortalitatis reciperet, quod amisit. 1 2 11
pariterque metuissent. nemo est enim tam uel ab istius mundi sapientiae gustu ieiunus, qui audeat dicere animas cum corporibus interire, caelestia 1 2 2
iniustitiam meditatur. et iterum de ceteris membris: *sepulcrum patens est guttur eorum, linguis suis dolose egerunt, uenenum aspidum sub labiis* 1 3 11
deseruientes, mundanis uoluptatibus conpediti, libidini uacantes et gutturi, longae nocti, id est aeternae morti, sunt a deo, quod opus 1 33 2
sempiterni currus auriga, teretis metae sua replicans complicando gyro solemni uestigia, dies salutaris aduenit. idem sibi successor idemque 2 19 1
omnia mea et si tradidero corpus meum, ut ardeam, caritatem autem non habeam, nihil proficio. caritas enim, fratres, *omnia diligit, omnia credit,* 1 36 20
si habuero, inquit, *omnem fidem, ita ut montes transferam, caritatem non habeam, nihil sum. et si in cibos distribuero omnia mea et si tradidero* 1 36 20
quid sint, quibus in tam solemnibus uotis saepe contingit, ut nec filios habeant nec maritos. talis est etiam causa maritorum, ad quos aliquid 2 7 10
sapientium, quia sunt stultae. nostram nobis stultitiam derelinquant, habeant secum sapientiam suam; cuius quidem sectatores paene omnes 2 1 15
amandum. hinc nunc uobis iterum dicam: 'Pharisaee, responde, ubi cor habeas constitutum. si in regione pectoris, quid deformi uulnere inferna 1 3 14
quo astruit, destruit. nec ulli dabit quod non habet, sed potius ut non habeat, adhuc ipse disquirit. uideo praeterea, sicut assertorum indicant 2 3 6
praedicationibus quattuor circumferunt euangelia. cuius quam uim habeat amictus et currus, his uerbis propheta testatur: *deus sicut ignis* 2 12 4
adtendere et tanta illa sublimitas humanam mediocritatem aut caram habeat aut dilectam? *filios*, inquit, *genui*: hoc dominum de hominibus 1 61 6
uti fallat. pudicitiae nominis sonum post se trahit, sed quos fructus habeat, eius auctor ostendit. discurrit quippe uesana per populos 1 1 6
filius tradendo quod habeat perditurus, cum et pater quod accepturus est habeat et filius non careat quod daturus. totum pater, totum possidet filius; 2 5 9
sit alterius reprobatio. uel si omnes omnino amplectendae sint, ut tot quis habeat fides quot non habet uerba, multo magis nihil habebit, quia 2 3 7
fratres, ut pater accepturus sit quod non habuerit aut filius tradendo quod habeat perditurus, cum et pater quod accepturus est habeat et filius non 2 5 9
scio, quia nullus est nostrum, qui non momentis omnibus elaboret, ut plus habeat, quam habebat; quod cum nititur, auaritiae utique partes agit, quae 2 1 16
iugulatur aut iugulat. uellem scire tamen, tanta eius rabies quid uoluptatis habeat, suo cultori quid praestet. febrem non exstinguit, morbos non 1 5 16
ac fortissima consolatio saepe libertatem paris. tu paupertati praestas, ut habeat totum sui contenta, cum sustinet totum. tu prophetas prouexisti. tu 1 4 22
enim poterant sine magisterio diuinae sapientiae, cuius notitiam non habebant —, duas asseruere iustitias: unam ciuilem, alteram naturalem. 2 1 2
in sinu patris commanens uoluntatis eius perfectionem non didicerat, sed habebat. igitur orbe perfecto postremus digito dei manuque e limo terrae 1 56 2
est nostrum, qui non momentis omnibus elaboret, ut plus habeat, quam habebat; quod cum nititur, auaritiae utique partes agit, quae est inimica 2 1 16
fide scientes, quoniam, quantum quis crediderit, tantum beatitudinis et habebit. o admirabilis et uere diuina sacrosancta dignatio, in qua quae 1 55
sint, ut tot quis habeat fides quot non habet uerba, multo magis nihil habebit, quia tractatus, qui eas genuit uel cotidie generat, adhuc potest 2 3 7
sit genus? sane plus in eum, qui eam dilexerit, saeuit. quam qui uicerit, habebit uitam aeternam. 1 21
constructus. si quid enim ei ex his defuerit, perfectionem sui operis non habebit. unde primo omnium *spes* nobis proponenda est *futurorum*, sine 1 36 2
terrarum? igitur in deum cum haec non incidant, ergo dei imaginem non habemus? absit, fratres. habemus plane, et quidem manifestam ex eo ipso, 2 30 3
similis esse uideatur? cum haec aliter non sint, ergone dei imaginem non habemus? habemus plane et quidem manifestam ex eo ipso, quod non est 1 27 3
uideatur? cum haec aliter non sint, ergone dei imaginem non habemus? habemus plane et quidem manifestam ex eo ipso, quod non est nobis 1 27 3
cum haec non incidant, ergo dei imaginem non habemus? absit, fratres. habemus plane, et quidem manifestam ex eo ipso, quod non est 2 30 3
sed nec continentia relicta repellitur. ad cuius fidem, carissimi, auctorem habemus, sanctum uidelicet Abraham, qui filium quondam Isaac habuit: 1 59 1
et hominibus uniuersis semper infestum. denique non habentibus diuitias habendi inicit cupiditatem, habentibus adimit satietatem. ita omnes in 1 14 1
genus humanum suo interitu suisque calamitatibus delectatur uiliorem habens animam quam pecuniam; inde est, quod iustitia honestas pietas 1 14 7
domini prodire describit. gladius enim spiritus sanctus est unum capulum habens, id est unam substantiam, uirtutem, deitatem, maiestatem 1 37 2
solus, de toto totus, de *uero uerus*, de *perfecto perfectus*, totum patris habens, nihil derogans patri; procedit in natiuitatem qui erat, antequam 1 17 2
uerbum, omnipotentia se propagat. *de deo nascitur deus* totum patris habens, nihil derogans patri. alter renitet in altero; cuiusuis gloria 1 56 1
ad plenum, cum utramque tenere non desinunt. fideles non sunt, *quia* habent *aliquid infidelitatis insertum*; infideles non sunt, quia habent 1 35 5
quod fides paucorum est, caritas omnium; adde quod spes ac fides tempus habent, caritas autem finem non habet, momentis omnibus crescit 1 36 11
constet an ex credulitate an ex utroque. si ex doctrina constat, non habent ergo fidem qui litteras nesciunt, sed nec ipsi qui sciunt, quia legis 2 3 9
fornicarius aut impudicus aut fraudator, quod est idolorum seruitus, non habent hereditatem in regno dei et Christi, ostendens unum esse regnum 2 5 8
sunt, *quia* habent *aliquid infidelitatis insertum*; infideles non sunt, quia habent imaginem fidei, professione deo, factis saeculo seruientes. uolunt 1 35 5
nuntius pergat, qui eos tanti negotii certos efficiat; cui ille respondit: '*habent Moysen et prophetas*, quibus si non credunt, neque illi, qui hinc 1 2 10
tumque negotio confecto, conceptu signata, quem uerae fornicariae habent perosum ac semper uitant, uiduitatis uestem rursus accepit. interea 1 13 2
cum ruina sua iacet sepultum: ubi sacrificant? sacerdotes iam non habent: qui eorum pro salute sacrificant? tauros, hircos, arietes et agnos 1 51
honorificemus quem inuenimus deum. sane quaerant illum, qui eum non habent secum. 1 56 3
uos, fratres, de dormientibus, ne contristemini sicut ceteri, qui spem non habent; si enim credimus, quia Iesus mortuus est et resurrexit, sic et deus 1 2 12
diuini ac ueri cultus gentibus praedicem. felicitatemne uirginitatis? at habent suas, et si non felices, habent tamen. sin uero ad uiduitatis sudorem 2 7 11
praedicem. felicitatemne uirginitatis? at habent suas, et si non felices, habent tamen. sin uero ad uiduitatis sudorem gloriosum palmamque 2 7 11
primas? cuius ista sunt uerba: *tempus coartatum est; superest ut qui habent uxores, sic sint quasi non habentes; praeterit enim figura huius* 2 7 5
substantia, in qua beatus manens in sempiternum omnibus, quae habet, habentem filium paria procreauit, qui est deus benedictus in saecula 1 17 2
usque ipsa denudant, sacra confundunt amissa luce laetantes in tenebris, habentes fana, non domos? digne, digne iugulantur quae Christi ingratae 2 7 12
tempus coartatum est; superest ut qui habent uxores, sic sint quasi non habentes; praeterit enim figura huius mundi. at cum ante annos ferme 2 7 5
infestum. denique non habentibus diuitias habendi inicit cupiditatem, habentibus adimit satietatem. ita omnes in rabiem una tempestate 1 14 1
ac dulce malum et hominibus uniuersis semper infestum. denique non habentibus diuitias habendi inicit cupiditatem, habentibus adimit 1 14 1
circumcisio uacuatur. sabbatum denotatur. neomeniae et dies festi odio habentur. potiuntur eorum Romani regno. nihil, ut arbitror, illis restitit 2 17
est mihi uoluntas circa uos, dicit dominus, et sacrificium acceptum non habeo ex manibus uestris. quoniam a solis ortu usque in occasum 1 25 7
sit quippe cum tutius imperitum uideri quam esse sacrilegum. et tamen habeo, qui pro me tibi obsistat: nam lex, per quam me forte minus 2 3 16
respiratione cognoscis, quantorum malo ille constat ornatus. 'filios, inquit, habeo, quos nudare non debeo.' ista et infidelitatis est excusatio, quam 2 1 20
pro nomine domini. si obuenerint dura, *fidem tamquam granum sinapis* te habere demonstra. sin uero, quod magis est, sub sono legis ac fidei 2 3 14
quod non est facere quod est, naturam creare extra naturam, nihil prorsus habere difficile solumque ei hoc deesse quod nolit esse; haec est enim 1 2 16
ista, et non ambigua, in uobis renitet assertio; deum enim patrem uos et habere et possidere monstratis, cum pudicitiam, in qua deus habitat, non 1 1 4
terrae uisceribus, iterum celandum terrae mandatur. etenim res est, quam habere falsum est gaudium, certissimum periculum publicare. sed non opus 1 14 4
diuina sententia, quae nec deum nec sacrificium etiam ipsae cognoscunt se habere legitimum. nunc Iudaeorum quoque sacrificia <a> deo repudiata 1 25 5
esse desideras, sicut ille Abraham, deum plus debes amare quam filios, ut habere merearis integros, incolumes ac beatos. stulta autem res est illis te 2 1 21
facite quemadmodum uultis; singulos ponderate: inuenietis nullum habere minus. tripondes sunt omnes, numismatis sacri una libra signati, 1 41 3
nec est in illo aliquid, quod sit inferius, quia sicut pater nec plus potest habere nec minus; alter enim in alterius plenitudine infusus est, ut sit 2 5 10
aut suis est ullis sordibus delibutus; neque enim re uera aliquid circa se habere possit inmundum, qui humani generis peccata, sordes et maculas 1 54 4
manet atque gloriatur, digni estis uniuersi aurum argentumque non tam habere quam esse. nam uos estis aurum uiuum dei, Christi uos argentum, 1 5 17
adhuc proferamus exemplum, quamuis non possit ueri simile tantam uim habere quam ueritas. oleaster sua infelix et amarus est in natura; sed cum 1 2 27
quaerit, quas feliciter non habet; diues, cum diuitias putat se non habere, quas habet. in uno nititur auaritia, bacchatur in alio, in utroque 1 5 11
et filii designari personas, tamen nunc usque contendit deum filium non habere. quibus omnibus exempla uel ratio, quam prosecuturi sumus, 2 8 1
distrahendi tempus, minor in mensura, maior in pretio; negat se habere, quod distrahat, ut rogetur, ut iugulet. atque utinam incorrupta 1 5 14
inops esuriens manducauerit. tuus census est totum in misericordiam habere quod habes. tu sola rogari non nosti. tu oppressos uel cum 1 36 31
duae cognatae concipiunt, una contra spem, altera uerbo. haec miratur se habere quod nescit, laetatur illa quia scit. Elisabeth sterilis fecunditate 2 8 8
semper intrepidus ad sepulcrum noctis cognatae contendit scius in ipso se habere quod uiuit; denique adimitur ei ortus, si ei auferatur occasus. luna 1 2 18
mundus uoluptatis aut muneris, totum respuit praesumens totum se habere, si pura sit. neminem foede desiderat nec ulli similiter se 1 1 2
saltus et, si orbem totum possideant, fines oderunt. inlicitum putant habere uicinum. construunt praedia, sepulcra defodiunt; timeant omen qui 1 5 8

male repetita nuditas condemnetur, ne nouus homo quicquam Iudaei habere uideatur aut gentis. ambo enim illi carnales sunt, ambo sine fructu. 1 3 24
dei: etenim mortis imperium sibimet uindicauerat totum. haec cum diu sic haberentur, sollertissimus ille artifex rerum filius dei, cuius sapientia non 2 4 7
patris sui uidua permanens nuptias maturas exspectet. cum res sic se haberet, eius uxor moritur. qui consolatus cum ad oues tondendas pergeret 1 13 2
aliquid concedendo illibata custodis? insuper de inopia quereris, qui quod habes nescis. quicquid feceris, nihil horum tecum ad inferna portabis; quod 1 14 3
uestem pretiosam ornamentaque superba et superuacanea pro sacrosancto habes sicut idolum, te per momenta componis, diues in publico, ditior in 2 1 19
manducauerit. tuus census est totum in misericordiam habere quod habes. tu sola rogari non nosti. tu oppressos uel cum dispendio tui 1 36 31
qui habet, dabitur illi et abundabit; qui autem non habet, etiam id quod habet auferetur ab eo. per hanc, fratres, a deo Enoc meruit cum corpore 1 36 7
flammas tuas maritalis gladii contemplatione compescas. mihi crede: non habet concupiscentia locum, ubi patientia dominatur, ubi uiuitur sobrie, 2 7 9
praemiis triumphalibus honorabit, maxime cum scriptum sit: *qui habet, dabitur illi et abundabit; qui autem non habet, etiam id quod habet* 1 36 7
lex posita non est, sed peccatori. peccator autem ille est, qui caritatem non habet dei ac per hoc operanti iram recte subiacet legi. atquin forte aliquis 1 36 17
quam utilitati. uultis scire, quantae felicitatis sit [sit]? eam et qui habet diligit, et qui non habet diligit. si ergo exsultat gloria eius saepe in 1 1 3
uultis scire, quantae felicitatis sit [sit]? eam et qui habet diligit, et qui non habet diligit. si ergo exsultat gloria eius saepe in gentibus (quamuis illic 1 1 3
in mortem: pauper, cum opes infeliciter quaerit, quas feliciter non habet; diues, cum diuitias putat se non habere, quas habet. in uno nititur 1 5 11
latera; et denarii sunt duo, sed una moneta signati; et scala duos scapos habet et gradus plurimos, sed eius ascensus est unus. gradus autem eius, 1 37 14
cum scriptum sit: *qui habet, dabitur illi et abundabit; qui autem non habet, etiam id quod habet auferetur ab eo*. per hanc, fratres, a deo Enoc 1 36 7
enim spei *substantia est* et spes fidei gloria, quoniam praemium quod spes habet fides meretur, quae quidem pro spe pugnat, sed sibi uincit. 1 36 4
haberentur, sollertissimus ille artifex rerum filius dei, cuius sapientia non habet finem nec fortitudo mensuram, amore imaginis suae de caelo 2 4 7
sua illa substantia, in qua beatus manens in sempiternum omnibus, quae habet, habentem filium paria procreauit, qui est deus benedictus in saecula 1 17 2
figuris uariantibus loquitur, sed res una in omnibus inuenitur. igitur Iacob habet imaginem Christi, sed et lapis ipse, quem ad caput suum posuisse 1 37 1
nouellae profecisse, inscriptio ipsa tituli psalmi lecti declarat; sic enim se habet: *in finem pro his qui immutabuntur*. Iudaicus etenim populus, qui 2 11 1
futurae beatitudinis credenti, cum scriptum sit: *maledictus homo, qui spem habet in homine*? ergo ubi purum deum significat, sic dicit in Genesi: *et* 2 5 1
quas feliciter non habet; diues, cum diuitias putat se non habere, quas habet. in uno nititur auaritia, bacchatur in alio, in utroque crescit, in 1 5 11
laborantibus ac nuditate pascit tineas, curculiones ac uermes? qui quod habet infelici tenacitate non aliis tantum, sed etiam sibi ipsi subducit? 'sed, 2 1 17
domini nostri in patris et filii tantum conscientia manet, nec quicquam habet interiectum neque conscium qui ex paterni oris affectu processit uno 1 54 2
callidissimis argumentis urguetur, ut quis indefensus aut innocens quod habet legibus perdat. quod est omni uiolentia deterius, quia illud, quod ui 2 1 17
omnium; adde quod spes ac fides tempus habent, caritas autem finem non habet, momentis omnibus crescit quantoque ab ea diligentibus inuicem 1 36 11
in homine propter quod homo fuerat moriturus. inde est quod nostra non habet necessaria tormenta confessio, quod sine truculenti sudore tortoris 1 42 2
in homine propter quod homo fuerat moriturus. inde est, quod nostra non habet necessaria tormenta confessio, quod sine sudore tortoris facinora sua 2 24 2
margaritis per momenta distinguitur et quia opus est uiuum, tectum non habet nisi caelum. dicam praeterea, quae cotidie merces, quae impendatur 2 6 7
quod unus possidet, singulorum, domino ipso dicente: *omnia quaecumque habet pater, mea sunt*, et iterum: *pater, omnia mea tua sunt et tua omnia* 2 5 9
si circumcisio recircumciditur rursum, ut hoc idem faciat aut ut quod non habet perdat; aut certe Iesu Naue parricida sit, si cultris corda hominum 1 3 15
illa est. interea miris excolit artibus sese faciemque suam in se, quam non habet, quaerit. pingit se in se ipsam et lenocinante uario magistri 1 1 10
ieiuna aetate puer robustior saginatur. nihil difficile est fidei, quae tantum habet, quantum credit. igitur Isaac unicus filius, spes populorum et 1 62 2
ditauit. o caritas, quam pia et quam opulenta, quam potens! nihil habet, qui te non habet. tu deum in hominem demutare ualuisti. tu eum 1 36 29
fortitudo, quae hominibus est cum feritate communis, omne ius in uiribus habet: quod facere praeualuerit, aestimat rectum. adeo sine ulla reuerentia 2 1 7
cum haec ita sint, procul dubio non est a tyranno dissimilis, qui solus habet quod potest prodesse commodis plurimorum. quid, quod paupere 2 1 19
uineae disputatio, fratres dilectissimi, longe lateque diffusos limites habet, quos peragrare competenti sermone urgentium sacramentorum non 1 10b 1
longum est ire per singula: uarias atque innumerabiles *nocendi artes* habet, sed has omnes salutari profluens amne non magno opere noster 1 38 7
cum astruit, ex eo ipso eam, quo astruit, destruit. nec ulli dabit quod non habet, sed potius ut non habeat, adhuc ipse disquirit. uideo praeterea, sicut 2 3 6
talibus Paulus apostolus dicit: *mulier sui corporis potestatem non habet, sed uir; similiter et uir sui corporis potestatem non habet, sed* 1 1 13
potestatem non habet, sed uir; similiter et uir sui corporis potestatem non habet, sed uxor. sic igitur, quoniam una sunt caro, unum diuini operis 1 1 13
quia *dei uirtus deique sapientia* est, *immaculatus*, quia peccatum non habet solus, *salutaris*, quia mortem mutauit in uitam; propter nos qui est 1 46a 2
dominus, cui Iudaei dicebant: *hic Samaritanus est, daemonium habet*; *stabularius* doctor est legis, qui acceptis *duobus denariis*, id est 1 37 10
nosci aut comprehendi, quia non erit nec proprium nec firmum, quod habet statum semper incertum, quippe cum unius electio sit alterius 2 3 7
lumine una dignitas retinetur. si quid enim filio detraxeris, ad patris, cuius habet totum, iniuriam pertinebit nec est in illo aliquid, quod sit inferius, 2 5 10
caritas, quam pia et quam opulenta, quam potens! nihil habet, qui te non habet. tu deum in hominem demutare ualuisti. tu eum breuiatum paulisper 1 36 29
rem auaro condignam! ille, ille amplum qui habuit censum, exiguum non habet tumulum; quos prophetes egregius hactenus increpat dicens: *quid* 1 5 9
uel si omnes omnino amplectendae sint, ut tot quis habeat fides quot non habet uerba, multo magis nihil habebit, quia tractatus, qui eas genuit uel 2 3 7
suae compellit implere desideria uoluntatis. qui si fuerit uitiosus, quot habet unusquisque membra, poterit perpetrare tot crimina. denique hoc 1 3 9
de corpore egreditur, a quoquam deprehendi potest tantumque potestatis habet, ut, cum sui domicilii saepto teneatur, tamen quicquid uoluerit, 1 27 3
de corpore egreditur, a quoquam conspicari potest tantumque potestatis habet, ut, cum sui domicilii saepto teneatur, tamen quicquid uoluerit, 2 30 3
furti conscientia, sane confiteor. denique et uos retinetis pondus antiquum; habetis aginam: exagium facite quemadmodum uultis; singulos ponderate: 1 41 3
incredulos futurorum putatur poenae compendium ac paene pro infecto habetur quod non diffamatur, censuit eos caelo et terra testibus denotare, 1 47
sicut euidens declarat exemplum, quod Psalmorum in libro sic habetur: *uirga tua et baculus tuus ipsa me consolata sunt. parasti in* 1 13 10
destinata est. nulla intrare uolentibus mora; patent duodecim portae, habitacula praeparata sunt infinita. nemo sit de mansione sollicitus: certae 1 5 17
deprehendi; quem beati propinquus martyris, qui in eius forte degebat habitaculo, absentem esse assiduis uocibus inclamabat. hunc uero 1 39 4
dicente: *domini est terra et plenitudo eius, orbis terrarum et uniuersi qui habitant in eo*? Iob diabolus ter temptauit; similiter euangelista perhibente 1 15 7
a lege, sic Ieremia dicente: *haec dicit dominus uiris Iuda et omnibus, qui habitant in Ierusalem: renouate inter uos nouitatem et ne seminaueritis in* 1 3 12
at cum ab eodem huius deuotionis inuitatione inhabitari seu nos in ipso habitare coeperimus — sicut Iohannes dicit: *deus caritas est; qui manet in* 1 36 21
portabunt, sicut et scriptum est: *uos estis templum dei, et spiritus dei habitat in uobis*. 2 30 4
dei templum, apostolo dicente: *uos estis templum dei et spiritus dei habitat in uobis*. et uerum est, nam sicut idolis insensatis similia templa 2 6 4
uos et habere et possidere monstratis, cum pudicitiam, in qua deus habitat, non dicam diligitis, sed luculentis moribus adornatis. magna igitur 1 1 4
reconditur, ut pretiosius transfretatione reddatur; et martyr dominicae habitationis in recondita adsumitur, ut ibidem ex homine in angelum 2 11 7
opibus, animantibus, alimoniis utilitatibusque diuersis, magnis et plurimis, habitatori ulla ne querela subesset, sollertia mira perfecit, tunc *ad* 2 4 4
et iter impiorum peribit. consequens est, ut scire nos par sit, in quo habitu regnaturus sit homo iste noster, qui tendit ad caelum, ne forte cum 1 2 24
ipsis pro domibus templa, erigentes aras nomini suo, qui, quae essent habituri sepulcra, nescirent, caelum promittentes sibi, pro quorum actibus, 1 13 4
his omnibus, prout potest, uariis artibus aut adulatur aut nocet, si quid habuerint, tantum ut tollat. cui autem parcat, quae et mori momentis 1 14 2
quam speciosum est, fratres, quamque salutare, quem paulo ante ridiculo habueris, admirari; cuius exsecratus sis corruptelam, optes imitari uirtutem; 2 29 3
unde non sic sentiendum est, fratres, ut pater accepturus sit quod non habuerit aut filius tradendo quod habeat perditurus, cum et pater quod 2 5 9
honorem decoremque conducis. felix aeternumque felix est, qui semper te habuerit in se. 1 4 22
quam esse utique credulitatem non potest dubitari, quia hanc qui habuerit, necesse est, ut expedite uiuat et munde. igitur ne cognoscatur, 1 13 8
tantum istae, sed et aliae quoque uirtutes, indice Paulo cognoscite: *et si habuero*, inquit, *omnem fidem, ita ut montes transferam, caritatem non* 1 36 20
mihi, ut facerem. et nunc tu clarifica me apud te ipsum claritate, quam habui apud te, priusquam mundus fieret. qui resurgens ait: *omnia mihi* 2 5 4
seu quod quasi ex transuerso in unam fidem concurrentia crucifigi habuisse dei filium nuntiabant; quem confirmat in scala rectissime positum, 1 37 8
domini diabolum moriendo uastamus. postremo abscindimus, quod habuisse non deberemus, quod ab inimico hominibus superadditum 1 3 22
perhibente et dominum ter est temptare conatus. Iob facultates, quas habuit, amisit; et dominus caelestia sua bona amore nostro neglexit 1 15 8
suis carnibus nudi. conspicite rem auaro condignam! ille, ille amplum qui habuit censum, exiguum non habet tumulum; quos prophetes egregius 1 5 9
Iudas tres liberos habuit: Her, Aunan, Selom. hic mulierem, cuius nomen est Thamar, 1 13 1
iustitiam non didicit, sed genuit. non illum accessus infecerat urbium. non habuit legem, cuius conuersatio lex fuit. audit imperatum sibi a deo 1 62 1
accipite. igitur qui uenerat hominem uiuificare, per hominem necesse habuit, ne phantasma putaretur, edicta legis uniuersa complere. non enim 1 3 17
non enim quicquam timere poterat, qui mortuos excitabat, *qui potestatem habuit ponendi animam et iterum resumendi eam;* sed ut doceret, quoniam, 1 2 31
auctorem habemus, sanctum uidelicet Abraham, qui filium quondam Isaac habuit: simplex quidem uocabulum, sed multiplex pronuntiatio. hic 1 59 1
circumcidimur. hoc spiritus sancti non signaculo, sed signo censemur. hac circumcisione non aliquid perdimus, sed crescere nos augmentis 1 3 21
puerum mors uicina contristat, ne trepidatio fidem prodat infirmam. sub hac denique immolantis immolandique constantia absolui meruit, dum 1 59 7
hac pacificum, sine hac fidele, sine hac securum, sine hac gloriosum, sine hac deo iunctum, sine hac possit esse perfectum. denique cum dominus 1 36 16
nec uitam. recte igitur apostolus ait: *radix omnium malorum est auaritia*; hac enim matre eademque magistra uniuersa quae diximus, sed et alia 1 5 4
infideles necesse est iudicare, quia iam sua sunt incredulitate damnati; ex hac enim uita quis secum aut coronam portat aut poenam. quam rationem 1 35 2
illigasset. nihil est prorsus, quod sine hac gratum, sine hac pacificum, sine hac fidele, sine hac securum, sine hac gloriosum, sine hac deo iunctum, 1 36 16
hac gratum, sine hac pacificum, sine hac fidele, sine hac securum, sine hac gloriosum, sine hac deo iunctum, sine hac possit esse perfectum. 1 36 16
fideli propagine benigna caritas illigasset. nihil est prorsus, quod sine hac gratum, sine hac pacificum, sine hac fidele, sine hac securum, sine hac 1 36 16
uocabulo, cui iam auiae reuerentiam senectus uerecunda detulerat. sub hac igitur, carissimi, desperatione natiuitatis et admiratione progenitus in 1 59 2
corporalis ac per hoc etiam breuis; alia uero animi, quam nos nobis ipsi hac in uita per fidem sacri fontis uiuo de gurgite conparamus, nobilis et 2 4 8
praecipit, interrogat nemo. neque enim sine patris esse possit iniuria, si hac necessitate opus esset illi, qui in sinu patris commanens uoluntatis eius 1 56 2
tuta, inter esurientes feras amica, in ignibus frigida. sola fides praeferenda: hac nos, qui per fidem filii Abrahae facti sumus, in ipsius gremium 1 62 5
benigna caritas illigasset. nihil est prorsus, quod sine hac gratum, sine hac pacificum, sine hac fidele, sine hac securum, sine hac gloriosum, sine 1 36 16
fidele, sine hac securum, sine hac gloriosum, sine hac deo iunctum, sine hac possit esse perfectum. denique cum dominus interrogaretur, quod esset 1 36 16
solitudine, ubi Euam ab auctore operis sui meminerant esse deceptam, hac re ipsa nato consilio capere dolo adgrediuntur ac, nisi culpae 1 1 17

est prorsus, quod sine hac gratum, sine hac pacificum, sine hac fidele, sine hac securum, sine hac gloriosum, sine hac deo iunctum, sine hac possit 1 36 16
contra spem autem est, quod impossibile est ac non uidetur; sed possibile hac spe fit, cum dei dicto indubitanter ac fortiter creditur. dicit enim 1 36 5
ambiguitate a domino hic quoque *duorum denariorum* esse figura uestita, hac uidelicet ratione, quia in *thesauris suis* duos denarios intelligi uoluit, 1 37 9
quibus uult uirtutibus fides, ac spes multa et magna proponat, tamen sine hac utraeque non stabunt: fides primo omnium si se ipsam non amet, spes 1 36 10
uictoriae magis esse quam mortem. luculenta oratione per Iohannem hactenus contionatur: *nolite diligere mundum neque ea, quae in mundo* 2 4 12
et infidelitatis est excusatio, quam spiritus sanctus per prophetam retundit hactenus dicens: *adolescentior fui et senui et numquam uidi iustum* 2 1 20
deuoto cultore nec sufficientia nec necessaria honori suo protestatur deus, hactenus dicens: *caelum mihi thronus et terra suppedaneum pedum* 2 6 3
inquit, *cor meum uerbum bonum* et cetera, et apud Salomonem hactenus dicens: *ego ex ore altissimi prodiui ante omnem creaturam*. cum 2 8 2
qui uni deo per inpatientiam seruire minime potuerunt. sed inpatientiae hactenus exempla prolata sint. neque enim est studiose, ut arbitror, 1 4 11
qui habuit censum, exiguum non habet tumulum; quos prophetes egregius hactenus increpat dicens: *quid profuit nobis superbia aut quid diuitiarum* 1 5 9
in superna sustollit perennitatis gloriam fructu populoso tenturum, hoc hactenus Paulo firmante: *stulte, tu quod seminas non uiuificatur, nisi* 1 2 22
stultitia est apud deum. ob quam causam idem deus per prophetam hactenus protestatur: *non glorietur sapiens in sua sapientia neque glorietur* 2 1 5
fecere peiores, Euae non discipulae, sed magistrae; illa enim decepta, hae sua sponte se diabolo dediderunt). sin uero pacifica et salutaria, 2 7 16
sunt, uos plures estis. haec sunt, dilectissimi fratres, charismata uestra, hae uirtutes, quibus Hierusalem spiritalis instruitur, quibus sacrae orationis 2 6 11
ante octauum uel post octauum diem nec ipsi morienti puero subuenit, haec a cunis ipsis infantiae usque ad supremos exitus cuiusuis aetatis 1 3 23
munus iuuentutis subiens in senecta, unde nomen accepit infans, qui post haec Abraham sacratam deo approbat mentem. unicus ille filius solliciti 1 43 2
se ipsam cum illo quem uicerit. haec saepe indixit quietis gentibus bellum; haec aliquotiens robusta regna subuertit; haec aut sub turpibus aut sub 1 1 8
motus, nullusque prorsus dies, quo iugiter sibi similis esse uideatur? cum haec aliter non sint, ergone dei imaginem non habemus? habemus plane et 1 27 3
indixit quietis gentibus bellum; haec aliquotiens robusta regna subuertit; haec aut sub turpibus aut sub crudelibus factis subiugatos thalamos 1 1 8
composita pace conseruat; haec circa regum latera securos gladios facit; haec bella premit, lites tollit, iura euacuat, fora compescit, odia eradicat, 1 36 13
ut necessario gratiae panis uini quoque iucunditas iungeretur. quis non haec caelestibus mysteriis coaptata cognoscat? hiems namque pigra, 1 33 2
ne in aliquo se ipsa reprehendat, ne opere coepto umquam deficiat. haec captiuorum iuga redemptionibus frangit; incarceratis medendo plus 2 1 12
est necessarium. haec rura, urbes ac populos composita pace conseruat; haec circa regum latera securos gladios facit; haec bella premit, lites tollit, 1 36 13
fratres, cito eius edicam. quicquid locis natura negauerit, caritas reddit. haec coniugalis affectus duos homines sacramento uenerabili unam cogit in 1 36 13
simulacro dei: etenim mortis imperium sibimet uindicauerat totum. haec cum diu sic haberentur, sollertissimus ille artifex rerum filius dei, 2 4 7
mensura Iesu Naue desiderio pareretur, soli lunaeque suos frenos induxit; haec de armato Golia Dauid inermi triumphos attulit; haec in Iob inter 1 36 8
circumcisionem, quam euacuatam uidemus a lege, sic Ieremia dicente: *haec dicit dominus uiris Iuda et omnibus, qui habitant in Ierusalem:* 1 3 12
esset ab apostolis et gentibus audiendus. *filios*, inquit, *genui et exaltaui*. haec domini uox est, qua iam tunc per prophetam Iudaeos obiurgabat 1 61 5
perhibet testimonium, sicut scriptum est: *semel locutus est dominus et haec duo audiuimus.* sed et dominus ipse in euangelio hanc exprimit 1 37 4
sic dicente: *caro concupiscit aduersus spiritum et spiritus aduersus carnem; haec duo inuicem aduersantur sibi.* hinc caro tota deliciis fluens, uariis 2 4 8
quis ante personam noscat et rationem, eius non potest nosse ueritatem. haec enim res et fecit et facit, ut Iudaeus et Iudaeo deterior Christianus 1 25 1
laeto respirat. haec liberis gaudet; at illa liberorum non timet orbitatem. haec eorundem blanditiis uernantibus pascitur et incrementis 2 7 3
argenti facultatumque beneficio quis aut amatur aut odio est. denique haec est causa, quod fratrum pia nomina plerumque gladiis amica uidemus 1 5 6
possidere non possunt. at e diuerso uideor mihi audire proclamantem: 'si haec est condicio carnis, quid est ergo quod credimus in ecclesia remissa 1 2 24
corporis sui inpedimenta praemittit et exsequiis funeris ipse praecedit. cui haec est conparanda confessio? Maccabaeorum est iungenda numero, 1 39 9
infirmus patitur, ut homini mortis lege consumpto inmortalitas tribuatur. haec est enim potestas dei, ut saluo quod est possit esse quod non est. hic 2 12 3
nihil prorsus habere difficile solumque ei hoc deesse quod nolit esse; haec est enim proprietas dei, id operari quod non potest credi. igitur non 1 2 16
plorare non nouit! haec renouatio, haec resurrectio, haec uita aeterna, haec est mater omnium, quae nos adunatos, ex omni gente et natione 1 55
non transeat luxuria nostra. ubique relinquamus signa laetitiae, quoniam haec est pars nostra et haec sors. illinc spiritus, quasi quidam dux 2 4 10
exsecrabilis res est, fratres, nec coniugio seruare caritatem nec deo fidem. haec etiam uiros reprehensio manet. Christianus ergo in toto dubitare non 1 2 14
plenus sum holocaustomatis arietum et pinguamine agnorum; quis enim haec exquisiuit de manibus uestris?. utique, fratres, incunctanter eis ademit 2 25 1
nupta cogitat, quemadmodum placeat marito, uirgo, quemadmodum deo. haec extrariis ornamentis ornatur; longe illa ornatior, aliunde quia nescit 2 7 3
dicit: *quam dulcia faucibus meis eloquia tua super mel et fauum ori meo!* haec, fratres, si quis libenter crediderit, largiores adhuc escas inueniet, 1 24 4
et inmunditia eius super ipsum est, peribit anima illa de populo suo. haec, fratres, sicut cauenda sunt nobis, ita quae bona, quae pura, quae 1 25 13
scriptura iterum ibidem dicit: *sacrificans diis eradicabitur, nisi domino soli.* haec gentes, nisi conuertantur, manet diuina sententia, quae nec deum nec 1 25 5
patientia in se frangitur, his denique fluctibus, quibus cogitur, refrenatur. haec germinantibus pratis, messibus flauis, uitibus curuis, semipallidis 1 4 6
dei et domini nostri prouidentia comparatur. hic labor noster illustris, haec gloria omnium sacerdotum, hoc mysterium deo, hoc opus carum, hos 2 6 11
sed etiam futuri diei iudicii incendia superabit. illa iustificata discessit; haec glorificata uestri numeri incrementis ac fidei cum Christo in aeterna 1 13 13
aetatis utroque generi salutare munus inpertit; illa sanguine gaudet, haec gratia; illa imagine, haec ueritate; illa damno, haec lucro; illa agit 1 3 23
secunda animi desecat uitia; illa ferro, haec spiritu; illa portionem, haec hominem totum; illa masculum solum, haec utrumque sexum; illa 1 3 23
affectus duos homines sacramento uenerabili unam cogit in carnem. haec humanitati praestat esse quod nascitur. huius est munus, quod cara 1 36 13
non est unum esse iter aerii culminis angelis lucis et hominibus iustis. haec igitur omnia combinata unius fructus rediguntur in summam, 1 37 14
et ingentia mala non desperauit; haec in Tobiae caecitate medica fuit; haec in Daniele ora leonibus alligauit; haec in Iona cetum in cymbam 1 36 8
suos frenos induxit; haec de armato Golia Dauid inermi triumphos attulit; haec in Iob inter crebra et ingentia mala non desperauit; haec in Tobiae 1 36 8
in Tobiae caecitate medica fuit; haec in Daniele ora leonibus alligauit; haec in Iona cetum in cymbam conuertit; haec in Maccabaeicae 1 36 8
Daniele ora leonibus alligauit; haec in Iona cetum in cymbam conuertit; haec in Maccabaeicae germanitatis exercitu sola uicit; haec in tribus pueris 1 36 8
prudentiae et reuelauit eam Iacob puero suo et Israel dilecto sibi. post haec in terris uisus est et cum hominibus conuersatus est. qua in specie 2 8 6
attulit; haec in Iob inter crebra et ingentia mala non desperauit; haec in Tobiae caecitate medica fuit; haec in Daniele ora leonibus alligauit; 1 36 8
cymbam conuertit; haec in Maccabaeicae germanitatis exercitu sola uicit; haec in tribus pueris ignes amoenos effecit; haec mare pedibus ambulari 1 36 8
praestat, haec parentum, coniugum liberorumque sacra iura custodit, haec in utroque sexu conspicua, in omni aetate miranda, in quauis 1 1 1
seminis contagione purgati integri in ubertate paterni seminis maneamus. haec, inquam, non die, non nocte, non hora, non sexu, non aetate, non 1 3 22
pudicos equidem persequens, sed impudicos tantum congruenter occidens; haec, inquam, per momenta et parit omne quod malum est et peperit 1 1 8
eorum, dies festi omnisque solemnitas abominatio est apud deum. cum haec ita sint, a quibus, quomodo, unde pascha celebratur? adde quod 1 46a 2
melior est enim unus timens dominum quam mille filii impii? cum haec ita sint, age uidua, quae sicut innocens uirgo nubere saepe festinas, 2 7 6
plus quam oporteat. similiter Paulus: *noli altum sapere, sed time.* cum haec ita sint, cur legem lege distringis? cur sub imaginem fidei fidem 2 3 13
hactenus dicens: *ego ex ore altissimi prodiui ante omnem creaturam.* cum haec ita sint, humanitas, te, uersuta, cognosce uel sero et intemperanti 2 8 3
personarum aliqua exceptione aequabiliter iustitia est diuina largita. cum haec ita sint, procul dubio non est a tyranno dissimilis, qui solus habet 2 1 19
inducam uos in terram Israel; dabo spiritum meum in uos et uiuetis. cum haec ita sint, resurrectionem futuram cur, Christiane, non credis? cur de 1 2 13
profundo, qui circa se uideret feliciter triumphum suum perire naufragio. haec Iudaeus praedicat, fratres, et tamen deo demens adhuc usque non 1 29 2
fecunditate tumet feliciter uenter, Mariae maiestate. illa praeconem portat, haec iudicem. exsultate, feminae, promotionemque uestri sexus agnoscite. 2 8 8
floris sui quouis prato iucundioris caelum ipsum honore laeto respirat. haec liberis gaudet; at illa liberorum non timet orbitatem. haec eorundem 2 7 3
sic incognito inopinate dispungens suam docuit expugnare naturam; haec libidinis mercedem uel maxime parentum, filiorum, maritorum 1 1 8
illa sanguine gaudet, haec gratia; illa imagine, haec ueritate; illa damno, haec lucro; illa agit captiua sub lege, haec omnibus praestat in Christo 1 3 23
exercitu sola uicit; haec in tribus pueris ignes amoenos effecit; haec mare pedibus ambulari posse in Petro praesumpsit. per hanc apostoli 1 36 8
lites tollit, iura euacuat, fora compescit, odia eradicat, iras exstinguit. haec mare penetrat, orbem circuit, commercio nationibus necessaria 1 36 13
est furere, tantum agnoscatur dominus triumphasse. sed durat inter haec martyris spiritus et morarum numerositate seruatus perstat uiuus, 1 39 9
deus, mihi fieri sacrificium, Abraham, tuis manibus in monte de filio tuo; haec mihi uictima placet, hoc me sanguine deplacabis, iste meis sacris 1 43 3
sed sicut est spiritalis prima sine matre, ita sine patre secunda carnalis. haec miranda, inenarrabilis illa, propheta dicente: *natiuitatem autem eius* 2 8 2
idem tempus duae cognatae concipiunt, una contra spem, altera uerbo. haec miratur se habere quod nescit, laetatur illa quia scit. Elisabeth sterilis 2 8 8
deo colluctari praeualuit; per hanc Ioseph Aegyptum suae dicioni subiecit. haec Moysi in mari rubro terram uitream fecit; haec, ut cursus soliti 1 36 8
luctibus diues. bene, bene: cum quis quaerit aurum, inuenit gladium. inter haec nemo considerat condicionem fragilitatis humanae, nemo hostem, 1 5 15
maxime parentum, filiorum, maritorum uxorumque in mortibus posuit; haec nomina pietatis nonnumquam concubitu prodigioso deleuit, pudicos 1 1 8
etiam hostibus suis. haec totius humani generis fundamenta confirmat, haec nominum proprietates uniuersis affectibus praestat, haec parentum, 1 1 1
cuius praecordia inplacabilis cupiditas pestifera flamma repleuerit. sed haec non ad uos, fratres, quorum largitas prouinciis omnibus nota est, 1 14 8
totius mundi quoque prostituit. non opus est ire per singula; quamuis et haec non fuerint dictu digna, tamen ad exprimendam uim impudicitiae 1 1 12
per orbem totum non possit inueniri terrarum? igitur in deum cum haec non incidant, ergo dei imaginem non habemus? absit, fratres. 2 30 3
meos a lacrimis, pedes meos a lapsu; placebo domino in regione uiuorum. haec nos felicitas manet, hoc munus exspectat. sic ergo uiuamus, ut bonis 1 2 32
conpugnantes flatus ac fluctus gemens parturit carina naufragium. inter haec omnia deterior est conscientiae timor, quia quae diximus et alia his 2 2 2
imagine, haec ueritate; illa damno, haec lucro; illa agit captiua sub lege, haec omnibus praestat in Christo bonae fidei libertatem. igitur uos, qui 1 3 23
semen cordis uerbum est dei, cata Lucanum domino sic dicente: *est autem haec parabola: semen est uerbum dei. qui autem iuxta uiam sunt, hi sunt,* 1 13 5
confirmat, haec nominum proprietates uniuersis affectibus praestat, haec parentum, coniugum liberorumque sacra iura custodit, haec in 1 1 1
illa masculum solum, haec utrumque sexum; illa praeputium paruae cutis, haec praeputium totius concupiscentiae saecularis; illa octauo deseruit diei, 1 3 23
sub ista arbore magna. similaginem conspargit, uitulum laniat. post haec promittitur ei de legitimo matrimonio filius de fide, non de aetate. 1 62 2
et terra, quia caelum pluuias et fruges terra non denegat! sed quia haec prophetia nouissimis erat complenda temporibus sub domini 1 61 2
canina mactatio, ieiunia *odium,* populus *progenies uiperarum.* post haec quid praesumant, aestimare non possum, homines qui salutem suam 2 25 1
dignatio, in qua quae parturit non gemit, qui renascitur plorare non nouit! haec renouatio, haec resurrectio, haec uita aeterna, haec est mater 1 55
quae parturit non gemit, qui renascitur plorare non nouit! haec renouatio, haec resurrectio, haec uita aeterna, haec est mater omnium, quae nos 1 55

non ulla re indiget, quia ei praeter quod est nihil est necessarium. haec rura, urbes ac populos composita pace conseruat; haec circa regum 1 36 13
si ita esset, inter memorata impar cultu semper ecclesia inueniretur. sed haec saecularia sine legitimo ac deuoto cultore nec sufficientia nec 2 6 3
post negotium perpetratum odit et se ipsam cum illo quem uicerit. haec saepe indixit quietis gentibus bellum; haec aliquotiens robusta regna 1 1 8
crucem, sed et tu crucis tuae similiter dignitate gaudebis. igitur haec scala cuius esset materiae, in qua dominus incumbebat, ex Dauid 1 37 8
exsequias, cui magis lacrimas commodarent: mortuo anne morienti? post haec si libet nubere, omnia illa mentita es. quid hoc est? ecce rursus ad 2 7 7
fidei; quas si quis amiserit, nec diuina ille profecto nec humana cognoscit. haec, si religiosus es, serua; timoratus si uere, custodi. de eo, quod modum 2 3 18
nostra. ubique relinquamus signa laetitiae, quoniam haec est pars nostra et haec sors. illinc spiritus, quasi quidam dux peritissimus, horum omnium 2 4 10
prior circumcisio desecat carnem, secunda animi desecat uitia; illa ferro, haec spiritu; illa portionem, haec hominem totum; illa masculum solum, 1 3 23
ac materiae semper suum et uereretur et ueneraretur artificem. post haec subiecit ei omnia bona mundi et quia erat iam sapientia conditus, 2 4 5
ambitu superatis; denique sancti diuites pauci sunt, uos plures estis. haec sunt, dilectissimi fratres, charismata uestra, hae uirtutes, quibus 2 6 11
cognoscit; est etenim tantae uirtutis, ut sit honorabilis etiam hostibus suis. haec totius humani generis fundamenta confirmat, haec nominum 1 1 1
ornamentis ornatur; longe illa ornatior, aliunde quia nescit ornari. haec uariis unguentis et odoribus fragrat; illa unici floris sui quouis prato 2 7 3
Thamar *concepit in utero*, ecclesia corde concepit, illa semine, haec uerbo. haedus ei mittitur, temptationis uidelicet signum; etenim 1 13 11
salutare munus inpertit; illa sanguine gaudet, haec gratia; illa imagine, haec ueritate; illa damno, haec lucro; illa agit captiua sub lege, haec 1 3 23
aut sub crudelibus factis subiugatos thalamos triumphauit alienos; haec uiros ardore uesano femineo stipendio ipsis feminis sic incognito 1 1 8
gemit, qui renascitur plorare non nouit! haec renouatio, haec resurrectio, haec uita aeterna, haec est mater omnium, quae nos adunatos, ex omni 1 55
suae dicioni subiecit. haec Moysi in mari rubro terram uitream fecit; haec, ut cursus soliti contempta mensura Iesu Naue desiderio pareretur, 1 36 8
haec spiritu; illa portionem, haec hominem totum; illa masculum solum, haec utrumque sexum; illa praeputium paruae cutis, haec praeputium 1 3 23
celebrare, agnus requirendus est tibi, sicut praeceptum est, *ex agnis et haedis* discordi natura commissus, quem in gregibus pecuinis ipsi tui non 2 20 1
quem inuenerant, perdiderunt. quem scriptura designabat *ex ouibus et haedis*: *ex haedis* utique propter peccatricis indumentum carnis, *ex ouibus* 1 46a 2
uerum, quem inuenerant, perdiderunt. non enim intellexere, quia *ex haedis* humana designabatur caro suis onusta peccatis, *ex ouibus* spiritus 1 8 1
suo nomine deleta est. agnus salutaris, qui designatur *ex ouibus et ex haedis*, inter pecora non potest inueniri. dies festi eius et cantica secundum 1 28 2
perdiderunt. quem scriptura designabat *ex ouibus et haedis*: *ex haedis* utique propter peccatricis indumentum carnis, *ex ouibus* propter 1 46a 2
quam accipere deuitauit, quia inter agnos uenturo tempore, non inter haedos deputatur, qui pignus trinitatis acceperit. denique expetisse atque 1 13 9
monstrabat. interpellat eam, poscit ingressum, missurum se promittit haedum. at illa promisso expetit pignus, magis illo contenta quam praemio 1 13 2
dico uobis, quia publicani et meretrices praecedunt uos in regnum dei. haedum ei promittit, id est, quae sit peccatori peccati merces, ostendit. 1 13 9
Thamar *concepit in utero*, ecclesia corde concepit, illa semine, haec uerbo. haedus ei mittitur, temptationis uidelicet signum; etenim iustitiam qui 1 13 11
uitant, uiduitatis uestem rursus accepit. interea secundum condictum haedus mittitur, fornicaria quaeritur nullaque ibidem umquam fuisse ab 1 13 3
cuius immolatione ille quoque gauderet, qui ad uictimam parabatur. aries haerebat in uepre implicitus spinis, capite obligatus: hic est qui pro Isaac 1 43 8
domini et spem et fidem perdidit, quia caritas in ipso non mansit. nam et haereses et schismata sic disseminantur, cum inflata fides ac spes 1 36 19
oculis uulneribus lineam feralis ictus assidua contemplatione uibrabat. haeserant confessionis suae glutino intrepidae martyris manus nec salientes 1 39 7
ipse in euangelio hanc exprimit rationem dicens ad Petrum: *mitte hamum in mare et piscem, qui primus ascenderit, aperto ore eius inuenies* 1 37 5
tota ambitione sua non potest aurum. hinc unus pecuniam suam tamquam hamum proponit, ut facultates ad se attrahat alienas; quam peregrinantem 1 5 12
populis profecerunt. mare autem mundum significasse non dubium est, hamum uero praedicationem, quia, sicut hamus missus in mare mortem 1 37 6
significasse non dubium est, hamum uero praedicationem, quia, sicut hamus missus in mare mortem piscis ostendit, ita euangelica praedicatio 1 37 6
Christum, immo illa per uos uobiscum complectitur Christum. per hanc a deo patre quod petitis impetratis, immo illa per uos impetrat, pro 1 1 4
hanc euadens Noe non inuenit, cum quo diluuium fuisse conferret; per hanc Abraham ad dei peruenit amicitiam; per hanc Isaac praeter ceteros 1 36 7
hanc esse gentis suae nobilitatem, hanc caelestis sacramenti uirtutem, hanc aeternae uitae legitimam genitricem, hanc perpetuam futuri regni 1 3 1
effecit; haec mare pedibus ambulari posse in Petro praesumpsit. per hanc apostoli multos in nitidam cutem leprae deformis contagiosis 1 36 9
laudi pudicitiae; illa enim uobis exhibet sanctitatem, uos ei amorem. per hanc attingitis Christum, immo illa per uos uobiscum complectitur 1 1 4
cum uociferationibus saepe iactare hanc esse gentis suae nobilitatem, hanc caelestis sacramenti uirtutem, hanc aeternae uitae legitimam 1 3 1
testamenta, quae credentes tenent, non credentes incidunt. sed et Dauid hanc calamum nuncupauit, dicens: *lingua mea calamus scribae ueolociter* 1 37 4
hanc partem peccare iam non potest. consequens est, ut profiteatur, utrum hanc carnalem an spiritalem esse defendat. si spiritalem, cur de carne 1 3 3
aut emitur aut distrahitur, liberum non est: non nobilitas, quia per hanc credit, hanc excolit, per hanc hoc sibi nomen inuenit; non sanctitas, 1 5 5
quodam magnitudinis suae per se in se manentem; *postea uero deum* hanc *diremisse* ex eaque constituisse *mundum pariter et ornasse.* igitur si, 1 7 1
et ambitio saeculi, quae non est a patre, sed ex concupiscentia mundi. per hanc enim diabolus cum diuerse hominum mentes capit ac decipit, sic 1 36 27
et creduli deuotique seruantur et increduli desertoresque puniuntur. hanc Esaias in modum forcipis uidit; quibus ad conflanda labia inquinata 1 37 2
cognoscat errorem. solet enim magnis cum uociferationibus saepe iactare hanc esse gentis suae nobilitatem, hanc caelestis sacramenti uirtutem, hanc 1 3 1
quam reprobant faciunt. philosophi de anima uaria disserunt, sed tamen hanc esse inmortalem <et> Epicuri, Dicaearchi Democritique uanitatem 1 2 4
naturam, iamiamque desinat permoueri, intellegens Christianae uirtutis hanc esse maximam gloriam, ipsam calcare naturam. sed quia uirtutem 2 7 1
cum terrenis absumi, praesertim cum eorundem ille sapientissimus dicat hanc esse mortem, cum corpore animus tamquam carcere clausus tenetur, 1 2 2
a deo Enoc meruit cum corpore contra legem naturae transferri; per hanc euadens Noe non inuenit, cum quo diluuium fuisse conferret; per 1 36 7
aut distrahitur, liberum non est: non nobilitas, quia per hanc credit, hanc excolit, per hanc hoc sibi nomen inuenit; non sanctitas, non munitio, 1 5 5
est dominus et haec duo audiuimus. sed et dominus ipse in euangelio hanc exprimit rationem dicens ad Petrum: *mitte hamum in mare et* 1 37 5
credenda. ceterum si eius partem probes, reprobes partem, quomodo per hanc fidem quaeris, quam etiam ipsam infidelitatis ream constituis, 2 3 13
est igitur, fratres, tenaciter nobis et omni genere custodienda uirtutum. in hanc fortiter incumbendum; ipsa est enim uitae nostrae immobile 1 36 4
abundabit; qui autem non habet, etiam id quod habet auferetur ab eo. per hanc, fratres, a deo Enoc meruit cum corpore contra legem naturae 1 36 7
liberum non est: non nobilitas, quia per hanc credit, hanc excolit, per hanc hoc sibi nomen inuenit; non sanctitas, non munitio, quia *nihil* est 1 5 5
ad dei peruenit amicitiam; per hanc Isaac praeter ceteros enituit; per hanc Iacob deo colluctari praeualuit; per hanc Ioseph Aegyptum suae 1 36 7
poscitur, a parente perducitur, sed hostia non sanguinis, sed salutis. ad hanc igitur gloriam tardi partus ubertas et fecunditas desperata profertur. 1 59 2
quasi per quosdam obseruantiae gradus in caelum leuare consuerunt. hanc in Apocalypsi Iohannes bis acutum gladium cum uno capulo 1 37 2
procul dubio omnes sacrilegos antecedis, qui Moysi reprobans dictum per hanc iniuriosam corporis stipem deo placere te posse praesumis.' 'iam 1 3 14
contagiosis scabrosisque grassantium ulcerum spoliauere uerticibus; per hanc, inquam, caecos uidere, surdos audire, mutos loqui, claudos currere, 1 36 9
Isaac praeter ceteros enituit; per hanc Iacob deo colluctari praeualuit; per hanc Ioseph Aegyptum suae dicioni subiecit. haec Moysi in mari rubro 1 36 7
fuisse conferret; per hanc Abraham ad dei peruenit amicitiam; per hanc Isaac praeter ceteros enituit; per hanc Iacob deo colluctari praeualuit; 1 36 7
est autem similis igni arida pabula depascenti, quae nisi finiat non finitur. hanc mediocres fraudibus excolunt, diuites inpotentia, iudices gratia, diserti 1 14 1
uasa replete, ut semper uobis aqua sufficiat, hoc ante omnia scientes, quia hanc nec effundere licet nec rursus haurire. 1 12
bibite, ut semper uobis aqua sufficiat, hoc principaliter scientes, quia hanc nec effundere licitum est nec rursus haurire. 2 14
ubi patientia dominatur, ubi uiuitur sobrie, ubi mors timetur. itaque hanc obseruantiam, hunc timorem, quod est uerius atque iustius, transfer 2 7 9
sacramentum per hanc partem peccare potest, ille autem deinceps per hanc partem peccare iam non potest. consequens est, ut profiteatur, utrum 1 3 2
immolauit, illa uidelicet ratione, quia Iudaeus post sacramentum per hanc partem peccare potest, ille autem deinceps per hanc partem peccare 1 3 2
discedit, ut probet se et meruisse et non ambisse quod meruit. ac ne quis hanc patientiam timiditatis nomine obscuret, in ducendis quoque uxoribus 1 4 16
caelestis sacramenti uirtutem, hanc aeternae uitae legitimam genitricem, hanc perpetuam futuri regni consortem, sine qua nemo possit omnino ad 1 3 1
maxima est cautio, ne quid mundo debeat, ne quid horum digne patiatur. hanc qui diuinas litteras aut non legerunt aut lectas irritas putauerunt 2 1 14
est temptationis; quam esse utique credulitatem non potest dubitari, quia hanc qui habuerit, necesse est, ut expedite uiuat et munde. igitur ne 1 13 8
tot efficit uultus, quot ille intrinsecus tristes seu hilares suos fecerit motus, hanc rationem docente nos Paulo: *uidemus,* inquit autem, *modo per* 1 2 29
magnificabimus, labia nostra a nobis sunt. quis noster dominus est? hanc superbiam propheta tumidi cordis euitans sic infit ad dominum: 2 9 3
dolore magno uel gemitu non potest dici. quae enim uox, quae increpatio has condigne possit arguere, quae dedecus suum sacrilegio dotantes 2 7 12
pereunt, detestabili exemplo adolescentulas quoque perire compellunt. quis has diligat filius, quis maritus, confundentes sanguinis iura, delentes merita 2 7 10
est ire per singula: uarias atque innumerabiles *nocendi artes* habet, sed has omnes salutari profluens amne non magno opere noster Aquarius 1 38 7
a fratribus rapitur; patiens, cum in puteum dimittitur; patiens, dura cum hasta distrahitur; patiens in carcere, in regno patientior, patientissimus, 1 4 17
incendit intestinique facinoris foedus, quo infeliciores subactis infami hasta persequentes hospitum terga depopulabantur, e caelo imber fusus a 1 4 10
mortibus uiuunt. unde pauca de multis attingam, ut omnium probationem haud dubie in paucis expediam. stellae praecipites labuntur e caelo et a 1 2 17
hoc principaliter scientes, quia hanc nec effundere licitum est nec rursus haurire. 2 14
sufficiat, hoc ante omnia scientes, quia hanc nec effundere licet nec rursus haurire. 1 12
capis, reliquias poculi propinati lambendo labris exhauris futurique haustus quasi quasdam primitias auspicaris, totum prorsus iniquitatis 2 7 17
non metuat iustus, quia cum illo est deus. inde Susanna illustris Hebraea, uerae decus pudicitiae, docuit feminas suae castitatis exemplo. 1 40 1
tres Hebraei uenerabilis numeri sacramento muniti, aetate teneri, sed fidei 2 22
corde rem miram, Christiane, omnique uirtutum exemplo famigerabilem. Hebraei uere tres pueri senum constantia maiores, iuuenum uirtute 1 53 1
bonum pudicitiae uno eodemque suggestu facillime possit agnosci. Ioseph, Hebraeus adolescens, clarus genere, clarior pulchritudine, morum quoque 1 1 15
computabant. igitur Her primitiuus filius primitiuus est populus, id est hemithei omnes potentissimi et reges, qui ferocitate uirtutis ac libidinis 1 13 4
Iudas tres liberos habuit: Her, Aunan, Selom. hic mulierem, cuius nomen est Thamar, accepit 1 13 1
typus erat, qui ob iustitiam dei omnes homines filios computabant. igitur Her primitiuus filius primitiuus est populus, id est hemithei omnes 1 13 4
etiam sua, qui desiderat aliena. illinc alius uias uiantibus cludit, arcet ab herbis, arcet a siluis, arcet ab aquis, et quidem copiosis uacantibus plurimis 1 5 13
Iouem innumerabilibus uariis magnisque criminibus maximum fecit. ipsa Herculem nouerca deterior in Omphales libidine turpiter uicit, quem 1 1 11
inicit amorem, paulo post odium de amore factura. seminat inlicitos heredes crimenque noscens nominibus pietatis excusat. proprios aut negat 1 1 7
natura; obseratae gladiis uiae humano cruore pinguescunt; testamenta heredes incognitos ex sese recitari mirantur; amicae sub fallacia manus 1 5 3

praecepti dei persuadendo miserabiliter iugulauit et exinde hereditaria condicione confectum uniformiter interibat omne genus 2 4 5
repugnantes iugo, pro se quisque nitentes (amore uidelicet nimio), hereditatem captat alter alterius; quod parentes filios, filii parentes oderunt; 1 14 7
aut impudicus aut fraudator, quod est idolorum seruitus, non habent hereditatem in regno dei et Christi, ostendens unum esse regnum patris et 2 5 8
spinas et tribulos sibimet comparauit ultimoque *sudore* turbatus posteris hereditatem indigestae mortis, quae homicidium mox [ut] peperit, 1 4 8
uitam sua damna iudicantes iniecta uiolenter manu ipsi naturae, inuasis hereditatibus ante tempus parentes suos compellunt uiuere miseriae, 1 5 6
Noe incircumcisus saeuiente diluuio diuina prouidentia humano generi *heres* et pater *est constitutus*? quid, quod Melchisedech, summus ipse 1 3 5
saeculorum heres [et] pernici cursu procurrens atque recurrens, solemni meta rotatus 1 33 1
ponantur omnes inimici eius sub pedibus eius inimicaque destruatur mors. hi autem ad principalem uim retulerunt, in cuius perpetuitate commanens 2 5 8
cor suum ultra quam licitum est argumentis insolentibus extulerunt. hi cum ascendunt uerbis in caelum, cum deum persuadent hoc esse quod 2 9 1
oleo gremiali, officiis competentibus temperata, in panes azymos reddita. hi, quos uidetis, egregia coctura suaue redolentes, qui excocti sunt non 1 41 2
longe non est. ius templorum ne quis uobis eripiat, cotidie litigatis. non hi solum, qui tales sunt, displicent deo, sed et illi, qui per sepulcra 1 25 11
autem haec parabola: semen est uerbum dei. qui autem iuxta uiam sunt, hi sunt, qui audiunt uerbum et uenit diabolus et tollit de corde illorum 1 13 5
uelleris sui niueo candore uestiuit, qui suum lacte beatum uagitu hiantibus uestris labris indulgenter infundit. idem non tumidus ceruice, 1 38 3
percussor non uidetur, percussoris non cernitur gladius, percussi non hiat uulnus, non defluit sanguis; exspirantis non palpitat corpus, non 1 42 2
ut uiuat. percussor percussorisque non cernitur gladius; percussi non hiat uulnus, non defluit sanguis, non decolor color est. ipse est et tamen 2 24 3
assimulant, cum ardent *plura fulminibus*, cum terra uel tremit uel hiatu se recipit in se, nullus hic beatitudinis locus est, ubi non deuotionis, 2 2 3
illum saltem suae pietatis affectum. hic facibus suis Euae pectus incendit; hic Adam suis telis occidit; hic Susannam conatus est duorum seniorum 1 36 26
pati uideretur iniuriam. uidetisne, fratres dilectissimi, quia nullus exserte hic alteri iubet, in opere nullus otiosus est? o sancta aequalitas ac sibi soli 1 45 2
plura fulminibus, cum terra uel tremit uel hiatu se recipit in se, nullus hic beatitudinis locus est, ubi non deuotionis, sed necessitatis est quod 2 2 3
pedem ligatura destringit, ne incitata uictima displiceret. cesset itaque hic, carissimi, impietatis abominanda suspicio: Abraham dominum filio, 1 59 7
quia uri deterius. *omnia* quidem *licent, sed non omnia expediunt.* iam te hic, Christiane, cognosce, elige quid uelis: remedium an sanitatem. denique 2 7 2
munitus, ut non auderet eum adtemptare diabolus nisi a deo iussus. iam hic considerate, fratres, quemadmodum saeuierit incitatus, qui ferri non 1 15 3
melius, felicitatis pristinae statum dissimulando non perdidit, sed mutauit. hic ego patientiam domini memorare non audeo, ne quam deus inter 1 4 19
qui uerus omnium saluator esse cognoscitur et factis et nomine. hic enim, quia ipse dictus est etiam petra, recte cultellos petrinos fecit 1 3 16
Paulus errauit; si traditurus est regnum, isti mentiuntur. absit! nullus hic error, diuersitas nulla est. Paulus enim de hominis adsumpti temporali 2 5 7
quae utraque in Christo concreta agnum legitimum praestiterunt. hic est agnus, fratres, de quo lex ait: *Pascha est domini*; apostolus quoque 1 8 2
a mortuis, ut ait apostolus, post multorum obitus populorum. hic est, cui *data est potestas in caelo et in terra*, nomini eius noua a deo 2 5 4
est deus alius praeter te. sed et Ieremias eodem spiritu loquitur dicens: *hic est deus noster et non deputabitur deus alius absque ipso. qui adinuenit* 2 8 6
haec est enim potestas dei, ut saluo quod est possit esse quod non est. hic est deus noster aeterni dei coaeternus filius. hic *et homo et deus*, quia 2 12 4
ecce per uos iungimur caelo: anus enim peperit angelum et uirgo deum. hic est deus noster, qui dignitate interim seposita, non tamen potestate, 2 8 8
non admittit aetatem; solus sempiternus, quia immortalitatis est dominus. hic est deus noster, qui se digessit in deum; hic pater, qui suo manente 1 7 4
natura, sed numero. fit filius horarum, qui pater est omnium saeculorum. hic est dies, fratres, quo a domino nostro cunctus redemptus est orbis, quo 1 16 2
gloriae, et iterum magi: *ubi est*, inquiunt, *qui natus est rex Iudaeorum?*. hic est, fratres, qui uenturus denuntiatus est per prophetas, qui secundum 2 5 3
puer, sponsus, gigas, crucifixus, sepultus, *primogenitus a mortuis* diceretur, hic est, inquam, qui *in omnibus omnia est*, quoniam per ipsum et in ipso 2 8 8
parabatur. aries haerebat in uepre implicitus spinis, capite obligatus: hic est qui pro Isaac immolatus est deo; hunc obtulit Abraham, hunc 1 43 8
tempora et, ut saecula colligenda disseminet, parit sibi de fine principium. hic est, quo similiter, uerum tamen semel, amore hominis sui eius artifex 2 19 2
possit esse quod non est. hic est deus noster aeterni dei coaeternus filius. hic *et homo et deus*, quia *inter* patrem hominesque adstitit *medius*, 2 12 4
non gradum, non sacrosanctum illum saltem suae pietatis affectum. hic facibus suis Euae pectus incendit; hic Adam suis telis occidit; hic 1 36 26
tuis ipsis studiosis fidelissimum, hic infidelis, et quem putaueris infidelem, hic fidelis est. forte in eo se quis aestimet fideliorem, si loquatur argute, 2 3 11
secundum legem circumcidat, de populo suo infantis anima peritura est. hic, fratres carissimi, eligat utrum uelit, circumcidat an differat. si 1 3 4
gurgitis alueo genitali condentes ullam pro personis operari ne aestimetis hic gratiam. iudicio uestro nascimini scientes, quoniam, qui plus crediderit, 1 49
sane post momentum misera (atque utinam semel!) nimio dolore nuptura. hic, hic quemadmodum se quis possit excusare, non uideo. non deest enim 1 2 14
amore Christi ignem carnis extingue, ut de resurrectionis gloria, quam hic iam tibi uindicas, taceam, in qua, ut dominus ait: *neque nubunt neque* 2 7 4
uix in eius casibus pater uiuere potuisset, si annis teneris moreretur. hic igitur infans, e cuius uita paternus affectus et maternus pendebat, ad 1 43 3
non est ullus; hic *sempiternus*, quia occisus est et inuentus est uiuus; hic *immaculatus*, a peccato quia solus est mundus; hic *salutaris*, quia per 1 8 2
proficit pugna, quia quem putas uel de tuis ipsis studiosis fidelissimum, hic infidelis, et quem putaueris infidelem, hic fidelis est. forte in eo se quis 2 3 11
quia per ipsum uincimus mortem; hic *masculus*, quia dei est uirtus; hic, inquam, agnus *perfectus*, quia in ipso magnus ille sacerdos pio 1 8 2
patre meo. hic, qui purus de caelo descendit, carnatus ascendit in caelum. hic, inquam, de quo Paulus ait: *qui accipit regnum, regnat et tradet deo et* 2 5 4
hic, qui semel occidit et ortus est rursum numquam repetiturus occasum. hic, inquam, quem *duodecim* radiorum, id est apostolorum duodecim, 2 12 4
redemptus est orbis, quo aetherio semine nouellus uiuificatus est populus; hic, inquam, qui nobis resurrectionis monstrat exemplum. cuius sane 1 16 2
noster occidit et exortus est rursum, numquam sane repetiturus occasum. hic, inquam, quo ferales diruptae sunt tenebrae, quo mors subacta est, quo 2 19 2
probitate, fuit inter filios Iacob aetate minor, sed spiritu maior. hic inuidae germanitatis impulsu in Aegyptum est delatus atque distractus 1 1 15
seniorum aut prodigiosis ignibus subicere aut parricidali gladio iugulare; hic Ioseph mulieri flagitat esse uiolentum, quem, etiam dum denudat, esse 1 36 26
ante praedicauit his uerbis: *ecce agnus dei, ecce qui tollit peccatum mundi.* hic itaque dictus est *primitiuus*, quia paternae antiquitatis solus est 1 8 2
Abraham ut pater esset multarum gentium, hic iustitiam non didicit, sed genuit. non illum accessus infecerat urbium. 1 62 1
et populus cotidie Christi dei et domini nostri prouidentia comparatur. hic labor noster illustris, haec gloria omnium sacerdotum, hoc mysterium 2 6 11
quia solus est mundus; hic *salutaris*, quia per ipsum uincimus mortem; hic *masculus*, quia dei est uirtus; hic, inquam, agnus *perfectus*, quia in 1 8 2
itaque dictus est *primitiuus*, quia paternae antiquitatis solus est conscius; hic *maturus*, quia post ipsum non est ullus; hic *sempiternus*, quia occisus 1 8 2
pro uoluntate plantauit, in quam omnis fructus propheticus decucurrit. hic mihi, rustico uestro, beatissimi ignoscite agricultores, si quid uestrae 2 11 1
Iudas tres liberos habuit: Her, Aunan, Selom. hic mulierem, cuius nomen est Thamar, accepit uxorem maiori filio suo. 1 13 1
Isaac habuit: simplex quidem uocabulum, sed multiplex pronuntiatio. hic namque, carissimi, desperatus parentibus, sed deo promittente 1 59 1
idolatria commorantes nuper uel maxime ui aliqua obisse meminerimus. hic nunc mihi responde, qui hominis post mortem nihil superesse 1 2 7
in passione sacramentum, in resurrectione summum bonum? hic nunc primum omnium scire debemus hominis fabricam *ex* duobus 2 4 8
immortalitatis est dominus. hic est deus noster, qui se digessit in deum; hic pater, qui suo manente integro statu totum se reciprocauit in filium, ne 1 7 4
pascendo propemodum peregrinus. innocens cum innocentibus deputatus hic *placuit deo. unctus in regem*, spiratus in uatem *non insolescit in regno*, 2 9 7
Ecclesiastico Salomone clamante: *dona iniquorum non probat altissimus.* hic quaerite, Christiani, sacrificium uestrum an esse possit acceptum, qui 1 25 10
post momentum misera (atque utinam semel!) nimio dolore nuptura. hic, hic quemadmodum se quis possit excusare, non uideo. non deest enim qui 1 2 14
mundus fieret. qui resurgens ait: *omnia mihi tradita sunt a patre meo*. hic, qui purus de caelo descendit, carnatus ascendit in caelum. hic, 2 5 4
astrorumque candentium polorum claritatis suae de plenitudine accendit. hic, qui semel occidit et ortus est rursum numquam repetiturus occasum. 2 12 4
annus est sterilis, multo magis, si fertilis fuerit: illic quia parum distrahit, hic quia non solus. uultis scire, quantis sit tenebris obuolutus? irascitur 1 5 14
duo testamenta, quae uidetis recte eadem sine ambiguitate a domino hic quoque *duorum denariorum* esse figura uestita, hac uidelicet ratione, 1 37 9
uana cura torqueris? quid talentorum magnas struis congeries? quid hic remansura peruigil sollicitudine cassa nec tibi ipsi inde aliquid 1 14 3
dimiserit uxorem suam excepta causa adulterii, facit eam moechari. quid hic respondere possint lubrici mariti, non uideo; qui humanarum legum 1 1 13
et inuentus est uiuus; hic *immaculatus*, a peccato quia solus est mundus; hic *salutaris*, quia per ipsum uincimus mortem; hic *masculus*, quia dei est 1 8 2
diabolus et concupiscentia, *Samaritanus* dominus, cui Iudaei dicebant: *hic Samaritanus est, daemonium habet*; *stabularius* doctor est legis, qui 1 37 10
antiquitatis solus est conscius; hic *maturus*, quia post ipsum non est ullus; hic *sempiternus*, quia occisus est et inuentus est uiuus; hic *immaculatus*, a 1 8 2
adstitit *medius*, probans infirmitatibus carnem et uirtutibus maiestatem. hic sol noster, sol uerus, qui clarissimos ignes mundi germanos 2 12 4
sit? omnes timores, quoscumque inuaserint, incremento conficiunt; hic solus ad hoc crescit, ut immortalem, quem possederit, faciat. 2 2 7
hic facibus suis Euae pectus incendit; hic Adam suis telis occidit; hic Susannam conatus est duorum seniorum aut prodigiosis ignibus 1 36 26
esse uiolentum, quem, etiam dum denudat, esse non inuenit inpudicum; hic synagogam expugnauit, cum sua illi arma concedit; hic ubique 1 36 26
fratres; alioquin solis diuinis exemplis oportuerat perorare, esset si quis hic talis. sed quia in uobis fides et pietas, quae est idonea expultrix 1 5 17
est, argumentis te cogere, examinare, metiri ac discernere posse praesumis, hic tibi ego respondere non audeo, sit quippe cum tutius imperitum uideri 2 3 15
inuenit inpudicum; hic synagogam expugnauit, cum sua illi arma concedit; hic ubique turbulentus, ubique fertur insanus: promittit, fallit, dat, tollit; 1 36 26
ueritatis affirmat. sic enim ait: *et uidebo caelos, opera digitorum tuorum*. hic utique non de caelis istis loquitur, quos semper uiderat, sed de 1 61 3
obumbrauit et texit. et denuo *caeli*, inquit, *enarrant gloriam dei*; et hic utique non tam caelos loqui dicit, quos loquentes nullus audiuit, sed 1 61 3
numquam portus desideratus occurrit? quid miles non dicam horridae hiemis aut torridae aestatis iniurias, sed se ipsum contemnit, si gloriae 1 36 3
infinita de occasu dies sempiternus eluxit; quo discussa conuolutae hiemis tristitudine, nouo uento Fauonio blandiente, diuersis floribus genere 1 33 1
temporum munera expungens. denique competentibus nostris finitur hiems hodie peccatorum. oleo confecto laetabuntur. hodie eos etiam uer 2 13
iungeretur. quis non haec caelestibus mysteriis coaptata cognoscat? hiems namque pigra, sordida et tristis ad eos pertinet, qui idolatriae 1 33 2
mihi? omnia enim ista fecit manus mea. in euangelio quoque sic dicit: *Hierusalem, Hierusalem, quae interficis prophetas et lapidas missos ad te*, 2 6 3
enim ista fecit manus mea. in euangelio quoque sic dicit: *Hierusalem, Hierusalem, quae interficis prophetas et lapidas missos ad te, quotiens uolui* 2 6 3
estis. haec sunt, dilectissimi fratres, charismata uestra, hae uirtutes, quibus Hierusalem spiritalis instruitur, quibus sacrae orationis iste locus nouus et 2 6 11
in cultoribus uero eorum ministra. uenerandam se procurat in templis, hilarem in theatris, inportunam in publicis, opportunam in quibuscumque 1 1 9
in usibus, gerit. denique tot efficit uultus, quot ille intrinsecus tristes seu hilares suos fecerit motus, hanc rationem docente nos Paulo: *uidemus*, 1 2 29
ubique fertur insanus: promittit, fallit, dat, tollit; nunc tristis, nunc hilaris, nunc humilis, nunc elatus, nunc ebrius, nunc ieiunus, nunc 1 36 26
passione: caelum medio die perdidit diem, terra tremore nimio firmitatem. hinc aestimare licet, quid eis sit reseruatum, quorum in causa funerei 1 47
spiritum et spiritus aduersus carnem; haec duo inuicem aduersantur sibi. hinc caro tota deliciis fluens, uariis temporum redimita muneribus opes 2 4 9

inter duo elementa peruenit, ibidem praesentariae exitum mortis expauit. hinc enim persequentium Aegyptiorum infestis mucronibus premebatur, 1 29 1
inuadit, subito rapina, igne ferroque uniuersa uno momento disperdit. hinc Iob alta fidei radice robustus tot nuntiis lugubribus tunditur nec 1 15 3
huius mundi labe in meliora migrantes tam pertinaciter plangis? pro nefas! hinc mater scissa ueste, laniatis crinibus, laniatis et genis, totum crebris 1 2 13
'*habent Moysen et prophetas*, quibus si non credunt, neque illi, qui hinc missus fuerit, crediturі sunt', euidenter ostendens non in oculis esse 1 2 10
deus cor tuum et cor seminis tui ad dominum deum tuum amandum. hinc nunc uobis iterum dicam: 'Pharisaee, responde, ubi cor habeas 1 3 14
ait: *qui accipit regnum, regnat et tradet deo et patri*, et cetera. quid hinc scandalum pateris, Christiane, ex tuaque natura opinaris prouisionis 2 5 5
et satiat, enorme quod cum tota ambitione sua non potest aurum. hinc unus pecuniam suam tamquam hamum proponit, ut facultates ad se 1 5 12
hortamentis occidit, religiose confidens deo filios se genuisse, non mundo. hinc uxor amissi mariti desolationem se ferre non posse testatur 1 2 14
holocaustomatis arietum et pinguamine agnorum. sanguinem taurorum et hircorum nolo; quis enim exquisiuit ista de manibus uestris? per alium 1 25 6
et plenitudo eius. numquid manducabo carnes taurorum aut sanguinem hircorum potabo? immola deo sacrificium laudis et redde altissimo uota tua 1 25 1
sacerdotes iam non habent: qui eorum pro salute sacrificant? tauros, hircos, arietes et agnos abhorret dominus: unde sacrificant? deum 1 51
eius in lamentationem conuersa prophetae testantur. tauros, arietes, hircos et agnos a domino saepe reprobatos accepimus. quid ultra? non 1 19 2
caecis inferre, tura non spirantibus concremare, allegare preces surdis, ab his custodiam petere, quos fur non timet inuolare? quibus recte deus 1 25 4
in rebus, si cupit esse perfectus, debet esse constructus. si quid enim ei ex his defuerit, perfectionem sui operis non habebit. unde primo omnium *spes* 1 36 2
sed tamen eos mundana uoluptas ad se trahit. *impii non manent, quia his dei nomen in honore est; pii non sunt, quia* patrem uenerandum prauis 1 35 5
hostia et immolatio. multa sunt, quae dici possunt, sed satis otiosum est in his demorari, quae in toto iam non sunt. unum sane necessario proferemus 1 25 6
ius terrae cognoscens ac uiolare deuitans mira patientia in se frangitur, his denique fluctibus, quibus cogitur, refrenatur. haec germinantibus pratis, 1 4 5
concupiscentia oculorum et ambitio saeculi. his enim auctoribus concipitur, his ducibus geritur, his ministris impletur quicquid cotidie concupiscentia, 2 9 5
et secundum simile huic: diliges proximum tuum tamquam te ipsum. in his duobus praeceptis pendet omnis lex et prophetae. unde manifestum est 1 36 17
est, concupiscentia carnis est et concupiscentia oculorum et ambitio saeculi. his enim auctoribus concipitur, his ducibus geritur, his ministris impletur 2 9 5
similia templa conueniunt, ita uiuenti deo uiua templa sunt necessaria. in his enim solis sacerdotum dei structura et propria est et perennis, qua et 2 6 4
uerbis omne hoc mundi, enixe quod geritur, negotium perorauit! his enim tribus rebus, quae fundamenta sunt omnium uitiorum, uiolentis 2 1 6
et ambitio saeculi. his enim auctoribus concipitur, his ducibus geritur, his ministris impletur quicquid cotidie concupiscentia, ambitione, auaritia 2 9 5
ne populi penuria laborarent, uenales esse propositas. uerum tamen ex his omnibus eligendum quid sit, non potest nosci aut comprehendi, quia 2 3 7
non distinctus est, sed totus unum uulnus effectus. uerum tamen in his omnibus nihil aduersus deum improbe loquitur, non uxori inlicita 1 15 6
fortassis cultius synagogas aedificent, cultius erigant capitolia, sed in his omnibus operibus uero iudicio structores magis possunt placere quam 2 6 1
dura uiduitas, non miseranda paupertas, non dei contemplatio: ecce enim his omnibus, prout potest, uariis artibus aut adulatur aut nocet, si quid 1 14 2
damno. nulla adhibita rudi fetae sueto more fomenta; neque enim, fratres, his poterat indigere, quae accipere in uterum meruerat filium animarum 1 54 4
eloquia dei sunt, ipse mirabilis in excelsis. cum in periculis esset, si in his propheta non ambulet, quomodo bonum insuper sibi opus adsignat ab 2 9 6
est spei ac fidei unam inseparabilemque esse naturam, quia in homine ex his quaecumque defecerit, ambae moriuntur. fides itaque uel maxime res 1 36 6
inscriptio ipsa tituli psalmi lecti declarat; sic enim se habet: *in finem pro his qui immutabuntur.* Iudaicus etenim populus, qui prior uinea dei dictus 2 11 1
inter haec omnia deterior est conscientiae timor, quia quae diximus et alia his similia cum passibilitate sui transeunt; timor conscientiae non deletur. 2 2 2
cognoscit eum?. si ita est, quomodo ergo posset agnosci, prodidit Esaias his uerbis: *audite itaque, domus Dauid: non pusillum uobis certamen cum* 2 8 7
cur autem dignatus fuerit immolari, Iohannes Baptista ante praedicauit his uerbis: *ecce agnus dei, ecce qui tollit peccatum mundi.* hic itaque dictus 1 8 2
quod signum ex prodromi quoque eius designatione dilucidauit alio loco his uerbis: *ecce mitto angelum meum ante faciem tuam, qui praeparabit* 2 8 7
iniuriam. quod futurum Salomon enuntiauit et cauendum quid sit his uerbis edocuit: *melior qui deficit sensu in timore quam qui abundat* 2 3 12
aut coronam portat aut poenam. quam rationem Dauid in Psalmo primo his uerbis expressit: *non resurgunt*, inquit, *impii in iudicio neque peccatores* 1 35 3
quod agitur, euidenter expressit, cum ad Timotheum loquitur instruendum his uerbis: *hortatus sum, ut denuntiares quibusdam, ne peruersa doctrina* 2 3 17
circumferunt euangelia. cuius quam uim habeat amictus et currus, his uerbis propheta testatur: *deus sicut ignis ueniet et sicut procella currus* 2 12 4
uos spiritus sancti diuitiae; uos si terrena metalla tempseritis, longe his uitae uestrae thesaurus. uobis auro constructa aetheria illa ciuitas 1 5 17
mirum, fratres dilectissimi, ac delectabile certamen deo historia sacra prodidit nobis ignis ac fidei. etenim duo discordantia 1 48
dei filium nuntiabant; quem confirmat in scala rectissime positum, quia historia totius scripturae et propter ipsum et auctorem per ipsum impleta 1 37 8
sacrae historiae, fratres dilectissimi, ad hoc nobis est tradita legenda narratio, ut 1 15 1
mira, fratres dilectissimi, historiae sacrae sic est perlecta narratio. cum Israelis populus enormi 1 29 1
qui factus sit *ad imaginem et similitudinem dei*, posse iugulari, et hoc a fratre. erubescit rudis terra pio sanguine impiata. solus Cain exsultat 1 4 9
se permittit nec uicaria laudis remunerari mercede: hoc damnum graue, hoc aestimat crimen. nam nihil relinquendo sibi beata cupiditate antecedit 2 1 12
uel quae in prouerbiis locutus sum non intellegentibus explanabis. denique hoc alibi manifestius ad omnes discipulos ait: *ite ergo et docete omnes* 1 37 7
cernere, quem uideas sacrilega incredulitate dei potentiae derogare? sed hoc amore criminum faciunt, ut putent impunita fore quae clanculo 1 2 1
totaque deuotione uestra uasa replete, ut semper uobis aqua sufficiat, hoc ante omnia scientes, quia hanc nec effundere licet nec rursus haurire. 1 12
denique eremo exciperis, quo te nunc peruenisse cognoscis; ubi sane ad hoc aquam de petra bibisti, manna de caelo gustasti, ut scires, miser, quid 2 16
aestimabit non amore diuini cultus, sed alterius alicuius desiderio in suam hoc contumeliam procurari: castitatis obseruantiaeque uirtutem deuocabit 2 7 18
timores, quoscumque inuaserint, incremento conficiunt; hic solus ad hoc crescit, ut immortalem, quem possederit, faciat. 2 2 7
ut sibi uindicet totum. nouum prodigii genus est: odit pudicitiam et tamen hoc cupit uideri, quod illa est. interea miris excolit artibus sese faciemque 1 1 9
uobis certamen cum hominibus, quoniam deus praestat agonem. propter hoc dabit deus uobis signum: ecce uirgo in utero accipiet et pariet filium 2 8 7
dicente: *ante hominem bonum et nequam, mors et uita; quod elegerit, hoc dabitur ei.* unde dubium non est uoluntatem nostram, cui se iunxerit 2 4 18
quemadmodum per alium locutus sit mortuus ille, quem noueris. at dicis: 'hoc daemones fingunt'. o probatio melior, quod etiam fallaces testimonium 1 2 7
spargit. nec rogari se permittit nec uicaria laudis remunerari mercede: hoc damnum graue, hoc aestimat crimen. nam nihil relinquendo sibi beata 2 1 12
Christus est ad dexteram dei sedens. possumus et sic, fratres, intellegere: hoc de ministris et de angelis dictum, quos domino, cum esset in terris, 1 37 13
naturam creare extra naturam, nihil prorsus habere difficile solumque ei hoc deesse quod nolit esse; haec est enim proprietas dei, id operari quod 1 2 16
non resurrexit. at si resurrexit, humano generi formam dedit, quoniam ad hoc deus pro homine mortis iura gustauit, ut homo per deum ius 1 2 11
credit in me, non iudicabitur; qui autem non credit, iam iudicatus est? hoc dicendo *exemit iudicio fideles, non admisit ad iudicium infideles.* at si 1 35 1
anxiam curam mortis mihi a deo praestitam recognosco.' recte Iudaeus hoc diceret, fratres, si ista cura sexui utroque prodesse potuisset. cum enim 1 3 9
continentes, nubant: melius est enim nubere quam uri. alio autem loco ait: *hoc dico secundum ueniam, non secundum iussum; uolo autem omnes uos* 2 7 2
tamen quicquid uoluerit, omnibus momentis illustret. non ergo carnale hoc domicilium imaginem dei debemus accipere, sed caelestis hominis 1 27 3
mediocritatem aut caram habeat aut dilectam? *filios*, inquit, *genui*: hoc dominum de hominibus dixisse quam dulce est! talem patrem laesisse 1 61 7
in spiritu, de spiritu metet uitam aeternam. at uero dominus euidenter hoc edocens sic ad discipulos ait: *simile est regnum caelorum homini, qui* 1 2 28
uerba: *exhibete corpora uestra hostiam uiuam, sanctam, placentem deo.* hoc enim placitum est domino, ubi se ipsum candidus animus immolauerit 1 25 9
meum non est de hoc mundo. apertius autem hoc Paulus expressit dicens: *hoc enim scire debetis, quoniam omnis fornicarius aut impudicus aut* 2 5 8
inquit, *erat uerbum et uerbum erat apud deum et deus erat uerbum; hoc erat in principio apud deum.* admirabilis gratia, fratres dilectissimi, 2 8 3
qui agnitus sit reuersus ab inferis, quia ex nihilo nati sumus et post hoc erimus tamquam qui non fuerimus; et non est reuersio finis nostrae, 2 4 10
extulerunt. hi cum ascendunt uerbis in caelum, cum deum persuadent hoc esse quod uolunt, cum adsimulant se nosse rerum naturae secreta, 2 9 1
professio iam tenetur. si es autem sumptura remedium, dubium non est hoc esse solum, ut flammas tuas maritalis gladii contemplatione 2 7 9
scire debemus, nisi ab ipso domino, qui suum dictum prosequitur dicens: *hoc est autem iudicium, quia lux uenit in hunc mundum et dilexerunt* 1 35 4
et homo idolum de terra composuit. *semen* ergo *suum fudit in terram*, hoc est dei mandata neglexit et idolis profudit. propter quod a deo 1 13 6
suspensus mactatione terribili gloriam se praestitisse, non crimen. quid hoc est? ecce immanitas in fidem et scelus transit in sacramentum; 1 4 15
anne morienti? post haec si libet nubere, omnia illa mentita es. quid hoc est? ecce rursus ad lenocinia redis, colorem de pyxide mutuaris paulo 2 7 8
homines sine dubio comprehendit, in quibus adhuc erant opera terrena. hoc est ergo quod ait: *audi caelum et terra*, quod Iudaeis non audientibus 1 61 4
externa esse non potest. si enim uerbum in deo est et deus est uerbum et hoc est, in quo est, quod est ille, qui inest, duplex persona, duplex 2 8 4
seruare omnia quaecumque praecepi uobis. dabis autem *pro me et pro te*: hoc est meam praedicabis crucem, sed et tu crucis tuae similiter dignitate 1 37 7
timet, ne non ueniant, quia ea semper secum suis in uirtutibus portat. hoc est, quod Abraham *contra spem in spem credidit deo, ut fieret pater* 1 36 5
eiusque interna discutere, cuius extraria nequeat suspicari, quia deus hoc est quod est; quod uero homo definiendum putauerit, non est. nam et 2 8 3
scriptum est: *annuntiatis mortem domini, donec ueniat.* aperies os piscis: hoc est sacramentum uel quae in prouerbiis locutus sum non 1 37 6
et dominabuntur populis et regnabit dominus illorum in perpetuum. quid hoc est? si in perpetuum regnat, Paulus errauit; si traditurus est regnum, 2 5 7
magno pro inmortalitatis praemio, suae autem gratis laborent. uerum hoc est solum, nos in quo uincimus, quia pro sua sanctitate Christianae 2 7 11
id est ad supplicii locum deducuntur. ab operariis ibidem conculcantur, hoc est summa cum contumelia a persecutoribus illusi iugulantur. sucus 2 11 6
cum pecudibus lege fundimur a natura, quae est corporalis ac per hoc etiam breuis; alia uero animi, quam nos nobis ipsi hac in uita per 2 4 8
subducit? 'sed, inquies, iustum est, ut mea seruem, aliena non quaeram.' hoc etiam gentes dicere consuerunt. ceterum apud deum quam sit 2 1 18
celebramus, qui ad hoc *recubans obdormiuit*, ut uinceret mortem, ad hoc euigilauit, ut beatae resurrectionis suae in nos munus inmortalitatis 1 38 4
affectu, quo nos ipsos diligimus, diligamus, maxime cum cognationis ipsa hoc exigant iura. clamat enim prophetes: *deus unus creauit uos; nonne* 1 36 22
proficiat ad dei timorem et ipsis nihil prosit ad utilitatem? sane recte hoc facere existimarentur, si sub praetextu alieni nominis inuasa optinere 1 2 7
motus quasi uno sensu magistra dilectione conuerti, ut quiuis intelligat hoc fieri non posse sine naturalis amicitiae disciplina? quid autem pro se in 1 36 15
uario magistri medicaminis fuco uultum suum uultibus uestit alienis, hoc futura, non quod natura praestitit, sed quod ei ad examen speculi 1 1 10
quot habet unusquisque membra, poterit perpetrare tot crimina. denique hoc genere Iudaeos scriptura denotat ab auribus incipiens: *clamaui*, inquit, 1 3 10
glorietur fortis in fortitudine sua neque diues in diuitiis suis, sed in hoc glorietur, qui gloriatur, intellegere et scire, quia ego sum dominus, qui 2 1 5
in superna sustollit perennitatis gloriam fructu populoso tenturum, hoc hactenus Paulo firmante: *stulte, tu quod seminas non uiuificatur, nisi* 1 2 22
ut aut Moyses fallax sit, si circumcisio recircumciditur rursum, ut hoc idem faciat aut ut quod non habet perdat; aut certe Iesu Naue 1 3 15
non secundum iussum; uolo autem omnes uos esse sicut et me, ac per hoc ideo nubere melius, quia uri deterius. *omnia* quidem *licent, sed non* 2 7 2

uoce, sed corde, non clamore, sed fide, quam scit deum libenter audire. hoc igitur e profundo clamans similiter Petrus impetrauit a domino, ut 1 34 3
custodia carceris liberatus ad eum locum, unde uenerit, reuertatur. si ergo hoc ille sensit, qui non nouerat Christum, cur dubitet Christianus, qui 1 2 2
nec augetur. sin uero ex utroque, patriarcharum semesa fides est ac per hoc illis constitutionis nostrae uidelicet decernendi sunt libri, ut possint 2 3 9
descendet, solum quod oculos infelices inanemque conscientiam ad hoc in maligni fulgoris cupidinem diram spe potiundi praecipitat, ne gratis 1 5 16
quod teritur demutari, sicut scriptum est: *oportet enim corruptiuum hoc induere incorruptionem et mortale hoc induere inmortalitatem.* aliter 1 2 30
est: *oportet enim corruptiuum hoc induere incorruptionem et mortale hoc induere inmortalitatem.* aliter etenim inmortalitatis stola illa non 1 2 30
tamen quicquid uoluerit, omnibus momentis illustret. non ergo carnale hoc indumentum imaginem dei debemus accipere, sed caelestis hominis 2 30 3
uel sero sacrilegam uocem comprime humanae fragilitatis memor, qui in hoc ipso, quod loquimur, quid possit contingere, ignoras excusationisque 2 1 21
dei), et alio loco dicat: *ego sum qui sum et non demutor.* cum hoc ita sit, homo quemadmodum dei imaginem portat, cuius uultus omni 2 30 2
dei), et alio loco dicat: *ego sum qui sum et non demutor.* cum hoc ita sit, homo quemadmodum dei imaginem portat, cuius uultus 1 27 2
femina de uiro suo facta est alterque alteri tenetur obnoxius ac per hoc iure legis quoque linea una tanguntur, dubium non est horrendi 1 1 14
ne parricidium ei inputaretur, sed magis ut deuotioni pareret, laetabatur hoc iussisse deum. de filio hostiam parat, festinat denique inplere 1 43 4
uirgo post filium. denique si esset aliquid uirginitate melius, dei filius hoc magis potuerat suae matri praestare, cui praestitit, ut rediuiuae 2 7 4
Abraham, tuis manibus in monte de filio tuo; haec mihi uictima placet, hoc me sanguine deplacabis, iste meis sacris debetur; unde immolari iam 1 43 3
locum caputque criminis monstrat. Adam etenim, cum illicitum pomum hoc membro decerpit, sic in genus humanum ius mortis induxit. necessario 1 3 8
et iudicium et iustitiam super terram. o quam paucissimis uerbis omne hoc mundi, enixe quod geritur, negotium perorauit! his enim tribus rebus, 2 1 6
intellegentes in thesauro naturae depositum incolume requiescere, quod in hoc mundo ad tempus perspicitur interire. similiter in inferno diues ille 1 2 9
cum ipso regnauit, cata Iohannem ipso dicente: *regnum meum non est de hoc mundo.* apertius autem hoc Paulus expressit dicens: *hoc enim scire* 2 5 8
mundum ipsi iudicabunt, apostolo dicente: *an nescitis, quia sancti de hoc mundo iudicabunt?*; alterum impiorum, qui non sunt iudicandi, quia 1 35 7
animam et iterum resumendi eam; sed ut doceret, quoniam, cum uiuit in hoc mundo, semper in tribulatione, semper iustus in poena est. cum autem 1 2 31
a lapsu; placebo domino in regione uiuorum. haec nos felicitas manet, hoc munus exspectat. sic ergo uiuamus, ut bonis operibus decorati nos 1 2 32
comparatur. hic labor noster illustris, haec gloria omnium sacerdotum, hoc mysterium deo, hoc opus carum, hos opus uiuum carnaliter geritur, 2 6 11
sit, ut ipse est, *duo* sunt ergo principia et quidem *repugnantia.* ac per hoc necessario requirendum nobis erit, quid sit fortius de duobus: illud 1 7 2
a deo circumcisionis priuilegium, non septimus, non nonus, accepit ac per hoc necesse est, ut utrumque inane sit, si infirmari potest alterum de 1 3 4
omnia tua et da pauperibus et tolle crucem tuam *et ueni sequere me.* de hoc nescio quid possit quispiam promouere; unum tamen scio, quia nullus 2 1 16
sacrae historiae, fratres dilectissimi, ad hoc nobis est tradita legenda narratio, ut maiorum, si fieri potest, saltem 1 15 1
ut legitime Adam per Christum, Eua per ecclesiam renouaretur. hoc nos, fratres, sacramento tam uiri quam feminae circumcidimur. hoc 1 3 21
humanae deuotionis *religiosa confessio est* de *deo hoc nosse,* quod licitum est. sicut enim in simplici corde scrutanda sunt 1 34 1
tempora et saecula infinita disseminat. parit sibi de fine principium, hoc nostris quoque hodie competentibus praestaturus, quos iam nunc felix 1 44 2
sed peccatori. peccator autem ille est, qui caritatem non habet dei ac per hoc operanti iram recte subiacet legi. atquin forte aliquis dicat: 'lex 1 36 17
at cum ante annos ferme quadringentos uel eo amplius apostolicum hoc operetur edictum, quo et uiuaciores fuere homines et rarissimi 2 7 5
noster illustris, haec gloria omnium sacerdotum, hoc mysterium deo, hoc opus carum, hos opus uiuum carnaliter geritur, sed spiritaliter 2 6 11
ipso dicente: *regnum meum non est de hoc mundo.* apertius autem hoc Paulus expressit dicens: *hoc enim scire debetis, quoniam omnis* 2 5 8
quotienscumque in hoc peruerso saeculo contra laudabiles uiros multiformes tenduntur 1 40 1
ceterum si spiritaliter saperent, in ipso, quod infirmissimum putant, hoc potissimum praedicarent. etenim uere perfectus deus non esset, si esset 2 8 9
deus et dominus noster Iesus Christus dei filius dulcia, sicut prior, qui hoc prandio pastus est ante nos, dicit: *quam dulcia faucibus meis eloquia* 1 24 4
fontis ad laticem conuolate. fortiter bibite, ut semper uobis aqua sufficiat, hoc principaliter scientes, quia hanc nec effundere licitum est nec rursus 2 14
non ambulasse, utique non dei, sed in illis, quae magna ab hominibus hoc putantur in saeculo. at *cum addidit: super me,* ostendit numquam se 2 9 6
cognouit cogitationem dei? et tu eius naturam quaeris? sed et alio loco hoc, quod agitur, euidenter expressit, cum ad Timotheum loquitur 2 3 17
concelebrat, per quem nobis munus futurae beatitudinis pollicetur, hoc quoque nostris competentibus praestaturus, quos nunc inuitat felix 1 57
uiolentior omni tortore conscientia numquam suum deserit peccatorem. in hoc reatu, fratres, usque nunc fuistis. sed fortiter examinati estis. sed ut 2 10 2
leonis est *catulus,* cuius ista pia sacramenta celebramus, qui ad hoc *recubans obdormiuit,* ut uinceret mortem, ad hoc euigilauit, ut beatae 1 38 4
credentes; et iterum manifestius: *si quis inter uos uidetur sapiens esse in hoc saeculo, stultus fiat, ut sit prudens; nam huius mundi sapientia* 2 1 5
ingratus. per mare pedibus ambulasti, ut patereris in terra naufragium. ad hoc sane in eremo aquam de petra bibisti, manna de caelo gustasti, ut, 1 9
ascendentes esse angelos lucis, descendentes uero angelos tenebrarum. sed hoc satis absurdum esse et inconueniens, fratres carissimi, aduerto, quia 1 37 11
non est: non nobilitas, quia per hanc credit, hanc excolit, per hanc hoc sibi nomen inuenit; non sanctitas, non munitio, quia *nihil* est *tam* 1 5 5
genus humanum ius mortis induxit. necessario ergo luxurioso populo deus hoc signum dedit, ut, locum matricalis culpae cum denotat, etiam alia 1 3 8
quidem, quia falso colit imaginem, qui eius non diligit ueritatem. sane hoc solum competenter gerunt, innocentes quod agnos passim quasi *lupi* 2 25 2
ingrati, non remedium, sacrificium quod ipse reprobat fieri, qui praecepit. hoc solum dico: imple uel in ceteris legem, sicut scriptum est: praecinge 2 20 2
ex natura tempus, ineptum satis est opus suo praeponere artifici ac per hoc solum interest, quod soli se sciunt. denique apud Esaiam ad filium *sic* 2 8 5
deum dereliquerunt, altaria eius euerterunt: cui sacrificant? sane hoc solum proprium retinent, quod, ut uilem libidinem magis ac magis 1 51
hoc nos, fratres, sacramento tam uiri quam feminae circumcidimur. hoc spiritus sancti non signaculo, sed signo censemur. hac circumcisione 1 3 21
spiritali et qui sint nolentes edicant et inuiti discedant, procul dubio hoc sunt, quod sese esse unicuique confitentur. accipe et alia exempla et 1 2 7
uxor moritur. qui consolatus cum ad oues tondendas pergeret suas atque hoc Thamari nuntiaretur, quae Selom uiderat maturum ei nec tamen 1 13 2
sancti spiritus semine a mortuis rursus gloriosos in angelos excitabit. ad hoc unum euidens adhuc proferamus exemplum, quamuis non possit ueri 1 2 27
sit, si infirmari potest alterum de duobus. quid, quod Abel iustus est sine hoc uulnere inuentus? quid, quod Enoc a deo integer legitur esse 1 3 5
infinita disseminat. parit sibi de fine principium, hoc nostris quoque hodie competentibus praestaturus, quos iam nunc felix inuitat occasus, ut 1 44 2
quia in ipso magnus ille sacerdos pio mysterio sua uictima inclusus hodie deum reddidit hominem, quem litauit. 1 8 2
nostris finitur hiems hodie peccatorum. oleo confecto laetabuntur. hodie eos etiam uer arridens diuersos in flores diuerso charismate 2 13
cum eo de patibulo dextra laeuaque pendebant, ait: *amen, amen dico tibi: hodie mecum eris in paradiso.* itaque si homo mortuus in aeternum perit, 1 2 11
non hodie mihi ad uos sermo est, fratres carissimi, de humanis gestis aut 2 18 1
saluete, hodie nati fratres in Christo, acceptaeque indulgentiae regale beneficium 2 29 1
temporum munera expungens. denique competentibus nostris finitur hiems hodie peccatorum. oleo confecto laetabuntur. hodie eos etiam uer arridens 2 13
ligno suspensam uberrimam docuit afferre uindemiam. inde est, quod hodie uestro de numero nouellae uites ad iugum perductae, scaturientis 1 10b 3
aetheriae gentes, exsultate, nouella pignora in Christo, florentissimique hodierni spiritalis ortus uestri candorem, ne quo pacto maculetis, perpeti 1 38 1
inuenit illos dignos se. tamquam aurum in fornace probauit illos et quasi holocaustomata accepit illos et in tempore erit respectus illorum. iudicabunt 2 5 6
egressi sunt, ubi imaginarium pascha gesserunt, dicat: *plenus sum holocaustomatis arietum et pinguamine agnorum; quis enim haec exquisiuit* 2 25 1
Esaiae libro: *quo mihi multitudinem sacrificiorum uestrorum? plenus sum holocaustomatis arietum et pinguamine agnorum. sanguinem taurorum et* 1 25 6
quae et ueniam praestat et medicinam. ceterum qui parcit uenefico, homicidae, adultero, incestatori, sacrilego, nisi eius curauerit mentem, non 2 24 2
tota miserabiliter per membra desaeuit. alios amentes, alios furiosos, alios homicidas, alios adulteros, alios sacrilegos, alios auaritia efficit caecos. 1 38 6
ut filium. alterum uero, quem uenena conterentem, in adulterio, in homicidio, in falso, in maleficio deprehenderit, carnifici destinat statim, 1 35 8
ultimoque *sudore* turbatus posteris hereditatem indigestae mortis, quae homicidium mox [ut] peperit, dereliquit. denique nec mora est: inpatienter 1 4 8
uoluntatem: nec adulterium enim, quod factum diffamabat, exercuit nec homicidium, quod procurabat, inuenit. 1 40 3
quibus insuper uermes immittit edaces, ut in tormenta morientis cum homine aduenticium uulnus inquilino uulnere finiretur. at Iob cunctis 1 4 18
uestrum sine inuidia transfertis in censum. quid enim esse potest ditius homine, cuius profitetur deus se esse debitorem? qui est benedictus in 1 14 9
totam familiam domini impastae feritatis grassatione turbabat. indixerat in homine deo bellum et infaustae superstitionis busto in nefas conscium toto 1 39 2
errorem, quia Christum non ex deo considerant hominem factum, sed ex homine <deum>. ceterum si spiritaliter saperent, in ipso, quod 2 8 9
credenti, cum scriptum sit: *maledictus homo, qui spem habet in homine*? ergo ubi purum deum significat, sic dicit in Genesi: *et fecit deus* 2 5 1
manifestum est spei ac fidei unam inseparabilemque esse naturam, quia in homine ex his quaecumque defecerit, ambae moriuntur. fides itaque uel 1 36 6
et martyr dominicae habitationis in recondita adsumitur, ut ibidem ex homine in angelum transfusus aeternae uitae beatitudine glorietur. 2 11 7
suae de caelo descendit, uteri uirginalis illustrat hospitium ibidemque in homine includit deum. utitur et figura et condicione mortali. iustitiam 2 4 7
sancti uigore amputantur. plorat feliciter uitis purgata materia; de homine loto felicius manant doctrinae caelestis diuina fluenta, ruptis oculis, 2 11 5
at si resurrexit, humano generi formam dedit, quoniam ad hoc deus pro homine mortis iura gustauit, ut homo per deum ius inmortalitatis 1 2 11
a timore. fiunt enim duo: unus dei, alter qui naturae sit; naturae in homine nascitur, dei autem et discitur et docetur, quia non in trepidatione, 2 2 1
spiritus sancti significat, uirga cum baculo crucem, in qua deus pro homine pendere dignatus est, ut in deum hominem, quem induerat, 1 13 10
mira beatitudo! saluo reo punitur reatus in reo integroque statu moritur in homine propter quod homo fuerat moriturus. inde est, quod nostra non 2 24 2
mysterium! saluo reo punitur reatus in reo integroque statu moritur in homine propter quod homo fuerat moriturus. inde est quod nostra non 1 42 1
homines iustificatio aeternae decurreret uitae. uidetisne iam manifeste in homine suscipiendo fuisse prouidentiam, in passione sacramentum, in 2 4 7
neglecti sunt. excogitatur nouum stupendumque supplicium, quo se in homine uincere crederet deum. 'incidantur, ait, ab articulis manus, a 1 39 6
omnes humani sensus opinationes excludit, quippe cum dicat: *faciamus hominem ad imaginem et similitudinem nostram*; non inquit: 'fac ad 1 45 1
in ipso amat, ut oderit se sine ipso. accedit ad cumulum, quod ideo *deus hominem ad imaginem et similitudinem suam fecit,* ut contemplatione 1 36 23
homine? ergo ubi purum deum significat, sic dicit in Genesi: *et fecit deus hominem ad imaginem et similitudinem dei,* et in Psalmis: *deus autem rex* 2 5 2
ad nostras pertinet partes, uideamus, quid sit quod deus ait: *faciamus hominem ad imaginem et similitudinem nostram (et fecit,* inquit, *deus* 1 27 2
hominem ad imaginem et similitudinem nostram (et fecit, inquit, *deus hominem ad imaginem et similitudinem dei),* et alio loco dicat: *ego sum* 1 27 2
hominem ad imaginem et similitudinem nostram (et fecit, inquit, *deus hominem ad imaginem et similitudinem dei*), et alio loco dicat: *ego sum* 2 30 2
itaque quod ad nos pertinet, uideamus, quid sit, quod deus ait: *faciamus hominem ad imaginem et similitudinem nostram (et fecit,* inquit, *deus* 2 30 2
maxime cum res nostrae commissa sit uoluntati, propheta dicente: *ante hominem bonum et nequam, mors et uita; quod elegerit, hoc dabitur ei.* 2 4 18

laboris sui munere inmortali beatitudine perfruatur. inde est, quod intra hominem clandestinum fremit momentis omnibus bellum, cum unaquaeque 2 4 8
uisceribus sacrae uirginis comparat sibi corpus suo iudicio nasciturus. in hominem coaptatus integumento carnis includitur deus humanamque uitam 2 12 1
mundum latenter intrauit, ne sibi sapiens diabolus uideretur. qui consilio hominem deceperat, consilio uincitur, ut, quomodo homo in paradiso non 1 60
et quam opulenta, quam potens! nihil habet, qui te non habet. tu deum in hominem demutare ualuisti. tu eum breuiatum paulisper a maiestatis suae 1 36 29
ne credentes salui fiant. terra uero hominem idolumque significat, quia et *hominem deus de terra finxit* et homo idolum de terra composuit. *semen* 1 13 6
qui ideo iustum patiuntur errorem, quia Christum non ex deo considerant hominem factum, sed ex homine <deum>. ceterum si spiritaliter 2 8 9
caritas ueniat, ubinam consistat, cui uel maxime debeatur: utique illi, qui hominem fecit, qui ei munus perpetuae caritatis similitudinem suam 1 36 28
sibi ipse simulacrum sensibile atque intellegens; sumpto quippe *limo terrae hominem figurauit* eique animam, qua spiramus, infudit e proprio fonte 2 4 4
uirginis templum sibimet castra metatur, quibus latenter infunditur in hominem gigniturus ibidemque saluo quod erat meditatur esse quod non 1 54 3
et tollit de corde illorum uerbum, ne credentes salui fiant. terra uero hominem idolumque significat, quia et *hominem deus de terra finxit* et 1 13 6
non inquit: 'fac ad tuam', sed ait: *faciamus ad nostram*, ne quam filius hominem induturus pati uideretur iniuriam. uidetisne, fratres dilectissimi, 1 45 1
plus crediderit, nobiliorem se ipse praestabit. constanter igitur ac fideliter *hominem* istum uestrum *ueterem* foetorosis suis cum pannis abicite, nouelli 1 49
et alio loco: *parata sedes tua, deus ex tunc et a saeculis tu es.* ubi hominem mixtum, sic prosequitur: *dicite filiae Sion: ecce rex tuus uenit tibi* 2 5 2
quae sit ratio, fratres, accipite. igitur qui uenerat hominem uiuificare, per hominem necesse habuit, ne phantasma putaretur, edicta legis uniuersa 1 3 17
dici non potest: dominum patrem non dilexisse, cum peccatum sit hominem non amasse. unde infelices et miseri sunt Iudaei, qui deum 1 61 6
denariis, id est duorum testamentorum salutaribus monitis, adgressuram hominem passum latrocinio diaboli angelorumque eius et huius mundi in 1 37 10
facere, ut sit arbor quod non fuit, saluo quod fuit, quanto magis deus hominem poterit excitare, antequam peccasset in paradiso, in id quod fuit! 1 2 28
postremam suscipit mortem, ut ea deuicta resurgens *homini* per hominem, *quem gerebat, et spem uincendae mortis offerret et* eum *ad* 2 4 7
baculo crucem, in qua deus pro homine pendere dignatus est, ut in deum hominem, quem induerat, commutaret. anulus quoque signaculum fidei est, 1 13 10
ille sacerdos pio mysterio sua uictima inclusus hodie deum reddidit hominem, quem litauit. 1 8 2
duplicetur. miratur orbis uacuus se duobus angustum; mirantur elementa hominem, qui factus sit *ad imaginem et similitudinem dei*, posse iugulari, 1 4 9
gaudio exsultans, quae curatum uenerat, curata recessit. ita Christus in hominem se fecit nasci, quemadmodum homo non potest nasci. totum 1 54 5
resurrectionisque uacaret locus et nihil Christus mundo praestiterat; si hominem solum, sicut quidam putant ab utero uirginis eum sumpsisse 2 5 1
humilis corde est et ineffabilis eius illa sapientiae ac uirtutis potestas intra hominem susceptum iacet, magis admirabilior, quia tantus est et talis. et 2 9 4
homo e limo terrae, secundus e caelo, dubium quippe cum non sit unum hominem tantum e limo terrae a deo finctum eique eius ex latere mulierem 2 4 1
secunda animi desecat uitia; illa ferro, haec spiritu; illa portionem, haec hominem totum; illa masculum solum, haec utrumque sexum; illa 1 3 23
et uno eodemque ictu, incolumi corporis manente materia, interficit *hominem ueterem*, creat nouum, sacri gurgitis elemento sepelit. et cum 2 10 2
fuit?' huius propositionis quae sit ratio, fratres, accipite. igitur qui uenerat hominem uiuificare, per hominem necesse habuit, ne phantasma putaretur, 1 3 17
omne genus humanum. nec fuit ullus ulli usquam solacii locus. nam hominem uiuum, ut adhuc usque, consumebat labor, gemitus, impietas, 2 4 6
diuina cum de dei loquitur filio, non sibi repugnat, sed inter deum hominemque, quem sumpsit, necessaria moderatione distinguit. si enim 2 5 1
nisi quod agno salutari neglecto ingrati uiles agnos cum amaritudine, homines amari, manducant. 2 17
in terris, sed semper in caelo manserunt. unde angelos puto recte homines appellatos, quibus dominus sanctum per spiritum dicit: *ego dixi:* 1 37 11
sicque factum est, ut, quomodo per unius hominis damnationem in omnes homines damnatio, sic per unius iustificationem in omnes homines 2 4 7
hic ego patientiam domini memorare non audeo, ne quam deus inter homines deputatus patiatur iniuriam; idonea laus enim non est, cui 1 4 19
ille princeps iniquitatis suo semine per inuidiam protoplastos ex angelis in homines deriuauit, ita dominus omnes in se credentes sancti spiritus 1 2 26
immemores honoris, tantae dignitatis ignari. quid enim beatius, quam si homines deus paterno honore dignetur adtendere et tanta illa sublimitas 1 61 6
crimen. nam nihil relinquendo sibi beata cupiditate antecedit auaritiam: homines enim illa possidet, ista deum. adhuc accipite, ad propriam sedem 2 1 12
uel eo amplius apostolicum hoc operetur edictum, quo et uiuaciores fuere homines et rarissimi Christiani, cur ego Christiano orbe paene iam toto 2 7 5
qui non esset a Iudaeorum populis audiendus, quod eum apostoli essent et homines ex gentibus audituri, et ideo ait: *audi caelum et terra.* caelos 1 61 2
aqua nostra suscipit mortuos et euomit uiuos, ex animalibus ueros homines factos, ex hominibus in angelos transituros, si prouectus aetatis 2 10 2
ex parte patriarcharum patrumque typus erat, qui ob iustitiam dei omnes homines filios computabant. igitur Her primitiuus filius primitiuus est 1 13 4
carnalis mentis homines, fratres dilectissimi, scandalum patiuntur, non studio noscendae, 1 45 1
praedicatione gloria domini per tota terrarum spatia nuntiata est. terram homines intellegendos frequens prophetarum assertio demonstrauit: 1 61 4
in omnes homines damnatio, sic per unius iustificationem in omnes homines iustificatio aeternae decurreret uitae. uidetisne iam manifeste in 2 4 7
qui praeparabit uiam tuam. ergo manifestum est prophetiae more angelos homines iustos et iniustos generaliter dictos. sed ascendentes et 1 37 12
ueritatem colis, patientiam diligis, spem repraesentas. tu diuersos homines moribus, aetatibus, dicione ex una natura unum spiritum, unum 1 36 30
spiritum dicit: *ego dixi: dii estis et filii excelsi omnes, uos autem sicut homines moriemini.* sed et de Iohanne Baptista sic dictum esse meminimus: 1 37 11
quae pia, quae sancta sunt, sicut facitis, amplectenda, ut uidentes homines *opera uestra bona magnificent patrem uestrum, qui est in caelis.* 1 25 13
est, cor cohibitum promotio est animae. huius rei testes sunt nobis duo homines propheticum carmen suis actibus exponentes, pharisaeus et 2 9 8
praestigiae mundanae patuerunt. in quibus cum peritius agant uniuersi homines, quam dici potest, superfluum est demorari. unde nunc ad ueram 2 1 11
progenies uiperarum. post haec quid praesumant, aestimare non possum, homines qui salutem suam in pecorum morte constituunt, cum deus, 2 25 1
mundi caeno uersatus est inter ebullientes diuersis sceleribus ac libidinibus homines, qui ueri sunt uermes. Iob et sanitatem recepit et facultatem; at 1 15 9
inquam, quo ferales diruptae sunt tenebrae, quo mors subacta est, quo homines, quos susceperant mortuos, refundere inferi coacti sunt uiuos. 2 19 2
locis natura negauerit, caritas reddit. haec coniugalis affectus duos homines sacramento uenerabili unam cogit in carnem. haec humanitati 1 36 13
terra, et alibi: *audi*, inquit, *terra, ex ore meo.* quo uocabulo gentiles homines sine dubio comprehendit, in quibus adhuc erant opera terrena. 1 61 4
sepelit. et cum omnium aquarum natura sit talis, ut, cum in profundum homines susceperit uiuos, euomat mortuos, aqua nostra suscipit mortuos et 2 10 2
examinatus. scrobem fontem sacrum debemus accipere, qui uera sarmenta homines suscipit mortuos et inspiratos aqua caelesti mox efficit uiuos. 2 11 4
haec est enim proprietas dei, id operari quod non potest credi. igitur non homines tantum, sed paene omnia suis mortibus uiuunt. unde pauca de 1 2 17
hoc est autem iudicium, quia lux uenit in hunc mundum et dilexerunt homines tenebras magis quam lucem? ambiguos utique Christianos 1 35 4
duo testamenta significat, quae et euangelicis intexta praeceptis credentes homines uoluntatemque dei facientes quasi per quosdam obseruantiae 1 37 1
noster aeterni dei coaeternus filius. hic *et homo et deus*, quia *inter* patrem hominesque adstitit *medius*, probans infirmitatibus carnem et uirtutibus 2 12 4
proclamat, cessare nullo pacto potest uarietas ista regni, a legis conditore homini a deo assumpto iustisque eius est deputata rebus dispositis, non 2 5 6
momenta componis, diues in publico, ditior in secreto, nec intelligis, quia homini inopia morienti tantis opibus qui cum possit subuenire non 2 1 19
humilis in terris, saeculorum genitor, filius uirginis, immortalis sibi, homini moriturus; mortem gustat, ut mortem deuincat; inferos penetrat, ut 2 5 3
aetatem. totum contra conscientiam suam ut homo infirmus patitur, ut homini mortis lege consumpto inmortalitas tribuatur. haec est enim 2 12 3
nihil est, fratres dilectissimi, ante omnia homini nato tam necessarium atque conueniens, quam ut se ipsum nouerit. 2 30 1
consummat. postremam suscipit mortem, ut ea deuicta resurgens *homini* per hominem, *quem gerebat, et spem uincendae mortis offerret et* 2 4 7
euidenter hoc edocens sic ad discipulos ait: *simile est regnum caelorum homini, qui seminauit bonum semen in agro suo; dormientibus autem* 1 2 28
recognoscimus, domino sic dicente: *simile est regnum caelorum homini, qui seminauit in suo agro bonum semen; dormientibus autem* 1 3 22
non sexu, non aetate, non condicione, non loco, non genere a tribuenda homini salute depellitur, sed gloriosa semper in omnibus inuenitur. denique 1 3 22
maxima est fidei nosse naturam, quae talis ac tanta est, ut unicuique homini sua non ab alio commodetur, sed eius ex uoluntate nascatur. 2 3 1
nihil est, fratres dilectissimi, ante omnia homini timenti deum tam necessarium atque conueniens, quam ut se ipsum 1 27 1
puero suo et Israel dilecto sibi. post haec in terris uisus est et cum hominibus conuersatus est. qua in specie spiritu sancto loquente noscamus: 2 8 6
mortem deum mori docendo uacuasti. tuum est, quod, cum occiditur ab hominibus deus omnipotentis dei filius, nullus irascitur de duobus. tu 1 36 29
aut caram habeat aut dilectam? *filios*, inquit, *genui*: hoc dominum de hominibus dixisse quam dulce est! talem patrem laesisse quam turpe! *filios* 1 61 7
sit? miseram se putat, nisi euerterit ueritatem. ceterum fortitudo, quae hominibus est cum feritate communis, omne ius in uiribus habet: quod 2 1 7
iustum putet, qui utilitatem rei familiaris pietati praeponit? qui hominibus fame laborantibus ac nuditate pascit tineas, curculiones ac 2 1 17
se dicit non ambulasse, utique non dei, sed in illis, quae magna ab hominibus hoc putantur in saeculo. at *cum addidit: super me*, ostendit 2 9 6
suscipit mortuos et euomit uiuos, ex animalibus ueros homines factos, ex hominibus in angelos transituros, si prouectus aetatis eorum infantiam non 2 10 2
unde nascerentur, elegit. hos in Aegypto genuit, ubi ingressis paucis hominibus innumerabilis multitudo processit et ad eremum dominus 1 61 7
angustia recreare consueuit. *ad oues suas tondendas pergit*, id est, ab hominibus iustis bonorum operum fructus exposcit. quo audito Thamar 1 13 8
ei. unde dubium non est unum esse iter aerii culminis angelis lucis et hominibus iustis. haec igitur omnia combinata unius fructus rediguntur in 1 37 13
publicae leges insaniunt; stimulis acuitur feritas in ferocitatem et tamen hominibus mitior inuenitur. ne quid scenae tam dirae immanitatis deesse 2 2 6
terra, postremo deos esse aduersus deum asserentes, qui a sanae mentis hominibus ne hominum quidem uocabulo digni iudicarentur. pro quibus 1 13 4
regem, minas omnes, ipsum quoque supplicium docuerunt ignes sanctis hominibus non esse fortiores, per dominum Iesum, qui est benedictus in 1 11
arcet a siluis, arcet ab aquis, et quidem copiosis uacantibus plurimis negat hominibus, quod auibus, serpentibus, feris non potest denegare. mera 1 5 13
his uerbis: *audite itaque, domus Dauid: non pusillum uobis certamen cum hominibus, quoniam deus praestat agonem. propter hoc dabit deus uobis* 2 8 7
confessio in ceteris uera, aut qua ratione isto argumento nitantur, quod hominibus, quos perditos cupiunt, magis proficiat ad dei timorem et ipsis 1 2 7
deum honestam elegit mortem quam uitam turpem, melius credens hominibus se ream praebere debere quam deo. interea instant illi ex 1 1 18
postremo abscindimus, quod habuisse non deberemus, quod ab inimico hominibus superadditum recognoscimus, domino sic dicente: *simile est* 1 3 22
in Sapientia similiter dicit, cum de eius loquitur seruis: *et si coram hominibus tormenta passi fuerint, spes eorum immortalitatis plena est; et in* 2 5 6
homini, qui seminauit in suo agro bonum semen; dormientibus autem hominibus uenit inimicus eius et superseminauit zizania in triticum. quae 1 3 22
homini, qui seminauit bonum semen in agro suo; dormientibus autem hominibus uenit inimicus eius et superseminauit zizania in triticum. at 1 2 28
est persecutionis dies, passim uuae diripiuntur, id est inconsiderate sanctis hominibus uiolenta infertur manus. ad torcular conportantur; id est ad 2 11 6
utinam posset tam facile non amari! est enim artifex ac dulce malum et hominibus uniuersis semper infestum. denique non habentibus diuitias 1 14 1
frequentibus publicauit. igitur 'dei filius' ad ineffabilem originem pertinet, 'hominis' ad sacramentum. cuius sacramenti arcanum euidenti ratione quasi 2 4 3
isti mentiuntur. absit! nullus hic error, diuersitas nulla est. Paulus enim de hominis adsumpti temporali locutus est regno, in quo uenturus et 2 5 7

sua desiderans, de qua Paulus ait: *non omnis caro eadem est caro: alia est hominis, alia iumenti, alia caro uolucrum, alia piscium. et corpora sunt* 1 2 25
fides interit, si ab suo statu aliquando uel in aliquo declinauerit. lex hominis conscientiam alloqui tantum potest, uidere autem non potest; fides 2 3 5
inmortalitatis admitteret. sicque factum est, ut, quomodo per unius hominis damnationem in omnes homines damnatio, sic per unius 2 4 7
praedonum corda face furiali succensa, impetibus crebris passim totas hominis dei facultates inuadit, subito rapina, igne ferroque uniuersa uno 1 15 3
et cum taedio est tempus uitae nostrae et non est refrigerium in fine hominis et non est qui agnitus sit reuersus ab inferis, quia ex nihilo nati 2 4 10
resurrectione summum bonum? hic nunc primum omnium scire debemus hominis fabricam *ex* duobus *diuersis ac repugnantibus* comparatam 2 4 8
ueritatis. est enim et alius amor sane saluti nostrae contrarius, cui recte hominis forma tribuitur, quia temporalis ac fragilis esse cognoscitur. ideo 1 36 25
acumen temeritatis, auctor detestabilium pariter ac magistra malorum. hominis nam salutem ab incunabulis mundi mors ut iugularet ac iugulet, 1 4 7
filius hominis, qui erat in caelo. quomodo filius hominis uel cuius hominis nasci posset in caelo, ut de caelo descenderet, cum humanitatis a 2 4 2
magnum consequere beneficium, si deo uiuas puris moribus libera et hominis non sis ancilla. at tu, uidua, secundas cur desideras nuptias, cum 2 7 4
nec quae genuerat mater. nemo plangit uiuas exsequias et innocentis hominis obsequium nemo ante fletibus rigat, ne pater dubitasse uideretur, 1 62 4
uel maxime ui aliqua obisse meminerimus. hic nunc mihi responde, qui hominis post mortem nihil superesse contendis, quemadmodum per alium 1 2 7
cultris, credentium populorum secundum Moysi dictum non in damnum hominis praeputium carnis, sed in augmentum hominis praeputium 1 3 16
dictum non in damnum hominis praeputium carnis, sed in augmentum hominis praeputium facinorosi cordis incidit. at fortasse adhuc quispiam 1 3 16
edes panem tuum, donec reuertaris in terram. sed et dominus ex persona hominis, quem adsumpserat, ait: *tristis est anima mea usque ad mortem.* 1 2 31
est enim: *nemo ascendit in caelum, nisi qui de caelo descendit, filius hominis, qui erat in caelo.* quomodo filius hominis uel cuius hominis nasci 2 4 2
de caelo descendit; *qui descendit, ipse est et qui ascendit* in caelum, filius hominis, qui erat in caelo; filius hominis uocabulo, non natura. non enim 2 4 3
manente in sua semper infantia custodite ac fortiter praecauete, ne primi hominis quondam uestri umquam memoriam recolatis. 2 24 3
caelum apertum et angelos dei ascendentes et descendentes super filium hominis, sicut et factum est, euangelista dicente: *tunc reliquit eum diabolus* 1 37 13
ergo carnale hoc domicilium imaginem dei debemus accipere, sed caelestis hominis spiritalem, quam in se credentibus dominus aetheria natiuitate 1 27 3
carnale hoc indumentum imaginem dei debemus accipere, sed caelestis hominis spiritalem, quam nobis plenitudinis suae pio de fonte largitur. 2 30 3
est deus noster, qui dignitate interim seposita, non tamen potestate, amore hominis sui, cuius formam fuerat subiturus et creaturam, ut angelus, 2 8 8
sibi de fine principium. hic est, quo similiter, uerum tamen semel, amore hominis sui eius artifex deus et dominus noster occidit et exortus est 2 19 2
conabor, ut et prouidentiam dei et uim consociationis carnis et animae et hominis summum bonum ubinam sit constitutum, quiuis facillime possit 2 4 3
incitat ueritatem. nec est dicto longe probatio. si incliti cuiusquam regis, hominis tamen, uultus quiuis ulla uiolauerit ratione, nonne continuo uelut 1 36 24
qui de caelo descendit, filius hominis, qui erat in caelo. quomodo filius hominis uel cuius hominis nasci posset in caelo, ut de caelo descenderet, 2 4 2
ad gurgitem conuolate! uos constanter inmergite, saluo salutis statu *ueteris hominis* uestri felici morte uicturi! 2 23
ipse est et qui ascendit in caelum, filius hominis, qui erat in caelo; filius hominis uocabulo, non natura. non enim bis carnem induit dominus. sed 2 4 3
tam opulens templum, quia in eo uerum non erat templum. etenim hominum conciliabulum est contextio ista parietum, fidelis autem populus 2 6 4
quod non habet perdat; aut certe Iesu Naue parricida sit, si cultris corda hominum desecat. sed absit, fratres, ut spiritales uiros ullo tangamus 1 3 15
nec uos moueat, fratres, saecularis ac uere puerilis inconsideratorum hominum disputatio, qui ideo iustum patiuntur errorem, quia Christum 2 8 9
pedes; uiuum se cadauer inspiciat.' [cui beatus Archadius ait:] o insania hominum! fraudauit te furor tuus; adhuc erat in uictima domini quod 1 39 6
a patre, sed ex concupiscentia mundi. per hanc enim diabolus cum diuerse hominum mentes capit ac decipit, sic Cupido uocitari a luxuriosis suis sibi 1 36 27
uerus Christus esse potuisset, si quid praetermitteret, quod ab alio saluti hominum praestari potuisset. eo accedit, quod secundum carnem Dauid 1 3 17
tamen debes, quia mors non timet nec diuitias nec honores. o caeca mens hominum! quam uarie, unam tamen contendit in mortem: pauper, cum 1 5 11
falsa ueris, terrena caelestibus, temporalia sempiternis. o caeca mens hominum! quid praesentium carnalium rerum fugaci illuderis blandimento? 2 4 15
deos esse aduersus deum asserentes, qui a sanae mentis hominibus ne hominum quidem uocabulo digni iudicarentur. pro quibus causis a deo non 1 13 4
pronuntiet, audiamus; cuius ista sunt uerba: *deminuerunt ueritates a filiis hominum. uana locuti sunt unusquisque ad proximum suum; labia dolosa;* 2 9 2
fructus habeat, eius auctor ostendit. discurrit quippe uesana per populos hominumque lubricas mentes libidinum flagrantibus stimulis praecipitat in 1 1 6
homines et rarissimi Christiani, cur ego Christiano orbe paene iam toto hominumque uiuacitate mundo senescente detrita *obtundam uerbis* 2 7 5
est? o sancta aequalitas ac sibi soli dignissima indiuiduae dealitatis! unus homo ad duorum imaginem et similitudinem fingitur nec tamen in eo, quid 1 45 2
in uitam; propter nos qui est occisus et uiuit, sepultus et resurrexit, homo aestimatus est et inuentus est deus gloriosus in saecula saeculorum. 1 46a 2
momentis omnibus etiam friuolo ac turpi lucro festinat? quid igitur, miser homo, auri argentique metallo incensus uana cupiditate, uana cura 1 14 3
igitur orbe perfecto postremus digito dei manuque e limo terrae fingitur homo. construitur mobile totumque se nesciens simulacrum et, ut imago 1 56 3
hominem susceptum iacet, magis admirabilior, quia tantus est et talis. et homo curiosus cor suum extollit conaturque eius comprehendere 2 9 4
nisi uerae circumcisionis spiritali fuerit sacramento purgatum, in aeternum homo, de quo agitur, periturus est; caro enim damnum pati potest, animo 1 3 9
cuius extraria nequeat suspicari, quia deus hoc est quod est; quod uero homo definiendum putauerit, non est. nam et Iohannes apostolus in 2 8 3
sententiam damnationis excepit, quia, sicut est detestabilis qui, cum sit homo, deum se fingit, ita detestabilior qui deum colit, quem ipse disposuit. 1 13 6
de apostoli dicto calumniosam nobis inferat quaestionem, qui ait: *primus homo e limo terrae, secundus e caelo,* dubium quippe cum non sit unum 2 4 1
sublata dubitatione scalae sacramentum spiritaliter intuentibus patefecit: *homo* enim adgressuram passus Adam esse cognoscitur, *latrones* diabolus 1 37 10
conuersatus est. qua in specie spiritu sancto loquente noscamus: *et homo est*, inquit, *et quis cognoscit eum?*. si ita est, quomodo ergo posset 2 8 6
esse quod non est. hic est deus noster aeterni dei coaeternus filius. hic *et homo et deus,* quia *inter* patrem hominesque adstitit *medius*, probans 2 12 4
lucrari mundum et animae suae pati detrimentum? i nunc, insatiabilis homo, et in detestabilis congestionis lucra letifera etiam ipsa elementa 1 5 10
punitur reatus in reo integroque statu moritur in homine propter quod homo fuerat moriturus. inde est quod nostra non habet necessaria 2 24 2
punitur reatus in reo integroque statu moritur in homine propter quod homo fuerat moriturus. inde est quod nostra non habet necessaria 1 42 1
hominem idolumque significat, quia et *hominem deus de terra finxit* et homo idolum de terra composuit. *semen* ergo *suum fudit in terram*, hoc 1 13 6
de circumstantibus doctis quispiam <in> cachinnos erumpat, quod homo imperitissimus et elinguis aliquid audeam de iustitia disputare, de 2 1 1
uideretur. qui consilio hominem deceperat, consilio uincitur, ut, quomodo homo in paradiso non cognouerat diabolum, sic et diabolus in saeculo non 1 60
aeternitas in se non admittit aetatem. totum contra conscientiam suam ut homo infirmus patitur, ut homini mortis lege consumpto inmortalitas 2 12 3
est dominus, qui ei deinceps nihil futuro paradisum repromisit. sed et homo ipse, quem dominus assumpserat, perit, si Iesus non resurrexit. at si 1 2 11
peribit. consequens est, ut scire nos par sit, in quo habitu regnaturus sit homo iste noster, qui tendit ad caelum, ne forte cum carne depereat, uana 1 2 24
o praestantia singularis! o dulcis sententia! o damnatio necessaria! homo iugulatur, ut uiuat. percussor percussorisque non cernitur gladius; 2 24 3
singularis! o dulcis sententia! o damnatio necessaria! in semet ipso homo iugulatur, ut uiuat. percussor non uidetur, percussoris non cernitur 1 42 2
ait: *amen, amen dico tibi: hodie mecum eris in paradiso.* itaque si homo mortuus in aeternum perit, ergo mentitus est dominus, qui ei 1 2 11
animam, qua spiramus, infudit e proprio fonte spiritus sui. cui ab humo 'homo' nomen imposuit, credo, sicut res ipsa docet, ut contemplatione 2 4 4
curata recessit. ita Christus in hominem se fecit nasci, quemadmodum homo non potest nasci. totum denique sua luce resplendens corpus sine 1 54 5
formam dedit, quoniam ad hoc deus pro homine mortis iura gustauit, ut homo per deum ius inmortalitatis reciperet, quod amisit. propter quod 1 2 11
et diuersis calumniarum generibus factiosae emerserint causae, quid homo pestilens excogitet uel quid diabolus machinetur, non metuat iustus, 1 40 1
et tamen oleastrum se non esse quodam modo etiam ipse miretur. igitur si homo potest facere, ut sit arbor quod non fuit, saluo quod fuit, quanto 1 2 28
uel aera distinguunt, et patienter ueniunt et patienter excedunt? solus homo praeceps, solus inpatiens, prauis cotidie mobilitatibus gaudet, 1 4 7
hominis sui, cuius formam fuerat subiturus et creaturam, ut angelus, homo, puer, sponsus, gigas, crucifixus, sepultus, *primogenitus a mortuis* 2 8 8
dei), et alio loco dicat: *ego sum qui sum et non demutor.* cum hoc ita sit, homo quemadmodum dei imaginem portat, cuius uultus passibilis, omni 1 27 2
dei), et alio loco dicat: *ego sum qui sum et non demutor.* cum hoc ita sit, homo quemadmodum dei imaginem portat, cuius uultus omni conuersioni 2 30 2
quae spes futurae beatitudinis credenti, cum scriptum sit: *maledictus homo, qui spem habet in homine*? ergo ubi purum deum significat, sic dicit 2 5 1
Euae spiritale praeputium, male repetita nuditas condemnetur, ne nouus homo quicquam Iudaei habere uideatur aut gentis. ambo enim illi carnales 1 3 24
obfuscant. qui conscium timebatis, conscientiam non timetis. *uetus* enim *homo* uester feliciter condemnatus est, ut absolueretur, sacri gurgitis unda 2 29 1
in maligni fulgoris cupidinem diram spe potiundi praecipitat, ne gratis homo uideatur occisus. sed nos non ad auaros, sed de auaris sermonem 1 5 16
ad dominum: *domine, non est exaltatum cor meum.* cum scriptum sciat: *homo uidet in facie, deus in corde*, nonne iniuriosum uel superuacaneum 2 9 3
ipsa humanitas, quamuis iniusta sit, seruat. nemo namque pater familias honesta fidelitatis suae lucra offerentem sibi suum seruum iudicat, sed 1 35 8
iugulandus aut anima, conscientiae suae conscium solum contestans deum honestam elegit mortem quam uitam turpem, melius credens hominibus se 1 1 18
uiliorem habens animam quam pecuniam; inde est, quod iustitia honestas pietas fides ueritas perit; quod deus ipse momentis omnibus 1 14 7
temperantia, castitas, pietas, caritas, fides, ueritas, humilitas, gratia, honestas, uerecundia, patientia, perseuerantia, consummatio. scaporum 1 37 15
desiderabilem praestat. in suo statu omni loco, omni tempore manet plus honestati consulens quam utilitati. uultis scire, quantae felicitatis sit [sit]? 1 1 2
uini pridiani exhalante foetore corrumpitur, sed caelesti prandio, honesto, puro, salubri atque perpetuo, quod, ut saturi semper ac felices 1 24 1
sua queritur, qui se potest facillime uindicare. sed quia apud sapientes et honestos grauius est aliqua nota confundi quam mori, deus Iudaicum 1 20
diues, in diuitibus ditior, aequalis in omnibus consummaris. tu es *honor corporum,* tu thesaurus animarum, tu *fundamentum,* culmen ac 1 1 21
nihil derogans patri. alter renitet in altero; cuiusuis gloria communis est honor, quia quod est filii, patris est, quod patris, amborum. laetatur pater 1 56 1
criminum fluenta funduntur, ebibit fontem. huic non iura, non leges, non honor ullus obsistit, quia quicquid aut emitur aut distrahitur, liberum non 1 5 5
quantae nobilitatis sit, facillime cognoscit; est etenim tantae uirtutis, ut sit honorabilis etiam hostibus suis. haec totius humani generis fundamenta 1 1 1
enim censum decoctori committit nec desertorem praemiis triumphalibus honorabit, maxime cum scriptum sit: *qui habet, dabitur illi et abundabit;* 1 36 7
in iuuenibus carnalia exstinguere laborat incendia. sane in senibus ut est honoranda, ita miranda non est, quia licet sit uictrix, tamen triumphi sui 1 1 5
honesta fidelitatis suae lucra offerentem sibi suum seruum iudicat, sed honorat ut filium. alterum uero, quem uenena conterentem, in adulterio, in 1 35 8
si *ecclesia* ideo *Christi sponsa* est, quia *pudica*, ideo iugo thalami caelestis honorata, quia etiam post nuptias manet postmodum uirgo perpetua, nos, 1 1 3
iam caelestia aspirans, iam, non dicam saeculi ludibria, sed, ut sit honoratior, se ipsam contemnens, iam ueritatem non imaginem quaerens, 1 2 25
necessitate, decore, <non diminutione> subicitur, per quem pater semper honoratur. denique inquit: *ego et pater unum sumus*. unde non diminutiua, 2 5 9
uestitus post calumniosam damnationem et liberatus a deo est et honoratus. denique rex iure secundus factus est regni, qui insignis rex erat 1 1 16
illi, sicut apostolus quoque ait, qui cognitum *deum non quasi dominum honorauerunt neque ei gratias egerunt, sed uanis persuasionibus cogitationes* 1 35 6

cum fratres agnosceret; et ubi iactantia se non potest continere, positus in	honore. caelestis profecto est ista patientia, quam a suo statu non aerumna,	1	4	17
tantae dignitatis ignari. quid enim beatius, quam si homines deus paterno	honore dignetur adtendere et tanta illa sublimitas humanam mediocritatem	1	61	6
mundana uoluptas ad se trahit. *impii non manent, quia his dei nomen in*	*honore est*; *pii non sunt, quia* patrem uenerandum prauis moribus laedunt.	1	35	5
fragrat; illa unici floris sui quouis prato iucundioris caelum ipsum	honore laeto respirat. haec liberis gaudet; at illa liberorum non timet	2	7	3
magis potuerat suae matri praestare, cui praestitit, ut rediuiuae uirginitatis	honore polleret. itaque in statu, quo nata es, permanens, uirgo, gloriare	2	7	4
debetur. non quemquam pro persona diligit, adulari quia nescit; non pro	honore, quia ambitiosa non est; non pro sexu, quoniam illi unus est ambo;	1	36	12
lapidis coniugio cohaeretis. exsultate, uirgines: omnem istam celebritatem	honore uestri floris ornatis. exsultate, diuites, praerogationibus crebris et	2	6	10
si Iudaeus aestimat gloriam, ut de ceteris taceam, maior est eius, qui in	honorem deae suae — sane anus turpis atque amatricis — non paruam	1	3	2
populum diuinasque uirtutes quasi crines effusos in unius uerticis nodum,	honorem decoremque conducis. felix aeternumque felix est, qui semper te	1	4	22
absumptus, immo pinguedo ipse factus, totusque acceptum translatus in	honorem nouae frondis promotione ramis resurgescentibus ornatus iam	1	2	27
sponte reus, ut fiat innocens, confitetur. pretiosa res est, fratres, quae et	honorem praestat et praemium. o liberatoris nostri profunda prouidentia! o	1	42	2
sacrificium laudis, non uituperationis, et *redde altissimo uota tua.*	honorem totum refudit in patrem, ex quo omnia. *et inuoca me in*	1	25	8
tibi praestet, meminisse tamen debes, quia mors non timet nec diuitias nec	honores. o caeca mens hominum! quam uarie, unam tamen contendit in	1	5	10
plenitudinem, quae una mente, una credulitate concipitur, non uiolet, sed	honoret.	2	3	19
saecularia sine legitimo ac deuoto cultore nec sufficientia nec necessaria	honori suo protestatur deus, hactenus dicens: *caelum mihi thronus et terra*	2	6	3
quare, fratres, propter quod facti et nati sumus, timeamus, amemus et	honorificemus quem inuenimus deum. sane quaerant illum, qui eum non	1	56	3
dicit, cum ipse sit solus, a quo alius altior non sit? sin uero omni	honorificentia deferentis patri uerba sunt filii, debetis agnoscere, quantis	1	25	2
fuisse, cum posset. nulli enim facilius efferuntur, nisi quos inopinati	honoris culmen extollit. *Dauid* quippe *humilis, abiectus,* ignobilis sui	2	9	6
Iudaei, qui deum patrem, a quo sunt geniti, respuerunt tanti immemores	honoris, tantae dignitatis ignari. quid enim beatius, quam si homines deus	1	61	6
sub pondere argenti, auro ardens tota domus pugnet sua flamma cum sole	honorumque exinanitus a te gradus non inueniat quod tibi praestet,	1	5	10
paterni seminis maneamus. haec, inquam, non die, non nocte, non	hora, non sexu, non aetate, non condicione, non loco, non genere a	1	3	22
omnibus omnia est; qui uere aeternus est ac sine nocte dies; cui duodecim	horae in apostolis, duodecim menses seruiunt in prophetis; quem	1	33	4
saecularis; illa octauo deseruit diei, huic deseruiunt tempora, dies,	horae uniuersaque momenta; illa ante octauum uel post octauum diem nec	1	3	23
auroram; qui, quod maius est, duodenis non dicam spatiis, sed momentis	horarum aequabiliter se partiri non posset, si inpatientia suos cursus	1	4	4
uetus est. punctis omnibus commutatur, non natura, sed numero. fit filius	horarum, qui pater est omnium saeculorum. hic est dies, fratres, quo a	1	16	1
moritur nec tamen instantis finis sorte terretur, suos ut repigret cursus, ut	horas ac momenta producat, ut saltem paulo diutius diei sui demoretur in	1	2	18
bibituri essemus? exaltati filii Israel, quando ad Iordanem securus ab	Horeb accessit. quid cotidiana dei colloquia? *ipsi autem me spreuerunt:* ad	1	61	8
uno partu uestra uos peperit mater. sicut paruulis morem geram sacrique	horoscopi pandam tota breuitate secreta. igitur, fratres, genesis talis est	1	38	2
agit, quae est inimica iustitiae. adeo inde est, quod frumento paucorum	horrea plena sunt, inanis plurimorum uenter. inde populis deteriora	2	1	16
in momento quid adferat dubium est. sed oculis patentibus caeci dilatant	horrea, terras angustant, urgent saltibus saltus et, si orbem totum	1	5	8
exesus detestabili macie omnia gestatoris sui ossa denudat. nonne	horrebit etiam sibi quodam modo illa excarnata umbra tractabilis? longum	2	4	15
domando fecundantes laetam diuinorum seminum messem caelestibus	horreis inferatis. et admonet prosequentibus Geminis, id est duobus	1	38	3
peccatorum paleis limpidatus, semet pretiosum frumentum diuinis	horreis inferre desiderans, licet suo uberet fonte, tamen aestuat semper	1	33	3
ac per hoc iure legis quoque linea una tanguntur, dubium non est	horrendi supplicii perennibus absumptum iri tormentis eum, qui	1	1	14
minatur per momenta naufragium. procellae crebrescentes insaniunt,	horrendum sibilant funes, gemunt cedentibus uelis antennae, retunsa	1	34	5
potest blandus. igitur famigerabile committitur proelium: illinc diabolus	horrendum totis intonans armis ministrisque insuper suis in auxilium	1	15	3
quam salutem. igitur cum audio tres pueros incensos, prius uehementer	horresco, mox deinde eorum particeps optauerim fieri, cum cognosco inter	1	31	
horrores insani uertuntur orbes oculorum, acies dentium spumosis	horrida globis inter labra liuentia stridit, intorta omnia passim membra	1	2	6
lucrum, numquam portus desideratus occurrit? quid miles non dicam	horridae hiemis aut torridae aestatis iniurias, sed se ipsum contemnit, si	1	36	3
quam intellegat populus Iudaeorum. ab auctore itaque coepit furoris	horror; accingitur turba feralis et ad inuisibilem suspensum gladiorum	1	59	9
semper ut uiuat, fidelis autem post secundae natiuitatis occasum resurgens	horrore numquam intercipitur tenebrarum.	1	16	2
probatur, Archadius beatissimus martyr huius inopinati sacrilegii	horrore percussus paululum distulit pugnam, iam debitus ad coronam.	1	39	3
discoloratur per momenta color, figura sua tollitur a natura, in obliquos	horrores insani uertuntur orbes oculorum, acies dentium spumosis horrida	1	2	6
exsecratus sis corruptelam, optes imitari uirtutem; quem cupidum semper	horrueris, stupeas passim in pauperes et egenos sua bona uniuersa	2	29	3
martyrium. tanta enim uis certaminis fuit, ut eam ipse quoque ignis	horruerit. nam a barbaro rege nimia crudelitate tribus pueris consulente	1	22	1
martyrii quodam modo pars est, fratres dilectissimi, martyrum non	horruisse supplicium. quantum etenim multiformis crudelitatis lugubris	1	11	
libenter semel septem filios non dicam extulit, sed ipsa potius feliciter suis	hortamentis occidit, religiose confidens deo filios se genuisse, non mundo.	1	2	13
non iugulatur ut pereat, sed, sicut Isaac, immolatur ut uiuat, apostolo	hortante nos Paulo, cuius ista sunt uerba: *exhibete corpora uestra hostiam*	1	25	9
condemno, sed nuptiis meliora praepono, et quidem etiam apostolo	hortante sic Paulo: *dico autem innuptis et uiduis: bonum est illis, si sic*	2	7	2
ostendunt, quae alias personas, ut uerbum dei ab ipsis potius audiatur,	hortantur [nos]. non est enim parum criminis, ut semper apud ipsos	1	61	1
totius humani generis peccatorum est sordibus obsoletatus. Iob uxor sua	hortatur ut peccet; et dominum, ut corruptelam seniorum sequatur,	1	15	8
euidenter expressit, cum ad Timotheum loquitur instruendum his uerbis:	*hortatus sum, ut denuntiares quibusdam, ne peruersa doctrina uterentur*	2	3	17
et humiles spiritu saluabit. sed et dominus ipse nos pio promisso quid	hortetur, accipite. *uenite*, inquit, *qui laboratis et onerati estis et ego*	2	9	4
natione, subito germani fratres, subito una geniti emersistis infantes,	hortor uos natiuitatis tantae festa laeto celebrare conuiuio, sed non illo, in	1	24	1
quos edacitas delibare nequiret: sua enim deminutione crescebant. integer	horum denique uasis semper in plenis manebat status quantumque eis	2	1	20
sollicitudo ac maxima est cautio, ne quid mundo debeat, ne quid	horum digne patiatur. hanc qui diuinas litteras aut non legerunt aut lectas	2	1	13
inuestigabiles uiae eius! quis enim cognouit sensum domini? non enim in	horum inquisitione exaestuans propheta dicit: *de profundis clamaui ad te,*	1	34	2
est pars nostra et haec sors. illinc spiritus, quasi quidam dux peritissimus,	horum omnium praedicit fugam, in armis expeditissime standum,	2	4	11
insuper de inopia quereris, qui quod habes nescis. quicquid feceris, nihil	horum tecum ad inferna portabis; quod enim naturae est, de loco ad	1	14	3
una fide solidi, <uirtutis> aequalitate pares, passionis uictoria gloriosi.	hos barbarus rex, quod eius statuam adorare contempserint, incendi	1	53	1
incendi praecepit. qui ubi iactati sunt in fornacem ignis ardentis,	hos deuote cupidus ignis excepit. lambunt roscidos flammae blandientes.	1	53	2
suis duos denarios intelligi uoluit, nouitate et uetustate duo testamenta.	hos duos denarios a Samaritano stabulario pro eo, qui a latronibus	1	37	10
utique filios Israel dominus genuit, qui Abraham, unde nascerentur, elegit.	hos in Aegypto genuit, ubi ingressis paucis hominibus innumerabilis	1	61	7
haec gloria omnium sacerdotum, hoc mysterium deo, hoc opus carum,	hos opus uiuum carnaliter geritur, sed spiritaliter promouetur. praestabit	2	6	11
potestate, caelo egressus metatura praedicta sacrario templi uirginalis	hospes pudicus inlabitur ibidemque qualis uelit esse disponit. immo quod	2	12	1
adhuc uiuenti rapiuntur. unde, fratres, sicut ueri Christiani, *quasi*	*hospites et peregrini abstinete uos a carnalibus desideriis, quae militant*	2	4	17
transfertur. qui ut est dimissus in altum ferinaeque uoraginis est receptus	hospitio, uigilat in ceto qui stertebat in naui. mira res! post naufragium,	1	34	6
alieni seminis grauidatur nutriturque ab eo ipso quod nutrit, donec	hospitis germinis adoptiua pinguedine absumptus, immo pinguedo ipse	1	2	27
amore imaginis suae de caelo descendit, uteri uirginalis illustrat	hospitium ibidemque in homine includit deum. utitur et figura et	2	4	7
oculis uidit <uiros> tres, cucurrit, adorat prostratus in faciem, offert	hospitium. *refrigerate*, inquit, *sub ista arbore magna*. similaginem	1	62	1
et secedendo euangelicae iussionis animaretur exemplo. ecce in eius	hospitium uelut in hostilem praedam grassantium satellitum praeceps irruit	1	39	4
facinoris foedus, quo infeliciores subactis infami hasta persequentes	hospitum terga depopulabantur, e caelo imber fusus a domino flammis et	1	4	10
scidit uestimenta sua, non ut deo inuidiam faceret, sed ut expeditus cum	hoste pugnaret. contempsit denique in perditis facultatibus diuitem,	1	15	5
nisi quis	hostem, a quo impugnatur, expugnet, numquam bonis suis poterit uti	1	7	1
inter haec nemo considerat condicionem fragilitatis humanae, nemo	hostem, nemo fiscum, nemo latronem, nemo domesticum, qui cognitione	1	5	15
detestabilius malum! inuicem dum exspoliant persequuntur fallunt,	hostes probant, praedones laudant, latrones excusant, nec sui umquam	1	5	7
lugete omnes, qui deseruitis altari, quoniam ablata est de domo dei uestri	*hostia et immolatio.* multa sunt, quae dici possunt, sed satis otiosum est in	1	25	6
rudimentis iubenti ac deposcenti deo innocens martyr offertur, immaculata	hostia nec uictima imparata, qui testis diuini timoris ad fidem a domino	1	59	2
testis diuini timoris ad fidem a domino poscitur, a parente perducitur, sed	hostia non sanguinis, sed salutis. ad hanc igitur gloriam tardi partus	1	59	2
sed traduntur tenerae adhuc uinculis manus [et], ne quid minus ab	hostia uideretur; pedem ligatura destringit, ne incitata uictima displiceret.	1	59	6
sed magis ut deuotioni pareret, laetabatur hoc iussisse deum. de filio	hostiam parat, festinat denique inplere sacrificium, ne mora faciat	1	43	4
sacerdos. consimilis filii quoque est ex diuina uoluntate securitas. qui cum	hostiam prouidet, cuius loco electus fuerat, requirebat. sed traduntur	1	59	6
apostolo hortante nos Paulo, cuius ista sunt uerba: *exhibete corpora uestra*	*hostiam uiuam, sanctam, placentem deo.* hoc enim placitum est domino,	1	25	9
utriusque sexus et inuicem se amantium; quorum pro numero deo diurnas	hostias offerebat. tanto autem puritatis ac fidei erat muro munitus, ut non	1	15	2
sit, facillime cognoscit; est etenim tantae uirtutis, ut sit honorabilis etiam	hostibus suis. haec totius humani generis fundamenta confirmat, haec	1	1	1
euangelicae iussionis animaretur exemplo. ecce in eius hospitium uelut in	hostilem praedam grassantium satellitum praeceps irruit manus, festinat	1	39	4
membra, unum secretarium et patentes semper duodecim portae, quas ab	hostili defendit impulsu in modum tau litterae prominens lignum. o res	2	6	7
pascha celebrare non posse paucis accipe, Christiane. Salomonis templum	hostili uastatione subuersum cum ruina sua iacet sepultum: ubi sacrificant?	1	51	
diuersis ex modis, cum aut exaestuat aliquo reatu conscientia; aut cum	hostilis imminens manus gladio salutem premit; aut cum uiantis itineri	2	2	2
generant. seruum autem dei non oportet litigare, quia lis et caritatis est	hostis et fidei; quas si quis amiserit, nec diuina ille profecto nec humana	2	3	18
quod uno desiderio omnes excolunt populi, dubium non est, quia aut	hostis publicus aut certe iudicatur insanus, quisquis nuptias dissuaserit. at	2	7	1
uero ibidem nec memoratum nec factum posse doceri nec natum.	huc accedit etiam ipsa praepostera memoratio, quoniam res est	2	4	2
quam uirtuti consentit, deinde quia delicias plus diligit quam laborem.	huc accedit, quia bona carnis inuenit, non requirit, mauultque potiri uel	2	4	13
ex ore, procul dubio eodem aut cessante aut aliter docente consumitur.	huc accedit, quod, nisi insinuationem legis omni deuotione succincta	2	3	1
in propriis, sed in publicum tota diffusa sit, diffamationibus uigeat,	huc atque illuc aestuans uarie caeca prorumpat, uicta sit autem, si	1	4	11
praeputium totius concupiscentiae saecularis; illa octauo deseruit diei,	huic deseruiunt tempora, dies, horae uniuersaque momenta; illa ante	1	3	23
tuo et ex tota anima tua et ex tota uirtute tua; et secundum simile	*huic: diliges proximum tuum tamquam te ipsum. in his duobus praeceptis*	1	36	17

uel murus, dei ministra, Christi amica, spiritus sancti conuiua. huic et praesentia subiacent et futura: ista quia contemnit, illa quia sua 1 36 5
partus dolore gementes et uos plorantes, sordidos, pannis sordidis alligatos huic mundo dediticios intulerunt; sed laeta gaudentes, caelestis <...> 1 32
criminum et auaritiae, unde criminum fluenta funduntur, ebibit fontem. huic non iura, non leges, non honor ullus obsistit, quia quicquid aut 1 5 5
in Aegypto necaretur, miseratione dei duce Moyse iussus est proficisci. huic per diem non circulus solis, sed columna nubis, non candida luna, sed 1 29 1
norunt; iam uiduae atque inopes testamenta conficiunt. plura ad laudem huius beatitudinis uestrae possem dicere, nisi essetis mei. unum tamen prae 1 14 9
Euam. quid, quod nec ipsi uiro aliquid eam prodesse perspicio? quia huius circumscriptio characteris potestati subiacet cordis, quod nisi uerae 1 3 9
in penetralibus retinere, quod alieno iuri seruemus. at cum ab eodem huius deuotionis inuitatione inhabitari seu nos in ipso habitare coeperimus 1 36 21
populis, qui omnia inmortalitatis semine propagantur in saecula. in huius diei luce gradientes exsultemus fide,iucundemur bona conuersatione, 1 33 4
promissa compleuit, dominus parricidium probata uoluntate prohibuit. ad huius ergo personam Christi refertur uerecunda natiuitas, sed uirginalis 1 59 8
est munus, quod cara uxor, quod generosi liberi, quod ueri sunt patres. huius est munus, quod alii ut nos aut plus quam nos proximi uel amici 1 36 14
aut amicos, sed saepe etiam eos, quos numquam uidimus, diligamus. huius est munus, quod antiquorum aut uirtutes ex libris aut ex uirtutibus 1 36 14
unam cogit in carnem. haec humanitati praestat esse quod nascitur. huius est munus, quod cara uxor, quod generosi liberi, quod ueri sunt 1 36 14
munus, quod alii ut nos aut plus quam nos proximi uel amici sunt nobis. huius est munus, quod diligimus seruos ut filios ac nos illi colunt libenter 1 36 14
quod diligimus seruos ut filios ac nos illi colunt libenter ut dominos. huius est munus, ut, non dicam notos aut amicos, sed saepe etiam eos, 1 36 14
curiositate non sunt inquietanda secreta. *quis enim causas naturasque caeli huius* et superiorum *sciet?* quis corpoream aeris huius, ut quidam putant, 1 34 1
resurgit fontis ex gurgite iam pura, iam libera, iam a conuersatione mundi huius extranea, iam morte superior, iam caelestia aspirans, iam, non dicam 1 2 25
exsultate, fratres, quos sua parturit fides, qui mundi huius fugientes insidias, reatum, uulnera ac mortem paternae inplorastis 2 23
quid, quod Melchisedech, summus ipse sacerdos deo acceptissimus huius fuit cicatricis ignarus? quid, quod cum praeputio Nineuitarum 1 3 5
et familia domini caelo spectante probatur, Archadius beatissimus martyr huius inopinati sacrilegii horrore percussus paululum distulit pugnam, iam 1 39 3
ignis ira mea et exurat et non sit qui exstinguat. uidetis ergo, fratres, quia huius modi circumcisionis deus non tantum salutem non pollicetur, sed etiam, 1 3 13
aliena non quaerere, sapientiae uerae negligentes imperium, quod uerbis huius modi continetur: *si uis perfectus esse, uade et uende omnia tua et da* 2 1 15
sponte se faciat infelicem, non credentes, quia dei praecepta custodiens, huius modi officiis saeculares obterens uoluptates cum fuerit uictor 2 1 14
unde rem paucis expediam. omnis caro quam diu flagitiosis illecebris huius mundi ac tenebris feralibus agitatur, profecto pecuina est ac misero, 1 2 25
ut qui habent uxores, sic sint quasi non habentes; praeterit enim figura huius mundi. at cum ante annos ferme quadringentos uel eo amplius 2 7 5
pleno uermibus sedet; dominus quoque in uero sterquilinio, id est in huius mundi caeno uersatus est inter ebullientes diuersis sceleribus ac 1 15 9
adgressuram hominem passum latrocinio diaboli angelorumque eius et huius mundi in *stabulo*, id est in ecclesia, quo pecora diuina succedunt, 1 37 10
haec ita sint, resurrectionem futuram cur, Christiane, non credis? cur de huius mundi labe in meliora migrantes tam pertinaciter plangis? pro nefas! 1 2 13
cui subiugata sapientia seruit et uirtus. uidetisne iam manifeste sapientiam huius mundi non esse iustitiam et quidem nec ueram sapientiam? quia fieri 2 1 9
uos uidetur sapiens esse in hoc saeculo, stultus fiat, ut sit prudens; nam huius mundi sapientia stultitia est apud deum. ob quam causam idem deus 2 1 5
fecerint. igitur Iob uir fuit iustus et uerax, ab uniuersis concupiscentiis huius mundi secretus, conuersatione limpidus, mente limpidior, usque adeo 1 15 2
sapientia domus domina praerogat munera. exsultate, seniores: uos estis huius operis firmamenta. exsultate, iuuenes: uos estis lapidibus adamantinis 2 6 10
'cur ipse quoque signaculum carnis accepit, si ei necessarium non fuit?' huius propositionis quae sit ratio, fratres, accipite. igitur qui uenerat 1 3 17
enim depressio cor elatum est, cor cohibitum promotio est animae. huius rei testes sunt nobis duo homines propheticum carmen suis actibus 2 9 8
uere, fratres carissimi, cor eius non dormit, qui huius somnium secretaque cognoscit. prophetia etenim semper figuris 1 37 1
fine studet timere, ne quid praeter deum, quem diligit, timeat. denique huius suffragio Daniel populis terribilem inermis draconem necat, leonibus 2 2 5
causas naturasque caeli huius et superiorum *sciet?* quis corpoream aeris huius, ut quidam putant, inanitatem se disserere posse mentiatur? quis 1 34 1
animas nostras suorum corporum exuuiis <exui> nec cum labe carnalis huiusce domicilii ista prima morte dissolui, sed pro qualitate factorum 1 2 3
carosque tibi quid distet, nemo discernat. tu, inquam, caelestia humanis, humana caelestibus iungis arcana. tu diuina custodis. tu in patre imperas. 1 36 32
est hostis et fidei; quas si quis amiserit, nec diuina ille profecto nec humana cognoscit. haec, si religiosus es, serua; timoratus si uere, custodi. 2 3 18
quem inuenerant, perdiderunt. non enim intellexere, quia *ex haedis* humana designabatur caro suis onusta peccatis, *ex ouibus* spiritus 1 8 1
irascitur deus eumque, ne forte paeniteat, publica obiurgatione confutat. humana sentienti nundinari deterius quam puniri. denique filios uocat, ut 1 30
neglegit, iustitiam negat, non cognoscit affectus, iura diuina contemnit, humana uersutis argumentis excludit, orbem totum, si possit, ut rapiat. 1 21
ibidemque saluo quod erat meditatur esse quod non erat. mixtus itaque humanae carni se fingit infantem. Mariae superbus emicat uenter, non 1 54 3
sancto exsultas. tu cum in tribus una sis, nullo pacto diuideris, nulla humanae curiositatis calumnia commoueris. a paterno fonte in filio tota 1 36 32
humanae deuotionis *religiosa confessio est* de *deo hoc nosse*, quod licitum 1 34 1
nec salutem praestare possis. unde uel sero sacrilegam uocem comprime humanae fragilitatis memor, qui in hoc ipso, quod loquimur, quid possit 2 1 21
inuenit gladium. inter haec nemo considerat condicionem fragilitatis humanae, nemo hostem, nemo fiscum, nemo latronem, nemo domesticum, 1 5 15
fides est, aliud esse non potest quam quod est. igitur cum possibilitatis humanae non sit fidei uidere secreta, nusquam, frater, tua curiositas, 2 3 11
adimitur ei ortus, si ei auferatur occasus. luna quoque, quae uere rationis humanae omnia in se lineamenta depingit, nata sanguineae teneritudinis 1 2 19
laudant, latrones excusant, nec sui umquam uenit in mentem non esse humanae potestatis crastinum diem ac ne ipsum, quo res agitur, quia quod 1 5 7
praeualuerit, aestimat rectum. adeo sine ulla reuerentia diuinae atque humanae religionis delet abrupte igni ferroque cum sua sibi tota substantia 2 1 7
manuum uestrarum et disperdam uos. quae autem sint ista opera manus humanae, spiritus sanctus in Psalmo nonagesimo quinto declarat dicens: 1 25 5
cui pietas et miseratio maior debetur, postulatur ad uictimam; cui si per humanam fragilitatem aliqua in corpore infirmitas nasceretur aut humanus 1 43 3
si homines deus paterno honore dignetur adtendere et tanta illa sublimitas humanam mediocritatem aut caram habeat aut dilectam? *filios*, inquit, 1 61 6
nasciturus. in hominem coaptatus integumento carnis includitur deus humanamque uitam mutuatur de tempore, qui praestat temporibus 2 12 1
eam moechari. quid hic respondere possint lubrici mariti, non uideo; qui humanarum legum iniqua impunitate decepti, iustitiam ueram nec ex sua 1 1 13
sufficimus approbare. denique uagi atque inmundi spiritus utriusque sexus humani dolosa blanditiarum captione seu uiolentia uiuentium domos 1 2 5
agnoscere. posteaquam deus, fratres, hunc mundum quasi quandam futuri humani generis domum multipliciter aptatum distinctumque elementis, 2 4 4
etenim tantae uirtutis, ut sit honorabilis etiam hostibus suis. haec totius humani generis fundamenta confirmat, haec nominum proprietates 1 1 1
pro meritis quasi cum quibusdam elogiis paucissimis uerbis totius humani generis iudicium designauit; etenim quantum interest inter impium 1 35 3
Sagittarius, formidabit umquam, uariis atque igneis sagittis armatus, totius humani generis omni momento corda destringens; propter quod sic Paulus 1 38 6
neque enim re uera aliquid circa se habere possit inmundum, qui humani generis peccata, sordes et maculas uenerat mundaturus. denique 1 54 4
occidit. Iob ulceribus maculatus est; et dominus sumendo carnem totius humani generis peccatorum est sordibus obsoletatus. Iob uxor sua hortatur 1 15 8
si religiosus es, serua; timoratus si uere, custodi. de eo, quod modum humani sensus excedit, disputare deuita. negat quodam modo deum 2 3 18
carminis sacri deus deo sua sibi et diuinitate et nomine comparatus omnes humani sensus opinationes excludit, quippe cum dicat: *faciamus hominem* 1 45 1
suae non possit reddere. non enim elementa pulchrius aut uerius uerbis humanis asseri possunt, quam a deo facta sunt uel uidentur. itaque quod 2 30 1
de profundis, sed quibus saeptus erat maestus ac tristis calamitatibus humanis! et clamat non uoce, sed corde, non clamore, sed fide, quam scit 1 34 3
non hodie mihi ad uos sermo est, fratres carissimi, de humanis gestis aut meritis nec Daniel inducitur inter frementium leonum 2 18 1
Petrus impetrauit a domino, ut profundi maris lubricos sinus insubditaque humanis gressibus liquidi aequoris terga, quibus uiator trepidus 1 34 3
inter eos carosque tibi quid distet, nemo discernat. tu, inquam, caelestia humanis, humana caelestibus iungis arcana. tu diuina custodis. tu in patre 1 36 32
est eum rationem secreti naturae disquirere; non enim ullo pacto potest humanis opinationibus substantia naturae comprehendi, quam nemo nouit 1 27 1
libris aut ex uirtutibus libros agnoscimus. sed quid ego diutius demorer in humanis, quasi sola isto affectu sint praedita? nonne uidemus omne 1 36 15
oculis iacet filius uinculis adstrictus. ubi sunt lacrimae, ubi dolor, qui in humanis sensibus uersari consueuit? in tantis filii casibus laetatur et gaudet 1 43 6
scaturiunt mala nascuntur atque concelebrantur, quae condemnare falso humanitas gestit; *camelum* enim *glutiens culicem liquat*; reicit stillas 1 5 4
etsi beata diuersis uita uirtutibus quaeritur, cuius cupidine flagrans humanitas per momenta suspirat, tamen omnes uno eodemque consensu 1 4 1
interesse inter damnatum et iudicandum? quam iudicii formam etiam ipsa humanitas, quamuis iniusta sit, seruat. nemo namque pater familias 1 35 8
ego ex ore altissimi prodiui ante omnem creaturam. cum haec ita sint, humanitas, te, uersuta, cognosce uel sero et intemperanti linguae silentii 2 8 3
praesentia quidem ipsa stare posse perspicimus. adeo tolle spem: torpet humanitas tota; tolle spem: artes uirtutesque uniuersae cessabunt; tolle 1 36 2
affectus duos homines sacramento uenerabili unam cogit in carnem. haec humanitati praestat esse quod nascitur. huius est munus, quod cara uxor, 1 36 13
uel cuius hominis nasci posset in caelo, ut de caelo descenderet, cum humanitatis a caelo et possessio longe dimota sit et natura? age, excita 2 4 2
'ardor me tenerae compellit aetatis.' credo. ecce nupsisti. ut de fragilitate humanitatis, casibus ut de ceteris taceam, ecce maritum tuum postridie 2 7 9
uersuta disputatione, praetermisso deo de deo exeunte, ad communia humanitatis nomina, quae possunt argumentis attingi, patris et filii 1 45 1
ac patienter geritur, quod ab altero celebratur. sub tanto, non dicam humanitatis, sed ipsius naturae metu laeti sunt soli. cedit affectus pietati, 1 4 14
maria plus praedonibus saeua sunt quam natura; obseratae gladiis uiae humano cruore pinguescunt; testamenta heredes incognitos ex sese recitari 1 5 3
quem dominus assumpserat, perit, si Iesus non resurrexit. at si resurrexit, humano generi formam dedit, quoniam ad hoc deus pro homine mortis 1 2 11
quid, quod Noe incircumcisus saeuiente diluuio diuina prouidentia humano generi *heres* et pater *est constitutus*? quid, quod Melchisedech, 1 3 5
sicut dies, sol, nox, pluuiae, nascendi atque moriendi condicio, quae humano generi sine personarum aliqua exceptione aequabiliter iustitia est 2 1 18
quod deus suos promiserat per prophetas, filium suum saluatorem generi humano se esse missurum commodum, tempore maturo, diuinitatis interim 2 12 1
coctura suaue redolentes, qui excocti sunt non furno, sed fonte, non humano, sed igni diuino: non illos aura corrupit, non fumus amarus 1 41 2
cum uisceribus cutis, deformis ac luridus pallor iam paene uultus perdit humanos nec ullus in membris uoluptati motus. nihil in substantia 1 59 4
in simulacra, parentalia in sacrificia, mores in sacra. sic, sic genus humanum a dei cultura rapuit, dum blanda festiuitate facinorosa 1 1 12
e diuerso per uirum ligno suspensum uiuificatum est omne genus humanum. ac ne non ex integro principium suo statui redditum uideretur, 1 3 20
mulierem coniugale solamen excussam, a quibus omne genus manauit humanum, caelestem uero ibidem nec memoratum nec factum posse doceri 2 4 1
sub hac denique immolantis immolandique constantia absolui meruit, dum humanum ex se deponit timorem et, quantum ad fidem pertinet, pater 1 59 7
Adam etenim, cum illicitum pomum hoc membro decerpit, sic in genus humanum ius mortis induxit. necessario ergo luxurioso populo deus hoc 1 3 8
aliquis: 'si ita est, cur in se ipse potissimum superatur?' primo quia genus humanum magis uoluptati quam uirtuti consentit, deinde quia delicias plus 2 4 13
naufragatum momentis uniuersis in interitionem cogitur omne genus humanum. namque sapientia densis exaestuans argumentis, suasorio ac 2 1 6

exinde hereditaria condicione confectum uniformiter interibat omne genus humanum. nec fuit ullus ulli usquam solacii locus. nam hominem uiuum, 2 4 5

tenera aetas, ostenditur, quo nec pater ferire posset, quia nec dominus humanum sanguinem postularet. religiosus carnifex reprimit gladium: 1 62 4

amicitia in facie adludit quam in cordibus commoratur; quod omne genus humanum suo interitu suisque calamitatibus delectatur uiliorem habens 1 14 7

exinde uisibilis necessario effectus, quia orbem terrae erat ipse facturus humanumque uisitaturus genus, alias aequalis in omnibus patri. quicquid 1 50

humanus circa impietatem Iudaici populi deficit sermo, qui dei patientiam 1 47

si per humanam fragilitatem aliqua in corpore infirmitas nasceretur aut humanus exitus contingeret, uix in eius casibus pater uiuere potuisset, si 1 43 3

a toto dissimulat; magnis ac mirabilibus saeculi non mutatur; mitem humilemque retinet ubique pastorem. post adiecit: *si non humiliter* 2 9 7

mereri, scriptura quod dicit: *proximus est deus contribulatis corde et humiles spiritu saluabit.* sed et dominus ipse nos pio promisso quid 2 9 3

animae esse sublimitatem superiora uicisse, quia *qui se exaltauerit, humiliatur et, qui se humiliauerit, exaltatur.* animae enim depressio cor 2 9 8

superiora uicisse, quia *qui se exaltauerit, humiliatur et, qui se humiliauerit, exaltatur.* animae enim depressio cor elatum est, cor 2 9 8

efferuntur, nisi quos inopinati honoris culmen extollit. *Dauid* quippe *humilis, abiectus,* ignobilis sui iacebat in domo patris, oues semper 2 9 7

nasci. totum denique sua luce resplendens corpus sine umbra gestabat, humilis carne, sed excelsus omnipotentiae maiestate. qui sane ideo carnem 1 54 5

eius constare non posse sine eruditione uel freno. est enim matura semper, humilis, cauta, prudens, prouida, omni necessitate contenta, quauis 1 4 2

humilis corde, et inuenietis requiem animabus uestris. deus noster, fratres, humilis corde est et ineffabilis eius illa sapientiae ac uirtutis potestas intra 2 9 4

uos. tollite iugum meum super uos et discite a me, quia mitis sum et humilis corde, et inuenietis requiem animabus uestris. deus noster, fratres, 2 9 4

qui secundum carnem natus in tempore est, qui est excelsus in excelsis, humilis in terris, saeculorum genitor, filius uirginis, immortalis sibi, homini 2 5 3

fertur insanus: promittit, fallit, dat, tollit; nunc tristis, nunc hilaris, nunc humilis, nunc elatus, nunc ebrius, nunc ieiunus, nunc accusator, nunc reus; 1 36 26

autem non membratim deum, sed totus exorat, quia timore totus est humilis, sua peccata contestans, secundum domini dictum a quo procedunt 2 9 9

sobrietas, mansuetudo, temperantia, castitas, pietas, caritas, fides, ueritas, humilitas, gratia, honestas, uerecundia, patientia, perseuerantia, 1 37 15

sed a suo corde remedium salutare deposcunt spiritumque suum tota humilitate contribulatum ambitiose sacrificant sicque legitime celebrata 1 34 9

res omnis spectet, dubium quippe cum non sit spem, fidem, iustitiam, humilitatem, castitatem, probitatem, concordiam, caritatem, omnes artes 1 4 1

non est; *non aemulatur*, quia inuidia quid sit ignorat; *non inflatur*, quia humilitatem colit; *non malum cogitat*, quia simplex est; *non irascitur*, quia 1 36 12

mortuorum; seminatur in interitum, resurgit in perpetuitatem; seminatur in humilitatem, resurgit in gloriam; seminatur in infirmitatem, resurgit in 1 2 22

extollit conaturque eius comprehendere altitudinem, cuius non sequitur humilitatem! sequitur ac dicit: *neque elati sunt oculi mei.* oculorum peior 2 9 4

mutatur; mitem humilemque retinet ubique pastorem. post adiecit: *si non humiliter sentiebam, sed exaltaui animam meam.* uideamus, ne forte 2 9 8

eique animam, qua spiramus, infudit e proprio fonte spiritus sui. cui ab humo 'homo' nomen imposuit, credo, sicut res ipsa docet, ut 2 4 4

in surculum palmes, in scrobem dimittitur, ut animatus ibidem genitalis humoris manente semper secum substantia nutriatur. auxiliare illi 2 11 2

crescit, in utroque non desinit. uerum tamen eos uno momento exigua humus et peraequat et satiat, enorme quod cum tota ambitione sua non 1 5 11

deique sapientia, omnia illa opere mirifico eius cum dicto compleuit. hunc curiosi opinationibus uanis uiolare conantur nec intellegunt miseri, 1 50

eius Israel dei populus captiuitatis ingenti iugo acerrime premebatur. hunc deus praecipit proficisci, duce Moyseo uidelicet et Aaron, iter 2 26 1

obligatus: hic est qui pro Isaac immolatus est deo; hunc obtulit Abraham, hunc iussus est immolare <...>. 1 43 8

dictum prosequitur dicens: *hoc est autem iudicium, quia lux uenit in hunc mundum et dilexerunt homines tenebras magis quam lucem?* 1 35 4

constitutum, quiuis facillime possit agnoscere. posteaquam deus, fratres, hunc mundum quasi quandam futuri humani generis domum multipliciter 2 4 4

implicitus spinis, capite obligatus: hic est qui pro Isaac immolatus est deo; hunc obtulit Abraham, hunc iussus est immolare <...>. 1 43 8

eius ex toto corde tuo et ex tota anima tua, ut bene sit tibi? uidetisne hunc timorem nobis necessarium, qui in dei amore consistit, qui uoluntate 2 2 4

ubi uiuitur sobrie, ubi mors timetur. itaque hanc obseruantiam, hunc timorem, quod est uerius atque iustius, transfer ad deum et, quale 2 7 9

eius forte degebat habitaculo, absentem esse assiduis uocibus inclamabat. hunc uero profitentem ad nefandam custodiam noxiae mentis mancipes 1 39 4

species, nunc subicit alias, nunc parturit nouas. manibus suis facta hydra formarum procax semper incedit, quia erubescere alienis sub 1 1 10

exsultemus, fratres in Christo, triumphatorique perpetuo hymnis, citharis, tympanis, canticis gratiam referamus, qui nobis promissa 2 24 1

quatit, typus ecclesiae fuit, quae cum omnibus ecclesiis, quas peperit, hymnum canens et pectoris uerum tympanum quatiens populum 2 26 3

praedicant tempora; cui non anniuersarii, sed cotidiani fructus respondent hymnum canentibus deo credentibus populis, qui omnia inmortalitatis 1 33 4

mors refugiens mutat officium: incensores cremantur, incensis hymnum canentibus flamma blanditur. deus a creatura uniuersa 2 27

una uirtute, anhelantibus flammis, camino rugiente non laeduntur. incensi hymnum canunt. barbarum regem fidei tenacitate confundunt. uindicantur 2 15

eorum particeps optauerim fieri, cum cognosco inter flammas rosculentos hymnum deo cecinisse securos. tanta est enim fidei uirtus tantaque 1 31

nec eques potest sequi nec nauis. Maria cum mulieribus tympanum quatit; hymnus canitur; dei populus liberatur resolutisque undis uia cum 2 26 1

flammae blandientes. mira res: opacitas intus, incendium foris est; intus hymnus canitur, foris ululatus auditur. o magna potentia dei! incensores 1 53 2

per sacramenta iam parturit? ad desiderata quantocius festinate! solemnis hymnus ecce iam canitur, ecce mox infantum dulcis uagitus auditur, ecce 2 28

quid prodest unicuique lucrari mundum et animae suae pati detrimentum? i nunc, insatiabilis homo, et in detestabilis congestionis lucra letifera etiam 1 5 10

honoris culmen extollit. *Dauid* quippe *humilis, abiectus,* ignobilis sui iacebat in domo patris, oues semper pascendo propemodum peregrinus. 2 9 7

timeant omen qui non timent mortem: sic, sic interempti plerumque iacent canibus, alitibus ferisque donati, ubique dispersi, utrobique deperditi, 1 5 8

statim illa, quae erat domina uoluptatum, fit praeda morborum? postremo iacentes reliquias mors uindicat sibi, insuper ei poenas gehennae paritura. 2 4 16

suspiriis fabula remansit. denique regium illud templum campis aequatum iacet. altaria dei eius subuersa manu cum suis sibi sacrificiis sparsa in 1 28 1

esse meminerat, ut patrem se esse nesciret! quid est pater? ecce sub oculis iacet filius uinculis adstrictus. ubi sunt lacrimae, ubi dolor, qui in humanis 1 43 6

ineffabilis eius illa sapientiae ac uirtutis potestas intra hominem susceptum iacet, magis admirabilior, quia tantus est et talis. et homo curiosus cor 2 9 4

illud templum miserabili uastatione campis aequatum suo puluere iacet sepultum. sacerdotalis *cathedra pestilentiae* cultorum suorum 1 19 1

Salomonis templum hostili uastatione subuersum cum ruina sua iacet sepultum: ubi sacrificant? sacerdotes iam non habent: qui eorum pro 1 51

clarior pulchritudine, morum quoque clarissimus probitate, fuit inter filios Iacob aetate minor, sed spiritu maior. hic inuidae germanitatis impulsu in 1 1 15

ad dei peruenit amicitiam; per hanc Isaac praeter ceteros enituit; per hanc Iacob deo colluctari praeualuit; per hanc Ioseph Aegyptum suae dicioni 1 36 7

figuris uariantibus loquitur, sed res una in omnibus inuenitur. igitur Iacob habet imaginem Christi, sed et lapis ipse, quem ad caput suum 1 37 1

dabit illi dominus deus thronum Dauid patris sui et regnabit super domum Iacob in saecula et regni eius non erit finis. Salomon in Sapientia similiter 2 5 6

conditamque fideliter uitulinam. Isaac innocenter ollam portat et ligna. Iacob patienter uaria exhibet pecora. Ioseph promotus ad mensuram 1 24 2

testimonium. felix orbis fuerat, fratres, si omnes sic fierent parricidae. Iacob per patientiam et benedictionem lucratus est et fratrem. dat 1 4 16

deus alius absque ipso. qui adinuenit uiam prudentiae et reuelauit eam Iacob puero suo et Israel dilecto sibi. post haec in terris uisus est et 2 8 6

ipsa concilians, nihil proprium derelinquens, nisi quod fideliter sine ulla iactantia eius fungitur uoluntate. est autem in publicum tota prominens 2 1 11

regno patientior, patientissimus, desideratos cum fratres agnosceret; et ubi iactantia se non potest continere, positus in honore. caelestis profecto est 1 4 17

sin uero, quod magis est, sub sono legis ac fidei saecularis amore iactantiae accensus nascentis dei de deo spiritusque sancti inaestimabilem 2 3 15

nota est, quorum pia semina totius quodam modo orbis per membra iactantur. uobis multi redempti, multi edictis feralibus liberati, multi 1 14 8

suum cognoscat errorem. solet enim magnis cum uociferationibus saepe iactare hanc esse gentis suae nobilitatem, hanc caelestis sacramenti 1 3 1

percita, delicate tumentis ac reflabilis tori plumeo sepulcro superba. iactat se ludibunda per nemora, fontes, prata, baias, ciuitates ac rura, 2 4 10

rex, quod eius statuam adorare contempserint, incendi praecepit. qui ubi iactati sunt in fornacem ignis ardentis, hos deuote cupidus ignis excepit. 1 53 2

undique iter non inuenit prora. trepidant nautae, festinant in cassum iactura uasorum nauem leuare ponderibus, quae prophetae pondere 1 34 6

eius proretam sacerdotale corpus accipimus, nautas scribas et pharisaeos, iacturam uasorum repudiationem prophetarum omniumque sanctorum, 1 34 7

auspicatur. non mater eius tanti partus pondere exhausta totis pallens iacuit resoluta uisceribus. non filius matris aut suis est ullis sordibus 1 54 4

noua paterni sacro resurgit fontis ex gurgite iam pura, iam libera, iam a conuersatione mundi huius extranea, iam morte superior, iam 1 2 25

fide, non de aetate. concepit Sarra, portat sine labore uteri sarcinam, quae iam ambulare non poterat; tunc discit mater esse, cum desinit. marcidae 1 62 2

honoratus. denique rex iure secundus factus est regni, qui insignis rex erat iam ante pudoris. Susannam quoque, columen matronatus, inaffectatae 1 1 16

in ultimis uitae curriculis Sarrae uterum filius aperuit primo uocabulo, cui iam auiae reuerentiam senectus uerecunda detulerat. sub hac igitur, 1 59 1

sancto et igne dulcissimo temperata blando murmure iam uos inuitat. iam balneator praecinctus exspectat, *quod unctui, quod tersui* opus est 1 23

libera, iam a conuersatione mundi huius extranea, iam morte superior ecce iam caelestia aspirans, iam, non dicam saeculi ludibria, sed, ut sit 1 2 25

iam parturit? ad desiderata quantocius festinate! solemnis hymnus ecce iam canitur, ecce mox infantum dulcis uagitus auditur, ecce parientis uno 2 28

per hanc iniuriosam corporis stipem deo placere te posse praesumis.' 'iam completa est, inquit, in me per Iesum Naue domino iubente secunda, 1 3 14

sic ego in rebus demoror prope sanis, quasi, quae uere exsecranda sint, iam correcta sint crimina. pudet me dicere in populo graui anus saepe 2 7 10

impunita fore quae clanculo gerunt. nam si iudicii diei adpropinquare iam cursus aduerterent, procul dubio et praesentia odissent et futura 1 2 1

etenim uester contractus omnis ablatus est. securi gaudete; nihil saeculo iam debetis. ecce nullum pondus, stridor nullus est mundanarum uestris in 2 29 1

omnis [actus] uester contractus ablatus est. securi gaudete: nihil saeculo iam debetis. in magno quidem reatu nunc usque fuistis, sed fortiter 1 42 1

huius inopinati sacrilegii horrore percussus paululum distulit pugnam, iam debitus ad coronam. nam postquam turbari urbem funesta 1 39 3

ingemescentes dimissis capitibus omne studium defensionis abiecerant, iam etiam ipsa pudoris compendio mortis oderat moras, omnibus 1 1 19

muro munitus, ut non auderet eum adtemptare diabolus nisi a deo iussus. iam hic considerate, fratres, quemadmodum saeuierit incitatus, qui ferri 1 15 3

diu, Iudaee, bruti cordis necdum discutis tenebras sacraeque legis oracula iam in Christo completa nec probando cognoscis? uerum tamen pro tuo 2 20 1

quam caelo. at uero Nineue imaginem portat ecclesiae, in qua gentium iam inde noster populus morabatur, quae non in cassum a deo *magna* 1 34 9

hoc me sanguine deplacabis, iste meis sacris debetur; unde immolari iam iubeo.' non contristat frontem deuotissimus Abraham nec dolor patri 1 43 3

hoc mundo iudicabunt?; alterum impiorum, qui non sunt iudicandi, quia iam iudicati sunt, sed perituri, scriptura dicente: *iter impiorum peribit*; 1 35 7

in euangelio dicit: *qui credit in me, non iudicabitur; qui autem non credit, iam iudicatus est?* hoc dicendo *exemit iudicio fideles, non admisit ad* 1 35 1

certiora. primo in libro Regnorum Samuel, egregius ille sacerdos, mortis iam lege dispunctus Sauli regi se desideranti sine ambiguitate non tantum 1 2 8

necata baptismate, noua paterni sacro resurgit fontis ex gurgite iam pura, iam libera, iam a conuersatione mundi huius extranea, iam morte superior, 1 2 25

qui eratis rei, eratis et inmundi mundana natiuitate, contra omni reatu iam liberi mundi estis infantes et, quod est admirabile et gratum, subito 1 38 1

in omnes homines iustificatio aeternae decurreret uitae. uidetisne iam manifeste in homine suscipiendo fuisse prouidentiam, in passione 2 4 7

calamitatis est genus, cui subiugata sapientia seruit et uirtus. uidetisne iam manifeste sapientiam huius mundi non esse iustitiam et quidem nec 2 1 9
consilio. Archadius beatissimus martyr adhuc demoratur in saeculo et iam martyr recitatur in caelo. 1 39 9
caelestia dona percipite. iam uos sempiterni fontis calor salutaris inuitat; iam mater nostra adoptat ut pariat, sed non ea lege, qua uos matres 1 32
gurgite iam pura, iam libera, iam a conuersatione mundi huius extranea, iam morte superior, iam caelestia aspirans, iam, non dicam saeculi 1 2 25
tu Adam in Christo renouasti. tu sacram crucem in salutem perdito iam mundo prouidisti. tu mortem deum mori docendo uacuasti. tuum est, 1 36 29
subolem posset nec portare confideret, matris suscepit officia, quae uxoris iam munera nesciebat. atque eo tempore partus profertur, quo calor 1 59 3
libenter efficiunt; qui profanae libidinis detestabili furto distracti, turpibus iam non contenti latibulis aliquotiens, pro nefas, sub ipsis obtutibus 1 1 13
mundi huius extranea, iam morte superior, iam caelestia aspirans, iam, non dicam saeculi ludibria, sed, ut sit honoratior, se ipsam 1 2 25
quam commode possis circumscribere petitorem. quicquid feceris, uirgo iam non eris; unum tamen scio, quia nihil distat a prodigio, quisquis 2 7 8
subuersum cum ruina sua iacet sepultum: ubi sacrificant? sacerdotes iam non habent: qui eorum pro salute sacrificant? tauros, hircos, arietes et 1 51
ueneni tempestas; sepelitur noua odii rabie, antequam nascatur, matris iam non in utero sed sepulcro incognitum pecus, quod legitimam nec 1 5 3
uniuersa terrorum; incolumis quasi orbe subacto de illo feralis caueae — iam non miserabilis, sed mirabilis — funereo ambitu excedit uicti saeculi 2 2 7
in honorem nouae frondis promotione ramis resurgescentibus ornatus iam non oleaster sit, sed oliua, cum et oleaster sit et tamen oleastrum se 1 2 27
hanc partem peccare potest, ille autem deinceps per hanc partem peccare iam non potest. consequens est, ut profiteatur, utrum hanc carnalem an 1 3 2
pestilentiae cultorum suorum sacrilegio iure deleta est. exinanitum cornu iam non spirat unguenta. dies festos in luctum et cantica eius in 1 19 1
sunt, quae dici possunt, sed satis otiosum est in his demorari, quae in toto iam non sunt. unum sane necessario proferemus exemplum, quod et Iudaei 1 25 6
principium, hoc nostris quoque hodie competentibus praestaturus, quos iam nunc felix inuitat occasus, ut sacri oceani lacteo profundo demersi, 1 44 2
hospes pudicus inlabitur ibidemque qualis uelit esse disponit. immo quod iam olim disposuerat complendum latenter adsumit. namque requiescit 2 12 1
arescentibus uenis, dura cum uisceribus cutis, deformis ac luridus pallor iam paene uultus perdit humanos nec ullus in membris uoluptati motus. 1 59 4
quam innocens immolaret. eo ferro mactauit arietem, quo filium percutere iam parabat. a filio ad agnum transtulit dextram semper laetatus et 1 43 7
fratres, uestram quos per fidem genitalis unda concepit, per sacramenta iam parturit? ad desiderata quantocius festinate! solemnis hymnus ecce iam 2 28
patent; sub uobis uiuus mortuusque diu numquam uisus est nudus. iam pauperes nostri alimenta rogare non norunt; iam uiduae atque inopes 1 14 9
spiritales uiros ullo tangamus errore, maxime cum prophetia ad sui dicti iam peruenerit ueritatem. Iesus enim Naue Christi imaginem praeferebat, 1 3 16
totum prorsus iniquitatis spiritum libens concipis per maritum: infelix, iam plus in te est quam in templo remansit! at si te serues atque contineas, 2 7 17
atrocissimae rei non uos terreat contemplatio; non enim ulla est metuenda iam poena, cum incensorum superstes insultet ignibus uita. 1 31
casibus laetatur et gaudet et se dominum promeruisse triumphat. accepit iam praemia, quae meretur; diuinae enim explorationis temptamina 1 43 6
ex desperatione felicior putabatur. unicus numero et in amoris soliditate iam primus totum <paternae ac> maternae pietatis occupauerat pectus 1 59 5
in simplicitate circumuentae transfusum artificiose dum exaggerant, exinde iam priores se ipsi condemnant. uerum, pro nefas, creditur aetati, creditur 1 1 18
dubio cornu primo quasi de cunis apparet paulatimque crescendo iam puella, iam uirgo pro cotidianae aetatis incremento progrediens lasciui 1 2 19
fuerit necata baptismate, noua paterni sacro resurgit fontis ex gurgite iam pura, iam libera, iam a conuersatione mundi huius extranea, iam 1 2 25
munera nesciebat. atque eo tempore partus profertur, quo calor genitalia iam relinquebat. mira prorsus, carissimi, et speranda saeculis post futuris 1 59 3
uenerarétur artificem. post haec subiecit ei omnia bona mundi et quia erat iam sapientia conditus, sensibus stipatus, eligendi mortem uitamue 2 4 5
et morarum numerositate seruatus perstat uiuus, parte sui corporis iam sepultus. o dignus gloriosi exitus finis! ascensurus altitudinem caeli 1 39 9
uno digito illis contingi manibus, quibus stipem denegauerat uiuus. odit iam sine causa ante quod amauerat; probat felicius esse quod oderat. gemit 1 2 10
optarent stultos iudicari se iustos quam sapientes iniustos, maxime cum iam sit eorum fraus omnis in medio. non enim rem ualuerunt transferre, 2 1 4
honoratior, se ipsam contemnens, iam ueritatem non imaginem quaerens, iam spiritalia non sua desiderans, de qua Paulus ait: *non omnis caro eadem* 1 2 25
inter peccatorem et iustum. denique etiam ipse impiis iudicium, quia iam sua impietate praeiudicati sunt, non derelinquit neque peccatores, qui 1 35 3
non desideratur examen. ex quo ne *infideles necesse est iudicare*, quia iam sua sunt incredulitate damnati; ex hac enim uita quis secum aut 1 35 2
gehennae paritura. tunc carnalis mimus ille finitur exsanguique nihil iam suffragantia tota illa ornamenta medentur, nisi quod a false 2 4 16
immerens trahebatur, iam totus populus in eius sanguine tumescebat, iam sui quoque familiares nouae rei atrocitate perculsi, miserabiliter 1 1 19
melius, quia uri deterius. *omnia* quidem *licent, sed non omnia expediunt.* iam te hic, Christiane, cognosce, elige quid uelis: remedium an sanitatem. 2 7 2
si obseruantiam pollicere, sine dubio fallis, cuius inpatientiae professio iam tenetur. si es autem sumptura remedium, dubium non est hoc esse 2 7 9
Christi ignem carnis exstingue, ut de resurrectionis gloria, quam hic iam tibi uindicas, taceam, in qua, ut dominus ait: *neque nubunt neque* 2 7 4
fuere homines et rarissimi Christiani, cur ego Christiano orbe paene iam toto hominumque uiuacitate mundo senescente detrita *obtundam* 2 7 5
integritas. iamiamque Susanna ad supplicium immerens trahebatur, iam totus populus in eius sanguine tumescebat, iam sui quoque familiares 1 1 19
audiendus. *filios*, inquit, *genui et exaltaui*. haec domini uox est, qua iam tunc per prophetam Iudaeos obiurgabat incredulos et quae essent 1 61 5
non dicam saeculi ludibria, sed, ut sit honoratior, se ipsam contemnens, iam ueritatem non imaginem quaerens, iam spiritalia non sua desiderans, 1 2 25
terminum uersabatur et educationis tempus angustum et senectuti exitus iam uicinus. ecce prima deuotio: libenter excipere quod sero datur et in 1 43 1
dei secta alios non bene auocantes diuina sacramenta contaminant. iam uideat unusquisque, quemadmodum sacrificium aut sumat aut offerat; 1 25 12
uisus est nudus. iam pauperes nostri alimenta rogare non norunt; iam uiduae atque inopes testamenta conficiunt. plura ad laudem huius 1 14 9
cornu primo quasi de cunis apparet paulatimque crescendo iam puella, iam uirgo pro cotidianae aetatis incremento progrediens lasciui cursus 1 2 19
aqua uiua spiritu sancto et igne dulcissimo temperata blando murmure iam uos inuitat. iam balneator praecinctus exspectat, *quod unctui, quod* 1 23
fratres in Christo, omnique desiderio conuolantes *caelestia dona* percipite. iam uos sempiterni fontis calor salutaris inuitat; iam mater nostra adoptat 1 32
durum, quod fiducialiter loquimur, fratres, rerum paene contra naturam, iamiamque desinat permoueri, intellegens Christianae uirtutis hanc esse 2 7 1
iamiamque dicto citius aetherias portas, fratres, intrate aeternique gurgitis 1 49
unguenti cornu priuati sunt. circumcisio, testimonium mentis impurae, iamiamque illis imminere supplicium denotati uulneris inflictu minatur. 1 46a 1
creditur aetati, creditur auctoritati: exsultant adulteri, damnatur integritas. iamiamque Susanna ad supplicium immerens trahebatur, iam totus populus 1 1 19
patienter uariis animantibus replet. quando ingredi iubeatur, quando ianuam claudere, patienter exspectat, dignus euadere, qui in tanto orbis 1 4 12
diabolus infamaret, qui non potuit pudoris fundamenta subuertere. ibat ad supplicium non adulterum corpus, in quo extrema libido senilis 1 40 2
torcular conportantur; id est ad supplicii locum deducuntur. ab operariis ibidem conculcantur, hoc est summa cum contumelia a persecutoribus 2 11 6
quis sacrilegium existimaret sibi impune esse cessurum, scriptura iterum ibidem dicit: *sacrificans diis eradicabitur, nisi domino soli.* haec gentes, nisi 1 25 5
reddatur; et martyr dominicae habitationis in recondita adsumitur, ut ibidem ex homine in angelum transfusus aeternae uitae beatitudine 2 11 7
seruata amputatur in surculum palmes, in scrobem dimittitur, ut animatus ibidem genitalis humoris manente semper secum substantia nutriatur. 2 11 2
excussam, a quibus omne genus manauit humanum, caelestem uero ibidem nec memoratum nec factum posse doceri nec natum. huc accedit 2 4 1
aliam, quae ducit ad Elisium, eo fortius addentes, quod defunctorum ibidem non tam formae quam facta noscantur ac necessario recipiant 1 2 4
per noctem iter pandebat ignotum. qui ut inter duo elementa peruenit, ibidem praesentariae exitum mortis expauit. hinc enim persequentium 1 29 1
secundum condictum haedus mittitur, fornicaria quaeritur nullaque ibidem umquam fuisse ab incolis renuntiatur. at Thamaris nostrae cum 1 13 3
amore imaginis suae de caelo descendit, uteri uirginalis illustrat hospitium ibidemque in homine includit deum. utitur et figura et condicione mortali. 2 4 7
erubescit quoque ipsum alienis ignibus caelum. illo praecipitantur insontes ibidemque propter quem praecipitantur inueniunt. denique excipiuntur non 2 22
metatura praedicta sacrario templi uirginalis hospes pudicus inlabitur ibidemque qualis uelit esse disponit. immo quod iam olim disposuerat 2 12 1
sibimet castra metatur, quibus latenter infunditur in hominem gigniturus ibidemque saluo quod erat meditatur esse quod non erat. mixtus itaque 1 54 3
futuri? fontanum semper uirginis matris dulcem ad uterum conuolate ibidemque uos uestra nobilitate fide scientes, quoniam, quantum quis 1 55
et intuens caelum stetit deo spectante securus. parauerat extensa futuris ictibus colla, nudauerat gladiis uenientibus iugulum, putauerat se feralem 1 39 7
hinc mater scissa ueste, laniatis crinibus, laniatis et genis, totum crebris ictibus liuida pectus gentili uanitate circa amissi cadauer bacchatur insana 1 2 13
deleatur iniuria. ecce procuratores uel gubernatores eius oculi aliquo ictu exstincti subsidunt. nonne cadauer est uiuum? ecce tabidus pulmo 2 4 15
descendit quippe gladius pius in uiscera peccatoris et uno eodemque ictu, incolumi corporis manente materia, interficit *hominem ueterem*, creat 2 10 2
consummatur in cruce atque eo feliciter soporato similiter de eius latere ictu lanceae non costa diuellitur, sed per aquam et sanguinem, quod est 1 3 20
exempla uel ratio, quam prosecuturi sumus, argumentationis totius uno ictu omnes neruos abscindet. quapropter duas esse natiuitates domini 2 8 2
carissimi, intrepidus ad ministerium immolationis armatur; libratur ad ictum uulneris securus animus, sed securior manus; elatus in immolandum 1 59 7
securem percussor insanus et signans oculis uulneribus lineam feralis ictus assidua contemplatione uibrabat. haeserant confessionis suae glutino 1 39 7
mox itaque deuotum corpus carnifex uidit, statim cadentis <securis> ictus neruorum connexa dissoluit et cunctas conpage discussa iuncturas 1 39 8
reos lege carnifices in martyris membra saeuire. uiluerunt ungulae, inutiles ictus uisi sunt plumbatarum, stetit contemptus eculeus, crebri fustium 1 39 6
constitutos angustia recreare consueuit. *ad oues suas tondendas pergit*, id est, ab hominibus iustis bonorum operum fructus exposcit. quo audito 1 13 8
sanctis hominibus uiolenta infertur manus. ad torcular conportantur; id est ad supplicii locum deducuntur. ab operariis ibidem conculcantur, 2 11 6
mundanis uoluptatibus conpediti, libidini uacantes et gutturi, longae nocti, id est aeternae morti, sunt a deo, quod opus tenebrarum dilexerint, 1 33 2
numquam repetiturus occasum. hic, inquam, quem *duodecim* radiorum, id est apostolorum duodecim, *corona* circumdat, quem per ambitum totius 2 12 4
dicit: *de profundis clamaui ad te, domine.* clamat namque de profundis, id est de imis praecordiis; clamat de profundis, sed quibus saeptus erat 1 34 3
delere consueuit. quem necessario uno sequuntur duo Pisces in signo, id est duo ex Iudaeis et gentibus populi baptismatis aqua uiuentes, in 1 38 7
deitatem, maiestatem uoluntatemque patris et filii contestans; duas acies, id est duo testamenta gerens, quorum regalibus monitis et credituri 1 37 2
ascendentem Christum debemus accipere, cuius ex ore duo denarii, id est duo testamenta prolata sunt, quae saluti cum domini gloria et Petri 1 37 5
messem caelestibus horreis inferatis. et admonet prosequentibus Geminis, id est duobus salutare canentibus testamentis, ut principaliter idolatriam, 1 38 4
habet; *stabularius* doctor est legis, qui acceptis *duobus denariis*, id est duorum testamentorum salutaribus monitis, adgressuram hominem 1 37 10
labruscam. cuius rei indignitate commotus dominus illa deserta aliam sibi, id est ecclesiam matrem, sua pro uoluntate plantauit, quam sacerdotalibus 1 10b 2
filios computabant. igitur Her primitiuus filius primitiuus est populus, id est hemithei omnes potentissimi et reges, qui ferocitate uirtutis ac 1 13 4
passum latrocinio diaboli angelorumque eius et huius mundi in *stabulo*, id est in ecclesia, quo pecora diuina succedunt, uenerabili sacramento 1 37 10
in sterquilinio pleno uermibus sedet; dominus quoque in uero sterquilinio, id est in huius mundi caeno uersatus est inter ebullientes diuersis 1 15 9
tribus in rebus Christiani culminis fundamenta consistunt, id est in spe, in fide, in caritate, quae ita inuicem sibi uidentur esse 1 36 1

fructus exposcit. quo audito Thamar cum esset *in domo patris sui*, id est in templis infamibusque spectaculorum omnium locis (pater enim 1 13 8
uenerit tempus, id est persecutionis dies, passim uuae diripiuntur, id est inconsiderate sanctis hominibus uiolenta infertur manus. ad torcular 2 11 6
securus. sunt enim multi, qui adserere conantur *chaos in principio fuisse*, id est informem indigestamque latentis naturae congeriem aceruo quodam 1 7 1
tantum nostri maiores, sed omnis Christiana progenies de uera Aegypto, id est isto de mundo, semper momentis omnibus liberatur. illis ducatum 1 46b 1
sacris interrogationibus obligatur. luxuriosi crines falce tonduntur, id est omnia omnino peccata baptismate spiritusque sancti uigore 2 11 5
magnis ac uariis perducitur ad coronam. at ubi uindemiae uenerit tempus, id est persecutionis dies, passim uuae diripiuntur, id est inconsiderate 2 11 6
pro uua labruscam. cuius abhorrens infelicitatem dominus rei, aliam sibi, id est populi nostri, sua pro uoluntate plantauit, in quam omnis fructus 2 11 1
et meretrices praecedunt uos in regnum dei. haedum ei promittit, id est, quae sit peccatori peccati merces, ostendit. quam accipere deuitauit, 1 13 9
sunt duo, quae similiter duobus capitibus unam litteram fingunt, id est sacrae legis duobus edictis unum Christum dei filium spiritali 1 37 4
et concupiscentias patris uestri facere uultis), uestem uiduitatis deposuit, id est sordidae religionis sordidos ritus abiecit. *aestiualia induit*: aestiua 1 13 8
loto felicius manant doctrinae caelestis diuina fluenta, ruptis oculis, id est spiritaliter patefactis. praecedentibus foliis fructus sequela sese 2 11 5
et *Simoni*, super quem aedificauit ecclesiam, *Petrus nomen imposuit*), id est sua doctrina formatos, spiritus sancti lima acuminatos constituit 1 3 16
ecclesiae filius eius futurus fuerat, non maritus. Iudas amittit uxorem, id est synagogae fides moritur. quod autem inquit: *consolatus* est, utique 1 13 7
est et exacta, cum qua facile et opus fieri possit et tolerari ardor aestatis, id est temptationis; quam esse utique credulitatem non potest dubitari, 1 13 8
plerumque contingit, ut ei nascatur sabbatis filius, quem octauo die, id est ueniente sabbato, si non secundum legem circumcidat, de populo suo 1 3 3
prodire describit. gladius enim spiritus sanctus est unum capulum habens, id est unam substantiam, uirtutem, deitatem, maiestatem uoluntatemque 1 37 2
quia rigida quaedam dilectionis est forma; quicquid enim a iusto didicit, id facere iniustum quoque compellit, bifarie inclita: unum glorificando, 1 36 18
solumque ei hoc deesse quod nolit esse; haec est enim proprietas dei, id operari quod non potest credi. igitur non homines tantum, sed paene 1 2 16
de manibus uestris?. utique, fratres, incunctanter eis ademit pascha, qui id, per quod ab eis pascha geritur, reprobauit. 'at imaginem colunt.' nec 2 25 2
salute sollicita. quid autem a deo impetrare te posse credis, quae eum per id, per quod irascitur, deprecaris? aperi tandem oculos cordis: inuenies te 1 14 6
qui proficisci iubetur, ut ad futura contendat. Moyses et Aaron per id, quod erant, sacerdotium, per suum numerum demonstrabant duorum 2 26 2
magis deus hominem poterit excitare, antequam peccasset in paradiso, in id quod fuit! quam rationem seminum etiam beatissimus Paulus subtiliter 1 2 28
sit: *qui habet, dabitur illi et abundabit; qui autem non habet, etiam id quod habet auferetur ab eo*. per hanc, fratres, a deo Enoc meruit cum 1 36 7
granum uniuscuiusque frumenti conditum terrae interit et tamen in eo id, quod intus est, reuiuescit nec mortem medullitus capit, sed suum sibi 1 2 22
nunc usque barbarici furoris moribus alligatus. deus illi ducatum praebuit: idem a sua eum facie postmodum abiecit. consecutus est regnum, ut post 1 52
sicut sacra scriptura testatur, erat ante omnia manens unus et idem alter ex semet ipso in semet ipsum deus, secreti sui solus conscius; 1 50
animus tamquam carcere clausus tenetur, illam esse ueram uitam, cum idem animus custodia carceris liberatus ad eum locum, unde uenerit, 1 2 2
nam huius mundi sapientia stultitia est apud deum. ob quam causam idem deus per prophetam hactenus protestatur: *non glorietur sapiens in sua* 2 1 5
ut aut Moyses fallax sit, si circumcisio recircumciditur rursum, ut hoc idem faciat aut ut quod non habet perdat; aut certe Iesu Naue parricida 1 3 15
nunc macie deformis, nunc enormis pinguedine, usque adeo incertus, ut idem in duobus per orbem totum non possit inueniri terrarum? igitur in 2 30 2
quasi quidam peritus auriga componis. tu amicitiam *idem uelle atque idem nolle* docuisti. tu seruituti unica ac fortissima consolatio saepe 1 4 21
qui suum lacte beatum uagitu hiantibus uestris labris indulgenter infundit. idem non tumidus ceruice, non toruus fronte, non minax cornu Taurus, 1 38 3
plantis sua *recalcans* officio solemni *uestigia* dies salutaris aduenit. idem sibi successor idemque decessor, longaeua semper aetate nouellus, 1 44 1
sua replicans complicando gyro solemni uestigia, dies salutaris aduenit. idem sibi successor idemque decessor, longaeua semper aetate nouellus, 2 19 1
per temporum <ambages> solemni uestigio dies salutaris aduenit. idem sui successor idemque decessor, longaeua semper aetate nouellus, 1 57
rectas facite semitas dei nostri. nunc uideamus quae consequuntur. per idem tempus duae cognatae concipiunt, una contra spem, altera uerbo. 2 8 8
retinaculis blandis quasi quidam peritus auriga componis. tu amicitiam *idem uelle atque idem nolle* docuisti. tu seruituti unica ac fortissima 1 4 21
gyro solemni uestigia, dies salutaris aduenit. idem sibi successor idemque decessor, longaeua semper aetate nouellus, anni parens annique 2 19 1
<ambages> solemni uestigio dies salutaris aduenit. idem sui successor idemque decessor, longaeua semper aetate nouellus, anni parens annique 1 57
recalcans officio solemni *uestigia* dies salutaris aduenit. idem sibi successor idemque decessor, longaeua semper aetate nouellus, anni parens annique 1 44 1
audiendus, quod eum apostoli essent et homines ex gentibus audituri, et ideo ait: *audi caelum et terra*. caelos autem apostolos esse claro testimonio 1 61 2
facibusque constructus, quia inlicitis ardoribus semper iunctus est gladius; ideo autem caecus, quia, cum exarserit, non aetatem considerat, non 1 36 25
gestabat, humilis carne, sed excelsus omnipotentiae maiestate. qui sane ideo carnem est dignatus induere, ut nemo se possit per carnem, cum 1 54 5
Christiano, qui eius sanctificatori inuiolabili deseruit deo? nam si *ecclesia* ideo *Christi sponsa* est, quia *pudica*, ideo iugo thalami caelestis honorata, 1 1 3
Dauid filius esset neque nisi in filium Dauid Christus uenire potuisset; qui ideo circumcisus est, quia Iudaeis erat promissus, ideo cum praeputio 1 3 18
uenire potuisset; qui ideo circumcisus est, quia Iudaeis erat promissus, ideo cum praeputio natus, quia in aeternum incircumcisis gentibus fuerat 1 3 18
se in ipso amat, ut oderit se sine ipso. accedit ad cumulum, quod ideo *deus hominem ad imaginem et similitudinem suam fecit*, ut 1 36 23
illi ad iustitiam; qui ideo iustus, quia fidelis; *iustus enim ex fide uiuit*; ideo fidelis, quia credidit deo; qui nisi credidisset, neque iustus neque pater 1 36 6
deseruit deo? nam si *ecclesia* ideo *Christi sponsa* est, quia *pudica*, ideo iugo thalami caelestis honorata, quia etiam post nuptias manet 1 1 3
saecularis ac uere pueriIis inconsideratorum hominum disputatio, qui ideo iustum patiuntur errorem, quia Christum non ex deo considerant 2 8 9
unde *Abraham credidit deo et deputatum est illi ad iustitiam*; qui ideo iustus, quia fidelis; *iustus enim ex fide uiuit*; ideo fidelis, quia credidit 1 36 6
perennem gloriam peperit et salutem. Abel ideo martyr, quia iustus; ideo iustus, quia patiens; a quo pati martyres didicerunt patiendo libenter, 1 4 12
recte hominis forma tribuitur, quia temporalis ac fragilis esse cognoscitur. ideo lineamento pueriIi depingitur, quia eius lasciua lubricitas nec annis 1 36 25
nostris illustri uirtute perennem gloriam peperit et salutem. Abel ideo martyr, quia iustus; ideo iustus, quia patiens; a quo pati martyres 1 4 12
ipsa me consolata sunt. uirga et baculus duo sunt utique testamenta, quae ideo materiae ligni sunt comparata, siue quod in eius usu et perpetuo et 1 37 8
gentibus perenni destinat poenae, in Psalmis spiritu sancto dicente: *ideo non resurgunt impii in iudicio neque peccatores in consilio iustorum*, 1 2 23
non secundum iussum; uolo autem omnes uos esse sicut et me, ac per hoc ideo nubere melius, quia uri deterius. *omnia* quidem *licent, sed non omnia* 2 7 2
depingitur, quia eius lasciua lubricitas nec annis senilibus temperatur; ideo nudus, quia uoluntas eius est turpitudo; ideo pennatus, quia in 1 36 25
annis senilibus temperatur; ideo nudus, quia uoluntas eius est turpitudo; ideo pennatus, quia in quaecumque conceperit uelociter ruit; ideo telis 1 36 25
quod gerit. qui ad se ueniunt, professionem credulitatis ab eis solam ideo, quia eorum fidem uidere non potest, exigit. quam si abesse ex 2 3 3
sit bonum ac malum *nescit* nec potest quid reprobet scire, quid teneat, *et ideo semper peccat*, quod est iustitiae contrarium. *iustus autem ab omni* 2 1 9
turpitudo; ideo pennatus, quia in quaecumque conceperit uelociter ruit; ideo telis facibusque constructus, quia inlicitis ardoribus semper iunctus est 1 36 25
singula, cum uno exemplo noscantur uniuersa eius mala, propheta dicente: *idola gentium argentum et aurum*. unde apparet eum, qui diligit aurum et 1 14 4
per quas omnes nudi transituri sumus. solum colitur, de quo dictum est: *idola gentium argentum et aurum*, pro quo quis aut iugulatur aut iugulat. 1 5 15
signis euidentibus docet, ut plerumque aliquos noscamus eos esse, quos in idolatria commorantes nuper uel maxime ui aliqua obisse meminerimus. 1 2 6
dei orationis loci membrum, quod possit quamuis ruina in se mergentibus idolatriae aedibus nunc usque aliquatenus comparari? nam et Salomonis 2 6 2
illud, quod a deo damnatum iure uidebatur, sed ut reliquas nationes, quas idolatriae, de qua diximus, disseminatae uenena confecerant, ad dei cultum 1 13 5
cognoscat? hiems namque pigra, sordida et tristis ad eos pertinet, qui idolatriae deseruientes, mundanis uoluptatibus conpediti, libidini uacantes 1 33 2
pauperes et egenos sua bona uniuersa fundentem; postremo quem noueris idolatriae fanum, gaudeas dei templum. itaque beatus est, semper qui 2 29 3
Geminis, id est duobus salutare canentibus testamentis, ut principaliter idolatriam, inpudicitiam auaritiamque fugiatis, quae est incurabilis Cancer. 1 38 4
uim impudicitiae uisa sunt necessaria, ut sciat unusquisque ad idolatriam pertinere luxuriam. ipsa, inquam, mortuorum sepulcra conuertit 1 1 12
et parit omne quod malum est et peperit omne quod peius; nam in idolis dea est, in cultoribus uero eorum ministra. uenerandam se procurat 1 1 8
estis templum dei et spiritus dei habitat in uobis. et uerum est, nam sicut idolis insensatis similia templa conueniunt, ita uiuenti deo uiua templa sunt 2 6 4
semen ergo *suum fudit in terram*, hoc est dei mandata neglexit et idolis profudit. propter quod a deo similiter etiam ipse praesentem 1 13 6
debetis, quoniam omnis fornicarius aut impudicus aut fraudator, quod est idolorum seruitus, non habent hereditatem in regno dei et Christi, 2 5 8
seruitutis iugo depressos de Aegypto praedicant liberatos. a diaboli rabie idolorumque turba uiolenta non tantum nostri maiores, sed omnis 1 46b 1
idolumque significat, quia et *hominem deus de terra finxit* et homo idolum de terra composuit. *semen* ergo *suum fudit in terram*, hoc est dei 1 13 6
ut oderit ueritatem. inde est, quod stulti praeponunt corpus animae, idolum deo. sed nos, qui Adam abiecimus, Christum induimus; qui, quae 2 4 17
si erogaueris, pecunia est, si seruaueris, simulacra. ancilla Christi, falso idolum respuis; mihi crede: in te colis, cuius ornatum, cuius imaginem non 1 14 6
ornamentaque superba et superuacanea pro sacrosancto habes sicut idolum, te per momenta componis, diues in publico, ditior in secreto, nec 2 1 19
de corde illorum uerbum, ne credentes salui fiant. terra uero hominem idolumque significat, quia et *hominem deus de terra finxit* et homo idolum 1 13 6
perorare, esset si quis hic talis. sed quia in uobis fides et pietas, quae est idonea expultrix auaritiae, manet atque gloriatur, digni estis uniuersi 1 5 17
non audeo, ne quam deus inter homines deputatus patiatur iniuriam; idonea laus enim non est, cui principatum adimit peraequatio. at cum 1 4 19
infirmibus ac languidis mannae teneritudinem inrorauit. non enim erant idonei aut digni, qui caelestis panis perpetua soliditate fruerentur. petra 1 18 2
cremant, non merum profundunt nec pecudum inexpectata morte rapti iecoris spirantes consulunt fibras nec per uarios auium uolatus coniecturis 1 34 9
esse, cum desinit. marcidae mammae lactis ubertatem ostendunt et de ieiuna aetate puer robustior saginatur. nihil difficile est fidei, quae tantum 1 62 2
necat, leonibus obiectus in periculo prandet, qui solet extra periculum ieiunare. et Ionas timens dominum spontaneum non timet adire 2 2 5
coaequarum, tu tui propositi insolubilis nodus aeternus. per te legitima ieiunia celebrantur, per te allegatae priusquam fundantur acceptantur 1 1 21
inflictu minatur. omne genus pecudum cum suo sibi sacrificio reprobatur. ieiunia eorum, dies festi omnisque solemnitas abominatio est apud deum. 1 46a 1
latronum, sacerdotalis cathedra *pestilentia*, sacrificium *canina mactatio*, ieiunia *odium*, populus *progenies uiperarum*. post haec quid praesumant, 2 25 1
post deuotissime completa expiationis sacrae casta ieiunia, post clarissimae noctis suo sole dulces uigilias, post lactei fontis 1 24 1
nunc tristis, nunc hilaris, nunc humilis, nunc elatus, nunc ebrius, nunc ieiunus, nunc accusator, nunc reus; iocatur, ludit, pallet, tabet, suspirat, 1 36 26
metuissent. nemo est enim tam uel ab istius mundi sapientiae gustu ieiunus, qui audeat dicere animas cum corporibus interire, caelestia cum 1 2 2
tuam istam circumcisionem, quam euacuatam uidemus a lege, sic Ieremia dicente: *haec dicit dominus uiris Iuda et omnibus, qui habitant in* 1 3 12
quoniam in te deus est et non est deus alius praeter te. sed et Ieremias eodem spiritu loquitur dicens: *hic est deus noster et non* 2 8 6
se intulit ciuitati, ita dominus postridie ab inferno resurgens se ciuitati Ierusalem intulit ante quam caelo. at uero Nineue imaginem portat 1 34 8
Ieremia dicente: *haec dicit dominus uiris Iuda et omnibus, qui habitant in Ierusalem: renouate inter uos nouitatem et ne seminaueritis in spinis*. 1 3 12

non manu facta in spolationem carnis, sed circumcisione domini nostri Iesu Christi, elaborate, ne uestra integritas mutiletur, ne ingruentium 1 3 24
omnes neruos abscindet. quapropter duas esse natiuitates domini nostri Iesu Christi necessario scire debet populus Christianus, ne quem patiatur 2 8 2
dies uero ad sacramentum pertinet resurrectionis domini nostri Iesu Christi, qui *in omnibus omnia* est; qui uere aeternus est ac sine nocte 1 33 4
amborum unum nomen est deus. igitur duas natiuitates esse domini nostri Iesu Christi, rudis aut neglegens disce Christiane, ne quo decipiaris errore: 1 54 2
superstites triumphantes de camino procedunt, praestante domino nostro Iesu Christo. 1 53 2
mari rubro terram uitream fecit; haec, ut cursus soliti contempta mensura Iesu Naue desiderio pareretur, soli lunaeque suos frenos induxit; haec de 1 36 8
rursum, ut hoc idem faciat aut ut quod non habet perdat; aut certe Iesu Naue parricida sit, si cultris corda hominum desecat. sed absit, 1 3 15
Israel.' uideamus nunc ergo, fratres carissimi, secunda illa circumcisio ab Iesu Naue quo genere celebrata sit petrinis illis cultris: cor an praeputium 1 3 15
quia Iesus mortuus est et resurrexit, sic et deus eos, qui dormierunt in Iesum, adducit cum eo. nam et deus per Ezechielem prophetam loquitur 1 2 12
temporis temptationes et futuri iudicii poenas euadere mereamur per Iesum Christum. 1 34 9
esse, sed bromosum latronis cruenti conuiuium? per dominum nostrum Iesum Christum. 1 28 2
gaudete, quod alienis plagis dei discitis disciplinam, per dominum Iesum Christum. 1 30
renouatis plenitudinis suae pio de fonte largitur per dominum nostrum Iesum Christum. 1 27 3
bona conuersatione, ut perpetuam uitam adipisci mereamur per dominum Iesum Christum. 1 33 4
sacri altaris feliciter enutrit a cancellis, per dominum nostrum Iesum Christum. 1 32
fuerit, semper et se et alios bonis omnibus satiabit per dominum nostrum Iesum Christum. 1 24 4
de imagine, cuius nosse non sunt meriti ueritatem, dominum nostrum Iesum Christum? 1 18 2
sunt, sanctificati et incolumes de camino procedunt per dominum nostrum Iesum Christum. 1 22 2
surgetis. quam qui non polluerit, regna caelestia possidebit per dominum Iesum Christum. 1 23
salutaria celebrare mysteria, per dominum et conseruatorem nostrum Iesum Christum. 1 26
quem cupiant deprauatum, simulant se esse cultrices. una denique asserit Iesum Christum ab utero uirginis Mariae sumpsisse principium deumque 2 8 1
diuina sententia aduertitis esse damnatum per dominum nostrum Iesum Christum, qui est benedictus cum spiritu sancto in omnia saecula 1 19 2
ad caelestia regna perducit per dominum et saluatorem nostrum Iesum Christum, qui est benedictus in saecula saeculorum. 1 6
adolescente contingat, praestabit deus pater omnipotens per dominum Iesum Christum, qui est benedictus cum spiritu sancto in saecula 1 10b 3
in aeterna saecula permanebit per dominum et conseruatorem nostrum Iesum Christum, qui est benedictus cum spiritu sancto ante saecula et in 1 13 13
emendatis indulgentia, impiis autem aeterna poena tribuatur per dominum Iesum Christum, qui est benedictus cum spiritu sancto in aeterna saecula 1 35 9
Moyses annuntiauerat, circumcisio. scriptum est enim: *et dixit deus ad Iesum: fac tibi cultellos petrinos nimis acutos et adside et circumcide* 1 3 14
deo placere te posse praesumis.' 'iam completa est, inquit, in me per Iesum Naue domino iubente secunda, quam Moyses annuntiauerat, 1 3 14
docuerunt ignes sanctis hominibus non esse fortiores, per dominum Iesum, qui est benedictus in saecula saeculorum. 1 11
sine mora quadriplicata expungit apophoreta, deus et dominus noster Iesus Christus dei filius dulcia, sicut prior, qui hoc prandio pastus est ante 1 24 4
scala autem proprio nomine crux uocatur, quia per ipsam dominus Iesus Christus mysteria uniuersa conficiens atque concludens patri et 1 37 15
errore, maxime cum prophetia ad sui dicti iam peruenerit ueritatem. Iesus enim Naue Christi imaginem praeferebat, qui uerus omnium saluator 1 3 16
ne contristemini sicut ceteri, qui spem non habent; si enim credimus, quia Iesus mortuus est et resurrexit, sic et deus eos, qui dormierunt in Iesum, 1 2 12
repromisit. sed et homo ipse, quem dominus assumpserat, perit, si Iesus non resurrexit. at si resurrexit, humano generi formam dedit, 1 2 11
quoniam, qui plus crediderit, nobiliorem se ipse praestabit. constanter igitur ac fideliter *hominem* istum uestrum *ueterem* foetorosis suis cum 1 49
pecus, quod legitimam nec mortem potuit sentire nec uitam. recte igitur apostolus ait: *radix omnium malorum est auaritia*; hac enim matre 1 5 4
cui iam auiae reuerentiam senectus uerecunda detulerat. sub hac igitur, carissimi, desperatione natiuitatis et admiratione progenitus in 1 59 2
felices obnixa deuotione suam religionem custodiunt potius quam salutem. igitur cum audio tres pueros incensos, prius uehementer horresco, mox 1 31
quidem, quia si uera fides est, aliud esse non potest quam quod est. igitur cum possibilitatis humanae non sit fidei uidere secreta, nusquam, 2 3 11
quod se fieri uoluisset, tam figura quam oraculis frequentibus publicauit. igitur 'dei filius' ad ineffabilem originem pertinet, 'hominis' ad 2 4 3
iniuriam, nisi quod ambo patiuntur, quia amborum unum nomen est deus. igitur duas natiuitates esse domini nostri Iesu Christi, rudis aut neglegens 1 54 2
sed corde, non clamore, sed fide, quam scit deum libenter audire. hoc igitur e profundo clamans similiter Petrus impetrauit a domino, ut 1 34 3
fratres, quemadmodum saeuierit incitatus, qui ferri non potest blandus. igitur famigerabile committitur proelium: illinc diabolus horrendum totis 1 15 3
consimili conuertuntur ad deum et sacerdos et templum. exsultate igitur, fratres, aedificationemque uestram aede ista de nouella cognoscite, 2 6 5
paruulis morem geram sacrique horoscopi pandam tota breuitate secreta. igitur, fratres, genesis talis est uestra. primus uos, qui in se credentem 1 38 3
fratrem suum, deum, quem non uidet, non potest diligere. decertemus igitur, fratres, inter nos mutui amoris aemulatione gloriosa imaginemque 1 36 24
meretur, quae quidem pro spe pugnat, sed sibi uincit. amplectenda est igitur, fratres, tenaciter nobis et omni genere custodienda uirtutum. in 1 36 4
detestabile est gentium, reprobum Iudaeorum, populi Christiani mundum. igitur gentium sacrificium quam exsecrabile est, tam inane; colunt enim 1 25 3
deus habitat, non dicam diligitis, sed luculentis moribus adornatis. magna igitur gloria est ornare per quod orneris, seruare per quod et ipse serueris. 1 1 4
a parente perducitur, sed hostia non sanguinis, sed salutis. ad hanc igitur gloriam tardi partus ubertas et fecunditas desperata profertur. uxor 1 59 2
praedicabis crucem, sed et tu crucis tuae similiter dignitate gaudebis. igitur haec scala cuius esset materiae, in qua dominus incumbebat, ex 1 37 8
typus erat, qui ob iustitiam dei omnes homines filios computabant. igitur Her primitiuus filius primitiuus est populus, id est hemithei omnes 1 13 4
semper figuris uariantibus loquitur, sed res una in omnibus inuenitur. igitur Iacob habet imaginem Christi, sed et lapis ipse, quem ad caput 1 37 1
ut idem in duobus per orbem totum non possit inueniri terrarum? igitur in deum cum haec non incidant, ergo dei imaginem non habemus? 2 30 3
et similitudinem fingitur nec tamen in eo, quid cuius sit, inuenitur. si igitur in opere extraneo paritas sacra distingui non potest, deus in alio se 1 45 2
dicta non pro locis intelligunt aut dictorum minime rationes inquirunt. igitur in praesenti Psalmo propheta cum dicat: *misericordiam et iudicium* 1 35 1
nota conscientia, filii non sine affectu, sed sine reuelamine amplectebatur. igitur ineffabilis illa incomprehensibilisque sapientia sapientiam, 1 17 1
uix in eius casibus pater uiuere potuisset, si annis teneris moreretur. hic igitur infans, e cuius uita paternus affectus et maternus pendebat, ad 1 43 3
dixit: Abraham circumcisus est et deputatum est illi ad iustitiam? cum igitur integer, sicut Enoc et ceteri, sit iustificatus et postea circumcisus, 1 3 7
tanta enim probitate uixerunt, ut pars felicitatis sit nosse, quid fecerint. igitur Iob uir fuit iustus et uerax, ab uniuersis concupiscentiis huius mundi 1 15 2
temperaret, in spe non denegans deo, quod *contra spem* acceperat a deo. igitur Isaac sibi dulcissimum filium, deo uictimam dulciorem contemnit, ut 1 4 13
saginatur. nihil difficile est fidei, quae tantum habet, quantum credit. igitur Isaac unicus filius, spes populorum et gentium, origo tot rerum, cari 1 62 3
spiritu meretricio seducti sunt et fornicati sunt a deo suo. agnosce igitur, Iudaee, uel sero erroris tui miserum dolendumque discrimen et dic 1 3 12
quae et mori momentis omnibus etiam friuolo ac turpi lucro festinat? quid igitur, miser homo, auri argentique metallo incensus uana cupiditate, uana 1 14 3
dubitari, quia hanc qui habuerit, necesse est, ut expedite uiuat et munde. igitur ne cognoscatur, faciem uelamine obscurat: necessario, quia adsertor 1 13 9
quod uos non capit locus, exinde intelligitur, quia fides uestra capit deum. igitur ne quis operis rationem a me forte disquirat, paucis insinuabo. in 2 6 5
deus unus creauit uos; nonne pater unus est omnium uestrum? quisque igitur nobilitatis suae conscientiam retinet, diligit fratrem nec aliquid 1 36 22
nolit esse; haec est enim proprietas dei, id operari quod non potest credi. igitur non homines tantum, sed paene omnia suis mortibus uiuunt. unde 1 2 17
omnia credit, omnia sperat, omnia sustinet; caritas numquam excidet. igitur non inmerito dominus deus proximi dilectionem commendat, 1 36 20
in examen iusti quibus possit armis, quibus possit uiribus, niteretur. igitur nouum ac paene incredibile committitur proelium. ultra morem 1 4 18
est unum esse iter aerii culminis angelis lucis et hominibus iustis. haec igitur omnia combinata unius fructus rediguntur in summam, quoniam 1 37 14
patris commanens uoluntatis eius perfectionem non didicerat, sed habebat. igitur orbe perfecto postremus digito dei manuque e limo terrae fingitur 1 56 3
in regno dei et Christi, ostendens unum esse regnum patris et filii. recte igitur patri tradet regnum qui dixit in monitis *regnum* non stare *diuisum*. 2 5 9
futuram et audit et sperat et repositam sibi praesumit de Christo? igitur primo omnium probandum puto animas nostras suorum corporum 1 2 3
necessarium non fuit?' huius propositionis quae sit ratio, fratres, accipite. igitur qui uenerat hominem uiuificare, per hominem necesse habuit, ne 1 3 17
non est, sed peccatori, quia *iustus ex fide uiuit*, infidelis iniuste. errat igitur quisquis disputationem legis aestimat fidem, quisquis duo in unum 2 3 4
sed uir; similiter et uir sui corporis potestatem non habet, sed uxor. sic igitur, quoniam una sunt caro, unum diuini operis sacramentum, quoniam 1 1 14
ingratae beneficiis sponte ad mortem, de qua euaserant, reuertuntur. cum igitur semper insidietur se non quaerentibus diabolus, aestimate, quid faciat 2 7 13
iussionis est caritas ex corde puro et conscientia bona ex fide simplici. igitur si dei seruus es, *stultas et ineruditas quaestiones euita sciens, quia* 2 3 18
sit et tamen oleastrum se non esse quodam modo etiam ipse miretur. igitur si homo potest facere, ut sit arbor quod non fuit, saluo quod fuit, 1 2 28
res propria nostra est, domino ipso dicente: *fides tua te saluum fecit.* igitur si nostra est, seruemus ut nostram, ut iure speremus aliena. nemo 1 36 7
deum hanc *diremisse* ex eaque constituisse *mundum pariter et ornasse.* igitur si, ut uolunt, deus materiam, qua usus est, non fecit, sed aeterna sit, 1 7 1
captiua sub lege, haec omnibus praestat in Christo bonae fidei libertatem. igitur uos, qui *circumcisi estis circumcisione non manu facta in spolationem* 1 3 24
uestrae sollertiae, uineae in ratione reddenda, ignauia nostra detraxerit. igitur, ut optime saepe recolitis, mensura seruata amputatur in surculum 2 11 2
a quo sunt geniti, respuerunt tanti immemores honoris, tantae dignitatis ignari. quid enim beatius, quam si homines deus paterno honore dignetur 1 61 6
summus ipse sacerdos deo acceptissimus huius fuit cicatricis ignarus? quid, quod cum praeputio Nineuitarum populus dei est 1 3 5
agricultores, si quid uestrae sollertiae, uineae in ratione reddenda, ignauia nostra detraxerit. igitur, ut optime saepe recolitis, mensura seruata 2 11 1
properate, properate bene loturi, fratres! aqua uiua spiritu sancto et igne dulcissimo temperata blando murmure iam uos inuitat. iam balneator 1 23
crebris passim totas hominis dei facultates inuadit, subito rapina, igne ferroque uniuersa uno momento disperdit. hinc Iob alta fidei radice 1 15 3
lasciui cursus ambagibus carpit pensa mundana. at ubi matura aureo igne flagrantis luciflui aurigae par laboribus fratris angusti circuli 1 2 19
scuto fidei, per quod poteritis omnes sagittas illius mali, quae sunt igne plenae, exstinguere. is enim infelicibus nonnumquam inmittit 1 38 6
qui uere est acerrimus Sagittarius, formidabit umquam, uariis atque igneis sagittis armatus, totius humani generis omni momento corda 1 38 6
fidei thesaurum custodi. esto sancta et corpore et spiritu, amore Christi ignem carnis exstingue, ut de resurrectionis gloria, quam hic iam tibi 2 7 4
conserta manu inuersa uice adorta est in suum fomitem adolescentis ignem totis uiribus deriuare. at ille in repugnatione ueste sibi uiolenter 1 1 16
quae quibusdam uidetur errare curriculo menstruali, solemnes suae ignes aetatis quod numquam prorogat inportune nec derogat, quid aliud 1 4 5
in Maccabaeicae germanitatis exercitu sola uicit; haec in tribus pueris ignes amoenos effecit; haec mare pedibus ambulari posse in Petro 1 36 8
in nomine patris et filii et spiritus sancti, non tantum diaboli praesentes ignes exstinguit, sed etiam futuri diei iudicii incendia superabit. illa 1 13 13

Sodomorum, ubi inlicite uiri opprimebantur a uiris, prodigiosae libidinis ignes ignis diuinus incendit intestinique facinoris foedus, quo infeliciores 1 4 10
carnem et uirtutibus maiestatem. hic sol noster, sol uerus, qui clarissimos ignes mundi germanos astrorumque candentium polorum claritatis suae de 2 12 4
ad stupida simulacra concurrunt, non aris foetentibus funestos excitant ignes, non tura cremant, non merum profundunt nec pecudum inexpectata 1 34 9
uictimas trahere aut grauia nidoribus tura succendere aut inter fumidos ignes pallenti aruina, funesto sanguine perlitare, ut illiciti administratione 1 39 2
barbarum regem, minas omnes, ipsum quoque supplicium docuerunt ignes sanctis hominibus non esse fortiores, per dominum Iesum, qui est 1 11
semine (de quo etiam poeta sapientissimus praesagauit dicens: *igneus est ollis uigor et caelestis origo seminibus),* scilicet spiritus sancti 1 2 26
una tempestate praecipitat, ut ubinam sit maior ignores. est autem similis igni arida pabula depascenti, quae nisi finiat non finitur. hanc mediocres 1 14 1
suaue redolentes, qui excocti sunt non furno, sed fonte, non humano, sed igni diuino: non illos aura corrupit, non fumus amarus infecit, non frigus 1 41 2
adeo sine ulla reuerentia diuinae atque humanae religionis delet abrupte igni ferroque cum sua sibi tota substantia incolas, ciuitates et rura nihil 2 1 7
ratio protestatur. qui nunc in se credentes *baptizat spiritu sancto et igni,* ipse tunc quoque numero suae adfuit trinitatis. denique rem 2 27
citatur incendium; aestuantibus globis erubescit quoque ipsum alienis ignibus caelum. illo praecipitantur insontes ibidemque propter quem 2 22
inter caecas pinguibus conductas nubibus tenebras crebrae micantes curuis ignibus flammae intercepti diei lumen inconstanter assimulant, cum ardent 2 2 3
enim fides deambulat inter gladios tuta, inter esurientes feras amica, in ignibus frigida. sola fides praeferenda: hac nos, qui per fidem filii Abrahae 1 62 5
sed cum maturum leti tempus aduenerit, a semet ipsa inuitatis sacris ignibus libentissime concrematur. sepulcrum nidus est illi, fauillae nutrices, 1 2 20
telis occidit; hic Susannam conatus est duorum seniorum aut prodigiosis ignibus subicere aut parricidali gladio iugulare; hic Ioseph mulieri flagitat 1 36 26
non enim ulla est metuenda iam poena, cum incensorum superstes insultet ignibus uita. 1 31
dilectissimi, ac delectabile certamen deo historia sacra prodidit nobis ignis ac fidei. etenim duo discordantia deuotione dominica in unam 1 48
ignis imaginem gerit, iudicia duo designat: unum aquae, quod gestum est, ignis alterum, quod futurum. mare fontem sacrum debemus accipere, in 2 26 2
adorare contempserint, incendi praecepit. qui ubi iactati sunt in fornacem ignis ardentis, hos deuote cupidus ignis excepit. lambunt roscidos flammae 1 53 2
tribus pueris consulente fornacis ultra quam solet septenario pabulo ignis armatus est. credo diuina prouidentia sacramento trinitatis spiritalem 1 22 1
per diem non circulus solis, sed columna nubis, non candida luna, sed ignis columna per noctem iter pandebat ignotum. qui ut inter duo 1 29 1
uirtute. columna nubis te perduxit per diem, ut ostenderet caecum; ignis columna per noctem, ut admoneret arsurum. angelus praeuius tua 1 9
euasisti uirtute. columna nubis te deduxit per diem, ut ostenderet caecum; ignis columna per noctem, ut significaret arsurum. angelus tua castra 2 16
ubi inlicite uiri opprimebantur a uiris, prodigiosae libidinis ignes ignis diuinus incendit intestinique facinoris foedus, quo infeliciores subactis 1 4 10
omnibus peraeque unus panis cum signo datur, aqua cum uino, sal, ignis et oleum, tunica rudis et unus denarius; quem qui libens acceperit 2 6 8
namque tribus in pueris fides puniri non timuit. inmissis camino ignis exaestuans detulit, ut eos unius uirtutis esse persensit. denique arsit 1 48
ab occidui carceris receptaculo orationis freno refrena; anhelantis camini ignis exaestuans uicta natura sentiat per te tecum et ipse refrigerium; 2 3 14
qui ubi iactati sunt in fornacem ignis ardentis, hos deuote cupidus ignis excepit. lambunt roscidos flammae blandientes. mira res: opacitas 1 53 2
adipisci martyrium. tanta enim uis certaminis fuit, ut eam ipse quoque ignis horruerit. nam a barbaro rege nimia crudelitate tribus pueris 1 22 1
columna uiam demonstrans Christus est dominus. quod duplicem nubis et ignis imaginem gerit, iudicia duo designat: unum aquae, quod gestum est, 2 26 2
salutem non pollicetur, sed etiam, nisi legitime corde circumcidantur, ignis inexstinguibilis supplicium comminatur. sed et Moyses ipse, cuius 1 3 13
in spinis. circumcidite praeputium cordis uestri, ne exeat sicut ignis ira mea et exurat et non sit qui exstinguat. uidetis ergo, fratres, quia 1 3 12
uidelicet et Aaron, iter demonstrante nubis columna per diem, eadem ignis quoque per noctem. finditur mare et dextra laeuaque in abruptum 2 26 1
donec ultima senectute consumpta, sua morte reuiuescens, menstrualis ignis solemni germine accenso sumat rursus de fine principium. similiter 1 2 19
uim habeat amictus et currus, his uerbis propheta testatur: *deus sicut ignis ueniet et sicut procella currus eius retribuere in ira uindictam.* 2 12 4
praebuit, dux noster Christus est dominus; illis columna nubis atque ignis uiam demonstrauit, nobis testamenti ueteris ac noui clarissima 1 46b 2
quos inopinati honoris culmen extollit. *Dauid* quippe *humilis, abiectus,* ignobilis sui iacebat in domo patris, oues semper pascendo propemodum 2 9 7
quae merces carnis sit quaeue animae, deo magistro didicimus; qui non ignoramus uictoria carnis ambas exstingui, animae uictoria utramque 2 4 18
ad Romanos loqueretur, apostolus mentionem dicens: *nam iustitiam dei ignorantes et suam uolentes constituere iustitiae dei non oboedierunt.* sed 2 1 2
ne quis inprudens intereat, diffamatur. semper monere non desinit, ignorantia ne quis reatum excuset. nunc seuera, nunc blanda demonstrat 2 3 3
quod amisit. propter quod Paulus beatissimus ait: *nolumus autem ignorare uos, fratres, de dormientibus, ne contristemini sicut ceteri, qui* 1 2 12
fragilitatis memor, qui in hoc ipso, quod loquimur, quid possit contingere, ignoras excusationisque uanae depone fallaciam: ingratis auaritiam pietate 2 1 21
nouum calamitatis est genus, quod tantummodo crescit, senescere ignorat. non illam parentum pietas frangit, non dulcedo liberorum, non 1 14 2
non pro tempore, quia uaria non est; *non aemulatur,* quia inuidia quid sit ignorat; *non inflatur,* quia humilitatem colit; *non malum cogitat,* quia 1 36 12
nebulis turbulentare non nouit. paenitentiam nescit; altercatio quid sit ignorat. omnes aut deuitat aut portat iniurias. incertum est, utrum 1 4 2
ita omnes in rabiem una tempestate praecipitat, ut ubinam sit maior ignores. est autem similis igni arida pabula depascenti, quae nisi finiat non 1 14 1
regia potestate; odientes se diligit; inimicis parcit; *parricidalibus filiis* ignoscit. persecutorem suum et, quod magis est, regem aliquotiens a deo in 2 9 7
omnis fructus propheticus decucurrit. hic mihi, rustico uestro, beatissimi ignoscite agricultores, si quid uestrae sollertiae, uineae in ratione reddenda, 2 11 1
nubis, non candida luna, sed ignis columna per noctem iter pandebat ignotum. qui ut inter duo elementa peruenit, ibidem praesentariae exitum 1 29 1
sacrum debemus accipere, in quo, quibus aquis dei serui liberantur, iisdem, qui non fugiunt, sed portant peccata, delentur. Maria, quae cum 2 26 3
inlaesus. tunc in puero sancto Daniele spiritus sanctus ingressus ait, cum illa ad supplicium duceretur: *reuertimini ad iudicium; falsum enim isti* 2 40 2
uernantibus pascitur et incrementis adolescentibus cotidie delectatur; at illa aegra fastidio nouem mensium non baiulat pondus, sub incerto partu 2 7 3
gaudet, haec gratia; illa imagine, haec ueritate; illa damno, haec lucro; illa agit captiua sub lege, haec omnibus praestat in Christo bonae fidei 1 3 23
in unum decorem uniuersa conuenerant, ut legitima domus dei caduca illa ambitio putaretur. quod si ita esset, inter memorata impar cultu 2 6 2
deseruit diei, huic deseruiunt tempora, dies, horae uniuersaque momenta; illa ante octauum uel post octauum diem nec ipsi morienti puero subuenit, 1 3 23
secundo filios Israel.' uideamus nunc ergo, fratres carissimi, secunda illa circumcisio ab Iesu Naue quo genere celebrata sit petrinis illis cultris: 1 3 15
longe his uitae uestrae thesaurus. uobis auro constructa aetheria illa ciuitas destinata est. nulla intrare uolentibus mora; patent duodecim 1 5 17
secundum dei uocem in planctum et luctum illi profecerunt. superba illa ciuitas seruit. sane ouium greges infinitos interficit, quos in amaritudine 1 28 2
ne quaesieris et fortiora te ne scrutatus sis. quae praecepit tibi deus, illa cogita semper et in plurimis operibus illorum non eris curiosus; multos 2 3 16
irascitur socer, eam produci iubet atque incendio concremari. at illa constanter adest, sibi quae non inpudicitiae, sed futuri scilicet indicii 1 13 3
colere, sed eorum mores et actus imitari. cuius rei facilis probatio est, illa cum interim, quae nostra sunt, uidemus. aurum argentumque, 1 14 4
inpertit; illa sanguine gaudet, haec gratia; illa imagine, haec ueritate; illa damno, haec lucro; illa agit captiua sub lege, haec omnibus praestat in 1 3 23
quod est domini, et inmunditia eius super ipsum est, peribit anima illa de populo suo. haec, fratres, sicut cauenda sunt nobis, ita quae bona, 1 25 12
felicitate nostri numeri fecerimus angustam. itaque estote securi: nihil in illa deest umquam, nihil ab suo statu aut tollitur aut declinat; omnia bona 1 5 18
spinas, pro uua labruscam. cuius rei indignitate commotus dominus illa deserta aliam sibi, id est ecclesiam matrem, sua pro uoluntate 1 10b 2
sub fidelibus multae fecere peiores, Euae non discipulae, sed magistrae; illa enim decepta, hae sua sponte se diabolo dediderunt). sin uero pacifica 2 7 16
quod et ipse serueris. postremo aequiparatur laus uestra laudi pudicitiae; illa enim uobis exhibet sanctitatem, uos ei amorem. per hanc attingitis 1 1 4
unitoque coniugio, e duobus altero superante, non moritur? tune non illa es, quae mariti corpus expositum lauisti lacrimis, osculis detersisti, 2 7 7
reuereri, qui ingenii sui putat esse, quod ille fuerit aestimatus. ceterum illa est fidei generositas uera, ut deo fideliter seruiat, in solo ipso fiduciam 2 3 19
nouum prodigii genus est: odit pudicitiam et tamen hoc cupit uideri, quod illa est. interea miris excolit artibus sese faciemque suam in se, quam non 1 1 9
gestatoris sui ossa denudat. nonne horrebit etiam sibi quodam modo illa excarnata umbra tractabilis? longum est ire per singula. ecce 2 4 15
denique prior circumcisio desecat carnem, secunda animi desecat uitia; illa ferro, haec spiritu; illa portionem, haec hominem totum; illa masculum 1 3 23
eiusdem esse uirginitatis inceditur manus. qua tacto infante statim edax illa flamma sopitur sicque illa medica feliciter curiosa diu admirata 1 54 5
'etiam Maria uirgo et nupsit et peperit.' sit aliqua talis, et cedo! ceterum illa fuit uirgo post connubium, uirgo post conceptum, uirgo post filium. 2 7 4
legibus per industriam colligit, uno impetu aliquotiens clusis oculis illa <illidit>. tertio diues est auaritia, utraeque cuius exaggerare 2 1 7
utroque generi salutare munus inpertit; illa sanguine gaudet, haec gratia; illa imagine, haec ueritate; illa damno, haec lucro; illa agit captiua sub 1 3 23
laboribus ac periculis magnis non possit ab aliquo perueniri. adde quod illa in solo genitali uersatur, ille peregrinus est. illa sine contemplatione 2 4 14
filii non sine affectu, sed sine reuelamine amplectebatur. igitur ineffabilis illa incomprehensibilisque sapientia sapientiam, omnipotentia 1 17 1
praesentes ignes exstinguit, sed etiam futuri diei iudicii incendia superabit. illa iustificata discessit; haec glorificata uestri numeri incrementis ac fidei 1 13 13
iucundioris caelum ipsum honore laeto respirat. haec liberis gaudet; at illa liberorum non timet orbitatem. haec eorundem blanditiis uernantibus 2 7 3
desecat uitia; illa ferro, haec spiritu; illa portionem, haec hominem totum; illa masculum solum, haec utrumque sexum; illa praeputium paruae cutis, 1 3 23
inceditur manus. qua tacto infante statim edax illa flamma sopitur sicque illa medica feliciter curiosa diu admirata mulierem uirginem, admirata 1 54 5
commodarent: mortuo anne morienti? post haec si libet nubere, omnia illa mentita es. quid hoc est? ecce rursus ad lenocinia redis, colorem de 2 7 7
retractando ac refellendo consumit. sin uero, sicut necesse est, una est illa nobilis et antiqua, quae non dicam tractatu, sed ipsius natiuitate porro 2 3 8
succumbat, ueluti adulterae deprehensae magnum minitantur exitium. at illa non Eua, ancipiti quidem metu contemplatione praeclusa, cuius aut 1 1 18
et mortale hoc induere inmortalitatem. aliter etenim inmortalitatis stola illa non sumitur, nisi primo istud carnale spolium, blandum animae 1 2 30
paruae cutis, haec praeputium totius concupiscentiae saecularis; illa octauo deseruit diei, huic deseruiunt tempora, dies, horae uniuersaque 1 3 23
pater praecepit, ut fieret, filius, utpote *dei uirtus deique sapientia,* omnia illa opere mirifico eius cum dicto compleuit. hunc curiosi opinationibus 1 50
tunc carnalis mimus ille finitur exsanguique nihil iam suffragantia tota illa ornamenta medentur, nisi quod a false plangentibus adhuc uiuenti 2 4 16
uirgo, quemadmodum deo. haec extrariis ornamentis ornatur; longe illa ornatior, aliunde quia nescit ornari. haec uariis unguentis et odoribus 2 7 3
Christum. per hanc a deo patre quod petitis impetratis, immo illa per uos impetrat, pro qua sollicite laboratis, ne, dum aliquid postulat, 1 1 4
exhibet sanctitatem, uos ei amorem. per hanc attingitis Christum, immo illa per uos uobiscum complectitur Christum. per hanc a deo patre quod 1 1 4
desecat carnem, secunda animi desecat uitia; illa ferro, haec spiritu; illa portionem, haec hominem totum; illa masculum solum, haec utrumque 1 3 23
nihil relinquendo sibi beata cupiditate antecedit auaritiam: homines enim illa possidet, ista deum. adhuc accipite, ad propriam sedem palmamque 2 1 12
scit. Elisabeth sterilis fecunditate tumet feliciter uenter, Mariae maiestate. illa praeconem portat, haec iudicem. exsultate, feminae, promotionemque 2 8 8
haec hominem totum; illa masculum solum, haec utrumque sexum; illa praeputium paruae cutis, haec praeputium totius concupiscentiae 1 3 23
germine accenso sumat rursus de fine principium. similiter Phoenix auis illa pretiosa resurrectionis euidenter nos edocet iura, quae nobilitatem 1 2 20

interpellat eam, poscit ingressum, missurum se promittit haedum. at illa promisso expetit pignus, magis illo contenta quam praemio accepitque 1 13 2
sine matre, ita sine patre secunda carnalis. haec miranda, inenarrabilis illa, propheta dicente: *natiuitatem autem eius quis enarrabit?*. cur autem 2 8 2
lecto prosternit, ecce tempestas undique mortis incumbit. nonne statim illa, quae erat domina uoluptatum, fit praeda morborum? postremo 2 4 16
contra spem, altera uerbo. haec miratur se habere quod nescit, laetatur illa quia scit. Elisabeth sterilis fecunditate tumet feliciter uenter, Mariae 2 8 8
sancti conuiua. huic et praesentia subiacent et futura: ista quia contemnit, illa quia sua esse praesumit; nec spes timet, ne non ueniant, quia ea 1 36 5
supremos exitus cuiusuis aetatis utroque generi salutare munus inpertit; illa sanguine gaudet, haec gratia; illa imagine, haec ueritate; illa damno, 1 3 23
animabus uestris. deus noster, fratres, humilis corde est et ineffabilis eius illa sapientiae ac uirtutis potestas intra hominem susceptum iacet, magis 2 9 4
sacramentum. Thamar *concepit in utero*, ecclesia corde concepit, illa semine, haec uerbo. haedus ei mittitur, temptationis uidelicet signum; 1 13 11
perueniri. adde quod illa in solo genitali uersatur, ille peregrinus est. illa sine contemplatione meritorum quibuslibet passim sua munera infulcit, 2 4 14
beatius, quam si homines deus paterno honore dignetur adtendere et tanta illa sublimitas humanam mediocritatem aut caram habeat aut dilectam? 1 61 6
quia pater in ipsum alium se genuit ex se, ex innascibili scilicet sua illa substantia, in qua beatus manens in sempiternum omnibus, quae habet, 1 17 2
prophetae pondere premebatur. tum Ionas, quem solum exspectabat bona illa tempestas, sorte ductus naufragus redditur, immo a ligneo ad nauigium 1 34 6
metu non festinauit euadere. nunc mihi Abrahae memoranda est mira illa temptatio, quae eum aut sacrilegum fecerat, si contemneret deum, aut 1 4 13
sed ipsum membrum radicitus abscisum mysteriis turpioribus immolauit, illa uidelicet ratione, quia Iudaeus post sacramentum per hanc partem 1 3 2
amplectebatur. sed excogitatarum ut ordinem instrueret rerum, ineffabilis illa uirtus incomprehensibilisque sapientia e regione cordis *eructuat* 1 56 1
aliunde quia nescit ornari. haec uariis unguentis et odoribus fragrat; illa unici floris sui quouis prato iucundioris caelum ipsum honore laeto 2 7 3
sepelit antequam iugulet taleque est commentus pietatis excidium, ut in illa unius funeris turba paternus dolor non sufficeret orbitati, cum nescit, 1 15 4
qui publicanas mulieres cum ui subiciunt sibi uiliores se esse quam illae sunt produnt, qui iracundia tument, qui litibus fremunt, qui 1 25 11
hanc esse mortem, cum corpore animus tamquam carcere clausus tenetur, illam esse ueram uitam, cum idem animus custodia carceris liberatus ad 1 2 2
leges impugnat, ius iure distringit. quis non uideat numquam recti aliquid illam facere uel fecisse, quod fecerit? uultis scire, quam iusta sit? miseram 2 1 7
impietas, dolor, aegritudo, miseria; mortui quippe corpus figuramque illam florentissimam edax in aeternum terra delebat; animam quoque 2 4 6
est, fratres, eius aestimare uirtutem, cuius uinci uictoria est. non illam loco uis ulla detorquet, non labor, non fames, non nuditas, non 1 4 3
calamitatis est genus, quod tantummodo crescit, senescere ignorat. non illam parentum pietas frangit, non dulcedo liberorum, non coniugalis 1 14 2
pecuinam te esse cognoscis. an eius uirtutem diligis? frangit ac subigit illam quiuis dolor. an pulchritudinem? leuis et commutabilis res est et 2 4 15
quattuor angulis eius in confusam molem parietibus tectisque labentibus illam sanctissimam fratrum cohortem sepelit antequam iugulet taleque est 1 15 4
pia sanctione, ut aiunt, claues uere aureas misit, et quidem non illas, quae maligno beneficio crimina excipiunt; quae corpori parcunt, 2 24 1
et alios perdiderunt. nam mutato nomine et cultu, quasi promota somniis, illas scholares calumnias dei usque ad ecclesiam transmiserunt, ut in ipsa 2 9 2
quapropter si pater bonus, si prouidus, si utilis esse desideras, sicut ille Abraham, deum plus debes amare quam filios, ut habere merearis 2 1 21
interitum nuntiaret; ingentibus enim peccatorum sarcinis premebantur. at ille alio deflexus itinere nauem Tarsos petiturus ascendit, cum subito 1 34 5
ossibus, etiam suis carnibus nudi. conspicite rem auaro condignam! ille, ille amplum qui habuit censum, exiguum non habet tumulum; quos 1 5 9
turbatur. ne uere sit parricidium, ille lignum quo inuratur sibi praeportat, ille aram struit. ille exserit gladium, ille ceruicem. uno uoto, una 1 4 14
sibimet uindicauerat totum. haec cum diu sic haberentur, sollertissimus ille artifex rerum filius dei, cuius sapientia non habet finem nec fortitudo 2 4 7
ratione, quia Iudaeus post sacramentum per hanc partem peccare potest, ille autem deinceps per hanc partem peccare iam non potest. consequens 1 3 2
lignum quo inuratur sibi praeportat, ille aram struit. ille exserit gladium, ille ceruicem. uno uoto, una deuotione, ne quid profanum sit, diligenter ac 1 4 14
singulorum, ex eorum respiratione cognoscis, quantorum malo ille constat ornatus. 'filios, inquit, habeo, quos nudare non debeo.' ista et 2 1 19
eruditione commonitus, eum propriae uoluntati commisit. at liuidus ille criminator, qui, quod sensim serpat, serpentis nomen accepit, 2 4 5
in omnibus sibimet similantibus detraxeris, cui detraxeris nescis. 'at ille, cui iubetur, est, inquit, inferior.' quid, quod inde non esse approbatur 1 45 3
ultra morem diabolus pugnat, sed Iob dissimulando plus pugnat. ille eius magnum atque opulentissimum censum uno momento disperdit 1 4 18
scriptura dicente: *iusto lex posita non est, sed peccatori*. peccator autem ille est, qui caritatem non habet dei ac per hoc operanti iram recte 1 36 17
sit parricidium, ille lignum quo inuratur sibi praeportat, ille aram struit. ille exserit gladium, ille ceruicem. uno uoto, una deuotione, ne quid 1 4 14
glorificatur Christus, deus pater omnipotens propitiatur. postremo ille felix in futurum regnabit, qui tecum illo peruenerit. 1 1 21
in eo se quis aestimet fideliorem, si loquatur argute, cum magis uerus sit ille fidelis, qui sacra in praedicatione non ultra, quam licitum est, aciem 2 3 12
infans, qui post haec Abraham sacratam deo approbat mentem. unicus ille filius solliciti senis adhuc paruulus, cui pietas et miseratio maior 1 43 3
uindicat sibi, insuper ei poenas gehennae paritura. tunc carnalis mimus ille finitur exsanguique nihil iam suffragantia tota illa ornamenta medentur, 2 4 16
praestatur nec potest eum reuereri, qui ingenii sui putat esse, quod ille fuerit aestimatus. ceterum illa est fidei generositas uera, ut deo fideliter 2 3 18
ossibus, etiam suis carnibus nudi. conspicite rem auaro condignam! ille, ille amplum qui habuit censum, exiguum non habet tumulum; quos 1 5 9
adorta est in suum fomitem adolescentis ignem totis uiribus deriuare. at ille in repugnatione ueste sibi uiolenter extorta ex impudicitiae fouea nudus 1 1 16
suam quam eius, cuius est in usibus, gerit. denique tot efficit uultus, quot ille intrinsecus tristes seu hilares suos fecerit motus, hanc rationem docente 1 2 29
nemo trepidat, nemo se excusat, nemo turbatur. ne uere sit parricidium, ille lignum quo inuratur sibi praeportat, ille aram struit. ille exserit 1 4 14
castitatis obseruantiaeque uirtutem deuocabit in crimen. quid enim ille mali non suspicetur, non efficiat diis crudelibus, diis adulteris seruiens? 2 7 18
alterum defuerit ex duobus, quod illi putauerunt, nec sapiens profecto erit ille nec iustus. satis, ut opinor, praestigiae mundanae patuerunt. in quibus 2 1 10
passim sua munera infulcit, maxime indignis, ut ad se colligat turbas; ille numquam remunerat quemquam, nisi primo quis uictor mortis iura 2 4 14
monstrat exemplum. cuius sane condicione nos beatiores sumus, quia ille occidit semper ut uiuat, fidelis autem post secundae natiuitatis occasum 1 16 2
non possit ab aliquo perueniri. adde quod illa in solo genitali uersatur, ille peregrinus est. illa sine contemplatione meritorum quibuslibet passim 2 4 14
mereri quod credimus. nec res in ambiguo est; quemadmodum etenim ille princeps iniquitatis suo semine per inuidiam protoplastos ex angelis in 1 2 26
quia lis et caritatis est hostis et fidei; quas si quis amiserit, nec diuina ille profecto nec humana cognoscit. haec, si religiosus es, serua; timoratus 2 3 18
nihil superesse contendis, quemadmodum per alium locutus sit mortuus ille, quem noueris. at dicis: 'hoc daemones fingunt'. o probatio melior, 1 2 7
cordis impatientia superauit. non enim leue crimen est eius, cum de eo ille queritur, qui mox eum poterat et punire. sed quia mors apud 1 47
uerbum in deo est et deus est uerbum et hoc est, in quo est, quod est ille, qui inest, duplex persona, duplex uocabulum, sed originalis 2 8 4
pati non meretur iniuriam ipse, cui perhibes testimonium. ubi est ille, qui inuicem desiderantibus uobis tardior ceteris uidebatur primus 2 7 6
triticum. at fortasse adhuc quispiam dicat: 'si caro perit, unde cognoscitur ille, qui resurgit?' caro, fratres, quasi quoddam est speculum intuentis 1 2 29
legis tenebatur, omne ius diuinum praecipue custodiuit. cuius immolatione ille quoque gauderet, qui ad uictimam parabatur. aries haerebat in uepre 1 43 8
obnixe, ut aliquis nuntius pergat, qui eos tanti negotii certos efficiat; cui ille respondit: '*habent Moysen et prophetas*, quibus si non credunt, neque 1 2 10
exempla et quidem certiora. primo in libro Regnorum Samuel, egregius ille sacerdos, mortis iam lege dispunctus Sauli regi se desideranti sine 1 2 8
quia dei est uirtus; hic, inquam, agnus *perfectus*, quia in ipso magnus ille sacerdos pio mysterio sua uictima inclusus hodie deum reddidit 1 8 2
interire, caelestia cum terrenis absumi, praesertim cum eorundem ille sapientissimus dicat hanc esse mortem, cum corpore animus tamquam 1 2 2
uel superuacaneum putabitur deo indicare quod nouerit? absit. indicat ille, sed nobis, quos cupit quod facit ac praedicat imitari. ergo inquit: *non* 2 9 3
bonae uitae exemplis sacraeque legis religiosis exhortationibus excitaret. at ille *semen suum fudit in terram*; semen significat non creaturae, sed cordis. 1 13 5
carceris liberatus ad eum locum, unde uenerit, reuertatur. si ergo hoc ille sensit, qui non nouerat Christum, cur dubitet Christianus, qui 1 2 2
in hoc mundo ad tempus perspicitur interire. similiter in inferno diues ille tenacissimus, quem chaos immensum a pauperis felicitate discernit, 1 2 9
ne talis euadat, pariter commonetur. denique ut iste plus timeat, ille terretur; ille uapulat, ut iste proficiat. compendiosum felicitatis genus 1 10a
talis euadat, pariter commonetur. denique ut iste plus timeat, ille terretur; ille uapulat, ut iste proficiat. compendiosum felicitatis genus alterius 1 10a
filio quoque gaudente et cum gaudio unici pignoris alligat manus, quas ille uinciendas libentius offert. pedes quoque constringit, ne in exitu mortis 1 43 5
semet decore componit locoque constituit, Iudas qua fuerat transiturus. at ille uisam mulierem fornicariam putat, quae pudoris integritatem faciem 1 13 2
teneatur. unde rem paucis expediam. omnis caro quam diu flagitiosis illecebris huius mundi ac tenebris feralibus agitatur, profecto pecuina est 1 2 25
iustitiam. numquidnam dixit: Abraham circumcisus est et deputatum est illi ad iustitiam? cum igitur integer, sicut Enoc et ceteri, sit iustificatus et 1 3 6
quid enim scriptura dicit? *Abraham credidit deo, et deputatum est illi ad iustitiam.* numquidnam dixit: Abraham circumcisus est et 1 3 6
omnia possibilia credenti. unde *Abraham credidit deo et deputatum est illi ad iustitiam*; qui ideo iustus, quia fidelis; *iustus enim ex fide uiuit*; 1 36 6
in unum sibimet conuenire diuersae religonis diem, quo tibi ecclesia, illi adeunda sint templa. quo genere unusquisque suum sacrificium 2 7 14
solus sui conscius, quantus et qualis est; solus perfectus, quia non potest illi aliquid nec addi nec minui; solus omnipotens, quia ex nihilo uniuersa 1 7 3
annonam. sane si quis aliquid desiderauerit, qui recondidit Noe omnia illi arcarius non negabit. Petrus piscator recentes marinos affatim pisces 1 24 3
denudat, esse non inuenit inpudicum; hic synagogam expugnauit, cum sua illi arma concedit; hic ubique turbulentus, ubique fertur insanus: promittit, 1 36 26
inuenitur et, dum clamat propheta *audi caelum et terra*, significat, quod illi audire contempserint. *audi,* inquit, *caelum, et percipe auribus, terra.* de 1 61 1
ne nouus homo quicquam Iudaei habere uideatur aut gentis. ambo enim illi carnales sunt, ambo sine fructu. unde dubium non est neque 1 3 24
amici sunt nobis. huius est munus, quod diligimus seruos ut filios ac nos illi colunt libenter ut dominos. huius est munus, ut, non dicam notos aut 1 36 14
Iudaici populi, qui carnalis futurus fuerat, procuratam. denique nihil illi contulit, quia deo ante, non posteaquam circumcisus est, placuit 1 3 7
deuotione succincta praecedens amplectatur fides, quae tam sibi quam illi credendo praestet effectum, insinuatio inanis erit, quia incredulo 2 3 1
inmortalitatis inaestimabili beatitudine perfruetur. sed quid ad nos, quid illi dicant? insignis uir sicut ait noster: *nouit deus cogitationes sapientium,* 2 1 15
sibi, quia pudorem alienum qui appetit primo suum perdit. pure non nox illi diesque succedit; semper enim caenosi gurgitis sui procella submergitur, 1 1 6
deo, non sempiterno rectori, maxime cum in euangelio sic dicatur: *dabit illi dominus deus thronum Dauid patris sui et regnabit super domum Iacob* 2 5 6
exsolutus: sed est nunc usque barbarici furoris moribus alligatus. deus illi ducatum praebuit: idem a sua eum facie postmodum abiecit. consecutus 1 52
triumphalibus honorabit, maxime cum scriptum sit: *qui habet, dabitur illi et abundabit; qui autem non habet, etiam id quod habet auferetur ab* 1 36 7
credens hominibus se ream praebere debere quam deo. interea instant illi ex amatoribus accusatores effecti crimenque suum in simplicitate 1 1 18
ipsa inuitatis sacris ignibus libentissime concrematur. sepulcrum nidus est illi, fauillae nutrices, cinis propagandi corporis semen, mors natalicius dies. 1 2 21
contemplatio retrahit a corona, tantum generosa ac perfecta fides quique illi fuerit cruciatus sua complicat uota. denique tres pueri in illo sacro 1 11
paucis accipite. iram dei generaliter comminantis qui uult effugere, debet illi inculpate seruire. 1 10a
adulterata fermento est, consparsa ac subacta diligenter. sal inditum est illi; leuigata est oleo gremiali, officiis competentibus temperata, in panes 1 41 1

tamen dicendum est, sui carpunt. sane nullis argumentis armatus, quibus illi libenter utuntur, qui aduersus ueritatem falsa componunt, sed 2 18 2
ostentat, obicit, donat, speciem proponit suam faciemque, in quas illi libuerit figuras, speculo conciliante semper incertam cotidie peregrinis 2 4 9
genitalis humoris manente semper secum substantia nutriatur. auxiliare illi necessario iungitur lignum, cuius tutela defensus sese sustollat. at ubi 2 11 2
transmiserunt, ut in ipsa quoque, si insanire cuiquam libeat, deus illi non colendus sit, sed quaerendus. quod nunc faciunt infideles, de 2 9 2
ecclesia dei fucatus quaeritur sermo, sed ueritas pura, a qua longe omnes illi non immerito aberrauerunt, qui iustitiam dei manere in eloquentiae 2 1 1
premebatur, inde maris magno clausus obice reprimebatur. etenim illi nullae inerant naues, nulla transfretandi praesidia, cum subito diuina 1 29 2
festinet. si quis eam prouocat in iudicium, ut eius auferat tunicam, libens illi pallium quoque concedit; maledicitur et benedicit; caeditur et gratias 2 1 13
quia illi septem solae sufficiunt; non aeneum inhaeret mare, quia illi perennis fontis sui uiuum inest mare, non quod naufragos faciat, sed 2 6 6
unda submergit, ut caelestes effecti terram desiderare non norint. denique illi post mare ad eremum peruenerunt, nos post baptismum ad paradisum 1 46b 3
incestatori, sacrilego, nisi eius curauerit mentem, non uideo, quid illi praestiterit. o liberatoris nostri profunda prouidentia! o praestantia 2 24 2
dies festi eius et cantica secundum dei uocem in planctum et luctum illi profecerunt. superba illa ciuitas seruit. sane ouium greges infinitos 1 28 2
ceterum siue iusto siue sapienti si alterum defuerit ex duobus, quod illi putauerunt, nec sapiens profecto erit ille nec iustus. satis, ut opinor, 2 1 10
ille respondit: '*habent Moysen et prophetas*, quibus si non credunt, neque illi, qui hinc missus fuerit, credituri sunt', euidenter ostendens non in 1 2 10
uera caritas ueniat, ubinam consistat, cui uel maxime debeatur: utique illi, qui hominem fecit, qui ei munus perpetuae caritatis similitudinem 1 36 28
neque enim sine patris esse possit iniuria, si hac necessitate opus esset illi, qui in sinu patris commanens uoluntatis eius perfectionem non 1 56 2
eripiat, cotidie litigatis. non hi solum, qui tales sunt, displicent deo, sed et illi, qui per sepulcra discurrunt, qui foetorosis prandia cadaueribus 1 25 11
cui non innumerabilis uarie famulatur acies ualidissima columnarum, quia illi septem solae sufficiunt; non aeneum inhaeret mare, quia illi perennis 2 6 6
quia *non sub lege, sed sub gratia sumus*, quae nos diligere deum ac soli illi seruire in sacramento semel creditae unitae trinitatis non argumento, 2 3 2
non est, quod cum gentibus uel Iudaeis potest esse commune; nam et illi, si liceat uel si uelint, fortassis cultius synagogas aedificent, cultius 2 6 1
sententiam. et qui sunt isti, quos ambiguitas suo iudicio reseruauit? utique illi, sicut apostolus quoque ait, qui cognitum *deum non quasi dominum* 1 35 6
et non repugnat; pro percussoribus suis deum insuper et exorat. una illi sola principalis sollicitudo ac maxima est cautio, ne quid mundo 2 1 13
collaudatus. unde non inmerito beatus beata uita fruebatur. namque erat illi splendidissima domus, diues census, diues quoque numerus liberorum 1 15 2
quia sol aeternus in eo manet. inaestimabilia unius plenitudinis tria illi sunt membra, unum secretarium et patentes semper duodecim portae, 2 6 7
nescit; non pro honore, quia ambitiosa non est; non pro sexu, quoniam illi unus est ambo; non pro tempore, quia uaria non est; *non aemulatur*, 1 36 12
remansura peruigil sollicitudine cassa nec tibi ipsi inde aliquid concedendo illibata custodis? insuper de inopia quereris, qui quod habes nescis. 1 14 3
dicenda sunt, exsecraris in simulacris, colis in penetralibus tuis. nam et illic aureis argenteisque innumerabilibus ueluti templis tereti moneta 1 14 5
quod unius est, omnium est; quod omnium, singulorum. uultis scire, quae illic beatitudo uersetur? nemo suam uestem, nemo suas margaritas 1 5 18
non habet diligit. si ergo exsultat gloria eius saepe in gentibus (quamuis illic fructuosa uel uera esse non possit, quia sub inpudico praedone 1 1 3
ingemescit praeterea, si annus est sterilis, multo magis, si fertilis fuerit: illic quia parum distrahit, hic quia non solus. uultis scire, quantis sit 1 5 14
quae fuere responsa. si terribilia, consternata metu forsitan ipso cessante illicita eis uota donabis (quod maritis etiam sub fidelibus multae fecere 2 7 16
aut inter fumidos ignes pallenti aruina, funesto sanguine perlitare, ut illiciti administratione ministerii Christi panis mentibus possit expelli. sed 1 39 2
pollicetur quam locum caputque criminis monstrat. Adam etenim, cum illicitum pomum hoc membro decerpit, sic in genus humanum ius mortis 1 3 8
legibus per industriam colligit, uno impetu aliquotiens clusis oculis illa <illidit>. tertio diues est auaritia, utraeque cuius exaggerare opulentiam 2 1 7
dotata muneribus perennis connubii fideli propagine benigna caritas illigasset. nihil est prorsus, quod sine hac gratum, sine hac pacificum, sine 1 36 16
ac sic saepe contingit, ut merito perdat etiam sua, qui desiderat aliena. illinc alius uias uiantibus cludit, arcet ab herbis, arcet a siluis, arcet ab 1 5 13
qui ferri non potest blandus. igitur famigerabile committitur proelium: illinc diabolus horrendum totis intonans armis ministrisque insuper suis in 1 15 3
relinquamus signa laetitiae, quoniam haec est pars nostra et haec sors. illinc spiritus, quasi quidam dux peritissimus, horum omnium praedicit 2 4 11
filios appellat, ut exaggeret crimen; exaltatos, ut ingratos ostendat. bouem illis asinumque praeponit, ut grauius possint, si resipiscant, comparatione 2 21
caccabacei non sunt, non uetusti, non usti, non crudi, non mucidi. lacteus illis color est, lacteus sapor est. sed fortassis, quod nonnulli forma uidentur 1 41 2
liberatur. illis ducatum Moyses praebuit, dux noster Christus est dominus; illis columna nubis atque ignis uiam demonstrauit, nobis testamenti ueteris 1 46b 2
augetur. sin uero ex utroque, patriarcharum semesa fides est ac per hoc illis constitutionis nostrae uidelicet decernendi sunt libri, ut possint esse 2 3 9
Lazarum uerum diuitem sero cognoscit cupitque mortuus uel uno digito illis contingi manibus, quibus stipem denegauerat uiuus. odit iam sine 1 2 9
secunda illa circumcisio ab Iesu Naue quo genere celebrata sit petrinis illis cultris: cor an praeputium circumciderit. etenim si secundum ipsos nos 1 3 15
uera Aegypto, id est isto de mundo, semper momentis omnibus liberatur. illis ducatum Moyses praebuit, dux noster Christus est dominus; illis 1 46b 2
cornu priuati sunt. circumcisio, testimonium mentis impurae, iamiamque illis imminere supplicium denotati uulneris inflictu minatur. omne genus 1 46a 1
absumptum iri tormentis eum, qui praeuaricatus fuerit e duobus. sed nec illis impune succedit, qui sine uxoribus amore peccandi liberius incertas 1 1 14
in poculum, at Christi fontem qui biberit, in aeternum sitire non nouit. illis in deserto suauitas lactis et mellis exhibita est, nobis uero, quod plus 1 46b 3
ad eremum peruenerunt, nos post baptismum ad paradisum peruenimus. illis inrorata est esurientibus manna, nos autem esurire non possumus, 1 46b 3
et si multiplicentur, non oblecteris in illis; si non est timor domini cum illis, non corrideas animae illorum; melior est enim unus timens dominum 2 7 5
ullum nec quicquam suum ex bonis putabant, quae eis erant, sed erant illis omnia communia, sicut dies, sol, nox, pluuiae, nascendi atque 2 1 18
in magnis et mirabilibus se dicit non ambulasse, utique non dei, sed in illis, quae magna ab hominibus hoc putantur in saeculo. at *cum addidit:* 2 9 6
his propheta non ambulet, quomodo bonum insuper sibi opus adsignat ab illis recedendo, in quibus oportuerat ambulari? prioribus, fratres, posteriora 2 9 6
festi odio habentur. potiuntur eorum Romani regno. nihil, ut arbitror, illis restitit proprium, nisi quod agno salutari neglecto ingrati uiles agnos 2 17
idonei aut digni, qui caelestis panis perpetua soliditate fruerentur. petra illis scaturiuit in fontem, ut biberent detritis e lacunis, ut merebantur, 1 18 2
maxime cum scriptum sit: *et si multiplicentur, non oblecteris in illis; si non est timor domini cum illis, non corrideas animae illorum;* 2 7 5
apostolo hortante sic Paulo: *dico autem innuptis et uiduis: bonum est illis, si sic perseuerauerint sicut ego; si autem non fuerint continentes,* 2 7 2
possumus, sempiternam qui caelestis panis nobiscum portamus annonam. illis sitientibus petra fluxit in poculum, at Christi fontem qui biberit, in 1 46b 3
ut habere merearis integros, incolumes ac beatos. stulta autem res est illis te uelle uitae substantiam prouidere, quibus nec natiuitatem dederis 1 1 21
fiunt una. quid, quod illius sacrificium publicum est, tuum secretum? illius a quouis libere tractari potest, tuum etiam a Christianis ipsis minime 2 7 14
diuitiarum et sapientiae et scientiae dei! quam inexquisita sunt iudicia illius et quam inuestigabiles uiae illius! quis enim cognouit cogitationem 2 3 16
nequitias diaboli accepto scuto fidei, per quod poteritis omnes sagittas illius mali, quae sunt igne plenae, exstinguere. is enim infelicibus 1 38 6
quod si non fuit et est, multo magis poterit esse quod fuit, quippe cum illius potentissimi artificis rerum omnium conditoris ipse sit usus 1 2 16
dei! quam inexquisita sunt iudicia illius et quam inuestigabiles uiae illius! quis enim cognouit cogitationem dei? et tu eius naturam quaeris? sed 2 3 16
et in unum remeando si non confusione, uel errore fiunt una. quid, quod illius sacrificium publicum est, tuum secretum? illius a quouis libere 2 7 14
filio detraxeris, ad patris, cuius habet totum, iniuriam pertinebit nec est in illo aliquid, quod sit inferius, quia sicut pater nec plus potest habere nec 2 5 10
uultis, factis credite et cognoscite, quoniam in me est pater et ego in illo. constat ergo aequale esse, quod inuicem se capit cum spiritu sancto. 1 45 3
missurum se promittit haedum. at illa promisso expetit pignus, magis illo contenta quam praemio accepitque ab eo eius monile, anulum, uirgam; 1 13 2
uultis, factis credite et cognoscite, quoniam in me est pater et ego in illo, dictum significatione unica maiestatis et affectu indiuiduo pietatis, 1 25 8
excogitet uel quid diabolus machinetur, non metuat iustus, quia cum illo est deus. inde Susanna illustris Hebraea, uerae decus pudicitiae, docuit 1 40 1
secura calcat genera uniuersa terrorum; incolumis quasi orbe subacto de illo feralis caueae — iam non miserabilis, sed mirabilis — funereo ambitu 2 2 7
hortor uos natiuitatis tantae festa laeto celebrare conuiuio, sed non illo, in quo diuersis epulis intrimentorum lenocinio saporis de summa 1 24 1
dicit: *deus caritas est; qui manet in caritate, in deo manet et deus in illo manet* — , tunc demum, fratres, caritatem per semet ipsum ei 1 36 21
pristinum mortuos excitari talesque legitima die ante conspectum dei ex illo naturae secreto produci, quales fuerint pro sua quique qualitate 1 2 15
omnipotens propitiatur. postremo ille felix in futurum regnabit, qui tecum illo peruenerit. 1 1 21
aestuantibus globis erubescit quoque ipsum alienis ignibus caelum. illo praecipitantur insontes ibidemque propter quem praecipitantur 2 22
infelix est. denique post negotium perpetratum odit et se ipsam cum illo quem uicerit. haec saepe indixit quietis gentibus bellum; haec 1 1 7
quae in mundo sunt. si quis dilexerit mundum, non est caritas patris in illo, quoniam omne, quod in mundo est, concupiscentia carnis est et 2 4 12
quae in mundo sunt. si quis dilexerit mundum, non est caritas patris in illo, quoniam omne, quod in mundo est, concupiscentia carnis est et 1 36 27
tibi. si continens esse non poteris, saltem noli tuas nuptias fenerare, ne in illo resurrectionis die inter plurimos maritos non possis, cuius fueris uxor, 2 7 18
cum quanta obtulerat et filium; ubi enim fides fuit, non erat dolor. in illo sacrificio solus deus doluit, qui aliam uictimam procurauit; nam 1 43 7
fides quique illi fuerit cruciatus sua complicat uota. denique tres pueri in illo sacro certamine prae oculis deum sibi proposuere, non flammas, 1 11
dulciorem contemnit, ut seruet, destinat iugulare, ne iugulet, securus illo se non posse displicere facinore, quod deo gerebatur auctore. o nouum 1 4 13
uniuersa crimina expellunt ac rursus diligenter accludunt, ne quid illo uel friuolum, inde quod excluditur, reuertatur. mira ratio, mira 2 24 1
in plurimis operibus illorum non eris curiosus; multos enim seduxit suspicio illorum et in uanitate detinuit sensus illorum. similiter Paulus curioso 2 3 16
illorum. iudicabunt nationes et dominabuntur populis et regnabit dominus illorum in perpetuum. quid hoc est? si in perpetuum regnat, Paulus errauit; 2 5 6
illos et quasi holocaustomata accepit illos et in tempore erit respectus illorum. iudicabunt nationes et dominabuntur populis et regnabit dominus 2 5 6
in illis; si non est timor domini cum illis, non corrideas animae illorum; melior est enim unus timens dominum quam mille filii impii? cum 2 7 5
sis. quae praecepit tibi deus, illa cogita semper et in plurimis operibus illorum non eris curiosus; multos enim seduxit suspicio illorum et in 2 3 16
uerum Christum dominum, prodiderunt, qui ait: *ego sum uia et ueritas.* illorum profugus populus per mare rubrum dextra laeuaque undarum 1 46b 2
multos enim seduxit suspicio illorum et in uanitate detinuit sensus illorum. similiter Paulus curioso rescribit dicens: *o altitudo diuitiarum et* 2 3 16
sunt, hi sunt, qui audiunt uerbum et uenit diabolus et tollit de corde illorum uerbum, ne credentes salui fiant. terra uero hominem idolumque 1 13 5
qui excocti sunt non furno, sed fonte, non humano, sed igni diuino: non illos aura corrupit, non fumus amarus infecit, non frigus elisit; quod plus 1 41 2
uexati in multis bene disponentur, quoniam deus temptauit illos et inuenit illos dignos se. tamquam aurum in fornace probauit illos et quasi 2 5 6
autem eorum, qui crediderant, animo ac mente una agebant, nec fuit inter illos discrimen ullum nec quicquam suum ex bonis putabant, quae eis erant, 2 1 18
tamquam aurum in fornace probauit illos et quasi holocaustomata accepit illos et in tempore erit respectus illorum. iudicabunt nationes et 2 5 6
est; et in paucis uexati in multis bene disponentur, quoniam deus temptauit illos et inuenit illos dignos se. tamquam aurum in fornace probauit illos et 2 5 6
illos et inuenit illos dignos se. tamquam aurum in fornace probauit illos et quasi holocaustomata accepit illos et in tempore erit respectus 2 5 6

propriis, sed in publicum tota diffusa sit, diffamationibus uigeat, huc atque	illuc aestuans uarie caeca prorumpat, uicta sit autem, si dissimulatio	1	4	11
in ea commanens possidebit. memorandum quoque necessario est etiam	illud, a quo quid agatur in templo. sacerdos uocat, ostium credulitas	2	6	9
felicitatis. duplex itaque forma surgendi est: prima sanctorum, in qua	illud beatitudinis regnum primae tubae regali tessera conuocati capient	1	2	23
quid opus erat, ut fieret quoque terrenus? simile dictum euangelicum	illud consentanea potest argumentatione pulsari; scriptum est enim: *nemo*	2	4	2
duobus: illud quod sensibile est an quod caret sensu. uerum quis dubitet	illud fortius esse, quod sentit, quod sapit, quod cogitat, quod mouet, quod	1	7	2
interficit, quos in amaritudine absumit. quis non intellegat, fratres,	illud pascha non esse, sed bromosum latronis cruenti conuiuium? per	1	28	2
Iudaicus est populus, cui praecipitur, ut semen excitet fratris, non utique	illud, quod a deo damnatum iure uidebatur, sed ut reliquas nationes, quas	1	13	5
et tanta tormenta Aegyptiorum solus ipse nihil aut timuit aut sensit. quid	illud, quod per mare medium terrenum duxit ingressum? quid [quibus] de	1	61	8
ac per hoc necessario requirendum nobis erit, quid sit fortius de duobus:	illud quod sensibile est an quod caret sensu. uerum quis dubitet illud	1	7	2
innocens quod habet legibus perdat. quod est omni uiolentia deterius, quia	illud, quod ui eripitur, nonnumquam repeti potest, quod legum	2	1	17
timorem, quod est uerius atque iustius, transfer ad deum et, quale uelit	illud sit, repente exstinguetur incendium. sed sic ego in rebus demoror	2	7	9
urbem funesta conuentione cognouit ac singulos quosque ad funestum	illud spectaculum trahi, contemptis uniuersis facultatibus suis, amputatis	1	39	3
nostris, dum mortis lege seminantur, non substantiam, non imaginem, sed	illud tantum quod inutile est discuti, quod teritur demutari, sicut scriptum	1	2	30
quam inanibus intexta suspiriis fabula remansit. denique regium	illud templum campis aequatum iacet. altaria dei eius subuersa manu cum	1	28	1
legitimum pascha possit celebrare, non uideo, cuius eminens famosumque	illud templum miserabili uastatione campis aequatum suo puluere iacet	1	19	1
o caeca mens hominum! quid praesentium carnalium rerum fugaci	illuderis blandimento? quid deteriori meliorem subiacere compellis,	2	4	15
pater esset multarum gentium, hic iustitiam non didicit, sed genuit. non	illum accessus infecerat urbium. non habuit legem, cuius conuersatio lex	1	62	1
prodidit, prophetia passurum dominum praedicauit, utrosque uolentes,	illum condicione, dominum pietate. cetum esse non dubitatur infernum;	1	34	8
amemus et honorificemus quem inuenimus deum. sane quaerant	illum, qui eum non habent secum.	1	56	3
considerat, non formam, non sexum, non gradum, non sacrosanctum	illum saltem suae pietatis affectum. hic facibus suis Euae pectus incendit;	1	36	25
ibidem conculcantur, hoc est summa cum contumelia a persecutoribus	illusi iugulantur. sucus earum in ultimo preli pondere duabusque tabulis	2	11	6
mensuram, amore imaginis suae de caelo descendit, uteri uirginalis	illustrat hospitium ibidemque in homine includit deum. utitur et figura et	2	4	7
naufragium, post natatile sepulcrum incolumis tertio post die Nineuitas	illustrat terribilibus oraculis salutem ciuitati credulae praestaturus.	1	34	6
sui domicilii saepto teneatur, tamen quicquid uoluerit, omnibus momentis	illustret. non ergo carnale hoc domicilium imaginem dei debemus accipere,	1	27	3
sui domicilii saepto teneatur, tamen quicquid uoluerit, omnibus momentis	illustret. non ergo carnale hoc indumentum imaginem dei debemus	2	30	3
custodiret. sol denique quamuis mira celeritate alternas mundi metas	illustret, tamen numquam dilectam uerecundamque anteuertit auroram;	1	4	4
se cum liberis suis emori quam iustitiam praeterire. pro quo tam	illustri facinore cibos a deo inmortales accepit, quos edacitas delibare	2	1	20
obscuret. nunc ad patientiae reuertamur uirtutem, quae maioribus nostris	illustri uirtute perennem gloriam peperit et salutem. Abel ideo martyr,	1	4	12
castitate fortiter moritura, et quam iudicantium sententia praua deiecerat	illustris conscientiae integritas erigebat. sufficit ergo pudicitiae conscientia;	1	40	1
Christi dei et domini nostri prouidentia comparatur. hic labor noster	illustris, haec gloria omnium sacerdotum, hoc mysterium deo, hoc opus	2	6	11
machinetur, non metuat iustus, quia cum illo est deus. inde Susanna	illustris Hebraea, uerae decus pudicitiae, docuit feminas suae castitatis	1	40	1
praemium populus accenditur et de martyris meritis non siletur. sed quis	illustris martyrii palmiferam trophaeis coronam competenti ualeat sermone	1	39	1
alligari profundaeque noctis feralibus tenebris obcaecatum miserabiliter ad	ima deferri. sed quia inexstinguibilis pestis incendio totus mundus exarsit,	1	5	1
morte constituunt, cum deus, posteaquam de Aegypto egressi sunt, ubi	imaginarium pascha gesserunt, dicat: *plenus sum holocaustomatis arietum*	2	25	1
qui non possunt aquam portare. postremo infelices quid sperant de	imagine, cuius nosse non sunt meriti ueritatem, dominum nostrum Iesum	1	18	2
generi salutare munus inpertit; illa sanguine gaudet, haec gratia; illa	imagine, haec ueritate; illa damno, haec lucro; illa agit captiua sub lege,	1	3	23
submergitur, dum semper exaestuans libidinis turpitudo aut ueritate aut	imagine perpetratur. praemia aut tradit aut accipit, corrumpit aut	1	1	6
uariantibus loquitur, sed res una in omnibus inuenitur. igitur Iacob habet	imaginem Christi, sed et lapis ipse, quem ad caput suum posuisse	1	37	1
eis ademit pascha, qui id, per quod ab eis pascha geritur, reprobauit. 'at	imaginem colunt.' nec ipsam quidem, quia falso colit imaginem, qui eius	2	25	2
supplicio suffragante gloriosi amore diuinae religionis regis adorare	imaginem contempserunt, utpote qui ipsum contempserunt regem. qui ira	2	22	
uoluerit, omnibus momentis illustret. non ergo carnale hoc domicilium	imaginem dei debemus accipere, sed caelestis hominis spiritalem, quam in	1	27	3
uoluerit, omnibus momentis illustret. non ergo carnale hoc indumentum	imaginem dei debemus accipere, sed caelestis hominis spiritalem, quam	2	30	3
praedictorum tertius frater minor ex gentibus uenientis nouelli populi	imaginem depingebat, Thamar ecclesiae, quae ei recte nupta non est, quia	1	13	7
rationem Paulus euidenter prodidit dicens: *quemadmodum portauimus*	*imaginem eius, qui de limo est, portemus et eius imaginem, qui de caelo*	2	30	4
ad imaginem et similitudinem nostram (et fecit, inquit, *deus hominem ad*	*imaginem et similitudinem dei*), et alio loco dicat: *ego sum qui sum et non*	2	30	2
ad nos pertinet, uideamus, quid sit, quod deus ait: *faciamus hominem ad*	*imaginem et similitudinem nostram (et fecit,* inquit, *deus hominem ad*	2	30	2
ad imaginem et similitudinem nostram (et fecit, inquit, *deus hominem ad*	*imaginem et similitudinem dei),* et alio loco dicat: *ego sum qui sum et non*	1	27	2
pertinet partes, uideamus, quid sit quod deus ait: *faciamus hominem ad*	*imaginem et similitudinem nostram (et fecit,* inquit, *deus hominem ad*	1	27	2
ubi purum deum significat, sic dicit in Genesi: *et fecit deus hominem ad*	*imaginem et similitudinem dei*, et in Psalmis: *deus autem rex noster ante*	2	5	2
sensus opinationes excludit, quippe cum dicat: *faciamus hominem ad*	*imaginem et similitudinem nostram*; non inquit: 'fac ad tuam', sed ait:	1	45	1
ut oderit se sine ipso. accedit ad cumulum, quod ideo *deus hominem ad*	*imaginem et similitudinem suam fecit*, ut contemplatione imaginis	1	36	23
se duobus angustum; mirantur elementa hominem, qui factus sit *ad*	*imaginem et similitudinem dei*, posse iugulari, et hoc a fratre. erubescit	1	4	9
habitatori ulla ne querela subesset, sollertia mira perfecit, tunc *ad*	*imaginem et similitudinem suam fecit sibi ipse simulacrum sensibile atque*	2	4	4
ac sibi soli dignissima indiuiduae dealitatis! unus homo ad duorum	imaginem et similitudinem fingitur nec tamen in eo, quid cuius sit,	1	45	2
sapere, sed time. cum haec ita sint, cur legem lege distringis? cur sub	imaginem fidei fidem deponis? cur ipsum fontem diuinitatis philosophicis	2	3	13
quia habent *aliquid infidelitatis insertum*; infideles non sunt, quia habent	imaginem fidei, professione deo, factis saeculo seruientes. uolunt nosse	1	35	5
uiam demonstrans Christus est dominus. quod duplicem nubis et ignis	imaginem gerit, iudicia duo designat: unum aquae, quod gestum est, ignis	2	26	2
declaremus, quid ipsi ueritati debeamus, scientes, quoniam, si quis	imaginem laeserit, in exitium suae animae incitat ueritatem. nec est dicto	1	36	24
Christi, falso idolum respuis; mihi crede: in te colis, cuius ornatum, cuius	imaginem non deponis. ad ecclesiam dei opere uario totum inaurata	1	14	6
possit inueniri terrarum? igitur in deum cum haec non incidant, ergo dei	imaginem non habemus? absit, fratres. habemus plane, et quidem	2	30	3
quo iugiter sibi similis esse uideatur? cum haec aliter non sint, ergone dei	imaginem non habemus? habemus plane et quidem manifestam ex eo ipso,	1	27	3
sum qui sum et non demutor. cum hoc ita sit, homo quemadmodum dei	imaginem portat, cuius uultus passibilis, omni conuersioni subiectus	1	27	2
sum qui sum et non demutor. cum hoc ita sit, homo quemadmodum dei	imaginem portat, cuius uultus omni conuersioni subiectus momentis	2	30	2
resurgens se ciuitati Ierusalem intulit ante quam caelo. at uero Nineue	imaginem portat ecclesiae, in qua gentium iam inde noster populus	1	34	9
et tamen a cunis genitalibus non recedit. profecto sacramenti dominici	imaginem portat, nam occasu passionem resurrectionemque ortu rediuiuo	1	58	
et tamen a cunis genitalibus non recedit. profecto sacramenti dominici	imaginem portat, nam occasu passionem resurrectionemque ortu rediuiuo	1	57	
sed mutauit! Iob, quantum intellegi datur, fratres carissimi, Christi	imaginem praeferebat. denique comparatio indicat ueritatem. Iob iustus	1	15	7
orbem dispersere terrarum. Ionas in naui dormiens sacramenti dominici	imaginem praeferebat; etenim significabat nauis materia crucem, somnus	1	34	8
prophetia ad sui dicti iam peruenerit ueritatem. Iesus enim Naue Christi	imaginem praeferebat, qui uerus omnium saluator esse cognoscitur et factis	1	3	16
ludibria, sed, ut sit honoratior, se ipsam contemnens, iam ueritatem non	imaginem quaerens, iam spiritalia non sua desiderans, de qua Paulus ait:	1	2	25
portauimus imaginem eius, qui de limo est, portemus et eius	*imaginem, qui de caelo est.* quam qui sancte portauerint, sicut apostoli	2	30	4
reprobauit. 'at imaginem colunt.' nec ipsam quidem, quia falso colit	imaginem, qui eius non diligit ueritatem. sane hoc solum competenter	2	25	2
qua sincere uiuentes in custodiam nostrae salutis per spiritum sanctum	imaginem referimus, quam tenemus. quod conuenit cum ea, fidelium	1	13	11
in corporibus nostris, dum mortis lege seminantur, non substantiam, non	imaginem, sed illud tantum quod inutile est discuti, quod teritur demutari,	1	2	30
quam qui sancte portauerint, sicut apostoli omnesque iusti, non tantum	imaginem, sed ipsum deum quoque portabunt, sicut et scriptum est: *uos*	2	30	4
quoddam est speculum intuentis plenitudine grauidatum, quod non tam	imaginem suam quam eius, cuius est in usibus, gerit. denique tot efficit	1	2	29
decertemus igitur, fratres, inter nos mutui amoris aemulatione gloriosa	imaginemque dei dignissime uenerando declaremus, quid ipsi ueritati	1	36	24
tempus non sinit, fratres,	imagini reddere ueritatem. uerum tamen, Iudaee, quid monumentis tui	1	9	
tempus non sinit	imagini reddere ueritatem. uerum tamen, Iudaee, quid designatione tui	2	16	
hominem ad imaginem et similitudinem suam fecit, ut contemplatione	imaginis pateremur reuerentiam ueritatis in eaque res condicione dimissa	1	36	23
si Iudaei uacuatae	imaginis recordatione gloriantur, quanto magis Christianus, in quo non est	1	46b	1
conceptum, permaneret talis quoque post partum. o noua ratio! amore	imaginis suae coactus in infantem uagit deus patiturque se pannis alligari,	2	12	3
filius dei, cuius sapientia non habet finem nec fortitudo mensuram, amore	imaginis suae de caelo descendit, uteri uirginalis illustrat hospitium	2	4	7
eo ipso, quod non est nobis portantibus nota. incomprehensibilis enim dei	imago inuisibilis sit, necesse est. denique oculis non est subiecta carnalibus;	1	27	3
ex eo ipso, quod non est portantibus nota. incomprehensibilis enim dei	imago inuisibilis sit necesse est. denique oculis non est subiecta mortalibus.	2	30	3
post momentum festo exsultat in tumulo, non umbra, sed ueritas, non	imago, sed Phoenix, non alia, sed quamuis melior alia tamen prior ipsa.	1	2	21
fingitur homo. construitur mobile totumque se nesciens simulacrum et, ut	imago sit dei, inspiratur a deo in *animam uiuentem*. concepit spiritum	1	56	3
subactis infami hasta persequentes hospitum terga depopulabantur, e caelo	imber fusus a domino flammis et sulphure armatus poenali procella	1	4	10
inuitata producitur, ui aliqua separetur. tum solemniter plorans clementer	imbre suo rorat conceptaque musti felicibus lacrimis fluenta denuntiat.	2	11	3
ictus uisi sunt plumbatarum, stetit contemptus eculeus, crebri fustium	imbres maioris poenae contemplatione neglecti sunt. excogitatur nouum	1	39	6
naufragio trino diluitur, cum insani populi furibunda tempestate lapideis	imbribus feliciter grandinatur, cum *in profundo maris die* demoratus *ac*	1	34	4
conclamatum; frigentia tepefacit crebris osculis labra; totum corpus	imbribus relauat lacrimarum crinium suorum damno cooperiens;	1	2	14
omni iustitia expeditior sequitur Christum. ui tempestatis, solis atque	imbris ad maturitatem cogitur; et iustus temptationibus crebris, magnis ac	2	11	6
profundis clamaui ad te, domine. clamat namque de profundis, id est de	imis praecordiis; clamat de profundis, sed quibus saeptus erat maestus ac	1	34	3
dum blanda festiuitate facinorosa facinorosorum et colenda crimina et	imitanda persuadet. adeo uiris contra dei legem deique iustitiam euagandi	1	1	12
quae desertae, ardore seu dolore compulsae, si talia gerant, putant se aut	imitari aut uindicari. propter quod in praeceptis dominus ait: *qui dimiserit*	1	1	13
aurum et argentum, non tantum deos colere, sed eorum mores et actus	imitari. cuius rei facilis probatio est, illa cum interim, quae nostra sunt,	1	14	4

nouerit? absit. indicat ille, sed nobis, quos cupit quod facit ac praedicat imitari. ergo inquit: *non est exaltatum cor meum,* docens *optimum* esse 2 9 3
calceamenta, arripe baculum manu. in eremum proficiscere, si tuos uis imitari maiores. 2 20 2
ante ridiculo habueris, admirari; cuius exsecratus sis corruptelam, optes imitari uirtutem; quem cupidum semper horrueris, stupeas passim in 2 29 3
si fieri potest, saltem aliqua ex parte mores imitemur, si non possumus imitari uirtutes. tanta enim probitate uixerunt, ut pars felicitatis sit nosse, 1 15 1
legenda narratio, ut maiorum, si fieri potest, saltem aliqua ex parte mores imitemur, si non possumus imitari uirtutes. tanta enim probitate uixerunt, 1 15 1
infantiae rudimentis iubenti ac deposcenti deo innocens martyr offertur, immaculata hostia nec uictima imparata, qui testis diuini timoris ad fidem 1 59 2
non est ullus; hic *sempiternus*, quia occisus est et inuentus est uiuus; hic *immaculatus*, a peccato quia solus est mundus; hic *salutaris*, quia per 1 8 2
maturus, quia aeternus est, *perfectus*, quia *dei uirtus deique sapientia* est, *immaculatus*, quia peccatum non habet solus, *salutaris*, quia mortem 1 46a 2
cogitatione puniri, quem nefarium fuerat etiam tardius adorari. ad cuius immanis ausi saeuitiam metuenda elementorum forma mutatur et dei 1 59 9
mactatione terribili gloriam se praestitisse, non crimen. quid hoc est? ecce immanitas in fidem et scelus transit in sacramentum; parricida incruentus 1 4 15
qui ira sufflatus solito septies amplius caminum iussit incendi ac, ne quid immanitati saeuientis deesse uideretur, pice et stuppa armatum citatur 2 22
et tamen hominibus mitior inuenitur. ne quid scenae tam dirae immanitatis deesse uideatur, immittuntur etiam marina monstra; laciniis 2 2 6
miseri sunt Iudaei, qui deum patrem, a quo sunt geniti, respuerunt tanti immemores honoris, tantae dignitatis ignari. quid enim beatius, quam si 1 61 6
hominem demutare ualuisti. tu eum breuiatum paulisper a maiestatis suae immensitate peregrinari fecisti. tu uirginali carceri nouem mensibus 1 36 29
perspicitur interire. similiter in inferno diues ille tenacissimus, quem chaos immensum a pauperis felicitate discernit, ardoribus suis implorando 1 2 9
exsultant adulteri, damnatur integritas. iamiamque Susanna ad supplicium immerens trahebatur, iam totus populus in eius sanguine tumescebat, iam 1 1 19
dei fucatus quaeritur sermo, sed ueritas pura, a qua longe omnes illi non immerito aberrauerunt, qui iustitiam dei manere in eloquentiae uiribus 2 1 1
ex modis, cum aut exaestuat aliquo reatu conscientia; aut cum hostilis imminens manus gladio salutem premit; aut cum uiantis itineri erectus in 2 2 2
nemo domesticum, qui cognitione secreti est omnium peior, nemo imminentes diei iudicii flammas, per quas omnes nudi transituri sumus. 1 5 15
protulit monile, anulum, uirgam seque liberauit sacramento numeri ab imminenti supplicio; ecclesia ipsa ueritate, in nomine patris et filii et 1 13 13
Ionas adaeque propheta ad Nineuitas missus a deo est, eorum ut imminere ciuitati interitum nuntiaret; ingentibus enim peccatorum sarcinis 1 34 5
Noe cataclysmum, quo omnis caro funditus deleretur, denuntiante deo imminere per momenta et credit et timet arcamque, cum suis ut saluus 1 4 12
priuati sunt. circumcisio, testimonium mentis impurae, iamiamque illis imminere supplicium denotati uulneris inflictu minatur. omne genus 1 46a 1
exspoliauerat magnis, magnis uestit ulceribus, quibus insuper uermes immittit edaces, ut in tormenta morientis cum homine aduenticium uulnus 1 4 18
mitior inuenitur. ne quid scenae tam dirae immanitatis deesse uideatur, immittuntur etiam marina monstra; laciniis omnibus spoliatur puella, 2 2 6
solum exspectabat bona illa tempestas, sorte ductus naufragus redditur, immo a ligneo ad nauigium uitale transfertur. qui ut est dimissus in altum 1 34 6
membris omnibus denudatam, conuexis manibus se tegere conantem, immo animi sui uitium et corporis demonstrantem, post multa adulteria 1 1 11
complectitur Christum. per hanc a deo patre quod petitis impetratis, immo illa per uos impetrat, pro qua sollicite laboratis, ne, dum aliquid 1 1 4
uobis exhibet sanctitatem, uos ei amorem. per hanc attingitis Christum, immo illa per uos uobiscum complectitur Christum. per hanc a deo patre 1 1 4
suum sibi genitale in germen exspirans uetusti corporis superficie deleta, immo in melioris naturae iura transmissa, felix caput comis uirentibus 1 2 22
enim matre eademque magistra uniuersa quae diximus, sed et alia multa, immo omnia undique sine pausa quae scaturiunt mala nascuntur atque 1 5 4
ipso quod nutrit, donec hospitis germinis adoptiua pinguedine absumptus, immo pinguedo ipse factus, totusque acceptum translatus in honorem 1 2 27
quia iusto necessaria non est, peccatori uero molesta est'. absit, fratres: immo potius ueneranda est, quia ueritatis speculum, quia rigida quaedam 1 36 18
uirginalis hospes pudicus inlabitur ibidemque qualis uelit esse disponit. immo quod iam olim disposuerat complendum latenter adsumit. namque 2 12 1
uirtutum. in hanc fortiter incumbendum; ipsa est enim uitae nostrae immobile fundamentum, inuictum aduersus diaboli impetus 1 36 4
numquid manducabo carnes taurorum aut sanguinem hircorum potabo? immola deo sacrificium laudis et redde altissimo uota tua et inuoca me in 1 25 1
mundum, quoniam magnum est nomen meum apud gentes, dicit dominus. immola deo sacrificium laudis. immola, inquit, *deo*, non daemoniis, 1 25 8
nomen meum apud gentes, dicit dominus. immola deo sacrificium laudis. immola, inquit, *deo*, non daemoniis, *sacrificium laudis*, non uituperationis, 1 25 8
agnoscere, quantis catenis uincta tenebrarum mens laboret incredulorum. *immola,* inquit, *deo sacrificium laudis.* primo omnium sacrificiorum tria 1 25 3
ne trepidatio fidem prodat infirmam. sub hac denique immolantis immolandique constantia absolui meruit, dum humanum ex se deponit 1 59 7
libratur ad ictum uulneris securus animus, sed securior manus; elatus in immolandum gladius uibratur nec puerum mors uicina contristat, ne 1 59 7
uicina contristat, ne trepidatio fidem prodat infirmam. sub hac denique immolantis immolandique constantia absolui meruit, dum humanum ex se 1 59 7
qui pro Isaac immolatus est deo; hunc obtulit Abraham, hunc iussus est immolare <...>. 1 43 8
casibus: nam retro respiciens Abraham inuenit uictimam, quam innocens immolaret. eo ferro mactauit arietem, quo filium percutere iam parabat. a 1 43 7
in montem, cum de patre quaereret, ubi esset uictima quam disponeret et immolaret, securus de fide generis sui pater filio, de quo non dubitabat, 1 43 5
uictima placet, hoc me sanguine deplacabis, iste meis sacris debetur; unde immolari iam iubeo.' non contristat frontem deuotissimus Abraham nec 1 43 3
Paulus: *Pascha nostrum immolatus est Christus.* cur autem dignatus fuerit immolari, Iohannes Baptista ante praedicauit his uerbis: *ecce agnus dei,* 1 8 2
lex et prophetae usque ad Iohannem. sacerdotibus eorum luctus indicitur. immolatio aufertur. cessat unguentum. circumcisio uacuatur. sabbatum 2 17
qui deseruitis altari, quoniam ablata est de domo dei uestri hostia et immolatio. multa sunt, quae dici possunt, sed satis otiosum est in his 1 25 6
nullo iure legis tenebatur, omne ius diuinum praecipue custodiuit. cuius immolatione ille quoque gauderet, qui ad uictimam parabatur. aries 1 43 8
ipsi tui non inuenere maiores. atque utinam tu inuenias! dignus es enim immolatione tali, qui salutem tuam in incerti pecoris sitam uisceribus 2 20 1
nisi probasset fidelem. denique, carissimi, intrepidus ad ministerium immolationis armatur; libratur ad ictum uulneris securus animus, sed 1 59 7
crudelitas fructum sortita est, quia, sicut in Isaac aliud offertur et aliud immolatur, ita et in passione Christi quod per Adam deliquerat, per 1 59 9
sensibus mundis offertur; quod non iugulatur ut pereat, sed, sicut Isaac, immolatur ut uiuat, apostolo hortante nos Paulo, cuius ista sunt uerba: 1 25 9
carissimi, ut ait apostolus, *contra spem* natum Abraham ad aram filium immolaturus domino auctore perducit nec deest ad ministerium gladius, ut 1 59 6
quo lex ait: *Pascha est domini*; apostolus quoque Paulus: *Pascha nostrum immolatus est Christus.* cur autem dignatus fuerit immolari, Iohannes 1 8 2
haerebat in uepre implicitus spinis, capite obligatus: hic est qui pro Isaac immolatus est deo; hunc obtulit Abraham, hunc iussus est immolare 1 43 8
in fidem et scelus transit in sacramentum; parricida incruentus redit et qui immolatus est uiuit. ambo sibi gloria, ambo claritatis exemplum, ambo dei 1 4 15
deo. hoc enim placitum est domino, ubi se ipsum candidus animus immolauerit domino; cetera autem nihil proderunt, si colentis pura mens 1 25 9
membri, sed ipsum membrum radicitus abscisum mysteriis turpioribus immolauit, illa uidelicet ratione, quia Iudaeus post sacramentum per hanc 1 3 2
quoscumque inuaserint, incremento conficiunt; hic solus ad hoc crescit, ut immortalem, quem possederit, faciat. 2 2 7
Archadii martyris gesta annalibus triumphanda mandamus, in agonem immortalis laudis Christianus semper ardor animatur. erit geminum de 1 39 1
excelsus in excelsis, humilis in terris, saeculorum genitor, filius uirginis, immortalis sibi, homini moriturus; mortem gustat, ut mortem deuincat; 2 5 3
recepit et facultatem; at dominus resurgens non sanitatem tantum, sed immortalitatem in se credentibus praestitit dominiumque totius naturae 1 15 9
quo tenditur uel portatur, crucis est dominicae signum, sine quo uiuere immortalitatemque apprehendere in toto non potest Christianus. quod 2 11 4
semper aequalis, quia in se non admittit aetatem; solus sempiternus, quia immortalitatis est dominus. hic est deus noster, qui se digessit in deum; hic 1 7 3
sacerdotibus praestat, consequentibus ministris promotionis augmentum, immortalitatis fidelibus fructum, paenitentibus curam, catechuminis lucis 1 6
loquitur seruis: *et si coram hominibus tormenta passi fuerint, spes eorum immortalitatis plena est; et in paucis uexati in multis bene disponentur,* 2 5 6
ipsa tituli psalmi lecti declarat; sic enim se habet: *in finem pro his qui immutabuntur.* Iudaicus etenim populus, qui prior uinea dei dictus est, 2 11 1
in poena sui corporis iustum. namque summo capitis a uertice usque ad imos ungues pedum plaga inimici percussus populosis ulceribus non 1 15 5
domus dei caduca illa ambitio putaretur. quod si ita esset, inter memorata impar cultu semper ecclesia inueniretur. sed haec saecularia sine legitimo 2 6 2
deposcenti deo innocens martyr offertur, immaculata hostia nec uictima imparata, qui testis diuini timoris ad fidem a domino poscitur, a parente 1 59 2
populum, ueterani odii assertor antiquus, et totam familiam domini impastae feritatis grassatione turbabat. indixerat in homine deo bellum et 1 39 2
Iudaici populi deficit sermo, qui dei patientiam sui obstinati cordis impatientia superauit. non enim leue crimen est eius, cum de eo ille 1 47
pietati, pietas religioni, fauet utrisque religio. medius stupet gladius nullo impedimento suspensus mactatione terribili gloriam se praestitisse, non 1 4 15
cum domino adstare fulgentes Moysen Eliamque, quos propter tunc impedimentum carnis uidere non possent, libertate spiritus uident, exinde 1 2 9
nullus est mundanarum uestris in ceruicibus catenarum. uinculis nullis impeditae sunt manus, nullis pedes onerati compedibus. non uos ullus 2 29 1
tectum non habet nisi caelum. dicam praeterea, quae cotidie merces, quae impendatur annona. omnibus peraeque unus panis cum signo datur, aqua 2 6 8
exaltatos, ut ruina terrori sit; spretores, ut poenam supplicii sibimet impendere cognoscant. quod exemplum, fratres, fortiter fugite simulque 1 30
horum denique uasis semper in plenis manebat status quantumque eis impensae diurnae necessitas dempserat, tantum rediuiua fecunditas 2 1 20
non credis? sin uero fidem spiritus calles, aliquam demonstra uirtutem: impera montibus, ut transferant sese; in admirationem tui rictu blandiente 2 3 14
ipse quoque fidelior, nec recusabat mortem, quam deus qui uitam dederat imperabat. laetatur pater filio quoque gaudente et cum gaudio unici 1 43 5
de quo agitur, periturus est; caro enim damnum pati potest, animo autem imperare non potest; ipse enim regalis potestatis imperio subiectum sibi 1 3 9
humanis, humana caelestibus iungis arcana. tu diuina custodis. tu in patre imperas. tu tibi in filio obtemperas. tu in spiritu sancto exsultas. tu cum in 1 36 32
maiestatis dominum non possit mundi istius mediocritas sustinere. cum imperat pater orbem fieri, opus cum dicto completur a filio. quomodo 1 56 2
ante faciem uersaretur, scriptura teste a deo perhibetur occisus. secundo imperat, ut intret ad fratris uxorem ac semen excitet fratris; qui ingressus 1 13 1
Liam excipit, prolixa tempora obseruat, omnia soceri libens tolerat imperata; qui si esset inpatiens, astu circumscriptus pro Rachel 1 4 16
imperio potiretur, tam diu felix, tam diu inexterminabilis uixit, quam diu imperata regalis edicti continuit. at ubi sinistro consensu inuidi ex 1 4 8
infecerat urbium. non habuit legem, cuius conuersatio lex fuit. audit imperatum sibi a deo exilium, ut cognationem suam simul dimisisset et 1 62 1
in arce cum esset adhuc paradisi constitutus beatissimusque beati orbis imperio potiretur, tam diu felix, tam diu inexterminabilis uixit, quam diu 1 4 8
est regnum, ut post regiam dignitatem maiore dedecore in perpetuum imperio Romano seruiret. sane uultis scire, quantae sit sanctitatis? quem 1 52
alioquin ista innumerabilis simplicitate sua felicior turba adhuc mortis imperio subiaceret, si legis periti tantum iustificari meruissent. at cum 2 3 2
pati potest, animo autem imperare non potest; ipse enim regalis potestatis imperio subiectum sibi corpus seruilibus officiis suae compellit implere 1 3 9
circumstantibus doctis quispiam <in> cachinnos erumpat, quod homo imperitissimus et elinguis aliquid audeam de iustitia disputare, de cuius 2 1 1
posse praesumis, hic tibi ego respondere non audeo, sit quippe cum tutius imperitum uideri quam esse sacrilegum. et tamen habeo, qui pro me tibi 2 3 15
de mundo mundique tota substantia, si uel uno momento diuinitatis cessat imperium. at si, ut ratio ipsa proclamat, cessare nullo pacto potest uarietas 2 5 5
nisi ut fides de infidelibus uindicetur. denique tolle peccatum: cessat legis imperium. *lex* enim, sicut scriptum est, *iusto posita non est,* sed peccatori, 2 3 4

iustitiam propria tueri, aliena non quaerere, sapientiae uerae negligentes imperium, quod uerbis huius modi continetur: *si uis perfectus esse, uade et* 2 1 15

infernus. non superi, non inferi parcebant simulacro dei: etenim mortis imperium sibimet uindicauerat totum. haec cum diu sic haberentur, 2 4 6

concitatis, terribili increpans tuba praedonum corda face furiali succensa, impetibus crebris passim totas hominis dei facultates inuadit, subito rapina, 1 15 3

armatur et ira, similiter nonnumquam ui extorquens quod blandimentis impetrare non potuit. libidinum commutatione uaria gaudet semper et 1 1 9

quae plus pro ornatu es quam pro salute sollicita. quid autem a deo impetrare te posse credis, quae eum per id, per quod irascitur, deprecaris? 1 14 6

Christum. per hanc a deo patre quod petitis impetratis, immo illa per uos impetrat, pro qua sollicite laboratis, ne, dum aliquid postulat, erubescat. 1 1 4

uos uobiscum complectitur Christum. per hanc a deo patre quod petitis impetratis, immo illa per uos impetrat, pro qua sollicite laboratis, ne, dum 1 1 4

scit deum libenter audire. hoc igitur e profundo clamans similiter Petrus impetrauit a domino, ut profundi maris lubricos sinus insubditaque 1 34 3

mortis fiducia. denique quod sapientia legibus per industriam colligit, uno impetu aliquotiens clusis oculis illa <illidit>. tertio diues est auaritia, 2 1 7

ac fortiter bibite, dum licet, superfluentis amnis undae subiecti toto impetu totaque deuotione uestra uasa replete, ut semper uobis aqua 1 12

est enim uitae nostrae immobile fundamentum, inuictum aduersus diaboli impetus propugnaculum pariter ac telum, animae nostrae inpenetrabilis 1 36 4

sed in caelesti prole, non semine, progenitum certissimum dominum impia Iudaeorum exarsere consilia. quem tacentem tamquam obnoxium et 1 59 8

dei, posse iugulari, et hoc a fratre. erubescit rudis terra pio sanguine impiata. solus Cain exsultat infelix et, quod teste caret, putat se caruisse 1 4 9

locus. nam hominem uiuum, ut adhuc usque, consumebat labor, gemitus, impietas, dolor, aegritudo, miseria; mortui quippe corpus figuramque illam 2 4 6

patri dilectus filius, dignam sententiam percipit abdicatus. cuius enim impietas paterno affectui parem gratiam non refert, quantum sit criminis 1 61 6

peccatorem et iustum. denique etiam ipse impiis iudicium, quia iam sua impietate praeiudicati sunt, non derelinquit neque peccatores, qui iudicandi 1 35 3

humanus circa impietatem Iudaici populi deficit sermo, qui dei patientiam sui obstinati 1 47

destringit, ne incitata uictima displiceret. cesset itaque hic, carissimi, impietatis abominanda suspicio: Abraham dominum filio, sacerdotem 1 59 7

quantum sonus lectionis indicat, fratres, Iudaicus quidem populus impietatis arguitur, sed Christianus, ne talis euadat, pariter commonetur. 1 10a

succumbit, non amicis insultantibus cedit, sed uictor crudelitatis et impietatis in sterquilinio foetido scaturiente uermibus, quasi nihil passus, 1 15 6

at ubi diabolus adgressuris tantis nihil se profecisse cognoscit, omnem impietatis suae rabiem in filios eius effundit. nam cum solito more 1 15 4

consilio existimauit. nunc scire debemus, quoniam iusti uitae perpetuae, impii aeterno sunt destinati supplicio nullaque eos cognitio exspectat 1 35 4

animae illorum; melior est enim unus timens dominum quam mille filii impii? cum haec ita sint, age uidua, quae sicut innocens uirgo nubere 2 7 5

Dauid in Psalmo primo his uerbis expressit: *non resurgunt*, inquit, *impii in iudicio neque peccatores in consilio iustorum.* gradatim pro meritis 1 35 3

destinat poenae, in Psalmis spiritu sancto dicente: *ideo non resurgunt impii in iudicio neque peccatores in consilio iustorum, quoniam scit dominus* 1 2 23

metus in ecclesia continet, sed tamen eos mundana uoluptas ad se trahit. *impii non manent, quia his dei nomen in honore est*; *pii non sunt, quia* 1 35 5

erit, ut iustis corona, peccatoribus aut excusatis aut emendatis indulgentia, impiis autem aeterna poena tribuatur per dominum Iesum Christum, qui 1 35 9

tantum interest inter peccatorem et iustum. denique etiam ipse impiis iudicium, quia iam sua impietate praeiudicati sunt, non derelinquit 1 35 3

in consilio iustorum, quoniam scit dominus uiam iustorum et iter impiorum peribit. consequens est, ut scire nos par sit, in quo habitu 1 2 23

sunt iudicandi, quia iam iudicati sunt, sed perituri, scriptura dicente: *iter impiorum peribit*; tertium peccatorum, quorum obliquae ancipitisque uitae 1 35 7

dicente: *an nescitis, quia sancti de hoc mundo iudicabunt?*; alterum impiorum, qui non sunt iudicandi, quia iam iudicati sunt, sed perituri, 1 35 7

conuincunt. poetae autem melius, qui duplicem uiam apud inferos ponunt: impiorum unam, quae ducit in Tartarum, piorum aliam, quae ducit ad 1 2 4

cum ingenti triumpho aeterno rege sub Christo; secunda uero, quae impios cum peccatoribus uniuersisque incredulis gentibus perenni destinat 1 2 23

filios appellat, ut abdicatio, exaltatos, ut ruina timeatur, spretores sui, ut impios monstret. infelix culpa est, fratres, in qua locum qualiscumque non 1 20

lucem? ambiguos utique Christianos designauit ac lubricos, *qui inter pios impiosque sint medii* nullam partem tenentes ad plenum, cum utramque 1 35 4

totius humani generis iudicium designauit; etenim quantum interest inter impium et peccatorem, tantum interest inter peccatorem et iustum. 1 35 3

sacrificium quod ipse reprobat fieri, qui praecepit. hoc solum dico: imple uel in ceteris legem, sicut scriptum est: praecinge lumbos tuos, indue 2 20 2

creatura tamquam iuuentute celeriter; uino pretioso et unguentis nos impleamus et non praetereat nos flos temporis. coronemus nos rosis, 2 4 10

potestatis imperio subiectum sibi corpus seruilibus officiis suae compellit implere desideria uoluntatis. qui si fuerit uitiosus, quot habet unusquisque 1 3 9

et gladium, unicuique, quod elegerit, tributura et ut iure possit implere, quod gerit. qui ad se ueniunt, professionem credulitatis ab eis 2 3 3

principium aetas peracta reuocatur, accingitur de sterilitate fecunditas, ut impleretur, quod scriptum est per prophetam: *exsulta, sterilis, quae non* 1 59 3

quia historia totius scripturae et propter ipsum et auctorem per ipsum impleta est. denique sic ad discipulos ait: *omnis scriba doctus de regno* 1 37 8

ut inexcusati facinoris competenti iudicio subiacerent. denique res impleta est domini passione: caelum medio die perdidit diem, terra tremore 1 47

saeculi. his enim auctoribus concipitur, his ducibus geritur, his ministris impletur quicquid cotidie concupiscentia, ambitione, auaritia ardet in 2 9 5

altius proferamus. Abraham sub lege non erat, sed legem solus impleuit, et qui nullo iure legis tenebatur, omne ius diuinum praecipue 1 43 8

ille quoque gauderet, qui ad uictimam parabatur. aries haerebat in uepre implicitus spinis, capite obligatus: hic est qui pro Isaac immolatus est deo; 1 43 8

quem chaos immensum a pauperis felicitate discernit, ardoribus suis implorando refrigerium Lazarum uerum diuitem sero cognoscit cupitque 1 2 9

quia in suis martyribus computat totum. non fenestrarum lumen implorat, quia sol aeternus in eo manet. inaestimabilia unius plenitudinis 2 6 7

litteras aut non legerunt aut lectas irritas putauerunt beneficio abiecti impolitique sermonis (tamen dicentis: *nisi credideritis, neque intellegetis*) 2 1 14

te, uersuta, cognosce uel sero et intemperanti linguae silentii frenos impone. dementiae genus est inuisibilis incomprehensibilisque uelle opinari 2 8 3

deo, ut fieret pater multarum gentium. contra spem autem est, quod impossibile est ac non uidetur; sed possibile hac spe fit, cum dei dicto 1 36 5

iudicetur, cum aliquid passa quasi nihil passa sit inuenitur. postremo impossibile est, fratres, eius aestimare uirtutem, cuius uinci uictoria est. 1 4 3

edicamus. quae tantum potestatis gerit, ut a femina coeperit, quod priori impossibile fuit. denique a muliere, quae prior peccauerat, circumcisionis 1 3 19

cum illius potentissimi artificis rerum omnium conditoris ipse sit usus impossibilium possibilitatem adserere ex eoque quod non est facere quod 1 2 16

spiramus, infudit e proprio fonte spiritus sui. cui ab humo 'homo' nomen imposuit, credo, sicut res ipsa docet, ut contemplatione opificii ac materiae 2 4 4

sine ratione et *Simoni,* super quem aedificauit ecclesiam, *Petrus nomen imposuit*), id est sua doctrina formatos, spiritus sancti lima acuminatos 1 3 16

temporis et naturae contra opinionem nato angelus Isaac nomen imposuit, ut firmaret laetitia, quod aetatis inbecillitas desperauit. nouus 1 59 5

signaculum fidei est, quod est Christus, cuius inlustratione maiestatis impressi atque signati, qua sincere uiuentes in custodiam nostrae salutis 1 13 11

unum uulnus effectus. uerum tamen in his omnibus nihil aduersus deum improbe loquitur, non uxori inlicita suadenti succumbit, non amicis 1 15 6

crebris et rapidis se semper expugnans; animus infidelis etiam sibi; actus improuidus, instabilis, caecus, incautus, inconstans, totus concitatus in 1 4 7

totis uiribus deriuare. at ille in repugnatione ueste sibi uiolenter extorta ex impudicitiae fouea nudus aufugit. sed pudicitiae splendore uestitus post 1 1 16

maxime necessaria, quia plus est quod geritur quam quod dicitur, ut et impudicitiae malum et bonum pudicitiae uno eodemque suggestu facillime 1 1 15

quamuis et haec non fuerint dictu digna, tamen ad exprimendam uim impudicitiae uisa sunt necessaria, ut sciat unusquisque ad idolatriam 1 1 12

concubitu prodigioso deleuit, pudicos equidem persequens, sed impudicos tantum congruenter occidens; haec, inquam, per momenta et 1 1 8

sibimet redimunt libidinum merces, non aduertentes esse infelix et impudicum quicquid legitimum fuerit extra coniugium; Christiano enim, 1 1 14

expressit dicens: *hoc enim scire debetis, quoniam omnis fornicarius aut impudicus aut fraudator, quod est idolorum seruitus, non habent* 2 5 8

si quis studio uel noscendae uel impugnandae sacrae legis naturae Natiuitatis Moysei librum lectitando 2 4 1

ut seminet. prauos ac lubricos colligit mores. legibus suis suas leges impugnat, ius iure distringit. quis non uideat numquam recti aliquid illam 2 1 7

nisi quis hostem, a quo impugnatur, expugnet, numquam bonis suis poterit uti securus. sunt enim 1 7 1

inter filios Iacob aetate minor, sed spiritu maior. hic inuidae germanitatis impulsu in Aegyptum est delatus atque distractus a fratribus. quem domini 1 1 15

secretarium et patentes semper duodecim portae, quas ab hostili defendit impulsu in modum tau litterae prominens lignum. o res uere miranda! 2 6 7

audite me; timorem domini docebo uos. naturalis ergo non discitur, sed impulsu nobis nostrae infirmitatis occurrit, quia non artis est timere quod 2 2 1

disperdit cohortemque florentissimam dulcium liberorum atrocissimo impulsu, tectis parietum cum ruina confusis, nimia crudelitate festinus 1 4 18

daemoniis et non deo. ac ne quis sacrilegium existimaret sibi impune esse cessurum, scriptura iterum ibidem dicit: *sacrificans diis* 1 25 5

iri tormentis eum, qui praeuaricatus fuerit e duobus. sed nec illis impune succedit, qui sine uxoribus amore peccandi liberius incertas atque 1 1 14

dei potentiae derogare? sed hoc amore criminum faciunt, ut putent impunita fore quae clanculo gerunt. nam si iudicii diei adpropinquare iam 1 2 1

possint lubrici mariti, non uideo; qui humanarum legum iniqua impunitate decepti, iustitiam ueram nec ex sua ipsa uoluntate noscentes, 1 1 13

regalis unguenti cornu priuati sunt. circumcisio, testimonium mentis impurae, iamiamque illis imminere supplicium denotati uulneris inflictu 1 46a 1

diem, eadem ignis quoque per noctem. finditur mare et dextra laeuaque in abruptum digestis aggeribus stupens unda solidatur. dei populus nauigat 2 26 1

geminas ripas medium scissum mare, ductisque dextra laeuaque aggeribus in aciem stipatis undarum, saluo liquore arefactam profundi in semet 1 18 1

posteaquam circumcisus est, placuit praemiumque non circumcisionis, sed in acrobustia meritae repromissionis accepit. unde manifestum est 1 3 7

ipsa intulit mundo, per quos aut in quibus diabolus colitur, quorum in actibus origo monstratur. ipsa Iouem innumerabilibus uariis magnisque 1 1 11

ac necessario recipiant secundum quod mundanae administrationis suis in actibus portant, recte dicentes: *quisque suos patimur manes.* nos uero, 1 2 4

calles, aliquam demonstra uirtutem: impera montibus, ut transferant sese; in admirationem tui rictu blandiente leonum rabies euanescat; sub 2 3 14

aliquid postulat, erubescat. beata cum adludit in pueris, beatior cum <in> adolescentibus lapsus feliciter timet, beatissima cum in iuuenibus 1 1 5

iudicat, sed honorat ut filium. alterum uero, quem uenena conterentem, in adulterio, in homicidio, in falso, in maleficio deprehenderit, carnifici 1 35 8

sicut lectio diuina testatur, in Aegypto a Pharaone populoque eius Israel dei populus captiuitatis 2 26 1

inanis, quem momenti praeterita delectatur umbra? exsultat, quod in Aegypto creuerit: at in originali decreuit solo; quod captiuitatis sit 1 52

propheta quod pro ueteri uinea, quae a domino in Aegypto fuerat instituta, postulabat ad tempus nouellae profecisse, 2 11 1

filios Israel dominus genuit, qui Abraham, unde nascerentur, elegit. hos in Aegypto genuit, ubi ingressis paucis hominibus innumerabilis multitudo 1 61 7

enormi captiuitatis iugo depressus a rege Pharaone duris condicionibus in Aegypto necaretur, miseratione dei duce Moyse iussus est proficisci. 1 29 1

ueritatem. uerum tamen, Iudaee, quid designatione tui criminis gratularis? in Aegypto seruis diu, non necessitate, sed merito. ereptus es inde; non tua 2 16

ueritatem. uerum tamen, Iudaee, quid monumentis tui criminis gratularis? in Aegypto seruisti diu, non sorte peregrini, sed merito. ereptus es inde, 1 9

Iacob aetate minor, sed spiritu maior. hic inuidae germanitatis impulsu in Aegyptum est delatus atque distractus a fratribus. quem domini sui 1 1 15

rationem docente nos Paulo: *uidemus,* inquit autem, *modo per speculum in aenigmate; tunc autem facies ad faciem erit.* unde dubium non est in 1 2 29

dies? ubi pretiosae uirginitatis festa, utrisque dulcis occisio? ubi amor, qui in aequo unitoque coniugio, e duobus altero superante, non moritur? tune 2 7 6

discessit; haec glorificata uestri numeri incrementis ac fidei cum Christo in aeterna saecula permanebit per dominum et conseruatorem nostrum 1 13 13

per dominum Iesum Christum, qui est benedictus cum spiritu sancto in aeterna saecula saeculorum. 1 35 9
hi autem ad principalem uim retulerunt, in cuius perpetuitate commanens in aeternum a patre filius regnum nec accepit aliquando nec posuit; semper 2 5 8
procreauit. Iob beatus quieuit in pace; dominus autem manet benedictus in aeternum ante saecula et a saeculis et in cuncta saecula saeculorum. 1 15 9
quod nisi uerae circumcisionis spiritali fuerit sacramento purgatum, in aeternum homo, de quo agitur, periturus est; caro enim damnum pati 1 3 9
est, quia Iudaeis erat promissus, ideo cum praeputio natus, quia in aeternum incircumcisis gentibus fuerat profuturus. diximus de prima 1 3 18
in poena est. cum autem mors, quae putatur metuenda, gustatur, tunc ei in aeternum manentis gloriae beatis in sedibus nullas deinceps aerumnas 1 2 32
amen dico tibi: hodie mecum eris in paradiso. itaque si homo mortuus in aeternum perit, ergo mentitus est dominus, qui ei deinceps nihil futuro 1 2 11
transibit et concupiscentia eius. qui autem fecerit uoluntatem dei, manet in aeternum, quomodo et deus manet in aeternum. sed dicit aliquis: 'si ita 2 4 12
autem fecerit uoluntatem dei, manet in aeternum, quomodo et deus manet in aeternum. sed dicit aliquis: 'si ita est, cur in se ipse potissimum 2 4 12
illis sitientibus petra fluxit in poculum, at Christi fontem qui biberit, in aeternum sitire non nouit. illis in deserto suauitas lactis et mellis 1 46b 3
miseria; mortui quippe corpus figuramque illam florentissimam edax in aeternum terra delebat; animam quoque feralibus tenebris relegatam 2 4 6
dum beati Archadii martyris gesta annalibus triumphanda mandamus, in agonem immortalis laudis Christianus semper ardor animatur. erit 1 39 1
ait: *simile est regnum caelorum homini, qui seminauit bonum semen in agro suo; dormientibus autem hominibus uenit inimicus eius et* 1 2 28
quia libentius in tuis moribus, tuis fundamentis tuisque consiliis quam in alienis nudisque sermonibus conquiescis neque tantam in multiplicandis 1 4 20
diuitias putat se non habere, quas habet. in uno nititur auaritia, bacchatur in alio, in utroque crescit, in utroque non desinit. uerum tamen eos uno 1 5 11
si igitur in opere extraneo paritas sacra distingui non potest, deus in alio se inferior esse quemadmodum potest? quicquid enim uni ex duobus 1 45 2
honor, quia quod est filii, patris est, quod patris, amborum. laetatur pater in alio se, quem genuit ex se. quomodo autem generatus sit, qui processit, 1 56 1
synagogae lapsu desolatis solacium praebuit, sed etiam nos omnes in aliqua constitutos angustia recreare consueuit. *ad oues suas tondendas* 1 13 7
lex ab alio transit in alium; fides interit, si ab suo statu aliquando uel in aliquo declinauerit. lex hominis conscientiam alloqui tantum potest, 2 3 5
sentiri se cupiat quam uideri, plane cauta, ne quam declinet in partem, ne in aliquo se ipsa reprehendat, ne opere coepto umquam deficiat. haec 2 1 12
et cordis exaltatio nullos fructus inuenit et oculorum extollentia de alio in aliud elata quicquid uiderit mobilitate fugaci statim deperdit. dehinc 2 9 5
autem etiam ingratis conferre consueuit; adde quod fides non transit in alium, caritas parum est dicere transit in alium quae transit in populum; 1 36 11
fides autem tenaciter inhaeret suo soli proposito. lex ab alio transit in alium; fides interit, si ab suo statu aliquando uel in aliquo declinauerit. 2 3 5
adde quod fides non transit in alium, caritas parum est dicere transit in alium quae transit in populum; adde quod fides paucorum est, caritas 1 36 11
luxuriam. ipsa, inquam, mortuorum sepulcra conuertit in templa, tumulos in altaria, cadauera in simulacra, parentalia in sacrificia, mores in sacra. 1 1 12
praestat et gratiam, cum [in] uniuscuiusque temporis fetus partu crudo in alterius contumeliam inpatientia non sinit praecipitare. quid auium 1 4 6
sit inferius, quia sicut pater nec plus potest habere nec minus; alter enim in alterius plenitudine infusus est, ut sit *omnia in omnibus* deus benedictus, 2 5 10
deo nascitur deus totum patris habens, nihil derogans patri. alter renitet in altero; cuiusuis gloria communis est honor, quia quod est filii, patris est, 1 56 1
totum se reciprocauit in filium, ne quid sibimet derogaret. denique alter in altero exsultat cum spiritus sancti plenitudine una originali coaeternitate 1 7 4
immo a ligneo ad nauigium uitale transfertur. qui ut est dimissus in altum ferinaeque uoraginis est receptus hospitio, uigilat in ceto qui 1 34 6
superba illa ciuitas seruit. sane ouium greges infinitos interficit, quos in amaritudine absumit. quis non intellegat, fratres, illud pascha non esse, 1 28 2
suo semini respondens iure possit mereri quod credimus. nec res in ambiguo est; quemadmodum etenim ille princeps iniquitatis suo semine 1 2 26
pugnaret. contempsit denique in perditis facultatibus diuitem, dissimulauit in amissis liberis patrem, in poena sui corporis iustum. namque summo 1 15 5
ex tarditate dulcior, ex desperatione felicior putabatur. unicus numero et in amoris soliditate iam primus totum <paternae ac> maternae pietatis 1 59 5
fortis, in coniugiis fidelis, in sacerdotibus pura, in martyribus gloriosa, in angelis clara, in omnibus uero regina. tu numquam carni, numquam ulli 1 1 20
omnes in se credentes sancti spiritus semine a mortuis rursus gloriosos in angelos excitabit. ad hoc unum euidens adhuc proferamus exemplum, 1 2 26
et euomit uiuos, ex animalibus ueros homines factos, ex hominibus in angelos transituros, si prouectus aetatis eorum infantiam non mutauerit. 2 10 2
dominicae habitationis in recondita adsumitur, ut ibidem ex homine in angelum transfusus aeternae uitae beatitudine glorietur. 2 11 7
persuadet, timor excubat, disciplina coercet, continentia [se] refrenat. stat in angusto fides, in secreto pudicitia, in primo innocentia, aequitas in 2 6 9
totumque se nesciens simulacrum et, ut imago sit dei, inspiratur a deo in *animam uiuentem*. concepit spiritum adaeque, quem nescit; intrantem 1 56 3
in senectute suscepit unicum filium. nihil tam sollicitum patri, cuius aetas in annis uergentibus in occasus sui terminum uersabatur et educationis 1 43 1
orbita lustrans dies magnus aduenit, menses in tempora, tempora in annos, annos in saecula pandens. sine pausa crescit in senium et tamen 1 58
quasi per quosdam obseruantiae gradus in caelum leuare consuerunt. hanc in Apocalypsi Iohannes bis acutum gladium cum uno capulo nuncupauit, 1 37 2
omnia est; qui uere aeternus est ac sine nocte dies; cui duodecim horae in apostolis, duodecim menses seruiunt in prophetis; quem euangeliorum 1 33 4
mundi mors ut iugularet ac iugulet, ab ipsa prorupit. denique Adam in arce cum esset adhuc paradisi constitutus beatissimusque beati orbis 1 4 8
bona non tantum sunt inuisibilia, tarda et abscondita, sed etiam nimis in arduo constituta, ut ad ea nisi cum summa difficultate, laboribus ac 2 4 13
spiritus, quasi quidam dux peritissimus, horum omnium praedicit fugam, in armis expeditissime standum, uigilandum diligenter, undique castra 2 4 11
diripuit, †profectitium† crimen propere recluditur, sed scelus suos redit in auctores purgaturque per innocentiam pudor. sicque Susannam, quam 1 1 19
secundum Moysi dictum non in damnum hominis praeputium carnis, sed in augmentum hominis praeputium facinorosi cordis incidit. at fortasse 1 3 16
illinc diabolus horrendum totis intonans armis ministrisque insuper suis in auxilium concitatis, terribili increpans tuba praedonum corda face furiali 1 15 3
perpetis anni pernicem cursum in bis senae mutationis augmentum una eademque nec ipsa, sed ipsa orbita 1 16 1
fortassis de circumstantibus doctis quispiam <in> cachinnos erumpat, quod homo imperitissimus et elinguis aliquid 2 1 1
diuini sermonis arte formata in se tabescentis corporis uulua portauit. sed in caelesti prole, non semine, progenitum certissimum dominum impia 1 59 8
omnipotens, ut, quomodo isto in terrestri domicilio ei gratias agimus, ita in caelestibus regnis uberiores sanctis cum omnibus referamus. 2 6 11
uidentes homines *opera uestra bona magnificent patrem uestrum, qui est in caelis.* itaque, dulcissimi flores mei, talia sacrificia procurate, quae 1 25 13
beatissimus martyr adhuc demoratur in saeculo et iam martyr recitatur in caelo. 1 39 9
sit et natura? age, excita sensum, lector, inuenies ueritatem. qui erat in caelo, de caelo descendit; *qui descendit, ipse est et qui ascendit* in 2 4 3
apostolus, post multorum obitus populorum. hic est, cui *data est potestas in caelo et in terra*, nomini eius noua a deo suo, ipso dicente: *ego te* 2 5 4
qui descendit, ipse est et qui ascendit in caelum, filius hominis, qui erat in caelo; filius hominis uocabulo, non natura. non enim bis carnem induit 2 4 3
noscuntur, neque lucis ascendunt, quia numquam in terris, sed semper in caelo manserunt. unde angelos puto recte homines appellatos, quibus 1 37 11
ascendit in caelum, nisi qui de caelo descendit, filius hominis, qui erat in caelo. quomodo filius hominis uel cuius hominis nasci posset in caelo, ut 2 4 2
qui erat in caelo. quomodo filius hominis uel cuius hominis nasci posset in caelo, ut de caelo descenderet, cum humanitatis a caelo et possessio 2 4 2
licitum est argumentis insolentibus extulerunt. hi cum ascendunt uerbis in caelum, cum deum persuadent hoc esse quod uolunt, cum adsimulant se 2 9 1
qui erat in caelo, de caelo descendit; *qui descendit, ipse est et qui ascendit in* caelum, filius hominis, qui erat in caelo; filius hominis uocabulo, non 2 4 3
sunt a patre meo. hic, qui purus de caelo descendit, carnatus ascendit in caelum. hic, inquam, de quo Paulus ait: *qui accipit regnum, regnat et* 2 5 4
uoluntatemque dei facientes quasi per quosdam obseruantiae gradus in caelum leuare consuerunt. hanc in Apocalypsi Iohannes bis acutum 1 37 1
potest argumentatione pulsari; scriptum est enim: *nemo ascendit in caelum, nisi qui de caelo descendit, filius hominis, qui erat in caelo.* 2 4 2
carissimi, aduerto, quia neque refugae descendunt, qui post peccatum in caelum numquam recepti noscuntur, neque lucis ascendunt, quia 1 37 11
et publicanus dei stantes in templo. pharisaeus insulse manus tendit in caelum, quae caedis saepe, saepe ministrae sunt rapinarum. oculos 2 9 9
obseruantiae praeceptorum cotidie spiritalis itineris gloria feruntur in caelum; quos apostolus Paulus exhortatur et monstrat dicens: *si* 1 37 12
suae adfuit trinitatis. denique rem sacramento gestam esse cognosce. in caminum missi ut submersi sunt flammis, statim sibilo roris incendia 2 27
domos corporales infringunt et latibulum sibi perniciosum eorum in captiuitatibus quaerunt. at ubi uentum fuerit ad diuini certaminis 1 2 5
cum in puteum dimittitur; patiens, dura cum hasta distrahitur; patiens in carcere, in regno patientior, patientissimus, desideratos cum fratres 1 4 17
habitare coeperimus — sicut Iohannes dicit: *deus caritas est; qui manet in caritate, in deo manet et deus in illo manet* — , tunc demum, fratres, 1 36 21
in rebus Christiani culminis fundamenta consistunt, id est in spe, in fide, in caritate, quae ita inuicem sibi uidentur esse connexa, ut sint aliis alia 1 36 1
glorificando, alium corrigendo. constat ergo omne Christianitatis magis in caritate quam in spe uel fide esse depositum, sicut euidens testatur 1 36 19
maritorum, ad quos aliquid loqui superfluum est, quia, si uxor et maritus *in carne* sunt *una*, dubium non est, quia quod alter audit amborum est. 2 7 11
haec coniugalis affectus duos homines sacramento uenerabili unam cogit in carnem. haec humanitati praestat esse quod nascitur. huius est munus, 1 36 13
ecclesiae, in qua gentium iam inde noster populus morabatur, quae non in cassum a deo *magna ciuitas* dicta est; erat enim futurum, ut omnium 1 34 9
retunsa undique iter non inuenit prora. trepidant nautae, festinant in cassum iactura uasorum nauem leuare ponderibus, quae prophetae 1 34 6
nimio firmitatem. hinc aestimare licet, quid eis sit reseruatum, quorum in causa funerei luctus poenae pertulit natura supplicium. 1 47
omnes copias auaritiae subactas uestrum sine inuidia transfertis in censum. quid enim esse potest ditius homine, cuius profitetur deus se 1 14 9
iam debetis. ecce nullum pondus, stridor nullus est mundanarum uestris in ceruicibus catenarum. uinculis nullis impeditae sunt manus, nullis pedes 2 29 1
quod ipse reprobat fieri, qui praecepit. hoc solum dico: imple uel in ceteris legem, sicut scriptum est: praecinge lumbos tuos, indue pedibus 2 20 2
perhibent ueritati! cur autem fingant nomina, quorum est confessio in ceteris uera, aut qua ratione isto argumento nitantur, quod hominibus, 1 2 7
ut est dimissus in altum ferinaeque uoraginis est receptus hospitio, uigilat in ceto qui stertebat in naui. mira res! post naufragium, post natatile 1 34 6
exsultate, fratres in Christo, acceptaeque indulgentiae regale beneficium diligenter, fortiter ac 1 42 1
saluete, hodie nati fratres in Christo, acceptaeque indulgentiae regale beneficium diligenter, fortiter ac 2 29 1
illa damno, haec lucro; illa agit captiua sub lege, haec omnibus praestat in Christo bonae fidei libertatem. igitur uos, qui *circumcisi estis* 1 3 23
Iudaee, bruti cordis necdum discutis tenebras sacraeque legis oracula iam in Christo completa nec probando cognoscis? uerum tamen pro tuo sensu 2 20 1
caro suis onusta peccatis, *ex ouibus* spiritus maiestatis; quae utraque in Christo concreta agnum legitimum praestiterunt. hic est agnus, fratres, 1 8 1
a deo *magna ciuitas* dicta est; erat enim futurum, ut omnium nationum in Christo credentibus populis totus orbis deo una ciuitas redderetur. 1 34 9
aetheriae gentes, exsultate, nouella pignora in Christo, florentissimique hodierni spiritalis ortus uestri candorem, ne 1 38 1
exsultate, fratres in Christo, omnique desiderio conuolantes *caclestia dona* percipite. iam uos 1 32
nouem mensibus relegasti. tu Euam in Mariam redintegrasti. tu Adam in Christo renouasti. tu sacram crucem in salutem perdito iam mundo 1 36 29
exsultemus, fratres in Christo, tantique prouentus redditu ditati deo patri omnipotenti laudes 1 41 1
exsultemus, fratres in Christo, triumphatorique perpetuo hymnis, citharis, tympanis, canticis 2 24 1

calcatores de eodem musto bibunt; et persecutores saepe credentes in Christum calicem pretiosum, quem paulo ante calcando fuderant, 2 11 7
si sudoris sui praemium non colligit messem? quid Christianus credit in Christum, si promissum sibi ab eo perpetuae felicitatis tempus non 1 36 3
fidem, ita ut montes transferam, caritatem non habeam, nihil sum. et si in cibos distribuero omnia mea et si tradidero corpus meum, ut ardeam, 1 36 20
beatis, cum pro nomine domini *latrones in itineribus,* latrones *in ciuitatibus* patitur, cum *a Iudaeis uirgis ter caesus naufragio* trino 1 34 4
una epularentur in domo, subito concussis toto nisu quattuor angulis eius in confusam molem parietibus tectisque labentibus illam sanctissimam 1 15 4
conscientiae ornamento contenta! tu in uirginibus felix, in uiduis fortis, in coniugiis fidelis, in sacerdotibus pura, in martyribus gloriosa, in angelis 1 1 20
domini quod posses auferre: amputandam linguam mandare nescisti, quae in conluctatione martyrii prior solet domino confiteri. ductus est tandem 1 39 6
quae sit in ea iniustorum iustorumque discretio, ne generalitas nominis in conparatione malorum attrahat gloriam Christianae felicitatis. duplex 1 2 23
spiritu sancto dicente: *ideo non resurgunt impii in iudicio neque peccatores in consilio iustorum, quoniam scit dominus uiam iustorum et iter impiorum* 1 2 23
uerbis expressit: *non resurgunt,* inquit, *impii in iudicio neque peccatores in consilio iustorum.* gradatim pro meritis quasi cum quibusdam elogiis 1 35 3
libro sic habetur: *uirga tua et baculus tuus ipsa me consolata sunt. parasti in conspectu meo mensam aduersus eos, qui tribulant me. inpinguasti oleo* 1 13 10
hominum. uana locuti sunt unusquisque ad proximum suum; labia dolosa; in corde locuti sunt mala. disperdat deus uniuersa labia dolosa, linguam 2 9 2
est exaltatum cor meum. cum scriptum sciat: *homo uidet in facie, deus in corde,* nonne iniuriosum uel superuacaneum putabitur deo indicare 2 9 3
parentes filios, filii parentes oderunt; quod amicitia in facie adludit quam in cordibus commoratur; quod omne genus humanum suo interitu suisque 1 14 7
debetur, postulatur ad uictimam; cui si per humanam fragilitatem aliqua in corpore infirmitas nasceretur aut humanus exitus contingeret, uix in eius 1 43 3
in aenigmate; tunc autem facies ad faciem erit. unde dubium non est in corporibus nostris, dum mortis lege seminantur, non substantiam, non 1 2 30
hoc contumeliam procurari: castitatis obseruantiaeque uirtutem deuocabit in crimen. quid enim ille mali non suspicetur, non efficiat diis crudelibus, 2 7 18
ipsos nos quoque carnaliter sentiamus, ambo prophetae tenebuntur in crimine, ut aut Moyses fallax sit, si circumcisio recircumciditur rursum, 1 3 15
integro principium suo statui redditum uideretur, prior uir consummatur in cruce atque eo feliciter soporato similiter de eius latere ictu lanceae non 1 3 20
eius inimicaque destruatur mors. hi autem ad principalem uim retulerunt, in cuius perpetuitate commanens in aeternum a patre filius regnum nec 2 5 8
omne quod malum est et peperit omne quod peius; nam in idolis dea est, in cultoribus uero eorum ministra. uenerandam se procurat in templis, 1 1 8
cogebatur Christi populus uanis superstitionibus interesse atque in cultum nefandi ritus nunc aut libamina inceste profundere aut ornatus 1 39 2
dominus autem manet benedictus in aeternum ante saecula et a saeculis et in cuncta saecula saeculorum. 1 15 9
fontes, prata, baias, ciuitates ac rura, uniuersis uoluptatibus saepta, in cupidinem sui utrumque sexum, omnes animas, omnes aetates isto 2 4 10
cuius inlustratione maiestatis impressi atque signati, qua sincere uiuentes in custodiam nostrae salutis per spiritum sanctum imaginem referimus, 1 13 11
medica fuit; haec in Daniele ora leonibus alligauit; haec in Iona cetum in cymbam conuertit; haec in Maccabaeicae germanitatis exercitu sola 1 36 8
prophetarum omniumque sanctorum, quos synagoga pulsos Iudaei in damna salutis suae indignis caedibus mactauerunt. uenti saeuientes 1 34 7
spiritalibus cultris, credentium populorum secundum Moysi dictum non in damnum hominis praeputium carnis, sed in augmentum hominis 1 3 16
ut tunc demum, qualis sit, iure possit agnosci. circumcisio est, fratres, in damnum rotundi uulneris ferro circulata cicatrix. quam si Iudaeus 1 3 2
ingentia mala non desperauit; haec in Tobiae caecitate medica fuit; haec in Daniele ora leonibus alligauit; haec in Iona cetum in cymbam conuertit; 1 36 8
cum subito, quauis uersutia qui fallitur numquam, confestim adest in Daniele puero deus. omnem repente malitiae scenam diripuit, 1 1 19
anima tua, ut bene sit tibi? uidetisne hunc timorem nobis necessarium, qui in dei amore consistit, qui uoluntate sua se parit, diuinae legis agnitione 2 2 4
continuo uelut sacrilegii commissi capitales poenas luit? quanto magis in dei causa fortius praecauendum est, quem solum ueretur quicquid in 1 36 24
secerni potest, tamen sibimet externa esse non potest. si enim uerbum in deo est et deus est uerbum et hoc est, in quo est, quod est ille, qui 2 8 4
coeperimus — sicut Iohannes dicit: *deus caritas est; qui manet in caritate, in deo manet et deus in illo manet* — , tunc demum, fratres, caritatem per 1 36 21
fratres, nisi Iohannes baptista? cuius est praeparatio: *uox clamantis in deserto: parate uiam domini, rectas facite semitas dei nostri.* nunc 2 8 7
poculum, at Christi fontem qui biberit, in aeternum sitire non nouit. illis in deserto suauitas lactis et mellis exhibita est, nobis uero, quod plus est, 1 46b 3
manifestum est circumcisionem non Abrahae fuisse necessariam, sed in designationem Iudaici populi, qui carnalis futurus fuerat, procuratam. 1 3 7
irritata adolescentia inuitis feminis saepe uiolenta esse consueuit. at ubi in destinata prorumpens neque blandimenta neque promissa sibimet 1 1 16
mundum et animae suae pati detrimentum? i nunc, insatiabilis homo, et in detestabilis congestionis lucra letifera etiam ipsa elementa nouis artibus 1 5 10
ut idem in duobus per orbem totum non possit inueniri terrarum? igitur in deum cum haec non incidant, ergo dei imaginem non habemus? absit, 2 30 3
quia immortalitatis est dominus. hic est deus noster, qui se digessit in deum; hic pater, qui suo manente integro statu totum se reciprocauit in 1 7 4
cum baculo crucem, in qua deus pro homine pendere dignatus est, ut in deum hominem, quem induerat, commutaret. anulus quoque signaculum 1 13 10
dicens: *omnes dii gentium daemonia; dominus autem caelos fecit*; et in Deuteronomio: *sacrificauerunt daemoniis et non deo.* ac ne quis 1 25 5
praestant sine pugna, sine ullo labore uictoriam. non enim conabitur in dicionem redigere suam, quae esse eius ambiuit ancilla? in domo 2 7 13
tricenos, sexagenos centenosque colligis fructus. tu in pauperibus diues, in diuitibus ditior, aequalis in omnibus consummaris. tu es *honor* 1 1 21
in sua sapientia neque glorietur fortis in fortitudine sua neque diues in diuitiis suis, sed in hoc glorietur, qui gloriatur, intellegere et scire, 2 1 5
nascitur, dei autem et discitur et docetur, quia non in trepidatione, sed in doctrinae ratione consistit, sicut scriptum est: *uenite, filii, audite me;* 2 2 1
fletus incendit etiam eos, quos causa non tangit, tanto ambitiosior in dolore quam ditior — sane post momentum misera (atque utinam 1 2 14
complendum latenter adsumit. namque requiescit libens florentissimo in domicilio castitatis et in uisceribus sacrae uirginis comparat sibi corpus 2 12 1
martyria uideantur esse quot membra? armauerat diabolus satellites suos in domini populum, ueterani odii assertor antiquus, et totam familiam 1 39 2
enim conabitur in dicionem redigere suam, quae esse eius ambiuit ancilla? in domo denique quae geruntur, sed et ipsis in fanis, Christiana fidelis, sine 2 7 13
sine te esse non poterunt, quia uxor infelix es, si nescis, quid agatur in domo, infelicior certe, si scieris. proponamus itaque, ut saepe contingit, 2 7 13
culmen extollit. *Dauid* quippe *humilis, abiectus,* ignobilis sui iacebat in domo patris, oues semper pascendo propemodum peregrinus. innocens 2 9 7
iustis bonorum operum fructus exposcit. quo audito Thamar cum esset *in domo patris sui,* id est in templis infamibusque spectaculorum omnium 1 13 8
deterritus, ne etiam ipse similiter moreretur, praecepitque mulieri, ut in domo patris sui uidua permanens nuptias maturas exspectet. cum res sic 1 13 1
in filios eius effundit. nam cum solito more unanimes una epularentur in domo, subito concussis toto nisu quattuor angulis eius in confusam 1 15 4
quod meruit. ac ne quis hanc patientiam timiditatis nomine obscuret, in ducendis quoque uxoribus talis est condicio: Liam excipit, prolixa 1 4 16
macie deformis, nunc enormis pinguedine, usque adeo incertus, ut idem in duobus per orbem totum non possit inueniri terrarum? igitur in deum 2 30 2
testator est unus; et scribens canna diuisa est, sed unus calamus; et forfex in duos producitur cultros, sed eorum unus est morsus; et gladius duas 1 37 14
usque ad ultimum perdurauerit, turri completa inaestimabiles diuitias in ea commanens possidebit. memorandum quoque necessario est etiam 2 6 8
ueritas omnibus claret. sed necessario disserendum est, quae sit in ea iniustorum iustorumque discretio, ne generalitas nominis in 1 2 23
maritus, quod castam inuenerit coniugem. laetatur familia omnis, quod in ea nihil inueniat fama quod feriat. cruciatur diabolus, quod nulla ex 1 40 3
suam fecit, ut contemplatione imaginis pateremur reuerentiam ueritatis in eaque res condicione dimissa est, ut, si quid mali seu boni cuiquam 1 36 23
et tamen a mysteriis daemonum non recedunt. multos *namque dei metus in ecclesia continet, sed tamen* eos mundana uoluptas ad se trahit. *impii* 1 35 5
sed ego non curem, de me quemadmodum quis iocetur. non enim in ecclesia dei fucatus quaeritur sermo, sed ueritas pura, a qua longe 2 1 1
latrocinio diaboli angelorumque eius et huius mundi in *stabulo,* id est in ecclesia, quo pecora diuina succedunt, uenerabili sacramento susceptum 1 37 10
proclamantem: 'si haec est condicio carnis, quid est ergo quod credimus in ecclesia remissa peccatorum ac resurrectionem carnis?' facile, fratres, 1 2 24
domino; cetera autem nihil proderunt, si colentis pura mens non sit, in Ecclesiastico Salomone clamante: *dona iniquorum non probat altissimus.* 1 25 9
alieni nominis inuasa optinere potuissent. at cum diuina adiuratione in eculeo spiritali et qui sint nolentes edicant et inuiti discedant, procul 1 2 7
affectu. nihil prorsus existimat turpe nec pati nec facere, dummodo in effectu conata succedant. uerum tamen in ipso fructu suo, quo 1 1 7
in corpore infirmitas nasceretur aut humanus exitus contingeret, uix in eius casibus pater uiuere potuisset, si annis teneris moreretur. hic igitur 1 43 3
dei famulum posse deprehendi; quem beati propinquus martyris, qui in eius forte degebat habitaculo, absentem esse assiduis uocibus inclamabat. 1 39 4
a proelio et secedendo euangelicae iussionis animaretur exemplo. ecce in eius hospitium uelut in hostilem praedam grassantium satellitum 1 39 4
ipso dedit sibi ipse principium; solus ante omnia et post omnia, quoniam in eius manu inclusa sunt omnia; ex se est quod est; solus sui conscius, 1 7 3
Susanna ad supplicium immerens trahebatur, iam totus populus in eius sanguine tumescebat, iam sui quoque familiares nouae rei atrocitate 1 1 19
utique testamenta, quae ideo materiae ligni sunt comparata, siue quod in eius usu et perpetuo et tutius maneat testatoris uoluntas inscripta, seu 1 37 8
qua longe omnes illi non immerito aberrauerunt, qui iustitiam dei manere in eloquentiae uiribus aestimabant. denique cum eam comprehendere non 2 1 1
mundus pestiferisque uoluptatibus ita corrupta sunt omnia, ut quicquid in eo geritur, non debere diligi a nobis sacris uocibus dum iubetur, recte 1 36 27
praeterea granum uniuscuiusque frumenti conditum terrae interit et tamen in eo id, quod intus est, reuiuescit nec mortem medullitus capit, sed suum 1 2 22
domini est terra et plenitudo eius, orbis terrarum et uniuersi qui habitant in eo? Iob diabolus ter temptauit; similiter euangelista perhibente et 1 15 7
computat totum. non fenestrarum lumen implorat, quia sol aeternus in eo manet. inaestimabilia unius plenitudinis tria illi sunt membra, unum 2 6 7
unus homo ad duorum imaginem et similitudinem fingitur nec tamen in eo, quid cuius sit, inuenitur. si igitur in opere extraneo paritas sacra 1 45 2
opere fuisse constructum atque ita elaboratum, ut nesciret inspector, in eo quid potissimum miraretur: magnitudinem, opus, ornatum anne 2 6 2
ea, quae in mundo sunt. si quis dilexerit mundum, non est caritas patris in eo, quoniam omne, quod in mundo est, concupiscentia carnis est et 2 9 5
fidelissimum, hic infidelis, et quem putaueris infidelem, hic fidelis est. forte in eo se quis aestimet fideliorem, si loquatur argute, cum magis uerus sit 2 3 12
reprobat ergo tam inmensum, tam insigne, tam opulens templum, quia in eo uerum non erat templum. etenim hominum conciliabulum est 2 6 4
per mare pedibus ambulasti, ut patereris in terra naufragium. ad hoc sane in eremo aquam de petra bibisti, manna de caelo gustasti, ut, cum esses ad 1 9
terrenum duxit ingressum? quid [quibus] de caelo cotidianum manna in eremo, potus e saxo? quid per lignum amara aqua dulcis effecta, quam 1 61 8
per orbem totum dispersionis futurae denuntiabat exitium. adeo eos in eremum inde perduxit uulneraque detestabilis mentis curanda lacte cum 1 18 2
praecinge lumbos tuos, indue pedibus calceamenta, arripe baculum manu. in eremum proficiscere, si tuos uis imitari maiores. 2 20 2
et pectoris uerum tympanum quatiens populum Christianum ducit, non in eremum, sed ad caelum. 2 26 3
quoque sacrificia <a> deo repudiata cognoscite, qui dicit ad eos in Esaiae libro: *quo mihi multitudinem sacrificiorum uestrorum? plenus* 1 25 6
dicat: *misericordiam et iudicium cantabo tibi, domine,* quomodo dominus in euangelio dicit: *qui credit in me, non iudicabitur; qui autem non credit,* 1 35 1
debetis accipere, ut operis sui laudem sibimet soli deberi testatus sit, qui in euangelio dicit: *si non facio facta patris, nolite mihi credere; sed si* 1 25 8
sol iustitiae. Iob uerax est appellatus; at est uera ueritas dominus, qui ait in euangelio: *ego sum uia et ueritas.* Iob diues fuit; et quid ditius domino, 1 15 7
est: *semel locutus est dominus et haec duo audiuimus.* sed et dominus ipse in euangelio hanc exprimit rationem dicens ad Petrum: *mitte hamum in* 1 37 5

ac fideliter ministrauerit, non dicam Scorpionem, sed, sicut dominus ait in euangelio, omnes omnino serpentes inlaesa planta calcabit. sed nec 1 38 5

uero homo definiendum putauerit, non est. nam et Iohannes apostolus in euangelio quid praedicet, fratres, accipite: *in principio*, inquit, *erat* 2 8 3

uiuus; unde libet exclamare: 'profectus potius est iste quam mortuus.' in euangelio quoque Petrus filiique Zebedaei cum domino adstare fulgentes 1 2 9

aut quis locus ad requiem mihi? omnia enim ista fecit manus mea. in euangelio quoque sic dicit: *Hierusalem, Hierusalem, quae interficis* 2 6 3

deputata rebus dispositis, non deo, non sempiterno rectori, maxime cum in euangelio sic dicatur: *dabit illi dominus deus thronum Dauid patris sui* 2 5 6

gratia, tanta de eorum offensione futura uindicta est. certum est enim in eum filium, posteaquam deliquit, granditer uindicari, quem pater 1 61 5

reseruat examini, ut ponderatis damnis rebusque seruatis sententia in eum, prout debitor exstiterit, iure possit expromi. ita erit, ut iustis 1 35 8

si possit, ut rapiat. uultis scire, quale calamitatis sit genus? sane plus in eum, qui eam dilexerit, saeuit. quam qui uicerit, habebit uitam 1 21

promitteret, si se uel sero nefandis superstitionibus miscuisset, talibus in eum sanctissimus martyr uocibus exsiliit: 'quid, inquit, uanissime 1 39 5

maxime cum a deo acceperit facultatem, ut atrocitatis inueteratae in examen iusti quibus possit armis, quibus possit uiribus, niteretur. igitur 1 4 18

neque in mirabilibus super me. magna eloquia dei sunt, ipse mirabilis in excelsis. cum in periculis esset, si in his propheta non ambulet, 2 9 6

prophetas, qui secundum carnem natus in tempore est, qui est excelsus in excelsis, humilis in terris, saeculorum genitor, filius uirginis, immortalis 2 5 3

et iniustos generaliter dictos. sed ascendentes et descendentes qui sint, in exemplis agnoscimus. descendentes sunt, qui saeculo renuntiantes rursus 1 37 12

amborum est. quid agam, quo me uertam, nescio. non enim uideo, quid in exhortationibus diuini ac ueri cultus gentibus praedicem. felicitatemne 2 7 11

quid ipsi ueritati debeamus, scientes, quoniam, si quis imaginem laeserit, in exitium suae animae incitat ueritatem. nec est dicto longe probatio. si 1 36 24

manus, quas ille uinciendas libentius offert. pedes quoque constringit, ne in exitu mortis concitata uictima calcitraret: securus enim pater optimus 1 43 5

possunt argumentis attingi, patris et filii festinant nec intellegunt, quia in exordio carminis sacri deus deo sua sibi et diuinitate et nomine 1 45 1

alter alterius; quod parentes filios, filii parentes oderunt; quod amicitia in facie adludit quam in cordibus commoratur; quod omne genus 1 14 7

domine, non est exaltatum cor meum. cum scriptum sciat: *homo uidet in facie, deus in corde*, nonne iniuriosum uel superuacaneum putabitur deo 2 9 3

Abraham *respiciens oculis uidit* < *uiros* > *tres, cucurrit, adorat* prostratus in faciem, offert hospitium. *refrigerate*, inquit, *sub ista arbore magna.* 1 62 1

dum subito manus iubetur extendere ac super caespitem [nudus] proiectus in faciem pedum extrema nudare. ecce inter ipsa supplicia uacare non 1 39 7

alterum uero, quem uenena conterentem, in adulterio, in homicidio, in falso, in maleficio deprehenderit, carnifici destinat statim, non 1 35 8

esse eius ambiuit ancilla? in domo denique quae geruntur, sed et ipsis in fanis, Christiana fidelis, sine te esse non poterunt, quia uxor infelix es, si 2 7 13

feliciter fracta, ordinabiliter creta, omni furfure abiecto mirifico splendore in farinam candidam micuerunt; quae nullo adulterata fermento est, 1 41 1

cum suis sibi ministris publicae leges insaniunt; stimulis acuitur feritas in ferocitatem et tamen hominibus mitior inuenitur. ne quid scenae tam 2 2 6

sunt', euidenter ostendens non in oculis esse carnalibus uerum, sed in fide credentium constitutum. nam et dominus ista exempla confirmans 1 2 10

sunt, quae magis quaestiones praestant quam ueram rationem dei, quae est in fide. definitio autem iussionis est caritas ex corde puro et conscientia 2 3 17

tribus in rebus Christiani culminis fundamenta consistunt, id est in spe, in fide, in caritate, quae ita inuicem sibi uidentur esse connexa, ut sint aliis 1 36 1

terribili gloriam se praestitisse, non crimen. quid hoc est? ecce immanitas in fidem et scelus transit in sacramentum; parricida incruentus redit et qui 1 4 15

sunt, et iterum: *pater, omnia mea tua sunt et tua omnia mea*, quia pater in filio et filius manet in patre; cui affectu, non condicione, caritate, non 2 5 9

plenitudine infusus est, ut sit *omnia in omnibus* deus benedictus, pater in filio, filius in patre, cum spiritu sancto. 2 5 10

caelestibus iungis arcana. tu diuina custodis. tu in patre imperas. tu tibi in filio obtemperas. tu in spiritu sancto exsultas. tu cum in tribus una sis, 1 36 32

nulla humanae curiositatis calumnia commoueris. a paterno fonte in filio tota refunderis et tamen, tota ubi refunderis, nec recedis. recte deus 1 36 32

tantis nihil se profecisse cognoscit, omnem impietatis suae rabiem in filios eius effundit. nam cum solito more unanimes una epularentur in 1 15 4

paterno generis signaculo responderet, neque Dauid filius esset neque nisi in filium Dauid Christus uenire potuisset; qui ideo circumcisus est, quia 1 3 18

in deum; hic pater, qui suo manente integro statu totum se reciprocauit in filium, ne quid sibimet derogaret. denique alter in altero exsultat cum 1 7 4

exiguum et cum taedio est tempus uitae nostrae et non est refrigerium in fine hominis et non est qui agnitus sit reuersus ab inferis, quia ex 2 4 10

angusto fides, in secreto pudicitia, in primo innocentia, aequitas in medio, in fine patientia. pax colligit, caritas ligat, sollicitudo custodit, iustitia 2 6 9

profecisse, inscriptio ipsa tituli psalmi lecti declarat; sic enim se habet: *in finem pro his qui immutabuntur.* Iudaicus etenim populus, qui prior 2 11 1

neque tantam in multiplicandis uirtutibus laudem ponis, quantam in finiendis. tu uirginitati praestas, ne flos eius ullo morbo, ullo tempore 1 4 20

sunt rapinarum. oculos inpudenter extollit, quorum lenocinio mundus in flore est. intonat lingua, caret quae numquam ueneno serpentis, et, quod 2 9 9

oleo confecto laetabuntur. hodie eos etiam uer arridens diuersos in flores diuerso charismate redditurum, cum salubri unda perfusi, 2 13

et denarium aureum triplicis numismatis unione signatum. gaudete itaque! in fontem quidem nudi demergitis, sed aetheria ueste uestiti mox candidati 1 23

qui caelestis panis perpetua soliditate fruerentur. petra illis scaturiuit in fontem, ut biberent detritis e lacunis, ut merebantur, caenulentum 1 18 2

quoniam deus temptauit illos et inuenit illos dignos se. tamquam aurum in fornace probauit illos et quasi holocaustomata accepit illos et in tempore 2 5 6

eius statuam adorare contempserint, incendi praecepit. qui ubi iactati sunt in fornacem ignis ardentis, hos deuote cupidus ignis excepit. lambunt 1 53 2

protestatur: *non glorietur sapiens in sua sapientia neque glorietur fortis in fortitudine sua neque diues in diuitiis suis, sed in hoc glorietur, qui* 2 1 5

dereliquit. denique nec mora est: inpatienter fraterni inuidus muneris in fratris Cain anhelat exitium et deo ante negotium parricida est; nec eius 1 4 9

germinantia undique dulce prata respirant. exsultat aestas noua, sed diues, in frumenti uarias moles spiceam feliciter contundens palmam. quam 1 33 1

hominumque lubricas mentes libidinum flagrantibus stimulis praecipitat in furorem, non sexui parcens, non aetati, non pietati, non sibi, quia 1 1 6

tempus non credit esse uenturum? sed spes ex fide est, quae quamuis in futuro sit posita, fidei tamen est iure subiecta. ubi enim fides non est, 1 36 4

glorificatur Christus, deus pater omnipotens propitiatur. postremo ille felix in futurum regnabit, qui tecum illo peruenerit. 1 1 21

remotos post suum dorsum cum postfuturis abiecerat; Erythraeum quoque in geminas ripas medium scissum mare, ductisque dextra laeuaque 1 18 1

qui spem habet in homine? ergo ubi purum deum significat, sic dicit in Genesi: *et fecit deus hominem ad imaginem et similitudinem dei*, et in 2 5 2

qui habet diligit, et qui non habet diligit. si ergo exsultat gloria eius saepe in gentibus (quamuis illic fructuosa uel uera esse non possit, quia sub 1 1 3

monstrat. Adam etenim, cum illicitum pomum hoc membro decerpit, sic in genus humanum ius mortis induxit. necessario ergo luxurioso populo 1 3 8

intus est, reuiuescit nec mortem medullitus capit, sed suum sibi genitale in germen exspirans uetusti corporis superficie deleta, immo in melioris 1 2 22

in interitum, resurgit in perpetuitatem; seminatur in humilitatem, resurgit in gloriam; seminatur in infirmitatem, resurgit in uirtutem; seminatur 1 2 22

de incensoribus suis. deum uident. mors transit in uitam, metus in gloriam. sic quis non optet ardere? 2 15

sicut praeceptum est, *ex agnis et haedis* discordi natura commissum, quem in gregibus pecuinis ipsi tui non inuenere maiores. atque utinam tu 2 20 1

iste est, eius qui fructu lactatur. Iudaei etenim cum carnaliter sentiunt in gregibusque pecuinis agnum bifaria natura commissum, qui inueniri non 1 8 1

ei recte nupta non est, quia Christo ueniente baptismatis spiritali unda in gremio renatus ecclesiae filius eius futurus fuerat, non maritus. Iudas 1 13 7

est igitur, fratres, tenaciter nobis et omni genere custodienda uirtutum. in hanc fortiter incumbendum; ipsa est enim uitae nostrae immobile 1 36 4

hostia et immolatio. multa sunt, quae dici possunt, sed satis otiosum est in his demorari, quae in toto iam non sunt. unum sane necessario 1 25 6

tua; et secundum simile huic: diliges proximum tuum tamquam te ipsum. in his duobus praeceptis pendet omnis lex et prophetae. unde manifestum 1 36 17

similia templa conueniunt, ita uiuenti deo uiua templa sunt necessaria. in his enim solis sacerdotum dei structura et propria est et perennis, qua et 2 6 4

ulceribus non distinctus est, sed totus unum uulnus effectus. uerum tamen in his omnibus nihil aduersus deum improbe loquitur, non uxori inlicita 1 15 6

uelint, fortassis cultius synagogas aedificent, cultius erigant capitolia, sed in his omnibus operibus uero iudicio structores magis possunt placere 2 6 1

magna eloquia dei sunt, ipse mirabilis in excelsis. cum in periculis esset, si in his propheta non ambulet, quomodo bonum insuper sibi opus adsignat 2 9 6

neque glorietur fortis in fortitudine sua neque diues in diuitiis suis, sed in hoc glorietur, qui gloriatur, intellegere et scire, quia ego sum dominus, 2 1 5

uel sero sacrilegam uocem comprime humanae fragilitatis memor, qui in hoc ipso, quod loquimur, quid possit contingere, ignoras excusationisque 2 1 21

intellegentes in thesauro naturae depositum incolume requiescere, quod in hoc mundo ad tempus perspicitur interire. similiter in inferno diues ille 1 2 9

animam et iterum resumendi eam; sed ut doceret, quoniam, cum uiuit in hoc mundo, semper in tribulatione, semper iustus in poena est. cum 1 2 31

quotienscumque in hoc peruerso saeculo contra laudabiles uiros multiformes tenduntur 1 40 1

uiolentior omni tortore conscientia numquam suum deserit peccatorem. in hoc reatu, fratres, usque nunc fuistis. sed fortiter examinati estis. sed ut 2 10 2

credentes; et iterum manifestius: *si quis inter uos uidetur sapiens esse in hoc saeculo, stultus fiat, ut sit prudens; nam huius mundi sapientia* 2 1 5

honorat ut filium. alterum uero, quem uenena conterentem, in adulterio, in homicidio, in falso, in maleficio deprehenderit, carnifici destinat statim, 1 35 8

et totam familiam domini impastae feritatis grassatione turbabat. indixerat in homine deo bellum et infaustae superstitionis busto in nefas conscium 1 39 2

beatitudinis credenti, cum scriptum sit: *maledictus homo, qui spem habet in homine*? ergo ubi purum deum significat, sic dicit in Genesi: *et fecit* 2 5 1

manifestum est spei ac fidei unam inseparabilemque esse naturam, quia in homine ex his quaecumque defecerit, ambae moriuntur. fides itaque uel 1 36 6

suae de caelo descendit, uteri uirginalis illustrat hospitium ibidemque in homine includit deum. utitur et figura et condicione mortali. iustitiam 2 4 7

a timore. fiunt enim duo: unus dei, alter qui naturae sit; naturae in homine nascitur, dei autem et discitur et docetur, quia non in 2 2 1

mysterium! saluo reo punitur reatus in reo integroque statu moritur in homine propter quod homo fuerat moriturus. inde est quod nostra non 1 42 1

mira beatitudo! saluo reo punitur reatus in reo integroque statu moritur in homine propter quod homo fuerat moriturus. inde est, quod nostra non 2 24 2

homines iustificatio aeternae decurreret uitae. uidetisne iam manifeste in homine suscipiendo fuisse prouidentiam, in passione sacramentum, in 2 4 7

neglecti sunt. excogitatur nouum stupendumque supplicium, quo se in homine uincere crederet deum. 'incidantur, ait, ab articulis manus, a 1 39 6

in uisceribus sacrae uirginis comparat sibi corpus suo iudicio nasciturus. in hominem coaptatus integumento carnis includitur deus humanamque 2 12 1

et quam opulenta, quam potens! nihil habet, qui te non habet. tu deum in hominem demutare ualuisti. tu eum breuiatum paulisper a maiestatis 1 36 29

uirginis templum sibimet castra metatur, quibus latenter infunditur in hominem gigniturus ibidemque saluo quod erat meditatur esse quod non 1 54 3

gaudio exsultans, quae curatum uenerat, curata recessit. ita Christus in hominem se fecit nasci, quemadmodum homo non potest nasci. totum 1 54 5

ille princeps iniquitatis suo semine per inuidiam protoplastos ex angelis in homines deriuauit, ita dominus omnes in se credentes sancti spiritus 1 2 26

cum fratres agnosceret; et ubi iactantia se non potest continere, positus in honore. caelestis profecto est ista patientia, quam a suo statu non 1 4 17

eos mundana uoluptas ad se trahit. *impii non manent, quia his dei nomen in honore est; pii non sunt, quia* patrem uenerandum prauis moribus 1 35 5

si Iudaeus aestimat gloriam, ut de ceteris taceam, maior est eius, qui in honorem deae suae — sane anus turpis atque amatricis — non paruam 1 3 2

absumptus, immo pinguedo ipse factus, totusque acceptum translatus in honorem nouae frondis promotione ramis resurgescentibus ornatus iam 1 2 27

inuestigabiles uiae eius! quis enim cognouit sensum domini? non enim in horum inquisitione exaestuans propheta dicit: *de profundis clamaui ad* 1 34 2

euangelicae iussionis animaretur exemplo. ecce in eius hospitium uelut in hostilem praedam grassantium satellitum praeceps irruit manus, festinat 1 39 4

populis, qui omnia inmortalitatis semine propagantur in saecula. in huius diei luce gradientes exsultemus fide,iucundemur bona 1 33 4

pleno uermibus sedet; dominus quoque in uero sterquilinio, id est in huius mundi caeno uersatus est inter ebullientes diuersis sceleribus ac 1 15 9

ex libris aut ex uirtutibus libros agnoscimus. sed quid ego diutius demorer in humanis, quasi sola isto affectu sint praedita? nonne uidemus omne 1 36 15

sub oculis iacet filius uinculis adstrictus. ubi sunt lacrimae, ubi dolor, qui in humanis sensibus uersari consueuit? in tantis filii casibus laetatur et 1 43 6

mortuorum; seminatur in interitum, resurgit in perpetuitatem; seminatur in humilitatem, resurgit in gloriam; seminatur in infirmitatem, resurgit in 1 2 22

suum dictum prosequitur dicens: *hoc est autem iudicium, quia lux uenit in hunc mundum et dilexerunt homines tenebras magis quam lucem*? 1 35 4

magis deus hominem poterit excitare, antequam peccasset in paradiso, in id quod fuit! quam rationem seminum etiam beatissimus Paulus 1 2 28

sit signis euidentibus docet, ut plerumque aliquos noscamus eos esse, quos in idolatria commorantes nuper uel maxime ui aliqua obisse meminerimus. 1 2 6

momenta et parit omne quod malum est et peperit omne quod peius; nam in idolis dea est, in cultoribus uero eorum ministra. uenerandam se 1 1 8

sic Ieremia dicente: *haec dicit dominus uiris Iuda et omnibus, qui habitant in Ierusalem: renouate inter uos nouitatem et ne seminaueritis in spinis.* 1 3 12

quia Iesus mortuus est et resurrexit, sic et deus eos, qui dormierunt in Iesum, adducit cum eo. nam et deus per Ezechielem prophetam loquitur 1 2 12

sola enim fides deambulat inter gladios tuta, inter esurientes feras amica, in ignibus frigida. sola fides praeferenda: hac nos, qui per fidem filii 1 62 5

felicitate nostri numeri fecerimus angustam. itaque estote securi: nihil in illa deest umquam, nihil ab suo statu aut tollitur aut declinat; omnia 1 5 18

sepelit antequam iugulet taleque est commentus pietatis excidium, ut in illa unius funeris turba paternus dolor non sufficeret orbitati, cum 1 15 4

in magnis et mirabilibus se dicit non ambulasse, utique non dei, sed in illis, quae magna ab hominibus hoc putantur in saeculo. at *cum addidit:* 2 9 6

Salomonem maxime cum scriptum sit: *et si multiplicentur, non oblecteris in illis; si non est timor domini cum illis, non corrideas animae illorum;* 2 7 5

filio detraxeris, ad patris, cuius habet totum, iniuriam pertinebit nec est in illo aliquid, quod sit inferius, quia sicut pater nec plus potest habere nec 2 5 10

non uultis, factis credite et cognoscite, quoniam in me est pater et ego in illo. constat ergo aequale esse, quod inuicem se capit cum spiritu 1 45 3

non uultis, factis credite et cognoscite, quoniam in me est pater et ego in illo, dictum significatione unica maiestatis et affectu indiuiduo pietatis, 1 25 8

dicit: *deus caritas est; qui manet in caritate, in deo manet et deus in illo manet* — , tunc demum, fratres, caritatem per semet ipsum ei 1 36 21

ea, quae in mundo sunt. si quis dilexerit mundum, non est caritas patris in illo, quoniam omne, quod in mundo est, concupiscentia carnis est et 1 36 27

ea, quae in mundo sunt. si quis dilexerit mundum, non est caritas patris in illo, quoniam omne, quod in mundo est, concupiscentia carnis est et 2 4 12

tibi. si continens esse non poteris, saltem noli tuas nuptias fenerare, ne in illo resurrectionis die inter plurimos maritos non possis, cuius fueris 2 7 18

obtulit, cum quanta obtulerat et filium; ubi enim fides fuit, non erat dolor. in illo sacrificio solus deus doluit, qui aliam uictimam procurauit; nam 1 43 7

fides quique illi fuerit cruciatus sua complicat uota. denique tres pueri in illo sacro certamine prae oculis deum sibi proposuere, non flammas, 1 11

libratur ad ictum uulneris securus animus, sed securior manus; elatus in immolandum gladius uibratur nec puerum mors uicina contristat, ne 1 59 7

utinam tu inuenias! dignus es enim immolatione tali, qui salutem tuam in incerti pecoris sitam uisceribus opinaris. sane quod passim multos 2 20 1

cadaueribus sacrificant mortuorum, qui amore luxuriandi atque bibendi in infamibus locis lagenis et calicibus subito sibi martyres pepererunt, qui 1 25 11

talis quoque post partum. o noua ratio! amore imaginis suae coactus in infantem uagit deus patiturque se pannis alligari, qui totius orbis debita 2 12 3

quid deformi uulnere inferna metiris? si, quod quidem recte aestimas, in infernis, procul dubio omnes sacrilegos antecedis, qui Moysi reprobans 1 3 14

nisi quod sanos occidit; nec manducatur aliquando certe nec bibitur nec in inferno cum suo praedone descendet, solum quod oculos infelices 1 5 16

requiescere, quod in hoc mundo ad tempus perspicitur interire. similiter in inferno diues ille tenacissimus, quem chaos immensum a pauperis 1 2 9

in perpetuitatem; seminatur in humilitatem, resurgit in gloriam; seminatur in infirmitatem, resurgit in uirtutem; seminatur corpus animale, surgit 1 2 22

uiolentis quasi quibusdam tempestatibus naufragatum momentis uniuersis in interitionem cogitur omne genus humanum. namque sapientia densis 2 1 6

mortuum fuerit, et subiecit dicens: *sic et resurrectio mortuorum; seminatur in interitum, resurgit in perpetuitatem; seminatur in humilitatem, resurgit in* 1 2 22

induxit; haec de armato Golia Dauid inermi triumphos attulit; haec in Iob inter crebra et ingentia mala non desperauit; haec in Tobiae 1 36 8

Tobiae caecitate medica fuit; haec in Daniele ora leonibus alligauit; haec in Iona cetum in cymbam conuertit; haec in Maccabaeicae germanitatis 1 36 8

somniis, illas scholares calumnias dei usque ad ecclesiam transmiserunt, ut in ipsa quoque, si insanire cuiquam libeat, deus illi non colendus sit, sed 2 9 2

sola fides praeferenda: hac nos, qui per fidem filii Abrahae facti sumus, in ipsius gremium peruenire credamus. 1 62 5

ex lege, ne admonitione pietati aliquid derogetur, tantumque se in ipso amat, ut oderit se sine ipso. accedit ad cumulum, quod ideo *deus* 1 36 22

ullam prorsus nocendi non praeterit. uultis scire, quod malum sit? in ipso fructu suo etiam ipse se odit. uenenis eius cotidie totus exaestuat 1 36 27

nec pati nec facere, dummodo in effectu conata succedant. uerum tamen in ipso fructu suo, quo expugnati pudoris alieni labe gaudere consueuit, 1 1 7

at cum ab eodem huius deuotionis inuitatione inhabitari seu nos in ipso habitare coeperimus — sicut Iohannes dicit: *deus caritas est; qui* 1 36 21

hic *masculus*, quia dei est uirtus; hic, inquam, agnus *perfectus*, quia in ipso magnus ille sacerdos pio mysterio sua uictima inclusus hodie deum 1 8 2

Iudas Scariothes traditor domini et spem et fidem perdidit, quia caritas in ipso non mansit. nam et haereses et schismata sic disseminantur, cum 1 36 19

factum, sed ex homine <deum>. ceterum si spiritaliter saperent, in ipso, quod infirmissimum putant, hoc potissimum praedicarent. etenim 2 8 9

semper, semper intrepidus ad sepulcrum noctis cognatae contendit scius in ipso se habere quod uiuit; denique admitur ei ortus, si ei auferatur 1 2 18

hic est, inquam, qui *in omnibus omnia est*, quoniam per ipsum et in ipso sunt omnia. nec uos moueat, fratres, saecularis ac uere puerilis 2 8 8

qui erat, antequam nasceretur, in patre, aequalis in omnibus, quia pater in ipsum alium se genuit ex se, ex innascibili scilicet sua illa substantia, in 1 17 2

testatur: *deus sicut ignis ueniet et sicut procella currus eius retribuere in ira uindictam.* 2 12 4

nec inde, ut dixi, sceleris sui crudelitas fructum sortita est, quia, sicut in Isaac aliud offertur et aliud immolatur, ita et in passione Christi quod 1 59 9

et Paulus obrutus calamitatibus beatis, cum pro nomine domini *latrones in itineribus*, latrones *in ciuitatibus* patitur, cum *a Iudaeis uirgis ter caesus* 1 34 4

forte disquirat, paucis insinuabo. in totius fabricae fundamentis non sicut in Iudaeae templo plurimi, sed magnus, praeclarus, pretiosus ac speciosus 2 6 6

Dauid in Psalmo primo his uerbis expressit: *non resurgunt*, inquit, *impii in iudicio neque peccatores in consilio iustorum.* gradatim pro meritis quasi 1 35 3

poenae, in Psalmis spiritu sancto dicente: *ideo non resurgunt impii in iudicio neque peccatores in consilio iustorum, quoniam scit dominus uiam* 1 2 23

decus pudicitiae, docuit feminas suae castitatis exemplo. stabat Susanna in iudicio perditorum falsorum testium oppressa mendaciis, conscientiae 1 40 1

propositam quanto amore, qua deuotione festinet. si quis eam prouocat in iudicium, ut eius auferat tunicam, libens illi pallium quoque concedit; 2 1 13

agitatur, profecto pecuina est ac misero, fragili detestabilique uersatur in iure. at cum mera fide credentis salutari fuerit necata baptismate, noua 1 2 25

beatior cum <in> adolescentibus lapsus feliciter timet, beatissima cum in iuuenibus carnalia exstinguere laborat incendia. sane in senibus ut est 1 1 5

unus denarius; quem qui libens acceperit acceptumque non spreuerit, sed in labore usque ad ultimum perdurauerit, turri completa inaestimabiles 2 6 8

auferri; nosci adaeque non potest, quia fieri potest, ut quis aliud gestit in labris, aliud in penetralibus cordis; similiter ne destrui quidem, quia si 2 3 11

laudes et gratias referamus. qui zizania, lolium, lappas, tribulos in laeta frumenta mutauit, quae diligenti cultu purgata molarisque lapidis 1 41 1

cornu iam non spirat unguenta. dies festos in luctum et cantica eius in lamentationem conuersa prophetae testantur. tauros, arietes, hircos et 1 19 2

nam *qui sine lege*, inquit, *peccauerunt, sine lege peribunt. at qui in lege peccauerunt, per legem iudicabuntur.* uidetisne, fratres, multum 1 35 7

fuisseque tempus, quando non fuit. tertia Iudaea est uere caeca, quae cum in lege, ut dicere solet, sua legat ubique duas patris et filii designari 2 8 1

enim indigne offerre sacrilegum est, ita indigne manducare mortiferum, in Leuitico scriptura dicente: *omnis mundus manducabit carnem. anima* 1 25 12

unicuique confitentur. accipe et alia exempla et quidem certiora. primo in libro Regnorum Samuel, egregius ille sacerdos, mortis iam lege 1 2 8

domini annuntiabat, sicut euidens declarat exemplum, quod Psalmorum in libro sic habetur: *uirga tua et baculus tuus ipsa me consolata sunt.* 1 13 10

circumcisionis, cuius non tantum in praesenti lectione, sed et aliquot in locis fecit Paulus beatissimus mentionem, ratio uidetur esse reddenda, ut 1 3 1

sane quod passim multos occidis, edacitatis est tuae, quod diuersis in locis, uanitatis, quod cum amaritudine comedis, infelicitatis. taceo, quod 2 20 2

iure deleta est. exinanitum cornu iam non spirat unguenta. dies festos in luctum et cantica eius in lamentationem conuersa prophetae testantur. 1 19 2

una substantia, una aequalitas, una uirtus maiestatis augustae, unito in lumine una dignitas retinetur. si quid enim filio detraxeris, ad patris, 2 5 10

ora leonibus alligauit; haec in Iona cetum in cymbam conuertit; haec in Maccabaeicae germanitatis exercitu sola uicit; haec in tribus pueris ignes 1 36 8

fratres, posteriora respondent: de rebus enim loquitur saecularibus. *in magnis et mirabilibus* se dicit non ambulasse, utique non dei, sed in 2 9 6

uiderit mobilitate fugaci statim deperdit. dehinc sequitur: *neque ambulaui in magnis neque in mirabilibus super me. magna eloquia dei sunt, ipse* 2 9 6

uester contractus ablatus est. securi gaudete: nihil saeculo iam debetis. in magno quidem reatu nunc usque fuistis, sed fortiter examinati estis et, 1 42 1

uero, quem uenena conterentem, in adulterio, in homicidio, in falso, in maleficio deprehenderit, carnifici destinat statim, non audiendum, sed 1 35 8

descendet, solum quod oculos infelices inanemque conscientiam ad hoc in maligni fulgoris cupidinem diram spe potiundi praecipitat, ne gratis 1 5 16

ignoscit. persecutorem suum et, quod magis est, regem aliquotiens a deo in manus traditum sibi mauult semper timere quam occidere, inuerso 2 9 7

ipse in euangelio hanc exprimit rationem dicens ad Petrum: *mitte hamum in mare et piscem, qui primus ascenderit, aperto ore eius inuenies duos* 1 37 5

non dubium est, hamum uero praedicationem, quia, sicut hamus missus in mare mortem piscis ostendit, ita euangelica praedicatio missa per 1 37 6

praeualuit; per hanc Ioseph Aegyptum suae dicioni subiecit. haec Moysi in mari rubro terram uitream fecit; haec, ut cursus soliti contempta 1 36 8

peregrinari fecisti. tu uirginali carceri nouem mensibus relegasti. tu Euam in Mariam redintegrasti. tu Adam in Christo renouasti. tu sacram crucem 1 36 29

inrepens diabolus Euam uulnerans interemerat, per aurem intrat Christus in Mariam, uniuersa cordis desecat uitia uulnusque mulieris, dum de 1 3 19

uirginibus felix, in uiduis fortis, in coniugiis fidelis, in sacerdotibus pura, in martyribus gloriosa, in angelis clara, in omnibus uero regina. tu 1 1 20

manus nec salientes digiti futurae mortis exitio palpitabant. tanta fuit in martyris deuotione constantia, ut omni corpore paratus uenisset ad 1 39 7

non usitata animaduersione poenarum nec usuali in reos lege carnifices in martyris membra saeuire. uiluerunt ungulae, inutiles ictus uisi sunt 1 39 6

sed si mihi credere non uultis, factis credite et cognoscite, quoniam in me est pater et ego in illo. constat ergo aequale esse, quod inuicem se 1 45 3

sed si mihi credere non uultis, factis credite et cognoscite, quoniam in me est pater et ego in illo, dictum significatione unica maiestatis et 1 25 8

ratione prolatum, explanat proprietas ipsa uerborum: *qui credit, inquit, in me, non iudicabitur.* recte: *quid enim necesse est iudicare credentem?* 1 35 2

cantabo tibi, domine, quomodo dominus in euangelio dicit: *qui credit in me, non iudicabitur; qui autem non credit, iam iudicatus est*? hoc 1 35 1

corporis stipem deo placere te posse praesumis.' 'iam completa est, inquit, in me per Iesum Naue domino iubente secunda, quam Moyses 1 3 14

stat in angusto fides, in secreto pudicitia, in primo innocentia, aequitas in medio, in fine patientia. pax colligit, caritas ligat, sollicitudo custodit, 2 6 9

se iustos quam sapientes iniustos, maxime cum iam sit eorum fraus omnis in medio. non enim rem ualuerunt transferre, sed nomina, iustitiam 2 1 4

dei, et in Psalmis: *deus autem rex noster ante saecula operatus est salutem in medio terrae*, et alio loco: *parata sedes tua, deus ex tunc et a saeculis* 2 5 2

futuram cur, Christiane, non credis? cur de huius mundi labe in meliora migrantes tam pertinaciter plangis? pro nefas! hinc mater scissa 1 2 13

sibi genitale in germen exspirans uetusti corporis superficie deleta, immo in melioris naturae iura transmissa, felix caput comis uirentibus redimitum 1 2 22

in semet fortior ruinis, omnibus quaeque deleuerat bellum recuperatis in melius, felicitatis pristinae statum dissimulando non perdidit, sed 1 4 19
deformis ac luridus pallor iam paene uultus perdit humanos nec ullus in membris uoluptati motus. nihil in substantia resederat corporis, sed nihil 1 59 4
rerum omnium captat annonam, aucupatur distrahendi tempus, minor in mensura, maior in pretio; negat se habere, quod distrahat, ut rogetur, ut 1 5 14
probant, praedones laudant, latrones excusant, nec sui umquam uenit in mentem non esse humanae potestatis crastinum diem ac ne ipsum, quo 1 5 7
esse substantiam naturalemque magistram, quoniam ex lege discitur, sed in mentibus nascitur. lex enim pendet ex caritate, non caritas pendet ex 1 36 17
fugaci statim deperdit. dehinc sequitur: *neque ambulaui in magnis neque in mirabilibus super me. magna eloquia dei sunt, ipse mirabilis in excelsis.* 2 9 6
est, si panem tuum inops esuriens manducauerit. tuus census est totum in misericordiam habere quod habes. tu sola rogari non nosti. tu oppressos 1 36 31
deuotique seruantur et increduli desertoresque puniuntur. hanc Esaias in modum forcipis uidit; quibus ad conflanda labia inquinata ab uno de 1 37 2
et patentes semper duodecim portae, quas ab hostili defendit impulsu in modum tau litterae prominens lignum. o res uere miranda! cotidie 2 6 7
crastinum diem ac ne ipsum, quo res agitur, quia quod uoluitur semper, in momento quid adferat dubium est. sed oculis patentibus caeci dilatant 1 5 7
unum esse regnum patris et filii. recte igitur patri tradet regnum qui dixit in monitis *regnum* non stare *diuisum*. unde non sic sentiendum est, 2 5 9
uictimam. 'uolo, dixit deus, mihi fieri sacrificium, Abraham, tuis manibus in monte de filio tuo; haec mihi uictima placet, hoc me sanguine 1 43 3
gaudens gaudente patre, patris dextra feriendus. qui antequam ueniret in montem, cum de patre quaereret, ubi esset uictima quam disponeret et 1 43 5
faciat peccatum. necessaria sacramentis protinus praeparantur, ascenditur in montem. omni mysterio sacrificioque disposito ductus filius gaudens 1 43 4
imminens manus gladio salutem premit; aut cum uiantis itineri erectus in morsum, ardentibus squamis incensus tumidus sese anguis opponit; aut 2 2 2
calcitraret: securus enim pater optimus timuit, ne dolori aliquid liceret in mortem. o fratres, secura deuotio! o pater spiritum captans, corpus uero 1 43 5
nec honores. o caeca mens hominum! quam uarie, unam tamen contendit in mortem: pauper, cum opes infeliciter quaerit, quas feliciter non habet; 1 5 11
libidinis mercedem uel maxime parentum, filiorum, maritorum uxorumque in mortibus posuit; haec nomina pietatis nonnumquam concubitu 1 1 8
consiliis quam in alienis nudisque sermonibus conquiescis neque tantam in multiplicandis uirtutibus laudem ponis, quantam in finiendis. tu 1 4 20
passi fuerint, spes eorum immortalitatis plena est; et in paucis uexati in multis bene disponentur, quoniam deus temptauit illos et inuenit illos 2 5 6
specioso circulo sacer inflexus dies in mundani operis pensa quadriga temporum fertur duodenis mensum 1 26
si quis dilexerit mundum, non est caritas patris in eo, quoniam omne, quod in mundo est, concupiscentia carnis est et concupiscentia oculorum et 2 9 5
quis dilexerit mundum, non est caritas patris in illo, quoniam omne, quod in mundo est, concupiscentia carnis est et concupiscentia oculorum et 2 4 12
quis dilexerit mundum, non est caritas patris in illo, quoniam omne, quod in mundo est, concupiscentia carnis est et concupiscentia oculorum et 1 36 27
esse uideatur, Iohanne dicente: *nolite diligere mundum neque ea, quae in mundo sunt. si quis dilexerit mundum, non est caritas patris in illo,* 1 36 27
Iohannem hactenus contionatur: *nolite diligere mundum neque ea, quae in mundo sunt. si quis dilexerit mundum, non est caritas patris in illo,* 2 4 12
omnibus est in usu: *nolite,* inquit, *diligere mundum neque ea, quae in mundo sunt. si quis dilexerit mundum, non est caritas patris in eo,* 2 9 5
mare, aquae dextra laeuaque gelido stupore frenatae uitreos diriguntur in muros praestolantes dei transitum populi, ut persequentibus mare sint. 1 29 2
de *perfecto perfectus*, totum patris habens, nihil derogans patri; procedit in natiuitatem qui erat, antequam nasceretur, in patre, aequalis in 1 17 2
simile tantam uim habere quam ueritas. oleaster sua infelix et amarus est in natura; sed cum fuerit peritissimi agricolae artificis manu necessaria 1 2 27
procellis miserabiliter per totum orbem dispersere terrarum. Ionas in naui dormiens sacramenti dominici imaginem praeferebat; etenim 1 34 8
ferinaeque uoraginis est receptus hospitio, uigilat in ceto qui stertebat in naui. mira res! post naufragium, post natatile sepulcrum incolumis tertio 1 34 6
hoc fieri non posse sine naturalis amicitiae disciplina? quid autem pro se in necessitatibus gerant, omnibus nota porcorum cotidiana propemodum 1 36 15
turbabat. indixerat in homine deo bellum et infaustae superstitionis busto in nefas conscium toto mundo funereum fecerat rogum. scatebat per tecta 1 39 2
uiduitatis es portus. tu sanctissimo coniugali iugo rudi ceruice subeuntes in nisum laboris uel amoris aequalem retinaculis blandis quasi quidam 1 4 21
pedibus ambulari posse in Petro praesumpsit. per hanc apostoli multos in nitidam cutem leprae deformis contagiosis scabrosisque grassantium 1 36 9
redderetur. denique comparationem salutaria gesta confirmant, quae et in nobis manent. ut est, fratres, Nineuitis nuntiatus interitus, credunt et 1 34 9
ad omnes discipulos ait: *ite ergo et docete omnes gentes intingentes eos in nomine patris et filii et spiritus sancti, docentes eos seruare omnia* 1 37 7
liberauit sacramento numeri ab imminenti supplicio; ecclesia ipsa ueritate, in nomine patris et filii et spiritus sancti, non tantum diaboli praesentes 1 13 13
ut uinceret mortem, ad hoc euigilauit, ut beatae resurrectionis suae in nos munus inmortalitatis conferret. quem competenter sequitur Virgo 1 38 4
misereris: discoloratur per momenta color, figura sua tollitur a natura, in obliquos horrores insani uertuntur orbes oculorum, acies dentium 1 2 6
acceptum non habeo ex manibus uestris. quoniam a solis ortu usque in occasum clarificatum est nomen meum apud gentes, et in omni loco 1 25 7
unicum filium. nihil tam sollicitum patri, cuius aetas in annis uergentibus in occasus sui terminum uersabatur et educationis tempus angustum et 1 43 1
et a tergo longo flammarum albescentium tractu funereae facis solemnitate in occasus suos quasi quibusdam deducuntur exsequiis; quas si per plagas 1 2 17
neque illi, qui hinc missus fuerit, credituri sunt', euidenter ostendens non in oculis esse carnalibus uerum, sed in fide credentium constitutum. nam 1 2 10
sicque factum est, ut, quomodo per unius hominis damnationem in omnes homines damnatio, sic per unius iustificationem in omnes 2 4 7
damnationem in omnes homines damnatio, sic per unius iustificationem in omnes homines iustificatio aeternae decurreret uitae. uidetisne iam 2 4 7
liberorumque sacra iura custodit, haec in utroque sexu conspicua, in omni aetate miranda, in quauis condicione non dubia, soli sibi deuota, 1 1 1
solis ortu usque in occasum clarificatum est nomen meum apud gentes, et in omni loco odores incensi offeruntur nomini meo et sacrificium mundum, 1 25 7
in omni negotio, fratres dilectissimi, nisi quis ante personam noscat et 1 25 1
dominum nostrum Iesum Christum, qui est benedictus cum spiritu sancto in omnia saecula saeculorum. 1 19 2
qui est benedictus cum spiritu sancto ante saecula et in saeculis et in omnia saecula saeculorum. 1 13 13
colligis fructus. tu in pauperibus diues, in diuitibus ditior, aequalis in omnibus consummaris. tu es *honor corporum,* tu thesaurus animarum, 1 1 21
nec minus; alter enim in alterius plenitudine infusus est, ut sit *omnia in omnibus* deus benedictus, pater in filio, filius in patre, cum spiritu 2 5 10
loco, non genere a tribuenda homini salute depellitur, sed gloriosa semper in omnibus inuenitur. denique prior circumcisio desecat carnem, secunda 1 3 22
prophetia etenim semper figuris uariantibus loquitur, sed res una in omnibus inuenitur. igitur Iacob habet imaginem Christi, sed et lapis 1 37 1
feliciter spiritus sancti calore feruebunt, qui ut numquam refrigescat in omnibus nobis praestabit deus pater omnipotens. 2 13
nouellus occasu. quod praeterit sequitur, quod futurum est antecedit. in omnibus nouus est et tamen in omnibus uetus est. punctis omnibus 1 16 1
ad sacramentum pertinet resurrectionis domini nostri Iesu Christi, qui *in omnibus omnia* est; qui uere aeternus est ac sine nocte dies; cui 1 33 4
crucifixus, sepultus, *primogenitus a mortuis* diceretur, hic est, inquam, qui *in omnibus omnia est*, quoniam per ipsum et in ipso sunt omnia. nec uos 2 8 8
sumptum est, refundatur; dicit enim deus ad Adam: *maledicta terra erit in omnibus operibus tuis; in tristitiae gemitu edes ex ea omnibus diebus* 1 2 30
terrae erat ipse facturus humanumque uisitaturus genus, alias aequalis in omnibus patri. quicquid enim pater praecepit, ut fieret, filius, utpote *dei* 1 50
procedit in natiuitatem qui erat, antequam nasceretur, in patre, aequalis in omnibus, quia pater in ipsum alium se genuit ex se, ex innascibili 1 17 2
esse quemadmodum potest? quicquid enim uni ex duobus indiscrete in omnibus sibimet similantibus detraxeris, cui detraxeris nescis. 'at ille, 1 45 2
fidelis, in sacerdotibus pura, in martyribus gloriosa, in angelis clara, in omnibus uero regina. tu numquam carni, numquam ulli subiaces legi. de 1 1 20
sequitur, quod futurum est antecedit. in omnibus nouus est et tamen in omnibus uetus est. punctis omnibus commutatur, non natura, sed 1 16 1
deus tuus postulat a te, nisi ut timeas dominum deum tuum et ambules in omnibus uiis eius et diligas eum et custodias praecepta eius ex toto 2 2 4
magnisque criminibus maximum fecit. ipsa Herculem nouerca deterior in Omphales libidine turpiter uicit, quem terribilis turba monstrorum 1 1 11
sed optimus, dulcis, blandus ac mitis uos admonet uitulus, ut nulla ullo in opere captantes auguria, eius sine malitia succedentes iugo terramque 1 38 3
similitudinem fingitur nec tamen in eo, quid cuius sit, inuenitur. si igitur in opere extraneo paritas sacra distingui non potest, deus in alio se inferior 1 45 2
iniuriam. uidetisne, fratres dilectissimi, quia nullus exserte hic alteri iubet, in opere nullus otiosus est? o sancta aequalitas ac sibi soli dignissima 1 45 2
alienos, ut seruiatis eis, et ne adoraueritis eos, ne quando incitetis me in operibus manuum uestrarum et disperdam uos. quae autem sint ista 1 25 4
litus, quo tendebat, inuenit antequam uideat, felix sepulcro quam naui. in oratione mons tremit: monti, non apostolis trepidatio est. Petrus aestu 2 2 5
onusta, ubique delicata, sub monilibus fortis. denique ipso cultus rigore in oratione non flecteris, non manus tendis, tumidum monilibus pectus 1 14 6
praeterita delectatur umbra? exsultat, quod in Aegypto creuerit: at in originali decreuit solo; quod captiuitatis sit nexibus exsolutus: sed est 1 52
post prophetas filios sanctos apostolos procreauit. Iob beatus quieuit in pace; dominus autem manet benedictus in aeternum ante saecula et a 1 15 9
est illi; leuigata est oleo gremiali, officiis competentibus temperata, in panes azymos reddita. hi, quos uidetis, egregia coctura suaue redolentes, 1 41 1
muro <munitam> castitatis, quae certe uera et aeterna formositas, in paradisi solitudine, ubi Euam ab auctore operis sui meminerant esse 1 1 17
fuit, quanto magis deus hominem poterit excitare, antequam peccasset in paradiso, in id quod fuit! quam rationem seminum etiam beatissimus 1 2 28
dextra laeuaque pendebant, ait: *amen, amen dico tibi: hodie mecum eris in paradiso.* itaque si homo mortuus in aeternum perit, ergo mentitus est 1 2 11
qui consilio hominem deceperat, consilio uincitur, ut, quomodo homo in paradiso non cognouerat diabolum, sic et diabolus in saeculo non facile 1 60
accludunt; quae reum, qualem inuenerint, talem quoque dimittunt; quae in pari causa ipsi praestatori nihil prodesse possunt. at uero nostrae 2 24 1
sic tamen, ut sentiri se cupiat quam uideri, plane cauta, ne quam declinet in partem, ne in aliquo se ipsa reprehendat, ne opere coepto umquam 2 1 12
sortita est, quia, sicut in Isaac aliud offertur et aliud immolatur, ita et in passione Christi quod per Adam deliquerat, per Christum liberatur. 1 59 9
uitae. uidetisne iam manifeste in homine suscipiendo fuisse prouidentiam, in passione sacramentum, in resurrectione summum bonum? hic nunc 2 4 7
derogans patri; procedit in natiuitatem qui erat, antequam nasceretur, in patre, aequalis in omnibus, quia pater in ipsum alium se genuit ex se, ex 1 17 2
omnia mea tua sunt et tua omnia mea, quia pater in filio et filius manet in patre; cui affectu, non condicione, caritate, non necessitate, decore, 2 5 9
infusus est, ut sit *omnia in omnibus* deus benedictus, pater in filio, filius in patre, cum spiritu sancto. 2 5 10
humanis, humana caelestibus iungis arcana. tu diuina custodis. tu in patre imperas. tu tibi in filio obtemperas. tu in spiritu sancto exsultas. 1 36 32
non uituperationis, et *redde altissimo uota tua.* honorem totum refudit in patrem, ex quo omnia. *et inuoca me in tribulatione tua et eripiam te* 1 25 8
si possis, permitteris edocere. prima itaque natiuitas domini nostri in patris et filii tantum conscientia manet, nec quicquam habet interiectum 1 54 2
unde pauca de multis attingam, ut omnium probationem haud dubie in paucis expediam. stellae praecipites labuntur e caelo et a tergo longo 1 2 17
hominibus tormenta passi fuerint, spes eorum immortalitatis plena est; et in paucis uexati in multis bene disponentur, quoniam deus temptauit illos et 2 5 6
optes imitari uirtutem; quem cupidum semper horrueris, stupeas passim in pauperes et egenos sua bona uniuersa fundentem; postremo quem 2 29 3
cum per eam cotidie tricenos, sexagenos centenosque colligis fructus. tu in pauperibus diues, in diuitibus ditior, aequalis in omnibus consummaris. 1 1 21
manibus dicit: *manus enim uestrae inquinatae sunt sanguine et digiti uestri in peccatis. labia autem uestra locuta sunt facinus et lingua uestra* 1 3 10
haec quid praesumant, aestimare non possum, homines qui salutem suam in pecorum morte constituunt, cum deus, posteaquam de Aegypto egressi 2 25 1

adaeque non potest, quia fieri potest, ut quis aliud gestit in labris, aliud in penetralibus cordis; similiter ne destrui quidem, quia si uera fides est, 2 3 11

nati sumus, solique debere, quod uiuimus, nihilque prorsus cordis nostri in penetralibus retinere, quod alieno iuri seruemus. at cum ab eodem huius 1 36 21

Christiane, si uera dicenda sunt, exsecraris in simulacris, colis in penetralibus tuis. nam et illic aureis argenteisque innumerabilibus ueluti 1 14 5

faceret, sed ut expeditus cum hoste pugnaret. contempsit denique in perditis facultatibus diuitem, dissimulauit in amissis liberis patrem, in 1 15 5

super me. magna eloquia dei sunt, ipse mirabilis in excelsis. cum in periculis esset, si in his propheta non ambulet, quomodo bonum insuper 2 9 6

Daniel populis terribilem inermis draconem necat, leonibus obiectus in periculo prandet, qui solet extra periculum ieiunare. et Ionas timens 2 2 5

dicens: *sic et resurrectio mortuorum; seminatur in interitum, resurgit in perpetuitatem; seminatur in humilitatem, resurgit in gloriam; seminatur* 1 2 22

abiecit. consecutus est regnum, ut post regiam dignitatem maiore dedecore in perpetuum imperio Romano seruiret. sane uultis scire, quantae sit 1 52

iudicabunt nationes et dominabuntur populis et regnabit dominus illorum in perpetuum. quid hoc est? si in perpetuum regnat, Paulus errauit; si 2 5 6

per aerium tramitem cursu seruato ad repromissionis tempus, ubi in perpetuum quis oritur, peruenire. 1 44 2

populis et regnabit dominus illorum in perpetuum. quid hoc est? si in perpetuum regnat, Paulus errauit; si traditurus est regnum, isti 2 5 7

pudoris sanguinem retinemus, quem ambitiose plerumque effundimus, cum in persecutione pro nomine domini diabolum moriendo uastamus. 1 3 21

in tribus pueris ignes amoenos effecit; haec mare pedibus ambulari posse in Petro praesumpsit. per hanc apostoli multos in nitidam cutem leprae 1 36 8

non subuenit, ipse eum uidetur occidere? o quantarum neces animarum in phaleris pendent ornatae matronae! ornamentum cuius unum si soluas 2 1 19

pecora non potest inueniri. dies festi eius et cantica secundum dei uocem in planctum et luctum illi profecerunt. superba illa ciuitas seruit. sane 1 28 2

sua enim deminutione crescebant. integer horum denique uasis semper in plenis manebat status quantumque eis impensae diurnae necessitas 2 1 20

te ne scrutatus sis. quae praecepit tibi deus, illa cogita semper et in plurimis operibus illorum non eris curiosus; multos enim seduxit suspicio 2 3 16

caelestis panis nobiscum portamus annonam. illis sitientibus petra fluxit in poculum, at Christi fontem qui biberit, in aeternum sitire non nouit. 1 46b 3

quoniam, cum uiuit in hoc mundo, semper in tribulatione, semper iustus in poena est. cum autem mors, quae putatur metuenda, gustatur, tunc ei in 1 2 31

in perditis facultatibus diuitem, dissimulauit in amissis liberis patrem, in poena sui corporis iustum. namque summo capitis a uertice usque ad 1 15 5

quia sub inpudico praedone uersatur), quanto magis debet esse gloriosior in populo Christiano, qui eius sanctificatori inuiolabili deseruit deo? nam si 1 1 3

quae uere exsecranda sint, iam correcta sint crimina. pudet me dicere in populo graui anus saepe uideri nouas nuptas, quarum paene plures sint 2 7 10

non transit in alium, caritas parum est dicere transit in alium quae transit in populum; adde quod fides paucorum est, caritas omnium; adde quod 1 36 11

omnes uno eodemque consensu quasi quendam patientiae deferuntur in portum, sine qua nec audiri nec concipi nec disci quicquam poterit nec 1 4 1

uicta natura sentiat per te tecum et ipse refrigerium; mortuorum in postliminium uitae animas reductas inspira; discute laborantibus 2 3 14

si talia gerant, putant se aut imitari aut uindicari. propter quod in praeceptis dominus ait: *qui dimiserit uxorem suam excepta causa* 1 1 13

constituto dissimulata interim maiestate ab aetheria sede profectus in praedestinatae uirginis templum sibimet castra metatur, quibus latenter 1 54 3

fideliorem, si loquatur argute, cum magis uerus sit ille fidelis, qui sacra in praedicatione non ultra, quam licitum est, aciem suae tetenderit mentis; 2 3 12

qui uicinarum possessionum omnes glebulas, lapillos et surculos nostis, in praediis autem uestris fumantia undique sola fana non nostis, quae, si 1 25 10

quia aliqui eorum cum forte de numero audacis lupi rabie denotatus in praesens periculum coeperit infestationibus tyrannicis duci, omnes 1 36 15

diligentissime, fratres carissimi, circumcisionis, cuius non tantum in praesenti lectione, sed et aliquot in locis fecit Paulus beatissimus 1 3 1

non pro locis intelligunt aut dictorum minime rationes inquirunt. igitur in praesenti Psalmo propheta cum dicat: *misericordiam et iudicium cantabo* 1 35 1

captat annonam, aucupatur distrahendi tempus, minor in mensura, maior in pretio; negat se habere, quod distrahat, ut rogetur, ut iugulet. atque 1 5 14

in phaleris pendent ornatae matronae! ornamentum cuius unum si soluas in pretium distribuasque necessitatibus singulorum, ex eorum respiratione 2 1 19

et quorum tecta sunt peccata, quia beatus esse non potest, fratres, in prima natiuitate persistens, quem aestuantium delictorum fax incensa 2 10 1

sub hac igitur, carissimi, desperatione natiuitatis et admiratione progenitus in primis infantiae rudimentis iubenti ac deposcenti deo innocens martyr 1 59 2

coercet, continentia [se] refrenat. stat in angusto fides, in secreto pudicitia, in primo innocentia, aequitas in medio, in fine patientia. pax colligit, 2 6 9

erat uerbum et uerbum erat apud deum et deus erat uerbum; hoc erat in principio apud deum. admirabilis gratia, fratres dilectissimi, conspicuae 2 8 3

suis poterit uti securus. sunt enim multi, qui adserere conantur *chaos in principio fuisse*, id est informem indigestamque latentis naturae 1 7 1

nam et Iohannes apostolus in euangelio quid praedicet, fratres, accipite: *in principio*, inquit, *erat uerbum et uerbum erat apud deum et deus erat* 2 8 3

populi furibunda tempestate lapideis imbribus feliciter grandinatur, cum *in profundo maris die* demoratus *ac nocte* ad deum clamans incolumis inde 1 34 4

gladios possit timere nec fluctus. mira res! medio puluerulentus exsultat in profundo, qui circa se uideret feliciter triumphum suum perire 1 29 2

dominus noster incunctanter est Christus, quem ante omnia saecula pater in profundo suae sacrae mentis arcano insuspicabili ac soli sibi nota 1 17 1

elemento sepelit. et cum omnium aquarum natura sit talis, ut, cum in profundum homines susceperit uiuos, euomat mortuos, aqua nostra 2 10 2

nocte dies; cui duodecim horae in apostolis, duodecim menses seruiunt in prophetis; quem euangeliorum salutaria quattuor praedicant tempora; 1 33 4

compescendum, maxime cum eius natura sit talis, ut numquam moretur in propriis, sed in publicum tota diffusa sit, diffamationibus uigeat, huc 1 4 11

domini, donec ueniat. aperies os piscis: hoc est sacramentum uel quae in prouerbiis locutus sum non intellegentibus explanabis. denique hoc alibi 1 37 6

in Genesi: *et fecit deus hominem ad imaginem et similitudinem dei*, et in Psalmis: *deus autem rex noster ante saecula operatus est salutem in* 2 5 2

cum peccatoribus uniuersisque incredulis gentibus perenni destinat poenae, in Psalmis spiritu sancto dicente: *ideo non resurgunt impii in iudicio neque* 1 2 23

uos. quae autem sint ista opera manus humanae, spiritus sanctus in Psalmo nonagesimo quinto declarat dicens: *omnes dii gentium* 1 25 5

uita quis secum aut coronam portat aut poenam. quam rationem Dauid in Psalmo primo his uerbis expressit: *non resurgunt*, inquit, *impii in* 1 35 3

uenerandam se procurat in templis, hilarem in theatris, inportunam in publicis, opportunam in quibuscumque secretis. lasciua, non linguis non 1 1 9

pro sacrosancto habes sicut idolum, te per momenta componis, diues in publico, ditior in secreto, nec intelligis, quia homini inopia morienti 2 1 19

maxime cum eius natura sit talis, ut numquam moretur in propriis, sed in publicum tota diffusa sit, diffamationibus uigeat, huc atque illuc 1 4 11

nisi quod fideliter sine ulla iactantia eius fungitur uoluntate. est autem in publicum tota prominens atque diffusa, sic tamen, ut sentiri se cupiat 2 1 12

per innocentiam pudor. sicque Susannam, quam inpudicitia mentiente in publicum traxerant, probatam et uindicatam ad mariti thalamos cum 1 1 19

sollicite laboratis, ne, dum aliquid postulat, erubescat. beata cum adludit in pueris, beatior cum <in> adolescentibus lapsus feliciter timet, 1 1 5

deuotione dominica in unam concordiam conuenere. namque tribus in pueris fides puniri non timuit. inmissis camino ignis exaestuans detulit, 1 48

diabolus et quod protexerat uirtus et ornabat pudor inlaesus. tunc in puero sancto Daniele spiritus sanctus ingressus ait, cum illa ad 1 40 2

iacet. altaria dei eius subuersa manu cum suis sibi sacrificiis sparsa in puluerem uanuerunt. sacerdotalis *cathedra pestilentiae* suo nomine deleta 1 28 1

Ioseph patiens inuenitur, e pascua cum a fratribus rapitur; patiens, cum in puteum dimittitur; patiens, dura cum hasta distrahitur; patiens in 1 4 17

in ipsum alium se genuit ex se, ex innascibili scilicet sua illa substantia, in qua beatus manens in sempiternum omnibus, quae habet, habentem 1 17 2

periturum se, nisi ueritatem requirat, agnoscit; si enim Adam curat, certe, in qua delicti omnis est summa, isto remedio curare non potest Euam. 1 3 9

deum enim patrem uos et habere et possidere monstratis, cum pudicitiam, in qua deus habitat, non dicam diligitis, sed luculentis moribus adornatis. 1 1 4

corpus, oleum donum spiritus sancti significat, uirga cum baculo crucem, in qua deus pro homine pendere dignatus est, ut in deum hominem, quam 1 13 10

tuae similiter dignitate gaudebis. igitur haec scala cuius esset materiae, in qua dominus incumbebat, ex Dauid dicto cognoscimus, qui ait: *uirga* 1 37 8

intulit ante quam caelo. at uero Nineue imaginem portat ecclesiae, in qua gentium iam inde noster populus morabatur, quae non in cassum a 1 34 9

Christianae felicitatis. duplex itaque forma surgendi est: prima sanctorum, in qua illud beatitudinis regnum primae tubae regali tessera conuocati 1 2 23

ruina timeatur, spretores sui, ut impios monstret. infelix culpa est, fratres, in qua locum qualiscumque non inuenit excusatio; detestabilis certe filius, 1 20

populi, ut persequentibus mare sint. inducitur in uiam Israel ingratus, in qua nec gladios possit timere nec fluctus. mira res! medio puluerulentus 1 29 2

beatitudinis et habebit. o admirabilis et uere diuina sacrosancta dignatio, in qua quae parturit non gemit, qui renascitur plorare non nouit! haec 1 55

conuictum. denique iniuriae suae testes citat caelum terramque: terram, in qua uniuersa geruntur, caelum, sub quo geruntur. filios appellat, ut 2 21

exstingue, ut de resurrectionis gloria, quam hic iam tibi uindicas, taceam, in qua, ut dominus ait: *neque nubunt neque nubentur, sed sicut angeli* 2 7 4

ideo nudus, quia uoluntas eius est turpitudo; ideo pennatus, quia in quaecumque conceperit uelociter ruit; ideo telis facibusque constructus, 1 36 25

derelinquit. omnes enim passim furore insatiabili turpes praecipitantur in quaestus, nec quisquam prorsus inueniri potest, qui ei saltem uel uno 1 5 1

uehementer armata captat solitudinem, secretum captat et locum, in quali etiam non irritata adolescentia inuitis feminis saepe uiolenta esse 1 1 16

rogari non nosti. tu oppressos uel cum dispendio tui incunctanter eripis in qualibet angustia constitutos. tu caecorum oculus. tu pes claudorum. tu 1 36 31

dominus rei, aliam sibi, id est populi nostri, sua pro uoluntate plantauit, in quam omnis fructus propheticus decucurrit. hic mihi, rustico uestro, 2 11 1

promittit, ostentat, obicit, donat, speciem proponit suam faciemque, in quas illi libuerit figuras, speculo conciliante semper incertam cotidie 2 4 9

quam exsecrabile est, tam inane; colunt enim uani uana figmenta in quaslibet formas, uultus, sexus, aetates auri argentique detrimento 1 25 3

iura custodit, haec in utroque sexu conspicua, in omni aetate miranda, in quauis condicione non dubia, soli sibi deuota, semper bene conscia, 1 1 1

ex ore meo. quo uocabulo gentiles homines sine dubio comprehendit, in quibus adhuc erant opera terrena. hoc est ergo quod ait: *audi caelum et* 1 61 4

similiter Christianus monitis diuinis praecinentibus obsecundando, in quibus aeternae fructus est uitae, et defenditur pariter et nutritur. ad 2 11 5

erit ille nec iustus. satis, ut opinor, praestigiae mundanae patuerunt. in quibus cum peritius agant uniuersi homines, quam dici potest, 2 1 11

possidet regnum. nam deos ipsa genuit, ipsa intulit mundo, per quos aut in quibus diabolus colitur, quorum in actibus origo monstratur. ipsa Iouem 1 1 11

aliquotiens ingentior prosequitur gloria, maxime diuinis in rebus, in quibus felices obnixa deuotione suam religionem custodiunt potius quam 1 31

ambulet, quomodo bonum insuper sibi opus adsignat ab illis recedendo, in quibus oportuerat ambulari? prioribus, fratres, posteriora respondent: de 2 9 6

in templis, hilarem in theatris, inportunam in publicis, opportunam in quibuscumque secretis. lasciua, non linguis non oculis non auribus 1 1 9

tamen cum libamine infausto ad sepulcra concurrunt et a mortuis, quos in quiete tacitae noctis agnouerint, expeti a se aliquotiens alimenta 1 2 3

quod deo gerebatur auctore. o nouum spectaculum ac uere deo dignum, in quo definire difficile est, utrum sit patientior sacerdos an uictima! non 1 4 14

hortor uos natiuitatis tantae festa laeto celebrare conuiuio, sed non illo, in quo diuersis epulis intrimentorum lenocinio saporis de summa 1 24 1

esse non potest. si enim uerbum in deo est et deus est uerbum et hoc est, in quo est, quod est ille, qui inest, duplex persona, duplex uocabulum, sed 2 8 4

uniuersum salutis suae amisisse praesidium diuini carminis textus ostendit. in quo eum non seueritas apud omnes condemnat, fratres uenerandi, sed 2 21

pudoris fundamenta subuertere. ibat ad supplicium non adulterum corpus, in quo extrema libido senilis exarserat, sed quod infamauerat diabolus et 1 40 2

iustorum et iter impiorum peribit. consequens est, ut scire nos par sit, in quo habitu regnaturus sit homo iste noster, qui tendit ad caelum, ne 1 2 24

obrutum pectus saepe crudis atque acidis uomitibus inurguetur, in quo musti uestri dulcedo saecularis uini pridiani exhalante foetore 1 24 1

beatus Archadius debiti martyrii quodam modo sequestrauerat pignus, in quo nec Christum relinqueret nec propinquum. statim beatus martyr se 1 39 4

rogum. scatebat per tecta culminum publicum scelus nec fuerat locus, in quo non erat pro religione sacrilegium. cogebatur Christi populus uanis 1 39 2
uacuatae imaginis recordatione gloriantur, quanto magis Christianus, in quo non est figura sed ueritas! quam ex rebus ipsis agnoscite pariter et 1 46b 1
semper iustae operationis ardore. autumnus quoque martyrii locus est, in quo non uitis, sed fossoris sanguis effunditur, ut uita beata pretiosae 1 33 3
est, ignis alterum, quod futurum. mare fontem sacrum debemus accipere, in quo, quibus aquis dei serui liberantur, iisdem, qui non fugiunt, sed 2 26 3
uobis ipsis bene uigilastis; optime estis auditi. nouum iudicii genus est, in quo reus, si excusauerit crimen, damnatur, absoluitur, si fatetur. magna 1 42 1
pro uobis bene uigilastis, optime estis auditi. nouum iudicii genus, in quo reus, si excusauerit crimen, damnatur, absoluitur, si fatetur. o 2 10 2
nulla est. Paulus enim de hominis adsumpti temporali locutus est regno, in quo uenturus et *iudicaturus est uiuos et mortuos*, sicut lectio uniuersa 2 5 7
praemio, suae autem gratis laborent. uerum hoc est solum, nos in quo uincimus, quia pro sua sanctitate Christianae plus nubunt. adde 2 7 11
habendi inicit cupiditatem, habentibus adimit satietatem. ita omnes in rabiem una tempestate praecipitat, ut ubinam sit maior ignores. est 1 14 1
uestro, beatissimi ignoscite agricultores, si quid uestrae sollertiae, uineae in ratione reddenda, ignauia nostra detraxerit. igitur, ut optime saepe 2 11 1
tribus in rebus Christiani culminis fundamenta consistunt, id est in spe, in fide, 1 36 1
deum et, quale uelit illud sit, repente exstinguetur incendium. sed sic ego in rebus demoror prope sanis, quasi, quae uere exsecranda sint, iam 2 7 10
ingens supplicium aliquotiens ingentior prosequitur gloria, maxime diuinis in rebus, in quibus felices obnixa deuotione suam religionem custodiunt 1 31
sine caritate neque spes poterit operari sine fide. itaque Christianus tribus in rebus, si cupit esse perfectus, debet esse constructus. si quid enim ei ex 1 36 2
ut pretiosius transfretatione reddatur; et martyr dominicae habitationis in recondita adsumitur, ut ibidem ex homine in angelum transfusus 2 11 7
peregrinus. innocens cum innocentibus deputatus hic *placuit deo. unctus in regem,* spiratus in uatem *non insolescit in regno*, obumbrat neminem 2 9 7
uobis iterum dicam: 'Pharisaee, responde, ubi cor habeas constitutum. si in regione pectoris, quid deformi uulnere inferna metiris? si, quod quidem 1 3 14
a morte, oculos meos a lacrimis, pedes meos a lapsu; placebo domino in regione uiuorum. haec nos felicitas manet, hoc munus exspectat. sic ergo 1 2 32
est, melle dulcior ac lacte candidior aeternae uitae beatitudo dei tribuetur in regno. 1 46b 3
aut fraudator, quod est idolorum seruitus, non habent hereditatem in regno dei et Christi, ostendens unum esse regnum patris et filii. recte 2 5 8
hic *placuit deo. unctus in regem,* spiratus in uatem *non insolescit in regno*, obumbrat neminem prophetae terrore. iniurias suas non 2 9 7
puteum dimittitur; patiens, dura cum hasta distrahitur; patiens in carcere, in regno patientior, patientissimus, desideratos cum fratres agnosceret; et 1 4 17
minuentur omnibus bonis. quod probare exemplo perfacile est. meminimus in Regnorum proditum libris famis tempore, quo totus passim populus 2 1 20
amen, amen dico uobis, quia publicani et meretrices praecedunt uos in regnum dei. haedum ei promittit, id est, quae sit peccatori peccati 1 13 9
excluditur, reuertatur. mira ratio, mira beatitudo! saluo reo punitur reatus in reo integroque statu moritur in homine propter quod homo fuerat 2 24 2
festinant. mira ratio, mirum profecto mysterium! saluo reo punitur reatus in reo integroque statu moritur in homine propter quod homo fuerat 1 42 1
felle commotus iubet non usitata animaduersione poenarum nec usuali in reos lege carnifices in martyris membra saeuire. uiluerunt ungulae, 1 39 6
est in suum fomitem adolescentis ignem totis uiribus deriuare. at ille in repugnatione ueste sibi uiolenter extorta ex impudicitiae fouea nudus 1 1 16
felicitas exhibetur, Dauid sancto dicente: *conuertere, anima mea, in requiem tuam, quia dominus benefecit mihi, quia liberauit animam* 1 2 32
est uoluntatem nostram, cui se iunxerit parti, praebere uictoriam eiusque in resurrectione aut praemio perfrui perenni aut consimili poena puniri. 2 4 18
in homine suscipiendo fuisse prouidentiam, in passione sacramentum, in resurrectione summum bonum? hic nunc primum omnium scire 2 4 7
actus improuidus, instabilis, caecus, incautus, inconstans, totus concitatus in ruinam; res sine substantia, negotium sine persona? omnia cito temptat, 1 4 7
contenta! tu in uirginibus felix, in uiduis fortis, in coniugiis fidelis, in sacerdotibus pura, in martyribus gloriosa, in angelis clara, in omnibus 1 1 20
tumulos in altaria, cadauera in simulacra, parentalia in sacrificia, mores in sacra. sic, sic genus humanum a dei cultura rapuit, dum blanda 1 1 12
sub lege, sed sub gratia sumus, quae nos diligere deum ac soli illi seruire in sacramento semel creditae unitae trinitatis non argumento, non 2 3 2
non crimen. quid hoc est? ecce immanitas in fidem et scelus transit in sacramentum; parricida incruentus redit et qui immolatus est uiuit. 1 4 15
conuertit in templa, tumulos in altaria, cadauera in simulacra, parentalia in sacrificia, mores in sacra. sic, sic genus humanum a dei cultura rapuit, 1 1 12
illi dominus deus thronum Dauid patris sui et regnabit super domum Iacob in saecula et regni eius non erit finis. Salomon in Sapientia similiter dicit, 2 5 6
deo credentibus populis, qui omnia inmortalitatis semine propagantur in saecula. in huius diei luce gradientes exsultemus fide,iucundemur bona 1 33 4
dies magnus aduenit, menses in tempora, tempora in annos, annos in saecula pandens. sine pausa crescit in senium et tamen a cunis 1 58
fratres, et tamen deo demens adhuc usque non credit, qui est benedictus in saecula saeculorum. 1 29 2
qui magister est noster, probata glorietur per eundem, qui est benedictus in saecula saeculorum. 1 25 13
ditius homine, cuius profitetur deus se esse debitorem? qui est benedictus in saecula saeculorum. 1 14 9
quae habet, habentem filium paria procreauit, qui est deus benedictus in saecula saeculorum. 1 17 2
per dominum et saluatorem nostrum Iesum Christum, qui est benedictus in saecula saeculorum. 1 6
per dominum Iesum Christum, qui est benedictus cum spiritu sancto in saecula saeculorum. 1 10b 3
hominibus non esse fortiores, per dominum Iesum, qui est benedictus in saecula saeculorum. 1 11
patri placere mereamur domino iuuante nos Christo, qui est benedictus in saecula saeculorum. 1 2 32
sepultus et resurrexit, homo aestimatus est et inuentus est deus gloriosus in saecula saeculorum. 1 46a 2
Iesum Christum, qui est benedictus cum spiritu sancto ante saecula et in saeculis et in omnia saecula saeculorum. 1 13 13
utique non dei, sed in illis, quae magna ab hominibus hoc putantur in saeculo. at *cum addidit: super me*, ostendit numquam se elatum fuisse, 2 9 6
conparanda consilio. Archadius beatissimus martyr adhuc demoratur in saeculo et iam martyr recitatur in caelo. 1 39 9
ut, quomodo homo in paradiso non cognouerat diabolum, sic et diabolus in saeculo non facile cognosceret Christum <...>. 1 60
impletur quicquid cotidie concupiscentia, ambitione, auaritia ardet in saeculo. quare utraque sunt uana, quia et cordis exaltatio nullos fructus 2 9 5
in Mariam redintegrasti. tu Adam in Christo renouasti. tu sacram crucem in salutem perdito iam mundo prouidisti. tu mortem deum mori docendo 1 36 29
super domum Iacob in saecula et regni eius non erit finis. Salomon in Sapientia similiter dicit, cum de eius loquitur seruis: *et si coram* 2 5 6
quae non parturis, quoniam multi filii desertae. ecce enim, carissimi, in Sarra attractis aetate neruis et, deficiente sanguinis suco, arescentibus 1 59 4
concurrentia crucifigi habuisse dei filium nuntiabant; quem confirmat in scala rectissime positum, quia historia totius scripturae et propter ipsum 1 37 8
ut optime saepe recolitis, mensura seruata amputatur in surculum palmes, in scrobem dimittitur, ut animatus ibidem genitalis humoris manente 2 11 2
decoremque conducis. felix aeternumque felix est, qui semper te habuerit in se. 1 4 22
sed fide, uerbo, non semine. decem mensium fastidia nescit, utpote quae in se creatorem mundi concepit; parturit non dolore, sed gaudio. mira res! 1 54 3
breuitate secreta. igitur, fratres, genesis talis est uestra. primus uos, qui in se credentem reprobat nullum, non Aries sed agnus excepit, qui uestram 1 38 3
falsum, quod eis cessit incendium. ueritatem ratio protestatur. qui nunc in se credentes *baptizat spiritu sancto et igni*, ipse tunc quoque numero 2 27
inuidiam protoplastos ex angelis in homines deriuauit, ita dominus omnes in se credentes sancti spiritus semine a mortuis rursus gloriosos in angelos 1 2 26
constitutum. nam et dominus ista exempla confirmans uni ex latronibus in se credenti, qui cum eo de patibulo dextra laeuaque pendebant, ait: 1 2 11
imaginem dei debemus accipere, sed caelestis hominis spiritalem, quam in se credentibus dominus aetheria natiuitate renouatis plenitudinis suae 1 27 3
at dominus resurgens non sanitatem tantum, sed immortalitatem in se credentibus praestitit dominiumque totius naturae recuperauit, sicut 1 15 9
uoluminum quasi ius terrae cognoscens ac uiolare deuitans mira patientia in se frangitur, his denique fluctibus, quibus cogitur, refrenatur. haec 1 4 5
artibus sese faciemque suam in se, quam non habet, quaerit. pingit se in se ipsam et lenocinante uario magistri medicaminis fuco uultum suum 1 1 10
quomodo et deus manet in aeternum. sed dicit aliquis: 'si ita est, cur in se ipse potissimum superatur?' primo quia genus humanum magis 2 4 13
si ei auferatur occasus. luna quoque, quae uere rationis humanae omnia in se lineamenta depingit, nata sanguineae teneritudinis dubio cornu primo 1 2 19
latentis naturae congeriem aceruo quodam magnitudinis suae per se in se manentem; *postea uero deum* hanc *diremisse* ex eaque constituisse 1 7 1
omnem ecclesiam dei orationis loci membrum, quod possit quamuis ruina in se mergentibus idolatriae aedibus nunc usque aliquatenus comparari? 2 6 2
pabulumque se esse contestans. subicit se gradibus aetatis, cuius aeternitas in se non admittit aetatem. totum contra conscientiam suam ut homo 2 12 3
regit, maiestate custodit; solus indemutabilis ac semper aequalis, quia in se non admittit aetatem; solus sempiternus, quia immortalitatis est 1 7 3
cum ardent *plura fulminibus*, cum terra uel tremit uel hiatu se recipit in se, nullus hic beatitudinis locus est, ubi non deuotionis, sed necessitatis 2 2 3
ut secundus sit inmortalis et qui mortalis est primus, cum inmortalitas in se ordinem temporis non recipiat, mortalitas capiat. uel si caelestis est 2 4 2
gentium, origo tot rerum, cari genitoris amplexibus inhaerebat. strinxerat in se patris pietatem, quod unicus, quod sero, quod promissus, quod sola 1 62 3
discussa iuncturas corporis rupit. exsilierunt exsectae manus †et uenarum in se paululum stupore rursus in se riuus sanguinis ruens†. dehinc 1 39 8
uideri, quod illa est. interea miris excolit artibus sese faciemque suam in se, quam non habet, quaerit. pingit se in se ipsam et lenocinante uario 1 1 10
ambulas; *ueloces pedes tuos ad effundendum sanguinem* dextra laeuaque in se refugiens unda testatur. denique eremo exciperis, quo te nunc 2 16
exsilierunt exsectae manus †et uenarum in se paululum stupore rursus in se riuus sanguinis ruens†. dehinc poplitibus surisque porrectis et a 1 39 8
natiuitas, sed uirginalis uteri aula secretior: diuini sermonis arte formata in se tabescentis corporis uulua portauit. sed in caelesti prole, non semine, 1 59 8
habes sicut idolum, te per momenta componis, diues in publico, ditior in secreto, nec intelligis, quia homini inopia morienti tantis opibus qui cum 2 1 19
excubat, disciplina coercet, continentia [se] refrenat. stat in angusto fides, in secreto pudicitia, in primo innocentia, aequitas in medio, in fine 2 6 9
putatur metuenda, gustatur, tunc ei in aeternum manentis gloriae beatis in sedibus nullas deinceps aerumnas mundi sensura repromissa felicitas 1 2 32
aggeribus in aciem stipatis undarum, saluo liquore arefactam profundi in semet contra se obnixam stupidam pependisse naturam; uiam inter 1 18 1
at Iob cunctis uiribus aduersae partis exspectatione placida profligatis, in semet fortior ruinis, omnibus quaeque deleuerat bellum recuperatis in 1 4 19
incunctanter est Christus, quem ante omnia saecula pater adhuc utrumque in semet ipso deus beatae perpetuitatis indiscreta spiritus plenitudine nescio 1 56 1
o praestantia singularis! o dulcis sententia! o damnatio necessaria! in semet ipso homo iugulatur, ut uiuat. percussor non uidetur, percussoris 1 42 2
accepit. unde manifestum est Abraham gemini populi typum in semet ipso portasse, ut circumcisionis nota exprimeret Iudaeum, 1 3 7
quos non ingeniosa suspicio, sed deus magister instruxit, propter nos in semet ipso probando quod docuit, uiuere animas mortuorum non tam 1 2 5
testatur, erat ante omnia manens unus et idem alter ex semet ipso in semet ipsum deus, secreti sui solus conscius; cuius ex ore, ut rerum 1 50
renitens, quemadmodum, si dicere dignum est, duo maria, quae in semet recumbunt, freto aestus alternos in unum conferente connexa, 1 7 4
operis mundani pensa perpetuans, genitali semper nouellus occasu, a se in semet *sua per uestigia* reuolutus dies salutaris aduenit, officiis sacramenti 1 6
ex se, ex innascibili scilicet sua illa substantia, in qua beatus manens in sempiternum omnibus, quae habet, habentem filium paria procreauit, 1 17 2
sollicitudinis mole gaudere; nam et risit Sarra munus iuuentutis subiens in senecta, unde nomen accepit infans, qui post haec Abraham sacratam 1 43 2

quod natura denegauerat. Abraham patriarcha noster exploratus a deo in senectute suscepit unicum filium. nihil tam sollicitum patri, cuius aetas 1 43 1
beatissima cum in iuuenibus carnalia exstinguere laborat incendia. sane in senibus ut est honoranda, ita miranda non est, quia licet sit uictrix, 1 1 5
fratris angusti circuli argenteum compleuerit globum, paulatim deuergit in senium, donec ultima senectute consumpta, sua morte reuiuescens, 1 2 19
tempora, tempora in annos, annos in saecula pandens. sine pausa crescit in senium et tamen a cunis genitalibus non recedit. profecto sacramenti 1 58
heres [et] pernici cursu procurrens atque recurrens, solemni meta rotatus in sese, proferens sibi de fine principium, natalicia infinita de occasu dies 1 33 1
Aquarius delere consueuit. quem necessario uno sequuntur duo Pisces in signo, id est duo ex Iudaeis et gentibus populi baptismatis aqua 1 38 7
religiosa confessio est de *deo hoc nosse*, quod licitum est. sicut enim in simplici corde scrutanda sunt testimonia eius, ita curiositate non sunt 1 34 1
deo. interea instant illi ex amatoribus accusatores effecti crimenque suum in simplicitate circumuentae transfusum artificiose dum exaggerant, exinde 1 1 18
mortuorum sepulcra conuertit in templa, tumulos in altaria, cadauera in simulacra, parentalia in sacrificia, mores in sacra. sic, sic genus 1 1 12
uidemus. aurum argentumque, Christiane, si uera dicenda sunt, exsecraris in simulacris, colis in penetralibus tuis. nam et illic aureis argenteisque 1 14 5
enim sine patris esse possit iniuria, si hac necessitate opus esset illi, qui in sinu patris commanens uoluntatis eius perfectionem non didicerat, sed 1 56 2
non perennes elementorum status, non tempora cognata connexione in solemnes reditus commearent, nisi rerum disciplinam conuersionemque 1 4 4
tantummodo metuens, ne <non> sit amplius quae uocatur. denique in solitudine, quae a moechantibus uocatur occasio, se tamquam arbitrum 1 1 2
ac periculis magnis non possit ab aliquo perueniri. adde quod illa in solo genitali uersatur, ille peregrinus est. illa sine contemplatione 2 4 14
aestimatus. ceterum illa est fidei generositas uera, ut deo fideliter seruiat, in solo ipso fiduciam gerat, a fidelitate et fiducia fidelem se uocari 2 3 19
tribus in rebus Christiani culminis fundamenta consistunt, id est in spe, in fide, in caritate, quae ita inuicem sibi uidentur esse connexa, ut 1 36 1
uere diuina patientia inter religionem pietatemque negotium temperaret, in spe non denegans deo, quod *contra spem* acceperat a deo. igitur Isaac 1 4 13
corrigendo. constat ergo omne Christianitatis magis in caritate quam in spe uel fide esse depositum, sicut euidens testatur exemplum. Iudas 1 36 19
sibi. post haec in terris uisus est et cum hominibus conuersatus est. qua in specie spiritu sancto loquente noscamus: *et homo est*, inquit, *et quis* 2 8 6
secum suis in uirtutibus portat. hoc est, quod Abraham *contra spem in spem credidit deo, ut fieret pater multarum gentium.* contra spem autem 1 36 5
clarissimae noctis suo sole dulces uigilias, post lactei fontis lauacro uitali in spem inmortalitatis animas pullulantes, ex quo qui eratis aetate diuersi, 1 24 1
qui habitant in Ierusalem: renouate inter uos nouitatem et ne seminaueritis in spinis. circumcidite praeputium cordis uestri, ne exeat sicut ignis ira 1 3 12
secundum carnem, de carne sua metet interitum; qui autem seminat in spiritu, de spiritu metet uitam aeternam. at uero dominus euidenter hoc 1 2 28
tu diuina custodis. tu in patre imperas. tu tibi in filio obtemperas. tu in spiritu sancto exsultas. tu cum in tribus una sis, nullo pacto diuideris, 1 36 32
libertatem. igitur uos, qui *circumcisi estis circumcisione non manu facta in spolationem carnis, sed circumcisione domini nostri Iesu Christi*, 1 3 24
[in] stabili cursu multiformi gratia redimitus per temporum <ambages> 1 57
patiturque se pannis alligari, qui totius orbis debita uenerat soluturus. in stabuli praesaepe deponitur populorum pastorem pabulumque se esse 2 12 3
hominem passum latrocinio diaboli angelorumque eius et huius mundi in *stabulo*, id est in ecclesia, quo pecora diuina succedunt, uenerabili 1 37 10
praestare, cui praestitit, ut rediuiuae uirginitatis honore polleret. itaque in statu, quo nata es, permanens, uirgo, gloriare sanctique pudoris florem 2 7 4
se putat, si ipse sit, nec intellegit rem dementiae esse consimilem, in statu suo animum non manere. inpatientia enim quid est nisi mens 1 4 7
putant, infelices inde esse noscuntur. etenim commodius puto misero in statu suo manenti quam beato in ultimas miserias deuoluto. nam 1 18 1
uiros reprehensio manet. Christianus ergo in toto dubitare non debet in statum pristinum mortuos excitari talesque legitima die ante conspectum 1 2 15
non amicis insultantibus cedit, sed uictor crudelitatis et impietatis in sterquilinio foetido scaturiente uermibus, quasi nihil passus, sed solo dei 1 15 6
perhibentur; et domino sui sacerdotes, sui insultauere cultores. Iob in sterquilinio pleno uermibus sedet; dominus quoque in uero sterquilinio, 1 15 9
ecce indulgenter excolis crinem; odorato puluere luctus puluerem mutas; in stibio fletus includis; ornamento ligas quod suspendio uoueras collum; 2 7 8
est principium quod senescit, quod opus factum est alienum, quod non est in sua positum potestate, quod a sua substantia tollitur, quod mutatur, 1 7 2
idem deus per prophetam hactenus protestatur: *non glorietur sapiens in sua sapientia neque glorietur fortis in fortitudine sua neque diues in* 2 1 5
monstrans. cuius sanctionem uestrae aetatis omni curriculo manente in sua semper infantia custodite ac fortiter praecauete, ne primi hominis 2 24 3
fratres. nam cum medullitus mulier ardoris insani conflagraret incendio, in suadelam sacrilegam argumentis uehementer armata captat solitudinem, 1 1 16
aestimabit non amore diuini cultus, sed alterius alicuius desiderio in suam hoc contumeliam procurari: castitatis obseruantiaeque uirtutem 2 7 18
paene uultus perdit humanos nec ullus in membris uoluptati motus. nihil in substantia resederat corporis, sed nihil tamen in utero negabatur infanti 1 59 4
diebus uitae tuae; spinas et tribulos eiciet tibi et edes pabulum agri; in sudore uultus tui edes panem tuum, donec reuertaris in terram. sed et 1 2 30
naufragos ad uitam suauem perducat; non aurum, non argentum, quia in suis martyribus computat totum. non fenestrarum lumen implorat, quia 2 6 6
et hominibus iustis. haec igitur omnia combinata unius fructus rediguntur in summam, quoniam uniuersa quamuis gemina esse noscantur, tamen una 1 37 14
domino sic dicente: *simile est regnum caelorum homini, qui seminauit in suo agro bonum semen; dormientibus autem hominibus uenit inimicus* 1 3 22
sit. neminem foede desiderat nec ulli similiter se desiderabilem praestat. in suo statu omni loco, omni tempore manet plus honestati consulens 1 1 2
felix caput comis uirentibus redimitum quasi ab inferis emersum in superna sustollit perennitatis gloriam fructu populoso tenturum, hoc 1 2 22
detraxerit. igitur, ut optime saepe recolitis, mensura seruata amputatur in surculum palmes, in scrobem dimittitur, ut animatus ibidem genitalis 2 11 2
sibimet prodesse cognoscit, conserta manu inuersa uice adorta est in suum fomitem adolescentis ignem totis uiribus deriuare. at ille in 1 1 16
cognouerunt; non est timor dei ante oculos eorum. et de ipsa circumcisione in symbolis inquit: *interrogabant et in uirgis suis annuntiabant; spiritu* 1 3 11
uesana congressione desudant, non aduertentes miseri, quoniam in tali negotio iudice deo quod non licet uxoribus non licet nec maritis, 1 1 13
genus alterius periculo discere, quid debeas deuitare. unde, fratres, in tali re non loquela est exhibenda, sed cura, quam paucis accipite. iram 1 10a
filios similiter et maritos? at e diuerso ipsae aestiment, quid sint, quibus in tam solemnibus uotis saepe contingit, ut nec filios habeant nec maritos. 2 7 10
ubi sunt lacrimae, ubi dolor, qui in humanis sensibus uersari consueuit? in tantis filii casibus laetatur et gaudet et se dominum promeruisse 1 43 6
quando ianuam claudere, patienter exspectat, dignus euadere, qui in tanto orbis metu non festinauit euadere. nunc mihi Abrahae memoranda 1 4 12
qui duplicem uiam apud inferos ponunt: impiorum unam, quae ducit in Tartarum, piorum aliam, quae ducit ad Elisium, eo fortius addentes, 1 2 4
mori. pro nefas! quid tibi tua tollis, infelix? quid extraneo facias, qui in te auarus es? o detestabili detestabilius malum! inuicem dum exspoliant 1 5 7
si seruaueris, simulacra. ancilla Christi, falso idolum respuis; mihi crede: in te colis, cuius ornatum, cuius imaginem non deponis. ad ecclesiam dei 1 14 6
te alligati compedibus et adorabunt te et in te precabuntur, quoniam in te deus est et non est deus alius praeter te. sed et Ieremias eodem 2 8 5
prorsus iniquitatis spiritum libens concipis per maritum: infelix, iam plus in te est quam in templo remansit! at si te serues atque contineas, 2 7 17
et tui erunt serui et sequentur te alligati compedibus et adorabunt te et in te precabuntur, quoniam in te deus est et non est deus alius praeter 2 8 5
ne flos eius ullo morbo, ullo tempore deflorescat. tu uariarum semper in tempestatum crebris turbinibus constitutae fidissimus miserandae 1 4 21
pertinere luxuriam. ipsa, inquam, mortuorum sepulcra conuertit in templa, tumulos in altaria, cadauera in simulacra, parentalia in 1 1 12
idolis dea est, in cultoribus uero eorum ministra. uenerandam se procurat in templis, hilarem in theatris, inportunam in publicis, opportunam in 1 1 9
fructus exposcit. quo audito Thamar cum esset *in domo patris sui*, id est in templis infamibusque spectaculorum omnium locis (pater enim omnium 1 13 8
et noluisti? ecce remittetur uobis domus uestra; et iterum: *non relinquetur in templo lapis super lapidem, qui non dissoluatur*. reprobat ergo tam 2 6 3
cognoscis nihilque aliud distat, nisi quod in tua domo minuta sunt, in templo maiora. quae si erogaueris, pecunia est, si seruaueris, simulacra. 1 14 5
carmen suis actibus exponentes, pharisaeus et publicanus dei stantes in templo. pharisaeus insulse manus tendit in caelum, quae caedis saepe, 2 9 8
spiritum libens concipis per maritum: infelix, iam plus in te est quam in templo remansit! at si te serues atque contineas, aestimabit non amore 2 7 17
memorandum quoque necessario est etiam illud, a quo quid agatur in templo. sacerdos uocat, ostium credulitas aperit, simplicitas introducit, 2 6 9
perenni cursu una eademque orbita lustrans dies magnus aduenit, menses in tempora, tempora in annos, annos in saecula pandens. sine pausa crescit 1 58
aurum in fornace probauit illos et quasi holocaustomata accepit illos et in tempore erit respectus illorum. iudicabunt nationes et dominabuntur 2 5 6
qui uenturus denuntiatus est per prophetas, qui secundum carnem natus in tempore est, qui est excelsus in excelsis, humilis in terris, saeculorum 2 5 3
animas reductas inspira; discute laborantibus morbos; cura languores; in temptationibus gaude, in tormentis pro nomine domini. si obuenerint 2 3 14
sacraria usque ipsa denudant, sacra confundunt amissa luce laetantes in tenebris, habentes fana, non domos? digne, digne iugulantur quae 2 7 12
praesenti deo probareris ingratus. per mare pedibus ambulasti, ut patereris in terra naufragium. ad hoc sane in eremo aquam de petra bibisti, manna 1 9
post multorum obitus populorum. hic est, cui *data est potestas in caelo et in terra*, nomini eius noua a deo suo, ipso dicente: *ego te clarificaui in* 2 5 4
et in terra, nomini eius noua a deo suo, ipso dicente: *ego te clarificaui in terra; opus perfeci, quod dedisti mihi, ut facerem. et nunc tu clarifica* 2 5 4
de terra finxit et homo idolum de terra composuit. *semen* ergo *suum fudit in terram*, hoc est dei mandata neglexit et idolis profudit. propter quod a 1 13 6
monumenta uestra et educam uos de monumentis uestris et inducam uos in terram Israel; dabo spiritum meum in uos et uiuetis. cum haec ita sint, 1 2 12
ad fratris uxorem ac semen excitet fratris; qui ingressus semen suum fudit in terram. quod cum deo malignum quoque uideretur, pari eum morte 1 13 1
edes pabulum agri; in sudore uultus tui edes panem tuum, donec reuertaris in terram. sed et dominus ex persona hominis, quem adsumpserat, ait: 1 2 30
legis religiosis exhortationibus excitaret. at ille *semen suum fudit in terram*; semen significat non creaturae, sed cordis. etenim semen cordis 1 13 5
promouetur. praestabit autem deus pater omnipotens, ut, quomodo isto in terrestri domicilio ei gratias agimus, ita in caelestibus regnis uberiores 2 6 11
intellegere: hoc de ministris et de angelis dictum, quos domino, cum esset in terris, fecisse inuenimus officium, ipso dicente: *amen dico uobis: uidebitis* 1 37 13
carnem natus in tempore est, qui est excelsus in excelsis, humilis in terris, saeculorum genitor, filius uirginis, immortalis sibi, homini 2 5 3
numquam recepti noscuntur, neque lucis ascendunt, quia numquam in terris, sed semper in caelo manserunt. unde angelos puto recte homines 1 37 11
nudentur. gaudent angeli, quod oppressa ueritas tandem defendatur in terris. triumphat maritus, quod castam inuenerit coniugem. laetatur 1 40 3
et reuelauit eam Iacob puero suo et Israel dilecto sibi. post haec in terris uisus est et cum hominibus conuersatus est. qua in specie spiritu 2 8 6
post partum uirgo permansit. obstetricis incredulae periclitantis enixam in testimonium repertam eiusdem esse uirginitatis incenditur manus. qua 1 54 5
uero eorum ministra. uenerandam se procurat in templis, hilarem in theatris, inportunam in publicis, opportunam in quibuscumque secretis. 1 1 9
quoque *duorum denariorum* esse figura uestita, hac uidelicet ratione, quia in *thesauris suis* duos denarios intelligi uoluit, nouitate et uetustate duo 1 37 9
carnis uidere non possent, libertate spiritus uident, exinde intellegentes in thesauro naturae depositum incolume requiescere, quod in hoc mundo 1 2 9
enuntiauit et cauendum quid sit his uerbis edocuit: *melior qui deficit sensu in timore quam qui abundat astutia et transgreditur legem*; et iterum: *noli* 2 3 12
attulit; haec in Iob inter crebra et ingentia mala non desperauit; haec in Tobiae caecitate medica fuit; haec in Daniele ora leonibus alligauit; haec 1 36 8
at ubi uindemiae uenerit tempus, decore dissipato, passim uua detrahitur in torcularique operariorum pedibus subiecta calcatur, prelo premitur 2 11 3
magnis, magnis uestit ulceribus, quibus insuper uermes immittit edaces, ut in tormenta morientis cum homine aduenticium uulnus inquilino uulnere 1 4 18

discute laborantibus morbos; cura languores; in temptationibus gaude,	in tormentis pro nomine domini. si obuenerint dura, *fidem tamquam*	2 3 14
igitur ne quis operis rationem a me forte disquirat, paucis insinuabo.	in totius fabricae fundamentis non sicut in Iudaeae templo plurimi, sed	2 6 6
sed uiator: timet profundum intercipere non timentem; nec tamen	in toto dissimulat, ne per mare pedibus se ambulasse non credat. aduersus	2 2 6
nec deo fidem. haec etiam uiros reprehensio manet. Christianus ergo	in toto dubitare non debet in statum pristinum mortuos excitari talesque	1 2 15
multa sunt, quae dici possunt, sed satis otiosum est in his demorari, quae	in toto iam non sunt. unum sane necessario proferemus exemplum, quod	1 25 6
quod circumcisio aduersus sabbatum pugnat, quod uiolandum ullo opere	in toto non esse praeconat. etenim plerumque contingit, ut ei nascatur	1 3 3
est dominicae signum, sine quo uiuere immortalitatemque apprehendere	in toto non potest Christianus. quod tabulatis infertur, caelestis uiae	2 11 4
sermone urgentium sacramentorum non sinit pondus. uerum tamen ne	in toto solemnitas cesset, paucis eius degustate sermonem. uinea dei	1 10b 1
namque, carissimi, desperatus parentibus, sed deo promittente susceptus	in transacta aetate et generantis genitalis flore consumpto non tam ex	1 59 1
sit; naturae in homine nascitur, dei autem et discitur et docetur, quia non	in trepidatione, sed in doctrinae ratione consistit, sicut scriptum est: *uenite,*	2 2 1
eam; sed ut doceret, quoniam, cum uiuit in hoc mundo, semper	in tribulatione, semper iustus in poena est. cum autem mors, quae putatur	1 2 31
uota tua. honorem totum refudit in patrem, ex quo omnia. *et inuoca me*	*in tribulatione tua et eripiam te* dicendo ostendit, quoniam per se omnia	1 25 8
immola deo sacrificium laudis et redde altissimo uota tua et inuoca me	*in tribulatione tua et eripiam te et magnificabis me.* si pater loquitur,	1 25 1
conuertit; haec in Maccabaeicae germanitatis exercitu sola uicit; haec	in tribus pueris ignes amoenos effecit; haec mare pedibus ambulari posse in	1 36 8
canentibus flamma blanditur. deus a creatura uniuersa benedicitur.	in tribus una mens, una uirtus, unus triumphus exsultat. melioratur uita	2 27
imperas. tu tibi in filio obtemperas. tu in spiritu sancto exsultas. tu cum	in tribus una sis, nullo pacto diuideris, nulla humanae curiositatis	1 36 32
iam uicinus. ecce prima deuotio: libenter excipere quod sero datur et	in tristissima senectute suscepta sollicitudinis mole gaudere; nam et risit	1 43 2
dicit enim deus ad Adam: *maledicta terra erit in omnibus operibus tuis;*	*in tristitiae gemitu edes ex ea omnibus diebus uitae tuae; spinas et*	1 2 30
autem hominibus uenit inimicus eius et superseminauit zizania	*in triticum.* at fortasse adhuc quispiam dicat: 'si caro perit, unde	1 2 28
autem hominibus uenit inimicus eius et superseminauit zizania	*in triticum.* quae necessario radicitus circumcisione diuellimus, ut diri	1 3 22
similiter regum uultus signaque cognoscis nihilque aliud distat, nisi quod	in tua domo minuta sunt, in templo maiora. quae si erogaueris, pecunia	1 14 5
regina, patientia, magis moribus concelebrare! scio enim, quia libentius	in tuis moribus, tuis fundamentis tuisque consiliis quam in alienis nudisque	1 4 20
semen, mors natalicius dies. denique post momentum festo exsultat	in tumulo, non umbra, sed ueritas, non imago, sed Phoenix, non alia, sed	1 2 21
operibus illorum non eris curiosus; multos enim seduxit suspicio illorum et	*in uanitate detinuit sensus illorum.* similiter Paulus curioso rescribit dicens:	2 3 16
cum innocentibus deputatus hic *placuit deo. unctus in regem,* spiratus	in uatem *non insolescit in regno,* obumbrat neminem prophetae terrore.	2 9 7
adstringitur, ne a ligno, quo portatur uel cuius adminiculo uel ducatu	in uberes fructus longius inuitata producitur, ui aliqua separetur. tum	2 11 2
lacrimarum crinium suorum damno cooperiens; miserandis affatibus	in uberiores fletus incendit etiam eos, quos causa non tangit, tanto	1 2 14
circumcisione diuellimus, ut diri seminis contagione purgati integri	in ubertate paterni seminis maneamus. haec, inquam, non die, non nocte,	1 3 22
dubitatur infernum; sicut enim Ionas tribus diebus et tribus noctibus fuit	in uentre ceti euomitusque Niniue se intulit ciuitati, ita dominus postridie	1 34 8
faciunt, qui auguria captant salutemque suam pecudum uiolenter scissis	in uentribus quaerunt, qui coniugale exasperant iugum affectuque calcato	1 25 11
ille quoque gauderet, qui ad uictimam parabatur. aries haerebat	in uepre implicitus spinis, capite obligatus: hic est qui pro Isaac immolatus	1 43 8
cultores. Iob in sterquilinio pleno uermibus sedet; dominus quoque	in uero sterquilinio, id est in huius mundi caeno uersatus est inter	1 15 9
praestolantes dei transitum populi, ut persequentibus mare sint. inducitur	in uiam Israel ingratus, in qua nec gladios possit timere nec fluctus. mira	1 29 2
Archadius ait:] o insania hominum! fraudauit te furor tuus; adhuc erat	in uictima domini quod posses auferre: amputandam linguam mandare	1 39 6
solo bonae conscientiae ornamento contenta! tu in uirginibus felix,	in uiduis fortis, in coniugiis fidelis, in sacerdotibus pura, in martyribus	1 1 20
est; ueloces pedes eorum ad effundendum sanguinem; contritio et miseria	*in uiis eorum et iter pacis non cognouerunt; non est timor dei ante oculos*	1 3 11
uis quam ut custodiaris, solo bonae conscientiae ornamento contenta! tu	in uirginibus felix, in uiduis fortis, in coniugiis fidelis, in sacerdotibus pura,	1 1 20
oculos eorum. et de ipsa circumcisione in symbolis inquit: *interrogabant et*	*in uirgis suis annuntiabant; spiritu meretricio seducti sunt et fornicati sunt*	1 3 11
ceterum fortitudo, quae hominibus est cum feritate communis, omne ius	in uiribus habet: quod facere praeualuerit, aestimat rectum. adeo sine ulla	2 1 7
in humilitatem, resurgit in gloriam; seminatur in infirmitatem, resurgit	*in uirtutem; seminatur corpus animale, surgit spiritale.* satis, ut opinor,	1 2 22
in dei causa fortius praecauendum est, quem solum ueretur quicquid	in uirtutibus naturae a regibus ipsis quoque metuitur. sed necessario	1 36 24
esse praesumit; nec spes timet, ne non ueniant, quia ea semper secum suis	in uirtutibus portat. hoc est, quod Abraham *contra spem in spem credidit*	1 36 5
ut possint beate uiuere, puniri festinant. descendit quippe gladius pius	in uiscera peccatoris et uno eodemque ictu, incolumi corporis manente	2 10 2
adsumit. namque requiescit libens florentissimo in domicilio castitatis et	in uisceribus sacrae uirginis comparat sibi corpus suo iudicio nasciturus. in	2 12 1
ac per hoc etiam breuis; alia uero animi, quam nos nobis ipsi hac	in uita per fidem sacri fontis uiuo de gurgite conparamus, nobilis et	2 4 8
ut horas ac momenta producat, ut saltem paulo diutius diei sui demoretur	in uita, sed fidelis semper, semper intrepidus ad sepulcrum noctis cognatae	1 2 18
confundunt. uindicantur de incensoribus suis. deum uident. mors transit	in uitam, metus in gloriam. sic quis non optet ardere?	2 15
quia peccatum non habet solus, *salutaris,* quia mortem mutauit	in uitam; propter nos qui est occisus et uiuit, sepultus et resurrexit, homo	1 46a 2
iungitur lignum, cuius tutela defensus sese sustollat. at ubi adoleuerit	in uitem perfectam ad iugumque peruenerit, eius omnes crines luxuriosi	2 11 2
etenim commodius puto misero in statu suo manenti quam beato	in ultimas miserias deuoluto. nam praedicant patres suos Aegyptium	1 18 1
non tam ex parentibus quam diuina praeceptione meruit procreari atque	in ultimis uitae curriculis Sarrae uterum filius aperuit primo uocabulo, cui	1 59 1
summa cum contumelia a persecutoribus illusi iugulantur. sucus earum	in ultimo preli pondere duabusque tabulis exsiccatur; similiter iudicii die a	2 11 7
lucis uiam, competentibus remissa omnium peccatorum, sicque cunctos	in unam Christi corporis gratiam congregatos ad caelestia regna perducit	1 6
prodidit nobis ignis ac fidei. etenim duo discordantia deuotione dominica	in unam concordiam conuenere. namque tribus in pueris fides puniri non	1 48
tutius maneat testatoris uoluntas inscripta, seu quod quasi ex transuerso	in unam fidem concurrentia crucifigi habuisse dei filium nuntiabant; quem	1 37 8
ueIociter scribentis. calamus fissus est, fratres, duosque uertices gerit	in unius acuminis tenuitate digestos, unam litteram utroque conficiens; cui	1 37 4
tu specialiter omnem populum diuinasque uirtutes quasi crines effusos	in unius uerticis nodum, honorem decoremque conducis. felix aeternumque	1 4 22
uitibus curuis, semipallidis oliuis et felicitatem praestat et gratiam, cum	[in] uniuscuiusque temporis fetus partu crudo in alterius contumeliam	1 4 6
martyris uiduatur. numerent martyria, qui possunt numerare supplicia, et	in uno corpore quantum diabolus publicatus est furere, tantum agnoscatur	1 39 9
palmiferam trophaeis coronam competenti ualeat sermone disserere, dum	in uno corpore tot martyria uideantur esse quot membra? armauerat	1 39 1
feliciter non habet; diues, cum diuitias putat se non habere, quas habet.	in uno nititur auaritia, bacchatur in alio, in utroque crescit, in utroque non	1 5 11
dignum est, duo maria, quae in semet recumbunt, freto aestus alternos	in unum conferente connexa, quae, licet sui proprietate, locis uocabulisque	1 7 4
miraretur: magnitudinem, opus, ornatum anne materiam; ita enim	in unum decorem uniuersa conuenerant, ut legitima domus dei caduca illa	2 6 2
errat igitur quisquis disputationem legis aestimat fidem, quisquis duo	in unum diuersa confundit. disputatio enim sicut excolit legem, ita, si	2 3 4
ipso dicente: *ego et pater unum sumus.* quod non utique sic ait, ut	in unum duos redigendo confunderet, sed ut duorum unam diuinitatis	2 8 4
signo, id est duo ex Iudaeis et gentibus populi baptismatis aqua uiuentes,	in unum populum Christi uno signo signati.	1 38 7
deos asserendo atque abominanda figmenta colendo — , tactu carbonis	in unum populum per confessionem nominis Christi noscuntur esse	1 37 3
at si descrete fiunt ista, nihil prodest. ex uno enim proficiscendo et	in unum remeando si non confusione, uel errore fiunt una. quid, quod	2 7 14
in domo, infelicior certe, si scieris. proponamus itaque, ut saepe contingit,	in unum sibimet conuenire diuersae religonis diem, quo tibi ecclesia, illi	2 7 14
sicut et scriptum est: *uos estis templum dei, et spiritus dei habitat*	*in uobis.*	2 30 4
diuini operis perennis ista laudatio. exsultate, pauperes [spiritu]: per uos et	in uobis dei maior est domus; nam et omnibus aequales estis et pedaturas	2 6 10
dei templum, apostolo dicente: *uos estis templum dei et spiritus dei habitat*	*in uobis.* et uerum est, nam sicut idolis insensatis similia templa	2 6 4
solis diuinis exemplis oportuerat perorare, esset si quis hic talis. sed quia	in uobis fides et pietas, quae est idonea expultrix auaritiae, manet atque	1 5 17
unde tamen prae me fero, fratres dilectissimi, quod ista, et non ambigua,	in uobis renitet assertio; deum enim patrem uos et habere et possidere	1 1 4
monumentis uestris et inducam uos in terram Israel; dabo spiritum meum	*in uos et uiuetis.* cum haec ita sint, resurrectionem futuram cur, Christiane,	1 2 12
grauidatum, quod non tam imaginem suam quam eius, cuius est	in usibus, gerit. denique tot efficit uultus, quot ille intrinsecus tristes seu	1 2 29
ad omnes. de quibus Iohannes discipulis quid praedicet, omnibus est	in usu: *nolite,* inquit, *diligere mundum neque ea, quae in mundo sunt. si*	2 9 5
deus praestat agonem. propter hoc dabit deus uobis signum: ecce uirgo	*in utero accipiet et pariet filium et uocabis nomen eius Emmanuel. butyrum*	2 8 7
fidelium communionis sanctae significabat sacramentum. Thamar *concepit*	*in utero,* ecclesia corde concepit, illa semine, haec uerbo. haedus ei	1 13 11
uoluptati motus. nihil in substantia resederat corporis, sed nihil tamen	in utero negabatur infanti et, cuius aetas auiam testaretur, matrem partus	1 59 4
tempestas; sepelitur noua odii rabie, antequam nascatur, matris iam non	in utero sed sepulcro incognitum pecus, quod legitimam nec mortem potuit	1 5 3
more fomenta; neque enim, fratres, his poterat indigere, quae accipere	in uterum meruerat filium animarum omnium saluatorem. o magnum	1 54 4
putat se non habere, quas habet. in uno nititur auaritia, bacchatur in alio,	in utroque crescit, in utroque non desinit. uerum tamen eos uno momento	1 5 11
quas habet. in uno nititur auaritia, bacchatur in alio, in utroque crescit,	in utroque non desinit. uerum tamen eos uno momento exigua humus et	1 5 11
praestat, haec parentum, coniugum liberorumque sacra iura custodit, haec	in utroque sexu conspicua, in omni aetate miranda, in quauis condicione	1 1 1
incomprehensibilis communisque undae diuidi magnitudo ex utroque	in utrumque commeando largiflua, utrisque propria, nulli priuata. etenim	1 7 4
amore iactantiae accensus nascentis dei de deo spiritusque sancti	inaestimabilem incomprehensibilemque diuinitatis perpetuitatem iure ipso,	2 3 15
spreuerit, sed in labore usque ad ultimum perdurauerit, turri completa	inaestimabiles diuitias in ea commanens possidebit. memorandum quoque	2 6 8
cum fuerit uictor carnisque nexibus liber, repromissae inmortalitatis	inaestimabili beatitudine perfruetur. sed quid ad nos, quid illi dicant?	2 1 14
totum. non fenestrarum lumen implorat, quia sol aeternus in eo manet.	inaestimabilia unius plenitudinis tria illi sunt membra, unum secretarium et	2 6 7
denique arsit incendium incendentibus, non incensis. o admirabilis ratio! o	inaestimabilis gloria dei! sacramento trinitatis tam potentis elementi	1 48
rex erat iam ante pudoris. Susannam quoque, columen matronatus,	inaffectatae formae pulchrius suae pulchritudinis ornamentum, insigne	1 1 17
Christiani mundum. igitur gentium sacrificium quam exsecrabile est, tam	inane; colunt enim uani uana figmenta in quaslibet formas, uultus, sexus,	1 25 3
non septimus, non nonus, accepit ac per hoc necesse est, ut utrumque	inane sit, si infirmari potest alterum de duobus. quid, quod Abel iustus est	1 3 4
nec in inferno cum suo praedone descendet, solum quod oculos infelices	inanemque conscientiam ad hoc in maligni fulgoris cupidinem diram spe	1 5 16
diserti mercennaria ac duplici lingua, reges superbia, negotiatores astutia,	inani pauperes uoto, cultores dei odio simulato, totae autem gentes	1 14 1
gerere se pascha contendit, cui nihil aliud de ueteri sacramento quam	inanibus intexta suspiriis fabula remansit. denique regium illud templum	1 28 1

iecoris spirantes consulunt fibras nec per uarios auium uolatus coniecturis	inanibus statum plumeae salutis inquirunt, sed a suo corde remedium	1	34	9
fides, quae tam sibi quam illi credendo praestet effectum, insinuatio	inanis erit, quia incredulo credentis fructum praestare non poterit. denique	2	3	1
digestos, unam litteram utroque conficiens; cui si unum adimas, alterius	inanis est usus. unde recte testamenta sunt duo, quae similiter duobus	1	37	4
iustitiae. adeo inde est, quod frumento paucorum horrea plena sunt,	inanis plurimorum uenter. inde populis deteriora mensuris pretia quam	2	1	16
quid tumet Pharisaeus	inanis, quem momenti praeterita delectatur umbra? exsultat, quod in	1	52	
quorum quis quid sit consecutus, accipite: qui totum sibi ipse promiserat,	inanis, qui nihil praesumpsit, iustificatus de templo discessit.	2	9	9
huius et superiorum *sciet?* quis corpoream aeris huius, ut quidam putant,	inanitatem se disserere posse mentiatur? quis terram aqua portari an	1	34	1
fluctus eius Iudaeorum populos et *gentes* accipimus, qui aduersus deum	inaniter *fremuerunt*. sors Ionam praecipitandum prodidit, prophetia	1	34	8
cuius imaginem non deponis. ad ecclesiam dei opere uario totum	inaurata corpus, exsecrabili metallo procedis onusta, ubique delicata, sub	1	14	6
negat quodam modo deum quisquis asserit deum. defensio enim non nisi	inbecilli praestatur nec potest eum reuereri, qui ingenii sui putat esse, quod	2	3	18
nato angelus Isaac nomen imposuit, ut firmaret laetitia, quod aetatis	inbecillitas desperauit. nouus sane parentum circa filium crescit affectus,	1	59	5
coepto umquam deficiat. haec captiuorum iuga redemptionibus frangit;	incarceratis medendo plus carcerem nouit; blanda peruigil cura	2	1	12
sequitur Virgo praenuntians Libram, ut nosceremus per filium dei, qui	incarnatus processit ex uirgine, aequitatem iustitiamque terris inlatam.	1	38	5
expugnans; animus infidelis etiam sibi; actus improuidus, instabilis, caecus,	incautus, inconstans, totus concitatus in ruinam; res sine substantia,	1	4	7
nunc parturit nouas. manibus suis facta hydra formarum procax semper	incedit, quia erubescere alienis sub coloribus nescit, non domesticis, non	1	1	10
detulit, ut eos unius uirtutis esse persensit. denique arsit incendium	incendentibus, non incensis. o admirabilis ratio! o inaestimabilis gloria dei!	1	48	
incendium! o uere spectaculum deo dignum! qui audiunt, timent; qui	incenderant, ardent; qui incensi sunt, sanctificati et incolumes de camino	1	22	2
regem. qui ira sufflatus solito septies amplius caminum iussit	incendi ac, ne quid immanitati saeuientis deesse uideretur, pice et stuppa	2	22	
gloriosi. hos barbarus rex, quod eius statuam adorare contempserint,	incendi praecepit. qui ubi iactati sunt in fornacem ignis ardentis, hos	1	53	1
exsulta, Christiane, et deum fortiter time, diaboli si uis	incendia non timere. ecce pueri sacramento muniti tres numero, sed una	2	15	
feliciter timet, beatissima cum in iuuenibus carnalia exstinguere laborat	incendia. sane in senibus ut est honoranda, ita miranda non est, quia licet	1	1	5
tantum diaboli praesentes ignes exstinguit, sed etiam futuri diei iudicii	incendia superabit. illa iustificata discessit; haec glorificata uestri numeri	1	13	13
cognosce. in caminum missi ut submersi sunt flammis, statim sibilo roris	incendia temperantur. mors refugiens mutat officium: incensores	2	27	
non flammas, praemium futuri, non poenam. sicque inter taetros undantis	incendii globos triumphantes barbarum regem, minas omnes, ipsum	1	11	
accusatoris uidua praegnans. irascitur socer, eam produci iubet atque	incendio concremari. at illa constanter adest, sibi quae non inpudicitiae,	1	13	3
hymnus canitur, foris ululatus auditur. o magna potentia dei! incensores	incendio concremati sunt et, qui incensi sunt, incendio suo superstites	1	53	2
tutior piscis aluo quam alueo nauis nec tres pueri, quo ardere putabantur	incendio, de suis incensoribus uindicati, sed de domino nostro, quem, pro	2	18	1
trinitatis tam potentis elementi subacta natura est. qui putabantur	incendio exstingui, emicant beatiores incensi.	1	48	
oderant fratres. nam cum medullitus mulier ardoris insani conflagraret	incendio, in suadelam sacrilegam argumentis uehementer armata captat	1	1	16
etiam marina monstra; laciniis omnibus spoliatur puella, uestitur	incendio. inter tot instrumenta mortis spectatore metuente secura calcat	2	2	6
potentia dei! incensores incendio concremati sunt et, qui incensi sunt,	incendio suo superstites triumphantes de camino procedunt, praestante	1	53	2
obcaecatum miserabiliter ad ima deferri. sed quia inexstinguibilis pestis	incendio totus mundus exarsit, auaritia, ut putatur, crimen esse desiit, quia	1	5	1
eia, fratres, quos beatae sitis exoptatus ardor	incendit, cupiditate ac uelocitate ceruina lacteum genitalis fontis ad laticem	2	14	
crinium suorum damno cooperiens; miserandis affatibus in uberiores fletus	incendit etiam eos, quos causa non tangit, tanto ambitiosior in dolore	1	2	14
illum saltem suae pietatis affectum. hic facibus suis Euae pectus	incendit; hic Adam suis telis occidit; hic Susannam conatus est duorum	1	36	26
inlicite uiri opprimebantur a uiris, prodigiosae libidinis ignes ignis diuinus	incendit intestinique facinoris foedus, quo infeliciores subactis infami hasta	1	4	10
eia, fratres, quos beatae sitis exoptatus ardor	incendit, quos nectarei fluenti dulce murmur inuitat, lacteum genitalis	1	12	
periclitantis enixam in testimonium repertam eiusdem esse uirginitatis	incenditur manus. qua tacto infante statim edax illa flamma sopitur sicque	1	54	5
immanitati saeuientis deesse uideretur, pice et stuppa armatum citatur	incendium; aestuantibus globis erubescit quoque ipsum alienis ignibus	2	22	
excepit. lambunt roscidos flammae blandientes. mira res: opacitas intus,	incendium foris est; intus hymnus canitur, foris ululatus auditur. o magna	1	53	2
ignis exaestuans detulit, ut eos unius uirtutis esse persensit. denique arsit	incendium incendentibus, non incensis. o admirabilis ratio! o inaestimabilis	1	48	
denique nec inrorati camini eis baptismatis defuit gratia. o admirabile	incendium! o uere spectaculum deo dignum! qui audiunt, timent; qui	1	22	2
iustius, transfer ad deum et, quale uelit illud sit, repente exstinguetur	incendium. sed sic ego in rebus demoror prope sanis, quasi, quae uere	2	7	9
a pueris disce uirtutem. sed uide, ne aestimes falsum, quod eis cessit	incendium. ueritatem ratio protestatur. qui nunc in se credentes *baptizat*	2	27	
fratres, in prima natiuitate persistens, quem aestuantium delictorum fax	incensa omnibus momentis exurit; qui paedorem sui secum carceris portat;	2	10	1
subacta natura est. qui putabantur incendio exstingui, emicant beatiores	incensi.	1	48	
sed una uirtute, anhelantibus flammis, camino rugiente non laeduntur.	incensi hymnum canunt. barbarum regem fidei tenacitate confundunt.	2	15	
occasum clarificatum est nomen meum apud gentes, et in omni loco odores	*incensi offeruntur nomini meo et sacrificium mundum, quoniam magnum*	1	25	7
ornamentum, insigne pudicitiae testimonium, *e senioribus duo,* sed uno	incensi prodigio, secus quam decuerat *deperire coeperant.* quam cum	1	1	17
auditur. o magna potentia dei! incensores incendio concremati sunt et, qui	incensi sunt, incendio suo superstites triumphantes de camino procedunt,	1	53	2
spectaculum deo dignum! qui audiunt, timent; qui incenderant, ardent; qui	incensi sunt, sanctificati et incolumes de camino procedunt per dominum	1	22	2
temperantur. mors refugiens mutat officium: incensores cremantur,	incensis hymnum canentibus flamma blanditur. deus a creatura uniuersa	2	27	
unius uirtutis esse persensit. denique arsit incendium incendentibus, non	incensis. o admirabilis ratio! o inaestimabilis gloria dei! sacramento	1	48	
statim sibilo roris incendia temperantur. mors refugiens mutat officium:	incensores cremantur, incensis hymnum canentibus flamma blanditur. deus	2	27	
est; intus hymnus canitur, foris ululatus auditur. o magna potentia dei!	incensores incendio concremati sunt et, qui incensi sunt, incendio suo	1	53	2
canunt. barbarum regem fidei tenacitate confundunt. uindicantur de	incensoribus suis. deum uident. mors transit in uitam, metus in gloriam.	2	15	
quam alueo nauis nec tres pueri, quo ardere putabantur incendio, de suis	incensoribus uindicati, sed de domino nostro, quem, pro nefas, uenerantur	2	18	1
uos terreat contemplatio; non enim ulla est metuenda iam poena, cum	incensorum superstes insultet ignibus uita.	1	31	
religionem custodiunt potius quam salutem. igitur cum audio tres pueros	incensos, prius uehementer horresco, mox deinde eorum particeps	1	31	
premit; aut cum uiantis itineri erectus in morsum, ardentibus squamis	incensus tumidus sese anguis opponit; aut dorsa fugientis affectans caedem	2	2	2
ac turpi lucro festinat? quid igitur, miser homo, auri argentique metallo	incensus uana cupiditate, uana cura torqueris? quid talentorum magnas	1	14	3
suam faciemque, in quas illi libuerit figuras, speculo conciliante semper	incertam cotidie peregrinis coloribus mutat, gulae labore culta, lauacro	2	4	9
sed nec illis impune succedit, qui sine uxoribus amore peccandi liberius	incertas atque inhonestas sibimet redimunt libidinum merces, non	1	1	14
dolore gemitibus saepe intermortua spiritu, labentibus membris ad terram	incertas reddebas exsequias, cui magis lacrimas commodarent: mortuo anne	2	7	7
utinam tu inuenias! dignus es enim immolatione tali, qui salutem tuam in	incerti pecoris sitam uisceribus opinaris. sane quod passim multos occidis,	2	20	1
infanti et, cuius aetas auiam testaretur, matrem partus ornauit, cum sub	incerto affectionis uocabulo pietas nutaret et, cum filium proferret uterus,	1	59	4
delectatur; at illa aegra fastidio nouem mensium non baiulat pondus, sub	incerto partu parientis nascentisque de salute non gemit nulliusque	2	7	3
nescit; altercatio quid sit ignorat. omnes aut deuitat aut portat iniurias.	incertum est, utrum inpassibilis iudicetur, cum aliquid passa quasi nihil	1	4	2
nota, non sibi, quia non potest notum esse nec uerum quod est semper	incertum. praeterea numquam diligit deum, quem scit operibus suis esse	1	1	10
quia non erit nec proprium nec firmum, quod habet statum semper	incertum, quippe cum unius electio sit alterius reprobatio. uel si omnes	2	3	7
tristitudine, nunc macie deformis, nunc enormis pinguedine, usque adeo	incertus, ut idem in duobus per orbem totum non possit inueniri terrarum?	2	30	2
praestat et medicinam. ceterum qui parcit uenefico, homicidae, adultero,	incestatori, sacrilego, nisi eius curauerit mentem, non uideo, quid illi	2	24	2
superstitionibus interesse atque in cultum nefandi ritus nunc aut libamina	inceste profundere aut ornatus sertis uictimas trahere aut grauia nidoribus	1	39	2
orbem totum non possit inueniri terrarum? igitur in deum cum haec non	incidant, ergo dei imaginem non habemus? absit, fratres. habemus plane, et	2	30	3
stupendumque supplicium, quo se in homine uincere crederet deum.	'incidantur, ait, ab articulis manus, a cruribus pedes; uiuum se cadauer	1	39	6
carnis, sed in augmentum hominis praeputium facinorosi cordis	incidit. at fortasse adhuc quispiam dicat: 'cur ipse quoque signaculum	1	3	16
et a germana coniunctione naturae gladio saeui latronis plantarum limes	inciditur et obsequio pedum corpus martyris uiduatur. numerent martyria,	1	39	8
est, ara lex, forceps duo testamenta, quae credentes tenent, non credentes	incidunt. sed et Dauid hanc calamum nuncupauit, dicens: *lingua mea*	1	37	3
tot crimina. denique hoc genere Iudaeos scriptura denotat ab auribus	incipiens: *clamaui,* inquit, *ad eos et non audierunt; clamabunt ad me et*	1	3	10
impossibile fuit. denique a muliere, quae prior peccauerat, circumcisionis	incipit cura, et quia suasione per aurem inrepens diabolus Euam uulnerans	1	3	19
quia renatus per aquam et spiritum sanctum desinit esse, quod fuerat, et	incipit esse, quod non erat. sequitur, quod uiduitatis uestem rursus accepit,	1	13	12
quia Iudaeis erat promissus, ideo cum praeputio natus, quia in aeternum	incircumcisis gentibus fuerat profuturus. diximus de prima circumcisione	1	3	18
quid, quod Enoc a deo integer legitur esse translatus? quid, quod Noe	incircumcisus saeuiente diluuio diuina prouidentia humano generi *heres* et	1	3	5
scientes, quoniam, si quis imaginem laeserit, in exitium suae animae	incitat ueritatem. nec est dicto longe probatio. si incliti cuiusquam regis,	1	36	24
[et], ne quid minus ab hostia uideretur; pedem ligatura destringit, ne	incitata uictima displiceret. cesset itaque hic, carissimi, impietatis	1	59	6
Iob diabolus, qui non fertur blandus, aestimare licet quid moliri potuerit	incitatus, maxime cum a deo acceperit facultatem, ut atrocitatis inueteratae	1	4	18
nisi a deo iussus. iam hic considerate, fratres, quemadmodum saeuierit	incitatus, qui ferri non potest blandus. igitur famigerabile committitur	1	15	3
post deos alienos, ut seruiatis eis, et ne adoraueritis eos, ne quando	*incitetis me in operibus manuum uestrarum et disperdam uos.* quae autem	1	25	4
qui in eius forte degebat habitaculo, absentem esse assiduis uocibus	inclamabat. hunc uero profitentem ad nefandam custodiam noxiae mentis	1	39	4
quicquid enim a iusto didicit, id facere iniustum quoque compellit, bifarie	inclita: unum glorificando, alium corrigendo. constat ergo omne	1	36	18
in exitium suae animae incitat ueritatem. nec est dicto longe probatio. si	incliti cuiusquam regis, hominis tamen, uultus quiuis ulla uiolauerit	1	36	24
excolis crinem; odorato puluere luctus puluerem mutas; in stibio fletus	includis; ornamento ligas quod suspendio uoueras collum; ab speculo	2	7	8
caelo descendit, uteri uirginalis illustrat hospitium ibidemque in homine	includit deum. utitur et figura et condicione mortali. iustitiam docet	2	4	7
corpus suo iudicio nasciturus. in hominem coaptatus integumento carnis	includitur deus humanamque uitam mutuatur de tempore, qui praestat	2	12	1
ipse principium; solus ante omnia et post omnia, quoniam in eius manu	inclusa sunt omnia; ex se est quod est; solus sui conscius, quantus et qualis	1	7	3
perfectus, quia in ipso magnus ille sacerdos pio mysterio sua uictima	inclusus hodie deum reddidit hominem, quem litauit.	1	8	2
uirtutum intrepidus corrigit, praeceptis omnibus fideliter obtemperat	incoactus, innocenter uiuit, iustitiam percolit, sine fine studet timere, ne	2	2	4

alienos; haec uiros ardore uesano femineo stipendio ipsis feminis sic	incognito inopinate dispungens suam docuit expugnare naturam; haec	1 1 8
obseratae gladiis uiae humano cruore pinguescunt; testamenta heredes	incognitos ex sese recitari mirantur; amicae sub fallacia manus innoxias	1 5 3
noua odii rabie, antequam nascatur, matris iam non in utero sed sepulcro	incognitum pecus, quod legitimam nec mortem potuit sentire nec uitam.	1 5 3
religionis delet abrupte igni ferroque cum sua sibi tota substantia	incolas, ciuitates et rura nihil omnino metuens amicae mortis fiducia.	2 1 7
haedus mittitur, fornicaria quaeritur nullaque ibidem umquam fuisse ab	incolis renuntiatur. at Thamaris nostrae cum processu temporis procedit et	1 13 3
spiritus uident, exinde intellegentes in thesauro naturae depositum	incolume requiescere, quod in hoc mundo ad tempus perspicitur interire.	1 2 9
deum plus debes amare quam filios, ut habere merearis integros,	incolumes ac beatos. stulta autem res est illis te uelle uitae substantiam	2 1 21
audiunt, timent; qui incenderant, ardent; qui incensi sunt, sanctificati et	incolumes de camino procedunt per dominum nostrum Iesum Christum.	1 22 2
descendit quippe gladius pius in uiscera peccatoris et uno eodemque ictu,	incolumi corporis manente materia, interficit *hominem ueterem*, creat	2 10 2
cum *in profundo maris die* demoratus *ac nocte* ad deum clamans	incolumis inde respuitur. Ionas adaeque propheta ad Nineuitas missus a	1 34 4
mortis spectatore metuente secura calcat genera uniuersa terrorum;	incolumis quasi orbe subacto de illo feralis caueae — iam non miserabilis,	2 2 7
qui stertebat in naui. mira res! post naufragium, post natatile sepulcrum	incolumis tertio post die Nineuitas illustrat terribilibus oraculis salutem	1 34 6
non flamma, sed rore, dei dignatione, non poena. o felix supplicium, quod	incolumitate superante inmortalitas prosequitur et corona.	2 22
nomine falso uestita, tamen suis commodis consulendo, quod sine alienis	incommodis omnino non potest procurari, a quouis uere stultissimo negari	2 1 3
propria est et perennis, qua et Iudaeos et gentes uel ceteros antecedimus.	incomparabilis autem gloria ac uere deo digna, cum uno consensu, una	2 6 5
iactantiae accensus nascentis dei de deo spiritusque sancti inaestimabilem	incomprehensibilemque diuinitatis perpetuitatem iure ipso, quo ex sese est,	2 3 15
saporis una uirtus, una substantia, una est fluenti natura nec potest	incomprehensibilis communisque undae diuidi magnitudo ex utroque in	1 7 4
et quidem manifestam ex eo ipso, quod non est nobis portantibus nota.	incomprehensibilis enim dei imago inuisibilis sit, necesse est. denique oculis	1 27 3
plane, et quidem manifestam ex eo ipso, quod non est portantibus nota.	incomprehensibilis enim dei imago inuisibilis sit necesse est. denique oculis	2 30 3
non sine affectu, sed sine reuelamine amplectebatur. igitur ineffabilis illa	incomprehensibilisque sapientia sapientiam, omnipotentia omnipotentiam	1 17 1
sed excogitatarum ut ordinem instrueret rerum, ineffabilis illa uirtus	incomprehensibilisque sapientia e regione cordis *eructuat uerbum*,	1 56 1
intemperanti linguae silentii frenos impone. dementiae genus est inuisibilis	incomprehensibilisque uelle opinari secretum eiusque interna discutere,	2 8 3
‘quid, inquit, uanissime omnium iudicum, putasne aut de lucis istius	incongruis usuris aut de praeproperae mortis subitis damnis familiam	1 39 5
uenerit tempus, id est persecutionis dies, passim uuae diripiuntur, id est	inconsiderate sanctis hominibus uiolenta infertur manus. ad torcular	2 11 6
et in ipso sunt omnia. nec uos moueat, fratres, saecularis ac uere puerilis	inconsideratorum hominum disputatio, qui ideo iustum patiuntur errorem,	2 8 9
animus infidelis etiam sibi; actus improuidus, instabilis, caecus, incautus,	inconstans, totus concitatus in ruinam; res sine substantia, negotium sine	1 4 7
tenebras crebrae micantes curuis ignibus flammae intercepti diei lumen	inconstanter assimulant, cum ardent *plura fulminibus,* cum terra uel tremit	2 2 3
descendentes uero angelos tenebrarum. sed hoc satis absurdum esse et	inconueniens, fratres carissimi, aduerto, quia neque refugae descendunt, qui	1 37 11
animarum omnium saluatorem. o magnum sacramentum! Maria uirgo	incorrupta concepit, post conceptum uirgo peperit, post partum uirgo	1 54 5
sibi filium prouenisse, qui ex se natus non crederetur, nisi, sicut fuit uirgo	incorrupta post conceptum, permaneret talis quoque post partum. o noua	2 12 2
negat se habere, quod distrahat, ut rogetur, ut iugulet. atque utinam	incorrupta species uenderetur! ingemescit praeterea, si annus est sterilis,	1 5 14
teritur demutari, sicut scriptum est: *oportet enim corruptiuum hoc induere*	*incorruptionem et mortale hoc induere inmortalitatem.* aliter etenim	1 2 30
possit armis, quibus possit uiribus, niteretur. igitur nouum ac paene	incredibile committitur proelium. ultra morem diabolus pugnat, sed Iob	1 4 18
post conceptum uirgo peperit, post partum uirgo permansit. obstetricis	incredulae periclitantis enixam in testimonium repertam eiusdem esse	1 54 5
gerens, quorum regalibus monitis et creduli deuotique seruantur et	increduli desertoresque puniuntur. hanc Esaias in modum forcipis uidit;	1 37 2
sub Christo; secunda uero, quae impios cum peccatoribus uniuersisque	incredulis gentibus perenni destinat poenae, in Psalmis spiritu sancto	1 2 23
nouus inquilinus exsultat mutatione morum natiuitatis suae nobilitatem	incredulis uariis uirtutibus probaturus.	1 42 2
sed nouus est inquilinus mutatione morum natiuitatis suae nobilitatem	incredulis uariis uirtutibus monstrans. cuius sanctionem uestrae aetatis	2 24 3
placuit deo credulitate sine lege et Iudaicus populus displicuit deo	incredulitate cum lege. unde dubium non est legem non posse sine fide,	2 3 1
examen. ex quo ne *infideles necesse est iudicare*, quia iam sua sunt	incredulitate damnati; ex hac enim uita quis secum aut coronam portat aut	1 35 2
enim mereatur felicitatem futuri temporis cernere, quem uideas sacrilega	incredulitate dei potentiae derogare? sed hoc amore criminum faciunt, ut	1 2 1
primo quis uictor mortis iura praetereat. quae res efficit, ut siue metu siue	incredulitate praeponantur praesentia futuris, mala bonis, fragilia solidis,	2 4 14
tam sibi quam illi credendo praestet effectum, insinuatio inanis erit, quia	incredulo credentis fructum praestare non poterit. denique Abraham	2 3 1
filii, debetis agnoscere, quantis catenis uincta tenebrarum mens laboret	incredulorum. *immola,* inquit, *deo sacrificium laudis.* primo omnium	1 25 2
haec domini uox est, qua iam tunc per prophetam Iudaeos obiurgabat	incredulos et quae essent futura, priusquam fierent, admonebat. proprium	1 61 5
de eo ille queritur, qui mox eum poterat et punire. sed quia mors apud	incredulos futurorum putatur poenae compendium ac paene pro infecto	1 47
incendia superabit. illa iustificata discessit; haec glorificata uestri numeri	incrementis ac fidei cum Christo in aeterna saecula permanebit per	1 13 13
non timet orbitatem. haec eorundem blanditiis uernantibus pascitur et	incrementis adolescentibus cotidie delectatur; at illa aegra fastidio nouem	2 7 3
uultis scire, cuius proprietatis sit? omnes timores, quoscumque inuaserint,	incremento conficiunt; hic solus ad hoc crescit, ut inmortalem, quem	2 2 7
paulatimque crescendo iam puella, iam uirgo pro cotidianae aetatis	incremento progrediens lasciui cursus ambagibus carpit pensa mundana. at	1 2 19
intonans armis ministrisque insuper suis in auxilium concitatis, terribili	increpans tuba praedonum corda face furiali succensa, impetibus crebris	1 15 3
enim omnium corrupte uiuentium diabolus designatur, domino Iudaeos sic	increpante: *uos de diabolo patre estis et concupiscentias patris uestri facere*	1 13 8
censum, exiguum non habet tumulum; quos prophetes egregius hactenus	increpat dicens: *quid profuit nobis superbia aut quid diuitiarum ambitio*	1 5 9
quod sine dolore magno uel gemitu non potest dici. quae enim uox, quae	increpatio has condigne possit arguere, quae dedecus suum sacrilegio	2 7 12
deus Iudaicum populum luxuriae aestu exuberante corruptum publica	increpatione confutat. caelum terramque testes citat, ut exaggeret crimen;	1 20
est? ecce immanitas in fidem et scelus transit in sacramentum; parricida	incruentus redit et qui immolatus est uiuit. ambo sibi gloria, ambo	1 4 15
accipite. iram dei generaliter comminantis qui uult effugere, debet illi	inculpate seruire.	1 10a
solo ipso fiduciam gerat, a fidelitate et fiducia fidelem se uocari cognoscat,	inculpatis moribus uiuat, conscientia eum bona, non loquacitate, quae	2 3 19
dignitate gaudebis. igitur haec scala cuius esset materiae, in qua dominus	incumbebat, ex Dauid dicto cognoscimus, qui ait: *uirga tua et baculus tuus*	1 37 8
tenaciter nobis et omni genere custodienda uirtutum. in hanc fortiter	incumbendum; ipsa est enim uitae nostrae immobile fundamentum,	1 36 4
morbus totam machinam lecto prosternit, ecce tempestas undique mortis	incumbit. nonne statim illa, quae erat domina uoluptatum, fit praeda	2 4 16
detestabilium pariter ac magistra malorum. hominis nam salutem ab	incunabulis mundi mors ut iugularet ac iugulet, ab ipsa prorupit. denique	1 4 7
fluenti dulce murmur inuitat, lacteum genitalis fontis ad laticem conuolate	incunctanter ac fortiter bibite, dum licet, superfluentis amnis undae	1 12
agnorum; quis enim haec exquisiuit de manibus uestris?. utique, fratres,	incunctanter eis ademit pascha, qui id, per quod ab eis pascha geritur,	2 25 2
quod habes. tu sola rogari non nosti. tu oppressos uel cum dispendio tui	incunctanter eripis in qualibet angustia constitutos. tu caecorum oculus. tu	1 36 31
principium, fratres dilectissimi, dominus noster	incunctanter est Christus, quem ante omnia saecula pater in profundo suae	1 17 1
principium, fratres, dominus noster	incunctanter est Christus, quem ante omnia saecula pater adhuc utrumque	1 56 1
ut res magna magnis uirtutibus magnisque laboribus quaereretur,	incunctanter optarent stultos iudicari se iustos quam sapientes iniustos,	2 1 4
aliquid de facultatibus notis mederi non posse, pro uno puncto requiei	incunctanter tota, si liceat, paratus offerre. superstitibus fratribus saltem	1 2 10
ut principaliter idolatriam, inpudicitiam auaritiamque fugiatis, quae est	incurabilis Cancer. Leo autem noster, sicut Genesis protestatur, *leonis* est	1 38 4
congeries? quid hic remansura peruigil sollicitudine cassa nec tibi ipsi	inde aliquid concedendo illibata custodis? insuper de inopia quereris, qui	1 14 3
Iudaei unde se beatos putant, infelices	inde esse noscuntur. etenim commodius puto misero in statu suo manenti	1 18 1
postremo, fratres, non potest timere maritum, quae non timet Christum.	inde est, quod coniuges nuptiali sanctissimo repugnantes iugo, pro se	1 14 7
alia crimina fugienda cognoscat. ‘ore tuo te, inquit, Christiane uicisti.	inde est, quod et ego aeternam uitam me possidere contendo, quia	1 3 8
cum nititur, auaritiae utique partes agit, quae est inimica iustitiae. adeo	inde est, quod frumento paucorum horrea plena sunt, inanis plurimorum	2 1 16
fecundans felici ligno suspensam uberrimam docuit afferre uindemiam.	inde est, quod hodie uestro de numero nouellae uites ad iugum perductae,	1 10b 3
necesse est pro laboris sui munere inmortali beatitudine perfruatur.	inde est, quod intra hominem clandestinum fremit momentis omnibus	2 4 8
suisque calamitatibus delectatur uiliorem habens animam quam pecuniam;	inde est, quod iustitia honestas pietas fides ueritas perit; quod deus ipse	1 14 7
patris maxima est gloria, aequalis patri a catholicis praedicatur. denique	inde est, quod legis fundamenta temnentes uersuta disputatione,	1 45 1
integroque statu moritur in homine propter quod homo fuerat moriturus.	inde est, quod nostra non habet necessaria tormenta confessio, quod sine	2 24 2
integroque statu moritur in homine propter quod homo fuerat moriturus.	inde est quod nostra non habet necessaria tormenta confessio, quod sine	1 42 2
qui enim non diligit eius similitudinem, sequitur ut oderit ueritatem.	inde est, quod stulti praeponunt corpus animae, idolum deo. sed nos, qui	2 4 17
suae alienaeque contemptrix, solum metuens ne desit ulli quod radat.	inde est, quod uniuersae nationes mutuis cadunt per momenta uulneribus,	1 5 3
plurimorum uenter. inde populis deteriora mensuris pretia quam inopia.	inde fraus, periurium, rapinae, lites ac bella. cotidie mugitibus alienis	2 1 16
hinc enim persequentium Aegyptiorum infestis mucronibus premebatur,	inde maris magno clausus obice reprimebatur. etenim illi nullae inerant	1 29 1
cui detraxeris nescis. ‘at ille, cui iubetur, est, inquit, inferior.’ quid, quod	inde non esse approbatur inferior, quia, unde processit, paterni cordis est	1 45 3
in Aegypto seruisti diu, non sorte peregrini, sed merito. ereptus es	inde, non tua euasisti uirtute. columna nubis te perduxit per diem, ut	1 9
gratularis? in Aegypto seruis diu, non necessitate, sed merito. ereptus es	inde; non tua euasisti uirtute. columna nubis te deduxit per diem, ut	2 16
caelo. at uero Nineue imaginem portat ecclesiae, in qua gentium iam	inde noster populus morabatur, quae non in cassum a deo *magna ciuitas*	1 34 9
felix inuitat occasus, ut sacri oceani lacteo profundo demersi, surgentes	inde nouello nouelli cum die, sua luce radiantes nobiscum possint	1 44 2
quos nunc inuitat felix occasus, ut sacri oceani lacteo profundo dimersi	inde nouello nouellique cum die resurgentes nobiscum possint ad	1 57
totum dispersionis futurae denuntiabat exitium. adeo eos in eremum	inde perduxit uulneraque detestabilis mentis curanda lacte cum melle	1 18 2
quod frumento paucorum horrea plena sunt, inanis plurimorum uenter.	inde populis deteriora mensuris pretia quam inopia. inde fraus, periurium,	2 1 16
crimina expellunt ac rursus diligenter accludunt, ne quid illo uel friuolum,	inde quod excluditur, reuertatur. mira ratio, mira beatitudo! saluo reo	2 24 1
mortem gustat, ut mortem deuincat; inferos penetrat, ut mortuos uiuos	inde reducat; unigenitus prodeundo de patre ante originem rerum,	2 5 3
denegare. mera profecto uesania est beneficiis inuidere naturae. alius	inde rerum omnium captat annonam, aucupatur distrahendi tempus, minor	1 5 14
in profundo maris die demoratus *ac nocte* ad deum clamans incolumis	inde respuitur. Ionas adaeque propheta ad Nineuitas missus a deo est,	1 34 4

fontem quidem nudi demergitis, sed aetheria ueste uestiti mox candidati inde surgetis. quam qui non polluerit, regna caelestia possidebit per 1 23
uel quid diabolus machinetur, non metuat iustus, quia cum illo est deus. inde Susanna illustris Hebraea, uerae decus pudicitiae, docuit feminas suae 1 40 1
feralis et ad inuisibilem suspensum gladiorum mucro conuertitur. nec inde, ut dixi, sceleris sui crudelitas fructum sortita est, quia, sicut in Isaac 1 59 9
cuius cotidie dissipantur uariis argumentationibus membra! o quam indefensa, quae regum, iudicum, diuitum, aliquotiens etiam, quod peius est, 2 3 10
defensionis ac diligentiae callidissimis argumentis urguetur, ut quis indefensus aut innocens quod habet legibus perdat. quod est omni uiolentia 2 1 17
scriba, fratres, est praedicator, *pater familias* Christus, *thesauri* eius indeminutae deitatis paterna substantia paternaque uoluntas, *noua et uetera* 1 37 9
quia ex nihilo uniuersa constituit, uirtute regit, maiestate custodit; solus indemutabilis ac semper aequalis, quia in se non admittit aetatem; solus 1 7 3
adde quod ab omnibus appetitur et a nullo completur. adde quod index dei uoluntatis est, non dei originis aut naturae. sequitur ut scire 2 3 5
ut non habeat, adhuc ipse disquirit. uideo praeterea, sicut assertorum indicant nomina (quae si auferas, nulla fortassis est pugna), multos esse 2 3 7
facie, deus in corde, nonne iniuriosum uel superuacaneum putabitur deo indicare quod nouerit? absit. indicat ille, sed nobis, quos cupit quod facit 2 9 3
sicut Esaiae beatissimi indicat carmen, Iudaico populo irascitur deus eumque, ne forte paeniteat, 1 30
quantum sonus lectionis indicat, fratres, Iudaicus quidem populus impietatis arguitur, sed 1 10a
iniuriosum uel superuacaneum putabitur deo indicare quod nouerit? absit. indicat ille, sed nobis, quos cupit quod facit ac praedicat imitari. ergo 2 9 3
datur, fratres carissimi, Christi imaginem praeferebat. denique comparatio indicat ueritatem. Iob iustus dictus a deo est; ipse iustitia, de cuius fonte 1 15 7
autem sine caritate sint non tantum istae, sed et aliae quoque uirtutes, indice Paulo cognoscite: *et si habuero*, inquit, *omnem fidem, ita ut montes* 1 36 20
at illa constanter adest, sibi quae non inpudicitiae, sed futuri scilicet indicii negotium procurauerat, dicitque ei se debere conceptum, cuius 1 13 3
lex et prophetae usque ad Iohannem. sacerdotibus eorum luctus indicitur. immolatio aufertur. cessat unguentum. circumcisio uacuatur. 2 17
adhibita rudi fetae sueto more fomenta; neque enim, fratres, his poterat indigere, quae accipere in uterum meruerat filium animarum omnium 1 54 4
sibimet comparauit ultimoque *sudore* turbatus posteris hereditatem indigestae mortis, quae homicidium mox [ut] peperit, dereliquit. denique 1 4 8
multi, qui adserere conantur *chaos in principio fuisse*, id est informem indigestamque latentis naturae congeriem aceruo quodam magnitudinis 1 7 1
libenter amplectitur; non fallit, quia fidem ipsa custodit; non ulla re indiget, quia ei praeter quod est nihil est necessarium. haec rura, urbes ac 1 36 12
gentis offensam libri istius exordia proloquuntur et iracundiam diuinae indignationis ostendunt, quae alias personas, ut uerbum dei ab ipsis potius 1 61 1
aut sumat aut offerat; sicut enim indigne offerre sacrilegum est, ita indigne manducare mortiferum, in Leuitico scriptura dicente: *omnis* 1 25 12
unusquisque, quemadmodum sacrificium aut sumat aut offerat; sicut enim indigne offerre sacrilegum est, ita indigne manducare mortiferum, in 1 25 12
sanctorum, quos synagoga pulsos Iudaei in damna salutis suae indignis caedibus mactauerunt. uenti saeuientes diuersi sunt reges, qui 1 34 7
meritorum quibuslibet passim sua munera infulcit, maxime indignis, ut ad se colligat turbas; ille numquam remunerat quemquam, nisi 2 4 14
diffundit, generauit pro fructibus spinas, pro uua labruscam. cuius rei indignitate commotus dominus illa deserta aliam sibi, id est ecclesiam 1 10b 2
saecula pater adhuc utrumque in semet ipso deus beatae perpetuitatis indiscreta spiritus plenitudine nescio qua sua conscientia uelatum filii non 1 56 1
alio se inferior esse quemadmodum potest? quicquid enim uni ex duobus indiscrete in omnibus sibimet similantibus detraxeris, cui detraxeris nescis. 1 45 2
quae nullo adulterata fermento est, consparsa ac subacta diligenter. sal inditum est illi; leuigata est oleo gremiali, officiis competentibus temperata, 1 41 1
in opere nullus otiosus est? o sancta aequalitas ac sibi soli dignissima indiuiduae dealitatis! unus homo ad duorum imaginem et similitudinem 1 45 2
me est pater et ego in illo, dictum significatione unica maiestatis et affectu indiuiduo pietatis, quia laus filii est patris et laus patris amborum. nunc 1 25 8
antiquus, et totam familiam domini impastae feritatis grassatione turbabat. indixerat in homine deo bellum et infaustae superstitionis busto in nefas 1 39 2
negotium perpetratum odit et se ipsam cum illo quem uicerit. haec saepe indixit quietis gentibus bellum; haec aliquotiens robusta regna subuertit; 1 1 8
demutatur labore, aetate, languore, ira, gaudio, tristitudine totque induat uultus, quot animi fuerint motus, nullusque prorsus dies, quo 1 27 2
impossibile est ac non uidetur; sed possibile hac spe fit, cum dei dicto indubitanter ac fortiter creditur. dicit enim dominus: *omnia possibilia* 1 36 5
ecce ego aperio monumenta uestra et educam uos de monumentis uestris et inducam uos in terram Israel; dabo spiritum meum in uos et uiuetis. cum 1 2 12
eliditur, diabolus subiugatur, Antichristus non timetur, spiritus sanctus inducitur, glorificatur Christus, deus pater omnipotens propitiatur. 1 1 21
in muros praestolantes dei transitum populi, ut persequentibus mare sint. inducitur in uiam Israel ingratus, in qua nec gladios possit timere nec 1 29 2
uos sermo est, fratres carissimi, de humanis gestis aut meritis nec Daniel inducitur inter frementium leonum rabidos rictus intrepidus, caelesti 2 18 1
dico: imple uel in ceteris legem, sicut scriptum est: praecinge lumbos tuos, indue pedibus calceamenta, arripe baculum manu. in eremum proficiscere, 2 20 2
in qua deus pro homine pendere dignatus est, ut in deum hominem, quem induerat, commutaret. anulus quoque signaculum fidei est, quod est 1 13 10
quod teritur demutari, sicut scriptum est: *oportet enim corruptiuum hoc induere incorruptionem et mortale hoc induere inmortalitatem.* aliter etenim 1 2 30
est: *oportet enim corruptiuum hoc induere incorruptionem et mortale hoc induere inmortalitatem.* aliter etenim inmortalitatis stola illa non sumitur, 1 2 30
sed excelsus omnipotentiae maiestate. qui sane ideo carnem est dignatus induere, ut nemo se possit per carnem, cum iudicii dies uenerit, excusare. 1 54 5
corpus animae, idolum deo. sed nos, qui Adam abiecimus, Christum induimus; qui, quae uis, qui exitus, quae merces carnis sit quaeue animae, 2 4 18
deposuit, id est sordidae religionis sordidos ritus abiecit. *aestiualia induit*: aestiua uestis, fratres, et munda est et exacta, cum qua facile et 1 13 8
erat in caelo; filius hominis uocabulo, non natura. non enim bis carnem induit dominus. sed sic oportuit praedicari, quia primo, antequam esset, 2 4 3
maturum ei nec tamen nupserat, uestem uiduitatis exponit, aestiualia induit, semet decore componit locoque constituit, Iudas qua fuerat 1 13 2
omni momento corda destringens; propter quod sic Paulus apostolus ait: *induite uos armaturam dei, ut possitis uos constare aduersus nequitias* 1 38 6
lenocinia redis, colorem de pyxide mutuaris paulo ante damnatum. ecce indulgenter excolis crinem; odorato puluere luctus puluerem mutas; in 2 7 8
candore uestiuit, qui suum lacte beatum uagitu hiantibus uestris labris indulgenter infundit. idem non tumidus ceruice, non toruus fronte, non 1 38 3
tortoris facinora sua sponte reus, ut fiat innocens, confitetur. pretiosa indulgentia est, fratres, quae et ueniam praestat et medicinam. ceterum qui 2 24 2
ita erit, ut iustis corona, peccatoribus aut excusatis aut emendatis indulgentia, impiis autem aeterna poena tribuatur per dominum Iesum 1 35 9
cicatricis ignarus? quid, quod cum praeputio Nineuitarum populus dei est indulgentia liberatus? quos utique omnes circumcidi praecepisset, si carnis 1 3 5
exsultate, fratres in Christo, acceptaeque indulgentiae regale beneficium diligenter, fortiter ac fideliter custodite. 1 42 1
saluete, hodie nati fratres in Christo, acceptaeque indulgentiae regale beneficium diligenter, fortiter ac fideliter custodite. 2 29 1
deus, et antequam respicias, parce.' ecce et meritum principale diuinam indulgentiam meruisse sub casibus: nam retro respiciens Abraham inuenit 1 43 7
magno quidem reatu nunc usque fuistis, sed fortiter examinati estis et, ut indulgentiam perciperetis, pro uobis ipsis bene uigilastis; optime estis 1 42 1
in hoc reatu, fratres, usque nunc fuistis. sed fortiter examinati estis. sed ut indulgentiam perciperetis, pro uobis bene uigilastis, optime estis auditi. 2 10 2
designabat *ex ouibus et haedis*: *ex haedis* utique propter peccatricis indumentum carnis, *ex ouibus* propter spiritum maiestatis. qui *primitiuus* 1 46a 2
quicquid uoluerit, omnibus momentis illustret. non ergo carnale hoc indumentum imaginem dei debemus accipere, sed caelestis hominis 2 30 3
armati numero dies, menses et digiti. at plerumque cum sua sibi industria fenerator etiam ipse nudatur, ei cum casu aliquo fraus, inopia, 1 5 12
lites ac bella. cotidie mugitibus alienis quaeritur lucrum et proscriptio industria uocitatur et appetitio rei alienae sub praetextu propriae 2 1 17
omnino metuens amicae mortis fiducia. denique quod sapientia legibus per industriam colligit, uno impetu aliquotiens clusis oculis illa <illidit>. 2 1 7
'fac ad tuam', sed ait: *faciamus ad nostram*, ne quam filius hominem induturus pati uideretur iniuriam. uidetisne, fratres dilectissimi, quia nullus 1 45 1
mensura Iesu Naue desiderio pareretur, soli lunaeque suos frenos induxit; haec de armato Golia Dauid inermi triumphos attulit; haec in Iob 1 36 8
illicitum pomum hoc membro decerpit, sic in genus humanum ius mortis induxit. necessario ergo luxurioso populo deus hoc signum dedit, ut, locum 1 3 8
eos, qui tribulant me. inpinguasti oleo caput meum et poculum tuum inebrians quam praeclarum. utique, fratres, calix sanguinem, mensa corpus, 1 13 10
manducare. quos autumnale quoque non morabitur mustum, quo repleti inebriatique feliciter spiritus sancti calore feruebunt, qui ut numquam 2 13
tam figura quam oraculis frequentibus publicauit. igitur 'dei filius' ad ineffabilem originem pertinet, 'hominis' ad sacramentum. cuius sacramenti 2 4 3
requiem animabus uestris. deus noster, fratres, humilis corde est et ineffabilis eius illa sapientiae ac uirtutis potestas intra hominem susceptum 2 9 4
conscientia, filii non sine affectu, sed sine reuelamine amplectebatur. igitur ineffabilis illa incomprehensibilisque sapientia sapientiam, omnipotentia 1 17 1
discrimine amplectebatur. sed excogitatarum ut ordinem instrueret rerum, ineffabilis illa uirtus incomprehensibilisque sapientia e regione cordis 1 56 1
apostolus dicat: *o altitudo diuitiarum sapientiae et scientiae dei! quam inenarrabilia sunt iudicia eius et quam inuestigabiles uiae eius! quis enim* 1 34 2
spiritalis prima sine matre, ita sine patre secunda carnalis. haec miranda, inenarrabilis illa, propheta dicente: *natiuitatem autem eius quis enarrabit?*. 2 8 2
propheta dicente: *natiuitatem autem eius quis enarrabit?*. cur autem sit inenarrabilis, patre loquente noscamus; dominus ipse nos edocet: 2 8 2
at cum naturam ex nihilo fecerit Christus, sit autem ex natura tempus, ineptum satis est opus suo praeponere artifici ac per hoc solum interest, 2 8 5
inde maris magno clausus obice reprimebatur. etenim illi nullae inerant naues, nulla transfretandi praesidia, cum subito diuina prouidentia 1 29 2
pareretur, soli lunaeque suos frenos induxit; haec de armato Golia Dauid inermi triumphos attulit; haec in Iob inter crebra et ingentia mala non 1 36 8
quem diligit, timeat. denique huius suffragio Daniel populis terribilem inermis draconem necat, leonibus obiectus in periculo prandet, qui solet 2 2 5
puro et conscientia bona ex fide simplici. igitur si dei seruus es, *stultas et ineruditas quaestiones euita sciens, quia lites generant. seruum autem dei* 2 3 18
aureis argenteisque innumerabilibus ueluti templis tereti moneta percussis inesse similiter regum uultus signaque cognoscis nihilque aliud distat, nisi 1 14 5
in deo est et deus est uerbum et hoc est, in quo est, quod est ille, qui inest, duplex persona, duplex uocabulum, sed originalis perpetuitatis ac 2 8 4
sufficiunt; non aeneum inhaeret mare, quia illi perennis fontis sui uiuum inest mare, non quod naufragos faciat, sed quod naufragos ad uitam 2 6 6
mundus, aetas cui uniuersa deseruit. pro nefas! quae istae sunt tenebrae? inest omnibus et ab omnibus, quasi non sit, arguitur; accusatur et tamen 2 1 8
quod non diffamatur, censuit eos caelo et terra testibus denotare, ut inexcusati facinoris competenti iudicio subiacerent. denique res impleta est 1 47
excitant ignes, non tura cremant, non merum profundunt nec pecudum inexpectata morte rapti iecoris spirantes consulunt fibras nec per uarios 1 34 9
rescribit dicens: *o altitudo diuitiarum et sapientiae et scientiae dei! quam inexquisita sunt iudicia illius et quam inuestigabiles uiae illius! quis enim* 2 3 16
noctis feralibus tenebris obcaecatum miserabiliter ad ima deferri. sed quia inexstinguibilis pestis incendio totus mundus exarsit, auaritia, ut putatur, 1 5 1
non pollicetur, sed etiam, nisi legitime corde circumcidantur, ignis inexstinguibilis supplicium comminatur. sed et Moyses ipse, cuius asserunt 1 3 13
beatissimusque beati orbis imperio potiretur, tam diu felix, tam diu inexterminabilis uixit, quam diu imperata regalis edicti continuit. at ubi 1 4 8
transferre, sed nomina, iustitiam stultitiae, iniustitiam sapientiae uocabulis infamantes. quae si ad sua corrigas propriisque sedibus reddas, inuenies 2 1 4
aut qualiter iudices circumuenti damnarent, non denique qualiter diabolus infamaret, qui non potuit pudoris fundamenta subuertere. ibat ad 1 40 2
non adulterum corpus, in quo extrema libido senilis exarserat, sed quod infamauerat diabolus et quod protexerat uirtus et ornabat pudor inlaesus. 1 40 2
diuinus incendit intestinique facinoris foedus, quo infeliciores subactis infami hasta persequentes hospitum terga depopulabantur, e caelo imber 1 4 10
cadaueribus sacrificant mortuorum, qui amore luxuriandi atque bibendi in infamibus locis lagenis et calicibus subito sibi martyres pepererunt, qui dies 1 25 11

quo audito Thamar cum esset *in domo patris sui*, id est in templis infamibusque spectaculorum omnium locis (pater enim omnium corrupte 1 13 8
in eius casibus pater uiuere potuisset, si annis teneris moreretur. hic igitur infans, e cuius uita paternus affectus et maternus pendebat, ad 1 43 3
maiorem. interea rudis non gemit feta. non mundum, ut assolet, infans fusus ingrediens sponte uitae reptantis praeuiis lacrimis auspicatur. 1 54 4
et risit Sarra munus iuuentutis subiens in senecta, unde nomen accepit infans, qui post haec Abraham sacratam deo approbat mentem. unicus ille 1 43 2
repertam eiusdem esse uirginitatis incenditur manus. qua tacto infante statim edax illa flamma sopitur sicque illa medica feliciter curiosa 1 54 5
illa medica feliciter curiosa diu admirata mulierem uirginem, admirata infantem deum ingenti gaudio exsultans, quae curatum uenerat, curata 1 54 5
erat meditatur esse quod non erat. mixtus itaque humanae carni se fingit infantem. Mariae superbus emicat uenter, non munere coniugali, sed fide, 1 54 3
concepit; parturit non dolore, sed gaudio. mira res! exsultans exponit infantem totius naturae antiquitate maiorem. interea rudis non gemit feta. 1 54 3
talis quoque post partum. o noua ratio! amore imaginis suae coactus in infantem uagit deus patiturque se pannis alligari, qui totius orbis debita 2 12 3
sed una natiuitate ecclesiae flores clarissimi ac dulces nostri funduntur infantes. aestas autem fidelis est populus, angelicus et mundus, qui 1 33 2
et inmundi mundana natiuitate, contra omni reatu iam liberi mundi estis infantes et, quod est admirabile et gratum, subito uno momento facti 1 38 1
diuersi, diuersi natione, subito germani fratres, subito una geniti emersistis infantes, hortor uos natiuitatis tantae festa laeto celebrare conuiuio, sed 1 24 1
nihil in substantia resederat corporis, sed nihil tamen in utero negabatur infanti et, cuius aetas auiam testaretur, matrem partus ornauit, cum sub 1 59 4
cuius sanctionem uestrae aetatis omni curriculo manente in sua semper infantia custodite ac fortiter praecauete, ne primi hominis quondam uestri 2 24 3
carissimi, desperatione natiuitatis et admiratione progenitus in primis infantiae rudimentis iubenti ac deposcenti deo innocens martyr offertur, 1 59 2
post octauum diem nec ipsi morienti puero subuenit, haec a cunis ipsis infantiae usque ad supremos exitus cuiusuis aetatis utroque generi salutare 1 3 23
factos, ex hominibus in angelos transituros, si prouectus aetatis eorum infantiam non mutauerit. 2 10 2
qui non meminerit, <quid> fuit, antequam renatus sit; beatissimus, qui infantiam suam prouectu temporis non mutauerit. 2 29 3
est ueniente sabbato, si non secundum legem circumcidat, de populo suo infantis anima peritura est. hic, fratres carissimi, eligat utrum uelit, 1 3 3
quantocius festinate! solemnis hymnus ecce iam canitur, ecce mox infantum dulcis uagitus auditur, ecce parientis uno de uentre clarissima 2 28
omnibus dei uerbis simpliciter credit, astutus autem nimia sapientia infatuatus inquisitionibus uanis semet ipsum confundit. sed dicit aliquis: 'si 2 3 2
impastae feritatis grassatione turbabat. indixerat in homine deo bellum et infaustae superstitionis busto in nefas conscium toto mundo funereum 1 39 2
non penitus interire. gentes, quae ista non credunt, tamen cum libamine infausto ad sepulcra concurrunt et a mortuis, quos in quiete tacitae noctis 1 2 3
gentium, hic iustitiam non didicit, sed genuit. non illum accessus infecerat urbium. non habuit legem, cuius conuersatio lex fuit. audit 1 62 1
non humano, sed igni diuino: non illos aura corrupit, non fumus amarus infecit, non frigus elisit; quod plus est: sine fermento leuati sunt. certe 1 41 2
apud incredulos futurorum putatur poenae compendium ac paene pro infecto habetur quod non diffamatur, censuit eos caelo et terra testibus 1 47
uanam, quod, cum possit bonis frui mundi ac negligat, sponte se faciat infelicem, non credentes, quia dei praecepta custodiens, huius modi officiis 2 1 14
patrem non dilexisse, cum peccatum sit hominem non amasse. unde infelices et miseri sunt Iudaei, qui deum patrem, a quo sunt geniti, 1 61 6
bibitur nec in inferno cum suo praedone descendet, solum quod oculos infelices inanemque conscientiam ad hoc in maligni fulgoris cupidinem 1 5 16
Iudaei unde se beatos putant, infelices inde esse noscuntur. etenim commodius puto misero in statu suo 1 18 1
et foderunt sibi lacus detritos, qui non possunt aquam portare. postremo infelices quid sperant de imagine, cuius nosse non sunt meriti ueritatem, 1 18 2
ac nuditate pascit tineas, curculiones ac uermes? qui quod habet infelici tenacitate non aliis tantum, sed etiam sibi ipsi subducit? 'sed, 2 1 17
omnes sagittas illius mali, quae sunt igne plenae, exstinguere. is enim infelicibus nonnumquam inmittit Capricornum uultu deformem, qui cornu 1 38 6
te esse non poterunt, quia uxor infelix es, si nescis, quid agatur in domo, infelicior certe, si scieris. proponamus itaque, ut saepe contingit, in unum 2 7 13
libidinis ignes ignis diuinus incendit intestinique facinoris foedus, quo infeliciores subactis infami hasta persequentes hospitum terga 1 4 10
pro fructibus spinas generauit, pro uua labruscam. cuius abhorrens infelicitatem dominus rei, aliam sibi, id est populi nostri, sua pro uoluntate 2 11 1
est tuae, quod diuersis in locis, uanitatis, quod cum amaritudine comedis, infelicitatis. taceo, quod commemoratio est ingrati, non remedium, 2 20 2
etenim populus, qui prior uinea dei dictus est, floruit quidem, sed infeliciter flore discusso nullos potuit fructus afferre. denique pro fructibus 2 11 1
quam uarie, unam tamen contendit in mortem: pauper, cum opes infeliciter quaerit, quas feliciter non habet; diues, cum diuitias putat se non 1 5 11
iustitiam euagandi *extra legitimum torum* peregrina luxuria inspirat infeliciter quasi liberam facultatem ac sic eorum quoque feminas a pudore 1 1 13
abdicatio, exaltatos, ut ruina timeatur, spretores sui, ut impios monstret. infelix culpa est, fratres, in qua locum qualiscumque non inuenit excusatio; 1 20
sed et ipsis in fanis, Christiana fidelis, sine te esse non poterunt, quia uxor infelix es, si nescis, quid agatur in domo, infelicior certe, si scieris. 2 7 13
fructu suo, quo expugnati pudoris alieni labe gaudere consueuit, semper infelix est. denique post negotium perpetratum odit et se ipsam cum illo 1 1 7
non possit ueri simile tantam uim habere quam ueritas. oleaster sua infelix et amarus est in natura; sed cum fuerit peritissimi agricolae artificis 1 2 27
atque inhonestas sibimet redimunt libidinum merces, non aduertentes esse infelix et impudicum quicquid legitimum fuerit extra coniugium; 1 1 14
a fratre. erubescit rudis terra pio sanguine impiata. solus Cain exsultat infelix et, quod teste caret, putat se caruisse facinore, quem deus uidit, 1 4 9
auspicaris, totum prorsus iniquitatis spiritum libens concipis per maritum: infelix, iam plus in te est quam in templo remansit! at si te serues atque 2 7 17
uiuere miseriae, facultatibus mori. pro nefas! quid tibi tua tollis, infelix? quid extraneo facias, qui in te auarus es? o detestabili detestabilius 1 5 7
uersutis contentionibus laeta, de apostoli dicto calumniosam nobis inferat quaestionem, qui ait: *primus homo e limo terrae, secundus e caelo*, 2 4 1
fecundantes laetam diuinorum seminum messem caelestibus horreis inferatis. et admonet prosequentibus Geminis, id est duobus salutare 1 38 3
quo mors subacta est, quo homines, quos susceperant mortuos, refundere inferi coacti sunt uiuos. quem ut semper et ubique aucti fide, numero, 2 19 2
carceris poena perpetua inplacabilis affligebat infernus. non superi, non inferi parcebant simulacro dei: etenim mortis imperium sibimet 2 4 6
igitur in opere extraneo paritas sacra distingui non potest, deus in alio se inferior esse quemadmodum potest? quicquid enim uni ex duobus 1 45 2
munus acceperit, uetustae legis gesta testantur. Sarra uxor eius non inferior longae uitae transactis cursibus †pius aut filius ederit partus 1 43 1
ille, cui iubetur, est, inquit, inferior.' quid, quod inde non esse approbatur inferior, quia, unde processit, paterni cordis est executor? non enim minus 1 45 3
detraxeris, cui detraxeris nescis. 'at ille, cui iubetur, est, inquit, inferior.' quid, quod inde non esse approbatur inferior, quia, unde 1 45 3
naturae iura transmissa, felix caput comis uirentibus redimitum quasi ab inferis emersum in superna sustollit perennitatis gloriam fructu populoso 1 2 22
est refrigerium in fine hominis et non est qui agnitus sit reuersus ab inferis, quia ex nihilo nati sumus et post hoc erimus tamquam qui non 2 4 10
cuius habet totum, iniuriam pertinebit nec est in illo aliquid, quod sit inferius, quia sicut pater nec plus potest habere nec minus; alter enim in 2 5 10
ubi cor habeas constitutum. si in regione pectoris, quid deformi uulnere inferna metiris? si, quod quidem recte aestimas, in infernis, procul dubio 1 3 14
quereris, qui quod habes nescis. quicquid feceris, nihil horum tecum ad inferna portabis; quod enim naturae est, de loco ad locum transferri potest, 1 14 3
praecepit, qui eum supra dicti amoris male dulcibus uenenis occisum infernaeque sedi submersum maiestatis suae sacramento uiuificatum 1 36 28
quid deformi uulnere inferna metiris? si, quod quidem recte aestimas, in infernis, procul dubio omnes sacrilegos antecedis, qui Moysi reprobans 1 3 14
quod sanos occidit; nec manducatur aliquando certe nec bibitur nec in inferno cum suo praedone descendet, solum quod oculos infelices 1 5 16
quod in hoc mundo ad tempus perspicitur interire. similiter in inferno diues ille tenacissimus, quem chaos immensum a pauperis felicitate 1 2 9
uentre ceti euomitusque Niniue se intulit ciuitati, ita dominus postridie ab inferno resurgens se ciuitati Ierusalem intulit ante quam caelo. at uero 1 34 8
uolentes, illum condicione, dominum pietate. cetum esse non dubitatur infernum; sicut enim Ionas tribus diebus et tribus noctibus fuit in uentre 1 34 8
tenebris relegatam perpetui carceris poena perpetua inplacabilis affligebat infernus. non superi, non inferi parcebant simulacro dei: etenim mortis 2 4 6
immortalis sibi, homini moriturus; mortem gustat, ut mortem deuincat; inferos penetrat, ut mortuos uiuos inde reducat; unigenitus prodeundo de 2 5 3
manifesta conuincunt. poetae autem melius, qui duplicem uiam apud inferos ponunt: impiorum unam, quae ducit in Tartarum, piorum aliam, 1 2 4
peccatorum paleis limpidatus, semet pretiosum frumentum diuinis horreis inferre desiderans, licet suo uberet fonte, tamen aestuat semper iustae 1 33 3
est ergo ista dementia sacrificium nescientibus procurare, lumen caecis inferre, tura non spirantibus concremare, allegare preces surdis, ab his 1 25 4
apprehendere in toto non potest Christianus. quod tabulatis infertur, caelestis uiae uitaeque altitudo monstratur. ligaturis adstringitur, 2 11 4
passim uuae diripiuntur, id est inconsiderate sanctis hominibus uiolenta infertur manus. ad torcular conportantur; id est ad supplicii locum 2 11 6
eius omnes crines luxuriosi falce tonduntur, pura materia tabulatis infertur, nodis adstringitur, ne a ligno, quo portatur uel cuius adminiculo 2 11 2
fluentum a suis calcatoribus et bibitur et patris familias cellis uinariis infertur, ut melius ueterescendo reddatur. quantum spiritaliter mediocritas 2 11 3
uobis ex usibus suis sua de mensa largitur. tres pueri unanimes legumina inferunt primi, quibus, ut scitus sit sapor, salem sapientiae aspergunt. 1 24 2
de numero audacis lupi rabie denotatus in praesens periculum coeperit infestationibus tyrannicis duci, omnes repente concelerant, laboranti 1 36 15
exitum mortis expauit. hinc enim persequentium Aegyptiorum infestis mucronibus premebatur, inde maris magno clausus obice 1 29 1
amari! est enim artifex ac dulce malum et hominibus uniuersis semper infestum. denique non habentibus diuitias habendi inicit cupiditatem, 1 14 1
uel de tuis ipsis studiosis fidelissimum, hic infidelis, et quem putaueris infidelem, hic fidelis est. forte in eo se quis aestimet fideliorem, si loquatur 2 3 11
iudicatus est? hoc dicendo *exemit iudicio fideles, non admisit ad iudicium infideles*. at si utraeque partes iudicio uacant, quomodo unicuique merces 1 35 1
libeat, deus illi non colendus sit, sed quaerendus. quod nunc faciunt infideles, de quibus scriptura diuina quid pronuntiet, audiamus; cuius ista 2 9 2
exsistit; adempta ambiguitate iudicii non desideratur examen. ex quo ne infideles necesse est iudicare, quia iam sua sunt incredulitate damnati; ex 1 35 2
non desinunt. fideles non sunt, *quia* habent *aliquid infidelitatis insertum*; infideles non sunt, quia habent imaginem fidei, professione deo, factis 1 35 5
nullamque aliam ob causam promulgatam se esse testatur, nisi ut fides de infidelibus uindicetur. denique tolle peccatum: cessat legis imperium. *lex* 2 3 3
pugna, quia quem putas uel de tuis ipsis studiosis fidelissimum, hic infidelis, et quem putaueris infidelem, hic fidelis est. forte in eo se quis 2 3 11
lubrica, permotionibus crebris et rapidis se semper expugnans; animus infidelis etiam sibi; actus improuidus, instabilis, caecus, incautus, 1 4 7
scriptum est, *iusto posita non est*, sed peccatori, quia *iustus ex fide uiuit*, infidelis iniuste. errat igitur quisquis disputationem legis aestimat fidem, 2 3 4
transacta et nosse uentura. *filios*, inquit, *genui et exaltaui*. infinita Iudaei infidelitate sua apud dominum nostrum odia meruerunt, quoniam quanta 1 61 5
ille constat ornatus. 'filios, inquit, habeo, quos nudare non debeo.' ista et infidelitatis est excusatio, quam spiritus sanctus per prophetam retundit 2 1 20
cum utramque tenere non desinunt. fideles non sunt, *quia* habent *aliquid infidelitatis insertum*; infideles non sunt, quia habent imaginem fidei, 1 35 5
reprobes partem, quomodo per hanc fidem quaeris, quam etiam ipsam infidelitatis ream constituis, canentis cum uniuersa non credis? sin uero 2 3 13
solemni meta rotatus in sese, proferens sibi de fine principium, natalicia infinita de occasu dies sempiternus eluxit; quo discussa conuolutae hiemis 1 33 1
anni parens annique progenies antecedit quae sequitur tempora et saecula infinita disseminat. parit sibi de fine principium, hoc nostris quoque hodie 1 44 1
dei est scire transacta et nosse uentura. *filios*, inquit, *genui et exaltaui*. infinita Iudaei infidelitate sua apud dominum nostrum odia meruerunt, 1 61 5
uolentibus mora; patent duodecim portae, habitacula praeparata sunt infinita. nemo sit de mansione sollicitus: certae gloriae nostrae insignis res 1 5 17

anni parens annique progenies antecedit sequiturque tempora et saecula	infinita. parit sibi de fine principium et tamen a cunis genitalibus non	1	57
et luctum illi profecerunt. superba illa ciuitas seruit. sane ouium greges	infinitos interficit, quos in amaritudine absumit. quis non intellegat, fratres,	1	28 2
Lot. sed et apostolus sic: *quemadmodum reuertimini rursus ad ea, quae*	*infirma et egena sunt elementa?* ascendentes uero sunt iusti, qui probis	1	37 12
uibratur nec puerum mors uicina contristat, ne trepidatio fidem prodat	infirmam. sub hac denique immolantis immolandique constantia absolui	1	59 7
non nonus, accepit ac per hoc necesse est, ut utrumque inane sit, si	infirmari potest alterum de duobus. quid, quod Abel iustus est sine hoc	1	3 4
detestabilis mentis curanda lacte cum melle prouidendo commonuit; nam	infirmibus ac languidis mannae teneritudinem inrorauit. non enim erant	1	18 2
sed ex homine <deum>. ceterum si spiritaliter saperent, in ipso, quod	infirmissimum putant, hoc potissimum praedicarent. etenim uere perfectus	2	8 9
ad uictimam; cui si per humanam fragilitatem aliqua in corpore	infirmitas nasceretur aut humanus exitus contingeret, uix in eius casibus	1	43 3
perpetuitatem; seminatur in humilitatem, resurgit in gloriam; seminatur in	*infirmitatem, resurgit in uirtutem; seminatur corpus animale, surgit*	1	2 22
et homo et deus, quia *inter* patrem hominesque adstitit *medius,* probans	infirmitatibus carnem et uirtutibus maiestatem. hic sol noster, sol uerus,	2	12 4
domini docebo uos. naturalis ergo non discitur, sed impulsu nobis nostrae	infirmitatis occurrit, quia non artis est timere quod metuas; metuis autem	2	2 1
in se non admittit aetatem. totum contra conscientiam suam ut homo	infirmus patitur, ut homini mortis lege consumpto inmortalitas tribuatur.	2	12 3
noster dominus est? hanc superbiam propheta tumidi cordis euitans sic	infit ad dominum: *domine, non est exaltatum cor meum.* cum scriptum	2	9 3
in ipso non mansit. nam et haereses et schismata sic disseminantur, cum	inflata fides ac spes dilectionis a fundamento uelluntur. quid autem sine	1	36 19
quia uaria non est; *non aemulatur,* quia inuidia quid sit ignorat; *non*	*inflatur,* quia humilitatem colit; *non malum cogitat,* quia simplex est; *non*	1	36 12
specioso circulo sacer	inflexus dies in mundani operis pensa quadriga temporum fertur duodenis	1	26
mentis impurae, iamiamque illis imminere supplicium denotati uulneris	inflictu minatur. omne genus pecudum cum suo sibi sacrificio reprobatur.	1	46a 1
sunt enim multi, qui adserere conantur *chaos in principio fuisse,* id est	informem indigestamque latentis naturae congeriem aceruo quodam	1	7 1
loquar, Israel, et testificabor tibi, quoniam deus, deus tuus ego sum; et	infra: *meus est orbis terrae et plenitudo eius. numquid manducabo carnes*	1	25 1
est reuersio finis nostrae, quoniam consignata est et nemo reuertitur; et	infra: *uenite ergo, fruamur bonis, quae sunt, et utamur creatura tamquam*	2	4 10
dolosa blanditiarum captione seu uiolentia uiuentium domos corporales	infringunt et latibulum sibi perniciosum eorum in captiuitatibus quaerunt.	1	2 5
quippe *limo terrae hominem figurauit* eique animam, qua spiramus,	infudit e proprio fonte spiritus sui. cui ab humo 'homo' nomen imposuit,	2	4 4
nunc, optime Christiane, quemadmodum inter patrem filiumque tempus	infulcias: si enim tempori, non sibi, debent, quod est alter alteri obnoxius,	2	8 5
est. illa sine contemplatione meritorum quibuslibet passim sua munera	infulcit, maxime indignis, ut ad se colligat turbas; ille numquam remunerat	2	4 14
uestiuit, qui suum lacte beatum uagitu hiantibus uestris labris indulgenter	infundit. idem non tumidus ceruice, non toruus fronte, non minax cornu	1	38 3
quibus, ut scitus sit sapor, salem sapientiae aspergunt. oleum Christus	infundit. Moyses primitiuam festinus maturamque procurauit agninam,	1	24 2
in praedestinatae uirginis templum sibimet castra metatur, quibus latenter	infunditur in hominem gigniturus ibidemque saluo quod erat meditatur	1	54 3
pater nec plus potest habere nec minus; alter enim in alterius plenitudine	infusus est, ut sit *omnia in omnibus* deus benedictus, pater in filio, filius in	2	5 10
iam sui quoque familiares nouae rei atrocitate perculsi, miserabiliter	ingemescentes dimissis capitibus omne studium defensionis abiecerant, iam	1	1 19
ut rogetur, ut iugulet. atque utinam incorrupta species uenderetur!	ingemescit praeterea, si annus est sterilis, multo magis, si fertilis fuerit: illic	1	5 14
Natiuitatis Moysei librum lectitando saepius replicauit, fortassis, ut sunt	ingenia cotidie quae uidemus uersutis contentionibus laeta, de apostoli	2	4 1
adde quod tota nec intellegitur nec tenetur. adde quod a quolibet pro	ingenii qualitate argumentis asseritur. adde quod ab omnibus appetitur et a	2	3 5
soli labores inponunt, cum errores suos lunari circulo adscribunt, cum	ingenii sui carmen coli uel maxime cupiunt, sic se et alios perdiderunt.	2	9 1
defensio enim non nisi inbecilli praestatur nec potest eum reuereri, qui	ingenii sui putat esse, quod ille fuerit aestimatus. ceterum illa est fidei	2	3 18
aliquid audeam de iustitia disputare, de cuius proprietate excellentes	ingenio et doctrina uiri nihil certi libris ingentibus prodiderunt. sed ego	2	1 1
generat, adhuc potest generare. e diuerso prouocatus rursus eas pro	ingeniorum argumentorumque uiribus retractando ac refellendo consumit.	2	3 7
recte dicentes: *quisque suos patimur manes.* nos uero, fratres, quos non	ingeniosa suspicio, sed deus magister instruxit, propter nos in semet ipso	1	2 5
omnipotentia omnipotentiam propagat. *de deo nascitur deus,* de	ingenito unigenitus, de solo solus, de toto totus, de *uero uerus,* de *perfecto*	1	17 2
	ingens supplicium aliquotiens ingentior prosequitur gloria, maxime diuinis	1	31
subueniunt, paene armis ipsis inimici certatim se crebro subiciunt,	ingenti fragore confundunt exsertisque mucronibus sordidis uelut testudine	1	36 15
feliciter curiosa diu admirata mulierem uirginem, admirata infantem deum	ingenti gaudio exsultans, quae curatum uenerat, curata recessit. ita	1	54 5
in Aegypto a Pharaone populoque eius Israel dei populus captiuitatis	ingenti iugo acerrime premebatur. hunc deus praecipit proficisci, duce	2	26 1
beatitudinis regnum primae tubae regali tessera conuocati capient cum	ingenti triumpho aeterno rege sub Christo; secunda uero, quae impios cum	1	2 23
in publicum traxerant, probatam et uindicatam ad mariti thalamos cum	ingenti triumpho uictrix pudicitia reportauit. sed o quantum es miranda,	1	1 19
armato Golia Dauid inermi triumphos attulit; haec in Iob inter crebra et	ingentia mala non desperauit; haec in Tobiae caecitate medica fuit; haec in	1	36 8
missus a deo est, eorum ut imminere ciuitati interitum nuntiaret;	ingentibus enim peccatorum sarcinis premebantur. at ille alio deflexus	1	34 5
de cuius proprietate excellentes ingenio et doctrina uiri nihil certi libris	ingentibus prodiderunt. sed ego non curem, de me quemadmodum quis	2	1 1
non requirit, mauultque potiri uel paruis praesentibus bonis quam bonis	ingentibus tardis. at uero spiritus bona non tantum sunt inuisibilia, tarda	2	4 13
ingens supplicium aliquotiens	ingentior prosequitur gloria, maxime diuinis in rebus, in quibus felices	1	31
profecto laetaberis eique tanto pro nuntio morigera coniux pacem si non	ingeris, nec negabis. quid agis, misera? quid, uesana, laetaris? non est pax	2	7 16
orbitatis. sed longum est, fratres, ire per singula, maxime quia caritas sua	ingerit fortiora. quae ita rebus uniuersis est praedita, ut sit omnium iure	1	36 10
publicum reueretur. pestiferas odit blanditias carnis inimicae et quicquid	ingesserit mundus uoluptatis aut muneris, totum respuit praesumens totum	1	1 2
ut semper apud ipsos diuinus sit sermo prolatus, nunc alteris uideatur	ingestus. unde reiectio Iudaeorum est aliarum electio personarum, quia,	1	61 1
tenebris, habentes fana, non domos? digne, digne iugulantur quae Christi	ingratae beneficiis sponte ad mortem, de qua euaserant, reuertuntur. cum	2	7 12
magis augeant, uilioribus se lauacris omni momento baptizant, deo semper	ingrati.	1	51
cum amaritudine comedis, infelicitatis. taceo, quod commemoratio est	ingrati, non remedium, sacrificium quod ipse reprobat fieri, qui praecepit.	2	20 2
Moysen amore nimio lapidare conantur; aduersus dominum semper	ingrati uariis molitionibus pugnant multisque diis ac regibus seruire	1	4 10
nihil, ut arbitror, illis restitit proprium, nisi quod agno salutari neglecto	ingrati uiles agnos cum amaritudine, homines amari, manducant.	2	17
quid possit contingere, ignoras excusationisque uanae depone fallaciam:	ingratis auaritiam pietate condis; solius dei potestas est futurorum	2	1 21
caritas omnibus; adde quod fides non gratis pugnat, caritas autem etiam	ingratis conferre consueuit; adde quod fides non transit in alium, caritas	1	36 11
sub quo geruntur. filios appellat, ut exaggeret crimen; exaltatos, ut	ingratos ostendat. bouem illis asinumque praeponit, ut grauius possint, si	2	21
reicitis mandatum dei, ut traditiones uestras statuatis! sed non eo dico, ut	ingratum faciam doctrinae beneficium, sed ut sciat unusquisque aliud esse	2	3 11
dei transitum populi, ut persequentibus mare sint. inducitur in uiam Israel	ingratus, in qua nec gladios possit timere nec fluctus. mira res! medio	1	29 2
angelus praeuius tua castra promouit, ut etiam praesenti deo probareris	ingratus. per mare pedibus ambulasti, ut patereris in terra naufragium. ad	1	9
aedificat, patienter exornat, patienter uariis animantibus replet. quando	ingredi iubeatur, quando ianuam claudere, patienter exspectat, dignus	1	4 12
interea rudis non gemit feta. non mundum, ut assolet, infans fusus	ingrediens sponte uitae reptantis praeuiis lacrimis auspicatur. non mater	1	54 4
necesse est. denique oculis non est subiecta mortalibus. nam neque cum	ingreditur corpus neque cum de corpore egreditur, a quoquam conspicari	2	30 3
necesse est. denique oculis non est subiecta carnalibus; nam neque cum	ingreditur corpus nostrum neque cum de corpore egreditur, a quoquam	1	27 3
genuit, qui Abraham, unde nascerentur, elegit. hos in Aegypto genuit, ubi	ingressis paucis hominibus innumerabilis multitudo processit et ad eremum	1	61 7
pudoris integritatem faciem uelando monstrabat. interpellat eam, poscit	ingressum, missurum se promittit haedum. at illa promisso expetit pignus,	1	13 2
aut timuit aut sensit. quid illud, quod per mare medium terrenum duxit	ingressum? quid [quibus] de caelo cotidianum manna in eremo, potus e	1	61 8
et ornabat pudor inlaesus. tunc in puero sancto Daniele spiritus sanctus	ingressus ait, cum illa ad supplicium duceretur: *reuertimini ad iudicium;*	1	40 2
secundo imperat, ut intret ad fratris uxorem ac semen excitet fratris; qui	ingressus semen suum fudit in terram. quod cum deo malignum quoque	1	13 1
domini nostri Iesu Christi, elaborate, ne uestra integritas mutiletur, ne	ingruentium peccatorum rursum, sicut Adae et Euae spiritale praeputium,	1	3 24
antequam uideat; qui nomen iudicis pertimescit; qui, sicunde susurrus	ingruerit, se quaeri, se aestimat inueniri; cui securitatis profectus est nullus,	2	10 1
quod alieno iuri seruemus. at cum ab eodem huius deuotionis inuitatione	inhabitari seu nos in ipso habitare coeperimus — sicut Iohannes dicit: *deus*	1	36 21
spes populorum et gentium, origo tot rerum, cari genitoris amplexibus	inhaerebat. strinxerat in se patris pietatem, quod unicus, quod sero, quod	1	62 3
ualidissima columnarum, quia illi septem solae sufficiunt; non aeneum	inhaeret mare, quia illi perennis fontis sui uiuum inest mare, non quod	2	6 6
priuata, quia lex semper manat ex libro Genitali, fides autem tenaciter	inhaeret suo soli proposito. lex ab alio transit in alium; fides interit, si ab	2	3 4
et Ionas timens dominum spontaneum non timet adire naufragium, ceto	inhiante miserabilius sepelitur quam praecipitatur et tamen litus, quo	2	2 5
impune succedit, qui sine uxoribus amore peccandi liberius incertas atque	inhonestas sibimet redimunt libidinum merces, non aduertentes esse infelix	1	1 14
peruigil cura aegritudinem cum aegro partitur; abiecta cadauera intecta	inhumataque esse non patitur; pauperes miserosque sua necessitate neglecta	2	1 12
perpetratur. praemia aut tradit aut accipit, corrumpit aut corrumpitur,	inicit amorem, paulo post odium de amore factura. seminat inlicitos	1	1 7
uniuersis semper infestum. denique non habentibus diuitias habendi	inicit cupiditatem, habentibus adimit satietatem. ita omnes in rabiem una	1	14 1
stipi triuiali subiectos; quod liberi parentum uitam sua damna iudicantes	iniecta uiolenter manu ipsi naturae, inuasis hereditatibus ante tempus	1	5 6
quam habebat; quod cum nititur, auaritiae utique partes agit, quae est	inimica iustitiae. adeo inde est, quod frumento paucorum horrea plena	2	1 16
secretum plus quam publicum reueretur. pestiferas odit blanditias carnis	inimicae et quicquid ingesserit mundus uoluptatis aut muneris, totum	1	1 2
et uirtute et dominatione *ponantur omnes inimici eius sub pedibus eius*	*inimicaque destruatur mors.* hi autem ad principalem uim retulerunt, in	2	5 7
duci, omnes repente concelerant, laboranti subueniunt, paene armis ipsis	inimici certatim se crebro subiciunt, ingenti fragore confundunt exsertisque	1	36 15
omni principatu et potestate et uirtute et dominatione *ponantur omnes*	*inimici eius sub pedibus eius inimicaque destruatur mors.* hi autem ad	2	5 7
namque summo capitis a uertice usque ad imos ungues pedum plaga	inimici percussus populosis ulceribus non distinctus est, sed totus unum	1	15 5
terrore. iniurias suas non exsequitur regia potestate; odientes se diligit;	inimicis parcit; *parricidalibus filiis* ignoscit. persecutorem suum et, quod	2	9 7
uastamus. postremo abscindimus, quod habuisse non deberemus, quod ab	inimico hominibus superadditum recognoscimus, domino sic dicente: *simile*	1	3 22
siccos esse aut misericordia permittit aut gaudium. tu tuos ita diligis	inimicos, ut inter eos carusque tibi quid distet, nemo discernat. tu, inquam,	1	36 31
seminauit in suo agro bonum semen; dormientibus autem hominibus uenit	*inimicus eius et superseminauit zizania in triticum.* quae necessario	1	3 22
seminauit bonum semen in agro suo; dormientibus autem hominibus uenit	*inimicus eius et superseminauit zizania in triticum.* at fortasse adhuc	1	2 28
hic respondere possint lubrici mariti, non uideo; qui humanarum legum	iniqua impunitate decepti, iustitiam ueram nec ex sua ipsa uoluntate	1	1 13

recte sanctissimus Dauid ait: *beati quorum remissae sunt*	*iniquitates et quorum tecta sunt peccata*, quia beatus esse non potest,	2	10	1
mundus est iste. Pharao cum populo suo diabolus et spiritus omnis	iniquitatis. Israel populus Christianus, qui proficisci iubetur, ut ad futura	2	26	2
futurique haustus quasi quasdam primitias auspicaris, totum prorsus	iniquitatis spiritum libens concipis per maritum: infelix, iam plus in te est	2	7	17
credimus. nec res in ambiguo est; quemadmodum etenim ille princeps	iniquitatis suo semine per inuidiam protoplastos ex angelis in homines	1	2	26
si colentis pura mens non sit, in Ecclesiastico Salomone clamante: *dona*	*iniquorum non probat altissimus.* hic quaerite, Christiani, sacrificium	1	25	9
quid, quod paupere cotidie moriente oppressione, fame, frigore,	iniuria amicum tibi excolis aurum, custodis argentum, uestem pretiosam	2	1	19
et commutabilis res est et quae una febri uel qualibet facillime deleatur	iniuria. ecce procuratores uel gubernatores eius oculi aliquo ictu exstincti	2	4	15
mysteria? si minus sentis de filio, quia regnum traditur patri, maior patris	iniuria est, si est aliquando sine regno. accedit, quod oramus cotidie, ut	2	5	5
nemo praecipit, interrogat nemo. neque enim sine patris esse possit	iniuria, si hac necessitate opus esset illi, qui in sinu patris commanens	1	56	2
uehemens commotio est, fratres, cum is de	iniuria sua queritur, qui se potest facillime uindicare. sed quia apud	1	20	
et quidem non accusatione, sed probatione conuictum. denique	iniuriae suae testes citat caelum terramque: terram, in qua uniuersa	2	21	
licet sectae sint plures, quae	iniuriam Christi fabulari nitantur, tamen tres sunt quodam modo	2	8	1
memorare non audeo, ne quam deus inter homines deputatus patiatur	iniuriam; idonea laus enim non est, cui principatum adimit peraequatio. at	1	4	19
es, quam peior affligat; si bonum, fidei serua signaculum: pati non meretur	iniuriam ipse, cui perhibes testimonium. ubi est ille, qui inuicem	2	7	6
enim paulisper nominibus patris et filii non potest nosse, uter patiatur	iniuriam, nisi quod ambo patiuntur, quia amborum unum nomen est deus.	1	54	1
retinetur. si quid enim filio detraxeris, ad patris, cuius habet totum,	iniuriam pertinebit nec est in illo aliquid, quod sit inferius, quia sicut pater	2	5	10
immanis ausi saeuitiam metuenda elementorum forma mutatur et dei	iniuriam prius prodit natura quam intellegat populus Iudaeorum. ab	1	59	9
mentis; eo enim res deducta est, ut fides nostra per dei requiratur	iniuriam. quod futurum Salomon enuntiauit et cauendum quid sit his	2	3	12
faciamus ad nostram, ne quam filius hominem induturus pati uideretur	iniuriam. uidetisne, fratres dilectissimi, quia nullus exserte hic alteri iubet,	1	45	1
nescit; altercatio quid sit ignorat. omnes aut deuitat aut portat	iniurias. incertum est, utrum inpassibilis iudicetur, cum aliquid passa quasi	1	4	2
colit; *non malum cogitat*, quia simplex est; *non irascitur*, quia etiam	iniurias libenter amplectitur; non fallit, quia fidem ipsa custodit; non ulla	1	36	12
occurrit? quid miles non dicam horridae hiemis aut torridae aestatis	iniurias, sed se ipsum contemnit, si gloriae spem futurae non gerit? quid	1	36	3
in uatem *non insolescit in regno*, obumbrat neminem prophetae terrore.	iniurias suas non exsequitur regia potestate; odientes se diligit; inimicis	2	9	7
dubio omnes sacrilegos antecedis, qui Moysi reprobans dictum per hanc	iniuriosam corporis stipem deo placere te posse praesumis.' 'iam completa	1	3	14
cor meum. cum scriptum sciat: *homo uidet in facie, deus in corde*, nonne	iniuriosum uel superuacaneum putabitur deo indicare quod nouerit? absit.	2	9	3
omnino non potest procurari, a quouis uere stultissimo negari non possit	iniusta. ceterum si scire potuissent ueram iustitiam, cuius est inmortalitas	2	1	3
et iudicandum? quam iudicii formam etiam ipsa humanitas, quamuis	iniusta sit, seruat. nemo namque pater familias honesta fidelitatis suae	1	35	8
est, *iusto posita non est*, sed peccatori, quia *iustus ex fide uiuit*, infidelis	iniuste. errat igitur quisquis disputationem legis aestimat fidem, quisquis	2	3	4
infamantes. quae si ad sua corrigas propriisque sedibus reddas, inuenies	iniustitiae magis stultitiam, iustitiae sapientiam conuenire. quod etiam	2	1	4
uestri in peccatis. labia autem uestra locuta sunt facinus et lingua uestra	*iniustitiam meditatur.* et iterum de ceteris membris: *sepulcrum patens est*	1	3	10
non enim rem ualuerunt transferre, sed nomina, iustitiam stultitiae,	iniustitiam sapientiae uocabulis infamantes. quae si ad sua corrigas	2	1	4
ueritas omnibus claret. sed necessario disserendum est, quae sit in ea	iniustorum iustorumque discretio, ne generalitas nominis in conparatione	1	2	23
tuam. ergo manifestum est prophetiae more angelos homines iustos et	iniustos generaliter dictos. sed ascendentes et descendentes qui sint, in	1	37	12
incunctanter optarent stultos iudicari se iustos quam sapientes	iniustos, maxime cum iam sit eorum fraus omnis in medio. non enim rem	2	1	4
hoc etiam gentes dicere consuerunt. ceterum apud deum quam sit	iniustum, mox uidebimus. nunc primo omnium, optime Christiane, scire	2	1	18
quaedam dilectionis est forma; quicquid enim a iusto didicit, id facere	iniustum quoque compellit, bifarie inclita: unum glorificando, alium	1	36	18
fit, *ut numquam iustus possit esse qui stultus est neque sapiens qui fuerit*	*iniustus.* ceterum siue iusto siue sapienti si alterum defuerit ex duobus,	2	1	10
uerus non sit et sapiens, quia iustus esse non potest stultus neque sapiens	iniustus ipsa ratione docente. *qui enim stultus est, quid sit bonum* ac	2	1	9
laborare uidebitur iustus, nisi recipiat secundum facta sua, quae gessit,	iniustus. non ergo sic accipiendum est, quemadmodum ab inprudentibus	1	35	1
egressus metatura praedicta sacrario templi uirginalis hospes pudicus	inlabitur ibidemque qualis uelit esse disponit. immo quod iam olim	2	12	1
Scorpionem, sed, sicut dominus ait in euangelio, omnes omnino serpentes	inlaesa planta calcabit. sed nec ipsum quoque diabolum, qui uere est	1	38	5
sed quod infamauerat diabolus et quod protexerat uirtus et ornabat pudor	inlaesus. tunc in puero sancto Daniele spiritus sanctus ingressus ait, cum	1	40	2
dei, qui incarnatus processit ex uirgine, aequitatem iustitiamque terris	inlatam. quam qui constanter tenuerit ac fideliter ministrauerit, non dicam	1	38	5
fratres, pugna ista concordat statusque futuri qualitas aperitur, fides si	inlibata teneatur. unde rem paucis expediam. omnis caro quam diu	1	2	24
tamen in his omnibus nihil aduersus deum improbe loquitur, non uxori	inlicita suadenti succumbit, non amicis insultantibus cedit, sed uictor	1	15	6
quem fratris sanguis accusat. quid inpatientiam Sodomorum, ubi	inlicite uiri opprimebantur a uiris, prodigiosae libidinis ignes ignis diuinus	1	4	10
conceperit uelociter ruit; ideo telis facibusque constructus, quia	inlicitis ardoribus semper iunctus est gladius; ideo autem caecus, quia, cum	1	36	25
corrumpitur, inicit amorem, paulo post odium de amore factura. seminat	inlicitos heredes crimenque noscens nominibus pietatis excusat. proprios	1	1	7
urgent saltibus saltus et, si orbem totum possideant, fines oderunt.	inlicitum putant habere uicinum. construunt praedia, sepulcra defodiunt;	1	5	8
commutaret. anulus quoque signaculum fidei est, quod est Christus, cuius	inlustratione maiestatis impressi atque signati, qua sincere uiuentes in	1	13	11
commendari consuerunt, profanis aliquotiens ululatibus rumpit taetraque	inluuie suum totum deformans cultum cadauer amplectitur conclamatum;	1	2	14
in templo lapis super lapidem, qui non dissoluatur. reprobat ergo tam	inmensum, tam insigne, tam opulens templum, quia in eo uerum non erat	2	6	4
uelocitate, sed mentis, pii fontis ad gurgitem conuolate! uos constanter	inmergite, saluo salutis statu *ueteris hominis* uestri felici morte uicturi!	2	23	
atque inreprehensibilis, ut dei sit testimonio collaudatus. unde non	inmerito beatus beata uita fruebatur. namque erat illi splendidissima	1	15	2
credit, omnia sperat, omnia sustinet; caritas numquam excidet. igitur non	inmerito dominus deus proximi dilectionem commendat, quoniam solam	1	36	20
mali seu boni cuiquam fecerimus, deo fecisse uideamur; propter quod non	inmerito Iohannes, 'peculiaris arcanorum domini consultor, constanter	1	36	23
concordiam conuenere. namque tribus in pueris fides puniri non timuit.	inmissis camino ignis exaestuans detulit, ut eos unius uirtutis esse	1	48	
mali, quae sunt igne plenae, exstinguere. is enim infelicibus nonnumquam	inmittit Capricornum uultu deformem, qui cornu exsiliens, labra liuentia	1	38	6
morte ipsa grauiora, non potestas, non ambitio, non felicitas. semper	inmobilis manet, alta quadam ac diuina temperantia robuste librata,	1	4	3
faciunt. philosophi de anima uaria disserunt, sed tamen hanc esse	inmortalem <et> Epicuri, Dicaearchi Democritique uanitatem	1	2	4
emori quam iustitiam praeterire. pro quo tam illustri facinore cibos a deo	inmortales accepit, quos edacitas delibare nequiret: sua enim deminutione	2	1	20
nemo iugulat, moritur nemo; omnes felices, omnes unanimes, omnes	inmortales, omnes sunt semper aequales; quod unius est, omnium est; quod	1	5	18
ueramque iustitiam, inmortalitatis necesse est pro laboris sui munere	inmortali beatitudine perfruatur. inde est, quod intra hominem	2	4	8
memoratio, quoniam res est disconueniens et absurda, ut secundus sit	inmortalis et qui mortalis est primus, cum inmortalitas in se ordinem	2	4	2
mensum perpeti cursu mutationibus diues, nulla statione contentus, quia	inmortalitas eius est cursus. uerum currat an recurrat, ambiguum est, cuius	1	26	
et absurda, ut secundus sit inmortalis et qui mortalis est primus, cum	inmortalitas in se ordinem temporis non recipiat, mortalitas capiat. uel si	2	4	2
non possit iniusta. ceterum si scire potuissent ueram iustitiam, cuius est	inmortalitas merces, propterea simulatae stultitiae uelamine adopertam, ut	2	1	4
dignatione, non poena. o felix supplicium, quod incolumitate superante	inmortalitas prosequitur et corona.	2	22	
suam ut homo infirmus patitur, ut homini mortis lege consumpto	inmortalitas tribuatur. haec est enim potestas dei, ut saluo quod est possit	2	12	3
enim corruptiuum hoc induere incorruptionem et mortale hoc induere	*inmortalitatem.* aliter etenim inmortalitatis stola illa non sumitur, nisi	1	2	30
quem gerebat, et spem uincendae mortis offerret et eum *ad praemia*	*inmortalitatis admitteret.* sicque factum est, ut, quomodo per unius hominis	2	4	7
noctis suo sole dulces uigilias, post lactei fontis lauacro uitali in spem	inmortalitatis animas pullulantes, ex quo qui eratis aetate diuersi, diuersi	1	24	1
mortem, ad hoc euigilauit, ut beatae resurrectionis suae in nos munus	inmortalitatis conferret. quem conpetenter sequitur Virgo praenuntians	1	38	4
includit deum. utitur et figura et condicione mortali. iustitiam docet	inmortalitatis esse comparatricem. factis praecepta consummat. postremam	2	4	7
dimersi inde nouello nouellique cum die resurgentes nobiscum possint ad	inmortalitatis gloriam peruenire.	1	57	
obterens uoluptates cum fuerit uictor carnisque nexibus liber, repromissae	inmortalitatis inaestimabili beatitudine perfruetur. sed quid ad nos, quid illi	2	1	14
mundum agnoscendo ac seruando religionem ueram ueramque iustitiam,	inmortalitatis necesse est pro laboris sui munere inmortali beatitudine	2	4	8
inde nouello nouelli cum die, sua luce radiantes nobiscum possint	inmortalitatis per aerium tramitem cursu seruato ad repromissionis	1	44	2
fortassis insultent, quia nostrae sacrae uirgines uiduaeque magno pro	inmortalitatis praemio, suae autem gratis laborent. uerum hoc est solum,	2	7	11
ad hoc deus pro homine mortis iura gustauit, ut homo per deum ius	inmortalitatis reciperet, quod amisit. propter quod Paulus beatissimus ait:	1	2	11
uolucrum, alia piscium. et corpora sunt caelestia, sunt et terrestria. itaque	inmortalitatis semine (de quo etiam poeta sapientissimus praesagauit	1	2	26
respondent hymnum canentibus deo credentibus populis, qui omnia	inmortalitatis semine propagantur in saecula. in huius diei luce gradientes	1	33	4
incorruptionem et mortale hoc induere inmortalitatem. aliter etenim	inmortalitatis stola illa non sumitur, nisi primo istud carnale spolium,	1	2	30
pueri, adolescentes, iuuenes, senes utriusque sexus, qui eratis rei, eratis et	inmundi mundana natiuitate, contra omni reatu iam liberi mundi estis	1	38	1
tam dicere quam oculatis rebus sufficimus approbare. denique uagi atque	inmundi spiritus utriusque sexus humani dolosa blanditiarum captione seu	1	2	5
quaecumque manducauerit de carne sacrificii salutaris, quod est domini, et	*inmunditia eius super ipsum est, peribit anima illa de populo suo.* haec,	1	25	12
ullis sordibus delibutus; neque enim re uera aliquid circa se habere possit	inmundum, qui humani generis peccata, sordes et maculas uenerat	1	54	4
portat, cuius uultus omni conuersioni subiectus momentis omnibus	inmutatur labore, aetate, languore, gaudio, tristitudine, nunc macie	2	30	2
patre, aequalis in omnibus, quia pater in ipsum alium se genuit ex se, ex	innascibili scilicet sua illa substantia, in qua beatus manens in sempiternum	1	17	2
quod sine truculenti sudore tortoris facinora sua sponte reus, ut fiat	innocens, confitetur. pretiosa res est, fratres, quae et honorem praestat et	1	42	2
confessio, quod sine sudore tortoris facinora sua sponte reus, ut fiat	innocens, confitetur. pretiosa indulgentia est, fratres, quae et ueniam	2	24	2
iacebat in domo patris, oues semper pascendo propemodum peregrinus.	innocens cum innocentibus deputatus hic *placuit deo. unctus in regem,*	2	9	7
sub casibus: nam retro respiciens Abraham inuenit uictimam, quam	innocens immolaret. eo ferro mactauit arietem, quo filium percutere iam	1	43	7
progenitus in primis infantiae rudimentis iubenti ac deposcenti deo	innocens martyr offertur, immaculata hostia nec uictima imparata, qui	1	59	2
ac diligentiae callidissimis argumentis urguetur, ut quis indefensus aut	innocens quod habet legibus perdat. quod est omni uiolentia deterius, quia	2	1	17
dominum quam mille filii impii? cum haec ita sint, age uidua, quae sicut	innocens uirgo nubere saepe festinas, interroganti responde, bonumne	2	7	6
agninam, Abraham pinguem conditamque fideliter uitulinam. Isaac	innocenter ollam portat et ligna. Iacob patienter uaria exhibet pecora.	1	24	2

intrepidus corrigit, praeceptis omnibus fideliter obtemperat incoactus, innocenter uiuit, iustitiam percolit, sine fine studet timere, ne quid praeter 2 2 4
qui eius non diligit ueritatem. sane hoc solum competenter gerunt, innocentes quod agnos passim quasi *lupi rapaces* occidunt. 2 25 2
[se] refrenat. stat in angusto fides, in secreto pudicitia, in primo innocentia, aequitas in medio, in fine patientia. pax colligit, caritas ligat, 2 6 9
propere recluditur, sed scelus suos redit in auctores purgaturque per innocentiam pudor. sicque Susannam, quam inpudicitia mentiente in 1 1 19
caelestis animam tenes, cum ornas pacem, fidem custodis, amplecteris innocentiam, ueritatem colis, patientiam diligis, spem repraesentas. tu 1 36 30
patris, oues semper pascendo propemodum peregrinus. innocens cum innocentibus deputatus hic *placuit deo. unctus in regem,* spiratus in uatem 2 9 7
an differat. si circumcidit, sabbatum corrumpit; si non circumcidit, cum innocentis animae interitu praestitutae circumcisionis iura uacuauit, quia 1 3 4
nemo doluit, nec quae genuerat mater. nemo plangit uiuas exsequias et innocentis hominis obsequium nemo ante fletibus rigat, ne pater dubitasse 1 62 4
prorsus ratio! innumerabilium saeculorum diuersa mensura conterendo innouat spatia, et tamen eius semper orbita est una. qui nos admonet, 1 26
heredes incognitos ex sese recitari mirantur; amicae sub fallacia manus innoxias animas secure conficit ebibita ueneni tempestas; sepelitur noua 1 5 3
grues? quid piscium dissimilium cum suis sibi ductoribus gradatae aetatis innumerabiles cunei? nonne cum inuitationi temporum parent solemnisque 1 4 6
alios auaritia efficit caecos. longum est ire per singula: uarias atque innumerabiles *nocendi artes* habet, sed has omnes salutari profluens amne 1 38 7
morte sua uiuens, sepulcri nido uegetatus innumerabiles temporum metas perenni cursu una eademque orbita 1 58
quibus diabolus colitur, quorum in actibus origo monstratur. ipsa Iouem innumerabilibus uariis magnisque criminibus maximum fecit. ipsa 1 1 11
in simulacris, colis in penetralibus tuis. nam et illic aureis argenteisque innumerabilibus ueluti templis tereti moneta percussis inesse similiter 1 14 5
nascerentur, elegit. hos in Aegypto genuit, ubi ingressis paucis hominibus innumerabilis multitudo processit et ad eremum dominus perduxit *manu* 1 61 7
non est legem non posse sine fide, fidem posse sine lege; alioquin ista innumerabilis simplicitate sua felicior turba adhuc mortis imperio 2 3 2
unus est lapis, qui quadrae turris totam solus sustinet molem. cui non innumerabilis uarie famulatur acies ualidissima columnarum, quia illi 2 6 6
ambiguum est, cuius praeteritum restat, ut redeat. mira prorsus ratio! innumerabilium saeculorum diuersa mensura conterendo innouat spatia, et 1 26
praepono, et quidem etiam apostolo hortante sic Paulo: *dico autem innuptis et uiduis: bonum est illis, si sic perseuerauerint sicut ego; si* 2 7 2
nudus. iam pauperes nostri alimenta rogare non norunt; iam uiduae atque inopes testamenta conficiunt. plura ad laudem huius beatitudinis uestrae 1 14 9
sua sibi industria fenerator etiam ipse nudatur, ei cum casu aliquo fraus, inopia, fuga, mors extorserint debitorem. auaritiae enim natura talis est, ut 1 5 12
inanis plurimorum uenter. inde populis deteriora mensuris pretia quam inopia. inde fraus, periurium, rapinae, lites ac bella. cotidie mugitibus 2 1 16
componis, diues in publico, ditior in secreto, nec intelligis, quia homini inopia morienti tantis opibus qui cum possit subuenire non subuenit, ipse 2 1 19
cassa nec tibi ipsi inde aliquid concedendo illibata custodis? insuper de inopia quereris, qui quod habes nescis. quicquid feceris, nihil horum tecum 1 14 3
alieni, non suo, non alieno, non ipso orbe contenta. totum possidet et de inopia queritur semper. denique ad sua numquam peruenit uota. quantum 1 5 2
haec uiros ardore uesano femineo stipendio ipsis feminis sic incognito inopinate dispungens suam docuit expugnare naturam; haec libidinis 1 1 8
se elatum fuisse, cum posset. nulli enim facilius efferuntur, nisi quos inopinati honoris culmen extollit. *Dauid* quippe *humilis, abiectus,* ignobilis 2 9 6
domini caelo spectante probatur, Archadius beatissimus martyr huius inopinati sacrilegii horrore percussus paululum distulit pugnam, iam 1 39 3
uestias, nuda esse contenta es. tibi fames saginatio est, si panem tuum inops esuriens manducauerit. tuus census est totum in misericordiam 1 36 31
sit ignorat. omnes aut deuitat aut portat iniurias. incertum est, utrum inpassibilis iudicetur, cum aliquid passa quasi nihil passa sit inuenitur. 1 4 2
prolixa tempora obseruat, omnia soceri libens tolerat imperata; qui si esset inpatiens, astu circumscriptus pro Rachel postmodum tempore numquam 1 4 16
et patienter ueniunt et patienter excedunt? solus homo praeceps, solus inpatiens, prauis cotidie mobilitatibus gaudet, uarietatibus studet; miserum 1 4 7
quae homicidium mox [ut] peperit, dereliquit. denique nec mora est: inpatienter fraterni inuidus muneris in fratris Cain anhelat exitium et deo 1 4 9
rem dementiae esse consimilem, in statu suo animum non manere. inpatientia enim quid est nisi mens lubrica, permotionibus crebris et 1 4 7
[in] uniuscuiusque temporis fetus partu crudo in alterius contumeliam inpatientia non sinit praecipitare. quid auium diuersarum decora 1 4 6
dicam spatiis, sed momentis horarum aequabiliter se partiri non posset, si inpatientia suos cursus urgueret. luna quoque, quae quibusdam uidetur 1 4 4
gestiunt, qui uni deo per inpatientiam seruire minime potuerunt. sed inpatientiae hactenus exempla prolata sint. neque enim est studiose, ut 1 4 11
aliunde remedium? si obseruantiam pollicere, sine dubio fallis, cuius inpatientiae professio iam tenetur. si es autem sumptura remedium, 2 7 9
edicti continuit. at ubi sinistro consensu inuidi ex lubricitate serpentis est inpatientiam mutuatus sacraeque arboris pomum male dulce delibauit, 1 4 8
pugnant multisque diis ac regibus seruire gestiunt, qui uni deo per inpatientiam seruire minime potuerunt. sed inpatientiae hactenus exempla 1 4 10
deus uidit, quem conscientia redarguit, quem fratris sanguis accusat. quid inpatientiam Sodomorum, ubi inlicite uiri opprimebantur a uiris, 1 4 10
o dignus gloriosi exitus finis! ascensurus altitudinem caeli corporis sui inpedimenta praemittit et exsequiis funeris ipse praecedit. cui haec est 1 39 9
aduersus diaboli impetus propugnaculum pariter ac telum, animae nostrae inpenetrabilis lorica, legis conpendiosa ac uera scientia, daemonum terror, 1 36 4
usque ad supremos exitus cuiusuis aetatis utroque generi salutare munus inpertit; illa sanguine gaudet, haec gratia; illa imagine, haec ueritate; illa 1 3 23
sunt. parasti in conspectu meo mensam aduersus eos, qui tribulant me. inpinguasti oleo caput meum et poculum tuum inebrians quam praeclarum. 1 13 10
quoque feralibus tenebris relegatam perpetui carceris poena perpetua inplacabilis affligebat infernus. non superi, non inferi parcebant simulacro 2 4 6
etenim piaculum scelus dedecus nefas libenter admittit, cuius praecordia inplacabilis cupiditas pestifera flamma repleuerit. sed haec non ad uos, 1 14 7
laetabatur hoc iussisse deum. de filio hostiam parat, festinat denique inplere sacrificium, ne mora faciat peccatum. necessaria sacramentis 1 43 4
neglegentes legis sacrae cultores saepe magno inplicantur errore, cum aut dicta non pro locis intelligunt aut dictorum 1 35 1
qui mundi huius fugientes insidias, reatum, uulnera ac mortem paternae inplorastis auxilium maiestatis omnique non pedum uelocitate, sed mentis, 2 23
prorsus inueniri potest, qui ei saltem uel uno momento iustitiae frenos inponat. inquieta semper exaestuat, saeuit, pugnat, rapit, congregat, seruat 1 5 1
se nosse rerum naturae secreta, cum stellis nomina, soli labores inponunt, cum errores suos lunari circulo adscribunt, cum ingenii sui 2 9 1
eorum ministra. uenerandam se procurat in templis, hilarem in theatris, inportunam in publicis, opportunam in quibuscumque secretis. lasciua, non 1 1 9
curriculo menstruali, solemnes suae ignes aetatis quod numquam prorogat inportune nec derogat, quid aliud intelligi datur quam sui opificis 1 4 5
quae nisi finiat non finitur. hanc mediocres fraudibus excolunt, diuites inpotentia, iudices gratia, diserti mercennaria ac duplici lingua, reges 1 14 1
colligitur ac tenetur, per ipsam, inquam, genus omne peccati, ne quis inprudens intereat, diffamatur. semper monere non desinit, ignorantia ne 2 3 3
non ex coitu nascitur nec officio alieno nutritur; non inuita, non inprudens moritur, sed cum maturum leti tempus aduenerit, a semet ipsa 1 2 20
quae gessit, iniustus. non ergo sic accipiendum est, quemadmodum ab inprudentibus aestimatur. ceterum domini dictum quo sit pondere quaue 1 35 2
in caelum, quae caedis saepe, saepe ministrae sunt rapinarum. oculos inpudenter extollit, quorum lenocinio mundus in flore est. intonat lingua, 2 9 9
in auctores purgaturque per innocentiam pudor. sicque Susannam, quam inpudicitia mentiente in publicum traxerant, probatam et uindicatam ad 1 1 19
iubet atque incendio concremari. at illa constanter adest, sibi quae non inpudicitiae, sed futuri scilicet indicii negotium procurauerat, dicitque ei se 1 13 3
id est duobus salutare canentibus testamentis, ut principaliter idolatriam, inpudicitiam auaritiamque fugiatis, quae est incurabilis Cancer. Leo autem 1 38 4
in gentibus (quamuis illic fructuosa uel uera esse non possit, quia sub inpudico praedone uersatur), quanto magis debet esse gloriosior in populo 1 1 3
pugna, ubi sub crebrescentibus morbis ipsa necessitate etiam inpudicorum pudica fiunt membra. age nunc, eius aemulae rabiem breuiter 1 1 5
flagitat esse uiolentum, quem, etiam dum denudat, esse non inuenit inpudicum; hic synagogam expugnauit, cum sua illi arma concedit; hic 1 36 26
sed exaltaui animam meam. uideamus, ne forte propheta ipse se inpugnet exaltando animam suam, qui cor suum se non exaltasse gloriatur. 2 9 8
lacrimas persuasit, sed exsultat et gaudet. nec timuit, ne parricidium ei inputaretur, sed magis ut deuotioni pareret, laetabatur hoc iussisse deum. 1 43 4
quia per ipsum uincimus mortem; hic *masculus*, quia dei est uirtus; hic, inquam, agnus *perfectus*, quia in ipso magnus ille sacerdos pio mysterio 1 8 2
scabrosisque grassantium ulcerum spoliauere uerticibus; per hanc, inquam, caecos uidere, surdos audire, mutos loqui, claudos currere, 1 36 9
diligis inimicos, ut inter eos carosque tibi quid distet, nemo discernat. tu, inquam, caelestia humanis, humana caelestibus iungis arcana. tu diuina 1 36 32
meo. hic, qui purus de caelo descendit, carnatus ascendit in caelum. hic, inquam, de quo Paulus ait: *qui accipit regnum, regnat et tradet deo et* 2 5 4
intimatur, per ipsam disciplina caelestis colligitur ac tenetur, per ipsam, inquam, genus omne peccati, ne quis inprudens intereat, diffamatur. 2 3 3
necessaria, ut sciat unusquisque ad idolatriam pertinere luxuriam. ipsa, inquam, mortuorum sepulcra conuertit in templa, tumulos in altaria, 1 1 12
contagione purgati integri in ubertate paterni seminis maneamus. haec, inquam, non die, non nocte, non hora, non sexu, non aetate, non 1 3 22
genis, liuore foedatis uberibus, sordido plus puluere tecta quam ueste? tu, inquam, non es, quae nunc caelum ipsum ululatibus rumpens post talem 2 7 7
equidem persequens, sed impudicos tantum congruenter occidens; haec, inquam, per momenta et parit omne quod malum est et peperit omne quod 1 1 8
qui semel occidit et ortus est rursum numquam repetiturus occasum. hic, inquam, quem *duodecim* radiorum, id est apostolorum duodecim, *corona* 2 12 4
gigas, crucifixus, sepultus, *primogenitus a mortuis* diceretur, hic est, inquam, qui *in omnibus omnia est*, quoniam per ipsum et in ipso sunt 2 8 8
est orbis, quo aetherio semine nouellus uiuificatus est populus; hic, inquam, qui nobis resurrectionis monstrat exemplum. cuius sane 1 16 2
occidit et exortus est rursum, numquam sane repetiturus occasum. hic, inquam, quo ferales diruptae sunt tenebrae, quo mors subacta est, quo 2 19 2
infelici tenacitate non aliis tantum, sed etiam sibi ipsi subducit? 'sed, inquies, iustum est, ut mea seruem, aliena non quaeram.' hoc etiam gentes 2 1 18
inueniri potest, qui ei saltem uel uno momento iustitiae frenos inponat. inquieta semper exaestuat, saeuit, pugnat, rapit, congregat, seruat sui 1 5 2
in simplici corde scrutanda sunt testimonia eius, ita curiositate non sunt inquietanda secreta. *quis enim causas naturasque caeli huius* et superiorum 1 34 1
edaces, ut in tormenta morientis cum homine aduenticium uulnus inquilino uulnere finiretur. at Iob cunctis uiribus aduersae partis 1 4 18
quae non erat, fingeretur, prodiuit unigenitus filius, cordis eius nobilis inquilinus exinde uisibilis necessario effectus, quia orbem terrae erat ipse 1 50
est et tamen non est ipse. uetus quidem uidetur domicilium, sed nouus inquilinus exsultat mutatione morum natiuitatis suae nobilitatem incredulis 1 42 2
est et tamen ipse non est. uetus quidem uidetur domicilium, sed nouus est inquilinus mutatione morum natiuitatis suae nobilitatem incredulis uariis 2 24 3
puniuntur. hanc Esaias in modum forcipis uidit; quibus ad conflanda labia inquinata ab uno de seraphim ex ara dei sublatum carbonem uaticinando 1 37 2
ex ara dei sublatum carbonem uaticinando perhibuit. etenim labia inquinata duos populos Iudaeorum gentiumque debemus accipere, qui, cum 1 37 3
erit, qui exaudiat eos. similiter et de manibus dicit: *manus enim uestrae inquinatae sunt sanguine et digiti uestri in peccatis. labia autem uestra* 1 3 10
gentiumque debemus accipere, qui, cum essent anterioris uitae facinoribus inquinati — unus Christum blasphemando atque persequendo, alius deos 1 37 3
ornamento ligas quod suspendio uoueras collum; ab speculo oracula inquiris, quam commode possis circumscribere petitorem. quicquid feceris, 2 7 8
cum aut dicta non pro locis intelligunt aut dictorum minime rationes inquirunt. igitur in praesenti Psalmo propheta cum dicat: *misericordiam et* 1 35 1
nec per uarios auium uolatus coniecturis inanibus statum plumeae salutis inquirunt, sed a suo corde remedium salutare deposcunt spirituque suum 1 34 9
uiae eius! quis enim cognouit sensum domini? non enim in horum inquisitione exaestuans propheta dicit: *de profundis clamaui ad te, domine.* 1 34 10
dei uerbis simpliciter credit, astutus autem nimia sapientia infatuatus inquisitionibus uanis semet ipsum confundit. sed dicit aliquis: 'si ita est, 2 3 2

hoc genere Iudaeos scriptura denotat ab auribus incipiens: *clamaui,* inquit, *ad eos et non audierunt; clamabunt ad me et non erit, qui exaudiat* 1 3 10

seu hilares suos fecerit motus, hanc rationem docente nos Paulo: *uidemus,* inquit autem, *modo per speculum in aenigmate; tunc autem facies ad* 1 2 29

audi caelum et terra, significat, quod illi audire contempserint. *audi,* inquit, *caelum, et percipe auribus, terra.* de caelo et terra prophetam fuisse 1 61 2

culpae cum denotat, etiam alia crimina fugienda cognoscat. 'ore tuo te, inquit, Christiane uicisti. inde est, quod et ego aeternam uitam me 1 3 8

maritus. Iudas amittit uxorem, id est synagogae fides moritur. quod autem inquit: *consolatus* est, utique intelligitur spe Christi uenientis, qui non 1 13 7

patre loquente noscamus; dominus ipse nos edocet: *eructuauit,* inquit, *cor meum uerbum bonum* et cetera, et apud Salomonem hactenus 2 8 2

meum apud gentes, dicit dominus. immola deo sacrificium laudis. immola, inquit, *deo*, non daemoniis, *sacrificium laudis*, non uituperationis, et *redde* 1 25 8

quantis catenis uincta tenebrarum mens laboret incredulorum. *immola,* inquit, *deo sacrificium laudis.* primo omnium sacrificiorum tria esse genera, 1 25 3

ait: *faciamus hominem ad imaginem et similitudinem nostram (et fecit,* inquit, *deus hominem ad imaginem et similitudinem dei)*, et alio loco 1 27 2

ait: *faciamus hominem ad imaginem et similitudinem nostram (et fecit,* inquit, *deus hominem ad imaginem et similitudinem dei*), et alio loco 2 30 2

de quibus Iohannes discipulis quid praedicet, omnibus est in usu: *nolite,* inquit, *diligere mundum neque ea, quae in mundo sunt. si quis dilexerit* 2 9 5

diminutione> subicitur, per quem pater semper honoratur. denique inquit: *ego et pater unum sumus*. unde non diminutiua, sed religiosa, ut 2 5 10

ad mirabilia facienda spiritus sanctus obumbrauit et texit. et denuo *caeli,* inquit, *enarrant gloriam dei*; et hic utique non tam caelos loqui dicit, quos 1 61 3

apostolus in euangelio quid praedicet, fratres, accipite: *in principio,* inquit, *erat uerbum et uerbum erat apud deum et deus erat uerbum; hoc* 2 8 3

est. qua in specie spiritu sancto loquente noscamus: *et homo est,* inquit, *et quis cognoscit eum?*. si ita est, quomodo ergo posset agnosci, 2 8 6

dicat: *faciamus hominem ad imaginem et similitudinem nostram*; non inquit: 'fac ad tuam', sed ait: *faciamus ad nostram*, ne quam filius 1 45 1

Christus dominus esset ab apostolis et gentibus audiendus. *filios,* inquit, *genui et exaltaui*. haec domini uox est, qua iam tunc per 1 61 5

admonebat. proprium enim dei est scire transacta et nosse uentura. *filios,* inquit, *genui et exaltaui.* infinita Iudaei infidelitate sua apud dominum 1 61 5

sublimitas humanam mediocritatem aut caram habeat aut dilectam? *filios,* inquit, *genui*: hoc dominum de hominibus dixisse quam dulce est! talem 1 61 7

eorum respiratione cognoscis, quantorum malo ille constat ornatus. 'filios, inquit, habeo, quos nudare non debeo.' ista et infidelitatis est excusatio, 2 1 20

rationem Dauid in Psalmo primo his uerbis expressit: *non resurgunt,* inquit, *impii in iudicio neque peccatores in consilio iustorum.* gradatim pro 1 35 3

quaue ratione prolatum, explanat proprietas ipsa uerborum: *qui credit, inquit, in me, non iudicabitur.* recte: *quid enim necesse est iudicare* 1 35 2

corporis stipem deo placere te posse praesumis.' 'iam completa est, inquit, in me per Iesum Naue domino iubente secunda, quam Moyses 1 3 14

similantibus detraxeris, cui detraxeris nescis. 'at ille, cui iubetur, est, inquit, inferior.' quid, quod inde non esse approbatur inferior, quia, unde 1 45 3

mihi, perniciosa ista adinuentio tractatus sui quo proficit pugna. 'ne fides, inquit, intereat, cum male aut creditur aut docetur.' quod malum est ista 2 3 8

non est timor dei ante oculos eorum. et de ipsa circumcisione in symbolis inquit: *interrogabant et in uirgis suis annuntiabant; spiritu meretricio* 1 3 11

indicat ille, sed nobis, quos cupit quod facit ac praedicat imitari. ergo inquit: *non est exaltatum cor meum,* docens *optimum* esse *sacrificium deo* 2 9 3

istae, sed et aliae quoque uirtutes, indice Paulo cognoscite: *et si habuero,* inquit, *omnem fidem, ita ut montes transferam, caritatem non habeam,* 1 36 20

intellegendos frequens prophetarum assertio demonstrauit: *iubilate,* inquit, *omnis terra*, et alibi: *audi*, inquit, *terra, ex ore meo*. quo uocabulo 1 61 4

discutienda secreta, apostolo utrumque prosequente, nam *qui sine lege,* inquit, *peccauerunt, sine lege peribunt. at qui in lege peccauerunt, per* 1 35 7

sed et dominus ipse nos pio promisso quid hortetur, accipite. *uenite,* inquit, *qui laboratis et onerati estis et ego reficiam uos. tollite iugum* 2 9 4

tres, cucurrit, adorat prostratus in faciem, offert hospitium. *refrigerate,* inquit, *sub ista arbore magna*. similaginem conspargit, uitulum laniat. post 1 62 1

assertio demonstrauit: *iubilate*, inquit, *omnis terra*, et alibi: *audi,* inquit, *terra, ex ore meo*. quo uocabulo gentiles homines sine dubio 1 61 4

miscuisset, talibus in eum sanctissimus martyr uocibus exsiliit: 'quid, inquit, uanissime omnium iudicum, putasne aut de lucis istius incongruis 1 39 5

portae aeternales, et introibit rex gloriae, et iterum magi: *ubi est,* inquiunt, *qui natus est rex Iudaeorum?*. hic est, fratres, qui uenturus 2 5 2

prior peccauerat, circumcisionis incipit cura, et quia suasione per aurem inrepens diabolus Euam uulneras interemerat, per aurem intrat Christus 1 3 19

conuersatione limpidus, mente limpidior, usque adeo circumspectus atque inreprehensibilis, ut dei sit testimonio collaudatus. unde non inmerito 1 15 2

eremum peruenerunt, nos post baptismum ad paradisum peruenimus. illis inrorata est esurientibus manna, nos autem esurire non possumus, 1 46b 3

sacramento trinitatis spiritalem quoque numerum conuenire. denique nec inrorati camini eis baptismatis defuit gratia. o admirabile incendium! o 1 22 2

commonuit; nam infirmibus ac languidis mannae teneritudinem inroraüt. non enim erant idonei aut digni, qui caelestis panis perpetua 1 18 2

crebris ictibus liuida pectus gentili uanitate circa amissi cadauer bacchatur insana nec Maccabaeae matris memoriam recolit, quae spe succincta 1 2 13

deus odit auaritiam. est enim libido profunda, cupiditas caeca, tempestas insana, rapacitas sine fine, sollicitudo sine requie, ad sua numquam 1 21

amare coeperat quam oderant fratres. nam cum medullitus mulier ardoris insani conflagraret incendio, in suadelam sacrilegam argumentis 1 1 16

patitur, cum *a Iudaeis uirgis ter caesus naufragio* trino diluitur, cum insani populi furibunda tempestate lapideis imbribus feliciter grandinatur, 1 34 4

per momenta color, figura sua tollitur a natura, in obliquos horrores insani uertuntur orbes oculorum, acies dentium spumosis horrida globis 1 2 6

lingua, caret quae numquam ueneno serpentis, et, quod omni est maius insania, deo se laudat. publicanus autem non membratim deum, sed totus 2 9 9

cruribus pedes; uiuum se cadauer inspiciat.' [cui beatus Archadius ait:] o insania hominum! fraudauit te furor tuus; adhuc erat in uictima domini 1 39 6

necessarium atque conueniens, quam ut se ipsum nouerit. etenim genus insaniae est eum rationem secreti naturae disquirere; non enim ullo pacto 1 27 1

necessarium atque conueniens, quam ut se ipsum nouerit. etenim genus insaniae est eum rationem secreti naturae disquirere, qui uitae suae non 2 30 1

armatum montibus, uiolentis undarum saeuientium cumulis, toto corpore insaniat, tamen extremorum pallido ex recursu uoluminum quasi ius terrae 1 4 5

calumnias dei usque ad ecclesiam transmiserunt, ut in ipsa quoque, si insanire cuiquam libeat, deus illi non colendus sit, sed quaerendus. quod 2 9 2

non oculis non auribus parcens iocatur sperat ambit obsequitur zelatur insanit armatur precibus, armatur et ira, similiter nonnumquam ui 1 1 9

ora contundens minatur per momenta naufragium. procellae crebrescentes insaniunt, horrendum sibilant funes, gemunt cedentibus uelis antennae, 1 34 5

acerrimus linguae exserit gladium, cum suis sibi ministris publicae leges insaniunt; stimulis acuitur feritas in ferocitatem et tamen hominibus mitior 2 2 6

prandio satur nec Ionas inter aestuantes procellas sollicitique maris fluctus insanos tutior piscis aluo quam alueo nauis nec tres pueri, quo ardere 2 18 1

instar per carnificis tormenta meditatur. erexerat securem percussor insanus et signans oculis uulneribus lineam feralis ictus assidua 1 39 7

faceret. Iob filios furens diabolus interemit; et domini filios prophetas insanus populus Pharisaeus occidit. Iob ulceribus maculatus est; et 1 15 8

cum sua illi arma concedit; hic ubique turbulentus, ubique fertur insanus: promittit, fallit, dat, tollit; nunc tristis, nunc hilaris, nunc humilis, 1 36 26

populi, dubium non est, quia aut hostis publicus aut certe iudicatur insanus, quisquis nuptias dissuaserit. at ego non pertimescam, sermonis 2 7 1

quia neminem qui se possit arguere derelinquit. omnes enim passim furore insatiabili turpes praecipitantur in quaestus, nec quisquam prorsus inueniri 1 5 1

unicuique lucrari mundum et animae suae pati detrimentum? i nunc, insatiabilis homo, et in detestabilis congestionis lucra letifera etiam ipsa 1 5 10

siue quod in eius usu et perpetuo et tutius maneat testatoris uoluntas inscripta, seu quod quasi ex transuerso in unam fidem concurrentia 1 37 8

in Aegypto fuerat instituta, postulabat ad tempus nouellae profecisse, inscriptio ipsa tituli psalmi lecti declarat; sic enim se habet: *in finem pro* 2 11 1

templum dei et spiritus dei habitat in uobis. et uerum est, nam sicut idolis insensatis similia templa conueniunt, ita uiuenti deo uiua templa sunt 2 6 4

gentium esse potuisset. quapropter manifestum est spei ac fidei unam inseparabilemque esse naturam, quia in homine ex his quaecumque 1 36 6

tenere non desinunt. fideles non sunt, *quia* habent *aliquid infidelitatis insertum*; infideles non sunt, quia habent imaginem fidei, professione deo, 1 35 5

in hoc peruerso saeculo contra laudabiles uiros multiformes tenduntur insidiae et diuersis calumniarum generibus factiosae emerserint causae, 1 40 1

exsultate, fratres, quos sua parturit fides, qui mundi huius fugientes insidias, reatum, uulnera ac mortem paternae inplorastis auxilium 2 23

sponte ad mortem, de qua euaserant, reuertuntur. cum igitur semper insidietur se non quaerentibus diabolus, aestimate, quid faciat inuitatus, cui 2 7 13

inaffectatae formae pulchrius suae pulchritudinis ornamentum, insigne pudicitiae testimonium, *e senioribus duo,* sed uno incensi prodigio, 1 1 17

super lapidem, qui non dissoluatur. reprobat ergo tam inmensum, tam insigne, tam opulens templum, quia in eo uerum non erat templum. etenim 2 6 4

aliud intelligi datur quam sui opificis moderationi deseruiens peritissima insignis patientiae disciplina? sed et mare uentis lacessitum, cum irascitur, 1 4 5

sunt infinita. nemo sit de mansione sollicitus: certae gloriae nostrae insignis res erit, si dei ciuitatem felicitate nostri numeri fecerimus 1 5 18

a deo est et honoratus. denique rex iure secundus factus est regni, qui insignis rex erat iam ante pudoris. Susannam quoque, columen matronatus, 1 1 16

inaestimabili beatitudine perfruetur. sed quid ad nos, quid illi dicant? insignis uir sicut ait noster: *nouit deus cogitationes sapientium, quia sunt* 2 1 15

capit deum. igitur ne quis operis rationem a me forte disquirat, paucis insinuabo. in totius fabricae fundamentis non sicut in Iudaeae templo 2 6 5

amplectatur fides, quae tam sibi quam illi credendo praestet effectum, insinuatio inanis erit, quia incredulo credentis fructum praestare non 2 3 1

eodem aut cessante aut aliter docente consumitur. huc accedit, quod, nisi insinuationem legis omni deuotione succincta praecedens amplectatur fides, 2 3 1

ollis uigor et caelestis origo seminibus), scilicet spiritus sancti conceptione, insita fit ante fecunda, ut, cum dissolutionis eius ac legitimae reparationis 1 2 26

ceteros curiosi otioso negotio cor suum ultra quam licitum est argumentis insolentibus extulerunt. hi cum ascendunt uerbis in caelum, cum deum 2 9 1

deputatus hic *placuit deo. unctus in regem,* spiratus in uatem *non insolescit in regno*, obumbrat neminem prophetae terrore. iniurias suas non 2 9 7

tu *fundamentum,* culmen ac fructus omnium coaequarum, tu tui propositi insolubilis nodus aeternus. per te legitima ieiunia celebrantur, per te 1 1 21

globis erubescit quoque ipsum alienis ignibus caelum. illo praecipitantur insontes ibidemque propter quem praecipitantur inueniunt. denique 2 22

luculento opere fuisse constructum atque ita elaboratum, ut nesciret inspector, in eo quid potissimum miraretur: magnitudinem, opus, ornatum 2 6 2

'incidantur, ait, ab articulis manus, a cruribus pedes; uiuum se cadauer inspiciat.' [cui beatus Archadius ait:] o insania hominum! fraudauit te 1 39 6

sed cum de futuro nihil opinantes praesentis tantum uitae commoda inspiciunt falsamque aduersus ueram pro uera defendunt, sic utramque 2 1 3

et ipse refrigerium; mortuorum in postliminium uitae animas reductas inspira; discute laborantibus morbos; cura languores; in temptationibus 2 3 14

legem deique iustitiam euagandi *extra legitimum torum* peregrina luxuria inspirat infeliciter quasi liberam facultatem ac sic eorum quoque feminas a 1 1 13

sacrum debemus accipere, qui uera sarmenta homines suscipit mortuos et inspiratos aqua caelesti mox efficit uiuos. lignum auxiliare, quo tenditur uel 2 11 4

construitur mobile totumque se nesciens simulacrum et, ut imago sit dei, inspiratur a deo in *animam uiuentem*. concepit spiritum adaeque, quem 1 56 3

uitae substantiam prouidere, quibus nec natiuitatem dederis nec animas inspiraueris nec salutem praestare possis. unde uel sero sacrilegam uocem 2 1 21

se semper expugnans; animus infidelis etiam sibi; actus improuidus, instabilis, caecus, incautus, inconstans, totus concitatus in ruinam; res sine 1 4 7

melius credens hominibus se ream praebere debere quam deo. interea instant illi ex amatoribus accusatores effecti crimenque suum in 1 1 18

sine causa ante quod amauerat; probat felicius esse quod oderat. gemit instanti poenae aliquid de facultatibus notis mederi non posse, pro uno 1 2 10

reges, qui Iudaeam lugubri clangore tubarum armorumque fragore terribili instantibus undique proeliorum procellis miserabiliter per totum orbem 1 34 7

sol cotidie nascitur eademque die qua nascitur moritur nec tamen instantis finis sorte terretur, suos ut repigret cursus, ut horas ac momenta 1 2 18

extrema nudare. ecce inter ipsa supplicia uacare non sinitur et orationis instar per carnificis tormenta meditatur. erexerat securem percussor 1 39 7

est; nec eius saltem coercentis uoce comprimitur, sed eo magis ac magis	instat, donec effusione sanguinis conceptum piaculum duplicetur. miratur	1	4	9
bona siue mala. etenim, fratres, facilius est reformari quod fuerit quam	institui quod ante non fuit; quod si non fuit et est, multo magis poterit	1	2	16
propheta quod pro ueteri uinea, quae a domino in Aegypto fuerat	instituta, postulabat ad tempus nouellae profecisse, inscriptio ipsa tituli	2	11	1
caelestibus testimoniis multis, manifestis ac puris, ut docti probent, minus	instructi sese confirment, rudes discant ipsique, qui blasphemare nituntur,	2	18	2
loco hoc, quod agitur, euidenter expressit, cum ad Timotheum loquitur	instruendum his uerbis: *hortatus sum, ut denuntiares quibusdam, ne*	2	3	17
affectu, sed sine discrimine amplectebatur. sed excogitatarum ut ordinem	instrueret rerum, ineffabilis illa uirtus incomprehensibilisque sapientia e	1	56	1
fratres, charismata uestra, hae uirtutes, quibus Hierusalem spiritalis	instruitur, quibus sacrae orationis iste locus nouus et populus cotidie	2	6	11
monstra; laciniis omnibus spoliatur puella, uestitur incendio. inter tot	instrumenta mortis spectatore metuente secura calcat genera uniuersa	2	2	7
manes. nos uero, fratres, quos non ingeniosa suspicio, sed deus magister	instruxit, propter nos in semet ipso probando quod docuit, uiuere animas	1	2	5
similiter Petrus impetrauit a domino, ut profundi maris lubricos sinus	insubditaque humanis gressibus liquidi aequoris terga, quibus uiator	1	34	3
exponentes, pharisaeus et publicanus dei stantes in templo. pharisaeus	insulse manus tendit in caelum, quae caedis saepe, saepe ministrae sunt	2	9	9
deum improbe loquitur, non uxori inlicita suadenti succumbit, non amicis	insultantibus cedit, sed uictor crudelitatis et impietatis in sterquilinio	1	15	6
id, per quod irascitur, deprecaris? aperi tandem oculos cordis: inuenies te	insultare potius quam rogare. postremo, fratres, non potest timere	1	14	6
ut corruptelam seniorum sequatur, synagoga compellit. Iob amici sui	insultasse perhibentur; et domino sui sacerdotes, sui insultauere cultores.	1	15	8
Iob amici sui insultasse perhibentur; et domino sui sacerdotes, sui	insultauere cultores. Iob in sterquilinio pleno uermibus sedet; dominus	1	15	8
ad uiduitatis sudorem gloriosum palmamque prouocauero, nobis fortassis	insultent, quia nostrae sacrae uirgines uiduaeque magno pro inmortalitatis	2	7	11
non enim ulla est metuenda iam poena, cum incensorum superstes	insultet ignibus uita.	1	31	
sollicitudine cassa nec tibi ipsi inde aliquid concedendo illibata custodis?	insuper de inopia quereris, qui quod habes nescis. quicquid feceris, nihil	1	14	3
ac libidinis rabie digladiantes omnem orbem corruperant terrarum,	insuper decernentes sibimet ipsis pro domibus templa, erigentes aras	1	13	4
et uirgam. qua re cognita Iudas non tantum ab ea se refrenauit, sed	insuper eam et iustificauit. Iudas, quantum intelligi datur, ex parte	1	13	3
fit praeda morborum? postremo iacentes reliquias mors uindicat sibi,	insuper ei poenas gehennae paritura. tunc carnalis mimus ille finitur	2	4	16
et gratias agit; iugulatur et non repugnat; pro percussoribus suis deum	insuper et exorat. una illi sola principalis sollicitudo ac maxima est cautio,	2	1	13
infernaeque sedi submersum maiestatis suae sacramento uiuificatum	insuper regni caelestis participatione ditauit. o caritas, quam pia et quam	1	36	28
cum in periculis esset, si in his propheta non ambulet, quomodo bonum	insuper sibi opus adsignat ab illis recedendo, in quibus oportuerat	2	9	6
proelium: illinc diabolus horrendum totis intonans armis ministrisque	insuper suis in auxilium concitatis, terribili increpans tuba praedonum	1	15	3
quem diuitiis exspoliauerat magnis, magnis uestit ulceribus, quibus	insuper uermes immittit edaces, ut in tormenta morientis cum homine	1	4	18
quem ante omnia saecula pater in profundo suae sacrae mentis arcano	insuspicabili ac soli sibi nota conscientia, filii non sine affectu, sed sine	1	17	1
	insuspicabilis secreti reuerendaeque maiestatis uera cognitio est deum non	1	54	1
blanda peruigil cura aegritudinem cum aegro partitur; abiecta cadauera	intecta inhumataque esse non patitur; pauperes miserosque sua necessitate	2	1	12
accepit, quos edacitas delibare nequiret: sua enim deminutione crescebant.	integer horum denique uasis semper in plenis manebat status quantumque	2	1	20
quod Abel iustus est sine hoc uulnere inuentus? quid, quod Enoc a deo	integer legitur esse translatus? quid, quod Noe incircumcisus saeuiente	1	3	5
Abraham circumcisus est et deputatum est illi ad iustitiam? cum igitur	integer, sicut Enoc et ceteri, sit iustificatus et postea circumcisus,	1	3	7
radicitus circumcisione diuellimus, ut diri seminis contagione purgati	integri in ubertate paterni seminis maneamus. haec, inquam, non die, non	1	3	22
et quam iudicantium sententia praua deiecerat illustris conscientiae	integritas erigebat. sufficit ergo pudicitiae conscientia; testis est deus. non	1	40	1
pro nefas, creditur aetati, creditur auctoritati: exsultant adulteri, damnatur	integritas. iamiamque Susanna ad supplicium immerens trahebatur, iam	1	1	18
carnis, sed circumcisione domini nostri Iesu Christi, elaborate, ne uestra	integritas mutiletur, ne ingruentium peccatorum rursum, sicut Adae et	1	3	24
dum de uirgine nascitur, curat. signum salutis accipite! corruptelam	integritas, partum est secuta uirginitas. Adam similiter dominica	1	3	19
fuerat transiturus. at ille uisam mulierem fornicariam putat, quae pudoris	integritatem faciem uelando monstrabat. interpellat eam, poscit ingressum,	1	13	2
ligno suspensum uiuificatum est omne genus humanum. ac ne non ex	integro principium suo statui redditum uideretur, prior uir consummatur	1	3	20
hic est deus noster, qui se digessit in deum; hic pater, qui suo manente	integro statu totum se reciprocauit in filium, ne quid sibimet derogaret.	1	7	4
mira ratio, mirum profecto mysterium! saluo reo punitur reatus in reo	integroque statu moritur in homine propter quod homo fuerat moriturus.	1	42	1
reuertatur. mira ratio, mira beatitudo! saluo reo punitur reatus in reo	integroque statu moritur in homine propter quod homo fuerat moriturus.	2	24	2
ille Abraham, deum plus debes amare quam filios, ut habere merearis	integros, incolumes ac beatos. stulta autem res est illis te uelle uitae	2	1	21
comparat sibi corpus suo iudicio nasciturus. in hominem coaptatus	integumento carnis includitur deus humanamque uitam mutuatur de	2	12	1
misericordiam mereretur. uideamus, fratres dilectissimi, legis arcana et	intellectum altius proferamus. Abraham sub lege non erat, sed legem solus	1	43	8
dilectissimi, si uultis scire, quid uocentur, audite: conuersio, audientia,	intellectus, credulitas, timor, sapientia, sobrietas, mansuetudo, temperantia,	1	37	15
in templo. sacerdos uocat, ostium credulitas aperit, simplicitas introducit,	intellectus inuitat, ueritas persuadet, timor excubat, disciplina coercet,	2	6	9
ouium greges infinitos interficit, quos in amaritudine absumit. quis non	intellegat, fratres, illud pascha non esse, sed bromosum latronis cruenti	1	28	2
elementorum forma mutatur et dei iniuriam prius prodit natura quam	intellegat populus Iudaeorum. ab auctore itaque coepit furoris horror;	1	59	9
gloria domini per tota terrarum spatia nuntiata est. terram homines	intellegendos frequens prophetarum assertio demonstrauit: *iubilate*, inquit,	1	61	4
passibilitate sui transeunt; timor conscientiae non deletur. nunc uideamus,	intellegendum quemadmodum nobis sit, propheta quod ait: *beati omnes qui*	2	2	3
fratres, rerum paene contra naturam, iamiamque desinat permoueri,	intellegens Christianae uirtutis hanc esse maximam gloriam, ipsam calcare	2	7	1
imaginem et similitudinem suam fecit sibi ipse simulacrum sensibile atque	*intellegens*; sumpto quippe *limo terrae hominem figurauit* eique animam,	2	4	4
impedimentum carnis uidere non possent, libertate spiritus uident, exinde	intellegentes in thesauro naturae depositum incolume requiescere, quod in	1	2	9
delesse, deum suis praefuisse maioribus eorumque iter praecessisse, non	intellegentes, quia exinde eos a facie sua remotos post suum dorsum cum	1	18	1
os piscis: hoc est sacramentum uel quae in prouerbiis locutus sum non	intellegentibus explanabis. denique hoc alibi manifestius ad omnes	1	37	6
sua neque diues in diuitiis suis, sed in hoc glorietur, qui gloriatur,	*intellegere et scire, quia ego sum dominus, qui facio misericordiam et*	2	1	5
quaerite, ubi Christus est ad dexteram dei sedens. possumus et sic, fratres,	intellegere: hoc de ministris et de angelis dictum, quos domino, cum esset	1	37	13
abiecti impolitique sermonis (tamen dicentis: *nisi credideritis, neque*	*intellegetis*) stultam putant irriduntque quasi uanam, quod, cum possit	2	1	14
resolutisque undis uia cum persecutore deletur. quantum spiritaliter	intellegi datur, Aegyptus mundus est iste. Pharao cum populo suo diabolus	2	26	2
recepit, facultates liberosque suos non perdidit, sed mutauit! Iob, quantum	intellegi datur, fratres carissimi, Christi imaginem praeferebat. denique	1	15	7
mobilitatibus gaudet, uarietatibus studet; miserum se putat, si ipse sit, nec	intellegit rem dementiae esse consimilem, in statu suo animum non	1	4	7
nostra conicere potest, computatus ad mensuram palmes competens	intellegitur legitimo examinis numero examinatus. scrobem fontem sacrum	2	11	4
timet. adde quod lex partibus et discitur et docetur. adde quod tota nec	intellegitur nec tenetur. adde quod a quolibet pro ingenii qualitate	2	3	5
dicto compleuit. hunc curiosi opinationibus uanis uiolare conantur nec	intellegunt miseri, quoniam curiositas reum efficit, non peritum.	1	50	
quaerunt, sic agnum uerum, quem inuenerant, perdiderunt. non enim	intellexere, quia *ex haedis* humana designabatur caro suis onusta peccatis,	1	8	1
ita omnis motus quasi uno sensu magistra dilectione conuerti, ut quiuis	intelligat hoc fieri non posse sine naturalis amicitiae disciplina? quid autem	1	36	15
tantum ab ea se refrenauit, sed insuper eam et iustificauit. Iudas, quantum	intelligi datur, ex parte prophetarum, ex parte patriarcharum patrumque	1	13	4
ignes aetatis quod numquam prorogat inportune nec derogat, quid aliud	intelligi datur quam sui opificis moderationi deseruiens peritissima insignis	1	4	5
terribilibus oraculis salutem ciuitati credulae praestaturus. quantum datur	intelligi, fratres, nauis typus est synagogae: eius proretam sacerdotale	1	34	7
figura uestita, hac uidelicet ratione, quia in *thesauris suis* duos denarios	intelligi uoluit, nouitate et uetustate duo testamenta. hos duos denarios a	1	37	9
idolum, te per momenta componis, diues in publico, ditior in secreto, nec	intelligis, quia homini inopia morienti tantis opibus qui cum possit	2	1	19
fecistis angustam. ex eo enim ipso, quod uos non capit locus, exinde	intelligitur, quia fides uestra capit deum. igitur ne quis operis rationem a	2	6	5
id est synagogae fides moritur. quod autem inquit: *consolatus* est, utique	intelligitur spe Christi uenientis, qui non tantum prophetis synagogae lapsu	1	13	7
cultores saepe magno inplicantur errore, cum aut dicta non pro locis	intelligunt aut dictorum minime rationes inquirunt. igitur in praesenti	1	35	1
nomina, quae possunt argumentis attingi, patris et filii festinant nec	intelligunt, quia in exordio carminis sacri deus deo sua sibi et diuinitate et	1	45	1
creaturam. cum haec ita sint, humanitas, te, uersuta, cognosce uel sero et	intemperanti linguae silentii frenos impone. dementiae genus est inuisibilis	2	8	3
leonum rabidos rictus intrepidus, caelesti prandio satur nec Ionas	inter aestuantes procellas sollicitique maris fluctus insanos tutior piscis	2	18	1
tuis maris unda pinguescens marmoreo stupore solidetur; cetina cymba	inter aestuantis pelagi sollicitos sinus fidem tuam fideliter portet; solis	2	3	14
quae sit peccatori peccati merces, ostendit. quam accipere deuitauit, quia	inter agnos uenturo tempore, non inter haedos deputatur, qui pignus	1	13	9
cum praeter morem terrifico fragore intonans concrepat caelum, cum	inter caecas pinguibus conductas nubibus tenebras crebrae micantes curuis	2	2	3
fremitu ferina rabies onerare temptauerit; uel cum amissis gubernaculis	inter conpugnantes flatus ac fluctus gemens parturit carina naufragium.	2	2	2
haec de armato Golia Dauid inermi triumphos attulit; haec in Iob	inter crebra et ingentia mala non desperauit; haec in Tobiae caecitate	1	36	8
peccauerunt, per legem iudicabuntur. uidetisne, fratres, multum interesse	inter damnatum et iudicandum? quam iudicii formam etiam ipsa	1	35	8
scriptura diuina cum de dei loquitur filio, non sibi repugnat, sed	inter deum hominemque, quem sumpsit, necessaria moderatione distinguit.	2	5	1
candida luna, sed ignis columna per noctem iter pandebat ignotum. qui ut	inter duo elementa peruenit, ibidem praesentariae exitum mortis expauit.	1	29	1
quoque in uero sterquilinio, id est in huius mundi caeno uersatus est	inter ebullientes diuersis sceleribus ac libidinibus homines, qui ueri sunt	1	15	9
esse aut misericordia permittit aut gaudium. tu tuos ita diligis inimicos, ut	inter eos carosque tibi quid distet, nemo discernat. tu, inquam, caelestia	1	36	31
filium, dum non pepercit. sola enim fides deambulat inter gladios tuta,	inter esurientes feras amica, in ignibus frigida. sola fides praeferenda: hac	1	62	5
genere, clarior pulchritudine, morum quoque clarissimus probitate, fuit	inter filios Iacob aetate minor, sed spiritu maior. hic inuidae germanitatis	1	1	15
horresco, mox deinde eorum particeps optauerim fieri, cum cognosco	inter flammas rosculentos hymnum deo cecinisse securos. tanta est enim	1	31	
profundi in semet contra se obnixam stupidam pependisse naturam; uiam	inter fluctus micuisse terrenam, quae utique non caelestis populi meritum,	1	18	1
est, fratres carissimi, de humanis gestis aut meritis nec Daniel inducitur	inter frementium leonum rabidos rictus intrepidus, caelesti prandio satur	2	18	1
ornatus sertis uictimas trahere aut grauia nidoribus tura succendere aut	inter fumidos ignes pallenti aruina, funesto sanguine perlitare, ut illiciti	1	39	2
melius seruauit filium, dum non pepercit. sola enim fides deambulat	inter gladios tuta, inter esurientes feras amica, in ignibus frigida. sola fides	1	62	5
publicatus est furere, tantum agnoscatur dominus triumphasse. sed durat	inter haec martyris spiritus et morarum numerositate seruatus perstat	1	39	9
luctibus diues. bene, bene: cum quis quaerit aurum, inuenit gladium.	inter haec nemo considerat condicionem fragilitatis humanae, nemo	1	5	15

inter conpugnantes flatus ac fluctus gemens parturit carina naufragium.	inter haec omnia deterior est conscientiae timor, quia quae diximus et alia	2	2	2
ostendit. quam accipere deuitauit, quia inter agnos uenturo tempore, non	inter haedos deputatur, qui pignus trinitatis acceperit. denique expetisse	1	13	9
mutauit. hic ego patientiam domini memorare non audeo, ne quam deus	inter homines deputatus patiatur iniuriam; idonea laus enim non est, cui	1	4	19
turba autem eorum, qui crediderant, animo ac mente una agebant, nec fuit	*inter illos discrimen ullum nec quicquam suum ex bonis putabant, quae eis*	2	1	18
uerbis totius humani generis iudicium designauit; etenim quantum interest	inter impium et peccatorem, tantum interest inter peccatorem et iustum.	1	35	3
super caespitem [nudus] proiectus in faciem pedum extrema nudare. ecce	inter ipsa supplicia uacare non sinitur et orationis instar per carnificis	1	39	7
insani uertuntur orbes oculorum, acies dentium spumosis horrida globis	inter labra liuentia stridit, intorta omnia passim membra tremore	1	2	6
se nosse praesumat? quis spiritus aerios, quis figuras uentorum, quis	inter marinos aestus fluminum augmenta, quis denique opificium domini	1	34	2
ut legitima domus dei caduca illa ambitio putaretur. quod si ita esset,	inter memorata impar cultu semper ecclesia inueniretur. sed haec	2	6	2
deum, quem non uidet, non potest diligere. decertemus igitur, fratres,	inter nos mutui amoris aemulatione gloriosa imaginemque dei dignissime	1	36	24
ipso factum est nihil. uideamus nunc, optime Christiane, quemadmodum	inter patrem filiumque tempus infulcias: si enim tempori, non sibi, debent,	2	8	5
hic est deus noster aeterni dei coaeternus filius. hic *et homo et deus,* quia	*inter* patrem hominesque adstitit *medius*, probans infirmitatibus carnem et	2	12	4
etenim quantum interest inter impium et peccatorem, tantum interest	inter peccatorem et iustum. denique etiam ipse impiis iudicium, quia iam	1	35	3
nomine deleta est. agnus salutaris, qui designatur *ex ouibus et ex haedis*,	inter pecora non potest inueniri. dies festi eius et cantica secundum dei	1	28	2
quam lucem? ambiguos utique Christianos designauit ac lubricos, *qui*	*inter pios impiosque sint medii* nullam partem tenentes ad plenum, cum	1	35	4
non poteris, saltem noli tuas nuptias fenerare, ne in illo resurrectionis die	inter plurimos maritos non possis, cuius fueris uxor, agnoscere. noli esse	2	7	18
si occideret filium, nisi quadam singulari ac uere diuina patientia	inter religionem pietatemque negotium temperaret, in spe non denegans	1	4	13
deum sibi proposuere, non flammas, praemium futuri, non poenam. sicque	inter taetros undantis incendii globos triumphantes barbarum regem, minas	1	11	
etiam marina monstra; laciniis omnibus spoliatur puella, uestitur incendio.	inter tot instrumenta mortis spectatore metuente secura calcat genera	2	2	7
uelis: remedium an sanitatem. denique si uidetur, conferamus, quae sit	inter uirginem nuptamque discretio. *nupta cogitat, quemadmodum placeat*	2	7	3
dicit dominus uiris Iuda et omnibus, qui habitant in Ierusalem: renouate	*inter uos nouitatem et ne seminaueritis in spinis. circumcidite praeputium*	1	3	12
praedicationis saluos facere credentes; et iterum manifestius: *si quis*	*inter uos uidetur sapiens esse in hoc saeculo, stultus fiat, ut sit prudens;*	2	1	5
pisces apponit cum sarda mirabili. Tobias peregrinus fluuialis piscis	interanea diligenter accurat et assat. Iohannes camelarius deuote	1	24	3
conductas nubibus tenebras crebrae micantes curuis ignibus flammae	intercepti diei lumen inconstanter assimulant, cum ardent *plura fulminibus,*	2	2	3
Petrus aestu marino fertur non naufragus, sed uiator: timet profundum	intercipere non timentem; nec tamen in toto dissimulat, ne per mare	2	2	6
autem post secundae natiuitatis occasum resurgens horrore numquam	intercipitur tenebrarum.	1	16	2
turpem, melius credens hominibus se ream praebere debere quam deo.	interea instant illi ex amatoribus accusatores effecti crimenque suum in	1	1	18
genus est: odit pudicitiam et tamen hoc cupit uideri, quod illa est.	interea miris excolit artibus sese faciemque suam in se, quam non habet,	1	1	10
non semine, capitque uirgo, quem mundus mundique non capit plenitudo.	interea promouent suum membra factorem et opus sui figura uestit	2	12	2
mira res! exsultans exponit infantem totius naturae antiquitate maiorem.	interea rudis non gemit feta. non mundum, ut assolet, infans fusus	1	54	4
habent perosum ac semper uitant, uiduitatis uestem rursus accepit.	interea secundum condictum haedus mittitur, fornicaria quaeritur nullaque	1	13	3
ista adinuentio tractatus sui quo proficit pugna. 'ne fides, inquit,	intereat, cum male aut creditur aut docetur.' quod malum est ista ratio,	2	3	8
ac tenetur, per ipsam, inquam, genus omne peccati, ne quis inprudens	intereat, diffamatur. semper monere non desinit, ignorantia ne quis reatum	2	3	3
cura, et quia suasione per aurem inrepens diabolus Euam uulnerans	interemerat, per aurem intrat Christus in Mariam, uniuersa cordis desecat	1	3	19
pauperemque se fecit, ut nos diuites faceret. Iob filios furens diabolus	interemit; et domini filios prophetas insanus populus Pharisaeus occidit.	1	15	8
tota; tolle spem: artes uirtutesque uniuersae cessabunt; tolle spem, et	interempta sunt omnia. quid facit ad litteratorem puer, si litterarum non	1	36	2
praedia, sepulcra defodiunt; timeant omen qui non timent mortem: sic, sic	interempti plerumque iacent canibus, alitibus ferisque donati, ubique	1	5	8
pro religione sacrilegium. cogebatur Christi populus uanis superstitionibus	interesse atque in cultum nefandi ritus nunc aut libamina inceste	1	39	2
qui in lege peccauerunt, per legem iudicabuntur. uidetisne, fratres, multum	interesse inter damnatum et iudicandum? quam iudicii formam etiam ipsa	1	35	8
forma uidentur minores, si secus aliquid de pistore sentiatur, mea nihil	interest, fratres, quia, etsi pauper sum, tamen frontem meam tueor et	1	41	3
uerbis totius humani generis iudicium designauit; etenim quantum	interest inter impium et peccatorem, tantum interest inter peccatorem et	1	35	3
designauit; etenim quantum interest inter impium et peccatorem, tantum	interest inter peccatorem et iustum. denique etiam ipse impiis iudicium,	1	35	3
tempus, ineptum satis est opus suo praeponere artifici ac per hoc solum	interest, quod soli se sciunt. denique apud Esaiam ad filium *sic dicit*	2	8	5
manus mea. in euangelio quoque sic dicit: *Hierusalem, Hierusalem, quae*	*interficis prophetas et lapidas missos ad te, quotiens uolui colligere filios*	2	6	3
peccatoris et uno eodemque ictu, incolumi corporis manente materia,	interficit *hominem ueterem*, creat nouum, sacri gurgitis elemento sepelit. et	2	10	2
illi profecerunt. superba illa ciuitas seruit. sane ouium greges infinitos	interficit, quos in amaritudine absumit. quis non intellegat, fratres, illud	1	28	2
iugulauit et exinde hereditaria condicione confectum uniformiter	interibat omne genus humanum. nec fuit ullus ulli usquam solacii locus.	2	4	5
nostri in patris et filii tantum conscientia manet, nec quicquam habet	interiectum neque conscium qui ex paterni oris affectu processit uno	1	54	2
generi humano se esse missurum commodum, tempore maturo, diuinitatis	interim dignitate deposita, non tamen potestate, caelo egressus metatura	2	12	1
esse completam. etenim deus dei filius tempore constituto dissimulata	interim maiestate ab aetheria sede profectus in praedestinatae uirginis	1	54	3
sed eorum mores et actus imitari. cuius rei facilis probatio est, illa cum	interim, quae nostra sunt, uidemus. aurum argentumque, Christiane, si	1	14	4
enim peperit angelum et uirgo deum. hic est deus noster, qui dignitate	interim seposita, non tamen potestate, amore hominis sui, cuius formam	2	8	8
transiuit; at nostrum mare uoluntarios suscipit, feliciter naufragos facit	interimensque uniuersa peccata genitali unda submergit, ut caelestes effecti	1	46b	2
mundi sapientiae gustu ieiunus, qui audeat dicere animas cum corporibus	interire, caelestia cum terrenis absumi, praesertim cum eorundem ille	1	2	2
tunc demum credi possit resurgere, quod omnibus palam sit non penitus	interire. gentes, quae ista non credunt, tamen cum libamine infausto ad	1	2	3
incolume requiescere, quod in hoc mundo ad tempus perspicitur	interire. similiter in inferno diues ille tenacissimus, quem chaos immensum	1	2	9
cognosce. praeterea granum uniuscuiusque frumenti conditum terrae	interit et tamen in eo id, quod intus est, reuiuescit nec mortem medullitus	1	2	22
tenaciter inhaeret suo soli proposito. lex ab alio transit in alium; fides	interit, si ab suo statu aliquando uel in aliquo declinauerit. lex hominis	2	3	5
quasi quibusdam tempestatibus naufragatum momentis uniuersis in	interitionem cogitur omne genus humanum. namque sapientia densis	2	1	6
sabbatum corrumpit; si non circumcidit, cum innocentis animae	interitu praestitutae circumcisionis iura uacuauit, quia solus octauus dies a	1	3	4
adludit quam in cordibus commoratur; quod omne genus humanum suo	interitu suisque calamitatibus delectatur uiliorem habens animam quam	1	14	7
per mulierem, quae sola lignum letale contigerat, exceperat uterque sexus	interitum, e diuerso per uirum ligno suspensum uiuificatum est omne	1	3	20
propheta ad Nineuitas missus a deo est, eorum ut imminere ciuitati	interitum nuntiaret; ingentibus enim peccatorum sarcinis premebantur. at	1	34	5
prodidit dicens: *qui seminat secundum carnem, de carne sua metet*	*interitum; qui autem seminat in spiritu, de spiritu metet uitam aeternam.* at	1	2	28
fuerit, et subiecit dicens: *sic et resurrectio mortuorum; seminatur in*	*interitum, resurgit in perpetuitatem; seminatur in humilitatem, resurgit in*	1	2	22
confirmant, quae et in nobis manent. ut est, fratres, Nineuitis nuntiatus	interitus, credunt et timent et quantum sciunt dominum non esse	1	34	9
ipsa, fratres, satis diuersa satisque repugnantia olim deprehendisset	interitus, nisi ea inuicem mutuis aequalibusque temperantiae dotata	1	36	16
temporis uiuere te non posse clamabas, nunc clusis dolore gemitibus saepe	intermortua spiritu, labentibus membris ad terram incertas reddebas	2	7	7
genus est inuisibilis incomprehensibilisque uelle opinari secretum eiusque	interna discutere, cuius extraria nequeat suspicari, quia deus hoc est quod	2	8	3
fornicariam putat, quae pudoris integritatem faciem uelando monstrabat.	interpellat eam, poscit ingressum, missurum se promittit haedum. at illa	1	13	2
perducere nullis rationibus possunt. si ex credulitate, non ei opus est ulla	interpretatio, quia sicut semel creditur, ita semel ex eo ipso, quod creditum	2	3	9
trium puerorum martyrium qui credit	interritus, potest etiam ipse adipisci martyrium. tanta enim uis certaminis	1	22	1
timor dei ante oculos eorum. et de ipsa circumcisione in symbolis inquit:	*interrogabant et in uirgis suis annuntiabant; spiritu meretricio seducti sunt*	1	3	11
haec ita sint, age uidua, quae sicut innocens uirgo nubere saepe festinas,	interroganti responde, bonumne amiseris maritum anne malum. si malum	2	7	6
hac deo iunctum, sine hac possit esse perfectum. denique cum dominus	interrogaretur, quod esset summum legis sacrae praeceptum, sic ait dicens:	1	36	17
a filio. quomodo autem, quantus aut qualis fieri debeat, nemo praecipit,	interrogat nemo. neque enim sine patris esse possit iniuria, si hac	1	56	2
adstringitur, cum renuntians saeculo sponsione facta spiritaliter sacris	interrogationibus obligatur. luxuriosi crines falce tonduntur, id est omnia	2	11	5
opprimebantur a uiris, prodigiosae libidinis ignes ignis diuinus incendit	intestinique facinoris foedus, quo infeliciores subactis infami hasta	1	4	10
est nuncupatus. scala autem duo testamenta significat, quae et euangelicis	intexta praeceptis credentes homines uoluntatemque dei facientes quasi per	1	37	1
se pascha contendit, cui nihil aliud de ueteri sacramento quam inanibus	intexta suspiriis fabula remansit. denique regium illud templum campis	1	28	1
absit; prodest, et quidem plurimum, nam per ipsam dei uoluntas populis	intimatur, per ipsam disciplina caelestis colligitur ac tenetur, per ipsam,	2	3	3
alibi manifestius ad omnes discipulos ait: *ite ergo et docete omnes gentes*	*intingentes eos in nomine patris et filii et spiritus sancti, docentes eos*	1	37	7
igitur famigerabile committitur proelium: illinc diabolus horrendum totis	intonans armis ministrisque insuper suis in auxilium concitatis, terribili	1	15	3
sonis, concussis undique cardinibus, cum praeter morem terrifico fragore	intonans concrepat caelum, cum inter caecas pinguibus conductas nubibus	2	2	3
oculos inpudenter extollit, quorum lenocinio mundus in flore est.	intonat lingua, caret quae numquam ueneno serpentis, et, quod omni est	2	9	9
acies dentium spumosis horrida globis inter labra liuentia stridit,	intorta omnia passim membra tremore uibrantur; gemit, flet, denuntiatum	1	2	6
est pro laboris sui munere inmortali beatitudine perfruatur. inde est, quod	intra hominem clandestinum fremit momentis omnibus bellum, cum	2	4	8
humilis corde est et ineffabilis eius illa sapientiae ac uirtutis potestas	intra hominem susceptum iacet, magis admirabilior, quia tantus est et talis.	2	9	4
quapropter, fratres, *efferendum non est* prosperis *rebus, sed* timore *dei*	*intra mansuetudinis* metas uerecundiae freno *cohibendum*, ut possimus	2	9	3
a deo in *animam uiuentem*. concepit spiritum adaeque, quem nescit;	intrantem non uidet, exeuntem non potest prohibere. et aestimat quisquam	1	56	3
deo carum, tu legitimum dei templum, sacrarium pudoris. te corruptio	intrare non nouit. per te saeculum uincitur, concupiscentia omnis elliditur,	1	1	21
thesaurus. uobis auro constructa aetheria illa ciuitas destinata est. nulla	intrare uolentibus mora; patent duodecim portae, habitacula praeparata	1	5	17
per aurem inrepens diabolus Euam uulnerans interemerat, per aurem	intrat Christus in Mariam, uniuersa cordis desecat uitia uulnusque	1	3	19
iamiamque dicto citius aetherias portas, fratres,	intrate aeternique gurgitis alueo genitali condentes ullam pro personis	1	49	
ad matrem, quae tunc non laborat, si quos parit numerare non possit.	intrate ergo, intrate felices, omnes simul subito futuri lactantes.	2	28	
quae tunc non laborat, si quos parit numerare non possit. intrate ergo,	intrate felices, omnes simul subito futuri lactantes.	2	28	
<...> Christus mundum latenter	intrauit, ne sibi sapiens diabolus uideretur. qui consilio hominem	1	60	

ictus assidua contemplatione uibrabat. haeserant confessionis suae glutino intrepidae martyris manus nec salientes digiti futurae mortis exitio 1 39 7
patri, nec pium se credidit, nisi probasset fidelem. denique, carissimi, intrepidus ad ministerium immolationis armatur; libratur ad ictum uulneris 1 59 7
saltem paulo diutius diei sui demoretur in uita, sed fidelis semper, semper intrepidus ad sepulcrum noctis cognatae contendit scius in ipso se habere 1 2 18
aut meritis nec Daniel inducitur inter frementium leonum rabidos rictus intrepidus, caelesti prandio satur nec Ionas inter aestuantes procellas 2 18 1
parit, diuinae legis agnitione construit decorem, ad omnia genera uirtutum intrepidus corrigit, praeceptis omnibus fideliter obtemperat incoactus, 2 2 4
uersaretur, scriptura teste a deo perhibetur occisus. secundo imperat, ut intret ad fratris uxorem ac semen excitet fratris; qui ingressus semen suum 1 13 1
tantae festa laeto celebrare conuiuio, sed non illo, in quo diuersis epulis intrimentorum lenocinio saporis de summa certantibus obrutum pectus 1 24 1
non potest; fides conscientiam medullitus mundat, ne quid reatui uel intrinsecus debeat; qui enim suam conscientiam non timet, is est, qui deum 2 3 5
quam eius, cuius est in usibus, gerit. denique tot efficit uultus, quot ille intrinsecus tristes seu hilares suos fecerit motus, hanc rationem docente 1 2 29
quid agatur in templo. sacerdos uocat, ostium credulitas aperit, simplicitas introducit, intellectus inuitat, ueritas persuadet, timor excubat, disciplina 2 6 9
et iterum: *tollite portas principis uestri et eleuamini, portae aeternales, et introibit rex gloriae*, et iterum magi: *ubi est*, inquiunt, *qui natus est rex* 2 5 2
est tandem beatus Archadius ad exoptatum iustis orationibus locum, et intuens caelum stetit deo spectante securus. parauerat extensa futuris 1 39 7
quae parabola sublata dubitatione scalae sacramentum spiritaliter intuentibus patefecit: *homo* enim adgressuram passus Adam esse 1 37 10
cognoscitur ille, qui resurgit?' caro, fratres, quasi quoddam est speculum intuentis plenitudine grauidatum, quod non tam imaginem suam quam 1 2 29
et uos plorantes, sordidos, pannis sordidis alligatos huic mundo dediticios intulerunt; sed laeta gaudentes, caelestis <...> libera peccatis omnibus 1 32
ciuitati, ita dominus postridie ab inferno resurgens se ciuitati Ierusalem intulit ante quam caelo. at uero Nineue imaginem portat ecclesiae, in qua 1 34 8
tribus diebus et tribus noctibus fuit in uentre ceti euomitusque Niniue se intulit ciuitati, ita dominus postridie ab inferno resurgens se ciuitati 1 34 8
sane mancipium; eius enim possidet regnum. nam deos ipsa genuit, ipsa intulit mundo, per quos aut in quibus diabolus colitur, quorum in actibus 1 1 11
uniuscuiusque frumenti conditum terrae interit et tamen in eo id, quod intus est, reuiuescit nec mortem medullitus capit, sed suum sibi genitale in 1 2 22
flammae blandientes. mira res: opacitas intus, incendium foris est; intus hymnus canitur, foris ululatus auditur. o magna potentia dei! 1 53 2
ignis excepit. lambunt roscidos flammae blandientes. mira res: opacitas intus, incendium foris est; intus hymnus canitur, foris ululatus auditur. o 1 53 2
face furiali succensa, impetibus crebris passim totas hominis dei facultates inuadit, subito rapina, igne ferroque uniuersa uno momento disperdit. hinc 1 15 3
supplicio ad iudicium repetendum reuocaretur addicta. falsos testes pauor inuadit. tremit diabolus, quod ipsius commenta nudentur. gaudent angeli, 1 40 3
sane recte hoc facere existimarentur, si sub praetextu alieni nominis inuasa optinere potuissent. at cum diuina adiuratione in eculeo spiritali et 1 2 7
naturam. uultis scire, cuius proprietatis sit? omnes timores, quoscumque inuaserint, incremento conficiunt; hic solus ad hoc crescit, ut immortalem, 2 2 7
parentum uitam sua damna iudicantes iniecta uiolenter manu ipsi naturae, inuasis hereditatibus ante tempus parentes suos compellunt uiuere miseriae, 1 5 6
commissum, qui inueniri non potest, quaerunt, sic agnum uerum, quem inuenerant, perdiderunt. non enim intellexere, quia *ex haedis* humana 1 8 1
unde pascha celebratur? adde quod agnum legitimum suo uitio, quem inuenerant, perdiderunt. quem scriptura designabat *ex ouibus et haedis: ex* 1 46a 2
haedis discordi natura commissus, quem in gregibus pecuinis ipsi tui non inuenere maiores. atque utinam tu inuenias! dignus es enim immolatione 2 20 1
nihil prodesse possunt. at uero nostrae aceruatim absoluunt quicquid inuenerint nec aliquid subsiciui esse patiuntur, sed pectorum aperiunt 2 24 1
praetereunt, non adimunt, sed accludunt; quae reum, qualem inuenerint, talem quoque dimittunt; quae in pari causa ipsi praestatori 2 24 1
ueritas tandem defendatur in terris. triumphat maritus, quod castam inuenerit coniugem. laetatur familia omnis, quod in ea nihil inueniat fama 1 40 3
quem in gregibus pecuinis ipsi tui non inuenere maiores. atque utinam tu inuenias! dignus es enim immolatione tali, qui salutem tuam in incerti 2 20 1
non sufficeret orbitati, cum nescit, quem primum plangat, quem priorem inueniat, cui primum iustitiam crudi funeris soluat. quo nuntio accepto dei 1 15 4
quod castam inuenerit coniugem. laetatur familia omnis, quod in ea nihil inueniat fama quod feriat. cruciatur diabolus, quod nulla ex parte suam 1 40 3
pugnet sua flamma cum sole honorumque exinanitus a te gradus non inueniat quod tibi praestet, meminisse tamen debes, quia mors non timet 1 5 10
mitte hamum in mare et piscem, qui primus ascenderit, aperto ore eius inuenies duos denarios: da pro me et pro te. piscem primum a mortuis 1 37 5
uocabulis infamantes. quae si ad sua corrigas propriisque sedibus reddas, inuenies iniustitiae magis stultitiam, iustitiae sapientiam conuenire. quod 2 1 4
eum per id, per quod irascitur, deprecaris? aperi tandem oculos cordis: inuenies te insultare potius quam rogare. postremo, fratres, non potest 1 14 6
a caelo et possessio longe dimota sit et natura? age, excita sensum, lector, inuenies ueritatem. qui erat in caelo, de caelo descendit; *qui descendit, ipse* 2 4 3
ori meo! haec, fratres, si quis libenter crediderit, largiores adhuc escas inueniet, quibus, si diligens fuerit, semper et se et alios bonis omnibus 1 24 4
habetis aginam: exagium facite quemadmodum uultis; singulos ponderate: inuenietis nullum habere minus. tripondes sunt omnes, numismatis sacri 1 41 3
meum super uos et discite a me, quia mitis sum et humilis corde, et inuenietis requiem animabus uestris. deus noster, fratres, humilis corde est 2 9 4
quod facti et nati sumus, timeamus, amemus et honorificemus quem inuenimus deum. sane quaerant illum, qui eum non habent secum. 1 56 3
consensu. secunda uero carnalis sicut est frequentibus oraculis prodita, ita inuenimus esse completam. etenim deus dei filius tempore constituto 1 54 2
non aliquid perdimus, sed crescere nos augmentis caelestibus inuenimus. non sanguinem sterili solemnitate dimittimus, sed pudoris 1 3 21
de ministris et de angelis dictum, quos domino, cum esset in terris, fecisse inuenimus officium, ipso dicente: *amen dico uobis: uidebitis caelum* 1 37 13
putaretur. quod si ita esset, inter memorata impar cultu semper ecclesia inueniretur. sed haec saecularia sine legitimo ac deuoto cultore nec 2 6 2
nouellas et litis labore ac fauore nutritas. quas, quia uera uix potest inueniri, credo, ne populi penuria laborarent, uenales esse propositas. 2 3 7
iudicis pertimescit; qui, sicunde susurrus ingruerit, se quaeri, se aestimat inueniri; cui securitatis profectus est nullus, etiam si contingat ei 2 10 1
salutaris, qui designatur *ex ouibus et ex haedis*, inter pecora non potest inueniri. dies festi eius et cantica secundum dei uocem in planctum et 1 28 2
sentiunt in gregibusque pecuinis agnum bifaria natura commissum, qui inueniri non potest, quaerunt, sic agnum uerum, quem inuenerant, 1 8 1
furore insatiabili turpes praecipitantur in quaestus, nec quisquam prorsus inueniri potest, qui ei saltem uel uno momento iustitiae frenos inponat. 1 5 1
usque adeo incertus, ut idem in duobus per orbem totum non possit inueniri terrarum? igitur in deum cum haec non incidant, ergo dei 2 30 2
enim, quod factum diffamabat, exercuit nec homicidium, quod procurabat, inuenit. 1 40 3
miserabilius sepelitur quam praecipitatur et tamen litus, quo tendebat, inuenit antequam uideat, felix sepulcro quam naui. in oratione mons 2 2 5
cum corpore contra legem naturae transferri; per hanc euadens Noe non inuenit, cum quo diluuium fuisse conferret; per hanc Abraham ad dei 1 36 7
in saeculo. quare utraque sunt uana, quia et cordis exaltatio nullos fructus inuenit et oculorum extollentia de alio in aliud elata quicquid uiderit 2 9 5
impios monstret. infelix culpa est, fratres, in qua locum qualiscumque non inuenit excusatio; detestabilis certe filius, quem pater pius, quem pater 1 20
semper fiat publicis luctibus diues. bene, bene: cum quis quaerit aurum, inuenit gladium. inter haec nemo considerat condicionem fragilitatis 1 5 14
paucis uexati in multis bene disponentur, quoniam deus temptauit illos et inuenit illos dignos se. tamquam aurum in fornace probauit illos et quasi 2 5 6
mulieri flagitat esse uiolentum, quem, etiam dum denudat, esse non inuenit inpudicum; hic synagogam expugnauit, cum sua illi arma concedit; 1 36 26
quia delicias plus diligit quam laborem. huc accedit, quia bona carnis inuenit, non requirit, mauultque potiri uel paruis praesentibus bonis quam 2 4 13
non nobilitas, quia per hanc credit, hanc excolit, per hanc hoc sibi nomen inuenit; non sanctitas, non munitio, quia *nihil* est *tam sanctum quod non* 1 5 5
sibilant funes, gemunt cedentibus uelis antennae, retunsa undique iter non inuenit prora. trepidant nautae, festinant in cassum iactura uasorum 1 34 5
indulgentiam meruisse sub casibus: nam retro respiciens Abraham inuenit uictimam, quam innocens immolaret. eo ferro mactauit arietem, 1 43 7
a tribuenda homini salute depellitur, sed gloriosa semper in omnibus inuenitur. denique prior circumcisio desecat carnem, secunda animi desecat 1 3 22
postmodum tempore numquam reparato seruiret. similiter Ioseph patiens inuenitur, e pascua cum a fratribus rapitur; patiens, cum in puteum 1 4 17
cum alteris, ut uerbum dei audire debeant, dicitur, Israel sic reprobus inuenitur et, dum clamat propheta *audi caelum et terra*, significat, quod 1 61 1
etenim semper figuris uariantibus loquitur, sed res una in omnibus inuenitur. igitur Iacob habet imaginem Christi, sed et lapis ipse, quem ad 1 37 1
stimulis acuitur feritas in ferocitatem et tamen hominibus mitior inuenitur. ne quid scenae tam dirae immanitatis deesse uideatur, 2 2 6
est, utrum inpassibilis iudicetur, cum aliquid passa quasi nihil passa sit inuenitur. postremo impossibile est, fratres, eius aestimare uirtutem, cuius 1 4 2
imaginem et similitudinem fingitur nec tamen in eo, quid cuius sit, inuenitur. si igitur in opere extraneo paritas sacra distingui non potest, 1 45 2
illo praecipitantur insontes ibidemque propter quem praecipitantur inueniunt. denique excipiuntur non flamma, sed rore, dei dignatione, non 2 22
quod sola unica spes totius praeteritae sterilitatis damna sarciret. inuenta est causa, ubi Abrahae fides temptatione fortior militaret: carissimi 1 62 3
qui sequitur, necesse est ut probetur. denique fornicaria requisita non est inuenta, quia renatus per aquam et spiritum sanctum desinit esse, quod 1 13 12
nos qui est occisus et uiuit, sepultus et resurrexit, homo aestimatus est et inuentus est deus gloriosus in saecula saeculorum. 1 46a 2
quia post ipsum non est ullus; hic *sempiternus*, quia occisus est et inuentus est uiuus; hic *immaculatus*, a peccato quia solus est mundus; hic 1 8 2
potest alterum de duobus. quid, quod Abel iustus est sine hoc uulnere inuentus? quid, quod Enoc a deo integer legitur esse translatus? quid, quod 1 3 5
blandimenta neque promissa sibimet prodesse cognoscit, conserta manu inuersa uice adorta est in suum fomitem adolescentis ignem totis uiribus 1 1 16
a deo in manus traditum sibi mauult semper timere quam occidere, inuerso gratus officio, deo dei munus retinendo placiturus. rex mansuetus, 2 9 7
sapientiae et scientiae dei! quam inenarrabilia sunt iudicia eius et quam inuestigabiles uiae eius! quis enim cognouit sensum domini? non enim in 1 34 2
sapientiae et scientiae dei! quam inexquisita sunt iudicia illius et quam inuestigabiles uiae illius! quis enim cognouit cogitationem dei? et tu eius 2 3 16
potuerit incitatus, maxime cum a deo acceperit facultatem, ut atrocitatis inueteratae in examen iusti quibus possit armis, quibus possit uiribus, 1 4 18
caro concupiscit aduersus spiritum et spiritus aduersus carnem; haec duo inuicem aduersantur sibi. hinc caro tota deliciis fluens, uariis temporum 2 4 8
finem non habet, momentis omnibus crescit quantoque ab ea diligentibus inuicem creditur, tanto inuicem plus debetur. non quemquam pro persona 1 36 11
pati non meretur iniuriam ipse, cui perhibes testimonium. ubi est ille, qui inuicem desiderantibus uobis tardior ceteris uidebatur primus matrimonii 2 7 6
extraneo facias, qui in te auarus es? o detestabili detestabilius malum! inuicem dum exspoliant persequuntur fallunt, hostes probant, praedones 1 5 7
satis diuersa satisque repugnantia olim deprehendisset interitus, nisi ea inuicem mutuis aequalibusque temperantiae dotata muneribus perennis 1 36 16
omnibus crescit quantoque ab ea diligentibus inuicem creditur, tanto inuicem plus debetur. non quemquam pro persona diligit, adulari quia 1 36 11
numerus liberorum et, quod est parentibus gratum, utriusque sexus et inuicem se amantium; quorum pro numero deo diurnas hostias offerebat. 1 15 2
quoniam in me est pater et ego in illo. constat ergo aequale esse, quod inuicem se capit cum spiritu sancto. 1 45 3
culminis fundamenta consistunt, id est in spe, in fide, in caritate, quae ita inuicem sibi uidentur esse connexa, ut sint aliis alia necessaria. spes enim 1 36 1
incumbendum; ipsa est enim uitae nostrae immobile fundamentum, inuictum aduersus diaboli impetus propugnaculum pariter ac telum, 1 36 4
probitate, fuit inter filios Iacob aetate minor, sed spiritu maior. hic inuidae germanitatis impulsu in Aegyptum est delatus atque distractus a 1 1 15
una uirtus, unus triumphus exsultat. melioratur uita supplicio. rex non inuiderat pueris, si non eos praecepisset ardere. 2 27
serpentibus, feris non potest denegare. mera profecto uesania est beneficiis inuidere naturae. alius inde rerum omnium captat annonam, aucupatur 1 5 13

perpetua exuberant passim. certe, quod primum est, nemo eget, nemo inuidet, nemo furatur, nemo rapit, nemo proscribit, nemo iugulat, moritur 1 5 18
uixit, quam diu imperata regalis edicti continuit. at ubi sinistro consensu inuidi ex lubricitate serpentis est inpatientiam mutuatus sacraeque arboris 1 4 8
qui, quod sensim serpat, serpentis nomen accepit, detestabili accensus inuidia eum, quia per se non ualebat, aliena forma blanditus per mulierem 2 4 5
at ego non pertimescam, sermonis publici quae de me fabuletur inuidia; non enim nuptias condemno, sed nuptiis meliora praepono, et 2 7 2
dominus post sepulcrum, et ad Iudaeos remansit sola damnatae uoluntatis inuidia, qui dominum nec agnoscere uoluerunt et sola crediderunt 1 59 8
unus est ambo; non pro tempore, quia uaria non est; *non aemulatur*, quia inuidia quid sit ignorat; *non inflatur*, quia humilitatem colit; *non malum* 1 36 12
fenerando pauperibus omnes copias auaritiae subactas uestrum sine inuidia transfertis in censum. quid enim esse potest ditius homine, cuius 1 14 9
soluat. quo nuntio accepto dei seruus *scidit uestimenta sua*, non ut deo inuidiam faceret, sed ut expeditus cum hoste pugnaret. contempsit denique 1 15 5
est; quemadmodum etenim ille princeps iniquitatis suo semine per inuidiam protoplastos ex angelis in homines deriuauit, ita dominus omnes 1 2 26
latus male dilatato queritur lecto; inuidiosis uocibus deo concinnat inuidiam, solemnia ipsa diuina, quibus a sacerdotibus dei quiescentes 1 2 14
se ferre non posse testatur frigidumque latus male dilatato queritur lecto; inuidiosis uocibus deo concinnat inuidiam, solemnia ipsa diuina, quibus a 1 2 14
mox [ut] peperit, dereliquit. denique nec mora est: inpatienter fraterni inuidus muneris in fratris Cain anhelat exitium et deo ante negotium 1 4 9
quasi non sit, arguitur; accusatur et tamen colitur; iugulat et amatur. inuincibile profecto calamitatis est genus, cui subiugata sapientia seruit et 2 1 8
magis debet esse gloriosior in populo Christiano, qui eius sanctificatori inuiolabili deseruit deo? nam si *ecclesia* ideo *Christi sponsa* est, quia 1 1 3
ab auctore itaque coepit furoris horror; accingitur turba feralis et ad inuisibilem suspensum gladiorum mucro conuertitur. nec inde, ut dixi, 1 59 9
bonis quam bonis ingentibus tardis. at uero spiritus bona non tantum sunt inuisibilia, tarda et abscondita, sed etiam nimis in arduo constituta, ut ad 2 4 13
quam si propterea contemnitis, quia non uidetis, deum quoque, qui est inuisibilis, contemnere similiter poteritis. qui enim non diligit eius 2 4 17
sero et intemperanti linguae silentii frenos impone. dementiae genus est inuisibilis incomprehensibilisque uelle opinari secretum eiusque interna 2 8 3
quod non est nobis portantibus nota. incomprehensibilis enim dei imago inuisibilis sit, necesse est. denique oculis non est subiecta carnalibus; nam 1 27 3
eo ipso, quod non est portantibus nota. incomprehensibilis enim dei imago inuisibilis sit necesse est. denique oculis non est subiecta mortalibus. nam 2 30 3
ipsa principium; non ex coitu nascitur nec officio alieno nutritur; non inuita, non inprudens moritur, sed cum maturum leti tempus aduenerit, a 1 2 20
sui utrumque sexum, omnes animas, omnes aetates isto carmine inuitans: *exiguum et cum taedio est tempus uitae nostrae et non est* 2 4 10
sint nuptiae quam natales. quae non rogantur ut nubant, sed ut dormiant inuitantur, propiores sepulcro quam thalamo; quae, ipsae cum pereunt, 2 7 10
pollicetur, hoc quoque nostris competentibus praestaturus, quos nunc inuitat felix occasus, ut sacri oceani lacteo profundo dimersi inde nouello 1 57
uiua spiritu sancto et igne dulcissimo temperata blando murmure iam uos inuitat. iam balneator praecinctus exspectat, *quod unctui, quod tersui* opus 1 23
caelestia dona percipite. iam uos sempiterni fontis calor salutaris inuitat; iam mater nostra adoptat ut pariat, sed non ea lege, qua uos 1 32
beatae sitis exoptatus ardor incendit, quos nectarei fluenti dulce murmur inuitat, lacteum genitalis fontis ad laticem conuolate incunctanter ac 1 12
hoc nostris quoque hodie competentibus praestaturus, quos iam nunc felix inuitat occasus, ut sacri oceani lacteo profundo demersi, surgentes inde 1 44 2
sacerdos uocat, ostium credulitas aperit, simplicitas introducit, intellectus inuitat, ueritas persuadet, timor excubat, disciplina coercet, continentia [se] 2 6 9
quo portatur uel cuius adminiculo uel ducatu in uberes fructus longius inuitata producitur, ui aliqua separetur. tum solemniter plorans clementer 2 11 2
retinere, quod alieno iuri seruemus. at cum ab eodem huius deuotionis inuitatione inhabitari seu nos in ipso habitare coeperimus — sicut 1 36 21
cum suis sibi ductoribus gradatae aetatis innumerabiles cunei? nonne cum inuitationi temporum parent solemnisque remigii specioso discursu uel 1 4 6
inprudens moritur, sed cum maturum leti tempus aduenerit, a semet ipsa inuitatis sacris ignibus libentissime concrematur. sepulcrum nidus est illi, 1 2 20
de silua mel attulit et locustas. ne alter alterum manducantem denotet, inuitator ammonet Paulus. Dauid regius pastor omnibus momentis lac 1 24 3
semper insidietur se non quaerentibus diabolus, aestimate, quid faciat inuitatus, cui omnes nocendi aditus reserati praestant sine pugna, sine ullo 2 7 13
at cum diuina adiuratione in eculeo spiritali et qui sint nolentes edicant et inuiti discedant, procul dubio hoc sunt, quod sese esse unicuique 1 2 7
secretum captat et locum, in quali etiam non irritata adolescentia inuitis feminis saepe uiolenta esse consueuit. at ubi in destinata 1 1 16
excusatio; detestabilis certe filius, quem pater pius, quem pater damnat inuitus. 1 20
potabo? immola deo sacrificium laudis et redde altissimo uota tua et inuoca me in tribulatione tua et eripiam te et magnificabis me. si pater 1 25 1
altissimo uota tua. honorem totum refudit in patrem, ex quo omnia. *et inuoca me in tribulatione tua et eripiam te* dicendo ostendit, quoniam per 1 25 8
allegare preces surdis, ab his custodiam petere, quos fur non timet inuolare? quibus recte deus irascitur dicens: *nolite ambulare post deos* 1 25 4
nemo se excusat, nemo turbatur. ne uere sit parricidium, ille lignum quo inuratur sibi praeportat, ille aram struit. ille exsert gladium, ille ceruicem. 1 4 14
de summa certantibus obrutum pectus saepe crudis atque acidis uomitibus inurguetur, in quo musti uestri dulcedo saecularis uini pridiani exhalante 1 24 1
lege seminantur, non substantiam, non imaginem, sed illud tantum quod inutile est discuti, quod teritur demutari, sicut scriptum est: *oportet enim* 1 2 30
in reos lege carnifices in martyris membra saeuire. uiluerunt ungulae, inutiles ictus uisi sunt plumbatarum, stetit contemptus eculeus, crebri 1 39 6
subito rapina, igne ferroque uniuersa uno momento disperdit. hinc Iob alta fidei radice robustus tot nuntiis lugubribus tunditur nec mouetur, 1 15 3
et dominum, ut corruptelam seniorum sequatur, synagoga compellit. Iob amici sui insultasse perhibentur; et domino sui sacerdotes, sui 1 15 8
genuit; dominus quoque post prophetas filios sanctos apostolos procreauit. Iob beatus quieuit in pace; dominus autem manet benedictus in aeternum 1 15 9
morientis cum homine aduenticium uulnus inquilino uulnere finiretur. at Iob cunctis uiribus aduersae partis exspectatione placida profligatis, in 1 4 19
statu non aerumna, non felicitas, non affectus potuit commouere. aduersus Iob diabolus, qui non fertur blandus, aestimare licet quid moliri potuerit 1 4 18
terra et plenitudo eius, orbis terrarum et uniuersi qui habitant in eo? Iob diabolus ter temptauit; similiter euangelista perhibente et dominum ter 1 15 8
paene incredibile committitur proelium. ultra morem diabolus pugnat, sed Iob dissimulando plus pugnat. ille eius magnum atque opulentissimum 1 4 18
at est uera ueritas dominus, qui ait in euangelio: *ego sum uia et ueritas.* Iob diues fuit; et quid ditius domino, cuius sunt omnes diuites serui, cuius 1 15 7
ebullientes diuersis sceleribus ac libidinibus homines, qui ueri sunt uermes. Iob et sanitatem recepit et facultatem; at dominus resurgens non sanitatem 1 15 9
similiter euangelista perhibente et dominum ter est temptare conatus. Iob facultates, quas habuit, amisit; et dominus caelestia sua bona amore 1 15 8
bona amore nostro neglexit pauperemque se fecit, ut nos diuites faceret. Iob filios furens diabolus interemit; et domini filios prophetas insanus 1 15 8
insultasse perhibentur; et domino sui sacerdotes, sui insultauere cultores. Iob in sterquilinio pleno uermibus sedet; dominus quoque in uero 1 15 9
induxit; haec de armato Golia Dauid inermi triumphos attulit; haec in Iob inter crebra et ingentia mala non desperauit; haec in Tobiae caecitate 1 36 8
Christi imaginem praeferebat. denique comparatio indicat ueritatem. Iob iustus dictus a deo est; ipse iustitia, de cuius fonte omnes qui beati 1 15 7
sanitatem recepit, facultates liberosque suos non perdidit, sed mutauit! Iob, quantum intellegi datur, fratres carissimi, Christi imaginem 1 15 7
sunt gustant; ecce enim de ipso dictum est: *orietur uobis sol iustitiae.* Iob uerax est appellatus; at est uera ueritas dominus, qui ait in euangelio: 1 15 7
sicut est ipse testatus dicens: *omnia mihi tradita sunt a patre meo.* Iob uicarios filios genuit; dominus quoque post prophetas filios sanctos 1 15 9
enim probitate uixerunt, ut pars felicitatis sit nosse, quid fecerint. igitur Iob uir fuit iustus et uerax, ab uniuersis concupiscentiis huius mundi 1 15 2
interemit; et domini filios prophetas insanus populus Pharisaeus occidit. Iob ulceribus maculatus est; et dominus sumendo carnem totius humani 1 15 8
carnem totius humani generis peccatorum est sordibus obsoletatus. Iob uxor sua hortatur ut peccet; et dominum, ut corruptelam seniorum 1 15 8
membra sudoremque sordidarum uaporis ararum carne tua deterges, iocaris, blandiris, obsequeris. et si quod forte acceptum relatumue fuerit a 2 7 17
nunc elatus, nunc ebrius, nunc ieiunus, nunc accusator, nunc reus; iocatur, ludit, pallet, tabet, suspirat, zelat, obsequitur; aut temptat aut 1 36 26
secretis. lasciua, non linguis non oculis non auribus parcens iocatur sperat ambit obsequitur zelatur insanit armatur precibus, armatur 1 1 9
ingentibus prodiderunt. sed ego non curem, de me quemadmodum quis iocetur. non enim in ecclesia dei fucatus quaeritur sermo, sed ueritas pura, 2 1 1
celebritate iucunda, uino madida, gemmis seu floribus redimita, oculorum iocorumque festiuitate lasciua, auaritia caeca, libidine percita, delicate 2 4 9
estis et filii excelsi omnes, uos autem sicut homines moriemini. sed et de Iohanne Baptista sic dictum esse meminimus: *ecce mitto angelum meum* 1 37 11
sacris uocibus dum iubetur, recte sapientibus exsecrabilis esse uideatur, Iohanne dicente: *nolite diligere mundum neque ea, quae in mundo sunt. si* 1 36 27
praemium uictoriae magis esse quam mortem. luculenta oratione per Iohannem hactenus contionatur: *nolite diligere mundum neque ea, quae in* 2 4 12
nec accepit aliquando nec posuit; semper enim cum ipso regnauit, cata Iohannem ipso dicente: *regnum meum non est de hoc mundo.* apertius 2 5 8
cecidit. altaria dei ipsi euerterunt. *lex et prophetae usque ad Iohannem.* sacerdotibus eorum luctus indicitur. immolatio aufertur. cessat 2 17
hoc est quod est; quod uero homo definiendum putauerit, non est. nam et Iohannes apostolus in euangelio quid praedicet, fratres, accipite: *in* 2 8 3
nostrum immolatus est Christus. cur autem dignatus fuerit immolari, Iohannes Baptista ante praedicauit his uerbis: *ecce agnus dei, ecce qui tollit* 1 8 2
tuam, qui praeparabit uiam tuam. quis est iste angelus, fratres, nisi Iohannes baptista? cuius est praeparatio: *uox clamantis in deserto: parate* 2 8 7
obseruantiae gradus in caelum leuare consuerunt. hanc in Apocalypsi Iohannes bis acutum gladium cum uno capulo nuncupauit, quem ex ore 1 37 2
Tobias peregrinus fluuialis piscis interanea diligenter accurat et assat. Iohannes camelarius deuote praecurrens de silua mel attulit et locustas. ne 1 24 3
inuitatione inhabitari seu nos in ipso habitare coeperimus — sicut Iohannes dicit: *deus caritas est; qui manet in caritate, in deo manet et* 1 36 21
exaltatio cordis ad paucos pertinet, oculorum elatio ad omnes. de quibus Iohannes discipulis quid praedicet, omnibus est in usu: *nolite,* inquit, 2 9 5
boni cuiquam fecerimus, deo fecisse uideamur; propter quod non inmerito Iohannes, peculiaris arcanorum domini consultor, constanter edicit: *si quis* 1 36 23
caecitate medica fuit; haec in Daniele ora leonibus alligauit; haec in Iona cetum in cymbam conuertit; haec in Maccabaeicae germanitatis 1 36 8
populos et *gentes* accipimus, qui aduersus deum inaniter *fremuerunt.* sors Ionam praecipitandum prodidit, prophetia passurum dominum praedicauit, 1 34 8
maris die demoratus *ac nocte* ad deum clamans incolumis inde respuitur. Ionas adaeque propheta ad Nineuitas missus a deo est, eorum ut imminere 1 34 5
proeliorum procellis miserabiliter per totum orbem dispersere terrarum. Ionas in naui dormiens sacramenti dominici imaginem praeferebat; etenim 1 34 8
frementium leonum rabidos rictus intrepidus, caelesti prandio satur nec Ionas inter aestuantes procellas sollicitique maris fluctus insanos tutior 2 18 1
nauem leuare ponderibus, quae prophetae pondere premebatur. tum Ionas, quem solum exspectabat bona illa tempestas, sorte ductus naufragus 1 34 6
obiectus in periculo prandet, qui solet extra periculum ieiunare. et Ionas timens dominum spontaneum non timet adire naufragium, ceto 2 2 5
dominum pietate. cetum esse non dubitatur infernum; sicut enim Ionas tribus diebus et tribus noctibus fuit in uentre ceti euomitusque 1 34 8
gentilitatis exclusa bibituri essemus? exaltati filii Israel, quando ad Iordanem securus ab Horeb accessit. quid cotidiana del colloquia? *ipsi* 1 61 8
praeter ceteros enituit; per hanc Iacob deo colluctari praeualuit; per hanc Ioseph Aegyptum suae dicioni subiecit. haec Moysi in mari rubro terram 1 36 7
et bonum pudicitiae uno eodemque suggestu facillime possit agnosci. Ioseph, Hebraeus adolescens, clarus genere, clarior pulchritudine, morum 1 1 15
aut prodigiosis ignibus subicere aut parricidali gladio iugulare; hic Ioseph mulieri flagitat esse uiolentum, quem, etiam dum denudat, esse non 1 36 26
pro Rachel postmodum tempore numquam reparato seruiret. similiter Ioseph patiens inuenitur, e pascua cum a fratribus rapitur; patiens, cum in 1 4 17
innocenter ollam portat et ligna. Iacob patienter uaria exhibet pecora. Ioseph promotus ad mensuram praerogat cunctis annonam. sane si quis 1 24 2

aut in quibus diabolus colitur, quorum in actibus origo monstratur. ipsa Iouem innumerabilibus uariis magnisque criminibus maximum fecit. ipsa 1 1 11
et iter pacis non cognouerunt; non est timor dei ante oculos eorum. et de ipsa circumcisione in symbolis inquit: *interrogabant et in uirgis suis* 1 3 11
colligit atque explicat sciens, quid deo principaliter debeatur, nihil sibi ipsa concilians, nihil proprium derelinquens, nisi quod fideliter sine ulla 2 1 11
relatumue fuerit a fanatico solemne mysterium, ipsa suscipis, ipsa reponis, ipsa custodis. una cibum praeterea capis, reliquias poculi propinati 2 7 17
irascitur, quia etiam iniurias libenter amplectitur; non fallit, quia fidem ipsa custodit; non ulla re indiget, quia ei praeter quod est nihil est 1 36 12
seruis addicunt, *dei templum* profanis patefaciunt, sacraria usque ipsa denudant, sacra confundunt amissa luce laetantes in tenebris, habentes 2 7 12
queritur lecto; inuidiosis uocibus deo concinnat inuidiam, solemnia ipsa diuina, quibus a sacerdotibus dei quiescentes commendari consuerunt, 1 2 14
fonte spiritus sui. cui ab humo 'homo' nomen imposuit, credo, sicut res ipsa docet, ut contemplatione opificii ac materiae semper suum et uereretur 2 4 4
tanta est enim fidei uirtus tantaque potestas, ut cultoribus suis etiam ipsa elementa contra suam naturam famulari compellat. unde, fratres, 1 31
i nunc, insatiabilis homo, et in detestabilis congestionis lucra letifera etiam ipsa elementa nouis artibus coge! licet radient tibi pretiosorum lapidum 1 5 10
non imago, sed Phoenix, non alia, sed quamuis melior alia tamen prior ipsa. erubesce, Christiana conscientia, uel tot ac tantis ex rebus 1 2 21
et omni genere custodienda uirtutum. in hanc fortiter incumbendum; ipsa est enim uitae nostrae immobile fundamentum, inuictum aduersus 1 36 4
quae nobilitatem generis sui non a parentibus accepit, non liberis tradit; ipsa est sibi uterque sexus, ipsa omnis affectus, ipsa genus, ipsa finis, ipsa 1 2 20
liberis tradit; ipsa est sibi uterque sexus, ipsa omnis affectus, ipsa genus, ipsa finis, ipsa principium; non ex coitu nascitur nec officio alieno nutritur; 1 2 20
quod singillatim nuda uix possunt superare uirtute. elementa quoque ipsa, fratres, satis diuersa satisque repugnantia olim deprehendisset 1 36 16
diaboli est sane mancipium; eius enim possidet regnum. nam deos ipsa genuit, ipsa intulit mundo, per quos aut in quibus diabolus colitur, 1 1 11
accepit, non liberis tradit; ipsa est sibi uterque sexus, ipsa omnis affectus, ipsa genus, ipsa finis, ipsa principium; non ex coitu nascitur nec officio 1 2 20
persecutio, non metus, non periculum, non mors, non tormenta morte ipsa grauiora, non potestas, non ambitio, non felicitas. semper inmobilis 1 4 3
ipsa Iouem innumerabilibus uariis magnisque criminibus maximum fecit. ipsa Herculem nouerca deterior in Omphales libidine turpiter uicit, quem 1 1 11
eo affectu, quo nos ipsos diligimus, diligamus, maxime cum cognationis ipsa hoc exigant iura. clamat enim prophetes: *deus unus creauit uos; nonne* 1 36 22
interesse inter damnatum et iudicandum? quam iudicii formam etiam ipsa humanitas, quamuis iniusta sit, seruat. nemo namque pater familias 1 35 8
sunt necessaria, ut sciat unusquisque ad idolatriam pertinere luxuriam. ipsa, inquam, mortuorum sepulcra conuertit in templa, tumulos in altaria, 1 1 12
est sane mancipium; eius enim possidet regnum. nam deos ipsa genuit, ipsa intulit mundo, per quos aut in quibus diabolus colitur, quorum in 1 1 11
non inprudens moritur, sed cum maturum leti tempus aduenerit, a semet ipsa inuitatis sacris ignibus libentissime concrematur. sepulcrum nidus est 1 2 20
quos aut in quibus diabolus colitur, quorum in actibus origo monstratur. ipsa Iouem innumerabilibus uariis magnisque criminibus maximum fecit. 1 1 11
ex Dauid dicto cognoscimus, qui ait: *uirga tua et baculus tuus ipsa me consolata sunt*. uirga et baculus duo sunt utique testamenta, quae 1 37 8
quod Psalmorum in libro sic habetur: *uirga tua et baculus tuus ipsa me consolata sunt. parasti in conspectu meo mensam aduersus eos, qui* 1 13 10
spes enim nisi praecedat, cui laborat fides? fides si non sit, quomodo spes ipsa nascetur? quibus si deneges caritatem, utraeque cessabunt, quia neque 1 36 1
ubi Euam ab auctore operis sui meminerant esse deceptam, hac re ipsa nato consilio capere dolo adgrediuntur ac, nisi culpae succumbat, 1 1 17
cessat enim concupiscentiae pugna, ubi sub crebrescentibus morbis ipsa necessitate etiam inpudicorum pudica fiunt membra. age nunc, eius 1 1 5
sui non a parentibus accepit, non liberis tradit; ipsa est sibi uterque sexus, ipsa omnis affectus, ipsa genus, ipsa finis, ipsa principium; non ex coitu 1 2 20
cursum in bis senae mutationis augmentum una eademque nec ipsa, sed ipsa orbita circumducens dies magnus aduenit suo sibi semper nouellus 1 16 1
Antiocho saeuiente libenter semel septem filios non dicam extulit, sed ipsa potius feliciter suis hortamentis occidit, religiose confidens deo filios se 1 2 13
nec memoratum nec factum posse doceri nec natum. huc accedit etiam ipsa praepostera memoratio, quoniam res est disconueniens et absurda, ut 2 4 2
ipsa est sibi uterque sexus, ipsa omnis affectus, ipsa genus, ipsa finis, ipsa principium; non ex coitu nascitur nec officio alieno nutritur; non 1 2 20
substantia, si uel uno momento diuinitatis cessat imperium. at si, ut ratio ipsa proclamat, cessare nullo pacto potest uarietas ista regni, a legis 2 5 6
nam salutem ab incunabulis mundi mors ut iugularet ac iugulet, ab ipsa prorupit. denique Adam in arce cum esset adhuc paradisi constitutus 1 4 7
dimissis capitibus omne studium defensionis abiecerant, iam etiam ipsa pudoris compendio mortis oderat moras, omnibus displicens, sed solae 1 1 19
probitatem, concordiam, caritatem, omnes artes omnesque uirtutes, ipsa quoque elementa eius constare non posse sine eruditione uel freno. est 1 4 1
nescirent, caelum promittentes sibi, pro quorum actibus, si posset, ipsa quoque erubesceret terra, postremo deos esse aduersus deum 1 13 4
illas scholares calumnias dei usque ad ecclesiam transmiserunt, ut in ipsa quoque, si insanire cuiquam libeat, deus illi non colendus sit, sed 2 9 2
sit et sapiens, quia iustus esse non potest stultus neque sapiens iniustus ipsa ratione docente. *qui enim stultus est, quid sit bonum* ac malum *nescit* 2 1 9
acceptum relatumue fuerit a fanatico solemne mysterium, ipsa suscipis, ipsa reponis, ipsa custodis. una cibum praeterea capis, reliquias poculi 2 7 17
quam uideri, plane cauta, ne quam declinet in partem, ne in aliquo se ipsa reprehendat, ne opere coepto umquam deficiat. haec captiuorum iuga 2 1 12
pernicem cursum in bis senae mutationis augmentum una eademque nec ipsa, sed ipsa orbita circumducens dies magnus aduenit suo sibi semper 1 16 1
spes nobis proponenda est *futurorum*, sine qua nec praesentia quidem ipsa stare posse perspicimus. adeo tolle spem: torpet humanitas tota; tolle 1 36 2
caespitem [nudus] proiectus in faciem pedum extrema nudare. ecce inter ipsa supplicia uacare non sinitur et orationis instar per carnificis tormenta 1 39 7
et si quod forte acceptum relatumue fuerit a fanatico solemne mysterium, ipsa suscipis, ipsa reponis, ipsa custodis. una cibum praeterea capis, 2 7 17
obsistat: nam lex, per quam me forte minus peritum peccare compellis, ipsa te magnopere retundens ac redarguens confutabit, Salomone dicente: 2 3 16
fuerat instituta, postulabat ad tempus nouellae profecisse, inscriptio ipsa tituli psalmi lecti declarat; sic enim se habet: *in finem pro his qui* 2 11 1
turpiter uicit, quem terribilis turba monstrorum superare non potuit. ipsa Venerem membris omnibus denudatam, conuexis manibus se tegere 1 1 11
dictum quo sit pondere quaue ratione prolatum, explanat proprietas ipsa uerborum: *qui credit, inquit, in me, non iudicabitur.* recte: *quid enim* 1 35 2
uirgam seque liberauit sacramento numeri ab imminenti supplicio; ecclesia ipsa ueritate, in nomine patris et filii et spiritus sancti, non tantum diaboli 1 13 13
humanarum legum iniqua impunitate decepti, iustitiam ueram nec ex sua ipsa uoluntate noscentes, quod pati nolunt libenter efficiunt; qui profanae 1 1 13
nunc odientes ueteres, nunc nouos filios similiter et maritos? at e diuerso ipsae aestiment, quid sint, quibus in tam solemnibus uotis saepe contingit, 2 7 10
manet diuina sententia, quae nec deum nec sacrificium etiam ipsae cognoscunt se habere legitimum. nunc Iudaeorum quoque sacrificia 1 25 5
sed ut dormiant inuitantur, propiores sepulcro quam thalamo; quae, ipsae cum pereunt, detestabili exemplo adolescentulas quoque perire 2 7 10
ut pariat, sed non ea lege, qua uos matres uestrae pepererunt, quae et ipsae partus dolore gementes et uos plorantes, sordidos, pannis sordidis 1 32
permoueri, intellegens Christianae uirtutis hanc esse maximam gloriam, ipsam calcare naturam. sed quia uirtutem uoluptates semper offuscant 2 7 1
aspirans, iam, non dicam saeculi ludibria, sed, ut sit honoratior, se ipsam contemnens, iam ueritatem non imaginem quaerens, iam spiritalia 1 2 25
semper infelix est. denique post negotium perpetratum odit et se ipsam cum illo quem uicerit. haec saepe indixit quietis gentibus bellum; 1 1 7
est, nulli ergo lex prodest.' absit; prodest, et quidem plurimum, nam per ipsam dei uoluntas populis intimatur, per ipsam disciplina caelestis 2 3 3
et quidem plurimum, nam per ipsam dei uoluntas populis intimatur, per ipsam disciplina caelestis colligitur ac tenetur, per ipsam, inquam, genus 2 3 3
duo testamenta. scala autem proprio nomine crux uocatur, quia per ipsam dominus Iesus Christus mysteria uniuersa conficiens atque 1 37 15
sese faciemque suam in se, quam non habet, quaerit. pingit se in se ipsam et lenocinante uario magistri medicaminis fuco uultum suum 1 1 10
probes, reprobes partem, quomodo per hanc fidem quaeris, quam etiam ipsam infidelitatis ream constituis, canentis cum uniuersa non credis? sin 2 3 13
populis intimatur, per ipsam disciplina caelestis colligitur ac tenetur, per ipsam, inquam, genus omne peccati, ne quis inprudens intereat, diffamatur. 2 3 3
proponat, tamen sine hac utraeque non stabunt: fides primo omnium si se ipsam non amet, spes si non ametur. adde quod fides sibi soli prodest, 1 36 10
ulli subiaces legi. de uoluntate nasceris, sed bono puritatis uoluntatem ipsam paris, quia uoluntas fit uoluptas postmodum tua, cum per eam 1 1 20
aequanimiter perferenda; mundum abdicatione calcandum mortemque ipsam perennis cui beatitudo succedat, praemium uictoriae magis esse 2 4 11
id, per quod ab eis pascha geritur, reprobauit. 'at imaginem colunt.' nec ipsam quidem, quia falso colit imaginem, qui eius non diligit ueritatem. 2 25 2
trium puerorum martyrium qui credit interritus, potest etiam ipse adipisci martyrium. tanta enim uis certaminis fuit, ut eam ipse quoque 1 22 1
placet; ubi proponis, quia nihil te gerere sinit, nisi quae disposuerit prior ipse compleuerit. quod si factum non fuerit factumue displicuerit, tum tota 2 7 15
quisquis resurrectionem negat, uitam suam, semet ipse condemnat. cur enim mereatur felicitatem futuri temporis cernere, 1 2 1
peior affligat; si bonum, fidei serua signaculum: pati non meretur iniuriam ipse, cui perhibes testimonium. ubi est ille, qui inuicem desiderantibus 2 7 6
ignis inexstinguibilis supplicium comminatur. sed et Moyses ipse, cuius asserunt se saepe discipulos, eodem spiritu ad Israel loquitur 1 3 13
contulit nobis? transierunt ista omnia tamquam umbra. sed et dominus ipse dicit: *quid prodest unicuique lucrari mundum et animae suae pati* 1 5 9
omnium saluator esse cognoscitur et factis et nomine. hic enim, quia ipse dictus est etiam petra, recte cultellos petrinos fecit (unde non sine 1 3 16
qui, cum sit homo, deum se fingit, ita detestabilior qui deum colit, quem ipse disposuit. Selom autem praedictorum tertius frater minor ex gentibus 1 13 6
destruit. nec ulli dabit quod non habet, sed potius ut non habeat, adhuc ipse disquirit. uideo praeterea, sicut assertorum indicant nomina (quae si 2 3 6
de quo non dubitabat, patefecit, quid a se dominus postulasset, et quid ipse domino promisisset ostendit. laetatus est puer patre fideli ipse quoque 1 43 5
est; caro enim damnum pati potest, animo autem imperare non potest; ipse enim regalis potestatis imperio subiectum sibi corpus seruilibus officiis 1 3 9
si, ut uolunt, deus materiam, qua usus est, non fecit, sed aeterna sit, ut ipse est, *duo* sunt ergo principia et quidem *repugnantia.* ac per hoc 1 7 1
inuenies ueritatem. qui erat in caelo, de caelo descendit; *qui descendit, ipse est et qui ascendit* in caelum, filius hominis, qui erat in caelo; filius 2 4 3
percussi non hiat uulnus, non defluit sanguis, non decolor color est. ipse est et tamen ipse non est. uetus quidem uidetur domicilium, sed nouus 2 24 3
non defluit sanguis; exspirantis non palpitat corpus, non decolor color est. ipse est et tamen non est ipse. uetus quidem uidetur domicilium, sed nouus 1 42 2
inopia morienti tantis opibus qui cum possit subuenire non subuenit, ipse eum uidetur occidere? o quantarum neces animarum in phaleris 2 1 19
inquilinus exinde uisibilis necessario effectus, quia orbem terrae erat ipse facturus humanumque uisitaturus genus, alias aequalis in omnibus 1 50
donec hospitis germinis adoptiua pinguedine absumptus, immo pinguedo ipse factus, totusque acceptum translatus in honorem nouae frondis 1 2 27
et peccatorem, tantum interest inter peccatorem et iustum. denique etiam ipse impiis iudicium, quia iam sua impietate praeiudicati sunt, non 1 35 3
est: *semel locutus est dominus et haec duo audiuimus.* sed et dominus ipse in euangelio hanc exprimit rationem dicens ad Petrum: *mitte hamum* 1 37 5
denique comparatio indicat ueritatem. Iob iustus dictus a deo est; ipse iustitia, de cuius fonte omnes qui beati sunt gustant; ecce enim de 1 15 7
in magnis neque in mirabilibus super me. magna eloquia dei sunt, ipse mirabilis in excelsis. cum in periculis esset, si in his propheta non 2 9 6
cum et oleaster sit et tamen oleastrum se non esse quodam modo etiam ipse miretur. igitur si homo potest facere, ut sit arbor quod non fuit, saluo 1 2 27
inde est, quod iustitia honestas pietas fides ueritas perit; quod deus ipse momentis omnibus patitur contumeliam, cuius praecepta 1 14 7
exaltatus est Israel, quando tot et tanta tormenta Aegyptiorum solus ipse nihil aut timuit aut sensit. quid illud, quod per mare medium 1 61 7
hiat uulnus, non defluit sanguis, non decolor color est. ipse est et tamen ipse non est. uetus quidem uidetur domicilium, sed nouus est inquilinus 2 24 3

enarrabit?. cur autem sit inenarrabilis, patre loquente noscamus; dominus	ipse	nos edocet: *eructuauit*, inquit, *cor meum uerbum bonum* et cetera, et	2	8	2
est deus contribulatis corde et humiles spiritu saluabit. sed et dominus	ipse	nos pio promisso quid hortetur, accipite. *uenite*, inquit, *qui laboratis*	2	9	4
dies, menses et digiti. at plerumque cum sua sibi industria fenerator etiam	ipse	nudatur, ei cum casu aliquo fraus, inopia, fuga, mors extorserint	1	5	12
quomodo et deus manet in aeternum. sed dicit aliquis: 'si ita est, cur in se	ipse	potissimum superatur?' primo quia genus humanum magis uoluptati	2	4	13
altitudinem caeli corporis sui inpedimenta praemittit et exsequiis funeris	ipse	praecedit. cui haec est conparanda confessio? Maccabaeorum est	1	39	9
dei mandata neglexit et idolis profudit. propter quod a deo similiter etiam	ipse	praesentem sententiam damnationis excepit, quia, sicut est detestabilis	1	13	6
uestro nascimini scientes, quoniam, qui plus crediderit, nobiliorem se	ipse	praestabit. constanter igitur ac fideliter *hominem* istum uestrum	1	49	
sentire. solus deus est itaque principium, qui ex se ipso dedit sibi	ipse	principium; solus ante omnia et post omnia, quoniam in eius manu	1	7	3
non uoce. quorum quis quid sit consecutus, accipite: qui totum sibi	ipse	promiserat, inanis, qui nihil praesumpsit, iustificatus de templo	2	9	9
in omnibus inuenitur. igitur Iacob habet imaginem Christi, sed et lapis	ipse,	quem ad caput suum posuisse cognoscitur, quoniam *caput uiri*	1	37	1
dominus, qui ei deinceps nihil futuro paradisum repromisit. sed et homo	ipse,	quem dominus assumpserat, perit, si Iesus non resurrexit. at si	1	2	11
et quid ipse domino promisisset ostendit. laetatus est puer patre fideli	ipse	quoque fidelior, nec recusabat mortem, quam deus qui uitam dederat	1	43	5
etiam ipse adipisci martyrium. tanta enim uis certaminis fuit, ut eam	ipse	quoque ignis horruerit. nam a barbaro rege nimia crudelitate tribus	1	22	1
praeputium facinorosi cordis incidit. at fortasse adhuc quispiam dicat: 'cur	ipse	quoque signaculum carnis accepit, si ei necessarium non fuit?' huius	1	3	17
anhelantis camini ignis exaestuans uicta natura sentiat per te tecum et	ipse	refrigerium; mortuorum in postliminium uitae animas reductas inspira;	2	3	14
taceo, quod commemoratio est ingrati, non remedium, sacrificium quod	ipse	reprobat fieri, qui praecepit. hoc solum dico: imple uel in ceteris	2	20	2
generi *heres* et pater *est constitutus*? quid, quod Melchisedech, summus	ipse	sacerdos deo acceptissimus huius fuit cicatricis ignarus? quid, quod	1	3	5
sentiebam, sed exaltaui animam meam. uideamus, ne forte propheta	ipse	se inpugnet exaltando animam suam, qui cor suum se non exaltasse	2	9	8
non praeterit. uultis scire, quod malum sit? in ipso fructu suo etiam	ipse	se odit. uenenis eius cotidie totus exaestuat mundus pestiferisque	1	36	27
magna igitur gloria est ornare per quod orneris, seruare per quod et	ipse	serueris. postremo aequiparatur laus uestra laudi pudicitiae; illa enim	1	1	4
autem tertii filii apud nurum per aetatem excusat deterritus, ne etiam	ipse	similiter moreretur, praecepitque mulieri, ut in domo patris sui uidua	1	13	1
sollertia mira perfecit, tunc *ad imaginem et similitudinem suam fecit sibi*	*ipse*	*simulacrum sensibile atque intellegens*; sumpto quippe *limo terrae*	2	4	4
cotidie mobilitatibus gaudet, uarietatibus studet; miserum se putat, si	ipse	sit, nec intellegit rem dementiae esse consimilem, in statu suo animum	1	4	7
quis est iste, cui tantum defert? quis est, quem altissimum dicit, cum	ipse	sit solus, a quo alius altior non sit? sin uero omni honorificentia	1	25	2
fuit, quippe cum illius potentissimi artificis rerum omnium conditoris	ipse	sit usus impossibilium possibilitatem adserere ex eoque quod non est	1	2	16
opinationibus substantia naturae comprehendi, quam nemo nouit nisi	ipse	solus, qui fecit. itaque quod specialiter ad nostras pertinet partes,	1	27	1
se credentibus praestitit dominiumque totius naturae recuperauit, sicut est	ipse	testatus dicens: *omnia mihi tradita sunt a patre meo.* Iob uicarios	1	15	9
ratio protestatur. qui nunc in se credentes *baptizat spiritu sancto et igni,*	ipse	tunc quoque numero suae adfuit trinitatis. denique rem sacramento	2	27	
non palpitat corpus, non decolor color est. ipse est et tamen non est	ipse.	uetus quidem uidetur domicilium, sed nouus inquilinus exsultat	1	42	2
auribus, terra, quoniam dominus locutus est: filios genui et exaltaui,	*ipsi*	*autem me spreuerunt.* grandem Iudaicae gentis offensam libri istius	1	61	1
ad Iordanem securus ab Horeb accessit. quid cotidiana dei colloquia?	*ipsi*	*autem me spreuerunt:* ad crucem enim perduxerunt, per quam crucem	1	61	8
circumuentae transfusum artificiose dum exaggerant, exinde iam priores se	ipsi	condemnant. uerum, pro nefas, creditur aetati, creditur auctoritati:	1	1	18
accipite. Salomonis templum, de quo praesumebant, cecidit. altaria dei	ipsi	euerterunt. *lex et prophetae usque ad Iohannem*. sacerdotibus eorum	2	17	
est corporalis ac per hoc etiam breuis; alia uero animi, quam nos nobis	ipsi	hac in uita per fidem sacri fontis uiuo de gurgite conparamus, nobilis	2	4	8
struis congeries? quid hic remansura peruigil sollicitudine cassa nec tibi	ipsi	inde aliquid concedendo illibata custodis? insuper de inopia quereris,	1	14	3
qui non tantum, ut dictum est, non iudicabuntur, sed istum mundum	ipsi	iudicabunt, apostolo dicente: *an nescitis, quia sancti de hoc mundo*	1	35	7
uniuersaque momenta; illa ante octauum uel post octauum diem nec	ipsi	morienti puero subuenit, haec a cunis ipsis infantiae usque ad	1	3	23
quod liberi parentum uitam sua damna iudicantes iniecta uiolenter manu	ipsi	naturae, inuasis hereditatibus ante tempus parentes suos compellunt	1	5	6
quae reum, qualem inuenerint, talem quoque dimittunt; quae in pari causa	ipsi	praestatori nihil prodesse possunt. at uero nostrae aceruatim absoluunt	2	24	1
si ex doctrina constat, non habent ergo fidem qui litteras nesciunt, sed nec	ipsi	qui sciunt, quia legis scientiam obseruantiamque ad perfectionem	2	3	9
uermes? qui quod habet infelici tenacitate non aliis tantum, sed etiam sibi	ipsi	subducit? 'sed, inquies, iustum est, ut mea seruem, aliena non	2	1	17
ex agnis et haedis discordi natura commissus, quem in gregibus pecuinis	ipsi	tui non inuenere maiores. atque utinam tu inuenias! dignus es enim	2	20	1
gloriosa imaginemque dei dignissime uenerando declaremus, quid	ipsi	ueritati debeamus, scientes, quoniam, si quis imaginem laeserit, in	1	36	24
omnis est summa, isto remedio curare non potest Euam. quid, quod nec	ipsi	uiro aliquid eam prodesse perspicio? quia huius circumscriptio	1	3	9
ac puris, ut docti probent, minus instructi sese confirment, rudes discant	ipsique,	qui blasphemare nituntur, salutis suae bono uel sero, si potest fieri,	2	18	2
magis Christianus, in quo non est figura sed ueritas! quam ex rebus	ipsis	agnoscite pariter et probate. Iudaei maiores suos Pharaonis	1	46b	1
sed fortiter examinati estis et, ut indulgentiam perciperetis, pro uobis	ipsis	bene uigilastis; optime estis auditi. nouum iudicii genus est, in quo	1	42	1
thalamos triumphauit alienos; haec uiros ardore uesano femineo stipendio	ipsis	feminis sic incognito inopinate dispungens suam docuit expugnare	1	1	8
quae esse eius ambiuit ancilla? in domo denique quae geruntur, sed et	ipsis	in fanis, Christiana fidelis, sine te esse non poterunt, quia uxor infelix	2	7	13
uel post octauum diem nec ipsi morienti puero subuenit, haec a cunis	ipsis	infantiae usque ad supremos exitus cuiusuis aetatis utroque generi	1	3	23
duci, omnes repente concelerant, laboranti subueniunt, paene armis	ipsis	inimici certatim se crebro subiciunt, ingenti fragore confundunt	1	36	15
secretum? illius a quouis libere tractari potest, tuum etiam a Christianis	ipsis	minime consecratis sine sacrilegio uideri non potest? postremo	2	7	14
quod hominibus, quos perditos cupiunt, magis proficiat ad dei timorem et	ipsis	nihil prosit ad utilitatem? sane recte hoc facere existimarentur, si sub	1	2	7
distracti, turpibus iam non contenti latibulis aliquotiens, pro nefas, sub	ipsis	obtutibus matronarum uesana congressione desudant, non aduertentes	1	1	13
diuinae indignationis ostendunt, quae alias personas, ut uerbum dei ab	ipsis	potius audiatur, hortantur [nos]. non est enim parum criminis, ut	1	61	1
omnem orbem corruperant terrarum, insuper decernentes sibimet	ipsis	pro domibus templa, erigentes aras nomini suo, qui, quae essent	1	13	4
est, quem solum ueretur quicquid in uirtutibus naturae a regibus	ipsis	quoque metuitur. sed necessario unicuique sinceri amoris est noscenda	1	36	24
tua curiositas, nusquam tua proficit pugna, quia quem putas uel de tuis	ipsis	studiosis fidelissimum, hic infidelis, et quem putaueris infidelem, hic	2	3	11
reuocaretur addicta. falsos testes pauor inuadit. tremit diabolus, quod	ipsius	commenta nudentur. gaudent angeli, quod oppressa ueritas tandem	1	40	3
sola fides praeferenda: hac nos, qui per fidem filii Abrahae facti sumus, in	ipsius	gremium peruenire credamus.	1	62	5
necesse est, una est illa nobilis et antiqua, quae non dicam tractatu, sed	ipsius	natiuitate porro maior est legis, quae deum deo credendo promeruit,	2	3	8
geritur, quod ab altero celebratur. sub tanto, non dicam humanitatis, sed	ipsius	naturae metu laeti sunt soli. cedit affectus pietati, pietas religioni,	1	4	14
pietati aliquid derogetur, tantumque se in ipso amat, ut oderit se sine	ipso.	accedit ad cumulum, quod ideo *deus hominem ad imaginem et*	1	36	22
ex lege, ne admonitione pietati aliquid derogetur, tantumque se in	ipso	amat, ut oderit se sine ipso. accedit ad cumulum, quod ideo *deus*	1	36	22
est nullus, etiam si contingat ei accusatore carere, teste conscio, cum se	ipso	carere non possit, quia uiolentior omni tortore conscientia numquam	2	10	1
deorum quae fuere responsa. si terribilia, consternata metu forsitan	ipso	cessante illicita eis uota donabis (quod maritis etiam sub fidelibus	2	7	16
metallo procedis onusta, ubique delicata, sub monilibus fortis. denique	ipso	cultus rigore in oratione non flecteris, non manus tendis, tumidum	1	14	6
non potest aliquando sentire. solus deus est itaque principium, qui ex se	ipso	dedit sibi ipse principium; solus ante omnia et post omnia, quoniam	1	7	3
est Christus, quem ante omnia saecula pater adhuc utrumque in semet	ipso	deus beatae perpetuitatis indiscreta spiritus plenitudine nescio qua sua	1	56	1
dictum, quos domino, cum esset in terris, fecisse inuenimus officium,	ipso	dicente: *amen dico uobis: uidebitis caelum apertum et angelos dei*	1	37	13
sed originalis perpetuitatis ac deitatis est una substantia, domino	ipso	dicente: *ego et pater unum sumus*. quod non utique sic ait, ut in	2	8	4
est, cui *data est potestas in caelo et in terra*, nomini eius noua a deo suo,	ipso	dicente: *ego te clarificaui in terra; opus perfeci, quod dedisti mihi,*	2	5	4
ambae moriuntur. fides itaque uel maxime res propria nostra est, domino	ipso	dicente: *fides tua te saluum fecit.* igitur si nostra est, seruemus ut	1	36	7
unius est quod amborum est; quod unus possidet, singulorum, domino	ipso	dicente: *omnia quaecumque habet pater, mea sunt*, et iterum: *pater,*	2	5	9
aliquando nec posuit; semper enim cum ipso regnauit, cata Iohannem	ipso	dicente: *regnum meum non est de hoc mundo*. apertius autem hoc	2	5	8
fieri potest, sine dignatione paterna non est, quia filius sine patre non est,	ipso	dicente: *si non facio facta patris, nolite mihi credere; sed si mihi*	1	45	3
ipse iustitia, de cuius fonte omnes qui beati sunt gustant; ecce enim de	ipso	dictum est: *orietur uobis sol iustitiae*. Iob uerax est appellatus; at est	1	15	7
sint isti, quibus est iudicium praeparatum. et a quo scire debemus, nisi ab	ipso	domino, qui suum dictum prosequitur dicens: *hoc est autem iudicium,*	1	35	4
sed nec eius, cuius esse dicetur, quia tractatus fidem cum astruit, ex eo	ipso	eam, quo astruit, destruit. nec ulli dabit quod non habet, sed potius ut	2	3	6
nos doceret. sequitur ac dicit: *omnia per ipsum facta sunt ac sine*	*ipso*	*factum est nihil*. uideamus nunc, optime Christiane, quemadmodum	2	8	4
ceterum illa est fidei generositas uera, ut deo fideliter seruiat, in solo	ipso	fiduciam gerat, a fidelitate et fiducia fidelem se uocari cognoscat,	2	3	19
ullam prorsus nocendi non praeterit. uultis scire, quod malum sit? in	ipso	fructu suo etiam ipse se odit. uenenis eius cotidie totus exaestuat	1	36	27
pati nec facere, dummodo in effectu conata succedant. uerum tamen in	ipso	fructu suo, quo expugnati pudoris alieni labe gaudere consueuit,	1	1	7
at cum ab eodem huius deuotionis inuitatione inhabitari seu nos in	ipso	habitare coeperimus — sicut Iohannes dicit: *deus caritas est; qui*	1	36	21
o praestantia singularis! o dulcis sententia! o damnatio necessaria! in semet	ipso	homo iugulatur, ut uiuat. percussor non uidetur, percussoris non	1	42	2
scriptura testatur, erat ante omnia manens unus et idem alter ex semet	ipso	in semet ipsum deus, secreti sui solus conscius; cuius ex ore, ut rerum	1	50	
Iudaeos legitimum pascha celebrare non posse, periti legis, deo	ipso	loquente cognoscite; a quo appellatur synagoga *spelunca latronum,*	2	25	1
hic *masculus*, quia dei est uirtus; hic, inquam, agnus *perfectus*, quia in	ipso	magnus ille sacerdos pio mysterio sua uictima inclusus hodie deum	1	8	2
Iudas Scariothes traditor domini et spem et fidem perdidit, quia caritas in	ipso	non mansit. nam et haereses et schismata sic disseminantur, cum	1	36	19
congregat, seruat sui tenax, *appetens alieni*, non suo, non alieno, non	ipso	orbe contenta. totum possidet et de inopia queritur semper. denique	1	5	2
accepit. unde manifestum est Abraham gemini populi typum in semet	ipso	portasse, ut circumcisionis nota exprimeret Iudaeum, credulitatis	1	3	7
non ingeniosa suspicio, sed deus magister instruxit, propter nos in semet	ipso	probando quod docuit, uiuere animas mortuorum non tam dicere	1	2	5
qui praestat temporibus aeternitatem. mira res! concipit Maria de	ipso,	quem parit; tumet uterus maiestate, non semine, capitque uirgo,	2	12	2
loquitur dicens: *hic est deus noster et non deputabitur deus alius absque*	*ipso.*	*qui adinuenit uiam prudentiae et reuelauit eam Iacob puero suo et*	2	8	6
inaestimabilem incomprehensibilemque diuinitatis perpetuitatem iure	ipso,	quo ex sese est, argumentis te cogere, examinare, metiri ac discernere	2	3	15
ei opus est ulla interpretatio, quia sicut semel creditur, ita semel ex eo	ipso,	quod creditum est, consummata fides ultra nec minuitur nec augetur.	2	3	9
factum, sed ex homine <deum>. ceterum si spiritaliter saperent, in	ipso,	quod infirmissimum putant, hoc potissimum praedicarent. etenim	2	8	9

sero sacrilegam uocem comprime humanae fragilitatis memor, qui in hoc ipso, quod loquimur, quid possit contingere, ignoras excusationisque uanae 2 1 21
dei imaginem non habemus? habemus plane et quidem manifestam ex eo ipso, quod non est nobis portantibus nota. incomprehensibilis enim dei 1 27 3
non habemus? absit, fratres. habemus plane, et quidem manifestam ex eo ipso, quod non est portantibus nota. incomprehensibilis enim dei imago 2 30 3
prouisione truncatus, nobilitate alieni seminis grauidatur nutriturque ab eo ipso quod nutrit, donec hospitis germinis adoptiua pinguedine absumptus, 1 2 27
cuius quoque capacitatem felici numero fecistis angustam. ex eo enim ipso, quod uos non capit locus, exinde intelligitur, quia fides uestra capit 2 6 5
ingerit fortiora. quae ita rebus uniuersis est praedita, ut sit omnium iure ipso regina. triumphet licet quibus uult uirtutibus fides, ac spes multa et 1 36 10
a patre filius regnum nec accepit aliquando nec posuit; semper enim cum ipso regnauit, cata Iohannem ipso dicente: *regnum meum non est de hoc* 2 5 8
tum tota mugiet litibus domus, blasphemabitur deus arreptoque forsitan ipso sacrificio tuo tuum pectus obtundet, tuam faciem deformabit praestans 2 7 15
semper, semper intrepidus ad sepulcrum noctis cognatae contendit scius in ipso se habere quod uiuit; denique adimitur ei ortus, si ei auferatur 1 2 18
hic est, inquam, qui *in omnibus omnia est*, quoniam per ipsum et in ipso sunt omnia. nec uos moueat, fratres, saecularis ac uere puerilis 2 8 8
Iudaeorum exarsere consilia. quem tacentem tamquam obnoxium et pro ipsorum tantummodo caecitate maerentem, ut Isaac non periturum ad 1 59 8
paralyticos reformari, de obsessis daemones fugere mortuosque saepe ipsos a sepulcris cum suis sibi exsequiis reuerti iusserunt, ut omnes 1 36 9
fit pro partibus nostris. sequens est, ut etiam proximos eo affectu, quo nos ipsos diligimus, diligamus, maxime cum cognationis ipsa hoc exigant iura. 1 36 22
audiatur, hortantur [nos]. non est enim parum criminis, ut semper apud ipsos diuinus sit sermo prolatus, nunc alteris uideatur ingestus. unde 1 61 1
petrinis illis cultris: cor an praeputium circumciderit. etenim si secundum ipsos nos quoque carnaliter sentiamus, ambo prophetae tenebuntur in 1 3 15
stuppa armatum citatur incendium; aestuantibus globis erubescit quoque ipsum alienis ignibus caelum. illo praecipitantur insontes ibidemque 2 22
qui erat, antequam nasceretur, in patre, aequalis in omnibus, quia pater in ipsum alium se genuit ex se, ex innascibili scilicet sua illa substantia, in 1 17 2
uiuam, sanctam, placentem deo. hoc enim placitum est domino, ubi se ipsum candidus animus immolauerit domino; cetera autem nihil proderunt, 1 25 9
perfeci, quod dedisti mihi, ut facerem. et nunc tu clarifica me apud te ipsum claritate, quam habui apud te, priusquam mundus fieret. qui 2 5 4
astutus autem nimia sapientia infatuatus inquisitionibus uanis semet ipsum confundit. sed dicit aliquis: 'si ita est, nulli ergo lex prodest.' absit; 2 3 2
quid miles non dicam horridae hiemis aut torridae aestatis iniurias, sed se ipsum contemnit, si gloriae spem futurae non gerit? quid agricola semina 1 36 3
diuinae religionis regis adorare imaginem contempserunt, utpote qui ipsum contempserunt regem. qui ira sufflatus solito septies amplius 2 22
portauerint, sicut apostoli omnesque iusti, non tantum imaginem, sed ipsum deum quoque portabunt, sicut et scriptum est: *uos estis templum* 2 30 4
erat ante omnia manens unus et idem alter ex semet ipso in semet ipsum deus, secreti sui solus conscius; cuius ex ore, ut rerum natura, quae 1 50
manet et deus in illo manet — , tunc demum, fratres, caritatem per semet ipsum ei condigne reddemus, quia facta commutatione quod eius est fit pro 1 36 21
de carne sacrificii salutaris, quod est domini, et inmunditia eius super ipsum est, peribit anima illa de populo suo. haec, fratres, sicut cauenda 1 25 12
in scala rectissime positum, quia historia totius scripturae et propter ipsum et auctorem per ipsum impleta est. denique sic ad discipulos ait: 1 37 8
diceretur, hic est, inquam, qui *in omnibus omnia est*, quoniam per ipsum et in ipso sunt omnia. nec uos moueat, fratres, saecularis ac uere 2 8 8
potestatisque esse omnipotentiam nos doceret. sequitur ac dicit: *omnia per ipsum facta sunt ac sine ipso factum est nihil.* uideamus nunc, optime 2 8 4
sint, cur legem lege distringis? cur sub imaginem fidei fidem deponis? cur ipsum fontem diuinitatis philosophicis argumentis exhaurire conaris? si 2 3 13
et odoribus fragrat; illa unici floris sui quouis prato iucundioris caelum ipsum honore laeto respirat. haec liberis gaudet; at illa liberorum non 2 7 3
positum, quia historia totius scripturae et propter ipsum et auctorem per ipsum impleta est. denique sic ad discipulos ait: *omnis scriba doctus de* 1 37 8
uirtute tua; et secundum simile huic: diliges proximum tuum tamquam te ipsum. in his duobus praeceptis pendet omnis lex et prophetae. unde 1 36 17
anus turpis atque amatricis — non paruam cutem eiusdem membri, sed ipsum membrum radicitus abscisum mysteriis turpioribus immolauit, illa 1 3 2
quia paternae antiquitatis solus est conscius; hic *maturus*, quia post ipsum non est ullus; hic *sempiternus*, quia occisus est et inuentus est 1 8 2
homini timenti deum tam necessarium atque conueniens, quam ut se ipsum nouerit. etenim genus insaniae est eum rationem secreti naturae 1 27 1
ante omnia homini nato tam necessarium atque conueniens, quam ut se ipsum nouerit. etenim genus insaniae est eum rationem secreti naturae 2 30 1
spiritum maiestatis. qui *primitiuus* est dictus, quia praeter patrem ante ipsum nullus est primus, *maturus*, quia aeternus est, *perfectus*, quia *dei* 1 46a 2
cum ruina confusis, nimia crudelitate festinus sepelit, antequam iugulet. ipsum postremo, quem diuitiis exspoliauerat magnis, magnis uestit 1 4 18
uenit in mentem non esse humanae potestatis crastinum diem ac ne ipsum, quo res agitur, quia quod uoluitur semper, in momento quid 1 5 7
ait in euangelio, omnes omnino serpentes inlaesa planta calcabit. sed nec ipsum quoque diabolum, qui uere est acerrimus Sagittarius, formidabit 1 38 6
undantis incendii globos triumphantes barbarum regem, minas omnes, ipsum quoque supplicium docuerunt ignes sanctis hominibus non esse 1 11
eorundem saluti, quos amabat, necessariam praeuideret. certe Adam ipsum sic ante fecisset. at fortasse quispiam dicat: 'peccator ergo fuit 1 3 5
hic *immaculatus*, a peccato quia solus est mundus; hic *salutaris*, quia per ipsum uincimus mortem; hic *masculus*, quia dei est uirtus; hic, inquam, 1 8 2
plus puluere tecta quam ueste? tu, inquam, non es, quae nunc caelum ipsum ululatibus rumpens post talem maritum puncto temporis uiuere te 2 7 7
quod cogitat, quod mouet, quod mouetur, quod mira prouidentia chaos ipsum ut chaos non esset effecit, quod eius membra discreuit, ratione 1 7 2
subiectus momentis omnibus demutatur labore, aetate, languore, ira, gaudio, tristitudine totque induat uultus, quot animi fuerint motus, 1 27 2
in spinis. circumcidite praeputium cordis uestri, ne exeat sicut ignis ira mea et exurat et non sit qui exstinguat. uidetis ergo, fratres, quia huius 1 3 12
sperat ambit obsequitur zelatur insanit armatur precibus, armatur et ira, similiter nonnumquam ui extorquens quod blandimentis impetrare non 1 1 9
imaginem contempserunt, utpote qui ipsum contempserunt regem. qui ira sufflatus solito septies amplius caminum iussit incendi ac, ne quid 2 22
deus sicut ignis ueniet et sicut procella currus eius retribuere in ira uindictam. 2 12 4
cum ui subiciunt sibi uiliores se esse quam illae sunt produnt, qui iracundia tument, qui litibus fremunt, qui calumnias pariunt, qui pauperes, 1 25 11
Iacob per patientiam et benedictionem lucratus est et fratrem. dat iracundiae locum, securus ut redeat; domum patri commendat, sensim 1 4 16
grandem Iudaicae gentis offensam libri istius exordia proloquuntur et iracundiam diuinae indignationis ostendunt, quae alias personas, ut uerbum 1 61 1
in tali re non loquela est exhibenda, sed cura, quam paucis accipite. iram dei generaliter comminantis qui uult effugere, debet illi inculpate 1 10a
peccator autem ille est, qui caritatem non habet dei ac per hoc operanti iram recte subiacet legi. atquin forte aliquis dicat: 'lex spernenda est, quia 1 36 17
haec bella premit, lites tollit, iura euacuat, fora compescit, odia eradicat, iras exstinguit. haec mare penetrat, orbem circuit, commercio nationibus 1 36 13
est, quod, cum occiditur ab hominibus deus omnipotentis dei filius, nullus irascitur de duobus. tu populi caelestis animam tenes, cum ornas pacem, 1 36 29
distrahit, hic quia non solus. uultis scire, quantis sit tenebris obuolutus? irascitur deo, si non semper fiat publicis luctibus diues. bene, bene: cum 1 5 14
quid autem a deo impetrare te posse credis, quae eum per id, per quod irascitur, deprecaris? aperi tandem oculos cordis: inuenies te insultare 1 14 6
sicut Esaiae beatissimi indicat carmen, Iudaico populo irascitur deus eumque, ne forte paeniteat, publica obiurgatione confutat. 1 30
ab his custodiam petere, quos fur non timet inuolare? quibus recte deus irascitur dicens: *nolite ambulare post deos alienos, ut seruiatis eis, et ne* 1 25 4
insignis patientiae disciplina? sed et mare uentis lacessitum, cum irascitur, quamuis reciproca uicissitudine nunc pulsantibus caelum, nunc 1 4 5
inflatur, quia humilitatem colit; *non malum cogitat*, quia simplex est; *non irascitur*, quia etiam iniurias libenter amplectitur; non fallit, quia fidem 1 36 12
defertur fornicationis rea sine labore accusatoris uidua praegnans. irascitur socer, eam produci iubet atque incendio concremari. at illa 1 13 3
quam si abesse ex moribus deprehenderit, confestim ut perfidum punit irata quem docuit nullamque aliam ob causam promulgatam se esse 2 3 3
falsum est gaudium, certissimum periculum publicare. sed non opus est ire per singula, cum uno exemplo noscantur uniuersa eius mala, propheta 1 14 4
etiam sibi quodam modo illa excarnata umbra tractabilis? longum est ire per singula. ecce peremptorius aliqui morbus totam machinam lecto 2 4 16
fieri lacrimas gaudii, quae nunc fuerant orbitatis. sed longum est, fratres, ire per singula, maxime quia caritas sua ingerit fortiora. quae ita rebus 1 36 10
multa adulteria spectaculo totius mundi quoque prostituit. non opus est ire per singula; quamuis et haec non fuerint dictu digna, tamen ad 1 1 12
alios adulteros, alios sacrilegos, alios auaritia efficit caecos. longum est ire per singula: uarias atque innumerabiles *nocendi artes* habet, sed has 1 38 7
una tanguntur, dubium non est horrendi supplicii perennibus absumptum iri tormentis eum, qui praeuaricatus fuerit e duobus. sed nec illis impune 1 1 14
(tamen dicentis: *nisi credideritis, neque intellegetis*) stultam putant irriduntque quasi uanam, quod, cum possit bonis frui mundi ac negligat, 2 1 14
horum digne patiatur. hanc qui diuinas litteras aut non legerunt aut lectas irritas putauerunt beneficio abiecti impolitique sermonis (tamen dicentis: 2 1 14
armata captat solitudinem, secretum captat et locum, in quali etiam non irritata adolescentia inuitis feminis saepe uiolenta esse consueuit. at ubi in 1 1 16
eius hospitium uelut in hostilem praedam grassantium satellitum praeceps irruit manus, festinat dei famulum posse deprehendi; quem beati 1 39 4
uehemens commotio est, fratres, cum is de iniuria sua queritur, qui se potest facillime uindicare. sed quia apud 1 20
poteritis omnes sagittas illius mali, quae sunt igne plenae, exstinguere. is enim infelicibus nonnumquam inmittit Capricornum uultu deformem, 1 38 6
quid reatui uel intrinsecus debeat; qui enim suam conscientiam non timet, is est, qui deum non timet. adde quod lex partibus et discitur et docetur. 2 3 5
nec inde, ut dixi, sceleris sui crudelitas fructum sortita est, quia, sicut in Isaac aliud offertur et aliud immolatur, ita et in passione Christi quod per 1 59 9
auctorem habemus, sanctum uidelicet Abraham, qui filium quondam Isaac habuit: simplex quidem uocabulum, sed multiplex pronuntiatio. hic 1 59 1
sed sensibus mundis offertur; quod non iugulatur ut pereat, sed, sicut Isaac, immolatur ut uiuat, apostolo hortante nos Paulo, cuius ista sunt 1 25 9
aries haerebat in uepre implicitus spinis, capite obligatus: hic est qui pro Isaac immolatus est deo; hunc obtulit Abraham, hunc iussus est immolare 1 43 8
procurauit agninam, Abraham pinguem conditamque fideliter uitulinam. Isaac innocenter ollam portat et ligna. Iacob patienter uaria exhibet 1 24 2
ita denique dissensione temporis et naturae contra opinionem nato angelus Isaac nomen imposuit, ut firmaret laetitia, quod aetatis inbecillitas 1 59 5
tamquam obnoxium et pro ipsorum tantummodo caecitate maerentem, ut Isaac non periturum ad aram, ita ad crucem Christum sublimandum 1 59 8
fuisse conferret; per hanc Abraham ad dei peruenit amicitiam; per hanc Isaac praeter ceteros enituit; per hanc Iacob deo colluctari praeualuit; per 1 36 7
in spe non denegans deo, quod *contra spem* acceperat a deo. igitur Isaac sibi dulcissimum filium, deo uictimam dulciorem contemnit, ut 1 4 13
nihil difficile est fidei, quae tantum habet, quantum credit. igitur Isaac unicus filius, spes populorum et gentium, origo tot rerum, cari 1 62 3
uestra et educam uos de monumentis uestris et inducam uos in terram Israel; dabo spiritum meum in uos et uiuetis. cum haec ita sint, 1 2 12
sicut lectio diuina testatur, in Aegypto a Pharaone populoque eius Israel dei populus captiuitatis ingenti iugo acerrime premebatur. hunc deus 2 26 1
ipso. qui adinuenit uiam prudentiae et reuelauit eam Iacob puero suo et Israel dilecto sibi. post haec in terris uisus est et cum hominibus 2 8 6
est! talem patrem laesisse quam turpe! *filios genui et exaltaui*: utique filios Israel dominus genuit, qui Abraham, unde nascerentur, elegit. hos in 1 61 7
nobis, quinam sit deus iste, qui dicit: *audi, populus meus, et loquar, Israel, et testificabor tibi, quoniam deus, deus tuus ego sum*; et infra: *meus* 1 25 1
dei transitum populi, ut persequentibus mare sint. inducitur in uiam Israel ingratus, in qua nec gladios possit timere nec fluctus. mira res! 1 29 2
sed et Moyses ipse, cuius asserunt se saepe discipulos, eodem spiritu ad Israel loquitur dicens: *nouissimis diebus circumcidet deus cor tuum et cor* 1 3 13
est iste. Pharao cum populo suo diabolus et spiritus omnis iniquitatis. Israel populus Christianus, qui proficisci iubetur, ut ad futura contendat. 2 26 2

crucis amaritudine gentilitatis exclusa bibituri essemus? exaltati filii Israel, quando ad Iordanem securus ab Horeb accessit. quid cotidiana dei 1 61 8
ad eremum dominus perduxit *manu forti et brachio excelso*. exaltatus est Israel, quando per triduum tenebrae et caligo totam Aegyptum 1 61 7
per triduum tenebrae et caligo totam Aegyptum circumdedit; exaltatus est Israel, quando tot et tanta tormenta Aegyptiorum solus ipse nihil aut 1 61 7
itaque audiamus scripturam, quid dicat, cuius ista sunt monita: *et nunc, Israel, quid dominus deus tuus postulat a te, nisi ut timeas dominum deum* 2 2 4
personarum, quia, cum alteris, ut uerbum dei audire debeant, dicitur, Israel sic reprobus inuenitur et, dum clamat propheta *audi caelum et* 1 61 1
tibi cultellos petrinos nimis acutos et adside et circumcide secundo filios Israel.' uideamus nunc ergo, fratres carissimi, secunda illa circumcisio ab 1 3 14
mira, fratres dilectissimi, historiae sacrae sic est perlecta narratio. cum Israelis populus enormi captiuitatis iugo depressus a rege Pharaone duris 1 29 1
quae credere non didicit, sed praesumpsit, edicat mihi, perniciosa ista adinuentio tractatus sui quo proficit pugna. 'ne fides, inquit, intereat, 2 3 8
adorat prostratus in faciem, offert hospitium. *refrigerate*, inquit, *sub ista arbore magna*. similaginem conspargit, uitulum laniat. post haec 1 62 1
remissa peccatorum ac resurrectionem carnis?' facile, fratres, pugna ista concordat statusque futuri qualitas aperitur, fides si inlibata teneatur. 1 2 24
mihi a deo praestitam recognosco.' recte Iudaeus hoc diceret, fratres, si ista cura sexui utroque prodesse potuisset. cum enim grauior causa 1 3 9
agnorum. sanguinem taurorum et hircorum nolo; quis enim exquisiuit ista de manibus uestris? per alium adaeque prophetam spiritus sanctus 1 25 6
et templum. exsultate igitur, fratres, aedificationemque uestram aede ista de nouella cognoscite, cuius quoque capacitatem felici numero fecistis 2 6 5
argentique detrimento matris limae moderato dente figurata. quae est ergo ista dementia sacrificium nescientibus procurare, lumen caecis inferre, tura 1 25 4
sibi beata cupiditate antecedit auaritiam: homines enim illa possidet, ista deum. adhuc accipite, ad propriam sedem palmamque propositam 2 1 12
malo ille constat ornatus. 'filios, inquit, habeo, quos nudare non debeo.' ista et infidelitatis est excusatio, quam spiritus sanctus per prophetam 2 1 20
adprobemus. unde tamen prae me fero, fratres dilectissimi, quod ista, et non ambigua, in uobis renitet assertio; deum enim patrem uos et 1 1 4
carnalibus uerum, sed in fide credentium constitutum. nam et dominus ista exempla confirmans uni ex latronibus in se credenti, qui cum eo de 1 2 11
mihi aedificabitis domum? aut quis locus ad requiem mihi? omnia enim ista fecit manus mea. in euangelio quoque sic dicit: *Hierusalem,* 2 6 3
dubium non est legem non posse sine fide, fidem posse sine lege; alioquin ista innumerabilis simplicitate sua felicior turba adhuc mortis imperio 2 3 2
potest, quod legum circumscriptionibus, non potest. glorietur qui uolet ista iustitia, uerum tamen sciat, quia misero est miserior qui miseriis 2 1 17
etenim caelestis uestrae dignitatis debetur diuini operis perennis ista laudatio. exsultate, pauperes [spiritu]: per uos et in uobis dei maior est 2 6 10
quo sumptu, quibus uasis quibusue ministris? at si descrete fiunt ista, nihil prodest. ex uno enim proficiscendo et in unum remeando si non 2 7 14
resurgere, quod omnibus palam sit non penitus interire. gentes, quae ista non credunt, tamen cum libamine infausto ad sepulcra concurrunt et a 1 2 3
Iudaeum, credulitatis iustitia Christianum. adde quod circumcisio ista non tam salutem pollicetur quam locum caputque criminis monstrat. 1 3 8
nobis superbia aut quid diuitiarum ambitio contulit nobis? transierunt ista omnia tamquam umbra. sed et dominus ipse dicit: *quid prodest* 1 5 9
me in operibus manuum uestrarum et disperdam uos. quae autem sint ista opera manus humanae, spiritus sanctus in Psalmo nonagesimo quinto 1 25 5
eo uerum non erat templum. etenim hominum conciliabulum est contextio ista parietum, fidelis autem populus dei templum, apostolo dicente: *uos* 2 6 4
iactantia se non potest continere, positus in honore. caelestis profecto est ista patientia, quam a suo statu non aerumna, non felicitas, non affectus 1 4 17
Leo autem noster, sicut Genesis protestatur, *leonis* est *catulus*, cuius ista pia sacramenta celebramus, qui ad hoc *recubans obdormiuit*, ut 1 38 4
corporum exuuiis <exui> nec cum labe carnalis huiusce domicilii ista prima morte dissolui, sed pro qualitate factorum quasdam locis 1 2 3
amica, spiritus sancti conuiua. huic et praesentia subiacent et futura: ista quia contemnit, illa quia sua esse praesumit; nec spes timet, ne non 1 36 5
inquit, intereat, cum male aut creditur aut docetur.' quod malum est ista ratio, mox uidebimus. nunc scire cupio, fides ex doctrina constet an ex 2 3 8
at si, ut ratio ipsa proclamat, cessare nullo pacto potest uarietas ista regni, a legis conditore homini a deo assumpto iustisque eius est 2 5 6
ingeris, nec negabis. quid agis, misera? quid, uesana, laetaris? non est pax ista, sed bellum; non osculum, sed uenenum. pro nefas! adhuc fumantia 2 7 17
expetisse atque accepisse describitur *monile, anulum, uirgam.* quibus ista significatio coaptatur? monile, fratres dilectissimi, lex est, quae 1 13 10
est quod timetur. itaque audiamus scripturam, quid dicat, cuius ista sunt monita: *et nunc, Israel, quid dominus deus tuus postulat a te,* 2 2 4
infideles, de quibus scriptura diuina quid pronuntiet, audiamus; cuius ista sunt uerba: *deminuerunt ueritates a filiis hominum. uana locuti sunt* 2 9 2
sed, sicut Isaac, immolatur ut uiuat, apostolo hortante nos Paulo, cuius ista sunt uerba: *exhibete corpora uestra hostiam uiuam, sanctam, placentem* 1 25 9
conuenire. quod etiam sacrae legis testimoniis probare non desinam, cuius ista sunt uerba: *nam quia sapientiam dei non cognouit saeculum per* 2 1 5
cur desideras nuptias, cum temperare uideas apostolum primas? cuius ista sunt uerba: *tempus coartatum est; superest ut qui habent uxores, sic* 2 7 5
a fundamento uelluntur. quid autem sine caritate sint non tantum istae, sed et aliae quoque uirtutes, indice Paulo cognoscite: *et si habuero,* 1 36 20
cui totus militat mundus, aetas cui uniuersa deseruit. pro nefas! quae istae sunt tenebrae? inest omnibus et ab omnibus, quasi non sit, arguitur; 2 1 8
uirtutis *angularis lapidis* coniugio cohaeretis. exsultate, uirgines: omnem istam celebritatem honore uestri floris ornatis. exsultate, diuites, 2 6 10
fide uixit, deum credulitate, non lege promeruit. si legem, contemne tuam istam circumcisionem, quam euacuatam uidemus a lege, sic Ieremia 1 3 12
angelum meum ante faciem tuam, qui praeparabit uiam tuam. quis est iste angelus, fratres, nisi Iohannes baptista? cuius est praeparatio: *uox* 2 8 7
tua et eripiam te et magnificabis me. si pater loquitur, fratres, quis est iste, cui tantum defert? quis est, quem altissimum dicit, cum ipse sit solus, 1 25 2
sacram legem qui spiritaliter accipit, fratres, iste est, eius qui fructu lactatur. Iudaei etenim cum carnaliter sentiunt in 1 8 1
uirtutes, quibus Hierusalem spiritalis instruitur, quibus sacrae orationis iste locus nouus et populus cotidie Christi dei et domini nostri prouidentia 2 6 11
monte de filio tuo; haec mihi uictima placet, hoc me sanguine deplacabis, iste meis sacris debetur; unde immolari iam iubeo.' non contristat frontem 1 43 3
consequens est, ut scire nos par sit, in quo habitu regnaturus sit homo iste noster, qui tendit ad caelum, ne forte cum carne depereat, uana spe si 1 2 24
deletur. quantum spiritaliter intellegi datur, Aegyptus mundus est iste. Pharao cum populo suo diabolus et spiritus omnis iniquitatis. Israel 2 26 2
arguitur, sed Christianus, ne talis euadat, pariter commonetur. denique ut iste plus timeat, ille terretur; ille uapulat, ut iste proficiat. compendiosum 1 10a
commonetur. denique ut iste plus timeat, ille terretur; ille uapulat, ut iste proficiat. compendiosum felicitatis genus alterius periculo discere, quid 1 10a
canere consueuerat uiuus; unde libet exclamare: 'profectus potius est iste quam mortuus.' in euangelio quoque Petrus filiique Zebedaei cum 1 2 8
praesenti commodare lectioni, ut edicerent nobis, quinam sit deus iste, qui dicit: *audi, populus meus, et loquar, Israel, et testificabor tibi,* 1 25 1
nauis materia crucem, somnus uero passionem. mare autem mundus est iste tumidus; fluctus eius Iudaeorum populos et *gentes* accipimus, qui 1 34 8
cum illa ad supplicium duceretur: *reuertimini ad iudicium; falsum enim isti contestati sunt de ea.* stupet populus, quod a supplicio ad iudicium 1 40 2
hoc est? si in perpetuum regnat, Paulus errauit; si traditurus est regnum, isti mentiuntur. absit! nullus hic error, diuersitas nulla est. Paulus enim de 2 5 7
destinati supplicio nullaque eos cognitio exspectat ulterius, quinam sint isti, quibus est iudicium praeparatum. et a quo scire debemus, nisi ab ipso 1 35 4
enim nisi fuerit discussa, iure non potest mereri sententiam. et qui sunt isti, quos ambiguitas suo iudicio reseruauit? utique illi, sicut apostolus 1 35 6
ait: *et uidebo caelos, opera digitorum tuorum*. hic utique non de caelis istis loquitur, quos semper uiderat, sed de apostolis, quos uidere optabat. 1 61 3
exaltaui, ipsi autem me spreuerunt. grandem Iudaicae gentis offensam libri istius exordia proloquuntur et iracundiam diuinae indignationis ostendunt, 1 61 1
exsiliit: 'quid, inquit, uanissime omnium iudicum, putasne aut de lucis istius incongruis usuris aut de praeproperae mortis subitis damnis familiam 1 39 5
rerum naturam filius, ne exsertae maiestatis dominum non possit mundi istius mediocritas sustinere. cum imperat pater orbem fieri, opus cum dicto 1 56 2
et futura credidissent pariterque metuissent. nemo est enim tam uel ab istius mundi sapientiae gustu ieiunus, qui audeat dicere animas cum 1 2 2
libros agnoscimus. sed quid ego diutius demorer in humanis, quasi sola isto affectu sint praedita? nonne uidemus omne animantium genus 1 36 15
fingant nomina, quorum est confessio in ceteris uera, aut qua ratione isto argumento nitantur, quod hominibus, quos perditos cupiunt, magis 1 2 7
saepta, in cupidinem sui utrumque sexum, omnes animas, omnes aetates isto carmine inuitans: *exiguum et cum taedio est tempus uitae nostrae et* 2 4 10
nostri maiores, sed omnis Christiana progenies de uera Aegypto, id est isto de mundo, semper momentis omnibus liberatur. illis ducatum Moyses 1 46b 1
promouetur. praestabit autem deus pater omnipotens, ut, quomodo isto in terrestri domicilio ei gratias agimus, ita in caelestibus regnis 2 6 11
agnoscit; si enim Adam curat, certe, in qua delicti omnis est summa, isto remedio curare non potest Euam. quid, quod nec ipsi uiro aliquid eam 1 3 9
aliter etenim inmortalitatis stola illa non sumitur, nisi primo istud carnale spolium, blandum animae uenenum, secundum dei 1 2 30
unum iustorum, qui non tantum, ut dictum est, non iudicabuntur, sed istum mundum ipsi iudicabunt, apostolo dicente: *an nescitis, quia sancti de* 1 35 7
nobiliorem se ipse praestabit. constanter igitur ac fideliter *hominem istum* uestrum *ueterem* foetorosis suis cum pannis abicite, nouelli omnes, 1 49
tantummodo caecitate maerentem, ut Isaac non periturum ad aram, ita ad crucem Christum sublimandum nefarii perduxerunt. sed quia nescit 1 59 8
deum ingenti gaudio exsultans, quae curatum uenerat, curata recessit. ita Christus in hominem se fecit nasci, quemadmodum homo non potest 1 54 5
uenenis eius cotidie totus exaestuat mundus pestiferisque uoluptatibus ita corrupta sunt omnia, ut quicquid in eo geritur, non debere diligi a 1 36 27
licitum est. sicut enim in simplici corde scrutanda sunt testimonia eius, ita curiositate non sunt inquietanda secreta. *quis enim causas naturasque* 1 34 1
pietas nutaret et, cum filium proferret uterus, nepotem senectus optaret. ita denique dissensione temporis et naturae contra opinionem nato angelus 1 59 5
excepit, quia, sicut est detestabilis qui, cum sit homo, deum se fingit, ita detestabilior qui deum colit, quem ipse disposuit. Selom autem 1 13 6
numquam siccos esse aut misericordia permittit aut gaudium. tu tuos ita diligis inimicos, ut inter eos carosque tibi quid distet, nemo discernat. 1 36 31
suo semine per inuidiam protoplastos ex angelis in homines deriuauit, ita dominus omnes in se credentes sancti spiritus semine a mortuis rursus 1 2 26
et tribus noctibus fuit in uentre ceti euomitusque Niniue se intulit ciuitati, ita dominus postridie ab inferno resurgens se ciuitati Ierusalem intulit ante 1 34 8
Salomonis accepimus templum luculento opere fuisse constructum atque ita elaboratum, ut nesciret inspector, in eo quid potissimum miraretur: 2 6 2
quid potissimum miraretur: magnitudinem, opus, ornatum anne materiam; ita enim in unum decorem uniuersa conuenerant, ut legitima domus dei 2 6 2
seruatis sententia in eum, prout debitor exstiterit, iure possit expromi. ita erit, ut iustis corona, peccatoribus aut excusatis aut emendatis 1 35 9
conuenerant, ut legitima domus dei caduca illa ambitio putaretur. quod si ita esset, inter memorata impar cultu semper ecclesia inueniretur. sed haec 2 6 2
in aeternum, quomodo et deus manet in aeternum. sed dicit aliquis: 'si ita est, cur in se ipse potissimum superatur?' primo quia genus humanum 2 4 13
inquisitionibus uanis semet ipsum confundit. sed dicit aliquis: 'si ita est, nulli ergo lex prodest.' absit; prodest, et quidem plurimum, nam 2 3 3
sancto loquente noscamus: *et homo est*, inquit, *et quis cognoscit eum?*. si ita est, quomodo ergo posset agnosci, prodidit Esaias his uerbis: *audite* 2 8 7
fructum sortita est, quia, sicut in Isaac aliud offertur et aliud immolatur, ita et in passione Christi quod per Adam deliquerat, per Christum 1 59 9
praedicationem, quia, sicut hamus missus in mare mortem piscis ostendit, ita euangelica praedicatio missa per mundum mortem domini 1 37 6
omnipotens, ut, quomodo isto in terrestri domicilio ei gratias agimus, ita in caelestibus regnis uberiores sanctis cum omnibus referamus. 2 6 11
aut sumat aut offerat; sicut enim indigne offerre sacrilegum est, ita indigne manducare mortiferum, in Leuitico scriptura dicente: *omnis* 1 25 12
consensu. secunda uero carnalis sicut est frequentibus oraculis prodita, ita inuenimus esse completam. etenim deus dei filius tempore constituto 1 54 2
culminis fundamenta consistunt, id est in spe, in fide, in caritate, quae ita inuicem sibi uidentur esse connexa, ut sint aliis alia necessaria. spes 1 36 1

carnalia exstinguere laborat incendia. sane in senibus ut est honoranda, ita miranda non est, quia licet sit uictrix, tamen triumphi sui palmam 1 1 5
uultus, non contremuit manus. quaerit puer, ubi sit uictima. quae mox, ita ne percuteretur tenera aetas, ostenditur, quo nec pater ferire posset, 1 62 4
sine se utilia esse non possunt, quia ueteri sicut nouum praestat fidem, ita nouo uetus perhibet testimonium, sicut scriptum est: *semel locutus est* 1 37 4
diuitias habendi inicit cupiditatem, habentibus adimit satietatem. ita omnes in rabiem una tempestate praecipitat, ut ubinam sit maior 1 14 1
omne animantium genus congregatione, concordia testari caritatem atque ita omnis motus quasi uno sensu magistra dilectione conuerti, ut quiuis 1 36 15
peribit anima illa de populo suo. haec, fratres, sicut cauenda sunt nobis, ita quae bona, quae pura, quae simplicia, quae pia, quae sancta sunt, sicut 1 25 13
est, fratres, ire per singula, maxime quia caritas sua ingerit fortiora. quae ita rebus uniuersis est praedita, ut sit omnium iure ipso regina. triumphet 1 36 10
captans, corpus uero mortemque contemnens! o qui seruum domini ita se esse meminerat, ut patrem se esse nesciret! quid est pater? ecce sub 1 43 6
ex credulitate, non ei opus est ulla interpretatio, quia sicut semel creditur, ita semel ex eo ipso, quod creditum est, consummata fides ultra nec 2 3 9
duo in unum diuersa confundit. disputatio enim sicut excolit legem, ita, si uersuta sit, eradicat fidem, quia fides profecto non est, ubi quaeritur 2 3 4
natus est; alteram, qua renatus. sed sicut est spiritalis prima sine matre, ita sine patre secunda carnalis. haec miranda, inenarrabilis illa, propheta 2 8 2
dies festi omnisque solemnitas abominatio est apud deum. cum haec ita sint, a quibus, quomodo, unde pascha celebratur? adde quod agnum 1 46a 2
melior est enim unus timens dominum quam mille filii impii? cum haec ita sint, age uidua, quae sicut innocens uirgo nubere saepe festinas, 2 7 6
quam oporteat. similiter Paulus: *noli altum sapere, sed time.* cum haec ita sint, cur legem lege distringis? cur sub imaginem fidei fidem deponis? 2 3 13
dicens: *ego ex ore altissimi prodiui ante omnem creaturam*. cum haec ita sint, humanitas, te, uersuta, cognosce uel sero et intemperanti linguae 2 8 3
aliqua exceptione aequabiliter iustitia est diuina largita. cum haec ita sint, procul dubio non est a tyranno dissimilis, qui solus habet quod 2 1 19
uos in terram Israel; dabo spiritum meum in uos et uiuetis. cum haec ita sint, resurrectionem futuram cur, Christiane, non credis? cur de huius 1 2 13
dei), et alio loco dicat: *ego sum qui sum et non demutor.* cum hoc ita sit, homo quemadmodum dei imaginem portat, cuius uultus passibilis, 1 27 2
dei), et alio loco dicat: *ego sum qui sum et non demutor.* cum hoc ita sit, homo quemadmodum dei imaginem portat, cuius uultus omni 2 30 2
uobis. et uerum est, nam sicut idolis insensatis similia templa conueniunt, ita uiuenti deo uiua templa sunt necessaria. in his enim solis sacerdotum 2 6 4
uirtutes, indice Paulo cognoscite: *et si habuero*, inquit, *omnem fidem, ita ut montes transferam, caritatem non habeam, nihil sum. et si in cibos* 1 36 20
locus est, ubi non deuotionis, sed necessitatis est quod timetur. itaque audiamus scripturam, quid dicat, cuius ista sunt monita: *et nunc,* 2 2 4
postremo quem noueris idolatriae fanum, gaudeas dei templum. itaque beatus est, semper qui meminit, quod renatus sit; beatior, qui non 2 29 3
quia neque fides sine caritate neque spes poterit operari sine fide. itaque Christianus tribus in rebus, si cupit esse perfectus, debet esse 1 36 2
prius prodit natura quam intellegat populus Iudaeorum. ab auctore itaque coepit furoris horror; accingitur turba feralis et ad inuisibilem 1 59 9
mali non suspicetur, non efficiat diis crudelibus, diis adulteris seruiens? itaque deinceps fuge, uirgo, fuge, uidua, nuptias tales. excusatio prorsus 2 7 18
deuotione constantia, ut omni corpore paratus uenisset ad gloriam. mox itaque deuotum corpus carnifex uidit, statim cadentis <securis> ictus 1 39 8
praedicauit his uerbis: *ecce agnus dei, ecce qui tollit peccatum mundi.* hic itaque dictus est *primitiuus*, quia paternae antiquitatis solus est conscius; 1 8 2
quoniam solam praesumit seruare posse quod praecipit. primum est itaque dilectionis officium deo refundere, quod nati sumus, solique debere, 1 36 21
si ita est, quomodo ergo posset agnosci, prodidit Esaias his uerbis: *audite itaque, domus Dauid: non pusillum uobis certamen cum hominibus,* 2 8 7
homines *opera uestra bona magnificent patrem uestrum, qui est in caelis.* itaque, dulcissimi flores mei, talia sacrificia procurate, quae sanctus spiritus 1 25 13
res erit, si dei ciuitatem felicitate nostri numeri fecerimus angustam. itaque estote securi: nihil in illa deest umquam, nihil ab suo statu aut 1 5 18
in conparatione malorum attrahat gloriam Christianae felicitatis. duplex itaque forma surgendi est: prima sanctorum, in qua illud beatitudinis 1 2 23
locum, ubi patientia dominatur, ubi uiuitur sobrie, ubi mors timetur. itaque hanc obseruantiam, hunc timorem, quod est uerius atque iustius, 2 7 9
uideretur; pedem ligatura destringit, ne incitata uictima displiceret. cesset itaque hic, carissimi, impietatis abominanda suspicio: Abraham dominum 1 59 7
ibidemque saluo quod erat meditatur esse quod non erat. mixtus itaque humanae carni se fingit infantem. Mariae superbus emicat uenter, 1 54 3
sed et denarium aureum triplicis numismatis unione signatum. gaudete itaque! in fontem quidem nudi demergitis, sed aetheria ueste uestiti mox 1 23
matri praestare, cui praestitit, ut rediuiuae uirginitatis honore polleret. itaque in statu, quo nata es, permanens, uirgo, gloriare sanctique pudoris 2 7 4
caro uolucrum, alia piscium. et corpora sunt caelestia, sunt et terrestria. itaque inmortalitatis semine (de quo etiam poeta sapientissimus praesagauit 1 2 26
quaerere, alteram, quam legitime, si possis, permitteris edocere. prima itaque natiuitas domini nostri in patris et filii tantum conscientia manet, 1 54 2
quid fuerit, quid futurum sit, non potest aliquando sentire. solus deus est itaque principium, qui ex se ipso dedit sibi ipse principium; solus ante 1 7 3
uerius uerbis humanis asseri possunt, quam a deo facta sunt uel uidentur. itaque quod ad nos pertinet, uideamus, quid sit, quod deus ait: *faciamus* 2 30 2
naturae comprehendi, quam nemo nouit nisi ipse solus, qui fecit. itaque quod specialiter ad nostras pertinet partes, uideamus, quid sit quod 1 27 2
pendebant, ait: *amen, amen dico tibi: hodie mecum eris in paradiso.* itaque si homo mortuus in aeternum perit, ergo mentitus est dominus, qui 1 2 11
diligerent magis tenebras quam lucem, creaturam potius quam creatorem. itaque tria conuenit esse iudicia: unum iustorum, qui non tantum, ut 1 35 7
quia in homine ex his quaecumque defecerit, ambae moriuntur. fides itaque uel maxime res propria nostra est, domino ipso dicente: *fides tua te* 1 36 7
es, si nescis, quid agatur in domo, infelicior certe, si scieris. proponamus itaque, ut saepe contingit, in unum sibimet conuenire diuersae religonis 2 7 14
explanabis. denique hoc alibi manifestius ad omnes discipulos ait: *ite ergo et docete omnes gentes intingentes eos in nomine patris et filii* 1 37 7
mysteria uniuersa conficiens atque concludens patri et Adam reportauit et iter ad caelum omnibus se sequentibus patefecit. 1 37 15
angeli accesserunt et ministrabant ei. unde dubium non est unum esse iter aerii culminis angelis lucis et hominibus iustis. haec igitur omnia 1 37 13
hunc deus praecipit proficisci, duce Moyseo uidelicet et Aaron, iter demonstrante nubis columna per diem, eadem ignis quoque per 2 26 1
aggeribus stupens unda solidatur. dei populus nauigat plantis. mira res! iter eius barbaris uehementer urguentibus nec eques potest sequi nec nauis. 2 26 1
non sunt iudicandi, quia iam iudicati sunt, sed perituri, scriptura dicente: *iter impiorum peribit*; tertium peccatorum, quorum obliquae ancipitisque 1 35 7
peccatores in consilio iustorum, quoniam scit dominus uiam iustorum et iter impiorum peribit. consequens est, ut scire nos par sit, in quo habitu 1 2 23
sibilant funes, gemunt cedentibus uelis antennae, retunsa undique iter non inuenit prora. trepidant nautae, festinant in cassum iactura 1 34 5
eorum ad effundendum sanguinem; contritio et miseria in uiis eorum et iter pacis non cognouerunt; non est timor dei ante oculos eorum. et de ipsa 1 3 11
solis, sed columna nubis, non candida luna, sed ignis columna per noctem iter pandebat ignotum. qui ut inter duo elementa peruenit, ibidem 1 29 1
populum fugiendo delesse, deum suis praefuisse maioribus eorumque iter praecessisse, non intellegentes, quia exinde eos a facie sua remotos post 1 18 1
candorem, ne quo pacto maculetis, perpeti diligentia custodite, quia nescit iterare quod praestat. ecce pueri, adolescentes, iuuenes, senes utriusque 1 38 1
aurum argentumque, penitus quod eruitur magno opere terrae uisceribus, iterum celandum terrae mandatur. etenim res est, quam habere falsum est 1 14 4
autem uestra locuta sunt facinus et lingua uestra iniustitiam meditatur. et iterum de ceteris membris: *sepulcrum patens est guttur eorum, linguis suis* 1 3 11
ad crucem enim perduxerunt, per quam crucem euaserant Pharaonem. et iterum *derelinquetur filia Sion* <...>. 1 61 8
et cor seminis tui ad dominum deum tuum amandum. hinc nunc uobis iterum dicam: 'Pharisaee, responde, ubi cor habeas constitutum. si in 1 3 14
et numquam uidi iustum derelictum nec semen eius quaerens panem; et iterum: *diuites eguerunt et esurierunt, requirentes autem dominum non* 2 1 20
ac ne quis sacrilegium existimaret sibi impune esse cessurum, scriptura iterum ibidem dicit: *sacrificans diis eradicabitur, nisi domino soli.* haec 1 25 5
uestri et eleuamini, portae aeternales, et introibit rex gloriae, et iterum magi: *ubi est*, inquiunt, *qui natus est rex Iudaeorum?*. hic est, 2 5 2
existimauit per stultitiam praedicationis saluos facere credentes; et iterum manifestius: *si quis inter uos uidetur sapiens esse in hoc saeculo,* 2 1 5
et superponens manum suam super aratrum aptus est regno dei; et iterum: *mementote uxoris Lot.* sed et apostolus sic: *quemadmodum* 1 37 12
deficit sensu in timore quam qui abundat astutia et transgreditur legem; et iterum: *noli esse sapiens multum et noli argumentari plus quam oporteat.* 2 3 12
pullos suos sub alas et noluisti? ecce remittetur uobis domus uestra; et iterum: *non relinquetur in templo lapis super lapidem, qui non dissoluatur*. 2 6 3
domino ipso dicente: *omnia quaecumque habet pater, mea sunt*, et iterum: *pater, omnia mea tua sunt et tua omnia mea*, quia pater in filio et 2 5 9
poterat, qui mortuos excitabat, *qui potestatem habuit ponendi animam et iterum resumendi eam;* sed ut doceret, quoniam, cum uiuit in hoc mundo, 1 2 31
loquitur, quos semper uiderat, sed de apostolis, quos uidere optabat. et iterum: *texit caelos uirtus eius*, eo quod apostolos ad mirabilia facienda 1 61 3
tuus uenit tibi iustus et saluans, mitis, sedens super asinum nouellum, et iterum: *tollite portas principis uestri et eleuamini, portae aeternales, et* 2 5 2
ingentibus enim peccatorum sarcinis premebantur. at ille alio deflexus itinere nauem Tarsos petiturus ascendit, cum subito compugnantium 1 34 5
aut cum hostilis imminens manus gladio salutem premit; aut cum uiantis itineri erectus in morsum, ardentibus squamis incensus tumidus sese anguis 2 2 2
Paulus obrutus calamitatibus beatis, cum pro nomine domini *latrones in itineribus,* latrones *in ciuitatibus* patitur, cum *a Iudaeis uirgis ter caesus* 1 34 4
moribus per gradus diuinorum obseruantiae praeceptorum cotidie spiritalis itineris gloria feruntur in caelum; quos apostolus Paulus exhortatur et 1 37 12
patienter exornat, patienter uariis animantibus replet. quando ingredi iubeatur, quando ianuam claudere, patienter exspectat, dignus euadere, qui 1 4 12
praesumis.' 'iam completa est, inquit, in me per Iesum Naue domino iubente secunda, quam Moyses annuntiauerat, circumcisio. scriptum est 1 3 14
natiuitatis et admiratione progenitus in primis infantiae rudimentis iubenti ac deposcenti deo innocens martyr offertur, immaculata hostia nec 1 59 2
hoc me sanguine deplacabis, iste meis sacris debetur; unde immolari iam iubeo.' non contristat frontem deuotissimus Abraham nec dolor patri 1 43 3
tuam faciem deformabit praestans aliquando et beneficium, cum te iubet ad ecclesiam non uenire. sed multo peius est, si places marito: neque 2 7 15
rea sine labore accusatoris uidua praegnans. irascitur socer, eam produci iubet atque incendio concremari. at illa constanter adest, sibi quae non 1 13 3
custodiam noxiae mentis mancipes rapuerunt, quem oblatum sibi iubet crudelissimus rector acri obseruatione detineri. ad futurae gloriae 1 39 4
iniuriam. uidetisne, fratres dilectissimi, quia nullus exserte hic alteri iubet, in opere nullus otiosus est? o sancta aequalitas ac sibi soli dignissima 1 45 2
nos a deo non potes separare.' statim iudex uiperei ueneni felle commotus iubet non usitata animaduersione poenarum nec usuali in reos lege 1 39 6
omnibus sibimet similantibus detraxeris, cui detraxeris nescis. 'at ille, cui iubetur, est, inquit, inferior.' quid, quod inde non esse approbatur inferior, 1 45 3
se feralem iudicis amentiam citae mortis sorte satiare, dum subito manus iubetur extendere ac super caespitem [nudus] proiectus in faciem pedum 1 39 7
carissimi membra, quae osculis premere consueuerat, armatus gladio iubetur occidere. quid faceret pietas? praeceptum differri non potest. 1 62 3
ut quicquid in eo geritur, non debere diligi a nobis sacris uocibus dum iubetur, recte sapientibus exsecrabilis esse uideatur, Iohanne dicente: *nolite* 1 36 27
et spiritus omnis iniquitatis. Israel populus Christianus, qui proficisci iubetur, ut ad futura contendat. Moyses et Aaron per id, quod erant, 2 26 2
terram homines intellegendos frequens prophetarum assertio demonstrauit: *iubilate*, inquit, *omnis terra*, et alibi: *audi*, inquit, *terra, ex ore meo.* quo 1 61 4
oblita, uestitu uaria, monilibus tota distincta, conuiuiorum celebritate iucunda, uino madida, gemmis seu floribus redimita, oculorum iocorumque 2 4 9
propagantur in saecula. in huius diei luce gradientes exsultemus fide, iucundemur bona conuersatione, ut perpetuam uitam adipisci mereamur 1 33 4
necessitatibus gerant, omnibus nota porcorum cotidiana propemodum tam iucundi certaminis exempla declarant; quia aliqui eorum cum forte de 1 36 15
haec uariis unguentis et odoribus fragrat; illa unici floris sui quouis prato iucundioris caelum ipsum honore laeto respirat. haec liberis gaudet; at illa 2 7 3

congrue *mustulentus autumnus*, ut necessario gratiae panis uini quoque	iucunditas iungeretur. quis non haec caelestibus mysteriis coaptata	1	33	1
euacuatam uidemus a lege, sic Ieremia dicente: *haec dicit dominus uiris*	*Iuda et omnibus, qui habitant in Ierusalem: renouate inter uos nouitatem et*	1	3	12
perpetuitate progenitum fuisseque tempus, quando non fuit. tertia	Iudaea est uere caeca, quae cum in lege, ut dicere solet, sua legat ubique	2	8	1
disquirat, paucis insinuabo. in totius fabricae fundamentis non sicut in	Iudaeae templo plurimi, sed magnus, praeclarus, pretiosus ac speciosus	2	6	6
indignis caedibus mactauerunt. uenti saeuientes diuersi sunt reges, qui	Iudaeam lugubri clangore tubarum armorumque fragore terribili	1	34	7
quam diu,	Iudaee, bruti cordis necdum discutis tenebras sacraeque legis oracula iam	2	20	1
tempus non sinit imagini reddere ueritatem. uerum tamen,	Iudaee, quid designatione tui criminis gratularis? in Aegypto seruis diu,	2	16	
tempus non sinit, fratres, imagini reddere ueritatem. uerum tamen,	Iudaee, quid monumentis tui criminis gratularis? in Aegypto seruisti diu,	1	9	
spiritu meretricio seducti sunt et fornicati sunt a deo suo. agnosce igitur,	Iudaee, uel sero erroris tui miserum dolendumque discrimen et dic nobis,	1	3	12
fusus a domino flammis et sulphure armatus poenali procella deleuit?	Iudaei contionibus tument; altaria diuina cum uenerantur, euertunt; uaria	1	4	10
cognoscitur, *latrones* diabolus et concupiscentia, *Samaritanus* dominus, cui	Iudaei dicebant: *hic Samaritanus est, daemonium habet*; *stabularius* doctor	1	37	10
legem qui spiritaliter accipit, fratres, iste est, eius qui fructu lactatur.	Iudaei etenim cum carnaliter sentiunt in gregibusque pecuinis agnum	1	8	1
seruiebat. cum ea conuenire cupit, quia prophetiae magis gentes quam	Iudaei fuerant credituri, domino dicente: *amen, amen dico uobis, quia*	1	13	9
male repetita nuditas condemnetur, ne nouus homo quicquam	Iudaei habere uideatur aut gentis. ambo enim illi carnales sunt, ambo sine	1	3	24
repudiationem prophetarum omniumque sanctorum, quos synagoga pulsos	Iudaei in damna salutis suae indignis caedibus mactauerunt. uenti	1	34	7
scire transacta et nosse uentura. *filios*, inquit, *genui et exaltaui*. infinita	Iudaei infidelitate sua apud dominum nostrum odia meruerunt, quoniam	1	61	5
est figura sed ueritas! quam ex rebus ipsis agnoscite pariter et probate.	Iudaei maiores suos Pharaonis exercitusque eius graui seruitutis iugo	1	46b	1
toto iam non sunt. unum sane necessario proferemus exemplum, quod et	Iudaei odiosum et Christiani sacrificium approbet deo gratum, apud	1	25	7
cum peccatum sit hominem non amasse. unde infelices et miseri sunt	Iudaei, qui deum patrem, a quo sunt geniti, respuerunt tanti immemores	1	61	6
si	Iudaei uacuatae imaginis recordatione gloriantur, quanto magis	1	46b	1
	Iudaei unde se beatos putant, infelices inde esse noscuntur. etenim	1	18	1
in filium Dauid Christus uenire potuisset; qui ideo circumcisus est, quia	Iudaeis erat promissus, ideo cum praeputio natus, quia in aeternum	1	3	18
quem necessario uno sequuntur duo Pisces in signo, id est duo ex	Iudaeis et gentibus populi baptismatis aqua uiuentes, in unum populum	1	38	7
erant opera terrena. hoc est ergo quod ait: *audi caelum et terra*, quod	Iudaeis non audientibus Christus dominus esset ab apostolis et gentibus	1	61	4
laudare, quae dei sunt, tamen praecipuum non est, quod cum gentibus uel	Iudaeis potest esse commune; nam et illi, si liceat uel si uelint, fortassis	2	6	1
nomine domini *latrones in itineribus*, latrones *in ciuitatibus* patitur, cum *a*	*Iudaeis uirgis ter caesus naufragio* trino diluitur, cum insani populi	1	34	4
non potest nosse ueritatem. haec enim res et fecit et facit, ut Iudaeus et	Iudaeo deterior Christianus dei filium deum esse non credant. quos uellem	1	25	1
mutatur et dei iniuriam prius prodit natura quam intellegat populus	Iudaeorum. ab auctore itaque coepit furoris horror; accingitur turba feralis	1	59	9
arguitur, quod de fornicatione conceperit; et ecclesia quasi legis adultera	Iudaeorum est a senioribus accusata, quod sabbatum ruperit, quod eorum	1	13	12
diuinus sit sermo prolatus, nunc alteris uideatur ingestus. unde reiectio	Iudaeorum est aliarum electio personarum, quia, cum alteris, ut uerbum	1	61	1
gentibus fuerat profuturus. diximus de prima circumcisione carnali, quae	Iudaeorum est; nunc breuiter de secunda spiritali, quae nostra est,	1	3	19
sed in caelesti prole, non semine, progenitum certissimum dominum impia	Iudaeorum exarsere consilia. quem tacentem tamquam obnoxium et pro	1	59	8
carbonem uaticinando perhibuit. etenim labia inquinata duos populos	Iudaeorum gentiumque debemus accipere, qui, cum essent anterioris uitae	1	37	3
introibit rex gloriae, et iterum magi: *ubi est*, inquiunt, *qui natus est rex*	*Iudaeorum?*. hic est, fratres, qui uenturus denuntiatus est per prophetas,	2	5	2
alterum reprobum, tertium mundum. detestabile est gentium, reprobum	Iudaeorum, populi Christiani mundum. igitur gentium sacrificium quam	1	25	3
complenda temporibus sub domini saluatoris aduentum, qui non esset a	Iudaeorum populis audiendus, quod eum apostoli essent et homines ex	1	61	2
non ad gentes prophetae fuerant destinati. *fornicariam putat*: recte, quia	Iudaeorum populo seruiebat. cum ea conuenire cupit, quia prophetiae	1	13	9
somnus uero passionem. mare autem mundus est iste tumidus; fluctus eius	Iudaeorum populos et *gentes* accipimus, qui aduersus deum inaniter	1	34	8
deum nec sacrificium etiam ipsae cognoscunt se habere legitimum. nunc	Iudaeorum quoque sacrificia <a> deo repudiata cognoscite, qui dicit ad	1	25	6
pudoris eius nondum uenerat Christus. non cognoscitur a socero: ad	Iudaeos enim, non ad gentes prophetae fuerant destinati. *fornicariam*	1	13	9
his enim solis sacerdotum dei structura et propria est et perennis, qua et	Iudaeos et gentes uel ceteros antecedimus. incomparabilis autem gloria ac	2	6	4
	Iudaeos legitimum pascha celebrare non posse, periti legis, deo ipso	2	25	1
	Iudaeos legitimum pascha celebrare non posse paucis accipe, Christiane.	1	51	
	Iudaeos non tantum legitimum pascha celebrare non posse, sed religionis	2	17	
genui et exaltaui. haec domini uox est, qua iam tunc per prophetam	Iudaeos obiurgabat incredulos et quae essent futura, priusquam fierent,	1	61	5
sed quia nescit aeternitas mori, uiuit dominus post sepulcrum, et ad	Iudaeos remansit sola damnatae uoluntatis inuidia, qui dominum nec	1	59	8
unusquisque membra, poterit perpetrare tot crimina. denique hoc genere	Iudaeos scriptura denotat ab auribus incipiens: *clamaui*, inquit, *ad eos et*	1	3	10
(pater enim omnium corrupte uiuentium diabolus designatur, domino	Iudaeos sic increpante: *uos de diabolo patre estis et concupiscentias patris*	1	13	8
populi typum in semet ipso portasse, ut circumcisionis nota exprimeret	Iudaeum, credulitatis iustitia Christianum. adde quod circumcisio ista non	1	3	7
est, fratres, in damnum rotundi uulneris ferro circulata cicatrix. quam si	Iudaeus aestimat gloriam, ut de ceteris taceam, maior est eius, qui in	1	3	2
eius non potest nosse ueritatem. haec enim res et fecit et facit, ut	Iudaeus et Iudaeo deterior Christianus dei filium deum esse non credant.	1	25	1
specialiter anxiam curam mortis mihi a deo praestitam recognosco.' recte	Iudaeus hoc diceret, fratres, si ista cura sexui utroque prodesse potuisset.	1	3	9
	Iudaeus legitimum gerere se pascha contendit, cui nihil aliud de ueteri	1	28	1
abscisum mysteriis turpioribus immolauit, illa uidelicet ratione, quia	Iudaeus post sacramentum per hanc partem peccare potest, ille autem	1	3	2
qui circa se uideret feliciter triumphum suum perire naufragio. haec	Iudaeus praedicat, fratres, et tamen deo demens adhuc usque non credit,	1	29	2
mentionem, ratio uidetur esse reddenda, ut et Christianus ueritatem et	Iudaeus suum cognoscat errorem. solet enim magnis cum uociferationibus	1	3	1
locutus est: filios genui et exaltaui, ipsi autem me spreuerunt. grandem	Iudaicae gentis offensam libri istius exordia proloquuntur et iracundiam	1	61	1
humanus circa impietatem	Iudaici populi deficit sermo, qui dei patientiam sui obstinati cordis	1	47	
est circumcisionem non Abrahae fuisse necessariam, sed in designationem	Iudaici populi, qui carnalis futurus fuerat, procuratam. denique nihil illi	1	3	7
sicut Esaiae beatissimi indicat carmen,	Iudaico populo irascitur deus eumque, ne forte paeniteat, publica	1	30	
sapientes et honestos grauius est aliqua nota confundi quam mori, deus	Iudaicum populum luxuriae aestu exuberante corruptum publica	1	20	
	Iudaicum populum uniuersum salutis suae amisisse praesidium diuini	2	21	
etiam perpetuo poenali supplicio destinati. Aunan autem secundus frater	Iudaicus est populus, cui praecipitur, ut semen excitet fratris, non utique	1	13	5
lecti declarat; sic enim se habet: *in finem pro his qui immutabuntur.*	Iudaicus etenim populus, qui prior uinea dei dictus est, floruit quidem, sed	2	11	1
non poterit. denique Abraham placuit deo credulitate sine lege et	Iudaicus populus displicuit deo incredulitate cum lege. unde dubium non	2	3	1
quantum sonus lectionis indicat, fratres,	Iudaicus quidem populus impietatis arguitur, sed Christianus, ne talis	1	10a	
unda in gremio renatus ecclesiae filius eius futurus fuerat, non maritus.	Iudas amittit uxorem, id est synagogae fides moritur. quod autem inquit:	1	13	7
debere conceptum, cuius monile, anulum teneret et uirgam. qua re cognita	Iudas non tantum ab ea se refrenauit, sed insuper eam et iustificauit.	1	13	3
exponit, aestiualia induit, semet decore componit locoque constituit,	Iudas qua fuerat transiturus. at ille uisam mulierem fornicariam putat,	1	13	2
Iudas non tantum ab ea se refrenauit, sed insuper eam et iustificauit.	Iudas, quantum intelligi datur, ex parte prophetarum, ex parte	1	13	4
quam in spe uel fide esse depositum, sicut euidens testatur exemplum.	Iudas Scariothes traditor domini et spem et fidem perdidit, quia caritas in	1	36	19
	Iudas tres liberos habuit: Her, Aunan, Selom. hic mulierem, cuius nomen	1	13	1
quamuis cruciatus exerce molem: nos a deo non potes separare.' statim	iudex uiperei ueneni felle commotus iubet non usitata animaduersione	1	39	6
tibi, domine, quomodo dominus in euangelio dicit: *qui credit in me, non*	*iudicabitur; qui autem non credit, iam iudicatus est*? hoc dicendo *exemit*	1	35	1
explanat proprietas ipsa uerborum: *qui credit, inquit, in me, non*	*iudicabitur.* recte: *quid enim necesse est iudicare credentem? iudicium enim*	1	35	2
ipsi iudicabunt, apostolo dicente: *an nescitis, quia sancti de hoc mundo*	*iudicabunt?*; alterum impiorum, qui non sunt iudicandi, quia iam iudicati	1	35	7
qui non tantum, ut dictum est, non iudicabuntur, sed istum mundum ipsi	iudicabunt, apostolo dicente: *an nescitis, quia sancti de hoc mundo*	1	35	7
et quasi holocaustomata accepit illos et in tempore erit respectus illorum.	*iudicabunt nationes et dominabuntur populis et regnabit dominus illorum in*	2	5	6
non derelinquit neque peccatores, qui iudicandi sunt, iustorum, qui non	iudicabuntur, dignos esse consilio existimauit. nunc scire debemus,	1	35	3
conuenit esse iudicia: unum iustorum, qui non tantum, ut dictum est, non	iudicabuntur, sed istum mundum ipsi iudicabunt, apostolo dicente: *an*	1	35	7
peccauerunt, sine lege peribunt. at qui in lege peccauerunt, per legem	*iudicabuntur.* uidetisne, fratres, multum interesse inter damnatum et	1	35	7
quia sancti de hoc mundo iudicabunt?; alterum impiorum, qui non sunt	iudicandi, quia iam iudicati sunt, sed perituri, scriptura dicente: *iter*	1	35	7
iam sua impietate praeiudicati sunt, non derelinquit neque peccatores, qui	iudicandi sunt, iustorum, qui non iudicabuntur, dignos esse consilio	1	35	3
iudicabuntur. uidetisne, fratres, multum interesse inter damnatum et	iudicandum? quam iudicii formam etiam ipsa humanitas, quamuis iniusta	1	35	8
errare stipi triuiali subiectos; quod liberi parentum uitam sua damna	iudicantes iniecta uiolenter manu ipsi naturae, inuasis hereditatibus ante	1	5	6
sententiam quam dicata deo pro castitate fortiter moritura, et quam	iudicantium sententia praua deiecerat illustris conscientiae integritas	1	40	1
qui credit, inquit, in me, non iudicabitur. recte: *quid enim necesse est*	*iudicare credentem? iudicium enim ex ambiguis rebus exsistit; adempta*	1	35	2
ambiguitate iudicii non desideratur examen. ex quo ne infideles necesse est	*iudicare*, quia iam sua sunt incredulitate damnati; ex hac enim uita quis	1	35	2
qui a sanae mentis hominibus ne hominum quidem uocabulo digni	iudicarentur. pro quibus causis a deo non tantum sunt disperditi, sed etiam	1	13	4
uirtutibus magnisque laboribus quaereretur, incunctanter optarent stultos	iudicari se iustos quam sapientes iniustos, maxime cum iam sit eorum	2	1	4
pater familias honesta fidelitatis suae lucra offerentem sibi suum seruum	iudicat, sed honorat ut filium. alterum uero, quem uenena conterentem, in	1	35	8
mundo iudicabunt?; alterum impiorum, qui non sunt iudicandi, quia iam	iudicati sunt, sed perituri, scriptura dicente: *iter impiorum peribit*; tertium	1	35	7
omnes excolunt populi, dubium non est, quia aut hostis publicus aut certe	iudicatur insanus, quisquis nuptias dissuaserit. at ego non pertimescam,	2	7	1
enim de hominis adsumpti temporali locutus est regno, in quo uenturus et	*iudicaturus est uiuos et mortuos*, sicut lectio uniuersa testatur, qua	2	5	7
dicit: *qui credit in me, non iudicabitur; qui autem non credit, iam*	*iudicatus est*? hoc dicendo *exemit iudicio fideles, non admisit ad iudicium*	1	35	1
congressione desudant, non aduertentes miseri, quoniam in tali negotio	iudice deo quod non licet uxoribus non licet nec maritis, sicut praescribens	1	1	13
tumet feliciter uenter, Mariae maiestate. illa praeconem portat, haec	iudicem. exsultate, feminae, promotionemque uestri sexus agnoscite. culpa	2	8	8

testis est deus. non respexit castitas, quid falsi dicerent testes aut qualiter iudices circumuenti damnarent, non denique qualiter diabolus infamaret, 1 40 2
finiat non finitur. hanc mediocres fraudibus excolunt, diuites inpotentia, iudices gratia, diserti mercennaria ac duplici lingua, reges superbia, 1 14 1
omnes aut deuitat aut portat iniurias. incertum est, utrum inpassibilis iudicetur, cum aliquid passa quasi nihil passa sit inuenitur. postremo 1 4 2
statim beatus martyr se latere non passus est; se ultro offerens iudici moram suam uoluntarie praeiudiciis excusauit. cui cum prouinciae 1 39 5
Christus est dominus. quod duplicem nubis et ignis imaginem gerit, iudicia duo designat: unum aquae, quod gestum est, ignis alterum, quod 2 26 2
o altitudo diuitiarum sapientiae et scientiae dei! quam inenarrabilia sunt iudicia eius et quam inuestigabiles uiae eius! quis enim cognouit sensum 1 34 2
o altitudo diuitiarum et sapientiae et scientiae dei! quam inexquisita sunt iudicia illius et quam inuestigabiles uiae illius! quis enim cognouit 2 3 16
quam lucem, creaturam potius quam creatorem. itaque tria conuenit esse iudicia: unum iustorum, qui non tantum, ut dictum est, non iudicabuntur, 1 35 7
earum in ultimo preli pondere duabusque tabulis exsiccatur; similiter iudicii die a Christo secundum tabulas legis confessorum sanguinis uindicta 2 11 7
criminum faciunt, ut putent impunita fore quae clanculo gerunt. nam si iudicii diei adpropinquare iam cursus aduerterent, procul dubio et 1 2 1
omnia passim membra tremore uibrantur; gemit, flet, denuntiatum pauet iudicii diem pellique se plangit, confitetur sexum, confitetur adgressurae 1 2 6
ideo carnem est dignatus induere, ut nemo se possit per carnem, cum iudicii dies uenerit, excusare. 1 54 5
qui cognitione secreti est omnium peior, nemo imminentes diei iudicii flammas, per quas omnes nudi transituri sumus. solum colitur, de 1 5 15
uidetisne, fratres, multum interesse inter damnatum et iudicandum? quam iudicii formam etiam ipsa humanitas, quamuis iniusta sit, seruat. nemo 1 35 8
perciperetis, pro uobis ipsis bene uigilastis; optime estis auditi. nouum iudicii genus est, in quo reus, si excusauerit crimen, damnatur, absoluitur, 1 42 1
perciperetis, pro uobis bene uigilastis, optime estis auditi. nouum iudicii genus, in quo reus, si excusauerit crimen, damnatur, absoluitur, si 2 10 2
non tantum diaboli praesentes ignes exstinguit, sed etiam futuri diei iudicii incendia superabit. illa iustificata discessit; haec glorificata uestri 1 13 13
credentem? iudicium enim ex ambiguis rebus exsistit; adempta ambiguitate iudicii non desideratur examen. *ex quo* ne *infideles necesse est iudicare*, 1 35 2
plerumque debemus, ut et praesentis temporis temptationes et futuri iudicii poenas euadere mereamur per Iesum Christum. 1 34 9
iudicabitur; qui autem non credit, iam iudicatus est? hoc dicendo *exemit iudicio fideles, non admisit ad iudicium infideles.* at si utraeque partes 1 35 1
castitatis et in uisceribus sacrae uirginis comparat sibi corpus suo iudicio nasciturus. in hominem coaptatus integumento carnis includitur 2 12 1
in Psalmo primo his uerbis expressit: *non resurgunt*, inquit, *impii in iudicio neque peccatores in consilio iustorum.* gradatim pro meritis quasi 1 35 3
poenae, in Psalmis spiritu sancto dicente: *ideo non resurgunt impii in iudicio neque peccatores in consilio iustorum, quoniam scit dominus uiam* 1 2 23
decus pudicitiae, docuit feminas suae castitatis exemplo. stabat Susanna in iudicio perditorum falsorum testium oppressa mendaciis, conscientiae 1 40 1
iure non potest mereri sententiam. et qui sunt isti, quos ambiguitas suo iudicio reseruauit? utique illi, sicut apostolus quoque ait, qui cognitum 1 35 6
aedificent, cultius erigant capitolia, sed in his omnibus operibus uero iudicio structores magis possunt placere quam sacerdotes. quid, quod aut 2 6 1
eos caelo et terra testibus denotare, ut inexcusati facinoris competenti iudicio subiacerent. denique res impleta est domini passione: caelum medio 1 47
iudicio fideles, non admisit ad iudicium infideles. at si utraeque partes iudicio uacant, quomodo unicuique merces pro suo actu reddetur? sine 1 35 1
genitali condentes ullam pro personis operari ne aestimetis hic gratiam. iudicio uestro nascimini scientes, quoniam, qui plus crediderit, nobiliorem 1 49
ictibus colla, nudauerat gladiis uenientibus iugulum, putauerat se feralem iudicis amentiam citae mortis sorte satiare, dum subito manus iubetur 1 39 7
absoluitur, si fatetur. magna ratio, magna potestas, magna pietas iudicis nostri, a quo uniuersi generis peccatores, ut possint beate uiuere, 1 42 1
absoluitur, si fatetur. o magna potestas, magna peritia, magna pietas iudicis nostri, a quo uniuersi generis peccatores, ut possint beate uiuere, 2 10 2
secum carceris portat; qui carnificem sentit, antequam uideat; qui nomen iudicis pertimescit; qui, sicunde susurrus ingruerit, se quaeri, se aestimat 2 10 1
inquirunt. igitur in praesenti Psalmo propheta cum dicat: *misericordiam et iudicium cantabo tibi, domine*, quomodo dominus in euangelio dicit: *qui* 1 35 1
quasi cum quibusdam elogiis paucissimis uerbis totius humani generis iudicium designauit; etenim quantum interest inter impium et peccatorem, 1 35 3
in me, non iudicabitur. recte: *quid enim necesse est iudicare credentem? iudicium enim ex ambiguis rebus exsistit; adempta ambiguitate iudicii non* 1 35 2
intellegere et scire, quia ego sum dominus, qui facio misericordiam et iudicium et iustitiam super terram. o quam paucissimis uerbis omne hoc 2 1 5
sanctus ingressus ait, cum illa ad supplicium duceretur: *reuertimini ad iudicium; falsum enim isti contestati sunt de ea.* stupet populus, quod a 1 40 2
reatus, ubi de amoris comparatione duarum contrariarum sibimet partium iudicium flagitatur. ambiguitas enim nisi fuerit discussa, iure non potest 1 35 6
iam iudicatus est? hoc dicendo *exemit iudicio fideles, non admisit ad iudicium infideles.* at si utraeque partes iudicio uacant, quomodo unicuique 1 35 1
nullaque eos cognitio exspectat ulterius, quinam sint isti, quibus est iudicium praeparatum. et a quo scire debemus, nisi ab ipso domino, qui 1 35 4
tantum interest inter peccatorem et iustum. denique etiam ipse impiis iudicium, quia iam sua impietate praeiudicati sunt, non derelinquit neque 1 35 3
nisi ab ipso domino, qui suum dictum prosequitur dicens: *hoc est autem iudicium, quia lux uenit in hunc mundum et dilexerunt homines tenebras* 1 35 4
falsum enim isti contestati sunt de ea. stupet populus, quod a supplicio ad iudicium repetendum reuocaretur addicta. falsos testes pauor inuadit. 1 40 3
propositam quanto amore, qua deuotione festinet. si quis eam prouocat in iudicium, ut eius auferat tunicam, libens illi pallium quoque concedit; 2 1 13
uariis argumentationibus membra! o quam indefensa, quae regum, iudicum, diuitum, aliquotiens etiam, quod peius est, gentium desiderat per 2 3 10
eum sanctissimus martyr uocibus exsiliit: 'quid, inquit, uanissime omnium iudicum, putasne aut de lucis istius incongruis usuris aut de praeproperae 1 39 5
se ipsa reprehendat, ne opere coepto umquam deficiat. haec captiuorum iuga redemptionibus frangit; incarceratis medendo plus carcerem nouit; 2 1 12
quem sumpsit, necessaria moderatione distinguit. si enim deum purum iugiter praedicaret, passionis resurrectionisque uacaret locus et nihil 2 5 1
induat uultus, quot animi fuerint motus, nullusque prorsus dies, quo iugiter sibi similis esse uideatur? cum haec aliter non sint, ergone dei 1 27 2
Aegypto a Pharaone populoque eius Israel dei populus captiuitatis ingenti iugo acerrime premebatur. hunc deus praecipit proficisci, duce Moyseo 2 26 1
probate. Iudaei maiores suos Pharaonis exercitusque eius graui seruitutis iugo depressos de Aegypto praedicant liberatos. a diaboli rabie 1 46b 1
sacrae sic est perlecta narratio. cum Israelis populus enormi captiuitatis iugo depressus a rege Pharaone duris condicionibus in Aegypto necaretur, 1 29 1
timet Christum. inde est, quod coniuges nuptiali sanctissimo repugnantes iugo, pro se quisque nitentes (amore uidelicet nimio), hereditatem captat 1 14 7
fidissimus miserandae uiduitatis es portus. tu sanctissimo coniugali iugo rudi ceruice subeuntes in nisum laboris uel amoris aequalem 1 4 21
ut nulla ullo in opere captantes auguria, eius sine malitia succedentes iugo terramque uestrae carnis domando fecundantes laetam diuinorum 1 38 3
deseruit deo? nam si *ecclesia* ideo *Christi sponsa* est, quia *pudica*, ideo iugo thalami caelestis honorata, quia etiam post nuptias manet postmodum 1 1 3
ancipiti quidem metu contemplatione praeclusa, cuius aut pudor esset iugulandus aut anima, conscientiae suae conscium solum contestans deum 1 1 18
amissa luce laetantes in tenebris, habentes fana, non domos? digne, digne iugulantur quae Christi ingratae beneficiis sponte ad mortem, de qua 2 7 12
conculcantur, hoc est summa cum contumelia a persecutoribus illusi iugulantur. sucus earum in ultimo preli pondere duabusque tabulis 2 11 6
duorum seniorum aut prodigiosis ignibus subicere aut parricidali gladio iugulare; hic Ioseph mulieri flagitat esse uiolentum, quem, etiam dum 1 36 26
dulcissimum filium, deo uictimam dulciorem contemnit, ut seruet, destinat iugulare, ne iugulet, securus illo se non posse displicere facinore, quod deo 1 4 13
magistra malorum. hominis nam salutem ab incunabulis mundi mors ut iugularet ac iugulet, ab ipsa prorupit. denique Adam in arce cum esset 1 4 7
elementa hominem, qui factus sit *ad imaginem et similitudinem dei*, posse iugulari, et hoc a fratre. erubescit rudis terra pio sanguine impiata. solus 1 4 9
et ab omnibus, quasi non sit, arguitur; accusatur et tamen colitur; iugulat et amatur. inuincibile profecto calamitatis est genus, cui subiugata 2 1 8
eget, nemo inuidet, nemo furatur, nemo rapit, nemo proscribit, nemo iugulat, moritur nemo; omnes felices, omnes unanimes, omnes inmortales, 1 5 18
est: *idola gentium argentum et aurum,* pro quo quis aut iugulatur aut iugulat. uellem scire tamen, tanta eius rabies quid uoluptatis habeat, suo 1 5 15
de quo dictum est: *idola gentium argentum et aurum,* pro quo quis aut iugulatur aut iugulat. uellem scire tamen, tanta eius rabies quid uoluptatis 1 5 15
pallium quoque concedit; maledicitur et benedicit; caeditur et gratias agit; iugulatur et non repugnat; pro percussoribus suis deum insuper et exorat. 2 1 13
quod non cruentis manibus, sed sensibus mundis offertur; quod non iugulatur ut pereat, sed, sicut Isaac, immolatur ut uiuat, apostolo hortante 1 25 9
singularis! o dulcis sententia! o damnatio necessaria! in semet ipso homo iugulatur, ut uiuat. percussor non uidetur, percussoris non cernitur gladius, 1 42 2
o praestantia singularis! o dulcis sententia! o damnatio necessaria! homo iugulatur, ut uiuat. percussor percussorisque non cernitur gladius; percussi 2 24 3
per mulierem transgressionem praecepti dei persuadendo miserabiliter iugulauit et exinde hereditaria condicione confectum uniformiter interibat 2 4 5
hominis nam salutem ab incunabulis mundi mors ut iugularet ac iugulet, ab ipsa prorupit. denique Adam in arce cum esset adhuc paradisi 1 4 7
mensura, maior in pretio; negat se habere, quod distrahat, ut rogetur, ut iugulet. atque utinam incorrupta species uenderetur! ingemescit praeterea, 1 5 14
parietum cum ruina confusis, nimia crudelitate festinus sepelit, antequam iugulet. ipsum postremo, quem diuitiis exspoliauerat magnis, magnis uestit 1 4 18
filium, deo uictimam dulciorem contemnit, ut seruet, destinat iugulare, ne iugulet, securus illo se non posse displicere facinore, quod deo gerebatur 1 4 13
labentibus illam sanctissimam fratrum cohortem sepelit antequam iugulet taleque est commentus pietatis excidium, ut in illa unius funeris 1 15 4
parauerat extensa futuris ictibus colla, nudauerat gladiis uenientibus iugulum, putauerat se feralem iudicis amentiam citae mortis sorte satiare, 1 39 7
pecudum uiolenter scissis in uentribus quaerunt, qui coniugale exasperant iugum affectuque calcato subditiciis personis, ut obumbrent furta 1 25 11
uenite, inquit, *qui laboratis et onerati estis et ego reficiam uos. tollite iugum meum super uos et discite a me, quia mitis sum et humilis corde, et* 2 9 4
uindemiam. inde est, quod hodie uestro de numero nouellae uites ad iugum perductae, scaturientis musti dulci fluento feruentes uinariam 1 10b 3
in quibus aeternae fructus est uitae, et defenditur pariter et nutritur. ad iugum peruenit, cum praerogata omni facultate pauperibus crucem suam 2 11 6
tutela defensus sese sustollat. at ubi adoleuerit in uitem perfectam ad iugumque peruenerit, eius omnes crines luxuriosi falce tonduntur, pura 2 11 2
de qua Paulus ait: *non omnis caro eadem est caro: alia est hominis, alia iumenti, alia caro uolucrum, alia piscium. et corpora sunt caelestia, sunt et* 1 2 25
sine hac fidele, sine hac securum, sine hac gloriosum, sine hac deo iunctum, sine hac possit esse perfectum. denique cum dominus 1 36 16
<securis> ictus neruorum connexa dissoluit et cunctas conpage discussa iuncturas corporis rupit. exsilierunt exsectae manus †et uenarum in se 1 39 8
ruit; ideo telis facibusque constructus, quia inlicitis ardoribus semper iunctus est gladius; ideo autem caecus, quia, cum exarserit, non aetatem 1 36 25
ipse praecedit. cui haec est conparanda confessio? Maccabaeorum est iungenda numero, Eleazari est adaequanda proposito, conparanda consilio. 1 39 9
mustulentus autumnus, ut necessario gratiae panis uini quoque iucunditas iungeretur. quis non haec caelestibus mysteriis coaptata cognoscat? hiems 1 33 1
promotionemque uestri sexus agnoscite. culpa deleta ueteri ecce per uos iungimur caelo: anus enim peperit angelum et uirgo deum. hic est deus 2 8 8
distet, nemo discernat. tu, inquam, caelestia humanis, humana caelestibus iungis arcana. tu diuina custodis. tu in patre imperas. tu tibi in filio 1 36 32
manente semper secum substantia nutriatur. auxiliare illi necessario iungitur lignum, cuius tutela defensus sese sustollat. at ubi adoleuerit in 2 11 2
elegerit, hoc dabitur ei. unde dubium non est uoluntatem nostram, cui se iunxerit parti, praebere uictoriam eiusque in resurrectione aut praemio 2 4 18
nos ipsos diligimus, diligamus, maxime cum cognationis ipsa hoc exigant iura. clamat enim prophetes: *deus unus creauit uos; nonne pater unus est* 1 36 22
uniuersis affectibus praestat, haec parentum, coniugum liberorumque sacra iura custodit, haec in utroque sexu conspicua, in omni aetate miranda, in 1 1 1
compellunt. quis has diligat filius, quis maritus, confundentes sanguinis iura, delentes merita maritorum, adulantes uiuis, mortuis suspirantes, nunc 2 7 10

fidem frangit, caritatem neglegit, iustitiam negat, non cognoscit affectus, iura diuina contemnit, humana uersutis argumentis excludit, orbem totum, 1 21
haec circa regum latera securos gladios facit; haec bella premit, lites tollit, iura euacuat, fora compescit, odia eradicat, iras exstinguit. haec mare 1 36 13
sacri gurgitis unda sepultus, ut sepulcri nido uiuificatus resurrectionis iura gustaret. o magna prouidentia dei nostri! o bonae matris caritas pura! 2 29 1
humano generi formam dedit, quoniam ad hoc deus pro homine mortis iura gustauit, ut homo per deum ius inmortalitatis reciperet, quod amisit. 1 2 11
et auaritiae, unde criminum fluenta funduntur, ebibit fontem. huic non iura, non leges, non honor ullus obsistit, quia quicquid aut emitur aut 1 5 5
turbas; ille numquam remunerat quemquam, nisi primo quis uictor mortis iura praetereat. quae res efficit, ut siue metu siue incredulitate 2 4 14
similiter Phoenix auis illa pretiosa resurrectionis euidenter nos edocet iura, quae nobilitatem generis sui non a parentibus accepit, non liberis 1 2 20
exspirans uetusti corporis superficie deleta, immo in melioris naturae iura transmissa, felix caput comis uirentibus redimitum quasi ab inferis 1 2 22
circumcidit, cum innocentis animae interitu praestitutae circumcisionis iura uacuauit, quia solus octauus dies a deo circumcisionis priuilegium, 1 3 4
agitatur, profecto pecuina est ac misero, fragili detestabilique uersatur in iure. at cum mera fide credentis salutari fuerit necata baptismate, noua 1 2 25
sepultum. sacerdotalis *cathedra pestilentiae* cultorum suorum sacrilegio iure deleta est. exinanitum cornu iam non spirat unguenta. dies festos in 1 19 1
prauos ac lubricos colligit mores. legibus suis suas leges impugnat, ius iure distringit. quis non uideat numquam recti aliquid illam facere uel 2 1 7
sancti inaestimabilem incomprehensibilemque diuinitatis perpetuitatem iure ipso, quo ex sese est, argumentis te cogere, examinare, metiri ac 2 3 15
sua ingerit fortiora. quae ita rebus uniuersis est praedita, ut sit omnium iure ipso regina. triumphet licet quibus uult uirtutibus fides, ac spes multa 1 36 10
femina de uiro suo facta est alterque alteri tenetur obnoxius ac per hoc iure legis quoque linea una tanguntur, dubium non est horrendi supplicii 1 1 14
Abraham sub lege non erat, sed legem solus impleuit, et qui nullo iure legis tenebatur, omne ius diuinum praecipue custodiuit. cuius 1 43 8
sibimet partium iudicium flagitatur. ambiguitas enim nisi fuerit discussa, iure non potest mereri sententiam. et qui sunt isti, quos ambiguitas suo 1 35 6
definiendum puto, quid sit circumcisio, ut tunc demum, qualis sit, iure possit agnosci. circumcisio est, fratres, in damnum rotundi uulneris 1 3 2
damnis rebusque seruatis sententia in eum, prout debitor exstiterit, iure possit expromi. ita erit, ut iustis corona, peccatoribus aut excusatis aut 1 35 8
demonstrat et gladium, unicuique, quod elegerit, tributura et ut iure possit implere, quod gerit. qui ad se ueniunt, professionem credulitatis 2 3 3
eius ac legitimae reparationis tempus aduenerit, suo semini respondens iure possit mereri quod credimus. nec res in ambiguo est; quemadmodum 1 2 26
damnationem et liberatus a deo est et honoratus. denique rex iure secundus factus est regni, qui insignis rex erat iam ante pudoris. 1 1 16
fides tua te saluum fecit. igitur si nostra est, seruemus ut nostram, ut iure speremus aliena. nemo enim censum decoctori committit nec 1 36 7
ecce parientis uno de uentre clarissima turba procedit. noua res, ut iure spiritali unusquisque nascatur. ultro currite ad matrem, quae tunc non 2 28
sed spes ex fide est, quae quamuis in futuro sit posita, fidei tamen est iure subiecta. ubi enim fides non est, nec spes est; *fides* enim spei 1 36 4
ut semen excitet fratris, non utique illud, quod a deo damnatum iure uidebatur, sed ut reliquas nationes, quas idolatriae, de qua diximus, 1 13 5
nihilque prorsus cordis nostri in penetralibus retinere, quod alieno iuri seruemus. at cum ab eodem huius deuotionis inuitatione inhabitari seu 1 36 21
non dulcedo liberorum, non coniugalis affectus, non cara germanitas, non ius amicitiae, non tener pupillus, non dura uiduitas, non miseranda 1 14 2
non erat, sed legem solus impleuit, et qui nullo iure legis tenebatur, omne ius diuinum praecipue custodiuit. cuius immolatione ille quoque gauderet, 1 43 8
ceterum fortitudo, quae hominibus est cum feritate communis, omne ius in uiribus habet: quod facere praeualuerit, aestimat rectum. adeo sine 2 1 7
quoniam ad hoc deus pro homine mortis iura gustauit, ut homo per deum ius inmortalitatis reciperet, quod amisit. propter quod Paulus beatissimus 1 2 11
prauos ac lubricos colligit mores. legibus suis suas leges impugnat, ius iure distringit. quis non uideat numquam recti aliquid illam facere uel 2 1 7
cum illicitum pomum hoc membro decerpit, sic in genus humanum ius mortis induxit. necessario ergo luxurioso populo deus hoc signum 1 3 8
dicenda sunt, dissimulando subtiliter custoditis. probatio longe non est. ius templorum ne quis uobis eripiat, cotidie litigatis. non hi solum, qui 1 25 10
corpore insaniat, tamen extremorum pallido ex recursu uoluminum quasi ius terrae cognoscens ac uiolare deuitans mira patientia in se frangitur, his 1 4 5
fugere mortuosque saepe ipsos a sepulcris cum suis sibi exsequiis reuerti iusserunt, ut omnes mirarentur fieri lacrimas gaudii, quae nunc fuerant 1 36 9
uoto, ut et non longius uideretur a proelio et secedendo euangelicae iussionis animaretur exemplo. ecce in eius hospitium uelut in hostilem 1 39 3
praestant quam ueram rationem dei, quae est in fide. definitio autem iussionis est caritas ex corde puro et conscientia bona ex fide simplici. 2 3 17
parricidium ei inputaretur, sed magis ut deuotioni pareret, laetabatur hoc iussisse deum. de filio hostiam parat, festinat denique inplere sacrificium, 1 43 4
contempserunt regem. qui ira sufflatus solito septies amplius caminum iussit incendi ac, ne quid immanitati saeuientis deesse uideretur, pice et 2 22
caelum et terra, tamquam numquam aut caelum audierit aut terra, cum iussu dei et caelum obsecundetur et terra, quia caelum pluuias et fruges 1 61 2
quam uri. alio autem loco ait: *hoc dico secundum ueniam, non secundum iussum; uolo autem omnes uos esse sicut et me,* ac per hoc ideo nubere 2 7 2
per momenta et credit et timet arcamque, cum suis ut saluus foret, quam iussus est facere, non praecipiti festinatione compingit nec tantum munus 1 4 12
hic est qui pro Isaac immolatus est deo; hunc obtulit Abraham, hunc iussus est immolare <...>. 1 43 8
duris condicionibus in Aegypto necaretur, miseratione dei duce Moyse iussus est proficisci. huic per diem non circulus solis, sed columna nubis, 1 29 1
erat muro munitus, ut non auderet eum adtemptare diabolus nisi a deo iussus. iam hic considerate, fratres, quemadmodum saeuierit incitatus, qui 1 15 2
recti aliquid illam facere uel fecisse, quod fecerit? uultis scire, quam iusta sit? miseram se putat, nisi euerterit ueritatem. ceterum fortitudo, 2 1 7
horreis inferre desiderans, licet suo uberet fonte, tamen aestuat semper iustae operationis ardore. autumnus quoque martyrii locus est, in quo non 1 33 3
qui de caelo est. quam qui sancte portauerint, sicut apostoli omnesque iusti, non tantum imaginem, sed ipsum deum quoque portabunt, sicut et 2 30 4
rursus ad ea, quae infirma et egena sunt elementa? ascendentes uero sunt iusti, qui probis moribus per gradus diuinorum obseruantiae praeceptorum 1 37 12
cum a deo acceperit facultatem, ut atrocitatis inueteratae in examen iusti quibus possit armis, quibus possit uiribus, niteretur. igitur nouum ac 1 4 18
dignos esse consilio existimauit. nunc scire debemus, quoniam iusti uitae perpetuae, impii aeterno sunt destinati supplicio nullaque eos 1 35 4
sua felicior turba adhuc mortis imperio subiaceret, si legis periti tantum iustificari meruissent. at cum scriptum sit: *littera occidit, spiritus autem* 2 3 2
ignes exstinguit, sed etiam futuri diei iudicii incendia superabit. illa iustificata discessit; haec glorificata uestri numeri incrementis ac fidei cum 1 13 13
omnes homines damnatio, sic per unius iustificationem in omnes homines iustificatio aeternae decurreret uitae. uidetisne iam manifeste in homine 2 4 7
unius hominis damnationem in omnes homines damnatio, sic per unius iustificationem in omnes homines iustificatio aeternae decurreret uitae. 2 4 7
accipite: qui totum sibi ipse promiserat, inanis, qui nihil praesumpsit, iustificatus de templo discessit. 2 9 9
deputatum est illi ad iustitiam? cum igitur integer, sicut Enoc et ceteri, sit iustificatus et postea circumcisus, manifestum est circumcisionem non 1 3 7
qua re cognita Iudas non tantum ab ea se refrenauit, sed insuper eam et iustificauit. Iudas, quantum intelligi datur, ex parte prophetarum, ex parte 1 13 3
recreare consueuit. *ad oues suas tondendas pergit*, id est, ab hominibus iustis bonorum operum fructus exposcit. quo audito Thamar cum esset *in* 1 13 8
sententia in eum, prout debitor exstiterit, iure possit expromi. ita erit, ut iustis corona, peccatoribus aut excusatis aut emendatis indulgentia, impiis 1 35 9
dubium non est unum esse iter aerii culminis angelis lucis et hominibus iustis. haec igitur omnia combinata unius fructus rediguntur in summam, 1 37 13
solet domino confiteri. ductus est tandem beatus Archadius ad exoptatum iustis orationibus locum, et intuens caelum stetit deo spectante securus. 1 39 7
honore uestri floris ornatis. exsultate, diuites, praerogationibus crebris et iustis ueri diuites facti; promotioni etenim caelestis uestrae dignitatis 2 6 10
pacto potest uarietas ista regni, a legis conditore homini a deo assumpto iustisque eius est deputata rebus dispositis, non deo, non sempiterno 2 5 6
ipso portasse, ut circumcisionis nota exprimeret Iudaeum, credulitatis iustitia Christianum. adde quod circumcisio ista non tam salutem 1 3 7
denique comparatio indicat ueritatem. Iob iustus dictus a deo est; ipse iustitia, de cuius fonte omnes qui beati sunt gustant; ecce enim de ipso 1 15 7
erumpat, quod homo imperitissimus et elinguis aliquid audeam de iustitia disputare, de cuius proprietate excellentes ingenio et doctrina uiri 2 1 1
in medio, in fine patientia. pax colligit, caritas ligat, sollicitudo custodit, iustitia distribuit, pietas ministrat, puritas supplicat, spiritus postulat, spes 2 6 9
quae humano generi sine personarum aliqua exceptione aequabiliter iustitia est diuina largita. cum haec ita sint, procul dubio non est a 2 1 18
omni facultate pauperibus crucem suam portans consummata omni iustitia expeditior sequitur Christum. ui tempestatis, solis atque imbris ad 2 11 6
delectatur uiliorem habens animam quam pecuniam; inde est, quod iustitia honestas pietas fides ueritas perit; quod deus ipse momentis 1 14 7
quod legum circumscriptionibus, non potest. glorietur qui uolet ista iustitia, uerum tamen sciat, quia misero est miserior qui miseriis ditatur 2 1 17
habebat; quod cum nititur, auaritiae utique partes agit, quae est inimica iustitiae. adeo inde est, quod frumento paucorum horrea plena sunt, inanis 2 1 16
potest quid reprobet scire, quid teneat, *et ideo semper peccat*, quod iustitiae contrarium. *iustus autem ab omni peccato se abstinet,* quod 2 1 9
dicens: *nam iustitiam dei ignorantes et suam uolentes constituere iustitiae dei non oboedierunt.* sed cum de futuro nihil opinantes praesentis 2 1 2
nec quisquam prorsus inueniri potest, qui ei saltem uel uno momento iustitiae frenos inponat. inquieta semper exaestuat, saeuit, pugnat, rapit, 1 5 1
qui beati sunt gustant; ecce enim de ipso dictum est: *orietur uobis sol iustitiae*. Iob uerax est appellatus; at est uera ueritas dominus, qui ait in 1 15 7
corrigas propriisque sedibus reddas, inuenies iniustitiae magis stultitiam, iustitiae sapientiam conuenire. quod etiam sacrae legis testimoniis probare 2 1 4
cum nescit, quem primum plangat, quem priorem inueniat, cui primum iustitiam crudi funeris soluat. quo nuntio accepto dei seruus *scidit* 1 15 4
stultissimo negari non possit iniusta. ceterum si scire potuissent ueram iustitiam, cuius est inmortalitas merces, propterea simulatae stultitiae 2 1 4
numquidnam dixit: Abraham circumcisus est et deputatum est illi ad iustitiam? cum igitur integer, sicut Enoc et ceteri, sit iustificatus et postea 1 3 6
cum ad Romanos loqueretur, apostolus mentionem dicens: *nam iustitiam dei ignorantes et suam uolentes constituere iustitiae dei non* 2 1 2
sed ueritas pura, a qua longe omnes illi non immerito aberrauerunt, qui iustitiam dei manere in eloquentiae uiribus aestimabant. denique cum eam 2 1 1
parte prophetarum, ex parte patriarcharum patrumque typus erat, qui ob iustitiam dei omnes homines filios computabant. igitur Her primitiuus filius 1 13 4
ibidemque in homine includit deum. utitur et figura et condicione mortali. iustitiam docet inmortalitatis esse comparatricem. factis praecepta 2 4 7
seruit et uirtus. uidetisne iam manifeste sapientiam huius mundi non esse iustitiam et quidem nec ueram sapientiam? quia fieri non potest, ut uerus 2 1 9
colenda crimina et imitanda persuadet. adeo uiris contra dei legem deique iustitiam euagandi *extra legitimum torum* peregrina luxuria inspirat 1 1 13
ab utero uirginis Mariae sumpsisse principium deumque exinde ob iustitiam factum esse, non natum. alia modestius, sed mordacius nocens 2 8 1
quam prorsus res omnis spectet, dubium quippe cum non sit spem, fidem, iustitiam, humilitatem, castitatem, probitatem, concordiam, caritatem, 1 4 1
qui uicerit mundum agnoscendo ac seruando religionem ueram ueramque iustitiam, inmortalitatis necesse est pro laboris sui munere inmortali 2 4 8
perueniens uota, quia satiari non nouit. fidem frangit, caritatem neglegit, iustitiam negat, non cognoscit affectus, iura diuina contemnit, humana 1 21
Abraham ut pater esset multarum gentium, hic iustitiam non didicit, sed genuit. non illum accessus infecerat urbium. non 1 62 1
quid enim scriptura dicit? *Abraham credidit deo, et deputatum est illi ad iustitiam.* numquidnam dixit: Abraham circumcisus est et deputatum est 1 3 6
praeceptis omnibus fideliter obtemperat incoactus, innocenter uiuit, iustitiam percolit, sine fine studet timere, ne quid praeter deum, quem 2 2 4
partitam, sed totam dedisse maluisseque se cum liberis suis emori quam iustitiam praeterire. pro quo tam illustri facinore cibos a deo inmortales 2 1 20
sectatores paene omnes conspicor Christianos, qui perfectam putant esse iustitiam propria tueri, aliena non quaerere, sapientiae uerae negligentes 2 1 15

possibilia credenti. unde *Abraham credidit deo et deputatum est illi ad iustitiam*; qui ideo iustus, quia fidelis; *iustus enim ex fide uiuit*; ideo 1 36 6
haec uerbo. haedus ei mittitur, temptationis uidelicet signum; etenim iustitiam qui sequitur, necesse est ut probetur. denique fornicaria requisita 1 13 11
fraus omnis in medio. non enim rem ualuerunt transferre, sed nomina, iustitiam stultitiae, iniustitiam sapientiae uocabulis infamantes. quae si ad 2 1 4
et scire, quia ego sum dominus, qui facio misericordiam et iudicium et iustitiam super terram. o quam paucissimis uerbis omne hoc mundi, enixe 2 1 5
homines, quam dici potest, superfluum est demorari. unde nunc ad ueram iustitiam ueniamus, omnium fontem matremque uirtutum. quae praeter 2 1 11
mariti, non uideo; qui humanarum legum iniqua impunitate decepti, iustitiam ueram nec ex sua ipsa uoluntate noscentes, quod pati nolunt 1 1 13
nosceremus per filium dei, qui incarnatus processit ex uirgine, aequitatem iustitiamque terris inlatam. quam qui constanter tenuerit ac fideliter 1 38 5
diuinae sapientiae, cuius notitiam non habebant —, duas asseruere iustitias: unam ciuilem, alteram naturalem. quarum fecit apertissime, cum 2 1 2
timetur. itaque hanc obseruantiam, hunc timorem, quod est uerius atque iustius, transfer ad deum et, quale uelit illud sit, repente exstinguetur 2 7 9
speculum, quia rigida quaedam dilectionis est forma; quicquid enim a iusto didicit, id facere iniustum quoque compellit, bifarie inclita: unum 1 36 18
pendet ex caritate, non caritas pendet ex lege, sacra scriptura dicente: *iusto lex posita non est, sed peccatori*. peccator autem ille est, qui caritatem 1 36 17
iram recte subiacet legi. atquin forte aliquis dicat: 'lex spernenda est, quia iusto necessaria non est, peccatori uero molesta est'. absit, fratres: immo 1 36 18
tolle peccatum: cessat legis imperium. *lex* enim, sicut scriptum est, *iusto posita non est*, sed peccatori, quia *iustus ex fide uiuit*, infidelis 2 3 4
possit esse qui stultus est neque sapiens qui fuerit iniustus. ceterum siue iusto siue sapienti si alterum defuerit ex duobus, quod illi putauerunt, nec 2 1 10
iudicio neque peccatores in consilio iustorum, quoniam scit dominus uiam iustorum et iter impiorum peribit. consequens est, ut scire nos par sit, in 1 2 23
non resurgunt, inquit, *impii in iudicio neque peccatores in consilio iustorum*. gradatim pro meritis quasi cum quibusdam elogiis paucissimis 1 35 3
praeiudicati sunt, non derelinquit neque peccatores, qui iudicandi sunt, iustorum, qui non iudicabuntur, dignos esse consilio existimauit. nunc scire 1 35 3
creaturam potius quam creatorem. itaque tria conuenit esse iudicia: unum iustorum, qui non tantum, ut dictum est, non iudicabuntur, sed istum 1 35 7
dicente: *ideo non resurgunt impii in iudicio neque peccatores in consilio iustorum, quoniam scit dominus uiam iustorum et iter impiorum peribit*. 1 2 23
omnibus claret. sed necessario disserendum est, quae sit in ea iniustorum iustorumque discretio, ne generalitas nominis in conparatione malorum 1 2 23
uiam tuam. ergo manifestum est prophetiae more angelos homines iustos et iniustos generaliter dictos. sed ascendentes et descendentes qui 1 37 12
magnisque laboribus quaereretur, incunctanter optarent stultos iudicari se iustos quam sapientes iniustos, maxime cum iam sit eorum fraus omnis in 2 1 4
interest inter impium et peccatorem, tantum interest inter peccatorem et iustum. denique etiam ipse impiis iudicium, quia iam sua impietate 1 35 3
retundit hactenus dicens: *adolescentior fui et senui et numquam uidi iustum derelictum nec semen eius quaerens panem;* et iterum: *diuites* 2 1 20
tenacitate non aliis tantum, sed etiam sibi ipsi subducit? 'sed, inquies, iustum est, ut mea seruem, aliena non quaeram.' hoc etiam gentes dicere 2 1 18
diuitem, dissimulauit in amissis liberis patrem, in poena sui corporis iustum. namque summo capitis a uertice usque ad imos ungues pedum 1 15 5
saecularis ac uere puerilis inconsideratorum hominum disputatio, qui ideo iustum patiuntur errorem, quia Christum non ex deo considerant hominem 2 8 9
sciat, quia misero est miserior qui miseriis ditatur alienis. quisquamne iustum putet, qui utilitatem rei familiaris pietati praeponit? qui hominibus 2 1 17
obserues an legem. si circumcisionem, non est tibi lex necessaria, quia iustus Abraham, qui ex fide uixit, deum credulitate, non lege promeruit. si 1 3 12
ueram sapientiam? quia fieri non potest, ut uerus sapiens non sit et iustus, iustus adaeque uerus non sit et sapiens, quia iustus esse non potest stultus 2 1 9
scire, quid teneat, *et ideo semper peccat*, quod est iustitiae contrarium. *iustus autem ab omni peccato se abstinet*, quod propterea facit, quia *praui* 2 1 10
Christi imaginem praeferebat. denique comparatio indicat ueritatem. Iob iustus dictus a deo est; ipse iustitia, de cuius fonte omnes qui beati sunt 1 15 7
deo et deputatum est illi ad iustitiam; qui ideo iustus, quia fidelis; *iustus enim ex fide uiuit*; ideo fidelis, quia credidit deo; qui nisi credidisset, 1 36 6
sapiens non sit et iustus, iustus adaeque uerus non sit et sapiens, quia iustus esse non potest stultus neque sapiens iniustus ipsa ratione docente. 2 1 9
inane sit, si infirmari potest alterum de duobus. quid, quod Abel iustus est sine hoc uulnere inuentus? quid, quod Enoc a deo integer legitur 1 3 5
quispiam dicat: 'peccator ergo fuit Abraham, ut circumcideretur? an iustus et circumcidi non debuit?' Abraham, fratres, et uir iustus fuit et 1 3 6
mixtum, sic prosequitur: *dicite filiae Sion: ecce rex tuus uenit tibi iustus et saluans, mitis, sedens super asinum nouellum*, et iterum: *tollite* 2 5 2
uixerunt, ut pars felicitatis sit nosse, quid fecerint. igitur Iob uir fuit iustus et uerax, ab uniuersis concupiscentiis huius mundi secretus, 1 15 2
lex enim, sicut scriptum est, *iusto posita non est*, sed peccatori, quia *iustus ex fide uiuit*, infidelis iniuste. errat igitur quisquis disputationem 2 3 4
an iustus et circumcidi non debuit?' Abraham, fratres, et uir iustus fuit et tamen necessario circumcisus. quid enim scriptura dicit? 1 3 6
uirtute perennem gloriam peperit et salutem. Abel ideo martyr, quia iustus; ideo iustus, quia patiens; a quo pati martyres didicerunt patiendo 1 4 12
quoniam, cum uiuit in hoc mundo, semper in tribulatione, semper iustus in poena est. cum autem mors, quae putatur metuenda, gustatur, 1 2 31
nec ueram sapientiam? quia fieri non potest, ut uerus sapiens non sit et iustus, iustus adaeque uerus non sit et sapiens, quia iustus esse non potest 2 1 9
ex fide uiuit; ideo fidelis, quia credidit deo; qui nisi credidisset, neque iustus neque pater gentium esse potuisset. quapropter manifestum est spei 1 36 6
fecisse quod fecerat; aliter etenim quis saluus esse non poterit, quamuis sit iustus, nisi exomologesin faciens et praesentia sua peccata exstinguat et 1 13 12
merces pro suo actu reddetur? sine causa etenim laborare uidebitur iustus, nisi recipiat secundum facta sua, quae gessit, iniustus. non ergo sic 1 35 1
bonique *notitiam* gerit, quod est utique sapientis. unde fit, *ut numquam iustus possit esse qui stultus est neque sapiens qui fuerit iniustus*. ceterum 2 1 10
quid homo pestilens excogitet uel quid diabolus machinetur, non metuat iustus, quia cum illo est deus. inde Susanna illustris Hebraea, uerae decus 1 40 1
unde *Abraham credidit deo et deputatum est illi ad iustitiam*; qui ideo iustus, quia fidelis; *iustus enim ex fide uiuit*; ideo fidelis, quia credidit deo; 1 36 6
perennem gloriam peperit et salutem. Abel ideo martyr, quia iustus; ideo iustus, quia patiens; a quo pati martyres didicerunt patiendo libenter, quod 1 4 12
defuerit ex duobus, quod illi putauerunt, nec sapiens profecto erit ille nec iustus. satis, ut opinor, praestigiae mundanae patuerunt. in quibus cum 2 1 10
Christum. ui tempestatis, solis atque imbris ad maturitatem cogitur; et iustus temptationibus crebris, magnis ac uariis perducitur ad coronam. at 2 11 6
bonis operibus decorati nos quoque deo patri placere mereamur domino iuuante nos Christo, qui est benedictus in saecula saeculorum. 1 2 32
custodite, quia nescit iterare quod praestat. ecce pueri, adolescentes, iuuenes, senes utriusque sexus, qui eratis rei, eratis et inmundi mundana 1 38 1
munera. exsultate, seniores: uos estis huius operis firmamenta. exsultate, iuuenes: uos estis lapidibus adamantinis meliores. exsultate, pueri, sacrae 2 6 10
beatior cum <in> adolescentibus lapsus feliciter timet, beatissima cum in iuuenibus carnalia exstinguere laborat incendia. sane in senibus ut est 1 1 5
infra: *uenite ergo, fruamur bonis, quae sunt, et utamur creatura tamquam iuuentute celeriter; uino pretioso et unguentis nos impleamus et non* 2 4 10
senectute suscepta sollicitudinis mole gaudere; nam et risit Sarra munus iuuentutis subiens in senecta, unde nomen accepit infans, qui post haec 1 43 2
exemplo famigerabilem. Hebraei uere tres pueri senum constantia maiores, iuuenum uirtute fortiores, sibi pares, trinitatis sacramento praemuniti, 1 53 1
sic dicente: *est autem haec parabola: semen est uerbum dei. qui autem iuxta uiam sunt, hi sunt, qui audiunt uerbum et uenit diabolus et tollit de* 1 13 5
puto animas nostras suorum corporum exuuiis <exui> nec cum labe carnalis huiusce domicilii ista prima morte dissolui, sed pro qualitate 1 2 3
succedant. uerum tamen in ipso fructu suo, quo expugnati pudoris alieni labe gaudere consueuit, semper infelix est. denique post negotium 1 1 7
resurrectionem futuram cur, Christiane, non credis? cur de huius mundi labe in meliora migrantes tam pertinaciter plangis? pro nefas! hinc mater 1 2 13
toto nisu quattuor angulis eius in confusam molem parietibus tectisque labentibus illam sanctissimam fratrum cohortem sepelit antequam iugulet 1 15 4
posse clamabas, nunc clusis dolore gemitibus saepe intermortua spiritu, labentibus membris ad terram incertas reddebas exsequias, cui magis 2 7 7
manus enim uestrae inquinatae sunt sanguine et digiti uestri in peccatis. labia autem uestra locuta sunt facinus et lingua uestra iniustitiam 1 3 10
a filiis hominum. uana locuti sunt unusquisque ad proximum suum; labia dolosa; in corde locuti sunt mala. disperdat deus uniuersa labia 2 9 2
suum; labia dolosa; in corde locuti sunt mala. disperdat deus uniuersa labia dolosa, linguam magniloquam; qui dixerunt: linguam nosstram 2 9 2
puniuntur. hanc Esaias in modum forcipis uidit; quibus ad conflanda labia inquinata ab uno de seraphim ex ara dei sublatum carbonem 1 37 2
de seraphim ex ara dei sublatum carbonem uaticinando perhibuit. etenim labia inquinata duos populos Iudaeorum gentiumque debemus accipere, 1 37 3
linguam magniloquam; qui dixerunt: linguam nosstram magnificabimus, labia nostra a nobis sunt. quis noster dominus est? hanc superbiam 2 9 2
patens est guttur eorum, linguis suis dolose egerunt, uenenum aspidum sub labiis eorum, quorum os maledicto et amaritudinis plenum est; ueloces 1 3 11
usquam solacii locus. nam hominem uiuum, ut adhuc usque, consumebat labor, gemitus, impietas, dolor, aegritudo, miseria; mortui quippe corpus 2 4 6
uirtutem, cuius uinci uictoria est. non illam loco uis ulla detorquet, non labor, non fames, non nuditas, non persecutio, non metus, non periculum, 1 4 3
populus cotidie Christi dei et domini nostri prouidentia comparatur. hic labor noster illustris, haec gloria omnium sacerdotum, hoc mysterium deo, 2 6 11
coeperit infestationibus tyrannicis duci, omnes repente concelerant, laboranti subueniunt, paene armis ipsis inimici certatim se crebro 1 36 15
putet, qui utilitatem rei familiaris pietati praeponit? qui hominibus fame laborantibus ac nuditate pascit tineas, curculiones ac uermes? qui quod 2 1 17
mortuorum in postliminium uitae animas reductas inspira; discute laborantibus morbos; cura languores; in temptationibus gaude, in tormentis 2 3 14
quomodo unicuique merces pro suo actu reddetur? sine causa etenim laborare uidebitur iustus, nisi recipiat secundum facta sua, quae gessit, 1 35 1
nutritas. quas, quia uera uix potest inueniri, credo, ne populi penuria laborarent, uenales esse propositas. uerum tamen ex his omnibus 2 3 7
esse connexa, ut sint aliis alia necessaria. spes enim nisi praecedat, cui laborat fides? fides si non sit, quomodo spes ipsa nascetur? quibus si 1 36 1
lapsus feliciter timet, beatissima cum in iuuenibus carnalia exstinguere laborat incendia. sane in senibus ut est honoranda, ita miranda non est, 1 1 5
spiritali unusquisque nascatur. ultro currite ad matrem, quae tunc non laborat, si quos parit numerare non possit. intrate ergo, intrate felices, 2 28
dominus ipse nos pio promisso quid hortetur, accipite. *uenite*, inquit, *qui laboratis et onerati estis et ego reficiam uos. tollite iugum meum super uos* 2 9 4
patre quod petitis impetratis, immo illa per uos impetrat, pro qua sollicite laboratis, ne, dum aliquid postulat, erubescat. beata cum adludit in pueris, 1 1 4
enim se loquacitatis artificio fidei natura non patitur, a qua nihil aliud laboratur, nisi ut suis sibi tantum uirtutibus adprobetur: non enim potest 2 3 6
multos esse tractatus, multas etiam fides et quidem nouellas et litis labore ac fauore nutritas. quas, quia uera uix potest inueniri, credo, ne 2 3 7
quae celauerat faciem, non celat uentrem. defertur fornicationis rea sine labore accusatoris uidua praegnans. irascitur socer, eam produci iubet 1 13 3
uultus passibilis, omni conuersioni subiectus momentis omnibus demutatur labore, aetate, languore, ira, gaudio, tristitudine totque induat uultus, quot 1 27 2
cuius uultus omni conuersioni subiectus momentis omnibus inmutatur labore, aetate, languore, gaudio, tristitudine, nunc macie deformis, nunc 2 30 2
conciliante semper incertam cotidie peregrinis coloribus mutat, gulae labore culta, lauacro nitida, unguentis oblita, uestitu uaria, monilibus tota 2 4 9
inuitatus, cui omnes nocendi aditus reserati praestant sine pugna, sine ullo labore uictoriam. non enim conabitur in dicionem redigere suam, quae esse 2 7 13
denarius; quem qui libens acceperit acceptumque non spreuerit, sed in labore usque ad ultimum perdurauerit, turri completa inaestimabiles 2 6 8
matrimonio filius de fide, non de aetate. concepit Sarra, portat sine labore uteri sarcinam, quae iam ambulare non poterat; tunc discit mater 1 62 2
uoluptati quam uirtuti consentit, deinde quia delicias plus diligit quam laborem. huc accedit, quia bona carnis inuenit, non requirit, mauultque 2 4 13
uirgines uiduaeque magno pro inmortalitatis praemio, suae autem gratis laborent. uerum hoc est solum, nos in quo uincimus, quia pro sua 2 7 11
cum adsimulant se nosse rerum naturae secreta, cum stellis nomina, soli labores inponunt, cum errores suos lunari circulo adscribunt, cum ingenii 2 9 1

uerba sunt filii, debetis agnoscere, quantis catenis uincta tenebrarum mens	laboret incredulorum. *immola,* inquit, *deo sacrificium laudis.* primo	1	25	2
sed etiam nimis in arduo constituta, ut ad ea nisi cum summa difficultate,	laboribus ac periculis magnis non possit ab aliquo perueniri. adde quod illa	2	4	13
pensa mundana. at ubi matura aureo igne flagrantis luciflui aurigae par	laboribus fratris angusti circuli argenteum compleuerit globum, paulatim	1	2	19
stultitiae uelamine adopertam, ut res magna magnis uirtutibus magnisque	laboribus quaereretur, incunctanter optarent stultos iudicari se iustos quam	2	1	4
religionem ueram ueramque iustitiam, inmortalitatis necesse est pro	laboris sui munere inmortali beatitudine perfruatur. inde est, quod intra	2	4	8
es portus. tu sanctissimo coniugali iugo rudi ceruice subeuntes in nisum	laboris uel amoris aequalem retinaculis blandis quasi quidam peritus auriga	1	4	21
nonnumquam inmittit Capricornum uultu deformem, qui cornu exsiliens,	labra liuentia spumantibus uenis ebulliens palpitante ruina captiui tota	1	38	6
uertuntur orbes oculorum, acies dentium spumosis horrida globis inter	labra liuentia stridit, intorta omnia passim membra tremore uibrantur;	1	2	6
cadauer amplectitur conclamatum; frigentia tepefacit crebris osculis	labra; totum corpus imbribus relauat lacrimarum crinium suorum damno	1	2	14
auferri; nosci adaeque non potest, quia fieri potest, ut quis aliud gestit in	labris, aliud in penetralibus cordis; similiter ne destrui quidem, quia si uera	2	3	11
custodis. una cibum praeterea capis, reliquias poculi propinati lambendo	labris exhauris futurique haustus quasi quasdam primitias auspicaris, totum	2	7	17
sui niueo candore uestiuit, qui suum lacte beatum uagitu hiantibus uestris	labris indulgenter infundit. idem non tumidus ceruice, non toruus fronte,	1	38	3
potuit fructus afferre. denique pro fructibus spinas generauit, pro uua	labruscam. cuius abhorrens infelicitatem dominus rei, aliam sibi, id est	2	11	1
lasciua passim se fronde diffundit, generauit pro fructibus spinas, pro uua	labruscam. cuius rei indignitate commotus dominus illa deserta aliam sibi,	1	10b	2
omnium probationem haud dubie in paucis expediam. stellae praecipites	labuntur e caelo et a tergo longo flammarum albescentium tractu funereae	1	2	17
inuitator ammonet Paulus. Dauid regius pastor omnibus momentis	lac argenteum subministrat et caseum. Zachaeus sine mora quadriplicata	1	24	3
ac ne quem plus amare uideatur aut minus, unam natiuitatem, unum	lac, unum stipendium, unam spiritus sancti praestat omnibus dignitatem.	2	29	2
deseruiens peritissima insignis patientiae disciplina? sed et mare uentis	lacessitum, cum irascitur, quamuis reciproca uicissitudine nunc pulsantibus	1	4	5
petiturus ascendit, cum subito compugnantium uentorum flatu uiolento	lacessitum fremit mare sollicitique gurgitis praeruptorum montium canis	1	34	5
dirae immanitatis deesse uideatur, immittuntur etiam marina monstra;	laciniis omnibus spoliatur puella, uestitur incendio. inter tot instrumenta	2	2	6
quid est pater? ecce sub oculis iacet filius uinculis adstrictus. ubi sunt	lacrimae, ubi dolor, qui in humanis sensibus uersari consueuit? in tantis	1	43	6
frigentia tepefacit crebris osculis labra; totum corpus imbribus relauat	lacrimarum crinium suorum damno cooperiens; miserandis affatibus in	1	2	14
labentibus membris ad terram incertas reddebas exsequias, cui magis	lacrimas commodarent: mortuo anne morienti? post haec si libet nubere,	2	7	7
cum suis sibi exsequiis reuerti iusserunt, ut omnes mirarentur fieri	lacrimas gaudii, quae nunc fuerant orbitatis. sed longum est, fratres, ire	1	36	9
iam iubeo.' non contristat frontem deuotissimus Abraham nec dolor patri	lacrimas persuasit, sed exsultat et gaudet. nec timuit, ne parricidium ei	1	43	4
est inpatientiam mutuatus sacraeque arboris pomum male dulce delibauit,	lacrimas repperit, dolores et gemitus, *spinas et tribulos* sibimet comparauit	1	4	8
mundum, ut assolet, infans fusus ingrediens sponte uitae reptantis praeuiis	lacrimis auspicatur. non mater eius tanti partus pondere exhausta totis	1	54	4
solemniter plorans clementer imbre suo rorat conceptaque musti felicibus	lacrimis fluenta denuntiat. statim oculis apertis folia radiata procedunt,	2	11	3
non moritur? tune non illa es, quae mariti corpus expositum lauisti	lacrimis, osculis detersisti, crinium damno uelasti, scissis genis, liuore	2	7	7
benefecit mihi, quia liberauit animam meam a morte, oculos meos a	*lacrimis, pedes meos a lapsu; placebo domino in regione uiuorum.* haec nos	1	2	32
non possit. intrate ergo, intrate felices, omnes simul subito futuri	lactantes.	2	28	
sacram legem qui spiritaliter accipit, fratres, iste est, eius qui fructu	lactatur. Iudaei etenim cum carnaliter sentiunt in gregibusque pecuinis	1	8	1
qui uestram nuditatem uelleris sui niueo candore uestiuit, qui suum	lacte beatum uagitu hiantibus uestris labris indulgenter infundit. idem non	1	38	3
lactis et mellis exhibita est, nobis uero, quod plus est, melle dulcior ac	lacte candidior aeternae uitae beatitudo dei tribuetur in regno.	1	46b	3
adeo eos in eremum inde perduxit uulneraque detestabilis mentis curanda	lacte cum melle prouidendo commonuit; nam infirmibus ac languidis	1	18	2
sacrae casta ieiunia, post clarissimae noctis suo sole dulces uigilias, post	lactei fontis lauacro uitali in spem inmortalitatis animas pullulantes, ex	1	24	1
praestaturus, quos iam nunc felix inuitat occasus, ut sacri oceani	lacteo profundo demersi, surgentes inde nouello nouelli cum die, sua luce	1	44	2
praestaturus, quos nunc inuitat felix occasus, ut sacri oceani	lacteo profundo dimersi inde nouello nouellique cum die resurgentes	1	57	
sitis exoptatus ardor incendit, quos nectarei fluenti dulce murmur inuitat,	lacteum genitalis fontis ad laticem conuolate incunctanter ac fortiter bibite,	1	12	
quos beatae sitis exoptatus ardor incendit, cupiditate ac uelocitate ceruina	lacteum genitalis fontis ad laticem conuolate. fortiter bibite, ut semper	2	14	
certe caccabacei non sunt, non uetusti, non usti, non crudi, non mucidi.	lacteus illis color est, lacteus sapor est. sed fortassis, quod nonnulli forma	1	41	2
sunt, non uetusti, non usti, non crudi, non mucidi. lacteus illis color est,	lacteus sapor est. sed fortassis, quod nonnulli forma uidentur minores, si	1	41	2
fontem qui biberit, in aeternum sitire non nouit. illis in deserto suauitas	lactis et mellis exhibita est, nobis uero, quod plus est, melle dulcior ac	1	46b	3
non poterat; tunc discit mater esse, cum desinit. marcidae mammae	lactis ubertatem ostendunt et de ieiuna aetate puer robustior saginatur.	1	62	2
soliditate fruerentur. petra illis scaturiuit in fontem, ut biberent detritis e	lacunis, ut merebantur, caenulentum postmodum laticem, domino dicente:	1	18	2
domino dicente: *me dereliquerunt fontem aquae uiuae et foderunt sibi*	*lacus detritos, qui non possunt aquam portare*. postremo infelices quid	1	18	2
in honore est; *pii non sunt, quia* patrem uenerandum prauis moribus	laedunt. *orant quia timent, peccant quia uolunt.* unde non est absolutus	1	35	5
tres numero, sed una uirtute, anhelantibus flammis, camino rugiente non	laeduntur. incensi hymnum canunt. barbarum regem fidei tenacitate	2	15	
quid ipsi ueritati debeamus, scientes, quoniam, si quis imaginem	laeserit, in exitium suae animae incitat ueritatem. nec est dicto longe	1	36	24
genui: hoc dominum de hominibus dixisse quam dulce est! talem patrem	laesisse quam turpe! *filios genui et exaltaui*: utique filios Israel dominus	1	61	7
affectu et, quantam pietatem dilecto filio amatus pater exhibuit, tantam	laesus exigit ultionem, quia, cum uicem non reddidit patri dilectus filius,	1	61	5
fortassis, ut sunt ingenia cotidie quae uidemus uersutis contentionibus	laeta, de apostoli dicto calumniosam nobis inferat quaestionem, qui ait:	2	4	1
laudes et gratias referamus. qui zizania, lolium, lappas, tribulos in	laeta frumenta mutauit, quae diligenti cultu purgata molarisque lapidis pio	1	41	1
sordidos, pannis sordidis alligatos huic mundo dediticios intulerunt; sed	laeta gaudentes, caelestis <...> libera peccatis omnibus absolutos non	1	32	
nec timuit, ne parricidium ei inputaretur, sed magis ut deuotioni pareret,	laetabatur hoc iussisse deum. de filio hostiam parat, festinat denique	1	43	4
sua sponte se diabolo dediderunt). sin uero pacifica et salutaria, profecto	laetaberis eique tanto pro nuntio morigera coniux pacem si non ingeris,	2	7	16
competentibus nostris finitur hiems hodie peccatorum. oleo confecto	laetabuntur. hodie eos etiam uer arridens diuersos in flores diuerso	2	13	
malitia succedentes iugo terramque uestrae carnis domando fecundantes	laetam diuinorum seminum messem caelestibus horreis inferatis. et	1	38	3
patefaciunt, sacraria usque ipsa denudant, sacra confundunt amissa luce	laetantes in tenebris, habentes fana, non domos? digne, digne iugulantur	2	7	12
coniux pacem si non ingeris, nec negabis. quid agis, misera? quid, uesana,	laetaris? non est pax ista, sed bellum; non osculum, sed uenenum. pro	2	7	17
ubi dolor, qui in humanis sensibus uersari consueuit? in tantis filii casibus	laetatur et gaudet et se dominum promeruisse triumphat. accepit iam	1	43	6
defendatur in terris. triumphat maritus, quod castam inuenerit coniugem.	laetatur familia omnis, quod in ea nihil inueniat fama quod feriat.	1	40	3
una contra spem, altera uerbo. haec miratur se habere quod nescit,	laetatur illa quia scit. Elisabeth sterilis fecunditate tumet feliciter uenter,	2	8	8
fidelior, nec recusabat mortem, quam deus qui uitam dederat imperabat.	laetatur pater filio quoque gaudente et cum gaudio unici pignoris alligat	1	43	5
communis est honor, quia quod est filii, patris est, quod patris, amborum.	laetatur pater in alio se, quem genuit ex se. quomodo autem generatus sit,	1	56	1
quid a se dominus postulasset, et quid ipse domino promisisset ostendit.	laetatus est puer patre fideli ipse quoque fidelior, nec recusabat mortem,	1	43	5
filium percutere iam parabat. a filio ad agnum transtulit dextram semper	laetatus et gaudens nec mutatus est uultus eius, cum esset uictima	1	43	7
celebratur. sub tanto, non dicam humanitatis, sed ipsius naturae metu	laeti sunt soli. cedit affectus pietati, pietas religioni, fauet utrisque religio.	1	4	14
nec mutatus est uultus eius, cum esset uictima commutata: cum tanta	laetitia arietem obtulit, cum quanta obtulerat et filium; ubi enim fides fuit,	1	43	7
naturae contra opinionem nato angelus Isaac nomen imposuit, ut firmaret	laetitia, quod aetatis inbecillitas desperauit. nouus sane parentum circa	1	59	5
pratum sit, quod non transeat luxuria nostra. ubique relinquamus signa	*laetitiae, quoniam haec est pars nostra et haec sors.* illinc spiritus, quasi	2	4	10
subito una geniti emersistis infantes, hortor uos natiuitatis tantae festa	laeto celebrare conuiuio, sed non illo, in quo diuersis epulis intrimentorum	1	24	1
fragrat; illa unici floris sui quouis prato iucundioris caelum ipsum honore	laeto respirat. haec liberis gaudet; at illa liberorum non timet orbitatem.	2	7	3
quoque in geminas ripas medium scissum mare, ductisque dextra	laeuaque aggeribus in aciem stipatis undarum, saluo liquore arefactam	1	18	1
praesidia, cum subito diuina prouidentia scinditur mare, aquae dextra	laeuaque gelido stupore frenatae uitreos diriguntur in muros praestolantes	1	29	2
per diem, eadem ignis quoque per noctem. finditur mare et dextra	laeuaque in abruptum digestis aggeribus stupens unda solidatur. dei	2	26	1
per mare ambulas; *ueloces pedes tuos ad effundendum sanguinem* dextra	laeuaque in se refugiens unda testatur. denique eremo exciperis, quo te	2	16	
confirmans uni ex latronibus in se credenti, qui cum eo de patibulo dextra	laeuaque pendebant, ait: *amen, amen dico tibi: hodie mecum eris in*	1	2	11
ego sum uia et ueritas. illorum profugus populus per mare rubrum dextra	laeuaque undarum stupentibus rupibus pede sicco transiuit; at nostrum	1	46b	2
mortuorum, qui amore luxuriandi atque bibendi in infamibus locis	lagenis et calicibus subito sibi martyres pepererunt, qui dies obseruant, qui	1	25	11
ipsa custodis. una cibum praeterea capis, reliquias poculi propinati	lambendo labris exhauris futurique haustus quasi quasdam primitias	2	7	17
iactati sunt in fornacem ignis ardentis, hos deuote cupidus ignis excepit.	lambunt roscidos flammae blandientes. mira res: opacitas intus, incendium	1	53	2
cornu iam non spirat unguenta. dies festos in luctum et cantica eius in	lamentationem conuersa prophetae testantur. tauros, arietes, hircos et	1	19	2
in cruce atque eo feliciter soporato similiter de eius latere ictu	lanceae non costa diuellitur, sed per aquam et sanguinem, quod est	1	3	20
curanda lacte cum melle prouidendo commonuit; nam infirmibus ac	languidis mannae teneritudinem inrorauit. non enim erant idonei aut digni,	1	18	2
omni conuersioni subiectus momentis omnibus inmutatur labore, aetate,	languore, gaudio, tristitudine, nunc macie deformis, nunc enormis	2	30	2
omni conuersioni subiectus momentis omnibus demutatur labore, aetate,	languore, ira, gaudio, tristitudine totque induat uultus, quot animi fuerint	1	27	2
uitae animas reductas inspira; discute laborantibus morbos; cura	languores; in temptationibus gaude, in tormentis pro nomine domini. si	2	3	14
inquit, *sub ista arbore magna*. similaginem conspargit, uitulum	laniat. post haec promittitur ei de legitimo matrimonio filius de fide, non	1	62	1
migrantes tam pertinaciter plangis? pro nefas! hinc mater scissa ueste,	laniatis crinibus, laniatis et genis, totum crebris ictibus liuida pectus gentili	1	2	13
pertinaciter plangis? pro nefas! hinc mater scissa ueste, laniatis crinibus,	laniatis et genis, totum crebris ictibus liuida pectus gentili uanitate circa	1	2	13
uenerantur, euertunt; uaria caede prophetas elidunt; Moysen amore nimio	lapidare conantur; aduersus dominum semper ingrati uariis molitionibus	1	4	10
quoque sic dicit: *Hierusalem, Hierusalem, quae interficis prophetas et*	*lapidas missos ad te, quotiens uolui colligere filios tuos sicut gallina*	2	6	3
ter caesus naufragio trino diluitur, cum insani populi furibunda tempestate	lapideis imbribus feliciter grandinatur, cum *in profundo maris die*	1	34	4
uobis domus uestra; et iterum: *non relinquetur in templo lapis super*	*lapidem, qui non dissoluatur*. reprobat ergo tam inmensum, tam insigne,	2	6	3
uersetur? nemo suam uestem, nemo suas margaritas abscondit, nemo	lapides pretiosos, nemo aurum, nemo argentum, et tamen ullus non timet	1	5	18
seniores: uos estis huius operis firmamenta. exsultate, iuuenes: uos estis	lapidibus adamantinis meliores. exsultate, pueri, sacrae turris dulces ac sine	2	6	10

aedificatur et cotidie dedicatur; floribus perpetuis ac diuersis gemmis, lapidibus, margaritis per momenta distinguitur et quia opus est uiuum, 2 6 7
quam uos estis. exsultate, uiduae: quadratura uestrae uirtutis *angularis lapidis* coniugio cohaeretis. exsultate, uirgines: omnem istam celebritatem 2 6 10
tribulos in laeta frumenta mutauit, quae diligenti cultu purgata molarisque lapidis pio pondere feliciter fracta, ordinabiliter creta, omni furfure abiecto 1 41 1
etiam ipsa elementa nouis artibus coge! licet radient tibi pretiosorum lapidum discoloribus formis referta penetralia, gemat terra sub pondere 1 5 10
an esse possit acceptum, qui uicinarum possessionum omnes glebulas, lapillos et surculos nostis, in praediis autem uestris fumantia undique sola 1 25 10
suum posuisse cognoscitur, quoniam *caput uiri Christus*, qui aliquotiens lapis est nuncupatus. scala autem duo testamenta significat, quae et 1 37 1
res una in omnibus inuenitur. igitur Iacob habet imaginem Christi, sed et lapis ipse, quem ad caput suum posuisse cognoscitur, quoniam *caput uiri* 1 37 1
templo plurimi, sed magnus, praeclarus, pretiosus ac speciosus unus est lapis, qui quadrae turris totam solus sustinet molem. cui non innumerabilis 2 6 6
ecce remittetur uobis domus uestra; et iterum: *non relinquetur in templo lapis super lapidem, qui non dissoluatur*. reprobat ergo tam inmensum, tam 2 6 3
deo patri omnipotenti laudes et gratias referamus. qui zizania, lolium, lappas, tribulos in laeta frumenta mutauit, quae diligenti cultu purgata 1 41 1
intelligitur spe Christi uenientis, qui non tantum prophetis synagogae lapsu desolatis solacium praebuit, sed etiam nos omnes in aliqua 1 13 7
liberauit animam meam a morte, oculos meos a lacrimis, pedes meos a lapsu; placebo domino in regione uiuorum. haec nos felicitas manet, hoc 1 2 32
erubescat. beata cum adludit in pueris, beatior cum <in> adolescentibus lapsus feliciter timet, beatissima cum in iuuenibus carnalia exstinguere 1 1 5
undae diuidi magnitudo ex utroque in utrumque commeando largiflua, utrisque propria, nulli priuata. etenim damnum patientur 1 7 4
tua super mel et fauum ori meo! haec, fratres, si quis libenter crediderit, largiores adhuc escas inueniet, quibus, si diligens fuerit, semper et se et 1 24 4
generi sine personarum aliqua exceptione aequabiliter iustitia est diuina largita. cum haec ita sint, procul dubio non est a tyranno dissimilis, qui 2 1 18
pestifera flamma repleuerit. sed haec non ad uos, fratres, quorum largitas prouinciis omnibus nota est, quorum pia semina totius quodam 1 14 8
esse non patitur; pauperes miserosque sua necessitate neglecta pietatis largiter furtim semina spargit. nec rogari se permittit nec uicaria laudis 2 1 12
dominus aetheria natiuitate renouatis plenitudinis suae pio de fonte largitur per dominum nostrum Iesum Christum. 1 27 3
sed caelestis hominis spiritalem, quam nobis plenitudinis suae pio de fonte largitur. quam rationem Paulus euidenter prodidit dicens: *quemadmodum* 2 30 3
familias panem uinumque pretiosum uobis ex usibus suis sua de mensa largitur. tres pueri unanimes legumina inferunt primi, quibus, ut scitus sit 1 24 2
aduenit, officiis sacramenti dominici omnibus omni genere munerum largus. namque piis mercedem sacerdotibus praestat, consequentibus 1 6
madida, gemmis seu floribus redimita, oculorum iocorumque festiuitate lasciua, auaritia caeca, libidine percita, delicate tumentis ac reflabilis tori 2 4 9
ac fragilis esse cognoscitur. ideo lineamento puerili depingitur, quia eius lasciua lubricitas nec annis senilibus temperatur; ideo nudus, quia uoluntas 1 36 25
in theatris, inportunam in publicis, opportunam in quibuscumque secretis. lasciua, non linguis non oculis non auribus parcens iocatur sperat ambit 1 1 9
palmitum crinibus uilis; quae cum per uoluptuosa ac profana loca lasciua passim se fronde diffundit, generauit pro fructibus spinas, pro uua 1 10b 2
iam puella, iam uirgo pro cotidianae aetatis incremento progrediens lasciui cursus ambagibus carpit pensa mundana. at ubi matura aureo igne 1 2 19
qualis uelit esse disponit. immo quod iam olim disposuerat complendum latenter adsumit. namque requiescit libens florentissimo in domicilio 2 12 1
in praedestinatae uirginis templum sibimet castra metatur, quibus latenter infunditur in hominem gigniturus ibidemque saluo quod erat 1 54 3
<...> Christus mundum latenter intrauit, ne sibi sapiens diabolus uideretur. qui consilio hominem 1 60
adserere conantur *chaos in principio fuisse*, id est informem indigestamque latentis naturae congeriem aceruo quodam magnitudinis suae per se in se 1 7 1
memoratae uineae disputatio, fratres dilectissimi, longe lateque diffusos limites habet, quos peragrare competenti sermone 1 10b 1
unus est morsus; et gladius duas acies gerit, sed sunt unius corporis latera; et denarii sunt duo, sed una moneta signati; et scala duos scapos 1 37 14
haec rura, urbes ac populos composita pace conseruat; haec circa regum latera securos gladios facit; haec bella premit, lites tollit, iura euacuat, fora 1 36 13
uir consummatur in cruce atque eo feliciter soporato similiter de eius latere ictu lanceae non costa diuellitur, sed per aquam et sanguinem, quod 1 3 20
non sit unum hominem tantum e limo terrae a deo finctum eique eius ex latere mulierem coniugale solamen excussam, a quibus omne genus 2 4 1
in quo nec Christum relinqueret nec propinquum. statim beatus martyr se latere non passus est; se ultro offerens iudici moram suam uoluntarie 1 39 5
qui profanae libidinis detestabili furto distracti, turpibus iam non contenti latibulis aliquotiens, pro nefas, sub ipsis obtutibus matronarum uesana 1 1 13
captione seu uiolentia uiuentium domos corporales infringunt et latibulum sibi perniciosum eorum in captiuitatibus quaerunt. at ubi 1 2 5
ardor incendit, cupiditate ac uelocitate ceruina lacteum genitalis fontis ad laticem conuolate. fortiter bibite, ut semper uobis aqua sufficiat, hoc 2 14
quos nectarei fluenti dulce murmur inuitat, lacteum genitalis fontis ad laticem conuolate incunctanter ac fortiter bibite, dum licet, superfluentis 1 12
ut biberent detritis e lacunis, ut merebantur, caenulentum postmodum laticem, domino dicente: *me dereliquerunt fontem aquae uiuae et foderunt* 1 18 2
testamentorum salutaribus monitis, adgressuram hominem passum latrocinio diaboli angelorumque eius et huius mundi in *stabulo*, id est in 1 37 10
condicionem fragilitatis humanae, nemo hostem, nemo fiscum, nemo latronem, nemo domesticum, qui cognitione secreti est omnium peior, 1 5 15
patefecit: *homo* enim adgressuram passus Adam esse cognoscitur, *latrones* diabolus et concupiscentia, *Samaritanus* dominus, cui Iudaei 1 37 10
dum exspoliant persequuntur fallunt, hostes probant, praedones laudant, latrones excusant, nec sui umquam uenit in mentem non esse humanae 1 5 7
calamitatibus beatis, cum pro nomine domini *latrones in itineribus*, latrones *in ciuitatibus* patitur, cum *a Iudaeis uirgis ter caesus naufragio* 1 34 4
profundis et Paulus obrutus calamitatibus beatis, cum pro nomine domini *latrones in itineribus*, latrones *in ciuitatibus* patitur, cum *a Iudaeis uirgis* 1 34 4
duo testamenta. hos duos denarios a Samaritano stabulario pro eo, qui a latronibus adgressuram passus fuerat, dominus datos esse commemorat. 1 37 10
credentium constitutum. nam et dominus ista exempla confirmans uni ex latronibus in se credenti, qui cum eo de patibulo dextra laeuaque 1 2 11
absumit. quis non intellegat, fratres, illud pascha non esse, sed bromosum latronis cruenti conuiuium? per dominum nostrum Iesum Christum. 1 28 2
surisque porrectis et a germana coniunctione naturae gladio saeui latronis plantarum limes inciditur et obsequio pedum corpus martyris 1 39 8
legis, deo ipso loquente cognoscite; a quo appellatur synagoga *spelunca latronum*, sacerdotalis cathedra *pestilentia*, sacrificium *canina mactatio*, 2 25 1
uxor amissi mariti desolationem se ferre non posse testatur frigidumque latus male dilatato queritur lecto; inuidiosis uocibus deo concinnat 1 2 14
retinent, quod, ut uilem libidinem magis ac magis augeant, uilioribus se lauacris omni momento baptizant, deo semper ingrati. 1 51
semper incertam cotidie peregrinis coloribus mutat, gulae labore culta, lauacro nitida, unguentis oblita, uestitu uaria, monilibus tota distincta, 2 4 9
ieiunia, post clarissimae noctis suo sole dulces uigilias, post lactei fontis lauacro uitali in spem inmortalitatis animas pullulantes, ex quo qui eratis 1 24 1
quotienscumque in hoc peruerso saeculo contra laudabiles uiros multiformes tenduntur insidiae et diuersis calumniarum 1 40 1
inuicem dum exspoliant persequuntur fallunt, hostes probant, praedones laudant, latrones excusant, nec sui umquam uenit in mentem non esse 1 5 7
omnino memorati omnesque felices eius dono sint tales, contumelia est laudare dominum, cuius condigne laudare non queas seruum. sed o quam 1 4 19
eius dono sint tales, contumelia est laudare dominum, cuius condigne laudare non queas seruum. sed o quam uellem te, si possim, rerum 1 4 19
nouique operis arcem sacram laudibus geminare. sed quamuis sit optimum laudare, quae dei sunt, tamen praecipuum non est, quod cum gentibus uel 2 6 1
pudicitia reportauit. sed o quantum es miranda, pudicitia, quae aliter laudari te non uis quam ut custodiaris, solo bonae conscientiae ornamento 1 1 20
quae numquam ueneno serpentis, et, quod omni est maius insania, deo se laudat. publicanus autem non membratim deum, sed totus exorat, quia 2 9 9
etenim caelestis uestrae dignitatis debetur diuini operis perennis ista laudatio. exsultate, pauperes [spiritu]: per uos et in uobis dei maior est 2 6 10
non norunt; iam uiduae atque inopes testamenta conficiunt. plura ad laudem huius beatitudinis uestrae possem dicere, nisi essetis mei. unum 1 14 9
sermonibus conquiescis neque tantam in multiplicandis uirtutibus laudem ponis, quantam in finiendis. tu uirginitati praestas, ne flos eius ullo 1 4 20
me; quod dictum, fratres, non sic debetis accipere, ut operis sui laudem sibimet soli deberi testatus sit, qui in euangelio dicit: *si non facio* 1 25 8
fratres in Christo, tantique prouentus redditu ditati deo patri omnipotenti laudes et gratias referamus. qui zizania, lolium, lappas, tribulos in laeta 1 41 1
seruare per quod et ipse serueris. postremo aequiparatur laus uestra laudi pudicitiae; illa enim uobis exhibet sanctitatem, uos ei amorem. per 1 1 4
triumphali quodam modo uti sermone nouique operis arcem sacram laudibus geminare. sed quamuis sit optimum laudare, quae dei sunt, tamen 2 6 1
martyris gesta annalibus triumphanda mandamus, in agonem immortalis laudis Christianus semper ardor animatur. erit geminum de religiositate 1 39 1
carnes taurorum aut sanguinem hircorum potabo? immola deo sacrificium laudis et redde altissimo uota tua et inuoca me in tribulatione tua et 1 25 1
est nomen meum apud gentes, dicit dominus. immola deo sacrificium laudis. immola, inquit, *deo*, non daemoniis, *sacrificium laudis*, non 1 25 8
deo sacrificium laudis. immola, inquit, *deo*, non daemoniis, *sacrificium laudis*, non uituperationis, et *redde altissimo uota tua.* honorem totum 1 25 8
tenebrarum mens laboret incredulorum. *immola*, inquit, *deo sacrificium laudis.* primo omnium sacrificiorum tria esse genera, nouelle, disce, 1 25 3
pietatis largiter furtim semina spargit. nec rogari se permittit nec uicaria laudis remunerari mercede: hoc damnum graue, hoc aestimat crimen. nam 2 1 12
superante, non moritur? tune non illa es, quae mariti corpus expositum lauisti lacrimis, osculis detersisti, crinium damno uelasti, scissis genis, 2 7 7
audeo, ne quam deus inter homines deputatus patiatur iniuriam; idonea laus enim non est, cui principatum adimit peraequatio. at cum omnes 1 4 19
dictum significatione unica maiestatis et affectu indiuiduo pietatis, quia laus filii est patris et laus patris amborum. nunc sacrificii nostri 1 25 8
unica maiestatis et affectu indiuiduo pietatis, quia laus filii est patris et laus patris amborum. nunc sacrificii nostri proprietatem nos conuenit 1 25 8
per quod orneris, seruare per quod et ipse serueris. postremo aequiparatur laus uestra laudi pudicitiae; illa enim uobis exhibet sanctitatem, uos ei 1 1 4
a pauperis felicitate discernit, ardoribus suis implorando refrigerium Lazarum uerum diuitem sero cognoscit cupitque mortuus uel uno digito 1 2 9
quid horum digne patiatur. hanc qui diuinas litteras aut non legerunt aut lectas irritas putauerunt beneficio abiecti impolitique sermonis (tamen 2 1 14
postulabat ad tempus nouellae profecisse, inscriptio ipsa tituli psalmi lecti declarat; sic enim se habet: *in finem pro his qui immutabuntur.* 2 11 1
sicut lectio diuina testatur, in Aegypto a Pharaone populoque eius Israel dei 2 26 1
est regno, in quo uenturus et *iudicaturus est uiuos et mortuos*, sicut lectio uniuersa testatur, qua praedicat Christum oportere *regnare* cum 2 5 7
fratres carissimi, circumcisionis, cuius non tantum in praesenti lectione, sed et aliquot in locis fecit Paulus beatissimus mentionem, ratio 1 3 1
non credant. quos uellem adesse paulisper auremque praesenti commodare lectioni, ut edicerent nobis, quinam sit deus iste, qui dicit: *audi, populus* 1 25 1
quantum sonus lectionis indicat, fratres, Iudaicus quidem populus impietatis arguitur, sed 1 10a
argumentis exhaurire conaris? si peritiam legis ostendere cupis, lectitando nubila disserena. doce eam sibi non esse contrariam, doce 2 3 13
noscendae uel impugnandae sacrae legis naturae Natiuitatis Moysei librum lectitando saepius replicauit, fortassis, ut sunt ingenia cotidie quae uidemus 2 4 1
se ferre non posse testatur frigidumque latus male dilatato queritur lecto; inuidiosis uocibus deo concinnat inuidiam, solemnia ipsa diuina, 1 2 14
est ire per singula. ecce peremptorius aliqui morbus totam machinam lecto prosternit, ecce tempestas undique mortis incumbit. nonne statim illa, 2 4 16
a caelo et possessio longe dimota sit et natura? age, excita sensum, lector, inuenies ueritatem. qui erat in caelo, de caelo descendit; *qui* 2 4 3
fuit. tertia Iudaea est uere caeca, quae cum in lege, ut dicere solet, sua legat ubique duas patris et filii designari personas, tamen nunc usque 2 8 1
lege. unde dubium non est legem non posse sine fide, fidem posse sine lege; alioquin ista innumerabilis simplicitate sua felicior turba adhuc mortis 2 3 2

commotus iubet non usitata animaduersione poenarum nec usuali in reos	lege carnifices in martyris membra saeuire. uiluerunt ungulae, inutiles ictus	1	39	6
contra conscientiam suam ut homo infirmus patitur, ut homini mortis	lege consumpto inmortalitas tribuatur. haec est enim potestas dei, ut saluo	2	12	3
diuinarum esse substantiam naturalemque magistram, quoniam ex	lege discitur, sed in mentibus nascitur. lex enim pendet ex caritate, non	1	36	17
primo in libro Regnorum Samuel, egregius ille sacerdos, mortis iam	lege dispunctus Sauli regi se desideranti sine ambiguitate non tantum suam	1	2	8
similiter Paulus: *noli altum sapere, sed time.* cum haec ita sint, cur legem	lege distringis? cur sub imaginem fidei fidem deponis? cur ipsum fontem	2	3	13
praestare non poterit. denique Abraham placuit deo credulitate sine	lege et Iudaicus populus displicuit deo incredulitate cum lege. unde	2	3	1
a deo attributae sunt nobis: una, qua nescientes communi cum pecudibus	lege fundimur a natura, quae est corporalis ac per hoc etiam breuis; alia	2	4	8
illa imagine, haec ueritate; illa damno, haec lucro; illa agit captiua sub	lege, haec omnibus praestat in Christo bonae fidei libertatem. igitur uos,	1	3	23
discutienda secreta, apostolo utrumque prosequente, nam *qui sine*	*lege*, inquit, *peccauerunt, sine lege peribunt. at qui in lege peccauerunt,*	1	35	7
suae conscientiam retinet, diligit fratrem nec aliquid audire exspectauit ex	lege, ne admonitione pietati aliquid derogetur, tantumque se in ipso amat,	1	36	22
dilectissimi, legis arcana et intellectum altius proferamus. Abraham sub	lege non erat, sed legem solus impleuit, et qui nullo iure legis tenebatur,	1	43	8
nam *qui sine lege*, inquit, *peccauerunt, sine lege peribunt. at qui in*	*lege peccauerunt, per legem iudicabuntur.* uidetisne, fratres, multum	1	35	7
utrumque prosequente, nam *qui sine lege*, inquit, *peccauerunt, sine*	*lege peribunt. at qui in lege peccauerunt, per legem iudicabuntur.* uidetisne,	1	35	7
necessaria, quia iustus Abraham, qui ex fide uixit, deum credulitate, non	lege promeruit. si legem, contemne tuam istam circumcisionem, quam	1	3	12
calor salutaris inuitat; iam mater nostra adoptat ut pariat, sed non ea	lege, qua uos matres uestrae pepererunt, quae et ipsae partus dolore	1	32	
in mentibus nascitur. lex enim pendet ex caritate, non caritas pendet ex	lege, sacra scriptura dicente: *iusto lex posita non est, sed peccatori.*	1	36	17
at cum scriptum sit: *littera occidit, spiritus autem uiuificat,* quia *non sub*	*lege, sed sub gratia sumus*, quae nos diligere deum ac soli illi seruire in	2	3	2
ad faciem erit. unde dubium non est in corporibus nostris, dum mortis	lege seminantur, non substantiam, non imaginem, sed illud tantum quod	1	2	30
legem, contemne tuam istam circumcisionem, quam euacuatam uidemus a	lege, sic Ieremia dicente: *haec dicit dominus uiris Iuda et omnibus, qui*	1	3	12
exsequiis; quas si per plagas unde refixae sunt quaeras, rediuiui luminis	lege suis sedibus resurrexisse agnoscas. sol cotidie nascitur eademque die	1	2	17
credulitate sine lege et Iudaicus populus displicuit deo incredulitate cum	lege. unde dubium non est legem non posse sine fide, fidem posse sine lege;	2	3	1
tempus, quando non fuit. tertia Iudaea est uere caeca, quae cum in	lege, ut dicere solet, sua legat ubique duas patris et filii designari personas,	2	8	1
sabbatis filius, quem octauo die, id est ueniente sabbato, si non secundum	legem circumcidat, de populo suo infantis anima peritura est. hic, fratres	1	3	3
iustus Abraham, qui ex fide uixit, deum credulitate, non lege promeruit. si	legem, contemne tuam istam circumcisionem, quam euacuatam uidemus a	1	3	12
non didicit, sed genuit. non illum accessus infecerat urbium. non habuit	legem, cuius conuersatio lex fuit. audit imperatum sibi a deo exilium, ut	1	62	1
et colenda crimina et imitanda persuadet. adeo uiris contra dei	legem deique iustitiam euagandi *extra legitimum torum* peregrina luxuria	1	1	13
qui deficit sensu in timore quam qui abundat astutia et transgreditur	*legem*; et iterum: *noli esse sapiens multum et noli argumentari plus quam*	2	3	12
quisquis duo in unum diuersa confundit. disputatio enim sicut excolit	legem, ita, si uersuta sit, eradicat fidem, quia fides profecto non est, ubi	2	3	4
inquit, *peccauerunt, sine lege peribunt. at qui in lege peccauerunt, per*	*legem iudicabuntur.* uidetisne, fratres, multum interesse inter damnatum et	1	35	7
similiter Paulus: *noli altum sapere, sed time.* cum haec ita sint, cur	legem lege distringis? cur sub imaginem fidei fidem deponis? cur ipsum	2	3	13
auferetur ab eo. per hanc, fratres, a deo Enoc meruit cum corpore contra	legem naturae transferri; per hanc euadens Noe non inuenit, cum quo	1	36	7
imaginem fidei, professione deo, factis saeculo seruientes. uolunt nosse	legem, nolunt eius praecepta seruare. signum salutare uenerantur et tamen	1	35	5
populus displicuit deo incredulitate cum lege. unde dubium non est	legem non posse sine fide, fidem posse sine lege; alioquin ista innumerabilis	2	3	2
sacram	legem qui spiritaliter accipit, fratres, iste est, eius qui fructu lactatur.	1	8	1
dolendumque discrimen et dic nobis, utrum circumcisionem obserues an	legem. si circumcisionem, non est tibi lex necessaria, quia iustus Abraham,	1	3	12
ipse reprobat fieri, qui praecepit. hoc solum dico: imple uel in ceteris	legem, sicut scriptum est: praecinge lumbos tuos, indue pedibus	2	20	2
arcana et intellectum altius proferamus. Abraham sub lege non erat, sed	legem solus impleuit, et qui nullo iure legis tenebatur, omne ius diuinum	1	43	8
sacrae historiae, fratres dilectissimi, ad hoc nobis est tradita	legenda narratio, ut maiorum, si fieri potest, saltem aliqua ex parte mores	1	15	1
debeat, ne quid horum digne patiatur. hanc qui diuinas litteras aut non	legerunt aut lectas irritas putauerunt beneficio abiecti impolitique sermonis	2	1	14
discernit, ut seminet. prauos ac lubricos colligit mores. legibus suis suas	leges impugnat, ius iure distringit. quis non uideat numquam recti aliquid	2	1	7
acerrimus linguae exserit gladium, cum suis sibi ministris publicae	leges insaniunt; stimulis acuitur feritas in ferocitatem et tamen hominibus	2	2	6
unde criminum fluenta funduntur, ebibit fontem. huic non iura, non	leges, non honor ullus obsistit, quia quicquid aut emitur aut distrahitur,	1	5	5
est, qui caritatem non habet dei ac per hoc operanti iram recte subiacet	legi. atquin forte aliquis dicat: 'lex spernenda est, quia iusto necessaria non	1	36	17
clara, in omnibus uero regina. tu numquam carni, numquam ulli subiaces	legi. de uoluntate nasceris, sed bono puritatis uoluntatem ipsam paris, quia	1	1	20
quo nata es, permanens, uirgo, gloriare sanctique pudoris florem nulli	legi subiecta fidei thesaurum custodi. esto sancta et corpore et spiritu,	2	7	4
rura nihil omnino metuens amicae mortis fiducia. denique quod sapientia	legibus per industriam colligit, uno impetu aliquotiens clusis oculis illa	2	1	7
argumentis urguetur, ut quis indefensus aut innocens quod habet	legibus perdat. quod est omni uiolentia deterius, quia illud, quod ui	2	1	17
lites sic discernit, ut seminet. prauos ac lubricos colligit mores.	legibus suis suas leges impugnat, ius iure distringit. quis non uideat	2	1	7
granum sinapis te habere demonstra. sin uero, quod magis est, sub sono	legis ac fidei saecularis amore iactantiae excessus nascentis dei de deo	2	3	15
Thamar arguitur, quod de fornicatione conceperit; et ecclesia quasi	legis adultera Iudaeorum est a senioribus accusata, quod sabbatum ruperit,	1	13	12
iustus ex fide uiuit, infidelis iniuste. errat igitur quisquis disputationem	legis aestimat fidem, quisquis duo in unum diuersa confundit. disputatio	2	3	4
necessarium, qui in dei amore consistit, qui uoluntate sua se parit, diuinae	legis agnitione construit decorem, ad omnia genera uirtutum intrepidus	2	2	4
ut non postulans misericordiam mereretur. uideamus, fratres dilectissimi,	legis arcana et intellectum altius proferamus. Abraham sub lege non erat,	1	43	8
phantasma putaretur, edicta legis uniuersa complere. non enim aut *finis*	*legis* aut uerus Christus esse potuisset, si quid praetermitteret, quod ab alio	1	3	17
si, ut ratio ipsa proclamat, cessare nullo pacto potest uarietas ista regni, a	legis conditore homini a deo assumpto iustisque eius est deputata rebus	2	5	6
tabulis exsiccatur; similiter iudicii die a Christo secundum tabulas	legis confessorum sanguinis uindicta usque ad ultimum quadrantem	2	11	7
propugnaculum pariter ac telum, animae nostrae inpenetrabilis lorica,	legis conpendiosa ac uera scientia, daemonum terror, martyrum uirtus,	1	36	4
Iudaeos legitimum pascha celebrare non posse, periti	legis, deo ipso loquente cognoscite; a quo appellatur synagoga *spelunca*	2	25	1
duo, quae similiter duobus capitibus unam litteram fingunt, id est sacrae	legis duobus edictis unum Christum dei filium spiritali temperamento	1	37	4
est gloria, aequalis patri a catholicis praedicatur. denique inde est, quod	legis fundamenta temnentes uersuta disputatione, praetermisso deo de deo	1	45	1
fratres dilectissimi, quale diuinae pietatis munus acceperit, uetustae	legis gesta testantur. Sarra uxor eius non inferior longae uitae transactis	1	43	1
nisi ut fides de infidelibus uindicetur. denique tolle peccatum: cessat	legis imperium. *lex* enim, sicut scriptum est, *iusto posita non est,* sed	2	3	4
si quis studio uel noscendae uel impugnandae sacrae	legis naturae Natiuitatis Moysei librum lectitando saepius replicauit,	2	4	1
aut aliter docente consumitur. huc accedit, quod, nisi insinuationem	legis omni deuotione succincta praecedens amplectatur fides, quae tam sibi	2	3	1
quam diu, Iudaee, bruti cordis necdum discutis tenebras sacraeque	legis oracula iam in Christo completa nec probando cognoscis? uerum	2	20	1
fontem diuinitatis philosophicis argumentis exhaurire conaris? si peritiam	legis ostendere cupis, lectionum nubila disserena. doce eam sibi non esse	2	3	13
simplicitate sua felicior turba adhuc mortis imperio subiaceret, si	legis periti tantum iustificari meruissent. at cum scriptum sit: *littera occidit,*	2	3	2
non possis, cuius fueris uxor, agnoscere. noli esse sacrilega, noli proditrix	legis. profano cur nubas, cum possis nubere Christiano?	2	7	18
et antiqua, quae non dicam tractatu, sed ipsius natiuitate porro maior est	legis, quae deum deo credendo promeruit, quae credere non didicit, sed	2	3	8
dicebant: *hic Samaritanus est, daemonium habet*; *stabularius* doctor est	legis, qui acceptis *duobus denariis*, id est duorum testamentorum	1	37	10
de uiro suo facta est alterque alteri tenetur obnoxius ac per hoc iure	legis quoque linea una tanguntur, dubium non est horrendi supplicii	1	1	14
uenena confecerant, ad dei cultum bonae uitae exemplis sacraeque	legis religiosis exhortationibus excitaret. at ille *semen suum fudit in*	1	13	5
neglegentes	legis sacrae cultores saepe magno implicantur errore, cum aut dicta non	1	35	1
esse perfectum. denique cum dominus interrogaretur, quod esset summum	legis sacrae praeceptum, sic ait dicens: *diliges dominum deum tuum ex toto*	1	36	17
non habent ergo fidem qui litteras nesciunt, sed nec ipsi qui sciunt, quia	legis scientiam obseruantiamque ad perfectionem perducere nullis	2	3	9
Abraham sub lege non erat, sed legem solus impleuit, et qui nullo iure	legis tenebatur, omne ius diuinum praecipue custodiuit. cuius immolatione	1	43	8
magis stultitiam, iustitiae sapientiam conuenire. quod etiam sacrae	legis testimoniis probare non desinam, cuius ista sunt uerba: *nam quia*	2	1	5
uiuificare, per hominem necesse habuit, ne phantasma putaretur, edicta	legis uniuersa complere. non enim aut *finis legis* aut uerus Christus esse	1	3	17
in toto dubitare non debet in statum pristinum mortuos excitari talesque	legitima die ante conspectum dei ex illo naturae secreto produci, quales	1	2	15
anne materiam; ita enim in unum decorem uniuersa conuenerant, ut	legitima domus dei caduca illa ambitio putaretur. quod si ita esset, inter	2	6	2
omnium coaequarum, tu tui propositi insolubilis nodus aeternus. per te	legitima ieiunia celebrantur, per te allegatae priusquam fundantur	1	1	21
sancti conceptione, insita fit ante fecunda, ut, cum dissolutionis eius ac	legitimae reparationis tempus aduenerit, suo semini respondens iure possit	1	2	26
suae nobilitatem, hanc caelestis sacramenti uirtutem, hanc aeternae uitae	legitimam genitricem, hanc perpetuam futuri regni consortem, sine qua	1	3	1
nascatur, matris iam non in utero sed sepulcro incognitum pecus, quod	legitimam nec mortem potuit sentire nec uitam. recte igitur apostolus ait:	1	5	3
atque martyrium, spiritale corpus spiritalis feminae effunditur, ut	legitime Adam per Christum, Eua per ecclesiam renouaretur. hoc nos,	1	3	20
suum tota humilitate contribulatum ambitiose sacrificant sicque	legitime celebrata paenitentia deum sibi propitium reddiderunt. quod et	1	34	9
modi circumcisis deus non tantum salutem non pollicetur, sed etiam, nisi	legitime corde circumcidantur, ignis inexstinguibilis supplicium	1	3	13
requirendum quam ut quis eius nouerit uoluntatem, sine qua ei nec	legitime seruire poterit nec placere. ceterum prouidentis dei de deo	1	54	1
quo decipiaris errore: unam, quam tibi non licet quaerere, alteram, quam	legitime, si possis, permitteris edocere. prima itaque natiuitas domini nostri	1	54	2
impar cultu semper ecclesia inueniretur. sed haec saecularia sine	legitimo ac deuoto cultore nec sufficientia nec necessaria honori suo	2	6	3
conicere potest, computatus ad mensuram palmes competens intellegitur	legitimo examinis numero examinatus. scrobem fontem sacrum debemus	2	11	4
similaginem conspargit, uitulum laniat. post haec promittitur ei de	legitimo matrimonio filius de fide, non de aetate. concepit Sarra, portat	1	62	2
nec probando cognoscis? uerum tamen pro tuo sensu si uis pascha	legitimum celebrare, agnus requirendus est tibi, sicut praeceptum est, *ex*	2	20	1
priusquam fundantur acceptantur preces. tu es sacrificium deo carum, tu	legitimum dei templum, sacrarium pudoris. te corruptio intrare non nouit.	1	1	21
libidinum merces, non aduertentes esse infelix et impudicum quicquid	legitimum fuerit extra coniugium; Christiano enim, fratres, ultra licere non	1	1	14
Iudaeus	legitimum gerere se pascha contendit, cui nihil aliud de ueteri sacramento	1	28	1
quae nec deum nec sacrificium etiam ipsae cognoscunt se habere	legitimum. nunc Iudaeorum quoque sacrificia <a> deo repudiata	1	25	5

Iudaeos	legitimum pascha celebrare non posse, periti legis, deo ipso loquente	2	25	1
Iudaeos non tantum	legitimum pascha celebrare non posse, sed religionis diuinae prorsus nihil	2	17	
Iudaeos	legitimum pascha celebrare non posse paucis accipe, Christiane. Salomonis	1	51	
pharisaei agere se	legitimum pascha contendunt, qui cum templo summo, ut putabatur,	1	46a	1
Pharisaeus quemadmodum	legitimum pascha possit celebrare, non uideo, cuius eminens famosumque	1	19	1
ex ouibus spiritus maiestatis; quae utraque in Christo concreta agnum	legitimum praestiterunt. hic est agnus, fratres, de quo lex ait: *Pascha est*	1	8	1
ita sint, a quibus, quomodo, unde pascha celebratur? adde quod agnum	legitimum suo uitio, quem inuenerant, perdiderunt. quem scriptura	1	46a	2
persuadet. adeo uiris contra dei legem deique iustitiam euagandi *extra*	*legitimum torum* peregrina luxuria inspirat infeliciter quasi liberam	1	1	13
Abel iustus est sine hoc uulnere inuentus? quid, quod Enoc a deo integer	legitur esse translatus? quid, quod Noe incircumcisus saeuiente diluuio	1	3	5
deterius, quia illud, quod ui eripitur, nonnumquam repeti potest, quod	legum circumscriptionibus, non potest. glorietur qui uolet ista iustitia,	2	1	17
quid hic respondere possint lubrici mariti, non uideo; qui humanarum	legum iniqua impunitate decepti, iustitiam ueram nec ex sua ipsa uoluntate	1	1	13
pretiosum uobis ex usibus suis sua de mensa largitur. tres pueri unanimes	legumina inferunt primi, quibus, ut scitus sit sapor, salem sapientiae	1	24	2
faciemque suam in se, quam non habet, quaerit. pingit se in se ipsam et	lenocinante uario magistri medicaminis fuco uultum suum uultibus uestit	1	1	10
haec si libet nubere, omnia illa mentita es. quid hoc est? ecce rursus ad	lenocinia redis, colorem de pyxide mutuaris paulo ante damnatum. ecce	2	7	8
saepe, saepe ministrae sunt rapinarum. oculos inpudenter extollit, quorum	lenocinio mundus in flore est. intonat lingua, caret quae numquam ueneno	2	9	9
celebrare conuiuio, sed non illo, in quo diuersis epulis intrimentorum	lenocinio saporis de summa certantibus obrutum pectus saepe crudis atque	1	24	1
idolatriam, inpudicitiam auaritiamque fugiatis, quae est incurabilis Cancer.	Leo autem noster, sicut Genesis protestatur, *leonis* est *catulus*, cuius ista	1	38	4
non desperauit; haec in Tobiae caecitate medica fuit; haec in Daniele ora	leonibus alligauit; haec in Iona cetum in cymbam conuertit; haec in	1	36	8
denique huius suffragio Daniel populis terribilem inermis draconem necat,	leonibus obiectus in periculo prandet, qui solet extra periculum ieiunare. et	2	2	5
quae est incurabilis Cancer. Leo autem noster, sicut Genesis protestatur,	*leonis* est *catulus*, cuius ista pia sacramenta celebramus, qui ad hoc	1	38	4
de humanis gestis aut meritis nec Daniel inducitur inter frementium	leonum rabidos rictus intrepidus, caelesti prandio satur nec Ionas inter	2	18	1
impera montibus, ut transferant sese; in admirationem tui rictu blandiente	leonum rabies euanescat; sub gressibus tuis maris unda pinguescens	2	3	14
posse in Petro praesumpsit. per hanc apostoli multos in nitidam cutem	leprae deformis contagiosis scabrosisque grassantium ulcerum spoliauere	1	36	9
dominica circumciditur cruce, et quia per mulierem, quae sola lignum	letale contigerat, exceperat uterque sexus interitum, e diuerso per uirum	1	3	20
alieno nutritur; non inuita, non inprudens moritur, sed cum maturum	leti tempus aduenerit, a semet ipsa inuitatis sacris ignibus libentissime	1	2	20
i nunc, insatiabilis homo, et in detestabilis congestionis lucra	letifera etiam ipsa elementa nouis artibus coge! licet radient tibi	1	5	10
dei facientes quasi per quosdam obseruantiae gradus in caelum	leuare consuerunt. hanc in Apocalypsi Iohannes bis acutum gladium cum	1	37	1
prora. trepidant nautae, festinant in cassum iactura uasorum nauem	leuare ponderibus, quae prophetae pondere premebatur. tum Ionas, quem	1	34	6
non fumus amarus infecit, non frigus elisit; quod plus est: sine fermento	leuati sunt. certe caccabacei non sunt, non uetusti, non usti, non crudi,	1	41	2
postularet. religiosus carnifex reprimit gladium: patris erat, quod	leuauit, dei fuit, quod pepercit. nec qui feriebatur timuit, nec qui feriebat	1	62	5
qui dei patientiam sui obstinati cordis impatientia superauit. non enim	leue crimen est eius, cum de eo ille queritur, qui mox eum poterat et	1	47	
fermento est, consparsa ac subacta diligenter. sal inditum est illi;	leuigata est oleo gremiali, officiis competentibus temperata, in panes	1	41	1
uirtutem diligis? frangit ac subigit illam quiuis dolor. an pulchritudinem?	leuis et commutabilis res est et quae una febri uel qualibet facillime	2	4	15
enim indigne offerre sacrilegum est, ita indigne manducare mortiferum, in	Leuitico scriptura dicente: *omnis mundus manducabit carnem. anima*	1	25	12
manat ex libro Genitali, fides autem tenaciter inhaeret suo soli proposito.	lex ab alio transit in alium; fides interit, si ab suo statu aliquando uel in	2	3	5
concreta agnum legitimum praestiterunt. hic est agnus, fratres, de quo	lex ait: *Pascha est domini*; apostolus quoque Paulus: *Pascha nostrum*	1	8	2
eradicat fidem, quia fides profecto non est, ubi quaeritur fides; deinde quia	lex communis est, fides uero priuata, quia lex semper manat ex libro	2	3	4
magistram, quoniam ex lege discitur, sed in mentibus nascitur.	lex enim pendet ex caritate, non caritas pendet ex lege, sacra scriptura	1	36	17
de infidelibus uindicetur. denique tolle peccatum: cessat legis imperium.	*lex* enim, sicut scriptum est, *iusto posita non est,* sed peccatori, quia *iustus*	2	3	4
uirgam. quibus ista significatio coaptatur? monile, fratres dilectissimi,	lex est, quae salutaribus monitis diuersis uirtutibus diuersoque charismate	1	13	10
proximum tuum tamquam te ipsum. in his duobus praeceptis pendet omnis	*lex et prophetae.* unde manifestum est dilectionem uirtutum omnium	1	36	17
templum, de quo praesumebant, cecidit. altaria dei ipsi euerterunt.	*lex et prophetae usque ad Iohannem.* sacerdotibus eorum luctus indicitur.	2	17	
et puritatem designabat et unitatem; carbo enim uerbum dei est, ara	lex, forceps duo testamenta, quae credentes tenent, non credentes incidunt.	1	37	3
non illum accessus infecerat urbium. non habuit legem, cuius conuersatio	lex fuit. audit imperatum sibi a deo exilium, ut cognationem suam simul	1	62	1
in alium; fides interit, si ab suo statu aliquando uel in aliquo declinauerit.	lex hominis conscientiam alloqui tantum potest, uidere autem non potest;	2	3	5
utrum circumcisionem obserues an legem. si circumcisionem, non est tibi	lex necessaria, quia iustus Abraham, qui ex fide uixit, deum credulitate,	1	3	12
enim suam conscientiam non timet, is est, qui deum non timet. adde quod	lex partibus et discitur et docetur. adde quod tota nec intellegitur nec	2	3	5
quam esse sacrilegum. et tamen habeo, qui pro me tibi obsistat: nam	lex, per quam me forte minus peritum peccare compellis, ipsa te	2	3	16
ex caritate, non caritas pendet ex lege, sacra scriptura dicente: *iusto*	*lex posita non est, sed peccatori.* peccator autem ille est, qui caritatem non	1	36	17
uanis semet ipsum confundit. sed dicit aliquis: 'si ita est, nulli ergo	lex prodest.' absit; prodest, et quidem plurimum, nam per ipsam dei	2	3	3
ubi quaeritur fides; deinde quia lex communis est, fides uero priuata, quia	lex semper manat ex libro Genitali, fides autem tenaciter inhaeret suo soli	2	3	4
dei ac per hoc operanti iram recte subiacet legi. atquin forte aliquis dicat:	'lex spernenda est, quia iusto necessaria non est, peccatori uero molesta	1	36	18
nomine obscuret, in ducendis quoque uxoribus talis est condicio:	Liam excipit, prolixa tempora obseruat, omnia soceri libens tolerat	1	4	16
uanis superstitionibus interesse atque in cultum nefandi ritus nunc aut	libamina inceste profundere aut ornatus sertis uictimas trahere aut grauia	1	39	2
palam sit non penitus interire. gentes, quae ista non credunt, tamen cum	libamine infausto ad sepulcra concurrunt et a mortuis, quos in quiete	1	2	3
usque ad ecclesiam transmiserunt, ut in ipsa quoque, si insanire cuiquam	libeat, deus illi non colendus sit, sed quaerendus. quod nunc faciunt	2	9	2
cum uino, sal, ignis et oleum, tunica rudis et unus denarius; quem qui	libens acceperit acceptumque non spreuerit, sed in labore usque ad	2	6	8
quasi quasdam primitias auspicaris, totum prorsus iniquitatis spiritum	libens concipis per maritum: infelix, iam plus in te est quam in templo	2	7	17
iam olim disposuerat complendum latenter adsumit. namque requiescit	libens florentissimo in domicilio castitatis et in uisceribus sacrae uirginis	2	12	1
festinet. si quis eam prouocat in iudicium, ut eius auferat tunicam,	libens illi pallium quoque concedit; maledicitur et benedicit; caeditur et	2	1	13
talis est condicio: Liam excipit, prolixa tempora obseruat, omnia soceri	libens tolerat imperata; qui si esset inpatiens, astu circumscriptus pro	1	4	16
amor mundi praeponitur. quoduis etenim piaculum scelus dedecus nefas	libenter admittit, cuius praecordia inplacabilis cupiditas pestifera flamma	1	14	7
non malum cogitat, quia simplex est; *non irascitur*, quia etiam iniurias	libenter amplectitur; non fallit, quia fidem ipsa custodit; non ulla re	1	36	12
et clamat non uoce, sed corde, non clamore, sed fide, quam scit deum	libenter audire. hoc igitur e profundo clamans similiter Petrus impetrauit a	1	34	3
meis eloquia tua super mel et fauum ori meo! haec, fratres, si quis	libenter crediderit, largiores adhuc escas inueniet, quibus, si diligens fuerit,	1	24	4
iustitiam ueram nec ex sua ipsa uoluntate noscentes, quod pati nolunt	libenter efficiunt; qui profanae libidinis detestabili furto distracti, turpibus	1	1	13
tempus angustum et senectuti exitus iam uicinus. ecce prima deuotio:	libenter excipere quod sero datur et in tristissima senectute suscepta	1	43	2
dulcissimi flores mei, talia sacrificia procurate, quae sanctus spiritus	libenter offerat, pater probet, filius, qui magister est noster, probata	1	25	13
iustus; ideo iustus, quia patiens; a quo pati martyres didicerunt patiendo	libenter, quod non merentur. Noe cataclysmum, quo omnis caro funditus	1	4	12
memoriam recolit, quae spe succincta futurorum Antiocho saeuiente	libenter semel septem filios non dicam extulit, sed ipsa potius feliciter suis	1	2	13
nobis. huius est munus, quod diligimus seruos ut filios ac nos illi colunt	libenter ut dominos. huius est munus, ut, non dicam notos aut amicos, sed	1	36	14
dicendum est, sui carpunt. sane nullis argumentis armatus, quibus illi	libenter utuntur, qui aduersus ueritatem falsa componunt, sed caelestibus	2	18	2
cum maturum leti tempus aduenerit, a semet ipsa inuitatis sacris ignibus	libentissime concrematur. sepulcrum nidus est illi, fauillae nutrices, cinis	1	2	20
omnium regina, patientia, magis moribus concelebrare! scio enim, quia	libentius in tuis moribus, tuis fundamentis tuisque consiliis quam in alienis	1	4	20
gaudente et cum gaudio unici pignoris alligat manus, quas ille uinciendas	libentius offert. pedes quoque constringit, ne in exitu mortis concitata	1	43	5
officiis saeculares obterens uoluptates cum fuerit uictor carnisque nexibus	liber, repromissae inmortalitatis inaestimabili beatitudine perfruetur. sed	2	1	14
angeli erunt. magnum consequere beneficium, si deo uiuas puris moribus	libera et hominis non sis ancilla. at tu, uidua, secundas cur desideras	2	7	4
baptismate, noua paterni sacro resurgit fontis ex gurgite iam pura, iam	libera, iam a conuersatione mundi huius extranea, iam morte superior, iam	1	2	25
huic mundo dediticios intulerunt; sed laeta gaudentes, caelestis <...>	libera peccatis omnibus absolutos non foetidis cunis, sed suaue redolentibus	1	32	
euagandi *extra legitimum torum* peregrina luxuria inspirat infeliciter quasi	liberam facultatem ac sic eorum quoque feminas a pudore diuellit, quae	1	1	13
mare fontem sacrum debemus accipere, in quo, quibus aquis dei serui	liberantur, iisdem, qui non fugiunt, sed portant peccata, delentur. Maria,	2	26	3
quae maligno beneficio crimina excipiunt; quae corpori parcunt, animam	liberare non possunt; quae peccata cum dissimulando praetereunt, non	2	24	1
orbis per membra iactantur. uobis multi redempti, multi edictis feralibus	liberati, multi condicionibus duris exuti gratias agunt. uestrae domus	1	14	8
sacrilego, nisi eius curauerit mentem, non uideo, quid illi praestiterit. o	liberatoris nostri profunda prouidentia! o praestantia singularis! o dulcis	2	24	3
pretiosa res est, fratres, quae et honorem praestat et praemium. o	liberatoris nostri profunda prouidentia! o praestantia singularis! o dulcis	1	42	2
exercitusque eius graui seruitutis iugo depressos de Aegypto praedicant	liberatos. a diaboli rabie idolorumque turba uiolenta non tantum nostri	1	46b	1
ita et in passione Christi quod per Adam deliquerat, per Christum	liberatur.	1	59	9
de uera Aegypto, id est isto de mundo, semper momentis omnibus	liberatur. illis ducatum Moyses praebuit, dux noster Christus est dominus;	1	46b	1
Maria cum mulieribus tympanum quatit; hymnus canitur; dei populus	liberatur resolutisque undis uia cum persecutore deletur. quantum	2	26	1
sed pudicitiae splendore uestitus post calumniosam damnationem et	liberatus a deo est et honoratus. denique rex iure secundus factus est regni,	1	1	16
tenetur, illam esse ueram uitam, cum idem animus custodia carceris	liberatus ad eum locum, unde uenerit, reuertatur. si ergo hoc ille sensit,	1	2	2
quid, quod cum praeputio Nineuitarum populus dei est indulgentia	liberatus? quos utique omnes circumcidi praecepisset, si carnis	1	3	5
anima mea, in requiem tuam, quia dominus benefecit mihi, quia	*liberauit animam meam a morte, oculos meos a lacrimis, pedes meos a*	1	2	32
traditiones abiecerit. Thamar protulit monile, anulum, uirgam seque	liberauit sacramento numeri ab imminenti supplicio; ecclesia ipsa ueritate,	1	13	13
quid, quod illius sacrificium publicum est, tuum secretum? illius a quouis	libere tractari potest, tuum etiam a Christianis ipsis minime consecratis	2	7	14
eratis rei, eratis et inmundi mundana natiuitate, contra omni reatu iam	liberi mundi estis infantes et, quod est admirabile et gratum, subito uno	1	38	1
non sine utriusque dedecore patiuntur errare stipi triuiali subiectos; quod	liberi parentum uitam sua damna iudicantes iniecta uiolenter manu ipsi	1	5	6

esse quod nascitur. huius est munus, quod cara uxor, quod generosi	liberi, quod ueri sunt patres. huius est munus, quod alii ut nos aut plus	1 36 14
sui quouis prato iucundioris caelum ipsum honore laeto respirat. haec	liberis gaudet; at illa liberorum non timet orbitatem. haec eorundem	2 7 3
contempsit denique in perditis facultatibus diuitem, dissimulauit in amissis	liberis patrem, in poena sui corporis iustum. namque summo capitis a	1 15 5
substantiam non partitam, sed totam dedisse maluisseque se cum	liberis suis emori quam iustitiam praeterire. pro quo tam illustri facinore	2 1 20
edocet iura, quae nobilitatem generis sui non a parentibus accepit, non	liberis tradit; ipsa est sibi uterque sexus, ipsa omnis affectus, ipsa genus,	1 2 20
e duobus. sed nec illis impune succedit, qui sine uxoribus amore peccandi	liberius incertas atque inhonestas sibimet redimunt libidinum merces, non	1 1 14
non tantum suam praesentiam exhibet, sed etiam ad consulta respondet	liberiusque canit mortuus, quam canere consueuerat uiuus; unde libet	1 2 8
censum uno momento disperdit cohortemque florentissimam dulcium	liberorum atrocissimo impulsu, tectis parietum cum ruina confusis, nimia	1 4 18
erat illi splendidissima domus, diues census, diues quoque numerus	liberorum et, quod est parentibus gratum, utriusque sexus et inuicem se	1 15 2
crescit, senescere ignorat. non illam parentum pietas frangit, non dulcedo	liberorum, non coniugalis affectus, non cara germanitas, non ius amicitiae,	1 14 2
iucundioris caelum ipsum honore laeto respirat. haec liberis gaudet; at illa	liberorum non timet orbitatem. haec eorundem blanditiis uernantibus	2 7 3
proprietates uniuersis affectibus praestat, haec parentum, coniugum	liberorumque sacra iura custodit, haec in utroque sexu conspicua, in omni	1 1 1
Iudas tres	liberos habuit: Her, Aunan, Selom. hic mulierem, cuius nomen est	1 13 1
patientia deum promeruit, diabolum uicit, sanitatem recepit, facultates	liberosque suos non perdidit, sed mutauit! Iob, quantum intellegi datur,	1 15 6
Eliamque, quos propter tunc impedimentum carnis uidere non possent,	libertate spiritus uident, exinde intellegentes in thesauro naturae depositum	1 2 9
illa agit captiua sub lege, haec omnibus praestat in Christo bonae fidei	libertatem. igitur uos, qui *circumcisi estis circumcisione non manu facta in*	1 3 23
atque idem nolle docuisti. tu seruituti unica ac fortissima consolatio saepe	libertatem paris. tu paupertati praestas, ut habeat totum sui contenta, cum	1 4 21
leges, non honor ullus obsistit, quia quicquid aut emitur aut distrahitur,	liberum non est: non nobilitas, quia per hanc credit, hanc excolit, per hanc	1 5 5
respondet liberiusque canit mortuus, quam canere consueuerat uiuus; unde	libet exclamare: 'profectus potius est iste quam mortuus.' in euangelio	1 2 8
cui magis lacrimas commodarent: mortuo anne morienti? post haec si	libet nubere, omnia illa mentita es. quid hoc est? ecce rursus ad lenocinia	2 7 7
floribus redimita, oculorum iocorumque festiuitate lasciua, auaritia caeca,	libidine percita, delicate tumentis ac reflabilis tori plumeo sepulcro	2 4 9
criminibus maximum fecit. ipsa Herculem nouerca deterior in Omphales	libidine turpiter uicit, quem terribilis turba monstrorum superare non	1 1 11
cui sacrificant? sane hoc solum proprium retinent, quod, ut uilem	libidinem magis ac magis augeant, uilioribus se lauacris omni momento	1 51
eos pertinet, qui idolatriae deseruientes, mundanis uoluptatibus conpediti,	libidini uacantes et gutturi, longae nocti, id est aeternae morti, sunt a deo,	1 33 2
in huius mundi caeno uersatus est inter ebullientes diuersis sceleribus ac	libidinibus homines, qui ueri sunt uermes. Iob et sanitatem recepit et	1 15 9
ipsa uoluntate noscentes, quod pati nolunt libenter efficiunt; qui profanae	libidinis detestabili furto distracti, turpibus iam non contenti latibulis	1 1 13
Sodomorum, ubi inlicite uiri opprimebantur a uiris, prodigiosae	libidinis ignes ignis diuinus incendit intestinique facinoris foedus, quo	1 4 10
sic incognito inopinate dispungens suam docuit expugnare naturam; haec	libidinis mercedem uel maxime parentum, filiorum, maritorum uxorumque	1 1 8
utilitatis, rem familiarem tuendam committunt amore non fidei, sed	libidinis, qui publicanas mulieres cum ui subiciunt sibi uiliores se esse	1 25 11
id est hemithei omnes potentissimi et reges, qui ferocitate uirtutis ac	libidinis rabie digladiantes omnem orbem corruperant terrarum, insuper	1 13 4
enim caenosi gurgitis sui procella submergitur, dum semper exaestuans	libidinis turpitudo aut ueritate aut imagine perpetratur. praemia aut tradit	1 1 6
nonnumquam ui extorquens quod blandimentis impetrare non potuit.	libidinum commutatione uaria gaudet semper et paenitet, ad satietatem	1 1 9
discurrit quippe uesana per populos hominumque lubricas mentes	libidinum flagrantibus stimulis praecipitat in furorem, non sexui parcens,	1 1 6
amore peccandi liberius incertas atque inhonestas sibimet redimunt	libidinum merces, non aduertentes esse infelix et impudicum quicquid	1 1 14
recte, fratres, sicut audistis, deus odit auaritiam. est enim	libido profunda, cupiditas caeca, tempestas insana, rapacitas sine fine,	1 21
subuertere. ibat ad supplicium non adulterum corpus, in quo extrema	libido senilis exarserat, sed quod infamauerat diabolus et quod protexerat	1 40 2
nullum habere minus. tripondes sunt omnes, numismatis sacri una	libra signati, qui mensae deseruiunt.	1 41 3
inmortalitatis conferret. quem conpetenter sequitur Virgo praenuntians	Libram, ut nosceremus per filium dei, qui incarnatus processit ex uirgine,	1 38 5
semper inmobilis manet, alta quadam ac diuina temperantia robuste	librata, uniuersas permotiones animorum placida moderatione compescens,	1 4 3
denique, carissimi, intrepidus ad ministerium immolationis armatur;	libratur ad ictum uulneris securus animus, sed securior manus; elatus in	1 59 7
et exaltaui, ipsi autem me spreuerunt. grandem Iudaicae gentis offensam	libri istius exordia proloquuntur et iracundiam diuinae indignationis	1 61 1
fides est ac per hoc illis constitutionis nostrae uidelicet decernendi sunt	libri, ut possint esse perfecti! o quam misera est fides, quam uerba	2 3 9
uidimus, diligamus. huius est munus, quod antiquorum aut uirtutes ex	libris aut ex uirtutibus libros agnoscimus. sed quid ego diutius demorer in	1 36 14
quod probare exemplo perfacile est. meminimus in Regnorum proditum	libris famis tempore, quo totus passim populus moriebatur, Eliae alimenta	2 1 20
de cuius proprietate excellentes ingenio et doctrina uiri nihil certi	libris ingentibus prodiderunt. sed ego non curem, de me quemadmodum	2 1 1
quia lex communis est, fides uero priuata, quia lex semper manat ex	libro Genitali, fides autem tenaciter inhaeret suo soli proposito. lex ab alio	2 3 4
sacrificia <a> deo repudiata cognoscite, qui dicit ad eos in Esaiae	libro: *quo mihi multitudinem sacrificiorum uestrorum? plenus sum*	1 25 6
unicuique confitentur. accipe et alia exempla et quidem certiora. primo in	libro Regnorum Samuel, egregius ille sacerdos, mortis iam lege dispunctus	1 2 8
domini annuntiabat, sicut euidens declarat exemplum, quod Psalmorum in	libro sic habetur: *uirga tua et baculus tuus ipsa me consolata sunt. parasti*	1 13 10
huius est munus, quod antiquorum aut uirtutes ex libris aut ex uirtutibus	libros agnoscimus. sed quid ego diutius demorer in humanis, quasi sola	1 36 14
uel noscendae uel impugnandae sacrae legis naturae Natiuitatis Moysei	librum lectitando saepius replicauit, fortassis, ut sunt ingenia cotidie quae	2 4 1
ostentat, obicit, donat, speciem proponit suam faciemque, in quas illi	libuerit figuras, speculo conciliante semper incertam cotidie peregrinis	2 4 9
notis mederi non posse, pro uno puncto requiei incunctanter tota, si	liceat, paratus offerre. superstitibus fratribus saltem cupit esse consultum;	1 2 10
est, quod cum gentibus uel Iudaeis potest esse commune; nam et illi, si	liceat uel si uelint, fortassis cultius synagogas aedificent, cultius erigant	2 6 1
bene noui. ueteris uitae usurpatione, quod quidem uobis ulterius non	licebit, fortassis requiratis et a nobis, qua genitura quoue signo tam	1 38 2
et me, ac per hoc ideo nubere melius, quia uri deterius. *omnia* quidem	*licent, sed non omnia expediunt.* iam te hic, Christiane, cognosce, elige	2 7 2
quicquid legitimum fuerit extra coniugium; Christiano enim, fratres, ultra	licere non puto quam ut sit aut continens aut maritus. uenio nunc ad	1 1 14
uictima calcitraret: securus enim pater optimus timuit, ne dolori aliquid	liceret in mortem. o fratres, secura deuotio! o pater spiritum captans,	1 43 5
uideri non potest? postremo detestabilis est uiuendi condicio, ubi non	licet facere uxori, quod marito placet; ubi proponis, quia nihil te gerere	2 7 15
miseri, quoniam in tali negotio iudice deo quod non licet uxoribus non	licet nec maritis, sicut praescribens talibus Paulus apostolus dicit: *mulier*	1 1 13
uobis aqua sufficiat, hoc ante omnia scientes, quia hanc nec effundere	licet nec rursus haurire.	1 12
neglegens disce Christiane, ne quo decipiaris errore: unam, quam tibi non	licet quaerere, alteram, quam legitime, si possis, permitteris edocere. prima	1 54 2
ita rebus uniuersis est praedita, ut sit omnium iure ipso regina. triumphet	licet quibus uult uirtutibus fides, ac spes multa et magna proponat, tamen	1 36 10
medio die perdidit diem, terra tremore nimio firmitatem. hinc aestimare	licet, quid eis sit reseruatum, quorum in causa funerei luctus poenae	1 47
commouere. aduersus Iob diabolus, qui non fertur blandus, aestimare	licet quid moliri potuerit incitatus, maxime cum a deo acceperit	1 4 18
congestionis lucra letifera etiam ipsa elementa nouis artibus coge!	licet radient tibi pretiosorum lapidum discoloribus formis referta	1 5 10
	licet sectae sint plures, quae iniuriam Christi fabulari nitantur, tamen tres	2 8 1
incendia. sane in senibus ut est honoranda, ita miranda non est, quia	licet sit uictrix, tamen triumphi sui palmam senectutis cum rigore partitur;	1 1 5
semet recumbunt, freto aestus alternos in unum conferente connexa, quae,	licet sui proprietate, locis uocabulisque discreta sint, tamen trini profundi	1 7 4
limpidatus, semet pretiosum frumentum diuinis horreis inferre desiderans,	licet suo uberet fonte, tamen aestuat semper iustae operationis ardore.	1 33 3
genitalis fontis ad laticem conuolate incunctanter ac fortiter bibite, dum	licet, superfluentis amnis undae subiecti toto impetu totaque deuotione	1 12
non aduertentes miseri, quoniam in tali negotio iudice deo quod non	licet uxoribus non licet nec maritis, sicut praescribens talibus Paulus	1 1 13
cum magis uerus sit ille fidelis, qui sacra in praedicatione non ultra, quam	licitum est, aciem suae tetenderit mentis; eo enim res deducta est, ut fides	2 3 12
Graeciae uiri praeter ceteros curiosi otioso negotio cor suum ultra quam	licitum est argumentis insolentibus extulerunt. hi cum ascendunt uerbis in	2 9 1
uobis aqua sufficiat, hoc principaliter scientes, quia hanc nec effundere	licitum est nec rursus haurire.	2 14
humanae deuotionis *religiosa confessio est* de *deo hoc nosse*, quod	licitum est. sicut enim in simplici corde scrutanda sunt testimonia eius, ita	1 34 1
puluere luctus puluerem mutas; in stibio fletus includis; ornamento	ligas quod suspendio uoueras collum; ab speculo oracula inquiris, quam	2 7 8
primo innocentia, aequitas in medio, in fine patientia. pax colligit, caritas	ligat, sollicitudo custodit, iustitia distribuit, pietas ministrat, puritas	2 6 9
adhuc uinculis manus [et], ne quid minus ab hostia uideretur; pedem	ligatura destringit, ne incitata uictima displiceret. cesset itaque hic,	1 59 6
quod tabulatis infertur, caelestis uiae uitaeque altitudo monstratur.	ligaturis adstringitur, cum renuntians saeculo sponsione facta spiritaliter	2 11 5
pinguem conditamque fideliter uitulinam. Isaac innocenter ollam portat et	ligna. Iacob patienter uaria exhibet pecora. Ioseph promotus ad mensuram	1 24 2
exspectabat bona illa tempestas, sorte ductus naufragus redditur, immo a	ligneo ad nauigium uitale transfertur. qui ut est dimissus in altum	1 34 6
sunt. uirga et baculus duo sunt utique testamenta, quae ideo materiae	ligni sunt comparata, siue quod in eius usu et perpetuo et tutius maneat	1 37 8
falce tonduntur, pura materia tabulatis infertur, nodis adstringitur, ne a	ligno, quo portatur uel cuius adminiculo uel ducatu in uberes fructus	2 11 2
quam sacerdotalibus officiis excolens piaque potatione fecundans felici	ligno suspensam uberrimam docuit afferre uindemiam. inde est, quod hodie	1 10b 2
letale contigerat, exceperat uterque sexus interitum, e diuerso per uirum	ligno suspensum uiuificatum est omne genus humanum. ac ne non ex	1 3 20
[quibus] de caelo cotidianum manna in eremo, potus e saxo? quid per	lignum amara aqua dulcis effecta, quam per lignum crucis amaritudine	1 61 8
homines suscipit mortuos et inspiratos aqua caelesti mox efficit uiuos.	lignum auxiliare, quo tenditur uel portatur, crucis est dominicae signum,	2 11 4
potus e saxo? quid per lignum amara aqua dulcis effecta, quam per	lignum crucis amaritudine gentilitatis exclusa bibituri essemus? exaltati filii	1 61 8
semper secum substantia nutriatur. auxiliare illi necessario iungitur	lignum, cuius tutela defensus sese sustollat. at ubi adoleuerit in uitem	2 11 2
similiter dominica circumciditur cruce, et quia per mulierem, quae sola	lignum letale contigerat, exceperat uterque sexus interitum, e diuerso per	1 3 20
portae, quas ab hostili defendit impulsu in modum tau litterae prominens	lignum. o res uere miranda! cotidie aedificatur et cotidie dedicatur; floribus	2 6 7
trepidat, nemo se excusat, nemo turbatur. ne uere sit parricidium, ille	lignum quo inuratur sibi praeportat, ille aram struit. ille exserit gladium,	1 4 14
omnium credentium non colla, sed corda decorare consueuit. uirga per	lignum sacramentum passionis domini annuntiabat, sicut euidens declarat	1 13 10
Petrus nomen imposuit), id est sua doctrina formatos, spiritus sancti	lima acuminatos constituit uiros apostolos omnesque discipulos. quorum	1 3 16
quaslibet formas, uultus, sexus, aetates auri argentique detrimento matris	limae moderato dente figurata. quae est ergo ista dementia sacrificium	1 25 3
et a germana coniunctione naturae gladio saeui latronis plantarum	limes inciditur et obsequio pedum corpus martyris uiduatur. numerent	1 39 8

memoratae uineae disputatio, fratres dilectissimi, longe lateque diffusos limites habet, quos peragrare competenti sermone urgentium 1 10b 1
prodidit dicens: *quemadmodum portauimus imaginem eius, qui de limo est, portemus et eius imaginem, qui de caelo est.* quam qui sancte 2 30 4
secundus e caelo, dubium quippe cum non sit unum hominem tantum e limo terrae a deo finctum eique eius ex latere mulierem coniugale solamen 2 4 1
sed habebat. igitur orbe perfecto postremus digito dei manuque e limo terrae fingitur homo. construitur mobile totumque se nesciens 1 56 3
suam fecit sibi ipse simulacrum sensibile atque intellegens; sumpto quippe *limo terrae hominem figurauit* eique animam, qua spiramus, infudit e 2 4 4
dicto calumniosam nobis inferat quaestionem, qui ait: *primus homo e limo terrae, secundus e caelo*, dubium quippe cum non sit unum hominem 2 4 1
in flores diuerso charismate redditurum, cum salubri unda perfusi, limpidae aestatis messe gaudentes panem nouum coeperint manducare. 2 13
mundus, qui sponsionis suae palmam fortiter retinens, peccatorum paleis limpidatus, semet pretiosum frumentum diuinis horreis inferre desiderans, 1 33 3
concupiscentiis huius mundi secretus, conuersatione limpidus, mente limpidior, usque adeo circumspectus atque inreprehensibilis, ut dei sit 1 15 2
et uerax, ab uniuersis concupiscentiis huius mundi secretus, conuersatione limpidus, mente limpidior, usque adeo circumspectus atque 1 15 2
suo facta est alterque alteri tenetur obnoxius ac per hoc iure legis quoque linea una tanguntur, dubium non est horrendi supplicii perennibus 1 1 14
meditatur. erexerat securem percussor insanus et signans oculis uulneribus lineam feralis ictus assidua contemplatione uibrabat. haeserant confessionis 1 39 7
auferatur occasus. luna quoque, quae uere rationis humanae omnia in se lineamenta depingit, nata sanguineae teneritudinis dubio cornu primo quasi 1 2 19
comparatam *discordique concordia* esse connexam animamque lineamentis corporis circumsaeptam. unde duae quoque uitae a deo 2 4 8
hominis forma tribuitur, quia temporalis ac fragilis esse cognoscitur. ideo lineamento puerili depingitur, quia eius lasciua lubricitas nec annis 1 36 25
oculos inpudenter extollit, quorum lenocinio mundus in flore est. intonat lingua, caret quae numquam ueneno serpentis, et, quod omni est maius 2 9 9
non credentes incidunt. sed et Dauid hanc calamum nuncupauit, dicens: *lingua mea calamus scribae uelociter scribentis.* calamus fissus est, fratres, 1 37 4
excolunt, diuites inpotentia, iudices gratia, diserti mercennaria ac duplici lingua, reges superbia, negotiatores astutia, inani pauperes uoto, cultores 1 14 1
et digiti uestri in peccatis. labia autem uestra locuta sunt facinus et lingua uestra iniustitiam meditatur. et iterum de ceteris membris: 1 3 10
pedibus se ambulasse non credat. aduersus Theclam accusator acerrimus linguae exserit gladium, cum suis sibi ministris publicae leges insaniunt; 2 2 6
luculentae orationis compta mendacio, armata uocis tuba et gladio linguae omnes actus ad se trahit, congregat turbas, contionatur. lites sic 2 1 6
haec ita sint, humanitas, te, uersuta, cognosce uel sero et intemperanti linguae silentii frenos impone. dementiae genus est inuisibilis 2 8 3
dolosa; in corde locuti sunt mala. disperdat deus uniuersa labia dolosa, linguam magniloquam; qui dixerunt: linguam nosstram magnificabimus, 2 9 2
tuus; adhuc erat in uictima domini quod posses auferre: amputandam linguam mandare nescisti, quae in conluctatione martyrii prior solet 1 39 6
disperdat deus uniuersa labia dolosa, linguam magniloquam; qui dixerunt: linguam nosstram magnificabimus, labia nostra a nobis sunt. quis noster 2 9 2
in publicis, opportunam in quibuscumque secretis. lasciua, non linguis non oculis non auribus parcens iocatur sperat ambit obsequitur 1 1 9
uiros apostolos omnesque discipulos. quorum salutaria monita canentibus linguis, quasi quibusdam spiritalibus cultris, credentium populorum 1 3 16
et iterum de ceteris membris: *sepulcrum patens est guttur eorum, linguis suis dolose egerunt, uenenum aspidum sub labiis eorum, quorum os* 1 3 11
quae condemnare falso humanitas gestit; *camelum* enim *glutiens culicem liquat*; reicit stillas criminum et auaritiae, unde criminum fluenta 1 5 4
domino, ut profundi maris lubricos sinus insubditaque humanis gressibus liquidi aequoris terga, quibus uiator trepidus absorbebatur, et perambularet 1 34 3
ductisque dextra laeuaque aggeribus in aciem stipatis undarum, saluo liquore arefactam profundi in semet contra se obnixam stupidam 1 18 1
sciens, quia lites generant. seruum autem dei non oportet litigare, quia lis et caritatis est hostis et fidei; quas si quis amiserit, nec diuina ille 2 3 18
pio mysterio sua uictima inclusus hodie deum reddidit hominem, quem litauit. 1 8 2
deteriora mensuris pretia quam inopia. inde fraus, periurium, rapinae, lites ac bella. cotidie mugitibus alienis quaeritur lucrum et proscriptio 2 1 16
igitur si dei seruus es, *stultas et ineruditas quaestiones euita sciens, quia lites generant. seruum autem dei non oportet litigare*, quia lis et caritatis 2 3 18
et gladio linguae omnes actus ad se trahit, congregat turbas, contionatur. lites sic discernit, ut seminet. prauos ac lubricos colligit mores. legibus suis 2 1 7
conseruat; haec circa regum latera securos gladios facit; haec bella premit, lites tollit, iura euacuat, fora compescit, odia eradicat, iras exstinguit. haec 1 36 13
quod si factum non fuerit factumue displicuerit, tum tota mugiet litibus domus, blasphemabitur deus arreptoque forsitan ipso sacrificio tuo 2 7 15
sibi uiliores se esse quam illae sunt produnt, qui iracundia tument, qui litibus fremunt, qui calumnias pariunt, qui pauperes, qui uiduas, qui 1 25 11
quaestiones euita sciens, quia lites generant. seruum autem dei non oportet litigare, quia lis et caritatis est hostis et fidei; quas si quis amiserit, nec 2 3 18
probatio longe non est. ius templorum ne quis uobis eripiat, cotidie litigatis. non hi solum, qui tales sunt, displicent deo, sed et illi, qui per 1 25 10
est pugna), multos esse tractatus, multas etiam fides et quidem nouellas et litis labore ac fauore nutritas. quas, quia uera uix potest inueniri, credo, ne 2 3 7
gurgitis praeruptorum montium canis uoluminibus repugnantium litorum spumantia ora contundens minatur per momenta naufragium. 1 34 5
si legis periti tantum iustificari meruissent. at cum scriptum sit: *littera occidit, spiritus autem uiuificat*, quia *non sub lege, sed sub gratia* 2 3 2
semper duodecim portae, quas ab hostili defendit impulsu in modum tau litterae prominens lignum. o res uere miranda! cotidie aedificatur et cotidie 2 6 7
unde recte testamenta sunt duo, quae similiter duobus capitibus unam litteram fingunt, id est sacrae legis duobus edictis unum Christum dei 1 37 4
fratres, duosque uertices gerit in unius acuminis tenuitate digestos, unam litteram utroque conficiens; cui si unum adimas, alterius inanis est usus. 1 37 4
tolle spem, et interempta sunt omnia. quid facit ad litteratorem puer, si litterarum non sperat fructum? quid ratem profundo gurgiti nauta 1 36 3
ne quid mundo debeat, ne quid horum digne patiatur. hanc qui diuinas litteras aut non legerunt aut lectas irritas putauerunt beneficio abiecti 2 1 14
an ex utroque. si ex doctrina constat, non habent ergo fidem qui litteras nesciunt, sed nec ipsi qui sciunt, quia legis scientiam 2 3 9
non sinit praecipitare. quid auium diuersarum decora commercia litterataeque quid arduis uolatibus *aeriae grues*? quid piscium dissimilium 1 4 6
uniuersae cessabunt; tolle spem, et interempta sunt omnia. quid facit ad litteratorem puer, si litterarum non sperat fructum? quid ratem profundo 1 36 3
ceto inhiante miserabilius sepelitur quam praecipitatur et tamen litus, quo tendebat, inuenit antequam uideat, felix sepulcro quam naui. in 2 2 5
inmittit Capricornum uultu deformem, qui cornu exsiliens, labra liuentia spumantibus uenis ebulliens palpitante ruina captiui tota 1 38 6
orbes oculorum, acies dentium spumosis horrida globis inter labra liuentia stridit, intorta omnia passim membra tremore uibrantur; gemit, 1 2 6
mater scissa ueste, laniatis crinibus, laniatis et genis, totum crebris ictibus liuida pectus gentili uanitate circa amissi cadauer bacchatur insana nec 1 2 13
praecepti eruditione commonitus, eum propriae uoluntati commisit. at liuidus ille criminator, qui, quod sensim serpat, serpentis nomen accepit, 2 4 5
lauisti lacrimis, osculis detersisti, crinium damno uelasti, scissis genis, liuore foedatis uberibus, sordido plus puluere tecta quam ueste? tu, 2 7 7
errantium palmitum crinibus uilis; quae cum per uoluptuosa ac profana loca lasciua passim se fronde diffundit, generauit pro fructibus spinas, pro 1 10b 2
quod aut nullum aut perrarum est per omnem ecclesiam dei orationis loci membrum, quod possit quamuis ruina in se mergentibus idolatriae 2 6 2
circumcisionis, cuius non tantum in praesenti lectione, sed et aliquot in locis fecit Paulus beatissimus mentionem, ratio uidetur esse reddenda, ut et 1 3 1
sacrae cultores saepe magno inplicantur errore, cum aut dicta non pro locis intelligunt aut dictorum minime rationes inquirunt. igitur in praesenti 1 35 1
sacrificant mortuorum, qui amore luxuriandi atque bibendi in infamibus locis lagenis et calicibus subito sibi martyres pepererunt, qui dies 1 25 11
necessaria subministrat. potentiam, fratres, cito eius edicam. quicquid locis natura negauerit, caritas reddit. haec coniugalis affectus duos homines 1 36 13
in domo patris sui, id est in templis infamibusque spectaculorum omnium locis (pater enim omnium corrupte uiuentium diabolus designatur, domino 1 13 8
domicilii ista prima morte dissolui, sed pro qualitate factorum quasdam locis poenalibus relegari, quasdam *placidis sedibus* refoueri, ut tunc demum 1 2 3
sane quod passim multos occidis, edacitatis est tuae, quod diuersis in locis, uanitatis, quod cum amaritudine comedis, infelicitatis. taceo, quod 2 20 2
aestus alternos in unum conferente connexa, quae, licet sui proprietate, locis uocabulisque discreta sint, tamen trini profundi saporis una uirtus, 1 7 4
feceris, nihil horum tecum ad inferna portabis; quod enim naturae est, de loco ad locum transferri potest, ei autem subtrahi non potest. denique 1 14 3
fuerint continentes, nubant: melius est enim nubere quam uri. alio autem loco ait: *hoc dico secundum ueniam, non secundum iussum; uolo autem* 2 7 2
(*et fecit,* inquit, *deus hominem ad imaginem et similitudinem dei*), et alio loco dicat: *ego sum qui sum et non demutor.* cum hoc ita sit, homo 1 27 2
(*et fecit,* inquit, *deus hominem ad imaginem et similitudinem dei*), et alio loco dicat: *ego sum qui sum et non demutor.* cum hoc ita sit, homo 1 30 2
quoque est ex diuina uoluntate securitas. qui cum hostiam prouidet, cuius loco electus fuerat, requirebat. sed traduntur tenerae adhuc uinculis manus 1 59 6
quod signum ex prodromi quoque eius designatione dilucidauit alio loco his uerbis: *ecce mitto angelum meum ante faciem tuam, qui* 2 8 7
enim cognouit cogitationem dei? et tu eius naturam quaeris? sed et alio loco hoc, quod agitur, euidenter expressit, cum ad Timotheum loquitur 2 3 17
non die, non nocte, non hora, non sexu, non aetate, non condicione, non loco, non genere a tribuenda homini salute depellitur, sed gloriosa semper 1 3 22
usque in occasum clarificatum est nomen meum apud gentes, et in omni loco odores incensi offeruntur nomini meo et sacrificium mundum, quoniam 1 25 7
desiderat nec ulli similiter se desiderabilem praestat. in suo statu omni loco, omni tempore manet plus honestati consulens quam utilitati. ultis 1 1 2
autem rex noster ante saecula operatus est salutem in medio terrae, et alio loco: *parata sedes tua, deus ex tunc et a saeculis tu es.* ubi hominem 2 5 2
est, fratres, eius aestimare uirtutem, cuius uinci uictoria est. non illam loco uis ulla detorquet, non labor, non fames, non nuditas, non persecutio, 1 4 3
uestem uiduitatis exponit, aestiualia induit, semet decore componit locoque constituit, Iudas qua fuerat transiturus. at ille uisam mulierem 1 13 2
Christianum. adde quod circumcisio ista non tam salutem pollicetur quam locum caputque criminis monstrat. Adam etenim, cum illicitum pomum 1 3 8
uiolenta infertur manus. ad torcular conportantur; id est ad supplicii locum deducuntur. ab operariis ibidem conculcantur, hoc est summa cum 2 11 6
ductus est tandem beatus Archadius ad exoptatum iustis orationibus locum, et intuens caelum stetit deo spectante securus. parauerat extensa 1 39 7
pellique se plangit, confitetur sexum, confitetur adgressurae tempus et locum et nomen proprium confitetur discessumque, uel qui sit signis 1 2 6
argumentis uehementer armata captat solitudinem, secretum captat et locum, in quali etiam non irritata adolescentia inuitis feminis saepe 1 1 16
induxit. necessario ergo luxurioso populo deus hoc signum dedit, ut, locum matricalis culpae cum denotat, etiam alia crimina fugienda 1 3 8
spretores sui, ut impios monstret. infelix culpa est, fratres, in qua locum qualiscumque non inuenit excusatio; detestabilis certe filius, quem 1 20
per patientiam et benedictionem lucratus est et fratrem. dat iracundiae locum, securus ut redeat; domum patri commendat, sensim mitisque 1 4 16
nihil horum tecum ad inferna portabis; quod enim naturae est, de loco ad locum transferri potest, ei autem subtrahi non potest. denique aurum 1 14 3
gladii contemplatione compescas. mihi crede: non habet concupiscentia locum, ubi patientia dominatur, ubi uiuitur sobrie, ubi mors timetur. 2 7 9
esse ueram uitam, cum idem animus custodia carceris liberatus ad eum locum, unde uenerit, reuertatur. si ergo hoc ille sensit, qui non nouerat 1 2 2
suppedaneum pedum meorum. quam mihi aedificabitis domum? aut quis locus ad requiem mihi? omnia enim ista fecit manus mea. in euangelio 2 6 3
aestuat semper iustae operationis ardore. autumnus quoque martyrii locus est, in quo non uitis, sed fossoris sanguis effunditur, ut uita beata 1 33 3
cum terra uel tremit uel hiatu se recipit in se, nullus hic beatitudinis locus est, ubi non deuotionis, sed necessitatis est quod timetur. itaque 2 2 3
enim deum purum iugiter praedicaret, passionis resurrectionisque uacaret locus et nihil Christus mundo praestiterat; si hominem solum, sicut 2 5 1
felici numero fecistis angustam. ex eo enim ipso, quod uos non capit locus, exinde intelligitur, quia fides uestra capit deum. igitur ne quis operis 2 6 5

fecerat rogum. scatebat per tecta culminum publicum scelus nec fuerat	locus, in quo non erat pro religione sacrilegium. cogebatur Christi populus	1 39 2
interibat omne genus humanum. nec fuit ullus ulli usquam solacii	locus. nam hominem uiuum, ut adhuc usque, consumebat labor, gemitus,	2 4 6
quibus Hierusalem spiritalis instruitur, quibus sacrae orationis iste	locus nouus et populus cotidie Christi dei et domini nostri prouidentia	2 6 11
et assat. Iohannes camelarius deuote praecurrens de silua mel attulit et	locustas. ne alter alterum manducantem denotet, inuitator ammonet	1 24 3
inquinatae sunt sanguine et digiti uestri in peccatis. labia autem uestra	*locuta sunt facinus et lingua uestra iniustitiam meditatur.* et iterum de	1 3 10
uana locuti sunt unusquisque ad proximum suum; labia dolosa; in corde	*locuti sunt mala. disperdat deus uniuersa labia dolosa, linguam*	2 9 2
cuius ista sunt uerba: *deminuerunt ueritates a filiis hominum. uana*	*locuti sunt unusquisque ad proximum suum; labia dolosa; in corde locuti*	2 9 2
fidem, ita nouo uetus perhibet testimonium, sicut scriptum est: *semel*	*locutus est dominus et haec duo audiuimus.* sed et dominus ipse in	1 37 4
audi, caelum, et percipe auribus, terra, quoniam dominus	*locutus est: filios genui et exaltaui, ipsi autem me spreuerunt.* grandem	1 61 1
hic error, diuersitas nulla est. Paulus enim de hominis adsumpti temporali	locutus est regno, in quo uenturus et *iudicaturus est uiuos et mortuos*,	2 5 7
hominis post mortem nihil superesse contendis, quemadmodum per alium	locutus sit mortuus ille, quem noueris. at dicis: 'hoc daemones fingunt'. o	1 2 7
ueniat. aperies os piscis: hoc est sacramentum uel quae in prouerbiis	locutus sum non intellegentibus explanabis. denique hoc alibi manifestius	1 37 6
ditati deo patri omnipotenti laudes et gratias referamus. qui zizania,	lolium, lappas, tribulos in laeta frumenta mutauit, quae diligenti cultu	1 41 1
deseruientes, mundanis uoluptatibus conpediti, libidini uacantes et gutturi,	longae nocti, id est aeternae morti, sunt a deo, quod opus tenebrarum	1 33 2
acceperit, uetustae legis gesta testantur. Sarra uxor eius non inferior	longae uitae transactis cursibus †pius aut filius ederit partus effusione	1 43 1
uestigia dies salutaris aduenit. idem sibi successor idemque decessor,	longaeua semper aetate nouellus, anni parens annique progenies antecedit	1 44 1
uestigia, dies salutaris aduenit. idem sibi successor idemque decessor,	longaeua semper aetate nouellus, anni parens annique progenies; antecedit	2 19 1
uestigio dies salutaris aduenit. idem sui successor idemque decessor,	longaeua semper aetate nouellus, anni parens annique progenies antecedit	1 57
in caelo, ut de caelo descenderet, cum humanitatis a caelo et possessio	longe dimota sit et natura? age, excita sensum, lector, inuenies ueritatem.	2 4 2
taceam, ecce maritum tuum postridie aliqua necessitas rapit, quae a te	longe distractum decennio uel eo amplius, ut adsolet fieri, detineat	2 7 9
argentum, uos spiritus sancti diuitiae; uos si terrena metalla tempseritis,	longe his uitae uestrae thesaurus. uobis auro constructa aetheria illa ciuitas	1 5 17
marito, uirgo, quemadmodum deo. haec extrariis ornamentis ornatur;	longe illa ornatior, aliunde quia nescit ornari. haec uariis unguentis et	2 7 3
memoratae uineae disputatio, fratres dilectissimi,	longe lateque diffusos limites habet, quos peragrare competenti sermone	1 10b 1
quae, si uera dicenda sunt, dissimulando subtiliter custoditis. probatio	longe non est. ius templorum ne quis uobis eripiat, cotidie litigatis. non hi	1 25 10
non enim in ecclesia dei fucatus quaeritur sermo, sed ueritas pura, a qua	longe omnes illi non immerito aberrauerunt, qui iustitiam dei manere in	2 1 1
imaginem laeserit, in exitium suae animae incitat ueritatem. nec est dicto	longe probatio. si incliti cuiusquam regis, hominis tamen, uultus quiuis ulla	1 36 24
ne a ligno, quo portatur uel cuius adminiculo uel ducatu in uberes fructus	longius inuitata producitur, ui aliqua separetur. tum solemniter plorans	2 11 2
commendauit umbraculo, utrumque Christiano explicans uoto, ut et non	longius uideretur a proelio et secedendo euangelicae iussionis animaretur	1 39 3
dubie in paucis expediam. stellae praecipites labuntur e caelo et a tergo	longo flammarum albescentium tractu funereae facis solemnitate in occasus	1 2 17
ut omnes mirarentur fieri lacrimas gaudii, quae nunc fuerant orbitatis. sed	longum est, fratres, ire per singula, maxime quia caritas sua ingerit	1 36 10
homicidas, alios adulteros, alios sacrilegos, alios auaritia efficit caecos.	longum est ire per singula: uarias atque innumerabiles *nocendi artes* habet,	1 38 7
nonne horrebit etiam sibi quodam modo illa excarnata umbra tractabilis?	longum est ire per singula. ecce peremptorius aliqui morbus totam	2 4 16
se uocari cognoscat, inculpatis moribus uiuat, conscientia eum bona, non	loquacitate, quae mater profecto peccati est, nosse praesumat trinitatisque	2 3 19
si tractatum fidei dixerimus, uehementer errabimus. subici enim se	loquacitatis artificio fidei natura non patitur, a qua nihil aliud laboratur,	2 3 6
ut edicerent nobis, quinam sit deus iste, qui dicit: *audi, populus meus, et*	*loquar, Israel, et testificabor tibi, quoniam deus, deus tuus ego sum*; et	1 25 1
infidelem, hic fidelis est. forte in eo se quis aestimet fideliorem, si	loquatur argute, cum magis uerus sit ille fidelis, qui sacra in praedicatione	2 3 12
alterius periculo discere, quid debeas deuitare. unde, fratres, in tali re non	loquela est exhibenda, sed cura, quam paucis accipite. iram dei generaliter	1 10a
Iudaeos legitimum pascha celebrare non posse, periti legis, deo ipso	loquente cognoscite; a quo appellatur synagoga *spelunca latronum,*	2 25 1
natiuitatem autem eius quis enarrabit?. cur autem sit inenarrabilis, patre	loquente noscamus; dominus ipse nos edocet: *eructuauit*, inquit, *cor meum*	2 8 2
uisus est et cum hominibus conuersatus est. qua in specie spiritu sancto	loquente noscamus: *et homo est*, inquit, *et quis cognoscit eum?.* si ita est,	2 8 6
enarrant gloriam dei; et hic utique non tam caelos loqui dicit, quos	loquentes nullus audiuit, sed apostolos asseuerat, quorum praedicatione	1 61 3
ciuilem, alteram naturalem. quarum fecit apertissime, cum ad Romanos	loqueretur, apostolus mentionem dicens: *nam iustitiam dei ignorantes et*	2 1 2
uerticibus; per hanc, inquam, caecos uidere, surdos audire, mutos	loqui, claudos currere, paralyticos reformari, de obsessis daemones fugere	1 36 9
et denuo *caeli*, inquit, *enarrant gloriam dei*; et hic utique non tam caelos	loqui dicit, quos loquentes nullus audiuit, sed apostolos asseuerat, quorum	1 61 3
habeant nec maritos. talis est etiam causa maritorum, ad quos aliquid	loqui superfluum est, quia, si uxor et maritus *in carne* sunt *una*, dubium	2 7 11
si cui forte asperum uidetur ac durum, quod fiducialiter	loquimur, fratres, rerum paene contra naturam, iamiamque desinat	2 7 1
uocem comprime humanae fragilitatis memor, qui in hoc ipso, quod	loquimur, quid possit contingere, ignoras excusationisque uanae depone	2 1 21
in Iesum, adducit cum eo. nam et deus per Ezechielem prophetam	loquitur dicens: *ecce ego aperio monumenta uestra et educam uos de*	1 2 12
te deus est et non est deus alius praeter te. sed et Ieremias eodem spiritu	loquitur dicens: *hic est deus noster et non deputabitur deus alius absque*	2 8 6
et Moyses ipse, cuius asserunt se saepe discipulos, eodem spiritu ad Israel	loquitur dicens: *nouissimis diebus circumcidet deus cor tuum et cor seminis*	1 3 13
scriptura diuina cum de dei	loquitur filio, non sibi repugnat, sed inter deum hominemque, quem	2 5 1
et inuoca me in tribulatione tua et eripiam te et magnificabis me. si pater	loquitur, fratres, quis est iste, cui tantum defert? quis est, quem altissimum	1 25 2
sed et alio loco hoc, quod agitur, euidenter expressit, cum ad Timotheum	loquitur instruendum his uerbis: *hortatus sum, ut denuntiares quibusdam,*	2 3 17
effectus. uerum tamen in his omnibus nihil aduersus deum improbe	loquitur, non uxori inlicita suadenti succumbit, non amicis insultantibus	1 15 6
et uidebo caelos, opera digitorum tuorum. hic utique non de caelis istis	loquitur, quos semper uiderat, sed de apostolis, quos uidere optabat. et	1 61 3
ambulari? prioribus, fratres, posteriora respondent: de rebus enim	loquitur saecularibus. *in magnis et mirabilibus* se dicit non ambulasse,	2 9 6
secretaque cognoscit. prophetia etenim semper figuris uariantibus	loquitur, sed res una in omnibus inuenitur. igitur Iacob habet imaginem	1 37 1
regni eius non erit finis. Salomon in Sapientia similiter dicit, cum de eius	loquitur seruis: *et si coram hominibus tormenta passi fuerint, spes eorum*	2 5 6
impetus propugnaculum pariter ac telum, animae nostrae inpenetrabilis	lorica, legis conpendiosa ac uera scientia, daemonum terror, martyrum	1 36 4
suam super aratrum aptus est regno dei; et iterum: *mementote uxoris*	*Lot.* sed et apostolus sic: *quemadmodum reuertimini rursus ad ea, quae*	1 37 12
sancti uigore amputantur. plorat feliciter uitis purgata materia; de homine	loto felicius manant doctrinae caelestis diuina fluenta, ruptis oculis, id est	2 11 5
properate, properate bene	loturi, fratres! aqua uiua spiritu sancto et igne dulcissimo temperata blando	1 23
peius est, gentium desiderat per momenta patrocinia! o quam turpis ac	lubrica, de qua ludit aliena sententia! o quam adultera, quae non agnoscit,	2 3 10
in statu suo animum non manere. inpatientia enim quid est nisi mens	lubrica, permotionibus crebris et rapidis se semper expugnans; animus	1 4 7
commutatione uaria gaudet semper et paenitet, ad satietatem numquam	lubrica utilitate perueniens. desiderat facere quod timeat publicari. totum	1 1 9
eius auctor ostendit. discurrit quippe uesana per populos hominumque	lubricas mentes libidinum flagrantibus stimulis praecipitat in furorem, non	1 1 6
excepta causa adulterii, facit eam moechari. quid hic respondere possint	lubrici mariti, non uideo; qui humanarum legum iniqua impunitate decepti,	1 1 13
esse cognoscitur. ideo lineamento puerili depingitur, quia eius lasciua	lubricitas nec annis senilibus temperatur; ideo nudus, quia uoluntas eius est	1 36 25
diu imperata regalis edicti continuit. at ubi sinistro consensu inuidi ex	lubricitate serpentis est inpatientiam mutuatus sacraeque arboris pomum	1 4 8
congregat turbas, contionatur. lites sic discernit, ut seminet. prauos ac	lubricos colligit mores. legibus suis suas leges impugnat, ius iure distringit.	2 1 7
tenebras magis quam lucem? ambiguos utique Christianos designauit ac	lubricos, *qui inter pios impiosque sint medii* nullam partem tenentes ad	1 35 4
profundo clamans similiter Petrus impetrauit a domino, ut profundi maris	lubricos sinus insubditaque humanis gressibus liquidi aequoris terga, quibus	1 34 3
non creaturae, sed cordis. etenim semen cordis uerbum est dei, cata	Lucanum domino sic dicente: *est autem haec parabola: semen est uerbum*	1 13 5
qui omnia inmortalitatis semine propagantur in saecula. in huius diei	luce gradientes exsultemus fide,iucundemur bona conuersatione, ut	1 33 4
patefaciunt, sacraria usque ipsa denudant, sacra confundunt amissa	luce laetantes in tenebris, habentes fana, non domos? digne, digne	2 7 12
lacteo profundo demersi, surgentes inde nouello nouelli cum die, sua	luce radiantes nobiscum possint inmortalitatis per aerium tramitem cursu	1 44 2
se fecit nasci, quemadmodum homo non potest nasci. totum denique sua	luce resplendens corpus sine umbra gestabat, humilis carne, sed excelsus	1 54 5
lux uenit in hunc mundum et dilexerunt homines tenebras magis quam	*lucem?* ambiguos utique Christianos designauit ac lubricos, *qui inter pios*	1 35 4
sunt et tenebris opertum est cor eorum, ut *diligerent magis tenebras quam*	*lucem,* creaturam potius quam creatorem. itaque tria conuenit esse iudicia:	1 35 6
ambagibus carpit pensa mundana. at ubi matura aureo igne flagrantis	luciflui aurigae par laboribus fratris angusti circuli argenteum compleuerit	1 2 19
qui post peccatum in caelum numquam recepti noscuntur, neque	lucis ascendunt, quia numquam in terris, sed semper in caelo manserunt.	1 37 11
angelos ascendentes et descendentes, aliqui putant ascendentes esse angelos	lucis, descendentes uero angelos tenebrarum. sed hoc satis absurdum esse	1 37 11
ei. unde dubium non est unum esse iter aerii culminis angelis	lucis et hominibus iustis. haec igitur omnia combinata unius fructus	1 37 13
uocibus exsiliit: 'quid, inquit, uanissime omnium iudicum, putasne aut de	lucis istius incongruis usuris aut de praeproperae mortis subitis damnis	1 39 5
immortalitatis fidelibus fructum, paenitentibus curam, catechuminis	lucis uiam, competentibus remissa omnium peccatorum, sicque cunctos in	1 6
pati detrimentum? i nunc, insatiabilis homo, et in detestabilis congestionis	lucra letifera etiam ipsa elementa nouis artibus coge! licet radient tibi	1 5 10
iniusta sit, seruat. nemo namque pater familias honesta fidelitatis suae	lucra offerentem sibi suum seruum iudicat, sed honorat ut filium. alterum	1 35 8
omnia tamquam umbra. sed et dominus ipse dicit: *quid prodest unicuique*	*lucrari mundum et animae suae pati detrimentum?* i nunc, insatiabilis	1 5 9
si omnes sic fierent parricidae. Iacob per patientiam et benedictionem	lucratus est et fratrem. dat iracundiae locum, securus ut redeat; domum	1 4 16
cui autem parcat, quae et mori momentis omnibus etiam friuolo ac turpi	lucro festinat? quid igitur, miser homo, auri argentique metallo incensus	1 14 2
et fidem meam noui. certe si quid sciunt, dicant operarii, qui mecum sunt.	lucro gaudeo, sed sine furti conscientia, sane confiteor. denique et uos	1 41 3
sanguine gaudet, haec gratia; illa imagine, haec ueritate; illa damno, haec	lucro; illa agit captiua sub lege, haec omnibus praestat in Christo bonae	1 3 23
quieta, non die, non nocte, non bello, non pace, numquam satura,	lucrorum enormitate miserior. nouum calamitatis est genus, quod	1 14 2
fraus, periurium, rapinae, lites ac bella. cotidie mugitibus alienis quaeritur	lucrum et proscriptio industria uocitatur et appetitio rei alienae sub	2 1 17
sciamus apostolica fide esse perscriptum: *mihi uiuere Christus est et mori*	*lucrum?* excogita quibus potes suppliciis tormenta grauiora, maioribus te	1 39 5
fructum? quid ratem profundo gurgiti nauta committit, si ei numquam	lucrum, numquam portus desideratus occurrit? quid miles non dicam	1 36 3
quantis sit tenebris obuolutus? irascitur deo, si non semper fiat publicis	luctibus diues. bene, bene: cum quis quaerit aurum, inuenit gladium. inter	1 5 14

iure deleta est. exinanitum cornu iam non spirat unguenta. dies festos in luctum et cantica eius in lamentationem conuersa prophetae testantur. 1 19 2
inueniri. dies festi eius et cantica secundum dei uocem in planctum et luctum illi profecerunt. superba illa ciuitas seruit. sane ouium greges 1 28 2
ipsi euerterunt. *lex et prophetae usque ad Iohannem*. sacerdotibus eorum luctus indicitur. immolatio aufertur. cessat unguentum. circumcisio 2 17
hinc aestimare licet, quid eis sit reseruatum, quorum in causa funerei luctus poenae pertulit natura supplicium. 1 47
paulo ante damnatum. ecce indulgenter excolis crinem; odorato puluere luctus puluerem mutas; in stibio fletus includis; ornamento ligas quod 2 7 8
cui beatitudo succedat, praemium uictoriae magis esse quam mortem. luculenta oratione per Iohannem hactenus contionatur: *nolite diligere* 2 4 12
namque sapientia densis exaestuans argumentis, suasorio ac delectabili luculentae orationis compta mendacio, armata uocis tuba et gladio linguae 2 1 6
monstratis, cum pudicitiam, in qua deus habitat, non dicam diligitis, sed luculentis moribus adornatis. magna igitur gloria est ornare per quod 1 1 4
nunc usque aliquatenus comparari? nam et Salomonis accepimus templum luculento opere fuisse constructum atque ita elaboratum, ut nesciret 2 6 2
iam morte superior, iam caelestia aspirans, iam, non dicam saeculi ludibria, sed, ut sit honoratior, se ipsam contemnens, iam ueritatem non 1 2 25
delicate tumentis ac reflabilis tori plumeo sepulcro superba. iactat se ludibunda per nemora, fontes, prata, baias, ciuitates ac rura, uniuersis 2 4 10
desiderat per momenta patrocinia! o quam turpis ac lubrica, de qua ludit aliena sententia! o quam adultera, quae non agnoscit, quo auctore sit 2 3 10
elatus, nunc ebrius, nunc ieiunus, nunc accusator, nunc reus; iocatur, ludit, pallet, tabet, suspirat, zelat, obsequitur; aut temptat aut decipit 1 36 26
spiritus sanctus clamat et dicit: *praecingite uos et plangite, sacerdotes; lugete omnes, qui deseruitis altari, quoniam ablata est de domo dei uestri* 1 25 6
caedibus mactauerunt. uenti saeuientes diuersi sunt reges, qui Iudaeam lugubri clangore tubarum armorumque fragore terribili instantibus undique 1 34 7
uno momento disperdit. hinc Iob alta fidei radice robustus tot nuntiis lugubribus tunditur nec mouetur, sed tantum benedicit deum facultatesque 1 15 3
non horruisse supplicium. quantum etenim multiformis crudelitatis lugubris contemplatio retrahit a corona, tantum generosa ac perfecta fides 1 11
ratione, nonne continuo uelut sacrilegii commissi capitales poenas luit? quanto magis in dei causa fortius praecauendum est, quem solum 1 36 24
hoc solum dico: imple uel in ceteris legem, sicut scriptum est: praecinge lumbos tuos, indue pedibus calceamenta, arripe baculum manu. in eremum 2 20 2
figurata. quae est ergo ista dementia sacrificium nescientibus procurare, lumen caecis inferre, tura non spirantibus concremare, allegare preces 1 25 4
non argentum, quia in suis martyribus computat totum. non fenestrarum lumen implorat, quia sol aeternus in eo manet. inaestimabilia unius 2 6 7
nubibus tenebras crebrae micantes curuis ignibus flammae intercepti diei lumen inconstanter assimulant, cum ardent *plura fulminibus*, cum terra uel 2 2 3
una substantia, una aequalitas, una uirtus maiestatis augustae, unito in lumine una dignitas retinetur. si quid enim filio detraxeris, ad patris, cuius 2 5 10
exsequiis; quas si per plagas unde refixae sunt quaeras, rediuiui luminis lege suis sedibus resurrexisse agnoscas. sol cotidie nascitur 1 2 17
aequabiliter se partiri non posset, si inpatientia suos cursus urgueret. luna quoque, quae quibusdam uidetur errare curriculo menstruali, 1 4 5
se habere quod uiuit; denique adimitur ei ortus, si ei auferatur occasus. luna quoque, quae uere rationis humanae omnia in se lineamenta depingit, 1 2 19
huic per diem non circulus solis, sed columna nubis, non candida luna, sed ignis columna per noctem iter pandebat ignotum. qui ut inter 1 29 1
aestuantis pelagi sollicitos sinus fidem tuam fideliter portet; solis cursus ac lunae ab occidui carceris receptaculo orationis freno refrena; anhelantis 2 3 14
ut cursus soliti contempta mensura Iesu Naue desiderio pareretur, soli lunaeque suos frenos induxit; haec de armato Golia Dauid inermi 1 36 8
secreta, cum stellis nomina, soli labores inponunt, cum errores suos lunari circulo adscribunt, cum ingenii sui carmen coli uel maxime cupiunt, 2 9 1
exempla declarant; quia aliqui eorum cum forte de numero audacis lupi rabie denotatus in praesens periculum coeperit infestationibus 1 36 15
sane hoc solum competenter gerunt, innocentes quod agnos passim quasi *lupi rapaces* occidunt. 2 25 2
sanguinis suco, arescentibus uenis, dura cum uisceribus cutis, deformis ac luridus pallor iam paene uultus perdit humanos nec ullus in membris 1 59 4
innumerabiles temporum metas perenni cursu una eademque orbita lustrans dies magnus aduenit, menses in tempora, tempora in annos, annos 1 58
qui suum dictum prosequitur dicens: *hoc est autem iudicium, quia lux uenit in hunc mundum et dilexerunt homines tenebras magis quam* 1 35 4
dei legem deique iustitiam euagandi *extra legitimum torum* peregrina luxuria inspirat infeliciter quasi liberam facultatem ac sic eorum quoque 1 1 13
nos rosis, antequam marcescant. nullum pratum sit, quod non transeat luxuria nostra. ubique relinquamus signa laetitiae, quoniam haec est pars 2 4 10
grauius est aliqua nota confundi quam mori, deus Iudaicum populum luxuriae aestu exuberante corruptum publica increpatione confutat. caelum 1 20
uisa sunt necessaria, ut sciat unusquisque ad idolatriam pertinere luxuriam. ipsa, inquam, mortuorum sepulcra conuertit in templa, tumulos 1 1 12
qui foetorosis prandia cadaueribus sacrificant mortuorum, qui amore luxuriandi atque bibendi in infamibus locis lagenis et calicibus subito sibi 1 25 11
saeculo sponsione facta spiritaliter sacris interrogationibus obligatur. luxuriosi crines falce tonduntur, id est omnia omnino peccata baptismate 2 11 5
adoleuerit in uitem perfectam ad iugumque peruenerit, eius omnes crines luxuriosi falce tonduntur, pura materia tabulatis infertur, nodis 2 11 2
cum diuerse hominum mentes capit ac decipit, sic Cupido uocitari a luxuriosis suis sibi cultoribus coepit. nunc ergo uideamus, unde uera 1 36 27
decerpit, sic in genus humanum ius mortis induxit. necessario ergo luxurioso populo deus hoc signum dedit, ut, locum matricalis culpae cum 1 3 8
liuida pectus gentili uanitate circa amissi cadauer bacchatur insana nec Maccabaeae matris memoriam recolit, quae spe succincta futurorum 1 2 13
ora leonibus alligauit; haec in Iona cetum in cymbam conuertit; haec in Maccabaeicae germanitatis exercitu sola uicit; haec in tribus pueris ignes 1 36 8
et exsequiis funeris ipse praecedit. cui haec est conparanda confessio? Maccabaeorum est iungenda numero, Eleazari est adaequanda proposito, 1 39 9
longum est ire per singula. ecce peremptorius aliqui morbus totam machinam lecto prosternit, ecce tempestas undique mortis incumbit. nonne 2 4 16
emerserint causae, quid homo pestilens excogitet uel quid diabolus machinetur, non metuat iustus, quia cum illo est deus. inde Susanna 1 40 1
omnibus inmutatur labore, aetate, languore, gaudio, tristitudine, nunc macie deformis, nunc enormis pinguedine, usque adeo incertus, ut idem in 2 30 2
est uiuum? ecce tabidus pulmo pinguibus sputamentis exesus detestabili macie omnia gestatoris sui ossa denudat. nonne horrebit etiam sibi quodam 2 4 15
spelunca latronum, sacerdotalis cathedra *pestilentia*, sacrificium *canina mactatio*, ieiunia *odium*, populus *progenies uiperarum*. post haec quid 2 25 1
fauet utrisque religio. medius stupet gladius nullo impedimento suspensus mactatione terribili gloriam se praestitisse, non crimen. quid hoc est? ecce 1 4 15
quos synagoga pulsos Iudaei in damna salutis suae indignis caedibus mactauerunt. uenti saeuientes diuersi sunt reges, qui Iudaeam lugubri 1 34 7
respiciens Abraham inuenit uictimam, quam innocens immolaret. eo ferro mactauit arietem, quo filium percutere iam parabat. a filio ad agnum 1 43 7
circa se habere possit inmundum, qui humani generis peccata, sordes et maculas uenerat mundaturus. denique purgationes, quae sunt tarditate 1 54 4
domini filios prophetas insanus populus Pharisaeus occidit. Iob ulceribus maculatus est; et dominus sumendo carnem totius humani generis 1 15 8
florentissimique hodierni spiritalis ortus uestri candorem, ne quo pacto maculetis, perpeti diligentia custodite, quia nescit iterare quod praestat. 1 38 1
uaria, monilibus tota distincta, conuiuiorum celebritate iucunda, uino madida, gemmis seu floribus redimita, oculorum iocorumque festiuitate 2 4 9
quem tacentem tamquam obnoxium et pro ipsorum tantummodo caecitate maerentem, ut Isaac non periturum ad aram, ita ad crucem Christum 1 59 8
id est de imis praecordiis; clamat de profundis, sed quibus saeptus erat maestus ac tristis calamitatibus humanis! et clamat non uoce, sed corde, 1 34 3
uestri et eleuamini, portae aeternales, et introibit rex gloriae, et iterum magi: *ubi est*, inquiunt, *qui natus est rex Iudaeorum?*. hic est, fratres, qui 2 5 2
sacrificant? sane hoc solum proprium retinent, quod, ut uilem libidinem magis ac magis augeant, uilioribus se lauacris omni momento baptizant, 1 51
parricida est; nec eius saltem coercentis uoce comprimitur, sed eo magis ac magis instat, donec effusione sanguinis conceptum piaculum 1 4 9
eius illa sapientiae ac uirtutis potestas intra hominem susceptum iacet, magis admirabilior, quia tantus est et talis. et homo curiosus cor suum 2 9 4
sane hoc solum proprium retinent, quod, ut uilem libidinem magis ac magis augeant, uilioribus se lauacris omni momento baptizant, deo semper 1 51
si Iudaei uacuatae imaginis recordatione gloriantur, quanto magis Christianus, in quo non est figura sed ueritas! quam ex rebus ipsis 1 46b 1
uel uera esse non possit, quia sub inpudico praedone uersatur), quanto magis debet esse gloriosior in populo Christiano, qui eius sanctificatori 1 1 3
si homo potest facere, ut sit arbor quod non fuit, saluo quod fuit, quanto magis deus hominem poterit excitare, antequam peccasset in paradiso, in 1 2 28
mortemque ipsam perennis cui beatitudo succedat, praemium uictoriae magis esse quam mortem. luculenta oratione per Iohannem hactenus 2 4 11
inimicis parcit; *parricidalibus filiis* ignoscit. persecutorem suum et, quod magis est, regem aliquotiens a deo in manus traditum sibi mauult semper 2 9 7
dura, *fidem tamquam granum sinapis* te habere demonstra. sin uero, quod magis est, sub sono legis ac fidei saecularis amore iactantiae accensus 2 3 15
Iudaeorum populo seruiebat. cum ea conuenire cupit, quia prophetiae magis gentes quam Iudaei fuerant credituri, domino dicente: *amen, amen* 1 13 9
ingressum, missurum se promittit haedum. at illa promisso expetit pignus, magis illo contenta quam praemio accepitque ab eo eius monile, anulum, 1 13 2
unum glorificando, alium corrigendo. constat ergo omne Christianitatis magis in caritate quam in spe uel fide esse depositum, sicut euidens 1 36 19
nonne continuo uelut sacrilegii commissi capitales poenas luit? quanto magis in dei causa fortius praecauendum est, quem solum ueretur quicquid 1 36 24
est; nec eius saltem coercentis uoce comprimitur, sed eo magis ac magis instat, donec effusione sanguinis conceptum piaculum duplicetur. 1 4 9
spiritu, labentibus membris ad terram incertas reddebas exsequias, cui magis lacrimas commodarent: mortuo anne morienti? post haec si libet 2 7 7
seruum. sed o quam uellem te, si possim, rerum omnium regina, patientia, magis moribus concelebrare! scio enim, quia libentius in tuis moribus, tuis 1 4 20
amplectendae sint, ut tot quis habeat fides quot non habet uerba, multo magis nihil habebit, quia tractatus, qui eas genuit uel cotidie generat, 2 3 7
cuius fabulantur etiam profani secreta! o quam praesumpta, quae mauult magis nouellae traditioni suae credi quam antiquitati, quam deo domino 2 3 10
erigant capitolia, sed in his omnibus operibus uero iudicio structores magis possunt placere quam sacerdotes. quid, quod aut nullum aut 2 6 1
fuerit quam institui quod ante non fuit; quod si non fuit et est, multo magis poterit esse quod fuit, quippe cum illius potentissimi artificis rerum 1 2 16
uirgo post filium. denique si esset aliquid uirginitate melius, dei filius hoc magis potuerat suae matri praestare, cui praestitit, ut rediuiuae uirginitatis 2 7 4
suae, non dicam facultatis, sed etiam, si opus sit, et salutis — alii magis prodesse quam sibi; suam, quia, quamuis sit sapientiae nomine falso 2 1 3
ratione isto argumento nitantur, quod hominibus, quos perditos cupiunt, magis proficiat ad dei timorem et ipsis nihil prosit ad utilitatem? sane recte 1 2 7
neque adtenderent fabulis et genealogiis, quae sine fine sunt, quae magis quaestiones praestant quam ueram rationem dei, quae est in fide. 2 3 17
iudicium, quia lux uenit in hunc mundum et dilexerunt homines tenebras magis quam lucem? ambiguos utique Christianos designauit ac lubricos, 1 35 4
species uenderetur! ingemescit praeterea, si annus est sterilis, multo magis, si fertilis fuerit: illic quia parum distrahit, hic quia non solus. ultis 1 5 14
quae si ad sua corrigas propriisque sedibus reddas, inuenies iniustitiae magis stultitiam, iustitiae sapientiam conuenire. quod etiam sacrae legis 2 1 4
eorum abductae sunt et tenebris opertum est cor eorum, ut *diligerent magis tenebras quam lucem*, creaturam potius quam creatorem. itaque tria 1 35 6
fidelis est. forte in eo se quis aestimet fideliorem, si loquatur argute, cum magis uerus sit ille fidelis, qui sacra in praedicatione non ultra, quam 2 3 12
ita est, cur in se ipse potissimum superatur?' primo quia genus humanum magis uoluptati quam uirtuti consentit, deinde quia delicias plus diligit 2 4 13
sed exsultat et gaudet. nec timuit, ne parricidium ei inputaretur, sed magis ut deuotioni pareret, laetabatur hoc iussisse deum. de filio hostiam 1 43 4
procurate, quae sanctus spiritus libenter offerat, pater probet, filius, qui magister est noster, probata glorietur per eundem, qui est benedictus in 1 25 13
patimur manes. nos uero, fratres, quos non ingeniosa suspicio, sed deus magister instruxit, propter nos in semet ipso probando quod docuit, uiuere 1 2 5
cum eam comprehendere non possent — neque enim poterant sine magisterio diuinae sapientiae, cuius notitiam non habebant —, duas 2 1 2

cito temptat, omnia momento disturbat, mater criminum, curiositatis	magistra, acumen temeritatis, auctor detestabilium pariter ac magistra	1	4	7
concordia testari caritatem atque ita omnis motus quasi uno sensu	magistra dilectione conuerti, ut quiuis intelligat hoc fieri non posse sine	1	36	15
curiositatis magistra, acumen temeritatis, auctor detestabilium pariter ac	magistra malorum. hominis nam salutem ab incunabulis mundi mors ut	1	4	7
ait: *radix omnium malorum est auaritia*; hac enim matre eademque	magistra uniuersa quae diximus, sed et alia multa, immo omnia undique	1	5	4
maritis etiam sub fidelibus multae fecere peiores, Euae non discipulae, sed	magistrae; illa enim decepta, hae sua sponte se diabolo dediderunt). sin	2	7	16
dilectionem uirtutum omnium diuinarum esse substantiam naturalemque	magistram, quoniam ex lege discitur, sed in mentibus nascitur. lex enim	1	36	17
in se, quam non habet, quaerit. pingit se in se ipsam et lenocinante uario	magistri medicaminis fuco uultum suum uultibus uestit alienis, hoc futura,	1	1	10
qui, quae uis, qui exitus, quae merces carnis sit quaeue animae, deo	magistro didicimus; qui non ignoramus uictoria carnis ambas exstingui,	2	4	18
et mirabilibus se dicit non ambulasse, utique non dei, sed in illis, quae	magna ab hominibus hoc putantur in saeculo. at *cum addidit: super me,*	2	9	6
gentium iam inde noster populus morabatur, quae non in cassum a deo	*magna ciuitas* dicta est; erat enim futurum, ut omnium nationum in	1	34	9
dehinc sequitur: *neque ambulaui in magnis neque in mirabilibus super me.*	*magna eloquia dei sunt, ipse mirabilis in excelsis.* cum in periculis esset, si	2	9	6
in qua deus habitat, non dicam diligitis, sed luculentis moribus adornatis.	magna igitur gloria est ornare per quod orneris, seruare per quod et ipse	1	1	4
merces, propterea simulatae stultitiae uelamine adopertam, ut res	magna magnis uirtutibus magnisque laboribus quaereretur, incunctanter	2	1	4
si excusauerit crimen, damnatur, absoluitur, si fatetur. o magna potestas,	magna peritia, magna pietas iudicis nostri, a quo uniuersi generis	2	10	2
crimen, damnatur, absoluitur, si fatetur. o magna potestas, magna peritia,	magna pietas iudicis nostri, a quo uniuersi generis peccatores, ut possint	2	10	2
crimen, damnatur, absoluitur, si fatetur. magna ratio, magna potestas,	magna pietas iudicis nostri, a quo uniuersi generis peccatores, ut possint	1	42	1
intus, incendium foris est; intus hymnus canitur, foris ululatus auditur. o	magna potentia dei! incensores incendio concremati sunt et, qui incensi	1	53	2
in quo reus, si excusauerit crimen, damnatur, absoluitur, si fatetur. o	magna potestas, magna peritia, magna pietas iudicis nostri, a quo uniuersi	2	10	2
reus, si excusauerit crimen, damnatur, absoluitur, si fatetur. magna ratio,	magna potestas, magna pietas iudicis nostri, a quo uniuersi generis	1	42	1
ipso regina. triumphet licet quibus uult uirtutibus fides, ac spes multa et	magna proponat, tamen sine hac utraeque non stabunt: fides primo	1	36	10
unda sepultus, ut sepulcri nido uiuificatus resurrectionis iura gustaret. o	magna prouidentia dei nostri! o bonae matris caritas pura! diuersos genere,	2	29	2
unde processit, paterni cordis est exsecutor? non enim minus est facere	magna quam dicere. quamuis et quod dictum est a patre uel dici potest,	1	45	3
est, in quo reus, si excusauerit crimen, damnatur, absoluitur, si fatetur.	magna ratio, magna potestas, magna pietas iudicis nostri, a quo uniuersi	1	42	1
prostratus in faciem, offert hospitium. *refrigerate*, inquit, *sub ista arbore*	*magna*. similaginem conspargit, uitulum laniat. post haec promittitur ei de	1	62	1
metallo incensus uana cupiditate, uana cura torqueris? quid talentorum	magnas struis congeries? quid hic remansura peruigil sollicitudine cassa	1	14	3
labia dolosa, linguam magniloquam; qui dixerunt: linguam nosstram	*magnificabimus, labia nostra a nobis sunt. quis noster dominus est?* hanc	2	9	2
et eripiam te dicendo ostendit, quoniam per se omnia prosecutus est. *et*	*magnificabis me*; quod dictum, fratres, non sic debetis accipere, ut operis	1	25	8
altissimo uota tua et inuoca me in tribulatione tua et eripiam te et	*magnificabis me*. si pater loquitur, fratres, quis est iste, cui tantum defert?	1	25	1
sunt, sicut facitis, amplectenda, ut uidentes homines *opera uestra bona*	*magnificent patrem uestrum, qui est in caelis.* itaque, dulcissimi flores mei,	1	25	13
	magnificus, fratres dilectissimi, saeculorum pater adest dies, omni genere	2	13	
in corde locuti sunt mala. disperdat deus uniuersa labia dolosa, linguam	*magniloquam; qui dixerunt: linguam nosstram magnificabimus, labia nostra*	2	9	2
mansuetus, pater pius, propheta modestus. totum potest, a toto dissimulat;	magnis ac mirabilibus saeculi non mutatur; mitem humilemque retinet	2	9	7
solis atque imbris ad maturitatem cogitur; et iustus temptationibus crebris,	magnis ac uariis perducitur ad coronam. at ubi uindemiae uenerit tempus,	2	11	6
et Christianus ueritatem et Iudaeus suum cognoscat errorem. solet enim	magnis cum uociferationibus saepe iactare hanc esse gentis suae	1	3	1
fratres, posteriora respondent: de rebus enim loquitur saecularibus. *in*	*magnis et mirabilibus* se dicit non ambulasse, utique non dei, sed in illis,	2	9	6
elementis, opibus, animantibus, alimoniis utilitatibusque diuersis,	magnis et plurimis, habitatori ulla ne querela subesset, sollertia mira	2	4	4
sepelit, antequam iugulet. ipsum postremo, quem diuitiis exspoliauerat	magnis, magnis uestit ulceribus, quibus insuper uermes immittit edaces, ut	1	4	18
mobilitate fugaci statim deperdit. dehinc sequitur: *neque ambulaui in*	*magnis neque in mirabilibus super me. magna eloquia dei sunt, ipse*	2	9	6
constituta, ut ad ea nisi cum summa difficultate, laboribus ac periculis	magnis non possit ab aliquo perueniri. adde quod illa in solo genitali	2	4	13
antequam iugulet. ipsum postremo, quem diuitiis exspoliauerat magnis,	magnis uestit ulceribus, quibus insuper uermes immittit edaces, ut in	1	4	18
merces, propterea simulatae stultitiae uelamine adopertam, ut res magna	magnis uirtutibus magnisque laboribus quaereretur, incunctanter optarent	2	1	4
quorum in actibus origo monstratur. ipsa Iouem innumerabilibus uariis	magnisque criminibus maximum fecit. ipsa Herculem nouerca deterior in	1	1	11
simulatae stultitiae uelamine adopertam, ut res magna magnis uirtutibus	magnisque laboribus quaereretur, incunctanter optarent stultos iudicari se	2	1	4
ita elaboratum, ut nesciret inspector, in eo quid potissimum miraretur:	magnitudinem, opus, ornatum anne materiam; ita enim in unum decorem	2	6	2
id est informem indigestamque latentis naturae congeriem aceruo quodam	magnitudinis suae per se in se manentem; *postea uero deum* hanc *diremisse*	1	7	1
est fluenti natura nec potest incomprehensibilis communisque undae diuidi	magnitudo ex utroque in utrumque commeando largiflua, utrisque propria,	1	7	4
persequentium Aegyptiorum infestis mucronibus premebatur, inde maris	magno clausus obice reprimebatur. etenim illi nullae inerant naues, nulla	1	29	1
neglegentes legis sacrae cultores saepe	magno inplicantur errore, cum aut dicta non pro locis intelligunt aut	1	35	1
permotiones animorum placida moderatione compescens, et ut omnia non	magno opere deuincat, se primo uincit. non uirtutes possunt esse uirtutes,	1	4	3
nocendi artes habet, sed has omnes salutari profluens amne non	magno opere noster Aquarius delere consueuit. quem necessario uno	1	38	7
subtrahi non potest. denique aurum argentumque, penitus quod eruitur	magno opere terrae uisceribus, iterum celandum terrae mandatur. etenim	1	14	4
nobis fortassis insultent, quia nostrae sacrae uirgines uiduaeque	magno pro inmortalitatis praemio, suae autem gratis laborent. uerum hoc	2	7	11
uester contractus ablatus est. securi gaudete: nihil saeculo iam debetis. in	magno quidem reatu nunc usque fuistis, sed fortiter examinati estis et, ut	1	42	1
sanctitate Christianae plus nubunt. adde quod gentibus, quod sine dolore	magno uel gemitu non potest dici. quae enim uox, quae increpatio has	2	7	11
nam lex, per quam me forte minus peritum peccare compellis, ipsa te	magnopere retundens ac redarguens confutabit, Salomone dicente: *altiora*	2	3	16
ultra morem diabolus pugnat, sed Iob dissimulando plus pugnat. ille eius	magnum atque opulentissimum censum uno momento disperdit	1	4	18
qua, ut dominus ait: *neque nubunt neque nubentur, sed sicut angeli erunt.*	magnum consequere beneficium, si deo uiuas puris moribus libera et	2	7	4
odores incensi offeruntur nomini meo et sacrificium mundum, quoniam	*magnum est nomen meum apud gentes, dicit dominus. immola deo*	1	25	7
dolo adgrediuntur ac, nisi culpae succumbat, ueluti adulterae deprehensae	magnum minitantur exitium. at illa non Eua, ancipiti quidem metu	1	1	17
quae accipere in uterum meruerat filium animarum omnium saluatorem. o	magnum sacramentum! Maria uirgo incorrupta concepit, post conceptum	1	54	5
temporum metas perenni cursu una eademque orbita lustrans dies	magnus aduenit, menses in tempora, tempora in annos, annos in saecula	1	58	
augmentum una eademque nec ipsa, sed ipsa orbita circumducens dies	magnus aduenit suo sibi semper nouellus occasu. quod praeterit sequitur,	1	16	1
masculus, quia dei est uirtus; hic, inquam, agnus *perfectus*, quia in ipso	magnus ille sacerdos pio mysterio sua uictima inclusus hodie deum	1	8	2
in totius fabricae fundamentis non sicut in Iudaeae templo plurimi, sed	magnus, praeclarus, pretiosus ac speciosus unus est lapis, qui quadrae	2	6	6
completam. etenim deus dei filius tempore constituto dissimulata interim	maiestate ab aetheria sede profectus in praedestinatae uirginis templum	1	54	3
minui; solus omnipotens, quia ex nihilo uniuersa constituit, uirtute regit,	maiestate custodit; solus indemutabilis ac semper aequalis, quia in se non	1	7	3
illa quia scit. Elisabeth sterilis fecunditate tumet feliciter uenter, Mariae	maiestate. illa praeconem portat, haec iudicem. exsultate, feminae,	2	8	8
aeternitatem. mira res! concipit Maria de ipso, quem parit; tumet uterus	maiestate, non semine, capitque uirgo, quem mundus mundique non capit	2	12	2
corpus sine umbra gestabat, humilis carne, sed excelsus omnipotentiae	maiestate. qui sane ideo carnem est dignatus induere, ut nemo se possit	1	54	5
hominesque adstitit *medius*, probans infirmitatibus carnem et uirtutibus	maiestatem. hic sol noster, sol uerus, qui clarissimos ignes mundi	2	12	4
est unum capulum habens, id est unam substantiam, uirtutem, deitatem,	maiestatem uoluntatemque patris et filii contestans; duas acies, id est duo	1	37	2
coaeternitatis omnipotentiaeque una substantia, una aequalitas, una uirtus	maiestatis augustae, unito in lumine una dignitas retinetur. si quid enim	2	5	10
est opinari. namque temperat se propter rerum naturam filius, ne exsertae	maiestatis dominum non possit mundi istius mediocritas sustinere. cum	1	56	2
quoniam in me est pater et ego in illo, dictum significatione unica	maiestatis et affectu indiuiduo pietatis, quia laus filii est patris et laus	1	25	8
anulus quoque signaculum fidei est, quod est Christus, cuius inlustratione	maiestatis impressi atque signati, qua sincere uiuentes in custodiam nostrae	1	13	11
insidias, reatum, uulnera ac mortem paternae inplorastis auxilium	maiestatis omnique non pedum uelocitate, sed mentis, pii fontis ad	2	23	
haedis humana designabatur caro suis onusta peccatis, *ex ouibus* spiritus	maiestatis; quae utraque in Christo concreta agnum legitimum	1	8	1
utique propter peccatricis indumentum carnis, *ex ouibus* propter spiritum	maiestatis. qui *primitiuus* est dictus, quia praeter patrem ante ipsum nullus	1	46a	2
tu deum in hominem demutare ualuisti. tu eum breuiatum paulisper a	maiestatis suae immensitate peregrinari fecisti. tu uirginali carceri nouem	1	36	29
dicti amoris male dulcibus uenenis occisum infernaeque sedi submersum	maiestatis suae sacramento uiuificatum insuper regni caelestis	1	36	28
insuspicabilis secreti reuerendaeque	maiestatis uera cognitio est deum non nosse nisi deum nihilque ex eo	1	54	1
unicus ille filius solliciti senis adhuc paruulus, cui pietas et miseratio	maior debetur, postulatur ad uictimam; cui si per humanam fragilitatem	1	43	3
perennis ista laudatio. exsultate, pauperes [spiritu]: per uos et in uobis dei	maior est domus; nam et omnibus aequales estis et pedaturas omnes uestri	2	6	10
circulata cicatrix. quam si Iudaeus aestimat gloriam, ut de ceteris taceam,	maior est eius, qui in honorem deae suae — sane anus turpis atque	1	3	2
illa nobilis et antiqua, quae non dicam tractatu, sed ipsius natiuitate porro	maior est legis, quae deum deo credendo promeruit, quae credere non	2	3	8
non sibi, debent, quod est alter alteri obnoxius, procul dubio, ut tu uis,	maior est natura quam deus. at cum naturam ex nihilo fecerit Christus, sit	2	8	5
clarissimus probitate, fuit inter filios Iacob aetate minor, sed spiritu	maior. hic inuidae germanitatis impulsu in Aegyptum est delatus atque	1	1	15
satietatem. ita omnes in rabiem una tempestate praecipitat, ut ubinam sit	maior ignores. est autem similis igni arida pabula depascenti, quae nisi	1	14	1
captat annonam, aucupatur distrahendi tempus, minor in mensura,	maior in pretio; negat se habere, quod distrahat, ut rogetur, ut iugulet.	1	5	14
piae diuina mysteria? si minus sentis de filio, quia regnum traditur patri,	maior patris iniuria est, si est aliquando sine regno. accedit, quod oramus	2	5	5
nihilque aliud distat, nisi quod in tua domo minuta sunt, in templo	maiora. quae si erogaueris, pecunia est, si seruaueris, simulacra. ancilla	1	14	5
postmodum abiecit. consecutus est regnum, ut post regiam dignitatem	maiore dedecore in perpetuum imperio Romano seruiret. sane uultis scire,	1	52	
sed gaudio. mira res! exsultans exponit infantem totius naturae antiquitate	maiorem. interea rudis non gemit feta. non mundum, ut assolet, infans	1	54	3
arripe baculum manu. in eremum proficiscere, si tuos uis imitari	maiores.	2	20	2
natura commissus, quem in gregibus pecuinis ipsi tui non inuenere	maiores. atque utinam tu inuenias! dignus es enim immolatione tali, qui	2	20	1
exemplo famigerabilem. Hebraei uere tres pueri senum constantia	maiores, iuuenum uirtute fortiores, sibi pares, trinitatis sacramento	1	53	1
liberatos. a diaboli rabie idolorumque turba uiolenta non tantum nostri	maiores, sed omnis Christiana progenies de uera Aegypto, id est isto de	1	46b	1

figura sed ueritas! quam ex rebus ipsis agnoscite pariter et probate. Iudaei maiores suos Pharaonis exercitusque eius graui seruitutis iugo depressos de 1 46b 1
Aunan, Selom. hic mulierem, cuius nomen est Thamar, accepit uxorem maiori filio suo. qui filius cum maligne domini ante faciem uersaretur, 1 13 1
patres suos Aegyptium populum fugiendo delesse, deum suis praefuisse maioribus eorumque iter praecessisse, non intellegentes, quia exinde eos a 1 18 1
celebritatem eius obscuret. nunc ad patientiae reuertamur uirtutem, quae maioribus nostris illustri uirtute perennem gloriam peperit et salutem. Abel 1 4 12
est et mori lucrum? excogita quibus potes suppliciis tormenta grauiora, maioribus te furoris stimulis accende, quamuis cruciatus exerce molem: nos 1 39 5
uisi sunt plumbatarum, stetit contemptus eculeus, crebri fustium imbres maioris poenae contemplatione neglecti sunt. excogitatur nouum 1 39 6
historiae, fratres dilectissimi, ad hoc nobis est tradita legenda narratio, ut maiorum, si fieri potest, saltem aliqua ex parte mores imitemur, si non 1 15 1
tamen numquam dilectam uerecundamque anteuertit auroram; qui, quod maius est, duodenis non dicam spatiis, sed momentis horarum aequabiliter 1 4 4
intonat lingua, caret quae numquam ueneno serpentis, et, quod omni est maius insania, deo se laudat. publicanus autem non membratim deum, sed 2 9 9
res efficit, ut siue metu siue incredulitate praeponantur praesentia futuris, mala bonis, fragilia solidis, falsa ueris, terrena caelestibus, temporalia 2 4 14
sunt unusquisque ad proximum suum; labia dolosa; in corde locuti sunt mala. disperdat deus uniuersa labia dolosa, linguam magniloquam; qui 2 9 2
unusquisque corporis sui merita secundum ea, quae gessit, siue bona siue mala. etenim, fratres, facilius est reformari quod fuerit quam institui quod 1 2 15
sed et alia multa, immo omnia undique sine pausa quae scaturiunt mala nascuntur atque concelebrantur, quae condemnare falso humanitas 1 5 4
Golia Dauid inermi triumphos attulit; haec in Iob inter crebra et ingentia mala non desperauit; haec in Tobiae caecitate medica fuit; haec in Daniele 1 36 8
utramque seruari: meliora sequamur saltem uel eo studio, quo sequimur mala. nulla ulli competit excusatio, maxime cum res nostrae commissa sit 2 4 18
non opus est ire per singula, cum uno exemplo noscantur uniuersa eius mala, propheta dicente: *idola gentium argentum et aurum*. unde apparet 1 14 4
et Iudaei odiosum et Christiani sacrificium approbet deo gratum, apud Malachiam prophetam: *non est mihi uoluntas circa uos, dicit dominus, et* 1 25 7
adinuentio tractatus sui quo proficit pugna. 'ne fides, inquit, intereat, cum male aut creditur aut docetur.' quod malum est ista ratio, mox uidebimus. 2 3 8
amissi mariti desolationem se ferre non posse testatur frigidumque latus male dilatato queritur lecto; inuidiosis uocibus deo concinnat inuidiam, 1 2 14
lubricitate serpentis est inpatientiam mutuatus sacraeque arboris pomum male dulce delibauit, lacrimas repperit, dolores et gemitus, *spinas et* 1 4 8
uicissitudinis delectamento seruire praecepit, qui eum supra dicti amoris male dulcibus uenenis occisum infernaeque sedi submersum maiestatis suae 1 36 28
ingruentium peccatorum rursum, sicut Adae et Euae spiritale praeputium, male repetita nuditas condemnetur, ne nouus homo quicquam Iudaei 1 3 24
in iudicium, ut eius auferat tunicam, libens illi pallium quoque concedit; maledicitur et benedicit; caeditur et gratias agit; iugulatur et non repugnat; 2 1 13
dei sententiam, unde sumptum est, refundatur; dicit enim deus ad Adam: *maledicta terra erit in omnibus operibus tuis; in tristitiae gemitu edes ex* 1 2 30
linguis suis dolose egerunt, uenenum aspidum sub labiis eorum, quorum os maledicto et amaritudinis plenum est; ueloces pedes eorum ad effundendum 1 3 11
principium, quae spes futurae beatitudinis credenti, cum scriptum sit: *maledictus homo, qui spem habet in homine*? ergo ubi purum deum 2 5 1
uero, quem uenena conterentem, in adulterio, in homicidio, in falso, in maleficio deprehenderit, carnifici destinat statim, non audiendum, sed 1 35 8
castitatis obseruantiaeque uirtutem deuocabit in crimen. quid enim ille mali non suspicetur, non efficiat diis crudelibus, diis adulteris seruiens? 2 7 18
diaboli accepto scuto fidei, per quod poteritis omnes sagittas illius mali, quae sunt igne plenae, exstinguere. is enim infelicibus nonnumquam 1 38 6
reuerentiam ueritatis in eaque res condicione dimissa est, ut, si quid mali seu boni cuiquam fecerimus, deo fecisse uideamur; propter quod non 1 36 23
cuius nomen est Thamar, accepit uxorem maiori filio suo. qui filius cum maligne domini ante faciem uersaretur, scriptura teste a deo perhibetur 1 13 1
descendet, solum quod oculos infelices inanemque conscientiam ad hoc in maligni fulgoris cupidinem diram spe potiundi praecipitat, ne gratis homo 1 5 16
pia sanctione, ut aiunt, claues uere aureas misit, et quidem non illas, quae maligno beneficio crimina excipiunt; quae corpori parcunt, animam liberare 2 24 1
excitet fratris; qui ingressus semen suum fudit in terram. quod cum deo malignum quoque uideretur, pari eum morte damnauit. coniunctionem 1 13 1
uos admonet uitulus, ut nulla ullo in opere captantes auguria, eius sine malitia succedentes iugo terramque uestrae carnis domando fecundantes 1 38 3
fallitur numquam, confestim adest in Daniele puero deus. omnem repente malitiae scenam diripuit, †profectitium† crimen propere recluditur, sed 1 1 19
necessitatibus singulorum, ex eorum respiratione cognoscis, quantorum malo ille constat ornatus. 'filios, inquit, habeo, quos nudare non debeo.' 2 1 19
iniustorum iustorumque discretio, ne generalitas nominis in conparatione malorum attrahat gloriam Christianae felicitatis. duplex itaque forma 1 2 23
mortem potuit sentire nec uitam. recte igitur apostolus ait: *radix omnium malorum est auaritia*; hac enim matre eademque magistra uniuersa quae 1 5 4
magistra, acumen temeritatis, auctor detestabilium pariter ac magistra malorum. hominis nam salutem ab incunabulis mundi mors ut iugularet ac 1 4 7
uictus sui filiorumque substantiam non partitam, sed totam dedisse maluisseque se cum liberis suis emori quam iustitiam praeterire. pro quo 2 1 20
quia inuidia quid sit ignorat; *non inflatur*, quia humilitatem colit; *non malum cogitat*, quia simplex est; *non irascitur*, quia etiam iniurias libenter 1 36 12
congruenter occidens; haec, inquam, per momenta et parit omne quod malum est et peperit omne quod peius; nam in idolis dea est, in cultoribus 1 1 8
'ne fides, inquit, intereat, cum male aut creditur aut docetur.' quod malum est ista ratio, mox uidebimus. nunc scire cupio, fides ex doctrina 2 3 8
quia plus est quod geritur quam quod dicitur, ut et impudicitiae malum et bonum pudicitiae uno eodemque suggestu facillime possit 1 1 15
festinas, interroganti responde, bonumne amiseris maritum anne malum. si malum et desideras nubere, digna es, quam peior affligat; si bonum, fidei 2 7 6
ab omnibus, utinam posset tam facile non amari! est enim artifex ac dulce malum et hominibus uniuersis semper infestum. denique non habentibus 1 14 1
infelix? quid extraneo facias, qui in te auarus es? o detestabili detestabilius malum! inuicem dum exspoliant persequuntur fallunt, hostes probant, 1 5 7
iniustus ipsa ratione docente. *qui enim stultus est, quid sit bonum* ac malum *nescit* nec potest quid reprobet scire, quid teneat, *et ideo semper* 2 1 9
butyrum et mel manducabit, priusquam cognoscat puer bonum aut malum. quod signum ex prodromi quoque eius designatione dilucidauit 2 8 7
saepe festinas, interroganti responde, bonumne amiseris maritum anne malum. si malum et desideras nubere, digna es, quam peior affligat; si 2 7 6
furit. occasionem ullam prorsus nocendi non praeterit. uultis scire, quod malum sit? in ipso fructu suo etiam ipse se odit. uenenis eius cotidie totus 1 36 27
iam ambulare non poterat; tunc discit mater esse, cum desinit. marcidae mammae lactis ubertatem ostendunt et de ieiuna aetate puer robustior 1 62 2
amputantur. plorat feliciter uitis purgata materia; de homine loto felicius manant doctrinae caelestis diuina fluenta, ruptis oculis, id est spiritaliter 2 11 5
fides; deinde quia lex communis est, fides uero priuata, quia lex semper manat ex libro Genitali, fides autem tenaciter inhaeret suo soli proposito. 2 3 4
ex latere mulierem coniugale solamen excussam, a quibus omne genus manauit humanum, caelestem uero ibidem nec memoratum nec factum 2 4 1
inclamabat. hunc uero profitentem ad nefandam custodiam noxiae mentis mancipes rapuerunt, quem oblatum sibi iubet crudelissimus rector acri 1 39 4
diligit deum, quem scit operibus suis esse contrarium. diaboli est sane mancipium; eius enim possidet regnum. nam deos ipsa genuit, ipsa intulit 1 1 11
dum beati Archadii martyris gesta annalibus triumphanda mandamus, in agonem immortalis laudis Christianus semper ardor 1 39 1
adhuc erat in uictima domini quod posses auferre: amputandam linguam mandare nescisti, quae in conluctatione martyrii prior solet domino 1 39 6
idolum de terra composuit. *semen* ergo *suum fudit in terram*, hoc est dei mandata neglexit et idolis profudit. propter quod a deo similiter etiam ipse 1 13 6
traditioni suae credi quam antiquitati, quam deo domino dicenti: *reicitis mandatum dei, ut traditiones uestras statuatis*! sed non eo dico, ut 2 3 10
quod eruitur magno opere terrae uisceribus, iterum celandum terrae mandatur. etenim res est, quam habere falsum est gaudium, certissimum 1 14 4
manducare mortiferum, in Leuitico scriptura dicente: *omnis mundus manducabit carnem. anima autem quaecumque manducauerit de carne* 1 25 12
accipiet et pariet filium et uocabis nomen eius Emmanuel. butyrum et mel manducabit, priusquam cognoscat puer bonum aut malum. quod signum ex 2 8 7
tuus ego sum; et infra: *meus est orbis terrae et plenitudo eius. numquid manducabo carnes taurorum aut sanguinem hircorum potabo? immola deo* 1 25 1
salutari neglecto ingrati uiles agnos cum amaritudine, homines amari, manducant. 2 17
deuote praecurrens de silua mel attulit et locustas. ne alter alterum manducantem denotet, inuitator ammonet Paulus. Dauid regius pastor 1 24 3
sumat aut offerat; sicut enim indigne offerre sacrilegum est, ita indigne manducare mortiferum, in Leuitico scriptura dicente: *omnis mundus* 1 25 12
unda perfusi, limpidae aestatis messe gaudentes panem nouum coeperint manducare. quos autumnale quoque non morabitur mustum, quo repleti 2 13
dolores non tollit, mortem non repellit, nisi quod sanos occidit; nec manducatur aliquando certe nec bibitur nec in inferno cum suo praedone 1 5 16
dicente: *omnis mundus manducabit carnem. anima autem quaecumque manducauerit de carne sacrificii salutaris, quod est domini, et inmunditia* 1 25 12
esse contenta es. tibi fames saginatio est, si panem tuum inops esuriens manducauerit. tuus census est totum in misericordiam habere quod habes. 1 36 31
ut diri seminis contagione purgati integri in ubertate paterni seminis maneamus. haec, inquam, non die, non nocte, non hora, non sexu, non 1 3 22
materiae ligni sunt comparata, siue quod in eius usu et perpetuo et tutius maneat testatoris uoluntas inscripta, seu quod quasi ex transuerso in unam 1 37 8
deminutione crescebant. integer horum denique uasis semper in plenis manebat status quantumque eis impensae diurnae necessitas dempserat, 2 1 20
se genuit ex se, ex innascibili scilicet sua illa substantia, in qua beatus manens in sempiternum omnibus, quae habet, habentem filium paria 1 17 2
sicut sacra scriptura testatur, erat ante omnia manens unus et idem alter ex semet ipso in semet ipsum deus, secreti sui 1 50
ecclesia continet, sed tamen eos mundana uoluptas ad se trahit. *impii non manent, quia his dei nomen in honore est*; *pii non sunt, quia* patrem 1 35 5
denique comparationem salutaria gesta confirmant, quae et in nobis manent. ut est, fratres, Nineuitis nuntiatus interitus, credunt et timent et 1 34 9
uirtutibus monstrans. cuius sanctionem uestrae aetatis omni curriculo manente in sua semper infantia custodite ac fortiter praecauete, ne primi 2 24 3
dominus. hic est deus noster, qui se digessit in deum; hic pater, qui suo manente integro statu totum se reciprocauit in filium, ne quid sibimet 1 7 4
gladius pius in uiscera peccatoris et uno eodemque ictu, incolumi corporis manente materia, interficit *hominem ueterem*, creat nouum, sacri gurgitis 2 10 2
palmes, in scrobem dimittitur, ut animatus ibidem genitalis humoris manente semper secum substantia nutriatur. auxiliare illi necessario 2 11 2
latentis naturae congeriem aceruo quodam magnitudinis suae per se in se manentem; *postea uero deum* hanc *diremisse* ex eaque constituisse *mundum* 1 7 1
infelices inde esse noscuntur. etenim commodius puto misero in statu suo manenti quam beato in ultimas miserias deuoluto. nam praedicant patres 1 18 1
cum autem mors, quae putatur metuenda, gustatur, tunc ei in aeternum manentis gloriae beatis in sedibus nullas deinceps aerumnas mundi sensura 1 2 32
pura, a qua longe omnes illi non inmerito aberrauerunt, qui iustitiam dei manere in eloquentiae uiribus aestimabant. denique cum eam 2 1 1
nec intellegit rem dementiae esse consimilem, in statu suo animum non manere. inpatientia enim quid est nisi mens lubrica, permotionibus crebris 1 4 7
suis in actibus portant, recte dicentes: *quisque suos patimur manes*. nos uero, fratres, quos non ingeniosa suspicio, sed deus magister 1 2 4
ipsa grauiora, non potestas, non ambitio, non felicitas. semper inmobilis manet, alta quadam ac diuina temperantia robuste librata, uniuersas 1 4 3
talis. sed quia in uobis fides et pietas, quae est idonea expultrix auaritiae, manet atque gloriatur, digni estis uniuersi aurum argentumque non tam 1 5 17
sanctos apostolos procreauit. Iob beatus quieuit in pace; dominus autem manet benedictus in aeternum ante saecula et a saeculis et in cuncta 1 15 9
coniugio seruare caritatem nec deo fidem. haec etiam uiros reprehensio manet. Christianus ergo in toto dubitare non debet in statum pristinum 1 2 14
diis eradicabitur, nisi domino soli. haec gentes, nisi conuertantur, manet diuina sententia, quae nec deum nec sacrificium etiam ipsae 1 25 5
— sicut Iohannes dicit: *deus caritas est; qui manet in caritate, in deo manet et deus in illo manet* —, tunc demum, fratres, caritatem per semet 1 36 21
pedes meos a lapsu; placebo domino in regione uiuorum. haec nos felicitas manet, hoc munus exspectat. sic ergo uiuamus, ut bonis operibus decorati 1 2 32

mundus transibit et concupiscentia eius. qui autem fecerit uoluntatem dei, manet in aeternum, quomodo et deus manet in aeternum. sed dicit aliquis: 2 4 12
qui autem fecerit uoluntatem dei, manet in aeternum, quomodo et deus manet in aeternum. sed dicit aliquis: 'si ita est, cur in se ipse potissimum 2 4 12
in ipso habitare coeperimus — sicut Iohannes dicit: *deus caritas est; qui manet in caritate, in deo manet et deus in illo manet* — , tunc demum, 1 36 21
pater, omnia mea tua sunt et tua omnia mea, quia pater in filio et filius manet in patre; cui affectu, non condicione, caritate, non necessitate, 2 5 9
computat totum. non fenestrarum lumen implorat, quia sol aeternus in eo manet. inaestimabilia unius plenitudinis tria illi sunt membra, unum 2 6 7
prima itaque natiuitas domini nostri in patris et filii tantum conscientia manet, nec quicquam habet interiectum neque conscium qui ex paterni oris 1 54 2
similiter se desiderabilem praestat. in suo statu omni loco, omni tempore manet plus honestati consulens quam utilitati. uultis scire, quantae 1 1 2
quia *pudica*, ideo iugo thalami caelestis honorata, quia etiam post nuptias manet postmodum uirgo perpetua, nos, qui nascimur de tanto coniugio, 1 1 3
deus caritas est; qui manet in caritate, in deo manet et deus in illo manet — , tunc demum, fratres, caritatem per semet ipsum ei condigne 1 36 21
audierunt; clamabunt ad me et non erit, qui exaudiat eos. similiter et de manibus dicit: *manus enim uestrae inquinatae sunt sanguine et digiti uestri* 1 3 10
ad uictimam. 'uolo, dixit deus, mihi fieri sacrificium, Abraham, tuis manibus in monte de filio tuo; haec mihi uictima placet, hoc me sanguine 1 43 3
falsamque aduersus ueram pro uera defendunt, sic utramque mediis e manibus oculis patentibus perdiderunt: dei, cum stultam putant, quod 2 1 3
diuitem sero cognoscit cupitque mortuus uel uno digito illis contingi manibus, quibus stipem denegauerat uiuus. odit iam sine causa ante quod 1 2 9
superare non potuit. ipsa Venerem membris omnibus denudatam, conuexis manibus se tegere conantem, immo animi sui uitium et corporis 1 1 11
pecudibus, sed suauissimis moribus comparatur; quod non cruentis manibus, sed sensibus mundis offertur; quod non iugulatur ut pereat, sed, 1 25 9
nunc delet quas amauerat species, nunc subicit alias, nunc parturit nouas. manibus suis facta hydra formarum procax semper incedit, quia erubescere 1 1 10
sanguinem taurorum et hircorum nolo; quis enim exquisiuit ista de manibus uestris? per alium adaeque prophetam spiritus sanctus clamat et 1 25 6
uoluntas circa uos, dicit dominus, et sacrificium acceptum non habeo ex manibus uestris. quoniam a solis ortu usque in occasum clarificatum est 1 25 7
arietum et pinguamine agnorum; quis enim haec exquisiuit de manibus uestris?. utique, fratres, incunctanter eis ademit pascha, qui id, 2 25 1
<et> Epicuri, Dicaearchi Democritique uanitatem argumentatione manifesta conuincunt. poetae autem melius, qui duplicem uiam apud 1 2 4
non sint, ergone dei imaginem non habemus? habemus plane et quidem manifestam ex eo ipso, quod non est nobis portantibus nota. 1 27 3
ergo dei imaginem non habemus? absit, fratres. habemus plane, et quidem manifestam ex eo ipso, quod non est portantibus nota. incomprehensibilis 2 30 3
fuerint pro sua quique qualitate suscepti, apostolo dicente: *omnes nos manifestari oportet ante tribunal Christi, ut recipiat unusquisque corporis* 1 2 15
in omnes homines iustificatio aeternae decurreret uitae. uidetisne iam manifeste in homine suscipiendo fuisse prouidentiam, in passione 2 4 7
calamitatis est genus, cui subiugata sapientia seruit et uirtus. uidetisne iam manifeste sapientiam huius mundi non esse iustitiam et quidem nec ueram 2 1 9
aduersus ueritatem falsa componunt, sed caelestibus testimoniis multis, manifestis ac puris, ut docti probent, minus instructi sese confirment, rudes 2 18 2
unitae trinitatis non argumento, non necessitate, sed uoluntate compellit, manifestissimum puto nimis astuto esse simplicem meliorem, quia simplex 2 3 2
in prouerbiis locutus sum non intellegentibus explanabis. denique hoc alibi manifestius ad omnes discipulos ait: *ite ergo et docete omnes gentes* 1 37 7
existimauit per stultitiam praedicationis saluos facere credentes; et iterum manifestius: *si quis inter uos uidetur sapiens esse in hoc saeculo, stultus* 2 1 5
non circumcisionis, sed in acrobustia meritae repromissionis accepit. unde manifestum est Abraham gemini populi typum in semet ipso portasse, ut 1 3 7
igitur integer, sicut Enoc et ceteri, sit iustificatus et postea circumcisus, manifestum est circumcisionem non Abrahae fuisse necessariam, sed in 1 3 7
te ipsum. in his duobus praeceptis pendet omnis lex et prophetae. unde manifestum est dilectionem uirtutum omnium diuinarum esse substantiam 1 36 17
mitto angelum meum ante faciem tuam, qui praeparabit uiam tuam. ergo manifestum est prophetiae more angelos homines iustos et iniustos 1 37 12
credidisset, neque iustus neque pater gentium esse potuisset. quapropter manifestum est spei ac fidei unam inseparabilemque esse naturam, quia in 1 36 6
quo te nunc peruenisse cognoscis; ubi sane ad hoc aquam de petra bibisti, manna de caelo gustasti, ut scires, miser, quid fueras perditurus. 2 16
in terra naufragium. ad hoc sane in eremo aquam de petra bibisti, manna de caelo gustasti, ut, cum esses ad egestatem postmodum 1 9
medium terrenum duxit ingressum? quid [quibus] de caelo cotidianum manna in eremo, potus e saxo? quid per lignum amara aqua dulcis effecta, 1 61 8
post baptismum ad paradisum peruenimus. illis inrorata est esurientibus manna, nos autem esurire non possumus, sempiternam qui caelestis panis 1 46b 3
lacte cum melle prouidendo commonuit; nam infirmibus ac languidis mannae teneritudinem inrorauit. non enim erant idonei aut digni, qui 1 18 2
neque lucis ascendunt, quia numquam in terris, sed semper in caelo manserunt. unde angelos puto recte homines appellatos, quibus dominus 1 37 11
patent duodecim portae, habitacula praeparata sunt infinita. nemo sit de mansione sollicitus: certae gloriae nostrae insignis res erit, si dei ciuitatem 1 5 18
traditor domini et spem et fidem perdidit, quia caritas in ipso non mansit. nam et haereses et schismata sic disseminantur, cum inflata fides 1 36 19
fratres, *efferendum non est* prosperis *rebus, sed* timore *dei intra mansuetudinis* metas uerecundiae freno *cohibendum*, ut possimus merito 2 9 3
conuersio, audientia, intellectus, credulitas, timor, sapientia, sobrietas, mansuetudo, temperantia, castitas, pietas, caritas, fides, ueritas, humilitas, 1 37 15
occidere, inuerso gratus officio, deo dei munus retinendo placiturus. rex mansuetus, pater pius, propheta modestus. totum potest, a toto dissimulat; 2 9 7
regium illud templum campis aequatum iacet. altaria dei eius subuersa manu cum suis sibi sacrificiis sparsa in puluerem uanuerunt. sacerdotalis 1 28 1
bonae fidei libertatem. igitur uos, qui *circumcisi estis circumcisione non manu facta in spolationem carnis, sed circumcisione domini nostri Iesu* 1 3 24
innumerabilis multitudo processit et ad eremum dominus perduxit *manu forti et brachio excelso.* exaltatus est Israel, quando per triduum 1 61 7
est: praecinge lumbos tuos, indue pedibus calceamenta, arripe baculum manu. in eremum proficiscere, si tuos uis imitari maiores. 2 20 2
sibi ipse principium; solus ante omnia et post omnia, quoniam in eius manu inclusa sunt omnia; ex se est quod est; solus sui conscius, quantus et 1 7 3
neque blandimenta neque promissa sibimet prodesse cognoscit, conserta manu inuersa uice adorta est in suum fomitem adolescentis ignem totis 1 1 16
quod liberi parentum uitam sua damna iudicantes iniecta uiolenter manu ipsi naturae, inuasis hereditatibus ante tempus parentes suos 1 5 6
infelix et amarus est in natura; sed cum fuerit peritissimi agricolae artificis manu necessaria prouisione truncatus, nobilitate alieni seminis grauidatur 1 2 27
genera peccatorum, pectus crebro percutiens quodam modo cor suum manu uerecunde castigat postulatque tantum ueniam delictorum 2 9 9
porriguntur: exserit equidem ferrum et armata dextra subleuat manum, sed uox eius, qui eam uictimam postulauerat, contradicit: 'respice 1 43 6
ad saeculum, de quibus dominus ait: *nemo retro attendens et superponens manum suam super aratrum aptus est regno dei*; et iterum: *mementote* 1 37 12
non didicerat, sed habebat. igitur orbe perfecto postremus digito dei manuque e limo terrae fingitur homo. construitur mobile totumque se 1 56 3
quo se in homine uincere crederet deum. 'incidantur, ait, ab articulis manus, a cruribus pedes; uiuum se cadauer inspiciat.' [cui beatus 1 39 6
uuae diripiuntur, id est inconsiderate sanctis hominibus uiolenta infertur manus. ad torcular conportantur; id est ad supplicii locum deducuntur. ab 2 11 6
armatur; libratur ad ictum uulneris securus animus, sed securior manus; elatus in immolandum gladius uibratur nec puerum mors uicina 1 59 7
ad me et non erit, qui exaudiat eos. similiter et de manibus dicit: *manus enim uestrae inquinatae sunt sanguine et digiti uestri in peccatis.* 1 3 10
cuius loco electus fuerat, requirebat. sed traduntur tenerae adhuc uinculis manus [et], ne quid minus ab hostia uideretur; pedem ligatura destringit, 1 59 6
et cunctas conpage discussa iuncturas corporis rupit. exsilierunt exsectae manus †et uenarum in se paululum stupore rursus in se riuus sanguinis 1 39 8
uelut in hostilem praedam grassantium satellitum praeceps irruit manus, festinat dei famulum posse deprehendi; quem beati propinquus 1 39 4
cum aut exaestuat aliquo reatu conscientia; aut cum hostilis imminens manus gladio salutem premit; aut cum uiantis itineri erectus in morsum, 2 2 2
operibus manuum uestrarum et disperdam uos. quae autem sint ista opera manus humanae, spiritus sanctus in Psalmo nonagesimo quinto declarat 1 25 5
heredes incognitos ex sese recitari mirantur; amicae sub fallacia manus innoxias animas secure conficit ebibita ueneni tempestas; sepelitur 1 5 3
se feralem iudicis amentiam citae mortis sorte satiare, dum subito manus iubetur extendere ac super caespitem [nudus] proiectus in faciem 1 39 7
domum? aut quis locus ad requiem mihi? omnia enim ista fecit manus mea. in euangelio quoque sic dicit: *Hierusalem, Hierusalem, quae* 2 6 3
uibrabat. haeserant confessionis suae glutino intrepidae martyris manus nec salientes digiti futurae mortis exitio palpitabant. tanta fuit in 1 39 7
uestris in ceruicibus catenarum. uinculis nullis impeditae sunt manus, nullis pedes onerati compedibus. non uos ullus terror exagitat, non 2 29 1
enixam in testimonium repertam eiusdem esse uirginitatis inciditur manus. qua tacto infante statim edax illa flamma sopitur sicque illa medica 1 54 5
medium, pectus fidei militabat; non pallescit uultus, non contremuit manus. quaerit puer, ubi sit uictima. quae mox, ita ne percuteretur tenera 1 62 4
laetatur pater filio quoque gaudente et cum gaudio unici pignoris alligat manus, quas ille uinciendas libentius offert. pedes quoque constringit, ne in 1 43 5
monilibus fortis. denique ipso cultus rigore in oratione non flecteris, non manus tendis, tumidum monilibus pectus prosternere dedignaris. sane 1 14 6
pharisaeus et publicanus dei stantes in templo. pharisaeus insulse manus tendit in caelum, quae caedis saepe, saepe ministrae sunt 2 9 9
persecutorem suum et, quod magis est, regem aliquotiens a deo in manus traditum sibi mauult semper timere quam occidere, inuerso gratus 2 9 7
seruiatis eis, et ne adoraueritis eos, ne quando incitetis me in operibus manuum uestrarum et disperdam uos. quae autem sint ista opera manus 1 25 4
et non praetereat nos flos temporis. coronemus nos rosis, antequam marcescant. nullum pratum sit, quod non transeat luxuria nostra. ubique 2 4 10
quae iam ambulare non poterat; tunc discit mater esse, cum desinit. marcidae mammae lactis ubertatem ostendunt et de ieiuna aetate puer 1 62 2
ut caelestes effecti terram desiderare non norint. denique illi post mare ad eremum peruenerunt, nos post baptismum ad paradisum 1 46b 3
arsurum. angelus tua castra praecedit, necubi crimen excuses. per mare ambulas; *ueloces pedes tuos ad effundendum sanguinem* dextra 2 16
nulla transfretandi praesidia, cum subito diuina prouidentia scinditur mare, aquae dextra laeuaque gelido stupore frenatae uitreos diriguntur in 1 29 2
utpote super quem aedificauit ecclesiam, duobus populis profecerunt. mare autem mundum significasse non dubium est, hamum uero 1 37 6
etenim significabat nauis materia crucem, somnus uero passionem. mare autem mundus est iste tumidus; fluctus eius Iudaeorum populos et 1 34 8
abiecerat; Erythraeum quoque in geminas ripas medium scissum mare, ductisque dextra laeuaque aggeribus in aciem stipatis undarum, 1 18 1
nubis columna per diem, eadem ignis quoque per noctem. finditur mare et dextra laeuaque in abruptum digestis aggeribus stupens unda 2 26 1
in euangelio hanc exprimit rationem dicens ad Petrum: *mitte hamum in mare et piscem, qui primus ascenderit, aperto ore eius inuenies duos* 1 37 5
duo designat: unum aquae, quod gestum est, ignis alterum, quod futurum. mare fontem sacrum debemus accipere, in quo, quibus aquis dei serui 2 26 3
Aegyptiorum solus ipse nihil aut timuit aut sensit. quid illud, quod per mare medium terrenum duxit ingressum? quid [quibus] de caelo 1 61 8
non dubium est, hamum uero praedicationem, quia, sicut hamus missus in mare mortem piscis ostendit, ita euangelica praedicatio missa per mundum 1 37 6
non aeneum inhaeret mare, quia illi perennis fontis sui uiuum inest mare, non quod naufragos faciat, sed quod naufragos ad uitam suauem 2 6 6
exercitu sola uicit; haec in tribus pueris ignes amoenos effecit; haec mare pedibus ambulari posse in Petro praesumpsit. per hanc apostoli 1 36 8
tua castra promouit, ut etiam praesenti deo probareris ingratus. per mare pedibus ambulasti, ut patereris in terra naufragium. ad hoc sane in 1 9
profundum intercipere non timentem; nec tamen in toto dissimulat, ne per mare pedibus se ambulasse non credat. aduersus Theclam accusator 2 2 6
lites tollit, iura euacuat, fora compescit, odia eradicat, iras exstinguit. haec mare penetrat, orbem circuit, commercio nationibus necessaria 1 36 13
columnarum, quia illi septem solae sufficiunt; non aeneum inhaeret mare, quia illi perennis fontis sui uiuum inest mare, non quod naufragos 2 6 6

prodiderunt, qui ait: *ego sum uia et ueritas*. illorum profugus populus per	mare rubrum dextra laeuaque undarum stupentibus rupibus pede sicco	1	46b	2
diriguntur in muros praestolantes dei transitum populi, ut persequentibus	mare sint. inducitur in uiam Israel ingratus, in qua nec gladios possit	1	29	2
cum subito compugnantium uentorum flatu uiolento lacessitum fremit	mare sollicitique gurgitis praeruptorum montium canis uoluminibus	1	34	5
imperio Romano seruiret. sane uultis scire, quantae sit sanctitatis? quem	mare sustinuit adunatum, non potest terra baiulare dispersum.	1	52	
moderationi deseruiens peritissima insignis patientiae disciplina? sed et	mare uentis lacessitum, cum irascitur, quamuis reciproca uicissitudine nunc	1	4	5
laeuaque undarum stupentibus rupibus pede sicco transiuit; at nostrum	mare uoluntarios suscipit, feliciter naufragos facit interimensque uniuersa	1	46b	2
adamantinis meliores. exsultate, pueri, sacrae turris dulces ac sine pretio	margaritae. felicia, exsultate, coniugia: meliores ornatui gemmas sculpitis,	2	6	10
uultis scire, quae illic beatitudo uersetur? nemo suam uestem, nemo suas	margaritas abscondit, nemo lapides pretiosos, nemo aurum, nemo	1	5	18
et cotidie dedicatur; floribus perpetuis ac diuersis gemmis, lapidibus,	margaritis per momenta distinguitur et quia opus est uiuum, tectum non	2	6	7
per hanc Ioseph Aegyptum suae dicioni subiecit. haec Moysi in	mari rubro terram uitream fecit; haec, ut cursus soliti contempta mensura	1	36	8
eius barbaris uehementer urguentibus nec eques potest sequi nec nauis.	Maria cum mulieribus tympanum quatit; hymnus canitur; dei populus	2	26	1
de tempore, qui praestat temporibus aeternitatem. mira res! concipit	Maria de ipso, quem parit; tumet uterus maiestate, non semine, capitque	2	12	2
suum membra factorem et opus sui figura uestit artificem. parturit	Maria non dolore, sed gaudio; nascitur sine patre filius, non totus matris,	2	12	2
uulneribus, concussae gemunt urbes, deleta rura respirare non possunt,	maria plus praedonibus saeua sunt quam natura; obseratae gladiis uiae	1	5	3
serui liberantur, iisdem, qui non fugiunt, sed portant peccata, delentur.	Maria, quae cum mulieribus tympanum quatit, typus ecclesiae fuit, quae	2	26	3
originali coaeternitate renitens, quemadmodum, si dicere dignum est, duo	maria, quae in semet recumbunt, freto aestus alternos in unum conferente	1	7	4
omnibus uariae sollicitudinis cura torquetur. sed dicet aliquis: 'etiam	Maria uirgo et nupsit et peperit.' sit aliqua talis, et cedo! ceterum illa fuit	2	7	4
meruerat filium animarum omnium saluatorem. o magnum sacramentum!	Maria uirgo incorrupta concepit, post conceptum uirgo peperit, post	1	54	5
laetatur illa quia scit. Elisabeth sterilis fecunditate tumet feliciter uenter,	Mariae maiestate. illa praeconem portat, haec iudicem. exsultate, feminae,	2	8	8
se esse cultrices. una denique asserit Iesum Christum ab utero uirginis	Mariae sumpsisse principium deumque exinde ob iustitiam factum esse,	2	8	1
esse quod non erat. mixtus itaque humanae carni se fingit infantem.	Mariae superbus emicat uenter, non munere coniugali, sed fide, uerbo, non	1	54	3
fecisti. tu uirginali carceri nouem mensibus relegasti. tu Euam in	Mariam redintegrasti. tu Adam in Christo renouasti. tu sacram crucem in	1	36	29
diabolus Euam uulnerans interemerat, per aurem intrat Christus in	Mariam, uniuersa cordis desecat uitia uulnusque mulieris, dum de uirgine	1	3	19
ne quid scenae tam dirae immanitatis deesse uideatur, immittuntur etiam	marina monstra; laciniis omnibus spoliatur puella, uestitur incendio. inter	2	2	6
in oratione mons tremit: monti, non apostolis trepidatio est. Petrus aestu	marino fertur non naufragus, sed uiator: timet profundum intercipere non	2	2	6
se nosse praesumat? quis spiritus aerios, quis figuras uentorum, quis inter	marinos aestus fluminum augmenta, quis denique opificium domini deique	1	34	2
recondidit Noe omnia illi arcarius non negabit. Petrus piscator recentes	marinos affatim pisces apponit cum sarda mirabili. Tobias peregrinus	1	24	3
tempestate lapideis imbribus feliciter grandinatur, cum *in profundo*	*maris die* demoratus *ac nocte* ad deum clamans incolumis inde respuitur.	1	34	4
caelesti prandio satur nec Ionas inter aestuantes procellas sollicitique	maris fluctus insanos tutior piscis aluo quam alueo nauis nec tres pueri,	2	18	1
e profundo clamans similiter Petrus impetrauit a domino, ut profundi	maris lubricos sinus insubditaque humanis gressibus liquidi aequoris terga,	1	34	3
enim persequentium Aegyptiorum infestis mucronibus premebatur, inde	maris magno clausus obice reprimebatur. etenim illi nullae inerant naues,	1	29	1
tui rictu blandiente leonum rabies euanescat; sub gressibus tuis	maris unda pinguescens marmoreo stupore solidetur; cetina cymba inter	2	3	14
sumptura remedium, dubium non est hoc esse solum, ut flammas tuas	maritalis gladii contemplatione compescas. mihi crede: non habet	2	7	9
coniugio, e duobus altero superante, non moritur? tune non illa es, quae	mariti corpus expositum lauisti lacrimis, osculis detersisti, crinium damno	2	7	7
religiose confidens deo filios se genuisse, non mundo. hinc uxor amissi	mariti desolationem se ferre non posse testatur frigidumque latus male	1	2	14
deest enim qui dicere possit: 'si est resurrectio, quare plangis? si amore	mariti facis, cur postmodum nubis?' exsecrabilis res est, fratres, nec	1	2	14
causa adulterii, facit eam moechari. quid hic respondere possint lubrici	mariti, non uideo; qui humanarum legum iniqua impunitate decepti,	1	1	13
inpudicitia mentiente in publicum traxerant, probatam et uindicatam ad	mariti thalamos cum ingenti triumpho uictrix pudicitia reportauit. sed o	1	1	19
consternata metu forsitan ipso cessante illicita eis uota donabis (quod	maritis etiam sub fidelibus multae fecere peiores, Euae non discipulae, sed	2	7	16
erubescere alienis sub coloribus nescit, non domesticis, non affectibus, non	maritis nota, non sibi, quia non potest notum esse nec uerum quod est	1	1	10
quoniam in tali negotio iudice deo quod non licet uxoribus non licet nec	maritis, sicut praescribens talibus Paulus apostolus dicit: *mulier sui corporis*	1	1	13
cum te iubet ad ecclesiam non uenire. sed multo peius est, si places	marito: neque enim sine sacrilegio possis placere sacrilego. ut rem	2	7	16
postremo detestabilis est uiuendi condicio, ubi non licet facere uxori, quod	marito placet; ubi proponis, quia nihil te gerere sinit, nisi quae disposuerit	2	7	15
inter uirginem nuptamque discretio. *nupta cogitat, quemadmodum placeat*	*marito*, uirgo, quemadmodum deo. haec extrariis ornamentis ornatur; longe	2	7	3
saepe contingit, ut nec filios habeant nec maritos. talis est etiam causa	maritorum, ad quos aliquid loqui superfluum est, quia, si uxor et maritus	2	7	11
diligat filius, quis maritus, confundentes sanguinis iura, delentes merita	maritorum, adulantes uiuis, mortuis suspirantes, nunc odientes ueteres,	2	7	10
naturam; haec libidinis mercedem uel maxime parentum, filiorum,	maritorum uxorumque in mortibus posuit; haec nomina pietatis	1	1	8
mortuis suspirantes, nunc odientes ueteres, nunc nouos filios similiter et	maritos? at e diuerso ipsae aestiment, quid sint, quibus in tam solemnibus	2	7	10
noli tuas nuptias fenerare, ne in illo resurrectionis die inter plurimos	maritos non possis, cuius fueris uxor, agnoscere. noli esse sacrilega, noli	2	7	18
quibus in tam solemnibus uotis saepe contingit, ut nec filios habeant nec	maritos. talis est etiam causa maritorum, ad quos aliquid loqui superfluum	2	7	10
uirgo nubere saepe festinas, interroganti responde, bonumne amiseris	maritum anne malum. si malum et desideras nubere, digna es, quam peior	2	7	6
primitias auspicaris, totum prorsus iniquitatis spiritum libens concipis per	maritum: infelix, iam plus in te est quam in templo remansit! at si te	2	7	17
inquam, non es, quae nunc caelum ipsum ululatibus rumpens post talem	maritum puncto temporis uiuere te non posse clamabas, nunc clusis dolore	2	7	7
te insultare potius quam rogare. postremo, fratres, non potest timere	maritum, quae non timet Christum. inde est, quod coniuges nuptiali	1	14	6
nupsisti. ut de fragilitate humanitatis, casibus ut de ceteris taceam, ecce	maritum tuum postridie aliqua necessitas rapit, quae a te longe distractum	2	7	9
adolescentulas quoque perire compellunt. quis has diligat filius, quis	maritus, confundentes sanguinis iura, delentes merita maritorum, adulantes	2	7	10
causa maritorum, ad quos aliquid loqui superfluum est, quia, si uxor et	maritus *in carne* sunt *una*, dubium non est, quia quod alter audit	2	7	11
spiritali unda in gremio renatus ecclesiae filius eius futurus fuerat, non	maritus. Iudas amittit uxorem, id est synagogae fides moritur. quod autem	1	13	7
angeli, quod oppressa ueritas tandem defendatur in terris. triumphat	maritus, quod castam inuenerit coniugem. laetatur familia omnis, quod in	1	40	3
enim, fratres, ultra licere non puto quam ut sit aut continens aut	maritus. uenio nunc ad exempla, quae sunt negotio uel maxime necessaria,	1	1	14
leonum rabies euanescat; sub gressibus tuis maris unda pinguescens	marmoreo stupore solidetur; cetina cymba inter aestuantis pelagi sollicitos	2	3	14
est adaequanda proposito, conparanda consilio. Archadius beatissimus	martyr adhuc demoratur in saeculo et iam martyr recitatur in caelo.	1	39	9
patris familias cellae reconditur, ut pretiosius transfretatione reddatur; et	martyr dominicae habitationis in recondita adsumitur, ut ibidem ex	2	11	7
geritur et familia domini caelo spectante probatur, Archadius beatissimus	martyr huius inopinati sacrilegii horrore percussus paulullum distulit	1	39	3
in primis infantiae rudimentis iubenti ac deposcenti deo innocens	martyr offertur, immaculata hostia nec uictima imparata, qui testis diuini	1	59	2
nostris illustri uirtute perennem gloriam peperit et salutem. Abel ideo	martyr, quia iustus; ideo iustus, quia patiens; a quo pati martyres	1	4	12
consilio. Archadius beatissimus martyr adhuc demoratur in saeculo et iam	martyr recitatur in caelo.	1	39	9
pignus, in quo nec Christum relinqueret nec propinquum. statim beatus	martyr se latere non passus est; se ultro offerens iudici moram suam	1	39	5
uel sero nefandis superstitionibus miscuisset, talibus in eum sanctissimus	martyr uocibus exsiliit: 'quid, inquit, uanissime omnium iudicum, putasne	1	39	5
Abel ideo martyr, quia iustus; ideo iustus, quia patiens; a quo pati	martyres didicerunt patiendo libenter, quod non merentur. Noe	1	4	12
aetatibus, dicione ex una natura unum spiritum, unum efficis corpus. tu	martyres gloriosos a confessione Christiani nominis nullis tormentis, nulla	1	36	30
luxuriandi atque bibendi in infamibus locis lagenis et calicibus subito sibi	martyres pepererunt, qui dies obseruant, qui Aegyptiacos de candidis	1	25	11
limes inciditur et obsequio pedum corpus martyris uiduatur. numerent	martyria, qui possunt numerare supplicia, et in uno corpore quantum	1	39	9
coronam competenti ualeat sermone disserere, dum in uno corpore tot	martyria uideantur esse quot membra? armauerat diabolus satellites suos in	1	39	1
ad uitam suauem perducat; non aurum, non argentum, quia in suis	martyribus computat totum. non fenestrarum lumen implorat, quia sol	2	6	6
felix, in uiduis fortis, in coniugiis fidelis, in sacerdotibus pura, in	martyribus gloriosa, in angelis clara, in omnibus uero regina. tu numquam	1	1	20
fonte, tamen aestuat semper iustae operationis ardore. autumnus quoque	martyrii locus est, in quo non uitis, sed fossoris sanguis effunditur, ut uita	1	33	3
populus accenditur et de martyris meritis non siletur. sed quis illustris	martyrii palmiferam trophaeis coronam competenti ualeat sermone	1	39	1
auferre: amputandam linguam mandare nescisti, quae in conluctatione	martyrii prior solet domino confiteri. ductus est tandem beatus Archadius	1	39	6
	martyrii quodam modo pars est, fratres dilectissimi, martyrum non	1	11	
detineri. ad futurae gloriae testimonium tale beatus Archadius debiti	martyrii quodam modo sequestrauerat pignus, in quo nec Christum	1	39	4
manus nec salientes digiti futurae mortis exitio palpitabant. tanta fuit in	martyris deuotione constantia, ut omni corpore paratus uenisset ad	1	39	7
dum beati Archadii	martyris gesta annalibus triumphanda mandamus, in agonem immortalis	1	39	1
contemplatione uibrabat. haeserant confessionis suae glutino intrepidae	martyris manus nec salientes digiti futurae mortis exitio palpitabant. tanta	1	39	7
non usitata animaduersione poenarum nec usuali in reos lege carnifices in	martyris membra saeuire. uiluerunt ungulae, inutiles ictus uisi sunt	1	39	6
commercium, cum ad caeleste praemium populus accenditur et de	martyris meritis non siletur. sed quis illustris martyrii palmiferam	1	39	1
manus, festinat dei famulum posse deprehendi; quem beati propinquus	martyris, qui in eius forte degebat habitaculo, absentem esse assiduis	1	39	4
est furere, tantum agnoscatur dominus triumphasse. sed durat inter haec	martyris spiritus et morarum numerositate seruatus perstat uiuus, parte sui	1	39	9
gladio saeui latronis plantarum limes inciditur et obsequio pedum corpus	martyris uiduatur. numerent martyria, qui possunt numerare supplicia, et	1	39	8
trium puerorum	martyrium qui credit interritus, potest etiam ipse adipisci martyrium. tanta	1	22	1
costa diuellitur, sed per aquam et sanguinem, quod est baptismum atque	martyrium, spiritale corpus spiritalis feminae effunditur, ut legitime Adam	1	3	20
trium puerorum martyrium qui credit interritus, potest etiam ipse adipisci	martyrium. tanta enim uis certaminis fuit, ut eam ipse quoque ignis	1	22	1
tu prophetas prouexisti. tu Christo apostolos glutinasti. tu cotidiana	martyrum et mater es et corona. tu murus fidei, fructus spei, anima	1	4	22
martyrii quodam modo pars est, fratres dilectissimi,	martyrum non horruisse supplicium. quantum etenim multiformis	1	11	
inpenetrabilis lorica, legis conpendiosa ac uera scientia, daemonum terror,	martyrum uirtus, ecclesiae pulchritudo uel murus, dei ministra, Christi	1	36	4
uitia; illa ferro, haec spiritu; illa portionem, haec hominem totum; illa	masculum solum, haec utrumque sexum; illa praeputium paruae cutis,	1	3	23
solus est mundus; hic *salutaris*, quia per ipsum uincimus mortem; hic	*masculus*, quia dei est uirtus; hic, inquam, agnus *perfectus*, quia in ipso	1	8	2

negotium sine persona? omnia cito temptat, omnia momento disturbat, mater criminum, curiositatis magistra, acumen temeritatis, auctor 1 4 7
occidere. quid faceret pietas? praeceptum differri non potest. praestiteras, mater, cum sterilis esses: ad gladium nascitur puer. talem casum nemo 1 62 4
fusus ingrediens sponte uitae reptantis praeuiis lacrimis auspicatur. non mater eius tanti partus pondere exhausta totis pallens iacuit resoluta 1 54 4
prouexisti. tu Christo apostolos glutinasti. tu cotidiana martyrum et mater es et corona. tu murus fidei, fructus spei, anima caritatis. tu 1 4 22
sine labore uteri sarcinam, quae iam ambulare non poterat; tunc discit mater esse, cum desinit. marcidae mammae lactis ubertatem ostendunt et 1 62 2
condicione suscipiens necat odio criminum ut nouerca, pia seruat ut mater necatosque non ante uiuificat, antequam omne uirus uetustatis 2 29 2
ad gladium nascitur puer. talem casum nemo doluit, nec quae genuerat mater. nemo plangit uiuas exsequias et innocentis hominis obsequium 1 62 4
dona percipite. iam uos sempiterni fontis calor salutaris inuitat; iam mater nostra adoptat ut pariat, sed non ea lege, qua uos matres uestrae 1 32
non nouit! haec renouatio, haec resurrectio, haec uita aeterna, haec est mater omnium, quae nos adunatos, ex omni gente et natione collectos 1 55
nisi rerum disciplinam conuersionemque quasi quaedam sollicita mater patientia custodiret. sol denique quamuis mira celeritate alternas 1 4 4
inculpatis moribus uiuat, conscientia eum bona, non loquacitate, quae mater profecto peccati est, nosse praesumat trinitatisque unam potentiae 2 3 19
mundi labe in meliora migrantes tam pertinaciter plangis? pro nefas! hinc mater scissa ueste, laniatis crinibus, laniatis et genis, totum crebris ictibus 1 2 13
tam diuersos, tam plures, tam dispares una uno partu uestra uos peperit mater. sicut paruulis morem geram sacrique horoscopi pandam tota 1 38 2
sacramenti dominici imaginem praeferebat; etenim significabat nauis materia crucem, somnus uero passionem. mare autem mundus est iste 1 34 8
spiritusque sancti uigore amputantur. plorat feliciter uitis purgata materia; de homine loto felicius manant doctrinae caelestis diuina fluenta, 2 11 5
in uiscera peccatoris et uno eodemque ictu, incolumi corporis manente materia, interficit *hominem ueterem*, creat nouum, sacri gurgitis elemento 2 10 2
ad iugumque peruenerit, eius omnes crines luxuriosi falce tonduntur, pura materia tabulatis infertur, nodis adstringitur, ne a ligno, quo portatur uel 2 11 2
et tu crucis tuae similiter dignitate gaudebis. igitur haec scala cuius esset materiae, in qua dominus incumbebat, ex Dauid dicto cognoscimus, qui 1 37 8
me consolata sunt. uirga et baculus duo sunt utique testamenta, quae ideo materiae ligni sunt comparata, siue quod in eius usu et perpetuo et tutius 1 37 8
nomen imposuit, credo, sicut res ipsa docet, ut contemplatione opificii ac materiae semper suum et uereretur et ueneraretur artificem. post haec 2 4 4
in eo quid potissimum miraretur: magnitudinem, opus, ornatum anne materiam; ita enim in unum decorem uniuersa conuenerant, ut legitima 2 6 2
ex eaque constituisse *mundum pariter et ornasse*. igitur si, ut uolunt, deus materiam, qua usus est, non fecit, sed aeterna sit, ut ipse est, *duo* sunt 1 7 1
unicus numero et in amoris soliditate iam primus totum <paternae ac> maternae pietatis occupauerat pectus festinata educatione nutritus, deo 1 59 5
denique purgationes, quae sunt tarditate periculosae, nullo puerum maternorum uiscerum prosecutae sunt damno. nulla adhibita rudi fetae 1 54 4
annis teneris moreretur. hic igitur infans, e cuius uita paternus affectus et maternus pendebat, ad explorationem fidei suae diuina uoce postulatur ad 1 43 3
recte igitur apostolus ait: *radix omnium malorum est auaritia*; hac enim matre eademque magistra uniuersa quae diximus, sed et alia multa, immo 1 5 4
qua natus est; alteram, qua renatus. sed sicut est spiritalis prima sine matre, ita sine patre secunda carnalis. haec miranda, inenarrabilis illa, 2 8 2
sed nihil tamen in utero negabatur infanti et, cuius aetas auiam testaretur, matrem partus ornauit, cum sub incerto affectionis uocabulo pietas nutaret 1 59 4
procedit. noua res, ut iure spiritali unusquisque nascatur. ultro currite ad matrem, quae tunc non laborat, si quos parit numerare non possit. intrate 2 28
rei indignitate commotus dominus illa deserta aliam sibi, id est ecclesiam matrem, sua pro uoluntate plantauit, quam sacerdotalibus officiis excolens 1 10b 2
est demorari. unde nunc ad ueram iustitiam ueniamus, omnium fontem matremque uirtutum. quae praeter ceteras tota se ad alienas utilitates 2 1 11
inuitat; iam mater nostra adoptat ut pariat, sed non ea lege, qua uos matres uestrae pepererunt, quae et ipsae partus dolore gementes et uos 1 32
si esset aliquid uirginitate melius, dei filius hoc magis potuerat suae matri praestare, cui praestitit, ut rediuiuae uirginitatis honore polleret. 2 7 4
sine patre filius, non totus matris, sibi debens quod conceptus est, donans matri quod natus. quae principaliter stupet talem sibi filium prouenisse, qui 2 12 2
necessario ergo luxurioso populo deus hoc signum dedit, ut, locum matricalis culpae cum denotat, etiam alia crimina fugienda cognoscat. ‘ore 1 3 8
est ille, qui inuicem desiderantibus uobis tardior ceteris uidebatur primus matrimonii dies? ubi pretiosae uirginitatis festa, utrisque dulcis occisio? ubi 2 7 6
conspargit, uitulum laniat. post haec promittitur ei de legitimo matrimonio filius de fide, non de aetate. concepit Sarra, portat sine labore 1 62 2
partus pondere exhausta totis pallens iacuit resoluta uisceribus. non filius matris aut suis est ullis sordibus delibutus; neque enim re uera aliquid 1 54 4
resurrectionis iura gustaret. o magna prouidentia dei nostri! o bonae matris caritas pura! diuersos genere, sexu, aetate, condicione suscipiens 2 29 2
sexu, condicione diuersi, mox unum futuri? fontanum semper uirginis matris dulcem ad uterum conuolate ibidemque uos uestra nobilitate fide 1 55
ebibita ueneni tempestas; sepelitur noua odii rabie, antequam nascatur, matris iam non in utero sed sepulcro incognitum pecus, quod legitimam 1 5 3
in quaslibet formas, uultus, sexus, aetates auri argentique detrimento matris limae moderato dente figurata. quae est ergo ista dementia 1 25 3
gentili uanitate circa amissi cadauer bacchatur insana nec Maccabaeae matris memoriam recolit, quae spe succincta futurorum Antiocho saeuiente 1 2 13
parturit Maria non dolore, sed gaudio; nascitur sine patre filius, non totus matris, sibi debens quod conceptus est, donans matri quod natus. quae 2 12 2
frigente senio nec sperare subolem posset nec portare confideret, matris suscepit officia, quae uxoris iam munera nesciebat. atque eo tempore 1 59 3
occidere? o quantarum neces animarum in phaleris pendent ornatae matronae! ornamentum cuius unum si soluas in pretium distribuasque 2 1 19
iam non contenti latibulis aliquotiens, pro nefas, sub ipsis obtutibus matronarum uesana congressione desudant, non aduertentes miseri, 1 1 13
regni, qui insignis rex erat iam ante pudoris. Susannam quoque, columen matronatus, inaffectatae formae pulchrius suae pulchritudinis ornamentum, 1 1 17
progrediens lasciui cursus ambagibus carpit pensa mundana. at ubi matura aureo igne flagrantis luciflui aurigae par laboribus fratris angusti 1 2 19
elementa eius constare non posse sine eruditione uel freno. est enim matura semper, humilis, cauta, prudens, prouida, omni necessitate 1 4 2
sapientiae aspergunt. oleum Christus infundit. Moyses primitiuam festinus maturamque procurauit agninam, Abraham pinguem conditamque fideliter 1 24 2
praecepitque mulieri, ut in domo patris sui uidua permanens nuptias maturas exspectet. cum res sic se haberet, eius uxor moritur. qui 1 13 1
iustitia expeditior sequitur Christum. ui tempestatis, solis atque imbris ad maturitatem cogitur; et iustus temptationibus crebris, magnis ac uariis 2 11 6
adridunt, quos solis ardores, pluuiae uentique exercendo prouehunt ad maturitatemque perducunt. at ubi uindemiae uenerit tempus, decore 2 11 3
suum saluatorem generi humano se esse missurum commodum, tempore maturo, diuinitatis interim dignitate deposita, non tamen potestate, caelo 2 12 1
pergeret suas atque hoc Thamari nuntiaretur, quae Selom uiderat maturum ei nec tamen nupserat, uestem uiduitatis exponit, aestiualia 1 13 2
nec officio alieno nutritur; non inuita, non inprudens moritur, sed cum maturum leti tempus aduenerit, a semet ipsa inuitatis sacris ignibus 1 2 20
primitiuus est dictus, quia praeter patrem ante ipsum nullus est primus, *maturus*, quia aeternus est, *perfectus*, quia *dei uirtus deique sapientia* est, 1 46a 2
dictus est *primitiuus*, quia paternae antiquitatis solus est conscius; hic *maturus*, quia post ipsum non est ullus; hic *sempiternus*, quia occisus est 1 8 2
cuius fabulantur etiam profani secreta! o quam praesumpta, quae mauult magis nouellae traditioni suae credi quam antiquitati, quam deo 2 3 10
suum et, quod magis est, regem aliquotiens a deo in manus traditum sibi mauult semper timere quam occidere, inuerso gratus officio, deo dei munus 2 9 7
diligit quam laborem. huc accedit, quia bona carnis inuenit, non requirit, mauultque potiri uel paruis praesentibus bonis quam bonis ingentibus 2 4 13
suis deum insuper et exorat. una illi sola principalis sollicitudo ac maxima est cautio, ne quid mundo debeat, ne quid horum digne patiatur. 2 1 13
Christianae fidelitatis felicitas maxima est fidei nosse naturam, quae talis ac tanta est, ut unicuique 2 3 1
noscendae, sed frustrandae ueritatis, quotiens deus dei filius, qui patris maxima est gloria, aequalis patri a catholicis praedicatur. denique inde est, 1 45 1
iamiamque desinat permoueri, intellegens Christianae uirtutis hanc esse maximam gloriam, ipsam calcare naturam. sed quia uirtutem uoluptates 2 7 1
nec singulare nec friuolum crimen est, fratres, uel maxime Christianum cupiditatis compedibus alligari profundaeque noctis 1 5 1
qui non fertur blandus, aestimare licet quid moliri potuerit incitatus, maxime cum a deo acceperit facultatem, ut atrocitatis inueteratae in 1 4 18
est, ut etiam proximos eo affectu, quo nos ipsos diligimus, diligamus, maxime cum cognationis ipsa hoc exigant iura. clamat enim prophetes: 1 36 22
est studiose, ut arbitror, memorandum, quod optaueris compescendum, maxime cum eius natura sit talis, ut numquam moretur in propriis, sed in 1 4 11
incunctanter optarent stultos iudicari se iustos quam sapientes iniustos, maxime cum iam sit eorum fraus omnis in medio. non enim rem ualuerunt 2 1 4
eius est deputata rebus dispositis, non deo, non sempiterno rectori, maxime cum in euangelio sic dicatur: *dabit illi dominus deus thronum* 2 5 6
desecat. sed absit, fratres, ut spiritales uiros ullo tangamus errore, maxime cum prophetia ad sui dicti iam peruenerit ueritatem. Iesus enim 1 3 16
saltem uel eo studio, quo sequimur mala. nulla ulli competit excusatio, maxime cum res nostrae commissa sit uoluntati, propheta dicente: *ante* 2 4 18
obseruantiae qua perfectione dei cultus debeat custodiri, apud Salomonem maxime cum scriptum sit: *et si multiplicentur, non oblecteris in illis; si non* 2 7 5
decoctori committit nec desertorem praemiis triumphalibus honorabit, maxime cum scriptum sit: *qui habet, dabitur illi et abundabit; qui autem* 1 36 7
errores suos lunari circulo adscribunt, cum ingenii sui carmen coli uel maxime cupiunt, sic se et alios perdiderunt. nam mutato nomine et cultu, 2 9 1
nunc ergo uideamus, unde uera caritas ueniat, ubinam consistat, cui uel maxime debeatur: utique illi, qui hominem fecit, qui ei munus perpetuae 1 36 28
ingens supplicium aliquotiens ingentior prosequitur gloria, maxime diuinis in rebus, in quibus felices obnixa deuotione suam 1 31
illa sine contemplatione meritorum quibuslibet passim sua munera infulcit, maxime indignis, ut ad se colligat turbas; ille numquam remunerat 2 4 14
aut continens aut maritus. uenio nunc ad exempla, quae sunt negotio uel maxime necessaria, quia plus est quod geritur quam quod dicitur, ut et 1 1 15
dispungens suam docuit expugnare naturam; haec libidinis mercedem uel maxime parentum, filiorum, maritorum uxorumque in mortibus posuit; 1 1 8
quae nunc fuerant orbitatis. sed longum est, fratres, ire per singula, maxime quia caritas sua ingerit fortiora. quae ita rebus uniuersis est 1 36 10
semper offuscant nihilque unicuique, nisi quod amauerit, rectum est, maxime quod uno desiderio omnes excolunt populi, dubium non est, quia 2 7 1
in homine ex his quaecumque defecerit, ambae moriuntur. fides itaque uel maxime res propria nostra est, domino ipso dicente: *fides tua te saluum* 1 36 7
uanis opinari uelle dispositum non colentis est, sed dementis, maxime si deus, ut contentiosi putant, dispositioni subiaceat. remotis enim 1 54 1
aliquos noscamus eos esse, quos in idolatria commorantes nuper uel maxime ui aliqua obisse meminerimus. hic nunc mihi responde, qui 1 2 6
origo monstratur. ipsa Iouem innumerabilibus uariis magnisque criminibus maximum fecit. ipsa Herculem nouerca deterior in Omphales libidine 1 1 11
ueniam, non secundum iussum; uolo autem omnes uos esse sicut et me, ac per hoc ideo nubere melius, quia uri deterius. *omnia* quidem *licent*, 2 7 2
terra; opus perfeci, quod dedisti mihi, ut facerem. et nunc tu *clarifica me apud te ipsum claritate, quam habui apud te, priusquam mundus fieret*. 2 5 4
quod Psalmorum in libro sic habetur: *uirga tua et baculus tuus ipsa me consolata sunt. parasti in conspectu meo mensam aduersus eos, qui* 1 13 10
ex Dauid dicto cognoscimus, qui ait: *uirga tua et baculus tuus ipsa me consolata sunt*. uirga et baculus duo sunt utique testamenta, quae ideo 1 37 8
et uende omnia tua et da pauperibus et tolle crucem tuam *et ueni sequere me*. de hoc nescio quid possit quispiam promouere; unum tamen scio, quia 2 1 15
lacunis, ut merebantur, caenulentum postmodum laticem, domino dicente: *me dereliquerunt fontem aquae uiuae et foderunt sibi lacus detritos, qui non* 1 18 2
sanis, quasi, quae uere exsecranda sint, iam correcta sint crimina. pudet me dicere in populo graui anus saepe uideri nouas nuptas, quarum paene 2 7 10
sed si mihi credere non uultis, factis credite et cognoscite, quoniam in me est pater et ego in illo, dictum significatione unica maiestatis et affectu 1 25 8
sed si mihi credere non uultis, factis credite et cognoscite, quoniam in me est pater et ego in illo. constat ergo aequale esse, quod inuicem se capit 1 45 3

auribus incipiens: *clamaui,* inquit, *ad eos et non audierunt; clamabunt ad me et non erit, qui exaudiat eos.* similiter et de manibus dicit: *manus enim* 1 3 10
docentes eos seruare omnia quaecumque praecepi uobis. dabis autem *pro me et pro te*: hoc est meam praedicabis crucem, sed et tu crucis tuae 1 37 7
qui primus ascenderit, aperto ore eius inuenies duos denarios: da pro me et pro te. piscem primum a mortuis ascendentem Christum debemus 1 37 5
nuptias dissuaserit. at ego non pertimescam, sermonis publici quae de me fabuletur inuidia; non enim nuptias condemno, sed nuptiis meliora 2 7 2
tantum, sed etiam fide similitudinis adprobemus. unde tamen prae me fero, fratres dilectissimi, quod ista, et non ambigua, in uobis renitet 1 1 4
intelligitur, quia fides uestra capit deum. igitur ne quis operis rationem a me forte disquirat, paucis insinuabo. in totius fabricae fundamentis non 2 6 5
sacrilegum. et tamen habeo, qui pro me tibi obsistat: nam lex, per quam me forte minus peritum peccare compellis, ipsa te magnopere retundens ac 2 3 16
deos alienos, ut seruiatis eis, et ne adoraueritis eos, ne quando incitetis me in operibus manuum uestrarum et disperdam uos. quae autem sint ista 1 25 4
immola deo sacrificium laudis et redde altissimo uota tua et inuoca me in tribulatione tua et eripiam te et magnificabis me. si pater loquitur, 1 25 1
uota tua. honorem totum refudit in patrem, ex quo omnia. *et inuoca me in tribulatione tua et eripiam te* dicendo ostendit, quoniam per se 1 25 8
sunt. parasti in conspectu meo mensam aduersus eos, qui tribulant me. inpinguasti oleo caput meum et poculum tuum inebrians quam 1 13 10
dehinc sequitur: *neque ambulaui in magnis neque in mirabilibus super me. magna eloquia dei sunt, ipse mirabilis in excelsis.* cum in periculis 2 9 6
cantabo tibi, domine, quomodo dominus in euangelio dicit: *qui credit in me, non iudicabitur; qui autem non credit, iam iudicatus est?* hoc dicendo 1 35 1
ratione prolatum, explanat proprietas ipsa uerborum: *qui credit, inquit, in me, non iudicabitur.* recte: *quid enim necesse est iudicare credentem?* 1 35 2
quae magna ab hominibus hoc putantur in saeculo. at *cum addidit: super me*, ostendit numquam se elatum fuisse, cum posset. nulli enim facilius 2 9 6
stipem deo placere te posse praesumis.' 'iam completa est, inquit, in me per Iesum Naue domino iubente secunda, quam Moyses annuntiauerat, 1 3 14
'ore tuo te, inquit, Christiane uicisti. inde est, quod et ego aeternam uitam me possidere contendo, quia specialiter anxiam curam mortis mihi a deo 1 3 8
uiri nihil certi libris ingentibus prodiderunt. sed ego non curem, de me quemadmodum quis iocetur. non enim in ecclesia dei fucatus quaeritur 2 1 1
estis et ego reficiam uos. tollite iugum meum super uos et discite a me, quia mitis sum et humilis corde, et inuenietis requiem animabus uestris. 2 9 4
te dicendo ostendit, quoniam per se omnia prosecutus est. *et magnificabis me*; quod dictum, fratres, non sic debetis accipere, ut operis sui laudem 1 25 8
tuis manibus in monte de filio tuo; haec mihi uictima placet, hoc me sanguine deplacabis, iste meis sacris debetur; unde immolari iam 1 43 3
uota tua et inuoca me in tribulatione tua et eripiam te et magnificabis me. si pater loquitur, fratres, quis est iste, cui tantum defert? quis est, 1 25 1
securus ab Horeb accessit. quid cotidiana dei colloquia? *ipsi autem me spreuerunt:* ad crucem enim perduxerunt, per quam crucem euaserant 1 61 8
terra, quoniam dominus locutus est: filios genui et exaltaui, ipsi autem me spreuerunt. grandem Iudaicae gentis offensam libri istius exordia 1 61 1
quisquis alterius causa et formam mutat et mores. sed dicis: 'ardor me tenerae compellit aetatis.' credo. ecce nupsisti. ut de fragilitate 2 7 9
tutius imperitum uideri quam esse sacrilegum. et tamen habeo, qui pro me tibi obsistat: nam lex, per quam me forte minus peritum peccare 2 3 16
sed in doctrinae ratione consistit, sicut scriptum est: *uenite, filii, audite me; timorem domini docebo uos.* naturalis ergo non discitur, sed impulsu 2 2 1
una, dubium non est, quia quod alter audit amborum est. quid agam, quo me uertam, nescio. non enim uideo, quid in exhortationibus diuini ac ueri 2 7 11
incidunt. sed et Dauid hanc calamum nuncupauit, dicens: *lingua mea calamus scribae uelociter scribentis.* calamus fissus est, fratres, duosque 1 37 4
in spinis. circumcidite praeputium cordis uestri, ne exeat sicut ignis ira mea et exurat et non sit qui exstinguat. uidetis ergo, fratres, quia huius 1 3 12
caritatem non habeam, nihil sum. et si in cibos distribuero omnia mea et si tradidero corpus meum, ut ardeam, caritatem autem non habeam, 1 36 20
domum? aut quis locus ad requiem mihi? omnia enim ista fecit manus mea. in euangelio quoque sic dicit: *Hierusalem, Hierusalem, quae interficis* 2 6 3
repromissa felicitas exhibetur, Dauid sancto dicente: *conuertere, anima mea, in requiem tuam, quia dominus benefecit mihi, quia liberauit animam* 1 2 32
nonnulli forma uidentur minores, si secus aliquid de pistore sentiatur, mea nihil interest, fratres, quia, etsi pauper sum, tamen frontem meam 1 41 3
habet pater, mea sunt, et iterum: *pater, omnia mea tua sunt et tua omnia mea*, quia pater in filio et filius manet in patre; cui affectu, non 2 5 9
non aliis tantum, sed etiam sibi ipsi subducit? 'sed, inquies, iustum est, ut mea seruem, aliena non quaeram.' hoc etiam gentes dicere consuerunt. 2 1 18
singulorum, domino ipso dicente: *omnia quaecumque habet pater, mea sunt*, et iterum: *pater, omnia mea tua sunt et tua omnia mea*, quia 2 5 9
dicente: *omnia quaecumque habet pater, mea sunt*, et iterum: *pater, omnia mea tua sunt et tua omnia mea*, quia pater in filio et filius manet in patre; 2 5 9
et dominus ex persona hominis, quem adsumpserat, ait: *tristis est anima mea usque ad mortem.* quod dictum non tam timentis quam exsultantis ac 1 2 31
in requiem tuam, quia dominus benefecit mihi, quia liberauit animam meam a morte, oculos meos a lacrimis, pedes meos a lapsu; placebo domino 1 2 32
fratres, quia, etsi pauper sum, tamen frontem meam tueor et fidem meam noui. certe si quid sciunt, dicant operarii, qui mecum sunt. lucro 1 41 3
omnia quaecumque praecepi uobis. dabis autem *pro me et pro te*: hoc est meam praedicabis crucem, sed et tu crucis tuae similiter dignitate 1 37 7
sentiatur, mea nihil interest, fratres, quia, etsi pauper sum, tamen frontem meam tueor et fidem meam noui. certe si quid sciunt, dicant operarii, qui 1 41 3
pastorem. post adiecit: *si non humiliter sentiebam, sed exaltaui animam meam.* uideamus, ne forte propheta ipse se inpugnet exaltando animam 2 9 8
eo de patibulo dextra laeuaque pendebant, ait: *amen, amen dico tibi: hodie mecum eris in paradiso.* itaque si homo mortuus in aeternum perit, ergo 1 2 11
meam tueor et fidem meam noui. certe si quid sciunt, dicant operarii, qui mecum sunt. lucro gaudeo, sed sine furti conscientia, sane confiteor. 1 41 3
deficiat. haec captiuorum iuga redemptionibus frangit; incarceratis medendo plus carcerem nouit; blanda peruigil cura aegritudinem cum 2 1 12
mimus ille finitur exsanguique nihil iam suffragantia tota illa ornamenta medentur, nisi quod a false plangentibus adhuc uiuenti rapiuntur. unde, 2 4 16
esse quod oderat. gemit instanti poenae aliquid de facultatibus notis mederi non posse, pro uno puncto requiei incunctanter tota, si liceat, 1 2 10
quid praestet. febrem non exstinguit, morbos non discutit, uulneribus non medetur, dolores non tollit, mortem non repellit, nisi quod sanos occidit; 1 5 16
manus. qua tacto infante statim edax illa flamma sopitur sicque illa medica feliciter curiosa diu admirata mulierem uirginem, admirata 1 54 5
Iob inter crebra et ingentia mala non desperauit; haec in Tobiae caecitate medica fuit; haec in Daniele ora leonibus alligauit; haec in Iona cetum in 1 36 8
succedunt, uenerabili sacramento susceptum cotidianis praedicationum medicaminibus curat. quod autem ait *angelos ascendentes et descendentes*, 1 37 10
non habet, quaerit. pingit se in se ipsam et lenocinante uario magistri medicaminis fuco uultum suum uultibus uestit alienis, hoc futura, non 1 1 10
confitetur. pretiosa indulgentia est, fratres, quae et ueniam praestat et medicinam. ceterum qui parcit uenefico, homicidae, adultero, incestatori, 2 24 2
utique Christianos designauit ac lubricos, *qui inter pios impiosque sint medii* nullam partem tenentes ad plenum, cum utramque tenere non 1 35 4
inspiciunt falsamque aduersus ueram pro uera defendunt, sic utramque mediis e manibus oculis patentibus perdiderunt: dei, cum stultam putant, 2 1 3
iudicio subiacerent. denique res impleta est domini passione: caelum medio die perdidit diem, terra tremore nimio firmitatem. hinc aestimare 1 47
stat in angusto fides, in secreto pudicitia, in primo innocentia, aequitas in medio, in fine patientia. pax colligit, caritas ligat, sollicitudo custodit, 2 6 9
iustos quam sapientes iniustos, maxime cum iam sit eorum fraus omnis in medio. non enim rem ualuerunt transferre, sed nomina, iustitiam stultitiae, 2 1 4
Israel ingratus, in qua nec gladios possit timere nec fluctus. mira res! medio puluerulentus exsultat in profundo, qui circa se uideret feliciter 1 29 2
et in Psalmis: *deus autem rex noster ante saecula operatus est salutem in medio terrae*, et alio loco: *parata sedes tua, deus ex tunc et a saeculis tu* 2 5 2
similis igni arida pabula depascenti, quae nisi finiat non finitur. hanc mediocres fraudibus excolunt, diuites inpotentia, iudices gratia, diserti 1 14 1
uinariis infertur, ut melius ueterescendo reddatur. quantum spiritaliter mediocritas nostra conicere potest, computatus ad mensuram palmes 2 11 4
naturam filius, ne exsertae maiestatis dominum non possit mundi istius mediocritas sustinere. cum imperat pater orbem fieri, opus cum dicto 1 56 2
deus paterno honore dignetur adtendere et tanta illa sublimitas humanam mediocritatem aut caram habeat aut dilectam? *filios*, inquit, *genui*: hoc 1 61 6
ipsa supplicia uacare non sinitur et orationis instar per carnificis tormenta meditatur. erexerat securem percussor insanus et signans oculis uulneribus 1 39 7
latenter infunditur in hominem gigniturus ibidemque saluo quod erat meditatur esse quod non erat. mixtus itaque humanae carni se fingit 1 54 3
labia autem uestra locuta sunt facinus et lingua uestra iniustitiam meditatur. et iterum de ceteris membris: *sepulcrum patens est guttur* 1 3 10
si flesset. deuotus sic stricto uultu puerum ducit ad aram, stringit gladium medium, pectus fidei militabat; non pallescit uultus, non contremuit 1 62 4
dorsum cum postfuturis abiecerat; Erythraeum quoque in geminas ripas medium scissum mare, ductisque dextra laeuaque aggeribus in aciem 1 18 1
solus ipse nihil aut timuit aut sensit. quid illud, quod per mare medium terrenum duxit ingressum? quid [quibus] de caelo cotidianum 1 61 8
filius. hic *et homo et deus*, quia *inter* patrem hominesque adstitit *medius*, probans infirmitatibus carnem et uirtutibus maiestatem. hic sol 2 12 4
laeti sunt soli. cedit affectus pietati, pietas religioni, fauet utrisque religio. medius stupet gladius nullo impedimento suspensus mactatione terribili 1 4 15
terrae interit et tamen in eo id, quod intus est, reuiuescit nec mortem medullitus capit, sed suum sibi genitale in germen exspirans uetusti 1 2 22
premitur duabusque tabulis uehementer urguetur, donec omnis dulcedo medullitus exigatur sicque pretiosum fluentum a suis calcatoribus et bibitur 2 11 3
domini sui uxor peius amare coeperat quam oderant fratres. nam cum medullitus mulier ardoris insani conflagraret incendio, in suadelam 1 1 16
alloqui tantum potest, uidere autem non potest; fides conscientiam medullitus mundat, ne quid reatui uel intrinsecus debeat; qui enim suam 2 3 5
cuius non sequitur humilitatem! sequitur ac dicit: *neque elati sunt oculi mei.* oculorum peior est causa, quia exaltatio cordis ad paucos pertinet, 2 9 5
magnificent patrem uestrum, qui est in caelis. itaque, dulcissimi flores mei, talia sacrificia procurate, quae sanctus spiritus libenter offerat, pater 1 25 13
plura ad laudem huius beatitudinis uestrae possem dicere, nisi essetis mei. unum tamen prae gaudio tacere non possum: fenerando pauperibus 1 14 9
prior, qui hoc prandio pastus est ante nos, dicit: *quam dulcia faucibus meis eloquia tua super mel et fauum ori meo!* haec, fratres, si quis libenter 1 24 4
de filio tuo; haec mihi uictima placet, hoc me sanguine deplacabis, iste meis sacris debetur; unde immolari iam iubeo.' non contristat frontem 1 43 3
accurat et assat. Iohannes camelarius deuote praecurrens de silua mel attulit et locustas. ne alter alterum manducantem denotet, inuitator 1 24 3
pastus est ante nos, dicit: *quam dulcia faucibus meis eloquia tua super mel et fauum ori meo!* haec, fratres, si quis libenter crediderit, largiores 1 24 4
accipiet et pariet filium et uocabis nomen eius Emmanuel. butyrum et mel manducabit, priusquam cognoscat puer bonum aut malum. quod 2 8 7
prouidentia humano generi *heres* et pater *est constitutus*? quid, quod Melchisedech, summus ipse sacerdos deo acceptissimus huius fuit cicatricis 1 3 5
non umbra, sed ueritas, non imago, sed Phoenix, non alia, sed quamuis melior alia tamen prior ipsa. erubesce, Christiana conscientia, uel tot ac 1 2 21
in illis; si non est timor domini cum illis, non corrideas animae illorum; melior est enim unus timens dominum quam mille filii impii? cum haec ita 2 7 5
uel tot ac tantis ex rebus quemadmodum rursum eadem quae es sis melior futura cognosce. praeterea granum uniuscuiusque frumenti 1 2 21
caecorum oculus. tu pes claudorum. tu scutum fidelissimum uiduarum. tu melior pupillorum, plus quam uterque parens. tibi oculos numquam siccos 1 36 31
futurum Salomon enuntiauit et cauendum quid sit his uerbis edocuit: *melior qui deficit sensu in timore quam qui abundat astutia et transgreditur* 2 3 12
mortuus ille, quem noueris. at dicis: 'hoc daemones fingunt'. o probatio melior, quod etiam fallaces testimonium perhibent ueritati! cur autem 1 2 7
futuram cur, Christiane, non credis? cur de huius mundi labe in meliora migrantes tam pertinaciter plangis? pro nefas! hinc mater scissa 1 2 13
quae de me fabuletur inuidia; non enim nuptias condemno, sed nuptiis meliora praepono, et quidem etiam apostolo hortante sic Paulo: *dico autem* 2 7 2
uictoria carnis ambas exstingui, animae uictoria utramque seruari: meliora sequamur saltem uel eo studio, quo sequimur mala. nulla ulli 2 4 18
benedicitur. in tribus una mens, una uirtus, unus triumphus exsultat. melioratur uita supplicio. rex non inuiderat pueris, si non eos praecepisset 2 27

uoluntate compellit, manifestissimum puto nimis astuto esse simplicem	meliorem, quia simplex omnibus dei uerbis simpliciter credit, astutus	2 3 2
praesentium carnalium rerum fugaci illuderis blandimento? quid deteriori	meliorem subiacere compellis, scriptum quippe cum noueris: *omnis caro*	2 4 15
operis firmamenta. exsultate, iuuenes: uos estis lapidibus adamantinis	meliores. exsultate, pueri, sacrae turris dulces ac sine pretio margaritae.	2 6 10
sacrae turris dulces ac sine pretio margaritae. felicia, exsultate, coniugia:	meliores ornatui gemmas sculpitis, quam uos estis. exsultate, uiduae:	2 6 10
genitale in germen exspirans uetusti corporis superficie deleta, immo in	melioris naturae iura transmissa, felix caput comis uirentibus redimitum	1 2 22
solum contestans deum honestam elegit mortem quam uitam turpem,	melius credens hominibus se ream praebere debere quam deo. interea	1 1 18
post conceptum, uirgo post filium. denique si esset aliquid uirginitate	melius, dei filius hoc magis potuerat suae matri praestare, cui praestitit, ut	2 7 4
si sic perseuerauerint sicut ego; si autem non fuerint continentes, nubant:	*melius est enim nubere quam uri.* alio autem loco ait: *hoc dico secundum*	2 7 2
in semet fortior ruinis, omnibus quaeque deleuerat bellum recuperatis in	melius, felicitatis pristinae statum dissimulando non perdidit, sed mutauit.	1 4 19
uanitatem argumentatione manifesta conuincunt. poetae autem	melius, qui duplicem uiam apud inferos ponunt: impiorum unam, quae	1 2 4
iussum; uolo autem omnes uos esse sicut et me, ac per hoc ideo nubere	melius, quia uri deterius. *omnia* quidem *licent, sed non omnia expediunt.*	2 7 2
nec qui feriebat expauit. sacrificium domini non dimittitur, sed mutatur.	melius seruauit filium, dum non pepercit. sola enim fides deambulat inter	1 62 5
a suis calcatoribus et bibitur et patris familias cellis uinariis infertur, ut	melius ueterescendo reddatur. quantum spiritaliter mediocritas nostra	2 11 3
in deserto suauitas lactis et mellis exhibita est, nobis uero, quod plus est,	melle dulcior ac lacte candidior aeternae uitae beatitudo dei tribuetur in	1 46b 3
eremum inde perduxit uulneraque detestabilis mentis curanda lacte cum	melle prouidendo commonuit; nam infirmibus ac languidis mannae	1 18 2
qui biberit, in aeternum sitire non nouit. illis in deserto suauitas lactis et	mellis exhibita est, nobis uero, quod plus est, melle dulcior ac lacte	1 46b 3
crebrescentibus morbis ipsa necessitate etiam inpudicorum pudica fiunt	membra. age nunc, eius aemulae rabiem breuiter etiam ex ratione	1 1 5
sermone disserere, dum in uno corpore tot martyria uideantur esse quot	membra? armauerat diabolus satellites suos in domini populum, ueterani	1 39 1
has condigne possit arguere, quae dedecus suum sacrilegio dotantes	*membra Christi* daemoniorum seruis addicunt, *dei templum* profanis	2 7 12
spumantibus uenis ebulliens palpitante ruina captiui tota miserabiliter per	membra desaeuit. alios amentes, alios furiosos, alios homicidas, alios	1 38 6
quod mira prouidentia chaos ipsum ut chaos non esset effecit, quod eius	membra discreuit, ratione disposuit, coloribus decorauit, determinauit	1 7 2
quem mundus mundique non capit plenitudo. interea promouent suum	membra factorem et opus sui figura uestit artificem. parturit Maria non	2 12 2
omnibus nota est, quorum pia semina totius quodam modo orbis per	membra iactantur. uobis multi redempti, multi edictis feralibus liberati,	1 14 8
o quam debilis, cuius cotidie dissipantur uariis argumentationibus	membra! o quam indefensa, quae regum, iudicum, diuitum, aliquotiens	2 3 10
implere desideria uoluntatis. qui si fuerit uitiosus, quot habet unusquisque	membra, poterit perpetrare tot crimina. denique hoc genere Iudaeos	1 3 9
est causa, ubi Abrahae fides temptatione fortior militaret: carissimi	membra, quae osculis premere consueuerat, armatus gladio iubetur	1 62 3
animaduersione poenarum nec usuali in reos lege carnifices in martyris	membra saeuire. uiluerunt ungulae, inutiles ictus uisi sunt plumbatarum,	1 39 6
non osculum, sed uenenum. pro nefas! adhuc fumantia busto complecteris	membra sudoremque sordidarum uaporis ararum carne tua deterges,	2 7 17
spumosis horrida globis inter labra liuentia stridit, intorta omnia passim	membra tremore uibrantur; gemit, flet, denuntiatum pauet iudicii diem	1 2 6
sacerdos an uictima! non percussoris, non percutiendi claudicat color; non	membra tremore uibrantur; non dimissi, non torui sunt oculi. nemo rogat,	1 4 14
sol aeternus in eo manet. inaestimabilia unius plenitudinis tria illi sunt	membra, unum secretarium et patentes semper duodecim portae, quas ab	2 6 7
et, quod omni est maius insania, deo se laudat. publicanus autem non	membratim deum, sed totus exorat, quia timore totus est humilis, sua	2 9 9
suae — sane anus turpis atque amatricis — non paruam cutem eiusdem	membri, sed ipsum membrum radicitus abscisum mysteriis turpioribus	1 3 2
nunc clusis dolore gemitibus saepe intermortua spiritu, labentibus	membris ad terram incertas reddebas exsequias, cui magis lacrimas	2 7 7
uicit, quem terribilis turba monstrorum superare non potuit. ipsa Venerem	membris omnibus denudatam, conuexis manibus se tegere conantem, immo	1 1 11
sunt facinus et lingua uestra iniustitiam meditatur. et iterum de ceteris	membris: *sepulcrum patens est guttur eorum, linguis suis dolose egerunt,*	1 3 11
deformis ac luridus pallor iam paene uultus perdit humanos nec ullus in	membris uoluptati motus. nihil in substantia resederat corporis, sed nihil	1 59 4
caputque criminis monstrat. Adam etenim, cum illicitum pomum hoc	membro decerpit, sic in genus humanum ius mortis induxit. necessario	1 3 8
quod aut nullum aut perrarum est per omnem ecclesiam dei orationis loci	membrum, quod possit quamuis ruina in se mergentibus idolatriae aedibus	2 6 2
turpis atque amatricis — non paruam cutem eiusdem membri, sed ipsum	membrum radicitus abscisum mysteriis turpioribus immolauit, illa uidelicet	1 3 2
et superponens manum suam super aratrum aptus est regno dei; et iterum:	*mementote uxoris Lot.* sed et apostolus sic: *quemadmodum reuertimini*	1 37 12
aeterna formositas, in paradisi solitudine, ubi Euam ab auctore operis sui	meminerant esse deceptam, hac re ipsa nato consilio capere dolo	1 1 17
corpus uero mortemque contemnens! o qui seruum domini ita se esse	meminerat, ut patrem se esse nesciret! quid est pater? ecce sub oculis iacet	1 43 6
eos esse, quos in idolatria commorantes nuper uel maxime ui aliqua obisse	meminerimus. hic nunc mihi responde, qui hominis post mortem nihil	1 2 6
itaque beatus est, semper qui meminit, quod renatus sit; beatior, qui non	meminerit, <quid> fuit, antequam renatus sit; beatissimus, qui infantiam	2 29 3
sicut homines moriemini. sed et de Iohanne Baptista sic dictum esse	meminimus: *ecce mitto angelum meum ante faciem tuam, qui praeparabit*	1 37 11
non minuentur omnibus bonis. quod probare exemplo perfacile est.	meminimus in Regnorum proditum libris famis tempore, quo totus passim	2 1 20
sole honorumque exinanitus a te gradus non inueniat quod tibi praestet,	meminisse tamen debes, quia mors non timet nec diuitias nec honores. o	1 5 10
idolatriae fanum, gaudeas dei templum. itaque beatus est, semper qui	meminit, quod renatus sit; beatior, qui non meminerit, <quid> fuit,	2 29 3
possis. unde uel sero sacrilegam uocem comprime humanae fragilitatis	memor, qui in hoc ipso, quod loquimur, quid possit contingere, ignoras	2 1 21
tempore, quo totus passim populus moriebatur, Eliae alimenta poscenti	memorabilem uiduam ultimam uictus sui filiorumque substantiam non	2 1 20
qui in tanto orbis metu non festinauit euadere. nunc mihi Abrahae	memoranda est mira illa temptatio, quae eum aut sacrilegum fecerat, si	1 4 13
hactenus exempla prolata sint. neque enim est studiose, ut arbitror,	memorandum, quod optaueris compescendum, maxime cum eius natura sit	1 4 11
turri completa inaestimabiles diuitias in ea commanens possidebit.	memorandum quoque necessario est etiam illud, a quo quid agatur in	2 6 9
statum dissimulando non perdidit, sed mutauit. hic ego patientiam domini	memorare non audeo, ne quam deus inter homines deputatus patiatur	1 4 19
legitima domus dei caduca illa ambitio putaretur. quod si ita esset, inter	memorata impar cultu semper ecclesia inueniretur. sed haec saecularia sine	2 6 2
	memoratae uineae disputatio, fratres dilectissimi, longe lateque diffusos	1 10b 1
enim non est, cui principatum adimit peraequatio. at cum omnes omnino	memorati omnesque felices eius dono sint tales, contumelia est laudare	1 4 19
nec factum posse doceri nec natum. huc accedit etiam ipsa praepostera	memoratio, quoniam res est disconueniens et absurda, ut secundus sit	2 4 2
a quibus omne genus manauit humanum, caelestem uero ibidem nec	memoratum nec factum posse doceri nec natum. huc accedit etiam ipsa	2 4 1
ac fortiter praecauete, ne primi hominis quondam uestri umquam	memoriam recolatis.	2 24 3
uanitate circa amissi cadauer bacchatur insana nec Maccabaeae matris	memoriam recolit, quae spe succincta futurorum Antiocho saeuiente	1 2 13
interitus, credunt et timent et quantum sciunt dominum non esse	mendacem, tanto propensius eius de pietate praesumunt statimque actus	1 34 9
exemplo. stabat Susanna in iudicio perditorum falsorum testium oppressa	mendaciis, conscientiae tamen bonis contenta secretis, non tam rea	1 40 1
exaestuans argumentis, suasorio ac delectabili luculentae orationis compta	mendacio, armata uocis tuba et gladio linguae omnes actus ad se trahit,	2 1 6
edicit: *si quis dixerit, quoniam diligo deum, et fratrem suum odit,*	*mendax est; qui enim non diligit fratrem suum, deum, quem non uidet,*	1 36 23
tamen debes, quia mors non timet nec diuitias nec honores. o caeca	mens hominum! quam uarie, unam tamen contendit in mortem: pauper,	1 5 11
solidis, falsa ueris, terrena caelestibus, temporalia sempiternis. o caeca	mens hominum! quid praesentium carnalium rerum fugaci illuderis	2 4 15
patri uerba sunt filii, debetis agnoscere, quantis catenis uincta tenebrarum	mens laboret incredulorum. *immola,* inquit, *deo sacrificium laudis.* primo	1 25 2
in statu suo animum non manere. inpatientia enim quid est nisi	mens lubrica, permotionibus crebris et rapidis se semper expugnans;	1 4 7
immolauerit domino; cetera autem nihil proderunt, si colentis pura	mens non sit, in Ecclesiastico Salomone clamante: *dona iniquorum non*	1 25 9
flamma blanditur. deus a creatura uniuersa benedicitur. in tribus una	mens, una uirtus, unus triumphus exsultat. melioratur uita supplicio. rex	2 27
tuum inebrians quam praeclarum. utique, fratres, calix sanguinem,	mensa corpus, oleum donum spiritus sancti significat, uirga cum baculo	1 13 10
pater familias panem uinumque pretiosum uobis ex usibus suis sua de	mensa largitur. tres pueri unanimes legumina inferunt primi, quibus, ut	1 24 2
minus. tripondes sunt omnes, numismatis sacri una libra signati, qui	mensae deseruiunt.	1 41 3
uirga tua et baculus tuus ipsa me consolata sunt. parasti in conspectu meo	*mensam aduersus eos, qui tribulant me. inpinguasti oleo caput meum et*	1 13 10
non quam commodatio dedit, sed quam ei pepererint armati numero dies,	menses et digiti. at plerumque cum sua sibi industria fenerator etiam ipse	1 5 12
metas perenni cursu una eademque orbita lustrans dies magnus aduenit,	menses in tempora, tempora in annos, annos in saecula pandens. sine	1 58
mundi cum animantibus suis eius potestati subiecit, qui ei annos, tempora,	menses, noctes ac dies clarissimosque duos regalium orbium currus	1 36 28
aeternus est ac sine nocte dies; cui duodecim horae in apostolis, duodecim	menses seruiunt in prophetis; quem euangeliorum salutaria quattuor	1 33 4
maiestatis suae immensitate peregrinari fecisti. tu uirginali carceri nouem	mensibus relegasti. tu Euam in Mariam redintegrasti. tu Adam in Christo	1 36 29
emicat uenter, non munere coniugali, sed fide, uerbo, non semine. decem	mensium fastidia nescit, utpote quae in se creatorem mundi concepit;	1 54 3
incrementis adolescentibus cotidie delectatur; at illa aegra fastidio nouem	mensium non baiulat pondus, sub incerto partu parientis nascentisque de	2 7 3
cursus urgueret. luna quoque, quae quibusdam uidetur errare curriculo	menstruali, solemnes suae ignes aetatis quod numquam prorogat inportune	1 4 5
in senium, donec ultima senectute consumpta, sua morte reuiuescens,	menstrualis ignis solemni germine accenso sumat rursus de fine principium.	1 2 19
inflexus dies in mundani operis pensa quadriga temporum fertur duodenis	mensum perpeti cursu mutationibus diues, nulla statione contentus, quia	1 26
restat, ut redeat. mira prorsus ratio! innumerabilium saeculorum diuersa	mensura conterendo innouat spatia, et tamen eius semper orbita est una.	1 26
Moysi in mari rubro terram uitream fecit; haec, ut cursus soliti contempta	mensura Iesu Naue desiderio pareretur, soli lunaeque suos frenos induxit;	1 36 8
rerum omnium captat annonam, aucupatur distrahendi tempus, minor in	mensura, maior in pretio; negat se habere, quod distrahat, ut rogetur, ut	1 5 14
eius membra discreuit, ratione disposuit, coloribus decorauit, determinauit	mensura officiisque competentibus seruire praecepit? unde non est	1 7 2
reddenda, ignauia nostra detraxerit. igitur, ut optime saepe recolitis,	mensura seruata amputatur in surculum palmes, in scrobem dimittitur, ut	2 11 2
ille artifex rerum filius dei, cuius sapientia non habet finem nec fortitudo	mensuram, amore imaginis suae de caelo descendit, uteri uirginalis illustrat	2 4 7
quantum spiritaliter mediocritas nostra conicere potest, computatus ad	mensuram palmes competens intellegitur legitimo examinis numero	2 11 4
portat et ligna. Iacob patienter uaria exhibet pecora. Ioseph promotus ad	mensuram praerogat cunctis annonam. sane si quis aliquid desiderauerit,	1 24 2
horrea plena sunt, inanis plurimorum uenter. inde populis deteriora	mensuris pretia quam inopia. inde fraus, periurium, rapinae, lites ac bella.	2 1 16
ab uniuersis concupiscentiis huius mundi secretus, conuersatione limpidus,	mente limpidior, usque adeo circumspectus atque inreprehensibilis, ut dei	1 15 2
sicut scriptum est: *turba autem eorum, qui crediderant, animo ac*	*mente una agebant, nec fuit inter illos discrimen ullum nec quicquam suum*	2 1 18

est, nosse praesumat trinitatisque unam potentiae plenitudinem, quae una mente, una credulitate concipitur, non uiolet, sed honoret. 2 3 19
probant, praedones laudant, latrones excusant, nec sui umquam uenit in mentem non esse humanae potestatis crastinum diem ac ne ipsum, quo res 1 5 7
uenefico, homicidae, adultero, incestatori, sacrilego, nisi eius curauerit mentem, non uideo, quid illi praestiterit. o liberatoris nostri profunda 2 24 2
nomen accepit infans, qui post haec Abraham sacratam deo approbat mentem. unicus ille filius solliciti senis adhuc paruulus, cui pietas et 1 43 2
ex concupiscentia mundi. per hanc enim diabolus cum diuerse hominum mentes capit ac decipit, sic Cupido uocitari a luxuriosis suis sibi cultoribus 1 36 27
auctor ostendit. discurrit quippe uesana per populos hominumque lubricas mentes libidinum flagrantibus stimulis praecipitat in furorem, non sexui 1 1 6
corporeum aeris huius, ut quidam putant, inanitatem se disserere posse mentiatur? quis terram aqua portari an aquam terrae gremio contineri se 1 34 1
substantiam naturalemque magistram, quoniam ex lege discitur, sed in mentibus nascitur. lex enim pendet ex caritate, non caritas pendet ex lege, 1 36 17
sanguine perlitare, ut illiciti administratione ministerii Christi panis mentibus possit expelli. sed dum bellum duri certaminis geritur et familia 1 39 2
purgaturque per innocentiam pudor. sicque Susannam, quam inpudicitia mentiente in publicum traxerant, probatam et uindicatam ad mariti 1 1 19
quarum fecit apertissime, cum ad Romanos loqueretur, apostolus mentionem dicens: *nam iustitiam dei ignorantes et suam uolentes* 2 1 2
in praesenti lectione, sed et aliquot in locis fecit Paulus beatissimus mentionem, ratio uidetur esse reddenda, ut et Christianus ueritatem et 1 3 1
est Christus, quem ante omnia saecula pater in profundo suae sacrae mentis arcano insuspicabili ac soli sibi nota conscientia, filii non sine 1 17 1
exitium. adeo eos in eremum inde perduxit uulneraque detestabilis mentis curanda lacte cum melle prouidendo commonuit; nam infirmibus ac 1 18 2
sacra in praedicatione non ultra, quam licitum est, aciem suae tetenderit mentis; eo enim res deducta est, ut fides nostra per dei requiratur iniuriam. 2 3 12
carnalis mentis homines, fratres dilectissimi, scandalum patiuntur, non studio 1 45 1
terra, postremo deos esse aduersus deum asserentes, qui a sanae mentis hominibus ne hominum quidem uocabulo digni iudicarentur. pro 1 13 4
perdiderunt. regalis unguenti cornu priuati sunt. circumcisio, testimonium mentis impurae, iamiamque illis imminere supplicium denotati uulneris 1 46a 1
uocibus inclamabat. hunc uero profitentem ad nefandam custodiam noxiae mentis mancipes rapuerunt, quem oblatum sibi iubet crudelissimus rector 1 39 4
inplorastis auxilium maiestatis omnique non pedum uelocitate, sed mentis, pii fontis ad gurgitem conuolate! uos constanter inmergite, saluo 2 23
commodarent: mortuo anne morienti? post haec si libet nubere, omnia illa mentita es. quid hoc est? ecce rursus ad lenocinia redis, colorem de pyxide 2 7 7
mecum eris in paradiso. itaque si homo mortuus in aeternum perit, ergo mentitus est dominus, qui ei deinceps nihil futuro paradisum repromisit. 1 2 11
est? si in perpetuum regnat, Paulus errauit; si traditurus est regnum, isti mentiuntur. absit! nullus hic error, diuersitas nulla est. Paulus enim de 2 5 7
meum apud gentes, et in omni loco odores incensi offeruntur nomini meo et sacrificium mundum, quoniam magnum est nomen meum apud 1 25 7
nos, dicit: *quam dulcia faucibus meis eloquia tua super mel et fauum ori meo!* haec, fratres, si quis libenter crediderit, largiores adhuc escas 1 24 4
mundus fieret. qui resurgens ait: *omnia mihi tradita sunt a patre meo.* hic, qui purus de caelo descendit, carnatus ascendit in caelum. hic, 2 5 4
recuperauit, sicut est ipse testatus dicens: *omnia mihi tradita sunt a patre meo.* Iob uicarios filios genuit; dominus quoque post prophetas filios 1 15 9
uirga tua et baculus tuus ipsa me consolata sunt. parasti in conspectu meo mensam aduersus eos, qui tribulant me. inpinguasti oleo caput meum 1 13 10
iubilate, inquit, *omnis terra,* et alibi: *audi,* inquit, *terra, ex ore meo.* quo uocabulo gentiles homines sine dubio comprehendit, in quibus 1 61 4
deus, hactenus dicens: *caelum mihi thronus et terra suppedaneum pedum meorum. quam mihi aedificabitis domum? aut quis locus ad requiem mihi?* 2 6 3
quia dominus benefecit mihi, quia liberauit animam meam a morte, oculos meos a lacrimis, pedes meos a lapsu; placebo domino in regione uiuorum. 1 2 32
mihi, quia liberauit animam meam a morte, oculos meos a lacrimis, pedes meos a lapsu; placebo domino in regione uiuorum. haec nos felicitas manet, 1 2 32
pecuina est ac misero, fragili detestabilique uersatur in iure. at cum mera fide credentis salutari fuerit necata baptismate, noua paterni sacro 1 2 25
negat hominibus, quod auibus, serpentibus, feris non potest denegare. mera profecto uesania est beneficiis inuidere naturae. alius inde rerum 1 5 13
Esaiam ad filium *sic dicit dominus deus sabaoth: fatigata est Aegyptus et mercatus Aethiopum; et Sabain uiri excelsi ad te transibunt et tui erunt* 2 8 5
semina spargit. nec rogari se permittit nec uicaria laudis remunerari mercede: hoc damnum graue, hoc aestimat crimen. nam nihil relinquendo 2 1 12
sacramenti dominici omnibus omni genere munerum largus. namque piis mercedem sacerdotibus praestat, consequentibus ministris promotionis 1 6
inopinate dispungens suam docuit expugnare naturam; haec libidinis mercedem uel maxime parentum, filiorum, maritorum uxorumque in 1 1 8
mediocres fraudibus excolunt, diuites inpotentia, iudices gratia, diserti mercennaria ac duplici lingua, reges superbia, negotiatores astutia, inani 1 14 1
qui Adam abiecimus, Christum induimus; qui, quae uis, qui exitus, quae merces carnis sit quaeue animae, deo magistro didicimus; qui non 2 4 18
peccandi liberius incertas atque inhonestas sibimet redimunt libidinum merces, non aduertentes esse infelix et impudicum quicquid legitimum 1 1 14
uos in regnum dei. haedum ei promittit, id est, quae sit peccatori peccati merces, ostendit. quam accipere deuitauit, quia inter agnos uenturo 1 13 9
infideles. at si utraeque partes iudicio uacant, quomodo unicuique merces pro suo actu reddetur? sine causa etenim laborare uidebitur iustus, 1 35 1
iniusta. ceterum si scire potuissent ueram iustitiam, cuius est inmortalitas merces, propterea simulatae stultitiae uelamine adopertam, ut res magna 2 1 4
est uiuum, tectum non habet nisi caelum. dicam praeterea, quae cotidie merces, quae impendatur annona. omnibus peraeque unus panis cum signo 2 6 8
sic ergo uiuamus, ut bonis operibus decorati nos quoque deo patri placere mereamur domino iuuante nos Christo, qui est benedictus in saecula 1 2 32
fide,iucundemur bona conuersatione, ut perpetuam uitam adipisci mereamur per dominum Iesum Christum. 1 33 4
ut et praesentis temporis temptationes et futuri iudicii poenas euadere mereamur per Iesum Christum. 1 34 9
sicut ille Abraham, deum plus debes amare quam filios, ut habere merearis integros, incolumes ac beatos. stulta autem res est illis te uelle 2 1 21
resurrectionem negat, uitam suam, semet ipse condemnat. cur enim mereatur felicitatem futuri temporis cernere, quem uideas sacrilega 1 2 1
fruerentur. petra illis scaturiuit in fontem, ut biberent detritis e lacunis, ut merebantur, caenulentum postmodum laticem, domino dicente: *me* 1 18 2
quia patiens; a quo pati martyres didicerunt patiendo libenter, quod non merentur. Noe cataclysmum, quo omnis caro funditus deleretur, 1 4 12
Abraham cum filio sic probatus a deo est, ut non postulans misericordiam mereretur. uideamus, fratres dilectissimi, legis arcana et intellectum altius 1 43 7
fratres uenerandi, sed pietas. neque enim potest de quoquam bene mereri, quem pater patientissimus et clementissimus abdicauerit, et quidem 2 21
legitimae reparationis tempus aduenerit, suo semini respondens iure possit mereri quod credimus. nec res in ambiguo est; quemadmodum etenim ille 1 2 26
mansuetudinis metas uerecundiae freno *cohibendum,* ut possimus merito mereri, scriptura quod dicit: *proximus est deus contribulatis corde et* 2 9 3
iudicium flagitatur. ambiguitas enim nisi fuerit discussa, iure non potest mereri sententiam. et qui sunt isti, quos ambiguitas suo iudicio reseruauit? 1 35 6
credituri, domino dicente: *amen, amen dico uobis, quia publicani et meretrices praecedunt uos in regnum dei.* haedum ei promittit, id est, quae 1 13 9
in symbolis inquit: *interrogabant et in uirgis suis annuntiabant; spiritu meretricio seducti sunt et fornicati sunt a deo suo.* agnosce igitur, Iudaee, 1 3 11
gaudet et se dominum promeruisse triumphat. accepit iam praemia, quae meretur; diuinae enim explorationis temptamina porriguntur: exserit 1 43 6
digna es, quam peior affligat; si bonum, fidei serua signaculum: pati non meretur iniuriam ipse, cui perhibes testimonium. ubi est ille, qui inuicem 2 7 6
est et spes fidei gloria, quoniam praemium quod spes habet fides meretur, quae quidem pro spe pugnat, sed sibi uincit. amplectenda est 1 36 4
ecclesiam dei orationis loci membrum, quod possit quamuis ruina in se mergentibus idolatriae aedibus nunc usque aliquatenus comparari? nam et 2 6 2
quis has diligat filius, quis maritus, confundentes sanguinis iura, delentes merita maritorum, adulantes uiuis, mortuis suspirantes, nunc odientes 2 7 10
oportet ante tribunal Christi, ut recipiat unusquisque corporis sui merita secundum ea, quae gessit, siue bona siue mala. etenim, fratres, 1 2 15
est, placuit praemiumque non circumcisionis, sed in acrobustia meritae repromissionis accepit. unde manifestum est Abraham gemini 1 3 7
portare. postremo infelices quid sperant de imagine, cuius nosse non sunt meriti ueritatem, dominum nostrum Iesum Christum? 1 18 2
non hodie mihi ad uos sermo est, fratres carissimi, de humanis gestis aut meritis nec Daniel inducitur inter frementium leonum rabidos rictus 2 18 1
cum ad caeleste praemium populus accenditur et de martyris meritis non siletur. sed quis illustris martyrii palmiferam trophaeis 1 39 1
inquit, *impii in iudicio neque peccatores in consilio iustorum.* gradatim pro meritis quasi cum quibusdam elogiis paucissimis uerbis totius humani 1 35 3
tui criminis gratularis? in Aegypto seruis diu, non necessitate, sed merito. ereptus es inde; non tua euasisti uirtute. columna nubis te deduxit 2 16
tui criminis gratularis? in Aegypto seruisti diu, non sorte peregrini, sed merito. ereptus es inde, non tua euasisti uirtute. columna nubis te perduxit 1 9
dei intra mansuetudinis metas uerecundiae freno *cohibendum,* ut possimus merito mereri, scriptura quod dicit: *proximus est deus contribulatis corde et* 2 9 3
faciat. plerumque plus tulit auaro quam praestat, ac sic saepe contingit, ut merito perdat etiam sua, qui desiderat aliena. illinc alius uias uiantibus 1 5 12
pecunia possit; non necessitudo sanguinis, non amicitia, quia non suo merito, sed auri, argenti facultatumque beneficio quis aut amatur aut odio 1 5 5
illa in solo genitali uersatur, ille peregrinus est. illa sine contemplatione meritorum quibuslibet passim sua munera infulcit, maxime indignis, ut ad 2 4 14
contradicit: 'respice retro, dixit deus, et antequam respicias, parce.' ecce et meritum principale diuinam indulgentiam meruisse sub casibus: nam retro 1 43 7
uiam inter fluctus micuisse terrenam, quae utique non caelestis populi meritum, sed terreni per orbem totum dispersionis futurae denuntiabat 1 18 1
neque enim, fratres, his poterat indigere, quae accipere in uterum meruerat filium animarum omnium saluatorem. o magnum sacramentum! 1 54 4
et exaltaui. infinita Iudaei infidelitate sua apud dominum nostrum odia meruerunt, quoniam quanta fuit de amore gratia, tanta de eorum 1 61 5
sed utrisque <aetas> ademerat spem sobolis: pignus succidaneum meruerunt. sic meruit fides quod ademerat tempus, extorsit credulitas quod 1 43 1
redeat; domum patri commendat, sensim mitisque discedit, ut probet se et meruisse et non ambisse quod meruit. ac ne quis hanc patientiam 1 4 16
respicias, parce.' ecce et meritum principale diuinam indulgentiam meruisse sub casibus: nam retro respiciens Abraham inuenit uictimam, 1 43 7
turba adhuc mortis imperio subiaceret, si legis periti tantum iustificari meruissent. at cum scriptum sit: *littera occidit, spiritus autem uiuificat,* 2 3 2
sensim mitisque discedit, ut probet se et meruisse et non ambisse quod meruit. ac ne quis hanc patientiam timiditatis nomine obscuret, in 1 4 16
habet, etiam id quod habet auferetur ab eo. per hanc, fratres, a deo Enoc meruit cum corpore contra legem naturae transferri; per hanc euadens Noe 1 36 7
infirmam. sub hac denique immolantis immolandique constantia absolui meruit, dum humanum ex se deponit timorem et, quantum ad fidem 1 59 7
<aetas> ademerat spem sobolis: pignus succidaneum meruerunt. sic meruit fides quod ademerat tempus, extorsit credulitas quod natura 1 43 1
flore consumpto non tam ex parentibus quam diuina praeceptione meruit procreari atque in ultimis uitae curriculis Sarrae uterum filius 1 59 1
non aris foetentibus funestos excitant ignes, non tura cremant, non merum profundunt nec pecudum inexpectata morte rapti iecoris spirantes 1 34 9
charismate redditurum, cum salubri unda perfusi, limpidae aestatis messe gaudentes panem nouum coeperint manducare. quos autumnale 2 13
uestrae carnis domando fecundantes laetam diuinorum seminum messem caelestibus horreis inferatis. et admonet prosequentibus Geminis, 1 38 3
gerit? quid agricola semina spargit, si sudoris sui praemium non colligit messem? quid Christianus credit in Christum, si promissum sibi ab eo 1 36 3
denique fluctibus, quibus cogitur, refrenatur. haec germinantibus pratis, messibus flauis, uitibus curuis, semipallidis oliuis et felicitatem praestat et 1 4 6
saeculorum heres [et] pernici cursu procurrens atque recurrens, solemni meta rotatus in sese, proferens sibi de fine principium, natalicia infinita de 1 33 1
sempiterni currus auriga, teretis metae sua replicans complicando gyro solemni uestigia, dies salutaris 2 19 1
dei, Christi uos argentum, uos spiritus sancti diuitiae; uos si terrena metalla tempseritis, longe his uitae uestrae thesaurus. uobis auro 1 5 17

friuolo ac turpi lucro festinat? quid igitur, miser homo, auri argentique	metallo incensus uana cupiditate, uana cura torqueris? quid talentorum	1 14 3
deponis. ad ecclesiam dei opere uario totum inaurata corpus, exsecrabili	metallo procedis onusta, ubique delicata, sub monilibus fortis. denique ipso	1 14 6
patientia custodiret. sol denique quamuis mira celeritate alternas mundi	metas illustret, tamen numquam dilectam uerecundamque anteuertit	1 4 4
morte sua uiuens, sepulcri nido uegetatus innumerabiles temporum	metas perenni cursu una eademque orbita lustrans dies magnus aduenit,	1 58
efferendum non est prosperis *rebus, sed* timore *dei intra mansuetudinis*	metas uerecundiae freno *cohibendum*, ut possimus merito mereri, scriptura	2 9 3
aetheria sede profectus in praedestinatae uirginis templum sibimet castra	metatur, quibus latenter infunditur in hominem gigniturus ibidemque saluo	1 54 3
diuinitatis interim dignitate deposita, non tamen potestate, caelo egressus	metatura praedicta sacrario templi uirginalis hospes pudicus inlabitur	2 12 1
subtiliter prodidit dicens: *qui seminat secundum carnem, de carne sua*	*metet interitum; qui autem seminat in spiritu, de spiritu metet uitam*	1 2 28
de carne sua metet interitum; qui autem seminat in spiritu, de spiritu	*metet uitam aeternam.* at uero dominus euidenter hoc edocens sic ad	1 2 28
perpetuitatem iure ipso, quo ex sese est, argumentis te cogere, examinare,	metiri ac discernere posse praesumis, hic tibi ego respondere non audeo, sit	2 3 15
habeas constitutum. si in regione pectoris, quid deformi uulnere inferna	metiris? si, quod quidem recte aestimas, in infernis, procul dubio omnes	1 3 14
deprehensae magnum minitantur exitium. at illa non Eua, ancipiti quidem	metu contemplatione praeclusa, cuius aut pudor esset iugulandus aut	1 1 18
uel unanimitate deorum quae fuere responsa. si terribilia, consternata	metu forsitan ipso cessante illicita eis uota donabis (quod maritis etiam sub	2 7 16
ab altero celebratur. sub tanto, non dicam humanitatis, sed ipsius naturae	metu laeti sunt soli. cedit affectus pietati, pietas religioni, fauet utrisque	1 4 14
ianuam claudere, patienter exspectat, dignus euadere, qui in tanto orbis	metu non festinauit euadere. nunc mihi Abrahae memoranda est mira illa	1 4 12
nisi primo quis uictor mortis iura praetereat. quae res efficit, ut siue	metu siue incredulitate praeponantur praesentia futuris, mala bonis, fragilia	2 4 14
impulsu nobis nostrae infirmitatis occurrit, quia non artis est timere quod	metuas; metuis autem *quod* tibi *nolis accidere*. exsistit quippe diuersis ex	2 2 1
causae, quid homo pestilens excogitet uel quid diabolus machinetur, non	metuat iustus, quia cum illo est deus. inde Susanna illustris Hebraea, uerae	1 40 1
nefarium fuerat etiam tardius adorari. ad cuius immanis ausi saeuitiam	metuenda elementorum forma mutatur et dei iniuriam prius prodit natura	1 59 9
in tribulatione, semper iustus in poena est. cum autem mors, quae putatur	metuenda, gustatur, tunc ei in aeternum manentis gloriae beatis in sedibus	1 2 32
fratres, atrocissimae rei non uos terreat contemplatio; non enim ulla est	metuenda iam poena, cum incensorum superstes insultet ignibus uita.	1 31
cum sua sibi tota substantia incolas, ciuitates et rura nihil omnino	metuens amicae mortis fiducia. denique quod sapientia legibus per	2 1 7
ac uersutiis armata bacchatur, salutis suae alienaeque contemptrix, solum	metuens ne desit ulli quod radat. inde est, quod uniuersae nationes mutuis	1 5 2
semper bene conscia, prorsus nulli rei subiecta, unum tantummodo	metuens, ne <non> sit amplius quae uocatur. denique in solitudine, quae	1 1 1
spoliatur puella, uestitur incendio. inter tot instrumenta mortis spectatore	metuente secura calcat genera uniuersa terrorum; incolumis quasi orbe	2 2 7
nobis nostrae infirmitatis occurrit, quia non artis est timere quod metuas;	metuis autem *quod* tibi *nolis accidere*. exsistit quippe diuersis ex modis,	2 2 1
procul dubio et praesentia odissent et futura credidissent pariterque	metuissent. nemo est enim tam uel ab istius mundi sapientiae gustu	1 2 1
arte, non casu, uoluntate, non necessitate, religione, non culpa; qui deum	metuit, non naturam. uultis scire, cuius proprietatis sit? omnes timores,	2 2 7
quem solum uereri uult quicquid in uirtutibus naturae a regibus ipsis quoque	metuitur. sed necessario unicuique sinceri amoris est noscenda proprietas,	1 36 24
et tamen a mysteriis daemonum non recedunt. multos *namque dei*	*metus in ecclesia continet, sed tamen* eos mundana uoluptas ad se trahit.	1 35 5
uindicantur de incensoribus suis. deum uident. mors transit in uitam,	metus in gloriam. sic quis non optet ardere?	2 15
uis ulla detorquet, non labor, non fames, non nuditas, non persecutio, non	metus, non periculum, non mors, non tormenta morte ipsa grauiora, non	1 4 3
eius designatione dilucidauit alio loco his uerbis: *ecce mitto angelum*	*meum ante faciem tuam, qui praeparabit uiam tuam*. quis est iste angelus,	2 8 7
et de Iohanne Baptista sic dictum esse meminimus: *ecce mitto angelum*	*meum ante faciem tuam, qui praeparabit uiam tuam*. ergo manifestum est	1 37 11
nomini meo et sacrificium mundum, quoniam magnum est nomen	*meum apud gentes, dicit dominus. immola deo sacrificium laudis. immola,*	1 25 7
uestris. quoniam a solis ortu usque in occasum clarificatum est nomen	*meum apud gentes, et in omni loco odores incensi offeruntur nomini meo et*	1 25 7
tumidi cordis euitans sic infit ad dominum: *domine, non est exaltatum cor*	*meum.* cum scriptum sciat: *homo uidet in facie, deus in corde*, nonne	2 9 3
cupit quod facit ac praedicat imitari. ergo inquit: *non est exaltatum cor*	*meum*, docens *optimum* esse *sacrificium deo cor contribulatum*. quapropter,	2 9 3
meo mensam aduersus eos, qui tribulant me. inpinguasti oleo caput	*meum et poculum tuum inebrians quam praeclarum.* utique, fratres, calix	1 13 10
uos de monumentis uestris et inducam uos in terram Israel; dabo spiritum	*meum in uos et uiuetis.* cum haec ita sint, resurrectionem futuram cur,	1 2 12
semper enim cum ipso regnauit, cata Iohannem ipso dicente: *regnum*	*meum non est de hoc mundo*. apertius autem hoc Paulus expressit dicens:	2 5 8
inquit, *qui laboratis et onerati estis et ego reficiam uos. tollite iugum*	*meum super uos et discite a me, quia mitis sum et humilis corde, et*	2 9 4
patre loquente noscamus; dominus ipse nos edocet: *eructuauit*, inquit, *cor*	*meum uerbum bonum* et cetera, et apud Salomonem hactenus dicens: *ego*	2 8 2
nihil sum. et si in cibos distribuero omnia mea et si tradidero corpus	*meum, ut ardeam, caritatem autem non habeam, nihil proficio*. caritas	1 36 20
Israel, et testificabor tibi, quoniam deus, deus tuus ego sum; et infra:	*meus est orbis terrae et plenitudo eius. numquid manducabo carnes*	1 25 1
lectioni, ut edicerent nobis, quinam sit deus iste, qui dicit: *audi, populus*	*meus, et loquar, Israel, et testificabor tibi, quoniam deus, deus tuus ego*	1 25 1
caelum, cum inter caecas pinguibus conductas nubibus tenebras crebrae	micantes curuis ignibus flammae intercepti diei lumen inconstanter	2 2 3
creta, omni furfure abiecto mirifico splendore in farinam candidam	micuerunt; quae nullo adulterata fermento est, consparsa ac subacta	1 41 1
semet contra se obnixam stupidam pependisse naturam; uiam inter fluctus	micuisse terrenam, quae utique non caelestis populi meritum, sed terreni	1 18 1
futuram cur, Christiane, non credis? cur de huius mundi labe in meliora	migrantes tam pertinaciter plangis? pro nefas! hinc mater scissa ueste,	1 2 13
uitam me possidere contendo, quia specialiter anxiam curam mortis	mihi a deo praestitam recognosco.' recte Iudaeus hoc diceret, fratres, si	1 3 8
dignus euadere, qui in tanto orbis metu non festinauit euadere. nunc	mihi Abrahae memoranda est mira illa temptatio, quae eum aut	1 4 13
non hodie	mihi ad uos sermo est, fratres carissimi, de humanis gestis aut meritis nec	2 18 1
dicens: *caelum mihi thronus et terra suppedaneum pedum meorum. quam*	*mihi aedificabitis domum? aut quis locus ad requiem mihi? omnia enim ista*	2 6 3
dicit: *caro et sanguis regnum dei possidere non possunt.* at e diuerso uideor	mihi audire proclamantem: 'si haec est condicio carnis, quid est ergo quod	1 2 24
pecunia est, si seruaueris, simulacra. ancilla Christi, falso idolum respuis;	mihi crede: in te colis, cuius ornatum, cuius imaginem non deponis. ad	1 14 6
esse solum, ut flammas tuas maritalis gladii contemplatione compescas.	mihi crede: non habet concupiscentia locum, ubi patientia dominatur, ubi	2 7 9
in euangelio dicit: *si non facio facta patris, nolite mihi credere; sed si*	*mihi credere non uultis, factis credite et cognoscite, quoniam in me est*	1 25 8
non est, ipso dicente: *si non facio facta patris, nolite mihi credere; sed si*	*mihi credere non uultis, factis credite et cognoscite, quoniam in me est*	1 45 3
quia filius sine patre non est, ipso dicente: *si non facio facta patris, nolite*	*mihi credere; sed si mihi credere non uultis, factis credite et cognoscite,*	1 45 3
deberi testatus sit, qui in euangelio dicit: *si non facio facta patris, nolite*	*mihi credere; sed si mihi credere non uultis, factis credite et cognoscite,*	1 25 8
fidei suae diuina uoce postulatur ad uictimam. 'uolo, dixit deus,	mihi fieri sacrificium, Abraham, tuis manibus in monte de filio tuo; haec	1 43 3
<a> deo repudiata cognoscite, qui dicit ad eos in Esaiae libro: *quo*	*mihi multitudinem sacrificiorum uestrorum? plenus sum holocaustomatis*	1 25 6
meorum. quam mihi aedificabitis domum? aut quis locus ad requiem	*mihi? omnia enim ista fecit manus mea*. in euangelio quoque sic dicit:	2 6 3
deo credendo promeruit, quae credere non didicit, sed praesumpsit, edicat	mihi, perniciosa ista adinuentio tractatus sui quo proficit pugna. 'ne fides,	2 3 8
dicente: *conuertere, anima mea, in requiem tuam, quia dominus benefecit*	*mihi, quia liberauit animam meam a morte, oculos meos a lacrimis, pedes*	1 2 32
commorantes nuper uel maxime ui aliqua obisse meminerimus. hic nunc	mihi responde, qui hominis post mortem nihil superesse contendis,	1 2 7
uoluntate plantauit, in quam omnis fructus propheticus decucurrit. hic	mihi, rustico uestro, beatissimi ignoscite agricultores, si quid uestrae	2 11 1
nec necessaria honori suo protestatur deus, hactenus dicens: *caelum*	*mihi thronus et terra suppedaneum pedum meorum. quam mihi*	2 6 3
quam habui apud te, priusquam mundus fieret. qui resurgens ait: *omnia*	*mihi tradita sunt a patre meo*. hic, qui purus de caelo descendit, carnatus	2 5 4
totius naturae recuperauit, sicut est ipse testatus dicens: *omnia*	*mihi tradita sunt a patre meo*. Iob uicarios filios genuit; dominus quoque	1 15 9
mihi fieri sacrificium, Abraham, tuis manibus in monte de filio tuo; haec	mihi uictima placet, hic me sanguine deplacabis, iste meis sacris debetur;	1 43 3
domini posse terreri, cum sciamus apostolica fide esse perscriptum:	*mihi uiuere Christus est et mori lucrum*? excogita quibus potes suppliciis	1 39 5
sacrificium approbet deo gratum, apud Malachiam prophetam: *non est*	*mihi uoluntas circa uos, dicit dominus, et sacrificium acceptum non habeo*	1 25 7
deo suo, ipso dicente: *ego te clarificaui in terra; opus perfeci, quod dedisti*	*mihi, ut facerem. et nunc tu clarifica me apud te ipsum claritate, quam*	2 5 4
si ei numquam lucrum, numquam portus desideratus occurrit? quid	miles non dicam horridae hiemis aut torridae aestatis iniurias, sed se	1 36 3
stricto uultu puerum ducit ad aram, stringit gladium medium, pectus fidei	militabat; non pallescit uultus, non contremuit manus. quaerit puer, ubi sit	1 62 4
quasi hospites et peregrini abstinete uos a carnalibus desideriis, quae	*militant aduersus animam*, nec uestrum frangat affectum, quod eius	2 4 17
damna sarciret. inuenta est causa, ubi Abrahae fides temptatione fortior	militaret: carissimi membra, quae osculis premere consueuerat, armatus	1 62 3
cuius exaggerare opulentiam uelocitate mira contendunt, cui totus	militat mundus, aetas cui uniuersa deseruit. pro nefas! quae istae sunt	2 1 8
corrideas animae illorum; melior est enim unus timens dominum quam	*mille filii impii*? cum haec ita sint, age uidua, quae sicut innocens uirgo	2 7 5
mors uindicat sibi, insuper ei poenas gehennae paritura. tunc carnalis	mimus ille finitur exsanguique nihil iam suffragantia tota illa ornamenta	2 4 16
inter taetros undantis incendii globos triumphantes barbarum regem,	minas omnes, ipsum quoque supplicium docuerunt ignes sanctis hominibus	1 11
impurae, iamiamque illis imminere supplicium denotati uulneris inflictu	minatur. omne genus pecudum cum suo sibi sacrificio reprobatur. ieiunia	1 46a 1
canis uoluminibus repugnantium litorum spumantia ora contundens	minatur per momenta naufragium. procellae crebrescentes insaniunt,	1 34 5
indulgenter infundit. idem non tumidus ceruice, non toruus fronte, non	minax cornu Taurus, sed optimus, dulcis, blandus ac mitis uos admonet	1 38 3
illius a quouis libere tractari potest, tuum etiam a Christianis ipsis	minime consecratis sine sacrilegio uideri non potest? postremo detestabilis	2 7 14
diis ac regibus seruire gestiunt, qui uni deo per inpatientiam seruire	minime potuerunt. sed inpatientiae hactenus exempla prolata sint. neque	1 4 10
inplicantur errore, cum aut dicta non pro locis intelligunt aut dictorum	minime rationes inquirunt. igitur in praesenti Psalmo propheta cum dicat:	1 35 1
ignes pallenti aruina, funesto sanguine perlitare, ut illiciti administratione	ministerii Christi panis mentibus possit expelli. sed dum bellum duri	1 39 2
ad aram filium immolaturus domino auctore perducit nec deest ad	ministerium gladius, ut pater esset pariter et sacerdos. consimilis filii	1 59 6
pium se credidit, nisi probasset fidelem. denique, carissimi, intrepidus ad	ministerium immolationis armatur; libratur ad ictum uulneris securus	1 59 7
daemonum terror, martyrum uirtus, ecclesiae pulchritudo uel murus, dei	ministra, Christi amica, spiritus sancti conuiua. huic et praesentia	1 36 4
peperit omne quod peius; nam in idolis dea est, in cultoribus uero eorum	ministra. uenerandam se procurat in templis, hilarem in theatris,	1 1 8
euangelista dicente: *tunc reliquit eum diabolus et ecce angeli accesserunt et*	*ministrabant ei*. unde dubium non est unum esse iter aerii culminis angelis	1 37 13
pharisaeus insulse manus tendit in caelum, quae caedis saepe, saepe	ministrae sunt rapinarum. oculos inpudenter extollit, quorum lenocinio	2 9 9
pax colligit, caritas ligat, sollicitudo custodit, iustitia distribuit, pietas	ministrat, puritas supplicat, spiritus postulat, spes promittit, sapientia	2 6 9

iustitiamque terris inlatam. quam qui constanter tenuerit ac fideliter	ministrauerit, non dicam Scorpionem, sed, sicut dominus ait in euangelio,	1 38 5
suum sacrificium procurabitis, quo sumptu, quibus uasis quibusue	ministris? at si descrete fiunt ista, nihil prodest. ex uno enim proficiscendo	2 7 14
est ad dexteram dei sedens. possumus et sic, fratres, intellegere: hoc de	ministris et de angelis dictum, quos domino, cum esset in terris, fecisse	1 37 13
et ambitio saeculi. his enim auctoribus concipitur, his ducibus geritur, his	ministris impletur quicquid cotidie concupiscentia, ambitione, auaritia	2 9 5
largus. namque piis mercedem sacerdotibus praestat, consequentibus	ministris promotionis augmentum, immortalitatis fidelibus fructum,	1 6
Theclam accusator acerrimus linguae exserit gladium, cum suis sibi	ministris publicae leges insaniunt; stimulis acuitur feritas in ferocitatem et	2 2 6
committitur proelium: illinc diabolus horrendum totis intonans armis	ministrisque insuper suis in auxilium concitatis, terribili increpans tuba	1 15 3
ac, nisi culpae succumbat, ueluti adulterae deprehensae magnum	minitantur exitium. at illa non Eua, ancipiti quidem metu contemplatione	1 1 17
deum colit, quem ipse disposuit. Selom autem praedictorum tertius frater	minor ex gentibus uenientis nouelli populi imaginem depingebat, Thamar	1 13 7
alius inde rerum omnium captat annonam, aucupatur distrahendi tempus,	minor in mensura, maior in pretio; negat se habere, quod distrahat, ut	1 5 14
morum quoque clarissimus probitate, fuit inter filios Iacob aetate	minor, sed spiritu maior. hic inuidae germanitatis impulsu in Aegyptum	1 1 15
color est, lacteus sapor est. sed fortassis, quod nonnulli forma uidentur	minores, si secus aliquid de pistore sentiatur, mea nihil interest, fratres,	1 41 3
et iterum: *diuites eguerunt et esurierunt, requirentes autem dominum non*	*minuentur omnibus bonis.* quod probare exemplo perfacile est. meminimus	2 1 20
et qualis est; solus perfectus, quia non potest illi aliquid nec addi nec	minui; solus omnipotens, quia ex nihilo uniuersa constituit, uirtute regit,	1 7 3
ita semel ex eo ipso, quod creditum est, consummata fides ultra nec	minuitur nec augetur. sin uero ex utroque, patriarcharum semesa fides est	2 3 9
requirebat. sed traduntur tenerae adhuc uinculis manus [et], ne quid	minus ab hostia uideretur; pedem ligatura destringit, ne incitata uictima	1 59 6
illo aliquid, quod sit inferius, quia sicut pater nec plus potest habere nec	minus; alter enim in alterius plenitudine infusus est, ut sit *omnia in*	2 5 10
inferior, quia, unde processit, paterni cordis est exsecutor? non enim	minus est facere magna quam dicere. quamuis et quod dictum est a patre	1 45 3
sed caelestibus testimoniis multis, manifestis ac puris, ut docti probent,	minus instructi sese confirment, rudes discant ipsique, qui blasphemare	2 18 2
et tamen habeo, qui pro me tibi obsistat: nam lex, per quam me forte	minus peritum peccare compellis, ipsa te magnopere retundens ac	2 3 16
Christiane, ex tuaque natura opinaris prouisionis piae diuina mysteria? si	minus sentis de filio, quia regnum traditur patri, maior patris iniuria est, si	2 5 5
facite quemadmodum uultis; singulos ponderate: inuenietis nullum habere	minus. tripondes sunt omnes, numismatis sacri una libra signati, qui	1 41 3
exstinguat, ne quid adulterum pariat. ac ne quem plus amare uideatur aut	minus, unam natiuitatem, unum lac, unum stipendium, unam spiritus	2 29 2
uultus signaque cognoscis nihilque aliud distat, nisi quod in tua domo	minuta sunt, in templo maiora. quae si erogaueris, pecunia est, si	1 14 5
ne quid illo uel friuolum, inde quod excluditur, reuertatur. mira ratio,	mira beatitudo! saluo reo punitur reatus in reo integroque statu moritur in	2 24 2
quasi quaedam sollicita mater patientia custodiret. sol denique quamuis	mira celeritate alternas mundi metas illustret, tamen numquam dilectam	1 4 4
tertio diues est auaritia, utraeque cuius exaggerare opulentiam uelocitate	mira contendunt, cui totus militat mundus, aetas cui uniuersa deseruit. pro	2 1 8
	mira, fratres dilectissimi, historiae sacrae sic est perlecta narratio. cum	1 29 1
orbis metu non festinauit euadere. nunc mihi Abrahae memoranda est	mira illa temptatio, quae eum aut sacrilegum fecerat, si contemneret deum,	1 4 13
uermibus, quasi nihil passus, sed solo dei timore contentus. o felix uir, qui	mira patientia deum promeruit, diabolum uicit, sanitatem recepit,	1 15 6
ex recursu uoluminum quasi ius terrae cognoscens ac uiolare deuitans	mira patientia in se frangitur, his denique fluctibus, quibus cogitur,	1 4 5
diuersis, magnis et plurimis, habitatori ulla ne querela subesset, sollertia	mira perficit, tunc *ad imaginem et similitudinem suam fecit sibi ipse*	2 4 4
atque eo tempore partus profertur, quo calor genitalia iam relinquebat.	mira prorsus, carissimi, et speranda saeculis post futuris diuinae	1 59 3
currat an recurrat, ambiguum est, cuius praeteritum restat, ut redeat.	mira prorsus ratio! innumerabilium saeculorum diuersa mensura	1 26
quod sentit, quod sapit, quod cogitat, quod mouet, quod mouetur, quod	mira prouidentia chaos ipsum ut chaos non esset effecit, quod eius membra	1 7 2
accludunt, ne quid illo uel friuolum, inde quod excluditur, reuertatur.	mira ratio, mira beatitudo! saluo reo punitur reatus in reo integroque statu	2 24 2
a quo uniuersi generis peccatores, ut possint beate uiuere, puniri festinant.	mira ratio, mirum profecto mysterium! saluo reo punitur reatus in reo	1 42 1
uitam mutuatur de tempore, qui praestat temporibus aeternitatem.	mira res! concipit Maria de ipso, quem parit; tumet uterus maiestate, non	2 12 2
quae in se creatorem mundi concepit; parturit non dolore, sed gaudio.	mira res! exsultans exponit infantem totius naturae antiquitate maiorem.	1 54 3
digestis aggeribus stupens unda solidatur. dei populus nauigat plantis.	mira res! iter eius barbaris uehementer urguentibus nec eques potest sequi	2 26 1
in uiam Israel ingratus, in qua nec gladios possit timere nec fluctus.	mira res! medio puluerulentus exsultat in profundo, qui circa se uideret	1 29 2
hos deuote cupidus ignis excepit. lambunt roscidos flammae blandientes.	mira res: opacitas intus, incendium foris est; intus hymnus canitur, foris	1 53 2
uoraginis est receptus hospitio, uigilat in ceto qui stertebat in naui.	mira res! post naufragium, post natatile sepulcrum incolumis tertio post	1 34 6
negabit. Petrus piscator recentes marinos affatim pisces apponit cum sarda	mirabili. Tobias peregrinus fluuialis piscis interanea diligenter accurat et	1 24 3
uidere optabat. et iterum: *texit caelos uirtus eius*, eo quod apostolos ad	mirabilia facienda spiritus sanctus obumbrauit et texit. et denuo *caeli*,	1 61 3
pater pius, propheta modestus. totum potest, a toto dissimulat; magnis ac	mirabilibus saeculi non mutatur; mitem humilemque retinet ubique	2 9 7
posteriora respondent: de rebus enim loquitur saecularibus. *in magnis et*	*mirabilibus* se dicit non ambulasse, utique non dei, sed in illis, quae magna	2 9 6
statim deperdit. dehinc sequitur: *neque ambulaui in magnis neque in*	*mirabilibus super me. magna eloquia dei sunt, ipse mirabilis in excelsis.*	2 9 6
quasi orbe subacto de illo feralis caueae — iam non miserabilis, sed	mirabilis — funereo ambitu excedit uicti saeculi triumphum reportans,	2 2 7
in magnis neque in mirabilibus super me. magna eloquia dei sunt, ipse	*mirabilis in excelsis.* cum in periculis esset, si in his propheta non ambulet,	2 9 6
credulo percipe corde rem	miram, Christiane, omnique uirtutum exemplo famigerabilem. Hebraei uere	1 53 1
defendit impulsu in modum tau litterae prominens lignum. o res uere	miranda! cotidie aedificatur et cotidie dedicatur; floribus perpetuis ac	2 6 7
sacra iura custodit, haec in utroque sexu conspicua, in omni aetate	miranda, in quauis condicione non dubia, soli sibi deuota, semper bene	1 1 1
sicut est spiritalis prima sine matre, ita sine patre secunda carnalis. haec	miranda, inenarrabilis illa, propheta dicente: *natiuitatem autem eius quis*	2 8 2
carnalia exstinguere laborat incendia. sane in senibus ut est honoranda, ita	miranda non est, quia licet sit uictrix, tamen triumphi sui palmam	1 1 5
cum ingenti triumpho uictrix pudicitia reportauit. sed o quantum es	miranda, pudicitia, quae aliter laudari te non uis quam ut custodiaris, solo	1 1 20
humano cruore pinguescunt; testamenta heredes incognitos ex sese recitari	mirantur; amicae sub fallacia manus innoxias animas secure conficit ebibita	1 5 3
piaculum duplicetur. miratur orbis uacuus se duobus angustum;	mirantur elementa hominem, qui factus sit *ad imaginem et similitudinem*	1 4 9
saepe ipsos a sepulcris cum suis sibi exsequiis reuerti iusserunt, ut omnes	mirarentur fieri lacrimas gaudii, quae nunc fuerant orbitatis. sed longum	1 36 9
atque ita elaboratum, ut nesciret inspector, in eo quid potissimum	miraretur: magnitudinem, opus, ornatum anne materiam; ita enim in unum	2 6 2
ac magis instat, donec effusione sanguinis conceptum piaculum duplicetur.	miratur orbis uacuus se duobus angustum; mirantur elementa hominem,	1 4 9
tempus duae cognatae concipiunt, una contra spem, altera uerbo. haec	miratur se habere quod nescit, laetatur illa quia scit. Elisabeth sterilis	2 8 7
et oleaster sit et tamen oleastrum se non esse quodam modo etiam ipse	miretur. igitur si homo potest facere, ut sit arbor quod non fuit, saluo	1 2 27
ut fieret, filius, utpote *dei uirtus deique sapientia*, omnia illa opere	mirifico eius cum dicto compleuit. hunc curiosi opinationibus uanis uiolare	1 50
pio pondere feliciter fracta, ordinabiliter creta, omni furfure abiecto	mirifico splendore in farinam candidam micuerunt; quae nullo adulterata	1 41 1
genus est: odit pudicitiam et tamen hoc cupit uideri, quod illa est. interea	miris excolit artibus sese faciemque suam in se, quam non habet, quaerit.	1 1 10
	mirum, fratres dilectissimi, ac delectabile certamen deo historia sacra	1 48
generis peccatores, ut possint beate uiuere, puniri festinant. mira ratio,	mirum profecto mysterium! saluo reo punitur reatus in reo integroque	1 42 1
at Thamaris nostrae cum processu temporis procedit et uterus.	mirum profecto uidete mysterium! quae celauerat faciem, non celat	1 13 3
ueniam sub pactione promitteret, si se uel sero nefandis superstitionibus	miscuisset, talibus in eum sanctissimus martyr uocibus exsiliit: 'quid,	1 39 5
mori momentis omnibus etiam friuolo ac turpi lucro festinat? quid igitur,	miser homo, auri argentique metallo incensus uana cupiditate, uana cura	1 14 3
ubi sane ad hoc aquam de petra bibisti, manna de caelo gustasti, ut scires,	miser, quid fueras perditurus.	2 16
tangit, tanto ambitiosior in dolore quam ditior — sane post momentum	misera (atque utinam semel!) nimio dolore nuptura. hic, hic	1 2 14
nostrae uidelicet decernendi sunt libri, ut possint esse perfecti! o quam	misera est fides, quam uerba concinnant! o quam debilis, cuius cotidie	2 3 10
pro nuntio morigera coniux pacem si non ingeris, nec negabis. quid agis,	misera? quid, uesana, laetaris? non est pax ista, sed bellum; non osculum,	2 7 17
possit celebrare, non uideo, cuius eminens famosumque illud templum	miserabili uastatione campis aequatum suo puluere iacet sepultum.	1 19 1
terrorum; incolumis quasi orbe subacto de illo feralis caueae — iam non	miserabilis, sed mirabilis — funereo ambitu excedit uicti saeculi	2 2 7
compedibus alligari profundaeque noctis feralibus tenebris obcaecatum	miserabiliter ad ima deferri. sed quia inexstinguibilis pestis incendio totus	1 5 1
tumescebat, iam sui quoque familiares nouae rei atrocitate perculsi,	miserabiliter ingemescentes dimissis capitibus omne studium defensionis	1 1 19
forma blanditus per mulierem transgressionem praecepti dei persuadendo	miserabiliter iugulauit et exinde hereditaria condicione confectum	2 4 5
labra liuentia spumantibus uenis ebulliens palpitante ruina captiui tota	miserabiliter per membra desaeuit. alios amentes, alios furiosos, alios	1 38 6
armorumque fragore terribili instantibus undique proeliorum procellis	miserabiliter per totum orbem dispersere terrarum. Ionas in naui dormiens	1 34 7
timens dominum spontaneum non timet adire naufragium, ceto inhiante	miserabilius sepelitur quam praecipitatur et tamen litus, quo tendebat,	2 2 5
aliquid illam facere uel fecisse, quod fecerit? uultis scire, quam iusta sit?	miseram se putat, nisi euerterit ueritatem. ceterum fortitudo, quae	2 1 7
germanitas, non ius amicitiae, non tener pupillus, non dura uiduitas, non	miseranda paupertas, non dei contemplatio: ecce enim his omnibus, prout	1 14 2
uariarum semper in tempestatum crebris turbinibus constitutae fidissimus	miserandae uiduitatis es portus. tu sanctissimo coniugali iugo rudi ceruice	1 4 21
corpus imbribus relauat lacrimarum crinium suorum damno cooperiens;	miserandis affatibus in uberiores fletus incendit etiam eos, quos causa non	1 2 14
mentem. unicus ille filius solliciti senis adhuc paruulus, cui pietas et	miseratio maior debetur, postulatur ad uictimam; cui si per humanam	1 43 3
iugo depressus a rege Pharaone duris condicionibus in Aegypto necaretur,	miseratione dei duce Moyse iussus est proficisci. huic per diem non	1 29 1
sacri nominis telo pulsari, tunc, cum alium noueris, alium certe	misereris: discoloratur per momenta color, figura sua tollitur a natura, in	1 2 6
hunc curiosi opinationibus uanis uiolare conantur nec intellegunt	miseri, quoniam curiositas reum efficit, non peritum.	1 50
obtutibus matronarum uesana congressione desudant, non aduertentes	miseri, quoniam in tali negotio iudice deo quod non licet uxoribus non	1 1 13
non dilexisse, cum peccatum sit hominem non amasse. unde infelices et	miseri sunt Iudaei, qui deum patrem, a quo sunt geniti, respuerunt tanti	1 61 6
plenum est; ueloces pedes eorum ad effundendum sanguinem; contritio et	*miseria in uiis eorum et iter pacis non cognouerunt; non est timor dei ante*	1 3 11
ut adhuc usque, consumebat labor, gemitus, impietas, dolor, aegritudo,	miseria; mortui quippe corpus figuramque illam florentissimam edax in	2 4 6
inuasis hereditatibus ante tempus parentes suos compellunt uiuere	miseriae, facultatibus mori. pro nefas! quid tibi tua tollis, infelix? quid	1 5 6
commodius puto misero in statu suo manenti quam beato in ultimas	miserias deuoluto. nam praedicant patres suos Aegyptium populum	1 18 1

plus quam uterque parens. tibi oculos numquam siccos esse aut misericordia permittit aut gaudium. tu tuos ita diligis inimicos, ut inter eos 1 36 31
minime rationes inquirunt. igitur in praesenti Psalmo propheta cum dicat: *misericordiam et iudicium cantabo tibi, domine*, quomodo dominus in 1 35 1
qui gloriatur, intellegere et scire, quia ego sum dominus, qui facio misericordiam et iudicium et iustitiam super terram. o quam paucissimis 2 1 5
est, si panem tuum inops esuriens manducauerit. tuus census est totum in misericordiam habere quod habes. tu sola rogari non nosti. tu oppressos 1 36 31
nam Abraham cum filio sic probatus a deo est, ut non postulans misericordiam mereretur. uideamus, fratres dilectissimi, legis arcana et 1 43 7
qui uolet ista iustitia, uerum tamen sciat, quia misero est miserior qui miseriis ditatur alienis. quisquamne iustum putet, qui utilitatem rei 2 1 17
denique ad sua numquam peruenit uota. quantum fuerit auctior, fit tanto miserior: expers otii, expers satietatis, per fas atque nefas, artibus 1 5 2
non nocte, non bello, non pace, numquam satura, lucrorum enormitate miserior. nouum calamitatis est genus, quod tantummodo crescit, senescere 1 14 2
potest. glorietur qui uolet ista iustitia, uerum tamen sciat, quia misero est miserior qui miseriis ditatur alienis. quisquamne iustum putet, qui 2 1 17
non potest. glorietur qui uolet ista iustitia, uerum tamen sciat, quia misero est miserior qui miseriis ditatur alienis. quisquamne iustum putet, 2 1 17
huius mundi ac tenebris feralibus agitatur, profecto pecuina est ac misero, fragili detestabilique uersatur in iure. at cum mera fide credentis 1 2 25
se beatos putant, infelices inde esse noscuntur. etenim commodius puto misero in statu suo manenti quam beato in ultimas miserias deuoluto. nam 1 18 1
partitur; abiecta cadauera intecta inhumataque esse non patitur; pauperes miserosque sua necessitate neglecta pietatis largiter furtim semina spargit. 2 1 12
sunt et fornicati sunt a deo suo. agnosce igitur, Iudaee, uel sero erroris tui miserum dolendumque discrimen et dic nobis, utrum circumcisionem 1 3 12
solus inpatiens, prauis cotidie mobilitatibus gaudet, uarietatibus studet; miserum se putat, si ipse sit, nec intellegit rem dementiae esse consimilem, 1 4 7
qui nobis promissa perpetuans pia sanctione, ut aiunt, claues uere aureas misit, et quidem non illas, quae maligno beneficio crimina excipiunt; quae 2 24 1
hamus missus in mare mortem piscis ostendit, ita euangelica praedicatio missa per mundum mortem domini aduentumque testatur, sicut ad 1 37 6
trinitatis. denique rem sacramento gestam esse cognosce. in caminum missi ut submersi sunt flammis, statim sibilo roris incendia temperantur. 2 27
sic dicit: *Hierusalem, Hierusalem, quae interficis prophetas et lapidas missos ad te, quotiens uolui colligere filios tuos sicut gallina pullos suos* 2 6 3
promiserat per prophetas, filium suum saluatorem generi humano se esse missurum commodum, tempore maturo, diuinitatis interim dignitate 2 12 1
integritatem faciem uelando monstrabat. interpellat eam, poscit ingressum, missurum se promittit haedum. at illa promisso expetit pignus, magis illo 1 13 2
clamans incolumis inde respuitur. Ionas adaeque propheta ad Nineuitas missus a deo est, eorum ut imminere ciuitati interitum nuntiaret; 1 34 5
'*habent Moysen et prophetas*, quibus si non credunt, neque illi, qui hinc missus fuerit, credituri sunt', euidenter ostendens non in oculis esse 1 2 10
non dubium est, hamum uero praedicationem, quia, sicut hamus missus in mare mortem piscis ostendit, ita euangelica praedicatio missa per 1 37 6
potest, a toto dissimulat; magnis ac mirabilibus saeculi non mutatur; mitem humilemque retinet ubique pastorem. post adiecit: *si non humiliter* 2 9 7
leges insaniunt; stimulis acuitur feritas in ferocitatem et tamen hominibus mitior inuenitur. ne quid scenae tam dirae immanitatis deesse uideatur, 2 2 6
dicite filiae Sion: ecce rex tuus uenit tibi iustus et saluans, mitis, sedens super asinum nouellum, et iterum: *tollite portas principis* 2 5 2
et ego reficiam uos. tollite iugum meum super uos et discite a me, quia mitis sum et humilis corde, et inuenietis requiem animabus uestris. deus 2 9 4
toruus fronte, non minax cornu Taurus, sed optimus, dulcis, blandus ac mitis uos admonet uitulus, ut nulla ullo in opere captantes auguria, eius 1 38 3
dat iracundiae locum, securus ut redeat; domum patri commendat, sensim mitisque discedit, ut probet se et meruisse et non ambisse quod meruit. ac 1 4 16
et dominus ipse in euangelio hanc exprimit rationem dicens ad Petrum: *mitte hamum in mare et piscem, qui primus ascenderit, aperto ore eius* 1 37 5
uiduitatis uestem rursus accepit. interea secundum condictum haedus mittitur, fornicaria quaeritur nullaque ibidem umquam fuisse ab incolis 1 13 3
in utero, ecclesia corde concepit, illa semine, haec uerbo. haedus ei mittitur, temptationis uidelicet signum; etenim iustitiam qui sequitur, 1 13 11
moriemini. sed et de Iohanne Baptista sic dictum esse meminimus: *ecce mitto angelum meum ante faciem tuam, qui praeparabit uiam tuam.* ergo 1 37 11
ex prodromi quoque eius designatione dilucidauit alio loco his uerbis: *ecce mitto angelum meum ante faciem tuam, qui praeparabit uiam tuam.* quis 2 8 7
alio loco: *parata sedes tua, deus ex tunc et a saeculis tu es.* ubi hominem mixtum, sic prosequitur: *dicite filiae Sion: ecce rex tuus uenit tibi iustus* 2 5 2
gigniturus ibidemque saluo quod erat meditatur esse quod non erat. mixtus itaque humanae carni se fingit infantem. Mariae superbus emicat 1 54 3
postremus digito dei manuque e limo terrae fingitur homo. construitur mobile totumque se nesciens simulacrum et, ut imago sit dei, inspiratur a 1 56 3
inuenit et oculorum extollentia de alio in aliud elata quicquid uiderit mobilitate fugaci statim deperdit. dehinc sequitur: *neque ambulaui in* 2 9 5
et patienter excedunt? solus homo praeceps, solus inpatiens, prauis cotidie mobilitatibus gaudet, uarietatibus studet; miserum se putat, si ipse sit, nec 1 4 7
temperantia robuste librata, uniuersas permotiones animorum placida moderatione compescens, et ut omnia non magno opere deuincat, se primo 1 4 3
non sibi repugnat, sed inter deum hominemque, quem sumpsit, necessaria moderatione distinguit. si enim deum purum iugiter praedicaret, passionis 2 5 1
inportune nec derogat, quid aliud intelligi datur quam sui opificis moderationi deseruiens peritissima insignis patientiae disciplina? sed et 1 4 5
formas, uultus, sexus, aetates auri argentique detrimento matris limae moderato dente figurata. quae est ergo ista dementia sacrificium 1 25 3
principium deumque exinde ob iustitiam factum esse, non natum. alia modestius, sed mordacius nocens dicit quidem dei filium deum, sed non ex 2 8 1
deo dei munus retinendo placiturus. rex mansuetus, pater pius, propheta modestus. totum potest, a toto dissimulat; magnis ac mirabilibus saeculi 2 9 7
ira mea et exurat et non sit qui exstinguat. uidetis ergo, fratres, quia huius modi circumcisis deus non tantum salutem non pollicetur, sed etiam, nisi 1 3 13
non quaerere, sapientiae uerae negligentes imperium, quod uerbis huius modi continetur: *si uis perfectus esse, uade et uende omnia tua et da* 2 1 15
se faciat infelicem, non credentes, quia dei praecepta custodiens, huius modi officiis saeculares obterens uoluptates cum fuerit uictor carnisque 2 1 14
metuas; metuis autem *quod* tibi *nolis accidere*. exsistit quippe diuersis ex modis, cum aut exaestuat aliquo reatu conscientia; aut cum hostilis 2 2 2
procedunt uniuersa genera peccatorum, pectus crebro percutiens quodam modo cor suum manu uerecunde castigat postulatque tantum ueniam 2 9 9
eo, quod modum humani sensus excedit, disputare deuita. negat quodam modo deum quisquis asserit deum. defensio enim non nisi inbecilli 2 3 18
sit, sed oliua, cum et oleaster sit et tamen oleastrum se non esse quodam modo etiam ipse miretur. igitur si homo potest facere, ut sit arbor quod 1 2 27
omnia gestatoris sui ossa denudat. nonne horrebit etiam sibi quodam modo illa excarnata umbra tractabilis? longum est ire per singula. ecce 2 4 15
largitas prouinciis omnibus nota est, quorum pia semina totius quodam modo orbis per membra iactantur. uobis multi redempti, multi edictis 1 14 8
martyrii quodam modo pars est, fratres dilectissimi, martyrum non horruisse supplicium. 1 11
fecerit motus, hanc rationem docente nos Paulo: *uidemus*, inquit autem, *modo per speculum in aenigmate; tunc autem facies ad faciem erit.* unde 1 2 29
plures, quae iniuriam Christi fabulari nitantur, tamen tres sunt quodam modo principales. e quibus duae eius, quem cupiant deprauatum, simulant 2 8 1
futurae gloriae testimonium tale beatus Archadius debiti martyrii quodam modo sequestrauerat pignus, in quo nec Christum relinqueret nec 1 39 4
uellem, fratres dilectissimi, triumphali quodam modo uti sermone nouique operis arcem sacram laudibus geminare. sed 2 6 1
deuotique seruantur et increduli desertoresque puniuntur. hanc Esaias in modum forcipis uidit; quibus ad conflanda labia inquinata ab uno de 1 37 2
haec, si religiosus es, serua; timoratus si uere, custodi. de eo, quod modum humani sensus excedit, disputare deuita. negat quodam modo 2 3 18
et patentes semper duodecim portae, quas ab hostili defendit impulsu in modum tau litterae prominens lignum. o res uere miranda! cotidie 2 6 7
ne <non> sit amplius quae uocatur. denique in solitudine, quae a moechantibus uocatur occasio, se tamquam arbitrum timet omneque 1 1 2
dominus ait: *qui dimiserit uxorem suam excepta causa adulterii, facit eam moechari.* quid hic respondere possint lubrici mariti, non uideo; qui 1 1 13
lappas, tribulos in laeta frumenta mutauit, quae diligenti cultu purgata molarisque lapidis pio pondere feliciter fracta, ordinabiliter creta, omni 1 41 1
excipere quod sero datur et in tristissima senectute suscepta sollicitudinis mole gaudere; nam et risit Sarra munus iuuentutis subiens in senecta, unde 1 43 2
ac speciosus unus est lapis, qui quadrae turris totam solus sustinet molem. cui non innumerabilis uarie famulatur acies ualidissima 2 6 6
grauiora, maioribus te furoris stimulis accende, quamuis cruciatus exerce molem: nos a deo non potes separare.' statim iudex uiperei ueneni felle 1 39 5
in domo, subito concussis toto nisu quattuor angulis eius in confusam molem parietibus tectisque labentibus illam sanctissimam fratrum cohortem 1 15 4
dulce prata respirant. exsultat aestas noua, sed diues, in frumenti uarias moles spiceam feliciter contundens palmam. quam prosequitur congrue 1 33 1
dicat: 'lex spernenda est, quia iusto necessaria non est, peccatori uero molesta est'. absit, fratres: immo potius ueneranda est, quia ueritatis 1 36 18
aduersus Iob diabolus, qui non fertur blandus, aestimare licet quid moliri potuerit incitatus, maxime cum a deo acceperit facultatem, ut 1 4 18
amore nimio lapidare conantur; aduersus dominum semper ingrati uariis molitionibus pugnant multisque diis ac regibus seruire gestiunt, qui uni deo 1 4 10
pulsari, tunc, cum alium noueris, alium certe misereris: discoloratur per momenta color, figura sua tollitur a natura, in obliquos horrores insani 1 2 6
superba et superuacanea pro sacrosancto habes sicut idolum, te per momenta componis, diues in publico, ditior in secreto, nec intelligis, quia 2 1 19
dedicatur; floribus perpetuis ac diuersis gemmis, lapidibus, margaritis per momenta distinguitur et quia opus est uiuum, tectum non habet nisi 2 6 7
quo omnis caro funditus deleretur, denuntiante deo imminere per momenta et credit et timet arcamque, cum suis ut saluus foret, quam 1 4 12
sed impudicos tantum congruenter occidens; haec, inquam, per momenta et parit omne quod malum est et peperit omne quod peius; nam 1 1 8
illa octauo deseruit diei, huic deseruiunt tempora, dies, horae uniuersaque momenta; illa ante octauum uel post octauum diem nec ipsi morienti 1 3 23
uoluminibus repugnantium litorum spumantia ora contundens minatur per momenta naufragium. procellae crebrescentes insaniunt, horrendum sibilant 1 34 5
iudicum, diuitum, aliquotiens etiam, quod peius est, gentium desiderat per momenta patrocinia! o quam turpis ac lubrica, de qua ludit aliena 2 3 10
tamen instantis finis sorte terretur, suos ut repigret cursus, ut horas ac momenta producat, ut saltem paulo diutius diei sui demoretur in uita, sed 1 2 18
diuersis uita uirtutibus quaeritur, cuius cupidine flagrans humanitas per momenta suspirat, tamen omnes uno eodemque consensu quasi quendam 1 4 1
desit ulli quod radat. inde est, quod uniuersae nationes mutuis cadunt per momenta uulneribus, concussae gemunt urbes, deleta rura respirare non 1 5 3
quid tumet Pharisaeus inanis, quem momenti praeterita delectatur umbra? exsultat, quod in Aegypto creuerit: 1 52
natiuitate persistens, quem aestuantium delictorum fax incensa omnibus momentis exurit; qui paedorem sui secum carceris portat; qui carnificem 2 10 1
anteuertit auroram; qui, quod maius est, duodenis non dicam spatiis, sed momentis horarum aequabiliter se partiri non posset, si inpatientia suos 1 4 4
ut, cum sui domicilii saepto teneatur, tamen quicquid uoluerit, omnibus momentis illustret. non ergo carnale hoc domicilium imaginem dei 1 27 3
ut, cum sui domicilii saepto teneatur, tamen quicquid uoluerit, omnibus momentis illustret. non ergo carnale hoc indumentum imaginem dei 2 30 3
denotet, inuitator ammonet Paulus. Dauid regius pastor omnibus momentis lac argenteum subministrat et caseum. Zachaeus sine mora 1 24 3
beatitudine perfruatur. inde est, quod intra hominem clandestinum fremit momentis omnibus bellum, cum unaquaeque pars nititur alteram 2 4 8
adde quod spes ac fides tempus habent, caritas autem finem non habet, momentis omnibus crescit quantoque ab ea diligentibus inuicem creditur, 1 36 11
dei imaginem portat, cuius uultus passibilis, omni conuersioni subiectus momentis omnibus demutatur labore, aetate, languore, ira, gaudio, 1 27 2
quispiam promouere; unum tamen scio, quia nullus est nostrum, qui non momentis omnibus elaboret, ut plus habeat, quam habebat; quod cum 2 1 16
nocet, si quid habuerint, tantum ut tollat. cui autem parcat, quae et mori momentis omnibus etiam friuolo ac turpi lucro festinat? quid igitur, miser 1 14 2
dei imaginem portat, cuius uultus omni conuersioni subiectus momentis omnibus inmutatur labore, aetate, languore, gaudio, tristitudine, 2 30 2

Christiana progenies de uera Aegypto, id est isto de mundo, semper momentis omnibus liberatur. illis ducatum Moyses praebuit, dux noster 1 46b 1
inde est, quod iustitia honestas pietas fides ueritas perit; quod deus ipse momentis omnibus patitur contumeliam, cuius praecepta contemnuntur, 1 14 7
sub incerto partu parientis nascentisque de salute non gemit nulliusque momentis omnibus uariae sollicitudinis cura torquetur. sed dicet aliquis: 2 7 3
pater adest dies, omni genere fructuum fetibus pollens, diuite sinu, momentis quibus uelis quattuor temporum munera expungens. denique 2 13
omnium uitiorum, uiolentis quasi quibusdam tempestatibus naufragatum momentis uniuersis in interitionem cogitur omne genus humanum. namque 2 1 6
ut uilem libidinem magis ac magis augeant, uilioribus se lauacris omni momento baptizant, deo semper ingrati. 1 51
umquam, uariis atque igneis sagittis armatus, totius humani generis omni momento corda destringens; propter quod sic Paulus apostolus ait: *induite* 1 38 6
plus pugnat. ille eius magnum atque opulentissimum censum uno momento disperdit cohortemque florentissimam dulcium liberorum 1 4 18
hominis dei facultates inuadit, subito rapina, igne ferroque uniuersa uno momento disperdit. hinc Iob alta fidei radice robustus tot nuntiis 1 15 3
res sine substantia, negotium sine persona? omnia cito temptat, omnia momento disturbat, mater criminum, curiositatis magistra, acumen 1 4 7
cessante actumque est de mundo mundique tota substantia, si uel uno momento diuinitatis cessat imperium. at si, ut ratio ipsa proclamat, cessare 2 5 5
in alio, in utroque crescit, in utroque non desinit. uerum tamen eos uno momento exigua humus et peraequat et satiat, enorme quod cum tota 1 5 11
liberi mundi estis infantes et, quod est admirabile et gratum, subito uno momento facti aetatibus diuersis aequaeui. sed curiositatem uestram bene 1 38 1
in quaestus, nec quisquam prorsus inueniri potest, qui ei saltem uel uno momento iustitiae frenos inponat. inquieta semper exaestuat, saeuit, 1 5 1
diem ac ne ipsum, quo res agitur, quia quod uoluitur semper, in momento quid adferat dubium est. sed oculis patentibus caeci dilatant 1 5 7
cinis propagandi corporis semen, mors natalicius dies. denique post momentum festo exsultat in tumulo, non umbra, sed ueritas, non imago, 1 2 21
causa non tangit, tanto ambitiosior in dolore quam ditior — sane post momentum misera (atque utinam semel!) nimio dolore nuptura. hic, hic 1 2 14
genus omne peccati, ne quis inprudens intereat, diffamatur. semper monere non desinit, ignorantia ne quis reatum excuset. nunc seuera, nunc 2 3 3
tuis. nam et illic aureis argenteisque innumerabilibus ueluti templis tereti moneta percussis inesse similiter regum uultus signaque cognoscis nihilque 1 14 5
acies gerit, sed sunt unius corporis latera; et denarii sunt duo, sed una moneta signati; et scala duos scapos habet et gradus plurimos, sed eius 1 37 14
indicii negotium procurauerat, dicitque ei se debere conceptum, cuius monile, anulum teneret et uirgam. qua re cognita Iudas non tantum ab ea 1 13 3
pignus trinitatis acceperit. denique expetisse atque accepisse describitur *monile, anulum, uirgam.* quibus ista significatio coaptatur? monile, fratres 1 13 10
expetit pignus, magis illo contenta quam praemio accepitque ab eo eius monile, anulum, uirgam; tumque negotio confecto, conceptu signata, quem 1 13 2
quod sabbatum ruperit, quod eorum traditiones abiecerit. Thamar protulit monile, anulum, uirgam seque liberauit sacramento numeri ab imminenti 1 13 13
describitur *monile, anulum, uirgam.* quibus ista significatio coaptatur? monile, fratres dilectissimi, lex est, quae salutaribus monitis diuersis 1 13 10
inaurata corpus, exsecrabili metallo procedis onusta, ubique delicata, sub monilibus fortis. denique ipso cultus rigore in oratione non flecteris, non 1 14 6
ipso cultus rigore in oratione non flecteris, non manus tendis, tumidum monilibus pectus prosternere dedignaris. sane ceruicem curuas non 1 14 6
mutat, gulae labore culta, lauacro nitida, unguentis oblita, uestitu uaria, monilibus tota distincta, conuiuiorum celebritate iucunda, uino madida, 2 4 9
constituit uiros apostolos omnesque discipulos. quorum salutaria monita canentibus linguis, quasi quibusdam spiritalibus cultris, credentium 1 3 16
est quod timetur. itaque audiamus scripturam, quid dicat, cuius ista sunt monita: *et nunc, Israel, quid dominus deus tuus postulat a te, nisi ut* 2 2 4
qui acceptis *duobus denariis*, id est duorum testamentorum salutaribus monitis, adgressuram hominem passum latrocinio diaboli angelorumque 1 37 10
significatio coaptatur? monile, fratres dilectissimi, lex est, quae salutaribus monitis diuersis uirtutibus diuersoque charismate omnium credentium non 1 13 10
praecedentibus foliis fructus sequela sese commendat; similiter Christianus monitis diuinis praecinentibus obsecundando, in quibus aeternae fructus est 2 11 5
filii contestans; duas acies, id est duo testamenta gerens, quorum regalibus monitis et creduli deoutique seruantur et increduli desertoresque 1 37 2
esse regnum patris et filii. recte igitur patri tradet regnum qui dixit in monitis *regnum* non stare *diuisum*. unde non sic sentiendum est, fratres, 2 5 9
tendebat, inuenit antequam uideat, felix sepulcro quam naui. in oratione mons tremit: monti, non apostolis trepidatio est. Petrus aestu marino 2 2 5
scenae tam dirae immanitatis deesse uideatur, immittuntur etiam marina monstra; laciniis omnibus spoliatur puella, uestitur incendio. inter tot 2 2 6
mulierem fornicariam putat, quae pudoris integritatem faciem uelando monstrabat. interpellat eam, poscit ingressum, missurum se promittit 1 13 2
mutatione morum natiuitatis suae nobilitatem incredulis uariis uirtutibus monstrans. cuius sanctionem uestrae aetatis omni curriculo manente in sua 2 24 3
ista non tam salutem pollicetur quam locum caputque criminis monstrat. Adam etenim, cum illicitum pomum hoc membro decerpit, sic 1 3 8
itineris gloria feruntur in caelum; quos apostolus Paulus exhortatur et monstrat dicens: *si consurrexistis cum Christo, quae sursum sunt quaerite,* 1 37 12
nouellus uiuificatus est populus; hic, inquam, qui nobis resurrectionis monstrat exemplum. cuius sane condicione nos beatiores sumus, quia ille 1 16 2
in uobis renitet assertio; deum enim patrem uos et habere et possidere monstratis, cum pudicitiam, in qua deus habitat, non dicam diligitis, sed 1 1 4
mundo, per quos aut in quibus diabolus colitur, quorum in actibus origo monstratur. ipsa Iouem innumerabilibus uariis magnisque criminibus 1 1 11
potest Christianus. quod tabulatis infertur, caelestis uiae uitaeque altitudo monstratur. ligaturis adstringitur, cum renuntians saeculo sponsione facta 2 11 4
appellat, ut abdicatio, exaltatos, ut ruina timeatur, spretores sui, ut impios monstret. infelix culpa est, fratres, in qua locum qualiscumque non inuenit 1 20
nouerca deterior in Omphales libidine turpiter uicit, quem terribilis turba monstrorum superare non potuit. ipsa Venerem membris omnibus 1 1 11
'uolo, dixit deus, mihi fieri sacrificium, Abraham, tuis manibus in monte de filio tuo; haec mihi uictima placet, hoc me sanguine deplacabis, 1 43 3
gaudens gaudente patre, patris dextra feriendus. qui antequam ueniret in montem, cum de patre quaereret, ubi esset uictima quam disponeret et 1 43 5
peccatum. necessaria sacramentis protinus praeparantur, ascenditur in montem. omni mysterio sacrificioque disposito ductus filius gaudens 1 43 4
indice Paulo cognoscite: *et si habuero*, inquit, *omnem fidem, ita ut montes transferam, caritatem non habeam, nihil sum. et si in cibos* 1 36 20
antequam uideat, felix sepulcro quam naui. in oratione mons tremit: monti, non apostolis trepidatio est. Petrus aestu marino fertur non 2 2 5
caelum, nunc requirentibus terram aestuantibus undique uitreis armatum montibus, uiolentis undarum saeuientium cumulis, toto corpore insaniat, 1 4 5
credis? sin uero fidem spiritus calles, aliquam demonstra uirtutem: impera montibus, ut transferant sese; in admirationem tui rictu blandiente leonum 2 3 14
flatu uiolento lacessitum fremit mare sollicitique gurgitis praeruptorum montium canis uoluminibus repugnantium litorum spumantia ora 1 34 5
nam et deus per Ezechielem prophetam loquitur dicens: *ecce ego aperio monumenta uestra et educam uos de monumentis uestris et inducam uos in* 1 2 12
non sinit, fratres, imagini reddere ueritatem. uerum tamen, Iudaee, quid monumentis tui criminis gratularis? in Aegypto seruisti diu, non sorte 1 9
loquitur dicens: *ecce ego aperio monumenta uestra et educam uos de monumentis uestris et inducam uos in terram Israel; dabo spiritum meum* 1 2 12
mortis, quae homicidium mox [ut] peperit, dereliquit. denique nec mora est: inpatienter fraterni inuidus muneris in fratris Cain anhelat 1 4 9
deum. de filio hostiam parat, festinat denique inplere sacrificium, ne mora faciat peccatum. necessaria sacramentis protinus praeparantur, 1 43 4
auro constructa aetheria illa ciuitas destinata est. nulla intrare uolentibus mora; patent duodecim portae, habitacula praeparata sunt infinita. nemo 1 5 17
omnibus momentis lac argenteum subministrat et caseum. Zachaeus sine mora quadriplicata expungit apophoreta, deus et dominus noster Iesus 1 24 4
imaginem portat ecclesiae, in qua gentium iam inde noster populus morabatur, quae non in cassum a deo *magna ciuitas* dicta est; erat enim 1 34 9
panem nouum coeperint manducare. quos autumnale quoque non morabitur mustum, quo repleti inebriatique feliciter spiritus sancti calore 2 13
statim beatus martyr se latere non passus est; se ultro offerens iudici moram suam uoluntarie praeiudiciis excusauit. cui cum prouinciae rector 1 39 5
agnoscatur dominus triumphasse. sed durat inter haec martyris spiritus et morarum numerositate seruatus perstat uiuus, parte sui corporis iam 1 39 9
defensionis abiecerant, iam etiam ipsa pudoris compendio mortis oderat moras, omnibus displicens, sed solae suae conscientiae placens, cum subito, 1 1 19
rigore partitur; cessat enim concupiscentiae pugna, ubi sub crebrescentibus morbis ipsa necessitate etiam inpudicorum pudica fiunt membra. age nunc, 1 1 5
ponis, quantam in finiendis. tu uirginitati praestas, ne flos eius ullo morbo, ullo tempore deflorescat. tu uariarum semper in tempestatum 1 4 20
incumbit. nonne statim illa, quae erat domina uoluptatum, fit praeda morborum? postremo iacentes reliquias mors uindicat sibi, insuper ei 2 4 16
in postliminium uitae animas reductas inspira; discute laborantibus morbos; cura languores; in temptationibus gaude, in tormentis pro nomine 2 3 14
quid uoluptatis habeat, suo cultori quid praestet. febrem non exstinguit, morbos non discutit, uulneribus non medetur, dolores non tollit, mortem 1 5 16
umbra tractabilis? longum est ire per singula. ecce peremptorius aliqui morbus totam machinam lecto prosternit, ecce tempestas undique mortis 2 4 16
nullis praemiis, nullis amicitiis, nullis affectibus omni sane tortore pietatis mordacitate peioribus separari permittis. tu ut nudum uestias, nuda esse 1 36 30
deumque exinde ob iustitiam factum esse, non natum. alia modestius, sed mordacius nocens dicit quidem dei filium deum, sed non ex patre 2 8 1
statimque actus ueteris uitae damnantes pro salute redimenda non solito more ad stupida simulacra concurrunt, non aris foetentibus funestos 1 34 9
faciem tuam, qui praeparabit uiam tuam. ergo manifestum est prophetiae more angelos homines iustos et iniustos generaliter dictos. sed ascendentes 1 37 12
uiscerum prosecutae sunt damno. nulla adhibita rudi fetae sueto more fomenta; neque enim, fratres, his poterat indigere, quae accipere in 1 54 4
omnem impietatis suae rabiem in filios eius effundit. nam cum solito more unanimes una epularentur in domo, subito concussis toto nisu 1 15 4
niteretur. igitur nouum ac paene incredibile committitur proelium. ultra morem diabolus pugnat, sed Iob dissimulando plus pugnat. ille eius 1 4 18
tam dispares una uno partu uestra uos peperit mater. sicut paruulis morem geram sacrique horoscopi pandam tota breuitate secreta. igitur, 1 38 2
grauamur rumpentibus sonis, concussis undique cardinibus, cum praeter morem terrifico fragore intonans concrepat caelum, cum inter caecas 2 2 3
contingeret, uix in eius casibus pater uiuere potuisset, si annis teneris moreretur. hic igitur infans, e cuius uita paternus affectus et maternus 1 43 3
filii apud nurum per aetatem excusat deterritus, ne etiam ipse similiter moreretur, praecepitque mulieri, ut in domo patris sui uidua permanens 1 13 1
eum, qui diligit aurum et argentum, non tantum deos colere, sed eorum mores et actus imitari. cuius rei facilis probatio est, illa cum interim, quae 1 14 4
tradita legenda narratio, ut maiorum, si fieri potest, saltem aliqua ex parte mores imitemur, si non possumus imitari uirtutes. tanta enim probitate 1 15 1
templa, tumulos in altaria, cadauera in simulacra, parentalia in sacrificia, mores in sacra. sic, sic genus humanum a dei cultura rapuit, dum blanda 1 1 12
contionatur. lites sic discernit, ut seminet. prauos ac lubricos colligit mores. legibus suis suas leges impugnat, ius iure distringit. quis non uideat 2 1 17
quia nihil distat a prodigio, quisquis alterius causa et formam mutat et mores. sed dicis: 'ardor me tenerae compellit aetatis.' credo. ecce nupsisti. 2 7 8
optaueris compescendum, maxime cum eius natura sit talis, ut numquam moretur in propriis, sed in publicum tota diffusa sit, diffamationibus 1 4 11
quia apud sapientes et honestos grauius est aliqua nota confundi quam mori, deus Iudaicum populum luxuriae aestu exuberante corruptum 1 20
crucem in salutem perdito iam mundo prouidisti. tu mortem deum mori docendo uacuasti. tuum est, quod, cum occiditur ab hominibus deus 1 36 29
cum sciamus apostolica fide esse perscriptum: *mihi uiuere Christus est et mori lucrum*? excogita quibus potes suppliciis tormenta grauiora, 1 39 5
aut nocet, si quid habuerint, tantum ut tollat. cui autem parcat, quae et mori momentis omnibus etiam friuolo ac turpi lucro festinat? quid igitur, 1 14 2
ante tempus parentes suos compellunt uiuere miseriae, facultatibus mori. pro nefas! quid tibi tua tollis, infelix? quid extraneo facias, qui in te 1 5 6
Christum sublimandum nefarii perduxerunt. sed quia nescit aeternitas mori, uiuit dominus post sepulcrum, et ad Iudaeos remansit sola damnatae 1 59 8
cum pudicitiam, in qua deus habitat, non dicam diligitis, sed luculentis moribus adornatis. magna igitur gloria est ornare per quod orneris, seruare 1 1 4

ueritatem colis, patientiam diligis, spem repraesentas. tu diuersos homines	moribus, aetatibus, dicione ex una natura unum spiritum, unum efficis	1 36 30
captiuitatis sit nexibus exsolutus: sed est nunc usque barbarici furoris	moribus alligatus. deus illi ducatum praebuit: idem a sua eum facie	1 52
sed ex corde profertur; quod non bromosis pecudibus, sed suauissimis	moribus comparatur; quod non cruentis manibus, sed sensibus mundis	1 25 9
sed o quam uellem te, si possim, rerum omnium regina, patientia, magis	moribus concelebrare! scio enim, quia libentius in tuis moribus, tuis	1 4 20
solam ideo, quia eorum fidem uidere non potest, exigit. quam si abesse ex	moribus deprehenderit, confestim ut perfidum punit irata quem docuit	2 3 3
his dei nomen in honore est; *pii non sunt, quia* patrem uenerandum prauis	moribus laedunt. *orant quia timent, peccant quia uolunt.* unde non est	1 35 5
sed sicut angeli erunt. magnum consequere beneficium, si deo uiuas puris	moribus libera et hominis non sis ancilla. at tu, uidua, secundas cur	2 7 4
infirma et egena sunt elementa? ascendentes uero sunt iusti, qui probis	moribus per gradus diuinorum obseruantiae praeceptorum cotidie spiritalis	1 37 12
patientia, magis moribus concelebrare! scio enim, quia libentius in tuis	moribus, tuis fundamentis tuisque consiliis quam in alienis nudisque	1 4 20
gerat, a fidelitate et fiducia fidelem se uocari cognoscat, inculpatis	moribus uiuat, conscientia eum bona, non loquacitate, quae mater profecto	2 3 19
in Regnorum proditum libris famis tempore, quo totus passim populus	moriebatur, Eliae alimenta poscenti memorabilem uiduam ultimam uictus	2 1 20
dicit: *ego dixi: dii estis et filii excelsi omnes, uos autem sicut homines*	*moriemini.* sed et de Iohanne Baptista sic dictum esse meminimus: *ecce*	1 37 11
erant illis omnia communia, sicut dies, sol, nox, pluuiae, nascendi atque	moriendi condicio, quae humano generi sine personarum aliqua exceptione	2 1 18
plerumque effundimus, cum in persecutione pro nomine domini diabolum	moriendo uastamus. postremo abscindimus, quod habuisse non deberemus,	1 3 21
quod potest prodesse commodis plurimorum. quid, quod paupere cotidie	moriente oppressione, fame, frigore, iniuria amicum tibi excolis aurum,	2 1 19
reddebas exsequias, cui magis lacrimas commodarent: mortuo anne	morienti? post haec si libet nubere, omnia illa mentita es. quid hoc est?	2 7 7
uniuersaque momenta; illa ante octauum uel post octauum diem nec ipsi	morienti puero subuenit, haec a cunis ipsis infantiae usque ad supremos	1 3 23
diues in publico, ditior in secreto, nec intelligis, quia homini inopia	morienti tantis opibus qui cum possit subuenire non subuenit, ipse eum	2 1 19
uestit ulceribus, quibus insuper uermes immittit edaces, ut in tormenta	morientis cum homine aduenticium uulnus inquilino uulnere finiretur. at	1 4 18
sin uero pacifica et salutaria, profecto laetaberis eique tanto pro nuntio	morigera coniux pacem si non ingeris, nec negabis. quid agis, misera? quid,	2 7 16
ratio, mira beatitudo! saluo reo punitur reatus in reo integroque statu	moritur in homine propter quod homo fuerat moriturus. inde est, quod	2 24 2
profecto mysterium! saluo reo punitur reatus in reo integroque statu	moritur in homine propter quod homo fuerat moriturus. inde est quod	1 42 1
resurrexisse agnoscas. sol cotidie nascitur eademque die qua nascitur	moritur nec tamen instantis finis sorte terretur, suos ut repigret cursus, ut	1 2 18
nemo inuidet, nemo furatur, nemo rapit, nemo proscribit, nemo iugulat,	moritur nemo; omnes felices, omnes unanimes, omnes inmortales, omnes	1 5 18
permanens nuptias maturas exspectet. cum res sic se haberet, eius uxor	moritur. qui consolatus cum ad oues tondendas pergeret suas atque hoc	1 13 2
futurus fuerat, non maritus. Iudas amittit uxorem, id est synagogae fides	moritur. quod autem inquit: *consolatus* est, utique intelligitur spe Christi	1 13 7
ex coitu nascitur nec officio alieno nutritur; non inuita, non inprudens	moritur, sed cum maturum leti tempus aduenerit, a semet ipsa inuitatis	1 2 20
ubi amor, qui in aequo unitoque coniugio, e duobus altero superante, non	moritur? tune non illa es, quae mariti corpus expositum lauisti lacrimis,	2 7 6
non tam rea susceptura sententiam quam dicata deo pro castitate fortiter	moritura, et quam iudicantium sententia praua deiecerat illustris	1 40 1
in reo integroque statu moritur in homine propter quod homo fuerat	moriturus. inde est, quod nostra non habet necessaria tormenta confessio,	2 24 2
in reo integroque statu moritur in homine propter quod homo fuerat	moriturus. inde est quod nostra non habet necessaria tormenta confessio.	1 42 1
in terris, saeculorum genitor, filius uirginis, immortalis sibi, homini	moriturus; mortem gustat, ut mortem deuincat; inferos penetrat, ut	2 5 3
esse naturam, quia in homine ex his quaecumque defecerit, ambae	moriuntur. fides itaque uel maxime res propria nostra est, domino ipso	1 36 6
est eius, cum de eo ille queritur, qui mox eum poterat et punire. sed quia	mors apud incredulos futurorum putatur poenae compendium ac paene pro	1 47
sit uoluntati, propheta dicente: *ante hominem bonum et nequam,*	*mors et uita; quod elegerit, hoc dabitur ei*. unde dubium non est	2 4 18
fenerator etiam ipse nudatur, ei cum casu aliquo fraus, inopia, fuga,	mors extorserint debitorem. auaritiae enim natura talis est, ut auariorem	1 5 12
ponantur omnes inimici eius sub pedibus eius inimicaque destruatur	*mors*. hi autem ad principalem uim retulerunt, in cuius perpetuitate	2 5 7
sepulcrum nidus est illi, fauillae nutrices, cinis propagandi corporis semen,	mors natalicius dies. denique post momentum festo exsultat in tumulo, non	1 2 21
a te gradus non inueniat quod tibi praestet, meminisse tamen debes, quia	mors non timet nec diuitias nec honores. o caeca mens hominum! quam	1 5 10
non fames, non nuditas, non persecutio, non metus, non periculum, non	mors, non tormenta morte ipsa grauiora, non potestas, non ambitio, non	1 4 3
mundo, semper in tribulatione, semper iustus in poena est. cum autem	mors, quae putatur metuenda, gustatur, tunc ei in aeternum manentis	1 2 32
missi ut submersi sunt flammis, statim sibilo roris incendia temperantur.	mors refugiens mutat officium: incensores cremantur, incensis hymnum	2 27
repetiturus occasum. hic, inquam, quo ferales diruptae sunt tenebrae, quo	mors subacta est, quo homines, quos susceperant mortuos, refundere inferi	2 19 2
concupiscentia locum, ubi patientia dominatur, ubi uiuitur sobrie, ubi	mors timetur. itaque hanc obseruantiam, hunc timorem, quod est uerius	2 7 9
fidei tenacitate confundunt. uindicantur de incensoribus suis. deum uident.	mors transit in uitam, metus in gloriam. sic quis non optet ardere?	2 15
sed securior manus; elatus in immolandum gladius uibratur nec puerum	mors uicina contristat, ne trepidatio fidem prodat infirmam. sub hac	1 59 7
domina uoluptatum, fit praeda morborum? postremo iacentes reliquias	mors uindicat sibi, insuper ei poenas gehennae paritura. tunc carnalis	2 4 16
pariter ac magistra malorum. hominis nam salutem ab incunabulis mundi	mors ut iugularet ac iugulet, ab ipsa prorupit. denique Adam in arce cum	1 4 7
imminens manus gladio salutem premit; aut cum uiantis itineri erectus in	morsum, ardentibus squamis incensus tumidus sese anguis opponit; aut	2 2 2
unus calamus; et forfex in duos producitur cultros, sed eorum unus est	morsus; et gladius duas acies gerit, sed sunt unius corporis latera; et	1 37 14
sicut scriptum est: *oportet enim corruptiuum hoc induere incorruptionem et*	*mortale hoc induere inmortalitatem.* aliter etenim inmortalitatis stola illa	1 2 30
ibidemque in homine includit deum. utitur et figura et condicione	mortali. iustitiam docet inmortalitatis esse comparatricem. factis praecepta	2 4 7
enim dei imago inuisibilis sit necesse est. denique oculis non est subiecta	mortalibus. nam neque cum ingreditur corpus neque cum de corpore	2 30 3
res est disconueniens et absurda, ut secundus sit inmortalis et qui	mortalis est primus, cum inmortalitas in se ordinem temporis non recipiat,	2 4 2
est primus, cum inmortalitas in se ordinem temporis non recipiat,	mortalitas capiat. uel si caelestis est primus, quid opus erat, ut fieret	2 4 2
aestimare non possum, homines qui salutem suam in pecorum	morte constituunt, cum deus, posteaquam de Aegypto egressi sunt, ubi	2 25 1
fudit in terram. quod cum deo malignum quoque uideretur, pari eum	morte damnauit. coniunctionem autem tertii filii apud nurum per aetatem	1 13 1
exuuiis <exui> nec cum labe carnalis huiusce domicilii ista prima	morte dissolui, sed pro qualitate factorum quasdam locis poenalibus	1 2 3
non persecutio, non metus, non periculum, non mors, non tormenta	morte ipsa grauiora, non potestas, non ambitio, non felicitas. semper	1 4 3
tuam, quia dominus benefecit mihi, quia liberauit animam meam a	*morte, oculos meos a lacrimis, pedes meos a lapsu; placebo domino in*	1 2 32
non tura cremant, non merum profundunt nec pecudum inexpectata	morte rapti iecoris spirantes consulunt fibras nec per uarios auium uolatus	1 34 9
paulatim deuergit in senium, donec ultima senectute consumpta, sua	morte reuiuescens, menstrualis ignis solemni germine accenso sumat rursus	1 2 19
	morte sua uiuens, sepulcri nido uegetatus innumerabiles temporum metas	1 58
iam pura, iam libera, iam a conuersatione mundi huius extranea, iam	morte superior, iam caelestia aspirans, iam, non dicam saeculi ludibria,	1 2 25
uos constanter inmergite, saluo salutis statu *ueteris hominis* uestri felici	morte uicturi!	2 23
pia sacramenta celebramus, qui ad hoc *recubans obdormiuit*, ut uinceret	mortem, ad hoc euigilauit, ut beatae resurrectionis suae in nos munus	1 38 4
absumi, praesertim cum eorundem ille sapientissimus dicat hanc esse	mortem, cum corpore animus tamquam carcere clausus tenetur, illam esse	1 2 2
domos? digne, digne iugulantur quae Christi ingratae beneficiis sponte ad	mortem, de qua euaserant, reuertuntur. cum igitur semper insidietur se	2 7 12
filius uirginis, immortalis sibi, homini moriturus; mortem gustat, ut	mortem deuincat; inferos penetrat, ut mortuos uiuos inde reducat;	2 5 3
renouasti. tu sacram crucem in salutem perdito iam mundo prouidisti. tu	mortem deum mori docendo uacuasti. tuum est, quod, cum occiditur ab	1 36 29
mortem piscis ostendit, ita euangelica praedicatio missa per mundum	mortem domini aduentumque testatur, sicut ad Corinthios scriptum est:	1 37 6
aduentumque testatur, sicut ad Corinthios scriptum est: *annuntiatis*	*mortem domini, donec ueniat*. aperies os piscis: hoc est sacramentum uel	1 37 6
saeculorum genitor, filius uirginis, immortalis sibi, homini moriturus;	mortem gustat, ut mortem deuincat; inferos penetrat, ut mortuos uiuos	2 5 3
a peccato quia solus est mundus; hic *salutaris*, quia per ipsum uincimus	mortem; hic *masculus*, quia dei est uirtus; hic, inquam, agnus *perfectus*,	1 8 2
perennis cui beatitudo succedat, praemium uictoriae magis esse quam	mortem. luculenta oratione per Iohannem hactenus contionatur: *nolite*	2 4 11
conditum terrae interit et tamen in eo id, quod intus est, reuiuescit nec	mortem medullitus capit, sed suum sibi genitale in germen exspirans	1 2 22
sapientia est, *immaculatus*, quia peccatum non habet solus, *salutaris*, quia	mortem mutauit in uitam; propter nos qui est occisus et uiuit, sepultus et	1 46a 2
ui aliqua obisse meminerimus. hic nunc mihi responde, qui hominis post	mortem nihil superesse contendis, quemadmodum per alium locutus sit	1 2 7
morbos non discutit, uulneribus non medetur, dolores non tollit,	mortem non repellit, nisi quod sanos occidit; nec manducatur aliquando	1 5 16
calcitraret: securus enim pater optimus timuit, ne dolori aliquid liceret in	mortem. o fratres, secura deuotio! o pater spiritum captans, corpus uero	1 43 5
sua parturit fides, qui mundi huius fugientes insidias, reatum, uulnera ac	mortem paternae inplorastis auxilium maiestatis omnique non pedum	2 23
honores. o caeca mens hominum! quam uarie, unam tamen contendit in	mortem: pauper, cum opes infeliciter quaerit, quas feliciter non habet;	1 5 11
est, hamum uero praedicationem, quia, sicut hamus missus in mare	mortem piscis ostendit, ita euangelica praedicatio missa per mundum	1 37 6
iam non in utero sed sepulcro incognitum pecus, quod legitimam nec	mortem potuit sentire nec uitam. recte igitur apostolus ait: *radix omnium*	1 5 3
ostendit. laetatus est puer patre fideli ipse quoque fidelior, nec recusabat	mortem, quam deus qui uitam dederat imperabat. laetatur pater filio	1 43 5
conscientiae suae conscium solum contestans deum honestam elegit	mortem quam uitam turpem, melius credens hominibus se ream praebere	1 1 18
persona hominis, quem adsumpserat, ait: *tristis est anima mea usque ad*	*mortem.* quod dictum non tam timentis quam exsultantis ac docentis est.	1 2 31
construunt praedia, sepulcra defodiunt; timeant omen qui non timent	mortem: sic, sic interempti plerumque iacent canibus, alitibus ferisque	1 5 8
bona mundi et quia erat iam sapientia conditus, sensibus stipatus, eligendi	mortem uitamue praecepti eruditione commonitus, eum propriae uoluntati	2 4 5
esse comparatricem. factis praecepta consummat. postremam suscipit	mortem, ut ea deuicta resurgens *homini* per hominem, *quem gerebat, et*	2 4 7
mortem. o fratres, secura deuotio! o pater spiritum captans, corpus uero	mortemque contemnens! o qui seruum domini ita se esse meminerat, ut	1 43 6
discrimina aequanimiter perferenda; mundum abdicatione calcandum	mortemque ipsam perennis cui beatitudo succedat, praemium uictoriae	2 4 11
conpediti, libidini uacantes et gutturi, longae nocti, id est aeternae	morti, sunt a deo, quod opus tenebrarum dilexerint, destinati. uer sacrum	1 33 2
mercedem uel maxime parentum, filiorum, maritorum uxorumque in	mortibus posuit; haec nomina pietatis nonnumquam concubitu prodigioso	1 1 8
quod non potest credi. igitur non homines tantum, sed paene omnia suis	mortibus uiuunt. unde pauca de multis attingam, ut omnium probationem	1 2 17
offerat; sicut enim indigne offerre sacrilegum est, ita indigne manducare	mortiferum, in Leuitico scriptura dicente: *omnis mundus manducabit*	1 25 12
quas ille uinciendas libentius offert. pedes quoque constringit, ne in exitu	mortis concitata uictima calcitraret: securus enim pater optimus timuit, ne	1 43 5

suae glutino intrepidae martyris manus nec salientes digiti futurae mortis exitio palpitabant. tanta fuit in martyris deuotione constantia, ut 1 39 7
ignotum. qui ut inter duo elementa peruenit, ibidem praesentariae exitum mortis expauit. hinc enim persequentium Aegyptiorum infestis mucronibus 1 29 1
sibi tota substantia incolas, ciuitates et rura nihil omnino metuens amicae mortis fiducia. denique quod sapientia legibus per industriam colligit, uno 2 1 7
quidem certiora. primo in libro Regnorum Samuel, egregius ille sacerdos, mortis iam lege dispunctus Sauli regi se desideranti sine ambiguitate non 1 2 8
sine lege; alioquin ista innumerabilis simplicitate sua felicior turba adhuc mortis imperio subiaceret, si legis periti tantum iustificari meruissent. at 2 3 2
affligebat infernus. non superi, non inferi parcebant simulacro dei: etenim mortis imperium sibimet uindicauerat totum. haec cum diu sic haberentur, 2 4 6
aliqui morbus totam machinam lecto prosternit, ecce tempestas undique mortis incumbit. nonne statim illa, quae erat domina uoluptatum, fit 2 4 16
cum illicitum pomum hoc membro decerpit, sic in genus humanum ius mortis induxit. necessario ergo luxurioso populo deus hoc signum dedit, 1 3 8
humano generi formam dedit, quoniam ad hoc deus pro homine mortis iura gustauit, ut homo per deum ius inmortalitatis reciperet, quod 1 2 11
turbas; ille numquam remunerat quemquam, nisi primo quis uictor mortis iura praetereat. quae res efficit, ut siue metu siue incredulitate 2 4 14
totum contra conscientiam suam ut homo infirmus patitur, ut homini mortis lege consumpto inmortalitas tribuatur. haec est enim potestas dei, 2 12 3
facies ad faciem erit. unde dubium non est in corporibus nostris, dum mortis lege seminantur, non substantiam, non imaginem, sed illud tantum 1 2 30
ego aeternam uitam me possidere contendo, quia specialiter anxiam curam mortis mihi a deo praestitam recognosco.' recte Iudaeus hoc diceret, 1 3 8
gloriosos a confessione Christiani nominis nullis tormentis, nulla nouitate mortis, nullis praemiis, nullis amicitiis, nullis affectibus omni sane tortore 1 36 30
omne studium defensionis abiecerant, iam etiam ipsa pudoris compendio mortis oderat moras, omnibus displicens, sed solae suae conscientiae 1 1 19
deuicta resurgens *homini* per hominem, *quem gerebat, et spem uincendae mortis offerret* et eum *ad praemia inmortalitatis admitteret.* sicque factum 2 4 7
comparauit ultimoque *sudore* turbatus posteris hereditatem indigestae mortis, quae homicidium mox [ut] peperit, dereliquit. denique nec mora 1 4 8
gladiis uenientibus iugulum, putauerat se feralem iudicis amentiam citae mortis sorte satiare, dum subito manus iubetur extendere ac super 1 39 7
laciniis omnibus spoliatur puella, uestitur incendio. inter tot instrumenta mortis spectatore metuente secura calcat genera uniuersa terrorum; 2 2 7
iudicum, putasne aut de lucis istius incongruis usuris aut de praeproperae mortis subitis damnis familiam domini posse terreri, cum sciamus 1 39 5
in quo non uitis, sed fossoris sanguis effunditur, ut uita beata pretiosae mortis uindemia comparetur. dies uero ad sacramentum pertinet 1 33 3
usque, consumebat labor, gemitus, impietas, dolor, aegritudo, miseria; mortui quippe corpus figuramque illam florentissimam edax in aeternum 2 4 6
ore eius inuenies duos denarios: da pro me et pro te. piscem primum a mortuis ascendentem Christum debemus accipere, cuius ex ore duo denarii, 1 37 5
ut angelus, homo, puer, sponsus, gigas, crucifixus, sepultus, *primogenitus a mortuis* diceretur, hic est, inquam, qui *in omnibus omnia est,* quoniam per 2 8 8
non credunt, tamen cum libamine infausto ad sepulcra concurrunt et a mortuis, quos in quiete tacitae noctis agnouerint, expeti a se aliquotiens 1 2 3
deriuauit, ita dominus omnes in se credentes sancti spiritus semine a mortuis rursus gloriosos in angelos excitabit. ad hoc unum euidens adhuc 1 2 26
confundentes sanguinis iura, delentes merita maritorum, adulantes uiuis, mortuis suspirantes, nunc odientes ueteres, nunc nouos filios similiter et 2 7 10
unigenitus prodeundo de patre ante originem rerum, *primogenitus a mortuis,* ut ait apostolus, post multorum obitus populorum. hic est, cui 2 5 3
ad terram incertas reddebas exsequias, cui magis lacrimas commodarent: mortuo anne morienti? post haec si libet nubere, omnia illa mentita es. 2 7 7
ignis exaestuans uicta natura sentiat per te tecum et ipse refrigerium; mortuorum in postliminium uitae animas reductas inspira; discute 2 3 14
instruxit, propter nos in semet ipso probando quod docuit, uiuere animas mortuorum non tam dicere quam oculatis rebus sufficimus approbare. 1 2 5
qui per sepulcra discurrunt, qui foetorosis prandia cadaueribus sacrificant mortuorum, qui amore luxuriandi atque bibendi in infamibus locis lagenis 1 25 11
non uiuificatur, nisi mortuum fuerit, et subiecit dicens: *sic et resurrectio mortuorum; seminatur in interitum, resurgit in perpetuitatem; seminatur in* 1 2 22
ut sciat unusquisque ad idolatriam pertinere luxuriam. ipsa, inquam, mortuorum sepulcra conuertit in templa, tumulos in altaria, cadauera in 1 1 12
natura sit talis, ut, cum in profundum homines susceperit uiuos, euomat mortuos, aqua nostra suscipit mortuos et euomit uiuos, ex animalibus 2 10 2
homines susceperit uiuos, euomat mortuos, aqua nostra suscipit mortuos et euomit uiuos, ex animalibus ueros homines factos, ex 2 10 2
fontem sacrum debemus accipere, qui uera sarmenta homines suscipit mortuos et inspiratos aqua caelesti mox efficit uiuos. lignum auxiliare, quo 2 11 4
exsultantis ac docentis est. utique non enim quicquam timere poterat, qui mortuos excitabat, *qui potestatem habuit ponendi animam et iterum* 1 2 31
manet. Christianus ergo in toto dubitare non debet in statum pristinum mortuos excitari talesque legitima die ante conspectum dei ex illo naturae 1 2 15
sunt tenebrae, quo mors subacta est, quo homines, quos susceperant mortuos, refundere inferi coacti sunt uiuos. quem ut semper et ubique 2 19 2
temporali locutus est regno, in quo uenturus et *iudicaturus est uiuos et mortuos,* sicut lectio uniuersa testatur, qua praedicat Christum oportere 2 5 7
moriturus; mortem gustat, ut mortem deuincat; inferos penetrat, ut mortuos uiuos inde reducat; unigenitus prodeundo de patre ante originem 2 5 3
loqui, claudos currere, paralyticos reformari, de obsessis daemones fugere mortuosque saepe ipsos a sepulcris cum suis sibi exsequiis reuerti 1 36 9
hoc hactenus Paulo firmante: *stulte, tu quod seminas non uiuificatur, nisi mortuum fuerit,* et subiecit dicens: *sic et resurrectio mortuorum; seminatur* 1 2 22
sicut ceteri, qui spem non habent; si enim credimus, quia Iesus mortuus est et resurrexit, sic et deus eos, qui dormierunt in Iesum, 1 2 12
mortem nihil superesse contendis, quemadmodum per alium locutus sit mortuus ille, quem noueris. at dicis: 'hoc daemones fingunt'. o probatio 1 2 7
ait: *amen, amen dico tibi: hodie mecum eris in paradiso.* itaque si homo mortuus in aeternum perit, ergo mentitus est dominus, qui ei deinceps 1 2 11
consueuerat uiuus; unde libet exclamare: 'profectus potius est iste quam mortuus.' in euangelio quoque Petrus filiique Zebedaei cum domino adstare 1 2 8
praesentiam exhibet, sed etiam ad consulta respondet liberiusque canit mortuus, quam canere consueuerat uiuus; unde libet exclamare: 'profectus 1 2 8
implorando refrigerium Lazarum uerum diuitem sero cognoscit cupitque mortuus uel uno digito illis contingi manibus, quibus stipem denegauerat 1 2 9
gratias agunt. uestrae domus peregrinis omnibus patent; sub uobis uiuus mortuusque diu numquam uisus est nudus. iam pauperes nostri alimenta 1 14 8
uetus quidem uidetur domicilium, sed nouus inquilinus exsultat mutatione morum natiuitatis suae nobilitatem incredulis uariis uirtutibus probaturus. 1 42 2
est. uetus quidem uidetur domicilium, sed nouus est inquilinus mutatione morum natiuitatis suae nobilitatem incredulis uariis uirtutibus monstrans. 2 24 3
agnosci. Ioseph, Hebraeus adolescens, clarus genere, clarior pulchritudine, morum quoque clarissimus probitate, fuit inter filios Iacob aetate minor, 1 1 15
tot efficit uultus, quot ille intrinsecus tristes seu hilares suos fecerit motus, hanc rationem docente nos Paulo: *uidemus,* inquit autem, *modo per* 1 2 29
pallor iam paene uultus perdit humanos nec ullus in membris uoluptati motus. nihil in substantia resederat corporis, sed nihil tamen in utero 1 59 4
languore, ira, gaudio, tristitudine totque induat uultus, quot animi fuerint motus, nullusque prorsus dies, quo iugiter sibi similis esse uideatur? cum 1 27 2
genus congregatione, concordia testari caritatem atque ita omnis motus quasi uno sensu magistra dilectione conuerti, ut quiuis intelligat hoc 1 36 15
in omnibus omnia est, quoniam per ipsum et in ipso sunt omnia. nec uos moueat, fratres, saecularis ac uere puerilis inconsideratorum hominum 2 8 9
quis dubitet illud fortius esse, quod sentit, quod sapit, quod cogitat, quod mouet, quod mouetur, quod mira prouidentia chaos ipsum ut chaos non 1 7 2
potestate, quod a sua substantia tollitur, quod mutatur, quod alieno mouetur pulsu, quod quid sit, quid fuerit, quid futurum sit, non potest 1 7 2
illud fortius esse, quod sentit, quod sapit, quod cogitat, quod mouet, quod mouetur, quod mira prouidentia chaos ipsum ut chaos non esset effecit, 1 7 2
hinc Iob alta fidei radice robustus tot nuntiis lugubribus tunditur nec mouetur, sed tantum benedicit deum facultatesque suas contemnendo 1 15 3
itaque! in fontem quidem nudi demergitis, sed aetheria ueste uestiti mox candidati inde surgetis. quam qui non polluerit, regna caelestia 1 23
igitur cum audio tres pueros incensos, prius uehementer horresco, mox deinde eorum particeps optauerim fieri, cum cognosco inter flammas 1 31
abicite, nouelli omnes, omnes candidati, omnes spiritus sancti munere mox diuites processuri. 1 49
qui uera sarmenta homines suscipit mortuos et inspiratos aqua caelesti mox efficit uiuos. lignum auxiliare, quo tenditur uel portatur, crucis est 2 11 4
superauit. non enim leue crimen est eius, cum de eo ille queritur, qui mox eum poterat et punire. sed quia mors apud incredulos futurorum 1 47
desiderata quantocius festinate! solemnis hymnus ecce iam canitur, ecce mox infantum dulcis uagitus auditur, ecce parientis uno de uentre 2 28
pallescit uultus, non contremuit manus. quaerit puer, ubi sit uictima. quae mox, ita ne percuteretur tenera aetas, ostenditur, quo nec pater ferire 1 62 4
deuotione constantia, ut omni corpore paratus uenisset ad gloriam. mox itaque deuotum corpus carnifex uidit, statim cadentis <securis> 1 39 8
etiam gentes dicere consuerunt. ceterum apud deum quam sit iniustum, mox uidebimus. nunc primo omnium, optime Christiane, scire cupio, quae 2 1 18
intereat, cum male aut creditur aut docetur.' quod malum est ista ratio, mox uidebimus. nunc scire cupio, fides ex doctrina constet an ex 2 3 8
quid statis genere, aetate, sexu, condicione diuersi, mox unum futuri? fontanum semper uirginis matris dulcem ad uterum 1 55
sudore turbatus posteris hereditatem indigestae mortis, quae homicidium mox [ut] peperit, dereliquit. denique nec mora est: inpatienter fraterni 1 4 8
Pharaone duris condicionibus in Aegypto necaretur, miseratione dei duce Moyse iussus est proficisci. huic per diem non circulus solis, sed columna 1 29 1
studio uel noscendae uel impugnandae sacrae legis naturae Natiuitatis Moysei librum lectitando saepius replicauit, fortassis, ut sunt ingenia 2 4 1
altaria diuina cum uenerantur, euertunt; uaria caede prophetas elidunt; Moysen amore nimio lapidare conantur; aduersus dominum semper ingrati 1 4 10
euangelio quoque Petrus filiique Zebedaei cum domino adstare fulgentes Moysen Eliamque, quos propter tunc impedimentum carnis uidere non 1 2 9
pergat, qui eos tanti negotii certos efficiat; cui ille respondit: '*habent Moysen et prophetas,* quibus si non credunt, neque illi, qui hinc missus 1 2 10
ingenti iugo acerrime premebatur. hunc deus praecipit proficisci, duce Moyseo uidelicet et Aaron, iter demonstrante nubis columna per diem, 2 26 1
est, inquit, in me per Iesum Naue domino iubente secunda, quam Moyses annuntiauerat, circumcisio. scriptum est enim: *et dixit deus ad* 1 3 14
Israel populus Christianus, qui proficisci iubetur, ut ad futura contendat. Moyses et Aaron per id, quod erant, sacerdotium, per suum numerum 2 26 2
carnaliter sentiamus, ambo prophetae tenebuntur in crimine, ut aut Moyses fallax sit, si circumcisio recircumciditur rursum, ut hoc idem faciat 1 3 15
corde circumcidantur, ignis inexstinguibilis supplicium comminatur. sed et Moyses ipse, cuius asserunt se saepe discipulos, eodem spiritu ad Israel 1 3 13
id est isto de mundo, semper momentis omnibus liberatur. illis ducatum Moyses praebuit, dux noster Christus est dominus; illis columna nubis 1 46b 2
ut scitus sit sapor, salem sapientiae aspergunt. oleum Christus infundit. Moyses primitiuam festinus maturamque procurauit agninam, Abraham 1 24 2
quasi quibusdam spiritalibus cultris, credentium populorum secundum Moysi dictum non in damnum hominis praeputium carnis, sed in 1 3 16
praeualuit; per hanc Ioseph Aegyptum suae dicioni subiecit. haec Moysi in mari rubro terram uitream fecit; haec, ut cursus soliti contempta 1 36 8
recte aestimas, in infernis, procul dubio omnes sacrilegos antecedis, qui Moysi reprobans dictum per hanc iniuriosam corporis stipem deo placere 1 3 14
sunt. certe caccabacei non sunt, non uetusti, non usti, non crudi, non mucidi. lacteus illis color est, lacteus sapor est. sed fortassis, quod nonnulli 1 41 2
horror; accingitur turba feralis et ad inuisibilem suspensum gladiorum mucro conuertitur. nec inde, ut dixi, sceleris sui crudelitas fructum sortita 1 59 9
exitum mortis expauit. hinc enim persequentium Aegyptiorum infestis mucronibus premebatur, inde maris magno clausus obice reprimebatur. 1 29 1
certatim se crebro subiciunt, ingenti fragore confundunt exsertisque mucronibus sordidis uelut testudine quadam resistunt uincuntque facilius 1 36 15
compleuerit. quod si factum non fuerit factumue displicuerit, tum tota mugiet litibus domus, blasphemabitur deus arreptoque forsitan ipso 2 7 15
pretia quam inopia. inde fraus, periurium, rapinae, lites ac bella. cotidie mugitibus alienis quaeritur lucrum et proscriptio industria uocitatur et 2 1 17
sui uxor peius amare coeperat quam oderant fratres. nam cum medullitus mulier ardoris insani conflagraret incendio, in suadelam sacrilegam 1 1 16

non licet nec maritis, sicut praescribens talibus Paulus apostolus dicit: *mulier sui corporis potestatem non habet, sed uir; similiter et uir sui* 1 1 13
gerit, ut a femina coeperit, quod priori impossibile fuit. denique a muliere, quae prior peccauerat, circumcisionis incipit cura, et quia suasione 1 3 19
unum hominem tantum e limo terrae a deo finctum eique eius ex latere mulierem coniugale solamen excussam, a quibus omne genus manauit 2 4 1
Iudas tres liberos habuit: Her, Aunan, Selom. hic mulierem, cuius nomen est Thamar, accepit uxorem maiori filio suo. qui 1 13 1
componit locoque constituit, Iudas qua fuerat transiturus. at ille uisam mulierem fornicariam putat, quae pudoris integritatem faciem uelando 1 13 2
uirginitas. Adam similiter dominica circumciditur cruce, et quia per mulierem, quae sola lignum letale contigerat, exceperat uterque sexus 1 3 20
accensus inuidia eum, quia per se non ualebat, aliena forma blanditus per mulierem transgressionem praecepti dei persuadendo miserabiliter iugulauit 2 4 5
edax illa flamma sopitur sicque illa medica feliciter curiosa diu admirata mulierem uirginem, admirata infantem deum ingenti gaudio exsultans, 1 54 5
tuendam committunt amore non fidei, sed libidinis, qui publicanas mulieres cum ui subiciunt sibi uiliores se esse quam illae sunt produnt, qui 1 25 11
aut prodigiosis ignibus subicere aut parricidali gladio iugulare; hic Ioseph mulieri flagitat esse uiolentum, quem, etiam dum denudat, esse non inuenit 1 36 26
aetatem excusat deterritus, ne etiam ipse similiter moreretur, praecepitque mulieri, ut in domo patris sui uidua permanens nuptias maturas exspectet. 1 13 1
uehementer urguentibus nec eques potest sequi nec nauis. Maria cum mulieribus tympanum quatit; hymnus canitur; dei populus liberatur 2 26 1
iisdem, qui non fugiunt, sed portant peccata, delentur. Maria, quae cum mulieribus tympanum quatit, typus ecclesiae fuit, quae cum omnibus 2 26 3
aurem intrat Christus in Mariam, uniuersa cordis desecat uitia uulnusque mulieris, dum de uirgine nascitur, curat. signum salutis accipite! 1 3 19
tegere conantem, immo animi sui uitium et corporis demonstrantem, post multa adulteria spectaculo totius mundi quoque prostituit. non opus est ire 1 1 11
iure ipso regina. triumphet licet quibus uult uirtutibus fides, ac spes multa et magna proponat, tamen sine hac utraeque non stabunt: fides 1 36 10
hac enim matre eademque magistra uniuersa quae diximus, sed et alia multa, immo omnia undique sine pausa quae scaturiunt mala nascuntur 1 5 4
altari, quoniam ablata est de domo dei uestri hostia et immolatio. multa sunt, quae dici possunt, sed satis otiosum est in his demorari, quae 1 25 6
ipso cessante illicita eis uota donabis (quod maritis etiam sub fidelibus multae fecere peiores, Euae non discipulae, sed magistrae; illa enim 2 7 16
hoc est, quod Abraham *contra spem in spem credidit deo, ut fieret pater multarum gentium.* contra spem autem est, quod impossibile est ac non 1 36 5
Abraham ut pater esset multarum gentium, hic iustitiam non didicit, sed genuit. non illum 1 62 1
nomina (quae si auferas, nulla fortassis est pugna), multos esse tractatus, multas etiam fides et quidem nouellas et litis labore ac fauore nutritas. 2 3 7
membra iactantur. uobis multi redempti, multi edictis feralibus liberati, multi condicionibus duris exuti gratias agunt. uestrae domus peregrinis 1 14 8
totius quodam modo orbis per membra iactantur. uobis multi redempti, multi edictis feralibus liberati, multi condicionibus duris exuti gratias 1 14 8
sterilis, quae non pariebas, erumpe et clama, quae non parturis, quoniam multi filii desertae. ecce enim, carissimi, in Sarra attractis aetate neruis et, 1 59 3
impugnatur, expugnet, numquam bonis suis poterit uti securus. sunt enim multi, qui adserere conantur *chaos in principio fuisse*, id est informem 1 7 1
pia semina totius quodam modo orbis per membra iactantur. uobis multi redempti, multi edictis feralibus liberati, multi condicionibus duris 1 14 8
quotienscumque in hoc peruerso saeculo contra laudabiles uiros multiformes tenduntur insidiae et diuersis calumniarum generibus factiosae 1 40 1
stabilis cursor multiformi gratia redimitus, per temporum ambages *pernicibus plantis* sua 1 44 1
[in] stabili cursu multiformi gratia redimitus per temporum <ambages> solemni uestigio 1 57
fratres dilectissimi, martyrum non horruisse supplicium. quantum etenim multiformis crudelitatis lugubris contemplatio retrahit a corona, tantum 1 11
hinc caro tota deliciis fluens, uariis temporum redimita muneribus opes multimodas ac profundas promittit, ostentat, obicit, donat, speciem 2 4 9
fit tanto miserior: expers otii, expers satietatis, per fas atque nefas, artibus multimodis ac uersutiis armata bacchatur, salutis suae alienaeque 1 5 2
qui filium quondam Isaac habuit: simplex quidem uocabulum, sed multiplex pronuntiatio. hic namque, carissimi, desperatus parentibus, sed 1 59 1
consiliis quam in alienis nudisque sermonibus conquiescis neque tantam in multiplicandis uirtutibus laudem ponis, quantam in finiendis. tu uirginitati 1 4 20
cultus debeat custodiri, apud Salomonem maxime cum scriptum sit: *et si multiplicentur, non oblecteris in illis; si non est timor domini cum illis,* 2 7 5
fratres, hunc mundum quasi quandam futuri humani generis domum multipliciter aptatum distinctumque elementis, opibus, animantibus, 2 4 4
homines tantum, sed paene omnia suis mortibus uiuunt. unde pauca de multis attingam, ut omnium probationem haud dubie in paucis expediam. 1 2 17
passi fuerint, spes eorum immortalitatis plena est; et in paucis uexati in multis bene disponentur, quoniam deus temptauit illos et inuenit illos dignos 2 5 6
qui aduersus ueritatem falsa componunt, sed caelestibus testimoniis multis, manifestis ac puris, ut docti probent, minus instructi sese 2 18 2
conantur; aduersus dominum semper ingrati uariis molitionibus pugnant multisque diis ac regibus seruire gestiunt, qui uni deo per inpatientiam 1 4 10
<a> deo repudiata cognoscite, qui dicit ad eos in Esaiae libro: *quo mihi multitudinem sacrificiorum uestrorum? plenus sum holocaustomatis arietum* 1 25 6
hos in Aegypto genuit, ubi ingressis paucis hominibus innumerabilis multitudo processit et ad eremum dominus perduxit *manu forti et brachio* 1 61 7
omnino amplectendae sint, ut tot quis habeat fides quot non habet uerba, multo magis nihil habebit, quia tractatus, qui eas genuit uel cotidie 2 3 7
quod fuerit quam institui quod ante non fuit; quod si non fuit et est, multo magis poterit esse quod fuit, quippe cum illius potentissimi artificis 1 2 16
incorrupta species uenderetur! ingemescit praeterea, si annus est sterilis, multo magis, si fertilis fuerit: illic quia parum distrahit, hic quia non solus. 1 5 14
aliquando et beneficium, cum te iubet ad ecclesiam non uenire. sed multo peius est, si places marito: neque enim sine sacrilegio possis placere 2 7 16
patre ante originem rerum, *primogenitus a mortuis*, ut ait apostolus, post multorum obitus populorum. hic est, cui *data est potestas in caelo et in* 2 5 3
deus, illa cogita semper et in plurimis operibus illorum non eris curiosus; multos enim seduxit suspicio illorum et in uanitate detinuit sensus illorum. 2 3 16
assertorum indicant nomina (quae si auferas, nulla fortassis est pugna), multos esse tractatus, multas etiam fides et quidem nouellas et litis labore 2 3 7
haec mare pedibus ambulari posse in Petro praesumpsit. per hanc apostoli multos in nitidam cutem leprae deformis contagiosis scabrosisque 1 36 9
signum salutare uenerantur et tamen a mysteriis daemonum non recedunt. multos *namque dei metus in ecclesia continet, sed tamen* eos mundana 1 35 5
tuam in incerti pecoris sitam uisceribus opinaris. sane quod passim multos occidis, edacitatis est tuae, quod diuersis in locis, uanitatis, quod 2 20 2
qui abundat astutia et transgreditur legem; et iterum: *noli esse sapiens multum et noli argumentari plus quam oporteat.* similiter Paulus: *noli* 2 3 12
at qui in lege peccauerunt, per legem iudicabuntur. uidetisne, fratres, multum interesse inter damnatum et iudicandum? quam iudicii formam 1 35 8
religionis sordidos ritus abiecit. *aestiualia induit*: aestiua uestis, fratres, et munda est et exacta, cum qua facile et opus fieri possit et tolerari ardor 1 13 8
aetatis incremento progrediens lasciui cursus ambagibus carpit pensa mundana. at ubi matura aureo igne flagrantis luciflui aurigae par laboribus 1 2 19
iuuenes, senes utriusque sexus, qui eratis rei, eratis et inmundi mundana natiuitate, contra omni reatu iam liberi mundi estis infantes et, 1 38 1
recedunt. multos *namque dei metus in ecclesia continet, sed tamen* eos mundana uoluptas ad se trahit. *impii non manent, quia his dei nomen in* 1 35 5
tam formae quam facta noscantur ac necessario recipiant secundum quod mundanae administrationis suis in actibus portant, recte dicentes: *quisque* 1 2 4
nec sapiens profecto erit ille nec iustus. satis, ut opinor, praestigiae mundanae patuerunt. in quibus cum peritius agant uniuersi homines, quam 2 1 11
gaudete; nihil saeculo iam debetis. ecce nullum pondus, stridor nullus est mundanarum uestris in ceruicibus catenarum. uinculis nullis impeditae 2 29 1
specioso circulo sacer inflexus dies in mundani operis pensa quadriga temporum fertur duodenis mensum perpeti 1 26
negotioso cursu, reciprocis ambagibus operis mundani pensa perpetuans, genitali semper nouellus occasu, a se in semet 1 6
pigra, sordida et tristis ad eos pertinet, qui idolatriae deseruientes, mundanis uoluptatibus conpediti, libidini uacantes et gutturi, longae nocti, 1 33 2
tantum potest, uidere autem non potest; fides conscientiam medullitus mundat, ne quid reatui uel intrinsecus debeat; qui enim suam conscientiam 2 3 5
possit inmundum, qui humani generis peccata, sordes et maculas uenerat mundaturus. denique purgationes, quae sunt tarditate periculosae, nullo 1 54 4
potest dubitari, quia hanc qui habuerit, necesse est, ut expedite uiuat et munde. igitur ne cognoscatur, faciem uelamine obscurat: necessario, quia 1 13 8
stultam putant irriduntque quasi uanam, quod, cum possit bonis frui mundi ac negligat, sponte se faciat infelicem, non credentes, quia dei 2 1 14
rem paucis expediam. omnis caro quam diu flagitiosis illecebris huius mundi ac tenebris feralibus agitatur, profecto pecuina est ac misero, fragili 1 2 25
qui habent uxores, sic sint quasi non habentes; praeterit enim figura huius mundi. at cum ante annos ferme quadringentos uel eo amplius apostolicum 2 7 5
pleno uermibus sedet; dominus quoque in uero sterquilinio, id est in huius mundi caeno uersatus est inter ebullientes diuersis sceleribus ac libidinibus 1 15 9
non semine. decem mensium fastidia nescit, utpote quae in se creatorem mundi concepit; parturit non dolore, sed gaudio. mira res! exsultans 1 54 3
suam tradidit, qui orbem terrae donauit, qui omnia elementa mundi cum animantibus suis eius potestati subiecit, qui ei annos, tempora, 1 36 28
iudicium et iustitiam super terram. o quam paucissimis uerbis omne hoc mundi, enixe quod geritur, negotium perorauit! his enim tribus rebus, quae 2 1 6
rei, eratis et inmundi mundana natiuitate, contra omni reatu iam liberi mundi estis infantes et, quod est admirabile et gratum, subito uno 1 38 1
et ueneretur et ueneraretur artificem. post haec subiecit ei omnia bona mundi et quia erat iam sapientia conditus, sensibus stipatus, eligendi 2 4 5
et uirtutibus maiestatem. hic sol noster, sol uerus, qui clarissimos ignes mundi germanos astrorumque candentium polorum claritatis suae de 2 12 4
ante praedicauit his uerbis: *ecce agnus dei, ecce qui tollit peccatum mundi.* hic itaque dictus est *primitiuus*, quia paternae antiquitatis solus est 1 8 2
sacro resurgit fontis ex gurgite iam pura, iam libera, iam a conuersatione mundi huius extranea, iam morte superior, iam caelestia aspirans, iam, non 1 2 25
exsultate, fratres, quos sua parturit fides, qui mundi huius fugientes insidias, reatum, uulnera ac mortem paternae 2 23
hominem passum latrocinio diaboli angelorumque eius et huius mundi in *stabulo*, id est in ecclesia, quo pecora diuina succedunt, 1 37 10
propter rerum naturam filius, ne exsertae maiestatis dominum non possit mundi istius mediocritas sustinere. cum imperat pater orbem fieri, opus 1 56 2
ita sint, resurrectionem futuram cur, Christiane, non credis? cur de huius mundi labe in meliora migrantes tam pertinaciter plangis? pro nefas! hinc 1 2 13
mater patientia custodiret. sol denique quamuis mira celeritate alternas mundi metas illustret, tamen numquam dilectam uerecundamque anteuertit 1 4 4
pariter ac magistra malorum. hominis nam salutem ab incunabulis mundi mors ut iugularet ac iugulet, ab ipsa prorupit. denique Adam in 1 4 7
sapientia seruit et uirtus. uidetisne iam manifeste sapientiam huius mundi non esse iustitiam et quidem nec ueram sapientiam? quia fieri non 2 1 9
oculorum et ambitio saeculi, quae non est a patre, sed ex concupiscentia mundi. per hanc enim diabolus cum diuerse hominum mentes capit ac 1 36 27
patitur contumeliam, cuius praecepta contemnuntur, cui cultus, cui amor mundi praeponitur. quoduis etenim piaculum scelus dedecus nefas libenter 1 14 7
uitium et corporis demonstrantem, post multa adulteria spectaculo totius mundi quoque prostituit. non opus est ire per singula; quamuis et haec 1 1 11
sapiens esse in hoc saeculo, stultus fiat, ut sit prudens; nam huius mundi sapientia stultitia est apud deum. ob quam causam idem deus per 2 1 5
futura credidissent pariterque metuissent. nemo est enim tam uel ab istius mundi sapientiae gustu ieiunus, qui audeat dicere animas cum corporibus 1 2 2
igitur Iob uir fuit iustus et uerax, ab uniuersis concupiscentiis huius mundi secretus, conuersatione limpidus, mente limpidior, usque adeo 1 15 2
in aeternum manentis gloriae beatis in sedibus nullas deinceps aerumnas mundi sensura repromissa felicitas exhibetur, Dauid sancto dicente: 1 2 32
parit; tumet uterus maiestate, non semine, capitque uirgo, quem mundus mundique non capit plenitudo. interea promouent suum membra factorem 2 12 2
praesentis temporis regimen utroque cessante actumque est de mundo mundique tota substantia, si uel uno momento diuinitatis cessat imperium. 2 5 5
suauissimis moribus comparatur; quod non cruentis manibus, sed sensibus mundis offertur; quod non iugulatur ut pereat, sed, sicut Isaac, immolatur 1 25 9

in thesauro naturae depositum incolume requiescere, quod in hoc mundo ad tempus perspicitur interire. similiter in inferno diues ille 1 2 9
ipso regnauit, cata Iohannem ipso dicente: *regnum meum non est de hoc mundo*. apertius autem hoc Paulus expressit dicens: *hoc enim scire debetis,* 2 5 8
exorat. una illi sola principalis sollicitudo ac maxima est cautio, ne quid mundo debeat, ne quid horum digne patiatur. hanc qui diuinas litteras aut 2 1 13
dolore gementes et uos plorantes, sordidos, pannis sordidis alligatos huic mundo dediticios intulerunt; sed laeta gaudentes, caelestis <...> libera 1 32
dilexerit mundum, non est caritas patris in illo, quoniam omne, quod in mundo est, concupiscentia carnis est et concupiscentia oculorum et ambitio 2 4 12
dilexerit mundum, non est caritas patris in eo, quoniam omne, quod in mundo est, concupiscentia carnis est et concupiscentia oculorum et ambitio 2 9 5
dilexerit mundum, non est caritas patris in illo, quoniam omne, quod in mundo est, concupiscentia carnis est et concupiscentia oculorum et ambitio 1 36 27
homine deo bellum et infaustae superstitionis busto in nefas conscium toto mundo funereum fecerat rogum. scatebat per tecta culminum publicum 1 39 2
suis hortamentis occidit, religiose confidens deo filios se genuisse, non mundo. hinc uxor amissi mariti desolationem se ferre non posse testatur 1 2 13
mundum ipsi iudicabunt, apostolo dicente: *an nescitis, quia sancti de hoc mundo iudicabunt?*; alterum impiorum, qui non sunt iudicandi, quia iam 1 35 7
uacat ergo praesentis temporis regimen utroque cessante actumque est de mundo mundique tota substantia, si uel uno momento diuinitatis cessat 2 5 5
mancipium; eius enim possidet regnum. nam deos ipsa genuit, ipsa intulit mundo, per quos aut in quibus diabolus colitur, quorum in actibus origo 1 1 11
praedicaret, passionis resurrectionisque uacaret locus et nihil Christus mundo praestiterat; si hominem solum, sicut quidam putant ab utero 2 5 1
tu Adam in Christo renouasti. tu sacram crucem in salutem perdito iam mundo prouidisti. tu mortem deum mori docendo uacuasti. tuum est, 1 36 29
et iterum resumendi eam; sed ut doceret, quoniam, cum uiuit in hoc mundo, semper in tribulatione, semper iustus in poena est. cum autem 1 2 31
maiores, sed omnis Christiana progenies de uera Aegypto, id est isto de mundo, semper momentis omnibus liberatur. illis ducatum Moyses 1 46b 1
cur ego Christiano orbe paene iam toto hominumque uiuacitate mundo senescente detrita *obtundam uerbis palpantibus* aciem ueritatis ac 2 7 5
omnibus est in usu: *nolite*, inquit, *diligere mundum neque ea, quae in mundo sunt. si quis dilexerit mundum, non est caritas patris in eo, quoniam* 2 9 5
esse uideatur, Iohanne dicente: *nolite diligere mundum neque ea, quae in mundo sunt. si quis dilexerit mundum, non est caritas patris in illo,* 1 36 27
Iohannem hactenus contionatur: *nolite diligere mundum neque ea, quae in mundo sunt. si quis dilexerit mundum, non est caritas patris in illo,* 2 4 12
frigus, famem, sitim uniuersaque discrimina aequanimiter perferenda; mundum abdicatione calcandum mortemque ipsam perennis cui beatitudo 2 4 11
uiuo de gurgite conparamus, nobilis et aeterna, quia animus, qui uicerit mundum agnoscendo ac seruando religionem ueram ueramque iustitiam, 2 4 8
seducaris errore. unum est enim detestabile, alterum reprobum, tertium mundum. detestabile est gentium, reprobum Iudaeorum, populi Christiani 1 25 3
tamquam umbra. sed et dominus ipse dicit: *quid prodest unicuique lucrari mundum et animae suae pati detrimentum?* i nunc, insatiabilis homo, et in 1 5 9
dictum prosequitur dicens: *hoc est autem iudicium, quia lux uenit in hunc mundum et dilexerunt homines tenebras magis quam lucem?* ambiguos 1 35 4
mundum. detestabile est gentium, reprobum Iudaeorum, populi Christiani mundum. igitur gentium sacrificium quam exsecrabile est, tam inane; 1 25 3
iustorum, qui non tantum, ut dictum est, non iudicabuntur, sed istum mundum ipsi iudicabunt, apostolo dicente: *an nescitis, quia sancti de hoc* 1 35 7
<...> Christus mundum latenter intrauit, ne sibi sapiens diabolus uideretur. qui consilio 1 60
in mare mortem piscis ostendit, ita euangelica praedicatio missa per mundum mortem domini aduentumque testatur, sicut ad Corinthios 1 37 6
recte sapientibus exsecrabilis esse uideatur, Iohanne dicente: *nolite diligere mundum neque ea, quae in mundo sunt. si quis dilexerit mundum, non est* 1 36 27
luculenta oratione per Iohannem hactenus contionatur: *nolite diligere mundum neque ea, quae in mundo sunt. si quis dilexerit mundum, non est* 2 4 12
discipulis quid praedicet, omnibus est in usu: *nolite*, inquit, *diligere mundum neque ea, quae in mundo sunt. si quis dilexerit mundum, non est* 2 9 5
inquit, *diligere mundum neque ea, quae in mundo sunt. si quis dilexerit mundum, non est caritas patris in eo, quoniam omne, quod in mundo est,* 2 9 5
nolite diligere mundum neque ea, quae in mundo sunt. si quis dilexerit mundum, non est caritas patris in illo, quoniam omne, quod in mundo est, 2 4 12
nolite diligere mundum neque ea, quae in mundo sunt. si quis dilexerit mundum, non est caritas patris in illo, quoniam omne, quod in mundo est, 1 36 27
se in se manentem; *postea uero deum* hanc *diremisse* ex eaque constituisse *mundum pariter et ornasse.* igitur si, ut uolunt, deus materiam, qua usus 1 7 1
quiuis facillime possit agnoscere. posteaquam deus, fratres, hunc mundum quasi quandam futuri humani generis domum multipliciter 2 4 4
gentes, et in omni loco odores incensi offeruntur nomini meo et sacrificium mundum, quoniam magnum est nomen meum apud gentes, dicit dominus. 1 25 7
super quem aedificauit ecclesiam, duobus populis profecerunt. mare autem mundum significasse non dubium est, hamum uero praedicationem, quia, 1 37 6
totius naturae antiquitate maiorem. interea rudis non gemit feta. non mundum, ut assolet, infans fusus ingrediens sponte uitae reptantis praeuiis 1 54 4
cuius exaggerare opulentiam uelocitate mira contendunt, cui totus militat mundus, aetas cui uniuersa deseruit. pro nefas! quae istae sunt tenebrae? 2 1 8
uia cum persecutore deletur. quantum spiritaliter intellegi datur, Aegyptus mundus est iste. Pharao cum populo suo diabolus et spiritus omnis 2 26 2
significabat nauis materia crucem, somnus uero passionem. mare autem mundus est iste tumidus; fluctus eius Iudaeorum populos et *gentes* 1 34 8
miserabiliter ad ima deferri. sed quia inexstinguibilis pestis incendio totus mundus exarsit, auaritia, ut putatur, crimen esse desiit, quia neminem qui 1 5 1
tu clarifica me apud te ipsum claritate, quam habui apud te, priusquam mundus fieret. qui resurgens ait: *omnia mihi tradita sunt a patre meo*. hic, 2 5 4
est et inuentus est uiuus; hic *immaculatus*, a peccato quia solus est mundus; hic *salutaris*, quia per ipsum uincimus mortem; hic *masculus*, 1 8 2
ministrae sunt rapinarum. oculos inpudenter extollit, quorum lenocinio mundus in flore est. intonat lingua, caret quae numquam ueneno serpentis, 2 9 9
ita indigne manducare mortiferum, in Leuitico scriptura dicente: *omnis mundus manducabit carnem. anima autem quaecumque manducauerit de* 1 25 12
quem parit; tumet uterus maiestate, non semine, capitque uirgo, quem mundus mundique non capit plenitudo. interea promouent suum membra 2 12 2
in ipso fructu suo etiam ipse se odit. uenenis eius cotidie totus exaestuat mundus pestiferisque uoluptatibus ita corrupta sunt omnia, ut quicquid in 1 36 27
nostri funduntur infantes. aestas autem fidelis est populus, angelicus et mundus, qui sponsionis suae palmam fortiter retinens, peccatorum paleis 1 33 3
ambitio saeculi, quae non est a patre, sed ex concupiscentia saeculi. et mundus transibit et concupiscentia eius. qui autem fecerit uoluntatem dei, 2 4 12
reueretur. pestiferas odit blanditias carnis inimicae et quicquid ingesserit mundus uoluptatis aut muneris, totum respuit praesumens totum se 1 1 2
fetibus pollens, diuite sinu, momentis quibus uelis quattuor temporum munera expungens. denique competentibus nostris finitur hiems hodie 2 13
spiritus postulat, spes promittit, sapientia domus domina praerogat munera. exsultate, seniores: uos estis huius operis firmamenta. exsultate, 2 6 9
peregrinus est. illa sine contemplatione meritorum quibuslibet passim sua munera infulcit, maxime indignis, ut ad se colligat turbas; ille numquam 2 4 14
posset nec portare confideret, matris suscepit officia, quae uxoris iam munera nesciebat. atque eo tempore partus profertur, quo calor genitalia 1 59 3
humanae carni se fingit infantem. Mariae superbus emicat uenter, non munere coniugali, sed fide, uerbo, non semine. decem mensium fastidia 1 54 3
ueram ueramque iustitiam, inmortalitatis necesse est pro laboris sui munere inmortali beatitudine perfruatur. inde est, quod intra hominem 2 4 8
cum pannis abicite, nouelli omnes, omnes candidati, omnes spiritus sancti munere mox diuites processuri. 1 49
aduersantur sibi. hinc caro tota deliciis fluens, uariis temporum redimita muneribus opes multimodas ac profundas promittit, ostentat, obicit, donat, 2 4 9
interitus, nisi ea inuicem mutuis aequalibusque temperantiae dotata muneribus perennis connubii fideli propagine benigna caritas illigasset. 1 36 16
menses, noctes ac dies clarissimosque duos regalium orbium currus munerifero semper uicissitudinis delectamento seruire praecepit, qui eum 1 36 28
[ut] peperit, dereliquit. denique nec mora est: inpatienter fraterni inuidus muneris in fratris Cain anhelat exitium et deo ante negotium parricida est; 1 4 9
blanditias carnis inimicae et quicquid ingesserit mundus uoluptatis aut muneris, totum respuit praesumens totum se habere, si pura sit. neminem 1 1 2
dies salutaris aduenit, officiis sacramenti dominici omnibus omni genere munerum largus. namque piis mercedem sacerdotibus praestat, 1 6
in armis expeditissime standum, uigilandum diligenter, undique castra munienda, defensanda regalia fortiter ac tenaciter signa; aestus, frigus, 2 4 11
secus quam decuerat *deperire coeperant.* quam cum aduerterent muro <munitam> castitatis, quae certe uera et aeterna formositas, in paradisi 1 1 17
tres Hebraei uenerabilis numeri sacramento muniti, aetate teneri, sed fidei soliditate robusti, supplicio suffragante 2 22
fortiter time, diaboli si uis incendia non timere. ecce pueri sacramento muniti tres numero, sed una uirtute, anhelantibus flammis, camino 2 15
credit, hanc excolit, per hanc hoc sibi nomen inuenit; non sanctitas, non munitio, quia *nihil* est *tam sanctum quod non uiolari, nihil tam munitum* 1 5 5
non munitio, quia *nihil* est *tam sanctum quod non uiolari, nihil tam munitum quod non expugnari pecunia possit*; non necessitudo sanguinis, 1 5 5
deo diurnas hostias offerebat. tanto autem puritatis ac fidei erat muro munitus, ut non auderet eum adtemptare diabolus nisi a deo iussus. iam 1 15 2
Abraham, fratres dilectissimi, quale diuinae pietatis munus acceperit, uetustae legis gesta testantur. Sarra uxor eius non inferior 1 43 1
a lapsu; placebo domino in regione uiuorum. haec nos felicitas manet, hoc munus exspectat. sic ergo uiuamus, ut bonis operibus decorati nos quoque 1 2 32
passionem resurrectionemque ortu rediuiuo concelebrat, per quem nobis munus futurae beatitudinis pollicetur, hoc quoque nostris competentibus 1 57
ut uinceret mortem, ad hoc euigilauit, ut beatae resurrectionis suae in nos munus inmortalitatis conferret. quem competenter sequitur Virgo 1 38 4
infantiae usque ad supremos exitus cuiusuis aetatis utroque generi salutare munus inpertit; illa sanguine gaudet, haec gratia; illa imagine, haec 1 3 23
senectute suscepta sollicitudinis mole gaudere; nam et risit Sarra munus iuuentutis subiens in senecta, unde nomen accepit infans, qui post 1 43 2
consistat, cui uel maxime debeatur: utique illi, qui hominem fecit, qui ei munus perpetuae caritatis similitudinem suam tradidit, qui orbem terrae 1 36 28
quam iussus est facere, non praecipiti festinatione compingit nec tantum munus quasi praesumptor aut demens rapit, sed patienter aedificat, 1 4 12
quod cara uxor, quod generosi liberi, quod ueri sunt patres. huius est munus, quod alii ut nos aut plus quam nos proximi uel amici sunt nobis. 1 36 14
amicos, sed saepe etiam eos, quos numquam uidimus, diligamus. huius est munus, quod antiquorum aut uirtutes ex libris aut ex uirtutibus libros 1 36 14
cogit in carnem. haec humanitati praestat esse quod nascitur. huius est munus, quod cara uxor, quod generosi liberi, quod ueri sunt patres. huius 1 36 14
alii ut nos aut plus quam nos proximi uel amici sunt nobis. huius est munus, quod diligimus seruos ut filios ac nos illi colunt libenter ut 1 36 14
sibi mauult semper timere quam occidere, inuerso gratus officio, deo dei munus retinendo placiturus. rex mansuetus, pater pius, propheta modestus. 2 9 7
diligimus seruos ut filios ac nos illi colunt libenter ut dominos. huius est munus, ut, non dicam notos aut amicos, sed saepe etiam eos, quos 1 36 14
quos beatae sitis exoptatus ardor incendit, quos nectarei fluenti dulce murmur inuitat, lacteum genitalis fontis ad laticem conuolate incunctanter 1 12
fratres! aqua uiua spiritu sancto et igne dulcissimo temperata blando murmure iam uos inuitat. iam balneator praecinctus exspectat, *quod* 1 23
prodigio, secus quam decuerat *deperire coeperant.* quam cum aduerterent muro <munitam> castitatis, quae certe uera et aeterna formositas, in 1 1 17
numero deo diurnas hostias offerebat. tanto autem puritatis ac fidei erat muro munitus, ut non auderet eum adtemptare diabolus nisi a deo iussus. 1 15 2
mare, aquae dextra laeuaque gelido stupore frenatae uitreos diriguntur in muros praestolantes dei transitum populi, ut persequentibus mare sint. 1 29 2
scientia, daemonum terror, martyrum uirtus, ecclesiae pulchritudo uel murus, dei ministra, Christi amica, spiritus sancti conuiua. huic et 1 36 4
apostolos glutinasti. tu cotidiana martyrum et mater es et corona. tu murus fidei, fructus spei, anima caritatis. tu specialiter omnem populum 1 4 22
hodie uestro de numero nouellae uites ad iugum perductae, scaturientis musti dulci fluento feruentes uinariam dominicam cellam communi gaudio 1 10b 3
separetur. tum solemniter plorans clementer imbre suo rorat conceptaque musti felicibus lacrimis fluenta denuntiat. statim oculis apertis folia radiata 2 11 3
obrutum pectus saepe crudis atque acidis uomitibus inurguetur, in quo musti uestri dulcedo saecularis uini pridiani exhalante foetore corrumpitur, 1 24 1

uindicta usque ad ultimum quadrantem exigitur. calcatores de eodem	musto bibunt; et persecutores saepe credentes in Christum calicem	2	11	7
moles spiceam feliciter contundens palmam. quam prosequitur congrue	*mustulentus autumnus*, ut necessario gratiae panis uini quoque iucunditas	1	33	1
quem paulo ante calcando fuderant, gustant, aliqui etiam bibunt.	mustum patris familias cellae reconditur, ut pretiosius transfretatione	2	11	7
nouum coeperint manducare. quos autumnale quoque non morabitur	mustum, quo repleti inebriatique feliciter spiritus sancti calore feruebunt,	2	13	
duodecim, *corona* circumdat, quem per ambitum totius orbis non	muta *quattuor animalia*, sed salutiferis praedicationibus quattuor	2	12	4
ecce indulgenter excolis crinem; odorato puluere luctus puluerem	mutas; in stibio fletus includis; ornamento ligas quod suspendio uoueras	2	7	8
tamen scio, quia nihil distat a prodigio, quisquis alterius causa et formam	mutat et mores. sed dicis: 'ardor me tenerae compellit aetatis.' credo. ecce	2	7	8
figuras, speculo conciliante semper incertam cotidie peregrinis coloribus	mutat, gulae labore culta, lauacro nitida, unguentis oblita, uestitu uaria,	2	4	9
sunt flammis, statim sibilo roris incendia temperantur. mors refugiens	mutat officium: incensores cremantur, incensis hymnum canentibus flamma	2	27	
ipse non est. uetus quidem uidetur domicilium, sed nouus est inquilinus	mutatione morum natiuitatis suae nobilitatem incredulis uariis uirtutibus	2	24	3
est ipse. uetus quidem uidetur domicilium, sed nouus inquilinus exsultat	mutatione morum natiuitatis suae nobilitatem incredulis uariis uirtutibus	1	42	2
operis pensa quadriga temporum fertur duodenis mensum perpeti cursu	mutationibus diues, nulla statione contentus, quia inmortalitas eius est	1	26	
perpetis anni pernicem cursum in bis senae	mutationis augmentum una eademque nec ipsa, sed ipsa orbita	1	16	1
sui carmen coli uel maxime cupiunt, sic se et alios perdiderunt. nam	mutato nomine et cultu, quasi promota somniis, illas scholares calumnias	2	9	2
adorari. ad cuius immanis ausi saeuitiam metuenda elementorum forma	mutatur et dei iniuriam prius prodit natura quam intellegat populus	1	59	9
timuit, nec qui feriebat expauit. sacrificium domini non dimittitur, sed	mutatur. melius seruauit filium, dum non pepercit. sola enim fides	1	62	5
totum potest, a toto dissimulat; magnis ac mirabilibus saeculi non	mutatur; mitem humilemque retinet ubique pastorem. post adiecit: *si non*	2	9	7
non est in sua positum potestate, quod a sua substantia tollitur, quod	mutatur, quod alieno mouetur pulsu, quod quid sit, quid fuerit, quid	1	7	2
a filio ad agnum transtulit dextram semper laetatus et gaudens nec	mutatus est uultus eius, cum esset uictima commutata: cum tanta laetitia	1	43	7
in angelos transituros, si prouectus aetatis eorum infantiam non	mutauerit.	2	10	2
renatus sit; beatissimus, qui infantiam suam prouectu temporis non	mutauerit.	2	29	3
in melius, felicitatis pristinae statum dissimulando non perdidit, sed	mutauit. hic ego patientiam domini memorare non audeo, ne quam deus	1	4	19
est, *immaculatus*, quia peccatum non habet solus, *salutaris*, quia mortem	mutauit in uitam; propter nos qui est occisus et uiuit, sepultus et	1	46a	2
uicit, sanitatem recepit, facultates liberosque suos non perdidit, sed	mutauit! Iob, quantum intellegi datur, fratres carissimi, Christi imaginem	1	15	6
et gratias referamus. qui zizania, lolium, lappas, tribulos in laeta frumenta	mutauit, quae diligenti cultu purgata molarisque lapidis pio pondere	1	41	1
sed circumcisione domini nostri Iesu Christi, elaborate, ne uestra integritas	mutiletur, ne ingruentium peccatorum rursum, sicut Adae et Euae spiritale	1	3	24
spoliauere uerticibus; per hanc, inquam, caecos uidere, surdos audire,	mutos loqui, claudos currere, paralyticos reformari, de obsessis daemones	1	36	9
es. quid hoc est? ecce rursus ad lenocinia redis, colorem de pyxide	mutuaris paulo ante damnatum. ecce indulgenter excolis crinem; odorato	2	7	8
coaptatus integumento carnis includitur deus humanamque uitam	mutuatur de tempore, qui praestat temporibus aeternitatem. mira res!	2	12	1
at ubi sinistro consensu inuidi ex lubricitate serpentis est inpatientiam	mutuatus sacraeque arboris pomum male dulce delibauit, lacrimas repperit,	1	4	8
quem non uidet, non potest diligere. decertemus igitur, fratres, inter nos	mutui amoris aemulatione gloriosa imaginemque dei dignissime uenerando	1	36	24
diuersa satisque repugnantia olim deprehendisset interitus, nisi ea inuicem	mutuis aequalibusque temperantiae dotata muneribus perennis connubii	1	36	16
solum metuens ne desit ulli quod radat. inde est, quod uniuersae nationes	mutuis cadunt per momenta uulneribus, concussae gemunt urbes, deleta	1	5	3
resurrectionisque dominicae unanimes atque concordes salutaria celebrare	mysteria, per dominum et conseruatorem nostrum Iesum Christum.	1	26	
pateris, Christiane, ex tuaque natura opinaris prouisionis piae diuina	mysteria? si minus sentis de filio, quia regnum traditur patri, maior patris	2	5	5
proprio nomine crux uocatur, quia per ipsam dominus Iesus Christus	mysteria uniuersa conficiens atque concludens patri et Adam reportauit et	1	37	15
gratiae panis uini quoque iucunditas iungeretur. quis non haec caelestibus	mysteriis coaptata cognoscat? hiems namque pigra, sordida et tristis ad eos	1	33	2
nolunt eius praecepta seruare. signum salutare uenerantur et tamen a	mysteriis daemonum non recedunt. multos *namque dei metus in ecclesia*	1	35	5
paruam cutem eiusdem membri, sed ipsum membrum radicitus abscisum	mysteriis turpioribus immolauit, illa uidelicet ratione, quia Iudaeus post	1	3	2
necessaria sacramentis protinus praeparantur, ascenditur in montem. omni	mysterio sacrificioque disposito ductus filius gaudens gaudente patre, patris	1	43	4
uirtus; hic, inquam, agnus *perfectus*, quia in ipso magnus ille sacerdos pio	mysterio sua uictima inclusus hodie deum reddidit hominem, quem litauit.	1	8	2
reprobatos accepimus. quid ultra? non potest, fratres, ullum celebrare	mysterium, cuius sacrificium diuina sententia aduertitis esse damnatum per	1	19	2
hic labor noster illustris, haec gloria omnium sacerdotum, hoc	mysterium deo, hoc opus carum, hos opus uiuum carnaliter geritur, sed	2	6	11
obsequeris. et si quod forte acceptum relatumue fuerit a fanatico solemne	mysterium, ipsa suscipis, ipsa reponis, ipsa custodis. una cibum praeterea	2	7	17
nostrae cum processu temporis procedit et uterus. mirum profecto uidete	mysterium! quae celauerat faciem, non celat uentrem. defertur fornicationis	1	13	3
ut possint beate uiuere, puniri festinant. mira ratio, mirum profecto	mysterium! saluo reo punitur reatus in reo integroque statu moritur in	1	42	1
tanta enim uis certaminis fuit, ut eam ipse quoque ignis horruerit.	nam a barbaro rege nimia crudelitate tribus pueris consulente fornacis	1	22	1
dolor. in illo sacrificio solus deus doluit, qui aliam uictimam procurauit;	nam Abraham cum filio sic probatus a deo est, ut non postulans	1	43	7
quem domini sui uxor peius amare coeperat quam oderant fratres.	nam cum medullitus mulier ardoris insani conflagraret incendio, in	1	1	16
profecisse cognoscit, omnem impietatis suae rabiem in filios eius effundit.	nam cum solito more unanimes una epularentur in domo, subito concussis	1	15	4
esse contrarium. diaboli est sane mancipium; eius enim possidet regnum.	nam deos ipsa genuit, ipsa intulit mundo, per quos aut in quibus diabolus	1	1	11
et resurrexit, sic et deus eos, qui dormierunt in Iesum, adducit cum eo.	nam et deus per Ezechielem prophetam loquitur dicens: *ecce ego aperio*	1	2	12
non in oculis esse carnalibus uerum, sed in fide credentium constitutum.	nam et dominus ista exempla confirmans uni ex latronibus in se credenti,	1	2	11
traditor domini et spem et fidem perdidit, quia caritas in ipso non mansit.	nam et haereses et schismata sic disseminantur, cum inflata fides ac spes	1	36	19
praecipuum non est, quod cum gentibus uel Iudaeis potest esse commune;	nam et illi, si liceat uel si uelint, fortassis cultius synagogas aedificent,	2	6	1
si uera dicenda sunt, exsecraris in simulacris, colis in penetralibus tuis.	nam et illic aureis argenteisque innumerabilibus ueluti templis tereti	1	14	5
deus hoc est quod est; quod uero homo definiendum putauerit, non est.	nam et Iohannes apostolus in euangelio quid praedicet, fratres, accipite: *in*	2	8	3
exsultate, pauperes [spiritu]: per uos et in uobis dei maior est domus;	nam et omnibus aequales estis et pedaturas omnes uestri corporis ambitu	2	6	10
sero datur et in tristissima senectute suscepta sollicitudinis mole gaudere;	nam et risit Sarra munus iuuentutis subiens in senecta, unde nomen	1	43	2
in se mergentibus idolatriae aedibus nunc usque aliquatenus comparari?	nam et Salomonis accepimus templum luculento opere fuisse constructum	2	6	2
interibat omne genus humanum. nec fuit ullus ulli usquam solacii locus.	nam hominem uiuum, ut adhuc usque, consumebat labor, gemitus,	2	4	6
uos uidetur sapiens esse in hoc saeculo, stultus fiat, ut sit prudens;	*nam huius mundi sapientia stultitia est apud deum.* ob quam causam idem	2	1	5
per momenta et parit omne quod malum est et peperit omne quod peius;	nam in idolis dea est, in cultoribus uero eorum ministra. uenerandam se	1	1	8
detestabilis mentis curanda lacte cum melle prouidendo commonuit;	nam infirmibus ac languidis mannae teneritudinem inrorauit. non enim	1	18	2
apertissime, cum ad Romanos loqueretur, apostolus mentionem dicens:	*nam iustitiam dei ignorantes et suam uolentes constituere iustitiae dei non*	2	1	2
uideri quam esse sacrilegum. et tamen habeo, qui pro me tibi obsistat:	nam lex, per quam me forte minus peritum peccare compellis, ipsa te	2	3	16
ingenii sui carmen coli uel maxime cupiunt, sic se et alios perdiderunt.	nam mutato nomine et cultu, quasi promota somniis, illas scholares	2	9	2
inuisibilis sit, necesse est. denique oculis non est subiecta carnalibus;	nam neque cum ingreditur corpus nostrum neque cum de corpore	1	27	3
inuisibilis sit necesse est. denique oculis non est subiecta mortalibus.	nam neque cum ingreditur corpus neque cum de corpore egreditur, a	2	30	3
laudis remunerari mercede: hoc damnum graue, hoc aestimat crimen.	nam nihil relinquendo sibi beata cupiditate antecedit auaritiam: homines	2	1	12
genitalibus non recedit. profecto sacramenti dominici imaginem portat,	nam occasu passionem resurrectionemque ortu rediuiuo concelebrat, per	1	58	
genitalibus non recedit. profecto sacramenti dominici imaginem portat,	nam occasu passionem resurrectionemque ortu rediuiuo concelebrat, per	1	57	
'si ita est, nulli ergo lex prodest.' absit; prodest, et quidem plurimum,	nam per ipsam dei uoluntas populis intimatur, per ipsam disciplina	2	3	3
horrore percussus paululum distulit pugnam, iam debitus ad coronam.	nam postquam turbari urbem funesta conuentione cognouit ac singulos	1	39	3
misero in statu suo manenti quam beato in ultimas miserias deuoluto.	nam praedicant patres suos Aegyptium populum fugiendo delesse, deum	1	18	1
sine qua nec audiri nec concipi nec disci quicquam poterit nec doceri.	nam profecto sola est, ad quam prorsus res omnis spectet, dubium quippe	1	4	1
uitae sunt necessario discutienda secreta, apostolo utrumque prosequente,	nam *qui sine lege*, inquit, *peccauerunt, sine lege peribunt. at qui in lege*	1	35	7
etiam sacrae legis testimoniis probare non desinam, cuius ista sunt uerba:	*nam quia sapientiam dei non cognouit saeculum per sapientiam, deus*	2	1	5
ecce et meritum principale diuinam indulgentiam meruisse sub casibus:	nam retro respiciens Abraham inuenit uictimam, quam innocens	1	43	7
temeritatis, auctor detestabilium pariter ac magistra malorum. hominis	nam salutem ab incunabulis mundi mors ut iugularet ac iugulet, ab ipsa	1	4	7
proprietatem nos conuenit nosse, quae facile ex aduerso cognoscitur.	nam si diis *corporalibus* sacrificium conuenit *corporale, utique* et spiritali	1	25	9
in populo Christiano, qui eius sanctificatori inuiolabili deseruit deo?	nam si *ecclesia* ideo *Christi sponsa* est, quia *pudica*, ideo iugo thalami	1	1	3
amore criminum faciunt, ut putent impunita fore quae clanculo gerunt.	nam si iudicii diei adpropinquare iam cursus aduerterent, procul dubio et	1	2	1
uos estis templum dei et spiritus dei habitat in uobis. et uerum est,	nam sicut idolis insensatis similia templa conueniunt, ita uiuenti deo uiua	2	6	4
digni estis uniuersi aurum argentumque non tam habere quam esse.	nam uos estis aurum uiuum dei, Christi uos argentum, uos spiritus sancti	1	5	17
Isaac habuit: simplex quidem uocabulum, sed multiplex pronuntiatio. hic	namque, carissimi, desperatus parentibus, sed deo promittente susceptus in	1	59	1
exaestuans propheta dicit: *de profundis clamaui ad te, domine.* clamat	namque de profundis, id est de imis praecordiis; clamat de profundis, sed	1	34	3
salutare uenerantur et tamen a mysteriis daemonum non recedunt. multos	*namque dei metus in ecclesia continet, sed tamen* eos mundana uoluptas ad	1	35	5
sit testimonio collaudatus. unde non inmerito beatus beata uita fruebatur.	namque erat illi splendidissima domus, diues census, diues quoque	1	15	2
iudicii formam etiam ipsa humanitas, quamuis iniusta sit, seruat. nemo	namque pater familias honesta fidelitatis suae lucra offerentem sibi suum	1	35	8
iungeretur. quis non haec caelestibus mysteriis coaptata cognoscat? hiems	namque pigra, sordida et tristis ad eos pertinet, qui idolatriae deseruientes,	1	33	2
officiis sacramenti dominici omnibus omni genere munerum largus.	namque piis mercedem sacerdotibus praestat, consequentibus ministris	1	6	
disponit. immo quod iam olim disposuerat complendum latenter adsumit.	namque requiescit libens florentissimo in domicilio castitatis et in	2	12	1
momentis uniuersis in interitionem cogitur omne genus humanum.	namque sapientia densis exaestuans argumentis, suasorio ac delectabili	2	1	6
dissimulauit in amissis liberis patrem, in poena sui corporis iustum.	namque summo capitis a uertice usque ad imos ungues pedum plaga	1	15	5
ex se. quomodo autem generatus sit, qui processit, dementis est opinari.	namque temperat se propter rerum naturam filius, ne exsertae maiestatis	1	56	2
duo discordantia deuotione dominica in unam concordiam conuenere.	namque tribus in pueris fides puniri non timuit. inmissis camino ignis	1	48	

mira, fratres dilectissimi, historiae sacrae sic est perlecta	narratio. cum Israelis populus enormi captiuitatis iugo depressus a rege	1	29	1
sacrae historiae, fratres dilectissimi, ad hoc nobis est tradita legenda	narratio, ut maiorum, si fieri potest, saltem aliqua ex parte mores	1	15	1
ut unicuique homini sua non ab alio commodetur, sed eius ex uoluntate	nascatur. ceterum si, ut quidam putant, docentis pendet ex ore, procul	2	3	1
conficit ebibita ueneni tempestas; sepelitur noua odii rabie, antequam	nascatur, matris iam non in utero sed sepulcro incognitum pecus, quod	1	5	3
ullo opere in toto non esse praeconat. etenim plerumque contingit, ut ei	nascatur sabbatis filius, quem octauo die, id est ueniente sabbato, si non	1	3	3
de uentre clarissima turba procedit. noua res, ut iure spiritali unusquisque	nascatur. ultro currite ad matrem, quae tunc non laborat, si quos parit	2	28	
eis erant, sed erant illis omnia communia, sicut dies, sol, nox, pluuiae,	nascendi atque moriendi condicio, quae humano generi sine personarum	2	1	18
magis est, sub sono legis ac fidei saecularis amore iactantiae accensus	nascentis dei de deo spiritusque sancti inaestimabilem	2	3	15
fastidio nouem mensium non baiulat pondus, sub incerto partu parientis	nascentisque de salute non gemit nulliusque momentis omnibus uariae	2	7	3
genui et exaltaui: utique filios Israel dominus genuit, qui Abraham, unde	nascerentur, elegit. hos in Aegypto genuit, ubi ingressis paucis hominibus	1	61	7
ad uictimam; cui si per humanam fragilitatem aliqua in corpore infirmitas	nasceretur aut humanus exitus contingeret, uix in eius casibus pater uiuere	1	43	3
habens, nihil derogans patri; procedit in natiuitatem qui erat, antequam	nasceretur, in patre, aequalis in omnibus, quia pater in ipsum alium se	1	17	2
uero regina. tu numquam carni, numquam ulli subiaces legi. de uoluntate	nasceris, sed bono puritatis uoluntatem ipsam paris, quia uoluntas fit	1	1	20
enim nisi praecedat, cui laborat fides? fides si non sit, quomodo spes ipsa	nascetur? quibus si deneges caritatem, utraeque cessabunt, quia neque fides	1	36	1
filius hominis, qui erat in caelo. quomodo filius hominis uel cuius hominis	nasci posset in caelo, ut de caelo descenderet, cum humanitatis a caelo et	2	4	2
quae curatum uenerat, curata recessit. ita Christus in hominem se fecit	nasci, quemadmodum homo non potest nasci. totum denique sua luce	1	54	5
ita Christus in hominem se fecit nasci, quemadmodum homo non potest	nasci. totum denique sua luce resplendens corpus sine umbra gestabat,	1	54	5
ullam pro personis operari ne aestimetis hic gratiam. iudicio uestro	nascimini scientes, quoniam, qui plus crediderit, nobiliorem se ipse	1	49	
quia etiam post nuptias manet postmodum uirgo perpetua, nos, qui	nascimur de tanto coniugio, omnifarie niti debemus, quemadmodum	1	1	3
Mariam, uniuersa cordis desecat uitia uulnusque mulieris, dum de uirgine	nascitur, curat. signum salutis accipite! corruptelam integritas, partum est	1	3	19
timore. fiunt enim duo: unus dei, alter qui naturae sit; naturae in homine	nascitur, dei autem et discitur et docetur, quia non in trepidatione, sed in	2	2	1
sapientia sapientiam, omnipotentia omnipotentiam propagat. *de deo*	*nascitur deus*, de ingenito unigenitus, de solo solus, de toto totus, de *uero*	1	17	2
e regione cordis *eructuat uerbum*, omnipotentia se propagat. *de deo*	*nascitur deus* totum patris habens, nihil derogans patri. alter renitet in	1	56	1
rediuiui luminis lege suis sedibus resurrexisse agnoscas. sol cotidie	nascitur eademque die qua nascitur moritur nec tamen instantis finis sorte	1	2	18
uenerabili unam cogit in carnem. haec humanitati praestat esse quod	nascitur. huius est munus, quod cara uxor, quod generosi liberi, quod ueri	1	36	13
naturalemque magistram, quoniam ex lege discitur, sed in mentibus	nascitur. lex enim pendet ex caritate, non caritas pendet ex lege, sacra	1	36	17
suis sedibus resurrexisse agnoscas. sol cotidie nascitur eademque die qua	nascitur moritur nec tamen instantis finis sorte terretur, suos ut repigret	1	2	18
ipsa omnis affectus, ipsa genus, ipsa finis, ipsa principium; non ex coitu	nascitur nec officio alieno nutritur; non inuita, non inprudens moritur, sed	1	2	20
differri non potest. praestiteras, mater, cum sterilis esses: ad gladium	nascitur puer. talem casum nemo doluit, nec quae genuerat mater. nemo	1	62	4
et opus sui figura uestit artificem. parturit Maria non dolore, sed gaudio;	nascitur sine patre filius, non totus matris, sibi debens quod conceptus est,	2	12	2
castitatis et in uisceribus sacrae uirginis comparat sibi corpus suo iudicio	nasciturus. in hominem coaptatus integumento carnis includitur deus	2	12	1
sed et alia multa, immo omnia undique sine pausa quae scaturiunt mala	nascuntur atque concelebrantur, quae condemnare falso humanitas gestit;	1	5	4
cui praestitit, ut rediuiuae uirginitatis honore polleret. itaque in statu, quo	nata es, permanens, uirgo, gloriare sanctique pudoris florem nulli legi	2	7	4
ludit aliena sententia! o quam adultera, quae non agnoscit, quo auctore sit	nata! o quam ridiculosa, quae duobus confligentibus Christianis ab altero	2	3	10
luna quoque, quae uere rationis humanae omnia in se lineamenta depingit,	nata sanguineae teneritudinis dubio cornu primo quasi de cunis apparet	1	2	19
anus saepe uideri nouas nuptas, quarum paene plures sint nuptiae quam	natales. quae non rogantur ut nubant, sed ut dormiant inuitantur,	2	7	10
recurrens, solemni meta rotatus in sese, proferens sibi de fine principium,	natalicia infinita de occasu dies sempiternus eluxit; quo discussa conuolutae	1	33	1
nidus est illi, fauillae nutrices, cinis propagandi corporis semen, mors	natalicius dies. denique post momentum festo exsultat in tumulo, non	2	1	21
uigilat in ceto qui stertebat in naui. mira res! post naufragium, post	natatile sepulcrum incolumis tertio post die Nineuitas illustrat terribilibus	1	34	6
saluete, hodie	nati fratres in Christo, acceptaeque indulgentiae regale beneficium	2	29	1
hominis et non est qui agnitus sit reuersus ab inferis, quia ex nihilo	*nati sumus et post hoc erimus tamquam qui non fuerimus; et non est*	2	4	10
quod praecipit. primum est itaque dilectionis officium deo refundere, quod	nati sumus, solique debere, quod uiuimus, nihilque prorsus cordis nostri in	1	36	21
qui sui corporis nescit arcanum? quare, fratres, propter quod facti et	nati sumus, timeamus, amemus et honorificemus quem inuenimus deum.	1	56	3
aeterna, haec est mater omnium, quae nos adunatos, ex omni gente et	natione collectos unum postmodum efficit corpus.	1	55	
inmortalitatis animas pullulantes, ex quo qui eratis aetate diuersi, diuersi	natione, subito germani fratres, subito una geniti emersistis infantes, hortor	1	24	1
holocaustomata accepit illos et in tempore erit respectus illorum. iudicabunt	*nationes et dominabuntur populis et regnabit dominus illorum in*	2	5	6
uoto, cultores dei odio simulato, totae autem gentes uniuersaeque	nationes gladio. per orbem totum uesana bacchatur nouis ac uariis artibus	1	14	1
solum metuens ne desit ulli quod radat. inde est, quod uniuersae	nationes mutuis cadunt per momenta uulneribus, concussae gemunt urbes,	1	5	3
non utique illud, quod a deo damnatum iure uidebatur, sed ut reliquas	nationes, quas idolatriae, de qua diximus, disseminatae uenena confecerant,	1	13	5
eradicat, iras exstinguit. haec mare penetrat, orbem circuit, commercio	nationibus necessaria subministrat. potentiam, fratres, cito eius edicam.	1	36	13
in cassum a deo *magna ciuitas* dicta est; erat enim futurum, ut omnium	nationum in Christo credentibus populis totus orbis deo una ciuitas	1	34	9
alteram, quam legitime, si possis, permitteris edocere. prima itaque	natiuitas domini nostri in patris et filii tantum conscientia manet, nec	1	54	2
uoluntate prohibuit. ad huius ergo personam Christi refertur uerecunda	natiuitas, sed uirginalis uteri aula secretior: diuini sermonis arte formata in	1	59	8
iuuenes, senes utriusque sexus, qui eratis rei, eratis et inmundi mundana	natiuitate, contra omni reatu iam liberi mundi estis infantes et, quod est	1	38	1
Fauonio blandiente, diuersis floribus genere colore pariter et odore una	natiuitate diffusis germinantia undique dulce prata respirant. exsultat aestas	1	33	1
odorem diuinum beata *spirantes* fide diuerso charismate, sed una	natiuitate ecclesiae flores clarissimi ac dulces nostri funduntur infantes.	1	33	2
quorum tecta sunt peccata, quia beatus esse non potest, fratres, in prima	natiuitate persistens, quem aestuantium delictorum fax incensa omnibus	2	10	1
est, una est illa nobilis et antiqua, quae non dicam tractatu, sed ipsius	natiuitate porro maior est legis, quae deum deo credendo promeruit, quae	2	3	8
sed caelestis hominis spiritalem, quam in se credentibus dominus aetheria	natiuitate renouatis plenitudinis suae pio de fonte largitur per dominum	1	27	3
patre secunda carnalis. haec miranda, inenarrabilis illa, propheta dicente:	*natiuitatem autem eius quis enarrabit?*. cur autem sit inenarrabilis, patre	2	8	2
stulta autem res est illis te uelle uitae substantiam prouidere, quibus nec	natiuitatem dederis nec animas inspiraueris nec salutem praestare possis.	2	1	21
perfecto perfectus, totum patris habens, nihil derogans patri; procedit in	natiuitatem qui erat, antequam nasceretur, in patre, aequalis in omnibus,	1	17	2
quid adulterum pariat. ac ne quem plus amare uideatur aut minus, unam	natiuitatem, unum lac, unum stipendium, unam spiritus sancti praestat	2	29	2
totius uno ictu omnes neruos abscindet. quapropter duas esse	natiuitates domini nostri Iesu Christi necessario scire debet populus	2	8	2
quod ambo patiuntur, quia amborum unum nomen est deus. igitur duas	natiuitates esse domini nostri Iesu Christi, rudis aut neglegens disce	1	54	2
senectus uerecunda detulerat. sub hac igitur, carissimi, desperatione	natiuitatis et admiratione progenitus in primis infantiae rudimentis iubenti	1	59	2
si quis studio uel noscendae uel impugnandae sacrae legis naturae	Natiuitatis Moysei librum lectitando saepius replicauit, fortassis, ut sunt	2	4	1
sumus, quia ille occidit semper ut uiuat, fidelis autem post secundae	natiuitatis occasum resurgens horrore numquam intercipitur tenebrarum.	1	16	2
quidem uidetur domicilium, sed nouus est inquilinus mutatione morum	natiuitatis suae nobilitatem incredulis uariis uirtutibus monstrans. cuius	2	24	3
uidetur domicilium, sed nouus inquilinus exsultat mutatione morum	natiuitatis suae nobilitatem incredulis uariis uirtutibus probaturus.	1	42	2
subito germani fratres, subito una geniti emersistis infantes, hortor uos	natiuitatis tantae festa laeto celebrare conuiuio, sed non illo, in quo	1	24	1
optaret. ita denique dissensione temporis et naturae contra opinionem	nato angelus Isaac nomen imposuit, ut firmaret laetitia, quod aetatis	1	59	5
ubi Euam ab auctore operis sui meminerant esse deceptam, hac re ipsa	nato consilio capere dolo adgrediuntur ac, nisi culpae succumbat, ueluti	1	1	17
nihil est, fratres dilectissimi, ante omnia homini	nato tam necessarium atque conueniens, quam ut se ipsum nouerit. etenim	2	30	1
pium parricidium praebiturus. ecce carissimi, ut ait apostolus, *contra spem*	natum Abraham ad aram filium immolaturus domino auctore perducit nec	1	59	6
sumpsisse principium deumque exinde ob iustitiam factum esse, non	natum. alia modestius, sed mordacius nocens dicit quidem dei filium deum,	2	8	1
caelestem uero ibidem nec memoratum nec factum posse doceri nec	natum. huc accedit etiam ipsa praepostera memoratio, quoniam res est	2	4	1
descenderet, cum humanitatis a caelo et possessio longe dimota sit et	natura? age, excita sensum, lector, inuenies ueritatem. qui erat in caelo, de	2	4	2
domino, cuius sunt omnes diuites serui, cuius est orbis totus omnisque	natura, beatissimo Dauid dicente: *domini est terra et plenitudo eius, orbis*	1	15	7
etenim cum carnaliter sentiunt in gregibusque pecuinis agnum bifaria	natura commissum, qui inueniri non potest, quaerunt, sic agnum uerum,	1	8	1
requirendus est tibi, sicut praeceptum est, *ex agnis et haedis* discordi	natura commissus, quem in gregibus pecuinis ipsi tui non inuenere	2	20	1
sic meruit fides quod ademerat tempus, extorsit credulitas quod	natura denegauerat. Abraham patriarcha noster exploratus a deo in	1	43	1
gloria dei! sacramento trinitatis tam potentis elementi subacta	natura est. qui putabantur incendio exstingui, emicant beatiores incensi.	1	48	
alium certe misereris: discoloratur per momenta color, figura sua tollitur a	natura, in obliquos horrores insani uertuntur orbes oculorum, acies	1	2	6
tamen trini profundi saporis una uirtus, una substantia, una est fluenti	natura nec potest incomprehensibilis communisque undae diuidi magnitudo	1	7	4
necessaria subministrat. potentiam, fratres, cito eius edicam. quicquid locis	natura negauerit, caritas reddit. haec coniugalis affectus duos homines	1	36	13
in caelum, filius hominis, qui erat in caelo; filius hominis uocabulo, non	natura. non enim bis carnem induit dominus. sed sic oportuit praedicari,	2	4	3
dixerimus, uehementer errabimus. subici enim se loquacitatis artificio fidei	natura non patitur, a qua nihil aliud laboratur, nisi ut suis sibi tantum	2	3	6
rura respirare non possunt, maria plus praedonibus saeua sunt quam	natura; obseratae gladiis uiae humano cruore pinguescunt; testamenta	1	5	3
deo et patri, et cetera. quid hinc scandalum pateris, Christiane, ex tuaque	natura opinaris prouisionis piae diuina mysteria? si minus sentis de filio,	2	5	5
fuco uultum suum uultibus uestit alienis, hoc futura, non quod	natura praestitit, sed quod ei ad examen speculi arbitrium temporale	1	1	10
sunt nobis: una, qua nescientes communi cum pecudibus lege fundimur a	natura, quae est corporalis ac per hoc etiam breuis; alia uero animi, quam	2	4	8
in semet ipsum deus, secreti sui solus conscius; cuius ex ore, ut rerum	natura, quae non erat, fingeretur, prodiuit unigenitus filius, cordis eius	1	50	
nullus, quia nulla gens est, nulla sunt pecora, animantium denique nulla	natura, quae non timeat deum. cum grauamur rumpentibus sonis,	2	2	3
debent, quod est alter alteri obnoxius, procul dubio, ut tu uis, maior est	natura quam deus. at cum naturam ex nihilo fecerit Christus, sit autem ex	2	8	5
metuenda elementorum forma mutatur et dei iniuriam prius prodit	natura quam intellegat populus Iudaeorum. ab auctore itaque coepit furoris	1	59	9
tantam uim habere quam ueritas. oleaster sua infelix et amarus est in	natura; sed cum fuerit peritissimi agricolae artificis manu necessaria	1	2	27

est et tamen in omnibus uetus est. punctis omnibus commutatur, non natura, sed numero. fit filius horarum, qui pater est omnium saeculorum. 1 16 1
orationis freno refrena; anhelantis camini ignis exaestuans uicta natura sentiat per te tecum et ipse refrigerium; mortuorum in postliminium 2 3 14
creat nouum, sacri gurgitis elemento sepelit. et cum omnium aquarum natura sit talis, ut, cum in profundum homines susceperit uiuos, euomat 2 10 2
arbitror, memorandum, quod optaueris compescendum, maxime cum eius natura sit talis, ut numquam moretur in propriis, sed in publicum tota 1 4 11
quid eis sit reseruatum, quorum in causa funerei luctus poenae pertulit natura supplicium. 1 47
casu aliquo fraus, inopia, fuga, mors extorserint debitorem. auaritiae enim natura talis est, ut auariorem faciat. plerumque plus tulit auaro quam 1 5 12
quam deus. at cum naturam ex nihilo fecerit Christus, sit autem ex natura tempus, ineptum satis est opus suo praeponere artifici ac per hoc 2 8 5
spem repraesentas. tu diuersos homines moribus, aetatibus, dicione ex una natura unum spiritum, unum efficis corpus. tu martyres gloriosos a 1 36 30
fortius praecauendum est, quem solum ueretur quicquid in uirtutibus naturae a regibus ipsis quoque metuitur. sed necessario unicuique sinceri 1 36 24
feris non potest denegare. mera profecto uesania est beneficiis inuidere naturae. alius inde rerum omnium captat annonam, aucupatur distrahendi 1 5 13
non dolore, sed gaudio. mira res! exsultans exponit infantem totius naturae antiquitate maiorem. interea rudis non gemit feta. non mundum, 1 54 3
disquirere; non enim ullo pacto potest humanis opinationibus substantia naturae comprehendi, quam nemo nouit nisi ipse solus, qui fecit. itaque 1 27 1
conantur *chaos in principio fuisse*, id est informem indigestamque latentis naturae congeriem aceruo quodam magnitudinis suae per se in se 1 7 1
uterus, nepotem senectus optaret. ita denique dissensione temporis et naturae contra opinionem nato angelus Isaac nomen imposuit, ut firmaret 1 59 5
non possent, libertate spiritus uident, exinde intellegentes in thesauro naturae depositum incolume requiescere, quod in hoc mundo ad tempus 1 2 9
quam ut se ipsum nouerit. etenim genus insaniae est eum rationem secreti naturae disquirere; non enim ullo pacto potest humanis opinationibus 1 27 1
quam ut se ipsum nouerit. etenim genus insaniae est eum rationem secreti naturae disquirere, qui uitae suae non possit reddere. non enim elementa 2 30 1
nescis. quicquid feceris, nihil horum tecum ad inferna portabis; quod enim naturae est, de loco ad locum transferri potest, ei autem subtrahi non 1 14 3
ruens†. dehinc poplitibus surisque porrectis et a germana coniunctione naturae gladio saeui latronis plantarum limes inciditur et obsequio pedum 1 39 8
timor discernitur a timore. fiunt enim duo: unus dei, alter qui naturae sit; naturae in homine nascitur, dei autem et discitur et docetur, quia non in 2 2 1
liberi parentum uitam sua damna iudicantes iniecta uiolenter manu ipsi naturae, inuasis hereditatibus ante tempus parentes suos compellunt uiuere 1 5 6
in germen exspirans uetusti corporis superficie deleta, immo in melioris naturae iura transmissa, felix caput comis uirentibus redimitum quasi ab 1 2 22
quod ab altero celebratur. sub tanto, non dicam humanitatis, sed ipsius naturae metu laeti sunt soli. cedit affectus pietati, pietas religioni, fauet 1 4 14
si quis studio uel noscendae uel impugnandae sacrae legis naturae Natiuitatis Moysei librum lectitando saepius replicauit, fortassis, ut 2 4 1
sed immortalitatem in se credentibus praestitit dominiumque totius naturae recuperauit, sicut est ipse testatus dicens: *omnia mihi tradita sunt* 1 15 9
deum persuadent hoc esse quod uolunt, cum adsimulant se nosse rerum naturae secreta, cum stellis nomina, soli labores inponunt, cum errores 2 9 1
mortuos excitari talesque legitima die ante conspectum dei ex illo naturae secreto produci, quales fuerint pro sua quique qualitate suscepti, 1 2 15
nullo completur. adde quod index dei uoluntatis est, non dei originis aut naturae. sequitur ut scire debeamus, utrum tractatum fidei an fidem 2 3 5
ratione timor discernitur a timore. fiunt enim duo: unus dei, alter qui naturae sit; naturae in homine nascitur, dei autem et discitur et docetur, 2 2 1
ab eo. per hanc, fratres, a deo Enoc meruit cum corpore contra legem naturae transferri; per hanc euadens Noe non inuenit, cum quo diluuium 1 36 7
notitiam non habebant —, duas asseruere iustitias: unam ciuilem, alteram naturalem. quarum fecit apertissime, cum ad Romanos loqueretur, 2 1 2
manifestum est dilectionem uirtutum omnium diuinarum esse substantiam naturalemque magistram, quoniam ex lege discitur, sed in mentibus 1 36 17
magistra dilectione conuerti, ut quiuis intelligat hoc fieri non posse sine naturalis amicitiae disciplina? quid autem pro se in necessitatibus gerant, 1 36 15
sicut scriptum est: *uenite, filii, audite me; timorem domini docebo uos.* naturalis ergo non discitur, sed impulsu nobis nostrae infirmitatis occurrit, 2 2 1
possibilitatem adserere ex eoque quod non est facere quod est, naturam creare extra naturam, nihil prorsus habere difficile solumque ei 1 2 16
obnoxius, procul dubio, ut tu uis, maior est natura quam deus. at cum naturam ex nihilo fecerit Christus, sit autem ex natura tempus, ineptum 2 8 5
tantaque potestas, ut cultoribus suis etiam ipsa elementa contra suam naturam famulari compellat. unde, fratres, atrocissimae rei non uos terreat 1 31
sit, qui processit, dementis est opinari. namque temperat se propter rerum naturam filius, ne exsertae maiestatis dominum non possit mundi istius 1 56 2
ipsis feminis sic incognito inopinate dispungens suam docuit expugnare naturam; haec libidinis mercedem uel maxime parentum, filiorum, 1 1 8
uidetur ac durum, quod fiducialiter loquimur, fratres, rerum paene contra naturam, iamiamque desinat permoueri, intellegens Christianae uirtutis 2 7 1
adserere ex eoque quod non est facere quod est, naturam creare extra naturam, nihil prorsus habere difficile solumque ei hoc deesse quod nolit 1 2 16
Christianae fidelitatis felicitas maxima est fidei nosse naturam, quae talis ac tanta est, ut unicuique homini sua non ab alio 2 3 1
inuestigabiles uiae illius! quis enim cognouit cogitationem dei? et tu eius naturam quaeris? sed et alio loco hoc, quod agitur, euidenter expressit, 2 3 17
quapropter manifestum est spei ac fidei unam inseparabilemque esse naturam, quia in homine ex his quaecumque defecerit, ambae moriuntur. 1 36 6
intellegens Christianae uirtutis hanc esse maximam gloriam, ipsam calcare naturam. sed quia uirtutem uoluptates semper offuscant nihilque unicuique, 2 7 1
arefactam profundi in semet contra se obnixam stupidam pependisse naturam; uiam inter fluctus micuisse terrenam, quae utique non caelestis 1 18 1
uoluntate, non necessitate, religione, non culpa; qui deum metuit, non naturam. uultis scire, cuius proprietatis sit? omnes timores, quoscumque 2 2 7
eius, ita curiositate non sunt inquietanda secreta. *quis enim causas naturasque caeli huius* et superiorum *sciet?* quis corpoream aeris huius, ut 1 34 1
scire debet populus Christianus, ne quem patiatur errorem: unam, qua natus est; alteram, qua renatus. sed sicut est spiritalis prima sine matre, ita 2 8 2
aeternales, et introibit rex gloriae, et iterum magi: *ubi est*, inquiunt, *qui natus est rex Iudaeorum?*. hic est, fratres, qui uenturus denuntiatus est per 2 5 2
fratres, qui uenturus denuntiatus est per prophetas, qui secundum carnem natus in tempore est, qui est excelsus in excelsis, humilis in terris, 2 5 3
natus. quae principaliter stupet talem sibi filium prouenisse, qui ex se natus non crederetur, nisi, sicut fuit uirgo incorrupta post conceptum, 2 12 2
non totus matris, sibi debens quod conceptus est, donans matri quod natus. quae principaliter stupet talem sibi filium prouenisse, qui ex se natus 2 12 2
qui ideo circumcisus est, quia Iudaeis erat promissus, ideo cum praeputio natus, quia in aeternum incircumcisis gentibus fuerat profuturus. diximus 1 3 18
maxime cum prophetia ad sui dicti iam peruenerit ueritatem. Iesus enim Naue Christi imaginem praeferebat, qui uerus omnium saluator esse 1 3 16
rubro terram uitream fecit; haec, ut cursus soliti contempta mensura Iesu Naue desiderio pareretur, soli lunaeque suos frenos induxit; haec de 1 36 8
placere te posse praesumis.' 'iam completa est, inquit, in me per Iesum Naue domino iubente secunda, quam Moyses annuntiauerat, circumcisio. 1 3 14
rursum, ut hoc idem faciat aut ut quod non habet perdat; aut certe Iesu Naue parricida sit, si cultris corda hominum desecat. sed absit, fratres, ut 1 3 15
uideamus nunc ergo, fratres carissimi, secunda illa circumcisio ab Iesu Naue quo genere celebrata sit petrinis illis cultris: cor an praeputium 1 3 15
non inuenit prora. trepidant nautae, festinant in cassum iactura uasorum nauem leuare ponderibus, quae prophetae pondere premebatur. tum Ionas, 1 34 6
enim peccatorum sarcinis premebantur. at ille alio deflexus itinere nauem Tarsos petiturus ascendit, cum subito compugnantium uentorum 1 34 5
inde maris magno clausus obice reprimebatur. etenim illi nullae inerant naues, nulla transfretandi praesidia, cum subito diuina prouidentia 1 29 2
sunt omnium uitiorum, uiolentis quasi quibusdam tempestatibus naufragatum momentis uniuersis in interitionem cogitur omne genus 2 1 6
exsultat in profundo, qui circa se uideret feliciter triumphum suum perire naufragio. haec Iudaeus praedicat, fratres, et tamen deo demens adhuc 1 29 2
itineribus, latrones *in ciuitatibus* patitur, cum *a Iudaeis uirgis ter caesus naufragio* trino diluitur, cum insani populi furibunda tempestate lapideis 1 34 4
deo probareris ingratus. per mare pedibus ambulasti, ut patereris in terra naufragium. ad hoc sane in eremo aquam de petra bibisti, manna de caelo 1 9
periculum ieiunare. et Ionas timens dominum spontaneum non timet adire naufragium, ceto inhiante miserabilius sepelitur quam praecipitatur et 2 2 5
gubernaculis inter conpugnantes flatus ac fluctus gemens parturit carina naufragium. inter haec omnia deterior est conscientiae timor, quia quae 2 2 2
est receptus hospitio, uigilat in ceto qui stertebat in naui. mira res! post naufragium, post natatile sepulcrum incolumis tertio post die Nineuitas 1 34 6
repugnantium litorum spumantia ora contundens minatur per momenta naufragium. procellae crebrescentes insaniunt, horrendum sibilant funes, 1 34 5
perennis fontis sui uiuum inest mare, non quod naufragos faciat, sed quod naufragos ad uitam suauem perducat; non aurum, non argentum, quia in 2 6 6
inhaeret mare, quia illi perennis fontis sui uiuum inest mare, non quod naufragos faciat, sed quod naufragos ad uitam suauem perducat; non 2 6 6
rupibus pede sicco transiuit; at nostrum mare uoluntarios suscipit, feliciter naufragos facit interimensque uniuersa peccata genitali unda submergit, ut 1 46b 2
tum Ionas, quem solum exspectabat bona illa tempestas, sorte ductus naufragus redditur, immo a ligneo ad nauigium uitale transfertur. qui ut 1 34 6
tremit: monti, non apostolis trepidatio est. Petrus aestu marino fertur non naufragus, sed uiator: timet profundum intercipere non timentem; nec 2 2 6
procellis miserabiliter per totum orbem dispersere terrarum. Ionas in naui dormiens sacramenti dominici imaginem praeferebat; etenim 1 34 8
et tamen litus, quo tendebat, inuenit antequam uideat, felix sepulcro quam naui. in oratione mons tremit: monti, non apostolis trepidatio est. Petrus 2 2 5
ferinaeque uoraginis est receptus hospitio, uigilat in ceto qui stertebat in naui. mira res! post naufragium, post natatile sepulcrum incolumis tertio 1 34 6
in abruptum digestis aggeribus stupens unda solidatur. dei populus nauigat plantis. mira res! iter eius barbaris uehementer urguentibus nec 2 26 1
bona illa tempestas, sorte ductus naufragus redditur, immo a ligneo ad nauigium uitale transfertur. qui ut est dimissus in altum ferinaeque 1 34 6
res! iter eius barbaris uehementer urguentibus nec eques potest sequi nec nauis. Maria cum mulieribus tympanum quatit; hymnus canitur; dei 2 26 1
dormiens sacramenti dominici imaginem praeferebat; etenim significabat nauis materia crucem, somnus uero passionem. mare autem mundus est 1 34 8
procellas sollicitique maris fluctus insanos tutior piscis aluo quam alueo nauis nec tres pueri, quo ardere putabantur incendio, de suis incensoribus 2 18 1
salutem ciuitati credulae praestaturus. quantum datur intelligi, fratres, nauis typus est synagogae: eius proretam sacerdotale corpus accipimus, 1 34 7
puer, si litterarum non speret fructum? quid ratem profundo gurgiti nauta committit, si ei numquam lucrum, numquam portus desideratus 1 36 3
uelis antennae, retunsa undique iter non inuenit prora. trepidant nautae, festinant in cassum iactura uasorum nauem leuare ponderibus, 1 34 6
nauis typus est synagogae: eius proretam sacerdotale corpus accipimus, nautas scribas et pharisaeos, iacturam uasorum repudiationem 1 34 7
falce tonduntur, pura materia tabulatis infertur, nodis adstringitur, ne a ligno, quo portatur uel cuius adminiculo uel ducatu in uberes fructus 2 11 2
conscientiam retinet, diligit fratrem nec aliquid audire exspectauit ex lege, ne admonitione pietati aliquid derogetur, tantumque se in ipso amat, ut 1 36 22
deus irascitur dicens: *nolite ambulare post deos alienos, ut seruiatis eis, et ne adoraueritis eos, ne quando incitetis me in operibus manuum uestrarum* 1 25 4
torpore discusso, apertis auribus cordis a pueris disce uirtutem. sed uide, ne aestimes falsum, quod eis cessit incendium. ueritatem ratio protestatur. 2 27
aeternique gurgitis alueo genitali condentes ullam pro personis operari ne aestimetis hic gratiam. iudicio uestro nascimini scientes, quoniam, qui 1 49
Iohannes camelarius deuote praecurrens de silua mel attulit et locustas. ne alter alterum manducantem denotet, inuitator ammonet Paulus. Dauid 1 24 3
quia hanc qui habuerit, necesse est, ut expedite uiuat et munde. igitur ne cognoscatur, faciem uelamine obscurat: necessario, quia adsertor 1 13 9
beatissimus ait: *nolumus autem ignorare uos, fratres, de dormientibus, ne contristemini sicut ceteri, qui spem non habent; si enim credimus, quia* 1 2 12
qui audiunt uerbum et uenit diabolus et tollit de corde illorum uerbum, ne credentes salui fiant. terra uero hominem idolumque significat, quia et 1 13 5
armata bacchatur, salutis suae alienaeque contemptrix, solum metuens ne desit ulli quod radat. inde est, quod uniuersae nationes mutuis cadunt 1 5 2

potest, ut quis aliud gestit in labris, aliud in penetralibus cordis; similiter ne destrui quidem, quia si uera fides est, aliud esse non potest quam quod 2 3 11
mortis concitata uictima calcitraret: securus enim pater optimus timuit, ne dolori aliquid liceret in mortem. o fratres, secura deuotio! o pater 1 43 5
petitis impetratis, immo illa per uos impetrat, pro qua sollicite laboratis, ne, dum aliquid postulat, erubescat. beata cum adludit in pueris, beatior 1 1 4
autem tertii filii apud nurum per aetatem excusat deterritus, ne etiam ipse similiter moreretur, praecepitque mulieri, ut in domo patris 1 13 1
et ne seminaueritis in spinis. circumcidite praeputium cordis uestri, ne exeat sicut ignis ira mea et exurat et non sit qui exstinguat. uidetis 1 3 12
dementis est opinari. namque temperat se propter rerum naturam filius, ne exsertae maiestatis dominum non possit mundi istius mediocritas 1 56 2
edicat mihi, perniciosa ista adinuentio tractatus sui quo proficit pugna. 'ne fides, inquit, intereat, cum male aut creditur aut docetur.' quod malum 2 3 8
uirtutibus laudem ponis, quantam in finiendis. tu uirginitati praestas, ne flos eius ullo morbo, ullo tempore defloresat. tu uariarum semper in 1 4 20
sit, in quo habitu regnaturus sit homo iste noster, qui tendit ad caelum, ne forte cum carne depereat, uana spe si captus fuerit caduca atque 1 2 24
Esaiae beatissimi indicat carmen, Iudaico populo irascitur deus eumque, ne forte paeniteat, publica obiurgatione confutat. humana sentienti 1 30
adiecit: *si non humiliter sentiebam, sed exaltaui animam meam.* uideamus, ne forte propheta ipse se inpugnet exaltando animam suam, qui cor suum 2 9 8
disserendum est, quae sit in ea iniustorum iustorumque discretio, ne generalitas nominis in conparatione malorum attrahat gloriam 1 2 23
ad hoc in maligni fulgoris cupidinem diram spe potiundi praecipitat, ne gratis homo uideatur occisus. sed nos non ad auaros, sed de auaris 1 5 16
deos esse aduersus deum asserentes, qui a sanae mentis hominibus ne hominum quidem uocabulo digni iudicarentur. pro quibus causis a deo 1 13 4
ut sentiri se cupiat quam uideri, plane cauta, ne quam declinet in partem, ne in aliquo se ipsa reprehendat, ne opere coepto umquam deficiat. haec 2 1 12
manus, quas ille uinciendas libentius offert. pedes quoque constringit, ne in exitu mortis concitata uictima calcitraret: securus enim pater optimus 1 43 5
tibi. si continens esse non poteris, saltem noli tuas nuptias fenerare, ne in illo resurrectionis die inter plurimos maritos non possis, cuius fueris 2 7 18
sermone urgentium sacramentorum non sinit pondus. uerum tamen ne in toto solemnitas cesset, paucis eius degustate sermonem. uinea dei 1 10b 1
manus [et], ne quid minus ab hostia uideretur; pedem ligatura destringit, ne incitata uictima displiceret. cesset itaque hic, carissimi, impietatis 1 59 6
rebus exsistit; adempta ambiguitate iudicii non desideratur examen. ex quo ne infideles necesse est iudicare, quia iam sua sunt incredulitate damnati; 1 35 2
domini nostri Iesu Christi, elaborate, ne uestra integritas mutiletur, ne ingruentium peccatorum rursum, sicut Adae et Euae spiritale 1 3 24
umquam uenit in mentem non esse humanae potestatis crastinum diem ac ne ipsum, quo res agitur, quia quod uoluitur semper, in momento quid 1 5 7
filium, deo uictimam dulciorem contemnit, ut seruet, destinat iugulare, ne iugulet, securus illo se non posse displicere facinore, quod deo gerebatur 1 4 13
iussisse deum. de filio hostiam parat, festinat denique inplere sacrificium, ne mora faciat peccatum. necessaria sacramentis protinus praeparantur, 1 43 4
per uirum ligno suspensum uiuificatum est omne genus humanum. ac ne non ex integro principium suo statui redditum uideretur, prior uir 1 3 20
bene conscia, prorsus nulli rei subiecta, unum tantummodo metuens, ne <non> sit amplius quae uocatur. denique in solitudine, quae a 1 1 1
et futura: ista quia contemnit, illa quia sua esse praesumit; nec spes timet, ne non ueniant, quia ea semper secum suis in uirtutibus portat. hoc est, 1 36 5
Adae et Euae spiritale praeputium, male repetita nuditas condemnetur, ne nouus homo quicquam Iudaei habere uideatur aut gentis. ambo enim 1 3 24
plane cauta, ne quam declinet in partem, ne in aliquo se ipsa reprehendat, ne opere coepto umquam deficiat. haec captiuorum iuga redemptionibus 2 1 12
nec dolor patri lacrimas persuasit, sed exsultat et gaudet. nec timuit, ne parricidium ei inputaretur, sed magis ut deuotioni pareret, laetabatur 1 43 4
uiuas exsequias et innocentis hominis obsequium nemo ante fletibus rigat, ne pater dubitasse uideretur, si flesset. deuotus sic stricto uultu puerum 1 62 4
timet profundum intercipere non timentem; nec tamen in toto dissimulat, ne per mare pedibus se ambulasse non credat. aduersus Theclam accusator 2 2 6
non contremuit manus. quaerit puer, ubi sit uictima. quae mox, ita ne percuteretur tenera aetas, ostenditur, quo nec pater ferire posset, quia 1 62 4
loquitur instruendum his uerbis: *hortatus sum, ut denuntiares quibusdam, ne peruersa doctrina uterentur neque adtenderent fabulis et genealogiis,* 2 3 17
igitur qui uenerat hominem uiuificare, per hominem necesse habuit, ne phantasma putaretur, edicta legis uniuersa complere. non enim aut *finis* 1 3 17
litis labore ac fauore nutritas. quas, quia uera uix potest inueniri, credo, ne populi penuria laborarent, uenales esse propositas. uerum tamen ex his 2 3 7
curriculo manente in sua semper infantia custodite ac fortiter praecauete, ne primi hominis quondam uestri umquam memoriam recolatis. 2 24 3
retundens ac redarguens confutabit, Salomone dicente: *altiora te ne quaesieris et fortiora te ne scrutatus sis. quae praecepit tibi deus,* 2 3 16
atque diffusa, sic tamen, ut sentiri se cupiat quam uideri, plane cauta, ne quam declinet in partem, ne in aliquo se ipsa reprehendat, ne opere 2 1 12
perdidit, sed mutauit. hic ego patientiam domini memorare non audeo, ne quam deus inter homines deputatus pati patiatur iniuriam; idonea laus enim 1 4 19
nostram; non inquit: 'fac ad tuam', sed ait: *faciamus ad nostram*, ne quam filius hominem induturus pati uideretur iniuriam. uidetisne, 1 45 1
ambulare post deos alienos, ut seruiatis eis, et ne adoraueritis eos, ne quando incitetis me in operibus manuum uestrarum et disperdam uos. 1 25 4
domini nostri Iesu Christi necessario scire debet populus Christianus, ne quem patiatur errorem: unam, qua natus est; alteram, qua renatus. sed 2 8 2
antequam omne uirus uetustatis exstinguat, ne quid adulterum pariat. ac ne quem plus amare uideatur aut minus, unam natiuitatem, unum lac, 2 29 2
alimoniis utilitatibusque diuersis, magnis et plurimis, habitatori ulla ne querela subesset, sollertia mira perfecit, tunc *ad imaginem et* 2 4 4
necatosque non ante uiuificat, antequam omne uirus uetustatis exstinguat, ne quid adulterum pariat. ac ne quem plus amare uideatur aut minus, 2 29 2
sola principalis sollicitudo ac maxima est cautio, ne quid mundo debeat, ne quid horum digne patiatur. hanc qui diuinas litteras aut non legerunt 2 1 13
diligenter uniuersa crimina expellunt ac rursus diligenter accludunt, ne quid illo uel friuolum, inde quod excluditur, reuertatur. mira ratio, 2 24 1
regem. qui ira sufflatus solito septies amplius caminum iussit incendi ac, ne quid immanitati saeuientis deesse uideretur, pice et stuppa armatum 2 22
fuerat, requirebat. sed traduntur tenerae adhuc uinculis manus [et], ne quid minus ab hostia uideretur; pedem ligatura destringit, ne incitata 1 59 6
insuper et exorat. una illi sola principalis sollicitudo ac maxima est cautio, ne quid mundo debeat, ne quid horum digne patiatur. hanc qui diuinas 2 1 13
incoactus, innocenter uiuit, iustitiam percolit, sine fine studet timere, ne quid praeter deum, quem diligit, timeat. denique huius suffragio Daniel 2 2 4
aram struit. ille exserit gladium, ille ceruicem. uno uoto, una deuotione, ne quid profanum sit, diligenter ac patienter geritur, quod ab altero 1 4 14
potest, uidere autem non potest; fides conscientiam medullitus mundat, ne quid reatui uel intrinsecus debeat; qui enim suam conscientiam non 2 3 5
acuitur feritas in ferocitatem et tamen hominibus mitior inuenitur. ne quid scenae tam dirae immanitatis deesse uideatur, immittuntur etiam 2 2 6
hic pater, qui suo manente integro statu totum se reciprocauit in filium, ne quid sibimet derogaret. denique alter in altero exsultat cum spiritus 1 7 4
mitisque discedit, ut probet se et meruisse et non ambisse quod meruit. ac ne quis hanc patientiam timiditatis nomine obscuret, in ducendis quoque 1 4 16
caelestis colligitur ac tenetur, per ipsam, inquam, genus omne peccati, ne quis inprudens intereat, diffamatur. semper monere non desinit, 2 3 3
non capit locus, exinde intellegitur, quia fides uestra capit deum. igitur ne quis operis rationem a me forte disquirat, paucis insinuabo. in totius 2 6 5
quis inprudens intereat, diffamatur. semper monere non desinit, ignorantia ne quis reatum excuset. nunc seuera, nunc blanda demonstrat praemium, 2 3 3
caelos fecit; et in Deuteronomio: *sacrificauerunt daemoniis et non deo.* ac ne quis sacrilegium existimaret sibi impune esse cessurum, scriptura iterum 1 25 5
dissimulando subtiliter custoditis. probatio longe non est. ius templorum ne quis uobis eripiat, cotidie litigatis. non hi solum, qui tales sunt, 1 25 10
esse domini nostri Iesu Christi, rudis aut neglegens disce Christiane, ne quo decipiaris errore: unam, quam tibi non licet quaerere, alteram, 1 54 2
in Christo, florentissimique hodierni spiritalis ortus uestri candorem, ne quo pacto maculetis, perpeti diligentia custodite, quia nescit iterare 1 38 1
primo omnium sacrificiorum tria esse genera, nouelle, disce, Christiane, ne quo seducaris errore. unum est enim detestabile, alterum reprobum, 1 25 3
confutabit, Salomone dicente: *altiora te ne quaesieris et fortiora te ne scrutatus sis. quae praecepit tibi deus, illa cogita semper et in* 2 3 16
et omnibus, qui habitant in Ierusalem: renouate inter uos nouitatem et ne seminaueritis in spinis. circumcidite praeputium cordis uestri, ne exeat 1 3 12
<...> Christus mundum latenter intrauit, ne sibi sapiens diabolus uideretur. qui consilio hominem deceperat, consilio 1 60
metuitur. sed necessario unicuique sinceri amoris est noscenda proprietas, ne sub sono nominis commutetur regula ueritatis. est enim et alius amor 1 36 25
fratres, Iudaicus quidem populus impietatis arguitur, sed Christianus, ne talis euadat, pariter commonetur. denique ut iste plus timeat, ille 1 10a
in immolandum gladius uibratur nec puerum mors uicina contristat, ne trepidatio fidem prodat infirmam. sub hac denique immolantis 1 59 7
sunt oculi. nemo rogat, nemo trepidat, nemo se excusat, nemo turbatur. ne uere sit parricidium, ille lignum quo inuratur sibi praeportat, ille aram 1 4 14
spolationem carnis, sed circumcisione domini nostri Iesu Christi, elaborate, ne uestra integritas mutiletur, ne ingruentium peccatorum rursum, sicut 1 3 24
contenta, quauis turbationum tempestate tranquilla. serenitatem suam nebulis turbulentare non nouit. paenitentiam nescit; altercatio quid sit 1 4 2
in cuius perpetuitate commanens in aeternum a patre filius regnum nec accepit aliquando nec posuit; semper enim cum ipso regnauit, cata 2 5 8
conscius, quantus et qualis est; solus perfectus, quia non potest illi aliquid nec addi nec minui; solus omnipotens, quia ex nihilo uniuersa constituit, 1 7 3
feriat. cruciatur diabolus, quod nulla ex parte suam perfecerit uoluntatem: nec adulterium enim, quod factum diffamabat, exercuit nec homicidium, 1 40 3
et ad Iudaeos remansit sola damnatae uoluntatis inuidia, qui dominum nec agnoscere uoluerunt et sola crediderunt cogitatione puniri, quem 1 59 8
quisque igitur nobilitatis suae conscientiam retinet, diligit fratrem nec aliquid audire exspectauit ex lege, ne admonitione pietati aliquid 1 36 22
prodesse possunt. at uero nostrae aceruatim absoluunt quicquid inuenerint nec aliquid subsiciui esse patiuntur, sed pectorum aperiunt cuncta 2 24 1
illis te uelle uitae substantiam prouidere, quibus nec natiuitatem dederis nec animas inspiraueris nec salutem praestare possis. unde uel sero 2 1 21
cognoscitur. ideo lineamento puerili depingitur, quia eius lasciua lubricitas nec annis senilibus temperatur; ideo nudus, quia uoluntas eius est 1 36 25
consensu quasi quendam patientiae deferuntur in portum, sine qua nec audiri nec concipi nec disci quicquam poterit nec doceri. nam profecto 1 4 1
semel ex eo ipso, quod creditum est, consummata fides ultra nec minuitur nec augetur. sin uero ex utroque, patriarcharum semesa fides est ac per 2 3 9
non repellit, nisi quod sanos occidit; nec manducatur aliquando certe nec bibitur nec in inferno cum suo praedone descendet, solum quod oculos 1 5 16
Archadius debiti martyrii quodam modo sequestrauerat pignus, in quo nec Christum relinqueret nec propinquum. statim beatus martyr se latere 1 39 4
quasi quendam patientiae deferuntur in portum, sine qua nec audiri nec concipi nec disci quicquam poterit nec doceri. nam profecto sola est, 1 4 1
si amore mariti facis, cur postmodum nubis?' exsecrabilis res est, fratres, nec coniugio seruare caritatem nec deo fidem. haec etiam uiros reprehensio 1 2 14
<...> non enim praecepto uirginitas prouocatur, sed nec continentia relicta repellitur. ad cuius fidem, carissimi, auctorem 1 59 1
probandum puto animas nostras suorum corporum exuuiis <exui> nec cum labe carnalis huiusce domicilii ista prima morte dissolui, sed pro 1 2 3
mihi ad uos sermo est, fratres carissimi, de humanis gestis aut meritis nec Daniel inducitur inter frementium leonum rabidos rictus intrepidus, 2 18 1
natum Abraham ad aram filium immolaturus domino auctore perducit nec deest ad ministerium gladius, ut pater esset pariter et sacerdos. 1 59 6
nubis?' exsecrabilis res est, fratres, nec coniugio seruare caritatem nec deo fidem. haec etiam uiros reprehensio manet. Christianus ergo in 1 2 14
solemnes suae ignes aetatis quod numquam prorogat inportune nec derogat, quid aliud intelligi datur quam sui opificis moderationi 1 4 5
nostram, ut iure speremus aliena. nemo enim censum decoctori committit nec desertorem praemiis triumphalibus honorabit, maxime cum scriptum 1 36 7
domino soli. haec gentes, nisi conuertantur, manet diuina sententia, quae nec deum nec sacrificium etiam ipsae cognoscunt se habere legitimum. 1 25 5
quendam patientiae deferuntur in portum, sine qua nec audiri nec concipi nec disci quicquam poterit nec doceri. nam profecto sola est, ad quam 1 4 1

oportet litigare, quia lis et caritatis est hostis et fidei; quas si quis amiserit,	nec	diuina ille profecto nec humana cognoscit. haec, si religiosus es, serua;	2	3 18
inueniat quod tibi praestet, meminisse tamen debes, quia mors non timet	nec	diuitias nec honores. o caeca mens hominum! quam uarie, unam tamen	1	5 10
in portum, sine qua nec audiri nec concipi nec disci quicquam poterit	nec	doceri. nam profecto sola est, ad quam prorsus res omnis spectet,	1	4 1
unde immolari iam iubeo.' non contristat frontem deuotissimus Abraham	nec	dolor patri lacrimas persuasit, sed exsultat et gaudet. nec timuit, ne	1	43 4
ne percuteretur tenera aetas, ostenditur, quo nec pater ferire posset, quia	nec	dominus humanum sanguinem postularet. religiosus carnifex reprimit	1	62 4
replete, ut semper uobis aqua sufficiat, hoc ante omnia scientes, quia hanc	nec	effundere licet nec rursus haurire.	1	12
bibite, ut semper uobis aqua sufficiat, hoc principaliter scientes, quia hanc	nec	effundere licitum est nec rursus haurire.	2	14
fidem tractatus dicere coeperimus, erit profecto nec nostra nec sua, sed	nec	eius, cuius esse dicetur, quia tractatus fidem cum astruit, ex eo ipso	2	3 6
in fratris Cain anhelat exitium et deo ante negotium parricida est;	nec	eius saltem coercentis uoce comprimitur, sed eo magis ac magis instat,	1	4 9
nauigat plantis. mira res! iter eius barbaris uehementer urguentibus	nec	eques potest sequi nec nauis. Maria cum mulieribus tympanum quatit;	2	26 1
si quis imaginem laeserit, in exitium suae animae incitat ueritatem.	nec	est dicto longe probatio. si incliti cuiusquam regis, hominis tamen,	1	36 24
enim filio detraxeris, ad patris, cuius habet totum, iniuriam pertinebit	nec	est in illo aliquid, quod sit inferius, quia sicut pater nec plus potest	2	5 10
uideo; qui humanarum legum iniqua impunitate decepti, iustitiam ueram	nec	ex sua ipsa uoluntate noscentes, quod pati nolunt libenter efficiunt; qui	1	1 13
aut negat aut denudat affectu. nihil prorsus existimat turpe nec pati	nec	facere, dummodo in effectu conata succedant. uerum tamen in ipso	1	1 7
omne genus manauit humanum, caelestem uero ibidem nec memoratum	nec	factum posse doceri nec natum. huc accedit etiam ipsa praepostera	2	4 1
beneficium, sed ut sciat unusquisque aliud esse fidem, aliud esse tractatum	nec	fidem per tractatum posse uel dari uel nosci uel destrui. dari non	2	3 11
aestiment, quid sint, quibus in tam solemnibus uotis saepe contingit, ut	nec	filios habeant nec maritos. talis est etiam causa maritorum, ad quos	2	7 10
quid sit, non potest nosci aut comprehendi, quia non erit nec proprium	nec	firmum, quod habet statum semper incertum, quippe cum unius electio	2	3 7
sint. inducitur in uiam Israel ingratus, in qua nec gladios possit timere	nec	fluctus. mira res! medio puluerulentus exsultat in profundo, qui circa	1	29 2
sollertissimus ille artifex rerum filius dei, cuius sapientia non habet finem	nec	fortitudo mensuram, amore imaginis suae de caelo descendit, uteri	2	4 7
nec singulare	nec	friuolum crimen est, fratres, uel maxime Christianum cupiditatis	1	5 1
funereum fecerat rogum. scatebat per tecta culminum publicum scelus	nec	fuerat locus, in quo non erat pro religione sacrilegium. cogebatur	1	39 2
est: *turba autem eorum, qui crediderant, animo ac mente una agebant,*	*nec*	*fuit inter illos discrimen ullum nec quicquam suum ex bonis putabant,*	2	1 18
condicione confectum uniformiter interibat omne genus humanum.	nec	fuit ullus ulli usquam solacii locus. nam hominem uiuum, ut adhuc	2	4 6
ut persequentibus mare sint. inducitur in uiam Israel ingratus, in qua	nec	gladios possit timere nec fluctus. mira res! medio puluerulentus	1	29 2
uoluntatem: nec adulterium enim, quod factum diffamabat, exercuit	nec	homicidium, quod procurabat, inuenit.	1	40 3
tibi praestet, meminisse tamen debes, quia mors non timet nec diuitias	nec	honores. o caeca mens hominum! quam uarie, unam tamen contendit	1	5 10
et caritatis est hostis et fidei; quas si quis amiserit, nec diuina ille profecto	nec	humana cognoscit. haec, si religiosus es, serua; timoratus si uere,	2	3 18
absumptum iri tormentis eum, qui praeuaricatus fuerit e duobus. sed	nec	illis impune succedit, qui sine uxoribus amore peccandi liberius	1	1 14
nisi quod sanos occidit; nec manducatur aliquando certe nec bibitur	nec	in inferno cum suo praedone descendet, solum quod oculos infelices	1	5 16
turba feralis et ad inuisibilem suspensum gladiorum mucro conuertitur.	nec	inde, ut dixi, sceleris sui crudelitas fructum sortita est, quia, sicut in	1	59 9
sacramento trinitatis spiritalem quoque numerum conuenire. denique	nec	inrorati camini eis baptismatis defuit gratia. o admirabile incendium! o	1	22 2
mobilitatibus gaudet, uarietatibus studet; miserum se putat, si ipse sit,	nec	intellegit rem dementiae esse consimilem, in statu suo animum non	1	4 7
non timet. adde quod lex partibus et discitur et docetur. adde quod tota	nec	intellegitur nec tenetur. adde quod a quolibet pro ingenii qualitate	2	3 5
cum dicto compleuit. hunc curiosi opinationibus uanis uiolare conantur	nec	intellegunt miseri, quoniam curiositas reum efficit, non peritum.	1	50
idolum, te per momenta componis, diues in publico, ditior in secreto,	nec	intelligis, quia homini inopia morienti tantis opibus qui cum possit	2	1 19
nomina, quae possunt argumentis attingi, patris et filii festinant	nec	intelligunt, quia in exordio carminis sacri deus deo sua sibi et	1	45 1
inter frementium leonum rabidos rictus intrepidus, caelesti prandio satur	nec	Ionas inter aestuantes procellas sollicitique maris fluctus insanos tutior	2	18 1
anni pernicem cursum in bis senae mutationis augmentum una eademque	nec	ipsa, sed ipsa orbita circumducens dies magnus aduenit suo sibi	1	16 1
qui id, per quod ab eis pascha geritur, reprobauit. 'at imaginem colunt.'	nec	ipsam quidem, quia falso colit imaginem, qui eius non diligit	2	25 2
horae uniuersaque momenta; illa ante octauum uel post octauum diem	nec	ipsi morienti puero subuenit, haec a cunis ipsis infantiae usque ad	1	3 23
si ex doctrina constat, non habent ergo fidem qui litteras nesciunt, sed	nec	ipsi qui sciunt, quia legis scientiam obseruantiamque ad perfectionem	2	3 9
omnis est summa, isto remedio curare non potest Euam. quid, quod	nec	ipsi uiro aliquid eam prodesse perspicio? quia huius circumscriptio	1	3 9
ait in euangelio, omnes omnino serpentes inlaesa planta calcabit. sed	nec	ipsum quoque diabolum, qui uere est acerrimus Sagittarius, formidabit	1	38 6
defuerit ex duobus, quod illi putauerunt, nec sapiens profecto erit ille	nec	iustus. satis, ut opinor, praestigiae mundanae patuerunt. in quibus cum	2	1 10
amplius requirendum quam ut quis eius nouerit uoluntatem, sine qua ei	nec	legitime seruire poterit nec placere. ceterum prouidentis dei de deo	1	54 1
ictibus liuida pectus gentili uanitate circa amissi cadauer bacchatur insana	nec	Maccabaeae matris memoriam recolit, quae spe succincta futurorum	1	2 13
medetur, dolores non tollit, mortem non repellit, nisi quod sanos occidit;	nec	manducatur aliquando certe nec bibitur nec in inferno cum suo	1	5 16
quoniam in tali negotio iudice deo quod non licet uxoribus non licet	nec	maritis, sicut praescribens talibus Paulus apostolus dicit: *mulier sui*	1	1 13
sint, quibus in tam solemnibus uotis saepe contingit, ut nec filios habeant	nec	maritos. talis est etiam causa maritorum, ad quos aliquid loqui	2	7 10
a quibus omne genus manauit humanum, caelestem uero ibidem	nec	memoratum nec factum posse doceri nec natum. huc accedit etiam	2	4 1
quantus et qualis est; solus perfectus, quia non potest illi aliquid nec addi	nec	minui; solus omnipotens, quia ex nihilo uniuersa constituit, uirtute	1	7 3
creditur, ita semel ex eo ipso, quod creditum est, consummata fides ultra	nec	minuitur nec augetur. sin uero ex utroque, patriarcharum semesa fides	2	3 9
in illo aliquid, quod sit inferius, quia sicut pater nec plus potest habere	nec	minus; alter enim in alterius plenitudine infusus est, ut sit *omnia in*	2	5 10
indigestae mortis, quae homicidium mox [ut] peperit, dereliquit. denique	nec	mora est: inpatienter fraterni inuidus muneris in fratris Cain anhelat	1	4 9
conditum terrae interit et tamen in eo id, quod intus est, reuiuescit	nec	mortem medullitus capit, sed suum sibi genitale in germen exspirans	1	2 22
matris iam non in utero sed sepulcro incognitum pecus, quod legitimam	nec	mortem potuit sentire nec uitam. recte igitur apostolus ait: *radix*	1	5 3
hinc Iob alta fidei radice robustus tot nuntiis lugubribus tunditur	nec	mouetur, sed tantum benedicit deum facultatesque suas contemnendo	1	15 3
parabat. a filio ad agnum transtulit dextram semper laetatus et gaudens	nec	mutatus est uultus eius, cum esset uictima commutata: cum tanta	1	43 7
stulta autem res est illis te uelle uitae substantiam prouidere, quibus	nec	natiuitatem dederis nec animas inspiraueris nec salutem praestare	2	1 21
caelestem uero ibidem nec memoratum nec factum posse doceri	nec	natum. huc accedit etiam ipsa praepostera memoratio, quoniam res est	2	4 1
mira res! iter eius barbaris uehementer urguentibus nec eques potest sequi	nec	nauis. Maria cum mulieribus tympanum quatit; hymnus canitur; dei	2	26 1
sed haec saecularia sine legitimo ac deuoto cultore nec sufficientia	nec	necessaria honori suo protestatur deus, hactenus dicens: *caelum mihi*	2	6 3
laetaberis eique tanto pro nuntio morigera coniux pacem si non ingeris,	nec	negabis. quid agis, misera? quid, uesana, laetaris? non est pax ista, sed	2	7 16
necessarium. si uero fidem tractatus dicere coeperimus, erit profecto	nec	nostra nec sua, sed nec eius, cuius esse dicetur, quia tractatus fidem	2	3 6
affectus, ipsa genus, ipsa finis, ipsa principium; non ex coitu nascitur	nec	officio alieno nutritur; non inuita, non inprudens moritur, sed cum	1	2 20
ubi sit uictima. quae mox, ita ne percuteretur tenera aetas, ostenditur, quo	nec	pater ferire posset, quia nec dominus humanum sanguinem postularet.	1	62 4
proprios aut negat aut denudat affectu. nihil prorsus existimat turpe	nec	pati nec facere, dummodo in effectu conata succedant. uerum tamen in	1	1 7
funestos excitant ignes, non tura cremant, non merum profundunt	nec	pecudum inexpectata morte rapti iecoris spirantes consulunt fibras nec	1	34 9
nec pecudum inexpectata morte rapti iecoris spirantes consulunt fibras	nec	per uarios auium uolatus coniecturis inanibus statum plumeae salutis	1	34 9
abominanda suspicio: Abraham dominum filio, sacerdotem praetulit patri,	nec	pium se credidit, nisi probasset fidelem. denique, carissimi, intrepidus	1	59 7
ut quis eius nouerit uoluntatem, sine qua ei nec legitime seruire poterit	nec	placere. ceterum prouidentis dei de deo argumentationibus uanis	1	54 1
pertinebit nec est in illo aliquid, quod sit inferius, quia sicut pater	nec	plus potest habere nec minus; alter enim in alterius plenitudine infusus	2	5 10
fetus nescia, cum uisceribus frigente senio nec sperare subolem posset	nec	portare confideret, matris suscepit officia, quae uxoris iam munera	1	59 3
commanens in aeternum a patre filius regnum nec accepit aliquando	nec	posuit; semper enim cum ipso regnauit, cata Iohannem ipso dicente:	2	5 8
deum quisquis asserit deum. defensio enim non nisi inbecilli praestatur	nec	potest eum reuereri, qui ingenii sui putat esse, quod ille fuerit	2	3 18
trini profundi saporis una uirtus, una substantia, una est fluenti natura	nec	potest incomprehensibilis communisque undae diuidi magnitudo ex	1	7 4
ipsa ratione docente. *qui enim stultus est, quid sit bonum* ac malum *nescit*	nec	potest quid reprobet scire, quid teneat, *et ideo semper peccat*, quod est	2	1 9
unde primo omnium *spes* nobis proponenda est *futurorum*, sine qua	nec	praesentia quidem ipsa stare posse perspicimus. adeo tolle spem: torpet	1	36 2
necdum discutis tenebras sacraeque legis oracula iam in Christo completa	nec	probando cognoscis? uerum tamen pro tuo sensu si uis pascha	2	20 1
quodam modo sequestrauerat pignus, in quo nec Christum relinqueret	nec	propinquum. statim beatus martyr se latere non passus est; se ultro	1	39 4
eligendum quid sit, non potest nosci aut comprehendi, quia non erit	nec	proprium nec firmum, quod habet statum semper incertum, quippe	2	3 7
animus, sed securior manus; elatus in immolandum gladius uibratur	nec	puerum mors uicina contristat, ne trepidatio fidem prodat infirmam.	1	59 7
cum sterilis esses: ad gladium nascitur puer. talem casum nemo doluit,	nec	quae genuerat mater. nemo plangit uiuas exsequias et innocentis	1	62 4
patris erat, quod leuauit, dei fuit, quod pepercit. nec qui feriebatur timuit,	nec	qui feriebat expauit. sacrificium domini non dimittitur, sed mutatur.	1	62 5
reprimit gladium: patris erat, quod leuauit, dei fuit, quod pepercit.	nec	qui feriebatur timuit, nec qui feriebat expauit. sacrificium domini non	1	62 5
itaque natiuitas domini nostri in patris et filii tantum conscientia manet,	nec	quicquam habet interiectum neque conscium qui ex paterni oris affectu	1	54 2
animo ac mente una agebant, nec fuit inter illos discrimen ullum	*nec*	*quicquam suum ex bonis putabant, quae eis erant, sed erant illis omnia*	2	1 18
omnes enim passim furore insatiabili turpes praecipitantur in quaestus,	nec	quisquam prorsus inueniri potest, qui ei saltem uel uno momento	1	5 1
a paterno fonte in filio tota refunderis et tamen, tota ubi refunderis,	nec	recedis. recte deus diceris, quia trinitatis potentiam sola conuertis.	1	36 32
promisisset ostendit. laetatus est puer patre fideli ipse quoque fidelior,	nec	recusabat mortem, quam deus qui uitam dederat imperabat. laetatur	1	43 5
aduenerit, suo semini respondens iure possit mereri quod credimus.	nec	res in ambiguo est; quemadmodum etenim ille princeps iniquitatis suo	1	2 26
miserosque sua necessitate neglecta pietatis largiter furtim semina spargit.	nec	rogari se permittit nec uicaria laudis remunerari mercede: hoc	2	1 12
sufficiat, hoc principaliter scientes, quia hanc nec effundere licitum est	nec	rursus haurire.	2	14
uobis aqua sufficiat, hoc ante omnia scientes, quia hanc nec effundere licet	nec	rursus haurire.	1	12
haec gentes, nisi conuertantur, manet diuina sententia, quae nec deum	nec	sacrificium etiam ipsae cognoscunt se habere legitimum. nunc	1	25 5
uibrabat. haeserant confessionis suae glutino intrepidae martyris manus	nec	salientes digiti futurae mortis exitio palpitabant. tanta fuit in martyris	1	39 7

prouidere, quibus nec natiuitatem dederis nec animas inspiraueris nec salutem praestare possis. unde uel sero sacrilegam uocem comprime 2 1 21
siue iusto siue sapienti si alterum defuerit ex duobus, quod illi putauerunt, nec sapiens profecto erit ille nec iustus. satis, ut opinor, praestigiae 2 1 10
dicens: *adolescentior fui et senui et numquam uidi iustum derelictum nec semen eius quaerens panem;* et iterum: *diuites eguerunt et esurierunt,* 2 1 20
nec singulare nec friuolum crimen est, fratres, uel maxime Christianum 1 5 1
profertur. uxor Abrahae fetus nescia, cum uisceribus frigente senio nec sperare subolem posset nec portare confideret, matris suscepit officia, 1 59 3
in futuro sit posita, fidei tamen est iure subiecta. ubi enim fides non est, nec spes est; *fides* enim spei *substantia est* et spes fidei gloria, quoniam 1 36 4
subiacent et futura: ista quia contemnit, illa quia sua esse praesumit; nec spes timet, ne non ueniant, quia ea semper secum suis in uirtutibus 1 36 5
si uero fidem tractatus dicere coeperimus, erit profecto nec nostra nec sua, sed nec eius, cuius esse dicetur, quia tractatus fidem cum astruit, 2 3 6
ecclesia inueniretur. sed haec saecularia sine legitimo ac deuoto cultore nec sufficientia nec necessaria honori suo protestatur deus, hactenus dicens: 2 6 3
fallunt, hostes probant, praedones laudant, latrones excusant, nec sui umquam uenit in mentem non esse humanae potestatis crastinum 1 5 7
posset. denique uultis scire conpendio ueritatem? factus est quod non erat, nec tamen desiit esse ante quod fuerat. 2 8 9
dealitatis! unus homo ad duorum imaginem et similitudinem fingitur nec tamen in eo, quid cuius sit, inuenitur. si igitur in opere extraneo 1 45 2
non naufragus, sed uiator: timet profundum intercipere non timentem; nec tamen in toto dissimulat, ne per mare pedibus se ambulasse non 2 2 6
agnoscas. sol cotidie nascitur eademque die qua nascitur moritur nec tamen instantis finis sorte terretur, suos ut repigret cursus, ut horas ac 1 2 18
suas atque hoc Thamari nuntiaretur, quae Selom uiderat maturum ei nec tamen nupserat, uestem uiduitatis exponit, aestiualia induit, semet 1 13 2
saluus foret, quam iussus est facere, non praecipiti festinatione compingit nec tantum munus quasi praesumptor aut demens rapit, sed patienter 1 4 12
quod lex partibus et discitur et docetur. adde quod tota nec intellegitur nec tenetur. adde quod a quolibet pro ingenii qualitate argumentis 2 3 5
magnas struis congeries? quid hic remansura peruigil sollicitudine cassa nec tibi ipsi inde aliquid concedendo illibata custodis? insuper de inopia 1 14 3
Abraham nec dolor patri lacrimas persuasit, sed exsultat et gaudet. nec timuit, ne parricidium ei inputaretur, sed magis ut deuotioni pareret, 1 43 4
sollicitique maris fluctus insanos tutior piscis aluo quam alueo nauis nec tres pueri, quo ardere putabantur incendio, de suis incensoribus 2 18 1
iam manifeste sapientiam huius mundi non esse iustitiam et quidem nec ueram sapientiam? quia fieri non potest, ut uerus sapiens non sit et 2 1 9
non affectibus, non maritis nota, non sibi, quia non potest notum esse nec uerum quod est semper incertum. praeterea numquam diligit deum, 1 1 10
abstinete uos a carnalibus desideriis, quae militant aduersus animam, nec uestrum frangat affectum, quod eius secretum figuramque nescitis; 2 4 17
neglecta pietatis largiter furtim semina spargit. nec rogari se permittit nec uicaria laudis remunerari mercede: hoc damnum graue, hoc aestimat 2 1 12
iubenti ac deposcenti deo innocens martyr offertur, immaculata hostia nec uictima imparata, qui testis diuini timoris ad fidem a domino poscitur, 1 59 2
sed sepulcro incognitum pecus, quod legitimam nec mortem potuit sentire nec uitam. recte igitur apostolus ait: *radix omnium malorum est auaritia*; 1 5 3
quia tractatus fidem cum astruit, ex eo ipso eam, quo astruit, destruit. nec ulli dabit quod non habet, sed potius ut non habeat, adhuc ipse 2 3 6
respuit praesumens totum se habere, si pura sit. neminem foede desiderat nec ulli similiter se desiderabilem praestat. in suo statu omni loco, omni 1 1 2
cutis, deformis ac luridus pallor iam paene uultus perdit humanos nec ullus in membris uoluptati motus. nihil in substantia resederat 1 59 4
qui *in omnibus omnia est*, quoniam per ipsum et in ipso sunt omnia. nec uos moueat, fratres, saecularis ac uere puerilis inconsideratorum 2 8 9
uiperei ueneni felle commotus iubet non usitata animaduersione poenarum nec usuali in reos lege carnifices in martyris membra saeuire. uiluerunt 1 39 6
iugo depressus a rege Pharaone duris condicionibus in Aegypto necaretur, miseratione dei duce Moyse iussus est proficisci. huic per diem 1 29 1
denique huius suffragio Daniel populis terribilem inermis draconem necat, leonibus obiectus in periculo prandet, qui solet extra periculum 2 2 5
matris caritas pura! diuersos genere, sexu, aetate, condicione suscipiens necat odio criminum ut nouerca, pia seruat ut mater necatosque non ante 2 29 2
detestabilique uersatur in iure. at cum mera fide credentis salutari fuerit necata baptismate, noua paterni sacro resurgit fontis ex gurgite iam pura, 1 2 25
suscipiens necat odio criminum ut nouerca, pia seruat ut mater necatosque non ante uiuificat, antequam omne uirus uetustatis exstinguat, 2 29 2
quam diu, Iudaee, bruti cordis necdum discutis tenebras sacraeque legis oracula iam in Christo completa 2 20 1
possit subuenire non subuenit, ipse eum uidetur occidere? o quantarum neces animarum in phaleris pendent ornatae matronae! ornamentum cuius 2 1 19
prouidentia! o praestantia singularis! o dulcis sententia! o damnatio necessaria! homo iugulatur, ut uiuat. percussor percussorisque non cernitur 2 24 3
sed haec saecularia sine legitimo ac deuoto cultore nec sufficientia nec necessaria honori suo protestatur deus, hactenus dicens: *caelum mihi* 2 6 3
insensatis similia templa conueniunt, ita uiuenti deo uiua templa sunt necessaria. in his enim solis sacerdotum dei structura et propria est et 2 6 4
prouidentia! o praestantia singularis! o dulcis sententia! o damnatio necessaria! in semet ipso homo iugulatur, ut uiuat. percussor non uidetur, 1 42 2
filio, non sibi repugnat, sed inter deum hominemque, quem sumpsit, necessaria moderatione distinguit. si enim deum purum iugiter praedicaret, 2 5 1
recte subiacet legi. atquin forte aliquis dicat: 'lex spernenda est, quia iusto necessaria non est, peccatori uero molesta est'. absit, fratres: immo potius 1 36 18
et amarus est in natura; sed cum fuerit peritissimi agricolae artificis manu necessaria prouisione truncatus, nobilitate alieni seminis grauidatur 1 2 27
circumcisionem obserues an legem. si circumcisionem, non est tibi lex necessaria, quia iustus Abraham, qui ex fide uixit, deum credulitate, non 1 3 12
aut maritus. uenio nunc ad exempla, quae sunt negotio uel maxime necessaria, quia plus est quod geritur quam quod dicitur, ut et 1 1 15
parat, festinat denique inplere sacrificium, ne mora faciat peccatum. necessaria sacramentis protinus praeparantur, ascenditur in montem. omni 1 43 4
in caritate, quae ita inuicem sibi uidentur esse connexa, ut sint aliis alia necessaria. spes enim nisi praecedat, cui laborat fides? fides si non sit, 1 36 1
iras exstinguit. haec mare penetrat, orbem circuit, commercio nationibus necessaria subministrat. potentiam, fratres, cito eius edicam. quicquid locis 1 36 13
propter quod homo fuerat moriturus. inde est quod nostra non habet necessaria tormenta confessio, quod sine truculenti sudore tortoris facinora 1 42 2
propter quod homo fuerat moriturus. inde est, quod nostra non habet necessaria tormenta confessio, quod sine sudore tortoris facinora sua 2 24 2
fuerint dictu digna, tamen ad exprimendam uim impudicitiae uisa sunt necessaria, ut sciat unusquisque ad idolatriam pertinere luxuriam. ipsa, 1 1 12
sed solam obseruationem uoluntatis dei esse fideliter uiuentibus necessariam. 1 3 24
praecepisset, si carnis circumcisionem eorundem saluti, quos amabat, necessariam praeuideret. certe Adam ipsum sic ante fecisset. at fortasse 1 3 5
et postea circumcisus, manifestum est circumcisionem non Abrahae fuisse necessariam, sed in designationem Iudaici populi, qui carnalis futurus 1 3 7
et circumcidi non debuit?' Abraham, fratres, et uir iustus fuit et tamen necessario circumcisus. quid enim scriptura dicit? *Abraham credidit deo, et* 1 3 6
peribit; tertium peccatorum, quorum obliquae ancipitisque uitae sunt necessario discutienda secreta, apostolo utrumque prosequente, nam *qui* 1 35 7
surgit spiritale. satis, ut opinor, resurrectionis ueritas omnibus claret. sed necessario disserendum est, quae sit in ea iniustorum iustorumque 1 2 23
prodiuit unigenitus filius, cordis eius nobilis inquilinus exinde uisibilis necessario effectus, quia orbem terrae erat ipse facturus humanumque 1 50
placere sacrilego. ut rem compendio transigam: utique a templo regrediens necessario enarrabit tibi sciscitanti sibi de utriusque salute uel unanimitate 2 7 16
pomum hoc membro decerpit, sic in genus humanum ius mortis induxit. necessario ergo luxurioso populo deus hoc signum dedit, ut, locum 1 3 8
inaestimabiles diuitias in ea commanens possidebit. memorandum quoque necessario est etiam illud, a quo quid agatur in templo. sacerdos uocat, 2 6 9
contundens palmam. quam prosequitur congrue *mustulentus autumnus*, ut necessario gratiae panis uini quoque iucunditas iungeretur. quis non haec 1 33 1
genitalis humoris manente semper secum substantia nutriatur. auxiliare illi necessario iungitur lignum, cuius tutela defensus sese sustollat. at ubi 2 11 2
satis otiosum est in his demorari, quae in toto iam non sunt. unum sane necessario proferemus exemplum, quod et Iudaei odiosum et Christiani 1 25 7
expedite uiuat et munde. igitur ne cognoscatur, faciem uelamine obscurat: necessario, quia adsertor pudoris eius nondum uenerat Christus. non 1 13 9
hominibus uenit inimicus eius et superseminauit zizania in triticum. quae necessario radicitus circumcisione diuellimus, ut diri seminis contagione 1 3 22
quod defunctorum ibidem non tam formae quam facta noscantur ac necessario recipiant secundum quod mundanae administrationis suis in 1 2 4
sit, ut ipse est, *duo* sunt ergo principia et quidem *repugnantia.* ac per hoc necessario requirendum nobis erit, quid sit fortius de duobus: illud quod 1 7 2
abscindet. quapropter duas esse natiuitates domini nostri Iesu Christi necessario scire debet populus Christianus, ne quem patiatur errorem: 2 8 2
quicquid in uirtutibus naturae a regibus ipsis quoque metuitur. sed necessario unicuique sinceri amoris est noscenda proprietas, ne sub sono 1 36 25
profluens amne non magno opere noster Aquarius delere consueuit. quem necessario uno sequuntur duo Pisces in signo, id est duo ex Iudaeis et 1 38 7
nihil est, fratres dilectissimi, ante omnia homini timenti deum tam necessarium atque conueniens, quam ut se ipsum nouerit. etenim genus 1 27 1
nihil est, fratres dilectissimi, ante omnia homini nato tam necessarium atque conueniens, quam ut se ipsum nouerit. etenim genus 2 30 1
fidem ipsa custodit; non ulla re indiget, quia ei praeter quod est nihil est necessarium. haec rura, urbes ac populos composita pace conseruat; haec 1 36 12
adhuc quispiam dicat: 'cur ipse quoque signaculum carnis accepit, si ei necessarium non fuit?' huius propositionis quae sit ratio, fratres, accipite. 1 3 17
tuo et ex tota anima tua, ut bene sit tibi? uidetisne hunc timorem nobis necessarium, qui in dei amore consistit, qui uoluntate sua se parit, diuinae 2 2 4
non enim potest esse perfectum quod aliunde exspectat sibi aliquid necessarium. si uero fidem tractatus dicere coeperimus, erit profecto nec 2 3 6
sacrificium conuenit *corporale, utique* et spiritali deo *sacrificium est necessarium* spiritale; quod non ex sacculo, sed ex corde profertur; quod 1 25 9
triumphum reportans, quam tot suppliciis omnes crediderant perituram. o necessarius timor, qui nihil aliud agit, nisi ut beatos efficiat; qui timet arte, 2 2 7
nobis portantibus nota. incomprehensibilis enim dei imago inuisibilis sit, necesse est. denique oculis non est subiecta carnalibus; nam neque cum 1 27 3
non est portantibus nota. incomprehensibilis enim dei imago inuisibilis sit, necesse est. denique oculis non est subiecta mortalibus. nam neque cum 2 30 3
ipsa uerborum: *qui credit, inquit, in me, non iudicabitur.* recte: *quid enim necesse est iudicare credentem? iudicium enim ex ambiguis rebus exsistit;* 1 35 2
adempta ambiguitate iudicii non desideratur examen. ex quo ne *infideles necesse est iudicare*, quia iam sua sunt incredulitate damnati; ex hac enim 1 35 2
ac seruando religionem ueram ueramque iustitiam, inmortalitatis necesse est pro laboris sui munere inmortali beatitudine perfruatur. inde 2 4 8
uiribus retractando ac refellendo consumit. sin uero, sicut necesse est, una est illa nobilis et antiqua, quae non dicam tractatu, sed 2 3 8
esse utique credulitatem non potest dubitari, quia hanc qui habuerit, necesse est, ut expedite uiuat et munde. igitur ne cognoscatur, faciem 1 13 8
ei mittitur, temptationis uidelicet signum; etenim iustitiam qui sequitur, necesse est ut probetur. denique fornicaria requisita non est inuenta, quia 1 13 11
circumcisionis priuilegium, non septimus, non nonus, accepit ac per hoc necesse est, ut utrumque inane sit, si infirmari potest alterum de duobus. 1 3 4
fratres, accipite. igitur qui uenerat hominem uiuificare, per hominem necesse habuit, ne phantasma putaretur, edicta legis uniuersa complere. 1 3 17
uasis semper in plenis manebat status quantumque eis impensae diurnae necessitas dempserat, tantum rediuiua fecunditas reponebat. quapropter si 2 1 20
casibus ut de ceteris taceam, ecce maritum tuum postridie aliqua necessitas rapit, quae a te longe distractum decennio uel eo amplius, ut 2 7 9
uel freno. est enim matura semper, humilis, cauta, prudens, prouida, omni necessitate contenta, quauis turbationum tempestate tranquilla. serenitatem 1 4 2
in filio et filius manet in patre; cui affectu, non condicione, caritate, non necessitate, decore, <non diminutione> subicitur, per quem pater semper 2 5 9
cessat enim concupiscentiae pugna, ubi sub crebrescentibus morbis ipsa necessitate etiam inpudicorum pudica fiunt membra. age nunc, eius 1 1 5
cadauera intecta inhumataque esse non patitur; pauperes miserosque sua necessitate neglecta pietatis largiter furtim semina spargit. nec rogari se 2 1 12

interrogat nemo. neque enim sine patris esse possit iniuria, si hac	necessitate opus esset illi, qui in sinu patris commanens uoluntatis eius	1 56 2
aliud agit, nisi ut beatos efficiat; qui timet arte, non casu, uoluntate, non	necessitate, religione, non culpa; qui deum metuit, non naturam. uultis	2 2 7
quid designatione tui criminis gratularis? in Aegypto seruis diu, non	necessitate, sed merito. ereptus es inde; non tua euasisti uirtute. columna	2 16
seruire in sacramento semel creditae unitae trinitatis non argumento, non	necessitate, sed uoluntate compellit, manifestissimum puto nimis astuto	2 3 2
fieri non posse sine naturalis amicitiae disciplina? quid autem pro se in	necessitatibus gerant, omnibus nota porcorum cotidiana propemodum tam	1 36 15
matronae! ornamentum cuius unum si soluas in pretium distribuasque	necessitatibus singulorum, ex eorum respiratione cognoscis, quantorum	2 1 19
se recipit in se, nullus hic beatitudinis locus est, ubi non deuotionis, sed	necessitatis est quod timetur. itaque audiamus scripturam, quid dicat, cuius	2 2 3
non uiolari, nihil tam munitum quod non expugnari pecunia possit; non	necessitudo sanguinis, non amicitia, quia non suo merito, sed auri, argenti	1 5 5
eia, fratres, quos beatae sitis exoptatus ardor incendit, quos	nectarei fluenti dulce murmur inuitat, lacteum genitalis fontis ad laticem	1 12
columna per noctem, ut significaret arsurum. angelus tua castra praecedit,	necubi crimen excuses. per mare ambulas; *ueloces pedes tuos ad*	2 16
absentem esse assiduis uocibus inclamabat. hunc uero profitentem ad	nefandam custodiam noxiae mentis mancipes rapuerunt, quem oblatum sibi	1 39 4
cogebatur Christi populus uanis superstitionibus interesse atque in cultum	nefandi ritus nunc aut libamina inceste profundere aut ornatus sertis	1 39 2
rector pristinae eius fugae ueniam sub pactione promitteret, si se uel sero	nefandis superstitionibus miscuisset, talibus in eum sanctissimus martyr	1 39 5
ut Isaac non periturum ad aram, ita ad crucem Christum sublimandum	nefarii perduxerunt. sed quia nescit aeternitas mori, uiuit dominus post	1 59 8
nec agnoscere uoluerunt et sola crediderunt cogitatione puniri, quem	nefarium fuerat etiam tardius adorari. ad cuius immanis ausi saeuitiam	1 59 8
laetaris? non est pax ista, sed bellum; non osculum, sed uenenum. pro	nefas! adhuc fumantia busto complecteris membra sudoremque sordidarum	2 7 17
fuerit auctior, fit tanto miserior: expers otii, expers satietatis, per fas atque	nefas, artibus multimodis ac uersutiis armata bacchatur, salutis suae	1 5 2
indixerat in homine deo bellum et infaustae superstitionis busto in	nefas conscium toto mundo funereum fecerat rogum. scatebat per tecta	1 39 2
dum exaggerant, exinde iam priores se ipsi condemnant. uerum, pro	nefas, creditur aetati, creditur auctoritati: exsultant adulteri, damnatur	1 1 18
de huius mundi labe in meliora migrantes tam pertinaciter plangis? pro	nefas! hinc mater scissa ueste, laniatis crinibus, laniatis et genis, totum	1 2 13
cui amor mundi praeponitur. quoduis etenim piaculum scelus dedecus	nefas libenter admittit, cuius praecordia inplacabilis cupiditas pestifera	1 14 7
contendunt, cui totus militat mundus, aetas cui uniuersa deseruit. pro	nefas! quae istae sunt tenebrae? inest omnibus et ab omnibus, quasi non	2 1 8
tempus parentes suos compellunt uiuere miseriae, facultatibus mori. pro	nefas! quid tibi tua tollis, infelix? quid extraneo facias, qui in te auarus es?	1 5 7
furto distracti, turpibus iam non contenti latibulis aliquotiens, pro	nefas, sub ipsis obtutibus matronarum uesana congressione desudant, non	1 1 13
incendio, de suis incensoribus uindicati, sed de domino nostro, quem, pro	nefas, uenerantur externi, si tamen dicendum est, sui carpunt. sane nullis	2 18 1
motus. nihil in substantia resederat corporis, sed nihil tamen in utero	negabatur infanti et, cuius aetas auiam testaretur, matrem partus ornauit,	1 59 4
eique tanto pro nuntio morigera coniux pacem si non ingeris, nec	negabis. quid agis, misera? quid, uesana, laetaris? non est pax ista, sed	2 7 16
si quis aliquid desiderauerit, qui recondidit Noe omnia illi arcarius non	negabit. Petrus piscator recentes marinos affatim pisces apponit cum sarda	1 24 3
alienis incommodis omnino non potest procurari, a quouis uere stultissimo	negari non possit iniusta. ceterum si scire potuissent ueram iustitiam, cuius	2 1 3
heredes crimenque noscens nominibus pietatis excusat. proprios aut	negat aut denudat affectu. nihil prorsus existimat turpe nec pati nec facere,	1 1 7
arcet a siluis, arcet ab aquis, et quidem copiosis uacantibus plurimis	negat hominibus, quod auibus, serpentibus, feris non potest denegare. mera	1 5 13
uota, quia satiari non nouit. fidem frangit, caritatem neglegit, iustitiam	negat, non cognoscit affectus, iura diuina contemnit, humana uersutis	1 21
custodi. de eo, quod modum humani sensus excedit, disputare deuita.	negat quodam modo deum quisquis asserit deum. defensio enim non nisi	2 3 18
aucupatur distrahendi tempus, minor in mensura, maior in pretio;	negat se habere, quod distrahat, ut rogetur, ut iugulet. atque utinam	1 5 14
quisquis resurrectionem	negat, uitam suam, semet ipse condemnat. cur enim mereatur felicitatem	1 2 1
subministrat. potentiam, fratres, cito eius edicam. quicquid locis natura	negauerit, caritas reddit. haec coniugalis affectus duos homines sacramento	1 36 13
qui pauperes, qui uiduas, qui pupillos exspoliant, qui profanis fabulis	neglecta dei secta alios non bene auocantes diuina sacramenta	1 25 11
intecta inhumataque esse non patitur; pauperes miserosque sua necessitate	neglecta pietatis largiter furtim semina spargit. nec rogari se permittit nec	2 1 12
contemptus eculeus, crebri fustium imbres maioris poenae contemplatione	neglecti sunt. excogitatur nouum stupendumque supplicium, quo se in	1 39 6
regno. nihil, ut arbitror, illis restitit proprium, nisi quod agno salutari	neglecto ingrati uiles agnos cum amaritudine, homines amari, manducant.	2 17
est deus. igitur duas natiuitates esse domini nostri Iesu Christi, rudis aut	neglegens disce Christiane, ne quo decipiaris errore: unam, quam tibi non	1 54 2
	neglegentes legis sacrae cultores saepe magno inplicantur errore, cum aut	1 35 1
numquam perueniens uota, quia satiari non nouit. fidem frangit, caritatem	neglegit, iustitiam negat, non cognoscit affectus, iura diuina contemnit,	1 21
terra composuit. *semen* ergo *suum fudit in terram*, hoc est dei mandata	neglexit et idolis profudit. propter quod a deo similiter etiam ipse	1 13 6
quas habuit, amisit; et dominus caelestia sua bona amore nostro	neglexit pauperemque se fecit, ut nos diuites faceret. Iob filios furens	1 15 8
putant irriduntque quasi uanam, quod, cum possit bonis frui mundi ac	negligat, sponte se faciat infelicem, non credentes, quia dei praecepta	2 1 14
putant esse iustitiam propria tueri, aliena non quaerere, sapientiae uerae	negligentes imperium, quod uerbis huius modi continetur: *si uis perfectus*	2 1 15
iudices gratia, diserti mercennaria ac duplici lingua, reges superbia,	negotiatores astutia, inani pauperes uoto, cultores dei odio simulato, totae	1 14 1
patrem deprecatur obnixe, ut aliquis nuntius pergat, qui eos tanti	negotii certos efficiat; cui ille respondit: '*habent Moysen et prophetas*,	1 2 10
quam praemio accepitque ab eo eius monile, anulum, uirgam; tumque	negotio confecto, conceptu signata, quem uerae fornicariae habent perosum	1 13 2
sapientes, ut uideri uolunt, Graeciae uiri praeter ceteros curiosi otioso	negotio cor suum ultra quam licitum est argumentis insolentibus	2 9 1
in omni	negotio, fratres dilectissimi, nisi quis ante personam noscat et rationem,	1 25 1
uesana congressione desudant, non aduertentes miseri, quoniam in tali	negotio iudice deo quod non licet uxoribus non licet nec maritis, sicut	1 1 13
quam ut sit aut continens aut maritus. uenio nunc ad exempla, quae sunt	negotio uel maxime necessaria, quia plus est quod geritur quam quod	1 1 15
	negotioso cursu, reciprocis ambagibus operis mundani pensa perpetuans,	1 6
fraterni inuidus muneris in fratris Cain anhelat exitium et deo ante	negotium parricida est; nec eius saltem coercentis uoce comprimitur, sed	1 4 9
terram. o quam paucissimis uerbis omne hoc mundi, enixe quod geritur,	negotium perorauit! his enim tribus rebus, quae fundamenta sunt omnium	2 1 6
pudoris alieni labe gaudere consueuit, semper infelix est. denique post	negotium perpetratum odit et se ipsam cum illo quem uicerit. haec saepe	1 1 7
illa constanter adest, sibi quae non inpudicitiae, sed futuri scilicet indicii	negotium procurauerat, dicitque ei se debere conceptum, cuius monile,	1 13 3
incautus, inconstans, totus concitatus in ruinam; res sine substantia,	negotium sine persona? omnia cito temptat, omnia momento disturbat,	1 4 7
quadam singulari ac uere diuina patientia inter religionem pietatemque	negotium temperaret, in spe non denegans deo, quod *contra spem*	1 4 13
aut muneris, totum respuit praesumens totum se habere, si pura sit.	neminem foede desiderat nec ulli similiter se desiderabilem praestat. in suo	1 1 2
deo. unctus in regem, spiratus in uatem *non insolescit in regno*, obumbrat	neminem prophetae terrore. iniurias suas non exsequitur regia potestate;	2 9 7
totus mundus exarsit, auaritia, ut putatur, crimen esse desiit, quia	neminem qui se possit arguere derelinquit. omnes enim passim furore	1 5 1
mater. nemo plangit uiuas exsequias et innocentis hominis obsequium	nemo ante fletibus rigat, ne pater dubitasse uideretur, si flesset. deuotus sic	1 62 4
nemo suas margaritas abscondit, nemo lapides pretiosos, nemo aurum,	nemo argentum, et tamen ullus non timet furtum.	1 5 18
illud consentanea potest argumentatione pulsari; scriptum est enim:	*nemo ascendit in caelum, nisi qui de caelo descendit, filius hominis, qui*	2 4 2
suam uestem, nemo suas margaritas abscondit, nemo lapides pretiosos,	nemo aurum, nemo argentum, et tamen ullus non timet furtum.	1 5 18
diues. bene, bene: cum quis quaerit aurum, inuenit gladium. inter haec	nemo considerat condicionem fragilitatis humanae, nemo hostem, nemo	1 5 15
gaudium. tu tuos ita diligis inimicos, ut inter eos carosque tibi quid distet,	nemo discernat. tu, inquam, caelestia humanis, humana caelestibus iungis	1 36 31
mater, cum sterilis esses: ad gladium nascitur puer. talem casum	nemo doluit, nec quae genuerat mater. nemo plangit uiuas exsequias et	1 62 4
fragilitatis humanae, nemo hostem, nemo fiscum, nemo latronem,	nemo domesticum, qui cognitione secreti est omnium peior, nemo	1 5 15
omnia bona atque perpetua exuberant passim. certe, quod primum est,	nemo eget, nemo inuidet, nemo furatur, nemo rapit, nemo proscribit, nemo	1 5 18
fecit. igitur si nostra est, seruemus ut nostram, ut iure speremus aliena.	nemo enim censum decoctori committit nec desertorem praemiis	1 36 7
dubio et praesentia odissent et futura credidissent pariterque metuissent.	nemo est enim tam uel ab istius mundi sapientiae gustu ieiunus, qui audeat	1 2 2
haec nemo considerat condicionem fragilitatis humanae, nemo hostem,	nemo fiscum, nemo latronem, nemo domesticum, qui cognitione secreti est	1 5 15
exuberant passim. certe, quod primum est, nemo eget, nemo inuidet,	nemo furatur, nemo rapit, nemo proscribit, nemo iugulat, moritur nemo;	1 5 18
gladium. inter haec nemo considerat condicionem fragilitatis humanae,	nemo hostem, nemo fiscum, nemo latronem, nemo domesticum, qui	1 5 15
latronem, nemo domesticum, qui cognitione secreti est omnium peior,	nemo imminentes diei iudicii flammas, per quas omnes nudi transituri	1 5 15
atque perpetua exuberant passim. certe, quod primum est, nemo eget,	nemo inuidet, nemo furatur, nemo rapit, nemo proscribit, nemo iugulat,	1 5 18
est, nemo eget, nemo inuidet, nemo furatur, nemo rapit, nemo proscribit,	nemo iugulat, moritur nemo; omnes felices, omnes unanimes, omnes	1 5 18
beatitudo uersetur? nemo suam uestem, nemo suas margaritas abscondit,	nemo lapides pretiosos, nemo aurum, nemo argentum, et tamen ullus non	1 5 18
considerat condicionem fragilitatis humanae, nemo hostem, nemo fiscum,	nemo latronem, nemo domesticum, qui cognitione secreti est omnium	1 5 15
quam iudicii formam etiam ipsa humanitas, quamuis iniusta sit, seruat.	nemo namque pater familias honesta fidelitatis suae lucra offerentem sibi	1 35 8
autem, quantus aut qualis fieri debeat, nemo praecipit, interrogat	nemo. neque enim sine patris esse possit iniuria, si hac necessitate opus	1 56 2
pacto potest humanis opinationibus substantia naturae comprehendi, quam	nemo nouit nisi ipse solus, qui fecit. itaque quod specialiter ad nostras	1 27 1
inuidet, nemo furatur, nemo rapit, nemo proscribit, nemo iugulat, moritur	nemo; omnes felices, omnes unanimes, omnes inmortales, omnes sunt	1 5 18
nascitur puer. talem casum nemo doluit, nec quae genuerat mater.	nemo plangit uiuas exsequias et innocentis hominis obsequium nemo ante	1 62 4
legitimam genitricem, hanc perpetuam futuri regni consortem, sine qua	nemo possit omnino ad dei notitiam peruenire. unde primo omnium	1 3 1
dicto completur a filio. quomodo autem, quantus aut qualis fieri debeat,	nemo praecipit, interrogat nemo. neque enim sine patris esse possit iniuria,	1 56 2
quod primum est, nemo eget, nemo inuidet, nemo furatur, nemo rapit,	nemo proscribit, nemo iugulat, moritur nemo; omnes felices, omnes	1 5 18
passim. certe, quod primum est, nemo eget, nemo inuidet, nemo furatur,	nemo rapit, nemo proscribit, nemo iugulat, moritur nemo; omnes felices,	1 5 18
renuntiantes rursus reuertuntur ad saeculum, de quibus dominus ait:	*nemo retro attendens et superponens manum suam super aratrum aptus est*	1 37 12
non fuerimus; et non est reuersio finis nostrae, quoniam consignata est et	*nemo reuertitur*; et infra: *uenite ergo, fruamur bonis, quae sunt, et utamur*	2 4 10
color; non membra tremore uibrantur; non dimissi, non torui sunt oculi.	nemo rogat, nemo trepidat, nemo se excusat, nemo turbatur. ne uere sit	1 4 14
uibrantur; non dimissi, non torui sunt oculi. nemo rogat, nemo trepidat,	nemo se excusat, nemo turbatur. ne uere sit parricidium, ille lignum quo	1 4 14
omnipotentiae maiestate. qui sane ideo carnem est dignatus induere, ut	nemo se possit per carnem, cum iudicii dies uenerit, excusare.	1 54 5

mora; patent duodecim portae, habitacula praeparata sunt infinita. nemo sit de mansione sollicitus: certae gloriae nostrae insignis res erit, si 1 5 18

est; quod omnium, singulorum. uultis scire, quae illic beatitudo uersetur? nemo suam uestem, nemo suas margaritas abscondit, nemo lapides 1 5 18

singulorum. uultis scire, quae illic beatitudo uersetur? nemo suam uestem, nemo suas margaritas abscondit, nemo lapides pretiosos, nemo aurum, 1 5 18

membra tremore uibrantur; non dimissi, non torui sunt oculi. nemo rogat, nemo trepidat, nemo se excusat, nemo turbatur. ne uere sit parricidium, 1 4 14

dimissi, non torui sunt oculi. nemo rogat, nemo trepidat, nemo se excusat, nemo turbatur. ne uere sit parricidium, ille lignum quo inuratur sibi 1 4 14

ac reflabilis tori plumeo sepulcro superba. iactat se ludibunda per nemora, fontes, prata, baias, ciuitates ac rura, uniuersis uoluptatibus 2 4 10

aufertur. cessat unguentum. circumcisio uacuatur. sabbatum denotatur. neomeniae et dies festi odio habentur. potiuntur eorum Romani regno. 2 17

incerto affectionis uocabulo pietas nutaret et, cum filium proferret uterus, nepotem senectus optaret. ita denique dissensione temporis et naturae 1 59 4

nostrae commissa sit uoluntati, propheta dicente: *ante hominem bonum et nequam, mors et uita; quod elegerit, hoc dabitur ei*. unde dubium non est 2 4 18

hortatus sum, ut denuntiares quibusdam, ne peruersa doctrina uterentur neque adtenderent fabulis et genealogiis, quae sine fine sunt, quae magis 2 3 17

elata quicquid uiderit mobilitate fugaci statim deperdit. dehinc sequitur: *neque ambulaui in magnis neque in mirabilibus super me. magna eloquia* 2 9 6

feminis saepe uiolenta esse consueuit. at ubi in destinata prorumpens neque blandimenta neque promissa sibimet prodesse cognoscit, conserta 1 1 16

ambo sine fructu. unde dubium non est neque praeputium aliquid esse neque circumcisionem, sed solam obseruationem uoluntatis dei esse fideliter 1 3 24

patris et filii tantum conscientia manet, nec quicquam habet interiectum neque conscium qui ex paterni oris affectu processit uno consensu. secunda 1 54 2

non est subiecta carnalibus; nam neque cum ingreditur corpus nostrum neque cum de corpore egreditur, a quoquam deprehendi potest tantumque 1 27 3

oculis non est subiecta mortalibus. nam neque cum ingreditur corpus neque cum de corpore egreditur, a quoquam conspicari potest tantumque 2 30 3

inuisibilis sit necesse est. denique oculis non est subiecta mortalibus. nam neque cum ingreditur corpus neque cum de corpore egreditur, a quoquam 2 30 3

inuisibilis sit, necesse est. denique oculis non est subiecta carnalibus; nam neque cum ingreditur corpus nostrum neque cum de corpore egreditur, a 1 27 3

futurus esse canebatur; qui nisi paterno generis signaculo responderet, neque Dauid filius esset neque nisi in filium Dauid Christus uenire 1 3 18

glorietur sapiens in sua sapientia neque glorietur fortis in fortitudine sua neque diues in diuitiis suis, sed in hoc glorietur, qui gloriatur, 2 1 5

oratione per Iohannem hactenus contionatur: *nolite diligere mundum neque ea, quae in mundo sunt. si quis dilexerit mundum, non est caritas* 2 4 12

quid praedicet, omnibus est in usu: *nolite*, inquit, *diligere mundum neque ea, quae in mundo sunt. si quis dilexerit mundum, non est caritas* 2 9 5

exsecrabilis esse uideatur, Iohanne dicente: *nolite diligere mundum neque ea, quae in mundo sunt. si quis dilexerit mundum, non est caritas* 1 36 27

quoque ait, qui cognitum *deum non quasi dominum honorauerunt neque ei gratias egerunt, sed uanis persuasionibus cogitationes eorum* 1 35 6

altitudinem, cuius non sequitur humilitatem! sequitur ac dicit: *neque elati sunt oculi mei.* oculorum peior est causa, quia exaltatio cordis 2 9 5

seruire minime potuerunt. sed inpatientiae hactenus exempla prolata sint. neque enim est studiose, ut arbitror, memorandum, quod optaueris 1 4 11

prosecutae sunt damno. nulla adhibita rudi fetae sueto more fomenta; neque enim, fratres, his poterat indigere, quae accipere in uterum meruerat 1 54 4

uiribus aestimabant. denique cum eam comprehendere non possent — neque enim poterant sine magisterio diuinae sapientiae, cuius notitiam non 2 1 2

eum non seueritas apud omnes condemnat, fratres uenerandi, sed pietas. neque enim potest de quoquam bene mereri, quem pater patientissimus et 2 21

resoluta uisceribus. non filius matris aut suis est ullis sordibus delibutus; neque enim re uera aliquid circa se habere possit inmundum, qui humani 1 54 4

autem, quantus aut qualis fieri debeat, nemo praecipit, interrogat nemo. neque enim sine patris esse possit iniuria, si hac necessitate opus esset illi, 1 56 2

te iubet ad ecclesiam non uenire. sed multo peius est, si places marito: neque enim sine sacrilegio possis placere sacrilego. ut rem compendio 2 7 16

spes ipsa nascetur? quibus si deneges caritatem, utraeque cessabunt, quia neque fides sine caritate neque spes poterit operari sine fide. itaque 1 36 1

per prophetam hactenus protestatur: *non glorietur sapiens in sua sapientia neque glorietur fortis in fortitudine sua neque diues in diuitiis suis, sed* 2 1 5

cui ille respondit: '*habent Moysen et prophetas*, quibus si non credunt, neque illi, qui hinc missus fuerit, credituri sunt', euidenter ostendens non 1 2 10

fugaci statim deperdit. dehinc sequitur: *neque ambulaui in magnis neque in mirabilibus super me. magna eloquia dei sunt, ipse mirabilis in* 2 9 6

beneficio abiecti impolitique sermonis (tamen dicentis: *nisi credideritis, neque intellegetis*) stultam putant irriduntque quasi uanam, quod, cum 2 1 14

enim ex fide uiuit; ideo fidelis, quia credidit deo; qui nisi credidisset, neque iustus neque pater gentium esse potuisset. quapropter manifestum 1 36 6

descendunt, qui post peccatum in caelum numquam recepti noscuntur, neque lucis ascendunt, quia numquam in terris, sed semper in caelo 1 37 11

qui nisi paterno generis signaculo responderet, neque Dauid filius esset neque nisi in filium Dauid Christus uenire potuisset; qui ideo circumcisus 1 3 18

quam hic iam tibi uindicas, taceam, in qua, ut dominus ait: *neque nubunt neque nubentur, sed sicut angeli erunt.* magnum consequere beneficium, si 2 7 4

gloria, quam hic iam tibi uindicas, taceam, in qua, ut dominus ait: *neque nubunt neque nubentur, sed sicut angeli erunt.* magnum consequere 2 7 4

fide uiuit; ideo fidelis, quia credidit deo; qui nisi credidisset, neque iustus neque pater gentium esse potuisset. quapropter manifestum est spei ac fidei 1 36 6

Psalmo primo his uerbis expressit: *non resurgunt*, inquit, *impii in iudicio neque peccatores in consilio iustorum.* gradatim pro meritis quasi cum 1 35 3

in Psalmis spiritu sancto dicente: *ideo non resurgunt impii in iudicio neque peccatores in consilio iustorum, quoniam scit dominus uiam iustorum* 1 2 23

impiis iudicium, quia iam sua impietate praeiudicati sunt, non derelinquit neque peccatores, qui iudicandi sunt, iustorum, qui non iudicabuntur, 1 35 3

ambo enim illi carnales sunt, ambo sine fructu. unde dubium non est neque praeputium aliquid esse neque circumcisionem, sed solam 1 3 24

uiolenta esse consueuit. at ubi in destinata prorumpens neque blandimenta neque promissa sibimet prodesse cognoscit, conserta manu inuersa uice 1 1 16

hoc satis absurdum esse et inconueniens, fratres carissimi, aduerto, quia neque refugae descendunt, qui post peccatum in caelum numquam recepti 1 37 11

iustus adaeque uerus non sit et sapiens, quia iustus esse non potest stultus neque sapiens iniustus ipsa ratione docente. *qui enim stultus est, quid sit* 2 1 9

est utique sapientis. unde fit, *ut numquam iustus possit esse qui stultus est neque sapiens qui fuerit iniustus.* ceterum siue iusto siue sapienti si alterum 2 1 10

si deneges caritatem, utraeque cessabunt, quia neque fides sine caritate neque spes poterit operari sine fide. itaque Christianus tribus in rebus, si 1 36 1

tuisque consiliis quam in alienis nudisque sermonibus conquiescis neque tantam in multiplicandis uirtutibus laudem ponis, quantam in 1 4 20

uelle opinari secretum eiusque interna discutere, cuius extraria nequeat suspicari, quia deus hoc est quod est; quod uero homo 2 8 3

tam illustri facinore cibos a deo inmortales accepit, quos edacitas delibare nequiret: sua enim deminutione crescebant. integer horum denique uasis 2 1 20

apostolus ait: *induite uos armaturam dei, ut possitis uos constare aduersus nequitias diaboli accepto scuto fidei, per quod poteritis omnes sagittas* 1 38 6

quoniam multi filii desertae. ecce enim, carissimi, in Sarra attractis aetate neruis et, deficiente sanguinis suco, arescentibus uenis, dura cum uisceribus 1 59 4

itaque deuotum corpus carnifex uidit, statim cadentis <securis> ictus neruorum connexa dissoluit et cunctas conpage discussa iuncturas corporis 1 39 8

uel ratio, quam prosecuturi sumus, argumentationis totius uno ictu omnes neruos abscindet. quapropter duas esse natiuitates domini nostri Iesu 2 8 2

tardi partus ubertas et fecunditas desperata profertur. uxor Abrahae fetus nescia, cum uisceribus frigente senio nec sperare subolem posset nec 1 59 3

nec portare confideret, matris suscepit officia, quae uxoris iam munera nesciebat. atque eo tempore partus profertur, quo calor genitalia iam 1 59 3

dei manuque e limo terrae fingitur homo. construitur mobile totumque se nesciens simulacrum et, ut imago sit dei, inspiratur a deo in *animam* 1 56 3

unde duae quoque uitae a deo attributae sunt nobis: una, qua nescientes communi cum pecudibus lege fundimur a natura, quae est 2 4 8

limae moderato dente figurata. quae est ergo ista dementia sacrificium nescientibus procurare, lumen caecis inferre, tura non spirantibus 1 25 4

non est, quia quod alter audit amborum est. quid agam, quo me uertam, nescio. non enim uideo, quid in exhortationibus diuini ac ueri cultus 2 7 11

in semet ipso deus beatae perpetuitatis indiscreta spiritus plenitudine nescio qua sua conscientia uelatum filii non sine affectu, sed sine 1 56 1

tua et da pauperibus et tolle crucem tuam *et ueni sequere me.* de hoc nescio quid possit quispiam promouere; unum tamen scio, quia nullus est 2 1 16

templa, erigentes aras nomini suo, qui, quae essent habituri sepulcra, nescirent, caelum promittentes sibi, pro quorum actibus, si posset, ipsa 1 13 4

templum luculento opere fuisse constructum atque ita elaboratum, ut nesciret inspector, in eo quid potissimum miraretur: magnitudinem, opus, 2 6 2

contemnens! o qui seruum domini ita se esse meminerat, ut patrem se esse nesciret! quid est pater? ecce sub oculis iacet filius uinculis adstrictus. ubi 1 43 6

indiscrete in omnibus sibimet similantibus detraxeris, cui detraxeris nescis. 'at ille, cui iubetur, est, inquit, inferior.' quid, quod inde non esse 1 45 2

concedendo illibata custodis? insuper de inopia quereris, qui quod habes nescis. quicquid feceris, nihil horum tecum ad inferna portabis; quod enim 1 14 3

fanis, Christiana fidelis, sine te esse non poterunt, quia uxor infelix es, si nescis, quid agatur in domo, infelicior certe, si scieris. proponamus itaque, 2 7 13

in uictima domini quod posses auferre: amputandam linguam mandare nescisti, quae in conluctatione martyrii prior solet domino confiteri. ductus 1 39 6

aram, ita ad crucem Christum sublimandum nefarii perduxerunt. sed quia nescit aeternitas mori, uiuit dominus post sepulcrum, et ad Iudaeos 1 59 8

tranquilla. serenitatem suam nebulis turbulentare non nouit. paenitentiam nescit; altercatio quid sit ignorat. omnes aut deuitat aut portat iniurias. 1 4 2

et aestimat quisquam dei se posse scire secretum, qui sui corporis nescit arcanum? quare, fratres, propter quod facti et nati sumus, timeamus, 1 56 3

inspiratur a deo in *animam uiuentem*. concepit spiritum adaeque, quem nescit; intrantem non uidet, exeuntem non potest prohibere. et aestimat 1 56 3

uestri candorem, ne quo pacto maculetis, perpeti diligentia custodite, quia nescit iterare quod praestat. ecce pueri, adolescentes, iuuenes, senes 1 38 1

concipiunt, una contra spem, altera uerbo. haec miratur se habere quod nescit, laetatur illa quia scit. Elisabeth sterilis fecunditate tumet feliciter 2 8 8

ipsa ratione docente. *qui enim stultus est, quid sit bonum* ac malum *nescit* nec potest quid reprobet scire, quid teneat, *et ideo semper peccat,* 2 1 9

formarum procax semper incedit, quia erubescere alienis sub coloribus nescit, non domesticis, non affectibus, non maritis nota, non sibi, quia non 1 1 10

inuicem plus debetur. non quemquam pro persona diligit, adulari quia nescit; non pro honore, quia ambitiosa non est; non pro sexu, quoniam illi 1 36 12

deo. haec extrariis ornamentis ornatur; longe illa ornatior, aliunde quia nescit ornari. haec uariis unguentis et odoribus fragrat; illa unici floris sui 2 7 3

ut in illa unius funeris turba paternus dolor non sufficeret orbitati, cum nescit, quem primum plangat, quem priorem inueniat, cui primum 1 15 4

munere coniugali, sed fide, uerbo, non semine. decem mensium fastidia nescit, utpote quae in se creatorem mundi concepit; parturit non dolore, 1 54 3

animam, nec uestrum frangat affectum, quod eius secretum figuramque nescitis; quam si propterea contemnitis, quia non uidetis, deum quoque, 2 4 17

non iudicabuntur, sed istum mundum ipsi iudicabunt, apostolo dicente: *an nescitis, quia sancti de hoc mundo iudicabunt?*; alterum impiorum, qui non 1 35 7

an ex utroque. si ex doctrina constat, non habent ergo fidem qui litteras nesciunt, sed nec ipsi qui sciunt, quia legis scientiam obseruantiamque ad 2 3 9

in Aegypto creuerit: at in originali decreuit solo; quod captiuitatis sit nexibus exsolutus: sed est nunc usque barbarici furoris moribus alligatus. 1 52

modi officiis saeculares obterens uoluptates cum fuerit uictor carnisque nexibus liber, repromissae inmortalitatis inaestimabili beatitudine 2 1 14

morte sua uiuens, sepulcri nido uegetatus innumerabiles temporum metas perenni cursu una 1 58

condemnatus est, ut absolueretur, sacri gurgitis unda sepultus, ut sepulcri nido uiuificatus resurrectionis iura gustaret. o magna prouidentia dei 2 29 1

libamina inceste profundere aut ornatus sertis uictimas trahere aut grauia nidoribus tura succendere aut inter fumidos ignes pallenti aruina, funesto 1 39 2

a semet ipsa inuitatis sacris ignibus libentissime concrematur. sepulcrum nidus est illi, fauillae nutrices, cinis propagandi corporis semen, mors 1 2 21

fecerimus angustam. itaque estote securi: nihil in illa deest umquam, nihil ab suo statu aut tollitur aut declinat; omnia bona atque perpetua 1 5 18

est, sed totus unum uulnus effectus. uerum tamen in his omnibus nihil aduersus deum improbe loquitur, non uxori inlicita suadenti 1 15 6

quam tot suppliciis omnes crediderant perituram. o necessarius timor, qui nihil aliud agit, nisi ut beatos efficiat; qui timet arte, non casu, uoluntate, 2 2 7
Iudaeus legitimum gerere se pascha contendit, cui nihil aliud de ueteri sacramento quam inanibus intexta suspiriis fabula 1 28 1
subici enim se loquacitatis artificio fidei natura non patitur, a qua nihil aliud laboratur, nisi ut suis sibi tantum uirtutibus adprobetur: non 2 3 6
exaltatus est Israel, quando tot et tanta tormenta Aegyptiorum solus ipse nihil aut timuit aut sensit. quid illud, quod per mare medium terrenum 1 61 7
iustitia disputare, de cuius proprietate excellentes ingenio et doctrina uiri nihil certi libris ingentibus prodiderunt. sed ego non curem, de me 2 1 1
purum iugiter praedicaret, passionis resurrectionisque uacaret locus et nihil Christus mundo praestiterat; si hominem solum, sicut quidam putant 2 5 1
omnipotentia se propagat. *de deo nascitur deus* totum patris habens, nihil derogans patri. alter renitet in altero; cuiusuis gloria communis est 1 56 1
de toto totus, de *uero uerus*, de *perfecto perfectus*, totum patris habens, nihil derogans patri; procedit in natiuitatem qui erat, antequam nasceretur, 1 17 2
lactis ubertatem ostendunt et de ieiuna aetate puer robustior saginatur. nihil difficile est fidei, quae tantum habet, quantum credit. igitur Isaac 1 62 2
petitorem. quicquid feceris, uirgo iam non eris; unum tamen scio, quia nihil distat a prodigio, quisquis alterius causa et formam mutat et mores. 2 7 8
nihil est, fratres dilectissimi, ante omnia homini timenti deum tam 1 27 1
nihil est, fratres dilectissimi, ante omnia homini nato tam necessarium 2 30 1
quia fidem ipsa custodit; non ulla re indiget, quia ei praeter quod est nihil est necessarium. haec rura, urbes ac populos composita pace 1 36 12
muneribus perennis connubii fideli propagine benigna caritas illigasset. nihil est prorsus, quod sine hac gratum, sine hac pacificum, sine hac fidele, 1 36 16
excolit, per hanc hoc sibi nomen inuenit; non sanctitas, non munitio, quia *nihil* est *tam sanctum quod non uiolari, nihil tam munitum quod non* 1 5 5
mortuus in aeternum perit, ergo mentitus est dominus, qui ei deinceps nihil futuro paradisum repromisit. sed et homo ipse, quem dominus 1 2 11
sint, ut tot quis habeat fides quot non habet uerba, multo magis nihil habebit, quia tractatus, qui eas genuit uel cotidie generat, adhuc 2 3 7
participatione ditauit. o caritas, quam pia et quam opulenta, quam potens! nihil habet, qui te non habet. tu deum in hominem demutare ualuisti. tu 1 36 29
insuper de inopia quereris, qui quod habes nescis. quicquid feceris, nihil horum tecum ad inferna portabis; quod enim naturae est, de loco ad 1 14 3
ei poenas gehennae paritura. tunc carnalis mimus ille finitur exsanguique nihil iam suffragantia tota illa ornamenta medentur, nisi quod a false 2 4 16
Iudaici populi, qui carnalis futurus fuerat, procuratam. denique nihil illi contulit, quia deo ante, non posteaquam circumcisus est, placuit 1 3 7
ciuitatem felicitate nostri numeri fecerimus angustam. itaque estote securi: nihil in illa deest umquam, nihil ab suo statu aut tollitur aut declinat; 1 5 18
iam paene uultus perdit humanos nec ullus in membris uoluptati motus. nihil in substantia resederat corporis, sed nihil tamen in utero negabatur 1 59 4
nonnulli forma uidentur minores, si secus aliquid de pistore sentiatur, mea nihil interest, fratres, quia, etsi pauper sum, tamen frontem meam tueor et 1 41 3
quod castam inuenerit coniugem. laetatur familia omnis, quod in ea nihil inueniat fama quod feriat. cruciatur diabolus, quod nulla ex parte 1 40 3
abrupte igni ferroque cum sua sibi tota substantia incolas, ciuitates et rura nihil omnino metuens amicae mortis fiducia. denique quod sapientia 2 1 7
suam uolentes constituere iustitiae dei non oboedierunt. sed cum de futuro nihil opinantes praesentis tantum uitae commoda inspiciunt falsamque 2 1 3
incertum est, utrum inpassibilis iudicetur, cum aliquid passa quasi nihil passa sit inuenitur. postremo impossibile est, fratres, eius aestimare 1 4 2
crudelitatis et impietatis in sterquilinio foetido scaturiente uermibus, quasi nihil passus, sed solo dei timore contentus. o felix uir, qui mira patientia 1 15 6
quid sit consecutus, accipite: qui totum sibi ipse promiserat, inanis, qui nihil praesumpsit, iustificatus de templo discessit. 2 9 9
domino, ubi se ipsum candidus animus immolauerit domino; cetera autem nihil proderunt, si colentis pura mens non sit, in Ecclesiastico Salomone 1 25 9
inuenerint, talem quoque dimittunt; quae in pari causa ipsi praestatori nihil prodesse possunt. at uero nostrae aceruatim absoluunt quicquid 2 24 1
quo sumptu, quibus uasis quibusue ministris? at si descrete fiunt ista, nihil prodest. ex uno enim proficiscendo et in unum remeando si non 2 7 14
et si tradidero corpus meum, ut ardeam, caritatem autem non habeam, nihil proficio. caritas enim, fratres, *omnia diligit, omnia credit, omnia* 1 36 20
explicat sciens, quid deo principaliter debeatur, nihil sibi ipsa concilians, nihil proprium derelinquens, nisi quod fideliter sine ulla iactantia eius 2 1 11
nominibus pietatis excusat. proprios aut negat aut denudat affectu. nihil prorsus existimat turpe nec pati nec facere, dummodo in effectu 1 1 7
ex eoque quod non est facere quod est, naturam creare extra naturam, nihil prorsus habere difficile solumque ei hoc deesse quod nolit esse; haec 1 2 16
hominibus, quos perditos cupiunt, magis proficiat ad dei timorem et ipsis nihil prosit ad utilitatem? sane recte hoc facere existimarentur, si sub 1 2 7
laudis remunerari mercede: hoc damnum graue, hoc aestimat crimen. nam nihil relinquendo sibi beata cupiditate antecedit auaritiam: homines enim 2 1 12
legitimum pascha celebrare non posse, sed religionis diuinae prorsus nihil retinere, paucis accipite. Salomonis templum, de quo praesumebant, 2 17
etenim omnis [actus] uester contractus ablatus est. securi gaudete: nihil saeculo iam debetis. in magno quidem reatu nunc usque fuistis, sed 1 42 1
custodite. etenim uester contractus omnis ablatus est. securi gaudete; nihil saeculo iam debetis. ecce nullum pondus, stridor nullus est 2 29 1
facultatesque suas contemnendo custodit. at ubi diabolus adgressuris tantis nihil se profecisse cognoscit, omnem impietatis suae rabiem in filios eius 1 15 4
utilitates colligit atque explicat sciens, quid deo principaliter debeatur, nihil sibi ipsa concilians, nihil proprium derelinquens, nisi quod fideliter 2 1 11
inquit, *omnem fidem, ita ut montes transferam, caritatem non habeam, nihil sum. et si in cibos distribuero omnia mea et si tradidero corpus* 1 36 20
obisse meminerimus. hic nunc mihi responde, qui hominis post mortem nihil superesse contendis, quemadmodum per alium locutus sit mortuus 1 2 7
non sanctitas, non munitio, quia *nihil* est *tam sanctum quod non uiolari, nihil tam munitum quod non expugnari pecunia possit*; non necessitudo 1 5 5
patriarcha noster exploratus a deo in senectute suscepit unicum filium. nihil tam sollicitum patri, cuius aetas in annis uergentibus in occasus sui 1 43 1
in membris uoluptati motus. nihil in substantia resederat corporis, sed nihil tamen in utero negabatur infanti et, cuius aetas auiam testaretur, 1 59 4
ubi non licet facere uxori, quod marito placet; ubi proponis, quia nihil te gerere sinit, nisi quae disposuerit prior ipse compleuerit. quod si 2 7 15
sequitur ac dicit: *omnia per ipsum facta sunt ac sine ipso factum est nihil.* uideamus nunc, optime Christiane, quemadmodum inter patrem 2 8 4
neomeniae et dies festi odio habentur. potiuntur eorum Romani regno. nihil, ut arbitror, illis restitit proprium, nisi quod agno salutari neglecto 2 17
procul dubio, ut tu uis, maior est natura quam deus. at cum naturam ex nihilo fecerit Christus, sit autem ex natura tempus, ineptum satis est opus 2 8 5
in fine hominis et non est qui agnitus sit reuersus ab inferis, quia ex nihilo nati sumus et post hoc erimus tamquam qui non fuerimus; et non est 2 4 10
quia non potest illi aliquid nec addi nec minui; solus omnipotens, quia ex nihilo uniuersa constituit, uirtute regit, maiestate custodit; solus 1 7 3
tereti moneta percussis inesse similiter regum uultus signaque cognoscis nihilque aliud distat, nisi quod. in tua domo minuta sunt, in templo 1 14 5
reuerendaeque maiestatis uera cognitio est deum non nosse nisi deum nihilque ex eo amplius requirendum quam ut quis eius nouerit uoluntatem, 1 54 1
officium deo refundere, quod nati sumus, solique debere, quod uiuimus, nihilque prorsus cordis nostri in penetralibus retinere, quod alieno iuri 1 36 21
ipsam calcare naturam. sed quia uirtutem uoluptates semper offuscant nihilque unicuique, nisi quod amauerit, rectum est, maxime quod uno 2 7 1
liberorum atrocissimo impulsu, tectis parietum cum ruina confusis, nimia crudelitate festinus sepelit, antequam iugulet. ipsum postremo, quem 1 4 18
certaminis fuit, ut eam ipse quoque ignis horruerit. nam a barbaro rege nimia crudelitate tribus pueris consulente fornacis ultra quam solet 1 22 1
quia simplex omnibus dei uerbis simpliciter credit, astutus autem nimia sapientia infatuatus inquisitionibus uanis semet ipsum confundit. sed 2 3 2
dolore quam ditior — sane post momentum misera (atque utinam semel!) nimio dolore nuptura. hic, hic quemadmodum se quis possit excusare, non 1 2 14
est domini passione: caelum medio die perdidit diem, terra tremore nimio firmitatem. hinc aestimare licet, quid eis sit reseruatum, quorum in 1 47
sanctissimo repugnantes iugo, pro se quisque nitentes (amore uidelicet nimio), hereditatem captat alter alterius; quod parentes filios, filii parentes 1 14 7
cum uenerantur, euertunt; uaria caede prophetas elidunt; Moysen amore nimio lapidare conantur; aduersus dominum semper ingrati uariis 1 4 10
scriptum est enim: *et dixit deus ad Iesum: fac tibi cultellos petrinos nimis acutos et adside et circumcide secundo filios Israel.'* uideamus nunc 1 3 14
argumento, non necessitate, sed uoluntate compellit, manifestissimum puto nimis astuto esse simplicem meliorem, quia simplex omnibus dei uerbis 2 3 2
spiritus bona non tantum sunt inuisibilia, tarda et abscondita, sed etiam nimis in arduo constituta, ut ad ea nisi cum summa difficultate, laboribus 2 4 13
ab inferno resurgens se ciuitati Ierusalem intulit ante quam caelo. at uero Nineue imaginem portat ecclesiae, in qua gentium iam inde noster populus 1 34 9
deo acceptissimus huius fuit cicatricis ignarus? quid, quod cum praeputio Nineuitarum populus dei est indulgentia liberatus? quos utique omnes 1 3 5
res! post naufragium, post natatile sepulcrum incolumis tertio post die Nineuitas illustrat terribilibus oraculis salutem ciuitati credulae 1 34 6
ad deum clamans incolumis inde respuitur. Ionas adaeque propheta ad Nineuitas missus a deo est, eorum ut imminere ciuitati interitum nuntiaret; 1 34 5
salutaria gesta confirmant, quae et in nobis manent. ut est, fratres, Nineuitis nuntiatus interitus, credunt et timent et quantum sciunt 1 34 9
enim Ionas tribus diebus et tribus noctibus fuit in uentre ceti euomitusque Niniue se intulit ciuitati, ita dominus postridie ab inferno resurgens se 1 34 8
ac fidei erat muro munitus, ut non auderet eum adtemptare diabolus nisi a deo iussus. iam hic considerate, fratres, quemadmodum saeuierit 1 15 2
sint isti, quibus est iudicium praeparatum. et a quo scire debemus, nisi ab ipso domino, qui suum dictum prosequitur dicens: *hoc est autem* 1 35 4
per momenta distinguitur et quia opus est uiuum, tectum non habet nisi caelum. dicam praeterea, quae cotidie merces, quae impendatur 2 6 7
ibidem dicit: *sacrificans diis eradicabitur, nisi domino soli.* haec gentes, nisi conuertantur, manet diuina sententia, quae nec deum nec sacrificium 1 25 5
irritas putauerunt beneficio abiecti impoliticae sermonis (tamen dicentis: *nisi credideritis, neque intellegetis*) stultam putant irriduntque quasi uanam, 2 1 14
quia fidelis; *iustus enim ex fide uiuit*; ideo fidelis, quia credidit deo; qui nisi credidisset, neque iustus neque pater gentium esse potuisset. 1 36 6
esse deceptam, hac re ipsa nato consilio capere dolo adgrediuntur ac, nisi culpae succumbat, ueluti adulterae deprehensae magnum minitantur 1 1 17
tarda et abscondita, sed etiam nimis in arduo constituta, ut ad ea nisi cum summa difficultate, laboribus ac periculis magnis non possit ab 2 4 13
secreti reuerendaeque maiestatis uera cognitio est deum non nosse nisi deum nihilque ex eo amplius requirendum quam ut quis eius nouerit 1 54 1
esse cessurum, scriptura iterum ibidem dicit: *sacrificans diis eradicabitur, nisi domino soli.* haec gentes, nisi conuertantur, manet diuina sententia, 1 25 5
fratres, satis diuersa satisque repugnantia olim deprehendisset interitus, nisi ea inuicem mutuis aequalibusque temperantiae dotata muneribus 1 36 16
ceterum qui parcit uenefico, homicidae, adultero, incestatori, sacrilego, nisi eius curauerit mentem, non uideo, quid illi praestiterit. o liberatoris 2 24 2
conficiunt. plura ad laudem huius beatitudinis uestrae possem dicere, nisi essetis mei. unum tamen prae gaudio tacere non possum: fenerando 1 14 9
uel fecisse, quod fecerit? uultis scire, quam iusta sit? miseram se putat, nisi euerterit ueritatem. ceterum fortitudo, quae hominibus est cum feritate 2 1 7
quod fecerat; aliter etenim quis saluus esse non poterit, quamuis sit iustus, nisi exomologesin faciens et praesentia sua peccata exstinguat et futura 1 13 12
sit maior ignores. est autem similis igni arida pabula depascenti, quae nisi finiat non finitur. hanc mediocres fraudibus excolunt, diuites 1 14 1
contrariarum sibimet partium iudicium flagitatur. ambiguitas enim nisi fuerit discussa, iure non potest mereri sententiam. et qui sunt isti, quos 1 35 6
nisi paterno generis signaculo responderet, neque Dauid filius esset neque nisi in filium Dauid Christus uenire potuisset; qui ideo circumcisus est, 1 3 18
negat quodam modo deum quisquis asserit deum. defensio enim non nisi inbecilli praestatur nec potest eum reuereri, qui ingenii sui putat esse, 2 3 18
eodem aut cessante aut aliter docente consumitur. huc accedit, quod, nisi insinuationem legis omni deuotione succincta praecedens amplectatur 2 3 1
faciem tuam, qui praeparabit uiam tuam. quis est iste angelus, fratres, nisi Iohannes baptista? cuius est praeparatio: *uox clamantis in deserto:* 2 8 7
humanis opinationibus substantia naturae comprehendi, quam nemo nouit nisi ipse solus, qui fecit. itaque quod specialiter ad nostras pertinet partes, 1 27 1

modi circumcisis deus non tantum salutem non pollicetur, sed etiam,	nisi legitime corde circumcidantur, ignis inexstinguibilis supplicium	1	3	13
consimilem, in statu suo animum non manere. inpatientia enim quid est	nisi mens lubrica, permotionibus crebris et rapidis se semper expugnans;	1	4	7
hoc hactenus Paulo firmante: *stulte, tu quod seminas non uiuificatur,*	*nisi mortuum fuerit,* et subiecit dicens: *sic et resurrectio mortuorum;*	1	2	22
accedit, quod secundum carnem Dauid filius futurus esse canebatur; qui	nisi paterno generis signaculo responderet, neque Dauid filius esset neque	1	3	18
inuicem sibi uidentur esse connexa, ut sint aliis alia necessaria. spes enim	nisi praecedat, cui laborat fides? fides si non sit, quomodo spes ipsa	1	36	1
induere inmortalitatem. aliter etenim inmortalitatis stola illa non sumitur,	nisi primo istud carnale spolium, blandum animae uenenum, secundum dei	1	2	30
indignis, ut ad se colligat turbas; ille numquam remunerat quemquam,	nisi primo quis uictor mortis iura praetereat. quae res efficit, ut siue metu	2	4	14
Abraham dominum filio, sacerdotem praetulit patri, nec pium se credidit,	nisi probasset fidelem. denique, carissimi, intrepidus ad ministerium	1	59	7
sacrilegum fecerat, si contemneret deum, aut crudelem, si occideret filium,	nisi quadam singulari ac uere diuina patientia inter religionem pietatemque	1	4	13
facere uxori, quod marito placet; ubi proponis, quia nihil te gerere sinit,	nisi quae disposuerit prior ipse compleuerit. quod si factum non fuerit	2	7	15
argumentatione pulsari; scriptum est enim: *nemo ascendit in caelum,*	*nisi qui de caelo descendit, filius hominis, qui erat in caelo.* quomodo filius	2	4	2
in omni negotio, fratres dilectissimi,	nisi quis ante personam noscat et rationem, eius non potest nosse	1	25	1
	nisi quis hostem, a quo impugnatur, expugnet, numquam bonis suis poterit	1	7	1
finitur exsanguique nihil iam suffragantia tota illa ornamenta medentur,	nisi quod a false plangentibus adhuc uiuenti rapiuntur. unde, fratres, sicut	2	4	16
potiuntur eorum Romani regno. nihil, ut arbitror, illis restitit proprium,	nisi quod agno salutari neglecto ingrati uiles agnos cum amaritudine,	2	17	
sed quia uirtutem uoluptates semper offuscant nihilque unicuique,	nisi quod amauerit, rectum est, maxime quod uno desiderio omnes	2	7	1
paulisper nominibus patris et filii non potest nosse, uter patiatur iniuriam,	nisi quod ambo patiuntur, quia amborum unum nomen est deus. igitur	1	54	1
debeatur, nihil sibi ipsa concilians, nihil proprium derelinquens,	nisi quod fideliter sine ulla iactantia eius fungitur uoluntate. est autem in	2	1	11
inesse similiter regum uultus signaque cognoscis nihilque aliud distat,	nisi quod in tua domo minuta sunt, in templo maiora. quae si erogaueris,	1	14	5
discutit, uulneribus non medetur, dolores non tollit, mortem non repellit,	nisi quod sanos occidit; nec manducatur aliquando certe nec bibitur nec in	1	5	16
numquam se elatum fuisse, cum posset. nulli enim facilius efferuntur,	nisi quos inopinati honoris culmen extollit. *Dauid* quippe *humilis, abiectus,*	2	9	6
merces pro suo actu reddetur? sine causa etenim laborare uidebitur iustus,	nisi recipiat secundum facta sua, quae gessit, iniustus. non ergo sic	1	35	1
status, non tempora cognata connexione in solemnes reditus commearent,	nisi rerum disciplinam conuersionemque quasi quaedam sollicita mater	1	4	4
stupet talem sibi filium prouenisse, qui ex se natus non crederetur,	nisi, sicut fuit uirgo incorrupta post conceptum, permaneret talis quoque	2	12	2
quia huius circumscriptio characteris potestati subiacet cordis, quod	nisi uerae circumcisionis spiritali fuerit sacramento purgatum, in aeternum	1	3	9
prodesse potuisset. cum enim grauior causa supersit, periturum se,	nisi ueritatem requirat, agnoscit; si enim Adam curat, certe, in qua delicti	1	3	9
omnes crediderant perituram. o necessarius timor, qui nihil aliud agit,	nisi ut beatos efficiat; qui timet arte, non casu, uoluntate, non necessitate,	2	2	7
quem docuit nullamque aliam ob causam promulgatam se esse testatur,	nisi ut fides de infidelibus uindicetur. denique tolle peccatum: cessat legis	2	3	3
loquacitatis artificio fidei natura non patitur, a qua nihil aliud laboratur,	nisi ut suis sibi tantum uirtutibus adprobetur: non enim potest esse	2	3	6
ista sunt monita: *et nunc, Israel, quid dominus deus tuus postulat a te,*	*nisi ut timeas dominum deum tuum et ambules in omnibus uiis eius et*	2	2	4
cum solito more unanimes una epularentur in domo, subito concussis toto	nisu quattuor angulis eius in confusam molem parietibus tectisque	1	15	4
es portus. tu sanctissimo coniugali iugo rudi ceruice subeuntes in	nisum laboris uel amoris aequalem retinaculis blandis quasi quidam peritus	1	4	21
quorum est confessio in ceteris uera, aut qua ratione isto argumento	nitantur, quod hominibus, quos perditos cupiunt, magis proficiat ad dei	1	2	7
licet sectae sint plures, quae iniuriam Christi fabulari	nitantur, tamen tres sunt quodam modo principales. e quibus duae eius,	2	8	1
est, quod coniuges nuptiali sanctissimo repugnantes iugo, pro se quisque	nitentes (amore uidelicet nimio), hereditatem captat alter alterius; quod	1	14	7
inueteratae in examen iusti quibus possit armis, quibus possit uiribus,	niteretur. igitur nouum ac paene incredibile committitur proelium. ultra	1	4	18
uirgo perpetua, nos, qui nascimur de tanto coniugio, omnifarie	niti debemus, quemadmodum prosapiae nostrae nobilitatem non relatione	1	1	3
incertam cotidie peregrinis coloribus mutat, gulae labore culta, lauacro	nitida, unguentis oblita, uestitu uaria, monilibus tota distincta,	2	4	9
pedibus ambulari posse in Petro praesumpsit. per hanc apostoli multos in	nitidam cutem leprae deformis contagiosis scabrosisque grassantium	1	36	9
clandestinum fremit momentis omnibus bellum, cum unaquaeque pars	nititur alteram subiugare, apostolo sic dicente: *caro concupiscit aduersus*	2	4	8
non habet; diues, cum diuitias putat se non habere, quas habet. in uno	nititur auaritia, bacchatur in alio, in utroque crescit, in utroque non	1	5	11
non momentis omnibus elaboret, ut plus habeat, quam habebat; quod cum	nititur, auaritiae utique partes agit, quae est inimica iustitiae. adeo inde	2	1	16
minus instructi sese confirment, rudes discant ipsique, qui blasphemare	nituntur, salutis suae bono uel sero, si potest fieri, resipiscant.	2	18	2
nullum, non Aries sed agnus excepit, qui uestram nuditatem uelleris sui	niueo candore uestiuit, qui suum lacte beatum uagitu hiantibus uestris	1	38	3
gratiam. iudicio uestro nascimini scientes, quoniam, qui plus crediderit,	nobiliorem se ipse praestabit. constanter igitur ac fideliter *hominem* istum	1	49	
nobis ipsi hac in uita per fidem sacri fontis uiuo de gurgite conparamus,	nobilis et aeterna, quia animus, qui uicerit mundum agnoscendo ac	2	4	8
retractando ac refellendo consumit. sin uero, sicut necesse est, una est illa	nobilis et antiqua, quae non dicam tractatu, sed ipsius natiuitate porro	2	3	8
natura, quae non erat, fingeretur, prodiuit unigenitus filius, cordis eius	nobilis inquilinus exinde uisibilis necessario effectus, quia orbem terrae erat	1	50	
obsistit, quia quicquid aut emitur aut distrahitur, liberum non est: non	nobilitas, quia per hanc credit, hanc excolit, per hanc hoc sibi nomen	1	5	5
fuerit peritissimi agricolae artificis manu necessaria prouisione truncatus,	nobilitate alieni seminis grauidatur nutriturque ab eo ipso quod nutrit,	1	2	27
semper uirginis matris dulcem ad uterum conuolate ibidemque uos uestra	nobilitate fide scientes, quoniam, quantum quis crediderit, tantum	1	55	
Phoenix auis illa pretiosa resurrectionis euidenter nos edocet iura, quae	nobilitatem generis sui non a parentibus accepit, non liberis tradit; ipsa est	1	2	20
enim magnis cum uociferationibus saepe iactare hanc esse gentis suae	nobilitatem, hanc caelestis sacramenti uirtutem, hanc aeternae uitae	1	3	1
sed nouus inquilinus exsultat mutatione morum natiuitatis suae	nobilitatem incredulis uariis uirtutibus probaturus.	1	42	2
domicilium, sed nouus est inquilinus mutatione morum natiuitatis suae	nobilitatem incredulis uariis uirtutibus monstrans. cuius sanctionem uestrae	2	24	3
tanto coniugio, omnifarie niti debemus, quemadmodum prosapiae nostrae	nobilitatem non relatione tantum, sed etiam fide similitudinis adprobemus.	1	1	3
sed mordacius nocens dicit quidem dei filium deum, sed non ex patre	nobilitatis perpetuitate progenitum fuisseque tempus, quando non fuit.	2	8	1
pudicitiam qui colit, quantae	nobilitatis sit, facillime cognoscit; est etenim tantae uirtutis, ut sit	1	1	1
unus creauit uos; nonne pater unus est omnium uestrum? quisque igitur	nobilitatis suae conscientiam retinet, diligit fratrem nec aliquid audire	1	36	22
cor elatum est, cor cohibitum promotio est animae. huius rei testes sunt	nobis duo homines propheticum carmen suis actibus exponentes,	2	9	8
ergo principia et quidem *repugnantia.* ac per hoc necessario requirendum	nobis erit, quid sit fortius de duobus: illud quod sensibile est an quod caret	1	7	2
sacrae historiae, fratres dilectissimi, ad hoc	nobis est tradita legenda narratio, ut maiorum, si fieri potest, saltem aliqua	1	15	1
pro spe pugnat, sed sibi uincit. amplectenda est igitur, fratres, tenaciter	nobis et omni genere custodienda uirtutum. in hanc fortiter incumbendum;	1	36	4
tamen. sin uero ad uiduitatis sudorem gloriosum palmamque prouocauero,	nobis fortassis insultent, quia nostrae sacrae uirgines uiduaeque magno pro	2	7	11
est munus, quod alii ut nos aut plus quam nos proximi uel amici sunt	nobis. huius est munus, quod diligimus seruos ut filios ac nos illi colunt	1	36	14
fratres dilectissimi, ac delectabile certamen deo historia sacra prodidit	nobis ignis ac fidei. etenim duo discordantia deuotione dominica in unam	1	48	
quae uidemus uersutis contentionibus laeta, de apostoli dicto calumniosam	nobis inferat quaestionem, qui ait: *primus homo e limo terrae, secundus e*	2	4	1
quae est corporalis ac per hoc etiam breuis; alia uero animi, quam nos	nobis ipsi hac in uita per fidem sacri fontis uiuo de gurgite conparamus,	2	4	8
est, peribit anima illa de populo suo. haec, fratres, sicut cauenda sunt	nobis, ita quae bona, quae pura, quae simplicia, quae pia, quae sancta	1	25	13
redderetur. denique comparationem salutaria gesta confirmant, quae et in	nobis manent. ut est, fratres, Nineuitis nuntiatus interitus, credunt et	1	34	9
occasu passionem resurrectionemque ortu rediuiuo concelebrat, per quem	nobis munus futurae beatitudinis pollicetur, hoc quoque nostris	1	57	
corde tuo et ex tota anima tua, ut bene sit tibi? uidetisne hunc timorem	nobis necessarium, qui in dei amore consistit, qui uoluntate sua se parit,	2	2	4
me; timorem domini docebo uos. naturalis ergo non discitur, sed impulsu	nobis nostrae infirmitatis occurrit, quia non artis est timere quod metuas;	2	2	1
imaginem dei debemus accipere, sed caelestis hominis spiritalem, quam	nobis plenitudinis suae pio de fonte largitur. quam rationem Paulus	2	30	3
habemus? habemus plane et quidem manifestam ex eo ipso, quod non est	nobis portantibus nota. incomprehensibilis enim dei imago inuisibilis sit,	1	27	3
spiritus sancti calore feruebunt, qui ut numquam refrigescat in omnibus	nobis praestabit deus pater omnipotens.	2	13	
perpetuo hymnis, citharis, tympanis, canticis gratiam referamus, qui	nobis promissa perpetuans pia sanctione, ut aiunt, claues uere aureas misit,	2	24	1
defuerit, perfectionem sui operis non habebit. unde primo omnium *spes*	nobis proponenda est *futurorum,* sine qua nec praesentia quidem ipsa stare	1	36	2
quod quidem uobis ulterius non licebit, fortassis requiratis et a	nobis, qua genitura quoue signo tam diuersos, tam plures, tam dispares	1	38	2
adesse paulisper auremque praesenti commodare lectioni, ut edicerent	nobis, quinam sit deus iste, qui dicit: *audi, populus meus, et loquar, Israel,*	1	25	1
occasu passionem resurrectionemque ortu rediuiuo concelebrat, per quem	nobis quoque resurrectionem futurae beatitudinis pollicetur.	1	58	
putabitur deo indicare quod nouerit? absit. indicat ille, sed	nobis, quos cupit quod facit ac praedicat imitari. ergo inquit: *non est*	2	9	3
quo aetherio semine nouellus uiuificatus est populus; hic, inquam, qui	nobis resurrectionis monstrat exemplum. cuius sane condicione nos	1	16	2
ita corrupta sunt omnia, ut quicquid in eo geritur, non debere diligi a	nobis sacris uocibus dum iubetur, recte sapientibus exsecrabilis esse	1	36	27
conscientiae non deletur. nunc uideamus, intellegendum quemadmodum	nobis sit, propheta quod ait: *beati omnes qui timent dominum.* si omnes,	2	2	3
ait noster: *nouit deus cogitationes sapientium, quia sunt stultae.* nostram	nobis stultitiam derelinquant, habeant secum sapientiam suam; cuius	2	1	15
qui dixerunt: linguam nosstram magnificabimus, labia nostra a	*nobis sunt. quis noster dominus est?* hanc superbiam propheta tumidi cordis	2	9	2
tumulum; quos prophetes egregius hactenus increpat dicens: *quid profuit*	*nobis superbia aut quid diuitiarum ambitio contulit nobis? transierunt ista*	1	5	9
Christus est dominus; illis columna nubis atque ignis uiam demonstrauit,	nobis testamenti ueteris ac noui clarissima oracula uiam, uerum Christum	1	46b	2
dicens: *quid profuit nobis superbia aut quid diuitiarum ambitio contulit*	*nobis? transierunt ista omnia tamquam umbra.* sed et dominus ipse dicit:	1	5	9
sitire non nouit. illis in deserto suauitas lactis et mellis exhibita est,	nobis uero, quod plus est, melle dulcior ac lacte candidior aeternae uitae	1	46b	3
corporis circumsaeptam. unde duae quoque uitae a deo attributae sunt	nobis: una, qua nescientes communi cum pecudibus lege fundimur a	2	4	8
igitur, Iudaee, uel sero erroris tui miserum dolendumque discrimen et dic	nobis, utrum circumcisionem obserues an legem. si circumcisionem, non	1	3	12
manna, nos autem esurire non possumus, sempiternam qui caelestis panis	nobiscum portamus annonam. illis sitientibus petra fluxit in poculum, at	1	46b	3
lacteo profundo dimersi inde nouello nouellique cum die resurgentes	nobiscum possint ad inmortalitatis gloriam peruenire.	1	57	
demersi, surgentes inde nouello nouelli cum die, sua luce radiantes	nobiscum possint inmortalitatis per aerium tramitem cursu seruato ad	1	44	2
se non quaerentibus diabolus, aestimate, quid faciat inuitatus, cui omnes	nocendi aditus reserati praestant sine pugna, sine ullo labore uictoriam.	2	7	13

efficit caecos. longum est ire per singula: uarias atque innumerabiles *nocendi artes* habet, sed has omnes salutari profluens amne non magno 1 38 7
aut decipit peiusque blanditur quam furit. occasionem ullam prorsus nocendi non praeterit. uultis scire, quod malum sit? in ipso fructu suo 1 36 26
ob iustitiam factum esse, non natum. alia modestius, sed mordacius nocens dicit quidem dei filium deum, sed non ex patre nobilitatis 2 8 1
ecce enim his omnibus, prout potest, uariis artibus aut adulatur aut nocet, si quid habuerint, tantum ut tollat. cui autem parcat, quae et mori 1 14 2
imbribus feliciter grandinatur, cum *in profundo maris die* demoratus *ac nocte* ad deum clamans incolumis inde respuitur. Ionas adaeque propheta 1 34 4
Iesu Christi, qui *in omnibus omnia* est; qui uere aeternus est ac sine nocte dies; cui duodecim horae in apostolis, duodecim menses seruiunt in 1 33 4
bacchatur nouis ac uariis artibus feruens, numquam quieta, non die, non nocte, non bello, non pace, numquam satura, lucrorum enormitate 1 14 2
integri in ubertate paterni seminis maneamus. haec, inquam, non die, non nocte, non hora, non sexu, non aetate, non condicione, non loco, non 1 3 22
iter demonstrante nubis columna per diem, eadem ignis quoque per noctem. finditur mare et dextra laeuaque in abruptum digestis aggeribus 2 26 1
solis, sed columna nubis, non candida luna, sed ignis columna per noctem iter pandebat ignotum. qui ut inter duo elementa peruenit, ibidem 1 29 1
nubis te perduxit per diem, ut ostenderet caecum; ignis columna per noctem, ut admoneret arsurum. angelus praeuius tua castra promouit, ut 1 9
nubis te deduxit per diem, ut ostenderet caecum; ignis columna per noctem, ut significaret arsurum. angelus tua castra praecedit, necubi 2 16
animantibus suis eius potestati subiecit, qui ei annos, tempora, menses, noctes ac dies clarissimosque duos regalium orbium currus munerifero 1 36 28
mundanis uoluptatibus conpediti, libidini uacantes et gutturi, longae nocti, id est aeternae morti, sunt a deo, quod opus tenebrarum dilexerint, 1 33 2
esse non dubitatur infernum; sicut enim Ionas tribus diebus et tribus noctibus fuit in uentre ceti euomitusque Niniue se intulit ciuitati, ita 1 34 8
infausto ad sepulcra concurrunt et a mortuis, quos in quiete tacitae noctis agnouerint, expeti a se aliquotiens alimenta contendunt; ac sic fidem 1 2 3
sui demoretur in uita, sed fidelis semper, semper intrepidus ad sepulcrum noctis cognatae contendit scius in ipso se habere quod uiuit; denique 1 2 18
uel maxime Christianum cupiditatis compedibus alligari profundaeque noctis feralibus tenebris obcaecatum miserabiliter ad ima deferri. sed quia 1 5 1
post deuotissime completa expiationis sacrae casta ieiunia, post clarissimae noctis suo sole dulces uigilias, post lactei fontis lauacro uitali in spem 1 24 1
omnes crines luxuriosi falce tonduntur, pura materia tabulatis infertur, nodis adstringitur, ne a ligno, quo portatur uel cuius adminiculo uel 2 11 2
omnem populum diuinasque uirtutes quasi crines effusos in unius uerticis nodum, honorem decoremque conducis. felix aeternumque felix est, qui 1 4 22
culmen ac fructus omnium coaequarum, tu tui propositi insolubilis nodus aeternus. per te legitima ieiunia celebrantur, per te allegatae 1 1 21
a quo pati martyres didicerunt patiendo libenter, quod non merentur. Noe cataclysmum, quo omnis caro funditus deleretur, denuntiante deo 1 4 12
quid, quod Enoc a deo integer legitur esse translatus? quid, quod Noe incircumcisus saeuiente diluuio diuina prouidentia humano generi 1 3 5
meruit cum corpore contra legem naturae transferri; per hanc euadens Noe non inuenit, cum quo diluuium fuisse conferret; per hanc Abraham 1 36 7
cunctis annonam. sane si quis aliquid desiderauerit, qui recondidit Noe omnia illi arcarius non negabit. Petrus piscator recentes marinos 1 24 3
potuissent. at cum diuina adiuratione in eculeo spiritali et qui sint nolentes edicant et inuiti discedant, procul dubio hoc sunt, quod sese esse 1 2 7
sapiens multum et noli argumentari plus quam oporteat. similiter Paulus: *noli altum sapere, sed time.* cum haec ita sint, cur legem lege distringis? 2 3 12
astutia et transgreditur legem; et iterum: *noli esse sapiens multum et noli argumentari plus quam oporteat.* similiter Paulus: *noli altum sapere,* 2 3 12
die inter plurimos maritos non possis, cuius fueris uxor, agnoscere. noli esse sacrilega, noli proditrix legis. profano cur nubas, cum possis 2 7 18
in timore quam qui abundat astutia et transgreditur legem; et iterum: *noli esse sapiens multum et noli argumentari plus quam oporteat.* similiter 2 3 12
maritos non possis, cuius fueris uxor, agnoscere. noli esse sacrilega, noli proditrix legis. profano cur nubas, cum possis nubere Christiano? 2 7 18
excusatio prorsus nulla competit tibi. si continens esse non poteris, saltem noli tuas nuptias fenerare, ne in illo resurrectionis die inter plurimos 2 7 18
occurrit, quia non artis est timere quod metuas; metuis autem *quod* tibi *nolis accidere*. exsistit quippe diuersis ex modis, cum aut exaestuat aliquo 2 2 1
extra naturam, nihil prorsus habere difficile solumque ei hoc deesse quod nolit esse; haec est enim proprietas dei, id operari quod non potest credi. 1 2 16
petere, quos fur non timet inuolare? quibus recte deus irascitur dicens: *nolite ambulare post deos alienos, ut seruiatis eis, et ne adoraueritis eos,* 1 25 4
quam mortem. luculenta oratione per Iohannem hactenus contionatur: *nolite diligere mundum neque ea, quae in mundo sunt. si quis dilexerit* 2 4 12
dum iubetur, recte sapientibus exsecrabilis esse uideatur, Iohanne dicente: *nolite diligere mundum neque ea, quae in mundo sunt. si quis dilexerit* 1 36 27
omnes. de quibus Iohannes discipulis quid praedicet, omnibus est in usu: *nolite,* inquit, *diligere mundum neque ea, quae in mundo sunt. si quis* 2 9 5
est, quia filius sine patre non est, ipso dicente: *si non facio facta patris, nolite mihi credere; sed si mihi credere non uultis, factis credite et* 1 45 3
soli deberi testatus sit, qui in euangelio dicit: *si non facio facta patris, nolite mihi credere; sed si mihi credere non uultis, factis credite et* 1 25 8
quidam peritus auriga componis. tu amicitiam *idem uelle atque idem nolle* docuisti. tu seruituti unica ac fortissima consolatio saepe libertatem 1 4 21
arietum et pinguamine agnorum. sanguinem taurorum et hircorum nolo; quis enim exquisiuit ista de manibus uestris? per alium adaeque 1 25 6
quotiens uolui colligere filios tuos sicut gallina pullos suos sub alas et noluisti? ecce remittetur uobis domus uestra; et iterum: *non relinquetur in* 2 6 3
inmortalitatis reciperet, quod amisit. propter quod Paulus beatissimus ait: *nolumus autem ignorare uos, fratres, de dormientibus, ne contristemini sicut* 1 2 12
fidei, professione deo, factis saeculo seruientes. uolunt nosse legem, nolunt eius praecepta seruare. signum salutare uenerantur et tamen a 1 35 5
decepti, iustitiam ueram nec ex sua ipsa uoluntate noscentes, quod pati nolunt libenter efficiunt; qui profanae libidinis detestabili furto distracti, 1 1 13
commisit. at liuidus ille criminator, qui, quod sensim serpat, serpentis nomen accepit, detestabili accensus inuidia eum, quia per se non ualebat, 2 4 5
gaudere; nam et risit Sarra munus iuuentutis subiens in senecta, unde nomen accepit infans, qui post haec Abraham sacratam deo approbat 1 43 2
uobis signum: ecce uirgo in utero accipiet et pariet filium et uocabis nomen eius Emmanuel. butyrum et mel manducabit, priusquam cognoscat 2 8 7
uter patiatur iniuriam, nisi quod ambo patiuntur, quia amborum unum nomen est deus. igitur duas natiuitates esse domini nostri Iesu Christi, 1 54 1
Iudas tres liberos habuit: Her, Aunan, Selom. hic mulierem, cuius nomen est Thamar, accepit uxorem maiori filio suo. qui filius cum maligne 1 13 1
qua spiramus, infudit e proprio fonte spiritus sui. cui ab humo 'homo' nomen imposuit, credo, sicut res ipsa docet, ut contemplatione opificii ac 2 4 4
(unde non sine ratione et *Simoni,* super quem aedificauit ecclesiam, *Petrus nomen imposuit*), id est sua doctrina formatos, spiritus sancti lima 1 3 16
dissensione temporis et naturae contra opinionem nato angelus Isaac nomen imposuit, ut firmaret laetitia, quod aetatis inbecillitas desperauit. 1 59 5
tamen eos mundana uoluptas ad se trahit. *impii non manent, quia his dei nomen in honore est*; *pii non sunt, quia* patrem uenerandum prauis 1 35 5
est: non nobilitas, quia per hanc credit, hanc excolit, per hanc hoc sibi nomen inuenit; non sanctitas, non munitio, quia *nihil* est *tam sanctum* 1 5 5
sui secum carceris portat; qui carnificem sentit, antequam uideat; qui nomen iudicis pertimescit; qui, sicunde susurrus ingruerit, se quaeri, se 2 10 1
offeruntur nomini meo et sacrificium mundum, quoniam magnum est nomen meum apud gentes, dicit dominus. immola deo sacrificium laudis. 1 25 7
ex manibus uestris. quoniam a solis ortu usque in occasum clarificatum est nomen meum apud gentes, et in omni loco odores incensi offeruntur nomini 1 25 7
se plangit, confitetur sexum, confitetur adgressurae tempus et locum et nomen proprium confitetur discessumque, uel qui sit signis euidentibus 1 2 6
honestas, uerecundia, patientia, perseuerantia, consummatio. scaporum nomina duo testamenta. scala autem proprio nomine crux uocatur, quia 1 37 15
sit eorum fraus omnis in medio. non enim rem ualuerunt transferre, sed nomina, iustitiam stultitiae, iniustitiam sapientiae uocabulis infamantes. 2 1 4
parentum, filiorum, maritorum uxorumque in mortibus posuit; haec nomina pietatis nonnumquam concubitu prodigioso deleuit, pudicos 1 1 8
quis aut amatur aut odio est. denique haec est causa, quod fratrum pia nomina plerumque gladiis amica uidemus esse quam sibi; quod parentes 1 5 6
disputatione, praetermisso deo de deo exeunte, ad communia humanitatis nomina, quae possunt argumentis attingi, patris et filii festinant nec 1 45 1
habeat, adhuc ipse disquirit. uideo praeterea, sicut assertorum indicant nomina (quae si auferas, nulla fortassis est pugna), multos esse tractatus, 2 3 7
quod etiam fallaces testimonium perhibent ueritati! cur autem fingant nomina, quorum est confessio in ceteris uera, aut qua ratione isto 1 2 7
quod uolunt, cum adsimulant se nosse rerum naturae secreta, cum stellis nomina, soli labores inponunt, cum errores suos lunari circulo adscribunt, 2 9 1
intelligunt, quia in exordio carminis sacri deus deo sua sibi et diuinitate et nomine comparatus omnes humani sensus opinationes excludit, quippe 1 45 1
consummatio. scaporum nomina duo testamenta. scala autem proprio nomine crux uocatur, quia per ipsam dominus Iesus Christus mysteria 1 37 15
sparsa in puluerem uanuerunt. sacerdotalis *cathedra pestilentiae* suo nomine deleta est. agnus salutaris, qui designatur *ex ouibus et ex haedis,* 1 28 1
quem ambitiose plerumque effundimus, cum in persecutione pro nomine domini diabolum moriendo uastamus. postremo abscindimus, quod 1 3 21
clamat de profundis et Paulus obrutus calamitatibus beatis, cum pro nomine domini *latrones in itineribus,* latrones *in ciuitatibus* patitur, cum *a* 1 34 4
morbos; cura languores; in temptationibus gaude, in tormentis pro nomine domini. si obuenerint dura, *fidem tamquam granum sinapis* te 2 3 14
carmen coli uel maxime cupiunt, sic se et alios perdiderunt. nam mutato nomine et cultu, quasi promota somniis, illas scholares calumnias dei 2 9 2
— alii magis prodesse quam sibi; suam, quia, quamuis sit sapientiae nomine falso uestita, tamen suis commodis consulendo, quod sine alienis 2 1 3
praeferebat, qui uerus omnium saluator esse cognoscitur et factis et nomine. hic enim, quia ipse dictus est etiam petra, recte cultellos petrinos 1 3 16
et non ambisse quod meruit. ac ne quis hanc patientiam timiditatis nomine obscuret, in ducendis quoque uxoribus talis est condicio: Liam 1 4 16
ad omnes discipulos ait: *ite ergo et docete omnes gentes intingentes eos in nomine patris et filii et spiritus sancti, docentes eos seruare omnia* 1 37 7
sacramento numeri ab imminenti supplicio; ecclesia ipsa ueritate, in nomine patris et filii et spiritus sancti, non tantum diaboli praesentes ignes 1 13 13
obitus populorum. hic est, cui *data est potestas in caelo et in terra,* nomini eius noua a deo suo, ipso dicente: *ego te clarificaui in terra; opus* 2 5 4
est nomen meum apud gentes, et in omni loco odores incensi offeruntur nomini meo et sacrificium mundum, quoniam magnum est nomen meum 1 25 7
insuper decernentes sibimet ipsis pro domibus templa, erigentes aras nomini suo, qui, quae essent habituri sepulcra, nescirent, caelum 1 13 4
deus, ut contentiosi putant, dispositioni subiaceat. remotis enim paulisper nominibus patris et filii non potest nosse, uter patiatur iniuriam, nisi quod 1 54 1
post odium de amore factura. seminat inlicitos heredes crimenque noscens nominibus pietatis excusat. proprios aut negat aut denudat affectu. nihil 1 1 7
figmenta colendo — , tactu carbonis in unum populum per confessionem nominis Christi noscuntur esse conflati. etenim conflatio et puritatem 1 37 3
necessario unicuique sinceri amoris est noscenda proprietas, ne sub sono nominis commutetur regula ueritatis. est enim et alius amor sane saluti 1 36 25
quidue fugiendum sit facillime possit agnosci. sub uelamine Christi nominis, fratres, se adserere conatur Antichristus similiter pudicum, uti 1 1 6
est, quae sit in ea iniustorum iustorumque discretio, ne generalitas nominis in conparatione malorum attrahat gloriam Christianae felicitatis. 1 2 23
ad utilitatem? sane recte hoc facere existimarentur, si sub praetextu alieni nominis inuasa optinere potuissent. at cum diuina adiuratione in eculeo 1 2 7
unum efficis corpus. tu martyres gloriosos a confessione Christiani nominis nullis tormentis, nulla nouitate mortis, nullis praemiis, nullis 1 36 30
gladiis amica uidemus esse quam sibi; quod parentes opulenti abolita sui nominis sanctitate filios suos non sine utriusque dedecore patiuntur errare 1 5 6
se adserere conatur Antichristus similiter pudicum, uti fallat. pudicitiae nominis sonum post se trahit, sed quos fructus habeat, eius auctor 1 1 6
at ubi uentum fuerit ad diuini certaminis campum coeperintque sacri nominis telo pulsari, tunc, cum alium noueris, alium certe misereris: 1 2 6
hostibus suis. haec totius humani generis fundamenta confirmat, haec nominum proprietates uniuersis affectibus praestat, haec parentum, 1 1 1
fiunt membra. age nunc, eius aemulae rabiem breuiter etiam ex ratione nominum publicemus, ut quid appetendum quidue fugiendum sit facillime 1 1 6

resurrectionis euidenter nos edocet iura, quae nobilitatem generis sui non a parentibus accepit, non liberis tradit; ipsa est sibi uterque sexus, ipsa 1 2 20
est fidei nosse naturam, quae talis ac tanta est, ut unicuique homini sua non ab alio commodetur, sed eius ex uoluntate nascatur. ceterum si, ut 2 3 1
sit iustificatus et postea circumcisus, manifestum est circumcisionem non Abrahae fuisse necessariam, sed in designationem Iudaici populi, qui 1 3 7
quem pater patientissimus et clementissimus abdicauerit, et quidem non accusatione, sed probatione conuictum. denique iniuriae suae testes 2 21
diram spe potiundi praecipitat, ne gratis homo uideatur occisus. sed nos non ad auaros, sed de auaris sermonem fecimus, fratres; alioquin solis 1 5 17
nondum uenerat Christus. non cognoscitur a socero: ad Iudaeos enim, non ad gentes prophetae fuerant destinati. *fornicariam putat*: recte, quia 1 13 9
praecordia inplacabilis cupiditas pestifera flamma repleuerit. sed haec non ad uos, fratres, quorum largitas prouinciis omnibus nota est, quorum 1 14 8
liberare non possunt; quae peccata cum dissimulando praetereunt, non adimunt, sed accludunt; quae reum, qualem inuenerint, talem quoque 2 24 1
autem non credit, iam iudicatus est? hoc dicendo *exemit iudicio fideles, non admisit ad iudicium infideles.* at si utraeque partes iudicio uacant, 1 35 1
maiestate custodit; solus indemutabilis ac semper aequalis, quia in se non admittit aetatem; solus sempiternus, quia immortalitatis est dominus. 1 7 3
se esse contestans. subicit se gradibus aetatis, cuius aeternitas in se non admittit aetatem. totum contra conscientiam suam ut homo infirmus 2 12 3
liberius incertas atque inhonestas sibimet redimunt libidinum merces, non aduertentes esse infelix et impudicum quicquid legitimum fuerit extra 1 1 14
pro nefas, sub ipsis obtutibus matronarum uesana congressione desudant, non aduertentes miseri, quoniam in tali negotio iudice deo quod non licet 1 1 13
qui non potuit pudoris fundamenta subuertere. ibat ad supplicium non adulterum corpus, in quo extrema libido senilis exarserat, sed quod 1 40 2
sexu, quoniam illi unus est ambo; non pro tempore, quia uaria non est; *non aemulatur*, quia inuidia quid sit ignorat; *non inflatur*, quia 1 36 12
famulatur acies ualidissima columnarum, quia illi septem solae sufficiunt; non aeneum inhaeret mare, quia illi perennis fontis sui uiuum inest mare, 2 6 6
positus in honore. caelestis profecto est ista patientia, quam a suo statu non aerumna, non felicitas, non affectus potuit commouere. aduersus Iob 1 4 17
maneamus. haec, inquam, non die, non nocte, non hora, non sexu, non aetate, non condicione, non loco, non genere a tribuenda homini 1 3 22
semper iunctus est gladius; ideo autem caecus, quia, cum exarserit, non aetatem considerat, non formam, non sexum, non gradum, non 1 36 25
libidinum flagrantibus stimulis praecipitat in furorem, non sexui parcens, non aetati, non pietati, non sibi, quia pudorem alienum qui appetit primo 1 1 6
incedit, quia erubescere alienis sub coloribus nescit, non domesticis, non affectibus, non maritis nota, non sibi, quia non potest notum esse nec 1 1 10
profecto est ista patientia, quam a suo statu non aerumna, non felicitas, non affectus potuit commouere. aduersus Iob diabolus, qui non fertur 1 4 17
turpis ac lubrica, de qua ludit aliena sententia! o quam adultera, quae non agnoscit, quo auctore sit nata! o quam ridiculosa, quae duobus 2 3 10
festo exsultat in tumulo, non umbra, sed ueritas, non imago, sed Phoenix, non alia, sed quamuis melior alia tamen prior ipsa. erubesce, Christiana 1 2 21
saeuit, pugnat, rapit, congregat, seruat sui tenax, *appetens alieni*, non suo, non alieno, non ipso orbe contenta. totum possidet et de inopia queritur 1 5 2
pascit tineas, curculiones ac uermes? qui quod habet infelici tenacitate non aliis tantum, sed etiam sibi ipsi subducit? 'sed, inquies, iustum est, ut 2 1 17
hoc spiritus sancti non signaculo, sed signo censemur. hac circumcisione non aliquid perdimus, sed crescere nos augmentis caelestibus inuenimus. 1 3 21
auaritia quam facile arguitur ab omnibus, utinam posset tam facile non amari! est enim artifex ac dulce malum et hominibus uniuersis semper 1 14 1
non potest: dominum patrem non dilexisse, cum peccatum sit hominem non amasse. unde infelices et miseri sunt Iudaei, qui deum patrem, a quo 1 61 6
adprobemus. unde tamen prae me fero, fratres dilectissimi, quod ista, et non ambigua, in uobis renitet assertio; deum enim patrem uos et habere et 1 1 4
patri commendat, sensim mitisque discedit, ut probet se et meruisse et non ambisse quod meruit. ac ne quis hanc patientiam timiditatis nomine 1 4 16
periculum, non mors, non tormenta morte ipsa grauiora, non potestas, non ambitio, non felicitas. semper inmobilis manet, alta quadam ac diuina 1 4 3
de rebus enim loquitur saecularibus. *in magnis et mirabilibus* se dicit non ambulasse, utique non dei, sed in illis, quae magna ab hominibus hoc 2 9 6
sunt, ipse mirabilis in excelsis. cum in periculis esset, si in his propheta non ambulet, quomodo bonum insuper sibi opus adsignat ab illis 2 9 6
tamen sine hac utraeque non stabunt: fides primo omnium si se ipsam non amet, spes si non ametur. adde quod fides sibi soli prodest, caritas 1 36 10
utraeque non stabunt: fides primo omnium si se ipsam non amet, spes si non ametur. adde quod fides sibi soli prodest, caritas omnibus; adde quod 1 36 10
aduersus deum improbe loquitur, non uxori inlicita suadenti succumbit, non amicis insultantibus cedit, sed uictor crudelitatis et impietatis in 1 15 6
munitum quod non expugnari pecunia possit; non necessitudo sanguinis, non amicitia, quia non suo merito, sed auri, argenti facultatumque 1 5 5
te est quam in templo remansit! at si te serues atque contineas, aestimabit non amore diuini cultus, sed alterius alicuius desiderio in suam hoc 2 7 18
prophetis; quem euangeliorum salutaria quattuor praedicant tempora; cui non anniuersarii, sed cotidiani fructus respondent hymnum canentibus deo 1 33 4
necat odio criminum ut nouerca, pia seruat ut mater necatosque non ante uiuificat, antequam omne uirus uetustatis exstinguat, ne quid 2 29 2
uideat, felix sepulcro quam naui. in oratione mons tremit: monti, non apostolis trepidatio est. Petrus aestu marino fertur non naufragus, sed 2 2 5
faciat, sed quod naufragos ad uitam suauem perducat; non aurum, non argentum, quia in suis martyribus computat totum. non fenestrarum 2 6 6
deum ac soli illi seruire in sacramento semel creditae unitae trinitatis non argumento, non necessitate, sed uoluntate compellit, manifestissimum 2 3 2
genesis talis est uestra. primus uos, qui in se credentem reprobat nullum, non Aries sed agnus excepit, qui uestram nuditatem uelleris sui niueo 1 38 3
pro salute redimenda non solito more ad stupida simulacra concurrunt, non aris foetentibus funestos excitant ignes, non tura cremant, non merum 1 34 9
ergo non discitur, sed impulsu nobis nostrae infirmitatis occurrit, quia non artis est timere quod metuas; metuis autem *quod* tibi *nolis accidere*. 2 2 1
non perdidit, sed mutauit. hic ego patientiam domini memorare non audeo, ne quam deus inter homines deputatus patiatur iniuriam; 1 4 19
examinare, metiri ac discernere posse praesumis, hic tibi ego respondere non audeo, sit quippe cum tutius imperitum uideri quam esse sacrilegum. 2 3 15
hostias offerebat. tanto autem puritatis ac fidei erat muro munitus, ut non auderet eum adtemptare diabolus nisi a deo iussus. iam hic 1 15 2
in homicidio, in falso, in maleficio deprehenderit, carnifici destinat statim, non audiendum, sed competentibus poenis excruciandum. tertium quoque, 1 35 8
opera terrena. hoc est ergo quod ait: *audi caelum et terra*, quod Iudaeis non audientibus Christus dominus esset ab apostolis et gentibus audiendus. 1 61 4
Iudaeos scriptura denotat ab auribus incipiens: *clamaui*, inquit, *ad eos et non audierunt; clamabunt ad me et non erit, qui exaudiat eos.* similiter et 1 3 10
opportunam in quibuscumque secretis. lasciua, non linguis non oculis non auribus parcens iocatur sperat ambit obsequitur zelatur insanit 1 1 9
quod naufragos faciat, sed quod naufragos ad uitam suauem perducat; non aurum, non argentum, quia in suis martyribus computat totum. non 2 6 6
adolescentibus cotidie delectatur; at illa aegra fastidio nouem mensium non baiulat pondus, sub incerto partu parientis nascentisque de salute non 2 7 3
omnes qui timent dominum. si omnes, qui timent dominum, beati sunt, non beatus est nullus, quia nulla gens est, nulla sunt pecora, animantium 2 2 3
nouis ac uariis artibus feruens, numquam quieta, non die, non nocte, non bello, non pace, numquam satura, lucrorum enormitate miserior. 1 14 2
uiduas, qui pupillos exspoliant, qui profanis fabulis neglecta dei secta alios non bene auocantes diuina sacramenta contaminant. iam uideat 1 25 11
necessarium spiritale; quod non ex sacculo, sed ex corde profertur; quod non bromosis pecudibus, sed suauissimis moribus comparatur; quod non 1 25 9
pependisse naturam; uiam inter fluctus micuisse terrenam, quae utique non caelestis populi meritum, sed terreni per orbem totum dispersionis 1 18 1
iussus est proficisci. huic per diem non circulus solis, sed columna nubis, non candida luna, sed ignis columna per noctem iter pandebat ignotum. 1 29 1
capacitatem felici numero fecistis angustam. ex eo enim ipso, quod uos non capit locus, exinde intellegitur, quia fides uestra capit deum. igitur ne 2 6 5
uterus maiestate, non semine, capitque uirgo, quem mundus mundique non capit plenitudo. interea promouent suum membra factorem et opus sui 2 12 2
parentum pietas frangit, non dulcedo liberorum, non coniugalis affectus, non cara germanitas, non ius amicitiae, non tener pupillus, non dura 1 14 2
quod habeat perditurus, cum et pater quod accepturus est habeat et filius non careat quod daturus. totum pater, totum possidet filius; unius est quod 2 5 9
ex lege discitur, sed in mentibus nascitur. lex enim pendet ex caritate, non caritas pendet ex lege, sacra scriptura dicente: *iusto lex posita non est,* 1 36 17
timor, qui nihil aliud agit, nisi ut beatos efficiat; qui timet arte, non casu, uoluntate, non necessitate, religione, non culpa; qui deum 2 2 7
et uterus. mirum profecto uidete mysterium! quae celauerat faciem, non celat uentrem. defertur fornicationis rea sine labore accusatoris uidua 1 13 3
in semet ipso homo iugulatur, ut uiuat. percussor non uidetur, percussoris non cernitur gladius, percussi non hiat uulnus, non defluit sanguis; 1 42 2
o damnatio necessaria! homo iugulatur, ut uiuat. percussor percussorisque non cernitur gladius; percussi non hiat uulnus, non defluit sanguis, non 2 24 3
necaretur, miseratione dei duce Moyse iussus est proficisci. huic per diem non circulus solis, sed columna nubis, non candida luna, sed ignis columna 1 29 1
uelit, circumcidat an differat. si circumcidit, sabbatum corrumpit; si non circumcidit, cum innocentis animae interitu praestitutae circumcisionis 1 3 4
quia deo ante, non posteaquam circumcisus est, placuit praemiumque non circumcisionis, sed in acrobustia meritae repromissionis accepit. unde 1 3 7
maestus ac tristis calamitatibus humanis! et clamat non uoce, sed corde, non clamore, sed fide, quam scit deum libenter audire. hoc igitur e 1 34 3
quia satiari non nouit. fidem frangit, caritatem neglegit, iustitiam negat, non cognoscit affectus, iura diuina contemnit, humana uersutis argumentis 1 21
obscurat: necessario, quia adsertor pudoris eius nondum uenerat Christus. non cognoscitur a socero: ad Iudaeos enim, non ad gentes prophetae 1 13 9
hominem deceperat, consilio uincitur, ut, quomodo homo in paradiso non cognouerat diabolum, sic et diabolus in saeculo non facile cognosceret 1 60
ad effundendum sanguinem; contritio et miseria in uiis eorum et iter pacis non cognouerunt; non est timor dei ante oculos eorum. et de ipsa 1 3 11
probare non desinam, cuius ista sunt uerba: *nam quia sapientiam dei non cognouit saeculum per sapientiam, deus optimum existimauit per* 2 1 5
transmiserunt, ut in ipsa quoque, si insanire cuiquam libeat, deus illi non colendus sit, sed quaerendus. quod nunc faciunt infideles, de quibus 2 9 2
prouidentis dei de deo argumentationibus uanis opinari uelle dispositum non colentis est, sed dementis, maxime si deus, ut contentiosi putant, 1 54 1
monitis diuersis uirtutibus diuersoque charismate omnium credentium non colla, sed corda decorare consueuit. uirga per lignum sacramentum 1 13 10
futurae non gerit? quid agricola semina spargit, si sudoris sui praemium non colligit messem? quid Christianus credit in Christum, si promissum 1 36 3
et tua omnia mea, quia pater in filio et filius manet in patre; cui affectu, non condicione, caritate, non necessitate, decore, <non diminutione> 2 5 9
haec, inquam, non die, non nocte, non hora, non sexu, non aetate, non condicione, non loco, non genere a tribuenda homini salute depellitur, 1 3 22
ista, nihil prodest. ex uno enim proficiscendo et in unum remeando si non confusione, uel errore fiunt una. quid, quod illius sacrificium publicum 2 7 14
ignorat. non illam parentum pietas frangit, non dulcedo liberorum, non coniugalis affectus, non cara germanitas, non ius amicitiae, non tener 1 14 2
efficiunt; qui profanae libidinis detestabili furto distracti, turpibus iam non contenti latibulis aliquotiens, pro nefas, sub ipsis obtutibus 1 1 13
stringit gladium medium, pectus fidei militabat; non pallescit uultus, non contremuit manus. quaerit puer, ubi sit uictima. quae mox, ita ne 1 62 4
sanguine deplacabis, iste meis sacris debetur; unde immolari iam iubeo.' non contristat frontem deuotissimus Abraham nec dolor patri lacrimas 1 43 4
multiplicentur, non oblecteris in illis; si non est timor domini cum illis, non corrideas animae illorum; melior est enim unus timens dominum quam 2 7 5
in cruce atque eo feliciter soporato similiter de eius latere ictu lanceae non costa diuellitur, sed per aquam et sanguinem, quod est baptismum 1 3 20
excitaret. at ille *semen suum fudit in terram*; semen significat non creaturae, sed cordis. etenim semen cordis uerbum est dei, cata 1 13 5
et facit, ut Iudaeus et Iudaeo deterior Christianus dei filium deum esse non credant. quos uellem adesse paulisper auremque praesenti commodare 1 25 1
timentem; nec tamen in toto dissimulat, ne per mare pedibus se ambulasse non credat. aduersus Theclam accusator acerrimus linguae exserit gladium, 2 2 6
uerbum dei est, ara lex, forceps duo testamenta, quae credentes tenent, non credentes incidunt. sed et Dauid hanc calamum nuncupauit, dicens: 1 37 3

quod, cum possit bonis frui mundi ac negligat, sponte se faciat infelicem, non credentes, quia dei praecepta custodiens, huius modi officiis saeculares 2 1 14
quae principaliter stupet talem sibi filium prouenisse, qui ex se natus non crederetur, nisi, sicut fuit uirgo incorrupta post conceptum, 2 12 2
uos et uiuetis. cum haec ita sint, resurrectionem futuram cur, Christiane, non credis? cur de huius mundi labe in meliora migrantes tam pertinaciter 1 2 13
quam etiam ipsam infidelitatis ream constituis, canentis cum uniuersa non credis? sin uero fidem spiritus calles, aliquam demonstra uirtutem: 2 3 13
credit in Christum, si promissum sibi ab eo perpetuae felicitatis tempus non credit esse uenturum? sed spes ex fide est, quae quamuis in futuro sit 1 36 3
dominus in euangelio dicit: *qui credit in me, non iudicabitur; qui autem non credit, iam iudicatus est*? hoc dicendo *exemit iudicio fideles, non* 1 35 1
haec Iudaeus praedicat, fratres, et tamen deo demens adhuc usque non credit, qui est benedictus in saecula saeculorum. 1 29 2
certos efficiat; cui ille respondit: '*habent Moysen et prophetas*, quibus si non credunt, neque illi, qui hinc missus fuerit, credituri sunt', euidenter 1 2 10
resurgere, quod omnibus palam sit non penitus interire. gentes, quae ista non credunt, tamen cum libamine infausto ad sepulcra concurrunt et a 1 2 3
nullo impedimento suspensus mactatione terribili gloriam se praestitisse, non crimen. quid hoc est? ecce immanitas in fidem et scelus transit in 1 4 15
sine fermento leuati sunt. certe caccabacei non sunt, non uetusti, non usti, non crudi, non mucidi. lacteus illis color est, lacteus sapor est. sed 1 41 2
quod non bromosis pecudibus, sed suauissimis moribus comparatur; quod non cruentis manibus, sed sensibus mundis offertur; quod non iugulatur ut 1 25 9
efficiat; qui timet arte, non casu, uoluntate, non necessitate, religione, non culpa; qui deum metuit, non naturam. uultis scire, cuius proprietatis 2 2 7
ingenio et doctrina uiri nihil certi libris ingentibus prodiderunt. sed ego non curem, de me quemadmodum quis iocetur. non enim in ecclesia dei 2 1 1
gentes, dicit dominus. immola deo sacrificium laudis. immola, inquit, *deo,* non daemoniis, *sacrificium laudis*, non uituperationis, et *redde altissimo* 1 25 8
laniat. post haec promittitur ei de legitimo matrimonio filius de fide, non de aetate. concepit Sarra, portat sine labore uteri sarcinam, quae iam 1 62 2
affirmat. sic enim ait: *et uidebo caelos, opera digitorum tuorum*. hic utique non de caelis istis loquitur, quos semper uiderat, sed de apostolis, quos 1 61 3
quantorum malo ille constat ornatus. 'filios, inquit, habeo, quos nudare non debeo.' ista et infidelitatis est excusatio, quam spiritus sanctus per 2 1 20
uoluptatibus ita corrupta sunt omnia, ut quicquid in eo geritur, non debere diligi a nobis sacris uocibus dum iubetur, recte sapientibus 1 36 27
diabolum moriendo uastamus. postremo abscindimus, quod habuisse non deberemus, quod ab inimico hominibus superadditum recognoscimus, 1 3 22
haec etiam uiros reprehensio manet. Christianus ergo in toto dubitare non debet in statum pristinum mortuos excitari talesque legitima die ante 1 2 15
'peccator ergo fuit Abraham, ut circumcideretur? an iustus et circumcidi non debuit?' Abraham, fratres, et uir iustus fuit et tamen necessario 1 3 6
non hiat uulnus, non defluit sanguis; exspirantis non palpitat corpus, non decolor color est. ipse est et tamen non est ipse. uetus quidem uidetur 1 42 2
non cernitur gladius; percussi non hiat uulnus, non defluit sanguis, non decolor color est. ipse est et tamen ipse non est. uetus quidem uidetur 2 24 3
nuptura. hic, hic quemadmodum se quis possit excusare, non uideo. non deest enim qui dicere possit: 'si est resurrectio, quare plangis? si 1 2 14
non uidetur, percussoris non cernitur gladius, percussi non hiat uulnus, non defluit sanguis; exspirantis non palpitat corpus, non decolor color est. 1 42 2
percussor percussorisque non cernitur gladius; percussi non hiat uulnus, non defluit sanguis, non decolor color est. ipse est et tamen ipse non est. 2 24 3
amicitiae, non tener pupillus, non dura uiduitas, non miseranda paupertas, non dei contemplatio: ecce enim his omnibus, prout potest, uariis artibus 1 14 2
appetitur et a nullo completur. adde quod index dei uoluntatis est, non dei originis aut naturae. sequitur ut scire debeamus, utrum tractatum 2 3 5
saecularibus. *in magnis et mirabilibus* se dicit non ambulasse, utique non dei, sed in illis, quae magna ab hominibus hoc putantur in saeculo. at 2 9 6
et alia his similia cum passibilitate sui transeunt; timor conscientiae non deletur. nunc uideamus, intellegendum quemadmodum nobis sit, 2 2 2
ad imaginem et similitudinem dei), et alio loco dicat: *ego sum qui sum et non demutor.* cum hoc ita sit, homo quemadmodum dei imaginem portat, 1 27 2
ad imaginem et similitudinem dei), et alio loco dicat: *ego sum qui sum et non demutor.* cum hoc ita sit, homo quemadmodum dei imaginem portat, 2 30 2
diuina patientia inter religionem pietatemque negotium temperaret, in spe non denegans deo, quod *contra spem* acceperat a deo. igitur Isaac sibi 1 4 13
dei et caelum obsecundetur et terra, quia caelum pluuias et fruges terra non denegat! sed quia haec prophetia nouissimis erat complenda 1 61 2
quid falsi dicerent testes aut qualiter iudices circumuenti damnarent, non denique qualiter diabolus infamaret, qui non potuit pudoris 1 40 2
autem caelos fecit; et in Deuteronomio: *sacrificauerunt daemoniis et non deo.* ac ne quis sacrilegium existimaret sibi impune esse cessurum, 1 25 5
homini a deo assumpto iustisque eius est deputata rebus dispositis, non deo, non sempiterno rectori, maxime cum in euangelio sic dicatur: 2 5 6
idolum respuis; mihi crede: in te colis, cuius ornatum, cuius imaginem non deponis. ad ecclesiam dei opere uario totum inaurata corpus, 1 14 6
te. sed et Ieremias eodem spiritu loquitur dicens: *hic est deus noster et non deputabitur deus alius absque ipso. qui adinuenit uiam prudentiae et* 2 8 6
etiam ipse impiis iudicium, quia iam sua impietate praeiudicati sunt, non derelinquit neque peccatores, qui iudicandi sunt, iustorum, qui non 1 35 3
iudicium enim ex ambiguis rebus exsistit; adempta ambiguitate iudicii non desideratur examen. ex quo ne *infideles necesse est iudicare*, quia iam 1 35 2
iustitiae sapientiam conuenire. quod etiam sacrae legis testimoniis probare non desinam, cuius ista sunt uerba: *nam quia sapientiam dei non cognouit* 2 1 5
omne peccati, ne quis inprudens intereat, diffamatur. semper monere non desinit, ignorantia ne quis reatum excuset. nunc seuera, nunc blanda 2 3 3
in uno nititur auaritia, bacchatur in alio, in utroque crescit, in utroque non desinit. uerum tamen eos uno momento exigua humus et peraequat et 1 5 11
ad se attrahat alienas; quam peregrinantem ferali supputatione nutrire non desinit, ut summam quaerat, non quam commodatio dedit, sed quam 1 5 12
sint medii nullam partem tenentes ad plenum, cum utramque tenere non desinunt. fideles non sunt, *quia* habent *aliquid infidelitatis insertum*; 1 35 4
Dauid inermi triumphos attulit; haec in Iob inter crebra et ingentia mala non desperauit; haec in Tobiae caecitate medica fuit; haec in Daniele ora 1 36 8
uel tremit uel hiatu se recipit in se, nullus hic beatitudinis locus est, ubi non deuotionis, sed necessitatis est quod timetur. itaque audiamus 2 2 3
et habere et possidere monstratis, cum pudicitiam, in qua deus habitat, non dicam diligitis, sed luculentis moribus adornatis. magna igitur gloria 1 1 4
spe succincta futurorum Antiocho saeuiente libenter semel septem filios non dicam extulit, sed ipsa potius feliciter suis hortamentis occidit, 1 2 13
perdiderunt: dei, cum stultam putant, quod elaboret — dispendio suae, non dicam facultatis, sed etiam, si opus sit, et salutis — alii magis 2 1 3
si ei numquam lucrum, numquam portus desideratus occurrit? quid miles non dicam horridae hiemis aut torridae aestatis iniurias, sed se ipsum 1 36 3
sit, diligenter ac patienter geritur, quod ab altero celebratur. sub tanto, non dicam humanitatis, sed ipsius naturae metu laeti sunt soli. cedit 1 4 14
seruos ut filios ac nos illi colunt libenter ut dominos. huius est munus, ut, non dicam notos aut amicos, sed saepe etiam eos, quos numquam uidimus, 1 36 14
mundi huius extranea, iam morte superior, iam caelestia aspirans, iam, non dicam saeculi ludibria, sed, ut sit honoratior, se ipsam contemnens, 1 2 25
terris inlatam. quam qui constanter tenuerit ac fideliter ministrauerit, non dicam Scorpionem, sed, sicut dominus ait in euangelio, omnes omnino 1 38 5
uerecundamque anteuertit auroram; qui, quod maius est, duodenis non dicam spatiis, sed momentis horarum aequabiliter se partiri non 1 4 4
consumit. sin uero, sicut necesse est, una est illa nobilis et antiqua, quae non dicam tractatu, sed ipsius natiuitate porro maior est legis, quae deum 2 3 8
opus esset illi, qui in sinu patris commanens uoluntatis eius perfectionem non didicerat, sed habebat. igitur orbe perfecto postremus digito dei 1 56 2
Abraham ut pater esset multarum gentium, hic iustitiam non didicit, sed genuit. non illum accessus infecerat urbium. non habuit 1 62 1
porro maior est legis, quae deum deo credendo promeruit, quae credere non didicit, sed praesumpsit, edicat mihi, perniciosa ista adinuentio 2 3 8
purgati integri in ubertate paterni seminis maneamus. haec, inquam, non die, non nocte, non hora, non sexu, non aetate, non condicione, non 1 3 22
totum uesana bacchatur nouis ac uariis artibus feruens, numquam quieta, non die, non nocte, non bello, non pace, numquam satura, lucrorum 1 14 2
putatur poenae compendium ac paene pro infecto habetur quod non diffamatur, censuit eos caelo et terra testibus denotare, ut inexcusati 1 47
non refert, quantum sit criminis dici non potest: dominum patrem non dilexisse, cum peccatum sit hominem non amasse. unde infelices et 1 61 6
deum quoque, qui est inuisibilis, contemnere similiter poteritis. qui enim non diligit eius similitudinem, sequitur ut oderit ueritatem. inde est, quod 2 4 17
dixerit, quoniam diligo deum, et fratrem suum odit, mendax est; qui enim non diligit fratrem suum, deum, quem non uidet, non potest diligere. 1 36 23
imaginem colunt.' nec ipsam quidem, quia falso colit imaginem, qui eius non diligit ueritatem. sane hoc solum competenter gerunt, innocentes quod 2 25 2
in patre; cui affectu, non condicione, caritate, non necessitate, decore, <non diminutione> subicitur, per quem pater semper honoratur. denique 2 5 9
pater semper honoratur. denique inquit: *ego et pater unum sumus*. unde non diminutiua, sed religiosa, ut dixi, subiectione est filius patri subiectus, 2 5 10
non percutiendi claudicat color; non membra tremore uibrantur; non dimissi, non torui sunt oculi. nemo rogat, nemo trepidat, nemo se 1 4 14
nec qui feriebatur timuit, nec qui feriebat expauit. sacrificium domini non dimittitur, sed mutatur. melius seruauit filium, dum non pepercit. sola 1 62 5
uota donabis (quod maritis etiam sub fidelibus multae fecere peiores, Euae non discipulae, sed magistrae; illa enim decepta, hae sua sponte se diabolo 2 7 16
est: *uenite, filii, audite me; timorem domini docebo uos.* naturalis ergo non discitur, sed impulsu nobis nostrae infirmitatis occurrit, quia non artis 2 2 1
habeat, suo cultori quid praestet. febrem non exstinguit, morbos non discutit, uulneribus non medetur, dolores non tollit, mortem non 1 5 16
uestra; et iterum: *non relinquetur in templo lapis super lapidem, qui non dissoluatur*. reprobat ergo tam inmensum, tam insigne, tam opulens 2 6 3
usque ad imos ungues pedum plaga inimici percussus populosis ulceribus non distinctus est, sed totus unum uulnus effectus. uerum tamen in his 1 15 5
suum membra factorem et opus sui figura uestit artificem. parturit Maria non dolore, sed gaudio; nascitur sine patre filius, non totus matris, sibi 2 12 2
fastidia nescit, utpote quae in se creatorem mundi concepit; parturit non dolore, sed gaudio. mira res! exsultans exponit infantem totius naturae 1 54 3
procax semper incedit, quia erubescere alienis sub coloribus nescit, non domesticis, non affectibus, non maritis nota, non sibi, quia non potest 1 1 10
sacra confundunt amissa luce laetantes in tenebris, habentes fana, non domos? digne, digne iugulantur quae Christi ingratae beneficiis sponte 2 7 12
uere, fratres carissimi, cor eius non dormit, qui huius somnium secretaque cognoscit. prophetia etenim 1 37 1
in utroque sexu conspicua, in omni aetate miranda, in quauis condicione non dubia, soli sibi deuota, semper bene conscia, prorsus nulli rei subiecta, 1 1 1
disponeret et immolaret, securus de fide generis sui pater filio, de quo non dubitabat, patefecit, quid a se dominus postulasset, et quid ipse 1 43 5
utrosque uolentes, illum condicione, dominum pietate. cetum esse non dubitatur infernum; sicut enim Ionas tribus diebus et tribus noctibus 1 34 8
ecclesiam, duobus populis profecerunt. mare autem mundum significasse non dubium est, hamum uero praedicationem, quia, sicut hamus missus in 1 37 6
tantummodo crescit, senescere ignorat. non illam parentum pietas frangit, non dulcedo liberorum, non coniugalis affectus, non cara germanitas, non 1 14 2
affectus, non cara germanitas, non ius amicitiae, non tener pupillus, non dura uiduitas, non miseranda paupertas, non dei contemplatio: ecce 1 14 2
fontis calor salutaris inuitat; iam mater nostra adoptat ut pariat, sed non ea lege, qua uos matres uestrae pepererunt, quae et ipsae partus 1 32
uirtutem deuocabit in crimen. quid enim ille mali non suspicetur, non efficiat diis crudelibus, diis adulteris seruiens? itaque deinceps fuge, 2 7 18
ad perfectionem perducere nullis rationibus possunt. si ex credulitate, non ei opus est ulla interpretatio, quia sicut semel creditur, ita semel ex eo 2 3 9
necesse habuit, ne phantasma putaretur, edicta legis uniuersa complere. non enim aut *finis legis* aut uerus Christus esse potuisset, si quid 1 3 17
filius hominis, qui erat in caelo; filius hominis uocabulo, non natura. non enim bis carnem induit dominus. sed sic oportuit praedicari, quia 2 4 3
nocendi aditus reserati praestant sine pugna, sine ullo labore uictoriam. non enim conabitur in dicionem redigere suam, quae esse eius ambiuit 2 7 13
rationem secreti naturae disquirere, qui uitae suae non possit reddere. non enim elementa pulchrius aut uerius uerbis humanis asseri possunt, 2 30 1
commonuit; nam infirmibus ac languidis mannae teneritudinem inrorauit. non enim erant idonei aut digni, qui caelestis panis perpetua soliditate 1 18 2

prodiderunt. sed ego non curem, de me quemadmodum quis iocetur. non enim in ecclesia dei fucatus quaeritur sermo, sed ueritas pura, a qua 2 1 1
eius et quam inuestigabiles uiae eius! quis enim cognouit sensum domini? non enim in horum inquisitione exaestuans propheta dicit: *de profundis* 1 34 2
non potest, quaerunt, sic agnum uerum, quem inuenerant, perdiderunt. non enim intellexere, quia *ex haedis* humana designabatur caro suis onusta 1 8 1
deficit sermo, qui dei patientiam sui obstinati cordis impatientia superauit. non enim leue crimen est eius, cum de eo ille queritur, qui mox eum 1 47
esse approbatur inferior, quia, unde processit, paterni cordis est exsecutor? non enim minus est facere magna quam dicere. quamuis et quod dictum 1 45 3
at ego non pertimescam, sermonis publici quae de me fabuletur inuidia; non enim nuptias condemno, sed nuptiis meliora praepono, et quidem 2 7 2
a qua nihil aliud laboratur, nisi ut suis sibi tantum uirtutibus adprobetur: non enim potest esse perfectum quod aliunde exspectat sibi aliquid 2 3 6
<...> non enim praecepto uirginitas prouocatur, sed nec continentia relicta 1 59 1
quod dictum non tam timentis quam exsultantis ac docentis est. utique non enim quicquam timere poterat, qui mortuos excitabat, *qui potestatem* 1 2 31
sapientes iniustos, maxime cum iam sit eorum fraus omnis in medio. non enim rem ualuerunt transferre, sed nomina, iustitiam stultitiae, 2 1 4
quia quod alter audit amborum est. quid agam, quo me uertam, nescio. non enim uideo, quid in exhortationibus diuini ac ueri cultus gentibus 2 7 11
compellat. unde, fratres, atrocissimae rei non uos terreat contemplatio; non enim ulla est metuenda iam poena, cum incensorum superstes insultet 1 31
etenim genus insaniae est eum rationem secreti naturae disquirere; non enim ullo pacto potest humanis opinationibus substantia naturae 1 27 1
domino dicenti: *reicitis mandatum dei, ut traditiones uestras statuatis*! sed non eo dico, ut ingratum faciam doctrinae beneficium, sed ut sciat 2 3 11
triumphus exsultat. melioratur uita supplicio. rex non inuiderat pueris, si non eos praecepisset ardere. 2 27
laetitia arietem obtulit, cum quanta obtulerat et filium; ubi enim fides fuit, non erat dolor. in illo sacrificio solus deus doluit, qui aliam uictimam 1 43 7
ipsum deus, secreti sui solus conscius; cuius ex ore, ut rerum natura, quae non erat, fingeretur, prodiuit unigenitus filius, cordis eius nobilis inquilinus 1 50
in hominem gignitur ibidemque saluo quod erat meditatur esse quod non erat. mixtus itaque humanae carni se fingit infantem. Mariae superbus 1 54 3
esse non posset. denique uultis scire conpendio ueritatem? factus est quod non erat, nec tamen desiit esse ante quod fuerat. 2 8 9
scatebat per tecta culminum publicum scelus nec fuerat locus, in quo non erat pro religione sacrilegium. cogebatur Christi populus uanis 1 39 2
legis arcana et intellectum altius proferamus. Abraham sub lege non erat, sed legem solus impleuit, et qui nullo iure legis tenebatur, omne 1 43 8
aquam et spiritum sanctum desinit esse, quod fuerat, et incipit esse, quod non erat. sequitur, quod uiduitatis uestem rursus accepit, non utique ut 1 13 12
ergo tam inmensum, tam insigne, tam opulens templum, quia in eo uerum non erat templum. etenim hominum conciliabulum et contextio ista 2 6 4
saepto teneatur, tamen quicquid uoluerit, omnibus momentis illustret. non ergo carnale hoc domicilium imaginem dei debemus accipere, sed 1 27 3
saepto teneatur, tamen quicquid uoluerit, omnibus momentis illustret. non ergo carnale hoc indumentum imaginem dei debemus accipere, sed 2 30 3
uidebitur iustus, nisi recipiat secundum facta sua, quae gessit, iniustus. non ergo sic accipiendum est, quemadmodum ab inprudentibus aestimatur. 1 35 2
praecepit tibi deus, illa cogita semper et in plurimis operibus illorum non eris curiosus; multos enim seduxit suspicio illorum et in uanitate 2 3 16
commode possis circumscribere petitorem. quicquid feceris, uirgo iam non eris; unum tamen scio, quia nihil distat a prodigio, quisquis alterius 2 7 8
Dauid patris sui et regnabit super domum Iacob in saecula et regni eius non erit finis. Salomon in Sapientia similiter dicit, cum de eius loquitur 2 5 6
his omnibus eligendum quid sit, non potest nosci aut comprehendi, quia non erit nec proprium nec firmum, quod habet statum semper incertum, 2 3 7
incipiens: *clamaui*, inquit, *ad eos et non audierunt; clamabunt ad me et non erit, qui exaudiat eos.* similiter et de manibus dicit: *manus enim* 1 3 10
foedatis uberibus, sordido plus puluere tecta quam ueste? tu, inquam, non es, quae nunc caelum ipsum ululatibus rumpens post talem maritum 2 7 7
detraxeris nescis. 'at ille, cui iubetur, est, inquit, inferior.' quid, quod inde non esse approbatur inferior, quia, unde processit, paterni cordis est 1 45 3
si peritiam legis ostendere cupis, lectionum nubila disserena. doce eam sibi non esse contrariam, doce omnia, quae canit, esse credenda. ceterum si 2 3 13
omnes, ipsum quoque supplicium docuerunt ignes sanctis hominibus non esse fortiores, per dominum Iesum, qui est benedictus in saecula 1 11
praedones laudant, latrones excusant, nec sui umquam uenit in mentem non esse humanae potestatis crastinum diem ac ne ipsum, quo res agitur, 1 5 7
sapientia seruit et uirtus. uidetisne iam manifeste sapientiam huius mundi non esse iustitiam et quidem nec ueram sapientiam? quia fieri non potest, 2 1 9
nuntiatus interitus, credunt et timent et quantum sciunt dominum non esse mendacem, tanto propensius eius de pietate praesumunt statimque 1 34 9
circumcisio aduersus sabbatum pugnat, quod uiolandum ullo opere in toto non esse praeconat. etenim plerumque contingit, ut ei nascatur sabbatis 1 3 3
iam non oleaster sit, sed oliua, cum et oleaster sit et tamen oleastrum se non esse quodam modo etiam ipse miretur. igitur si homo potest facere, ut 1 2 27
quos in amaritudine absumit. quis non intellegat, fratres, illud pascha non esse, sed bromosum latronis cruenti conuiuium? per dominum 1 28 2
erat complenda temporibus sub domini saluatoris aduentum, qui non esset a Iudaeorum populis audiendus, quod eum apostoli essent et 1 61 2
quod mouet, quod mouetur, quod mira prouidentia chaos ipsum ut chaos non esset effecit, quod eius membra discreuit, ratione disposuit, coloribus 1 7 2
putant, hoc potissimum praedicarent. etenim uere perfectus deus non esset, si esset aliquid quod esse uolens esse non posset. denique uultis 2 8 9
carnis est et concupiscentia oculorum et ambitio saeculi, quae non est a patre, sed ex concupiscentia saeculi. et mundus transibit et 2 4 12
carnis est et concupiscentia oculorum et ambitio saeculi, quae non est a patre, sed ex concupiscentia mundi. per hanc enim diabolus cum 1 36 27
aequabiliter iustitia est diuina largita. cum haec ita sint, procul dubio non est a tyranno dissimilis, qui solus habet quod potest prodesse 2 1 19
prauis moribus laedunt. *orant quia timent, peccant quia uolunt.* unde non est absolutus reatus, ubi de amoris comparatione duarum 1 35 6
diligere mundum neque ea, quae in mundo sunt. si quis dilexerit mundum, non est caritas patris in illo, quoniam omne, quod in mundo est, 1 36 27
diligere mundum neque ea, quae in mundo sunt. si quis dilexerit mundum, non est caritas patris in illo, quoniam omne, quod in mundo est, 2 4 12
diligere mundum neque ea, quae in mundo sunt. si quis dilexerit mundum, non est caritas patris in eo, quoniam omne, quod in mundo est, 2 9 5
quam deus inter homines deputatus patiatur iniuriam; idonea laus enim non est, cui principatum adimit peraequatio. at cum omnes omnino 1 4 19
enim cum ipso regnauit, cata Iohannem ipso dicente: *regnum meum non est de hoc mundo*. apertius autem hoc Paulus expressit dicens: *hoc* 2 5 8
et adorabunt te et in te precabuntur, quoniam in te deus est et non est deus alius praeter te. sed et Ieremias eodem spiritu loquitur dicens: 2 8 5
alias personas, ut uerbum dei ab ipsis potius audiatur, hortantur [nos]. non est enim parum criminis, ut semper apud ipsos diuinus sit sermo 1 61 1
et quod dictum est a patre uel dici potest, quia uerbum est filius, sine filio non est, et quod factum est a filio uel fieri potest, sine dignatione paterna 1 45 3
ille, sed nobis, quos cupit quod facit ac praedicat imitari. ergo inquit: *non est exaltatum cor meum*, docens *optimum* esse *sacrificium deo cor* 2 9 3
superbiam propheta tumidi cordis euitans sic infit ad dominum: *domine, non est exaltatum cor meum*. cum scriptum sciat: *homo uidet in facie, deus* 2 9 3
ipse sit usus impossibilium possibilitatem adserere ex eoque quod non est facere quod est, naturam creare extra naturam, nihil prorsus 1 2 16
imaginis recordatione glorientur, quanto magis Christianus, in quo non est figura sed ueritas! quam ex rebus ipsis agnoscite pariter et probate. 1 46b 1
tribuatur. haec est enim potestas dei, ut saluo quod est possit esse quod non est. hic est deus noster aeterni dei coaeternus filius. hic *et homo et* 2 12 3
professio iam tenetur. si es autem sumptura remedium, dubium non est hoc esse solum, ut flammas tuas maritalis gladii contemplatione 2 7 9
obnoxius ac per hoc iure legis quoque linea una tanguntur, dubium non est horrendi supplicii perennibus absumptum iri tormentis eum, qui 1 1 14
per speculum in aenigmate; tunc autem facies ad faciem erit. unde dubium non est in corporibus nostris, dum mortis lege seminantur, non 1 2 30
non est principium quod senescit, quod opus factum est alienum, quod non est in sua positum potestate, quod a sua substantia tollitur, quod 1 7 2
iustitiam qui sequitur, necesse est ut probetur. denique fornicaria requisita non est inuenta, quia renatus per aquam et spiritum sanctum desinit esse, 1 13 12
exspirantis non palpitat corpus, non decolor color est. ipse est et tamen non est ipse. uetus quidem uidetur domicilium, sed nouus inquilinus 1 42 2
filio uel fieri potest, sine dignatione paterna non est, quia filius sine patre non est, ipso dicente: *si non facio facta patris, nolite mihi credere; sed si* 1 45 3
si uera dicenda sunt, dissimulando subtiliter custoditis. probatio longe non est. ius templorum ne quis uobis eripiat, cotidie litigatis. non hi 1 25 10
et Iudaicus populus displicuit deo incredulitate cum lege. unde dubium non est legem non posse sine fide, fidem posse sine lege; alioquin ista 2 3 2
Christiani sacrificium approbet deo gratum, apud Malachiam prophetam: *non est mihi uoluntas circa uos, dicit dominus, et sacrificium acceptum non* 1 25 7
quia deus hoc est quod est; quod uero homo definiendum putauerit, non est. nam et Iohannes apostolus in euangelio quid praedicet, fratres, 2 8 3
quamuis in futuro sit posita, fidei tamen est iure subiecta. ubi enim fides non est, nec spes est; *fides* enim spei *substantia est* et spes fidei gloria, 1 36 4
aut gentis. ambo enim illi carnales sunt, ambo sine fructu. unde dubium non est neque praeputium aliquid esse neque circumcisionem, sed solam 1 3 24
non habemus? habemus plane et quidem manifestam ex eo ipso, quod non est nobis portantibus nota. incomprehensibilis enim dei imago 1 27 3
non pro sexu, quoniam illi unus est ambo; non pro tempore, quia uaria non est; *non aemulatur*, quia inuidia quid sit ignorat; *non inflatur*, quia 1 36 12
non honor ullus obsistit, quia quicquid aut emitur aut distrahitur, liberum non est: non nobilitas, quia per hanc credit, hanc excolit, per hanc hoc sibi 1 5 5
pro persona diligit, adulari quia nescit; non pro honore, quia ambitiosa non est: non pro sexu, quoniam illi unus est ambo; non pro tempore, quia 1 36 12
si non ingeris, nec negabis. quid agis, misera? quid, uesana, laetaris? non est pax ista, sed bellum; non osculum, sed uenenum. pro nefas! adhuc 2 7 17
legi. atquin forte aliquis dicat: 'lex spernenda est, quia iusto necessaria non est, peccatori uero molesta est'. absit, fratres: immo potius ueneranda 1 36 18
absit, fratres. habemus plane, et quidem manifestam ex eo ipso, quod non est portantibus nota. incomprehensibilis enim dei imago inuisibilis sit 2 30 3
determinauit mensura officiisque competentibus seruire praecepit? unde non est principium quod senescit, quod opus factum est alienum, quod non 1 7 2
esse *sacrificium deo cor contribulatum*. quapropter, fratres, *efferendum non est* prosperis *rebus, sed* timore *dei intra mansuetudinis* metas 2 9 3
taedio est tempus uitae nostrae et non est refrigerium in fine hominis et non est qui agnitus sit reuersus ab inferis, quia ex nihilo nati sumus et 2 4 10
rectum est, maxime quod uno desiderio omnes excolunt populi, dubium non est, quia aut hostis publicus aut certe iudicatur insanus, quisquis 2 7 1
nouelli populi imaginem depingebat, Thamar ecclesiae, quae ei recte nupta non est, quia Christo ueniente baptismatis spiritali unda in gremio renatus 1 13 7
non est, et quod factum est a filio uel fieri potest, sine dignatione paterna non est, quia filius sine patre non est, ipso dicente: *si non facio facta patris,* 1 45 3
laborat incendia. sane in senibus ut est honoranda, ita miranda non est, quia licet sit uictrix, tamen triumphi sui palmam senectutis cum 1 1 5
loqui superfluum est, quia, si uxor et maritus *in carne* sunt *una*, dubium non est, quia quod alter audit amborum est. quid agam, quo me uertam, 2 7 11
sed quamuis sit optimum laudare, quae dei sunt, tamen praecipuum non est, quod cum gentibus uel Iudaeis potest esse commune; nam et illi, 2 6 1
isto carmine inuitans: *exiguum et cum taedio est tempus uitae nostrae et non est refrigerium in fine hominis et non est qui agnitus sit reuersus ab* 2 4 10
ex nihilo nati sumus et post hoc erimus tamquam qui non fuerimus; et non est reuersio finis nostrae, quoniam consignata est et nemo reuertitur; et 2 4 10
non caritas pendet ex lege, sacra scriptura dicente: *iusto lex posita non est, sed peccatori*. peccator autem ille est, qui caritatem non habet dei 1 36 17
peccatum: cessat legis imperium. *lex* enim, sicut scriptum est, *iusto posita non est*, sed peccatori, quia *iustus ex fide uiuit*, infidelis iniuste. errat igitur 2 3 4
enim dei imago inuisibilis sit, necesse est. denique oculis non est subiecta carnalibus; nam neque cum ingreditur corpus nostrum 1 27 3
enim dei imago inuisibilis sit necesse est. denique oculis non est subiecta mortalibus. nam neque cum ingreditur corpus neque cum 2 30 3
et dic nobis, utrum circumcisionem obserues an legem. si circumcisionem, non est tibi lex necessaria, quia iustus Abraham, qui ex fide uixit, deum 1 3 12

contritio et miseria in uiis eorum et iter pacis non cognouerunt; non est timor dei ante oculos eorum. et de ipsa circumcisione in symbolis 1 3 11
maxime cum scriptum sit: *et si multiplicentur, non oblecteris in illis; si non est timor domini cum illis, non corrideas animae illorum; melior est* 2 7 5
sicut excolit legem, ita, si uersuta sit, eradicat fidem, quia fides profecto non est, ubi quaeritur fides; deinde quia lex communis est, fides uero 2 3 4
uulnus, non defluit sanguis, non decolor color est. ipse est et tamen ipse non est. uetus quidem uidetur domicilium, sed nouus est inquilinus 2 24 3
quia paternae antiquitatis solus est conscius; hic *maturus*, quia post ipsum non est ullus; hic *sempiternus*, quia occisus est et inuentus est uiuus; hic 1 8 2
eum diabolus et ecce angeli accesserunt et ministrabant ei. unde dubium non est unum esse iter aerii culminis angelis lucis et hominibus iustis. haec 1 37 13
et nequam, mors et uita; quod elegerit, hoc dabitur ei. unde dubium non est uoluntatem nostram, cui se iunxerit parti, praebere uictoriam 2 4 18
ueluti adulterae deprehensae magnum minitantur exitium. at illa non Eua, ancipiti quidem metu contemplatione praeclusa, cuius aut pudor 1 1 18
uterque sexus, ipsa omnis affectus, ipsa genus, ipsa finis, ipsa principium; non ex coitu nascitur nec officio alieno nutritur; non inuita, non inprudens 1 2 20
hominum disputatio, qui ideo iustum patiuntur errorem, quia Christum non ex deo considerant hominem factum, sed ex homine <deum>. 2 8 9
per uirum ligno suspensum uiuificatum est omne genus humanum. ac ne non ex integro principium suo statui redditum uideretur, prior uir 1 3 20
alia modestius, sed mordacius nocens dicit quidem dei filium deum, sed non ex patre nobilitatis perpetuitate progenitum fuisseque tempus, quando 2 8 1
corporale, utique et spiritali deo *sacrificium est necessarium* spiritale; quod non ex sacculo, sed ex corde profertur; quod non bromosis pecudibus, sed 1 25 9
forte propheta ipse se inpugnet exaltando animam suam, qui cor suum se non exaltasse gloriatur. non sibi repugnat, sed ostendit animae esse 2 9 8
quia *nihil* est *tam sanctum quod non uiolari, nihil tam munitum quod non expugnari pecunia possit*; non necessitudo sanguinis, non amicitia, quia 1 5 5
insolescit in regno, obumbrat neminem prophetae terrore. iniurias suas non exsequitur regia potestate; odientes se diligit; inimicis parcit; 2 9 7
tanta eius rabies quid uoluptatis habeat, suo cultori quid praestet. febrem non exstinguit, morbos non discutit, uulneribus non medetur, dolores non 1 5 16
homo in paradiso non cognouerat diabolum, sic et diabolus in saeculo non facile cognosceret Christum <...>. 1 60
operis sui laudem sibimet soli deberi testatus sit, qui in euangelio dicit: *si non facio facta patris, nolite mihi credere; sed si mihi credere non uultis,* 1 25 8
dignatione paterna non est, quia filius sine patre non est, ipso dicente: *si non facio facta patris, nolite mihi credere; sed si mihi credere non uultis,* 1 45 3
quia simplex est; *non irascitur*, quia etiam iniurias libenter amplectitur; non fallit, quia fidem ipsa custodit; non ulla re indiget, quia ei praeter 1 36 12
cuius uinci uictoria est. non illam loco uis ulla detorquet, non labor, non fames, non nuditas, non persecutio, non metus, non periculum, non 1 4 3
pariter et ornasse. igitur si, ut uolunt, deus materiam, qua usus est, non fecit, sed aeterna sit, ut ipse est, *duo* sunt ergo principia et quidem 1 7 1
cultus gentibus praedicem. felicitatemne uirginitatis? at habent suas, et si non felices, habent tamen. sin uero ad uiduitatis sudorem gloriosum 2 7 11
caelestis profecto est ista patientia, quam a suo statu non aerumna, non felicitas, non affectus potuit commouere. aduersus Iob diabolus, qui 1 4 17
non mors, non tormenta morte ipsa grauiora, non potestas, non ambitio, non felicitas. semper inmobilis manet, alta quadam ac diuina temperantia 1 4 3
non aurum, non argentum, quia in suis martyribus computat totum. non fenestrarum lumen implorat, quia sol aeternus in eo manet. 2 6 7
non felicitas, non affectus potuit commouere. aduersus Iob diabolus, qui non fertur blandus, aestimare licet quid moliri potuerit incitatus, maxime 1 4 18
claudere, patienter exspectat, dignus euadere, qui in tanto orbis metu non festinauit euadere. nunc mihi Abrahae memoranda est mira illa 1 4 12
furta turpissimae utilitatis, rem familiarem tuendam committunt amore non fidei, sed libidinis, qui publicanas mulieres cum ui subiciunt sibi 1 25 11
eius tanti partus pondere exhausta totis pallens iacuit resoluta uisceribus. non filius matris aut suis est ullis sordibus delibutus; neque enim re uera 1 54 4
ignores. est autem similis igni arida pabula depascenti, quae nisi finiat non finitur. hanc mediocres fraudibus excolunt, diuites inpotentia, iudices 1 14 1
ibidemque propter quem praecipitantur inueniunt. denique excipiuntur non flamma, sed rore, dei dignatione, non poena. o felix supplicium, quod 2 22
tres pueri in illo sacro certamine prae oculis deum sibi proposuere, non flammas, praemium futuri, non poenam. sicque inter taetros undantis 1 11
delicata, sub monilibus fortis. denique ipso cultus rigore in oratione non flecteris, non manus tendis, tumidum monilibus pectus prosternere 1 14 6
sed laeta gaudentes, caelestis <...> libera peccatis omnibus absolutos non foetidis cunis, sed suaue redolentibus sacri altaris feliciter enutrit a 1 32
gladius; ideo autem caecus, quia, cum exarserit, non aetatem considerat, non formam, non sexum, non gradum, non sacrosanctum illum saltem 1 36 25
sed igni diuino: non illos aura corrupit, non fumus amarus infecit, non frigus elisit; quod plus est: sine fermento leuati sunt. certe caccabacei 1 41 2
ab inferis, quia ex nihilo nati sumus et post hoc erimus tamquam qui non fuerimus; et non est reuersio finis nostrae, quoniam consignata est et 2 4 10
et uiduis: bonum est illis, si sic perseuerauerint sicut ego; si autem non fuerint continentes, nubant: melius est enim nubere quam uri. alio 2 7 2
mundi quoque prostituit. non opus est ire per singula; quamuis et haec non fuerint dictu digna, tamen ad exprimendam uim impudicitiae uisa sunt 1 1 12
te gerere sinit, nisi quae disposuerit prior ipse compleuerit. quod si factum non fuerit factumue displicuerit, tum tota mugiet litibus domus, 2 7 15
debemus accipere, in quo, quibus aquis dei serui liberantur, iisdem, qui non fugiunt, sed portant peccata, delentur. Maria, quae cum mulieribus 2 26 3
est reformari quod fuerit quam institui quod ante non fuit; quod si non fuit et est, multo magis poterit esse quod fuit, quippe cum illius 1 2 16
dicat: 'cur ipse quoque signaculum carnis accepit, si ei necessarium non fuit?' huius propositionis quae sit ratio, fratres, accipite. igitur qui 1 3 17
etenim, fratres, facilius est reformari quod fuerit quam institui quod ante non fuit; quod si non fuit et est, multo magis poterit esse quod fuit, quippe 1 2 16
modo etiam ipse miretur. igitur si homo potest facere, ut sit arbor quod non fuit, saluo quod fuit, quanto magis deus hominem poterit excitare, 1 2 28
non ex patre nobilitatis perpetuitate progenitum fuisseque tempus, quando non fuit. tertia Iudaea est uere caeca, quae cum in lege, ut dicere solet, 2 8 1
furno, sed fonte, non humano, sed igni diuino: non illos aura corrupit, non fumus amarus infecit, non frigus elisit; quod plus est: sine fermento 1 41 2
reddita. hi, quos uidetis, egregia coctura suaue redolentes, qui excocti sunt non furno, sed fonte, non humano, sed igni diuino: non illos aura corrupit, 1 41 2
exponit infantem totius naturae antiquitate maiorem. interea rudis non gemit feta. non mundum, ut assolet, infans fusus ingrediens sponte 1 54 4
non baiulat pondus, sub incerto partu parientis nascentisque de salute non gemit nulliusque momentis omnibus uariae sollicitudinis cura 2 7 3
o admirabilis et uere diuina sacrosancta dignatio, in qua quae parturit non gemit, qui renascitur plorare non nouit! haec renouatio, haec 1 55
die, non nocte, non hora, non sexu, non aetate, non condicione, non loco, non genere a tribuenda homini salute depellitur, sed gloriosa semper in 1 3 22
torridae aestatis iniurias, sed se ipsum contemnit, si gloriae spem futurae non gerit? quid agricola semina spargit, si sudoris sui praemium non 1 36 3
deum. ob quam causam idem deus per prophetam hactenus protestatur: *non glorietur sapiens in sua sapientia neque glorietur fortis in fortitudine* 2 1 5
quia, cum exarserit, non aetatem considerat, non formam, non sexum, non gradum, non sacrosanctum illum saltem suae pietatis affectum. hic 1 36 25
ametur. adde quod fides sibi soli prodest, caritas omnibus; adde quod fides non gratis pugnat, caritas autem etiam ingratis conferre consueuit; adde 1 36 11
omnia mea et si tradidero corpus meum, ut ardeam, caritatem autem non habeam, nihil proficio. caritas enim, fratres, *omnia diligit, omnia* 1 36 20
et si habuero, inquit, *omnem fidem, ita ut montes transferam, caritatem non habeam, nihil sum. et si in cibos distribuero omnia mea et si tradidero* 1 36 20
eam, quo astruit, destruit. nec ulli dabit quod non habet, sed potius ut non habeat, adhuc ipse disquirit. uideo praeterea, sicut assertorum indicant 2 3 6
— neque enim poterant sine magisterio diuinae sapientiae, cuius notitiam non habebant —, duas asseruere iustitias: unam ciuilem, alteram 2 1 2
esse constructus. si quid enim ei ex his defuerit, perfectionem sui operis non habebit. unde primo omnium *spes* nobis proponenda est *futurorum*, 1 36 2
terrarum? igitur in deum cum haec non incidant, ergo dei imaginem non habemus? absit, fratres. habemus plane, et quidem manifestam ex eo 2 30 3
sibi similis esse uideatur? cum haec aliter non sint, ergone dei imaginem non habemus? habemus plane et quidem manifestam ex eo ipso, quod non 1 27 3
ex doctrina constet an ex credulitate an ex utroque. si ex doctrina constat, non habent ergo fidem qui litteras nesciunt, sed nec ipsi qui sciunt, quia 2 3 9
omnis fornicarius aut impudicus aut fraudator, quod est idolorum seruitus, non habent hereditatem in regno dei et Christi, ostendens unum esse 2 5 8
subuersum cum ruina sua iacet sepultum: ubi sacrificant? sacerdotes iam non habent: qui eorum pro salute sacrificant? tauros, hircos, arietes et 1 51
et honorificemus quem inuenimus deum. sane quaerant illum, qui eum non habent secum. 1 56 3
uos, fratres, de dormientibus, ne contristemini sicut ceteri, qui spem non habent; si enim credimus, quia Iesus mortuus est et resurrexit, sic et 1 2 12
uerba: *tempus coartatum est; superest ut qui habent uxores, sic sint quasi non habentes; praeterit enim figura huius mundi.* at cum ante annos ferme 2 7 5
artifex ac dulce malum et hominibus uniuersis semper infestum. denique non habentibus diuitias habendi inicit cupiditatem, habentibus adimit 1 14 1
non est mihi uoluntas circa uos, dicit dominus, et sacrificium acceptum non habeo ex manibus uestris. quoniam a solis ortu usque in occasum 1 25 7
infeliciter quaerit, quas feliciter non habet; diues, cum diuitias putat se non habere, quas habet. in uno nititur auaritia, bacchatur in alio, in 1 5 11
patris et filii designari personas, tamen nunc usque contendit deum filium non habere. quibus omnibus exempla uel ratio, quam prosecuturi sumus, 2 8 1
ut flammas tuas maritalis gladii contemplatione compescas. mihi crede: non habet concupiscentia locum, ubi patientia dominatur, ubi uiuitur 2 7 9
lex posita non est, sed peccatori. peccator autem ille est, qui caritatem non habet dei ac per hoc operanti iram recte subiacet legi. atquin forte 1 36 17
uultis scire, quantae felicitatis sit [sit]? eam et qui habet diligit, et qui non habet diligit. si ergo exsultat gloria eius saepe in gentibus (quamuis 1 1 3
contendit in mortem: pauper, cum opes infeliciter quaerit, quas feliciter non habet; diues, cum diuitias putat se non habere, quas habet. in uno 1 5 11
maxime cum scriptum sit: *qui habet, dabitur illi et abundabit; qui autem non habet, etiam id quod habet auferetur ab eo.* per hanc, fratres, a deo 1 36 7
sic haberentur, sollertissimus ille artifex rerum filius dei, cuius sapientia non habet finem nec fortitudo mensuram, amore imaginis suae de caelo 2 4 7
omnium; adde quod spes ac fides tempus habent, caritas autem finem non habet, momentis omnibus crescit quantoque ab ea diligentibus inuicem 1 36 11
in homine propter quod homo fuerat moriturus. inde est quod nostra non habet necessaria tormenta confessio, quod sine truculenti sudore 1 42 2
in homine propter quod homo fuerat moriturus. inde est, quod nostra non habet necessaria tormenta confessio, quod sine sudore tortoris facinora 2 24 2
margaritis per momenta distinguitur et quia opus est uiuum, tectum non habet nisi caelum. dicam praeterea, quae cotidie merces, quae 2 6 7
sit, si circumcisio recircumciditur rursum, ut hoc idem faciat aut ut quod non habet perdat; aut certe Iesu Naue parricida sit, si cultris corda 1 3 15
illa est. interea miris excolit artibus sese faciemque suam in se, quam non habet, quaerit. pingit se in se ipsam et lenocinante uario magistri 1 1 10
cum astruit, ex eo ipso eam, quo astruit, destruit. nec ulli dabit quod non habet, sed potius ut non habeat, adhuc ipse disquirit. uideo praeterea, 2 3 6
praescribens talibus Paulus apostolus dicit: *mulier sui corporis potestatem non habet, sed uir; similiter et uir sui corporis potestatem non habet, sed* 1 1 13
potestatem non habet, sed uir; similiter et uir sui corporis potestatem non habet, sed uxor. sic igitur, quoniam una sunt caro, unum diuini operis 1 1 13
quia *dei uirtus deique sapientia* est, *immaculatus*, quia peccatum non habet solus, *salutaris*, quia mortem mutauit in uitam; propter nos qui 1 46a 2
o caritas, quam pia et quam opulenta, quam potens! nihil habet, qui te non habet. tu deum in hominem demutare ualuisti. tu eum breuiatum 1 36 29
rem auaro condignam! ille, ille amplum qui habuit censum, exiguum non habet tumulum; quos prophetes egregius hactenus increpat dicens: 1 5 9
uel si omnes omnino amplectendae sint, ut tot quis habeat fides quot non habet uerba, multo magis nihil habebit, quia tractatus, qui eas genuit 2 3 7
unde non sic sentiendum est, fratres, ut pater acceptus sit quod non habuerit aut filius tradendo quod habeat perditurus, cum et pater 2 5 9
hic iustitiam non didicit, sed genuit. non illum accessus infecerat urbium. non habuit legem, cuius conuersatio lex fuit. audit imperatum sibi a deo 1 62 1
ut necessario gratiae panis uini quoque iucunditas iungeretur. quis non haec caelestibus mysteriis coaptata cognoscat? hiems namque pigra, 1 33 2

longe non est. ius templorum ne quis uobis eripiat, cotidie litigatis. non hi solum, qui tales sunt, displicent deo, sed et illi, qui per sepulcra 1 25 11
iugulatur, ut uiuat. percussor percussorisque non cernitur gladius; percussi non hiat uulnus, non defluit sanguis, non decolor color est. ipse est et 2 24 3
ut uiuat. percussor non uidetur, percussoris non cernitur gladius, percussi non hiat uulnus, non defluit sanguis; exspirantis non palpitat corpus, non 1 42 2
non hodie mihi ad uos sermo est, fratres carissimi, de humanis gestis aut 2 18 1
esse; haec est enim proprietas dei, id operari quod non potest credi. igitur non homines tantum, sed paene omnia suis mortibus uiuunt. unde pauca 1 2 17
unde criminum fluenta funduntur, ebibit fontem. huic non iura, non leges, non honor ullus obsistit, quia quicquid aut emitur aut distrahitur, liberum 1 5 5
in ubertate paterni seminis maneamus. haec, inquam, non die, non nocte, non hora, non sexu, non aetate, non condicione, non loco, non genere a 1 3 22
martyrii quodam modo pars est, fratres dilectissimi, martyrum non horruisse supplicium. quantum etenim multiformis crudelitatis 1 11
egregia coctura suaue redolentes, qui excocti sunt non furno, sed fonte, non humano, sed igni diuino: non illos aura corrupit, non fumus amarus 1 41 2
non mutatur; mitem humilemque retinet ubique pastorem. post adiecit: *si non humiliter sentiebam, sed exaltaui animam meam.* uideamus, ne forte 2 9 8
exitus, quae merces carnis sit quaeue animae, deo magistro didicimus; qui non ignoramus uictoria carnis ambas exstingui, animae uictoria utramque 2 4 18
in aequo unitoque coniugio, e duobus altero superante, non moritur? tune non illa es, quae mariti corpus expositum lauisti lacrimis, osculis detersisti, 2 7 7
impossibile est, fratres, eius aestimare uirtutem, cuius uinci uictoria est. non illam loco uis ulla detorquet, non labor, non fames, non nuditas, non 1 4 3
nouum calamitatis est genus, quod tantummodo crescit, senescere ignorat. non illam parentum pietas frangit, non dulcedo liberorum, non coniugalis 1 14 2
perpetuans pia sanctione, ut aiunt, claues uere aureas misit, et quidem non illas, quae maligno beneficio crimina excipiunt; quae corpori parcunt, 2 24 1
infantes, hortor uos natiuitatis tantae festa laeto celebrare conuiuio, sed non illo, in quo diuersis epulis intrimentorum lenocinio saporis de summa 1 24 1
qui excocti sunt non furno, sed fonte, non humano, sed igni diuino: non illos aura corrupit, non fumus amarus infecit, non frigus elisit; quod 1 41 2
ut pater esset multarum gentium, hic iustitiam non didicit, sed genuit. non illum accessus infecerat urbium. non habuit legem, cuius conuersatio 1 62 1
ludibria, sed, ut sit honoratior, se ipsam contemnens, iam ueritatem non imaginem quaerens, iam spiritalia non sua desiderans, de qua Paulus 1 2 25
est in corporibus nostris, dum mortis lege seminantur, non substantiam, non imaginem, sed illud tantum quod inutile est discuti, quod teritur 1 2 30
denique post momentum festo exsultat in tumulo, non umbra, sed ueritas, non imago, sed Phoenix, non alia, sed quamuis melior alia tamen prior 1 2 21
dei fucatus quaeritur sermo, sed ueritas pura, a qua longe omnes illi non immerito aberrauerunt, qui iustitiam dei manere in eloquentiae uiribus 2 1 1
portat ecclesiae, in qua gentium iam inde noster populus morabatur, quae non in cassum a deo *magna ciuitas* dicta est; erat enim futurum, ut 1 34 9
spiritalibus cultris, credentium populorum secundum Moysi dictum non in damnum hominis praeputium carnis, sed in augmentum hominis 1 3 16
canens et pectoris uerum tympanum quatiens populum Christianum ducit, non in eremum, sed ad caelum. 2 26 3
neque illi, qui hinc missus fuerit, credituri sunt', euidenter ostendens non in oculis esse carnalibus uerum, sed in fide credentium constitutum. 1 2 10
sit; naturae in homine nascitur, dei autem et discitur et docetur, quia non in trepidatione, sed in doctrinae ratione consistit, sicut scriptum est: 2 2 1
tempestas; sepelitur noua odii rabie, antequam nascatur, matris iam non in utero sed sepulcro incognitum pecus, quod legitimam nec mortem 1 5 3
ut eos unius uirtutis esse persensit. denique arsit incendium incendentibus, non incensis. o admirabilis ratio! o inaestimabilis gloria dei! sacramento 1 48
per orbem totum non possit inueniri terrarum? igitur in deum cum haec non incidant, ergo dei imaginem non habemus? absit, fratres. habemus 2 30 3
carceris poena perpetua inplacabilis affligebat infernus. non superi, non inferi parcebant simulacro dei: etenim mortis imperium sibimet 2 4 6
pietatis munus acceperit, uetustae legis gesta testantur. Sarra uxor eius non inferior longae uitae transactis cursibus †pius aut filius ederit partus 1 43 1
tempore, quia uaria non est; *non aemulatur*, quia inuidia quid sit ignorat; *non inflatur*, quia humilitatem colit; *non malum cogitat*, quia simplex est; 1 36 12
recte dicentes: *quisque suos patimur manes.* nos uero, fratres, quos non ingeniosa suspicio, sed deus magister instruxit, propter nos in semet 1 2 5
profecto laetaberis eique tanto pro nuntio morigera coniux pacem si non ingeris, nec negabis. quid agis, misera? quid, uesana, laetaris? non est 2 7 16
atque inreprehensibilis, ut dei sit testimonio collaudatus. unde non inmerito beatus beata uita fruebatur. namque erat illi splendidissima 1 15 2
credit, omnia sperat, omnia sustinet; caritas numquam excidet. igitur non inmerito dominus deus proximi dilectionem commendat, quoniam 1 36 20
mali seu boni cuiquam fecerimus, deo fecisse uideamur; propter quod non inmerito Iohannes, peculiaris arcanorum domini consultor, constanter 1 36 23
unus est lapis, qui quadrae turris totam solus sustinet molem. cui non innumerabilis uarie famulatur acies ualidissima columnarum, quia illi 2 6 6
principium; non ex coitu nascitur nec officio alieno nutritur; non inuita, non inprudens moritur, sed cum maturum leti tempus aduenerit, a semet 1 2 20
iubet atque incendio concremari. at illa constanter adest, sibi quae non inpudicitiae, sed futuri scilicet indicii negotium procurauerat, dicitque 1 13 3
cum dicat: *faciamus hominem ad imaginem et similitudinem nostram*; non inquit: 'fac ad tuam', sed ait: *faciamus ad nostram*, ne quam filius 1 45 1
innocentibus deputatus hic *placuit deo. unctus in regem*, spiratus in uatem *non insolescit in regno*, obumbrat neminem prophetae terrore. iniurias suas 2 9 7
sane ouium greges infinitos interficit, quos in amaritudine absumit. quis non intellegat, fratres, illud pascha non esse, sed bromosum latronis 1 28 2
delesse, deum suis praefuisse maioribus eorumque iter praecessisse, non intellegentes, quia exinde eos a facie sua remotos post suum dorsum 1 18 1
aperies os piscis: hoc est sacramentum uel quae in prouerbiis locutus sum non intellegentibus explanabis. denique hoc alibi manifestius ad omnes 1 37 6
ostendit. quam accipere deuitauit, quia inter agnos uenturo tempore, non inter haedos deputatur, qui pignus trinitatis acceperit. denique 1 13 9
et haedis discordi natura commissus, quem in gregibus pecuinis ipsi tui non inuenere maiores. atque utinam tu inuenias! dignus es enim 2 20 1
domus pugnet sua flamma cum sole honorumque exinanitus a te gradus non inueniat quod tibi praestet, meminisse tamen debes, quia mors non 1 5 10
cum corpore contra legem naturae transferri; per hanc euadens Noe non inuenit, cum quo diluuium fuisse conferret; per hanc Abraham ad dei 1 36 7
ut impios monstret. infelix culpa est, fratres, in qua locum qualiscumque non inuenit excusatio; detestabilis certe filius, quem pater pius, quem pater 1 20
hic Ioseph mulieri flagitat esse uiolentum, quem, etiam dum denudat, esse non inuenit inpudicum; hic synagogam expugnauit, cum sua illi arma 1 36 26
sibilant funes, gemunt cedentibus uelis antennae, retunsa undique iter non inuenit prora. trepidant nautae, festinant in cassum iactura uasorum 1 34 5
mens, una uirtus, unus triumphus exsultat. melioratur uita supplicio. rex non inuiderat pueris, si non eos praecepisset ardere. 2 27
finis, ipsa principium; non ex coitu nascitur nec officio alieno nutritur; non inuita, non inprudens moritur, sed cum maturum leti tempus 1 2 20
rapit, congregat, seruat sui tenax, *appetens alieni*, non suo, non alieno, non ipso orbe contenta. totum possidet et de inopia queritur semper. 1 5 2
non inflatur, quia humilitatem colit; *non malum cogitat*, quia simplex est; *non irascitur*, quia etiam iniurias libenter amplectitur; non fallit, quia 1 36 12
armata captat solitudinem, secretum captat et locum, in quali etiam non irritata adolescentia inuitis feminis saepe uiolenta esse consueuit. at 1 1 16
tibi, domine, quomodo dominus in euangelio dicit: *qui credit in me, non iudicabitur; qui autem non credit, iam iudicatus est*? hoc dicendo 1 35 1
prolatum, explanat proprietas ipsa uerborum: *qui credit, inquit, in me, non iudicabitur.* recte: *quid enim necesse est iudicare credentem? iudicium* 1 35 2
sunt, non derelinquit neque peccatores, qui iudicandi sunt, iustorum, qui non iudicabuntur, dignos esse consilio existimauit. nunc scire debemus, 1 35 3
tria conuenit esse iudicia: unum iustorum, qui non tantum, ut dictum est, non iudicabuntur, sed istum mundum ipsi iudicabunt, apostolo dicente: *an* 1 35 7
quod non cruentis manibus, sed sensibus mundis offertur; quod non iugulatur ut pereat, sed, sicut Isaac, immolatur ut uiuat, apostolo 1 25 9
et auaritiae, unde criminum fluenta funduntur, ebibit fontem. huic non iura, non leges, non honor ullus obsistit, quia quicquid aut emitur aut 1 5 5
non dulcedo liberorum, non coniugalis affectus, non cara germanitas, non ius amicitiae, non tener pupillus, non dura uiduitas, non miseranda 1 14 2
uirtutem, cuius uinci uictoria est. non illam loco uis ulla detorquet, non labor, non fames, non nuditas, non persecutio, non metus, non 1 4 3
ut iure spiritali unusquisque nascatur. ultro currite ad matrem, quae tunc non laborat, si quos parit numerare non possit. intrate ergo, intrate felices, 2 28
tres numero, sed una uirtute, anhelantibus flammis, camino rugiente non laeduntur. incensi hymnum canunt. barbarum regem fidei tenacitate 2 15
lex necessaria, quia iustus Abraham, qui ex fide uixit, deum credulitate, non lege promeruit. si legem, contemne tuam istam circumcisionem, quam 1 3 12
mundo debeat, ne quid horum digne patiatur. hanc qui diuinas litteras aut non legerunt aut lectas irritas putauerunt beneficio abiecti impolitique 2 1 14
auaritiae, unde criminum fluenta funduntur, ebibit fontem. huic non iura, non leges, non honor ullus obsistit, quia quicquid aut emitur aut 1 5 5
nos edocet iura, quae nobilitatem generis sui non a parentibus accepit, non liberis tradit; ipsa est sibi uterque sexus, ipsa omnis affectus, ipsa 1 2 20
uestram bene noui. ueteris uitae usurpatione, quod quidem uobis ulterius non licebit, fortassis requiratis et a nobis, qua genitura quoue signo tam 1 38 2
uideri non potest? postremo detestabilis est uiuendi condicio, ubi non licet facere uxori, quod marito placet; ubi proponis, quia nihil te 2 7 15
miseri, quoniam in tali negotio iudice deo quod non licet uxoribus non licet nec maritis, sicut praescribens talibus Paulus apostolus dicit: 1 1 13
aut neglegens disce Christiane, ne quo decipiaris errore: unam, quam tibi non licet quaerere, alteram, quam legitime, si possis, permitteris edocere. 1 54 2
desudant, non aduertentes miseri, quoniam in tali negotio iudice deo quod non licet uxoribus non licet nec maritis, sicut praescribens talibus Paulus 1 1 13
inportunam in publicis, opportunam in quibuscumque secretis. lasciua, non linguis non oculis non auribus parcens iocatur sperat ambit obsequitur 1 1 9
non die, non nocte, non hora, non sexu, non aetate, non condicione, non loco, non genere a tribuenda homini salute depellitur, sed gloriosa 1 3 22
se commendauit umbraculo, utrumque Christiano explicans uoto, ut et non longius uideretur a proelio et secedendo euangelicae iussionis 1 39 3
se uocari cognoscat, inculpatis moribus uiuat, conscientia eum bona, non loquacitate, quae mater profecto peccati est, nosse praesumat 2 3 19
alterius periculo discere, quid debeas deuitare. unde, fratres, in tali re non loquela est exhibenda, sed cura, quam paucis accipite. iram dei 1 10a
permotiones animorum placida moderatione compescens, et ut omnia non magno opere deuincat, se primo uincit. non uirtutes possunt esse 1 4 3
innumerabiles *nocendi artes* habet, sed has omnes salutari profluens amne non magno opere noster Aquarius delere consueuit. quem necessario uno 1 38 7
quia inuidia quid sit ignorat; *non inflatur*, quia humilitatem colit; *non malum cogitat*, quia simplex est; *non irascitur*, quia etiam iniurias 1 36 12
in ecclesia continet, sed tamen eos mundana uoluptas ad se trahit. *impii non manent, quia his dei nomen in honore est; pii non sunt, quia* patrem 1 35 5
sit, nec intellegit rem dementiae esse consimilem, in statu suo animum non manere. inpatientia enim quid est nisi mens lubrica, permotionibus 1 4 7
Scariothes traditor domini et spem et fidem perdidit, quia caritas in ipso non mansit. nam et haereses et schismata sic disseminantur, cum inflata 1 36 19
Christo bonae fidei libertatem. igitur uos, qui *circumcisi estis circumcisione non manu facta in spolationem carnis, sed circumcisione domini nostri Iesu* 1 3 24
sub monilibus fortis. denique ipso cultus rigore in oratione non flecteris, non manus tendis, tumidum monilibus pectus prosternere dedignaris. sane 1 14 6
erubescere alienis sub coloribus nescit, non domesticis, non affectibus, non maritis nota, non sibi, quia non potest notum esse nec uerum quod est 1 1 10
spiritali unda in gremio renatus ecclesiae filius eius futurus fuerat, non maritus. Iudas amittit uxorem, id est synagogae fides moritur. quod 1 13 7
infans fusus ingrediens sponte uitae reptantis praeuiis lacrimis auspicatur. non mater eius tanti partus pondere exhausta totis pallens iacuit resoluta 1 54 4
quid praestet. febrem non exstinguit, morbos non discutit, uulneribus non medetur, dolores non tollit, mortem non repellit, nisi quod sanos 1 5 16
sacerdos an uictima! non percussoris, non percutiendi claudicat color; non membra tremore uibrantur; non dimissi, non torui sunt oculi. nemo 1 4 14
et, quod omni est maius insania, deo se laudat. publicanus autem non membratim deum, sed totus exorat, quia timore totus est humilis, sua 2 9 9
itaque beatus est, semper qui meminit, quod renatus sit; beatior, qui non meminerit, <quid> fuit, antequam renatus sit; beatissimus, qui 2 29 3

quia patiens; a quo pati martyres didicerunt patiendo libenter, quod non merentur. Noe cataclysmum, quo omnis caro funditus deleretur, 1 4 12
digna es, quam peior affligat; si bonum, fidei serua signaculum: pati non meretur iniuriam ipse, cui perhibes testimonium. ubi est ille, qui 2 7 6
concurrunt, non aris foetentibus funestos excitant ignes, non tura cremant, non merum profundunt nec pecudum inexpectata morte rapti iecoris 1 34 9
causae, quid homo pestilens excogitet uel quid diabolus machinetur, non metuat iustus, quia cum illo est deus. inde Susanna illustris Hebraea, 1 40 1
uis ulla detorquet, non labor, non fames, non nuditas, non persecutio, non metus, non periculum, non mors, non tormenta morte ipsa grauiora, 1 4 3
labris indulgenter infundit. idem non tumidus ceruice, non toruus fronte, non minax cornu Taurus, sed optimus, dulcis, blandus ac mitis uos 1 38 3
et iterum: *diuites eguerunt et esurierunt, requirentes autem dominum non minuentur omnibus bonis.* quod probare exemplo perfacile est. 2 1 20
terrorum; incolumis quasi orbe subacto de illo ferali caueae — iam non miserabilis, sed mirabilis — funereo ambitu excedit uicti saeculi 2 2 7
cara germanitas, non ius amicitiae, non tener pupillus, non dura uiduitas, non miseranda paupertas, non dei contemplatio: ecce enim his omnibus, 1 14 2
quispiam promouere; unum tamen scio, quia nullus est nostrum, qui non momentis omnibus elaboret, ut plus habeat, quam habebat; quod cum 2 1 16
gaudentes panem nouum coeperint manducare. quos autumnale quoque non morabitur mustum, quo repleti inebriatique feliciter spiritus sancti 2 13
ubi amor, qui in aequo unitoque coniugio, e duobus altero superante, non moritur? tune non illa es, quae mariti corpus expositum lauisti 2 7 6
labor, non fames, non nuditas, non persecutio, non metus, non periculum, non mors, non tormenta morte ipsa grauiora, non potestas, non ambitio, 1 4 3
leuati sunt. certe caccabacei non sunt, non uetusti, non usti, non crudi, non mucidi. lacteus illis color est, lacteus sapor est. sed fortassis, quod 1 41 2
feliciter suis hortamentis occidit, religiose confidens deo filios se genuisse, non mundo. hinc uxor amissi mariti desolationem se ferre non posse 1 2 13
infantem totius naturae antiquitate maiorem. interea rudis non gemit feta. non mundum, ut assolet, infans fusus ingrediens sponte uitae reptantis 1 54 4
itaque humanae carni se fingit infantem. Mariae superbus emicat uenter, non munere coniugali, sed fide, uerbo, non semine. decem mensium 1 54 3
hanc credit, hanc excolit, per hanc hoc sibi nomen inuenit; non sanctitas, non munitio, quia *nihil* est *tam sanctum quod non uiolari, nihil tam* 1 5 5
apostolorum duodecim, *corona* circumdat, quem per ambitum totius orbis non muta *quattuor animalia,* sed salutiferis praedicationibus quattuor 2 12 4
modestus. totum potest, a toto dissimulat; magnis ac mirabilibus saeculi non mutatur; mitem humilemque retinet ubique pastorem. post adiecit: *si* 2 9 7
ex hominibus in angelos transituros, si prouectus aetatis eorum infantiam non mutauerit. 2 10 2
antequam renatus sit; beatissimus, qui infantiam suam prouectu temporis non mutauerit. 2 29 3
Mariae sumpsisse principium deumque exinde ob iustitiam factum esse, non natum. alia modestius, sed mordacius nocens dicit quidem dei filium 2 8 1
in caelum, filius hominis, qui erat in caelo; filius hominis uocabulo, non natura. non enim bis carnem induit dominus. sed sic oportuit 2 4 3
nouus est et tamen in omnibus uetus est. punctis omnibus commutatur, non natura, sed numero. fit filius horarum, qui pater est omnium 1 16 1
casu, uoluntate, non necessitate, religione, non culpa; qui deum metuit, non naturam. uultis scire, cuius proprietatis sit? omnes timores, 2 2 7
tremit: monti, non apostolis trepidatio est. Petrus aestu marino fertur non naufragus, sed uiator: timet profundum intercipere non timentem; nec 2 2 6
pater in filio et filius manet in patre; cui affectu, non condicione, caritate, non necessitate, decore, <non diminutione> subicitur, per quem pater 2 5 9
nihil aliud agit, nisi ut beatos efficiat; qui timet arte, non casu, uoluntate, non necessitate, religione, non culpa; qui deum metuit, non naturam. uultis 2 2 7
Iudaee, quid designatione tui criminis gratularis? in Aegypto seruis diu, non necessitate, sed merito. ereptus es inde; non tua euasisti uirtute. 2 16
illi seruire in sacramento semel creditae unitae trinitatis non argumento, non necessitate, sed uoluntate compellit, manifestissimum puto nimis 2 3 2
quod non uiolari, nihil tam munitum quod non expugnari pecunia possit; non necessitudo sanguinis, non amicitia, quia non suo merito, sed auri, 1 5 5
sane si quis aliquid desiderauerit, qui recondidit Noe omnia illi arcarius non negabit. Petrus piscator recentes marinos affatim pisces apponit cum 1 24 3
deuita. negat quodam modo deum quisquis asserit deum. defensio enim non nisi inbecilli praestatur nec potest eum reuereri, qui ingenii sui putat 2 3 18
ullus obsistit, quia quicquid aut emitur aut distrahitur, liberum non est: non nobilitas, quia per hanc credit, hanc excolit, per hanc hoc sibi nomen 1 5 5
bacchatur nouis ac uariis artibus feruens, numquam quieta, non die, non nocte, non bello, non pace, numquam satura, lucrorum enormitate 1 14 2
integri in ubertate paterni seminis maneamus. haec, inquam, non die, non nocte, non hora, non sexu, non aetate, non condicione, non loco, non 1 3 22
quia solus octauus dies a deo circumcisionis priuilegium, non septimus, non nonus, accepit ac per hoc necesse est, ut utrumque inane sit, si 1 3 4
peccata genitali unda submergit, ut caelestes effecti terram desiderare non norint. denique illi post mare ad eremum peruenerunt, nos post 1 46b 2
diu numquam uisus est nudus. iam pauperes nostri alimenta rogare non norunt; iam uiduae atque inopes testamenta conficiunt. plura ad 1 14 9
insuspicabilis secreti reuerendaeque maiestatis uera cognitio est deum non nosse nisi deum nihilque ex eo amplius requirendum quam ut quis 1 54 1
tuus census est totum in misericordiam habere quod habes. tu sola rogari non nosti. tu oppressos uel cum dispendio tui incunctanter eripis in 1 36 31
et surculos nostis, in praediis autem uestris fumantia undique sola fana non nostis, quae, si uera dicenda sunt, dissimulando subtiliter custoditis. 1 25 10
ad eum locum, unde uenerit, reuertatur. si ergo hoc ille sensit, qui non nouerat Christum, cur dubitet Christianus, qui resurrectionem futuram 1 2 2
fine, sollicitudo sine requie, ad sua numquam perueniens uota, quia satiari non nouit. fidem frangit, caritatem neglegit, iustitiam negat, non cognoscit 1 21
dignatio, in qua quae parturit non gemit, qui renascitur plorare non nouit! haec renouatio, haec resurrectio, haec uita aeterna, haec est 1 55
petra fluxit in poculum, at Christi fontem qui biberit, in aeternum sitire non nouit. illis in deserto suauitas lactis et mellis exhibita est, nobis uero, 1 46b 3
turbationum tempestate tranquilla. serenitatem suam nebulis turbulentare non nouit. paenitentiam nescit; altercatio quid sit ignorat. omnes aut 1 4 2
carum, tu legitimum dei templum, sacrarium pudoris. te corruptio intrare non nouit. per te saeculum uincitur, concupiscentia omnis eliditur, 1 1 21
non sibi, quia pudorem alienum qui appetit primo suum perdit. pure non nox illi diesque succedit; semper enim caenosi gurgitis sui procella 1 1 6
uinci uictoria est. non illam loco uis ulla detorquet, non labor, non fames, non nuditas, non persecutio, non metus, non periculum, non mors, non 1 4 3
custodiri, apud Salomonem maxime cum scriptum sit: *et si multiplicentur, non oblecteris in illis; si non est timor domini cum illis, non corrideas* 2 7 5
nam iustitiam dei ignorantes et suam uolentes constituere iustitiae dei non oboedierunt. sed cum de futuro nihil opinantes praesentis tantum uitae 2 1 2
in publicis, opportunam in quibuscumque secretis. lasciua, non linguis non oculis non auribus parcens iocatur sperat ambit obsequitur zelatur 1 1 9
in honorem nouae frondis promotione ramis resurgescentibus ornatus iam non oleaster sit, sed oliua, cum et oleaster sit et tamen oleastrum se non 1 2 27
ac per hoc ideo nubere melius, quia uri deterius. *omnia* quidem *licent, sed non omnia expediunt.* iam te hic, Christiane, cognosce, elige quid uelis: 2 7 2
imaginem quaerens, iam spiritalia non sua desiderans, de qua Paulus ait: *non omnis caro eadem est caro: alia est hominis, alia iumenti, alia caro* 1 2 25
ineruditas quaestiones euita sciens, quia lites generant. seruum autem dei non oportet litigare, quia lis et caritatis est hostis et fidei; quas si quis 2 3 18
suis. deum uident. mors transit in uitam, metus in gloriam. sic quis non optet ardere? 2 15
post multa adulteria spectaculo totius mundi quoque prostituit. non opus est ire per singula; quamuis et haec non fuerint dictu digna, 1 1 12
quam habere falsum est gaudium, certissimum periculum publicare. sed non opus est ire per singula, cum uno exemplo noscantur uniuersa eius 1 14 4
quid agis, misera? quid, uesana, laetaris? non est pax ista, sed bellum; non osculum, sed uenenum. pro nefas! adhuc fumantia busto complecteris 2 7 17
ac uariis artibus feruens, numquam quieta, non die, non nocte, non bello; non pace, numquam satura, lucrorum enormitate miserior. nouum 1 14 2
puerum ducit ad aram, stringit gladium medium, pectus fidei militabat; non pallescit uultus, non contremuit manus. quaerit puer, ubi sit uictima. 1 62 4
cernitur gladius, percussi non hiat uulnus, non defluit sanguis; exspirantis non palpitat corpus, non decolor color est. ipse est et tamen non est ipse. 1 42 2
ut impleretur, quod scriptum est per prophetam: *exsulta, sterilis, quae non pariebas, erumpe et clama, quae non parturis, quoniam multi filii* 1 59 3
poscenti memorabilem uiduam ultimam uictus sui filiorumque substantiam non partitam, sed totam dedisse maluisseque se cum liberis suis emori 2 1 20
per prophetam: *exsulta, sterilis, quae non pariebas, erumpe et clama, quae non parturis, quoniam multi filii desertae.* ecce enim, carissimi, in Sarra 1 59 3
est eius, qui in honorem deae suae — sane anus turpis atque amatricis — non paruam cutem eiusdem membri, sed ipsum membrum radicitus 1 3 2
nec Christum relinqueret nec propinquum. statim beatus martyr se latere non passus est; se ultro offerens iudici moram suam uoluntarie praeiudiciis 1 39 5
uehementer errabimus. subici enim se loquacitatis artificio fidei natura non patitur, a qua nihil aliud laboratur, nisi ut suis sibi tantum uirtutibus 2 3 6
cum aegro partitur; abiecta cadauera intecta inhumataque esse non patitur; pauperes miserosque sua necessitate neglecta pietatis largiter 2 1 12
uulnera ac mortem paternae inplorastis auxilium maiestatis omnique non pedum uelocitate, sed mentis, pii fontis ad gurgitem conuolate! uos 2 23
refoueri, ut tunc demum credi possit resurgere, quod omnibus palam sit non penitus interire. gentes, quae ista non credunt, tamen cum libamine 1 2 3
domini non dimittitur, sed mutatur. melius seruauit filium, dum non pepercit. sola enim fides deambulat inter gladios tuta, inter esurientes 1 62 5
in quo definire difficile est, utrum sit patientior sacerdos an uictima! non percussoris, non percutiendi claudicat color; non membra tremore 1 4 14
difficile est, utrum sit patientior sacerdos an uictima! non percussoris, non percutiendi claudicat color; non membra tremore uibrantur; non 1 4 14
bellum recuperatis in melius, felicitatis pristinae statum dissimulando non perdidit, sed mutauit. hic ego patientiam domini memorare non 1 4 19
promeruit, diabolum uicit, sanitatem recepit, facultates liberosque suos non perdidit, sed mutauit! Iob, quantum intellegi datur, fratres carissimi, 1 15 6
magno opere deuincat, se primo uincit. non uirtutes possunt esse uirtutes, non perennes elementorum status, non tempora cognata connexione in 1 4 4
detorquet, non labor, non fames, non nuditas, non persecutio, non metus, non periculum, non mors, non tormenta morte ipsa grauiora, non potestas, 1 4 3
uiolare conantur nec intellegunt miseri, quoniam curiositas reum efficit, non peritum. 1 50
obnoxium et pro ipsorum tantummodo caecitate maerentem, ut Isaac non periturum ad aram, ita ad crucem Christum sublimandum nefarii 1 59 8
est. non illam loco uis ulla detorquet, non labor, non fames, non nuditas, non persecutio, non metus, non periculum, non mors, non tormenta morte 1 4 3
publicus aut certe iudicatur insanus, quisquis nuptias dissuaserit. at ego non pertimescam, sermonis publici quae de me fabuletur inuidia; non enim 2 7 2
flagrantibus stimulis praecipitat in furorem, non sexui parcens, non aetati, non pietati, non sibi, quia pudorem alienum qui appetit primo suum 1 1 6
mundo senescente detrita *obtundam uerbis palpantibus* aciem ueritatis ac non plene denuntiem, obseruantiae qua perfectione dei cultus debeat 2 7 5
inueniunt. denique excipiuntur non flamma, sed rore, dei dignatione, non poena. o felix supplicium, quod incolumitate superante inmortalitas 2 22
prae oculis deum sibi proposuere, non flammas, praemium futuri, non poenam. sicque inter taetros undantis incendii globos triumphantes 1 11
ergo, fratres, quia huius modi circumcisis deus non tantum salutem non pollicetur, sed etiam, nisi legitime corde circumcidantur, ignis 1 3 13
sed aetheria ueste uestiti mox candidati inde surgetis. quam qui non polluerit, regna caelestia possidebit per dominum Iesum Christum. 1 23
ipsum ululatibus rumpens post talem maritum puncto temporis uiuere te non posse clamabas, nunc clusis dolore gemitibus saepe intermortua 2 7 7
contemnit, ut seruet, destinat iugulare, ne iugulet, securus illo se non posse displicere facinore, quod deo gerebatur auctore. o nouum 1 4 13
Iudaeos legitimum pascha celebrare non posse paucis accipe, Christiane. Salomonis templum hostili uastatione 1 51
Iudaeos legitimum pascha celebrare non posse, periti legis, deo ipso loquente cognoscite; a quo appellatur 2 25 1
quod oderat. gemit instanti poenae aliquid de facultatibus notis mederi non posse, pro uno puncto requiei incunctanter tota, si liceat, paratus 1 2 10
Iudaeos non tantum legitimum pascha celebrare non posse, sed religionis diuinae prorsus nihil retinere, paucis accipite. 2 17

omnes artes omnesque uirtutes, ipsa quoque elementa eius constare non posse sine eruditione uel freno. est enim matura semper, humilis, 1 4 1
populus displicuit deo incredulitate cum lege. unde dubium non est legem non posse sine fide, fidem posse sine lege; alioquin ista innumerabilis 2 3 2
quasi uno sensu magistra dilectione conuerti, ut quiuis intelligat hoc fieri non posse sine naturalis amicitiae disciplina? quid autem pro se in 1 36 15
se genuisse, non mundo. hinc uxor amissi mariti desolationem se ferre non posse testatur frigidumque latus male dilatato queritur lecto; inuidiosis 1 2 14
Moysen Eliamque, quos propter tunc impedimentum carnis uidere non possent, libertate spiritus uident, exinde intellegentes in thesauro 1 2 9
in eloquentiae uiribus aestimabant. denique cum eam comprehendere non possent — neque enim poterant sine magisterio diuinae sapientiae, 2 1 2
etenim uere perfectus deus non esset, si esset aliquid quod esse uolens esse non posset. denique uultis scire conpendio ueritatem? factus est quod non 2 8 9
duodenis non dicam spatiis, sed momentis horarum aequabiliter se partiri non posset, si inpatientia suos cursus urgueret. luna quoque, quae 1 4 4
tuas nuptias fenerare, ne in illo resurrectionis die inter plurimos maritos non possis, cuius fueris uxor, agnoscere. noli esse sacrilega, noli proditrix 2 7 18
ut ad ea nisi cum summa difficultate, laboribus ac periculis magnis non possit ab aliquo perueniri. adde quod illa in solo genitali uersatur, ille 2 4 13
incommodis omnino non potest procurari, a quouis uere stultissimo negari non possit iniusta. ceterum si scire potuissent ueram iustitiam, cuius est 2 1 3
ultro currite ad matrem, quae tunc non laborat, si quos parit numerare non possit. intrate ergo, intrate felices, omnes simul subito futuri lactantes. 2 28
pinguedine, usque adeo incertus, ut idem in duobus per orbem totum non possit inueniri terrarum? igitur in deum cum haec non incidant, ergo 2 30 2
temperat se propter rerum naturam filius, ne exsertae maiestatis dominum non possit mundi istius mediocritas sustinere. cum imperat pater orbem 1 56 2
exsultat gloria eius saepe in gentibus (quamuis illic fructuosa uel uera esse non possit, quia sub inpudico praedone uersatur), quanto magis debet esse 1 1 3
etiam si contingat ei accusatore carere, teste conscio, cum se ipso carere non possit, quia uiolentior omni tortore conscientia numquam suum deserit 2 10 1
genus insaniae est eum rationem secreti naturae disquirere, qui uitae suae non possit reddere. non enim elementa pulchrius aut uerius uerbis humanis 2 30 1
excitabit. ad hoc unum euidens adhuc proferamus exemplum, quamuis non possit ueri simile tantam uim habere quam ueritas. oleaster sua infelix 1 2 27
uestrae possem dicere, nisi essetis mei. unum tamen prae gaudio tacere non possum: fenerando pauperibus omnes copias auaritiae subactas 1 14 9
populus *progenies uiperarum.* post haec quid praesumant, aestimare non possum, homines qui salutem suam in pecorum morte constituunt, 2 25 1
ut maiorum, si fieri potest, saltem aliqua ex parte mores imitemur, si non possumus imitari uirtutes. tanta enim probitate uixerunt, ut pars 1 15 1
peruenimus. illis inrorata est esurientibus manna, nos autem esurire non possumus, sempiternam qui caelestis panis nobiscum portamus 1 46b 3
animae prodesse non poterit, quia *caro et sanguis regnum dei possidere non possunt.* accedit, quod circumcisio aduersus sabbatum pugnat, quod 1 3 3
me dereliquerunt fontem aquae uiuae et foderunt sibi lacus detritos, qui non possunt aquam portare. postremo infelices quid sperant de imagine, 1 18 2
atque carnali, de qua apostolus dicit: *caro et sanguis regnum dei possidere non possunt.* at e diuerso uideor mihi audire proclamantem: 'si haec est 1 2 24
per momenta uulneribus, concussae gemunt urbes, deleta rura respirare non possunt, maria plus praedonibus saeua sunt quam natura; obseratae 1 5 3
beneficio crimina excipiunt; quae corpori parcunt, animam liberare non possunt; quae peccata cum dissimulando praetereunt, non adimunt, 2 24 1
dei filium spiritali temperamento conscribunt. quae sine se utilia esse non possunt, quia ueteri sicut nouum praestat fidem, ita nouo uetus 1 37 4
futurus fuerat, procuratam. denique nihil illi contulit, quia deo ante, non posteaquam circumcisus est, placuit praemiumque non circumcisionis, 1 3 7
uictimam procurauit; nam Abraham cum filio sic probatus a deo est, ut non postulans misericordiam mereretur. uideamus, fratres dilectissimi, legis 1 43 7
concepit Sarra, portat sine labore uteri sarcinam, quae iam ambulare non poterat; tunc discit mater esse, cum desinit. marcidae mammae lactis 1 62 2
nuptias tales. excusatio prorsus nulla competit tibi. si continens esse non poteris, saltem noli tuas nuptias fenerare, ne in illo resurrectionis die 2 7 18
effectum, insinuatio inanis erit, quia incredulo credentis fructum praestare non poterit. denique Abraham placuit deo credulitate sine lege et Iudaicus 2 3 1
sed ut defleret se fecisse quod fecerat; aliter etenim quis saluus esse non poterit, quamuis sit iustus, nisi exomologesin faciens et praesentia sua 1 13 12
si spiritalem, cur de carne gloriatur? si carnalem, animae prodesse non poterit, quia *caro et sanguis regnum dei possidere non possunt.* accedit, 1 3 3
denique quae geruntur, sed et ipsis in fanis, Christiana fidelis, sine te esse non poterunt, quia uxor infelix es, si nescis, quid agatur in domo, infelicior 2 7 13
te furoris stimulis accende, quamuis cruciatus exerce molem: nos a deo non potes separare.' statim iudex uiperei ueneni felle commotus iubet non 1 39 5
quod alieno mouetur pulsu, quod quid sit, quid fuerit, quid futurum sit, non potest aliquando sentire. solus deus est itaque principium, qui ex se 1 7 2
exigua humus et peraequat et satiat, enorme quod cum tota ambitione sua non potest aurum. hinc unus pecuniam suam tamquam hamum proponit, 1 5 11
iam hic considerate, fratres, quemadmodum saeuierit incitatus, qui ferri non potest blandus. igitur famigerabile committitur proelium: illinc 1 15 3
signum, sine quo uiuere immortalitatemque apprehendere in toto non potest Christianus. quod tabulatis infertur, caelestis uiae uitaeque 2 11 4
partem peccare potest, ille autem deinceps per hanc partem peccare iam non potest. consequens est, ut profiteatur, utrum hanc carnalem an 1 3 2
patientissimus, desideratos cum fratres agnosceret; et ubi iactantia se non potest continere, positus in honore. caelestis profecto est ista patientia, 1 4 17
hoc deesse quod nolit esse; haec est enim proprietas dei, id operari quod non potest credi. igitur non homines tantum, sed paene omnia suis 1 2 16
uacantibus plurimis negat hominibus, quod auibus, serpentibus, feris non potest denegare. mera profecto uesania est beneficiis inuidere naturae. 1 5 13
enim naturae est, de loco ad locum transferri potest, ei autem subtrahi non potest. denique aurum argentumque, penitus quod eruitur magno 1 14 3
quid cuius sit, inuenitur. si igitur in opere extraneo paritas sacra distingui non potest, deus in alio se inferior esse quemadmodum potest? quicquid 1 45 2
plus nubunt. adde quod gentibus, quod sine dolore magno uel gemitu non potest dici. quae enim uox, quae increpatio has condigne possit 2 7 11
mendax est; qui enim non diligit fratrem suum, deum, quem non uidet, non potest diligere. decertemus igitur, fratres, inter nos mutui amoris 1 36 23
paterno affectui parem gratiam non refert, quantum sit criminis dici non potest: dominum patrem non dilexisse, cum peccatum sit hominem 1 61 6
tolerari ardor aestatis, id est temptationis; quam esse utique credulitatem non potest dubitari, quia hanc qui habuerit, necesse est, ut expedite uiuat 1 13 8
Adam curat, certe, in qua delicti omnis est summa, isto remedio curare non potest Euam. quid, quod nec ipsi uiro aliquid eam prodesse perspicio? 1 3 9
professionem credulitatis ab eis solam ideo, quia eorum fidem uidere non potest, exigit. quam si abesse ex moribus deprehenderit, confestim ut 2 3 3
declinauerit. lex hominis conscientiam alloqui tantum potest, uidere autem non potest; fides conscientiam medullitus mundat, ne quid reatui uel 2 3 5
remissae sunt iniquitates et quorum tecta sunt peccata, quia beatus esse non potest, fratres, in prima natiuitate persistens, quem aestuantium 2 10 1
arietes, hircos et agnos a domino saepe reprobatos accepimus. quid ultra? non potest, fratres, ullum celebrare mysterium, cuius sacrificium diuina 1 19 2
ui eripitur, nonnumquam repeti potest, quod legum circumscriptionibus, non potest. glorietur qui uolet ista iustitia, uerum tamen sciat, quia misero 2 1 17
est quod est; solus sui conscius, quantus et qualis est; solus perfectus, quia non potest illi aliquid nec addi nec minui; solus omnipotens, quia ex nihilo 1 7 3
est. agnus salutaris, qui designatur *ex ouibus et ex haedis*, inter pecora non potest inueniri. dies festi eius et cantica secundum dei uocem in 1 28 2
periturus est; caro enim damnum pati potest, animo autem imperare non potest; ipse enim regalis potestatis imperio subiectum sibi corpus 1 3 9
partium iudicium flagitatur. ambiguitas enim nisi fuerit discussa, iure non potest mereri sententiam. et qui sunt isti, quos ambiguitas suo iudicio 1 35 6
recessit. ita Christus in hominem se fecit nasci, quemadmodum homo non potest nasci. totum denique sua luce resplendens corpus sine umbra 1 54 5
uenales esse propositas. uerum tamen ex his omnibus eligendum quid sit, non potest nosci aut comprehendi, quia non erit nec proprium nec firmum, 2 3 7
fratres dilectissimi, nisi quis ante personam noscat et rationem, eius non potest nosse ueritatem. haec enim res et fecit et facit, ut Iudaeus et 1 25 1
dispositioni subiaceat. remotis enim paulisper nominibus patris et filii non potest nosse, uter patiatur iniuriam, nisi quod ambo patiuntur, quia 1 54 1
nescit, non domesticis, non affectibus, non maritis nota, non sibi, quia non potest notum esse nec uerum quod est semper incertum. praeterea 1 1 10
tuum etiam a Christianis ipsis minime consecratis sine sacrilegio uideri non potest? postremo detestabilis est uiuendi condicio, ubi non licet facere 2 7 14
armatus gladio iubetur occidere. quid faceret pietas? praeceptum differri non potest. praestiteras, mater, cum sterilis esses: ad gladium nascitur 1 62 3
tamen suis commodis consulendo, quod sine alienis incommodis omnino non potest procurari, a quouis uere stultissimo negari non possit iniusta. 2 1 3
concepit spiritum adaeque, quem nescit; intrantem non uidet, exeuntem non potest prohibere. et aestimat quisquam dei se posse scire secretum, qui 1 56 3
in gregibusque pecuinis agnum bifaria natura commissum, qui inueniri non potest, quaerunt, sic agnum uerum, quem inuenerant, perdiderunt. 1 8 1
cordis; similiter ne destrui quidem, quia si uera fides est, aliud esse non potest quam quod est. igitur cum possibilitatis humanae non sit fidei 2 3 11
potest, quia si uerbis dari potest, poterit et uerbis auferri; nosci adaeque non potest, quia fieri potest, ut quis aliud gestit in labris, aliud in 2 3 11
nec fidem per tractatum posse uel dari uel nosci uel destrui. dari non potest, quia si uerbis dari potest, poterit et uerbis auferri; nosci 2 3 11
conspicuae ueritatis, quae dum secerni potest, tamen sibimet externa esse non potest. si enim uerbum in deo est et deus est uerbum et hoc est, in 2 8 4
non sit et iustus, iustus adaeque uerus non sit et sapiens, quia iustus esse non potest stultus neque sapiens iniustus ipsa ratione docente. *qui enim* 2 1 9
sane uultis scire, quantae sit sanctitatis? quem mare sustinuit adunatum, non potest terra baiulare dispersum. 1 52
oculos cordis: inuenies te insultare potius quam rogare. postremo, fratres, non potest timere maritum, quae non timet Christum. inde est, quod 1 14 6
mundi non esse iustitiam et quidem nec ueram sapientiam? quia fieri non potest, ut uerus sapiens non sit et iustus, iustus adaeque uerus non sit 2 1 9
non metus, non periculum, non mors, non tormenta morte ipsa grauiora, non potestas, non ambitio, non felicitas. semper inmobilis manet, alta 1 4 3
libidine turpiter uicit, quem terribilis turba monstrorum superare non potuit. ipsa Venerem membris omnibus denudatam, conuexis manibus 1 1 11
et ira, similiter nonnumquam ui extorquens quod blandimentis impetrare non potuit. libidinum commutatione uaria gaudet semper et paenitet, ad 1 1 9
circumuenti damnarent, non denique qualiter diabolus infamaret, qui non potuit pudoris fundamenta subuertere. ibat ad supplicium non 1 40 2
credit et timet arcamque, cum suis ut saluus foret, quam iussus est facere, non praecipiti festinatione compingit nec tantum munus quasi praesumptor 1 4 12
tamquam iuuentute celeriter; uino pretioso et unguentis nos impleamus et non praetereat nos flos temporis. coronemus nos rosis, antequam marcescant. 2 4 10
decipit peiusque blanditur quam furit. occasionem ullam prorsus nocendi non praeterit. uultis scire, quod malum sit? in ipso fructu suo etiam ipse se 1 36 26
plus debetur. non quemquam pro persona diligit, adulari quia nescit; non pro honore, quia ambitiosa non est; non pro sexu, quoniam illi unus 1 36 12
legis sacrae cultores saepe magno inplicantur errore, cum aut dicta non pro locis intelligunt aut dictorum minime rationes inquirunt. igitur in 1 35 1
diligit, adulari quia nescit; non pro honore, quia ambitiosa non est; non pro sexu, quoniam illi unus est ambo; non pro tempore, quia uaria 1 36 12
honore, quia ambitiosa non est; non pro sexu, quoniam illi unus est ambo; non pro tempore, quia uaria non est; *non aemulatur*, quia inuidia quid sit 1 36 12
pura mens non sit, in Ecclesiastico Salomone clamante: *dona iniquorum non probat altissimus.* hic quaerite, Christiani, sacrificium uestrum an esse 1 25 9
posset agnosci, prodidit Esaias his uerbis: *audite itaque, domus Dauid: non pusillum uobis certamen cum hominibus, quoniam deus praestat* 2 8 7
legitimum fuerit extra coniugium; Christiano enim, fratres, ultra licere non puto quam ut sit aut continens aut maritus. uenio nunc ad exempla, 1 1 14
etiam sibi ipsi subducit? 'sed, inquies, iustum est, ut mea seruem, aliena non quaeram.' hoc etiam gentes dicere consuerunt. ceterum apud deum 2 1 18
ad mortem, de qua euaserant, reuertuntur. cum igitur semper insidietur se non quaerentibus diabolus, aestimate, quid faciat inuitatus, cui omnes 2 7 13
Christianos, qui perfectam putant esse iustitiam propria tueri, aliena non quaerere, sapientiae uerae negligentes imperium, quod uerbis huius 2 1 15
ferali supputatione nutrire non desinit, ut summam quaerat, non quam commodatio dedit, sed quam ei pepererint armati numero dies, 1 5 12

reseruauit? utique illi, sicut apostolus quoque ait, qui cognitum *deum* non *quasi dominum honorauerunt neque ei gratias egerunt, sed uanis* 1 35 6
dono sint tales, contumelia est laudare dominum, cuius condigne laudare non queas seruum. sed o quam uellem te, si possim, rerum omnium 1 4 19
quantoque ab ea diligentibus inuicem creditur, tanto inuicem plus debetur. non quemquam pro persona diligit, adulari quia nescit; non pro honore, 1 36 12
magistri medicaminis fuco uultum suum uultibus uestit alienis, hoc futura, non quod natura praestitit, sed quod ei ad examen speculi arbitrium 1 1 10
non aeneum inhaeret mare, quia illi perennis fontis sui uiuum inest mare, non quod naufragos faciat, sed quod naufragos ad uitam suauem perducat; 2 6 6
saecula infinita. parit sibi de fine principium et tamen a cunis genitalibus non recedit. profecto sacramenti dominici imaginem portat, nam occasu 1 57
saecula pandens. sine pausa crescit in senium et tamen a cunis genitalibus non recedit. profecto sacramenti dominici imaginem portat, nam occasu 1 58
seruare. signum salutare uenerantur et tamen a mysteriis daemonum non recedunt. multos *namque dei metus in ecclesia continet, sed tamen* eos 1 35 5
et qui mortalis est primus, cum inmortalitas in se ordinem temporis non recipiat, mortalitas capiat. uel si caelestis est primus, quid opus erat, 2 4 2
amatus pater exhibuit, tantam laesus exigit ultionem, quia, cum uicem non reddidit patri dilectus filius, dignam sententiam percipit abdicatus. 1 61 5
percipit abdicatus. cuius enim impietas paterno affectui parem gratiam non refert, quantum sit criminis dici non potest: dominum patrem non 1 61 6
omnifarie niti debemus, quemadmodum prosapiae nostrae nobilitatem non relatione tantum, sed etiam fide similitudinis adprobemus. unde tamen 1 1 3
tumidum monilibus pectus prosternere dedignaris. sane ceruicem curuas non religione, sed pondere, quando exomologesin facies, quae plus pro 1 14 6
suos sub alas et noluisti? ecce remittetur uobis domus uestra; et iterum: *non relinquetur in templo lapis super lapidem, qui non dissoluatur*. 2 6 3
amaritudine comedis, infelicitatis. taceo, quod commemoratio est ingrati, non remedium, sacrificium quod ipse reprobat fieri, qui praecepit. hoc 2 20 2
morbos non discutit, uulneribus non medetur, dolores non tollit, mortem non repellit, nisi quod sanos occidit; nec manducatur aliquando certe nec 1 5 16
concedit; maledicitur et benedicit; caeditur et gratias agit; iugulatur et non repugnat; pro percussoribus suis deum insuper et exorat. una illi sola 2 1 13
delicias plus diligit quam laborem. huc accedit, quia bona carnis inuenit, non requirit, mauultque potiri uel paruis praesentibus bonis quam bonis 2 4 13
integritas erigebat. sufficit ergo pudicitiae conscientia; testis est deus. non respexit castitas, quid falsi dicerent testes aut qualiter iudices 1 40 2
gentibus perenni destinat poenae, in Psalmis spiritu sancto dicente: *ideo non resurgunt impii in iudicio neque peccatores in consilio iustorum*, 1 2 23
aut poenam. quam rationem Dauid in Psalmo primo his uerbis expressit: *non resurgunt*, inquit, *impii in iudicio neque peccatores in consilio iustorum*. 1 35 3
repromisit. sed et homo ipse, quem dominus assumpserat, perit, si Iesus non resurrexit. at si resurrexit, humano generi formam dedit, quoniam ad 1 2 11
uideri nouas nuptas, quarum paene plures sint nuptiae quam natales. quae non rogantur ut nubant, sed ut dormiant inuitantur, propiores sepulcro 2 7 10
exarserit, non aetatem considerat, non formam, non sexum, non gradum, non sacrosanctum illum saltem suae pietatis affectum. hic facibus suis 1 36 25
quia per hanc credit, hanc excolit, per hanc hoc sibi nomen inuenit; non sanctitas, non munitio, quia *nihil* est *tam sanctum quod non uiolari*, 1 5 5
non aliquid perdimus, sed crescere nos augmentis caelestibus inuenimus. non sanguinem sterili solemnitate dimittimus, sed pudoris sanguinem 1 3 21
timoris ad fidem a domino poscitur, a parente perducitur, sed hostia non sanguinis, sed salutis. ad hanc igitur gloriam tardi partus ubertas et 1 59 2
sunt uermes. Iob et sanitatem recepit et facultatem; at dominus resurgens non sanitatem tantum, sed immortalitatem in se credentibus praestitit 1 15 9
enim nubere quam uri. alio autem loco ait: *hoc dico secundum ueniam, non secundum iussum; uolo autem omnes uos esse sicut et me*, ac per hoc 2 7 2
ut ei nascatur sabbatis filius, quem octauo die, id est ueniente sabbato, si non secundum legem circumcidat, de populo suo infantis anima peritura 1 3 3
mira res! concipit Maria de ipso, quem parit; tumet uterus maiestate, non semine, capitque uirgo, quem mundus mundique non capit plenitudo. 2 12 2
Mariae superbus emicat uenter, non munere coniugali, sed fide, uerbo, non semine. decem mensium fastidia nescit, utpote quae in se creatorem 1 54 3
formata in se tabescentis corporis uulua portauit. sed in caelesti prole, non semine, progenitum certissimum dominum impia Iudaeorum exarsere 1 59 8
quia non solus. uultis scire, quantis sit tenebris obuolutus? irascitur deo, si non semper fiat publicis luctibus diues. bene, bene: cum quis quaerit 1 5 14
a deo assumpto iustisque eius est deputata rebus dispositis, non deo, non sempiterno rectori, maxime cum in euangelio sic dicatur: *dabit illi* 2 5 6
iura uacuauit, quia solus octauus dies a deo circumcisionis priuilegium, non septimus, non nonus, accepit ac per hoc necesse est, ut utrumque 1 3 4
cor suum extollit conaturque eius comprehendere altitudinem, cuius non sequitur humilitatem! sequitur ac dicit: *neque elati sunt oculi mei*. 2 9 4
suae amisisse praesidium diuini carminis textus ostendit. in quo eum non seueritas apud omnes condemnat, fratres uenerandi, sed pietas. neque 2 21
paterni seminis maneamus. haec, inquam, non die, non nocte, non hora, non sexu, non aetate, non condicione, non loco, non genere a tribuenda 1 3 22
lubricas mentes libidinum flagrantibus stimulis praecipitat in furorem, non sexui parcens, non aetati, non pietati, non sibi, quia pudorem alienum 1 1 6
autem caecus, quia, cum exarserit, non aetatem considerat, non formam, non sexum, non gradum, non sacrosanctum illum saltem suae pietatis 1 36 25
quemadmodum inter patrem filiumque tempus infulcias: si enim tempori, non sibi, debent, quod est alter alteri obnoxius, procul dubio, ut tu uis, 2 8 5
sub coloribus nescit, non domesticis, non affectibus, non maritis nota, non sibi, quia non potest notum esse nec uerum quod est semper incertum. 1 1 10
stimulis praecipitat in furorem, non sexui parcens, non aetati, non pietati, non sibi, quia pudorem alienum qui appetit primo suum perdit. pure non 1 1 6
scriptura diuina cum de dei loquitur filio, non sibi repugnat, sed inter deum hominemque, quem sumpsit, necessaria 2 5 1
exaltando animam suam, qui cor suum se non exaltasse gloriatur. non sibi repugnat, sed ostendit animae esse sublimitatem superiora uicisse, 2 9 8
per se omnia prosecutus est. *et magnificabis me*; quod dictum, fratres, non sic debetis accipere, ut operis sui laudem sibimet soli deberi testatus 1 25 8
patri tradet regnum qui dixit in monitis *regnum* non stare *diuisum*. unde non sic sentiendum est, fratres, ut pater accepturus sit quod non habuerit 2 5 9
a me forte disquirat, paucis insinuabo. in totius fabricae fundamentis non sicut in Iudaeae templo plurimi, sed magnus, praeclarus, pretiosus ac 2 6 6
sacramento tam uiri quam feminae circumcidimur. hoc spiritus sancti non signaculo, sed signo censemur. hac circumcisione non aliquid 1 3 21
cum ad caeleste praemium populus accenditur et de martyris meritis non siletur. sed quis illustris martyrii palmiferam trophaeis coronam 1 39 1
suae sacrae mentis arcano insuspicabili ac soli sibi nota conscientia, filii non sine affectu, sed sine reuelamine amplectebatur. igitur ineffabilis illa 1 17 1
indiscreta spiritus plenitudine nescio qua sua conscientia uelatum filii non sine affectu, sed sine discrimine amplectebatur. sed excogitatarum ut 1 56 1
enim, quia ipse dictus est etiam petra, recte cultellos petrinos fecit (unde non sine ratione et *Simoni*, super quem aedificauit ecclesiam, *Petrus nomen* 1 3 16
quam sibi; quod parentes opulenti abolita sui nominis sanctitate filios suos non sine utriusque dedecore patiuntur errare stipi triuiali subiectos; quod 1 5 6
tempus non sinit, fratres, imagini reddere ueritatem. uerum tamen, Iudaee, quid 1 9
tempus non sinit imagini reddere ueritatem. uerum tamen, Iudaee, quid 2 16
habet, quos peragrare competenti sermone urgentium sacramentorum non sinit pondus. uerum tamen ne in toto solemnitas cesset, paucis eius 1 10b 1
temporis fetus partu crudo in alterius contumeliam inpatientia non sinit praecipitare. quid auium diuersarum decora commercia 1 4 6
in faciem pedum extrema nudare. ecce inter ipsa supplicia uacare non sinitur et orationis instar per carnificis tormenta meditatur. erexerat 1 39 7
prorsus dies, quo iugiter sibi similis esse uideatur? cum haec aliter non sint, ergone dei imaginem non habemus? habemus plane et quidem 1 27 3
consequere beneficium, si deo uiuas puris moribus libera et hominis non sis ancilla. at tu, uidua, secundas cur desideras nuptias, cum 2 7 4
bene conscia, prorsus nulli rei subiecta, unum tantummodo metuens, ne <non> sit amplius quae uocatur. denique in solitudine, quae a 1 1 1
pro nefas! quae istae sunt tenebrae? inest omnibus et ab omnibus, quasi non sit, arguitur; accusatur et tamen colitur; iugulat et amatur. inuincibile 2 1 8
et quidem nec ueram sapientiam? quia fieri non potest, ut uerus sapiens non sit et iustus, iustus adaeque uerus non sit et sapiens, quia iustus esse 2 1 9
fieri non potest, ut uerus sapiens non sit et iustus, iustus adaeque uerus non sit et sapiens, quia iustus esse non potest stultus neque sapiens 2 1 9
aliud esse non potest quam quod est. igitur cum possibilitatis humanae non sit fidei uidere secreta, nusquam, frater, tua curiositas, nusquam tua 2 3 11
immolauerit domino; cetera autem nihil proderunt, si colentis pura mens non sit, in Ecclesiastico Salomone clamante: *dona iniquorum non probat* 1 25 9
praeputium cordis uestri, ne exeat sicut ignis ira mea et exurat et non sit qui exstinguat. uidetis ergo, fratres, quia huius modi circumcisis 1 3 12
aliis alia necessaria. spes enim nisi praecedat, cui laborat fides? fides si non sit, quomodo spes ipsa nascetur? quibus si deneges caritatem, utraeque 1 36 1
quis est, quem altissimum dicit, cum ipse sit solus, a quo alius altior non sit? sin uero omni honorificentia deferentis patri uerba sunt filii, 1 25 2
profecto sola est, ad quam prorsus res omnis spectet, dubium quippe cum non sit spem, fidem, iustitiam, humilitatem, castitatem, probitatem, 1 4 1
qui ait: *primus homo e limo terrae, secundus e caelo*, dubium quippe cum non sit unum hominem tantum e limo terrae a deo finctum eique eius ex 2 4 1
praesumunt statimque actus ueteris uitae damnantes pro salute redimenda non solito more ad stupida simulacra concurrunt, non aris foetentibus 1 34 9
sterilis, multo magis, si fertilis fuerit: illic quia parum distrahit, hic quia non solus. uultis scire, quantis sit tenebris obuolutus? irascitur deo, si non 1 5 14
Iudaee, quid monumentis tui criminis gratularis? in Aegypto seruisti diu, non sorte peregrini, sed merito. ereptus es inde, non tua euasisti uirtute. 1 9
et interempta sunt omnia. quid facit ad litteratorem puer, si litterarum non sperat fructum? quid ratem profundo gurgiti nauta committit, si ei 1 36 3
ista dementia sacrificium nescientibus procurare, lumen caecis inferre, tura non spirantibus concremare, allegare preces surdis, ab his custodiam 1 25 4
cultorum suorum sacrilegio iure deleta est. exinanitum cornu iam non spirat unguenta. dies festos in luctum et cantica eius in lamentationem 1 19 1
tunica rudis et unus denarius; quem qui libens acceperit acceptumque non spreuerit, sed in labore usque ad ultimum perdurauerit, turri completa 2 6 8
fides, ac spes multa et magna proponat, tamen sine hac utraeque non stabunt: fides primo omnium si se ipsam non amet, spes si non 1 36 10
patris et filii. recte igitur patri tradet regnum qui dixit in monitis *regnum* non stare *diuisum*. unde non sic sentiendum est, fratres, ut pater 2 5 9
carnalis mentis homines, fratres dilectissimi, scandalum patiuntur, non studio noscendae, sed frustrandae ueritatis, quotiens deus dei filius, qui 1 45 1
ipsam contemnens, iam ueritatem non imaginem quaerens, iam spiritalia non sua desiderans, de qua Paulus ait: *non omnis caro eadem est caro: alia* 1 2 25
at cum scriptum sit: *littera occidit, spiritus autem uiuificat*, quia *non sub lege, sed sub gratia sumus*, quae nos diligere deum ac soli illi 2 3 2
unde dubium non est in corporibus nostris, dum mortis lege seminantur, non substantiam, non imaginem, sed illud tantum quod inutile est discuti, 1 2 30
quia homini inopia morienti tantis opibus qui cum possit subuenire non subuenit, ipse eum uidetur occidere? o quantarum neces animarum in 2 1 19
commentus pietatis excidium, ut in illa unius funeris turba paternus dolor non sufficeret orbitati, cum nescit, quem primum plangat, quem priorem 1 15 4
mortale hoc induere inmortalitatem. aliter etenim inmortalitatis stola illa non sumitur, nisi primo istud carnale spolium, blandum animae uenenum, 1 2 30
sicut enim in simplici corde scrutanda sunt testimonia eius, ita curiositate non sunt inquietanda secreta. *quis enim causas naturasque caeli huius* et 1 34 1
an nescitis, quia sancti de hoc mundo iudicabunt?; alterum impiorum, qui non sunt iudicandi, quia iam iudicati sunt, sed perituri, scriptura dicente: 1 35 7
aquam portare. postremo infelices quid sperant de imagine, cuius nosse non sunt meriti ueritatem, dominum nostrum Iesum Christum? 1 18 2
non frigus elisit; quod plus est: sine fermento leuati sunt. certe caccabacei non sunt, non uetusti, non usti, non crudi, non mucidi. lacteus illis color 1 41 2
partem tenentes ad plenum, cum utramque tenere non desinunt. fideles non sunt, *quia* habent *aliquid infidelitatis insertum*; infideles non sunt, quia 1 35 5
fideles non sunt, *quia* habent *aliquid infidelitatis insertum*; infideles non sunt, quia habent imaginem fidei, professione deo, factis saeculo 1 35 5
ad se trahit. *impii non manent, quia his dei nomen in honore est*; *pii non sunt, quia* patrem uenerandum prauis moribus laedunt. *orant quia* 1 35 5
quae dici possunt, sed satis otiosum est in his demorari, quae in toto iam non sunt. unum sane necessario proferemus exemplum, quod et Iudaei 1 25 6

expugnari pecunia possit; non necessitudo sanguinis, non amicitia, quia	non	suo merito, sed auri, argenti facultatumque beneficio quis aut amatur	1	5	5
saeuit, pugnat, rapit, congregat, seruat sui tenax, *appetens alieni*,	non	suo, non alieno, non ipso orbe contenta. totum possidet et de inopia	1	5	2
relegatam perpetui carceris poena perpetua inplacabilis affligebat infernus.	non	superi, non inferi parcebant simulacro dei: etenim mortis imperium	2	4	6
obseruantiaeque uirtutem deuocabit in crimen. quid enim ille mali	non	suspicetur, non efficiat diis crudelibus, diis adulteris seruiens? itaque	2	7	18
et texit. et denuo *caeli*, inquit, *enarrant gloriam dei*; et hic utique	non	tam caelos loqui dicit, quos loquentes nullus audiuit, sed apostolos	1	61	3
nos in semet ipso probando quod docuit, uiuere animas mortuorum	non	tam dicere quam oculatis rebus sufficimus approbare. denique uagi	1	2	5
susceptus in transacta aetate et generantis genitalis flore consumpto	non	tam ex parentibus quam diuina praeceptione meruit procreari atque in	1	59	1
quae ducit ad Elisium, eo fortius addentes, quod defunctorum ibidem	non	tam formae quam facta noscantur ac necessario recipiant secundum	1	2	4
auaritiae, manet atque gloriatur, digni estis uniuersi aurum argentumque	non	tam habere quam esse. nam uos estis aurum uiuum dei, Christi uos	1	5	17
quasi quoddam est speculum intuentis plenitudine grauidatum, quod	non	tam imaginem suam quam eius, cuius est in usibus, gerit. denique tot	1	2	29
testium oppressa mendaciis, conscientiae tamen bonis contenta secretis,	non	tam rea susceptura sententiam quam dicata deo pro castitate fortiter	1	40	1
Iudaeum, credulitatis iustitia Christianum. adde quod circumcisio ista	non	tam salutem pollicetur quam locum caputque criminis monstrat.	1	3	8
adsumpserat, ait: *tristis est anima mea usque ad mortem.* quod dictum	non	tam timentis quam exsultantis ac docentis est. utique non enim	1	2	31
angelum et uirgo deum. hic est deus noster, qui dignitate interim seposita,	non	tamen potestate, amore hominis sui, cuius formam fuerat subiturus et	2	8	8
commodum, tempore maturo, diuinitatis interim dignitate deposita,	non	tamen potestate, caelo egressus metatura praedicta sacrario templi	2	12	1
miserandis affatibus in uberiores fletus incendit etiam eos, quos causa	non	tangit, tanto ambitiosior in dolore quam ditior — sane post	1	2	14
conceptum, cuius monile, anulum teneret et uirgam. qua re cognita Iudas	non	tantum ab ea se refrenauit, sed insuper eam et iustificauit. Iudas,	1	13	3
argentum et aurum. unde apparet eum, qui diligit aurum et argentum,	non	tantum deos colere, sed eorum mores et actus imitari. cuius rei facilis	1	14	4
supplicio; ecclesia ipsa ueritate, in nomine patris et filii et spiritus sancti,	non	tantum diaboli praesentes ignes exstinguit, sed etiam futuri diei iudicii	1	13	13
de caelo est. quam qui sancte portauerint, sicut apostoli omnesque iusti,	non	tantum imaginem, sed ipsum deum quoque portabunt, sicut et	2	30	4
diligentissime, fratres carissimi, circumcisionis, cuius	non	tantum in praesenti lectione, sed et aliquot in locis fecit Paulus	1	3	1
ac spes dilectionis a fundamento uelluntur. quid autem sine caritate sint	non	tantum istae, sed et aliae quoque uirtutes, indice Paulo cognoscite: *et*	1	36	20
Iudaeos	non	tantum legitimum pascha celebrare non posse, sed religionis diuinae	2	17	
Aegypto praedicant liberatos. a diaboli rabie idolorumque turba uiolenta	non	tantum nostri maiores, sed omnis Christiana progenies de uera	1	46b	1
autem inquit: *consolatus* est, utique intelligitur spe Christi uenientis, qui	non	tantum prophetis synagogae lapsu desolatis solacium praebuit, sed	1	13	7
sit qui exstinguat. uidetis ergo, fratres, quia huius modi circumcisis deus	non	tantum salutem non pollicetur, sed etiam, nisi legitime corde	1	3	13
mortis iam lege dispunctus Sauli regi se desideranti sine ambiguitate	non	tantum suam praesentiam exhibet, sed etiam ad consulta respondet	1	2	8
ne hominum quidem uocabulo digni iudicarentur. pro quibus causis a deo	non	tantum sunt disperditi, sed etiam perpetuo poenali supplicio destinati.	1	13	4
praesentibus bonis quam bonis ingentibus tardis. at uero spiritus bona	non	tantum sunt inuisibilia, tarda et abscondita, sed etiam nimis in arduo	2	4	13
quam creatorem. itaque tria conuenit esse iudicia: unum iustorum, qui	non	tantum, ut dictum est, non iudicabuntur, sed istum mundum ipsi	1	35	7
non uirtutes possunt esse uirtutes, non perennes elementorum status,	non	tempora cognata connexione in solemnes reditus commearent, nisi	1	4	4
liberorum, non coniugalis affectus, non cara germanitas, non ius amicitiae,	non	tener pupillus, non dura uiduitas, non miseranda paupertas, non dei	1	14	2
nulla gens est, nulla sunt pecora, animantium denique nulla natura, quae	non	timeat deum. cum grauamur rumpentibus sonis, concussis undique	2	2	3
habere uicinum. construunt praedia, sepulcra defodiunt; timeant omen qui	non	timent mortem: sic, sic interempti plerumque iacent canibus, alitibus	1	5	8
marino fertur non naufragus, sed uiator: timet profundum intercipere	non	timentem; nec tamen in toto dissimulat, ne per mare pedibus se	2	2	6
exsulta, Christiane, et deum fortiter time, diaboli si uis incendia	non	timere. ecce pueri sacramento muniti tres numero, sed una uirtute,	2	15	
debeat; qui enim suam conscientiam non timet, is est, qui deum	non	timet. adde quod lex partibus et discitur et docetur. adde quod tota	2	3	5
qui solet extra periculum ieiunare. et Ionas timens dominum spontaneum	non	timet adire naufragium, ceto inhiante miserabilius sepelitur quam	2	2	5
potius quam rogare. postremo, fratres, non potest timere maritum, quae	non	timet Christum. inde est, quod coniuges nuptiali sanctissimo	1	14	6
nemo lapides pretiosos, nemo aurum, nemo argentum, et tamen ullus	non	timet furtum.	1	5	18
concremare, allegare preces surdis, ab his custodiam petere, quos fur	non	timet inuolare? quibus recte deus irascitur dicens: *nolite ambulare post*	1	25	4
ne quid reatui uel intrinsecus debeat; qui enim suam conscientiam	non	timet, is est, qui deum non timet. adde quod lex partibus et discitur et	2	3	5
gradus non inueniat quod tibi praestet, meminisse tamen debes, quia mors	non	timet nec diuitias nec honores. o caeca mens hominum! quam uarie,	1	5	10
caelum ipsum honore laeto respirat. haec liberis gaudet; at illa liberorum	non	timet orbitatem. haec eorundem blanditiis uernantibus pascitur et	2	7	3
exagitat, non ullae sordes obfuscant. qui conscium timebatis, conscientiam	non	timetis. *uetus* enim *homo* uester feliciter condemnatus est, ut	2	29	1
uincitur, concupiscentia omnis eliditur, diabolus subiugatur, Antichristus	non	timetur, spiritus sanctus inducitur, glorificatur Christus, deus pater	1	1	21
in unam concordiam conuenere. namque tribus in pueris fides puniri	non	timuit. inmissis camino ignis exaestuans detulit, ut eos unius uirtutis	1	48	
non exstinguit, morbos non discutit, uulneribus non medetur, dolores	non	tollit, mortem non repellit, nisi quod sanos occidit; nec manducatur	1	5	16
fames, non nuditas, non persecutio, non metus, non periculum, non mors,	non	tormenta morte ipsa grauiora, non potestas, non ambitio, non felicitas.	1	4	3
percutiendi claudicat color; non membra tremore uibrantur; non dimissi,	non	torui sunt oculi. nemo rogat, nemo trepidat, nemo se excusat, nemo	1	4	14
hiantibus uestris labris indulgenter infundit. idem non tumidus ceruice,	non	toruus fronte, non minax cornu Taurus, sed optimus, dulcis, blandus	1	38	3
artificem. parturit Maria non dolore, sed gaudio; nascitur sine patre filius,	non	totus matris, sibi debens quod conceptus est, donans matri quod	2	12	2
ridiculosa, quae duobus confligentibus Christianis ab altero eorum, si	non	transducitur, perfidia, cum transducta fuerit, fides uocatur! o quam	2	3	10
coronemus nos rosis, antequam marcescant. nullum pratum sit, quod	*non*	*transeat luxuria nostra. ubique relinquamus signa laetitiae, quoniam*	2	4	10
pugnat, caritas autem etiam ingratis conferre consueuit; adde quod fides	non	transit in alium, caritas parum est dicere transit in alium quae transit	1	36	11
in Aegypto seruis diu, non necessitate, sed merito. ereptus es inde;	non	tua euasisti uirtute. columna nubis te deduxit per diem, ut ostenderet	2	16	
in Aegypto seruisti diu, non sorte peregrini, sed merito. ereptus es inde,	non	tua euasisti uirtute. columna nubis te perduxit per diem, ut ostenderet	1	9	
lacte beatum uagitu hiantibus uestris labris indulgenter infundit. idem	non	tumidus ceruice, non toruus fronte, non minax cornu Taurus, sed	1	38	3
stupida simulacra concurrunt, non aris foetentibus funestos excitant ignes,	non	tura cremant, non merum profundunt nec pecudum inexpectata morte	1	34	9
serpentis nomen accepit, detestabili accensus inuidia eum, quia per se	non	ualebat, aliena forma blanditus per mulierem transgressionem	2	4	5
ista quia contemnit, illa quia sua esse praesumit; nec spes timet, ne	non	ueniant, quia ea semper secum suis in uirtutibus portat. hoc est, quod	1	36	5
deformabit praestans aliquando et beneficium, cum te iubet ad ecclesiam	non	uenire. sed multo peius est, si places marito: neque enim sine	2	7	15
uer sacrum fontem debemus accipere, cuius diuite ex alueo Fauonio	non	uento, sed spiritu sancto generante *odorem diuinum* beata *spirantes*	1	33	2
si non transducitur, perfidia, cum transducta fuerit, fides uocatur! o quam	non	uera, si *factionibus pollet*! o quam publicana, cuius fabulantur etiam	2	3	10
elisit; quod plus est: sine fermento leuati sunt. certe caccabacei non sunt,	non	uetusti, non usti, non crudi, non mucidi. lacteus illis color est, lacteus	1	41	2
colligit mores. legibus suis suas leges impugnat, ius iure distringit. quis	non	uideat numquam recti aliquid illam facere uel fecisse, quod fecerit?	2	1	7
Pharisaeus quemadmodum legitimum pascha possit celebrare,	non	uideo, cuius eminens famosumque illud templum miserabili uastatione	1	19	1
nimio dolore nuptura. hic, hic quemadmodum se quis possit excusare,	non	uideo. non deest enim qui dicere possit: 'si est resurrectio, quare	1	2	14
adulterii, facit eam moechari. quid hic respondere possint lubrici mariti,	non	uideo; qui humanarum legum iniqua impunitate decepti, iustitiam	1	1	13
homicidae, adultero, incestatori, sacrilego, nisi eius curauerit mentem,	non	uideo, quid illi praestiterit. o liberatoris nostri profunda prouidentia! o	2	24	2
in *animam uiuentem*. concepit spiritum adaeque, quem nescit; intrantem	non	uidet, exeuntem non potest prohibere. et aestimat quisquam dei se	1	56	3
suum odit, mendax est; qui enim non diligit fratrem suum, deum, quem	*non*	*uidet, non potest diligere.* decertemus igitur, fratres, inter nos mutui	1	36	23
eius secretum figuramque nescitis; quam si propterea contemnitis, quia	non	uidetis, deum quoque, qui est inuisibilis, contemnere similiter poteritis.	2	4	17
o damnatio necessaria! in semet ipso homo iugulatur, ut uiuat. percussor	non	uidetur, percussoris non cernitur gladius, percussi non hiat uulnus,	1	42	2
pater multarum gentium. contra spem autem est, quod impossibile est ac	non	uidetur; sed possibile hac spe fit, cum dei dicto indubitanter ac fortiter	1	36	5
inuenit; non sanctitas, non munitio, quia *nihil* est *tam sanctum quod*	*non*	*uiolari, nihil tam munitum quod non expugnari pecunia possit*; non	1	5	5
unam potentiae plenitudinem, quae una mente, una credulitate concipitur,	non	uiolet, sed honoret.	2	3	19
compescens, et ut omnia non magno opere deuincat, se primo uincit.	non	uirtutes possunt esse uirtutes, non perennes elementorum status, non	1	4	4
reportauit. sed o quantum es miranda, pudicitia, quae aliter laudari te	non	uis quam ut custodiaris, solo bonae conscientiae ornamento contenta!	1	1	20
iustae operationis ardore. autumnus quoque martyrii locus est, in quo	non	uitis, sed fossoris sanguis effunditur, ut uita beata pretiosae mortis	1	33	3
sacrificium laudis. immola, inquit, *deo*, non daemoniis, *sacrificium laudis*,	non	uituperationis, et *redde altissimo uota tua.* honorem totum refudit in	1	25	8
populoso tenturum, hoc hactenus Paulo firmante: *stulte, tu quod seminas*	*non*	*uiuificatur, nisi mortuum fuerit,* et subiecit dicens: *sic et resurrectio*	1	2	22
etiam iniurias libenter amplectitur; non fallit, quia fidem ipsa custodit;	non	ulla re indiget, quia ei praeter quod est nihil est necessarium. haec	1	36	12
manus, nullis pedes onerati compedibus. non uos ullus terror exagitat,	non	ullae sordes obfuscant. qui conscium timebatis, conscientiam non	2	29	1
loquatur argute, cum magis uerus sit ille fidelis, qui sacra in praedicatione	non	ultra, quam licitum est, aciem suae tetenderit mentis; eo enim res	2	3	12
mors natalicius dies. denique post momentum festo exsultat in tumulo,	non	umbra, sed ueritas, non imago, sed Phoenix, non alia, sed quamuis	1	2	21
uerecunde castigat postulatque tantum ueniam delictorum taciturnitate,	non	uoce. quorum quis quid sit consecutus, accipite: qui totum sibi ipse	2	9	9
sed quibus saeptus erat maestus ac tristis calamitatibus humanis! et clamat	non	uoce, sed corde, non clamore, sed fide, quam scit deum libenter	1	34	3
contra suam naturam famulari compellat. unde, fratres, atrocissimae rei	non	uos tereat contemplatio; non enim ulla est metuenda iam poena, cum	1	31	
uinculis nullis impeditae sunt manus, nullis pedes onerati compedibus.	non	uos ullus terror exagitat, non ullae sordes obfuscant. qui conscium	2	29	1
deo non potes separare.' statim iudex uiperei ueneni felle commotus iubet	non	usitata animaduersione poenarum nec usuali in reos lege carnifices in	1	39	6
plus est: sine fermento leuati sunt. certe caccabacei non sunt, non uetusti,	non	usti, non crudi, non mucidi. lacteus illis color est, lacteus sapor est.	1	41	2
crudi funeris soluat. quo nuntio accepto dei seruus *scidit uestimenta sua*,	non	ut deo inuidiam faceret, sed ut expeditus cum hoste pugnaret.	1	15	5
frater Iudaicus est populus, cui praecipitur, ut semen excitet fratris,	non	utique illud, quod a deo damnatum iure uidebatur, sed ut reliquas	1	13	5
est una substantia, domino ipso dicente: *ego et pater unum sumus*. quod	non	utique sic ait, ut in unum duos redigendo confunderet, sed ut duorum	2	8	4
esse, quod non erat. sequitur, quod uiduitatis uestem rursus accepit,	non	utique ut quae fecerat faceret, sed ut defleret se fecisse quod fecerat;	1	13	12
dicit: *si non facio facta patris, nolite mihi credere; sed si mihi credere*	*non*	*uultis, factis credite et cognoscite, quoniam in me est pater et ego in*	1	25	8

si non facio facta patris, nolite mihi credere; sed si mihi credere *non uultis, factis credite et cognoscite, quoniam in me est pater et ego in* 1 45 3
uerum tamen in his omnibus nihil aduersus deum improbe loquitur, non uxori inlicita suadenti succumbit, non amicis insultantibus cedit, sed 1 15 6
quae autem sint ista opera manus humanae, spiritus sanctus in Psalmo nonagesimo quinto declarat dicens: *omnes dii gentium daemonia; dominus* 1 25 5
faciem uelamine obscurat: necessario, quia adsertor pudoris eius nondum uenerat Christus. non cognoscitur a socero: ad Iudaeos enim, non 1 13 9
procuratores uel gubernatores eius oculi aliquo ictu exstincti subsidunt. nonne cadauer est uiuum? ecce tabidus pulmo pinguibus sputamentis 2 4 15
cuiusquam regis, hominis tamen, uultus quiuis ulla uiolauerit ratione, nonne cum inuitationi temporum parent solemnisque remigii specioso 1 36 24
dissimilium cum suis sibi ductoribus gradatae aetatis innumerabiles cunei? nonne cum inuitationi temporum parent solemnisque remigii specioso 1 4 6
sputamentis exesus detestabili macie omnia gestatoris sui ossa denudat. nonne horrebit etiam sibi quodam modo illa excarnata umbra tractabilis? 2 4 15
cor meum. cum scriptum sciat: *homo uidet in facie, deus in corde,* nonne iniuriosum uel superuacaneum putabitur deo indicare quod nouerit? 2 9 3
ipsa hoc exigant iura. clamat enim prophetes: *deus unus creauit uos; nonne pater unus est omnium uestrum?* quisque igitur nobilitatis suae 1 36 22
machinam lecto prosternit, ecce tempestas undique mortis incumbit. nonne statim illa, quae erat domina uoluptatum, fit praeda morborum? 2 4 16
quid ego diutius demorer in humanis, quasi sola isto affectu sint praedita? nonne uidemus omne animantium genus congregatione, concordia testari 1 36 15
non mucidi. lacteus illis color est, lacteus sapor est. sed fortassis, quod nonnulli forma uidentur minores, si secus aliquid de pistore sentiatur, mea 1 41 3
filiorum, maritorum uxorumque in mortibus posuit; haec nomina pietatis nonnumquam concubitu prodigioso deleuit, pudicos equidem persequens, 1 1 8
sagittas illius mali, quae sunt igne plenae, exstinguere. is enim infelicibus nonnumquam inmittit Capricornum uultu deformem, qui cornu exsiliens, 1 38 6
perdat. quod est omni uiolentia deterius, quia illud, quod ui eripitur, nonnumquam repeti potest, quod legum circumscriptionibus, non potest. 2 1 17
ambit obsequitur zelatur insanit armatur precibus, armatur et ira, similiter nonnumquam ui extorquens quod blandimentis impetrare non potuit. 1 1 9
solus octauus dies a deo circumcisionis priuilegium, non septimus, non nonus, accepit ac per hoc necesse est, ut utrumque inane sit, si infirmari 1 3 4
peccata genitali unda submergit, ut caelestes effecti terram desiderare non norint. denique illi post mare ad eremum peruenerunt, nos post baptismum 1 46b 2
diu numquam uisus est nudus. iam pauperes nostri alimenta rogare non norunt; iam uiduae atque inopes testamenta conficiunt. plura ad laudem 1 14 9
maioribus te furoris stimulis accende, quamuis cruciatus exerce molem: nos a deo non potes separare.' statim iudex uiperei ueneni felle commotus 1 39 5
conterendo innouat spatia, et tamen eius semper orbita est una. qui nos admonet, fratres, passionis resurrectionisque dominicae unanimes atque 1 26
haec resurrectio, haec uita aeterna, haec est mater omnium, quae nos adunatos, ex omni gente et natione collectos unum postmodum efficit 1 55
sed signo censemur. hac circumcisione non aliquid perdimus, sed crescere nos augmentis caelestibus inuenimus. non sanguinem sterili solemnitate 1 3 21
quod generosi liberi, quod ueri sunt patres. huius est munus, quod alii ut nos aut plus quam nos proximi uel amici sunt nobis. huius est munus, 1 36 14
ad paradisum peruenimus. illis inrorata est esurientibus manna, nos autem esurire non possumus, sempiternam qui caelestis panis 1 46b 3
qui nobis resurrectionis monstrat exemplum. cuius sane condicione nos beatiores sumus, quia ille occidit semper ut uiuat, fidelis autem post 1 16 2
operibus decorati nos quoque deo patri placere mereamur domino iuuante nos Christo, qui est benedictus in saecula saeculorum. 1 2 32
filii est patris et laus patris amborum. nunc sacrificii nostri proprietatem nos conuenit nosse, quae facile ex aduerso cognoscitur. nam si diis 1 25 9
Christus dei filius dulcia, sicut prior, qui hoc prandio pastus est ante nos, dicit: *quam dulcia faucibus meis eloquia tua super mel et fauum ori* 1 24 4
spiritus autem uiuificat, quia *non sub lege, sed sub gratia sumus,* quae nos diligere deum ac soli illi seruire in sacramento semel creditae unitae 2 3 2
caelestia sua bona amore nostro neglexit pauperemque se fecit, ut nos diuites faceret. Iob filios furens diabolus interemit; et domini filios 1 15 8
sed ut duorum unam diuinitatis potestatisque esse omnipotentiam nos doceret. sequitur ac dicit: *omnia per ipsum facta sunt ac sine ipso* 2 8 4
cur autem sit inenarrabilis, patre loquente noscamus; dominus ipse nos edocet: *eructuauit,* inquit, *cor meum uerbum bonum* et cetera, et apud 2 8 2
fine principium. similiter Phoenix auis illa pretiosa resurrectionis euidenter nos edocet iura, quae nobilitatem generis sui non a parentibus accepit, non 1 2 20
legitime celebrata paenitentia deum sibi propitium reddiderunt. quod et nos et fecimus et facere plerumque debemus, ut et praesentis temporis 1 34 9
a lacrimis, pedes meos a lapsu; placebo domino in regione uiuorum. haec nos felicitas manet, hoc munus exspectat. sic ergo uiuamus, ut bonis 1 2 32
celeriter; uino pretioso et unguentis nos impleamus et non praetereat nos flos temporis. coronemus nos rosis, antequam marcescant. nullum 2 4 10
ut legitime Adam per Christum, Eua per ecclesiam renouaretur. hoc nos, fratres, sacramento tam uiri quam feminae circumcidimur. hoc 1 3 21
uel amici sunt nobis. huius est munus, quod diligimus seruos ut filios ac nos illi colunt libenter ut dominos. huius est munus, ut, non dicam notos 1 36 14
et utamur creatura tamquam iuuentute celeriter; uino pretioso et unguentis nos impleamus et non praetereat nos flos temporis. coronemus nos rosis, 2 4 10
seruemus. at cum ab eodem huius deuotionis inuitatione inhabitari seu nos in ipso habitare coeperimus — sicut Iohannes dicit: *deus caritas est;* 1 36 21
inmortalitatis praemio, suae autem gratis laborent. uerum hoc est solum, nos in quo uincimus, quia pro sua sanctitate Christianae plus nubunt. adde 2 7 11
fratres, quos non ingeniosa suspicio, sed deus magister instruxit, propter nos in semet ipso probando quod docuit, uiuere animas mortuorum non 1 2 5
est fit pro partibus nostris. sequens est, ut etiam proximos eo affectu, quo nos ipsos diligimus, diligamus, maxime cum cognationis ipsa hoc exigant 1 36 22
quales fuerint pro sua quique qualitate suscepti, apostolo dicente: *omnes nos manifestari oportet ante tribunal Christi, ut recipiat unusquisque* 1 2 15
ut uinceret mortem, ad hoc euigilauit, ut beatae resurrectionis suae in nos munus inmortalitatis conferret. quem conpetenter sequitur Virgo 1 38 4
deum, quem non uidet, non potest diligere. decertemus igitur, fratres, inter nos mutui amoris aemulatione gloriosa imaginemque dei dignissime 1 36 24
natura, quae est corporalis ac per hoc etiam breuis; alia uero animi, quam nos nobis ipsi hac in uita per fidem sacri fontis uiuo de gurgite 2 4 8
diram spe potiundi praecipitat, ne gratis homo uideatur occisus. sed nos non ad auaros, sed de auaris sermonem fecimus, fratres; alioquin solis 1 5 17
quae alias personas, ut uerbum dei ab ipsis potius audiatur, hortantur [nos]. non est enim parum criminis, ut semper apud ipsos diuinus sit sermo 1 61 1
tantum prophetis synagogae lapsu desolatis solacium praebuit, sed etiam nos omnes in aliqua constitutos angustia recreare consueuit. *ad oues suas* 1 13 7
dominus uiam iustorum et iter impiorum peribit. consequens est, ut scire nos par sit, in quo habitu regnaturus sit homo iste noster, qui tendit ad 1 2 24
iugulatur ut pereat, sed, sicut Isaac, immolatur ut uiuat, apostolo hortante nos Paulo, cuius ista sunt uerba: *exhibete corpora uestra hostiam uiuam,* 1 25 9
intrinsecus tristes seu hilares suos fecerit motus, hanc rationem docente nos Paulo: *uidemus,* inquit autem, *modo per speculum in aenigmate; tunc* 1 2 29
asseri possunt, quam a deo facta sunt uel uidentur. itaque quod ad nos pertinet, uideamus, quid sit, quod deus ait: *faciamus hominem ad* 2 30 2
est deus contribulatis corde et humiles spiritu saluabit. sed et dominus ipse nos pio promisso quid hortetur, accipite. *uenite,* inquit, *qui laboratis et* 2 9 4
desiderare non norint. denique illi post mare ad eremum peruenerunt, nos post baptismum ad paradisum peruenimus. illis inrorata est 1 46b 3
quod ueri sunt patres. huius est munus, quod alii ut nos aut plus quam nos proximi uel amici sunt nobis. huius est munus, quod diligimus seruos 1 36 14
inde est, quod stulti praeponunt corpus animae, idolum deo. sed nos, qui Adam abiecimus, Christum induimus; qui, quae uis, qui exitus, 2 4 18
non habet solus, *salutaris,* quia mortem mutauit in uitam; propter nos qui est occisus et uiuit, sepultus et resurrexit, homo aestimatus est et 1 46a 2
honorata, quia etiam post nuptias manet postmodum uirgo perpetua, nos, qui nascimur de tanto coniugio, omnifarie niti debemus, 1 1 3
inter esurientes feras amica, in ignibus frigida. sola fides praeferenda: hac nos, qui per fidem filii Abrahae facti sumus, in ipsius gremium peruenire 1 62 5
repromissae inmortalitatis inaestimabili beatitudine perfruetur. sed quid ad nos, quid illi dicant? insignis uir sicut ait noster: *nouit deus cogitationes* 2 1 15
illis cultris: cor an praeputium circumciderit. etenim si secundum ipsos nos quoque carnaliter sentiamus, ambo prophetae tenebuntur in crimine, ut 1 3 15
manet, hoc munus exspectat. sic ergo uiuamus, ut bonis operibus decorati nos quoque deo patri placere mereamur domino iuuante nos Christo, qui 1 2 32
et unguentis nos impleamus et non praetereat nos flos temporis. coronemus nos rosis, antequam marcescant. nullum pratum sit, quod non transeat 2 4 10
suis in actibus portant, recte dicentes: *quisque suos patimur manes.* nos uero, fratres, quos non ingeniosa suspicio, sed deus magister instruxit, 1 2 5
autem eius quis enarrabit?. cur autem sit inenarrabilis, patre loquente noscamus; dominus ipse nos edocet: *eructuauit,* inquit, *cor meum uerbum* 2 8 2
discessumque, uel qui sit signis euidentibus docet, ut plerumque aliquos noscamus esse, quos in idolatria commorantes nuper uel maxime ui 1 2 6
et cum hominibus conuersatus est. qua in specie spiritu sancto loquente noscamus: *et homo est,* inquit, *et quis cognoscit eum?.* si ita est, quomodo 2 8 6
fortius addentes, quod defunctorum ibidem non tam formae quam facta noscantur ac necessario recipiant secundum quod mundanae 1 2 4
fructus rediguntur in summam, quoniam uniuersa quamuis gemina esse noscantur, tamen una de radice funduntur. testamenta sunt duo, sed 1 37 14
periculum publicare. sed non opus est ire per singula, cum uno exemplo noscantur uniuersa eius mala, propheta dicente: *idola gentium argentum et* 1 14 4
in omni negotio, fratres dilectissimi, nisi quis ante personam noscat et rationem, eius non potest nosse ueritatem. haec enim res et fecit 1 25 1
regibus ipsis quoque metuitur. sed necessario unicuique sinceri amoris est noscenda proprietas, ne sub sono nominis commutetur regula ueritatis. est 1 36 25
mentis homines, fratres dilectissimi, scandalum patiuntur, non studio noscendae, sed frustrandae ueritatis, quotiens deus dei filius, qui patris 1 45 1
si quis studio uel noscendae uel impugnandae sacrae legis naturae Natiuitatis Moysei librum 2 4 1
paulo post odium de amore factura. seminat inlicitos heredes crimenque noscens nominibus pietatis excusat. proprios aut negat aut denudat affectu. 1 1 7
iniqua impunitate decepti, iustitiam ueram nec ex sua ipsa uoluntate noscentes, quod pati nolunt libenter efficiunt; qui profanae libidinis 1 1 13
conferret. quem competenter sequitur Virgo praenuntians Libram, ut nosceremus per filium dei, qui incarnatus processit ex uirgine, aequitatem 1 38 5
dari non potest, quia si uerbis dari potest, poterit et uerbis auferri; nosci adaeque non potest, quia fieri potest, ut quis aliud gestit in labris, 2 3 11
propositas. uerum tamen ex his omnibus eligendum quid sit, non potest nosci aut comprehendi, quia non erit nec proprium nec firmum, quod 2 3 7
fidem, aliud esse tractatum nec fidem per tractatum posse uel dari uel nosci uel destrui. dari non potest, quia si uerbis dari potest, poterit et 2 3 11
— , tactu carbonis in unum populum per confessionem nominis Christi noscuntur esse conflati. etenim conflatio et puritatem designabat et 1 37 3
Iudaei unde se beatos putant, infelices inde esse noscuntur. etenim commodius puto misero in statu suo manenti quam 1 18 1
neque refugae descendunt, qui post peccatum in caelum numquam recepti noscuntur, neque lucis ascendunt, quia numquam in terris, sed semper in 1 37 11
habent imaginem fidei, professione deo, factis saeculo seruientes. uolunt nosse legem, nolunt eius praecepta seruare. signum salutare uenerantur et 1 35 5
Christianae fidelitatis felicitas maxima est fidei nosse naturam, quae talis ac tanta est, ut unicuique homini sua non ab 2 3 1
insuspicabilis secreti reuerendaeque maiestatis uera cognitio est deum non nosse nisi deum nihilque ex eo amplius requirendum quam ut quis eius 1 54 1
possunt aquam portare. postremo infelices quid sperant de imagine, cuius nosse non sunt meriti ueritatem, dominum nostrum Iesum Christum? 1 18 2
mentiatur? quis terram aqua portari an aquam terrae gremio contineri se nosse praesumat? quis spiritus aerios, quis figuras uentorum, quis inter 1 34 1
conscientia eum bona, non loquacitate, quae mater profecto peccati est, nosse praesumat trinitatisque unam potentiae plenitudinem, quae una 2 3 19
et laus patris amborum. nunc sacrificii nostri proprietatem nos conuenit nosse, quae facile ex aduerso cognoscitur. nam si diis *corporalibus* 1 25 9
imitari uirtutes. tanta enim probitate uixerunt, ut pars felicitatis sit nosse, quid fecerint. igitur Iob uir fuit iustus et uerax, ab uniuersis 1 15 1
humanae deuotionis *religiosa confessio est* de *deo hoc nosse,* quod licitum est. sicut enim in simplici corde scrutanda sunt 1 34 1
caelum, cum deum persuadent hoc esse quod uolunt, cum adsimulant se nosse rerum naturae secreta, cum stellis nomina, soli labores inponunt, 2 9 1

priusquam fierent, admonebat. proprium enim dei est scire transacta et nosse uentura. *filios*, inquit, *genui et exaltaui*. infinita Iudaei infidelitate 1 61 5
dilectissimi, nisi quis ante personam noscat et rationem, eius non potest nosse ueritatem. haec enim res et fecit et facit, ut Iudaeus et Iudaeo 1 25 1
subiaceat. remotis enim paulisper nominibus patris et filii non potest nosse, uter patiatur iniuriam, nisi quod ambo patiuntur, quia amborum 1 54 1
deus uniuersa labia dolosa, linguam magniloquam; qui dixerunt: linguam nosstram magnificabimus, labia nostra a nobis sunt. quis noster dominus 2 9 2
enim potestas dei, ut saluo quod est possit esse quod non est. hic est deus noster aeterni dei coaeternus filius. hic *et homo et deus*, quia *inter* patrem 2 12 4
ad imaginem et similitudinem dei, et in Psalmis: *deus autem rex noster ante saecula operatus est salutem in medio terrae*, et alio loco: 2 5 2
artes habet, sed has omnes salutari profluens amne non magno opere noster Aquarius delere consueuit. quem necessario uno sequuntur duo 1 38 7
semper momentis omnibus liberatur. illis ducatum Moyses praebuit, dux noster Christus est dominus; illis columna nubis atque ignis uiam 1 46b 2
dixerunt: linguam nosstram magnificabimus, labia nostra a nobis sunt. quis noster dominus est? hanc superbiam propheta tumidi cordis euitans sic infit 2 9 2
alius praeter te. sed et Ieremias eodem spiritu loquitur dicens: *hic est deus noster et non deputabitur deus alius absque ipso. qui adinuenit uiam* 2 8 6
tempus, extorsit credulitas quod natura denegauerat. Abraham patriarcha noster exploratus a deo in senectute suscepit unicum filium. nihil tam 1 43 1
mitis sum et humilis corde, et inuenietis requiem animabus uestris. deus noster, fratres, humilis corde est et ineffabilis eius illa sapientiae ac uirtutis 2 9 4
Zachaeus sine mora quadriplicata expungit apophoreta, deus et dominus noster Iesus Christus dei filius dulcia, sicut prior, qui hoc prandio pastus 1 24 4
cotidie Christi dei et domini nostri prouidentia comparatur. hic labor noster illustris, haec gloria omnium sacerdotum, hoc mysterium deo, hoc 2 6 11
principium, fratres dilectissimi, dominus noster incunctanter est Christus, quem ante omnia saecula pater in 1 17 1
principium, fratres, dominus noster incunctanter est Christus, quem ante omnia saecula pater adhuc 1 56 1
perfruetur. sed quid ad nos, quid illi dicant? insignis uir sicut ait noster: *nouit deus cogitationes sapientium, quia sunt stultae.* nostram nobis 2 1 15
uerum tamen semel, amore hominis sui eius artifex deus et dominus noster occidit et exortus est rursum, numquam sane repetiturus occasum. 2 19 2
caelo. at uero Nineue imaginem portat ecclesiae, in qua gentium iam inde noster populus morabatur, quae non in cassum a deo *magna ciuitas* dicta 1 34 9
quae sanctus spiritus libenter offerat, pater probet, filius, qui magister est noster, probata glorietur per eundem, qui est benedictus in saecula 1 25 13
iungimur caelo: anus enim peperit angelum et uirgo deum. hic est deus noster, qui dignitate interim seposita, non tamen potestate, amore hominis 2 8 8
aetatem; solus sempiternus, quia immortalitatis est dominus. hic est deus noster, qui se digessit in deum; hic pater, qui suo manente integro statu 1 7 4
est, ut scire nos par sit, in quo habitu regnaturus sit homo iste noster, qui tendit ad caelum, ne forte cum carne depereat, uana spe si 1 2 24
inpudicitiam auaritiamque fugiatis, quae est incurabilis Cancer. Leo autem noster, sicut Genesis protestatur, *leonis* est *catulus*, cuius ista pia 1 38 4
medius, probans infirmitatibus carnem et uirtutibus maiestatem. hic sol noster, sol uerus, qui clarissimos ignes mundi germanos astrorumque 2 12 4
census est totum in misericordiam habere quod habes. tu sola rogari non nosti. tu oppressos uel cum dispendio tui incunctanter eripis in qualibet 1 36 31
acceptum, qui uicinarum possessionum omnes glebulas, lapillos et surculos nostis, in praediis autem uestris fumantia undique sola fana non nostis, 1 25 10
surculos nostis, in praediis autem uestris fumantia undique sola fana non nostis, quae, si uera dicenda sunt, dissimulando subtiliter custoditis. 1 25 10
magniloquam; qui dixerunt: linguam nosstram magnificabimus, labia nostra a nobis sunt. quis noster dominus est? hanc superbiam propheta 2 9 2
dona percipite. iam uos sempiterni fontis calor salutaris inuitat; iam mater nostra adoptat ut pariat, sed non ea lege, qua uos matres uestrae 1 32
infertur, ut melius ueterescendo reddatur. quantum spiritaliter mediocritas nostra conicere potest, computatus ad mensuram palmes competens 2 11 4
agricultores, si quid uestrae sollertiae, uineae in ratione reddenda, ignauia nostra detraxerit. igitur, ut optime saepe recolitis, mensura seruata 2 11 1
defecerit, ambae moriuntur. fides itaque uel maxime res propria nostra est, domino ipso dicente: *fides tua te saluum fecit.* igitur si nostra 1 36 7
carnali, quae Iudaeorum est; nunc breuiter de secunda spiritali, quae nostra est, edicamus. quae tantum potestatis gerit, ut a femina coeperit, 1 3 19
propria nostra est, domino ipso dicente: *fides tua te saluum fecit.* igitur si nostra est, seruemus ut nostram, ut iure speremus aliena. nemo enim 1 36 7
luxuria nostra. ubique relinquamus signa laetitiae, quoniam haec est pars nostra et haec sors. illinc spiritus, quasi quidam dux peritissimus, horum 2 4 10
necessarium. si uero fidem tractatus dicere coeperimus, erit profecto nec nostra nec sua, sed nec eius, cuius esse dicetur, quia tractatus fidem cum 2 3 6
moritur in homine propter quod homo fuerat moriturus. inde est quod nostra non habet necessaria tormenta confessio, quod sine truculenti 1 42 2
moritur in homine propter quod homo fuerat moriturus. inde est, quod nostra non habet necessaria tormenta confessio, quod sine sudore tortoris 2 24 2
licitum est, aciem suae tetenderit mentis; eo enim res deducta est, ut fides nostra per dei requiratur iniuriam. quod futurum Salomon enuntiauit et 2 3 12
mores et actus imitari. cuius rei facilis probatio est, illa cum interim, quae nostra sunt, uidemus. aurum argentumque, Christiane, si uera dicenda 1 14 4
ut, cum in profundum homines susceperit uiuos, euomat mortuos, aqua nostra suscipit mortuos et euomit uiuos, ex animalibus ueros homines 2 10 2
rosis, antequam marcescant. nullum pratum sit, quod non transeat luxuria nostra. ubique relinquamus signa laetitiae, quoniam haec est pars nostra et 2 4 10
quae in pari causa ipsi praestatori nihil prodesse possunt. at uero nostrae aceruatim absoluunt quicquid inuenerint nec aliquid subsiciui esse 2 24 1
studio, quo sequimur mala. nulla ulli competit excusatio, maxime cum res nostrae commissa sit uoluntati, propheta dicente: *ante hominem bonum et* 2 4 18
nominis commutetur regula ueritatis. est enim et alius amor sane saluti nostrae contrarius, cui recte hominis forma tribuitur, quia temporalis ac 1 36 25
nullaque ibidem umquam fuisse ab incolis renuntiatur. at Thamaris nostrae cum processu temporis procedit et uterus. mirum profecto uidete 1 13 3
aetates isto carmine inuitans: *exiguum et cum taedio est tempus uitae nostrae et non est refrigerium in fine hominis et non est qui agnitus sit* 2 4 10
custodienda uirtutum. in hanc fortiter incumbendum; ipsa est enim uitae nostrae immobile fundamentum, inuictum aduersus diaboli impetus 1 36 4
timorem domini docebo uos. naturalis ergo non discitur, sed impulsu nobis nostrae infirmitatis occurrit, quia non artis est timere quod metuas; metuis 2 2 1
aduersus diaboli impetus propugnaculum pariter ac telum, animae nostrae inpenetrabilis lorica, legis conpendiosa ac uera scientia, daemonum 1 36 4
praeparata sunt infinita. nemo sit de mansione sollicitus: certae gloriae nostrae insignis res erit, si dei ciuitatem felicitate nostri numeri fecerimus 1 5 18
de tanto coniugio, omnifarie niti debemus, quemadmodum prosapiae nostrae nobilitatem non relatione tantum, sed etiam fide similitudinis 1 1 3
et post hoc erimus tamquam qui non fuerimus; et non est reuersio finis nostrae, quoniam consignata est et nemo reuertitur; et infra: *uenite ergo,* 2 4 10
gloriosum palmamque prouocauero, nobis fortassis insultent, quia nostrae sacrae uirgines uiduaeque magno pro inmortalitatis praemio, suae 2 7 11
maiestatis impressi atque signati, qua sincere uiuentes in custodiam nostrae salutis per spiritum sanctum imaginem referimus, quam tenemus. 1 13 11
ex utroque, patriarcharum semesa fides est ac per hoc illis constitutionis nostrae uidelicet decernendi sunt libri, ut possint esse perfecti! o quam 2 3 9
et uita; quod elegerit, hoc dabitur ei. unde dubium non est uoluntatem nostram, cui se iunxerit parti, praebere uictoriam eiusque in resurrectione 2 4 18
quid sit quod deus ait: *faciamus hominem ad imaginem et similitudinem nostram (et fecit,* inquit, *deus hominem ad imaginem et similitudinem dei),* 1 27 2
quid sit, quod deus ait: *faciamus hominem ad imaginem et similitudinem nostram (et fecit,* inquit, *deus hominem ad imaginem et similitudinem dei*), 1 30 2
et similitudinem nostram; non inquit: 'fac ad tuam', sed ait: *faciamus ad nostram*, ne quam filius hominem induturus pati uideretur iniuriam. 1 45 1
uir sicut ait noster: *nouit deus cogitationes sapientium, quia sunt stultae.* nostram nobis stultitiam derelinquant, habeant secum sapientiam suam; 2 1 15
quippe cum dicat: *faciamus hominem ad imaginem et similitudinem nostram*; non inquit: 'fac ad tuam', sed ait: *faciamus ad nostram*, ne quam 1 45 1
ipso dicente: *fides tua te saluum fecit.* igitur si nostra est, seruemus ut nostram, ut iure speremus aliena. nemo enim censum decoctori committit 1 36 7
quam nemo nouit nisi ipse solus, qui fecit. itaque quod specialiter ad nostras pertinet partes, uideamus, quid sit quod deus ait: *faciamus* 1 27 2
sibi praesumit de Christo? igitur primo omnium probandum puto animas nostras suorum corporum exuuiis <exui> nec cum labe carnalis huiusce 1 2 3
absoluitur, si fatetur. magna ratio, magna potestas, magna pietas iudicis nostri, a quo uniuersi generis peccatores, ut possint beate uiuere, puniri 1 42 1
si fatetur. o magna potestas, magna peritia, magna pietas iudicis nostri, a quo uniuersi generis peccatores, ut possint beate uiuere, puniri 2 10 2
sub uobis uiuus mortuusque diu numquam uisus est nudus. iam pauperes nostri alimenta rogare non norunt; iam uiduae atque inopes testamenta 1 14 9
diuerso charismate, sed una natiuitate ecclesiae flores clarissimi ac dulces nostri funduntur infantes. aestas autem fidelis est populus, angelicus et 1 33 2
non manu facta in spolationem carnis, sed circumcisione domini nostri Iesu Christi, elaborate, ne uestra integritas mutiletur, ne ingruentium 1 3 24
uno ictu omnes neruos abscindet. quapropter duas esse natiuitates domini nostri Iesu Christi necessario scire debet populus Christianus, ne quem 2 8 2
comparetur. dies uero ad sacramentum pertinet resurrectionis domini nostri Iesu Christi, qui *in omnibus omnia* est; qui uere aeternus est ac sine 1 33 4
quia amborum unum nomen est deus. igitur duas natiuitates esse domini nostri Iesu Christi, rudis aut neglegens disce Christiane, ne quo decipiaris 1 54 2
legitime, si possis, permitteris edocere. prima itaque natiuitas domini nostri in patris et filii tantum conscientia manet, nec quicquam habet 1 54 2
quod nati sumus, solique debere, quod uiuimus, nihilque prorsus cordis nostri in penetralibus retinere, quod alieno iuri seruemus. at cum ab eodem 1 36 21
liberatos. a diaboli rabie idolorumque turba uiolenta non tantum nostri maiores, sed omnis Christiana progenies de uera Aegypto, id est isto 1 46b 1
sollicitus: certae gloriae nostrae insignis res erit, si dei ciuitatem felicitate nostri numeri fecerimus angustam. itaque estote securi: nihil in illa deest 1 5 18
uox clamantis in deserto: parate uiam domini, rectas facite semitas dei nostri. nunc uideamus quae consequuntur. per idem tempus duae cognatae 2 8 7
nido uiuificatus resurrectionis iura gustaret. o magna prouidentia dei nostri! o bonae matris caritas pura! diuersos genere, sexu, aetate, 2 29 2
nisi eius curauerit mentem, non uideo, quid illi praestiterit. o liberatoris nostri profunda prouidentia! o praestantia singularis! o dulcis sententia! o 2 24 3
res est, fratres, quae et honorem praestat et praemium. o liberatoris nostri profunda prouidentia! o praestantia singularis! o dulcis sententia! o 1 42 2
pietatis, quia laus filii est patris et laus patris amborum. nunc sacrificii nostri proprietatem nos conuenit nosse, quae facile ex aduerso cognoscitur. 1 25 9
sacrae orationis iste locus nouus et populus cotidie Christi dei et domini nostri prouidentia comparatur. hic labor noster illustris, haec gloria 2 6 11
cuius abhorrens infelicitatem dominus rei, aliam sibi, id est populi nostri, sua pro uoluntate plantauit, in quam omnis fructus propheticus 2 11 1
per quem nobis munus futurae beatitudinis pollicetur, hoc quoque nostris competentibus praestaturus, quos nunc inuitat felix occasus, ut 1 57
coacti sunt uiuos. quem ut semper et ubique aucti fide, numero, caritate nostris cum fratribus celebremus, praestabit deus pater omnipotens. 2 19 2
tunc autem facies ad faciem erit. unde dubium non est in corporibus nostris, dum mortis lege seminantur, non substantiam, non imaginem, sed 1 2 30
uelis quattuor temporum munera expungens. denique competentibus nostris finitur hiems hodie peccatorum. oleo confecto laetabuntur. hodie 2 13
eius obscuret. nunc ad patientiae reuertamur uirtutem, quae maioribus nostris illustri uirtute perennem gloriam peperit et salutem. Abel ideo 1 4 12
tempora et saecula infinita disseminat. parit sibi de fine principium, hoc nostris quoque hodie competentibus praestaturus, quos iam nunc felix 1 44 2
reddemus, quia facta commutatione quod eius est fit pro partibus nostris. sequens est, ut etiam proximos eo affectu, quo nos ipsos diligimus, 1 36 21
qui pater est omnium saeculorum. hic est dies, fratres, quo a domino nostro cunctus redemptus est orbis, quo aetherio semine nouellus 1 16 2
suo superstites triumphantes de camino procedunt, praestante domino nostro Iesu Christo. 1 53 2
Iob facultates, quas habuit, amisit; et dominus caelestia sua bona amore nostro neglexit pauperemque se fecit, ut nos diuites faceret. Iob filios 1 15 8
ardere putabantur incendio, de suis incensoribus uindicati, sed de domino nostro, quem, pro nefas, uenerantur externi, si tamen dicendum est, sui 2 18 1
quid sperant de imagine, cuius nosse non sunt meriti ueritatem, dominum nostrum Iesum Christum? 1 18 2

natiuitate renouatis plenitudinis suae pio de fonte largitur per dominum nostrum Iesum Christum. 1 27 3

concordes salutaria celebrare mysteria, per dominum et conseruatorem nostrum Iesum Christum. 1 26

suaue redolentibus sacri altaris feliciter enutrit a cancellis, per dominum nostrum Iesum Christum. 1 32

pascha non esse, sed bromosum latronis cruenti conuiuium? per dominum nostrum Iesum Christum. 1 28 2

Christo in aeterna saecula permanebit per dominum et conseruatorem nostrum Iesum Christum, qui est benedictus cum spiritu sancto ante 1 13 13

congregatos ad caelestia regna perducit per dominum et saluatorem nostrum Iesum Christum, qui est benedictus in saecula saeculorum. 1 6

diligens fuerit, semper et se et alios bonis omnibus satiabit per dominum nostrum Iesum Christum. 1 24 4

cuius sacrificium diuina sententia aduertitis esse damnatum per dominum nostrum Iesum Christum, qui est benedictus cum spiritu sancto in omnia 1 19 2

incensi sunt, sanctificati et incolumes de camino procedunt per dominum nostrum Iesum Christum. 1 22 2

de quo lex ait: *Pascha est domini*; apostolus quoque Paulus: *Pascha nostrum immolatus est Christus*. cur autem dignatus fuerit immolari, 1 8 2

dextra laeuaque undarum stupentibus rupibus pede sicco transiuit; at nostrum mare uoluntarios suscipit, feliciter naufragos facit interimensque 1 46b 2

oculis non est subiecta carnalibus; nam neque cum ingreditur corpus nostrum neque cum de corpore egreditur, a quoquam deprehendi potest 1 27 3

inquit, *genui et exaltaui*. infinita Iudaei infidelitate sua apud dominum nostrum odia meruerunt, quoniam quanta fuit de amore gratia, tanta de 1 61 5

nescio quid possit quispiam promouere; unum tamen scio, quia nullus est nostrum, qui non momentis omnibus elaboret, ut plus habeat, quam 2 1 16

facillime uindicare. sed quia apud sapientes et honestos grauius est aliqua nota confundi quam mori, deus Iudaicum populum luxuriae aestu 1 20

pater in profundo suae sacrae mentis arcano insuspicabili ac soli sibi nota conscientia, filii non sine affectu, sed sine reuelamine amplectebatur. 1 17 1

sed haec non ad uos, fratres, quorum largitas prouinciis omnibus nota est, quorum pia semina totius quodam modo orbis per membra 1 14 8

Abraham gemini populi typum in semet ipso portasse, ut circumcisionis nota exprimeret Iudaeum, credulitatis iustitia Christianum. adde quod 1 3 7

plane et quidem manifestam ex eo ipso, quod non est nobis portantibus nota. incomprehensibilis enim dei imago inuisibilis sit, necesse est. denique 1 27 3

plane, et quidem manifestam ex eo ipso, quod non est portantibus nota. incomprehensibilis enim dei imago inuisibilis sit necesse est. denique 2 30 3

alienis sub coloribus nescit, non domesticis, non affectibus, non maritis nota, non sibi, quia non potest notum esse nec uerum quod est semper 1 1 10

amicitiae disciplina? quid autem pro se in necessitatibus gerant, omnibus nota porcorum cotidiana propemodum tam iucundi certaminis exempla 1 36 15

felicius esse quod oderat. gemit instanti poenae aliquid de facultatibus notis mederi non posse, pro uno puncto requiei incunctanter tota, si liceat, 1 2 10

ab omni peccato se abstinet, quod propterea facit, quia *praui* bonique *notitiam* gerit, quod est utique sapientis. unde fit, *ut numquam iustus possit* 2 1 10

possent — neque enim poterant sine magisterio diuinae sapientiae, cuius notitiam non habebant —, duas asseruere iustitias: unam ciuilem, alteram 2 1 2

perpetuam futuri regni consortem, sine qua nemo possit omnino ad dei notitiam peruenire. unde primo omnium definiendum puto, quid sit 1 3 1

ac nos illi colunt libenter ut dominos. huius est munus, ut, non dicam notos aut amicos, sed saepe etiam eos, quos numquam uidimus, diligamus. 1 36 14

non domesticis, non affectibus, non maritis nota, non sibi, quia non potest notum esse nec uerum quod est semper incertum. praeterea numquam 1 1 10

populorum. hic est, cui *data est potestas in caelo et in terra*, nomini eius noua a deo suo, ipso dicente: *ego te clarificaui in terra; opus perfeci, quod* 2 5 4

thesauri eius indeminutae deitatis paterna substantia paternaque uoluntas, *noua et uetera* duo testamenta, quae uidetis recte eadem sine ambiguitate a 1 37 9

de regno caelorum similis est patri familias proferenti de thesauris suis noua et uetera. *scriba*, fratres, est praedicator, *pater familias* Christus, 1 37 9

manus innoxias animas secure conficit ebibita ueneni tempestas; sepelitur noua odii rabie, antequam nascatur, matris iam non in utero sed sepulcro 1 5 3

in iure. at cum mera fide credentis salutari fuerit necata baptismate, noua paterni sacro resurgit fontis ex gurgite iam pura, iam libera, iam a 1 2 25

uirgo incorrupta post conceptum, permaneret talis quoque post partum. o noua ratio! amore imaginis suae coactus in infantem uagit deus patiturque 2 12 3

uagitus auditur, ecce parientis uno de uentre clarissima turba procedit. noua res, ut iure spiritali unusquisque nascatur. ultro currite ad matrem, 2 28

diffusis germinantia undique dulce prata respirant. exsultat aestas noua, sed diues, in frumenti uarias moles spiceam feliciter contundens 1 33 1

immo pinguedo ipse factus, totusque acceptum translatus in honorem nouae frondis promotione ramis resurgescentibus ornatus iam non oleaster 1 2 27

iam totus populus in eius sanguine tumescebat, iam sui quoque familiares nouae rei atrocitate perculsi, miserabiliter ingemescentes dimissis capitibus 1 1 19

nunc delet quas amauerat species, nunc subicit alias, nunc parturit nouas. manibus suis facta hydra formarum procax semper incedit, quia 1 1 10

correcta sint crimina. pudet me dicere in populo graui anus saepe uideri nouas nuptas, quarum paene plures sint nuptiae quam natales. quae non 2 7 10

templum. exsultate igitur, fratres, aedificationemque uestram aede ista de nouella cognoscite, cuius quoque capacitatem felici numero fecistis 2 6 5

aetheriae gentes, exsultate, nouella pignora in Christo, florentissimique hodierni spiritalis ortus uestri 1 38 1

uinea, quae a domino in Aegypto fuerat instituta, postulabat ad tempus nouellae profecisse, inscriptio ipsa tituli psalmi lecti declarat; sic enim se 2 11 1

fabulantur etiam profani secreta! o quam praesumpta, quae mauult magis nouellae traditioni suae credi quam antiquitati, quam deo domino dicenti: 2 3 10

docuit afferre uindemiam. inde est, quod hodie uestro de numero nouellae uites ad iugum perductae, scaturientis musti dulci fluento 1 10b 3

fortassis est pugna), multos esse tractatus, multas etiam fides et quidem nouellas et litis labore ac fauore nutritas. quas, quia uera uix potest 2 3 7

deo sacrificium laudis. primo omnium sacrificiorum tria esse genera, nouelle, disce, Christiane, ne quo seducaris errore. unum est enim 1 25 3

occasus, ut sacri oceani lacteo profundo demersi, surgentes inde nouello nouelli cum die, sua luce radiantes nobiscum possint inmortalitatis per 1 44 2

hominem istum uestrum *ueterem* foetorosis suis cum pannis abicite, nouelli omnes, omnes candidati, omnes spiritus sancti munere mox diuites 1 49

Selom autem praedictorum tertius frater minor ex gentibus uenientis nouelli populi imaginem depingebat, Thamar ecclesiae, quae ei recte nupta 1 13 7

inuitat felix occasus, ut sacri oceani lacteo profundo dimersi inde nouello nouellique cum die resurgentes nobiscum possint ad inmortalitatis gloriam 1 57

inuitat occasus, ut sacri oceani lacteo profundo demersi, surgentes inde nouello nouelli cum die, sua luce radiantes nobiscum possint inmortalitatis 1 44 2

nunc inuitat felix occasus, ut sacri oceani lacteo profundo dimersi inde nouello nouellique cum die resurgentes nobiscum possint ad inmortalitatis 1 57

ecce rex tuus uenit tibi iustus et saluans, mitis, sedens super asinum nouellum, et iterum: *tollite portas principis uestri et eleuamini, portae* 2 5 2

aduenit. idem sibi successor idemque decessor, longaeua semper aetate nouellus, anni parens annique progenies; antecedit quae sequitur tempora 2 19 1

aduenit. idem sui successor idemque decessor, longaeua semper aetate nouellus, anni parens annique progenies antecedit sequiturque tempora et 1 57

aduenit. idem sibi successor idemque decessor, longaeua semper aetate nouellus, anni parens annique progenies antecedit quae sequitur tempora et 1 44 1

reciprocis ambagibus operis mundani pensa perpetuans, genitali semper nouellus occasu, a se in semet *sua per uestigia* reuolutus dies salutaris 1 6

ipsa, sed ipsa orbita circumducens dies magnus aduenit suo sibi semper nouellus occasu. quod praeterit sequitur, quod futurum est antecedit. in 1 16 1

quo a domino nostro cunctus redemptus est orbis, quo aetherio semine nouellus uiuificatus est populus; hic, inquam, qui nobis resurrectionis 1 16 2

a maiestatis suae immensitate peregrinari fecisti. tu uirginali carceri nouem mensibus relegasti. tu Euam in Mariam redintegrasti. tu Adam in 1 36 29

et incrementis adolescentibus cotidie delectatur; at illa aegra fastidio nouem mensium non baiulat pondus, sub incerto partu parientis 2 7 3

ad eum locum, unde uenerit, reuertatur. si ergo hoc ille sensit, qui non nouerat Christum, cur dubitet Christianus, qui resurrectionem futuram et 1 2 2

uariis magnisque criminibus maximum fecit. ipsa Herculem nouerca deterior in Omphales libidine turpiter uicit, quem terribilis turba 1 1 11

genere, sexu, aetate, condicione suscipiens necat odio criminum ut nouerca, pia seruat ut mater necatosque non ante uiuificat, antequam omne 2 29 2

campum coeperintque sacri nominis telo pulsari, tunc, cum alium noueris, alium certe misereris: discoloratur per momenta color, figura sua 1 2 6

contendis, quemadmodum per alium locutus sit mortuus ille, quem noueris. at dicis: 'hoc daemones fingunt'. o probatio melior, quod etiam 1 2 7

in pauperes et egenos sua bona uniuersa fundentem; postremo quem noueris idolatriae fanum, gaudeas dei templum. itaque beatus est, semper 2 29 3

quid deteriori meliorem subiacere compellis, scriptum quippe cum noueris: *omnis caro fenum et gloria eius sicut flos feni*? cuius si curam 2 4 15

corde, nonne iniuriosum uel superuacaneum putabitur deo indicare quod nouerit? absit. indicat ille, sed nobis, quos cupit quod facit ac praedicat 2 9 3

omnia homini nato tam necessarium atque conueniens, quam ut se ipsum nouerit. etenim genus insaniae est eum rationem secreti naturae disquirere, 2 30 1

timenti deum tam necessarium atque conueniens, quam ut se ipsum nouerit. etenim genus insaniae est eum rationem secreti naturae disquirere; 1 27 1

nosse nisi deum nihilque ex eo amplius requirendum quam ut quis eius nouerit uoluntatem, sine qua ei nec legitime seruire poterit nec placere. 1 54 1

fratres, quia, etsi pauper sum, tamen frontem meam tueor et fidem meam noui. certe si quid sciunt, dicant operarii, qui mecum sunt. lucro gaudeo, 1 41 3

columna nubis atque ignis uiam demonstrauit, nobis testamenti ueteris ac noui clarissima oracula uiam, uerum Christum dominum, prodiderunt, qui 1 46b 2

momento facti aetatibus diuersis aequaeui. sed curiositatem uestram bene noui. ueteris uitae usurpatione, quod quidem uobis ulterius non licebit, 1 38 2

uellem, fratres dilectissimi, triumphali quodam modo uti sermone nouique operis arcem sacram laudibus geminare. sed quamuis sit optimum 2 6 1

gentes uniuersaeque nationes gladio. per orbem totum uesana bacchatur nouis ac uariis artibus feruens, numquam quieta, non die, non nocte, non 1 14 2

homo, et in detestabilis congestionis lucra letifera etiam ipsa elementa nouis artibus coge! licet radient tibi pretiosorum lapidum discoloribus 1 5 10

cuius asserunt se saepe discipulos, eodem spiritu ad Israel loquitur dicens: *nouissimis diebus circumcidet deus cor tuum et cor seminis tui ad dominum* 1 3 13

quia caelum pluuias et fruges terra non denegat! sed quia haec prophetia nouissimis erat complenda temporibus sub domini saluatoris aduentum, qui 1 61 2

iuga redemptionibus frangit; incarceratis medendo plus carcerem nouit; blanda peruigil cura aegritudinem cum aegro partitur; abiecta 2 1 12

perfruetur. sed quid ad nos, quid illi dicant? insignis uir sicut ait noster: *nouit deus cogitationes sapientium, quia sunt stultae*. nostram nobis 2 1 15

sollicitudo sine requie, ad sua numquam perueniens uota, quia satiari non nouit. fidem frangit, caritatem neglegit, iustitiam negat, non cognoscit 1 21

dignatio, in qua quae parturit non gemit, qui renascitur plorare non nouit! haec renouatio, haec resurrectio, haec uita aeterna, haec est mater 1 55

fluxit in poculum, at Christi fontem qui biberit, in aeternum sitire non nouit. illis in deserto suauitas lactis et mellis exhibita est, nobis uero, quod 1 46b 3

humanis opinationibus substantia naturae comprehendi, quam nemo nouit nisi ipse solus, qui fecit. itaque quod specialiter ad nostras pertinet 1 27 1

tempestate tranquilla. serenitatem suam nebulis turbulentare non nouit. paenitentiam nescit; altercatio quid sit ignorat. omnes aut deuitat 1 4 2

tu legitimum dei templum, sacrarium pudoris. te corruptio intrare non nouit. per te saeculum uincitur, concupiscentia omnis eliditur, diabolus 1 1 21

hac uidelicet ratione, quia in *thesauris suis* duos denarios intelligi uoluit, nouitate et uetustate duo testamenta. hos duos denarios a Samaritano 1 37 9

martyres gloriosos a confessione Christiani nominis nullis tormentis, nulla nouitate mortis, nullis praemiis, nullis amicitiis, nullis affectibus omni sane 1 36 30

uiris Iuda et omnibus, qui habitant in Ierusalem: renouate inter uos nouitatem et ne seminaueritis in spinis. circumcidite praeputium cordis 1 3 12

dies sempiternus eluxit; quo discussa conuolutae hiemis tristitudine, nouo uento Fauonio blandiente, diuersis floribus genere colore pariter et 1 33 1

sine se utilia esse non possunt, quia ueteri sicut nouum praestat fidem, ita nouo uetus perhibet testimonium, sicut scriptum est: *semel locutus est* 1 37 4

adulantes uiuis, mortuis suspirantes, nunc odientes ueteres, nunc nouos filios similiter et maritos? at e diuerso ipsae aestiment, quid sint, 2 7 10

in examen iusti quibus possit armis, quibus possit uiribus, niteretur. igitur nouum ac paene incredibile committitur proelium. ultra morem diabolus 1 4 18

non bello, non pace, numquam satura, lucrorum enormitate miserior. nouum calamitatis est genus, quod tantummodo crescit, senescere ignorat. 1 14 2

cum salubri unda perfusi, limpidae aestatis messe gaudentes panem nouum coeperint manducare. quos autumnale quoque non morabitur 2 13
perciperetis, pro uobis ipsis bene uigilastis; optime estis auditi. nouum iudicii genus est, in quo reus, si excusauerit crimen, damnatur, 1 42 1
ut indulgentiam perciperetis, pro uobis bene uigilastis, optime estis auditi. nouum iudicii genus, in quo reus, si excusauerit crimen, damnatur, 2 10 2
conscribunt. quae sine se utilia esse non possunt, quia ueteri sicut nouum praestat fidem, ita nouo uetus perhibet testimonium, sicut scriptum 1 37 4
quod timeat publicari. totum prorsus temptat, ut sibi uindicet totum. nouum prodigii genus est: odit pudicitiam et tamen hoc cupit uideri, quod 1 1 9
incolumi corporis manente materia, interficit *hominem ueterem*, creat nouum, sacri gurgitis elemento sepelit. et cum omnium aquarum natura sit 2 10 2
illo se non posse displicere facinore, quod deo gerebatur auctore. o nouum spectaculum ac uere deo dignum, in quo definire difficile est, utrum 1 4 14
fustium imbres maioris poenae contemplatione neglecti sunt. excogitatur nouum stupendumque supplicium, quo se in homine uincere crederet 1 39 6
occasu. quod praeterit sequitur, quod futurum est antecedit. in omnibus nouus est et tamen in omnibus uetus est. punctis omnibus commutatur, 1 16 1
est. ipse est et tamen ipse non est. uetus quidem uidetur domicilium, sed nouus est inquilinus mutatione morum natiuitatis suae nobilitatem 2 24 3
quibus Hierusalem spiritalis instruitur, quibus sacrae orationis iste locus nouus et populus cotidie Christi dei et domini nostri prouidentia 2 6 11
Adae et Euae spiritale praeputium, male repetita nuditas condemnetur, ne nouus homo quicquam Iudaei habere uideatur aut gentis. ambo enim illi 1 3 24
est. ipse est et tamen non est ipse. uetus quidem uidetur domicilium, sed nouus inquilinus exsultat mutatione morum natiuitatis suae nobilitatem 1 42 2
nomen imposuit, ut firmaret laetitia, quod aetatis inbecillitas desperauit. nouus sane parentum circa filium crescit affectus, qui ex promissione 1 59 5
non sibi, quia pudorem alienum qui appetit primo suum perdit. pure non nox illi diesque succedit; semper enim caenosi gurgitis sui procella 1 1 6
putabant, quae eis erant, sed erant illis omnia communia, sicut dies, sol, nox, pluuiae, nascendi atque moriendi condicio, quae humano generi sine 2 1 18
uocibus inclamabat. hunc uero profitentem ad nefandam custodiam noxiae mentis mancipes rapuerunt, quem oblatum sibi iubet crudelissimus 1 39 4
illis, si sic perseuerauerint sicut ego; si autem non fuerint continentes, nubant: melius est enim nubere quam uri. alio autem loco ait: *hoc dico* 2 7 2
quarum paene plures sint nuptiae quam natales. quae non rogantur ut nubant, sed ut dormiant inuitantur, propiores sepulcro quam thalamo; 2 7 10
fueris uxor, agnoscere. noli esse sacrilega, noli proditrix legis. profano cur nubas, cum possis nubere Christiano? 2 7 18
hic iam tibi uindicas, taceam, in qua, ut dominus ait: *neque nubunt neque nubentur, sed sicut angeli erunt.* magnum consequere beneficium, si deo 2 7 4
noli esse sacrilega, noli proditrix legis. profano cur nubas, cum possis nubere Christiano? 2 7 18
responde, bonumne amiseris maritum anne malum. si malum et desideras nubere, digna es, quam peior affligat; si bonum, fidei serua signaculum: 2 7 6
secundum iussum; uolo autem omnes uos esse sicut et me, ac per hoc ideo nubere melius, quia uri deterius. *omnia* quidem *licent, sed non omnia* 2 7 2
magis lacrimas commodarent: mortuo anne morienti? post haec si libet nubere, omnia illa mentita es. quid hoc est? ecce rursus ad lenocinia redis, 2 7 7
sicut ego; si autem non fuerint continentes, nubant: melius est enim nubere quam uri. alio autem loco ait: *hoc dico secundum ueniam, non* 2 7 2
mille filii impii? cum haec ita sint, age uidua, quae sicut innocens uirgo nubere saepe festinas, interroganti responde, bonumne amiseris maritum 2 7 6
fragore intonans concrepat caelum, cum inter caecas pinguibus conductas nubibus tenebras crebrae micantes curuis ignibus flammae intercepti diei 2 2 3
argumentis exhaurire conaris? si peritiam legis ostendere cupis, lectionum nubila disserena. doce eam sibi non esse contrariam, doce omnia, quae 2 3 13
ducatum Moyses praebuit, dux noster Christus est dominus; illis columna nubis atque ignis uiam demonstrauit, nobis testamenti ueteris ac noui 1 46b 2
praecipit proficisci, duce Moyseo uidelicet et Aaron, iter demonstrante nubis columna per diem, eadem ignis quoque per noctem. finditur mare et 2 26 1
columna uiam demonstrans Christus est dominus. quod duplicem nubis et ignis imaginem gerit, iudicia duo designat: unum aquae, quod 2 26 2
'si est resurrectio, quare plangis? si amore mariti facis, cur postmodum nubis?' exsecrabilis res est, fratres, nec coniugio seruare caritatem nec deo 1 2 14
Moyse iussus est proficisci. huic per diem non circulus solis, sed columna nubis, non candida luna, sed ignis columna per noctem iter pandebat 1 29 1
necessitate, sed merito. ereptus es inde; non tua euasisti uirtute. columna nubis te deduxit per diem, ut ostenderet caecum; ignis columna per 2 16
peregrini, sed merito. ereptus es inde, non tua euasisti uirtute. columna nubis te perduxit per diem, ut ostenderet caecum; ignis columna per 1 9
est solum, nos in quo uincimus, quia pro sua sanctitate Christianae plus nubunt. adde quod gentibus, quod sine dolore magno uel gemitu non 2 7 11
gloria, quam hic iam tibi uindicas, taceam, in qua, ut dominus ait: *neque nubunt neque nubentur, sed sicut angeli erunt.* magnum consequere 2 7 4
pietatis mordacitate peioribus separari permittis. tu ut nudum uestias, nuda esse contenta es. tibi fames saginatio est, si panem tuum inops 1 36 31
testudine quadam resistunt uincuntque facilius caritate, quod singillatim nuda uix possunt superare uirtute. elementa quoque ipsa, fratres, satis 1 36 15
extendere ac super caespitem [nudus] proiectus in faciem pedum extrema nudare. ecce inter ipsa supplicia uacare non sinitur et orationis instar per 1 39 7
cognoscis, quantorum malo ille constat ornatus. 'filios, inquit, habeo, quos nudare non debeo.' ista et infidelitatis est excusatio, quam spiritus sanctus 2 1 20
menses et digiti. at plerumque cum sua sibi industria fenerator etiam ipse nudatur, si cum casu aliquo fraus, inopia, fuga, mors extorserint 1 5 12
caelum stetit deo spectante securus. parauerat extensa futuris ictibus colla, nudauerat gladiis uenientibus iugulum, putauerat se feralem iudicis 1 39 7
falsos testes pauor inuadit. tremit diabolus, quod ipsius commenta nudentur. gaudent angeli, quod oppressa ueritas tandem defendatur in 1 40 3
ubique dispersi, utrobique deperditi, semesis ossibus, etiam suis carnibus nudi. conspicite rem auaro condignam! ille, ille amplum qui habuit 1 5 8
triplicis numismatis unione signatum. gaudete itaque! in fontem quidem nudi demergitis, sed aetheria ueste uestiti mox candidati inde surgetis. 1 23
est omnium peior, nemo imminentes diei iudicii flammas, per quas omnes nudi transituri sumus. solum colitur, de quo dictum est: *idola gentium* 1 5 15
in tuis moribus, tuis fundamentis tuisque consiliis quam in alienis nudisque sermonibus conquiescis neque tantam in multiplicandis uirtutibus 1 4 20
rursum, sicut Adae et Euae spiritale praeputium, male repetita nuditas condemnetur, ne nouus homo quicquam Iudaei habere uideatur 1 3 24
uictoria est. non illam loco uis ulla detorquet, non labor, non fames, non nuditas, non persecutio, non metus, non periculum, non mors, non 1 4 3
rei familiaris pietati praeponit? qui hominibus fame laborantibus ac nuditate pascit tineas, curculiones ac uermes? qui quod habet infelici 2 1 17
se credentem reprobat nullum, non Aries sed agnus excepit, qui uestram nuditatem uelleris sui niueo candore uestiuit, qui suum lacte beatum uagitu 1 38 3
omni sane tortore pietatis mordacitate peioribus separari permittis. tu ut nudum uestias, nuda esse contenta es. tibi fames saginatio est, si panem 1 36 31
at ille in repugnatione ueste sibi uiolenter extorta ex impudicitiae fouea nudus aufugit. sed pudicitiae splendore uestitus post calumniosam 1 1 16
omnibus patent; sub uobis uiuus mortuusque diu numquam uisus est nudus. iam pauperes nostri alimenta rogare non norunt; iam uiduae atque 1 14 8
sorte satiare, dum subito manus iubetur extendere ac super caespitem [nudus] proiectus in faciem pedum extrema nudare. ecce inter ipsa supplicia 1 39 7
depingitur, quia eius lasciua lubricitas nec annis senilibus temperatur; ideo nudus, quia uoluntas eius est turpitudo; ideo pennatus, quia in 1 36 25
periculosae, nullo puerum maternorum uiscerum prosecutae sunt damno. nulla adhibita rudi fetae sueto more fomenta; neque enim, fratres, his 1 54 4
itaque deinceps fuge, uirgo, fuge, uidua, nuptias tales. excusatio prorsus nulla competit tibi. si continens esse non poteris, saltem noli tuas nuptias 2 7 18
si traditurus est regnum, isti mentiuntur. absit! nullus hic error, diuersitas nulla est. Paulus enim de hominis adsumpti temporali locutus est regno, in 2 5 7
quod in ea nihil inueniat fama quod feriat. cruciatur diabolus, quod nulla ex parte suam perfecerit uoluntatem: nec adulterium enim, quod 1 40 3
uideo praeterea, sicut assertorum indicant nomina (quae si auferas, nulla fortassis est pugna), multos esse tractatus, multas etiam fides et 2 3 7
si omnes, qui timent dominum, beati sunt, non beatus est nullus, quia nulla gens est, nulla sunt pecora, animantium denique nulla natura, quae 2 2 3
in spiritu sancto exsultas. tu cum in tribus una sis, nullo pacto diuideris, nulla humanae curiositatis calumnia commoueris. a paterno fonte in filio 1 36 32
uestrae thesaurus. uobis auro constructa aetheria illa ciuitas destinata est. nulla intrare uolentibus mora; patent duodecim portae, habitacula 1 5 17
est nullus, quia nulla gens est, nulla sunt pecora, animantium denique nulla natura, quae non timeat deum. cum grauamur rumpentibus sonis, 2 2 3
tu martyres gloriosos a confessione Christiani nominis nullis tormentis, nulla nouitate mortis, nullis praemiis, nullis amicitiis, nullis affectibus omni 1 36 30
temporum fertur duodenis mensum perpeti cursu mutationibus diues, nulla statione contentus, quia inmortalitas eius est cursus. uerum currat an 1 26
timent dominum, beati sunt, non beatus est nullus, quia nulla gens est, nulla sunt pecora, animantium denique nulla natura, quae non timeat 2 2 3
maris magno clausus obice reprimebatur. etenim illi nullae inerant naues, nulla transfretandi praesidia, cum subito diuina prouidentia scinditur mare, 1 29 2
seruari: meliora sequamur saltem uel eo studio, quo sequimur mala. nulla ulli competit excusatio, maxime cum res nostrae commissa sit 2 4 18
Taurus, sed optimus, dulcis, blandus ac mitis uos admonet uitulus, ut nulla ullo in opere captantes auguria, eius sine malitia succedentes iugo 1 38 3
premebatur, inde maris magno clausus obice reprimebatur. etenim illi nullae inerant naues, nulla transfretandi praesidia, cum subito diuina 1 29 2
Christianos designauit ac lubricos, *qui inter pios impiosque sint medii* nullam partem tenentes ad plenum, cum utramque tenere non desinunt. 1 35 4
ex moribus deprehenderit, confestim ut perfidum punit irata quem docuit nullamque aliam ob causam promulgatam se esse testatur, nisi ut fides de 2 3 3
quoniam iusti uitae perpetuae, impii aeterno sunt destinati supplicio nullaque eos cognitio exspectat ulterius, quinam sint isti, quibus est 1 35 4
accepit. interea secundum condictum haedus mittitur, fornicaria quaeritur nullaque ibidem umquam fuisse ab incolis renuntiatur. at Thamaris nostrae 1 13 3
metuenda, gustatur, tunc ei in aeternum manentis gloriae beatis in sedibus nullas deinceps aerumnas mundi sensura repromissa felicitas exhibetur, 1 2 32
cum addidit: super me, ostendit numquam se elatum fuisse, cum posset. nulli enim facilius efferuntur, nisi quos inopinati honoris culmen extollit. 2 9 6
inquisitionibus uanis semet ipsum confundit. sed dicit aliquis: 'si ita est, nulli ergo lex prodest.' absit; prodest, et quidem plurimum, nam per ipsam 2 3 3
in statu, quo nata es, permanens, uirgo, gloriare sanctique pudoris florem nulli legi subiecta fidei thesaurum custodi. esto sancta et corpore et spiritu, 2 7 4
ex utroque in utrumque commeando largiflua, utrisque propria, nulli priuata. etenim damnum patientur ubertatis et gratiae, si adimatur, 1 7 4
condicione non dubia, soli sibi deuota, semper bene conscia, prorsus nulli rei subiecta, unum tantummodo metuens, ne <non> sit amplius 1 1 1
nullis tormentis, nulla nouitate mortis, nullis praemiis, nullis amicitiis, nullis affectibus omni sane tortore pietatis mordacitate peioribus separari 1 36 30
Christiani nominis nullis tormentis, nulla nouitate mortis, nullis praemiis, nullis amicitiis, nullis affectibus omni sane tortore pietatis mordacitate 1 36 30
pro nefas, uenerantur externi, si tamen dicendum est, sui carpunt. sane nullis argumentis armatus, quibus illi libenter utuntur, qui aduersus 2 18 2
stridor nullus est mundanarum uestris in ceruicibus catenarum. uinculis nullis impeditae sunt manus, nullis pedes onerati compedibus. non uos 2 29 1
uestris in ceruicibus catenarum. uinculis nullis impeditae sunt manus, nullis pedes onerati compedibus. non uos ullus terror exagitat, non ullae 2 29 1
a confessione Christiani nominis nullis tormentis, nulla nouitate mortis, nullis praemiis, nullis amicitiis, nullis affectibus omni sane tortore pietatis 1 36 30
sciunt, quia legis scientiam obseruantiamque ad perfectionem perducere nullis rationibus possunt. si ex credulitate, non ei opus est ulla 2 3 9
efficis corpus. tu martyres gloriosos a confessione Christiani nominis nullis tormentis, nulla nouitate mortis, nullis praemiis, nullis amicitiis, 1 36 30
pondus, sub incerto partu parientis nascentisque de salute non gemit nulliusque momentis omnibus uariae sollicitudinis cura torquetur. sed dicet 2 7 3
furfure abiecto mirifico splendore in farinam candidam micuerunt; quae nullo adulterata fermento est, consparsa ac subacta diligenter. sal inditum 1 41 1
qualitate argumentis asseritur. adde quod ab omnibus appetitur et a nullo completur. adde quod index dei uoluntatis est, non dei originis aut 2 3 5
pietati, pietas religioni, fauet utrisque religio. medius stupet gladius nullo impedimento suspensus mactatione terribili gloriam se praestitisse, 1 4 15
proferamus. Abraham sub lege non erat, sed legem solus impleuit, et qui nullo iure legis tenebatur, omne ius diuinum praecipue custodiuit. cuius 1 43 8

Context			
in filio obtemperas. tu in spiritu sancto exsultas. tu cum in tribus una sis, nullo pacto diuideris, nulla humanae curiositatis calumnia commoueris. a	1	36	32
diuinitatis cessat imperium. at si, ut ratio ipsa proclamat, cessare nullo pacto potest uarietas ista regni, a legis conditore homini a deo	2	5	6
uenerat mundaturus. denique purgationes, quae sunt tarditate periculosae, nullo puerum maternorum uiscerum prosecutae sunt damno. nulla adhibita	1	54	4
auaritia ardet in saeculo. quare utraque sunt uana, quia et cordis exaltatio nullos fructus inuenit et oculorum extollentia de alio in aliud elata	2	9	5
qui prior uinea dei dictus est, floruit quidem, sed infeliciter flore discusso nullos potuit fructus afferre. denique pro fructibus spinas generauit, pro	2	11	1
iudicio structores magis possunt placere quam sacerdotes. quid, quod aut nullum aut perrarum est per omnem ecclesiam dei orationis loci	2	6	2
exagium facite quemadmodum uultis; singulos ponderate: inuenietis nullum habere minus. tripondes sunt omnes, numismatis sacri una libra	1	41	3
fratres, genesis talis est uestra. primus uos, qui in se credentem reprobat nullum, non Aries sed agnus excepit, qui uestram nuditatem uelleris sui	1	38	3
omnis ablatus est. securi gaudete; nihil saeculo iam debetis. ecce nullum pondus, stridor nullus est mundanarum uestris in ceruicibus	2	29	1
praetereat nos flos temporis. coronemus nos rosis, antequam marcescant. nullum pratum sit, quod non transeat luxuria nostra. ubique relinquamus	2	4	10
gloriam dei; et hic utique non tam caelos loqui dicit, quos loquentes nullus audiuit, sed apostolos asseuerat, quorum praedicatione gloria domini	1	61	3
est. securi gaudete; nihil saeculo iam debetis. ecce nullum pondus, stridor nullus est mundanarum uestris in ceruicibus catenarum. uinculis nullis	2	29	1
de hoc nescio quid possit quispiam promouere; unum tamen scio, quia nullus est nostrum, qui non momentis omnibus elaboret, ut plus habeat,	2	1	16
maiestatis. qui *primitiuus* est dictus, quia praeter patrem ante ipsum nullus est primus, *maturus*, quia aeternus est, *perfectus*, quia *dei uirtus*	1	46a	2
ingruerit, se quaeri, se aestimat inueniri; cui securitatis profectus est nullus, etiam si contingat ei accusatore carere, teste conscio, cum se ipso	2	10	1
induturus pati uideretur iniuriam. uidetisne, fratres dilectissimi, quia nullus exserte hic alteri iubet, in opere nullus otiosus est? o sancta	1	45	2
ardent *plura fulminibus*, cum terra uel tremit uel hiatu se recipit in se, nullus hic beatitudinis locus est, ubi non deuotionis, sed necessitatis est	2	2	3
regnat, Paulus errauit; si traditurus est regnum, isti mentiuntur. absit! nullus hic error, diuersitas nulla est. Paulus enim de hominis adsumpti	2	5	7
tuum est, quod, cum occiditur ab hominibus deus omnipotentis dei filius, nullus irascitur de duobus. tu populi caelestis animam tenes, cum ornas	1	36	29
uidetisne, fratres dilectissimi, quia nullus exserte hic alteri iubet, in opere nullus otiosus est? o sancta aequalitas ac sibi soli dignissima indiuiduae	1	45	2
dominum. si omnes, qui timent dominum, beati sunt, non beatus est nullus, quia nulla gens est, nulla sunt pecora, animantium denique nulla	2	2	3
ira, gaudio, tristitudine totque induat uultus, quot animi fuerint motus, nullusque prorsus dies, quo iugiter sibi similis esse uideatur? cum haec	1	27	2
nascatur. ultro currite ad matrem, quae tunc non laborat, si quos parit numerare non possit. intrate ergo, intrate felices, omnes simul subito futuri	2	28	
pedum corpus martyris uiduatur. numerent martyria, qui possunt numerare supplicia, et in uno corpore quantum diabolus publicatus est	1	39	9
plantarum limes inciditur et obsequio pedum corpus martyris uiduatur. numerent martyria, qui possunt numerare supplicia, et in uno corpore	1	39	9
Thamar protulit monile, anulum, uirgam seque liberauit sacramento numeri ab imminenti supplicio; ecclesia ipsa ueritate, in nomine patris et	1	13	13
certae gloriae nostrae insignis res erit, si dei ciuitatem felicitate nostri numeri fecerimus angustam. itaque estote securi: nihil in illa deest	1	5	18
iudicii incendia superabit. illa iustificata discessit; haec glorificata uestri numeri incrementis ac fidei cum Christo in aeterna saecula permanebit per	1	13	13
tres Hebraei uenerabilis numeri sacramento muniti, aetate teneri, sed fidei soliditate robusti,	2	22	
tam iucundi certaminis exempla declarant; quia aliqui eorum cum forte de numero audacis lupi rabie denotatus in praesens periculum coeperit	1	36	15
refundere inferi coacti sunt uiuos. quem ut semper et ubique aucti fide, numero, caritate nostris cum fratribus celebremus, praestabit deus pater	2	19	2
parentibus gratum, utriusque sexus et inuicem se amantium; quorum pro numero deo diurnas hostias offerebat. tanto autem puritatis ac fidei erat	1	15	2
quaerat, non quam commodatio dedit, sed quam ei pepererint armati numero dies, menses et digiti. at plerumque cum sua sibi industria	1	5	12
praecedit. cui haec est conparanda confessio? Maccabaeorum est iungenda numero, Eleazari est adaequanda proposito, conparanda consilio.	1	39	9
certior, ex tarditate dulcior, ex desperatione felicior putabatur. unicus numero et in amoris soliditate iam primus totum <paternae ac>	1	59	5
computatus ad mensuram palmes competens intellegitur legitimo examinis numero examinatus. scrobem fontem sacrum debemus accipere, qui uera	2	11	4
uestram aede ista de nouella cognoscite, cuius quoque capacitatem felici numero fecistis angustam. ex eo enim ipso, quod uos non capit locus,	2	6	5
in omnibus uetus est. punctis omnibus commutatur, non natura, sed numero. fit filius horarum, qui pater est omnium saeculorum. hic est dies,	1	16	1
uberrimam docuit afferre uindemiam. inde est, quod hodie uestro de numero nouellae uites ad iugum perductae, scaturientis musti dulci fluento	1	10b	3
time, diaboli si uis incendia non timere. ecce pueri sacramento muniti tres numero, sed una uirtute, anhelantibus flammis, camino rugiente non	2	15	
qui nunc in se credentes *baptizat spiritu sancto et igni*, ipse tunc quoque numero suae adfuit trinitatis. denique rem sacramento gestam esse	2	27	
dominus triumphasse. sed durat inter haec martyris spiritus et morarum numerositate seruatus perstat uiuus, parte sui corporis iam sepultus. o	1	39	9
est. credo diuina prouidentia sacramento trinitatis spiritalem quoque numerum conuenire. denique nec inrorati camini eis baptismatis defuit	1	22	2
contendat. Moyses et Aaron per id, quod erant, sacerdotium, per suum numerum demonstrabant duorum testamentorum sacramentum. columna	2	26	2
namque erat illi splendidissima domus, diues census, diues quoque numerus liberorum et, quod est parentibus gratum, utriusque sexus et	1	15	2
singulos ponderate: inuenietis nullum habere minus. tripondes sunt omnes, numismatis sacri una libra signati, qui mensae deseruiunt.	1	41	3
unctui, quod tersui opus est praebiturus, sed et denarium aureum triplicis numismatis unione signatum. gaudete itaque! in fontem quidem nudi	1	23	
de aliqua re esse conquestum, cum dicit *audi caelum et terra*, tamquam numquam aut caelum audierit aut terra, cum iussu dei et caelum	1	61	2
nisi quis hostem, a quo impugnatur, expugnet, numquam bonis suis poterit uti securus. sunt enim multi, qui adserere	1	7	1
pura, in martyribus gloriosa, in angelis clara, in omnibus uero regina. tu numquam carni, numquam ulli subiaces legi. de uoluntate nasceris, sed	1	1	20
solae suae conscientiae placens, cum subito, quauis uersutia qui fallitur numquam, confestim adest in Daniele puero deus. omnem repente malitiae	1	1	19
sol denique quamuis mira celeritate alternas mundi metas illustret, tamen numquam dilectam uerecundamque anteuertit auroram; qui, quod maius	1	4	4
non potest notum esse nec uerum quod est semper incertum. praeterea numquam diligit deum, quem scit operibus suis esse contrarium. diaboli est	1	1	11
fratres, *omnia diligit, omnia credit, omnia sperat, omnia sustinet; caritas numquam excidet*. igitur non inmerito dominus deus proximi dilectionem	1	36	20
in caelum numquam recepti noscuntur, neque lucis ascendunt, quia numquam in terris, sed semper in caelo manserunt. unde angelos puto	1	37	11
uiuat, fidelis autem post secundae natiuitatis occasum resurgens horrore numquam intercipitur tenebrarum.	1	16	2
quia *praui* bonique *notitiam* gerit, quod est utique sapientis. unde fit, *ut numquam iustus possit esse qui stultus est neque sapiens qui fuerit iniustus.*	2	1	10
libidinum commutatione uaria gaudet semper et paenitet, ad satietatem numquam lubrica utilitate perueniens. desiderat facere quod timeat	1	1	9
non speret fructum? quid ratem profundo gurgiti nauta committit, si ei numquam lucrum, numquam portus desideratus occurrit? quid miles non	1	36	3
quod optaueris compescendum, maxime cum eius natura sit talis, ut numquam moretur in propriis, sed in publicum tota diffusa sit,	1	4	11
caeca, tempestas insana, rapacitas sine fine, sollicitudo sine requie, ad sua numquam perueniens uota, quia satiari non nouit. fidem frangit, caritatem	1	21	
contenta. totum possidet et de inopia queritur semper. denique ad sua numquam peruenit uota. quantum fuerit auctior, fit tanto miserior: expers	1	5	2
quid ratem profundo gurgiti nauta committit, si ei numquam lucrum, numquam portus desideratus occurrit? quid miles non dicam horridae	1	36	3
uidetur errare curriculo menstruali, solemnes suae ignes aetatis quod numquam prorogat inportune nec derogat, quid aliud intelligi datur quam	1	4	5
gladio. per orbem totum uesana bacchatur nouis ac uariis artibus feruens, numquam quieta, non die, non nocte, non bello, non pace, numquam	1	14	2
aduerto, quia neque refugae descendunt, qui post peccatum in caelum numquam recepti noscuntur, neque lucis ascendunt, quia numquam in	1	37	11
legibus suis suas leges impugnat, ius iure distringit. quis non uideat numquam recti aliquid illam facere uel fecisse, quod fecerit? uultis scire,	2	1	7
quo repleti inebriatique feliciter spiritus sancti calore feruebunt, qui ut numquam refrigescat in omnibus nobis praestabit deus pater omnipotens.	2	13	
passim sua munera infulcit, maxime indignis, ut ad se colligat turbas; ille numquam remunerat quemquam, nisi primo quis uictor mortis iura	2	4	14
qui si esset inpatiens, astu circumscriptus pro Rachel postmodum tempore numquam reparato seruiret. similiter Ioseph patiens inuenitur, e pascua	1	4	16
suae de plenitudine accendit. hic, qui semel occidit et ortus est rursum numquam repetiturus occasum. hic, inquam, quem *duodecim* radiorum, id	2	12	4
sui eius artifex deus et dominus noster occidit et exortus est rursum, numquam sane repetiturus occasum. hic, inquam, quo ferales diruptae sunt	2	19	2
feruens, numquam quieta, non die, non nocte, non bello, non pace, numquam satura, lucrorum enormitate miserior. nouum calamitatis est	1	14	2
ab hominibus hoc putantur in saeculo. at *cum addidit: super me*, ostendit numquam se elatum fuisse, cum posset. nulli enim facilius efferuntur, nisi	2	9	6
uiduarum. tu melior pupillorum, plus quam uterque parens. tibi oculos numquam siccos esse aut misericordia permittit aut gaudium. tu tuos ita	1	36	31
cum se ipso carere non possit, quia uiolentior omni tortore conscientia numquam suum deserit peccatorem. in hoc reatu, fratres, usque nunc	2	10	1
extollit, quorum lenocinio mundus in flore est. intonat lingua, caret quae numquam ueneno serpentis, et, quod omni est maius insania, deo se	2	9	9
per prophetam retundit hactenus dicens: *adolescentior fui et senui et numquam uidi iustum derelictum nec semen eius quaerens panem;* et	2	1	20
est munus, ut, non dicam notos aut amicos, sed saepe etiam eos, quos numquam uidimus, diligamus. huius est munus, quod antiquorum aut	1	36	14
uestrae domus peregrinis omnibus patent; sub uobis uiuus mortuusque diu numquam uisus est nudus. iam pauperes nostri alimenta rogare non	1	14	8
gloriosa, in angelis clara, in omnibus uero regina. tu numquam carni, numquam ulli subiaces legi. de uoluntate nasceris, sed bono puritatis	1	1	20
deus tuus ego sum; et infra: *meus est orbis terrae et plenitudo eius. numquid manducabo carnes taurorum aut sanguinem hircorum potabo?*	1	25	1
scriptura dicit? *Abraham credidit deo, et deputatum est illi ad iustitiam.* numquidnam dixit: Abraham circumcisus est et deputatum est illi ad	1	3	6
tristis, nunc hilaris, nunc humilis, nunc elatus, nunc ebrius, nunc ieiunus, nunc accusator, nunc reus; iocatur, ludit, pallet, tabet, suspirat, zelat,	1	36	26
fratres, ultra licere non puto quam ut sit aut continens aut maritus. uenio nunc ad exempla, quae sunt negotio uel maxime necessaria, quia plus est	1	1	15
prorumpat, uicta sit autem, si dissimulatio celebritatem eius obscuret. nunc ad patientiae reuertamur uirtutem, quae maioribus nostris illustri	1	4	12
agant uniuersi homines, quam dici potest, superfluum est demorari. unde nunc ad ueram iustitiam ueniamus, omnium fontem matremque uirtutum.	2	1	11
est enim parum criminis, ut semper apud ipsos diuinus sit sermo prolatus, nunc alteris uideatur ingestus. unde reiectio Iudaeorum est aliarum electio	1	61	1
populus uanis superstitionibus interesse atque in cultum nefandi ritus nunc aut libamina inceste profundere aut ornatus sertis uictimas trahere	1	39	2
monere non desinit, ignorantia ne quis reatum excuset. nunc seuera, nunc blanda demonstrat praemium, demonstrat et gladium, unicuique,	2	3	3
profuturus. diximus de prima circumcisione carnali, quae Iudaeorum est; nunc breuiter de secunda spiritali, quae nostra est, edicamus. quae tantum	1	3	19
uberibus, sordido plus puluere tecta quam ueste? tu, inquam, non es, quae nunc caelum ipsum ululatibus rumpens post talem maritum puncto	2	7	7
post talem maritum puncto temporis uiuere te non posse clamabas, nunc clusis dolore gemitibus saepe intermortua spiritu, labentibus membris	2	7	7
quod ei ad examen speculi arbitrium temporale dictauerit. nunc emendat, nunc delet quas amauerat species, nunc subicit alias, nunc parturit nouas.	1	1	10
fallit, dat, tollit; nunc tristis, nunc hilaris, nunc humilis, nunc elatus, nunc ebrius, nunc ieiunus, nunc accusator, nunc reus; iocatur, ludit, pallet,	1	36	26
morbis ipsa necessitate etiam inpudicorum pudica fiunt membra. age nunc, eius aemulae rabiem breuiter etiam ex ratione nominum publicemus,	1	1	6
promittit, fallit, dat, tollit; nunc tristis, nunc hilaris, nunc humilis, nunc elatus, nunc ebrius, nunc ieiunus, nunc accusator, nunc reus; iocatur,	1	36	26

praestitit, sed quod ei ad examen speculi arbitrium temporale dictauerit. nunc emendat, nunc delet quas amauerat species, nunc subicit alias, nunc 1 1 10
labore, aetate, languore, gaudio, tristitudine, nunc macie deformis, nunc enormis pinguedine, usque adeo incertus, ut idem in duobus per 2 30 2
nimis acutos et adside et circumcide secundo filios Israel.' uideamus nunc ergo, fratres carissimi, secunda illa circumcisio ab Iesu Naue quo 1 3 15
capit ac decipit, sic Cupido uocitari a luxuriosis suis sibi cultoribus coepit. nunc ergo uideamus, unde uera caritas ueniat, ubinam consistat, cui uel 1 36 28
insanire cuiquam libeat, deus illi non colendus sit, sed quaerendus. quod nunc faciunt infideles, de quibus scriptura diuina quid pronuntiet, 2 9 2
hoc nostris quoque hodie competentibus praestaturus, quos iam nunc felix inuitat occasus, ut sacri oceani lacteo profundo demersi, 1 44 2
exsequiis reuerti iusserunt, ut omnes mirarentur fieri lacrimas gaudii, quae nunc fuerant orbitatis. sed longum est, fratres, ire per singula, maxime 1 36 9
numquam suum deserit peccatorem. in hoc reatu, fratres, usque nunc fuistis. sed fortiter examinati estis. sed ut indulgentiam perciperetis, 2 10 2
turbulentus, ubique fertur insanus: promittit, fallit, dat, tollit; nunc tristis, nunc hilaris, nunc humilis, nunc elatus, nunc ebrius, nunc ieiunus, nunc 1 36 26
ubique fertur insanus: promittit, fallit, dat, tollit; nunc tristis, nunc hilaris, nunc humilis, nunc elatus, nunc ebrius, nunc ieiunus, nunc accusator, nunc 1 36 26
tollit; nunc tristis, nunc hilaris, nunc humilis, nunc elatus, nunc ebrius, nunc ieiunus, nunc accusator, nunc reus; iocatur, ludit, pallet, tabet, 1 36 26
falsum, quod eis cessit incendium. ueritatem ratio protestatur. qui nunc in se credentes *baptizat spiritu sancto et igni*, ipse tunc quoque 2 27
prodest unicuique lucrari mundum et animae suae pati detrimentum? i nunc, insatiabilis homo, et in detestabilis congestionis lucra letifera etiam 1 5 10
pollicetur, hoc quoque nostris competentibus praestaturus, quos nunc inuitat felix occasus, ut sacri oceani lacteo profundo dimersi inde 1 57
timetur. itaque audiamus scripturam, quid dicat, cuius ista sunt monita: *et nunc, Israel, quid dominus deus tuus postulat a te, nisi ut timeas dominum* 2 2 4
nec deum nec sacrificium etiam ipsae cognoscunt se habere legitimum. nunc Iudaeorum quoque sacrificia <a> deo repudiata cognoscite, qui 1 25 6
momentis omnibus inmutatur labore, aetate, languore, gaudio, tristitudine, nunc macie deformis, nunc enormis pinguedine, usque adeo incertus, ut 2 30 2
exspectat, dignus euadere, qui in tanto orbis metu non festinauit euadere. nunc mihi Abrahae memoranda est mira illa temptatio, quae eum aut 1 4 13
commorantes nuper uel maxime ui aliqua obisse meminerimus. hic nunc mihi responde, qui hominis post mortem nihil superesse contendis, 1 2 7
maritorum, adulantes uiuis, mortuis suspirantes, nunc odientes ueteres, nunc nouos filios similiter et maritos? at e diuerso ipsae aestiment, quid 2 7 10
iura, delentes merita maritorum, adulantes uiuis, mortuis suspirantes, nunc odientes ueteres, nunc nouos filios similiter et maritos? at e diuerso 2 7 10
dicit: *omnia per ipsum facta sunt ac sine ipso factum est nihil.* uideamus nunc, optime Christiane, quemadmodum inter patrem filiumque tempus 2 8 5
nunc emendat, nunc delet quas amauerat species, nunc subicit alias, nunc parturit nouas. manibus suis facta hydra formarum procax semper 1 1 10
laeuaque in se refugiens unda testatur. denique eremo exciperis, quo te nunc peruenisse cognoscis; ubi sane ad hoc aquam de petra bibisti, manna 2 16
consuerunt. ceterum apud deum quam sit iniustum, mox uidebimus. nunc primo omnium, optime Christiane, scire cupio, quae sint tua, cum 2 1 18
in passione sacramentum, in resurrectione summum bonum? hic nunc primum omnium scire debemus hominis fabricam *ex duobus diuersis* 2 4 8
et mare uentis lacessitum, cum irascitur, quamuis reciproca uicissitudine nunc pulsantibus caelum, nunc requirentibus terram aestuantibus undique 1 4 5
cum irascitur, quamuis reciproca uicissitudine nunc pulsantibus caelum, nunc requirentibus terram aestuantibus undique uitreis armatum montibus, 1 4 5
nunc humilis, nunc elatus, nunc ebrius, nunc ieiunus, nunc accusator, nunc reus; iocatur, ludit, pallet, tabet, suspirat, zelat, obsequitur; aut 1 36 26
affectu indiuiduo pietatis, quia laus filii est patris et laus patris amborum. nunc sacrificii nostri proprietatem nos conuenit nosse, quae facile ex 1 25 9
male aut creditur aut docetur.' quod malum est ista ratio, mox uidebimus. nunc scire cupio, fides ex doctrina constet an ex credulitate an ex utroque. 2 3 9
sunt, iustorum, qui non iudicabuntur, dignos esse consilio existimauit. nunc scire debemus, quoniam iusti uitae perpetuae, impii aeterno sunt 1 35 4
diffamatur. semper monere non desinit, ignorantia ne quis reatum excuset. nunc seuera, nunc blanda demonstrat praemium, demonstrat et gladium, 2 3 3
temporale dictauerit. nunc emendat, nunc delet quas amauerat species, nunc subicit alias, nunc parturit nouas. manibus suis facta hydra 1 1 10
hic ubique turbulentus, ubique fertur insanus: promittit, fallit, dat, tollit; nunc tristis, nunc hilaris, nunc humilis, nunc elatus, nunc ebrius, nunc 1 36 26
te clarificaui in terra; opus perfeci, quod dedisti mihi, ut facerem. et nunc tu clarifica me apud te ipsum claritate, quam habui apud te, 2 5 4
his similia cum passibilitate sui transeunt; timor conscientiae non deletur. nunc uideamus, intellegendum quemadmodum nobis sit, propheta quod ait: 2 2 3
clamantis in deserto: parate uiam domini, rectas facite semitas dei nostri. nunc uideamus quae consequuntur. per idem tempus duae cognatae 2 8 8
deus cor tuum et cor seminis tui ad dominum deum tuum amandum. hinc nunc uobis iterum dicam: 'Pharisaee, responde, ubi cor habeas 1 3 14
membrum, quod possit quamuis ruina in se mergentibus idolatriae aedibus nunc usque aliquatenus comparari? nam et Salomonis accepimus templum 2 6 2
at in originali decreuit solo; quod captiuitatis sit nexibus exsolutus: sed est nunc usque barbarici furoris moribus alligatus. deus illi ducatum praebuit: 1 52
dicere solet, sua legat ubique duas patris et filii designari personas, tamen nunc usque contendit deum filium non habere. quibus omnibus exempla 2 8 1
est. securi gaudete: nihil saeculo iam debetis. in magno quidem reatu nunc usque fuistis, sed fortiter examinati estis et, ut indulgentiam 1 42 1
posuisse cognoscitur, quoniam *caput uiri Christus*, qui aliquotiens lapis est nuncupatus. scala autem duo testamenta significat, quae et euangelicis 1 37 1
credentes tenent, non credentes incidunt. sed et Dauid hanc calamum nuncupauit, dicens: *lingua mea calamus scribae uelociter scribentis.* 1 37 4
hanc in Apocalypsi Iohannes bis acutum gladium cum uno capulo nuncupauit, quem ex ore domini prodire describit. gladius enim spiritus 1 37 2
ne forte paeniteat, publica obiurgatione confutat. humana sentienti nundinari deterius quam puniri. denique filios uocat, ut abdicatio timeatur; 1 30
ex transuerso in unam fidem concurrentia crucifigi habuisse dei filium nuntiabant; quem confirmat in scala rectissime positum, quia historia totius 1 37 8
ad Nineuitas missus a deo est, eorum ut imminere ciuitati interitum nuntiaret; ingentibus enim peccatorum sarcinis premebantur. at ille alio 1 34 5
qui consolatus cum ad oues tondendas pergeret suas atque hoc Thamari nuntiaretur, quae Selom uiderat maturum ei nec tamen nupserat, uestem 1 13 2
asseuerat, quorum praedicatione gloria domini per tota terrarum spatia nuntiata est. terram homines intellegendos frequens prophetarum assertio 1 61 3
gesta confirmant, quae et in nobis manent. ut est, fratres, Nineuitis nuntiatus interitus, credunt et timent et quantum sciunt dominum non esse 1 34 9
uniuersa uno momento disperdit. hinc Iob alta fidei radice robustus tot nuntiis lugubribus tunditur nec mouetur, sed tantum benedicit deum 1 15 3
quem priorem inueniat, cui primum iustitiam crudi funeris soluat. quo nuntio accepto dei seruus *scidit uestimenta sua*, non ut deo inuidiam 1 15 5
sin uero pacifica et salutaria, profecto laetaberis eique tanto pro nuntio morigera coniux pacem si non ingeris, nec negabis. quid agis, 2 7 16
cupit esse consultum; Abraham patrem deprecatur obnixe, ut aliquis nuntius pergat, qui eos tanti negotii certos efficiat; cui ille respondit: 1 2 10
ut plerumque aliquos noscamus eos esse, quos in idolatria commorantes nuper uel maxime ui aliqua obisse meminerimus. hic nunc mihi responde, 1 2 6
hoc Thamari nuntiaretur, quae Selom uiderat maturum ei nec tamen nupserat, uestem uiduitatis exponit, aestiualia induit, semet decore 1 13 2
mutat et mores. sed dicis: 'ardor me tenerae compellit aetatis.' credo. ecce nupsisti. ut de fragilitate humanitatis, casibus ut de ceteris taceam, ecce 2 7 9
sollicitudinis cura torquetur. sed dicet aliquis: 'etiam Maria uirgo et nupsit et peperit.' sit aliqua talis, et cedo! ceterum illa fuit uirgo post 2 7 4
si uidetur, conferamus, quae sit inter uirginem nuptamque discretio. *nupta cogitat, quemadmodum placeat marito,* uirgo, quemadmodum deo. 2 7 3
nouelli populi imaginem depingebat, Thamar ecclesiae, quae ei recte nupta non est, quia Christo ueniente baptismatis spiritali unda in gremio 1 13 7
an sanitatem. denique si uidetur, conferamus, quae sit inter uirginem nuptamque discretio. *nupta cogitat, quemadmodum placeat marito,* uirgo, 2 7 3
sint crimina. pudet me dicere in populo graui anus saepe uideri nouas nuptas, quarum paene plures sint nuptiae quam natales. quae non rogantur 2 7 10
in populo graui anus saepe uideri nouas nuptas, quarum paene plures sint nuptiae quam natales. quae non rogantur ut nubant, sed ut dormiant 2 7 10
potest timere maritum, quae non timet Christum. inde est, quod coniuges nuptiali sanctissimo repugnantes iugo, pro se quisque nitentes (amore 1 14 7
pertimescam, sermonis publici quae de me fabuletur inuidia; non enim nuptias condemno, sed nuptiis meliora praepono, et quidem etiam apostolo 2 7 2
libera et hominis non sis ancilla. at tu, uidua, secundas cur desideras nuptias, cum temperare uideas apostolum primas? cuius ista sunt uerba: 2 7 5
non est, quia aut hostis publicus aut certe iudicatur insanus, quisquis nuptias dissuaserit. at ego non pertimescam, sermonis publici quae de me 2 7 1
prorsus nulla competit tibi. si continens esse non poteris, saltem noli tuas nuptias fenerare, ne in illo resurrectionis die inter plurimos maritos non 2 7 18
est, quia *pudica*, ideo iugo thalami caelestis honorata, quia etiam post nuptias manet postmodum uirgo perpetua, nos, qui nascimur de tanto 1 1 3
moreretur, praecepitque mulieri, ut in domo patris sui uidua permanens nuptias maturas exspectet. cum res sic se haberet, eius uxor moritur. qui 1 13 1
crudelibus, diis adulteris seruiens? itaque deinceps fuge, uirgo, fuge, uidua, nuptias tales. excusatio prorsus nulla competit tibi. si continens esse non 2 7 18
publici quae de me fabuletur inuidia; non enim nuptias condemno, sed nuptiis meliora praepono, et quidem etiam apostolo hortante sic Paulo: 2 7 2
ditior — sane post momentum misera (atque utinam semel!) nimio dolore nuptura. hic, hic quemadmodum se quis possit excusare, non uideo. non 1 2 14
uideretur, pari eum morte damnauit. coniunctionem autem tertii filii apud nurum per aetatem excusat deterritus, ne etiam ipse similiter moreretur, 1 13 1
quod est. igitur cum possibilitatis humanae non sit fidei uidere secreta, nusquam, frater, tua curiositas, nusquam tua proficit pugna, quia quem 2 3 11
humanae non sit fidei uidere secreta, nusquam, frater, tua curiositas, nusquam tua proficit pugna, quia quem putas uel de tuis ipsis studiosis 2 3 11
matrem partus ornauit, cum sub incerto affectionis uocabulo pietas nutaret et, cum filium proferret uterus, nepotem senectus optaret. ita 1 59 4
ut animatus ibidem genitalis humoris manente semper secum substantia nutriatur. auxiliare illi necessario iungitur lignum, cuius tutela defensus 2 11 2
sacris ignibus libentissime concrematur. sepulcrum nidus est illi, fauillae nutrices, cinis propagandi corporis semen, mors natalicius dies. denique 1 2 21
facultates ad se attrahat alienas; quam peregrinantem ferali supputatione nutrire non desinit, ut summam quaerat, non quam commodatio dedit, sed 1 5 12
truncatus, nobilitate alieni seminis grauidatur nutriturque ab eo ipso quod nutrit, donec hospitis germinis adoptiua pinguedine absumptus, immo 1 2 27
tractatus, multas etiam fides et quidem nouellas et litis labore ac fauore nutritas. quas, quia uera uix potest inueniri, credo, ne populi penuria 2 3 7
obsecundando, in quibus aeternae fructus est uitae, et defenditur pariter et nutritur. ad iugum peruenit, cum praerogata omni facultate pauperibus 2 11 5
genus, ipsa finis, ipsa principium; non ex coitu nascitur nec officio alieno nutritur; non inuita, non inprudens moritur, sed cum maturum leti tempus 1 2 20
manu necessaria prouisione truncatus, nobilitate alieni seminis grauidatur nutriturque ab eo ipso quod nutrit, donec hospitis germinis adoptiua 1 2 27
<paternae ac> maternae pietatis occupauerat pectus festinata educatione nutritus, deo uictimam, parentibus pium parricidium praebiturus. ecce 1 59 5
conuenire. denique nec inrorati camini eis baptismatis defuit gratia. o admirabile incendium! o uere spectaculum deo dignum! qui audiunt, 1 22 2
quoniam, quantum quis crediderit, tantum beatitudinis et habebit. o admirabilis et uere diuina sacrosancta dignatio, in qua quae parturit non 1 55
esse persensit. denique arsit incendium incendentibus, non incensis. o admirabilis ratio! o inaestimabilis gloria dei! sacramento trinitatis tam 1 48
uanitate detinuit sensus illorum. similiter Paulus curioso rescribit dicens: *o altitudo diuitiarum et sapientiae et scientiae dei! quam inexquisita sunt* 2 3 16
deique consilium se deprehendisse gloriabitur, cum apostolus dicat: *o altitudo diuitiarum sapientiae et scientiae dei! quam inenarrabilia sunt* 1 34 2
uiuificatus resurrectionis iura gustaret. o magna prouidentia dei nostri! o bonae matris caritas pura! diuersos genere, sexu, aetate, condicione 2 29 2
meminisse tamen debes, quia mors non timet nec diuitias nec honores. o caeca mens hominum! quam uarie, unam tamen contendit in mortem: 1 5 11
fragilia solidis, falsa ueris, terrena caelestibus, temporalia sempiternis. o caeca mens hominum! quid praesentium carnalium rerum fugaci illuderis 2 4 15
suae sacramento uiuificatum insuper regni caelestis participatione ditauit. o caritas, quam pia et quam opulenta, quam potens! nihil habet, qui te non 1 36 29

nostri profunda prouidentia! o praestantia singularis! o dulcis sententia!	o damnatio necessaria! homo iugulatur, ut uiuat. percussor percussorisque	2	24	3
nostri profunda prouidentia! o praestantia singularis! o dulcis sententia!	o damnatio necessaria! in semet ipso homo iugulatur, ut uiuat. percussor	1	42	2
nefas! quid tibi tua tollis, infelix? quid extraneo facias, qui in te auarus es?	o detestabili detestabilius malum! inuicem dum exspoliant persequuntur	1	5	7
numerositate seruatus perstat uiuus, parte sui corporis iam sepultus.	o dignus gloriosi exitus finis! ascensurus altitudinem caeli corporis sui	1	39	9
o liberatoris nostri profunda prouidentia! o praestantia singularis!	o dulcis sententia! o damnatio necessaria! in semet ipso homo iugulatur, ut	1	42	2
o liberatoris nostri profunda prouidentia! o praestantia singularis!	o dulcis sententia! o damnatio necessaria! homo iugulatur, ut uiuat.	2	24	3
denique excipiuntur non flamma, sed rore, dei dignatione, non poena.	o felix supplicium, quod incolumitate superante inmortalitas prosequitur et	2	22	
scaturiente uermibus, quasi nihil passus, sed solo dei timore contentus.	o felix uir, qui mira patientia deum promeruit, diabolum uicit, sanitatem	1	15	6
securus enim pater optimus timuit, ne dolori aliquid liceret in mortem.	o fratres, secura deuotio! o pater spiritum captans, corpus uero mortemque	1	43	6
denique arsit incendium incendentibus, non incensis. o admirabilis ratio!	o inaestimabilis gloria dei! sacramento trinitatis tam potentis elementi	1	48	
a cruribus pedes; uiuum se cadauer inspiciat.' [cui beatus Archadius ait:]	o insania hominum! fraudauit te furor tuus; adhuc erat in uictima domini	1	39	6
confitetur. pretiosa res est, fratres, quae et honorem praestat et praemium.	o liberatoris nostri profunda prouidentia! o praestantia singularis! o dulcis	1	42	2
sacrilego, nisi eius curauerit mentem, non uideo, quid illi praestiterit.	o liberatoris nostri profunda prouidentia! o praestantia singularis! o dulcis	2	24	3
intus, incendium foris est; intus hymnus canitur, foris ululatus auditur.	o magna potentia dei! incensores incendio concremati sunt et, qui incensi	1	53	2
genus, in quo reus, si excusauerit crimen, damnatur, absoluitur, si fatetur.	o magna potestas, magna peritia, magna pietas iudicis nostri, a quo	2	10	2
unda sepultus, ut sepulcri nido uiuificatus resurrectionis iura gustaret.	o magna prouidentia dei nostri! o bonae matris caritas pura! diuersos	2	29	2
quae accipere in uterum meruerat filium animarum omnium saluatorem.	o magnum sacramentum! Maria uirgo incorrupta concepit, post conceptum	1	54	5
triumphum reportans, quam tot suppliciis omnes crediderant perituram.	o necessarius timor, qui nihil aliud agit, nisi ut beatos efficiat; qui timet	2	2	7
uirgo incorrupta post conceptum, permaneret talis quoque post partum.	o noua ratio! amore imaginis suae coactus in infantem uagit deus	2	12	3
securus illo se non posse displicere facinore, quod deo gerebatur auctore.	o nouum spectaculum ac uere deo dignum, in quo definire difficile est,	1	4	14
timuit, ne dolori aliquid liceret in mortem. o fratres, secura deuotio!	o pater spiritum captans, corpus uero mortemque contemnens! o qui	1	43	6
honorem praestat et praemium. o liberatoris nostri profunda prouidentia!	o praestantia singularis! o dulcis sententia! o damnatio necessaria! in semet	1	42	2
non uideo, quid illi praestiterit. o liberatoris nostri profunda prouidentia!	o praestantia singularis! o dulcis sententia! o damnatio necessaria! homo	2	24	3
locutus sit mortuus ille, quem noueris. at dicis: 'hoc daemones fingunt'.	o probatio melior, quod etiam fallaces testimonium perhibent ueritati! cur	1	2	7
patrocinia! o quam turpis ac lubrica, de qua ludit aliena sententia!	o quam adultera, quae non agnoscit, quo auctore sit nata! o quam	2	3	10
ut possint esse perfecti! o quam misera est fides, quam uerba concinnant!	o quam debilis, cuius cotidie dissipantur uariis argumentationibus membra!	2	3	10
quam debilis, cuius cotidie dissipantur uariis argumentationibus membra!	o quam indefensa, quae regum, iudicum, diuitum, aliquotiens etiam, quod	2	3	10
nostrae uidelicet decernendi sunt libri, ut possint esse perfecti!	o quam misera est fides, quam uerba concinnant! o quam debilis, cuius	2	3	10
eorum, si non transducitur, perfidia, cum transducta fuerit, fides uocatur!	o quam non uera, si *factionibus pollet*! o quam publicana, cuius fabulantur	2	3	10
dominus, qui facio misericordiam et iudicium et iustitiam super terram.	o quam paucissimis uerbis omne hoc mundi, enixe quod geritur, negotium	2	1	6
pollet! o quam publicana, cuius fabulantur etiam profani secreta!	o quam praesumpta, quae mauult magis nouellae traditioni suae credi	2	3	10
transducta fuerit, fides uocatur! o quam non uera, si *factionibus pollet*!	o quam publicana, cuius fabulantur etiam profani secreta! o quam	2	3	10
aliena sententia! o quam adultera, quae non agnoscit, quo auctore sit nata!	o quam ridiculosa, quae duobus confligentibus Christianis ab altero eorum,	2	3	10
etiam, quod peius est, gentium desiderat per momenta patrocinia!	o quam turpis ac lubrica, de qua ludit aliena sententia! o quam adultera,	2	3	10
est laudare dominum, cuius condigne laudare non queas seruum. sed	o quam uellem te, si possim, rerum omnium regina, patientia, magis	1	4	20
opibus qui cum possit subuenire non subuenit, ipse eum uidetur occidere?	o quantarum neces animarum in phaleris pendent ornatae matronae!	2	1	19
ad mariti thalamos cum ingenti triumpho uictrix pudicitia reportauit. sed	o quantum es miranda, pudicitia, quae aliter laudari te non uis quam ut	1	1	20
deuotio! o pater spiritum captans, corpus uero mortemque contemnens!	o qui seruum domini ita se esse meminerat, ut patrem se esse nesciret!	1	43	6
quas ab hostili defendit impulsu in modum tau litterae prominens lignum.	o res uere miranda! cotidie aedificatur et cotidie dedicatur; floribus	2	6	7
quia nullus exserte hic alteri iubet, in opere nullus otiosus est?	o sancta aequalitas ac sibi soli dignissima indiuiduae dealitatis! unus homo	1	45	2
nec inrorati camini eis baptismatis defuit gratia. o admirabile incendium!	o uere spectaculum deo dignum! qui audiunt, timent; qui incenderant,	1	22	2
confestim ut perfidum punit irata quem docuit nullamque aliam	ob causam promulgatam se esse testatur, nisi ut fides de infidelibus	2	3	3
ex parte prophetarum, ex parte patriarcharum patrumque typus erat, qui	ob iustitiam dei omnes homines filios computabant. igitur Her primitiuus	1	13	4
Christum ab utero uirginis Mariae sumpsisse principium deumque exinde	ob iustitiam factum esse, non natum. alia modestius, sed mordacius nocens	2	8	1
fiat, ut sit prudens; nam huius mundi sapientia stultitia est apud deum.	ob quam causam idem deus per prophetam hactenus protestatur: *non*	2	1	5
cupiditatis compedibus alligari profundaeque noctis feralibus tenebris	obcaecatum miserabiliter ad ima deferri. sed quia inexstinguibilis pestis	1	5	1
est *catulus*, cuius ista pia sacramenta celebramus, qui ad hoc *recubans*	*obdormiuit*, ut uinceret mortem, ad hoc euigilauit, ut beatae resurrectionis	1	38	4
pedes onerati compedibus. non uos ullus terror exagitat, non ullae sordes	obfuscant. qui conscium timebatis, conscientiam non timetis. *uetus* enim	2	29	1
Aegyptiorum infestis mucronibus premebatur, inde maris magno clausus	obice reprimebatur. etenim illi nullae inerant naues, nulla transfretandi	1	29	1
redimita muneribus opes multimodas ac profundas promittit, ostentat,	obicit, donat, speciem proponit suam faciemque, in quas illi libuerit	2	4	9
huius suffragio Daniel populis terribilem inermis draconem necat, leonibus	obiectus in periculo prandet, qui solet extra periculum ieiunare. et Ionas	2	2	5
eos esse, quos in idolatria commorantes nuper uel maxime ui aliqua	obisse meminerimus. hic nunc mihi responde, qui hominis post mortem	1	2	6
originem rerum, *primogenitus a mortuis*, ut ait apostolus, post multorum	obitus populorum. hic est, cui *data est potestas in caelo et in terra*, nomini	2	5	3
et exaltaui. haec domini uox est, qua iam tunc per prophetam Iudaeos	obiurgabat incredulos et quae essent futura, priusquam fierent, admonebat.	1	61	5
carmen, Iudaico populo irascitur deus eumque, ne forte paeniteat, publica	obiurgatione confutat. humana sentienti nundinari deterius quam puniri.	1	30	
ad nefandam custodiam noxiae mentis mancipes rapuerunt, quem	oblatum sibi iubet crudelissimus rector acri obseruatione detineri. ad	1	39	4
apud Salomonem maxime cum scriptum sit: *et si multiplicentur, non*	*oblecteris in illis; si non est timor domini cum illis, non corrideas animae*	2	7	5
cum renuntians saeculo sponsione facta spiritaliter sacris interrogationibus	obligatur. luxuriosi crines falce tonduntur, id est omnia omnino peccata	2	11	5
ad uictimam parabatur. aries haerebat in uepre implicitus spinis, capite	obligatus: hic est qui pro Isaac immolatus est deo; hunc obtulit Abraham,	1	43	8
scriptura dicente: *iter impiorum peribit*; tertium peccatorum, quorum	obliquae ancipitisque uitae sunt necessario discutienda secreta, apostolo	1	35	7
misereris: discoloratur per momenta color, figura sua tollitur a natura, in	obliquos horrores insani uertuntur orbes oculorum, acies dentium spumosis	1	2	6
peregrinis coloribus mutat, gulae labore culta, lauacro nitida, unguentis	oblita, uestitu uaria, monilibus tota distincta, conuiuiorum celebritate	2	4	9
ingentior prosequitur gloria, maxime diuinis in rebus, in quibus felices	obnixa deuotione suam religionem custodiunt potius quam salutem. igitur	1	31	
stipatis undarum, saluo liquore arefactam profundi in semet contra se	obnixam stupidam pependisse naturam; uiam inter fluctus micuisse	1	18	1
fratribus saltem cupit esse consultum; Abraham patrem deprecatur	obnixe, ut aliquis nuntius pergat, qui eos tanti negotii certos efficiat; cui	1	2	10
dominum impia Iudaeorum exarsere consilia. quem tacentem tamquam	obnoxium et pro ipsorum tantummodo caecitate maerentem, ut Isaac non	1	59	8
sacramentum, quoniam femina de uiro suo facta est alterque alteri tenetur	obnoxius ac per hoc iure legis quoque linea una tanguntur, dubium non est	1	1	14
tempus infulcias: si enim tempori, non sibi, debent, quod est alter alteri	obnoxius, procul dubio, ut tu uis, maior est natura quam deus. at cum	2	8	5
nam iustitiam dei ignorantes et suam uolentes constituere iustitiae dei non	*oboedierunt.* sed cum de futuro nihil opinantes praesentis tantum uitae	2	1	2
quo diuersis epulis intrimentorum lenocinio saporis de summa certantibus	obrutum pectus saepe crudis atque acidis uomitibus inurguetur, in quo	1	24	1
et perambularet pariter et euaderet. clamat de profundis et Paulus	obrutus calamitatibus beatis, cum pro nomine domini *latrones in itineribus,*	1	34	4
est, ut expedite uiuat et munde. igitur ne cognoscatur, faciem uelamine	obscurat: necessario, quia adsertor pudoris eius nondum uenerat Christus.	1	13	9
non ambisse quod meruit. ac ne quis hanc patientiam timiditatis nomine	obscuret, in ducendis quoque uxoribus talis est condicio: Liam excipit,	1	4	16
uarie caeca prorumpat, uicta sit autem, si dissimulatio celebritatem eius	obscuret. nunc ad patientiae reuertamur uirtutem, quae maioribus nostris	1	4	11
sese commendat; similiter Christianus monitis diuinis praecinentibus	obsecundando, in quibus aeternae fructus est uitae, et defenditur pariter et	2	11	5
numquam aut caelum audierit aut terra, cum iussu dei et caelum	obsecundetur et terra, quia caelum pluuias et fruges terra non denegat! sed	1	61	2
sordidarum uaporis ararum carne tua deterges, iocaris, blandiris,	obsequeris. et si quod forte acceptum relatumue fuerit a fanatico solemne	2	7	17
coniunctione naturae gladio saeui latronis plantarum limes inciditur et	obsequio pedum corpus martyris uiduatur. numerent martyria, qui possunt	1	39	8
nunc accusator, nunc reus; iocatur, ludit, pallet, tabet, suspirat, zelat,	obsequitur; aut temptat aut decipit peiusque blanditur quam furit.	1	36	26
lasciua, non linguis non oculis non auribus parcens iocatur sperat ambit	obsequitur zelatur insanit armatur precibus, armatur et ira, similiter	1	1	9
quae genuerat mater. nemo plangit uiuas exsequias et innocentis hominis	obsequium nemo ante fletibus rigat, ne pater dubitasse uideretur, si flesset.	1	62	4
respirare non possunt, maria plus praedonibus saeua sunt quam natura;	obseratae gladiis uiae humano cruore pinguescunt; testamenta heredes	1	5	3
decennio uel eo amplius, ut adsolet fieri, detineat relegatum. quid facies?	obseruabisne redeuntem, an ardori quaeres aliunde remedium? si	2	7	9
locis lagenis et calicibus subito sibi martyres pepererunt, qui dies	obseruant, qui Aegyptiacos de candidis faciunt, qui auguria captant	1	25	11
credentes homines uoluntatemque dei facientes quasi per quosdam	obseruantiae gradus in caelum leuare consuerunt. hanc in Apocalypsi	1	37	1
ascendentes uero sunt iusti, qui probis moribus per gradus diuinorum	obseruantiae praeceptorum cotidie spiritalis itineris gloria feruntur in	1	37	12
obtundam uerbis palpantibus aciem ueritatis ac non plene denuntiem,	obseruantiae qua perfectione dei cultus debeat custodiri, apud Salomonem	2	7	5
alterius alicuius desiderio in suam hoc contumeliam procurari: castitatis	obseruantiaeque uirtutem deuocabit in crimen. quid enim ille mali non	2	7	18
ubi patientia dominatur, ubi uiuitur sobrie, ubi mors timetur. itaque hanc	obseruantiam, hunc timorem, quod est uerius atque iustius, transfer ad	2	7	9
facies? obseruabisne redeuntem, an ardori quaeres aliunde remedium? si	obseruantiam pollicere, sine dubio fallis, cuius inpatientiae professio iam	2	7	9
fidem qui litteras nesciunt, sed nec ipsi qui sciunt, quia legis scientiam	obseruantiamque ad perfectionem perducere nullis rationibus possunt. si ex	2	3	9
ducendis quoque uxoribus talis est condicio: Liam excipit, prolixa tempora	obseruat, omnia soceri libens tolerat imperata; qui si esset inpatiens, astu	1	4	16
mancipes rapuerunt, quem oblatum sibi iubet crudelissimus rector acri	obseruatione detineri. ad futurae gloriae testimonium tale beatus Archadius	1	39	4
non est neque praeputium aliquid esse neque circumcisionem, sed solam	obseruationem uoluntatis dei esse fideliter uiuentibus necessariam.	1	3	24
tui miserum dolendumque discrimen et dic nobis, utrum circumcisionem	obserues an legem. si circumcisionem, non est tibi lex necessaria, quia	1	3	12
surdos audire, mutos loqui, claudos currere, paralyticos reformari, de	obsessis daemones fugere mortuosque saepe ipsos a sepulcris cum suis sibi	1	36	9
imperitum uideri quam esse sacrilegum. et tamen habeo, qui pro me tibi	obsistat: nam lex, per quam me forte minus peritum peccare compellis,	2	3	16

funduntur, ebibit fontem. huic non iura, non leges, non honor ullus obsistit, quia quicquid aut emitur aut distrahitur, liberum non est: non 1 5 5
dominus sumendo carnem totius humani generis peccatorum est sordibus obsoletatus. Iob uxor sua hortatur ut peccet; et dominum, ut corruptelam 1 15 8
concepit, post conceptum uirgo peperit, post partum uirgo permansit. obstetricis incredulae periclitantis enixam in testimonium repertam eiusdem 1 54 5
circa impietatem Iudaici populi deficit sermo, qui dei patientiam sui obstinati cordis impatientia superauit. non enim leue crimen est eius, cum 1 47
iungis arcana. tu diuina custodis. tu in patre imperas. tu tibi in filio obtemperas. tu in spiritu sancto exsultas. tu cum in tribus una sis, nullo 1 36 32
ad omnia genera uirtutum intrepidus corrigit, praeceptis omnibus fideliter obtemperat incoactus, innocenter uiuit, iustitiam percolit, sine fine studet 2 2 4
credentes, quia dei praecepta custodiens, huius modi officiis saeculares obterens uoluptates cum fuerit uictor carnisque nexibus liber, repromissae 2 1 14
esset uictima commutata: cum tanta laetitia arietem obtulit, cum quanta obtulerat et filium; ubi enim fides fuit, non erat dolor. in illo sacrificio 1 43 7
spinis, capite obligatus: hic est qui pro Isaac immolatus est deo; hunc obtulit Abraham, hunc iussus est immolare <...>. 1 43 8
est uultus eius, cum esset uictima commutata: cum tanta laetitia arietem obtulit, cum quanta obtulerat et filium; ubi enim fides fuit, non erat dolor. 1 43 7
orbe paene iam toto hominumque uiuacitate mundo senescente detrita *obtundam uerbis palpantibus* aciem ueritatis ac non plene denuntiem, 2 7 5
blasphemabitur deus arreptoque forsitan ipso sacrificio tuo tuum pectus obtundet, tuam faciem deformabit praestans aliquando et beneficium, cum 2 7 15
turpibus iam non contenti latibulis aliquotiens, pro nefas, sub ipsis obtutibus matronarum uesana congressione desudant, non aduertentes 1 1 13
languores; in temptationibus gaude, in tormentis pro nomine domini. si obuenerint dura, *fidem tamquam granum sinapis* te habere demonstra. sin 2 3 14
hic *placuit deo. unctus in regem,* spiratus in uatem *non insolescit in regno,* obumbrat neminem prophetae terrore. iniurias suas non exsequitur regia 2 9 7
caelos uirtus eius, eo quod apostolos ad mirabilia facienda spiritus sanctus obumbrauit et texit. et denuo *caeli*, inquit, *enarrant gloriam dei*; et hic 1 61 3
qui coniugale exasperant iugum affectuque calcato subditiciis personis, ut obumbrent furta turpissimae utilitatis, rem familiarem tuendam 1 25 11
quia parum distrahit, hic quia non solus. uultis scire, quantis sit tenebris obuolutus? irascitur deo, si non semper fiat publicis luctibus diues. bene, 1 5 14
amplius quae uocatur. denique in solitudine, quae a moechantibus uocatur occasio, se tamquam arbitrum timet omneque secretum plus quam 1 1 2
zelat, obsequitur; aut temptat aut decipit peiusque blanditur quam furit. occasionem ullam prorsus nocendi non praeterit. uultis scire, quod malum 1 36 26
ambagibus operis mundani pensa perpetuans, genitali semper nouellus occasu, a se in semet *sua per uestigia* reuolutus dies salutaris aduenit, 1 6
meta rotatus in sese, proferens sibi de fine principium, natalicia infinita de occasu dies sempiternus eluxit; quo discussa conuolutae hiemis tristitudine, 1 33 1
non recedit. profecto sacramenti dominici imaginem portat, nam occasu passionem resurrectionemque ortu rediuiuo concelebrat, per quem 1 57
non recedit. profecto sacramenti dominici imaginem portat, nam occasu passionem resurrectionemque ortu rediuiuo concelebrat, per quem 1 58
ipsa orbita circumducens dies magnus aduenit suo sibi semper nouellus occasu. quod praeterit sequitur, quod futurum est antecedit. in omnibus 1 16 1
acceptum non habeo ex manibus uestris. quoniam a solis ortu usque in occasum clarificatum est nomen meum apud gentes, et in omni loco odores 1 25 7
accendit. hic, qui semel occidit et ortus est rursum numquam repetiturus occasum. hic, inquam, quem *duodecim* radiorum, id est apostolorum 2 12 4
dominus noster occidit et exortus est rursum, numquam sane repetiturus occasum. hic, inquam, quo ferales diruptae sunt tenebrae, quo mors 2 19 2
quia ille occidit semper ut uiuat, fidelis autem post secundae natiuitatis occasum resurgens horrore numquam intercipitur tenebrarum. 1 16 2
in ipso se habere quod uiuit; denique adimitur ei ortus, si ei auferatur occasus. luna quoque, quae uere rationis humanae omnia in se lineamenta 1 2 18
filium. nihil tam sollicitum patri, cuius aetas in annis uergentibus in occasus sui terminum uersabatur et educationis tempus angustum et 1 43 1
tergo longo flammarum albescentium tractu funereae facis solemnitate in occasus suos quasi quibusdam deducuntur exsequiis; quas si per plagas 1 2 17
quoque hodie competentibus praestaturus, quos iam nunc felix inuitat occasus, ut sacri oceani lacteo profundo demersi, surgentes inde nouello 1 44 2
hoc quoque nostris competentibus praestaturus, quos nunc inuitat felix occasus, ut sacri oceani lacteo profundo dimersi inde nouello nouellique 1 57
deleuit, pudicos equidem persequens, sed impudicos tantum congruenter occidens; haec, inquam, per momenta et parit omne quod malum est et 1 1 8
aliquotiens a deo in manus traditum sibi mauult semper timere quam occidere, inuerso gratus officio, deo dei munus retinendo placiturus. rex 2 9 7
tantis opibus qui cum possit subuenire non subuenit, ipse eum uidetur occidere? o quantarum neces animarum in phaleris pendent ornatae 2 1 19
membra, quae osculis premere consueuerat, armatus gladio iubetur occidere. quid faceret pietas? praeceptum differri non potest. praestiteras, 1 62 3
quae eum aut sacrilegum fecerat, si contemneret deum, aut crudelem, si occideret filium, nisi quadam singulari ac uere diuina patientia inter 1 4 13
tuam in incerti pecoris sitam uisceribus opinaris. sane quod passim multos occidis, edacitatis est tuae, quod diuersis in locis, uanitatis, quod cum 2 20 2
tamen semel, amore hominis sui eius artifex deus et dominus noster occidit et exortus est rursum, numquam sane repetiturus occasum. hic, 2 19 2
candentium polorum claritatis suae de plenitudine accendit. hic, qui semel occidit et ortus est rursum numquam repetiturus occasum. hic, inquam, 2 12 4
affectum. hic facibus suis Euae pectus incendit; hic Adam suis telis occidit; hic Susannam conatus est duorum seniorum aut prodigiosis ignibus 1 36 26
diabolus interemit; et domini filios prophetas insanus populus Pharisaeus occidit. Iob ulceribus maculatus est; et dominus sumendo carnem totius 1 15 8
non medetur, dolores non tollit, mortem non repellit, nisi quod sanos occidit; nec manducatur aliquando certe nec bibitur nec in inferno cum 1 5 16
septem filios non dicam extulit, sed ipsa potius feliciter suis hortamentis occidit, religiose confidens deo filios se genuisse, non mundo. hinc uxor 1 2 13
monstrat exemplum. cuius sane condicione nos beatiores sumus, quia ille occidit semper ut uiuat, fidelis autem post secundae natiuitatis occasum 1 16 2
si legis periti tantum iustificari meruissent. at cum scriptum sit: *littera occidit, spiritus autem uiuificat,* quia *non sub lege, sed sub gratia sumus,* 2 3 2
prouidisti. tu mortem deum mori docendo uacuasti. tuum est, quod, cum occiditur ab hominibus deus omnipotentis dei filius, nullus irascitur de 1 36 29
pelagi sollicitos sinus fidem tuam fideliter portet; solis cursus ac lunae ab occidui carceris receptaculo orationis freno refrena; anhelantis camini ignis 2 3 14
competenter gerunt, innocentes quod agnos passim quasi *lupi rapaces* occidunt. 2 25 2
primus matrimonii dies? ubi pretiosae uirginitatis festa, utrisque dulcis occisio? ubi amor, qui in aequo unitoque coniugio, e duobus altero 2 7 6
seruire praecepit, qui eum supra dicti amoris male dulcibus uenenis occisum infernaeque sedi submersum maiestatis suae sacramento 1 36 28
hic *maturus*, quia post ipsum non est ullus; hic *sempiternus*, quia occisus est et inuentus est uiuus; hic *immaculatus*, a peccato quia solus est 1 8 2
habet solus, *salutaris*, quia mortem mutauit in uitam; propter nos qui est occisus et uiuit, sepultus et resurrexit, homo aestimatus est et inuentus est 1 46a 2
maligne domini ante faciem uersaretur, scriptura teste a deo perhibetur occisus. secundo imperat, ut intret ad fratris uxorem ac semen excitet 1 13 1
cupidinem diram spe potiundi praecipitat, ne gratis homo uideatur occisus. sed nos non ad auaros, sed de auaris sermonem fecimus, fratres; 1 5 16
in amoris soliditate iam primus totum <paternae ac> maternae pietatis occupauerat pectus festinata educatione nutritus, deo uictimam, parentibus 1 59 5
uos. naturalis ergo non discitur, sed impulsu nobis nostrae infirmitatis occurrit, quia non artis est timere quod metuas; metuis autem *quod* tibi 2 2 1
nauta committit, si ei numquam lucrum, numquam portus desideratus occurrit? quid miles non dicam horridae hiemis aut torridae aestatis 1 36 3
competentibus praestaturus, quos iam nunc felix inuitat occasus, ut sacri oceani lacteo profundo demersi, surgentes inde nouello nouelli cum die, 1 44 2
competentibus praestaturus, quos nunc inuitat felix occasus, ut sacri oceani lacteo profundo dimersi inde nouello nouellique cum die resurgentes 1 57
paruae cutis, haec praeputium totius concupiscentiae saecularis; illa octauo deseruit diei, huic deseruiunt tempora, dies, horae uniuersaque 1 3 23
praeconat. etenim plerumque contingit, ut ei nascatur sabbatis filius, quem octauo die, id est ueniente sabbato, si non secundum legem circumcidat, de 1 3 3
tempora, dies, horae uniuersaque momenta; illa ante octauum uel post octauum diem nec ipsi morienti puero subuenit, haec a cunis ipsis infantiae 1 3 23
diei, huic deseruiunt tempora, dies, horae uniuersaque momenta; illa ante octauum uel post octauum diem nec ipsi morienti puero subuenit, haec a 1 3 23
animae interitu praestitutae circumcisionis iura uacuauit, quia solus octauus dies a deo circumcisionis priuilegium, non septimus, non nonus, 1 3 4
probando quod docuit, uiuere animas mortuorum non tam dicere quam oculatis rebus sufficimus approbare. denique uagi atque inmundi spiritus 1 2 5
qualibet facillime deleatur iniuria. ecce procuratores uel gubernatores eius oculi aliquo ictu exstincti subsidunt. nonne cadauer est uiuum? ecce 2 4 15
cuius non sequitur humilitatem! sequitur ac dicit: *neque elati sunt oculi mei.* oculorum peior est causa, quia exaltatio cordis ad paucos 2 9 5
color; non membra tremore uibrantur; non dimissi, non torui sunt oculi. nemo rogat, nemo trepidat, nemo se excusat, nemo turbatur. ne uere 1 4 14
suo rorat conceptaque musti felicibus lacrimis fluenta denuntiat. statim oculis apertis folia radiata procedunt, quibus subiecti ac se commendantes 2 11 3
sua complicat uota. denique tres pueri in illo sacro certamine prae oculis deum sibi proposuere, non flammas, praemium futuri, non poenam. 1 11
illi, qui hinc missus fuerit, crediturі sunt', euidenter ostendens non in oculis esse carnalibus uerum, sed in fide credentium constitutum. nam et 1 2 10
ita se esse meminerat, ut patrem se esse nesciret! quid est pater? ecce sub oculis iacet filius uinculis adstrictus. ubi sunt lacrimae, ubi dolor, qui in 1 43 6
de homine loto felicius manant doctrinae caelestis diuina fluenta, ruptis oculis, id est spiritaliter patefactis. praecedentibus foliis fructus sequela sese 2 11 5
sapientia legibus per industriam colligit, uno impetu aliquotiens clusis oculis illa <illidit>. tertio diues est auaritia, utraeque cuius exaggerare 2 1 7
in publicis, opportunam in quibuscumque secretis. lasciua, non linguis non oculis non auribus parcens iocatur sperat ambit obsequitur zelatur insanit 1 1 9
nota. incomprehensibilis enim dei imago inuisibilis sit, necesse est. denique oculis non est subiecta carnalibus; nam neque cum ingreditur corpus 1 27 3
nota. incomprehensibilis enim dei imago inuisibilis sit necesse est. denique oculis non est subiecta mortalibus. nam neque cum ingreditur corpus 2 30 3
quia quod uoluitur semper, in momento quid adferat dubium est. sed oculis patentibus caeci dilatant horrea, terras angustant, urgent saltibus 1 5 8
aduersus ueram pro uera defendunt, sic utramque mediis e manibus oculis patentibus perdiderunt: dei, cum stultam putant, quod elaboret — 2 1 3
cognationem suam simul dimisisset et terram. et tunc Abraham *respiciens oculis uidit* <*uiros*> *tres, cucurrit, adorat* prostratus in faciem, offert 1 62 1
tormenta meditatur. erexerat securem percussor insanus et signans oculis uulneribus lineam feralis ictus assidua contemplatione uibrabat. 1 39 7
figura sua tollitur a natura, in obliquos horrores insani uertuntur orbes oculorum, acies dentium spumosis horrida globis inter labra liuentia stridit, 1 2 6
mei. oculorum peior est causa, quia exaltatio cordis ad paucos pertinet, oculorum elatio ad omnes. de quibus Iohannes discipulis quid praedicet, 2 9 5
omne, quod in mundo est, concupiscentia carnis est et concupiscentia oculorum et ambitio saeculi. his enim auctoribus concipitur, his ducibus 2 9 5
omne, quod in mundo est, concupiscentia carnis est et concupiscentia oculorum et ambitio saeculi, quae non est a patre, sed ex concupiscentia 1 36 27
omne, quod in mundo est, concupiscentia carnis est et concupiscentia oculorum et ambitio saeculi, quae non est a patre, sed ex concupiscentia 2 4 12
quare utraque sunt uana, quia et cordis exaltatio nullos fructus inuenit et oculorum extollentia de alio in aliud elata quicquid uiderit mobilitate 2 9 5
celebritate iucunda, uino madida, gemmis seu floribus redimita, oculorum iocorumque festiuitate lasciua, auaritia caeca, libidine percita, 2 4 9
non sequitur humilitatem! sequitur ac dicit: *neque elati sunt oculi mei.* oculorum peior est causa, quia exaltatio cordis ad paucos pertinet, 2 9 5
credis, quae eum per id, per quod irascitur, deprecaris? aperi tandem oculos cordis: inuenies te insultare potius quam rogare. postremo, fratres, 1 14 6
in uiis eorum et iter pacis non cognouerunt; non est timor dei ante oculos eorum. et de ipsa circumcisione in symbolis inquit: *interrogabant et* 1 3 11
certe nec bibitur nec in inferno cum suo praedone descendet, solum quod oculos infelices inanemque conscientiam ad hoc in maligni fulgoris 1 5 16
tendit in caelum, quae caedis saepe, saepe ministrae sunt rapinarum. oculos inpudenter extollit, quorum lenocinio mundus in flore est. intonat 2 9 9
tuam, quia dominus benefecit mihi, quia liberauit animam meam a morte, oculos meos a lacrimis, pedes meos a lapsu; placebo domino in regione 1 2 32

uiduarum. tu melior pupillorum, plus quam uterque parens. tibi oculos numquam siccos esse aut misericordia permittit aut gaudium. tu 1 36 31
tui incunctanter eripis in qualibet angustia constitutos. tu caecorum oculus. tu pes claudorum. tu scutum fidelissimum uiduarum. tu melior 1 36 31
distractus a fratribus. quem domini sui uxor peius amare coeperat quam oderant fratres. nam cum medullitus mulier ardoris insani conflagraret 1 1 15
uiuus. odit iam sine causa ante quod amauerat; probat felicius esse quod oderat. gemit instanti poenae aliquid de facultatibus notis mederi non 1 2 10
studium defensionis abiecerant, iam etiam ipsa pudoris compendio mortis oderat moras, omnibus displicens, sed solae suae conscientiae placens, cum 1 1 19
ne admonitione pietati aliquid derogetur, tantumque se in ipso amat, ut oderit se sine ipso. accedit ad cumulum, quod ideo *deus hominem ad* 1 36 22
similiter poteritis. qui enim non diligit eius similitudinem, sequitur ut oderit ueritatem. inde est, quod stulti praeponunt corpus animae, idolum 2 4 17
terras angustant, urgent saltibus saltus et, si orbem totum possideant, fines oderunt. inlicitum putant habere uicinum. construunt praedia, sepulcra 1 5 8
nimio), hereditatem captat alter alterius; quod parentes filios, filii parentes oderunt; quod amicitia in facie adludit quam in cordibus commoratur; 1 14 7
gladios facit; haec bella premit, lites tollit, iura euacuat, fora compescit, odia eradicat, iras exstinguit. haec mare penetrat, orbem circuit, 1 36 13
genui et exaltaui. infinita Iudaei infidelitate sua apud dominum nostrum odia meruerunt, quoniam quanta fuit de amore gratia, tanta de eorum 1 61 5
neminem prophetae terrore. iniurias suas non exsequitur regia potestate; odientes se diligit; inimicis parcit; *parricidalibus filiis* ignoscit. persecutorem 2 9 7
delentes merita maritorum, adulantes uiuis, mortuis suspirantes, nunc odientes ueteres, nunc nouos filios similiter et maritos? at e diuerso ipsae 2 7 10
membra? armauerat diabolus satellites suos in domini populum, ueterani odii assertor antiquus, et totam familiam domini impastae feritatis 1 39 2
innoxias animas secure conficit ebibita ueneni tempestas; sepelitur noua odii rabie, antequam nascatur, matris iam non in utero sed sepulcro 1 5 3
caritas pura! diuersos genere, sexu, aetate, condicione suscipiens necat odio criminum ut nouerca, pia seruat ut mater necatosque non ante 2 29 2
suo merito, sed auri, argenti facultatumque beneficio quis aut amatur aut odio est. denique haec est causa, quod fratrum pia nomina plerumque 1 5 5
circumcisio uacuatur. sabbatum denotatur. neomeniae et dies festi odio habentur. potiuntur eorum Romani regno. nihil, ut arbitror, illis 2 17
reges superbia, negotiatores astutia, inani pauperes uoto, cultores dei odio simulato, totae autem gentes uniuersaeque nationes gladio. per orbem 1 14 1
non sunt. unum sane necessario proferemus exemplum, quod et Iudaei odiosum et Christiani sacrificium approbet deo gratum, apud Malachiam 1 25 7
diei adpropinquare iam cursus aduerterent, procul dubio et praesentia odissent et futura credidissent pariterque metuissent. nemo est enim tam 1 2 1
recte, fratres, sicut audistis, deus odit auaritiam. est enim libido profunda, cupiditas caeca, tempestas insana, 1 21
timet omneque secretum plus quam publicum reueretur. pestiferas odit blanditias carnis inimicae et quicquid ingesserit mundus uoluptatis aut 1 1 2
gaudere consueuit, semper infelix est. denique post negotium perpetratum odit et se ipsam cum illo quem uicerit. haec saepe indixit quietis gentibus 1 1 7
uel uno digito illis contingi manibus, quibus stipem denegauerat uiuus. odit iam sine causa ante quod amauerat; probat felicius esse quod oderat. 1 2 10
constanter edicit: *si quis dixerit, quoniam diligo deum, et fratrem suum odit, mendax est; qui enim non diligit fratrem suum, deum, quem non* 1 36 23
totum prorsus temptat, ut sibi uindicet totum. nouum prodigii genus est: odit pudicitiam et tamen hoc cupit uideri, quod illa est. interea miris 1 1 9
praeterit. uultis scire, quod malum sit? in ipso fructu suo etiam ipse se odit. uenenis eius cotidie totus exaestuat mundus pestiferisque uoluptatibus 1 36 27
tradit aut accipit, corrumpit aut corrumpitur, inicit amorem, paulo post odium de amore factura. seminat inlicitos heredes crimenque noscens 1 1 7
sacerdotalis cathedra *pestilentia*, sacrificium *canina mactatio*, ieiunia *odium*, populus *progenies uiperarum*. post haec quid praesumant, aestimare 2 25 1
pyxide mutuaris paulo ante damnatum. ecce indulgenter excolis crinem; odorato puluere luctus puluerem mutas; in stibio fletus includis; ornamento 2 7 8
nouo uento Fauonio blandiente, diuersis floribus genere colore pariter et odore una natiuitate diffusis germinantia undique dulce prata respirant. 1 33 1
cuius diuite ex alueo Fauonio non uento, sed spiritu sancto generante *odorem diuinum* beata *spirantes* fide diuerso charismate, sed una natiuitate 1 33 2
in occasum clarificatum est nomen meum apud gentes, et in omni loco odores incensi offeruntur nomini meo et sacrificium mundum, quoniam 1 25 7
longe illa ornatior, aliunde quia nescit ornari. haec uariis unguentis et odoribus fragrat; illa unici floris sui quouis prato iucundioris caelum ipsum 2 7 3
filios genui et exaltaui, ipsi autem me spreuerunt. grandem Iudaicae gentis offensam libri istius exordia proloquuntur et iracundiam diuinae 1 61 1
odia meruerunt, quoniam quanta fuit de amore gratia, tanta de eorum offensione futura uindicta est. certum est enim in eum filium, posteaquam 1 61 5
flores mei, talia sacrificia procurate, quae sanctus spiritus libenter offerat, pater probet, filius, qui magister est noster, probata glorietur per 1 25 13
iam uideat unusquisque, quemadmodum sacrificium aut sumat aut offerat; sicut enim indigne offerre sacrilegum est, ita indigne manducare 1 25 12
sexus et inuicem se amantium; quorum pro numero deo diurnas hostias offerebat. tanto autem puritatis ac fidei erat muro munitus, ut non auderet 1 15 2
nec propinquum. statim beatus martyr se latere non passus est; se ultro offerens iudici moram suam uoluntarie praeiudiciis excusauit. cui cum 1 39 5
sit, seruat. nemo namque pater familias honesta fidelitatis suae lucra offerentem sibi suum seruum iudicat, sed honorat ut filium. alterum uero, 1 35 8
quemadmodum sacrificium aut sumat aut offerat; sicut enim indigne offerre sacrilegum est, ita indigne manducare mortiferum, in Leuitico 1 25 12
non posse, pro uno puncto requiei incunctanter tota, si liceat, paratus offerre. superstitibus fratribus saltem cupit esse consultum; Abraham 1 2 10
resurgens *homini* per hominem, *quem gerebat, et spem uincendae mortis offerret et* eum *ad praemia inmortalitatis admitteret.* sicque factum est, ut, 2 4 7
respiciens oculis uidit <*uiros*> *tres, cucurrit, adorat* prostratus in faciem, offert hospitium. *refrigerate*, inquit, *sub ista arbore magna*. similaginem 1 62 1
et cum gaudio unici pignoris alligat manus, quas ille uinciendas libentius offert. pedes quoque constringit, ne in exitu mortis concitata uictima 1 43 5
ut dixi, sceleris sui crudelitas fructum sortita est, quia, sicut in Isaac aliud offertur et aliud immolatur, ita et in passione Christi quod per Adam 1 59 9
in primis infantiae rudimentis iubenti ac deposcenti deo innocens martyr offertur, immaculata hostia nec uictima imparata, qui testis diuini timoris 1 59 2
moribus comparatur; quod non cruentis manibus, sed sensibus mundis offertur; quod non iugulatur ut pereat, sed, sicut Isaac, immolatur ut 1 25 9
clarificatum est nomen meum apud gentes, et in omni loco odores incensi offeruntur nomini meo et sacrificium mundum, quoniam magnum est 1 25 7
senio nec sperare subolem posset nec portare confideret, matris suscepit officia, quae uxoris iam munera nesciebat. atque eo tempore partus 1 59 3
ac subacta diligenter. sal inditum est illi; leuigata est oleo gremiali, officiis competentibus temperata, in panes azymos reddita. hi, quos uidetis, 1 41 1
id est ecclesiam matrem, sua pro uoluntate plantauit, quam sacerdotalibus officiis excolens piaque potatione fecundans felici ligno suspensam 1 10b 2
occasu, a se in semet *sua per uestigia* reuolutus dies salutaris aduenit, officiis sacramenti dominici omnibus omni genere munerum largus. 1 6
faciat infelicem, non credentes, quia dei praecepta custodiens, huius modi officiis saeculares obterens uoluptates cum fuerit uictor carnisque nexibus 2 1 14
ipse enim regalis potestatis imperio subiectum sibi corpus seruilibus officiis suae compellit implere desideria uoluntatis. qui si fuerit uitiosus, 1 3 9
discreuit, ratione disposuit, coloribus decorauit, determinauit mensura officiisque competentibus seruire praecepit? unde non est principium quod 1 7 2
affectus, ipsa genus, ipsa finis, ipsa principium; non ex coitu nascitur nec officio alieno nutritur; non inuita, non inprudens moritur, sed cum 1 2 20
manus traditum sibi mauult semper timere quam occidere, inuerso gratus officio, deo dei munus retinendo placiturus. rex mansuetus, pater pius, 2 9 7
gratia redimitus, per temporum ambages *pernicibus plantis* sua *recalcans* officio solemni *uestigia* dies salutaris aduenit. idem sibi successor idemque 1 44 1
praesumit seruare posse quod praecipit. primum est itaque dilectionis officium deo refundere, quod nati sumus, solique debere, quod uiuimus, 1 36 21
flammis, statim sibilo roris incendia temperantur. mors refugiens mutat officium: incensores cremantur, incensis hymnum canentibus flamma 2 27
et de angelis dictum, quos domino, cum esset in terris, fecisse inuenimus officium, ipso dicente: *amen dico uobis: uidebitis caelum apertum et angelos* 1 37 13
gloriam, ipsam calcare naturam. sed quia uirtutem uoluptates semper offuscant nihilque unicuique, nisi quod amauerit, rectum est, maxime quod 2 7 1
ramis resurgescentibus ornatus iam non oleaster sit, sed oliua, cum et oleaster sit et tamen oleastrum se non esse quodam modo etiam ipse 1 2 27
nouae frondis promotione ramis resurgescentibus ornatus iam non oleaster sit, sed oliua, cum et oleaster sit et tamen oleastrum se non esse 1 2 27
quamuis non possit ueri simile tantam uim habere quam ueritas. oleaster sua infelix et amarus est in natura; sed cum fuerit peritissimi 1 2 27
ornatus iam non oleaster sit, sed oliua, cum et oleaster sit et tamen oleastrum se non esse quodam modo etiam ipse miretur. igitur si homo 1 2 27
in conspectu meo mensam aduersus eos, qui tribulant me. inpinguasti oleo caput meum et poculum tuum inebrians quam praeclarum. utique, 1 13 10
expungens. denique competentibus nostris finitur hiems hodie peccatorum. oleo confecto laetabuntur. hodie eos etiam uer arridens diuersos in flores 2 13
est, consparsa ac subacta diligenter. sal inditum est illi; leuigata est oleo gremiali, officiis competentibus temperata, in panes azymos reddita. 1 41 1
inferunt primi, quibus, ut scitus sit sapor, salem sapientiae aspergunt. oleum Christus infundit. Moyses primitiuam festinus maturamque 1 24 2
quam praeclarum. utique, fratres, calix sanguinem, mensa corpus, oleum donum spiritus sancti significat, uirga cum baculo crucem, in qua 1 13 10
peraeque unus panis cum signo datur, aqua cum uino, sal, ignis et oleum, tunica rudis et unus denarius; quem qui libens acceperit 2 6 8
uirtute. elementa quoque ipsa, fratres, satis diuersa satisque repugnantia olim deprehendisset interitus, nisi ea inuicem mutuis aequalibusque 1 36 16
pudicus inlabitur ibidemque qualis uelit esse disponit. immo quod iam olim disposuerat complendum latenter adsumit. namque requiescit libens 2 12 1
promotione ramis resurgescentibus ornatus iam non oleaster sit, sed oliua, cum et oleaster sit et tamen oleastrum se non esse quodam modo 1 2 27
haec germinantibus pratis, messibus flauis, uitibus curuis, semipallidis oliuis et felicitatem praestat et gratiam, cum [in] uniuscuiusque temporis 1 4 6
Abraham pinguem conditamque fideliter uitulinam. Isaac innocenter ollam portat et ligna. Iacob patienter uaria exhibet pecora. Ioseph 1 24 2
semine (de quo etiam poeta sapientissimus praesagauit dicens: *igneus est ollis uigor et caelestis origo seminibus),* scilicet spiritus sancti conceptione, 1 2 26
putant habere uicinum. construunt praedia, sepulcra defodiunt; timeant omen qui non timent mortem: sic, sic interempti plerumque iacent canibus, 1 5 8
demorer in humanis, quasi sola isto affectu sint praedita? nonne uidemus omne animantium genus congregatione, concordia testari caritatem atque 1 36 15
bifarie inclita: unum glorificando, alium corrigendo. constat ergo omne Christianitatis magis in caritate quam in spe uel fide esse depositum, 1 36 19
sexus interitum, e diuerso per uirum ligno suspensum uiuificatum est omne genus humanum. ac ne non ex integro principium suo statui 1 3 20
tempestatibus naufragatum momentis uniuersis in interitionem cogitur omne genus humanum. namque sapientia densis exaestuans argumentis, 2 1 6
iugulauit et exinde hereditaria condicione confectum uniformiter interibat omne genus humanum. nec fuit ullus ulli usquam solacii locus. nam 2 4 5
quod amicitia in facie adludit quam in cordibus commoratur; quod omne genus humanum suo interitu suisque calamitatibus delectatur 1 14 7
eique eius ex latere mulierem coniugale solamen excussam, a quibus omne genus manauit humanum, caelestem uero ibidem nec memoratum 2 4 1
iamiamque illis imminere supplicium denotati uulneris inflictu minatur. omne genus pecudum cum suo sibi sacrificio reprobatur. ieiunia eorum, 1 46a 1
et iudicium et iustitiam super terram. o quam paucissimis uerbis omne hoc mundi, enixe quod geritur, negotium perorauit! his enim tribus 2 1 6
lege non erat, sed legem solus impleuit, et qui nullo iure legis tenebatur, omne ius diuinum praecipue custodiuit. cuius immolatione ille quoque 1 43 8
ueritatem. ceterum fortitudo, quae hominibus est cum feritate communis, omne ius in uiribus habet: quod facere praeualuerit, aestimat rectum. adeo 2 1 7
ipsam disciplina caelestis colligitur ac tenetur, per ipsam, inquam, genus omne peccati, ne quis inprudens intereat, diffamatur. semper monere non 2 3 3
sunt. si quis dilexerit mundum, non est caritas patris in illo, quoniam omne, quod in mundo est, concupiscentia carnis est et concupiscentia 2 4 12
sunt. si quis dilexerit mundum, non est caritas patris in illo, quoniam omne, quod in mundo est, concupiscentia carnis est et concupiscentia 1 36 27
sunt. si quis dilexerit mundum, non est caritas patris in eo, quoniam omne, quod in mundo est, concupiscentia carnis est et concupiscentia 2 9 5

tantum congruenter occidens; haec, inquam, per momenta et parit omne quod malum est et peperit omne quod peius; nam in idolis dea est, 1 1 8
haec, inquam, per momenta et parit omne quod malum est et peperit omne quod peius; nam in idolis dea est, in cultoribus uero eorum ministra. 1 1 8
nouae rei atrocitate perculsi, miserabiliter ingemescentes dimissis capitibus omne studium defensionis abiecerant, iam etiam ipsa pudoris compendio 1 1 19
ut nouerca, pia seruat ut mater necatosque non ante uiuificat, antequam omne uirus uetustatis exstinguat, ne quid adulterum pariat. ac ne quem 2 29 2
et apud Salomonem hactenus dicens: *ego ex ore altissimi prodiui ante omnem creaturam*. cum haec ita sint, humanitas, te, uersuta, cognosce uel 2 8 2
placere quam sacerdotes. quid, quod aut nullum aut perrarum est per omnem ecclesiam dei orationis loci membrum, quod possit quamuis ruina 2 6 2
sed et aliae quoque uirtutes, indice Paulo cognoscite: *et si habuero*, inquit, *omnem fidem, ita ut montes transferam, caritatem non habeam, nihil sum.* 1 36 20
custodit. at ubi diabolus adgressuris tantis nihil se profecisse cognoscit, omnem impietatis suae rabiem in filios eius effundit. nam cum solito more 1 15 4
uestrae uirtutis *angularis lapidis* coniugio cohaeretis. exsultate, uirgines: omnem istam celebritatem honore uestri floris ornatis. exsultate, diuites, 2 6 10
potentissimi et reges, qui ferocitate uirtutis ac libidinis rabie digladiantes omnem orbem corruperant terrarum, insuper decernentes sibimet ipsis pro 1 13 4
es et corona. tu murus fidei, fructus spei, anima caritatis. tu specialiter omnem populum diuinasque uirtutes quasi crines effusos in unius uerticis 1 4 22
uersutia qui fallitur numquam, confestim adest in Daniele puero deus. omnem repente malitiae scenam diripuit, †profectitium† crimen propere 1 1 19
quae a moechantibus uocatur occasio, se tamquam arbitrum timet omneque secretum plus quam publicum reueretur. pestiferas odit blanditias 1 1 2
luculentae orationis compta mendacio, armata uocis tuba et gladio linguae omnes actus ad se trahit, congregat turbas, contionatur. lites sic discernit, 2 1 6
uoluptatibus saepta, in cupidinem sui utrumque sexum, omnes animas, omnes aetates isto carmine inuitans: *exiguum et cum taedio est tempus* 2 4 10
ac rura, uniuersis uoluptatibus saepta, in cupidinem sui utrumque sexum, omnes animas, omnes aetates isto carmine inuitans: *exiguum et cum taedio* 2 4 10
iustitiam, humilitatem, castitatem, probitatem, concordiam, caritatem, omnes artes omnesque uirtutes, ipsa quoque elementa eius constare non 1 4 1
turbulentare non nouit. paenitentiam nescit; altercatio quid sit ignorat. omnes aut deuitat aut portat iniurias. incertum est, utrum inpassibilis 1 4 2
istum uestrum *ueterem* foetorosis suis cum pannis abicite, nouelli omnes, omnes candidati, omnes spiritus sancti munere mox diuites processuri. 1 49
praeputio Nineuitarum populus dei est indulgentia liberatus? quos utique omnes circumcidi praecepisset, si carnis circumcisionem eorundem saluti, 1 3 5
praesidium diuini carminis textus ostendit. in quo eum non seueritas apud omnes condemnat, fratres uenerandi, sed pietas. neque enim potest de 2 21
habeant secum sapientiam suam; cuius quidem sectatores paene omnes conspicor Christianos, qui perfectam putant esse iustitiam propria 2 1 15
mei. unum tamen prae gaudio tacere non possum: fenerando pauperibus omnes copias auaritiae subactas uestrum sine inuidia transfertis in censum. 1 14 9
ambitu excedit uicti saeculi triumphum reportans, quam tot suppliciis omnes crediderant perituram. o necessarius timor, qui nihil aliud agit, nisi 2 2 7
at ubi adoleuerit in uitem perfectam ad iugumque peruenerit, eius omnes crines luxuriosi falce tonduntur, pura materia tabulatis infertur, 2 11 2
est causa, quia exaltatio cordis ad paucos pertinet, oculorum elatio ad omnes. de quibus Iohannes discipulis quid praedicet, omnibus est in usu: 2 9 5
humanae, spiritus sanctus in Psalmo nonagesimo quinto declarat dicens: *omnes dii gentium daemonia; dominus autem caelos fecit*; et in 1 25 5
sum non intellegentibus explanabis. denique hoc alibi manifestius ad omnes discipulos ait: *ite ergo et docete omnes gentes intingentes eos in* 1 37 7
ego sum uia et ueritas. Iob diues fuit; et quid ditius domino, cuius sunt omnes diuites serui, cuius est orbis totus omnisque natura, beatissimo 1 15 7
crimen esse desiit, quia neminem qui se possit arguere derelinquit. omnes enim passim furore insatiabili turpes praecipitantur in quaestus, nec 1 5 1
unicuique, nisi quod amauerit, rectum est, maxime quod uno desiderio omnes excolunt populi, dubium non est, quia aut hostis publicus aut certe 2 7 1
nemo furatur, nemo rapit, nemo proscribit, nemo iugulat, moritur nemo; omnes felices, omnes unanimes, omnes inmortales, omnes sunt semper 1 5 18
denique hoc alibi manifestius ad omnes discipulos ait: *ite ergo et docete omnes gentes intingentes eos in nomine patris et filii et spiritus sancti,* 1 37 7
sacrificium uestrum an esse possit acceptum, qui uicinarum possessionum omnes glebulas, lapillos et surculos nostis, in praediis autem uestris 1 25 10
sicque factum est, ut, quomodo per unius hominis damnationem in omnes homines damnatio, sic per unius iustificationem in omnes homines 2 4 7
ex parte patriarcharum patrumque typus erat, qui ob iustitiam dei omnes homines filios computabant. igitur Her primitiuus filius primitiuus 1 13 4
damnationem in omnes homines damnatio, sic per unius iustificationem in omnes homines iustificatio aeternae decurreret uitae. uidetisne iam 2 4 7
carminis sacri deus deo sua sibi et diuinitate et nomine comparatus omnes humani sensus opinationes excludit, quippe cum dicat: *faciamus* 1 45 1
enim in ecclesia dei fucatus quaeritur sermo, sed ueritas pura, a qua longe omnes illi non immerito aberrauerunt, qui iustitiam dei manere in 2 1 1
prophetis synagogae lapsu desolatis solacium praebuit, sed etiam nos omnes in aliqua constitutos angustia recreare consueuit. *ad oues suas* 1 13 7
diuitias habendi inicit cupiditatem, habentibus adimit satietatem. ita omnes in rabiem una tempestate praecipitat, ut ubinam sit maior ignores. 1 14 1
per inuidiam protoplastos ex angelis in homines deriuauit, ita dominus omnes in se credentes sancti spiritus semine a mortuis rursus gloriosos in 1 2 26
uacuatis omni principatu et potestate et uirtute et dominatione *ponantur omnes inimici eius sub pedibus eius inimicaque destruatur mors*. hi autem 2 5 7
proscribit, nemo iugulat, moritur nemo; omnes felices, omnes unanimes, omnes inmortales, omnes sunt semper aequales; quod unius est, omnium 1 5 18
taetros undantis incendii globos triumphantes barbarum regem, minas omnes, ipsum quoque supplicium docuerunt ignes sanctis hominibus non 1 11
saepe ipsos a sepulcris cum suis sibi exsequiis reuerti iusserunt, ut omnes mirarentur fieri lacrimas gaudii, quae nunc fuerant orbitatis. sed 1 36 9
uel ratio, quam prosecuturi sumus, argumentationis totius uno ictu omnes neruos abscindet. quapropter duas esse natiuitates domini nostri 2 8 2
se non quaerentibus diabolus, aestimate, quid faciat inuitatus, cui omnes nocendi aditus reserati praestant sine pugna, sine ullo labore 2 7 13
produci, quales fuerint pro sua quique qualitate suscepti, apostolo dicente: *omnes nos manifestari oportet ante tribunal Christi, ut recipiat unusquisque* 1 2 15
secreti est omnium peior, nemo imminentes diei iudicii flammas, per quas omnes nudi transituri sumus. solum colitur, de quo dictum est: *idola* 1 5 15
uultis; singulos ponderate: inuenietis nullum habere minus. tripondes sunt omnes, numismatis sacri una libra signati, qui mensae deseruiunt. 1 41 3
istum uestrum *ueterem* foetorosis suis cum pannis abicite, nouelli omnes, omnes candidati, omnes spiritus sancti munere mox diuites 1 49
semper incertum, quippe cum unius electio sit alterius reprobatio. uel si omnes omnino amplectendae sint, ut tot quis habeat fides quot non habet 2 3 7
idonea laus enim non est, cui principatum adimit peraequatio. at cum omnes omnino memorati omnesque felices eius dono sint tales, contumelia 1 4 19
ministrauerit, non dicam Scorpionem, sed, sicut dominus ait in euangelio, omnes omnino serpentes inlaesa planta calcabit. sed nec ipsum quoque 1 38 5
igitur Her primitiuus filius primitiuus est populus, id est hemithei omnes potentissimi et reges, qui ferocitate uirtutis ac libidinis rabie 1 13 4
indicat ueritatem. Iob iustus dictus a deo est; ipse iustitia, de cuius fonte omnes qui beati sunt gustant; ecce enim de ipso dictum est: *orietur uobis* 1 15 7
sanctus clamat et dicit: *praecingite uos et plangite, sacerdotes; lugete omnes, qui deseruitis altari, quoniam ablata est de domo dei uestri hostia* 1 25 6
intellegendum quemadmodum nobis sit, propheta quod ait: *beati omnes qui timent dominum*. si omnes, qui timent dominum, beati sunt, 2 2 3
nobis sit, propheta quod ait: *beati omnes qui timent dominum.* si omnes, qui timent dominum, beati sunt, non beatus est nullus, quia nulla 2 2 3
denotatus in praesens periculum coeperit infestationibus tyrannicis duci, omnes repente concelerant, laboranti subueniunt, paene armis ipsis inimici 1 36 15
inferna metiris? si, quod quidem recte aestimas, in infernis, procul dubio omnes sacrilegos antecedis, qui Moysi reprobans dictum per hanc 1 3 14
constare aduersus nequitias diaboli accepto scuto fidei, per quod poteritis omnes sagittas illius mali, quae sunt igne plenae, exstinguere. is enim 1 38 6
est ire per singula: uarias atque innumerabiles *nocendi artes* habet, sed has omnes salutari profluens amne non magno opere noster Aquarius delere 1 38 7
dei cultus admirabile saeculis testimonium. felix orbis fuerat, fratres, si omnes sic fierent parricidae. Iacob per patientiam et benedictionem 1 4 15
laborat, si quos parit numerare non possit. intrate ergo, intrate felices, omnes simul subito futuri lactantes. 2 28
foetorosis suis cum pannis abicite, nouelli omnes, omnes candidati, omnes spiritus sancti munere mox diuites processuri. 1 49
iugulat, moritur nemo; omnes felices, omnes unanimes, omnes inmortales, omnes sunt semper aequales; quod unius est, omnium est; quod omnium, 1 5 18
culpa; qui deum metuit, non naturam. uultis scire, cuius proprietatis sit? omnes timores, quoscumque inuaserint, incremento conficiunt; hic solus ad 2 2 7
in uobis dei maior est domus; nam et omnibus aequales estis et pedaturas omnes uestri corporis ambitu superatis; denique sancti diuites pauci sunt, 2 6 10
nemo rapit, nemo proscribit, nemo iugulat, moritur nemo; omnes felices, omnes unanimes, omnes inmortales, omnes sunt semper aequales; quod 1 5 18
quaeritur, cuius cupidine flagrans humanitas per momenta suspirat, tamen omnes uno eodemque consensu quasi quendam patientiae deferuntur in 1 4 1
dominus sanctum per spiritum dicit: *ego dixi: dii estis et filii excelsi omnes, uos autem sicut homines moriemini.* sed et de Iohanne Baptista sic 1 37 11
loco ait: *hoc dico secundum ueniam, non secundum iussum; uolo autem omnes uos esse sicut et me,* ac per hoc ideo nubere melius, quia uri 2 7 2
formatos, spiritus sancti lima acuminatos constituit uiros apostolos omnesque discipulos. quorum salutaria monita canentibus linguis, quasi 1 3 16
est, cui principatum adimit peraequatio. at cum omnes omnino memorati omnesque felices eius dono sint tales, contumelia est laudare dominum, 1 4 19
imaginem, qui de caelo est. quam qui sancte portauerint, sicut apostoli omnesque iusti, non tantum imaginem, sed ipsum deum quoque portabunt, 2 30 4
humilitatem, castitatem, probitatem, concordiam, caritatem, omnes artes omnesque uirtutes, ipsa quoque elementa eius constare non posse sine 1 4 1
liberorumque sacra iura custodit, haec in utroque sexu conspicua, in omni aetate miranda, in quauis condicione non dubia, soli sibi deuota, 1 1 1
cum hoc ita sit, homo quemadmodum dei imaginem portat, cuius uultus omni conuersioni subiectus momentis omnibus inmutatur labore, aetate, 2 30 2
ita sit, homo quemadmodum dei imaginem portat, cuius uultus passibilis, omni conuersioni subiectus momentis omnibus demutatur labore, aetate, 1 27 2
mortis exitio palpitabant. tanta fuit in martyris deuotione constantia, ut omni corpore paratus uenisset ad gloriam. mox itaque deuotum corpus 1 39 7
incredulis uariis uirtutibus monstrans. cuius sanctionem uestrae aetatis omni curriculo manente in sua semper infantia custodite ac fortiter 2 24 3
aut aliter docente consumitur. huc accedit, quod, nisi insinuationem legis omni deuotione succincta praecedens amplectatur fides, quae tam sibi 2 3 1
flore est. intonat lingua, caret quae numquam ueneno serpentis, et, quod omni est maius insania, deo se laudat. publicanus autem non membratim 2 9 9
uitae, et defenditur pariter et nutritur. ad iugum peruenit, cum praerogata omni facultate pauperibus crucem suam portans consummata omni iustitia 2 11 6
purgata molarisque lapidis pio pondere feliciter fracta, ordinabiliter creta, omni furfure abiecto mirifico splendore in farinam candidam micuerunt; 1 41 1
pugnat, sed sibi uincit. amplectenda est igitur, fratres, tenaciter nobis et omni genere custodienda uirtutum. in hanc fortiter incumbendum; ipsa est 1 36 4
magnificus, fratres dilectissimi, saeculorum pater adest dies, omni genere fructuum fetibus pollens, diuite sinu, momentis quibus uelis 2 13
reuolutus dies salutaris aduenit, officiis sacramenti dominici omnibus omni genere munerum largus. namque piis mercedem sacerdotibus 1 6
haec uita aeterna, haec est mater omnium, quae nos adunatos, ex omni gente et natione collectos unum postmodum efficit corpus. 1 55
altissimum dicit, cum ipse sit solus, a quo alius altior non sit? sin uero omni honorificentia deferentis patri uerba sunt filii, debetis agnoscere, 1 25 2
praerogata omni facultate pauperibus crucem suam portans consummata omni iustitia expeditior sequitur Christum. ui tempestatis, solis atque 2 11 6
ortu usque in occasum clarificatum est nomen meum apud gentes, et in omni loco odores incensi offeruntur nomini meo et sacrificium mundum, 1 25 7
foede desiderat nec ulli similiter se desiderabilem praestat. in suo statu omni loco, omni tempore manet plus honestati consulens quam utilitati. 1 1 2
quod, ut uilem libidinem magis ac magis augeant, uilioribus se lauacris omni momento baptizant, deo semper ingrati. 1 51
umquam, uariis atque igneis sagittis armatus, totius humani generis omni momento corda destringens; propter quod sic Paulus apostolus ait: 1 38 6

necessaria sacramentis protinus praeparantur, ascenditur in montem.	omni	mysterio sacrificioque disposito ductus filius gaudens gaudente patre,	1 43 4
uel freno. est enim matura semper, humilis, cauta, prudens, prouida,	omni	necessitate contenta, quauis turbationum tempestate tranquilla.	1 4 2
in	omni	negotio, fratres dilectissimi, nisi quis ante personam noscat et	1 25 1
et ideo semper peccat, quod est iustitiae contrarium. *iustus autem ab*	*omni*	*peccato se abstinet*, quod propterea facit, quia *praui* bonique *notitiam*	2 1 10
qua praedicat Christum oportere *regnare* cum sanctis suis, *donec* uacuatis	omni	principatu et potestate et uirtute et dominatione *ponantur omnes*	2 5 7
sexus, qui eratis rei, eratis et inmundi mundana natiuitate, contra	omni	reatu iam liberi mundi estis infantes et, quod est admirabile et	1 38 1
nulla nouitate mortis, nullis praemiis, nullis amicitiis, nullis affectibus	omni	sane tortore pietatis mordacitate peioribus separari permittis. tu ut	1 36 30
nec ulli similiter se desiderabilem praestat. in suo statu omni loco,	omni	tempore manet plus honestati consulens quam utilitati. uultis scire,	1 1 2
carere, teste conscio, cum se ipso carere non possit, quia uiolentior	omni	tortore conscientia numquam suum deserit peccatorem. in hoc reatu,	2 10 1
ut quis indefensus aut innocens quod habet legibus perdat. quod est	omni	uiolentia deterius, quia illud, quod ui eripitur, nonnumquam repeti	2 1 17
nihil in illa deest umquam, nihil ab suo statu aut tollitur aut declinat;	omnia	bona atque perpetua exuberant passim. certe, quod primum est,	1 5 18
semper suum et uereretur et uenerareretur artificem. post haec subiecit ei	omnia	bona mundi et quia erat iam sapientia conditus, sensibus stipatus,	2 4 5
totus concitatus in ruinam; res sine substantia, negotium sine persona?	omnia	cito temptat, omnia momento disturbat, mater criminum,	1 4 7
unum esse iter aerii culminis angelis lucis et hominibus iustis. haec igitur	omnia	combinata unius fructus rediguntur in summam, quoniam uniuersa	1 37 14
ullum nec quicquam suum ex bonis putabant, quae eis erant, sed erant illis	*omnia*	*communia*, sicut dies, sol, nox, pluuiae, nascendi atque moriendi	2 1 18
autem non habeam, nihil proficio. caritas enim, fratres, *omnia diligit*,	*omnia*	*credit, omnia sperat, omnia sustinet; caritas numquam excidet*. igitur	1 36 20
flatus ac fluctus gemens parturit carina naufragium. inter haec	omnia	deterior est conscientiae timor, quia quae diximus et alia his similia	2 2 2
ardeam, caritatem autem non habeam, nihil proficio. caritas enim, fratres,	*omnia*	*diligit, omnia credit, omnia sperat, omnia sustinet; caritas numquam*	1 36 20
caritatis similitudinem suam tradidit, qui orbem terrae donauit, qui	omnia	elementa mundi cum animantibus suis eius potestati subiecit, qui ei	1 36 28
meorum. quam mihi aedificabitis domum? aut quis locus ad requiem mihi?	*omnia*	*enim ista fecit manus mea*. in euangelio quoque sic dicit:	2 6 3
pertinet resurrectionis domini nostri Iesu Christi, qui *in omnibus*	*omnia*	est; qui uere aeternus est ac sine nocte dies; cui duodecim horae in	1 33 4
primogenitus a mortuis diceretur, hic est, inquam, qui *in omnibus*	*omnia*	*est*, quoniam per ipsum et in ipso sunt omnia. nec uos moueat,	2 8 8
et *redde altissimo uota tua*. honorem totum refudit in patrem, ex quo	omnia.	*et inuoca me in tribulatione tua et eripiam te* dicendo ostendit,	1 25 8
est itaque principium, qui ex se ipso dedit sibi ipse principium; solus ante	omnia	et post omnia, quoniam in eius manu inclusa sunt omnia; ex se est	1 7 3
solus ante omnia et post omnia, quoniam in eius manu inclusa sunt	omnia;	ex se est quod est; solus sui conscius, quantus et qualis est; solus	1 7 3
hoc ideo nubere melius, quia uri deterius. *omnia* quidem *licent, sed non*	*omnia*	*expediunt*. iam te hic, Christiane, cognosce, elige quid uelis:	2 7 2
qui uoluntate sua se parit, diuinae legis agnitione construit decorem, ad	omnia	genera uirtutum intrepidus corrigit, praeceptis omnibus fideliter	2 2 4
uiuum? ecce tabidus pulmo pinguibus sputamentis exesus detestabili macie	omnia	gestatoris sui ossa denudat. nonne horrebit etiam sibi quodam modo	2 4 15
nihil est, fratres dilectissimi, ante	omnia	homini nato tam necessarium atque conueniens, quam ut se ipsum	2 30 1
nihil est, fratres dilectissimi, ante	omnia	homini timenti deum tam necessarium atque conueniens, quam ut	1 27 1
lacrimas commodarent: mortuo anne morienti? post haec si libet nubere,	omnia	illa mentita es. quid hoc est? ecce rursus ad lenocinia redis, colorem	2 7 7
enim pater praecepit, ut fieret, filius, utpote *dei uirtus deique sapientia*,	omnia	illa opere mirifico eius cum dicto compleuit. hunc curiosi	1 50
cunctis annonam. sane si quis aliquid desiderauerit, qui recondidit Noe	omnia	illi arcarius non negabit. Petrus piscator recentes marinos affatim	1 24 3
habere nec minus; alter enim in alterius plenitudine infusus est, ut sit	*omnia*	*in omnibus* deus benedictus, pater in filio, filius in patre, cum	2 5 10
ei ortus, si ei auferatur occasus. luna quoque, quae uere rationis humanae	omnia	in se lineamenta depingit, nata sanguineae teneritudinis dubio cornu	1 2 19
fructus respondent hymnum canentibus deo credentibus populis, qui	omnia	inmortalitatis semine propagantur in saecula. in huius diei luce	1 33 4
sicut sacra scriptura testatur, erat ante	omnia	manens unus et idem alter ex semet ipso in semet ipsum deus,	1 50
transferam, caritatem non habeam, nihil sum. et si in cibos distribuero	*omnia*	*mea et si tradidero corpus meum, ut ardeam, caritatem autem non*	1 36 20
habet pater, mea sunt, et iterum: *pater, omnia mea tua sunt et tua*	*omnia*	*mea*, quia pater in filio et filius manet in patre; cui affectu, non	2 5 9
ipso dicente: *omnia quaecumque habet pater, mea sunt*, et iterum: *pater,*	*omnia*	*mea tua sunt et tua omnia mea*, quia pater in filio et filius manet in	2 5 9
claritate, quam habui apud te, priusquam mundus fieret. qui resurgens ait:	*omnia*	*mihi tradita sunt a patre meo*. hic, qui purus de caelo descendit,	2 5 4
dominiumque totius naturae recuperauit, sicut est ipse testatus dicens:	*omnia*	*mihi tradita sunt a patre meo*. Iob uicarios filios genuit; dominus	1 15 9
in ruinam; res sine substantia, negotium sine persona? omnia cito temptat,	omnia	momento disturbat, mater criminum, curiositatis magistra, acumen	1 4 7
est, inquam, qui *in omnibus omnia est*, quoniam per ipsum et in ipso sunt	omnia.	nec uos moueat, fratres, saecularis ac uere puerilis	2 8 8
uniuersas permotiones animorum placida moderatione compescens, et ut	omnia	non magno opere deuincat, se primo uincit. non uirtutes possunt	1 4 3
sacris interrogationibus obligatur. luxuriosi crines falce tonduntur, id est	omnia	omnino peccata baptismate spiritusque sancti uigore amputantur.	2 11 5
acies dentium spumosis horrida globis inter labra liuentia stridit, intorta	omnia	passim membra tremore uibrantur; gemit, flet, denuntiatum pauet	1 2 6
diuinitatis potestatisque esse omnipotentiam nos doceret. sequitur ac dicit:	*omnia*	*per ipsum facta sunt ac sine ipso factum est nihil*. uideamus nunc,	2 8 4
fit, cum dei dicto indubitanter ac fortiter creditur. dicit enim dominus:	*omnia*	*possibilia credenti*. unde *Abraham credidit deo et deputatum est illi*	1 36 5
me in tribulatione tua et eripiam te dicendo ostendit, quoniam per se	omnia	prosecutus est. *et magnificabis me*; quod dictum, fratres, non sic	1 25 8
lectionum nubila disserena. doce eam sibi non esse contrariam, doce	omnia,	quae canit, esse credenda. ceterum si eius partem probes, reprobes	2 3 13
quod amborum est; quod unus possidet, singulorum, domino ipso dicente:	*omnia*	*quaecumque habet pater, mea sunt*, et iterum: *pater, omnia mea tua*	2 5 9
eos in nomine patris et filii et spiritus sancti, docentes eos seruare	*omnia*	*quaecumque praecepi uobis*. dabis autem *pro me et pro te*: hoc est	1 37 7
spem: artes uirtutesque uniuersae cessabunt; tolle spem, et interempta sunt	omnia.	quid facit ad litteratorem puer, si litterarum non sperat fructum?	1 36 2
uos esse sicut et me, ac per hoc ideo nubere melius, quia uri deterius.	*omnia*	quidem *licent, sed non omnia expediunt*. iam te hic, Christiane,	2 7 2
qui ex se ipso dedit sibi ipse principium; solus ante omnia et post	omnia,	quoniam in eius manu inclusa sunt omnia; ex se est quod est; solus	1 7 3
principium, fratres, dominus noster incunctanter est Christus, quem ante	omnia	saecula pater adhuc utrumque in semet ipso deus beatae	1 56 1
fratres dilectissimi, dominus noster incunctanter est Christus, quem ante	omnia	saecula pater in profundo suae sacrae mentis arcano insuspicabili ac	1 17 1
nostrum Iesum Christum, qui est benedictus cum spiritu sancto in	omnia	saecula saeculorum.	1 19 2
qui est benedictus cum spiritu sancto ante saecula et in saeculis et in	omnia	saecula saeculorum.	1 13 13
deuotione uestra uasa replete, ut semper uobis aqua sufficiat, hoc ante	omnia	scientes, quia hanc nec effundere licet nec rursus haurire.	1 12
uxoribus talis est condicio: Liam excipit, prolixa tempora obseruat,	omnia	soceri libens tolerat imperata; qui si esset inpatiens, astu	1 4 16
habeam, nihil proficio. caritas enim, fratres, *omnia diligit, omnia credit,*	*omnia*	*sperat, omnia sustinet; caritas numquam excidet*. igitur non inmerito	1 36 20
id operari quod non potest credi. igitur non homines tantum, sed paene	omnia	suis mortibus uiuunt. unde pauca de multis attingam, ut omnium	1 2 17
proficio. caritas enim, fratres, *omnia diligit, omnia credit, omnia sperat,*	*omnia*	*sustinet; caritas numquam excidet*. igitur non inmerito dominus	1 36 20
nobis superbia aut quid diuitiarum ambitio contulit nobis? transierunt ista	*omnia*	*tamquam umbra*. sed et dominus ipse dicit: *quid prodest unicuique*	1 5 9
quod uerbis huius modi continetur: *si uis perfectus esse, uade et uende*	*omnia*	*tua et da pauperibus* et tolle crucem tuam *et ueni sequere me*. de	2 1 15
matre eademque magistra uniuersa quae diximus, sed et alia multa, immo	omnia	undique sine pausa quae scaturiunt mala nascuntur atque	1 5 4
cotidie totus exaestuat mundus pestiferisque uoluptatibus ita corrupta sunt	omnia,	ut quicquid in eo geritur, non debere diligi a nobis sacris uocibus	1 36 27
dediticios intulerunt; sed laeta gaudentes, caelestis <...> libera peccatis	omnibus	absolutos non foetidis cunis, sed suaue redolentibus sacri altaris	1 32
non amet, spes si non ametur. adde quod fides sibi soli prodest, caritas	omnibus;	adde quod fides non gratis pugnat, caritas autem etiam ingratis	1 36 11
pauperes [spiritu]: per uos et in uobis dei maior est domus; nam et	omnibus	aequales estis et pedaturas omnes uestri corporis ambitu superatis;	2 6 10
quod a quolibet pro ingenii qualitate argumentis asseritur. adde quod ab	omnibus	appetitur et a nullo completur. adde quod index dei uoluntatis	2 3 5
perfruatur. inde est, quod intra hominem clandestinum fremit momentis	omnibus	bellum, cum unaquaeque pars nititur alteram subiugare, apostolo	2 4 8
diuites eguerunt et esurierunt, requirentes autem dominum non minuentur	*omnibus*	*bonis*. quod probare exemplo perfacile est. meminimus in	2 1 20
corpus animale, surgit spiritale. satis, ut opinor, resurrectionis ueritas	omnibus	claret. sed necessario disserendum est, quae sit in ea iniustorum	1 2 22
est antecedit. in omnibus nouus est et tamen in omnibus uetus est. punctis	omnibus	commutatur, non natura, sed numero. fit filius horarum, qui pater	1 16 1
colligis fructus. tu in pauperibus diues, in diuitibus ditior, aequalis in	omnibus	consummaris. tu es *honor corporum*, tu thesaurus animarum, tu	1 1 21
spes ac fides tempus habent, caritas autem finem non habet, momentis	omnibus	crescit quantoque ab ea diligentibus inuicem creditur, tanto	1 36 11
manifestissimum puto nimis astuto esse simplicem meliorem, quia simplex	omnibus	dei uerbis simpliciter credit, astutus autem nimia sapientia	2 3 2
portat, cuius uultus passibilis, omni conuersioni subiectus momentis	omnibus	demutatur labore, aetate, languore, ira, gaudio, tristitudine totque	1 27 2
terribilis turba monstrorum superare non potuit. ipsa Venerem membris	omnibus	denudatam, conuexis manibus se tegere conantem, immo animi	1 1 11
nec minus; alter enim in alterius plenitudine infusus est, ut sit *omnia in*	*omnibus*	deus benedictus, pater in filio, filius in patre, cum spiritu sancto.	2 5 10
terra erit in omnibus operibus tuis; in tristitiae gemitu edes ex ea	*omnibus*	*diebus uitae tuae; spinas et tribulos eiciet tibi et edes pabulum*	1 2 30
natiuitatem, unum lac, unum stipendium, unam spiritus sancti praestat	omnibus	dignitatem. quam speciosum est, fratres, quamque salutare, quem	2 29 2
abiecerant, iam etiam ipsa pudoris compendio mortis oderat moras,	omnibus	displicens, sed solae suae conscientiae placens, cum subito, quauis	1 1 19
quae cum mulieribus tympanum quatit, typus ecclesiae fuit, quae cum	omnibus	ecclesiis, quas peperit, hymnum canens et pectoris uerum	2 26 3
promouere; unum tamen scio, quia nullus est nostrum, qui non momentis	omnibus	elaboret, ut plus habeat, quam habebat; quod cum nititur,	2 1 16
ne populi penuria laborarent, uenales esse propositas. uerum tamen ex his	omnibus	eligendum quid sit, non potest nosci aut comprehendi, quia non	2 3 7
oculorum elatio ad omnes. de quibus Iohannes discipulis quid praedicet,	omnibus	est in usu: *nolite*, inquit, *diligere mundum neque ea, quae in*	2 9 5
aetas cui uniuersa deseruit. pro nefas! quae istae sunt tenebrae? inest	omnibus	et ab omnibus, quasi non sit, arguitur; accusatur et tamen colitur;	2 1 8
habuerint, tantum ut tollat. cui autem parcat, quae et mori momentis	omnibus	etiam friuolo ac turpi lucro festinat? quid igitur, miser homo, auri	1 14 2
personas, tamen nunc usque contendit deum filium non habere. quibus	omnibus	exempla uel ratio, quam prosecuturi sumus, argumentationis	2 8 2
decorem, ad omnia genera uirtutum intrepidus corrigit, praeceptis	omnibus	fideliter obtemperat incoactus, innocenter uiuit, iustitiam percolit,	2 2 4
dei imaginem portat, cuius uultus omni conuersioni subiectus momentis	omnibus	inmutatur labore, aetate, languore, gaudio, tristitudine, nunc	2 30 2
non genere a tribuenda homini salute depellitur, sed gloriosa semper in	omnibus	inuenitur. denique prior circumcisio desecat carnem, secunda	1 3 22
prophetia etenim semper figuris uariantibus loquitur, sed res una in	omnibus	inuenitur. igitur Iacob habet imaginem Christi, sed et lapis ipse,	1 37 1

progenies de uera Aegypto, id est isto de mundo, semper momentis omnibus liberatur. illis ducatum Moyses praebuit, dux noster Christus est 1 46b 1
in prima natiuitate persistens, quem aestuantium delictorum fax incensa omnibus momentis exurit; qui paedorem sui secum carceris portat; qui 2 10 1
habet, ut, cum sui domicilii saepto teneatur, tamen quicquid uoluerit, omnibus momentis illustret. non ergo carnale hoc indumentum imaginem 2 30 3
habet, ut, cum sui domicilii saepto teneatur, tamen quicquid uoluerit, omnibus momentis illustret. non ergo carnale hoc domicilium imaginem 1 27 3
manducantem denotet, inuitator ammonet Paulus. Dauid regius pastor omnibus momentis lac argenteum subministrat et caseum. Zachaeus sine 1 24 3
non distinctus est, sed totus unum uulnus effectus. uerum tamen in his omnibus nihil aduersus deum improbe loquitur, non uxori inlicita suadenti 1 15 6
feliciter spiritus sancti calore feruebunt, qui ut numquam refrigescat in omnibus nobis praestabit deus pater omnipotens. 2 13
repleuerit. sed haec non ad uos, fratres, quorum largitas prouinciis omnibus nota est, quorum pia semina totius quodam modo orbis per 1 14 8
naturalis amicitiae disciplina? quid autem pro se in necessitatibus gerant, omnibus nota porcorum cotidiana propemodum tam iucundi certaminis 1 36 15
nouellus occasu. quod praeterit sequitur, quod futurum est antecedit. in omnibus nouus est et tamen in omnibus uetus est. punctis omnibus 1 16 1
per uestigia reuolutus dies salutaris aduenit, officiis sacramenti dominici omnibus omni genere munerum largus. namque piis mercedem 1 6
sepultus, *primogenitus a mortuis* diceretur, hic est, inquam, qui *in omnibus omnia est*, quoniam per ipsum et in ipso sunt omnia. nec uos 2 8 8
ad sacramentum pertinet resurrectionis domini nostri Iesu Christi, qui *in omnibus omnia* est; qui uere aeternus est ac sine nocte dies; cui duodecim 1 33 4
est, refundatur; dicit enim deus ad Adam: *maledicta terra erit in omnibus operibus tuis; in tristitiae gemitu edes ex ea omnibus diebus uitae* 1 2 30
fortassis cultius synagogas aedificent, cultius erigant capitolia, sed in his omnibus operibus uero iudicio structores magis possunt placere quam 2 6 1
placidis sedibus refoueri, ut tunc demum credi possit resurgere, quod omnibus palam sit non penitus interire. gentes, quae ista non credunt, 1 2 3
multi condicionibus duris exuti gratias agunt. uestrae domus peregrinis omnibus patent; sub uobis uiuus mortuusque diu numquam uisus est 1 14 8
quod iustitia honestas pietas fides ueritas perit; quod deus ipse momentis omnibus patitur contumeliam, cuius praecepta contemnuntur, cui cultus, 1 14 7
terrae erat ipse facturus humanumque uisitaturus genus, alias aequalis in omnibus patri. quicquid enim pater praecepit, ut fieret, filius, utpote *dei* 1 50
caelum. dicam praeterea, quae cotidie merces, quae impendatur annona. omnibus peraeque unus panis cum signo datur, aqua cum uino, sal, ignis 2 6 8
haec ueritate; illa damno, haec lucro; illa agit captiua sub lege, haec omnibus praestat in Christo bonae fidei libertatem. igitur uos, qui 1 3 23
uiduitas, non miseranda paupertas, non dei contemplatio: ecce enim his omnibus, prout potest, uariis artibus aut adulatur aut nocet, si quid 1 14 2
scilicet sua illa substantia, in qua beatus manens in sempiternum omnibus, quae habet, habentem filium paria procreauit, qui est deus 1 17 2
aduersae partis exspectatione placida profligatis, in semet fortior ruinis, omnibus quaeque deleuerat bellum recuperatis in melius, felicitatis 1 4 19
uniuersa deseruit. pro nefas! quae istae sunt tenebrae? inest omnibus et ab omnibus, quasi non sit, arguitur; accusatur et tamen colitur; iugulat et 2 1 8
uidemus a lege, sic Ieremia dicente: *haec dicit dominus uiris Iuda et omnibus, qui habitant in Ierusalem: renouate inter uos nouitatem et ne* 1 3 12
in natiuitatem qui erat, antequam nasceretur, in patre, aequalis in omnibus, quia pater in ipsum alium se genuit ex se, ex innascibili scilicet 1 17 2
domicilio ei gratias agimus, ita in caelestibus regnis uberiores sanctis cum omnibus referamus. 2 6 11
adhuc escas inueniet, quibus, si diligens fuerit, semper et se et alios bonis omnibus satiabit per dominum nostrum Iesum Christum. 1 24 4
conficiens atque concludens patri et Adam reportauit et iter ad caelum omnibus se sequentibus patefecit. 1 37 15
esse quemadmodum potest? quicquid enim uni ex duobus indiscrete in omnibus sibimet similantibus detraxeris, cui detraxeris nescis. 'at ille, cui 1 45 2
immanitatis deesse uideatur, immittuntur etiam marina monstra; laciniis omnibus spoliatur puella, uestitur incendio. inter tot instrumenta mortis 2 2 6
partu parientis nascentisque de salute non gemit nulliusque momentis omnibus uariae sollicitudinis cura torquetur. sed dicet aliquis: 'etiam Maria 2 7 3
fidelis, in sacerdotibus pura, in martyribus gloriosa, in angelis clara, in omnibus uero regina. tu numquam carni, numquam ulli subiaces legi. de 1 1 20
sequitur, quod futurum est antecedit. in omnibus nouus est et tamen in omnibus uetus est. punctis omnibus commutatur, non natura, sed numero. 1 16 1
deus tuus postulat a te, nisi ut timeas dominum deum tuum et ambules in omnibus uiis eius et diligas eum et custodias praecepta eius ex toto corde 2 2 4
auaritia quam facile arguitur ab omnibus, utinam posset tam facile non amari! est enim artifex ac dulce 1 14 1
manet postmodum uirgo perpetua, nos, qui nascimur de tanto coniugio, omnifarie niti debemus, quemadmodum prosapiae nostrae nobilitatem non 1 1 3
genitricem, hanc perpetuam futuri regni consortem, sine qua nemo possit omnino ad dei notitiam peruenire. unde primo omnium definiendum puto, 1 3 1
incertum, quippe cum unius electio sit alterius reprobatio. uel si omnes omnino amplectendae sint, ut tot quis habeat fides quot non habet uerba, 2 3 7
laus enim non est, cui principatum adimit peraequatio. at cum omnes omnino memorati omnesque felices eius dono sint tales, contumelia est 1 4 19
igni ferroque cum sua sibi tota substantia incolas, ciuitates et rura nihil omnino metuens amicae mortis fiducia. denique quod sapientia legibus per 2 1 7
uestita, tamen suis commodis consulendo, quod sine alienis incommodis omnino non potest procurari, a quouis uere stultissimo negari non possit 2 1 3
interrogationibus obligatur. luxuriosi crines falce tonduntur, id est omnia omnino peccata baptismate spiritusque sancti uigore amputantur. plorat 2 11 5
non dicam Scorpionem, sed, sicut dominus ait in euangelio, omnes omnino serpentes inlaesa planta calcabit. sed nec ipsum quoque diabolum, 1 38 5
qui ut numquam refrigescat in omnibus nobis praestabit deus pater omnipotens. 2 13
numero, caritate nostris cum fratribus celebremus, praestabit deus pater omnipotens. 2 19 2
ut uobis quoque fide uestra adolescente contingat, praestabit deus pater omnipotens per dominum Iesum Christum, qui est benedictus cum spiritu 1 10b 3
non timetur, spiritus sanctus inducitur, glorificatur Christus, deus pater omnipotens propitiatur. postremo ille felix in futurum regnabit, qui tecum 1 1 21
est; solus perfectus, quia non potest illi aliquid nec addi nec minui; solus omnipotens, quia ex nihilo uniuersa constituit, uirtute regit, maiestate 1 7 3
carnaliter geritur, sed spiritaliter promouetur. praestabit autem deus pater omnipotens, ut, quomodo isto in terrestri domicilio ei gratias agimus, ita in 2 6 11
exsultemus, fratres in Christo, tantique prouentus redditu ditati deo patri omnipotenti laudes et gratias referamus. qui zizania, lolium, lappas, 1 41 1
igitur ineffabilis illa incomprehensibilisque sapientia sapientiam, omnipotentia omnipotentiam propagat. *de deo nascitur deus*, de ingenito 1 17 1
uirtus incomprehensibilisque sapientia e regione cordis *eructuat uerbum*, omnipotentia se propagat. *de deo nascitur deus* totum patris habens, nihil 1 56 1
luce resplendens corpus sine umbra gestabat, humilis carne, sed excelsus omnipotentiae maiestate. qui sane ideo carnem est dignatus induere, ut 1 54 5
cum quo originalis perpetuique regni una possessio, coaeternitatis omnipotentiaeque una substantia, una aequalitas, una uirtus maiestatis 2 5 10
redigendo confunderet, sed ut duorum unam diuinitatis potestatisque esse omnipotentiam nos doceret. sequitur ac dicit: *omnia per ipsum facta sunt* 2 8 4
ineffabilis illa incomprehensibilisque sapientia sapientiam, omnipotentia omnipotentiam propagat. *de deo nascitur deus*, de ingenito unigenitus, de 1 17 1
mori docendo uacuasti. tuum est, quod, cum occiditur ab hominibus deus omnipotentis dei filius, nullus irascitur de duobus. tu populi caelestis 1 36 29
exsultate, fratres in Christo, omnique desiderio conuolantes *caelestia dona* percipite. iam uos sempiterni 1 32
reatum, uulnera ac mortem paternae inplorastis auxilium maiestatis omnique non pedum uelocitate, sed mentis, pii fontis ad gurgitem 2 23
euigila, Christiane, omnique saecularis somni torpore discusso, apertis auribus cordis a pueris 2 27
credulo percipe corde rem miram, Christiane, omnique uirtutum exemplo famigerabilem. Hebraei uere tres pueri senum 1 53 1
diligenter, fortiter ac fideliter custodite. etenim uester contractus omnis ablatus est. securi gaudete; nihil saeculo iam debetis. ecce nullum 2 29 1
regale beneficium diligenter, fortiter ac fideliter custodite. etenim omnis [actus] uester contractus ablatus est. securi gaudete: nihil saeculo 1 42 1
a parentibus accepit, non liberis tradit; ipsa est sibi uterque sexus, ipsa omnis affectus, ipsa genus, ipsa finis, ipsa principium; non ex coitu nascitur 1 2 20
quaerens, iam spiritalia non sua desiderans, de qua Paulus ait: *non omnis caro eadem est caro: alia est hominis, alia iumenti, alia caro* 1 2 25
quid deteriori meliorem subiacere compellis, scriptum quippe cum noueris: *omnis caro fenum et gloria eius sicut flos feni*? cuius si curam geris, 2 4 15
didicerunt patiendo libenter, quod non merentur. Noe cataclysmum, quo omnis caro funditus deleretur, denuntiente deo imminere per momenta et 1 4 12
qualitas aperitur, fides si inlibata teneatur. unde rem paucis expediam. omnis caro quam diu flagitiosis illecebris huius mundi ac tenebris feralibus 1 2 25
a diaboli rabie idolorumque turba uiolenta non tantum nostri maiores, sed omnis Christiana progenies de uera Aegypto, id est isto de mundo, semper 1 46b 1
calcatur, prelo premitur duabusque tabulis uehementer urguetur, donec omnis dulcedo medullitus exigatur sicque pretiosum fluentum a suis 2 11 3
te corruptio intrare non nouit. per te saeculum uincitur, concupiscentia omnis eliditur, diabolus subiugatur, Antichristus non timetur, spiritus 1 1 21
nisi ueritatem requirat, agnoscit; si enim Adam curat, certe, in qua delicti omnis est summa, isto remedio curare non potest Euam. quid, quod nec 1 3 9
autem hoc Paulus expressit dicens: *hoc enim scire debetis, quoniam omnis fornicarius aut impudicus aut fraudator, quod est idolorum seruitus,* 2 5 8
rei, aliam sibi, id est populi nostri, sua pro uoluntate plantauit, in quam omnis fructus propheticus decucurrit. hic mihi, rustico uestro, beatissimi 2 11 1
se iustos quam sapientes iniustos, maxime cum iam sit eorum fraus omnis in medio. non enim rem ualuerunt transferre, sed nomina, iustitiam 2 1 4
Aegyptus mundus est iste. Pharao cum populo suo diabolus et spiritus omnis iniquitatis. Israel populus Christianus, qui proficisci iubetur, ut ad 2 26 2
diliges proximum tuum tamquam te ipsum. in his duobus praeceptis pendet omnis lex et prophetae. unde manifestum est dilectionem uirtutum omnium 1 36 17
animantium genus congregatione, concordia testari caritatem atque ita omnis motus quasi uno sensu magistra dilectione conuerti, ut quiuis 1 36 15
est, ita indigne manducare mortiferum, in Leuitico scriptura dicente: *omnis mundus manducabit carnem. anima autem quaecumque* 1 25 12
triumphat maritus, quod castam inuenerit coniugem. laetatur familia omnis, quod in ea nihil inueniat fama quod feriat. cruciatur diabolus, quod 1 40 3
ipsum et auctorem per ipsum impleta est. denique sic ad discipulos ait: *omnis scriba doctus de regno caelorum similis est patri familias proferenti* 1 37 9
quicquam poterit nec doceri. nam profecto sola est, ad quam prorsus res omnis spectet, dubium quippe cum non sit spem, fidem, iustitiam, 1 4 1
intellegendos frequens prophetarum assertio demonstrauit: *iubilate*, inquit, *omnis terra*, et alibi: *audi*, inquit, *terra, ex ore meo*. quo uocabulo gentiles 1 61 4
et quid ditius domino, cuius sunt omnes diuites serui, cuius est orbis totus omnisque natura, beatissimo Dauid dicente: *domini est terra et plenitudo* 1 15 7
pecudum cum suo sibi sacrificio reprobatur. ieiunia eorum, dies festi omnisque solemnitas abominatio est apud deum. cum haec ita sint, a 1 46a 1
in alium quae transit in populum; adde quod fides paucorum est, caritas omnium; adde quod spes ac fides tempus habent, caritas autem finem non 1 36 11
hominem ueterem, creat nouum, sacri gurgitis elemento sepelit. et cum omnium aquarum natura sit talis, ut, cum in profundum homines 2 10 2
mera profecto uesania est beneficiis inuidere naturae. alius inde rerum omnium captat annonam, aucupatur distrahendi tempus, minor in 1 5 14
corporum, tu thesaurus animarum, tu *fundamentum*, culmen ac fructus omnium coaequarum, tu tui propositi insolubilis nodus aeternus. per te 1 1 21
magis poterit esse quod fuit, quippe cum illius potentissimi artificis rerum omnium conditoris ipse sit usus impossibilium possibilitatem adserere ex 1 2 16
id est in templis infamibusque spectaculorum omnium locis (pater enim omnium corrupte uiuentium diabolus designatur, domino Iudaeos sic 1 13 8
lex est, quae salutaribus monitis diuersis uirtutibus diuersoque charismate omnium credentium non colla, sed corda decorare consueuit. uirga per 1 13 10
sine qua nemo possit omnino ad dei notitiam peruenire. unde primo omnium definiendum puto, quid sit circumcisio, ut tunc demum, qualis sit, 1 3 2
pendet omnis lex et prophetae. unde manifestum est dilectionem uirtutum omnium diuinarum esse substantiam naturalemque magistram, quoniam ex 1 36 17
unanimes, omnes inmortales, omnes sunt semper aequales; quod unius est, omnium est; quod omnium, singulorum. uultis scire, quae illic beatitudo 1 5 18

potest, superfluum est demorari. unde nunc ad ueram iustitiam ueniamus, omnium fontem matremque uirtutum. quae praeter ceteras tota se ad 2 1 11
in eum sanctissimus martyr uocibus exsiliit: 'quid, inquit, uanissime omnium iudicum, putasne aut de lucis istius incongruis usuris aut de 1 39 5
caritas sua ingerit fortiora. quae ita rebus uniuersis est praedita, ut sit omnium iure ipso regina. triumphet licet quibus uult uirtutibus fides, ac 1 36 10
esset *in domo patris sui*, id est in templis infamibusque spectaculorum omnium locis (pater enim omnium corrupte uiuentium diabolus designatur, 1 13 8
nec mortem potuit sentire nec uitam. recte igitur apostolus ait: *radix omnium malorum est auaritia*; hac enim matre eademque magistra 1 5 4
quae non in cassum a deo *magna ciuitas* dicta est; erat enim futurum, ut omnium nationum in Christo credentibus populis totus orbis deo una 1 34 9
ceterum apud deum quam sit iniustum, mox uidebimus. nunc primo omnium, optime Christiane, scire cupio, quae sint tua, cum sint timentibus 2 1 18
paenitentibus curam, catechuminis lucis uiam, competentibus remissa omnium peccatorum, sicque cunctos in unam Christi corporis gratiam 1 6
nemo fiscum, nemo latronem, nemo domesticum, qui cognitione secreti est omnium peior, nemo imminentes diei iudicii flammas, per quas omnes nudi 1 5 15
nostra et haec sors. illinc spiritus, quasi quidam dux peritissimus, horum omnium praedicit fugam, in armis expeditissime standum, uigilandum 2 4 11
et audit et sperat et repositam sibi praesumit de Christo? igitur primo omnium probandum puto animas nostras suorum corporum exuuiis 1 2 3
sed paene omnia suis mortibus uiuunt. unde pauca de multis attingam, ut omnium probationem haud dubie in paucis expediam. stellae praecipites 1 2 17
nouit! haec renouatio, haec resurrectio, haec uita aeterna, haec est mater omnium, quae nos adunatos, ex omni gente et natione collectos unum 1 55
laudare non queas seruum. sed o quam uellem te, si possim, rerum omnium regina, patientia, magis moribus concelebrare! scio enim, quia 1 4 20
nostri prouidentia comparatur. hic labor noster illustris, haec gloria omnium sacerdotum, hoc mysterium deo, hoc opus carum, hos opus 2 6 11
mens laboret incredulorum. *immola*, inquit, *deo sacrificium laudis*. primo omnium sacrificiorum tria esse genera, nouelle, disce, Christiane, ne quo 1 25 3
commutatur, non natura, sed numero. fit filius horarum, qui pater est omnium saeculorum. hic est dies, fratres, quo a domino nostro cunctus 1 16 1
ueritatem. Iesus enim Naue Christi imaginem praeferebat, qui uerus omnium saluator esse cognoscitur et factis et nomine. hic enim, quia ipse 1 3 16
his poterat indigere, quae accipere in uterum meruerat filium animarum omnium saluatorem. o magnum sacramentum! Maria uirgo incorrupta 1 54 4
sacramentum, in resurrectione summum bonum? hic nunc primum omnium scire debemus hominis fabricam *ex* duobus *diuersis ac* 2 4 8
et magna proponat, tamen sine hac utraeque non stabunt: fides primo omnium si se ipsam non amet, spes si non ametur. adde quod fides sibi 1 36 10
omnes sunt semper aequales; quod unius est, omnium est; quod omnium, singulorum. uultis scire, quae illic beatitudo uersetur? nemo suam 1 5 18
enim ei ex his defuerit, perfectionem sui operis non habebit. unde primo omnium *spes* nobis proponenda est *futurorum*, sine qua nec praesentia 1 36 2
iura. clamat enim prophetes: *deus unus creauit uos; nonne pater unus est omnium uestrum?* quisque igitur nobilitatis suae conscientiam retinet, 1 36 22
geritur, negotium perorauit! his enim tribus rebus, quae fundamenta sunt omnium uitiorum, uiolentis quasi quibusdam tempestatibus naufragatum 2 1 6
scribas et pharisaeos, iacturam uasorum repudiationem prophetarum omniumque sanctorum, quos synagoga pulsos Iudaei in damna salutis suae 1 34 7
magnisque criminibus maximum fecit. ipsa Herculem nouerca deterior in Omphales libidine turpiter uicit, quem terribilis turba monstrorum 1 1 11
opponit; aut dorsa fugientis affectans caedem uicino fremitu ferina rabies onerare temptauerit; uel cum amissis gubernaculis inter conpugnantes 2 2 2
ceruicibus catenarum. uinculis nullis impeditae sunt manus, nullis pedes onerati compedibus. non uos ullus terror exagitat, non ullae sordes 2 29 1
nos pio promisso quid hortetur, accipite. *uenite*, inquit, *qui laboratis et onerati estis et ego reficiam uos. tollite iugum meum super uos et discite* 2 9 4
non enim intellexere, quia *ex haedis* humana designabatur caro suis onusta peccatis, *ex ouibus* spiritus maiestatis; quae utraque in Christo 1 8 1
dei opere uario totum inaurata corpus, exsecrabili metallo procedis onusta, ubique delicata, sub monilibus fortis. denique ipso cultus rigore in 1 14 6
cupidus ignis excepit. lambunt roscidos flammae blandientes. mira res: opacitas intus, incendium foris est; intus hymnus canitur, foris ululatus 1 53 2
esse claro testimonio ueritatis affirmat. sic enim ait: *et uidebo caelos, opera digitorum tuorum*. hic utique non de caelis istis loquitur, quos 1 61 3
me in operibus manuum uestrarum et disperdam uos. quae autem sint ista opera manus humanae, spiritus sanctus in Psalmo nonagesimo quinto 1 25 5
gentiles homines sine dubio comprehendit, in quibus adhuc erant opera terrena. hoc est ergo quod ait: *audi caelum et terra*, quod Iudaeis 1 61 4
quae pia, quae sancta sunt, sicut facitis, amplectenda, ut uidentes homines *opera uestra bona magnificent patrem uestrum, qui est in caelis*. itaque, 1 25 13
peccatori. peccator autem ille est, qui caritatem non habet dei ac per hoc operanti iram recte subiacet legi. atquin forte aliquis dicat: 'lex spernenda 1 36 17
intrate aeternique gurgitis alueo genitali condentes ullam pro personis operari ne aestimetis hic gratiam. iudicio uestro nascimini scientes, 1 49
solumque ei hoc deesse quod nolit esse; haec est enim proprietas dei, id operari quod non potest credi. igitur non homines tantum, sed paene 1 2 16
utraeque cessabunt, quia neque fides sine caritate neque spes poterit operari sine fide. itaque Christianus tribus in rebus, si cupit esse perfectus, 1 36 1
frontem meam tueor et fidem meam noui. certe si quid sciunt, dicant operarii, qui mecum sunt. lucro gaudeo, sed sine furti conscientia, sane 1 41 3
manus. ad torcular conportantur; id est ad supplicii locum deducuntur. ab operariis ibidem conculcantur, hoc est summa cum contumelia a 2 11 6
uenerit tempus, decore dissipato, passim uua detrahitur in torcularique operariorum pedibus subiecta calcatur, prelo premitur duabusque tabulis 2 11 3
inferre desiderans, licet suo uberet fonte, tamen aestuat semper iustae operationis ardore. autumnus quoque martyrii locus est, in quo non uitis, 1 33 3
et similitudinem dei, et in Psalmis: *deus autem rex noster ante saecula operatus est salutem in medio terrae*, et alio loco: *parata sedes tua, deus ex* 2 5 2
sed optimus, dulcis, blandus ac mitis uos admonet uitulus, ut nulla ullo in opere captantes auguria, eius sine malitia succedentes iugo terramque 1 38 3
cauta, ne quam declinet in partem, ne in aliquo se ipsa reprehendat, ne opere coepto umquam deficiat. haec captiuorum iuga redemptionibus 2 1 12
animorum placida moderatione compescens, et ut omnia non magno opere deuincat, se primo uincit. non uirtutes possunt esse uirtutes, non 1 4 3
fingitur nec tamen in eo, quid cuius sit, inuenitur. si igitur in opere extraneo paritas sacra distingui non potest, deus in alio se inferior 1 45 2
aliquatenus comparari? nam et Salomonis accepimus templum luculento opere fuisse constructum atque ita elaboratum, ut nesciret inspector, in eo 2 6 2
quod circumcisio aduersus sabbatum pugnat, quod uiolandum ullo opere in toto non esse praeconat. etenim plerumque contingit, ut ei 1 3 3
praecepit, ut fieret, filius, utpote *dei uirtus deique sapientia*, omnia illa opere mirifico eius cum dicto compleuit. hunc curiosi opinationibus uanis 1 50
nocendi artes habet, sed has omnes salutari profluens amne non magno opere noster Aquarius delere consueuit. quem necessario uno sequuntur 1 38 7
uidetisne, fratres dilectissimi, quia nullus exserte hic alteri iubet, in opere nullus otiosus est? o sancta aequalitas ac sibi soli dignissima 1 45 2
non potest. denique aurum argentumque, penitus quod eruitur magno opere terrae uisceribus, iterum celandum terrae mandatur. etenim res est, 1 14 4
in te colis, cuius ornatum, cuius imaginem non deponis. ad ecclesiam dei opere uario totum inaurata corpus, exsecrabili metallo procedis onusta, 1 14 6
at cum ante annos ferme quadringentos uel eo amplius apostolicum hoc operetur edictum, quo et uiuaciores fuere homines et rarissimi Christiani, 2 7 5
haec nos felicitas manet, hoc munus exspectat. sic ergo uiuamus, ut bonis operibus decorati nos quoque deo patri placere mereamur domino iuuante 1 2 32
scrutatus sis. quae praecepit tibi deus, illa cogita semper et in plurimis operibus illorum non eris curiosus; multos enim seduxit suspicio illorum et 2 3 16
ut seruiatis eis, et ne adoraueritis eos, ne quando incitetis me in operibus manuum uestrarum et disperdam uos. quae autem sint ista opera 1 25 4
quod est semper incertum. praeterea numquam diligit deum, quem scit operibus suis esse contrarium. diaboli est sane mancipium; eius enim 1 1 11
est, refundatur; dicit enim deus ad Adam: *maledicta terra erit in omnibus operibus tuis; in tristitiae gemitu edes ex ea omnibus diebus uitae tuae;* 1 2 30
cultius synagogas aedificent, cultius erigant capitolia, sed in his omnibus operibus uero iudicio structores magis possunt placere quam sacerdotes. 2 6 1
uellem, fratres dilectissimi, triumphali quodam modo uti sermone nouique operis arcem sacram laudibus geminare. sed quamuis sit optimum laudare, 2 6 1
domus domina praerogat munera. exsultate, seniores: uos estis huius operis firmamenta. exsultate, iuuenes: uos estis lapidibus adamantinis 2 6 10
negotioso cursu, reciprocis ambagibus operis mundani pensa perpetuans, genitali semper nouellus occasu, a se in 1 6
debet esse constructus. si quid enim ei ex his defuerit, perfectionem sui operis non habebit. unde primo omnium *spes* nobis proponenda est 1 36 2
specioso circulo sacer inflexus dies in mundani operis pensa quadriga temporum fertur duodenis mensum perpeti cursu 1 26
diuites facti; promotioni etenim caelestis uestrae dignitatis debetur diuini operis perennis ista laudatio. exsultate, pauperes [spiritu]: per uos et in 2 6 10
capit locus, exinde intelligitur, quia fides uestra capit deum. igitur ne quis operis rationem a me forte disquirat, paucis insinuabo. in totius fabricae 2 6 5
non habet, sed uxor. sic igitur, quoniam una sunt caro, unum diuini operis sacramentum, quoniam femina de uiro suo facta est alterque alteri 1 1 14
est. *et magnificabis me*; quod dictum, fratres, non sic debetis accipere, ut operis sui laudem sibimet soli deberi testatus sit, qui in euangelio dicit: *si* 1 25 8
uera et aeterna formositas, in paradisi solitudine, ubi Euam ab auctore operis sui meminerant esse deceptam, hac re ipsa nato consilio capere dolo 1 1 17
sed uanis persuasionibus cogitationes eorum abductae sunt et tenebris opertum est cor eorum, ut *diligerent magis tenebras quam lucem*, creaturam 1 35 6
ad oues suas tondendas pergit, id est, ab hominibus iustis bonorum operum fructus exposcit. quo audito Thamar cum esset *in domo patris sui*, 1 13 8
hominum! quam uarie, unam tamen contendit in mortem: pauper, cum opes infeliciter quaerit, quas feliciter non habet; diues, cum diuitias putat 1 5 11
sibi. hinc caro tota deliciis fluens, uariis temporum redimita muneribus opes multimodas ac profundas promittit, ostentat, obicit, donat, speciem 2 4 9
humani generis domum multipliciter aptatum distinctumque elementis, opibus, animantibus, alimoniis utilitatibusque diuersis, magnis et plurimis, 2 4 4
publico, ditior in secreto, nec intelligis, quia homini inopia morienti tantis opibus qui cum possit subuenire non subuenit, ipse eum uidetur occidere? 2 1 19
'homo' nomen imposuit, credo, sicut res ipsa docet, ut contemplatione opificii ac materiae semper suum et uereretur et ueneraretur artificem. post 2 4 4
prorogat inportune nec derogat, quid aliud intelligi datur quam sui opificis moderationi deseruiens peritissima insignis patientiae disciplina? sed 1 4 5
uentorum, quis inter marinos aestus fluminum augmenta, quis denique opificium domini deique consilium se deprehendisse gloriabitur, cum 1 34 2
uolentes constituere iustitiae dei non oboedierunt. sed cum de futuro nihil opinantes praesentis tantum uitae commoda inspiciunt falsamque aduersus 2 1 3
genuit ex se. quomodo autem generatus sit, qui processit, dementis est opinari. namque temperat se propter rerum naturam filius, ne exsertae 1 56 2
frenos impone. dementiae genus est inuisibilis incomprehensibilisque uelle opinari secretum eiusque interna discutere, cuius extraria nequeat suspicari, 2 8 3
nec placere. ceterum prouidentis dei de deo argumentationibus uanis opinari uelle dispositum non colentis est, sed dementis, maxime si deus, ut 1 54 1
patri, et cetera. quid hinc scandalum pateris, Christiane, ex tuaque natura opinaris prouisionis piae diuina mysteria? si minus sentis de filio, quia 2 5 5
immolatione tali, qui salutem tuam in incerti pecoris sitam uisceribus opinaris. sane quod passim multos occidis, edacitatis est tuae, quod 2 20 1
deo sua sibi et diuinitate et nomine comparatus omnes humani sensus opinationes excludit, quippe cum dicat: *faciamus hominem ad imaginem et* 1 45 1
rationem secreti naturae disquirere; non enim ullo pacto potest humanis opinationibus substantia naturae comprehendi, quam nemo nouit nisi ipse 1 27 1
sapientia, omnia illa opere mirifico eius cum dicto compleuit. hunc curiosi opinationibus uanis uiolare conantur nec intellegunt miseri, quoniam 1 50
senectus optaret. ita denique dissensione temporis et naturae contra opinionem nato angelus Isaac nomen imposuit, ut firmaret laetitia, quod 1 59 5
quod illi putauerunt, nec sapiens profecto erit ille nec iustus. satis, ut opinor, praestigiae mundanae patuerunt. in quibus cum peritius agant 2 1 11
resurgit in uirtutem; seminatur corpus animale, surgit spiritale. satis, ut opinor, resurrectionis ueritas omnibus claret. sed necessario disserendum 1 2 22
legem; et iterum: *noli esse sapiens multum et noli argumentari plus quam oporteat*. similiter Paulus: *noli altum sapere, sed time*. cum haec ita sint, 2 3 12
uiuos et mortuos, sicut lectio uniuersa testatur, qua praedicat Christum oportere *regnare* cum sanctis suis, *donec* uacuatis omni principatu et 2 5 7

pro sua quique qualitate suscepti, apostolo dicente: *omnes nos manifestari oportet ante tribunal Christi, ut recipiat unusquisque corporis sui merita*	1	2	15
tantum quod inutile est discuti, quod teritur demutari, sicut scriptum est: *oportet enim corruptiuum hoc induere incorruptionem et mortale hoc*	1	2	30
quaestiones euita sciens, quia lites generant. seruum autem dei non oportet litigare, quia lis et caritatis est hostis et fidei; quas si quis amiserit,	2	3	18
quomodo bonum insuper sibi opus adsignat ab illis recedendo, in quibus oportuerat ambulari? prioribus, fratres, posteriora respondent: de rebus	2	9	6
sed de auaris sermonem fecimus, fratres; alioquin solis diuinis exemplis oportuerat perorare, esset si quis hic talis. sed quia in uobis fides et pietas,	1	5	17
uocabulo, non natura. non enim bis carnem induit dominus. sed sic oportuit praedicari, quia primo, antequam esset, quod se fieri uoluisset,	2	4	3
erectus in morsum, ardentibus squamis incensus tumidus sese anguis opponit; aut dorsa fugientis affectans caedem uicino fremitu ferina rabies	2	2	2
se procurat in templis, hilarem in theatris, inportunam in publicis, opportunam in quibuscumque secretis. lasciua, non linguis non oculis non	1	1	9
castitatis exemplo. stabat Susanna in iudicio perditorum falsorum testium oppressa mendaciis, conscientiae tamen bonis contenta secretis, non tam	1	40	1
tremit diabolus, quod ipsius commenta nudentur. gaudent angeli, quod oppressa ueritas tandem defendatur in terris. triumphat maritus, quod	1	40	3
prodesse commodis plurimorum. quid, quod paupere cotidie moriente oppressione, fame, frigore, iniuria amicum tibi excolis aurum, custodis	2	1	19
totum in misericordiam habere quod habes. tu sola rogari non nosti. tu oppressos uel cum dispendio tui incunctanter eripis in qualibet angustia	1	36	31
fratris sanguis accusat. quid inpatientiam Sodomorum, ubi inlicite uiri opprimebantur a uiris, prodigiosae libidinis ignes ignis diuinus incendit	1	4	10
de caelis istis loquitur, quos semper uiderat, sed de apostolis, quos uidere optabat. et iterum: *texit caelos uirtus eius*, eo quod apostolos ad mirabilia	1	61	3
magna magnis uirtutibus magnisque laboribus quaereretur, incunctanter optarent stultos iudicari se iustos quam sapientes iniustos, maxime cum	2	1	4
uocabulo pietas nutaret et, cum filium proferret uterus, nepotem senectus optaret. ita denique dissensione temporis et naturae contra opinionem nato	1	59	4
pueros incensos, prius uehementer horresco, mox deinde eorum participes optauerim fieri, cum cognosco inter flammas rosculentos hymnum deo	1	31	
prolata sint. neque enim est studiose, ut arbitror, memorandum, quod optaueris compescendum, maxime cum eius natura sit talis, ut numquam	1	4	11
paulo ante ridiculo habueris, admirari; cuius exsecratus sis corruptelam, optes imitari uirtutem; quem cupidum semper horrueris, stupeas passim in	2	29	3
suis. deum uident. mors transit in uitam, metus in gloriam. sic quis non optet ardere?	2	15	
omnia per ipsum facta sunt ac sine ipso factum est nihil. uideamus nunc, optime Christiane, quemadmodum inter patrem filiumque tempus infulcias:	2	8	5
apud deum quam sit iniustum, mox uidebimus. nunc primo omnium, optime Christiane, scire cupio, quae sint tua, cum sint timentibus deum	2	1	18
examinati estis. sed ut indulgentiam perciperetis, pro uobis bene uigilastis, optime estis auditi. nouum iudicii genus, in quo reus, si excusauerit	2	10	2
estis et, ut indulgentiam perciperetis, pro uobis ipsis bene uigilastis; optime estis auditi. nouum iudicii genus est, in quo reus, si excusauerit	1	42	1
sollertiae, uineae in ratione reddenda, ignauia nostra detraxerit. igitur, ut optime saepe recolitis, mensura seruata amputatur in surculum palmes, in	2	11	2
ac praedicat imitari. ergo inquit: *non est exaltatum cor meum*, docens *optimum* esse *sacrificium deo cor contribulatum*. quapropter, fratres,	2	9	3
nam quia sapientiam dei non cognouit saeculum per sapientiam, deus optimum existimauit per stultitiam praedicationis saluos facere credentes; et	2	1	5
sermone nouique operis arcem sacram laudibus geminare. sed quamuis sit optimum laudare, quae dei sunt, tamen praecipuum non est, quod cum	2	6	1
non tumidus ceruice, non toruus fronte, non minax cornu Taurus, sed optimus, dulcis, blandus ac mitis uos admonet uitulus, ut nulla ullo in	1	38	3
ne in exitu mortis concitata uictima calcitraret: securus enim pater optimus timuit, ne dolori aliquid liceret in mortem. o fratres, secura	1	43	5
recte hoc facere existimarentur, si sub praetextu alieni nominis inuasa optinere potuissent. at cum diuina adiuratione in eculeo spiritali et qui sint	1	2	7
qui non dissoluatur. reprobat ergo tam inmensum, tam insigne, tam opulens templum, quia in eo uerum non erat templum. etenim hominum	2	6	4
insuper regni caelestis participatione ditauit. o caritas, quam pia et quam opulenta, quam potens! nihil habet, qui te non habet. tu deum in hominem	1	36	29
nomina plerumque gladiis amica uidemus esse quam sibi; quod parentes opulenti abolita sui nominis sanctitate filios suos non sine utriusque	1	5	6
oculis illa <illidit>. tertio diues est auaritia, utraeque cuius exaggerare opulentiam uelocitate mira contendunt, cui totus militat mundus, aetas cui	2	1	8
pugnat, sed Iob dissimulando plus pugnat. ille eius magnum atque opulentissimum censum uno momento disperdit cohortemque	1	4	18
esset, si in his propheta non ambulet, quomodo bonum insuper sibi opus adsignat ab illis recedendo, in quibus oportuerat ambulari? prioribus,	2	9	6
noster illustris, haec gloria omnium sacerdotum, hoc mysterium deo, hoc opus carum, hos opus uiuum carnaliter geritur, sed spiritaliter promouetur.	2	6	11
possit mundi istius mediocritas sustinere. cum imperat pater orbem fieri, opus cum dicto completur a filio. quomodo autem, quantus aut qualis fieri	1	56	2
temporis non recipiat, mortalitas capiat. uel si caelestis est primus, quid opus erat, ut fieret quoque terrenus? simile dictum euangelicum illud	2	4	2
nemo. neque enim sine patris esse possit iniuria, si hac necessitate opus esset illi, qui in sinu patris commanens uoluntatis eius perfectionem	1	56	2
post multa adulteria spectaculo totius mundi quoque prostituit. non opus est ire per singula; quamuis et haec non fuerint dictu digna, tamen	1	1	12
habere falsum est gaudium, certissimum periculum publicare. sed non opus est ire per singula, cum uno exemplo noscantur uniuersa eius mala,	1	14	4
uos inuitat. iam balneator praecinctus exspectat, *quod unctui, quod tersui* opus est praebiturus, sed et denarium aureum triplicis numismatis unione	1	23	
ac diuersis gemmis, lapidibus, margaritis per momenta distinguitur et quia opus est uiuum, tectum non habet nisi caelum. dicam praeterea, quae	2	6	7
perfectionem perducere nullis rationibus possunt. si ex credulitate, non ei opus est ulla interpretatio, quia sicut semel creditur, ita semel ex eo ipso,	2	3	9
seruire praecepit? unde non est principium quod senescit, quod opus factum est alienum, quod non est in sua positum potestate, quod a	1	7	2
induit: aestiua uestis, fratres, et munda est et exacta, cum qua facile et opus fieri possit et tolerari ardor aestatis, id est temptationis; quam esse	1	13	8
ut nesciret inspector, in eo quid potissimum miraretur: magnitudinem, opus, ornatum anne materiam; ita enim in unum decorem uniuersa	2	6	2
terra, nomini eius noua a deo suo, ipso dicente: *ego te clarificaui in terra; opus perfeci, quod dedisti mihi, ut facerem. et nunc tu clarifica me apud*	2	5	4
quod elaboret — dispendio suae, non dicam facultatis, sed etiam, si opus sit, et salutis — alii magis prodesse quam sibi; suam, quia, quamuis	2	1	3
non capit plenitudo. interea promouent suum membra factorem et opus sui figura uestit artificem. parturit Maria non dolore, sed gaudio;	2	12	2
ex nihilo fecerit Christus, sit autem ex natura tempus, ineptum satis est opus suo praeponere artifici ac per hoc solum interest, quod soli se sciunt.	2	8	5
uacantes et gutturi, longae nocti, id est aeternae morti, sunt a deo, quod opus tenebrarum dilexerint, destinati. uer sacrum fontem debemus	1	33	2
gloria omnium sacerdotum, hoc mysterium deo, hoc opus carum, hos opus uiuum carnaliter geritur, sed spiritaliter promouetur. praestabit autem	2	6	11
montium canis uoluminibus repugnantium litorum spumantia ora contundens minatur per momenta naufragium. procellae crebrescentes	1	34	5
non desperauit; haec in Tobiae caecitate medica fuit; haec in Daniele ora leonibus alligauit; haec in Iona cetum in cymbam conuertit; haec in	1	36	8
quam diu, Iudaee, bruti cordis necdum discutis tenebras sacraeque legis oracula iam in Christo completa nec probando cognoscis? uerum tamen	2	20	1
includis; ornamento ligas quod suspendio uoueras collum; ab speculo oracula inquiris, quam commode possis circumscribere petitorem. quicquid	2	7	8
atque ignis uiam demonstrauit, nobis testamenti ueteris ac noui clarissima oracula uiam, uerum Christum dominum, prodiderunt, qui ait: *ego sum*	1	46b	2
quia primo, antequam esset, quod se fieri uoluisset, tam figura quam oraculis frequentibus publicauit. igitur 'dei filius' ad ineffabilem originem	2	4	3
processit uno consensu. secunda uero carnalis sicut est frequentibus oraculis prodita, ita inuenimus esse completam. etenim deus dei filius	1	54	2
natatile sepulcrum incolumis tertio post die Nineuitas illustrat terribilibus oraculis salutem ciuitati credulae praestaturus. quantum datur intelligi,	1	34	6
patri, maior patris iniuria est, si est aliquando sine regno. accedit, quod oramus cotidie, ut *adueniat regnum* patris, speramus et filii. uacat ergo	2	5	5
honore est; *pii non sunt, quia* patrem uenerandum prauis moribus laedunt. *orant quia timent, peccant quia uolunt.* unde non est absolutus reatus, ubi	1	35	5
litus, quo tendebat, inuenit antequam uideat, felix sepulcro quam naui. in oratione mons tremit: monti, non apostolis trepidatio est. Petrus aestu	2	2	5
onusta, ubique delicata, sub monilibus fortis. denique ipso cultus rigore in oratione non flecteris, non manus tendis, tumidum monilibus pectus	1	14	6
succedat, praemium uictoriae magis esse quam mortem. luculenta oratione per Iohannem hactenus contionatur: *nolite diligere mundum neque*	2	4	12
domino confiteri. ductus est tandem beatus Archadius ad exoptatum iustis orationibus locum, et intuens caelum stetit deo spectante securus.	1	39	7
sapientia densis exaestuans argumentis, suasorio ac delectabili luculentae orationis compta mendacio, armata uocis tuba et gladio linguae omnes	2	1	6
tuam fideliter portet; solis cursus ac lunae ab occidui carceris receptaculo orationis freno refrena; anhelantis camini ignis exaestuans uicta natura	2	3	14
pedum extrema nudare. ecce inter ipsa supplicia uacare non sinitur et orationis instar per carnificis tormenta meditatur. erexerat securem	1	39	7
uestra, hae uirtutes, quibus Hierusalem spiritalis instruitur, quibus sacrae orationis iste locus nouus et populus cotidie Christi dei et domini nostri	2	6	11
quid, quod aut nullum aut perrarum est per omnem ecclesiam dei orationis loci membrum, quod possit quamuis ruina in se mergentibus	2	6	2
congregat, seruat sui tenax, *appetens alieni*, non suo, non alieno, non ipso orbe contenta. totum possidet et de inopia queritur semper. denique ad sua	1	5	2
quo et uiuaciores fuere homines et rarissimi Christiani, cur ego Christiano orbe paene iam toto hominumque uiuacitate mundo senescente detrita	2	7	5
commanens uoluntatis eius perfectionem non didicerat, sed habebat. igitur orbe perfecto postremus digito dei manuque e limo terrae fingitur homo.	1	56	3
metuente secura calcat genera uniuersa terrorum; incolumis quasi orbe subacto de illo feralis caueae — iam non miserabilis, sed mirabilis —	2	2	7
euacuat, fora compescit, odia eradicat, iras exstinguit. haec mare penetrat, orbem circuit, commercio nationibus necessaria subministrat. potentiam,	1	36	13
et reges, qui ferocitate uirtutis ac libidinis rabie digladiantes omnem orbem corruperant terrarum, insuper decernentes sibimet ipsis pro domibus	1	13	4
terribili instantibus undique proeliorum procellis miserabiliter per totum orbem dispersere terrarum. Ionas in naui dormiens sacramenti dominici	1	34	7
non possit mundi istius mediocritas sustinere. cum imperat pater orbem fieri, opus cum dicto completur a filio. quomodo autem, quantus	1	56	2
fecit, qui ei munus perpetuae caritatis similitudinem suam tradidit, qui orbem terrae donauit, qui omnia elementa mundi cum animantibus suis	1	36	28
filius, cordis eius nobilis inquilinus exinde uisibilis necessario effectus, quia orbem terrae erat ipse facturus humanumque uisitaturus genus, alias	1	50	
terrenam, quae utique non caelestis populi meritum, sed terreni per orbem totum dispersionis futurae denuntiabat exitium. adeo eos in eremum	1	18	1
nunc enormis pinguedine, usque adeo incertus, ut idem in duobus per orbem totum non possit inueniri terrarum? igitur in deum cum haec non	2	30	2
caeci dilatant horrea, terras angustant, urgent saltibus saltus et, si orbem totum possideant, fines oderunt. inlicitum putant habere uicinum.	1	5	8
affectus, iura diuina contemnit, humana uersutis argumentis excludit, orbem totum, si possit, ut rapiat. uultis scire, quale calamitatis sit genus?	1	21	
dei odio simulato, totae autem gentes uniuersaeque nationes gladio. per orbem totum uesana bacchatur nouis ac uariis artibus feruens, numquam	1	14	2
color, figura sua tollitur a natura, in obliquos horrores insani uertuntur orbes oculorum, acies dentium spumosis horrida globis inter labra liuentia	1	2	6
coactus in infantem uagit deus patiturque se pannis alligari, qui totius orbis debita uenerat soluturus. in stabuli praesaepe deponitur populorum	2	12	3
enim futurum, ut omnium nationum in Christo credentibus populis totus orbis deo una ciuitas redderetur. denique comparationem salutaria gesta	1	34	9
exemplum, ambo dei cultus admirabile saeculis testimonium. felix orbis fuerat, fratres, si omnes sic fierent parricidae. Iacob per patientiam et	1	4	15
Adam in arce cum esset adhuc paradisi constitutus beatissimusque beati orbis imperio potiretur, tam diu felix, tam diu inexterminabilis uixit, quam	1	4	8
quando ianuam claudere, patienter exspectat, dignus euadere, qui in tanto orbis metu non festinauit euadere. nunc mihi Abrahae memoranda est	1	4	12
id est apostolorum duodecim, *corona* circumdat, quem per ambitum totius orbis non muta *quattuor animalia*, sed salutiferis praedicationibus quattuor	2	12	4
prouinciis omnibus nota est, quorum pia semina totius quodam modo orbis per membra iactantur. uobis multi redempti, multi edictis feralibus	1	14	8

hic est dies, fratres, quo a domino nostro cunctus redemptus est	orbis, quo aetherio semine nouellus uiuificatus est populus; hic, inquam,	1 16 2
et testificabor tibi, quoniam deus, deus tuus ego sum; et infra: *meus est*	*orbis terrae et plenitudo eius. numquid manducabo carnes taurorum aut*	1 25 1
natura, beatissimo Dauid dicente: *domini est terra et plenitudo eius,*	*orbis terrarum et uniuersi qui habitant in eo*? Iob diabolus ter temptauit;	1 15 7
diues fuit; et quid ditius domino, cuius sunt omnes diuites serui, cuius est	orbis totus omnisque natura, beatissimo Dauid dicente: *domini est terra et*	1 15 7
instat, donec effusione sanguinis conceptum piaculum duplicetur. miratur	orbis uacuus se duobus angustum; mirantur elementa hominem, qui factus	1 4 9
in bis senae mutationis augmentum una eademque nec ipsa, sed ipsa	orbis circumducens dies magnus aduenit suo sibi semper nouellus occasu.	1 16 1
diuersa mensura conterendo innouat spatia, et tamen eius semper	orbita est una. qui nos admonet, fratres, passionis resurrectionisque	1 26
uegetatus innumerabiles temporum metas perenni cursu una eademque	orbita lustrans dies magnus aduenit, menses in tempora, tempora in annos,	1 58
honore laeto respirat. haec liberis gaudet; at illa liberorum non timet	orbitatem. haec eorundem blanditiis uernantibus pascitur et incrementis	2 7 3
excidium, ut in illa unius funeris turba paternus dolor non sufficeret	orbitati, cum nescit, quem primum plangat, quem priorem inueniat, cui	1 15 4
iusserunt, ut omnes mirarentur fieri lacrimas gaudii, quae nunc fuerant	orbitatis. sed longum est, fratres, ire per singula, maxime quia caritas sua	1 36 9
ei annos, tempora, menses, noctes ac dies clarissimosque duos regalium	orbium currus munerifero semper uicissitudinis delectamento seruire	1 36 28
quae diligenti cultu purgata molarisque lapidis pio pondere feliciter fracta,	ordinabiliter creta, omni furfure abiecto mirifico splendore in farinam	1 41 1
mira prorsus, carissimi, et speranda saeculis post futuris diuinae	ordinationis propago formata: ad principium aetas peracta reuocatur,	1 59 3
non sine affectu, sed sine discrimine amplectebatur. sed excogitatarum ut	ordinem instrueret rerum, ineffabilis illa uirtus incomprehensibilisque	1 56 1
secundus sit inmortalis et qui mortalis est primus, cum inmortalitas in se	ordinem temporis non recipiat, mortalitas capiat. uel si caelestis est	2 4 2
uerbum bonum et cetera, et apud Salomonem hactenus dicens: *ego ex*	*ore altissimi prodiui ante omnem creaturam*. cum haec ita sint, humanitas,	2 8 2
Iohannes bis acutum gladium cum uno capulo nuncupauit, quem ex	ore domini prodire describit. gladius enim spiritus sanctus est unum	1 37 2
primum a mortuis ascendentem Christum debemus accipere, cuius ex	ore duo denarii, id est duo testamenta prolata sunt, quae saluti cum	1 37 5
ad Petrum: *mitte hamum in mare et piscem, qui primus ascenderit, aperto*	*ore eius inuenies duos denarios: da pro me et pro te.* piscem primum a	1 37 5
demonstrauit: *iubilate*, inquit, *omnis terra*, et alibi: *audi*, inquit, *terra, ex*	*ore meo*. quo uocabulo gentiles homines sine dubio comprehendit, in	1 61 4
ex uoluntate nascatur. ceterum si, ut quidam putant, docentis pendet ex	ore, procul dubio eodem aut cessante aut aliter docente consumitur. huc	2 3 1
matricalis culpae cum denotat, etiam alia crimina fugienda cognoscat.	‘ore tuo te, inquit, Christiane uicisti. inde est, quod et ego aeternam uitam	1 3 8
ex semet ipso in semet ipsum deus, secreti sui solus conscius; cuius ex	ore, ut rerum natura, quae non erat, fingeretur, prodiuit unigenitus filius,	1 50
ante nos, dicit: *quam dulcia faucibus meis eloquia tua super mel et fauum*	*ori meo!* haec, fratres, si quis libenter crediderit, largiores adhuc escas	1 24 4
de cuius fonte omnes qui beati sunt gustant; ecce enim de ipso dictum est:	*orietur uobis sol iustitiae*. Iob uerax est appellatus; at est uera ueritas	1 15 7
denique alter in altero exsultat cum spiritus sancti plenitudine una	originali coaeternitate renitens, quemadmodum, si dicere dignum est, duo	1 7 4
praeterita delectatur umbra? exsultat, quod in Aegypto creuerit: at in	originali decreuit solo; quod captiuitatis sit nexibus exsolutus: sed est nunc	1 52
sed religiosa, ut dixi, subiectione est filius patri subiectus, cum quo	originalis perpetuique regni una possessio, coaeternitatis omnipotentiaeque	2 5 10
in quo est, quod est ille, qui inest, duplex persona, duplex uocabulum, sed	originalis perpetuitatis ac deitatis est una substantia, domino ipso dicente:	2 8 4
quam oraculis frequentibus publicauit. igitur ‘dei filius’ ad ineffabilem	originem pertinet, ‘hominis’ ad sacramentum. cuius sacramenti arcanum	2 4 3
ut mortuos uiuos inde reducat; unigenitus prodeundo de patre ante	originem rerum, *primogenitus a mortuis*, ut ait apostolus, post multorum	2 5 3
et a nullo completur. adde quod index dei uoluntatis est, non dei	originis aut naturae. sequitur ut scire debeamus, utrum tractatum fidei an	2 3 5
intulit mundo, per quos aut in quibus diabolus colitur, quorum in actibus	origo monstratur. ipsa Iouem innumerabilibus uariis magnisque criminibus	1 1 11
poeta sapientissimus praesagauit dicens: *igneus est ollis uigor et caelestis*	*origo seminibus),* scilicet spiritus sancti conceptione, insita fit ante fecunda,	1 2 26
quantum credit. igitur Isaac unicus filius, spes populorum et gentium,	origo tot rerum, cari genitoris amplexibus inhaerebat. strinxerat in se	1 62 3
manet, nec quicquam habet interiectum neque conscium qui ex paterni	oris affectu processit uno consensu. secunda uero carnalis sicut est	1 54 2
tramitem cursu seruato ad repromissionis tempus, ubi in perpetuum quis	oritur, peruenire.	1 44 2
exarserat, sed quod infamauerat diabolus et quod protexerat uirtus et	ornabat pudor inlaesus. tunc in puero sancto Daniele spiritus sanctus	1 40 2
tunc carnalis mimus ille finitur exsanguique nihil iam suffragantia tota illa	ornamenta medentur, nisi quod a false plangentibus adhuc uiuenti	2 4 16
iniuria amicum tibi excolis aurum, custodis argentum, uestem pretiosam	ornamentaque superba et superuacanea pro sacrosancto habes sicut idolum,	2 1 19
quemadmodum placeat marito, uirgo, quemadmodum deo. haec extrariis	ornamentis ornatur; longe illa ornatior, aliunde quia nescit ornari. haec	2 7 3
quae aliter laudari te non uis quam ut custodiaris, solo bonae conscientiae	ornamento contenta! tu in uirginibus felix, in uiduis fortis, in coniugiis	1 1 20
crinem; odorato puluere luctus puluerem mutas; in stibio fletus includis;	ornamento ligas quod suspendio uoueras collum; ab speculo oracula	2 7 8
o quantarum neces animarum in phaleris pendent ornatae matronae!	ornamentum cuius unum si soluas in pretium distribuasque necessitatibus	2 1 19
columen matronatus, inaffectatae formae pulchrius suae pulchritudinis	ornamentum, insigne pudicitiae testimonium, *e senioribus duo,* sed uno	1 1 17
dicam diligitis, sed luculentis moribus adornatis. magna igitur gloria est	ornare per quod orneris, seruare per quod et ipse serueris. postremo	1 1 4
haec extrariis ornamentis ornatur; longe illa ornatior, aliunde quia nescit	ornari. haec uariis unguentis et odoribus fragrat; illa unici floris sui quouis	2 7 3
filius, nullus irascitur de duobus. tu populi caelestis animam tenes, cum	ornas pacem, fidem custodis, amplecteris innocentiam, ueritatem colis,	1 36 30
postea uero deum hanc *diremisse* ex eaque constituisse *mundum pariter et*	*ornasse*. igitur si, ut uolunt, deus materiam, qua usus est, non fecit, sed	1 7 1
eum uidetur occidere? o quantarum neces animarum in phaleris pendent	ornatae matronae! ornamentum cuius unum si soluas in pretium	2 1 19
uirgo, quemadmodum deo. haec extrariis ornamentis ornatur; longe illa	ornatior, aliunde quia nescit ornari. haec uariis unguentis et odoribus	2 7 3
exsultate, uirgines: omnem istam celebritatem honore uestri floris	ornatis. exsultate, diuites, praerogationibus crebris et iustis ueri diuites	2 6 10
non religione, sed pondere, quando exomologesin facies, quae plus pro	ornatu es quam pro salute sollicita. quid autem a deo impetrare te posse	1 14 6
turris dulces ac sine pretio margaritae. felicia, exsultate, coniugia: meliores	ornatui gemmas sculpitis, quam uos estis. exsultate, uiduae: quadratura	2 6 10
nesciret inspector, in eo quid potissimum miraretur: magnitudinem, opus,	ornatum anne materiam; ita enim in unum decorem uniuersa conuenerant,	2 6 2
ancilla Christi, falso idolum respuis; mihi crede: in te colis, cuius	ornatum, cuius imaginem non deponis. ad ecclesiam dei opere uario totum	1 14 6
placeat marito, uirgo, quemadmodum deo. haec extrariis ornamentis	ornatur; longe illa ornatior, aliunde quia nescit ornari. haec uariis	2 7 3
singulorum, ex eorum respiratione cognoscis, quantorum malo ille constat	ornatus. ‘filios, inquit, habeo, quos nudare non debeo.’ ista et infidelitatis	2 1 19
translatus in honorem nouae frondis promotione ramis resurgescentibus	ornatus iam non oleaster sit, sed oliua, cum et oleaster sit et tamen	1 2 27
atque in cultum nefandi ritus nunc aut libamina inceste profundere aut	ornatus sertis uictimas trahere aut grauia nidoribus tura succendere aut	1 39 2
in utero negabatur infanti et, cuius aetas auiam testaretur, matrem partus	ornauit, cum sub incerto affectionis uocabulo pietas nutaret et, cum filium	1 59 4
sed luculentis moribus adornatis. magna igitur gloria est ornare per quod	orneris, seruare per quod et ipse serueris. postremo aequiparatur laus	1 1 4
dominici imaginem portat, nam occasu passionem resurrectionemque	ortu rediuiuo concelebrat, per quem nobis munus futurae beatitudinis	1 57
dominici imaginem portat, nam occasu passionem resurrectionemque	ortu rediuiuo concelebrat, per quem nobis quoque resurrectionem futurae	1 58
et sacrificium acceptum non habeo ex manibus uestris. quoniam a solis	*ortu usque in occasum clarificatum est nomen meum apud gentes, et in*	1 25 7
polorum claritatis suae de plenitudine accendit. hic, qui semel occidit et	ortus est rursum numquam repetiturus occasum. hic, inquam, quem	2 12 4
cognatae contendit scius in ipso se habere quod uiuit; denique adimitur ei	ortus, si ei auferatur occasus. luna quoque, quae uere rationis humanae	1 2 18
exsultate, nouella pignora in Christo, florentissimique hodierni spiritalis	ortus iteriti candorem, ne quo pacto maculetis, perpeti diligentia custodite,	1 38 1
linguis suis dolose egerunt, uenenum aspidum sub labiis eorum, quorum	*os maledicto et amaritudinis plenum est; ueloces pedes eorum ad*	1 3 11
Corinthios scriptum est: *annuntiatis mortem domini, donec ueniat*. aperies	os piscis: hoc est sacramentum uel quae in prouerbiis locutus sum non	1 37 6
moritur? tune non illa es, quae mariti corpus expositum lauisti lacrimis,	osculis detersisti, crinium damno uelasti, scissis genis, liuore foedatis	2 7 7
cultum cadauer amplectitur conclamatum; frigentia tepefacit crebris	osculis labra; totum corpus imbribus relauat lacrimarum crinium suorum	1 2 14
ubi Abrahae fides temptatione fortior militaret: carissimi membra, quae	osculis premere consueuerat, armatus gladio iubetur occidere. quid faceret	1 62 3
quid agis, misera? quid, uesana, laetaris? non est pax ista, sed bellum; non	osculum, sed uenenum. pro nefas! adhuc fumantia busto complecteris	2 7 17
pulmo pinguibus sputamentis exesus detestabili macie omnia gestatoris sui	ossa denudat. nonne horrebit etiam sibi quodam modo illa excarnata	2 4 15
alitibus ferisque donati, ubique dispersi, utrobique deperditi, semesis	ossibus, etiam suis carnibus nudi. conspicite rem auaro condignam! ille, ille	1 5 8
quo geruntur. filios appellat, ut exaggeret crimen; exaltatos, ut ingratos	ostendat. bouem illis asinumque praeponit, ut grauius possint, si	2 21
si non credunt, neque illi, qui hinc missus fuerit, credituri sunt', euidenter	ostendens non in oculis esse carnalibus uerum, sed in fide credentium	1 2 10
est idolorum seruitus, non habent hereditatem in regno dei et Christi,	ostendens unum esse regnum patris et filii. recte igitur patri tradet regnum	2 5 8
diuinitatis philosophicis argumentis exhaurire conaris? si peritiam legis	ostendere cupis, lectionum nubila disserena. doce eam sibi non esse	2 3 13
es inde; non tua euasisti uirtute. columna nubis te deduxit per diem, ut	ostenderet caecum; ignis columna per noctem, ut significaret arsurum.	2 16
es inde, non tua euasisti uirtute. columna nubis te perduxit per diem, ut	ostenderet caecum; ignis columna per noctem, ut admoneret arsurum.	1 9
suam, qui cor suum se non exaltasse gloriatur. non sibi repugnat, sed	ostendit animae esse sublimitatem superiora uicisse, quia *qui se exaltauerit,*	2 9 8
nominis sonum post se trahit, sed quos fructus habeat, eius auctor	ostendit. discurrit quippe uesana per populos hominumque lubricas mentes	1 1 6
uniuersum salutis suae amisisse praesidium diuini carminis textus	ostendit. in quo eum non seueritas apud omnes condemnat, fratres	2 21
uero praedicationem, quia, sicut hamus missus in mare mortem piscis	ostendit, ita euangelica praedicatio missa per mundum mortem domini	1 37 6
patefecit, quid a se dominus postulasset, et quid ipse domino promisisset	ostendit. laetatus est puer patre fideli ipse quoque fidelior, nec recusabat	1 43 5
magna ab hominibus hoc putantur in saeculo. at *cum addidit: super me,*	ostendit numquam se elatum fuisse, cum posset. nulli enim facilius	2 9 6
regnum dei. haedum ei promittit, id est, quae sit peccatori peccati merces,	ostendit. quam accipere deuitauit, quia inter agnos uenturo tempore, non	1 13 9
ex quo omnia. *et inuoca me in tribulatione tua et eripiam te* dicendo	ostendit, quoniam per se omnia prosecutus est. *et magnificabis me*; quod	1 25 8
quaerit puer, ubi sit uictima. quae mox, ita ne percuteretur tenera aetas,	ostenditur, quo nec pater ferire posset, quia nec dominus humanum	1 62 4
tunc discit mater esse, cum desinit. marcidae mammae lactis ubertatem	ostendunt et de ieiuna aetate puer robustior saginatur. nihil difficile est	1 62 2
libri istius exordia proloquuntur et iracundiam diuinae indignationis	ostendunt, quae alias personas, ut uerbum dei ab ipsis potius audiatur,	1 61 1
temporum redimita muneribus opes multimodas ac profundas promittit,	ostentat, obicit, donat, speciem proponit suam faciemque, in quas illi	2 4 9
necessario est etiam illud, a quo quid agatur in templo. sacerdos uocat,	ostium credulitas aperit, simplicitas introducit, intellectus inuitat, ueritas	2 6 9
numquam peruenit uota. quantum fuerit auctior, fit tanto miserior: expers	otii, expers satietatis, per fas atque nefas, artibus multimodis ac uersutiis	1 5 2

sapientes, ut uideri uolunt, Graeciae uiri praeter ceteros curiosi otioso negotio cor suum ultra quam licitum est argumentis insolentibus 2 9 1
dei uestri hostia et immolatio. multa sunt, quae dici possunt, sed satis otiosum est in his demorari, quae in toto iam non sunt. unum sane 1 25 6
fratres dilectissimi, quia nullus exserte hic alteri iubet, in opere nullus otiosus est? o sancta aequalitas ac sibi soli dignissima indiuiduae dealitatis! 1 45 2
Dauid quippe *humilis, abiectus,* ignobilis sui iacebat in domo patris, oues semper pascendo propemodum peregrinus. innocens cum innocentibus 2 9 7
sed etiam nos omnes in aliqua constitutos angustia recreare consueuit. *ad oues suas tondendas pergit,* id est, ab hominibus iustis bonorum operum 1 13 8
cum res sic se haberet, eius uxor moritur. qui consolatus cum ad oues tondendas pergeret suas atque hoc Thamari nuntiaretur, quae Selom 1 13 2
pestilentiae suo nomine deleta est. agnus salutaris, qui designatur *ex ouibus et ex haedis*, inter pecora non potest inueniri. dies festi eius et 1 28 2
suo uitio, quem inuenerant, perdiderunt. quem scriptura designabat *ex ouibus et haedis*: *ex haedis* utique propter peccatricis indumentum carnis, 1 46a 2
et haedis: *ex haedis* utique propter peccatricis indumentum carnis, *ex ouibus* propter spiritum maiestatis. qui *primitiuus* est dictus, quia praeter 1 46a 2
quia *ex haedis* humana designabatur caro suis onusta peccatis, *ex ouibus* spiritus maiestatis; quae utraque in Christo concreta agnum 1 8 1
in planctum et luctum illi profecerunt. superba illa ciuitas seruit. sane ouium greges infinitos interficit, quos in amaritudine absumit. quis non 1 28 2
praecipitat, ut ubinam sit maior ignores. est autem similis igni arida pabula depascenti, quae nisi finiat non finitur. hanc mediocres fraudibus 1 14 1
crudelitate tribus pueris consulente fornacis ultra quam solet septenario pabulo ignis armatus est. credo diuina prouidentia sacramento trinitatis 1 22 1
ex ea omnibus diebus uitae tuae; spinas et tribulos eiciet tibi et edes pabulum agri; in sudore uultus tui edes panem tuum, donec reuertaris in 1 2 30
uenerat soluturus. in stabuli praesaepe deponitur populorum pastorem pabulumque se esse contestans. subicit se gradibus aetatis, cuius aeternitas 2 12 3
quod est nihil est necessarium. haec rura, urbes ac populos composita pace conseruat; haec circa regum latera securos gladios facit; haec bella 1 36 13
post prophetas filios sanctos apostolos procreauit. Iob beatus quieuit in pace; dominus autem manet benedictus in aeternum ante saecula et a 1 15 9
artibus feruens, numquam quieta, non die, non nocte, non bello, non pace, numquam satura, lucrorum enormitate miserior. nouum calamitatis 1 14 2
nullus irascitur de duobus. tu populi caelestis animam tenes, cum ornas pacem, fidem custodis, amplecteris innocentiam, ueritatem colis, patientiam 1 36 30
et salutaria, profecto laetaberis eique tanto pro nuntio morigera coniux pacem si non ingeris, nec negabis. quid agis, misera? quid, uesana, laetaris? 2 7 16
illa enim decepta, hae sua sponte se diabolo dediderunt). sin uero pacifica et salutaria, profecto laetaberis eique tanto pro nuntio morigera 2 7 16
benigna caritas illigasset. nihil est prorsus, quod sine hac gratum, sine hac pacificum, sine hac fidele, sine hac securum, sine hac gloriosum, sine hac 1 36 16
ad effundendum sanguinem; contritio et miseria in uiis eorum et iter pacis non cognouerunt; non est timor dei ante oculos eorum. et de ipsa 1 3 11
excusauit. cui cum prouinciae rector pristinae eius fugae ueniam sub pactione promitteret, si se uel sero nefandis superstitionibus miscuisset, 1 39 5
obtemperas. tu in spiritu sancto exsultas. tu cum in tribus una sis, nullo pacto diuideris, nulla humanae curiositatis calumnia commoueris. a 1 36 32
Christo, florentissimique hodierni spiritalis ortus uestri candorem, ne quo pacto maculetis, perpeti diligentia custodite, quia nescit iterare quod 1 38 1
genus insaniae est eum rationem secreti naturae disquirere; non enim ullo pacto potest humanis opinationibus substantia naturae comprehendi, quam 1 27 1
diuinitatis cessat imperium. at si, ut ratio ipsa proclamat, cessare nullo pacto potest uarietas ista regni, a legis conditore homini a deo assumpto 2 5 6
quem aestuantium delictorum fax incensa omnibus momentis exurit; qui paedorem sui secum carceris portat; qui carnificem sentit, antequam 2 10 1
tyrannicis duci, omnes repente concelerant, laboranti subueniunt, paene armis ipsis inimici certatim se crebro subiciunt, ingenti fragore 1 36 15
asperum uidetur ac durum, quod fiducialiter loquimur, fratres, rerum paene contra naturam, iamiamque desinat permoueri, intellegens 2 7 1
uiuaciores fuere homines et rarissimi Christiani, cur ego Christiano orbe paene iam toto hominumque uiuacitate mundo senescente detrita 2 7 5
iusti quibus possit armis, quibus possit uiribus, niteretur. igitur nouum ac paene incredibile committitur proelium. ultra morem diabolus pugnat, sed 1 4 18
derelinquant, habeant secum sapientiam suam; cuius quidem sectatores paene omnes conspicor Christianos, qui perfectam putant esse iustitiam 2 1 15
dei, id operari quod non potest credi. igitur non homines tantum, sed paene omnia suis mortibus uiuunt. unde pauca de multis attingam, ut 1 2 17
pudet me dicere in populo graui anus saepe uideri nouas nuptas, quarum paene plures sint nuptiae quam natales. quae non rogantur ut nubant, sed 2 7 10
sed quia mors apud incredulos futurorum putatur poenae compendium ac paene pro infecto habetur quod non diffamatur, censuit eos caelo et terra 1 47
uenis, dura cum uisceribus cutis, deformis ac luridus pallor iam paene uultus perdit humanos nec ullus in membris uoluptati motus. nihil 1 59 4
beatissimi indicat carmen, Iudaico populo irascitur deus eumque, ne forte paeniteat, publica obiurgatione confutat. humana sentienti nundinari 1 30
humilitate contribulatum ambitiose sacrificant sicque legitime celebrata paenitentia deum sibi propitium reddiderunt. quod et nos et fecimus et 1 34 9
tempestate tranquilla. serenitatem suam nebulis turbulentare non nouit. paenitentiam nescit; altercatio quid sit ignorat. omnes aut deuitat aut 1 4 2
ministris promotionis augmentum, immortalitatis fidelibus fructum, paenitentibus curam, catechuminis lucis uiam, competentibus remissa 1 6
impetrare non potuit. libidinum commutatione uaria gaudet semper et paenitet, ad satietatem numquam lubrica utilitate perueniens. desiderat 1 1 9
sedibus refoueri, ut tunc demum credi possit resurgere, quod omnibus palam sit non penitus interire. gentes, quae ista non credunt, tamen cum 1 2 3
et mundus, qui sponsionis suae palmam fortiter retinens, peccatorum paleis limpidatus, semet pretiosum frumentum diuinis horreis inferre 1 33 3
lacrimis auspicatur. non mater eius tanti partus pondere exhausta totis pallens iacuit resoluta uisceribus. non filius matris aut suis est ullis 1 54 4
trahere aut grauia nidoribus tura succendere aut inter fumidos ignes pallenti aruina, funesto sanguine perlitare, ut illiciti administratione 1 39 2
ducit ad aram, stringit gladium medium, pectus fidei militabat; non pallescit uultus, non contremuit manus. quaerit puer, ubi sit uictima. quae 1 62 4
nunc ebrius, nunc ieiunus, nunc accusator, nunc reus; iocatur, ludit, pallet, tabet, suspirat, zelat, obsequitur; aut temptat aut decipit peiusque 1 36 26
undarum saeuientium cumulis, toto corpore insaniat, tamen extremorum pallido ex recursu uoluminum quasi ius terrae cognoscens ac uiolare 1 4 5
si quis eam prouocat in iudicium, ut eius auferat tunicam, libens illi pallium quoque concedit; maledicitur et benedicit; caeditur et gratias agit; 2 1 13
suco, arescentibus uenis, dura cum uisceribus cutis, deformis ac luridus pallor iam paene uultus perdit humanos nec ullus in membris uoluptati 1 59 4
aestas autem fidelis est populus, angelicus et mundus, qui sponsionis suae palmam fortiter retinens, peccatorum paleis limpidatus, semet pretiosum 1 33 3
noua, sed diues, in frumenti uarias moles spiceam feliciter contundens palmam. quam prosequitur congrue *mustulentus autumnus*, ut necessario 1 33 1
honoranda, ita miranda non est, quia licet sit uictrix, tamen triumphi sui palmam senectutis cum rigore partitur; cessat enim concupiscentiae pugna, 1 1 5
homines enim illa possidet, ista deum. adhuc accipite, ad propriam sedem palmamque propositam quanto amore, qua deuotione festinet. si quis eam 2 1 13
et si non felices, habent tamen. sin uero ad uiduitatis sudorem gloriosum palmamque prouocauero, nobis fortassis insultent, quia nostrae sacrae 2 7 11
spiritaliter mediocritas nostra conicere potest, computatus ad mensuram palmes competens intellegitur legitimo examinis numero examinatus. 2 11 4
igitur, ut optime saepe recolitis, mensura seruata amputatur in surculum palmes, in scrobem dimittitur, ut animatus ibidem genitalis humoris 2 11 2
accenditur et de martyris meritis non siletur. sed quis illustris martyrii palmiferam trophaeis coronam competenti ualeat sermone disserere, dum 1 39 1
sermonem. uinea dei quidem prior synagoga fuit, siluosis errantium palmitum crinibus uilis; quae cum per uoluptuosa ac profana loca lasciua 1 10b 2
toto hominumque uiuacitate mundo senescente detrita *obtundam uerbis palpantibus* aciem ueritatis ac non plene denuntiem, obseruantiae qua 2 7 5
glutino intrepidae martyris manus nec salientes digiti futurae mortis exitio palpitabant. tanta fuit in martyris deuotione constantia, ut omni corpore 1 39 7
deformem, qui cornu exsiliens, labra liuentia spumantibus uenis ebulliens palpitante ruina captiui tota miserabiliter per membra desaeuit. alios 1 38 6
gladius, percussi non hiat uulnus, non defluit sanguis; exspirantis non palpitat corpus, non decolor color est. ipse est et tamen non est ipse. uetus 1 42 2
uestra uos peperit mater. sicut paruulis morem geram sacrique horoscopi pandam tota breuitate secreta. igitur, fratres, genesis talis est uestra. 1 38 2
sed columna nubis, non candida luna, sed ignis columna per noctem iter pandebat ignotum. qui ut inter duo elementa peruenit, ibidem 1 29 1
magnus aduenit, menses in tempora, tempora in annos, annos in saecula pandens. sine pausa crescit in senium et tamen a cunis genitalibus non 1 58
fui et senui et numquam uidi iustum derelictum nec semen eius quaerens panem; et iterum: *diuites eguerunt et esurierunt, requirentes autem* 2 1 20
redditurum, cum salubri unda perfusi, limpidae aestatis messe gaudentes panem nouum coeperint manducare. quos autumnale quoque non 2 13
et tribulos eiciet tibi et edes pabulum agri; in sudore uultus tui edes panem tuum, donec reuertaris in terram. sed et dominus ex persona 1 2 30
tu ut nudum uestias, nuda esse contenta es. tibi fames saginatio est, si panem tuum inops esuriens manducauerit. tuus census est totum in 1 36 31
ut saturi semper ac felices esse possitis, esurienter accipite. pater familias panem uinumque pretiosum uobis ex usibus suis sua de mensa largitur. 1 24 2
est illi; leuigata est oleo gremiali, officiis competentibus temperata, in panes azymos reddita. hi, quos uidetis, egregia coctura suaue redolentes, 1 41 1
quae cotidie merces, quae impendatur annona. omnibus peraeque unus panis cum signo datur, aqua cum uino, sal, ignis et oleum, tunica rudis et 2 6 8
funesto sanguine perlitare, ut illiciti administratione ministerii Christi panis mentibus possit expelli. sed dum bellum duri certaminis geritur et 1 39 2
manna, nos autem esurire non possumus, sempiternam qui caelestis panis nobiscum portamus annonam. illis sitientibus petra fluxit in 1 46b 3
teneritudinem inrorauit. non enim erant idonei aut digni, qui caelestis panis perpetua soliditate fruerentur. petra illis scaturiuit in fontem, ut 1 18 2
quam prosequitur congrue *mustulentus autumnus*, ut necessario gratiae panis uini quoque iucunditas iungeretur. quis non haec caelestibus 1 33 1
igitur ac fideliter *hominem* istum uestrum *ueterem* foetorosis suis cum pannis abicite, nouelli omnes, omnes candidati, omnes spiritus sancti 1 49
ratio! amore imaginis suae coactus in infantem uagit deus patiturque se pannis alligari, qui totius orbis debita uenerat solaturus. in stabuli 2 12 3
quae et ipsae partus dolore gementes et uos plorantes, sordidos, pannis sordidis alligatos huic mundo dediticios intulerunt; sed laeta 1 32
carpit pensa mundana. at ubi matura aureo igne flagrantis luciflui aurigae par laboribus fratris angusti circuli argenteum compleuerit globum, 1 2 19
uiam iustorum et iter impiorum peribit. consequens est, ut scire nos par sit, in quo habitu regnaturus sit homo iste noster, qui tendit ad 1 2 24
innocens immolaret. eo ferro mactauit arietem, quo filium percutere iam parabat. a filio ad agnum transtulit dextram semper laetatus et gaudens 1 43 7
custodiuit. cuius immolatione ille quoque gauderet, qui ad uictimam parabatur. aries haerebat in uepre implicitus spinis, capite obligatus: hic est 1 43 8
cordis uerbum est dei, cata Lucanum domino sic dicente: *est autem haec parabola: semen est uerbum dei. qui autem iuxta uiam sunt, hi sunt, qui* 1 13 5
adgressuram passus fuerat, dominus datos esse commemorat. quae parabola sublata dubitatione scalae sacramentum spiritaliter intuentibus 1 37 10
ac iugulet, ab ipsa prorupit. denique Adam in arce cum esset adhuc paradisi constitutus beatissimusque beati orbis imperio potiretur, tam diu 1 4 8
muro <munitam> castitatis, quae certe uera et aeterna formositas, in paradisi solitudine, ubi Euam ab auctore operis sui meminerant esse 1 1 17
fuit, quanto magis deus hominem poterit excitare, antequam peccasset in paradiso, in id quod fuit! quam rationem seminum etiam beatissimus 1 2 28
dextra laeuaque pendebant, ait: *amen, amen dico tibi: hodie mecum eris in paradiso.* itaque si homo mortuus in aeternum perit, ergo mentitus est 1 2 11
qui consilio hominem deceperat, consilio uincitur, ut, quomodo homo in paradiso non cognouerat diabolum, sic et diabolus in saeculo non facile 1 60
denique illi post mare ad eremum peruenerunt, nos post baptismum ad paradisum peruenimus. illis inrorata est esurientibus manna, nos autem 1 46b 3
in aeternum perit, ergo mentitus est dominus, qui ei deinceps nihil futuro paradisum repromisit. sed et homo ipse, quem dominus assumpserat, perit, 1 2 11
hanc, inquam, caecos uidere, surdos audire, mutos loqui, claudos currere, paralyticos reformari, de obsessis daemones fugere mortuosque saepe ipsos 1 36 9
in libro sic habetur: *uirga tua et baculus tuus ipsa me consolata sunt. parasti in conspectu meo mensam aduersus eos, qui tribulant me.* 1 13 10

magis ut deuotioni pareret, laetabatur hoc iussisse deum. de filio hostiam	parat, festinat denique inplere sacrificium, ne mora faciat peccatum.	1	43	4
rex noster ante saecula operatus est salutem in medio terrae, et alio loco:	*parata sedes tua, deus ex tunc et a saeculis tu es*. ubi hominem mixtum,	2	5	2
nisi Iohannes baptista? cuius est praeparatio: *uox clamantis in deserto:*	*parate uiam domini, rectas facite semitas dei nostri*. nunc uideamus quae	2	8	7
mederi non posse, pro uno puncto requiei incunctanter tota, si liceat,	paratus offerre. superstitibus fratribus saltem cupit esse consultum;	1	2	10
palpitabant. tanta fuit in martyris deuotione constantia, ut omni corpore	paratus uenisset ad gloriam. mox itaque deuotum corpus carnifex uidit,	1	39	7
iustis orationibus locum, et intuens caelum stetit deo spectante securus.	parauerat extensa futuris ictibus colla, nudauerat gladiis uenientibus	1	39	7
aut adulatur aut nocet, si quid habuerint, tantum ut tollat. cui autem	parcat, quae et mori momentis omnibus etiam friuolo ac turpi lucro	1	14	2
postulauerat, contradicit: 'respice retro, dixit deus, et antequam respicias,	parce.' ecce et meritum principale diuinam indulgentiam meruisse sub	1	43	6
poena perpetua inplacabilis affligebat infernus. non superi, non inferi	parcebant simulacro dei: etenim mortis imperium sibimet uindicauerat	2	4	6
in quibuscumque secretis. lasciua, non linguis non oculis non auribus	parcens iocatur sperat ambit obsequitur zelatur insanit armatur precibus,	1	1	9
mentes libidinum flagrantibus stimulis praecipitat in furorem, non sexui	parcens, non aetati, non pietati, non sibi, quia pudorem alienum qui	1	1	6
iniurias suas non exsequitur regia potestate; odientes se diligit; inimicis	parcit; *parricidalibus filiis* ignoscit. persecutorem suum et, quod magis est,	2	9	7
est, fratres, quae et ueniam praestat et medicinam. ceterum qui	parcit uenefico, homicidae, adultero, incestatori, sacrilego, nisi eius	2	24	2
quidem non illas, quae maligno beneficio crimina excipiunt; quae corpori	parcunt, animam liberare non possunt; quae peccata cum dissimulando	2	24	1
dignam sententiam percipit abdicatus. cuius enim impietas paterno affectui	parem gratiam non refert, quantum sit criminis dici non potest: dominum	1	61	6
sui successor idemque decessor, longaeua semper aetate nouellus, anni	parens annique progenies antecedit sequiturque tempora et saecula infinita.	1	57	
sibi successor idemque decessor, longaeua semper aetate nouellus, anni	parens annique progenies; antecedit quae sequitur tempora et, ut saecula	2	19	1
sibi successor idemque decessor, longaeua semper aetate nouellus, anni	parens annique progenies antecedit quae sequitur tempora et saecula	1	44	1
scutum fidelissimum uiduarum. tu melior pupillorum, plus quam uterque	parens. tibi oculos numquam siccos esse aut misericordia permittit aut	1	36	31
gradatae aetatis innumerabiles cunei? nonne cum inuitationi temporum	parent solemnisque remigii specioso discursu uel aquas sulcant uel aera	1	4	6
sepulcra conuertit in templa, tumulos in altaria, cadauera in simulacra,	parentalia in sacrificia, mores in sacra. sic, sic genus humanum a dei	1	1	12
uictima imparata, qui testis diuini timoris ad fidem a domino poscitur, a	parente perducitur, sed hostia non sanguinis, sed salutis. ad hanc igitur	1	59	2
nitentes (amore uidelicet nimio), hereditatem captat alter alterius; quod	parentes filios, filii parentes oderunt; quod amicitia in facie adludit quam	1	14	7
uidelicet nimio), hereditatem captat alter alterius; quod parentes filios, filii	parentes oderunt; quod amicitia in facie adludit quam in cordibus	1	14	7
pia nomina plerumque gladiis amica uidemus esse quam sibi; quod	parentes opulenti abolita sui nominis sanctitate filios suos non sine	1	5	6
iniecta uiolenter manu ipsi naturae, inuasis hereditatibus ante tempus	parentes suos compellunt uiuere miseriae, facultatibus mori. pro nefas! quid	1	5	6
euidenter nos edocet iura, quae nobilitatem generis sui non a	parentibus accepit, non liberis tradit; ipsa est sibi uterque sexus, ipsa omnis	1	2	20
domus, diues census, diues quoque numerus liberorum et, quod est	parentibus gratum, utriusque sexus et inuicem se amantium; quorum pro	1	15	2
pietatis occupauerat pectus festinata educatione nutritus, deo uictimam,	parentibus pium parricidium praebiturus. ecce carissimi, ut ait apostolus,	1	59	5
in transacta aetate et generantis genitalis flore consumpto non tam ex	parentibus quam diuina praeceptione meruit procreari atque in ultimis	1	59	1
uocabulum, sed multiplex pronuntiatio. hic namque, carissimi, desperatus	parentibus, sed deo promittente susceptus in transacta aetate et generantis	1	59	1
ut firmaret laetitia, quod aetatis inbecillitas desperauit. nouus sane	parentum circa filium crescit affectus, qui ex promissione certior, ex	1	59	5
confirmat, haec nominum proprietates uniuersis affectibus praestat, haec	parentum, coniugum liberorumque sacra iura custodit, haec in utroque	1	1	1
suam docuit expugnare naturam; haec libidinis mercedem uel maxime	parentum, filiorum, maritorum uxorumque in mortibus posuit; haec	1	1	8
est genus, quod tantummodo crescit, senescere ignorat. non illam	parentum pietas frangit, non dulcedo liberorum, non coniugalis affectus,	1	14	2
sine utriusque dedecore patiuntur errare stipi triuiali subiectos; quod liberi	parentum uitam sua damna iudicantes iniecta uiolenter manu ipsi naturae,	1	5	6
gaudet. nec timuit, ne parricidium ei inputaretur, sed magis ut deuotioni	pareret, laetabatur hoc iussisse deum. de filio hostiam parat, festinat	1	43	4
fecit; haec, ut cursus soliti contempta mensura Iesu Naue desiderio	pareretur, soli lunaeque suos frenos induxit; haec de armato Golia Dauid	1	36	8
sacramento praemuniti, unitatis una fide solidi, <uirtutis> aequalitate	pares, passionis uictoria gloriosi. hos barbarus rex, quod eius statuam	1	53	1
uere tres pueri senum constantia maiores, iuuenum uirtute fortiores, sibi	pares, trinitatis sacramento praemuniti, unitatis una fide solidi, <uirtutis>	1	53	1
quae reum, qualem inuenerint, talem quoque dimittunt; quae in	pari causa ipsi praestatori nihil prodesse possunt. at uero nostrae	2	24	1
semen suum fudit in terram. quod cum deo malignum quoque uideretur,	pari eum morte damnauit. coniunctionem autem tertii filii apud nurum per	1	13	1
qua beatus manens in sempiternum omnibus, quae habet, habentem filium	paria procreauit, qui est deus benedictus in saecula saeculorum.	1	17	2
uiuificat, antequam omne uirus uetustatis exstinguat, ne quid adulterum	pariat. ac ne quem plus amare uideatur aut minus, unam natiuitatem,	2	29	2
uos sempiterni fontis calor salutaris inuitat; iam mater nostra adoptat ut	pariat, sed non ea lege, qua uos matres uestrae pepererunt, quae et ipsae	1	32	
ut impleretur, quod scriptum est per prophetam: *exsulta, sterilis, quae non*	*pariebas, erumpe et clama, quae non parturis, quoniam multi filii desertae*.	1	59	3
illa aegra fastidio nouem mensium non baiulat pondus, sub incerto partu	parientis nascentisque de salute non gemit nulliusque momentis omnibus	2	7	3
hymnus ecce iam canitur, ecce mox infantum dulcis uagitus auditur, ecce	parientis uno de uentre clarissima turba procedit. noua res, ut iure spiritali	2	28	
propter hoc dabit deus uobis signum: ecce uirgo in utero accipiet et	*pariet filium et uocabis nomen eius Emmanuel. butyrum et mel*	2	8	7
subito concussis toto nisu quattuor angulis eius in confusam molem	parietibus tectisque labentibus illam sanctissimam fratrum cohortem sepelit	1	15	4
cohortemque florentissimam dulcium liberorum atrocissimo impulsu, tectis	parietum cum ruina confusis, nimia crudelitate festinus sepelit, antequam	1	4	18
non erat templum. etenim hominum conciliabulum est contextio ista	parietum, fidelis autem populus dei templum, apostolo dicente: *uos estis*	2	6	4
subiaces legi. de uoluntate nasceris, sed bono puritatis uoluntatem ipsam	paris, quia uoluntas fit uoluptas postmodum tua, cum per eam cotidie	1	1	20
nolle docuisti. tu seruituti unica ac fortissima consolatio saepe libertatem	paris. tu paupertati praestas, ut habeat totum sui contenta, cum sustinet	1	4	21
nobis necessarium, qui in dei amore consistit, qui uoluntate sua se	parit, diuinae legis agnitione construit decorem, ad omnia genera uirtutum	2	2	4
nascatur. ultro currite ad matrem, quae tunc non laborat, si quos	parit numerare non possit. intrate ergo, intrate felices, omnes simul subito	2	28	
impudicos tantum congruenter occidens; haec, inquam, per momenta et	parit omne quod malum est et peperit omne quod peius; nam in idolis dea	1	1	8
annique progenies antecedit sequiturque tempora et saecula infinita.	parit sibi de fine principium et tamen a cunis genitalibus non recedit.	1	57	
antecedit quae sequitur tempora et, ut saecula colligenda disseminet,	parit sibi de fine principium. hic est, quo similiter, uerum tamen semel,	2	19	1
progenies antecedit quae sequitur tempora et saecula infinita disseminat.	parit sibi de fine principium, hoc nostris quoque hodie competentibus	1	44	2
praestat temporibus aeternitatem. mira res! concipit Maria de ipso, quem	parit; tumet uterus maiestate, non semine, capitque uirgo, quem mundus	2	12	2
nec tamen in eo, quid cuius sit, inuenitur. si igitur in opere extraneo	paritas sacra distingui non potest, deus in alio se inferior esse	1	45	2
criminum, curiositatis magistra, acumen temeritatis, auctor detestabilium	pariter ac magistra malorum. hominis nam salutem ab incunabulis mundi	1	4	7
fundamentum, inuictum aduersus diaboli impetus propugnaculum	pariter ac telum, animae nostrae inpenetrabilis lorica, legis conpendiosa ac	1	36	4
quidem populus impietatis arguitur, sed Christianus, ne talis euadat,	pariter commonetur. denique ut iste plus timeat, ille terretur; ille uapulat,	1	10a	
aequoris terga, quibus uiator trepidus absorbebatur, et perambularet	pariter et euaderet. clamat de profundis et Paulus obrutus calamitatibus	1	34	3
obsecundando, in quibus aeternae fructus est uitae, et defenditur	pariter et nutritur. ad iugum peruenit, cum praerogata omni facultate	2	11	5
tristitudine, nouo uento Fauonio blandiente, diuersis floribus genere colore	pariter et odore una natiuitate diffusis germinantia undique dulce prata	1	33	1
postea uero deum hanc *diremisse* ex eaque constituisse *mundum*	*pariter et ornasse*. igitur si, ut uolunt, deus materiam, qua usus est, non	1	7	1
in quo non est figura sed ueritas! quam ex rebus ipsis agnoscite	pariter et probate. Iudaei maiores suos Pharaonis exercitusque eius graui	1	46b	1
domino auctore perducit nec deest ad ministerium gladius, ut pater esset	pariter et sacerdos. consimilis filii quoque est ex diuina uoluntate securitas.	1	59	6
aduerterent, procul dubio et praesentia odissent et futura credidissent	pariterque metuissent. nemo est enim tam uel ab istius mundi sapientiae	1	2	1
postremo iacentes reliquias mors uindicat sibi, insuper ei poenas gehennae	paritura. tunc carnalis mimus ille finitur exsanguique nihil iam suffragantia	2	4	16
sunt produnt, qui iracundia tument, qui litibus fremunt, qui calumnias	pariunt, qui pauperes, qui uiduas, qui pupillos exspoliant, qui profanis	1	25	11
inuidus muneris in fratris Cain anhelat exitium et deo ante negotium	parricida est; nec eius saltem coercentis uoce comprimitur, sed eo magis ac	1	4	9
quid hoc est? ecce immanitas in fidem et scelus transit in sacramentum;	parricida incruentus redit et qui immolatus est uiuit. ambo sibi gloria,	1	4	15
ut hoc idem faciat aut ut quod non habet perdat; aut certe Iesu Naue	parricida sit, si cultris corda hominum desecat. sed absit, fratres, ut	1	3	15
saeculis testimonium. felix orbis fuerat, fratres, si omnes sic fierent	parricidae. Iacob per patientiam et benedictionem lucratus est et fratrem.	1	4	15
conatus est duorum seniorum aut prodigiosis ignibus subicere aut	parricidali gladio iugulare; hic Ioseph mulieri flagitat esse uiolentum,	1	36	26
suas non exsequitur regia potestate; odientes se diligit; inimicis parcit;	*parricidalibus filiis* ignoscit. persecutorem suum et, quod magis est, regem	2	9	7
nec dolor patri lacrimas persuasit, sed exsultat et gaudet. nec timuit, ne	parricidium ei inputaretur, sed magis ut deuotioni pareret, laetabatur hoc	1	43	4
nemo rogat, nemo trepidat, nemo se excusat, nemo turbatur. ne uere sit	parricidium, ille lignum quo inuratur sibi praeportat, ille aram struit. ille	1	4	14
pectus festinata educatione nutritus, deo uictimam, parentibus pium	parricidium praebiturus. ecce carissimi, ut ait apostolus, *contra spem*	1	59	5
et, quantum ad fidem pertinet, pater promissa compleuit, dominus	parricidium probata uoluntate prohibuit. ad huius ergo personam Christi	1	59	7
martyrii quodam modo	pars est, fratres dilectissimi, martyrum non horruisse supplicium. quantum	1	11	
si non possumus imitari uirtutes. tanta enim probitate uixerunt, ut	pars felicitatis sit nosse, quid fecerint. igitur Iob uir fuit iustus et uerax, ab	1	15	1
clandestinum fremit momentis omnibus bellum, cum unaquaeque	pars nititur alteram subiugare, apostolo sic dicente: *caro concupiscit*	2	4	8
luxuria nostra. ubique relinquamus signa laetitiae, quoniam haec est	*pars nostra et haec sors*. illinc spiritus, quasi quidam dux peritissimus,	2	4	10
est tradita legenda narratio, ut maiorum, si fieri potest, saltem aliqua ex	parte mores imitemur, si non possumus imitari uirtutes. tanta enim	1	15	1
et iustificauit. Iudas, quantum intelligi datur, ex parte prophetarum, ex	parte patriarcharum patrumque typus erat, qui ob iustitiam dei omnes	1	13	4
sed insuper eam et iustificauit. Iudas, quantum intelligi datur, ex	parte prophetarum, ex parte patriarcharum patrumque typus erat, qui ob	1	13	4
in ea nihil inueniat fama quod feriat. cruciatur diabolus, quod nulla ex	parte suam perfecerit uoluntatem: nec adulterium enim, quod factum	1	40	3
haec martyris spiritus et morarum numerositate seruatus perstat uiuus,	parte sui corporis iam sepultus. o dignus gloriosi exitus finis! ascensurus	1	39	9
tamen, ut sentiri se cupiat quam uideri, plane cauta, ne quam declinet in	partem, ne in aliquo se ipsa reprehendat, ne opere coepto umquam deficiat.	2	1	12
per hanc partem peccare potest, ille autem deinceps per hanc	partem peccare iam non potest. consequens est, ut profiteatur, utrum hanc	1	3	2
immolauit, illa uidelicet ratione, quia Iudaeus post sacramentum per hanc	partem peccare potest, ille autem deinceps per hanc partem peccare iam	1	3	2
esse contrariam, doce omnia, quae canit, esse credenda. ceterum si eius	partem probes, reprobes partem, quomodo per hanc fidem quaeris, quam	2	3	13

omnia, quae canit, esse credenda. ceterum si eius partem probes, reprobes partem, quomodo per hanc fidem quaeris, quam etiam ipsam infidelitatis 2 3 13
designauit ac lubricos, *qui inter pios impiosque sint medii* nullam partem tenentes ad plenum, cum utramque tenere non desinunt. fideles 1 35 4
elaboret, ut plus habeat, quam habebat; quod cum nititur, auaritiae utique partes agit, quae est inimica iustitiae. adeo inde est, quod frumento 2 1 16
exemit iudicio fideles, non admisit ad iudicium infideles. at si utraeque partes iudicio uacant, quomodo unicuique merces pro suo actu reddetur? 1 35 1
nouit nisi ipse solus, qui fecit. itaque quod specialiter ad nostras pertinet partes, uideamus, quid sit quod deus ait: *faciamus hominem ad imaginem* 1 27 2
hoc dabitur ei. unde dubium non est uoluntatem nostram, cui se iunxerit parti, praebere uictoriam eiusque in resurrectione aut praemio perfrui 2 4 18
suam conscientiam non timet, is est, qui deum non timet. adde quod lex partibus et discitur et docetur. adde quod tota nec intellegitur nec tenetur. 2 3 5
ei condigne reddemus, quia facta commutatione quod eius est fit pro partibus nostris. sequens est, ut etiam proximos eo affectu, quo nos ipsos 1 36 21
audio tres pueros incensos, prius uehementer horresco, mox deinde eorum particeps optauerim fieri, cum cognosco inter flammas rosculentos 1 31
submersum maiestatis suae sacramento uiuificatum insuper regni caelestis participatione ditauit. o caritas, quam pia et quam opulenta, quam potens! 1 36 28
est, duodenis non dicam spatiis, sed momentis horarum aequabiliter se partiri non posset, si inpatientia suos cursus urgueret. luna quoque, quae 1 4 4
uulnus inquilino uulnere finiretur. at Iob cunctis uiribus aduersae partis exspectatione placida profligatis, in semet fortior ruinis, omnibus 1 4 19
memorabilem uiduam ultimam uictus sui filiorumque substantiam non partitam, sed totam dedisse maluisseque se cum liberis suis emori quam 2 1 20
plus carcerem nouit; blanda peruigil cura aegritudinem cum aegro partitur; abiecta cadauera intecta inhumataque esse non patitur; pauperes 2 1 12
quia licet sit uictrix, tamen triumphi sui palmam senectutis cum rigore partitur; cessat enim concupiscentiae pugna, ubi sub crebrescentibus morbis 1 1 5
reatus, ubi de amoris comparatione duarum contrariarum sibimet partium iudicium flagitatur. ambiguitas enim nisi fuerit discussa, iure non 1 35 6
et felicitatem praestat et gratiam, cum [in] uniuscuiusque temporis fetus partu crudo in alterius contumeliam inpatientia non sinit praecipitare. quid 1 4 6
at illa aegra fastidio nouem mensium non baiulat pondus, sub incerto partu parientis nascentisque de salute non gemit nulliusque momentis 2 7 3
qua genitura quoue signo tam diuersos, tam plures, tam dispares una uno partu uestra uos peperit mater. sicut paruulis morem geram sacrique 1 38 2
de uirgine nascitur, curat. signum salutis accipite! corruptelam integritas, partum est secuta uirginitas. Adam similiter dominica circumciditur cruce, 1 3 19
sicut fuit uirgo incorrupta post conceptum, permaneret talis quoque post partum. o noua ratio! amore imaginis suae coactus in infantem uagit deus 2 12 2
Maria uirgo incorrupta concepit, post conceptum uirgo peperit, post partum uirgo permansit. obstetricis incredulae periclitantis enixam in 1 54 5
prophetam: *exsulta, sterilis, quae non pariebas, erumpe et clama, quae non parturis, quoniam multi filii desertae.* ecce enim, carissimi, in Sarra 1 59 3
uestram quos per fidem genitalis unda concepit, per sacramenta iam parturit? ad desiderata quantocius festinate! solemnis hymnus ecce iam 2 28
uel cum amissis gubernaculis inter conpugnantes flatus ac fluctus gemens parturit carina naufragium. inter haec omnia deterior est conscientiae 2 2 2
exsultate, fratres, quos sua parturit fides, qui mundi huius fugientes insidias, reatum, uulnera ac 2 23
promouent suum membra factorem et opus sui figura uestit artificem. parturit Maria non dolore, sed gaudio; nascitur sine patre filius, non totus 2 12 2
mensium fastidia nescit, utpote quae in se creatorem mundi concepit; parturit non dolore, sed gaudio. mira res! exsultans exponit infantem totius 1 54 3
et habebit. o admirabilis et uere diuina sacrosancta dignatio, in qua quae parturit non gemit, qui renascitur plorare non nouit! haec renouatio, haec 1 55
nunc emendat, nunc delet quas amauerat species, nunc subicit alias, nunc parturit nouas. manibus suis facta hydra formarum procax semper incedit, 1 1 10
pariat, sed non ea lege, qua uos matres uestrae pepererunt, quae et ipsae partus dolore gementes et uos plorantes, sordidos, pannis sordidis alligatos 1 32
eius non inferior longae uitae transactis cursibus †pius aut filius ederit partus effusione perciperet†. sed utrisque <aetas> ademerat spem sobolis: 1 43 1
tamen in utero negabatur infanti et, cuius aetas auiam testaretur, matrem partus ornauit, cum sub incerto affectionis uocabulo pietas nutaret et, cum 1 59 4
sponte uitae reptantis praeuiis lacrimis auspicatur. non mater eius tanti partus pondere exhausta totis pallens iacuit resoluta uisceribus. non filius 1 54 4
suscepit officia, quae uxoris iam munera nesciebat. atque eo tempore partus profertur, quo calor genitalia iam relinquebat. mira prorsus, 1 59 3
sed hostia non sanguinis, sed salutis. ad hanc igitur gloriam tardi partus ubertas et fecunditas desperata profertur. uxor Abrahae fetus nescia, 1 59 2
totum; illa masculum solum, haec utrumque sexum; illa praeputium paruae cutis, haec praeputium totius concupiscentiae saecularis; illa octauo 1 3 23
qui in honorem deae suae — sane anus turpis atque amatricis — non paruam cutem eiusdem membri, sed ipsum membrum radicitus abscisum 1 3 2
huc accedit, quia bona carnis inuenit, non requirit, mauultque potiri uel paruis praesentibus bonis quam bonis ingentibus tardis. at uero spiritus 2 4 13
ut uerbum dei ab ipsis potius audiatur, hortantur [nos]. non est enim parum criminis, ut semper apud ipsos diuinus sit sermo prolatus, nunc 1 61 1
praeterea, si annus est sterilis, multo magis, si fertilis fuerit: illic quia parum distrahit, hic quia non solus. uultis scire, quantis sit tenebris 1 5 14
ingratis conferre consueuit; adde quod fides non transit in alium, caritas parum est dicere transit in alium quae transit in populum; adde quod fides 1 36 11
tam plures, tam dispares una uno partu uestra uos peperit mater. sicut paruulis morem geram sacrique horoscopi pandam tota breuitate secreta. 1 38 2
sacratam deo approbat mentem. unicus ille filius solliciti senis adhuc paruulus, cui pietas et miseratio maior debetur, postulatur ad uictimam; 1 43 3
quippe *humilis, abiectus,* ignobilis sui iacebat in domo patris, oues semper pascendo propemodum peregrinus. innocens cum innocentibus deputatus 2 9 7
Iudaeos non tantum legitimum pascha celebrare non posse, sed religionis diuinae prorsus nihil retinere, 2 17
Iudaeos legitimum pascha celebrare non posse, periti legis, deo ipso loquente cognoscite; a 2 25 1
Iudaeos legitimum pascha celebrare non posse paucis accipe, Christiane. Salomonis templum 1 51
abominatio est apud deum. cum haec ita sint, a quibus, quomodo, unde pascha celebratur? adde quod agnum legitimum suo uitio, quem 1 46a 2
Iudaeus legitimum gerere se pascha contendit, cui nihil aliud de ueteri sacramento quam inanibus 1 28 1
pharisaei agere se legitimum pascha contendunt, qui cum templo summo, ut putabatur, simum 1 46a 1
agnum legitimum praestiterunt. hic est agnus, fratres, de quo lex ait: *Pascha est domini*; apostolus quoque Paulus: *Pascha nostrum immolatus* 1 8 2
utique, fratres, incunctanter eis ademit pascha, qui id, per quod ab eis pascha geritur, reprobauit. 'at imaginem colunt.' nec ipsam quidem, quia 2 25 2
cum deus, posteaquam de Aegypto egressi sunt, ubi imaginarium pascha gesserunt, dicat: *plenus sum holocaustomatis arietum et pinguamine* 2 25 1
completa nec probando cognoscis? uerum tamen pro tuo sensu si uis pascha legitimum celebrare, agnus requirendus est tibi, sicut praeceptum 2 20 1
interficit, quos in amaritudine absumit. quis non intellegat, fratres, illud pascha non esse, sed bromosum latronis cruenti conuiuium? per dominum 1 28 2
fratres, de quo lex ait: *Pascha est domini*; apostolus quoque Paulus: *Pascha nostrum immolatus est Christus.* cur autem dignatus fuerit 1 8 2
Pharisaeus quemadmodum legitimum pascha possit celebrare, non uideo, cuius eminens famosumque illud 1 19 1
exquisiuit de manibus uestris?. utique, fratres, incunctanter eis ademit pascha, qui id, per quod ab eis pascha geritur, reprobauit. 'at imaginem 2 25 2
familiaris pietati praeponit? qui hominibus fame laborantibus ac nuditate pascit tineas, curculiones ac uermes? qui quod habet infelici tenacitate non 2 1 17
illa liberorum non timet orbitatem. haec eorundem blanditiis uernantibus pascitur et incrementis adolescentibus cotidie delectatur; at illa aegra 2 7 3
tempore numquam reparato seruiret. similiter Ioseph patiens inuenitur, e pascua cum a fratribus rapitur; patiens, cum in puteum dimittitur; patiens, 1 4 17
aut portat iniurias. incertum est, utrum inpassibilis iudicetur, cum aliquid passa quasi nihil passa sit inuenitur. postremo impossibile est, fratres, eius 1 4 2
incertum est, utrum inpassibilis iudicetur, cum aliquid passa quasi nihil passa sit inuenitur. postremo impossibile est, fratres, eius aestimare 1 4 2
similiter dicit, cum de eius loquitur seruis: *et si coram hominibus tormenta passi fuerint, spes eorum immortalitatis plena est; et in paucis uexati in* 2 5 6
cum hoc ita sit, homo quemadmodum dei imaginem portat, cuius uultus passibilis, omni conuersioni subiectus momentis omnibus demutatur labore, 1 27 2
deterior est conscientiae timor, quia quae diximus et alia his similia cum passibilitate sui transeunt; timor conscientiae non deletur. nunc uideamus, 2 2 2
suo statu aut tollitur aut declinat; omnia bona atque perpetua exuberant passim. certe, quod primum est, nemo eget, nemo inuidet, nemo furatur, 1 5 18
esse desiit, quia neminem qui se possit arguere derelinquit. omnes enim passim furore insatiabili turpes praecipitantur in quaestus, nec quisquam 1 5 1
optes imitari uirtutem; quem cupidum semper horrueris, stupeas passim in pauperes et egenos sua bona uniuersa fundentem; postremo 2 29 3
dentium spumosis horrida globis inter labra liuentia stridit, intorta omnia passim membra tremore uibrantur; gemit, flet, denuntiatum pauet iudicii 1 2 6
qui salutem tuam in incerti pecoris sitam uisceribus opinaris. sane quod passim multos occidis, edacitatis est tuae, quod diuersis in locis, uanitatis, 2 20 2
est. meminimus in Regnorum proditum libris famis tempore, quo totus passim populus moriebatur, Eliae alimenta poscenti memorabilem uiduam 2 1 20
ueritatem. sane hoc solum competenter gerunt, innocentes quod agnos passim quasi *lupi rapaces* occidunt. 2 25 2
palmitum crinibus uilis; quae cum per uoluptuosa ac profana loca lasciua passim se fronde diffundit, generauit pro fructibus spinas, pro uua 1 10b 2
ille peregrinus est. illa sine contemplatione meritorum quibuslibet passim sua munera infulcit, maxime indignis, ut ad se colligat turbas; ille 2 4 14
increpans tuba praedonum corda face furiali succensa, impetibus crebris passim totas hominis dei facultates inuadit, subito rapina, igne ferroque 1 15 3
perducunt. at ubi uindemiae uenerit tempus, decore dissipato, passim uua detrahitur in torcularique operariorum pedibus subiecta 2 11 3
ad coronam. at ubi uindemiae uenerit tempus, id est persecutionis dies, passim uuae diripiuntur, id est inconsiderate sanctis hominibus uiolenta 2 11 6
facinoris competenti iudicio subiacerent. denique res impleta est domini passione: caelum medio die perdidit diem, terra tremore nimio firmitatem. 1 47
sortita est, quia, sicut in Isaac aliud offertur et aliud immolatur, ita et in passione Christi quod per Adam deliquerat, per Christum liberatur. 1 59 9
uidetisne iam manifeste in homine suscipiendo fuisse prouidentiam, in passione sacramentum, in resurrectione summum bonum? hic nunc 2 4 7
praeferebat; etenim significabat nauis materia crucem, somnus uero passionem. mare autem mundus est iste tumidus; fluctus eius Iudaeorum 1 34 8
non recedit. profecto sacramenti dominici imaginem portat, nam occasu passionem resurrectionemque ortu rediuiuo concelebrat, per quem nobis 1 58
non recedit. profecto sacramenti dominici imaginem portat, nam occasu passionem resurrectionemque ortu rediuiuo concelebrat, per quem nobis 1 57
non colla, sed corda decorare consueuit. uirga per lignum sacramentum passionis domini annuntiabat, sicut euidens declarat exemplum, quod 1 13 10
spatia, et tamen eius semper orbita est una. qui nos admonet, fratres, passionis resurrectionisque dominicae unanimes atque concordes salutaria 1 26
moderatione distinguit. si enim deum purum iugiter praedicaret, passionis resurrectionisque uacaret locus et nihil Christus mundo 2 5 1
praemuniti, unitatis una fide solidi, <uirtutis> aequalitate pares, passionis uictoria gloriosi. hos barbarus rex, quod eius statuam adorare 1 53 1
id est duorum testamentorum salutaribus monitis, adgressuram hominem passum latrocinio diaboli angelorumque eius et huius mundi in *stabulo*, id 1 37 10
deum inaniter *fremuerunt*. sors Ionam praecipitandum prodidit, prophetia passurum dominum praedicauit, utrosque uolentes, illum condicione, 1 34 8
sacramentum spiritaliter intuentibus patefecit: *homo* enim adgressuram passus Adam esse cognoscitur, *latrones* diabolus et concupiscentia, 1 37 10
Christum relinqueret nec propinquum. statim beatus martyr se latere non passus est; se ultro offerens iudici moram suam uoluntarie praeiudiciis 1 39 5
denarios a Samaritano stabulario pro eo, qui a latronibus adgressuram passus fuerat, dominus datos esse commemorat. quae parabola sublata 1 37 10
et impietatis in sterquilinio foetido scaturiente uermibus, quasi nihil passus, sed solo dei timore contentus. o felix uir, qui mira patientia deum 1 15 6
alterum manducantem denotet, inuitator ammonet Paulus. Dauid regius pastor omnibus momentis lac argenteum subministrat et caseum. Zachaeus 1 24 3
orbis debita uenerat soluturus. in stabuli praesaepe deponitur populorum pastorem pabulumque se esse contestans. subicit se gradibus aetatis, cuius 2 12 3

ac mirabilibus saeculi non mutatur; mitem humilemque retinet ubique pastorem. post adiecit: *si non humiliter sentiebam, sed exaltaui animam* 2 9 7
noster Iesus Christus dei filius dulcia, sicut prior, qui hoc prandio pastus est ante nos, dicit: *quam dulcia faucibus meis eloquia tua super mel* 1 24 4
membra Christi daemoniorum seruis addicunt, *dei templum* profanis patefaciunt, sacraria usque ipsa denudant, sacra confundunt amissa luce 2 7 12
manant doctrinae caelestis diuina fluenta, ruptis oculis, id est spiritaliter patefactis. praecedentibus foliis fructus sequela sese commendat; similiter 2 11 5
patri et Adam reportauit et iter ad caelum omnibus se sequentibus patefecit. 1 37 15
parabola sublata dubitatione scalae sacramentum spiritaliter intuentibus patefecit: *homo* enim adgressuram passus Adam esse cognoscitur, *latrones* 1 37 10
et immolaret, securus de fide generis sui pater filio, de quo non dubitabat, patefecit, quid a se dominus postulasset, et quid ipse domino promisisset 1 43 5
uestra iniustitiam meditatur. et iterum de ceteris membris: *sepulcrum patens est guttur eorum, linguis suis dolose egerunt, uenenum aspidum sub* 1 3 11
constructa aetheria illa ciuitas destinata est. nulla intrare uolentibus mora; patent duodecim portae, habitacula praeparata sunt infinita. nemo sit de 1 5 17
condicionibus duris exuti gratias agunt. uestrae domus peregrinis omnibus patent; sub uobis uiuus mortuusque diu numquam uisus est nudus. iam 1 14 8
unius plenitudinis tria illi sunt membra, unum secretarium et patentes semper duodecim portae, quas ab hostili defendit impulsu in 2 6 7
quod uoluitur semper, in momento quid adferat dubium est. sed oculis patentibus caeci dilatant horrea, terras angustant, urgent saltibus saltus et, 1 5 8
aduersus ueram pro uera defendunt, sic utramque mediis e manibus oculis patentibus perdiderunt: dei, cum stultam putant, quod elaboret — 2 1 3
regnum non stare *diuisum*. unde non sic sentiendum est, fratres, ut pater accepturus sit quod non habuerit aut filius tradendo quod habeat 2 5 9
magnificus, fratres dilectissimi, saeculorum pater adest dies, omni genere fructuum fetibus pollens, diuite sinu, 2 13
dominus noster incunctanter est Christus, quem ante omnia saecula pater adhuc utrumque in semet ipso deus beatae perpetuitatis indiscreta 1 56 1
necessitas dempserat, tantum rediuiua fecunditas reponebat. quapropter si pater bonus, si prouidus, si utilis esse desideras, sicut ille Abraham, deum 2 1 21
non inuenit excusatio; detestabilis certe filius, quem pater pius, quem pater damnat inuitus. 1 20
exsequias et innocentis hominis obsequium nemo ante fletibus rigat, ne pater dubitasse uideretur, si flesset. deuotus sic stricto uultu puerum ducit 1 62 4
seruum domini ita se esse meminerat, ut patrem se esse nesciret! quid est pater? ecce sub oculis iacet filius uinculis adstrictus. ubi sunt lacrimae, ubi 1 43 6
patris sui, id est in templis infamibusque spectaculorum omnium locis (pater enim omnium corrupte uiuentium diabolus designatur, domino 1 13 8
Abraham ut pater esset multarum gentium, hic iustitiam non didicit, sed genuit. non 1 62 1
domino auctore perducit nec deest ad ministerium gladius, ut pater esset pariter et sacerdos. consimilis filii quoque est ex diuina 1 59 6
incircumcisus saeuiente diluuio diuina prouidentia humano generi *heres* et pater *est constitutus*? quid, quod Melchisedech, summus ipse sacerdos deo 1 3 5
omnibus commutatur, non natura, sed numero. fit filius horarum, qui pater est omnium saeculorum. hic est dies, fratres, quo a domino nostro 1 16 1
mihi credere non uultis, factis credite et cognoscite, quoniam in me est pater et ego in illo, dictum significatione unica maiestatis et affectu 1 25 8
mihi credere non uultis, factis credite et cognoscite, quoniam in me est pater et ego in illo. constat ergo aequale esse, quod inuicem se capit cum 1 45 3
pater plurimo dilexit affectu et, quantam pietatem dilecto filio amatus pater exhibuit, tantam laesus exigit ultionem, quia, cum uicem non 1 61 5
de thesauris suis noua et uetera. scriba, fratres, est praedicator, *pater familias* Christus, *thesauri* eius indeminutae deitatis paterna 1 37 9
formam etiam ipsa humanitas, quamuis iniusta sit, seruat. nemo namque pater familias honesta fidelitatis suae lucra offerentem sibi suum seruum 1 35 8
quod, ut saturi semper ac felices esse possitis, esurienter accipite. pater familias panem uinumque pretiosum uobis ex usibus suis sua de 1 24 2
uictima. quae mox, ita ne percuteretur tenera aetas, ostenditur, quo nec pater ferire posset, quia nec dominus humanum sanguinem postularet. 1 62 4
esset uictima quam disponeret et immolaret, securus de fide generis sui pater filio, de quo non dubitabat, patefecit, quid a se dominus postulasset, 1 43 5
nec recusabat mortem, quam deus qui uitam dederat imperabat. laetatur pater filio quoque gaudente et cum gaudio unici pignoris alligat manus, 1 43 5
ideo fidelis, quia credidit deo; qui nisi credidisset, neque iustus neque pater gentium esse potuisset. quapropter manifestum est spei ac fidei unam 1 36 6
est honor, quia quod est filii, patris est, quod patris, amborum. laetatur pater in alio se, quem genuit ex se. quomodo autem generatus sit, qui 1 56 1
mea sunt, et iterum: *pater, omnia mea tua sunt et tua omnia mea*, quia pater in filio et filius manet in patre; cui affectu, non condicione, caritate, 2 5 9
alterius plenitudine infusus est, ut sit *omnia in omnibus* deus benedictus, pater in filio, filius in patre, cum spiritu sancto. 2 5 10
qui erat, antequam nasceretur, in patre, aequalis in omnibus, quia pater in ipsum alium se genuit ex se, ex innascibili scilicet sua illa 1 17 2
dominus noster incunctanter est Christus, quem ante omnia saecula pater in profundo suae sacrae mentis arcano insuspicabili ac soli sibi nota 1 17 1
tua et inuoca me in tribulatione tua et eripiam te et magnificabis me. si pater loquitur, fratres, quis est iste, cui tantum defert? quis est, quem 1 25 2
unus possidet, singulorum, domino ipso dicente: *omnia quaecumque habet pater, mea sunt*, et iterum: *pater, omnia mea tua sunt et tua omnia mea*, 2 5 9
portat. hoc est, quod Abraham *contra spem in spem credidit deo, ut fieret pater multarum gentium.* contra spem autem est, quod impossibile est ac 1 36 5
iniuriam pertinebit nec est in illo aliquid, quod sit inferius, quia sicut pater nec plus potest habere nec minus; alter enim in alterius plenitudine 2 5 10
domino ipso dicente: *omnia quaecumque habet pater, mea sunt*, et iterum: *pater, omnia mea tua sunt et tua omnia mea*, quia pater in filio et filius 2 5 9
feruebunt, qui ut numquam refrigescat in omnibus nobis praestabit deus pater omnipotens. 2 13
fide, numero, caritate nostris cum fratribus celebremus, praestabit deus pater omnipotens. 2 19 2
quod ut uobis quoque fide uestra adolescente contingat, praestabit deus pater omnipotens per dominum Iesum Christum, qui est benedictus cum 1 10b 3
non timetur, spiritus sanctus inducitur, glorificatur Christus, deus pater omnipotens propitiatur. postremo ille felix in futurum regnabit, qui 1 1 21
carnaliter geritur, sed spiritaliter promouetur. praestabit autem deus pater omnipotens, ut, quomodo isto in terrestri domicilio ei gratias agimus, 2 6 11
constringit, ne in exitu mortis concitata uictima calcitraret: securus enim pater optimus timuit, ne dolori aliquid liceret in mortem. o fratres, secura 1 43 5
dominum non possit mundi istius mediocritas sustinere. cum imperat pater orbem fieri, opus cum dicto completur a filio. quomodo autem, 1 56 2
uenerandi, sed pietas. neque enim potest de quoquam bene mereri, quem pater patientissimus et clementissimus abdicauerit, et quidem non 2 21
inuerso gratus officio, deo dei munus retinendo placiturus. rex mansuetus, pater pius, propheta modestus. totum potest, a toto dissimulat; magnis ac 2 9 7
locum qualiscumque non inuenit excusatio; detestabilis certe filius, quem pater pius, quem pater damnat inuitus. 1 20
est enim in eum filium, posteaquam deliquit, granditer uindicari, quem pater plurimo dilexit affectu et, quantam pietatem dilecto filio amatus 1 61 5
uisitaturus genus, alias aequalis in omnibus patri. quicquid enim pater praecepit, ut fieret, filius, utpote *dei uirtus deique sapientia*, omnia 1 50
flores mei, talia sacrificia procurate, quae sanctus spiritus libenter offerat, pater probet, filius, qui magister est noster, probata glorietur per eundem, 1 25 13
dum humanum ex se deponit timorem et, quantum ad fidem pertinet, pater promissa compleuit, dominus parricidium probata uoluntate 1 59 7
est dominus. hic est deus noster, qui se digessit in deum; hic pater, qui suo manente integro statu totum se reprocauit in filium, ne 1 7 4
sit quod non habuerit aut filius tradendo quod habeat perditurus, cum et pater quod accepturus est habeat et filius non careat quod daturus. totum 2 5 9
caritate, non necessitate, decore, <non diminutione> subicitur, per quem pater semper honoratur. denique inquit: *ego et pater unum sumus*. unde 2 5 9
timuit, ne dolori aliquid liceret in mortem. o fratres, secura deuotio! o pater spiritum captans, corpus uero mortemque contemnens! o qui seruum 1 43 6
pater quod accepturus est habeat et filius non careat quod daturus. totum pater, totum possidet filius; unius est quod amborum est; quod unus 2 5 9
infirmitas nasceretur aut humanus exitus contingeret, uix in eius casibus pater uiuere potuisset, si annis teneris moreretur. hic igitur infans, e cuius 1 43 3
perpetuitatis ac deitatis est una substantia, domino ipso dicente: *ego et pater unum sumus*. quod non utique sic ait, ut in unum duos redigendo 2 8 4
subicitur, per quem pater semper honoratur. denique inquit: *ego et pater unum sumus*. unde non diminutiua, sed religiosa, ut dixi, subiectione 2 5 10
hoc exigant iura. clamat enim prophetes: *deus unus creauit uos; nonne pater unus est omnium uestrum?* quisque igitur nobilitatis suae 1 36 22
ad imaginem et similitudinem suam fecit, ut contemplatione imaginis pateremur reuerentiam ueritatis in eaque res condicione dimissa est, ut, si 1 36 23
ut etiam praesenti deo probareris ingratus. per mare pedibus ambulasti, ut patereris in terra naufragium. ad hoc sane in eremo aquam de petra 1 9
regnum, regnat et tradet deo et patri, et cetera. quid hinc scandalum pateris, Christiane, ex tuaque natura opinaris prouisionis piae diuina 2 5 5
sine filio non est, et quod factum est a filio uel fieri potest, sine dignatione paterna non est, quia filius sine patre non est, ipso dicente: *si non facio* 1 45 3
est praedicator, *pater familias* Christus, *thesauri* eius indeminutae deitatis paterna substantia paternaque uoluntas, *noua et uetera* duo testamenta, 1 37 9
putabatur. unicus numero et in amoris soliditate iam primus totum <paternae ac> maternae pietatis occupauerat pectus festinata educatione 1 59 5
dei, ecce qui tollit peccatum mundi. hic itaque dictus est *primitiuus*, quia paternae antiquitatis solus est conscius; hic *maturus*, quia post ipsum non 1 8 2
fides, qui mundi huius fugientes insidias, reatum, uulnera ac mortem paternae inplorastis auxilium maiestatis omnique non pedum uelocitate, 2 23
familias Christus, *thesauri* eius indeminutae deitatis paterna substantia paternaque uoluntas, *noua et uetera* duo testamenta, quae uidetis recte 1 37 9
quid, quod inde non esse approbatur inferior, quia, unde processit, paterni cordis est exsecutor? non enim minus est facere magna quam 1 45 3
manet, nec quicquam habet interiectum neque conscium qui ex paterni oris affectu processit uno consensu. secunda uero carnalis sicut est 1 54 2
in iure. at cum mera fide credentis salutari fuerit necata baptismate, noua paterni sacro resurgit fontis ex gurgite iam pura, iam libera, iam a 1 2 25
diuellimus, ut diri seminis contagione purgati integri in ubertate paterni seminis maneamus. haec, inquam, non die, non nocte, non hora, 1 3 22
dilectus filius, dignam sententiam percipit abdicatus. cuius enim impietas paterno affectui parem gratiam non refert, quantum sit criminis dici non 1 61 6
nullo pacto diuideris, nulla humanae curiositatis calumnia commoueris. a paterno fonte in filio tota refunderis et tamen, tota ubi refunderis, nec 1 36 32
quod secundum carnem Dauid filius futurus esse canebatur; qui nisi paterno generis signaculo responderet, neque Dauid filius esset neque nisi 1 3 18
honoris, tantae dignitatis ignari. quid enim beatius, quam si homines deus paterno honore dignetur adtendere et tanta illa sublimitas humanam 1 61 6
uiuere potuisset, si annis teneris moreretur. hic igitur infans, e cuius uita paternus affectus et maternus pendebat, ad explorationem fidei suae diuina 1 43 3
taleque est commentus pietatis excidium, ut in illa unius funeris turba paternus dolor non sufficeret orbitati, cum nescit, quem primum plangat, 1 15 4
ipse dicit: *quid prodest unicuique lucrari mundum et animae suae pati detrimentum?* i nunc, insatiabilis homo, et in detestabilis congestionis 1 5 9
et salutem. Abel ideo martyr, quia iustus; ideo iustus, quia patiens; a quo pati martyres didicerunt patiendo libenter, quod non merentur. Noe 1 4 12
proprios aut negat aut denudat affectu. nihil prorsus existimat turpe nec pati nec facere, dummodo in effectu conata succedant. uerum tamen in 1 1 7
decepti, iustitiam ueram nec ex sua ipsa uoluntate noscentes, quod pati nolunt libenter efficiunt; qui profanae libidinis detestabili furto 1 1 13
nubere, digna es, quam peior affligat; si bonum, fidei serua signaculum: pati non meretur iniuriam ipse, cui perhibes testimonium. ubi est ille, qui 2 7 6
in aeternum homo, de quo agitur, periturus est; caro enim damnum pati potest, animo autem imperare non potest; ipse enim regalis potestatis 1 3 9
tuam', sed ait: *faciamus ad nostram*, ne quam filius hominem induturus pati uideretur iniuriam. uidetisne, fratres dilectissimi, quia nullus exserte 1 45 1
nostri Iesu Christi necessario scire debet populus Christianus, ne quem patiatur errorem: unam, qua natus est; alteram, qua renatus. sed sicut est 2 8 2
ac maxima est cautio, ne quid mundo debeat, ne quid horum digne patiatur. hanc qui diuinas litteras aut non legerunt aut lectas irritas 2 1 13
domini memorare non audeo, ne quam deus inter homines deputatus patiatur iniuriam; idonea laus enim non est, cui principatum adimit 1 4 19

remotis enim paulisper nominibus patris et filii non potest nosse, uter patiatur iniuriam, nisi quod ambo patiuntur, quia amborum unum nomen 1 54 1
ista exempla confirmans uni ex latronibus in se credenti, qui cum eo de patibulo dextra laeuaque pendebant, ait: *amen, amen dico tibi: hodie* 1 2 11
quia iustus; ideo iustus, quia patiens; a quo pati martyres didicerunt patiendo libenter, quod non merentur. Noe cataclysmum, quo omnis caro 1 4 12
peperit et salutem. Abel ideo martyr, quia iustus; ideo iustus, quia patiens; a quo pati martyres didicerunt patiendo libenter, quod non 1 4 12
similiter Ioseph patiens inuenitur, e pascua cum a fratribus rapitur; patiens, cum in puteum dimittitur; patiens, dura cum hasta distrahitur; 1 4 17
e pascua cum a fratribus rapitur; patiens, cum in puteum dimittitur; patiens, dura cum hasta distrahitur; patiens in carcere, in regno patientior, 1 4 17
patiens, cum in puteum dimittitur; patiens, dura cum hasta distrahitur; patiens in carcere, in regno patientior, patientissimus, desideratos cum 1 4 17
Rachel postmodum tempore numquam reparato seruiret. similiter Ioseph patiens inuenitur, e pascua cum a fratribus rapitur; patiens, cum in 1 4 17
compingit nec tantum munus quasi praesumptor aut demens rapit, sed patienter aedificat, patienter exornat, patienter uariis animantibus replet. 1 4 12
discursu uel aquas sulcant uel aera distinguunt, et patienter ueniunt et patienter excedunt? solus homo praeceps, solus inpatiens, prauis cotidie 1 4 6
munus quasi praesumptor aut demens rapit, sed patienter aedificat, patienter exornat, patienter uariis animantibus replet. quando ingredi 1 4 12
animantibus replet. quando ingredi iubeatur, quando ianuam claudere, patienter exspectat, dignus euadere, qui in tanto orbis metu non festinauit 1 4 12
ceruicem. uno uoto, una deuotione, ne quid profanum sit, diligenter ac patienter geritur, quod ab altero celebratur. sub tanto, non dicam 1 4 14
fideliter uitulinam. Isaac innocenter ollam portat et ligna. Iacob patienter uaria exhibet pecora. Ioseph promotus ad mensuram praerogat 1 24 2
praesumptor aut demens rapit, sed patienter aedificat, patienter exornat, patienter uariis animantibus replet. quando ingredi iubeatur, quando 1 4 12
remigii specioso discursu uel aquas sulcant uel aera distinguunt, et patienter ueniunt et patienter excedunt? solus homo praeceps, solus 1 4 6
nisi rerum disciplinam conuersionemque quasi quaedam sollicita mater patientia custodiret. sol denique quamuis mira celeritate alternas mundi 1 4 4
quasi nihil passus, sed solo dei timore contentus. o felix uir, qui mira patientia deum promeruit, diabolum uicit, sanitatem recepit, facultates 1 15 6
compescas. mihi crede: non habet concupiscentia locum, ubi patientia dominatur, ubi uiuitur sobrie, ubi mors timetur. itaque hanc 2 7 9
recursu uoluminum quasi ius terrae cognoscens ac uiolare deuitans mira patientia in se frangitur, his denique fluctibus, quibus cogitur, refrenatur. 1 4 5
aut crudelem, si occideret filium, nisi quadam singulari ac uere diuina patientia inter religionem pietatemque negotium temperaret, in spe non 1 4 13
queas seruum. sed o quam uellem te, si possim, rerum omnium regina, patientia, magis moribus concelebrare! scio enim, quia libentius in tuis 1 4 20
fides, in secreto pudicitia, in primo innocentia, aequitas in medio, in fine patientia. pax colligit, caritas ligat, sollicitudo custodit, iustitia distribuit, 2 6 9
pietas, caritas, fides, ueritas, humilitas, gratia, honestas, uerecundia, patientia, perseuerantia, consummatio. scaporum nomina duo testamenta. 1 37 15
se non potest continere, positus in honore. caelestis profecto est ista patientia, quam a suo statu non aerumna, non felicitas, non affectus potuit 1 4 17
momenta suspirat, tamen omnes uno eodemque consensu quasi quendam patientiae deferuntur in portum, sine qua nec audiri nec concipi nec disci 1 4 1
intelligi datur quam sui opificis moderationi deseruiens peritissima insignis patientiae disciplina? sed et mare uentis lacessitum, cum irascitur, quamuis 1 4 5
uicta sit autem, si dissimulatio celebritatem eius obscuret. nunc ad patientiae reuertamur uirtutem, quae maioribus nostris illustri uirtute 1 4 12
ornas pacem, fidem custodis, amplecteris innocentiam, ueritatem colis, patientiam diligis, spem repraesentas. tu diuersos homines moribus, 1 36 30
felicitatis pristinae statum dissimulando non perdidit, sed mutauit. hic ego patientiam domini memorare non audeo, ne quam deus inter homines 1 4 19
felix orbis fuerat, fratres, si omnes sic fierent parricidae. Iacob per patientiam et benedictionem lucratus est et fratrem. dat iracundiae locum, 1 4 16
humanus circa impietatem Iudaici populi deficit sermo, qui dei patientiam sui obstinati cordis impatientia superauit. non enim leue crimen 1 47
ut probet se et meruisse et non ambisse quod meruit. ac ne quis hanc patientiam timiditatis nomine obscuret, in ducendis quoque uxoribus talis 1 4 16
patiens, dura cum hasta distrahitur; patiens in carcere, in regno patientior, patientissimus, desideratos cum fratres agnosceret; et ubi 1 4 17
spectaculum ac uere deo dignum, in quo definire difficile est, utrum sit patientior sacerdos an uictima! non percussoris, non percutiendi claudicat 1 4 14
dura cum hasta distrahitur; patiens in carcere, in regno patientior, patientissimus, desideratos cum fratres agnosceret; et ubi iactantia se non 1 4 17
sed pietas. neque enim potest de quoquam bene mereri, quem pater patientissimus et clementissimus abdicauerit, et quidem non accusatione, 2 21
commeando largiflua, utrisque propria, nulli priuata. etenim damnum patientur ubertatis et gratiae, si adimatur, quod uno eodemque aestu 1 7 4
administrationis suis in actibus portant, recte dicentes: *quisque suos patimur manes.* nos uero, fratres, quos non ingeniosa suspicio, sed deus 1 2 4
errabimus. subici enim se loquacitatis artificio fidei natura non patitur, a qua nihil aliud laboratur, nisi ut suis sibi tantum uirtutibus 2 3 6
honestas pietas fides ueritas perit; quod deus ipse momentis omnibus patitur contumeliam, cuius praecepta contemnuntur, cui cultus, cui amor 1 14 7
cum pro nomine domini *latrones in itineribus,* latrones *in ciuitatibus* patitur, cum *a Iudaeis uirgis ter caesus naufragio* trino diluitur, cum insani 1 34 4
cum aegro partitur; abiecta cadauera intecta inhumataque esse non patitur; pauperes miserosque sua necessitate neglecta pietatis largiter furtim 2 1 12
non admittit aetatem. totum contra conscientiam suam ut homo infirmus patitur, ut homini mortis lege consumpto inmortalitas tribuatur. haec est 2 12 3
partum. o noua ratio! amore imaginis suae coactus in infantem uagit deus patiturque se pannis alligari, qui totius orbis debita uenerat soluturus. in 2 12 3
abolita sui nominis sanctitate filios suos non sine utriusque dedecore patiuntur errare stipi triuiali subiectos; quod liberi parentum uitam sua 1 5 6
ac uere puerilis inconsideratorum hominum disputatio, qui ideo iustum patiuntur errorem, quia Christum non ex deo considerant hominem 2 8 9
carnalis mentis homines, fratres dilectissimi, scandalum patiuntur, non studio noscendae, sed frustrandae ueritatis, quotiens deus 1 45 1
patris et filii non potest nosse, uter patiatur iniuriam, nisi quod ambo patiuntur, quia amborum unum nomen est deus. igitur duas natiuitates 1 54 1
nostrae aceruatim absoluunt quicquid inuenerint nec aliquid subsiciui esse patiuntur, sed pectorum aperiunt cuncta penetralia, diligenter uniuersa 2 24 1
derogans patri; procedit in natiuitatem qui erat, antequam nasceretur, in patre, aequalis in omnibus, quia pater in ipsum alium se genuit ex se, ex 1 17 2
inferos penetrat, ut mortuos uiuos inde reducat; unigenitus prodeundo de patre ante originem rerum, *primogenitus a mortuis*, ut ait apostolus, post 2 5 3
mea tua sunt et tua omnia mea, quia pater in filio et filius manet in patre; cui affectu, non condicione, caritate, non necessitate, decore, <non 2 5 9
est, ut sit *omnia in omnibus* deus benedictus, pater in filio, filius in patre, cum spiritu sancto. 2 5 10
diabolus designatur, domino Iudaeos sic increpante: *uos de diabolo patre estis et concupiscentias patris uestri facere uultis), uestem uiduitatis* 1 13 8
postulasset, et quid ipse domino promisisset ostendit. laetatus est puer patre fideli ipse quoque fidelior, nec recusabat mortem, quam deus qui 1 43 5
figura uestit artificem. parturit Maria non dolore, sed gaudio; nascitur sine patre filius, non totus matris, sibi debens quod conceptus est, donans matri 2 12 2
uim retulerunt, in cuius perpetuitate commanens in aeternum a patre filius regnum nec accepit aliquando nec posuit; semper enim cum 2 5 8
humanis, humana caelestibus iungis arcana. tu diuina custodis. tu in patre imperas. tu tibi in filio obtemperas. tu in spiritu sancto exsultas. tu 1 36 32
natiuitatem autem eius quis enarrabit?. cur autem sit inenarrabilis, patre loquente noscamus; dominus ipse nos edocet: *eructuauit*, inquit, *cor* 2 8 2
te, priusquam mundus fieret. qui resurgens ait: *omnia mihi tradita sunt a patre meo.* hic, qui purus de caelo descendit, carnatus ascendit in caelum. 2 5 4
recuperauit, sicut est ipse testatus dicens: *omnia mihi tradita sunt a patre meo.* Iob uicarios filios genuit; dominus quoque post prophetas filios 1 15 9
sed mordacius nocens dicit quidem dei filium deum, sed non ex patre nobilitatis perpetuitate progenitum fuisseque tempus, quando non 2 8 1
est a filio uel fieri potest, sine dignatione paterna non est, quia filius sine patre non est, ipso dicente: *si non facio facta patris, nolite mihi credere;* 1 45 3
omni mysterio sacrificioque disposito ductus filius gaudens gaudente patre, patris dextra feriendus. qui antequam ueniret in montem, cum de 1 43 4
patre, patris dextra feriendus. qui antequam ueniret in montem, cum de patre quaereret, ubi esset uictima quam disponeret et immolaret, securus 1 43 5
immo illa per uos uobiscum complectitur Christum. per hanc a deo patre quod petitis impetratis, immo illa per uos impetrat, pro qua sollicite 1 1 4
est; alteram, qua renatus. sed sicut est spiritalis prima sine matre, ita sine patre secunda carnalis. haec miranda, inenarrabilis illa, propheta dicente: 2 8 2
carnis est et concupiscentia oculorum et ambitio saeculi, quae non est a patre, sed ex concupiscentia mundi. per hanc enim diabolus cum diuerse 1 36 27
carnis est et concupiscentia oculorum et ambitio saeculi, quae non est a patre, sed ex concupiscentia saeculi. et mundus transibit et concupiscentia 2 4 12
enim minus est facere magna quam dicere. quamuis et quod dictum est a patre uel dici potest, quia uerbum est filius, sine filio non est, et quod 1 45 3
sit hominem non amasse. unde infelices et miseri sunt Iudaei, qui deum patrem, a quo sunt geniti, respuerunt tanti immemores honoris, tantae 1 61 6
ouibus propter spiritum maiestatis. qui *primitiuus* est dictus, quia praeter patrem ante ipsum nullus est primus, *maturus*, quia aeternus est, 1 46a 2
offerre. superstitibus fratribus saltem cupit esse consultum; Abraham patrem deprecatur obnixe, ut aliquis nuntius pergat, qui eos tanti negotii 1 2 10
non uituperationis, et *redde altissimo uota tua.* honorem totum refudit in patrem, ex quo omnia. *et inuoca me in tribulatione tua et eripiam te* 1 25 8
factum est nihil. uideamus nunc, optime Christiane, quemadmodum inter patrem filiumque tempus infulcias: si enim tempori, non sibi, debent, quod 2 8 5
deus noster aeterni dei coaeternus filius. hic *et homo et deus,* quia *inter* patrem hominesque adstitit *medius*, probans infirmitatibus carnem et 2 12 4
denique in perditis facultatibus diuitem, dissimulauit in amissis liberis patrem, in poena sui corporis iustum. namque summo capitis a uertice 1 15 5
inquit, *genui*: hoc dominum de hominibus dixisse quam dulce est! talem patrem laesisse quam turpe! *filios genui et exaltaui*: utique filios Israel 1 61 7
parem gratiam non refert, quantum sit criminis dici non potest: dominum patrem non dilexisse, cum peccatum sit hominem non amasse. unde 1 61 6
mortemque contemnens! o qui seruum domini ita se esse meminerat, ut patrem se esse nesciret! quid est pater? ecce sub oculis iacet filius uinculis 1 43 6
impii non manent, quia his dei nomen in honore est; *pii non sunt, quia* patrem uenerandum prauis moribus laedunt. *orant quia timent, peccant* 1 35 5
facitis, amplectenda, ut uidentes homines *opera uestra bona magnificent patrem uestrum, qui est in caelis.* itaque, dulcissimi flores mei, talia 1 25 13
quod ista, et non ambigua, in uobis renitet assertio; deum enim patrem uos et habere et possidere monstratis, cum pudicitiam, in qua deus 1 1 4
huius est munus, quod cara uxor, quod generosi liberi, quod ueri sunt patres. huius est munus, quod alii ut nos aut plus quam nos proximi uel 1 36 14
suo manenti quam beato in ultimas miserias deuoluto. nam praedicant patres suos Aegyptium populum fugiendo delesse, deum suis praefuisse 1 18 1
ueritatis, quotiens deus dei filius, qui patris maxima est gloria, aequalis patri a catholicis praedicatur. denique inde est, quod legis fundamenta 1 45 1
se propagat. *de deo nascitur deus* totum patris habens, nihil derogans patri. alter renitet in altero; cuiusuis gloria communis est honor, quia quod 1 56 1
lucratus est et fratrem. dat iracundiae locum, securus ut redeat; domum patri commendat, sensim mitisque discedit, ut probet se et meruisse et non 1 4 16
exploratus a deo in senectute suscepit unicum filium. nihil tam sollicitum patri, cuius aetas in annis uergentibus in occasus sui terminum uersabatur 1 43 1
exhibuit, tantam laesus exigit ultionem, quia, cum uicem non reddidit patri dilectus filius, dignam sententiam percipit abdicatus. cuius enim 1 61 5
dominus Iesus Christus mysteria uniuersa conficiens atque concludens patri et Adam reportauit et iter ad caelum omnibus se sequentibus 1 37 15
hic, inquam, de quo Paulus ait: *qui accipit regnum, regnat et tradet deo et patri*, et cetera. quid hinc scandalum pateris, Christiane, ex tuaque natura 2 5 4
sic ad discipulos ait: *omnis scriba doctus de regno caelorum similis est patri familias proferenti de thesauris suis noua et uetera*. *scriba*, fratres, 1 37 9
iam iubeo.' non contristat frontem deuotissimus Abraham nec dolor patri lacrimas persuasit, sed exsultat et gaudet. nec timuit, ne parricidium 1 43 4
piae diuina mysteria? si minus sentis de filio, quia regnum traditur patri, maior patris iniuria est, si est aliquando sine regno. accedit, quod 2 5 5
abominanda suspicio: Abraham dominum filio, sacerdotem praetulit patri, nec pium se credidit, nisi probasset fidelem. denique, carissimi, 1 59 7

exsultemus, fratres in Christo, tantique prouentus redditu ditati deo patri omnipotenti laudes et gratias referamus. qui zizania, lolium, lappas, 1 41 1
exspectat. sic ergo uiuamus, ut bonis operibus decorati nos quoque deo patri placere mereamur domino iuuante nos Christo, qui est benedictus in 1 2 32
de *uero uerus*, de *perfecto perfectus*, totum patris habens, nihil derogans patri; procedit in natiuitatem qui erat, antequam nasceretur, in patre, 1 17 2
ipse facturus humanumque uisitaturus genus, alias aequalis in omnibus patri. quicquid enim pater praecepit, ut fieret, filius, utpote *dei uirtus* 1 50
sumus. unde non diminutiua, sed religiosa, ut dixi, subiectione est filius patri subiectus, cum quo originalis perpetuique regni una possessio, 2 5 10
dei et Christi, ostendens unum esse regnum patris et filii. recte igitur patri tradet regnum qui dixit in monitis *regnum* non stare *diuisum*. unde 2 5 9
sit solus, a quo alius altior non sit? sin uero omni honorificentia deferentis patri uerba sunt filii, debetis agnoscere, quantis catenis uincta tenebrarum 1 25 2
ademerat tempus, extorsit credulitas quod natura denegauerat. Abraham patriarcha noster exploratus a deo in senectute suscepit unicum filium. 1 43 1
iustificauit. Iudas, quantum intelligi datur, ex parte prophetarum, ex parte patriarcharum patrumque typus erat, qui ob iustitiam dei omnes homines 1 13 4
consummata fides ultra nec minuitur nec augetur. sin uero ex utroque, patriarcharum semesa fides est ac per hoc illis constitutionis nostrae 2 3 9
cuiusuis gloria communis est honor, quia quod est filii, patris est, quod patris, amborum. laetatur pater in alio se, quem genuit ex se. quomodo 1 56 1
maiestatis et affectu indiuiduo pietatis, quia laus filii est patris et laus patris amborum. nunc sacrificii nostri proprietatem nos conuenit nosse, 1 25 8
sine patris esse possit iniuria, si hac necessitate opus esset illi, qui in sinu patris commanens uoluntatis eius perfectionem non didicerat, sed habebat. 1 56 2
unito in lumine una dignitas retinetur. si quid enim filio detraxeris, ad patris, cuius habet totum, iniuriam pertinebit nec est in illo aliquid, quod 2 5 10
omni mysterio sacrificioque disposito ductus filius gaudens gaudente patre, patris dextra feriendus. qui antequam ueniret in montem, cum de patre 1 43 4
humanum sanguinem postularet. religiosus carnifex reprimit gladium: patris erat, quod leuauit, dei fuit, quod pepercit. nec qui feriebatur timuit, 1 62 5
aut qualis fieri debeat, nemo praecipit, interrogat nemo. neque enim sine patris esse possit iniuria, si hac necessitate opus esset illi, qui in sinu patris 1 56 2
renitet in altero; cuiusuis gloria communis est honor, quia quod est filii, patris est, quod patris, amborum. laetatur pater in alio se, quem genuit ex 1 56 1
id est unam substantiam, uirtutem, deitatem, maiestatem uoluntatemque patris et filii contestans; duas acies, id est duo testamenta gerens, quorum 1 37 2
est uere caeca, quae cum in lege, ut dicere solet, sua legat ubique duas patris et filii designari personas, tamen nunc usque contendit deum filium 2 8 1
discipulos ait: *ite ergo et docete omnes gentes intingentes eos in nomine patris et filii et spiritus sancti, docentes eos seruare omnia quaecumque* 1 37 7
numeri ab imminenti supplicio; ecclesia ipsa ueritate, in nomine patris et filii et spiritus sancti, non tantum diaboli praesentes ignes 1 13 13
ad communia humanitatis nomina, quae possunt argumentis attingi, patris et filii festinant nec intelligunt, quia in exordio carminis sacri deus 1 45 1
putant, dispositioni subiaceat. remotis enim paulisper nominibus patris et filii non potest nosse, uter patiatur iniuriam, nisi quod ambo 1 54 1
habent hereditatem in regno dei et Christi, ostendens unum esse regnum patris et filii. recte igitur patri tradet regnum qui dixit in monitis *regnum* 2 5 8
si possis, permitteris edocere. prima itaque natiuitas domini nostri in patris et filii tantum conscientia manet, nec quicquam habet interiectum 1 54 2
unica maiestatis et affectu indiuiduo pietatis, quia laus filii est patris et laus patris amborum. nunc sacrificii nostri proprietatem nos 1 25 8
quem paulo ante calcando fuderant, gustant, aliqui etiam bibunt. mustum patris familias cellae reconditur, ut pretiosius transfretatione reddatur; et 2 11 7
exigatur sicque pretiosum fluentum a suis calcatoribus et bibitur et patris familias cellis uinariis infertur, ut melius ueterescendo reddatur. 2 11 3
de solo solus, de toto totus, de *uero uerus*, de *perfecto perfectus*, totum patris habens, nihil derogans patri; procedit in natiuitatem qui erat, 1 17 2
eructuat uerbum, omnipotentia se propagat. *de deo nascitur deus* totum patris habens, nihil derogans patri. alter renitet in altero; cuiusuis gloria 1 56 1
neque ea, quae in mundo sunt. si quis dilexerit mundum, non est caritas patris in eo, quoniam omne, quod in mundo est, concupiscentia carnis est et 2 9 5
neque ea, quae in mundo sunt. si quis dilexerit mundum, non est caritas patris in illo, quoniam omne, quod in mundo est, concupiscentia carnis est 2 4 12
neque ea, quae in mundo sunt. si quis dilexerit mundum, non est caritas patris in illo, quoniam omne, quod in mundo est, concupiscentia carnis est 1 36 27
diuina mysteria? si minus sentis de filio, quia regnum traditur patri, maior patris iniuria est, si est aliquando sine regno. accedit, quod oramus cotidie, 2 5 5
studio noscendae, sed frustrandae ueritatis, quotiens deus dei filius, qui patris maxima est gloria, aequalis patri a catholicis praedicatur. denique 1 45 1
non est, quia filius sine patre non est, ipso dicente: *si non facio facta patris, nolite mihi credere; sed si mihi credere non uultis, factis credite* 1 45 3
sibimet soli deberi testatus sit, qui in euangelio dicit: *si non facio facta patris, nolite mihi credere; sed si mihi credere non uultis, factis credite* 1 25 8
extollit. *Dauid* quippe *humilis, abiectus,* ignobilis sui iacebat in domo patris, oues semper pascendo propemodum peregrinus. innocens cum 2 9 7
origo tot rerum, cari genitoris amplexibus inhaerebat. strinxerat in se patris pietatem, quod unicus, quod sero, quod promissus, quod sola unica 1 62 3
aliquando sine regno. accedit, quod oramus cotidie, ut *adueniat regnum patris*, speramus et filii. uacat ergo praesentis temporis regimen utroque 2 5 5
cum in euangelio sic dicatur: *dabit illi dominus deus thronum Dauid patris sui et regnabit super domum Iacob in saecula et regni eius non erit* 2 5 6
bonorum operum fructus exposcit. quo audito Thamar cum esset *in domo patris sui*, id est in templis infamibusque spectaculorum omnium locis 1 13 8
ne etiam ipse similiter moreretur, praecepitque mulieri, ut in domo patris sui uidua permanens nuptias maturas exspectet. cum res sic se 1 13 1
domino Iudaeos sic increpante: *uos de diabolo patre estis et concupiscentias patris uestri facere uultis), uestem uiduitatis deposuit*, id est sordidae 1 13 8
aliquotiens etiam, quod peius est, gentium desiderat per momenta patrocinia! o quam turpis ac lubrica, de qua ludit aliena sententia! o quam 2 3 10
quantum intelligi datur, ex parte prophetarum, ex parte patriarcharum patrumque typus erat, qui ob iustitiam dei omnes homines filios 1 13 4
sapiens profecto erit ille nec iustus. satis, ut opinor, praestigiae mundanae patuerunt. in quibus cum peritius agant uniuersi homines, quam dici 2 1 11
igitur non homines tantum, sed paene omnia suis mortibus uiuunt. unde pauca de multis attingam, ut omnium probationem haud dubie in paucis 1 2 17
et pedaturas omnes uestri corporis ambitu superatis; denique sancti diuites pauci sunt, uos plures estis. haec sunt, dilectissimi fratres, charismata 2 6 10
Iudaeos legitimum pascha celebrare non posse paucis accipe, Christiane. Salomonis templum hostili uastatione subuersum 1 51
unde, fratres, in tali re non loquela est exhibenda, sed cura, quam paucis accipite. iram dei generaliter comminantis qui uult effugere, debet 1 10a
pascha celebrare non posse, sed religionis diuinae prorsus nihil retinere, paucis accipite. Salomonis templum, de quo praesumebant, cecidit. altaria 2 17
non sinit pondus. uerum tamen ne in toto solemnitas cesset, paucis eius degustate sermonem. uinea dei quidem prior synagoga fuit, 1 10b 1
statusque futuri qualitas aperitur, fides si inlibata teneatur. unde rem paucis expediam. omnis caro quam diu flagitiosis illecebris huius mundi ac 1 2 24
unde pauca de multis attingam, ut omnium probationem haud dubie in paucis expediam. stellae praecipites labuntur e caelo et a tergo longo 1 2 17
Abraham, unde nascerentur, elegit. hos in Aegypto genuit, ubi ingressis paucis hominibus innumerabilis multitudo processit et ad eremum dominus 1 61 7
uestra capit deum. igitur ne quis operis rationem a me forte disquirat, paucis insinuabo. in totius fabricae fundamentis non sicut in Iudaeae 2 6 5
hominibus tormenta passi fuerint, spes eorum immortalitatis plena est; et in paucis uexati in multis bene disponentur, quoniam deus temptauit illos et 2 5 6
qui facio misericordiam et iudicium et iustitiam super terram. o quam paucissimis uerbis omne hoc mundi, enixe quod geritur, negotium 2 1 6
in consilio iustorum. gradatim pro meritis quasi cum quibusdam elogiis paucissimis uerbis totius humani generis iudicium designauit; etenim 1 35 3
est dicere transit in alium quae transit in populum; adde quod fides paucorum est, caritas omnium; adde quod spes ac fides tempus habent, 1 36 11
utique partes agit, quae est inimica iustitiae. adeo inde est, quod frumento paucorum horrea plena sunt, inanis plurimorum uenter. inde populis 2 1 16
elati sunt oculi mei. oculorum peior est causa, quia exaltatio cordis ad paucos pertinet, oculorum elatio ad omnes. de quibus Iohannes discipulis 2 9 5
intorta omnia passim membra tremore uibrantur; gemit, flet, denuntiatum pauet iudicii diem pellique se plangit, confitetur sexum, confitetur 1 2 6
par laboribus fratris angusti circuli argenteum compleuerit globum, paulatim deuergit in senium, donec ultima senectute consumpta, sua morte 1 2 19
nata sanguineae teneritudinis dubio cornu primo quasi de cunis apparet paulatimque crescendo iam puella, iam uirgo pro cotidianae aetatis 1 2 19
te non habet. tu deum in hominem demutare ualuisti. tu eum breuiatum paulisper a maiestatis suae immensitate peregrinari fecisti. tu uirginali 1 36 29
deterior Christianus dei filium deum esse non credant. quos uellem adesse paulisper auremque praesenti commodare lectioni, ut edicerent nobis, 1 25 1
maxime si deus, ut contentiosi putant, dispositioni subiaceat. remotis enim paulisper nominibus patris et filii non potest nosse, uter patiatur iniuriam, 1 54 1
et persecutores saepe credentes in Christum calicem pretiosum, quem paulo ante calcando fuderant, gustant, aliqui etiam bibunt. mustum patris 2 11 7
quid hoc est? ecce rursus ad lenocinia redis, colorem de pyxide mutuaris paulo ante damnatum. ecce indulgenter excolis crinem; odorato puluere 2 7 8
omnibus dignitatem. quam speciosum est, fratres, quamque salutare, quem paulo ante ridiculo habueris, admirari; cuius exsecratus sis corruptelam, 2 29 3
sine caritate sint non tantum istae, sed et aliae quoque uirtutes, indice Paulo cognoscite: *et si habuero*, inquit, *omnem fidem, ita ut montes* 1 36 20
ut pereat, sed, sicut Isaac, immolatur ut uiuat, apostolo hortante nos Paulo, cuius ista sunt uerba: *exhibete corpora uestra hostiam uiuam,* 1 25 9
sed nuptiis meliora praepono, et quidem etiam apostolo hortante sic Paulo: *dico autem innuptis et uiduis: bonum est illis, si sic perseuerauerint* 2 7 2
terretur, suos ut repigret cursus, ut horas ac momenta producat, ut saltem paulo diutius diei sui demoretur in uita, sed fidelis semper, semper 1 2 18
sustollit perennitatis gloriam fructu populoso tenturum, hoc hactenus Paulo firmante: *stulte, tu quod seminas non uiuificatur, nisi mortuum* 1 2 22
praemia aut tradit aut accipit, corrumpit aut corrumpitur, inicit amorem, paulo post odium de amore factura. seminat inlicitos heredes crimenque 1 1 7
tristes seu hilares suos fecerit motus, hanc rationem docente nos Paulo: *uidemus,* inquit autem, *modo per speculum in aenigmate; tunc* 1 2 29
Archadius beatissimus martyr huius inopinati sacrilegii horrore percussus paululum distulit pugnam, iam debitus ad coronam. nam postquam turbari 1 39 3
iuncturas corporis rupit. exsilierunt exsectae manus †et uenarum in se paululum stupore rursus in se riuus sanguinis ruens†. dehinc poplitibus 1 39 8
non imaginem quaerens, iam spiritalia non sua desiderans, de qua Paulus ait: *non omnis caro eadem est caro: alia est hominis, alia iumenti,* 1 2 25
de caelo descendit, carnatus ascendit in caelum. hic, inquam, de quo Paulus ait: *qui accipit regnum, regnat et tradet deo et patri*, et cetera. quid 2 5 4
totius humani generis omni momento corda destringens; propter quod sic Paulus apostolus ait: *induite uos armaturam dei, ut possitis uos constare* 1 38 6
quod non licet uxoribus non licet nec maritis, sicut praescribens talibus Paulus apostolus dicit: *mulier sui corporis potestatem non habet, sed uir;* 1 1 13
ut homo per deum ius inmortalitatis reciperet, quod amisit. propter quod Paulus beatissimus ait: *nolumus autem ignorare uos, fratres, de* 1 2 12
cuius non tantum in praesenti lectione, sed et aliquot in locis fecit Paulus beatissimus mentionem, ratio uidetur esse reddenda, ut et 1 3 1
seduxit suspicio illorum et in uanitate detinuit sensus illorum. similiter Paulus curioso rescribit dicens: *o altitudo diuitiarum et sapientiae et* 2 3 16
et locustas. ne alter alterum manducantem denotet, inuitator ammonet Paulus. Dauid regius pastor omnibus momentis lac argenteum subministrat 1 24 3
est regnum, isti mentiuntur. absit! nullus hic error, diuersitas nulla est. Paulus enim de hominis adsumpti temporali locutus est regno, in quo 2 5 7
dominus illorum in perpetuum. quid hoc est? si in perpetuum regnat, Paulus errauit; si traditurus est regnum, isti mentiuntur. absit! nullus hic 2 5 7
quam nobis plenitudinis suae pio de fonte largitur. quam rationem Paulus euidenter prodidit dicens: *quemadmodum portauimus imaginem* 2 30 4
cotidie spiritalis itineris gloria feruntur in caelum; quos apostolus Paulus exhortatur et monstrat dicens: *si consurrexistis cum Christo, quae* 1 37 12
ipso dicente: *regnum meum non est de hoc mundo.* apertius autem hoc Paulus expressit dicens: *hoc enim scire debetis, quoniam omnis fornicarius* 2 3 8
noli esse sapiens multum et noli argumentari plus quam oporteat. similiter Paulus: *noli altum sapere, sed time.* cum haec ita sint, cur legem lege 2 3 12
absorbebatur, et perambularet pariter et euaderet. clamat de profundis et Paulus obrutus calamitatibus beatis, cum pro nomine domini *latrones in* 1 34 4

hic est agnus, fratres, de quo lex ait: *Pascha est domini*; apostolus quoque Paulus: *Pascha nostrum immolatus est Christus.* cur autem dignatus fuerit 1 8 2
in paradiso, in id quod fuit! quam rationem seminum etiam beatissimus Paulus subtiliter prodidit dicens: *qui seminat secundum carnem, de carne* 1 2 28
a supplicio ad iudicium repetendum reuocaretur addicta. falsos testes pauor inuadit. tremit diabolus, quod ipsius commenta nudentur. gaudent 1 40 3
o caeca mens hominum! quam uarie, unam tamen contendit in mortem: pauper, cum opes infeliciter quaerit, quas feliciter non habet; diues, cum 1 5 11
si secus aliquid de pistore sentiatur, mea nihil interest, fratres, quia, etsi pauper sum, tamen frontem meam tueor et fidem meam noui. certe si quid 1 41 3
qui solus habet quod potest prodesse commodis plurimorum. quid, quod paupere cotidie moriente oppressione, fame, frigore, iniuria amicum tibi 2 1 19
quas habuit, amisit; et dominus caelestia sua bona amore nostro neglexit pauperemque se fecit, ut nos diuites faceret. Iob filios furens diabolus 1 15 8
optes imitari uirtutem; quem cupidum semper horrueris, stupeas passim in pauperes et egenos sua bona uniuersa fundentem; postremo quem noueris 2 29 3
aegro partitur; abiecta cadauera intecta inhumataque esse non patitur; pauperes miserosque sua necessitate neglecta pietatis largiter furtim semina 2 1 12
patent; sub uobis uiuus mortuusque diu numquam uisus est nudus. iam pauperes nostri alimenta rogare non norunt; iam uiduae atque inopes 1 14 9
qui iracundia tument, qui litibus fremunt, qui calumnias pariunt, qui pauperes, qui uiduas, qui pupillos exspoliant, qui profanis fabulis neglecta 1 25 11
uestrae dignitatis debetur diuini operis perennis ista laudatio. exsultate, pauperes [spiritu]: per uos et in uobis dei maior est domus; nam et 2 6 10
mercennaria ac duplici lingua, reges superbia, negotiatores astutia, inani pauperes uoto, cultores dei odio simulato, totae autem gentes uniuersaeque 1 14 1
pariter et nutritur. ad iugum peruenit, cum praerogata omni facultate pauperibus crucem suam portans consummata omni iustitia expeditior 2 11 6
cum per eam cotidie tricenos, sexagenos centenosque colligis fructus. tu in pauperibus diues, in diuitibus ditior, aequalis in omnibus consummaris. tu 1 1 21
huius modi continetur: *si uis perfectus esse, uade et uende omnia tua et da pauperibus* et tolle crucem tuam *et ueni sequere me.* de hoc nescio quid 2 1 15
nisi essetis mei. unum tamen prae gaudio tacere non possum: fenerando pauperibus omnes copias auaritiae subactas uestrum sine inuidia transfertis 1 14 9
similiter in inferno diues ille tenacissimus, quem chaos immensum a pauperis felicitate discernit, ardoribus suis implorando refrigerium 1 2 9
non ius amicitiae, non tener pupillus, non dura uiduitas, non miseranda paupertas, non dei contemplatio: ecce enim his omnibus, prout potest, 1 14 2
tu seruituti unica ac fortissima consolatio saepe libertatem paris. tu paupertati praestas, ut habeat totum sui contenta, cum sustinet totum. tu 1 4 22
menses in tempora, tempora in annos, annos in saecula pandens. sine pausa crescit in senium et tamen a cunis genitalibus non recedit. profecto 1 58
uniuersa quae diximus, sed et alia multa, immo omnia undique sine pausa quae scaturiunt mala nascuntur atque concelebrantur, quae 1 5 4
secreto pudicitia, in primo innocentia, aequitas in medio, in fine patientia. pax colligit, caritas ligat, sollicitudo custodit, iustitia distribuit, pietas 2 6 9
non ingeris, nec negabis. quid agis, misera? quid, uesana, laetaris? non est pax ista, sed bellum; non osculum, sed uenenum. pro nefas! adhuc 2 7 17
fuerit e duobus. sed nec illis impune succedit, qui sine uxoribus amore peccandi liberius incertas atque inhonestas sibimet redimunt libidinum 1 1 14
sunt, quia patrem uenerandum prauis moribus laedunt. *orant quia timent, peccant quia uolunt.* unde non est absolutus reatus, ubi de amoris 1 35 5
qui pro me tibi obsistat: nam lex, per quam me forte minus peritum peccare compellis, ipsa te magnopere retundens ac redarguens confutabit, 2 3 16
per hanc partem peccare potest, ille autem deinceps per hanc partem peccare iam non potest. consequens est, ut profiteatur, utrum hanc 1 3 2
illa uidelicet ratione, quia Iudaeus post sacramentum per hanc partem peccare potest, ille autem deinceps per hanc partem peccare iam non 1 3 2
saluo quod fuit, quanto magis deus hominem poterit excitare, antequam peccasset in paradiso, in id quod fuit! quam rationem seminum etiam 1 2 28
ac malum *nescit* nec potest quid reprobet scire, quid teneat, *et ideo semper peccat*, quod est iustitiae contrarium. *iustus autem ab omni peccato se* 2 1 9
obligatur. luxuriosi crines falce tonduntur, id est omnia omnino peccata baptismate spiritusque sancti uigore amputantur. plorat feliciter 2 11 5
non membratim deum, sed totus exorat, quia timore totus est humilis, sua peccata contestans, secundum domini dictum a quo procedunt uniuersa 2 9 9
excipiunt; quae corpori parcunt, animam liberare non possunt; quae peccata cum dissimulando praetereunt, non adimunt, sed accludunt; quae 2 24 1
quibus aquis dei serui liberantur, iisdem, qui non fugiunt, sed portant peccata, delentur. Maria, quae cum mulieribus tympanum quatit, typus 2 26 3
non poterit, quamuis sit iustus, nisi exomologesin faciens et praesentia sua peccata exstinguat et futura repellat. Thamar arguitur, quod de 1 13 12
mare uoluntarios suscipit, feliciter naufragos facit interimensque uniuersa peccata genitali unda submergit, ut caelestes effecti terram desiderare non 1 46b 2
Dauid ait: *beati quorum remissae sunt iniquitates et quorum tecta sunt peccata*, quia beatus esse non potest, fratres, in prima natiuitate persistens, 2 10 1
enim re uera aliquid circa se habere possit inmundum, qui humani generis peccata, sordes et maculas uenerat mundaturus. denique purgationes, quae 1 54 4
uiuat, conscientia eum bona, non loquacitate, quae mater profecto peccati est, nosse praesumat trinitatisque unam potentiae plenitudinem, 2 3 19
uos in regnum dei. haedum ei promittit, id est, quae sit peccatori peccati merces, ostendit. quam accipere deuitauit, quia inter agnos uenturo 1 13 9
disciplina caelestis colligitur ac tenetur, per ipsam, inquam, genus omne peccati, ne quis inprudens intereat, diffamatur. semper monere non desinit, 2 3 3
enim intellexere, quia *ex haedis* humana designabatur caro suis onusta peccatis, *ex ouibus* spiritus maiestatis; quae utraque in Christo concreta 1 8 1
dicit: *manus enim uestrae inquinatae sunt sanguine et digiti uestri in peccatis. labia autem uestra locuta sunt facinus et lingua uestra iniustitiam* 1 3 10
mundo dediticios intulerunt; sed laeta gaudentes, caelestis <...> libera peccatis omnibus absolutos non foetidis cunis, sed suaue redolentibus sacri 1 32
sempiternus, quia occisus est et inuentus est uiuus; hic *immaculatus*, a peccato quia solus est mundus; hic *salutaris*, quia per ipsum uincimus 1 8 2
et ideo semper peccat, quod est iustitiae contrarium. *iustus autem ab omni peccato se abstinet*, quod propterea facit, quia *praui* bonique *notitiam* gerit, 2 1 10
ex lege, sacra scriptura dicente: *iusto lex posita non est, sed peccatori.* peccator autem ille est, qui caritatem non habet dei ac per hoc operanti 1 36 17
certe Adam ipsum sic ante fecisset. at fortasse quispiam dicat: 'peccator ergo fuit Abraham, ut circumcideretur? an iustus et circumcidi 1 3 6
quantum interest inter impium et peccatorem, tantum interest inter peccatorem et iustum. denique etiam ipse impiis iudicium, quia iam sua 1 35 3
possit, quia uiolentior omni tortore conscientia numquam suum deserit peccatorem. in hoc reatu, fratres, usque nunc fuistis. sed fortiter examinati 2 10 1
generis iudicium designauit; etenim quantum interest inter impium et peccatorem, tantum interest inter peccatorem et iustum. denique etiam ipse 1 35 3
primo his uerbis expressit: *non resurgunt*, inquit, *impii in iudicio neque peccatores in consilio iustorum.* gradatim pro meritis quasi cum quibusdam 1 35 3
in Psalmis spiritu sancto dicente: *ideo non resurgunt impii in iudicio neque peccatores in consilio iustorum, quoniam scit dominus uiam iustorum et iter* 1 2 23
iudicium, quia iam sua impietate praeiudicati sunt, non derelinquit neque peccatores, qui iudicandi sunt, iustorum, qui non iudicabuntur, dignos esse 1 35 3
ratio, magna potestas, magna pietas iudicis nostri, a quo uniuersi generis peccatores, ut possint beate uiuere, puniri festinant. mira ratio, mirum 1 42 1
potestas, magna peritia, magna pietas iudicis nostri, a quo uniuersi generis peccatores, ut possint beate uiuere, puniri festinant. descendit quippe 2 10 2
praecedunt uos in regnum dei. haedum ei promittit, id est, quae sit peccatori peccati merces, ostendit. quam accipere deuitauit, quia inter 1 13 9
caritas pendet ex lege, sacra scriptura dicente: *iusto lex posita non est, sed peccatori.* peccator autem ille est, qui caritatem non habet dei ac per hoc 1 36 17
legis imperium. *lex* enim, sicut scriptum est, *iusto posita non est,* sed peccatori, quia *iustus ex fide uiuit,* infidelis iniuste. errat igitur quisquis 2 3 4
atquin forte aliquis dicat: 'lex spernenda est, quia iusto necessaria non est, peccatori uero molesta est'. absit, fratres: immo potius ueneranda est, quia 1 36 18
eum, prout debitor exstiterit, iure possit expromi. ita erit, ut iustis corona, peccatoribus aut excusatis aut emendatis indulgentia, impiis autem aeterna 1 35 9
triumpho aeterno rege sub Christo; secunda uero, quae impios cum peccatoribus uniuersisque incredulis gentibus perenni destinat poenae, in 1 2 23
beate uiuere, puniri festinant. descendit quippe gladius pius in uiscera peccatoris et uno eodemque ictu, incolumi corporis manente materia, 2 10 2
haec est condicio carnis, quid est ergo quod credimus in ecclesia remissa peccatorum ac resurrectionem carnis?' facile, fratres, pugna ista concordat 1 2 24
maculatus est; et dominus sumendo carnem totius humani generis peccatorum est sordibus obsoletatus. Iob uxor sua hortatur ut peccet; et 1 15 8
munera expungens. denique competentibus nostris finitur hiems hodie peccatorum. oleo confecto laetabuntur. hodie eos etiam uer arridens 2 13
angelicus et mundus, qui sponsionis suae palmam fortiter retinens, peccatorum paleis limpidatus, semet pretiosum frumentum diuinis horreis 1 33 3
contestans, secundum domini dictum a quo procedunt uniuersa genera peccatorum, pectus crebro percutiens quodam modo cor suum manu 2 9 9
iudicati sunt, sed perituri, scriptura dicente: *iter impiorum peribit*; tertium peccatorum, quorum obliquae ancipitisque uitae sunt necessario discutienda 1 35 7
Iesu Christi, elaborate, ne uestra integritas mutiletur, ne ingruentium peccatorum rursum, sicut Adae et Euae spiritale praeputium, male repetita 1 3 24
a deo est, eorum ut imminere ciuitati interitum nuntiaret; ingentibus enim peccatorum sarcinis premebantur. at ille alio deflexus itinere nauem Tarsos 1 34 5
curam, catechuminis lucis uiam, competentibus remissa omnium peccatorum, sicque cunctos in unam Christi corporis gratiam congregatos 1 6
quem scriptura designabat *ex ouibus et ex haedis*: *ex haedis* utique propter peccatricis indumentum carnis, *ex ouibus* propter spiritum maiestatis. qui 1 46a 2
se esse testatur, nisi ut fides de infidelibus uindicetur. denique tolle peccatum: cessat legis imperium. *lex* enim, sicut scriptum est, *iusto posita* 2 3 4
fratres carissimi, aduerto, quia neque refugae descendunt, qui post peccatum in caelum numquam recepti noscuntur, neque lucis ascendunt, 1 37 11
Baptista ante praedicauit his uerbis: *ecce agnus dei, ecce qui tollit peccatum mundi.* hic itaque dictus est *primitiuus*, quia paternae 1 8 2
de filio hostiam parat, festinat denique inplere sacrificium, ne mora faciat peccatum. necessaria sacramentis protinus praeparantur, ascenditur in 1 43 4
est, *perfectus*, quia *dei uirtus deique sapientia* est, *immaculatus*, quia peccatum non habet solus, *salutaris*, quia mortem mutauit in uitam; 1 46a 2
quantum sit criminis dici non potest: dominum patrem non dilexisse, cum peccatum sit hominem non amasse. unde infelices et miseri sunt Iudaei, 1 61 6
coeperit, quod priori impossibile fuit. denique a muliere, quae prior peccauerat, circumcisionis incipit cura, et quia suasione per aurem inrepens 1 3 19
nam *qui sine lege*, inquit, *peccauerunt, sine lege peribunt. at qui in lege peccauerunt, per legem iudicabuntur.* uidetisne, fratres, multum interesse 1 35 7
secreta, apostolo utrumque prosequente, nam *qui sine lege*, inquit, *peccauerunt, sine lege peribunt. at qui in lege peccauerunt, per legem* 1 35 7
generis peccatorum est sordibus obsoletatus. Iob uxor sua hortatur ut peccet; et dominum, ut corruptelam seniorum sequatur, synagoga 1 15 8
dominum, beati sunt, non beatus est nullus, quia nulla gens est, nulla sunt pecora, animantium denique nulla natura, quae non timeat deum. cum 2 2 3
angelorumque eius et huius mundi in *stabulo*, id est in ecclesia, quo pecora diuina succedunt, uenerabili sacramento susceptum cotidianis 1 37 10
Isaac innocenter ollam portat et ligna. Iacob patienter uaria exhibet pecora. Ioseph promotus ad mensuram praerogat cunctis annonam. sane si 1 24 2
deleta est. agnus salutaris, qui designatur *ex ouibus et ex haedis*, inter pecora non potest inueniri. dies festi eius et cantica secundum dei uocem 1 28 2
tu inuenias! dignus es enim immolatione tali, qui salutem tuam in incerti pecoris sitam uisceribus opinaris. sane quod passim multos occidis, 2 20 1
quid praesumant, aestimare non possum, homines qui salutem suam in pecorum morte constituunt, cum deus, posteaquam de Aegypto egressi 2 25 1
dicam: 'Pharisaee, responde, ubi cor habeas constitutum. si in regione pectoris, quid deformi uulnere inferna metiris? si, quod quidem recte 1 3 14
fuit, quae cum omnibus ecclesiis, quas peperit, hymnum canens et pectoris uerum tympanum quatiens populum Christianum ducit, non in 2 26 3
absoluunt quicquid inuenerint nec aliquid subsiciui esse patiuntur, sed pectorum aperiunt cuncta penetralia, diligenter uniuersa crimina expellunt 2 24 1
secundum domini dictum a quo procedunt uniuersa genera peccatorum, pectus crebro percutiens quodam modo cor suum manu uerecunde castigat 2 9 9
iam primus totum <paternae ac> maternae pietatis occupauerat pectus festinata educatione nutritus, deo uictimam, parentibus pium 1 59 5
deuotus sic stricto uultu puerum ducit ad aram, stringit gladium medium, pectus fidei militabat; non pallescit uultus, non contremuit manus. quaerit 1 62 4
scissa ueste, laniatis crinibus, laniatis et genis, totum crebris ictibus liuida pectus gentili uanitate circa amissi cadauer bacchatur insana nec 1 2 13

sacrosanctum illum saltem suae pietatis affectum. hic facibus suis Euae	pectus incendit; hic Adam suis telis occidit; hic Susannam conatus est	1 36 26
domus, blasphemabitur deus arreptoque forsitan ipso sacrificio tuo tuum	pectus obtundet, tuam faciem deformabit praestans aliquando et	2 7 15
rigore in oratione non flecteris, non manus tendis, tumidum monilibus	pectus prosternere dedignaris. sane ceruicem curuas non religione, sed	1 14 6
epulis intrimentorum lenocinio saporis de summa certantibus obrutum	pectus saepe crudis atque acidis uomitibus inurguetur, in quo musti uestri	1 24 1
uitae a deo attributae sunt nobis: una, qua nescientes communi cum	pecudibus lege fundimur a natura, quae est corporalis ac per hoc etiam	2 4 8
spiritale; quod non ex sacculo, sed ex corde profertur; quod non bromosis	pecudibus, sed suauissimis moribus comparatur; quod non cruentis	1 25 9
illis imminere supplicium denotati uulneris inflictu minatur. omne genus	pecudum cum suo sibi sacrificio reprobatur. ieiunia eorum, dies festi	1 46a 1
funestos excitant ignes, non tura cremant, non merum profundunt nec	pecudum inexpectata morte rapti iecoris spirantes consulunt fibras nec per	1 34 9
qui Aegyptiacos de candidis faciunt, qui auguria captant salutemque suam	pecudum uiolenter scissis in uentribus quaerunt, qui coniugale exasperant	1 25 11
diu flagitiosis illecebris huius mundi ac tenebris feralibus agitatur, profecto	pecuina est ac misero, fragili detestabilique uersatur in iure. at cum mera	1 2 25
omnis caro fenum et gloria eius sicut flos feni? cuius si curam geris,	pecuinam te esse cognoscis. an eius uirtutem diligis? frangit ac subigit	2 4 15
qui fructu lactatur. Iudaei etenim cum carnaliter sentiunt in gregibusque	pecuinis agnum bifaria natura commissum, qui inueniri non potest,	1 8 1
est, *ex agnis et haedis* discordi natura commissus, quem in gregibus	pecuinis ipsi tui non inuenere maiores. atque utinam tu inuenias! dignus es	2 20 1
fecerimus, deo fecisse uideamur; propter quod non inmerito Iohannes,	peculiaris arcanorum domini consultor, constanter edicit: *si quis dixerit,*	1 36 23
nisi quod in tua domo minuta sunt, in templo maiora. quae si erogaueris,	pecunia est, si seruaueris, simulacra. ancilla Christi, falso idolum respuis;	1 14 5
est *tam sanctum quod non uiolari, nihil tam munitum quod non expugnari*	*pecunia possit*; non necessitudo sanguinis, non amicitia, quia non suo	1 5 5
interitu suisque calamitatibus delectatur uiliorem habens animam quam	pecuniam; inde est, quod iustitia honestas pietas fides ueritas perit; quod	1 14 7
satiat, enorme quod cum tota ambitione sua non potest aurum. hinc unus	pecuniam suam tamquam hamum proponit, ut facultates ad se attrahat	1 5 12
antequam nascatur, matris iam non in utero sed sepulcro incognitum	pecus, quod legitimam nec mortem potuit sentire nec uitam. recte igitur	1 5 3
per uos et in uobis dei maior est domus; nam et omnibus aequales estis et	pedaturas omnes uestri corporis ambitu superatis; denique sancti diuites	2 6 10
populus per mare rubrum dextra laeuaque undarum stupentibus rupibus	pede sicco transiuit; at nostrum mare uoluntarios suscipit, feliciter	1 46b 2
tenerae adhuc uinculis manus [et], ne quid minus ab hostia uideretur;	pedem ligatura destringit, ne incitata uictima displiceret. cesset itaque hic,	1 59 6
sub labiis eorum, quorum os maledicto et amaritudinis plenum est; ueloces	*pedes eorum ad effundendum sanguinem; contritio et miseria in uiis eorum*	1 3 11
mihi, quia liberauit animam meam a morte, oculos meos a lacrimis,	*pedes meos a lapsu; placebo domino in regione uiuorum.* haec nos felicitas	1 2 32
in ceruicibus catenarum. uinculis nullis impeditae sunt manus, nullis	pedes onerati compedibus. non uos ullus terror exagitat, non ullae sordes	2 29 1
gaudio unici pignoris alligat manus, quas ille uinciendas libentius offert.	pedes quoque constringit, ne in exitu mortis concitata uictima calcitraret:	1 43 5
tua castra praecedit, necubi crimen excuses. per mare ambulas; *ueloces*	*pedes tuos ad effundendum sanguinem* dextra laeuaque in se refugiens	2 16
uincere crederet deum. 'incidantur, ait, ab articulis manus, a cruribus	pedes; uiuum se cadauer inspiciat.' [cui beatus Archadius ait:] o insania	1 39 6
exercitu sola uicit; haec in tribus pueris ignes amoenos effecit; haec mare	pedibus ambulari posse in Petro praesumpsit. per hanc apostoli multos in	1 36 8
tua castra promouit, ut etiam praesenti deo probareris ingratus. per mare	pedibus ambulasti, ut patereris in terra naufragium. ad hoc sane in eremo	1 9
uel in ceteris legem, sicut scriptum est: praecinge lumbos tuos, indue	pedibus calceamenta, arripe baculum manu. in eremum proficiscere, si tuos	2 20 2
et potestate et uirtute et dominatione *ponantur omnes inimici eius sub*	*pedibus eius inimicaque destruatur mors*. hi autem ad principalem uim	2 5 7
intercipere non timentem; nec tamen in toto dissimulat, ne per mare	pedibus se ambulasse non credat. aduersus Theclam accusator acerrimus	2 2 6
decore dissipato, passim uua detrahitur in torcularique operariorum	pedibus subiecta calcatur, prelo premitur duabusque tabulis uehementer	2 11 3
naturae gladio saeui latronis plantarum limes inciditur et obsequio	pedum corpus martyris uiduatur. numerent martyria, qui possunt	1 39 8
manus iubetur extendere ac super caespitem [nudus] proiectus in faciem	pedum extrema nudare. ecce inter ipsa supplicia uacare non sinitur et	1 39 7
deus, hactenus dicens: *caelum mihi thronus et terra suppedaneum*	*pedum meorum. quam mihi aedificabitis domum? aut quis locus ad*	2 6 3
corporis iustum. namque summo capitis a uertice usque ad imos ungues	pedum plaga inimici percussus populosis ulceribus non distinctus est, sed	1 15 5
uulnera ac mortem paternae inplorastis auxilium maiestatis omnique non	pedum uelocitate, sed mentis, pii fontis ad gurgitem conuolate! uos	2 23
maritum anne malum. si malum et desideras nubere, digna es, quam	peior affligat; si bonum, fidei serua signaculum: pati non meretur iniuriam	2 7 6
humilitatem! sequitur ac dicit: *neque elati sunt oculi mei.* oculorum	peior est causa, quia exaltatio cordis ad paucos pertinet, oculorum elatio	2 9 5
nemo latronem, nemo domesticum, qui cognitione secreti est omnium	peior, nemo imminentes diei iudicii flammas, per quas omnes nudi	1 5 15
illicita eis uota donabis (quod maritis etiam sub fidelibus multae fecere	peiores, Euae non discipulae, sed magistrae; illa enim decepta, hae sua	2 7 16
nullis amicitiis, nullis affectibus omni sane tortore pietatis mordacitate	peioribus separari permittis. tu ut nudum uestias, nuda esse contenta es.	1 36 30
Aegyptum est delatus atque distractus a fratribus. quem domini sui uxor	peius amare coeperat quam oderant fratres. nam cum medullitus mulier	1 1 15
o quam indefensa, quae regum, iudicum, diuitum, aliquotiens etiam, quod	peius est, gentium desiderat per momenta patrocinia! o quam turpis ac	2 3 10
aliquando et beneficium, cum te iubet ad ecclesiam non uenire. sed multo	peius est, si places marito: neque enim sine sacrilegio possis placere	2 7 16
per momenta et parit omne quod malum est et peperit omne quod	peius; nam in idolis dea est, in cultoribus uero eorum ministra.	1 1 8
ludit, pallet, tabet, suspirat, zelat, obsequitur; aut temptat aut decipit	peiusque blanditur quam furit. occasionem ullam prorsus nocendi non	1 36 26
pinguescens marmoreo stupore solidetur; cetina cymba inter aestuantis	pelagi sollicitos sinus fidem tuam fideliter portet; solis cursus ac lunae ab	2 3 14
membra tremore uibrantur; gemit, flet, denuntiatum pauet iudicii diem	pellique se plangit, confitetur sexum, confitetur adgressurae tempus et	1 2 6
uni ex latronibus in se credenti, qui cum eo de patibulo dextra laeuaque	pendebant, ait: *amen, amen dico tibi: hodie mecum eris in paradiso.* itaque	1 2 11
moreretur. hic igitur infans, e cuius uita paternus affectus et maternus	pendebat, ad explorationem fidei suae diuina uoce postulatur ad uictimam.	1 43 3
ipse eum uidetur occidere? o quantarum neces animarum in phaleris	pendent ornatae matronae! ornamentum cuius unum si soluas in pretium	2 1 19
sancti significat, uirga cum baculo crucem, in qua deus pro homine	pendere dignatus est, ut in deum hominem, quem induerat, commutaret.	1 13 10
magistram, quoniam ex lege discitur, sed in mentibus nascitur. lex enim	pendet ex caritate, non caritas pendet ex lege, sacra scriptura dicente: *iusto*	1 36 17
discitur, sed in mentibus nascitur. lex enim pendet ex caritate, non caritas	pendet ex lege, sacra scriptura dicente: *iusto lex posita non est, sed*	1 36 17
sed eius ex uoluntate nascatur. ceterum si, ut quidam putant, docentis	pendet ex ore, procul dubio eodem aut cessante aut aliter docente	2 3 1
huic: diliges proximum tuum tamquam te ipsum. in his duobus praeceptis	*pendet omnis lex et prophetae.* unde manifestum est dilectionem uirtutum	1 36 17
nec aliquid subsiciui esse patiuntur, sed pectorum aperiunt cuncta	penetralia, diligenter uniuersa crimina expellunt ac rursus diligenter	2 24 1
coge! licet radient tibi pretiosorum lapidum discoloribus formis referta	penetralia, gemat terra sub pondere argenti, auro ardens tota domus	1 5 10
adaeque non potest, quia fieri potest, ut quis aliud gestit in labris, aliud in	penetralibus cordis; similiter ne destrui quidem, quia si uera fides est, aliud	2 3 11
sumus, solique debere, quod uiuimus, nihilque prorsus cordis nostri in	penetralibus retinere, quod alieno iuri seruemus. at cum ab eodem huius	1 36 21
Christiane, si uera dicenda sunt, exsecraris in simulacris, colis in	penetralibus tuis. nam et illic aureis argenteisque innumerabilibus ueluti	1 14 5
iura euacuat, fora compescit, odia eradicat, iras exstinguit. haec mare	penetrat, orbem circuit, commercio nationibus necessaria subministrat.	1 36 13
sibi, homini morituro; mortem gustat, ut mortem deuincat; inferos	penetrat, ut mortuos uiuos inde reducat; unigenitus prodeundo de patre	2 5 3
ut tunc demum credi possit resurgere, quod omnibus palam sit non	penitus interire. gentes, quae ista non credunt, tamen cum libamine	1 2 3
potest, ei autem subtrahi non potest. denique aurum argentumque,	penitus quod eruitur magno opere terrae uisceribus, iterum celandum	1 14 4
senilibus temperatur; ideo nudus, quia uoluntas eius est turpitudo; ideo	pennatus, quia in quaecumque conceperit uelociter ruit; ideo telis	1 36 25
cotidianae aetatis incremento progrediens lasciui cursus ambagibus carpit	pensa mundana. at ubi matura aureo igne flagrantis luciflui aurigae par	1 2 19
negotioso cursu, reciprocis ambagibus operis mundani	pensa perpetuans, genitali semper nouellus occasu, a se in semet *sua per*	1 6
specioso circulo sacer inflexus dies in mundani operis	pensa quadriga temporum fertur duodenis mensum perpeti cursu	1 26
ac fauore nutritas. quas, quia uera uix potest inueniri, credo, ne populi	penuria laborarent, uenales esse propositas. uerum tamen ex his omnibus	2 3 7
saluo liquore arefactam profundi in semet contra se obnixam stupidam	pependisse naturam; uiam inter fluctus micuisse terrenam, quae utique non	1 18 1
carnifex reprimit gladium: patris erat, quod leuauit, dei fuit, quod	pepercit. nec qui feriebatur timuit, nec qui feriebat expauit. sacrificium	1 62 5
domini non dimittitur, sed mutatur. melius seruauit filium, dum non	pepercit. sola enim fides deambulat inter gladios tuta, inter esurientes feras	1 62 5
desinit, ut summam quaerat, non quam commodatio dedit, sed quam ei	pepererint armati numero dies, menses et digiti. at plerumque cum sua sibi	1 5 12
mater nostra adoptat ut pariat, sed non ea lege, qua uos matres uestrae	pepererunt, quae et ipsae partus dolore gementes et uos plorantes,	1 32
atque bibendi in infamibus locis lagenis et calicibus subito sibi martyres	pepererunt, qui dies obseruant, qui Aegyptiacos de candidis faciunt, qui	1 25 11
agnoscite. culpa deleta ueteri ecce per uos iungimur caelo: anus enim	peperit angelum et uirgo deum. hic est deus noster, qui dignitate interim	2 8 8
posteris hereditatem indigestae mortis, quae homicidium mox [ut]	peperit, dereliquit. denique nec mora est: inpatienter fraterni inuidus	1 4 8
uirtutem, quae maioribus nostris illustri uirtute perennem gloriam	peperit et salutem. Abel ideo martyr, quia iustus; ideo iustus, quia patiens;	1 4 12
tympanum quatit, typus ecclesiae fuit, quae cum omnibus ecclesiis, quas	peperit, hymnum canens et pectoris uerum tympanum quatiens populum	2 26 3
signo tam diuersos, tam plures, tam dispares una uno partu uestra uos	peperit mater. sicut paruulis morem geram sacrique horoscopi pandam tota	1 38 2
occidens; haec, inquam, per momenta et parit omne quod malum est et	peperit omne quod peius; nam in idolis dea est, in cultoribus uero eorum	1 1 8
sacramentum! Maria uirgo incorrupta concepit, post conceptum uirgo	peperit, post partum uirgo permansit. obstetricis incredulae periclitantis	1 54 5
cura torquetur. sed dicet aliquis: 'etiam Maria uirgo et nupsit et	peperit.' sit aliqua talis, et cedo! ceterum illa fuit uirgo post connubium,	2 7 4
in Isaac aliud offertur et aliud immolatur, ita et in passione Christi quod	per Adam deliquerat, per Christum liberatur.	1 59 9
nouelli cum die, sua luce radiantes nobiscum possint inmortalitatis	per aerium tramitem cursu seruato ad repromissionis tempus, ubi in	1 44 2
pari eum morte damnauit. coniunctionem autem tertii filii apud nurum	per aetatem excusat deterritus, ne etiam ipse similiter moreretur,	1 13 1
taurorum et hircorum nolo; quis enim exquisiuit ista de manibus uestris?	per alium adaeque prophetam spiritus sanctus clamat et dicit: *praecingite*	1 25 6
qui hominis post mortem nihil superesse contendis, quemadmodum	per alium locutus sit mortuus ille, quem noueris. at dicis: 'hoc daemones	1 2 7
radiorum, id est apostolorum duodecim, *corona* circumdat, quem	per ambitum totius orbis non muta *quattuor animalia,* sed salutiferis	2 12 4
soporato similiter de eius latere ictu lanceae non costa diuellitur, sed	per aquam et sanguinem, quod est baptismum atque martyrium, spiritale	1 3 20
est ut probetur. denique fornicaria requisita non est inuenta, quia renatus	per aquam et spiritum sanctum desinit esse, quod fuerat, et incipit esse,	1 13 12
quae prior peccauerat, circumcisionis incipit cura, et quia suasione	per aurem inrepens diabolus Euam uulnerans interemerat, per aurem intrat	1 3 19
quia suasione per aurem inrepens diabolus Euam uulnerans interemerat,	per aurem intrat Christus in Mariam, uniuersa cordis desecat uitia	1 3 19

maiestate. qui sane ideo carnem est dignatus induere, ut nemo se possit per carnem, cum iudicii dies uenerit, excusare. 1 54 5
nudare. ecce inter ipsa supplicia uacare non sinitur et orationis instar per carnificis tormenta meditatur. erexerat securem percussor insanus et 1 39 7
martyrium, spiritale corpus spiritalis feminae effunditur, ut legitime Adam per Christum, Eua per ecclesiam renouaretur. hoc nos, fratres, sacramento 1 3 20
et aliud immolatur, ita et in passione Christi quod per Adam deliquerat, per Christum liberatur. 1 59 9
atque abominanda figmenta colendo — , tactu carbonis in unum populum per confessionem nominis Christi noscuntur esse conflati. etenim conflatio 1 37 3
est, aciem suae tetenderit mentis; eo enim res deducta est, ut fides nostra per dei requiratur iniuriam. quod futurum Salomon enuntiauit et 2 3 12
dedit, quoniam ad hoc deus pro homine mortis iura gustauit, ut homo per deum ius inmortalitatis reciperet, quod amisit. propter quod Paulus 1 2 11
duce Moyseo uidelicet et Aaron, iter demonstrante nubis columna per diem, eadem ignis quoque per noctem. finditur mare et dextra 2 26 1
Aegypto necaretur, miseratione dei duce Moyse iussus est proficisci. huic per diem non circulus solis, sed columna nubis, non candida luna, sed 1 29 1
ereptus es inde, non tua euasisti uirtute. columna nubis te perduxit per diem, ut ostenderet caecum; ignis columna per noctem, ut admoneret 1 9
merito. ereptus es inde; non tua euasisti uirtute. columna nubis te deduxit per diem, ut ostenderet caecum; ignis columna per noctem, ut significaret 2 16
numeri incrementis ac fidei cum Christo in aeterna saecula permanebit per dominum et conseruatorem nostrum Iesum Christum, qui est 1 13 13
dominicae unanimes atque concordes salutaria celebrare mysteria, per dominum et conseruatorem nostrum Iesum Christum. 1 26
in unam Christi corporis gratiam congregatos ad caelestia regna perducit per dominum et saluatorem nostrum Iesum Christum, qui est benedictus 1 6
quoque fide uestra adolescente contingat, praestabit deus pater omnipotens per dominum Iesum Christum, qui est benedictus cum spiritu sancto in 1 10b 3
fugite simulque gaudete, quod alienis plagis dei discitis disciplinam, per dominum Iesum Christum. 1 30
bona conuersatione, ut perpetuam uitam adipisci mereamur per dominum Iesum Christum. 1 33 4
candidati inde surgetis. quam qui non polluerit, regna caelestia possidebit per dominum Iesum Christum. 1 23
excusatis aut emendatis indulgentia, impiis autem aeterna poena tribuatur per dominum Iesum Christum, qui est benedictus cum spiritu sancto in 1 35 9
quoque supplicium docuerunt ignes sanctis hominibus non esse fortiores, per dominum Iesum, qui est benedictus in saecula saeculorum. 1 11
ardent; qui incensi sunt, sanctificati et incolumes de camino procedunt per dominum nostrum Iesum Christum. 1 22 2
quibus, si diligens fuerit, semper et se et alios bonis omnibus satiabit per dominum nostrum Iesum Christum. 1 24 4
fratres, illud pascha non esse, sed bromosum latronis cruenti conuiuium? per dominum nostrum Iesum Christum. 1 28 2
cunis, sed suaue redolentibus sacri altaris feliciter enutrit a cancellis, per dominum nostrum Iesum Christum. 1 32
aetheria natiuitate renouatis plenitudinis suae pio de fonte largitur per dominum nostrum Iesum Christum. 1 27 3
mysterium, cuius sacrificium diuina sententia aduertitis esse damnatum per dominum nostrum Iesum Christum, qui est benedictus cum spiritu 1 19 2
uoluntatem ipsam paris, quia uoluntas fit uoluptas postmodum tua, cum per eam cotidie tricenos, sexagenos centenosque colligis fructus. tu in 1 1 20
corpus spiritalis feminae effunditur, ut legitime Adam per Christum, Eua per ecclesiam renouaretur. hoc nos, fratres, sacramento tam uiri quam 1 3 20
offerat, pater probet, filius, qui magister est noster, probata glorietur per eundem, qui est benedictus in saecula saeculorum. 1 25 13
sic et deus eos, qui dormierunt in Iesum, adducit cum eo. nam et deus per Ezechielem prophetam loquitur dicens: *ecce ego aperio monumenta* 1 2 12
quantum fuerit auctior, fit tanto miserior: expers otii, expers satietatis, per fas atque nefas, artibus multimodis ac uersutiis armata bacchatur, 1 5 2
feras amica, in ignibus frigida. sola fides praeferenda: hac nos, qui per fidem filii Abrahae facti sumus, in ipsius gremium peruenire credamus. 1 62 5
eia quid statis, fratres, uestram quos per fidem genitalis unda concepit, per sacramenta iam parturit? ad 2 28
ac per hoc etiam breuis; alia uero animi, quam nos nobis ipsi hac in uita per fidem sacri fontis uiuo de gurgite conparamus, nobilis et aeterna, quia 2 4 8
quem conpetenter sequitur Virgo praenuntians Libram, ut nosceremus per filium dei, qui incarnatus processit ex uirgine, aequitatem iustitiamque 1 38 5
et egena sunt elementa? ascendentes uero sunt iusti, qui probis moribus per gradus diuinorum obseruantiae praeceptorum cotidie spiritalis itineris 1 37 12
attingitis Christum, immo illa per uos uobiscum complectitur Christum. per hanc a deo patre quod petitis impetratis, immo illa per uos impetrat, 1 1 4
per hanc euadens Noe non inuenit, cum quo diluuium fuisse conferret; per hanc Abraham ad dei peruenit amicitiam; per hanc Isaac praeter 1 36 7
amoenos effecit; haec mare pedibus ambulari posse in Petro praesumpsit. per hanc apostoli multos in nitidam cutem leprae deformis contagiosis 1 36 9
laudi pudicitiae; illa enim uobis exhibet sanctitatem, uos ei amorem. per hanc attingitis Christum, immo illa per uos uobiscum complectitur 1 1 4
quicquid aut emitur aut distrahitur, liberum non est: non nobilitas, quia per hanc credit, hanc excolit, per hanc hoc sibi nomen inuenit; non 1 5 5
et ambitio saeculi, quae non est a patre, sed ex concupiscentia mundi. per hanc enim diabolus cum diuerse hominum mentes capit ac decipit, sic 1 36 27
fratres, a deo Enoc meruit cum corpore contra legem naturae transferri; per hanc euadens Noe non inuenit, cum quo diluuium fuisse conferret; per 1 36 7
esse credenda. ceterum si eius partem probes, reprobes partem, quomodo per hanc fidem quaeris, quam etiam ipsam infidelitatis ream constituis, 2 3 13
et abundabit; qui autem non habet, etiam id quod habet auferetur ab eo. per hanc, fratres, a deo Enoc meruit cum corpore contra legem naturae 1 36 7
liberum non est: non nobilitas, quia per hanc credit, hanc excolit, per hanc hoc sibi nomen inuenit; non sanctitas, non munitio, quia *nihil* est 1 5 5
ad dei peruenit amicitiam; per hanc Isaac praeter ceteros enituit; per hanc Iacob deo colluctari praeualuit; per hanc Ioseph Aegyptum suae 1 36 7
procul dubio omnes sacrilegos antecedis, qui Moysi reprobans dictum per hanc iniuriosam corporis stipem deo placere te posse praesumis.' 'iam 1 3 14
contagiosis scabrosisque grassantium ulcerum spoliauere uerticibus; per hanc, inquam, caecos uidere, surdos audire, mutos loqui, claudos 1 36 9
Isaac praeter ceteros enituit; per hanc Iacob deo colluctari praeualuit; per hanc Ioseph Aegyptum suae dicioni subiecit. haec Moysi in mari rubro 1 36 7
diluuium fuisse conferret; per hanc Abraham ad dei peruenit amicitiam; per hanc Isaac praeter ceteros enituit; per hanc Iacob deo colluctari 1 36 7
immolauit, illa uidelicet ratione, quia Iudaeus post sacramentum per hanc partem peccare potest, ille autem deinceps per hanc partem 1 3 2
post sacramentum per hanc partem peccare potest, ille autem deinceps per hanc partem peccare iam non potest. consequens est, ut profiteatur, 1 3 2
communi cum pecudibus lege fundimur a natura, quae est corporalis ac per hoc etiam breuis; alia uero animi, quam nos nobis ipsi hac in uita per 2 4 8
ueniam, non secundum iussum; uolo autem omnes uos esse sicut et me, ac per hoc ideo nubere melius, quia uri deterius. *omnia* quidem *licent, sed* 2 7 2
nec augetur. sin uero ex utroque, patriarcharum semesa fides est ac per hoc illis constitutionis nostrae uidelicet decernendi sunt libri, ut possint 2 3 9
quoniam femina de uiro suo facta est alterque alteri tenetur obnoxius ac per hoc iure legis quoque linea una tanguntur, dubium non est horrendi 1 1 14
aeterna sit, ut ipse est, *duo* sunt ergo principia et quidem *repugnantia.* ac per hoc necessario requirendum nobis erit, quid sit fortius de duobus: illud 1 7 2
a deo circumcisionis priuilegium, non septimus, non nonus, accepit ac per hoc necesse est, ut utrumque inane sit, si infirmari potest alterum de 1 3 4
est, sed peccatori. peccator autem ille est, qui caritatem non habet dei ac per hoc operanti iram recte subiacet legi. atquin forte aliquis dicat: 'lex 1 36 17
autem ex natura tempus, ineptum satis est opus suo praeponere artifici ac per hoc solum interest, quod soli se sciunt. denique apud Esaiam ad filium 2 8 5
quae sit ratio, fratres, accipite. igitur qui uenerat hominem uiuificare, per hominem necesse habuit, ne phantasma putaretur, edicta legis uniuersa 1 3 17
consummat. postremam suscipit mortem, ut ea deuicta resurgens *homini* per hominem, *quem gerebat, et spem uincendae mortis offerret* et eum *ad* 2 4 7
cui pietas et miseratio maior debetur, postulatur ad uictimam; cui si per humanam fragilitatem aliqua in corpore infirmitas nasceretur aut 1 43 3
pro salute sollicita. quid autem a deo impetrare te posse credis, quae eum per id, per quod irascitur, deprecaris? aperi tandem oculos cordis: inuenies 1 14 6
qui proficisci iubetur, ut ad futura contendat. Moyses et Aaron per id, quod erant, sacerdotium, per suum numerum demonstrabant 2 26 2
rectas facite semitas dei nostri. nunc uideamus quae consequuntur. per idem tempus duae cognatae concipiunt, una contra spem, altera uerbo. 2 8 8
temporis temptationes et futuri iudicii poenas euadere mereamur per Iesum Christum. 1 34 9
stipem deo placere te posse praesumis.' 'iam completa est, inquit, in me per Iesum Naue domino iubente secunda, quam Moyses annuntiauerat, 1 3 14
omnino metuens amicae mortis fiducia. denique quod sapientia legibus per industriam colligit, uno impetu aliquotiens clusis oculis illa <illidit>. 2 1 7
crimen propere recludit, sed scelus suos redit in auctores purgaturque per innocentiam pudor. sicque Susannam, quam inpudicitia mentiente in 1 1 19
pugnant multisque diis ac regibus seruire gestiunt, qui uni deo per inpatientiam seruire minime potuerunt. sed inpatientiae hactenus 1 4 10
in ambiguo est; quemadmodum etenim ille princeps iniquitatis suo semine per inuidiam protoplastos ex angelis in homines deriuauit, ita dominus 1 2 26
succedat, praemium uictoriae magis esse quam mortem. luculenta oratione per Iohannem hactenus contionatur: *nolite diligere mundum neque ea,* 2 4 12
ita est, nulli ergo lex prodest.' absit; prodest, et quidem plurimum, nam per ipsam dei uoluntas populis intimatur, per ipsam disciplina caelestis 2 3 3
et quidem plurimum, nam per ipsam dei uoluntas populis intimatur, per ipsam disciplina caelestis colligitur ac tenetur, per ipsam, inquam, 2 3 3
nomina duo testamenta. scala autem proprio nomine crux uocatur, quia per ipsam dominus Iesus Christus mysteria uniuersa conficiens atque 1 37 15
populis intimatur, per ipsam disciplina caelestis colligitur ac tenetur, per ipsam, inquam, genus omne peccati, ne quis inprudens intereat, 2 3 3
a mortuis diceretur, hic est, inquam, qui *in omnibus omnia est,* quoniam per ipsum et in ipso sunt omnia. nec uos moueat, fratres, saecularis ac 2 8 8
potestatisque esse omnipotentiam nos doceret. sequitur ac dicit: *omnia per ipsum facta sunt ac sine ipso factum est nihil.* uideamus nunc, optime 2 8 4
positum, quia historia totius scripturae et propter ipsum et auctorem per ipsum impleta est. denique sic ad discipulos ait: *omnis scriba doctus de* 1 37 8
hic *immaculatus,* a peccato quia solus est mundus; hic *salutaris,* quia per ipsum uincimus mortem; hic *masculus,* quia dei est uirtus; hic, 1 8 2
lege, inquit, *peccauerunt, sine lege peribunt. at qui in lege peccauerunt, per legem iudicabuntur.* uidetisne, fratres, multum interesse inter 1 35 7
quid [quibus] de caelo cotidianum manna in eremo, potus e saxo? quid per lignum amara aqua dulcis effecta, quam per lignum crucis amaritudine 1 61 8
in eremo, potus e saxo? quid per lignum amara aqua dulcis effecta, quam per lignum crucis amaritudine gentilitatis exclusa bibituri essemus? exaltati 1 61 8
omnium credentium non colla, sed corda decorare consueuit. uirga per lignum sacramentum passionis domini annuntiabat, sicut euidens 1 13 10
significaret arsurum. angelus tua castra praecedit, necubi crimen excuses. per mare ambulas; *ueloces pedes tuos ad effundendum sanguinem* dextra 2 16
Aegyptiorum solus ipse nihil aut timuit aut sensit. quid illud, quod per mare medium terrenum duxit ingressum? quid [quibus] de caelo 1 61 8
praeuius tua castra promouit, ut etiam praesenti deo probareris ingratus. per mare pedibus ambulasti, ut patereris in terra naufragium. ad hoc sane 1 9
profundum intercipere non timentem; nec tamen in toto dissimulat, ne per mare pedibus se ambulasse non credat. aduersus Theclam accusator 2 2 6
prodiderunt, qui ait: *ego sum uia et ueritas.* illorum profugus populus per mare rubrum dextra laeuaque undarum stupentibus rupibus pede sicco 1 46b 2
primitias auspicaris, totum prorsus iniquitatis spiritum libens concipis per maritum: infelix, iam plus in te est quam in templo remansit! at si te 2 7 17
spumantibus uenis ebulliens palpitante ruina captiui tota miserabiliter per membra desaeuit. alios amentes, alios furiosos, alios homicidas, alios 1 38 6
omnibus nota est, quorum pia semina totius quodam modo orbis per membra iactantur. uobis multi redempti, multi edictis feralibus liberati, 1 14 8
telo pulsari, tunc, cum alium noueris, alium certe misereris: discoloratur per momenta color, figura sua tollitur a natura, in obliquos horrores insani 1 2 6
superba et superuacanea pro sacrosancto habes sicut idolum, te per momenta componis, diues in publico, ditior in secreto, nec intelligis, 2 1 19
dedicatur; floribus perpetuis ac diuersis gemmis, lapidibus, margaritis per momenta distinguitur et quia opus est uiuum, tectum non habet nisi 2 6 7

quo omnis caro funditus deleretur, denuntiante deo imminere	per	momenta et credit et timet arcamque, cum suis ut saluus foret, quam	1 4 12
persequens, sed impudicos tantum congruenter occidens; haec, inquam,	per	momenta et parit omne quod malum est et peperit omne quod peius;	1 1 8
uoluminibus repugnantium litorum spumantia ora contundens minatur	per	momenta naufragium. procellae crebrescentes insaniunt, horrendum	1 34 5
iudicum, diuitum, aliquotiens etiam, quod peius est, gentium desiderat	per	momenta patrocinia! o quam turpis ac lubrica, de qua ludit aliena	2 3 10
beata diuersis uita uirtutibus quaeritur, cuius cupidine flagrans humanitas	per	momenta suspirat, tamen omnes uno eodemque consensu quasi	1 4 1
ne desit ulli quod radat. inde est, quod uniuersae nationes mutuis cadunt	per	momenta uulneribus, concussae gemunt urbes, deleta rura respirare	1 5 3
est secuta uirginitas. Adam similiter dominica circumciditur cruce, et quia	per	mulierem, quae sola lignum letale contigerat, exceperat uterque sexus	1 3 20
accensus inuidia eum, quia per se non ualebat, aliena forma blanditus	per	mulierem transgressionem praecepti dei persuadendo miserabiliter	2 4 5
missus in mare mortem piscis ostendit, ita euangelica praedicatio missa	per	mundum mortem domini aduentumque testatur, sicut ad Corinthios	1 37 6
tumentis ac reflabilis tori plumeo sepulcro superba. iactat se ludibunda	per	nemora, fontes, prata, baias, ciuitates ac rura, uniuersis uoluptatibus	2 4 10
et Aaron, iter demonstrante nubis columna per diem, eadem ignis quoque	per	noctem. finditur mare et dextra laeuaque in abruptum digestis	2 26 1
circulus solis, sed columna nubis, non candida luna, sed ignis columna	per	noctem iter pandebat ignotum. qui ut inter duo elementa peruenit,	1 29 1
columna nubis te perduxit per diem, ut ostenderet caecum; ignis columna	per	noctem, ut admoneret arsurum. angelus praeuius tua castra promouit,	1 9
columna nubis te deduxit per diem, ut ostenderet caecum; ignis columna	per	noctem, ut significaret arsurum. angelus tua castra praecedit, necubi	2 16
possunt placere quam sacerdotes. quid, quod aut nullum aut perrarum est	per	omnem ecclesiam det orationis loci membrum, quod possit quamuis	2 6 2
micuisse terrenam, quae utique non caelestis populi meritum, sed terreni	per	orbem totum dispersionis futurae denuntiabat exitium. adeo eos in	1 18 1
nunc enormis pinguedine, usque adeo incertus, ut idem in duobus	per	orbem totum non possit inueniri terrarum? igitur in deum cum haec	2 30 2
dei odio simulato, totae autem gentes uniuersaeque nationes gladio.	per	orbem totum uesana bacchatur nouis ac uariis artibus feruens,	1 14 2
felix orbis fuerat, fratres, si omnes sic fierent parricidae. Iacob	per	patientiam et benedictionem lucratus est et fratrem. dat iracundiae	1 4 16
solemnitate in occasus suos quasi quibusdam deducuntur exsequiis; quas si	per	plagas unde refixae sunt quaeras, rediuiui luminis lege suis sedibus	1 2 17
sed quos fructus habeat, eius auctor ostendit. discurrit quippe uesana	per	populos hominumque lubricas mentes libidinum flagrantibus stimulis	1 1 6
accingitur de sterilitate fecunditas, ut impleretur, quod scriptum est	per	prophetam: *exsulta, sterilis, quae non pariebas, erumpe et clama, quae*	1 59 3
huius mundi sapientia stultitia est apud deum. ob quam causam idem deus	per	prophetam hactenus protestatur: *non glorietur sapiens in sua sapientia*	2 1 5
filios, inquit, *genui et exaltaui*. haec domini uox est, qua iam tunc	per	prophetam Iudaeos obiurgabat incredulos et quae essent futura,	1 61 5
nudare non debeo.' ista et infidelitatis est excusatio, quam spiritus sanctus	per	prophetam retundit hactenus dicens: *adolescentior fui et senui et*	2 1 20
secundum quod deus suos promiserat	per	prophetas, filium suum saluatorem generi humano se esse missurum	2 12 1
natus est rex Iudaeorum?. hic est, fratres, qui uenturus denuntiatus est	per	prophetas, qui secundum carnem natus in tempore est, qui est excelsus	2 5 3
dei colloquia? *ipsi autem me spreuerunt:* ad crucem enim perduxerunt,	per	quam crucem euaserant Pharaonem. sed iterum *derelinquetur filia Sion*	1 61 8
quam esse sacrilegum. et tamen habeo, qui pro me tibi obsistat: nam lex,	per	quam me forte minus peritum peccare compellis, ipsa te magnopere	2 3 16
secreti est omnium peior, nemo imminentes diei iudicii flammas,	per	quas omnes nudi transituri sumus. solum colitur, de quo dictum est:	1 5 15
nam occasu passionem resurrectionemque ortu rediuiuo concelebrat,	per	quem nobis munus futurae beatitudinis pollicetur, hoc quoque nostris	1 57
nam occasu passionem resurrectionemque ortu rediuiuo concelebrat,	per	quem nobis quoque resurrectionem futurae beatitudinis pollicetur.	1 58
caritate, non necessitate, decore, <non diminutione> subicitur,	per	quem pater semper honoratur. denique inquit: *ego et pater unum*	2 5 9
manibus uestris?. utique, fratres, incunctanter eis ademit pascha, qui id,	per	quod ab eis pascha geritur, reprobauit. 'at imaginem colunt.' nec ipsam	2 25 2
adornatis. magna igitur gloria est ornare per quod orneris, seruare	per	quod et ipse serueris. postremo aequiparatur laus uestra laudi	1 1 4
sollicita. quid autem a deo impetrare te posse credis, quae eum per id,	per	quod irascitur, deprecaris? aperi tandem oculos cordis: inuenies te	1 14 6
diligitis, sed luculentis moribus adornatis. magna igitur gloria est ornare	per	quod orneris, seruare per quod et ipse serueris. postremo aequiparatur	1 1 4
ut possitis uos constare aduersus nequitias diaboli accepto scuto fidei,	*per*	*quod poteritis omnes sagittas illius mali, quae sunt igne plenae,*	1 38 6
eius enim possidet regnum. nam deos ipsa genuit, ipsa intulit mundo,	per	quos aut in quibus diabolus colitur, quorum in actibus origo	1 1 11
intexta praeceptis credentes homines uoluntatemque dei facientes quasi	per	quosdam obseruantiae gradus in caelum leuare consuerunt. hanc in	1 37 1
eia quid statis, fratres, uestram quos per fidem genitalis unda concepit,	per	sacramenta iam parturit? ad desiderata quantocius festinate! solemnis	2 28
cuius ista sunt uerba: *nam quia sapientiam dei non cognouit saeculum*	*per*	*sapientiam, deus optimum existimauit per stultitiam praedicationis*	2 1 5
latentis naturae congeriem aceruo quodam magnitudinis suae	per	se in se manentem; *postea uero deum* hanc *diremisse* ex eaque	1 7 1
serpat, serpentis nomen accepit, detestabili accensus inuidia eum, quia	per	se non ualebat, aliena forma blanditus per mulierem transgressionem	2 4 5
et inuoca me in tribulatione tua et eripiam te dicendo ostendit, quoniam	per	se omnia prosecutus est. *et magnificabis me*; quod dictum, fratres, non	1 25 8
in deo manet et deus in illo manet — , tunc demum, fratres, caritatem	per	semet ipsum ei condigne reddemus, quia facta commutatione quod eius	1 36 21
cotidie litigatis. non hi solum, qui tales sunt, displicent deo, sed et illi, qui	per	sepulcra discurrunt, qui foetorosis prandia cadaueribus sacrificant	1 25 11
est gaudium, certissimum periculum publicare. sed non opus est ire	per	singula, cum uno exemplo noscantur uniuersa eius mala, propheta	1 14 4
etiam sibi quodam modo illa excarnata umbra tractabilis? longum est ire	per	singula. ecce peremptorius aliqui morbus totam machinam lecto	2 4 16
lacrimas gaudii, quae nunc fuerant orbitatis. sed longum est, fratres, ire	per	singula, maxime quia caritas sua ingerit fortiora. quae ita rebus	1 36 10
adulteria spectaculo totius mundi quoque prostituit. non opus est ire	per	singula; quamuis et haec non fuerint dictu digna, tamen ad	1 1 12
alios adulteros, alios sacrilegos, alios auaritia efficit caecos. longum est ire	per	singula: uarias atque innumerabiles *nocendi artes* habet, sed has omnes	1 38 7
motus, hanc rationem docente nos Paulo: *uidemus*, inquit autem, *modo*	*per*	*speculum in aenigmate; tunc autem facies ad faciem erit.* unde dubium	1 2 29
unde angelos puto recte homines appellatos, quibus dominus sanctum	per	spiritum dicit: *ego dixi: dii estis et filii excelsi omnes, uos autem*	1 37 11
impressi atque signati, qua sincere uiuentes in custodiam nostrae salutis	per	spiritum sanctum imaginem referimus, quam tenemus. quod conuenit	1 13 11
dei non cognouit saeculum per sapientiam, deus optimum existimauit	*per*	*stultitiam praedicationis saluos facere credentes*; et iterum manifestius:	2 1 5
ut ad futura contendat. Moyses et Aaron per id, quod erant, sacerdotium,	per	suum numerum demonstrabant duorum testamentorum sacramentum.	2 26 2
tui propositi insolubilis nodus aeternus. per te legitima ieiunia celebrantur,	per	te allegatae priusquam fundantur acceptantur preces. tu es sacrificium	1 1 21
fructus omnium coaequarum, tu tui propositi insolubilis nodus aeternus.	per	te legitima ieiunia celebrantur, per te allegatae priusquam fundantur	1 1 21
legitimum dei templum, sacrarium pudoris. te corruptio intrare non nouit.	per	te saeculum uincitur, concupiscentia omnis eliditur, diabolus	1 1 21
freno refrena; anhelantis camini ignis exaestuans uicta natura sentiat	per	te tecum et ipse refrigerium; mortuorum in postliminium uitae animas	2 3 14
busto in nefas conscium toto mundo funereum fecerat rogum. scatebat	per	tecta culminum publicum scelus nec fuerat locus, in quo non erat pro	1 39 2
stabilis cursor multiformi gratia redimitus	per	temporum ambages *pernicibus plantis* sua *recalcans* officio solemni	1 44 1
[in] stabili cursu multiformi gratia redimitus	per	temporum <ambages> solemni uestigio dies salutaris aduenit. idem	1 57
audiuit, sed apostolos asseuerat, quorum praedicatione gloria domini	per	tota terrarum spatia nuntiata est. terram homines intellegendos	1 61 3
fragore terribili instantibus undique proeliorum procellis miserabiliter	per	totum orbem dispersere terrarum. Ionas in naui dormiens sacramenti	1 34 7
sed ut sciat unusquisque aliud esse fidem, aliud esse tractatum nec fidem	per	tractatum posse uel dari uel nosci uel destrui. dari non potest, quia si	2 3 11
perduxit *manu forti et brachio excelso*. exaltatus est Israel, quando	per	triduum tenebrae et caligo totam Aegyptum circumdedit; exaltatus est	1 61 7
nec pecudum inexpectata morte rapti iecoris spirantes consulunt fibras nec	per	uarios auium uolatus coniecturis inanibus statum plumeae salutis	1 34 9
pensa perpetuans, genitali semper nouellus occasu, a se in semet *sua*	*per*	*uestigia* reuolutus dies salutaris aduenit, officiis sacramenti dominici	1 6
sola lignum letale contigerat, exceperat uterque sexus interitum, e diuerso	per	uirum ligno suspensum uiuificatum est omne genus humanum. ac ne	1 3 20
eum *ad praemia inmortalitatis admitteret.* sicque factum est, ut, quomodo	per	unius hominis damnationem in omnes homines damnatio, sic per unius	2 4 7
per unius hominis damnationem in omnes homines damnatio, sic	per	unius iustificationem in omnes homines iustificatio aeternae decurreret	2 4 7
prior synagoga fuit, siluosis errantium palmitum crinibus uilis; quae cum	per	uoluptuosa ac profana loca lasciua passim se fronde diffundit,	1 10b 2
debetur diuini operis perennis ista laudatio. exsultate, pauperes [spiritu]:	per	uos et in uobis dei maior est domus; nam et omnibus aequales estis et	2 6 10
Christum. per hanc a deo patre quod petitis impetratis, immo illa	per	uos impetrat, pro qua sollicite laboratis, ne, dum aliquid postulat,	1 1 4
feminae, promotionemque uestri sexus agnoscite. culpa deleta ueteri ecce	per	uos iungimur caelo: anus enim peperit angelum et uirgo deum. hic est	2 8 8
sanctitatem, uos ei amorem. per hanc attingitis Christum, immo illa	per	uos uobiscum complectitur Christum. per hanc a deo patre quod	1 1 4
post futuris diuinae ordinationis propago formata: ad principium aetas	peracta	reuocatur, accingitur de sterilitate fecunditas, ut impleretur, quod	1 59 3
in utroque non desinit. uerum tamen eos uno momento exigua humus et	peraequat	et satiat, enorme quod cum tota ambitione sua non potest	1 5 11
patiatur iniuriam; idonea laus enim non est, cui principatum adimit	peraequatio.	at cum omnes omnino memorati omnesque felices eius dono	1 4 19
dicam praeterea, quae cotidie merces, quae impendatur annona. omnibus	peraeque	unus panis cum signo datur, aqua cum uino, sal, ignis et oleum,	2 6 8
disputatio, fratres dilectissimi, longe lateque diffusos limites habet, quos	peragrare	competenti sermone urgentium sacramentorum non sinit pondus.	1 10b 1
gressibus liquidi aequoris terga, quibus uiator trepidus absorbebatur, et	perambularet	pariter et euaderet. clamat de profundis et Paulus obrutus	1 34 3
et terra, significat, quod illi audire contempserint. *audi*, inquit, *caelum, et*	*percipe*	*auribus, terra.* de caelo et terra prophetam fuisse testatum uel quasi	1 61 2
audi, caelum, et	*percipe*	*auribus, terra, quoniam dominus locutus est: filios genui et exaltaui,*	1 61 1
credulo	percipe	corde rem miram, Christiane, omnique uirtutum exemplo	1 53 1
longae uitae transactis cursibus †pius aut filius ederit partus effusione	perciperet†.	sed utrisque <aetas> ademerat spem sobolis: pignus	1 43 1
reatu nunc usque fuistis, sed fortiter examinati estis et, ut indulgentiam	perciperetis,	pro uobis ipsis bene uigilastis; optime estis auditi. nouum	1 42 1
usque nunc fuistis. sed fortiter examinati estis. sed ut indulgentiam	perciperetis,	pro uobis bene uigilastis, optime estis auditi. nouum iudicii	2 10 2
quia, cum uicem non reddidit patri dilectus filius, dignam sententiam	percipit	abdicatus. cuius enim impietas paterno affectui parem gratiam non	1 61 5
exsultate, fratres in Christo, omnique desiderio conuolantes *caelestia dona*	*percipite.*	iam uos sempiterni fontis calor salutaris inuitat; iam mater	1 32
redimita, oculorum iocorumque festiuitate lasciua, auaritia caeca, libidine	percita,	delicate tumentis ac reflabilis tori plumeo sepulcro superba. iactat	2 4 9
omnibus fideliter obtemperat incoactus, innocenter uiuit, iustitiam	percolit,	sine fine studet timere, ne quid praeter deum, quem diligit, timeat.	2 2 4
eius sanguine tumescebat, iam sui quoque familiares nouae rei atrocitate	perculsi,	miserabiliter ingemescentes dimissis capitibus omne studium	1 1 19
homo iugulatur, ut uiuat. percussor percussorisque non cernitur gladius;	percussi	non hiat uulnus, non defluit sanguis, non decolor color est. ipse	2 24 3
ut uiuat. percussor non uidetur, percussoris non cernitur gladius,	percussi	non hiat uulnus, non defluit sanguis; exspirantis non palpitat	1 42 2

et illic aureis argenteisque innumerabilibus ueluti templis tereti moneta percussis inesse similiter regum uultus signaque cognoscis nihilque aliud 1 14 5
et orationis instar per carnificis tormenta meditatur. erexerat securem percussor insanus et signans oculis uulneribus lineam feralis ictus assidua 1 39 7
sententia! o damnatio necessaria! in semet ipso homo iugulatur, ut uiuat. percussor non uidetur, percussoris non cernitur gladius, percussi non hiat 1 42 2
o dulcis sententia! o damnatio necessaria! homo iugulatur, ut uiuat. percussor percussorisque non cernitur gladius; percussi non hiat uulnus, 2 24 3
et benedicit; caeditur et gratias agit; iugulatur et non repugnat; pro percussoribus suis deum insuper et exorat. una illi sola principalis 2 1 13
necessaria! in semet ipso homo iugulatur, ut uiuat. percussor non uidetur, percussoris non cernitur gladius, percussi non hiat uulnus, non defluit 1 42 2
in quo definire difficile est, utrum sit patientior sacerdos an uictima! non percussoris, non percutiendi claudicat color; non membra tremore 1 4 14
sententia! o damnatio necessaria! homo iugulatur, ut uiuat. percussor percussorisque non cernitur gladius; percussi non hiat uulnus, non defluit 2 24 3
probatur, Archadius beatissimus martyr huius inopinati sacrilegii horrore percussus paululum distulit pugnam, iam debitus ad coronam. nam 1 39 3
summo capitis a uertice usque ad imos ungues pedum plaga inimici percussus populosis ulceribus non distinctus est, sed totus unum uulnus 1 15 5
quam innocens immolaret. eo ferro mactauit arietem, quo filium percutere iam parabat. a filio ad agnum transtulit dextram semper laetatus 1 43 7
non contremuit manus. quaerit puer, ubi sit uictima. quae mox, ita ne percuteretur tenera aetas, ostenditur, quo nec pater ferire posset, quia nec 1 62 4
difficile est, utrum sit patientior sacerdos an uictima! non percussoris, non percutiendi claudicat color; non membra tremore uibrantur; non dimissi, 1 4 14
dictum a quo procedunt uniuersa genera peccatorum, pectus crebro percutiens quodam modo cor suum manu uerecunde castigat postulatque 2 9 9
recircumciditur rursum, ut hoc idem faciat aut ut quod non habet perdat; aut certe Iesu Naue parricida sit, si cultris corda hominum desecat. 1 3 15
plus tulit auaro quam praestat, ac sic saepe contingit, ut merito perdat etiam sua, qui desiderat aliena. illinc alius uias uiantibus cludit, 1 5 12
argumentis urguetur, ut quis indefensus aut innocens quod habet legibus perdat. quod est omni uiolentia deterius, quia illud, quod ui eripitur, 2 1 17
pro uera defendunt, sic utramque mediis e manibus oculis patentibus perdiderunt: dei, cum stultam putant, quod elaboret — dispendio suae, 2 1 3
cum ingenii sui carmen coli uel maxime cupiunt, sic se et alios perdiderunt. nam mutato nomine et cultu, quasi promota somniis, illas 2 9 1
qui inueniri non potest, quaerunt, sic agnum uerum, quem inuenerant, perdiderunt. non enim intellexere, quia *ex haedis* humana designabatur 1 8 1
celebratur? adde quod agnum legitimum suo uitio, quem inuenerant, perdiderunt. quem scriptura designabat *ex ouibus et haedis*: *ex haedis* 1 46a 2
contendunt, qui cum templo summo, ut putabatur, summum sacerdotium perdiderunt. regalis unguenti cornu priuati sunt. circumcisio, testimonium 1 46a 1
subiacerent. denique res impleta est domini passione: caelum medio die perdidit diem, terra tremore nimio firmitatem. hinc aestimare licet, quid eis 1 47
testatur exemplum. Iudas Scariothes traditor domini et spem et fidem perdidit, quia caritas in ipso non mansit. nam et haereses et schismata sic 1 36 19
diabolum uicit, sanitatem recepit, facultates liberosque suos non perdidit, sed mutauit! Iob, quantum intellegi datur, fratres carissimi, 1 15 6
bellum recuperatis in melius, felicitatis pristinae statum dissimulando non perdidit, sed mutauit. hic ego patientiam domini memorare non audeo, ne 1 4 19
sancti non signaculo, sed signo censemur. hac circumcisione non aliquid perdimus, sed crescere nos augmentis caelestibus inuenimus. non 1 3 21
dura cum uisceribus cutis, deformis ac luridus pallor iam paene uultus perdit humanos nec ullus in membris uoluptati motus. nihil in substantia 1 59 4
non pietati, non sibi, quia pudorem alienum qui appetit primo suum perdit. pure non nox illi diesque succedit; semper enim caenosi gurgitis sui 1 1 6
faceret, sed ut expeditus cum hoste pugnaret. contempsit denique in perditis facultatibus diuitem, dissimulauit in amissis liberis patrem, in 1 15 5
redintegrasti. tu Adam in Christo renouasti. tu sacram crucem in salutem perdito iam mundo prouidisti. tu mortem deum mori docendo uacuasti. 1 36 29
docuit feminas suae castitatis exemplo. stabat Susanna in iudicio perditorum falsorum testium oppressa mendaciis, conscientiae tamen bonis 1 40 1
uera, aut qua ratione isto argumento nitantur, quod hominibus, quos perditos cupiunt, magis proficiat ad dei timorem et ipsis nihil prosit ad 1 2 7
de petra bibisti, manna de caelo gustasti, ut scires, miser, quid fueras perditurus. 2 16
ut pater accepturus sit quod non habuerit aut filius tradendo quod habeat perditurus, cum et pater quod accepturus est habeat et filius non careat 2 5 9
mare, non quod naufragos faciat, sed quod naufragos ad uitam suauem perducat; non aurum, non argentum, quia in suis martyribus computat 2 6 6
nec ipsi qui sciunt, quia legis scientiam obseruantiamque ad perfectionem perducere nullis rationibus possunt. si ex credulitate, non ei opus est ulla 2 3 9
contra spem natum Abraham ad aram filium immolaturus domino auctore perducit nec deest ad ministerium gladius, ut pater esset pariter et 1 59 6
cunctos in unam Christi corporis gratiam congregatos ad caelestia regna perducit per dominum et saluatorem nostrum Iesum Christum, qui est 1 6
ad maturitatem cogitur; et iustus temptationibus crebris, magnis ac uariis perducitur ad coronam. at ubi uindemiae uenerit tempus, id est 2 11 6
imparata, qui testis diuini timoris ad fidem a domino poscitur, a parente perducitur, sed hostia non sanguinis, sed salutis. ad hanc igitur gloriam 1 59 2
inde est, quod hodie uestro de numero nouellae uites ad iugum perductae, scaturientis musti dulci fluento feruentes uinariam dominicam 1 10b 3
solis ardores, pluuiae uentique exercendo prouehunt ad maturitatemque perducunt. at ubi uindemiae uenerit tempus, decore dissipato, passim uua 2 11 3
acceperit acceptumque non spreuerit, sed in labore usque ad ultimum perdurauerit, turri completa inaestimabiles diuitias in ea commanens 2 6 8
quid cotidiana dei colloquia? *ipsi autem me spreuerunt:* ad crucem enim perduxerunt, per quam crucem euaserant Pharaonem. sed iterum 1 61 8
non periturum ad aram, ita ad crucem Christum sublimandum nefarii perduxerunt. sed quia nescit aeternitas mori, uiuit dominus post 1 59 8
hominibus innumerabilis multitudo processit et ad eremum dominus perduxit *manu forti et brachio excelso*. exaltatus est Israel, quando per 1 61 7
sed merito. ereptus es inde, non tua euasisti uirtute. columna nubis te perduxit per diem, ut ostenderet caecum; ignis columna per noctem, ut 1 9
totum dispersionis futurae denuntiabat exitium. adeo eos in eremum inde perduxit uulneraque detestabilis mentis curanda lacte cum melle 1 18 2
cruentis manibus, sed sensibus mundis offertur; quod non iugulatur ut pereat, sed, sicut Isaac, immolatur ut uiuat, apostolo hortante nos Paulo, 1 25 9
uiris contra dei legem deique iustitiam euagandi *extra legitimum torum* peregrina luxuria inspirat infeliciter quasi liberam facultatem ac sic eorum 1 1 13
tamquam hamum proponit, ut facultates ad se attrahat alienas; quam peregrinantem ferali supputatione nutrire non desinit, ut summam quaerat, 1 5 12
ualuisti. tu eum breuiatum paulisper a maiestatis suae immensitate peregrinari fecisti. tu uirginali carceri nouem mensibus relegasti. tu Euam 1 36 29
uiuenti rapiuntur. unde, fratres, sicut ueri Christiani, *quasi hospites et peregrini abstinete uos a carnalibus desideriis, quae militant aduersus* 2 4 17
monumentis tui criminis gratularis? in Aegypto seruisti diu, non sorte peregrini, sed merito. ereptus es inde, non tua euasisti uirtute. columna 1 9
in quas illi libuerit figuras, speculo conciliante semper incertam cotidie peregrinis coloribus mutat, gulae labore culta, lauacro nitida, unguentis 2 4 9
liberati, multi condicionibus duris exuti gratias agunt. uestrae domus peregrinis omnibus patent; sub uobis uiuus mortuusque diu numquam 1 14 8
non possit ab aliquo perueniri. adde quod illa in solo genitali uersatur, ille peregrinus est. illa sine contemplatione meritorum quibuslibet passim sua 2 4 14
recentes marinos affatim pisces apponit cum sarda mirabili. Tobias peregrinus fluuialis piscis interanea diligenter accurat et assat. Iohannes 1 24 3
ignobilis sui iacebat in domo patris, oues semper pascendo propemodum peregrinus. innocens cum innocentibus deputatus hic *placuit deo. unctus in* 2 9 7
modo illa excarnata umbra tractabilis? longum est ire per singula. ecce peremptorius aliqui morbus totam machinam lecto prosternit, ecce 2 4 16
ad patientiae reuertamur uirtutem, quae maioribus nostris illustri uirtute perennem gloriam peperit et salutem. Abel ideo martyr, quia iustus; ideo 1 4 12
opere deuincat, se primo uincit. non uirtutes possunt esse uirtutes, non perennes elementorum status, non tempora cognata connexione in 1 4 4
parti, praebere uictoriam eiusque in resurrectione aut praemio perfrui perenni aut consimili poena puniri. 2 4 18
morte sua uiuens, sepulcri nido uegetatus innumerabiles temporum metas perenni cursu una eademque orbita lustrans dies magnus aduenit, menses 1 58
uero, quae impios cum peccatoribus uniuersisque incredulis gentibus perenni destinat poenae, in Psalmis spiritu sancto dicente: *ideo non* 1 2 23
iure legis quoque linea una tanguntur, dubium non est horrendi supplicii perennibus absumptum iri tormentis eum, qui praeuaricatus fuerit e 1 1 14
nisi ea inuicem mutuis aequalibusque temperantiae dotata muneribus perennis connubii fideli propagine benigna caritas illigasset. nihil est 1 36 16
perferenda; mundum abdicatione calcandum mortemque ipsam perennis cui beatitudo succedat, praemium uictoriae magis esse quam 2 4 11
quia illi septem solae sufficiunt; non aeneum inhaeret mare, quia illi perennis fontis sui uiuum inest mare, non quod naufragos faciat, sed quod 2 6 6
facti; promotioni etenim caelestis uestrae dignitatis debetur diuini operis perennis ista laudatio. exsultate, pauperes [spiritu]: per uos et in uobis dei 2 6 10
necessaria. in his enim solis sacerdotum dei structura et propria est et perennis, qua et Iudaeos et gentes uel ceteros antecedimus. incomparabilis 2 6 4
comis uirentibus redimitum quasi ab inferis emersum in superna sustollit perennitatis gloriam fructu populoso tenturum, hoc hactenus Paulo 1 2 22
dormiant inuitantur, propiores sepulcro quam thalamo; quae, ipsae cum pereunt, detestabili exemplo adolescentulas quoque perire compellunt. quis 2 7 10
autem dominum non minuentur omnibus bonis. quod probare exemplo perfacile est. meminimus in Regnorum proditum libris famis tempore, quo 2 1 20
inueniat fama quod feriat. cruciatur diabolus, quod nulla ex parte suam perfecerit uoluntatem: nec adulterium enim, quod factum diffamabat, 1 40 3
nomini eius noua a deo suo, ipso dicente: *ego te clarificaui in terra; opus perfeci, quod dedisti mihi, ut facerem. et nunc tu clarifica me apud te* 2 5 4
magnis et plurimis, habitatori ulla ne querela subesset, sollertia mira perfecit, tunc *ad imaginem et similitudinem suam fecit sibi ipse* 2 4 4
crudelitatis lugubris contemplatio retrahit a corona, tantum generosa ac perfecta fides quique illi fuerit cruciatus sua complicat uota. denique tres 1 11
lignum, cuius tutela defensus sese sustollat. at ubi adoleuerit in uitem perfectam ad iugumque peruenerit, eius omnes crines luxuriosi falce 2 11 2
suam; cuius quidem sectatores paene omnes conspicor Christianos, qui perfectam putant esse iustitiam propria tueri, aliena non quaerere, 2 1 15
illis constitutionis nostrae uidelicet decernendi sunt libri, ut possint esse perfecti! o quam misera est fides, quam uerba concinnant! o quam debilis, 2 3 9
palpantibus aciem ueritatis ac non plene denuntiem, obseruantiae qua perfectione dei cultus debeat custodiri, apud Salomonem maxime cum 2 7 5
necessitate opus esset illi, qui in sinu patris commanens uoluntatis eius perfectionem non didicerat, sed habebat. igitur orbe perfecto postremus 1 56 2
nesciunt, sed nec ipsi qui sciunt, quia legis scientiam obseruantiamque ad perfectionem perducere nullis rationibus possunt. si ex credulitate, non ei 2 3 9
esse perfectus, debet esse constructus. si quid enim ei ex his defuerit, perfectionem sui operis non habebit. unde primo omnium *spes* nobis 1 36 2
de ingenito unigenitus, de solo solus, de toto totus, de *uero uerus*, de *perfecto perfectus*, totum patris habens, nihil derogans patri; procedit in 1 17 2
uoluntatis eius perfectionem non didicerat, sed habebat. igitur orbe perfecto postremus digito dei manuque e limo terrae fingitur homo. 1 56 3
securum, sine hac gloriosum, sine hac deo iunctum, sine hac possit esse perfectum. denique cum dominus interrogaretur, quod esset summum legis 1 36 16
nisi ut suis sibi tantum uirtutibus adprobetur: non enim potest esse perfectum quod aliunde exspectat sibi aliquid necessarium. si uero fidem 2 3 6
poterit operari sine fide. itaque Christianus tribus in rebus, si cupit esse perfectus, debet esse constructus. si quid enim ei ex his defuerit, 1 36 2
quod infirmissimum putant, hoc potissimum praedicarent. etenim uere perfectus deus non esset, si esset aliquid quod esse uolens esse non posset. 2 8 9
uerae negligentes imperium, quod uerbis huius modi continetur: *si uis perfectus esse, uade et uende omnia tua et da pauperibus* et tolle crucem 2 1 15
praeter patrem ante ipsum nullus est primus, *maturus*, quia aeternus est, *perfectus*, quia *dei uirtus deique sapientia* est, *immaculatus*, quia peccatum 1 46a 2
uincimus mortem; hic *masculus*, quia dei est uirtus; hic, inquam, agnus *perfectus*, quia in ipso magnus ille sacerdos pio mysterio sua uictima 1 8 2
omnia; ex se est quod est; solus sui conscius, quantus et qualis est; solus perfectus, quia non potest illi aliquid nec addi nec minui; solus 1 7 3
ingenito unigenitus, de solo solus, de toto totus, de *uero uerus*, de *perfecto perfectus*, totum patris habens, nihil derogans patri; procedit in natiuitatem 1 17 2

signa; aestus, frigus, famem, sitim uniuersaque discrimina aequanimiter	perferenda; mundum abdicatione calcandum mortemque ipsam perennis	2	4	11
duobus confligentibus Christianis ab altero eorum, si non transducitur,	perfidia, cum transducta fuerit, fides uocatur! o quam non uera, si	2	3	10
non potest, exigit. quam si abesse ex moribus deprehenderit, confestim ut	perfidum punit irata quem docuit nullamque aliam ob causam	2	3	3
inmortalitatis necesse est pro laboris sui munere inmortali beatitudine	perfruatur. inde est, quod intra hominem clandestinum fremit momentis	2	4	8
nexibus liber, repromissae inmortalitatis inaestimabili beatitudine	perfruetur. sed quid ad nos, quid illi dicant? insignis uir sicut ait noster:	2	1	14
se iunxerit parti, praebere uictoriam eiusque in resurrectione aut praemio	perfrui perenni aut consimili poena puniri.	2	4	18
diuersos in flores diuerso charismate redditurum, cum salubri unda	perfusi, limpidae aestatis messe gaudentes panem nouum coeperint	2	13	
esse consultum; Abraham patrem deprecatur obnixe, ut aliquis nuntius	pergat, qui eos tanti negotii certos efficiat; cui ille respondit: '*habent*	1	2	10
sic se haberet, eius uxor moritur. qui consolatus cum ad oues tondendas	pergeret suas atque hoc Thamari nuntiaretur, quae Selom uiderat maturum	1	13	2
in aliqua constitutos angustia recreare consueuit. *ad oues suas tondendas*	*pergit*, id est, ab hominibus iustis bonorum operum fructus exposcit. quo	1	13	8
daemones fingunt'. o probatio melior, quod etiam fallaces testimonium	perhibent ueritati! cur autem fingant nomina, quorum est confessio in	1	2	7
qui habitant in eo? Iob diabolus ter temptauit; similiter euangelista	perhibente et dominum ter est temptare conatus. Iob facultates, quas	1	15	8
seniorum sequatur, synagoga compellit. Iob amici sui insultasse	perhibentur; et domino sui sacerdotes, sui insultauere cultores. Iob in	1	15	8
si bonum, fidei serua signaculum: pati non meretur iniuriam ipse, cui	perhibes testimonium. ubi est ille, qui inuicem desiderantibus uobis tardior	2	7	6
esse non possunt, quia ueteri sicut nouum praestat fidem, ita nouo uetus	perhibet testimonium, sicut scriptum est: *semel locutus est dominus et haec*	1	37	4
filius cum maligne domini ante faciem uersaretur, scriptura teste a deo	perhibetur occisus. secundo imperat, ut intret ad fratris uxorem ac semen	1	13	1
inquinata ab uno de seraphim ex ara dei sublatum carbonem uaticinando	perhibuit. etenim labia inquinata duos populos Iudaeorum gentiumque	1	37	2
sacrificii salutaris, quod est domini, et inmunditia eius super ipsum est,	*peribit anima illa de populo suo.* haec, fratres, sicut cauenda sunt nobis, ita	1	25	12
consilio iustorum, quoniam scit dominus uiam iustorum et iter impiorum	*peribit.* consequens est, ut scire nos par sit, in quo habitu regnaturus sit	1	2	23
quia iam iudicati sunt, sed perituri, scriptura dicente: *iter impiorum*	*peribit*; tertium peccatorum, quorum obliquae ancipitisque uitae sunt	1	35	7
utrumque prosequente, nam *qui sine lege*, inquit, *peccauerunt, sine lege*	*peribunt. at qui in lege peccauerunt, per legem iudicabuntur.* uidetisne,	1	35	7
uirgo peperit, post partum uirgo permansit. obstetricis incredulae	periclitantis enixam in testimonium repertam eiusdem esse uirginitatis	1	54	5
super me. magna eloquia dei sunt, ipse mirabilis in excelsis. cum in	periculis esset, si in his propheta non ambulet, quomodo bonum insuper	2	9	6
in arduo constituta, ut ad ea nisi cum summa difficultate, laboribus ac	periculis magnis non possit ab aliquo perueniri. adde quod illa in solo	2	4	13
ille uapulat, ut iste proficiat. compendiosum felicitatis genus alterius	periculo discere, quid debeas deuitare. unde, fratres, in tali re non loquela	1	10a	
Daniel populis terribilem inermis draconem necat, leonibus obiectus in	periculo prandet, qui solet extra periculum ieiunare. et Ionas timens	2	2	5
et maculas uenerat mundaturus. denique purgationes, quae sunt tarditate	periculosae, nullo puerum maternorum uiscerum prosecutae sunt damno.	1	54	4
eorum cum forte de numero audacis lupi rabie denotatus in praesens	periculum coeperit infestationibus tyrannicis duci, omnes repente	1	36	15
draconem necat, leonibus obiectus in periculo prandet, qui solet extra	periculum ieiunare. et Ionas timens dominum spontaneum non timet adire	2	2	5
non labor, non fames, non nuditas, non persecutio, non metus, non	periculum, non mors, non tormenta morte ipsa grauiora, non potestas, non	1	4	3
mandatur. etenim res est, quam habere falsum est gaudium, certissimum	periculum publicare. sed non opus est ire per singula, cum uno exemplo	1	14	4
quae, ipsae cum pereunt, detestabili exemplo adolescentulas quoque	perire compellunt. quis has diligat filius, quis maritus, confundentes	2	7	10
exsultat in profundo, qui circa se uideret feliciter triumphum suum	perire naufragio. haec Iudaeus praedicat, fratres, et tamen deo demens	1	29	2
tibi: hodie mecum eris in paradiso. itaque si homo mortuus in aeternum	perit, ergo mentitus est dominus, qui ei deinceps nihil futuro paradisum	1	2	11
quam pecuniam; inde est, quod iustitia honestas pietas fides ueritas	perit; quod deus ipse momentis omnibus patitur contumeliam, cuius	1	14	7
paradisum repromisit. sed et homo ipse, quem dominus assumpserat,	perit, si Iesus non resurrexit. at si resurrexit, humano generi formam dedit,	1	2	11
zizania in triticum. at fortasse adhuc quispiam dicat: 'si caro	perit, unde cognoscitur ille, qui resurgit?' caro, fratres, quasi quoddam est	1	2	29
Iudaeos legitimum pascha celebrare non posse,	periti legis, deo ipso loquente cognoscite; a quo appellatur synagoga	2	25	1
simplicitate sua felicior turba adhuc mortis imperio subiaceret, si legis	periti tantum iustificari meruissent. at cum scriptum sit: *littera occidit,*	2	3	2
crimen, damnatur, absoluitur, si fatetur. o magna potestas, magna	peritia, magna pietas iudicis nostri, a quo uniuersi generis peccatores, ut	2	10	2
ipsum fontem diuinitatis philosophicis argumentis exhaurire conaris? si	peritiam legis ostendere cupis, lectionum nubila disserena. doce eam sibi	2	3	13
derogat, quid aliud intelligi datur quam sui opificis moderationi deseruiens	peritissima insignis patientiae disciplina? sed et mare uentis lacessitum,	1	4	5
quam ueritas. oleaster sua infelix et amarus est in natura; sed cum fuerit	peritissimi agricolae artificis manu necessaria prouisione truncatus,	1	2	27
quoniam haec est pars nostra et haec sors. illinc spiritus, quasi quidam dux	peritissimus, horum omnium praedicit fugam, in armis expeditissime	2	4	11
iustus. satis, ut opinor, praestigiae mundanae patuerunt. in quibus cum	peritius agant uniuersi homines, quam dici potest, superfluum est	2	1	11
conantur nec intellegunt miseri, quoniam curiositas reum efficit, non	peritum.	1	50	
tamen habeo, qui pro me tibi obsistat: nam lex, per quam me forte minus	peritum peccare compellis, ipsa te magnopere retundens ac redarguens	2	3	16
si non secundum legem circumcidat, de populo suo infantis anima	peritura est. hic, fratres carissimi, eligat utrum uelit, circumcidat an	1	3	3
uicti saeculi triumphum reportans, quam tot suppliciis omnes crediderant	perituram. o necessarius timor, qui nihil aliud agit, nisi ut beatos efficiat;	2	2	7
alterum impiorum, qui non sunt iudicandi, quia iam iudicati sunt, sed	perituri, scriptura dicente: *iter impiorum peribit*; tertium peccatorum,	1	35	7
obnoxium et pro ipsorum tantummodo caecitate maerentem, ut Isaac non	periturum ad aram, ita ad crucem Christum sublimandum nefarii	1	59	8
cura sexui utroque prodesse potuisset. cum enim grauior causa supersit,	periturum se, nisi ueritatem requirat, agnoscit; si enim Adam curat, certe,	1	3	9
spiritali fuerit sacramento purgatum, in aeternum homo, de quo agitur,	periturus est; caro enim damnum pati potest, animo autem imperare non	1	3	9
in nisum laboris uel amoris aequalem retinaculis blandis quasi quidam	peritus auriga componis. tu amicitiam *idem uelle atque idem nolle* docuisti.	1	4	21
uenter. inde populis deteriora mensuris pretia quam inopia. inde fraus,	periurium, rapinae, lites ac bella. cotidie mugitibus alienis quaeritur	2	1	16
mira, fratres dilectissimi, historiae sacrae sic est	perlecta narratio. cum Israelis populus enormi captiuitatis iugo depressus a	1	29	1
tura succendere aut inter fumidos ignes pallenti aruina, funesto sanguine	perlitare, ut illiciti administratione ministerii Christi panis mentibus possit	1	39	2
uestri numeri incrementis ac fidei cum Christo in aeterna saecula	permanebit per dominum et conseruatorem nostrum Iesum Christum, qui	1	13	13
ipse similiter moreretur, praecepitque mulieri, ut in domo patris sui uidua	permanens nuptias maturas exspectet. cum res sic se haberet, eius uxor	1	13	1
ut rediuiuae uirginitatis honore polleret. itaque in statu, quo nata es,	permanens, uirgo, gloriare sanctique pudoris florem nulli legi subiecta fidei	2	7	4
se natus non crederetur, nisi, sicut fuit uirgo incorrupta post conceptum,	permaneret talis quoque post partum. o noua ratio! amore imaginis suae	2	12	2
incorrupta concepit, post conceptum uirgo peperit, post partum uirgo	permansit. obstetricis incredulae periclitantis enixam in testimonium	1	54	5
unam, quam tibi non licet quaerere, alteram, quam legitime, si possis,	permitteris edocere. prima itaque natiuitas domini nostri in patris et filii	1	54	2
nullis affectibus omni sane tortore pietatis mordacitate peioribus separari	permittis. tu ut nudum uestias, nuda esse contenta es. tibi fames saginatio	1	36	30
quam uterque parens. tibi oculos numquam siccos esse aut misericordia	permittit aut gaudium. tu tuos ita diligis inimicos, ut inter eos carosque	1	36	31
necessitate neglecta pietatis largiter furtim semina spargit. nec rogari se	permittit nec uicaria laudis remunerari mercede: hoc damnum graue, hoc	2	1	12
manet, alta quadam ac diuina temperantia robuste librata, uniuersas	permotiones animorum placida moderatione compescens, et ut omnia non	1	4	3
suo animum non manere. inpatientia enim quid est nisi mens lubrica,	permotionibus crebris et rapidis se semper expugnans; animus infidelis	1	4	7
loquimur, fratres, rerum paene contra naturam, iamiamque desinat	permoueri, intellegens Christianae uirtutis hanc esse maximam gloriam,	2	7	1
perpetis anni	pernicem cursum in bis senae mutationis augmentum una eademque nec	1	16	1
saeculorum heres [et]	pernici cursu procurrens atque recurrens, solemni meta rotatus in sese,	1	33	1
stabilis cursor multiformi gratia redimitus, per temporum ambages	*pernicibus plantis* sua *recalcans* officio solemni *uestigia* dies salutaris	1	44	1
promeruit, quae credere non didicit, sed praesumpsit, edicat mihi,	perniciosa ista adinuentio tractatus sui quo proficit pugna. 'ne fides, inquit,	2	3	8
seu uiolentia uiuentium domos corporales infringunt et latibulum sibi	perniciosum eorum in captiuitatibus quaerunt. at ubi uentum fuerit ad	1	2	5
sermonem fecimus, fratres; alioquin solis diuinis exemplis oportuerat	perorare, esset si quis hic talis. sed quia in uobis fides et pietas, quae est	1	5	17
o quam paucissimis uerbis omne hoc mundi, enixe quod geritur, negotium	perorauit! his enim tribus rebus, quae fundamenta sunt omnium uitiorum,	2	1	6
tumque negotio confecto, conceptu signata, quem uerae fornicariae habent	perosum ac semper uitant, uiduitatis uestem rursus accepit. interea	1	13	2
dies in mundani operis pensa quadriga temporum fertur duodenis mensum	perpeti cursu mutationibus diues, nulla statione contentus, quia	1	26	
hodierni spiritalis ortus uestri candorem, ne quo pacto maculetis,	perpeti diligentia custodite, quia nescit iterare quod praestat. ecce pueri,	1	38	1
	perpetis anni pernicem cursum in bis senae mutationis augmentum una	1	16	1
uoluntatis. qui si fuerit uitiosus, quot habet unusquisque membra, poterit	perpetrare tot crimina. denique hoc genere Iudaeos scriptura denotat ab	1	3	9
alieni labe gaudere consueuit, semper infelix est. denique post negotium	perpetratum odit et se ipsam cum illo quem uicerit. haec saepe indixit	1	1	7
dum semper exaestuans libidinis turpitudo aut ueritate aut imagine	perpetratur. praemia aut tradit aut accipit, corrumpit aut corrumpitur,	1	1	6
umquam, nihil ab suo statu aut tollitur aut declinat; omnia bona atque	perpetua exuberant passim. certe, quod primum est, nemo eget, nemo	1	5	18
animam quoque feralibus tenebris relegatam perpetui carceris poena	perpetua inplacabilis affligebat infernus. non superi, non inferi parcebant	2	4	6
caelestis honorata, quia etiam post nuptias manet postmodum uirgo	perpetua, nos, qui nascimur de tanto coniugio, omnifarie niti debemus,	1	1	3
inrorauit. non enim erant idonei aut digni, qui caelestis panis	perpetua soliditate fruerentur. petra illis scaturiuit in fontem, ut biberent	1	18	2
cui uel maxime debeatur: utique illi, qui hominem fecit, qui ei munus	perpetuae caritatis similitudinem suam tradidit, qui orbem terrae donauit,	1	36	28
messem? quid Christianus credit in Christum, si promissum sibi ab eo	perpetuae felicitatis tempus non credit esse uenturum? sed spes ex fide est,	1	36	3
dignos esse consilio existimauit. nunc scire debemus, quoniam iusti uitae	perpetuae, impii aeterno sunt destinati supplicio nullaque eos cognitio	1	35	4
sacramenti uirtutem, hanc aeternae uitae legitimam genitricem, hanc	perpetuam futuri regni consortem, sine qua nemo possit omnino ad dei	1	3	1
diei luce gradientes exsultemus fide,iucundemur bona conuersatione, ut	perpetuam uitam adipisci mereamur per dominum Iesum Christum.	1	33	4
negotioso cursu, reciprocis ambagibus operis mundani pensa	perpetuans, genitali semper nouellus occasu, a se in semet *sua per uestigia*	1	6	
hymnis, citharis, tympanis, canticis gratiam referamus, qui nobis promissa	perpetuans pia sanctione, ut aiunt, claues uere aureas misit, et quidem non	2	24	1
in aeternum terra delebat; animam quoque feralibus tenebris relegatam	perpetui carceris poena perpetua inplacabilis affligebat infernus. non superi,	2	4	6
religiosa, ut dixi, subiectione est filius patri subiectus, cum quo originalis	perpetuique regni una possessio, coaeternitatis omnipotentiaeque una	2	5	10
o res uere miranda! cotidie aedificatur et cotidie dedicatur; floribus	perpetuis ac diuersis gemmis, lapidibus, margaritis per momenta	2	6	7

destruatur mors. hi autem ad principalem uim retulerunt, in cuius	perpetuitate commanens in aeternum a patre filius regnum nec accepit	2 5 8
nocens dicit quidem dei filium deum, sed non ex patre nobilitatis	perpetuitate progenitum fuisseque tempus, quando non fuit. tertia Iudaea	2 8 1
deo spiritusque sancti inaestimabilem incomprehensibilemque diuinitatis	perpetuitatem iure ipso, quo ex sese est, argumentis te cogere, examinare,	2 3 15
dicens: *sic et resurrectio mortuorum; seminatur in interitum, resurgit in*	*perpetuitatem; seminatur in humilitatem, resurgit in gloriam; seminatur in*	1 2 22
quod est ille, qui inest, duplex persona, duplex uocabulum, sed originalis	perpetuitatis ac deitatis est una substantia, domino ipso dicente: *ego et*	2 8 4
quem ante omnia saecula pater adhuc utrumque in semet ipso deus beatae	perpetuitatis indiscreta spiritus plenitudine nescio qua sua conscientia	1 56 1
quae ideo materiae ligni sunt comparata, siue quod in eius usu et	perpetuo et tutius maneat testatoris uoluntas inscripta, seu quod quasi ex	1 37 8
exsultemus, fratres in Christo, triumphatorique	perpetuo hymnis, citharis, tympanis, canticis gratiam referamus, qui nobis	2 24 1
pro quibus causis a deo non tantum sunt disperditi, sed etiam	perpetuo poenali supplicio destinati. Aunan autem secundus frater Iudaicus	1 13 4
foetore corrumpitur, sed caelesti prandio, honesto, puro, salubri atque	perpetuo, quod, ut saturi semper ac felices esse possitis, esurienter accipite.	1 24 1
consecutus est regnum, ut post regiam dignitatem maiore dedecore in	perpetuum imperio Romano seruiret. sane uultis scire, quantae sit	1 52
nationes et dominabuntur populis et regnabit dominus illorum in	*perpetuum.* quid hoc est? si in perpetuum regnat, Paulus errauit; si	2 5 6
per aerium tramitem cursu seruato ad repromissionis tempus, ubi in	perpetuum quis oritur, peruenire.	1 44 2
populis et regnabit dominus illorum in perpetuum. quid hoc est? si in	perpetuum regnat, Paulus errauit; si traditurus est regnum, isti mentiuntur.	2 5 7
magis possunt placere quam sacerdotes. quid, quod aut nullum aut	perrarum est per omnem ecclesiam dei orationis loci membrum, quod	2 6 2
damnis familiam domini posse terreri, cum sciamus apostolica fide esse	perscriptum: *mihi uiuere Christus est et mori lucrum*? excogita quibus	1 39 5
non illam loco uis ulla detorquet, non labor, non fames, non nuditas, non	persecutio, non metus, non periculum, non mors, non tormenta morte ipsa	1 4 3
sanguinem retinemus, quem ambitiose plerumque effundimus, cum in	persecutione pro nomine domini diabolum moriendo uastamus. postremo	1 3 21
ac uariis perducitur ad coronam. at ubi uindemiae uenerit tempus, id est	persecutionis dies, passim uuae diripiuntur, id est inconsiderate sanctis	2 11 6
quatit; hymnus canitur; dei populus liberatur resolutisque undis uia cum	persecutore deletur. quantum spiritaliter intellegi datur, Aegyptus mundus	2 26 1
potestate; odientes se diligit; inimicis parcit; *parricidalibus filiis* ignoscit.	persecutorem suum et, quod magis est, regem aliquotiens a deo in manus	2 9 7
ad ultimum quadrantem exigitur. calcatores de eodem musto bibunt; et	persecutores saepe credentes in Christum calicem pretiosum, quem paulo	2 11 7
ab operariis ibidem conculcantur, hoc est summa cum contumelia a	persecutoribus illusi iugulantur. sucus earum in ultimo preli pondere	2 11 6
timuit. inmissis camino ignis exaestuans detulit, ut eos unius uirtutis esse	persensit. denique arsit incendium incendentibus, non incensis. o	1 48
uitae facinoribus inquinati — unus Christum blasphemando atque	persequendo, alius deos asserendo atque abominanda figmenta colendo — ,	1 37 3
pietatis nonnumquam concubitu prodigioso deleuit, pudicos equidem	persequens, sed impudicos tantum congruenter occidens; haec, inquam, per	1 1 8
incendit intestinique facinoris foedus, quo infeliciores subactis infami hasta	persequentes hospitum terga depopulabantur, e caelo imber fusus a domino	1 4 10
frenatae uitreos diriguntur in muros praestolantes dei transitum populi, ut	persequentibus mare sint. inducitur in uiam Israel ingratus, in qua nec	1 29 2
elementa peruenit, ibidem praesentariae exitum mortis expauit. hinc enim	persequentium Aegyptiorum infestis mucronibus premebatur, inde maris	1 29 1
in te auarus es? o detestabili detestabilius malum! inuicem dum exspoliant	persequuntur fallunt, hostes probant, praedones laudant, latrones excusant,	1 5 7
caritas, fides, ueritas, humilitas, gratia, honestas, uerecundia, patientia,	perseuerantia, consummatio. scaporum nomina duo testamenta. scala	1 37 15
hortante sic Paulo: *dico autem innuptis et uiduis: bonum est illis, si sic*	*perseuerauerint sicut ego; si autem non fuerint continentes, nubant: melius*	2 7 2
tecta sunt peccata, quia beatus esse non potest, fratres, in prima natiuitate	persistens, quem aestuantium delictorum fax incensa omnibus momentis	2 10 1
inuicem creditur, tanto inuicem plus debetur. non quemquam pro	persona diligit, adulari quia nescit; non pro honore, quia ambitiosa non	1 36 12
et deus est uerbum et hoc est, in quo est, quod est ille, qui inest, duplex	persona, duplex uocabulum, sed originalis perpetuitatis ac deitatis est una	2 8 4
uultus tui edes panem tuum, donec reuertaris in terram. sed et dominus ex	persona hominis, quem adsumpserat, ait: *tristis est anima mea usque ad*	1 2 31
inconstans, totus concitatus in ruinam; res sine substantia, negotium sine	persona? omnia cito temptat, omnia momento disturbat, mater criminum,	1 4 7
dominus parricidium probata uoluntate prohibuit. ad huius ergo	personam Christi refertur uerecunda natiuitas, sed uirginalis uteri aula	1 59 8
in omni negotio, fratres dilectissimi, nisi quis ante	personam noscat et rationem, eius non potest nosse ueritatem. haec enim	1 25 1
nox, pluuiae, nascendi atque moriendi condicio, quae humano generi sine	personarum aliqua exceptione aequabiliter iustitia est diuina largita. cum	2 1 18
nunc alteris uideatur ingestus. unde reiectio Iudaeorum est aliarum electio	personarum, quia, cum alteris, ut uerbum dei audire debeant, dicitur,	1 61 1
cum in lege, ut dicere solet, sua legat ubique duas patris et filii designari	personas, tamen nunc usque contendit deum filium non habere. quibus	2 8 1
proloquuntur et iracundiam diuinae indignationis ostendunt, quae alias	personas, ut uerbum dei ab ipsis potius audiatur, hortantur [nos]. non est	1 61 1
fratres, intrate aeternique gurgitis alueo genitali condentes ullam pro	personis operari ne aestimetis hic gratiam. iudicio uestro nascimini	1 49
quaerunt, qui coniugale exasperant iugum affectuque calcato subditiciis	personis, ut obumbrent furta turpissimae utilitatis, rem familiarem	1 25 11
est *futurorum*, sine qua nec praesentia quidem ipsa stare posse	perspicimus. adeo tolle spem: torpet humanitas tota; tolle spem: artes	1 36 2
curare non potest Euam. quid, quod nec ipsi uiro aliquid eam prodesse	perspicio? quia huius circumscriptio characteris potestati subiacet cordis,	1 3 9
naturae depositum incolume requiescere, quod in hoc mundo ad tempus	perspicitur interire. similiter in inferno diues ille tenacissimus, quem chaos	1 2 9
sed durat inter haec martyris spiritus et morarum numerositate seruatus	perstat uiuus, parte sui corporis iam sepultus. o dignus gloriosi exitus finis!	1 39 9
aliena forma blanditus per mulierem transgressionem praecepti dei	persuadendo miserabiliter iugulauit et exinde hereditaria condicione	2 4 5
insolentibus extulerunt. hi cum ascendunt uerbis in caelum, cum deum	persuadent hoc esse quod uolunt, cum adsimulant se nosse rerum naturae	2 9 1
blanda festiuitate facinorosa facinorosorum et colenda crimina et imitanda	persuadet. adeo uiris contra dei legem deique iustitiam euagandi *extra*	1 1 12
ostium credulitas aperit, simplicitas introducit, intellectus inuitat, ueritas	persuadet, timor excubat, disciplina coercet, continentia [se] refrenat. stat	2 6 9
non quasi dominum honorauerunt neque ei gratias egerunt, sed uanis	*persuasionibus cogitationes eorum abductae sunt et tenebris opertum est cor*	1 35 6
non contristat frontem deuotissimus Abraham nec dolor patri lacrimas	persuasit, sed exsultat et gaudet. nec timuit, ne parricidium ei inputaretur,	1 43 4
aut certe iudicatur insanus, quisquis nuptias dissuaserit. at ego non	pertimescam, sermonis publici quae de me fabuletur inuidia; non enim	2 7 2
carceris portat; qui carnificem sentit, antequam uideat; qui nomen iudicis	pertimescit; qui, sicunde susurrus ingruerit, se quaeri, se aestimat inueniri;	2 10 1
Christiane, non credis? cur de huius mundi labe in meliora migrantes tam	pertinaciter plangis? pro nefas! hinc mater scissa ueste, laniatis crinibus,	1 2 13
si quid enim filio detraxeris, ad patris, cuius habet totum, iniuriam	pertinebit nec est in illo aliquid, quod sit inferius, quia sicut pater nec plus	2 5 10
uim impudicitiae uisa sunt necessaria, ut sciat unusquisque ad idolatriam	pertinere luxuriam. ipsa, inquam, mortuorum sepulcra conuertit in templa,	1 1 12
oraculis frequentibus publicauit. igitur 'dei filius' ad ineffabilem originem	pertinet, 'hominis' ad sacramentum. cuius sacramenti arcanum euidenti	2 4 3
sunt oculi mei. oculorum peior est causa, quia exaltatio cordis ad paucos	pertinet, oculorum elatio ad omnes. de quibus Iohannes discipulis quid	2 9 5
nemo nouit nisi ipse solus, qui fecit. itaque quod specialiter ad nostras	pertinet partes, uideamus, quid sit quod deus ait: *faciamus hominem ad*	1 27 2
meruit, dum humanum ex se deponit timorem et, quantum ad fidem	pertinet, pater promissa compleuit, dominus parricidium probata uoluntate	1 59 7
coaptata cognoscat? hiems namque pigra, sordida et tristis ad eos	pertinet, qui idolatriae deseruientes, mundanis uoluptatibus conpediti,	1 33 2
beata pretiosae mortis uindemia comparetur. dies uero ad sacramentum	pertinet resurrectionis domini nostri Iesu Christi, qui *in omnibus omnia*	1 33 4
asseri possunt, quam a deo facta sunt uel uidentur. itaque quod ad nos	pertinet, uideamus, quid sit, quod deus ait: *faciamus hominem ad*	2 30 2
licet, quid eis sit reseruatum, quorum in causa funerei luctus poenae	pertulit natura supplicium.	1 47
propitiatur. postremo ille felix in futurum regnabit, qui tecum illo	peruenerit.	1 1 21
defensus sese sustollat. at ubi adoleuerit in uitem perfectam ad iugumque	peruenerit, eius omnes crines luxuriosi falce tonduntur, pura materia	2 11 2
uiros ullo tangamus errore, maxime cum prophetia ad sui dicti iam	peruenerit ueritatem. Iesus enim Naue Christi imaginem praeferebat, qui	1 3 16
effecti terram desiderare non norint. denique illi post mare ad eremum	peruenerunt, nos post baptismum ad paradisum peruenimus. illis inrorata	1 46b 3
uaria gaudet semper et paenitet, ad satietatem numquam lubrica utilitate	perueniens. desiderat facere quod timeat publicari. totum prorsus temptat,	1 1 9
insana, rapacitas sine fine, sollicitudo sine requie, ad sua numquam	perueniens uota, quia satiari non nouit. fidem frangit, caritatem neglegit,	1 21
illi post mare ad eremum peruenerunt, nos post baptismum ad paradisum	peruenimus. illis inrorata est esurientibus manna, nos autem esurire non	1 46b 3
cursu seruato ad repromissionis tempus, ubi in perpetuum quis oritur,	peruenire.	1 44 2
nouellique cum die resurgentes nobiscum possint ad inmortalitatis gloriam	peruenire.	1 57
hac nos, qui per fidem filii Abrahae facti sumus, in ipsius gremium	peruenire credamus.	1 62 5
futuri regni consortem, sine qua nemo possit omnino ad dei notitiam	peruenire. unde primo omnium definiendum puto, quid sit circumcisio, ut	1 3 1
cum summa difficultate, laboribus ac periculis magnis non possit ab aliquo	perueniri. adde quod illa in solo genitali uersatur, ille peregrinus est. illa	2 4 13
in se refugiens unda testatur. denique eremo exciperis, quo te nunc	peruenisse cognoscis; ubi sane ad hoc aquam de petra bibisti, manna de	2 16
non inuenit, cum quo diluuium fuisse conferret; per hanc Abraham ad dei	peruenit amicitiam; per hanc Isaac praeter ceteros enituit; per hanc Iacob	1 36 7
aeternae fructus est uitae, et defenditur pariter et nutritur. ad iugum	peruenit, cum praerogata omni facultate pauperibus crucem suam portans	2 11 6
columna per noctem iter pandebat ignotum. qui ut inter duo elementa	peruenit, ibidem praesentariae exitum mortis expauit. hinc enim	1 29 1
totum possidet et de inopia queritur semper. denique ad sua numquam	peruenit uota. quantum fuerit auctior, fit tanto miserior: expers otii, expers	1 5 2
instruendum his uerbis: *hortatus sum, ut denuntiares quibusdam, ne*	*peruersa doctrina uterentur neque adtenderent fabulis et genealogiis, quae*	2 3 17
quotienscumque in hoc	peruerso saeculo contra laudabiles uiros multiformes tenduntur insidiae et	1 40 1
redemptionibus frangit; incarceratis medendo plus carcerem nouit; blanda	peruigil cura aegritudinem cum aegro partitur; abiecta cadauera intecta	2 1 12
torqueris? quid talentorum magnas struis congeries? quid hic remansura	peruigil sollicitudine cassa nec tibi ipsi inde aliquid concedendo illibata	1 14 3
eripis in qualibet angustia constitutos. tu caecorum oculus. tu	pes claudorum. tu scutum fidelissimum uiduarum. tu melior pupillorum,	1 36 31
dedecus nefas libenter admittit, cuius praecordia inplacabilis cupiditas	pestifera flamma repleuerit. sed haec non ad uos, fratres, quorum largitas	1 14 7
arbitrum timet omneque secretum plus quam publicum reueretur.	pestiferas odit blanditias carnis inimicae et quicquid ingesserit mundus	1 1 2
fructu suo etiam ipse se odit. uenenis eius cotidie totus exaestuat mundus	pestiferisque uoluptatibus ita corrupta sunt omnia, ut quicquid in eo	1 36 27
et diuersis calumniarum generibus factiosae emerserint causae, quid homo	pestilens excogitet uel quid diabolus machinetur, non metuat iustus, quia	1 40 1
a quo appellatur synagoga *spelunca latronum*, sacerdotalis cathedra	*pestilentia*, sacrificium *canina mactatio*, ieiunia *odium*, populus *progenies*	2 25 1
campis aequatum suo puluere iacet sepultum. sacerdotalis *cathedra*	*pestilentiae* cultorum suorum sacrilegio iure deleta est. exinanitum cornu	1 19 1
suis sibi sacrificiis sparsa in puluerem uanuerunt. sacerdotalis *cathedra*	*pestilentiae* suo nomine deleta est. agnus salutaris, qui designatur *ex ouibus*	1 28 1

tenebris obcaecatum miserabiliter ad ima deferri. sed quia inexstinguibilis	pestis incendio totus mundus exarsit, auaritia, ut putatur, crimen esse	1 5 1
tura non spirantibus concremare, allegare preces surdis, ab his custodiam	petere, quos fur non timet inuolare? quibus recte deus irascitur dicens:	1 25 4
illa per uos uobiscum complectitur Christum. per hanc a deo patre quod	petitis impetratis, immo illa per uos impetrat, pro qua sollicite laboratis,	1 1 4
collum; ab speculo oracula inquiris, quam commode possis circumscribere	petitorem. quicquid feceris, uirgo iam non eris; unum tamen scio, quia	2 7 8
sarcinis premebantur. at ille alio deflexus itinere nauem Tarsos	petiturus ascendit, cum subito compugnantium uentorum flatu uiolento	1 34 5
ut patereris in terra naufragium. ad hoc sane in eremo aquam de	petra bibisti, manna de caelo gustasti, ut, cum esses ad egestatem	1 9
exciperis, quo te nunc peruenisse cognoscis; ubi sane ad hoc aquam de	petra bibisti, manna de caelo gustasti, ut scires, miser, quid fueras	2 16
qui caelestis panis nobiscum portamus annonam. illis sitientibus	petra fluxit in poculum, at Christi fontem qui biberit, in aeternum sitire	1 46b 3
erant idonei aut digni, qui caelestis panis perpetua soliditate fruerentur.	petra illis scaturiuit in fontem, ut biberent detritis e lacunis, ut	1 18 2
esse cognoscitur et factis et nomine. hic enim, quia ipse dictus est etiam	petra, recte cultellos petrinos fecit (unde non sine ratione et *Simoni,* super	1 3 16
id est duo testamenta prolata sunt, quae saluti cum domini gloria et	Petri felicitate, utpote super quem aedificauit ecclesiam, duobus populis	1 37 5
carissimi, secunda illa circumcisio ab Iesu Naue quo genere celebrata sit	petrinis illis cultris: cor an praeputium circumciderit. etenim si secundum	1 3 15
factis et nomine. hic enim, quia ipse dictus est etiam petra, recte cultellos	petrinos fecit (unde non sine ratione et *Simoni,* super quem aedificauit	1 3 16
circumcisio. scriptum est enim: *et dixit deus ad Iesum: fac tibi cultellos*	*petrinos nimis acutos et adside et circumcide secundo filios Israel.'*	1 3 14
tribus pueris ignes amoenos effecit; haec mare pedibus ambulari posse in	Petro praesumpsit. per hanc apostoli multos in nitidam cutem leprae	1 36 8
sed et dominus ipse in euangelio hanc exprimit rationem dicens ad	Petrum: *mitte hamum in mare et piscem, qui primus ascenderit, aperto ore*	1 37 5
quam naui. in oratione mons tremit: monti, non apostolis trepidatio est.	Petrus aestu marino fertur non naufragus, sed uiator: timet profundum	2 2 6
exclamare: 'profectus potius est iste quam mortuus.' in euangelio quoque	Petrus filiique Zebedaei cum domino adstare fulgentes Moysen Eliamque,	1 2 9
quam scit deum libenter audire. hoc igitur e profundo clamans similiter	Petrus impetrauit a domino, ut profundi maris lubricos sinus insubditaque	1 34 3
fecit (unde non sine ratione et *Simoni,* super quem aedificauit ecclesiam,	*Petrus nomen imposuit*), id est sua doctrina formatos, spiritus sancti lima	1 3 16
aliquid desiderauerit, qui recondidit Noe omnia illi arcarius non negabit.	Petrus piscator recentes marinos affatim pisces apponit cum sarda mirabili.	1 24 3
non subuenit, ipse eum uidetur occidere? o quantarum neces animarum in	phaleris pendent ornatae matronae! ornamentum cuius unum si soluas in	2 1 19
igitur qui uenerat hominem uiuificare, per hominem necesse habuit, ne	phantasma putaretur, edicta legis uniuersa complere. non enim aut *finis*	1 3 17
deletur. quantum spiritaliter intellegi datur, Aegyptus mundus est iste.	Pharao cum populo suo diabolus et spiritus omnis iniquitatis. Israel	2 26 2
narratio. cum Israelis populus enormi captiuitatis iugo depressus a rege	Pharaone duris condicionibus in Aegypto necaretur, miseratione dei duce	1 29 1
sicut lectio diuina testatur, in Aegypto a	Pharaone populoque eius Israel dei populus captiuitatis ingenti iugo	2 26 1
me spreuerunt: ad crucem enim perduxerunt, per quam crucem euaserant	Pharaonem. sed iterum *derelinquetur filia Sion* <...>.	1 61 8
quam ex rebus ipsis agnoscite pariter et probate. Iudaei maiores suos	Pharaonis exercitusque eius graui seruitutis iugo depressos de Aegypto	1 46b 1
tui ad dominum deum tuum amandum. hinc nunc uobis iterum dicam: '	Pharisaee, responde, ubi cor habeas constitutum. si in regione pectoris,	1 3 14
	pharisaei agere se legitimum pascha contendunt, qui cum templo summo,	1 46a 1
synagogae: eius proretam sacerdotale corpus accipimus, nautas scribas et	pharisaeos, iacturam uasorum repudiationem prophetarum omniumque	1 34 7
sunt nobis duo homines propheticum carmen suis actibus exponentes,	pharisaeus et publicanus dei stantes in templo. pharisaeus insulse manus	2 9 8
quid tumet	Pharisaeus inanis, quem momenti praeterita delectatur umbra? exsultat,	1 52
suis actibus exponentes, pharisaeus et publicanus dei stantes in templo.	pharisaeus insulse manus tendit in caelum, quae caedis saepe, saepe	2 9 9
filios furens diabolus interemit; et domini filios prophetas insanus populus	Pharisaeus occidit. Iob ulceribus maculatus est; et dominus sumendo	1 15 8
	Pharisaeus quemadmodum legitimum pascha possit celebrare, non uideo,	1 19 1
aliquotiens alimenta contendunt; ac sic fidem rei quam reprobant faciunt.	philosophi de anima uaria disserunt, sed tamen hanc esse inmortalem	1 2 4
cur sub imaginem fidei fidem deponis? cur ipsum fontem diuinitatis	philosophicis argumentis exhaurire conaris? si peritiam legis ostendere	2 3 13
ignis solemni germine accenso sumat rursus de fine principium. similiter	Phoenix auis illa pretiosa resurrectionis euidenter nos edocet iura, quae	1 2 20
festo exsultat in tumulo, non umbra, sed ueritas, non imago, sed	Phoenix, non alia, sed quamuis melior alia tamen prior ipsa. erubesce,	1 2 21
uiuificatum insuper regni caelestis participatione ditauit. o caritas, quam	pia et quam opulenta, quam potens! nihil habet, qui te non habet. tu deum	1 36 29
quis aut amatur aut odio est. denique haec est causa, quod fratrum	pia nomina plerumque gladiis amica uidemus esse quam sibi; quod	1 5 6
sicut cauenda sunt nobis, ita quae bona, quae pura, quae simplicia, quae	pia, quae sancta sunt, sicut facitis, amplectenda, ut uidentes homines *opera*	1 25 13
Leo autem noster, sicut Genesis protestatur, *leonis* est *catulus*, cuius ista	pia sacramenta celebramus, qui ad hoc *recubans obdormiuit*, ut uinceret	1 38 4
tympanis, canticis gratiam referamus, qui nobis promissa perpetuans	pia sanctione, ut aiunt, claues uere aureas misit, et quidem non illas, quae	2 24 1
non ad uos, fratres, quorum largitas prouinciis omnibus nota est, quorum	pia semina totius quodam modo orbis per membra iactantur. uobis multi	1 14 8
sexu, aetate, condicione suscipiens necat odio criminum ut nouerca,	pia seruat ut mater necatosque non ante uiuificat, antequam omne uirus	2 29 2
sed eo magis ac magis instat, donec effusione sanguinis conceptum	piaculum duplicetur. miratur orbis uacuus se duobus angustum; mirantur	1 4 9
contemnuntur, cui cultus, cui amor mundi praeponitur. quoduis etenim	piaculum scelus dedecus nefas libenter admittit, cuius praecordia	1 14 7
hinc scandalum pateris, Christiane, ex tuaque natura opinaris prouisionis	piae diuina mysteria? si minus sentis de filio, quia regnum traditur patri,	2 5 5
matrem, sua pro uoluntate plantauit, quam sacerdotalibus officiis excolens	piaque potatione fecundans felici ligno suspensam uberrimam docuit afferre	1 10b 2
caminum iussit incendi ac, ne quid immanitati saeuientis deesse uideretur,	pice et stuppa armatum citatur incendium; aestuantibus globis erubescit	2 22
credulitas, timor, sapientia, sobrietas, mansuetudo, temperantia, castitas,	pietas, caritas, fides, ueritas, humilitas, gratia, honestas, uerecundia,	1 37 15
deo approbat mentem. unicus ille filius solliciti senis adhuc paruulus, cui	pietas et miseratio maior debetur, postulatur ad uictimam; cui si per	1 43 3
uiliorem habens animam quam pecuniam; inde est, quod iustitia honestas	pietas fides ueritas perit; quod deus ipse momentis omnibus patitur	1 14 7
genus, quod tantummodo crescit, senescere ignorat. non illam parentum	pietas frangit, non dulcedo liberorum, non coniugalis affectus, non cara	1 14 2
damnatur, absoluitur, si fatetur. magna ratio, magna potestas, magna	pietas iudicis nostri, a quo uniuersi generis peccatores, ut possint beate	1 42 1
damnatur, absoluitur, si fatetur. o magna potestas, magna peritia, magna	pietas iudicis nostri, a quo uniuersi generis peccatores, ut possint beate	2 10 2
patientia. pax colligit, caritas ligat, sollicitudo custodit, iustitia distribuit,	pietas ministrat, puritas supplicat, spiritus postulat, spes promittit,	2 6 9
in quo eum non seueritas apud omnes condemnat, fratres uenerandi, sed	pietas. neque enim potest de quoquam bene mereri, quem pater	2 21
testaretur, matrem partus ornauit, cum sub incerto affectionis uocabulo	pietas nutaret et, cum filium proferret uterus, nepotem senectus optaret. ita	1 59 4
osculis premere consueuerat, armatus gladio iubetur occidere. quid faceret	pietas? praeceptum differri non potest. praestiteras, mater, cum sterilis	1 62 3
oportuerat perorare, esset si quis hic talis. sed quia in uobis fides et	pietas, quae est idonea expultrix auaritiae, manet atque gloriatur, digni	1 5 17
humanitatis, sed ipsius naturae metu laeti sunt soli. cedit affectus pietati,	pietas religioni, fauet utrisque religio. medius stupet gladius nullo	1 4 14
dominum praedicauit, utrosque uolentes, illum condicione, dominum	pietate. cetum esse non dubitatur infernum; sicut enim Ionas tribus diebus	1 34 8
ignoras excusationisque uanae depone fallaciam: ingratis auaritiam	pietate condis; solius dei potestas est futurorum commodis prouidere.	2 1 21
et quantum sciunt dominum non esse mendacem, tanto propensius eius de	pietate praesumunt statimque actus ueteris uitae damnantes pro salute	1 34 9
granditer uindicari, quem pater plurimo dilexit affectu et, quantam	pietatem dilecto filio amatus pater exhibuit, tantam laesus exigit ultionem,	1 61 5
tot rerum, cari genitoris amplexibus inhaerebat. strinxerat in se patris	pietatem, quod unicus, quod sero, quod promissus, quod sola unica spes	1 62 3
filium, nisi quadam singulari ac uere diuina patientia inter religionem	pietatemque negotium temperaret, in spe non denegans deo, quod *contra*	1 4 13
diligit fratrem nec aliquid audire exspectauit ex lege, ne admonitione	pietati aliquid derogetur, tantumque se in ipso amat, ut oderit se sine ipso.	1 36 22
stimulis praecipitat in furorem, non sexui parcens, non aetati, non	pietati, non sibi, quia pudorem alienum qui appetit primo suum perdit.	1 1 6
dicam humanitatis, sed ipsius naturae metu laeti sunt soli. cedit affectus	pietati, pietas religioni, fauet utrisque religio. medius stupet gladius nullo	1 4 14
ditatur alienis. quisquamne iustum putet, qui utilitatem rei familiaris	pietati praeponit? qui hominibus fame laborantibus ac nuditate pascit	2 1 17
formam, non sexum, non gradum, non sacrosanctum illum saltem suae	pietatis affectum. hic facibus suis Euae pectus incendit; hic Adam suis telis	1 36 25
fratrum cohortem sepelit antequam iugulet taleque est commentus	pietatis excidium, ut in illa unius funeris turba paternus dolor non	1 15 4
de amore factura. seminat inlicitos heredes crimenque noscens nominibus	pietatis excusat. proprios aut negat aut denudat affectu. nihil prorsus	1 1 7
esse non patitur; pauperes miserosque sua necessitate neglecta	pietatis largiter furtim semina spargit. nec rogari se permittit nec uicaria	2 1 12
mortis, nullis praemiis, nullis amicitiis, nullis affectibus omni sane tortore	pietatis mordacitate peioribus separari permittis. tu ut nudum uestias, nuda	1 36 30
Abraham, fratres dilectissimi, quale diuinae	pietatis munus acceperit, uetustae legis gesta testantur. Sarra uxor eius non	1 43 1
filiorum, maritorum uxorumque in mortibus posuit; haec nomina	pietatis nonnumquam concubitu prodigioso deleuit, pudicos equidem	1 1 8
et in amoris soliditate iam primus totum <paternae ac> maternae	pietatis occupauerat pectus festinata educatione nutritus, deo uictimam,	1 59 5
et ego in illo, dictum significatione unica maiestatis et affectu indiuiduo	pietatis, quia laus filii est patris et laus patris amborum. nunc sacrificii	1 25 8
aetheriae gentes, exsultate, nouella	pignora in Christo, florentissimique hodierni spiritalis ortus uestri	1 38 1
imperabat. laetatur pater filio quoque gaudente et cum gaudio unici	pignoris alligat manus, quas ille uinciendas libentius offert. pedes quoque	1 43 5
tale beatus Archadius debiti martyrii quodam modo sequestrauerat	pignus, in quo nec Christum relinqueret nec propinquum. statim beatus	1 39 4
poscit ingressum, minister se promittit haedum. at illa promisso expetit	pignus, magis illo contenta quam praemio accepitque ab eo eius monile,	1 13 2
effusione perciperet†. sed utrisque <aetas> ademerat spem sobolis:	pignus succidaneum meruerunt. sic meruit fides quod ademerat tempus,	1 43 1
quia inter agnos uenturo tempore, non inter haedos deputatur, qui	pignus trinitatis acceperit. denique expetisse atque accepisse describitur	1 13 9
quis non haec caelestibus mysteriis coaptata cognoscat? hiems namque	pigra, sordida et tristis ad eos pertinet, qui idolatriae deseruientes,	1 33 2
inplorastis auxilium maiestatis omnique non pedum uelocitate, sed mentis,	pii fontis ad gurgitem conuolate! uos constanter inmergite, saluo salutis	2 23
uoluptas ad se trahit. *impii non manent, quia his dei nomen in honore est*;	*pii non sunt, quia* patrem uenerandum prauis moribus laedunt. *orant quia*	1 35 5
sacramenti dominici omnibus omni genere munerum largus. namque	piis mercedem sacerdotibus praestat, consequentibus ministris promotionis	1 6
miris excolit artibus sese faciemque suam in se, quam non habet, quaerit.	pingit se in se ipsam et lenocinante uario magistri medicaminis fuco	1 1 10
pascha gesserunt, dicat: *plenus sum holocaustomatis arietum et*	*pinguamine agnorum; quis enim haec exquisiuit de manibus uestris?.*	2 25 1
sacrificiorum uestrorum? plenus sum holocaustomatis arietum et	*pinguamine agnorum. sanguinem taurorum et hircorum nolo; quis enim*	1 25 6
nutriturque ab eo ipso quod nutrit, donec hospitis germinis adoptiua	pinguedine absumptus, immo pinguedo ipse factus, totusque acceptum	1 2 27

aetate, languore, gaudio, tristitudine, nunc macie deformis, nunc enormis pinguedine, usque adeo incertus, ut idem in duobus per orbem totum non 2 30 2
nutrit, donec hospitis germinis adoptiua pinguedine absumptus, immo pinguedo ipse factus, totusque acceptum translatus in honorem nouae 1 2 27
Moyses primitiuam festinus maturamque procurauit agninam, Abraham pinguem conditamque fideliter uitulinam. Isaac innocenter ollam portat et 1 24 2
rictu blandiente leonum rabies euanescat; sub gressibus tuis maris unda pinguescens marmoreo stupore solidetur; cetina cymba inter aestuantis 2 3 14
saeua sunt quam natura; obseratae gladiis uiae humano cruore pinguescunt; testamenta heredes incognitos ex sese recitari mirantur; 1 5 3
morem terrifico fragore intonans concrepat caelum, cum inter caecas pinguibus conductas nubibus tenebras crebrae micantes curuis ignibus 2 2 3
ictu exstincti subsidunt. nonne cadauer est uiuum? ecce tabidus pulmo pinguibus sputamentis exesus detestabili macie omnia gestatoris sui ossa 2 4 15
in se credentibus dominus aetheria natiuitate renouatis plenitudinis suae pio de fonte largitur per dominum nostrum Iesum Christum. 1 27 3
accipere, sed caelestis hominis spiritalem, quam nobis plenitudinis suae pio de fonte largitur. quam rationem Paulus euidenter prodidit dicens: 2 30 3
est uirtus; hic, inquam, agnus *perfectus*, quia in ipso magnus ille sacerdos pio mysterio sua uictima inclusus hodie deum reddidit hominem, quem 1 8 2
in laeta frumenta mutauit, quae diligenti cultu purgata molarisque lapidis pio pondere feliciter fracta, ordinabiliter creta, omni furfure abiecto 1 41 1
contribulatis corde et humiles spiritu saluabit. sed et dominus ipse nos pio promisso quid hortetur, accipite. *uenite*, inquit, *qui laboratis et onerati* 2 9 4
et similitudinem dei, posse iugulari, et hoc a fratre. erubescit rudis terra pio sanguine impiata. solus Cain exsultat infelix et, quod teste caret, putat 1 4 9
uiam apud inferos ponunt: impiorum unam, quae ducit in Tartarum, piorum aliam, quae ducit ad Elisium, eo fortius addentes, quod 1 2 4
lucem? ambiguos utique Christianos designauit ac lubricos, *qui inter pios impiosque sint medii* nullam partem tenentes ad plenum, cum 1 35 4
desiderauerit, qui recondidit Noe omnia illi arcarius non negabit. Petrus piscator recentes marinos affatim pisces apponit cum sarda mirabili. Tobias 1 24 3
ascenderit, aperto ore eius inuenies duos denarios: da pro me et pro te. piscem primum a mortuis ascendentem Christum debemus accipere, cuius 1 37 5
hanc exprimit rationem dicens ad Petrum: *mitte hamum in mare et piscem, qui primus ascenderit, aperto ore eius inuenies duos denarios: da pro* 1 37 5
omnia illi arcarius non negabit. Petrus piscator recentes marinos affatim pisces apponit cum sarda mirabili. Tobias peregrinus fluuialis piscis 1 24 3
noster Aquarius delere consueuit. quem necessario uno sequuntur duo Pisces in signo, id est duo ex Iudaeis et gentibus populi baptismatis aqua 1 38 7
Ionas inter aestuantes procellas sollicitique maris fluctus insanos tutior piscis aluo quam alueo nauis nec tres pueri, quo ardere putabantur 2 18 1
scriptum est: *annuntiatis mortem domini, donec ueniat*. aperies os piscis: hoc est sacramentum uel quae in prouerbiis locutus sum non 1 37 6
affatim pisces apponit cum sarda mirabili. Tobias peregrinus fluuialis piscis interanea diligenter accurat et assat. Iohannes camelarius deuote 1 24 3
hamum uero praedicationem, quia, sicut hamus missus in mare mortem piscis ostendit, ita euangelica praedicatio missa per mundum mortem 1 37 6
decora commercia litterataeque quid arduis uolatibus *aeriae grues*? quid piscium dissimilium cum suis sibi ductoribus gradatae aetatis 1 4 6
eadem est caro: alia est hominis, alia iumenti, alia caro uolucrum, alia piscium. et corpora sunt caelestia, sunt et terrestria. itaque inmortalitatis 1 2 25
sed fortassis, quod nonnulli forma uidentur minores, si secus aliquid de pistore sentiatur, mea nihil interest, fratres, quia, etsi pauper sum, tamen 1 41 3
occupauerat pectus festinata educatione nutritus, deo uictimam, parentibus pium parricidium praebiturus. ecce carissimi, ut ait apostolus, *contra spem* 1 59 5
suspicio: Abraham dominum filio, sacerdotem praetulit patri, nec pium se credidit, nisi probasset fidelem. denique, carissimi, intrepidus ad 1 59 7
testantur. Sarra uxor eius non inferior longae uitae transactis cursibus †pius aut filius ederit partus effusione perciperet†. sed utrisque <aetas> 1 43 1
ut possint beate uiuere, puniri festinant. descendit quippe gladius pius in uiscera peccatoris et uno eodemque ictu, incolumi corporis 2 10 2
gratus officio, deo dei munus retinendo placiturus. rex mansuetus, pater pius, propheta modestus. totum potest, a toto dissimulat; magnis ac 2 9 7
qualiscumque non inuenit excusatio; detestabilis certe filius, quem pater pius, quem pater damnat inuitus. 1 20
quae sit inter uirginem nuptamque discretio. *nupta cogitat, quemadmodum placeat marito,* uirgo, quemadmodum deo. haec extrariis ornamentis 2 7 3
animam meam a morte, oculos meos a lacrimis, pedes meos a lapsu; placebo domino in regione uiuorum. haec nos felicitas manet, hoc munus 1 2 32
mortis oderat moras, omnibus displicens, sed solae suae conscientiae placens, cum subito, quauis uersutia qui fallitur numquam, confestim adest 1 1 19
cuius ista sunt uerba: *exhibete corpora uestra hostiam uiuam, sanctam, placentem deo.* hoc enim placitum est domino, ubi se ipsum candidus 1 25 9
quis eius nouerit uoluntatem, sine qua ei nec legitime seruire poterit nec placere. ceterum prouidentis dei de deo argumentationibus uanis opinari 1 54 1
sic ergo uiuamus, ut bonis operibus decorati nos quoque deo patri placere mereamur domino iuuante nos Christo, qui est benedictus in 1 2 32
sed in his omnibus operibus uero iudicio structores magis possunt placere quam sacerdotes. quid, quod aut nullum aut perrarum est per 2 6 1
sed multo peius est, si places marito: neque enim sine sacrilegio possis placere sacrilego. ut rem compendio transigam: utique a templo regrediens 2 7 16
qui Moysi reprobans dictum per hanc iniuriosam corporis stipem deo placere te posse praesumis.' 'iam completa est, inquit, in me per Iesum 1 3 14
beneficium, cum te iubet ad ecclesiam non uenire. sed multo peius est, si places marito: neque enim sine sacrilegio possis placere sacrilego. ut rem 2 7 16
Abraham, tuis manibus in monte de filio tuo; haec mihi uictima placet, hoc me sanguine deplacabis, iste meis sacris debetur; unde immolari 1 43 3
detestabilis est uiuendi condicio, ubi non licet facere uxori, quod marito placet; ubi proponis, quia nihil te gerere sinit, nisi quae disposuerit prior 2 7 15
ac diuina temperantia robuste librata, uniuersas permotiones animorum placida moderatione compescens, et ut omnia non magno opere deuincat, 1 4 3
uulnere finiretur. at Iob cunctis uiribus aduersae partis exspectatione placida profligatis, in semet fortior ruinis, omnibus quaeque deleuerat 1 4 19
sed pro qualitate factorum quasdam locis poenalibus relegari, quasdam *placidis sedibus* refoueri, ut tunc demum credi possit resurgere, quod 1 2 3
exhibete corpora uestra hostiam uiuam, sanctam, placentem deo. hoc enim placitum est domino, ubi se ipsum candidus animus immolauerit domino; 1 25 9
timere quam occidere, inuerso gratus officio, deo dei munus retinendo placiturus. rex mansuetus, pater pius, propheta modestus. totum potest, a 2 9 7
quia incredulo credentis fructum praestare non poterit. denique Abraham placuit deo credulitate sine lege et Iudaicus populus displicuit deo 2 3 1
propemodum peregrinus. innocens cum innocentibus deputatus hic *placuit deo. unctus in regem,* spiratus in uatem *non insolescit in regno,* 2 9 7
denique nihil illi contulit, quia deo ante, non posteaquam circumcisus est, placuit praemiumque non circumcisionis, sed in acrobustia meritae 1 3 7
iustum. namque summo capitis a uertice usque ad imos ungues pedum plaga inimici percussus populosis ulceribus non distinctus est, sed totus 1 15 5
in occasus suos quasi quibusdam deducuntur exsequiis; quas si per plagas unde refixae sunt quaeras, rediuiui luminis lege suis sedibus 1 2 17
quod exemplum, fratres, fortiter fugite simulque gaudete, quod alienis plagis dei discitis disciplinam, per dominum Iesum Christum. 1 30
non potest inueniri. dies festi eius et cantica secundum dei uocem in planctum et luctum illi profecerunt. superba illa ciuitas seruit. sane ouium 1 28 2
tota prominens atque diffusa, sic tamen, ut sentiri se cupiat quam uideri, plane cauta, ne quam declinet in partem, ne in aliquo se ipsa reprehendat, 2 1 12
non incidant, ergo dei imaginem non habemus? absit, fratres. habemus plane, et quidem manifestam ex eo ipso, quod non est portantibus nota. 2 30 3
cum haec aliter non sint, ergone dei imaginem non habemus? habemus plane et quidem manifestam ex eo ipso, quod non est nobis portantibus 1 27 3
turba paternus dolor non sufficeret orbitati, cum nescit, quem primum plangat, quem priorem inueniat, cui primum iustitiam crudi funeris soluat. 1 15 4
nihil iam suffragantia tota illa ornamenta medentur, nisi quod a false plangentibus adhuc uiuenti rapiuntur. unde, fratres, sicut ueri Christiani, 2 4 16
credis? cur de huius mundi labe in meliora migrantes tam pertinaciter plangis? pro nefas! hinc mater scissa ueste, laniatis crinibus, laniatis et 1 2 13
non uideo. non deest enim qui dicere possit: 'si est resurrectio, quare plangis? si amore mariti facis, cur postmodum nubis?' exsecrabilis res est, 1 2 14
tremore uibrantur; gemit, flet, denuntiatum pauet iudicii diem pellique se plangit, confitetur sexum, confitetur adgressurae tempus et locum et nomen 1 2 6
nascitur puer. talem casum nemo doluit, nec quae genuerat mater. nemo plangit uiuas exsequias et innocentis hominis obsequium nemo ante fletibus 1 62 4
adaeque prophetam spiritus sanctus clamat et dicit: *praecingite uos et plangite, sacerdotes; lugete omnes, qui deseruitis altari, quoniam ablata est* 1 25 6
sed, sicut dominus ait in euangelio, omnes omnino serpentes inlaesa planta calcabit. sed nec ipsum quoque diabolum, qui uere est acerrimus 1 38 5
surisque porrectis et a germana coniunctione naturae gladio saeui latronis plantarum limes inciditur et obsequio pedum corpus martyris uiduatur. 1 39 8
dominus rei, aliam sibi, id est populi nostri, sua pro uoluntate plantauit, in quam omnis fructus propheticus decucurrit. hic mihi, rustico 2 11 1
illa deserta aliam sibi, id est ecclesiam matrem, sua pro uoluntate plantauit, quam sacerdotalibus officiis excolens piaque potatione fecundans 1 10b 2
abruptum digestis aggeribus stupens unda solidatur. dei populus nauigat plantis. mira res! iter eius barbaris uehementer urguentibus nec eques 2 26 1
cursor multiformi gratia redimitus, per temporum ambages *pernicibus plantis* sua *recalcans* officio solemni *uestigia* dies salutaris aduenit. idem 1 44 1
et si coram hominibus tormenta passi fuerint, spes eorum immortalitatis plena est; et in paucis uexati in multis bene disponentur, quoniam deus 2 5 6
quae est inimica iustitiae. adeo inde est, quod frumento paucorum horrea plena sunt, inanis plurimorum uenter. inde populis deteriora mensuris 2 1 16
scuto fidei, per quod poteritis omnes sagittas illius mali, quae sunt igne plenae, exstinguere. is enim infelicibus nonnumquam inmittit Capricornum 1 38 6
senescente detrita *obtundam uerbis palpantibus* aciem ueritatis ac non plene denuntiem, obseruantiae qua perfectione dei cultus debeat custodiri, 2 7 5
sua enim deminutione crescebant. integer horum denique uasis semper in plenis manebat status quantumque eis impensae diurnae necessitas 2 1 20
ignes mundi germanos astrorumque candentium polorum claritatis suae de plenitudine accendit. hic, qui semel occidit et ortus est rursum numquam 2 12 4
ille, qui resurgit?' caro, fratres, quasi quoddam est speculum intuentis plenitudine grauidatum, quod non tam imaginem suam quam eius, cuius 1 2 29
quia sicut pater nec plus potest habere nec minus; alter enim in alterius plenitudine infusus est, ut sit *omnia in omnibus* deus benedictus, pater in 2 5 10
adhuc utrumque in semet ipso deus beatae perpetuitatis indiscreta spiritus plenitudine nescio qua sua conscientia uelatum filii non sine affectu, sed 1 56 1
quid sibimet derogaret. denique alter in altero exsultat cum spiritus sancti plenitudine una originali coaeternitate renitens, quemadmodum, si dicere 1 7 4
mater profecto peccati est, nosse praesumat trinitatisque unam potentiae plenitudinem, quae una mente, una credulitate concipitur, non uiolet, sed 2 3 19
spiritalem, quam in se credentibus dominus aetheria natiuitate renouatis plenitudinis suae pio de fonte largitur per dominum nostrum Iesum 1 27 3
dei debemus accipere, sed caelestis hominis spiritalem, quam nobis plenitudinis suae pio de fonte largitur. quam rationem Paulus euidenter 2 30 3
lumen implorat, quia sol aeternus in eo manet. inaestimabilia unius plenitudinis tria illi sunt membra, unum secretarium et patentes semper 2 6 7
tibi, quoniam deus, deus tuus ego sum; et infra: *meus est orbis terrae et plenitudo eius. numquid manducabo carnes taurorum aut sanguinem* 1 25 1
orbis totus omnisque natura, beatissimo Dauid dicente: *domini est terra et plenitudo eius, orbis terrarum et uniuersi qui habitant in eo*? Iob diabolus 1 15 7
maiestate, non semine, capitque uirgo, quem mundus mundique non capit plenitudo. interea promouent suum membra factorem et opus sui figura 2 12 2
et domino sui sacerdotes, sui insultauere cultores. Iob in sterquilinio pleno uermibus sedet; dominus quoque in uero sterquilinio, id est in huius 1 15 9
ac lubricos, *qui inter pios impiosque sint medii* nullam partem tenentes ad plenum, cum utramque tenere non desinunt. fideles non sunt, *quia* habent 1 35 4
uenenum aspidum sub labiis eorum, quorum os maledicto et amaritudinis plenum est; ueloces pedes eorum ad effundendum sanguinem; contritio et 1 3 11
ad eos in Esaiae libro: *quo mihi multitudinem sacrificiorum uestrorum? plenus sum holocaustomatis arietum et pinguamine agnorum. sanguinem* 1 25 6
de Aegypto egressi sunt, ubi imaginarium pascha gesserunt, dicat: *plenus sum holocaustomatis arietum et pinguamine agnorum; quis enim* 2 25 1
proprium confitetur discessumque, uel qui sit signis euidentibus docet, ut plerumque aliquos noscamus eos esse, quos in idolatria commorantes nuper 1 2 6
pugnat, quod uiolandum ullo opere in toto non esse praeconat. etenim plerumque contingit, ut ei nascatur sabbatis filius, quem octauo die, id est 1 3 3

dedit, sed quam ei pepererint armati numero dies, menses et digiti. at	plerumque cum sua sibi industria fenerator etiam ipse nudatur, ei cum	1 5 12
deum sibi propitium reddiderunt. quod et nos et fecimus et facere	plerumque debemus, ut et praesentis temporis temptationes et futuri iudicii	1 34 9
solemnitate dimittimus, sed pudoris sanguinem retinemus, quem ambitiose	plerumque effundimus, cum in persecutione pro nomine domini diabolum	1 3 21
aut amatur aut odio est. denique haec est causa, quod fratrum pia nomina	plerumque gladiis amica uidemus esse quam sibi; quod parentes opulenti	1 5 6
defodiunt; timeant omen qui non timent mortem: sic, sic interempti	plerumque iacent canibus, alitibus ferisque donati, ubique dispersi,	1 5 8
extorserint debitorem. auaritiae enim natura talis est, ut auariorem faciat.	plerumque plus tulit auaro quam praestat, ac sic saepe contingit, ut merito	1 5 12
fructus longius inuitata producitur, ui aliqua separetur. tum solemniter	plorans clementer imbre suo rorat conceptaque musti felicibus lacrimis	2 11 3
matres uestrae pepererunt, quae et ipsae partus dolore gementes et uos	plorantes, sordidos, pannis sordidis alligatos huic mundo dediticios	1 32
sacrosancta dignatio, in qua quae parturit non gemit, qui renascitur	plorare non nouit! haec renouatio, haec resurrectio, haec uita aeterna, haec	1 55
omnia omnino peccata baptismate spiritusque sancti uigore amputantur.	plorat feliciter uitis purgata materia; de homine loto felicius manant	2 11 5
in martyris membra saeuire. uiluerunt ungulae, inutiles ictus uisi sunt	plumbatarum, stetit contemptus eculeus, crebri fustium imbres maioris	1 39 6
consulunt fibras nec per uarios auium uolatus coniecturis inanibus statum	plumeae salutis inquirunt, sed a suo corde remedium salutare deposcunt	1 34 9
lasciua, auaritia caeca, libidine percita, delicate tumentis ac reflabilis tori	plumeo sepulcro superba. iactat se ludibunda per nemora, fontes, prata,	2 4 9
rogare non norunt; iam uiduae atque inopes testamenta conficiunt.	plura ad laudem huius beatitudinis uestrae possem dicere, nisi essetis mei.	1 14 9
ignibus flammae intercepti diei lumen inconstanter assimulant, cum ardent	*plura fulminibus,* cum terra uel tremit uel hiatu se recipit in se, nullus hic	2 2 3
uestri corporis ambitu superatis; denique sancti diuites pauci sunt, uos	plures estis. haec sunt, dilectissimi fratres, charismata uestra, hae uirtutes,	2 6 10
licet sectae sint	plures, quae iniuriam Christi fabulari nitantur, tamen tres sunt quodam	2 8 1
me dicere in populo graui anus saepe uideri nouas nuptas, quarum paene	plures sint nuptiae quam natales. quae non rogantur ut nubant, sed ut	2 7 10
fortassis requiratis et a nobis, qua genitura quoue signo tam diuersos, tam	plures, tam dispares una uno partu uestra uos peperit mater. sicut paruulis	1 38 2
insinuabo. in totius fabricae fundamentis non sicut in Iudaeae templo	plurimi, sed magnus, praeclarus, pretiosus ac speciosus unus est lapis, qui	2 6 6
opibus, animantibus, alimoniis utilitatibusque diuersis, magnis et	plurimis, habitatori ulla ne querela subesset, sollertia mira perfecit, tunc *ad*	2 4 4
ab herbis, arcet a siluis, arcet ab aquis, et quidem copiosis uacantibus	plurimis negat hominibus, quod auibus, serpentibus, feris non potest	1 5 13
te ne scrutatus sis. quae praecepit tibi deus, illa cogita semper et in	*plurimis operibus illorum non eris curiosus; multos enim seduxit suspicio*	2 3 16
enim in eum filium, posteaquam deliquit, granditer uindicari, quem pater	plurimo dilexit affectu et, quantam pietatem dilecto filio amatus pater	1 61 5
est a tyranno dissimilis, qui solus habet quod potest prodesse commodis	plurimorum. quid, quod paupere cotidie moriente oppressione, fame,	2 1 19
adeo inde est, quod frumento paucorum horrea plena sunt, inanis	plurimorum uenter. inde populis deteriora mensuris pretia quam inopia.	2 1 16
poteris, saltem noli tuas nuptias fenerare, ne in illo resurrectionis die inter	plurimos maritos non possis, cuius fueris uxor, agnoscere. noli esse	2 7 18
sunt duo, sed una moneta signati; et scala duos scapos habet et gradus	plurimos, sed eius ascensus est unus. gradus autem eius, fratres	1 37 14
dicit aliquis: 'si ita est, nulli ergo lex prodest.' absit; prodest, et quidem	plurimum, nam per ipsam dei uoluntas populis intimatur, per ipsam	2 3 3
omne uirus uetustatis exstinguat, ne quid adulterum pariat. ac ne quem	plus amare uideatur aut minus, unam natiuitatem, unum lac, unum	2 29 2
haec captiuorum iuga redemptionibus frangit; incarceratis medendo	plus carcerem nouit; blanda peruigil cura aegritudinem cum aegro partitur;	2 1 12
ne aestimetis hic gratiam. iudicio uestro nascimini scientes, quoniam, qui	plus crediderit, nobiliorem se ipse praestabit. constanter igitur ac fideliter	1 49
pater bonus, si prouidus, si utilis esse desideras, sicut ille Abraham, deum	plus debes amare quam filios, ut habere merearis integros, incolumes ac	2 1 21
crescit quantoque ab ea diligentibus inuicem creditur, tanto inuicem	plus debetur. non quemquam pro persona diligit, adulari quia nescit; non	1 36 11
humanum magis uoluptati quam uirtuti consentit, deinde quia delicias	plus diligit quam laborem. huc accedit, quia bona carnis inuenit, non	2 4 13
illis in deserto suauitas lactis et mellis exhibita est, nobis uero, quod	plus est, melle dulcior ac lacte candidior aeternae uitae beatitudo dei	1 46b 3
uenio nunc ad exempla, quae sunt negotio uel maxime necessaria, quia	plus est quod geritur quam quod dicitur, ut et impudicitiae malum et	1 1 15
non illos aura corrupit, non fumus amarus infecit, non frigus elisit; quod	plus est: sine fermento leuati sunt. certe caccabacei non sunt, non uetusti,	1 41 2
scio, quia nullus est nostrum, qui non momentis omnibus elaboret, ut	plus habeat, quam habebat; quod cum nititur, auaritiae utique partes agit,	2 1 16
se desiderabilem praestat. in suo statu omni loco, omni tempore manet	plus honestati consulens quam utilitati. uultis scire, quantae felicitatis sit	1 1 2
totum, si possit, ut rapiat. uultis scire, quale calamitatis sit genus? sane	plus in eum, qui eam dilexerit, saeuit. quam qui uicerit, habebit uitam	1 21
prorsus iniquitatis spiritum libens concipis per maritum: infelix, iam	plus in te est quam in templo remansit! at si te serues atque contineas,	2 7 17
hoc est solum, nos in quo uincimus, quia pro sua sanctitate Christianae	plus nubunt. adde quod gentibus, quod sine dolore magno uel gemitu non	2 7 11
pertinebit nec est in illo aliquid, quod sit inferius, quia sicut pater nec	plus potest habere nec minus; alter enim in alterius plenitudine infusus est,	2 5 10
concussae gemunt urbes, deleta rura respirare non possunt, maria	plus praedonibus saeua sunt quam natura; obseratae gladiis uiae humano	1 5 3
curuas non religione, sed pondere, quando exomologesin facies, quae	plus pro ornatu es quam pro salute sollicita. quid autem a deo impetrare	1 14 6
committitur proelium. ultra morem diabolus pugnat, sed Iob dissimulando	plus pugnat. ille eius magnum atque opulentissimum censum uno momento	1 4 18
crinium damno uelasti, scissis genis, liuore foedatis uberibus, sordido	plus puluere tecta quam ueste? tu, inquam, non es, quae nunc caelum	2 7 7
liberi, quod ueri sunt patres. huius est munus, quod alii ut nos aut	plus quam nos proximi uel amici sunt nobis. huius est munus, quod	1 36 14
legem; et iterum: *noli esse sapiens multum et noli argumentari*	*plus quam oporteat.* similiter Paulus: *noli altum sapere, sed time.* cum haec	2 3 12
uocatur occasio, se tamquam arbitrum timet omneque secretum	plus quam publicum reueretur. pestiferas odit blanditias carnis inimicae et	1 1 2
pes claudorum. tu scutum fidelissimum uiduarum. tu melior pupillorum,	plus quam uterque parens. tibi oculos numquam siccos esse aut	1 36 31
sed Christianus, ne talis euadat, pariter commonetur. denique ut iste	plus timeat, ille terretur; ille uapulat, ut iste proficiat. compendiosum	1 10a
debitorem. auaritiae enim natura talis est, ut auariorem faciat. plerumque	plus tulit auaro quam praestat, ac sic saepe contingit, ut merito perdat	1 5 12
quae eis erant, sed erant illis omnia communia, sicut dies, sol, nox,	pluuiae, nascendi atque moriendi condicio, quae humano generi sine	2 1 18
subiecti ac se commendantes sequaces fructus adridunt, quos solis ardores,	pluuiae uentique exercendo prouehunt ad maturitatemque perducunt. at	2 11 3
aut terra, cum iussu dei et caelum obsecundetur et terra, quia caelum	pluuias et fruges terra non denegat! sed quia haec prophetia nouissimis	1 61 2
suscipis, ipsa reponis, ipsa custodis. una cibum praeterea capis, reliquias	poculi propinati lambendo labris exhauris futurique haustus quasi quasdam	2 7 17
caelestis panis nobiscum portamus annonam. illis sitientibus petra fluxit in	poculum, at Christi fontem qui biberit, in aeternum sitire non nouit. illis	1 46b 3
mensam aduersus eos, qui tribulant me. inpinguasti oleo caput meum et	*poculum tuum inebrians quam praeclarum.* utique, fratres, calix	1 13 10
praeponit, ut grauius possint, si resipiscant, comparatione torqueri quam	poena.	2 21
rei non uos terreat contemplatio; non enim ulla est metuenda iam	poena, cum incensorum superstes insultet ignibus uita.	1 31
cum uiuit in hoc mundo, semper in tribulatione, semper iustus in	poena est. cum autem mors, quae putatur metuenda, gustatur, tunc ei in	1 2 31
inueniunt. denique excipiuntur non flamma, sed rore, dei dignatione, non	poena. o felix supplicium, quod incolumitate superante inmortalitas	2 22
delebat; animam quoque feralibus tenebris relegatam perpetui carceris	poena perpetua inplacabilis affligebat infernus. non superi, non inferi	2 4 6
eiusque in resurrectione aut praemio perfrui perenni aut consimili	poena puniri.	2 4 18
in perditis facultatibus diuitem, dissimulauit in amissis liberis patrem, in	poena sui corporis iustum. namque summo capitis a uertice usque ad imos	1 15 5
peccatoribus aut excusatis aut emendatis indulgentia, impiis autem aeterna	poena tribuatur per dominum Iesum Christum, qui est benedictus cum	1 35 9
causa ante quod amauerat; probat felicius esse quod oderat. gemit instanti	poenae aliquid de facultatibus notis mederi non posse, pro uno puncto	1 2 10
eum poterat et punire. sed quia mors apud incredulos futurorum putatur	poenae compendium ac paene pro infecto habetur quod non diffamatur,	1 47
plumbatarum, stetit contemptus eculeus, crebri fustium imbres maioris	poenae contemplatione neglecti sunt. excogitatur nouum stupendumque	1 39 6
impios cum peccatoribus uniuersisque incredulis gentibus perenni destinat	poenae, in Psalmis spiritu sancto dicente: *ideo non resurgunt impii in*	1 2 23
aestimare licet, quid eis sit reseruatum, quorum in causa funerei luctus	poenae pertulit natura supplicium.	1 47
e caelo imber fusus a domino flammis et sulphure armatus	poenali procella deleuit? Iudaei contionibus tument; altaria diuina cum	1 4 10
pro quibus causis a deo non tantum sunt disperditi, sed etiam perpetuo	poenali supplicio destinati. Aunan autem secundus frater Iudaicus est	1 13 4
ista prima morte dissolui, sed pro qualitate factorum quasdam locis	poenalibus relegari, quasdam *placidis sedibus* refoueri, ut tunc demum	1 2 3
damnati; ex hac enim uita quis secum aut coronam portat aut	poenam. quam rationem Dauid in Psalmo primo his uerbis expressit: *non*	1 35 2
prae oculis deum sibi proposuere, non flammas, praemium futuri, non	poenam. sicque inter taetros undantis incendii globos triumphantes	1 11
uocat, ut abdicatio timeatur; exaltatos, ut ruina terrori sit; spretores, ut	poenam supplicii sibimet impendere cognoscant. quod exemplum, fratres,	1 30
iudex uiperei ueneni felle commotus iubet non usitata animaduersione	poenarum nec usuali in reos lege carnifices in martyris membra saeuire.	1 39 6
debemus, ut et praesentis temporis temptationes et futuri iudicii	poenas euadere mereamur per Iesum Christum.	1 34 9
morborum? postremo iacentes reliquias mors uindicat sibi, insuper ei	poenas gehennae paritura. tunc carnalis mimus ille finitur exsanguique	2 4 16
ulla uiolauerit ratione, nonne continuo uelut sacrilegii commissi capitales	poenas luit? quanto magis in dei causa fortius praecauendum est, quem	1 36 24
carnifici destinat statim, non audiendum, sed competentibus	poenis excruciandum. tertium quoque, quem aduerterit fraudulentum,	1 35 8
sunt caelestia, sunt et terrestria. itaque inmortalitatis semine (de quo etiam	poeta sapientissimus praesagauit dicens: *igneus est ollis uigor et caelestis*	1 2 26
Dicaearchi Democritique uanitatem argumentatione manifesta conuincunt.	poetae autem melius, qui duplicem uiam apud inferos ponunt: impiorum	1 2 4
dilectissimi, saeculorum pater adest dies, omni genere fructuum fetibus	pollens, diuite sinu, momentis quibus uelis quattuor temporum munera	2 13
suae matri praestare, cui praestitit, ut rediuiuae uirginitatis honore	polleret. itaque in statu, quo nata es, permanens, uirgo, gloriare sanctique	2 7 4
cum transducta fuerit, fides uocatur! o quam non uera, si *factionibus*	*pollet*! o quam publicana, cuius fabulantur etiam profani secreta! o quam	2 3 10
redeuntem, an ardori quaeres aliunde remedium? si obseruantiam	pollicere, sine dubio fallis, cuius inpatientiae professio iam tenetur. si es	2 7 9
concelebrat, per quem nobis quoque resurrectionem futurae beatitudinis	pollicetur.	1 58
ortu rediuiuo concelebrat, per quem nobis munus futurae beatitudinis	pollicetur, hoc quoque nostris competentibus praestaturus, quos nunc	1 57
iustitia Christianum. adde quod circumcisio ista non tam salutem	pollicetur quam locum caputque criminis monstrat. Adam etenim, cum	1 3 8
ergo, fratres, quia huius modi circumcisis deus non tantum salutem non	pollicetur, sed etiam, nisi legitime corde circumcidantur, ignis	1 3 13
sed aetheria ueste uestiti mox candidati inde surgetis. quam qui non	polluerit, regna caelestia possidebit per dominum Iesum Christum.	1 23
sol uerus, qui clarissimos ignes mundi germanos astrorumque candentium	polorum claritatis suae de plenitudine accendit. hic, qui semel occidit et	2 12 4
quam locum caputque criminis monstrat. Adam etenim, cum illicitum	pomum hoc membro decerpit, sic in genus humanum ius mortis induxit.	1 3 8

inuidi ex lubricitate serpentis est inpatientiam mutuatus sacraeque arboris pomum male dulce delibauit, lacrimas repperit, dolores et gemitus, *spinas* 1 4 8
suis, *donec* uacuatis omni principatu et potestate et uirtute et dominatione *ponantur omnes inimici eius sub pedibus eius inimicaque destruatur mors.* 2 5 7
antiquum; habetis aginam: exagium facite quemadmodum uultis; singulos ponderate: inuenietis nullum habere minus. tripondes sunt omnes, 1 41 3
coloratis ratiociniis sua furta excusantem, reseruat examini, ut ponderatis damnis rebusque seruatis sententia in eum, prout debitor 1 35 8
lapidum discoloribus formis referta penetralia, gemat terra sub pondere argenti, auro ardens tota domus pugnet sua flamma cum sole 1 5 10
contumelia a persecutoribus illusi iugulantur. sucus earum in ultimo preli pondere duabusque tabulis exsiccatur; similiter iudicii die a Christo 2 11 7
uitae reptantis praeuiis lacrimis auspicatur. non mater eius tanti partus pondere exhausta totis pallens iacuit resoluta uisceribus. non filius matris 1 54 4
frumenta mutauit, quae diligenti cultu purgata molarisque lapidis pio pondere feliciter fracta, ordinabiliter creta, omni furfure abiecto mirifico 1 41 1
in cassum iactura uasorum nauem leuare ponderibus, quae prophetae pondere premebatur. tum Ionas, quem solum exspectabat bona illa 1 34 6
pectus prosternere dedignaris. sane ceruicem curuas non religione, sed pondere, quando exomologesin facies, quae plus pro ornatu es quam pro 1 14 6
ab inprudentibus aestimatur. ceterum domini dictum quo sit pondere quaue ratione prolatum, explanat proprietas ipsa uerborum: *qui* 1 35 2
trepidant nautae, festinant in cassum iactura uasorum nauem leuare ponderibus, quae prophetae pondere premebatur. tum Ionas, quem solum 1 34 6
gaudeo, sed sine furti conscientia, sane confiteor. denique et uos retinetis pondus antiquum; habetis aginam: exagium facite quemadmodum uultis; 1 41 3
omnis ablatus est. securi gaudete; nihil saeculo iam debetis. ecce nullum pondus, stridor nullus est mundanarum uestris in ceruicibus catenarum. 2 29 1
cotidie delectatur; at illa aegra fastidio nouem mensium non baiulat pondus, sub incerto partu parientis nascentisque de salute non gemit 2 7 3
quos peragrare competenti sermone urgentium sacramentorum non sinit pondus. uerum tamen ne in toto solemnitas cesset, paucis eius degustate 1 10b 1
quicquam timere poterat, qui mortuos excitabat, *qui potestatem habuit ponendi animam et iterum resumendi eam;* sed ut doceret, quoniam, cum 1 2 31
sermonibus conquiescis neque tantam in multiplicandis uirtutibus laudem ponis, quantam in finiendis. tu uirginitati praestas, ne flos eius ullo morbo, 1 4 20
conuincunt. poetae autem melius, qui duplicem uiam apud inferos ponunt: impiorum unam, quae ducit in Tartarum, piorum aliam, quae 1 2 4
in se paululum stupore rursus in se riuus sanguinis ruens†. dehinc poplitibus surisque porrectis et a germana coniunctione naturae gladio 1 39 8
uno sequuntur duo Pisces in signo, id est duo ex Iudaeis et gentibus populi baptismatis aqua uiuentes, in unum populum Christi uno signo 1 38 7
ab hominibus deus omnipotentis dei filius, nullus irascitur de duobus. tu populi caelestis animam tenes, cum ornas pacem, fidem custodis, 1 36 30
tertium mundum. detestabile est gentium, reprobum Iudaeorum, populi Christiani mundum. igitur gentium sacrificium quam exsecrabile est, 1 25 3
humanus circa impietatem Iudaici populi deficit sermo, qui dei patientiam sui obstinati cordis impatientia 1 47
quod amauerit, rectum est, maxime quod uno desiderio omnes excolunt populi, dubium non est, quia aut hostis publicus aut certe iudicatur 2 7 1
cum *a Iudaeis uirgis ter caesus naufragio* trino diluitur, cum insani populi furibunda tempestate lapideis imbribus feliciter grandinatur, cum *in* 1 34 4
autem praedictorum tertius frater minor ex gentibus uenientis nouelli populi imaginem depingebat, Thamar ecclesiae, quae ei recte nupta non 1 13 7
naturam; uiam inter fluctus micuisse terrenam, quae utique non caelestis populi meritum, sed terreni per orbem totum dispersionis futurae 1 18 1
labruscam. cuius abhorrens infelicitatem dominus rei, aliam sibi, id est populi nostri, sua pro uoluntate plantauit, in quam omnis fructus 2 11 1
labore ac fauore nutritas. quas, quia uera uix potest inueniri, credo, ne populi penuria laborarent, uenales esse propositas. uerum tamen ex his 2 3 7
non Abrahae fuisse necessariam, sed in designationem Iudaici populi, qui carnalis futurus fuerat, procuratam. denique nihil illi contulit, 1 3 7
meritae repromissionis accepit. unde manifestum est Abraham gemini populi typum in semet ipso portasse, ut circumcisionis nota exprimeret 1 3 7
stupore frenatae uitreos diriguntur in muros praestolantes dei transitum populi, ut persequentibus mare sint. inducitur in uiam Israel ingratus, in 1 29 2
temporibus sub domini saluatoris aduentum, qui non esset a Iudaeorum populis audiendus, quod eum apostoli essent et homines ex gentibus 1 61 2
frumento paucorum horrea plena sunt, inanis plurimorum uenter. inde populis deteriora mensuris pretia quam inopia. inde fraus, periurium, 2 1 16
et in tempore erit respectus illorum. iudicabunt nationes et dominabuntur populis et regnabit dominus illorum in perpetuum. quid hoc est? si in 2 5 6
prodest.' absit; prodest, et quidem plurimum, nam per ipsam dei uoluntas populis intimatur, per ipsam disciplina caelestis colligitur ac tenetur, per 2 3 3
gloria et Petri felicitate, utpote super quem aedificauit ecclesiam, duobus populis profecerunt. mare autem mundum significasse non dubium est, 1 37 5
sed cotidiani fructus respondent hymnum canentibus deo credentibus populis, qui omnia inmortalitatis semine propagantur in saecula. in huius 1 33 4
ne quid praeter deum, quem diligit, timeat. denique huius suffragio Daniel populis terribilem inermis draconem necat, leonibus obiectus in periculo 2 2 5
dicta est; erat enim futurum, ut omnium nationum in Christo credentibus populis totus orbis deo una ciuitas redderetur. denique comparationem 1 34 9
sub inpudico praedone uersatur), quanto magis debet esse gloriosior in populo Christiano, qui eius sanctificatori inuiolabili deseruit deo? nam si 1 1 3
sic in genus humanum ius mortis induxit. necessario ergo luxurioso populo deus hoc signum dedit, ut, locum matricalis culpae cum denotat, 1 3 8
quae uere exsecranda sint, iam correcta sint crimina. pudet me dicere in populo graui anus saepe uideri nouas nuptas, quarum paene plures sint 2 7 10
sicut Esaiae beatissimi indicat carmen, Iudaico populo irascitur deus eumque, ne forte paeniteat, publica obiurgatione 1 30
prophetae fuerant destinati. *fornicariam putat*: recte, quia Iudaeorum populo seruiebat. cum ea conuenire cupit, quia prophetiae magis gentes 1 13 9
spiritaliter intellegi datur, Aegyptus mundus est iste. Pharao cum populo suo diabolus et spiritus omnis iniquitatis. Israel populus 2 26 2
quod est domini, et inmunditia eius super ipsum est, peribit anima illa de populo suo. haec, fratres, sicut cauenda sunt nobis, ita quae bona, quae 1 25 12
die, id est ueniente sabbato, si non secundum legem circumcidat, de populo suo infantis anima peritura est. hic, fratres carissimi, eligat utrum 1 3 3
sicut lectio diuina testatur, in Aegypto a Pharaone populoque eius Israel dei populus captiuitatis ingenti iugo acerrime 2 26 1
fidei, quae tantum habet, quantum credit. igitur Isaac unicus filius, spes populorum et gentium, origo tot rerum, cari genitoris amplexibus 1 62 3
rerum, *primogenitus a mortuis*, ut ait apostolus, post multorum obitus populorum. hic est, cui *data est potestas in caelo et in terra*, nomini eius 2 5 3
qui totius orbis debita uenerat soluturus. in stabuli praesaepe deponitur populorum pastorem pabulumque se esse contestans. subicit se gradibus 2 12 3
monita canentibus linguis, quasi quibusdam spiritalibus cultris, credentium populorum secundum Moysi dictum non in damnum hominis praeputium 1 3 16
indiget, quia ei praeter quod est nihil est necessarium. haec rura, urbes ac populos composita pace conseruat; haec circa regum latera securos gladios 1 36 13
passionem. mare autem mundus est iste tumidus; fluctus eius Iudaeorum populos et *gentes* accipimus, qui aduersus deum inaniter *fremuerunt*. sors 1 34 8
sed quos fructus habeat, eius auctor ostendit. discurrit quippe uesana per populos hominumque lubricas mentes libidinum flagrantibus stimulis 1 1 6
dei sublatum carbonem uaticinando perhibuit. etenim labia inquinata duos populos Iudaeorum gentiumque debemus accipere, qui, cum essent 1 37 3
capitis a uertice usque ad imos ungues pedum plaga inimici percussus populosis ulceribus non distinctus est, sed totus unum uulnus effectus. 1 15 5
quasi ab inferis emersum in superna sustollit perennitatis gloriam fructu populoso tenturum, hoc hactenus Paulo firmante: *stulte, tu quod seminas* 1 2 22
transit in alium, caritas parum est dicere transit in alium quae transit in populum; adde quod fides paucorum est, caritas omnium; adde quod spes 1 36 11
est duo ex Iudaeis et gentibus populi baptismatis aqua uiuentes, in unum populum Christi uno signo signati. 1 38 7
quas peperit, hymnum canens et pectoris uerum tympanum quatiens populum Christianum ducit, non in eremum, sed ad caelum. 2 26 3
corona. tu murus fidei, fructus spei, anima caritatis. tu specialiter omnem populum diuinasque uirtutes quasi crines effusos in unius uerticis nodum, 1 4 22
in ultimas miserias deuoluto. nam praedicant patres suos Aegyptium populum fugiendo delesse, deum suis praefuisse maioribus eorumque iter 1 18 1
et honestos grauius est aliqua nota confundi quam mori, deus Iudaicum populum luxuriae aestu exuberante corruptum publica increpatione 1 20
atque abominanda figmenta colendo — , tactu carbonis in unum populum per confessionem nominis Christi noscuntur esse conflati. etenim 1 37 3
uideantur esse quot membra? armauerat diabolus satellites suos in domini populum, ueterani odii assertor antiquus, et totam familiam domini 1 39 2
Iudaicum populum uniuersum salutis suae amisisse praesidium diuini carminis textus 2 21
erit geminum de religiositate commercium, cum ad caeleste praemium populus accenditur et de martyris meritis non siletur. sed quis illustris 1 39 1
clarissimi ac dulces nostri funduntur infantes. aestas autem fidelis est populus, angelicus et mundus, qui sponsionis suae palmam fortiter 1 33 3
lectio diuina testatur, in Aegypto a Pharaone populoque eius Israel dei populus captiuitatis ingenti iugo acerrime premebatur. hunc deus praecipit 2 26 1
duas esse natiuitates domini nostri Iesu Christi necessario scire debet populus Christianus, ne quem patiatur errorem: unam, qua natus est; 2 8 2
iste. Pharao cum populo suo diabolus et spiritus omnis iniquitatis. Israel populus Christianus, qui proficisci iubetur, ut ad futura contendat. Moyses 2 26 2
Hierusalem spiritalis instruitur, quibus sacrae orationis iste locus nouus et populus cotidie Christi dei et domini nostri prouidentia comparatur. hic 2 6 11
poenali supplicio destinati. Aunan autem secundus frater Iudaicus est populus, cui praecipitur, ut semen excitet fratris, non utique illud, quod a 1 13 5
huius fuit cicatricis ignarus? quid, quod cum praeputio Nineuitarum populus dei est indulgentia liberatus? quos utique omnes circumcidi 1 3 5
etenim hominum conciliabulum est contextio ista parietum, fidelis autem populus dei templum, apostolo dicente: *uos estis templum dei et spiritus dei* 2 6 4
non poterit. denique Abraham placuit deo credulitate sine lege et Iudaicus populus displicuit deo incredulitate cum lege. unde dubium non est legem 2 3 1
fratres dilectissimi, historiae sacrae sic est perlecta narratio. cum Israelis populus enormi captiuitatis iugo depressus a rege Pharaone duris 1 29 1
cunctus redemptus est orbis, quo aetherio semine nouellus uiuificatus est populus; hic, inquam, qui nobis resurrectionis monstrat exemplum. cuius 1 16 2
homines filios computabant. igitur Her primitiuus filius primitiuus est populus, id est hemithei omnes potentissimi et reges, qui ferocitate uirtutis 1 13 4
quantum sonus lectionis indicat, fratres, Iudaicus quidem populus impietatis arguitur, sed Christianus, ne talis euadat, pariter 1 10a
iamiamque Susanna ad supplicium immerens trahebatur, iam totus populus in eius sanguine tumescebat, iam sui quoque familiares nouae rei 1 1 19
forma mutatur et dei iniuriam prius prodit natura quam intellegat populus Iudaeorum. ab auctore itaque coepit furoris horror; accingitur 1 59 9
nec nauis. Maria cum mulieribus tympanum quatit; hymnus canitur; dei populus liberatur resolutisque undis uia cum persecutore deletur. quantum 2 26 1
lectioni, ut edicerent nobis, quinam sit deus iste, qui dicit: *audi, populus meus, et loquar, Israel, et testificabor tibi, quoniam deus, deus* 1 25 1
at uero Nineue imaginem portat ecclesiae, in qua gentium iam inde noster populus morabatur, quae non in cassum a deo *magna ciuitas* dicta est; erat 1 34 9
meminimus in Regnorum proditum libris famis tempore, quo totus passim populus moriebatur, Eliae alimenta poscenti memorabilem uiduam ultimam 2 1 20
laeuaque in abruptum digestis aggeribus stupens unda solidatur. dei populus nauigat plantis. mira res! iter eius barbaris uehementer 2 26 1
dominum, prodiderunt, qui ait: *ego sum uia et ueritas*. illorum profugus populus per mare rubrum dextra laeuaque undarum stupentibus rupibus 1 46b 2
Iob filios furens diabolus interemit; et domini filios prophetas insanus populus Pharisaeus occidit. Iob ulceribus maculatus est; et dominus 1 15 8
cathedra *pestilentia*, sacrificium *canina mactatio*, ieiunia *odium*, populus *progenies uiperarum.* post haec quid praesumant, aestimare non 2 25 1
sic enim se habet: *in finem pro his qui immutabuntur.* Iudaicus etenim populus, qui prior uinea dei dictus est, floruit quidem, sed infeliciter flore 2 11 1
reuertimini ad iudicium; falsum enim isti contestati sunt de ea. stupet populus, quod a supplicio ad iudicium repetendum reuocaretur addicta. 1 40 3
fuerat locus, in quo non erat pro religione sacrilegium. cogebatur Christi populus uanis superstitionibus interesse atque in cultum nefandi ritus nunc 1 39 2
disciplina? quid autem pro se in necessitatibus gerant, omnibus nota porcorum cotidiana propemodum tam iucundi certaminis exempla 1 36 15

stupore rursus in se riuus sanguinis ruens†. dehinc poplitibus surisque	porrectis et a germana coniunctione naturae gladio saeui latronis	1	39	8
iam praemia, quae meretur; diuinae enim explorationis temptamina	porriguntur: exserit equidem ferrum et armata dextra subleuat manum, sed	1	43	6
est illa nobilis et antiqua, quae non dicam tractatu, sed ipsius natiuitate	porro maior est legis, quae deum deo credendo promeruit, quae credere	2	3	8
qui quod habes nescis. quicquid feceris, nihil horum tecum ad inferna	portabis; quod enim naturae est, de loco ad locum transferri potest, ei	1	14	3
apostoli omnesque iusti, non tantum imaginem, sed ipsum deum quoque	portabunt, sicut et scriptum est: *uos estis templum dei, et spiritus dei*	2	30	4
asinum nouellum, et iterum: *tollite portas principis uestri et eleuamini,*	*portae aeternales, et introibit rex gloriae*, et iterum magi: *ubi est*, inquiunt,	2	5	2
illa ciuitas destinata est. nulla intrare uolentibus mora; patent duodecim	portae, habitacula praeparata sunt infinita. nemo sit de mansione sollicitus:	1	5	17
tria illi sunt membra, unum secretarium et patentes semper duodecim	portae, quas ab hostili defendit impulsu in modum tau litterae prominens	2	6	7
autem esurire non possumus, sempiternam qui caelestis panis nobiscum	portamus annonam. illis sitientibus petra fluxit in poculum, at Christi	1	46b	3
iugum peruenit, cum praerogata omni facultate pauperibus crucem suam	portans consummata omni iustitia expeditior sequitur Christum. ui	2	11	6
in quo, quibus aquis dei serui liberantur, iisdem, qui non fugiunt, sed	portant peccata, delentur. Maria, quae cum mulieribus tympanum quatit,	2	26	3
recipiant secundum quod mundanae administrationis suis in actibus	portant, recte dicentes: *quisque suos patimur manes.* nos uero, fratres, quos	1	2	4
habemus plane et quidem manifestam ex eo ipso, quod non est nobis	portantibus nota. incomprehensibilis enim dei imago inuisibilis sit, necesse	1	27	3
fratres. habemus plane, et quidem manifestam ex eo ipso, quod non est	portantibus nota. incomprehensibilis enim dei imago inuisibilis sit necesse	2	30	3
fetus nescia, cum uisceribus frigente senio nec sperare subolem posset nec	portare confideret, matris suscepit officia, quae uxoris iam munera	1	59	3
fontem aquae uiuae et foderunt sibi lacus detritos, qui non possunt aquam	*portare*. postremo infelices quid sperant de imagine, cuius nosse non sunt	1	18	2
quidam putant, inanitatem se disserere posse mentiatur? quis terram aqua	portari an aquam terrae gremio contineri se nosse praesumat? quis spiritus	1	34	1
iamiamque dicto citius aetherias	portas, fratres, intrate aeternique gurgitis alueo genitali condentes ullam	1	49	
iustus et saluans, mitis, sedens super asinum nouellum, et iterum: *tollite*	*portas principis uestri et eleuamini, portae aeternales, et introibit rex*	2	5	2
accepit. unde manifestum est Abraham gemini populi typum in semet ipso	portasse, ut circumcisionis nota exprimeret Iudaeum, credulitatis iustitia	1	3	7
sua sunt incredulitate damnati; ex hac enim uita quis secum aut coronam	portat aut poenam. quam rationem Dauid in Psalmo primo his uerbis	1	35	2
sum et non demutor. cum hoc ita sit, homo quemadmodum dei imaginem	portat, cuius uultus omni conuersioni subiectus momentis omnibus	2	30	2
sum et non demutor. cum hoc ita sit, homo quemadmodum dei imaginem	portat, cuius uultus passibilis, omni conuersioni subiectus momentis	1	27	2
se ciuitati Ierusalem intulit ante quam caelo. at uero Nineue imaginem	portat ecclesiae, in qua gentium iam inde noster populus morabatur, quae	1	34	9
Abraham pinguem conditamque fideliter uitulinam. Isaac innocenter ollam	portat et ligna. Iacob patienter uaria exhibet pecora. Ioseph promotus ad	1	24	2
sterilis fecunditate tumet feliciter uenter, Mariae maiestate. illa praeconem	portat, haec iudicem. exsultate, feminae, promotionemque uestri sexus	2	8	8
nec spes timet, ne non ueniant, quia ea semper secum suis in uirtutibus	portat. hoc est, quod Abraham *contra spem in spem credidit deo, ut fieret*	1	36	5
paenitentiam nescit; altercatio quid sit ignorat. omnes aut deuitat aut	portat iniurias. incertum est, utrum inpassibilis iudicetur, cum aliquid	1	4	2
a cunis genitalibus non recedit. profecto sacramenti dominici imaginem	portat, nam occasu passionem resurrectionemque ortu rediuiuo	1	57	
a cunis genitalibus non recedit. profecto sacramenti dominici imaginem	portat, nam occasu passionem resurrectionemque ortu rediuiuo	1	58	
fax incensa omnibus momentis exurit; qui paedorem sui secum carceris	portat; qui carnificem sentit, antequam uideat; qui nomen iudicis	2	10	1
ei de legitimo matrimonio filius de fide, non de aetate. concepit Sarra,	portat sine labore uteri sarcinam, quae iam ambulare non poterat; tunc	1	62	2
aqua caelesti mox efficit uiuos. lignum auxiliare, quo tenditur uel	portatur, crucis est dominicae signum, sine quo uiuere immortalitatemque	2	11	4
pura materia tabulatis infertur, nodis adstringitur, ne a ligno, quo	portatur uel cuius adminiculo uel ducatu in uberes fructus longius inuitata	2	11	2
de limo est, portemus et eius imaginem, qui de caelo est. quam qui sancte	portauerint, sicut apostoli omnesque iusti, non tantum imaginem, sed	2	30	4
largitur. quam rationem Paulus euidenter prodidit dicens: *quemadmodum*	*portauimus imaginem eius, qui de limo est, portemus et eius imaginem, qui*	2	30	4
secretior: diuini sermonis arte formata in se tabescentis corporis uulua	portauit. sed in caelesti prole, non semine, progenitum certissimum	1	59	8
dicens: *quemadmodum portauimus imaginem eius, qui de limo est,*	*portemus et eius imaginem, qui de caelo est.* quam qui sancte portauerint,	2	30	4
cetina cymba inter aestuantis pelagi sollicitos sinus fidem tuam fideliter	portet; solis cursus ac lunae ab occidui carceris receptaculo orationis freno	2	3	14
desecat carnem, secunda animi desecat uitia; illa ferro, haec spiritu; illa	portionem, haec hominem totum; illa masculum solum, haec utrumque	1	3	23
omnes uno eodemque consensu quasi quendam patientiae deferuntur in	portum, sine qua nec audiri nec concipi nec disci quicquam poterit nec	1	4	1
profundo gurgiti nauta committit, si ei numquam lucrum, numquam	portus desideratus occurrit? quid miles non dicam horridae hiemis aut	1	36	3
crebris turbinibus constitutae fidissimus miserandae uiduitatis es	portus. tu sanctissimo coniugali iugo rudi ceruice subeuntes in nisum	1	4	21
libris famis tempore, quo totus passim populus moriebatur, Eliae alimenta	poscenti memorabilem uiduam ultimam uictus sui filiorumque substantiam	2	1	20
quae pudoris integritatem faciem uelando monstrabat. interpellat eam,	poscit ingressum, missurum se promittit haedum. at illa promisso expetit	1	13	2
hostia nec uictima imparata, qui testis diuini timoris ad fidem a domino	poscitur, a parente perducitur, sed hostia non sanguinis, sed salutis. ad	1	59	2
non credit esse uenturum? sed spes ex fide est, quae quamuis in futuro sit	posita, fidei tamen est iure subiecta. ubi enim fides non est, nec spes est;	1	36	4
ex caritate, non caritas pendet ex lege, sacra scriptura dicente: *iusto lex*	*posita non est, sed peccatori*. peccator autem ille est, qui caritatem non	1	36	17
tolle peccatum: cessat legis imperium. *lex* enim, sicut scriptum est, *iusto*	*posita non est,* sed peccatori, quia *iustus ex fide uiuit,* infidelis iniuste. errat	2	3	4
quod senescit, quod opus factum est alienum, quod non est in sua	positum potestate, quod a sua substantia tollitur, quod mutatur, quod	1	7	2
crucifigi habuisse dei filium nuntiabant; quem confirmat in scala rectissime	positum, quia historia totius scripturae et propter ipsum et auctorem per	1	37	8
cum fratres agnosceret; et ubi iactantia se non potest continere,	positus in honore. caelestis profecto est ista patientia, quam a suo statu	1	4	17
ululatibus rumpens post talem maritum puncto temporis uiuere te non	posse clamabas, nunc clusis dolore gemitibus saepe intermortua spiritu,	2	7	7
pro ornatu es quam pro salute sollicita. quid autem a deo impetrare te	posse credis, quae eum per id, per quod irascitur, deprecaris? aperi tandem	1	14	6
grassantium satellitum praeceps irruit manus, festinat dei famulum	posse deprehendi; quem beati propinquus martyris, qui in eius forte	1	39	4
contemnit, ut seruet, destinat iugulare, ne iugulet, securus illo se non	posse displicere facinore, quod deo gerebatur auctore. o nouum	1	4	13
manauit humanum, caelestem uero ibidem nec memoratum nec factum	posse doceri nec natum. huc accedit etiam ipsa praepostera memoratio,	2	4	1
haec in tribus pueris ignes amoenos effecit; haec mare pedibus ambulari	posse in Petro praesumpsit. per hanc apostoli multos in nitidam cutem	1	36	8
elementa hominem, qui factus sit *ad imaginem et similitudinem dei*,	posse iugulari, et hoc a fratre. erubescit rudis terra pio sanguine impiata.	1	4	9
quis corporeum aeris huius, ut quidam putant, inanitatem se disserere	posse mentiatur? quis terram aqua portari an aquam terrae gremio	1	34	1
Iudaeos legitimum pascha celebrare non	posse paucis accipe, Christiane. Salomonis templum hostili uastatione	1	51	
Iudaeos legitimum pascha celebrare non	posse, periti legis, deo ipso loquente cognoscite; a quo appellatur synagoga	2	25	1
proponenda est *futurorum*, sine qua nec praesentia quidem ipsa stare	posse perspicimus. adeo tolle spem: torpet humanitas tota; tolle spem: artes	1	36	2
quo ex sese est, argumentis te cogere, examinare, metiri ac discernere	posse praesumis, hic tibi ego respondere non audeo, sit quippe cum tutius	2	3	15
reprobans dictum per hanc iniuriosam corporis stipem deo placere te	posse praesumis.' 'iam completa est, inquit, in me per Iesum Naue domino	1	3	14
oderat. gemit instanti poenae aliquid de facultatibus notis mederi non	posse, pro uno puncto requiei incunctanter tota, si liceat, paratus offerre.	1	2	10
deus proximi dilectionem commendat, quoniam solam praesumit seruare	posse quod praecipit. primum est itaque dilectionis officium deo refundere,	1	36	20
non uidet, exeuntem non potest prohibere. et aestimat quisquam dei se	posse scire secretum, qui sui corporis nescit arcanum? quare, fratres,	1	56	3
Iudaeos non tantum legitimum pascha celebrare non	posse, sed religionis diuinae prorsus nihil retinere, paucis accipite.	2	17	
omnes artes omnesque uirtutes, ipsa quoque elementa eius constare non	posse sine eruditione uel freno. est enim matura semper, humilis, cauta,	1	4	1
displicuit deo incredulitate cum lege. unde dubium non est legem non	posse sine fide, fidem posse sine lege; alioquin ista innumerabilis	2	3	2
cum lege. unde dubium non est legem non posse sine fide, fidem	posse sine lege; alioquin ista innumerabilis simplicitate sua felicior turba	2	3	2
uno sensu magistra dilectione conuerti, ut quiuis intelligat hoc fieri non	posse sine naturalis amicitiae disciplina? quid autem pro se in	1	36	15
usuris aut de praeproperae mortis subitis damnis familiam domini	posse terreri, cum sciamus apostolica fide esse perscriptum: *mihi uiuere*	1	39	5
genuisse, non mundo. hinc uxor amissi mariti desolationem se ferre non	posse testatur frigidumque latus male dilatato queritur lecto; inuidiosis	1	2	14
aliud esse fidem, aliud esse tractatum nec fidem per tractatum	posse uel dari uel nosci uel destrui. dari non potest, quia si uerbis dari	2	3	11
incremento conficiunt; hic solus ad hoc crescit, ut immortalem, quem	possederit, faciat.	2	2	7
inopes testamenta conficiunt. plura ad laudem huius beatitudinis uestrae	possem dicere, nisi essetis mei. unum tamen prae gaudio tacere non	1	14	9
Moysen Eliamque, quos propter tunc impedimentum carnis uidere non	possent, libertate spiritus uident, exinde intellegentes in thesauro naturae	1	2	9
in eloquentiae uiribus aestimabant. denique cum eam comprehendere non	possent — neque enim poterant sine magisterio diuinae sapientiae, cuius	2	1	2
hominum! fraudauit te furor tuus; adhuc erat in uictima domini quod	posses auferre: amputandam linguam mandare nescisti, quae in	1	39	6
est filius patri subiectus, cum quo originalis perpetuique regni una	possessio, coaeternitatis omnipotentiaeque una substantia, una aequalitas,	2	5	10
nasci posset in caelo, ut de caelo descenderet, cum humanitatis a caelo et	possessio longe dimota sit et natura? age, excita sensum, lector, inuenies	2	4	2
Christiani, sacrificium uestrum an esse possit acceptum, qui uicinarum	possessionum omnes glebulas, lapillos et surculos nostis, in praediis autem	1	25	10
et homo est, inquit, *et quis cognoscit eum?*. si ita est, quomodo ergo	posset agnosci, prodidit Esaias his uerbis: *audite itaque, domus Dauid: non*	2	8	7
uere perfectus deus non esset, si esset aliquid quod esse uolens esse non	posset. denique uultis scire conpendio ueritatem? factus est quod non erat,	2	8	9
hominis, qui erat in caelo. quomodo filius hominis uel cuius hominis nasci	posset in caelo, ut de caelo descenderet, cum humanitatis a caelo et	2	4	2
sepulcra, nescirent, caelum promittentes sibi, pro quorum actibus, si	posset, ipsa quoque erubesceret terra, postremo deos esse aduersus deum	1	13	4
Abrahae fetus nescia, cum uisceribus frigente senio nec sperare subolem	posset nec portare confideret, matris suscepit officia, quae uxoris iam	1	59	3
at *cum addidit: super me*, ostendit numquam se elatum fuisse, cum	posset. nulli enim facilius efferuntur, nisi quos inopinati honoris culmen	2	9	6
mox, ita ne percuteretur tenera aetas, ostenditur, quo nec pater ferire	posset, quia nec dominus humanum sanguinem postularet. religiosus	1	62	4
non dicam spatiis, sed momentis horarum aequabiliter se partiri non	posset, si inpatientia suos cursus urgueret. luna quoque, quae quibusdam	1	4	4
auaritia quam facile arguitur ab omnibus, utinam	posset tam facile non amari! est enim artifex ac dulce malum et hominibus	1	14	1
gentium. contra spem autem est, quod impossibile est ac non uidetur; sed	possibile hac spe fit, cum dei dicto indubitanter ac fortiter creditur. dicit	1	36	5
cum dei dicto indubitanter ac fortiter creditur. dicit enim dominus: *omnia*	*possibilia credenti*. unde *Abraham credidit deo et deputatum est illi ad*	1	36	5
potentissimi artificis rerum omnium conditoris ipse sit usus impossibilium	possibilitatem adserere ex eoque quod non est facere quod est, naturam	1	2	16
quia si uera fides est, aliud esse non potest quam quod est. igitur cum	possibilitatis humanae non sit fidei uidere secreta, nusquam, frater, tua	2	3	11

dilatant horrea, terras angustant, urgent saltibus saltus et, si orbem totum possideant, fines oderunt. inlicitum putant habere uicinum. construunt 1 5 8
perdurauerit, turri completa inaestimabiles diuitias in ea commanens possidebit. memorandum quoque necessario est etiam illud, a quo quid 2 6 8
mox candidati inde surgetis. quam qui non polluerit, regna caelestia possidebit per dominum Iesum Christum. 1 23
tuo te, inquit, Christiane uicisti. inde est, quod et ego aeternam uitam me possidere contendo, quia specialiter anxiam curam mortis mihi a deo 1 3 8
ambigua, in uobis renitet assertio; deum enim patrem uos et habere et possidere monstratis, cum pudicitiam, in qua deus habitat, non dicam 1 1 4
si carnalem, animae prodesse non poterit, quia *caro et sanguis regnum dei possidere non possunt.* accedit, quod circumcisio aduersus sabbatum pugnat, 1 3 3
caduca atque carnali, de qua apostolus dicit: *caro et sanguis regnum dei possidere non possunt.* at e diuerso uideor mihi audire proclamantem: 'si 1 2 24
tenax, *appetens alieni*, non suo, non alieno, non ipso orbe contenta. totum possidet et de inopia queritur semper. denique ad sua numquam peruenit 1 5 2
est habeat et filius non careat quod daturus. totum pater, totum possidet filius; unius est quod amborum est; quod unus possidet, 2 5 9
relinquendo sibi beata cupiditate antecedit auaritiam: homines enim illa possidet, ista deum. adhuc accipite, ad propriam sedem palmamque 2 1 12
scit operibus suis esse contrarium. diaboli est sane mancipium; eius enim possidet regnum. nam deos ipsa genuit, ipsa intulit mundo, per quos aut in 1 1 11
pater, totum possidet filius; unius est quod amborum est; quod unus possidet, singulorum, domino ipso dicente: *omnia quaecumque habet pater,* 2 5 9
cuius condigne laudare non queas seruum. sed o quam uellem te, si possim, rerum omnium regina, patientia, magis moribus concelebrare! scio 1 4 20
timore *dei intra mansuetudinis* metas uerecundiae freno *cohibendum*, ut possimus merito mereri, scriptura quod dicit: *proximus est deus* 2 9 3
profundo dimersi inde nouello nouellique cum die resurgentes nobiscum possint ad inmortalitatis gloriam peruenire. 1 57
peritia, magna pietas iudicis nostri, a quo uniuersi generis peccatores, ut possint beate uiuere, puniri festinant. descendit quippe gladius pius in 2 10 2
potestas, magna pietas iudicis nostri, a quo uniuersi generis peccatores, ut possint beate uiuere, puniri festinant. mira ratio, mirum profecto 1 42 1
est ac per hoc illis constitutionis nostrae uidelicet decernendi sunt libri, ut possint esse perfecti! o quam misera est fides, quam uerba concinnant! o 2 3 9
surgentes inde nouello nouelli cum die, sua luce radiantes nobiscum possint inmortalitatis per aerium tramitem cursu seruato ad repromissionis 1 44 2
suam excepta causa adulterii, facit eam moechari. quid hic respondere possint lubrici mariti, non uideo; qui humanarum legum iniqua impunitate 1 1 13
ut ingratos ostendat. bouem illis asinumque praeponit, ut grauius possint, si resipiscant, comparatione torqueri quam poena. 2 21
suspendio uoueras collum; ab speculo oracula inquiris, quam commode possis circumscribere petitorem. quicquid feceris, uirgo iam non eris; unum 2 7 8
nuptias fenerare, ne in illo resurrectionis die inter plurimos maritos non possis, cuius fueris uxor, agnoscere. noli esse sacrilega, noli proditrix legis. 2 7 18
agnoscere. noli esse sacrilega, noli proditrix legis. profano cur nubas, cum possis nubere Christiano? 2 7 18
errore: unam, quam tibi non licet quaerere, alteram, quam legitime, si possis, permitteris edocere. prima itaque natiuitas domini nostri in patris et 1 54 2
uenire. sed multo peius est, si places marito: neque enim sine sacrilegio possis placere sacrilego. ut rem compendio transigam: utique a templo 2 7 16
nec natiuitatem dederis nec animas inspiraueris nec salutem praestare possis. unde uel sero sacrilegam uocem comprime humanae fragilitatis 2 1 21
ut ad ea nisi cum summa difficultate, laboribus ac periculis magnis non possit ab aliquo perueniri. adde quod illa in solo genitali uersatur, ille 2 4 13
non probat altissimus. hic quaerite, Christiani, sacrificium uestrum an esse possit acceptum, qui uicinarum possessionum omnes glebulas, lapillos et 1 25 10
et hominis summum bonum ubinam sit constitutum, quiuis facillime possit agnoscere. posteaquam deus, fratres, hunc mundum quasi quandam 2 4 3
definiendum puto, quid sit circumcisio, ut tunc demum, qualis sit, iure possit agnosci. circumcisio est, fratres, in damnum rotundi uulneris ferro 1 3 2
impudicitiae malum et bonum pudicitiae uno eodemque suggestu facillime possit agnosci. Ioseph, Hebraeus adolescens, clarus genere, clarior 1 1 15
nominum publicemus, ut quid appetendum quidue fugiendum sit facillime possit agnosci. sub uelamine Christi nominis, fratres, se adserere conatur 1 1 6
exarsit, auaritia, ut putatur, crimen esse desiit, quia neminem qui se possit arguere derelinquit. omnes enim passim furore insatiabili turpes 1 5 1
uel gemitu non potest dici. quae enim uox, quae increpatio has condigne possit arguere, quae dedecus suum sacrilegio dotantes *membra Christi* 2 7 12
deo acceperit facultatem, ut atrocitatis inueteratae in examen iusti quibus possit armis, quibus possit uiribus, niteretur. igitur nouum ac paene 1 4 18
neque intellegetis) stultam putant irriduntque quasi uanam, quod, cum possit bonis frui mundi ac negligat, sponte se faciat infelicem, non 2 1 14
Pharisaeus quemadmodum legitimum pascha possit celebrare, non uideo, cuius eminens famosumque illud templum 1 19 1
humanae fragilitatis memor, qui in hoc ipso, quod loquimur, quid possit contingere, ignoras excusationisque uanae depone fallaciam: ingratis 2 1 21
sine hac securum, sine hac gloriosum, sine hac deo iunctum, sine hac possit esse perfectum. denique cum dominus interrogaretur, quod esset 1 36 16
notitiam gerit, quod est utique sapientis. unde fit, *ut numquam iustus possit esse qui stultus est neque sapiens qui fuerit iniustus.* ceterum siue 2 1 10
inmortalitas tribuatur. haec est enim potestas dei, ut saluo quod est possit esse quod non est. hic est deus noster aeterni dei coaeternus filius. 2 12 3
aestiua uestis, fratres, et munda est et exacta, cum qua facile et opus fieri possit et tolerari ardor aestatis, id est temptationis; quam esse utique 1 13 8
utinam semel!) nimio dolore nuptura. hic, hic quemadmodum se quis possit excusare, non uideo. non deest enim qui dicere possit: 'si est 1 2 14
perlitare, ut illiciti administratione ministerii Christi panis mentibus possit expelli. sed dum bellum duri certaminis geritur et familia domini 1 39 2
damnis rebusque seruatis sententia in eum, prout debitor exstiterit, iure possit expromi. ita erit, ut iustis corona, peccatoribus aut excusatis aut 1 35 8
demonstrat et gladium, unicuique, quod elegerit, tributura et ut iure possit implere, quod gerit. qui ad se ueniunt, professionem credulitatis ab 2 3 3
fieri debeat, nemo praecipit, interrogat nemo. neque enim sine patris esse possit iniuria, si hac necessitate opus esset illi, qui in sinu patris 1 56 2
omnino non potest procurari, a quouis uere stultissimo negari non possit iniusta. ceterum si scire potuissent ueram iustitiam, cuius est 2 1 3
est ullis sordibus delibutus; neque enim re uera aliquid circa se habere possit inmundum, qui humani generis peccata, sordes et maculas uenerat 1 54 4
currite ad matrem, quae tunc non laborat, si quos parit numerare non possit. intrate ergo, intrate felices, omnes simul subito futuri lactantes. 2 28
pinguedine, usque adeo incertus, ut idem in duobus per orbem totum non possit inueniri terrarum? igitur in deum cum haec non incidant, ergo dei 2 30 2
ac legitimae reparationis tempus aduenerit, suo semini respondens iure possit mereri quod credimus. nec res in ambiguo est; quemadmodum 1 2 26
se propter rerum naturam filius, ne exsertae maiestatis dominum non possit mundi istius mediocritas sustinere. cum imperat pater orbem fieri, 1 56 2
sanctum quod non uiolari, nihil tam munitum quod non expugnari pecunia possit; non necessitudo sanguinis, non amicitia, quia non suo merito, sed 1 5 5
genitricem, hanc perpetuam futuri regni consortem, sine qua nemo possit omnino ad dei notitiam peruenire. unde primo omnium definiendum 1 3 1
maiestate. qui sane ideo carnem est dignatus induere, ut nemo se possit per carnem, cum iudicii dies uenerit, excusare. 1 54 5
aut perrarum est per omnem ecclesiam dei orationis loci membrum, quod possit quamuis ruina in se mergentibus idolatriae aedibus nunc usque 2 6 2
gloria eius saepe in gentibus (quamuis illic fructuosa uel uera esse non possit, quia sub inpudico praedone uersatur), quanto magis debet esse 1 1 3
si contingat ei accusatore carere, teste conscio, cum se ipso carere non possit, quia uiolentior omni tortore conscientia numquam suum deserit 2 10 1
pauperibus et tolle crucem tuam *et ueni sequere me.* de hoc nescio quid possit quispiam promouere; unum tamen scio, quia nullus est nostrum, qui 2 1 16
insaniae est eum rationem secreti naturae disquirere, qui uitae suae non possit reddere. non enim elementa pulchrius aut uerius uerbis humanis 2 30 1
relegari, quasdam *placidis sedibus* refoueri, ut tunc demum credi possit resurgere, quod omnibus palam sit non penitus interire. gentes, quae 1 2 3
se quis possit excusare, non uideo. non deest enim qui dicere possit: 'si est resurrectio, quare plangis? si amore mariti facis, cur 1 2 14
secreto, nec intelligis, quia homini inopia morienti tantis opibus qui cum possit subuenire non subuenit, ipse eum uidetur occidere? o quantarum 2 1 19
mare sint. inducitur in uiam Israel ingratus, in qua nec gladios possit timere nec fluctus. mira res! medio puluerulentus exsultat in 1 29 2
ad hoc unum euidens adhuc proferamus exemplum, quamuis non possit ueri simile tantam uim habere quam ueritas. oleaster sua infelix et 1 2 27
ut atrocitatis inueteratae in examen iusti quibus possit armis, quibus possit uiribus, niteretur. igitur nouum ac paene incredibile committitur 1 4 18
diuina contemnit, humana uersutis argumentis excludit, orbem totum, si possit, ut rapiat. uultis scire, quale calamitatis sit genus? sane plus in eum, 1 21
puro, salubri atque perpetuo, quod, ut saturi semper ac felices esse possitis, esurienter accipite. pater familias panem uinumque pretiosum 1 24 1
propter quod sic Paulus apostolus ait: *induite uos armaturam dei, ut possitis uos constare aduersus nequitias diaboli accepto scuto fidei, per quod* 1 38 6
possem dicere, nisi essetis mei. unum tamen prae gaudio tacere non possum: fenerando pauperibus omnes copias auaritiae subactas uestrum 1 14 9
populus *progenies uiperarum.* post haec quid praesumant, aestimare non possum, homines qui salutem suam in pecorum morte constituunt, cum 2 25 1
quae sursum sunt quaerite, ubi Christus est ad dexteram dei sedens. possumus et sic, fratres, intellegere: hoc de ministris et de angelis dictum, 1 37 13
ut maiorum, si fieri potest, saltem aliqua ex parte mores imitemur, si non possumus imitari uirtutes. tanta enim probitate uixerunt, ut pars felicitatis 1 15 1
peruenimus. illis inrorata est esurientibus manna, nos autem esurire non possumus, sempiternam qui caelestis panis nobiscum portamus annonam. 1 46b 3
prodesse non poterit, quia *caro et sanguis regnum dei possidere non possunt.* accedit, quod circumcisio aduersus sabbatum pugnat, quod 1 3 3
dereliquerunt fontem aquae uiuae et foderunt sibi lacus detritos, qui non possunt aquam portare. postremo infelices quid sperant de imagine, cuius 1 18 2
praetermisso deo de deo exeunte, ad communia humanitatis nomina, quae possunt argumentis attingi, patris et filii festinant nec intelligunt, quia in 1 45 1
carnali, de qua apostolus dicit: *caro et sanguis regnum dei possidere non possunt.* at e diuerso uideor mihi audire proclamantem: 'si haec est 1 2 24
talem quoque dimittunt; quae in pari causa ipsi praestatori nihil prodesse possunt. at uero nostrae aceruatim absoluunt quicquid inuenerint nec 2 24 1
et ut omnia non magno opere deuincat, se primo uincit. non uirtutes possunt esse uirtutes, non perennes elementorum status, non tempora 1 4 4
momenta uulneribus, concussae gemunt urbes, deleta rura respirare non possunt, maria plus praedonibus saeua sunt quam natura; obseratae gladiis 1 5 3
et obsequio pedum corpus martyris uiduatur. numerent martyria, qui possunt numerare supplicia, et in uno corpore quantum diabolus 1 39 9
capitolia, sed in his omnibus operibus uero iudicio structores magis possunt placere quam sacerdotes. quid, quod aut nullum aut perrarum est 2 6 1
beneficio crimina excipiunt; quae corpori parcunt, animam liberare non possunt; quae peccata cum dissimulando praetereunt, non adimunt, sed 2 24 1
reddere. non enim elementa pulchrius aut uerius uerbis humanis asseri possunt, quam a deo facta sunt uel uidentur. itaque quod ad nos pertinet, 2 30 1
dei filium spiritali temperamento conscribunt. quae sine se utilia esse non possunt, quia ueteri sicut nouum praestat fidem, ita nouo uetus perhibet 1 37 4
ablata est de domo dei uestri hostia et immolatio. multa sunt, quae dici possunt, sed satis otiosum est in his demorari, quae in toto iam non sunt. 1 25 6
scientiam obseruantiamque ad perfectionem perducere nullis rationibus possunt. si ex credulitate, non ei opus est ulla interpretatio, quia sicut 2 3 9
quadam resistunt uincuntque facilius caritate, quod singillatim nuda uix possunt superare uirtute. elementa quoque ipsa, fratres, satis diuersa 1 36 15
saeculi non mutatur; mitem humilemque retinet ubique pastorem. post adiecit: *si non humiliter sentiebam, sed exaltaui animam meam.* 2 9 8
desiderare non norint. denique illi post mare ad eremum peruenerunt, nos post baptismum ad paradisum peruenimus. illis inrorata est esurientibus 1 46b 3
ex impudicitiae fouea nudus aufugit. sed pudicitiae splendore uestitus post calumniosam damnationem et liberatus a deo est et honoratus. 1 1 16
post deuotissime completa expiationis sacrae casta ieiunia, post clarissimae noctis suo sole dulces uigilias, post lactei fontis lauacro 1 24 1
prouenisse, qui ex se natus non crederetur, nisi, sicut fuit uirgo incorrupta post conceptum, permaneret talis quoque post partum. o noua ratio! amore 2 12 2
saluatorem. o magnum sacramentum! Maria uirgo incorrupta concepit, post conceptum uirgo peperit, post partum uirgo permansit. obstetricis 1 54 5

sit aliqua talis, et cedo! ceterum illa fuit uirgo post connubium, uirgo post conceptum, uirgo post filium. denique si esset aliquid uirginitate 2 7 4
uirgo et nupsit et peperit.' sit aliqua talis, et cedo! ceterum illa fuit uirgo post connubium, uirgo post conceptum, uirgo post filium. denique si esset 2 7 4
fur non timet inuolare? quibus recte deus irascitur dicens: *nolite ambulare post deos alienos, ut seruiatis eis, et ne adoraueritis eos, ne quando* 1 25 4
post deuotissime completa expiationis sacrae casta ieiunia, post clarissimae 1 24 1
naui. mira res! post naufragium, post natatile sepulcrum incolumis tertio post die Nineuitas illustrat terribilibus oraculis salutem ciuitati credulae 1 34 6
cedo! ceterum illa fuit uirgo post connubium, uirgo post conceptum, uirgo post filium. denique si esset aliquid uirginitate melius, dei filius hoc magis 2 7 4
genitalia iam relinquebat. mira prorsus, carissimi, et speranda saeculis post futuris diuinae ordinationis propago formata: ad principium aetas 1 59 3
Sarra munus iuuentutis subiens in senecta, unde nomen accepit infans, qui post haec Abraham sacratam deo approbat mentem. unicus ille filius 1 43 2
uiam prudentiae et reuelauit eam Iacob puero suo et Israel dilecto sibi. post haec in terris uisus est et cum hominibus conuersatus est. qua in specie 2 8 6
inquit, *sub ista arbore magna*. similaginem conspargit, uitulum laniat. post haec promittitur ei de legitimo matrimonio filius de fide, non de 1 62 2
sacrificium *canina mactatio*, ieiunia *odium*, populus *progenies uiperarum*. post haec quid praesumant, aestimare non possum, homines qui salutem 2 25 1
exsequias, cui magis lacrimas commodarent: mortuo anne morienti? post haec si libet nubere, omnia illa mentita es. quid hoc est? ecce rursus 2 7 7
opificii ac materiae semper suum et uereretur et ueneraretur artificem. post haec subiecit ei omnia bona mundi et quia erat iam sapientia 2 4 5
non est qui agnitus sit reuersus ab inferis, quia ex nihilo nati sumus et post hoc erimus tamquam qui non fuerimus; et non est reuersio finis 2 4 10
quia paternae antiquitatis solus est conscius; hic *maturus*, quia post ipsum non est ullus; hic *sempiternus*, quia occisus est et inuentus est 1 8 2
sacrae casta ieiunia, post clarissimae noctis suo sole dulces uigilias, post lactei fontis lauacro uitali in spem inmortalitatis animas pullulantes, 1 24 1
submergit, ut caelestes effecti terram desiderare non norint. denique illi post mare ad eremum peruenerunt, nos post baptismum ad paradisum 1 46b 3
nutrices, cinis propagandi corporis semen, mors natalicius dies. denique post momentum festo exsultat in tumulo, non umbra, sed ueritas, non 1 2 21
quos causa non tangit, tanto ambitiosior in dolore quam ditior — sane post momentum misera (atque utinam semel!) nimio dolore nuptura. hic, 1 2 14
ui aliqua obisse meminerimus. hic nunc mihi responde, qui hominis post mortem nihil superesse contendis, quemadmodum per alium locutus 1 2 7
se tegere conantem, immo animi sui uitium et corporis demonstrantem, post multa adulteria spectaculo totius mundi quoque prostituit. non opus 1 1 11
de patre ante originem rerum, *primogenitus a mortuis*, ut ait apostolus, post multorum obitus populorum. hic est, cui *data est potestas in caelo et* 2 5 3
hospitio, uigilat in ceto qui stertebat in naui. mira res! post naufragium, post natatile sepulcrum incolumis tertio post die Nineuitas illustrat 1 34 6
est receptus hospitio, uigilat in ceto qui stertebat in naui. mira res! post naufragium, post natatile sepulcrum incolumis tertio post die 1 34 6
pudoris alieni labe gaudere consueuit, semper infelix est. denique post negotium perpetratum odit et se ipsam cum illo quem uicerit. haec 1 1 7
sponsa est, quia *pudica*, ideo iugo thalami caelestis honorata, quia etiam post nuptias manet postmodum uirgo perpetua, nos, qui nascimur de tanto 1 1 3
tempora, dies, horae uniuersaque momenta; illa ante octauum uel post octauum diem nec ipsi morienti puero subuenit, haec a cunis ipsis 1 3 23
aut tradit aut accipit, corrumpit aut corrumpitur, inicit amorem, paulo post odium de amore factura. seminat inlicitos heredes crimenque noscens 1 1 7
principium, qui ex se ipso dedit sibi ipse principium; solus ante omnia et post omnia, quoniam in eius manu inclusa sunt omnia; ex se est quod est; 1 7 3
nisi, sicut fuit uirgo incorrupta post conceptum, permaneret talis quoque post partum. o noua ratio! amore imaginis suae coactus in infantem uagit 2 12 2
Maria uirgo incorrupta concepit, post conceptum uirgo peperit, post partum uirgo permansit. obstetricis incredulae periclitantis enixam in 1 54 5
fratres carissimi, aduerto, quia neque refugae descendunt, qui post peccatum in caelum numquam recepti noscuntur, neque lucis 1 37 11
mihi tradita sunt a patre meo. Iob uicarios filios genuit; dominus quoque post prophetas filios sanctos apostolos procreauit. Iob beatus quieuit in 1 15 9
idem a sua eum facie postmodum abiecit. consecutus est regnum, ut post regiam dignitatem maiore dedecore in perpetuum imperio Romano 1 52
mysteriis turpioribus immolauit, illa uidelicet ratione, quia Iudaeus post sacramentum per hanc partem peccare potest, ille autem deinceps per 1 3 2
Antichristus similiter pudicum, uti fallat. pudicitiae nominis sonum post se trahit, sed quos fructus habeat, eius auctor ostendit. discurrit 1 1 6
nos beatiores sumus, quia ille occidit semper ut uiuat, fidelis autem post secundae natiuitatis occasum resurgens horrore numquam intercipitur 1 16 2
nefarii perduxerunt. sed quia nescit aeternitas mori, uiuit dominus post sepulcrum, et ad Iudaeos remansit sola damnatae uoluntatis inuidia, 1 59 8
iter praecessisse, non intellegentes, quia exinde eos a facie sua remotos post suum dorsum cum postfuturis abiecerat; Erythraeum quoque in 1 18 1
ueste? tu, inquam, non es, quae nunc caelum ipsum ululatibus rumpens post talem maritum puncto temporis uiuere te non posse clamabas, nunc 2 7 7
illi ad iustitiam? cum igitur integer, sicut Enoc et ceteri, sit iustificatus et postea circumcisus, manifestum est circumcisionem non Abrahae fuisse 1 3 7
congeriem aceruo quodam magnitudinis suae per se in se manentem; *postea uero deum* hanc *diremisse* ex eaque constituisse *mundum pariter et* 1 7 1
futurus fuerat, procuratam. denique nihil illi contulit, quia deo ante, non posteaquam circumcisus est, placuit praemiumque non circumcisionis, sed 1 3 7
homines qui salutem suam in pecorum morte constituunt, cum deus, posteaquam de Aegypto egressi sunt, ubi imaginarium pascha gesserunt, 2 25 1
de eorum offensione futura uindicta est. certum est enim in eum filium, posteaquam deliquit, granditer uindicari, quem pater plurimo dilexit affectu 1 61 5
summum bonum ubinam sit constitutum, quiuis facillime possit agnoscere. posteaquam deus, fratres, hunc mundum quasi quandam futuri humani 2 4 4
ab illis recedendo, in quibus oportuerat ambulari? prioribus, fratres, posteriora respondent: de rebus enim loquitur saecularibus. *in magnis et* 2 9 6
gemitus, *spinas et tribulos* sibimet comparauit ultimoque *sudore* turbatus posteris hereditatem indigestae mortis, quae homicidium mox [ut] peperit, 1 4 8
intellegentes, quia exinde eos a facie sua remotos post suum dorsum cum postfuturis abiecerat; Erythraeum quoque in geminas ripas medium 1 18 1
uicta natura sentiat per te tecum et ipse refrigerium; mortuorum in postliminium uitae animas reductas inspira; discute laborantibus morbos; 2 3 14
moribus alligatus. deus illi ducatum praebuit: idem a sua eum facie postmodum abiecit. consecutus est regnum, ut post regiam dignitatem 1 52
de petra bibisti, manna de caelo gustasti, ut, cum esses ad egestatem postmodum deuolutus, praeteritorum bonorum recordatione acrius 1 9
omnium, quae nos adunatos, ex omni gente et natione collectos unum postmodum efficit corpus. 1 55
in fontem, ut biberent detritis e lacunis, ut merebantur, caenulentum postmodum laticem, domino dicente: *me dereliquerunt fontem aquae uiuae* 1 18 2
dicere possit: 'si est resurrectio, quare plangis? si amore mariti facis, cur postmodum nubis?' exsecrabilis res est, fratres, nec coniugio seruare 1 2 14
tolerat imperata; qui si esset inpatiens, astu circumscriptus pro Rachel postmodum tempore numquam reparato seruiret. similiter Ioseph patiens 1 4 16
sed bono puritatis uoluntatem ipsam paris, quia uoluntas fit uoluptas postmodum tua, cum per eam cotidie tricenos, sexagenos centenosque 1 1 20
ideo iugo thalami caelestis honorata, quia etiam post nuptias manet postmodum uirgo perpetua, nos, qui nascimur de tanto coniugio, omnifarie 1 1 3
percussus paululum distulit pugnam, iam debitus ad coronam. nam postquam turbari urbem funesta conuentione cognouit ac singulos quosque 1 39 3
docet inmortalitatis esse comparatricem. factis praecepta consummat. postremam suscipit mortem, ut ea deuicta resurgens *homini* per hominem, 2 4 7
cum in persecutione pro nomine domini diabolum moriendo uastamus. postremo abscindimus, quod habuisse non deberemus, quod ab inimico 1 3 22
igitur gloria est ornare per quod orneris, seruare per quod et ipse serueris. postremo aequiparatur laus uestra laudi pudicitiae; illa enim uobis exhibet 1 1 4
sibi, pro quorum actibus, si posset, ipsa quoque erubesceret terra, postremo deos esse aduersus deum asserentes, qui a sanae mentis 1 13 4
a Christianis ipsis minime consecratis sine sacrilegio uideri non potest? postremo detestabilis est uiuendi condicio, ubi non licet facere uxori, quod 2 7 15
aperi tandem oculos cordis: inuenies te insultare potius quam rogare. postremo, fratres, non potest timere maritum, quae non timet Christum. 1 14 6
nonne statim illa, quae erat domina uoluptatum, fit praeda morborum? postremo iacentes reliquias mors uindicat sibi, insuper ei poenas gehennae 2 4 16
sanctus inducitur, glorificatur Christus, deus pater omnipotens propitiatur. postremo ille felix in futurum regnabit, qui tecum illo peruenerit. 1 1 21
inpassibilis iudicetur, cum aliquid passa quasi nihil passa sit inuenitur. postremo impossibile est, fratres, eius aestimare uirtutem, cuius uinci 1 4 3
aquae uiuae et foderunt sibi lacus detritos, qui non possunt aquam portare. postremo infelices quid sperant de imagine, cuius nosse non sunt meriti 1 18 2
ruina confusis, nimia crudelitate festinus sepelit, antequam iugulet. ipsum postremo, quem diuitiis exspoliauerat magnis, magnis uestit ulceribus, 1 4 18
stupeas passim in pauperes et egenos sua bona uniuersa fundentem; postremo quem noueris idolatriae fanum, gaudeas dei templum. itaque 2 29 3
eius perfectionem non didicerat, sed habebat. igitur orbe perfecto postremus digito dei manuque e limo terrae fingitur homo. construitur 1 56 3
fuit in uentre ceti euomitusque Niniue se intulit ciuitati, ita dominus postridie ab inferno resurgens se ciuitati Ierusalem intulit ante quam caelo. 1 34 8
fragilitate humanitatis, casibus ut de ceteris taceam, ecce maritum tuum postridie aliqua necessitas rapit, quae a te longe distractum decennio uel eo 2 7 9
quod pro ueteri uinea, quae a domino in Aegypto fuerat instituta, postulabat ad tempus nouellae profecisse, inscriptio ipsa tituli psalmi lecti 2 11 1
procurauit; nam Abraham cum filio sic probatus a deo est, ut non postulans misericordiam mereretur. uideamus, fratres dilectissimi, legis 1 43 7
quo nec pater ferire posset, quia nec dominus humanum sanguinem postularet. religiosus carnifex reprimit gladium: patris erat, quod leuauit, 1 62 4
generis sui pater filio, de quo non dubitabat, patefecit, quid a se dominus postulasset, et quid ipse domino promisisset ostendit. laetatus est puer 1 43 5
quid dicat, cuius ista sunt monita: *et nunc, Israel, quid dominus deus tuus postulat a te, nisi ut timeas dominum deum tuum et ambules in omnibus* 2 2 4
immo illa per uos impetrat, pro qua sollicite laboratis, ne, dum aliquid postulat, erubescat. beata cum adludit in pueris, beatior cum <in> 1 1 4
custodit, iustitia distribuit, pietas ministrat, puritas supplicat, spiritus postulat, spes promittit, sapientia domus domina praerogat munera. 2 6 9
crebro percutiens quodam modo cor suum manu uerecunde castigat postulatque tantum ueniam delictorum taciturnitate, non uoce. quorum 2 9 9
filius solliciti senis adhuc paruulus, cui pietas et miseratio maior debetur, postulatur ad uictimam; cui si per humanam fragilitatem aliqua in corpore 1 43 3
affectus et maternus pendebat, ad explorationem fidei suae diuina uoce postulatur ad uictimam. 'uolo, dixit deus, mihi fieri sacrificium, Abraham, 1 43 3
ferrum et armata dextra subleuat manum, sed uox eius, qui eam uictimam postulauerat, contradicit: 'respice retro, dixit deus, et antequam respicias, 1 43 6
Iacob habet imaginem Christi, sed et lapis ipse, quem ad caput suum posuisse cognoscitur, quoniam *caput uiri Christus*, qui aliquotiens lapis est 1 37 1
uel maxime parentum, filiorum, maritorum uxorumque in mortibus posuit; haec nomina pietatis nonnumquam concubitu prodigioso deleuit, 1 1 8
commanens in aeternum a patre filius regnum nec accepit aliquando nec posuit; semper enim cum ipso regnauit, cata Iohannem ipso dicente: 2 5 8
eius. numquid manducabo carnes taurorum aut sanguinem hircorum potabo? immola deo sacrificium laudis et redde altissimo uota tua et inuoca 1 25 1
sua pro uoluntate plantauit, quam sacerdotalibus officiis excolens piaque potatione fecundans felici ligno suspensam uberrimam docuit afferre 1 10b 2
participatione ditauit. o caritas, quam pia et quam opulenta, quam potens! nihil habet, qui te non habet. tu deum in hominem demutare 1 36 29
incendium foris est; intus hymnus canitur, foris ululatus auditur. o magna potentia dei! incensores incendio concremati sunt et, qui incensi sunt, 1 53 2
felicitatem futuri temporis cernere, quem uideas sacrilega incredulitate dei potentiae derogare? sed hoc amore criminum faciunt, ut putent impunita 1 2 1
quae mater profecto peccati est, nosse praesumat trinitatisque unam potentiae plenitudinem, quae una mente, una credulitate concipitur, non 2 3 19
penetrat, orbem circuit, commercio nationibus necessaria subministrat. potentiam, fratres, cito eius edicam. quicquid locis natura negauerit, caritas 1 36 13
et tamen, tota ubi refunderis, nec recedis. recte deus diceris, quia trinitatis potentiam sola conuertis. 1 36 32
o admirabilis ratio! o inaestimabilis gloria dei! sacramento trinitatis tam potentis elementi subacta natura est. qui putabantur incendio exstingui, 1 48

si non fuit et est, multo magis poterit esse quod fuit, quippe cum illius potentissimi artificis rerum omnium conditoris ipse sit usus impossibilium 1 2 16
igitur Her primitiuus filius primitiuus est populus, id est hemithei omnes potentissimi et reges, qui ferocitate uirtutis ac libidinis rabie digladiantes 1 13 4
aestimabant. denique cum eam comprehendere non possent — neque enim poterant sine magisterio diuinae sapientiae, cuius notitiam non habebant 2 1 2
non enim leue crimen est eius, cum de eo ille queritur, qui mox eum poterat et punire. sed quia mors apud incredulos futurorum putatur 1 47
nulla adhibita rudi fetae sueto more fomenta; neque enim, fratres, his poterat indigere, quae accipere in uterum meruerat filium animarum 1 54 4
quam exsultantis ac docentis est. utique non enim quicquam timere poterat, qui mortuos excitabat, *qui potestatem habuit ponendi animam et* 1 2 31
concepit Sarra, portat sine labore uteri sarcinam, quae iam ambulare non poterat; tunc discit mater esse, cum desinit. marcidae mammae lactis 1 62 2
nuptias tales. excusatio prorsus nulla competit tibi. si continens esse non poteris, saltem noli tuas nuptias fenerare, ne in illo resurrectionis die inter 2 7 18
insinuatio inanis erit, quia incredulo credentis fructum praestare non poterit. denique Abraham placuit deo credulitate sine lege et Iudaicus 2 3 1
quam institui quod ante non fuit; quod si non fuit et est, multo magis poterit esse quod fuit, quippe cum illius potentissimi artificis rerum 1 2 16
uel dari uel nosci uel destrui. dari non potest, quia si uerbis dari potest, poterit et uerbis auferri; nosci adaeque non potest, quia fieri potest, ut quis 2 3 11
ut sit arbor quod non fuit, saluo quod fuit, quanto magis deus hominem poterit excitare, antequam peccasset in paradiso, in id quod fuit! quam 1 2 28
deferuntur in portum, sine qua nec audiri nec concipi nec disci quicquam poterit nec doceri. nam profecto sola est, ad quam prorsus res omnis 1 4 1
quam ut quis eius nouerit uoluntatem, sine qua ei nec legitime seruire poterit nec placere. ceterum prouidentis dei de deo argumentationibus 1 54 1
caritatem, utraeque cessabunt, quia neque fides sine caritate neque spes poterit operari sine fide. itaque Christianus tribus in rebus, si cupit esse 1 36 1
uoluntatis. qui si fuerit uitiosus, quot habet unusquisque membra, poterit perpetrare tot crimina. denique hoc genere Iudaeos scriptura 1 3 9
sed ut defleret se fecisse quod fecerat; aliter etenim quis saluus esse non poterit, quamuis sit iustus, nisi exomologesin faciens et praesentia sua 1 13 12
si spiritalem, cur de carne gloriatur? si carnalem, animae prodesse non poterit, quia *caro et sanguis regnum dei possidere non possunt.* accedit, 1 3 3
nisi quis hostem, a quo impugnatur, expugnet, numquam bonis suis poterit uti securus. sunt enim multi, qui adserere conantur *chaos in* 1 7 1
uos constare aduersus nequitias diaboli accepto scuto fidei, per quod poteritis omnes sagittas illius mali, quae sunt igne plenae, exstinguere. is 1 38 6
quia non uidetis, deum quoque, qui est inuisibilis, contemnere similiter poteritis. qui enim non diligit eius similitudinem, sequitur ut oderit 2 4 17
quae geruntur, sed et ipsis in fanis, Christiana fidelis, sine te esse non poterunt, quia uxor infelix es, si nescis, quid agatur in domo, infelicior 2 7 13
furoris stimulis accende, quamuis cruciatus exerce molem: nos a deo non potes separare.' statim iudex uiperei ueneni felle commotus iubet non 1 39 5
perscriptum: *mihi uiuere Christus est et mori lucrum*? excogita quibus potes suppliciis tormenta grauiora, maioribus te furoris stimulis accende, 1 39 5
retinendo placiturus. rex mansuetus, pater pius, propheta modestus. totum potest, a toto dissimulat; magnis ac mirabilibus saeculi non mutatur; 2 9 7
alieno mouetur pulsu, quod quid sit, quid fuerit, quid futurum sit, non potest aliquando sentire. solus deus est itaque principium, qui ex se ipso 1 7 2
nonus, accepit ac per hoc necesse est, ut utrumque inane sit, si infirmari potest alterum de duobus. quid, quod Abel iustus est sine hoc uulnere 1 3 4
in aeternum homo, de quo agitur, periturus est; caro enim damnum pati potest, animo autem imperare non potest; ipse enim regalis potestatis 1 3 9
ut fieret quoque terrenus? simile dictum euangelicum illud consentanea potest argumentatione pulsari; scriptum est enim: *nemo ascendit in caelum,* 2 4 2
humus et peraequat et satiat, enorme quod cum tota ambitione sua non potest aurum. hinc unus pecuniam suam tamquam hamum proponit, ut 1 5 11
hic considerate, fratres, quemadmodum saeuierit incitatus, qui ferri non potest blandus. igitur famigerabile committitur proelium: illinc diabolus 1 15 3
signum, sine quo uiuere immortalitatemque apprehendere in toto non potest Christianus. quod tabulatis infertur, caelestis uiae uitaeque altitudo 2 11 4
ueterescendo reddatur. quantum spiritaliter mediocritas nostra conicere potest, computatus ad mensuram palmes competens intellegitur legitimo 2 11 4
peccare potest, ille autem deinceps per hanc partem peccare iam non potest. consequens est, ut profiteatur, utrum hanc carnalem an spiritalem 1 3 2
patientissimus, desideratos cum fratres agnosceret; et ubi iactantia se non potest continere, positus in honore. caelestis profecto est ista patientia, 1 4 17
deesse quod nolit esse; haec est enim proprietas dei, id operari quod non potest credi. igitur non homines tantum, sed paene omnia suis mortibus 1 2 16
apud omnes condemnat, fratres uenerandi, sed pietas. neque enim potest de quoquam bene mereri, quem pater patientissimus et 2 21
uacantibus plurimis negat hominibus, quod auibus, serpentibus, feris non potest denegare. mera profecto uesania est beneficiis inuidere naturae. alius 1 5 13
naturae est, de loco ad locum transferri potest, ei autem subtrahi non potest. denique aurum argentumque, penitus quod eruitur magno opere 1 14 3
cuius sit, inuenitur. si igitur in opere extraneo paritas sacra distingui non potest, deus in alio se inferior esse quemadmodum potest? quicquid enim 1 45 2
plus nubunt. adde quod gentibus, quod sine dolore magno uel gemitu non potest dici. quae enim uox, quae increpatio has condigne possit arguere, 2 7 11
est; qui enim non diligit fratrem suum, deum, quem non uidet, non potest diligere. decertemus igitur, fratres, inter nos mutui amoris 1 36 23
subactas uestrum sine inuidia transfertis in censum. quid enim esse potest ditius homine, cuius profitetur deus se esse debitorem? qui est 1 14 9
paterno affectui parem gratiam non refert, quantum sit criminis dici non potest: dominum patrem non dilexisse, cum peccatum sit hominem non 1 61 6
ardor aestatis, id est temptationis; quam esse utique credulitatem non potest dubitari, quia hanc qui habuerit, necesse est, ut expedite uiuat et 1 13 8
ad inferna portabis; quod enim naturae est, de loco ad locum transferri potest, ei autem subtrahi non potest. denique aurum argentumque, penitus 1 14 3
quae dei sunt, tamen praecipuum non est, quod cum gentibus uel Iudaeis potest esse commune; nam et illi, si liceat uel si uelint, fortassis cultius 2 6 1
aliud laboratur, nisi ut suis sibi tantum uirtutibus adprobetur: non enim potest esse perfectum quod aliunde exspectat sibi aliquid necessarium. si 2 3 6
trium puerorum martyrium qui credit interritus, potest etiam ipse adipisci martyrium. tanta enim uis certaminis fuit, ut 1 22 1
curat, certe, in qua delicti omnis est summa, isto remedio curare non potest Euam. quid, quod nec ipsi uiro aliquid eam prodesse perspicio? quia 1 3 9
quisquis asserit deum. defensio enim non nisi inbecilli praestatur nec potest eum reuereri, qui ingenii sui putat esse, quod ille fuerit aestimatus. 2 3 18
professionem credulitatis ab eis solam ideo, quia eorum fidem uidere non potest, exigit. quam si abesse ex moribus deprehenderit, confestim ut 2 3 3
oleastrum se non esse quodam modo etiam ipse miretur. igitur si homo potest facere, ut sit arbor quod non fuit, saluo quod fuit, quanto magis 1 2 28
uehemens commotio est, fratres, cum is de iniuria sua queritur, qui se potest facillime uindicare. sed quia apud sapientes et honestos grauius est 1 20
lex hominis conscientiam alloqui tantum potest, uidere autem non potest; fides conscientiam medullitus mundat, ne quid reatui uel intrinsecus 2 3 5
discant ipsique, qui blasphemare nituntur, salutis suae bono uel sero, si potest fieri, resipiscant. 2 18 2
sunt iniquitates et quorum tecta sunt peccata, quia beatus esse non potest, fratres, in prima natiuitate persistens, quem aestuantium delictorum 2 10 1
hircos et agnos a domino saepe reprobatos accepimus. quid ultra? non potest, fratres, ullum celebrare mysterium, cuius sacrificium diuina 1 19 2
nihil habebit, quia tractatus, qui eas genuit uel cotidie generat, adhuc potest generare. e diuerso prouocatus rursus eas pro ingeniorum 2 3 7
eripitur, nonnumquam repeti potest, quod legum circumscriptionibus, non potest. glorietur qui uolet ista iustitia, uerum tamen sciat, quia misero est 2 1 17
nec est in illo aliquid, quod sit inferius, quia sicut pater nec plus potest habere nec minus; alter enim in alterius plenitudine infusus est, ut 2 5 10
insaniae est eum rationem secreti naturae disquirere; non enim ullo pacto potest humanis opinationibus substantia naturae comprehendi, quam nemo 1 27 1
uidelicet ratione, quia Iudaeus post sacramentum per hanc partem peccare potest, ille autem deinceps per hanc partem peccare iam non potest. 1 3 2
est; solus sui conscius, quantus et qualis est; solus perfectus, quia non potest illi aliquid nec addi nec minui; solus omnipotens, quia ex nihilo 1 7 3
profundi saporis una uirtus, una substantia, una est fluenti natura nec potest incomprehensibilis communisque undae diuidi magnitudo ex utroque 1 7 4
et quidem nouellas et litis labore ac fauore nutritas. quas, quia uera uix potest inueniri, credo, ne populi penuria laborarent, uenales esse 2 3 7
agnus salutaris, qui designatur *ex ouibus et ex haedis*, inter pecora non potest inueniri. dies festi eius et cantica secundum dei uocem in planctum 1 28 2
periturus est; caro enim damnum pati potest, animo autem imperare non potest; ipse enim regalis potestatis imperio subiectum sibi corpus seruilibus 1 3 9
partium iudicium flagitatur. ambiguitas enim nisi fuerit discussa, iure non potest mereri sententiam. et qui sunt isti, quos ambiguitas suo iudicio 1 35 6
recessit. ita Christus in hominem se fecit nasci, quemadmodum homo non potest nasci. totum denique sua luce resplendens corpus sine umbra 1 54 5
esse propositas. uerum tamen ex his omnibus eligendum quid sit, non potest nosci aut comprehendi, quia non erit nec proprium nec firmum, 2 3 7
fratres dilectissimi, nisi quis ante personam noscat et rationem, eius non potest nosse ueritatem. haec enim res et fecit et facit, ut Iudaeus et Iudaeo 1 25 1
dispositioni subiaceat. remotis enim paulisper nominibus patris et filii non potest nosse, uter patiatur iniuriam, nisi quod ambo patiuntur, quia 1 54 1
nescit, non domesticis, non affectibus, non maritis nota, non sibi, quia non potest notum esse nec uerum quod est semper incertum. praeterea 1 1 10
etiam a Christianis ipsis minime consecratis sine sacrilegio uideri non potest? postremo detestabilis est uiuendi condicio, ubi non licet facere 2 7 14
posse uel dari uel nosci uel destrui. dari non potest, quia si uerbis dari potest, poterit et uerbis auferri; nosci adaeque non potest, quia fieri potest, 2 3 11
gladio iubetur occidere. quid faceret pietas? praeceptum differri non potest. praestiteras, mater, cum sterilis esses: ad gladium nascitur puer. 1 62 3
suis commodis consulendo, quod sine alienis incommodis omnino non potest procurari, a quouis uere stultissimo negari non possit iniusta. 2 1 3
ita sint, procul dubio non est a tyranno dissimilis, qui solus habet quod potest prodesse commodis plurimorum. quid, quod paupere cotidie 2 1 19
spiritum adaeque, quem nescit; intrantem non uidet, exeuntem non potest prohibere. et aestimat quisquam dei se posse scire secretum, qui sui 1 56 3
gregibusque pecuinis agnum bifaria natura commissum, qui inueniri non potest, quaerunt, sic agnum uerum, quem inuenerant, perdiderunt. non 1 8 1
cordis; similiter ne destrui quidem, quia si uera fides est, aliud esse non potest quam quod est. igitur cum possibilitatis humanae non sit fidei 2 3 11
insatiabili turpes praecipitantur in quaestus, nec quisquam prorsus inueniri potest, qui ei saltem uel uno momento iustitiae frenos inponat. inquieta 1 5 1
quia si uerbis dari potest, poterit et uerbis auferri; nosci adaeque non potest, quia fieri potest, ut quis aliud gestit in labris, aliud in penetralibus 2 3 11
nec fidem per tractatum posse uel dari uel nosci uel destrui. dari non potest, quia si uerbis dari potest, poterit et uerbis auferri; nosci adaeque 2 3 11
facere magna quam dicere. quamuis et quod dictum est a patre uel dici potest, quia uerbum est filius, sine filio non est, et quod factum est a filio 1 45 3
sacra distingui non potest, deus in alio se inferior esse quemadmodum potest? quicquid enim uni ex duobus indiscrete in omnibus sibimet 1 45 2
ratione docente. *qui enim stultus est, quid sit bonum* ac malum *nescit* nec potest quid reprobet scire, quid teneat, *et ideo semper peccat*, quod est 2 1 9
omni uiolentia deterius, quia illud, quod ui eripitur, nonnumquam repeti potest, quod legum circumscriptionibus, non potest. glorietur qui uolet ista 2 1 17
dilectissimi, ad hoc nobis est tradita legenda narratio, ut maiorum, si fieri potest, saltem aliqua ex parte mores imitemur, si non possumus imitari 1 15 1
plantis. mira res! iter eius barbaris uehementer urguentibus nec eques potest sequi nec nauis. Maria cum mulieribus tympanum quatit; hymnus 2 26 1
ueritatis, quae dum secerni potest, tamen sibimet externa esse non potest. si enim uerbum in deo est et deus est uerbum et hoc est, in quo 2 8 4
quia uerbum est filius, sine filio non est, et quod factum est a filio uel fieri potest, sine dignatione paterna non est, quia filius sine patre non est, ipso 1 45 3
sit et iustus, iustus adaeque uerus non sit et sapiens, quia iustus esse non potest stultus neque sapiens iniustus ipsa ratione docente. *qui enim stultus* 2 1 9
patuerunt. in quibus cum peritius agant uniuersi homines, quam dici potest, superfluum est demorari. unde nunc ad ueram iustitiam ueniamus, 2 1 11
gratia, fratres dilectissimi, conspicuae ueritatis, quae dum secerni potest, tamen sibimet externa esse non potest. si enim uerbum in deo est et 2 8 4
corpus nostrum neque cum de corpore egreditur, a quoquam deprehendi potest tantumque potestatis habet, ut, cum sui domicilii saepto teneatur, 1 27 3

ingreditur corpus neque cum de corpore egreditur, a quoquam conspicari potest tantumque potestatis habet, ut, cum sui domicilii saepto teneatur, 2 30 3
uultis scire, quantae sit sanctitatis? quem mare sustinuit adunatum, non potest terra baiulare dispersum. 1 52
cordis: inuenies te insultare potius quam rogare. postremo, fratres, non potest timere maritum, quae non timet Christum. inde est, quod coniuges 1 14 6
sacrificium publicum est, tuum secretum? illius a quouis libere tractari potest, tuum etiam a Christianis ipsis minime consecratis sine sacrilegio 2 7 14
cessat imperium. at si, ut ratio ipsa proclamat, cessare nullo pacto potest uarietas ista regni, a legis conditore homini a deo assumpto 2 5 6
miseranda paupertas, non dei contemplatio: ecce enim his omnibus, prout potest, uariis artibus aut adulatur aut nocet, si quid habuerint, tantum ut 1 14 2
uel in aliquo declinauerit. lex hominis conscientiam alloqui tantum potest, uidere autem non potest; fides conscientiam medullitus mundat, ne 2 3 5
dari potest, poterit et uerbis auferri; nosci adaeque non potest, quia fieri potest, ut quis aliud gestit in labris, aliud in penetralibus cordis; similiter 2 3 11
mundi non esse iustitiam et quidem nec ueram sapientiam? quia fieri non potest, ut uerus sapiens non sit et iustus, iustus adaeque uerus non sit et 2 1 9
ut homini mortis lege consumpto inmortalitas tribuatur. haec est enim potestas dei, ut saluo quod est possit esse quod non est. hic est deus noster 2 12 3
uanae depone fallaciam: ingratis auaritiam pietate condis; solius dei potestas est futurorum commodis prouidere. 2 1 21
ut ait apostolus, post multorum obitus populorum. hic est, cui *data est potestas in caelo et in terra*, nomini eius noua a deo suo, ipso dicente: *ego* 2 5 4
fratres, humilis corde est et ineffabilis eius illa sapientiae ac uirtutis potestas intra hominem susceptum iacet, magis admirabilior, quia tantus 2 9 4
quo reus, si excusauerit crimen, damnatur, absoluitur, si fatetur. o magna potestas, magna peritia, magna pietas iudicis nostri, a quo uniuersi generis 2 10 2
excusauerit crimen, damnatur, absoluitur, si fatetur. magna ratio, magna potestas, magna pietas iudicis nostri, a quo uniuersi generis peccatores, ut 1 42 1
metus, non periculum, non mors, non tormenta morte ipsa grauiora, non potestas, non ambitio, non felicitas. semper inmobilis manet, alta quadam 1 4 3
hymnum deo cecinisse securos. tanta est enim fidei uirtus tantaque potestas, ut cultoribus suis etiam ipsa elementa contra suam naturam 1 31
uirgo deum. hic est deus noster, qui dignitate interim seposita, non tamen potestate, amore hominis sui, cuius formam fuerat subiturus et creaturam, 2 8 8
tempore maturo, diuinitatis interim dignitate deposita, non tamen potestate, caelo egressus metatura praedicta sacrario templi uirginalis 2 12 1
oportere *regnare* cum sanctis suis, *donec* uacuatis omni principatu et potestate et uirtute et dominatione *ponantur omnes inimici eius sub pedibus* 2 5 7
obumbrat neminem prophetae terrore. iniurias suas non exsequitur regia potestate; odientes se diligit; inimicis parcit; *parricidalibus filiis* ignoscit. 2 9 7
senescit, quod opus factum est alienum, quod non est in sua positum potestate, quod a sua substantia tollitur, quod mutatur, quod alieno 1 7 2
est. utique non enim quicquam timere poterat, qui mortuos excitabat, *qui potestatem habuit ponendi animam et iterum resumendi eam;* sed ut 1 2 31
sui corporis potestatem non habet, sed uir; similiter et uir sui corporis potestatem non habet, sed uxor. sic igitur, quoniam una sunt caro, unum 1 1 13
sicut praescribens talibus Paulus apostolus dicit: *mulier sui corporis potestatem non habet, sed uir; similiter et uir sui corporis potestatem non* 1 1 13
uiro aliquid eam prodesse perspicio? quia huius circumscriptio characteris potestati subiacet cordis, quod nisi uerae circumcisionis spiritali fuerit 1 3 9
terrae donauit, qui omnia elementa mundi cum animantibus suis eius potestati subiecit, qui ei annos, tempora, menses, noctes ac dies 1 36 28
latrones excusant, nec sui umquam uenit in mentem non esse humanae potestatis crastinum diem ac ne ipsum, quo res agitur, quia quod uoluitur 1 5 7
nunc breuiter de secunda spiritali, quae nostra est, edicamus. quae tantum potestatis gerit, ut a femina coeperit, quod priori impossibile fuit. denique 1 3 19
neque cum de corpore egreditur, a quoquam deprehendi potest tantumque potestatis habet, ut, cum sui domicilii saepto teneatur, tamen quicquid 1 27 3
neque cum de corpore egreditur, a quoquam conspicari potest tantumque potestatis habet, ut, cum sui domicilii saepto teneatur, tamen quicquid 2 30 3
damnum pati potest, animo autem imperare non potest; ipse enim regalis potestatis imperio subiectum sibi corpus seruilibus officiis suae compellit 1 3 9
ut in unum duos redigendo confunderet, sed ut duorum unam diuinitatis potestatisque esse omnipotentiam nos doceret. sequitur ac dicit: *omnia per* 2 8 4
cum esset adhuc paradisi constitutus beatissimusque beati orbis imperio potiretur, tam diu felix, tam diu inexterminabilis uixit, quam diu imperata 1 4 8
laborem. huc accedit, quia bona carnis inuenit, non requirit, mauultque potiri uel paruis praesentibus bonis quam bonis ingentibus tardis. at uero 2 4 13
fuisse constructum atque ita elaboratum, ut nesciret inspector, in eo quid potissimum miraretur: magnitudinem, opus, ornatum anne materiam; ita 2 6 2
ceterum si spiritaliter saperent, in ipso, quod infirmissimum putant, hoc potissimum praedicarent. etenim uere perfectus deus non esset, si esset 2 8 9
et deus manet in aeternum. sed dicit aliquis: 'si ita est, cur in se ipse potissimum superatur?' primo quia genus humanum magis uoluptati quam 2 4 13
inanemque conscientiam ad hoc in maligni fulgoris cupidinem diram spe potiundi praecipitat, ne gratis homo uideatur occisus. sed nos non ad 1 5 16
uacuatur. sabbatum denotatur. neomeniae et dies festi odio habentur. potiuntur eorum Romani regno. nihil, ut arbitror, illis restitit proprium, 2 17
indignationis ostendunt, quae alias personas, ut uerbum dei ab ipsis potius audiatur, hortantur [nos]. non est enim parum criminis, ut semper 1 61 1
mortuus, quam canere consueuerat uiuus; unde libet exclamare: 'profectus potius est iste quam mortuus.' in euangelio quoque Petrus filiique Zebedaei 1 2 8
Antiocho saeuiente libenter semel septem filios non dicam extulit, sed ipsa potius feliciter suis hortamentis occidit, religiose confidens deo filios se 1 2 13
est cor eorum, ut *diligerent magis tenebras quam lucem,* creaturam potius quam creatorem. itaque tria conuenit esse iudicia: unum iustorum, 1 35 6
irascitur, deprecaris? aperi tandem oculos cordis: inuenies te insultare potius quam rogare. postremo, fratres, non potest timere maritum, quae 1 14 6
in rebus, in quibus felices obnixa deuotione suam religionem custodiunt potius quam salutem. igitur cum audio tres pueros incensos, prius 1 31
iusto necessaria non est, peccatori uero molesta est'. absit, fratres: immo potius ueneranda est, quia ueritatis speculum, quia rigida quaedam 1 36 18
ex eo ipso eam, quo astruit, destruit. nec ulli dabit quod non habet, sed potius ut non habeat, adhuc ipse disquirit. uideo praeterea, sicut 2 3 6
post filium. denique si esset aliquid uirginitate melius, dei filius hoc magis potuerat suae matri praestare, cui praestitit, ut rediuiuae uirginitatis 2 7 4
aduersus Iob diabolus, qui non fertur blandus, aestimare licet quid moliri potuerit incitatus, maxime cum a deo acceperit facultatem, ut atrocitatis 1 4 18
ac regibus seruire gestiunt, qui uni deo per inpatientiam seruire minime potuerunt. sed inpatientiae hactenus exempla prolata sint. neque enim est 1 4 10
hoc facere existimarentur, si sub praetextu alieni nominis inuasa optinere potuissent. at cum diuina adiuratione in eculeo spiritali et qui sint nolentes 1 2 7
a quouis uere stultissimo negari non possit iniusta. ceterum si scire potuissent ueram iustitiam, cuius est inmortalitas merces, propterea 2 1 4
recte Iudaeus hoc diceret, fratres, si ista cura sexui utroque prodesse potuisset. cum enim grauior causa supersit, periturum se, nisi ueritatem 1 3 9
potuisset, si quid praetermitteret, quod ab alio saluti hominum praestari potuisset. eo accedit, quod secundum carnem Dauid filius futurus esse 1 3 17
credidit deo; qui nisi credidisset, neque iustus neque pater gentium esse potuisset. quapropter manifestum est spei ac fidei unam inseparabilemque 1 36 6
neque Dauid filius esset neque nisi in filium Dauid Christus uenire potuisset; qui ideo circumcisus est, quia Iudaeis erat promissus, ideo cum 1 3 18
aut humanus exitus contingeret, uix in eius casibus pater uiuere potuisset, si annis teneris moreretur. hic igitur infans, e cuius uita paternus 1 43 3
legis uniuersa complere. non enim aut *finis legis* aut uerus Christus esse potuisset, si quid praetermitteret, quod ab alio saluti hominum praestari 1 3 17
ista patientia, quam a suo statu non aerumna, non felicitas, non affectus potuit commouere. aduersus Iob diabolus, qui non fertur blandus, 1 4 17
uinea dei dictus est, floruit quidem, sed infeliciter flore discusso nullos potuit fructus afferre. denique pro fructibus spinas generauit, pro uua 2 11 1
libidine turpiter uicit, quem terribilis turba monstrorum superare non potuit. ipsa Venerem membris omnibus denudatam, conuexis manibus se 1 1 11
similiter nonnumquam ui extorquens quod blandimentis impetrare non potuit. libidinum commutatione uaria gaudet semper et paenitet, ad 1 1 9
circumuenti damnarent, non denique qualiter diabolus infamaret, qui non potuit pudoris fundamenta subuertere. ibat ad supplicium non adulterum 1 40 2
non in utero sed sepulcro incognitum pecus, quod legitimam nec mortem potuit sentire nec uitam. recte igitur apostolus ait: *radix omnium malorum* 1 5 3
duxit ingressum? quid [quibus] de caelo cotidianum manna in eremo, potus e saxo? quid per lignum amara aqua dulcis effecta, quam per lignum 1 61 8
huius beatitudinis uestrae possem dicere, nisi essetis mei. unum tamen prae gaudio tacere non possum: fenerando pauperibus omnes copias 1 14 9
relatione tantum, sed etiam fide similitudinis adprobemus. unde tamen prae me fero, fratres dilectissimi, quod ista, et non ambigua, in uobis 1 1 4
cruciatus sua complicat uota. denique tres pueri in illo sacro certamine prae oculis deum sibi proposuere, non flammas, praemium futuri, non 1 11
elegit mortem quam uitam turpem, melius credens hominibus se ream praebere debere quam deo. interea instant illi ex amatoribus accusatores 1 1 18
ei. unde dubium non est uoluntatem nostram, cui se iunxerit parti, praebere uictoriam eiusque in resurrectione aut praemio perfrui perenni aut 2 4 18
festinata educatione nutritus, deo uictimam, parentibus pium parricidium praebiturus. ecce carissimi, ut ait apostolus, *contra spem* natum Abraham 1 59 5
iam balneator praecinctus exspectat, *quod unctui, quod tersui* opus est praebiturus, sed et denarium aureum triplicis numismatis unione signatum. 1 23
isto de mundo, semper momentis omnibus liberatur. illis ducatum Moyses praebuit, dux noster Christus est dominus; illis columna nubis atque ignis 1 46b 2
sed est nunc usque barbarici furoris moribus alligatus. deus illi ducatum praebuit: idem a sua eum facie postmodum abiecit. consecutus est regnum, 1 52
uenientis, qui non tantum prophetis synagogae lapsu desolatis solacium praebuit, sed etiam nos omnes in aliqua constitutos angustia recreare 1 13 7
sacrilegii commissi capitales poenas luit? quanto magis in dei causa fortius praecauendum est, quem solum ueretur quicquid in uirtutibus naturae a 1 36 24
aetatis omni curriculo manente in sua semper infantia custodite ac fortiter praecauete, ne primi hominis quondam uestri umquam memoriam 2 24 3
sibi uidentur esse connexa, ut sint aliis alia necessaria. spes enim nisi praecedat, cui laborat fides? fides si non sit, quomodo spes ipsa nascetur? 1 36 1
huc accedit, quod, nisi insinuationem legis omni deuotione succincta praecedens amplectatur fides, quae tam sibi quam illi credendo praestet 2 3 1
doctrinae caelestis diuina fluenta, ruptis oculis, id est spiritaliter patefactis. praecedentibus foliis fructus sequela sese commendat; similiter Christianus 2 11 5
caeli corporis sui inpedimenta praemittit et exsequiis funeris ipse praecedit. cui haec est conparanda confessio? Maccabaeorum est iungenda 1 39 9
ignis columna per noctem, ut significaret arsurum. angelus tua castra praecedit, necubi crimen excuses. per mare ambulas; *ueloces pedes tuos ad* 2 16
domino dicente: *amen, amen dico uobis, quia publicani et meretrices praecedunt uos in regnum dei.* haedum ei promittit, id est, quae sit 1 13 9
patris et filii et spiritus sancti, docentes eos seruare omnia quaecumque praecepi uobis. dabis autem *pro me et pro te*: hoc est meam praedicabis 1 37 7
exsultat. melioratur uita supplicio. rex non inuiderat pueris, si non eos praecepisset ardere. 2 27
populus dei est indulgentia liberatus? quos utique omnes circumcidi praecepisset, si carnis circumcisionem eorundem saluti, quos amabat, 1 3 5
est ingrati, non remedium, sacrificium quod ipse reprobat fieri, qui praecepit. hoc solum dico: imple uel in ceteris legem, sicut scriptum est: 2 20 2
orbium currus munerifero semper uicissitudinis delectamento seruire praecepit, qui eum supra dicti amoris male dulcibus uenenis occisum 1 36 28
hos barbarus rex, quod eius statuam adorare contempserint, incendi praecepit. qui ubi iactati sunt in fornacem ignis ardentis, hos deuote 1 53 1
dicente: *altiora te ne quaesieris et fortiora te ne scrutatus sis. quae praecepit tibi deus, illa cogita semper et in plurimis operibus illorum non* 2 3 16
decorauit, determinauit mensura officiisque competentibus seruire praecepit? unde non est principium quod senescit, quod opus factum est 1 7 2
uisitaturus genus, alias aequalis in omnibus patri. quicquid enim pater praecepit, ut fieret, filius, utpote *dei uirtus deique sapientia*, omnia illa 1 50
nurum per aetatem excusat deterritus, ne etiam ipse similiter moreretur, praecepitque mulieri, ut in domo patris sui uidua permanens nuptias 1 13 1
ecce in eius hospitium uelut in hostilem praedam grassantium satellitum praeceps irruit manus, festinat dei famulum posse deprehendi; quem beati 1 39 4
aera distinguunt, et patienter ueniunt et patienter excedunt? solus homo praeceps, solus inpatiens, prauis cotidie mobilitatibus gaudet, uarietatibus 1 4 7
mortali. iustitiam docet inmortalitatis esse comparatricem. factis praecepta consummat. postremam suscipit mortem, ut ea deuicta resurgens 2 4 7

perit; quod deus ipse momentis omnibus patitur contumeliam, cuius praecepta contemnuntur, cui cultus, cui amor mundi praeponitur. quoduis 1 14 7
frui mundi ac negligat, sponte se faciat infelicem, non credentes, quia dei praecepta custodiens, huius modi officiis saeculares obterens uoluptates 2 1 14
deum tuum et ambules in omnibus uiis eius et diligas eum et custodias praecepta eius ex toto corde tuo et ex tota anima tua, ut bene sit tibi? 2 2 4
professione deo, factis saeculo seruientes. uolunt nosse legem, nolunt eius praecepta seruare. signum salutare uenerantur et tamen a mysteriis 1 35 5
per se non ualebat, aliena forma blanditus per mulierem transgressionem praecepti dei persuadendo miserabiliter iugulauit et exinde hereditaria 2 4 5
erat iam sapientia conditus, sensibus stipatus, eligendi mortem uitamue praecepti eruditione commonitus, eum propriae uoluntati commisit. at 2 4 5
generantis genitalis flore consumpto non tam ex parentibus quam diuina praeceptione meruit procreari atque in ultimis uitae curriculis Sarrae 1 59 1
scala autem duo testamenta significat, quae et euangelicis intexta praeceptis credentes homines uoluntatemque dei facientes quasi per 1 37 1
si talia gerant, putant se aut imitari aut uindicari. propter quod in praeceptis dominus ait: *qui dimiserit uxorem suam excepta causa adulterii,* 1 1 13
construit decorem, ad omnia genera uirtutum intrepidus corrigit, praeceptis omnibus fideliter obtemperat incoactus, innocenter uiuit, 2 2 4
simile huic: diliges proximum tuum tamquam te ipsum. in his duobus praeceptis pendet omnis lex et prophetae. unde manifestum est dilectionem 1 36 17
<...> non enim praecepto uirginitas prouocatur, sed nec continentia relicta repellitur. ad 1 59 1
uero sunt iusti, qui probis moribus per gradus diuinorum obseruantiae praeceptorum cotidie spiritalis itineris gloria feruntur in caelum; quos 1 37 12
premere consueuerat, armatus gladio iubetur occidere. quid faceret pietas? praeceptum differri non potest. praestiteras, mater, cum sterilis esses: ad 1 62 3
sensu si uis pascha legitimum celebrare, agnus requirendus est tibi, sicut praeceptum est, *ex agnis et haedis* discordi natura commissus, quem in 2 20 1
denique cum dominus interrogaretur, quod esset summum legis sacrae praeceptum, sic ait dicens: *diliges dominum deum tuum ex toto corde tuo* 1 36 17
populum fugiendo delesse, deum suis praefuisse maioribus eorumque iter praecessisse, non intellegentes, quia exinde eos a facie sua remotos post 1 18 1
igne dulcissimo temperata blando murmure iam uos inuitat. iam balneator praecinctus exspectat, *quod unctui, quod tersui* opus est praebiturus, sed et 1 23
foliis fructus sequela sese commendat; similiter Christianus monitis diuinis praecinentibus obsecundando, in quibus aeternae fructus est uitae, et 2 11 5
praecepit. hoc solum dico: imple uel in ceteris legem, sicut scriptum est: praecinge lumbos tuos, indue pedibus calceamenta, arripe baculum manu. 2 20 2
uestris? per alium adaeque prophetam spiritus sanctus clamat et dicit: *praecingite uos et plangite, sacerdotes; lugete omnes, qui deseruitis altari,* 1 25 6
completur a filio. quomodo autem, quantus aut qualis fieri debeat, nemo praecipit, interrogat nemo. neque enim sine patris esse possit iniuria, si hac 1 56 2
dilectionem commendat, quoniam solam praesumit seruare posse quod praecipit. primum est itaque dilectionis officium deo refundere, quod nati 1 36 20
dei populus captiuitatis ingenti iugo acerrime premebatur. hunc deus praecipit proficisci, duce Moyseo uidelicet et Aaron, iter demonstrante 2 26 1
et *gentes* accipimus, qui aduersus deum inaniter *fremuerunt*. sors Ionam praecipitandum prodidit, prophetia passurum dominum praedicauit, 1 34 8
se possit arguere derelinquit. omnes enim passim furore insatiabili turpes praecipitantur in quaestus, nec quisquam prorsus inueniri potest, qui ei 1 5 1
aestuantibus globis erubescit quoque ipsum alienis ignibus caelum. illo praecipitantur insontes ibidemque propter quem praecipitantur inueniunt. 2 22
ignibus caelum. illo praecipitantur insontes ibidemque propter quem praecipitantur inueniunt. denique excipiuntur non flamma, sed rore, dei 2 22
temporis fetus partu crudo in alterius contumeliam inpatientia non sinit praecipitare. quid auium diuersarum decora commercia litterataeque quid 1 4 6
per populos hominumque lubricas mentes libidinum flagrantibus stimulis praecipitat in furorem, non sexui parcens, non aetati, non pietati, non sibi, 1 1 6
conscientiam ad hoc in maligni fulgoris cupidinem diram spe potiundi praecipitat, ne gratis homo uideatur occisus. sed nos non ad auaros, sed de 1 5 16
habentibus adimit satietatem. ita omnes in rabiem una tempestate praecipitat, ut ubinam sit maior ignores. est autem similis igni arida pabula 1 14 1
non timet adire naufragium, ceto inhiante miserabilius sepelitur quam praecipitatur et tamen litus, quo tendebat, inuenit antequam uideat, felix 2 2 5
attingam, ut omnium probationem haud dubie in paucis expediam. stellae praecipites labuntur e caelo et a tergo longo flammarum albescentium 1 2 17
et timet arcamque, cum suis ut saluus foret, quam iussus est facere, non praecipiti festinatione compingit nec tantum munus quasi praesumptor aut 1 4 12
supplicio destinati. Aunan autem secundus frater Iudaicus est populus, cui praecipitur, ut semen excitet fratris, non utique illud, quod a deo 1 13 5
legem solus impleuit, et qui nullo iure legis tenebatur, omne ius diuinum praecipue custodiuit. cuius immolatione ille quoque gauderet, qui ad 1 43 8
geminare. sed quamuis sit optimum laudare, quae dei sunt, tamen praecipuum non est, quod cum gentibus uel Iudaeis potest esse commune; 2 6 1
me. inpinguasti oleo caput meum et poculum tuum inebrians quam praeclarum. utique, fratres, calix sanguinem, mensa corpus, oleum donum 1 13 10
fabricae fundamentis non sicut in Iudaeae templo plurimi, sed magnus, praeclarus, pretiosus ac speciosus unus est lapis, qui quadrae turris totam 2 6 6
minitantur exitium. at illa non Eua, ancipiti quidem metu contemplatione praeclusa, cuius aut pudor esset iugulandus aut anima, conscientiae suae 1 1 18
aduersus sabbatum pugnat, quod uiolandum ullo opere in toto non esse praeconat. etenim plerumque contingit, ut ei nascatur sabbatis filius, quem 1 3 3
Elisabeth sterilis fecunditate tumet feliciter uenter, Mariae maiestate. illa praeconem portat, haec iudicem. exsultate, feminae, promotionemque uestri 2 8 8
quoduis etenim piaculum scelus dedecus nefas libenter admittit, cuius praecordia inplacabilis cupiditas pestifera flamma repleuerit. sed haec non 1 14 7
clamaui ad te, domine. clamat namque de profundis, id est de imis praecordiis; clamat de profundis, sed quibus saeptus erat maestus ac tristis 1 34 3
piscis interanea diligenter accurat et assat. Iohannes camelarius deuote praecurrens de silua mel attulit et locustas. ne alter alterum manducantem 1 24 3
mortis incumbit. nonne statim illa, quae erat domina uoluptatum, fit praeda morborum? postremo iacentes reliquias mors uindicat sibi, insuper 2 4 16
iussionis animaretur exemplo. ecce in eius hospitium uelut in hostilem praedam grassantium satellitum praeceps irruit manus, festinat dei 1 39 4
constituto dissimulata interim maiestate ab aetheria sede profectus in praedestinatae uirginis templum sibimet castra metatur, quibus latenter 1 54 3
possideant, fines oderunt. inlicitum putant habere uicinum. construunt praedia, sepulcra defodiunt; timeant omen qui non timent mortem: sic, sic 1 5 8
quaecumque praecepi uobis. dabis autem *pro me et pro te*: hoc est meam praedicabis crucem, sed et tu crucis tuae similiter dignitate gaudebis. igitur 1 37 7
Pharaonis exercitusque eius graui seruitutis iugo depressos de Aegypto praedicant liberatos. a diaboli rabie idolorumque turba uiolenta non 1 46b 1
in statu suo manenti quam beato in ultimas miserias deuoluto. nam praedicant patres suos Aegyptium populum fugiendo delesse, deum suis 1 18 1
menses seruiunt in prophetis; quem euangeliorum salutaria quattuor praedicant tempora; cui non anniuersarii, sed cotidiani fructus respondent 1 33 4
spiritaliter saperent, in ipso, quod infirmissimum putant, hoc potissimum praedicarent. etenim uere perfectus deus non esset, si esset aliquid quod 2 8 9
sumpsit, necessaria moderatione distinguit. si enim deum purum iugiter praedicaret, passionis resurrectionisque uacaret locus et nihil Christus 2 5 1
non natura. non enim bis carnem induit dominus. sed sic oportuit praedicari, quia primo, antequam esset, quod se fieri uoluisset, tam figura 2 4 3
et *iudicaturus est uiuos et mortuos*, sicut lectio uniuersa testatur, qua praedicat Christum oportere *regnare* cum sanctis suis, *donec* uacuatis omni 2 5 7
circa se uideret feliciter triumphum suum perire naufragio. haec Iudaeus praedicat, fratres, et tamen deo demens adhuc usque non credit, qui est 1 29 2
quod nouerit? absit. indicat ille, sed nobis, quos cupit quod facit ac praedicat imitari. ergo inquit: *non est exaltatum cor meum,* docens 2 9 3
quia, sicut hamus missus in mare mortem piscis ostendit, ita euangelica praedicatio missa per mundum mortem domini aduentumque testatur, 1 37 6
loqui dicit, quos loquentes nullus audiuit, sed apostolos asseuerat, quorum praedicatione gloria domini per tota terrarum spatia nuntiata est. terram 1 61 3
fideliorem, si loquatur argute, cum magis uerus sit ille fidelis, qui sacra in praedicatione non ultra, quam licitum est, aciem suae tetenderit mentis; eo 2 3 12
mare autem mundum significasse non dubium est, hamum uero praedicationem, quia, sicut hamus missus in mare mortem piscis ostendit, 1 37 6
per ambitum totius orbis non muta *quattuor animalia,* sed salutiferis praedicationibus quattuor circumferunt euangelia. cuius quam uim habeat 2 12 4
cognouit saeculum per sapientiam, deus optimum existimauit per stultitiam praedicationis saluos facere credentes; et iterum manifestius: *si quis inter* 2 1 5
quo pecora diuina succedunt, uenerabili sacramento susceptum cotidianis praedicationum medicaminibus curat. quod autem ait *angelos ascendentes* 1 37 10
familias proferenti de thesauris suis noua et uetera. scriba, fratres, est praedicator, *pater familias* Christus, *thesauri* eius indeminutae deitatis 1 37 9
deus dei filius, qui patris maxima est gloria, aequalis patri a catholicis praedicatur. denique inde est, quod legis fundamenta temnentes uersuta 1 45 1
est Christus. cur autem dignatus fuerit immolari, Iohannes Baptista ante praedicauit his uerbis: *ecce agnus dei, ecce qui tollit peccatum mundi.* hic 1 8 2
sors Ionam praecipitandum prodidit, prophetia passurum dominum praedicauit, utrosque uolentes, illum condicione, dominum pietate. cetum 1 34 8
non enim uideo, quid in exhortationibus diuini ac ueri cultus gentibus praedicem. felicitatemne uirginitatis? at habent suas, et si non felices, 2 7 11
putauerit, non est. nam et Iohannes apostolus in euangelio quid praedicet, fratres, accipite: *in principio*, inquit, *erat uerbum et uerbum erat* 2 8 3
pertinet, oculorum elatio ad omnes. de quibus Iohannes discipulis quid praedicet, omnibus est in usu: *nolite*, inquit, *diligere mundum neque ea,* 2 9 5
et haec sors. illinc spiritus, quasi quidam dux peritissimus, horum omnium praedicit fugam, in armis expeditissime standum, uigilandum diligenter, 2 4 11
interim dignitate deposita, non tamen potestate, caelo egressus metatura praedicta sacrario templi uirginalis hospes pudicus inlabitur ibidemque 2 12 1
fingit, ita detestabilior qui deum colit, quem ipse disposuit. Selom autem praedictorum tertius frater minor ex gentibus uenientis nouelli populi 1 13 7
qui uicinarum possessionum omnes glebulas, lapillos et surculos nostis, in praediis autem uestris fumantia undique sola fana non nostis, quae, si uera 1 25 10
sed quid ego diutius demorer in humanis, quasi sola isto affectu sint praedita? nonne uidemus omne animantium genus congregatione, 1 36 15
maxime quia caritas sua ingerit fortiora. quae ita rebus uniuersis est praedita, ut sit omnium iure ipso regina. triumphet licet quibus uult 1 36 10
nec manducatur aliquando certe nec bibitur nec in inferno cum suo praedone descendet, solum quod oculos infelices inanemque conscientiam 1 5 16
(quamuis illic fructuosa uel uera esse non possit, quia sub inpudico praedone uersatur), quanto magis debet esse gloriosior in populo 1 1 3
malum! inuicem dum exspoliant persequuntur fallunt, hostes probant, praedones laudant, latrones excusant, nec sui umquam uenit in mentem 1 5 7
concussae gemunt urbes, deleta rura respirare non possunt, maria plus praedonibus saeua sunt quam natura; obseratae gladiis uiae humano cruore 1 5 3
ministrisque insuper suis in auxilium concitatis, terribili increpans tuba praedonum corda face furiali succensa, impetibus crebris passim totas 1 15 3
mutauit! Iob, quantum intellegi datur, fratres carissimi, Christi imaginem praeferebat. denique comparatio indicat ueritatem. Iob iustus dictus a deo 1 15 7
terrarum. Ionas in naui dormiens sacramenti dominici imaginem praeferebat; etenim significabat nauis materia crucem, somnus uero 1 34 8
ad sui dicti iam peruenerit ueritatem. Iesus enim Naue Christi imaginem praeferebat, qui uerus omnium saluator esse cognoscitur et factis et 1 3 16
inter gladios tuta, inter esurientes feras amica, in ignibus frigida. sola fides praeferenda: hac nos, qui per fidem filii Abrahae facti sumus, in ipsius 1 62 5
praedicant patres suos Aegyptium populum fugiendo delesse, deum suis praefuisse maioribus eorumque iter praecessisse, non intellegentes, quia 1 18 1
non celat uentrem. defertur fornicationis rea sine labore accusatoris uidua praegnans. irascitur socer, eam produci iubet atque incendio concremari. at 1 13 3
et iustum. denique etiam ipse impiis iudicium, quia iam sua impietate praeiudicati sunt, non derelinquit neque peccatores, qui iudicandi sunt, 1 35 3
se latere non passus est; se ultro offerens iudici moram suam uoluntarie praeiudiciis excusauit. cui cum prouinciae rector pristinae eius fugae 1 39 5
semper exaestuans libidinis turpitudo aut ueritate aut imagine perpetratur. praemia aut tradit aut accipit, corrumpit aut corrumpitur, inicit amorem, 1 1 7
per hominem, *quem gerebat, et spem uincendae mortis offerret et* eum *ad praemia inmortalitatis admitteret.* sicque factum est, ut, quomodo per 2 4 7
laetatur et gaudet et se dominum promeruisse triumphat. accepit iam praemia, quae meretur; diuinae enim explorationis temptamina 1 43 6
Christiani nominis nullis tormentis, nulla nouitate mortis, nullis praemiis, nullis amicitiis, nullis affectibus omni sane tortore pietatis 1 36 30

speremus aliena. nemo enim censum decoctori committit nec desertorem	praemiis triumphalibus honorabit, maxime cum scriptum sit: *qui habet,*	1	36	7
haedum. at illa promisso expetit pignus, magis illo contenta quam	praemio accepitque ab eo eius monile, anulum, uirgam; tumque negotio	1	13	2
cui se iunxerit parti, praebere uictoriam eiusque in resurrectione aut	praemio perfrui perenni aut consimili poena puniri.	2	4	18
insultent, quia nostrae sacrae uirgines uiduaeque magno pro inmortalitatis	praemio, suae autem gratis laborent. uerum hoc est solum, nos in quo	2	7	11
gloriosi exitus finis! ascensurus altitudinem caeli corporis sui inpedimenta	praemittit et exsequiis funeris ipse praecedit. cui haec est conparanda	1	39	9
ignorantia ne quis reatum excuset. nunc seuera, nunc blanda demonstrat	praemium, demonstrat et gladium, unicuique, quod elegerit, tributura et ut	2	3	3
in illo sacro certamine prae oculis deum sibi proposuere, non flammas,	praemium futuri, non poenam. sicque inter taetros undantis incendii globos	1	11	
gloriae spem futurae non gerit? quid agricola semina spargit, si sudoris sui	praemium non colligit messem? quid Christianus credit in Christum, si	1	36	3
innocens, confitetur. pretiosa res est, fratres, quae et honorem praestat et	praemium. o liberatoris nostri profunda prouidentia! o praestantia	1	42	2
animatur. erit geminum de religiositate commercium, cum ad caeleste	praemium populus accenditur et de martyris meritis non siletur. sed quis	1	39	1
nec spes est; *fides* enim spei *substantia est* et spes fidei gloria, quoniam	praemium quod spes habet fides meretur, quae quidem pro spe pugnat, sed	1	36	4
abdicatione calcandum mortemque ipsam perennis cui beatitudo succedat,	praemium uictoriae magis esse quam mortem. luculenta oratione per	2	4	11
nihil illi contulit, quia deo ante, non posteaquam circumcisus est, placuit	praemiumque non circumcisionis, sed in acrobustia meritae repromissionis	1	3	7
maiores, iuuenum uirtute fortiores, sibi pares, trinitatis sacramento	praemuniti, unitatis una fide solidi, <uirtutis> aequalitate pares, passionis	1	53	1
in nos munus inmortalitatis conferret. quem competenter sequitur Virgo	praenuntians Libram, ut nosceremus per filium dei, qui incarnatus	1	38	5
dictum esse meminimus: *ecce mitto angelum meum ante faciem tuam, qui*	*praeparabit uiam tuam*. ergo manifestum est prophetiae more angelos	1	37	11
alio loco his uerbis: *ecce mitto angelum meum ante faciem tuam, qui*	*praeparabit uiam tuam*. quis est iste angelus, fratres, nisi Iohannes	2	8	7
sacrificium, ne mora faciat peccatum. necessaria sacramentis protinus	praeparantur, ascenditur in montem. omni mysterio sacrificioque disposito	1	43	4
est. nulla intrare uolentibus mora; patent duodecim portae, habitacula	praeparata sunt infinita. nemo sit de mansione sollicitus: certae gloriae	1	5	17
uiam tuam. quis est iste angelus, fratres, nisi Iohannes baptista? cuius est	praeparatio: *uox clamantis in deserto: parate uiam domini, rectas facite*	2	8	7
eos cognitio exspectat ulterius, quinam sint isti, quibus est iudicium	praeparatum. et a quo scire debemus, nisi ab ipso domino, qui suum	1	35	4
mortis iura praetereat. quae res efficit, ut siue metu siue incredulitate	praeponantur praesentia futuris, mala bonis, fragilia solidis, falsa ueris,	2	4	14
fecerit Christus, sit autem ex natura tempus, ineptum satis est opus suo	praeponere artifici ac per hoc solum interest, quod soli se sciunt. denique	2	8	5
alienis. quisquamne iustum putet, qui utilitatem rei familiaris pietati	praeponit? qui hominibus fame laborantibus ac nuditate pascit tineas,	2	1	17
exaggeret crimen; exaltatos, ut ingratos ostendat. bouem illis asinumque	praeponit, ut grauius possint, si resipiscant, comparatione torqueri quam	2	21	
contumeliam, cuius praecepta contemnuntur, cui cultus, cui amor mundi	praeponitur. quoduis etenim piaculum scelus dedecus nefas libenter	1	14	7
de me fabuletur inuidia; non enim nuptias condemno, sed nuptiis meliora	praepono, et quidem etiam apostolo hortante sic Paulo: *dico autem*	2	7	2
eius similitudinem, sequitur ut oderit ueritatem. inde est, quod stulti	praeponunt corpus animae, idolum deo. sed nos, qui Adam abiecimus,	2	4	17
nemo turbatur. ne uere sit parricidium, ille lignum quo inuratur sibi	praeportat, ille aram struit. ille exserit gladium, ille ceruicem, uno uoto,	1	4	14
memoratum nec factum posse doceri nec natum. huc accedit etiam ipsa	praepostera memoratio, quoniam res est disconueniens et absurda, ut	2	4	2
omnium iudicum, putasne aut de lucis istius incongruis usuris aut de	praeproperae mortis subitis damnis familiam domini posse terreri, cum	1	39	5
potuisset; qui ideo circumcisus est, quia Iudaeis erat promissus, ideo cum	praeputio natus, quia in aeternum incircumcisis gentibus fuerat profuturus.	1	3	18
sacerdos deo acceptissimus huius fuit cicatricis ignarus? quid, quod cum	praeputio Nineuitarum populus dei est indulgentia liberatus? quos utique	1	3	5
enim illi carnales sunt, ambo sine fructu. unde dubium non est neque	praeputium aliquid esse neque circumcisionem, sed solam obseruationem	1	3	24
credentium populorum secundum Moysi dictum non in damnum hominis	praeputium carnis, sed in augmentum hominis praeputium facinorosi	1	3	16
ab Iesu Naue quo genere celebrata sit petrinis illis cultris: cor an	praeputium circumciderit. etenim si secundum ipsos nos quoque carnaliter	1	3	15
renouate inter uos nouitatem et ne seminaueritis in spinis. circumcidite	*praeputium cordis uestri, ne exeat sicut ignis ira mea et exurat et non sit*	1	3	12
non in damnum hominis praeputium carnis, sed in augmentum hominis	praeputium facinorosi cordis incidit. at fortasse adhuc quispiam dicat: 'cur	1	3	16
ne ingruentium peccatorum rursum, sicut Adae et Euae spiritale	praeputium, male repetita nuditas condemnetur, ne nouus homo quicquam	1	3	24
haec hominem totum; illa masculum solum, haec utrumque sexum; illa	praeputium paruae cutis, haec praeputium totius concupiscentiae	1	3	23
solum, haec utrumque sexum; illa praeputium paruae cutis, haec	praeputium totius concupiscentiae saecularis; illa octauo deseruit diei, huic	1	3	23
Iacob patienter uaria exhibet pecora. Ioseph promotus ad mensuram	praerogat cunctis annonam. sane si quis aliquid desiderauerit, qui	1	24	2
puritas supplicat, spiritus postulat, spes promittit, sapientia domus domina	praerogat munera. exsultate, seniores: uos estis huius operis firmamenta.	2	6	9
fructus est uitae, et defenditur pariter et nutritur. ad iugum peruenit, cum	praerogata omni facultate pauperibus crucem suam portans consummata	2	11	6
omnem istam celebritatem honore uestri floris ornatis. exsultate, diuites,	praerogationibus crebris et iustis ueri diuites facti; promotioni etenim	2	6	10
uentorum flatu uiolento lacessitum fremit mare sollicitique gurgitis	praeruptorum montium canis uoluminibus repugnantium litorum	1	34	5
se pannis alligari, qui totius orbis debita uenerat soluturus. in stabuli	praesaepe deponitur populorum pastorem pabulumque se esse contestans.	2	12	3
terrestria. itaque inmortalitatis semine (de quo etiam poeta sapientissimus	praesagauit dicens: *igneus est ollis uigor et caelestis origo seminibus),*	1	2	26
tali negotio iudice deo quod non licet uxoribus non licet nec maritis, sicut	praescribens talibus Paulus apostolus dicit: *mulier sui corporis potestatem*	1	1	13
quia aliqui eorum cum forte de numero audacis lupi rabie denotatus in	praesens periculum coeperit infestationibus tyrannicis duci, omnes repente	1	36	15
noctem iter pandebat ignotum. qui ut inter duo elementa peruenit, ibidem	praesentariae exitum mortis expauit. hinc enim persequentium	1	29	1
neglexit et idolis profudit. propter quod a deo similiter etiam ipse	praesentem sententiam damnationis excepit, quia, sicut est detestabilis qui,	1	13	6
ipsa ueritate, in nomine patris et filii et spiritus sancti, non tantum diaboli	praesentes ignes exstinguit, sed etiam futuri diei iudicii incendia superabit.	1	13	13
dei filium deum esse non credant. quos uellem adesse paulisper auremque	praesenti commodare lectioni, ut edicerent nobis, quinam sit deus iste, qui	1	25	1
ut admoneret arsurum. angelus praeuius tua castra promouit, ut etiam	praesenti deo probareris ingratus. per mare pedibus ambulasti, ut patereris	1	9	
diligentissime, fratres carissimi, circumcisionis, cuius non tantum in	praesenti lectione, sed et aliquot in locis fecit Paulus beatissimus	1	3	1
non pro locis intelligunt aut dictorum minime rationes inquirunt. igitur in	praesenti Psalmo propheta cum dicat: *misericordiam et iudicium cantabo*	1	35	1
praetereat. quae res efficit, ut siue metu siue incredulitate praeponantur	praesentia futuris, mala bonis, fragilia solidis, falsa ueris, terrena	2	4	14
nam si iudicii diei adpropinquare iam cursus aduerterent, procul dubio et	praesentia odissent et futura credidissent pariterque metuissent. nemo est	1	2	1
unde primo omnium *spes* nobis proponenda est *futurorum*, sine qua nec	praesentia quidem ipsa stare posse perspicimus. adeo tolle spem: torpet	1	36	2
saluus esse non poterit, quamuis sit iustus, nisi exomologesin faciens et	praesentia sua peccata exstinguat et futura repellat. Thamar arguitur, quod	1	13	12
uel murus, dei ministra, Christi amica, spiritus sancti conuiua. huic et	praesentia subiacent et futura: ista quia contemnit, illa quia sua esse	1	36	5
dispunctus Sauli regi se desideranti sine ambiguitate non tantum suam	praesentiam exhibet, sed etiam ad consulta respondet liberiusque canit	1	2	8
accedit, quia bona carnis inuenit, non requirit, mauultque potiri uel paruis	praesentibus bonis quam bonis ingentibus tardis. at uero spiritus bona non	2	4	13
constituere iustitiae dei non oboedierunt. sed cum de futuro nihil opinantes	praesentis tantum uitae commoda inspiciunt falsamque aduersus ueram pro	2	1	3
oramus cotidie, ut *adueniat regnum* patris, speramus et filii. uacat ergo	praesentis temporis regimen utroque cessante actumque est de mundo	2	5	5
reddiderunt. quod et nos et fecimus et facere plerumque debemus, ut et	praesentis temporis temptationes et futuri iudicii poenas euadere mereamur	1	34	9
terrena caelestibus, temporalia sempiternis. o caeca mens hominum! quid	praesentium carnalium rerum fugaci illuderis blandimento? quid deteriori	2	4	15
dicere animas cum corporibus interire, caelestia cum terrenis absumi,	praesertim cum eorundem ille sapientissimus dicat hanc esse mortem, cum	1	2	2
obice reprimebatur. etenim illi nullae inerant naues, nulla transfretandi	praesidia, cum subito diuina prouidentia scinditur mare, aquae dextra	1	29	2
Iudaicum populum uniuersum salutis suae amisisse	praesidium diuini carminis textus ostendit. in quo eum non seueritas apud	2	21	
carum, hos opus uiuum carnaliter geritur, sed spiritaliter promouetur.	praestabit autem deus pater omnipotens, ut, quomodo isto in terrestri	2	6	11
uestro nascimini scientes, quoniam, qui plus crediderit, nobiliorem se ipse	praestabit. constanter igitur ac fideliter *hominem* istum uestrum *ueterem*	1	49	
et ubique aucti fide, numero, caritate nostris cum fratribus celebremus,	praestabit deus pater omnipotens.	2	19	2
sancti calore feruebunt, qui ut numquam refrigescat in omnibus nobis	praestabit deus pater omnipotens.	2	13	
repleuerunt. quod ut uobis quoque fide uestra adolescente contingat,	praestabit deus pater omnipotens per dominum Iesum Christum, qui est	1	10b	3
forsitan ipso sacrificio tuo tuum pectus obtundet, tuam faciem deformabit	praestans aliquando et beneficium, cum te iubet ad ecclesiam non uenire.	2	7	15
fabulis et genealogiis, quae sine fine sunt, quae magis quaestiones	*praestant quam ueram rationem dei, quae est in fide. definitio autem*	2	3	17
aestimate, quid faciat inuitatus, cui omnes nocendi aditus reserati	praestant sine pugna, sine ullo labore uictoriam. non enim conabitur in	2	7	13
incensi sunt, incendio suo superstites triumphantes de camino procedunt,	praestante domino nostro Iesu Christo.	1	53	2
uideo, quid illi praestiterit. o liberatoris nostri profunda prouidentia! o	praestantia singularis! o dulcis sententia! o damnatio necessaria! homo	2	24	3
praestat et praemium. o liberatoris nostri profunda prouidentia! o	praestantia singularis! o dulcis sententia! o damnatio necessaria! in semet	1	42	2
si esset aliquid uirginitate melius, dei filius hoc magis potuerat suae matri	praestare, cui praestitit, ut rediuiuae uirginitatis honore polleret. itaque in	2	7	4
praestet effectum, insinuatio inanis erit, quia incredulo credentis fructum	praestare non poterit. denique Abraham placuit deo credulitate sine lege et	2	3	1
quibus nec natiuitatem dederis nec animas inspiraueris nec salutem	praestare possis. unde uel sero sacrilegam uocem comprime humanae	2	1	21
esse potuisset, si quid praetermitteret, quod ab alio saluti hominum	praestari potuisset. eo accidit, quod secundum carnem Dauid filius futurus	1	3	17
multiplicandis uirtutibus laudem ponis, quantam in finiendis. tu uirginitati	praestas, ne flos eius ullo morbo, ullo tempore deflorescat. tu uariarum	1	4	20
unica ac fortissima consolatio saepe libertatem paris. tu paupertati	praestas, ut habeat totum sui contenta, cum sustinet totum. tu prophetas	1	4	22
natura talis est, ut auariorem faciat. plerumque plus tulit auaro quam	praestat, ac sic saepe contingit, ut merito perdat etiam sua, qui desiderat	1	5	12
domus Dauid: non pusillum uobis certamen cum hominibus, quoniam deus	*praestat agonem. propter hoc dabit deus uobis signum: ecce uirgo in utero*	2	8	7
omni genere munerum largus. namque piis mercedem sacerdotibus	praestat, consequentibus ministris promotionis augmentum, immortalitatis	1	6	
quo pacto maculetis, perpeti diligentia custodite, quia nescit iterare quod	praestat. ecce pueri, adolescentes, iuuenes, senes utriusque sexus, qui eratis	1	38	1
homines sacramento uenerabili unam cogit in carnem. haec humanitati	praestat esse quod nascitur. huius est munus, quod cara uxor, quod	1	36	13
pratis, messibus flauis, uitibus curuis, semipallidis oliuis et felicitatem	praestat et gratiam, cum [in] uniuscuiusque temporis fetus partu crudo in	1	4	6
fiat innocens, confitetur. pretiosa indulgentia est, fratres, quae et ueniam	praestat et medicinam. ceterum qui parcit uenefico, homicidae, adultero,	2	24	2
reus, ut fiat innocens, confitetur. pretiosa res est, fratres, quae et honorem	praestat et praemium. o liberatoris nostri profunda prouidentia! o	1	42	2
conscribunt. quae sine se utilia esse non possunt, quia ueteri sicut nouum	praestat fidem, ita nouo uetus perhibet testimonium, sicut scriptum est:	1	37	4

fundamenta confirmat, haec nominum proprietates uniuersis affectibus	praestat, haec parentum, coniugum liberorumque sacra iura custodit, haec	1	1	1
ueritate; illa damno, haec lucro; illa agit captiua sub lege, haec omnibus	praestat in Christo bonae fidei libertatem. igitur uos, qui *circumcisi estis*	1	3	23
si pura sit. neminem foede desiderat nec ulli similiter se desiderabilem	praestat. in suo statu omni loco, omni tempore manet plus honestati	1	1	2
unam natiuitatem, unum lac, unum stipendium, unam spiritus sancti	praestat omnibus dignitatem. quam speciosum est, fratres, quamque	2	29	2
carnis includitur deus humanamque uitam mutuatur de tempore, qui	praestat temporibus aeternitatem. mira res! concipit Maria de ipso, quem	2	12	1
reum, qualem inuenerint, talem quoque dimittunt; quae in pari causa ipsi	praestatori nihil prodesse possunt. at uero nostrae aceruatim absoluunt	2	24	1
modo deum quisquis asserit deum. defensio enim non nisi inbecilli	praestatur nec potest eum reuereri, qui ingenii sui putat esse, quod ille	2	3	18
post die Nineuitas illustrat terribilibus oraculis salutem ciuitati credulae	praestaturus. quantum datur intelligi, fratres, nauis typus est synagogae:	1	34	6
parit sibi de fine principium, hoc nostris quoque hodie competentibus	praestaturus, quos iam nunc felix inuitat occasus, ut sacri oceani lacteo	1	44	2
munus futurae beatitudinis pollicetur, hoc quoque nostris competentibus	praestaturus, quos nunc inuitat felix occasus, ut sacri oceani lacteo	1	57	
succincta praecedens amplectatur fides, quae tam sibi quam illi credendo	praestet effectum, insinuatio inanis erit, quia incredulo credentis fructum	2	3	1
scire tamen, tanta eius rabies quid uoluptatis habeat, suo cultori quid	praestet. febrem non exstinguit, morbos non discutit, uulneribus non	1	5	16
cum sole honorumque exinanitus a te gradus non inueniat quod tibi	praestet, meminisse tamen debes, quia mors non timet nec diuitias nec	1	5	10
illi putauerunt, nec sapiens profecto erit ille nec iustus. satis, ut opinor,	praestigiae mundanae patuerunt. in quibus cum peritius agant uniuersi	2	1	11
me possidere contendo, quia specialiter anxiam curam mortis mihi a deo	praestitam recognosco.' recte Iudaeus hoc diceret, fratres, si ista cura sexui	1	3	8
iubetur occidere. quid faceret pietas? praeceptum differri non potest.	praestiteras, mater, cum sterilis esses: ad gladium nascitur puer. talem	1	62	4
passionis resurrectionisque uacaret locus et nihil Christus mundo	praestiterat; si hominem solum, sicut quidam putant ab utero uirginis eum	2	5	1
incestatori, sacrilego, nisi eius curauerit mentem, non uideo, quid illi	praestiterit. o liberatoris nostri profunda prouidentia! o praestantia	2	24	2
spiritus maiestatis; quae utraque in Christo concreta agnum legitimum	praestiterunt. hic est agnus, fratres, de quo lex ait: *Pascha est domini*;	1	8	1
stupet gladius nullo impedimento suspensus mactatione terribili gloriam se	praestitisse, non crimen. quid hoc est? ecce immanitas in fidem et scelus	1	4	15
resurgens non sanitatem tantum, sed immortalitatem in se credentibus	praestitit dominiumque totius naturae recuperauit, sicut est ipse testatus	1	15	9
fuco uultum suum uultibus uestit alienis, hoc futura, non quod natura	praestitit, sed quod ei ad examen speculi arbitrium temporale dictauerit.	1	1	10
uirginitate melius, dei filius hoc magis potuerat suae matri praestare, cui	praestitit, ut rediuiuae uirginitatis honore polleret. itaque in statu, quo nata	2	7	4
sabbatum corrumpit; si non circumcidit, cum innocentis animae interitu	praestitutae circumcisionis iura uacuauit, quia solus octauus dies a deo	1	3	4
aquae dextra laeuaque gelido stupore frenatae uitreos diriguntur in muros	praestolantes dei transitum populi, ut persequentibus mare sint. inducitur	1	29	2
mactatio, ieiunia *odium*, populus *progenies uiperarum*. post haec quid	praesumant, aestimare non possum, homines qui salutem suam in pecorum	2	25	1
quis terram aqua portari an aquam terrae gremio contineri se nosse	praesumat? quis spiritus aerios, quis figuras uentorum, quis inter marinos	1	34	1
eum bona, non loquacitate, quae mater profecto peccati est, nosse	praesumat trinitatisque unam potentiae plenitudinem, quae una mente, una	2	3	19
diuinae prorsus nihil retinere, paucis accipite. Salomonis templum, de quo	praesumebant, cecidit. altaria dei ipsi euerterunt. *lex et prophetae usque ad*	2	17	
et quicquid ingesserit mundus uoluptatis aut muneris, totum respuit	praesumens totum se habere, si pura sit. neminem foede desiderat nec ulli	1	1	2
ex sese est, argumentis te cogere, examinare, metiri ac discernere posse	praesumis, hic tibi ego respondere non audeo, sit quippe cum tutius	2	3	15
dictum per hanc iniuriosam corporis stipem deo placere te posse	praesumis.' 'iam completa est, inquit, in me per Iesum Naue domino	1	3	14
qui resurrectionem futuram et audit et sperat et repositam sibi	praesumit de Christo? igitur primo omnium probandum puto animas	1	2	2
et praesentia subiacent et futura: ista quia contemnit, illa quia sua esse	praesumit; nec spes timet, ne non ueniant, quia ea semper secum suis in	1	36	5
inmerito dominus deus proximi dilectionem commendat, quoniam solam	praesumit seruare posse quod praecipit. primum est itaque dilectionis	1	36	20
legis, quae deum deo credendo promeruit, quae credere non didicit, sed	praesumpsit, edicat mihi, perniciosa ista adinuentio tractatus sui quo	2	3	8
sit consecutus, accipite: qui totum sibi ipse promiserat, inanis, qui nihil	praesumpsit, iustificatus de templo discessit.	2	9	9
pueris ignes amoenos effecit; haec mare pedibus ambulari posse in Petro	praesumpsit. per hanc apostoli multos in nitidam cutem leprae deformis	1	36	8
pollet! o quam publicana, cuius fabulantur etiam profani secreta! o quam	praesumpta, quae mauult magis nouellae traditioni suae credi quam	2	3	10
est facere, non praecipiti festinatione compingit nec tantum munus quasi	praesumptor aut demens rapit, sed patienter aedificat, patienter exornat,	1	4	12
sciunt dominum non esse mendacem, tanto propensius eius de pietate	praesumunt statimque actus ueteris uitae damnantes pro salute redimenda	1	34	9
ad ueram iustitiam ueniamus, omnium fontem matremque uirtutum. quae	praeter ceteras tota se ad alienas utilitates colligit atque explicat sciens,	2	1	11
sapientes, ut uideri uolunt, Graeciae uiri	praeter ceteros curiosi otioso negotio cor suum ultra quam licitum est	2	9	1
conferret; per hanc Abraham ad dei peruenit amicitiam; per hanc Isaac	praeter ceteros enituit; per hanc Iacob deo colluctari praeualuit; per hanc	1	36	7
innocenter uiuit, iustitiam percolit, sine fine studet timere, ne quid	praeter deum, quem diligit, timeat. denique huius suffragio Daniel populis	2	2	4
cum grauamur rumpentibus sonis, concussis undique cardinibus, cum	praeter morem terrifico fragore intonans concrepat caelum, cum inter	2	2	3
ex ouibus propter spiritum maiestatis. qui *primitiuus* est dictus, quia	praeter patrem ante ipsum nullus est primus, *maturus*, quia aeternus est,	1	46a	2
non fallit, quia fidem ipsa custodit; non ulla re indiget, quia ei	praeter quod est nihil est necessarium. haec rura, urbes ac populos	1	36	12
te et in te precabuntur, quoniam in te deus est et non est deus alius	*praeter te*. sed et Ieremias eodem spiritu loquitur dicens: *hic est deus*	2	8	5
solemne mysterium, ipsa suscipis, ipsa reponis, ipsa custodis. una cibum	praeterea capis, reliquias poculi propinati lambendo labris exhauris	2	7	17
rebus quemadmodum rursum eadem quae es sis melior futura cognosce.	praeterea granum uniuscuiusque frumenti conditum terrae interit et tamen	1	2	22
sibi, quia non potest notum esse nec uerum quod est semper incertum.	praeterea numquam diligit deum, quem scit operibus suis esse contrarium.	1	1	11
distinguitur et quia opus est uiuum, tectum non habet nisi caelum. dicam	praeterea, quae cotidie merces, quae impendatur annona. omnibus	2	6	8
rogetur, ut iugulet. atque utinam incorrupta species uenderetur! ingemescit	praeterea, si annus est sterilis, multo magis, si fertilis fuerit: illic quia	1	5	14
quod non habet, sed potius ut non habeat, adhuc ipse disquirit. uideo	praeterea, sicut assertorum indicant nomina (quae si auferas, nulla fortassis	2	3	7
iuuentute celeriter; uino pretioso et unguentis nos impleamus et non	*praetereat nos flos temporis. coronemus nos rosis, antequam marcescant.*	2	4	10
ille numquam remunerat quemquam, nisi primo quis uictor mortis iura	praetereat. quae res efficit, ut siue metu siue incredulitate praeponantur	2	4	14
parcunt, animam liberare non possunt; quae peccata cum dissimulando	praetereunt, non adimunt, sed accludunt; quae reum, qualem inuenerint,	2	24	1
sed totam dedisse maluisseque se cum liberis suis emori quam iustitiam	praeterire. pro quo tam illustri facinore cibos a deo inmortales accepit,	2	1	20
coartatum est; superest ut qui habent uxores, sic sint quasi non habentes;	*praeterit enim figura huius mundi.* at cum ante annos ferme quadringentos	2	7	5
circumducens dies magnus aduenit suo sibi semper nouellus occasu. quod	praeterit sequitur, quod futurum est antecedit. in omnibus nouus est et	1	16	1
peiusque blanditur quam furit. occasionem ullam prorsus nocendi non	praeterit. uultis scire, quod malum sit? in ipso fructu suo etiam ipse se	1	36	26
quid tumet Pharisaeus inanis, quem momenti	praeterita delectatur umbra? exsultat, quod in Aegypto creuerit: at in	1	52	
quod unicus, quod sero, quod promissus, quod sola unica spes totius	praeteritae sterilitatis damna sarciret. inuenta est causa, ubi Abrahae fides	1	62	3
de caelo gustasti, ut, cum esses ad egestatem postmodum deuolutus,	praeteritorum bonorum recordatione acrius torquereris.	1	9	
eius est cursus. uerum currat an recurrat, ambiguum est, cuius	praeteritum restat, ut redeat. mira prorsus ratio! innumerabilium	1	26	
denique inde est, quod legis fundamenta temnentes uersuta disputatione,	praetermisso deo de deo exeunte, ad communia humanitatis nomina, quae	1	45	1
non enim aut *finis legis* aut uerus Christus esse potuisset, si quid	praetermitteret, quod ab alio saluti hominum praestari potuisset. eo	1	3	17
ipsis nihil prosit ad utilitatem? sane recte hoc facere existimarentur, si sub	praetextu alieni nominis inuasa optinere potuissent. at cum diuina	1	2	7
lucrum et proscriptio industria uocitatur et appetitio rei alienae sub	praetextu propriae defensionis ac diligentiae callidissimis argumentis	2	1	17
impietatis abominanda suspicio: Abraham dominum filio, sacerdotem	praetulit patri, nec pium se credidit, nisi probasset fidelem. denique,	1	59	7
est cum feritate communis, omne ius in uiribus habet: quod facere	praeualuerit, aestimat rectum. adeo sine ulla reuerentia diuinae atque	2	1	7
per hanc Isaac praeter ceteros enituit; per hanc Iacob deo colluctari	praeualuit; per hanc Ioseph Aegyptum suae dicioni subiecit. haec Moysi in	1	36	7
non est horrendi supplicii perennibus absumptum iri tormentis eum, qui	praeuaricatus fuerit e duobus. sed nec illis impune succedit, qui sine	1	1	14
si carnis circumcisionem eorundem saluti, quos amabat, necessariam	praeuideret. certe Adam ipsum sic ante fecisset. at fortasse quispiam dicat:	1	3	5
non mundum, ut assolet, infans fusus ingrediens sponte uitae reptantis	praeuiis lacrimis auspicatur. non mater eius tanti partus pondere exhausta	1	54	4
caecum; ignis columna per noctem, ut admoneret arsurum. angelus	praeuius tua castra promouit, ut etiam praesenti deo probareris ingratus.	1	9	
populis terribilem inermis draconem necat, leonibus obiectus in periculo	prandet, qui solet extra periculum ieiunare. et Ionas timens dominum	2	2	5
sunt, displicent deo, sed et illi, qui per sepulcra discurrunt, qui foetorosis	prandia cadaueribus sacrificant mortuorum, qui amore luxuriandi atque	1	25	11
dulcedo saecularis uini pridiani exhalante foetore corrumpitur, sed caelesti	prandio, honesto, puro, salubri atque perpetuo, quod, ut saturi semper ac	1	24	1
et dominus noster Iesus Christus dei filius dulcia, sicut prior, qui hoc	prandio pastus est ante nos, dicit: *quam dulcia faucibus meis eloquia tua*	1	24	4
inducitur inter frementium leonum rabidos rictus intrepidus, caelesti	prandio satur nec Ionas inter aestuantes procellas sollicitique maris fluctus	2	18	1
tori plumeo sepulcro superba. iactat se ludibunda per nemora, fontes,	prata, baias, ciuitates ac rura, uniuersis uoluptatibus saepta, in cupidinem	2	4	10
colore pariter et odore una natiuitate diffusis germinantia undique dulce	prata respirant. exsultat aestas noua, sed diues, in frumenti uarias moles	1	33	1
his denique fluctibus, quibus cogitur, refrenatur. haec germinantibus	pratis, messibus flauis, uitibus curuis, semipallidis oliuis et felicitatem	1	4	6
haec uariis unguentis et odoribus fragrat; illa unici floris sui quouis	prato iucundioris caelum ipsum honore laeto respirat. haec liberis gaudet;	2	7	3
nos flos temporis. coronemus nos rosis, antequam marcescant. nullum	*pratum sit, quod non transeat luxuria nostra. ubique relinquamus signa*	2	4	10
dicata deo pro castitate fortiter moritura, et quam iudicantium sententia	praua deiecerat illustris conscientiae integritas erigebat. sufficit ergo	1	40	1
iustus autem ab omni peccato se abstinet, quod propterea facit, quia	*praui* bonique *notitiam* gerit, quod est utique sapientis. unde fit, *ut*	2	1	10
ueniunt et patienter excedunt? solus homo praeceps, solus inpatiens,	prauis cotidie mobilitatibus gaudet, uarietatibus studet; miserum se putat,	1	4	7
quia his dei nomen in honore est; pii non sunt, quia patrem uenerandum	prauis moribus laedunt. *orant quia timent, peccant quia uolunt.* unde non	1	35	5
ad se trahit, congregat turbas, contionatur. lites sic discernit, ut seminet.	prauos ac lubricos colligit mores. legibus suis leges impugnat, ius iure	2	1	7
erunt serui et sequentur te alligati compedibus et adorabunt te et in te	*precabuntur, quoniam in te deus est et non est deus alius praeter te*. sed	2	8	5
procurare, lumen caecis inferre, tura non spirantibus concremare, allegare	preces surdis, ab his custodiam petere, quos fur non timet inuolare? quibus	1	25	4
ieiunia celebrantur, per te allegatae priusquam fundantur acceptantur	preces. tu es sacrificium deo carum, tu legitimum dei templum, sacrarium	1	1	21
auribus parcens iocatur sperat ambit obsequitur zelatur insanit armatur	precibus, armatur et ira, similiter nonnumquam ui extorquens quod	1	1	9
cum contumelia a persecutoribus illusi iugulantur. sucus earum in ultimo	preli pondere duabusque tabulis exsiccatur; similiter iudicii die a Christo	2	11	7

uua detrahitur in torcularique operariorum pedibus subiecta calcatur, prelo premitur duabusque tabulis uehementer urguetur, donec omnis 2 11 3
imminere ciuitati interitum nuntiaret; ingentibus enim peccatorum sarcinis premebantur. at ille alio deflexus itinere nauem Tarsos petiturus ascendit, 1 34 5
populoque eius Israel dei populus captiuitatis ingenti iugo acerrime premebatur. hunc deus praecipit proficisci, duce Moyseo uidelicet et 2 26 1
mortis expauit. hinc enim persequentium Aegyptiorum infestis mucronibus premebatur, inde maris magno clausus obice reprimebatur. etenim illi 1 29 1
iactura uasorum nauem leuare ponderibus, quae prophetae pondere premebatur. tum Ionas, quem solum exspectabat bona illa tempestas, sorte 1 34 6
fides temptatione fortior militaret: carissimi membra, quae osculis premere consueuerat, armatus gladio iubetur occidere. quid faceret pietas? 1 62 3
aliquo reatu conscientia; aut cum hostilis imminens manus gladio salutem premit; aut cum uiantis itineri erectus in morsum, ardentibus squamis 2 2 2
pace conseruat; haec circa regum latera securos gladios facit; haec bella premit, lites tollit, iura euacuat, fora compescit, odia eradicat, iras 1 36 13
detrahitur in torcularique operariorum pedibus subiecta calcatur, prelo premitur duabusque tabulis uehementer urguetur, donec omnis dulcedo 2 11 3
plena sunt, inanis plurimorum uenter. inde populis deteriora mensuris pretia quam inopia. inde fraus, periurium, rapinae, lites ac bella. cotidie 2 1 16
adamantinis meliores. exsultate, pueri, sacrae turris dulces ac sine pretio margaritae. felicia, exsultate, coniugia: meliores ornatui gemmas 2 6 10
annonam, aucupatur distrahendi tempus, minor in mensura, maior in pretio; negat se habere, quod distrahat, ut rogetur, ut iugulet. atque 1 5 14
sine sudore tortoris facinora sua sponte reus, ut fiat innocens, confitetur. pretiosa indulgentia est, fratres, quae et ueniam praestat et medicinam. 2 24 2
sudore tortoris facinora sua sponte reus, ut fiat innocens, confitetur. pretiosa res est, fratres, quae et honorem praestat et praemium. o 1 42 2
accenso sumat rursus de fine principium. similiter Phoenix auis illa pretiosa resurrectionis euidenter nos edocet iura, quae nobilitatem generis 1 2 20
locus est, in quo non uitis, sed fossoris sanguis effunditur, ut uita beata pretiosae mortis uindemia comparetur. dies uero ad sacramentum pertinet 1 33 3
desiderantibus uobis tardior ceteris uidebatur primus matrimonii dies? ubi pretiosae uirginitatis festa, utrisque dulcis occisio? ubi amor, qui in aequo 2 7 6
frigore, iniuria amicum tibi excolis aurum, custodis argentum, uestem pretiosam ornamentaque superba et superuacanea pro sacrosancto habes 2 1 19
gustant, aliqui etiam bibunt. mustum patris familias cellae reconditur, ut pretiosius transfretatione reddatur; et martyr dominicae habitationis in 2 11 7
bonis, quae sunt, et utamur creatura tamquam iuuentute celeriter; uino pretioso et unguentis nos impleamus et non praetereat nos flos temporis. 2 4 10
lucra letifera etiam ipsa elementa nouis artibus coge! licet radient tibi pretiosorum lapidum discoloribus formis referta penetralia, gemat terra sub 1 5 10
nemo suam uestem, nemo suas margaritas abscondit, nemo lapides pretiosos, nemo aurum, nemo argentum, et tamen ullus non timet furtum. 1 5 18
uehementer urguetur, donec omnis dulcedo medullitus exigatur sicque pretiosum fluentum a suis calcatoribus et bibitur et patris familias cellis 2 11 3
suae palmam fortiter retinens, peccatorum paleis limpidatus, semet pretiosum frumentum diuinis horreis inferre desiderans, licet suo uberet 1 33 3
eodem musto bibunt; et persecutores saepe credentes in Christum calicem pretiosum, quem paulo ante calcando fuderant, gustant, aliqui etiam 2 11 7
ac felices esse possitis, esurienter accipite. pater familias panem uinumque pretiosum uobis ex usibus suis sua de mensa largitur. tres pueri unanimes 1 24 2
fundamentis non sicut in Iudaeae templo plurimi, sed magnus, praeclarus, pretiosus ac speciosus unus est lapis, qui quadrae turris totam solus 2 6 6
phaleris pendent ornatae matronae! ornamentum cuius unum si soluas in pretium distribuasque necessitatibus singulorum, ex eorum respiratione 2 1 19
acidis uomitibus inurguetur, in quo musti uestri dulcedo saecularis uini pridiani exhalante foetore corrumpitur, sed caelesti prandio, honesto, puro, 1 24 1
quia in aeternum incircumcisis gentibus fuerat profuturus. diximus de prima circumcisione carnali, quae Iudaeorum est; nunc breuiter de secunda 1 3 19
et educationis tempus angustum et senectuti exitus iam uicinus. ecce prima deuotio: libenter excipere quod sero datur et in tristissima senectute 1 43 2
non licet quaerere, alteram, quam legitime, si possis, permitteris edocere. prima itaque natiuitas domini nostri in patris et filii tantum conscientia 1 54 2
corporum exuuiis <exui> nec cum labe carnalis huiusce domicilii ista prima morte dissolui, sed pro qualitate factorum quasdam locis poenalibus 1 2 3
et quorum tecta sunt peccata, quia beatus esse non potest, fratres, in prima natiuitate persistens, quem aestuantium delictorum fax incensa 2 10 1
attrahat gloriam Christianae felicitatis. duplex itaque forma surgendi est: prima sanctorum, in qua illud beatitudinis regnum primae tubae regali 1 2 23
errorem: unam, qua natus est; alteram, qua renatus. sed sicut est spiritalis prima sine matre, ita sine patre secunda carnalis. haec miranda, 2 8 2
forma surgendi est: prima sanctorum, in qua illud beatitudinis regnum primae tubae regali tessera conuocati capient cum ingenti triumpho 1 2 23
uidua, secundas cur desideras nuptias, cum temperare uideas apostolum primas? cuius ista sunt uerba: *tempus coartatum est; superest ut qui habent* 2 7 5
manente in sua semper infantia custodite ac fortiter praecauete, ne primi hominis quondam uestri umquam memoriam recolatis. 2 24 3
usibus suis sua de mensa largitur. tres pueri unanimes legumina inferunt primi, quibus, ut scitus sit sapor, salem sapientiae aspergunt. oleum 1 24 2
hac igitur, carissimi, desperatione natiuitatis et admiratione progenitus in primis infantiae rudimentis iubenti ac deposcenti deo innocens martyr 1 59 2
propinati lambendo labris exhauris futurique haustus quasi quasdam primitias auspicaris, totum prorsus iniquitatis spiritum libens concipis per 2 7 17
sit sapor, salem sapientiae aspergunt. oleum Christus infundit. Moyses primitiuam festinus maturamque procurauit agninam, Abraham pinguem 1 24 2
peccatricis indumentum carnis, *ex ouibus* propter spiritum maiestatis. qui *primitiuus* est dictus, quia praeter patrem ante ipsum nullus est primus, 1 46a 2
dei omnes homines filios computabant. igitur Her primitiuus filius primitiuus est populus, id est hemithei omnes potentissimi et reges, qui 1 13 4
erat, qui ob iustitiam dei omnes homines filios computabant. igitur Her primitiuus filius primitiuus est populus, id est hemithei omnes potentissimi 1 13 4
ecce agnus dei, ecce qui tollit peccatum mundi. hic itaque dictus est *primitiuus*, quia paternae antiquitatis solus est conscius; hic *maturus*, quia 1 8 2
non enim bis carnem induit dominus. sed sic oportuit praedicari, quia primo, antequam esset, quod se fieri uoluisset, tam figura quam oraculis 2 4 3
secum aut coronam portat aut poenam. quam rationem Dauid in Psalmo primo his uerbis expressit: *non resurgunt*, inquit, *impii in iudicio neque* 1 35 3
sese esse unicuique confitentur. accipe et alia exempla et quidem certiora. primo in libro Regnorum Samuel, egregius ille sacerdos, mortis iam lege 1 2 8
continentia [se] refrenat. stat in angusto fides, in secreto pudicitia, in primo innocentia, aequitas in medio, in fine patientia. pax colligit, caritas 2 6 9
inmortalitatem. aliter etenim inmortalitatis stola illa non sumitur, nisi primo istud carnale spolium, blandum animae uenenum, secundum dei 1 2 30
consortem, sine qua nemo possit omnino ad dei notitiam peruenire. unde primo omnium definiendum puto, quid sit circumcisio, ut tunc demum, 1 3 2
consuerunt. ceterum apud deum quam sit iniustum, mox uidebimus. nunc primo omnium, optime Christiane, scire cupio, quae sint tua, cum sint 2 1 18
futuram et audit et sperat et repositam sibi praesumit de Christo? igitur primo omnium probandum puto animas nostras suorum corporum exuuiis 1 2 3
mens laboret incredulorum. *immola*, inquit, *deo sacrificium laudis.* primo omnium sacrificiorum tria esse genera, nouelle, disce, Christiane, ne 1 25 3
spes multa et magna proponat, tamen sine hac utraeque non stabunt: fides primo omnium si se ipsam non amet, spes si non ametur. adde quod fides 1 36 10
si quid enim ei ex his defuerit, perfectionem sui operis non habebit. unde primo omnium *spes* nobis proponenda est *futurorum*, sine qua nec 1 36 2
in se lineamenta depingit, nata sanguineae teneritudinis dubio cornu primo quasi de cunis apparet paulatimque crescendo iam puella, iam uirgo 1 2 19
sed dicit aliquis: 'si ita est, cur in se ipse potissimum superatur?' primo quia genus humanum magis uoluptati quam uirtuti consentit, deinde 2 4 13
ut ad se colligat turbas; ille numquam remunerat quemquam, nisi primo quis uictor mortis iura praetereat. quae res efficit, ut siue metu siue 2 4 14
non aetati, non pietati, non sibi, quia pudorem alienum qui appetit primo suum perdit. pure non nox illi diesque succedit; semper enim 1 1 6
moderatione compescens, et ut omnia non magno opere deuincat, se primo uincit. non uirtutes possunt esse uirtutes, non perennes elementorum 1 4 3
procreari atque in ultimis uitae curriculis Sarrae uterum filius aperuit primo uocabulo, cui iam auiae reuerentiam senectus uerecunda detulerat. 1 59 1
et creaturam, ut angelus, homo, puer, sponsus, gigas, crucifixus, sepultus, *primogenitus a mortuis* diceretur, hic est, inquam, qui *in omnibus omnia* 2 8 8
uiuos inde reducat; unigenitus prodeundo de patre ante originem rerum, *primogenitus a mortuis*, ut ait apostolus, post multorum obitus populorum. 2 5 3
aperto ore eius inuenies duos denarios: da pro me et pro te. piscem primum a mortuis ascendentem Christum debemus accipere, cuius ex ore 1 37 5
commendat, quoniam solam praesumit seruare posse quod praecipit. primum est itaque dilectionis officium deo refundere, quod nati sumus, 1 36 21
aut declinat; omnia bona atque perpetua exuberant passim. certe, quod primum est, nemo eget, nemo inuidet, nemo furatur, nemo rapit, nemo 1 5 18
orbitati, cum nescit, quem primum plangat, quem priorem inueniat, cui primum iustitiam crudi funeris soluat. quo nuntio accepto dei seruus *scidit* 1 15 4
in passione sacramentum, in resurrectione summum bonum? hic nunc primum omnium scire debemus hominis fabricam *ex* duobus *diuersis ac* 2 4 8
funeris turba paternus dolor non sufficeret orbitati, cum nescit, quem primum plangat, quem priorem inueniat, cui primum iustitiam crudi 1 15 4
exprimit rationem dicens ad Petrum: *mitte hamum in mare et piscem, qui primus ascenderit, aperto ore eius inuenies duos denarios: da pro me et pro* 1 37 5
est disconueniens et absurda, ut secundus sit inmortalis et qui mortalis est primus, cum inmortalitas in se ordinem temporis non recipiat, mortalitas 2 4 2
laeta, de apostoli dicto calumniosam nobis inferat quaestionem, qui ait: *primus homo e limo terrae, secundus e caelo*, dubium quippe cum non sit 2 4 1
ubi est ille, qui inuicem desiderantibus uobis tardior ceteris uidebatur primus matrimonii dies? ubi pretiosae uirginitatis festa, utrisque dulcis 2 7 6
qui *primitiuus* est dictus, quia praeter patrem ante ipsum nullus est primus, *maturus*, quia aeternus est, *perfectus*, quia *dei uirtus deique* 1 46a 2
in se ordinem temporis non recipiat, mortalitas capiat. uel si caelestis est primus, quid opus erat, ut fieret quoque terrenus? simile dictum 2 4 2
desperatione felicior putabatur. unicus numero et in amoris soliditate iam primus totum <paternae ac> maternae pietatis occupauerat pectus 1 59 5
pandam tota breuitate secreta. igitur, fratres, genesis talis est uestra. primus uos, qui in se credentem reprobat nullum, non Aries sed agnus 1 38 3
mereri quod credimus. nec res in ambiguo est; quemadmodum etenim ille princeps iniquitatis suo semine per inuidiam protoplastos ex angelis in 1 2 26
'respice retro, dixit deus, et antequam respicias, parce.' ecce et meritum principale diuinam indulgentiam meruisse sub casibus: nam retro respiciens 1 43 7
inimici eius sub pedibus eius inimicaque destruatur mors. hi autem ad principalem uim retulerunt, in cuius perpetuitate commanens in aeternum 2 5 8
quae iniuriam Christi fabulari nitantur, tamen tres sunt quodam modo principales. e quibus duae eius, quem cupiant deprauatum, simulant se esse 2 8 1
non repugnat; pro percussoribus suis deum insuper et exorat. una illi sola principalis sollicitudo ac maxima est cautio, ne quid mundo debeat, ne 2 1 13
ceteras tota se ad alienas utilitates colligit atque explicat sciens, quid deo principaliter debeatur, nihil sibi ipsa concilians, nihil proprium 2 1 11
prosequentibus Geminis, id est duobus salutare canentibus testamentis, ut principaliter idolatriam, inpudicitiam auaritiamque fugiatis, quae est 1 38 4
ad laticem conuolate. fortiter bibite, ut semper uobis aqua sufficiat, hoc principaliter scientes, quia hanc nec effundere licitum est nec rursus 2 14
matris, sibi debens quod conceptus est, donans matri quod natus. quae principaliter stupet talem sibi filium prouenisse, qui ex se natus non 2 12 2
Christum oportere *regnare* cum sanctis suis, *donec* uacuatis omni principatu et potestate et uirtute et dominatione *ponantur omnes inimici* 2 5 7
inter homines deputatus patiatur iniuriam; idonea laus enim non est, cui principatum adimit peraequatio. at cum omnes omnino memorati 1 4 19
qua usus est, non fecit, sed aeterna sit, ut ipse est, *duo* sunt ergo principia et quidem *repugnantia.* ac per hoc necessario requirendum nobis 1 7 1
erat uerbum et uerbum erat apud deum et deus erat uerbum; hoc erat in principio apud deum. admirabilis gratia, fratres dilectissimi, conspicuae 2 8 3
suis poterit uti securus. sunt enim multi, qui adserere conantur *chaos in principio fuisse*, id est informem indigestamque latentis naturae congeriem 1 7 1
nam et Iohannes apostolus in euangelio quid praedicet, fratres, accipite: *in principio*, inquit, *erat uerbum et uerbum erat apud deum et deus erat* 2 8 3
et saluans, mitis, sedens super asinum nouellum, et iterum: *tollite portas principis uestri et eleuamini, portae aeternales, et introibit rex gloriae*, et 2 5 2
et speranda saeculis post futuris diuinae ordinationis propago formata: ad principium aetas peracta reuocatur, accingitur de sterilitate fecunditas, ut 1 59 3

una denique asserit Iesum Christum ab utero uirginis Mariae sumpsisse	principium deumque exinde ob iustitiam factum esse, non natum. alia	2 8 1
antecedit sequiturque tempora et saecula infinita. parit sibi de fine	principium et tamen a cunis genitalibus non recedit. profecto sacramenti	1 57
	principium, fratres dilectissimi, dominus noster incunctanter est Christus,	1 17 1
	principium, fratres, dominus noster incunctanter est Christus, quem ante	1 56 1
sequitur tempora et, ut saecula colligenda disseminet, parit sibi de fine	principium. hic est, quo similiter, uerum tamen semel, amore hominis sui	2 19 1
quae sequitur tempora et saecula infinita disseminat. parit sibi de fine	principium, hoc nostris quoque hodie competentibus praestaturus, quos	1 44 2
atque recurrens, solemni meta rotatus in sese, proferens sibi de fine	principium, natalicia infinita de occasu dies sempiternus eluxit; quo	1 33 1
ipsa est sibi uterque sexus, ipsa omnis affectus, ipsa genus, ipsa finis, ipsa	principium; non ex coitu nascitur nec officio alieno nutritur; non inuita,	1 2 20
si hominem solum, sicut quidam putant ab utero uirginis eum sumpsisse	principium, quae spes futurae beatitudinis credenti, cum scriptum sit:	2 5 1
quid futurum sit, non potest aliquando sentire. solus deus est itaque	principium, qui ex se ipso dedit sibi ipse principium; solus ante omnia et	1 7 3
mensura officiisque competentibus seruire praecepit? unde non est	principium quod senescit, quod opus factum est alienum, quod non est in	1 7 2
menstrualis ignis solemni germine accenso sumat rursus de fine	principium. similiter Phoenix auis illa pretiosa resurrectionis euidenter nos	1 2 19
sentire. solus deus est itaque principium, qui ex se ipso dedit sibi ipse	principium; solus ante omnia et post omnia, quoniam in eius manu inclusa	1 7 3
suspensum uiuificatum est omne genus humanum. ac ne non ex integro	principium suo statui redditum uideretur, prior uir consummatur in cruce	1 3 20
salute depellitur, sed gloriosa semper in omnibus inuenitur. denique	prior circumcisio desecat carnem, secunda animi desecat uitia; illa ferro,	1 3 23
ueritas, non imago, sed Phoenix, non alia, sed quamuis melior alia tamen	prior ipsa. erubesce, Christiana conscientia, uel tot ac tantis ex rebus	1 2 21
marito placet; ubi proponis, quia nihil te gerere sinit, nisi quae disposuerit	prior ipse compleuerit. quod si factum non fuerit factumue displicuerit,	2 7 15
ut a femina coeperit, quod priori impossibile fuit. denique a muliere, quae	prior peccauerat, circumcisionis incipit cura, et quia suasione per aurem	1 3 19
apophoreta, deus et dominus noster Iesus Christus dei filius dulcia, sicut	prior, qui hoc prandio pastus est ante nos, dicit: *quam dulcia faucibus*	1 24 4
amputandam linguam mandare nescisti, quae in conluctatione martyrii	prior solet domino confiteri. ductus est tandem beatus Archadius ad	1 39 6
toto solemnitas cesset, paucis eius degustate sermonem. uinea dei quidem	prior synagoga fuit, siluosis errantium palmitum crinibus uilis; quae cum	1 10b 2
se habet: *in finem pro his qui immutabuntur.* Iudaicus etenim populus, qui	prior uinea dei dictus est, floruit quidem, sed infeliciter flore discusso	2 11 1
humanum. ac ne non ex integro principium suo statui redditum uideretur,	prior uir consummatur in cruce atque eo feliciter soporato similiter de eius	1 3 20
dolor non sufficeret orbitati, cum nescit, quem primum plangat, quem	priorem inueniat, cui primum iustitiam crudi funeris soluat. quo nuntio	1 15 4
circumuentae transfusum artificiose dum exaggerant, exinde iam	priores se ipsi condemnant. uerum, pro nefas, creditur aetati, creditur	1 1 18
est, edicamus. quae tantum potestatis gerit, ut a femina coeperit, quod	priori impossibile fuit. denique a muliere, quae prior peccauerat,	1 3 19
sibi opus adsignat ab illis recedendo, in quibus oportuerat ambulari?	prioribus, fratres, posteriora respondent: de rebus enim loquitur	2 9 6
moram suam uoluntarie praeiudiciis excusauit. cui cum prouinciae rector	pristinae eius fugae ueniam sub pactione promitteret, si se uel sero	1 39 5
ruinis, omnibus quaeque deleuerat bellum recuperatis in melius, felicitatis	pristinae statum dissimulando non perdidit, sed mutauit. hic ego	1 4 19
reprehensio manet. Christianus ergo in toto dubitare non debet in statum	pristinum mortuos excitari talesque legitima die ante conspectum dei ex	1 2 15
ex utroque in utrumque commeando largiflua, utrisque propria, nulli	priuata. etenim damnum patientur ubertatis et gratiae, si adimatur, quod	1 7 4
non est, ubi quaeritur fides; deinde quia lex communis est, fides uero	priuata, quia lex semper manat ex libro Genitali, fides autem tenaciter	2 3 4
ut putabatur, summum sacerdotium perdiderunt. regalis unguenti cornu	priuati sunt. circumcisio, testimonium mentis impurae, iamiamque illis	1 46a 1
circumcisionis iura uacuauit, quia solus octauus dies a deo circumcisionis	priuilegium, non septimus, non nonus, accepit ac per hoc necesse est, ut	1 3 4
ausi saeuitiam metuenda elementorum forma mutatur et dei iniuriam	prius prodit natura quam intellegat populus Iudaeorum. ab auctore itaque	1 59 9
custodiunt potius quam salutem. igitur cum audio tres pueros incensos,	prius uehementer horresco, mox deinde eorum particeps optauerim fieri,	1 31
filium et uocabis nomen eius Emmanuel. butyrum et mel manducabit,	*priusquam cognoscat puer bonum aut malum.* quod signum ex prodromi	2 8 7
tunc per prophetam Iudaeos obiurgabat incredulos et quae essent futura,	priusquam fierent, admonebat. proprium enim dei est scire transacta et	1 61 5
nodus aeternus. per te legitima ieiunia celebrantur, per te allegatae	priusquam fundantur acceptantur preces. tu es sacrificium deo carum, tu	1 1 21
et nunc tu clarifica me apud te ipsum claritate, quam habui apud te,	*priusquam mundus fieret.* qui resurgens ait: *omnia mihi tradita sunt a*	2 5 4
contenta secretis, non tam rea susceptura sententiam quam dicata deo	pro castitate fortiter moritura, et quam iudicantium sententia praua	1 40 1
quasi de cunis apparet paulatimque crescendo iam puella, iam uirgo	pro cotidianae aetatis incremento progrediens lasciui cursus ambagibus	1 2 19
omnem orbem corruperant terrarum, insuper decernentes sibimet ipsis	pro domibus templa, erigentes aras nomini suo, qui, quae essent habituri	1 13 4
et uetustate duo testamenta. hos duos denarios a Samaritano stabulario	pro eo, qui a latronibus adgressuram passus fuerat, dominus datos esse	1 37 10
quidem, sed infeliciter flore discusso nullos potuit fructus afferre. denique	pro fructibus spinas generauit, pro uua labruscam. cuius abhorrens	2 11 1
uoluptuosa ac profana loca lasciua passim se fronde diffundit, generauit	pro fructibus spinas, pro uua labruscam. cuius rei indignitate commotus	1 10b 2
inscriptio ipsa tituli psalmi lecti declarat; sic enim se habet: *in finem*	*pro his qui immutabuntur.* Iudaicus etenim populus, qui prior uinea dei	2 11 1
at si resurrexit, humano generi formam dedit, quoniam ad hoc deus	pro homine mortis iura gustauit, ut homo per deum ius inmortalitatis	1 2 11
donum spiritus sancti significat, uirga cum baculo crucem, in qua deus	pro homine pendere dignatus est, ut in deum hominem, quem induerat,	1 13 10
plus debetur. non quemquam pro persona diligit, adulari quia nescit; non	pro honore, quia ambitiosa non est; non pro sexu, quoniam illi unus est	1 36 12
mors apud incredulos futurorum putatur poenae compendium ac paene	pro infecto habetur quod non diffamatur, censuit eos caelo et terra testibus	1 47
docetur. adde quod tota nec intellegitur nec tenetur. adde quod a quolibet	pro ingenii qualitate argumentis asseritur. adde quod ab omnibus appetitur	2 3 5
uel cotidie generat, adhuc potest generare. e diuerso prouocatus rursus eas	pro ingeniorum argumentorumque uiribus retractando ac refellendo	2 3 7
nobis fortassis insultent, quia nostrae sacrae uirgines uiduaeque magno	pro inmortalitatis praemio, suae autem gratis laborent. uerum hoc est	2 7 11
impia Iudaeorum exarsere consilia. quem tacentem tamquam obnoxium et	pro ipsorum tantummodo caecitate maerentem, ut Isaac non periturum ad	1 59 8
aries haerebat in uepre implicitus spinis, capite obligatus: hic est qui	pro Isaac immolatus est deo; hunc obtulit Abraham, hunc iussus est	1 43 8
seruando religionem ueram ueramque iustitiam, inmortalitatis necesse est	pro laboris sui munere inmortali beatitudine perfruatur. inde est, quod	2 4 8
legis sacrae cultores saepe magno inplicantur errore, cum aut dicta non	pro locis intelligunt aut dictorum minime rationes inquirunt. igitur in	1 35 1
docentes eos seruare omnia quaecumque praecepi uobis. dabis autem	*pro me et pro te*: hoc est meam praedicabis crucem, sed et tu crucis tuae	1 37 7
piscem, qui primus ascenderit, aperto ore eius inuenies duos denarios: da	*pro me et pro te.* piscem primum a mortuis ascendentem Christum	1 37 5
cum tutius imperitum uideri quam esse sacrilegum. et tamen habeo, qui	pro me tibi obsistat: nam lex, per quam me forte minus peritum peccare	2 3 16
inquit, *impii in iudicio neque peccatores in consilio iustorum.* gradatim	pro meritis quasi cum quibusdam elogiis paucissimis uerbis totius humani	1 35 3
uesana, laetaris? non est pax ista, sed bellum; non osculum, sed uenenum.	pro nefas! adhuc fumantia busto complecteris membra sudoremque	2 7 17
artificiose dum exaggerant, exinde iam priores se ipsi condemnant. uerum,	pro nefas, creditur aetati, creditur auctoritati: exsultant adulteri, damnatur	1 1 18
cur de huius mundi labe in meliora migrantes tam pertinaciter plangis?	pro nefas! hinc mater scissa ueste, laniatis crinibus, laniatis et genis, totum	1 2 13
mira contendunt, cui totus militat mundus, aetas cui uniuersa deseruit.	pro nefas! quae istae sunt tenebrae? inest omnibus et ab omnibus, quasi	2 1 8
ante tempus parentes suos compellunt uiuere miseriae, facultatibus mori.	pro nefas! quid tibi tua tollis, infelix? quid extraneo facias, qui in te auarus	1 5 7
detestabili furto distracti, turpibus iam non contenti latibulis aliquotiens,	pro nefas, sub ipsis obtutibus matronarum uesana congressione desudant,	1 1 13
incendio, de suis incensoribus uindicati, sed de domino nostro, quem,	pro nefas, uenerantur externi, si tamen dicendum est, sui carpunt. sane	2 18 1
retinemus, quem ambitiose plerumque effundimus, cum in persecutione	pro nomine domini diabolum moriendo uastamus. postremo abscindimus,	1 3 21
euaderet. clamat de profundis et Paulus obrutus calamitatibus beatis, cum	pro nomine domini *latrones in itineribus,* latrones *in ciuitatibus* patitur,	1 34 4
morbos; cura languores; in temptationibus gaude, in tormentis	pro nomine domini. si obuenerint dura, *fidem tamquam granum sinapis* te	2 3 14
est parentibus gratum, utriusque sexus et inuicem se amantium; quorum	pro numero deo diurnas hostias offerebat. tanto autem puritatis ac fidei	1 15 2
dediderunt). sin uero pacifica et salutaria, profecto laetaberis eique tanto	pro nuntio morigera coniux pacem si non ingeris, nec negabis. quid agis,	2 7 16
curuas non religione, sed pondere, quando exomologesin facies, quae plus	pro ornatu es quam pro salute sollicita. quid autem a deo impetrare te	1 14 6
ipsum ei condigne reddemus, quia facta commutatione quod eius est fit	pro partibus nostris. sequens est, ut etiam proximos eo affectu, quo nos	1 36 21
et benedicit; caeditur et gratias agit; iugulatur et non repugnat;	pro percussoribus suis deum insuper et exorat. una illi sola principalis	2 1 13
diligentibus inuicem creditur, tanto inuicem plus debetur. non quemquam	pro persona diligit, adulari quia nescit; non pro honore, quia ambitiosa	1 36 12
portas, fratres, intrate aeternique gurgitis alueo genitali condentes ullam	pro personis operari ne aestimetis hic gratiam. iudicio uestro nascimini	1 49
per hanc a deo patre quod petitis impetratis, immo illa per uos impetrat,	pro qua sollicite laboratis, ne, dum aliquid postulat, erubescat. beata cum	1 1 4
nec cum labe carnalis huiusce domicilii ista prima morte dissolui, sed	pro qualitate factorum quasdam locis poenalibus relegari, quasdam *placidis*	1 2 3
sanae mentis hominibus ne hominum quidem uocabulo digni iudicarentur.	pro quibus causis a deo non tantum sunt disperditi, sed etiam perpetuo	1 13 4
solum colitur, de quo dictum est: *idola gentium argentum et aurum,*	pro quo quis aut iugulatur aut iugulat. uellem scire tamen, tanta eius	1 5 15
dedisse maluisseque se cum liberis suis emori quam iustitiam praeterire.	pro quo tam illustri facinore cibos a deo inmortales accepit, quos edacitas	2 1 20
qui, quae essent habituri sepulcra, nescirent, caelum promittentes sibi,	pro quorum actibus, si posset, ipsa quoque erubesceret terra, postremo	1 13 4
soceri libens tolerat imperata; qui si esset inpatiens, astu circumscriptus	pro Rachel postmodum tempore numquam reparato seruiret. similiter	1 4 16
per tecta culminum publicum scelus nec fuerat locus, in quo non erat	pro religione sacrilegium. cogebatur Christi populus uanis superstitionibus	1 39 2
argentum, uestem pretiosam ornamentaque superba et superuacanea	pro sacrosancto habes sicut idolum, te per momenta componis, diues in	2 1 19
eius de pietate praesumunt statimque actus ueteris uitae damnantes	pro salute redimenda non solito more ad stupida simulacra concurrunt,	1 34 9
sua iacet sepultum: ubi sacrificant? sacerdotes iam non habent: qui eorum	pro salute sacrificant? tauros, hircos, arietes et agnos abhorret dominus:	1 51
sed pondere, quando exomologesin facies, quae plus pro ornatu es quam	pro salute sollicita. quid autem a deo impetrare te posse credis, quae eum	1 14 6
hoc fieri non posse sine naturalis amicitiae disciplina? quid autem	pro se in necessitatibus gerant, omnibus nota porcorum cotidiana	1 36 15
Christum. inde est, quod coniuges nuptiali sanctissimo repugnantes iugo,	pro se quisque nitentes (amore uidelicet nimio), hereditatem captat alter	1 14 7
diligit, adulari quia nescit; non pro honore, quia ambitiosa non est; non	pro sexu, quoniam illi unus est ambo; non pro tempore, quia uaria non	1 36 12
gloria, quoniam praemium quod spes habet fides meretur, quae quidem	pro spe pugnat, sed sibi uincit. amplectenda est igitur, fratres, tenaciter	1 36 4
die ante conspectum dei ex illo naturae secreto produci, quales fuerint	pro sua quique qualitate suscepti, apostolo dicente: *omnes nos manifestari*	1 2 15
autem gratis laborent. uerum hoc est solum, nos in quo uincimus, quia	pro sua sanctitate Christianae plus nubunt. adde quod gentibus, quod sine	2 7 11

infideles. at si utraeque partes iudicio uacant, quomodo unicuique merces	pro suo actu reddetur? sine causa etenim laborare uidebitur iustus, nisi	1	35	1
eos seruare omnia quaecumque praecepi uobis. dabis autem *pro me et*	*pro te*: hoc est meam praedicabis crucem, sed et tu crucis tuae similiter	1	37	7
primus ascenderit, aperto ore eius inuenies duos denarios: da pro me et	*pro te.* piscem primum a mortuis ascendentem Christum debemus accipere,	1	37	5
quia ambitiosa non est; non pro sexu, quoniam illi unus est ambo; non	pro tempore, quia uaria non est; *non aemulatur*, quia inuidia quid sit	1	36	12
oracula iam in Christo completa nec probando cognoscis? uerum tamen	pro tuo sensu si uis pascha legitimum celebrare, agnus requirendus est tibi,	2	20	1
praesentis tantum uitae commoda inspiciunt falsamque aduersus ueram	pro uera defendunt, sic utramque mediis e manibus oculis patentibus	2	1	3
propheta quod	pro ueteri uinea, quae a domino in Aegypto fuerat instituta, postulabat ad	2	11	1
gemit instanti poenae aliquid de facultatibus notis mederi non posse,	pro uno puncto requiei incunctanter tota, si liceat, paratus offerre.	1	2	10
nunc fuistis. sed fortiter examinati estis. sed ut indulgentiam perciperetis,	pro uobis bene uigilastis, optime estis auditi. nouum iudicii genus, in quo	2	10	2
usque fuistis, sed fortiter examinati estis et, ut indulgentiam perciperetis,	pro uobis ipsis bene uigilastis; optime estis auditi. nouum iudicii genus est,	1	42	1
abhorrens infelicitatem dominus rei, aliam sibi, id est populi nostri, sua	pro uoluntate plantauit, in quam omnis fructus propheticus decucurrit. hic	2	11	1
commotus dominus illa deserta aliam sibi, id est ecclesiam matrem, sua	pro uoluntate plantauit, quam sacerdotalibus officiis excolens piaque	1	10b	2
loca lasciua passim se fronde diffundit, generauit pro fructibus spinas,	pro uua labruscam. cuius rei indignitate commotus dominus illa deserta	1	10b	2
nullos potuit fructus afferre. denique pro fructibus spinas generauit,	pro uua labruscam. cuius abhorrens infelicitatem dominus rei, aliam sibi,	2	11	1
discutis tenebras sacraeque legis oracula iam in Christo completa nec	probando cognoscis? uerum tamen pro tuo sensu si uis pascha legitimum	2	20	1
ingeniosa suspicio, sed deus magister instruxit, propter nos in semet ipso	probando quod docuit, uiuere animas mortuorum non tam dicere quam	1	2	5
et sperat et repositam sibi praesumit de Christo? igitur primo omnium	probandum puto animas nostras suorum corporum exuuiis <exui> nec	1	2	3
filius. hic *et homo et deus,* quia *inter* patrem hominesque adstitit *medius*,	probans infirmitatibus carnem et uirtutibus maiestatem. hic sol noster, sol	2	12	4
detestabilius malum! inuicem dum exspoliant persequuntur fallunt, hostes	probant, praedones laudant, latrones excusant, nec sui umquam uenit in	1	5	7
requirentes autem dominum non minuentur omnibus bonis. quod	probare exemplo perfacile est. meminimus in Regnorum proditum libris	2	1	20
iustitiae sapientiam conuenire. quod etiam sacrae legis testimoniis	probare non desinam, cuius ista sunt uerba: *nam quia sapientiam dei non*	2	1	5
arsurum. angelus praeuius tua castra promouit, ut etiam praesenti deo	probareris ingratus. per mare pedibus ambulasti, ut patereris in terra	1	9	
dominum filio, sacerdotem praetulit patri, nec pium se credidit, nisi	probasset fidelem. denique, carissimi, intrepidus ad ministerium	1	59	7
mens non sit, in Ecclesiastico Salomone clamante: *dona iniquorum non*	*probat altissimus.* hic quaerite, Christiani, sacrificium uestrum an esse	1	25	9
quibus stipem denegauerat uiuus. odit iam sine causa ante quod amauerat;	probat felicius esse quod oderat. gemit instanti poenae aliquid de	1	2	10
spiritus libenter offerat, pater probet, filius, qui magister est noster,	probata glorietur per eundem, qui est benedictus in saecula saeculorum.	1	25	13
ad fidem pertinet, pater promissa compleuit, dominus parricidium	probata uoluntate prohibuit. ad huius ergo personam Christi refertur	1	59	7
sicque Susannam, quam inpudicitia mentiente in publicum traxerant,	probatam et uindicatam ad mariti thalamos cum ingenti triumpho uictrix	1	1	19
in quo non est figura sed ueritas! quam ex rebus ipsis agnoscite pariter et	probate. Iudaei maiores suos Pharaonis exercitusque eius graui seruitutis	1	46b	1
non tantum deos colere, sed eorum mores et actus imitari. cuius rei facilis	probatio est, illa cum interim, quae nostra sunt, uidemus. aurum	1	14	4
non nostis, quae, si uera dicenda sunt, dissimulando subtiliter custoditis.	probatio longe non est. ius templorum ne quis uobis eripiat, cotidie	1	25	10
locutus sit mortuus ille, quem noueris. at dicis: 'hoc daemones fingunt'. o	probatio melior, quod etiam fallaces testimonium perhibent ueritati! cur	1	2	7
laeserit, in exitium suae animae incitat ueritatem. nec est dicto longe	probatio. si incliti cuiusquam regis, hominis tamen, uultus quiuis ulla	1	36	24
et clementissimus abdicauerit, et quidem non accusatione, sed	probatione conuictum. denique iniuriae suae testes citat caelum terramque:	2	21	
omnia suis mortibus uiuunt. unde pauca de multis attingam, ut omnium	probationem haud dubie in paucis expediam. stellae praecipites labuntur e	1	2	17
sed dum bellum duri certaminis geritur et familia domini caelo spectante	probatur, Archadius beatissimus martyr huius inopinati sacrilegii horrore	1	39	3
mutatione morum natiuitatis suae nobilitatem incredulis uariis uirtutibus	probaturus.	1	42	2
deus doluit, qui aliam uictimam procurauit; nam Abraham cum filio sic	probatus a deo est, ut non postulans misericordiam mereretur. uideamus,	1	43	7
deus temptauit illos et inuenit illos dignos se. tamquam aurum in fornace	*probauit illos et quasi holocaustomata accepit illos et in tempore erit*	2	5	6
componunt, sed caelestibus testimoniis multis, manifestis ac puris, ut docti	probent, minus instructi sese confirment, rudes discant ipsique, qui	2	18	2
contrariam, doce omnia, quae canit, esse credenda. ceterum si eius partem	probes, reprobes partem, quomodo per hanc fidem quaeris, quam etiam	2	3	13
mei, talia sacrificia procurate, quae sanctus spiritus libenter offerat, pater	probet, filius, qui magister est noster, probata glorietur per eundem, qui est	1	25	13
securus ut redeat; domum patri commendat, sensim mitisque discedit, ut	probet se et meruisse et non ambisse quod meruit. ac ne quis hanc	1	4	16
temptationis uidelicet signum; etenim iustitiam qui sequitur, necesse est ut	probetur. denique fornicaria requisita non est inuenta, quia renatus per	1	13	11
ea, quae infirma et egena sunt elementa? ascendentes uero sunt iusti, qui	probis moribus per gradus diuinorum obseruantiae praeceptorum cotidie	1	37	12
clarus genere, clarior pulchritudine, morum quoque clarissimus	probitate, fuit inter filios Iacob aetate minor, sed spiritu maior. hic inuidae	1	1	15
ex parte mores imitemur, si non possumus imitari uirtutes. tanta enim	probitate uixerunt, ut pars felicitatis sit nosse, quid fecerint. igitur Iob uir	1	15	1
quippe cum non sit spem, fidem, iustitiam, humilitatem, castitatem,	probitatem, concordiam, caritatem, omnes artes omnesque uirtutes, ipsa	1	4	1
subicit alias, nunc parturit nouas. manibus suis facta hydra formarum	procax semper incedit, quia erubescere alienis sub coloribus nescit, non	1	1	10
ad ecclesiam dei opere uario totum inaurata corpus, exsecrabili metallo	procedis onusta, ubique delicata, sub monilibus fortis. denique ipso cultus	1	14	6
fuisse ab incolis renuntiatur. at Thamaris nostrae cum processu temporis	procedit et uterus. mirum profecto uidete mysterium! quae celauerat	1	13	3
uerus, de *perfecto perfectus*, totum patris habens, nihil derogans patri;	procedit in natiuitatem qui erat, antequam nasceretur, in patre, aequalis in	1	17	2
dulcis uagitus auditur, ecce parientis uno de uentre clarissima turba	procedit. noua res, ut iure spiritali unusquisque nascatur. ultro currite ad	2	28	
incenderant, ardent; qui incensi sunt, sanctificati et incolumes de camino	procedunt per dominum nostrum Iesum Christum.	1	22	2
sunt et, qui incensi sunt, incendio suo superstites triumphantes de camino	procedunt, praestante domino nostro Iesu Christo.	1	53	2
felicibus lacrimis fluenta denuntiat. statim oculis apertis folia radiata	procedunt, quibus subiecti ac se commendantes sequaces fructus adridunt,	2	11	3
totus est humilis, sua peccata contestans, secundum domini dictum a quo	procedunt uniuersa genera peccatorum, pectus crebro percutiens quodam	2	9	9
et currus, his uerbis propheta testatur: *deus sicut ignis ueniet et sicut*	*procella currus eius retribuere in ira uindictam.*	2	12	4
e caelo imber fusus a domino flammis et sulphure armatus poenali	procella deleuit? Iudaei contionibus tument; altaria diuina cum uenerantur,	1	4	10
pure non nox illi diesque succedit; semper enim caenosi gurgitis sui	procella submergitur, dum semper exaestuans libidinis turpitudo aut	1	1	6
litorum spumantia ora contundens minatur per momenta naufragium.	procellae crebrescentes insaniunt, horrendum sibilant funes, gemunt	1	34	5
rabidos rictus intrepidus, caelesti prandio satur nec Ionas inter aestuantes	procellas sollicitique maris fluctus insanos tutior piscis aluo quam alueo	2	18	1
tubarum armorumque fragore terribili instantibus undique proeliorum	procellis miserabiliter per totum orbem dispersere terrarum. Ionas in naui	1	34	7
pater in alio se, quem genuit ex se. quomodo autem generatus sit, qui	processit, dementis est opinari. namque temperat se propter rerum	1	56	2
in Aegypto genuit, ubi ingressis paucis hominibus innumerabilis multitudo	processit et ad eremum dominus perduxit *manu forti et brachio excelso.*	1	61	7
Virgo praenuntians Libram, ut nosceremus per filium dei, qui incarnatus	processit ex uirgine, aequitatem iustitiamque terris inlatam. quam qui	1	38	5
inquit, inferior.' quid, quod inde non esse approbatur inferior, quia, unde	processit, paterni cordis est exsecutor? non enim minus est facere magna	1	45	3
quicquam habet interiectum neque conscium qui ex paterni oris affectu	processit uno consensu. secunda uero carnalis sicut est frequentibus	1	54	2
ibidem umquam fuisse ab incolis renuntiatur. at Thamaris nostrae cum	processu temporis procedit et uterus. mirum profecto uidete mysterium!	1	13	3
nouelli omnes, omnes candidati, omnes spiritus sancti munere mox diuites	processuri.	1	49	
sanguis regnum dei possidere non possunt. at e diuerso uideor mihi audire	proclamantem: 'si haec est condicio carnis, quid est ergo quod credimus in	1	2	24
si uel uno momento diuinitatis cessat imperium. at si, ut ratio ipsa	proclamat, cessare nullo pacto potest uarietas ista regni, a legis conditore	2	5	6
flore consumpto non tam ex parentibus quam diuina praeceptione meruit	procreari atque in ultimis uitae curriculis Sarrae uterum filius aperuit	1	59	1
filios genuit; dominus quoque post prophetas filios sanctos apostolos	procreauit. Iob beatus quieuit in pace; dominus autem manet benedictus in	1	15	9
manens in sempiternum omnibus, quae habet, habentem filium paria	procreauit, qui est deus benedictus in saecula saeculorum.	1	17	2
uoluntate nascatur. ceterum si, ut quidam putant, docentis pendet ex ore,	procul dubio eodem aut cessante aut aliter docente consumitur. huc	2	3	1
clanculo gerunt. nam si iudicii diei adpropinquare iam cursus aduerterent,	procul dubio et praesentia odissent et futura credidissent pariterque	1	2	1
in eculeo spiritali et qui sint nolentes edicant et inuiti discedant,	procul dubio hoc sunt, quod sese esse uniecuique confitentur. accipe et alia	1	2	7
aliqua exceptione aequabiliter iustitia est diuina largita. cum haec ita sint,	procul dubio non est a tyranno dissimilis, qui solus habet quod potest	2	1	19
uulnere inferna metiris? si, quod quidem recte aestimas, in infernis,	procul dubio omnes sacrilegos antecedis, qui Moysi reprobans dictum per	1	3	14
infulcias: si enim tempori, non sibi, debent, quod est alter alteri obnoxius,	procul dubio, ut tu uis, maior est natura quam deus. at cum naturam ex	2	8	5
adulterium enim, quod factum diffamabat, exercuit nec homicidium, quod	procurabat, inuenit.	1	40	3
illi adeunda sint templa. quo genere unusquisque suum sacrificium	procurabitis, quo sumptu, quibus uasis quibusue ministris? at si descrete	2	7	14
dente figurata. quae est ergo ista dementia sacrificium nescientibus	procurare, lumen caecis inferre, tura non spirantibus concremare, allegare	1	25	4
commodis consulendo, quod sine alienis incommodis omnino non potest	procurari, a quouis uere stultissimo negari non possit iniusta. ceterum si	2	1	3
diuini cultus, sed alterius alicuius desiderio in suam hoc contumeliam	procurari: castitatis obseruantiaeque uirtutem deuocabit in crimen. quid	2	7	18
nam in idolis dea est, in cultoribus uero eorum ministra. uenerandam se	procurat in templis, hilarem in theatris, inportunam in publicis,	1	1	9
sed in designationem Iudaici populi, qui carnalis futurus fuerat,	procuratam. denique nihil illi contulit, quia deo ante, non posteaquam	1	3	7
uestrum, qui est in caelis. itaque, dulcissimi flores mei, talia sacrificia	procurate, quae sanctus spiritus libenter offerat, pater probet, filius, qui	1	25	13
res est et quae una febri uel qualibet facillime deleatur iniuria. ecce	procuratores uel gubernatores eius oculi aliquo ictu exstincti subsidunt.	2	4	15
adest, sibi quae non inpudicitiae, sed futuri scilicet indicii negotium	procurauerat, dicitque ei se debere conceptum, cuius monile, anulum	1	13	3
oleum Christus infundit. Moyses primitiuam festinus maturamque	procurauit agninam, Abraham pinguem conditamque fideliter uitulinam.	1	24	2
fuit, non erat dolor. in illo sacrificio solus deus doluit, qui aliam uictimam	procurauit; nam Abraham cum filio sic probatus a deo est, ut non	1	43	7
saeculorum heres [et] pernici cursu	procurrens atque recurrens, solemni meta rotatus in sese, proferens sibi de	1	33	1
gladius uibratur nec puerum mors uicina contristat, ne trepidatio fidem	prodat infirmam. sub hac denique immolantis immolandique constantia	1	59	7
ubi se ipsum candidus animus immolauerit domino; cetera autem nihil	proderunt, si colentis pura mens non sit, in Ecclesiastico Salomone	1	25	9
at ubi in destinata prorumpens neque blandimenta neque promissa sibimet	prodesse cognoscit, conserta manu inuersa uice adorta est in suum	1	1	16

procul dubio non est a tyranno dissimilis, qui solus habet quod potest prodesse commodis plurimorum. quid, quod paupere cotidie moriente 2 1 19
esse defendat. si spiritalem, cur de carne gloriatur? si carnalem, animae prodesse non poterit, quia *caro et sanguis regnum dei possidere non* 1 3 3
remedio curare non potest Euam. quid, quod nec ipsi uiro aliquid eam prodesse perspicio? quia huius circumscriptio characteris potestati subiacet 1 3 9
talem quoque dimittunt; quae in pari causa ipsi praestatori nihil prodesse possunt. at uero nostrae aceruatim absoluunt quicquid inuenerint 2 24 1
recognosco.' recte Iudaeus hoc diceret, fratres, si ista cura sexui utroque prodesse potuisset. cum enim grauior causa supersit, periturum se, nisi 1 3 9
suae, non dicam facultatis, sed etiam, si opus sit, et salutis — alii magis prodesse quam sibi; suam, quia, quamuis sit sapientiae nomine falso 2 1 3
uanis semet ipsum confundit. sed dicit aliquis: 'si ita est, nulli ergo lex prodest.' absit; prodest, et quidem plurimum, nam per ipsam dei uoluntas 2 3 3
si se ipsam non amet, spes si non ametur. adde quod fides sibi soli prodest, caritas omnibus; adde quod fides non gratis pugnat, caritas autem 1 36 11
ipsum confundit. sed dicit aliquis: 'si ita est, nulli ergo lex prodest.' absit; prodest, et quidem plurimum, nam per ipsam dei uoluntas populis 2 3 3
quo sumptu, quibus uasis quibusue ministris? at si descrete fiunt ista, nihil prodest. ex uno enim proficiscendo et in unum remeando si non 2 7 14
transierunt ista omnia tamquam umbra. sed et dominus ipse dicit: *quid prodest unicuique lucrari mundum et animae suae pati detrimentum?* i 1 5 9
deuincat; inferos penetrat, ut mortuos uiuos inde reducat; unigenitus prodeundo de patre ante originem rerum, *primogenitus a mortuis*, ut ait 2 5 3
ueteris ac noui clarissima oracula uiam, uerum Christum dominum, prodiderunt, qui ait: *ego sum uia et ueritas*. illorum profugus populus per 1 46b 2
proprietate excellentes ingenio et doctrina uiri nihil certi libris ingentibus prodiderunt. sed ego non curem, de me quemadmodum quis iocetur. non 2 1 1
plenitudinis suae pio de fonte largitur. quam rationem Paulus euidenter prodidit dicens: *quemadmodum portauimus imaginem eius, qui de limo est,* 2 30 4
id quod fuit! quam rationem etiam beatissimus Paulus subtiliter prodidit dicens: *qui seminat secundum carnem, de carne sua metet* 1 2 28
inquit, *et quis cognoscit eum?*. si ita est, quomodo ergo posset agnosci, prodidit Esaias his uerbis: *audite itaque, domus Dauid: non pusillum uobis* 2 8 7
mirum, fratres dilectissimi, ac delectabile certamen deo historia sacra prodidit nobis ignis ac fidei. etenim duo discordantia deuotione dominica 1 48
qui aduersus deum inaniter *fremuerunt*. sors Ionam praecipitandum prodidit, prophetia passurum dominum praedicauit, utrosque uolentes, 1 34 8
timeat publicari. totum prorsus temptat, ut sibi uindicet totum. nouum prodigii genus est: odit pudicitiam et tamen hoc cupit uideri, quod illa est. 1 1 9
quicquid feceris, uirgo iam non eris; unum tamen scio, quia nihil distat a prodigio, quisquis alterius causa et formam mutat et mores. sed dicis: 2 7 8
insigne pudicitiae testimonium, *e senioribus duo,* sed uno incensi prodigio, secus quam decuerat *deperire coeperant.* quam cum aduerterent 1 1 17
quid inpatientiam Sodomorum, ubi inlicite uiri opprimebantur a uiris, prodigiosae libidinis ignes ignis diuinus incendit intestinique facinoris 1 4 10
Adam suis telis occidit; hic Susannam conatus est duorum seniorum aut prodigiosis ignibus subicere aut parricidali gladio iugulare; hic Ioseph 1 36 26
in mortibus posuit; haec nomina pietatis nonnumquam concubitu prodigioso deleuit, pudicos equidem persequens, sed impudicos tantum 1 1 8
bis acutum gladium cum uno capulo nuncupauit, quem ex ore domini prodire describit. gladius enim spiritus sanctus est unum capulum habens, 1 37 2
saeuitiam metuenda elementorum forma mutatur et dei iniuriam prius prodit natura quam intellegat populus Iudaeorum. ab auctore itaque coepit 1 59 9
uno consensu. secunda uero carnalis sicut est frequentibus oraculis prodita, ita inuenimus esse completam. etenim deus dei filius tempore 1 54 2
maritos non possis, cuius fueris uxor, agnoscere. noli esse sacrilega, noli proditrix legis. profano cur nubas, cum possis nubere Christiano? 2 7 18
bonis. quod probare exemplo perfacile est. meminimus in Regnorum proditum libris famis tempore, quo totus passim populus moriebatur, Eliae 2 1 20
bonum et cetera, et apud Salomonem hactenus dicens: *ego ex ore altissimi prodiui ante omnem creaturam*. cum haec ita sint, humanitas, te, uersuta, 2 8 2
solus conscius; cuius ex ore, ut rerum natura, quae non erat, fingeretur, prodiuit unigenitus filius, cordis eius nobilis inquilinus exinde uisibilis 1 50
priusquam cognoscat puer bonum aut malum. quod signum ex prodromi quoque eius designatione dilucidauit alio loco his uerbis: *ecce* 2 8 7
instantis finis sorte terretur, suos ut repigret cursus, ut horas ac momenta producat, ut saltem paulo diutius diei sui demoretur in uita, sed fidelis 1 2 18
rea sine labore accusatoris uidua praegnans. irascitur socer, eam produci iubet atque incendio concremari. at illa constanter adest, sibi quae 1 13 3
excitari talesque legitima die ante conspectum dei ex illo naturae secreto produci, quales fuerint pro sua quique qualitate suscepti, apostolo dicente: 1 2 15
est unus; et scribens canna diuisa est, sed unus calamus; et forfex in duos producitur cultros, sed eorum unus est morsus; et gladius duas acies gerit, 1 37 14
uel cuius adminiculo uel ducatu in uberes fructus longius inuitata producitur, ui aliqua separetur. tum solemniter plorans clementer imbre 2 11 2
publicanas mulieres cum ui subiciunt sibi uiliores se esse quam illae sunt produnt, qui iracundia tument, qui litibus fremunt, qui calumnias pariunt, 1 25 11
utrumque Christiano explicans uoto, ut et non longius uideretur a proelio et secedendo euangelicae iussionis animaretur exemplo. ecce in eius 1 39 3
clangore tubarum armorumque fragore terribili instantibus undique proeliorum procellis miserabiliter per totum orbem dispersere terrarum. 1 34 7
incitatus, qui ferri non potest blandus. igitur famigerabile committitur proelium: illinc diabolus horrendum totis intonans armis ministrisque 1 15 3
possit uiribus, niteretur. igitur nouum ac paene incredibile committitur proelium. ultra morem diabolus pugnat, sed Iob dissimulando plus pugnat. 1 4 18
siluosis errantium palmitum crinibus uilis; quae cum per uoluptuosa ac profana loca lasciua passim se fronde diffundit, generauit pro fructibus 1 10b 2
ex sua ipsa uoluntate noscentes, quod pati nolunt libenter efficiunt; qui profanae libidinis detestabili furto distracti, turpibus iam non contenti 1 1 13
non uera, si *factionibus pollet*! o quam publicana, cuius fabulantur etiam profani secreta! o quam praesumpta, quae mauult magis nouellae traditioni 2 3 10
ipsa diuina, quibus a sacerdotibus dei quiescentes commendari consuerunt, profanis aliquotiens ululatibus rumpit taetraque inluuie suum totum 1 2 14
calumnias pariunt, qui pauperes, qui uiduas, qui pupillos exspoliant, qui profanis fabulis neglecta dei secta alios non bene auocantes diuina 1 25 11
dotantes *membra Christi* daemoniorum seruis addicunt, *dei templum* profanis patefaciunt, sacraria usque ipsa denudant, sacra confundunt 2 7 12
possis, cuius fueris uxor, agnoscere. noli esse sacrilega, noli proditrix legis. profano cur nubas, cum possis nubere Christiano? 2 7 18
struit. ille exserit gladium, ille ceruicem. uno uoto, una deuotione, ne quid profanum sit, diligenter ac patienter geritur, quod ab altero celebratur. sub 1 4 14
et Petri felicitate, utpote super quem aedificauit ecclesiam, duobus populis profecerunt. mare autem mundum significasse non dubium est, hamum 1 37 5
dies festi eius et cantica secundum dei uocem in planctum et luctum illi profecerunt. superba illa ciuitas seruit. sane ouium greges infinitos 1 28 2
suas contemnendo custodit. at ubi diabolus adgressuris tantis nihil se profecisse cognoscit, omnem impietatis suae rabiem in filios eius effundit. 1 15 4
quae a domino in Aegypto fuerat instituta, postulabat ad tempus nouellae profecisse, inscriptio ipsa tituli psalmi lecti declarat; sic enim se habet: *in* 2 11 1
adest in Daniele puero deus. omnem repente malitiae scenam diripuit, †profectitium† crimen propere recluditur, sed scelus suos redit in auctores 1 1 19
non sit, arguitur; accusatur et tamen colitur; iugulat et amatur. inuincibile profecto calamitatis est genus, cui subiugata sapientia seruit et uirtus. 2 1 8
sapienti si alterum defuerit ex duobus, quod illi putauerunt, nec sapiens profecto erit ille nec iustus. satis, ut opinor, praestigiae mundanae 2 1 10
et ubi iactantia se non potest continere, positus in honore. caelestis profecto est ista patientia, quam a suo statu non aerumna, non felicitas, 1 4 17
hae sua sponte se diabolo dediderunt). sin uero pacifica et salutaria, profecto laetaberis eique tanto pro nuntio morigera coniux pacem si non 2 7 16
peccatores, ut possint beate uiuere, puniri festinant. mira ratio, mirum profecto mysterium! saluo reo punitur reatus in reo integroque statu 1 42 1
quia lis et caritatis est hostis et fidei; quas si quis amiserit, nec diuina ille profecto nec humana cognoscit. haec, si religiosus es, serua; timoratus si 2 3 18
sibi aliquid necessarium. si uero fidem tractatus dicere coeperimus, erit profecto nec nostra nec sua, sed nec eius, cuius esse dicetur, quia tractatus 2 3 6
enim sicut excolit legem, ita, si uersuta sit, eradicat fidem, quia fides profecto non est, ubi quaeritur fides; deinde quia lex communis est, fides 2 3 4
moribus uiuat, conscientia eum bona, non loquacitate, quae mater profecto peccati est, nosse praesumat trinitatisque unam potentiae 2 3 19
quam diu flagitiosis illecebris huius mundi ac tenebris feralibus agitatur, profecto pecuina est ac misero, fragili detestabilique uersatur in iure. at 1 2 25
sine pausa crescit in senium et tamen a cunis genitalibus non recedit. profecto sacramenti dominici imaginem portat, nam occasu passionem 1 58
parit sibi de fine principium et tamen a cunis genitalibus non recedit. profecto sacramenti dominici imaginem portat, nam occasu passionem 1 57
qua nec audiri nec concipi nec disci quicquam poterit nec doceri. nam profecto sola est, ad quam prorsus res omnis spectet, dubium quippe cum 1 4 1
hominibus, quod auibus, serpentibus, feris non potest denegare. mera profecto uesania est beneficiis inuidere naturae. alius inde rerum omnium 1 5 13
at Thamaris nostrae cum processu temporis procedit et uterus. mirum profecto uidete mysterium! quae celauerat faciem, non celat uentrem. 1 13 3
sicunde susurrus ingruerit, se quaeri, se aestimat inueniri; cui securitatis profectus est nullus, etiam si contingat ei accusatore carere, teste conscio, 2 10 1
dei filius tempore constituto dissimulata interim maiestate ab aetheria sede profectus in praedestinatae uirginis templum sibimet castra metatur, quibus 1 54 3
canit mortuus, quam canere consueuerat uiuus; unde libet exclamare: 'profectus potius est iste quam mortuus.' in euangelio quoque Petrus filiique 1 2 8
mereretur. uideamus, fratres dilectissimi, legis arcana et intellectum altius proferamus. Abraham sub lege non erat, sed legem solus impleuit, et qui 1 43 8
mortuis rursus gloriosos in angelos excitabit. ad hoc unum euidens adhuc proferamus exemplum, quamuis non possit ueri simile tantam uim habere 1 2 27
est in his demorari, quae in toto iam non sunt. unum sane necessario proferemus exemplum, quod et Iudaei odiosum et Christiani sacrificium 1 25 7
pernici cursu procurrens atque recurrens, solemni meta rotatus in sese, proferens sibi de fine principium, natalicia infinita de occasu dies 1 33 1
ait: *omnis scriba doctus de regno caelorum similis est patri familias proferenti de thesauris suis noua et uetera. scriba*, fratres, est praedicator, 1 37 9
ornauit, cum sub incerto affectionis uocabulo pietas nutaret et, cum filium proferret uterus, nepotem senectus optaret. ita denique dissensione 1 59 4
officia, quae uxoris iam munera nesciebat. atque eo tempore partus profertur, quo calor genitalia iam relinquebat. mira prorsus, carissimi, et 1 59 3
sacrificium est necessarium spiritale; quod non ex sacculo, sed ex corde profertur; quod non bromosis pecudibus, sed suauissimis moribus 1 25 9
salutis. ad hanc igitur gloriam tardi partus ubertas et fecunditas desperata profertur. uxor Abrahae fetus nescia, cum uisceribus frigente senio nec 1 59 2
remedium? si obseruantiam pollicere, sine dubio fallis, cuius inpatientiae professio iam tenetur. si es autem sumptura remedium, dubium non est 2 7 9
infidelitatis insertum; infideles non sunt, quia habent imaginem fidei, professione deo, factis saeculo seruientes. uolunt nosse legem, nolunt eius 1 35 5
elegerit, tributura et ut iure possit implere, quod gerit. qui ad se ueniunt, professionem credulitatis ab eis solam ideo, quia eorum fidem uidere non 2 3 3
isto argumento nitantur, quod hominibus, quos perditos cupiunt, magis proficiat ad dei timorem et ipsis nihil prosit ad utilitatem? sane recte hoc 1 2 7
commonetur. denique ut iste plus timeat, ille terretur; ille uapulat, ut iste proficiat. compendiosum felicitatis genus alterius periculo discere, quid 1 10a
si tradidero corpus meum, ut ardeam, caritatem autem non habeam, nihil proficio. caritas enim, fratres, *omnia diligit, omnia credit, omnia sperat,* 1 36 20
quibusue ministris? at si descrete fiunt ista, nihil prodest. ex uno enim proficiscendo et in unum remeando si non confusione, uel errore fiunt una. 2 7 14
tuos, indue pedibus calceamenta, arripe baculum manu. in eremum proficiscere, si tuos uis imitari maiores. 2 20 2
populus captiuitatis ingenti iugo acerrime premebatur. hunc deus praecipit proficisci, duce Moyseo uidelicet et Aaron, iter demonstrante nubis 2 26 1
in Aegypto necaretur, miseratione dei duce Moyse iussus est proficisci. huic per diem non circulus solis, sed columna nubis, non 1 29 1
suo diabolus et spiritus omnis iniquitatis. Israel populus Christianus, qui proficisci iubetur, ut ad futura contendat. Moyses et Aaron per id, quod 2 26 2
sed praesumpsit, edicat mihi, perniciosa ista adinuentio tractatus sui quo proficit pugna. 'ne fides, inquit, intereat, cum male aut creditur aut 2 3 8
non sit fidei uidere secreta, nusquam, frater, tua curiositas, nusquam tua proficit pugna, quia quem putas uel de tuis ipsis studiosis fidelissimum, hic 2 3 11
deinceps per hanc partem peccare iam non potest. consequens est, ut profiteatur, utrum hanc carnalem an spiritalem esse defendat. si spiritalem, 1 3 3

degebat habitaculo, absentem esse assiduis uocibus inclamabat. hunc uero	profitentem ad nefandam custodiam noxiae mentis mancipes rapuerunt,	1	39	4
inuidia transfertis in censum. quid enim esse potest ditius homine, cuius	profitetur deus se esse debitorem? qui est benedictus in saecula saeculorum.	1	14	9
finiretur. at Iob cunctis uiribus aduersae partis exspectatione placida	profligatis, in semet fortior ruinis, omnibus quaeque deleuerat bellum	1	4	19
uarias atque innumerabiles *nocendi artes* habet, sed has omnes salutari	profluens amne non magno opere noster Aquarius delere consueuit. quem	1	38	7
semen ergo *suum fudit in terram*, hoc est dei mandata neglexit et idolis	profudit. propter quod a deo similiter etiam ipse praesentem sententiam	1	13	6
Christum dominum, prodiderunt, qui ait: *ego sum uia et ueritas*. illorum	profugus populus per mare rubrum dextra laeuaque undarum stupentibus	1	46b	2
habet tumulum; quos prophetes egregius hactenus increpat dicens: *quid*	*profuit nobis superbia aut quid diuitiarum ambitio contulit nobis?*	1	5	9
recte, fratres, sicut audistis, deus odit auaritiam. est enim libido	profunda, cupiditas caeca, tempestas insana, rapacitas sine fine, sollicitudo	1	21	
res est, fratres, quae et honorem praestat et praemium. o liberatoris nostri	profunda prouidentia! o praestantia singularis! o dulcis sententia! o	1	42	2
eius curauerit mentem, non uideo, quid illi praestiterit. o liberatoris nostri	profunda prouidentia! o praestantia singularis! o dulcis sententia! o	2	24	3
est, fratres, uel maxime Christianum cupiditatis compedibus alligari	profundaeque noctis feralibus tenebris obcaecatum miserabiliter ad ima	1	5	1
deliciis fluens, uariis temporum redimita muneribus opes multimodas ac	profundas promittit, ostentat, obicit, donat, speciem proponit suam	2	4	9
interesse atque in cultum nefandi ritus nunc aut libamina inceste	profundere aut ornatus sertis uictimas trahere aut grauia nidoribus tura	1	39	2
laeuaque aggeribus in aciem stipatis undarum, saluo liquore arefactam	profundi in semet contra se obnixam stupidam pependisse naturam; uiam	1	18	1
hoc igitur e profundo clamans similiter Petrus impetrauit a domino, ut	profundi maris lubricos sinus insubditaque humanis gressibus liquidi	1	34	3
quae, licet sui proprietate, locis uocabulisque discreta sint, tamen trini	profundi saporis una uirtus, una substantia, una est fluenti natura nec	1	7	4
domini? non enim in horum inquisitione exaestuans propheta dicit: *de*	*profundis clamaui ad te, domine*. clamat namque de profundis, id est de	1	34	2
trepidus absorbebatur, et perambularet pariter et euaderet. clamat de	profundis et Paulus obrutus calamitatibus beatis, cum pro nomine domini	1	34	4
propheta dicit: *de profundis clamaui ad te, domine*. clamat namque de	profundis, id est de imis praecordiis; clamat de profundis, sed quibus	1	34	3
clamat namque de profundis, id est de imis praecordiis; clamat de	profundis, sed quibus saeptus erat maestus ac tristis calamitatibus humanis!	1	34	3
corde, non clamore, sed fide, quam scit deum libenter audire. hoc igitur e	profundo clamans similiter Petrus impetrauit a domino, ut profundi maris	1	34	3
praestaturus, quos iam nunc felix inuitat occasus, ut sacri oceani lacteo	profundo demersi, surgentes inde nouello nouelli cum die, sua luce	1	44	2
praestaturus, quos nunc inuitat felix occasus, ut sacri oceani lacteo	profundo dimersi inde nouello nouellique cum die resurgentes nobiscum	1	57	
facit ad litteratorem puer, si litterarum non sperat fructum? quid ratem	profundo gurgiti nauta committit, si ei numquam lucrum, numquam	1	36	3
populi furibunda tempestate lapideis imbribus feliciter grandinatur, cum *in*	*profundo maris die* demoratus *ac nocte* ad deum clamans incolumis inde	1	34	4
gladios possit timere nec fluctus. mira res! medio puluerulentus exsultat in	profundo, qui circa se uideret feliciter triumphum suum perire naufragio.	1	29	2
noster incunctanter est Christus, quem ante omnia saecula pater in	profundo suae sacrae mentis arcano insuspicabili ac soli sibi nota	1	17	1
elemento sepelit. et cum omnium aquarum natura sit talis, ut, cum in	profundum homines susceperit uiuos, euomat mortuos, aqua nostra suscipit	2	10	2
trepidatio est. Petrus aestu marino fertur non naufragus, sed uiator: timet	profundum intercipere non timentem; nec tamen in toto dissimulat, ne per	2	2	6
aris foetentibus funestos excitant ignes, non tura cremant, non merum	profundunt nec pecudum inexpectata morte rapti iecoris spirantes	1	34	9
ideo cum praeputio natus, quia in aeternum incircumcisis gentibus fuerat	profuturus. diximus de prima circumcisione carnali, quae Iudaeorum est;	1	3	18
idemque decessor, longaeua semper aetate nouellus, anni parens annique	progenies; antecedit quae sequitur tempora et, ut saecula colligenda	2	19	1
idemque decessor, longaeua semper aetate nouellus, anni parens annique	progenies antecedit quae sequitur tempora et saecula infinita disseminat.	1	44	1
idemque decessor, longaeua semper aetate nouellus, anni parens annique	progenies antecedit sequiturque tempora et saecula infinita. parit sibi de	1	57	
turba uiolenta non tantum nostri maiores, sed omnis Christiana	progenies de uera Aegypto, id est isto de mundo, semper momentis	1	46b	1
cathedra *pestilentia*, sacrificium *canina mactatio*, ieiunia *odium*, populus	*progenies uiperarum*. post haec quid praesumant, aestimare non possum,	2	25	1
in se tabescentis corporis uulua portauit. sed in caelesti prole, non semine,	progenitum certissimum dominum impia Iudaeorum exarsere consilia.	1	59	8
dicit quidem dei filium deum, sed non ex patre nobilitatis perpetuitate	progenitum fuisseque tempus, quando non fuit. tertia Iudaea est uere	2	8	1
detulerat. sub hac igitur, carissimi, desperatione natiuitatis et admiratione	progenitus in primis infantiae rudimentis iubenti ac deposcenti deo	1	59	2
crescendo iam puella, iam uirgo pro cotidianae aetatis incremento	progrediens lasciui cursus ambagibus carpit pensa mundana. at ubi matura	1	2	19
spiritum adaeque, quem nescit; intrantem non uidet, exeuntem non potest	prohibere. et aestimat quisquam dei se posse scire secretum, qui sui	1	56	3
pater promissa compleuit, dominus parricidium probata uoluntate	prohibuit. ad huius ergo personam Christi refertur uerecunda natiuitas, sed	1	59	7
satiare, dum subito manus iubetur extendere ac super caespitem [nudus]	proiectus in faciem pedum extrema nudare. ecce inter ipsa supplicia uacare	1	39	7
inpatientiam seruire minime potuerunt. sed inpatientiae hactenus exempla	prolata sint. neque enim est studiose, ut arbitror, memorandum, quod	1	4	11
debemus accipere, cuius ex ore duo denarii, id est duo testamenta	prolata sunt, quae saluti cum domini gloria et Petri felicitate, utpote super	1	37	5
aestimatur. ceterum domini dictum quo sit pondere quaue ratione	prolatum, explanat proprietas ipsa uerborum: *qui credit, inquit, in me, non*	1	35	2
non est enim parum criminis, ut semper apud ipsos diuinus sit sermo	prolatus, nunc alteris uideatur ingestus. unde reiectio Iudaeorum est	1	61	1
arte formata in se tabescentis corporis uulua portauit. sed in caelesti	prole, non semine, progenitum certissimum dominum impia Iudaeorum	1	59	8
obscuret, in ducendis quoque uxoribus talis est condicio: Liam excipit,	prolixa tempora obseruat, omnia soceri libens tolerat imperata; qui si esset	1	4	16
me spreuerunt. grandem Iudaicae gentis offensam libri istius exordia	proloquuntur et iracundiam diuinae indignationis ostendunt, quae alias	1	61	1
uersari consueuit? in tantis filii casibus laetatur et gaudet et se dominum	promeruisse triumphat. accepit iam praemia, quae meretur; diuinae enim	1	43	6
passus, sed solo dei timore contentus. o felix uir, qui mira patientia deum	promeruit, diabolum uicit, sanitatem recepit, facultates liberosque suos non	1	15	6
sed ipsius natiuitate porro maior est legis, quae deum deo credendo	promeruit, quae credere non didicit, sed praesumpsit, edicat mihi,	2	3	8
quia iustus Abraham, qui ex fide uixit, deum credulitate, non lege	promeruit. si legem, contemne tuam istam circumcisionem, quam	1	3	12
sine ulla iactantia eius fungitur uoluntate. est autem in publicum tota	prominens atque diffusa, sic tamen, ut sentiri se cupiat quam uideri, plane	2	1	12
duodecim portae, quas ab hostili defendit impulsu in modum tau litterae	prominens lignum. o res uere miranda! cotidie aedificatur et cotidie	2	6	7
non uoce. quorum quis quid sit consecutus, accipite: qui totum sibi ipse	promiserat, inanis, qui nihil praesumpsit, iustificatus de templo discessit.	2	9	9
secundum quod deus suos	promiserat per prophetas, filium suum saluatorem generi humano se esse	2	12	1
dubitabat, patefecit, quid a se dominus postulasset, et quid ipse domino	promisisset ostendit. laetatus est puer patre fideli ipse quoque fidelior, nec	1	43	5
humanum ex se deponit timorem et, quantum ad fidem pertinet, pater	promissa compleuit, dominus parricidium probata uoluntate prohibuit. ad	1	59	7
perpetuo hymnis, citharis, tympanis, canticis gratiam referamus, qui nobis	promissa perpetuans pia sanctione, ut aiunt, claues uere aureas misit, et	2	24	1
esse consueuit. at ubi in destinata prorumpens neque blandimenta neque	promissa sibimet prodesse cognoscit, conserta manu inuersa uice adorta est	1	1	16
desperauit. nouus sane parentum circa filium crescit affectus, qui ex	promissione certior, ex tarditate dulcior, ex desperatione felicior putabatur.	1	59	5
interpellat eam, poscit ingressum, missurum se promittit haedum. at illa	promisso expetit pignus, magis illo contenta quam praemio accepitque ab	1	13	2
contribulatis corde et humiles spiritu saluabit. sed et dominus ipse nos pio	promisso quid hortetur, accipite. *uenite*, inquit, *qui laboratis et onerati estis*	2	9	4
praemium non colligit messem? quid Christianus credit in Christum, si	promissum sibi ab eo perpetuae felicitatis tempus non credit esse	1	36	3
Christus uenire potuisset; qui ideo circumcisus est, quia Iudaeis erat	promissus, ideo cum praeputio natus, quia in aeternum incircumcisis	1	3	18
inhaerebat. strinxerat in se patris pietatem, quod unicus, quod sero, quod	promissus, quod sola unica spes totius praeteritae sterilitatis damna	1	62	3
pronuntiatio. hic namque, carissimi, desperatus parentibus, sed deo	promittente susceptus in transacta aetate et generantis genitalis flore	1	59	1
aras nomini suo, qui, quae essent habituri sepulcra, nescirent, caelum	promittentes sibi, pro quorum actibus, si posset, ipsa quoque erubesceret	1	13	4
cui cum prouinciae rector pristinae eius fugae ueniam sub pactione	promitteret, si se uel sero nefandis superstitionibus miscuisset, talibus in	1	39	5
cum sua illi arma concedit; hic ubique turbulentus, ubique fertur insanus:	promittit, fallit, dat, tollit; nunc tristis, nunc hilaris, nunc humilis, nunc	1	36	26
uelando monstrabat. interpellat eam, poscit ingressum, missurum se	promittit haedum. at illa promisso expetit pignus, magis illo contenta	1	13	2
quia publicani et meretrices praecedunt uos in regnum dei. haedum ei	promittit, id est, quae sit peccatori peccati merces, ostendit. quam accipere	1	13	9
uariis temporum redimita muneribus opes multimodas ac profundas	promittit, ostentat, obicit, donat, speciem proponit suam faciemque, in	2	4	9
iustitia distribuit, pietas ministrat, puritas supplicat, spiritus postulat, spes	promittit, sapientia domus domina praerogat munera. exsultate, seniores:	2	6	9
sub ista arbore magna. similaginem conspargit, uitulum laniat. post haec	promittitur ei de legitimo matrimonio filius de fide, non de aetate. concepit	1	62	2
cupiunt, sic se et alios perdiderunt. nam mutato nomine et cultu, quasi	promota somniis, illas scholares calumnias dei usque ad ecclesiam	2	9	2
exaltatur. animae enim depressio cor elatum est, cor cohibitum	promotio est animae. huius rei testes sunt nobis duo homines propheticum	2	9	8
ipse factus, totusque acceptum translatus in honorem nouae frondis	promotione ramis resurgescentibus ornatus iam non oleaster sit, sed oliua,	1	2	27
Mariae maiestate. illa praeconem portat, haec iudicem. exsultate, feminae,	promotionemque uestri sexus agnoscite. culpa deleta ueteri ecce per uos	2	8	8
exsultate, diuites, praerogationibus crebris et iustis ueri diuites facti;	promotioni etenim caelestis uestrae dignitatis debetur diuini operis perennis	2	6	10
namque piis mercedem sacerdotibus praestat, consequentibus ministris	promotionis augmentum, immortalitatis fidelibus fructum, paenitentibus	1	6	
ollam portat et ligna. Iacob patienter uaria exhibet pecora. Ioseph	promotus ad mensuram praerogat cunctis annonam. sane si quis aliquid	2	24	2
capitque uirgo, quem mundus mundique non capit plenitudo. interea	promouent suum membra factorem et opus sui figura uestit artificem.	2	12	2
tolle crucem tuam *et ueni sequere me*. de hoc nescio quid possit quispiam	promouere; unum tamen scio, quia nullus est nostrum, qui non momentis	2	1	16
deo, hoc opus carum, hos opus uiuum carnaliter geritur, sed spiritaliter	promouetur. praestabit autem deus pater omnipotens, ut, quomodo isto in	2	6	11
columna per noctem, ut admoneret arsurum. angelus praeuius tua castra	promouit, ut etiam praesenti deo probareris ingratus. per mare pedibus	1	9	
ut perfidum punit irata quem docuit nullamque aliam ob causam	promulgatam se esse testatur, nisi ut fides de infidelibus uindicetur.	2	3	3
filium quondam Isaac habuit: simplex quidem uocabulum, sed multiplex	pronuntiatio. hic namque, carissimi, desperatus parentibus, sed deo	1	59	1
quaerendus. quod nunc faciunt infideles, de quibus scriptura diuina quid	pronuntiet, audiamus; cuius ista sunt uerba: *deminuerunt ueritates a filiis*	2	9	2
libentissime concrematur. sepulcrum nidus est illi, fauillae nutrices, cinis	propagandi corporis semen, mors natalicius dies. denique post momentum	1	2	21
canentibus deo credentibus populis, qui omnia inmortalitatis semine	propagantur in saecula. in huius diei luce gradientes exsultemus	1	33	4
incomprehensibilisque sapientia sapientiam, omnipotentia omnipotentiam	propagat. *de deo nascitur deus*, de ingenito unigenitus, de solo solus, de	1	17	1
sapientia e regione cordis *eructuat uerbum*, omnipotentia se	propagat. *de deo nascitur deus* totum patris habens, nihil derogans patri.	1	56	1
aequalibusque temperantiae dotata muneribus perennis connubii fideli	propagine benigna caritas illigasset. nihil est prorsus, quod sine hac	1	36	16
prorsus, carissimi, et speranda saeculis post futuris diuinae ordinationis	propago formata: ad principium aetas peracta reuocatur, accingitur de	1	59	3

illud sit, repente exstinguetur incendium. sed sic ego in rebus demoror prope sanis, quasi, quae uere exsecranda sint, iam correcta sint crimina. 2 7 10
abiectus, ignobilis sui iacebat in domo patris, oues semper pascendo propemodum peregrinus. innocens cum innocentibus deputatus hic *placuit* 2 9 7
autem pro se in necessitatibus gerant, omnibus nota porcorum cotidiana propemodum tam iucundi certaminis exempla declarant; quia aliqui eorum 1 36 15
credunt et timent et quantum sciunt dominum non esse mendacem, tanto propensius eius de pietate praesumunt statimque actus ueteris uitae 1 34 9
properate, properate bene loturi, fratres! aqua uiua spiritu sancto et igne dulcissimo 1 23
properate, properate bene loturi, fratres! aqua uiua spiritu sancto et igne 1 23
deus. omnem repente malitiae scenam diripuit, †profectitium† crimen propere recluditur, sed scelus suos redit in auctores purgaturque per 1 1 19
ac nocte ad deum clamans incolumis inde respuitur. Ionas adaeque propheta ad Nineuitas missus a deo est, eorum ut imminere ciuitati 1 34 5
dei audire debeant, dicitur, Israel sic reprobus inuenitur et, dum clamat propheta *audi caelum et terra*, significat, quod illi audire contempserint. 1 61 1
aut dictorum minime rationes inquirunt. igitur in praesenti Psalmo propheta cum dicat: *misericordiam et iudicium cantabo tibi, domine*, 1 35 1
ulli competit excusatio, maxime cum res nostrae commissa sit uoluntati, propheta dicente: *ante hominem bonum et nequam, mors et uita; quod* 2 4 18
opus est ire per singula, cum uno exemplo noscantur uniuersa eius mala, propheta dicente: *idola gentium argentum et aurum*. unde apparet eum, 1 14 4
matre, ita sine patre secunda carnalis. haec miranda, inenarrabilis illa, propheta dicente: *natiuitatem autem eius quis enarrabit?*. cur autem sit 2 8 2
enim cognouit sensum domini? non enim in horum inquisitione exaestuans propheta dicit: *de profundis clamaui ad te, domine*. clamat namque de 1 34 2
non humiliter sentiebam, sed exaltaui animam meam. uideamus, ne forte propheta ipse se inpugnet exaltando animam suam, qui cor suum se non 2 9 8
officio, deo dei munus retinendo placiturus. rex mansuetus, pater pius, propheta modestus. totum potest, a toto dissimulat; magnis ac mirabilibus 2 9 7
eloquia dei sunt, ipse mirabilis in excelsis. cum in periculis esset, si in his propheta non ambulet, quomodo bonum insuper sibi opus adsignat ab illis 2 9 6
non deletur. nunc uideamus, intellegendum quemadmodum nobis sit, propheta quod ait: *beati omnes qui timent dominum*. si omnes, qui timent 2 2 3
propheta quod pro ueteri uinea, quae a domino in Aegypto fuerat instituta, 2 11 1
euangelia. cuius quam uim habeat amictus et currus, his uerbis propheta testatur: *deus sicut ignis ueniet et sicut procella currus eius* 2 12 4
labia nostra a nobis sunt. quis noster dominus est? hanc superbiam propheta tumidi cordis euitans sic infit ad dominum: *domine, non est* 2 9 3
Christus. non cognoscitur a socero: ad Iudaeos enim, non ad gentes prophetae fuerant destinati. *fornicariam putat*: recte, quia Iudaeorum 1 13 9
festinant in cassum iactura uasorum nauem leuare ponderibus, quae prophetae pondere premebatur. tum Ionas, quem solum exspectabat bona 1 34 6
etenim si secundum ipsos nos quoque carnaliter sentiamus, ambo prophetae tenebuntur in crimine, ut aut Moyses fallax sit, si circumcisio 1 3 15
in regem, spiratus in uatem *non insolescit in regno*, obumbrat neminem prophetae terrore. iniurias suas non exsequitur regia potestate; odientes se 2 9 7
unguenta. dies festos in luctum et cantica eius in lamentationem conuersa prophetae testantur. tauros, arietes, hircos et agnos a domino saepe 1 19 2
tuum tamquam te ipsum. in his duobus praeceptis pendet omnis lex et prophetae. unde manifestum est dilectionem uirtutum omnium diuinarum 1 36 17
templum, de quo praesumebant, cecidit. altaria dei ipsi euerterunt. *lex et prophetae usque ad Iohannem*. sacerdotibus eorum luctus indicitur. 2 17
accingitur de sterilitate fecunditas, ut impleretur, quod scriptum est per prophetam: *exsulta, sterilis, quae non pariebas, erumpe et clama, quae non* 1 59 3
audi, inquit, *caelum, et percipe auribus, terra*. de caelo et terra prophetam fuisse testatum uel quasi de aliqua re esse conquestum, cum 1 61 2
mundi sapientia stultitia est apud deum. ob quam causam idem deus per prophetam hactenus protestatur: *non glorietur sapiens in sua sapientia* 2 1 5
filios, inquit, *genui et exaltaui*. haec domini uox est, qua iam tunc per prophetam Iudaeos obiurgabat incredulos et quae essent futura, priusquam 1 61 5
qui dormierunt in Iesum, adducit cum eo. nam et deus per Ezechielem prophetam loquitur dicens: *ecce ego aperio monumenta uestra et educam* 1 2 12
odiosum et Christiani sacrificium approbet deo gratum, apud Malachiam prophetam: *non est mihi uoluntas circa uos, dicit dominus, et sacrificium* 1 25 7
non debeo.' ista et infidelitatis est excusatio, quam spiritus sanctus per prophetam retundit hactenus dicens: *adolescentior fui et senui et numquam* 2 1 20
nolo; quis enim exquisiuit ista de manibus uestris? per alium adaeque prophetam spiritus sanctus clamat et dicit: *praecingite uos et plangite*, 1 25 6
tota terrarum spatia nuntiata est. terrarum homines intellegendos frequens prophetarum assertio demonstrauit: *iubilate*, inquit, *omnis terra*, et alibi: 1 61 4
sed insuper eam et iustificauit. Iudas, quantum intelligi datur, ex parte prophetarum, ex parte patriarcharum patrumque typus erat, qui ob 1 13 4
accipimus, nautas scribas et pharisaeos, iacturam uasorum repudiationem prophetarum omniumque sanctorum, quos synagoga pulsos Iudaei in 1 34 7
contionibus tument; altaria diuina cum uenerantur, euertunt; uaria caede prophetas elidunt; Moysen amore nimio lapidare conantur; aduersus 1 4 10
in euangelio quoque sic dicit: *Hierusalem, Hierusalem, quae interficis prophetas et lapidas missos ad te, quotiens uolui colligere filios tuos sicut* 2 6 3
tradita sunt a patre meo. Iob uicarios filios genuit; dominus quoque post prophetas filios sanctos apostolos procreauit. Iob beatus quieuit in pace; 1 15 9
secundum quod deus suos promiserat per prophetas, filium suum saluatorem generi humano se esse missurum 2 12 1
ut nos diuites faceret. Iob filios furens diabolus interemit; et domini filios prophetas insanus populus Pharisaeus occidit. Iob ulceribus maculatus est; 1 15 8
paupertati praestas, ut habeat totum sui contenta, cum sustinet totum. tu prophetas prouexisti. tu Christo apostolos glutinasti. tu cotidiana 1 4 22
est rex Iudaeorum?. hic est, fratres, qui uenturus denuntiatus est per prophetas, qui secundum carnem natus in tempore est, qui est excelsus in 2 5 3
qui eos tanti negotii certos efficiat; cui ille respondit: '*habent Moysen et prophetas*, quibus si non credunt, neque illi, qui hinc missus fuerit, 1 2 10
diligamus, maxime cum cognationis ipsa hoc exigant iura. clamat enim prophetes: *deus unus creauit uos; nonne pater unus est omnium uestrum?* 1 36 22
ille, ille amplum qui habuit censum, exiguum non habet tumulum; quos prophetes egregius hactenus increpat dicens: *quid profuit nobis superbia aut* 1 5 9
sed absit, fratres, ut spiritales uiros ullo tangamus errore, maxime cum prophetia ad sui dicti iam peruenerit ueritatem. Iesus enim Naue Christi 1 3 16
carissimi, cor eius non dormit, qui huius somnium secretaque cognoscit. prophetia etenim semper figuris uariantibus loquitur, sed res una in 1 37 1
et terra, quia caelum pluuias et fruges terra non denegat! sed quia haec prophetia nouissimis erat complenda temporibus sub domini saluatoris 1 61 2
aduersus deum inaniter *fremuerunt*. sors Ionam praecipitandum prodidit, prophetia passurum dominum praedicauit, utrosque uolentes, illum 1 34 8
recte, quia Iudaeorum populo seruiebat. cum ea conuenire cupit, quia prophetiae magis gentes quam Iudaei fuerant credituri, domino dicente: 1 13 9
meum ante faciem tuam, qui praeparabit uiam tuam. ergo manifestum est prophetiae more angelos homines iustos et iniustos generaliter dictos. sed 1 37 12
cohibitum promotio est animae. huius rei testes sunt nobis duo homines propheticum carmen suis actibus exponentes, pharisaeus et publicanus dei 2 9 8
id est populi nostri, sua pro uoluntate plantauit, in quam omnis fructus propheticus decucurrit. hic mihi, rustico uestro, beatissimi ignoscite 2 11 1
nocte dies; cui duodecim horae in apostolis, duodecim menses seruiunt in prophetis; quem euangeliorum salutaria quattuor praedicant tempora; cui 1 33 4
consolatus est, utique intelligitur spe Christi uenientis, qui non tantum prophetis synagogae lapsu desolatis solacium praebuit, sed etiam nos 1 13 7
ipsa reponis, ipsa custodis. una cibum praeterea capis, reliquias poculi propinati lambendo labris exhauris futurique haustus quasi quasdam 2 7 17
quodam modo sequestrauerat pignus, in quo nec Christum relinqueret nec propinquum. statim beatus martyr se latere non passus est; se ultro 1 39 4
praeceps irruit manus, festinat dei famulum posse deprehendi; quem beati propinquus martyris, qui in eius forte degebat habitaculo, absentem esse 1 39 4
quam natales. quae non rogantur ut nubant, sed ut dormiant inuitantur, propiores sepulcro quam thalamo; quae, ipsae cum pereunt, detestabili 2 7 10
spiritus sanctus inducitur, glorificatur Christus, deus pater omnipotens propitiatur. postremo ille felix in futurum regnabit, qui tecum illo 1 1 21
ambitiose sacrificant sicque legitime celebrata paenitentia deum sibi propitium reddiderunt. quod et nos et fecimus et facere plerumque 1 34 9
uxor infelix es, si nescis, quid agatur in domo, infelicior certe, si scieris. proponamus itaque, ut saepe contingit, in unum sibimet conuenire diuersae 2 7 14
triumphet licet quibus uult uirtutibus fides, ac spes multa et magna proponat, tamen sine hac utraeque non stabunt: fides primo omnium si se 1 36 10
perfectionem sui operis non habebit. unde primo omnium *spes* nobis proponenda est *futurorum*, sine qua nec praesentia quidem ipsa stare posse 1 36 2
est uiuendi condicio, ubi non licet facere uxori, quod marito placet; ubi proponis, quia nihil te gerere sinit, nisi quae disposuerit prior ipse 2 7 15
opes multimodas ac profundas promittit, ostentat, obicit, donat, speciem proponit suam faciemque, in quas illi libuerit figuras, speculo conciliante 2 4 9
sua non potest aurum. hinc unus pecuniam suam tamquam hamum proponit, ut facultates ad se attrahat alienas; quam peregrinantem ferali 1 5 12
illa possidet, ista deum. adhuc accipite, ad propriam sedem palmamque propositam quanto amore, qua deuotione festinet. si quis eam prouocat in 2 1 13
uera uix potest inueniri, credo, ne populi penuria laborarent, uenales esse propositas. uerum tamen ex his omnibus eligendum quid sit, non potest 2 3 7
tu *fundamentum*, culmen ac fructus omnium coaequarum, tu tui propositi insolubilis nodus aeternus. per te legitima ieiunia celebrantur, per 1 1 21
ipse quoque signaculum carnis accepit, si ei necessarium non fuit?' huius propositionis quae sit ratio, fratres, accipite. igitur qui uenerat hominem 1 3 17
confessio? Maccabaeorum est iungenda numero, Eleazari est adaequanda proposito, conparanda consilio. Archadius beatissimus martyr adhuc 1 39 9
lex semper manat ex libro Genitali, fides autem tenaciter inhaeret suo soli proposito. lex ab alio transit in alium; fides interit, si ab suo statu 2 3 4
uota. denique tres pueri in illo sacro certamine prae oculis deum sibi proposuere, non flammas, praemium futuri, non poenam. sicque inter 1 11
uiua templa sunt necessaria. in his enim solis sacerdotum dei structura et propria est et perennis, qua et Iudaeos et gentes uel ceteros antecedimus. 2 6 4
his quaecumque defecerit, ambae moriuntur. fides itaque uel maxime res propria nostra est, domino ipso dicente: *fides tua te saluum fecit*. igitur si 1 36 7
diuidi magnitudo ex utroque in utrumque commeando largiflua, utrisque propria, nulli priuata. etenim damnum patientur ubertatis et gratiae, si 1 7 4
paene omnes conspicor Christianos, qui perfectam putant esse iustitiam propria tueri, aliena non quaerere, sapientiae uerae negligentes imperium, 2 1 15
et proscriptio industria uocitatur et appetitio rei alienae sub praetextu propriae defensionis ac diligentiae callidissimis argumentis urguetur, ut 2 1 17
stipatus, eligendi mortem uitamue praecepti eruditione commonitus, eum propriae uoluntati commisit. at liuidus ille criminator, qui, quod sensim 2 4 5
auaritiam: homines enim illa possidet, ista deum. adhuc accipite, ad propriam sedem palmamque propositam quanto amore, qua deuotione 2 1 13
habere difficile solumque ei hoc deesse quod nolit esse; haec est enim proprietas dei, id operari quod non potest credi. igitur non homines 1 2 16
ceterum domini dictum quo sit pondere quaue ratione prolatum, explanat proprietas ipsa uerborum: *qui credit, inquit, in me, non iudicabitur*. recte: 1 35 2
quoque metuitur. sed necessario unicuique sinceri amoris est noscenda proprietas, ne sub sono nominis commutetur regula ueritatis. est enim et 1 36 25
imperitissimus et elinguis aliquid audeam de iustitia disputare, de cuius proprietate excellentes ingenio et doctrina uiri nihil certi libris ingentibus 2 1 1
freto aestus alternos in unum conferente connexa, quae, licet sui proprietate, locis uocabulisque discreta sint, tamen trini profundi saporis 1 7 4
quia laus filii est patris et laus patris amborum. nunc sacrificii nostri proprietatem nos conuenit nosse, quae facile ex aduerso cognoscitur. nam 1 25 9
suis. haec totius humani generis fundamenta confirmat, haec nominum proprietates uniuersis affectibus praestat, haec parentum, coniugum 1 1 1
religione, non culpa; qui deum metuit, non naturam. uultis scire, cuius proprietatis sit? omnes timores, quoscumque inuaserint, incremento 2 2 7
maxime cum eius natura sit talis, ut numquam moretur in propriis, sed in publicum tota diffusa sit, diffamationibus uigeat, huc atque 1 4 11
iniustitiam sapientiae uocabulis infamantes. quae si ad sua corrigas propriisque sedibus reddas, inuenies iniustitiae magis stultitiam, iustitiae 2 1 4
limo terrae hominem figurauit eique animam, qua spiramus, infudit e proprio fonte spiritus sui. cui ab humo 'homo' nomen imposuit, credo, 2 4 4
consummatio. scaporum nomina duo testamenta. scala autem proprio nomine crux uocatur, quia per ipsam dominus Iesus Christus 1 37 15

seminat inlicitos heredes crimenque noscens nominibus pietatis excusat. proprios aut negat aut denudat affectu. nihil prorsus existimat turpe nec 1 1 7
confitetur sexum, confitetur adgressurae tempus et locum et nomen proprium confitetur discessumque, uel qui sit signis euidentibus docet, ut 1 2 6
sciens, quid deo principaliter debeatur, nihil sibi ipsa concilians, nihil proprium derelinquens, nisi quod fideliter sine ulla iactantia eius fungitur 2 1 11
obiurgabat incredulos et quae essent futura, priusquam fierent, admonebat. proprium enim dei est scire transacta et nosse uentura. *filios*, inquit, *genui* 1 61 5
eligendum quid sit, non potest nosci aut comprehendi, quia non erit nec proprium nec firmum, quod habet statum semper incertum, quippe cum 2 3 7
habentur. potiuntur eorum Romani regno. nihil, ut arbitror, illis restitit proprium, nisi quod agno salutari neglecto ingrati uiles agnos cum 2 17
dereliquerunt, altaria eius euerterunt: cui sacrificant? sane hoc solum proprium retinent, quod, ut uilem libidinem magis ac magis augeant, 1 51
pusillum uobis certamen cum hominibus, quoniam deus praestat agonem. propter hoc dabit deus uobis signum: ecce uirgo in utero accipiet et pariet 2 8 7
confirmat in scala rectissime positum, quia historia totius scripturae et propter ipsum et auctorem per ipsum impleta est. denique sic ad discipulos 1 37 8
nos uero, fratres, quos non ingeniosa suspicio, sed deus magister instruxit, propter nos in semet ipso probando quod docuit, uiuere animas 1 2 5
quia peccatum non habet solus, *salutaris*, quia mortem mutauit in uitam; propter nos qui est occisus et uiuit, sepultus et resurrexit, homo aestimatus 1 46a 2
quem scriptura designabat *ex ouibus et haedis*: *ex haedis* utique propter peccatricis indumentum carnis, *ex ouibus* propter spiritum 1 46a 2
ipsum alienis ignibus caelum. illo praecipitantur insontes ibidemque propter quem praecipitantur inueniunt. denique excipiuntur non flamma, 2 22
suum fudit in terram, hoc est dei mandata neglexit et idolis profudit. propter quod a deo similiter etiam ipse praesentem sententiam damnationis 1 13 6
se posse scire secretum, qui sui corporis nescit arcanum? quare, fratres, propter quod facti et nati sumus, timeamus, amemus et honorificemus 1 56 3
saluo reo punitur reatus in reo integroque statu moritur in homine propter quod homo fuerat moriturus. inde est, quod nostra non habet 2 24 2
saluo reo punitur reatus in reo integroque statu moritur in homine propter quod homo fuerat moriturus. inde est quod nostra non habet 1 42 1
seu dolore compulsae, si talia gerant, putant se aut imitari aut uindicari. propter quod in praeceptis dominus ait: *qui dimiserit uxorem suam excepta* 1 1 13
est, ut, si quid mali seu boni cuiquam fecerimus, deo fecisse uideamur; propter quod non inmerito Iohannes, peculiaris arcanorum domini 1 36 23
iura gustauit, ut homo per deum ius inmortalitatis reciperet, quod amisit. propter quod Paulus beatissimus ait: *nolumus autem ignorare uos, fratres,* 1 2 12
sagittis armatus, totius humani generis omni momento corda destringens; propter quod sic Paulus apostolus ait: *induite uos armaturam dei, ut* 1 38 6
generatus sit, qui processit, dementis est opinari. namque temperat se propter rerum naturam filius, ne exsertae maiestatis dominum non possit 1 56 2
haedis: *ex haedis* utique propter peccatricis indumentum carnis, *ex ouibus* propter spiritum maiestatis. qui *primitiuus* est dictus, quia praeter patrem 1 46a 2
filiique Zebedaei cum domino adstare fulgentes Moysen Eliamque, quos propter tunc impedimentum carnis uidere non possent, libertate spiritus 1 2 9
frangat affectum, quod eius secretum figuramque nescitis; quam si propterea contemnitis, quia non uidetis, deum quoque, qui est inuisibilis, 2 4 17
est iustitiae contrarium. *iustus autem ab omni peccato se abstinet*, quod propterea facit, quia *praui* bonique *notitiam* gerit, quod est utique 2 1 10
ceterum si scire potuissent ueram iustitiam, cuius est inmortalitas merces, propterea simulatae stultitiae uelamine adopertam, ut res magna magnis 2 1 4
uitae nostrae immobile fundamentum, inuictum aduersus diaboli impetus propugnaculum pariter ac telum, animae nostrae inpenetrabilis lorica, legis 1 36 4
funes, gemunt cedentibus uelis antennae, retunsa undique iter non inuenit prora. trepidant nautae, festinant in cassum iactura uasorum nauem leuare 1 34 5
quantum datur intelligi, fratres, nauis typus est synagogae: eius proretam sacerdotale corpus accipimus, nautas scribas et pharisaeos, 1 34 7
errare curriculo menstruali, solemnes suae ignes aetatis quod numquam prorogat inportune nec derogat, quid aliud intelligi datur quam sui opificis 1 4 5
eo tempore partus profertur, quo calor genitalia iam relinquebat. mira prorsus, carissimi, et speranda saeculis post futuris diuinae ordinationis 1 59 3
deo refundere, quod nati sumus, solique debere, quod uiuimus, nihilque prorsus cordis nostri in penetralibus retinere, quod alieno iuri seruemus. at 1 36 21
tristitudine totque induat uultus, quot animi fuerint motus, nullusque prorsus dies, quo iugiter sibi similis esse uideatur? cum haec aliter non 1 27 2
nominibus pietatis excusat. proprios aut negat aut denudat affectu. nihil prorsus existimat turpe nec pati nec facere, dummodo in effectu conata 1 1 7
eoque quod non est facere quod est, naturam creare extra naturam, nihil prorsus habere difficile solumque ei hoc deesse quod nolit esse; haec est 1 2 16
exhauris futurique haustus quasi quasdam primitias auspicaris, totum prorsus iniquitatis spiritum libens concipis per maritum: infelix, iam plus 2 7 17
passim furore insatiabili turpes praecipitantur in quaestus, nec quisquam prorsus inueniri potest, qui ei saltem uel uno momento iustitiae frenos 1 5 1
non tantum legitimum pascha celebrare non posse, sed religionis diuinae prorsus nihil retinere, paucis accipite. Salomonis templum, de quo 2 17
aut temptat aut decipit peiusque blanditur quam furit. occasionem ullam prorsus nocendi non praeterit. uultis scire, quod malum sit? in ipso fructu 1 36 26
seruiens? itaque deinceps fuge, uirgo, fuge, uidua, nuptias tales. excusatio prorsus nulla competit tibi. si continens esse non poteris, saltem noli tuas 2 7 18
in quauis condicione non dubia, soli sibi deuota, semper bene conscia, prorsus nulli rei subiecta, unum tantummodo metuens, ne <non> sit 1 1 1
perennis connubii fideli propagine benigna caritas illigasset. nihil est prorsus, quod sine hac gratum, sine hac pacificum, sine hac fidele, sine hac 1 36 16
an recurrat, ambiguum est, cuius praeteritum restat, ut redeat. mira prorsus ratio! innumerabilium saeculorum diuersa mensura conterendo 1 26
nec disci quicquam poterit nec doceri. nam profecto sola est, ad quam prorsus res omnis spectet, dubium quippe cum non sit spem, fidem, 1 4 1
lubrica utilitate perueniens. desiderat facere quod timeat publicari. totum prorsus temptat, ut sibi uindicet totum. nouum prodigii genus est: odit 1 1 9
diffusa sit, diffamationibus uigeat, huc atque illuc aestuans uarie caeca prorumpat, uicta sit autem, si dissimulatio celebritatem eius obscuret. nunc 1 4 11
inuitis feminis saepe uiolenta esse consueuit. at ubi in destinata prorumpens neque blandimenta neque promissa sibimet prodesse cognoscit, 1 1 16
nam salutem ab incunabulis mundi mors ut iugularet ac iugulet, ab ipsa prorupit. denique Adam in arce cum esset adhuc paradisi constitutus 1 4 7
qui nascimur de tanto coniugio, omnifarie niti debemus, quemadmodum prosapiae nostrae nobilitatem non relatione tantum, sed etiam fide 1 1 3
primum est, nemo eget, nemo inuidet, nemo furatur, nemo rapit, nemo proscribit, nemo iugulat, moritur nemo; omnes felices, omnes unanimes, 1 5 18
rapinae, lites ac bella. cotidie mugitibus alienis quaeritur lucrum et proscriptio industria uocitatur et appetitio rei alienae sub praetextu 2 1 17
quae sunt tarditate periculosae, nullo puerum maternorum uiscerum prosecutae sunt damno. nulla adhibita rudi fetae sueto more fomenta; 1 54 4
deum filium non habere. quibus omnibus exempla uel ratio, quam prosecuturi sumus, argumentationis totius uno ictu omnes neruos 2 8 2
in tribulatione tua et eripiam te dicendo ostendit, quoniam per se omnia prosecutus est. *et magnificabis me*; quod dictum, fratres, non sic debetis 1 25 8
ancipitisque uitae sunt necessario discutienda secreta, apostolo utrumque prosequente, nam *qui sine lege*, inquit, *peccauerunt, sine lege peribunt. at* 1 35 7
diuinorum seminum messem caelestibus horreis inferatis. et admonet prosequentibus Geminis, id est duobus salutare canentibus testamentis, ut 1 38 4
in frumenti uarias moles spiceam feliciter contundens palmam. quam prosequitur congrue *mustulentus autumnus*, ut necessario gratiae panis 1 33 1
et a quo scire debemus, nisi ab ipso domino, qui suum dictum prosequitur dicens: *hoc est autem iudicium, quia lux uenit in hunc* 1 35 4
sedes tua, deus ex tunc et a saeculis tu es. ubi hominem mixtum, sic prosequitur: *dicite filiae Sion: ecce rex tuus uenit tibi iustus et saluans,* 2 5 2
non poena. o felix supplicium, quod incolumitate superante inmortalitas prosequitur et corona. 2 22
ingens supplicium aliquotiens ingentior prosequitur gloria, maxime diuinis in rebus, in quibus felices obnixa 1 31
quos perditos cupiunt, magis proficiat ad dei timorem et ipsis nihil prosit ad utilitatem? sane recte hoc facere existimarentur, si sub praetextu 1 2 7
sacrificium deo cor contribulatum. quapropter, fratres, *efferendum non est* prosperis *rebus, sed* timore *dei intra mansuetudinis* metas uerecundiae 2 9 3
in oratione non flecteris, non manus tendis, tumidum monilibus pectus prosternere dedignaris. sane ceruicem curuas non religione, sed pondere, 1 14 6
ire per singula. ecce peremptorius aliqui morbus totam machinam lecto prosternit, ecce tempestas undique mortis incumbit. nonne statim illa, quae 2 4 16
demonstrantem, post multa adulteria spectaculo totius mundi quoque prostituit. non opus est ire per singula; quamuis et haec non fuerint dictu 1 1 11
et tunc Abraham *respiciens oculis uidit <uiros> tres, cucurrit, adorat* prostratus in faciem, offert hospitium. *refrigerate*, inquit, *sub ista arbore* 1 62 1
sine legitimo ac deuoto cultore nec sufficientia nec necessaria honori suo protestatur deus, hactenus dicens: *caelum mihi thronus et terra* 2 6 3
fugiatis, quae est incurabilis Cancer. Leo autem noster, sicut Genesis protestatur, *leonis* est *catulus*, cuius ista pia sacramenta celebramus, qui ad 1 38 4
est apud deum. ob quam causam idem deus per prophetam hactenus protestatur: *non glorietur sapiens in sua sapientia neque glorietur fortis in* 2 1 5
sed uide, ne aestimes falsum, quod eis cessit incendium. ueritatem ratio protestatur. qui nunc in se credentes *baptizat spiritu sancto et igni*, ipse 2 27
extrema libido senilis exarserat, sed quod infamauerat diabolus et quod protexerat uirtus et ornabat pudor inlaesus. tunc in puero sancto Daniele 1 40 2
inplere sacrificium, ne mora faciat peccatum. necessaria sacramentis protinus praeparantur, ascenditur in montem. omni mysterio sacrificioque 1 43 4
quemadmodum etenim ille princeps iniquitatis suo semine per inuidiam protoplastos ex angelis in homines deriuauit, ita dominus omnes in se 1 2 26
quod sabbatum ruperit, quod eorum traditiones abiecerit. Thamar protulit monile, anulum, uirgam seque liberauit sacramento numeri ab 1 13 13
<quid> fuit, antequam renatus sit; beatissimus, qui infantiam suam prouectu temporis non mutauerit. 2 29 3
animalibus ueros homines factos, ex hominibus in angelos transituros, si prouectus aetatis eorum infantiam non mutauerit. 2 10 2
sequaces fructus adridunt, quos solis ardores, pluuiae uentique exercendo prouehunt ad maturitatemque perducunt. at ubi uindemiae uenerit tempus, 2 11 3
est, donans matri quod natus. quae principaliter stupet talem sibi filium prouenisse, qui ex se natus non crederetur, nisi, sicut fuit uirgo incorrupta 2 12 2
exsultemus, fratres in Christo, tantique prouentus redditu ditati deo patri omnipotenti laudes et gratias referamus. 1 41 1
domini, donec ueniat. aperies os piscis: hoc est sacramentum uel quae in prouerbiis locutus sum non intellegentibus explanabis. denique hoc alibi 1 37 6
praestas, ut habeat totum sui contenta, cum sustinet totum. tu prophetas prouexisti. tu Christo apostolos glutinasti. tu cotidiana martyrum et mater 1 4 22
eruditione uel freno. est enim matura semper, humilis, cauta, prudens, prouida, omni necessitate contenta, quauis turbationum tempestate 1 4 2
inde perduxit uulneraque detestabilis mentis curanda lacte cum melle prouidendo commonuit; nam infirmibus ac languidis mannae teneritudinem 1 18 2
sentit, quod sapit, quod cogitat, quod mouet, quod mouetur, quod mira prouidentia chaos ipsum ut chaos non esset effecit, quod eius membra 1 7 2
orationis iste locus nouus et populus cotidie Christi dei et domini nostri prouidentia comparatur. hic labor noster illustris, haec gloria omnium 2 6 11
sepultus, ut sepulcri nido uiuificatus resurrectionis iura gustaret. o magna prouidentia dei nostri! o bonae matris caritas pura! diuersos genere, sexu, 2 29 2
esse translatus? quid, quod Noe incircumcisus saeuiente diluuio diuina prouidentia humano generi *heres* et pater *est constitutus*? quid, quod 1 3 5
mentem, non uideo, quid illi praestiterit. o liberatoris nostri profunda prouidentia! o praestantia singularis! o dulcis sententia! o damnatio 2 24 3
quae et honorem praestat et praemium. o liberatoris nostri profunda prouidentia! o praestantia singularis! o dulcis sententia! o damnatio 1 42 2
ultra quam solet septenario pabulo ignis armatus est. credo diuina prouidentia sacramento trinitatis spiritalem quoque numerum conuenire. 1 22 2
illi nullae inerant naues, nulla transfretandi praesidia, cum subito diuina prouidentia scinditur mare, aquae dextra laeuaque gelido stupore frenatae 1 29 2
arcanum euidenti ratione quasi quadam claui aperire conabor, ut et prouidentiam dei et uim consociationis carnis et animae et hominis 2 4 3
decurreret uitae. uidetisne iam manifeste in homine suscipiendo fuisse prouidentiam, in passione sacramentum, in resurrectione summum bonum? 2 4 7
uoluntatem, sine qua ei nec legitime seruire poterit nec placere. ceterum prouidentis dei de deo argumentationibus uanis opinari uelle dispositum 1 54 1
auaritiam pietate condis; solius dei potestas est futurorum commodis prouidere. 2 1 21

incolumes ac beatos. stulta autem res est illis te uelle uitae substantiam	prouidere, quibus nec natiuitatem dederis nec animas inspiraueris nec	2 1 21
consimilis filii quoque est ex diuina uoluntate securitas. qui cum hostiam	prouidet, cuius loco electus fuerat, requirebat. sed traduntur tenerae adhuc	1 59 6
in Christo renouasti. tu sacram crucem in salutem perdito iam mundo	prouidisti. tu mortem deum mori docendo uacuasti. tuum est, quod, cum	1 36 29
tantum rediuiua fecunditas reponebat. quapropter si pater bonus, si	prouidus, si utilis esse desideras, sicut ille Abraham, deum plus debes	2 1 21
offerens iudici moram suam uoluntarie praeiudiciis excusauit. cui cum	prouinciae rector pristinae eius fugae ueniam sub pactione promitteret, si	1 39 5
pestifera flamma repleuerit. sed haec non ad uos, fratres, quorum largitas	prouinciis omnibus nota est, quorum pia semina totius quodam modo orbis	1 14 8
est in natura; sed cum fuerit peritissimi agricolae artificis manu necessaria	prouisione truncatus, nobilitate alieni seminis grauidatur nutriturque ab eo	1 2 27
cetera. quid hinc scandalum pateris, Christiane, ex tuaque natura opinaris	prouisionis piae diuina mysteria? si minus sentis de filio, quia regnum	2 5 5
palmamque propositam quanto amore, qua deuotione festinet. si quis eam	prouocat in iudicium, ut eius auferat tunicam, libens illi pallium quoque	2 1 13
<...> non enim praecepto uirginitas	prouocatur, sed nec continentia relicta repellitur. ad cuius fidem, carissimi,	1 59 1
qui eas genuit uel cotidie generat, adhuc potest generare. e diuerso	prouocatus rursus eas pro ingeniorum argumentorumque uiribus	2 3 7
habent tamen. sin uero ad uiduitatis sudorem gloriosum palmamque	prouocauero, nobis fortassis insultent, quia nostrae sacrae uirgines	2 7 11
reseruat examini, ut ponderatis damnis rebusque seruatis sententia in eum,	prout debitor exstiterit, iure possit expromi. ita erit, ut iustis corona,	1 35 8
non miseranda paupertas, non dei contemplatio: ecce enim his omnibus,	prout potest, uariis artibus aut adulatur aut nocet, si quid habuerint,	1 14 2
sustinet; caritas numquam excidet. igitur non inmerito dominus deus	proximi dilectionem commendat, quoniam solam praesumit seruare posse	1 36 20
ueri sunt patres. huius est munus, quod alii ut nos aut plus quam nos	proximi uel amici sunt nobis. huius est munus, quod diligimus seruos ut	1 36 14
commutatione quod eius est fit pro partibus nostris. sequens est, ut etiam	proximos eo affectu, quo nos ipsos diligimus, diligamus, maxime cum	1 36 22
deminuerunt ueritates a filiis hominum. uana locuti sunt unusquisque ad	*proximum suum; labia dolosa; in corde locuti sunt mala.* disperdat deus	2 9 2
tota anima tua et ex tota uirtute tua; et secundum simile huic: diliges	*proximum tuum tamquam te ipsum. in his duobus praeceptis pendet omnis*	1 36 17
freno *cohibendum*, ut possimus merito mereri, scriptura quod dicit:	*proximus est deus contribulatis corde et humiles spiritu saluabit.* sed et	2 9 3
quis inter uos uidetur sapiens esse in hoc saeculo, stultus fiat, ut sit	*prudens; nam huius mundi sapientia stultitia est apud deum.* ob quam	2 1 5
posse sine eruditione uel freno. est enim matura semper, humilis, cauta,	prudens, prouida, omni necessitate contenta, quauis turbationum	1 4 2
deus noster et non deputabitur deus alius absque ipso. qui adinuenit uiam	*prudentiae et reuelauit eam Iacob puero suo et Israel dilecto sibi.* post	2 8 6
instituta, postulabat ad tempus nouellae profecisse, inscriptio ipsa tituli	psalmi lecti declarat; sic enim se habet: *in finem pro his qui immutabuntur.*	2 11 1
in Genesi: *et fecit deus hominem ad imaginem et similitudinem dei*, et in	Psalmis: *deus autem rex noster ante saecula operatus est salutem in medio*	2 5 2
peccatoribus uniuersisque incredulis gentibus perenni destinat poenae, in	Psalmis spiritu sancto dicente: *ideo non resurgunt impii in iudicio neque*	1 2 23
uos. quae autem sint ista opera manus humanae, spiritus sanctus in	Psalmo nonagesimo quinto declarat dicens: *omnes dii gentium daemonia;*	1 25 5
uita quis secum aut coronam portat aut poenam. quam rationem Dauid in	Psalmo primo his uerbis expressit: *non resurgunt*, inquit, *impii in iudicio*	1 35 3
intelligunt aut dictorum minime rationes inquirunt. igitur in praesenti	Psalmo propheta cum dicat: *misericordiam et iudicium cantabo tibi,*	1 35 1
passionis domini annuntiabat, sicut euidens declarat exemplum, quod	Psalmorum in libro sic habetur: *uirga tua et baculus tuus ipsa me*	1 13 10
quam mori, deus Iudaicum populum luxuriae aestu exuberante corruptum	publica increpatione confutat. caelum terramque testes citat, ut exaggeret	1 20
indicat carmen, Iudaico populo irascitur deus eumque, ne forte paeniteat,	publica obiurgatione confutat. humana sentienti nundinari deterius quam	1 30
accusator acerrimus linguae exserit gladium, cum suis sibi ministris	publicae leges insaniunt; stimulis acuitur feritas in ferocitatem et tamen	2 2 6
fuerit, fides uocatur! o quam non uera, si *factionibus pollet*! o quam	publicana, cuius fabulantur etiam profani secreta! o quam praesumpta,	2 3 10
rem familiarem tuendam committunt amore non fidei, sed libidinis, qui	publicanas mulieres cum ui subiciunt sibi uiliores se esse quam illae sunt	1 25 11
Iudaei fuerant credituri, domino dicente: *amen, amen dico uobis, quia*	*publicani et meretrices praecedunt uos in regnum dei.* haedum ei promittit,	1 13 9
ueneno serpentis, et, quod omni est maius insania, deo se laudat.	publicanus autem non membratim deum, sed totus exorat, quia timore	2 9 9
duo homines propheticum carmen suis actibus exponentes, pharisaeus et	publicanus dei stantes in templo. pharisaeus insulse manus tendit in	2 9 8
etenim res est, quam habere falsum est gaudium, certissimum periculum	publicare. sed non opus est ire per singula, cum uno exemplo noscantur	1 14 4
numquam lubrica utilitate perueniens. desiderat facere quod timeat	publicari. totum prorsus temptat, ut sibi uindicet totum. nouum prodigii	1 1 9
qui possunt numerare supplicia, et in uno corpore quantum diabolus	publicatus est furere, tantum agnoscatur dominus triumphasse. sed durat	1 39 9
esset, quod se fieri uoluisset, tam figura quam oraculis frequentibus	publicauit. igitur 'dei filius' ad ineffabilem originem pertinet, 'hominis' ad	2 4 3
age nunc, eius aemulae rabiem breuiter etiam ex ratione nominum	publicemus, ut quid appetendum quidue fugiendum sit facillime possit	1 1 6
insanus, quisquis nuptias dissuaserit. at ego non pertimescam, sermonis	publici quae de me fabuletur inuidia; non enim nuptias condemno, sed	2 7 2
scire, quantis sit tenebris obuolutus? irascitur deo, si non semper fiat	publicis luctibus diues. bene, bene: cum quis quaerit aurum, inuenit	1 5 14
uenerandam se procurat in templis, hilarem in theatris, inportunam in	publicis, opportunam in quibuscumque secretis. lasciua, non linguis non	1 1 9
pro sacrosancto habes sicut idolum, te per momenta componis, diues in	publico, ditior in secreto, nec intelligis, quia homini inopia morienti tantis	2 1 19
si non confusione, uel errore fiunt una. quid, quod illius sacrificium	publicum est, tuum secretum? illius a quouis libere tractari potest, tuum	2 7 14
occasio, se tamquam arbitrum timet omneque secretum plus quam	publicum reueretur. pestiferas odit blanditias carnis inimicae et quicquid	1 1 2
toto mundo funereum fecerat rogum. scatebat per tecta culminum	publicum scelus nec fuerat locus, in quo non erat pro religione	1 39 2
maxime cum eius natura sit talis, ut numquam moretur in propriis, sed in	publicum tota diffusa sit, diffamationibus uigeat, huc atque illuc aestuans	1 4 11
nisi quod fideliter sine ulla iactantia eius fungitur uoluntate. est autem in	publicum tota prominens atque diffusa, sic tamen, ut sentiri se cupiat	2 1 12
per innocentiam pudor. sicque Susannam, quam inpudicitia mentiente in	publicum traxerant, probatam et uindicatam ad mariti thalamos cum	1 1 19
uno desiderio omnes excolunt populi, dubium non est, quia aut hostis	publicus aut certe iudicatur insanus, quisquis nuptias dissuaserit. at ego	2 7 1
prope sanis, quasi, quae uere exsecranda sint, iam correcta sint crimina.	pudet me dicere in populo graui anus saepe uideri nouas nuptas, quarum	2 7 10
pugna, ubi sub crebrescentibus morbis ipsa necessitate etiam inpudicorum	pudica fiunt membra. age nunc, eius aemulae rabiem breuiter etiam ex	1 1 5
inuiolabili deseruit deo? nam si *ecclesia* ideo *Christi sponsa* est, quia	*pudica*, ideo iugo thalami caelestis honorata, quia etiam post nuptias	1 1 3
disciplina coercet, continentia [se] refrenat. stat in angusto fides, in secreto	pudicitia, in primo innocentia, aequitas in medio, in fine patientia. pax	2 6 9
ingenti triumpho uictrix pudicitia reportauit. sed o quantum es miranda,	pudicitia, quae aliter laudari te non uis quam ut custodiaris, solo bonae	1 1 20
probatam et uindicatam ad mariti thalamos cum ingenti triumpho uictrix	pudicitia reportauit. sed o quantum es miranda, pudicitia, quae aliter	1 1 19
praua deiecerat illustris conscientiae integritas erigebat. sufficit ergo	pudicitiae conscientia; testis est deus. non respexit castitas, quid falsi	1 40 2
iustus, quia cum illo est deus. inde Susanna illustris Hebraea, uerae decus	pudicitiae, docuit feminas suae castitatis exemplo. stabat Susanna in iudicio	1 40 1
seruare per quod et ipse serueris. postremo aequiparatur laus uestra laudi	pudicitiae; illa enim uobis exhibet sanctitatem, uos ei amorem. per hanc	1 1 4
fratres, se adserere conatur Antichristus similiter pudicum, uti fallat.	pudicitiae nominis sonum post se trahit, sed quos fructus habeat, eius	1 1 6
ueste sibi uiolenter extorta ex impudicitiae fouea nudus aufugit. sed	pudicitiae splendore uestitus post calumniosam damnationem et liberatus a	1 1 16
inaffectatae formae pulchrius suae pulchritudinis ornamentum, insigne	pudicitiae testimonium, *e senioribus duo*, sed uno incensi prodigio, secus	1 1 17
est quod geritur quam quod dicitur, ut et impudicitiae malum et bonum	pudicitiae uno eodemque suggestu facillime possit agnosci. Ioseph,	1 1 15
prorsus temptat, ut sibi uindicet totum. nouum prodigii genus est: odit	pudicitiam et tamen hoc cupit uideri, quod illa est. interea miris excolit	1 1 9
assertio; deum enim patrem uos et habere et possidere monstratis, cum	pudicitiam, in qua deus habitat, non dicam diligitis, sed luculentis moribus	1 1 4
	pudicitiam qui colit, quantae nobilitatis sit, facillime cognoscit; est etenim	1 1 1
posuit; haec nomina pietatis nonnumquam concubitu prodigioso deleuit,	pudicos equidem persequens, sed impudicos tantum congruenter occidens;	1 1 8
Christi nominis, fratres, se adserere conatur Antichristus similiter	pudicum, uti fallat. pudicitiae nominis sonum post se trahit, sed quos	1 1 6
caelo egressus metatura praedicta sacrario templi uirginalis hospes	pudicus inlabitur ibidemque qualis uelit esse disponit. immo quod iam olim	2 12 1
at illa non Eua, ancipiti quidem metu contemplatione praeclusa, cuius aut	pudor esset iugulandus aut anima, conscientiae suae conscium solum	1 1 18
sed quod infamauerat diabolus et quod protexerat uirtus et ornabat	pudor inlaesus. tunc in puero sancto Daniele spiritus sanctus ingressus ait,	1 40 2
recluditur, sed scelus suos redit in auctores purgaturque per innocentiam	pudor. sicque Susannam, quam inpudicitia mentiente in publicum	1 1 19
infeliciter quasi liberam facultatem ac sic eorum quoque feminas a	pudore diuellit, quae desertae, ardore seu dolore compulsae, si talia gerant,	1 1 13
in furorem, non sexui parcens, non aetati, non pietati, non sibi, quia	pudorem alienum qui appetit primo suum perdit. pure non nox illi diesque	1 1 6
effectu conata succedant. uerum tamen in ipso fructu suo, quo expugnati	pudoris alieni labe gaudere consueuit, semper infelix est. denique post	1 1 7
dimissis capitibus omne studium defensionis abiecerant, iam etiam ipsa	pudoris compendio mortis oderat moras, omnibus displicens, sed solae suae	1 1 19
igitur ne cognoscatur, faciem uelamine obscurat: necessario, quia adsertor	pudoris eius nondum uenerat Christus. non cognoscitur a socero: ad	1 13 9
polleret. itaque in statu, quo nata es, permanens, uirgo, gloriare sanctique	pudoris florem nulli legi subiecta fidei thesaurum custodi. esto sancta et	2 7 4
damnarent, non denique qualiter diabolus infamaret, qui non potuit	pudoris fundamenta subuertere. ibat ad supplicium non adulterum corpus,	1 40 2
qua fuerat transiturus. at ille uisam mulierem fornicariam putat, quae	pudoris integritatem faciem uelando monstrabat. interpellat eam, poscit	1 13 2
caelestibus inuenimus. non sanguinem sterili solemnitate dimittimus, sed	pudoris sanguinem retinemus, quem ambitiose plerumque effundimus, cum	1 3 21
denique rex iure secundus factus est regni, qui insignis rex erat iam ante	pudoris. Susannam quoque, columen matronatus, inaffectatae formae	1 1 16
preces. tu es sacrificium deo carum, tu legitimum dei templum, sacrarium	pudoris. te corruptio intrare non nouit. per te saeculum uincitur,	1 1 21
dubio cornu primo quasi de cunis apparet paulatimque crescendo iam	puella, iam uirgo pro cotidianae aetatis incremento progrediens lasciui	1 2 19
uideatur, immittuntur etiam marina monstra; laciniis omnibus spoliatur	puella, uestitur incendio. inter tot instrumenta mortis spectatore metuente	2 2 6
nomen eius Emmanuel. butyrum et mel manducabit, priusquam cognoscat	*puer bonum aut malum.* quod signum ex prodromi quoque eius	2 8 7
dominus postulasset, et quid ipse domino promisisset ostendit. laetatus est	puer patre fideli ipse quoque fidelior, nec recusabat mortem, quam deus	1 43 5
desinit. marcidae mammae lactis ubertatem ostendunt et de ieiuna aetate	puer robustior saginatur. nihil difficile est fidei, quae tantum habet,	1 62 2
cessabunt; tolle spem, et interempta sunt omnia. quid facit ad litteratorem	puer, si litterarum non speret fructum? quid ratem profundo gurgiti nauta	1 36 3
sui, cuius formam fuerat subiturus et creaturam, ut angelus, homo,	puer, sponsus, gigas, crucifixus, sepultus, *primogenitus a mortuis* diceretur,	2 8 8
non potest. praestiteras, mater, cum sterilis esses: ad gladium nascitur	puer. talem casum nemo doluit, nec quae genuerat mater. nemo plangit	1 62 4
pectus fidei militabat; non pallescit uultus, non contremuit manus. quaerit	puer, ubi sit uictima. quae mox, ita ne percuteretur tenera aetas,	1 62 4
perpeti diligentia custodite, quia nescit iterare quod praestat. ecce	pueri, adolescentes, iuuenes, senes utriusque sexus, qui eratis rei, eratis et	1 38 1

perfecta fides quique illi fuerit cruciatus sua complicat uota. denique tres pueri in illo sacro certamine prae oculis deum sibi proposuere, non 1 11
maris fluctus insanos tutior piscis aluo quam alueo nauis nec tres pueri, quo ardere putabantur incendio, de suis incensoribus uindicati, sed 2 18 1
exsultate, iuuenes: uos estis lapidibus adamantinis meliores. exsultate, pueri, sacrae turris dulces ac sine pretio margaritae. felicia, exsultate, 2 6 10
Christiane, et deum fortiter time, diaboli si uis incendia non timere. ecce pueri sacramento muniti tres numero, sed una uirtute, anhelantibus 2 15
Christiane, omnique uirtutum exemplo famigerabilem. Hebraei uere tres pueri senum constantia maiores, iuuenum uirtute fortiores, sibi pares, 1 53 1
uinumque pretiosum uobis ex usibus suis sua de mensa largitur. tres pueri unanimes legumina inferunt primi, quibus, ut scitus sit sapor, salem 1 24 2
tribuitur, quia temporalis ac fragilis esse cognoscitur. ideo lineamento puerili depingitur, quia eius lasciua lubricitas nec annis senilibus 1 36 25
ipsum et in ipso sunt omnia. nec uos moueat, fratres, saecularis ac uere puerilis inconsideratorum hominum disputatio, qui ideo iustum patiuntur 2 8 9
laboratis, ne, dum aliquid postulat, erubescat. beata cum adludit in pueris, beatior cum <in> adolescentibus lapsus feliciter timet, beatissima 1 1 5
ipse quoque ignis horruerit. nam a barbaro rege nimia crudelitate tribus pueris consulente fornacis ultra quam solet septenario pabulo ignis armatus 1 22 1
omnique saecularis somni torpore discusso, apertis auribus cordis a pueris disce uirtutem. sed uide, ne aestimes falsum, quod eis cessit 2 27
deuotione dominica in unam concordiam conuenere. namque tribus in pueris fides puniri non timuit. inmissis camino ignis exaestuans detulit, ut 1 48
haec in Maccabaeicae germanitatis exercitu sola uicit; haec in tribus pueris ignes amoenos effecit; haec mare pedibus ambulari posse in Petro 1 36 8
unus triumphus exsultat. melioratur uita supplicio. rex non inuiderat pueris, si non eos praecepisset ardere. 2 27
subito, quauis uersutia qui fallitur numquam, confestim adest in Daniele puero deus. omnem repente malitiae scenam diripuit, †profectitium† 1 1 19
diabolus et quod protexerat uirtus et ornabat pudor inlaesus. tunc in puero sancto Daniele spiritus sanctus ingressus ait, cum illa ad supplicium 1 40 2
momenta; illa ante octauum uel post octauum diem nec ipsi morienti puero subuenit, haec a cunis ipsis infantiae usque ad supremos exitus 1 3 23
alius absque ipso. qui adinuenit uiam prudentiae et reuelauit eam Iacob puero suo et Israel dilecto sibi. post haec in terris uisus est et cum 2 8 6
trium puerorum martyrium qui credit interritus, potest etiam ipse adipisci 1 22 1
suam religionem custodiunt potius quam salutem. igitur cum audio tres pueros incensos, prius uehementer horresco, mox deinde eorum particeps 1 31
rigat, ne pater dubitasse uideretur, si flesset. deuotus sic stricto uultu puerum ducit ad aram, stringit gladium medium, pectus fidei militabat; 1 62 4
mundaturus. denique purgationes, quae sunt tarditate periculosae, nullo puerum maternorum uiscerum prosecutae sunt damno. nulla adhibita rudi 1 54 4
animus, sed securior manus; elatus in immolandum gladius uibratur nec puerum mors uicina contristat, ne trepidatio fidem prodat infirmam. sub 1 59 7
in ecclesia remissa peccatorum ac resurrectionem carnis?' facile, fratres, pugna ista concordat statusque futuri qualitas aperitur, fides si inlibata 1 2 24
sicut assertorum indicant nomina (quae si auferas, nulla fortassis est pugna), multos esse tractatus, multas etiam fides et quidem nouellas et litis 2 3 7
edicat mihi, perniciosa ista adinuentio tractatus sui quo proficit pugna. 'ne fides, inquit, intereat, cum male aut creditur aut docetur.' quod 2 3 8
fidei uidere secreta, nusquam, frater, tua curiositas, nusquam tua proficit pugna, quia quem putas uel de tuis ipsis studiosis fidelissimum, hic 2 3 11
quid faciat inuitatus, cui omnes nocendi aditus reserati praestant sine pugna, sine ullo labore uictoriam. non enim conabitur in dicionem redigere 2 7 13
sui palmam senectutis cum rigore partitur; cessat enim concupiscentiae pugna, ubi sub crebrescentibus morbis ipsa necessitate etiam inpudicorum 1 1 5
martyr huius inopinati sacrilegii horrore percussus paululum distulit pugnam, iam debitus ad coronam. nam postquam turbari urbem funesta 1 39 3
lapidare conantur; aduersus dominum semper ingrati uariis molitionibus pugnant multisque diis ac regibus seruire gestiunt, qui uni deo per 1 4 10
uestimenta sua, non ut deo inuidiam faceret, sed ut expeditus cum hoste pugnaret. contempsit denique in perditis facultatibus diuitem, dissimulauit 1 15 5
quod fides sibi soli prodest, caritas omnibus; adde quod fides non gratis pugnat, caritas autem etiam ingratis conferre consueuit; adde quod fides 1 36 11
proelium. ultra morem diabolus pugnat, sed Iob dissimulando plus pugnat. ille eius magnum atque opulentissimum censum uno momento 1 4 18
dei possidere non possunt. accedit, quod circumcisio aduersus sabbatum pugnat, quod uiolandum ullo opere in toto non esse praeconat. etenim 1 3 3
uno momento iustitiae frenos inponat. inquieta semper exaestuat, saeuit, pugnat, rapit, congregat, seruat sui tenax, *appetens alieni*, non suo, non 1 5 2
nouum ac paene incredibile committitur proelium. ultra morem diabolus pugnat, sed Iob dissimulando plus pugnat. ille eius magnum atque 1 4 18
quoniam praemium quod spes habet fides meretur, quae quidem pro spe pugnat, sed sibi uincit. amplectenda est igitur, fratres, tenaciter nobis et 1 36 4
penetralia, gemat terra sub pondere argenti, auro ardens tota domus pugnet sua flamma cum sole honorumque exinanitus a te gradus non 1 5 10
possit agnosci. Ioseph, Hebraeus adolescens, clarus genere, clarior pulchritudine, morum quoque clarissimus probitate, fuit inter filios Iacob 1 1 15
an eius uirtutem diligis? frangit ac subigit illam quiuis dolor. an pulchritudinem? leuis et commutabilis res est et quae una febri uel qualibet 2 4 15
quoque, columen matronatus, inaffectatae formae pulchrius suae pulchritudinis ornamentum, insigne pudicitiae testimonium, *e senioribus* 1 1 17
ac uera scientia, daemonum terror, martyrum uirtus, ecclesiae pulchritudo uel murus, dei ministra, Christi amica, spiritus sancti conuiua. 1 36 4
naturae disquirere, qui uitae suae non possit reddere. non enim elementa pulchrius aut uerius uerbis humanis asseri possunt, quam a deo facta sunt 2 30 1
ante pudoris. Susannam quoque, columen matronatus, inaffectatae formae pulchrius suae pulchritudinis ornamentum, insigne pudicitiae testimonium, 1 1 17
et lapidas missos ad te, quotiens uolui colligere filios tuos sicut gallina pullos suos sub alas et noluisti? ecce remittetur uobis domus uestra; et 2 6 3
uigilias, post lactei fontis lauacro uitali in spem inmortalitatis animas pullulantes, ex quo qui eratis aetate diuersi, diuersi natione, subito germani 1 24 1
aliquo ictu exstincti subsidunt. nonne cadauer est uiuum? ecce tabidus pulmo pinguibus sputamentis exesus detestabili macie omnia gestatoris sui 2 4 15
uentis lacessitum, cum irascitur, quamuis reciproca uicissitudine nunc pulsantibus caelum, nunc requirentibus terram aestuantibus undique uitreis 1 4 5
simile dictum euangelicum illud consentanea potest argumentatione pulsari; scriptum est enim: *nemo ascendit in caelum, nisi qui de caelo* 2 4 2
fuerit ad diuini certaminis campum coeperintque sacri nominis telo pulsari, tunc, cum alium noueris, alium certe misereris: discoloratur per 1 2 6
repudiationem prophetarum omniumque sanctorum, quos synagoga pulsos Iudaei in damna salutis suae indignis caedibus mactauerunt. uenti 1 34 7
quod a sua substantia tollitur, quod mutatur, quod alieno mouetur pulsu, quod quid sit, quid fuerit, quid futurum sit, non potest aliquando 1 7 2
famosumque illud templum miserabili uastatione campis aequatum suo puluere iacet sepultum. sacerdotalis *cathedra pestilentiae* cultorum suorum 1 19 1
mutuaris paulo ante damnatum. ecce indulgenter excolis crinem; odorato puluere luctus puluerem mutas; in stibio fletus includis; ornamento ligas 2 7 8
crinium damno uelasti, scissis genis, liuore foedatis uberibus, sordido plus puluere tecta quam ueste? tu, inquam, non es, quae nunc caelum ipsum 2 7 7
ante damnatum. ecce indulgenter excolis crinem; odorato puluere luctus puluerem mutas; in stibio fletus includis; ornamento ligas quod suspendio 2 7 8
iacet. altaria dei eius subuersa manu cum suis sibi sacrificiis sparsa in puluerem uanuerunt. sacerdotalis *cathedra pestilentiae* suo nomine deleta 1 28 1
ingratus, in qua nec gladios possit timere nec fluctus. mira res! medio puluerulentus exsultat in profundo, qui circa se uideret feliciter triumphum 1 29 2
est antecedit. in omnibus nouus est et tamen in omnibus uetus est. punctis omnibus commutatur, non natura, sed numero. fit filius horarum, 1 16 1
instanti poenae aliquid de facultatibus notis mederi non posse, pro uno puncto requiei incunctanter tota, si liceat, paratus offerre. superstitibus 1 2 10
non es, quae nunc caelum ipsum ululatibus rumpens post talem maritum puncto temporis uiuere te non posse clamabas, nunc clusis dolore 2 7 7
leue crimen est eius, cum de eo ille queritur, qui mox eum poterat et punire. sed quia mors apud incredulos futurorum putatur poenae 1 47
eiusque in resurrectione aut praemio perfrui perenni aut consimili poena puniri. 2 4 18
publica obiurgatione confutat. humana sentienti nundinari deterius quam puniri. denique filios uocat, ut abdicatio timeatur; exaltatos, ut ruina 1 30
iudicis nostri, a quo uniuersi generis peccatores, ut possint beate uiuere, puniri festinant. descendit quippe gladius pius in uiscera peccatoris et uno 2 10 2
iudicis nostri, a quo uniuersi generis peccatores, ut possint beate uiuere, puniri festinant. mira ratio, mirum profecto mysterium! saluo reo punitur 1 42 1
dominica in unam concordiam conuenere. namque tribus in pueris fides puniri non timuit. inmissis camino ignis exaestuans detulit, ut eos unius 1 48
qui dominum nec agnoscere uoluerunt et sola crediderunt cogitatione puniri, quem nefarium fuerat etiam tardius adorari. ad cuius immanis ausi 1 59 8
exigit. quam si abesse ex moribus deprehenderit, confestim ut perfidum punit irata quem docuit nullamque aliam ob causam promulgatam se esse 2 3 3
uiuere, puniri festinant. mira ratio, mirum profecto mysterium! saluo reo punitur reatus in reo integroque statu moritur in homine propter quod 1 42 1
inde quod excluditur, reuertatur. mira ratio, mira beatitudo! saluo reo punitur reatus in reo integroque statu moritur in homine propter quod 2 24 2
regalibus monitis et creduli deuotique seruantur et increduli desertoresque puniuntur. hanc Esaias in modum forcipis uidit; quibus ad conflanda labia 1 37 2
oculus. tu pes claudorum. tu scutum fidelissimum uiduarum. tu melior pupillorum, plus quam uterque parens. tibi oculos numquam siccos esse 1 36 31
qui litibus fremunt, qui calumnias pariunt, qui pauperes, qui uiduas, qui pupillos exspoliant, qui profanis fabulis neglecta dei secta alios non bene 1 25 11
non coniugalis affectus, non cara germanitas, non ius amicitiae, non tener pupillus, non dura uiduitas, non miseranda paupertas, non dei 1 14 2
quis iocetur. non enim in ecclesia dei fucatus quaeritur sermo, sed ueritas pura, a qua longe omnes illi non immerito aberrauerunt, qui iustitiam dei 2 1 1
iura gustaret. o magna prouidentia dei nostri! o bonae matris caritas pura! diuersos genere, sexu, aetate, condicione suscipiens necat odio 2 29 2
fuerit necata baptismate, noua paterni sacro resurgit fontis ex gurgite iam pura, iam libera, iam a conuersatione mundi huius extranea, iam morte 1 2 25
tu in uirginibus felix, in uiduis fortis, in coniugiis fidelis, in sacerdotibus pura, in martyribus gloriosa, in angelis clara, in omnibus uero regina. tu 1 1 20
ad iugumque peruenerit, eius omnes crines luxuriosi falce tonduntur, pura materia tabulatis infertur, nodis adstringitur, ne a ligno, quo portatur 2 11 2
animus immolauerit domino; cetera autem nihil proderunt, si colentis pura mens non sit, in Ecclesiastico Salomone clamante: *dona iniquorum* 1 25 9
de populo suo. haec, fratres, sicut cauenda sunt nobis, ita quae bona, quae pura, quae simplicia, quae pia, quae sancta sunt, sicut facitis, amplectenda, 1 25 13
uoluptatis aut muneris, totum respuit praesumens totum se habere, si pura sit. neminem foede desiderat nec ulli similiter se desiderabilem 1 1 2
pietati, non sibi, quia pudorem alienum qui appetit primo suum perdit. pure non nox illi diesque succedit; semper enim caenosi gurgitis sui 1 1 6
baptismate spiritusque sancti uigore amputantur. plorat feliciter uitis purgata materia; de homine loto felicius manant doctrinae caelestis diuina 2 11 5
lolium, lappas, tribulos in laeta frumenta mutauit, quae diligenti cultu purgata molarisque lapidis pio pondere feliciter fracta, ordinabiliter creta, 1 41 1
necessario radicitus circumcisione diuellimus, ut diri seminis contagione purgati integri in ubertate paterni seminis maneamus. haec, inquam, non 1 3 22
humani generis peccata, sordes et maculas uenerat mundaturus. denique purgationes, quae sunt tarditate periculosae, nullo puerum maternorum 1 54 4
subiacet cordis, quod nisi uerae circumcisionis spiritali fuerit sacramento purgatum, in aeternum homo, de quo agitur, periturus est; caro enim 1 3 9
†profectitium† crimen propere recluditur, sed scelus suos redit in auctores purgaturque per innocentiam pudor. sicque Susannam, quam inpudicitia 1 1 19
sed sicut angeli erunt. magnum consequere beneficium, si deo uiuas puris moribus libera et hominis non sis ancilla. at tu, uidua, secundas cur 2 7 4
falsa componunt, sed caelestibus testimoniis multis, manifestis ac puris, ut docti probent, minus instructi sese confirment, rudes discant 2 18 2
caritas ligat, sollicitudo custodit, iustitia distribuit, pietas ministrat, puritas supplicat, spiritus postulat, spes promittit, sapientia domus domina 2 6 9
confessionem nominis Christi noscuntur esse conflati. etenim conflatio et puritatem designabat et unitatem; carbo enim uerbum dei est, ara lex, 1 37 3
amantium; quorum pro numero deo diurnas hostias offerebat. tanto autem puritatis ac fidei erat muro munitus, ut non auderet eum adtemptare 1 15 2
carni, numquam ulli subiaces legi. de uoluntate nasceris, sed bono puritatis uoluntatem ipsam paris, quia uoluntas fit uoluptas postmodum 1 1 20

dei, quae est in fide. definitio autem iussionis est caritas ex corde puro et conscientia bona ex fide simplici. igitur si dei seruus es, *stultas et* 2 3 17
uini pridiani exhalante foetore corrumpitur, sed caelesti prandio, honesto, puro, salubri atque perpetuo, quod, ut saturi semper ac felices esse possitis, 1 24 1
cum scriptum sit: *maledictus homo, qui spem habet in homine*? ergo ubi purum deum significat, sic dicit in Genesi: *et fecit deus hominem ad* 2 5 2
quem sumpsit, necessaria moderatione distinguit. si enim deum purum iugiter praedicaret, passionis resurrectionisque uacaret locus et nihil 2 5 1
fieret. qui resurgens ait: *omnia mihi tradita sunt a patre meo*. hic, qui purus de caelo descendit, carnatus ascendit in caelum. hic, inquam, de quo 2 5 4
agnosci, prodidit Esaias his uerbis: *audite itaque, domus Dauid: non pusillum uobis certamen cum hominibus, quoniam deus praestat agonem.* 2 8 7
agebant, nec fuit inter illos discrimen ullum nec quicquam suum ex bonis putabant, quae eis erant, sed erant illis omnia communia, sicut dies, sol, 2 1 18
insanos tutior piscis aluo quam alueo nauis nec tres pueri, quo ardere putabantur incendio, de suis incensoribus uindicati, sed de domino nostro, 2 18 1
dei! sacramento trinitatis tam potentis elementi subacta natura est. qui putabantur incendio exstingui, emicant beatiores incensi. 1 48
agere se legitimum pascha contendunt, qui cum templo summo, ut putabatur, summum sacerdotium perdiderunt. regalis unguenti cornu 1 46a 1
qui ex promissione certior, ex tarditate dulcior, ex desperatione felicior putabatur. unicus numero et in amoris soliditate iam primus totum 1 59 5
homo uidet in facie, deus in corde, nonne iniuriosum uel superuacaneum putabitur deo indicare quod nouerit? absit. indicat ille, sed nobis, quos 2 9 3
et nihil Christus mundo praestiterat; si hominem solum, sicut quidam putant ab utero uirginis eum sumpsisse principium, quae spes futurae 2 5 1
curat. quod autem ait *angelos ascendentes et descendentes*, aliqui putant ascendentes esse angelos lucis, descendentes uero angelos 1 37 11
dispositum non colentis est, sed dementis, maxime si deus, ut contentiosi putant, dispositioni subiaceat. remotis enim paulisper nominibus patris et 1 54 1
alio commodetur, sed eius ex uoluntate nascatur. ceterum si, ut quidam putant, docentis pendet ex ore, procul dubio eodem aut cessante aut aliter 2 3 1
cuius quidem sectatores paene omnes conspicor Christianos, qui perfectam putant esse iustitiam propria tueri, aliena non quaerere, sapientiae uerae 2 1 15
saltibus saltus et, si orbem totum possideant, fines oderunt. inlicitum putant habere uicinum. construunt praedia, sepulcra defodiunt; timeant 1 5 8
<deum>. ceterum si spiritaliter saperent, in ipso, quod infirmissimum putant, hoc potissimum praedicarent. etenim uere perfectus deus non esset, 2 8 9
caeli huius et superiorum *sciet?* quis corpoream aeris huius, ut quidam putant, inanitatem se disserere posse mentiatur? quis terram aqua portari 1 34 1
Iudaei unde se beatos putant, infelices inde esse noscuntur. etenim commodius puto misero in 1 18 1
sermonis (tamen dicentis: *nisi credideritis, neque intellegetis*) stultam putant irriduntque quasi uanam, quod, cum possit bonis frui mundi ac 2 1 14
mediis e manibus oculis patentibus perdiderunt: dei, cum stultam putant, quod elaboret — dispendio suae, non dicam facultatis, sed etiam, si 2 1 3
diuellit, quae desertae, ardore seu dolore compulsae, si talia gerant, putant se aut imitari aut uindicari. propter quod in praeceptis dominus ait: 1 1 13
non ambulasse, utique non dei, sed in illis, quae magna ab hominibus hoc putantur in saeculo. at *cum addidit: super me*, ostendit numquam se 2 9 6
uenerat hominem uiuificare, per hominem necesse habuit, ne phantasma putaretur, edicta legis uniuersa complere. non enim aut *finis legis* aut uerus 1 3 17
decorem uniuersa conuenerant, ut legitima domus dei caduca illa ambitio putaretur. quod si ita esset, inter memorata impar cultu semper ecclesia 2 6 2
nusquam, frater, tua curiositas, nusquam tua proficit pugna, quia quem putas uel de tuis ipsis studiosis fidelissimum, hic infidelis, et quem 2 3 11
martyr uocibus exsiliit: 'quid, inquit, uanissime omnium iudicum, putasne aut de lucis istius incongruis usuris aut de praeproperae mortis 1 39 5
enim non nisi inbecilli praestatur nec potest eum reuereri, qui ingenii sui putat esse, quod ille fuerit aestimatus. ceterum illa est fidei generositas 2 3 18
facere uel fecisse, quod fecerit? uultis scire, quam iusta sit? miseram se putat, nisi euerterit ueritatem. ceterum fortitudo, quae hominibus est cum 2 1 7
Iudas qua fuerat transiturus. at ille uisam mulierem fornicariam putat, quae pudoris integritatem faciem uelando monstrabat. interpellat 1 13 2
ad Iudaeos enim, non ad gentes prophetae fuerant destinati. *fornicariam putat*: recte, quia Iudaeorum populo seruiebat. cum ea conuenire cupit, 1 13 9
terra pio sanguine impiata. solus Cain exsultat infelix et, quod teste caret, putat se caruisse facinore, quem deus uidit, quem conscientia redarguit, 1 4 9
cum opes infeliciter quaerit, quas feliciter non habet; diues, cum diuitias putat se non habere, quas habet. in uno nititur auaritia, bacchatur in alio, 1 5 11
prauis cotidie mobilitatibus gaudet, uarietatibus studet; miserum se putat, si ipse sit, nec intellegit rem dementiae esse consimilem, in statu suo 1 4 7
sed quia inexstinguibilis pestis incendio totus mundus exarsit, auaritia, ut putatur, crimen esse desiit, quia neminem qui se possit arguere derelinquit. 1 5 1
semper in tribulatione, semper iustus in poena est. cum autem mors, quae putatur metuenda, gustatur, tunc ei in aeternum manentis gloriae beatis in 1 2 32
qui mox eum poterat et punire. sed quia mors apud incredulos futurorum putatur poenae compendium ac paene pro infecto habetur quod non 1 47
extensa futuris ictibus colla, nudauerat gladiis uenientibus iugulum, putauerat se feralem iudicis amentiam citae mortis sorte satiare, dum 1 39 7
quem putas uel de tuis ipsis studiosis fidelissimum, hic infidelis, et quem putaueris infidelem, hic fidelis est. forte in eo se quis aestimet fideliorem, si 2 3 11
suspicari, quia deus hoc est quod est; quod uero homo definiendum putauerit, non est. nam et Iohannes apostolus in euangelio quid praedicet, 2 8 3
digne patiatur. hanc qui diuinas litteras aut non legerunt aut lectas irritas putauerunt beneficio abiecti impolitique sermonis (tamen dicentis: *nisi* 2 1 14
ceterum siue iusto siue sapienti si alterum defuerit ex duobus, quod illi putauerunt, nec sapiens profecto erit ille nec iustus. satis, ut opinor, 2 1 10
incredulitate dei potentiae derogare? sed hoc amore criminum faciunt, ut putent impunita fore quae clanculo gerunt. nam si iudicii diei 1 2 1
quia misero est miserior qui miseriis ditatur alienis. quisquamne iustum putet, qui utilitatem rei familiaris pietati praeponit? qui hominibus fame 2 1 17
patiens inuenitur, e pascua cum a fratribus rapitur; patiens, cum in puteum dimittitur; patiens, dura cum hasta distrahitur; patiens in carcere, 1 4 17
et repositam sibi praesumit de Christo? igitur primo omnium probandum puto animas nostras suorum corporum exuuiis <exui> nec cum labe 1 2 3
unde se beatos putant, infelices inde esse noscuntur. etenim commodius puto misero in statu suo manenti quam beato in ultimas miserias deuoluto. 1 18 1
non argumento, non necessitate, sed uoluntate compellit, manifestissimum puto nimis astuto esse simplicem meliorem, quia simplex omnibus dei 2 3 2
fuerit extra coniugium; Christiano enim, fratres, ultra licere non puto quam ut sit aut continens aut maritus. uenio nunc ad exempla, quae 1 1 14
omnino ad dei notitiam peruenire. unde primo omnium definiendum puto, quid sit circumcisio, ut tunc demum, qualis sit, iure possit agnosci. 1 3 2
quia numquam in terris, sed semper in caelo manserunt. unde angelos puto recte homines appellatos, quibus dominus sanctum per spiritum dicit: 1 37 11
illa mentita es. quid hoc est? ecce rursus ad lenocinia redis, colorem de pyxide mutuaris paulo ante damnatum. ecce indulgenter excolis crinem; 2 7 8
cum carne depereat, uana spe si captus fuerit caduca atque carnali, de qua apostolus dicit: *caro et sanguis regnum dei possidere non possunt.* at e 1 2 24
in ipsum alium se genuit ex se, ex innascibili scilicet sua illa substantia, in qua beatus manens in sempiternum omnibus, quae habet, habentem filium 1 17 2
se, nisi ueritatem requirat, agnoscit; si enim Adam curat, certe, in qua delicti omnis est summa, isto remedio curare non potest Euam. quid, 1 3 9
adhuc accipite, ad propriam sedem palmamque propositam quanto amore, qua deuotione festinet. si quis eam prouocat in iudicium, ut eius auferat 2 1 13
enim patrem uos et habere et possidere monstratis, cum pudicitiam, in qua deus habitat, non dicam diligitis, sed luculentis moribus adornatis. 1 1 4
oleum donum spiritus sancti significat, uirga cum baculo crucem, in qua deus pro homine pendere dignatus est, ut in deum hominem, quem 1 13 10
deo damnatum iure uidebatur, sed ut reliquas nationes, quas idolatriae, de qua diximus, disseminatae uenena confecerant, ad dei cultum bonae uitae 1 13 5
tuae similiter dignitate gaudebis. igitur haec scala cuius esset materiae, in qua dominus incumbebat, ex Dauid dicto cognoscimus, qui ait: *uirga tua* 1 37 8
ex eo amplius requirendum quam ut quis eius nouerit uoluntatem, sine qua ei nec legitime seruire poterit nec placere. ceterum prouidentis dei de 1 54 1
in his enim solis sacerdotum dei structura et propria est et perennis, qua et Iudaeos et gentes uel ceteros antecedimus. incomparabilis autem 2 6 4
digne iugulantur quae Christi ingratae beneficiis sponte ad mortem, de qua euaserant, reuertuntur. cum igitur semper insidietur se non 2 7 12
aestiualia induit: aestiua uestis, fratres, et munda est et exacta, cum qua facile et opus fieri possit et tolerari ardor aestatis, id est temptationis; 1 13 8
exponit, aestiualia induit, semet decore componit locoque constituit, Iudas qua fuerat transiturus. at ille uisam mulierem fornicariam putat, quae 1 13 2
quod quidem uobis ulterius non licebit, fortassis requiratis et a nobis, qua genitura quoque signo tam diuersos, tam plures, tam dispares una uno 1 38 2
intulit ante quam caelo. at uero Nineue imaginem portat ecclesiae, in qua gentium iam inde noster populus morabatur, quae non in cassum a 1 34 9
gentibus audiendus. *filios*, inquit, *genui et exaltaui*. haec domini uox est, qua iam tunc per prophetam Iudaeos obiurgabat incredulos et quae essent 1 61 5
felicitatis. duplex itaque forma surgendi est: prima sanctorum, in qua illud beatitudinis regnum primae tubae regali tessera conuocati capient 1 2 23
sibi. post haec in terris uisus est et cum hominibus conuersatus est. qua in specie spiritu sancto loquente noscamus: *et homo est*, inquit, *et quis* 2 8 6
timeatur, spretores sui, ut impios monstret. infelix culpa est, fratres, in qua locum qualiscumque non inuenit excusatio; detestabilis certe filius, 1 20
non enim in ecclesia dei fucatus quaeritur sermo, sed ueritas pura, a qua longe omnes illi non immerito aberrauerunt, qui iustitiam dei manere 2 1 1
gentium desiderat per momenta patrocinia! o quam turpis ac lubrica, de qua ludit aliena sententia! o quam adultera, quae non agnoscit, quo 2 3 10
lege suis sedibus resurrexisse agnoscas. sol cotidie nascitur eademque die qua nascitur moritur nec tamen instantis finis sorte terretur, suos ut 1 2 18
scire debet populus Christianus, ne quem patiatur errorem: unam, qua natus est; alteram, qua renatus. sed sicut est spiritalis prima sine 2 8 2
eodemque consensu quasi quendam patientiae deferuntur in portum, sine qua nec audiri nec concipi nec disci quicquam poterit nec doceri. nam 1 4 1
populi, ut persequentibus mare sint. inducitur in uiam Israel ingratus, in qua nec gladios possit timere nec fluctus. mira res! medio puluerulentus 1 29 2
habebit. unde primo omnium *spes* nobis proponenda est *futurorum*, sine qua nec praesentia quidem ipsa stare posse perspicimus. adeo tolle spem: 1 36 2
uitae legitimam genitricem, hanc perpetuam futuri regni consortem, sine qua nemo possit omnino ad dei notitiam peruenire. unde primo omnium 1 3 1
circumsaeptam. unde duae quoque uitae a deo attributae sunt nobis: una, qua nescientes communi cum pecudibus lege fundimur a natura, quae est 2 4 8
errabimus. subici enim se loquacitatis artificio fidei natura non patitur, a qua nihil aliud laboratur, nisi ut suis sibi tantum uirtutibus adprobetur: 2 3 6
ueritatem non imaginem quaerens, iam spiritalia non sua desiderans, de qua Paulus ait: *non omnis caro eadem est caro: alia est hominis, alia* 1 2 25
uerbis palpantibus aciem ueritatis ac non plene denuntiem, obseruantiae qua perfectione dei cultus debeat custodiri, apud Salomonem maxime cum 2 7 5
uenturus et *iudicaturus est uiuos et mortuos*, sicut lectio uniuersa testatur, qua praedicat Christum oportere *regnare* cum sanctis suis, *donec* uacuatis 2 5 7
et habebit. o admirabilis et uere diuina sacrosancta dignatio, in qua quae parturit non gemit, qui renascitur plorare non nouit! haec 1 55
cur autem fingant nomina, quorum est confessio in ceteris uera, aut qua ratione isto argumento nitantur, quod hominibus, quos perditos 1 2 7
dicitque ei se debere conceptum, cuius monile, anulum teneret et uirgam. qua re cognita Iudas non tantum ab ea se refrenauit, sed insuper eam et 1 13 3
Christianus, ne quem patiatur errorem: unam, qua natus est; alteram, qua renatus. sed sicut est spiritalis prima sine matre, ita sine patre secunda 2 8 2
quod est Christus, cuius inlustratione maiestatis impressi atque signati, qua sincere uiuentes in custodiam nostrae salutis per spiritum sanctum 1 13 11
hanc a deo patre quod petitis impetratis, immo illa per uos impetrat, pro qua sollicite laboratis, ne, dum aliquid postulat, erubescat. beata cum 1 1 4
intellegens; sumpto quippe *limo terrae hominem figurauit* eique animam, qua spiramus, infudit e proprio fonte spiritus sui. cui ab humo 'homo' 2 4 4
semet ipso deus beatae perpetuitatis indiscreta spiritus plenitudine nescio qua sua conscientia uelatum filii non sine affectu, sed sine discrimine 1 56 1
in testimonium repertam eiusdem esse uirginitatis incenditur manus. qua tacto infante statim edax illa flamma sopitur sicque illa medica 1 54 5
conuictum. denique iniuriae suae testes citat caelum terramque: terram, in qua uniuersa geruntur, caelum, sub quo geruntur. filios appellat, ut 2 21
salutaris inuitat; iam mater nostra adoptat ut pariat, sed non ea lege, qua uos matres uestrae pepererunt, quae et ipsae partus dolore gementes et 1 32

mundum pariter et ornasse. igitur si, ut uolunt, deus materiam, qua usus est, non fecit, sed aeterna sit, ut ipse est, *duo* sunt ergo principia 1 7 1
ut de resurrectionis gloria, quam hic iam tibi uindicas, taceam, in qua, ut dominus ait: *neque nubunt neque nubentur, sed sicut angeli erunt.* 2 7 4
non potestas, non ambitio, non felicitas. semper inmobilis manet, alta quadam ac diuina temperantia robuste librata, uniuersas permotiones 1 4 3
ad sacramentum. cuius sacramenti arcanum euidenti ratione quasi quadam claui aperire conabor, ut et prouidentiam dei et uim consociationis 2 4 3
ingenti fragore confundunt exsertisque mucronibus sordidis uelut testudine quadam resistunt uincuntque facilius caritate, quod singillatim nuda uix 1 36 15
fecerat, si contemneret deum, aut crudelem, si occideret filium, nisi quadam singulari ac uere diuina patientia inter religionem pietatemque 1 4 13
plurimi, sed magnus, praeclarus, pretiosus ac speciosus unus est lapis, qui quadrae turris totam solus sustinet molem. cui non innumerabilis uarie 2 6 6
secundum tabulas legis confessorum sanguinis uindicta usque ad ultimum quadrantem exigitur. calcatores de eodem musto bibunt; et persecutores 2 11 7
meliores ornatui gemmas sculpitis, quam uos estis. exsultate, uiduae: quadratura uestrae uirtutis *angularis lapidis* coniugio cohaeretis. exsultate, 2 6 10
speciosо circulo sacer inflexus dies in mundani operis pensa quadriga temporum fertur duodenis mensum perpeti cursu mutationibus 1 26
non habentes; praeterit enim figura huius mundi. at cum ante annos ferme quadringentos uel eo amplius apostolicum hoc operetur edictum, quo et 2 7 5
momentis lac argenteum subministrat et caseum. Zachaeus sine mora quadriplicata expungit apophoreta, deus et dominus noster Iesus Christus 1 24 4
propheta quod pro ueteri uinea, quae a domino in Aegypto fuerat instituta, postulabat ad tempus nouellae 2 11 1
metuens, ne <non> sit amplius quae uocatur. denique in solitudine, quae a moechantibus uocatur occasio, se tamquam arbitrum timet 1 1 2
ut de ceteris taceam, ecce maritum tuum postridie aliqua necessitas rapit, quae a te longe distractum decennio uel eo amplius, ut adsolet fieri, 2 7 9
rudi fetae sueto more fomenta; neque enim, fratres, his poterat indigere, quae accipere in uterum meruerat filium animarum omnium saluatorem. o 1 54 4
istius exordia proloquuntur et iracundiam diuinae indignationis ostendunt, quae alias personas, ut uerbum dei ab ipsis potius audiatur, hortantur 1 61 1
uictrix pudicitia reportauit. sed o quantum es miranda, pudicitia, quae aliter laudari te non uis quam ut custodiaris, solo bonae conscientiae 1 1 20
ne quando incitetis me in operibus manuum uestrarum et disperdam uos. quae autem sint ista opera manus humanae, spiritus sanctus in Psalmo 1 25 5
anima illa de populo suo. haec, fratres, sicut cauenda sunt nobis, ita quae bona, quae pura, quae simplicia, quae pia, quae sancta sunt, sicut 1 25 13
dei stantes in templo. pharisaeus insulse manus tendit in caelum, quae caedis saepe, saepe ministrae sunt rapinarum. oculos inpudenter 2 9 9
nubila disserena. doce eam sibi non esse contrariam, doce omnia, quae canit, esse credenda. ceterum si eius partem probes, reprobes partem, 2 3 13
processu temporis procedit et uterus. mirum profecto uidete mysterium! quae celauerat faciem, non celat uentrem. defertur fornicationis rea sine 1 13 3
deperire coeperant. quam cum aduerterent muro <munitam> castitatis, quae certe uera et aeterna formositas, in paradisi solitudine, ubi Euam ab 1 1 17
laetantes in tenebris, habentes fana, non domos? digne, digne iugulantur quae Christi ingratae beneficiis sponte ad mortem, de qua euaserant, 2 7 12
derogare? sed hoc amore criminum faciunt, ut putent impunita fore quae clanculo gerunt. nam si iudicii diei adpropinquare iam cursus 1 2 1
undique sine pausa quae scaturiunt mala nascuntur atque concelebrantur, quae condemnare falso humanitas gestit; *camelum* enim *glutiens culicem* 1 5 4
parate uiam domini, rectas facite semitas dei nostri. nunc uideamus quae consequuntur. per idem tempus duae cognatae concipiunt, una contra 2 8 8
misit, et quidem non illas, quae maligno beneficio crimina excipiunt; quae corpori parcunt, animam liberare non possunt; quae peccata cum 2 24 1
et quia opus est uiuum, tectum non habet nisi caelum. dicam praeterea, quae cotidie merces, quae impendatur annona. omnibus peraeque unus 2 6 8
et unitatem; carbo enim uerbum dei est, ara lex, forceps duo testamenta, quae credentes tenent, non credentes incidunt. sed et Dauid hanc calamum 1 37 3
natiuitate porro maior est legis, quae deum deo credendo promeruit, quae credere non didicit, sed praesumpsit, edicat mihi, perniciosa ista 2 3 8
fuisseque tempus, quando non fuit. tertia Iudaea est uere caeca, quae cum in lege, ut dicere solet, sua legat ubique duas patris et filii 2 8 1
liberantur, iisdem, qui non fugiunt, sed portant peccata, delentur. Maria, quae cum mulieribus tympanum quatit, typus ecclesiae fuit, quae cum 2 26 3
Maria, quae cum mulieribus tympanum quatit, typus ecclesiae fuit, quae cum omnibus ecclesiis, quas peperit, hymnum canens et pectoris 2 26 3
dei quidem prior synagoga fuit, siluosis errantium palmitum crinibus uilis; quae cum per uoluptuosa ac profana loca lasciua passim se fronde 1 10b 2
mulierem uirginem, admirata infantem deum ingenti gaudio exsultans, quae curatum uenerat, curata recessit. ita Christus in hominem se fecit 1 54 5
quisquis nuptias dissuaserit. at ego non pertimescam, sermonis publici quae de me fabuletur inuidia; non enim nuptias condemno, sed nuptiis 2 7 2
potest dici. quae enim uox, quae increpatio has condigne possit arguere, quae dedecus suum sacrilegio dotantes *membra Christi* daemoniorum seruis 2 7 12
operis arcem sacram laudibus geminare. sed quamuis sit optimum laudare, quae dei sunt, tamen praecipuum non est, quod cum gentibus uel Iudaeis 2 6 1
quasi liberam facultatem ac sic eorum quoque feminas a pudore diuellit, quae desertae, ardore seu dolore compulsae, si talia gerant, putant se aut 1 1 13
quae non dicam tractatu, sed ipsius natiuitate porro maior est legis, quae deum deo credendo promeruit, quae credere non didicit, sed 2 3 8
quoniam ablata est de domo dei uestri hostia et immolatio. multa sunt, quae dici possunt, sed satis otiosum est in his demorari, quae in toto iam 1 25 6
referamus. qui zizania, lolium, lappas, tribulos in laeta frumenta mutauit, quae diligenti cultu purgata molarisque lapidis pio pondere feliciter fracta, 1 41 1
uxori, quod marito placet; ubi proponis, quia nihil te gerere sinit, nisi quae disposuerit prior ipse compleuerit. quod si factum non fuerit 2 7 15
carina naufragium. inter haec omnia deterior est conscientiae timor, quia quae diximus et alia his similia cum passibilitate sui transeunt; timor 2 2 2
malorum est auaritia; hac enim matre eademque magistra uniuersa quae diximus, sed et alia multa, immo omnia undique sine pausa quae 1 5 4
inferos ponunt: impiorum unam, quae ducit in Tartarum, piorum aliam, quae ducit ad Elisium, eo fortius addentes, quod defunctorum ibidem non 1 2 4
autem melius, qui duplicem uiam apud inferos ponunt: impiorum unam, quae ducit in Tartarum, piorum aliam, quae ducit ad Elisium, eo fortius 1 2 4
apud deum. admirabilis gratia, fratres dilectissimi, conspicue ueritatis, quae dum secerni potest, tamen sibimet externa esse non potest. si enim 2 8 4
adultera, quae non agnoscit, quo auctore sit nata! o quam ridiculosa, quae duobus confligentibus Christianis ab altero eorum, si non 2 3 10
gentibus uenientis nouelli populi imaginem depingebat, Thamar ecclesiae, quae ei recte nupta non est, quia Christo ueniente baptismatis spiritali 1 13 7
nec fuit inter illos discrimen ullum nec quicquam suum ex bonis putabant, quae eis erant, sed erant illis omnia communia, sicut dies, sol, nox, pluuiae, 2 1 18
adde quod gentibus, quod sine dolore magno uel gemitu non potest dici. quae enim uox, quae increpatio has condigne possit arguere, quae dedecus 2 7 12
prosternit, ecce tempestas undique mortis incumbit. nonne statim illa, quae erat domina uoluptatum, fit praeda morborum? postremo iacentes 2 4 16
conscientia, uel tot ac tantis ex rebus quemadmodum rursum eadem quae es sis melior futura cognosce. praeterea granum uniuscuiusque 1 2 21
sine ullo labore uictoriam. non enim conabitur in dicionem redigere suam, quae esse eius ambiuit ancilla? in domo denique quae geruntur, sed et ipsis 2 7 13
uox est, qua iam tunc per prophetam Iudaeos obiurgabat incredulos et quae essent futura, priusquam fierent, admonebat. proprium enim dei est 1 61 5
sibimet ipsis pro domibus templa, erigentes aras nomini suo, qui, quae essent habituri sepulcra, nescirent, caelum promittentes sibi, pro 1 13 4
una, qua nescientes communi cum pecudibus lege fundimur a natura, quae est corporalis ac per hoc etiam breuis; alia uero animi, quam nos 2 4 8
aetates auri argentique detrimento matris limae moderato dente figurata. quae est ergo ista dementia sacrificium nescientibus procurare, lumen 1 25 4
perorare, esset si quis hic talis. sed quia in uobis fides et pietas, quae est idonea expultrix auaritiae, manet atque gloriatur, digni estis 1 5 17
sine fine sunt, quae magis quaestiones praestant quam ueram rationem dei, quae est in fide. definitio autem iussionis est caritas ex corde puro et 2 3 17
testamentis, ut principaliter idolatriam, inpudicitiam auaritiamque fugiatis, quae est incurabilis Cancer. Leo autem noster, sicut Genesis protestatur, 1 38 4
plus habeat, quam habebat; quod cum nititur, auaritiae utique partes agit, quae est inimica iustitiae. adeo inde est, quod frumento paucorum horrea 2 1 16
aliquotiens lapis est nuncupatus. scala autem duo testamenta significat, quae et euangelicis intexta praeceptis credentes homines uoluntatemque dei 1 37 1
sua sponte reus, ut fiat innocens, confitetur. pretiosa res est, fratres, quae et honorem praestat et praemium. o liberatoris nostri profunda 1 42 2
una ciuitas redderetur. denique comparationem salutaria gesta confirmant, quae et in nobis manent. ut est, fratres, Nineuitis nuntiatus interitus, 1 34 9
adoptat ut pariat, sed non ea lege, qua uos matres uestrae pepererunt, quae et ipsae partus dolore gementes et uos plorantes, sordidos, pannis 1 32
adulatur aut nocet, si quid habuerint, tantum ut tollat. cui autem parcat, quae et mori momentis omnibus etiam friuolo ac turpi lucro festinat? quid 1 14 2
sponte reus, ut fiat innocens, confitetur. pretiosa indulgentia est, fratres, quae et ueniam praestat et medicinam. ceterum qui parcit uenefico, 2 24 2
festinauit euadere. nunc mihi Abrahae memoranda est mira illa temptatio, quae eum aut sacrilegum fecerat, si contemneret deum, aut crudelem, si 1 4 13
es quam pro salute sollicita. quid autem a deo impetrare te posse credis, quae eum per id, per quod irascitur, deprecaris? aperi tandem oculos 1 14 6
patris amborum. nunc sacrificii nostri proprietatem nos conuenit nosse, quae facile ex aduerso cognoscitur. nam si diis *corporalibus* sacrificium 1 25 9
non erat. sequitur, quod uiduitatis uestem rursus accepit, non utique ut quae fecerat faceret, sed ut defleret se fecisse quod fecerat; aliter etenim 1 13 12
enarrabit tibi sciscitanti sibi de utriusque salute uel unanimitate deorum quae fuere responsa. si terribilia, consternata metu forsitan ipso cessante 2 7 16
hoc mundi, enixe quod geritur, negotium perorauit! his enim tribus rebus, quae fundamenta sunt omnium uitiorum, uiolentis quasi quibusdam 2 1 6
sterilis esses: ad gladium nascitur puer. talem casum nemo doluit, nec quae genuerat mater. nemo plangit uiuas exsequias et innocentis hominis 1 62 4
dicionem redigere suam, quae esse eius ambiuit ancilla? in domo denique quae geruntur, sed et ipsis in fanis, Christiana fidelis, sine te esse non 2 7 13
causa etenim laborare uidebitur iustus, nisi recipiat secundum facta sua, quae gessit, iniustus. non ergo sic accipiendum est, quemadmodum ab 1 35 1
tribunal Christi, ut recipiat unusquisque corporis sui merita secundum ea, quae gessit, siue bona siue mala. etenim, fratres, facilius est reformari quod 1 2 15
scilicet sua illa substantia, in qua beatus manens in sempiternum omnibus, quae habet, habentem filium paria procreauit, qui est deus benedictus in 1 17 2
ultimoque *sudore* turbatus posteris hereditatem indigestae mortis, quae homicidium mox [ut] peperit, dereliquit. denique nec mora est: 1 4 8
iusta sit? miseram se putat, nisi euerterit ueritatem. ceterum fortitudo, quae hominibus est cum feritate communis, omne ius in uiribus habet: 2 1 7
communia, sicut dies, sol, nox, pluuiae, nascendi atque moriendi condicio, quae humano generi sine personarum aliqua exceptione aequabiliter iustitia 2 1 18
de fide, non de aetate. concepit Sarra, portat sine labore uteri sarcinam, quae iam ambulare non poterat; tunc discit mater esse, cum desinit. 1 62 2
tuus ipsa me consolata sunt. uirga et baculus duo sunt utique testamenta, quae ideo materiae ligni sunt comparata, siue quod in eius usu et perpetuo 1 37 8
quod unius est, omnium est; quod omnium, singulorum. uultis scire, quae illic beatitudo uersetur? nemo suam uestem, nemo suas margaritas 1 5 18
tectum non habet nisi caelum. dicam praeterea, quae cotidie merces, quae impendatur annona. omnibus peraeque unus panis cum signo datur, 2 6 8
capient cum ingenti triumpho aeterno rege sub Christo; secunda uero, quae impios cum peccatoribus uniuersisque incredulis gentibus perenni 1 2 23
domini quod posses auferre: amputandam linguam mandare nescisti, quae in conluctatione martyrii prior solet domino confiteri. ductus est 1 39 6
esse uideatur, Iohanne dicente: *nolite diligere mundum neque ea, quae in mundo sunt. si quis dilexerit mundum, non est caritas patris in* 1 36 27
praedicet, omnibus est in usu: *nolite,* inquit, *diligere mundum neque ea, quae in mundo sunt. si quis dilexerit mundum, non est caritas patris in eo,* 2 9 5
per Iohannem hactenus contionatur: *nolite diligere mundum neque ea, quae in mundo sunt. si quis dilexerit mundum, non est caritas patris in* 2 4 12
sed accludunt; quae reum, qualem inuenerint, talem quoque dimittunt; quae in pari causa ipsi praestatori nihil prodesse possunt. at uero nostrae 2 24 1
mortem domini, donec ueniat. aperies os piscis: hoc est sacramentum uel quae in prouerbiis locutus sum non intellegentibus explanabis. denique hoc 1 37 6
sed fide, uerbo, non semine. decem mensium fastidia nescit, utpote quae in se creatorem mundi concepit; parturit non dolore, sed gaudio. 1 54 3

coaeternitate renitens, quemadmodum, si dicere dignum est, duo maria, quae in semet recumbunt, freto aestus alternos in unum conferente 1 7 4
multa sunt, quae dici possunt, sed satis otiosum est in his demorari, quae in toto iam non sunt. unum sane necessario proferemus exemplum, 1 25 6
quod sine dolore magno uel gemitu non potest dici. quae enim uox, quae increpatio has condigne possit arguere, quae dedecus suum sacrilegio 2 7 12
uxoris Lot. sed et apostolus sic: *quemadmodum reuertimini rursus ad ea, quae infirma et egena sunt elementa?* ascendentes uero sunt iusti, qui 1 37 12
licet sectae sint plures, quae iniuriam Christi fabulari nitantur, tamen tres sunt quodam modo 2 8 1
fecit manus mea. in euangelio quoque sic dicit: *Hierusalem, Hierusalem, quae interficis prophetas et lapidas missos ad te, quotiens uolui colligere* 2 6 3
ut nubant, sed ut dormiant inuitantur, propiores sepulcro quam thalamo; quae, ipsae cum pereunt, detestabili exemplo adolescentulas quoque perire 2 7 10
possit resurgere, quod omnibus palam sit non penitus interire. gentes, quae ista non credunt, tamen cum libamine infausto ad sepulcra 1 2 3
cui totus militat mundus, aetas cui uniuersa deseruit. pro nefas! quae istae sunt tenebrae? inest omnibus et ab omnibus, quasi non sit, 2 1 8
culminis fundamenta consistunt, id est in spe, in fide, in caritate, quae ita inuicem sibi uidentur esse connexa, ut sint aliis alia necessaria. 1 36 1
est, fratres, ire per singula, maxime quia caritas sua ingerit fortiora. quae ita rebus uniuersis est praedita, ut sit omnium iure ipso regina. 1 36 10
gentibus fuerat profuturus. diximus de prima circumcisione carnali, quae Iudaeorum est; nunc breuiter de secunda spiritali, quae nostra est, 1 3 19
in semet recumbunt, freto aestus alternos in unum conferente connexa, quae, licet sui proprietate, locis uocabulisque discreta sint, tamen trini 1 7 4
uterentur neque adtenderent fabulis et genealogiis, quae sine fine sunt, quae magis quaestiones praestant quam ueram rationem dei, quae est in 2 3 17
magnis et mirabilibus se dicit non ambulasse, utique non dei, sed in illis, quae magna ab hominibus hoc putantur in saeculo. at *cum addidit: super* 2 9 6
celebritatem eius obscuret. nunc ad patientiae reuertamur uirtutem, quae maioribus nostris illustri uirtute perennem gloriam peperit et salutem. 1 4 12
pia sanctione, ut aiunt, claues uere aureas misit, et quidem non illas, quae maligno beneficio crimina excipiunt; quae corpori parcunt, animam 2 24 1
coniugio, e duobus altero superante, non moritur? tune non illa es, quae mariti corpus expositum lauisti lacrimis, osculis detersisti, crinium 2 7 7
inculpatis moribus uiuat, conscientia eum bona, non loquacitate, quae mater profecto peccati est, nosse praesumat trinitatisque unam 2 3 19
publicana, cuius fabulantur etiam profani secreta! o quam praesumpta, quae mauult magis nouellae traditioni suae credi quam antiquitati, quam 2 3 10
nos, qui Adam abiecimus, Christum induimus; qui, quae uis, qui exitus, quae merces carnis sit quaeue animae, deo magistro didicimus; qui non 2 4 18
et gaudet et se dominum promeruisse triumphat. accepit iam praemia, quae meretur; diuinae enim explorationis temptamina porriguntur: exserit 1 43 6
quasi hospites et peregrini abstinete uos a carnalibus desideriis, quae militant aduersus animam, nec uestrum frangat affectum, quod eius 2 4 17
non pallescit uultus, non contremuit manus. quaerit puer, ubi sit uictima. quae mox, ita ne percuteretur tenera aetas, ostenditur, quo nec pater ferire 1 62 4
nisi domino soli. haec gentes, nisi conuertantur, manet diuina sententia, quae nec deum nec sacrificium etiam ipsae cognoscunt se habere 1 25 5
autem hominibus uenit inimicus eius et superseminauit zizania in triticum. quae necessario radicitus circumcisione diuellimus, ut diri seminis 1 3 22
ubinam sit maior ignores. est autem similis igni arida pabula depascenti, quae nisi finiat non finitur. hanc mediocres fraudibus excolunt, diuites 1 14 1
Phoenix auis illa pretiosa resurrectionis euidenter nos edocet iura, quae nobilitatem generis sui non a parentibus accepit, non liberis tradit; 1 2 20
o quam turpis ac lubrica, de qua ludit aliena sententia! o quam adultera, quae non agnoscit, quo auctore sit nata! o quam ridiculosa, quae duobus 2 3 10
consumit. sin uero, sicut necesse est, una est illa nobilis et antiqua, quae non dicam tractatu, sed ipsius natiuitate porro maior est legis, quae 2 3 8
ipsum deus, secreti sui solus conscius; cuius ex ore, ut rerum natura, quae non erat, fingeretur, prodiuit unigenitus filius, cordis eius nobilis 1 50
est, concupiscentia carnis est et concupiscentia oculorum et ambitio saeculi, quae non est a patre, sed ex concupiscentia saeculi. et mundus transibit et 2 4 12
est, concupiscentia carnis est et concupiscentia oculorum et ambitio saeculi, quae non est a patre, sed ex concupiscentia mundi. per hanc enim diabolus 1 36 27
portat ecclesiae, in qua gentium iam inde noster populus morabatur, quae non in cassum a deo *magna ciuitas* dicta est; erat enim futurum, ut 1 34 9
eam produci iubet atque incendio concremari. at illa constanter adest, sibi quae non inpudicitiae, sed futuri scilicet indicii negotium procurauerat, 1 13 3
ut impleretur, quod scriptum est per prophetam: *exsulta, sterilis, quae non pariebas, erumpe et clama, quae non parturis, quoniam multi filii* 1 59 3
est per prophetam: *exsulta, sterilis, quae non pariebas, erumpe et clama, quae non parturis, quoniam multi filii desertae*. ecce enim, carissimi, in 1 59 3
uideri nouas nuptas, quarum paene plures sint nuptiae quam natales. quae non rogantur ut nubant, sed ut dormiant inuitantur, propiores 2 7 10
quia nulla gens est, nulla sunt pecora, animantium denique nulla natura, quae non timeat deum. cum grauamur rumpentibus sonis, concussis 2 2 3
potius quam rogare. postremo, fratres, non potest timere maritum, quae non timet Christum. inde est, quod coniuges nuptiali sanctissimo 1 14 6
renouatio, haec resurrectio, haec uita aeterna, haec est mater omnium, quae nos adunatos, ex omni gente et natione collectos unum postmodum 1 55
occidit, spiritus autem uiuificat, quia *non sub lege, sed sub gratia sumus*, quae nos diligere deum ac soli illi seruire in sacramento semel creditae 2 3 2
carnali, quae Iudaeorum est; nunc breuiter de secunda spiritali, quae nostra est, edicamus. quae tantum potestatis gerit, ut a femina 1 3 19
mores et actus imitari. cuius rei facilis probatio est, illa cum interim, quae nostra sunt, uidemus. aurum argentumque, Christiane, si uera 1 14 4
omni furfure abiecto mirifico splendore in farinam candidam micuerunt; quae nullo adulterata fermento est, consparsa ac subacta diligenter. sal 1 41 1
extollit, quorum lenocinio mundus in flore est. intonat lingua, caret quae numquam ueneno serpentis, et, quod omni est maius insania, deo se 2 9 9
uberibus, sordido plus puluere tecta quam ueste? tu, inquam, non es, quae nunc caelum ipsum ululatibus rumpens post talem maritum puncto 2 7 7
sibi exsequiis reuerti iusserunt, ut omnes mirarentur fieri lacrimas gaudii, quae nunc fuerant orbitatis. sed longum est, fratres, ire per singula, 1 36 9
causa, ubi Abrahae fides temptatione fortior militaret: carissimi membra, quae osculis premere consueuerat, armatus gladio iubetur occidere. quid 1 62 3
a latronibus adgressuram passus fuerat, dominus datos esse commemorat. quae parabola sublata dubitatione scalae sacramentum spiritaliter 1 37 10
et habebit. o admirabilis et uere diuina sacrosancta dignatio, in qua quae parturit non gemit, qui renascitur plorare non nouit! haec renouatio, 1 55
crimina excipiunt; quae corpori parcunt, animam liberare non possunt; quae peccata cum dissimulando praetereunt, non adimunt, sed accludunt; 2 24 1
sicut cauenda sunt nobis, ita quae bona, quae pura, quae simplicia, quae pia, quae sancta sunt, sicut facitis, amplectenda, ut uidentes homines 1 25 13
ceruicem curuas non religione, sed pondere, quando exomologesin facies, quae plus pro ornatu es quam pro salute sollicita. quid autem a deo 1 14 6
praetermisso deo de deo exeunte, ad communia humanitatis nomina, quae possunt argumentis attingi, patris et filii festinant nec intelligunt, quia 1 45 1
Salomone dicente: *altiora te ne quaesieris et fortiora te ne scrutatus sis. quae praecepit tibi deus, illa cogita semper et in plurimis operibus illorum* 2 3 16
nunc ad ueram iustitiam ueniamus, omnium fontem matremque uirtutum. quae praeter ceteras tota se ad alienas utilitates colligit atque explicat 2 1 11
totus matris, sibi debens quod conceptus est, donans matri quod natus. quae principaliter stupet talem sibi filium prouenisse, qui ex se natus non 2 12 2
gerit, ut a femina coeperit, quod priori impossibile fuit. denique a muliere, quae prior peccauerat, circumcisionis incipit cura, et quia suasione per 1 3 19
nautae, festinant in cassum iactura uasorum nauem leuare ponderibus, quae prophetae pondere premebatur. tum Ionas, quem solum exspectabat 1 34 6
Iudas qua fuerat transiturus. at ille uisam mulierem fornicariam putat, quae pudoris integritatem faciem uelando monstrabat. interpellat eam, 1 13 2
illa de populo suo. haec, fratres, sicut cauenda sunt nobis, ita quae bona, quae pura, quae simplicia, quae pia, quae sancta sunt, sicut facitis, 1 25 13
semper in tribulatione, semper iustus in poena est. cum autem mors, quae putatur metuenda, gustatur, tunc ei in aeternum manentis gloriae 1 2 32
perpetuae felicitatis tempus non credit esse uenturum? sed spes ex fide est, quae quamuis in futuro sit posita, fidei tamen est iure subiecta. ubi enim 1 36 4
se partiri non posset, si inpatientia suos cursus urgueret. luna quoque, quae quibusdam uidetur errare curriculo menstruali, solemnes suae ignes 1 4 5
est et spes fidei gloria, quoniam praemium quod spes habet fides meretur, quae quidem pro spe pugnat, sed sibi uincit. amplectenda est igitur, 1 36 4
cotidie dissipantur uariis argumentationibus membra! o quam indefensa, quae regum, iudicum, diuitum, aliquotiens etiam, quod peius est, gentium 2 3 10
remunerat quemquam, nisi primo quis uictor mortis iura praetereat. quae res efficit, ut siue metu siue incredulitate praeponantur praesentia 2 4 14
quae peccata cum dissimulando praetereunt, non adimunt, sed accludunt; quae reum, qualem inuenerint, talem quoque dimittunt; quae in pari causa 2 24 1
quibus ista significatio coaptatur? monile, fratres dilectissimi, lex est, quae salutaribus monitis diuersis uirtutibus diuersoque charismate omnium 1 13 10
accipere, cuius ex ore duo denarii, id est duo testamenta prolata sunt, quae saluti cum domini gloria et Petri felicitate, utpote super quem 1 37 5
cauenda sunt nobis, ita quae bona, quae pura, quae simplicia, quae pia, quae sancta sunt, sicut facitis, amplectenda, ut uidentes homines *opera* 1 25 13
qui est in caelis. itaque, dulcissimi flores mei, talia sacrificia procurate, quae sanctus spiritus libenter offerat, pater probet, filius, qui magister est 1 25 13
uniuersa quae diximus, sed et alia multa, immo omnia undique sine pausa quae scaturiunt mala nascuntur atque concelebrantur, quae condemnare 1 5 4
cum ad oues tondendas pergeret suas atque hoc Thamari nuntiaretur, quae Selom uiderat maturum ei nec tamen nupserat, uestem uiduitatis 1 13 2
longaeua semper aetate nouellus, anni parens annique progenies antecedit quae sequitur tempora et saecula infinita disseminat. parit sibi de fine 1 44 1
longaeua semper aetate nouellus, anni parens annique progenies; antecedit quae sequitur tempora et, ut saecula colligenda disseminet, parit sibi de 2 19 1
nomina, iustitiam stultitiae, iniustitiam sapientiae uocabulis infamantes. quae si ad sua corrigas propriisque sedibus reddas, inuenies iniustitiae 2 1 4
adhuc ipse disquirit. uideo praeterea, sicut assertorum indicant nomina (quae si auferas, nulla fortassis est pugna), multos esse tractatus, multas 2 3 7
aliud distat, nisi quod in tua domo minuta sunt, in templo maiora. quae si erogaueris, pecunia est, si seruaueris, simulacra. ancilla Christi, 1 14 5
nostis, in praediis autem uestris fumantia undique sola fana non nostis, quae, si uera dicenda sunt, dissimulando subtiliter custoditis. probatio 1 25 10
timens dominum quam mille filii impii? cum haec ita sint, age uidua, quae sicut innocens uirgo nubere saepe festinas, interroganti responde, 2 7 6
si unum adimas, alterius inanis est usus. unde recte testamenta sunt duo, quae similiter duobus capitibus unam litteram fingunt, id est sacrae legis 1 37 4
suo. haec, fratres, sicut cauenda sunt nobis, ita quae bona, quae pura, quae simplicia, quae pia, quae sancta sunt, sicut facitis, amplectenda, ut 1 25 13
ne peruersa doctrina uterentur neque adtenderent fabulis et genealogiis, quae sine fine sunt, quae magis quaestiones praestant quam ueram rationem 2 3 17
edictis unum Christum dei filium spiritali temperamento conscribunt. quae sine se utilia esse non possunt, quia ueteri sicut nouum praestat 1 37 4
mox uidebimus. nunc primo omnium, optime Christiane, scire cupio, quae sint tua, cum sint timentibus deum uniuersa communia, sicut 2 1 18
resurrectionis ueritas omnibus claret. sed necessario disserendum est, quae sit in ea iniustorum iustorumque discretio, ne generalitas nominis in 1 2 23
elige quid uelis: remedium an sanitatem. denique si uidetur, conferamus, quae sit inter uirginem nuptamque discretio. *nupta cogitat, quemadmodum* 2 7 3
et meretrices praecedunt uos in regnum dei. haedum ei promittit, id est, quae sit peccatori peccati merces, ostendit. quam accipere deuitauit, quia 1 13 9
signaculum carnis accepit, si ei necessarium non fuit?' huius propositionis quae sit ratio, fratres, accipite. igitur qui uenerat hominem uiuificare, per 1 3 17
Adam similiter dominica circumciditur cruce, et quia per mulierem, quae sola lignum letale contigerat, exceperat uterque sexus interitum, e 1 3 20
cadauer bacchatur insana nec Maccabaeae matris memoriam recolit, quae spe succincta futurorum Antiocho saeuiente libenter semel septem 1 2 13
solum, sicut quidam putant ab utero uirginis eum sumpsisse principium, quae spes futurae beatitudinis credenti, cum scriptum sit: *maledictus homo,* 2 5 1
consignata est et nemo reuertitur; et infra: *uenite ergo, fruamur bonis, quae sunt, et utamur creatura tamquam iuuentute celeriter; uino pretioso et* 2 4 10
diaboli accepto scuto fidei, per quod poteritis omnes sagittas illius mali, quae sunt igne plenae, exstinguere. is enim infelicibus nonnumquam 1 38 6
non puto quam ut sit aut continens aut maritus. uenio nunc ad exempla, quae sunt negotio uel maxime necessaria, quia plus est quod geritur quam 1 1 15

peccata, sordes et maculas uenerat mundaturus. denique purgationes, quae sunt tarditate periculosae, nullo puerum maternorum uiscerum 1 54 4
Paulus exhortatur et monstrat dicens: *si consurrexistis cum Christo, quae sursum sunt quaerite, ubi Christus est ad dexteram dei sedens.* 1 37 12
Christianae fidelitatis felicitas maxima est fidei nosse naturam, quae talis ac tanta est, ut unicuique homini sua non ab alio commodetur, 2 3 1
legis omni deuotione succincta praecedens amplectatur fides, quae tam sibi quam illi credendo praestet effectum, insinuatio inanis erit, 2 3 1
et de ieiuna aetate puer robustior saginatur. nihil difficile est fidei, quae tantum habet, quantum credit. igitur Isaac unicus filius, spes 1 62 2
est; nunc breuiter de secunda spiritali, quae nostra est, edicamus. quae tantum potestatis gerit, ut a femina coeperit, quod priori impossibile 1 3 19
quod fides non transit in alium, caritas parum est dicere transit in alium quae transit in populum; adde quod fides paucorum est, caritas omnium; 1 36 11
noua res, ut iure spiritali unusquisque nascatur. ultro currite ad matrem, quae tunc non laborat, si quos parit numerare non possit. intrate ergo, 2 28
exstinguetur incendium. sed sic ego in rebus demoror prope sanis, quasi, quae uere exsecranda sint, iam correcta sint crimina. pudet me dicere in 2 7 10
uiuit; denique adimitur ei ortus, si ei auferatur occasus. luna quoque, quae uere rationis humanae omnia in se lineamenta depingit, nata 1 2 19
librum lectitando saepius replicauit, fortassis, ut sunt ingenia cotidie quae uidemus uersutis contentionibus laeta, de apostoli dicto calumniosam 2 4 1
paterna substantia paternaque uoluntas, *noua et uetera* duo testamenta, quae uidetis recte eadem sine ambiguitate a domino hic quoque *duorum* 1 37 9
idolum deo. sed nos, qui Adam abiecimus, Christum induimus; qui, quae uis, qui exitus, quae merces carnis sit quaeue animae, deo magistro 2 4 18
illam quiuis dolor. an pulchritudinem? leuis et commutabilis res est et quae una febri uel qualibet facillime deleatur iniuria. ecce procuratores uel 2 4 15
peccati est, nosse praesumat trinitatisque unam potentiae plenitudinem, quae una mente, una credulitate concipitur, non uiolet, sed honoret. 2 3 19
nulli rei subiecta, unum tantummodo metuens, ne <non> sit amplius quae uocatur. denique in solitudine, quae a moechantibus uocatur occasio, 1 1 1
stupidam pependisse naturam; uiam inter fluctus micuisse terrenam, quae utique non caelestis populi meritum, sed terreni per orbem totum 1 18 1
designabatur caro suis onusta peccatis, *ex ouibus* spiritus maiestatis; quae utraque in Christo concreta agnum legitimum praestiterunt. hic est 1 8 1
nec sperare subolem posset nec portare confideret, matris suscepit officia, quae uxoris iam munera nesciebat. atque eo tempore partus profertur, quo 1 59 3
ideo nudus, quia uoluntas eius est turpitudo; ideo pennatus, quia in quaecumque conceperit uelociter ruit; ideo telis facibusque constructus, 1 36 25
spei ac fidei unam inseparabilemque esse naturam, quia in homine ex his quaecumque defecerit, ambae moriuntur. fides itaque uel maxime res 1 36 6
est; quod unus possidet, singulorum, domino ipso dicente: *omnia quaecumque habet pater, mea sunt*, et iterum: *pater, omnia mea tua sunt* 2 5 9
scriptura dicente: *omnis mundus manducabit carnem. anima autem quaecumque manducauerit de carne sacrificii salutaris, quod est domini, et* 1 25 12
in nomine patris et filii et spiritus sancti, docentes eos seruare omnia quaecumque praecepi uobis. dabis autem *pro me et pro te*: hoc est meam 1 37 7
fratres: immo potius ueneranda est, quia ueritatis speculum, quia rigida quaedam dilectionis est forma; quicquid enim a iusto didicit, id facere 1 36 18
reditus commearent, nisi rerum disciplinam conuersionemque quasi quaedam sollicita mater patientia custodiret. sol denique quamuis mira 1 4 4
partis exspectatione placida profligatis, in semet fortior ruinis, omnibus quaeque deleuerat bellum recuperatis in melius, felicitatis pristinae statum 1 4 19
sibi ipsi subducit? 'sed, inquies, iustum est, ut mea seruem, aliena non quaeram.' hoc etiam gentes dicere consuerunt. ceterum apud deum quam 2 1 18
sumus, timeamus, amemus et honorificemus quem inuenimus deum. sane quaerant illum, qui eum non habent secum. 1 56 3
quibusdam deducuntur exsequiis; quas si per plagas unde refixae sunt quaeras, rediuiui luminis lege suis sedibus resurrexisse agnoscas. sol cotidie 1 2 17
quam peregrinantem ferali supputatione nutrire non desinit, ut summam quaerat, non quam commodatio dedit, sed quam ei pepererint armati 1 5 12
in ipsa quoque, si insanire cuiquam libeat, deus illi non colendus sit, sed quaerendus. quod nunc faciunt infideles, de quibus scriptura diuina quid 2 9 2
sed, ut sit honoratior, se ipsam contemnens, iam ueritatem non imaginem quaerens, iam spiritalia non sua desiderans, de qua Paulus ait: *non omnis* 1 2 25
fui et senui et numquam uidi iustum derelictum nec semen eius quaerens panem; et iterum: *diuites eguerunt et esurierunt, requirentes autem* 2 1 20
de qua euaserant, reuertuntur. cum igitur semper insidietur se non quaerentibus diabolus, aestimate, quid faciat inuitatus, cui omnes nocendi 2 7 13
disce Christiane, ne quo decipiaris errore: unam, quam tibi non licet quaerere, alteram, quam legitime, si possis, permitteris edocere. prima 1 54 2
Christianos, qui perfectam putant esse iustitiam propria tueri, aliena non quaerere, sapientiae uerae negligentes imperium, quod uerbis huius modi 2 1 15
patris dextra feriendus. qui antequam ueniret in montem, cum de patre quaereret, ubi esset uictima quam disponeret et immolaret, securus de fide 1 43 5
uelamine adopertam, ut res magna magnis uirtutibus magnisque laboribus quaereretur, incunctanter optarent stultos iudicari se iustos quam sapientes 2 1 4
fieri, detineat relegatum. quid facies? obseruabisne redeuntem, an ardori quaeres aliunde remedium? si obseruantiam pollicere, sine dubio fallis, 2 7 9
uideat; qui nomen iudicis pertimescit; qui, sicunde susurrus ingruerit, se quaeri, se aestimat inueniri; cui securitatis profectus est nullus, etiam si 2 10 1
ceterum si eius partem probes, reprobes partem, quomodo per hanc fidem quaeris, quam etiam ipsam infidelitatis ream constituis, canentis cum 2 3 13
uiae illius! quis enim cognouit cogitationem dei? et tu eius naturam quaeris? sed et alio loco hoc, quod agitur, euidenter expressit, cum ad 2 3 17
deo, si non semper fiat publicis luctibus diues. bene, bene: cum quis quaerit aurum, inuenit gladium. inter haec nemo considerat condicionem 1 5 14
interea miris excolit artibus sese faciemque suam in se, quam non habet, quaerit. pingit se in se ipsam et lenocinante uario magistri medicaminis 1 1 10
pectus fidei militabat; non pallescit uultus, non contremuit manus. quaerit puer, ubi sit uictima. quae mox, ita ne percuteretur tenera aetas, 1 62 4
uarie, unam tamen contendit in mortem: pauper, cum opes infeliciter quaerit, quas feliciter non habet; diues, cum diuitias putat se non habere, 1 5 11
Salomone clamante: *dona iniquorum non probat altissimus.* hic quaerite, Christiani, sacrificium uestrum an esse possit acceptum, qui 1 25 10
et monstrat dicens: *si consurrexistis cum Christo, quae sursum sunt quaerite, ubi Christus est ad dexteram dei sedens*. possumus et sic, fratres, 1 37 12
etsi beata diuersis uita uirtutibus quaeritur, cuius cupidine flagrans humanitas per momenta suspirat, tamen 1 4 1
legem, ita, si uersuta sit, eradicat fidem, quia fides profecto non est, ubi quaeritur fides; deinde quia lex communis est, fides uero priuata, quia lex 2 3 4
inde fraus, periurium, rapinae, lites ac bella. cotidie mugitibus alienis quaeritur lucrum et proscriptio industria uocitatur et appetitio rei alienae 2 1 17
rursus accepit. interea secundum condictum haedus mittitur, fornicaria quaeritur nullaque ibidem umquam fuisse ab incolis renuntiatur. at 1 13 3
de me quemadmodum quis iocetur. non enim in ecclesia dei fucatus quaeritur sermo, sed ueritas pura, a qua longe omnes illi non immerito 2 1 1
corporales infringunt et latibulum sibi perniciosum eorum in captiuitatibus quaerunt. at ubi uentum fuerit ad diuini certaminis campum coeperintque 1 2 5
auguria captant salutemque suam pecudum uiolenter scissis in uentribus quaerunt, qui coniugale exasperant iugum affectuque calcato subditiciis 1 25 11
pecuinis agnum bifaria natura commissum, qui inueniri non potest, quaerunt, sic agnum uerum, quem inuenerant, perdiderunt. non enim 1 8 1
retundens ac redarguens confutabit, Salomone dicente: *altiora te ne quaesieris et fortiora te ne scrutatus sis. quae praecepit tibi deus, illa* 2 3 16
uersutis contentionibus laeta, de apostoli dicto calumniosam nobis inferat quaestionem, qui ait: *primus homo e limo terrae, secundus e caelo*, dubium 2 4 1
bona ex fide simplici. igitur si dei seruus es, *stultas et ineruditas quaestiones euita sciens, quia lites generant. seruum autem dei non oportet* 2 3 18
neque adtenderent fabulis et genealogiis, quae sine fine sunt, quae magis quaestiones praestant quam ueram rationem dei, quae est in fide. definitio 2 3 17
derelinquit. omnes enim passim furore insatiabili turpes praecipitantur in quaestus, nec quisquam prorsus inueniri potest, qui ei saltem uel uno 1 5 1
Christum induimus; qui, quae uis, qui exitus, quae merces carnis sit quaeue animae, deo magistro didicimus; qui non ignoramus uictoria carnis 2 4 18
argumentis excludit, orbem totum, si possit, ut rapiat. uultis scire, quale calamitatis sit genus? sane plus in eum, qui eam dilexerit, saeuit. 1 21
Abraham, fratres dilectissimi, quale diuinae pietatis munus acceperit, uetustae legis gesta testantur. Sarra 1 43 1
hunc timorem, quod est uerius atque iustius, transfer ad deum et, quale uelit illud sit, repente exstinguetur incendium. sed sic ego in rebus 2 7 9
cum dissimulando praetereunt, non adimunt, sed accludunt; quae reum, qualem inuenerint, talem quoque dimittunt; quae in pari causa ipsi 2 24 1
talesque legitima die ante conspectum dei ex illo naturae secreto produci, quales fuerint pro sua quique qualitate suscepti, apostolo dicente: *omnes* 1 2 15
uehementer armata captat solitudinem, secretum captat et locum, in quali etiam non irritata adolescentia inuitis feminis saepe uiolenta esse 1 1 16
rogari non nosti. tu oppressos uel cum dispendio tui incunctanter eripis in qualibet angustia constitutos. tu caecorum oculus. tu pes claudorum. tu 1 36 31
an pulchritudinem? leuis et commutabilis res est et quae una febri uel qualibet facillime deleatur iniuria. ecce procuratores uel gubernatores eius 2 4 15
inclusa sunt omnia; ex se est quod est; solus sui conscius, quantus et qualis est; solus perfectus, quia non potest illi aliquid nec addi nec minui; 1 7 3
fieri, opus cum dicto completur a filio. quomodo autem, quantus aut qualis fieri debeat, nemo praecipit, interrogat nemo. neque enim sine patris 1 56 2
primo omnium definiendum puto, quid sit circumcisio, ut tunc demum, qualis sit, iure possit agnosci. circumcisio est, fratres, in damnum rotundi 1 3 2
praedicta sacrario templi uirginalis hospes pudicus inlabitur ibidemque qualis uelit esse disponit. immo quod iam olim disposuerat complendum 2 12 1
spretores sui, ut impios monstret. infelix culpa est, fratres, in qua locum qualiscumque non inuenit excusatio; detestabilis certe filius, quem pater 1 20
carnis?' facile, fratres, pugna ista concordat statusque futuri qualitas aperitur, fides si inlibata teneatur. unde rem paucis expediam. 1 2 24
quod tota nec intellegitur nec tenetur. adde quod a quolibet pro ingenii qualitate argumentis asseritur. adde quod ab omnibus appetitur et a nullo 2 3 5
nec cum labe carnalis huiusce domicilii ista prima morte dissolui, sed pro qualitate factorum quasdam locis poenalibus relegari, quasdam *placidis* 1 2 3
dei ex illo naturae secreto produci, quales fuerint pro sua quique qualitate suscepti, apostolo dicente: *omnes nos manifestari oportet ante* 1 2 15
dicerent testes aut qualiter iudices circumuenti damnarent, non denique qualiter diabolus infamaret, qui non potuit pudoris fundamenta subuertere. 1 40 2
testis est deus. non respexit castitas, quid falsi dicerent testes aut qualiter iudices circumuenti damnarent, non denique qualiter diabolus 1 40 2
non enim elementa pulchrius aut uerius uerbis humanis asseri possunt, quam a deo facta sunt uel uidentur. itaque quod ad nos pertinet, 2 30 1
potest continere, positus in honore. caelestis profecto est ista patientia, quam a suo statu non aerumna, non felicitas, non affectus potuit 1 4 17
haedum ei promittit, id est, quae sit peccatori peccati merces, ostendit. quam accipere deuitauit, quia inter agnos uenturo tempore, non inter 1 13 9
patrocinia! o quam turpis ac lubrica, de qua ludit aliena sententia! o quam adultera, quae non agnoscit, quo auctore sit nata! o quam ridiculosa, 2 3 10
aestuantes procellas sollicitique maris fluctus insanos tutior piscis aluo quam alueo nauis nec tres pueri, quo ardere putabantur incendio, de suis 2 18 1
o quam praesumpta, quae mauult magis nouellae traditioni suae credi quam antiquitati, quam deo domino dicenti: *reicitis mandatum dei, ut* 2 3 10
inde esse noscuntur. etenim commodius puto misero in statu suo manenti quam beato in ultimas miserias deuoluto. nam praedicant patres suos 1 18 1
carnis inuenit, non requirit, mauultque potiri uel paruis praesentibus bonis quam bonis ingentibus tardis. at uero spiritus bona non tantum sunt 2 4 13
dominus postridie ab inferno resurgens se ciuitati Ierusalem intulit ante quam caelo. at uero Nineue imaginem portat ecclesiae, in qua gentium iam 1 34 8
exhibet, sed etiam ad consulta respondet liberiusque canit mortuus, quam canere consueuerat uiuus; unde libet exclamare: 'profectus potius est 1 2 8
fiat, ut sit prudens; nam huius mundi sapientia stultitia est apud deum. ob quam causam idem deus per prophetam hactenus protestatur: *non glorietur* 2 1 5
ferali supputatione nutrire non desinit, ut summam quaerat, non quam commodatio dedit, sed quam ei pepererint armati numero dies, 1 5 12
ligas quod suspendio uoueras collum; ab speculo oracula inquiris, quam commodatio possis circumscribere petitorem. quicquid feceris, uirgo 2 7 8
est cor eorum, ut diligerent magis tenebras quam lucem, creaturam potius quam creatorem. itaque tria conuenit esse iudicia: unum iustorum, qui non 1 35 6
dei colloquia? *ipsi autem me spreuerunt:* ad crucem enim perduxerunt, per quam crucem euaserant Pharaonem. sed iterum *derelinquetur filia Sion* 1 61 8

duo, sed uno incensi prodigio, secus quam decuerat *deperire coeperant.* quam cum aduerterent muro <munitam> castitatis, quae certe uera et 1 1 17
possint esse perfecti! o quam misera est fides, quam uerba concinnant! o quam debilis, cuius cotidie dissipantur uariis argumentationibus membra! o 2 3 10
atque diffusa, sic tamen, ut sentiri se cupiat quam uideri, plane cauta, ne quam declinet in partem, ne in aliquo se ipsa reprehendat, ne opere coepto 2 1 12
pudicitiae testimonium, *e senioribus duo,* sed uno incensi prodigio, secus quam decuerat *deperire coeperant.* quam cum aduerterent muro 1 1 17
quae mauult magis nouellae traditioni suae credi quam antiquitati, quam deo domino dicenti: *reicitis mandatum dei, ut traditiones uestras* 2 3 10
quam uitam turpem, melius credens hominibus se ream praebere debere quam deo. interea instant illi ex amatoribus accusatores effecti crimenque 1 1 18
quod est alter alteri obnoxius, procul dubio, ut tu uis, maior est natura quam deus. at cum naturam ex nihilo fecerit Christus, sit autem ex natura 2 8 5
perdidit, sed mutauit. hic ego patientiam domini memorare non audeo, ne quam deus inter homines deputatus patiatur iniuriam; idonea laus enim 1 4 19
laetatus est puer patre fideli ipse quoque fidelior, nec recusabat mortem, quam deus qui uitam dederat imperabat. laetatur pater filio quoque 1 43 5
tamen bonis contenta secretis, non tam rea susceptura sententiam quam dicata deo pro castitate fortiter moritura, et quam iudicantium 1 40 1
processit, paterni cordis est exsecutor? non enim minus est facere magna quam dicere. quamuis et quod dictum est a patre uel dici potest, quia 1 45 3
mundanae patuerunt. in quibus cum peritius agant uniuersi homines, quam dici potest, superfluum est demorari. unde nunc ad ueram iustitiam 2 1 11
antequam ueniret in montem, cum de patre quaereret, ubi esset uictima quam disponeret et immolaret, securus de fide generis sui pater filio, de 1 43 5
incendit etiam eos, quos causa non tangit, tanto ambitiosior in dolore quam ditior — sane post momentum misera (atque utinam semel!) nimio 1 2 14
aperitur, fides si inlibata teneatur. unde rem paucis expediam. omnis caro quam diu flagitiosis illecebris huius mundi ac tenebris feralibus agitatur, 1 2 25
beati orbis imperio potiretur, tam diu felix, tam diu inexterminabilis uixit, quam diu imperata regalis edicti continuit. at ubi sinistro consensu inuidi 1 4 8
quam diu, Iudaee, bruti cordis necdum discutis tenebras sacraeque legis 2 20 1
aetate et generantis genitalis flore consumpto non tam ex parentibus quam diuina praeceptione meruit procreari atque in ultimis uitae curriculis 1 59 1
aut dilectam? *filios,* inquit, *genui*: hoc dominum de hominibus dixisse quam dulce est! talem patrem laesisse quam turpe! *filios genui et exaltaui*: 1 61 7
dei filius dulcia, sicut prior, qui hoc prandio pastus est ante nos, dicit: *quam dulcia faucibus meis eloquia tua super mel et fauum ori meo!* haec, 1 24 4
non desinit, ut summam quaerat, non quam commodatio dedit, sed quam ei pepererint armati numero dies, menses et digiti. at plerumque 1 5 12
speculum intuentis plenitudine grauidatum, quod non tam imaginem suam quam eius, cuius est in usibus, gerit. denique tot efficit uultus, quot ille 1 2 29
atque gloriatur, digni estis uniuersi aurum argentumque non tam habere quam esse. nam uos estis aurum uiuum dei, Christi uos argentum, uos 1 5 17
hic tibi ego respondere non audeo, sit quippe cum tutius imperitum uideri quam esse sacrilegum. et tamen habeo, qui pro me tibi obsistat: nam lex, 2 3 15
qua facile et opus fieri possit et tolerari ardor aestatis, id est temptationis; quam esse utique credulitatem non potest dubitari, quia hanc qui habuerit, 1 13 8
si eius partem probes, reprobes partem, quomodo per hanc fidem quaeris, quam etiam ipsam infidelitatis ream constituis, canentis cum uniuersa non 2 3 13
non lege promeruit. si legem, contemne tuam istam circumcisionem, quam euacuatam uidemus a lege, sic Ieremia dicente: *haec dicit dominus* 1 3 12
gloriantur, quanto magis Christianus, in quo non est figura sed ueritas! quam ex rebus ipsis agnoscite pariter et probate. Iudaei maiores suos 1 46b 1
Iudaeorum, populi Christiani mundum. igitur gentium sacrificium quam exsecrabile est, tam inane; colunt enim uani uana figmenta in 1 25 3
ait: *tristis est anima mea usque ad mortem.* quod dictum non tam timentis quam exsultantis ac docentis est. utique non enim quicquam timere 1 2 31
auaritia quam facile arguitur ab omnibus, utinam posset tam facile non amari! est 1 14 1
Elisium, eo fortius addentes, quod defunctorum ibidem non tam formae quam facta noscantur ac necessario recipiant secundum quod mundanae 1 2 4
Eua per ecclesiam renouaretur. hoc nos, fratres, sacramento tam uiri quam feminae circumcidimur. hoc spiritus sancti non signaculo, sed signo 1 3 21
si utilis esse desideras, sicut ille Abraham, deum plus debes amare quam filios, ut habere merearis integros, incolumes ac beatos. stulta autem 2 1 21
nostram; non inquit: 'fac ad tuam', sed ait: *faciamus ad nostram*, ne quam filius hominem induturus pati uideretur iniuriam. uidetisne, fratres 1 45 1
suspirat, zelat, obsequitur; aut temptat aut decipit peiusque blanditur quam furit. occasionem ullam prorsus nocendi non praeterit. uultis scire, 1 36 26
nullus est nostrum, qui non momentis omnibus elaboret, ut plus habeat, quam habebat; quod cum nititur, auaritiae utique partes agit, quae est 2 1 16
opere terrae uisceribus, iterum celandum terrae mandatur. etenim res est, quam habere falsum est gaudium, certissimum periculum publicare. sed 1 14 4
dedisti mihi, ut facerem. et nunc tu clarifica me apud te ipsum claritate, quam habui apud te, priusquam mundus fieret. qui resurgens ait: *omnia* 2 5 4
spiritu, amore Christi ignem carnis exstingue, ut de resurrectionis gloria, quam hic iam tibi uindicas, taceam, in qua, ut dominus ait: *neque nubunt* 2 7 4
sed libidinis, qui publicanas mulieres cum ui subiciunt sibi uiliores se esse quam illae sunt produnt, qui iracundia tument, qui litibus fremunt, qui 1 25 11
legis omni deuotione succincta praecedens amplectatur fides, quae tam sibi quam illi credendo praestet effectum, insinuatio inanis erit, quia incredulo 2 3 1
scio enim, quia libentius in tuis moribus, tuis fundamentis tuisque consiliis quam in alienis nudisque sermonibus conquiescis neque tantam in 1 4 20
quod parentes filios, filii parentes oderunt; quod amicitia in facie adludit quam in cordibus commoratur; quod omne genus humanum suo interitu 1 14 7
imaginem dei debemus accipere, sed caelestis hominis spiritalem, quam in se credentibus dominus aetheria natiuitate renouatis plenitudinis 1 27 3
alium corrigendo. constat ergo omne Christianitatis magis in caritate quam in spe uel fide esse depositum, sicut euidens testatur exemplum. 1 36 19
iniquitatis spiritum libens concipis per maritum: infelix, iam plus in te est quam in templo remansit! at si te serues atque contineas, aestimabit non 2 7 17
legitimum gerere se pascha contendit, cui nihil aliud de ueteri sacramento quam inanibus intexta suspiriis fabula remansit. denique regium illud 1 28 1
debilis, cuius cotidie dissipantur uariis argumentationibus membra! o quam indefensa, quae regum, iudicum, diuitum, aliquotiens etiam, quod 2 3 10
cum apostolus dicat: *o altitudo diuitiarum sapientiae et scientiae dei! quam inenarrabilia sunt iudicia eius et quam inuestigabiles uiae eius! quis* 1 34 2
curioso rescribit dicens: *o altitudo diuitiarum et sapientiae et scientiae dei! quam inexquisita sunt iudicia illius et quam inuestigabiles uiae illius! quis* 2 3 16
meruisse sub casibus: nam retro respiciens Abraham inuenit uictimam, quam innocens immolaret. eo ferro mactauit arietem, quo filium percutere 1 43 7
sunt, inanis plurimorum uenter. inde populis deteriora mensuris pretia quam inopia. inde fraus, periurium, rapinae, lites ac bella. cotidie 2 1 16
redit in auctores purgaturque per innocentiam pudor. sicque Susannam, quam inpudicitia mentiente in publicum traxerant, probatam et uindicatam 1 1 19
siue bona siue mala. etenim, fratres, facilius est reformari quod fuerit quam institui quod ante non fuit; quod si non fuit et est, multo magis 1 2 16
metuenda elementorum forma mutatur et dei iniuriam prius prodit natura quam intellegat populus Iudaeorum. ab auctore itaque coepit furoris 1 59 9
et sapientiae et scientiae dei! quam inexquisita sunt iudicia illius et quam inuestigabiles uiae illius! quis enim cognouit cogitationem dei? et tu 2 3 16
sapientiae et scientiae dei! quam inenarrabilia sunt iudicia eius et quam inuestigabiles uiae eius! quis enim cognouit sensum domini? non enim 1 34 2
populo seruiebat. cum ea conuenire cupit, quia prophetiae magis gentes quam Iudaei fuerant credituri, domino dicente: *amen, amen dico uobis,* 1 13 9
susceptura sententiam quam dicata deo pro castitate fortiter moritura, et quam iudicantium sententia praua deiecerat illustris conscientiae integritas 1 40 1
uidetisne, fratres, multum interesse inter damnatum et iudicandum? quam iudicii formam etiam ipsa humanitas, quamuis iniusta sit, seruat. 1 35 8
per momenta et credit et timet arcamque, cum suis ut saluus foret, quam iussus est facere, non praecipiti festinatione compingit nec tantum 1 4 12
numquam recti aliquid illam facere uel fecisse, quod fecerit? uultis scire, quam iusta sit? miseram se putat, nisi euerterit ueritatem. ceterum 2 1 7
non partitam, sed totam dedisse maluisseque se cum liberis suis emori quam iustitiam praeterire. pro quo tam illustri facinore cibos a deo 2 1 20
magis uoluptati quam uirtuti consentit, deinde quia delicias plus diligit quam laborem. huc accedit, quia bona carnis inuenit, non requirit, 2 4 13
ne quo decipiaris errore: unam, quam tibi non licet quaerere, alteram, quam legitime, si possis, permitteris edocere. prima itaque natiuitas domini 1 54 2
cum magis uerus sit ille fidelis, qui sacra in praedicatione non ultra, quam licitum est, aciem suae tetenderit mentis; eo enim res deducta est, ut 2 3 12
uolunt, Graeciae uiri praeter ceteros curiosi otioso negotio cor suum ultra quam licitum est argumentis insolentibus extulerunt. hi cum ascendunt 2 9 1
Christianum. adde quod circumcisio ista non tam salutem pollicetur quam locum caputque criminis monstrat. Adam etenim, cum illicitum 1 3 8
quia lux uenit in hunc mundum et dilexerunt homines tenebras magis quam lucem? ambiguos utique Christianos designauit ac lubricos, *qui inter* 1 35 4
sunt et tenebris opertum est cor eorum, ut *diligerent magis tenebras quam lucem,* creaturam potius quam creatorem. itaque tria conuenit esse 1 35 6
esse sacrilegum. et tamen habeo, qui pro me tibi obsistat: nam lex, per quam me forte minus peritum peccare compellis, ipsa te magnopere 2 3 16
dicens: *caelum mihi thronus et terra suppedaneum pedum meorum. quam mihi aedificabitis domum? aut quis locus ad requiem mihi? omnia* 2 6 3
illis, non corrideas animae illorum; melior est enim unus timens dominum quam mille filii impii? cum haec ita sint, age uidua, quae sicut innocens 2 7 5
nostrae uidelicet decernendi sunt libri, ut possint esse perfecti! o quam misera est fides, quam uerba concinnant! o quam debilis, cuius 2 3 10
sed quia apud sapientes et honestos grauius est aliqua nota confundi quam mori, deus Iudaicum populum luxuriae aestu exuberante corruptum 1 20
ipsam perennis cui beatitudo succedat, praemium uictoriae magis esse quam mortem. luculenta oratione per Iohannem hactenus contionatur: 2 4 11
canere consueuerat uiuus; unde libet exclamare: 'profectus potius est iste quam mortuus.' in euangelio quoque Petrus filiique Zebedaei cum domino 1 2 8
'iam completa est, inquit, in me per Iesum Naue domino iubente secunda, quam Moyses annuntiauerat, circumcisio. scriptum est enim: *et dixit deus* 1 3 14
graui anus saepe uideri nouas nuptas, quarum paene plures sint nuptiae quam natales. quae non rogantur ut nubant, sed ut dormiant inuitantur, 2 7 10
deleta rura respirare non possunt, maria plus praedonibus saeua sunt quam natura; obseratae gladiis uiae humano cruore pinguescunt; 1 5 3
et tamen litus, quo tendebat, inuenit antequam uideat, felix sepulcro quam naui. in oratione mons tremit: monti, non apostolis trepidatio est. 2 2 5
ullo pacto potest humanis opinationibus substantia naturae comprehendi, quam nemo nouit nisi ipse solus, qui fecit. itaque quod specialiter ad 1 27 1
imaginem dei debemus accipere, sed caelestis hominis spiritalem, quam nobis plenitudinis suae pio de fonte largitur. quam rationem Paulus 2 30 3
quod illa est. interea miris excolit artibus sese faciemque suam in se, quam non habet, quaerit. pingit se in se ipsam et lenocinante uario 1 1 10
si non transducitur, perfidia, cum transducta fuerit, fides uocatur! o quam non uera, si *factionibus pollet*! o quam publicana, cuius fabulantur 2 3 10
a natura, quae est corporalis ac per hoc etiam breuis; alia uero animi, quam nos nobis ipsi hac in uita per fidem sacri fontis uiuo de gurgite 2 4 8
liberi, quod ueri sunt patres. huius est munus, quod alii ut nos aut plus quam nos proximi uel amici sunt nobis. huius est munus, quod diligimus 1 36 14
est, regem aliquotiens a deo in manus traditum sibi mauult semper timere quam occidere, inuerso gratus officio, deo dei munus retinendo placiturus. 2 9 7
ipso probando quod docuit, uiuere animas mortuorum non tam dicere quam oculatis rebus sufficimus approbare. denique uagi atque inmundi 1 2 5
atque distractus a fratribus. quem domini sui uxor peius amare coeperat quam oderant fratres. nam cum medullitus mulier ardoris insani 1 1 15
rei, aliam sibi, id est populi nostri, sua pro uoluntate plantauit, in quam omnis fructus propheticus decucurrit. hic mihi, rustico uestro, 2 11 1
legem; et iterum: *noli esse sapiens multum et noli argumentari plus quam oporteat.* similiter Paulus: *noli altum sapere, sed time.* cum haec ita 2 3 12
insuper regni caelestis participatione ditauit. o caritas, quam pia et quam opulenta, quam potens! nihil habet, qui te non habet. tu deum in 1 36 29
praedicari, quia primo, antequam esset, quod se fieri uoluisset, tam figura quam oraculis frequentibus publicauit. igitur 'dei filius' ad ineffabilem 2 4 3
deuitare. unde, fratres, in tali re non loquela est exhibenda, sed cura, quam paucis accipite. iram dei generaliter comminantis qui uult effugere, 1 10a
dominus, qui facio misericordiam et iudicium et iustitiam super terram. o quam paucissimis uerbis omne hoc mundi, enixe quod geritur, negotium 2 1 6

suo interitu suisque calamitatibus delectatur uiliorem habens animam quam pecuniam; inde est, quod iustitia honestas pietas fides ueritas perit; 1 14 7
amiseris maritum anne malum. si malum et desideras nubere, digna es, quam peior affligat; si bonum, fidei serua signaculum: pati non meretur 2 7 6
in eremo, potus e saxo? quid per lignum amara aqua dulcis effecta, quam per lignum crucis amaritudine gentilitatis exclusa bibituri essemus? 1 61 8
suam tamquam hamum proponit, ut facultates ad se attrahat alienas; quam peregrinantem ferali supputatione nutrire non desinit, ut summam 1 5 12
uiuificatum insuper regni caelestis participatione ditauit. o caritas, quam pia et quam opulenta, quam potens! nihil habet, qui te non habet. tu 1 36 29
praeponit, ut grauius possint, si resipiscant, comparatione torqueri quam poena. 2 21
caelestis participatione ditauit. o caritas, quam pia et quam opulenta, quam potens! nihil habet, qui te non habet. tu deum in hominem demutare 1 36 29
non timet adire naufragium, ceto inhiante miserabilius sepelitur quam praecipitatur et tamen litus, quo tendebat, inuenit antequam uideat, 2 2 5
qui tribulant me. inpinguasti oleo caput meum et poculum tuum inebrians quam praeclarum. utique, fratres, calix sanguinem, mensa corpus, oleum 1 13 10
se promittit haedum. at illa promisso expetit pignus, magis illo contenta quam praemio accepitque ab eo eius monile, anulum, uirgam; tumque 1 13 2
enim natura talis est, ut auariorem faciat. plerumque plus tulit auaro quam praestat, ac sic saepe contingit, ut merito perdat etiam sua, qui 1 5 12
pollet! o quam publicana, cuius fabulantur etiam profani secreta! o quam praesumpta, quae mauult magis nouellae traditioni suae credi quam 2 3 10
sed pondere, quando exomologesin facies, quae plus pro ornatu es quam pro salute sollicita. quid autem a deo impetrare te posse credis, quae 1 14 6
concipi nec disci quicquam poterit nec doceri. nam profecto sola est, ad quam prorsus res omnis spectet, dubium quippe cum non sit spem, fidem, 1 4 1
contendit deum filium non habere. quibus omnibus exempla uel ratio, quam prosecuturi sumus, argumentationis totius uno ictu omnes neruos 2 8 2
sed diues, in frumenti uarias moles spiceam feliciter contundens palmam. quam prosequitur congrue *mustulentus autumnus*, ut necessario gratiae 1 33 1
transducta fuerit, fides uocatur! o quam non uera, si *factionibus pollet*! o quam publicana, cuius fabulantur etiam profani secreta! o quam 2 3 10
uocatur occasio, se tamquam arbitrum timet omneque secretum plus quam publicum reueretur. pestiferas odit blanditias carnis inimicae et 1 1 2
publica obiurgatione confutat. humana sentienti nundinari deterius quam puniri. denique filios uocat, ut abdicatio timeatur; exaltatos, ut ruina 1 30
et cauendum quid sit his uerbis edocuit: *melior qui deficit sensu in timore quam qui abundat astutia et transgreditur legem*; et iterum: *noli esse* 2 3 12
qui incarnatus processit ex uirgine, aequitatem iustitiamque terris inlatam. quam qui constanter tenuerit ac fideliter ministrauerit, non dicam 1 38 5
nudi demergitis, sed aetheria ueste uestiti mox candidati inde surgetis. quam qui non polluerit, regna caelestia possidebit per dominum Iesum 1 23
eius, qui de limo est, portemus et eius imaginem, qui de caelo est. quam qui sancte portauerint, sicut apostoli omnesque iusti, non tantum 2 30 4
quale calamitatis sit genus? sane plus in eum, qui eam dilexerit, saeuit. quam qui uicerit, habebit uitam aeternam. 1 21
quae sunt negotio uel maxime necessaria, quia plus est quod geritur quam quod dicitur, ut et impudicitiae malum et bonum pudicitiae uno 1 1 15
similiter ne destrui quidem, quia si uera fides est, aliud esse non potest quam quod est. igitur cum possibilitatis humanae non sit fidei uidere 2 3 11
damnati; ex hac enim uita quis secum aut coronam portat aut poenam. quam rationem Dauid in Psalmo primo his uerbis expressit: *non resurgunt*, 1 35 3
hominis spiritalem, quam nobis plenitudinis suae pio de fonte largitur. quam rationem Paulus euidenter prodidit dicens: *quemadmodum* 2 30 4
hominem poterit excitare, antequam peccasset in paradiso, in id quod fuit! quam rationem seminum etiam beatissimus Paulus subtiliter prodidit 1 2 28
agnouerint, expeti a se aliquotiens alimenta contendunt; ac sic fidem rei quam reprobant faciunt. philosophi de anima uaria disserunt, sed tamen 1 2 3
sententia! o quam adultera, quae non agnoscit, quo auctore sit nata! o quam ridiculosa, quae duobus confligentibus Christianis ab altero eorum, si 2 3 10
deprecaris? aperi tandem oculos cordis: inuenies te insultare potius quam rogare. postremo, fratres, non potest timere maritum, quae non 1 14 6
deserta aliam sibi, id est ecclesiam matrem, sua pro uoluntate plantauit, quam sacerdotalibus officiis excolens piaque potatione fecundans felici ligno 1 10b 2
sed in his omnibus operibus uero iudicio structores magis possunt placere quam sacerdotes. quid, quod aut nullum aut perrarum est per omnem 2 6 1
in quibus felices obnixa deuotione suam religionem custodiunt potius quam salutem. igitur cum audio tres pueros incensos, prius uehementer 1 31
laboribus quaereretur, incunctanter optarent stultos iudicari se iustos quam sapientes iniustos, maxime cum iam sit eorum fraus omnis in medio. 2 1 4
humanis! et clamat non uoce, sed corde, non clamore, sed fide, quam scit deum libenter audire. hoc igitur e profundo clamans similiter 1 34 3
credulitatis ab eis solam ideo, quia eorum fidem uidere non potest, exigit. quam si abesse ex moribus deprehenderit, confestim ut perfidum punit 2 3 3
tanti immemores honoris, tantae dignitatis ignari. quid enim beatius, quam si homines deus paterno honore dignetur adtendere et tanta illa 1 61 6
est, fratres, in damnum rotundi uulneris ferro circulata cicatrix. quam si Iudaeus aestimat gloriam, ut de ceteris taceam, maior est eius, qui 1 3 2
nec uestrum frangat affectum, quod eius secretum figuramque nescitis; quam si propterea contemnitis, quia non uidetis, deum quoque, qui est 2 4 17
est causa, quod fratrum pia nomina plerumque gladiis amica uidemus esse quam sibi; quod parentes opulenti abolita sui nominis sanctitate filios suos 1 5 6
dicam facultatis, sed etiam, si opus sit, et salutis — alii magis prodesse quam sibi; suam, quia, quamuis sit sapientiae nomine falso uestita, tamen 2 1 3
non quaeram.' hoc etiam gentes dicere consuerunt. ceterum apud deum quam sit iniustum, mox uidebimus. nunc primo omnium, optime 2 1 18
a barbaro rege nimia crudelitate tribus pueris consulente fornacis ultra quam solet septenario pabulo ignis armatus est. credo diuina prouidentia 1 22 1
lac, unum stipendium, unam spiritus sancti praestat omnibus dignitatem. quam speciosum est, fratres, quamque salutare, quem paulo ante ridiculo 2 29 3
inquit, habeo, quos nudare non debeo.' ista et infidelitatis est excusatio, quam spiritus sanctus per prophetam retundit hactenus dicens: 2 1 20
quod numquam prorogat inportune nec derogat, quid aliud intelligi datur quam sui opificis moderationi deseruiens peritissima insignis patientiae 1 4 5
in custodiam nostrae salutis per spiritum sanctum imaginem referimus, quam tenemus. quod conuenit cum ea, fidelium communionis sanctae 1 13 11
non rogantur ut nubant, sed ut dormiant inuitantur, propiores sepulcro quam thalamo; quae, ipsae cum pereunt, detestabili exemplo adolescentulas 2 7 10
rudis aut neglegens disce Christiane, ne quo decipiaris errore: unam, quam tibi non licet quaerere, alteram, quam legitime, si possis, permitteris 1 54 2
sed mirabilis — funereo ambitu excedit uicti saeculi triumphum reportans, quam tot suppliciis omnes crediderant perituram. o necessarius timor, qui 2 2 7
hoc dominum de hominibus dixisse quam dulce est! talem patrem laesisse quam turpe! *filios genui et exaltaui*: utique filios Israel dominus genuit, qui 1 61 7
etiam, quod peius est, gentium desiderat per momenta patrocinia! o quam turpis ac lubrica, de qua ludit aliena sententia! o quam adultera, 2 3 10
quia mors non timet nec diuitias nec honores. o caeca mens hominum! quam uarie, unam tamen contendit in mortem: pauper, cum opes 1 5 11
est laudare dominum, cuius condigne laudare non queas seruum. sed o quam uellem te, si possim, rerum omnium regina, patientia, magis moribus 1 4 20
et genealogiis, quae sine fine sunt, quae magis quaestiones praestant quam ueram rationem dei, quae est in fide. definitio autem iussionis est 2 3 17
decernendi sunt libri, ut possint esse perfecti! o quam misera est fides, quam uerba concinnant! o quam debilis, cuius cotidie dissipantur uariis 2 3 10
proferamus exemplum, quamuis non possit ueri simile tantam uim habere quam ueritas. oleaster sua infelix et amarus est in natura; sed cum fuerit 1 2 27
uelasti, scissis genis, liuore foedatis uberibus, sordido plus puluere tecta quam ueste? tu, inquam, non es, quae nunc caelum ipsum ululatibus 2 7 7
in publicum tota prominens atque diffusa, sic tamen, ut sentiri se cupiat quam uideri, plane cauta, ne quam declinet in partem, ne in aliquo se ipsa 2 1 12
sed salutiferis praedicationibus quattuor circumferunt euangelia. cuius quam uim habeat amictus et currus, his uerbis propheta testatur: *deus* 2 12 4
ipse potissimum superatur?' primo quia genus humanum magis uoluptati quam uirtuti consentit, deinde quia delicias plus diligit quam laborem. huc 2 4 13
suae conscium solum contestans deum honestam elegit mortem quam uitam turpem, melius credens hominibus se ream praebere debere 1 1 18
margaritae. felicia, exsultate, coniugia: meliores ornatui gemmas sculpitis, quam uos estis. exsultate, uiduae: quadratura uestrae uirtutis *angularis* 2 6 10
sicut ego; si autem non fuerint continentes, nubant: melius est enim nubere quam uri. alio autem loco ait: *hoc dico secundum ueniam, non secundum* 2 7 2
sed o quantum es miranda, pudicitia, quae aliter laudari te non uis quam ut custodiaris, solo bonae conscientiae ornamento contenta! tu in 1 1 20
est deum non nosse nisi deum nihilque ex eo amplius requirendum quam ut quis eius nouerit uoluntatem, sine qua ei nec legitime seruire 1 54 1
ante omnia homini timenti deum tam necessarium atque conueniens, quam ut se ipsum nouerit. etenim genus insaniae est eum rationem secreti 1 27 1
dilectissimi, ante omnia homini nato tam necessarium atque conueniens, quam ut se ipsum nouerit. etenim genus insaniae est eum rationem secreti 2 30 1
fuerit extra coniugium; Christiano enim, fratres, ultra licere non puto quam ut sit aut continens aut maritus. uenio nunc ad exempla, quae sunt 1 1 14
claudorum. tu scutum fidelissimum uiduarum. tu melior pupillorum, plus quam uterque parens. tibi oculos numquam siccos esse aut misericordia 1 36 31
in suo statu omni loco, omni tempore manet plus honestati consulens quam utilitati. uultis scire, quantae felicitatis sit [sit]? eam et qui habet 1 1 2
spiritus sancti praestat omnibus dignitatem. quam speciosum est, fratres, quamque salutare, quem paulo ante ridiculo habueris, admirari; cuius 2 29 3
potes suppliciis tormenta grauiora, maioribus te furoris stimulis accende, quamuis cruciatus exerce molem: nos a deo non potes separare.' statim 1 39 5
spectaculo totius mundi quoque prostituit. non opus est ire per singula; quamuis et haec non fuerint dictu digna, tamen ad exprimendam uim 1 1 12
cordis est exsecutor? non enim minus est facere magna quam dicere. quamuis et quod dictum est a patre uel dici potest, quia uerbum est filius, 1 45 3
omnia combinata unius fructus rediguntur in summam, quoniam uniuersa quamuis gemina esse noscantur, tamen una de radice funduntur. 1 37 14
et qui non habet diligit. si ergo exsultat gloria eius saepe in gentibus (quamuis illic fructuosa uel uera esse non possit, quia sub inpudico 1 1 3
felicitatis tempus non credit esse uenturum? sed spes ex fide est, quae quamuis in futuro sit posita, fidei tamen est iure subiecta. ubi enim fides 1 36 4
damnatum et iudicandum? quam iudicii formam etiam ipsa humanitas, quamuis iniusta sit, seruat. nemo namque pater familias honesta fidelitatis 1 35 8
in tumulo, non umbra, sed ueritas, non imago, sed Phoenix, non alia, sed quamuis melior alia tamen prior ipsa. erubesce, Christiana conscientia, uel 1 2 21
quasi quaedam sollicita mater patientia custodiret. sol denique quamuis mira celeritate alternas mundi metas illustret, tamen nunquam 1 4 4
in angelos excitabit. ad hoc unum euidens adhuc proferamus exemplum, quamuis non possit ueri simile tantam uim habere quam ueritas. oleaster 1 2 27
insignis patientiae disciplina? sed et mare uentis lacessitum, cum irascitur, quamuis reciproca uicissitudine nunc pulsantibus caelum, nunc 1 4 5
est per omnem ecclesiam dei orationis loci membrum, quod possit quamuis ruina in se mergentibus idolatriae aedibus nunc usque aliquatenus 2 6 2
defleret se fecisse quod fecerat; aliter etenim quis saluus esse non poterit, quamuis sit iustus, nisi exomologesin faciens et praesentia sua peccata 1 13 12
modo uti sermone nouique operis arcem sacram laudibus geminare. sed quamuis sit optimum laudare, quae dei sunt, tamen praecipuum non est, 2 6 1
etiam, si opus sit, et salutis — alii magis prodesse quam sibi; suam, quia, quamuis sit sapientiae nomine falso uestita, tamen suis commodis 2 1 3
facillime possit agnoscere. posteaquam deus, fratres, hunc mundum quasi quandam futuri humani generis domum multipliciter aptatum 2 4 4
crucis amaritudine gentilitatis exclusa bibituri essemus? exaltati filii Israel, quando ad Iordanem securus ab Horeb accessit. quid cotidiana dei 1 61 8
prosternere dedignaris. sane ceruicem curuas non religione, sed pondere, quando exomologesin facies, quae plus pro ornatu es quam pro salute 1 14 6
exornat, patienter uariis animantibus replet. quando ingredi iubeatur, quando ianuam claudere, patienter exspectat, dignus euadere, qui in tanto 1 4 12
ambulare post deos alienos, ut seruiatis eis, et ne adoraueritis eos, ne quando incitetis me in operibus manuum uestrarum et disperdam uos. quae 1 25 4
patienter aedificat, patienter exornat, patienter uariis animantibus replet. quando ingredi iubeatur, quando ianuam claudere, patienter exspectat, 1 4 12
sed non ex patre nobilitatis perpetuitate progenitum fuisseque tempus, quando non fuit. tertia Iudaea est uere caeca, quae cum in lege, ut dicere 2 8 1
dominus perduxit *manu forti et brachio excelso*. exaltatus est Israel, quando per triduum tenebrae et caligo totam Aegyptum circumdedit; 1 61 7

tenebrae et caligo totam Aegyptum circumdedit; exaltatus est Israel, quando tot et tanta tormenta Aegyptiorum solus ipse nihil aut timuit aut 1 61 7
Iudaei infidelitate sua apud dominum nostrum odia meruerunt, quoniam quanta fuit de amore gratia, tanta de eorum offensione futura uindicta est. 1 61 5
cum esset uictima commutata: cum tanta laetitia arietem obtulit, cum quanta obtulerat et filium; ubi enim fides fuit, non erat dolor. in illo 1 43 7
omni tempore manet plus honestati consulens quam utilitati. uultis scire, quantae felicitatis sit [sit]? eam et qui habet diligit, et qui non habet diligit. 1 1 3
pudicitiam qui colit, quantae nobilitatis sit, facillime cognoscit; est etenim tantae uirtutis, ut sit 1 1 1
maiore dedecore in perpetuum imperio Romano seruiret. sane uultis scire, quantae sit sanctitatis? quem mare sustinuit adunatum, non potest terra 1 52
conquiescis neque tantam in multiplicandis uirtutibus laudem ponis, quantam in finiendis. tu uirginitati praestas, ne flos eius ullo morbo, ullo 1 4 20
deliquit, granditer uindicari, quem pater plurimo dilexit affectu et, quantam pietatem dilecto filio amatus pater exhibuit, tantam laesus exigit 1 61 5
qui cum possit subuenire non subuenit, ipse eum uidetur occidere? o quantarum neces animarum in phaleris pendent ornatae matronae! 2 1 19
omni honorificentia deferentis patri uerba sunt filii, debetis agnoscere, quantis catenis uincta tenebrarum mens laboret incredulorum. *immola,* 1 25 2
si fertilis fuerit: illic quia parum distrahit, hic quia non solus. uultis scire, quantis sit tenebris obuolutus? irascitur deo, si non semper fiat publicis 1 5 14
ista deum. adhuc accipite, ad propriam sedem palmamque propositam quanto amore, qua deuotione festinet. si quis eam prouocat in iudicium, ut 2 1 13
si Iudaei uacuatae imaginis recordatione gloriantur, quanto magis Christianus, in quo non est figura sed ueritas! quam ex rebus 1 46b 1
fructuosa uel uera esse non possit, quia sub inpudico praedone uersatur), quanto magis debet esse gloriosior in populo Christiano, qui eius 1 1 3
igitur si homo potest facere, ut sit arbor quod non fuit, saluo quod fuit, quanto magis deus hominem poterit excitare, antequam peccasset in 1 2 28
ratione, nonne continuo uelut sacrilegii commissi capitales poenas luit? quanto magis in hac causa fortius praecauendum est, quem solum ueretur 1 36 24
fidem genitalis unda concepit, per sacramenta iam parturit? ad desiderata quantocius festinate! solemnis hymnus ecce iam canitur, ecce mox 2 28
tempus habent, caritas autem finem non habet, momentis omnibus crescit quantoque ab ea diligentibus inuicem creditur, tanto inuicem plus debetur. 1 36 11
distribuasque necessitatibus singulorum, ex eorum respiratione cognoscis, quantorum malo ille constat ornatus. 'filios, inquit, habeo, quos nudare 2 1 19
constantia absolui meruit, dum humanum ex se deponit timorem et, quantum ad fidem pertinet, pater promissa compleuit, dominus parricidium 1 59 7
aetate puer robustior saginatur. nihil difficile est fidei, quae tantum habet, quantum credit. igitur Isaac unicus filius, spes populorum et gentium, 1 62 2
illustrat terribilibus oraculis salutem ciuitati credulae praestaturus. quantum datur intelligi, fratres, nauis typus est synagogae: eius proretam 1 34 7
numerent martyria, qui possunt numerare supplicia, et in uno corpore quantum diabolus publicatus est furere, tantum agnoscatur dominus 1 39 9
mariti thalamos cum ingenti triumpho uictrix pudicitia reportauit. sed o quantum es miranda, pudicitia, quae aliter laudari te non uis quam ut 1 1 20
modo pars est, fratres dilectissimi, martyrum non horruisse supplicium. quantum etenim multiformis crudelitatis lugubris contemplatio retrahit a 1 11
et de inopia queritur semper. denique ad sua numquam peruenit uota. quantum fuerit auctior, fit tanto miserior: expers otii, expers satietatis, per 1 5 2
recepit, facultates liberosque suos non perdidit, sed mutauit! Iob, quantum intellegi datur, fratres carissimi, Christi imaginem praeferebat. 1 15 7
non tantum ab ea se refrenauit, sed insuper eam et iustificauit. Iudas, quantum intelligi datur, ex parte prophetarum, ex parte patriarcharum 1 13 4
paucissimis uerbis totius humani generis iudicium designauit; etenim quantum interest inter impium et peccatorem, tantum interest inter 1 35 3
uterum conuolate ibidemque uos uestra nobilitate fide scientes, quoniam, quantum quis crediderit, tantum beatitudinis et habebit. o admirabilis et 1 55
manent. ut est, fratres, Nineuitis nuntiatus interitus, credunt et timent et quantum sciunt dominum non esse mendacem, tanto propensius eius de 1 34 9
abdicatus. cuius enim impietas paterno affectui parem gratiam non refert, quantum sit criminis dici non potest: dominum patrem non dilexisse, cum 1 61 6
quantum sonus lectionis indicat, fratres, Iudaicus quidem populus 1 10a
dei populus liberatur resolutisque undis uia cum persecutore deletur. quantum spiritaliter intellegi datur, Aegyptus mundus est iste. Pharao cum 2 26 2
et patris familias cellis uinariis infertur, ut melius ueterescendo reddatur. quantum spiritaliter mediocritas nostra conicere potest, computatus ad 2 11 4
crescebant. integer horum denique uasis semper in plenis manebat status quantumque eis impensae diurnae necessitas dempserat, tantum rediuiua 2 1 20
pater orbem fieri, opus cum dicto completur a filio. quomodo autem, quantus aut qualis fieri debeat, nemo praecipit, interrogat nemo. neque 1 56 2
in eius manu inclusa sunt omnia; ex se est quod est; solus sui conscius, quantus et qualis est; solus perfectus, quia non potest illi aliquid nec addi 1 7 3
sumus, argumentationis totius uno ictu omnes neruos abscindet. quapropter duas esse natiuitates domini nostri Iesu Christi necessario scire 2 8 2
cor meum, docens *optimum* esse *sacrificium deo cor contribulatum.* quapropter, fratres, *efferendum non est* prosperis *rebus, sed* timore *dei* 2 9 3
deo; qui nisi credidisset, neque iustus neque pater gentium esse potuisset. quapropter manifestum est spei ac fidei unam inseparabilemque esse 1 36 6
diurnae necessitas dempserat, tantum rediuiua fecunditas reponebat. quapropter si pater bonus, si prouidus, si utilis esse desideras, sicut ille 2 1 21
quisquam dei se posse scire secretum, qui sui corporis nescit arcanum? quare, fratres, propter quod facti et nati sumus, timeamus, amemus et 1 56 3
excusare, non uideo. non deest enim qui dicere possit: 'si est resurrectio, quare plangis? si amore mariti facis, cur postmodum nubis?' exsecrabilis 1 2 14
quicquid cotidie concupiscentia, ambitione, auaritia ardet in saeculo. quare utraque sunt uana, quia et cordis exaltatio nullos fructus inuenit et 2 9 5
habebant —, duas asseruere iustitias: unam ciuilem, alteram naturalem. quarum fecit apertissime, cum ad Romanos loqueretur, apostolus 2 1 2
crimina. pudet me dicere in populo graui anus saepe uideri nouas nuptas, quarum paene plures sint nuptiae quam natales. quae non rogantur ut 2 7 10
illi sunt membra, unum secretarium et patentes semper duodecim portae, quas ab hostili defendit impulsu in modum tau litterae prominens lignum. 2 6 7
examen speculi arbitrium temporale dictauerit. nunc emendat, nunc delet quas amauerat species, nunc subicit alias, nunc parturit nouas. manibus 1 1 10
unam tamen contendit in mortem: pauper, cum opes infeliciter quaerit, quas feliciter non habet; diues, cum diuitias putat se non habere, quas 1 5 11
quaerit, quas feliciter non habet; diues, cum diuitias putat se non habere, quas habet. in uno nititur auaritia, bacchatur in alio, in utroque crescit, in 1 5 11
perhibente et dominum ter est temptare conatus. Iob facultates, quas habuit, amisit; et dominus caelestia sua bona amore nostro neglexit 1 15 8
illud, quod a deo damnatum iure uidebatur, sed ut reliquas nationes, quas idolatriae, de qua diximus, disseminatae uenena confecerant, ad dei 1 13 5
pater filio quoque gaudente et cum gaudio unici pignoris alligat manus, quas ille uinciendas libentius offert. pedes quoque constringit, ne in exitu 1 43 5
promittit, ostentat, obicit, donat, speciem proponit suam faciemque, in quas illi libuerit figuras, speculo conciliante semper incertam cotidie 2 4 9
secreti est omnium peior, nemo imminentes diei iudicii flammas, per quas omnes nudi transituri sumus. solum colitur, de quo dictum est: *idola* 1 5 15
tympanum quatit, typus ecclesiae fuit, quae cum omnibus ecclesiis, quas peperit, hymnum canens et pectoris uerum tympanum quatiens 2 26 3
multas etiam fides et quidem nouellas et litis labore ac fauore nutritas. quas, quia uera uix potest inueniri, credo, ne populi penuria laborarent, 2 3 7
facis solemnitate in occasus suos quasi quibusdam deducuntur exsequiis; quas si per plagas unde refixae sunt quaeras, rediuiui luminis lege suis 1 2 17
autem dei non oportet litigare, quia lis et caritatis est hostis et fidei; quas si quis amiserit, nec diuina ille profecto nec humana cognoscit. haec, 2 3 18
huiusce domicilii ista prima morte dissolui, sed pro qualitate factorum quasdam locis poenalibus relegari, quasdam *placidis sedibus* refoueri, ut 1 2 3
dissolui, sed pro qualitate factorum quasdam locis poenalibus relegari, quasdam *placidis sedibus* refoueri, ut tunc demum credi possit resurgere, 1 2 3
poculi propinati lambendo labris exhauris futurique haustus quasi quasdam primitias auspicaris, totum prorsus iniquitatis spiritum libens 2 7 17
melioris naturae iura transmissa, felix caput comis uirentibus redimitum quasi ab inferis emersum in superna sustollit perennitatis gloriam fructu 1 2 22
spei, anima caritatis. tu specialiter omnem populum diuinasque uirtutes quasi crines effusos in unius uerticis nodum, honorem decoremque 1 4 22
impii in iudicio neque peccatores in consilio iustorum. gradatim pro meritis quasi cum quibusdam elogiis paucissimis uerbis totius humani generis 1 35 3
et percipe auribus, terra. de caelo et terra prophetam fuisse testatum uel quasi de aliqua re esse conquestum, cum dicit *audi caelum et terra,* 1 61 2
se lineamenta depingit, nata sanguineae teneritudinis dubio cornu primo quasi de cunis apparet paulatimque crescendo iam puella, iam uirgo pro 1 2 19
reseruauit? utique illi, sicut apostolus quoque ait, qui cognitum *deum non quasi dominum honorauerunt neque ei gratias egerunt, sed uanis* 1 35 6
usu et perpetuo et tutius maneat testatoris uoluntas inscripta, seu quod quasi ex transuerso in unam fidem concurrentia crucifigi habuisse dei 1 37 8
et inuenit illos dignos se. tamquam aurum in fornace probauit illos et quasi holocaustomata accepit illos et in tempore erit respectus illorum. 2 5 6
plangentibus adhuc uiuenti rapiuntur. unde, fratres, sicut ueri Christiani, *quasi hospites et peregrini abstinete uos a carnalibus desideriis, quae* 2 4 17
toto corpore insaniat, tamen extremorum pallido ex recursu uoluminum quasi ius terrae cognoscens ac uiolare deuitans mira patientia in se 1 4 5
repellat. Thamar arguitur, quod de fornicatione conceperit; et ecclesia quasi legis adultera Iudaeorum est a senioribus accusata, quod sabbatum 1 13 12
euagandi *extra legitimum torum* peregrina luxuria inspirat infeliciter quasi liberam facultatem ac sic eorum quoque feminas a pudore diuellit, 1 1 13
sane hoc solum competenter gerunt, innocentes quod agnos passim quasi *lupi rapaces* occidunt. 2 25 2
iniurias. incertum est, utrum inpassibilis iudicetur, cum aliquid passa quasi nihil passa sit inuenitur. postremo impossibile est, fratres, eius 1 4 2
crudelitatis et impietatis in sterquilinio foetido scaturiente uermibus, quasi nihil passus, sed solo dei timore contentus. o felix uir, qui mira 1 15 6
sunt uerba: *tempus coartatum est; superest ut qui habent uxores, sic sint quasi non habentes; praeterit enim figura huius mundi.* at cum ante annos 2 7 5
deseruit. pro nefas! quae istae sunt tenebrae? inest omnibus et ab omnibus, quasi non sit, arguitur; accusatur et tamen colitur; iugulat et amatur. 2 1 8
spectatore metuente secura calcat genera uniuersa terrorum; incolumis quasi orbe subacto de illo feralis caueae — iam non miserabilis, sed 2 2 7
intexta praeceptis credentes homines uoluntatemque dei facientes quasi per quosdam obseruantiae gradus in caelum leuare consuerunt. hanc 1 37 1
iussus est facere, non praecipiti festinatione compingit nec tantum munus quasi praesumptor aut demens rapit, sed patienter aedificat, patienter 1 4 12
maxime cupiunt, sic se et alios perdiderunt. nam mutato nomine et cultu, quasi promota somniis, illas scholares calumnias dei usque ad ecclesiam 2 9 2
'hominis' ad sacramentum. cuius sacramenti arcanum euidenti ratione quasi quadam claui aperire conabor, ut et prouidentiam dei et uim 2 4 3
repente exstinguetur incendium. sed sic ego in rebus demoror prope sanis, quasi, quae uere exsecranda sint, iam correcta sint crimina. pudet me 2 7 10
in solemnes reditus commearent, nisi rerum disciplinam conuersionemque quasi quaedam sollicita mater patientia custodiret. sol denique quamuis 1 4 4
quiuis facillime possit agnoscere. posteaquam deus, fratres, hunc mundum quasi quandam futuri humani generis domum multipliciter aptatum 2 4 4
reliquias poculi propinati lambendo labris exhauris futurique haustus quasi quasdam primitias auspicaris, totum prorsus iniquitatis spiritum 2 7 17
humanitas per momenta suspirat, tamen omnes uno eodemque consensu quasi quendam patientiae deferuntur in portum, sine qua nec audiri nec 1 4 1
flammarum albescentium tractu funereae facis solemnitate in occasus suos quasi quibusdam deducuntur exsequiis; quas si per plagas unde refixae sunt 1 2 17
omnesque discipulos. quorum salutaria monita canentibus linguis, quasi quibusdam spiritalibus cultris, credentium populorum secundum 1 3 16
his enim tribus rebus, quae fundamenta sunt omnium uitiorum, uiolentis quasi quibusdam tempestatibus naufragatum momentis uniuersis in 2 1 6
signa laetitiae, quoniam haec est pars nostra et haec sors. illinc spiritus, quasi quidam dux peritissimus, horum omnium praedicit fugam, in armis 2 4 11
ceruice subeuntes in nisum laboris uel amoris aequalem retinaculis blandis quasi quidam peritus auriga componis. tu amicitiam *idem uelle atque idem* 1 4 21
dicat: 'si caro perit, unde cognoscitur ille, qui resurgit?' caro, fratres, quasi quoddam est speculum intuentis plenitudine grauidatum, quod non 1 2 29
ex uirtutibus libros agnoscimus. sed quid ego diutius demorer in humanis, quasi sola isto affectu sint praedita? nonne uidemus omne animantium 1 36 15

dicentis: *nisi credideritis, neque intellegetis*) stultam putant irriduntque quasi uanam, quod, cum possit bonis frui mundi ac negligat, sponte se 2 1 14
genus congregatione, concordia testari caritatem atque ita omnis motus quasi uno sensu magistra dilectione conuerti, ut quiuis intelligat hoc fieri 1 36 15
quam exsecrabile est, tam inane; colunt enim uani uana figmenta in quaslibet formas, uultus, sexus, aetates auri argentique detrimento matris 1 25 3
ecclesiis, quas peperit, hymnum canens et pectoris uerum tympanum quatiens populum Christianum ducit, non in eremum, sed ad caelum. 2 26 3
nec eques potest sequi nec nauis. Maria cum mulieribus tympanum quatit; hymnus canitur; dei populus liberatur resolutisque undis uia cum 2 26 1
sed portant peccata, delentur. Maria, quae cum mulieribus tympanum quatit, typus ecclesiae fuit, quae cum omnibus ecclesiis, quas peperit, 2 26 3
solito more unanimes una epularentur in domo, subito concussis toto nisu quattuor angulis eius in confusam molem parietibus tectisque labentibus 1 15 4
duodecim, *corona* circumdat, quem per ambitum totius orbis non muta *quattuor animalia,* sed salutiferis praedicationibus quattuor circumferunt 2 12 4
totius orbis non muta *quattuor animalia,* sed salutiferis praedicationibus quattuor circumferunt euangelia. cuius quam uim habeat amictus et 2 12 4
duodecim menses seruiunt in prophetis; quem euangeliorum salutaria quattuor praedicant tempora; cui non anniuersarii, sed cotidiani fructus 1 33 4
omni genere fructuum fetibus pollens, diuite sinu, momentis quibus uelis quattuor temporum munera expungens. denique competentibus nostris 2 13
ab inprudentibus aestimatur. ceterum domini dictum quo sit pondere quaue ratione prolatum, explanat proprietas ipsa uerborum: *qui credit,* 1 35 2
iura custodit, haec in utroque sexu conspicua, in omni aetate miranda, in quauis condicione non dubia, soli sibi deuota, semper bene conscia, prorsus 1 1 1
semper, humilis, cauta, prudens, prouida, omni necessitate contenta, quauis turbationum tempestate tranquilla. serenitatem suam nebulis 1 4 2
omnibus displicens, sed solae suae conscientiae placens, cum subito, quauis uersutia qui fallitur numquam, confestim adest in Daniele puero 1 1 19
sint tales, contumelia est laudare dominum, cuius condigne laudare non queas seruum. sed o quam uellem te, si possim, rerum omnium regina, 1 4 19
omnibus inuenitur. igitur Iacob habet imaginem Christi, sed et lapis ipse, quem ad caput suum posuisse cognoscitur, quoniam *caput uiri Christus,* 1 37 1
tuum, donec reuertaris in terram. sed et dominus ex persona hominis, quem adsumpserat, ait: *tristis est anima mea usque ad mortem.* quod 1 2 31
non audiendum, sed competentibus poenis excruciandum. tertium quoque, quem aduerterit fraudulentum, coloratis ratiociniis sua furta excusantem, 1 35 8
prolata sunt, quae saluti cum domini gloria et Petri felicitate, utpote super quem aedificauit ecclesiam, duobus populis profecerunt. mare autem 1 37 5
petra, recte cultellos petrinos fecit (unde non sine ratione et *Simoni,* super quem aedificauit ecclesiam, *Petrus nomen imposuit*), id est sua doctrina 1 3 16
quia beatus esse non potest, fratres, in prima natiuitate persistens, quem aestuantium delictorum fax incensa omnibus momentis exurit; qui 2 10 1
me. si pater loquitur, fratres, quis est iste, cui tantum defert? quis est, quem altissimum dicit, cum ipse sit solus, a quo alius altior non sit? sin 1 25 2
sterili solemnitate dimittimus, sed pudoris sanguinem retinemus, quem ambitiose plerumque effundimus, cum in persecutione pro nomine 1 3 21
principium, fratres dilectissimi, dominus noster incunctanter est Christus, quem ante omnia saecula pater in profundo suae sacrae mentis arcano 1 17 1
principium, fratres, dominus noster incunctanter est Christus, quem ante omnia saecula pater adhuc utrumque in semet ipso deus beatae 1 56 1
satellitum praeceps irruit manus, festinat dei famulum posse deprehendi; quem beati propinquus martyris, qui in eius forte degebat habitaculo, 1 39 4
ad tempus perspicitur interire. similiter in inferno diues ille tenacissimus, quem chaos immensum a pauperis felicitate discernit, ardoribus suis 1 2 9
in unam fidem concurrentia crucifigi habuisse dei filium nuntiabant; quem confirmat in scala rectissime positum, quia historia totius scripturae 1 37 8
ut beatae resurrectionis suae in nos munus inmortalitatis conferret. quem conpetenter sequitur Virgo praenuntians Libram, ut nosceremus per 1 38 5
infelix et, quod teste caret, putat se caruisse facinore, quem deus uidit, quem conscientia redarguit, quem fratris sanguis accusat. quid inpatientiam 1 4 9
nitantur, tamen tres sunt quodam modo principales. e quibus duae eius, quem cupiant deprauatum, simulant se esse cultrices. una denique asserit 2 8 1
admirari; cuius exsecratus sis corruptelam, optes imitari uirtutem; quem cupidum semper horrueris, stupeas passim in pauperes et egenos sua 2 29 3
solus Cain exsultat infelix et, quod teste caret, putat se caruisse facinore, quem deus uidit, quem conscientia redarguit, quem fratris sanguis accusat. 1 4 9
uiuit, iustitiam percolit, sine fine studet timere, ne quid praeter deum, quem diligit, timeat. denique huius suffragio Daniel populis terribilem 2 2 4
nimia crudelitate festinus sepelit, antequam iugulet. ipsum postremo, quem diuitiis exspoliauerat magnis, magnis uestit ulceribus, quibus insuper 1 4 18
si abesse ex moribus deprehenderit, confestim ut perfidum punit irata quem docuit nullamque aliam ob causam promulgatam se esse testatur, 2 3 3
germanitatis impulsu in Aegyptum est delatus atque distractus a fratribus. quem domini sui uxor peius amare coeperat quam oderant fratres. nam 1 1 15
qui ei deinceps nihil futuro paradisum repromisit. sed et homo ipse, quem dominus assumpserat, perit, si Iesus non resurrexit. at si resurrexit, 1 2 11
occidit et ortus est rursum numquam repetiturus occasum. hic, inquam, quem *duodecim* radiorum, id est apostolorum duodecim, *corona* circumdat, 2 12 4
aut parricidali gladio iugulare; hic Ioseph mulieri flagitat esse uiolentum, quem, etiam dum denudat, esse non inuenit inpudicum; hic synagogam 1 36 26
cui duodecim horae in apostolis, duodecim menses seruiunt in prophetis; quem euangeliorum salutaria quattuor praedicant tempora; cui non 1 33 4
in Apocalypsi Iohannes bis acutum gladium cum uno capulo nuncupauit, quem ex ore domini prodire describit. gladius enim spiritus sanctus est 1 37 2
putat se caruisse facinore, quem deus uidit, quem conscientia redarguit, quem fratris sanguis accusat. quid inpatientiam Sodomorum, ubi inlicite 1 4 9
quod est filii, patris est, quod patris, amborum. laetatur pater in alio se, quem genuit ex se. quomodo autem generatus sit, qui processit, dementis 1 56 1
postremam suscipit mortem, ut ea deuicta resurgens *homini* per hominem, *quem gerebat, et spem uincendae mortis offerret et* eum *ad praemia* 2 4 7
tibi, sicut praeceptum est, *ex agnis et haedis* discordi natura commissus, quem in gregibus pecuinis ipsi tui non inuenere maiores. atque utinam tu 2 20 1
in qua deus pro homine pendere dignatus est, ut in deum hominem, quem induerat, commutaret. anulus quoque signaculum fidei est, quod est 1 13 10
natura commissum, qui inueniri non potest, quaerunt, sic agnum uerum, quem inuenerant, perdiderunt. non enim intellexere, quia *ex haedis* 1 8 1
quomodo, unde pascha celebratur? adde quod agnum legitimum suo uitio, quem inuenerant, perdiderunt. quem scriptura designabat *ex ouibus et* 1 46a 2
propter quod facti et nati sumus, timeamus, amemus et honorificemus quem inuenimus deum. sane quaerant illum, qui eum non habent secum. 1 56 3
qui, cum sit homo, deum se fingit, ita detestabilior qui deum colit, quem ipse disposuit. Selom autem praedictorum tertius frater minor ex 1 13 6
sacerdos pio mysterio sua uictima inclusus hodie deum reddidit hominem, quem litauit. 1 8 2
imperio Romano seruiret. sane uultis scire, quantae sit sanctitatis? quem mare sustinuit adunatum, non potest terra baiulare dispersum. 1 52
quid tumet Pharisaeus inanis, quem momenti praeterita delectatur umbra? exsultat, quod in Aegypto 1 52
de ipso, quem parit; tumet uterus maiestate, non semine, capitque uirgo, quem mundus mundique non capit plenitudo. interea promouent suum 2 12 2
profluens amne non magno opere noster Aquarius delere consueuit. quem necessario uno sequuntur duo Pisces in signo, id est duo ex Iudaeis 1 38 7
dominum nec agnoscere uoluerunt et sola crediderunt cogitatione puniri, quem nefarium fuerat etiam tardius adorari. ad cuius immanis ausi 1 59 8
sit dei, inspiratur a deo in *animam uiuentem*. concepit spiritum adaeque, quem nescit; intrantem non uidet, exeuntem non potest prohibere. et 1 56 3
nam occasu passionem resurrectionemque ortu rediuiuo concelebrat, per quem nobis munus futurae beatitudinis pollicetur, hoc quoque nostris 1 57
nam occasu passionem resurrectionemque ortu rediuiuo concelebrat, per quem nobis quoque resurrectionem futurae beatitudinis pollicetur. 1 58
fratrem suum odit, mendax est; qui enim non diligit fratrem suum, deum, quem non uidet, non potest diligere. decertemus igitur, fratres, inter nos 1 36 23
superesse contendis, quemadmodum per alium locutus sit mortuus ille, quem noueris. at dicis: 'hoc daemones fingunt'. o probatio melior, quod 1 2 7
passim in pauperes et egenos sua bona uniuersa fundentem; postremo quem noueris idolatriae fanum, gaudeas dei templum. itaque beatus est, 2 29 3
profitentem ad nefandam custodiam noxiae mentis mancipes rapuerunt, quem oblatum sibi iubet crudelissimus rector acri obseruatione detineri. ad 1 39 4
esse praeconat. etenim plerumque contingit, ut ei nascatur sabbatis filius, quem octauo die, id est ueniente sabbato, si non secundum legem 1 3 3
qui praestat temporibus aeternitatem. mira res! concipit Maria de ipso, quem parit; tumet uterus maiestate, non semine, capitque uirgo, quem 2 12 2
non inuenit excusatio; detestabilis certe filius, quem pater pius, quem pater damnat inuitus. 1 20
fratres uenerandi, sed pietas. neque enim potest de quoquam bene mereri, quem pater patientissimus et clementissimus abdicauerit, et quidem non 2 21
in qua locum qualiscumque non inuenit excusatio; detestabilis certe filius, quem pater pius, quem pater damnat inuitus. 1 20
certum est enim in eum filium, posteaquam deliquit, granditer uindicari, quem pater plurimo dilexit affectu et, quantam pietatem dilecto filio 1 61 5
caritate, non necessitate, decore, <non diminutione> subicitur, per quem pater semper honoratur. denique inquit: *ego et pater unum sumus.* 2 5 9
domini nostri Iesu Christi necessario scire debet populus Christianus, ne quem patiatur errorem: unam, qua natus est; alteram, qua renatus. sed 2 8 2
bibunt; et persecutores saepe credentes in Christum calicem pretiosum, quem paulo ante calcando fuderant, gustant, aliqui etiam bibunt. mustum 2 11 7
omnibus dignitatem. quam speciosum est, fratres, quamque salutare, quem paulo ante ridiculo habueris, admirari; cuius exsecratus sis 2 29 3
duodecim radiorum, id est apostolorum duodecim, *corona* circumdat, quem per ambitum totius orbis non muta *quattuor animalia,* sed salutiferis 2 12 4
omne uirus uetustatis exstinguat, ne quid adulterum pariat. ac ne quem plus amare uideatur aut minus, unam natiuitatem, unum lac, unum 2 29 2
inuaserint, incremento conficiunt; hic solus ad hoc crescit, ut immortalem, quem possederit, faciat. 2 2 7
alienis ignibus caelum. illo praecipitantur insontes ibidemque propter quem praecipitantur inueniunt. denique excipiuntur non flamma, sed rore, 2 22
illa unius funeris turba paternus dolor non sufficeret orbitati, cum nescit, quem primum plangat, quem priorem inueniat, cui primum iustitiam crudi 1 15 4
paternus dolor non sufficeret orbitati, cum nescit, quem primum plangat, quem priorem inueniat, cui primum iustitiam crudi funeris soluat. quo 1 15 4
putabantur incendio, de suis incensoribus uindicati, sed de domino nostro, quem, pro nefas, uenerantur externi, si tamen dicendum est, sui carpunt. 2 18 1
secreta, nusquam, frater, tua curiositas, nusquam tua proficit pugna, quia quem putas uel de tuis ipsis studiosis fidelissimum, hic infidelis, et quem 2 3 11
quia quem putas uel de tuis ipsis studiosis fidelissimum, hic infidelis, et quem putaueris infidelem, hic fidelis est. forte in eo se quis aestimet 2 3 11
datur, aqua cum uino, sal, ignis et oleum, tunica rudis et unus denarius; quem qui libens acceperit acceptumque non spreuerit, sed in labore usque 2 6 8
nec uerum quod est semper incertum. praeterea numquam diligit deum, quem scit operibus suis esse contrarium. diaboli est sane mancipium; eius 1 1 11
adde quod agnum legitimum suo uitio, quem inuenerant, perdiderunt. quem scriptura designabat *ex ouibus et haedis*: *ex haedis* utique propter 1 46a 2
nauem leuare ponderibus, quae prophetae pondere premebatur. tum Ionas, quem solum exspectabat bona illa tempestas, sorte ductus naufragus 1 34 6
capitales poenas luit? quanto magis in dei causa fortius praecauendum est, quem solum ueretur quicquid in uirtutibus naturae a regibus ipsis quoque 1 36 24
cum de dei loquitur filio, non sibi repugnat, sed inter deum hominemque, quem sumpsit, necessaria moderatione distinguit. si enim deum purum 2 5 1
progenitum certissimum dominum impia Iudaeorum exarsere consilia. quem tacentem tamquam obnoxium et pro ipsorum tantummodo caecitate 1 59 8
fecit. ipsa Herculem nouerca deterior in Omphales libidine turpiter uicit, quem terribilis turba monstrorum superare non potuit. ipsa Venerem 1 1 11
offerentem sibi suum seruum iudicat, sed honorat ut filium. alterum uero, quem uenena conterentem, in adulterio, in homicidio, in falso, in maleficio 1 35 8
eius monile, anulum, uirgam; tumque negotio confecto, conceptu signata, quem uerae fornicariae habent perosum ac semper uitant, uiduitatis uestem 1 13 2
infelix est. denique post negotium perpetratum odit et se ipsam cum illo quem uicerit. haec saepe indixit quietis gentibus bellum; haec aliquotiens 1 1 7
ipse condemnat. cur enim mereatur felicitatem futuri temporis cernere, quem uideas sacrilega incredulitate dei potentiae derogare? sed hoc amore 1 2 1
homines, quos susceperant mortuos, refundere inferi coacti sunt uiuos. quem ut semper et ubique aucti fide, numero, caritate nostris cum fratribus 2 19 2

secundum facta sua, quae gessit, iniustus. non ergo sic accipiendum est, quemadmodum ab inprudentibus aestimatur. ceterum domini dictum quo 1 35 2
alio loco dicat: *ego sum qui sum et non demutor.* cum hoc ita sit, homo quemadmodum dei imaginem portat, cuius uultus passibilis, omni 1 27 2
alio loco dicat: *ego sum qui sum et non demutor.* cum hoc ita sit, homo quemadmodum dei imaginem portat, cuius uultus omni conuersioni 2 30 2
nuptamque discretio. *nupta cogitat, quemadmodum placeat marito,* uirgo, quemadmodum deo. haec extrariis ornamentis ornatur; longe illa ornatior, 2 7 3
respondens iure possit mereri quod credimus. nec res in ambiguo est; quemadmodum etenim ille princeps iniquitatis suo semine per inuidiam 1 2 26
curatum uenerat, curata recessit. ita Christus in hominem se fecit nasci, quemadmodum homo non potest nasci. totum denique sua luce 1 54 5
sunt ac sine ipso factum est nihil. uideamus nunc, optime Christiane, quemadmodum inter patrem filiumque tempus infulcias: si enim tempori, 2 8 5
Pharisaeus quemadmodum legitimum pascha possit celebrare, non uideo, cuius 1 19 1
transeunt; timor conscientiae non deletur. nunc uideamus, intellegendum quemadmodum nobis sit, propheta quod ait: *beati omnes qui timent* 2 2 3
nunc mihi responde, qui hominis post mortem nihil superesse contendis, quemadmodum per alium locutus sit mortuus ille, quem noueris. at dicis: 1 2 7
conferamus, quae sit inter uirginem nuptamque discretio. *nupta cogitat, quemadmodum placeat marito,* uirgo, quemadmodum deo. haec extrariis 2 7 3
pio de fonte largitur. quam rationem Paulus euidenter prodidit dicens: *quemadmodum portauimus imaginem eius, qui de limo est, portemus et eius* 2 30 4
extraneo paritas sacra distingui non potest, deus in alio se inferior esse quemadmodum potest? quicquid enim uni ex duobus indiscrete in omnibus 1 45 2
perpetua, nos, qui nascimur de tanto coniugio, omnifarie niti debemus, quemadmodum prosapiae nostrae nobilitatem non relatione tantum, sed 1 1 3
uiri nihil certi libris ingentibus prodiderunt. sed ego non curem, de me quemadmodum quis iocetur. non enim in ecclesia dei fucatus quaeritur 2 1 1
aptus est regno dei; et iterum: *mementote uxoris Lot.* sed et apostolus sic: *quemadmodum reuertimini rursus ad ea, quae infirma et egena sunt* 1 37 12
prior ipsa. erubesce, Christiana conscientia, uel tot ac tantis ex rebus quemadmodum rursum eadem quae es sis melior futura cognosce. 1 2 21
bene auocantes diuina sacramenta contaminant. iam uideat unusquisque, quemadmodum sacrificium aut sumat aut offerat; sicut enim indigne offerre 1 25 12
eum adtemptare diabolus nisi a deo iussus. iam hic considerate, fratres, quemadmodum saeuierit incitatus, qui ferri non potest blandus. igitur 1 15 3
momentum misera (atque utinam semel!) nimio dolore nuptura. hic, hic quemadmodum se quis possit excusare, non uideo. non deest enim qui 1 2 14
cum spiritus sancti plenitudine una originali coaeternitate renitens, quemadmodum, si dicere dignum est, duo maria, quae in semet 1 7 4
denique et uos retinetis pondus antiquum; habetis aginam: exagium facite quemadmodum uultis; singulos ponderate: inuenietis nullum habere minus. 1 41 3
maxime indignis, ut ad se colligat turbas; ille numquam remunerat quemquam, nisi primo quis uictor mortis iura praetereat. quae res efficit, 2 4 14
ab ea diligentibus inuicem creditur, tanto inuicem plus debetur. non quemquam pro persona diligit, adulari quia nescit; non pro honore, quia 1 36 12
per momenta suspirat, tamen omnes uno eodemque consensu quasi quendam patientiae deferuntur in portum, sine qua nec audiri nec concipi 1 4 1
alimoniis utilitatibusque diuersis, magnis et plurimis, habitatori ulla ne querela subesset, sollertia mira perfecit, tunc *ad imaginem et similitudinem* 2 4 4
nec tibi ipsi inde aliquid concedendo illibata custodis? insuper de inopia quereris, qui quod habes nescis. quicquid feceris, nihil horum tecum ad 1 14 3
desolationem se ferre non posse testatur frigidumque latus male dilatato queritur lecto; inuidiosis uocibus deo concinnat inuidiam, solemnia ipsa 1 2 14
impatientia superauit. non enim leue crimen est eius, cum de eo ille queritur, qui mox eum poterat et punire. sed quia mors apud incredulos 1 47
uehemens commotio est, fratres, cum is de iniuria sua queritur, qui se potest facillime uindicare. sed quia apud sapientes et 1 20
non suo, non alieno, non ipso orbe contenta. totum possidet et de inopia queritur semper. denique ad sua numquam peruenit uota. quantum fuerit 1 5 2
duo testamenta. hos duos denarios a Samaritano stabulario pro eo, qui a latronibus adgressuram passus fuerat, dominus datos esse 1 37 10
quoque erubesceret terra, postremo deos esse aduersus deum asserentes, qui a sanae mentis hominibus ne hominum quidem uocabulo digni 1 13 4
quam turpe! *filios genui et exaltaui*: utique filios Israel dominus genuit, qui Abraham, unde nascerentur, elegit. hos in Aegypto genuit, ubi 1 61 7
quid sit his uerbis edocuit: *melior qui deficit sensu in timore quam qui abundat astutia et transgreditur legem*; et iterum: *noli esse sapiens* 2 3 12
hic Samaritanus est, daemonium habet; *stabularius* doctor est legis, qui acceptis *duobus denariis*, id est duorum testamentorum salutaribus 1 37 10
descendit, carnatus ascendit in caelum. hic, inquam, de quo Paulus ait: *qui accipit regnum, regnat et tradet deo et patri*, et cetera. quid hinc 2 5 4
protestatur, *leonis* est *catulus*, cuius ista pia sacramenta celebramus, qui ad hoc *recubans obdormiuit*, ut uinceret mortem, ad hoc euigilauit, ut 1 38 4
unicuique, quod elegerit, tributura et ut iure possit implere, quod gerit. qui ad se ueniunt, professionem credulitatis ab eis solam ideo, quia eorum 2 3 3
ius diuinum praecipue custodiuit. cuius immolatione ille quoque gauderet, qui ad uictimam parabatur. aries haerebat in uepre implicitus spinis, capite 1 43 8
inde est, quod stulti praeponunt corpus animae, idolum deo. sed nos, qui Adam abiecimus, Christum induimus; qui, quae uis, qui exitus, quae 2 4 18
dicens: *hic est deus noster et non deputabitur deus alius absque ipso. qui adinuenit uiam prudentiae et reuelauit eam Iacob puero suo et Israel* 2 8 6
expugnet, numquam bonis suis poterit uti securus. sunt enim multi, qui adserere conantur *chaos in principio fuisse*, id est informem 1 7 1
est iste tumidus; fluctus eius Iudaeorum populos et *gentes* accipimus, qui aduersus deum inaniter *fremuerunt*. sors Ionam praecipitandum 1 34 8
sui carpunt. sane nullis argumentis armatus, quibus illi libenter utuntur, qui aduersus ueritatem falsa componunt, sed caelestibus testimoniis multis, 2 18 2
lagenis et calicibus subito sibi martyres pepererunt, qui dies obseruant, qui Aegyptiacos de candidis faciunt, qui auguria captant salutemque suam 1 25 11
tempus uitae nostrae et non est refrigerium in fine hominis et non est qui agnitus sit reuersus ab inferis, quia ex nihilo nati sumus et post hoc 2 4 10
ac noui clarissima oracula uiam, uerum Christum dominum, prodiderunt, qui ait: *ego sum uia et ueritas*. illorum profugus populus per mare rubrum 1 46b 2
uobis sol iustitiae. Iob uerax est appellatus; at est uera ueritas dominus, qui ait in euangelio: *ego sum uia et ueritas*. Iob diues fuit; et quid ditius 1 15 7
laeta, de apostoli dicto calumniosam nobis inferat quaestionem, qui ait: *primus homo e limo terrae, secundus e caelo*, dubium quippe cum 2 4 1
esset materiae, in qua dominus incumbebat, ex Dauid dicto cognoscimus, qui ait: *uirga tua et baculus tuus ipsa me consolata sunt*. uirga et baculus 1 37 8
ubi enim fides fuit, non erat dolor. in illo sacrificio solus deus doluit, qui aliam uictimam procurauit; nam Abraham cum filio sic probatus a deo 1 43 7
quem ad caput suum posuisse cognoscitur, quoniam *caput uiri Christus*, qui aliquotiens lapis est nuncupatus. scala autem duo testamenta significat, 1 37 1
discurrunt, qui foetorosis prandia cadaueribus sacrificant mortuorum, qui amore luxuriandi atque bibendi in infamibus locis lagenis et calicibus 1 25 11
disposito ductus filius gaudens gaudente patre, patris dextra feriendus. qui antequam ueniret in montem, cum de patre quaereret, ubi esset 1 43 5
non sexui parcens, non aetati, non pietati, non sibi, quia pudorem alienum qui appetit primo suum perdit. pure non nox illi diesque succedit; semper 1 1 6
ueritatem. qui erat in caelo, de caelo descendit; *qui descendit, ipse est et qui ascendit* in caelum, filius hominis, qui erat in caelo; filius hominis 2 4 3
nemo est enim tam uel ab istius mundi sapientiae gustu ieiunus, qui audeat dicere animas cum corporibus interire, caelestia cum terrenis 1 2 2
defuit gratia. o admirabile incendium! o uere spectaculum deo dignum! qui audiunt, timent; qui incenderant, ardent; qui incensi sunt, sanctificati 1 22 2
haec parabola: semen est uerbum dei. qui autem iuxta uiam sunt, hi sunt, qui audiunt uerbum et uenit diabolus et tollit de corde illorum uerbum, ne 1 13 5
pepererunt, qui dies obseruant, qui Aegyptiacos de candidis faciunt, qui auguria captant salutemque suam pecudum uiolenter scissis in 1 25 11
sed ex concupiscentia saeculi. et mundus transibit et concupiscentia eius. qui autem fecerit uoluntatem dei, manet in aeternum, quomodo et deus 2 4 12
domino sic dicente: *est autem haec parabola: semen est uerbum dei. qui autem iuxta uiam sunt, hi sunt, qui audiunt uerbum et uenit diabolus* 1 13 5
quomodo dominus in euangelio dicit: *qui credit in me, non iudicabitur; qui autem non credit, iam iudicatus est*? hoc dicendo *exemit iudicio fideles,* 1 35 1
honorabit, maxime cum scriptum sit: *qui habet, dabitur illi et abundabit; qui autem non habet, etiam id quod habet auferetur ab eo.* per hanc, 1 36 7
dicens: *qui seminat secundum carnem, de carne sua metet interitum; qui autem seminat in spiritu, de spiritu metet uitam aeternam.* at uero 1 2 28
ueritatem. Iob iustus dictus a deo est; ipse iustitia, de cuius fonte omnes qui beati sunt gustant; ecce enim de ipso dictum est: *orietur uobis sol* 1 15 7
annonam. illis sitientibus petra fluxit in poculum, at Christi fontem qui biberit, in aeternum sitire non nouit. illis in deserto suauitas lactis et 1 46b 3
ut docti probent, minus instructi sese confirment, rudes discant ipsique, qui blasphemare nituntur, salutis suae bono uel sero, si potest fieri, 2 18 2
est esurientibus manna, nos autem esurire non possumus, sempiternam qui caelestis panis nobiscum portamus annonam. illis sitientibus petra 1 46b 3
mannae teneritudinem inrorauit. non enim erant idonei aut digni, qui caelestis panis perpetua soliditate fruerentur. petra illis scaturiuit in 1 18 2
se esse quam illae sunt produnt, qui iracundia tument, qui litibus fremunt, qui calumnias pariunt, qui pauperes, qui uiduas, qui pupillos exspoliant, 1 25 11
dicente: *iusto lex posita non est, sed peccatori*. peccator autem ille est, qui caritatem non habet dei ac per hoc operanti iram recte subiacet legi. 1 36 17
non Abrahae fuisse necessariam, sed in designationem Iudaici populi, qui carnalis futurus fuerat, procuratam. denique nihil illi contulit, quia deo 1 3 7
omnibus momentis exurit; qui paedorem sui secum carceris portat; qui carnificem sentit, antequam uideat; qui nomen iudicis pertimescit; qui, 2 10 1
timere nec fluctus. mira res! medio puluerulentus exsultat in profundo, qui circa se uideret feliciter triumphum suum perire naufragio. haec 1 29 2
lege, haec omnibus praestat in Christo bonae fidei libertatem. igitur uos, qui *circumcisi estis circumcisione non manu facta in spolationem carnis, sed* 1 3 24
infirmitatibus carnem et uirtutibus maiestatem. hic sol noster, sol uerus, qui clarissimos ignes mundi germanos astrorumque candentium polorum 2 12 4
humanae, nemo hostem, nemo fiscum, nemo latronem, nemo domesticum, qui cognitione secreti est omnium peior, nemo imminentes diei iudicii 1 5 15
ambiguitas suo iudicio reseruauit? utique illi, sicut apostolus quoque ait, qui cognitum *deum non quasi dominum honorauerunt neque ei gratias* 1 35 6
pudicitiam qui colit, quantae nobilitatis sit, facillime cognoscit; est etenim tantae 1 1 1
captant salutemque suam pecudum uiolenter scissis in uentribus quaerunt, qui coniugale exasperant iugum affectuque calcato subditiciis personis, ut 1 25 11
compedibus. non uos ullus terror exagitat, non ullae sordes obfuscant. qui conscium timebatis, conscientiam non timetis. *uetus* enim *homo* uester 2 29 1
Christus mundum latenter intrauit, ne sibi sapiens diabolus uideretur. qui consilio hominem deceperat, consilio uincitur, ut, quomodo homo in 1 60
nuptias maturas exspectet. cum res sic se haberet, eius uxor moritur. qui consolatus cum ad oues tondendas pergeret suas atque hoc Thamari 1 13 2
processit ex uirgine, aequitatem iustitiamque terris inlatam. quam qui constanter tenuerit ac fideliter ministrauerit, non dicam Scorpionem, 1 38 5
uideamus, ne forte propheta ipse se inpugnet exaltando animam suam, qui cor suum se non exaltasse gloriatur. non sibi repugnat, sed ostendit 2 9 8
is enim infelicibus nonnumquam inmittit Capricornum uultu deformem, qui cornu exsiliens, labra liuentia spumantibus uenis ebulliens palpitante 1 38 6
deum uniuersa communia, sicut scriptum est: *turba autem eorum, qui crediderant, animo ac mente una agebant, nec fuit inter illos discrimen* 2 1 18
et iudicium cantabo tibi, domine, quomodo dominus in euangelio dicit: *qui credit in me, non iudicabitur; qui autem non credit, iam iudicatus est*? 1 35 1
sit pondere quaue ratione prolatum, explanat proprietas ipsa uerborum: *qui credit, inquit, in me, non iudicabitur.* recte: *quid enim necesse est* 1 35 2
trium puerorum martyrium qui credit interritus, potest etiam ipse adipisci martyrium. tanta enim uis 1 22 1
nam et dominus ista exempla confirmans uni ex latronibus in se credenti, qui cum eo de patibulo dextra laeuaque pendebant, ait: *amen, amen dico* 1 2 11
labia inquinata duos populos Iudaeorum gentiumque debemus accipere, qui, cum essent anterioris uitae facinoribus inquinati — unus Christum 1 37 3
et sacerdos. consimilis filii quoque est ex diuina uoluntate securitas. qui cum hostiam prouidet, cuius loco electus fuerat, requirebat. sed 1 59 6
ditior in secreto, nec intelligis, quia homini inopia morienti tantis opibus qui cum possit subuenire non subuenit, ipse eum uidetur occidere? o 2 1 19
ipse praesentem sententiam damnationis excepit, quia, sicut est detestabilis qui, cum sit homo, deum se fingit, ita detestabilior qui deum colit, quem 1 13 6

pharisaei agere se legitimum pascha contendunt, qui cum templo summo, ut putabatur, summum sacerdotium perdiderunt. 1 46a 1
argumentatione pulsari; scriptum est enim: *nemo ascendit in caelum, nisi qui de caelo descendit, filius hominis, qui erat in caelo.* quomodo filius 2 4 2
portauimus imaginem eius, qui de limo est, portemus et eius imaginem, qui de caelo est. quam qui sancte portauerint, sicut apostoli omnesque 2 30 4
euidenter prodidit dicens: *quemadmodum portauimus imaginem eius, qui de limo est, portemus et eius imaginem, qui de caelo est.* quam qui 2 30 4
Salomon enuntiauit et cauendum quid sit his uerbis edocuit: *melior qui deficit sensu in timore quam qui abundat astutia et transgreditur* 2 3 12
humanus circa impietatem Iudaici populi deficit sermo, qui dei patientiam sui obstinati cordis impatientia superauit. non enim leue 1 47
sensum, lector, inuenies ueritatem. qui erat in caelo, de caelo descendit; *qui descendit, ipse est et qui ascendit* in caelum, filius hominis, qui erat in 2 4 3
clamat et dicit: *praecingite uos et plangite, sacerdotes; lugete omnes, qui deseruitis altari, quoniam ablata est de domo dei uestri hostia et* 1 25 6
auaro quam praestat, ac sic saepe contingit, ut merito perdat etiam sua, qui desiderat aliena. illinc alius uias uiantibus cludit, arcet ab herbis, arcet 1 5 12
sacerdotalis *cathedra pestilentiae* suo nomine deleta est. agnus salutaris, qui designatur *ex ouibus et ex haedis*, inter pecora non potest inueniri. 1 28 2
sicut est detestabilis qui, cum sit homo, deum se fingit, ita detestabilior qui deum colit, quem ipse disposuit. Selom autem praedictorum tertius 1 13 6
qui timet arte, non casu, uoluntate, non necessitate, religione, non culpa; qui deum metuit, non naturam. uultis scire, cuius proprietatis sit? omnes 2 2 7
uel intrinsecus debeat; qui enim suam conscientiam non timet, is est, qui deum non timet. adde quod lex partibus et discitur et docetur. adde 2 3 5
peccatum sit hominem non amasse. unde infelices et miseri sunt Iudaei, qui deum patrem, a quo sunt geniti, respuerunt tanti immemores honoris, 1 61 6
hic quemadmodum se quis possit excusare, non uideo. non deest enim qui dicere possit: 'si est resurrectio, quare plangis? si amore mariti facis, 1 2 14
nunc Iudaeorum quoque sacrificia <a> deo repudiata cognoscite, qui dicit ad eos in Esaiae libro: *quo mihi multitudinem sacrificiorum* 1 25 6
praesenti commodare lectioni, ut edicerent nobis, quinam sit deus iste, qui dicit: *audi, populus meus, et loquar, Israel, et testificabor tibi,* 1 25 1
in infamibus locis lagenis et calicibus subito sibi martyres pepererunt, qui dies obseruant, qui Aegyptiacos de candidis faciunt, qui auguria 1 25 11
caelo: anus enim peperit angelum et uirgo deum. hic est deus noster, qui dignitate interim seposita, non tamen potestate, amore hominis sui, 2 8 8
propheta dicente: *idola gentium argentum et aurum*. unde apparet eum, qui diligit aurum et argentum, non tantum deos colere, sed eorum mores 1 14 4
se aut imitari aut uindicari. propter quod in praeceptis dominus ait: *qui dimiserit uxorem suam excepta causa adulterii, facit eam moechari.* 1 1 13
est cautio, ne quid mundo debeat, ne quid horum digne patiatur. hanc qui diuinas litteras aut non legerunt aut lectas irritas putauerunt beneficio 2 1 14
sunt mala. disperdat deus uniuersa labia dolosa, linguam magniloquam; qui dixerunt: linguam nosstram magnificabimus, labia nostra a nobis sunt. 2 9 2
unum esse regnum patris et filii. recte igitur patri tradet regnum qui dixit in monitis *regnum* non stare *diuisum*. unde non sic sentiendum 2 5 9
post sepulcrum, et ad Iudaeos remansit sola damnatae uoluntatis inuidia, qui dominum nec agnoscere uoluerunt et sola crediderunt cogitatione 1 59 8
si enim credimus, quia Iesus mortuus est et resurrexit, sic et deus eos, qui dormierunt in Iesum, adducit cum eo. nam et deus per Ezechielem 1 2 12
uanitatem argumentatione manifesta conuincunt. poetae autem melius, qui duplicem uiam apud inferos ponunt: impiorum unam, quae ducit in 1 2 4
ut rapiat. uultis scire, quale calamitatis sit genus? sane plus in eum, qui eam dilexerit, saeuit. quam qui uicerit, habebit uitam aeternam. 1 21
exserit equidem ferrum et armata dextra subleuat manum, sed uox eius, qui eam uictimam postulauerat, contradicit: 'respice retro, dixit deus, et 1 43 6
fides quot non habet uerba, multo magis nihil habebit, quia tractatus, qui eas genuit uel cotidie generat, adhuc potest generare. e diuerso 2 3 7
qui omnia elementa mundi cum animantibus suis eius potestati subiecit, qui ei annos, tempora, menses, noctes ac dies clarissimosque duos regalium 1 36 28
itaque si homo mortuus in aeternum perit, ergo mentitus est dominus, qui ei deinceps nihil futuro paradisum repromisit. sed et homo ipse, quem 1 2 11
ubinam consistat, cui uel maxime debeatur: utique illi, qui hominem fecit, qui ei munus perpetuae caritatis similitudinem suam tradidit, qui orbem 1 36 28
turpes praecipitantur in quaestus, nec quisquam prorsus inueniri potest, qui ei saltem uel uno momento iustitiae frenos inponat. inquieta semper 1 5 1
'at imaginem colunt.' nec ipsam quidem, quia falso colit imaginem, qui eius non diligit ueritatem. sane hoc solum competenter gerunt, 2 25 2
uersatur), quanto magis debet esse gloriosior in populo Christiano, qui eius sanctificatori inuiolabili deseruit deo? nam si *ecclesia* ideo *Christi* 1 1 3
si quis dixerit, quoniam diligo deum, et fratrem suum odit, mendax est; qui enim non diligit fratrem suum, deum, quem non uidet, non potest 1 36 23
uidetis, deum quoque, qui est inuisibilis, contemnere similiter poteritis. qui enim non diligit eius similitudinem, sequitur ut oderit ueritatem. inde 2 4 17
iustus esse non potest stultus neque sapiens iniustus ipsa ratione docente. *qui enim stultus est, quid sit bonum* ac malum *nescit* nec potest quid 2 1 9
conscientiam medullitus mundat, ne quid reatui uel intrinsecus debeat; qui enim suam conscientiam non timet, is est, qui deum non timet. adde 2 3 5
cum ruina sua iacet sepultum: ubi sacrificant? sacerdotes iam non habent: qui eorum pro salute sacrificant? tauros, hircos, arietes et agnos abhorret 1 51
consultum; Abraham patrem deprecatur obnixe, ut aliquis nuntius pergat, qui eos tanti negotii certos efficiat; cui ille respondit: '*habent Moysen et* 1 2 10
totum patris habens, nihil derogans patri; procedit in natiuitatem qui erat, antequam nasceretur, in patre, aequalis in omnibus, quia pater in 1 17 2
longe dimota sit et natura? age, excita sensum, lector, inuenies ueritatem. qui erat in caelo, de caelo descendit; *qui descendit, ipse est et qui ascendit* 2 4 3
descendit; *qui descendit, ipse est et qui ascendit* in caelum, filius hominis, qui erat in caelo; filius hominis uocabulo, non natura. non enim bis 2 4 3
enim: *nemo ascendit in caelum, nisi qui de caelo descendit, filius hominis, qui erat in caelo.* quomodo filius hominis uel cuius hominis nasci posset in 2 4 2
fontis lauacro uitali in spem inmortalitatis animas pullulantes, ex quo qui eratis aetate diuersi, diuersi natione, subito germani fratres, subito una 1 24 1
quod praestat. ecce pueri, adolescentes, iuuenes, senes utriusque sexus, qui eratis rei, eratis et inmundi mundana natiuitate, contra omni reatu iam 1 38 1
impiis autem aeterna poena tribuatur per dominum Iesum Christum, qui est benedictus cum spiritu sancto in aeterna saecula saeculorum. 1 35 9
aduertitis esse damnatum per dominum nostrum Iesum Christum, qui est benedictus cum spiritu sancto in omnia saecula saeculorum. 1 19 2
permanebit per dominum et conseruatorem nostrum Iesum Christum, qui est benedictus cum spiritu sancto ante saecula et in saeculis et in 1 13 13
praestabit deus pater omnipotens per dominum Iesum Christum, qui est benedictus cum spiritu sancto in saecula saeculorum. 1 10b 3
ignes sanctis hominibus non esse fortiores, per dominum Iesum, qui est benedictus in saecula saeculorum. 1 11
enim esse potest ditius homine, cuius profitetur deus se esse debitorem? qui est benedictus in saecula saeculorum. 1 14 9
pater probet, filius, qui magister est noster, probata glorietur per eundem, qui est benedictus in saecula saeculorum. 1 25 13
regna perducit per dominum et saluatorem nostrum Iesum Christum, qui est benedictus in saecula saeculorum. 1 6
Iudaeus praedicat, fratres, et tamen deo demens adhuc usque non credit, qui est benedictus in saecula saeculorum. 1 29 2
nos quoque deo patri placere mereamur domino iuuante nos Christo, qui est benedictus in saecula saeculorum. 1 2 32
in sempiternum omnibus, quae habet, habentem filium paria procreauit, qui est deus benedictus in saecula saeculorum. 1 17 2
denuntiatus est per prophetas, qui secundum carnem natus in tempore est, qui est excelsus in excelsis, humilis in terris, saeculorum genitor, filius 2 5 3
ut uidentes homines *opera uestra bona magnificent patrem uestrum, qui est in caelis.* itaque, dulcissimi flores mei, talia sacrificia procurate, 1 25 13
nescitis; quam si propterea contemnitis, quia non uidetis, deum quoque, qui est inuisibilis, contemnere similiter poteritis. qui enim non diligit eius 2 4 17
non habet solus, *salutaris*, quia mortem mutauit in uitam; propter nos qui est occisus et uiuit, sepultus et resurrexit, homo aestimatus est et 1 46a 2
amemus et honorificemus quem inuenimus deum. sane quaerant illum, qui eum non habent secum. 1 56 3
currus munerifero semper uicissitudinis delectamento seruire praecepit, qui eum supra dicti amoris male dulcibus uenenis occisum infernaeque sedi 1 36 28
si circumcisionem, non est tibi lex necessaria, quia iustus Abraham, qui ex fide uixit, deum credulitate, non lege promeruit. si legem, contemne 1 3 12
conscientia manet, nec quicquam habet interiectum neque conscium qui ex paterni oris affectu processit uno consensu. secunda uero carnalis 1 54 2
inbecillitas desperauit. nouus sane parentum circa filium crescit affectus, qui ex promissione certior, ex tarditate dulcior, ex desperatione felicior 1 59 5
sit, non potest aliquando sentire. solus deus est itaque principium, qui ex se ipso dedit sibi ipse principium; solus ante omnia et post omnia, 1 7 3
matri quod natus. quae principaliter stupet talem sibi filium prouenisse, qui ex se natus non crederetur, nisi, sicut fuit uirgo incorrupta post 2 12 2
clamaui, inquit, *ad eos et non audierunt; clamabunt ad me et non erit, qui exaudiat eos.* similiter et de manibus dicit: *manus enim uestrae* 1 3 10
panes azymos reddita. hi, quos uidetis, egregia coctura suaue redolentes, qui excocti sunt non furno, sed fonte, non humano, sed igni diuino: non 1 41 2
deo. sed nos, qui Adam abiecimus, Christum induimus; qui, quae uis, qui exitus, quae merces carnis sit quaeue animae, deo magistro didicimus; 2 4 18
cordis uestri, ne exeat sicut ignis ira mea et exurat et non sit qui exstinguat. uidetis ergo, fratres, quia huius modi circumcisis deus non 1 3 12
hoc glorietur, qui gloriatur, intellegere et scire, quia ego sum dominus, qui facio misericordiam et iudicium et iustitiam super terram. o quam 2 1 5
miratur orbis uacuus se duobus angustum; mirantur elementa hominem, qui factus sit *ad imaginem et similitudinem dei*, posse iugulari, et hoc a 1 4 9
displicens, sed solae suae conscientiae placens, cum subito, quauis uersutia qui fallitur numquam, confestim adest in Daniele puero deus. omnem 1 1 19
substantia naturae comprehendi, quam nemo nouit nisi ipse solus, qui fecit. itaque quod specialiter ad nostras pertinet partes, uideamus, quid 1 27 1
erat, quod leuauit, dei fuit, quod pepercit. nec qui feriebatur timuit, nec qui feriebat expauit. sacrificium domini non dimittitur, sed mutatur. melius 1 62 5
reprimit gladium: patris erat, quod leuauit, dei fuit, quod pepercit. nec qui feriebatur timuit, nec qui feriebat expauit. sacrificium domini non 1 62 5
filius primitiuus est populus, id est hemithei omnes potentissimi et reges, qui ferocitate uirtutis ac libidinis rabie digladiantes omnem orbem 1 13 4
deo iussus. iam hic considerate, fratres, quemadmodum saeuierit incitatus, qui ferri non potest blandus. igitur famigerabile committitur proelium: 1 15 3
ad cuius fidem, carissimi, auctorem habemus, sanctum uidelicet Abraham, qui filium quondam Isaac habuit: simplex quidem uocabulum, sed 1 59 1
hic mulierem, cuius nomen est Thamar, accepit uxorem maiori filio suo. qui filius cum maligne domini ante faciem uersaretur, scriptura teste a deo 1 13 1
qui tales sunt, displicent deo, sed et illi, qui per sepulcra discurrunt, qui foetorosis prandia cadaueribus sacrificant mortuorum, qui amore 1 25 11
sacram legem qui spiritaliter accipit, fratres, iste est, eius qui fructu lactatur. Iudaei etenim cum carnaliter sentiunt in gregibusque 1 8 1
unde fit, *ut numquam iustus possit esse qui stultus est neque sapiens qui fuerit iniustus.* ceterum siue iusto siue sapienti si alterum defuerit ex 2 1 10
in fortitudine sua neque diues in diuitiis suis, sed in hoc glorietur, qui gloriatur, intellegere et scire, quia ego sum dominus, qui facio 2 1 5
apostolum primas? cuius ista sunt uerba: *tempus coartatum est; superest ut qui habent uxores, sic sint quasi non habentes; praeterit enim figura huius* 2 7 5
desertorem praemiis triumphalibus honorabit, maxime cum scriptum sit: *qui habet, dabitur illi et abundabit; qui autem non habet, etiam id quod* 1 36 7
consulens quam utilitati. uultis scire, quantae felicitatis sit [sit]? eam et qui habet diligit, et qui non habet diligit. si ergo exsultat gloria eius saepe 1 1 3
dicente: *domini est terra et plenitudo eius, orbis terrarum et uniuersi qui habitant in eo?* Iob diabolus ter temptauit; similiter euangelista 1 15 7
a lege, sic Ieremia dicente: *haec dicit dominus uiris Iuda et omnibus, qui habitant in Ierusalem: renouate inter uos nouitatem et ne seminaueritis* 1 3 12
quam esse utique credulitatem non potest dubitari, quia hanc qui habuerit, necesse est, ut expedite uiuat et munde. igitur ne 1 13 8
suis carnibus nudi. conspicite rem auaro condignam! ille, ille amplum qui habuit censum, exiguum non habet tumulum; quos prophetes egregius 1 5 9
respondit: '*habent Moysen et prophetas*, quibus si non credunt, neque illi, qui hinc missus fuerit, credituri sunt', euidenter ostendens non in oculis 1 2 10
deus et dominus noster Iesus Christus dei filius dulcia, sicut prior, qui hoc prandio pastus est ante nos, dicit: *quam dulcia faucibus meis* 1 24 4

uera caritas ueniat, ubinam consistat, cui uel maxime debeatur: utique illi, qui hominem fecit, qui ei munus perpetuae caritatis similitudinem suam 1 36 28
quisquamne iustum putet, qui utilitatem rei familiaris pietati praeponit? qui hominibus fame laborantibus ac nuditate pascit tineas, curculiones ac 2 1 17
nuper uel maxime ui aliqua obisse meminerimus. hic nunc mihi responde, qui hominis post mortem nihil superesse contendis, quemadmodum per 1 2 7
uere, fratres carissimi, cor eius non dormit, qui huius somnium secretaque cognoscit. prophetia etenim semper figuris 1 37 1
facit eam moechari. quid hic respondere possint lubrici mariti, non uideo; qui humanarum legum iniqua impunitate decepti, iustitiam ueram nec ex 1 1 13
delibutus; neque enim re uera aliquid circa se habere possit inmundum, qui humani generis peccata, sordes et maculas uenerat mundaturus. 1 54 4
de manibus uestris?. utique, fratres, incunctanter eis ademit pascha, qui id, per quod ab eis pascha geritur, reprobauit. 'at imaginem colunt.' 2 25 2
Dauid filius esset neque nisi in filium Dauid Christus uenire potuisset; qui ideo circumcisus est, quia Iudaeis erat promissus, ideo cum praeputio 1 3 18
fratres, saecularis ac uere puerilis inconsideratorum hominum disputatio, qui ideo iustum patiuntur errorem, quia Christum non ex deo considerant 2 8 9
credenti. unde *Abraham credidit deo et deputatum est illi ad iustitiam*; qui ideo iustus, quia fidelis; *iustus enim ex fide uiuit*; ideo fidelis, quia 1 36 6
coaptata cognoscat? hiems namque pigra, sordida et tristis ad eos pertinet, qui idolatriae deseruientes, mundanis uoluptatibus conpediti, libidini 1 33 2
in fidem et scelus transit in sacramentum; parricida incruentus redit et qui immolatus est uiuit. ambo sibi gloria, ambo claritatis exemplum, ambo 1 4 15
ipsa tituli psalmi lecti declarat; sic enim se habet: *in finem pro his qui immutabuntur.* Iudaicus etenim populus, qui prior uinea dei dictus est, 2 11 1
dies? ubi pretiosae uirginitatis festa, utrisque dulcis occisio? ubi amor, qui in aequo unitoque coniugio, e duobus altero superante, non moritur? 2 7 6
anima tua, ut bene sit tibi? uidetisne hunc timorem nobis necessarium, qui in dei amore consistit, qui uoluntate sua se parit, diuinae legis 2 2 4
festinat dei famulum posse deprehendi; quem beati propinquus martyris, qui in eius forte degebat habitaculo, absentem esse assiduis uocibus 1 39 4
sic debetis accipere, ut operis sui laudem sibimet soli deberi testatus sit, qui in euangelio dicit: *si non facio facta patris, nolite mihi credere; sed si* 1 25 8
unde uel sero sacrilegam uocem comprime humanae fragilitatis memor, qui in hoc ipso, quod loquimur, quid possit contingere, ignoras 2 1 21
quam si Iudaeus aestimat gloriam, ut de ceteris taceam, maior est eius, qui in honorem deae suae — sane anus turpis atque amatricis — non 1 3 2
ecce sub oculis iacet filius uinculis adstrictus. ubi sunt lacrimae, ubi dolor, qui in humanis sensibus uersari consueuit? in tantis filii casibus laetatur et 1 43 6
prosequente, nam *qui sine lege*, inquit, *peccauerunt, sine lege peribunt. at qui in lege peccauerunt, per legem iudicabuntur.* uidetisne, fratres, multum 1 35 7
uero ad sacramentum pertinet resurrectionis domini nostri Iesu Christi, qui *in omnibus omnia* est; qui uere aeternus est ac sine nocte dies; cui 1 33 4
crucifixus, sepultus, *primogenitus a mortuis* diceretur, hic est, inquam, qui *in omnibus omnia est*, quoniam per ipsum et in ipso sunt omnia. nec 2 8 8
tota breuitate secreta. igitur, fratres, genesis talis est uestra. primus uos, qui in se credentem reprobat nullum, non Aries sed agnus excepit, qui 1 38 3
neque enim sine patris esse possit iniuria, si hac necessitate opus esset illi, qui in sinu patris commanens uoluntatis eius perfectionem non didicerat, 1 56 2
iubeatur, quando ianuam claudere, patienter exspectat, dignus euadere, qui in tanto orbis metu non festinauit euadere. nunc mihi Abrahae 1 4 12
mori. pro nefas! quid tibi tua tollis, infelix? quid extraneo facias, qui in te auarus es? o detestabili detestabilius malum! inuicem dum 1 5 7
sequitur Virgo praenuntians Libram, ut nosceremus per filium dei, qui incarnatus processit ex uirgine, aequitatem iustitiamque terris inlatam. 1 38 5
incendium! o uere spectaculum deo dignum! qui audiunt, timent; qui incenderant, ardent; qui incensi sunt, sanctificati et incolumes de 1 22 2
auditur. o magna potentia dei! incensores incendio concremati sunt et, qui incensi sunt, incendio suo superstites triumphantes de camino 1 53 2
spectaculum deo dignum! qui audiunt, timent; qui incenderant, ardent; qui incensi sunt, sanctificati et incolumes de camino procedunt per 1 22 2
uerbum in deo est et deus est uerbum et hoc est, in quo est, quod est ille, qui inest, duplex persona, duplex uocabulum, sed originalis perpetuitatis ac 2 8 4
qui non meminerit, <quid> fuit, antequam renatus sit; beatissimus, qui infantiam suam prouectu temporis non mutauerit. 2 29 3
deum. defensio enim non nisi inbecilli praestatur nec potest eum uereri, qui ingenii sui putat esse, quod ille fuerit aestimatus. ceterum illa est fidei 2 3 18
secundo imperat, ut intret ad fratris uxorem ac semen excitet fratris; qui ingressus semen suum fudit in terram. quod cum deo malignum 1 13 1
a deo est et honoratus. denique rex iure secundus factus est regni, qui insignis rex erat iam ante pudoris. Susannam quoque, columen 1 1 16
magis quam lucem? ambiguos utique Christianos designauit ac lubricos, *qui inter pios impiosque sint medii* nullam partem tenentes ad plenum, cum 1 35 4
sentiunt in gregibusque pecuinis agnum bifaria natura commissum, qui inueniri non potest, quaerunt, sic agnum uerum, quem inuenerant, 1 8 1
pati non meretur iniuriam ipse, cui perhibes testimonium. ubi est ille, qui inuicem desiderantibus uobis tardior ceteris uidebatur primus 2 7 6
amore diuinae religionis regis adorare imaginem contempserunt, utpote qui ipsum contempserunt regem. qui ira sufflatus solito septies amplius 2 22
adorare imaginem contempserunt, utpote qui ipsum contempserunt regem. qui ira sufflatus solito septies amplius caminum iussit incendi ac, ne quid 2 22
mulieres cum ui subiciunt sibi uiliores se esse quam illae sunt produnt, qui iracundia tument, qui litibus fremunt, qui calumnias pariunt, qui 1 25 11
suae indignis caedibus mactauerunt. uenti saeuientes diuersi sunt reges, qui Iudaeam lugubri clangore tubarum armorumque fragore terribili 1 34 7
iam sua impietate praeiudicati sunt, non derelinquit neque peccatores, qui iudicandi sunt, iustorum, qui non iudicabuntur, dignos esse consilio 1 35 3
sed ueritas pura, a qua longe omnes illi non inmerito aberrauerunt, qui iustitiam dei manere in eloquentiae uiribus aestimabant. denique cum 2 1 1
et dominus ipse nos pio promisso quid hortetur, accipite. *uenite*, inquit, *qui laboratis et onerati estis et ego reficiam uos. tollite iugum meum super* 2 9 4
aqua cum uino, sal, ignis et oleum, tunica rudis et unus denarius; quem qui libens acceperit acceptumque non spreuerit, sed in labore usque ad 2 6 8
sibi uiliores se esse quam illae sunt produnt, qui iracundia tument, qui litibus fremunt, qui calumnias pariunt, qui pauperes, qui uiduas, qui 1 25 11
credulitate an ex utroque. si ex doctrina constat, non habent ergo fidem qui litteras nesciunt, sed nec ipsi qui sciunt, quia legis scientiam 2 3 9
procurate, quae sanctus spiritus libenter offerat, pater probet, filius, qui magister est noster, probata glorietur per eundem, qui est benedictus in 1 25 13
nos in ipso habitare coeperimus — sicut Iohannes dicit: *deus caritas est; qui manet in caritate, in deo manet et deus in illo manet* — , tunc demum, 1 36 21
meam tueor et fidem meam noui. certe si quid sciunt, dicant operarii, qui mecum sunt. lucro gaudeo, sed sine furti conscientia, sane confiteor. 1 41 3
noueris idolatriae fanum, gaudeas dei templum. itaque beatus est, semper qui meminit, quod renatus sit; beatior, qui non meminerit, <quid> fuit, 2 29 3
habere minus. tripondes sunt omnes, numismatis sacri una libra signati, qui mensae deseruiunt. 1 41 3
uermibus, quasi nihil passus, sed solo dei timore contentus. o felix uir, qui mira patientia deum promeruit, diabolum uicit, sanitatem recepit, 1 15 6
qui uolet ista iustitia, uerum tamen sciat, quia misero est miserior qui miseriis ditatur alienis. quisquamne iustum putet, qui utilitatem rei 2 1 17
quoniam res est disconueniens et absurda, ut secundus sit inmortalis et qui mortalis est primus, cum inmortalitas in se ordinem temporis non 2 4 2
exsultantis ac docentis est. utique non enim quicquam timere poterat, qui mortuos excitabat, *qui potestatem habuit ponendi animam et iterum* 1 2 31
superauit. non enim leue crimen est eius, cum de eo ille queritur, qui mox eum poterat et punire. sed quia mors apud incredulos futurorum 1 47
recte aestimas, in infernis, procul dubio omnes sacrilegos antecedis, qui Moysi reprobans dictum per hanc iniuriosam corporis stipem deo 1 3 14
exsultate, fratres, quos sua parturit fides, qui mundi huius fugientes insidias, reatum, uulnera ac mortem paternae 2 23
honorata, quia etiam post nuptias manet postmodum uirgo perpetua, nos, qui nascimur de tanto coniugio, omnifarie niti debemus, quemadmodum 1 1 3
ratione timor discernitur a timore. fiunt enim duo: unus dei, alter qui naturae sit; naturae in homine nascitur, dei autem et discitur et 2 2 1
aeternales, et introibit rex gloriae, et iterum magi: *ubi est*, inquiunt, *qui natus est rex Iudaeorum?*. hic est, fratres, qui uenturus denuntiatus est 2 5 2
quam tot suppliciis omnes crediderant perituram. o necessarius timor, qui nihil aliud agit, nisi ut beatos efficiat; qui timet arte, non casu, 2 2 7
quis quid sit consecutus, accipite: qui totum sibi ipse promiserat, inanis, qui nihil praesumpsit, iustificatus de templo discessit. 2 9 9
quia fidelis; *iustus enim ex fide uiuit*; ideo fidelis, quia credidit deo; qui nisi credidisset, neque iustus neque pater gentium esse potuisset. 1 36 6
eo accedit, quod secundum carnem Dauid filius futurus esse canebatur; qui nisi paterno generis signaculo responderet, neque Dauid filius esset 1 3 18
perpetuo hymnis, citharis, tympanis, canticis gratiam referamus, qui nobis promissa perpetuae pia sanctione, ut aiunt, claues uere aureas 2 24 1
orbis, quo aetherio semine nouellus uiuificatus est populus; hic, inquam, qui nobis resurrectionis monstrat exemplum. cuius sane condicione nos 1 16 2
sui secum carceris portat; qui carnificem sentit, antequam uideat; qui nomen iudicis pertimescit; qui, sicunde susurrus ingruerit, se quaeri, se 2 10 1
domus uestra; et iterum: *non relinquetur in templo lapis super lapidem, qui non dissoluatur*. reprobat ergo tam inmensum, tam insigne, tam 2 6 3
nouissimis erat complenda temporibus sub domini saluatoris aduentum, qui non esset a Iudaeorum populis audiendus, quod eum apostoli essent et 1 61 2
non felicitas, non affectus potuit commouere. aduersus Iob diabolus, qui non fertur blandus, aestimare licet quid moliri potuerit incitatus, 1 4 18
reuersus ab inferis, quia ex nihilo nati sumus et post hoc erimus tamquam qui non fuerimus; et non est reuersio finis nostrae, quoniam consignata est 2 4 10
debemus accipere, in quo, quibus aquis dei serui liberantur, iisdem, qui non fugiunt, sed portant peccata, delentur. Maria, quae cum 2 26 3
utilitati. uultis scire, quantae felicitatis sit [sit]? eam et qui habet diligit, et qui non habet diligit. si ergo exsultat gloria eius saepe in gentibus 1 1 3
qui exitus, quae merces carnis sit quaeue animae, deo magistro didicimus; qui non ignoramus uictoria carnis ambas exstingui, animae uictoria 2 4 18
sunt, non derelinquit neque peccatores, qui iudicandi sunt, iustorum, qui non iudicabuntur, dignos esse consilio existimauit. nunc scire debemus, 1 35 3
templum. itaque beatus est, semper qui meminit, quod renatus sit; beatior, qui non meminerit, <quid> fuit, antequam renatus sit; beatissimus, qui 2 29 3
possit quispiam promouere; unum tamen scio, quia nullus est nostrum, qui non momentis omnibus elaboret, ut plus habeat, quam habebat; quod 2 1 16
liberatus ad eum locum, unde uenerit, reuertatur. si ergo hoc ille sensit, qui non nouerat Christum, cur dubitet Christianus, qui resurrectionem 1 2 2
demergitis, sed aetheria ueste uestiti mox candidati inde surgetis. quam qui non polluerit, regna caelestia possidebit per dominum Iesum Christum. 1 23
me dereliquerunt fontem aquae uiuae et foderunt sibi lacus detritos, qui non possunt aquam portare. postremo infelices quid sperant de 1 18 2
iudices circumuenti damnarent, non denique qualiter diabolus infamaret, qui non potuit pudoris fundamenta subuertere. ibat ad supplicium non 1 40 2
an nescitis, quia sancti de hoc mundo iudicabunt?; alterum impiorum, qui non sunt iudicandi, quia iam iudicati sunt, sed perituri, scriptura 1 35 7
quod autem inquit: *consolatus* est, utique intelligitur spe Christi uenientis, qui non tantum prophetis synagogae lapsu desolatis solacium praebuit, sed 1 13 7
potius quam creatorem. itaque tria conuenit esse iudicia: unum iustorum, qui non tantum, ut dictum est, non iudicabuntur, sed istum mundum ipsi 1 35 7
habere uicinum. construunt praedia, sepulcra defodiunt; timeant omen qui non timent mortem: sic, sic interempti plerumque iacent canibus, 1 5 8
mensura conterendo innouat spatia, et tamen eius semper orbita est una. qui nos admonet, fratres, passionis resurrectionisque dominicae unanimes 1 26
proferamus. Abraham sub lege non erat, sed legem solus impleuit, et qui nullo iure legis tenebatur, omne ius diuinum praecipue custodiuit. 1 43 8
ne aestimes falsum, quod eis cessit incendium. ueritatem ratio protestatur. qui nunc in se credentes *baptizat spiritu sancto et igni*, ipse tunc quoque 2 27
ex parte prophetarum, ex parte patriarcharum patrumque typus erat, qui ob iustitiam dei omnes homines filios computabant. igitur Her 1 13 4
perpetuae caritatis similitudinem suam tradidit, qui orbem terrae donauit, qui omnia elementa mundi cum animantibus suis eius potestati subiecit, 1 36 28
cotidiani fructus respondent hymnum canentibus deo credentibus populis, qui omnia inmortalitatis semine propagantur in saecula. in huius diei luce 1 33 4
fecit, qui ei munus perpetuae caritatis similitudinem suam tradidit, qui orbem terrae donauit, qui omnia elementa mundi cum animantibus 1 36 28
quem aestuantium delictorum fax incensa omnibus momentis exurit; qui paedorem sui secum carceris portat; qui carnificem sentit, antequam 2 10 1

indulgentia est, fratres, quae et ueniam praestat et medicinam. ceterum qui parcit uenefico, homicidae, adultero, incestatori, sacrilego, nisi eius 2 24 2
punctis omnibus commutatur, non natura, sed numero. fit filius horarum, qui pater est omnium saeculorum. hic est dies, fratres, quo a domino 1 16 1
non studio noscendae, sed frustrandae ueritatis, quotiens deus dei filius, qui patris maxima est gloria, aequalis patri a catholicis praedicatur. 1 45 1
produnt, qui iracundia tument, qui litibus fremunt, qui calumnias pariunt, qui pauperes, qui uiduas, qui pupillos exspoliant, qui profanis fabulis 1 25 11
esurientes feras amica, in ignibus frigida. sola fides praeferenda: hac nos, qui per fidem filii Abrahae facti sumus, in ipsius gremium peruenire 1 62 5
cotidie litigatis. non hi solum, qui tales sunt, displicent deo, sed et illi, qui per sepulcra discurrunt, qui foetorosis prandia cadaueribus sacrificant 1 25 11
suam; cuius quidem sectatores paene omnes conspicor Christianos, qui perfectam putant esse iustitiam propria tueri, aliena non quaerere, 2 1 15
deuitauit, quia inter agnos uenturo tempore, non inter haedos deputatur, qui pignus trinitatis acceperit. denique expetisse atque accepisse describitur 1 13 9
ne aestimetis hic gratiam. iudicio uestro nascimini scientes, quoniam, qui plus crediderit, nobiliorem se ipse praestabit. constanter igitur ac 1 49
inciditur et obsequio pedum corpus martyris uiduatur. numerent martyria, qui possunt numerare supplicia, et in uno corpore quantum diabolus 1 39 9
Sarra munus iuuentutis subiens in senecta, unde nomen accepit infans, qui post haec Abraham sacratam deo approbat mentem. unicus ille filius 1 43 2
et inconueniens, fratres carissimi, aduerto, quia neque refugae descendunt, qui post peccatum in caelum numquam recepti noscuntur, neque lucis 1 37 11
est. utique non enim quicquam timere poterat, qui mortuos excitabat, *qui potestatem habuit ponendi animam et iterum resumendi eam;* sed ut 1 2 31
est ingrati, non remedium, sacrificium quod ipse reprobat fieri, qui praecepit. hoc solum dico: imple uel in ceteris legem, sicut scriptum 2 20 2
alio loco his uerbis: *ecce mitto angelum meum ante faciem tuam, qui praeparabit uiam tuam.* quis est iste angelus, fratres, nisi Iohannes 2 8 7
sic dictum esse meminimus: *ecce mitto angelum meum ante faciem tuam, qui praeparabit uiam tuam.* ergo manifestum est prophetiae more angelos 1 37 11
carnis includitur deus humanamque uitam mutuatur de tempore, qui praestat temporibus aeternitatem. mira res! concipit Maria de ipso, 2 12 1
non est horrendi supplicii perennibus absumptum iri tormentis eum, qui praeuaricatus fuerit e duobus. sed nec illis impune succedit, qui sine 1 1 14
peccatricis indumentum carnis, *ex ouibus* propter spiritum maiestatis. qui *primitiuus* est dictus, quia praeter patrem ante ipsum nullus est 1 46a 2
exprimit rationem dicens ad Petrum: *mitte hamum in mare et piscem, qui primus ascenderit, aperto ore eius inuenies duos denarios: da pro me et* 1 37 5
se habet: *in finem pro his qui immutabuntur.* Iudaicus etenim populus, qui prior uinea dei dictus est, floruit quidem, sed infeliciter flore discusso 2 11 1
aries haerebat in uepre implicitus spinis, capite obligatus: hic est qui pro Isaac immolatus est deo; hunc obtulit Abraham, hunc iussus est 1 43 8
cum tutius imperitum uideri quam esse sacrilegum. et tamen habeo, qui pro me tibi obsistat: nam lex, per quam me forte minus peritum 2 3 16
ad ea, quae infirma et egena sunt elementa? ascendentes uero sunt iusti, qui probis moribus per gradus diuinorum obseruantiae praeceptorum 1 37 12
laetatur pater in alio se, quem genuit ex se. quomodo autem generatus sit, qui processit, dementis est opinari. namque temperat se propter rerum 1 56 2
nec ex sua ipsa uoluntate noscentes, quod pati nolunt libenter efficiunt; qui profanae libidinis detestabili furto distracti, turpibus iam non contenti 1 1 13
qui calumnias pariunt, qui pauperes, qui uiduas, qui pupillos exspoliant, qui profanis fabulis neglecta dei secta alios non bene auocantes diuina 1 25 11
suo diabolus et spiritus omnis iniquitatis. Israel populus Christianus, qui proficisci iubetur, ut ad futura contendat. Moyses et Aaron per id, 2 26 2
rem familiarem tuendam committunt amore non fidei, sed libidinis, qui publicanas mulieres cum ui subiciunt sibi uiliores se esse quam illae 1 25 11
qui litibus fremunt, qui calumnias pariunt, qui pauperes, qui uiduas, qui pupillos exspoliant, qui profanis fabulis neglecta dei secta alios non 1 25 11
fieret. qui resurgens ait: *omnia mihi tradita sunt a patre meo.* hic, qui purus de caelo descendit, carnatus ascendit in caelum. hic, inquam, de 2 5 4
gloria dei! sacramento trinitatis tam potentis elementi subacta natura est. qui putabantur incendio exstingui, emicant beatiores incensi. 1 48
plurimi, sed magnus, praeclarus, pretiosus ac speciosus unus est lapis, qui quadrae turris totam solus sustinet molem. cui non innumerabilis uarie 2 6 6
decernentes sibimet ipsis pro domibus templa, erigentes aras nomini suo, qui, quae essent habituri sepulcra, nescirent, caelum promittentes sibi, pro 1 13 4
animae, idolum deo. sed nos, qui Adam abiecimus, Christum induimus; qui, quae uis, qui exitus, quae merces carnis sit quaeue animae, deo 2 4 18
ipsi inde aliquid concedendo illibata custodis? insuper de inopia quereris, qui quod habes nescis. quicquid feceris, nihil horum tecum ad inferna 1 14 3
fame laborantibus ac nuditate pascit tineas, curculiones ac uermes? qui quod habet infelici tenacitate non aliis tantum, sed etiam sibi ipsi 2 1 17
illustret, tamen numquam dilectam uerecundamque anteuertit auroram; qui, quod maius est, duodenis non dicam spatiis, sed momentis horarum 1 4 4
commonitus, eum propriae uoluntati commisit. at liuidus ille criminator, qui, quod sensim serpat, serpentis nomen accepit, detestabili accensus 2 4 5
mensuram praerogat cunctis annonam. sane si quis aliquid desiderauerit, qui recondidit Noe omnia illi arcarius non negabit. Petrus piscator recentes 1 24 3
et uere diuina sacrosancta dignatio, in qua quae parturit non gemit, qui renascitur plorare non nouit! haec renouatio, haec resurrectio, haec 1 55
apud te ipsum claritate, quam habui apud te, priusquam mundus fieret. qui resurgens ait: *omnia mihi tradita sunt a patre meo.* hic, qui purus de 2 5 4
at fortasse adhuc quispiam dicat: 'si caro perit, unde cognoscitur ille, qui resurgit?' caro, fratres, quasi quoddam est speculum intuentis 1 2 29
si ergo hoc ille sensit, qui non nouerat Christum, cur dubitet Christianus, qui resurrectionem futuram et audit et sperat et repositam sibi praesumit 1 2 2
aestimet fideliorem, si loquatur argute, cum magis uerus sit ille fidelis, qui sacra in praedicatione non ultra, quam licitum est, aciem suae 2 3 12
et descendentes qui sint, in exemplis agnoscimus. descendentes sunt, qui saeculo renuntiantes rursus reuertuntur ad saeculum, de quibus 1 37 12
uiperarum. post haec quid praesumant, aestimare non possum, homines qui salutem suam in pecorum morte constituunt, cum deus, posteaquam de 2 25 1
maiores. atque utinam tu inuenias! dignus es enim immolatione tali, qui salutem tuam in incerti pecoris sitam uisceribus opinaris. sane quod 2 20 1
eius, qui de limo est, portemus et eius imaginem, qui de caelo est. quam qui sancte portauerint, sicut apostoli omnesque iusti, non tantum 2 30 4
sine umbra gestabat, humilis carne, sed excelsus omnipotentiae maiestate. qui sane ideo carnem est dignatus induere, ut nemo se possit per carnem, 1 54 5
doctrina constat, non habent ergo fidem qui litteras nesciunt, sed nec ipsi qui sciunt, quia legis scientiam obseruantiamque ad perfectionem perducere 2 3 9
solus sempiternus, quia immortalitatis est dominus. hic est deus noster, qui se digessit in deum; hic pater, qui suo manente integro statu totum se 1 7 4
repugnat, sed ostendit animae esse sublimitatem superiora uicisse, quia *qui se exaltauerit, humiliatur et, qui se humiliauerit, exaltatur.* animae 2 9 8
esse sublimitatem superiora uicisse, quia *qui se exaltauerit, humiliatur et, qui se humiliauerit, exaltatur.* animae enim depressio cor elatum est, cor 2 9 8
mundus exarsit, auaritia, ut putatur, crimen esse desiit, quia neminem qui se possit arguere derelinquit. omnes enim passim furore insatiabili 1 5 1
uehemens commotio est, fratres, cum is de iniuria sua queritur, qui se potest facillime uindicare. sed quia apud sapientes et honestos 1 20
Iudaeorum?. hic est, fratres, qui uenturus denuntiatus est per prophetas, qui secundum carnem natus in tempore est, qui est excelsus in excelsis, 2 5 3
candentium polorum claritatis suae de plenitudine accendit. hic, qui semel occidit et ortus est rursum numquam repetiturus occasum. hic, 2 12 4
rationem seminum etiam beatissimus Paulus subtiliter prodidit dicens: *qui seminat secundum carnem, de carne sua metet interitum; qui autem* 1 2 28
hoc edocens sic ad discipulos ait: *simile est regnum caelorum homini, qui seminauit bonum semen in agro suo; dormientibus autem hominibus* 1 2 28
recognoscimus, domino sic dicente: *simile est regnum caelorum homini, qui seminauit in suo agro bonum semen; dormientibus autem hominibus* 1 3 22
nodum, honorem decoremque conducis. felix aeternumque felix est, qui semper te habuerit in se. 1 4 22
uerbo. haedus ei mittitur, temptationis uidelicet signum; etenim iustitiam qui sequitur, necesse est ut probetur. denique fornicaria requisita non est 1 13 11
deuotio! o pater spiritum captans, corpus uero mortemque contemnens! o qui seruum domini ita se esse meminerat, ut patrem se esse nesciret! quid 1 43 6
excipit, prolixa tempora obseruat, omnia soceri libens tolerat imperata; qui si esset inpatiens, astu circumscriptus pro Rachel postmodum tempore 1 4 16
sibi corpus seruilibus officiis suae compellit implere desideria uoluntatis. qui si fuerit uitiosus, quot habet unusquisque membra, poterit perpetrare 1 3 9
qui carnificem sentit, antequam uideat; qui nomen iudicis pertimescit; qui, sicunde susurrus ingruerit, se quaeri, se aestimat inueniri; cui 2 10 1
sunt necessario discutienda secreta, apostolo utrumque prosequente, nam *qui sine lege,* inquit, *peccauerunt, sine lege peribunt. at qui in lege* 1 35 7
eum, qui praeuaricatus fuerit e duobus. sed nec illis impune succedit, qui sine uxoribus amore peccandi liberius incertas atque inhonestas sibimet 1 1 14
iustos et iniustos generaliter dictos. sed ascendentes et descendentes qui sint, in exemplis agnoscimus. descendentes sunt, qui saeculo 1 37 12
inuasa optinere potuissent. at cum diuina adiuratione in eculeo spiritali et qui sint nolentes edicant et inuiti discedant, procul dubio hoc sunt, quod 1 2 7
tempus et locum et nomen proprium confitetur discessumque, uel qui sit signis euidentibus docet, ut plerumque aliquos noscamus eos esse, 1 2 6
terribilem inermis draconem necat, leonibus obiectus in periculo prandet, qui solet extra periculum ieiunare. et Ionas timens dominum spontaneum 2 2 5
largita. cum haec ita sint, procul dubio non est a tyranno dissimilis, qui solus habet quod potest prodesse commodis plurimorum. quid, quod 2 1 19
spes futurae beatitudinis credenti, cum scriptum sit: *maledictus homo, qui spem habet in homine?* ergo ubi purum deum significat, sic dicit in 2 5 1
autem ignorare uos, fratres, de dormientibus, ne contristemini sicut ceteri, qui spem non habent; si enim credimus, quia Iesus mortuus est et 1 2 12
sacram legem qui spiritaliter accipit, fratres, iste est, eius qui fructu lactatur. Iudaei 1 8 1
funduntur infantes. aestas autem fidelis est populus, angelicus et mundus, qui sponsionis suae palmam fortiter retinens, peccatorum paleis limpidatus, 1 33 3
in altum ferinaeque uoraginis est receptus hospitio, uigilat in ceto qui stertebat in naui. mira res! post naufragium, post natatile sepulcrum 1 34 6
gerit, quod est utique sapientis. unde fit, *ut numquam iustus possit esse qui stultus est neque sapiens qui fuerit iniustus.* ceterum siue iusto siue 2 1 10
non potest prohibere. et aestimat quisquam dei se posse scire secretum, qui sui corporis nescit arcanum? quare, fratres, propter quod facti et nati 1 56 3
hominem ad imaginem et similitudinem dei), et alio loco dicat: *ego sum qui sum et non demutor.* cum hoc ita sit, homo quemadmodum dei 1 27 2
hominem ad imaginem et similitudinem dei), et alio loco dicat: *ego sum qui sum et non demutor.* cum hoc ita sit, homo quemadmodum dei 2 30 2
ambiguitas enim nisi fuerit discussa, iure non potest mereri sententiam. et qui sunt isti, quos ambiguitas suo iudicio reseruauit? utique illi, sicut 1 35 6
est dominus. hic est deus noster, qui se digessit in deum; hic pater, qui suo manente integro statu totum se reciprocauit in filium, ne quid 1 7 4
est iudicium praeparatum. et a quo scire debemus, nisi ab ipso domino, qui suum dictum prosequitur dicens: *hoc est autem iudicium, quia lux* 1 35 4
agnus excepit, qui uestram nuditatem uelleris sui niueo candore uestiuit, qui suum lacte beatum uagitu hiantibus uestris labris indulgenter infundit. 1 38 3
est. ius templorum ne quis uobis eripiat, cotidie litigatis. non hi solum, qui tales sunt, displicent deo, sed et illi, qui per sepulcra discurrunt, qui 1 25 11
ditauit. o caritas, quam pia et quam opulenta, quam potens! nihil habet, qui te non habet. tu deum in hominem demutare ualuisti. tu eum 1 36 29
deus pater omnipotens propitiatur. postremo ille felix in futurum regnabit, qui tecum illo peruenerit. 1 1 21
est, ut scire nos par sit, in quo habitu regnaturus sit homo iste noster, qui tendit ad caelum, ne forte cum carne depereat, uana spe si captus 1 2 24
deo innocens martyr offertur, immaculata hostia nec uictima imparata, qui testis diuini timoris ad fidem a domino poscitur, a parente perducitur, 1 59 2
nobis sit, propheta quod ait: *beati omnes qui timent dominum.* si omnes, qui timent dominum, beati sunt, non beatus est nullus, quia nulla gens est, 2 2 3
intellegendum quemadmodum nobis sit, propheta quod ait: *beati omnes qui timent dominum.* si omnes, qui timent dominum, beati sunt, non 2 2 3
perituram. o necessarius timor, qui nihil aliud agit, nisi ut beatos efficiat; qui timet arte, non casu, uoluntate, non necessitate, religione, non culpa; 2 2 7
Iohannes Baptista ante praedicauit his uerbis: *ecce agnus dei, ecce qui tollit peccatum mundi.* hic itaque dictus est *primitiuus*, quia paternae 1 8 2
imaginis suae coactus in infantem uagit deus patiturque se pannis alligari, qui totius orbis debita uenerat soluturus. in stabuli praesaepe deponitur 2 12 3

taciturnitate, non uoce. quorum quis quid sit consecutus, accipite:	qui	totum sibi ipse promiserat, inanis, qui nihil praesumpsit, iustificatus de	2	9	9
ipsa me consolata sunt. parasti in conspectu meo mensam aduersus eos,	*qui*	*tribulant me. inpinguasti oleo caput meum et poculum tuum inebrians*	1	13	10
barbarus rex, quod eius statuam adorare contempserint, incendi praecepit.	qui	ubi iactati sunt in fornacem ignis ardentis, hos deuote cupidus ignis	1	53	2
non fuit?' huius propositionis quae sit ratio, fratres, accipite. igitur	qui	uenerat hominem uiuificare, per hominem necesse habuit, ne	1	3	17
magi: *ubi est*, inquiunt, *qui natus est rex Iudaeorum?*. hic est, fratres,	qui	uenturus denuntiatus est per prophetas, qui secundum carnem natus in	2	5	3
examinis numero examinatus. scrobem fontem sacrum debemus accipere,	qui	uera sarmenta homines suscipit mortuos et inspiratos aqua caelesti	2	11	4
resurrectionis domini nostri Iesu Christi, qui *in omnibus omnia* est;	qui	uere aeternus est ac sine nocte dies; cui duodecim horae in apostolis,	1	33	4
omnino serpentes inlaesa planta calcabit. sed nec ipsum quoque diabolum,	qui	uere est acerrimus Sagittarius, formidabit umquam, uariis atque igneis	1	38	6
uersatus est inter ebullientes diuersis sceleribus ac libidinibus homines,	qui	ueri sunt uermes. Iob et sanitatem recepit et facultatem; at dominus	1	15	9
iam peruenerit ueritatem. Iesus enim Naue Christi imaginem praeferebat,	qui	uerus omnium saluator esse cognoscitur et factis et nomine. hic enim,	1	3	16
uos, qui in se credentem reprobat nullum, non Aries sed agnus excepit,	qui	uestram nuditatem uelleris sui niueo candore uestiuit, qui suum lacte	1	38	3
calamitatis sit genus? sane plus in eum, qui eam dilexerit, saeuit. quam	qui	uicerit, habebit uitam aeternam.	1	21	
sacri fontis uiuo de gurgite conparamus, nobilis et aeterna, quia animus,	qui	uicerit mundum agnoscendo ac seruando religionem ueram ueramque	2	4	8
hic quaerite, Christiani, sacrificium uestrum an esse possit acceptum,	qui	uicinarum possessionum omnes glebulas, lapillos et surculos nostis, in	1	25	10
tument, qui litibus fremunt, qui calumnias pariunt, qui pauperes,	qui	uiduas, qui pupillos exspoliant, qui profanis fabulis neglecta dei secta	1	25	11
etenim genus insaniae est eum rationem secreti naturae disquirere,	qui	uitae suae non possit reddere. non enim elementa pulchrius aut uerius	2	30	1
puer patre fideli ipse quoque fidelior, nec recusabat mortem, quam deus	qui	uitam dederat imperabat. laetatur pater filio quoque gaudente et cum	1	43	5
uariis molitionibus pugnant multisque diis ac regibus seruire gestiunt,	qui	uni deo per inpatientiam seruire minime potuerunt. sed inpatientiae	1	4	10
repeti potest, quod legum circumscriptionibus, non potest. glorietur	qui	uolet ista iustitia, uerum tamen sciat, quia misero est miserior qui	2	1	17
uidetisne hunc timorem nobis necessarium, qui in dei amore consistit,	qui	uoluntate sua se parit, diuinae legis agnitione construit decorem, ad	2	2	4
ductus naufragus redditur, immo a ligneo ad nauigium uitale transfertur.	qui	ut est dimissus in altum ferinaeque uoraginis est receptus hospitio,	1	34	6
non candida luna, sed ignis columna per noctem iter pandebat ignotum.	qui	ut inter duo elementa peruenit, ibidem praesentariae exitum mortis	1	29	1
mustum, quo repleti inebriatique feliciter spiritus sancti calore feruebunt,	qui	ut numquam refrigescat in omnibus nobis praestabit deus pater	2	13	
misero est miserior qui miseriis ditatur alienis. quisquamne iustum putet,	qui	utilitatem rei familiaris pietati praeponit? qui hominibus fame	2	1	17
sed cura, quam paucis accipite. iram dei generaliter comminantis	qui	uult effugere, debet illi inculpate seruire.	1	10a	
prouentus redditu ditati deo patri omnipotenti laudes et gratias referamus.	qui	zizania, lolium, lappas, tribulos in laeta frumenta mutauit, quae	1	41	1
et munde. igitur ne cognoscatur, faciem uelamine obscurat: necessario,	quia	adsertor pudoris eius nondum uenerat Christus. non cognoscitur a	1	13	9
est dictus, quia praeter patrem ante ipsum nullus est primus, *maturus*,	quia	aeternus est, *perfectus*, quia *dei uirtus deique sapientia* est,	1	46a	2
cotidiana propemodum tam iucundi certaminis exempla declarant;	quia	aliqui eorum cum forte de numero audacis lupi rabie denotatus in	1	36	15
non quemquam pro persona diligit, adulari quia nescit; non pro honore,	quia	ambitiosa non est; non pro sexu, quoniam illi unus est ambo; non pro	1	36	12
et filii non potest nosse, uter patiatur iniuriam, nisi quod ambo patiuntur,	quia	amborum unum nomen est deus. igitur duas natiuitates esse domini	1	54	1
uita per fidem sacri fontis uiuo de gurgite conparamus, nobilis et aeterna,	quia	animus, qui uicerit mundum agnoscendo ac seruando religionem	2	4	8
cum is de iniuria sua queritur, qui se potest facillime uindicare. sed	quia	apud sapientes et honestos grauius est aliqua nota confundi quam	1	20	
est, maxime quod uno desiderio omnes excolunt populi, dubium non est,	quia	aut hostis publicus aut certe iudicatur insanus, quisquis nuptias	2	7	1
ait: *beati quorum remissae sunt iniquitates et quorum tecta sunt peccata*,	quia	beatus esse non potest, fratres, in prima natiuitate persistens, quem	2	10	1
consentit, deinde quia delicias plus diligit quam laborem. huc accedit,	quia	bona carnis inuenit, non requirit, mauultque potiri uel paruis	2	4	13
caelum audierit aut terra, cum iussu dei et caelum obsecundetur et terra,	quia	caelum pluuias et fruges terra non denegat! sed quia haec prophetia	1	61	2
exemplum. Iudas Scariothes traditor domini et spem et fidem perdidit,	quia	caritas in ipso non mansit. nam et haereses et schismata sic	1	36	19
nunc fuerant orbitatis. sed longum est, fratres, ire per singula, maxime	quia	caritas sua ingerit fortiora. quae ita rebus uniuersis est praedita, ut sit	1	36	10
cur de carne gloriatur? si carnalem, animae prodesse non poterit,	quia	*caro et sanguis regnum dei possidere non possunt.* accedit, quod	1	3	3
imaginem depingebat, Thamar ecclesiae, quae ei recte nupta non est,	quia	Christo ueniente baptismatis spiritali unda in gremio renatus ecclesiae	1	13	7
inconsideratorum hominum disputatio, qui ideo iustum patiuntur errorem,	quia	Christum non ex deo considerant hominem factum, sed ex homine	2	8	9
amica, spiritus sancti conuiua. huic et praesentia subiacent et futura: ista	quia	contemnit, illa quia sua esse praesumit; nec spes timet, ne non	1	36	5
qui ideo iustus, quia fidelis; *iustus enim ex fide uiuit*; ideo fidelis,	quia	credidit deo; qui nisi credidisset, neque iustus neque pater gentium	1	36	6
ingestus. unde reiectio Iudaeorum est aliarum electio personarum,	quia,	cum alteris, ut uerbum dei audire debeant, dicitur, Israel sic reprobus	1	61	1
quia inlicitis ardoribus semper iunctus est gladius; ideo autem caecus,	quia,	cum exarserit, non aetatem considerat, non formam, non sexum, non	1	36	25
homo pestilens excogitet uel quid diabolus machinetur, non metuat iustus,	quia	cum illo est deus. inde Susanna illustris Hebraea, uerae decus	1	40	1
pietatem dilecto filio amatus pater exhibuit, tantam laesus exigit ultionem,	quia,	cum uicem non reddidit patri dilectus filius, dignam sententiam	1	61	5
mundus; hic *salutaris*, quia per ipsum uincimus mortem; hic *masculus*,	quia	dei est uirtus; hic, inquam, agnus *perfectus*, quia in ipso magnus ille	1	8	2
bonis frui mundi ac negligat, sponte se faciat infelicem, non credentes,	quia	dei praecepta custodiens, huius modi officiis saeculares obterens	2	1	14
ante ipsum nullus est primus, *maturus*, quia aeternus est, *perfectus*,	quia	*dei uirtus deique sapientia* est, *immaculatus*, quia peccatum non habet	1	46a	2
quia genus humanum magis uoluptati quam uirtuti consentit, deinde	quia	delicias plus diligit quam laborem. huc accedit, quia bona carnis	2	4	13
populi, qui carnalis futurus fuerat, procuratam. denique nihil illi contulit,	quia	deo ante, non posteaquam circumcisus est, placuit praemiumque non	1	3	7
secretum eiusque interna discutere, cuius extraria nequeat suspicari,	quia	deus hoc est quod est; quod uero homo definiendum putauerit, non	2	8	3
exhibetur, Dauid sancto dicente: *conuertere, anima mea, in requiem tuam,*	*quia*	*dominus benefecit mihi, quia liberauit animam meam a morte, oculos*	1	2	32
contemnit, illa quia sua esse praesumit; nec spes timet, ne non ueniant,	quia	ea semper secum suis in uirtutibus portat. hoc est, quod Abraham	1	36	5
diuitiis suis, sed in hoc glorietur, qui gloriatur, intellegere et scire,	*quia*	*ego sum dominus, qui facio misericordiam et iudicium et iustitiam*	2	1	5
amplectitur; non fallit, quia fidem ipsa custodit; non ulla re indiget,	quia	ei praeter quod est nihil est necessarium. haec rura, urbes ac populos	1	36	12
temporalis ac fragilis esse cognoscitur. ideo lineamento puerili depingitur,	quia	eius lasciua lubricitas nec annis senilibus temperatur; ideo nudus, quia	1	36	25
quod gerit. qui ad se ueniunt, professionem credulitatis ab eis solam ideo,	quia	eorum fidem uidere non potest, exigit. quam si abesse ex moribus	2	3	3
et ueneraretur artificem. post haec subiecit ei omnia bona mundi et	quia	erat iam sapientia conditus, sensibus stipatus, eligendi mortem	2	4	5
parturit nouas. manibus suis facta hydra formarum procax semper incedit,	quia	erubescere alienis sub coloribus nescit, non domesticis, non affectibus,	1	1	10
ambitione, auaritia ardet in saeculo. quare utraque sunt uana,	quia	et cordis exaltatio nullos fructus inuenit et oculorum extollentia de	2	9	5
uerbum, ne credentes salui fiant. terra uero hominem idolumque significat,	quia	et *hominem deus de terra finxit* et homo idolum de terra composuit.	1	13	6
humilitatem colit; *non malum cogitat*, quia simplex est; *non irascitur*,	quia	etiam iniurias libenter amplectitur; non fallit, quia fidem ipsa custodit;	1	36	12
ideo *Christi sponsa* est, quia *pudica*, ideo iugo thalami caelestis honorata,	quia	etiam post nuptias manet postmodum uirgo perpetua, nos, qui	1	1	3
minores, si secus aliquid de pistore sentiatur, mea nihil interest, fratres,	quia,	etsi pauper sum, tamen frontem meam tueor et fidem meam noui.	1	41	3
sic agnum uerum, quem inuenerant, perdiderunt. non enim intellexere,	quia	*ex haedis* humana designabatur caro suis onusta peccatis, *ex ouibus*	1	8	1
in fine hominis et non est qui agnitus sit reuersus ab inferis,	*quia*	*ex nihilo nati sumus et post hoc erimus tamquam qui non fuerimus; et*	2	4	10
quia non potest illi aliquid nec addi nec minui; solus omnipotens,	quia	ex nihilo uniuersa constituit, uirtute regit, maiestate custodit; solus	1	7	3
sequitur ac dicit: *neque elati sunt oculi mei.* oculorum peior est causa,	quia	exaltatio cordis ad paucos pertinet, oculorum elatio ad omnes. de	2	9	5
suis praefuisse maioribus eorumque iter praecessisse, non intellegentes,	quia	exinde eos a facie sua remotos post suum dorsum cum postfuturis	1	18	1
, tunc demum, fratres, caritatem per semet ipsum ei condigne reddemus,	quia	facta commutatione quod eius est fit pro partibus nostris. sequens est,	1	36	21
ab eis pascha geritur, reprobauit. 'at imaginem colunt.' nec ipsam quidem,	quia	falso colit imaginem, qui eius non diligit ueritatem. sane hoc solum	2	25	2
Abraham credidit deo et deputatum est illi ad iustitiam; qui ideo iustus,	quia	fidelis; *iustus enim ex fide uiuit*; ideo fidelis, quia credidit deo; qui	1	36	6
est; *non irascitur*, quia etiam iniurias libenter amplectitur; non fallit,	quia	fidem ipsa custodit; non ulla re indiget, quia ei praeter quod est nihil	1	36	12
disputatio enim sicut excolit legem, ita, si uersuta sit, eradicat fidem,	quia	fides profecto non est, ubi quaeritur fides; deinde quia lex communis	2	3	4
angustam. ex eo enim ipso, quod uos non capit locus, exinde intelligitur,	quia	fides uestra capit deum. igitur ne quis operis rationem a me forte	2	6	5
huius mundi non esse iustitiam et quidem nec ueram sapientiam?	quia	fieri non potest, ut uerus sapiens non sit et iustus, iustus adaeque	2	1	9
si uerbis dari potest, poterit et uerbis auferri; nosci adaeque non potest,	quia	fieri potest, ut quis aliud gestit in labris, aliud in penetralibus cordis;	2	3	11
et quod factum est a filio uel fieri potest, sine dignatione paterna non est,	quia	filius sine patre non est, ipso dicente: *si non facio facta patris, nolite*	1	45	3
sed dicit aliquis: 'si ita est, cur in se ipse potissimum superatur?' primo	quia	genus humanum magis uoluptati quam uirtuti consentit, deinde quia	2	4	13
tenentes ad plenum, cum utramque tenere non desinunt. fideles non sunt,	*quia*	habent *aliquid infidelitatis insertum*; infideles non sunt, quia habent	1	35	5
non sunt, *quia* habent *aliquid infidelitatis insertum*; infideles non sunt,	quia	habent imaginem fidei, professione deo, factis saeculo seruientes.	1	35	5
et terra, quia caelum pluuias et fruges terra non denegat! sed	quia	haec prophetia nouissimis erat complenda temporibus sub domini	1	61	2
fortiter bibite, ut semper uobis aqua sufficiat, hoc principaliter scientes,	quia	hanc nec effundere licitum est nec rursus haurire.	2	14	
uasa replete, ut semper uobis aqua sufficiat, hoc ante omnia scientes,	quia	hanc nec effundere licet nec rursus haurire.	1	12	
id est temptationis; quam esse utique credulitatem non potest dubitari,	quia	hanc qui habuerit, necesse est, ut expedite uiuat et munde. igitur ne	1	13	8
continet, sed tamen eos mundana uoluptas ad se trahit. *impii non manent,*	*quia*	*his dei nomen in honore est*; *pii non sunt, quia* patrem uenerandum	1	35	5
dei filium nuntiabant; quem confirmat in scala rectissime positum,	quia	historia totius scripturae et propter ipsum et auctorem per ipsum	1	37	8
per momenta componis, diues in publico, ditior in secreto, nec intelligis,	quia	homini inopia morienti tantis opibus qui cum possit subuenire non	2	1	19
potest Euam. quid, quod nec ipsi uiro aliquid eam prodesse perspicio?	quia	huius circumscriptio characteris potestati subiacet cordis, quod nisi	1	3	9
ignis ira mea et exurat et non sit qui exstinguat. uidetis ergo, fratres,	quia	huius modi circumcisis deus non tantum salutem non pollicetur, sed	1	3	13
uaria non est; *non aemulatur*, quia inuidia quid sit ignorat; *non inflatur*,	quia	humilitatem colit; *non malum cogitat*, quia simplex est; *non irascitur*,	1	36	12
de hoc mundo iudicabunt?; alterum impiorum, qui non sunt iudicandi,	quia	iam iudicati sunt, sed perituri, scriptura dicente: *iter impiorum*	1	35	7
interest inter peccatorem et iustum. denique etiam ipse impiis iudicium,	quia	iam sua impietate praeiudicati sunt, non derelinquit neque peccatores,	1	35	3
iudicii non desideratur examen. ex quo ne *infideles necesse est iudicare*,	quia	iam sua sunt incredulitate damnati; ex hac enim uita quis secum aut	1	35	2

ne contristemini sicut ceteri, qui spem non habent; si enim credimus, quia Iesus mortuus est et resurrexit, sic et deus eos, qui dormierunt in 1 2 12
monstrat exemplum. cuius sane condicione nos beatiores sumus, quia ille occidit semper ut uiuat, fidelis autem post secundae natiuitatis 1 16 2
columnarum, quia illi septem solae sufficiunt; non aeneum inhaeret mare, quia illi perennis fontis sui uiuum inest mare, non quod naufragos faciat, 2 6 6
cui non innumerabilis uarie famulatur acies ualidissima columnarum, quia illi septem solae sufficiunt; non aeneum inhaeret mare, quia illi 2 6 6
aut innocens quod habet legibus perdat. quod est omni uiolentia deterius, quia illud, quod ui eripitur, nonnumquam repeti potest, quod legum 2 1 17
ac semper aequalis, quia in se non admittit aetatem; solus sempiternus, quia immortalitatis est dominus. hic est deus noster, qui se digessit in 1 7 3
circumcisus est, quia Iudaeis erat promissus, ideo cum praeputio natus, quia in aeternum incircumcisis gentibus fuerat profuturus. diximus de 1 3 18
reprobat ergo tam inmensum, tam insigne, tam opulens templum, quia in eo uerum non erat templum. etenim hominum conciliabulum est 2 6 4
quae possunt argumentis attingi, patris et filii festinant nec intelligunt, quia in exordio carminis sacri deus deo sua sibi et diuinitate et nomine 1 45 1
manifestum est spei ac fidei unam inseparabilemque esse naturam, quia in homine ex his quaecumque defecerit, ambae moriuntur. fides itaque 1 36 6
mortem; hic *masculus*, quia dei est uirtus; hic, inquam, agnus *perfectus*, quia in ipso magnus ille sacerdos pio mysterio sua uictima inclusus hodie 1 8 2
temperatur; ideo nudus, quia uoluntas eius est turpitudo; ideo pennatus, quia in quaecumque conceperit uelociter ruit; ideo telis facibusque 1 36 25
uirtute regit, maiestate custodit; solus indemutabilis ac semper aequalis, quia in se non admittit aetatem; solus sempiternus, quia immortalitatis est 1 7 3
quod naufragos ad uitam suauem perducat; non aurum, non argentum, quia in suis martyribus computat totum. non fenestrarum lumen implorat, 2 6 6
hic quoque *duorum denariorum* esse figura uestita, hac uidelicet ratione, quia in *thesauris suis* duos denarios intelligi uoluit, nouitate et uetustate 1 37 9
solis diuinis exemplis oportuerat perorare, esset si quis hic talis. sed quia in uobis fides et pietas, quae est idonea expultrix auaritiae, manet 1 5 17
quae tam sibi quam illi credendo praestet effectum, insinuatio inanis erit, quia incredulo credentis fructum praestare non poterit. denique Abraham 2 3 1
noctis feralibus tenebris obcaecatum miserabiliter ad ima deferri. sed quia inexstinguibilis pestis incendio totus mundus exarsit, auaritia, ut 1 5 1
in quaecumque conceperit uelociter ruit; ideo telis facibusque constructus, quia inlicitis ardoribus semper iunctus est gladius; ideo autem caecus, quia, 1 36 25
mensum perpeti cursu mutationibus diues, nulla statione contentus, quia inmortalitas eius est cursus. uerum currat an recurrat, ambiguum est, 1 26
est, quae sit peccatori peccati merces, ostendit. quam accipere deuitauit, quia inter agnos uenturo tempore, non inter haedos deputatur, qui pignus 1 13 9
est. hic est deus noster aeterni dei coaeternus filius. hic *et homo et deus*, quia *inter* patrem hominesque adstitit *medius*, probans infirmitatibus 2 12 4
illi unus est ambo; non pro tempore, quia uaria non est; *non aemulatur*, quia inuidia quid sit ignorat; *non inflatur*, quia humilitatem colit; *non* 1 36 12
qui uerus omnium saluator esse cognoscitur et factis et nomine. hic enim, quia ipse dictus est etiam petra, recte cultellos petrinos fecit (unde non 1 3 16
nisi in filium Dauid Christus uenire potuisset; qui ideo circumcisus est, quia Iudaeis erat promissus, ideo cum praeputio natus, quia in aeternum 1 3 18
enim, non ad gentes prophetae fuerant destinati. *fornicariam putat*: recte, quia Iudaeorum populo seruiebat. cum ea conuenire cupit, quia prophetiae 1 13 9
radicitus abscisum mysteriis turpioribus immolauit, illa uidelicet ratione, quia Iudaeus post sacramentum per hanc partem peccare potest, ille autem 1 3 2
iram recte subiacet legi. atquin forte aliquis dicat: 'lex spernenda est, quia iusto necessaria non est, peccatori uero molesta est'. absit, fratres: 1 36 18
obserues an legem. si circumcisionem, non est tibi lex necessaria, quia iustus Abraham, qui ex fide uixit, deum credulitate, non lege 1 3 12
ut uerus sapiens non sit et iustus, iustus adaeque uerus non sit et sapiens, quia iustus esse non potest stultus neque sapiens iniustus ipsa ratione 2 1 9
imperium. *lex* enim, sicut scriptum est, *iusto posita non est*, sed peccatori, quia *iustus ex fide uiuit*, infidelis iniuste. errat igitur quisquis 2 3 4
illustri uirtute perennem gloriam peperit et salutem. Abel ideo martyr, quia iustus; ideo iustus, quia patiens; a quo pati martyres didicerunt 1 4 12
in illo, dictum significatione unica maiestatis et affectu indiuiduo pietatis, quia laus filii est patris et laus patris amborum. nunc sacrificii nostri 1 25 8
non habent ergo fidem qui litteras nesciunt, sed nec ipsi qui sciunt, quia legis scientiam obseruantiamque ad perfectionem perducere nullis 2 3 9
sit, eradicat fidem, quia fides profecto non est, ubi quaeritur fides; deinde quia lex communis est, fides uero priuata, quia lex semper manat ex libro 2 3 4
est, ubi quaeritur fides; deinde quia lex communis est, fides uero priuata, quia lex semper manat ex libro Genitali, fides autem tenaciter inhaeret suo 2 3 4
rerum omnium regina, patientia, magis moribus concelebrare! scio enim, quia libentius in tuis moribus, tuis fundamentis tuisque consiliis quam in 1 4 20
conuertere, anima mea, in requiem tuam, quia dominus benefecit mihi, quia liberauit animam meam a morte, oculos meos a lacrimis, pedes meos a 1 2 32
laborat incendia. sane in senibus ut est honoranda, ita miranda non est, quia licet sit uictrix, tamen triumphi sui palmam senectutis cum rigore 1 1 5
euita sciens, quia lites generant. seruum autem dei non oportet litigare, quia lis et caritatis est hostis et fidei; quas si quis amiserit, nec diuina ille 2 3 18
igitur si dei seruus es, *stultas et ineruditas quaestiones euita sciens, quia lites generant. seruum autem dei non oportet litigare*, quia lis et 2 3 18
domino, qui suum dictum prosequitur dicens: *hoc est autem iudicium, quia lux uenit in hunc mundum et dilexerunt homines tenebras magis* 1 35 4
non potest. glorietur qui uolet ista iustitia, uerum tamen sciat, quia misero est miserior qui miseriis ditatur alienis. quisquamne iustum 2 1 17
estis et ego reficiam uos. tollite iugum meum super uos et discite a me, quia mitis sum et humilis corde, et inuenietis requiem animabus uestris. 2 9 4
est eius, cum de eo ille queritur, qui mox eum poterat et punire. sed quia mors apud incredulos futurorum putatur poenae compendium ac 1 47
a te gradus non inueniat quod tibi praestet, meminisse tamen debes, quia mors non timet nec diuitias nec honores. o caeca mens hominum! 1 5 10
sapientia est, *immaculatus*, quia peccatum non habet solus, *salutaris*, quia mortem mutauit in uitam; propter nos qui est occisus et uiuit, 1 46a 2
ita ne perculeretur tenera aetas, ostenditur, quo nec pater ferire posset, quia nec dominus humanum sanguinem postularet. religiosus carnifex 1 62 4
incendio totus mundus exarsit, auaritia, ut putatur, crimen esse desiit, quia neminem qui se possit arguere derelinquit. omnes enim passim furore 1 5 1
spes ipsa nascetur? quibus si deneges caritatem, utraeque cessabunt, quia neque fides sine caritate neque spes poterit operari sine fide. itaque 1 36 1
sed hoc satis absurdum esse et inconueniens, fratres carissimi, aduerto, quia neque refugae descendunt, qui post peccatum in caelum numquam 1 37 11
ad aram, ita ad crucem Christum sublimandum nefarii perduxerunt. sed quia nescit aeternitas mori, uiuit dominus post sepulcrum, et ad Iudaeos 1 59 8
uestri candorem, ne quo pacto maculetis, perpeti diligentia custodite, quia nescit iterare quod praestat. ecce pueri, adolescentes, iuuenes, senes 1 38 1
tanto inuicem plus debetur. non quemquam pro persona diligit, adulari quia nescit; non pro honore, quia ambitiosa non est; non pro sexu, 1 36 12
deo. haec extrariis ornamentis ornatur; longe illa ornatior, aliunde quia nescit ornari. haec uariis unguentis et odoribus fragrat; illa unici floris 2 7 3
petitorem. quicquid feceris, uirgo iam non eris; unum tamen scio, quia nihil distat a prodigio, quisquis alterius causa et formam mutat et 2 7 8
hanc excolit, per hanc hoc sibi nomen inuenit; non sanctitas, non munitio, quia *nihil* est *tam sanctum quod non uiolari, nihil tam munitum quod non* 1 5 5
condicio, ubi non licet facere uxori, quod marito placet; ubi proponis, quia nihil te gerere sinit, nisi quae disposuerit prior ipse compleuerit. quod 2 7 15
naturalis ergo non discitur, sed impulsu nobis nostrae infirmitatis occurrit, quia non artis est timere quod metuas; metuis autem *quod* tibi *nolis* 2 2 1
ex his omnibus eligendum quid sit, non potest nosci aut comprehendi, quia non erit nec proprium nec firmum, quod habet statum semper 2 3 7
naturae sit; naturae in homine nascitur, dei autem et discitur et docetur, quia non in trepidatione, sed in doctrinae ratione consistit, sicut scriptum 2 2 1
se est quod est; solus sui conscius, quantus et qualis est; solus perfectus, quia non potest illi aliquid nec addi nec minui; solus omnipotens, quia ex 1 7 3
nescit, non domesticis, non affectibus, non maritis nota, non sibi, quia non potest notum esse nec uerum quod est semper incertum. 1 1 10
est sterilis, multo magis, si fertilis fuerit: illic quia parum distrahit, hic quia non solus. uultis scire, quantis sit tenebris obuolutus? irascitur deo, si 1 5 14
meruissent. at cum scriptum sit: *littera occidit, spiritus autem uiuificat*, quia *non sub lege, sed sub gratia sumus*, quae nos diligere deum ac soli illi 2 3 2
non expugnari pecunia possit; non necessitudo sanguinis, non amicitia, quia non suo merito, sed auri, argenti facultatumque beneficio quis aut 1 5 5
quod eius secretum figuramque nescitis; quam si propterea contemnitis, quia non uidetis, deum quoque, qui est inuisibilis, contemnere similiter 2 4 17
sudorem gloriosum palmamque prouocauero, nobis fortassis insultent, quia nostrae sacrae uirgines uiduaeque magno pro inmortalitatis praemio, 2 7 11
si omnes, qui timent dominum, beati sunt, non beatus est nullus, quia nulla gens est, nulla sunt pecora, animantium denique nulla natura, 2 2 3
me. de hoc nescio quid possit quispiam promouere; unum tamen scio, quia nullus est nostrum, qui non momentis omnibus elaboret, ut plus 2 1 16
hominem induturus pati uideretur iniuriam. uidetisne, fratres dilectissimi, quia nullus exserte hic alteri iubet, in opere nullus otiosus est? o sancta 1 45 2
peccatum in caelum numquam recepti noscuntur, neque lucis ascendunt, quia numquam in terris, sed semper in caelo manserunt. unde angelos puto 1 37 11
est conscius; hic *maturus*, quia post ipsum non est ullus; hic *sempiternus*, quia occisus est et inuentus est uiuus; hic *immaculatus*, a peccato quia 1 8 2
ac diuersis gemmis, lapidibus, margaritis per momenta distinguitur et quia opus est uiuum, tectum non habet nisi caelum. dicam praeterea, quae 2 6 7
filius, cordis eius nobilis inquilinus exinde uisibilis necessario effectus, quia orbem terrae erat ipse facturus humanumque uisitaturus genus, alias 1 50
praeterea, si annus est sterilis, multo magis, si fertilis fuerit: illic quia parum distrahit, hic quia non solus. uultis scire, quantis sit tenebris 1 5 14
pater, mea sunt, et iterum: *pater, omnia mea tua sunt et tua omnia mea*, quia pater in filio et filius manet in patre; cui affectu, non condicione, 2 5 9
natiuitatem qui erat, antequam nasceretur, in patre, aequalis in omnibus, quia pater in ipsum alium se genuit ex se, ex innascibili scilicet sua illa 1 17 2
agnus dei, ecce qui tollit peccatum mundi. hic itaque dictus est *primitiuus*, quia paternae antiquitatis solus est conscius; hic *maturus*, quia post ipsum 1 8 2
gloriam peperit et salutem. Abel ideo martyr, quia iustus; ideo iustus, quia patiens; a quo pati martyres didicerunt patiendo libenter, quod non 1 4 12
trahit. *impii non manent, quia his dei nomen in honore est*; *pii non sunt, quia* patrem uenerandum prauis moribus laedunt. *orant quia timent*, 1 35 5
aeternus est, *perfectus*, quia *dei uirtus deique sapientia* est, *immaculatus*, quia peccatum non habet solus, *salutaris*, quia mortem mutauit in uitam; 1 46a 2
quia quicquid aut emitur aut distrahitur, liberum non est: non nobilitas, quia per hanc credit, hanc excolit, per hanc hoc sibi nomen inuenit; non 1 5 5
nomina duo testamenta. scala autem proprio nomine crux uocatur, quia per ipsam dominus Iesus Christus mysteria uniuersa conficiens atque 1 37 15
uiuus; hic *immaculatus*, a peccato quia solus est mundus; hic *salutaris*, quia per ipsum uincimus mortem; hic *masculus*, quia dei est uirtus; hic, 1 8 2
est secuta uirginitas. Adam similiter dominica circumciditur cruce, et quia per mulierem, quae sola lignum letale contigerat, exceperat uterque 1 3 20
sensim serpat, serpentis nomen accepit, detestabili accensus inuidia eum, quia per se non ualebat, aliena forma blanditus per mulierem 2 4 5
uenio nunc ad exempla, quae sunt negotio uel maxime necessaria, quia plus est quod geritur quam quod dicitur, ut et impudicitiae malum et 1 1 15
est *primitiuus*, quia paternae antiquitatis solus est conscius; hic *maturus*, quia post ipsum non est ullus; hic *sempiternus*, quia occisus est et inuentus 1 8 2
carnis, *ex ouibus* propter spiritum maiestatis. qui *primitiuus* est dictus, quia praeter patrem ante ipsum nullus est primus, *maturus*, quia aeternus 1 46a 2
iustus autem ab omni peccato se abstinet, quod propterea facit, quia *praui* bonique *notitiam* gerit, quod est utique sapientis. unde fit, *ut* 2 1 10
natura. non enim bis carnem induit dominus. sed sic oportuit praedicari, quia primo, antequam esset, quod se fieri uoluisset, tam figura quam 2 4 3
suae autem gratis laborent. uerum hoc est solum, nos in quo uincimus, quia pro sua sanctitate Christianae plus nubunt. adde quod gentibus, quod 2 7 11
putat: recte, quia Iudaeorum populo seruiebat. cum ea conuenire cupit, quia prophetiae magis gentes quam Iudaei fuerant crediturі, domino 1 13 9
quam Iudaei fuerant crediturі, domino dicente: *amen, amen dico uobis, quia publicani et meretrices praecedunt uos in regnum dei*. haedum ei 1 13 9
inuiolabili deseruit deo? nam si *ecclesia* ideo *Christi sponsa* est, quia *pudica*, ideo iugo thalami caelestis honorata, quia etiam post nuptias 1 1 3
praecipitat in furorem, non sexui parcens, non aetati, non pietati, non sibi, quia pudorem alienum qui appetit primo suum perdit. pure non nox illi 1 1 6

carina naufragium. inter haec omnia deterior est conscientiae timor, quia quae diximus et alia his similia cum passibilitate sui transeunt; timor 2 2 2
sed etiam, si opus sit, et salutis — alii magis prodesse quam sibi; suam, quia, quamuis sit sapientiae nomine falso uestita, tamen suis commodis 2 1 3
secreta, nusquam, frater, tua curiositas, nusquam tua proficit pugna, quia quem putas uel de tuis ipsis studiosis fidelissimum, hic infidelis, et 2 3 11
non sibi repugnat, sed ostendit animae esse sublimitatem superiora uicisse, quia *qui se exaltauerit, humiliatur et, qui se humiliauerit, exaltatur.* animae 2 9 8
ebibit fontem. huic non iura, non leges, non honor ullus obsistit, quia quicquid aut emitur aut distrahitur, liberum non est: non nobilitas, 1 5 5
est, quia, si uxor et maritus *in carne* sunt *una*, dubium non est, quia quod alter audit amborum est. quid agam, quo me uertam, nescio. 2 7 11
derogans patri. alter renitet in altero; cuiusuis gloria communis est honor, quia quod est filii, patris est, quod patris, amborum. laetatur pater in alio 1 56 1
non esse humanae potestatis crastinum diem ac ne ipsum, quo res agitur, quia quod uoluitur semper, in momento quid adferat dubium est. sed 1 5 7
natura opinaris prouisionis piae diuina mysteria? si minus sentis de filio, quia regnum traditur patri, maior patris iniuria est, si est aliquando sine 2 5 5
necesse est ut probetur. denique fornicaria requisita non est inuenta, quia renatus per aquam et spiritum sanctum desinit esse, quod fuerat, et 1 13 12
est'. absit, fratres: immo potius ueneranda est, quia ueritatis speculum, quia rigida quaedam dilectionis est forma; quicquid enim a iusto didicit, id 1 36 18
sed istum mundum ipsi iudicabunt, apostolo dicente: *an nescitis, quia sancti de hoc mundo iudicabunt?*; alterum impiorum, qui non sunt 1 35 7
sacrae legis testimoniis probare non desinam, cuius ista sunt uerba: *nam quia sapientiam dei non cognouit saeculum per sapientiam, deus optimum* 2 1 5
sine fine, sollicitudo sine requie, ad sua numquam perueniens uota, quia satiari non nouit. fidem frangit, caritatem neglegit, iustitiam negat, 1 21
spem, altera uerbo. haec miratur se habere quod nescit, laetatur illa quia scit. Elisabeth sterilis fecunditate tumet feliciter uenter, Mariae 2 8 8
gestit in labris, aliud in penetralibus cordis; similiter ne destrui quidem, quia si uera fides est, aliud esse non potest quam quod est. igitur cum 2 3 11
fidem per tractatum posse uel dari uel nosci uel destrui. dari non potest, quia si uerbis dari potest, poterit et uerbis auferri; nosci adaeque non 2 3 11
talis est etiam causa maritorum, ad quos aliquid loqui superfluum est, quia, si uxor et maritus *in carne* sunt *una*, dubium non est, quia quod 2 7 11
a deo similiter etiam ipse praesentem sententiam damnationis excepit, quia, sicut est detestabilis qui, cum sit homo, deum se fingit, ita 1 13 6
autem mundum significasse non dubium est, hamum uero praedicationem, quia, sicut hamus missus in mare mortem piscis ostendit, ita euangelica 1 37 6
conuertitur. nec inde, ut dixi, sceleris sui crudelitas fructum sortita est, quia, sicut in Isaac aliud offertur et aliud immolatur, ita et in passione 1 59 9
habet totum, iniuriam pertinebit nec est in illo aliquid, quod sit inferius, quia sicut pater nec plus potest habere nec minus; alter enim in alterius 2 5 10
rationibus possunt. si ex credulitate, non ei opus est ulla interpretatio, quia sicut semel creditur, ita semel ex eo ipso, quod creditum est, 2 3 9
quid sit ignorat; *non inflatur*, quia humilitatem colit; *non malum cogitat*, quia simplex est; *non irascitur*, quia etiam iniurias libenter amplectitur; 1 36 12
compellit, manifestissimum puto nimis astuto esse simplicem meliorem, quia simplex omnibus dei uerbis simpliciter credit, astutus autem nimia 2 3 2
quia in suis martyribus computat totum. non fenestrarum lumen implorat, quia sol aeternus in eo manet. inaestimabilia unius plenitudinis tria illi 2 6 7
quia occisus est et inuentus est uiuus; hic *immaculatus*, a peccato quia solus est mundus; hic *salutaris*, quia per ipsum uincimus mortem; hic 1 8 2
cum innocentis animae interitu praestitutae circumcisionis iura uacuauit, quia solus octauus dies a deo circumcisionis priuilegium, non septimus, 1 3 4
uicisti. inde est, quod et ego aeternam uitam me possidere contendo, quia specialiter anxiam curam mortis mihi a deo praestitam recognosco.' 1 3 8
conuiua. huic et praesentia subiacent et futura: ista quia contemnit, illa quia sua esse praesumit; nec spes timet, ne non ueniant, quia ea semper 1 36 5
denique a muliere, quae prior peccauerat, circumcisionis incipit cura, et quia suasione per aurem inrepens diabolus Euam uulnerans interemerat, 1 3 19
eius saepe in gentibus (quamuis illic fructuosa uel uera esse non possit, quia sub inpudico praedone uersatur), quanto magis debet esse gloriosior 1 1 3
illi dicant? insignis uir sicut ait noster: *nouit deus cogitationes sapientium, quia sunt stultae.* nostram nobis stultitiam derelinquant, habeant secum 2 1 15
ac uirtutis potestas intra hominem susceptum iacet, magis admirabilior, quia tantus est et talis. et homo curiosus cor suum extollit conaturque eius 2 9 4
amor sane saluti nostrae contrarius, cui recte hominis forma tribuitur, quia temporalis ac fragilis esse cognoscitur. ideo lineamento puerili 1 36 25
est; *pii non sunt, quia* patrem uenerandum prauis moribus laedunt. *orant quia timent, peccant quia uolunt.* unde non est absolutus reatus, ubi de 1 35 5
deo se laudat. publicanus autem non membratim deum, sed totus exorat, quia timore totus est humilis, sua peccata contestans, secundum domini 2 9 9
erit profecto nec nostra nec sua, sed nec eius, cuius esse dicetur, quia tractatus fidem cum astruit, ex eo ipso eam, quo astruit, destruit. nec 2 3 6
ut tot quis habeat fides quot non habet uerba, multo magis nihil habebit, quia tractatus, qui eas genuit uel cotidie generat, adhuc potest generare. e 2 3 7
refunderis et tamen, tota ubi refunderis, nec recedis. recte deus diceris, quia trinitatis potentiam sola conuertis. 1 36 32
non est; non pro sexu, quoniam illi unus est ambo; non pro tempore, quia uaria non est; *non aemulatur*, quia inuidia quid sit ignorat; *non* 1 36 12
etiam fides et quidem nouellas et litis labore ac fauore nutritas. quas, quia uera uix potest inueniri, credo, ne populi penuria laborarent, uenales 2 3 7
magna quam dicere. quamuis et quod dictum est a patre uel dici potest, quia uerbum est filius, sine filio non est, et quod factum est a filio uel fieri 1 45 3
est, peccatori uero molesta est'. absit, fratres: immo potius ueneranda est, quia ueritatis speculum, quia rigida quaedam dilectionis est forma; 1 36 18
spiritali temperamento conscribunt. quae sine se utilia esse non possunt, quia ueteri sicut nouum praestat fidem, ita nouo uetus perhibet 1 37 4
ei accusatore carere, teste conscio, cum se ipso carere non possit, quia uiolentior omni tortore conscientia numquam suum deserit 2 10 1
uirtutis hanc esse maximam gloriam, ipsam calcare naturam. sed quia uirtutem uoluptates semper offuscant nihilque unicuique, nisi quod 2 7 1
iubetur, est, inquit, inferior.' quid, quod inde non esse approbatur inferior, quia, unde processit, paterni cordis est exsecutor? non enim minus est 1 45 3
patrem uenerandum prauis moribus laedunt. *orant quia timent, peccant quia uolunt.* unde non est absolutus reatus, ubi de amoris comparatione 1 35 5
quia eius lasciua lubricitas nec annis senilibus temperatur; ideo nudus, quia uoluntas eius est turpitudo; ideo pennatus, quia in quaecumque 1 36 25
legi. de uoluntate nasceris, sed bono puritatis uoluntatem ipsam paris, quia uoluntas fit uoluptas postmodum tua, cum per eam cotidie tricenos, 1 1 20
uolo autem omnes uos esse sicut et me, ac per hoc ideo nubere melius, quia uri deterius. *omnia* quidem *licent, sed non omnia expediunt.* iam te 2 7 2
geruntur, sed et ipsis in fanis, Christiana fidelis, sine te esse non poterunt, quia uxor infelix es, si nescis, quid agatur in domo, infelicior certe, si 2 7 13
lecto; inuidiosis uocibus deo concinnat inuidiam, solemnia ipsa diuina, quibus a sacerdotibus dei quiescentes commendari consuerunt, profanis 1 2 14
et increduli desertoresque puniuntur. hanc Esaias in modum forcipis uidit; quibus ad conflanda labia inquinata ab uno de seraphim ex ara dei 1 37 2
ex ore meo. quo uocabulo gentiles homines sine dubio comprehendit, in quibus adhuc erant opera terrena. hoc est ergo quod ait: *audi caelum et* 1 61 4
similiter Christianus monitis diuinis praecinentibus obsecundando, in quibus aeternae fructus est uitae, et defenditur pariter et nutritur. ad 2 11 5
alterum, quod futurum. mare fontem sacrum debemus accipere, in quo, quibus aquis dei serui liberantur, iisdem, qui non fugiunt, sed portant 2 26 3
mentis hominibus ne hominum quidem uocabulo digni iudicarentur. pro quibus causis a deo non tantum sunt disperditi, sed etiam perpetuo poenali 1 13 4
ac uiolare deuitans mira patientia in se frangitur, his denique fluctibus, quibus cogitur, refrenatur. haec germinantibus pratis, messibus flauis, 1 4 5
erit ille nec iustus. satis, ut opinor, praestigiae mundanae patuerunt. in quibus cum peritius agant uniuersi homines, quam dici potest, superfluum 2 1 11
quid illud, quod per mare medium terrenum duxit ingressum? quid [quibus] de caelo cotidianum manna in eremo, potus e saxo? quid per 1 61 8
regnum. nam deos ipsa genuit, ipsa intulit mundo, per quos aut in quibus diabolus colitur, quorum in actibus origo monstratur. ipsa Iouem 1 1 11
sunt, qui saeculo renuntiantes rursus reuertuntur ad saeculum, de quibus dominus ait: *nemo retro attendens et superponens manum suam* 1 37 12
semper in caelo manserunt. unde angelos puto recte homines appellatos, quibus dominus sanctum per spiritum dicit: *ego dixi: dii estis et filii excelsi* 1 37 11
Christi fabulari nitantur, tamen tres sunt quodam modo principales. e quibus duae eius, quem cupiant deprauatum, simulant se esse cultrices. 2 8 1
supplicio nullaque eos cognitio exspectat ulterius, quinam sint isti, quibus est iudicium praeparatum. et a quo scire debemus, nisi ab ipso 1 35 4
aliquotiens ingentior prosequitur gloria, maxime diuinis in rebus, in quibus felices obnixa deuotione suam religionem custodiunt potius quam 1 31
plures estis. haec sunt, dilectissimi fratres, charismata uestra, hae uirtutes, quibus Hierusalem spiritalis instruitur, quibus sacrae orationis iste locus 2 6 11
si tamen dicendum est, sui carpunt. sane nullis argumentis armatus, quibus illi libenter utuntur, qui aduersus ueritatem falsa componunt, sed 2 18 2
nouos filios similiter et maritos? at e diuerso ipsae aestiment, quid sint, quibus in tam solemnibus uotis saepe contingit, ut nec filios habeant nec 2 7 10
postremo, quem diuitiis exspoliauerat magnis, magnis uestit ulceribus, quibus insuper uermes immittit edaces, ut in tormenta morientis cum 1 4 18
quia exaltatio cordis ad paucos pertinet, oculorum elatio ad omnes. de quibus Iohannes discipulis quid praedicet, omnibus est in usu: *nolite,* 2 9 5
denique expetisse atque accepisse describitur *monile, anulum, uirgam.* quibus ista significatio coaptatur? monile, fratres dilectissimi, lex est, quae 1 13 10
sede profectus in praedestinatae uirginis templum sibimet castra metatur, quibus latenter infunditur in hominem gigniturus ibidemque saluo quod 1 54 3
ac beatos. stulta autem res est illis te uelle uitae substantiam prouidere, quibus nec natiuitatem dederis nec animas inspiraueris nec salutem 2 1 21
deo finctum eique eius ex latere mulierem coniugale solamen excussam, a quibus omne genus manauit humanum, caelestem uero ibidem nec 2 4 1
designari personas, tamen nunc usque contendit deum filium non habere. quibus omnibus exempla uel ratio, quam prosecuturi sumus, 2 8 2
ambulet, quomodo bonum insuper sibi opus adsignat ab illis recedendo, in quibus oportuerat ambulari? prioribus, fratres, posteriora respondent: de 2 9 6
cum a deo acceperit facultatem, ut atrocitatis inueteratae in examen iusti quibus possit armis, quibus possit uiribus, niteretur. igitur nouum ac paene 1 4 18
facultatem, ut atrocitatis inueteratae in examen iusti quibus possit armis, quibus possit uiribus, niteretur. igitur nouum ac paene incredibile 1 4 18
fide esse perscriptum: *mihi uiuere Christus est et mori lucrum*? excogita quibus potes suppliciis tormenta grauiora, maioribus te furoris stimulis 1 39 5
festi omnisque solemnitas abominatio est apud deum. cum haec ita sint, a quibus, quomodo, unde pascha celebratur? adde quod agnum legitimum 1 46a 2
preces surdis, ab his custodiam petere, quos fur non timet inuolare? quibus recte deus irascitur dicens: *nolite ambulare post deos alienos, ut* 1 25 4
charismata uestra, hae uirtutes, quibus Hierusalem spiritalis instruitur, quibus sacrae orationis iste locus nouus et populus cotidie Christi dei et 2 6 11
namque de profundis, id est de imis praecordiis; clamat de profundis, sed quibus saeptus erat maestus ac tristis calamitatibus humanis! et clamat non 1 34 3
deus illi non colendus sit, sed quaerendus. quod nunc faciunt infideles, de quibus scriptura diuina quid pronuntiet, audiamus; cuius ista sunt uerba: 2 9 2
praecedat, cui laborat fides? fides si non sit, quomodo spes ipsa nascetur? quibus si deneges caritatem, utraeque cessabunt, quia neque fides sine 1 36 1
haec, fratres, si quis libenter crediderit, largiores adhuc escas inueniet, quibus, si diligens fuerit, semper et se et alios bonis omnibus satiabit per 1 24 4
tanti negotii certos efficiat; cui ille respondit: '*habent Moysen et prophetas*, quibus si non credunt, neque illi, qui hinc missus fuerit, credituri sunt', 1 2 10
sero cognoscit cupitque mortuus uel uno digito illis contingi manibus, quibus stipem denegauerat uiuus. odit iam sine causa ante quod amauerat; 1 2 9
lacrimis fluenta denuntiat. statim oculis apertis folia radiata procedunt, quibus subiecti ac se commendantes sequaces fructus adridunt, quos solis 2 11 3
quo genere unusquisque suum sacrificium procurabitis, quo sumptu, quibus uasis quibusue ministris? at si descrete fiunt ista, nihil prodest. ex 2 7 14
adest dies, omni genere fructuum fetibus pollens, diuite sinu, momentis quibus uelis quattuor temporum munera expungens. denique competentibus 2 13
maris lubricos sinus insubditaque humanis gressibus liquidi aequoris terga, quibus uiator trepidus absorbebatur, et perambularet pariter et euaderet. 1 34 3
suis sua de mensa largitur. tres pueri unanimes legumina inferunt primi, quibus, ut scitus sit sapor, salem sapientiae aspergunt. oleum Christus 1 24 2
uniuersis est praedita, ut sit omnium iure ipso regina. triumphet licet quibus uult uirtutibus fides, ac spes multa et magna proponat, tamen sine 1 36 10

in templis, hilarem in theatris, inportunam in publicis, opportunam in quibuscumque secretis. lasciua, non linguis non oculis non auribus parcens 1 1 9
albescentium tractu funereae facis solemnitate in occasus suos quasi quibusdam deducuntur exsequiis; quas si per plagas unde refixae sunt 1 2 17
neque peccatores in consilio iustorum. gradatim pro meritis quasi cum quibusdam elogiis paucissimis uerbis totius humani generis iudicium 1 35 3
Timotheum loquitur instruendum his uerbis: *hortatus sum, ut denuntiares quibusdam, ne peruersa doctrina uterentur neque adtenderent fabulis et* 2 3 17
omnesque discipulos. quorum salutaria monita canentibus linguis, quasi quibusdam spiritalibus cultris, credentium populorum secundum Moysi 1 3 16
tribus rebus, quae fundamenta sunt omnium uitiorum, uiolentis quasi quibusdam tempestatibus naufragatum momentis uniuersis in interitionem 2 1 6
partiri non posset, si inpatientia suos cursus urgueret. luna quoque, quae quibusdam uidetur errare curriculo menstruali, solemnes suae ignes aetatis 1 4 5
genitali uersatur, ille peregrinus est. illa sine contemplatione meritorum quibuslibet passim sua munera infulcit, maxime indignis, ut ad se colligat 2 4 14
unusquisque suum sacrificium procurabitis, quo sumptu, quibus uasis quibusue ministris? at si descrete fiunt ista, nihil prodest. ex uno enim 2 7 14
natiuitas domini nostri in patris et filii tantum conscientia manet, nec quicquam habet interiectum neque conscium qui ex paterni oris affectu 1 54 2
spiritale praeputium, male repetita nuditas condemnetur, ne nouus homo quicquam Iudaei habere uideatur aut gentis. ambo enim illi carnales sunt, 1 3 24
patientiae deferuntur in portum, sine qua nec audiri nec concipi nec disci quicquam poterit nec doceri. nam profecto sola est, ad quam prorsus res 1 4 1
animo ac mente una agebant, nec fuit inter illos discrimen ullum nec quicquam suum ex bonis putabant, quae eis erant, sed erant illis omnia 2 1 18
non tam timentis quam exsultantis ac docentis est. utique non enim quicquam timere poterat, qui mortuos excitabat, *qui potestatem habuit* 1 2 31
ebibit fontem. huic non iura, non leges, non honor ullus obsistit, quia quicquid aut emitur aut distrahitur, liberum non est: non nobilitas, quia 1 5 5
his enim auctoribus concipitur, his ducibus geritur, his ministris impletur quicquid cotidie concupiscentia, ambitione, auaritia ardet in saeculo. quare 2 9 5
est, quia ueritatis speculum, quia rigida quaedam dilectionis est forma; quicquid enim a iusto didicit, id facere iniustum quoque compellit, bifarie 1 36 18
facturus humanumque uisitaturus genus, alias aequalis in omnibus patri. quicquid enim pater praecepit, ut fieret, filius, utpote *dei uirtus deique* 1 50
distingui non potest, deus in alio se inferior esse quemadmodum potest? quicquid enim uni ex duobus indiscrete in omnibus sibimet similantibus 1 45 2
illibata custodis? insuper de inopia quereris, qui quod habes nescis. quicquid feceris, nihil horum tecum ad inferna portabis; quod enim 1 14 3
speculo oracula inquiris, quam commode possis circumscribere petitorem. quicquid feceris, uirgo iam non eris; unum tamen scio, quia nihil distat a 2 7 8
exaestuat mundus pestiferisque uoluptatibus ita corrupta sunt omnia, ut quicquid in eo geritur, non debere diligi a nobis sacris uocibus dum 1 36 27
quanto magis in dei causa fortius praecauendum est, quem solum ueretur quicquid in uirtutibus naturae a regibus ipsis quoque metuitur. sed 1 36 24
plus quam publicum reueretur. pestiferas odit blanditias carnis inimicae et quicquid ingesserit mundus uoluptatis aut muneris, totum respuit 1 1 2
praestatori nihil prodesse possunt. at uero nostrae aceruatim absoluunt quicquid inuenerint nec aliquid subsiciui esse patiuntur, sed pectorum 2 24 1
redimunt libidinum merces, non aduertentes esse infelix et impudicum quicquid legitimum fuerit extra coniugium; Christiano enim, fratres, ultra 1 1 14
nationibus necessaria subministrat. potentiam, fratres, cito eius edicam. quicquid locis natura negauerit, caritas reddit. haec coniugalis affectus 1 36 13
nullos fructus inuenit et oculorum extollentia de alio in aliud elata quicquid uiderit mobilitate fugaci statim deperdit. dehinc sequitur: *neque* 2 9 5
tantumque potestatis habet, ut, cum sui domicilii saepto teneatur, tamen quicquid uoluerit, omnibus momentis illustret. non ergo carnale hoc 1 27 3
tantumque potestatis habet, ut, cum sui domicilii saepto teneatur, tamen quicquid uoluerit, omnibus momentis illustret. non ergo carnale hoc 2 30 3
securus de fide generis sui pater filio, de quo non dubitabat, patefecit, quid a se dominus postulasset, et quid ipse domino promisisset ostendit. 1 43 5
liber, repromissae inmortalitatis inaestimabili beatitudine perfruetur. sed quid ad nos, quid illi dicant? insignis uir sicut ait noster: *nouit deus* 2 1 15
diem ac ne ipsum, quo res agitur, quia quod uoluitur semper, in momento quid adferat dubium est. sed oculis patentibus caeci dilatant horrea, terras 1 5 7
non ante uiuificat, antequam omne uirus uetustatis exstinguat, ne quid adulterum pariat. ac ne quem plus amare uideatur aut minus, unam 2 29 2
in carne sunt *una*, dubium non est, quia quod alter audit amborum est. quid agam, quo me uertam, nescio. non enim uideo, quid in 2 7 11
Christiana fidelis, sine te esse non poterunt, quia uxor infelix es, si nescis, quid agatur in domo, infelicior certe, si scieris. proponamus itaque, ut 2 7 13
possidebit. memorandum quoque necessario est etiam illud, a quo quid agatur in templo. sacerdos uocat, ostium credulitas aperit, simplicitas 2 6 9
eique tanto pro nuntio morigera coniux pacem si non ingeris, nec negabis. quid agis, misera? quid, uesana, laetaris? non est pax ista, sed bellum; non 2 7 17
iniurias, sed se ipsum contemnit, si gloriae spem futurae non gerit? quid agricola semina spargit, si sudoris sui praemium non colligit messem? 1 36 3
suae ignes aetatis quod numquam prorogat inportune nec derogat, quid aliud intelligi datur quam sui opificis moderationi deseruiens 1 4 5
eius aemulae rabiem breuiter etiam ex ratione nominum publicemus, ut quid appetendum quidue fugiendum sit facillime possit agnosci. sub 1 1 6
sinit praecipitare. quid auium diuersarum decora commercia litterataeque quid arduis uolatibus *aeriae grues*? quid piscium dissimilium cum suis sibi 1 4 6
partu crudo in alterius contumeliam inpatientia non sinit praecipitare. quid auium diuersarum decora commercia litterataeque quid arduis 1 4 6
exomologesin facies, quae plus pro ornatu es quam pro salute sollicita. quid autem a deo impetrare te posse credis, quae eum per id, per quod 1 14 6
ut quiuis intelligat hoc fieri non posse sine naturalis amicitiae disciplina? quid autem pro se in necessitatibus gerant, omnibus nota porcorum 1 36 15
cum inflata fides ac spes dilectionis a fundamento uelluntur. quid autem sine caritate sint non tantum istae, sed et aliae quoque 1 36 20
agricola semina spargit, si sudoris sui praemium non colligit messem? quid Christianus credit in Christum, si promissum sibi ab eo perpetuae 1 36 3
exaltati filii Israel, quando ad Iordanem securus ab Horeb accessit. quid cotidiana dei colloquia? *ipsi autem me spreuerunt:* ad crucem enim 1 61 8
homo ad duorum imaginem et similitudinem fingitur nec tamen in eo, quid cuius sit, inuenitur. si igitur in opere extraneo paritas sacra distingui 1 45 2
ut iste proficiat. compendiosum felicitatis genus alterius periculo discere, quid debeas deuitare. unde, fratres, in tali re non loquela est exhibenda, 1 10a
'Pharisaee, responde, ubi cor habeas constitutum. si in regione pectoris, quid deformi uulnere inferna metiris? si, quod quidem recte aestimas, in 1 3 14
praeter ceteras tota se ad alienas utilitates colligit atque explicat sciens, quid deo principaliter debeatur, nihil sibi ipsa concilians, nihil proprium 2 1 11
tempus non sinit imagini reddere ueritatem. uerum tamen, Iudaee, quid designatione tui criminis gratularis? in Aegypto seruis diu, non 2 16
quid praesentium carnalium rerum fugaci illuderis blandimento? quid deteriori meliorem subiacere compellis, scriptum quippe cum noueris: 2 4 15
generibus factiosae emerserint causae, quid homo pestilens excogitet uel quid diabolus machinetur, non metuat iustus, quia cum illo est deus. inde 1 40 1
deuotionis, sed necessitatis est quod timetur. itaque audiamus scripturam, quid dicat, cuius ista sunt monita: *et nunc, Israel, quid dominus deus tuus* 2 2 4
aut gaudium. tu tuos ita diligis inimicos, ut inter eos carosque tibi quid distet, nemo discernat. tu, inquam, caelestia humanis, humana 1 36 31
dominus, qui ait in euangelio: *ego sum uia et ueritas.* Iob diues fuit; et quid ditius domino, cuius sunt omnes diuites serui, cuius est orbis totus 1 15 7
egregius hactenus increpat dicens: *quid profuit nobis superbia aut quid diuitiarum ambitio contulit nobis? transierunt ista omnia tamquam* 1 5 9
audiamus scripturam, quid dicat, cuius ista sunt monita: *et nunc, Israel, quid dominus deus tuus postulat a te, nisi ut timeas dominum deum tuum* 2 2 4
antiquorum aut uirtutes ex libris aut ex uirtutibus libros agnoscimus. sed quid ego diutius demorer in humanis, quasi sola isto affectu sint praedita? 1 36 15
die perdidit diem, terra tremore nimio firmitatem. hinc aestimare licet, quid eis sit reseruatum, quorum in causa funerei luctus poenae pertulit 1 47
sunt geniti, respuerunt tanti immemores honoris, tantae dignitatis ignari. quid enim beatius, quam si homines deus paterno honore dignetur 1 61 6
tribus in rebus, si cupit esse perfectus, debet esse constructus. si quid enim ei ex his defuerit, perfectionem sui operis non habebit. unde 1 36 2
copias auaritiae subactas uestrum sine inuidia transfertis in censum. quid enim esse potest ditius homine, cuius profitetur deus se esse 1 14 9
una uirtus maiestatis augustae, unito in lumine una dignitas retinetur. si quid enim filio detraxeris, ad patris, cuius habet totum, iniuriam pertinebit 2 5 10
procurari: castitatis obseruantiaeque uirtutem deuocabit in crimen. quid enim ille mali non suspicetur, non efficiat diis crudelibus, diis 2 7 18
proprietas ipsa uerborum: *qui credit, inquit, in me, non iudicabitur.* recte: *quid enim necesse est iudicare credentem? iudicium enim ex ambiguis rebus* 1 35 2
Abraham, fratres, et uir iustus fuit et tamen necessario circumcisus. quid enim scriptura dicit? *Abraham credidit deo, et deputatum est illi ad* 1 3 6
e diuerso uideor mihi audire proclamantem: 'si haec est condicio carnis, quid est ergo quod credimus in ecclesia remissa peccatorum ac 1 2 24
esse consimilem, in statu suo animum non manere. inpatientia enim quid est nisi mens lubrica, permotionibus crebris et rapidis se semper 1 4 7
o qui seruum domini ita se esse meminerat, ut patrem se esse nesciret! quid est pater? ecce sub oculis iacet filius uinculis adstrictus. ubi sunt 1 43 6
uiuere miseriae, facultatibus mori. pro nefas! quid tibi tua tollis, infelix? quid extraneo facias, qui in te auarus es? o detestabili detestabilius malum! 1 5 7
quae osculis premere consueuerat, armatus gladio iubetur occidere. quid faceret pietas? praeceptum differri non potest. praestiteras, mater, 1 62 3
cum igitur semper insidietur se non quaerentibus diabolus, aestimate, quid faciat inuitatus, cui omnes nocendi aditus reserati praestant sine 2 7 13
distractum decennio uel eo amplius, ut adsolet fieri, detineat relegatum. quid facies? obseruabisne redeuntem, an ardori quaeres aliunde remedium? 2 7 9
uirtutesque uniuersae cessabunt; tolle spem, et interempta sunt omnia. quid facit ad litteratorem puer, si litterarum non sperat fructum? quid 1 36 3
sufficit ergo pudicitiae conscientia; testis est deus. non respexit castitas, quid falsi dicerent testes aut qualiter iudices circumuenti damnarent, non 1 40 2
imitari uirtutes. tanta enim probitate uixerunt, ut pars felicitatis sit nosse, quid fecerint. igitur Iob uir fuit iustus et uerax, ab uniuersis 1 15 1
ad hoc aquam de petra bibisti, manna de caelo gustasti, ut scires, miser, quid fueras perditurus. 2 16
tollitur, quod mutatur, quod alieno mouetur pulsu, quod quid sit, quid fuerit, quid futurum sit, non potest aliquando sentire. solus deus est 1 7 2
est, semper qui meminit, quod renatus sit; beatior, qui non meminerit, <quid> fuit, antequam renatus sit; beatissimus, qui infantiam suam 2 29 3
quod mutatur, quod alieno mouetur pulsu, quod quid sit, quid fuerit, quid futurum sit, non potest aliquando sentire. solus deus est itaque 1 7 2
enim his omnibus, prout potest, uariis artibus aut adulatur aut nocet, si quid habuerint, tantum ut tollat. cui autem parcat, quae et mori momentis 1 14 2
cupiditate, uana cura torqueris? quid talentorum magnas struis congeries? quid hic remansura peruigil sollicitudine cassa nec tibi ipsi inde aliquid 1 14 3
qui dimiserit uxorem suam excepta causa adulterii, facit eam moechari. quid hic respondere possint lubrici mariti, non uideo; qui humanarum 1 1 13
quo Paulus ait: *qui accipit regnum, regnat et tradet deo et patri*, et cetera. quid hinc scandalum pateris, Christiane, ex tuaque natura opinaris 2 5 5
suspensus mactatione terribili gloriam se praestitisse, non crimen. quid hoc est? ecce immanitas in fidem et scelus transit in sacramentum; 1 4 15
mortuo anne morienti? post haec si libet nubere, omnia illa mentita es. quid hoc est? ecce rursus ad lenocinia redis, colorem de pyxide mutuaris 2 7 8
et dominabuntur populis et regnabit dominus illorum in perpetuum. quid hoc est? si in perpetuum regnat, Paulus errauit; si traditurus est 2 5 7
insidiae et diuersis calumniarum generibus factiosae emerserint causae, quid homo pestilens excogitet uel quid diabolus machinetur, non metuat 1 40 1
corde et humiles spiritu saluabit. sed et dominus ipse nos pio promisso quid hortetur, accipite. *uenite*, inquit, *qui laboratis et onerati estis et ego* 2 9 4
principalis sollicitudo ac maxima est cautio, ne quid mundo debeat, ne quid horum digne patiatur. hanc qui diuinas litteras aut non legerunt aut 2 1 13
quae et mori momentis omnibus etiam friuolo ac turpi lucro festinat? quid igitur, miser homo, auri argentique metallo incensus uana cupiditate, 1 14 3
inmortalitatis inaestimabili beatitudine perfruetur. sed quid ad nos, quid illi dicant? insignis uir sicut ait noster: *nouit deus cogitationes* 2 1 15
adultero, incestatori, sacrilego, nisi eius curauerit mentem, non uideo, quid illi praestiterit. o liberatoris nostri profunda prouidentia! o praestantia 2 24 2
diligenter uniuersa crimina expellunt ac rursus diligenter accludunt, ne quid illo uel friuolum, inde quod excluditur, reuertatur. mira ratio, mira 2 24 1

tot et tanta tormenta Aegyptiorum solus ipse nihil aut timuit aut sensit. quid illud, quod per mare medium terrenum duxit ingressum? quid 1 61 8
qui ira sufflatus solito septies amplius caminum iussit incendi ac, ne quid immanitati saeuientis deesse uideretur, pice et stuppa armatum citatur 2 22
audit amborum est. quid agam, quo me uertam, nescio. non enim uideo, quid in exhortationibus diuini ac ueri cultus gentibus praedicem. 2 7 11
quem deus uidit, quem conscientia redarguit, quem fratris sanguis accusat. quid inpatientiam Sodomorum, ubi inlicite uiri opprimebantur a uiris, 1 4 10
miscuisset, talibus in eum sanctissimus martyr uocibus exsiliit: 'quid, inquit, uanissime omnium iudicum, putasne aut de lucis istius 1 39 5
filio, de quo non dubitabat, patefecit, quid a se dominus postulasset, et quid ipse domino promisisset ostendit. laetatus est puer patre fideli ipse 1 43 5
aemulatione gloriosa imaginemque dei dignissime uenerando declaremus, quid ipsi ueritati debeamus, scientes, quoniam, si quis imaginem laeserit, in 1 36 24
pateremur reuerentiam ueritatis in eaque res condicione dimissa est, ut, si quid mali seu boni cuiquam fecerimus, deo fecisse uideamur; propter quod 1 36 23
committit, si ei numquam lucrum, numquam portus desideratus occurrit? quid miles non dicam horridae hiemis aut torridae aestatis iniurias, sed se 1 36 3
fuerat, requirebat. sed traduntur tenerae adhuc uinculis manus [et], ne quid minus ab hostia uideretur; pedem ligatura destringit, ne incitata 1 59 6
commouere. aduersus Iob diabolus, qui non fertur blandus, aestimare licet quid moliri potuerit incitatus, maxime cum a deo acceperit facultatem, ut 1 4 18
non sinit, fratres, imagini reddere ueritatem. uerum tamen, Iudaee, quid monumentis tui criminis gratularis? in Aegypto seruisti diu, non sorte 1 9
et exorat. una illi sola principalis sollicitudo ac maxima est cautio, ne quid mundo debeat, ne quid horum digne patiatur. hanc qui diuinas 2 1 13
temporis non recipiat, mortalitas capiat. uel si caelestis est primus, quid opus erat, ut fieret quoque terrenus? simile dictum euangelicum illud 2 4 2
quid [quibus] de caelo cotidianum manna in eremo, potus e saxo? quid per lignum amara aqua dulcis effecta, quam per lignum crucis 1 61 8
decora commercia litterataeque quid arduis uolatibus *aeriae grues*? quid piscium dissimilium cum suis sibi ductoribus gradatae aetatis 1 4 6
comprime humanae fragilitatis memor, qui in hoc ipso, quod loquimur, quid possit contingere, ignoras excusationisque uanae depone fallaciam: 2 1 21
et da pauperibus et tolle crucem tuam *et ueni sequere me*. de hoc nescio quid possit quispiam promouere; unum tamen scio, quia nullus est 2 1 16
opere fuisse constructum atque ita elaboratum, ut nesciret inspector, in eo quid potissimum miraretur: magnitudinem, opus, ornatum anne materiam; 2 6 2
definiendum putauerit, non est. nam et Iohannes apostolus in euangelio quid praedicet, fratres, accipite: *in principio*, inquit, *erat uerbum et uerbum* 2 8 3
paucos pertinet, oculorum elatio ad omnes. de quibus Iohannes discipulis quid praedicet, omnibus est in usu: *nolite*, inquit, *diligere mundum neque* 2 9 5
ueris, terrena caelestibus, temporalia sempiternis. o caeca mens hominum! quid praesentium carnalium rerum fugaci illuderis blandimento? quid 2 4 15
uellem scire tamen, tanta eius rabies quid uoluptatis habeat, suo cultori quid praestet. febrem non exstinguit, morbos non discutit, uulneribus non 1 5 16
canina mactatio, ieiunia *odium*, populus *progenies uiperarum*. post haec quid praesumant, aestimare non possum, homines qui salutem suam in 2 25 1
incoactus, innocenter uiuit, iustitiam percolit, sine fine studet timere, ne quid praeter deum, quem diligit, timeat. denique huius suffragio Daniel 2 2 4
complere. non enim aut *finis legis* aut uerus Christus esse potuisset, si quid praetermitteret, quod ab alio saluti hominum praestari potuisset. eo 1 3 17
nobis? transierunt ista omnia tamquam umbra. sed et dominus ipse dicit: *quid prodest unicuique lucrari mundum et animae suae pati detrimentum?* i 1 5 9
struit. ille exserit gladium, ille ceruicem. uno uoto, una deuotione, ne quid profanum sit, diligenter ac patienter geritur, quod ab altero 1 4 14
non habet tumulum; quos prophetes egregius hactenus increpat dicens: *quid profuit nobis superbia aut quid diuitiarum ambitio contulit nobis?* 1 5 9
sed quaerendus. quod nunc faciunt infideles, de quibus scriptura diuina quid pronuntiet, audiamus; cuius ista sunt uerba: *deminuerunt ueritates a* 2 9 2
aut sensit. quid illud, quod per mare medium terrenum duxit ingressum? quid [quibus] de caelo cotidianum manna in eremo, potus e saxo? quid per 1 61 8
necesse est, ut utrumque inane sit, si infirmari potest alterum de duobus. quid, quod Abel iustus est sine hoc uulnere inuentus? quid, quod Enoc a 1 3 5
operibus uero iudicio structores magis possunt placere quam sacerdotes. quid, quod aut nullum aut perrarum est per omnem ecclesiam dei 2 6 2
summus ipse sacerdos deo acceptissimus huius fuit cicatricis ignarus? quid, quod cum praeputio Nineuitarum populus dei est indulgentia 1 3 5
alterum de duobus. quid, quod Abel iustus est sine hoc uulnere inuentus? quid, quod Enoc a deo integer legitur esse translatus? quid, quod Noe 1 3 5
et in unum remeando si non confusione, uel errore fiunt una. quid, quod illius sacrificium publicum est, tuum secretum? illius a quouis 2 7 14
detraxeris, cui detraxeris nescis. 'at ille, cui iubetur, est, inquit, inferior.' quid, quod inde non esse approbatur inferior, quia, unde processit, paterni 1 45 3
diluuio diuina prouidentia humano generi *heres* et pater *est constitutus*? quid, quod Melchisedech, summus ipse sacerdos deo acceptissimus huius 1 3 5
in qua delicti omnis est summa, isto remedio curare non potest Euam. quid, quod nec ipsi uiro aliquid eam prodesse perspicio? quia huius 1 3 9
uulnere inuentus? quid, quod Enoc a deo integer legitur esse translatus? quid, quod Noe incircumcisus saeuiente diluuio diuina prouidentia humano 1 3 5
dissimilis, qui solus habet quod potest prodesse commodis plurimorum. quid, quod paupere cotidie moriente oppressione, fame, frigore, iniuria 2 1 19
omnia. quid facit ad litteratorem puer, si litterarum non speret fructum? quid ratem profundo gurgiti nauta committit, si ei numquam lucrum, 1 36 3
potest, uidere autem non potest; fides conscientiam medullitus mundat, ne quid reatui uel intrinsecus debeat; qui enim suam conscientiam non timet, 2 3 5
docente. *qui enim stultus est, quid sit bonum* ac malum *nescit* nec potest quid reprobet scire, quid teneat, *et ideo semper peccat*, quod est iustitiae 2 1 9
acuitur feritas in ferocitatem et tamen hominibus mitior inuenitur. ne quid scenae tam dirae immanitatis deesse uideatur, immittuntur etiam 2 2 6
etsi pauper sum, tamen frontem meam tueor et fidem meam noui. certe si quid sciunt, dicant operarii, qui mecum sunt. lucro gaudeo, sed sine furti 1 41 3
pater, qui suo manente integro statu totum se reciprocauit in filium, ne quid sibimet derogaret. denique alter in altero exsultat cum spiritus sancti 1 7 4
nunc nouos filios similiter et maritos? at e diuerso ipsae aestiment, quid sint, quibus in tam solemnibus uotis saepe contingit, ut nec filios 2 7 10
stultus neque sapiens iniustus ipsa ratione docente. *qui enim stultus est, quid sit bonum* ac malum *nescit* nec potest quid reprobet scire, quid teneat, 2 1 9
omnino ad dei notitiam peruenire. unde primo omnium definiendum puto, quid sit circumcisio, ut tunc demum, qualis sit, iure possit agnosci. 1 3 2
tantum ueniam delictorum taciturnitate, non uoce. quorum quis quid sit consecutus, accipite: qui totum sibi ipse promiserat, inanis, qui 2 9 9
et quidem *repugnantia*. ac per hoc necessario requirendum nobis erit, quid sit fortius de duobus: illud quod sensibile est an quod caret sensu. 1 7 2
dei requiratur iniuriam. quod futurum Salomon enuntiauit et cauendum quid sit his uerbis edocuit: *melior qui deficit sensu in timore quam qui* 2 3 12
ambo; non pro tempore, quia uaria non est; *non aemulatur*, quia inuidia quid sit ignorat; *non inflatur*, quia humilitatem colit; *non malum cogitat*, 1 36 12
suam nebulis turbulentare non nouit. paenitentiam nescit; altercatio quid sit ignorat. omnes aut deuitat aut portat iniurias. incertum est, utrum 1 4 2
uenales esse propositas. uerum tamen ex his omnibus eligendum quid sit, non potest nosci aut comprehendi, quia non erit nec proprium 2 3 7
a sua substantia tollitur, quod mutatur, quod alieno mouetur pulsu, quod quid sit, quid fuerit, quid futurum sit, non potest aliquando sentire. solus 1 7 2
qui fecit. itaque quod specialiter ad nostras pertinet partes, uideamus, quid sit quod deus ait: *faciamus hominem ad imaginem et similitudinem* 1 27 2
a deo facta sunt uel uidentur. itaque quod ad nos pertinet, uideamus, quid sit, quod deus ait: *faciamus hominem ad imaginem et similitudinem* 2 30 2
sibi lacus detritos, qui non possunt aquam portare. postremo infelices quid sperant de imagine, cuius nosse non sunt meriti ueritatem, dominum 1 18 2
eia quid statis, fratres, uestram quos per fidem genitalis unda concepit, per 2 28
quid statis genere, aetate, sexu, condicione diuersi, mox unum futuri? 1 55
auri argentique metallo incensus uana cupiditate, uana cura torqueris? quid talentorum magnas struis congeries? quid hic remansura peruigil 1 14 3
stultus est, quid sit bonum ac malum *nescit* nec potest quid reprobet scire, quid teneat, *et ideo semper peccat*, quod est iustitiae contrarium. *iustus* 2 1 9
parentes suos compellunt uiuere miseriae, facultatibus mori. pro nefas! quid tibi tua tollis, infelix? quid extraneo facias, qui in te auarus es? o 1 5 7
quid tumet Pharisaeus inanis, quem momenti praeterita delectatur umbra? 1 52
licent, sed non omnia expediunt. iam te hic, Christiane, cognosce, elige quid uelis: remedium an sanitatem. denique si uidetur, conferamus, quae 2 7 2
morigera coniux pacem si non ingeris, nec negabis. quid agis, misera? quid, uesana, laetaris? non est pax ista, sed bellum; non osculum, sed 2 7 17
decucurrit. hic mihi, rustico uestro, beatissimi ignoscite agricultores, si quid uestrae sollertiae, uineae in ratione reddenda, ignauia nostra 2 11 1
tauros, arietes, hircos et agnos a domino saepe reprobatos accepimus. quid ultra? non potest, fratres, ullum celebrare mysterium, cuius 1 19 2
ascensus est unus. gradus autem eius, fratres dilectissimi, si uultis scire, quid uocentur, audite: conuersio, audientia, intellectus, credulitas, timor, 1 37 15
quo quis aut iugulatur aut iugulat. uellem scire tamen, tanta eius rabies quid uoluptatis habeat, suo cultori quid praestet. febrem non exstinguit, 1 5 16
laetitiae, quoniam haec est pars nostra et haec sors. illinc spiritus, quasi quidam dux peritissimus, horum omnium praedicit fugam, in armis 2 4 11
subeuntes in nisum laboris uel amoris aequalem retinaculis blandis quasi quidam peritus auriga componis. tu amicitiam *idem uelle atque idem nolle* 1 4 21
locus et nihil Christus mundo praestiterat; si hominem solum, sicut quidam putant ab utero uirginis eum sumpsisse principium, quae spes 2 5 1
non ab alio commodetur, sed eius ex uoluntate nascatur. ceterum si, ut quidam putant, docentis pendet ex ore, procul dubio eodem aut cessante 2 3 1
naturasque caeli huius et superiorum *sciet?* quis corpoream aeris huius, ut quidam putant, inanitatem se disserere posse mentiatur? quis terram aqua 1 34 1
hoc sunt, quod sese esse unicuique confitentur. accipe et alia exempla et quidem certiora. primo in libro Regnorum Samuel, egregius ille sacerdos, 1 2 8
alius uias uiantibus cludit, arcet ab herbis, arcet a siluis, arcet ab aquis, et quidem copiosis uacantibus plurimis negat hominibus, quod auibus, 1 5 13
factum esse, non natum. alia modestius, sed mordacius nocens dicit quidem dei filium deum, sed non ex patre nobilitatis perpetuitate 2 8 1
inuidia; non enim nuptias condemno, sed nuptiis meliora praepono, et quidem etiam apostolo hortante sic Paulo: *dico autem innuptis et uiduis:* 2 7 2
timoris quidem, fratres dilectissimi, uocabulum est unum, sed accedente ratione 2 2 1
omnium *spes* nobis proponenda est *futurorum*, sine qua nec praesentia quidem ipsa stare posse perspicimus. adeo tolle spem: torpet humanitas 1 36 2
esse sicut et me, ac per hoc ideo nubere melius, quia uri deterius. *omnia* quidem *licent, sed non omnia expediunt*. iam te hic, Christiane, cognosce, 2 7 2
haec aliter non sint, ergone dei imaginem non habemus? habemus plane et quidem manifestam ex eo ipso, quod non est nobis portantibus nota. 1 27 3
ergo dei imaginem non habemus? absit, fratres. habemus plane, et quidem manifestam ex eo ipso, quod non est portantibus nota. 2 30 3
deprehensae magnum minitantur exitium. at illa non Eua, ancipiti quidem metu contemplatione praeclusa, cuius aut pudor esset iugulandus 1 1 18
uidetisne iam manifeste sapientiam huius mundi non esse iustitiam et quidem nec ueram sapientiam? quia fieri non potest, ut uerus sapiens non 2 1 9
bene mereri, quem pater patientissimus et clementissimus abdicauerit, et quidem non accusatione, sed probatione conuictum. denique iniuriae suae 2 21
promissa perpetuans pia sanctione, ut aiunt, claues uere aureas misit, et quidem non illas, quae maligno beneficio crimina excipiunt; quae corpori 2 24 1
nulla fortassis est pugna), multos esse tractatus, multas etiam fides et quidem nouellas et litis labore ac fauore nutritas. quas, quia uera uix 2 3 7
aureum triplicis numismatis unione signatum. gaudete itaque! in fontem quidem nudi demergitis, sed aetheria ueste uestiti mox candidati inde 1 23
sed dicit aliquis: 'si ita est, nulli ergo lex prodest.' absit; prodest, et quidem plurimum, nam per ipsam dei uoluntas populis intimatur, per 2 3 3
quantum sonus lectionis indicat, fratres, Iudaicus quidem populus impietatis arguitur, sed Christianus, ne talis euadat, 1 10a
ne in toto solemnitas cesset, paucis eius degustate sermonem. uinea dei quidem prior synagoga fuit, siluosis errantium palmitum crinibus uilis; 1 10b 2
spes fidei gloria, quoniam praemium quod spes habet fides meretur, quae quidem pro spe pugnat, sed sibi uincit. amplectenda est igitur, fratres, 1 36 4
quod ab eis pascha geritur, reprobauit. 'at imaginem colunt.' nec ipsam quidem, quia falso colit imaginem, qui eius non diligit ueritatem. sane hoc 2 25 2

quis aliud gestit in labris, aliud in penetralibus cordis; similiter ne destrui quidem, quia si uera fides est, aliud esse non potest quam quod est. igitur 2 3 11
contractus ablatus est. securi gaudete: nihil saeculo iam debetis. in magno quidem reatu nunc usque fuistis, sed fortiter examinati estis et, ut 1 42 1
si in regione pectoris, quid deformi uulnere inferna metiris? si, quod quidem recte aestimas, in infernis, procul dubio omnes sacrilegos antecedis, 1 3 14
usus est, non fecit, sed aeterna sit, ut ipse est, *duo* sunt ergo principia et quidem *repugnantia*. ac per hoc necessario requirendum nobis erit, quid sit 1 7 1
nobis stultitiam derelinquant, habeant secum sapientiam suam; cuius quidem sectatores paene omnes conspicor Christianos, qui perfectam 2 1 15
Iudaicus etenim populus, qui prior uinea dei dictus est, floruit quidem, sed infeliciter flore discusso nullos potuit fructus afferre. denique 2 11 1
defluit sanguis, non decolor color est. ipse est et tamen ipse non est. uetus quidem uidetur domicilium, sed nouus est inquilinus mutatione morum 2 24 3
corpus, non decolor color est. ipse est et tamen non est ipse. uetus quidem uidetur domicilium, sed nouus inquilinus exsultat mutatione 1 42 2
sed curiositatem uestram bene noui. ueteris uitae usurpatione, quod quidem uobis ulterius non licebit, fortassis requiratis et a nobis, qua 1 38 2
esse aduersus deum asserentes, qui a sanae mentis hominibus ne hominum quidem uocabulo digni iudicarentur. pro quibus causis a deo non tantum 1 13 4
sanctum uidelicet Abraham, qui filium quondam Isaac habuit: simplex quidem uocabulum, sed multiplex pronuntiatio. hic namque, carissimi, 1 59 1
breuiter etiam ex ratione nominum publicemus, ut quid appetendum quidue fugiendum sit facillime possit agnosci. sub uelamine Christi 1 1 6
deo concinnat inuidiam, solemnia ipsa diuina, quibus a sacerdotibus dei quiescentes commendari consuerunt, profanis aliquotiens ululatibus rumpit 1 2 14
orbem totum uesana bacchatur nouis ac uariis artibus feruens, numquam quieta, non die, non nocte, non bello, non pace, numquam satura, 1 14 2
tamen cum libamine infausto ad sepulcra concurrunt et a mortuis, quos in quiete tacitae noctis agnouerint, expeti a se aliquotiens alimenta 1 2 3
perpetratum odit et se ipsam cum illo quem uicerit. haec saepe indixit quietis gentibus bellum; haec aliquotiens robusta regna subuertit; haec aut 1 1 8
quoque post prophetas filios sanctos apostolos procreauit. Iob beatus quieuit in pace; dominus autem manet benedictus in aeternum ante saecula 1 15 9
aeterno sunt destinati supplicio nullaque eos cognitio exspectat ulterius, quinam sint isti, quibus est iudicium praeparatum. et a quo scire debemus, 1 35 4
paulisper auremque praesenti commodare lectioni, ut edicerent nobis, quinam sit deus iste, qui dicit: *audi, populus meus, et loquar, Israel, et* 1 25 1
sint ista opera manus humanae, spiritus sanctus in Psalmo nonagesimo quinto declarat dicens: *omnes dii gentium daemonia; dominus autem caelos* 1 25 5
consumebat labor, gemitus, impietas, dolor, aegritudo, miseria; mortui quippe corpus figuramque illam florentissimam edax in aeternum terra 2 4 6
et nomine comparatus omnes humani sensus opinationes excludit, quippe cum dicat: *faciamus hominem ad imaginem et similitudinem* 1 45 1
ante non fuit; quod si non fuit et est, multo magis poterit esse quod fuit, quippe cum illius potentissimi artificis rerum omnium conditoris ipse sit 1 2 16
doceri. nam profecto sola est, ad quam prorsus res omnis spectet, dubium quippe cum non sit spem, fidem, iustitiam, humilitatem, castitatem, 1 4 1
qui ait: *primus homo e limo terrae, secundus e caelo*, dubium quippe cum non sit unum hominem tantum e limo terrae a deo finctum 2 4 1
blandimento? quid deteriori meliorem subiacere compellis, scriptum quippe cum noueris: *omnis caro fenum et gloria eius sicut flos feni?* cuius 2 4 15
ac discernere posse praesumis, hic tibi ego respondere non audeo, sit quippe cum tutius imperitum uideri quam esse sacrilegum. et tamen habeo, 2 3 15
non erit nec proprium nec firmum, quod habet statum semper incertum, quippe cum unius electio sit alterius reprobatio. uel si omnes omnino 2 3 7
est timere quod metuas; metuis autem *quod* tibi *nolis accidere*. exsistit quippe diuersis ex modis, cum aut exaestuat aliquo reatu conscientia; aut 2 2 2
generis peccatores, ut possint beate uiuere, puniri festinant. descendit quippe gladius pius in uiscera peccatoris et uno eodemque ictu, incolumi 2 10 2
enim facilius efferuntur, nisi quos inopinati honoris culmen extollit. *Dauid* quippe *humilis, abiectus*, ignobilis sui iacebat in domo patris, oues semper 2 9 7
suam fecit sibi ipse simulacrum sensibile atque intellegens; sumpto quippe *limo terrae hominem figurauit* eique animam, qua spiramus, infudit 2 4 4
post se trahit, sed quos fructus habeat, eius auctor ostendit. discurrit quippe uesana per populos hominumque lubricas mentes libidinum 1 1 6
lugubris contemplatio retrahit a corona, tantum generosa ac perfecta fides quique illi fuerit cruciatus sua complicat uota. denique tres pueri in illo 1 11
conspectum dei ex illo naturae secreto produci, quales fuerint pro sua quique qualitate suscepti, apostolo dicente: *omnes nos manifestari oportet* 1 2 15
hic infidelis, et quem putaueris infidelem, hic fidelis est. forte in eo se quis aestimet fideliorem, si loquatur argute, cum magis uerus sit ille fidelis, 2 3 12
Ioseph promotus ad mensuram praerogat cunctis annonam. sane si quis aliquid desiderauerit, qui recondidit Noe omnia illi arcarius non 1 24 3
poterit et uerbis auferri; nosci adaeque non potest, quia fieri potest, ut quis aliud gestit in labris, aliud in penetralibus cordis; similiter ne destrui 2 3 11
dei non oportet litigare, quia lis et caritatis est hostis et fidei; quas si quis amiserit, nec diuina ille profecto nec humana cognoscit. haec, si 2 3 18
in omni negotio, fratres dilectissimi, nisi quis ante personam noscat et rationem, eius non potest nosse ueritatem. 1 25 1
amicitia, quia non suo merito, sed auri, argenti facultatumque beneficio quis aut amatur aut odio est. denique haec est causa, quod fratrum pia 1 5 5
colitur, de quo dictum est: *idola gentium argentum et aurum*, pro quo quis aut iugulatur aut iugulat. uellem scire tamen, tanta eius rabies quid 1 5 15
est. qua in specie spiritu sancto loquente noscamus: *et homo est*, inquit, *et quis cognoscit eum?*. si ita est, quomodo ergo posset agnosci, prodidit 2 8 6
secreta. *quis enim causas naturasque caeli huius* et superiorum *sciet?* quis corpoream aeris huius, ut quidam putant, inanitatem se disserere 1 34 1
conuolate ibidemque uos uestra nobilitate fide scientes, quoniam, quantum quis crediderit, tantum beatitudinis et habebit. o admirabilis et uere diuina 1 55
quis figuras uentorum, quis inter marinos aestus fluminum augmenta, quis denique opificium domini deique consilium se deprehendisse 1 34 2
contionatur: *nolite diligere mundum neque ea, quae in mundo sunt. si quis dilexerit mundum, non est caritas patris in illo, quoniam omne, quod* 2 4 12
in usu: *nolite*, inquit, *diligere mundum neque ea, quae in mundo sunt. si quis dilexerit mundum, non est caritas patris in eo, quoniam omne, quod in* 2 9 5
Iohanne dicente: *nolite diligere mundum neque ea, quae in mundo sunt. si quis dilexerit mundum, non est caritas patris in illo, quoniam omne, quod* 1 36 27
Iohannes, peculiaris arcanorum domini consultor, constanter edicit: *si quis dixerit, quoniam diligo deum, et fratrem suum odit, mendax est; qui* 1 36 23
sit fortius de duobus: illud quod sensibile est an quod caret sensu. uerum quis dubitet illud fortius esse, quod sentit, quod sapit, quod cogitat, quod 1 7 2
sedem palmamque propositam quanto amore, qua deuotione festinet. si quis eam prouocat in iudicium, ut eius auferat tunicam, libens illi pallium 2 1 13
deum non nosse nisi deum nihilque ex eo amplius requirendum quam ut quis eius nouerit uoluntatem, sine qua ei nec legitime seruire poterit nec 1 54 1
haec miranda, inenarrabilis illa, propheta dicente: *natiuitatem autem eius quis enarrabit?*. cur autem sit inenarrabilis, patre loquente noscamus; 2 8 2
sunt testimonia eius, ita curiositate non sunt inquietanda secreta. *quis enim causas naturasque caeli huius* et superiorum *sciet?* quis 1 34 1
quam inexquisita sunt iudicia illius et quam inuestigabiles uiae illius! quis enim cognouit cogitationem dei? et tu eius naturam quaeris? sed et alio 2 3 16
dei! quam inenarrabilia sunt iudicia eius et quam inuestigabiles uiae eius! quis enim cognouit sensum domini? non enim in horum inquisitione 1 34 2
arietum et pinguamine agnorum. sanguinem taurorum et hircorum nolo; quis enim exquisiuit ista de manibus uestris? per alium adaeque prophetam 1 25 6
dicat: *plenus sum holocaustomatis arietum et pinguamine agnorum; quis enim haec exquisiuit de manibus uestris?*. utique, fratres, incunctanter 2 25 1
ecce mitto angelum meum ante faciem tuam, qui praeparabit uiam tuam. quis est iste angelus, fratres, nisi Iohannes baptista? cuius est praeparatio: 2 8 7
tribulatione tua et eripiam te et magnificabis me. si pater loquitur, fratres, quis est iste, cui tantum defert? quis est, quem altissimum dicit, cum ipse 1 25 2
magnificabis me. si pater loquitur, fratres, quis est iste, cui tantum defert? quis est, quem altissimum dicit, cum ipse sit solus, a quo alius altior non 1 25 2
an aquam terrae gremio contineri se nosse praesumat? quis spiritus aerios, quis figuras uentorum, quis inter marinos aestus fluminum augmenta, quis 1 34 2
sit alterius reprobatio. uel si omnes omnino amplectendae sint, ut tot quis habeat fides quot non habet uerba, multo magis nihil habebit, quia 2 3 7
discedit, ut probet se et meruisse et non ambisse quod meruit. ac ne quis hanc patientiam timiditatis nomine obscuret, in ducendis quoque 1 4 16
cum pereunt, detestabili exemplo adolescentulas quoque perire compellunt. quis has diligat filius, quis maritus, confundentes sanguinis iura, delentes 2 7 10
fratres; alioquin solis diuinis exemplis oportuerat perorare, esset si quis hic talis. sed quia in uobis fides et pietas, quae est idonea expultrix 1 5 17
nisi quis hostem, a quo impugnatur, expugnet, numquam bonis suis poterit uti 1 7 1
praemium populus accenditur et de martyris meritis non siletur. sed quis illustris martyrii palmiferam trophaeis coronam competenti ualeat 1 39 1
uenerando declaremus, quid ipsi ueritati debeamus, scientes, quoniam, si quis imaginem laeserit, in exitium suae animae incitat ueritatem. nec est 1 36 24
propriae defensionis ac diligentiae callidissimis argumentis urguetur, ut quis indefensus aut innocens quod habet legibus perdat. quod est omni 2 1 17
caelestis colligitur ac tenetur, per ipsam, inquam, genus omne peccati, ne quis inprudens intereat, diffamatur. semper monere non desinit, ignorantia 2 3 3
contineri se nosse praesumat? quis spiritus aerios, quis figuras uentorum, quis inter marinos aestus fluminum augmenta, quis denique opificium 1 34 2
stultitiam praedicationis saluos facere credentes; et iterum manifestius: *si quis inter uos uidetur sapiens esse in hoc saeculo, stultus fiat, ut sit* 2 1 5
libris ingentibus prodiderunt. sed ego non curem, de me quemadmodum quis iocetur. non enim in ecclesia dei fucatus quaeritur sermo, sed ueritas 2 1 1
faucibus meis eloquia tua super mel et fauum ori meo! haec, fratres, si quis libenter crediderit, largiores adhuc escas inueniet, quibus, si diligens 1 24 4
terra suppedaneum pedum meorum. quam mihi aedificabitis domum? aut quis locus ad requiem mihi? omnia enim ista fecit manus mea. in euangelio 2 6 3
exemplo adolescentulas quoque perire compellunt. quis has diligat filius, quis maritus, confundentes sanguinis iura, delentes merita maritorum, 2 7 10
autumnus, ut necessario gratiae panis uini quoque iucunditas iungeretur. quis non haec caelestibus mysteriis coaptata cognoscat? hiems namque 1 33 2
seruit. sane ouium greges infinitos interficit, quos in amaritudine absumit. quis non intellegat, fratres, illud pascha non esse, sed bromosum latronis 1 28 2
suis. deum uident. mors transit in uitam, metus in gloriam. sic quis non optet ardere? 2 15
colligit mores. legibus suis suas leges impugnat, ius iure distringit. quis non uideat numquam recti aliquid illam facere uel fecisse, quod 2 1 7
qui dixerunt: linguam nosstram magnificabimus, labia nostra a nobis sunt. quis noster dominus est? hanc superbiam propheta tumidi cordis euitans sic 2 9 2
non capit locus, exinde intelligitur, quia fides uestra capit deum. igitur ne quis operis rationem a me forte disquirat, paucis insinuabo. in totius 2 6 5
tramitem cursu seruato ad repromissionis tempus, ubi in perpetuum quis oritur, peruenire. 1 44 2
(atque utinam semel!) nimio dolore nuptura. hic, hic quemadmodum se quis possit excusare, non uideo. non deest enim qui dicere possit: 'si est 1 2 14
irascitur deo, si non semper fiat publicis luctibus diues. bene, bene: cum quis quaerit aurum, inuenit gladium. inter haec nemo considerat 1 5 14
postulatque tantum ueniam delictorum taciturnitate, non uoce. quorum quis quid sit consecutus, accipite: qui totum sibi ipse promiserat, inanis, 2 9 9
inprudens intereat, diffamatur. semper monere non desinit, ignorantia ne quis reatum excuset. nunc seuera, nunc blanda demonstrat praemium, 2 3 3
fecit; et in Deuteronomio: *sacrificauerunt daemoniis et non deo*. ac ne quis sacrilegium existimaret sibi impune esse cessurum, scriptura iterum 1 25 5
quae fecerat faceret, sed ut defleret se fecisse quod fecerat; aliter etenim quis saluus esse non poterit, quamuis sit iustus, nisi exomologesin faciens 1 13 12
est iudicare, quia iam sua sunt incredulitate damnati; ex hac enim uita quis secum aut coronam portat aut poenam. quam rationem Dauid in 1 35 2
aqua portari an aquam terrae gremio contineri se nosse praesumat? quis spiritus aerios, quis figuras uentorum, quis inter marinos aestus 1 34 2
si quis studio uel noscendae uel impugnandae sacrae legis naturae Natiuitatis 2 4 1
aeris huius, ut quidam putant, inanitatem se disserere posse mentiatur? quis terram aqua portari an aquam terrae gremio contineri se nosse 1 34 1
ut ad se colligat turbas; ille numquam remunerat quemquam, nisi primo quis uictor mortis iura praetereat. quae res efficit, ut siue metu siue 2 4 14
subtiliter custoditis. probatio longe non est. ius templorum ne quis uobis eripiat, cotidie litigatis. non hi solum, qui tales sunt, displicent 1 25 10

hominis praeputium facinorosi cordis incidit. at fortasse adhuc quispiam dicat: 'cur ipse quoque signaculum carnis accepit, si ei 1 3 17
necessariam praeuideret. certe Adam ipsum sic ante fecisset. at fortasse quispiam dicat: 'peccator ergo fuit Abraham, ut circumcideretur? an iustus 1 3 6
uenit inimicus eius et superseminauit zizania in triticum. at fortasse adhuc quispiam dicat: 'si caro perit, unde cognoscitur ille, qui resurgit?' caro, 1 2 29
fortassis de circumstantibus doctis quispiam <in> cachinnos erumpat, quod homo imperitissimus et elinguis 2 1 1
et tolle crucem tuam *et ueni sequere me.* de hoc nescio quid possit quispiam promouere; unum tamen scio, quia nullus est nostrum, qui non 2 1 16
nescit; intrantem non uidet, exeuntem non potest prohibere. et aestimat quisquam dei se posse scire secretum, qui sui corporis nescit arcanum? 1 56 3
enim passim furore insatiabili turpes praecipitantur in quaestus, nec quisquam prorsus inueniri potest, qui ei saltem uel uno momento iustitiae 1 5 1
uerum tamen sciat, quia misero est miserior qui miseriis ditatur alienis. quisquamne iustum putet, qui utilitatem rei familiaris pietati praeponit? qui 2 1 17
prophetes: *deus unus creauit uos; nonne pater unus est omnium uestrum?* quisque igitur nobilitatis suae conscientiam retinet, diligit fratrem nec 1 36 22
inde est, quod coniuges nuptiali sanctissimo repugnantes iugo, pro se quisque nitentes (amore uidelicet nimio), hereditatem captat alter alterius; 1 14 7
quod mundanae administrationis suis in actibus portant, recte dicentes: *quisque suos patimur manes.* nos uero, fratres, quos non ingeniosa suspicio, 1 2 4
feceris, uirgo iam non eris; unum tamen scio, quia nihil distat a prodigio, quisquis alterius causa et formam mutat et mores. sed dicis: 'ardor me 2 7 8
humani sensus excedit, disputare deuita. negat quodam modo deum quisquis asserit deum. defensio enim non nisi inbecilli praestatur nec potest 2 3 18
est, sed peccatori, quia *iustus ex fide uiuit,* infidelis iniuste. errat igitur quisquis disputationem legis aestimat fidem, quisquis duo in unum diuersa 2 3 4
infidelis iniuste. errat igitur quisquis disputationem legis aestimat fidem, quisquis duo in unum diuersa confundit. disputatio enim sicut excolit 2 3 4
dubium non est, quia aut hostis publicus aut certe iudicatur insanus, quisquis nuptias dissuaserit. at ego non pertimescam, sermonis publici quae 2 7 1
quisquis resurrectionem negat, uitam suam, semet ipse condemnat. cur 1 2 1
te esse cognoscis. an eius uirtutem diligis? frangit ac subigit illam quiuis dolor. an pulchritudinem? leuis et commutabilis res est et quae una 2 4 15
carnis et animae et hominis summum bonum ubinam sit constitutum, quiuis facillime possit agnoscere. posteaquam deus, fratres, hunc mundum 2 4 3
atque ita omnis motus quasi uno sensu magistra dilectione conuerti, ut quiuis intelligat hoc fieri non posse sine naturalis amicitiae disciplina? quid 1 36 15
est dicto longe probatio. si incliti cuiusquam regis, hominis tamen, uultus quiuis ulla uiolauerit ratione, nonne continuo uelut sacrilegii commissi 1 36 24
fit filius horarum, qui pater est omnium saeculorum. hic est dies, fratres, quo a domino nostro cunctus redemptus est orbis, quo aetherio semine 1 16 2
hic est dies, fratres, quo a domino nostro cunctus redemptus est orbis, quo aetherio semine nouellus uiuificatus est populus; hic, inquam, qui 1 16 2
circumcisionis spiritali fuerit sacramento purgatum, in aeternum homo, de quo agitur, periturus est; caro enim damnum pati potest, animo autem 1 3 9
cui tantum defert? quis est, quem altissimum dicit, cum ipse sit solus, a quo alius altior non sit? sin uero omni honorificentia deferentis patri uerba 1 25 2
pascha celebrare non posse, periti legis, deo ipso loquente cognoscite; a quo appellatur synagoga *spelunca latronum,* sacerdotalis cathedra 2 25 1
maris fluctus insanos tutior piscis aluo quam alueo nauis nec tres pueri, quo ardere putabantur incendio, de suis incensoribus uindicati, sed de 2 18 1
eius, cuius esse dicetur, quia tractatus fidem cum astruit, ex eo ipso eam, quo astruit, destruit. nec ulli dabit quod non habet, sed potius ut non 2 3 6
lubrica, de qua ludit aliena sententia! o quam adultera, quae non agnoscit, quo auctore sit nata! o quam ridiculosa, quae duobus confligentibus 2 3 10
pergit, id est, ab hominibus iustis bonorum operum fructus exposcit. quo audito Thamar cum esset *in domo patris sui,* id est in templis 1 13 8
quae uxoris iam munera nesciebat. atque eo tempore partus profertur, quo calor genitalia iam relinquebat. mira prorsus, carissimi, et speranda 1 59 3
esse domini nostri Iesu Christi, rudis aut neglegens disce Christiane, ne quo decipiaris errore: unam, quam tibi non licet quaerere, alteram, quam 1 54 2
deo gerebatur auctore. o nouum spectaculum ac uere deo dignum, in quo definire difficile est, utrum sit patientior sacerdos an uictima! non 1 4 14
iudicii flammas, per quas omnes nudi transituri sumus. solum colitur, de quo dictum est: *idola gentium argentum et aurum,* pro quo quis aut 1 5 15
contra legem naturae transferri; per hanc euadens Noe non inuenit, cum quo diluuium fuisse conferret; per hanc Abraham ad dei peruenit 1 36 7
sibi de fine principium, natalicia infinita de occasu dies sempiternus eluxit; quo discussa conuolutae hiemis tristitudine, nouo uento Fauonio 1 33 1
hortor uos natiuitatis tantae festa laeto celebrare conuiuio, sed non illo, in quo diuersis epulis intrimentorum lenocinio saporis de summa certantibus 1 24 1
non potest. si enim uerbum in deo est et deus est uerbum et hoc est, in quo est, quod est ille, qui inest, duplex persona, duplex uocabulum, sed 2 8 4
ferme quadringentos uel eo amplius apostolicum hoc operetur edictum, quo et uiuaciores fuere homines et rarissimi Christiani, cur ego Christiano 2 7 5
et corpora sunt caelestia, sunt et terrestria. itaque inmortalitatis semine (de quo etiam poeta sapientissimus praesagauit dicens: *igneus est ollis uigor et* 1 2 26
salutis suae amisisse praesidium diuini carminis textus ostendit. in quo eum non seueritas apud omnes condemnat, fratres uenerandi, sed 2 21
inaestimabilem incomprehensibilemque diuinitatis perpetuitatem iure ipso, quo ex sese est, argumentis te cogere, examinare, metiri ac discernere 2 3 15
dummodo in effectu conata succedant. uerum tamen in ipso fructu suo, quo expugnati pudoris alieni labe gaudere consueuit, semper infelix est. 1 1 7
fundamenta subuertere. ibat ad supplicium non adulterum corpus, in quo extrema libido senilis exarserat, sed quod infamauerat diabolus et 1 40 2
et exortus est rursum, numquam sane repetiturus occasum. hic, inquam, quo ferales diruptae sunt tenebrae, quo mors subacta est, quo homines, 2 19 2
inuenit uictimam, quam innocens immolaret. eo ferro mactauit arietem, quo filium percutere iam parabat. a filio ad agnum transtulit dextram 1 43 7
nunc ergo, fratres carissimi, secunda illa circumcisio ab Iesu Naue quo genere celebrata sit petrinis illis cultris: cor an praeputium 1 3 15
diuersae religonis diem, quo tibi ecclesia, illi adeunda sint templa. quo genere unusquisque suum sacrificium procurabitis, quo sumptu, quibus 2 7 14
citat caelum terramque: terram, in qua uniuersa geruntur, caelum, sub quo geruntur. filios appellat, ut exaggeret crimen; exaltatos, ut ingratos 2 21
iustorum et iter impiorum peribit. consequens est, ut scire nos par sit, in quo habitu regnaturus sit homo iste noster, qui tendit ad caelum, ne forte 1 2 24
hic, inquam, quo ferales diruptae sunt tenebrae, quo mors subacta est, quo homines, quos susceperant mortuos, refundere inferi coacti sunt uiuos. 2 19 2
nisi quis hostem, a quo impugnatur, expugnet, numquam bonis suis poterit uti securus. sunt 1 7 1
libidinis ignes ignis diuinus incendit intestinique facinoris foedus, quo infeliciores subactis infami hasta persequentes hospitum terga 1 4 10
nemo se excusat, nemo turbatur. ne uere sit parricidium, ille lignum quo inuratur sibi praeportat, ille aram struit. ille exserit gladium, ille 1 4 14
totque induat uultus, quot animi fuerint motus, nullusque prorsus dies, quo iugiter sibi similis esse uideatur? cum haec aliter non sint, ergone dei 1 27 2
Christo concreta agnum legitimum praestiterunt. hic est agnus, fratres, de quo lex ait: *Pascha est domini*; apostolus quoque Paulus: *Pascha nostrum* 1 8 2
una, dubium non est, quia quod alter audit amborum est. quid agam, quo me uertam, nescio. non enim uideo, quid in exhortationibus diuini ac 2 7 11
sacrificia <a> deo repudiata cognoscite, qui dicit ad eos in Esaiae libro: *quo mihi multitudinem sacrificiorum uestrorum? plenus sum* 1 25 6
sane repetiturus occasum. hic, inquam, quo ferales diruptae sunt tenebrae, quo mors subacta est, quo homines, quos susceperant mortuos, refundere 2 19 2
obrutum pectus saepe crudis atque acidis uomitibus inurguetur, in quo musti uestri dulcedo saecularis uini pridiani exhalante foetore 1 24 1
cui praestitit, ut rediuiuae uirginitatis honore polleret. itaque in statu, quo nata es, permanens, uirgo, gloriare sanctique pudoris florem nulli legi 2 7 4
rebus exsistit; adempta ambiguitate iudicii non desideratur examen. ex quo ne infideles necesse est iudicare, quia iam sua sunt incredulitate 1 35 2
beatus Archadius debiti martyrii quodam modo sequestrauerat pignus, in quo nec Christum relinqueret nec propinquum. statim beatus martyr se 1 39 4
ubi sit uictima. quae mox, ita ne percuteretur tenera aetas, ostenditur, quo nec pater ferire posset, quia nec dominus humanum sanguinem 1 62 4
quam disponeret et immolaret, securus de fide generis sui pater filio, de quo non dubitabat, patefecit, quid a se dominus postulasset, et quid ipse 1 43 5
rogum. scatebat per tecta culminum publicum scelus nec fuerat locus, in quo non erat pro religione sacrilegium. cogebatur Christi populus uanis 1 39 2
uacuatae imaginis recordatione gloriantur, quanto magis Christianus, in quo non est figura sed ueritas! quam ex rebus ipsis agnoscite pariter et 1 46b 1
semper iustae operationis ardore. autumnus quoque martyrii locus est, in quo non uitis, sed fossoris sanguis effunditur, ut uita beata pretiosae mortis 1 33 3
eius est fit pro partibus nostris. sequens est, ut etiam proximos eo affectu, quo nos ipsos diligimus, diligamus, maxime cum cognationis ipsa hoc 1 36 22
quem priorem inueniat, cui primum iustitiam crudi funeris soluat. quo nuntio accepto dei seruus *scidit uestimenta sua,* non ut deo inuidiam 1 15 5
et *redde altissimo uota tua.* honorem totum refudit in patrem, ex quo omnia. *et inuoca me in tribulatione tua et eripiam te* dicendo ostendit, 1 25 8
didicerunt patiendo libenter, seruari, quod non merentur. Noe cataclysmum, quo omnis caro funditus deleretur, denuntiante deo imminere per momenta 1 4 12
diminutiua, sed religiosa, ut dixi, subiectione est filius patri subiectus, cum quo originalis perpetuique regni una possessio, coaeternitatis 2 5 10
in Christo, florentissimique hodierni spiritalis ortus uestri candorem, ne quo pacto maculetis, perpeti diligentia custodite, quia nescit iterare quod 1 38 1
et salutem. Abel ideo martyr, quia iustus; ideo iustus, quia patiens; a quo pati martyres didicerunt patiendo libenter, quod non merentur. Noe 1 4 12
qui purus de caelo descendit, carnatus ascendit in caelum. hic, inquam, de quo Paulus ait: *qui accipit regnum, regnat et tradet deo et patri,* et cetera. 2 5 4
diaboli angelorumque eius et huius mundi in *stabulo,* id est in ecclesia, quo pecora diuina succedunt, uenerabili sacramento susceptum cotidianis 1 37 10
tonduntur, pura materia tabulatis infertur, nodis adstringitur, ne a ligno, quo portatur uel cuius adminiculo uel ducatu in uberes fructus longius 2 11 2
diuinae prorsus nihil retinere, paucis accipite. Salomonis templum, de quo praesumebant, cecidit. altaria dei ipsi euerterunt. *lex et prophetae* 2 17
totus est humilis, sua peccata contestans, secundum domini dictum a quo procedunt uniuersa genera peccatorum, pectus crebro percutiens 2 9 9
sed praesumpsit, edicat mihi, perniciosa ista adinuentio tractatus sui quo proficit pugna. 'ne fides, inquit, intereat, cum male aut creditur aut 2 3 8
lactei fontis lauacro uitali in spem inmortalitatis animas pullulantes, ex quo qui eratis aetate diuersi, diuersi natione, subito germani fratres, subito 1 24 1
ignis alterum, quod futurum. mare fontem sacrum debemus accipere, in quo, quibus aquis dei serui liberantur, iisdem, qui non fugiunt, sed portant 2 26 3
commanens possidebit. memorandum quoque necessario est etiam illud, a quo quid agatur in templo. sacerdos uocat, ostium credulitas aperit, 2 6 9
solum colitur, de quo dictum est: *idola gentium argentum et aurum,* pro quo quis aut iugulatur aut iugulat. uellem scire tamen, tanta eius rabies 1 5 15
coeperint manducare. quos autumnale quoque non morabitur mustum, quo repleti inebriatique feliciter spiritus sancti calore feruebunt, qui ut 2 13
in mentem non esse humanae potestatis crastinum diem ac ne ipsum, quo res agitur, quia quod uoluitur semper, in momento quid adferat 1 5 7
pro uobis bene uigilastis, optime estis auditi. nouum iudicii genus, in quo reus, si excusauerit crimen, damnatur, absoluitur, si fatetur. o magna 2 10 2
uobis ipsis bene uigilastis; optime estis auditi. nouum iudicii genus est, in quo reus, si excusauerit crimen, damnatur, absoluitur, si fatetur. magna 1 42 1
exspectat ulterius, quinam sint isti, quibus est iudicium praeparatum. et a quo scire debemus, nisi ab ipso domino, qui suum dictum prosequitur 1 35 4
neglecti sunt. excogitatur nouum stupendumque supplicium, quo se in homine uincere crederet deum. 'incidantur, ait, ab articulis 1 39 6
primo omnium sacrificiorum tria esse genera, nouelle, disce, Christiane, ne quo seducaris errore. unum est enim detestabile, alterum reprobum, 1 25 3
animae uictoria utramque seruari: meliora sequamur saltem uel eo studio, quo sequimur mala. nulla ulli competit excusatio, maxime cum res nostrae 2 4 18
et, ut saecula colligenda disseminet, parit sibi de fine principium. hic est, quo similiter, uerum tamen semel, amore hominis sui eius artifex deus et 2 19 2
est, quemadmodum ab inprudentibus aestimatur. ceterum domini dictum quo sit pondere quaue ratione prolatum, explanat proprietas ipsa 1 35 2
sint templa. quo genere unusquisque suum sacrificium procurabitis, quo sumptu, quibus uasis quibusue ministris? at si descrete fiunt ista, nihil 2 7 14
non amasse. unde infelices et miseri sunt Iudaei, qui deum patrem, a quo sunt geniti, respuerunt tanti immemores honoris, tantae dignitatis 1 61 6

maluisseque se cum liberis suis emori quam iustitiam praeterire. pro quo tam illustri facinore cibos a deo inmortales accepit, quos edacitas 2 1 20
dextra laeuaque in se refugiens unda testatur. denique eremo exciperis, quo te nunc peruenisse cognoscis; ubi sane ad hoc aquam de petra bibisti, 2 16
ceto inhiante miserabilius sepelitur quam praecipitatur et tamen litus, quo tendebat, inuenit antequam uideat, felix sepulcro quam naui. in 2 2 5
mortuos et inspiratos aqua caelesti mox efficit uiuos. lignum auxiliare, quo tenditur uel portatur, crucis est dominicae signum, sine quo uiuere 2 11 4
ut saepe contingit, in unum sibimet conuenire diuersae religonis diem, quo tibi ecclesia, illi adeunda sint templa. quo genere unusquisque suum 2 7 14
perfacile est. meminimus in Regnorum proditum libris famis tempore, quo totus passim populus moriebatur, Eliae alimenta poscenti 2 1 20
est. Paulus enim de hominis adsumpti temporali locutus est regno, in quo uenturus et *iudicaturus est uiuos et mortuos*, sicut lectio uniuersa 2 5 7
praemio, suae autem gratis laborent. uerum hoc est solum, nos in quo uincimus, quia pro sua sanctitate Christianae plus nubunt. adde quod 2 7 11
auxiliare, quo tenditur uel portatur, crucis est dominicae signum, sine quo uiuere immortalitatemque apprehendere in toto non potest 2 11 4
si fatetur. o magna potestas, magna peritia, magna pietas iudicis nostri, a quo uniuersi generis peccatores, ut possint beate uiuere, puniri festinant. 2 10 2
si fatetur. magna ratio, magna potestas, magna pietas iudicis nostri, a quo uniuersi generis peccatores, ut possint beate uiuere, puniri festinant. 1 42 1
iubilate, inquit, *omnis terra*, et alibi: *audi*, inquit, *terra, ex ore meo*. quo uocabulo gentiles homines sine dubio comprehendit, in quibus adhuc 1 61 4
est populus, cui praecipitur, ut semen excitet fratris, non utique illud, quod a deo damnatum iure uidebatur, sed ut reliquas nationes, quas 1 13 5
fudit in terram, hoc est dei mandata neglexit et idolis profudit. propter quod a deo similiter etiam ipse praesentem sententiam damnationis excepit, 1 13 6
exsanguique nihil iam suffragantia tota illa ornamenta medentur, nisi quod a false plangentibus adhuc uiuenti rapiuntur. unde, fratres, sicut ueri 2 4 16
et discitur et docetur. adde quod tota nec intellegitur nec tenetur. adde quod a quolibet pro ingenii qualitate argumentis asseritur. adde quod ab 2 3 5
quod opus factum est alienum, quod non est in sua positum potestate, quod a sua substantia tollitur, quod mutatur, quod alieno mouetur pulsu, 1 7 2
ad iudicium; falsum enim isti contestati sunt de ea. stupet populus, quod a supplicio ad iudicium repetendum reuocaretur addicta. falsos testes 1 40 3
aut *finis legis* aut uerus Christus esse potuisset, si quid praetermitteret, quod ab alio saluti hominum praestari potuisset. eo accedit, quod 1 3 17
uoto, una deuotione, ne quid profanum sit, diligenter ac patienter geritur, quod ab altero celebratur. sub tanto, non dicam humanitatis, sed ipsius 1 4 14
uestris?. utique, fratres, incunctanter eis ademit pascha, qui id, per quod ab eis pascha geritur, reprobauit. 'at imaginem colunt.' nec ipsam 2 25 2
moriendo uastamus. postremo abscindimus, quod habuisse non deberemus, quod ab inimico hominibus superadditum recognoscimus, domino sic 1 3 22
adde quod a quolibet pro ingenii qualitate argumentis asseritur. adde quod ab omnibus appetitur et a nullo completur. adde quod index dei 2 3 5
est, ut utrumque inane sit, si infirmari potest alterum de duobus. quid, quod Abel iustus est sine hoc uulnere inuentus? quid, quod Enoc a deo 1 3 5
ne non ueniant, quia ea semper secum suis in uirtutibus portat. hoc est, quod Abraham *contra spem in spem credidit deo, ut fieret pater multarum* 1 36 5
non habuerit aut filius tradendo quod habeat perditurus, cum et pater quod accepturus est habeat et filius non careat quod daturus. totum pater, 2 5 9
uerbis humanis asseri possunt, quam a deo facta sunt uel uidentur. itaque quod ad nos pertinet, uideamus, quid sit, quod deus ait: *faciamus* 2 30 2
ademerat spem sobolis: pignus succidaneum meruerunt. sic meruit fides quod ademerat tempus, extorsit credulitas quod natura denegauerat. 1 43 1
contra opinionem nato angelus Isaac nomen imposuit, ut firmaret laetitia, quod aetatis inbecillitas desperauit. nouus sane parentum circa filium 1 59 5
cogitationem dei? et tu eius naturam quaeris? sed et alio loco hoc, quod agitur, euidenter expressit, cum ad Timotheum loquitur instruendum 2 3 17
eorum Romani regno. nihil, ut arbitror, illis restitit proprium, nisi quod agno salutari neglecto ingrati uiles agnos cum amaritudine, homines 2 17
eius non diligit ueritatem. sane hoc solum competenter gerunt, innocentes quod agnos passim quasi *lupi rapaces* occidunt. 2 25 2
cum haec ita sint, a quibus, quomodo, unde pascha celebratur? adde quod agnum legitimum suo uitio, quem inuenerant, perdiderunt. quem 1 46a 2
dubio comprehendit, in quibus adhuc erant opera terrena. hoc est ergo quod ait: *audi caelum et terra*, quod Iudaeis non audientibus Christus 1 61 4
deletur. nunc uideamus, intellegendum quemadmodum nobis sit, propheta quod ait: *beati omnes qui timent dominum*. si omnes, qui timent dominum, 2 2 3
cognoscant. quod exemplum, fratres, fortiter fugite simulque gaudete, quod alienis plagis dei discitis disciplinam, per dominum Iesum Christum. 1 30
quod uiuimus, nihilque prorsus cordis nostri in penetralibus retinere, quod alieno iuri seruemus. at cum ab eodem huius deuotionis inuitatione 1 36 21
est in sua positum potestate, quod a sua substantia tollitur, quod mutatur, quod alieno mouetur pulsu, quod quid sit, quid fuerit, quid futurum sit, 1 7 2
cara uxor, quod generosi liberi, quod ueri sunt patres. huius est munus, quod alii ut nos aut plus quam nos proximi uel amici sunt nobis. huius est 1 36 14
ut suis sibi tantum uirtutibus adprobetur: non enim potest esse perfectum quod aliunde exspectat sibi aliquid necessarium. si uero fidem tractatus 2 3 6
est, quia, si uxor et maritus *in carne* sunt *una*, dubium non est, quia quod alter audit amborum est. quid agam, quo me uertam, nescio. non 2 7 11
manibus, quibus stipem denegauerat uiuus. odit iam sine causa ante quod amauerat; probat felicius esse quod oderat. gemit instanti poenae 1 2 10
sed quia uirtutem uoluptates semper offuscant nihilque unicuique, nisi quod amauerit, rectum est, maxime quod uno desiderio omnes excolunt 2 7 1
nominibus patris et filii non potest nosse, uter patiatur iniuriam, nisi quod ambo patiuntur, quia amborum unum nomen est deus. igitur duas 1 54 1
non careat quod daturus. totum pater, totum possidet filius; unius est quod amborum est; quod unus possidet, singulorum, domino ipso dicente: 2 5 9
captat alter alterius; quod parentes filios, filii parentes oderunt; quod amicitia in facie adludit quam in cordibus commoratur; quod omne 1 14 7
mortis iura gustauit, ut homo per deum ius inmortalitatis reciperet, quod amisit. propter quod Paulus beatissimus ait: *nolumus autem ignorare* 1 2 11
siue mala. etenim, fratres, facilius est reformari quod fuerit quam institui quod ante non fuit; quod si non fuit et est, multo magis poterit esse quod 1 2 16
sed saepe etiam eos, quos numquam uidimus, diligamus. huius est munus, quod antiquorum aut uirtutes ex libris aut ex uirtutibus libros agnoscimus. 1 36 14
de apostolis, quos uidere optabat. et iterum: *texit caelos uirtus eius*, eo quod apostolos ad mirabilia facienda spiritus sanctus obumbrauit et texit. 1 61 3
arcet ab aquis, et quidem copiosis uacantibus plurimis negat hominibus, quod auibus, serpentibus, feris non potest denegare. mera profecto uesania 1 5 13
uero iudicio structores magis possunt placere quam sacerdotes. quid, quod aut nullum aut perrarum est per omnem ecclesiam dei orationis loci 2 6 2
sacramento susceptum cotidianis praedicationum medicaminibus curat. quod autem ait *angelos ascendentes et descendentes*, aliqui putant 1 37 11
fuerat, non maritus. Iudas amittit uxorem, id est synagogae fides moritur. quod autem inquit: *consolatus* est, utique intelligitur spe Christi uenientis, 1 13 7
armatur precibus, armatur et ira, similiter nonnumquam ui extorquens quod blandimentis impetrare non potuit. libidinum commutatione uaria 1 1 9
umbra? exsultat, quod in Aegypto creuerit: at in originali decreuit solo; quod captiuitatis sit nexibus exsolutus: sed est nunc usque barbarici furoris 1 52
in carnem. haec humanitati praestat esse quod nascitur. huius est munus, quod cara uxor, quod generosi liberi, quod ueri sunt patres. huius est 1 36 14
nobis erit, quid sit fortius de duobus: illud quod sensibile est an quod caret sensu. uerum quis dubitet illud fortius esse, quod sentit, quod 1 7 2
quod oppressa ueritas tandem defendatur in terris. triumphat maritus, quod castam inuenerit coniugem. laetatur familia omnis, quod in ea nihil 1 40 3
poterit, quia *caro et sanguis regnum dei possidere non possunt*. accedit, quod circumcisio aduersus sabbatum pugnat, quod uiolandum ullo opere in 1 3 3
nota exprimeret Iudaeum, credulitatis iustitia Christianum. adde quod circumcisio ista non tam salutem pollicetur quam locum caputque 1 3 8
caret sensu. uerum quis dubitet illud fortius esse, quod sentit, quod sapit, quod cogitat, quod mouet, quod mouetur, quod mira prouidentia chaos 1 7 2
in locis, uanitatis, quod cum amaritudine comedis, infelicitatis. taceo, quod commemoratio est ingrati, non remedium, sacrificium quod ipse 2 20 2
dolore, sed gaudio; nascitur sine patre filius, non totus matris, sibi debens quod conceptus est, donans matri quod natus. quae principaliter stupet 2 12 2
fratres, non potest timere maritum, quae non timet Christum. inde est, quod coniuges nuptiali sanctissimo repugnantes iugo, pro se quisque 1 14 7
religionem pietatemque negotium temperaret, in spe non denegans deo, quod *contra spem* acceperat a deo. igitur Isaac sibi dulcissimum filium, deo 1 4 13
nostrae salutis per spiritum sanctum imaginem referimus, quam tenemus. quod conuenit cum ea, fidelium communionis sanctae significabat 1 13 11
mihi audire proclamantem: 'si haec est condicio carnis, quid est ergo quod credimus in ecclesia remissa peccatorum ac resurrectionem carnis?' 1 2 24
reparationis tempus aduenerit, suo semini respondens iure possit mereri quod credimus. nec res in ambiguo est; quemadmodum etenim ille 1 2 26
opus est ulla interpretatio, quia sicut semel creditur, ita semel ex eo ipso, quod creditum est, consummata fides ultra nec minuitur nec augetur. sin 2 3 9
passim multos occidis, edacitatis est tuae, quod diuersis in locis, uanitatis, quod cum amaritudine comedis, infelicitatis. taceo, quod commemoratio 2 20 2
ac semen excitet fratris; qui ingressus semen suum fudit in terram. quod cum deo malignum quoque uideretur, pari eum morte damnauit. 1 13 1
quamuis sit optimum laudare, quae dei sunt, tamen praecipuum non est, quod cum gentibus uel Iudaeis potest esse commune; nam et illi, si liceat 2 6 1
qui non momentis omnibus elaboret, ut plus habeat, quam habebat; quod cum nititur, auaritiae utique partes agit, quae est inimica iustitiae. 1 1 16
iam mundo prouidisti. tu mortem deum mori docendo uacuasti. tuum est, quod, cum occiditur ab hominibus deus omnipotentis dei filius, nullus 1 36 29
credideritis, neque intellegetis) stultam putant irriduntque quasi uanam, quod, cum possit bonis frui mundi ac negligat, sponte se faciat infelicem, 2 1 14
ipse sacerdos deo acceptissimus huius fuit cicatricis ignarus? quid, quod cum praeputio Nineuitarum populus dei est indulgentia liberatus? 1 3 5
tamen eos uno momento exigua humus et peraequat et satiat, enorme quod cum tota ambitione sua non potest aurum. hinc unus pecuniam suam 1 5 11
perditurus, cum et pater quod accepturus est habeat et filius non careat quod daturus. totum pater, totum possidet filius; unius est quod amborum 2 5 9
et praesentia sua peccata exstinguat et futura repellat. Thamar arguitur, quod de fornicatione conceperit; et ecclesia quasi legis adultera Iudaeorum 1 13 12
eius noua a deo suo, ipso dicente: *ego te clarificaui in terra; opus perfeci, quod dedisti mihi, ut facerem. et nunc tu clarifica me apud te ipsum* 2 5 4
in Tartarum, piorum aliam, quae ducit ad Elisium, eo fortius addentes, quod defunctorum ibidem non tam formae quam facta noscantur ac 1 2 4
destinat iugulare, ne iugulet, securus illo se non posse displicere facinore, quod deo gerebatur auctore. o nouum spectaculum ac uere deo dignum, in 1 4 13
fecit. itaque quod specialiter ad nostras pertinet partes, uideamus, quid sit quod deus ait: *faciamus hominem ad imaginem et similitudinem nostram* 1 27 2
facta sunt uel uidentur. itaque quod ad nos pertinet, uideamus, quid sit quod deus ait: *faciamus hominem ad imaginem et similitudinem nostram* 2 30 2
quam pecuniam; inde est, quod iustitia honestas pietas fides ueritas perit; quod deus ipse momentis omnibus patitur contumeliam, cuius praecepta 1 14 7
secundum quod deus suos promiserat per prophetas, filium suum saluatorem generi 2 12 1
uerecundiae freno *cohibendum*, ut possimus merito mereri, scriptura quod dicit: *proximus est deus contribulatis corde et humiles spiritu saluabit*. 2 9 3
quae sunt negotio uel maxime necessaria, quia plus est quod geritur quam quod dicitur, ut et impudicitiae malum et bonum pudicitiae uno eodemque 1 1 15
est exsecutor? non enim minus est facere magna quam dicere. quamuis et quod dictum est a patre uel dici potest, quia uerbum est filius, sine filio 1 45 3
ostendit, quoniam per se omnia prosecutus est. *et magnificabis me*; quod dictum, fratres, non sic debetis accipere, ut operis sui laudem sibimet 1 25 8
hominis, quem adsumpserat, ait: *tristis est anima mea usque ad mortem*. quod dictum non tam timentis quam exsultantis ac docentis est. utique 1 2 31
ut nos aut plus quam nos proximi uel amici sunt nobis. huius est munus, quod diligimus seruos ut filios ac nos illi colunt libenter ut dominos. huius 1 36 14
distrahendi tempus, minor in mensura, maior in pretio; negat se habere, quod distrahat, ut rogetur, ut iugulet. atque utinam incorrupta species 1 5 14
uisceribus opinaris. sane quod passim multos occidis, edacitatis est tuae, quod diuersis in locis, uanitatis, quod cum amaritudine comedis, 2 20 2
suspicio, sed deus magister instruxit, propter nos in semet ipso probando quod docuit, uiuere animas mortuorum non tam dicere quam oculatis 1 2 5
sacramentum. columna uiam demonstrans Christus est dominus. quod duplicem nubis et ignis imaginem gerit, iudicia duo designat: unum 2 26 2

suum uultibus uestit alienis, hoc futura, non quod natura praestitit, sed quod ei ad examen speculi arbitrium temporale dictauerit. nunc emendat, 1 1 10
auribus cordis a pueris disce uirtutem. sed uide, ne aestimes falsum, quod eis cessit incendium. ueritatem ratio protestatur. qui nunc in se 2 27
per semet ipsum ei condigne reddemus, quia facta commutatione quod eius est fit pro partibus nostris. sequens est, ut etiam proximos eo 1 36 21
mouetur, quod mira prouidentia chaos ipsum ut chaos non esset effecit, quod eius membra discreuit, ratione disposuit, coloribus decorauit, 1 7 2
desideriis, quae militant aduersus animam, nec uestrum frangat affectum, quod eius secretum figuramque nescitis; quam si propterea contemnitis, 2 4 17
<uirtutis> aequalitate pares, passionis uictoria gloriosi. hos barbarus rex, quod eius statuam adorare contempserint, incendi praecepit. qui ubi iactati 1 53 1
mediis e manibus oculis patentibus perdiderunt: dei, cum stultam putant, quod elaboret — dispendio suae, non dicam facultatis, sed etiam, si opus 2 1 3
propheta dicente: *ante hominem bonum et nequam, mors et uita; quod elegerit, hoc dabitur ei*. unde dubium non est uoluntatem nostram, 2 4 18
nunc blanda demonstrat praemium, demonstrat et gladium, unicuique, quod elegerit, tributura et ut iure possit implere, quod gerit. qui ad se 2 3 3
habes nescis. quicquid feceris, nihil horum tecum ad inferna portabis; quod enim naturae est, de loco ad locum transferri potest, ei autem 1 14 3
de duobus. quid, quod Abel iustus est sine hoc uulnere inuentus? quid, quod Enoc a deo integer legitur esse translatus? quid, quod Noe 1 3 5
adultera Iudaeorum est a senioribus accusata, quod sabbatum ruperit, quod eorum traditiones abiecerit. Thamar protulit monile, anulum, uirgam 1 13 12
qui proficisci iubetur, ut ad futura contendat. Moyses et Aaron per id, quod erant, sacerdotium, per suum numerum demonstrabant duorum 2 26 2
quibus latenter infunditur in hominem gigniturus ibidemque saluo quod erat meditatur esse quod non erat. mixtus itaque humanae carni se 1 54 3
potest, ei autem subtrahi non potest. denique aurum argentumque, penitus quod eruitur magno opere terrae uisceribus, iterum celandum terrae 1 14 4
praedicarent. etenim uere perfectus deus non esset, si esset aliquid quod esse uolens esse non posset. denique uultis scire conpendio ueritatem? 2 8 9
sine hac possit esse perfectum. denique cum dominus interrogaretur, quod esset summum legis sacrae praeceptum, sic ait dicens: *diliges* 1 36 17
mundana natiuitate, contra omni reatu iam liberi mundi estis infantes et, quod est admirabile et gratum, subito uno momento facti aetatibus diuersis 1 38 1
inter patrem filiumque tempus infulcias: si enim tempori, non sibi, debent, quod est alter alteri obnoxius, procul dubio, ut tu uis, maior est natura 2 8 5
eius latere ictu lanceae non costa diuellitur, sed per aquam et sanguinem, quod est baptismum atque martyrium, spiritale corpus spiritalis feminae 1 3 20
quem induerat, commutaret. anulus quoque signaculum fidei est, quod est Christus, cuius inlustratione maiestatis impressi atque signati, qua 1 13 11
anima autem quaecumque manducauerit de carne sacrificii salutaris, quod est domini, et inmunditia eius super ipsum est, peribit anima illa de 1 25 12
patri. alter renitet in altero; cuiusuis gloria communis est honor, quia quod est filii, patris est, quod patris, amborum. laetatur pater in alio se, 1 56 1
enim scire debetis, quoniam omnis fornicarius aut impudicus aut fraudator, quod est idolorum seruitus, non habent hereditatem in regno dei et Christi, 2 5 8
ne destrui quidem, quia si uera fides est, aliud esse non potest quam quod est. igitur cum possibilitatis humanae non sit fidei uidere secreta, 2 3 11
si enim uerbum in deo est et deus est uerbum et hoc est, in quo est, quod est ille, qui inest, duplex persona, duplex uocabulum, sed originalis 2 8 4
nescit nec potest quid reprobet scire, quid teneat, *et ideo semper peccat*, quod est iustitiae contrarium. *iustus autem ab omni peccato se abstinet*, 2 1 9
usus impossibilium possibilitatem adserere ex eoque quod non est facere quod est, naturam creare extra naturam, nihil prorsus habere difficile 1 2 16
non fallit, quia fidem ipsa custodit; non ulla re indiget, quia ei praeter quod est nihil est necessarium. haec rura, urbes ac populos composita pace 1 36 12
urguetur, ut quis indefensus aut innocens quod habet legibus perdat. quod est omni uiolentia deterius, quia illud, quod ui eripitur, nonnumquam 2 1 17
splendidissima domus, diues census, diues quoque numerus liberorum et, quod est parentibus gratum, utriusque sexus et inuicem se amantium; 1 15 2
lege consumpto inmortalitas tribuatur. haec est enim potestas dei, ut saluo quod est possit esse quod non est. hic est deus noster aeterni dei 2 12 3
interna discutere, cuius extraria nequeat suspicari, quia deus hoc est quod est; quod uero homo definiendum putauerit, non est. nam et 2 8 3
non maritis nota, non sibi, quia non potest notum esse nec uerum quod est semper incertum. praeterea numquam diligit deum, quem scit 1 1 10
omnia et post omnia, quoniam in eius manu inclusa sunt omnia; ex se est quod est; solus sui conscius, quantus et qualis est; solus perfectus, quia 1 7 3
sobrie, ubi mors timetur. itaque hanc obseruantiam, hunc timorem, quod est uerius atque iustius, transfer ad deum et, quale uelit illud sit, 2 7 9
se abstinet, quod propterea facit, quia *praui* bonique *notitiam* gerit, quod est utique sapientis. unde fit, *ut numquam iustus possit esse qui* 2 1 10
crimina fugienda cognoscat. 'ore tuo te, inquit, Christiane uicisti. inde est, quod et ego aeternam uitam me possidere contendo, quia specialiter 1 3 8
adornatis. magna igitur gloria est ornare per quod orneris, seruare per quod et ipse serueris. postremo aequiparatur laus uestra laudi pudicitiae; 1 1 4
quae in toto iam non sunt. unum sane necessario proferemus exemplum, quod et Iudaei odiosum et Christiani sacrificium approbet deo gratum, 1 25 7
sicque legitime celebrata paenitentia deum sibi propitium reddiderunt. quod et nos et fecimus et facere plerumque debemus, ut et praesentis 1 34 9
ille, quem noueris. at dicis: 'hoc daemones fingunt'. o probatio melior, quod etiam fallaces testimonium perhibent ueritati! cur autem fingant 1 2 7
reddas, inuenies iniustitiae magis stultitiam, iustitiae sapientiam conuenire. quod etiam sacrae legis testimoniis probare non desinam, cuius ista sunt 2 1 5
saluatoris aduentum, qui non esset a Iudaeorum populis audiendus, quod eum apostoli essent et homines ex gentibus audituri, et ideo ait: *audi* 1 61 2
expellunt ac rursus diligenter accludunt, ne quid illo uel friuolum, inde quod excluditur, reuertatur. mira ratio, mira beatitudo! saluo reo punitur 2 24 1
terrori sit; spretores, ut poenam supplicii sibimet impendere cognoscant. quod exemplum, fratres, fortiter fugite simulque gaudete, quod alienis 1 30
quae hominibus est cum feritate communis, omne ius in uiribus habet: quod facere praeualuerit, aestimat rectum. adeo sine ulla reuerentia diuinae 2 1 7
deo indicare quod nouerit? absit. indicat ille, sed nobis, quos cupit quod facit ac praedicat imitari. ergo inquit: *non est exaltatum cor meum*, 2 9 3
scire secretum, qui sui corporis nescit arcanum? quare, fratres, propter quod facti et nati sumus, timeamus, amemus et honorificemus quem 1 56 3
quod nulla ex parte suam perfecerit uoluntatem: nec adulterium enim, quod factum diffamabat, exercuit nec homicidium, quod procurabat, 1 40 3
est a patre uel dici potest, quia uerbum est filius, sine filio non est, et quod factum est a filio uel fieri potest, sine dignatione paterna non est, 1 45 3
rursus accepit, non utique ut quae fecerat faceret, sed ut defleret se fecisse quod fecerat; aliter etenim quis saluus esse non poterit, quamuis sit iustus, 1 13 12
distringit. quis non uideat numquam recti aliquid illam facere uel fecisse, quod fecerit? uultis scire, quam iusta sit? miseram se putat, nisi euerterit 2 1 7
inuenerit coniugem. laetatur familia omnis, quod in ea nihil inueniat fama quod feriat. cruciatur diabolus, quod nulla ex parte suam perfecerit 1 40 3
debeatur, nihil sibi ipsa concilians, nihil proprium derelinquens, nisi quod fideliter sine ulla iactantia eius fungitur uoluntate. est autem in 2 1 11
si non ametur. adde quod fides sibi soli prodest, caritas omnibus; adde quod fides non gratis pugnat, caritas autem etiam ingratis conferre 1 36 11
non gratis pugnat, caritas autem etiam ingratis conferre consueuit; adde quod fides non transit in alium, caritas parum est dicere transit in alium 1 36 11
caritas parum est dicere transit in alium quae transit in populum; adde quod fides paucorum est, caritas omnium; adde quod spes ac fides tempus 1 36 11
fides primo omnium si se ipsam non amet, spes si non ametur. adde quod fides sibi soli prodest, caritas omnibus; adde quod fides non gratis 1 36 11
si cui forte asperum uidetur ac durum, quod fiducialiter loquimur, fratres, rerum paene contra naturam, 2 7 1
uaporis ararum carne tua deterges, iocaris, blandiris, obsequeris. et si quod forte acceptum relatumue fuerit a fanatico solemne mysterium, ipsa 2 7 17
beneficio quis aut amatur aut odio est. denique haec est causa, quod fratrum pia nomina plerumque gladiis amica uidemus esse quam sibi; 1 5 6
auaritiae utique partes agit, quae est inimica iustitiae. adeo inde est, quod frumento paucorum horrea plena sunt, inanis plurimorum uenter. 2 1 16
conpendio ueritatem? factus est quod non erat, nec tamen desiit esse ante quod fuerat. 2 8 9
non est inuenta, quia renatus per aquam et spiritum sanctum desinit esse, quod fuerat, et incipit esse, quod non erat. sequitur, quod uiduitatis uestem 1 13 12
ea, quae gessit, siue bona siue mala. etenim, fratres, facilius est reformari quod fuerit quam institui quod ante non fuit; quod si non fuit et est, 1 2 16
deus hominem poterit excitare, antequam peccasset in paradiso, in id quod fuit! quam rationem seminum etiam beatissimus Paulus subtiliter 1 2 28
miretur. igitur si homo potest facere, ut sit arbor quod non fuit, saluo quod fuit, quanto magis deus hominem poterit excitare, antequam 1 2 28
quod ante non fuit; quod si non fuit et est, multo magis poterit esse quod fuit, quippe cum illius potentissimi artificis rerum omnium conditoris 1 2 16
magnus aduenit suo sibi semper nouellus occasu. quod praeterit sequitur, quod futurum est antecedit. in omnibus nouus est et tamen in omnibus 1 16 1
gerit, iudicia duo designat: unum aquae, quod gestum est, ignis alterum, quod futurum. mare fontem sacrum debemus accipere, in quo, quibus 2 26 2
eo enim res deducta est, ut fides nostra per dei requiratur iniuriam. quod futurum Salomon enuntiauit et cauendum quid sit his uerbis edocuit: 2 3 12
humanitati praestat esse quod nascitur. huius est munus, quod cara uxor, quod generosi liberi, quod ueri sunt patres. huius est munus, quod alii ut 1 36 14
in quo uincimus, quia pro sua sanctitate Christianae plus nubunt. adde quod gentibus, quod sine dolore magno uel gemitu non potest dici. quae 2 7 11
et gladium, unicuique, quod elegerit, tributura et ut iure possit implere, quod gerit. qui ad se ueniunt, professionem credulitatis ab eis solam ideo, 2 3 3
iustitiam super terram. o quam paucissimis uerbis omne hoc mundi, enixe quod geritur, negotium perorauit! his enim tribus rebus, quae fundamenta 2 1 6
nunc ad exempla, quae sunt negotio uel maxime necessaria, quia plus est quod geritur quam quod dicitur, ut et impudicitiae malum et bonum 1 1 15
duplicem nubis et ignis imaginem gerit, iudicia duo designat: unum aquae, quod gestum est, ignis alterum, quod futurum. mare fontem sacrum 2 26 2
est, fratres, ut pater accepturus sit quod non habuerit aut filius tradendo quod habeat perditurus, cum et pater quod accepturus est habeat et filius 2 5 9
inde aliquid concedendo illibata custodis? insuper de inopia quereris, qui quod habes nescis. quicquid feceris, nihil horum tecum ad inferna portabis; 1 14 3
esuriens manducauerit. tuus census est totum in misericordiam habere quod habes. tu sola rogari non nosti. tu oppressos uel cum dispendio tui 1 36 31
sit: *qui habet, dabitur illi et abundabit; qui autem non habet, etiam id quod habet auferetur ab eo*. per hanc, fratres, a deo Enoc meruit cum 1 36 7
fame laborantibus ac nuditate pascit tineas, curculiones ac uermes? qui quod habet infelici tenacitate non aliis tantum, sed etiam sibi ipsi subducit? 2 1 17
callidissimis argumentis urguetur, ut quis indefensus aut innocens quod habet legibus perdat. quod est omni uiolentia deterius, quia illud, 2 1 17
potest nosci aut comprehendi, quia non erit nec proprium nec firmum, quod habet statum semper incertum, quippe cum unius electio sit alterius 2 3 7
pro nomine domini diabolum moriendo uastamus. postremo abscindimus, quod habuisse non deberemus, quod ab inimico hominibus superadditum 1 3 22
felici ligno suspensam uberrimam docuit afferre uindemiam. inde est, quod hodie uestro de numero nouellae uites ad iugum perductae, 1 10b 3
est confessio in ceteris uera, aut qua ratione isto argumento nitantur, quod hominibus, quos perditos cupiunt, magis proficiat ad dei timorem et 1 2 7
reo punitur reatus in reo integroque statu moritur in homine propter quod homo fuerat moriturus. inde est quod nostra non habet necessaria 1 42 1
reo punitur reatus in reo integroque statu moritur in homine propter quod homo fuerat moriturus. inde est, quod nostra non habet necessaria 2 24 2
fortassis de circumstantibus doctis quispiam <in> cachinnos erumpat, quod homo imperitissimus et elinguis aliquid audeam de iustitia disputare, 2 1 1
hospes pudicus inlabitur ibidemque qualis uelit esse disponit. immo quod iam olim disposuerat complendum latenter adsumit. namque 2 12 1
tantumque se in ipso amat, ut oderit se sine ipso. accedit ad cumulum, quod ideo *deus hominem ad imaginem et similitudinem suam fecit*, ut 1 36 23
nouum prodigii genus est: odit pudicitiam et tamen hoc cupit uideri, quod illa est. interea miris excolit artibus sese faciemque suam in se, quam 1 1 9
laboribus ac periculis magnis non possit ab aliquo perueniri. adde quod illa in solo genitali uersatur, ille peregrinus est. illa sine 2 4 14
nisi inbecilli praestatur nec potest eum reuereri, qui ingenii sui putat esse, quod ille fuerit aestimatus. ceterum illa est fidei generositas uera, ut deo 2 3 18
inuenitur et, dum clamat propheta *audi caelum et terra*, significat, quod illi audire contempserint. *audi*, inquit, *caelum, et percipe auribus*, 1 61 1

iniustus. ceterum siue iusto siue sapienti si alterum defuerit ex duobus, quod illi putauerunt, nec sapiens profecto erit ille nec iustus. satis, ut 2 1 10
et in unum remeando si non confusione, uel errore fiunt una. quid, quod illius sacrificium publicum est, tuum secretum? illius a quouis libere 2 7 14
credidit deo, ut fieret pater multarum gentium. contra spem autem est, quod impossibile est ac non uidetur; sed possibile hac spe fit, cum dei 1 36 5
Pharisaeus inanis, quem momenti praeterita delectatur umbra? exsultat, quod in Aegypto creuerit: at in originali decreuit solo; quod captiuitatis sit 1 52
maritus, quod castam inuenerit coniugem. laetatur familia omnis, quod in ea nihil inueniat fama quod feriat. cruciatur diabolus, quod nulla 1 40 3
duo sunt utique testamenta, quae ideo materiae ligni sunt comparata, siue quod in eius usu et perpetuo et tutius maneat testatoris uoluntas inscripta, 1 37 8
exinde intellegentes in thesauro naturae depositum incolume requiescere, quod in hoc mundo ad tempus perspicitur interire. similiter in inferno 1 2 9
si quis dilexerit mundum, non est caritas patris in illo, quoniam omne, quod in mundo est, concupiscentia carnis est et concupiscentia oculorum et 1 36 27
si quis dilexerit mundum, non est caritas patris in illo, quoniam omne, quod in mundo est, concupiscentia carnis est et concupiscentia oculorum et 2 4 12
si quis dilexerit mundum, non est caritas patris in eo, quoniam omne, quod in mundo est, concupiscentia carnis est et concupiscentia oculorum et 2 9 5
compulsae, si talia gerant, putant se aut imitari aut uindicari. propter quod in praeceptis dominus ait: *qui dimiserit uxorem suam excepta causa* 1 1 13
inesse similiter regum uultus signaque cognoscis nihilque aliud distat, nisi quod in tua domo minuta sunt, in templo maiora. quae si erogaueris, 1 14 5
non flamma, sed rore, dei dignatione, non poena. o felix supplicium, quod incolumitate superante inmortalitas prosequitur et corona. 2 22
cui detraxeris nescis. 'at ille, cui iubetur, est, inquit, inferior.' quid, quod inde non esse approbatur inferior, quia, unde processit, paterni cordis 1 45 3
asseritur. adde quod ab omnibus appetitur et a nullo completur. adde quod index dei uoluntatis est, non dei originis aut naturae. sequitur ut 2 3 5
non adulterum corpus, in quo extrema libido senilis exarserat, sed quod infamauerat diabolus et quod protexerat uirtus et ornabat pudor 1 40 2
factum, sed ex homine <deum>. ceterum si spiritaliter saperent, in ipso, quod infirmissimum putant, hoc potissimum praedicarent. etenim uere 2 8 9
est pro laboris sui munere inmortali beatitudine perfruatur. inde est, quod intra hominem clandestinum fremit momentis omnibus bellum, cum 2 4 8
granum uniuscuiusque frumenti conditum terrae interit et tamen in eo id, quod intus est, reuiuescit nec mortem medullitus capit, sed suum sibi 1 2 22
quoniam in me est pater et ego in illo. constat ergo aequale esse, quod inuicem se capit cum spiritu sancto. 1 45 3
mortis lege seminantur, non substantiam, non imaginem, sed illud tantum quod inutile est discuti, quod teritur demutari, sicut scriptum est: *oportet* 1 2 30
taceo, quod commemoratio est ingrati, non remedium, sacrificium quod ipse reprobat fieri, qui praecepit. hoc solum dico: imple uel in ceteris 2 20 2
reuocaretur addicta. falsos testes pauor inuadit. tremit diabolus, quod ipsius commenta nudentur. gaudent angeli, quod oppressa ueritas 1 40 3
sollicita. quid autem a deo impetrare te posse credis, quae eum per id, per quod irascitur, deprecaris? aperi tandem oculos cordis: inuenies te insultare 1 14 6
similitudinis adprobemus. unde tamen prae me fero, fratres dilectissimi, quod ista, et non ambigua, in uobis renitet assertio; deum enim patrem uos 1 1 4
adhuc erant opera terrena. hoc est ergo quod ait: *audi caelum et terra*, quod Iudaeis non audientibus Christus dominus esset ab apostolis et 1 61 4
delectatur uiliorem habens animam quam pecuniam; inde est, quod iustitia honestas pietas fides ueritas perit; quod deus ipse momentis 1 14 7
est gloria, aequalis patri a catholicis praedicatur. denique inde est, quod legis fundamenta temnentes uersuta disputatione, praetermisso deo de 1 45 1
nascatur, matris iam non in utero sed sepulcro incognitum pecus, quod legitimam nec mortem potuit sentire nec uitam. recte igitur apostolus 1 5 3
uiolentia deterius, quia illud, quod ui eripitur, nonnumquam repeti potest, quod legum circumscriptionibus, non potest. glorietur qui uolet ista 2 1 17
sanguinem postularet. religiosus carnifex reprimit gladium: patris erat, quod leuauit, dei fuit, quod pepercit. nec qui feriebatur timuit, nec qui 1 62 5
qui enim suam conscientiam non timet, is est, qui deum non timet. adde quod lex partibus et discitur et docetur. adde quod tota nec intellegitur 2 3 5
suos non sine utriusque dedecore patiuntur errare stipi triuiali subiectos; quod liberi parentum uitam sua damna iudicantes iniecta uiolenter manu 1 5 6
humanae deuotionis *religiosa confessio est* de *deo hoc nosse*, quod licitum est. sicut enim in simplici corde scrutanda sunt testimonia 1 34 1
sacrilegam uocem comprime humanae fragilitatis memor, qui in hoc ipso, quod loquimur, quid possit contingere, ignoras excusationisque uanae 2 1 21
diligit; inimicis parcit; *parricidalibus filiis* ignoscit. persecutorem suum et, quod magis est, regem aliquotiens a deo in manus traditum sibi mauult 2 9 7
dura, *fidem tamquam granum sinapis* te habere demonstra. sin uero, quod magis est, sub sono legis ac fidei saecularis amore iactantiae accensus 2 3 15
tamen numquam dilectam uerecundamque anteuertit auroram; qui, quod maius est, duodenis non dicam spatiis, sed momentis horarum 1 4 4
tantum congruenter occidens; haec, inquam, per momenta et parit omne quod malum est et peperit omne quod peius; nam in idolis dea est, in 1 1 8
pugna. 'ne fides, inquit, intereat, cum male aut creditur aut docetur.' quod malum est ista ratio, mox uidebimus. nunc scire cupio, fides ex 2 3 8
quam furit. occasionem ullam prorsus nocendi non praeterit. uultis scire, quod malum sit? in ipso fructu suo etiam ipse se odit. uenenis eius cotidie 1 36 27
terribilia, consternata metu forsitan ipso cessante illicita eis uota donabis (quod maritis etiam sub fidelibus multae fecere peiores, Euae non 2 7 16
postremo detestabilis est uiuendi condicio, ubi non licet facere uxori, quod marito placet; ubi proponis, quia nihil te gerere sinit, nisi quae 2 7 15
diuina prouidentia humano generi *heres* et pater *est constitutus*? quid, quod Melchisedech, summus ipse sacerdos deo acceptissimus huius fuit 1 3 5
sensim mitisque discedit, ut probet se et meruisse et non ambisse quod meruit. ac ne quis hanc patientiam timiditatis nomine obscuret, in 1 4 16
sed impulsu nobis nostrae infirmitatis occurrit, quia non artis est timere quod metuas; metuis autem *quod* tibi *nolis accidere*. exsistit quippe diuersis 2 2 1
esse, quod sentit, quod sapit, quod cogitat, quod mouet, quod mouetur, quod mira prouidentia chaos ipsum ut chaos non esset effecit, quod eius 1 7 2
cognoscit. haec, si religiosus es, serua; timoratus si uere, custodi. de eo, quod modum humani sensus excedit, disputare deuita. negat quodam 2 3 18
quis dubitet illud fortius esse, quod sentit, quod sapit, quod cogitat, quod mouet, quod mouetur, quod mira prouidentia chaos ipsum ut chaos 1 7 2
illud fortius esse, quod sentit, quod sapit, quod cogitat, quod mouet, quod mouetur, quod mira prouidentia chaos ipsum ut chaos non esset 1 7 2
non tam formae quam facta noscantur ac necessario recipiant secundum quod mundanae administrationis suis in actibus portant, recte dicentes: 1 2 4
quod non est in sua positum potestate, quod a sua substantia tollitur, quod mutatur, quod alieno mouetur pulsu, quod quid sit, quid fuerit, quid 1 7 2
uenerabili unam cogit in carnem. haec humanitati praestat esse quod nascitur. huius est munus, quod cara uxor, quod generosi liberi, 1 36 13
posse quod praecipit. primum est itaque dilectionis officium deo refundere, quod nati sumus, solique debere, quod uiuimus, nihilque prorsus cordis 1 36 21
meruerunt. sic meruit fides quod ademerat tempus, extorsit credulitas quod natura denegauerat. Abraham patriarcha noster exploratus a deo in 1 43 1
medicaminis fuco uultum suum uultibus uestit alienis, hoc futura, non quod natura praestitit, sed quod ei ad examen speculi arbitrium temporale 1 1 10
filius, non totus matris, sibi debens quod conceptus est, donans matri quod natus. quae principaliter stupet talem sibi filium prouenisse, qui ex se 2 12 2
illi perennis fontis sui uiuum inest mare, non quod naufragos faciat, sed quod naufragos ad uitam suauem perducat; non aurum, non argentum, 2 6 6
aeneum inhaeret mare, quia illi perennis fontis sui uiuum inest mare, non quod naufragos faciat, sed quod naufragos ad uitam suauem perducat; non 2 6 6
qua delicti omnis est summa, isto remedio curare non potest Euam. quid, quod nec ipsi uiro aliquid eam prodesse perspicio? quia huius 1 3 9
concipiunt, una contra spem, altera uerbo. haec miratur se habere quod nescit, laetatur illa quia scit. Elisabeth sterilis fecunditate tumet 2 8 8
dubio eodem aut cessante aut aliter docente consumitur. huc accedit, quod, nisi insinuationem legis omni deuotione succincta praecedens 2 3 1
perspicio? quia huius circumscriptio characteris potestati subiacet cordis, quod nisi uerae circumcisionis spiritali fuerit sacramento purgatum, in 1 3 9
inuentus? quid, quod Enoc a deo integer legitur esse translatus? quid, quod Noe incircumcisus saeuiente diluuio diuina prouidentia humano 1 3 5
creare extra naturam, nihil prorsus habere difficile solumque ei hoc deesse quod nolit esse; haec est enim proprietas dei, id operari quod non potest 1 2 16
est necessarium spiritale; quod non ex sacculo, sed ex corde profertur; quod non bromosis pecudibus, sed suauissimis moribus comparatur; quod 1 25 9
quod non bromosis pecudibus, sed suauissimis moribus comparatur; quod non cruentis manibus, sed sensibus mundis offertur; quod non 1 25 9
futurorum putatur poenae compendium ac paene pro infecto habetur quod non diffamatur, censuit eos caelo et terra testibus denotare, ut 1 47
in hominem gigniturus ibidemque saluo quod erat meditatur esse quod non erat. mixtus itaque humanae carni se fingit infantem. Mariae 1 54 3
esse non posset. denique uultis scire conpendio ueritatem? factus est quod non erat, nec tamen desiit esse ante quod fuerat. 2 8 9
per aquam et spiritum sanctum desinit esse, quod fuerat, et incipit esse, quod non erat. sequitur, quod uiduitatis uestem rursus accepit, non utique 1 13 12
conditoris ipse sit usus impossibilium possibilitatem adserere ex eoque quod non est facere quod est, naturam creare extra naturam, nihil prorsus 1 2 16
tribuatur. haec est enim potestas dei, ut saluo quod est possit esse quod non est. hic est deus noster aeterni dei coaeternus filius. hic *et homo* 2 12 3
unde non est principium quod senescit, quod opus factum est alienum, quod non est in sua positum potestate, quod a sua substantia tollitur, quod 1 7 2
imaginem non habemus? habemus plane et quidem manifestam ex eo ipso, quod non est nobis portantibus nota. incomprehensibilis enim dei imago 1 27 3
habemus? absit, fratres. habemus plane, et quidem manifestam ex eo ipso, quod non est portantibus nota. incomprehensibilis enim dei imago 2 30 3
corporale, utique et spiritali deo *sacrificium est necessarium* spiritale; quod non ex sacculo, sed ex corde profertur; quod non bromosis 1 25 9
munitio, quia *nihil* est *tam sanctum quod non uiolari, nihil tam munitum quod non expugnari pecunia possit*; non necessitudo sanguinis, non 1 5 5
modo etiam ipse miretur. igitur si homo potest facere, ut sit arbor quod non fuit, saluo quod fuit, quanto magis deus hominem poterit 1 2 28
fallax sit, si circumcisio recircumciditur rursum, ut hoc idem faciat aut ut quod non habet perdat; aut certe Iesu Naue parricida sit, si cultris corda 1 3 15
fidem cum astruit, ex eo ipso eam, quo astruit, destruit. nec ulli dabit quod non habet, sed potius ut non habeat, adhuc ipse disquirit. uideo 2 3 6
diuisum. unde non sic sentiendum est, fratres, ut pater accepturus sit quod non habuerit aut filius tradendo quod habeat perditurus, cum et 2 5 9
si quid mali seu boni cuiquam fecerimus, deo fecisse uideamur; propter quod non inmerito Iohannes, peculiaris arcanorum domini consultor, 1 36 23
comparatur; quod non cruentis manibus, sed sensibus mundis offertur; quod non iugulatur ut pereat, sed, sicut Isaac, immolatur ut uiuat, 1 25 9
desudant, non aduertentes miseri, quoniam in tali negotio iudice deo quod non licet uxoribus non licet nec maritis, sicut praescribens talibus 1 1 13
ideo iustus, quia patiens; a quo pati martyres didicerunt patiendo libenter, quod non merentur. Noe cataclysmum, quo omnis caro funditus deleretur, 1 4 12
ei hoc deesse quod nolit esse; haec est enim proprietas dei, id operari quod non potest credi. igitur non homines tantum, sed paene omnia suis 1 2 16
fratres, quasi quoddam est speculum intuentis plenitudine grauidatum, quod non tam imaginem suam quam eius, cuius est in usibus, gerit. 1 2 29
temporis. coronemus nos rosis, antequam marcescant. nullum pratum sit, quod non transeat luxuria nostra. ubique relinquamus signa laetitiae, 2 4 10
nomen inuenit; non sanctitas, non munitio, quia *nihil* est *tam sanctum quod non uiolari, nihil tam munitum quod non expugnari pecunia possit;* 1 5 5
est una substantia, domino ipso dicente: *ego et pater unum sumus*. quod non utique sic ait, ut in unum duos redigendo confunderet, sed ut 2 8 4
crudi, non mucidi. lacteus illis color est, lacteus sapor est. sed fortassis, quod nonnulli forma uidentur minores, si secus aliquid de pistore 1 41 3
statu moritur in homine propter quod homo fuerat moriturus. inde est quod nostra non habet necessaria tormenta confessio, quod sine truculenti 1 42 2
statu moritur in homine propter quod homo fuerat moriturus. inde est, quod nostra non habet necessaria tormenta confessio, quod sine sudore 2 24 2
in corde, nonne iniuriosum uel superuacaneum putabitur deo indicare quod nouerit? absit. indicat ille, sed nobis, quos cupit quod facit ac 2 9 3
omnis, quod in ea nihil inueniat fama quod feriat. cruciatur diabolus, quod nulla ex parte suam perfecerit uoluntatem: nec adulterium enim, 1 40 3
quibusdam uidetur errare curriculo menstruali, solemnes suae ignes aetatis quod numquam prorogat inportune nec derogat, quid aliud intellegi datur 1 4 5

si insanire cuiquam libeat, deus illi non colendus sit, sed quaerendus. quod nunc faciunt infideles, de quibus scriptura diuina quid pronuntiet, 2 9 2
truncatus, nobilitate alieni seminis grauidatur nutriturque ab eo ipso quod nutrit, donec hospitis germinis adoptiua pinguedine absumptus, immo 1 2 27
certe nec bibitur nec in inferno cum suo praedone descendet, solum quod oculos infelices inanemque conscientiam ad hoc in maligni fulgoris 1 5 16
uiuus. odit iam sine causa ante quod amauerat; probat felicius esse quod oderat. gemit instanti poenae aliquid de facultatibus notis mederi non 1 2 10
oderunt; quod amicitia in facie adludit quam in cordibus commoratur; quod omne genus humanum suo interitu suisque calamitatibus delectatur 1 14 7
in flore est. intonat lingua, caret quae numquam ueneno serpentis, et, quod omni est maius insania, deo se laudat. publicanus autem non 2 9 9
quasdam *placidis sedibus* refoueri, ut tunc demum credi possit resurgere, quod omnibus palam sit non penitus interire. gentes, quae ista non 1 2 3
inmortales, omnes sunt semper aequales; quod unius est, omnium est; quod omnium, singulorum. uultis scire, quae illic beatitudo uersetur? nemo 1 5 18
inuadit. tremit diabolus, quod ipsius commenta nudentur. gaudent angeli, quod oppressa ueritas tandem defendatur in terris. triumphat maritus, 1 40 3
exempla prolata sint. neque enim est studiose, ut arbitror, memorandum, quod optaueris compescendum, maxime cum eius natura sit talis, ut 1 4 11
competentibus seruire praecepit? unde non est principium quod senescit, quod opus factum est alienum, quod non est in sua positum potestate, 1 7 2
libidini uacantes et gutturi, longae nocti, id est aeternae morti, sunt a deo, quod opus tenebrarum dilexerint, destinati. uer sacrum fontem debemus 1 33 2
traditur patri, maior patris iniuria est, si est aliquando sine regno. accedit, quod oramus cotidie, ut *adueniat regnum* patris, speramus et filii. uacat 2 5 5
sed luculentis moribus adornatis. magna igitur gloria est ornare per quod orneris, seruare per quod et ipse serueris. postremo aequiparatur laus 1 1 4
quisque nitentes (amore uidelicet nimio), hereditatem captat alter alterius; quod parentes filios, filii parentes oderunt; quod amicitia in facie adludit 1 14 7
fratrum pia nomina plerumque gladiis amica uidemus esse quam sibi; quod parentes opulenti abolita sui nominis sanctitate filios suos non sine 1 5 6
tali, qui salutem tuam in incerti pecoris sitam uisceribus opinaris. sane quod passim multos occidis, edacitatis est tuae, quod diuersis in locis, 2 20 2
impunitate decepti, iustitiam ueram nec ex sua ipsa uoluntate noscentes, quod pati noluerint libenter efficiunt; qui profanae libidinis detestabili furto 1 1 13
altero; cuiusuis gloria communis est honor, quia quod est filii, patris est, quod patris, amborum. laetatur pater in alio se, quem genuit ex se. 1 56 1
ut homo per deum ius inmortalitatis reciperet, quod amisit. propter quod Paulus beatissimus ait: *nolumus autem ignorare uos, fratres, de* 1 2 12
qui solus habet quod potest prodesse commodis plurimorum. quid, quod paupere cotidie moriente oppressione, fame, frigore, iniuria amicum 2 1 19
o quam indefensa, quae regum, iudicum, diuitum, aliquotiens etiam, quod peius est, gentium desiderat per momenta patrocinia! o quam turpis 2 3 10
inquam, per momenta et parit omne quod malum est et peperit omne quod peius; nam in idolis dea est, in cultoribus uero eorum ministra. 1 1 8
religiosus carnifex reprimit gladium: patris erat, quod leuauit, dei fuit, quod pepercit. nec qui feriebatur timuit, nec qui feriebat expauit. 1 62 5
sicut in Isaac aliud offertur et aliud immolatur, ita et in passione Christi quod per Adam deliquerat, per Christum liberatur. 1 59 9
tormenta Aegyptiorum solus ipse nihil aut timuit aut sensit. quid illud, quod per mare medium terrenum duxit ingressum? quid [quibus] de caelo 1 61 8
immo illa per uos uobiscum complectitur Christum. per hanc a deo patre quod petitis impetratis, immo illa per uos impetrat, pro qua sollicite 1 1 4
non nouit. illis in deserto suauitas lactis et mellis exhibita est, nobis uero, quod plus est, melle dulcior ac lacte candidior aeternae uitae beatitudo dei 1 46b 3
non illos aura corrupit, non fumus amarus infecit, non frigus elisit; quod plus est: sine fermento leuati sunt. certe caccabacei non sunt, non 1 41 2
o insania hominum! fraudauit te furor tuus; adhuc erat in uictima domini quod posses auferre: amputandam linguam mandare nescisti, quae in 1 39 6
aut perrarum est per omnem ecclesiam dei orationis loci membrum, quod possit quamuis ruina in se mergentibus idolatriae aedibus nunc usque 2 6 2
ut possitis uos constare aduersus nequitias diaboli accepto scuto fidei, per quod poteritis omnes sagittas illius mali, quae sunt igne plenae, 1 38 6
haec ita sint, procul dubio non est a tyranno dissimilis, qui solus habet quod potest prodesse commodis plurimorum. quid, quod paupere cotidie 2 1 19
proximi dilectionem commendat, quoniam solam praesumit seruare posse quod praecipit. primum est itaque dilectionis officium deo refundere, quod 1 36 20
ne quo pacto maculetis, perpeti diligentia custodite, quia nescit iterare quod praestat. ecce pueri, adolescentes, iuuenes, senes utriusque sexus, qui 1 38 1
orbita circumducens dies magnus aduenit suo sibi semper nouellus occasu. quod praeterit sequitur, quod futurum est antecedit. in omnibus nouus est 1 16 1
tollitur aut declinat; omnia bona atque perpetua exuberant passim. certe, quod primum est, nemo eget, nemo inuidet, nemo furatur, nemo rapit, 1 5 18
nostra est, edicamus. quae tantum potestatis gerit, ut a femina coeperit, quod priori impossibile fuit. denique a muliere, quae prior peccauerat, 1 3 19
propheta quod pro ueteri uinea, quae a domino in Aegypto fuerat instituta, 2 11 1
et esurierunt, requirentes autem dominum non minuentur omnibus bonis. quod probare exemplo perfacile est. meminimus in Regnorum proditum 2 1 20
nec adulterium enim, quod factum diffamabat, exercuit nec homicidium, quod procurabat, inuenit. 1 40 3
inhaerebat. strinxerat in se patris pietatem, quod unicus, quod sero, quod promissus, quod sola unica spes totius praeteritae sterilitatis damna 1 62 3
quod est iustitiae contrarium. *iustus autem ab omni peccato se abstinet,* quod propterea facit, quia *praui* bonique *notitiam* gerit, quod est utique 2 1 10
in quo extrema libido senilis exarserat, sed quod infamauerat diabolus et quod protexerat uirtus et ornabat pudor inlaesus. tunc in puero sancto 1 40 2
passionis domini annuntiabat, sicut euidens declarat exemplum, quod Psalmorum in libro sic habetur: *uirga tua et baculus tuus ipsa me* 1 13 10
in eius usu et perpetuo et tutius maneat testatoris uoluntas inscripta, seu quod quasi ex transuerso in unam fidem concurrentia crucifigi habuisse dei 1 37 8
quod a sua substantia tollitur, quod mutatur, quod alieno mouetur pulsu, quod quid sit, quid fuerit, quid futurum sit, non potest aliquando sentire. 1 7 2
si in regione pectoris, quid deformi uulnere inferna metiris? si, quod quidem recte aestimas, in infernis, procul dubio omnes sacrilegos 1 3 14
aequaeui. sed curiositatem uestram bene noui. ueteris uitae usurpatione, quod quidem uobis ulterius non licebit, fortassis requiratis et a nobis, qua 1 38 2
salutis suae alienaeque contemptrix, solum metuens ne desit ulli quod radat. inde est, quod uniuersae nationes mutuis cadunt per momenta 1 5 2
fanum, gaudeas dei templum. itaque beatus est, semper qui meminit, quod renatus sit; beatior, qui non meminerit, <quid> fuit, antequam 2 29 3
et ecclesia quasi legis adultera Iudaeorum est a senioribus accusata, quod sabbatum ruperit, quod eorum traditiones abiecerit. Thamar protulit 1 13 12
uulneribus non medetur, dolores non tollit, mortem non repellit, nisi quod sanos occidit; nec manducatur aliquando certe nec bibitur nec in 1 5 16
ciuitates et rura nihil omnino metuens amicae mortis fiducia. denique quod sapientia legibus per industriam colligit, uno impetu aliquotiens clusis 2 1 7
est an quod caret sensu. uerum quis dubitet illud fortius esse, quod sentit, quod sapit, quod cogitat, quod mouet, quod mouetur, quod mira 1 7 2
aetas peracta reuocatur, accingitur de sterilitate fecunditas, ut impleretur, quod scriptum est per prophetam: *exsulta, sterilis, quae non pariebas,* 1 59 3
induit dominus. sed sic oportuit praedicari, quia primo, antequam esset, quod se fieri uoluisset, tam figura quam oraculis frequentibus publicauit. 2 4 3
quod ab alio saluti hominum praestari potuisset. eo accedit, quod secundum carnem Dauid filius futurus esse canebatur; qui nisi 1 3 18
gloriam fructu populoso tenturum, hoc hactenus Paulo firmante: *stulte, tu quod seminas non uiuificatur, nisi mortuum fuerit,* et subiecit dicens: *sic et* 1 2 22
officiisque competentibus seruire praecepit? unde non est principium quod senescit, quod opus factum est alienum, quod non est in sua positum 1 7 2
hoc necessario requirendum nobis erit, quid sit fortius de duobus: illud quod sensibile est an quod caret sensu. uerum quis dubitet illud fortius 1 7 2
eum propriae uoluntati commisit. at liuidus ille criminator, qui, quod sensim serpat, serpentis nomen accepit, detestabili accensus inuidia 2 4 5
sensibile est an quod caret sensu. uerum quis dubitet illud fortius esse, quod sentit, quod sapit, quod cogitat, quod mouet, quod mouetur, quod 1 7 2
et senectuti exitus iam uicinus. ecce prima deuotio: libenter excipere quod sero datur et in tristissima senectute suscepta sollicitudinis mole 1 43 2
amplexibus inhaerebat. strinxerat in se patris pietatem, quod unicus, quod sero, quod promissus, quod sola unica spes totius praeteritae 1 62 3
et qui sint nolentes edicant et inuiti discedant, procul dubio hoc sunt, quod sese esse unicuique confitentur. accipe et alia exempla et quidem 1 2 7
quia nihil te gerere sinit, nisi quae disposuerit prior ipse compleuerit. quod si factum non fuerit factumue displicuerit, tum tota mugiet litibus 2 7 15
conuenerant, ut legitima domus dei caduca illa ambitio putaretur. quod si ita esset, inter memorata impar cultu semper ecclesia inueniretur. 2 6 2
fratres, facilius est reformari quod fuerit quam institui quod ante non fuit; quod si non fuit et est, multo magis poterit esse quod fuit, quippe cum 1 2 16
armatus, totius humani generis omni momento corda destringens; propter quod sic Paulus apostolus ait: *induite uos armaturam dei, ut possitis uos* 1 38 6
et mel manducabit, priusquam cognoscat puer bonum aut malum. quod signum ex prodromi quoque eius designatione dilucidauit alio loco 2 8 7
sit sapientiae nomine falso uestita, tamen suis commodis consulendo, quod sine alienis incommodis omnino non potest procurari, a quouis uere 2 1 3
quia pro sua sanctitate Christianae plus nubunt. adde quod gentibus, quod sine dolore magno uel gemitu non potest dici. quae enim uox, quae 2 7 11
connubii fideli propagine benigna caritas illigasset. nihil est prorsus, quod sine hac gratum, sine hac pacificum, sine hac fidele, sine hac 1 36 16
moriturus. inde est, quod nostra non habet necessaria tormenta confessio, quod sine sudore tortoris facinora sua sponte reus, ut fiat innocens, 2 24 2
moriturus. inde est quod nostra non habet necessaria tormenta confessio, quod sine truculenti sudore tortoris facinora sua sponte reus, ut fiat 1 42 2
sordidis uelut testudine quadam resistunt uincuntque facilius caritate, quod singillatim nuda uix possunt superare uirtute. elementa quoque ipsa, 1 36 15
ad patris, cuius habet totum, iniuriam pertinebit nec est in illo aliquid, quod sit inferius, quia sicut pater nec plus potest habere nec minus; alter 2 5 10
strinxerat in se patris pietatem, quod unicus, quod sero, quod promissus, quod sola unica spes totius praeteritae sterilitatis damna sarciret. inuenta 1 62 3
ineptum satis est opus suo praeponere artifici ac per hoc solum interest, quod soli se sciunt. denique apud Esaiam ad filium *sic dicit dominus deus* 2 8 5
naturae comprehendi, quam nemo nouit nisi ipse solus, qui fecit. itaque quod specialiter ad nostras pertinet partes, uideamus, quid sit quod deus 1 27 2
transit in populum; adde quod fides paucorum est, caritas omnium; adde quod spes ac fides tempus habent, caritas autem finem non habet, 1 36 11
est; *fides* enim spei *substantia est* et spes fidei gloria, quoniam praemium quod spes habet fides meretur, quae quidem pro spe pugnat, sed sibi 1 36 4
enim non diligit eius similitudinem, sequitur ut oderit ueritatem. inde est, quod stulti praeponunt corpus animae, idolum deo. sed nos, qui Adam 2 4 17
puluere luctus puluerem mutas; in stibio fletus includis; ornamento ligas quod suspendio uoueras collum; ab speculo oracula inquiris, quam 2 7 8
uiuere immortalitatemque apprehendere in toto non potest Christianus. quod tabulatis infertur, caelestis uiae uitaeque altitudo monstratur. ligaturis 2 11 4
satura, lucrorum enormitate miserior. nouum calamitatis est genus, quod tantummodo crescit, senescere ignorat. non illam parentum pietas 1 14 2
non substantiam, non imaginem, sed illud tantum quod inutile est discuti, quod teritur demutari, sicut scriptum est: *oportet enim corruptiuum hoc* 1 2 30
iam uos inuitat. iam balneator praecinctus exspectat, *quod unctui, quod tersui* opus est praebiturus, sed et denarium aureum triplicis 1 23
erubescit rudis terra pio sanguine impiata. solus Cain exsultat infelix et, quod teste caret, putat se caruisse facinore, quem deus uidit, quem 1 4 9
infirmitatis occurrit, quia non artis est timere quod metuas; metuis autem *quod* tibi *nolis accidere*. exsistit quippe diuersis ex modis, cum aut 2 2 1
sua flamma cum sole honorumque exinanitus a te gradus non inueniat quod tibi praestet, meminisse tamen debes, quia mors non timet nec 1 5 10
ad satietatem numquam lubrica utilitate perueniens. desiderat facere quod timeat publicari. totum prorsus temptat, ut sibi uindicet totum. 1 1 9
se, nullus hic beatitudinis locus est, ubi non deuotionis, sed necessitatis est quod timetur. itaque audiamus scripturam, quid dicat, cuius ista sunt 2 2 3
qui deum non timet. adde quod lex partibus et discitur et docetur. adde quod tota nec intellegitur nec tenetur. adde quod a quolibet pro ingenii 2 3 5
propria tueri, aliena non quaerere, sapientiae uerae negligentes imperium, quod uerbis huius modi continetur: *si uis perfectus esse, uade et uende* 2 1 15
esse quod nascitur. huius est munus, quod cara uxor, quod generosi liberi, quod ueri sunt patres. huius est munus, quod alii ut nos aut plus quam 1 36 14

discutere, cuius extraria nequeat suspicari, quia deus hoc est quod est; quod uero homo definiendum putauerit, non est. nam et Iohannes 2 8 3
quod habet legibus perdat. quod est omni uiolentia deterius, quia illud, quod ui eripitur, nonnumquam repeti potest, quod legum 2 1 17
sanctum desinit esse, quod fuerat, et incipit esse, quod non erat. sequitur, quod uiduitatis uestem rursus accepit, non utique ut quae fecerat faceret, 1 13 12
non possunt. accedit, quod circumcisio aduersus sabbatum pugnat, quod uiolandum ullo opere in toto non esse praeconat. etenim plerumque 1 3 3
itaque dilectionis officium deo refundere, quod nati sumus, solique debere, quod uiuimus, nihilque prorsus cordis nostri in penetralibus retinere, quod 1 36 21
intrepidus ad sepulcrum noctis cognatae contendit scius in ipso se habere quod uiuit; denique adimitur ei ortus, si ei auferatur occasus. luna quoque, 1 2 18
blando murmure iam uos inuitat. iam balneator praecinctus exspectat, *quod unctui, quod tersui* opus est praebiturus, sed et denarium aureum 1 23
cari genitoris amplexibus inhaerebat. strinxerat in se patris pietatem, quod unicus, quod sero, quod promissus, quod sola unica spes totius 1 62 3
alienaeque contemptrix, solum metuens ne desit ulli quod radat. inde est, quod uniuersae nationes mutuis cadunt per momenta uulneribus, concussae 1 5 3
felices, omnes unanimes, omnes inmortales, omnes sunt semper aequales; quod unius est, omnium est; quod omnium, singulorum. uultis scire, quae 1 5 18
offuscant nihilque unicuique, nisi quod amauerit, rectum est, maxime quod uno desiderio omnes excolunt populi, dubium non est, quia aut 2 7 1
nulli priuata. etenim damnum patientur ubertatis et gratiae, si adimatur, quod uno eodemque aestu alterum ex altero decoratur. 1 7 4
daturus. totum pater, totum possidet filius; unius est quod amborum est; quod unus possidet, singulorum, domino ipso dicente: *omnia quaecumque* 2 5 9
esse humanae potestatis crastinum diem ac ne ipsum, quo res agitur, quia quod uoluitur semper, in momento quid adferat dubium est. sed oculis 1 5 7
hi cum ascendunt uerbis in caelum, cum deum persuadent hoc esse quod uolunt, cum adsimulant se nosse rerum naturae secreta, cum stellis 2 9 1
quoque capacitatem felici numero fecistis angustam. ex eo enim ipso, quod uos non capit locus, exinde intelligitur, quia fides uestra capit deum. 2 6 5
corrumpitur, sed caelesti prandio, honesto, puro, salubri atque perpetuo, quod, ut saturi semper ac felices esse possitis, esurienter accipite. pater 1 24 1
altaria eius euerterunt: cui sacrificant? sane hoc solum proprium retinent, quod, ut uilem libidinem magis ac magis augeant, uilioribus se lauacris 1 51
feruentes uinariam dominicam cellam communi gaudio repleuerunt. quod ut uobis quoque fide uestra adolescente contingat, praestabit deus 1 10b 3
fuisse, id est informem indigestamque latentis naturae congeriem aceruo quodam magnitudinis suae per se in se manentem; *postea uero deum* hanc 1 7 1
a quo procedunt uniuersa genera peccatorum, pectus crebro percutiens quodam modo cor suum manu uerecunde castigat postulatque tantum 2 9 9
de eo, quod modum humani sensus excedit, disputare deuita. negat quodam modo deum quisquis asserit deum. defensio enim non nisi inbecilli 2 3 18
oleaster sit, sed oliua, cum et oleaster sit et tamen oleastrum se non esse quodam modo etiam ipse miretur. igitur si homo potest facere, ut sit arbor 1 2 27
macie omnia gestatoris sui ossa denudat. nonne horrebit etiam sibi quodam modo illa excarnata umbra tractabilis? longum est ire per singula. 2 4 15
quorum largitas prouinciis omnibus nota est, quorum pia semina totius quodam modo orbis per membra iactantur. uobis multi redempti, multi 1 14 8
martyrii quodam modo pars est, fratres dilectissimi, martyrum non horruisse 1 11
sectae sint plures, quae iniuriam Christi fabulari nitantur, tamen tres sunt quodam modo principales. e quibus duae eius, quem cupiant deprauatum, 2 8 1
ad futurae gloriae testimonium tale beatus Archadius debiti martyrii quodam modo sequestrauerat pignus, in quo nec Christum relinqueret nec 1 39 4
uellem, fratres dilectissimi, triumphali quodam modo uti sermone nouique operis arcem sacram laudibus 2 6 1
‘si caro perit, unde cognoscitur ille, qui resurgit?’ caro, fratres, quasi quoddam est speculum intuentis plenitudine grauidatum, quod non tam 1 2 29
cuius praecepta contemnuntur, cui cultus, cui amor mundi praeponitur. quoduis etenim piaculum scelus dedecus nefas libenter admittit, cuius 1 14 7
et docetur. adde quod tota nec intellegitur nec tenetur. adde quod a quolibet pro ingenii qualitate argumentis asseritur. adde quod ab omnibus 2 3 5
est, quod patris, amborum. laetatur pater in alio se, quem genuit ex se. quomodo autem generatus sit, qui processit, dementis est opinari. namque 1 56 2
cum imperat pater orbem fieri, opus cum dicto completur a filio. quomodo autem, quantus aut qualis fieri debeat, nemo praecipit, interrogat 1 56 2
in excelsis. cum in periculis esset, si in his propheta non ambulet, quomodo bonum insuper sibi opus adsignat ab illis recedendo, in quibus 2 9 6
propheta cum dicat: *misericordiam et iudicium cantabo tibi, domine*, quomodo dominus in euangelio dicit: *qui credit in me, non iudicabitur; qui* 1 35 1
loquente noscamus: *et homo est*, inquit, *et quis cognoscit eum?*. si ita est, quomodo ergo posset agnosci, prodidit Esaias his uerbis: *audite itaque,* 2 8 7
concupiscentia eius. qui autem fecerit uoluntatem dei, manet in aeternum, quomodo et deus manet in aeternum. sed dicit aliquis: ‘si ita est, cur in se 2 4 12
in caelum, nisi qui de caelo descendit, filius hominis, qui erat in caelo. quomodo filius hominis uel cuius hominis nasci posset in caelo, ut de caelo 2 4 2
diabolus uideretur. qui consilio hominem deceperat, consilio uincitur, ut, quomodo homo in paradiso non cognouerat diabolum, sic et diabolus in 1 60
sed spiritaliter promouetur. praestabit autem deus pater omnipotens, ut, quomodo isto in terrestri domicilio ei gratias agimus, ita in caelestibus 2 6 11
canit, esse credenda. ceterum si eius partem probes, reprobes partem, quomodo per hanc fidem quaeris, quam etiam ipsam infidelitatis ream 2 3 13
offerret et eum ad praemia inmortalitatis admitteret. sicque factum est, ut, quomodo per unius hominis damnationem in omnes homines damnatio, sic 2 4 7
alia necessaria. spes enim nisi praecedat, cui laborat fides? fides si non sit, quomodo spes ipsa nascetur? quibus si deneges caritatem, utraeque 1 36 1
solemnitas abominatio est apud deum. cum haec ita sint, a quibus, quomodo, unde pascha celebratur? adde quod agnum legitimum suo uitio, 1 46a 2
non admisit ad iudicium infideles. at si utraeque partes iudicio uacant, quomodo unicuique merces pro suo actu reddetur? sine causa etenim 1 35 1
carissimi, auctorem habemus, sanctum uidelicet Abraham, qui filium quondam Isaac habuit: simplex quidem uocabulum, sed multiplex 1 59 1
in sua semper infantia custodite ac fortiter praecauete, ne primi hominis quondam uestri umquam memoriam recolatis. 2 24 3
uos, dicit dominus, et sacrificium acceptum non habeo ex manibus uestris. quoniam a solis ortu usque in occasum clarificatum est nomen meum apud 1 25 7
praecingite uos et plangite, sacerdotes; lugete omnes, qui deseruitis altari, quoniam ablata est de domo dei uestri hostia et immolatio. multa sunt, 1 25 6
si Iesus non resurrexit. at si resurrexit, humano generi formam dedit, quoniam ad hoc deus pro homine mortis iura gustauit, ut homo per deum 1 2 11
Christi, sed et lapis ipse, quem ad caput suum posuisse cognoscitur, quoniam *caput uiri Christus*, qui aliquotiens lapis est nuncupatus. scala 1 37 1
hoc erimus tamquam qui non fuerimus; et non est reuersio finis nostrae, quoniam consignata est et nemo reuertitur; et infra: *uenite ergo, fruamur* 2 4 10
habuit ponendi animam et iterum resumendi eam; sed ut doceret, quoniam, cum uiuit in hoc mundo, semper in tribulatione, semper iustus in 1 2 31
hunc curiosi opinationibus uanis uiolare conantur nec intellegunt miseri, quoniam curiositas reum efficit, non peritum. 1 50
iste, qui dicit: *audi, populus meus, et loquar, Israel, et testificabor tibi, quoniam deus, deus tuus ego sum*; et infra: *meus est orbis terrae et* 1 25 1
audite itaque, domus Dauid: non pusillum uobis certamen cum hominibus, quoniam deus praestat agonem. propter hoc dabit deus uobis signum: ecce 2 8 7
immortalitatis plena est; et in paucis uexati in multis bene disponentur, quoniam deus temptauit illos et inuenit illos dignos se. tamquam aurum in 2 5 6
peculiaris arcanorum domini consultor, constanter edicit: *si quis dixerit, quoniam diligo deum, et fratrem suum odit, mendax est; qui enim non* 1 36 23
audi, caelum, et percipe auribus, terra, quoniam dominus locutus est: filios genui et exaltaui, ipsi autem me 1 61 1
uirtutum omnium diuinarum esse substantiam naturalemque magistram, quoniam ex lege discitur, sed in mentibus nascitur. lex enim pendet ex 1 36 17
uxor. sic igitur, quoniam una sunt caro, unum diuini operis sacramentum, quoniam femina de uiro suo facta est alterque alteri tenetur obnoxius ac 1 1 14
sit, quod non transeat luxuria nostra. ubique relinquamus signa laetitiae, quoniam haec est pars nostra et haec sors. illinc spiritus, quasi quidam dux 2 4 10
adulari quia nescit; non pro honore, quia ambitiosa non est; non pro sexu, quoniam illi unus est ambo; non pro tempore, quia uaria non est; *non* 1 36 12
qui ex se ipso dedit sibi ipse principium; solus ante omnia et post omnia, quoniam in eius manu inclusa sunt omnia; ex se est quod est; solus sui 1 7 3
mihi credere; sed si mihi credere non uultis, factis credite et cognoscite, quoniam in me est pater et ego in illo, dictum significatione unica 1 25 8
mihi credere; sed si mihi credere non uultis, factis credite et cognoscite, quoniam in me est pater et ego in illo. constat ergo aequale esse, quod 1 45 3
matronarum uesana congressione desudant, non aduertentes miseri, quoniam in tali negotio iudice deo quod non licet uxoribus non licet nec 1 1 13
et sequentur te alligati compedibus et adorabunt te et in te precabuntur, quoniam in te deus est et non est deus alius praeter te. sed et Ieremias 2 8 5
non iudicabuntur, dignos esse consilio existimauit. nunc scire debemus, quoniam iusti uitae perpetuae, impii aeterno sunt destinati supplicio 1 35 4
in omni loco odores incensi offeruntur nomini meo et sacrificium mundum, quoniam magnum est nomen meum apud gentes, dicit dominus. immola 1 25 7
exsulta, sterilis, quae non pariebas, erumpe et clama, quae non parturis, quoniam multi filii desertae. ecce enim, carissimi, in Sarra attractis aetate 1 59 3
in mundo sunt. si quis dilexerit mundum, non est caritas patris in illo, quoniam omne, quod in mundo est, concupiscentia carnis est et 2 4 12
in mundo sunt. si quis dilexerit mundum, non est caritas patris in illo, quoniam omne, quod in mundo est, concupiscentia carnis est et 1 36 27
in mundo sunt. si quis dilexerit mundum, non est caritas patris in eo, quoniam omne, quod in mundo est, concupiscentia carnis est et 2 9 5
apertius autem hoc Paulus expressit dicens: *hoc enim scire debetis, quoniam omnis fornicarius aut impudicus aut fraudator, quod est idolorum* 2 5 8
a mortuis diceretur, hic est, inquam, qui *in omnibus omnia est*, quoniam per ipsum et in ipso sunt omnia. nec uos moueat, fratres, 2 8 8
quo omnia. *et inuoca me in tribulatione tua et eripiam te* dicendo ostendit, quoniam per se omnia prosecutus est. *et magnificabis me*; quod dictum, 1 25 8
non est, nec spes est; *fides* enim spei *substantia est* et spes fidei gloria, quoniam praemium quod spes habet fides meretur, quae quidem pro spe 1 36 4
infinita Iudaei infidelitate sua apud dominum nostrum odia meruerunt, quoniam quanta fuit de amore gratia, tanta de eorum offensione futura 1 61 5
dulcem ad uterum conuolate ibidemque uos uestra nobilitate fide scientes, quoniam, quantum quis crediderit, tantum beatitudinis et habebit. o 1 55
operari ne aestimetis hic gratiam. iudicio uestro nascimini scientes, quoniam, qui plus crediderit, nobiliorem se ipse praestabit. constanter 1 49
posse doceri nec natum. huc accedit etiam ipsa praepostera memoratio, quoniam res est disconueniens et absurda, ut secundus sit inmortalis et qui 2 4 2
ideo non resurgunt impii in iudicio neque peccatores in consilio iustorum, quoniam scit dominus uiam iustorum et iter impiorum peribit. consequens 1 2 23
dignissime uenerando declaremus, quid ipsi ueritati debeamus, scientes, quoniam, si quis imaginem laeserit, in exitium suae animae incitat 1 36 24
igitur non inmerito dominus deus proximi dilectionem commendat, quoniam solam praesumit seruare posse quod praecipit. primum est itaque 1 36 20
similiter et uir sui corporis potestatem non habet, sed uxor. sic igitur, quoniam una sunt caro, unum diuini operis sacramentum, quoniam femina 1 1 14
iustis. haec igitur omnia combinata unius fructus rediguntur in summam, quoniam uniuersa quamuis gemina esse noscantur, tamen una de radice 1 37 14
omnes condemnat, fratres uenerandi, sed pietas. neque enim potest de quoquam bene mereri, quem pater patientissimus et clementissimus 2 21
nam neque cum ingreditur corpus neque cum de corpore egreditur, a quoquam conspicari potest tantumque potestatis habet, ut, cum sui 2 30 3
neque cum ingreditur corpus nostrum neque cum de corpore egreditur, a quoquam deprehendi potest tantumque potestatis habet, ut, cum sui 1 27 3
isti, quos ambiguitas suo iudicio reseruauit? utique illi, sicut apostolus quoque ait, qui cognitum *deum non quasi dominum honorauerunt neque ei* 1 35 6
fratres, aedificationemque uestram aede ista de nouella cognoscite, cuius quoque capacitatem felici numero fecistis angustam. ex eo enim ipso, quod 2 6 5
cultris: cor an praeputium circumciderit. etenim si secundum ipsos nos quoque carnaliter sentiamus, ambo prophetae tenebuntur in crimine, ut aut 1 3 15
Ioseph, Hebraeus adolescens, clarus genere, clarior pulchritudine, morum quoque clarissimus probitate, fuit inter filios Iacob aetate minor, sed spiritu 1 1 15
factus est regni, qui insignis rex erat iam ante pudoris. Susannam quoque, columen matronatus, inaffectatae formae pulchrius suae 1 1 17
dilectionis est forma; quicquid enim a iusto didicit, id facere iniustum quoque compellit, bifarie inclita: unum glorificando, alium corrigendo. 1 36 18

quis eam prouocat in iudicium, ut eius auferat tunicam, libens illi pallium quoque concedit; maledicitur et benedicit; caeditur et gratias agit; iugulatur 2 1 13
unici pignoris alligat manus, quas ille unciendas libentius offert. pedes quoque constringit, ne in exitu mortis concitata uictima calcitraret: securus 1 43 5
hoc munus exspectat. sic ergo uiuamus, ut bonis operibus decorati nos quoque deo patri placere mereamur domino iuuante nos Christo, qui est 1 2 32
euangelio, omnes omnino serpentes inlaesa planta calcabit. sed nec ipsum quoque diabolum, qui uere est acerrimus Sagittarius, formidabit umquam, 1 38 6
non adimunt, sed accludunt; quae reum, qualem inuenerint, talem quoque dimittunt; quae in pari causa ipsi praestatori nihil prodesse 2 24 1
duo testamenta, quae uidetis recte eadem sine ambiguitate a domino hic quoque *duorum denariorum* esse figura uestita, hac uidelicet ratione, quia 1 37 9
priusquam cognoscat puer bonum aut malum. quod signum ex prodromi quoque eius designatione dilucidauit alio loco his uerbis: *ecce mitto* 2 8 7
probitatem, concordiam, caritatem, omnes artes omnesque uirtutes, ipsa quoque elementa eius constare non posse sine eruditione uel freno. est 1 4 1
nescirent, caelum promittentes sibi, pro quorum actibus, si posset, ipsa quoque erubesceret terra, postremo deos esse aduersus deum asserentes, 1 13 4
ad ministerium gladius, ut pater esset pariter et sacerdos. consimilis filii quoque est ex diuina uoluntate securitas. qui cum hostiam prouidet, cuius 1 59 6
trahebatur, iam totus populus in eius sanguine tumescebat, iam sui quoque familiares nouae rei atrocitate perculsi, miserabiliter ingemescentes 1 1 19
peregrina luxuria inspirat infeliciter quasi liberam facultatem ac sic eorum quoque feminas a pudore diuellit, quae desertae, ardore seu dolore 1 1 13
figuramque illam florentissimam edax in aeternum terra delebat; animam quoque feralibus tenebris relegatam perpetui carceris poena perpetua 2 4 6
uinariam dominicam cellam communi gaudio repleuerunt. quod ut uobis quoque fide uestra adolescente contingat, praestabit deus pater omnipotens 1 10b 3
et quid ipse domino promisisset ostendit. laetatus est puer patre fideli ipse quoque fidelior, nec recusabat mortem, quam deus qui uitam dederat 1 43 5
mortem, quam deus qui uitam dederat imperabat. laetatur pater filio quoque gaudente et cum gaudio unici pignoris alligat manus, quas ille 1 43 5
tenebatur, omne ius diuinum praecipue custodiuit. cuius immolatione ille quoque gauderet, qui ad uictimam parabatur. aries haerebat in uepre 1 43 8
et saecula infinita disseminat. parit sibi de fine principium, hoc nostris quoque hodie competentibus praestaturus, quos iam nunc felix inuitat 1 44 2
etiam ipse adipisci martyrium. tanta enim uis certaminis fuit, ut eam ipse quoque ignis horruerit. nam a barbaro rege nimia crudelitate tribus pueris 1 22 1
sua remotos post suum dorsum cum postfuturis abiecerat; Erythraeum quoque in geminas ripas medium scissum mare, ductisque dextra laeuaque 1 18 1
sui insultauere cultores. Iob in sterquilinio pleno uermibus sedet; dominus quoque in uero sterquilinio, id est in huius mundi caeno uersatus est inter 1 15 9
caritate, quod singillatim nuda uix possunt superare uirtute. elementa quoque ipsa, fratres, satis diuersa satisque repugnantia olim deprehendisset 1 36 16
pice et stuppa armatum citatur incendium; aestuantibus globis erubescit quoque ipsum alienis ignibus caelum. illo praecipitantur insontes ibidemque 2 22
congrue *mustulentus autumnus*, ut necessario gratiae panis uini quoque iucunditas iungeretur. quis non haec caelestibus mysteriis coaptata 1 33 1
de uiro suo facta est alterque alteri tenetur obnoxius ac per hoc iure legis quoque linea una tanguntur, dubium non est horrendi supplicii perennibus 1 1 14
uberet fonte, tamen aestuat semper iustae operationis ardore. autumnus quoque martyrii locus est, in quo non uitis, sed fossoris sanguis effunditur, 1 33 3
est, quem solum ueretur quicquid in uirtutibus naturae a regibus ipsis quoque metuitur. sed necessario unicuique sinceri amoris est noscenda 1 36 24
inaestimabiles diuitias in ea commanens possidebit. memorandum quoque necessario est etiam illud, a quo quid agatur in templo. sacerdos 2 6 9
messe gaudentes panem nouum coeperint manducare. quos autumnale quoque non morabitur mustum, quo repleti inebriatique feliciter spiritus 2 13
concelebrat, per quem nobis munus futurae beatitudinis pollicetur, hoc quoque nostris competentibus praestaturus, quos nunc inuitat felix occasus, 1 57
qui nunc in se credentes *baptizat spiritu sancto et igni*, ipse tunc quoque numero suae adfuit trinitatis. denique rem sacramento gestam esse 2 27
ignis armatus est. credo diuina prouidentia sacramento trinitatis spiritalem quoque numerum conuenire. denique nec inrorati camini eis baptismatis 1 22 2
uita fruebatur. namque erat illi splendidissima domus, diues census, diues quoque numerus liberorum et, quod est parentibus gratum, utriusque sexus 1 15 2
hic est agnus, fratres, de quo lex ait: *Pascha est domini*; apostolus quoque Paulus: *Pascha nostrum immolatus est Christus.* cur autem 1 8 2
et Aaron, iter demonstrante nubis columna per diem, eadem ignis quoque per noctem. finditur mare et dextra laeuaque in abruptum digestis 2 26 1
thalamo; quae, ipsae cum pereunt, detestabili exemplo adolescentulas quoque perire compellunt. quis has diligat filius, quis maritus, 2 7 10
libet exclamare: 'profectus potius est iste quam mortuus.' in euangelio quoque Petrus filiique Zebedaei cum domino adstare fulgentes Moysen 1 2 9
sicut apostoli omnesque iusti, non tantum imaginem, sed ipsum deum quoque portabunt, sicut et scriptum est: *uos estis templum dei, et spiritus* 2 30 4
nisi, sicut fuit uirgo incorrupta post conceptum, permaneret talis quoque post partum. o noua ratio! amore imaginis suae coactus in 2 12 2
omnia mihi tradita sunt a patre meo. Iob uicarios filios genuit; dominus quoque post prophetas filios sanctos apostolos procreauit. Iob beatus 1 15 9
et corporis demonstrantem, post multa adulteria spectaculo totius mundi quoque prostituit. non opus est ire per singula; quamuis et haec non 1 1 11
aequabiliter se partiri non posset, si inpatientia suos cursus urgueret. luna quoque, quae quibusdam uidetur errare curriculo menstruali, solemnes 1 4 5
habere quod uiuit; denique adimitur ei ortus, si ei auferatur occasus. luna quoque, quae uere rationis humanae omnia in se lineamenta depingit, nata 1 2 19
statim, non audiendum, sed competentibus poenis excruciandum. tertium quoque, quem aduerterit fraudulentum, coloratis ratiociniis sua furta 1 35 8
nescitis; quam si propterea contemnitis, quia non uidetis, deum quoque, qui est inuisibilis, contemnere similiter poteritis. qui enim non 2 4 17
passionem resurrectionemque ortu rediuiuo concelebrat, per quem nobis quoque resurrectionem futurae beatitudinis pollicetur. 1 58
sacrificium etiam ipsae cognoscunt se habere legitimum. nunc Iudaeorum quoque sacrificia <a> deo repudiata cognoscite, qui dicit ad eos in Esaiae 1 25 6
illas scholares calumnias dei usque ad ecclesiam transmiserunt, ut in ipsa quoque, si insanire cuiquam libeat, deus illi non colendus sit, sed 2 9 2
locus ad requiem mihi? omnia enim ista fecit manus mea. in euangelio quoque sic dicit: *Hierusalem, Hierusalem, quae interficis prophetas et* 2 6 3
facinorosi cordis incidit. at fortasse adhuc quispiam dicat: 'cur ipse quoque signaculum carnis accepit, si ei necessarium non fuit?' huius 1 3 17
dignatus est, ut in deum hominem, quem induerat, commutaret. anulus quoque signaculum fidei est, quod est Christus, cuius inlustratione 1 13 11
incendii globos triumphantes barbarum regem, minas omnes, ipsum quoque supplicium docuerunt ignes sanctis hominibus non esse fortiores, 1 11
mortalitas capiat. uel si caelestis est primus, quid opus erat, ut fieret quoque terrenus? simile dictum euangelicum illud consentanea potest 2 4 2
qui ingressus semen suum fudit in terram. quod cum deo malignum quoque uideretur, pari eum morte damnauit. coniunctionem autem tertii 1 13 1
uelluntur. quid autem sine caritate sint non tantum istae, sed et aliae quoque uirtutes, indice Paulo cognoscite: *et si habuero*, inquit, *omnem* 1 36 20
connexam animamque lineamentis corporis circumsaeptam. unde duae quoque uitae a deo attributae sunt nobis: una, qua nescientes communi 2 4 8
ac ne quis hanc patientiam timiditatis nomine obscuret, in ducendis quoque uxoribus talis est condicio: Liam excipit, prolixa tempora obseruat, 1 4 16
qui, quae essent habituri sepulcra, nescirent, caelum promittentes sibi, pro quorum actibus, si posset, ipsa quoque erubesceret terra, postremo deos 1 13 4
etiam fallaces testimonium perhibent ueritati! cur autem fingant nomina, quorum est confessio in ceteris licet uera, aut qua ratione isto argumento 1 2 7
ipsa genuit, ipsa intulit mundo, per quos aut in quibus diabolus colitur, quorum in actibus origo monstratur. ipsa Iouem innumerabilibus uariis 1 1 11
tremore nimio firmitatem. hinc aestimare licet, quid eis sit reseruatum, quorum in causa funerei luctus poenae pertulit natura supplicium. 1 47
cupiditas pestifera flamma repleuerit. sed haec non ad uos, fratres, quorum largitas prouinciis omnibus nota est, quorum pia semina totius 1 14 8
caedis saepe, saepe ministrae sunt rapinarum. oculos inpudenter extollit, quorum lenocinio mundus in flore est. intonat lingua, caret quae numquam 2 9 9
sed perituri, scriptura dicente: *iter impiorum peribit*; tertium peccatorum, quorum obliquae ancipitisque uitae sunt necessario discutienda secreta, 1 35 7
eorum, linguis suis dolose egerunt, uenenum aspidum sub labiis eorum, quorum os maledicto et amaritudinis plenum est; ueloces pedes eorum ad 1 3 11
sed haec non ad uos, fratres, quorum largitas prouinciis omnibus nota est, quorum pia semina totius quodam modo orbis per membra iactantur. uobis 1 14 8
caelos loqui dicit, quos loquentes nullus audiuit, sed apostolos asseuerat, quorum praedicatione gloria domini per tota terrarum spatia nuntiata est. 1 61 3
et, quod est parentibus gratum, utriusque sexus et inuicem se amantium; quorum pro numero deo diurnas hostias offerebat. tanto autem puritatis ac 1 15 2
castigat postulatque tantum ueniam delictorum taciturnitate, non uoce. quorum quis quid sit consecutus, accipite: qui totum sibi ipse promiserat, 2 9 9
patris et filii contestans; duas acies, id est duo testamenta gerens, quorum regalibus monitis et creduli deuotique seruantur et increduli 1 37 2
recte sanctissimus Dauid ait: *beati quorum remissae sunt iniquitates et quorum tecta sunt peccata*, quia beatus 2 10 1
sancti lima acuminatos constituit uiros apostolos omnesque discipulos. quorum salutaria monita canentibus linguis, quasi quibusdam spiritalibus 1 3 16
recte sanctissimus Dauid ait: *beati quorum remissae sunt iniquitates et quorum tecta sunt peccata*, quia beatus esse non potest, fratres, in prima 2 10 1
ut nec filios habeant nec maritos. talis est etiam causa maritorum, ad quos aliquid loqui superfluum est, quia, si uxor et maritus *in carne* sunt 2 7 11
omnes circumcidi praecepisset, si carnis circumcisionem eorundem saluti, quos amabat, necessariam praeuideret. certe Adam ipsum sic ante fecisset. 1 3 5
nisi fuerit discussa, iure non potest mereri sententiam. et qui sunt isti, quos ambiguitas suo iudicio reseruauit? utique illi, sicut apostolus quoque 1 35 6
praeceptorum cotidie spiritalis itineris gloria feruntur in caelum; quos apostolus Paulus exhortatur et monstrat dicens: *si consurrexistis cum* 1 37 12
eius enim possidet regnum. nam deos ipsa genuit, ipsa intulit mundo, per quos aut in quibus diabolus colitur, quorum in actibus origo monstratur. 1 1 11
limpidae aestatis messe gaudentes panem nouum coeperint manducare. quos autumnale quoque non morabitur mustum, quo repleti inebriatique 2 13
eia, fratres, quos beatae sitis exoptatus ardor incendit, cupiditate ac uelocitate ceruina 2 14
eia, fratres, quos beatae sitis exoptatus ardor incendit, quos nectarei fluenti dulce 1 12
cooperiens; miserandis affatibus in uberiores fletus incendit etiam eos, quos causa non tangit, tanto ambitiosior in dolore quam ditior — sane 1 2 14
putabitur deo indicare quod nouerit? absit. indicat ille, sed nobis, quos cupit quod facit ac praedicat imitari. ergo inquit: *non est exaltatum* 2 9 3
possumus et sic, fratres, intellegere: hoc de ministris et de angelis dictum, quos domino, cum esset in terris, fecisse inuenimus officium, ipso dicente: 1 37 13
praeterire. pro quo tam illustri facinore cibos a deo inmortales accepit, quos edacitas delibare nequiret: sua enim deminutione crescebant. integer 2 1 20
similiter pudicum, uti fallat. pudicitiae nominis sonum post se trahit, sed quos fructus habeat, eius auctor ostendit. discurrit quippe uesana per 1 1 6
spirantibus concremare, allegare preces surdis, ab his custodiam petere, quos fur non timet inuolare? quibus recte deus irascitur dicens: *nolite* 1 25 4
de fine principium, hoc nostris quoque hodie competentibus praestaturus, quos iam nunc felix inuitat occasus, ut sacri oceani lacteo profundo 1 44 2
superba illa ciuitas seruit. sane ouium greges infinitos interficit, quos in amaritudine absumit. quis non intellegat, fratres, illud pascha non 1 28 2
qui sit signis euidentibus docet, ut plerumque aliquos noscamus eos esse, quos in idololatria commorantes nuper uel maxime ui aliqua obisse 1 2 6
tamen cum libamine infausto ad sepulcra concurrunt et a mortuis, quos in quiete tacitae noctis agnouerint, expeti a se aliquotiens alimenta 1 3 6
numquam se elatum fuisse, cum posset. nulli enim facilius efferuntur, nisi quos inopinati honoris culmen extollit. *Dauid* quippe *humilis, abiectus,* 2 9 6
inquit, *enarrant gloriam dei*; et hic utique non tam caelos loqui dicit, quos loquentes nullus audiuit, sed apostolos asseuerat, quorum 1 61 3
eia, fratres, quos beatae sitis exoptatus ardor incendit, quos nectarei fluenti dulce murmur inuitat, lacteum genitalis fontis ad 1 12
portant, recte dicentes: *quisque suos patimur manes*. nos uero, fratres, quos non ingeniosa suspicio, sed deus magister instruxit, propter nos in 1 2 5
cognoscis, quantorum malo ille constat ornatus. 'filios, inquit, habeo, quos nudare non debeo.' ista et infidelitatis est excusatio, quam spiritus 2 1 20
huius est munus, ut, non dicam notos aut amicos, sed saepe etiam eos, quos numquam uidimus, diligamus. huius est munus, quod antiquorum aut 1 36 14

beatitudinis pollicetur, hoc quoque nostris competentibus praestaturus,	quos nunc inuitat felix occasus, ut sacri oceani lacteo profundo dimersi	1	57	
unusquisque nascatur. ultro currite ad matrem, quae tunc non laborat, si	quos parit numerare non possit. intrate ergo, intrate felices, omnes simul	2	28	
eia quid statis, fratres, uestram	quos per fidem genitalis unda concepit, per sacramenta iam parturit? ad	2	28	
uineae disputatio, fratres dilectissimi, longe lateque diffusos limites habet,	quos peragrare competenti sermone urgentium sacramentorum non sinit	1	10b	1
in ceteris uera, aut qua ratione isto argumento nitantur, quod hominibus,	quos perditos cupiunt, magis proficiat ad dei timorem et ipsis nihil prosit	1	2	7
ille, ille amplum qui habuit censum, exiguum non habet tumulum;	quos prophetes egregius hactenus increpat dicens: *quid profuit nobis*	1	5	9
Petrus filiique Zebedaei cum domino adstare fulgentes Moysen Eliamque,	quos propter tunc impedimentum carnis uidere non possent, libertate	1	2	9
caelos, opera digitorum tuorum. hic utique non de caelis istis loquitur,	quos semper uiderat, sed de apostolis, quos uidere optabat. et iterum: *texit*	1	61	3
procedunt, quibus subiecti ac se commendantes sequaces fructus adridunt,	quos solis ardores, pluuiae uentique exercendo prouehunt ad	2	11	3
exsultate, fratres,	quos sua parturit fides, qui mundi huius fugientes insidias, reatum, uulnera	2	23	
quo ferales diruptae sunt tenebrae, quo mors subacta est, quo homines,	quos susceperant mortuos, refundere inferi coacti sunt uiuos. quem ut	2	19	2
iacturam uasorum repudiationem prophetarum omniumque sanctorum,	quos synagoga pulsos Iudaei in damna salutis suae indignis caedibus	1	34	7
Iudaeus et Iudaeo deterior Christianus dei filium deum esse non credant.	quos uellem adesse paulisper auremque praesenti commodare lectioni, ut	1	25	1
utique non de caelis istis loquitur, quos semper uiderat, sed de apostolis,	quos uidere optabat. et iterum: *texit caelos uirtus eius*, eo quod apostolos	1	61	3
gremiali, officiis competentibus temperata, in panes azymos reddita. hi,	quos uidetis, egregia coctura suaue redolentes, qui excocti sunt non furno,	1	41	2
quod cum praeputio Nineuitarum populus dei est indulgentia liberatus?	quos utique omnes circumcidi praecepisset, si carnis circumcisionem	1	3	5
metuit, non naturam. uultis scire, cuius proprietatis sit? omnes timores,	quoscumque inuaserint, incremento conficiunt; hic solus ad hoc crescit, ut	2	2	7
praeceptis credentes homines uoluntatemque dei facientes quasi per	quosdam obseruantiae gradus in caelum leuare consuerunt. hanc in	1	37	1
nam postquam turbari urbem funesta conuentione cognouit ac singulos	quosque ad funestum illud spectaculum trahi, contemptis uniuersis	1	39	3
labore, aetate, languore, ira, gaudio, tristitudine totque induat uultus,	quot animi fuerint motus, nullusque prorsus dies, quo iugiter sibi similis	1	27	2
officiis suae compellit implere desideria uoluntatis. qui si fuerit uitiosus,	quot habet unusquisque membra, poterit perpetrare tot crimina. denique	1	3	9
suam quam eius, cuius est in usibus, gerit. denique tot efficit uultus,	quot ille intrinsecus tristes seu hilares suos fecerit motus, hanc rationem	1	2	29
ualeat sermone disserere, dum in uno corpore tot martyria uideantur esse	quot membra? armauerat diabolus satellites suos in domini populum,	1	39	1
uel si omnes omnino amplectendae sint, ut tot quis habeat fides	quot non habet uerba, multo magis nihil habebit, quia tractatus, qui eas	2	3	7
scandalum patiuntur, non studio noscendae, sed frustrandae ueritatis,	quotiens deus dei filius, qui patris maxima est gloria, aequalis patri a	1	45	1
Hierusalem, Hierusalem, quae interficis prophetas et lapidas missos ad te,	*quotiens uolui colligere filios tuos sicut gallina pullos suos sub alas et*	2	6	3
	quotienscumque in hoc peruerso saeculo contra laudabiles uiros	1	40	1
uobis ulterius non licebit, fortassis requiratis et a nobis, qua genitura	quoue signo tam diuersos, tam plures, tam dispares una uno partu uestra	1	38	2
una. quid, quod illius sacrificium publicum est, tuum secretum? illius a	quouis libere tractari potest, tuum etiam a Christianis ipsis minime	2	7	14
nescit ornari. haec uariis unguentis et odoribus fragrat; illa unici floris sui	quouis prato iucundioris caelum ipsum honore laeto respirat. haec liberis	2	7	3
consulendo, quod sine alienis incommodis omnino non potest procurari, a	quouis uere stultissimo negari non possit iniusta. ceterum si scire	2	1	3
humanis gestis aut meritis nec Daniel inducitur inter frementium leonum	rabidos rictus intrepidus, caelesti prandio satur nec Ionas inter aestuantes	2	18	1
animas secure conficit ebibita ueneni tempestas; sepelitur noua odii	rabie, antequam nascatur, matris iam non in utero sed sepulcro incognitum	1	5	3
exempla declarant; quia aliqui eorum cum forte de numero audacis lupi	rabie denotatus in praesens periculum coeperit infestationibus tyrannicis	1	36	15
est hemithei omnes potentissimi et reges, qui ferocitate uirtutis ac libidinis	rabie digladiantes omnem orbem corruperant terrarum, insuper decernentes	1	13	4
graui seruitutis iugo depressos de Aegypto praedicant liberatos. a diaboli	rabie idolorumque turba uiolenta non tantum nostri maiores, sed omnis	1	46b	1
etiam inpudicorum pudica fiunt membra. age nunc, eius aemulae	rabiem breuiter etiam ex ratione nominum publicemus, ut quid	1	1	6
adgressuris tantis nihil se profecisse cognoscit, omnem impietatis suae	rabiem in filios eius effundit. nam cum solito more unanimes una	1	15	4
habendi inicit cupiditatem, habentibus adimit satietatem. ita omnes in	rabiem una tempestate praecipitat, ut ubinam sit maior ignores. est autem	1	14	1
montibus, ut transferant sese; in admirationem tui rictu blandiente leonum	rabies euanescat; sub gressibus tuis maris unda pinguescens marmoreo	2	3	14
anguis opponit; aut dorsa fugientis affectans caedem uicino fremitu ferina	rabies onerare temptauerit; uel cum amissis gubernaculis inter	2	2	2
pro quo quis aut iugulatur aut iugulat. uellem scire tamen, tanta eius	rabies quid uoluptatis habeat, suo cultori quid praestet. febrem non	1	5	16
libens tolerat imperata; qui si esset inpatiens, astu circumscriptus pro	Rachel postmodum tempore numquam reparato seruiret. similiter Ioseph	1	4	16
salutis suae alienaeque contemptrix, solum metuens ne desit ulli quod	radat. inde est, quod uniuersae nationes mutuis cadunt per momenta	1	5	2
lacteo profundo demersi, surgentes inde nouello noueIli cum die, sua luce	radiantes nobiscum possint inmortalitatis per aerium tramitem cursu	1	44	2
musti felicibus lacrimis fluenta denuntiat. statim oculis apertis folia	radiata procedunt, quibus subiecti ac se commendantes sequaces fructus	2	11	3
quoniam uniuersa quamuis gemina esse noscantur, tamen una de	radice funduntur. testamenta sunt duo, sed testator est unus; et scribens	1	37	14
rapina, igne ferroque uniuersa uno momento disperdit. hinc Iob alta fidei	radice robustus tot nuntiis lugubribus tunditur nec mouetur, sed tantum	1	15	3
illud spectaculum trahi, contemptis uniuersis facultatibus suis, amputatis	radicibus saeculi delitescens secessionis se commendauit umbraculo,	1	39	3
amatricis — non paruam cutem eiusdem membri, sed ipsum membrum	radicitus abscisum mysteriis turpioribus immolauit, illa uidelicet ratione,	1	3	2
uenit inimicus eius et superseminauit zizania in triticum. quae necessario	radicitus circumcisione diuellimus, ut diri seminis contagione purgati	1	3	22
congestionis lucra letifera etiam ipsa elementa nouis artibus coge! licet	radient tibi pretiosorum lapidum discoloribus formis referta penetralia,	1	5	10
est rursum numquam repetiturus occasum. hic, inquam, quem *duodecim*	radiorum, id est apostolorum duodecim, *corona* circumdat, quem per	2	12	4
legitimam nec mortem potuit sentire nec uitam. recte igitur apostolus ait:	*radix omnium malorum est auaritia*; hac enim matre eademque magistra	1	5	4
totusque acceptum translatus in honorem nouae frondis promotione	ramis resurgescentibus ornatus iam non oleaster sit, sed oliua, cum et	1	2	27
hoc solum competenter gerunt, innocentes quod agnos passim quasi *lupi*	*rapaces* occidunt.	2	25	2
auaritiam. est enim libido profunda, cupiditas caeca, tempestas insana,	rapacitas sine fine, sollicitudo sine requie, ad sua numquam peruenìens	1	21	
humana uersutis argumentis excludit, orbem totum, si possit, ut	rapiat. uultis scire, quale calamitatis sit genus? sane plus in eum, qui eam	1	21	
inpatientia enim quid est nisi mens lubrica, permotionibus crebris et	rapidis se semper expugnans; animus infidelis etiam sibi; actus inprouidus,	1	4	7
impetibus crebris passim totas hominis dei facultates inuadit, subito	rapina, igne ferroque uniuersa uno momento disperdit. hinc Iob alta fidei	1	15	3
inde populis deteriora mensuris pretia quam inopia. inde fraus, periurium,	rapinae, lites ac bella. cotidie mugitibus alienis quaeritur lucrum et	2	1	16
insulse manus tendit in caelum, quae caedis saepe, saepe ministrae sunt	rapinarum. oculos inpudenter extollit, quorum lenocinio mundus in flore	2	9	9
iustitiae frenos inponat. inquieta semper exaestuat, saeuit, pugnat,	rapit, congregat, seruat sui tenax, *appetens alieni*, non suo, non alieno, non	1	5	2
certe, quod primum est, nemo eget, nemo inuidet, nemo furatur, nemo	rapit, nemo proscribit, nemo iugulat, moritur nemo; omnes felices, omnes	1	5	18
ut de ceteris taceam, ecce maritum tuum postridie aliqua necessitas	rapit, quae a te longe distractum decennio uel eo amplius, ut adsolet fieri,	2	7	9
festinatione compingit nec tantum munus quasi praesumptor aut demens	rapit, sed patienter aedificat, patienter exornat, patienter uariis animantibus	1	4	12
seruiret. similiter Ioseph patiens inuenitur, e pascua cum a fratribus	rapitur; patiens, cum in puteum dimittitur; patiens, dura cum hasta	1	4	17
illa ornamenta medentur, nisi quod a false plangentibus adhuc uiuenti	rapiuntur. unde, fratres, sicut ueri Christiani, *quasi hospites et peregrini*	2	4	16
tura cremant, non merum profundunt nec pecudum inexpectata morte	rapti iecoris spirantes consulunt fibras nec per uarios auium uolatus	1	34	9
hunc uero profitentem ad nefandam custodiam noxiae mentis mancipes	rapuerunt, quem oblatum sibi iubet crudelissimus rector acri obseruatione	1	39	4
in sacrificia, mores in sacra. sic, sic genus humanum a dei cultura	rapuit, dum blanda festiuitate facinorosa facinorosorum et colenda crimina	1	1	12
apostolicum hoc operetur edictum, quo et uiuaciores fuere homines et	rarissimi Christiani, cur ego Christiano orbe paene iam toto hominumque	2	7	5
quid facit ad litteratorem puer, si litterarum non speret fructum? quid	ratem profundo gurgiti nauta committit, si ei numquam lucrum, numquam	1	36	3
incorrupta post conceptum, permaneret talis quoque post partum. o noua	ratio! amore imaginis suae coactus in infantem uagit deus patiturque se	2	12	3
carnis accepit, si ei necessarium non fuit?' huius propositionis quae sit	ratio, fratres, accipite. igitur qui uenerat hominem uiuificare, per hominem	1	3	17
recurrat, ambiguum est, cuius praeteritum restat, ut redeat. mira prorsus	ratio! innumerabilium saeculorum diuersa mensura conterendo innouat	1	26	
tota substantia, si uel uno momento diuinitatis cessat imperium. at si, ut	ratio ipsa proclamat, cessare nullo pacto potest uarietas ista regni, a legis	2	5	6
in quo reus, si excusauerit crimen, damnatur, absoluitur, si fatetur. magna	ratio, magna potestas, magna pietas iudicis nostri, a quo uniuersi generis	1	42	1
ne quid illo uel friuolum, inde quod excluditur, reuertatur. mira	ratio, mira beatitudo! saluo reo punitur reatus in reo integroque statu	2	24	2
uniuersi generis peccatores, ut possint beate uiuere, puniri festinant. mira	ratio, mirum profecto mysterium! saluo reo punitur reatus in reo	1	42	1
inquit, intereat, cum male aut creditur aut docetur.' quod malum est ista	ratio, mox uidebimus. nunc scire cupio, fides ex doctrina constet an ex	2	3	8
denique arsit incendium incendentibus, non incensis. o admirabilis	ratio! o inaestimabilis gloria dei! sacramento trinitatis tam potentis elementi	1	48	
sed uide, ne aestimes falsum, quod eis cessit incendium. ueritatem	ratio protestatur. qui nunc in se credentes *baptizat spiritu sancto et igni*,	2	27	
usque contendit deum filium non habere. quibus omnibus exempla uel	ratio, quam prosecuturi sumus, argumentationis totius uno ictu omnes	2	8	2
lectione, sed et aliquot in locis fecit Paulus beatissimus mentionem,	ratio uidetur esse reddenda, ut et Christianus ueritatem et Iudaeus suum	1	3	1
excruciandum. tertium quoque, quem aduerterit fraudulentum, coloratis	ratiociniis sua furta excusantem, reseruat examini, ut ponderatis damnis	1	35	8
dei autem et discitur et docetur, quia non in trepidatione, sed in doctrinae	ratione consistit, sicut scriptum est: *uenite, filii, audite me; timorem domini*	2	2	1
chaos ipsum ut chaos non esset effecit, quod eius membra discreuit,	ratione disposuit, coloribus decorauit, determinauit mensura officiisque	1	7	2
et sapiens, quia iustus esse non potest stultus neque sapiens iniustus ipsa	ratione docente. *qui enim stultus est, quid sit bonum* ac malum *nescit* nec	2	1	9
ipse dictus est etiam petra, recte cultellos petrinos fecit (unde non sine	ratione et *Simoni*, super quem aedificauit ecclesiam, *Petrus nomen*	1	3	16
cur autem fingant nomina, quorum est confessio in ceteris uera, aut qua	ratione isto argumento nitantur, quod hominibus, quos perditos cupiunt,	1	2	7
pudica fiunt membra. age nunc, eius aemulae rabiem breuiter etiam ex	ratione nominum publicemus, ut quid appetendum quidue fugiendum sit	1	1	6
si incliti cuiusquam regis, hominis tamen, uultus quiuis ulla uiolauerit	ratione, nonne continuo uelut sacrilegii commissi capitales poenas luit?	1	36	24
inprudentibus aestimatur. ceterum domini dictum quo sit pondere quaue	ratione prolatum, explanat proprietas ipsa uerborum: *qui credit, inquit, in*	1	35	2
pertinet, 'hominis' ad sacramentum. cuius sacramenti arcanum euidenti	ratione quasi quadam claui aperire conabor, ut et prouidentiam dei et uim	2	4	3
a domino hic quoque *duorum denariorum* esse figura uestita, hac uidelicet	ratione, quia in *thesauris suis* duos denarios intelligi uoluit, nouitate et	1	37	9
radicitus abscisum mysteriis turpioribus immolauit, illa uidelicet	ratione, quia Iudaeus post sacramentum per hanc partem peccare potest,	1	3	2

beatissimi ignoscite agricultores, si quid uestrae sollertiae, uineae in ratione reddenda, ignauia nostra detraxerit. igitur, ut optime saepe 2 11 1
timoris quidem, fratres dilectissimi, uocabulum est unum, sed accedente ratione timor discernitur a timore. fiunt enim duo: unus dei, alter qui 2 2 1
exinde intelligitur, quia fides uestra capit deum. igitur ne quis operis rationem a me forte disquirat, paucis insinuabo. in totius fabricae 2 6 5
ex hac enim uita quis secum aut coronam portat aut poenam. quam rationem Dauid in Psalmo primo his uerbis expressit: *non resurgunt,* 1 35 3
quae sine fine sunt, quae magis quaestiones praestant quam ueram rationem dei, quae est in fide. definitio autem iussionis est caritas ex 2 3 17
et haec duo audiuimus. sed et dominus ipse in euangelio hanc exprimit rationem dicens ad Petrum: *mitte hamum in mare et piscem, qui primus* 1 37 5
uultus, quot ille intrinsecus tristes seu hilares suos fecerit motus, hanc rationem docente nos Paulo: *uidemus,* inquit autem, *modo per speculum in* 1 2 29
in omni negotio, fratres dilectissimi, nisi quis ante personam noscat et rationem, eius non potest nosse ueritatem. haec enim res et fecit et facit, 1 25 1
spiritalem, quam nobis plenitudinis suae pio de fonte largitur. quam rationem Paulus euidenter prodidit dicens: *quemadmodum portauimus* 2 30 4
conueniens, quam ut se ipsum nouerit. etenim genus insaniae est eum rationem secreti naturae disquirere, qui uitae suae non possit reddere. non 2 30 1
conueniens, quam ut se ipsum nouerit. etenim genus insaniae est eum rationem secreti naturae disquirere; non enim ullo pacto potest humanis 1 27 1
poterit excitare, antequam peccasset in paradiso, in id quod fuit! quam rationem seminum etiam beatissimus Paulus subtiliter prodidit dicens: *qui* 1 2 28
errore, cum aut dicta non pro locis intelligunt aut dictorum minime rationes inquirunt. igitur in praesenti Psalmo propheta cum dicat: 1 35 1
quia legis scientiam obseruantiamque ad perfectionem perducere nullis rationibus possunt. si ex credulitate, non ei opus est ulla interpretatio, quia 2 3 9
denique adimitur ei ortus, si ei auferatur occasus. luna quoque, quae uere rationis humanae omnia in se lineamenta depingit, nata sanguineae 1 2 19
ei se debere conceptum, cuius monile, anulum teneret et uirgam. qua re cognita Iudas non tantum ab ea se refrenauit, sed insuper eam et 1 13 3
terra. de caelo et terra prophetam fuisse testatum uel quasi de aliqua re esse conquestum, cum dicit *audi caelum et terra,* tamquam numquam 1 61 2
iniurias libenter amplectitur; non fallit, quia fidem ipsa custodit; non ulla re indiget, quia ei praeter quod est nihil est necessarium. haec rura, urbes 1 36 12
solitudine, ubi Euam ab auctore operis sui meminerant esse deceptam, hac re ipsa nato consilio capere dolo adgrediuntur ac, nisi culpae succumbat, 1 1 17
genus alterius periculo discere, quid debeas deuitare. unde, fratres, in tali re non loquela est exhibenda, sed cura, quam paucis accipite. iram dei 1 10a
non filius matris aut suis est ullis sordibus delibutus; neque enim re uera aliquid circa se habere possit inmundum, qui humani generis 1 54 4
quae celauerat faciem, non celat uentrem. defertur fornicationis rea sine labore accusatoris uidua praegnans. irascitur socer, eam produci 1 13 3
oppressa mendaciis, conscientiae tamen bonis contenta secretis, non tam rea susceptura sententiam quam dicata deo pro castitate fortiter moritura, 1 40 1
partem, quomodo per hanc fidem quaeris, quam etiam ipsam infidelitatis ream constituis, canentis cum uniuersa non credis? sin uero fidem spiritus 2 3 13
honestam elegit mortem quam uitam turpem, melius credens hominibus se ream praebere debere quam deo. interea instant illi ex amatoribus 1 1 18
nolis accidere. exsistit quippe diuersis ex modis, cum aut exaestuat aliquo reatu conscientia; aut cum hostilis imminens manus gladio salutem premit; 2 2 2
omni tortore conscientia numquam suum deserit peccatorem. in hoc reatu, fratres, usque nunc fuistis. sed fortiter examinati estis. sed ut 2 10 2
sexus, qui eratis rei, eratis et inmundi mundana natiuitate, contra omni reatu iam liberi mundi estis infantes et, quod est admirabile et gratum, 1 38 1
ablatus est. securi gaudete: nihil saeculo iam debetis. in magno quidem reatu nunc usque fuistis, sed fortiter examinati estis et, ut indulgentiam 1 42 1
uidere autem non potest; fides conscientiam medullitus mundat, ne quid reatui uel intrinsecus debeat; qui enim suam conscientiam non timet, is est, 2 3 5
intereat, diffamatur. semper monere non desinit, ignorantia ne quis reatum excuset. nunc seuera, nunc blanda demonstrat praemium, 2 3 3
fratres, quos sua parturit fides, qui mundi huius fugientes insidias, reatum, uulnera ac mortem paternae inplorastis auxilium maiestatis 2 23
quod excluditur, reuertatur. mira ratio, mira beatitudo! saluo reo punitur reatus in reo integroque statu moritur in homine propter quod homo 2 24 2
puniri festinant. mira ratio, mirum profecto mysterium! saluo reo punitur reatus in reo integroque statu moritur in homine propter quod homo 1 42 1
laedunt. *orant quia timent, peccant quia uolunt.* unde non est absolutus reatus, ubi de amoris comparatione duarum contrariarum sibimet partium 1 35 6
tribus in rebus Christiani culminis fundamenta consistunt, id est in spe, in fide, in 1 36 1
et, quale uelit illud sit, repente exstinguetur incendium. sed sic ego in rebus demoror prope sanis, quasi, quae uere exsecranda sint, iam correcta 2 7 10
regni, a legis conditore homini a deo assumpto iustisque eius est deputata rebus dispositis, non deo, non sempiterno rectori, maxime cum in 2 5 6
quibus oportuerat ambulari? prioribus, fratres, posteriora respondent: de rebus enim loquitur saecularibus. *in magnis et mirabilibus* se dicit non 2 9 6
quid enim necesse est iudicare credentem? iudicium enim ex ambiguis rebus exsistit; adempta ambiguitate iudicii non desideratur examen. ex quo 1 35 2
supplicium aliquotiens ingentior prosequitur gloria, maxime diuinis in rebus, in quibus felices obnixa deuotione suam religionem custodiunt 1 31
quanto magis Christianus, in quo non est figura sed ueritas! quam ex rebus ipsis agnoscite pariter et probate. Iudaei maiores suos Pharaonis 1 46b 1
omne hoc mundi, enixe quod geritur, negotium perorauit! his enim tribus rebus, quae fundamenta sunt omnium uitiorum, uiolentis quasi quibusdam 2 1 6
alia tamen prior ipsa. erubesce, Christiana conscientia, uel tot ac tantis ex rebus quemadmodum rursum eadem quae es sis melior futura cognosce. 1 2 21
deo cor contribulatum. quapropter, fratres, *efferendum non est* prosperis *rebus, sed* timore *dei intra mansuetudinis* metas uerecundiae freno 2 9 3
caritate neque spes poterit operari sine fide. itaque Christianus tribus in rebus, si cupit esse perfectus, debet esse constructus. si quid enim ei ex his 1 36 2
quod docuit, uiuere animas mortuorum non tam dicere quam oculatis rebus sufficimus approbare. denique uagi atque inmundi spiritus utriusque 1 2 5
fratres, ire per singula, maxime quia caritas sua ingerit fortiora. quae ita rebus uniuersis est praedita, ut sit omnium iure ipso regina. triumphet licet 1 36 10
ratiociniis sua furta excusantem, reseruat examini, ut ponderatis damnis rebusque seruatis sententia in eum, prout debitor exstiterit, iure possit 1 35 8
multiformi gratia redimitus, per temporum ambages *pernicibus plantis* sua *recalcans* officio solemni *uestigia* dies salutaris aduenit. idem sibi successor 1 44 1
propheta non ambulet, quomodo bonum insuper sibi opus adsignat ab illis recedendo, in quibus oportuerat ambulari? prioribus, fratres, posteriora 2 9 6
a paterno fonte in filio tota refunderis et tamen, tota ubi refunderis, nec recedis. recte deus diceris, quia trinitatis potentiam sola conuertis. 1 36 32
pandens. sine pausa crescit in senium et tamen a cunis genitalibus non recedit. profecto sacramenti dominici imaginem portat, nam occasu 1 58
infinita. parit sibi de fine principium et tamen a cunis genitalibus non recedit. profecto sacramenti dominici imaginem portat, nam occasu 1 57
seruare. signum salutare uenerantur et tamen a mysteriis daemonum non recedunt. multos *namque dei metus in ecclesia continet, sed tamen* eos 1 35 5
qui recondidit Noe omnia illi arcarius non negabit. Petrus piscator recentes marinos affatim pisces apponit cum sarda mirabili. Tobias 1 24 3
sceleribus ac libidinibus homines, qui ueri sunt uermes. Iob et sanitatem recepit et facultatem; at dominus resurgens non sanitatem tantum, sed 1 15 9
o felix uir, qui mira patientia deum promeruit, diabolum uicit, sanitatem recepit, facultates liberosque suos non perdidit, sed mutauit! Iob, quantum 1 15 6
sinus fidem tuam fideliter portet; solis cursus ac lunae ab occidui carceris receptaculo orationis freno refrena; anhelantis camini ignis exaestuans uicta 2 3 14
quia neque refugae descendunt, qui post peccatum in caelum numquam recepti noscuntur, neque lucis ascendunt, quia numquam in terris, sed 1 37 11
uitale transfertur. qui ut est dimissus in altum ferinaeque uoraginis est receptus hospitio, uigilat in ceto qui stertebat in naui. mira res! post 1 34 6
infantem deum ingenti gaudio exsultans, quae curatum uenerat, curata recessit. ita Christus in hominem se fecit nasci, quemadmodum homo non 1 54 5
pro homine mortis iura gustauit, ut homo per deum ius inmortalitatis reciperet, quod amisit. propter quod Paulus beatissimus ait: *nolumus* 1 2 11
defunctorum ibidem non tam formae quam facta noscantur ac necessario recipiant secundum quod mundanae administrationis suis in actibus 1 2 4
et qui mortalis est primus, cum inmortalitas in se ordinem temporis non recipiat, mortalitas capiat. uel si caelestis est primus, quid opus erat, ut 2 4 2
pro suo actu reddetur? sine causa etenim laborare uidebitur iustus, nisi recipiat secundum facta sua, quae gessit, iniustus. non ergo sic 1 35 1
apostolo dicente: *omnes nos manifestari oportet ante tribunal Christi, ut recipiat unusquisque corporis sui merita secundum ea, quae gessit, siue bona* 1 2 15
cum ardent *plura fulminibus,* cum terra uel tremit uel hiatu se recipit in se, nullus hic beatitudinis locus est, ubi non deuotionis, sed 2 2 3
disciplina? sed et mare uentis lacessitum, cum irascitur, quamuis reciproca uicissitudine nunc pulsantibus caelum, nunc requirentibus terram 1 4 5
qui se digessit in deum; hic pater, qui suo manente integro statu totum se reciprocauit in filium, ne quid sibimet derogaret. denique alter in altero 1 7 4
negotioso cursu, reciprocis ambagibus operis mundani pensa perpetuans, genitali semper 1 6
prophetae tenebuntur in crimine, ut aut Moyses fallax sit, si circumcisio recircumciditur rursum, ut hoc idem faciat aut ut quod non habet perdat; 1 3 15
uiae humano cruore pinguescunt; testamenta heredes incognitos ex sese recitari mirantur; amicae sub fallacia manus innoxias animas secure 1 5 3
Archadius beatissimus martyr adhuc demoratur in saeculo et iam martyr recitatur in caelo. 1 39 9
omnem repente malitiae scenam diripuit, †profectitium† crimen propere recluditur, sed scelus suos redit in auctores purgaturque per innocentiam 1 1 19
quod habuisse non deberemus, quod ab inimico hominibus superadditum recognoscimus, domino sic dicente: *simile est regnum caelorum homini, qui* 1 3 22
contendo, quia specialiter anxiam curam mortis mihi a deo praestitam recognosco.' recte Iudaeus hoc diceret, fratres, si ista cura sexui utroque 1 3 8
fortiter praecauete, ne primi hominis quondam uestri umquam memoriam recolatis. 2 24 3
circa amissi cadauer bacchatur insana nec Maccabaeae matris memoriam recolit, quae spe succincta futurorum Antiocho saeuiente libenter semel 1 2 13
in ratione reddenda, ignauia nostra detraxerit. igitur, ut optime saepe recolitis, mensura seruata amputatur in surculum palmes, in scrobem 2 11 2
praerogat cunctis annonam. sane si quis aliquid desiderauerit, qui recondidit Noe omnia illi arcarius non negabit. Petrus piscator recentes 1 24 3
ut pretiosius transfretatione reddatur; et martyr dominicae habitationis in recondita adsumitur, ut ibidem ex homine in angelum transfusus aeternae 2 11 7
fuderant, gustant, aliqui etiam bibunt. mustum patris familias cellae reconditur, ut pretiosius transfretatione reddatur; et martyr dominicae 2 11 7
ut, cum esses ad egestatem postmodum deuolutus, praeteritorum bonorum recordatione acrius torquereris. 1 9
si Iudaei uacuatae imaginis recordatione gloriantur, quanto magis Christianus, in quo non est figura 1 46b 1
solacium praebuit, sed etiam nos omnes in aliqua constitutos angustia recreare consueuit. *ad oues suas tondendas pergit,* id est, ab hominibus 1 13 7
cuius est praeparatio: *uox clamantis in deserto: parate uiam domini, rectas facite semitas dei nostri.* nunc uideamus quae consequuntur. per 2 8 7
in regione pectoris, quid deformi uulnere inferna metiris? si, quod quidem recte aestimas, in infernis, procul dubio omnes sacrilegos antecedis, qui 1 3 14
cognoscitur et factis et nomine. hic enim, quia ipse dictus est etiam petra, recte cultellos petrinos fecit (unde non sine ratione et *Simoni,* super quem 1 3 16
fonte in filio tota refunderis et tamen, tota ubi refunderis, nec recedis. recte deus diceris, quia trinitatis potentiam sola conuertis. 1 36 32
surdis, ab his custodiam petere, quos fur non timet inuolare? quibus recte deus irascitur dicens: *nolite ambulare post deos alienos, ut seruiatis* 1 25 4
secundum quod mundanae administrationis suis in actibus portant, recte dicentes: *quisque suos patimur manes.* nos uero, fratres, quos non 1 2 4
paternaque uoluntas, *noua et uetera* duo testamenta, quae uidetis recte eadem sine ambiguitate a domino hic quoque *duorum denariorum* 1 37 9
recte, fratres, sicut audistis, deus odit auaritiam. est enim libido profunda, 1 21
magis proficiat ad dei timorem et ipsis nihil prosit ad utilitatem? sane recte hoc facere existimarentur, si sub praetextu alieni nominis inuasa 1 2 7
numquam in terris, sed semper in caelo manserunt. unde angelos puto recte homines appellatos, quibus dominus sanctum per spiritum dicit: *ego* 1 37 11
regula ueritatis. est enim et alius amor sane saluti nostrae contrarius, cui recte hominis forma tribuitur, quia temporalis ac fragilis esse cognoscitur. 1 36 25

incognitum pecus, quod legitimam nec mortem potuit sentire nec uitam. recte igitur apostolus ait: *radix omnium malorum est auaritia*; hac enim 1 5 4
in regno dei et Christi, ostendens unum esse regnum patris et filii. recte igitur patri tradet regnum qui dixit in monitis *regnum* non stare 2 5 9
quia specialiter anxiam curam mortis mihi a deo praestitam recognosco.' recte Iudaeus hoc diceret, fratres, si ista cura sexui utroque prodesse 1 3 9
uenientis nouelli populi imaginem depingebat, Thamar ecclesiae, quae ei recte nupta non est, quia Christo ueniente baptismatis spiritali unda in 1 13 7
enim, non ad gentes prophetae fuerant destinati. *fornicariam putat*: recte, quia Iudaeorum populo seruiebat. cum ea conuenire cupit, quia 1 13 9
proprietas ipsa uerborum: *qui credit, inquit, in me, non iudicabitur.* recte: *quid enim necesse est iudicare credentem? iudicium enim ex ambiguis* 1 35 2
recte sanctissimus Dauid ait: *beati quorum remissae sunt iniquitates et* 2 10 1
in eo geritur, non debere diligi a nobis sacris uocibus dum iubetur, recte sapientibus exsecrabilis esse uideatur, Iohanne dicente: *nolite diligere* 1 36 27
autem ille est, qui caritatem non habet dei ac per hoc operanti iram recte subiacet legi. atquin forte aliquis dicat: 'lex spernenda est, quia iusto 1 36 17
utroque conficiens; cui si unum adimas, alterius inanis est usus. unde recte testamenta sunt duo, quae similiter duobus capitibus unam litteram 1 37 4
suis suas leges impugnat, ius iure distringit. quis non uideat numquam recti aliquid illam facere uel fecisse, quod fecerit? uultis scire, quam iusta 2 1 7
crucifigi habuisse dei filium nuntiabant; quem confirmat in scala rectissime positum, quia historia totius scripturae et propter ipsum et 1 37 8
noxiae mentis mancipes rapuerunt, quem oblatum sibi iubet crudelissimus rector acri obseruatione detineri. ad futurae gloriae testimonium tale beatus 1 39 4
iudici moram suam uoluntarie praeiudiciis excusauit. cui cum prouinciae rector pristinae eius fugae ueniam sub pactione promitteret, si se uel sero 1 39 5
iustisque eius est deputata rebus dispositis, non deo, non sempiterno rectori, maxime cum in euangelio sic dicatur: *dabit illi dominus deus* 2 5 6
communis, omne ius in uiribus habet: quod facere praeualuerit, aestimat rectum. adeo sine ulla reuerentia diuinae atque humanae religionis delet 2 1 7
uoluptates semper offuscant nihilque unicuique, nisi quod amauerit, rectum est, maxime quod uno desiderio omnes excolunt populi, dubium 2 7 1
leonis est *catulus*, cuius ista pia sacramenta celebramus, qui ad hoc *recubans obdormiuit*, ut uinceret mortem, ad hoc euigilauit, ut beatae 1 38 4
renitens, quemadmodum, si dicere dignum est, duo maria, quae in semet recumbunt, freto aestus alternos in unum conferente connexa, quae, licet 1 7 4
profligatis, in semet fortior ruinis, omnibus quaeque deleuerat bellum recuperatis in melius, felicitatis pristinae statum dissimulando non perdidit, 1 4 19
immortalitatem in se credentibus praestitit dominiumque totius naturae recuperauit, sicut est ipse testatus dicens: *omnia mihi tradita sunt a patre* 1 15 9
statione contentus, quia inmortalitas eius est cursus. uerum currat an recurrat, ambiguum est, cuius praeteritum restat, ut redeat. mira prorsus 1 26
saeculorum heres [et] pernici cursu procurrens atque recurrens, solemni meta rotatus in sese, proferens sibi de fine principium, 1 33 1
saeuientium cumulis, toto corpore insaniat, tamen extremorum pallido ex recursu uoluminum quasi ius terrae cognoscens ac uiolare deuitans mira 1 4 5
promisisset ostendit. laetatus est puer patre fideli ipse quoque fidelior, nec recusabat mortem, quam deus qui uitam dederat imperabat. laetatur pater 1 43 5
forte minus peritum peccare compellis, ipsa te magnopere retundens ac redarguens confutabit, Salomone dicente: *altiora te ne quaesieris et fortiora* 2 3 16
teste caret, putat se caruisse facinore, quem deus uidit, quem conscientia redarguit, quem fratris sanguis accusat. quid inpatientiam Sodomorum, ubi 1 4 9
uocabulis infamantes. quae si ad sua corrigas propriisque sedibus reddas, inuenies iniustitiae magis stultitiam, iustitiae sapientiam conuenire. 2 1 4
mustum patris familias cellae reconditur, ut pretiosius transfretatione reddatur; et martyr dominicae habitationis in recondita adsumitur, ut 2 11 7
et bibitur et patris familias cellis uinariis infertur, ut melius ueterescendo reddatur. quantum spiritaliter mediocritas nostra conicere potest, 2 11 3
aut sanguinem hircorum potabo? immola deo sacrificium laudis et redde altissimo uota tua et inuoca me in tribulatione tua et eripiam te et 1 25 1
inquit, *deo*, non daemoniis, *sacrificium laudis*, non uituperationis, et *redde altissimo uota tua.* honorem totum refudit in patrem, ex quo omnia. 1 25 8
saepe intermortua spiritu, labentibus membris ad terram incertas reddebas exsequias, cui magis lacrimas commodarent: mortuo anne 2 7 7
manet — , tunc demum, fratres, caritatem per semet ipsum ei condigne reddemus, quia facta commutatione quod eius est fit pro partibus nostris. 1 36 21
ignoscite agricultores, si quid uestrae sollertiae, uineae in ratione reddenda, ignauia nostra detraxerit. igitur, ut optime saepe recolitis, 2 11 1
et aliquot in locis fecit Paulus beatissimus mentionem, ratio uidetur esse reddenda, ut et Christianus ueritatem et Iudaeus suum cognoscat errorem. 1 3 1
est eum rationem secreti naturae disquirere, qui uitae suae non possit reddere. non enim elementa pulchrius aut uerius uerbis humanis asseri 2 30 1
tempus non sinit imagini reddere ueritatem. uerum tamen, Iudaee, quid designatione tui criminis 2 16
tempus non sinit, fratres, imagini reddere ueritatem. uerum tamen, Iudaee, quid monumentis tui criminis 1 9
nationum in Christo credentibus populis totus orbis deo una ciuitas redderetur. denique comparationem salutaria gesta confirmant, quae et in 1 34 9
si utraeque partes iudicio uacant, quomodo unicuique merces pro suo actu reddetur? sine causa etenim laborare uidebitur iustus, nisi recipiat 1 35 1
sacrificant sicque legitime celebrata paenitentia deum sibi propitium reddiderunt. quod et nos et fecimus et facere plerumque debemus, ut et 1 34 9
ipso magnus ille sacerdos pio mysterio sua uictima inclusus hodie deum reddidit hominem, quem litauit. 1 8 2
pater exhibuit, tantam laesus exigit ultionem, quia, cum uicem non reddidit patri dilectus filius, dignam sententiam percipit abdicatus. cuius 1 61 5
fratres, cito eius edicam. quicquid locis natura negauerit, caritas reddit. haec coniugalis affectus duos homines sacramento uenerabili unam 1 36 13
est oleo gremiali, officiis competentibus temperata, in panes azymos reddita. hi, quos uidetis, egregia coctura suaue redolentes, qui excocti sunt 1 41 1
exsultemus, fratres in Christo, tantique prouentus redditu ditati deo patri omnipotenti laudes et gratias referamus. qui 1 41 1
est omne genus humanum. ac ne non ex integro principium suo statui redditum uideretur, prior uir consummatur in cruce atque eo feliciter 1 3 20
quem solum exspectabat bona illa tempestas, sorte ductus naufragus redditur, immo a ligneo ad nauigium uitale transfertur. qui ut est dimissus 1 34 6
hodie eos etiam uer arridens diuersos in flores diuerso charismate rediturum, cum salubri unda perfusi, limpidae aestatis messe gaudentes 2 13
et benedictionem lucratus est et fratrem. dat iracundiae locum, securus ut redeat; domum patri commendat, sensim mitisque discedit, ut probet se et 1 4 16
uerum currat an recurrat, ambiguum est, cuius praeteritum restat, ut redeat. mira prorsus ratio! innumerabilium saeculorum diuersa mensura 1 26
pia semina totius quodam modo orbis per membra iactantur. uobis multi redempti, multi edictis feralibus liberati, multi condicionibus duris exuti 1 14 8
ipsa reprehendat, ne opere coepto umquam deficiat. haec captiuorum iuga redemptionibus frangit; incarceratis medendo plus carcerem nouit; blanda 2 1 12
omnium saeculorum. hic est dies, fratres, quo a domino nostro cunctus redemptus est orbis, quo aetherio semine nouellus uiuificatus est populus; 1 16 2
eo amplius, ut adsolet fieri, detineat relegatum. quid facies? obseruabisne redeuntem, an ardori quaeres aliunde remedium? si obseruantiam pollicere, 2 7 9
ego et pater unum sumus. quod non utique sic ait, ut in unum duos redigendo confunderet, sed ut duorum unam diuinitatis potestatisque esse 2 8 4
sine pugna, sine ullo labore uictoriam. non enim conabitur in dicionem redigere suam, quae esse eius ambiuit ancilla? in domo denique quae 2 7 13
lucis et hominibus iustis. haec igitur omnia combinata unius fructus rediguntur in summam, quoniam uniuersa quamuis gemina esse noscantur, 1 37 14
de pietate praesumunt statimque actus ueteris uitae damnantes pro salute redimenda non solito more ad stupida simulacra concurrunt, non aris 1 34 9
inuicem aduersantur sibi. hinc caro tota deliciis fluens, uariis temporum redimita muneribus opes multimodas ac profundas promittit, ostentat, 2 4 9
conuiuiorum celebritate iucunda, uino madida, gemmis seu floribus redimita, oculorum iocorumque festiuitate lasciua, auaritia caeca, libidine 2 4 9
immo in melioris naturae iura transmissa, felix caput comis uirentibus redimitum quasi ab inferis emersum in superna sustollit perennitatis 1 2 22
[in] stabili cursu multiformi gratia redimitus per temporum <ambages> solemni uestigio dies salutaris 1 57
stabilis cursor multiformi gratia redimitus, per temporum ambages *pernicibus plantis* sua *recalcans* officio 1 44 1
sine uxoribus amore peccandi liberius incertas atque inhonestas sibimet redimunt libidinum merces, non aduertentes esse infelix et impudicum 1 1 14
fecisti. tu uirginali carceri nouem mensibus relegasti. tu Euam in Mariam redintegrasti. tu Adam in Christo renouasti. tu sacram crucem in salutem 1 36 29
libet nubere, omnia illa mentita es. quid hoc est? ecce rursus ad lenocinia redis, colorem de pyxide mutuaris paulo ante damnatum. ecce indulgenter 2 7 8
immanitas in fidem et scelus transit in sacramentum; parricida incruentus redit et qui immolatus est uiuit. ambo sibi gloria, ambo claritatis 1 4 15
scenam diripuit, †profectitium† crimen propere recluditur, sed scelus suos redit in auctores purgaturque per innocentiam pudor. sicque Susannam, 1 1 19
elementorum status, non tempora cognata connexione in solemnes reditus commearent, nisi rerum disciplinam conuersionemque quasi 1 4 4
status quantumque eis impensae diurnae necessitas dempserat, tantum rediuiua fecunditas reponebat. quapropter si pater bonus, si prouidus, si 2 1 20
melius, dei filius hoc magis potuerat suae matri praestare, cui praestitit, ut rediuiuae uirginitatis honore polleret. itaque in statu, quo nata es, 2 7 4
deducuntur exsequiis; quas si per plagas unde refixae sunt quaeras, rediuiui luminis lege suis sedibus resurrexisse agnoscas. sol cotidie nascitur 1 2 17
dominici imaginem portat, nam occasu passionem resurrectionemque ortu rediuiuo concelebrat, per quem nobis quoque resurrectionem futurae 1 58
dominici imaginem portat, nam occasu passionem resurrectionemque ortu rediuiuo concelebrat, per quem nobis munus futurae beatitudinis pollicetur, 1 57
in panes azymos reddita. hi, quos uidetis, egregia coctura suaue redolentes, qui excocti sunt non furno, sed fonte, non humano, sed igni 1 41 2
<...> libera peccatis omnibus absolutos non foetidis cunis, sed suaue redolentibus sacri altaris feliciter enutrit a cancellis, per dominum nostrum 1 32
gustat, ut mortem deuincat; inferos penetrat, ut mortuos uiuos inde reducat; unigenitus prodeundo de patre ante originem rerum, *primogenitus* 2 5 3
per te tecum et ipse refrigerium; mortuorum in postliminium uitae animas reductas inspira; discute laborantibus morbos; cura languores; in 2 3 14
rursus eas pro ingeniorum argumentorumque uiribus retractando ac refellendo consumit. sin uero, sicut necesse est, una est illa nobilis et 2 3 7
ei gratias agimus, ita in caelestibus regnis uberiores sanctis cum omnibus referamus. 2 6 11
triumphatorique perpetuo hymnis, citharis, tympanis, canticis gratiam referamus, qui nobis promissa perpetuans pia sanctione, ut aiunt, claues 2 24 1
tantique prouentus redditu ditati deo patri omnipotenti laudes et gratias referamus. qui zizania, lolium, lappas, tribulos in laeta frumenta mutauit, 1 41 1
uiuentes in custodiam nostrae salutis per spiritum sanctum imaginem referimus, quam tenemus. quod conuenit cum ea, fidelium communionis 1 13 11
abdicatus. cuius enim impietas paterno affectui parem gratiam non refert, quantum sit criminis dici non potest: dominum patrem non 1 61 6
artibus coge! licet radient tibi pretiosorum lapidum discoloribus formis referta penetralia, gemat terra sub pondere argenti, auro ardens tota 1 5 10
parricidium probata uoluntate prohibuit. ad huius ergo personam Christi refertur uerecunda natiuitas, sed uirginalis uteri aula secretior: diuini 1 59 8
quid hortetur, accipite. *uenite*, inquit, *qui laboratis et onerati estis et ego reficiam uos. tollite iugum meum super uos et discite a me, quia mitis sum* 2 9 4
suos quasi quibusdam deducuntur exsequiis; quas si per plagas unde refixae sunt quaeras, rediuiui luminis lege suis sedibus resurrexisse 1 2 17
festiuitate lasciua, auaritia caeca, libidine percita, delicate tumentis ac reflabilis tori plumeo sepulcro superba. iactat se ludibunda per nemora, 2 4 9
caecos uidere, surdos audire, mutos loqui, claudos currere, paralyticos reformari, de obsessis daemones fugere mortuosque saepe ipsos a sepulcris 1 36 9
secundum ea, quae gessit, siue bona siue mala. etenim, fratres, facilius est reformari quod fuerit quam institui quod ante non fuit; quod si non fuit et 1 2 16
factorum quasdam locis poenalibus relegari, quasdam *placidis sedibus* refoueri, ut tunc demum credi possit resurgere, quod omnibus palam sit 1 2 3
portet; solis cursus ac lunae ab occidui carceris receptaculo orationis freno refrena; anhelantis camini ignis exaestuans uicta natura sentiat per te 2 3 14
ueritas persuadet, timor excubat, disciplina coercet, continentia [se] refrenat. stat in angusto fides, in secreto pudicitia, in primo innocentia, 2 6 9
mira patientia in se frangitur, his denique fluctibus, quibus cogitur, refrenatur. haec germinantibus pratis, messibus flauis, uitibus curuis, 1 4 5

anulum teneret et uirgam. qua re cognita Iudas non tantum ab ea se refrenauit, sed insuper eam et iustificauit. Iudas, quantum intelligi datur, 1 13 3
< *uiros* > *tres, cucurrit, adorat* prostratus in faciem, offert hospitium. *refrigerate*, inquit, *sub ista arbore magna*. similaginem conspargit, uitulum 1 62 1
inuitans: *exiguum et cum taedio est tempus uitae nostrae et non est refrigerium in fine hominis et non est qui agnitus sit reuersus ab inferis,* 2 4 10
chaos immensum a pauperis felicitate discernit, ardoribus suis implorando refrigerium Lazarum uerum diuitem sero cognoscit cupitque mortuus uel 1 2 9
camini ignis exaestuans uicta natura sentiat per te tecum et ipse refrigerium; mortuorum in postliminium uitae animas reductas inspira; 2 3 14
inebriatique feliciter spiritus sancti calore feruebunt, qui ut numquam refrigescat in omnibus nobis praestabit deus pater omnipotens. 2 13
laudis, non uituperationis, et *redde altissimo uota tua*. honorem totum refudit in patrem, ex quo omnia. *et inuoca me in tribulatione tua et* 1 25 8
satis absurdum esse et inconueniens, fratres carissimi, aduerto, quia neque refugae descendunt, qui post peccatum in caelum numquam recepti 1 37 11
ut submersi sunt flammis, statim sibilo roris incendia temperantur. mors refugiens mutat officium: incensores cremantur, incensis hymnum 2 27
ueloces pedes tuos ad effundendum sanguinem dextra laeuaque in se refugiens unda testatur. denique eremo exciperis, quo te nunc peruenisse 2 16
blandum animae uenenum, secundum dei sententiam, unde sumptum est, refundatur; dicit enim deus ad Adam: *maledicta terra erit in omnibus* 1 2 30
tenebrae, quo mors subacta est, quo homines, quos susceperant mortuos, refundere inferi coacti sunt uiuos. quem ut semper et ubique aucti fide, 2 19 2
seruare posse quod praecipit. primum est itaque dilectionis officium deo refundere, quod nati sumus, solique debere, quod uiuimus, nihilque prorsus 1 36 21
humanae curiositatis calumnia commoueris. a paterno fonte in filio tota refunderis et tamen, tota ubi refunderis, nec recedis. recte deus diceris, 1 36 32
commoueris. a paterno fonte in filio tota refunderis et tamen, tota ubi refunderis, nec recedis. recte deus diceris, quia trinitatis potentiam sola 1 36 32
exsultate, fratres in Christo, acceptaeque indulgentiae regale beneficium diligenter, fortiter ac fideliter custodite. etenim omnis 1 42 1
saluete, hodie nati fratres in Christo, acceptaeque indulgentiae regale beneficium diligenter, fortiter ac fideliter custodite. etenim uester 2 29 1
est: prima sanctorum, in qua illud beatitudinis regnum primae tubae regali tessera conuocati capient cum ingenti triumpho aeterno rege sub 1 2 23
standum, uigilandum diligenter, undique castra munienda, defensanda regalia fortiter ac tenaciter signa; aestus, frigus, famem, sitim uniuersaque 2 4 11
patris et filii contestans; duas acies, id est duo testamenta gerens, quorum regalibus monitis et creduli deuotique seruantur et increduli desertoresque 1 37 2
potiretur, tam diu felix, tam diu inexterminabilis uixit, quam diu imperata regalis edicti continuit. at ubi sinistro consensu inuidi ex lubricitate 1 4 8
enim damnum pati potest, animo autem imperare non potest; ipse enim regalis potestatis imperio subiectum sibi corpus seruilibus officiis suae 1 3 9
qui cum templo summo, ut putabatur, summum sacerdotium perdiderunt. regalis unguenti cornu priuati sunt. circumcisio, testimonium mentis 1 46a 1
qui ei annos, tempora, menses, noctes ac dies clarissimosque duos regalium orbium currus munerifero semper uicissitudinis delectamento 1 36 28
uis certaminis fuit, ut eam ipse quoque ignis horruerit. nam a barbaro rege nimia crudelitate tribus pueris consulente fornacis ultra quam solet 1 22 1
narratio. cum Israelis populus enormi captiuitatis iugo depressus a rege Pharaone duris condicionibus in Aegypto necaretur, miseratione dei 1 29 1
tubae regali tessera conuocati capient cum ingenti triumpho aeterno rege sub Christo; secunda uero, quae impios cum peccatoribus uniuersisque 1 2 23
parcit; *parricidalibus filiis* ignoscit. persecutorem suum et, quod magis est, regem aliquotiens a deo in manus traditum sibi mauult semper timere 2 9 7
camino rugiente non laeduntur. incensi hymnum canunt. barbarum regem fidei tenacitate confundunt. uindicantur de incensoribus suis. deum 2 15
sicque inter taetros undantis incendii globos triumphantes barbarum regem, minas omnes, ipsum quoque supplicium docuerunt ignes sanctis 1 11
regis adorare imaginem contempserunt, utpote qui ipsum contempserunt regem. qui ira sufflatus solito septies amplius caminum iussit incendi ac, ne 2 22
innocens cum innocentibus deputatus hic *placuit deo. unctus in regem*, spiratus in uatem *non insolescit in regno*, obumbrat neminem 2 9 7
filius primitiuus est populus, id est hemithei omnes potentissimi et reges, qui ferocitate uirtutis ac libidinis rabie digladiantes omnem orbem 1 13 4
salutis suae indignis caedibus mactauerunt. uenti saeuientes diuersi sunt reges, qui Iudaeam lugubri clangore tubarum armorumque fragore terribili 1 34 7
diuites inpotentia, iudices gratia, diserti mercennaria ac duplici lingua, reges superbia, negotiatores astutia, inani pauperes uoto, cultores dei odio 1 14 1
Regnorum Samuel, egregius ille sacerdos, mortis iam lege dispunctus Sauli regi se deseranti sine ambiguitate non tantum suam praesentiam exhibet, 1 2 8
regno, obumbrat neminem prophetae terrore. iniurias suas non exsequitur regia potestate; odientes se diligit; inimicis parcit; *parricidalibus filiis* 2 9 7
idem a sua eum facie postmodum abiecit. consecutus est regnum, ut post regiam dignitatem maiore dedecore in perpetuum imperio Romano 1 52
praecauendum est, quem solum ueretur quicquid in uirtutibus naturae a regibus ipsis quoque metuitur. sed necessario unicuique sinceri amoris est 1 36 24
dominum semper ingrati uariis molitionibus pugnant multisque diis ac regibus seruire gestiunt, qui uni deo per inpatientiam seruire minime 1 4 10
adueniat regnum patris, speramus et filii. uacat ergo praesentis temporis regimen utroque cessante actumque est de mundo mundique tota 2 5 5
non queas seruum. sed o quam uellem te, si possim, rerum omnium regina, patientia, magis moribus concelebrare! scio enim, quia libentius in 1 4 20
fortiora. quae ita rebus uniuersis est praedita, ut sit omnium iure ipso regina. triumphet licet quibus uult uirtutibus fides, ac spes multa et magna 1 36 10
pura, in martyribus gloriosa, in angelis clara, in omnibus uero regina. tu numquam carni, numquam ulli subiaces legi. de uoluntate 1 1 20
instrueret rerum, ineffabilis illa uirtus incomprehensibilisque sapientia e regione cordis *eructuat uerbum*, omnipotentia se propagat. *de deo nascitur* 1 56 1
iterum dicam: 'Pharisaee, responde, ubi cor habeas constitutum. si in regione pectoris, quid deformi uulnere inferna metiris? si, quod quidem 1 3 14
a morte, oculos meos a lacrimis, pedes meos a lapsu; placebo domino in regione uiuorum. haec nos felicitas manet, hoc munus exspectat. sic ergo 1 2 32
soliditate robusti, supplicio suffragante gloriosi amore diuinae religionis regis adorare imaginem contempserunt, utpote qui ipsum contempserunt 2 22
animae incitat ueritatem. nec est dicto longe probatio. si incliti cuiusquam regis, hominis tamen, uultus quiuis ulla uiolauerit ratione, nonne continuo 1 36 24
nec minui; solus omnipotens, quia ex nihilo uniuersa constituit, uirtute regit, maiestate custodit; solus indemutabilis ac semper aequalis, quia in se 1 7 3
ueteri sacramento quam inanibus intexta suspiriis fabula remansit. denique regium illud templum campis aequatum iacet. altaria dei eius subuersa 1 28 1
ne alter alterum manducantem denotet, inuitator ammonet Paulus. Dauid regius pastor omnibus momentis lac argenteum subministrat et caseum. 1 24 3
aetheria ueste uestiti mox candidati inde surgetis. quam qui non polluerit, regna caelestia possidebit per dominum Iesum Christum. 1 23
sicque cunctos in unam Christi corporis gratiam congregatos ad caelestia regna perducit per dominum et saluatorem nostrum Iesum Christum, qui 1 6
uicerit. haec saepe indixit quietis gentibus bellum; haec aliquotiens robusta regna subuertit; haec aut sub turpibus aut sub crudelibus factis subiugatos 1 1 8
erit respectus illorum. iudicabunt nationes et dominabuntur populis et regnabit dominus illorum in perpetuum. quid hoc est? si in perpetuum 2 5 6
Christus, deus pater omnipotens propitiatur. postremo ille felix in futurum regnabit, qui tecum illo peruenerit. 1 1 21
euangelio sic dicatur: *dabit illi dominus deus thronum Dauid patris sui et regnabit super domum Iacob in saecula et regni eius non erit finis*. 2 5 6
et mortuos, sicut lectio uniuersa testatur, qua praedicat Christum oportere *regnare* cum sanctis suis, *donec* uacuatis omni principatu et potestate et 2 5 7
ascendit in caelum. hic, inquam, de quo Paulus ait: *qui accipit regnum, regnat et tradet deo et patri*, et cetera. quid hinc scandalum pateris, 2 5 4
et regnabit dominus illorum in perpetuum. quid hoc est? si in perpetuum regnat, Paulus errauit; si traditurus est regnum, isti mentiuntur. absit! 2 5 7
et iter impiorum peribit. consequens est, ut scire nos par sit, in quo habitu regnaturus sit homo iste noster, qui tendit ad caelum, ne forte cum carne 1 2 24
filius regnum nec accepit aliquando nec posuit; semper enim cum ipso regnauit, cata Iohannem ipso dicente: *regnum meum non est de hoc* 2 5 8
at si, ut ratio ipsa proclamat, cessare nullo pacto potest uarietas ista regni, a legis conditore homini a deo assumpto iustisque eius est deputata 2 5 6
sedi submersum maiestatis suae sacramento uiuificatum insuper regni caelestis participatione ditauit. o caritas, quam pia et quam opulenta, 1 36 28
hanc aeternae uitae legitimam genitricem, hanc perpetuam futuri regni consortem, sine qua nemo possit omnino ad dei notitiam peruenire. 1 3 1
thronum Dauid patris sui et regnabit super domum Iacob in saecula et regni eius non erit finis. Salomon in Sapientia similiter dicit, cum de eius 2 5 6
et liberatus a deo est et honoratus. denique rex iure secundus factus est regni, qui insignis rex erat iam ante pudoris. Susannam quoque, columen 1 1 16
dixi, subiectione est filius patri subiectus, cum quo originalis perpetuique regni una possessio, coaeternitatis omnipotentiaeque una substantia, una 2 5 10
ut, quomodo isto in terrestri domicilio ei gratias agimus, ita in caelestibus regnis uberiores sanctis cum omnibus referamus. 2 6 11
melle dulcior ac lacte candidior aeternae uitae beatitudo dei tribuetur in regno. 1 46b 3
quia regnum traditur patri, maior patris iniuria est, si est aliquando sine regno. accedit, quod oramus cotidie, ut *adueniat regnum* patris, speramus 2 5 5
ipsum impleta est. denique sic ad discipulos ait: *omnis scriba doctus de regno caelorum similis est patri familias proferenti de thesauris suis noua* 1 37 9
aut fraudator, quod est idolorum seruitus, non habent hereditatem in regno dei et Christi, ostendens unum esse regnum patris et filii. recte igitur 2 5 8
nemo retro attendens et superponens manum suam super aratrum aptus est regno dei; et iterum: *mementote uxoris Lot*. sed et apostolus sic: 1 37 12
nulla est. Paulus enim de hominis adsumpti temporali locutus est regno, in quo uenturus et *iudicaturus est uiuos et mortuos*, sicut lectio 2 5 7
neomeniae et dies festi odio habentur. potiuntur eorum Romani regno. nihil, ut arbitror, illis restitit proprium, nisi quod agno salutari 2 17
hic *placuit deo. unctus in regem*, spiratus in uatem *non insolescit in regno*, obumbrat neminem prophetae terrore. iniurias suas non exsequitur 2 9 7
dimittitur; patiens, dura cum hasta distrahitur; patiens in carcere, in regno patientior, patientissimus, desideratos cum fratres agnosceret; et ubi 1 4 17
omnibus bonis. quod probare exemplo perfacile est. meminimus in Regnorum proditum libris famis tempore, quo totus passim populus 2 1 20
confitentur. accipe et alia exempla et quidem certiora. primo in libro Regnorum Samuel, egregius ille sacerdos, mortis iam lege dispunctus Sauli 1 2 8
at uero dominus euidenter hoc edocens sic ad discipulos ait: *simile est regnum caelorum homini, qui seminauit bonum semen in agro suo;* 1 2 28
hominibus superadditum recognoscimus, domino sic dicente: *simile est regnum caelorum homini, qui seminauit in suo agro bonum semen;* 1 3 22
amen, amen dico uobis, quia publicani et meretrices praecedunt uos in regnum dei. haedum ei promittit, id est, quae sit peccatori peccati merces, 1 13 9
captus fuerit caduca atque carnali, de qua apostolus dicit: *caro et sanguis regnum dei possidere non possunt*. at e diuerso uideor mihi audire 1 2 24
gloriatur? si carnalem, animae prodesse non poterit, quia *caro et sanguis regnum dei possidere non possunt*. accedit, quod circumcisio aduersus 1 3 3
quid hoc est? si in perpetuum regnat, Paulus errauit; si traditurus est regnum, isti mentiuntur. absit! nullus hic error, diuersitas nulla est. Paulus 2 5 7
nec posuit; semper enim cum ipso regnauit, cata Iohannem ipso dicente: *regnum meum non est de hoc mundo*. apertius autem hoc Paulus expressit 2 5 8
suis esse contrarium. diaboli est sane mancipium; eius enim possidet regnum. nam deos ipsa genuit, ipsa intulit mundo, per quos aut in quibus 1 1 11
retulerunt, in cuius perpetuitate commanens in aeternum a patre filius regnum nec accepit aliquando nec posuit; semper enim cum ipso regnauit, 2 5 8
regnum patris et filii. recte igitur patri tradet regnum qui dixit in monitis *regnum* non stare *diuisum*. unde non sic sentiendum est, fratres, ut pater 2 5 9
non habent hereditatem in regno dei et Christi, ostendens unum esse regnum patris et filii. recte igitur patri tradet regnum qui dixit in monitis 2 5 8
est, si est aliquando sine regno. accedit, quod oramus cotidie, ut *adueniat regnum* patris, speramus et filii. uacat ergo praesentis temporis regimen 2 5 5
itaque forma surgendi est: prima sanctorum, in qua illud beatitudinis regnum primae tubae regali tessera conuocati capient cum ingenti 1 2 23
ostendens unum esse regnum patris et filii. recte igitur patri tradet regnum qui dixit in monitis *regnum* non stare *diuisum*. unde non sic 2 5 9
carnatus ascendit in caelum. hic, inquam, de quo Paulus ait: *qui accipit regnum, regnat et tradet deo et patri*, et cetera. quid hinc scandalum 2 5 4
opinaris prouisionis piae diuina mysteria? si minus sentis de filio, quia regnum traditur patri, maior patris iniuria est, si est aliquando sine regno. 2 5 5

praebuit: idem a sua eum facie postmodum abiecit. consecutus est regnum, ut post regiam dignitatem maiore dedecore in perpetuum imperio 1 52
possis placere sacrilego. ut rem compendio transigam: utique a templo regrediens necessario enarrabit tibi sciscitanti sibi de utriusque salute uel 2 7 16
sinceri amoris est noscenda proprietas, ne sub sono nominis commutetur regula ueritatis. est enim et alius amor sane saluti nostrae contrarius, cui 1 36 25
dissipantur uariis argumentationibus membra! o quam indefensa, quae regum, iudicum, diuitum, aliquotiens etiam, quod peius est, gentium 2 3 10
haec rura, urbes ac populos composita pace conseruat; haec circa regum latera securos gladios facit; haec bella premit, lites tollit, iura 1 36 13
innumerabilibus ueluti templis tereti moneta percussis inesse similiter regum uultus signaque cognoscis nihilque aliud distat, nisi quod in tua 1 14 5
generauit, pro uua labruscam. cuius abhorrens infelicitatem dominus rei, aliam sibi, id est populi nostri, sua pro uoluntate plantauit, in quam 2 11 1
alienis quaeritur lucrum et proscriptio industria uocitatur et appetitio rei alienae sub praetextu propriae defensionis ac diligentiae callidissimis 2 1 17
populus in eius sanguine tumescebat, iam sui quoque familiares nouae rei atrocitate perculsi, miserabiliter ingemescentes dimissis capitibus omne 1 1 19
ecce pueri, adolescentes, iuuenes, senes utriusque sexus, qui eratis rei, eratis et inmundi mundana natiuitate, contra omni reatu iam liberi 1 38 1
non tantum deos colere, sed eorum mores et actus imitari. cuius rei facilis probatio est, illa cum interim, quae nostra sunt, uidemus. aurum 1 14 4
qui miseriis ditatur alienis. quisquamne iustum putet, qui utilitatem rei familiaris pietati praeponit? qui hominibus fame laborantibus ac 2 1 17
fronde diffundit, generauit pro fructibus spinas, pro uua labruscam. cuius rei indignitate commotus dominus illa deserta aliam sibi, id est ecclesiam 1 10b 2
contra suam naturam famulari compellat. unde, fratres, atrocissimae rei non uos terreat contemplatio; non enim ulla est metuenda iam poena, 1 31
agnouerint, expeti a se aliquotiens alimenta contendunt; ac sic fidem rei quam reprobant faciunt. philosophi de anima uaria disserunt, sed 1 2 3
condicione non dubia, soli sibi deuota, semper bene conscia, prorsus nulli rei subiecta, unum tantummodo metuens, ne <non> sit amplius quae 1 1 1
enim depressio cor elatum est, cor cohibitum promotio est animae. huius rei testes sunt nobis duo homines propheticum carmen suis actibus 2 9 8
condemnare falso humanitas gestit; *camelum* enim *glutiens culicem liquat*; reicit stillas criminum et auaritiae, unde criminum fluenta funduntur, 1 5 4
nouellae traditioni suae credi quam antiquitati, quam deo domino dicenti: *reicitis mandatum dei, ut traditiones uestras statuatis*! sed non eo dico, ut 2 3 10
apud ipsos diuinus sit sermo prolatus, nunc alteris uideatur ingestus. unde reiectio Iudaeorum est aliarum electio personarum, quia, cum alteris, ut 1 61 1
omnifarie niti debemus, quemadmodum prosapiae nostrae nobilitatem non relatione tantum, sed etiam fide similitudinis adprobemus. unde tamen prae 1 1 3
carne tua deterges, iocaris, blandiris, obsequeris. et si quod forte acceptum relatumue fuerit a fanatico solemne mysterium, ipsa suscipis, ipsa reponis, 2 7 17
frigentia tepefacit crebris osculis labra; totum corpus imbribus relauat lacrimarum crinium suorum damno cooperiens; miserandis affatibus 1 2 14
prima morte dissolui, sed pro qualitate factorum quasdam locis poenalibus relegari, quasdam *placidis sedibus* refoueri, ut tunc demum credi possit 1 2 3
suae immensitate peregrinari fecisti. tu uirginali carceri nouem mensibus relegasti. tu Euam in Mariam redintegrasti. tu Adam in Christo renouasti. 1 36 29
edax in aeternum terra delebat; animam quoque feralibus tenebris relegatam perpetui carceris poena perpetua inplacabilis affligebat infernus. 2 4 6
a te longe distractum decennio uel eo amplius, ut adsolet fieri, detineat relegatum. quid facies? obseruabisne redeuntem, an ardori quaeres aliunde 2 7 9
<...> non enim praecepto uirginitas prouocatur, sed nec continentia relicta repellitur. ad cuius fidem, carissimi, auctorem habemus, sanctum 1 59 1
metu laeti sunt soli. cedit affectus pietati, pietas religioni, fauet utrisque religio. medius stupet gladius nullo impedimento suspensus mactatione 1 4 14
nisi ut beatos efficiat; qui timet arte, non casu, uoluntate, non necessitate, religione, non culpa; qui deum metuit, non naturam. uultis scire, cuius 2 2 7
per tecta culminum publicum scelus nec fuerat locus, in quo non erat pro religione sacrilegium. cogebatur Christi populus uanis superstitionibus 1 39 2
monilibus pectus prosternere dedignaris. sane ceruicem curuas non religione, sed pondere, quando exomologesin facies, quae plus pro ornatu 1 14 6
gloria, maxime diuinis in rebus, in quibus felices obnixa deuotione suam religionem custodiunt potius quam salutem. igitur cum audio tres pueros 1 31
si occideret filium, nisi quadam singulari ac uere diuina patientia inter religionem pietatemque negotium temperaret, in spe non denegans deo, 1 4 13
et aeterna, quia animus, qui uicerit mundum agnoscendo ac seruando religionem ueram ueramque iustitiam, inmortalitatis necesse est pro laboris 2 4 8
sed ipsius naturae metu laeti sunt soli. cedit affectus pietati, pietas religioni, fauet utrisque religio. medius stupet gladius nullo impedimento 1 4 14
aestimat rectum. adeo sine ulla reuerentia diuinae atque humanae religionis delet abrupte igni ferroque cum sua sibi tota substantia incolas, 2 1 7
Iudaeos non tantum legitimum pascha celebrare non posse, sed religionis diuinae prorsus nihil retinere, paucis accipite. Salomonis 2 17
sed fidei soliditate robusti, supplicio suffragante gloriosi amore diuinae religionis regis adorare imaginem contempserunt, utpote qui ipsum 2 22
patris uestri facere uultis), uestem uiduitatis deposuit, id est sordidae religionis sordidos ritus abiecit. *aestiualia induit*: aestiua uestis, fratres, et 1 13 8
humanae deuotionis *religiosa confessio est* de *deo hoc nosse*, quod licitum est. sicut enim in 1 34 1
denique inquit: *ego et pater unum sumus*. unde non diminutiua, sed religiosa, ut dixi, subiectione est filius patri subiectus, cum quo originalis 2 5 10
filios non dicam extulit, sed ipsa potius feliciter suis hortamentis occidit, religiose confidens deo filios se genuisse, non mundo. hinc uxor amissi 1 2 13
uenena confecerant, ad dei cultum bonae uitae exemplis sacraeque legis religiosis exhortationibus excitaret. at ille *semen suum fudit in terram*; 1 13 5
immortalis laudis Christianus semper ardor animatur. erit geminum de religiositate commercium, cum ad caeleste praemium populus accenditur et 1 39 1
nec pater ferire posset, quia nec dominus humanum sanguinem postularet. religiosus carnifex reprimit gladium: patris erat, quod leuauit, dei fuit, 1 62 5
si quis amiserit, nec diuina ille profecto nec humana cognoscit. haec, si religiosus es, serua; timoratus si uere, custodi. de eo, quod modum humani 2 3 18
itaque, ut saepe contingit, in unum sibimet conuenire diuersae religonis diem, quo tibi ecclesia, illi adeunda sint templa. quo genere 2 7 14
marcescant. nullum pratum sit, quod non transeat luxuria nostra. ubique relinquamus signa laetitiae, quoniam haec est pars nostra et haec sors. illinc 2 4 10
nesciebat. atque eo tempore partus profertur, quo calor genitalia iam relinquebat. mira prorsus, carissimi, et speranda saeculis post futuris 1 59 3
remunerari mercede: hoc damnum graue, hoc aestimat crimen. nam nihil relinquendo sibi beata cupiditate antecedit auaritiam: homines enim illa 2 1 12
debiti martyrii quodam modo sequestrauerat pignus, in quo nec Christum relinqueret nec propinquum. statim beatus martyr se latere non passus est; 1 39 4
sub alas et noluisti? ecce remittetur uobis domus uestra; et iterum: *non relinquetur in templo lapis super lapidem, qui non dissoluatur*. reprobat 2 6 3
fratris, non utique illud, quod a deo damnatum iure uidebatur, sed ut reliquas nationes, quas idolatriae, de qua diximus, disseminatae uenena 1 13 5
quae erat domina uoluptatum, fit praeda morborum? postremo iacentes reliquias mors uindicat sibi, insuper ei poenas gehennae paritura. tunc 2 4 16
ipsa suscipis, ipsa reponis, ipsa custodis. una cibum praeterea capis, reliquias poculi propinati lambendo labris exhauris futurique haustus quasi 2 7 17
super filium hominis, sicut et factum est, euangelista dicente: *tunc reliquit eum diabolus et ecce angeli accesserunt et ministrabant ei*. unde 1 37 13
utrobique deperditi, semesis ossibus, etiam suis carnibus nudi. conspicite rem auaro condignam! ille, ille amplum qui habuit censum, exiguum non 1 5 9
est, si places marito: neque enim sine sacrilegio possis placere sacrilego. ut rem compendio transigam: utique a templo regrediens necessario enarrabit 2 7 16
gaudet, uarietatibus studet; miserum se putat, si ipse sit, nec intellegit rem dementiae esse consimilem, in statu suo animum non manere. 1 4 7
calcato subditiciis personis, ut obumbrent furta turpissimae utilitatis, rem familiarem tuendam committunt amore non fidei, sed libidinis, qui 1 25 11
credulo percipe corde rem miram, Christiane, omnique uirtutum exemplo famigerabilem. Hebraei 1 53 1
statusque futuri qualitas aperitur, fides si inlibata teneatur. unde rem paucis expediam. omnis caro quam diu flagitiosis illecebris huius 1 2 24
sancto et igni, ipse tunc quoque numero suae adfuit trinitatis. denique rem sacramento gestam esse cognosce. in caminum missi ut submersi sunt 2 27
iniustos, maxime cum iam sit eorum fraus omnis in medio. non enim rem ualuerunt transferre, sed nomina, iustitiam stultitiae, iniustitiam 2 1 4
libens concipis per maritum: infelix, iam plus in te est quam in templo remansit! at si te serues atque contineas, aestimabit non amore diuini 2 7 17
cui nihil aliud de ueteri sacramento quam inanibus intexta suspiriis fabula remansit. denique regium illud templum campis aequatum iacet. altaria dei 1 28 1
quia nescit aeternitas mori, uiuit dominus post sepulcrum, et ad Iudaeos remansit sola damnatae uoluntatis inuidia, qui dominum nec agnoscere 1 59 8
uana cura torqueris? quid talentorum magnas struis congeries? quid hic remansura peruigil sollicitudine cassa nec tibi ipsi inde aliquid concedendo 1 14 3
si descrete fiunt ista, nihil prodest. ex uno enim proficiscendo et in unum remeando si non confusione, uel errore fiunt una. quid, quod illius 2 7 14
agnoscit; si enim Adam curat, certe, in qua delicti omnis est summa, isto remedio curare non potest Euam. quid, quod nec ipsi uiro aliquid eam 1 3 9
non omnia expediunt. iam te hic, Christiane, cognosce, elige quid uelis: remedium an sanitatem. denique si uidetur, conferamus, quae sit inter 2 7 2
dubio fallis, cuius inpatientiae professio iam tenetur. si es autem sumptura remedium, dubium non est hoc esse solum, ut flammas tuas maritalis 2 7 9
comedis, infelicitatis. taceo, quod commemoratio est ingrati, non remedium, sacrificium quod ipse reprobat fieri, qui praecepit. hoc solum 2 20 2
coniecturis inanibus statum plumeae salutis inquirunt, sed a suo corde remedium salutare deposcunt spiritumque suum tota humilitate 1 34 9
relegatum. quid facies? obseruabisne redeuntem, an ardori quaeres aliunde remedium? si obseruantiam pollicere, sine dubio fallis, cuius inpatientiae 2 7 9
innumerabiles cunei? nonne cum inuitationi temporum parent solemnisque remigii specioso discursu uel aquas sulcant uel aera distinguunt, et 1 4 6
fructum, paenitentibus curam, catechuminis lucis uiam, competentibus remissa omnium peccatorum, sicque cunctos in unam Christi corporis 1 6
‘si haec est condicio carnis, quid est ergo quod credimus in ecclesia remissa peccatorum ac resurrectionem carnis?’ facile, fratres, pugna ista 1 2 24
recte sanctissimus Dauid ait: *beati quorum remissae sunt iniquitates et quorum tecta sunt peccata*, quia beatus esse non 2 10 1
colligere filios tuos sicut gallina pullos suos sub alas et noluisti? ecce remittetur uobis domus uestra; et iterum: *non relinquetur in templo lapis* 2 6 3
dementis, maxime si deus, ut contentiosi putant, dispositioni subiaceat. remotis enim paulisper nominibus patris et filii non potest nosse, uter 1 54 1
eorumque iter praecessisse, non intellegentes, quia exinde eos a facie sua remotos post suum dorsum cum postfuturis abiecerat; Erythraeum quoque 1 18 1
largiter furtim semina spargit. nec rogari se permittit nec uicaria laudis remunerari mercede: hoc damnum graue, hoc aestimat crimen. nam nihil 2 1 12
munera infulcit, maxime indignis, ut ad se colligat turbas; ille numquam remunerat quemquam, nisi primo quis uictor mortis iura praetereat. quae 2 4 14
et uere diuina sacrosancta dignatio, in qua quae parturit non gemit, qui renascitur plorare non nouit! haec renouatio, haec resurrectio, haec uita 1 55
nupta non est, quia Christo ueniente baptismatis spiritali unda in gremio renatus ecclesiae filius eius futurus fuerat, non maritus. Iudas amittit 1 13 7
necesse est ut probetur. denique fornicaria requisita non est inuenta, quia renatus per aquam et spiritum sanctum desinit esse, quod fuerat, et incipit 1 13 12
Christianus, ne quem patiatur errorem: unam, qua natus est; alteram, qua renatus. sed sicut est spiritalis prima sine matre, ita sine patre secunda 2 8 2
fanum, gaudeas dei templum. itaque beatus est, semper qui meminit, quod renatus sit; beatior, qui non meminerit, <quid> fuit, antequam renatus 2 29 3
quod renatus sit; beatior, qui non meminerit, <quid> fuit, antequam renatus sit; beatissimus, qui infantiam suam prouectu temporis non 2 29 3
altero exsultat cum spiritus sancti plenitudine una originali coaeternitate renitens, quemadmodum, si dicere dignum est, duo maria, quae in semet 1 7 4
prae me fero, fratres dilectissimi, quod ista, et non ambigua, in uobis renitet assertio; deum enim patrem uos et habere et possidere monstratis, 1 1 4
de deo nascitur deus totum patris habens, nihil derogans patri. alter renitet in altero; cuiusuis gloria communis est honor, quia quod est filii, 1 56 1
feminae effunditur, ut legitime Adam per Christum, Eua per ecclesiam renouaretur. hoc nos, fratres, sacramento tam uiri quam feminae 1 3 20
mensibus relegasti. tu Euam in Mariam redintegrasti. tu Adam in Christo renouasti. tu sacram crucem in salutem perdito iam mundo prouidisti. tu 1 36 29
haec dicit dominus uiris Iuda et omnibus, qui habitant in Ierusalem: renouate inter uos nouitatem et ne seminaueritis in spinis. circumcidite 1 3 12

in qua quae parturit non gemit, qui renascitur plorare non nouit! haec renouatio, haec resurrectio, haec uita aeterna, haec est mater omnium, 1 55
hominis spiritalem, quam in se credentibus dominus aetheria natiuitate renouatis plenitudinis suae pio de fonte largitur per dominum nostrum 1 27 3
caelestis uiae uitaeque altitudo monstratur. ligaturis adstringitur, cum renuntians saeculo sponsione facta spiritaliter sacris interrogationibus 2 11 5
qui sint, in exemplis agnoscimus. descendentes sunt, qui saeculo renuntiantes rursus reuertuntur ad saeculum, de quibus dominus ait: *nemo* 1 37 12
mittitur, fornicaria quaeritur nullaque ibidem umquam fuisse ab incolis renuntiatur. at Thamaris nostrae cum processu temporis procedit et uterus. 1 13 3
mira ratio, mirum profecto mysterium! saluo reo punitur reatus in reo integroque statu moritur in homine propter quod homo fuerat 1 42 1
reuertatur. mira ratio, mira beatitudo! saluo reo punitur reatus in reo integroque statu moritur in homine propter quod homo fuerat 2 24 2
inde quod excluditur, reuertatur. mira ratio, mira beatitudo! saluo reo punitur reatus in reo integroque statu moritur in homine propter quod 2 24 2
uiuere, puniri festinant. mira ratio, mirum profecto mysterium! saluo reo punitur reatus in reo integroque statu moritur in homine propter quod 1 42 1
felle commotus iubet non usitata animaduersione poenarum nec usuali in reos lege carnifices in martyris membra saeuire. uiluerunt ungulae, inutiles 1 39 6
conceptione, insita fit ante fecunda, ut, cum dissolutionis eius ac legitimae reparationis tempus aduenerit, suo semini respondens iure possit mereri 1 2 26
inpatiens, astu circumscriptus pro Rachel postmodum tempore numquam reparato seruiret. similiter Ioseph patiens inuenitur, e pascua cum a 1 4 16
nisi exomologesin faciens et praesentia sua peccata exstinguat et futura repellat. Thamar arguitur, quod de fornicatione conceperit; et ecclesia 1 13 12
non discutit, uulneribus non medetur, dolores non tollit, mortem non repellit, nisi quod sanos occidit; nec manducatur aliquando certe nec 1 5 16
non enim praecepto uirginitas prouocatur, sed nec continentia relicta repellitur. ad cuius fidem, carissimi, auctorem habemus, sanctum uidelicet 1 59 1
in praesens periculum coeperit infestationibus tyrannicis duci, omnes repente concelerant, laboranti subueniunt, paene armis ipsis inimici 1 36 15
quod est uerius atque iustius, transfer ad deum et, quale uelit illud sit, repente exstinguetur incendium. sed sic ego in rebus demoror prope sanis, 2 7 9
qui fallitur numquam, confestim adest in Daniele puero deus. omnem repente malitiae scenam diripuit, †profectitium† crimen propere recluditur, 1 1 19
uirgo permansit. obstetricis incredulae periclitantis enixam in testimonium repertam eiusdem esse uirginitatis incenditur manus. qua tacto infante 1 54 5
isti contestati sunt de ea. stupet populus, quod a supplicio ad iudicium repetendum reuocaretur addicta. falsos testes pauor inuadit. tremit 1 40 3
est omni uiolentia deterius, quia illud, quod ui eripitur, nonnumquam repeti potest, quod legum circumscriptionibus, non potest. glorietur qui 2 1 17
peccatorum rursum, sicut Adae et Euae spiritale praeputium, male repetita nuditas condemnetur, ne nouus homo quicquam Iudaei habere 1 3 24
plenitudine accendit. hic, qui semel occidit et ortus est rursum numquam repetiturus occasum. hic, inquam, quem *duodecim* radiorum, id est 2 12 4
deus et dominus noster occidit et exortus est rursum, numquam sane repetiturus occasum. hic, inquam, quo ferales diruptae sunt tenebrae, quo 2 19 2
die qua nascitur moritur nec tamen instantis finis sorte terretur, suos ut repigret cursus, ut horas ac momenta producat, ut saltem paulo diutius 1 2 18
sed patienter aedificat, patienter exornat, patienter uariis animantibus replet. quando ingredi iubeatur, quando ianuam claudere, patienter 1 4 12
amnis undae subiecti toto impetu totaque deuotione uestra uasa replete, ut semper uobis aqua sufficiat, hoc ante omnia scientes, quia hanc 1 12
manducare. quos autumnale quoque non morabitur mustum, quo repleti inebriatique feliciter spiritus sancti calore feruebunt, qui ut 2 13
libenter admittit, cuius praecordia inplacabilis cupiditas pestifera flamma repleuerit. sed haec non ad uos, fratres, quorum largitas prouinciis 1 14 7
musti dulci fluento feruentes uinariam dominicam cellam communi gaudio repleuerunt. quod ut uobis quoque fide uestra adolescente contingat, 1 10b 3
sempiterni currus auriga, teretis metae sua replicans complicando gyro solemni uestigia, dies salutaris aduenit. idem 2 19 1
sacrae legis naturae Natiuitatis Moysei librum lectitando saepius replicauit, fortassis, ut sunt ingenia cotidie quae uidemus uersutis 2 4 1
eis impensae diurnae necessitas dempserat, tantum rediuiua fecunditas reponebat. quapropter si pater bonus, si prouidus, si utilis esse desideras, 2 1 20
relatumue fuerit a fanatico solemne mysterium, ipsa suscipis, ipsa reponis, ipsa custodis. una cibum praeterea capis, reliquias poculi propinati 2 7 17
sed mirabilis — funereo ambitu excedit uicti saeculi triumphum reportans, quam tot suppliciis omnes crediderant perituram. o necessarius 2 2 7
Christus mysteria uniuersa conficiens atque concludens patri et Adam reportauit et iter ad caelum omnibus se sequentibus patefecit. 1 37 15
et uindicatam ad mariti thalamos cum ingenti triumpho uictrix pudicitia reportauit. sed o quantum es miranda, pudicitia, quae aliter laudari te non 1 1 19
cur dubitet Christianus, qui resurrectionem futuram et audit et sperat et repositam sibi praesumit de Christo? igitur primo omnium probandum 1 2 2
mutuatus sacraeque arboris pomum male dulce delibauit, lacrimas repperit, dolores et gemitus, *spinas et tribulos* sibimet comparauit 1 4 8
custodis, amplecteris innocentiam, ueritatem colis, patientiam diligis, spem repraesentas. tu diuersos homines moribus, aetatibus, dicione ex una 1 36 30
uideri, plane cauta, ne quam declinet in partem, ne in aliquo se ipsa reprehendat, ne opere coepto umquam deficiat. haec captiuorum iuga 2 1 12
fratres, nec coniugio seruare caritatem nec deo fidem. haec etiam uiros reprehensio manet. Christianus ergo in toto dubitare non debet in statum 1 2 14
infestis mucronibus premebatur, inde maris magno clausus obice reprimebatur. etenim illi nullae inerant naues, nulla transfretandi praesidia, 1 29 1
quia nec dominus humanum sanguinem postularet. religiosus carnifex reprimit gladium: patris erat, quod leuauit, dei fuit, quod pepercit. nec qui 1 62 5
aestimas, in infernis, procul dubio omnes sacrilegos antecedis, qui Moysi reprobans dictum per hanc iniuriosam corporis stipem deo placere te posse 1 3 14
expeti a se aliquotiens alimenta contendunt; ac sic fidem rei quam reprobant faciunt. philosophi de anima uaria disserunt, sed tamen hanc 1 2 3
iterum: *non relinquetur in templo lapis super lapidem, qui non dissoluatur.* reprobat ergo tam inmensum, tam insigne, tam opulens templum, quia in 2 6 4
quod commemoratio est ingrati, non remedium, sacrificium quod ipse reprobat fieri, qui praecepit. hoc solum dico: imple uel in ceteris legem, 2 20 2
igitur, fratres, genesis talis est uestra. primus uos, qui in se credentem reprobat nullum, non Aries sed agnus excepit, qui uestram nuditatem 1 38 3
quod habet statum semper incertum, quippe cum unius electio sit alterius reprobatio. uel si omnes omnino amplectendae sint, ut tot quis habeat fides 2 3 7
prophetae testantur. tauros, arietes, hircos et agnos a domino saepe reprobatos accepimus. quid ultra? non potest, fratres, ullum celebrare 1 19 2
uulneris inflictu minatur. omne genus pecudum cum suo sibi sacrificio reprobatur. ieiunia eorum, dies festi omnisque solemnitas abominatio est 1 46a 1
incunctanter eis ademit pascha, qui id, per quod ab eis pascha geritur, reprobauit. 'at imaginem colunt.' nec ipsam quidem, quia falso colit 2 25 2
doce omnia, quae canit, esse credenda. ceterum si eius partem probes, reprobes partem, quomodo per hanc fidem quaeris, quam etiam ipsam 2 3 13
qui enim stultus est, quid sit bonum ac malum *nescit* nec potest quid reprobet scire, quid teneat, *et ideo semper peccat,* quod est iustitiae 2 1 9
detestabile, alterum reprobum, tertium mundum. detestabile est gentium, reprobum Iudaeorum, populi Christiani mundum. igitur gentium 1 25 3
Christiane, ne quo seducaris errore. unum est enim detestabile, alterum reprobum, tertium mundum. detestabile est gentium, reprobum Iudaeorum, 1 25 3
quia, cum alteris, ut uerbum dei audire debeant, dicitur, Israel sic reprobus inuenitur et, dum clamat propheta *audi caelum et terra,* 1 61 1
perit, ergo mentitus est dominus, qui ei deinceps nihil futuro paradisum repromisit. sed et homo ipse, quem dominus assumpserat, perit, si Iesus 1 2 11
gloriae beatis in sedibus nullas deinceps aerumnas mundi sensura repromissa felicitas exhibetur, Dauid sancto dicente: *conuertere, anima* 1 2 32
saeculares obterens uoluptates cum fuerit uictor carnisque nexibus liber, repromissae inmortalitatis inaestimabili beatitudine perfruetur. sed quid ad 2 1 14
est, placuit praemiumque non circumcisionis, sed in acrobustia meritae repromissionis accepit. unde manifestum est Abraham gemini populi 1 3 7
nobiscum possint inmortalitatis per aerium tramitem cursu seruato ad repromissionis tempus, ubi in perpetuum quis oritur, peruenire. 1 44 2
gemit feta. non mundum, ut assolet, infans fusus ingrediens sponte uitae reptantis praeuiis lacrimis auspicatur. non mater eius tanti partus pondere 1 54 4
se habere legitimum. nunc Iudaeorum quoque sacrificia <a> deo repudiata cognoscite, qui dicit ad eos in Esaiae libro: *quo mihi* 1 25 6
corpus accipimus, nautas scribas et pharisaeos, iacturam uasorum repudiationem prophetarum omniumque sanctorum, quos synagoga pulsos 1 34 7
quae non timet Christum. inde est, quod coniuges nuptiali sanctissimo repugnantes iugo, pro se quisque nitentes (amore uidelicet nimio), 1 14 7
non fecit, sed aeterna sit, ut ipse est, *duo* sunt ergo principia et quidem *repugnantia.* ac per hoc necessario requirendum nobis erit, quid sit fortius 1 7 1
superare uirtute. elementa quoque ipsa, fratres, satis diuersa satisque repugnantia olim deprehendisset interitus, nisi ea inuicem mutuis 1 36 16
primum omnium scire debemus hominis fabricam *ex* duobus *diuersis ac repugnantibus* comparatam *discordique concordia* esse connexam 2 4 8
fremit mare sollicitique gurgitis praeruptorum montium canis uoluminibus repugnantium litorum spumantia ora contundens minatur per momenta 1 34 5
concedit; maledicitur et benedicit; caeditur et gratias agit; iugulatur et non repugnat; pro percussoribus suis deum insuper et exorat. una illi sola 2 1 13
scriptura diuina cum de dei loquitur filio, non sibi repugnat, sed inter deum hominemque, quem sumpsit, necessaria 2 5 1
exaltando animam suam, qui cor suum se non exaltasse gloriatur. non sibi repugnat, sed ostendit animae esse sublimitatem superiora uicisse, quia *qui* 2 9 8
est in suum fomitem adolescentis ignem totis uiribus deriuare. at ille in repugnatione ueste sibi uiolenter extorta ex impudicitiae fouea nudus 1 1 16
cupiditas caeca, tempestas insana, rapacitas sine fine, sollicitudo sine requie, ad sua numquam perueniens uota, quia satiari non nouit. fidem 1 21
poenae aliquid de facultatibus notis mederi non posse, pro uno puncto requiei incunctanter tota, si liceat, paratus offerre. superstitibus fratribus 1 2 10
super uos et discite a me, quia mitis sum et humilis corde, et inuenietis requiem animabus uestris. deus noster, fratres, humilis corde est et 2 9 4
pedum meorum. quam mihi aedificabitis domum? aut quis locus ad requiem mihi? omnia enim ista fecit manus mea. in euangelio quoque sic 2 6 3
felicitas exhibetur, Dauid sancto dicente: *conuertere, anima mea, in requiem tuam, quia dominus benefecit mihi, quia liberauit animam meam* 1 2 32
uident, exinde intellegentes in thesauro naturae depositum incolume requiescere, quod in hoc mundo ad tempus perspicitur interire. similiter in 1 2 9
immo quod iam olim disposuerat complendum latenter adsumit. namque requiescit libens florentissimo in domicilio castitatis et in uisceribus sacrae 2 12 1
potuisset. cum enim grauior causa supersit, periturum se, nisi ueritatem requirat, agnoscit; si enim Adam curat, certe, in qua delicti omnis est 1 3 9
ueteris uitae usurpatione, quod quidem uobis ulterius non licebit, fortassis requiratis et a nobis, qua genitura quoue signo tam diuersos, tam plures, 1 38 2
suae tetenderit mentis; eo enim res deducta est, ut fides nostra per dei requiratur iniuriam. quod futurum Salomon enuntiauit et cauendum quid 2 3 12
uoluntate securitas. qui cum hostiam prouidet, cuius loco electus fuerat, requirebat. sed traduntur tenerae adhuc uinculis manus [et], ne quid minus 1 59 6
est, *duo* sunt ergo principia et quidem *repugnantia.* ac per hoc necessario requirendum nobis erit, quid sit fortius de duobus: illud quod sensibile est 1 7 2
uera cognitio est deum non nosse nisi deum nihilque ex eo amplius requirendum quam ut quis eius nouerit uoluntatem, sine qua ei nec 1 54 1
uerum tamen pro tuo sensu si uis pascha legitimum celebrare, agnus requirendus est tibi, sicut praeceptum est, *ex agnis et haedis* discordi 2 20 1
nec semen eius quaerens panem; et iterum: *diuites eguerunt et esurierunt, requirentes autem dominum non minuentur omnibus bonis.* quod probare 2 1 20
irascitur, quamuis reciproca uicissitudine nunc pulsantibus caelum, nunc requirentibus terram aestuantibus undique uitreis armatum montibus, 1 4 5
plus diligit quam laborem. huc accedit, quia bona carnis inuenit, non requirit, mauultque potiri uel paruis praesentibus bonis quam bonis 2 4 13
etenim iustitiam qui sequitur, necesse est ut probetur. denique fornicaria requisita non est inuenta, quia renatus per aquam et spiritum sanctum 1 13 12
credit. igitur Isaac unicus filius, spes populorum et gentium, origo tot rerum, cari genitoris amplexibus inhaerebat. strinxerat in se patris 1 62 3
non tempora cognata connexione in solemnes reditus commearent, nisi rerum disciplinam conuersionemque quasi quaedam sollicita mater 1 4 4
uindicauerat totum. haec cum diu sic haberentur, sollertissimus ille artifex rerum filius dei, cuius sapientia non habet finem nec fortitudo mensuram, 2 4 7
sempiternis. o caeca mens hominum! quid praesentium carnalium rerum fugaci illuderis blandimento? quid deteriori meliorem subiacere 2 4 15

sine discrimine amplectebatur. sed excogitatarum ut ordinem instrueret rerum, ineffabilis illa uirtus incomprehensibilisque sapientia e regione 1 56 1
ipso in semet ipsum deus, secreti sui solus conscius; cuius ex ore, ut rerum natura, quae non erat, fingeretur, prodiuit unigenitus filius, cordis 1 50
cum deum persuadent hoc esse quod uolunt, cum adsimulant se nosse rerum naturae secreta, cum stellis nomina, soli labores inponunt, cum 2 9 1
sit, qui processit, dementis est opinari. namque temperat se propter rerum naturam filius, ne exsertae maiestatis dominum non possit mundi 1 56 2
denegare. mera profecto uesania est beneficiis inuidere naturae. alius inde rerum omnium captat annonam, aucupatur distrahendi tempus, minor in 1 5 14
multo magis poterit esse quod fuit, quippe cum illius potentissimi artificis rerum omnium conditoris ipse sit usus impossibilium possibilitatem 1 2 16
condigne laudare non queas seruum. sed o quam uellem te, si possim, rerum omnium regina, patientia, magis moribus concelebrare! scio enim, 1 4 20
si cui forte asperum uidetur ac durum, quod fiducialiter loquimur, fratres, rerum paene contra naturam, iamiamque desinat permoueri, intellegens 2 7 1
mortuos uiuos inde reducat; unigenitus prodeundo de patre ante originem rerum, *primogenitus a mortuis*, ut ait apostolus, post multorum obitus 2 5 3
in mentem non esse humanae potestatis crastinum diem ac ne ipsum, quo res agitur, quia quod uoluitur semper, in momento quid adferat dubium 1 5 7
uitam mutuatur de tempore, qui praestat temporibus aeternitatem. mira res! concipit Maria de ipso, quem parit; tumet uterus maiestate, non 2 12 2
fecit, ut contemplatione imaginis pateremur reuerentiam ueritatis in eaque res condicione dimissa est, ut, si quid mali seu boni cuiquam fecerimus, 1 36 23
non ultra, quam licitum est, aciem suae tetenderit mentis; eo enim res deducta est, ut fides nostra per dei requiratur iniuriam. quod futurum 2 3 12
remunerat quemquam, nisi primo quis uictor mortis iura praetereat. quae res efficit, ut siue metu siue incredulitate praeponantur praesentia futuris, 2 4 14
infinita. nemo sit de mansione sollicitus: certae gloriae nostrae insignis res erit, si dei ciuitatem felicitate nostri numeri fecerimus angustam. itaque 1 5 18
nec natum. huc accedit etiam ipsa praepostera memoratio, quoniam res est disconueniens et absurda, ut secundus sit inmortalis et qui mortalis 2 4 2
ac subigit illam quiuis dolor. an pulchritudinem? leuis et commutabilis res est et quae una febri uel qualibet facillime deleatur iniuria. esse 2 4 15
quare plangis? si amore mariti facis, cur postmodum nubis?' exsecrabilis res est, fratres, nec coniugio seruare caritatem nec deo fidem. haec etiam 1 2 14
tortoris facinora sua sponte reus, ut fiat innocens, confitetur. pretiosa res est, fratres, quae et honorem praestat et praemium. o liberatoris nostri 1 42 2
quam filios, ut habere merearis integros, incolumes ac beatos. stulta autem res est illis te uelle uitae substantiam prouidere, quibus nec natiuitatem 2 1 21
magno opere terrae uisceribus, iterum celandum terrae mandatur. etenim res est, quam habere falsum est gaudium, certissimum periculum publicare. 1 14 4
personam noscat et rationem, eius non potest nosse ueritatem. haec enim res et fecit et facit, ut Iudaeus et Iudaeo deterior Christianus dei filium 1 25 1
in se creatorem mundi concepit; parturit non dolore, sed gaudio. mira res! exsultans exponit infantem totius naturae antiquitate maiorem. interea 1 54 3
denotare, ut inexcusati facinoris competenti iudicio subiacerent. denique res impleta est domini passione: caelum medio die perdidit diem, terra 1 47
aduenerit, suo semini respondens iure possit mereri quod credimus. nec res in ambiguo est; quemadmodum etenim ille princeps iniquitatis suo 1 2 26
fonte spiritus sui. cui ab humo 'homo' nomen imposuit, credo, sicut res ipsa docet, ut contemplatione opificii ac materiae semper suum et 2 4 4
aggeribus stupens unda solidatur. dei populus nauigat plantis. mira res! iter eius barbaris uehementer urguentibus nec eques potest sequi nec 2 26 1
inmortalitas merces, propterea simulatae stultitiae uelamine adopertam, ut res magna magnis uirtutibus magnisque laboribus quaereretur, incunctanter 2 1 4
in uiam Israel ingratus, in qua nec gladios possit timere nec fluctus. mira res! medio puluerulentus exsultat in profundo, qui circa se uideret feliciter 1 29 2
eo studio, quo sequimur mala. nulla ulli competit excusatio, maxime cum res nostrae commissa sit uoluntati, propheta dicente: *ante hominem bonum* 2 4 18
disci quicquam poterit nec doceri. nam profecto sola est, ad quam prorsus res omnis spectet, dubium quippe cum non sit spem, fidem, iustitiam, 1 4 1
deuote cupidus ignis excepit. lambunt roscidos flammae blandientes. mira res: opacitas intus, incendium foris est; intus hymnus canitur, foris ululatus 1 53 2
uoraginis est receptus hospitio, uigilat in ceto qui stertebat in naui. mira res! post naufragium, post natatile sepulcrum incolumis tertio post die 1 34 6
ex his quaecumque defecerit, ambae moriuntur. fides itaque uel maxime res propria nostra est, domino ipso dicente: *fides tua te saluum fecit.* igitur 1 36 7
ut in domo patris sui uidua permanens nuptias maturas exspectet. cum res sic se haberet, eius uxor moritur. qui consolatus cum ad oues 1 13 2
instabilis, caecus, incautus, inconstans, totus concitatus in ruinam; res sine substantia, negotium sine persona? omnia cito temptat, omnia 1 4 7
ab hostili defendit impulsu in modum tau litterae prominens lignum. o res uere miranda! cotidie aedificatur et cotidie dedicatur; floribus perpetuis 2 6 7
cognoscit. prophetia etenim semper figuris uariantibus loquitur, sed res una in omnibus inuenitur. igitur Iacob habet imaginem Christi, sed et 1 37 1
auditur, ecce parientis uno de uentre clarissima turba procedit. noua res, ut iure spiritali unusquisque nascatur. ultro currite ad matrem, quae 2 28
illorum et in uanitate detinuit sensus illorum. similiter Paulus curioso rescribit dicens: *o altitudo diuitiarum et sapientiae et scientiae dei! quam* 2 3 16
perdit humanos nec ullus in membris uoluptati motus. nihil in substantia resederat corporis, sed nihil tamen in utero negabatur infanti et, cuius 1 59 4
diabolus, aestimate, quid faciat inuitatus, cui omnes nocendi aditus reserati praestant sine pugna, sine ullo labore uictoriam. non enim 2 7 13
quem aduerterit fraudulentum, coloratis ratiociniis sua furta excusantem, reseruat examini, ut ponderatis damnis rebusque seruatis sententia in eum, 1 35 8
diem, terra tremore nimio firmitatem. hinc aestimare licet, quid eis sit reseruatum, quorum in causa funerei luctus poenae pertulit natura 1 47
non potest mereri sententiam. et qui sunt isti, quos ambiguitas suo iudicio reseruauit? utique illi, sicut apostolus quoque ait, qui cognitum *deum non* 1 35 6
qui blasphemare nituntur, salutis suae bono uel sero, si potest fieri, resipiscant. 2 18 2
ingratos ostendat. bouem illis asinumque praeponit, ut grauius possint, si resipiscant, comparatione torqueri quam poena. 2 21
confundunt exsertisque mucronibus sordidis uelut testudine quadam resistunt uincuntque facilius caritate, quod singillatim nuda uix possunt 1 36 15
non mater eius tanti partus pondere exhausta totis pallens iacuit resoluta uisceribus. non filius matris aut suis est ullis sordibus delibutus; 1 54 4
cum mulieribus tympanum quatit; hymnus canitur; dei populus liberatur resolutisque undis uia cum persecutore deletur. quantum spiritaliter 2 26 1
probauit illos et quasi holocaustomata accepit illos et in tempore erit respectus illorum. iudicabunt nationes et dominabuntur populis et regnabit 2 5 6
integritas erigebat. sufficit ergo pudicitiae conscientia; testis est deus. non respexit castitas, quid falsi dicerent testes aut qualiter iudices circumuenti 1 40 2
manum, sed uox eius, qui eam uictimam postulauerat, contradicit: 'respice retro, dixit deus, et antequam respicias, parce.' ecce et meritum 1 43 6
uictimam postulauerat, contradicit: 'respice retro, dixit deus, et antequam respicias, parce.' ecce et meritum principale diuinam indulgentiam 1 43 6
meritum principale diuinam indulgentiam meruisse sub casibus: nam retro respiciens Abraham inuenit uictimam, quam innocens immolaret. eo ferro 1 43 7
ut cognationem suam simul dimisisset et terram. et tunc Abraham *respiciens oculis uidit* <*uiros*> *tres, cucurrit, adorat* prostratus in faciem, 1 62 1
pariter et odore una natiuitate diffusis germinantia undique dulce prata respirant. exsultat aestas noua, sed diues, in frumenti uarias moles spiceam 1 33 1
cadunt per momenta uulneribus, concussae gemunt urbes, deleta rura respirare non possunt, maria plus praedonibus saeua sunt quam natura; 1 5 3
illa unici floris sui quouis prato iucundioris caelum ipsum honore laeto respirat. haec liberis gaudet; at illa liberorum non timet orbitatem. haec 2 7 3
si soluas in pretium distribuasque necessitatibus singulorum, ex eorum respiratione cognoscis, quantorum malo ille constat ornatus. 'filios, inquit, 2 1 19
nasci, quemadmodum homo non potest nasci. totum denique sua luce resplendens corpus sine umbra gestabat, humilis carne, sed excelsus 1 54 5
age uidua, quae sicut innocens uirgo nubere saepe festinas, interroganti responde, bonumne amiseris maritum anne malum. si malum et desideras 2 7 6
nuper uel maxime ui aliqua obisse meminerimus. hic nunc mihi responde, qui hominis post mortem nihil superesse contendis, 1 2 7
deum tuum amandum. hinc nunc uobis iterum dicam: 'Pharisaee, responde, ubi cor habeas constitutum. si in regione pectoris, quid deformi 1 3 14
dissolutionis eius ac legitimae reparationis tempus aduenerit, suo semini respondens iure possit mereri quod credimus. nec res in ambiguo est; 1 2 26
recedendo, in quibus oportuerat ambulari? prioribus, fratres, posteriora respondent: de rebus enim loquitur saecularibus. *in magnis et mirabilibus* 2 9 6
quattuor praedicant tempora; cui non anniuersarii, sed cotidiani fructus respondent hymnum canentibus deo credentibus populis, qui omnia 1 33 4
te cogere, examinare, metiri ac discernere posse praesumis, hic tibi ego respondere non audeo, sit quippe cum tutius imperitum uideri quam esse 2 3 15
uxorem suam excepta causa adulterii, facit eam moechari. quid hic respondere possint lubrici mariti, non uideo; qui humanarum legum iniqua 1 1 13
Dauid filius futurus esse canebatur; qui nisi paterno generis signaculo responderet, neque Dauid filius esset neque nisi in filium Dauid Christus 1 3 18
ambiguitate non tantum suam praesentiam exhibet, sed etiam ad consulta respondet liberiusque canit mortuus, quam canere consueuerat uiuus; unde 1 2 8
ut aliquis nuntius pergat, qui eos tanti negotii certos efficiat; cui ille respondit: '*habent Moysen et prophetas*, quibus si non credunt, neque illi, 1 2 10
tibi sciscitanti sibi de utriusque salute uel unanimitate deorum quae fuere responsa. si terribilia, consternata metu forsitan ipso cessante illicita eis 2 7 16
unde infelices et miseri sunt Iudaei, qui deum patrem, a quo sunt geniti, respuerunt tanti immemores honoris, tantae dignitatis ignari. quid enim 1 61 6
pecunia est, si seruaueris, simulacra. ancilla Christi, falso idolum respuis; mihi crede: in te colis, cuius ornatum, cuius imaginem non 1 14 6
inimicae et quicquid ingesserit mundus uoluptatis aut muneris, totum respuit praesumens totum se habere, si pura sit. neminem foede desiderat 1 1 2
profundo maris die demoratus *ac nocte* ad deum clamans incolumis inde respuitur. Ionas adaeque propheta ad Nineuitas missus a deo est, eorum ut 1 34 4
est cursus. uerum currat an recurrat, ambiguum est, cuius praeteritum restat, ut redeat. mira prorsus ratio! innumerabilium saeculorum diuersa 1 26
festi odio habentur. potiuntur eorum Romani regno. nihil, ut arbitror, illis restitit proprium, nisi quod agno salutari neglecto ingrati uiles agnos cum 2 17
qui mortuos excitabat, *qui potestatem habuit ponendi animam et iterum resumendi eam;* sed ut doceret, quoniam, cum uiuit in hoc mundo, semper 1 2 31
te ipsum claritate, quam habui apud te, priusquam mundus fieret. qui resurgens ait: *omnia mihi tradita sunt a patre meo.* hic, qui purus de caelo 2 5 4
factis praecepta consummat. postremam suscipit mortem, ut ea deuicta resurgens *homini* per hominem, *quem gerebat, et spem uincendae mortis* 2 4 7
occidit semper ut uiuat, fidelis autem post secundae natiuitatis occasum resurgens horrore numquam intercipitur tenebrarum. 1 16 2
qui ueri sunt uermes. Iob et sanitatem recepit et facultatem; at dominus resurgens non sanitatem tantum, sed immortalitatem in se credentibus 1 15 9
euomitusque Niniue se intulit ciuitati, ita dominus postridie ab inferno resurgens se ciuitati Ierusalem intulit ante quam caelo. at uero Nineue 1 34 8
ut sacri oceani lacteo profundo dimersi inde nouello nouellique cum die resurgentes nobiscum possint ad inmortalitatis gloriam peruenire. 1 57
relegari, quasdam *placidis sedibus* refoueri, ut tunc demum credi possit resurgere, quod omnibus palam sit non penitus interire. gentes, quae ista 1 2 3
totusque acceptum translatus in honorem nouae frondis promotione ramis resurgescentibus ornatus iam non oleaster sit, sed oliua, cum et oleaster sit 1 2 27
at fortasse adhuc quispiam dicat: 'si caro perit, unde cognoscitur ille, qui resurgit?' caro, fratres, quasi quoddam est speculum intuentis plenitudine 1 2 29
mera fide credentis salutari fuerit necata baptismate, noua paterni sacro resurgit fontis ex gurgite iam pura, iam libera, iam a conuersatione mundi 1 2 25
in interitum, resurgit in perpetuitatem; seminatur in humilitatem, resurgit in gloriam; seminatur in infirmitatem, resurgit in uirtutem; 1 2 22
et subiecit dicens: *sic et resurrectio mortuorum; seminatur in interitum, resurgit in perpetuitatem; seminatur in humilitatem, resurgit in gloriam;* 1 2 22
seminatur in humilitatem, resurgit in gloriam; seminatur in infirmitatem, resurgit in uirtutem; seminatur corpus animale, surgit spiritale. satis, ut 1 2 22
perenni destinat poenae, in Psalmis spiritu sancto dicente: *ideo non resurgunt impii in iudicio neque peccatores in consilio iustorum, quoniam* 1 2 23
poenam. quam rationem Dauid in Psalmo primo his uerbis expressit: *non resurgunt*, inquit, *impii in iudicio neque peccatores in consilio iustorum.* 1 35 3
parturit non gemit, qui renascitur plorare non nouit! haec renouatio, haec resurrectio, haec uita aeterna, haec est mater omnium, quae nos adunatos, 1 55
quod seminas non uiuificatur, nisi mortuum fuerit, et subiecit dicens: *sic et resurrectio mortuorum; seminatur in interitum, resurgit in perpetuitatem;* 1 2 22

se quis possit excusare, non uideo. non deest enim qui dicere possit: 'si est resurrectio, quare plangis? si amore mariti facis, cur postmodum nubis?' 1 2 14
uoluntatem nostram, cui se iunxerit parti, praebere uictoriam eiusque in resurrectione aut praemio perfrui perenni aut consimili poena puniri. 2 4 18
in homine suscipiendo fuisse prouidentiam, in passione sacramentum, in resurrectione summum bonum? hic nunc primum omnium scire debemus 2 4 7
carnis, quid est ergo quod credimus in ecclesia remissa peccatorum ac resurrectionem carnis?' facile, fratres, pugna ista concordat statusque futuri 1 2 24
resurrectionemque ortu rediuiuo concelebrat, per quem nobis quoque resurrectionem futurae beatitudinis pollicetur. 1 58
in terram Israel; dabo spiritum meum in uos et uiuetis. cum haec ita sint, resurrectionem futuram cur, Christiane, non credis? cur de huius mundi 1 2 13
hoc ille sensit, qui non nouerat Christum, cur dubitet Christianus, qui resurrectionem futuram et audit et sperat et repositam sibi praesumit de 1 2 2
quisquis resurrectionem negat, uitam suam, semet ipse condemnat. cur enim 1 2 1
profecto sacramenti dominici imaginem portat, nam occasu passionem resurrectionemque ortu rediuiuo concelebrat, per quem nobis munus 1 57
profecto sacramenti dominici imaginem portat, nam occasu passionem resurrectionemque ortu rediuiuo concelebrat, per quem nobis quoque 1 58
si continens esse non poteris, saltem noli tuas nuptias fenerare, ne in illo resurrectionis die inter plurimos maritos non possis, cuius fueris uxor, 2 7 18
pretiosae mortis uindemia comparetur. dies uero ad sacramentum pertinet resurrectionis domini nostri Iesu Christi, qui *in omnibus omnia* est; qui 1 33 4
sumat rursus de fine principium. similiter Phoenix auis illa pretiosa resurrectionis euidenter nos edocet iura, quae nobilitatem generis sui non a 1 2 20
sancta et corpore et spiritu, amore Christi ignem carnis exstingue, ut de resurrectionis gloria, quam hic iam tibi uindicas, taceam, in qua, ut 2 7 4
ut absolueretur, sacri gurgitis unda sepultus, ut sepulcri nido uiuificatus resurrectionis iura gustaret. o magna prouidentia dei nostri! o bonae matris 2 29 1
aetherio semine nouellus uiuificatus est populus; hic, inquam, qui nobis resurrectionis monstrat exemplum. cuius sane condicione nos beatiores 1 16 2
hoc *recubans obdormiuit*, ut uinceret mortem, ad hoc euigilauit, ut beatae resurrectionis suae in nos munus inmortalitatis conferret. quem competenter 1 38 4
in uirtutem; seminatur corpus animale, surgit spiritale. satis, ut opinor, resurrectionis ueritas omnibus claret. sed necessario disserendum est, quae 1 2 22
et tamen eius semper orbita est una. qui nos admonet, fratres, passionis resurrectionisque dominicae unanimes atque concordes salutaria celebrare 1 26
moderatione distinguit. si enim deum purum iugiter praedicaret, passionis resurrectionisque uacaret locus et nihil Christus mundo praestiterat; si 2 5 1
si per plagas unde refixae sunt quaeras, rediuiui luminis lege suis sedibus resurrexisse agnoscas. sol cotidie nascitur eademque die qua nascitur 1 2 17
sed et homo ipse, quem dominus assumpserat, perit, si Iesus non resurrexit. at si resurrexit, humano generi formam dedit, quoniam ad hoc 1 2 11
mortem mutauit in uitam; propter nos qui est occisus et uiuit, sepultus et resurrexit, homo aestimatus est et inuentus est deus gloriosus in saecula 1 46a 2
homo ipse, quem dominus assumpserat, perit, si Iesus non resurrexit. at si resurrexit, humano generi formam dedit, quoniam ad hoc deus pro homine 1 2 11
ceteri, qui spem non habent; si enim credimus, quia Iesus mortuus est et resurrexit, sic et deus eos, qui dormierunt in Iesum, adducit cum eo. nam 1 2 12
iugo rudi ceruice subeuntes in nisum laboris uel amoris aequalem retinaculis blandis quasi quidam peritus auriga componis. tu amicitiam 1 4 21
non sanguinem sterili solemnitate dimittimus, sed pudoris sanguinem retinemus, quem ambitiose plerumque effundimus, cum in persecutione pro 1 3 21
semper timere quam occidere, inuerso gratus officio, deo dei munus retinendo placiturus. rex mansuetus, pater pius, propheta modestus. totum 2 9 7
est populus, angelicus et mundus, qui sponsionis suae palmam fortiter retinens, peccatorum paleis limpidatus, semet pretiosum frumentum diuinis 1 33 3
altaria eius euerterunt: cui sacrificant? sane hoc solum proprium retinent, quod, ut uilem libidinem magis ac magis augeant, uilioribus se 1 51
legitimum pascha celebrare non posse, sed religionis diuinae prorsus nihil retinere, paucis accipite. Salomonis templum, de quo praesumebant, 2 17
debere, quod uiuimus, nihilque prorsus cordis nostri in penetralibus retinere, quod alieno iuri seruemus. at cum ab eodem huius deuotionis 1 36 21
unus est omnium uestrum? quisque igitur nobilitatis suae conscientiam retinet, diligit fratrem nec aliquid audire exspectauit ex lege, ne 1 36 22
dissimulat; magnis ac mirabilibus saeculi non mutatur; mitem humilemque retinet ubique pastorem. post adiecit: *si non humiliter sentiebam, sed* 2 9 7
lucro gaudeo, sed sine furti conscientia, sane confiteor. denique et uos retinetis pondus antiquum; habetis aginam: exagium facite quemadmodum 1 41 3
aequalitas, una uirtus maiestatis augustae, unito in lumine una dignitas retinetur. si quid enim filio detraxeris, ad patris, cuius habet totum, 2 5 10
e diuerso prouocatus rursus eas pro ingeniorum argumentorumque uiribus retractando ac refellendo consumit. sin uero, sicut necesse est, una est illa 2 3 7
quantum etenim multiformis crudelitatis lugubris contemplatio retrahit a corona, tantum generosa ac perfecta fides quique illi fuerit 1 11
propheta testatur: *deus sicut ignis ueniet et sicut procella currus eius retribuere in ira uindictam.* 2 12 4
renuntiantes rursus reuertuntur ad saeculum, de quibus dominus ait: *nemo retro attendens et superponens manum suam super aratrum aptus est regno* 1 37 12
manum, sed uox eius, qui eam uictimam postulauerat, contradicit: 'respice retro, dixit deus, et antequam respicias, parce.' ecce et meritum principale 1 43 6
et meritum principale diuinam indulgentiam meruisse sub casibus: nam retro respiciens Abraham inuenit uictimam, quam innocens immolaret. eo 1 43 7
pedibus eius inimicaque destruatur mors. hi autem ad principalem uim retulerunt, in cuius perpetuitate commanens in aeternum a patre filius 2 5 8
per quam me forte minus peritum peccare compellis, ipsa te magnopere retundens ac redarguens confutabit, Salomone dicente: *altiora te ne* 2 3 16
ista et infidelitatis est excusatio, quam spiritus sanctus per prophetam retundit hactenus dicens: *adolescentior fui et senui et numquam uidi* 2 1 20
insaniunt, horrendum sibilant funes, gemunt cedentibus uelis antennae, retunsa undique iter non inuenit prora. trepidant nautae, festinant in 1 34 5
insuspicabili ac soli sibi nota conscientia, filii non sine affectu, sed sine reuelamine amplectebatur. igitur ineffabilis illa incomprehensibilisque 1 17 1
non deputabitur deus alius absque ipso. qui adinuenit uiam prudentiae et reuelauit eam Iacob puero suo et Israel dilecto sibi. post haec in terris 2 8 6
insuspicabilis secreti reuerendaeque maiestatis uera cognitio est deum non nosse nisi deum 2 54 1
in uiribus habet: quod facere praeualuerit, aestimat rectum. adeo sine ulla reuerentia diuinae atque humanae religionis delet abrupte igni ferroque 2 1 7
uitae curriculis Sarrae uterum filius aperuit primo uocabulo, cui iam auiae reuerentiam senectus uerecunda detulerat. sub hac igitur, carissimi, 1 59 1
et similitudinem suam fecit, ut contemplatione imaginis pateremur reuerentiam ueritatis in eaque res condicione dimissa est, ut, si quid mali 1 36 23
asserit deum. defensio enim non nisi inbecilli praestatur nec potest eum reuereri, qui ingenii sui putat esse, quod ille fuerit aestimatus. ceterum illa 2 3 18
se tamquam arbitrum timet omneque secretum plus quam publicum reueretur. pestiferas odit blanditias carnis inimicae et quicquid ingesserit 1 1 2
nati sumus et post hoc erimus tamquam qui non fuerimus; et non est reuersio finis nostrae, quoniam consignata est et nemo reuertitur; et infra: 2 4 10
nostrae et non est refrigerium in fine hominis et non est qui agnitus sit reuersus ab inferis, quia ex nihilo nati sumus et post hoc erimus tamquam 2 4 10
sit autem, si dissimulatio celebritatem eius obscuret. nunc ad patientiae reuertamur uirtutem, quae maioribus nostris illustri uirtute perennem 1 4 12
tibi et edes pabulum agri; in sudore uultus tui edes panem tuum, donec reuertaris in terram. sed et dominus ex persona hominis, quem 1 2 30
diligenter accludunt, ne quid illo uel friuolum, inde quod excluditur, reuertatur. mira ratio, mira beatitudo! saluo reo punitur reatus in reo 2 24 1
cum idem animus custodia carceris liberatus ad eum locum, unde uenerit, reuertatur. si ergo hoc ille sensit, qui non nouerat Christum, cur dubitet 1 2 2
fugere mortuosque saepe ipsos a sepulcris cum suis sibi exsequiis reuerti iusserunt, ut omnes mirarentur fieri lacrimas gaudii, quae nunc 1 36 9
Daniele spiritus sanctus ingressus ait, cum illa ad supplicium duceretur: *reuertimini ad iudicium; falsum enim isti contestati sunt de ea.* stupet 1 40 2
dei; et iterum: *mementote uxoris Lot.* sed et apostolus sic: *quemadmodum reuertimini rursus ad ea, quae infirma et egena sunt elementa?* ascendentes 1 37 12
fuerimus; et non est reuersio finis nostrae, quoniam consignata est et nemo reuertitur; et infra: *uenite ergo, fruamur bonis, quae sunt, et utamur* 2 4 10
exemplis agnoscimus. descendentes sunt, qui saeculo renuntiantes rursus reuertuntur ad saeculum, de quibus dominus ait: *nemo retro attendens et* 1 37 12
quae Christi ingratae beneficiis sponte ad mortem, de qua euaserant, reuertuntur. cum igitur semper insidietur se non quaerentibus diabolus, 2 7 12
deuergit in senium, donec ultima senectute consumpta, sua morte reuiuescens, menstrualis ignis solemni germine accenso sumat rursus de 1 2 19
frumenti conditum terrae interit et tamen in eo id, quod intus est, reuiuescit nec mortem medullitus capit, sed suum sibi genitale in germen 1 2 22
uanis uiolare conantur nec intellegunt miseri, quoniam curiositas reum efficit, non peritum. 1 50
peccata cum dissimulando praetereunt, non adimunt, sed accludunt; quae reum, qualem inuenerint, talem quoque dimittunt; quae in pari causa ipsi 2 24 1
sunt de ea. stupet populus, quod a supplicio ad iudicium repetendum reuocaretur addicta. falsos testes pauor inuadit. tremit diabolus, quod 1 40 3
futuris diuinae ordinationis propago formata: ad principium aetas peracta reuocatur, accingitur de sterilitate fecunditas, ut impleretur, quod scriptum 1 59 3
perpetuans, genitali semper nouellus occasu, a se in semet *sua per uestigia* reuolutus dies salutaris aduenit, officiis sacramenti dominici omnibus omni 1 6
humilis, nunc elatus, nunc ebrius, nunc ieiunus, nunc accusator, nunc reus; iocatur, ludit, pallet, tabet, suspirat, zelat, obsequitur; aut temptat aut 1 36 26
ipsis bene uigilastis; optime estis auditi. nouum iudicii genus est, in quo reus, si excusauerit crimen, damnatur, absoluitur, si fatetur. magna ratio, 1 42 1
pro uobis bene uigilastis, optime estis auditi. nouum iudicii genus, in quo reus, si excusauerit crimen, damnatur, absoluitur, si fatetur. o magna 2 10 2
tormenta confessio, quod sine sudore tortoris facinora sua sponte reus, ut fiat innocens, confitetur. pretiosa indulgentia est, fratres, quae et 2 24 2
confessio, quod sine truculenti sudore tortoris facinora sua sponte reus, ut fiat innocens, confitetur. pretiosa res est, fratres, quae et honorem 1 42 2
est et honoratus. denique rex iure secundus factus est regni, qui insignis rex erat iam ante pudoris. Susannam quoque, columen matronatus, 1 1 16
tollite portas principis uestri et eleuamini, portae aeternales, et introibit rex gloriae, et iterum magi: *ubi est*, inquiunt, *qui natus est rex* 2 5 2
et introibit rex gloriae, et iterum magi: *ubi est*, inquiunt, *qui natus est rex Iudaeorum?*. hic est, fratres, qui uenturus denuntiatus est per 2 5 2
calumniosam damnationem et liberatus a deo est et honoratus. denique rex iure secundus factus est regni, qui insignis rex erat iam ante pudoris. 1 1 16
quam occidere, inuerso gratus officio, deo dei munus retinendo placiturus. rex mansuetus, pater pius, propheta modestus. totum potest, a toto 2 9 7
una mens, una uirtus, unus triumphus exsultat. melioratur uita supplicio. rex non inuiderat pueris, si non eos praecepisset ardere. 2 27
hominem ad imaginem et similitudinem dei, et in Psalmis: *deus autem rex noster ante saecula operatus est salutem in medio terrae*, et alio loco: 2 5 2
<uirtutis> aequalitate pares, passionis uictoria gloriosi. hos barbarus rex, quod eius statuam adorare contempserint, incendi praecepit. qui ubi 1 53 1
tu es. ubi hominem mixtum, sic prosequitur: *dicite filiae Sion: ecce rex tuus uenit tibi iustus et saluans, mitis, sedens super asinum nouellum*, 2 5 2
uirtutem: impera montibus, ut transferant sese; in admirationem tui rictu blandiente leonum rabies euanescat; sub gressibus tuis maris unda 2 3 14
gestis aut meritis nec Daniel inducitur inter frementium leonum rabidos rictus intrepidus, caelesti prandio satur nec Ionas inter aestuantes procellas 2 18 1
quam speciosum est, fratres, quamque salutare, quem paulo ante ridiculo habueris, admirari; cuius exsecratus sis corruptelam, optes imitari 2 29 3
o quam adultera, quae non agnoscit, quo auctore sit nata! o quam ridiculosa, quae duobus confligentibus Christianis ab altero eorum, si non 2 3 10
uiuas exsequias et innocentis hominis obsequium nemo ante fletibus rigat, ne pater dubitasse uideretur, si flesset. deuotus sic stricto uultu 1 62 4
absit, fratres: immo potius ueneranda est, quia ueritatis speculum, quia rigida quaedam dilectionis est forma; quicquid enim a iusto didicit, id 1 36 18
procedis onusta, ubique delicata, sub monilibus fortis. denique ipso cultus rigore in oratione non flecteris, non manus tendis, tumidum monilibus 1 14 6
non est, quia licet sit uictrix, tamen triumphi sui palmam senectutis cum rigore partitur; cessat enim concupiscentiae pugna, ubi sub crebrescentibus 1 1 5
suum dorsum cum postfuturis abiecerat; Erythraeum quoque in geminas ripas medium scissum mare, ductisque dextra laeuaque aggeribus in aciem 1 18 1
et in tristissima senectute suscepta sollicitudinis mole gaudere; nam et risit Sarra munus iuuentutis subiens in senecta, unde nomen accepit infans, 1 43 2

uultis), uestem uiduitatis deposuit, id est sordidae religionis sordidos ritus abiecit. *aestiualia induit*: aestiua uestis, fratres, et munda est et 1 13 8
Christi populus uanis superstitionibus interesse atque in cultum nefandi ritus nunc aut libamina inceste profundere aut ornatus sertis uictimas 1 39 2
exsectae manus †et uenarum in se paululum stupore rursus in se riuus sanguinis ruens†. dehinc poplitibus surisque porrectis et a germana 1 39 8
quem uicerit. haec saepe indixit quietis gentibus bellum; haec aliquotiens robusta regna subuertit; haec aut sub turpibus aut sub crudelibus factis 1 1 8
non felicitas. semper inmobilis manet, alta quadam ac diuina temperantia robuste librata, uniuersas permotiones animorum placida moderatione 1 4 3
uenerabilis numeri sacramento muniti, aetate teneri, sed fidei soliditate robusti, supplicio suffragante gloriosi amore diuinae religionis regis adorare 2 22
marcidae mammae lactis ubertatem ostendunt et de ieiuna aetate puer robustior saginatur. nihil difficile est fidei, quae tantum habet, quantum 1 62 2
igne ferroque uniuersa uno momento disperdit. hinc Iob alta fidei radice robustus tot nuntiis lugubribus tunditur nec mouetur, sed tantum benedicit 1 15 3
nouas nuptas, quarum paene plures sint nuptiae quam natales. quae non rogantur ut nubant, sed ut dormiant inuitantur, propiores sepulcro quam 2 7 10
mortuusque diu numquam uisus est nudus. iam pauperes nostri alimenta rogare non norunt; iam uiduae atque inopes testamenta conficiunt. plura 1 14 9
deprecaris? aperi tandem oculos cordis: inuenies te insultare potius quam rogare. postremo, fratres, non potest timere maritum, quae non timet 1 14 6
tuus census est totum in misericordiam habere quod habes. tu sola rogari non nosti. tu oppressos uel cum dispendio tui incunctanter eripis in 1 36 31
sua necessitate neglecta pietatis largiter furtim semina spargit. nec rogari se permittit nec uicaria laudis remunerari mercede: hoc damnum 2 1 12
non membra tremore uibrantur; non dimissi, non torui sunt oculi. nemo rogat, nemo trepidat, nemo se excusat, nemo turbatur. ne uere sit 1 4 14
minor in mensura, maior in pretio; negat se habere, quod distrahat, ut rogetur, ut iugulet. atque utinam incorrupta species uenderetur! ingemescit 1 5 14
superstitionis busto in nefas conscium toto mundo funereum fecerat rogum. scatebat per tecta culminum publicum scelus nec fuerat locus, in 1 39 2
denotatur. neomeniae et dies festi odio habentur. potiuntur eorum Romani regno. nihil, ut arbitror, illis restitit proprium, nisi quod agno 2 17
regnum, ut post regiam dignitatem maiore dedecore in perpetuum imperio Romano seruiret. sane uultis scire, quantae sit sanctitatis? quem mare 1 52
unam ciuilem, alteram naturalem. quarum fecit apertissime, cum ad Romanos loqueretur, apostolus mentionem dicens: *nam iustitiam dei* 2 1 2
ui aliqua separetur. tum solemniter plorans clementer imbre suo rorat conceptaque musti felicibus lacrimis fluenta denuntiat. statim oculis 2 11 3
quem praecipitantur inueniunt. denique excipiuntur non flamma, sed rore, dei dignatione, non poena. o felix supplicium, quod incolumitate 2 22
esse cognosce. in caminum missi ut submersi sunt flammis, statim sibilo roris incendia temperantur. mors refugiens mutat officium: incensores 2 27
sunt in fornacem ignis ardentis, hos deuote cupidus ignis excepit. lambunt roscidos flammae blandientes. mira res: opacitas intus, incendium foris est; 1 53 2
mox deinde eorum particeps optauerim fieri, cum cognosco inter flammas rosculentos hymnum deo cecinisse securos. tanta est enim fidei uirtus 1 31
nos impleamus et non praetereat nos flos temporis. coronemus nos rosis, antequam marcescant. nullum pratum sit, quod non transeat luxuria 2 4 10
heres [et] pernici cursu procurrens atque recurrens, solemni meta rotatus in sese, proferens sibi de fine principium, natalicia infinita de 1 33 1
demum, qualis sit, iure possit agnosci. circumcisio est, fratres, in damnum rotundi uulneris ferro circulata cicatrix. quam si Iudaeus aestimat gloriam, 1 3 2
per hanc Ioseph Aegyptum suae dicioni subiecit. haec Moysi in mari rubro terram uitream fecit; haec, ut cursus soliti contempta mensura Iesu 1 36 8
qui ait: *ego sum uia et ueritas*. illorum profugus populus per mare rubrum dextra laeuaque undarum stupentibus rupibus pede sicco transiuit; 1 46b 2
manifestis ac puris, ut docti probent, minus instructi sese confirment, rudes discant ipsique, qui blasphemare nituntur, salutis suae bono uel sero, 2 18 2
fidissimus miserandae uiduitatis es portus. tu sanctissimo coniugali iugo rudi ceruice subeuntes in nisum laboris uel amoris aequalem retinaculis 1 4 21
puerum maternorum uiscerum prosecutae sunt damno. nulla adhibita rudi fetae sueto more fomenta; neque enim, fratres, his poterat indigere, 1 54 4
desperatione natiuitatis et admiratione progenitus in primis infantiae rudimentis iubenti ac deposcenti deo innocens martyr offertur, immaculata 1 59 2
nomen est deus. igitur duas natiuitates esse domini nostri Iesu Christi, rudis aut neglegens disce Christiane, ne quo decipiaris errore: unam, quam 1 54 2
unus panis cum signo datur, aqua cum uino, sal, ignis et oleum, tunica rudis et unus denarius; quem qui libens acceperit acceptumque non 2 6 8
res! exsultans exponit infantem totius naturae antiquitate maiorem. interea rudis non gemit feta. non mundum, ut assolet, infans fusus ingrediens 1 54 4
imaginem et similitudinem dei, posse iugulari, et hoc a fratre. erubescit rudis terra pio sanguine impiata. solus Cain exsultat infelix et, quod teste 1 4 9
manus †et uenarum in se paululum stupore rursus in se riuus sanguinis ruens†. dehinc poplitibus surisque porrectis et a germana coniunctione 1 39 8
muniti tres numero, sed una uirtute, anhelantibus flammis, camino rugiente non laeduntur. incensi hymnum canunt. barbarum regem fidei 2 15
qui cornu exsiliens, labra liuentia spumantibus uenis ebulliens palpitante ruina captiui tota miserabiliter per membra desaeuit. alios amentes, alios 1 38 6
dulcium liberorum atrocissimo impulsu, tectis parietum cum ruina confusis, nimia crudelitate festinus sepelit, antequam iugulet. ipsum 1 4 18
per omnem ecclesiam dei orationis loci membrum, quod possit quamuis ruina in se mergentibus idolatriae aedibus nunc usque aliquatenus 2 6 2
accipe, Christiane. Salomonis templum hostili uastatione subuersum cum ruina sua iacet sepultum: ubi sacrificant? sacerdotes iam non habent: qui 1 51
quam puniri. denique filios uocat, ut abdicatio timeatur; exaltatos, ut ruina terrori sit; spretores, ut poenam supplicii sibimet impendere 1 30
testes citat, ut exaggeret crimen; filios appellat, ut abdicatio, exaltatos, ut ruina timeatur, spretores sui, ut impios monstret. infelix culpa est, fratres, 1 20
improuidus, instabilis, caecus, incautus, inconstans, totus concitatus in ruinam; res sine substantia, negotium sine persona? omnia cito temptat, 1 4 7
uiribus aduersae partis exspectatione placida profligatis, in semet fortior ruinis, omnibus quaeque deleuerat bellum recuperatis in melius, felicitatis 1 4 19
eius est turpitudo; ideo pennatus, quia in quaecumque conceperit uelociter ruit; ideo telis facibusque constructus, quia inlicitis ardoribus semper 1 36 25
tecta quam ueste? tu, inquam, non es, quae nunc caelum ipsum ululatibus rumpens post talem maritum puncto temporis uiuere te non posse 2 7 7
animantium denique nulla natura, quae non timeat deum. cum grauamur rumpentibus sonis, concussis undique cardinibus, cum praeter morem 2 2 3
dei quiescentes commendari consuerunt, profanis aliquotiens ululatibus rumpit taetraque inluuie suum totum deformans cultum cadauer 1 2 14
quasi legis adultera Iudaeorum est a senioribus accusata, quod sabbatum ruperit, quod eorum traditiones abiecerit. Thamar protulit monile, anulum, 1 13 12
profugus populus per mare rubrum dextra laeuaque undarum stupentibus rupibus pede sicco transiuit; at nostrum mare uoluntarios suscipit, feliciter 1 46b 2
connexa dissoluit et cunctas conpage discussa iuncturas corporis rupit. exsilierunt exsectae manus †et uenarum in se paululum stupore 1 39 8
materia; de homine loto felicius manant doctrinae caelestis diuina fluenta, ruptis oculis, id est spiritaliter patefactis. praecedentibus foliis fructus 2 11 5
abrupte igni ferroque cum sua sibi tota substantia incolas, ciuitates et rura nihil omnino metuens amicae mortis fiducia. denique quod sapientia 2 1 7
mutuis cadunt per momenta uulneribus, concussae gemunt urbes, deleta rura respirare non possunt, maria plus praedonibus saeua sunt quam 1 5 3
superba. iactat se ludibunda per nemora, fontes, prata, baias, ciuitates ac rura, uniuersis uoluptatibus saepta, in cupidinem sui utrumque sexum, 2 4 10
non ulla re indiget, quia ei praeter quod est nihil est necessarium. haec rura, urbes ac populos composita pace conseruat; haec circa regum latera 1 36 13
erubesce, Christiana conscientia, uel tot ac tantis ex rebus quemadmodum rursum eadem quae es sis melior futura cognosce. praeterea granum 1 2 21
claritatis suae de plenitudine accendit. hic, qui semel occidit et ortus est rursum numquam repetiturus occasum. hic, inquam, quem *duodecim* 2 12 4
hominis sui eius artifex deus et dominus noster occidit et exortus est rursum, numquam sane repetiturus occasum. hic, inquam, quo ferales 2 19 2
elaborate, ne uestra integritas mutiletur, ne ingruentium peccatorum rursum, sicut Adae et Euae spiritale praeputium, male repetita nuditas 1 3 24
in crimine, ut aut Moyses fallax sit, si circumcisio recircumciditur rursum, ut hoc idem faciat aut ut quod non habet perdat; aut certe Iesu 1 3 15
uerae fornicariae habent perosum ac semper uitant, uiduitatis uestem rursus accepit. interea secundum condictum haedus mittitur, fornicaria 1 13 2
fuerat, et incipit esse, quod non erat. sequitur, quod uiduitatis uestem rursus accepit, non utique ut quae fecerat faceret, sed ut defleret se fecisse 1 13 12
mementote uxoris Lot. sed et apostolus sic: *quemadmodum reuertimini rursus ad ea, quae infirma et egena sunt elementa?* ascendentes uero sunt 1 37 12
post haec si libet nubere, omnia illa mentita es. quid hoc est? ecce rursus ad lenocinia redis, colorem de pyxide mutuaris paulo ante 2 7 8
sua morte reuiuescens, menstrualis ignis solemni germine accenso sumat rursus de fine principium. similiter Phoenix auis illa pretiosa resurrectionis 1 2 19
aperiunt cuncta penetralia, diligenter uniuersa crimina expellunt ac rursus diligenter accludunt, ne quid illo uel friuolum, inde quod 2 24 1
eas genuit uel cotidie generat, adhuc potest generare. e diuerso prouocatus rursus eas pro ingeniorum argumentorumque uiribus retractando ac 2 3 7
ita dominus omnes in se credentes sancti spiritus semine a mortuis rursus gloriosos in angelos excitabit. ad hoc unum euidens adhuc 1 2 26
sufficiat, hoc principaliter scientes, quia hanc nec effundere licitum est nec rursus haurire. 2 14
aqua sufficiat, hoc ante omnia scientes, quia hanc nec effundere licet nec rursus haurire. 1 12
rupit. exsilierunt exsectae manus †et uenarum in se paululum stupore rursus in se riuus sanguinis ruens†. dehinc poplitibus surisque porrectis et 1 39 8
sint, in exemplis agnoscimus. descendentes sunt, qui saeculo renuntiantes rursus reuertuntur ad saeculum, de quibus dominus ait: *nemo retro* 1 37 12
plantauit, in quam omnis fructus propheticus decucurrit. hic mihi, rustico uestro, beatissimi ignoscite agricultores, si quid uestrae sollertiae, 2 11 1
dominus deus sabaoth: fatigata est Aegyptus et mercatus Aethiopum; et Sabain uiri excelsi ad te transibunt et tui erunt serui et sequentur te 2 8 5
quod soli se sciunt. denique apud Esaiam ad filium *sic dicit dominus deus sabaoth: fatigata est Aegyptus et mercatus Aethiopum; et Sabain uiri* 2 8 5
in toto non esse praeconat. etenim plerumque contingit, ut ei nascatur sabbatis filius, quem octauo die, id est ueniente sabbato, si non secundum 1 3 3
contingit, ut ei nascatur sabbatis filius, quem octauo die, id est ueniente sabbato, si non secundum legem circumcidat, de populo suo infantis anima 1 3 3
fratres carissimi, eligat utrum uelit, circumcidat an differat. si circumcidit, sabbatum corrumpit; si non circumcidit, cum innocentis animae interitu 1 3 4
indicitur. immolatio aufertur. cessat unguentum. circumcisio uacuatur. sabbatum denotatur. neomeniae et dies festi odio habentur. potiuntur 2 17
regnum dei possidere non possunt. accedit, quod circumcisio aduersus sabbatum pugnat, quod uiolandum ullo opere in toto non esse praeconat. 1 3 3
et ecclesia quasi legis adultera Iudaeorum est a senioribus accusata, quod sabbatum ruperit, quod eorum traditiones abiecerit. Thamar protulit 1 13 12
utique et spiritali deo *sacrificium est necessarium* spiritale; quod non ex sacculo, sed ex corde profertur; quod non bromosis pecudibus, sed 1 25 9
specioso circulo sacer inflexus dies in mundani operis pensa quadriga temporum fertur 1 26
ac uere deo dignum, in quo definire difficile est, utrum sit patientior sacerdos an uictima! non percussoris, non percutiendi claudicat color; non 1 4 14
auctore perducit nec deest ad ministerium gladius, ut pater esset pariter et sacerdos. consimilis filii quoque est ex diuina uoluntate securitas. qui cum 1 59 6
heres et pater *est constitutus*? quid, quod Melchisedech, summus ipse sacerdos deo acceptissimus huius fuit cicatricis ignarus? quid, quod cum 1 3 5
alter alterum commendans deuotione consimili conuertuntur ad deum et sacerdos et templum. exsultate igitur, fratres, aedificationemque uestram 2 6 5
et quidem certiora. primo in libro Regnorum Samuel, egregius ille sacerdos, mortis iam lege dispunctus Sauli regi se desideranti sine 1 2 8
quia dei est uirtus; hic, inquam, agnus *perfectus*, quia in ipso magnus ille sacerdos pio mysterio sua uictima inclusus hodie deum reddidit hominem, 1 8 2
quoque necessario est etiam illud, a quo quid agatur in templo. sacerdos uocat, ostium credulitas aperit, simplicitas introducit, intellectus 2 6 9
quantum datur intelligi, fratres, nauis typus est synagogae: eius proretam sacerdotale corpus accipimus, nautas scribas et pharisaeos, iacturam 1 34 7
aliam sibi, id est ecclesiam matrem, sua pro uoluntate plantauit, quam sacerdotalibus officiis excolens piaque potatione fecundans felici ligno 1 10b 2
eius subuersa manu cum suis sibi sacrificiis sparsa in puluerem uanuerunt. sacerdotalis *cathedra pestilentiae* suo nomine deleta est. agnus salutaris, qui 1 28 1

miserabili uastatione campis aequatum suo puluere iacet sepultum. sacerdotalis *cathedra pestilentiae* cultorum suorum sacrilegio iure deleta 1 19 1
ipso loquente cognoscite; a quo appellatur synagoga *spelunca latronum,* sacerdotalis cathedra *pestilentia*, sacrificium *canina mactatio*, ieiunia 2 25 1
hic, carissimi, impietatis abominanda suspicio: Abraham dominum filio, sacerdotem praetulit patri, nec pium se credidit, nisi probasset fidelem. 1 59 7
uastatione subuersum cum ruina sua iacet sepultum: ubi sacrificant? sacerdotes iam non habent: qui eorum pro salute sacrificant? tauros, 1 51
prophetam spiritus sanctus clamat et dicit: *praecingite uos et plangite, sacerdotes; lugete omnes, qui deseruitis altari, quoniam ablata est de domo* 1 25 6
his omnibus operibus uero iudicio structores magis possunt placere quam sacerdotes. quid, quod aut nullum aut perrarum est per omnem ecclesiam 2 6 1
synagoga compellit. Iob amici sui insultasse perhibentur; et domino sui sacerdotes, sui insultauere cultores. Iob in sterquilinio pleno uermibus 1 15 8
inuidiosis uocibus deo concinnat inuidiam, solemnia ipsa diuina, quibus a sacerdotibus dei quiescentes commendari consuerunt, profanis aliquotiens 1 2 14
cecidit. altaria dei ipsi euerterunt. *lex et prophetae usque ad Iohannem*. sacerdotibus eorum luctus indicitur. immolatio aufertur. cessat unguentum. 2 17
dominici omnibus omni genere munerum largus. namque piis mercedem sacerdotibus praestat, consequentibus ministris promotionis augmentum, 1 6
contenta! tu in uirginibus felix, in uiduis fortis, in coniugiis fidelis, in sacerdotibus pura, in martyribus gloriosa, in angelis clara, in omnibus uero 1 1 20
iubetur, ut ad futura contendat. Moyses et Aaron per id, quod erant, sacerdotium, per suum numerum demonstrabant duorum testamentorum 2 26 2
pascha contendunt, qui cum templo summo, ut putabatur, summum sacerdotium perdiderunt. regalis unguenti cornu priuati sunt. circumcisio, 1 46a 1
conueniunt, ita uiuenti deo uiua templa sunt necessaria. in his enim solis sacerdotum dei structura et propria est et perennis, qua et Iudaeos et 2 6 4
prouidentia comparatur. hic labor noster illustris, haec gloria omnium sacerdotum, hoc mysterium deo, hoc opus carum, hos opus uiuum 2 6 11
addicunt, *dei templum* profanis patefaciunt, sacraria usque ipsa denudant, sacra confundunt amissa luce laetantes in tenebris, habentes fana, non 2 7 12
tamen in eo, quid cuius sit, inuenitur. si igitur in opere extraneo paritas sacra distingui non potest, deus in alio se inferior esse quemadmodum 1 45 2
aestimet fideliorem, si loquatur argute, cum magis uerus sit ille fidelis, qui sacra in praedicatione non ultra, quam licitum est, aciem suae tetenderit 2 3 12
uniuersis affectibus praestat, haec parentum, coniugum liberorumque sacra iura custodit, haec in utroque sexu conspicua, in omni aetate 1 1 1
mirum, fratres dilectissimi, ac delectabile certamen deo historia sacra prodidit nobis ignis ac fidei. etenim duo discordantia deuotione 1 48
mentibus nascitur. lex enim pendet ex caritate, non caritas pendet ex lege, sacra scriptura dicente: *iusto lex posita non est, sed peccatori*. peccator 1 36 17
sicut sacra scriptura testatur, erat ante omnia manens unus et idem alter ex 1 50
tumulos in altaria, cadauera in simulacra, parentalia in sacrificia, mores in sacra. sic, sic genus humanum a dei cultura rapuit, dum blanda festiuitate 1 1 12
post deuotissime completa expiationis sacrae casta ieiunia, post clarissimae noctis suo sole dulces uigilias, post 1 24 1
neglegentes legis sacrae cultores saepe magno inplicantur errore, cum aut dicta non pro 1 35 1
sacrae historiae, fratres dilectissimi, ad hoc nobis est tradita legenda 1 15 1
sunt duo, quae similiter duobus capitibus unam litteram fingunt, id est sacrae legis duobus edictis unum Christum dei filium spiritali 1 37 4
si quis studio uel noscendae uel impugnandae sacrae legis naturae Natiuitatis Moysei librum lectitando saepius replicauit, 2 4 1
iniustitiae magis stultitiam, iustitiae sapientiam conuenire. quod etiam sacrae legis testimoniis probare non desinam, cuius ista sunt uerba: *nam* 2 1 5
est Christus, quem ante omnia saecula pater in profundo suae sacrae mentis arcano insuspicabili ac soli sibi nota conscientia, filii non 1 17 1
uestra, hae uirtutes, quibus Hierusalem spiritalis instruitur, quibus sacrae orationis iste locus nouus et populus cotidie Christi dei et domini 2 6 11
denique cum dominus interrogaretur, quod esset summum legis sacrae praeceptum, sic ait dicens: *diliges dominum deum tuum ex toto* 1 36 17
mira, fratres dilectissimi, historiae sacrae sic est perlecta narratio. cum Israelis populus enormi captiuitatis 1 29 1
iuuenes: uos estis lapidibus adamantinis meliores. exsultate, pueri, sacrae turris dulces ac sine pretio margaritae. felicia, exsultate, coniugia: 2 6 10
gloriosum palmamque prouocauero, nobis fortassis insultent, quia nostrae sacrae uirgines uiduaeque magno pro inmortalitatis praemio, suae autem 2 7 11
requiescit libens florentissimo in domicilio castitatis et in uisceribus sacrae uirginis comparat sibi corpus suo iudicio nasciturus. in hominem 2 12 1
sinistro consensu inuidi ex lubricitate serpentis est inpatientiam mutuatus sacraeque arboris pomum male dulce delibauit, lacrimas repperit, dolores 1 4 8
quam diu, Iudaee, bruti cordis necdum discutis tenebras sacraeque legis oracula iam in Christo completa nec probando cognoscis? 2 20 1
disseminatae uenena confecerant, ad dei cultum bonae uitae exemplis sacraeque legis religiosis exhortationibus excitaret. at ille *semen suum fudit* 1 13 5
tu Euam in Mariam redintegrasti. tu Adam in Christo renouasti. tu sacram crucem in salutem perdito iam mundo prouidisti. tu mortem deum 1 36 29
dilectissimi, triumphali quodam modo uti sermone nouique operis arcem sacram laudibus geminare. sed quamuis sit optimum laudare, quae dei 2 6 1
sacram legem qui spiritaliter accipit, fratres, iste est, eius qui fructu 1 8 1
autem noster, sicut Genesis protestatur, *leonis est catulus*, cuius ista pia sacramenta celebramus, qui ad hoc *recubans obdormiuit*, ut uinceret 1 38 4
qui profanis fabulis neglecta dei secta alios non bene auocantes diuina sacramenta contaminant. iam uideat unusquisque, quemadmodum 1 25 11
quid statis, fratres, uestram quos per fidem genitalis unda concepit, per sacramenta iam parturit? ad desiderata quantocius festinate! solemnis 2 28
filius' ad ineffabilem originem pertinet, 'hominis' ad sacramentum. cuius sacramenti arcanum euidenti ratione quasi quadam claui aperire conabor, 2 4 3
sibi de fine principium et tamen a cunis genitalibus non recedit. profecto sacramenti dominici imaginem portat, nam occasu passionem 1 57
pausa crescit in senium et tamen a cunis genitalibus non recedit. profecto sacramenti dominici imaginem portat, nam occasu passionem 1 58
per totum orbem dispersere terrarum. Ionas in naui dormiens sacramenti dominici imaginem praeferebat; etenim significabat nauis 1 34 8
a se in semet *sua per uestigia* reuolutus dies salutaris aduenit, officiis sacramenti dominici omnibus omni genere munerum largus. namque piis 1 6
saepe iactare hanc esse gentis suae nobilitatem, hanc caelestis sacramenti uirtutem, hanc aeternae uitae legitimam genitricem, hanc 1 3 1
festinat denique inplere sacrificium, ne mora faciat peccatum. necessaria sacramentis protinus praeparantur, ascenditur in montem. omni mysterio 1 43 4
et igni, ipse tunc quoque numero suae adfuit trinitatis. denique rem sacramento gestam esse cognosce. in caminum missi ut submersi sunt 2 27
tres Hebraei uenerabilis numeri sacramento muniti, aetate teneri, sed fidei soliditate robusti, supplicio 2 22
et deum fortiter time, diaboli si uis incendia non timere. ecce pueri sacramento muniti tres numero, sed una uirtute, anhelantibus flammis, 2 15
abiecerit. Thamar protulit monile, anulum, uirgam seque liberauit sacramento numeri ab imminenti supplicio; ecclesia ipsa ueritate, in 1 13 13
senum constantia maiores, iuuenum uirtute fortiores, sibi pares, trinitatis sacramento praemuniti, unitatis una fide solidi, <uirtutis> aequalitate 1 53 1
potestati subiacet cordis, quod nisi uerae circumcisionis spiritali fuerit sacramento purgatum, in aeternum homo, de quo agitur, periturus est; 1 3 9
Iudaeus legitimum gerere se pascha contendit, cui nihil aliud de ueteri sacramento quam inanibus intexta suspiriis fabula remansit. denique 1 28 1
lege, sed sub gratia sumus, quae nos diligere deum ac soli illi seruire in sacramento semel creditae unitae trinitatis non argumento, non necessitate, 2 3 2
in *stabulo*, id est in ecclesia, quo pecora diuina succedunt, uenerabili sacramento susceptum cotidianis praedicationum medicaminibus curat. 1 37 10
Adam per Christum, Eua per ecclesiam renouaretur. hoc nos, fratres, sacramento tam uiri quam feminae circumcidimur. hoc spiritus sancti non 1 3 21
quam solet septenario pabulo ignis armatus est. credo diuina prouidentia sacramento trinitatis spiritalem quoque numerum conuenire. denique nec 1 22 2
incendentibus, non incensis. o admirabilis ratio! o inaestimabilis gloria dei! sacramento trinitatis tam potentis elementi subacta natura est. qui 1 48
natura negauerit, caritas reddit. haec coniugalis affectus duos homines sacramento uenerabili unam cogit in carnem. haec humanitati praestat esse 1 36 13
dulcibus uenenis occisum infernaeque sedi submersum maiestatis suae sacramento uiuificatum insuper regni caelestis participatione ditauit. o 1 36 28
diffusos limites habet, quos peragrare competenti sermone urgentium sacramentorum non sinit pondus. uerum tamen ne in toto solemnitas 1 10b 1
sacerdotium, per suum numerum demonstrabant duorum testamentorum sacramentum. columna uiam demonstrans Christus est dominus. quod 2 26 2
publicauit. igitur 'dei filius' ad ineffabilem originem pertinet, 'hominis' ad sacramentum. cuius sacramenti arcanum euidenti ratione quasi quadam 2 4 3
iam manifeste in homine suscipiendo fuisse prouidentiam, in passione sacramentum, in resurrectione summum bonum? hic nunc primum 2 4 7
in uterum meruerat filium animarum omnium saluatorem. o magnum sacramentum! Maria uirgo incorrupta concepit, post conceptum uirgo 1 54 5
non crimen. quid hoc est? ecce immanitas in fidem et scelus transit in sacramentum; parricida incruentus redit et qui immolatus est uiuit. ambo 1 4 15
credentium non colla, sed corda decorare consueuit. uirga per lignum sacramentum passionis domini annuntiabat, sicut euidens declarat 1 13 10
mysteriis turpioribus immolauit, illa uidelicet ratione, quia Iudaeus post sacramentum per hanc partem peccare potest, ille autem deinceps per hanc 1 3 2
ut uita beata pretiosae mortis uindemia comparetur. dies uero ad sacramentum pertinet resurrectionis domini nostri Iesu Christi, qui *in* 1 33 4
habet, sed uxor. sic igitur, quoniam una sunt caro, unum diuini operis sacramentum, quoniam femina de uiro suo facta est alterque alteri tenetur 1 1 14
dominus datos esse commemorat. quae parabola sublata dubitatione scalae sacramentum spiritaliter intuentibus patefecit: *homo* enim adgressuram 1 37 10
quod conuenit cum ea, fidelium communionis sanctae significabat sacramentum. Thamar *concepit in utero*, ecclesia corde concepit, illa 1 13 11
est: *annuntiatis mortem domini, donec ueniat*. aperies os piscis: hoc est sacramentum uel quae in prouerbiis locutus sum non intellegentibus 1 37 6
Christi daemoniorum seruis addicunt, *dei templum* profanis patefaciunt, sacraria usque ipsa denudant, sacra confundunt amissa luce laetantes in 2 7 12
dignitate deposita, non tamen potestate, caelo egressus metatura praedicta sacrario templi uirginalis hospes pudicus inlabitur ibidemque qualis uelit 2 12 1
preces. tu es sacrificium deo carum, tu legitimum dei templum, sacrarium pudoris. te corruptio intrare non nouit. per te saeculum uincitur, 1 1 21
subiens in senecta, unde nomen accepit infans, qui post haec Abraham sacratam deo approbat mentem. unicus ille filius solliciti senis adhuc 1 43 2
peccatis omnibus absolutos non foetidis cunis, sed suaue redolentibus sacri altaris feliciter enutrit a cancellis, per dominum nostrum Iesum 1 32
attingi, patris et filii festinant nec intelligunt, quia in exordio carminis sacri deus deo sua sibi et diuinitate et nomine comparatus omnes humani 1 45 1
etiam breuis; alia uero animi, quam nos nobis ipsi hac in uita per fidem sacri fontis uiuo de gurgite conparamus, nobilis et aeterna, quia animus, 2 4 8
corporis manente materia, interficit *hominem ueterem*, creat nouum, sacri gurgitis elemento sepelit. et cum omnium aquarum natura sit talis, 2 10 2
timetis. *uetus* enim *homo* uester feliciter condemnatus est, ut absolueretur, sacri gurgitis unda sepultus, ut sepulcri nido uiuificatus resurrectionis iura 2 29 1
quaerunt. at ubi uentum fuerit ad diuini certaminis campum coeperintque sacri nominis telo pulsari, tunc, cum alium noueris, alium certe misereris: 1 2 6
nostris competentibus praestaturus, quos nunc inuitat felix occasus, ut sacri oceani lacteo profundo dimersi inde nouello nouellique cum die 1 57
hodie competentibus praestaturus, quos iam nunc felix inuitat occasus, ut sacri oceani lacteo profundo demersi, surgentes inde nouello nouelli cum 1 44 2
inuenietis nullum habere minus. tripondes sunt omnes, numismatis sacri una libra signati, qui mensae deseruiunt. 1 41 3
existimaret sibi impune esse cessurum, scriptura iterum ibidem dicit: *sacrificans diis eradicabitur, nisi domino soli.* haec gentes, nisi 1 25 5
salute sacrificant? tauros, hircos, arietes et agnos abhorret dominus: unde sacrificant? deum dereliquerunt, altaria eius euerterunt: cui sacrificant? 1 51
sed et illi, qui per sepulcra discurrunt, qui foetorosis prandia cadaueribus sacrificant mortuorum, qui amore luxuriandi atque bibendi in infamibus 1 25 11
templum hostili uastatione subuersum cum ruina sua iacet sepultum: ubi sacrificant? sacerdotes iam non habent: qui eorum pro salute sacrificant? 1 51
dominus: unde sacrificant? deum dereliquerunt, altaria eius euerterunt: cui sacrificant? sane hoc solum proprium retinent, quod, ut uilem libidinem 1 51

deposcunt spiritumque suum tota humilitate contribulatum ambitiose sacrificant sicque legitime celebrata paenitentia deum sibi propitium 1 34 9
ubi sacrificant? sacerdotes iam non habent: qui eorum pro salute sacrificant? tauros, hircos, arietes et agnos abhorret dominus: unde 1 51
dii gentium daemonia; dominus autem caelos fecit; et in Deuteronomio: *sacrificauerunt daemoniis et non deo.* ac ne quis sacrilegium existimaret sibi 1 25 5
etiam ipsae cognoscunt se habere legitimum. nunc Iudaeorum quoque sacrificia <a> deo repudiata cognoscite, qui dicit ad eos in Esaiae libro: 1 25 6
in templa, tumulos in altaria, cadauera in simulacra, parentalia in sacrificia, mores in sacra. sic, sic genus humanum a dei cultura rapuit, 1 1 12
patrem uestrum, qui est in caelis. itaque, dulcissimi flores mei, talia sacrificia procurate, quae sanctus spiritus libenter offerat, pater probet, 1 25 13
indiuiduo pietatis, quia laus filii est patris et laus patris amborum. nunc sacrificii nostri proprietatem nos conuenit nosse, quae facile ex aduerso 1 25 9
manducabit carnem. anima autem quaecumque manducauerit de carne sacrificii salutaris, quod est domini, et inmunditia eius super ipsum est, 1 25 12
campis aequatum iacet. altaria dei eius subuersa manu cum suis sibi sacrificiis sparsa in puluerem uanuerunt. sacerdotalis *cathedra pestilentiae* 1 28 1
denotati uulneris inflictu minatur. omne genus pecudum cum suo sibi sacrificio reprobatur. ieiunia eorum, dies festi omnisque solemnitas 1 46a 1
cum quanta obtulerat et filium; ubi enim fides fuit, non erat dolor. in illo sacrificio solus deus doluit, qui aliam uictimam procurauit; nam Abraham 1 43 7
tota mugiet litibus domus, blasphemabitur deus arreptoque forsitan ipso sacrificio tuo tuum pectus obtundet, tuam faciem deformabit praestans 2 7 15
sacramentis protinus praeparantur, ascenditur in montem. omni mysterio sacrificioque disposito ductus filius gaudens gaudente patre, patris dextra 1 43 4
incredulorum. *immola,* inquit, *deo sacrificium laudis.* primo omnium sacrificiorum tria esse genera, nouelle, disce, Christiane, ne quo seducaris 1 25 3
cognoscite, qui dicit ad eos in Esaiae libro: *quo mihi multitudinem sacrificiorum uestrorum? plenus sum holocaustomatis arietum et pinguamine* 1 25 6
fidei suae diuina uoce postulatur ad uictimam. 'uolo, dixit deus, mihi fieri sacrificium, Abraham, tuis manibus in monte de filio tuo; haec mihi 1 43 3
Malachiam prophetam: *non est mihi uoluntas circa uos, dicit dominus, et sacrificium acceptum non habeo ex manibus uestris. quoniam a solis ortu* 1 25 7
necessario proferemus exemplum, quod et Iudaei odiosum et Christiani sacrificium approbet deo gratum, apud Malachiam prophetam: *non est* 1 25 7
diuina sacramenta contaminant. iam uideat unusquisque, quemadmodum sacrificium aut sumat aut offerat; sicut enim indigne offerre sacrilegum est, 1 25 12
appellatur synagoga *spelunca latronum,* sacerdotalis cathedra *pestilentia*, sacrificium *canina mactatio*, ieiunia *odium*, populus *progenies uiperarum.* 2 25 1
nosse, quae facile ex aduerso cognoscitur. nam si diis *corporalibus* sacrificium conuenit *corporale, utique* et spiritali deo *sacrificium est* 1 25 9
per te allegatae priusquam fundantur acceptantur preces. tu es sacrificium deo carum, tu legitimum dei templum, sacrarium pudoris. te 1 1 21
imitari. ergo inquit: *non est exaltatum cor meum,* docens *optimum* esse *sacrificium deo cor contribulatum.* quapropter, fratres, *efferendum non est* 2 9 3
quid ultra? non potest, fratres, ullum celebrare mysterium, cuius sacrificium diuina sententia aduertitis esse damnatum per dominum 1 19 2
dei fuit, quod pepercit. nec qui feriebatur timuit, nec qui feriebat expauit. sacrificium domini non dimittitur, sed mutatur. melius seruauit filium, 1 62 5
si diis *corporalibus* sacrificium conuenit *corporale, utique* et spiritali deo *sacrificium est necessarium* spiritale; quod non ex sacculo, sed ex corde 1 25 9
haec gentes, nisi conuertantur, manet diuina sententia, quae nec deum nec sacrificium etiam ipsae cognoscunt se habere legitimum. nunc Iudaeorum 1 25 5
manducabo carnes taurorum aut sanguinem hircorum potabo? immola deo sacrificium laudis et redde altissimo uota tua et inuoca me in tribulatione 1 25 1
magnum est nomen meum apud gentes, dicit dominus. immola deo sacrificium laudis. immola, inquit, *deo,* non daemoniis, *sacrificium laudis*, 1 25 8
immola deo sacrificium laudis. immola, inquit, *deo,* non daemoniis, *sacrificium laudis*, non uituperationis, et *redde altissimo uota tua.* honorem 1 25 8
catenis uincta tenebrarum mens laboret incredulorum. *immola,* inquit, *deo sacrificium laudis.* primo omnium sacrificiorum tria esse genera, nouelle, 1 25 3
apud gentes, et in omni loco odores incensi offeruntur nomini meo et sacrificium mundum, quoniam magnum est nomen meum apud gentes, 1 25 7
hoc iussisse deum. de filio hostiam parat, festinat denique inplere sacrificium, ne mora faciat peccatum. necessaria sacramentis protinus 1 43 4
matris limae moderato dente figurata. quae est ergo ista dementia sacrificium nescientibus procurare, lumen caecis inferre, tura non 1 25 4
quo tibi ecclesia, illi adeunda sint templa. quo genere unusquisque suum sacrificium procurabitis, quo sumptu, quibus uasis quibusue ministris? at si 2 7 14
unum remeando si non confusione, uel errore fiunt una. quid, quod illius sacrificium publicum est, tuum secretum? illius a quouis libere tractari 2 7 14
gentium, reprobum Iudaeorum, populi Christiani mundum. igitur gentium sacrificium quam exsecrabile est, tam inane; colunt enim uani uana 1 25 3
infelicitatis. taceo, quod commemoratio est ingrati, non remedium, sacrificium quod ipse reprobat fieri, qui praecepit. hoc solum dico: imple 2 20 2
clamante: *dona iniquorum non probat altissimus.* hic quaerite, Christiani, sacrificium uestrum an esse possit acceptum, qui uicinarum possessionum 1 25 10
cur enim mereatur felicitatem futuri temporis cernere, quem uideas sacrilega incredulitate dei potentiae derogare? sed hoc amore criminum 1 2 1
inter plurimos maritos non possis, cuius fueris uxor, agnoscere. noli esse sacrilega, noli proditrix legis. profano cur nubas, cum possis nubere 2 7 18
cum medullitus mulier ardoris insani conflagraret incendio, in suadelam sacrilegam argumentis uehementer armata captat solitudinem, secretum 1 1 16
nec animas inspiraueris nec salutem praestare possis. unde uel sero sacrilegam uocem comprime humanae fragilitatis memor, qui in hoc ipso, 2 1 21
hominis tamen, uultus quiuis ulla uiolauerit ratione, nonne continuo uelut sacrilegii commissi capitales poenas luit? quanto magis in dei causa fortius 1 36 24
caelo spectante probatur, Archadius beatissimus martyr huius inopinati sacrilegii horrore percussus paululum distulit pugnam, iam debitus ad 1 39 3
uox, quae increpatio has condigne possit arguere, quae dedecus suum sacrilegio dotantes *membra Christi* daemoniorum seruis addicunt, *dei* 2 7 12
puluere iacet sepultum. sacerdotalis *cathedra pestilentiae* cultorum suorum sacrilegio iure deleta est. exinanitum cornu iam non spirat unguenta. dies 1 19 1
non uenire. sed multo peius est, si places marito: neque enim sine sacrilegio possis placere sacrilego. ut rem compendio transigam: utique a 2 7 16
tractari potest, tuum etiam a Christianis ipsis minime consecratis sine sacrilegio uideri non potest? postremo detestabilis est uiuendi condicio, ubi 2 7 14
culminum publicum scelus nec fuerat locus, in quo non erat pro religione sacrilegium. cogebatur Christi populus uanis superstitionibus interesse 1 39 2
fecit; et in Deuteronomio: *sacrificauerunt daemoniis et non deo.* ac ne quis sacrilegium existimaret sibi impune esse cessurum, scriptura iterum ibidem 1 25 5
medicinam. ceterum qui parcit uenefico, homicidae, adultero, incestatori, sacrilego, nisi eius curauerit mentem, non uideo, quid illi praestiterit. o 2 24 2
multo peius est, si places marito: neque enim sine sacrilegio possis placere sacrilego. ut rem compendio transigam: utique a templo regrediens 2 7 16
alios amentes, alios furiosos, alios homicidas, alios adulteros, alios sacrilegos, alios auaritia efficit caecos. longum est ire per singula: uarias 1 38 6
metiris? si, quod quidem recte aestimas, in infernis, procul dubio omnes sacrilegos antecedis, qui Moysi reprobans dictum per hanc iniuriosam 1 3 14
sacrificium aut sumat aut offerat; sicut enim indigne offerre sacrilegum est, ita indigne manducare mortiferum, in Leuitico scriptura 1 25 12
respondere non audeo, sit quippe cum tutius imperitum uideri quam esse sacrilegum. et tamen habeo, qui pro me tibi obsistat: nam lex, per quam 2 3 15
nunc mihi Abrahae memoranda est mira illa temptatio, quae eum aut sacrilegum fecerat, si contemneret deum, aut crudelem, si occideret filium, 1 4 13
una uno partu uestra uos peperit mater. sicut paruulis morem geram sacrique horoscopi pandam tota breuitate secreta. igitur, fratres, genesis 1 38 2
filio tuo; haec mihi uictima placet, hoc me sanguine deplacabis, iste meis sacris debetur; unde immolari iam iubeo.' non contristat frontem 1 43 3
moritur, sed cum maturum leti tempus aduenerit, a semet ipsa inuitatis sacris ignibus libentissime concrematur. sepulcrum nidus est illi, fauillae 1 2 20
ligaturis adstringitur, cum renuntians saeculo sponsione facta spiritaliter sacris interrogationibus obligatur. luxuriosi crines falce tonduntur, id est 2 11 5
corrupta sunt omnia, ut quicquid in eo geritur, non debere diligi a nobis sacris uocibus dum iubetur, recte sapientibus exsecrabilis esse uideatur, 1 36 27
quique illi fuerit cruciatus sua complicat uota. denique tres pueri in illo sacro certamine prae oculis deum sibi proposuere, non flammas, praemium 1 11
at cum mera fide credentis salutari fuerit necata baptismate, noua paterni sacro resurgit fontis ex gurgite iam pura, iam libera, iam a conuersatione 1 2 25
quis crediderit, tantum beatitudinis et habebit. o admirabilis et uere diuina sacrosancta dignatio, in qua quae parturit non gemit, qui renascitur 1 55
argentum, uestem pretiosam ornamentaque superba et superuacanea pro sacrosancto habes sicut idolum, te per momenta componis, diues in 2 1 19
non aetatem considerat, non formam, non sexum, non gradum, non sacrosanctum illum saltem suae pietatis affectum. hic facibus suis Euae 1 36 25
intellegitur legitimo examinis numero examinatus. scrobem fontem sacrum debemus accipere, qui uera sarmenta homines suscipit mortuos et 2 11 4
unum aquae, quod gestum est, ignis alterum, quod futurum. mare fontem sacrum debemus accipere, in quo, quibus aquis dei serui liberantur, iisdem, 2 26 3
morti, sunt a deo, quod opus tenebrarum dilexerint, destinati. uer sacrum fontem debemus accipere, cuius diuite ex alueo Fauonio non uento, 1 33 2
anni parens annique progenies; antecedit quae sequitur tempora et, ut saecula colligenda disseminet, parit sibi de fine principium. hic est, quo 2 19 1
beatus quieuit in pace; dominus autem manet benedictus in aeternum ante saecula et a saeculis et in cuncta saecula saeculorum. 1 15 9
nostrum Iesum Christum, qui est benedictus cum spiritu sancto ante saecula et in saeculis et in omnia saecula saeculorum. 1 13 13
dominus deus thronum Dauid patris sui et regnabit super domum Iacob in saecula et regni eius non erit finis. Salomon in Sapientia similiter dicit, 2 5 6
deo credentibus populis, qui omnia inmortalitatis semine propagantur in saecula. in huius diei luce gradientes exsultemus fide,iucundemur bona 1 33 4
anni parens annique progenies antecedit quae sequitur tempora et saecula infinita disseminat. parit sibi de fine principium, hoc nostris 1 44 1
nouellus, anni parens annique progenies antecedit sequiturque tempora et saecula infinita. parit sibi de fine principium et tamen a cunis genitalibus 1 57
imaginem et similitudinem dei, et in Psalmis: *deus autem rex noster ante saecula operatus est salutem in medio terrae*, et alio loco: *parata sedes tua,* 2 5 2
dies magnus aduenit, menses in tempora, tempora in annos, annos in saecula pandens. sine pausa crescit in senium et tamen a cunis genitalibus 1 58
fratres, dominus noster incunctanter est Christus, quem ante omnia saecula pater adhuc utrumque in semet ipso deus beatae perpetuitatis 1 56 1
dilectissimi, dominus noster incunctanter est Christus, quem ante omnia saecula pater in profundo suae sacrae mentis arcano insuspicabili ac soli 1 17 1
haec glorificata uestri numeri incrementis ac fidei cum Christo in aeterna saecula permanebit per dominum et conseruatorem nostrum Iesum 1 13 13
est benedictus cum spiritu sancto ante saecula et in saeculis et in omnia saecula saeculorum. 1 13 13
homine, cuius profitetur deus se esse debitorem? qui est benedictus in saecula saeculorum. 1 14 9
manet benedictus in aeternum ante saecula et a saeculis et in cuncta saecula saeculorum. 1 15 9
quae habet, habentem filium paria procreauit, qui est deus benedictus in saecula saeculorum. 1 17 2
nostrum Iesum Christum, qui est benedictus cum spiritu sancto in omnia saecula saeculorum. 1 19 2
et tamen deo demens adhuc usque non credit, qui est benedictus in saecula saeculorum. 1 29 2
hominibus non esse fortiores, per dominum Iesum, qui est benedictus in saecula saeculorum. 1 11
per dominum Iesum Christum, qui est benedictus cum spiritu sancto in saecula saeculorum. 1 10b 3
magister est noster, probata glorietur per eundem, qui est benedictus in saecula saeculorum. 1 25 13
dominum et saluatorem nostrum Iesum Christum, qui est benedictus in saecula saeculorum. 1 6
et resurrexit, homo aestimatus est et inuentus est deus gloriosus in saecula saeculorum. 1 46a 2
Iesum Christum, qui est benedictus cum spiritu sancto in aeterna saecula saeculorum. 1 35 9
patri placere mereamur domino iuuante nos Christo, qui est benedictus in saecula saeculorum. 1 2 32
infelicem, non credentes, quia dei praecepta custodiens, huius modi officiis saeculares obterens uoluptates cum fuerit uictor carnisque nexibus liber, 2 1 14

esset, inter memorata impar cultu semper ecclesia inueniretur. sed haec	saecularia sine legitimo ac deuoto cultore nec sufficientia nec necessaria	2 6 3
ambulari? prioribus, fratres, posteriora respondent: de rebus enim loquitur	saecularibus. *in magnis et mirabilibus* se dicit non ambulasse, utique non	2 9 6
est, quoniam per ipsum et in ipso sunt omnia. nec uos moueat, fratres,	saecularis ac uere puerilis inconsideratorum hominum disputatio, qui ideo	2 8 9
te habere demonstra. sin uero, quod magis est, sub sono legis ac fidei	saecularis amore iactantiae accensus nascentis dei de deo spiritusque sancti	2 3 15
illa praeputium paruae cutis, haec praeputium totius concupiscentiae	saecularis; illa octauo deseruit diei, huic deseruiunt tempora, dies, horae	1 3 23
euigila, Christiane, omnique	saecularis somni torpore discusso, apertis auribus cordis a pueris disce	2 27
crudis atque acidis uomitibus inurguetur, in quo musti uestri dulcedo	saecularis uini pridiani exhalante foetore corrumpitur, sed caelesti prandio,	1 24 1
trahi, contemptis uniuersis facultatibus suis, amputatis radicibus	saeculi delitescens secessionis se commendauit umbraculo, utrumque	1 39 3
oculorum et ambitio saeculi, quae non est a patre, sed ex concupiscentia	*saeculi. et mundus transibit et concupiscentia eius. qui autem fecerit*	2 4 12
mundo est, concupiscentia carnis est et concupiscentia oculorum et ambitio	*saeculi.* his enim auctoribus concipitur, his ducibus geritur, his ministris	2 9 5
extranea, iam morte superior, iam caelestia aspirans, iam, non dicam	saeculi ludibria, sed, ut sit honoratior, se ipsam contemnens, iam ueritatem	1 2 25
propheta modestus. totum potest, a toto dissimulat; magnis ac mirabilibus	saeculi non mutatur; mitem humilemque retinet ubique pastorem. post	2 9 7
mundo est, concupiscentia carnis est et concupiscentia oculorum et ambitio	*saeculi, quae non est a patre, sed ex concupiscentia saeculi. et mundus*	2 4 12
mundo est, concupiscentia carnis est et concupiscentia oculorum et ambitio	*saeculi, quae non est a patre, sed ex concupiscentia mundi.* per hanc enim	1 36 27
— iam non miserabilis, sed mirabilis — funereo ambitu excedit uicti	saeculi triumphum reportans, quam tot suppliciis omnes crediderant	2 2 7
in pace; dominus autem manet benedictus in aeternum ante saecula et a	saeculis et in cuncta saecula saeculorum.	1 15 9
Iesum Christum, qui est benedictus cum spiritu sancto ante saecula et in	saeculis et in omnia saecula saeculorum.	1 13 13
quo calor genitalia iam relinquebat. mira prorsus, carissimi, et speranda	saeculis post futuris diuinae ordinationis propago formata: ad principium	1 59 3
ambo sibi gloria, ambo claritatis exemplum, ambo dei cultus admirabile	saeculis testimonium. felix orbis fuerat, fratres, si omnes sic fierent	1 4 15
salutem in medio terrae, et alio loco: *parata sedes tua, deus ex tunc et a*	*saeculis tu es*. ubi hominem mixtum, sic prosequitur: *dicite filiae Sion: ecce*	2 5 2
utique non dei, sed in illis, quae magna ab hominibus hoc putantur in	saeculo. at *cum addidit: super me*, ostendit numquam se elatum fuisse,	2 9 6
quotienscumque in hoc peruerso	saeculo contra laudabiles uiros multiformes tenduntur insidiae et diuersis	1 40 1
conparanda consilio. Archadius beatissimus martyr adhuc demoratur in	saeculo et iam martyr recitatur in caelo.	1 39 9
custodite. etenim uester contractus omnis ablatus est. securi gaudete; nihil	saeculo iam debetis. ecce nullum pondus, stridor nullus est mundanarum	2 29 1
etenim omnis [actus] uester contractus ablatus est. securi gaudete: nihil	saeculo iam debetis. in magno quidem reatu nunc usque fuistis, sed fortiter	1 42 1
quomodo homo in paradiso non cognouerat diabolum, sic et diabolus in	saeculo non facile cognosceret Christum <...>.	1 60
impletur quicquid cotidie concupiscentia, ambitione, auaritia ardet in	saeculo. quare utraque sunt uana, quia et cordis exaltatio nullos fructus	2 9 5
et descendentes qui sint, in exemplis agnoscimus. descendentes sunt, qui	saeculo renuntiantes rursus reuertuntur ad saeculum, de quibus dominus	1 37 12
infideles non sunt, quia habent imaginem fidei, professione deo, factis	saeculo seruientes. uolunt nosse legem, nolunt eius praecepta seruare.	1 35 5
uiae uitaeque altitudo monstratur. ligaturis adstringitur, cum renuntians	saeculo sponsione facta spiritaliter sacris interrogationibus obligatur.	2 11 5
et iterum manifestius: *si quis inter uos uidetur sapiens esse in hoc*	*saeculo, stultus fiat, ut sit prudens; nam huius mundi sapientia stultitia*	2 1 5
Iesum Christum, qui est benedictus cum spiritu sancto in aeterna saecula	saeculorum.	1 35 9
et resurrexit, homo aestimatus est et inuentus est deus gloriosus in saecula	saeculorum.	1 46a 2
mereamur domino iuuante nos Christo, qui est benedictus in saecula	saeculorum.	1 2 32
cuius profitetur deus se esse debitorem? qui est benedictus in saecula	saeculorum.	1 14 9
cum spiritu sancto ante saecula et in saeculis et in omnia saecula	saeculorum.	1 13 13
benedictus in aeternum ante saecula et a saeculis et in cuncta saecula	saeculorum.	1 15 9
habet, habentem filium paria procreauit, qui est deus benedictus in saecula	saeculorum.	1 17 2
Iesum Christum, qui est benedictus cum spiritu sancto in omnia saecula	saeculorum.	1 19 2
et saluatorem nostrum Iesum Christum, qui est benedictus in saecula	saeculorum.	1 6
est noster, probata glorietur per eundem, qui est benedictus in saecula	saeculorum.	1 25 13
non esse fortiores, per dominum Iesum, qui est benedictus in saecula	saeculorum.	1 11
Iesum Christum, qui est benedictus cum spiritu sancto in saecula	saeculorum.	1 10b 3
tamen deo demens adhuc usque non credit, qui est benedictus in saecula	saeculorum.	1 29 2
cuius praeteritum restat, ut redeat. mira prorsus ratio! innumerabilium	saeculorum diuersa mensura conterendo innouat spatia, et tamen eius	1 26
carnem natus in tempore est, qui est excelsus in excelsis, humilis in terris,	saeculorum genitor, filius uirginis, immortalis sibi, homini moriturus;	2 5 3
	saeculorum heres [et] pernici cursu procurrens atque recurrens, solemni	1 33 1
non natura, sed numero. fit filius horarum, qui pater est omnium	saeculorum. hic est dies, fratres, quo a domino nostro cunctus redemptus	1 16 1
magnificus, fratres dilectissimi,	saeculorum pater adest dies, omni genere fructuum fetibus pollens, diuite	2 13
descendentes sunt, qui saeculo renuntiantes rursus reuertuntur ad	saeculum, de quibus dominus ait: *nemo retro attendens et superponens*	1 37 12
non desinam, cuius ista sunt uerba: *nam quia sapientiam dei non cognouit*	*saeculum per sapientiam, deus optimum existimauit per stultitiam*	2 1 5
dei templum, sacrarium pudoris. te corruptio intrare non nouit. per te	saeculum uincitur, concupiscentia omnis eliditur, diabolus subiugatur,	1 1 21
quid agatur in domo, infelicior certe, si scieris. proponamus itaque, ut	saepe contingit, in unum sibimet conuenire diuersae religonis diem, quo	2 7 14
est, ut auariorem faciat. plerumque plus tulit auaro quam praestat, ac sic	saepe contingit, ut merito perdat etiam sua, qui desiderat aliena. illinc alius	1 5 12
at e diuerso ipsae aestiment, quid sint, quibus in tam solemnibus uotis	saepe contingit, ut nec filios habeant nec maritos. talis est etiam causa	2 7 10
quadrantem exigitur. calcatores de eodem musto bibunt; et persecutores	saepe credentes in Christum calicem pretiosum, quem paulo ante calcando	2 11 7
intrimentorum lenocinio saporis de summa certantibus obrutum pectus	saepe crudis atque acidis uomitibus inurguetur, in quo musti uestri dulcedo	1 24 1
supplicium comminatur. sed et Moyses ipse, cuius asserunt se	saepe discipulos, eodem spiritu ad Israel loquitur dicens: *nouissimis diebus*	1 3 13
ut dominos. huius est munus, ut, non dicam notos aut amicos, sed	saepe etiam eos, quos numquam uidimus, diligamus. huius est munus,	1 36 14
filii impii? cum haec ita sint, age uidua, quae sicut innocens uirgo nubere	saepe festinas, interroganti responde, bonumne amiseris maritum anne	2 7 6
Iudaeus suum cognoscat errorem. solet enim magnis cum uociferationibus	saepe iactare hanc esse gentis suae nobilitatem, hanc caelestis sacramenti	1 3 1
et qui habet diligit, et qui non habet diligit. si ergo exsultat gloria eius	saepe in gentibus (quamuis illic fructuosa uel uera esse non possit, quia	1 1 3
post negotium perpetratum odit et se ipsam cum illo quem uicerit. haec	saepe indixit quietis gentibus bellum; haec aliquotiens robusta regna	1 1 8
temporis uiuere te non posse clamabas, nunc clusis dolore gemitibus	saepe intermortua spiritu, labentibus membris ad terram incertas reddebas	2 7 7
currere, paralyticos reformari, de obsessis daemones fugere mortuosque	saepe ipsos a sepulcris cum suis sibi exsequiis reuerti iusserunt, ut omnes	1 36 9
uelle atque idem nolle docuisti. tu seruituti unica ac fortissima consolatio	saepe libertatem paris. tu paupertati praestas, ut habeat totum sui	1 4 21
neglegentes legis sacrae cultores	saepe magno inplicantur errore, cum aut dicta non pro locis intelligunt aut	1 35 1
in templo. pharisaeus insulse manus tendit in caelum, quae caedis saepe,	saepe ministrae sunt rapinarum. oculos inpudenter extollit, quorum	2 9 9
uineae in ratione reddenda, ignauia nostra detraxerit. igitur, ut optime	saepe recolitis, mensura seruata amputatur in surculum palmes, in scrobem	2 11 2
conuersa prophetae testantur. tauros, arietes, hircos et agnos a domino	saepe reprobatos accepimus. quid ultra? non potest, fratres, ullum	1 19 2
stantes in templo. pharisaeus insulse manus tendit in caelum, quae caedis	saepe, saepe ministrae sunt rapinarum. oculos inpudenter extollit, quorum	2 9 9
sint, iam correcta sint crimina. pudet me dicere in populo graui anus	saepe uideri nouas nuptas, quarum paene plures sint nuptiae quam natales.	2 7 10
captat et locum, in quali etiam non irritata adolescentia inuitis feminis	saepe uiolenta esse consueuit. at ubi in destinata prorumpens neque	1 1 16
uel impugnandae sacrae legis naturae Natiuitatis Moysei librum lectitando	saepius replicauit, fortassis, ut sunt ingenia cotidie quae uidemus uersutis	2 4 1
per nemora, fontes, prata, baias, ciuitates ac rura, uniuersis uoluptatibus	saepta, in cupidinem sui utrumque sexum, omnes animas, omnes aetates	2 4 10
deprehendi potest tantumque potestatis habet, ut, cum sui domicilii	saepto teneatur, tamen quicquid uoluerit, omnibus momentis illustret. non	1 27 3
conspicari potest tantumque potestatis habet, ut, cum sui domicilii	saepto teneatur, tamen quicquid uoluerit, omnibus momentis illustret. non	2 30 3
de profundis, id est de imis praecordiis; clamat de profundis, sed quibus	saeptus erat maestus ac tristis calamitatibus humanis! et clamat non uoce,	1 34 3
gemunt urbes, deleta rura respirare non possunt, maria plus praedonibus	saeua sunt quam natura; obseratae gladiis uiae humano cruore	1 5 3
poplitibus surisque porrectis et a germana coniunctione naturae gladio	saeui latronis plantarum limes inciditur et obsequio pedum corpus martyris	1 39 8
Enoc a deo integer legitur esse translatus? quid, quod Noe incircumcisus	saeuiente diluuio diuina prouidentia humano generi *heres* et pater *est*	1 3 5
matris memoriam recolit, quae spe succincta futurorum Antiocho	saeuiente libenter semel septem filios non dicam extulit, sed ipsa potius	1 2 13
pulsos Iudaei in damna salutis suae indignis caedibus mactauerunt. uenti	saeuientes diuersi sunt reges, qui Iudaeam lugubri clangore tubarum	1 34 7
solito septies amplius caminum iussit incendi ac, ne quid immanitati	saeuientis deesse uideretur, pice et stuppa armatum citatur incendium;	2 22
terram aestuantibus undique uitreis armatum montibus, uiolentis undarum	saeuientium cumulis, toto corpore insaniat, tamen extremorum pallido ex	1 4 5
diabolus nisi a deo iussus. iam hic considerate, fratres, quemadmodum	saeuierit incitatus, qui ferri non potest blandus. igitur famigerabile	1 15 3
poenarum nec usuali in reos lege carnifices in martyris membra	saeuire. uiluerunt ungulae, inutiles ictus uisi sunt plumbatarum, stetit	1 39 6
uel uno momento iustitiae frenos inponat. inquieta semper exaestuat,	saeuit, pugnat, rapit, congregat, seruat sui tenax, *appetens alieni*, non suo,	1 5 2
scire, quale calamitatis sit genus? sane plus in eum, qui eam dilexerit,	saeuit. quam qui uicerit, habebit uitam aeternam.	1 21
puniri, quem nefarium fuerat etiam tardius adorari. ad cuius immanis ausi	saeuitiam metuenda elementorum forma mutatur et dei iniuriam prius	1 59 9
separari permittis. tu ut nudum uestias, nuda esse contenta es. tibi fames	saginatio est, si panem tuum inops esuriens manducauerit. tuus census est	1 36 31
mammae lactis ubertatem ostendunt et de ieiuna aetate puer robustior	saginatur. nihil difficile est fidei, quae tantum habet, quantum credit. igitur	1 62 2
planta calcabit. sed nec ipsum quoque diabolum, qui uere est acerrimus	Sagittarius, formidabit umquam, uariis atque igneis sagittis armatus, totius	1 38 6
aduersus nequitias diaboli accepto scuto fidei, per quod poteritis omnes	*sagittas illius mali, quae sunt igne plenae, exstinguere*. is enim infelicibus	1 38 6
qui uere est acerrimus Sagittarius, formidabit umquam, uariis atque igneis	sagittis armatus, totius humani generis omni momento corda destringens;	1 38 6
annona. omnibus peraeque unus panis cum signo datur, aqua cum uino,	sal, ignis et oleum, tunica rudis et unus denarius; quem qui libens	2 6 8
quae nullo adulterata fermento est, consparsa ac subacta diligenter.	sal inditum est illi; leuigata est oleo gremiali, officiis competentibus	1 41 1

tres pueri unanimes legumina inferunt primi, quibus, ut scitus sit sapor,	salem sapientiae aspergunt. oleum Christus infundit. Moyses primitiuam	1	24	2
haeserant confessionis suae glutino intrepidae martyris manus nec	salientes digiti futurae mortis exitio palpitabant. tanta fuit in martyris	1	39	7
res deducta est, ut fides nostra per dei requiratur iniuriam. quod futurum	Salomon enuntiauit et cauendum quid sit his uerbis edocuit: *melior qui*	2	3	12
et regnabit super domum Iacob in saecula et regni eius non erit finis.	Salomon in Sapientia similiter dicit, cum de eius loquitur seruis: *et si*	2	5	6
autem nihil proderunt, si colentis pura mens non sit, in Ecclesiastico	Salomone clamante: *dona iniquorum non probat altissimus.* hic quaerite,	1	25	9
peccare compellis, ipsa te magnopere retundens ac redarguens confutabit,	Salomone dicente: *altiora te ne quaesieris et fortiora te ne scrutatus sis.*	2	3	16
edocet: *eructuauit*, inquit, *cor meum uerbum bonum* et cetera, et apud	Salomonem hactenus dicens: *ego ex ore altissimi prodiui ante omnem*	2	8	2
denuntiem, obseruantiae qua perfectione dei cultus debeat custodiri, apud	Salomonem maxime cum scriptum sit: *et si multiplicentur, non oblecteris in*	2	7	5
mergentibus idolatriae aedibus nunc usque aliquatenus comparari? nam et	Salomonis accepimus templum luculento opere fuisse constructum atque	2	6	2
non posse, sed religionis diuinae prorsus nihil retinere, paucis accipite.	Salomonis templum, de quo praesumebant, cecidit. altaria dei ipsi	2	17	
Iudaeos legitimum pascha celebrare non posse paucis accipe, Christiane.	Salomonis templum hostili uastatione subuersum cum ruina sua iacet	1	51	
ad hoc nobis est tradita legenda narratio, ut maiorum, si fieri potest,	saltem aliqua ex parte mores imitemur, si non possumus imitari uirtutes.	1	15	1
fratris Cain anhelat exitium et deo ante negotium parricida est; nec eius	saltem coercentis uoce comprimitur, sed eo magis ac magis instat, donec	1	4	9
requiei incunctanter tota, si liceat, paratus offerre. superstitibus fratribus	saltem cupit esse consultum; Abraham patrem deprecatur obnixe, ut	1	2	10
tales. excusatio prorsus nulla competit tibi. si continens esse non poteris,	saltem noli tuas nuptias fenerare, ne in illo resurrectionis die inter	2	7	18
sorte terretur, suos ut repigret cursus, ut horas ac momenta producat, ut	saltem paulo diutius diei sui demoretur in uita, sed fidelis semper, semper	1	2	18
non formam, non sexum, non gradum, non sacrosanctum illum	saltem suae pietatis affectum. hic facibus suis Euae pectus incendit; hic	1	36	25
ambas exstingui, animae uictoria utramque seruari: meliora sequamur	saltem uel eo studio, quo sequimur mala. nulla ulli competit excusatio,	2	4	18
praecipitantur in quaestus, nec quisquam prorsus inueniri potest, qui ei	saltem uel uno momento iustitiae frenos inponat. inquieta semper	1	5	1
est. sed oculis patentibus caeci dilatant horrea, terras angustant, urgent	saltibus saltus et, si orbem totum possideant, fines oderunt. inlicitum	1	5	8
oculis patentibus caeci dilatant horrea, terras angustant, urgent saltibus	saltus et, si orbem totum possideant, fines oderunt. inlicitum putant habere	1	5	8
quod dicit: *proximus est deus contribulatis corde et humiles spiritu*	*saluabit.* sed et dominus ipse nos pio promisso quid hortetur, accipite.	2	9	3
sic prosequitur: *dicite filiae Sion: ecce rex tuus uenit tibi iustus et*	*saluans, mitis, sedens super asinum nouellum*, et iterum: *tollite portas*	2	5	2
Iesus enim Naue Christi imaginem praeferebat, qui uerus omnium	saluator esse cognoscitur et factis et nomine. hic enim, quia ipse dictus est	1	3	16
secundum quod deus suos promiserat per prophetas, filium suum	saluatorem generi humano se esse missurum commodum, tempore maturo,	2	12	1
corporis gratiam congregatos ad caelestia regna perducit per dominum et	saluatorem nostrum Iesum Christum, qui est benedictus in saecula	1	6	
indigere, quae accipere in uterum meruerat filium animarum omnium	saluatorem. o magnum sacramentum! Maria uirgo incorrupta concepit,	1	54	4
sed quia haec prophetia nouissimis erat complenda temporibus sub domini	saluatoris aduentum, qui non esset a Iudaeorum populis audiendus, quod	1	61	2
exhalante foetore corrumpitur, sed caelesti prandio, honesto, puro,	salubri atque perpetuo, quod, ut saturi semper ac felices esse possitis,	1	24	1
etiam uer arridens diuersos in flores diuerso charismate redditurum, cum	salubri unda perfusi, limpidae aestatis messe gaudentes panem nouum	2	13	
	saluete, hodie nati fratres in Christo, acceptaeque indulgentiae regale	2	29	1
uerbum et uenit diabolus et tollit de corde illorum uerbum, ne credentes	*salui fiant.* terra uero hominem idolumque significat, quia et *hominem deus*	1	13	5
mare, ductisque dextra laeuaque aggeribus in aciem stipatis undarum,	saluo liquore arefactam profundi in semet contra se obnixam stupidam	1	18	1
metatur, quibus latenter infunditur in hominem gigniturus ibidemque	saluo quod erat meditatur esse quod non erat. mixtus itaque humanae	1	54	3
lege consumpto inmortalitas tribuatur. haec est enim potestas dei, ut	saluo quod est possit esse quod non est. hic est deus noster aeterni dei	2	12	3
ipse miretur. igitur si homo potest facere, ut sit arbor quod non fuit,	saluo quod fuit, quanto magis deus hominem poterit excitare, antequam	1	2	28
uel friuolum, inde quod excluditur, reuertatur. mira ratio, mira beatitudo!	saluo reo punitur reatus in reo integroque statu moritur in homine propter	2	24	2
beate uiuere, puniri festinant. mira ratio, mirum profecto mysterium!	saluo reo punitur reatus in reo integroque statu moritur in homine propter	1	42	1
sed mentis, pii fontis ad gurgitem conuolate! uos constanter inmergite,	saluo salutis statu *ueteris hominis* uestri felici morte uicturi!	2	23	
per sapientiam, deus optimum existimauit per stultitiam praedicationis	*saluos facere credentes*; et iterum manifestius: *si quis inter uos uidetur*	2	1	5
horreis inferatis. et admonet prosequentibus Geminis, id est duobus	salutare canentibus testamentis, ut principaliter idolatriam, inpudicitiam	1	38	4
inanibus statum plumeae salutis inquirunt, sed a suo corde remedium	salutare deposcunt spirituumque suum tota humilitate contribulatum	1	34	9
ipsis infantiae usque ad supremos exitus cuiusuis aetatis utroque generi	salutare munus inpertit; illa sanguine gaudet, haec gratia; illa imagine,	1	3	23
sancti praestat omnibus dignitatem. quam speciosum est, fratres, quamque	salutare, quem paulo ante ridiculo habueris, admirari; cuius exsecratus sis	2	29	3
seruientes. uolunt nosse legem, nolunt eius praecepta seruare. signum	salutare uenerantur et tamen a mysteriis daemonum non recedunt. multos	1	35	5
misero, fragili detestabilique uersatur in iure. at cum mera fide credentis	salutari fuerit necata baptismate, noua paterni sacro resurgit fontis ex	1	2	25
Romani regno. nihil, ut arbitror, illis restitit proprium, nisi quod agno	salutari neglecto ingrati uiles agnos cum amaritudine, homines amari,	2	17	
singula: uarias atque innumerabiles *nocendi artes* habet, sed has omnes	salutari profluens amne non magno opere noster Aquarius delere	1	38	7
fratres, passionis resurrectionisque dominicae unanimes atque concordes	salutaria celebrare mysteria, per dominum et conseruatorem nostrum	1	26	
populis totus orbis deo una ciuitas redderetur. denique comparationem	salutaria gesta confirmant, quae et in nobis manent. ut est, fratres,	1	34	9
lima acuminatos constituit uiros apostolos omnesque discipulos. quorum	salutaria monita canentibus linguis, quasi quibusdam spiritalibus cultris,	1	3	16
enim decepta, hae sua sponte se diabolo dediderunt). sin uero pacifica et	salutaria, profecto laetaberis eique tanto pro nuntio morigera coniux pacem	2	7	16
in apostolis, duodecim menses seruiunt in prophetis; quem euangeliorum	salutaria quattuor praedicant tempora; cui non anniuersarii, sed cotidiani	1	33	4
est legis, qui acceptis *duobus denariis*, id est duorum testamentorum	salutaribus monitis, adgressuram hominem passum latrocinio diaboli	1	37	10
quibus ista significatio coaptatur? monile, fratres dilectissimi, lex est, quae	salutaribus monitis diuersis uirtutibus diuersoque charismate omnium	1	13	10
ambages *pernicibus plantis* sua *recalcans* officio solemni *uestigia* dies	salutaris aduenit. idem sibi successor idemque decessor, longaeua semper	1	44	1
auriga, teretis metae sua replicans complicando gyro solemni uestigia, dies	salutaris aduenit. idem sibi successor idemque decessor, longaeua semper	2	19	1
gratia redimitus per temporum <ambages> solemni uestigio dies	salutaris aduenit. idem sui successor idemque decessor, longaeua semper	1	57	
semper nouellus occasu, a se in semet *sua per uestigia* reuolutus dies	salutaris aduenit, officiis sacramenti dominici omnibus omni genere	1	6	
conuolantes *caelestia dona* percipite. iam uos sempiterni fontis calor	salutaris inuitat; iam mater nostra adoptat ut pariat, sed non ea lege, qua	1	32	
uanuerunt. sacerdotalis *cathedra pestilentiae* suo nomine deleta est. agnus	salutaris, qui designatur *ex ouibus et ex haedis*, inter pecora non potest	1	28	2
uirtus deique sapientia est, *immaculatus*, quia peccatum non habet solus,	*salutaris*, quia mortem mutauit in uitam; propter nos qui est occisus et	1	46a	2
inuentus est uiuus; hic *immaculatus*, a peccato quia solus est mundus; hic	*salutaris*, quia per ipsum uincimus mortem; hic *masculus*, quia dei est	1	8	2
carnem. anima autem quaecumque manducauerit de carne sacrificii	*salutaris, quod est domini, et inmunditia eius super ipsum est, peribit anima*	1	25	12
non aetate, non condicione, non loco, non genere a tribuenda homini	salute depellitur, sed gloriosa semper in omnibus inuenitur. denique prior	1	3	22
mensium non baiulat pondus, sub incerto partu parientis nascentisque de	salute non gemit nulliusque momentis omnibus uariae sollicitudinis cura	2	7	3
eius de pietate praesumunt statimque actus ueteris uitae damnantes pro	salute redimenda non solito more ad stupida simulacra concurrunt, non	1	34	9
iacet sepultum: ubi sacrificant? sacerdotes iam non habent: qui eorum pro	salute sacrificant? tauros, hircos, arietes et agnos abhorret dominus: unde	1	51	
pondere, quando exomologesin facies, quae plus pro ornatu es quam pro	salute sollicita. quid autem a deo impetrare te posse credis, quae eum per	1	14	6
a templo regrediens necessario enarrabit tibi sciscitanti sibi de utriusque	salute uel unanimitate deorum quae fuere responsa. si terribilia,	2	7	16
auctor detestabilium pariter ac magistra malorum. hominis nam	salutem ab incunabulis mundi mors ut iugularet ac iugulet, ab ipsa	1	4	7
quae maioribus nostris illustri uirtute perennem gloriam peperit et	salutem. Abel ideo martyr, quia iustus; ideo iustus, quia patiens; a quo	1	4	12
sepulcrum incolumis tertio post die Nineuitas illustrat terribilibus oraculis	salutem ciuitati credulae praestaturus. quantum datur intelligi, fratres,	1	34	6
quibus felices obnixa deuotione suam religionem custodiunt potius quam	salutem. igitur cum audio tres pueros incensos, prius uehementer horresco,	1	31	
dei, et in Psalmis: *deus autem rex noster ante saecula operatus est*	*salutem in medio terrae*, et alio loco: *parata sedes tua, deus ex tunc et a*	2	5	2
uidetis ergo, fratres, quia huius modi circumcisis deus non tantum	salutem non pollicetur, sed etiam, nisi legitime corde circumcidantur, ignis	1	3	13
Mariam redintegrasti. tu Adam in Christo renouasti. tu sacram crucem in	salutem perdito iam mundo prouidisti. tu mortem deum mori docendo	1	36	29
credulitatis iustitia Christianum. adde quod circumcisio ista non tam	salutem pollicetur quam locum caputque criminis monstrat. Adam etenim,	1	3	8
prouidere, quibus nec natiuitatem dederis nec animas inspiraueris nec	salutem praestare possis. unde uel sero sacrilegam uocem comprime	2	1	21
aliquo reatu conscientia; aut cum hostilis imminens manus gladio	salutem premit; aut cum uiantis itineri erectus in morsum, ardentibus	2	2	2
post haec quid praesumant, aestimare non possum, homines qui	salutem suam in pecorum morte constituunt, cum deus, posteaquam de	2	25	1
maiores. atque utinam tu inuenias! dignus es enim immolatione tali, qui	salutem tuam in incerti pecoris sitam uisceribus opinaris. sane quod passim	2	20	1
dies obseruant, qui Aegyptiacos de candidis faciunt, qui auguria captant	salutemque suam pecudum uiolenter scissis in uentribus quaerunt, qui	1	25	11
cuius ex ore duo denarii, id est duo testamenta prolata sunt, quae	saluti cum domini gloria et Petri felicitate, utpote super quem aedificauit	1	37	5
aut uerus Christus esse potuisset, si quid praetermitteret, quod ab alio	saluti hominum praestari potuisset. eo accedit, quod secundum carnem	1	3	17
sono nominis commutetur regula ueritatis. est enim et alius amor sane	saluti nostrae contrarius, cui recte hominis forma tribuitur, quia temporalis	1	36	25
utique omnes circumcidi praecepisset, si carnis circumcisionem eorundem	saluti, quos amabat, necessariam praeuideret. certe Adam ipsum sic ante	1	3	5
quem per ambitum totius orbis non muta *quattuor animalia,* sed	salutiferis praedicationibus quattuor circumferunt euangelia. cuius quam	2	12	4
desecat uitia uulnusque mulieris, dum de uirgine nascitur, curat. signum	salutis accipite! corruptelam integritas, partum est secuta uirginitas. Adam	1	3	19
a domino poscitur, a parente perducitur, sed hostia non sanguinis, sed	salutis. ad hanc igitur gloriam tardi partus ubertas et fecunditas desperata	1	59	2
elaboret — dispendio suae, non dicam facultatis, sed etiam, si opus sit, et	salutis — alii magis prodesse quam sibi; suam, quia, quamuis sit sapientiae	2	1	3
fibras nec per uarios auium uolatus coniecturis inanibus statum plumeae	salutis inquirunt, sed a suo corde remedium salutare deposcunt	1	34	9
impressi atque signati, qua sincere uiuentes in custodiam nostrae	salutis per spiritum sanctum imaginem referimus, quam tenemus. quod	1	13	11
mentis, pii fontis ad gurgitem conuolate! uos constanter inmergite, saluo	salutis statu *ueteris hominis* uestri felici morte uicturi!	2	23	
per fas atque nefas, artibus multimodis ac uersutiis armata bacchatur,	salutis suae alienaeque contemptrix, solum metuens ne desit ulli quod	1	5	2
Iudaicum populum uniuersum	salutis suae amisisse praesidium diuini carminis textus ostendit. in quo	2	21	
instructi sese confirment, rudes discant ipsique, qui blasphemare nituntur,	salutis suae bono uel sero, si potest fieri, resipiscant.	2	18	2

omniumque sanctorum, quos synagoga pulsos Iudaei in damna salutis suae indignis caedibus mactauerunt. uenti saeuientes diuersi sunt 1 34 7
itaque uel maxime res propria nostra est, domino ipso dicente: *fides tua te saluum fecit.* igitur si nostra est, seruemus ut nostram, ut iure speremus 1 36 7
fecerat faceret, sed ut defleret se fecisse quod fecerat; aliter etenim quis saluus esse non poterit, quamuis sit iustus, nisi exomologesin faciens et 1 13 12
deo imminere per momenta et credit et timet arcamque, cum suis ut saluus foret, quam iussus est facere, non praecipiti festinatione compingit 1 4 12
intelligi uoluit, nouitate et uetustate duo testamenta. hos duos denarios a Samaritano stabulario pro eo, qui a latronibus adgressuram passus fuerat, 1 37 10
passus Adam esse cognoscitur, *latrones* diabolus et concupiscentia, *Samaritanus* dominus, cui Iudaei dicebant: *hic Samaritanus est,* 1 37 10
diabolus et concupiscentia, *Samaritanus* dominus, cui Iudaei dicebant: *hic Samaritanus est, daemonium habet*; *stabularius* doctor est legis, qui 1 37 10
accipe et alia exempla et quidem certiora. primo in libro Regnorum Samuel, egregius ille sacerdos, mortis iam lege dispunctus Sauli regi se 1 2 8
erubesceret terra, postremo deos esse aduersus deum asserentes, qui a sanae mentis hominibus ne hominum quidem uocabulo digni iudicarentur. 1 13 4
quia nullus exserte hic alteri iubet, in opere nullus otiosus est? o sancta aequalitas ac sibi soli dignissima indiuiduae dealitatis! unus homo 1 45 2
sanctique pudoris florem nulli legi subiecta fidei thesaurum custodi. esto sancta et corpore et spiritu, amore Christi ignem carnis exstingue, ut de 2 7 4
sunt nobis, ita quae bona, quae pura, quae simplicia, quae pia, quae sancta sunt, sicut facitis, amplectenda, ut uidentes homines *opera uestra* 1 25 13
referimus, quam tenemus. quod conuenit cum ea, fidelium communionis sanctae significabat sacramentum. Thamar *concepit in utero*, ecclesia corde 1 13 11
nos Paulo, cuius ista sunt uerba: *exhibete corpora uestra hostiam uiuam, sanctam, placentem deo.* hoc enim placitum est domino, ubi se ipsum 1 25 9
qui de limo est, portemus et eius imaginem, qui de caelo est. quam qui sancte portauerint, sicut apostoli omnesque iusti, non tantum imaginem, 2 30 4
quoque non morabitur mustum, quo repleti inebriatique feliciter spiritus sancti calore feruebunt, qui ut numquam refrigescat in omnibus nobis 2 13
dicens: *igneus est ollis uigor et caelestis origo seminibus),* scilicet spiritus sancti conceptione, insita fit ante fecunda, ut, cum dissolutionis eius ac 1 2 26
ecclesiae pulchritudo uel murus, dei ministra, Christi amica, spiritus sancti conuiua. huic et praesentia subiacent et futura: ista quia contemnit, 1 36 4
sed istum mundum ipsi iudicabunt, apostolo dicente: *an nescitis, quia sancti de hoc mundo iudicabunt?*; alterum impiorum, qui non sunt 1 35 7
estis et pedaturas omnes uestri corporis ambitu superatis; denique sancti diuites pauci sunt, uos plures estis. haec sunt, dilectissimi fratres, 2 6 10
esse. nam uos estis aurum uiuum dei, Christi uos argentum, uos spiritus sancti diuitiae; uos si terrena metalla tempseritis, longe his uitae uestrae 1 5 17
docete omnes gentes intingentes eos in nomine patris et filii et spiritus sancti, docentes eos seruare omnia quaecumque praecepi uobis. dabis autem 1 37 7
fidei saecularis amore iactantiae accensus nascentis dei de deo spiritusque sancti inaestimabilem incomprehensibilemque diuinitatis perpetuitatem iure 2 3 15
ecclesiam, *Petrus nomen imposuit*), id est sua doctrina formatos, spiritus sancti lima acuminatos constituit uiros apostolos omnesque discipulos. 1 3 16
suis cum pannis abicite, nouelli omnes, omnes candidati, omnes spiritus sancti munere mox diuites processuri. 1 49
fratres, sacramento tam uiri quam feminae circumcidimur. hoc spiritus sancti non signaculo, sed signo censemur. hac circumcisione non aliquid 1 3 21
supplicio; ecclesia ipsa ueritate, in nomine patris et filii et spiritus sancti, non tantum diaboli praesentes ignes exstinguit, sed etiam futuri diei 1 13 13
ne quid sibimet derogaret. denique alter in altero exsultat cum spiritus sancti plenitudine una originali coaeternitate renitens, quemadmodum, si 1 7 4
aut minus, unam natiuitatem, unum lac, unum stipendium, unam spiritus sancti praestat omnibus dignitatem. quam speciosum est, fratres, quamque 2 29 2
utique, fratres, calix sanguinem, mensa corpus, oleum donum spiritus sancti significat, uirga cum baculo crucem, in qua deus pro homine 1 13 10
ex angelis in homines deriuauit, ita dominus omnes in se credentes sancti spiritus semine a mortuis rursus gloriosos in angelos excitabit. ad 1 2 26
falce tonduntur, id est omnia omnino peccata baptismate spiritusque sancti uigore amputantur. plorat feliciter uitis purgata materia; de homine 2 11 5
dignum! qui audiunt, timent; qui incenderant, ardent; qui incensi sunt, sanctificati et incolumes de camino procedunt per dominum nostrum 1 22 2
quanto magis debet esse gloriosior in populo Christiano, qui eius sanctificatori inuiolabili deseruit deo? nam si *ecclesia* ideo *Christi sponsa* 1 1 3
tympanis, canticis gratiam referamus, qui nobis promissa perpetuans pia sanctione, ut aiunt, claues uere aureas misit, et quidem non illas, quae 2 24 1
natiuitatis suae nobilitatem incredulis uariis uirtutibus monstrans. cuius sanctionem uestrae aetatis omni curriculo manente in sua semper infantia 2 24 3
honore polleret. itaque in statu, quo nata es, permanens, uirgo, gloriare sanctique pudoris florem nulli legi subiecta fidei thesaurum custodi. esto 2 7 4
in terrestri domicilio ei gratias agimus, ita in caelestibus regnis uberiores sanctis cum omnibus referamus. 2 6 11
barbarum regem, minas omnes, ipsum quoque supplicium docuerunt ignes sanctis hominibus non esse fortiores, per dominum Iesum, qui est 1 11
id est persecutionis dies, passim uuae diripiuntur, id est inconsiderate sanctis hominibus uiolenta infertur manus. ad torcular conportantur; id est 2 11 6
lectio uniuersa testatur, qua praedicat Christum oportere *regnare* cum sanctis suis, *donec* uacuatis omni principatu et potestate et uirtute et 2 5 7
angulis eius in confusam molem parietibus tectisque labentibus illam sanctissimam fratrum cohortem sepelit antequam iugulet taleque est 1 15 4
crebris turbinibus constitutae fidissimus miserandae uiduitatis es portus. tu sanctissimo coniugali iugo rudi ceruice subeuntes in nisum laboris uel 1 4 21
maritum, quae non timet Christum. inde est, quod coniuges nuptiali sanctissimo repugnantes iugo, pro se quisque nitentes (amore uidelicet 1 14 7
recte sanctissimus Dauid ait: *beati quorum remissae sunt iniquitates et quorum* 2 10 1
si se uel sero nefandis superstitionibus miscuisset, talibus in eum sanctissimus martyr uocibus exsiliit: ‘quid, inquit, uanissime omnium 1 39 5
quia per hanc credit, hanc excolit, per hanc hoc sibi nomen inuenit; non sanctitas, non munitio, quia *nihil* est *tam sanctum quod non uiolari, nihil* 1 5 5
gratis laborent. uerum hoc est solum, nos in quo uincimus, quia pro sua sanctitate Christianae plus nubunt. adde quod gentibus, quod sine dolore 2 7 11
amica uidemus esse quam sibi; quod parentes opulenti abolita sui nominis sanctitate filios suos non sine utriusque dedecore patiuntur errare stipi 1 5 6
postremo aequiparatur laus uestra laudi pudicitiae; illa enim uobis exhibet sanctitatem, uos ei amorem. per hanc attingitis Christum, immo illa per 1 1 4
in perpetuum imperio Romano seruiret. sane uultis scire, quantae sit sanctitatis? quem mare sustinuit adunatum, non potest terra baiulare 1 52
in omnibus deus benedictus, pater in filio, filius in patre, cum spiritu sancto. 2 5 10
ego in illo. constat ergo aequale esse, quod inuicem se capit cum spiritu sancto. 1 45 3
et conseruatorem nostrum Iesum Christum, qui est benedictus cum spiritu sancto ante saecula et in saeculis et in omnia saecula saeculorum. 1 13 13
et quod protexerat uirtus et ornabat pudor inlaesus. tunc in puero sancto Daniele spiritus sanctus ingressus ait, cum illa ad supplicium 1 40 2
deinceps aerumnas mundi sensura repromissa felicitas exhibetur, Dauid sancto dicente: *conuertere, anima mea, in requiem tuam, quia dominus* 1 2 32
incredulis gentibus perenni destinat poenac, in Psalmis spiritu sancto dicente: *ideo non resurgunt impii in iudicio neque peccatores in* 1 2 23
properate, properate bene loturi, fratres! aqua uiua spiritu sancto et igne dulcissimo temperata blando murmure iam uos inuitat. iam 1 23
ueritatem ratio protestatur. qui nunc in se credentes *baptizat spiritu sancto et igni*, ipse tunc quoque numero suae adfuit trinitatis. denique rem 2 27
custodis. tu in patre imperas. tu tibi in filio obtemperas. tu in spiritu sancto exsultas. tu cum in tribus una sis, nullo pacto diuideris, nulla 1 36 32
debemus accipere, cuius diuite ex alueo Fauonio non uento, sed spiritu sancto generante *odorem diuinum* beata *spirantes* fide diuerso charismate, 1 33 2
tribuatur per dominum Iesum Christum, qui est benedictus cum spiritu sancto in aeterna saecula saeculorum. 1 35 9
per dominum nostrum Iesum Christum, qui est benedictus cum spiritu sancto in omnia saecula saeculorum. 1 19 2
omnipotens per dominum Iesum Christum, qui est benedictus cum spiritu sancto in saecula saeculorum. 1 10b 3
in terris uisus est et cum hominibus conuersatus est. qua in specie spiritu sancto loquente noscamus: *et homo est*, inquit, *et quis cognoscit eum?*. si 2 8 6
gloriam Christianae felicitatis. duplex itaque forma surgendi est: prima sanctorum, in qua illud beatitudinis regnum primae tubae regali tessera 1 2 23
et pharisaeos, iacturam uasorum repudiationem prophetarum omniumque sanctorum, quos synagoga pulsos Iudaei in damna salutis suae indignis 1 34 7
patre meo. Iob uicarios filios genuit; dominus quoque post prophetas filios sanctos apostolos procreauit. Iob beatus quieuit in pace; dominus autem 1 15 9
fornicaria requisita non est inuenta, quia renatus per aquam et spiritum sanctum desinit esse, quod fuerat, et incipit esse, quod non erat. sequitur, 1 13 12
signati, qua sincere uiuentes in custodiam nostrae salutis per spiritum sanctum imaginem referimus, quam tenemus. quod conuenit cum ea, 1 13 11
manserunt. unde angelos puto recte homines appellatos, quibus dominus sanctum per spiritum dicit: *ego dixi: dii estis et filii excelsi omnes, uos* 1 37 11
hoc sibi nomen inuenit; non sanctitas, non munitio, quia *nihil* est *tam sanctum quod non uiolari, nihil tam munitum quod non expugnari pecunia* 1 5 5
continentia relicta repellitur. ad cuius fidem, carissimi, auctorem habemus, sanctum uidelicet Abraham, qui filium quondam Isaac habuit: simplex 1 59 1
exquisiuit ista de manibus uestris? per alium adaeque prophetam spiritus sanctus clamat et dicit: *praecingite uos et plangite, sacerdotes; lugete omnes,* 1 25 6
nuncupauit, quem ex ore domini prodire describit. gladius enim spiritus sanctus est unum capulum habens, id est unam substantiam, uirtutem, 1 37 2
et disperdam uos. quae autem sint ista opera manus humanae, spiritus sanctus in Psalmo nonagesimo quinto declarat dicens: *omnes dii gentium* 1 25 5
omnis eliditur, diabolus subiugatur, Antichristus non timetur, spiritus sanctus inducitur, glorificatur Christus, deus pater omnipotens propitiatur. 1 1 21
uirtus et ornabat pudor inlaesus. tunc in puero sancto Daniele spiritus sanctus ingressus ait, cum illa ad supplicium duceretur: *reuertimini ad* 1 40 2
texit caelos uirtus eius, eo quod apostolos ad mirabilia facienda spiritus sanctus obumbrauit et texit. et denuo *caeli*, inquit, *enarrant gloriam dei*; 1 61 3
quos nudare non debeo.’ ista et infidelitatis est excusatio, quam spiritus sanctus per prophetam retundit hactenus dicens: *adolescentior fui et senui* 2 1 20
est in caelis. itaque, dulcissimi flores mei, talia sacrificia procurate, quae sanctus spiritus libenter offerat, pater probet, filius, qui magister est noster, 1 25 13
testatur. denique eremo exciperis, quo te nunc peruenisse cognoscis; ubi sane ad hoc aquam de petra bibisti, manna de caelo gustasti, ut scires, 2 16
ut de ceteris taceam, maior est eius, qui in honorem deae suae — sane anus turpis atque amatricis — non paruam cutem eiusdem membri, 1 3 2
non manus tendis, tumidum monilibus pectus prosternere dedignaris. sane ceruicem curuas non religione, sed pondere, quando exomologesin 1 14 6
populus; hic, inquam, qui nobis resurrectionis monstrat exemplum. cuius sane condicione nos beatiores sumus, quia ille occidit semper ut uiuat, 1 16 2
dicant operarii, qui mecum sunt. lucro gaudeo, sed sine furti conscientia, sane confiteor. denique et uos retinetis pondus antiquum; habetis aginam: 1 41 3
ipsam quidem, quia falso colit imaginem, qui eius non diligit ueritatem. sane hoc solum competenter gerunt, innocentes quod agnos passim quasi 2 25 2
sacrificant? deum dereliquerunt, altaria eius euerterunt: cui sacrificant? sane hoc solum proprium retinent, quod, ut uilem libidinem magis ac 1 51
umbra gestabat, humilis carne, sed excelsus omnipotentiae maiestate. qui sane ideo carnem est dignatus induere, ut nemo se possit per carnem, cum 1 54 5
per mare pedibus ambulasti, ut patereris in terra naufragium. ad hoc sane in eremo aquam de petra bibisti, manna de caelo gustasti, ut, cum 1 9
timet, beatissima cum in iuuenibus carnalia exstinguere laborat incendia. sane in senibus ut est honoranda, ita miranda non est, quia licet sit uictrix, 1 1 5
diligit deum, quem scit operibus suis esse contrarium. diaboli est sane mancipium; eius enim possidet regnum. nam deos ipsa genuit, ipsa 1 1 11
sed satis otiosum est in his demorari, quae in toto iam non sunt. unum sane necessario proferemus exemplum, quod et Iudaei odiosum et 1 25 7
quem, pro nefas, uenerantur externi, si tamen dicendum est, sui carpunt. sane nullis argumentis armatus, quibus illi libenter utuntur, qui aduersus 2 18 2
uocem in planctum et luctum illi profecerunt. superba illa ciuitas seruit. sane ouium greges infinitos interficit, quos in amaritudine absumit. quis 1 28 2
imposuit, ut firmaret laetitia, quod aetatis inbecillitas desperauit. nouus sane parentum circa filium crescit affectus, qui ex promissione certior, ex 1 59 5
orbem totum, si possit, ut rapiat. uultis scire, quale calamitatis sit genus? sane plus in eum, qui eam dilexerit, saeuit. quam qui uicerit, habebit uitam 1 21

eos, quos causa non tangit, tanto ambitiosior in dolore quam ditior — sane post momentum misera (atque utinam semel!) nimio dolore nuptura. 1 2 14
nati sumus, timeamus, amemus et honorificemus quem inuenimus deum. sane quaerant illum, qui eum non habent secum. 1 56 3
tali, qui salutem tuam in incerti pecoris sitam uisceribus opinaris. sane quod passim multos occidis, edacitatis est tuae, quod diuersis in locis, 2 20 2
cupiunt, magis proficiat ad dei timorem et ipsis nihil prosit ad utilitatem? sane recte hoc facere existimarentur, si sub praetextu alieni nominis inuasa 1 2 7
artifex deus et dominus noster occidit et exortus est rursum, numquam sane repetiturus occasum. hic, inquam, quo ferales diruptae sunt tenebrae, 2 19 2
ne sub sono nominis commutetur regula ueritatis. est enim et alius amor sane saluti nostrae contrarius, cui recte hominis forma tribuitur, quia 1 36 25
pecora. Ioseph promotus ad mensuram praerogat cunctis annonam. sane si quis aliquid desiderauerit, qui recondidit Noe omnia illi arcarius 1 24 3
nouitate mortis, nullis praemiis, nullis amicitiis, nullis affectibus omni sane tortore pietatis mordacitate peioribus separari permittis. tu ut nudum 1 36 30
dignitatem maiore dedecore in perpetuum imperio Romano seruiret. sane uultis scire, quantae sit sanctitatis? quem mare sustinuit adunatum, 1 52
tuis manibus in monte de filio tuo; haec mihi uictima placet, hoc me sanguine deplacabis, iste meis sacris debetur; unde immolari iam iubeo.' 1 43 3
eos. similiter et de manibus dicit: *manus enim uestrae inquinatae sunt sanguine et digiti uestri in peccatis. labia autem uestra locuta sunt facinus* 1 3 10
exitus cuiusuis aetatis utroque generi salutare munus inpertit; illa sanguine gaudet, haec gratia; illa imagine, haec ueritate; illa damno, haec 1 3 23
similitudinem dei, posse iugulari, et hoc a fratre. erubescit rudis terra pio sanguine impiata. solus Cain exsultat infelix et, quod teste caret, putat se 1 4 9
nidoribus tura succendere aut inter fumidos ignes pallenti aruina, funesto sanguine perlitare, ut illiciti administratione ministerii Christi panis 1 39 2
Susanna ad supplicium immerens trahebatur, iam totus populus in eius sanguine tumescebat, iam sui quoque familiares nouae rei atrocitate 1 1 19
quoque, quae uere rationis humanae omnia in se lineamenta depingit, nata sanguineae teneritudinis dubio cornu primo quasi de cunis apparet 1 2 19
et amaritudinis plenum est; ueloces pedes eorum ad effundendum sanguinem; contritio et miseria in uiis eorum et iter pacis non cognouerunt; 1 3 11
crimen excuses. per mare ambulas; *ueloces pedes tuos ad effundendum sanguinem* dextra laeuaque in se refugiens unda testatur. denique eremo 2 16
orbis terrae et plenitudo eius. numquid manducabo carnes taurorum aut sanguinem hircorum potabo? immola deo sacrificium laudis et redde 1 25 1
meum et poculum tuum inebrians quam praeclarum. utique, fratres, calix sanguinem, mensa corpus, oleum donum spiritus sancti significat, uirga 1 13 10
aetas, ostenditur, quo nec pater ferire posset, quia nec dominus humanum sanguinem postularet. religiosus carnifex reprimit gladium: patris erat, 1 62 4
similiter de eius latere ictu lanceae non costa diuellitur, sed per aquam et sanguinem, quod est baptismum atque martyrium, spiritale corpus spiritalis 1 3 20
inuenimus. non sanguinem sterili solemnitate dimittimus, sed pudoris sanguinem retinemus, quem ambitiose plerumque effundimus, cum in 1 3 21
aliquid perdimus, sed crescere nos augmentis caelestibus inuenimus. non sanguinem sterili solemnitate dimittimus, sed pudoris sanguinem retinemus, 1 3 21
uestrorum? plenus sum holocaustomatis arietum et pinguamine agnorum. sanguinem taurorum et hircorum nolo; quis enim exquisiuit ista de manibus 1 25 6
uoce comprimitur, sed eo magis ac magis instat, donec effusione sanguinis conceptum piaculum duplicetur. miratur orbis uacuus se duobus 1 4 9
perire compellunt. quis has diligat filius, quis maritus, confundentes sanguinis iura, delentes merita maritorum, adulantes uiuis, mortuis 2 7 10
nihil tam munitum quod non expugnari pecunia possit; non necessitudo sanguinis, non amicitia, quia non suo merito, sed auri, argenti 1 5 5
exsectae manus †et uenarum in se paululum stupore rursus in se riuus sanguinis ruens†. dehinc poplitibus surisque porrectis et a germana 1 39 8
timoris ad fidem a domino poscitur, a parente perducitur, sed hostia non sanguinis, sed salutis. ad hanc igitur gloriam tardi partus ubertas et 1 59 2
desertae. ecce enim, carissimi, in Sarra attractis aetate neruis et, deficiente sanguinis suco, arescentibus uenis, dura cum uisceribus cutis, deformis ac 1 59 4
similiter iudicii die a Christo secundum tabulas legis confessorum sanguinis uindicta usque ad ultimum quadrantem exigitur. calcatores de 2 11 7
facinore, quem deus uidit, quem conscientia redarguit, quem fratris sanguis accusat. quid inpatientiam Sodomorum, ubi inlicite uiri 1 4 9
ardore. autumnus quoque martyrii locus est, in quo non uitis, sed fossoris sanguis effunditur, ut uita beata pretiosae mortis uindemia comparetur. 1 33 3
percussoris non cernitur gladius, percussi non hiat uulnus, non defluit sanguis; exspirantis non palpitat corpus, non decolor color est. ipse est et 1 42 2
percussorisque non cernitur gladius; percussi non hiat uulnus, non defluit sanguis, non decolor color est. ipse est et tamen ipse non est. uetus quidem 2 24 3
de carne gloriatur? si carnalem, animae prodesse non poterit, quia *caro et sanguis regnum dei possidere non possunt.* accedit, quod circumcisio 1 3 3
spe si captus fuerit caduca atque carnali, de qua apostolus dicit: *caro et sanguis regnum dei possidere non possunt.* at e diuerso uideor mihi audire 1 2 24
sit, repente exstinguetur incendium. sed sic ego in rebus demoror prope sanis, quasi, quae uere exsecranda sint, iam correcta sint crimina. pudet 2 7 10
expediunt. iam te hic, Christiane, cognosce, elige quid uelis: remedium an sanitatem. denique si uidetur, conferamus, quae sit inter uirginem 2 7 2
diuersis sceleribus ac libidinibus homines, qui ueri sunt uermes. Iob et sanitatem recepit et facultatem; at dominus resurgens non sanitatem 1 15 9
contentus. o felix uir, qui mira patientia deum promeruit, diabolum uicit, sanitatem recepit, facultates liberosque suos non perdidit, sed mutauit! Iob, 1 15 6
uermes. Iob et sanitatem recepit et facultatem; at dominus resurgens non sanitatem tantum, sed immortalitatem in se credentibus praestitit 1 15 9
uulneribus non medetur, dolores non tollit, mortem non repellit, nisi quod sanos occidit; nec manducatur aliquando certe nec bibitur nec in inferno 1 5 16
et noli argumentari plus quam oporteat. similiter Paulus: *noli altum sapere, sed time.* cum haec ita sint, cur legem lege distringis? cur sub 2 3 12
hominem factum, sed ex homine <deum>. ceterum si spiritaliter saperent, in ipso, quod infirmissimum putant, hoc potissimum 2 8 9
<...> Christus mundum latenter intrauit, ne sibi sapiens diabolus uideretur. qui consilio hominem deceperat, consilio 1 60
saluos facere credentes; et iterum manifestius: *si quis inter uos uidetur sapiens esse in hoc saeculo, stultus fiat, ut sit prudens; nam huius mundi* 2 1 5
causam idem deus per prophetam hactenus protestatur: *non glorietur sapiens in sua sapientia neque glorietur fortis in fortitudine sua neque* 2 1 5
adaeque uerus non sit et sapiens, quia iustus esse non potest stultus neque sapiens iniustus ipsa ratione docente. *qui enim stultus est, quid sit bonum* 2 1 9
quam qui abundat astutia et transgreditur legem; et iterum: *noli esse sapiens multum et noli argumentari plus quam oporteat.* similiter Paulus: 2 3 12
iustitiam et quidem nec ueram sapientiam? quia fieri non potest, ut uerus sapiens non sit et iustus, iustus adaeque uerus non sit et sapiens, quia 2 1 9
iusto siue sapienti si alterum defuerit ex duobus, quod illi putauerunt, nec sapiens profecto erit ille nec iustus. satis, ut opinor, praestigiae mundanae 2 1 10
sapientis. unde fit, *ut numquam iustus possit esse qui stultus est neque sapiens qui fuerit iniustus.* ceterum siue iusto siue sapienti si alterum 2 1 10
potest, ut uerus sapiens non sit et iustus, iustus adaeque uerus non sit et sapiens, quia iustus esse non potest stultus neque sapiens iniustus ipsa 2 1 9
is de iniuria sua queritur, qui se potest facillime uindicare. sed quia apud sapientes et honestos grauius est aliqua nota confundi quam mori, deus 1 20
quaereretur, incunctanter optarent stultos iudicari se iustos quam sapientes iniustos, maxime cum iam sit eorum fraus omnis in medio. non 2 1 4
sapientes, ut uideri uolunt, Graeciae uiri praeter ceteros curiosi otioso 2 9 1
esse qui stultus est neque sapiens qui fuerit iniustus. ceterum siue iusto siue sapienti si alterum defuerit ex duobus, quod illi putauerunt, nec sapiens 2 1 10
artificem. post haec subiecit ei omnia bona mundi et quia erat iam sapientia conditus, sensibus stipatus, eligendi mortem uitamue praecepti 2 4 5
uniuersis in interitionem cogitur omne genus humanum. namque sapientia densis exaestuans argumentis, suasorio ac delectabili luculentae 2 1 6
pietas ministrat, puritas supplicat, spiritus postulat, spes promittit, sapientia domus domina praerogat munera. exsultate, seniores: uos estis 2 6 9
ut ordinem instrueret rerum, ineffabilis illa uirtus incomprehensibilisque sapientia e regione cordis *eructuat uerbum*, omnipotentia se propagat. *de* 1 56 1
est primus, *maturus*, quia aeternus est, *perfectus*, quia *dei uirtus deique sapientia* est, *immaculatus*, quia peccatum non habet solus, *salutaris*, quia 1 46a 2
quia simplex omnibus dei uerbis simpliciter credit, astutus autem nimia sapientia infatuatus inquisitionibus uanis semet ipsum confundit. sed dicit 2 3 2
et rura nihil omnino metuens amicae mortis fiducia. denique quod sapientia legibus per industriam colligit, uno impetu aliquotiens clusis 2 1 7
deus per prophetam hactenus protestatur: *non glorietur sapiens in sua sapientia neque glorietur fortis in fortitudine sua neque diues in diuitiis* 2 1 5
cum diu sic haberentur, sollertissimus ille artifex rerum filius dei, cuius sapientia non habet finem nec fortitudo mensuram, amore imaginis suae de 2 4 7
quicquid enim pater praecepit, ut fieret, filius, utpote *dei uirtus deique sapientia*, omnia illa opere mirifico eius cum dicto compleuit. hunc curiosi 1 50
sine reuelamine amplectebatur. igitur ineffabilis illa incomprehensibilisque sapientia sapientiam, omnipotentia omnipotentiam propagat. *de deo* 1 17 1
iugulat et amatur. inuincibile profecto calamitatis est genus, cui subiugata sapientia seruit et uirtus. uidetisne iam manifeste sapientiam huius mundi 2 1 8
super domum Iacob in saecula et regni eius non erit finis. Salomon in Sapientia similiter dicit, cum de eius loquitur seruis: *et si coram hominibus* 2 5 6
quid uocentur, audite: conuersio, audientia, intellectus, credulitas, timor, sapientia, sobrietas, mansuetudo, temperantia, castitas, pietas, caritas, fides, 1 37 15
sapiens esse in hoc saeculo, stultus fiat, ut sit prudens; nam huius mundi sapientia stultitia est apud deum. ob quam causam idem deus per 2 1 5
uestris. deus noster, fratres, humilis corde est et ineffabilis eius illa sapientiae ac uirtutis potestas intra hominem susceptum iacet, magis 2 9 4
pueri unanimes legumina inferunt primi, quibus, ut scitus sit sapor, salem sapientiae aspergunt. oleum Christus infundit. Moyses primitiuam festinus 1 24 2
non possent — neque enim poterant sine magisterio diuinae sapientiae, cuius notitiam non habebant —, duas asseruere iustitias: unam 2 1 2
illorum. similiter Paulus curioso rescribit dicens: *o altitudo diuitiarum et sapientiae et scientiae dei! quam inexquisita sunt iudicia illius et quam* 2 3 16
se deprehendisse gloriabitur, cum apostolus dicat: *o altitudo diuitiarum sapientiae et scientiae dei! quam inenarrabilia sunt iudicia eius et quam* 1 34 2
credidissent pariterque metuissent. nemo est enim tam uel ab istius mundi sapientiae gustu ieiunus, qui audeat dicere animas cum corporibus interire, 1 2 2
sit, et salutis — alii magis prodesse quam sibi; suam, quia, quamuis sit sapientiae nomine falso uestita, tamen suis commodis consulendo, quod 2 1 3
qui perfectam putant esse iustitiam propria tueri, aliena non quaerere, sapientiae uerae negligentes imperium, quod uerbis huius modi continetur: 2 1 15
enim rem ualuerunt transferre, sed nomina, iustitiam stultitiae, iniustitiam sapientiae uocabulis infamantes. quae si ad sua corrigas propriisque sedibus 2 1 4
propriisque sedibus reddas, inuenies iniustitiae magis stultitiam, iustitiae sapientiam conuenire. quod etiam sacrae legis testimoniis probare non 2 1 4
legis testimoniis probare non desinam, cuius ista sunt uerba: *nam quia sapientiam dei non cognouit saeculum per sapientiam, deus optimum* 2 1 5
cuius ista sunt uerba: *nam quia sapientiam dei non cognouit saeculum per sapientiam, deus optimum existimauit per stultitiam praedicationis saluos* 2 1 5
est genus, cui subiugata sapientia seruit et uirtus. uidetisne iam manifeste sapientiam huius mundi non esse iustitiam et quidem nec ueram 2 1 9
amplectebatur. igitur ineffabilis illa incomprehensibilisque sapientia sapientiam, omnipotentia omnipotentiam propagat. *de deo nascitur deus*, 1 17 1
manifeste sapientiam huius mundi non esse iustitiam et quidem nec ueram sapientiam? quia fieri non potest, ut uerus sapiens non sit et iustus, iustus 2 1 9
quia sunt stultae. nostram nobis stultitiam derelinquant, habeant secum sapientiam suam; cuius quidem sectatores paene omnes conspicor 2 1 15
in eo geritur, non debere diligi a nobis sacris uocibus dum iubetur, recte sapientibus exsecrabilis esse uideatur, Iohanne dicente: *nolite diligere* 1 36 27
quod propterea facit, quia *praui* bonique *notitiam* gerit, quod est utique sapientis. unde fit, *ut numquam iustus possit esse qui stultus est neque* 2 1 10
interire, caelestia cum terrenis absumi, praesertim cum eorundem ille sapientissimus dicat hanc esse mortem, cum corpore animus tamquam 1 2 2
sunt et terrestria. itaque inmortalitatis semine (de quo etiam poeta sapientissimus praesagauit dicens: *igneus est ollis uigor et caelestis origo* 1 2 26
nos, quid illi dicant? insignis uir sicut ait noster: *nouit deus cogitationes sapientium, quia sunt stultae.* nostram nobis stultitiam derelinquant, 2 1 15
quod caret sensu. uerum quis dubitet illud fortius esse, quod sentit, quod sapit, quod cogitat, quod mouet, quod mouetur, quod mira prouidentia 1 7 2
non uetusti, non usti, non cruди, non mucidi. lacteus illis color est, lacteus sapor est. sed fortassis, quod nonnulli forma uidentur minores, si secus 1 41 2

largitur. tres pueri unanimes legumina inferunt primi, quibus, ut scitus sit sapor, salem sapientiae aspergunt. oleum Christus infundit. Moyses 1 24 2
conuiuio, sed non illo, in quo diuersis epulis intrimentorum lenocinio saporis de summa certantibus obrutum pectus saepe crudis atque acidis 1 24 1
licet sui proprietate, locis uocabulisque discreta sint, tamen trini profundi saporis una uirtus, una substantia, una est fluenti natura nec potest 1 7 4
filius de fide, non de aetate. concepit Sarra, portat sine labore uteri sarcinam, quae iam ambulare non poterat; tunc discit mater esse, cum 1 62 2
ut imminere ciuitati interitum nuntiaret; ingentibus enim peccatorum sarcinis premebantur. at ille alio deflexus itinere nauem Tarsos petiturus 1 34 5
quod promissus, quod sola unica spes totius praeteritae sterilitatis damna sarciret. inuenta est causa, ubi Abrahae fides temptatione fortior militaret: 1 62 3
non negabit. Petrus piscator recentes marinos affatim pisces apponit cum sarda mirabili. Tobias peregrinus fluuialis piscis interanea diligenter accurat 1 24 3
numero examinatus. scrobem fontem sacrum debemus accipere, qui uera sarmenta homines suscipit mortuos et inspiratos aqua caelesti mox efficit 2 11 4
quae non parturis, quoniam multi filii desertae. ecce enim, carissimi, in Sarra attractis aetate neruis et, deficiente sanguinis suco, arescentibus 1 59 4
et in tristissima senectute suscepta sollicitudinis mole gaudere; nam et risit Sarra munus iuuentutis subiens in senecta, unde nomen accepit infans, qui 1 43 2
ei de legitimo matrimonio filius de fide, non de aetate. concepit Sarra, portat sine labore uteri sarcinam, quae iam ambulare non poterat; 1 62 2
quale diuinae pietatis munus acceperit, uetustae legis gesta testantur. Sarra uxor eius non inferior longae uitae transactis cursibus †pius aut filius 1 43 1
diuina praeceptione meruit procreari atque in ultimis uitae curriculis Sarrae uterum filius aperuit primo uocabulo, cui iam auiae reuerentiam 1 59 1
corpore tot martyria uideantur esse quot membra? armauerat diabolus satellites suos in domini populum, ueterani odii assertor antiquus, et totam 1 39 2
exemplo. ecce in eius hospitium uelut in hostilem praedam grassantium satellitum praeceps irruit manus, festinat dei famulum posse deprehendi; 1 39 4
inueniet, quibus, si diligens fuerit, semper et se et alios bonis omnibus satiabit per dominum nostrum Iesum Christum. 1 24 4
iugulum, putauerat se feralem iudicis amentiam citae mortis sorte satiare, dum subito manus iubetur extendere ac super caespitem [nudus] 1 39 7
sine fine, sollicitudo sine requie, ad sua numquam perueniens uota, quia satiari non nouit. fidem frangit, caritatem neglegit, iustitiam negat, non 1 21
non desinit. uerum tamen eos uno momento exigua humus et peraequat et satiat, enorme quod cum tota ambitione sua non potest aurum. hinc unus 1 5 11
non habentibus diuitias habendi inicit cupiditatem, habentibus adimit satietatem. ita omnes in rabiem una tempestate praecipitat, ut ubinam sit 1 14 1
non potuit. libidinum commutatione uaria gaudet semper et paenitet, ad satietatem numquam lubrica utilitate perueniens. desiderat facere quod 1 1 9
uota. quantum fuerit auctior, fit tanto miserior: expers otii, expers satietatis, per fas atque nefas, artibus multimodis ac uersutiis armata 1 5 2
esse angelos lucis, descendentes uero angelos tenebrarum. sed hoc satis absurdum esse et inconueniens, fratres carissimi, aduerto, quia neque 1 37 11
nuda uix possunt superare uirtute. elementa quoque ipsa, fratres, satis diuersa satisque repugnantia olim deprehendisset interitus, nisi ea 1 36 16
naturam ex nihilo fecerit Christus, sit autem ex natura tempus, ineptum satis est opus suo praeponere artifici ac per hoc solum interest, quod soli 2 8 5
de domo dei uestri hostia et immolatio. multa sunt, quae dici possunt, sed satis otiosum est in his demorari, quae in toto iam non sunt. unum sane 1 25 6
ex duobus, quod illi putauerunt, nec sapiens profecto erit ille nec iustus. satis, ut opinor, praestigiae mundanae patuerunt. in quibus cum peritius 2 1 11
resurgit in uirtutem; seminatur corpus animale, surgit spiritale. satis, ut opinor, resurrectionis ueritas omnibus claret. sed necessario 1 2 22
uix possunt superare uirtute. elementa quoque ipsa, fratres, satis diuersa satisque repugnantia olim deprehendisset interitus, nisi ea inuicem mutuis 1 36 16
inter frementium leonum rabidos rictus intrepidus, caelesti prandio satur nec Ionas inter aestuantes procellas sollicitique maris fluctus insanos 2 18 1
numquam quieta, non die, non nocte, non bello, non pace, numquam satura, lucrorum enormitate miserior. nouum calamitatis est genus, quod 1 14 2
sed caelesti prandio, honesto, puro, salubri atque perpetuo, quod, ut saturi semper ac felices esse possitis, esurienter accipite. pater familias 1 24 1
libro Regnorum Samuel, egregius ille sacerdos, mortis iam lege dispunctus Sauli regi se desideranti sine ambiguitate non tantum suam praesentiam 1 2 8
ingressum? quid [quibus] de caelo cotidianum manna in eremo, potus e saxo? quid per lignum amara aqua dulcis effecta, quam per lignum crucis 1 61 8
per hanc apostoli multos in nitidam cutem leprae deformis contagiosis scabrosisque grassantium ulcerum spoliauere uerticibus; per hanc, inquam, 1 36 9
quoniam *caput uiri Christus*, qui aliquotiens lapis est nuncupatus. scala autem duo testamenta significat, quae et euangelicis intexta praeceptis 1 37 1
patientia, perseuerantia, consummatio. scaporum nomina duo testamenta. scala autem proprio nomine crux uocatur, quia per ipsam dominus Iesus 1 37 15
crucem, sed et tu crucis tuae similiter dignitate gaudebis. igitur haec scala cuius esset materiae, in qua dominus incumbebat, ex Dauid dicto 1 37 8
sunt unius corporis latera; et denarii sunt duo, sed una moneta signati; et scala duos scapos habet et gradus plurimos, sed eius ascensus est unus. 1 37 14
concurrentia crucifigi habuisse dei filium nuntiabant; quem confirmat in scala rectissime positum, quia historia totius scripturae et propter ipsum et 1 37 8
dominus datos esse commemorat. quae parabola sublata dubitatione scalae sacramentum spiritaliter intuentibus patefecit: *homo* enim 1 37 10
ait: *qui accipit regnum, regnat et tradet deo et patri*, et cetera. quid hinc scandalum pateris, Christiane, ex tuaque natura opinaris prouisionis piae 2 5 5
carnalis mentis homines, fratres dilectissimi, scandalum patiuntur, non studio noscendae, sed frustrandae ueritatis, 1 45 1
gratia, honestas, uerecundia, patientia, perseuerantia, consummatio. scaporum nomina duo testamenta. scala autem proprio nomine crux 1 37 15
corporis latera; et denarii sunt duo, sed una moneta signati; et scala duos scapos habet et gradus plurimos, sed eius ascensus est unus. gradus autem 1 37 14
in spe uel fide esse depositum, sicut euidens testatur exemplum. Iudas Scariothes traditor domini et spem et fidem perdidit, quia caritas in ipso 1 36 19
busto in nefas conscium toto mundo funereum fecerat rogum. scatebat per tecta culminum publicum scelus nec fuerat locus, in quo non 1 39 2
cedit, sed uictor crudelitatis et impietatis in sterquilinio foetido scaturiente uermibus, quasi nihil passus, sed solo dei timore contentus. o 1 15 6
inde est, quod hodie uestro de numero nouellae uites ad iugum perductae, scaturientis musti dulci fluento feruentes uinariam dominicam cellam 1 10b 3
aut digni, qui caelestis panis perpetua soliditate fruerentur. petra illis scaturiuit in fontem, ut biberent detritis e lacunis, ut merebantur, 1 18 2
quae diximus, sed et alia multa, immo omnia undique sine pausa quae scaturiunt mala nascuntur atque concelebrantur, quae condemnare falso 1 5 4
id est in huius mundi caeno uersatus est inter ebullientes diuersis sceleribus ac libidinibus homines, qui ueri sunt uermes. Iob et sanitatem 1 15 9
ad inuisibilem suspensum gladiorum mucro conuertitur. nec inde, ut dixi, sceleris sui crudelitas fructum sortita est, quia, sicut in Isaac aliud offertur 1 59 9
cui cultus, cui amor mundi praeponitur. quoduis etenim piaculum scelus dedecus nefas libenter admittit, cuius praecordia inplacabilis 1 14 7
mundo funereum fecerat rogum. scatebat per tecta culminum publicum scelus nec fuerat locus, in quo non erat pro religione sacrilegium. 1 39 2
malitiae scenam diripuit, †profectitium† crimen propere recluditur, sed scelus suos redit in auctores purgaturque per innocentiam pudor. sicque 1 1 19
se praestitisse, non crimen. quid hoc est? ecce immanitas in fidem et scelus transit in sacramentum; parricida incruentus redit et qui immolatus 1 4 15
feritas in ferocitatem et tamen hominibus mitior inuenitur. ne quid scenae tam dirae immanitatis deesse uideatur, immittuntur etiam marina 2 2 6
confestim adest in Daniele puero deus. omnem repente malitiae scenam diripuit, †profectitium† crimen propere recluditur, sed scelus suos 1 1 19
et fidem perdidit, quia caritas in ipso non mansit. nam et haereses et schismata sic disseminantur, cum inflata fides ac spes dilectionis a 1 36 19
perdiderunt. nam mutato nomine et cultu, quasi promota somniis, illas scholares calumnias dei usque ad ecclesiam transmiserunt, ut in ipsa 2 9 2
de praeproperae mortis subitis damnis familiam domini posse terreri, cum sciamus apostolica fide esse perscriptum: *mihi uiuere Christus est et mori* 1 39 5
sic infit ad dominum: *domine, non est exaltatum cor meum*. cum scriptum sciat: *homo uidet in facie, deus in corde*, nonne iniuriosum uel 2 9 3
non potest. glorietur qui uolet ista iustitia, uerum tamen sciat, quia misero est miserior qui miseriis ditatur alienis. quisquamne 2 1 17
digna, tamen ad exprimendam uim impudicitiae uisa sunt necessaria, ut sciat unusquisque ad idolatriam pertinere luxuriam. ipsa, inquam, 1 1 12
sed non eo dico, ut ingratum faciam doctrinae beneficium, sed ut sciat unusquisque aliud esse fidem, aliud esse tractatum nec fidem per 2 3 11
cui primum iustitiam crudi funeris soluat. quo nuntio accepto dei seruus *scidit uestimenta sua*, non ut deo inuidiam faceret, sed ut expeditus cum 1 15 5
fide simplici. igitur si dei seruus es, *stultas et ineruditas quaestiones euita sciens, quia lites generant. seruum autem dei non oportet litigare*, quia lis 2 3 18
quae praeter ceteras tota se ad alienas utilitates colligit atque explicat sciens, quid deo principaliter debeatur, nihil sibi ipsa concilians, nihil 2 1 11
uestra uasa replete, ut semper uobis aqua sufficiat, hoc ante omnia scientes, quia hanc nec effundere licet nec rursus haurire. 1 12
conuolate. fortiter bibite, ut semper uobis aqua sufficiat, hoc principaliter scientes, quia hanc nec effundere licitum est nec rursus haurire. 2 14
matris dulcem ad uterum conuolate ibidemque uos uestra nobilitate fide scientes, quoniam, quantum quis crediderit, tantum beatitudinis et habebit. 1 55
pro personis operari ne aestimetis hic gratiam. iudicio uestro nascimini scientes, quoniam, qui plus crediderit, nobiliorem se ipse praestabit. 1 49
dei dignissime uenerando declaremus, quid ipsi ueritati debeamus, scientes, quoniam, si quis imaginem laeserit, in exitium suae animae incitat 1 36 24
ac telum, animae nostrae inpenetrabilis lorica, legis conpendiosa ac uera scientia, daemonum terror, martyrum uirtus, ecclesiae pulchritudo uel 1 36 4
Paulus curioso rescribit dicens: *o altitudo diuitiarum et sapientiae et scientiae dei! quam inexquisita sunt iudicia illius et quam inuestigabiles* 2 3 16
gloriabitur, cum apostolus dicat: *o altitudo diuitiarum sapientiae et scientiae dei! quam inenarrabilia sunt iudicia eius et quam inuestigabiles* 1 34 2
habent ergo fidem qui litteras nesciunt, sed nec ipsi qui sciunt, quia legis scientiam obseruantiamque ad perfectionem perducere nullis rationibus 2 3 9
quia uxor infelix es, si nescis, quid agatur in domo, infelicior certe, si sciens. proponamus itaque, ut saepe contingit, in unum sibimet conuenire 2 7 13
inquietanda secreta. *quis enim causas naturasque caeli huius* et superiorum *sciet?* quis corpoream aeris huius, ut quidam putant, inanitatem se 1 34 1
concremari. at illa constanter adest, sibi quae non inpudicitiae, sed futuri scilicet indicii negotium procurauerat, dicitque ei se debere conceptum, 1 13 3
praesagauit dicens: *igneus est ollis uigor et caelestis origo seminibus)*, scilicet spiritus sancti conceptione, insita fit ante fecunda, ut, cum 1 2 26
in omnibus, quia pater in ipsum alium se genuit ex se, ex innascibili scilicet sua illa substantia, in qua beatus manens in sempiternum omnibus, 1 17 2
inerant naues, nulla transfretandi praesidia, cum subito diuina prouidentia scinditur mare, aquae dextra laeuaque gelido stupore frenatae uitreos 1 29 2
si possim, rerum omnium regina, patientia, magis moribus concelebrare! scio enim, quia libentius in tuis moribus, tuis fundamentis tuisque consiliis 1 4 20
petitorem. quicquid feceris, uirgo iam non eris; unum tamen scio, quia nihil distat a prodigio, quisquis alterius causa et formam mutat 2 7 8
sequere me. de hoc nescio quid possit quispiam promouere; unum tamen scio, quia nullus est nostrum, qui non momentis omnibus elaboret, ut plus 2 1 16
non esset, si esset aliquid quod esse uolens esse non posset. denique uultis scire conpendio ueritatem? factus est quod non erat, nec tamen desiit esse 2 8 9
necessitate, religione, non culpa; qui deum metuit, non naturam. uultis scire, cuius proprietatis sit? omnes timores, quoscumque inuaserint, 2 2 7
creditur aut docetur.' quod malum est ista ratio, mox uidebimus. nunc scire cupio, fides ex doctrina constet an ex credulitate an ex utroque. si ex 2 3 9
sit iniustum, mox uidebimus. nunc primo omnium, optime Christiane, scire cupio, quae sint tua, cum sint timentibus deum uniuersa communia, 2 1 18
quod index dei uoluntatis est, non dei originis aut naturae. sequitur ut scire debeamus, utrum fides tractatibus an fidem tractatus debeamus 2 3 6
in resurrectione summum bonum? hic nunc primum omnium scire debemus hominis fabricam *ex* duobus *diuersis ac repugnantibus* 2 4 8
ulterius, quinam sint isti, quibus est iudicium praeparatum. et a quo scire debemus, nisi ab ipso domino, qui suum dictum prosequitur dicens: 1 35 4
iustorum, qui non iudicabuntur, dignos esse consilio existimauit. nunc scire debemus, quoniam iusti uitae perpetuae, impii aeterno sunt destinati 1 35 4
quapropter duas esse natiuitates domini nostri Iesu Christi necessario scire debet populus Christianus, ne quem patiatur errorem: unam, qua 2 8 2
est de hoc mundo. apertius autem hoc Paulus expressit dicens: *hoc enim scire debetis, quoniam omnis fornicarius aut impudicus aut fraudator, quod* 2 5 8

scit dominus uiam iustorum et iter impiorum peribit. consequens est, ut scire nos par sit, in quo habitu regnaturus sit homo iste noster, qui tendit 1 2 24
procurari, a quouis uere stultissimo negari non possit iniusta. ceterum si scire potuissent ueram iustitiam, cuius est inmortalitas merces, propterea 2 1 4
aequales; quod unius est, omnium est; quod omnium, singulorum. uultis scire, quae illic beatitudo uersetur? nemo suam uestem, nemo suas 1 5 18
uersutis argumentis excludit, orbem totum, si possit, ut rapiat. uultis scire, quale calamitatis sit genus? sane plus in eum, qui eam dilexerit, 1 21
uideat numquam recti aliquid illam facere uel fecisse, quod fecerit? uultis scire, quam iusta sit? miseram se putat, nisi euerterit ueritatem. ceterum 2 1 7
loco, omni tempore manet plus honestati consulens quam utilitati. uultis scire, quantae felicitatis sit [sit]? eam et qui habet diligit, et qui non habet 1 1 3
maiore dedecore in perpetuum imperio Romano seruiret. sane uultis scire, quantae sit sanctitatis? quem mare sustinuit adunatum, non potest 1 52
si fertilis fuerit: illic quia parum distrahit, hic quia non solus. uultis scire, quantis sit tenebris obuolutus? irascitur deo, si non semper fiat 1 5 14
diues in diuitiis suis, sed in hoc glorietur, qui gloriatur, intellegere et scire, quia ego sum dominus, qui facio misericordiam et iudicium et 2 1 5
enim stultus est, quid sit bonum ac malum *nescit* nec potest quid reprobet scire, quid teneat, *et ideo semper peccat*, quod est iustitiae contrarium. 2 1 9
sed eius ascensus est unus. gradus autem eius, fratres dilectissimi, si uultis scire, quid uocentur, audite: conuersio, audientia, intellectus, credulitas, 1 37 15
quam furit. occasionem ullam prorsus nocendi non praeterit. uultis scire, quod malum sit? in ipso fructu suo etiam ipse se odit. uenenis eius 1 36 27
uidet, exeuntem non potest prohibere. et aestimat quisquam dei se posse scire secretum, qui sui corporis nescit arcanum? quare, fratres, propter 1 56 3
argentum et aurum, pro quo quis aut iugulatur aut iugulat. uellem scire tamen, tanta eius rabies quid uoluptatis habeat, suo cultori quid 1 5 16
quae essent futura, priusquam fierent, admonebat. proprium enim dei est scire transacta et nosse uentura. *filios*, inquit, *genui et exaltaui*. infinita 1 61 5
ubi sane ad hoc aquam de petra bibisti, manna de caelo gustasti, ut scires, miser, quid fueras perditurus. 2 16
compendio transigam: utique a templo regrediens necessario enarrabit tibi sciscitanti sibi de utriusque salute uel unanimitate deorum quae fuere 2 7 16
labe in meliora migrantes tam pertinaciter plangis? pro nefas! hinc mater scissa ueste, laniatis crinibus, laniatis et genis, totum crebris ictibus liuida 1 2 13
expositum lauisti lacrimis, osculis detersisti, crinium damno uelasti, scissis genis, liuore foedatis uberibus, sordido plus puluere tecta quam 2 7 7
candidis faciunt, qui auguria captant salutemque suam pecudum uiolenter scissis in uentribus quaerunt, qui coniugale exasperant iugum affectuque 1 25 11
cum postfuturis abiecerat; Erythraeum quoque in geminas ripas medium scissum mare, ductisque dextra laeuaque aggeribus in aciem stipatis 1 18 1
humanis! et clamat non uoce, sed corde, non clamore, sed fide, quam scit deum libenter audire. hoc igitur e profundo clamans similiter Petrus 1 34 3
resurgunt impii in iudicio neque peccatores in consilio iustorum, quoniam scit dominus uiam iustorum et iter impiorum peribit. consequens est, ut 1 2 23
spem, altera uerbo. haec miratur se habere quod nescit, laetatur illa quia scit. Elisabeth sterilis fecunditate tumet feliciter uenter, Mariae maiestate. 2 8 8
uerum quod est semper incertum. praeterea numquam diligit deum, quem scit operibus suis esse contrarium. diaboli est sane mancipium; eius enim 1 1 11
de mensa largitur. tres pueri unanimes legumina inferunt primi, quibus, ut scitus sit sapor, salem sapientiae aspergunt. oleum Christus infundit. 1 24 2
est opus suo praeponere artifici ac per hoc solum interest, quod soli se sciunt. denique apud Esaiam ad filium *sic dicit dominus deus sabaoth:* 2 8 5
sum, tamen frontem meam tueor et fidem meam noui. certe si quid sciunt, dicant operarii, qui mecum sunt. lucro gaudeo, sed sine furti 1 41 3
ut est, fratres, Nineuitis nuntiatus interitus, credunt et timent et quantum sciunt dominum non esse mendacem, tanto propensius eius de pietate 1 34 9
constat, non habent ergo fidem qui litteras nesciunt, sed nec ipsi qui sciunt, quia legis scientiam obseruantiamque ad perfectionem perducere 2 3 9
fidelis semper, semper intrepidus ad sepulcrum noctis cognatae contendit scius in ipso se habere quod uiuit; denique adimitur ei ortus, si ei 1 2 18
inlatam. quam qui constanter tenuerit ac fideliter ministrauerit, non dicam Scorpionem, sed, sicut dominus ait in euangelio, omnes omnino serpentes 1 38 5
et auctorem per ipsum impleta est. denique sic ad discipulos ait: *omnis scriba doctus de regno caelorum similis est patri familias proferenti de* 1 37 9
similis est patri familias proferenti de thesauris suis noua et uetera. scriba, fratres, est praedicator, *pater familias* Christus, *thesauri* eius 1 37 9
sed et Dauid hanc calamum nuncupauit, dicens: *lingua mea calamus scribae ueelociter scribentis.* calamus fissus est, fratres, duosque uertices gerit 1 37 4
typus est synagogae: eius proretam sacerdotale corpus accipimus, nautas scribas et pharisaeos, iacturam uasorum repudiationem prophetarum 1 34 7
una de radice funduntur. testamenta sunt duo, sed testator est unus; et scribens canna diuisa est, sed unus calamus; et forfex in duos producitur 1 37 14
hanc calamum nuncupauit, dicens: *lingua mea calamus scribae uelociter scribentis.* calamus fissus est, fratres, duosque uertices gerit in unius 1 37 4
per mundum mortem domini aduentumque testatur, sicut ad Corinthios scriptum est: *annuntiatis mortem domini, donec ueniat*. aperies os piscis: 1 37 6
Naue domino iubente secunda, quam Moyses annuntiauerat, circumcisio. scriptum est enim: *et dixit deus ad Iesum: fac tibi cultellos petrinos nimis* 1 3 14
dictum euangelicum illud consentanea potest argumentatione pulsari; scriptum est enim: *nemo ascendit in caelum, nisi qui de caelo descendit,* 2 4 2
uindicetur. denique tolle peccatum: cessat legis imperium. *lex* enim, sicut scriptum est, *iusto posita non est,* sed peccatori, quia *iustus ex fide uiuit,* 2 3 4
sed illud tantum quod inutile est discuti, quod teritur demutari, sicut scriptum est: *oportet enim corruptiuum hoc induere incorruptionem et* 1 2 30
peracta reuocatur, accingitur de sterilitate fecunditas, ut impleretur, quod scriptum est per prophetam: *exsulta, sterilis, quae non pariebas, erumpe et* 1 59 3
fieri, qui praecepit. hoc solum dico: imple uel in ceteris legem, sicut scriptum est: praecinge lumbos tuos, indue pedibus calceamenta, arripe 2 20 2
sicut nouum praestat fidem, ita nouo uetus perhibet testimonium, sicut scriptum est: *semel locutus est dominus et haec duo audiuimus.* sed et 1 37 4
cupio, quae sint tua, cum sint timentibus deum uniuersa communia, sicut scriptum est: *turba autem eorum, qui crediderant, animo ac mente una* 2 1 18
docetur, quia non in trepidatione, sed in doctrinae ratione consistit, sicut scriptum est: *uenite, filii, audite me; timorem domini docebo uos.* naturalis 2 2 1
iusti, non tantum imaginem, sed ipsum deum quoque portabunt, sicut et scriptum est: *uos estis templum dei, et spiritus dei habitat in uobis.* 2 30 4
fugaci illuderis blandimento? quid deteriori meliorem subiacere compellis, scriptum quippe cum noueris: *omnis caro fenum et gloria eius sicut flos* 2 4 15
euitans sic infit ad dominum: *domine, non est exaltatum cor meum.* cum scriptum sciat: *homo uidet in facie, deus in corde,* nonne iniuriosum uel 2 9 3
qua perfectione dei cultus debeat custodiri, apud Salomonem maxime cum scriptum sit: *et si multiplicentur, non oblecteris in illis; si non est timor* 2 7 5
imperio subiaceret, si legis periti tantum iustificari meruissent. at cum scriptum sit: *littera occidit, spiritus autem uiuificat,* quia non sub lege, sed 2 3 2
eum sumpsisse principium, quae spes futurae beatitudinis credenti, cum scriptum sit: *maledictus homo, qui spem habet in homine*? ergo ubi purum 2 5 1
committit nec desertorem praemiis triumphalibus honorabit, maxime cum scriptum sit: *qui habet, dabitur illi et abundabit; qui autem non habet,* 1 36 7
membra, poterit perpetrare tot crimina. denique hoc genere Iudaeos scriptura denotat ab auribus incipiens: *clamaui,* inquit, *ad eos et non* 1 3 10
quod agnum legitimum suo uitio, quem inuenerant, perdiderunt. quem scriptura designabat *ex ouibus et haedis*: *ex haedis* utique propter 1 46a 2
impiorum, qui non sunt iudicandi, quia iam iudicati sunt, sed perituri, scriptura dicente: *iter impiorum peribit*; tertium peccatorum, quorum 1 35 7
nascitur. lex enim pendet ex caritate, non caritas pendet ex lege, sacra scriptura dicente: *iusto lex posita non est, sed peccatori*. peccator autem ille 1 36 17
offerre sacrilegum est, ita indigne manducare mortiferum, in Leuitico scriptura dicente: *omnis mundus manducabit carnem. anima autem* 1 25 12
fratres, et uir iustus fuit et tamen necessario circumcisus. quid enim scriptura dicit? *Abraham credidit deo, et deputatum est illi ad iustitiam.* 1 3 6
scriptura diuina cum de dei loquitur filio, non sibi repugnat, sed inter 2 5 1
non colendus sit, sed quaerendus. quod nunc faciunt infideles, de quibus scriptura diuina quid pronuntiet, audiamus; cuius ista sunt uerba: 2 9 2
et non deo. ac ne quis sacrilegium existimaret sibi impune esse cessurum, scriptura iterum ibidem dicit: *sacrificans diis eradicabitur, nisi domino soli.* 1 25 5
metas uerecundiae freno *cohibendum*, ut possimus merito mereri, scriptura quod dicit: *proximus est deus contribulatis corde et humiles spiritu* 2 9 3
sicut sacra scriptura testatur, erat ante omnia manens unus et idem alter ex semet 1 50
maiori filio suo. qui filius cum maligne domini ante faciem uersaretur, scriptura teste a deo perhibetur occisus. secundo imperat, ut intret ad 1 13 1
quem confirmat in scala rectissime positum, quia historia totius scripturae et propter ipsum et auctorem per ipsum impleta est. denique sic 1 37 8
est, ubi non deuotionis, sed necessitatis est quod timetur. itaque audiamus scripturam, quid dicat, cuius ista sunt monita: *et nunc, Israel, quid* 2 2 4
optime saepe recolitis, mensura seruata amputatur in surculum palmes, in scrobem dimittitur, ut animatus ibidem genitalis humoris manente semper 2 11 2
palmes competens intellegitur legitimo examinis numero examinatus. scrobem fontem sacrum debemus accipere, qui uera sarmenta homines 2 11 4
est de deo hoc nosse, quod licitum est. sicut enim in simplici corde scrutanda sunt testimonia eius, ita curiositate non sunt inquietanda secreta. 1 34 1
confutabit, Salomone dicente: *altiora te ne quaesieris et fortiora te ne scrutatus sis. quae praecepit tibi deus, illa cogita semper et in plurimis* 2 3 16
pretio margaritae. felicia, exsultate, coniugia: meliores ornatui gemmas sculpitis, quam uos estis. exsultate, uiduae: quadratura uestrae uirtutis 2 6 10
armaturam dei, ut possitis uos constare aduersus nequitias diaboli accepto scuto fidei, per quod poteritis omnes sagittas illius mali, quae sunt igne 1 38 6
in qualibet angustia constitutos. tu caecorum oculus. tu pes claudorum. tu scutum fidelissimum uiduarum. tu melior pupillorum, plus quam uterque 1 36 31
conducis. felix aeternumque felix est, qui semper te habuerit in se. 1 4 22
peccat, quod est iustitiae contrarium. *iustus autem ab omni peccato se abstinet*, quod propterea facit, quia *praui* bonique *notitiam* gerit, quod 2 1 10
ueniamus, omnium fontem matremque uirtutum. quae praeter ceteras tota se ad alienas utilitates colligit atque explicat sciens, quid deo principaliter 2 1 11
sit facillime possit agnosci. sub uelamine Christi nominis, fratres, se adserere conatur Antichristus similiter pudicum, uti fallat. pudicitiae 1 1 6
qui nomen iudicis pertimescit; qui, sicunde susurrus ingruerit, se quaeri, se aestimat inueniri; cui securitatis profectus est nullus, etiam si contingat 2 10 1
concurrunt et a mortuis, quos in quiete tacitae noctis agnouerint, expeti a se aliquotiens alimenta contendunt; ac sic fidem rei quam reprobant 1 2 3
liberorum et, quod est parentibus gratum, utriusque sexus et inuicem se amantium; quorum pro numero deo diurnas hostias offerebat. tanto 1 15 2
non timentem; nec tamen in toto dissimulat, ne per mare pedibus se ambulasse non credat. aduersus Theclam accusator acerrimus linguae 2 2 6
hinc unus pecuniam suam tamquam hamum proponit, ut facultates ad se attrahat alienas; quam peregrinantem ferali supputatione nutrire non 1 5 12
diuellit, quae desertae, ardore seu dolore compulsae, si talia gerant, putant se aut imitari aut uindicari. propter quod in praeceptis dominus ait: *qui* 1 1 13
Iudaei unde se beatos putant, infelices inde esse noscuntur. etenim commodius puto 1 18 1
deum. 'incidantur, ait, ab articulis manus, a cruribus pedes; uiuum se cadauer inspiciat.' [cui beatus Archadius ait:] o insania hominum! 1 39 6
in me est pater et ego in illo. constat ergo aequale esse, quod inuicem se capit cum spiritu sancto. 1 45 3
pio sanguine impiata. solus Cain exsultat infelix et, quod teste caret, putat se caruisse facinore, quem deus uidit, quem conscientia redarguit, quem 1 4 9
Niniue se intulit ciuitati, ita dominus postridie ab inferno resurgens se ciuitati Ierusalem intulit ante quam caelo. at uero Nineue imaginem 1 34 8
meritorum quibuslibet passim sua munera infulcit, maxime indignis, ut ad se colligat turbas; ille numquam remunerat quemquam, nisi primo quis 2 4 14
denuntiat. statim oculis apertis folia radiata procedunt, quibus subiecti ac se commendantes sequaces fructus adridunt, quos solis ardores, pluuiae 2 11 3
facultatibus suis, amputatis radicibus saeculi delitescens secessionis se commendauit umbraculo, utrumque Christiano explicans uoto, ut et non 1 39 3
fide, uerbo, non semine. decem mensium fastidia nescit, utpote quae in se creatorem mundi concepit; parturit non dolore, sed gaudio. mira res! 1 54 3
concelerant, laboranti subueniunt, paene armis ipsis inimici certatim se crebro subiciunt, ingenti fragore confundunt exsertisque mucronibus 1 36 15
breuitate secreta. igitur, fratres, genesis talis est uestra. primus uos, qui in se credentem reprobat nullum, non Aries sed agnus excepit, qui uestram 1 38 3

falsum, quod eis cessit incendium. ueritatem ratio protestatur. qui nunc in se credentes *baptizat spiritu sancto et igni*, ipse tunc quoque numero suae 2 27
protoplastos ex angelis in homines deriuauit, ita dominus omnes in se credentes sancti spiritus semine a mortuis rursus gloriosos in angelos 1 2 26
constitutum. nam et dominus ista exempla confirmans uni ex latronibus in se credenti, qui cum eo de patibulo dextra laeuaque pendebant, ait: *amen*, 1 2 11
imaginem dei debemus accipere, sed caelestis hominis spiritalem, quam in se credentibus dominus aetheria natiuitate renouatis plenitudinis suae pio 1 27 3
at dominus resurgens non sanitatem tantum, sed immortalitatem in se credentibus praestitit dominiumque totius naturae recuperauit, sicut est 1 15 9
suspicio: Abraham dominum filio, sacerdotem praetulit patri, nec pium se credidit, nisi probasset fidelem. denique, carissimi, intrepidus ad 1 59 7
sui filiorumque substantiam non partitam, sed totam dedisse maluisseque se cum liberis suis emori quam iustitiam praeterire. pro quo tam illustri 2 1 20
est autem in publicum tota prominens atque diffusa, sic tamen, ut sentiri se cupiat quam uideri, plane cauta, ne quam declinet in partem, ne in 2 1 12
inpudicitiae, sed futuri scilicet indicii negotium procurauerat, dicitque ei se debere conceptum, cuius monile, anulum teneret et uirgam. qua re 1 13 3
immolantis immolandique constantia absolui meruit, dum humanum ex se deponit timorem et, quantum ad fidem pertinet, pater promissa 1 59 7
fluminum augmenta, quis denique opificium domini deique consilium se deprehendisse gloriabitur, cum apostolus dicat: *o altitudo diuitiarum* 1 34 2
totum se habere, si pura sit. neminem foede desiderat nec ulli similiter se desiderabilem praestat. in suo statu omni loco, omni tempore manet 1 1 2
Samuel, egregius ille sacerdos, mortis iam lege dispunctus Sauli regi se desideranti sine ambiguitate non tantum suam praesentiam exhibet, sed 1 2 8
Euae non discipulae, sed magistrae; illa enim decepta, hae sua sponte se diabolo dediderunt). sin uero pacifica et salutaria, profecto laetaberis 2 7 16
respondent: de rebus enim loquitur saecularibus. *in magnis et mirabilibus* se dicit non ambulasse, utique non dei, sed in illis, quae magna ab 2 9 6
sempiternus, quia immortalitatis est dominus. hic est deus noster, qui se digessit in deum; hic pater, qui suo manente integro statu totum se 1 7 4
prophetae terrore. iniurias suas non exsequitur regia potestate; odientes se diligit; inimicis parcit; *parricidalibus filiis* ignoscit. persecutorem suum 2 9 7
sciet? quis corpoream aeris huius, ut quidam putant, inanitatem se disserere posse mentiatur? quis terram aqua portari an aquam terrae 1 34 1
sensibus uersari consueuit? in tantis filii casibus laetatur et gaudet et se dominum promeruisse triumphat. accepit iam praemia, quae meretur; 1 43 6
de fide generis sui pater filio, de quo non dubitabat, patefecit, quid a se dominus postulasset, et quid ipse domino promisisset ostendit. laetatus 1 43 5
effusione sanguinis conceptum piaculum duplicetur. miratur orbis uacuus se duobus angustum; mirantur elementa hominem, qui factus sit *ad* 1 4 9
hoc putantur in saeculo. at *cum addidit: super me*, ostendit numquam se elatum fuisse, cum posset. nulli enim facilius efferuntur, nisi quos 2 9 6
in stabuli praesaepe deponitur populorum pastorem pabulumque se esse contestans. subicit se gradibus aetatis, cuius aeternitas in se non 2 12 3
modo principales. e quibus duae eius, quem cupiant deprauatum, simulant se esse cultrices. una denique asserit Iesum Christum ab utero uirginis 2 8 1
in censum. quid enim esse potest ditius homine, cuius profitetur deus se esse debitorem? qui est benedictus in saecula saeculorum. 1 14 9
captans, corpus uero mortemque contemnens! o qui seruum domini ita se esse meminerat, ut patrem se esse nesciret! quid est pater? ecce sub 1 43 6
suos promiserat per prophetas, filium suum saluatorem generi humano se esse missurum commodum, tempore maturo, diuinitatis interim 2 12 1
contemnens! o qui seruum domini ita se esse meminerat, ut patrem se esse nesciret! quid est pater? ecce sub oculis iacet filius uinculis 1 43 6
fidei, sed libidinis, qui publicanas mulieres cum ui subiciunt sibi uiliores se esse quam illae sunt produnt, qui iracundia tument, qui litibus fremunt, 1 25 11
punit irata quem docuit nullamque aliam ob causam promulgatam se esse testatur, nisi ut fides de infidelibus uindicetur. denique tolle 2 3 3
ante omnia et post omnia, quoniam in eius manu inclusa sunt omnia; ex se est quod est; solus sui conscius, quantus et qualis est; solus perfectus, 1 7 3
largiores adhuc escas inueniet, quibus, si diligens fuerit, semper et se et alios bonis omnibus satiabit per dominum nostrum Iesum Christum. 1 24 4
circulo adscribunt, cum ingenii sui carmen coli uel maxime cupiunt, sic se et alios perdiderunt. nam mutato nomine et cultu, quasi promota 2 9 1
ut redeat; domum patri commendat, sensim mitisque discedit, ut probet se et meruisse et non ambisse quod meruit. ac ne quis hanc patientiam 1 4 16
in patre, aequalis in omnibus, quia pater in ipsum alium se genuit ex se, ex innascibili scilicet sua illa substantia, in qua beatus manens in 1 17 2
repugnat, sed ostendit animae esse sublimitatem superiora uicisse, quia *qui se exaltauerit, humiliatur et, qui se humiliauerit, exaltatur*. animae enim 2 9 8
non dimissi, non torui sunt oculi. nemo rogat, nemo trepidat, nemo se excusat, nemo turbatur. ne uere sit parricidium, ille lignum quo 1 4 14
quasi uanam, quod, cum possit bonis frui mundi ac negligat, sponte se faciat infelicem, non credentes, quia dei praecepta custodiens, huius 2 1 14
uestem rursus accepit, non utique ut quae fecerat faceret, sed ut defleret se fecisse quod fecerat; aliter etenim quis saluus esse non poterit, quamuis 1 13 12
exsultans, quae curatum uenerat, curata recessit. ita Christus in hominem se fecit nasci, quemadmodum homo non potest nasci. totum denique sua 1 54 5
amisit; et dominus caelestia sua bona amore nostro neglexit pauperemque se fecit, ut nos diuites faceret. Iob filios furens diabolus interemit; et 1 15 8
futuris ictibus colla, nudauerat gladiis uenientibus iugulum, putauerat se feralem iudicis amentiam citae mortis sorte satiare, dum subito manus 1 39 7
deo filios se genuisse, non mundo. hinc uxor amissi mariti desolationem se ferre non posse testatur frigidumque latus male dilatato queritur lecto; 1 2 14
dominus. sed sic oportuit praedicari, quia primo, antequam esset, quod se fieri uoluisset, tam figura quam oraculis frequentibus publicauit. igitur 2 4 3
quod erat meditatur esse quod non erat. mixtus itaque humanae carni se fingit infantem. Mariae superbus emicat uenter, non munere coniugali, 1 54 3
damnationis excepit, quia, sicut est detestabilis qui, cum sit homo, deum se fingit, ita detestabilior qui deum colit, quem ipse disposuit. Selom autem 1 13 6
quasi ius terrae cognoscens ac uiolare deuitans mira patientia in se frangitur, his denique fluctibus, quibus cogitur, refrenatur. haec 1 4 5
crinibus uilis; quae cum per uoluptuosa ac profana loca lasciua passim se fronde diffundit, generauit pro fructibus spinas, pro uua labruscam. 1 10b 2
ipsa potius feliciter suis hortamentis occidit, religiose confidens deo filios se genuisse, non mundo. hinc uxor amissi mariti desolationem se ferre non 1 2 13
nasceretur, in patre, aequalis in omnibus, quia pater in ipsum alium se genuit ex se, ex innascibili scilicet sua illa substantia, in qua beatus 1 17 2
deponitur populorum pastorem pabulumque se esse contestans. subicit se gradibus aetatis, cuius aeternitas in se non admittit aetatem. totum 2 12 3
diuina sententia, quae nec deum nec sacrificium etiam ipsae cognoscunt se habere legitimum. nunc Iudaeorum quoque sacrificia <a> deo 1 25 5
aut suis est ullis sordibus delibutus; neque enim re uera aliquid circa se habere possit inmundum, qui humani generis peccata, sordes et maculas 1 54 4
aucupatur distrahendi tempus, minor in mensura, maior in pretio; negat se habere, quod distrahat, ut rogetur, ut iugulet. atque utinam incorrupta 1 5 14
duae cognatae concipiunt, una contra spem, altera uerbo. haec miratur se habere quod nescit, laetatur illa quia scit. Elisabeth sterilis fecunditate 2 8 8
semper intrepidus ad sepulcrum noctis cognatae contendit scius in ipso se habere quod uiuit; denique adimitur ei ortus, si ei auferatur occasus. 1 2 18
mundus uoluptatis aut muneris, totum respuit praesumens totum se habere, si pura sit. neminem foede desiderat nec ulli similiter se 1 1 2
domo patris sui uidua permanens nuptias maturas exspectet. cum res sic se haberet, eius uxor moritur. qui consolatus cum ad oues tondendas 1 13 2
nouellae profecisse, inscriptio ipsa tituli psalmi lecti declarat; sic enim se habet: *in finem pro his qui immutabuntur*. Iudaicus etenim populus, qui 2 11 1
sublimitatem superiora uicisse, quia *qui se exaltauerit, humiliatur et, qui se humiliauerit, exaltatur*. animae enim depressio cor elatum est, cor 2 9 8
neglecti sunt. excogitatur nouum stupendumque supplicium, quo se in homine uincere crederet deum. ‘incidantur, ait, ab articulis manus, a 1 39 6
exspectauit ex lege, ne admonitione pietati aliquid derogetur, tantumque se in ipso amat, ut oderit se sine ipso. accedit ad cumulum, quod ideo 1 36 22
hoc fieri non posse sine naturalis amicitiae disciplina? quid autem pro se in necessitatibus gerant, omnibus nota porcorum cotidiana propemodum 1 36 15
excolit artibus sese faciemque suam in se, quam non habet, quaerit. pingit se in se ipsam et lenocinante uario magistri medicaminis fuco uultum 1 1 10
latentis naturae congeriem aceruo quodam magnitudinis suae per se in se manentem; *postea uero deum* hanc *diremisse* ex eaque constituisse 1 7 1
operis mundani pensa perpetuans, genitali semper nouellus occasu, a se in semet *sua per uestigia* reuolutus dies salutaris aduenit, officiis 1 6
si igitur in opere extraneo paritas sacra distingui non potest, deus in alio se inferior esse quemadmodum potest? quicquid enim uni ex duobus 1 45 2
sentiebam, sed exaltaui animam meam. uideamus, ne forte propheta ipse se inpugnet exaltando animam suam, qui cor suum se non exaltasse 2 9 8
tribus diebus et tribus noctibus fuit in uentre ceti euomitusque Niniue se intulit ciuitati, ita dominus postridie ab inferno resurgens se ciuitati 1 34 8
cupiat quam uideri, plane cauta, ne quam declinet in partem, ne in aliquo se ipsa reprehendat, ne opere coepto umquam deficiat. haec captiuorum 2 1 12
caelestia aspirans, iam, non dicam saeculi ludibria, sed, ut sit honoratior, se ipsam contemnens, iam ueritatem non imaginem quaerens, iam spiritalia 1 2 25
consueuit, semper infelix est. denique post negotium perpetratum odit et se ipsam cum illo quem uicerit. haec saepe indixit quietis gentibus bellum; 1 1 7
artibus sese faciemque suam in se, quam non habet, quaerit. pingit se in se ipsam et lenocinante uario magistri medicaminis fuco uultum suum 1 1 10
proponat, tamen sine hac utraeque non stabunt: fides primo omnium si se ipsam non amet, spes si non ametur. adde quod fides sibi soli prodest, 1 36 10
quomodo et deus manet in aeternum. sed dicit aliquis: ‘si ita est, cur in se ipse potissimum superatur?’ primo quia genus humanum magis 2 4 13
iudicio uestro nascimini scientes, quoniam, qui plus crediderit, nobiliorem se ipse praestabit. constanter igitur ac fideliter *hominem* istum uestrum 1 49
circumuentae transfusum artificiose dum exaggerant, exinde iam priores se ipsi condemnant. uerum, pro nefas, creditur aetati, creditur auctoritati: 1 1 18
est nullus, etiam si contingat ei accusatore carere, teste conscio, cum se ipso carere non possit, quia uiolentior omni tortore conscientia 2 10 1
sit, non potest aliquando sentire. solus deus est itaque principium, qui ex se ipso dedit sibi ipse principium; solus ante omnia et post omnia, 1 7 3
uiuam, sanctam, placentem deo. hoc enim placitum est domino, ubi se ipsum candidus animus immolauerit domino; cetera autem nihil 1 25 9
quid miles non dicam horridae hiemis aut torridae aestatis iniurias, sed se ipsum contemnit, si gloriae spem futurae non gerit? quid agricola 1 36 3
omnia homini timenti deum tam necessarium atque conueniens, quam ut se ipsum nouerit. etenim genus insaniae est eum rationem secreti naturae 1 27 1
ante omnia homini nato tam necessarium atque conueniens, quam ut se ipsum nouerit. etenim genus insaniae est eum rationem secreti naturae 2 30 1
elegerit, hoc dabitur ei. unde dubium non est uoluntatem nostram, cui se iunxerit parti, praebere uictoriam eiusque in resurrectione aut praemio 2 4 18
magnisque laboribus quaereretur, incunctanter optarent stultos iudicari se iustos quam sapientes iniustos, maxime cum iam sit eorum fraus omnis 2 1 4
in quo nec Christum relinqueret nec propinquum. statim beatus martyr se latere non passus est; se ultro offerens iudici moram suam uoluntarie 1 39 5
retinent, quod, ut uilem libidinem magis ac magis augeant, uilioribus se lauacris omni momento baptizant, deo semper ingrati. 1 51
quae numquam ueneno serpentis, et, quod omni est maius insania, deo se laudat. publicanus autem non membratim deum, sed totus exorat, quia 2 9 9
pharisaei agere se legitimum pascha contendunt, qui cum templo summo, ut putabatur, 1 46a 1
si ei auferatur occasus. luna quoque, quae uere rationis humanae omnia in se lineamenta depingit, nata sanguineae teneritudinis dubio cornu primo 1 2 19
adserere. si tractatum fidei dixerimus, uehementer errabimus. subici enim se loquacitatis artificio fidei natura non patitur, a qua nihil aliud laboratur, 2 3 6
percita, delicate tumentis ac reflabilis tori plumeo sepulcro superba. iactat se ludibunda per nemora, fontes, prata, baias, ciuitates ac rura, uniuersis 2 4 10
latentis naturae congeriem aceruo quodam magnitudinis suae per se in se manentem; *postea uero deum* hanc *diremisse* ex eaque constituisse 1 7 1
ecclesiam dei orationis loci membrum, quod possit quamuis ruina in se mergentibus idolatriae aedibus nunc usque aliquatenus comparari? nam 2 6 2
quod natus. quae principaliter stupet talem sibi filium prouenisse, qui ex se natus non crederetur, nisi, sicut fuit uirgo incorrupta post conceptum, 2 12 2
dei manuque e limo terrae fingitur homo. construitur mobile totumque se nesciens simulacrum et, ut imago sit dei, inspiratur a deo in *animam* 1 56 3
utroque prodesse potuisset. cum enim grauior causa supersit, peritorum se, nisi ueritatem requirat, agnoscit; si enim Adam curat, certe, in qua 1 3 9

se esse contestans. subicit se gradibus aetatis, cuius aeternitas in se non admittit aetatem. totum contra conscientiam suam ut homo 2 12 3
regit, maiestate custodit; solus indemutabilis ac semper aequalis, quia in se non admittit aetatem; solus sempiternus, quia immortalitatis est 1 7 3
iam non oleaster sit, sed oliua, cum et oleaster sit et tamen oleastrum se non esse quodam modo etiam ipse miretur. igitur si homo potest facere, 1 2 27
ne forte propheta ipse se inpugnet exaltando animam suam, qui cor suum se non exaltasse gloriatur. non sibi repugnat, sed ostendit animae esse 2 9 8
opes infeliciter quaerit, quas feliciter non habet; diues, cum diuitias putat se non habere, quas habet. in uno nititur auaritia, bacchatur in alio, in 1 5 11
dulciorem contemnit, ut seruet, destinat iugulare, ne iugulet, securus illo se non posse displicere facinore, quod deo gerebatur auctore. o nouum 1 4 13
patientissimus, desideratos cum fratres agnosceret; et ubi iactantia se non potest continere, positus in honore. caelestis profecto est ista 1 4 17
ad mortem, de qua euaserant, reuertuntur. cum igitur semper insidietur se non quaerentibus diabolus, aestimate, quid faciat inuitatus, cui omnes 2 7 13
serpat, serpentis nomen accepit, detestabili accensus inuidia eum, quia per se non ualebat, aliena forma blanditus per mulierem transgressionem 2 4 5
mentiatur? quis terram aqua portari an aquam terrae gremio contineri se nosse praesumat? quis spiritus aerios, quis figuras uentorum, quis inter 1 34 1
in caelum, cum deum persuadent hoc esse quod uolunt, cum adsimulant se nosse rerum naturae secreta, cum stellis nomina, soli labores inponunt, 2 9 1
cum ardent *plura fulminibus*, cum terra uel tremit uel hiatu se recipit in se, nullus hic beatitudinis locus est, ubi non deuotionis, sed necessitatis est 2 2 3
aciem stipatis undarum, saluo liquore arefactam profundi in semet contra se obnixam stupidam pependisse naturam; uiam inter fluctus micuisse 1 18 1
non praeterit. uultis scire, quod malum sit? in ipso fructu suo etiam ipse se odit. uenenis eius cotidie totus exaestuat mundus pestiferisque 1 36 27
inuoca me in tribulatione tua et eripiam te dicendo ostendit, quoniam per se omnia prosecutus est. *et magnificabis me*; quod dictum, fratres, non sic 1 25 8
ut secundus sit inmortalis et qui mortalis est primus, cum inmortalitas in se ordinem temporis non recipiat, mortalitas capiat. uel si caelestis est 2 4 2
noua ratio! amore imaginis suae coactus in infantem uagit deus patiturque se pannis alligari, qui totius orbis debita uenerat soluturus. in stabuli 2 12 3
timorem nobis necessarium, qui in dei amore consistit, qui uoluntate sua se parit, diuinae legis agnitione construit decorem, ad omnia genera 2 2 4
maius est, duodenis non dicam spatiis, sed momentis horarum aequabiliter se partiri non posset, si inpatientia suos cursus urgueret. luna quoque, quae 1 4 4
Iudaeus legitimum gerere se pascha contendit, cui nihil aliud de ueteri sacramento quam inanibus 1 28 1
origo tot rerum, cari genitoris amplexibus inhaerebat. strinxerat in se patris pietatem, quod unicus, quod sero, quod promissus, quod sola 1 62 3
iuncturas corporis rupit. exsilierunt exsectae manus †et uenarum in se paululum stupore rursus in se riuus sanguinis ruens†. dehinc poplitibus 1 39 8
sua necessitate neglecta pietatis largiter furtim semina spargit. nec rogari se permittit nec uicaria laudis remunerari mercede: hoc damnum graue, 2 1 12
tremore uibrantur; gemit, flet, denuntiatum pauet iudicii diem pellique se plangit, confitetur sexum, confitetur adgressurae tempus et locum et 1 2 6
non uidet, exeuntem non potest prohibere. et aestimat quisquam dei se posse scire secretum, qui sui corporis nescit arcanum? quare, fratres, 1 56 3
mundus exarsit, auaritia, ut putatur, crimen esse desiit, quia neminem qui se possit arguere derelinquit. omnes enim passim furore insatiabili turpes 1 5 1
maiestate. qui sane ideo carnem est dignatus induere, ut nemo se possit per carnem, cum iudicii dies uenerit, excusare. 1 54 5
uehemens commotio est, fratres, cum is de iniuria sua queritur, qui se potest facillime uindicare. sed quia apud sapientes et honestos grauius 1 20
stupet gladius nullo impedimento suspensus mactatione terribili gloriam se praestitisse, non crimen. quid hoc est? ecce immanitas in fidem et scelus 1 4 15
placida moderatione compescens, et ut omnia non magno opere deuincat, se primo uincit. non uirtutes possunt esse uirtutes, non perennes 1 4 3
nam in idolis dea est, in cultoribus uero eorum ministra. uenerandam se procurat in templis, hilarem in theatris, inportunam in publicis, 1 1 9
suas contemnendo custodit. at ubi diabolus adgressuris tantis nihil se profecisse cognoscit, omnem impietatis suae rabiem in filios eius 1 15 4
faciem uelando monstrabat. interpellat eam, poscit ingressum, missurum se promittit haedum. at illa promisso expetit pignus, magis illo contenta 1 13 2
sapientia e regione cordis *eructuat uerbum*, omnipotentia se propagat. *de deo nascitur deus* totum patris habens, nihil derogans patri. 1 56 1
autem generatus sit, qui processit, dementis est opinari. namque temperat se propter rerum naturam filius, ne exsertae maiestatis dominum non 1 56 2
illam facere uel fecisse, quod fecerit? uultis scire, quam iusta sit? miseram se putat, nisi euerterit ueritatem. ceterum fortitudo, quae hominibus est 2 1 7
inpatiens, prauis cotidie mobilitatibus gaudet, uarietatibus studet; miserum se putat, si ipse sit, nec intellegit rem dementiae esse consimilem, in statu 1 4 7
uideat; qui nomen iudicis pertimescit; qui, sicunde susurrus ingruerit, se quaeri, se aestimat inueniri; cui securitatis profectus est nullus, etiam si 2 10 1
uideri, quod illa est. interea miris excolit artibus sese faciemque suam in se, quam non habet, quaerit. pingit se in se ipsam et lenocinante uario 1 1 10
quia quod est filii, patris est, quod patris, amborum. laetatur pater in alio se, quem genuit ex se. quomodo autem generatus sit, qui processit, 1 56 1
hic infidelis, et quem putaueris infidelem, hic fidelis est. forte in eo se quis aestimet fideliorem, si loquatur argute, cum magis uerus sit ille 2 3 12
(atque utinam semel!) nimio dolore nuptura. hic, hic quemadmodum se quis possit excusare, non uideo. non deest enim qui dicere possit: 'si est 1 2 14
inde est, quod coniuges nuptiali sanctissimo repugnantes iugo, pro se quisque nitentes (amore uidelicet nimio), hereditatem captat alter 1 14 7
patris est, quod patris, amborum. laetatur pater in alio se, quem genuit ex se. quomodo autem generatus sit, qui processit, dementis est opinari. 1 56 1
honestam elegit mortem quam uitam turpem, melius credens hominibus se ream praebere debere quam deo. interea instant illi ex amatoribus 1 1 18
assimulant, cum ardent *plura fulminibus*, cum terra uel tremit uel hiatu se recipit in se, nullus hic beatitudinis locus est, ubi non deuotionis, sed 2 2 3
qui se digessit in deum; hic pater, qui suo manente integro statu totum se reciprocauit in filium, ne quid sibimet derogaret. denique alter in altero 1 7 4
inuitat, ueritas persuadet, timor excubat, disciplina coercet, continentia [se] refrenat. stat in angusto fides, in secreto pudicitia, in primo innocentia, 2 6 9
monile, anulum teneret et uirgam. qua re cognita Iudas non tantum ab ea se refrenauit, sed insuper eam et iustificauit. Iudas, quantum intelligi datur, 1 13 3
ambulas; *ueloces pedes tuos ad effundendum sanguinem* dextra laeuaque in se refugiens unda testatur. denique eremo exciperis, quo te nunc peruenisse 2 16
exsilierunt exsectae manus †et uenarum in se paululum stupore rursus in se riuus sanguinis ruens†. dehinc poplitibus surisque porrectis et a germana 1 39 8
inexstinguibilis supplicium comminatur. sed et Moyses ipse, cuius asserunt se saepe discipulos, eodem spiritu ad Israel loquitur dicens: *nouissimis* 1 3 13
satis est opus suo praeponere artifici ac per hoc solum interest, quod soli se sciunt. denique apud Esaiam ad filium *sic dicit dominus deus sabaoth:* 2 8 5
enim quid est nisi mens lubrica, permotionibus crebris et rapidis se semper expugnans; animus infidelis etiam sibi; actus improuidus, 1 4 7
atque concludens patri et Adam reportauit et iter ad caelum omnibus se sequentibus patefecit. 1 37 15
pietati aliquid derogetur, tantumque se in ipso amat, ut oderit se sine ipso. accedit ad cumulum, quod ideo *deus hominem ad imaginem* 1 36 22
sed uirginalis uteri aula secretior: diuini sermonis arte formata in se tabescentis corporis uulua portauit. sed in caelesti prole, non semine, 1 59 8
quae uocatur. denique in solitudine, quae a moechantibus uocatur occasio, se tamquam arbitrum timet omneque secretum plus quam publicum 1 1 2
bene disponentur, quoniam deus temptauit illos et inuenit illos dignos se. tamquam aurum in fornace probauit illos et quasi holocaustomata 2 5 6
non potuit. ipsa Venerem membris omnibus denudatam, conuexis manibus se tegere conantem, immo animi sui uitium et corporis demonstrantem, 1 1 11
compta mendacio, armata uocis tuba et gladio linguae omnes actus ad se trahit, congregat turbas, contionatur. lites sic discernit, ut seminet. 2 1 6
dei metus in ecclesia continet, sed tamen eos mundana uoluptas ad se trahit. *impii non manent, quia his dei nomen in honore est*; *pii non* 1 35 5
Antichristus similiter pudicum, uti fallat. pudicitiae nominis sonum post se trahit, sed quos fructus habeat, eius auctor ostendit. discurrit quippe 1 1 6
prouinciae rector pristinae eius fugae ueniam sub pactione promitteret, si se uel sero nefandis superstitionibus miscuisset, talibus in eum sanctissimus 1 39 5
quod elegerit, tributura et ut iure possit implere, quod gerit. qui ad se ueniunt, professionem credulitatis ab eis solam ideo, quia eorum fidem 2 3 3
nec fluctus. mira res! medio puluerulentus exsultat in profundo, qui circa se uideret feliciter triumphum suum perire naufragio. haec Iudaeus 1 29 2
nec propinquum. statim beatus martyr se latere non passus est; se ultro offerens iudici moram suam uoluntarie praeiudiciis excusauit. cui 1 39 5
fideliter seruiat, in solo ipso fiduciam gerat, a fidelitate et fiducia fidelem se uocari cognoscat, inculpatis moribus uiuat, conscientia eum bona, non 2 3 19
unum Christum dei filium spiritali temperamento conscribunt. quae sine se utilia esse non possunt, quia ueteri sicut nouum praestat fidem, ita nouo 1 37 4
Christiano explicans uoto, ut et non longius uideretur a proelio et secedendo euangelicae iussionis animaretur exemplo. ecce in eius hospitium 1 39 3
admirabilis gratia, fratres dilectissimi, conspicuae ueritatis, quae dum secerni potest, tamen sibimet externa esse non potest. si enim uerbum in 2 8 4
uniuersis facultatibus suis, amputatis radicibus saeculi delitescens secessionis se commendauit umbraculo, utrumque Christiano explicans 1 39 3
quorum obliquae ancipitisque uitae sunt necessario discutienda secreta, apostolo utrumque prosequente, nam *qui sine lege*, inquit, 1 35 7
persuadent hoc esse quod uolunt, cum adsimulant se nosse rerum naturae secreta, cum stellis nomina, soli labores inponunt, cum errores suos lunari 2 9 1
sicut paruulis morem geram sacrique horoscopi pandam tota breuitate secreta. igitur, fratres, genesis talis est uestra. primus uos, qui in se 1 38 2
quam quod est. igitur cum possibilitatis humanae non sit fidei uidere secreta, nusquam, frater, tua curiositas, nusquam tua proficit pugna, quia 2 3 11
si *factionibus pollet*! o quam publicana, cuius fabulantur etiam profani secreta! o quam praesumpta, quae mauult magis nouellae traditioni suae 2 3 10
corde scrutanda sunt testimonia eius, ita curiositate non sunt inquietanda secreta. *quis enim causas naturasque caeli huius* et superiorum *sciet?* quis 1 34 1
uere, fratres carissimi, cor eius non dormit, qui huius somnium secretaque cognoscit. prophetia etenim semper figuris uariantibus loquitur, 1 37 1
in eo manet. inaestimabilia unius plenitudinis tria illi sunt membra, unum secretarium et patentes semper duodecim portae, quas ab hostili defendit 2 6 7
hostem, nemo fiscum, nemo latronem, nemo domesticum, qui cognitione secreti est omnium peior, nemo imminentes diei iudicii flammas, per quas 1 5 15
quam ut se ipsum nouerit. etenim genus insaniae est eum rationem secreti naturae disquirere; non enim ullo pacto potest humanis 1 27 1
quam ut se ipsum nouerit. etenim genus insaniae est eum rationem secreti naturae disquirere, qui uitae suae non possit reddere. non enim 2 30 1
insuspicabilis secreti reuerendaeque maiestatis uera cognitio est deum non nosse nisi 1 54 1
ante omnia manens unus et idem alter ex semet ipso in semet ipsum deus, secreti sui solus conscius; cuius ex ore, ut rerum natura, quae non erat, 1 50
personam Christi refertur uerecunda natiuitas, sed uirginalis uteri aula secretior: diuini sermonis arte formata in se tabescentis corporis uulua 1 59 8
hilarem in theatris, inportunam in publicis, opportunam in quibuscumque secretis. lasciua, non linguis non oculis non auribus parcens iocatur sperat 1 1 9
falsorum testium oppressa mendaciis, conscientiae tamen bonis contenta secretis, non tam rea susceptura sententiam quam dicata deo pro castitate 1 40 1
habes sicut idolum, te per momenta componis, diues in publico, ditior in secreto, nec intelligis, quia homini inopia morienti tantis opibus qui cum 2 1 19
mortuos excitari talesque legitima die ante conspectum dei ex illo naturae secreto produci, quales fuerint pro sua quique qualitate suscepti, apostolo 1 2 15
disciplina coercet, continentia [se] refrenat. stat in angusto fides, in secreto pudicitia, in primo innocentia, aequitas in medio, in fine patientia. 2 6 9
in suadelam sacrilegam argumentis uehementer armata captat solitudinem, secretum captat et locum, in quali etiam non irritata adolescentia inuitis 1 1 16
impone. dementiae genus est inuisibilis incomprehensibilisque uelle opinari secretum eiusque interna discutere, cuius extraria nequeat suspicari, quia 2 8 3
quae militant aduersus animam, nec uestrum frangat affectum, quod eius secretum figuramque nescitis; quam si propterea contemnitis, quia non 2 4 17
uel errore fiunt una. quid, quod illius sacrificium publicum est, tuum secretum? illius a quouis libere tractari potest, tuum etiam a Christianis 2 7 14
a moechantibus uocatur occasio, se tamquam arbitrum timet omneque secretum plus quam publicum reueretur. pestiferas odit blanditias carnis 1 1 2
exeuntem non potest prohibere. et aestimat quisquam dei se posse scire secretum, qui sui corporis nescit arcanum? quare, fratres, propter quod 1 56 3

Iob uir fuit iustus et uerax, ab uniuersis concupiscentiis huius mundi	secretus, conuersatione limpidus, mente limpidior, usque adeo	1 15 2
qui uiduas, qui pupillos exspoliant, qui profanis fabulis neglecta dei	secta alios non bene auocantes diuina sacramenta contaminant. iam uideat	1 25 11
licet	sectae sint plures, quae iniuriam Christi fabulari nitantur, tamen tres sunt	2 8 1
stultitiam derelinquant, habeant secum sapientiam suam; cuius quidem	sectatores paene omnes conspicor Christianos, qui perfectam putant esse	2 1 15
quem inuenimus deum. sane quaerant illum, qui eum non habent	secum.	1 56 3
iudicare, quia iam sua sunt incredulitate damnati; ex hac enim uita quis	secum aut coronam portat aut poenam. quam rationem Dauid in Psalmo	1 35 2
delictorum fax incensa omnibus momentis exurit; qui paedorem sui	secum carceris portat; qui carnificem sentit, antequam uideat; qui nomen	2 10 1
quia sunt stultae. nostram nobis stultitiam derelinquant, habeant	secum sapientiam suam; cuius quidem sectatores paene omnes conspicor	2 1 15
scrobem dimittitur, ut animatus ibidem genitalis humoris manente semper	secum substantia nutriatur. auxiliare illi necessario iungitur lignum, cuius	2 11 2
quia sua esse praesumit; nec spes timet, ne non ueniant, quia ea semper	secum suis in uirtutibus portat. hoc est, quod Abraham *contra spem in*	1 36 5
semper in omnibus inuenitur. denique prior circumcisio desecat carnem,	secunda animi desecat uitia; illa ferro, haec spiritu; illa portionem, haec	1 3 23
qua renatus. sed sicut est spiritalis prima sine matre, ita sine patre	secunda carnalis. haec miranda, inenarrabilis illa, propheta dicente:	2 8 2
et circumcide secundo filios Israel.' uideamus nunc ergo, fratres carissimi,	secunda illa circumcisio ab Iesu Naue quo genere celebrata sit petrinis illis	1 3 15
'iam completa est, inquit, in me per Iesum Naue domino iubente	secunda, quam Moyses annuntiauerat, circumcisio. scriptum est enim: *et*	1 3 14
de prima circumcisione carnali, quae Iudaeorum est; nunc breuiter de	secunda spiritali, quae nostra est, edicamus. quae tantum potestatis gerit,	1 3 19
neque conscium qui ex paterni oris affectu processit uno consensu.	secunda uero carnalis sicut est frequentibus oraculis prodita, ita inuenimus	1 54 2
tessera conuocati capient cum ingenti triumpho aeterno rege sub Christo;	secunda uero, quae impios cum peccatoribus uniuersisque incredulis	1 2 23
nos beatiores sumus, quia ille occidit semper ut uiuat, fidelis autem post	secundae natiuitatis occasum resurgens horrore numquam intercipitur	1 16 2
si deo uiuas puris moribus libera et hominis non sis ancilla. at tu, uidua,	secundas cur desideras nuptias, cum temperare uideas apostolum primas?	2 7 5
ad Iesum: fac tibi cultellos petrinos nimis acutos et adside et circumcide	*secundo filios Israel.*' uideamus nunc ergo, fratres carissimi, secunda illa	1 3 14
domini ante faciem uersaretur, scriptura teste a deo perhibetur occisus.	secundo imperat, ut intret ad fratris uxorem ac semen excitet fratris; qui	1 13 1
quod ab alio saluti hominum praestari potuisset. eo accedit, quod	secundum carnem Dauid filius futurus esse canebatur; qui nisi paterno	1 3 18
seminum etiam beatissimus Paulus subtiliter prodidit dicens: *qui seminat*	*secundum carnem, de carne sua metet interitum; qui autem seminat in*	1 2 28
hic est, fratres, qui uenturus denuntiatus est per prophetas, qui	secundum carnem natus in tempore est, qui est excelsus in excelsis,	2 5 3
habent perosum ac semper uitant, uiduitatis uestem rursus accepit. interea	secundum condictum haedus mittitur, fornicaria quaeritur nullaque ibidem	1 13 3
non sumitur, nisi primo istud carnale spolium, blandum animae uenenum,	secundum dei sententiam, unde sumptum est, refundatur; dicit enim deus	1 2 30
et ex haedis, inter pecora non potest inueniri. dies festi eius et cantica	secundum dei uocem in planctum et luctum illi profecerunt. superba illa	1 28 2
sed totus exorat, quia timore totus est humilis, sua peccata contestans,	secundum domini dictum a quo procedunt uniuersa genera peccatorum,	2 9 9
oportet ante tribunal Christi, ut recipiat unusquisque corporis sui merita	*secundum ea, quae gessit, siue bona siue mala.* etenim, fratres, facilius est	1 2 15
actu reddetur? sine causa etenim laborare uidebitur iustus, nisi recipiat	secundum facta sua, quae gessit, iniustus. non ergo sic accipiendum est,	1 35 1
sit petrinis illis cultris: cor an praeputium circumciderit. etenim si	secundum ipsos nos quoque carnaliter sentiamus, ambo prophetae	1 3 15
nubere quam uri. alio autem loco ait: *hoc dico secundum ueniam, non*	*secundum iussum; uolo autem omnes uos esse sicut et me,* ac per hoc ideo	2 7 2
ei nascatur sabbatis filius, quem octauo die, id est ueniente sabbato, si non	secundum legem circumcidat, de populo suo infantis anima peritura est.	1 3 3
linguis, quasi quibusdam spiritalibus cultris, credentium populorum	secundum Moysi dictum non in damnum hominis praeputium carnis, sed	1 3 16
	secundum quod deus suos promiserat per prophetas, filium suum	2 12 1
ibidem non tam formae quam facta noscantur ac necessario recipiant	secundum quod mundanae administrationis suis in actibus portant, recte	1 2 4
tuum ex toto corde tuo et ex tota anima tua et ex tota uirtute tua; et	*secundum simile huic: diliges proximum tuum tamquam te ipsum. in his*	1 36 17
preli pondere duabusque tabulis exsiccatur; similiter iudicii die a Christo	secundum tabulas legis confessorum sanguinis uindicta usque ad ultimum	2 11 7
nubant: melius est enim nubere quam uri. alio autem loco ait: *hoc dico*	*secundum ueniam, non secundum iussum; uolo autem omnes uos esse sicut*	2 7 2
nobis inferat quaestionem, qui ait: *primus homo e limo terrae,*	*secundus e caelo,* dubium quippe cum non sit unum hominem tantum e	2 4 1
damnationem et liberatus a deo est et honoratus. denique rex iure	secundus factus est regni, qui insignis rex erat iam ante pudoris. Susannam	1 1 16
disperditi, sed etiam perpetuo poenali supplicio destinati. Aunan autem	secundus frater Iudaicus est populus, cui praecipitur, ut semen excitet	1 13 5
ipsa praepostera memoratio, quoniam res est disconueniens et absurda, ut	secundus sit inmortalis et qui mortalis est primus, cum inmortalitas in se	2 4 2
puella, uestitur incendio. inter tot instrumenta mortis spectatore metuente	secura calcat genera uniuersa terrorum; incolumis quasi orbe subacto de	2 2 7
enim pater optimus timuit, ne dolori aliquid liceret in mortem. o fratres,	secura deuotio! o pater spiritum captans, corpus uero mortemque	1 43 6
ex sese recitari mirantur; amicae sub fallacia manus innoxias animas	secure conficit ebibita ueneni tempestas; sepelitur noua odii rabie,	1 5 3
non sinitur et orationis instar per carnificis tormenta meditatur. erexerat	securem percussor insanus et signans oculis uulneribus lineam feralis ictus	1 39 7
ac fideliter custodite. etenim omnis [actus] uester contractus ablatus est.	securi gaudete: nihil saeculo iam debetis. in magno quidem reatu nunc	1 42 1
fortiter ac fideliter custodite. etenim uester contractus omnis ablatus est.	securi gaudete; nihil saeculo iam debetis. ecce nullum pondus, stridor	2 29 1
si dei ciuitatem felicitate nostri numeri fecerimus angustam. itaque estote	securi: nihil in illa deest umquam, nihil ab suo statu aut tollitur aut	1 5 18
immolationis armatur; libratur ad ictum uulneris securus animus, sed	securior manus; elatus in immolandum gladius uibratur nec puerum mors	1 59 7
ad gloriam. mox itaque deuotum corpus carnifex uidit, statim cadentis <	securis> ictus neruorum connexa dissoluit et cunctas conpage discussa	1 39 8
esset pariter et sacerdos. consimilis filii quoque est ex diuina uoluntate	securitas. qui cum hostiam prouidet, cuius loco electus fuerat, requirebat.	1 59 6
qui, sicunde susurrus ingrueri, se quaeri, se aestimat inueniri; cui	securitatis profectus est nullus, etiam si contingat ei accusatore carere,	2 10 1
rura, urbes ac populos composita pace conseruat; haec circa regum latera	securos gladios facit; haec bella premit, lites tollit, iura euacuat, fora	1 36 13
fieri, cum cognosco inter flammas rosculentos hymnum deo cecinisse	securos. tanta est enim fidei uirtus tantaque potestas, ut cultoribus suis	1 31
quod sine hac gratum, sine hac pacificum, sine hac fidele, sine hac	securum, sine hac gloriosum, sine hac deo iunctum, sine hac possit esse	1 36 16
exclusa bibituri essemus? exaltati filii Israel, quando ad Iordanem	securus ab Horeb accessit. quid cotidiana dei colloquia? *ipsi autem me*	1 61 8
ad ministerium immolationis armatur; libratur ad ictum uulneris	securus animus, sed securior manus; elatus in immolandum gladius	1 59 7
cum de patre quaereret, ubi esset uictima quam disponeret et immolaret,	securus de fide generis sui pater filio, de quo non dubitabat, patefecit, quid	1 43 5
pedes quoque constringit, ne in exitu mortis concitata uictima calcitraret:	securus enim pater optimus timuit, ne dolori aliquid liceret in mortem. o	1 43 5
uictimam dulciorem contemnit, ut seruet, destinat iugulare, ne iugulet,	securus illo se non posse displicere facinore, quod deo gerebatur auctore. o	1 4 13
exoptatum iustis orationibus locum, et intuens caelum stetit deo spectante	securus. parauerat extensa futuris ictibus colla, nudauerat gladiis	1 39 7
quis hostem, a quo impugnatur, expugnet, numquam bonis suis poterit uti	securus. sunt enim multi, qui adserere conantur *chaos in principio fuisse*,	1 7 1
patientiam et benedictionem lucratus est et fratrem. dat iracundiae locum,	securus ut redeat; domum patri commendat, sensim mitisque discedit, ut	1 4 16
lacteus sapor est. sed fortassis, quod nonnulli forma uidentur minores, si	secus aliquid de pistore sentiatur, mea nihil interest, fratres, quia, etsi	1 41 3
insigne pudicitiae testimonium, *e senioribus duo,* sed uno incensi prodigio,	secus quam decuerat *deperire coeperant.* quam cum aduerterent muro	1 1 17
nascitur, curat. signum salutis accipite! corruptelam integritas, partum est	secuta uirginitas. Adam similiter dominica circumciditur cruce, et quia per	1 3 19
auium uolatus coniecturis inanibus statum plumeae salutis inquirunt,	sed a suo corde remedium salutare deposcunt spiritumque suum tota	1 34 9
aut certe Iesu Naue parricida sit, si cultris corda hominum desecat.	sed absit, fratres, ut spiritales uiros ullo tangamus errore, maxime cum	1 3 16
timoris quidem, fratres dilectissimi, uocabulum est unum,	sed accedente ratione timor discernitur a timore. fiunt enim duo: unus dei,	2 2 1
non possunt; quae peccata cum dissimulando praetereunt, non adimunt,	sed accludunt; quae reum, qualem inuenerint, talem quoque dimittunt;	2 24 1
uerum tympanum quatiens populum Christianum ducit, non in eremum,	sed ad caelum.	2 26 3
et ornasse. igitur si, ut uolunt, deus materiam, qua usus est, non fecit,	sed aeterna sit, ut ipse est, *duo* sunt ergo principia et quidem *repugnantia.*	1 7 1
unione signatum. gaudete itaque! in fontem quidem nudi demergitis,	sed aetheria ueste uestiti mox candidati inde surgetis. quam qui non	1 23
est uestra. primus uos, qui in se credentem reprobat nullum, non Aries	sed agnus excepit, qui uestram nuditatem uelleris sui niueo candore	1 38 3
ad imaginem et similitudinem nostram; non inquit: 'fac ad tuam',	sed ait: *faciamus ad nostram*, ne quam filius hominem induturus pati	1 45 1
at si te serues atque contineas, aestimabit non amore diuini cultus,	sed alterius alicuius desiderio in suam hoc contumeliam procurari:	2 7 18
et hic utique non tam caelos loqui dicit, quos loquentes nullus audiuit,	sed apostolos asseuerat, quorum praedicatione gloria domini per tota	1 61 3
est prophetiae more angelos homines iustos et iniustos generaliter dictos.	sed ascendentes et descendentes qui sint, in exemplis agnoscimus.	1 37 12
possit; non necessitudo sanguinis, non amicitia, quia non suo merito,	sed auri, argenti facultatumque beneficio quis aut amatur aut odio est.	1 5 5
nec negabis. quid agis, misera? quid, uesana, laetaris? non est pax ista,	sed bellum; non osculum, sed uenenum. pro nefas! adhuc fumantia busto	2 7 17
tu numquam carni, numquam ulli subiaces legi. de uoluntate nasceris,	sed bono puritatis uoluntatem ipsam paris, quia uoluntas fit uoluptas	1 1 20
in amaritudine absumit. quis non intellegat, fratres, illud pascha non esse,	sed bromosum latronis cruenti conuiuium? per dominum nostrum Iesum	1 28 2
uestri dulcedo saecularis uini pridiani exhalante foetore corrumpitur,	sed caelesti prandio, honesto, puro, salubri atque perpetuo, quod, ut saturi	1 24 1
quibus illi libenter utuntur, qui aduersus ueritatem falsa component,	sed caelestibus testimoniis multis, manifestis ac puris, ut docti probent,	2 18 2
non ergo carnale hoc domicilium imaginem dei debemus accipere,	sed caelestis hominis spiritalem, quam in se credentibus dominus aetheria	1 27 3
non ergo carnale hoc indumentum imaginem dei debemus accipere,	sed caelestis hominis spiritalem, quam nobis plenitudinis suae pio de fonte	2 30 3
lectionis indicat, fratres, Iudaicus quidem populus impietatis arguitur,	sed Christianus, ne talis euadat, pariter commonetur. denique ut iste plus	1 10a
qui *circumcisi estis circumcisione non manu facta in spolationem carnis,*	*sed circumcisione domini nostri Iesu Christi*, elaborate, ne uestra integritas	1 3 24
dei duce Moyse iussus est proficisci. huic per diem non circulus solis,	sed columna nubis, non candida luna, sed ignis columna per noctem iter	1 29 1
falso, in maleficio deprehenderit, carnifici destinat statim, non audiendum,	sed competentibus poenis excruciandum. tertium quoque, quem aduerterit	1 35 8
diuersis uirtutibus diuersoque charismate omnium credentium non colla,	sed corda decorare consueuit. uirga per lignum sacramentum passionis	1 13 10
saeptus erat maestus ac tristis calamitatibus humanis! et clamat non uoce,	sed corde, non clamore, sed fide, quam scit deum libenter audire. hoc	1 34 3
at ille *semen suum fudit in terram*; semen significat non creaturae,	sed cordis. etenim semen cordis uerbum est dei, cata Lucanum domino sic	1 13 5
euangeliorum salutaria quattuor praedicant tempora; cui non anniuersarii,	sed cotidiani fructus respondent hymnum canentibus deo credentibus	1 33 4
signaculo, sed signo censemur. hac circumcisione non aliquid perdimus,	sed crescere nos augmentis caelestibus inuenimus. non sanguinem sterili	1 3 21

dei ignorantes et suam uolentes constituere iustitiae dei non oboedierunt. sed cum de futuro nihil opinantes praesentis tantum uitae commoda 2 1 3
uim habere quam ueritas. oleaster sua infelix et amarus est in natura; sed cum fuerit peritissimi agricolae artificis manu necessaria prouisione 1 2 27
nascitur nec officio alieno nutritur; non inuita, non inprudens moritur, sed cum maturum leti tempus aduenerit, a semet ipsa inuitatis sacris 1 2 20
quid debeas deuitare. unde, fratres, in tali re non loquela est exhibenda, sed cura, quam paucis accipite. iram dei generaliter comminantis qui uult 1 10a
et gratum, subito uno momento facti aetatibus diuersis aequaeui. sed curiositatem uestram bene noui. ueteris uitae usurpatione, quod 1 38 2
tuorum. hic utique non de caelis istis loquitur, quos semper uiderat, sed de apostolis, quos uidere optabat. et iterum: *texit caelos uirtus eius*, eo 1 61 3
praecipitat, ne gratis homo uideatur occisus. sed nos non ad auaros, sed de auaris sermonem fecimus, fratres; alioquin solis diuinis exemplis 1 5 17
tres pueri, quo ardere putabantur incendio, de suis incensoribus uindicati, sed de domino nostro, quem, pro nefas, uenerantur externi, si tamen 2 18 1
de deo argumentationibus uanis opinari uelle dispositum non colentis est, sed dementis, maxime si deus, ut contentiosi putant, dispositioni subiaceat. 1 54 1
sed multiplex pronuntiatio. hic namque, carissimi, desperatus parentibus, sed deo promittente susceptus in transacta aetate et generantis genitalis 1 59 1
suos patimur manes. nos uero, fratres, quos non ingeniosa suspicio, sed deus magister instruxit, propter nos in semet ipso probando quod 1 2 5
gemit nulliusque momentis omnibus uariae sollicitudinis cura torquetur. sed dicet aliquis: 'etiam Maria uirgo et nupsit et peperit.' sit aliqua talis, et 2 7 4
nihil distat a prodigio, quisquis alterius causa et formam mutat et mores. sed dicis: 'ardor me tenerae compellit aetatis.' credo. ecce nupsisti. ut de 2 7 9
nimia sapientia infatuatus inquisitionibus uanis semet ipsum confundit. sed dicit aliquis: 'si ita est, nulli ergo lex prodest.' absit; prodest, et quidem 2 3 3
uoluntatem dei, manet in aeternum, quomodo et deus manet in aeternum. sed dicit aliquis: 'si ita est, cur in se ipse potissimum superatur?' primo 2 4 13
diffusis germinantia undique dulce prata respirant. exsultat aestas noua, sed diues, in frumenti uarias moles spiceam feliciter contundens palmam. 1 33 1
ut illiciti administratione ministerii Christi panis mentibus possit expelli. sed dum bellum duri certaminis geritur et familia domini caelo spectante 1 39 3
diabolus publicatus est furere, tantum agnoscatur dominus triumphasse. sed durat inter haec martyris spiritus et morarum numerositate seruatus 1 39 9
excellentes ingenio et doctrina uiri nihil certi libris ingentibus prodiderunt. sed ego non curem, de me quemadmodum quis iocetur. non enim in 2 1 1
sed una moneta signati; et scala duos scapos habet et gradus plurimos, sed eius ascensus est unus. gradus autem eius, fratres dilectissimi, si uultis 1 37 14
quae talis ac tanta est, ut unicuique homini sua non ab alio commodetur, sed eius ex uoluntate nascatur. ceterum si, ut quidam putant, docentis 2 3 1
ante negotium parricida est; nec eius saltem coercentis uoce comprimitur, sed eo magis ac magis instat, donec effusione sanguinis conceptum 1 4 9
apparet eum, qui diligit aurum et argentum, non tantum deos colere, sed eorum mores et actus imitari. cuius rei facilis probatio est, illa cum 1 14 4
canna diuisa est, sed unus calamus; et forfex in duos producitur cultros, sed eorum unus est morsus; et gladius duas acies gerit, sed sunt unius 1 37 14
discrimen ullum nec quicquam suum ex bonis putabant, quae eis erant, sed erant illis omnia communia, sicut dies, sol, nox, pluuiae, nascendi 2 1 18
at in originali decreuit solo; quod captiuitatis sit nexibus exsolutus: sed est nunc usque barbarici furoris moribus alligatus. deus illi ducatum 1 52
est auaritia; hac enim matre eademque magistra uniuersa quae diximus, sed et alia multa, immo omnia undique sine pausa quae scaturiunt mala 1 5 4
a fundamento uelluntur. quid autem sine caritate sint non tantum istae, sed et aliae quoque uirtutes, indice Paulo cognoscite: *et si habuero*, inquit, 1 36 20
illius! quis enim cognouit cogitationem dei? et tu eius naturam quaeris? sed et alio loco hoc, quod agitur, euidenter expressit, cum ad Timotheum 2 3 17
fratres carissimi, circumcisionis, cuius non tantum in praesenti lectione, sed et aliquot in locis fecit Paulus beatissimus mentionem, ratio uidetur 1 3 1
suam super aratrum aptus est regno dei; et iterum: *mementote uxoris Lot*. sed et apostolus sic: *quemadmodum reuertimini rursus ad ea, quae infirma* 1 37 12
forceps duo testamenta, quae credentes tenent, non credentes incidunt. sed et Dauid hanc calamum nuncupauit, dicens: *lingua mea calamus* 1 37 4
dixi: dii estis et filii excelsi omnes, uos autem sicut homines moriemini. sed et de Iohanne Baptista sic dictum esse meminimus: *ecce mitto angelum* 1 37 11
praecinctus exspectat, *quod unctui, quod tersui* opus est praebiturus, sed et denarium aureum triplicis numismatis unione signatum. gaudete 1 23
agri; in sudore uultus tui edes panem tuum, donec reuertaris in terram. sed et dominus ex persona hominis, quem adsumpserat, ait: *tristis est* 1 2 31
diuitiarum ambitio contulit nobis? transierunt ista omnia tamquam umbra. sed et dominus ipse dicit: *quid prodest unicuique lucrari mundum et* 1 5 9
sicut scriptum est: *semel locutus est dominus et haec duo audiuimus.* sed et dominus ipse in euangelio hanc exprimit rationem dicens ad 1 37 5
dicit: *proximus est deus contribulatis corde et humiles spiritu saluabit.* sed et dominus ipse nos pio promisso quid hortetur, accipite. *uenite*, 2 9 4
mentitus est dominus, qui ei deinceps nihil futuro paradisum repromisit. sed et homo ipse, quem dominus assumpserat, perit, si Iesus non 1 2 11
te precabuntur, quoniam in te deus est et non est deus alius praeter te. sed et Ieremias eodem spiritu loquitur dicens: *hic est deus noster et non* 2 8 6
uobis eripiat, cotidie litigatis. non hi solum, qui tales sunt, displicent deo, sed et illi, qui per sepulcra discurrunt, qui foetorosis prandia cadaueribus 1 25 11
suam, quae esse eius ambiuit ancilla? in domo denique quae geruntur, sed et ipsis in fanis, Christiana fidelis, sine te esse non poterunt, quia uxor 2 7 13
sed res una in omnibus inuenitur. igitur Iacob habet imaginem Christi, sed et lapis ipse, quem ad caput suum posuisse cognoscitur, quoniam *caput* 1 37 1
opificis moderationi deseruiens peritissima insignis patientiae disciplina? sed et mare uentis lacessitum, cum irascitur, quamuis reciproca 1 4 5
corde circumcidantur, ignis inexstinguibilis supplicium comminatur. sed et Moyses ipse, cuius asserunt se saepe discipulos, eodem spiritu ad 1 3 13
uobis. dabis autem *pro me et pro te*: hoc est meam praedicabis crucem, sed et tu crucis tuae similiter dignitate gaudebis. igitur haec scala cuius 1 37 7
regi se desideranti sine ambiguitate non tantum suam praesentiam exhibet, sed etiam ad consulta respondet liberiusque canit mortuus, quam canere 1 2 8
quemadmodum prosapiae nostrae nobilitatem non relatione tantum, sed etiam fide similitudinis adprobemus. unde tamen prae me fero, fratres 1 1 3
et filii et spiritus sancti, non tantum diaboli praesentes ignes exstinguit, sed etiam futuri diei iudicii incendia superabit. illa iustificata discessit; haec 1 13 13
at uero spiritus bona non tantum sunt inuisibilia, tarda et abscondita, sed etiam nimis in arduo constituta, ut ad ea nisi cum summa difficultate, 2 4 13
quia huius modi circumcisis deus non tantum salutem non pollicetur, sed etiam, nisi legitime corde circumcidantur, ignis inexstinguibilis 1 3 13
qui non tantum prophetis synagogae lapsu desolatis solacium praebuit, sed etiam nos omnes in aliqua constitutos angustia recreare consueuit. *ad* 1 13 7
digni iudicarentur. pro quibus causis a deo non tantum sunt disperditi, sed etiam perpetuo poenali supplicio destinati. Aunan autem secundus 1 13 4
stultam putant, quod elaboret — dispendio suae, non dicam facultatis, sed etiam, si opus sit, et salutis — alii magis prodesse quam sibi; suam, 2 1 3
curculiones ac uermes? qui quod habet infelici tenacitate non aliis tantum, sed etiam sibi ipsi subducit? 'sed, inquies, iustum est, ut mea seruem, 2 1 17
est et concupiscentia oculorum et ambitio saeculi, quae non est a patre, sed ex concupiscentia saeculi. et mundus transibit et concupiscentia eius. qui 2 4 12
est et concupiscentia oculorum et ambitio saeculi, quae non est a patre, sed ex concupiscentia mundi. per hanc enim diabolus cum diuerse 1 36 27
et spiritali deo *sacrificium est necessarium* spiritale; quod non ex sacculo, sed ex corde profertur; quod non bromosis pecudibus, sed suauissimis 1 25 9
errorem, quia Christum non ex deo considerant hominem factum, sed ex homine <deum>. ceterum si spiritaliter saperent, in ipso, quod 2 8 9
retinet ubique pastorem. post adiecit: *si non humiliter sentiebam, sed exaltaui animam meam.* uideamus, ne forte propheta ipse se inpugnet 2 9 8
denique sua luce resplendens corpus sine umbra gestabat, humilis carne, sed excelsus omnipotentiae maiestate. qui sane ideo carnem est dignatus 1 54 5
uelatum filii non sine affectu, sed sine discrimine amplectebatur. sed excogitatarum ut ordinem instrueret rerum, ineffabilis illa uirtus 1 56 1
frontem deuotissimus Abraham nec dolor patri lacrimas persuasit, sed exsultat et gaudet. nec timuit, ne parricidium ei inputaretur, sed magis 1 43 4
tristis calamitatibus humanis! et clamat non uoce, sed corde, non clamore, sed fide, quam scit deum libenter audire. hoc igitur e profundo clamans 1 34 3
se fingit infantem. Mariae superbus emicat uenter, non munere coniugali, sed fide, uerbo, non semine. decem mensium fastidia nescit, utpote quae in 1 54 3
tres Hebraei uenerabilis numeri sacramento muniti, aetate teneri, sed fidei soliditate robusti, supplicio suffragante gloriosi amore diuinae 2 22
ac momenta producat, ut saltem paulo diutius diei sui demoretur in uita, sed fidelis semper, semper intrepidus ad sepulcrum noctis cognatae 1 2 18
quos uidetis, egregia coctura suaue redolentes, qui excocti sunt non furno, sed fonte, non humano, sed igni diuino: non illos aura corrupit, non fumus 1 41 2
non usti, non cruditi, non mucidi. lacteus illis color est, lacteus sapor est. sed fortassis, quod nonnulli forma uidentur minores, si secus aliquid de 1 41 3
nihil saeculo iam debetis. in magno quidem reatu nunc usque fuistis, sed fortiter examinati estis et, ut indulgentiam perciperetis, pro uobis ipsis 1 42 1
suum deserit peccatorem. in hoc reatu, fratres, usque nunc fuistis. sed fortiter examinati estis. sed ut indulgentiam perciperetis, pro uobis 2 10 2
operationis ardore. autumnus quoque martyrii locus est, in quo non uitis, sed fossoris sanguis effunditur, ut uita beata pretiosae mortis uindemia 1 33 3
homines, fratres dilectissimi, scandalum patiuntur, non studio noscendae, sed frustrandae ueritatis, quotiens deus dei filius, qui patris maxima est 1 45 1
incendio concremari. at illa constanter adest, sibi quae non inpudicitiae, sed futuri scilicet indicii negotium procurauerat, dicitque ei se debere 1 13 3
nescit, utpote quae in se creatorem mundi concepit; parturit non dolore, sed gaudio. mira res! exsultans exponit infantem totius naturae antiquitate 1 54 3
factorem et opus sui figura uestit artificem. parturit Maria non dolore, sed gaudio; nascitur sine patre filius, non totus matris, sibi debens quod 2 12 2
Abraham ut pater esset multarum gentium, hic iustitiam non didicit, sed genuit. non illum accessus infecerat urbium. non habuit legem, cuius 1 62 1
condicione, non loco, non genere a tribuenda homini salute depellitur, sed gloriosa semper in omnibus inuenitur. denique prior circumcisio 1 3 22
qui in sinu patris commanens uoluntatis eius perfectionem non didicerat, sed habebat. igitur orbe perfecto postremus digito dei manuque e limo 1 56 2
cuius praecordia inplacabilis cupiditas pestifera flamma repleuerit. sed haec non ad uos, fratres, quorum largitas prouinciis omnibus nota est, 1 14 8
quod si ita esset, inter memorata impar cultu semper ecclesia inueniretur. sed haec saecularia sine legitimo ac deuoto cultore nec sufficientia nec 2 6 3
longum est ire per singula: uarias atque innumerabiles *nocendi artes* habet, sed has omnes salutari profluens amne non magno opere noster Aquarius 1 38 7
cernere, quem uideas sacrilega incredulitate dei potentiae derogare? sed hoc amore criminum faciunt, ut putent impunita fore quae clanculo 1 2 1
ascendentes esse angelos lucis, descendentes uero angelos tenebrarum. sed hoc satis absurdum esse et inconueniens, fratres carissimi, aduerto, 1 37 11
familias honesta fidelitatis suae lucra offerentem sibi suum seruum iudicat, sed honorat ut filium. alterum uero, quem uenena conterentem, in 1 35 8
plenitudinem, quae una mente, una credulitate concipitur, non uiolet, sed honoret. 2 3 19
qui testis diuini timoris ad fidem a domino poscitur, a parente perducitur, sed hostia non sanguinis, sed salutis. ad hanc igitur gloriam tardi partus 1 59 2
suaue redolentes, qui excocti sunt non furno, sed fonte, non humano, sed igni diuino: non illos aura corrupit, non fumus amarus infecit, non 1 41 2
huic per diem non circulus solis, sed columna nubis, non candida luna, sed ignis columna per noctem iter pandebat ignotum. qui ut inter duo 1 29 1
nostris, dum mortis lege seminantur, non substantiam, non imaginem, sed illud tantum quod inutile est discuti, quod teritur demutari, sicut 1 2 30
recepit et facultatem; at dominus resurgens non sanitatem tantum, sed immortalitatem in se credentibus praestitit dominiumque totius naturae 1 15 9
nonnumquam concubitu prodigioso deleuit, pudicos equidem persequens, sed impudicos tantum congruenter occidens; haec, inquam, per momenta 1 1 8
filii, audite me; timorem domini docebo uos. naturalis ergo non discitur, sed impulsu nobis nostrae infirmitatis occurrit, quia non artis est timere 2 2 1
non posteaquam circumcisus est, placuit praemiumque non circumcisionis, sed in acrobustia meritae repromissionis accepit. unde manifestum est 1 3 7
secundum Moysi dictum non in damnum hominis praeputium carnis, sed in augmentum hominis praeputium facinorosi cordis incidit. at fortasse 1 3 16
diuini sermonis arte formata in se tabescentis corporis uulua portauit. sed in caelesti prole, non semine, progenitum certissimum dominum impia 1 59 8
manifestum est circumcisionem non Abrahae fuisse necessariam, sed in designationem Iudaici populi, qui carnalis futurus fuerat, 1 3 7

nascitur, dei autem et discitur et docetur, quia non in trepidatione, sed in doctrinae ratione consistit, sicut scriptum est: *uenite, filii, audite me;* 2 2 1
crediturі sunt', euidenter ostendens non in oculis esse carnalibus uerum, sed in fide credentium constitutum. nam et dominus ista exempla 1 2 10
si uelint, fortassis cultius synagogas aedificent, cultius erigant capitolia, sed in his omnibus operibus uero iudicio structores magis possunt placere 2 6 1
neque glorietur fortis in fortitudine sua neque diues in diuitiis suis, sed in hoc glorietur, qui gloriatur, intellegere et scire, quia ego sum 2 1 5
in magnis et mirabilibus se dicit non ambulasse, utique non dei, sed in illis, quae magna ab hominibus hoc putantur in saeculo. at *cum* 2 9 6
et unus denarius; quem qui libens acceperit acceptumque non spreuerit, sed in labore usque ad ultimum perdurauerit, turri completa inaestimabiles 2 6 8
esse substantiam naturalemque magistram, quoniam ex lege discitur, sed in mentibus nascitur. lex enim pendet ex caritate, non caritas pendet 1 36 17
maxime cum eius natura sit talis, ut numquam moretur in propriis, sed in publicum tota diffusa sit, diffamationibus uigeat, huc atque illuc 1 4 11
Iudaicus etenim populus, qui prior uinea dei dictus est, floruit quidem, sed infeliciter flore discusso nullos potuit fructus afferre. denique pro 2 11 1
seruire gestiunt, qui uni deo per inpatientiam seruire minime potuerunt. sed inpatientiae hactenus exempla prolata sint. neque enim est studiose, ut 1 4 11
habet infelici tenacitate non aliis tantum, sed etiam sibi ipsi subducit? 'sed, inquies, iustum est, ut mea seruem, aliena non quaeram.' hoc etiam 2 1 18
teneret et uirgam. qua re cognita Iudas non tantum ab ea se refrenauit, sed insuper eam et iustificauit. Iudas, quantum intelligi datur, ex parte 1 13 3
scriptura diuina cum de dei loquitur filio, non sibi repugnat, sed inter deum hominemque, quem sumpsit, necessaria moderatione 2 5 1
ac paene incredibile committitur proelium. ultra morem diabolus pugnat, sed Iob dissimulando plus pugnat. ille eius magnum atque opulentissimum 1 4 18
cursum in bis senae mutationis augmentum una eademque nec ipsa, sed ipsa orbita circumducens dies magnus aduenit suo sibi semper nouellus 1 16 1
Antiocho saeuiente libenter semel septem filios non dicam extulit, sed ipsa potius feliciter suis hortamentis occidit, religiose confidens deo 1 2 13
sicut necesse est, una est illa nobilis et antiqua, quae non dicam tractatu, sed ipsius natiuitate porro maior est legis, quae deum deo credendo 2 3 8
geritur, quod ab altero celebratur. sub tanto, non dicam humanitatis, sed ipsius naturae metu laeti sunt soli. cedit affectus pietati, pietas 1 4 14
sancte portauerint, sicut apostoli omnesque iusti, non tantum imaginem, sed ipsum deum quoque portabunt, sicut et scriptum est: *uos estis templum* 2 30 4
sane anus turpis atque amatricis — non paruam cutem eiusdem membri, sed ipsum membrum radicitus abscisum mysteriis turpioribus immolauit, 1 3 2
iudicia: unum iustorum, qui non tantum, ut dictum est, non iudicabuntur, sed istum mundum ipsi iudicabunt, apostolo dicente: *an nescitis, quia* 1 35 7
ad crucem enim perduxerunt, per quam crucem euaserant Pharaonem. sed iterum *derelinquetur filia Sion* <...>. 1 61 8
sordidos, pannis sordidis alligatos huic mundo dediticios intulerunt; sed laeta gaudentes, caelestis <...> libera peccatis omnibus absolutos non 1 32
legis arcana et intellectum altius proferamus. Abraham sub lege non erat, sed legem solus impleuit, et qui nullo iure legis tenebatur, omne ius 1 43 8
utilitatis, rem familiarem tuendam committunt amore non fidei, sed libidinis, qui publicanas mulieres cum ui subiciunt sibi uiliores se esse 1 25 11
ut omnes mirarentur fieri lacrimas gaudii, quae nunc fuerant orbitatis. sed longum est, fratres, ire per singula, maxime quia caritas sua ingerit 1 36 10
monstratis, cum pudicitiam, in qua deus habitat, non dicam diligitis, sed luculentis moribus adornatis. magna igitur gloria est ornare per quod 1 1 4
persuasit, sed exsultat et gaudet. nec timuit, ne parricidium ei inputaretur, sed magis ut deuotioni pareret, laetabatur hoc iussisse deum. de filio 1 43 4
maritis etiam sub fidelibus multae fecere peiores, Euae non discipulae, sed magistrae; illa enim decepta, hae sua sponte se diabolo dediderunt). sin 2 7 16
in totius fabricae fundamentis non sicut in Iudaeae templo plurimi, sed magnus, praeclarus, pretiosus ac speciosus unus est lapis, qui quadrae 2 6 6
paternae inplorastis auxilium maiestatis omnique non pedum uelocitate, sed mentis, pii fontis ad gurgitem conuolate! uos constanter inmergite, 2 23
tui criminis gratularis? in Aegypto seruis diu, non necessitate, sed merito. ereptus es inde; non tua euasisti uirtute. columna nubis te 2 16
tui criminis gratularis? in Aegypto seruisti diu, non sorte peregrini, sed merito. ereptus es inde, non tua euasisti uirtute. columna nubis te 1 9
incolumis quasi orbe subacto de illo ferali caueae — iam non miserabilis, sed mirabilis — funereo ambitu excedit uicti saeculi triumphum reportans, 2 2 7
anteuertit auroram; qui, quod maius est, duodenis non dicam spatiis, sed momentis horarum aequabiliter se partiri non posset, si inpatientia 1 4 4
deumque exinde ob iustitiam factum esse, non natum. alia modestius, sed mordacius nocens dicit quidem dei filium deum, sed non ex patre 2 8 1
Abraham, qui filium quondam Isaac habuit: simplex quidem uocabulum, sed multiplex pronuntiatio. hic namque, carissimi, desperatus parentibus, 1 59 1
praestans aliquando et beneficium, cum te iubet ad ecclesiam non uenire. sed multo peius est, si places marito: neque enim sine sacrilegio possis 2 7 16
timuit, nec qui feriebat expauit. sacrificium domini non dimittitur, sed mutatur. melius seruauit filium, dum non pepercit. sola enim fides 1 62 5
in melius, felicitatis pristinae statum dissimulando non perdidit, sed mutauit. hic ego patientiam domini memorare non audeo, ne quam 1 4 19
diabolum uicit, sanitatem recepit, facultates liberosque suos non perdidit, sed mutauit! Iob, quantum intellegi datur, fratres carissimi, Christi 1 15 6
<...> non enim praecepto uirginitas prouocatur, sed nec continentia relicta repellitur. ad cuius fidem, carissimi, auctorem 1 59 1
uero fidem tractatus dicere coeperimus, erit profecto nec nostra nec sua, sed nec eius, cuius esse dicetur, quia tractatus fidem cum astruit, ex eo 2 3 6
absumptum iri tormentis eum, qui praeuaricatus fuerit e duobus. sed nec illis impune succedit, qui sine uxoribus amore peccandi liberius 1 1 14
si ex doctrina constat, non habent ergo fidem qui litteras nesciunt, sed nec ipsi qui sciunt, quia legis scientiam obseruantiamque ad 2 3 9
dominus ait in euangelio, omnes omnino serpentes inlaesa planta calcabit. sed nec ipsum quoque diabolum, qui uere est acerrimus Sagittarius, 1 38 6
surgit spiritale. satis, ut opinor, resurrectionis ueritas omnibus claret. sed necessario disserendum est, quae sit in ea iniustorum iustorumque 1 2 23
ueretur quicquid in uirtutibus naturae a regibus ipsis quoque metuitur. sed necessario unicuique sinceri amoris est noscenda proprietas, ne sub 1 36 25
hiatu se recipit in se, nullus hic beatitudinis locus est, ubi non deuotionis, sed necessitatis est quod timetur. itaque audiamus scripturam, quid dicat, 2 2 3
ullus in membris uoluptati motus. nihil in substantia resederat corporis, sed nihil tamen in utero negabatur infanti et, cuius aetas auiam testaretur, 1 59 4
uel superuacaneum putabitur deo indicare quod nouerit? absit. indicat ille, sed nobis, quos cupit quod facit ac praedicat imitari. ergo inquit: *non est* 2 9 3
iam sit eorum fraus omnis in medio. non enim rem ualuerunt transferre, sed nomina, iustitiam stultitiae, iniustitiam sapientiae uocabulis infamantes. 2 1 4
fontis calor salutaris inuitat; iam mater nostra adoptat ut pariat, sed non ea lege, qua uos matres uestrae pepererunt, quae et ipsae partus 1 32
deo domino dicenti: *reicitis mandatum dei, ut traditiones uestras statuatis*! sed non eo dico, ut ingratum faciam doctrinae beneficium, sed ut sciat 2 3 11
alia modestius, sed mordacius nocens dicit quidem dei filium deum, sed non ex patre nobilitatis perpetuitate progenitum fuisseque tempus, 2 8 1
infantes, hortor uos natiuitatis tantae festa laeto celebrare conuiuio, sed non illo, in quo diuersis epulis intrimentorum lenocinio saporis de 1 24 1
ac per hoc ideo nubere melius, quia uri deterius. *omnia* quidem *licent, sed non omnia expediunt.* iam te hic, Christiane, cognosce, elige quid uelis: 2 7 2
est, quam habere falsum est gaudium, certissimum periculum publicare. sed non opus est ire per singula, cum uno exemplo noscantur uniuersa eius 1 14 4
diram spe potiundi praecipitat, ne gratis homo uideatur occisus. sed nos non ad auaros, sed de auaris sermonem fecimus, fratres; alioquin 1 5 17
ueritatem. inde est, quod stulti praeponunt corpus animae, idolum deo. sed nos, qui Adam abiecimus, Christum induimus; qui, quae uis, qui 2 4 18
est. ipse est et tamen ipse non est. uetus quidem uidetur domicilium, sed nouus est inquilinus mutatione morum natiuitatis suae nobilitatem 2 24 3
est. ipse est et tamen non est ipse. uetus quidem uidetur domicilium, sed nouus inquilinus exsultat mutatione morum natiuitatis suae nobilitatem 1 42 2
et tamen in omnibus uetus est. punctis omnibus commutatur, non natura, sed numero. fit filius horarum, qui pater est omnium saeculorum. hic est 1 16 1
publici quae de me fabuletur inuidia; non enim nuptias condemno, sed nuptiis meliora praepono, et quidem etiam apostolo hortante sic Paulo: 2 7 2
est laudare dominum, cuius condigne laudare non queas seruum. sed o quam uellem te, si possim, rerum omnium regina, patientia, magis 1 4 20
ad mariti thalamos cum ingenti triumpho uictrix pudicitia reportauit. sed o quantum es miranda, pudicitia, quae aliter laudari te non uis quam 1 1 20
agitur, quia quod uoluitur semper, in momento quid adferat dubium est. sed oculis patentibus caeci dilatant horrea, terras angustant, urgent saltibus 1 5 8
frondis promotione ramis resurgescentibus ornatus iam non oleaster sit, sed oliua, cum et oleaster sit et tamen oleastrum se non esse quodam 1 2 27
a diaboli rabie idolorumque turba uiolenta non tantum nostri maiores, sed omnis Christiana progenies de uera Aegypto, id est isto de mundo, 1 46b 1
idem non tumidus ceruice, non toruus fronte, non minax cornu Taurus, sed optimus, dulcis, blandus ac mitis uos admonet uitulus, ut nulla ullo in 1 38 3
est, in quo est, quod est ille, qui inest, duplex persona, duplex uocabulum, sed originalis perpetuitatis ac deitatis est una substantia, domino ipso 2 8 4
animam suam, qui cor suum se non exaltasse gloriatur. non sibi repugnat, sed ostendit animae esse sublimitatem superiora uicisse, quia *qui se* 2 9 8
dei, id operari quod non potest credi. igitur non homines tantum, sed paene omnia suis mortibus uiuunt. unde pauca de multis attingam, ut 1 2 17
compingit nec tantum munus quasi praesumptor aut demens rapit, sed patienter aedificat, patienter exornat, patienter uariis animantibus 1 4 12
non caritas pendet ex lege, sacra scriptura dicente: *iusto lex posita non est, sed peccatori.* peccator autem ille est, qui caritatem non habet dei ac per 1 36 17
cessat legis imperium. *lex* enim, sicut scriptum est, *iusto posita non est, sed peccatori*, quia *iustus ex fide uiuit*, infidelis iniuste. errat igitur quisquis 2 3 4
absoluunt quicquid inuenerint nec aliquid subsiciui esse patiuntur, sed pectorum aperiunt cuncta penetralia, diligenter uniuersa crimina 2 24 1
feliciter soporato similiter de eius latere ictu lanceae non costa diuellitur, sed per aquam et sanguinem, quod est baptismum atque martyrium, 1 3 20
alterum impiorum, qui non sunt iudicandi, quia iam iudicati sunt, sed perituri, scriptura dicente: *iter impiorum peribit*; tertium peccatorum, 1 35 7
momentum festo exsultat in tumulo, non umbra, sed ueritas, non imago, sed Phoenix, non alia, sed quamuis melior alia tamen prior ipsa. erubesce, 1 2 21
in quo eum non seueritas apud omnes condemnat, fratres uenerandi, sed pietas. neque enim potest de quoquam bene mereri, quem pater 2 21
pectus prosternere dedignaris. sane ceruicem curuas non religione, sed pondere, quando exomologesin facies, quae plus pro ornatu es quam 1 14 6
in quo, quibus aquis dei serui liberantur, iisdem, qui non fugiunt, sed portant peccata, delentur. Maria, quae cum mulieribus tympanum 2 26 3
gentium. contra spem autem est, quod impossibile est ac non uidetur; sed possibile hac spe fit, cum dei dicto indubitanter ac fortiter creditur. 1 36 5
ex eo ipso eam, quo astruit, destruit. nec ulli dabit quod non habet, sed potius ut non habeat, adhuc ipse disquirit. uideo praeterea, sicut 2 3 6
est legis, quae deum deo credendo promeruit, quae credere non didicit, sed praesumpsit, edicat mihi, perniciosa ista adinuentio tractatus sui quo 2 3 8
nec cum labe carnalis huiusce domicilii ista prima morte dissolui, sed pro qualitate factorum quasdam locis poenalibus relegari, quasdam 1 2 3
patientissimus et clementissimus abdicauerit, et quidem non accusatione, sed probatione conuictum. denique iniuriae suae testes citat caelum 2 21
ueste sibi uiolenter extorta ex impudicitiae fouea nudus aufugit. sed pudicitiae splendore uestitus post calumniosam damnationem et 1 1 16
caelestibus inuenimus. non sanguinem sterili solemnitate dimittimus, sed pudoris sanguinem retinemus, quem ambitiose plerumque effundimus, 1 3 21
ut in ipsa quoque, si insanire cuiquam libeat, deus illi non colendus sit, sed quaerendus. quod nunc faciunt infideles, de quibus scriptura diuina 2 9 2
nutrire non desinit, ut summam quaerat, non quam commodatio dedit, sed quam ei pepererint armati numero dies, menses et digiti. at plerumque 1 5 12
in tumulo, non umbra, sed ueritas, non imago, sed Phoenix, non alia, sed quamuis melior alia tamen prior ipsa. erubesce, Christiana conscientia, 1 2 21
modo uti sermone nouique operis arcem sacram laudibus geminare. sed quamuis sit optimum laudare, quae dei sunt, tamen praecipuum non 2 6 1
fratres, cum is de iniuria sua queritur, qui se potest facillime uindicare. sed quia apud sapientes et honestos grauius est aliqua nota confundi quam 1 20
obsecundetur et terra, quia caelum pluuias et fruges terra non denegat! sed quia haec prophetia nouissimis erat complenda temporibus sub domini 1 61 2
alioquin solis diuinis exemplis oportuerat perorare, esset si quis hic talis. sed quia in uobis fides et pietas, quae est idonea expultrix auaritiae, manet 1 5 17

noctis feralibus tenebris obcaecatum miserabiliter ad ima deferri.	sed	quia inexstinguibilis pestis incendio totus mundus exarsit, auaritia, ut	1 5 1
crimen est eius, cum de eo ille queritur, qui mox eum poterat et punire.	sed	quia mors apud incredulos futurorum putatur poenae compendium ac	1 47
ad aram, ita ad crucem Christum sublimandum nefarii perduxerunt.	sed	quia nescit aeternitas mori, uiuit dominus post sepulcrum, et ad	1 59 8
Christianae uirtutis hanc esse maximam gloriam, ipsam calcare naturam.	sed	quia uirtutem uoluptates semper offuscant nihilque unicuique, nisi	2 7 1
namque de profundis, id est de imis praecordiis; clamat de profundis,	sed	quibus saeptus erat maestus ac tristis calamitatibus humanis! et clamat	1 34 3
liber, repromissae inmortalitatis inaestimabili beatitudine perfruetur.	sed	quid ad nos, quid illi dicant? insignis uir sicut ait noster: *nouit deus*	2 1 15
antiquorum aut uirtutes ex libris aut ex uirtutibus libros agnoscimus.	sed	quid ego diutius demorer in humanis, quasi sola isto affectu sint	1 36 15
caeleste praemium populus accenditur et de martyris meritis non siletur.	sed	quis illustris martyrii palmiferam trophaeis coronam competenti ualeat	1 39 1
suum uultibus uestit alienis, hoc futura, non quod natura praestitit,	sed	quod ei ad examen speculi arbitrium temporale dictauerit. nunc	1 1 10
supplicium non adulterum corpus, in quo extrema libido senilis exarserat,	sed	quod infamauerat diabolus et quod protexerat uirtus et ornabat pudor	1 40 2
quia illi perennis fontis sui uiuum inest mare, non quod naufragos faciat,	sed	quod naufragos ad uitam suauem perducat; non aurum, non argentum,	2 6 6
similiter pudicum, uti fallat. pudicitiae nominis sonum post se trahit,	sed	quos fructus habeat, eius auctor ostendit. discurrit quippe uesana per	1 1 6
Iudaeos non tantum legitimum pascha celebrare non posse,	sed	religionis diuinae prorsus nihil retinere, paucis accipite. Salomonis	2 17
denique inquit: *ego et pater unum sumus.* unde non diminutiua,	sed	religiosa, ut dixi, subiectione est filius patri subiectus, cum quo	2 5 10
secretaque cognoscit. prophetia etenim semper figuris uariantibus loquitur,	sed	res una in omnibus inuenitur. igitur Iacob habet imaginem Christi, sed	1 37 1
propter quem praecipitantur inueniunt. denique excipiuntur non flamma,	sed	rore, dei dignatione, non poena. o felix supplicium, quod incolumitate	2 22
libenter ut dominos. huius est munus, ut, non dicam notos aut amicos,	sed	saepe etiam eos, quos numquam uidimus, diligamus. huius est munus,	1 36 14
circumdat, quem per ambitum totius orbis non muta *quattuor animalia,*	sed	salutiferis praedicationibus quattuor circumferunt euangelia. cuius	2 12 4
fidem a domino poscitur, a parente perducitur, sed hostia non sanguinis,	sed	salutis. ad hanc igitur gloriam tardi partus ubertas et fecunditas	1 59 2
est de domo dei uestri hostia et immolatio. multa sunt, quae dici possunt,	sed	satis otiosum est in his demorari, quae in toto iam non sunt. unum	1 25 6
malitiae scenam diripuit, †profectitium† crimen propere recluditur,	sed	scelus suos redit in auctores purgaturque per innocentiam pudor.	1 1 19
quid miles non dicam horridae hiemis aut torridae aestatis iniurias,	sed	se ipsum contemnit, si gloriae spem futurae non gerit? quid agricola	1 36 3
immolationis armatur; libratur ad ictum uulneris securus animus,	sed	securior manus; elatus in immolandum gladius uibratur nec puerum	1 59 7
recepti noscuntur, neque lucis ascendunt, quia numquam in terris,	sed	semper in caelo manserunt. unde angelos puto recte homines	1 37 11
sed suauissimis moribus comparatur; quod non cruentis manibus,	sed	sensibus mundis offertur; quod non iugulatur ut pereat, sed, sicut	1 25 9
sepelitur noua odii rabie, antequam nascatur, matris iam non in utero	sed	sepulcro incognitum pecus, quod legitimam nec mortem potuit sentire	1 5 3
sit, qui in euangelio dicit: *si non facio facta patris, nolite mihi credere;*	*sed*	*si mihi credere non uultis, factis credite et cognoscite, quoniam in me*	1 25 8
patre non est, ipso dicente: *si non facio facta patris, nolite mihi credere;*	*sed*	*si mihi credere non uultis, factis credite et cognoscite, quoniam in me*	1 45 3
praemium quod spes habet fides meretur, quae quidem pro spe pugnat,	sed	sibi uincit. amplectenda est igitur, fratres, tenaciter nobis et omni	1 36 4
transfer ad deum et, quale uelit illud sit, repente exstinguetur incendium.	sed	sic ego in rebus demoror prope sanis, quasi, quae uere exsecranda sint,	2 7 10
filius hominis uocabulo, non natura. non enim bis carnem induit dominus.	sed	sic oportuit praedicari, quia primo, antequam esset, quod se fieri	2 4 3
uindicas, taceam, in qua, ut dominus ait: *neque nubunt neque nubentur,*	*sed*	*sicut angeli erunt.* magnum consequere beneficium, si deo uiuas puris	2 7 4
qui constanter tenuerit ac fideliter ministrauerit, non dicam Scorpionem,	sed,	sicut dominus ait in euangelio, omnes omnino serpentes inlaesa planta	1 38 5
ne quem patiatur errorem: unam, qua natus est; alteram, qua renatus.	sed	sicut est spiritalis prima sine matre, ita sine patre secunda carnalis.	2 8 2
manibus, sed sensibus mundis offertur; quod non iugulatur ut pereat,	sed,	sicut Isaac, immolatur ut uiuat, apostolo hortante nos Paulo, cuius	1 25 9
tam uiri quam feminae circumcidimur. hoc spiritus sancti non signaculo,	sed	signo censemur. hac circumcisione non aliquid perdimus, sed crescere	1 3 21
plenitudine nescio qua sua conscientia uelatum filii non sine affectu,	sed	sine discrimine amplectebatur. sed excogitatarum ut ordinem instrueret	1 56 1
noui. certe si quid sciunt, dicant operarii, qui mecum sunt. lucro gaudeo,	sed	sine furti conscientia, sane confiteor. denique et uos retinetis pondus	1 41 3
arcano insuspicabili ac soli sibi nota conscientia, filii non sine affectu,	sed	sine reuelamine amplectebatur. igitur ineffabilis illa	1 17 1
etiam ipsa pudoris compendio mortis oderat moras, omnibus displicens,	sed	solae suae conscientiae placens, cum subito, quauis uersutia qui fallitur	1 1 19
dubium non est neque praeputium aliquid esse neque circumcisionem,	sed	solam obseruationem uoluntatis dei esse fideliter uiuentibus	1 3 24
impietatis in sterquilinio foetido scaturiente uermibus, quasi nihil passus,	sed	solo dei timore contentus. o felix uir, qui mira patientia deum	1 15 6
sibi ab eo perpetuae felicitatis tempus non credit esse uenturum?	sed	spes ex fide est, quae quamuis in futuro sit posita, fidei tamen est iure	1 36 4
hoc mysterium deo, hoc opus carum, hos opus uiuum carnaliter geritur,	sed	spiritaliter promouetur. praestabit autem deus pater omnipotens, ut,	2 6 11
morum quoque clarissimus probitate, fuit inter filios Iacob aetate minor,	sed	spiritu maior. hic inuidae germanitatis impulsu in Aegyptum est	1 1 15
fontem debemus accipere, cuius diuite ex alueo Fauonio non uento,	sed	spiritu sancto generante *odorem diuinum* beata *spirantes* fide diuerso	1 33 2
caelestis <...> libera peccatis omnibus absolutos non foetidis cunis,	sed	suaue redolentibus sacri altaris feliciter enutrit a cancellis, per	1 32
non ex sacculo, sed ex corde profertur; quod non bromosis pecudibus,	sed	suauissimis moribus comparatur; quod non cruentis manibus, sed	1 25 9
scriptum sit: *littera occidit, spiritus autem uiuificat,* quia *non sub lege,*	*sed*	*sub gratia sumus,* quae nos diligere deum ac soli illi seruire in	2 3 2
producitur cultros, sed eorum unus est morsus; et gladius duas acies gerit,	sed	sunt unius corporis latera; et denarii sunt duo, sed una moneta signati;	1 37 14
et tamen in eo id, quod intus est, reuiuescit nec mortem medullitus capit,	sed	suum sibi genitale in germen exspirans uetusti corporis superficie	1 2 22
daemonum non recedunt. multos *namque dei metus in ecclesia continet,*	*sed*	*tamen* eos mundana uoluptas ad se trahit. *impii non manent, quia his*	1 35 5
sic fidem rei quam reprobant faciunt. philosophi de anima uaria disserunt,	sed	tamen hanc esse inmortalem <et> Epicuri, Dicaearchi Democritique	1 2 4
Iob alta fidei radice robustus tot nuntiis lugubribus tunditur nec mouetur,	sed	tantum benedicit deum facultatesque suas contemnendo custodit. at ubi	1 15 3
inter fluctus micuisse terrenam, quae utique non caelestis populi meritum,	sed	terreni per orbem totum dispersionis futurae denuntiabat exitium. adeo	1 18 1
esse noscantur, tamen una de radice funduntur. testamenta sunt duo,	sed	testator est unus; et scribens canna diuisa est, sed unus calamus; et	1 37 14
noli argumentari plus quam oporteat. similiter Paulus: *noli altum sapere,*	*sed*	*time.* cum haec ita sint, cur legem lege distringis? cur sub imaginem	2 3 12
cor contribulatum. quapropter, fratres, *efferendum non est* prosperis *rebus,*	*sed*	timore *dei intra mansuetudinis* metas uerecundiae freno *cohibendum,*	2 9 3
uiduam ultimam uictus sui filiorumque substantiam non partitam,	sed	totam dedisse maluisseque se cum liberis suis emori quam iustitiam	2 1 20
est maius insania, deo se laudat. publicanus autem non membratim deum,	sed	totus exorat, quia timore totus est humilis, sua peccata contestans,	2 9 9
pedum plaga inimici percussus populosis ulceribus non distinctus est,	sed	totus unum uulnus effectus. uerum tamen in his omnibus nihil	1 15 5
securitas. qui cum hostiam prouidet, cuius loco electus fuerat, requirebat.	sed	traduntur tenerae adhuc uinculis manus [et], ne quid minus ab hostia	1 59 6
deum non quasi dominum honorauerunt neque ei gratias egerunt,	*sed*	*uanis persuasionibus cogitationes eorum abductae sunt et tenebris*	1 35 6
misera? quid, uesana, laetaris? non est pax ista, sed bellum; non osculum,	sed	uenenum. pro nefas! adhuc fumantia busto complecteris membra	2 7 17
dies. denique post momentum festo exsultat in tumulo, non umbra,	sed	ueritas, non imago, sed Phoenix, non alia, sed quamuis melior alia	1 2 21
quis iocetur. non enim in ecclesia dei fucatus quaeritur sermo,	sed	ueritas pura, a qua longe omnes illi non immerito aberrauerunt, qui	2 1 1
recordatione glorientur, quanto magis Christianus, in quo non est figura	sed	ueritas! quam ex rebus ipsis agnoscite pariter et probate. Iudaei	1 46b 1
non apostolis trepidatio est. Petrus aestu marino fertur non naufragus,	sed	uiator: timet profundum intercipere non timentem; nec tamen in toto	2 2 6
non uxori inlicita suadenti succumbit, non amicis insultantibus cedit,	sed	uictor crudelitatis et impietatis in sterquilinio foetido scaturiente	1 15 6
somni torpore discusso, apertis auribus cordis a pueris disce uirtutem.	sed	uide, ne aestimes falsum, quod eis cessit incendium. ueritatem ratio	2 27
talibus Paulus apostolus dicit: *mulier sui corporis potestatem non habet,*	*sed*	*uir; similiter et uir sui corporis potestatem non habet, sed uxor.* sic	1 1 13
prohibuit. ad huius ergo personam Christi refertur uerecunda natiuitas,	sed	uirginalis uteri aula secretior: diuini sermonis arte formata in se	1 59 8
duas acies gerit, sed sunt unius corporis latera; et denarii sunt duo,	sed	una moneta signati; et scala duos scapos habet et gradus plurimos, sed	1 37 14
sancto generante *odorem diuinum* beata *spirantes* fide diuerso charismate,	sed	una natiuitate ecclesiae flores clarissimi ac dulces nostri funduntur	1 33 2
si uis incendia non timere. ecce pueri sacramento muniti tres numero,	sed	una uirtute, anhelantibus flammis, camino rugiente non laeduntur.	2 15
ornamentum, insigne pudicitiae testimonium, *e senioribus duo,*	sed	uno incensi prodigio, secus quam decuerat *deperire coeperant.* quam	1 1 17
testamenta sunt duo, sed testator est unus; et scribens canna diuisa est,	sed	unus calamus; et forfex in duos producitur cultros, sed eorum unus est	1 37 14
semel creditae unitae trinitatis non argumento, non necessitate,	sed	uoluntate compellit, manifestissimum puto nimis astuto esse simplicem	2 3 2
porriguntur: exserit equidem ferrum et armata dextra subleuat manum,	sed	uox eius, qui eam uictimam postulauerat, contradicit: 'respice retro,	1 43 6
quod uiduitatis uestem rursus accepit, non utique ut quae fecerat faceret,	sed	ut defleret se fecisse quod fecerat; aliter etenim quis saluus esse non	1 13 12
qui potestatem habuit ponendi animam et iterum resumendi eam;	sed	ut doceret, quoniam, cum uiuit in hoc mundo, semper in tribulatione,	1 2 31
paene plures sint nuptiae quam natales. quae non rogantur ut nubant,	sed	ut dormiant inuitantur, propiores sepulcro quam thalamo; quae, ipsae	2 7 10
sumus. quod non utique sic ait, ut in unum duos redigendo confunderet,	sed	ut duorum unam diuinitatis potestatisque esse omnipotentiam nos	2 8 4
accepto dei seruus *scidit uestimenta sua,* non ut deo inuidiam faceret,	sed	ut expeditus cum hoste pugnaret. contempsit denique in perditis	1 15 5
in hoc reatu, fratres, usque nunc fuistis. sed fortiter examinati estis.	sed	ut indulgentiam perciperetis, pro uobis bene uigilastis, optime estis	2 10 2
excitet fratris, non utique illud, quod a deo damnatum iure uidebatur,	sed	ut reliquas nationes, quas idolatriae, de qua diximus, disseminatae	1 13 5
statuatis! sed non eo dico, ut ingratum faciam doctrinae beneficium,	sed	ut sciat unusquisque aliud esse fidem, aliud esse tractatum nec fidem	2 3 11
morte superior, iam caelestia aspirans, iam, non dicam saeculi ludibria,	sed,	ut sit honoratior, se ipsam contemnens, iam ueritatem non imaginem	1 2 25
uitae transactis cursibus †pius aut filius ederit partus effusione perciperet†.	sed	utrisque <aetas> ademerat spem sobolis: pignus succidaneum	1 43 1
non habet, sed uir; similiter et uir sui corporis potestatem non habet,	*sed*	*uxor.* sic igitur, quoniam una sunt caro, unum diuini operis	1 1 13
dei filius tempore constituto dissimulata interim maiestate ab aetheria	sede	profectus in praedestinatae uirginis templum sibimet castra metatur,	1 54 3
homines enim illa possidet, ista deum. adhuc accipite, ad propriam	sedem	palmamque propositam quanto amore, qua deuotione festinet. si	2 1 13
cum Christo, quae sursum sunt quaerite, ubi Christus est ad dexteram dei	*sedens.*	possumus et sic, fratres, intellegere: hoc de ministris et de angelis	1 37 12
dicite filiae Sion: ecce rex tuus uenit tibi iustus et saluans, mitis,	*sedens*	*super asinum nouellum,* et iterum: *tollite portas principis uestri et*	2 5 2
ante saecula operatus est salutem in medio terrae, et alio loco: *parata*	*sedes*	*tua, deus ex tunc et a saeculis tu es.* ubi hominem mixtum, sic	2 5 2
sui sacerdotes, sui insultauere cultores. Iob in sterquilinio pleno uermibus	sedet;	dominus quoque in uero sterquilinio, id est in huius mundi caeno	1 15 9
qui eum supra dicti amoris male dulcibus uenenis occisum infernaeque	sedi	submersum maiestatis suae sacramento uiuificatum insuper regni	1 36 28

putatur metuenda, gustatur, tunc ei in aeternum manentis gloriae beatis in sedibus nullas deinceps aerumnas mundi sensura repromissa felicitas 1 2 32
sapientiae uocabulis infamantes. quae si ad sua corrigas propriisque sedibus reddas, inuenies iniustitiae magis stultitiam, iustitiae sapientiam 2 1 4
qualitate factorum quasdam locis poenalibus relegari, quasdam *placidis sedibus* refoueri, ut tunc demum credi possit resurgere, quod omnibus 1 2 3
quas si per plagas unde refixae sunt quaeras, rediuiui luminis lege suis sedibus resurrexisse agnoscas. sol cotidie nascitur eademque die qua 1 2 17
omnium sacrificiorum tria esse genera, nouelle, disce, Christiane, ne quo seducaris errore. unum est enim detestabile, alterum reprobum, tertium 1 25 3
inquit: *interrogabant et in uirgis suis annuntiabant; spiritu meretricio seducti sunt et fornicati sunt a deo suo.* agnosce igitur, Iudaee, uel sero 1 3 11
semper et in plurimis operibus illorum non eris curiosus; multos enim seduxit suspicio illorum et in uanitate detinuit sensus illorum. similiter 2 3 16
deum se fingit, ita detestabilior qui deum colit, quem ipse disposuit. Selom autem praedictorum tertius frater minor ex gentibus uenientis 1 13 7
Iudas tres liberos habuit: Her, Aunan, Selom. hic mulierem, cuius nomen est Thamar, accepit uxorem maiori filio 1 13 1
ad oues tondendas pergeret suas atque hoc Thamari nuntiaretur, quae Selom uiderat maturum ei nec tamen nupserat, uestem uiduitatis exponit, 1 13 2
parit sibi de fine principium. hic est, quo similiter, uerum tamen semel, amore hominis sui eius artifex deus et dominus noster occidit et 2 19 2
sub gratia sumus, quae nos diligere deum ac soli illi seruire in sacramento semel creditae unitae trinitatis non argumento, non necessitate, sed 2 3 2
possunt. si ex credulitate, non ei opus est ulla interpretatio, quia sicut semel creditur, ita semel ex eo ipso, quod creditum est, consummata fides 2 3 9
credulitate, non ei opus est ulla interpretatio, quia sicut semel creditur, ita semel ex eo ipso, quod creditum est, consummata fides ultra nec minuitur 2 3 9
praestat fidem, ita nouo uetus perhibet testimonium, sicut scriptum est: *semel locutus est dominus et haec duo audiuimus.* sed et dominus ipse in 1 37 4
in dolore quam ditior — sane post momentum misera (atque utinam semel!) nimio dolore nuptura. hic, hic quemadmodum se quis possit 1 2 14
candentium polorum claritatis suae de plenitudine accendit. hic, qui semel occidit et ortus est rursum numquam repetiturus occasum. hic, 2 12 4
recolit, quae spe succincta futurorum Antiocho saeuiente libenter semel septem filios non dicam extulit, sed ipsa potius feliciter suis 1 2 13
suum fudit in terram; semen significat non creaturae, sed cordis. etenim semen cordis uerbum est dei, cata Lucanum domino sic dicente: *est autem* 1 13 5
simile est regnum caelorum homini, qui seminauit in suo agro bonum semen; dormientibus autem hominibus uenit inimicus eius et superseminauit 1 3 22
dicens: *adolescentior fui et senui et numquam uidi iustum derelictum nec semen eius quaerens panem;* et iterum: *diuites eguerunt et esurierunt,* 2 1 20
quia et *hominem deus de terra finxit* et homo idolum de terra composuit. *semen* ergo *suum fudit in terram*, hoc est dei mandata neglexit et idolis 1 13 6
est dei, cata Lucanum domino sic dicente: *est autem haec parabola: semen est uerbum dei. qui autem iuxta uiam sunt, hi sunt, qui audiunt* 1 13 5
Aunan autem secundus frater Iudaicus est populus, cui praecipitur, ut semen excitet fratris, non utique illud, quod a deo damnatum iure 1 13 5
a deo perhibetur occisus. secundo imperat, ut intret ad fratris uxorem ac semen excitet fratris; qui ingressus semen suum fudit in terram. quod cum 1 13 1
discipulos ait: *simile est regnum caelorum homini, qui seminauit bonum semen in agro suo; dormientibus autem hominibus uenit inimicus eius et* 1 2 28
sepulcrum nidus est illi, fauillae nutrices, cinis propagandi corporis semen, mors natalicius dies. denique post momentum festo exsultat in 1 2 21
religiosis exhortationibus excitaret. at ille *semen suum fudit in terram*; semen significat non creaturae, sed cordis. etenim semen cordis uerbum est 1 13 5
uitae exemplis sacraeque legis religiosis exhortationibus excitaret. at ille *semen suum fudit in terram*; semen significat non creaturae, sed cordis. 1 13 5
imperat, ut intret ad fratris uxorem ac semen excitet fratris; qui ingressus semen suum fudit in terram. quod cum deo malignum quoque uideretur, 1 13 1
fides ultra nec minuitur nec augetur. sin uero ex utroque, patriarcharum semesa fides est ac per hoc illis constitutionis nostrae uidelicet decernendi 2 3 9
canibus, alitibus ferisque donati, ubique dispersi, utrobique deperditi, semesis ossibus, etiam suis carnibus nudi. conspicite rem auaro condignam! 1 5 8
aggeribus in aciem stipatis undarum, saluo liquore arefactam profundi in semet contra se obnixam stupidam pependisse naturam; uiam inter fluctus 1 18 1
ei nec tamen nupserat, uestem uiduitatis exponit, aestiualia induit, semet decore componit locoque constituit, Iudas qua fuerat transiturus. at 1 13 2
at Iob cunctis uiribus aduersae partis exspectatione placida profligatis, in semet fortior ruinis, omnibus quaeque deleuerat bellum recuperatis in 1 4 19
inuita, non inprudens moritur, sed cum maturum leti tempus aduenerit, a semet ipsa inuitatis sacris ignibus libentissime concrematur. sepulcrum 1 2 20
quisquis resurrectionem negat, uitam suam, semet ipse condemnat. cur enim mereatur felicitatem futuri temporis 1 2 1
est Christus, quem ante omnia saecula pater adhuc utrumque in semet ipso deus beatae perpetuitatis indiscreta spiritus plenitudine nescio 1 56 1
o praestantia singularis! o dulcis sententia! o damnatio necessaria! in semet ipso homo iugulatur, ut uiuat. percussor non uidetur, percussoris 1 42 2
sacra scriptura testatur, erat ante omnia manens unus et idem alter ex semet ipso in semet ipsum deus, secreti sui solus conscius; cuius ex ore, ut 1 50
accepit. unde manifestum est Abraham gemini populi typum in semet ipso portasse, ut circumcisionis nota exprimeret Iudaeum, 1 3 7
quos non ingeniosa suspicio, sed deus magister instruxit, propter nos in semet ipso probando quod docuit, uiuere animas mortuorum non tam 1 2 5
credit, astutus autem nimia sapientia infatuatus inquisitionibus uanis semet ipsum confundit. sed dicit aliquis: 'si ita est, nulli ergo lex prodest.' 2 3 2
testatur, erat ante omnia manens unus et idem alter ex semet ipso in semet ipsum deus, secreti sui solus conscius; cuius ex ore, ut rerum natura, 1 50
deo manet et deus in illo manet — , tunc demum, fratres, caritatem per semet ipsum ei condigne reddemus, quia facta commutatione quod eius est 1 36 21
sponsionis suae palmam fortiter retinens, peccatorum paleis limpidatus, semet pretiosum frumentum diuinis horreis inferre desiderans, licet suo 1 33 3
renitens, quemadmodum, si dicere dignum est, duo maria, quae in semet recumbunt, freto aestus alternos in unum conferente connexa, quae, 1 7 4
operis mundani pensa perpetuans, genitali semper nouellus occasu, a se in semet *sua per uestigia* reuolutus dies salutaris aduenit, officiis sacramenti 1 6
pauperes miserosque sua necessitate neglecta pietatis largiter furtim semina spargit. nec rogari se permittit nec uicaria laudis remunerari 2 1 12
sed se ipsum contemnit, si gloriae spem futurae non gerit? quid agricola semina spargit, si sudoris sui praemium non colligit messem? quid 1 36 3
ad uos, fratres, quorum largitas prouinciis omnibus nota est, quorum pia semina totius quodam modo orbis per membra iactantur. uobis multi 1 14 8
faciem erit. unde dubium non est in corporibus nostris, dum mortis lege seminantur, non substantiam, non imaginem, sed illud tantum quod inutile 1 2 30
fructu populoso tenturum, hoc hactenus Paulo firmante: *stulte, tu quod seminas non uiuificatur, nisi mortuum fuerit,* et subiecit dicens: *sic et* 1 2 22
qui seminat secundum carnem, de carne sua metet interitum; qui autem seminat in spiritu, de spiritu metet uitam aeternam. at uero dominus 1 2 28
aut corrumpitur, inicit amorem, paulo post odium de amore factura. seminat inlicitos heredes crimenque noscens nominibus pietatis excusat. 1 1 7
rationem seminum etiam beatissimus Paulus subtiliter prodidit dicens: *qui seminat secundum carnem, de carne sua metet interitum; qui autem* 1 2 28
resurgit in gloriam; seminatur in infirmitatem, resurgit in uirtutem; seminatur corpus animale, surgit spiritale. satis, ut opinor, resurrectionis 1 2 22
et resurrectio mortuorum; seminatur in interitum, resurgit in perpetuitatem; seminatur in humilitatem, resurgit in gloriam; seminatur in infirmitatem, 1 2 22
resurgit in perpetuitatem; seminatur in humilitatem, resurgit in gloriam; seminatur in infirmitatem, resurgit in uirtutem; seminatur corpus animale, 1 2 22
nisi mortuum fuerit, et subiecit dicens: *sic et resurrectio mortuorum; seminatur in interitum, resurgit in perpetuitatem; seminatur in humilitatem,* 1 2 22
et omnibus, qui habitant in Ierusalem: renouate inter uos nouitatem et ne seminaueritis in spinis. circumcidite praeputium cordis uestri, ne exeat sicut 1 3 12
hoc edocens sic ad discipulos ait: *simile est regnum caelorum homini, qui seminauit bonum semen in agro suo; dormientibus autem hominibus uenit* 1 2 28
domino sic dicente: *simile est regnum caelorum homini, qui seminauit in suo agro bonum semen; dormientibus autem hominibus uenit* 1 3 22
in homines deriuauit, ita dominus omnes in se credentes sancti spiritus semine a mortuis rursus gloriosos in angelos excitabit. ad hoc unum 1 2 26
mira res! concipit Maria de ipso, quem parit; tumet uterus maiestate, non semine, capitque uirgo, quem mundus mundique non capit plenitudo. 2 12 2
piscium. et corpora sunt caelestia, sunt et terrestria. itaque inmortalitatis semine (de quo etiam poeta sapientissimus praesagauit dicens: *igneus est* 1 2 26
superbus emicat uenter, non munere coniugali, sed fide, uerbo, non semine. decem mensium fastidia nescit, utpote quae in se creatorem mundi 1 54 3
sacramentum. Thamar *concepit in utero*, ecclesia corde concepit, illa semine, haec uerbo. haedus ei mittitur, temptationis uidelicet signum; 1 13 11
fratres, quo a domino nostro cunctus redemptus est orbis, quo aetherio semine nouellus uiuificatus est populus; hic, inquam, qui nobis 1 16 2
nec res in ambiguo est; quemadmodum etenim ille princeps iniquitatis suo semine per inuidiam protoplastos ex angelis in homines deriuauit, ita 1 2 26
in se tabescentis corporis uulua portauit. sed in caelesti prole, non semine, progenitum certissimum dominum impia Iudaeorum exarsere 1 59 8
hymnum canentibus deo credentibus populis, qui omnia inmortalitatis semine propagantur in saecula. in huius diei luce gradientes exsultemus 1 33 4
actus ad se trahit, congregat turbas, contionatur. lites sic discernit, ut seminet. prauos ac lubricos colligit mores. legibus suis suas leges impugnat, 2 1 7
ut, cum dissolutionis eius ac legitimae reparationis tempus aduenerit, suo semini respondens iure possit mereri quod credimus. nec res in ambiguo 1 2 26
sapientissimus praesagauit dicens: *igneus est ollis uigor et caelestis origo seminibus),* scilicet spiritus sancti conceptione, insita fit ante fecunda, ut, 1 2 26
in triticum. quae necessario radicitus circumcisione diuellimus, ut diri seminis contagione purgati integri in ubertate paterni seminis maneamus. 1 3 22
agricolae artificis manu necessaria prouisione truncatus, nobilitate alieni seminis grauidatur nutriturque ab eo ipso quod nutrit, donec hospitis 1 2 27
diuellimus, ut diri seminis contagione purgati integri in ubertate paterni seminis maneamus. haec, inquam, non die, non nocte, non hora, non sexu, 1 3 22
Israel loquitur dicens: *nouissimis diebus circumcidet deus cor tuum et cor seminis tui ad dominum deum tuum amandum.* hinc nunc uobis iterum 1 3 13
excitare, antequam peccasset in paradiso, in id quod fuit! quam rationem seminum etiam beatissimus Paulus subtiliter prodidit dicens: *qui seminat* 1 2 28
iugo terramque uestrae carnis domando fecundantes laetam diuinorum seminum messem caelestibus horreis inferatis. et admonet prosequentibus 1 38 3
refrenatur. haec germinantibus pratis, messibus flauis, uitibus curuis, semipallidis oliuis et felicitatem praestat et gratiam, cum [in] uniuscuiusque 1 4 6
est praeparatio: *uox clamantis in deserto: parate uiam domini, rectas facite semitas dei nostri*. nunc uideamus quae consequuntur. per idem tempus 2 8 7
sed caelesti prandio, honesto, puro, salubri atque perpetuo, quod, ut saturi semper ac felices esse possitis, esurienter accipite. pater familias panem 1 24 1
nemo; omnes felices, omnes unanimes, omnes inmortales, omnes sunt semper aequales; quod unius est, omnium est; quod omnium, singulorum. 1 5 18
uniuersa constituit, uirtute regit, maiestate custodit; solus indemutabilis ac semper aequalis, quia in se non admittit aetatem; solus sempiternus, quia 1 7 3
dies salutaris aduenit. idem sibi successor idemque decessor, longaeua semper aetate nouellus, anni parens annique progenies; antecedit quae 2 19 1
dies salutaris aduenit. idem sibi successor idemque decessor, longaeua semper aetate nouellus, anni parens annique progenies antecedit quae 1 44 1
dies salutaris aduenit. idem sui successor idemque decessor, longaeua semper aetate nouellus, anni parens annique progenies antecedit 1 57
ab ipsis potius audiatur, hortantur [nos]. non est enim parum criminis, ut semper apud ipsos diuinus sit sermo prolatus, nunc alteris uideatur 1 61 1
triumphanda mandamus, in agonem immortalis laudis Christianus semper ardor animatur. erit geminum de religiositate commercium, cum ad 1 39 1
in omni aetate miranda, in quauis condicione non dubia, soli sibi deuota, semper bene conscia, prorsus nulli rei subiecta, unum tantummodo 1 1 1
non alieno, non ipso orbe contenta. totum possidet et de inopia queritur semper. denique ad sua numquam peruenit uota. quantum fuerit auctior, 1 5 2
unius plenitudinis tria illi sunt membra, unum secretarium et patentes semper duodecim portae, quas ab hostili defendit impulsu in modum tau 2 6 7
illa ambitio putaretur. quod si ita esset, inter memorata impar cultu semper ecclesia inueniretur. sed haec saecularia sine legitimo ac deuoto 2 6 2
qui appetit primo suum perdit. pure non nox illi diesque succedit; semper enim caenosi gurgitis sui procella submergitur, dum semper 1 1 6
in aeternum a patre filius regnum nec accepit aliquando nec posuit; semper enim cum ipso regnauit, cata Iohannem ipso dicente: *regnum* 2 5 8

et fortiora te ne scrutatus sis. quae praecepit tibi deus, illa cogita *semper et in plurimis operibus illorum non eris curiosus; multos enim* 2 3 16
blandimentis impetrare non potuit. libidinum commutatione uaria gaudet semper et paenitet, ad satietatem numquam lubrica utilitate perueniens. 1 1 9
crediderit, largiores adhuc escas inueniet, quibus, si diligens fuerit, semper et se et alios bonis omnibus satiabit per dominum nostrum Iesum 1 24 4
quos susceperant mortuos, refundere inferi coacti sunt uiuos. quem ut semper et ubique aucti fide, numero, caritate nostris cum fratribus 2 19 2
succedit; semper enim caenosi gurgitis sui procella submergitur, dum semper exaestuans libidinis turpitudo aut ueritate aut imagine perpetratur. 1 1 6
potest, qui ei saltem uel uno momento iustitiae frenos inponat. inquieta semper exaestuat, saeuit, pugnat, rapit, congregat, seruat sui tenax, 1 5 2
enim quid est nisi mens lubrica, permotionibus crebris et rapidis se semper expugnans; animus infidelis etiam sibi; actus improuidus, instabilis, 1 4 7
non solus. uultis scire, quantis sit tenebris obuolutus? irascitur deo, si non semper fiat publicis luctibus diues. bene, bene: cum quis quaerit aurum, 1 5 14
non dormit, qui huius somnium secretaque cognoscit. prophetia etenim semper figuris uariantibus loquitur, sed res una in omnibus inuenitur. 1 37 1
non necessitate, decore, <non diminutione> subicitur, per quem pater semper honoratur. denique inquit: *ego et pater unum sumus*. unde non 2 5 9
cuius exsecratus sis corruptelam, optes imitari uirtutem; quem cupidum semper horrueris, stupeas passim in pauperes et egenos sua bona uniuersa 2 29 3
eius constare non posse sine eruditione uel freno. est enim matura semper, humilis, cauta, prudens, prouida, omni necessitate contenta, quauis 1 4 2
recepti noscuntur, neque lucis ascendunt, quia numquam in terris, sed semper in caelo manserunt. unde angelos puto recte homines appellatos, 1 37 11
potestatis crastinum diem ac ne ipsum, quo res agitur, quia quod uoluitur semper, in momento quid adferat dubium est. sed oculis patentibus caeci 1 5 7
non loco, non genere a tribuenda homini salute depellitur, sed gloriosa semper in omnibus inuenitur. denique prior circumcisio desecat carnem, 1 3 22
nequiret: sua enim deminutione crescebant. integer horum denique uasis semper in plenis manebat status quantumque eis impensae diurnae 2 1 20
praestas, ne flos eius ullo morbo, ullo tempore deflorescat. tu uariarum semper in tempestatum crebris turbinibus constitutae fidissimus miserandae 1 4 21
iterum resumendi eam; sed ut doceret, quoniam, cum uiuit in hoc mundo, semper in tribulatione, semper iustus in poena est. cum autem mors, quae 1 2 31
alias, nunc parturit nouas. manibus suis facta hydra formarum procax semper incedit, quia erubescere alienis sub coloribus nescit, non domesticis, 1 1 10
proponit suam faciemque, in quas illi libuerit figuras, speculo conciliante semper incertam cotidie peregrinis coloribus mutat, gulae labore culta, 2 4 9
maritis nota, non sibi, quia non potest notum esse nec uerum quod est semper incertum. praeterea numquam diligit deum, quem scit operibus suis 1 1 10
comprehendi, quia non erit nec proprium nec firmum, quod habet statum semper incertum, quippe cum unius electio sit alterius reprobatio. uel si 2 3 7
cuius sanctionem uestrae aetatis omni curriculo manente in sua semper infantia custodite ac fortiter praecauete, ne primi hominis quondam 2 24 3
in ipso fructu suo, quo expugnati pudoris alieni labe gaudere consueuit, semper infelix est. denique post negotium perpetratum odit et se ipsam 1 1 7
facile non amari! est enim artifex ac dulce malum et hominibus uniuersis semper infestum. denique non habentibus diuitias habendi inicit 1 14 1
ac magis augeant, uilioribus se lauacris omni momento baptizant, deo semper ingrati. 1 51
elidunt; Moysen amore nimio lapidare conantur; aduersus dominum semper ingrati uariis molitionibus pugnant multisque diis ac regibus seruire 1 4 10
tormenta morte ipsa grauiora, non potestas, non ambitio, non felicitas. semper inmobilis manet, alta quadam ac diuina temperantia robuste 1 4 3
beneficiis sponte ad mortem, de qua euaserant, reuertuntur. cum igitur semper insidietur se non quaerentibus diabolus, aestimate, quid faciat 2 7 13
ut saltem paulo diutius diei sui demoretur in uita, sed fidelis semper, semper intrepidus ad sepulcrum noctis cognatae contendit scius in ipso se 1 2 18
uelociter ruit; ideo telis facibusque constructus, quia inlicitis ardoribus semper iunctus est gladius; ideo autem caecus, quia, cum exarserit, non 1 36 25
diuinis horreis inferre desiderans, licet suo uberet fonte, tamen aestuat semper iustae operationis ardore. autumnus quoque martyrii locus est, in 1 33 3
sed ut doceret, quoniam, cum uiuit in hoc mundo, semper in tribulatione, semper iustus in poena est. cum autem mors, quae putatur metuenda, 1 2 31
quo filium percutere iam parabat. a filio ad agnum transtulit dextram semper laetatus et gaudens nec mutatus est uultus eius, cum esset uictima 1 43 7
quaeritur fides; deinde quia lex communis est, fides uero priuata, quia lex semper manat ex libro Genitali, fides autem tenaciter inhaeret suo soli 2 3 4
sed omnis Christiana progenies de uera Aegypto, id est isto de mundo, semper momentis omnibus liberatur. illis ducatum Moyses praebuit, dux 1 46b 1
inquam, genus omne peccati, ne quis inprudens intereat, diffamatur. semper monere non desinit, ignorantia ne quis reatum excuset. nunc 2 3 3
cursu, reciprocis ambagibus operis mundani pensa perpetuans, genitali semper nouellus occasu, a se in semet *sua per uestigia* reuolutus dies 1 6
nec ipsa, sed ipsa orbita circumducens dies magnus aduenit suo sibi semper nouellus occasu. quod praeterit sequitur, quod futurum est 1 16 1
maximam gloriam, ipsam calcare naturam. sed quia uirtutem uoluptates semper offuscant nihilque unicuique, nisi quod amauerit, rectum est, 2 7 1
saeculorum diuersa mensura conterendo innouat spatia, et tamen eius semper orbita est una. qui nos admonet, fratres, passionis resurrectionisque 1 26
Dauid quippe *humilis, abiectus,* ignobilis sui iacebat in domo patris, oues semper pascendo propemodum peregrinus. innocens cum innocentibus 2 9 7
bonum ac malum *nescit* nec potest quid reprobet scire, quid teneat, *et ideo semper peccat*, quod est iustitiae contrarium. *iustus autem ab omni peccato* 2 1 9
quem noueris idolatriae fanum, gaudeas dei templum. itaque beatus est, semper qui meminit, quod renatus sit; beatior, qui non meminerit, 2 29 3
in scrobem dimittitur, ut animatus ibidem genitalis humoris manente semper secum substantia nutriatur. auxiliare illi necessario iungitur lignum, 2 11 2
illa quia sua esse praesumit; nec spes timet, ne non ueniant, quia ea semper secum suis in uirtutibus portat. hoc est, quod Abraham *contra* 1 36 5
producat, ut saltem paulo diutius diei sui demoretur in uita, sed fidelis semper, semper intrepidus ad sepulcrum noctis cognatae contendit scius in 1 2 18
credo, sicut res ipsa docet, ut contemplatione opificii ac materiae semper suum et uereretur et uenararetur artificem. post haec subiecit ei 2 4 4
nodum, honorem decoremque conducis. felix aeternumque felix est, qui semper te habuerit in se. 1 4 22
quod magis est, regem aliquotiens a deo in manus traditum sibi mauult semper timere quam occidere, inuerso gratus officio, deo dei munus 2 9 7
noctes ac dies clarissimosque duos regalium orbium currus munerifero semper uicissitudinis delectamento seruire praecepit, qui eum supra dicti 1 36 28
opera digitorum tuorum. hic utique non de caelis istis loquitur, quos semper uiderat, sed de apostolis, quos uidere optabat. et iterum: *texit* 1 61 3
statis genere, aetate, sexu, condicione diuersi, mox unum futuri? fontanum semper uirginis matris dulcem ad uterum conuolate ibidemque uos uestra 1 55
confecto, conceptu signata, quem uerae fornicariae habent perosum ac semper uitant, uiduitatis uestem rursus accepit. interea secundum 1 13 2
amnis undae subiecti toto impetu totaque deuotione uestra uasa replete, ut semper uobis aqua sufficiat, hoc ante omnia scientes, quia hanc nec 1 12
ceruina lacteum genitalis fontis ad laticem conuolate. fortiter bibite, ut semper uobis aqua sufficiat, hoc principaliter scientes, quia hanc nec 2 14
exemplum. cuius sane condicione nos beatiores sumus, quia ille occidit semper ut uiuat, fidelis autem post secundae natiuitatis occasum resurgens 1 16 2
illis inrorata est esurientibus manna, nos autem esurire non possumus, sempiternam qui caelestis panis nobiscum portamus annonam. illis 1 46b 3
sempiterni currus auriga, teretis metae sua replicans complicando gyro 2 19 1
Christo, omnique desiderio conuolantes *caelestia dona* percipite. iam uos sempiterni fontis calor salutaris inuitat; iam mater nostra adoptat ut pariat, 1 32
mala bonis, fragilia solidis, falsa ueris, terrena caelestibus, temporalia sempiternis. o caeca mens hominum! quid praesentium carnalium rerum 2 4 14
a deo assumpto iustisque eius est deputata rebus dispositis, non deo, non sempiterno rectori, maxime cum in euangelio sic dicatur: *dabit illi dominus* 2 5 6
ex se, ex innascibili scilicet sua illa substantia, in qua beatus manens in sempiternum omnibus, quae habet, habentem filium paria procreauit, qui 1 17 2
in sese, proferens sibi de fine principium, natalicia infinita de occasu dies sempiternus eluxit; quo discussa conuolutae hiemis tristitudine, nouo uento 1 33 1
indemutabilis ac semper aequalis, quia in se non admittit aetatem; solus sempiternus, quia immortalitatis est dominus. hic est deus noster, qui se 1 7 3
solus est conscius; hic *maturus*, quia post ipsum non est ullus; hic *sempiternus*, quia occisus est et inuentus est uiuus; hic *immaculatus*, a 1 8 2
perpetis anni pernicem cursum in bis senae mutationis augmentum una eademque nec ipsa, sed ipsa orbita 1 16 1
sollicitudinis mole gaudere; nam et risit Sarra munus iuuentutis subiens in senecta, unde nomen accepit infans, qui post haec Abraham sacratam deo 1 43 2
uocabulo pietas nutaret et, cum filium proferret uterus, nepotem senectus optaret. ita denique dissensione temporis et naturae contra 1 59 4
Sarrae uterum filius aperuit primo uocabulo, cui iam auiae reuerentiam senectus uerecunda detulerat. sub hac igitur, carissimi, desperatione 1 59 1
compleuerit globum, paulatim deuergit in senium, donec ultima senectute consumpta, sua morte reuiuescens, menstrualis ignis solemni 1 2 19
quod natura denegauerat. Abraham patriarcha noster exploratus a deo in senectute suscepit unicum filium. nihil tam sollicitum patri, cuius aetas in 1 43 1
ecce prima deuotio: libenter excipere quod sero datur et in tristissima senectute suscepta sollicitudinis mole gaudere; nam et risit Sarra munus 1 43 2
in occasus sui terminum uersabatur et educationis tempus angustum et senectuti exitus iam uicinus. ecce prima deuotio: libenter excipere quod 1 43 1
ita miranda non est, quia licet sit uictrix, tamen triumphi sui palmam senectutis cum rigore partitur; cessat enim concupiscentiae pugna, ubi sub 1 1 5
quia nescit iterare quod praestat. ecce pueri, adolescentes, iuuenes, senes utriusque sexus, qui eratis rei, eratis et inmundi mundana natiuitate, 1 38 1
cur ego Christiano orbe paene iam toto hominumque uiuacitate mundo senescente detrita *obtundam uerbis palpantibus* aciem ueritatis ac non 2 7 5
miserior. nouum calamitatis est genus, quod tantummodo crescit, senescere ignorat. non illam parentum pietas frangit, non dulcedo 1 14 2
officiisque competentibus seruire praecepit? unde non est principium quod senescit, quod opus factum est alienum, quod non est in sua positum 1 7 2
beatissima cum in iuuenibus carnalia exstinguere laborat incendia. sane in senibus ut est honoranda, ita miranda non est, quia licet sit uictrix, tamen 1 1 5
ideo lineamento puerili depingitur, quia eius lasciua lubricitas nec annis senilibus temperatur; ideo nudus, quia uoluntas eius est turpitudo; ideo 1 36 25
ibat ad supplicium non adulterum corpus, in quo extrema libido senilis exarserat, sed quod infamauerat diabolus et quod protexerat uirtus 1 40 2
desperata profertur. uxor Abrahae fetus nescia, cum uisceribus frigente senio nec sperare subolem posset nec portare confideret, matris suscepit 1 59 3
spes promittit, sapientia domus domina praerogat munera. exsultate, seniores: uos estis huius operis firmamenta. exsultate, iuuenes: uos estis 2 6 10
de fornicatione conceperit; et ecclesia quasi legis adultera Iudaeorum est a senioribus accusata, quod sabbatum ruperit, quod eorum traditiones 1 13 12
suae pulchritudinis ornamentum, insigne pudicitiae testimonium, *e senioribus duo,* sed uno incensi prodigio, secus quam decuerat *deperire* 1 1 17
incendit; hic Adam suis telis occidit; hic Susannam conatus est duorum seniorum aut prodigiosis ignibus subicere aut parricidali gladio iugulare; 1 36 26
obsoletatus. Iob uxor sua hortatur ut peccet; et dominum, ut corruptelam seniorum sequatur, synagoga compellit. Iob amici sui insultasse 1 15 8
haec Abraham sacratam deo approbat mentem. unicus ille filius solliciti senis adhuc paruulus, cui pietas et miseratio maior debetur, postulatur ad 1 43 3
fratris angusti circuli argenteum compleuerit globum, paulatim deuergit in senium, donec ultima senectute consumpta, sua morte reuiuescens, 1 2 19
tempora in annos, annos in saecula pandens. sine pausa crescit in senium et tamen a cunis genitalibus non recedit. profecto sacramenti 1 58
tunc *ad imaginem et similitudinem suam fecit sibi ipse simulacrum sensibile atque intellegens*; sumpto quippe *limo terrae hominem figurauit* 2 4 4
necessario requirendum nobis erit, quid sit fortius de duobus: illud quod sensibile est an quod caret sensu. uerum quis dubitet illud fortius esse, 1 7 2
sed suauissimis moribus comparatur; quod non cruentis manibus, sed sensibus mundis offertur; quod non iugulatur ut pereat, sed, sicut Isaac, 1 25 9
haec subiecit ei omnia bona mundi et quia erat iam sapientia conditus, sensibus stipatus, eligendi mortem uitamque praecepti eruditione 2 4 5
filius uinculis adstrictus. ubi sunt lacrimae, ubi dolor, qui in humanis sensibus uersari consueuit? in tantis filii casibus laetatur et gaudet et se 1 43 6
dat iracundiae locum, securus ut redeat; domum patri commendat, sensim mitisque discedit, ut probet se et meruisse et non ambisse quod 1 4 16

eum propriae uoluntati commisit. at liuidus ille criminator, qui, quod	sensim serpat, serpentis nomen accepit, detestabili accensus inuidia eum,	2	4	5
carceris liberatus ad eum locum, unde uenerit, reuertatur. si ergo hoc ille	sensit, qui non nouerat Christum, cur dubitet Christianus, qui	1	2	2
quando tot et tanta tormenta Aegyptiorum solus ipse nihil aut timuit aut	sensit. quid illud, quod per mare medium terrenum duxit ingressum? quid	1	61	7
enuntiauit et cauendum quid sit his uerbis edocuit: *melior qui deficit*	*sensu in timore quam qui abundat astutia et transgreditur legem*; et iterum:	2	3	12
concordia testari caritatem atque ita omnis motus quasi uno	sensu magistra dilectione conuerti, ut quiuis intelligat hoc fieri non posse	1	36	15
iam in Christo completa nec probando cognoscis? uerum tamen pro tuo	sensu si uis pascha legitimum celebrare, agnus requirendus est tibi, sicut	2	20	1
erit, quid sit fortius de duobus: illud quod sensibile est an quod caret	sensu. uerum quis dubitet illud fortius esse, quod sentit, quod sapit, quod	1	7	2
sunt iudicia eius et quam inuestigabiles uiae eius! quis enim cognouit	*sensum domini?* non enim in horum inquisitione exaestuans propheta dicit:	1	34	2
humanitatis a caelo et possessio longe dimota sit et natura? age, excita	sensum, lector, inuenies ueritatem. qui erat in caelo, de caelo descendit;	2	4	3
manentis gloriae beatis in sedibus nullas deinceps aerumnas mundi	sensura repromissa felicitas exhibetur, Dauid sancto dicente: *conuertere,*	1	2	32
es, serua; timoratus si uere, custodi. de eo, quod modum humani	sensus excedit, disputare deuita. negat quodam modo deum quisquis asserit	2	3	18
eris curiosus; multos enim seduxit suspicio illorum et in uanitate detinuit	*sensus illorum.* similiter Paulus curioso rescribit dicens: *o altitudo*	2	3	16
sacri deus deo sua sibi et diuinitate et nomine comparatus omnes humani	sensus opinationes excludit, quippe cum dicat: *faciamus hominem ad*	1	45	1
non potest, fratres, ullum celebrare mysterium, cuius sacrificium diuina	sententia aduertitis esse damnatum per dominum nostrum Iesum	1	19	2
excusantem, reseruat examini, ut ponderatis damnis rebusque seruatis	sententia in eum, prout debitor exstiterit, iure possit expromi. ita erit, ut	1	35	8
o liberatoris nostri profunda prouidentia! o praestantia singularis! o dulcis	sententia! o damnatio necessaria! in semet ipso homo iugulatur, ut uiuat.	1	42	2
o liberatoris nostri profunda prouidentia! o praestantia singularis! o dulcis	sententia! o damnatio necessaria! homo iugulatur, ut uiuat. percussor	2	24	3
per momenta patrocinia! o quam turpis ac lubrica, de qua ludit aliena	sententia! o quam adultera, quae non agnoscit, quo auctore sit nata! o	2	3	10
quam dicata deo pro castitate fortiter moritura, et quam iudicantium	sententia praua deiecerat illustris conscientiae integritas erigebat. sufficit	1	40	1
eradicabitur, nisi domino soli. haec gentes, nisi conuertantur, manet diuina	sententia, quae nec deum nec sacrificium etiam ipsae cognoscunt se habere	1	25	5
et idolis profudit. propter quod a deo similiter etiam ipse praesentem	sententiam damnationis excepit, quia, sicut est detestabilis qui, cum sit	1	13	6
flagitatur. ambiguitas enim nisi fuerit discussa, iure non potest mereri	sententiam. et qui sunt isti, quos ambiguitas suo iudicio reseruauit? utique	1	35	6
exigit ultionem, quia, cum uicem non reddidit patri dilectus filius, dignam	sententiam percipit abdicatus. cuius enim impietas paterno affectui parem	1	61	5
conscientiae tamen bonis contenta secretis, non tam rea susceptura	sententiam quam dicata deo pro castitate fortiter moritura, et quam	1	40	1
primo istud carnale spolium, blandum animae uenenum, secundum dei	sententiam, unde sumptum est, refundatur; dicit enim deus ad Adam:	1	2	30
praeputium circumciderit. etenim si secundum ipsos nos quoque carnaliter	sentiamus, ambo prophetae tenebuntur in crimine, ut aut Moyses fallax sit,	1	3	15
orationis freno refrena; anhelantis camini ignis exaestuans uicta natura	sentiat per te tecum et ipse refrigerium; mortuorum in postliminium uitae	2	3	14
quod nonnulli forma uidentur minores, si secus aliquid de pistore	sentiatur, mea nihil interest, fratres, quia, etsi pauper sum, tamen frontem	1	41	3
mitem humilemque retinet ubique pastorem. post adiecit: *si non humiliter*	*sentiebam, sed exaltaui animam meam.* uideamus, ne forte propheta ipse se	2	9	8
regnum qui dixit in monitis *regnum* non stare *diuisum*. unde non sic	sentiendum est, fratres, ut pater acceptus sit quod non habuerit aut filius	2	5	9
deus eumque, ne forte paeniteat, publica obiurgatione confutat. humana	sentienti nundinari deterius quam puniri. denique filios uocat, ut abdicatio	1	30	
utero sed sepulcro incognitum pecus, quod legitimam nec mortem potuit	sentire nec uitam. recte igitur apostolus ait: *radix omnium malorum est*	1	5	3
pulsu, quod quid sit, quid fuerit, quid futurum sit, non potest aliquando	sentire. solus deus est itaque principium, qui ex se ipso dedit sibi ipse	1	7	2
est autem in publicum tota prominens atque diffusa, sic tamen, ut	sentiri se cupiat quam uideri, plane cauta, ne quam declinet in partem, ne	2	1	12
ex tuaque natura opinaris prouisionis piae diuina mysteria? si minus	sentis de filio, quia regnum traditur patri, maior patris iniuria est, si est	2	5	5
momentis exurit; qui paedorem sui secum carceris portat; qui carnificem	sentit, antequam uideat; qui nomen iudicis pertimescit; qui, sicunde	2	10	1
est an quod caret sensu. uerum quis dubitet illud fortius esse, quod	sentit, quod sapit, quod cogitat, quod mouet, quod mouetur, quod mira	1	7	2
fratres, iste est, eius qui fructu lactatur. Iudaei etenim cum carnaliter	sentiunt in gregibusque pecuinis agnum bifaria natura commissum, qui	1	8	1
sanctus per prophetam retundit hactenus dicens: *adolescentior fui et*	*senui et numquam uidi iustum derelictum nec semen eius quaerens panem;*	2	1	20
omnique uirtutum exemplo famigerabilem. Hebraei uere tres pueri	senum constantia maiores, iuuenum uirtute fortiores, sibi pares, trinitatis	1	53	1
stimulis accende, quamuis cruciatus exerce molem: nos a deo non potes	separare.' statim iudex uiperei ueneni felle commotus iubet non usitata	1	39	5
amicitiis, nullis affectibus omni sane tortore pietatis mordacitate peioribus	separari permittis. tu ut nudum uestias, nuda esse contenta es. tibi fames	1	36	30
uel ducatu in uberes fructus longius inuitata producitur, ui aliqua	separetur. tum solemniter plorans clementer imbre suo rorat conceptaque	2	11	2
impulsu, tectis parietum cum ruina confusis, nimia crudelitate festinus	sepelit, antequam iugulet. ipsum postremo, quem diuitiis exspoliauerat	1	4	18
parietibus tectisque labentibus illam sanctissimam fratrum cohortem	sepelit antequam iugulet taleque est commentus pietatis excidium, ut in illa	1	15	4
materia, interficit *hominem ueterem*, creat nouum, sacri gurgitis elemento	sepelit. et cum omnium aquarum natura sit talis, ut, cum in profundum	2	10	2
fallacia manus innoxias animas secure conficit ebibita ueneni tempestas;	sepelitur noua odii rabie, antequam nascatur, matris iam non in utero sed	1	5	3
spontaneum non timet adire naufragium, ceto inhiante miserabilius	sepelitur quam praecipitatur et tamen litus, quo tendebat, inuenit	2	2	5
peperit angelum et uirgo deum. hic est deus noster, qui dignitate interim	seposita, non tamen potestate, amore hominis sui, cuius formam fuerat	2	8	8
recolit, quae spe succincta futurorum Antiocho saeuiente libenter semel	septem filios non dicam extulit, sed ipsa potius feliciter suis hortamentis	1	2	13
non innumerabilis uarie famulatur acies ualidissima columnarum, quia illi	septem solae sufficiunt; non aeneum inhaeret mare, quia illi perennis fontis	2	6	6
rege nimia crudelitate tribus pueris consulente fornacis ultra quam solet	septenario pabulo ignis armatus est. credo diuina prouidentia sacramento	1	22	1
utpote qui ipsum contempserunt regem. qui ira sufflatus solito	septies amplius caminum iussit incendi ac, ne quid immanitati saeuientis	2	22	
uacuauit, quia solus octauus dies a deo circumcisionis priuilegium, non	septimus, non nonus, accepit ac per hoc necesse est, ut utrumque inane sit,	1	3	4
interire. gentes, quae ista non credunt, tamen cum libamine infausto ad	sepulcra concurrunt et a mortuis, quos in quiete tacitae noctis agnouerint,	1	2	3
unusquisque ad idolatriam pertinere luxuriam. ipsa, inquam, mortuorum	sepulcra conuertit in templa, tumulos in altaria, cadauera in simulacra,	1	1	12
fines oderunt. inlicitum putant habere uicinum. construunt praedia,	sepulcra defodiunt; timeant omen qui non timent mortem: sic, sic	1	5	8
litigatis. non hi solum, qui tales sunt, displicent deo, sed et illi, qui per	sepulcra discurrunt, qui foetorosis prandia cadaueribus sacrificant	1	25	11
pro domibus templa, erigentes aras nomini suo, qui, quae essent habituri	sepulcra, nescirent, caelum promittentes sibi, pro quorum actibus, si	1	13	4
morte sua uiuens,	sepulcri nido uegetatus innumerabiles temporum metas perenni cursu una	1	58	
feliciter condemnatus est, ut absolueretur, sacri gurgitis unda sepultus, ut	sepulcri nido uiuificatus resurrectionis iura gustaret. o magna prouidentia	2	29	1
reformari, de obsessis daemones fugere mortuosque saepe ipsos a	sepulcris cum suis sibi exsequiis reuerti iusserunt, ut omnes mirarentur fieri	1	36	9
sepelitur noua odii rabie, antequam nascatur, matris iam non in utero sed	sepulcro incognitum pecus, quod legitimam nec mortem potuit sentire nec	1	5	3
praecipitatur et tamen litus, quo tendebat, inuenit antequam uideat, felix	sepulcro quam naui. in oratione mons tremit: monti, non apostolis	2	2	5
quae non rogantur ut nubant, sed ut dormiant inuitantur, propiores	sepulcro quam thalamo; quae, ipsae cum pereunt, detestabili exemplo	2	7	10
auaritia caeca, libidine percita, delicate tumentis ac reflabilis tori plumeo	sepulcro superba. iactat se ludibunda per nemora, fontes, prata, baias,	2	4	9
nefarii perduxerunt. sed quia nescit aeternitas mori, uiuit dominus post	sepulcrum, et ad Iudaeos remansit sola damnatae uoluntatis inuidia, qui	1	59	8
in ceto qui stertebat in naui. mira res! post naufragium, post natatile	sepulcrum incolumis tertio post die Nineuitas illustrat terribilibus oraculis	1	34	6
aduenerit, a semet ipsa inuitatis sacris ignibus libentissime concrematur.	sepulcrum nidus est illi, fauillae nutrices, cinis propagandi corporis semen,	1	2	21
diutius diei sui demoretur in uita, sed fidelis semper, semper intrepidus ad	sepulcrum noctis cognatae contendit scius in ipso se habere quod uiuit;	1	2	18
et lingua uestra iniustitiam meditatur. et iterum de ceteris membris:	*sepulcrum patens est guttur eorum, linguis suis dolose egerunt, uenenum*	1	3	11
illud templum miserabili uastatione campis aequatum suo puluere iacet	sepultum. sacerdotalis *cathedra pestilentiae* cultorum suorum sacrilegio iure	1	19	1
Salomonis templum hostili uastatione subuersum cum ruina sua iacet	sepultum: ubi sacrificant? sacerdotes iam non habent: qui eorum pro salute	1	51	
quia mortem mutauit in uitam; propter nos qui est occisus et uiuit,	sepultus et resurrexit, homo aestimatus est et inuentus est deus gloriosus in	1	46a	2
et morarum numerositate seruatus perstat uiuus, parte sui corporis iam	sepultus. o dignus gloriosi exitus finis! ascensurus altitudinem caeli corporis	1	39	9
subiturus et creaturam, ut angelus, homo, puer, sponsus, gigas, crucifixus,	sepultus, *primogenitus a mortuis* diceretur, hic est, inquam, qui *in omnibus*	2	8	8
homo uester feliciter condemnatus est, ut absolueretur, sacri gurgitis unda	sepultus, ut sepulcri nido uiuificatus resurrectionis iura gustaret. o magna	2	29	1
oculis apertis folia radiata procedunt, quibus subiecti ac se commendantes	sequaces fructus adridunt, quos solis ardores, pluuiae uentique exercendo	2	11	3
uictoria carnis ambas exstingui, animae uictoria utramque seruari: meliora	sequamur saltem uel eo studio, quo sequimur mala. nulla ulli competit	2	4	18
Iob uxor sua hortatur ut peccet; et dominum, ut corruptelam seniorum	sequatur, synagoga compellit. Iob amici sui insultasse perhibentur; et	1	15	8
eorum traditiones abiecerit. Thamar protulit monile, anulum, uirgam	seque liberauit sacramento numeri ab imminenti supplicio; ecclesia ipsa	1	13	13
ruptis oculis, id est spiritaliter patefactis. praecedentibus foliis fructus	sequela sese commendat; similiter Christianus monitis diuinis	2	11	5
reddemus, quia facta commutatione quod eius est fit pro partibus nostris.	sequens est, ut etiam proximos eo affectu, quo nos ipsos diligimus,	1	36	22
atque concludens patri et Adam reportauit et iter ad caelum omnibus se	sequentibus patefecit.	1	37	15
Aethiopum; et Sabain uiri excelsi ad te transibunt et tui erunt serui et	*sequentur te alligati compedibus et adorabunt te et in te precabuntur,*	2	8	5
uade et uende omnia tua et da pauperibus et tolle crucem tuam *et ueni*	*sequere me.* de hoc nescio quid possit quispiam promouere; unum tamen	2	1	15
gloriae testimonium tale beatus Archadius debiti martyrii quodam modo	sequestrauerat pignus, in quo nec Christum relinqueret nec propinquum.	1	39	4
mira res! iter eius barbaris uehementer urguentibus nec eques potest	sequi nec nauis. Maria cum mulieribus tympanum quatit; hymnus canitur;	2	26	1
uictoria utramque seruari: meliora sequamur saltem uel eo studio, quo	sequimur mala. nulla ulli competit excusatio, maxime cum res nostrae	2	4	18
eius comprehendere altitudinem, cuius non sequitur humilitatem!	sequitur ac dicit: *neque elati sunt oculi mei.* oculorum peior est causa, quia	2	9	5
ut duorum unam diuinitatis potestatisque esse omnipotentiam nos doceret.	sequitur ac dicit: *omnia per ipsum facta sunt ac sine ipso factum est nihil.*	2	8	4
pauperibus crucem suam portans consummata omni iustitia expeditior	sequitur Christum. ui tempestatis, solis atque imbris ad maturitatem	2	11	6
cor suum extollit conaturque eius comprehendere altitudinem, cuius non	sequitur humilitatem! sequitur ac dicit: *neque elati sunt oculi mei.*	2	9	4
haedus ei mittitur, temptationis uidelicet signum; etenim iustitiam qui	sequitur, necesse est ut probetur. denique fornicaria requisita non est	1	13	11
in aliud elata quicquid uiderit mobilitate fugaci statim deperdit. dehinc	sequitur: *neque ambulaui in magnis neque in mirabilibus super me. magna*	2	9	6
dies magnus aduenit suo sibi semper nouellus occasu. quod praeterit	sequitur, quod futurum est antecedit. in omnibus nouus est et tamen in	1	16	1
spiritum sanctum desinit esse, quod fuerat, et incipit esse, quod non erat.	sequitur, quod uiduitatis uestem rursus accepit, non utique ut quae fecerat	1	13	12

semper aetate nouellus, anni parens annique progenies antecedit quae	sequitur tempora et saecula infinita disseminat. parit sibi de fine	1	44	1
semper aetate nouellus, anni parens annique progenies; antecedit quae	sequitur tempora et, ut saecula colligenda disseminet, parit sibi de fine	2	19	1
suae in nos munus inmortalitatis conferret. quem competenter	sequitur Virgo praenuntians Libram, ut nosceremus per filium dei, qui	1	38	5
contemnere similiter poteritis. qui enim non diligit eius similitudinem,	sequitur ut oderit ueritatem. inde est, quod stulti praeponunt corpus	2	4	17
adde quod index dei uoluntatis est, non dei originis aut naturae.	sequitur ut scire debeamus, utrum tractatum fidei an fidem tractatus	2	3	6
longaeua semper aetate nouellus, anni parens annique progenies antecedit	sequiturque tempora et saecula infinita. parit sibi de fine principium et	1	57	
non magno opere noster Aquarius delere consueuit. quem necessario uno	sequuntur duo Pisces in signo, id est duo ex Iudaeis et gentibus populi	1	38	7
in modum forcipis uidit; quibus ad conflanda labia inquinata ab uno de	seraphim ex ara dei sublatum carbonem uaticinando perhibuit. etenim	1	37	2
omni necessitate contenta, quauis turbationum tempestate tranquilla.	serenitatem suam nebulis turbulentare non nouit. paenitentiam nescit;	1	4	2
non hodie mihi ad uos	sermo est, fratres carissimi, de humanis gestis aut meritis nec Daniel	2	18	1
[nos]. non est enim parum criminis, ut semper apud ipsos diuinus sit	sermo prolatus, nunc alteris uideatur ingestus. unde reiectio Iudaeorum est	1	61	1
humanus circa impietatem Iudaici populi deficit	sermo, qui dei patientiam sui obstinati cordis impatientia superauit. non	1	47	
quemadmodum quis iocetur. non enim in ecclesia dei fucatus quaeritur	sermo, sed ueritas pura, a qua longe omnes illi non immerito aberrauerunt,	2	1	1
sed quis illustris martyrii palmiferam trophaeis coronam competenti ualeat	sermone disserere, dum in uno corpore tot martyria uideantur esse quot	1	39	1
uellem, fratres dilectissimi, triumphali quodam modo uti	sermone nouique operis arcem sacram laudibus geminare. sed quamuis sit	2	6	1
longe lateque diffusos limites habet, quos peragrare competenti	sermone urgentium sacramentorum non sinit pondus. uerum tamen ne in	1	10b	1
ne gratis homo uideatur occisus. sed nos non ad auaros, sed de auaris	sermonem fecimus, fratres; alioquin solis diuinis exemplis oportuerat	1	5	17
pondus. uerum tamen ne in toto solemnitas cesset, paucis eius degustate	sermonem. uinea dei quidem prior synagoga fuit, siluosis errantium	1	10b	1
tuis moribus, tuis fundamentis tuisque consiliis quam in alienis nudisque	sermonibus conquiescis neque tantam in multiplicandis uirtutibus laudem	1	4	20
refertur uerecunda natiuitas, sed uirginalis uteri aula secretior: diuini	sermonis arte formata in se tabescentis corporis uulua portauit. sed in	1	59	8
iudicatur insanus, quisquis nuptias dissuaserit. at ego non pertimescam,	sermonis publici quae de me fabuletur inuidia; non enim nuptias	2	7	2
aut non legerunt aut lectas irritas putauerunt beneficio abiecti impolitique	sermonis (tamen dicentis: *nisi credideritis, neque intellegetis*) stultam	2	1	14
discernit, ardoribus suis implorando refrigerium Lazarum uerum diuitem	sero cognoscit cupitque mortuus uel uno digito illis contingi manibus,	1	2	9
et senectuti exitus iam uicinus. ecce prima deuotio: libenter excipere quod	sero datur et in tristissima senectute suscepta sollicitudinis mole gaudere;	1	43	2
seducti sunt et fornicati sunt a deo suo. agnosce igitur, Iudaee, uel	sero erroris tui miserum dolendumque discrimen et dic nobis, utrum	1	3	12
omnem creaturam. cum haec ita sint, humanitas, te, uersuta, cognosce uel	sero et intemperanti linguae silentii frenos impone. dementiae genus est	2	8	3
rector pristinae eius fugae ueniam sub pactione promitteret, si se uel	sero nefandis superstitionibus miscuisset, talibus in eum sanctissimus	1	39	5
amplexibus inhaerebat. strinxerat in se patris pietatem, quod unicus, quod	sero, quod promissus, quod sola unica spes totius praeteritae sterilitatis	1	62	3
dederis nec animas inspiraueris nec salutem praestare possis. unde uel	sero sacrilegam uocem comprime humanae fragilitatis memor, qui in hoc	2	1	21
rudes discant ipsique, qui blasphemare nituntur, salutis suae bono uel	sero, si potest fieri, resipiscant.	2	18	2
propriae uoluntati commisit. at liuidus ille criminator, qui, quod sensim	serpat, serpentis nomen accepit, detestabili accensus inuidia eum, quia per	2	4	5
dicam Scorpionem, sed, sicut dominus ait in euangelio, omnes omnino	serpentes inlaesa planta calcabit. sed nec ipsum quoque diabolum, qui uere	1	38	5
et quidem copiosis uacantibus plurimis negat hominibus, quod auibus,	serpentibus, feris non potest denegare. mera profecto uesania est beneficiis	1	5	13
regalis edicti continuit. at ubi sinistro consensu inuidi ex lubricitate	serpentis est inpatientiam mutuatus sacraeque arboris pomum male dulce	1	4	8
lenocinio mundus in flore est. intonat lingua, caret quae numquam ueneno	serpentis, et, quod omni est maius insania, deo se laudat. publicanus autem	2	9	9
uoluntati commisit. at liuidus ille criminator, qui, quod sensim serpat,	serpentis nomen accepit, detestabili accensus inuidia eum, quia per se non	2	4	5
in cultum nefandi ritus nunc aut libamina inceste profundere aut ornatus	sertis uictimas trahere aut grauia nidoribus tura succendere aut inter	1	39	2
malum et desideras nubere, digna es, quam peior affligat; si bonum, fidei	serua signaculum: pati non meretur iniuriam ipse, cui perhibes	2	7	6
nec diuina ille profecto nec humana cognoscit. haec, si religiosus es,	serua; timoratus si uere, custodi. de eo, quod modum humani sensus	2	3	18
nobilis et aeterna, quia animus, qui uicerit mundum agnoscendo ac	seruando religionem ueram ueramque iustitiam, inmortalitatis necesse est	2	4	8
est duo testamenta gerens, quorum regalibus monitis et creduli deuotique	seruantur et increduli desertoresque puniuntur. hanc Esaias in modum	1	37	2
facis, cur postmodum nubis?' exsecrabilis res est, fratres, nec coniugio	seruare caritatem nec deo fidem. haec etiam uiros reprehensio manet.	1	2	14
intingentes eos in nomine patris et filii et spiritus sancti, docentes eos	*seruare omnia quaecumque praecepi uobis*. dabis autem *pro me et pro te*:	1	37	7
moribus adornatis. magna igitur gloria est ornare per quod orneris,	seruare per quod et ipse serueris. postremo aequiparatur laus uestra laudi	1	1	4
dominus deus proximi dilectionem commendat, quoniam solam praesumit	seruare posse quod praecipit. primum est itaque dilectionis officium deo	1	36	20
deo, factis saeculo seruientes. uolunt nosse legem, nolunt eius praecepta	seruare. signum salutare uenerantur et tamen a mysteriis daemonum non	1	35	5
non ignoramus uictoria carnis ambas exstingui, animae uictoria utramque	seruari: meliora sequamur saltem uel eo studio, quo sequimur mala. nulla	2	4	18
quam iudicii formam etiam ipsa humanitas, quamuis iniusta sit,	seruat. nemo namque pater familias honesta fidelitatis suae lucra	1	35	8
frenos inponat. inquieta semper exaestuat, saeuit, pugnat, rapit, congregat,	seruat sui tenax, *appetens alieni*, non suo, non alieno, non ipso orbe	1	5	2
sexu, aetate, condicione suscipiens necat odio criminum ut nouerca, pia	seruat ut mater necatosque non ante uiuificat, antequam omne uirus	2	29	2
ignauia nostra detraxerit. igitur, ut optime saepe recolitis, mensura	seruata amputatur in surculum palmes, in scrobem dimittitur, ut animatus	2	11	2
sua furta excusantem, reseruat examini, ut ponderatis damnis rebusque	seruatis sententia in eum, prout debitor exstiterit, iure possit expromi. ita	1	35	8
luce radiantes nobiscum possint inmortalitatis per aerium tramitem cursu	seruato ad repromissionis tempus, ubi in perpetuum quis oritur, peruenire.	1	44	2
sed durat inter haec martyris spiritus et morarum numerositate	seruatus perstat uiuus, parte sui corporis iam sepultus. o dignus gloriosi	1	39	9
domo minuta sunt, in templo maiora. quae si erogaueris, pecunia est, si	seruaueris, simulacra. ancilla Christi, falso idolum respuis; mihi crede: in	1	14	5
feriebat expauit. sacrificium domini non dimittitur, sed mutatur. melius	seruauit filium, dum non pepercit. sola enim fides deambulat inter gladios	1	62	5
aliis tantum, sed etiam sibi ipsi subducit? 'sed, inquies, iustum est, ut mea	seruem, aliena non quaeram.' hoc etiam gentes dicere consuerunt. ceterum	2	1	18
nihilque prorsus cordis nostri in penetralibus retinere, quod alieno iuri	seruemus. at cum ab eodem huius deuotionis inuitatione inhabitari seu nos	1	36	21
est, domino ipso dicente: *fides tua te saluum fecit.* igitur si nostra est,	seruemus ut nostram, ut iure speremus aliena. nemo enim censum	1	36	7
magna igitur gloria est ornare per quod orneris, seruare per quod et ipse	serueris. postremo aequiparatur laus uestra laudi pudicitiae; illa enim uobis	1	1	4
per maritum: infelix, iam plus in te est quam in templo remansit! at si te	serues atque contineas, aestimabit non amore diuini cultus, sed alterius	2	7	18
Isaac sibi dulcissimum filium, deo uictimam dulciorem contemnit, ut	seruet, destinat iugulare, ne iugulet, securus illo se non posse displicere	1	4	13
et ueritas. Iob diues fuit; et quid ditius domino, cuius sunt omnes diuites	serui, cuius est orbis totus omnisque natura, beatissimo Dauid dicente:	1	15	7
mercatus Aethiopum; et Sabain uiri excelsi ad te transibunt et tui erunt	*serui et sequentur te alligati compedibus et adorabunt te et in te*	2	8	5
futurum. mare fontem sacrum debemus accipere, in quo, quibus aquis dei	serui liberantur, iisdem, qui non fugiunt, sed portant peccata, delentur.	2	26	3
fuerit aestimatus. ceterum illa est fidei generositas uera, ut deo fideliter	seruiat, in solo ipso fiduciam gerat, a fidelitate et fiducia fidelem se uocari	2	3	19
quibus recte deus irascitur dicens: *nolite ambulare post deos alienos, ut*	*seruiatis eis, et ne adoraueritis eos, ne quando incitetis me in operibus*	1	25	4
fuerant destinati. *fornicariam putat*: recte, quia Iudaeorum populo	seruiebat. cum ea conuenire cupit, quia prophetiae magis gentes quam	1	13	9
enim ille mali non suspicetur, non efficiat diis crudelibus, diis adulteris	seruiens? itaque deinceps fuge, uirgo, fuge, uidua, nuptias tales. excusatio	2	7	18
non sunt, quia habent imaginem fidei, professione deo, factis saeculo	seruientes. uolunt nosse legem, nolunt eius praecepta seruare. signum	1	35	5
non potest; ipse enim regalis potestatis imperio subiectum sibi corpus	seruilibus officiis suae compellit implere desideria uoluntatis. qui si fuerit	1	3	9
iram dei generaliter comminantis qui uult effugere, debet illi inculpate	seruire.	1	10a	
semper ingrati uariis molitionibus pugnant multisque diis ac regibus	seruire gestiunt, qui uni deo per inpatientiam seruire minime potuerunt.	1	4	10
non sub lege, sed sub gratia sumus, quae nos diligere deum ac soli illi	seruire in sacramento semel creditae unitae trinitatis non argumento, non	2	3	2
multisque diis ac regibus seruire gestiunt, qui uni deo per inpatientiam	seruire minime potuerunt. sed inpatientiae hactenus exempla prolata sint.	1	4	10
quam ut quis eius nouerit uoluntatem, sine qua ei nec legitime	seruire poterit nec placere. ceterum prouidentis dei de deo	1	54	1
regalium orbium currus munerifero semper uicissitudinis delectamento	seruire praecepit, qui eum supra dicti amoris male dulcibus uenenis	1	36	28
coloribus decorauit, determinauit mensura officiisque competentibus	seruire praecepit? unde non est principium quod senescit, quod opus	1	7	2
post regiam dignitatem maiore dedecore in perpetuum imperio Romano	seruiret. sane uultis scire, quantae sit sanctitatis? quem mare sustinuit	1	52	
astu circumscriptus pro Rachel postmodum tempore numquam reparato	seruiret. similiter Ioseph patiens inuenitur, e pascua cum a fratribus	1	4	16
quae dedecus suum sacrilegio dotantes *membra Christi* daemoniorum	seruis addicunt, *dei templum* profanis patefaciunt, sacraria usque ipsa	2	7	12
tamen, Iudaee, quid designatione tui criminis gratularis? in Aegypto	seruis diu, non necessitate, sed merito. ereptus es inde; non tua euasisti	2	16	
non erit finis. Salomon in Sapientia similiter dicit, cum de eius loquitur	seruis: *et si coram hominibus tormenta passi fuerint, spes eorum*	2	5	6
tamen, Iudaee, quid monumentis tui criminis gratularis? in Aegypto	seruisti diu, non sorte peregrini, sed merito. ereptus es inde, non tua	1	9	
amatur. inuincibile profecto calamitatis est genus, cui subiugata sapientia	seruit et uirtus. uidetisne iam manifeste sapientiam huius mundi non esse	2	1	8
dei uocem in planctum et luctum illi profecerunt. superba illa ciuitas	seruit. sane ouium greges infinitos interficit, quos in amaritudine absumit.	1	28	2
quoniam omnis fornicarius aut impudicus aut fraudator, quod est idolorum	*seruitus, non habent hereditatem in regno dei et Christi*, ostendens unum	2	5	8
auriga componis. tu amicitiam *idem uelle atque idem nolle* docuisti. tu	seruituti unica ac fortissima consolatio saepe libertatem paris. tu paupertati	1	4	21
pariter et probate. Iudaei maiores suos Pharaonis exercitusque eius graui	seruitutis iugo depressos de Aegypto praedicant liberatos. a diaboli rabie	1	46b	1
est ac sine nocte dies; cui duodecim horae in apostolis, duodecim menses	seruiunt in prophetis; quem euangeliorum salutaria quattuor praedicant	1	33	4
quam nos proximi uel amici sunt nobis. huius est munus, quod diligimus	seruos ut filios ac nos illi colunt libenter ut dominos. huius est munus, ut,	1	36	14
es, *stultas et ineruditas quaestiones euita sciens, quia lites generant.*	*seruum autem dei non oportet litigare*, quia lis et caritatis est hostis et	2	3	18
o pater spiritum captans, corpus uero mortemque contemnens! o qui	seruum domini ita se esse meminerat, ut patrem se esse nesciret! quid est	1	43	6
namque pater familias honesta fidelitatis suae lucra offerentem sibi suum	seruum iudicat, sed honorat ut filium. alterum uero, quem uenena	1	35	8
tales, contumelia est laudare dominum, cuius condigne laudare non queas	seruus, sed o quam uellem te, si possim, rerum omnium regina, patientia,	1	4	19
est caritas ex corde puro et conscientia bona ex fide simplici. igitur si dei	seruus es, *stultas et ineruditas quaestiones euita sciens, quia lites generant.*	2	3	18
cui primum iustitiam crudi funeris soluat. quo nuntio accepto dei	seruus *scidit uestimenta sua*, non ut deo inuidiam faceret, sed ut expeditus	1	15	5

uiantis itineri erectus in morsum, ardentibus squamis incensus tumidus sese anguis opponit; aut dorsa fugientis affectans caedem uicino fremitu 2 2 2
oculis, id est spiritaliter patefactis. praecedentibus foliis fructus sequela sese commendat; similiter Christianus monitis diuinis praecinentibus 2 11 5
testimoniis multis, manifestis ac puris, ut docti probent, minus instructi sese confirment, rudes discant ipsique, qui blasphemare nituntur, salutis 2 18 2
qui sint nolentes edicant et inuiti discedant, procul dubio hoc sunt, quod sese esse unicuique confitentur. accipe et alia exempla et quidem certiora. 1 2 7
incomprehensibilemque diuinitatis perpetuitatem iure ipso, quo ex sese est, argumentis te cogere, examinare, metiri ac discernere posse 2 3 15
et tamen hoc cupit uideri, quod illa est. interea miris excolit artibus sese faciemque suam in se, quam non habet, quaerit. pingit se in se ipsam 1 1 10
calles, aliquam demonstra uirtutem: impera montibus, ut transferant sese; in admirationem tui rictu blandiente leonum rabies euanescat; sub 2 3 14
[et] pernici cursu procurrens atque recurrens, solemni meta rotatus in sese, proferens sibi de fine principium, natalicia infinita de occasu dies 1 33 1
gladiis uiae humano cruore pinguescunt; testamenta heredes incognitos ex sese recitari mirantur; amicae sub fallacia manus innoxias animas secure 1 5 3
nutriatur. auxiliare illi necessario iungitur lignum, cuius tutela defensus sese sustollat. at ubi adoleuerit in uitem perfectam ad iugumque peruenerit, 2 11 2
reuerentiam ueritatis in eaque res condicione dimissa est, ut, si quid mali seu boni cuiquam fecerimus, deo fecisse uideamur; propter quod non 1 36 23
ac sic eorum quoque feminas a pudore diuellit, quae desertae, ardore seu dolore compulsae, si talia gerant, putant se aut imitari aut uindicari. 1 1 13
tota distincta, conuiuiorum celebritate iucunda, uino madida, gemmis seu floribus redimita, oculorum iocorumque festiuitate lasciua, auaritia 2 4 9
est in usibus, gerit. denique tot efficit uultus, quot ille intrinsecus tristes seu hilares suos fecerit motus, hanc rationem docente nos Paulo: *uidemus,* 1 2 29
iuri seruemus. at cum ab eodem huius deuotionis inuitatione inhabitari seu nos in ipso habitare coeperimus — sicut Iohannes dicit: *deus caritas* 1 36 21
quod in eius usu et perpetuo et tutius maneat testatoris uoluntas inscripta, seu quod quasi ex transuerso in unam fidem concurrentia crucifigi habuisse 1 37 8
inmundi spiritus utriusque sexus humani dolosa blanditiarum captione seu uiolentia uiuentium domos corporales infringunt et latibulum sibi 1 2 5
semper monere non desinit, ignorantia ne quis reatum excuset. nunc seuera, nunc blanda demonstrat praemium, demonstrat et gladium, 2 3 3
suae amisisse praesidium diuini carminis textus ostendit. in quo eum non seueritas apud omnes condemnat, fratres uenerandi, sed pietas. neque enim 2 21
quia uoluntas fit uoluptas postmodum tua, cum per eam cotidie tricenos, sexagenos centenosque colligis fructus. tu in pauperibus diues, in diuitibus 1 1 20
prouidentia dei nostri! o bonae matris caritas pura! diuersos genere, sexu, aetate, condicione suscipiens necat odio criminum ut nouerca, pia 2 29 2
quid statis genere, aetate, sexu, condicione diuersi, mox unum futuri? fontanum semper uirginis 1 55
parentum, coniugum liberorumque sacra iura custodit, haec in utroque sexu conspicua, in omni aetate miranda, in quauis condicione non dubia, 1 1 1
seminis maneamus. haec, inquam, non die, non nocte, non hora, non sexu, non aetate, non condicione, non loco, non genere a tribuenda homini 1 3 22
adulari quia nescit; non pro honore, quia ambitiosa non est; non pro sexu, quoniam illi unus est ambo; non pro tempore, quia uaria non est; 1 36 12
lubricas mentes libidinum flagrantibus stimulis praecipitat in furorem, non sexui parcens, non aetati, non pietati, non sibi, quia pudorem alienum qui 1 1 6
deo praestitam recognosco.' recte Iudaeus hoc diceret, fratres, si ista cura sexui utroque prodesse potuisset. cum enim grauior causa supersit, 1 3 9
gemit, flet, denuntiatum pauet iudicii diem pellique se plangit, confitetur sexum, confitetur adgressurae tempus et locum et nomen proprium 1 2 6
portionem, haec hominem totum; illa masculum solum, haec utrumque sexum; illa praeputium paruae cutis, haec praeputium totius 1 3 23
caecus, quia, cum exarserit, non aetatem considerat, non formam, non sexum, non gradum, non sacrosanctum illum saltem suae pietatis affectum. 1 36 25
ac rura, uniuersis uoluptatibus saepta, in cupidinem sui utrumque sexum, omnes animas, omnes aetates isto carmine inuitans: *exiguum et* 2 4 10
tam inane; colunt enim uani uana figmenta in quaslibet formas, uultus, sexus, aetates auri argentique detrimento matris limae moderato dente 1 25 3
portat, haec iudicem. exsultate, feminae, promotionemque uestri sexus agnoscite. culpa deleta ueteri ecce per uos iungimur caelo: anus enim 2 8 8
quoque numerus liberorum et, quod est parentibus gratum, utriusque sexus et inuicem se amantium; quorum pro numero deo diurnas hostias 1 15 2
rebus sufficimus approbare. denique uagi atque inmundi spiritus utriusque sexus humani dolosa blanditiarum captione seu uiolentia uiuentium domos 1 2 5
quia per mulierem, quae sola lignum letale contigerat, exceperat uterque sexus interitum, e diuerso per uirum ligno suspensum uiuificatum est omne 1 3 20
sui non a parentibus accepit, non liberis tradit; ipsa est sibi uterque sexus, ipsa omnis affectus, ipsa genus, ipsa finis, ipsa principium; non ex 1 2 20
iterare quod praestat. ecce pueri, adolescentes, iuuenes, senes utriusque sexus, qui eratis rei, eratis et inmundi mundana natiuitate, contra omni 1 38 1
inhaeret suo soli proposito. lex ab alio transit in alium; fides interit, si ab suo statu aliquando uel in aliquo declinauerit. lex hominis 2 3 5
ab eis solam ideo, quia eorum fidem uidere non potest, exigit. quam si abesse ex moribus deprehenderit, confestim ut perfidum punit irata 2 3 3
iustitiam stultitiae, iniustitiam sapientiae uocabulis infamantes. quae si ad sua corrigas propriisque sedibus reddas, inuenies iniustitiae magis 2 1 4
propria, nulli priuata. etenim damnum patientur ubertatis et gratiae, si adimatur, quod uno eodemque aestu alterum ex altero decoratur. 1 7 4
stultus est neque sapiens qui fuerit iniustus. ceterum siue iusto siue sapienti si alterum defuerit ex duobus, quod illi putauerunt, nec sapiens profecto 2 1 10
uideo. non deest enim qui dicere possit: 'si est resurrectio, quare plangis? si amore mariti facis, cur postmodum nubis?' exsecrabilis res est, fratres, 1 2 14
aut humanus exitus contingeret, uix in eius casibus pater uiuere potuisset, si annis teneris moreretur. hic igitur infans, e cuius uita paternus affectus 1 43 3
iugulet. atque utinam incorrupta species uenderetur! ingemescit praeterea, si annus est sterilis, multo magis, si fertilis fuerit: illic quia parum 1 5 14
ipse disquirit. uideo praeterea, sicut assertorum indicant nomina (quae si auferas, nulla fortassis est pugna), multos esse tractatus, multas etiam 2 3 7
innuptis et uiduis: bonum est illis, si sic perseuerauerint sicut ego; si autem non fuerint continentes, nubant: melius est enim nubere quam uri. 2 7 2
anne malum. si malum et desideras nubere, digna es, quam peior affligat; si bonum, fidei serua signaculum: pati non meretur iniuriam ipse, cui 2 7 6
inmortalitas in se ordinem temporis non recipiat, mortalitas capiat. uel si caelestis est primus, quid opus erat, ut fieret quoque terrenus? simile 2 4 2
iste noster, qui tendit ad caelum, ne forte cum carne depereat, uana spe si captus fuerit caduca atque carnali, de qua apostolus dicit: *caro et* 1 2 24
carnalem an spiritalem esse defendat. si spiritalem, cur de carne gloriatur? si carnalem, animae prodesse non poterit, quia *caro et sanguis regnum dei* 1 3 3
dei est indulgentia liberatus? quos utique omnes circumcidi praecepisset, si carnis circumcisionem eorundem saluti, quos amabat, necessariam 1 3 5
et superseminauit zizania in triticum. at fortasse adhuc quispiam dicat: 'si caro perit, unde cognoscitur ille, qui resurgit?' caro, fratres, quasi 1 2 29
est. hic, fratres carissimi, eligat utrum uelit, circumcidat an differat. si circumcidit, sabbatum corrumpit; si non circumcidit, cum innocentis 1 3 4
ambo prophetae tenebuntur in crimine, ut aut Moyses fallax sit, si circumcisio recircumciditur rursum, ut hoc idem faciat aut ut quod non 1 3 15
discrimen et dic nobis, utrum circumcisionem obserues an legem. si circumcisionem, non est tibi lex necessaria, quia iustus Abraham, qui ex 1 3 12
candidus animus immolauerit domino; cetera autem nihil proderunt, si colentis pura mens non sit, in Ecclesiastico Salomone clamante: *dona* 1 25 9
feruntur in caelum; quos apostolus Paulus exhortatur et monstrat dicens: *si consurrexistis cum Christo, quae sursum sunt quaerite, ubi Christus est* 1 37 12
memoranda est mira illa temptatio, quae eum aut sacrilegum fecerat, si contemneret deum, aut crudelem, si occideret filium, nisi quadam 1 4 13
uirgo, fuge, uidua, nuptias tales. excusatio prorsus nulla competit tibi. si continens esse non poteris, saltem noli tuas nuptias fenerare, ne in illo 2 7 18
se quaeri, se aestimat inueniri; cui securitatis profectus est nullus, etiam si contingat ei accusatore carere, teste conscio, cum se ipso carere non 2 10 1
finis. Salomon in Sapientia similiter dicit, cum de eius loquitur seruis: *et si coram hominibus tormenta passi fuerint, spes eorum immortalitatis plena* 2 5 6
si cui forte asperum uidetur ac durum, quod fiducialiter loquimur, fratres, 2 7 1
faciat aut ut quod non habet perdat; aut certe Iesu Naue parricida sit, si cultris corda hominum desecat. sed absit, fratres, ut spiritales uiros illo 1 3 15
neque spes poterit operari sine fide. itaque Christianus tribus in rebus, si cupit esse perfectus, debet esse constructus. si quid enim ei ex his 1 36 2
quippe cum noueris: *omnis caro fenum et gloria eius sicut flos feni?* cuius si curam geris, pecuinam te esse cognoscis. an eius uirtutem diligis? frangit 2 4 15
nemo sit de mansione sollicitus: certae gloriae nostrae insignis res erit, si dei ciuitatem felicitate nostri numeri fecerimus angustam. itaque estote 1 5 18
est caritas ex corde puro et conscientia bona ex fide simplici. igitur si dei seruus es, *stultas et ineruditas quaestiones euita sciens, quia lites* 2 3 18
cui laborat fides? fides si non sit, quomodo spes ipsa nascetur? quibus si deneges caritatem, utraeque cessabunt, quia neque fides sine caritate 1 36 1
neque nubentur, sed sicut angeli erunt. magnum consequere beneficium, si deo uiuas puris moribus libera et hominis non sis ancilla. at tu, uidua, 2 7 4
sacrificium procurabitis, quo sumptu, quibus uasis quibusue ministris? at si descrete fiunt ista, nihil prodest. ex uno enim proficiscendo et in unum 2 7 14
uanis opinari uelle dispositum non colentis est, sed dementis, maxime si deus, ut contentiosi putant, dispositioni subiaceat. remotis enim 1 54 1
sancti plenitudine una originali coaeternitate renitens, quemadmodum, si dicere dignum est, duo maria, quae in semet recumbunt, freto aestus 1 7 4
proprietatem nos conuenit nosse, quae facile ex aduerso cognoscitur. nam si diis *corporalibus* sacrificium conuenit *corporale, utique* et spiritali deo 1 25 9
fratres, si quis libenter crediderit, largiores adhuc escas inueniet, quibus, si diligens fuerit, semper et se et alios bonis omnibus satiabit per dominum 1 24 4
uigeat, huc atque illuc aestuans uarie caeca prorumpat, uicta sit autem, si dissimulatio celebritatem eius obscuret. nunc ad patientiae reuertamur 1 4 11
in populo Christiano, qui eius sanctificatori inuiolabili deseruit deo? nam si *ecclesia* ideo *Christi sponsa* est, quia *pudica*, ideo iugo thalami caelestis 1 1 3
contendit scius in ipso se habere quod uiuit; denique adimitur ei ortus, si ei auferatur occasus. luna quoque, quae uere rationis humanae omnia in 1 2 18
fortasse adhuc quispiam dicat: 'cur ipse quoque signaculum carnis accepit, si ei necessarium non fuit?' huius propositionis quae sit ratio, fratres, 1 3 17
non speret fructum? quid ratem profundo gurgiti nauta committit, si ei numquam lucrum, numquam portus desideratus occurrit? quid miles 1 36 3
sibi non esse contrariam, doce omnia, quae canit, esse credenda. ceterum si eius partem probes, reprobes partem, quomodo per hanc fidem quaeris, 2 3 13
grauior causa supersit, periturum se, nisi ueritatem requirat, agnoscit; si enim Adam curat, certe, in qua delicti omnis est summa, isto remedio 1 3 9
de dormientibus, ne contristemini sicut ceteri, qui spem non habent; si enim credimus, quia Iesus mortuus est et resurrexit, sic et deus eos, 1 2 12
inter deum hominemque, quem sumpsit, necessaria moderatione distinguit. si enim deum purum iugiter praedicaret, passionis resurrectionisque 2 5 1
Christiane, quemadmodum inter patrem filiumque tempus infulcias: si enim tempori, non sibi, debent, quod est alter alteri obnoxius, procul 2 8 5
ueritatis, quae dum secerni potest, tamen sibimet externa esse non potest. si enim uerbum in deo est et deus est uerbum et hoc est, in quo est, quod 2 8 4
felicitatis sit [sit]? eam et qui habet diligit, et qui non habet diligit. si ergo exsultat gloria eius saepe in gentibus (quamuis illic fructuosa uel 1 1 3
animus custodia carceris liberatus ad eum locum, unde uenerit, reuertatur. si ergo hoc ille sensit, qui non nouerat Christum, cur dubitet Christianus, 1 2 2
aliud distat, nisi quod in tua domo minuta sunt, in templo maiora. quae si erogaueris, pecunia est, si seruaueris, simulacra. ancilla Christi, falso 1 14 5
pollicere, sine dubio fallis, cuius inpatientiae professio iam tenetur. si es autem sumptura remedium, dubium non est hoc esse solum, ut 2 7 9
hoc potissimum praedicarent. etenim uere perfectus deus non esset, si esset aliquid quod esse uolens esse non posset. denique uultis scire 2 8 9
uirgo post connubium, uirgo post conceptum, uirgo post filium. denique si esset aliquid uirginitate melius, dei filius hoc magis potuerat suae matri 2 7 4
prolixa tempora obseruat, omnia soceri libens tolerat imperata; qui si esset inpatiens, astu circumscriptus pro Rachel postmodum tempore 1 4 16
minus sentis de filio, quia regnum traditur patri, maior patris iniuria est, si est aliquando sine regno. accedit, quod oramus cotidie, ut *adueniat* 2 5 5
se quis possit excusare, non uideo. non deest enim qui dicere possit: 'si est resurrectio, quare plangis? si amore mariti facis, cur postmodum 1 2 14
obseruantiamque ad perfectionem perducere nullis rationibus possunt. si ex credulitate, non ei opus est ulla interpretatio, quia sicut semel 2 3 9

scire cupio, fides ex doctrina constet an ex credulitate an ex utroque. si ex doctrina constat, non habent ergo fidem qui litteras nesciunt, sed nec 2 3 9
uobis bene uigilastis, optime estis auditi. nouum iudicii genus, in quo reus, si excusauerit crimen, damnatur, absoluitur, si fatetur. o magna potestas, 2 10 2
bene uigilastis; optime estis auditi. nouum iudicii genus est, in quo reus, si excusauerit crimen, damnatur, absoluitur, si fatetur. magna ratio, magna 1 42 1
perfidia, cum transducta fuerit, fides uocatur! o quam non uera, si *factionibus pollet*! o quam publicana, cuius fabulantur etiam profani 2 3 10
nihil te gerere sinit, nisi quae disposuerit prior ipse compleuerit. quod si factum non fuerit factumue displicuerit, tum tota mugiet litibus domus, 2 7 15
iudicii genus est, in quo reus, si excusauerit crimen, damnatur, absoluitur, si fatetur. magna ratio, magna potestas, magna pietas iudicis nostri, a quo 1 42 1
iudicii genus, in quo reus, si excusauerit crimen, damnatur, absoluitur, si fatetur. o magna potestas, magna peritia, magna pietas iudicis nostri, a 2 10 2
species uenderetur! ingemescit praeterea, si annus est sterilis, multo magis, si fertilis fuerit: illic quia parum distrahit, hic quia non solus. uultis scire, 1 5 14
fratres dilectissimi, ad hoc nobis est tradita legenda narratio, ut maiorum, si fieri potest, saltem aliqua ex parte mores imitemur, si non possumus 1 15 1
hominis obsequium nemo ante fletibus rigat, ne pater dubitasse uideretur, si flesset. deuotus sic stricto uultu puerum ducit ad aram, stringit gladium 1 62 4
corpus seruilibus officiis suae compellit implere desideria uoluntatis. qui si fuerit uitiosus, quot habet unusquisque membra, poterit perpetrare tot 1 3 9
horridae hiemis aut torridae aestatis iniurias, sed se ipsum contemnit, si gloriae spem futurae non gerit? quid agricola semina spargit, si sudoris 1 36 3
non tantum istae, sed et aliae quoque uirtutes, indice Paulo cognoscite: *et si habuero*, inquit, *omnem fidem, ita ut montes transferam, caritatem non* 1 36 20
praecipit, interrogat nemo. neque enim sine patris esse possit iniuria, si hac necessitate opus esset illi, qui in sinu patris commanens uoluntatis 1 56 2
dei possidere non possunt. at e diuerso uideor mihi audire proclamantem: 'si haec est condicio carnis, quid est ergo quod credimus in ecclesia remissa 1 2 24
resurrectionisque uacaret locus et nihil Christus mundo praestiterat; si hominem solum, sicut quidam putant ab utero uirginis eum sumpsisse 2 5 1
immemores honoris, tantae dignitatis ignari. quid enim beatius, quam si homines deus paterno honore dignetur adtendere et tanta illa sublimitas 1 61 6
pendebant, ait: *amen, amen dico tibi: hodie mecum eris in paradiso.* itaque si homo mortuus in aeternum perit, ergo mentitus est dominus, qui ei 1 2 11
et tamen oleastrum se non esse quodam modo etiam ipse miretur. igitur si homo potest facere, ut sit arbor quod non fuit, saluo quod fuit, quanto 1 2 28
repromisit. sed et homo ipse, quem dominus assumpserat, perit, si Iesus non resurrexit. at si resurrexit, humano generi formam dedit, 1 2 11
et similitudinem fingitur nec tamen in eo, quid cuius sit, inuenitur. si igitur in opere extraneo paritas sacra distingui non potest, deus in alio 1 45 2
fidem, ita ut montes transferam, caritatem non habeam, nihil sum. et si in cibos distribuero omnia mea et si tradidero corpus meum, ut ardeam, 1 36 20
magna eloquia dei sunt, ipse mirabilis in excelsis. cum in periculis esset, si in his propheta non ambulet, quomodo bonum insuper sibi opus 2 9 6
populis et regnabit dominus illorum in perpetuum. quid hoc est? si in perpetuum regnat, Paulus errauit; si traditurus est regnum, isti 2 5 7
uobis iterum dicam: 'Pharisaee, responde, ubi cor habeas constitutum. si in regione pectoris, quid deformi uulnere inferna metiris? si, quod 1 3 14
in exitium suae animae incitat ueritatem. nec est dicto longe probatio. si incliti cuiusquam regis, hominis tamen, uultus quiuis ulla uiolauerit 1 36 24
non nonus, accepit ac per hoc necesse est, ut utrumque inane sit, si infirmari potest alterum de duobus. quid, quod Abel iustus est sine hoc 1 3 4
facile, fratres, pugna ista concordat statusque futuri qualitas aperitur, fides si inlibata teneatur. unde rem paucis expediam. omnis caro quam diu 1 2 24
dicam spatiis, sed momentis horarum aequabiliter se partiri non posset, si inpatientia suos cursus urgueret. luna quoque, quae quibusdam uidetur 1 4 4
calumnias dei usque ad ecclesiam transmiserunt, ut in ipsa quoque, si insanire cuiquam libeat, deus illi non colendus sit, sed quaerendus. quod 2 9 2
prauis cotidie mobilitatibus gaudet, uarietatibus studet; miserum se putat, si ipse sit, nec intellegit rem dementiae esse consimilem, in statu suo 1 4 7
mihi a deo praestitam recognosco.' recte Iudaeus hoc diceret, fratres, si ista cura sexui utroque prodesse potuisset. cum enim grauior causa 1 3 9
conuenerant, ut legitima domus dei caduca illa ambitio putaretur. quod si ita esset, inter memorata impar cultu semper ecclesia inueniretur. sed 2 6 2
in aeternum, quomodo et deus manet in aeternum. sed dicit aliquis: 'si ita est, cur in se ipse potissimum superatur?' primo quia genus 2 4 13
infatuatus inquisitionibus uanis semet ipsum confundit. sed dicit aliquis: 'si ita est, nulli ergo lex prodest.' absit; prodest, et quidem plurimum, nam 2 3 8
sancto loquente noscamus: *et homo est*, inquit, *et quis cognoscit eum?*. si ita est, quomodo ergo posset agnosci, prodidit Esaias his uerbis: *audite* 2 8 7
si Iudaei uacuatae imaginis recordatione gloriantur, quanto magis 1 46b 1
est, fratres, in damnum rotundi uulneris ferro circulata cicatrix. quam si Iudaeus aestimat gloriam, ut de ceteris taceam, maior est eius, qui in 1 3 2
criminum faciunt, ut putent impunita fore quae clanculo gerunt. nam si iudicii diei adpropinquare iam cursus aduerterent, procul dubio et 1 2 1
iustus Abraham, qui ex fide uixit, deum credulitate, non lege promeruit. si legem, contemne tuam istam circumcisionem, quam euacuatam uidemus 1 3 12
simplicitate sua felicior turba adhuc mortis imperio subiaceret, si legis periti tantum iustificari meruissent. at cum scriptum sit: *littera* 2 3 2
cui magis lacrimas commodarent: mortuo anne morienti? post haec si libet nubere, omnia illa mentita es. quid hoc est? ecce rursus ad 2 7 7
notis mederi non posse, pro uno puncto requiei incunctanter tota, si liceat, paratus offerre. superstitibus fratribus saltem cupit esse 1 2 10
non est, quod cum gentibus uel Iudaeis potest esse commune; nam et illi, si liceat uel si uelint, fortassis cultius synagogas aedificent, cultius erigant 2 6 1
tolle spem, et interempta sunt omnia. quid facit ad litteratorem puer, si litterarum non speret fructum? quid ratem profundo gurgiti nauta 1 36 3
putaueris infidelem, hic fidelis est. forte in eo se quis aestimet fideliorem, si loquatur argute, cum magis uerus sit ille fidelis, qui sacra in 2 3 12
festinas, interroganti responde, bonumne amiseris maritum anne malum. si malum et desideras nubere, digna es, quam peior affligat; si bonum, fidei 2 7 6
non est, ipso dicente: *si non facio facta patris, nolite mihi credere; sed si mihi credere non uultis, factis credite et cognoscite, quoniam in me est* 1 45 3
qui in euangelio dicit: *si non facio facta patris, nolite mihi credere; sed si mihi credere non uultis, factis credite et cognoscite, quoniam in me est* 1 25 8
Christiane, ex tuaque natura opinaris prouisionis piae diuina mysteria? si minus sentis de filio, quia regnum traditur patri, maior patris iniuria est, 2 5 5
dei cultus debeat custodiri, apud Salomonem maxime cum scriptum sit: *et si multiplicentur, non oblecteris in illis; si non est timor domini cum* 2 7 5
in fanis, Christiana fidelis, sine te esse non poterunt, quia uxor infelix es, si nescis, quid agatur in domo, infelicior certe, si scieris. proponamus 2 7 13
hac utraeque non stabunt: fides primo omnium si se ipsam non amet, spes si non ametur. adde quod fides sibi soli prodest, caritas omnibus; adde 1 36 10
utrum uelit, circumcidat an differat. si circumcidit, sabbatum corrumpit; si non circumcidit, cum innocentis animae interitu praestitutae 1 3 4
fiunt ista, nihil prodest. ex uno enim proficiscendo et in unum remeando si non confusione, uel errore fiunt una. quid, quod illius sacrificium 2 7 14
certos efficiat; cui ille respondit: '*habent Moysen et prophetas*, quibus si non credunt, neque illi, qui hinc missus fuerit, crediturі sunt', euidenter 1 2 10
triumphus exsultat. melioratur uita supplicio. rex non inuiderat pueris, si non eos praecepisset ardere. 2 27
maxime cum scriptum sit: *et si multiplicentur, non oblecteris in illis; si non est timor domini cum illis, non corrideas animae illorum; melior est* 2 7 5
dignatione paterna non est, quia filius sine patre non est, ipso dicente: *si non facio facta patris, nolite mihi credere; sed si mihi credere non* 1 45 3
ut operis sui laudem sibimet soli deberi testatus sit, qui in euangelio dicit: *si non facio facta patris, nolite mihi credere; sed si mihi credere non* 1 25 8
cultus gentibus praedicem. felicitatemne uirginitatis? at habent suas, et si non felices, habent tamen. sin uero ad uiduitatis sudorem gloriosum 2 7 11
facilius est reformari quod fuerit quam institui quod ante non fuit; quod si non fuit et est, multo magis poterit esse quod fuit, quippe cum illius 1 2 16
non mutatur; mitem humilemque retinet ubique pastorem. post adiecit: *si non humiliter sentiebam, sed exaltaui animam meam.* uideamus, ne forte 2 9 8
profecto laetaberis eique tanto pro nuntio morigera coniux pacem si non ingeris, nec negabis. quid agis, misera? quid, uesana, laetaris? non 2 7 16
ut maiorum, si fieri potest, saltem aliqua ex parte mores imitemur, si non possumus imitari uirtutes. tanta enim probitate uixerunt, ut pars 1 15 1
ut ei nascatur sabbatis filius, quem octauo die, id est ueniente sabbato, si non secundum legem circumcidat, de populo suo infantis anima peritura 1 3 3
quia non solus. uultis scire, quantis sit tenebris obuolutus? irascitur deo, si non semper fiat publicis luctibus diues. bene, bene: cum quis quaerit 1 5 14
sint aliis alia necessaria. spes enim nisi praecedat, cui laborat fides? fides si non sit, quomodo spes ipsa nascetur? quibus si deneges caritatem, 1 36 1
quam ridiculosa, quae duobus confligentibus Christianis ab altero eorum, si non transducitur, perfidia, cum transducta fuerit, fides uocatur! o quam 2 3 10
propria nostra est, domino ipso dicente: *fides tua te saluum fecit.* igitur si nostra est, seruemus ut nostram, ut iure speremus aliena. nemo enim 1 36 7
quid facies? obseruabisne redeuntem, an ardori quaeres aliunde remedium? si obseruantiam pollicere, sine dubio fallis, cuius inpatientiae professio iam 2 7 9
cura languores; in temptationibus gaude, in tormentis pro nomine domini. si obuenerint dura, *fidem tamquam granum sinapis* te habere demonstra. 2 3 14
quae eum aut sacrilegum fecerat, si contemneret deum, aut crudelem, si occideret filium, nisi quadam singulari ac uere diuina patientia inter 1 4 13
semper incertum, quippe cum unius electio sit alterius reprobatio. uel si omnes omnino amplectendae sint, ut tot quis habeat fides quot non 2 3 7
nobis sit, propheta quod ait: *beati omnes qui timent dominum.* si omnes, qui timent dominum, beati sunt, non beatus est nullus, quia 2 2 3
dei cultus admirabile saeculis testimonium. felix orbis fuerat, fratres, si omnes sic fierent parricidae. Iacob per patientiam et benedictionem 1 4 15
putant, quod elaboret — dispendio suae, non dicam facultatis, sed etiam, si opus sit, et salutis — alii magis prodesse quam sibi; suam, quia, 2 1 3
patentibus caeci dilatant horrea, terras angustant, urgent saltibus saltus et, si orbem totum possideant, fines oderunt. inlicitum putant habere uicinum. 1 5 8
tu ut nudum uestias, nuda esse contenta es. tibi fames saginatio est, si panem tuum inops esuriens manducauerit. tuus census est totum in 1 36 31
necessitas dempserat, tantum rediuiua fecunditas reponebat. quapropter si pater bonus, si prouidus, si utilis esse desideras, sicut ille Abraham, 2 1 21
tua et inuoca me in tribulatione tua et eripiam te et magnificabis me. si pater loquitur, fratres, quis est iste, cui tantum defert? quis est, quem 1 25 2
cui pietas et miseratio maior debetur, postulatur ad uictimam; cui si per humanam fragilitatem aliqua in corpore infirmitas nasceretur aut 1 43 3
solemnitate in occasus suos quasi quibusdam deducuntur exsequiis; quas si per plagas unde refixae sunt quaeras, rediuiui luminis lege suis sedibus 1 2 17
cur ipsum fontem diuinitatis philosophicis argumentis exhaurire conaris? si peritiam legis ostendere cupis, lectionum nubila disserena. doce eam sibi 2 3 13
et beneficium, cum te iubet ad ecclesiam non uenire. sed multo peius est, si places marito: neque enim sine sacrilegio possis placere sacrilego. ut rem 2 7 16
habituri sepulcra, nescirent, caelum promittentes sibi, pro quorum actibus, si posset, ipsa quoque erubesceret terra, postremo deos esse aduersus deum 1 13 4
cuius condigne laudare non queas seruum. sed o quam uellem te, si possim, rerum omnium regina, patientia, magis moribus concelebrare! 1 4 20
errore: unam, quam tibi non licet quaerere, alteram, quam legitime, si possis, permitteris edocere. prima itaque natiuitas domini nostri in patris 1 54 2
diuina contemnit, humana uersutis argumentis excludit, orbem totum, si possit, ut rapiat. uultis scire, quale calamitatis sit genus? sane plus in 1 21
discant ipsique, qui blasphemare nituntur, salutis suae bono uel sero, si potest fieri, resipiscant. 2 18 2
sui praemium non colligit messem? quid Christianus credit in Christum, si promissum sibi ab eo perpetuae felicitatis tempus non credit esse 1 36 3
uestrum frangat affectum, quod eius secretum figuramque nescitis; quam si propterea contemnitis, quia non uidetis, deum quoque, qui est inuisibilis, 2 4 17
ex animalibus ueros homines factos, ex hominibus in angelos transituros, si prouectus aetatis eorum infantiam non mutauerit. 2 10 2
tantum rediuiua fecunditas reponebat. quapropter si pater bonus, si prouidus, si utilis esse desideras, sicut ille Abraham, deum plus debes 2 1 21
uoluptatis aut muneris, totum respuit praesumens totum se habere, si pura sit. neminem foede desiderat nec ulli similiter se desiderabilem 1 1 2
Christianus tribus in rebus, si cupit esse perfectus, debet esse constructus. si quid enim ei ex his defuerit, perfectionem sui operis non habebit. unde 1 36 2
una uirtus maiestatis augustae, unito in lumine una dignitas retinetur. si quid enim filio detraxeris, ad patris, cuius habet totum, iniuriam 2 5 10

ecce enim his omnibus, prout potest, uariis artibus aut adulatur aut nocet, si quid habuerint, tantum ut tollat. cui autem parcat, quae et mori 1 14 2
pateremur reuerentiam ueritatis in eaque res condicione dimissa est, ut, si quid mali seu boni cuiquam fecerimus, deo fecisse uideamur; propter 1 36 23
complere. non enim aut *finis legis* aut uerus Christus esse potuisset, si quid praetermitteret, quod ab alio saluti hominum praestari potuisset. eo 1 3 17
etsi pauper sum, tamen frontem meam tueor et fidem meam noui. certe si quid sciunt, dicant operarii, qui mecum sunt. lucro gaudeo, sed sine 1 41 3
decucurrit. hic mihi, rustico uestro, beatissimi ignoscite agricultores, si quid uestrae sollertiae, uineae in ratione reddenda, ignauia nostra 2 11 1
pecora. Ioseph promotus ad mensuram praerogat cunctis annonam. sane si quis aliquid desiderauerit, qui recondidit Noe omnia illi arcarius non 1 24 3
autem dei non oportet litigare, quia lis et caritatis est hostis et fidei; quas si quis amiserit, nec diuina ille profecto nec humana cognoscit. haec, si 2 3 18
contionatur: *nolite diligere mundum neque ea, quae in mundo sunt. si quis dilexerit mundum, non est caritas patris in illo, quoniam omne, quod* 2 4 12
est in usu: *nolite*, inquit, *diligere mundum neque ea, quae in mundo sunt. si quis dilexerit mundum, non est caritas patris in eo, quoniam omne, quod* 2 9 5
Iohanne dicente: *nolite diligere mundum neque ea, quae in mundo sunt. si quis dilexerit mundum, non est caritas patris in illo, quoniam omne, quod* 1 36 27
Iohannes, peculiaris arcanorum domini consultor, constanter edicit: *si quis dixerit, quoniam diligo deum, et fratrem suum odit, mendax est; qui* 1 36 23
sedem palmamque propositam quanto amore, qua deuotione festinet. si quis eam prouocat in iudicium, ut eius auferat tunicam, libens illi 2 1 13
fecimus, fratres; alioquin solis diuinis exemplis oportuerat perorare, esset si quis hic talis. sed quia in uobis fides et pietas, quae est idonea expultrix 1 5 17
uenerando declaremus, quid ipsi ueritati debeamus, scientes, quoniam, si quis imaginem laeserit, in exitium suae animae incitat ueritatem. nec est 1 36 24
per stultitiam praedicationis saluos facere credentes; et iterum manifestius: *si quis inter uos uidetur sapiens esse in hoc saeculo, stultus fiat, ut sit* 2 1 5
faucibus meis eloquia tua super mel et fauum ori meo! haec, fratres, si quis libenter crediderit, largiores adhuc escas inueniet, quibus, si diligens 1 24 4
si quis studio uel noscendae uel impugnandae sacrae legis naturae 2 4 1
uaporis ararum carne tua deterges, iocaris, blandiris, obsequeris. et si quod forte acceptum relatumue fuerit a fanatico solemne mysterium, 2 7 17
constitutum. si in regione pectoris, quid deformi uulnere inferna metiris? si, quod quidem recte aestimas, in infernis, procul dubio omnes sacrilegos 1 3 14
unusquisque nascatur. ultro currite ad matrem, quae tunc non laborat, si quos parit numerare non possit. intrate ergo, intrate felices, omnes simul 2 28
quas si quis amiserit, nec diuina ille profecto nec humana cognoscit. haec, si religiosus es, serua; timoratus si uere, custodi. de eo, quod modum 2 3 18
ut ingratos ostendat. bouem illis asinumque praeponit, ut grauius possint, si resipiscant, comparatione torqueri quam poena. 2 21
et homo ipse, quem dominus assumpserat, perit, si Iesus non resurrexit. at si resurrexit, humano generi formam dedit, quoniam ad hoc deus pro 1 2 11
quia uxor infelix es, si nescis, quid agatur in domo, infelicior certe, si scieris. proponamus itaque, ut saepe contingit, in unum sibimet 2 7 13
procurari, a quouis uere stultissimo negari non possit iniusta. ceterum si scire potuissent ueram iustitiam, cuius est inmortalitas merces, propterea 2 1 4
proponat, tamen sine hac utraeque non stabunt: fides primo omnium si se ipsam non amet, spes si non ametur. adde quod fides sibi soli prodest, 1 36 10
prouinciae rector pristinae eius fugae ueniam sub pactione promitteret, si se uel sero nefandis superstitionibus miscuisset, talibus in eum 1 39 5
celebrata sit petrinis illis cultris: cor an praeputium circumciderit. etenim si secundum ipsos nos quoque carnaliter sentiamus, ambo prophetae 1 3 15
est, lacteus sapor est. sed fortassis, quod nonnulli forma uidentur minores, si secus aliquid de pistore sentiatur, mea nihil interest, fratres, quia, etsi 1 41 3
tua domo minuta sunt, in templo maiora. quae si erogaueris, pecunia est, si seruaueris, simulacra. ancilla Christi, falso idolum respuis; mihi crede: in 1 14 5
apostolo hortante sic Paulo: *dico autem innuptis et uiduis: bonum est illis, si sic perseuerauerint sicut ego; si autem non fuerint continentes, nubant:* 2 7 2
animarum in phaleris pendent ornatae matronae! ornamentum cuius unum si soluas in pretium distribuasque necessitatibus singulorum, ex eorum 2 1 19
est, ut profiteatur, utrum hanc carnalem an spiritalem esse defendat. si spiritalem, cur de carne gloriatur? si carnalem, animae prodesse non 1 3 3
ex deo considerant hominem factum, sed ex homine <deum>. ceterum si spiritaliter saperent, in ipso, quod infirmissimum putant, hoc potissimum 2 8 9
et ipsis nihil prosit ad utilitatem? sane recte hoc facere existimarentur, si sub praetextu alieni nominis inuasa optinere potuissent. at cum diuina 1 2 7
contemnit, si gloriae spem futurae non gerit? quid agricola semina spargit, si sudoris sui praemium non colligit messem? quid Christianus credit in 1 36 3
feminas a pudore diuellit, quae desertae, ardore seu dolore compulsae, si talia gerant, putant se aut imitari aut uindicari. propter quod in 1 1 13
uindicati, sed de domino nostro, quem, pro nefas, uenerantur externi, si tamen dicendum est, sui carpunt. sane nullis argumentis armatus, quibus 2 18 1
per maritum: infelix, iam plus in te est quam in templo remansit! at si te serues atque contineas, aestimabit non amore diuini cultus, sed 2 7 18
aurum uiuum dei, Christi uos argentum, uos spiritus sancti diuitiae; uos si terrena metalla tempseritis, longe his uitae uestrae thesaurus. uobis auro 1 5 17
sibi de utriusque salute uel unanimitate deorum quae fuere responsa. si terribilia, consternata metu forsitan ipso cessante illicita eis uota donabis 2 7 16
debeamus, utrum tractatum fidei an fidem tractatus debeamus adserere. si tractatum fidei dixerimus, uehementer errabimus. subici enim se 2 3 6
caritatem non habeam, nihil sum. et si in cibos distribuero omnia mea et si tradidero corpus meum, ut ardeam, caritatem autem non habeam, nihil 1 36 20
in perpetuum. quid hoc est? si in perpetuum regnat, Paulus errauit; si traditurus est regnum, isti mentiuntur. absit! nullus hic error, diuersitas 2 5 7
indue pedibus calceamenta, arripe baculum manu. in eremum proficiscere, si tuos uis imitari maiores. 2 20 2
utroque cessante actumque est de mundo mundique tota substantia, si uel uno momento diuinitatis cessat imperium. at si, ut ratio ipsa 2 5 5
cum gentibus uel Iudaeis potest esse commune; nam et illi, si liceat uel si uelint, fortassis cultius synagogas aedificent, cultius erigant capitolia, sed 2 6 1
in praediis autem uestris fumantia undique sola fana non nostis, quae, si uera dicenda sunt, dissimulando subtiliter custoditis. probatio longe non 1 25 10
cum interim, quae nostra sunt, uidemus. aurum argentumque, Christiane, si uera dicenda sunt, exsecraris in simulacris, colis in penetralibus tuis. 1 14 5
in labris, aliud in penetralibus cordis; similiter ne destrui quidem, quia si uera fides est, aliud esse non potest quam quod est. igitur cum 2 3 11
per tractatum posse uel dari uel nosci uel destrui. dari non potest, quia si uerbis dari potest, poterit et uerbis auferri; nosci adaeque non potest, 2 3 11
ille profecto nec humana cognoscit. haec, si religiosus es, serua; timoratus si uere, custodi. de eo, quod modum humani sensus excedit, disputare 2 3 18
potest esse perfectum quod aliunde exspectat sibi aliquid necessarium. si uero fidem tractatus dicere coeperimus, erit profecto nec nostra nec sua, 2 3 6
duo in unum diuersa confundit. disputatio enim sicut excolit legem, ita, si uersuta sit, eradicat fidem, quia fides profecto non est, ubi quaeritur 2 3 4
Christiane, cognosce, elige quid uelis: remedium an sanitatem. denique si uidetur, conferamus, quae sit inter uirginem nuptamque discretio. *nupta* 2 7 3
exsulta, Christiane, et deum fortiter time, diaboli si uis incendia non timere. ecce pueri sacramento muniti tres numero, sed 2 15
in Christo completa nec probando cognoscis? uerum tamen pro tuo sensu si uis pascha legitimum celebrare, agnus requirendus est tibi, sicut 2 20 1
sapientiae uerae negligentes imperium, quod uerbis huius modi continetur: *si uis perfectus esse, uade et uende omnia tua et da pauperibus* et tolle 2 1 15
in unius acuminis tenuitate digestos, unam litteram utroque conficiens; cui si unum adimas, alterius inanis est usus. unde recte testamenta sunt duo, 1 37 4
sua non ab alio commodetur, sed eius ex uoluntate nascatur. ceterum si, ut quidam putant, docentis pendet ex ore, procul dubio eodem aut 2 3 1
tota substantia, si uel uno momento diuinitatis cessat imperium. at si, ut ratio ipsa proclamat, cessare nullo pacto potest uarietas ista regni, a 2 5 6
hanc *diremisse* ex eaque constituisse *mundum pariter et ornasse*. igitur si, ut uolunt, deus materiam, qua usus est, non fecit, sed aeterna sit, ut 1 7 1
rediuiua fecunditas reponebat. quapropter si pater bonus, si prouidus, si utilis esse desideras, sicut ille Abraham, deum plus debes amare quam 2 1 21
hoc dicendo *exemit iudicio fideles, non admisit ad iudicium infideles*. at si utraeque partes iudicio uacant, quomodo unicuique merces pro suo actu 1 35 1
sed eius ascensus est unus. gradus autem eius, fratres dilectissimi, si uultis scire, quid uocentur, audite: conuersio, audientia, intellectus, 1 37 15
est etiam causa maritorum, ad quos aliquid loqui superfluum est, quia, si uxor et maritus *in carne* sunt *una*, dubium non est, quia quod alter 2 7 11
urbium. non habuit legem, cuius conuersatio lex fuit. audit imperatum sibi a deo exilium, ut cognationem suam simul dimisisset et terram. et 1 62 1
non colligit messem? quid Christianus credit in Christum, si promissum sibi ab eo perpetuae felicitatis tempus non credit esse uenturum? sed spes 1 36 3
crebris et rapidis se semper expugnans; animus infidelis etiam sibi; actus improuidus, instabilis, caecus, incautus, inconstans, totus 1 4 7
adprobetur: non enim potest esse perfectum quod aliunde exspectat sibi aliquid necessarium. si uero fidem tractatus dicere coeperimus, erit 2 3 6
mercede: hoc damnum graue, hoc aestimat crimen. nam nihil relinquendo sibi beata cupiditate antecedit auaritiam: homines enim illa possidet, ista 2 1 12
autem imperare non potest; ipse enim regalis potestatis imperio subiectum sibi corpus seruilibus officiis suae compellit implere desideria uoluntatis. 1 3 9
in domicilio castitatis et in uisceribus sacrae uirginis comparat sibi corpus suo iudicio nasciturus. in hominem coaptatus integumento 2 12 1
hominum mentes capit ac decipit, sic Cupido uocitari a luxuriosis suis sibi cultoribus coepit. nunc ergo uideamus, unde uera caritas ueniat, 1 36 27
antecedit quae sequitur tempora et saecula infinita disseminat. parit sibi de fine principium, hoc nostris quoque hodie competentibus 1 44 2
antecedit quae sequitur tempora et, ut saecula colligenda disseminet, parit sibi de fine principium. hic est, quo similiter, uerum tamen semel, amore 2 19 1
annique progenies antecedit sequiturque tempora et saecula infinita. parit sibi de fine principium et tamen a cunis genitalibus non recedit. profecto 1 57
cursu procurrens atque recurrens, solemni meta rotatus in sese, proferens sibi de fine principium, natalicia infinita de occasu dies sempiternus eluxit; 1 33 1
transigam: utique a templo regrediens necessario enarrabit tibi sciscitanti sibi de utriusque salute uel unanimitate deorum quae fuere responsa. si 2 7 16
Maria non dolore, sed gaudio; nascitur sine patre filius, non totus matris, sibi debens quod conceptus est, donans matri quod natus. quae 2 12 2
inter patrem filiumque tempus infulcias: si enim tempori, non sibi, debent, quod est alter alteri obnoxius, procul dubio, ut tu uis, maior 2 8 5
conspicua, in omni aetate miranda, in quauis condicione non dubia, soli sibi deuota, semper bene conscia, prorsus nulli rei subiecta, unum 1 1 1
quid arduis uolatibus *aeriae grues*? quid piscium dissimilium cum suis sibi ductoribus gradatae aetatis innumerabiles cunei? nonne cum inuitationi 1 4 6
in spe non denegans deo, quod *contra spem* acceperat a deo. igitur Isaac sibi dulcissimum filium, deo uictimam dulciorem contemnit, ut seruet, 1 4 13
filii festinant nec intelligunt, quia in exordio carminis sacri deus deo sua sibi et diuinitate et nomine comparatus omnes humani sensus opinationes 1 45 1
de obsessis daemones fugere mortuosque saepe ipsos a sepulcris cum suis sibi exsequiis reuerti iusserunt, ut omnes mirarentur fieri lacrimas gaudii, 1 36 9
conceptus est, donans matri quod natus. quae principaliter stupet talem sibi filium prouenisse, qui ex se natus non crederetur, nisi, sicut fuit uirgo 2 12 2
in eo id, quod intus est, reuiuescit nec mortem medullitus capit, sed suum sibi genitale in germen exspirans uetusti corporis superficie deleta, immo in 1 2 22
sacramentum; parricida incruentus redit et qui immolatus est uiuit. ambo sibi gloria, ambo claritatis exemplum, ambo dei cultus admirabile saeculis 1 4 15
spiritum et spiritus aduersus carnem; haec duo inuicem aduersantur sibi. hinc caro tota deliciis fluens, uariis temporum redimita muneribus 2 4 8
in excelsis, humilis in terris, saeculorum genitor, filius uirginis, inmortalis sibi, homini moriturus; mortem gustat, ut mortem deuincat; inferos 2 5 3
uua labruscam. cuius rei indignitate commotus dominus illa deserta aliam sibi, id est ecclesiam matrem, sua pro uoluntate plantauit, quam 1 10b 2
pro uua labruscam. cuius abhorrens infelicitatem dominus rei, aliam sibi, id est populi nostri, sua pro uoluntate plantauit, in quam omnis 2 11 1
sacrificauerunt daemoniis et non deo. ac ne quis sacrilegium existimaret sibi impune esse cessurum, scriptura iterum ibidem dicit: *sacrificans diis* 1 25 5
ei pepererint armati numero dies, menses et digiti. at plerumque cum sua sibi industria fenerator etiam ipse nudatur, ei cum casu aliquo fraus, 1 5 12
fit praeda morborum? postremo iacentes reliquias mors uindicat sibi, insuper ei poenas gehennae paritura. tunc carnalis mimus ille finitur 2 4 16
colligit atque explicat sciens, quid deo principaliter debeatur, nihil sibi ipsa concilians, nihil proprium derelinquens, nisi quod fideliter sine 2 1 11

aliquando sentire. solus deus est itaque principium, qui ex se ipso dedit sibi ipse principium; solus ante omnia et post omnia, quoniam in eius 1 7 3
non uoce. quorum quis quid sit consecutus, accipite: qui totum sibi ipse promiserat, inanis, qui nihil praesumpsit, iustificatus de templo 2 9 9
sollertia mira perfecit, tunc *ad imaginem et similitudinem suam fecit sibi ipse simulacrum sensibile atque intellegens*; sumpto quippe *limo terrae* 2 4 4
ac uermes? qui quod habet infelici tenacitate non aliis tantum, sed etiam sibi ipsi subducit? 'sed, inquies, iustum est, ut mea seruem, aliena non 2 1 17
ad nefandam custodiam noxiae mentis mancipes rapuerunt, quem oblatum sibi iubet crudelissimus rector acri obseruatione detineri. ad futurae gloriae 1 39 4
laticem, domino dicente: *me dereliquerunt fontem aquae uiuae et foderunt sibi lacus detritos, qui non possunt aquam portare*. postremo infelices quid 1 18 2
luxuriandi atque bibendi in infamibus locis lagenis et calicibus subito sibi martyres pepererunt, qui dies obseruant, qui Aegyptiacos de candidis 1 25 11
suum et, quod magis est, regem aliquotiens a deo in manus traditum sibi maullt semper timere quam occidere, inuerso gratus officio, deo dei 2 9 7
aduersus Theclam accusator acerrimus linguae exserit gladium, cum suis sibi ministris publicae leges insaniunt; stimulis acuitur feritas in ferocitatem 2 2 6
non est: non nobilitas, quia per hanc credit, hanc excolit, per hanc hoc sibi nomen inuenit; non sanctitas, non munitio, quia *nihil* est *tam sanctum* 1 5 5
si peritiam legis ostendere cupis, lectionum nubila disserena. doce eam sibi non esse contrariam, doce omnia, quae canit, esse credenda. ceterum si 2 3 13
saecula pater in profundo suae sacrae mentis arcano insuspicabili ac soli sibi nota conscientia, filii non sine affectu, sed sine reuelamine 1 17 1
periculis esset, si in his propheta non ambulet, quomodo bonum insuper sibi opus adsignat ab illis recedendo, in quibus oportuerat ambulari? 2 9 6
uere tres pueri senum constantia maiores, iuuenum uirtute fortiores, sibi pares, trinitatis sacramento praemuniti, unitatis una fide solidi, 1 53 1
captione seu uiolentia uiuentium domos corporales infringunt et latibulum sibi perniciosum eorum in captiuitatibus quaerunt. at ubi uentum fuerit ad 1 2 5
uiam prudentiae et reuelauit eam Iacob puero suo et Israel dilecto sibi. post haec in terris uisus est et cum hominibus conuersatus est. qua in 2 8 6
excusat, nemo turbatur. ne uere sit parricidium, ille lignum quo inuratur sibi praeportat, ille aram struit. ille exserit gladium, ille ceruicem. uno 1 4 14
Christianus, qui resurrectionem futuram et audit et sperat et repositam sibi praesumit de Christo? igitur primo omnium probandum puto animas 1 2 2
suo, qui, quae essent habituri sepulcra, nescirent, caelum promittentes sibi, pro quorum actibus, si posset, ipsa quoque erubesceret terra, postremo 1 13 4
ambitiose sacrificant sicque legitime celebrata paenitentia deum sibi propitium reddiderunt. quod et nos et fecimus et facere plerumque 1 34 9
uota. denique tres pueri in illo sacro certamine prae oculis deum sibi proposuere, non flammas, praemium futuri, non poenam. sicque inter 1 11
eam produci iubet atque incendio concremari. at illa constanter adest, sibi quae non inpudicitiae, sed futuri scilicet indicii negotium procurauerat, 1 13 3
legis omni deuotione succincta praecedens amplectatur fides, quae tam sibi quam illi credendo praestet effectum, insinuatio inanis erit, quia 2 3 1
sub coloribus nescit, non domesticis, non affectibus, non maritis nota, non sibi, quia non potest notum esse nec uerum quod est semper incertum. 1 1 10
praecipitat in furorem, non sexui parcens, non aetati, non pietati, non sibi, quia pudorem alienum qui appetit primo suum perdit. pure non nox 1 1 6
quod fratrum pia nomina plerumque gladiis amica uidemus esse quam sibi; quod parentes opulenti abolita sui nominis sanctitate filios suos non 1 5 6
detestabili macie omnia gestatoris sui ossa denudat. nonne horrebit etiam sibi quodam modo illa excarnata umbra tractabilis? longum est ire per 2 4 15
scriptura diuina cum de dei loquitur filio, non sibi repugnat, sed inter deum hominemque, quem sumpsit, necessaria 2 5 1
exaltando animam suam, qui cor suum se non exaltasse gloriatur. non sibi repugnat, sed ostendit animae esse sublimitatem superiora uicisse, quia 2 9 8
templum campis aequatum iacet. altaria dei eius subuersa manu cum suis sibi sacrificiis sparsa in puluerem uanuerunt. sacerdotalis *cathedra* 1 28 1
denotati uulneris inflictu minatur. omne genus pecudum cum suo sibi sacrificio reprobatur. ieiunia eorum, dies festi omnisque solemnitas 1 46a 1
<...> Christus mundum latenter intrauit, ne sibi sapiens diabolus uideretur. qui consilio hominem deceperat, consilio 1 60
eademque nec ipsa, sed ipsa orbita circumducens dies magnus aduenit suo sibi semper nouellus occasu. quod praeterit sequitur, quod futurum est 1 16 1
uultus, quot animi fuerint motus, nullusque prorsus dies, quo iugiter sibi similis esse uideatur? cum haec aliter non sint, ergone dei imaginem 1 27 2
exserte hic alteri iubet, in opere nullus otiosus est? o sancta aequalitas ac sibi soli dignissima indiuiduae dealitatis! unus homo ad duorum imaginem 1 45 2
primo omnium si se ipsam non amet, spes si non ametur. adde quod fides sibi soli prodest, caritas omnibus; adde quod fides non gratis pugnat, 1 36 11
facultatis, sed etiam, si opus sit, et salutis — alii magis prodesse quam sibi; suam, quia, quamuis sit sapientiae nomine falso uestita, tamen suis 2 1 3
plantis sua *recalcans* officio solemni *uestigia* dies salutaris aduenit. idem sibi successor idemque decessor, longaeua semper aetate nouellus, anni 1 44 1
replicans complicando gyro solemni uestigia, dies salutaris aduenit. idem sibi successor idemque decessor, longaeua semper aetate nouellus, anni 2 19 1
nemo namque pater familias honesta fidelitatis suae lucra offerentem sibi suum seruum iudicat, sed honorat ut filium. alterum uero, quem 1 35 8
artificio fidei natura non patitur, a qua nihil aliud laboratur, nisi ut suis sibi tantum uirtutibus adprobetur: non enim potest esse perfectum quod 2 3 6
diuinae atque humanae religionis delet abrupte igni ferroque cum sua sibi tota substantia incolas, ciuitates et rura nihil omnino metuens amicae 2 1 7
fundamenta consistunt, id est in spe, in fide, in caritate, quae ita inuicem sibi uidentur esse connexa, ut sint aliis alia necessaria. spes enim nisi 1 36 1
amore non fidei, sed libidinis, qui publicanas mulieres cum ui subiciunt sibi uiliores se esse quam illae sunt produnt, qui iracundia tument, qui 1 25 11
quod spes habet fides meretur, quae quidem pro spe pugnat, sed sibi uincit. amplectenda est igitur, fratres, tenaciter nobis et omni genere 1 36 4
desiderat facere quod timeat publicari. totum prorsus temptat, ut sibi uindicet totum. nouum prodigii genus est: odit pudicitiam et tamen 1 1 9
adolescentis ignem totis uiribus deriuare. at ille in repugnatione ueste sibi uiolenter extorta ex impudicitiae fouea nudus aufugit. sed pudicitiae 1 1 16
generis sui non a parentibus accepit, non liberis tradit; ipsa est sibi uterque sexus, ipsa omnis affectus, ipsa genus, ipsa finis, ipsa 1 2 20
per momenta naufragium. procellae crebrescentes insaniunt, horrendum sibilant funes, gemunt cedentibus uelis antennae, retunsa undique iter non 1 34 5
gestam esse cognosce. in caminum missi ut submersi sunt flammis, statim sibilo roris incendia temperantur. mors refugiens mutat officium: incensores 2 27
maiestate ab aetheria sede profectus in praedestinatae uirginis templum sibimet castra metatur, quibus latenter infunditur in hominem gigniturus 1 54 3
dulce delibauit, lacrimas repperit, dolores et gemitus, *spinas et tribulos* sibimet comparauit ultimoque *sudore* turbatus posteris hereditatem 1 4 8
infelicior certe, si scieris. proponamus itaque, ut saepe contingit, in unum sibimet conuenire diuersae religonis diem, quo tibi ecclesia, illi adeunda 2 7 14
qui suo manente integro statu totum se reciprocauit in filium, ne quid sibimet derogaret. denique alter in altero exsultat cum spiritus sancti 1 7 4
fratres dilectissimi, conspicuae ueritatis, quae dum secerni potest, tamen sibimet externa esse non potest. si enim uerbum in deo est et deus est 2 8 4
timeatur; exaltatos, ut ruina terrori sit; spretores, ut poenam supplicii sibimet impendere cognoscant. quod exemplum, fratres, fortiter fugite 1 30
digladiantes omnem orbem corruperant terrarum, insuper decernentes sibimet ipsis pro domibus templa, erigentes aras nomini suo, qui, quae 1 13 4
est absolutus reatus, ubi de amoris comparatione duarum contrariarum sibimet partium iudicium flagitatur. ambiguitas enim nisi fuerit discussa, 1 35 6
at ubi in destinata prorumpens neque blandimenta neque promissa sibimet prodesse cognoscit, conserta manu inuersa uice adorta est in suum 1 1 16
qui sine uxoribus amore peccandi liberius incertas atque inhonestas sibimet redimunt libidinum merces, non aduertentes esse infelix et 1 1 14
potest? quicquid enim uni ex duobus indiscrete in omnibus sibimet similantibus detraxeris, cui detraxeris nescis. 'at ille, cui iubetur, 1 45 2
me; quod dictum, fratres, non sic debetis accipere, ut operis sui laudem sibimet soli deberi testatus sit, qui in euangelio dicit: *si non facio facta* 1 25 8
non superi, non inferi parcebant simulacro dei: etenim mortis imperium sibimet uindicauerat totum. haec cum diu sic haberentur, sollertissimus ille 2 4 6
iustus, nisi recipiat secundum facta sua, quae gessit, iniustus. non ergo sic accipiendum est, quemadmodum ab inprudentibus aestimatur. ceterum 1 35 2
scripturae et propter ipsum et auctorem per ipsum impleta est. denique sic ad discipulos ait: *omnis scriba doctus de regno caelorum similis est patri* 1 37 9
de spiritu metet uitam aeternam. at uero dominus euidenter hoc edocens sic ad discipulos ait: *simile est regnum caelorum homini, qui seminauit* 1 2 28
agnum bifaria natura commissum, qui inueniri non potest, quaerunt, sic agnum uerum, quem inuenerant, perdiderunt. non enim intellexere, 1 8 1
dominus interrogaretur, quod esset summum legis sacrae praeceptum, sic ait dicens: *diliges dominum deum tuum ex toto corde tuo et ex tota* 1 36 17
domino ipso dicente: *ego et pater unum sumus*. quod non utique sic ait, ut in unum duos redigendo confunderet, sed ut duorum unam 2 8 4
saluti, quos amabat, necessariam praeuideret. certe Adam ipsum sic ante fecisset. at fortasse quispiam dicat: 'peccator ergo fuit Abraham, 1 3 5
per hanc enim diabolus cum diuerse hominum mentes capit ac decipit, sic Cupido uocitari a luxuriosis suis sibi cultoribus coepit. nunc ergo 1 36 27
se omnia prosecutus est. *et magnificabis me*; quod dictum, fratres, non sic debetis accipere, ut operis sui laudem sibimet soli deberi testatus sit, 1 25 8
dispositis, non deo, non sempiterno rectori, maxime cum in euangelio sic dicatur: *dabit illi dominus deus thronum Dauid patris sui et regnabit* 2 5 6
omnibus bellum, cum unaquaeque pars nititur alteram subiugare, apostolo sic dicente: *caro concupiscit aduersus spiritum et spiritus aduersus carnem;* 2 4 8
sed cordis. etenim semen cordis uerbum est dei, cata Lucanum domino sic dicente: *est autem haec parabola: semen est uerbum dei. qui autem* 1 13 5
quod ab inimico hominibus superadditum recognoscimus, domino sic dicente: *simile est regnum caelorum homini, qui seminauit in suo agro* 1 3 22
hoc solum interest, quod soli se sciunt. denique apud Esaiam ad filium *sic dicit dominus deus sabaoth: fatigata est Aegyptus et mercatus* 2 8 5
ad requiem mihi? omnia enim ista fecit manus mea. in euangelio quoque sic dicit: *Hierusalem, Hierusalem, quae interficis prophetas et lapidas missos* 2 6 3
homo, qui spem habet in homine? ergo ubi purum deum significat, sic dicit in Genesi: *et fecit deus hominem ad imaginem et similitudinem* 2 5 2
omnes, uos autem sicut homines moriemini. sed et de Iohanne Baptista sic dictum esse meminimus: *ecce mitto angelum meum ante faciem tuam,* 1 37 11
linguae omnes actus ad se trahit, congregat turbas, contionatur. lites sic discernit, ut seminet. prauos ac lubricos colligit mores. legibus suis suas 2 1 7
perdidit, quia caritas in ipso non mansit. nam et haereses et schismata sic disseminantur, cum inflata fides ac spes dilectionis a fundamento 1 36 19
ad deum et, quale uelit illud sit, repente exstinguetur incendium. sed sic ego in rebus demoror prope sanis, quasi, quae uere exsecranda sint, iam 2 7 10
et terra. caelos autem apostolos esse claro testimonio ueritatis affirmat. sic enim ait: *et uidebo caelos, opera digitorum tuorum*. hic utique non de 1 61 3
ad tempus nouellae profecisse, inscriptio ipsa tituli psalmi lecti declarat; sic enim se habet: *in finem pro his qui immutabuntur.* Iudaicus etenim 2 11 1
torum peregrina luxuria inspirat infeliciter quasi liberam facultatem ac sic eorum quoque feminas a pudore diuellit, quae desertae, ardore seu 1 1 13
in regione uiuorum. haec nos felicitas manet, hoc munus exspectat. sic ergo uiuamus, ut bonis operibus decorati nos quoque deo patri placere 1 2 32
mira, fratres dilectissimi, historiae sacrae sic est perlecta narratio. cum Israelis populus enormi captiuitatis iugo 1 29 1
spem non habent; si enim credimus, quia Iesus mortuus est et resurrexit, sic et deus eos, qui dormierunt in Iesum, adducit cum eo. nam et deus per 1 2 12
uincitur, ut, quomodo homo in paradiso non cognouerat diabolum, sic et diabolus in saeculo non facile cognosceret Christum <...>. 1 60
tu quod seminas non uiuificatur, nisi mortuum fuerit, et subiecit dicens: *sic et resurrectio mortuorum; seminatur in interitum, resurgit in* 1 2 22
tacitae noctis agnouerint, expeti a se aliquotiens alimenta contendunt; ac sic fidem rei quam reprobant faciunt. philosophi de anima uaria disserunt, 1 2 3
cultus admirabile saeculis testimonium. felix orbis fuerat, fratres, si omnes sic fierent parricidae. Iacob per patientiam et benedictionem lucratus est et 1 4 15
sunt quaerite, ubi Christus est ad dexteram dei sedens. possumus et sic, fratres, intellegere: hoc de ministris et de angelis dictum, quos domino, 1 37 13
altaria, cadauera in simulacra, parentalia in sacrificia, mores in sacra. sic, sic genus humanum a dei cultura rapuit, dum blanda festiuitate facinorosa 1 1 12
dei: etenim mortis imperium sibimet uindicauerat totum. haec cum diu sic haberentur, sollertissimus ille artifex rerum filius dei, cuius sapientia 2 4 7
annuntiabat, sicut euidens declarat exemplum, quod Psalmorum in libro sic habetur: *uirga tua et baculus tuus ipsa me consolata sunt. parasti in* 1 13 10

contemne tuam istam circumcisionem, quam euacuatam uidemus a lege,	sic	Ieremia dicente: *haec dicit dominus uiris Iuda et omnibus, qui habitant*	1	3	12
sed uir; similiter et uir sui corporis potestatem non habet, sed uxor.	sic	igitur, quoniam una sunt caro, unum diuini operis sacramentum,	1	1	14
monstrat. Adam etenim, cum illicitum pomum hoc membro decerpit,	sic	in genus humanum ius mortis induxit. necessario ergo luxurioso populo	1	3	8
alienos; haec uiros ardore uesano femineo stipendio ipsis feminis	sic	incognito inopinate dispungens suam docuit expugnare naturam; haec	1	1	8
enim omnium corrupte uiuentium diabolus designatur, domino Iudaeos	sic	increpante: *uos de diabolo patre estis et concupiscentias patris uestri*	1	13	8
quis noster dominus est? hanc superbiam propheta tumidi cordis euitans	sic	infit ad dominum: *domine, non est exaltatum cor meum.* cum scriptum	2	9	3
praedia, sepulcra defodiunt; timeant omen qui non timent mortem: sic,	sic	interempti plerumque iacent canibus, alitibus ferisque donati, ubique	1	5	8
utrisque <aetas> ademerat spem sobolis: pignus succidaneum meruerunt.	sic	meruit fides quod ademerat tempus, extorsit credulitas quod natura	1	43	1
hominis uocabulo, non natura. non enim bis carnem induit dominus. sed	sic	oportuit praedicari, quia primo, antequam esset, quod se fieri uoluisset,	2	4	3
sed nuptiis meliora praepono, et quidem etiam apostolo hortante	sic	Paulo: *dico autem innuptis et uiduis: bonum est illis, si sic*	2	7	2
totius humani generis omni momento corda destringens; propter quod	sic	Paulus apostolus ait: *induite uos armaturam dei, ut possitis uos constare*	1	38	6
quomodo per unius hominis damnationem in omnes homines damnatio,	sic	per unius iustificationem in omnes homines iustificatio aeternae	2	4	7
hortante sic Paulo: *dico autem innuptis et uiduis: bonum est illis,*	*sic*	*perseuerauerint sicut ego; si autem non fuerint continentes, nubant:*	2	7	2
solus deus doluit, qui aliam uictimam procurauit; nam Abraham cum filio	sic	probatus a deo est, ut non postulans misericordiam mereretur.	1	43	7
parata sedes tua, deus ex tunc et a saeculis tu es. ubi hominem mixtum,	sic	prosequitur: *dicite filiae Sion: ecce rex tuus uenit tibi iustus et*	2	5	2
aptus est regno dei; et iterum: *mementote uxoris Lot*. sed et apostolus	sic:	*quemadmodum reuertimini rursus ad ea, quae infirma et egena sunt*	1	37	12
incensoribus suis. deum uident. mors transit in uitam, metus in gloriam.	sic	quis non optet ardere?	2	15	
quia, cum alteris, ut uerbum dei audire debeant, dicitur, Israel	sic	reprobus inuenitur et, dum clamat propheta *audi caelum et terra*,	1	61	1
est, ut auariorem faciat. plerumque plus tulit auaro quam praestat, ac	sic	saepe contingit, ut merito perdat etiam sua, qui desiderat aliena. illinc	1	5	12
circulo adscribunt, cum ingenii sui carmen coli uel maxime cupiunt,	sic	se et alios perdiderunt. nam mutato nomine et cultu, quasi promota	2	9	1
in domo patris sui uidua permanens nuptias maturas exspectet. cum res	sic	se haberet, eius uxor moritur. qui consolatus cum ad oues tondendas	1	13	2
tradet regnum qui dixit in monitis *regnum* non stare *diuisum*. unde non	sic	sentiendum est, fratres, ut pater accepturus sit quod non habuerit aut	2	5	9
in altaria, cadauera in simulacra, parentalia in sacrificia, mores in sacra.	sic,	sic genus humanum a dei cultura rapuit, dum blanda festiuitate	1	1	12
praedia, sepulcra defodiunt; timeant omen qui non timent mortem:	sic,	sic interempti plerumque iacent canibus, alitibus ferisque donati,	1	5	8
cuius ista sunt uerba: *tempus coartatum est; superest ut qui habent uxores,*	*sic*	*sint quasi non habentes; praeterit enim figura huius mundi.* at cum ante	2	7	5
nemo ante fletibus rigat, ne pater dubitasse uideretur, si flesset. deuotus	sic	stricto uultu puerum ducit ad aram, stringit gladium medium, pectus	1	62	4
fungitur uoluntate. est autem in publicum tota prominens atque diffusa,	sic	tamen, ut sentiri se cupiat quam uideri, plane cauta, ne quam declinet	2	1	12
uitae commoda inspiciunt falsamque aduersus ueram pro uera defendunt,	sic	utramque mediis e manibus oculis patentibus perdiderunt: dei, cum	2	1	3
per mare rubrum dextra laeuaque undarum stupentibus rupibus pede	sicco	transiuit; at nostrum mare uoluntarios suscipit, feliciter naufragos	1	46b	2
tu melior pupillorum, plus quam uterque parens. tibi oculos numquam	siccos	esse aut misericordia permittit aut gaudium. tu tuos ita diligis	1	36	31
catechuminis lucis uiam, competentibus remissa omnium peccatorum,	sicque	cunctos in unam Christi corporis gratiam congregatos ad caelestia	1	6	
uincendae mortis offerret et eum ad praemia inmortalitatis admitteret.	sicque	factum est, ut, quomodo per unius hominis damnationem in omnes	2	4	7
incenditur manus. qua tacto infante statim edax illa flamma sopitur	sicque	illa medica feliciter curiosa diu admirata mulierem uirginem,	1	54	5
oculis deum sibi proposuere, non flammas, praemium futuri, non poenam.	sicque	inter taetros undantis incendii globos triumphantes barbarum regem,	1	11	
spiritumque suum tota humilitate contribulatum ambitiose sacrificant	sicque	legitime celebrata paenitentia deum sibi propitium reddiderunt.	1	34	9
tabulis uehementer urguetur, donec omnis dulcedo medullitus exigatur	sicque	pretiosum fluentum a suis calcatoribus et bibitur et patris familias	2	11	3
sed scelus suos redit in auctores purgaturque per innocentiam pudor.	sicque	Susannam, quam inpudicitia mentiente in publicum traxerant,	1	1	19
qui carnificem sentit, antequam uideat; qui nomen iudicis pertimescit; qui,	sicunde	susurrus ingruerit, se quaeri, se aestimat inueniri; cui securitatis	2	10	1
praedicatio missa per mundum mortem domini aduentumque testatur,	sicut	ad Corinthios scriptum est: *annuntiatis mortem domini, donec ueniat.*	1	37	6
ne uestra integritas mutiletur, ne ingruentium peccatorum rursum,	sicut	Adae et Euae spiritale praeputium, male repetita nuditas	1	3	24
beatitudine perfruetur. sed quid ad nos, quid illi dicant? insignis uir	sicut	ait noster: *nouit deus cogitationes sapientium, quia sunt stultae.*	2	1	15
taceam, in qua, ut dominus ait: *neque nubunt neque nubentur, sed*	*sicut*	*angeli erunt.* magnum consequere beneficium, si deo uiuas puris	2	7	4
portemus et eius imaginem, qui de caelo est. quam qui sancte portauerint,	sicut	apostoli omnesque iusti, non tantum imaginem, sed ipsum deum	2	30	4
et qui sunt isti, quos ambiguitas suo iudicio reseruauit? utique illi,	sicut	apostolus quoque ait, qui cognitum *deum non quasi dominum*	1	35	6
non habet, sed potius ut non habeat, adhuc ipse disquirit. uideo praeterea,	sicut	assertorum indicant nomina (quae si auferas, nulla fortassis est	2	3	7
recte, fratres,	sicut	audistis, deus odit auaritiam. est enim libido profunda, cupiditas	1	21	
eius super ipsum est, peribit anima illa de populo suo. haec, fratres,	sicut	cauenda sunt nobis, ita quae bona, quae pura, quae simplicia, quae	1	25	13
ait: *nolumus autem ignorare uos, fratres, de dormientibus, ne contristemini*	*sicut*	*ceteri, qui spem non habent; si enim credimus, quia Iesus mortuus est*	1	2	12
suum ex bonis putabant, quae eis erant, sed erant illis omnia communia,	sicut	dies, sol, nox, pluuiae, nascendi atque moriendi condicio, quae	2	1	18
constanter tenuerit ac fideliter ministrauerit, non dicam Scorpionem, sed,	sicut	dominus ait in euangelio, omnes omnino serpentes inlaesa planta	1	38	5
dico autem innuptis et uiduis: bonum est illis, si sic perseuerauerint	*sicut*	*ego; si autem non fuerint continentes, nubant: melius est enim nubere*	2	7	2
deuotionis *religiosa confessio est* de *deo hoc nosse*, quod licitum est.	sicut	enim in simplici corde scrutanda sunt testimonia eius, ita curiositate	1	34	1
iam uideat unusquisque, quemadmodum sacrificium aut sumat aut offerat;	sicut	enim indigne offerre sacrilegum est, ita indigne manducare	1	25	12
illum condicione, dominum pietate. cetum esse non dubitatur infernum;	sicut	enim Ionas tribus diebus et tribus noctibus fuit in uentre ceti	1	34	8
circumcisus est et deputatum est illi ad iustitiam? cum igitur integer,	sicut	Enoc et ceteri, sit iustificatus et postea circumcisus, manifestum est	1	3	7
	sicut	Esaiae beatissimi indicat carmen, Iudaico populo irascitur deus	1	30	
deo similiter etiam ipse praesentem sententiam damnationis excepit, quia,	sicut	est detestabilis qui, cum sit homo, deum se fingit, ita detestabilior qui	1	13	6
qui ex paterni oris affectu processit uno consensu. secunda uero carnalis	sicut	est frequentibus oraculis prodita, ita inuenimus esse completam.	1	54	2
in se credentibus praestitit dominiumque totius naturae recuperauit,	sicut	est ipse testatus dicens: *omnia mihi tradita sunt a patre meo.* Iob	1	15	9
ne quem patiatur errorem: unam, qua natus est; alteram, qua renatus. sed	sicut	est spiritalis prima sine matre, ita sine patre secunda carnalis. haec	2	8	2
apertum et angelos dei ascendentes et descendentes super filium hominis,	sicut	et factum est, euangelista dicente: *tunc reliquit eum diabolus et ecce*	1	37	13
dico secundum ueniam, non secundum iussum; uolo autem omnes uos esse	*sicut*	*et me,* ac per hoc ideo nubere melius, quia uri deterius. *omnia*	2	7	2
iusti, non tantum imaginem, sed ipsum deum quoque portabunt,	sicut	et scriptum est: *uos estis templum dei, et spiritus dei habitat in*	2	30	4
consueuit. uirga per lignum sacramentum passionis domini annuntiabat,	sicut	euidens declarat exemplum, quod Psalmorum in libro sic habetur:	1	13	10
Christianitatis magis in caritate quam in spe uel fide esse depositum,	sicut	euidens testatur exemplum. Iudas Scariothes traditor domini et spem	1	36	19
aestimat fidem, quisquis duo in unum diuersa confundit. disputatio enim	sicut	excolit legem, ita, si uersuta sit, eradicat fidem, quia fides profecto	2	3	4
ita quae bona, quae pura, quae simplicia, quae pia, quae sancta sunt,	sicut	facitis, amplectenda, ut uidentes homines *opera uestra bona*	1	25	13
compellis, scriptum quippe cum noueris: *omnis caro fenum et gloria eius*	*sicut*	*flos feni*? cuius si curam geris, pecuinam te esse cognoscis. an eius	2	4	15
stupet talem sibi filium prouenisse, qui ex se natus non crederetur, nisi,	sicut	fuit uirgo incorrupta post conceptum, permaneret talis quoque post	2	12	2
prophetas et lapidas missos ad te, quotiens uolui colligere filios tuos	*sicut*	*gallina pullos suos sub alas et noluisti? ecce remittetur uobis domus*	2	6	3
auaritiamque fugiatis, quae est incurabilis Cancer. Leo autem noster,	sicut	Genesis protestatur, *leonis* est *catulus*, cuius ista pia sacramenta	1	38	4
mundum significasse non dubium est, hamum uero praedicationem, quia,	sicut	hamus missus in mare mortem piscis ostendit, ita euangelica	1	37	6
per spiritum dicit: *ego dixi: dii estis et filii excelsi omnes, uos autem*	*sicut*	*homines moriemini.* sed et de Iohanne Baptista sic dictum esse	1	37	11
uos estis templum dei et spiritus dei habitat in uobis. et uerum est, nam	sicut	idolis insensatis similia templa conueniunt, ita uiuenti deo uiua	2	6	4
pretiosam ornamentaque superba et superuacanea pro sacrosancto habes	sicut	idolum, te per momenta componis, diues in publico, ditior in secreto,	2	1	19
ne seminaueritis in spinis. circumcidite praeputium cordis uestri, ne exeat	*sicut*	*ignis ira mea et exurat et non sit qui exstinguat.* uidetis ergo,	1	3	12
quam uim habeat amictus et currus, his uerbis propheta testatur: *deus*	*sicut*	*ignis ueniet et sicut procella currus eius retribuere in ira uindictam.*	2	12	4
reponebat. quapropter si pater bonus, si prouidus, si utilis esse desideras,	sicut	ille Abraham, deum plus debes amare quam filios, ut habere merearis	2	1	21
nec inde, ut dixi, scelesis sui crudelitas fructum sortita est, quia,	sicut	in Isaac aliud offertur et aliud immolatur, ita et in passione Christi	1	59	9
a me forte disquirat, paucis insinuabo. in totius fabricae fundamentis non	sicut	in Iudaeae templo plurimi, sed magnus, praeclarus, pretiosus ac	2	6	6
dominum quam mille filii impii? cum haec ita sint, age uidua, quae	sicut	innocens uirgo nubere saepe festinas, interroganti responde, bonumne	2	7	6
deuotionis inuitatione inhabitari seu nos in ipso habitare coeperimus —	sicut	Iohannes dicit: *deus caritas est; qui manet in caritate, in deo manet*	1	36	21
manibus, sed sensibus mundis offertur; quod non iugulatur ut pereat, sed,	sicut	Isaac, immolatur ut uiuat, apostolo hortante nos Paulo, cuius ista	1	25	9
	sicut	lectio diuina testatur, in Aegypto a Pharaone populoque eius Israel	2	26	1
locutus est regno, in quo uenturus et *iudicaturus est uiuos et mortuos*,	sicut	lectio uniuersa testatur, qua praedicat Christum oportere *regnare* cum	2	5	7
argumentorumque uiribus retractando ac refellendo consumit. sin uero,	sicut	necesse est, una est illa nobilis et antiqua, quae non dicam tractatu,	2	3	8
conscribunt. quae sine se utilia esse non possunt, quia ueteri	sicut	nouum praestat fidem, ita nouo uetus perhibet testimonium, sicut	1	37	4
tam plures, tam dispares una uno partu uestra uos peperit mater.	sicut	paruulis morem geram sacrique horoscopi pandam tota breuitate	1	38	2
totum, iniuriam pertinebit nec est in illo aliquid, quod sit inferius, quia	sicut	pater nec plus potest habere nec minus; alter enim in alterius	2	5	10
tuo sensu si uis pascha legitimum celebrare, agnus requirendus est tibi,	sicut	praeceptum est, *ex agnis et haedis* discordi natura commissus, quem	2	20	1
in tali negotio iudice deo quod non licet uxoribus non licet nec maritis,	sicut	praescribens talibus Paulus apostolus dicit: *mulier sui corporis*	1	1	13
apophoreta, deus et dominus noster Iesus Christus dei filius dulcia,	sicut	prior, qui hoc prandio pastus est ante nos, dicit: *quam dulcia*	1	24	4
amictus et currus, his uerbis propheta testatur: *deus sicut ignis ueniet et*	*sicut*	*procella currus eius retribuere in ira uindictam.*	2	12	4
uacaret locus et nihil Christus mundo praestiterat; si hominem solum,	sicut	quidam putant ab utero uirginis eum sumpsisse principium, quae spes	2	5	1
e proprio fonte spiritus sui. cui ab humo 'homo' nomen imposuit, credo,	sicut	res ipsa docet, ut contemplatione opificii ac materiae semper suum et	2	4	4
	sicut	sacra scriptura testatur, erat ante omnia manens unus et idem alter	1	50	
uindicetur. denique tolle peccatum: cessat legis imperium. *lex* enim,	sicut	scriptum est, *iusto posita non est,* sed peccatori, quia *iustus ex fide*	2	3	4

sed illud tantum quod inutile est discuti, quod teritur demutari, sicut scriptum est: *oportet enim corruptiuum hoc induere incorruptionem et* 1 2 30
reprobat fieri, qui praecepit. hoc solum dico: imple uel in ceteris legem, sicut scriptum est: praecinge lumbos tuos, indue pedibus calceamenta, 2 20 2
ueteri sicut nouum praestat fidem, ita nouo uetus perhibet testimonium, sicut scriptum est: *semel locutus est dominus et haec duo audiuimus.* sed et 1 37 4
scire cupio, quae sint tua, cum sint timentibus deum uniuersa communia, sicut scriptum est: *turba autem eorum, qui crediderant, animo ac mente* 2 1 18
et docetur, quia non in trepidatione, sed in doctrinae ratione consistit, sicut scriptum est: *uenite, filii, audite me; timorem domini docebo uos.* 2 2 1
possunt. si ex credulitate, non ei opus est ulla interpretatio, quia sicut semel creditur, ita semel ex eo ipso, quod creditum est, consummata 2 3 9
nisi quod a false plangentibus adhuc uiuenti rapiuntur. unde, fratres, sicut ueri Christiani, *quasi hospites et peregrini abstinete uos a carnalibus* 2 4 17
undique castra munienda, defensanda regalia fortiter ac tenaciter signa; aestus, frigus, famem, sitim uniuersaque discrimina aequanimiter 2 4 11
nullum pratum sit, quod non transeat luxuria nostra. ubique relinquamus signa laetitiae, quoniam haec est pars nostra et haec sors. illinc spiritus, 2 4 10
carnem Dauid filius futurus esse canebatur; qui nisi paterno generis signaculo responderet, neque Dauid filius esset neque nisi in filium Dauid 1 3 18
sacramento tam uiri quam feminae circumcidimur. hoc spiritus sancti non signaculo, sed signo censemur. hac circumcisione non aliquid perdimus, 1 3 21
cordis incidit. at fortasse adhuc quispiam dicat: 'cur ipse quoque signaculum carnis accepit, si ei necessarium non fuit?' huius propositionis 1 3 17
est, ut in deum hominem, quem induerat, commutaret. anulus quoque signaculum fidei est, quod est Christus, cuius inlustratione maiestatis 1 13 11
et desideras nubere, digna es, quam peior affligat; si bonum, fidei serua signaculum: pati non meretur iniuriam ipse, cui perhibes testimonium. ubi 2 7 6
per carnificis tormenta meditatur. erexerat securem percussor insanus et signans oculis uulneribus lineam feralis ictus assidua contemplatione 1 39 7
ueluti templis tereti moneta percussis inesse similiter regum uultus signaque cognoscis nihilque aliud distat, nisi quod in tua domo minuta 1 14 5
ab eo eius monile, anulum, uirgam; tumque negotio confecto, conceptu signata, quem uerae fornicariae habent perosum ac semper uitant, 1 13 2
populi baptismatis aqua uiuentes, in unum populum Christi uno signo signati. 1 38 7
gerit, sed sunt unius corporis latera; et denarii sunt duo, sed una moneta signati; et scala duos scapos habet et gradus plurimos, sed eius ascensus 1 37 14
fidei est, quod est Christus, cuius inlustratione maiestatis impressi atque signati, qua sincere uiuentes in custodiam nostrae salutis per spiritum 1 13 11
nullum habere minus. tripondes sunt omnes, numismatis sacri una libra signati, qui mensae deseruiunt. 1 41 3
opus est praebiturus, sed et denarium aureum triplicis numismatis unione signatum. gaudete itaque! in fontem quidem nudi demergitis, sed aetheria 1 23
Ionas in naui dormiens sacramenti dominici imaginem praeferebat; etenim significabat nauis materia crucem, somnus uero passionem. mare autem 1 34 8
quam tenemus. quod conuenit cum ea, fidelium communionis sanctae significabat sacramentum. Thamar *concepit in utero*, ecclesia corde 1 13 11
te deduxit per diem, ut ostenderet caecum; ignis columna per noctem, ut significaret arsurum. angelus tua castra praecedit, necubi crimen excuses. 2 16
aedificauit ecclesiam, duobus populis profecerunt. mare autem mundum significasse non dubium est, hamum uero praedicationem, quia, sicut 1 37 6
exhortationibus excitaret. at ille *semen suum fudit in terram*; semen significat non creaturae, sed cordis. etenim semen cordis uerbum est dei, 1 13 5
Christus, qui aliquotiens lapis est nuncupatus. scala autem duo testamenta significat, quae et euangelicis intexta praeceptis credentes homines 1 37 1
illorum uerbum, ne credentes salui fiant. terra uero hominem idolumque significat, quia et *hominem deus de terra finxit* et homo idolum de terra 1 13 6
sic reprobus inuenitur et, dum clamat propheta *audi caelum et terra*, significat, quod illi audire contempserint. *audi*, inquit, *caelum, et percipe* 1 61 1
sit: *maledictus homo, qui spem habet in homine*? ergo ubi purum deum significat, sic dicit in Genesi: *et fecit deus hominem ad imaginem et* 2 5 2
fratres, calix sanguinem, mensa corpus, oleum donum spiritus sancti significat, uirga cum baculo crucem, in qua deus pro homine pendere 1 13 10
expetisse atque accepisse describitur *monile, anulum, uirgam*. quibus ista significatio coaptatur? monile, fratres dilectissimi, lex est, quae salutaribus 1 13 10
credite et cognoscite, quoniam in me est pater et ego in illo, dictum significatione unica maiestatis et affectu indiuiduo pietatis, quia laus filii est 1 25 8
tempus et locum et nomen proprium confitetur discessumque, uel qui sit signis euidentibus docet, ut plerumque aliquos noscamus eos esse, quos in 1 2 6
uiri quam feminae circumcidimur. hoc spiritus sancti non signaculo, sed signo censemur. hac circumcisione non aliquid perdimus, sed crescere nos 1 3 21
merces, quae impendatur annona. omnibus peraeque unus panis cum signo datur, aqua cum uino, sal, ignis et oleum, tunica rudis et unus 2 6 8
Aquarius delere consueuit. quem necessario uno sequuntur duo Pisces in signo, id est duo ex Iudaeis et gentibus populi baptismatis aqua uiuentes, 1 38 7
gentibus populi baptismatis aqua uiuentes, in unum populum Christi uno signo signati. 1 38 7
ulterius non licebit, fortassis requiratis et a nobis, qua genitura quoue signo tam diuersos, tam plures, tam dispares una uno partu uestra uos 1 38 2
humanum ius mortis induxit. necessario ergo luxurioso populo deus hoc signum dedit, ut, locum matricalis culpae cum denotat, item alia crimina 1 3 8
hominibus, quoniam deus praestat agonem. propter hoc dabit deus uobis signum: ecce uirgo in utero accipiet et pariet filium et uocabis nomen eius 2 8 7
concepit, illa semine, haec uerbo. haedus ei mittitur, temptationis uidelicet signum; etenim iustitiam qui sequitur, necesse est ut probetur. denique 1 13 11
et mel manducabit, priusquam cognoscat puer bonum aut malum. quod signum ex prodromi quoque eius designatione dilucidauit alio loco his 2 8 7
saeculo seruientes. uolunt nosse legem, nolunt eius praecepta seruare. signum salutare uenerantur et tamen a mysteriis daemonum non recedunt. 1 35 5
cordis desecat uitia uulnusque mulieris, dum de uirgine nascitur, curat. signum salutis accipite! corruptelam integritas, partum est secuta uirginitas. 1 3 19
uiuos. lignum auxiliare, quo tenditur uel portatur, crucis est dominicae signum, sine quo uiuere immortalitatemque apprehendere in toto non 2 11 4
ita sint, humanitas, te, uersuta, cognosce uel sero et intemperanti linguae silentii frenos impone. dementiae genus est inuisibilis incomprehensibilisque 2 8 3
cum ad caeleste praemium populus accenditur et de martyris meritis non siletur. sed quis illustris martyrii palmiferam trophaeis coronam competenti 1 39 1
diligenter accurat et assat. Iohannes camelarius deuote praecurrens de silua mel attulit et locustas. ne alter alterum manducantem denotet, 1 24 3
desiderat aliena. illinc alius uias uiantibus cludit, arcet ab herbis, arcet a siluis, arcet ab aquis, et quidem copiosis uacantibus plurimis negat 1 5 13
paucis eius degustate sermonem. uinea dei quidem prior synagoga fuit, siluosis errantium palmitum crinibus uilis; quae cum per uoluptuosa ac 1 10b 2
in faciem, offert hospitium. *refrigerate*, inquit, *sub ista arbore magna*. similaginem conspargit, uitulum laniat. post haec promittitur ei de legitimo 1 62 1
potest? quicquid enim uni ex duobus indiscrete in omnibus sibimet similantibus detraxeris, cui detraxeris nescis. 'at ille, cui iubetur, est, 1 45 2
uel si caelestis est primus, quid opus erat, ut fieret quoque terrenus? simile dictum euangelicum illud consentanea potest argumentatione pulsari; 2 4 2
ab inimico hominibus superadditum recognoscimus, domino sic dicente: *simile est regnum caelorum homini, qui seminauit in suo agro bonum* 1 3 22
aeternam. at uero dominus euidenter hoc edocens sic ad discipulos ait: *simile est regnum caelorum homini, qui seminauit bonum semen in agro* 1 2 28
toto corde tuo et ex tota anima tua et ex tota uirtute tua; et secundum simile huic: diliges proximum tuum tamquam te ipsum. in his duobus 1 36 17
hoc unum euidens adhuc proferamus exemplum, quamuis non possit ueri simile tantam uim habere quam ueritas. oleaster sua infelix et amarus est 1 2 27
haec omnia deterior est conscientiae timor, quia quae diximus et alia his similia cum passibilitate sui transeunt; timor conscientiae non deletur. 2 2 2
et spiritus dei habitat in uobis. et uerum est, nam sicut idolis insensatis similia templa conueniunt, ita uiuenti deo uiua templa sunt necessaria. in 2 6 4
uultus, quot animi fuerint motus, nullusque prorsus dies, quo iugiter sibi similis esse uideatur? cum haec aliter non sint, ergone dei imaginem non 1 27 2
est. denique sic ad discipulos ait: *omnis scriba doctus de regno caelorum similis est patri familias proferenti de thesauris suis noua et uetera.* 1 37 9
rabiem una tempestate praecipitat, ut ubinam sit maior ignores. est autem similis igni arida pabula depascenti, quae nisi finiat non finitur. hanc 1 14 1
patefactis. praecedentibus foliis fructus sequela sese commendat; similiter Christianus monitis diuinis praecinentibus obsecundando, in 2 11 5
uideretur, prior uir consummatur in cruce atque eo feliciter soporato similiter de eius latere ictu lanceae non costa diuellitur, sed per aquam et 1 3 20
domum Iacob in saecula et regni eius non erit finis. Salomon in Sapientia similiter dicit, cum de eius loquitur seruis: *et si coram hominibus tormenta* 2 5 6
pro me et pro te: hoc est meam praedicabis crucem, sed et tu crucis tuae similiter dignitate gaudebis. igitur haec scala cuius esset materiae, in qua 1 37 7
salutis accipite! corruptelam integritas, partum est secuta uirginitas. Adam similiter dominica circumciditur cruce, et quia per mulierem, quae sola 1 3 20
adimas, alterius inanis est usus. unde recte testamenta sunt duo, quae similiter duobus capitibus unam litteram fingunt, id est sacrae legis duobus 1 37 4
ad eos et non audierunt; clamabunt ad me et non erit, qui exaudiat eos. similiter et de manibus dicit: *manus enim uestrae inquinatae sunt sanguine* 1 3 10
uiuis, mortuis suspirantes, nunc odientes ueteres, nunc nouos filios similiter et maritos? at e diuerso ipsae aestiment, quid sint, quibus in tam 2 7 10
Paulus apostolus dicit: *mulier sui corporis potestatem non habet, sed uir; similiter et uir sui corporis potestatem non habet, sed uxor.* sic igitur, 1 1 13
hoc est dei mandata neglexit et idolis profudit. propter quod a deo similiter etiam ipse praesentem sententiam damnationis excepit, quia, sicut 1 13 6
orbis terrarum et uniuersi qui habitant in eo? Iob diabolus ter temptauit; similiter euangelista perhibente et dominum ter est temptare conatus. Iob 1 15 8
incolume requiescere, quod in hoc mundo ad tempus perspicitur interire. similiter in inferno diues ille tenacissimus, quem chaos immensum a 1 2 9
pro Rachel postmodum tempore numquam reparato seruiret. similiter Ioseph patiens inuenitur, e pascua cum a fratribus rapitur; 1 4 17
sucus earum in ultimo preli pondere duabusque tabulis exsiccatur; similiter iudicii die a Christo secundum tabulas legis confessorum sanguinis 2 11 7
autem tertii filii apud nurum per aetatem excusat deterritus, ne etiam ipse similiter moreretur, praecepitque mulieri, ut in domo patris sui uidua 1 13 1
quia fieri potest, ut quis aliud gestit in labris, aliud in penetralibus cordis; similiter ne destrui quidem, quia si uera fides est, aliud esse non potest 2 3 11
sperat ambit obsequitur zelatur insanit armatur precibus, armatur et ira, similiter nonnumquam ui extorquens quod blandimentis impetrare non 1 1 9
multos enim seduxit suspicio illorum et in uanitate detinuit sensus illorum. similiter Paulus curioso rescribit dicens: *o altitudo diuitiarum et sapientiae* 2 3 16
iterum: *noli esse sapiens multum et noli argumentari plus quam oportet.* similiter Paulus: *noli altum sapere, sed time.* cum haec ita sint, cur legem 2 3 12
sed fide, quam sit deum libenter audire. hoc igitur e profundo clamans similiter Petrus impetrauit a domino, ut profundi maris lubricos sinus 1 34 3
ignis solemni germine accenso sumat rursus de fine principium. similiter Phoenix auis illa pretiosa resurrectionis euidenter nos edocet iura, 1 2 20
quia non uidetis, deum quoque, qui est inuisibilis, contemnere similiter poteritis. qui enim non diligit eius similitudinem, sequitur ut 2 4 17
sub uelamine Christi nominis, fratres, se adserere conatur Antichristus similiter pudicum, uti fallat. pudicitiae nominis sonum post se trahit, sed 1 1 6
argenteisque innumerabilibus ueluti templis tereti moneta percussis inesse similiter regum uultus signaque cognoscis nihilque aliud distat, nisi quod 1 14 5
praesumens totum se habere, si pura sit. neminem foede desiderat nec ulli similiter se desiderabilem praestat. in suo statu omni loco, omni tempore 1 1 2
ut saecula colligenda disseminet, parit sibi de fine principium. hic est, quo similiter, uerum tamen semel, amore hominis sui eius artifex deus et 2 19 2
deum significat, sic dicit in Genesi: *et fecit deus hominem ad imaginem et similitudinem dei*, et in Psalmis: *deus autem rex noster ante saecula* 2 5 2
et similitudinem nostram (et fecit, inquit, *deus hominem ad imaginem et similitudinem dei)*, et alio loco dicat: *ego sum qui sum et non demutor.* 1 27 2
et similitudinem nostram (et fecit, inquit, *deus hominem ad imaginem et similitudinem dei*), et alio loco dicat: *ego sum qui sum et non demutor.* 2 30 2
angustum; mirantur elementa hominem, qui factus sit *ad imaginem et similitudinem dei*, posse iugulari, et hoc a fratre. erubescit rudis terra pio 1 4 9
soli dignissima indiuiduae dealitatis! unus homo ad duorum imaginem et similitudinem fingitur nec tamen in eo, quid cuius sit, inuenitur. si igitur 1 45 2
excludit, quippe cum dicat: *faciamus hominem ad imaginem et similitudinem nostram*; non inquit: 'fac ad tuam', sed ait: *faciamus ad* 1 45 1
uideamus, quid sit, quod deus ait: *faciamus hominem ad imaginem et similitudinem nostram (et fecit*, inquit, *deus hominem ad imaginem et* 2 30 2

uideamus, quid sit quod deus ait: *faciamus hominem ad imaginem et similitudinem nostram (et fecit,* inquit, *deus hominem ad imaginem et* 1 27 2
qui est inuisibilis, contemnere similiter poteritis. qui enim non diligit eius similitudinem, sequitur ut oderit ueritatem. inde est, quod stulti 2 4 17
sine ipso. accedit ad cumulum, quod ideo *deus hominem ad imaginem et similitudinem suam fecit*, ut contemplatione imaginis pateremur 1 36 23
ulla ne querela subesset, sollertia mira perfecit, tunc *ad imaginem et similitudinem suam fecit sibi ipse simulacrum sensibile atque intellegens*; 2 4 4
debeatur: utique illi, qui hominem fecit, qui ei munus perpetuae caritatis similitudinem suam tradidit, qui orbem terrae donauit, qui omnia elementa 1 36 28
prosapiae nostrae nobilitatem non relatione tantum, sed etiam fide similitudinis adprobemus. unde tamen prae me fero, fratres dilectissimi, 1 1 3
est etiam petra, recte cultellos petrinos fecit (unde non sine ratione et *Simoni*, super quem aedificauit ecclesiam, *Petrus nomen imposuit*), id est 1 3 16
sit ignorat; *non inflatur*, quia humilitatem colit; *non malum cogitat*, quia simplex est; *non irascitur*, quia etiam iniurias libenter amplectitur; non 1 36 12
manifestissimum puto nimis astuto esse simplicem meliorem, quia simplex omnibus dei uerbis simpliciter credit, astutus autem nimia 2 3 2
habemus, sanctum uidelicet Abraham, qui filium quondam Isaac habuit: simplex quidem uocabulum, sed multiplex pronuntiatio. hic namque, 1 59 1
sed uoluntate compellit, manifestissimum puto nimis astuto esse simplicem meliorem, quia simplex omnibus dei uerbis simpliciter credit, 2 3 2
religiosa confessio est de *deo hoc nosse*, quod licitum est. sicut enim in simplici corde scrutanda sunt testimonia eius, ita curiositate non sunt 1 34 1
autem iussionis est caritas ex corde puro et conscientia bona ex fide simplici. igitur si dei seruus es, *stultas et ineruditas quaestiones euita sciens,* 2 3 17
haec, fratres, sicut cauenda sunt nobis, ita quae bona, quae pura, quae simplicia, quae pia, quae sancta sunt, sicut facitis, amplectenda, ut uidentes 1 25 13
a quo quid agatur in templo. sacerdos uocat, ostium credulitas aperit, simplicitas introducit, intellectus inuitat, ueritas persuadet, timor excubat, 2 6 9
interea instant illi ex amatoribus accusatores effecti crimenque suum in simplicitate circumuentae transfusum artificiose dum exaggerant, exinde 1 1 18
non posse sine fide, fidem posse sine lege; alioquin ista innumerabilis simplicitate sua felicior turba adhuc mortis imperio subiaceret, si legis 2 3 2
nimis astuto esse simplicem meliorem, quia simplex omnibus dei uerbis simpliciter credit, astutus autem nimia sapientia infatuatus inquisitionibus 2 3 2
lex fuit. audit imperatum sibi a deo exilium, ut cognationem suam simul dimisisset et terram. et tunc Abraham *respiciens oculis uidit* 1 62 1
si quos parit numerare non possit. intrate ergo, intrate felices, omnes simul subito futuri lactantes. 2 28
sunt, in templo maiora. quae si erogaueris, pecunia est, si seruaueris, simulacra. ancilla Christi, falso idolum respuis; mihi crede: in te colis, 1 14 5
ueteris uitae damnantes pro salute redimenda non solito more ad stupida simulacra concurrunt, non aris foetentibus funestos excitant ignes, non tura 1 34 9
mortuorum sepulcra conuertit in templa, tumulos in altaria, cadauera in simulacra, parentalia in sacrificia, mores in sacra. sic, sic genus humanum 1 1 12
aurum argentumque, Christiane, si uera dicenda sunt, exsecraris in simulacris, colis in penetralibus tuis. nam et illic aureis argenteisque 1 14 5
perpetua inplacabilis affligebat infernus. non superi, non inferi parcebant simulacro dei: etenim mortis imperium sibimet uindicauerat totum. haec 2 4 6
e limo terrae fingitur homo. construitur mobile totumque se nesciens simulacrum et, ut imago sit dei, inspiratur a deo in *animam uiuentem*. 1 56 3
mira perfecit, tunc *ad imaginem et similitudinem suam fecit sibi ipse simulacrum sensibile atque intellegens*; sumpto quippe *limo terrae hominem* 2 4 4
quodam modo principales. e quibus duae eius, quem cupiant deprauatum, simulant se esse cultrices. una denique asserit Iesum Christum ab utero 2 8 1
scire potuissent ueram iustitiam, cuius est inmortalitas merces, propterea simulatae stultitiae uelamine adopertam, ut res magna magnis uirtutibus 2 1 4
reges superbia, negotiatores astutia, inani pauperes uoto, cultores dei odio simulato, totae autem gentes uniuersaeque nationes gladio. per orbem 1 14 1
sibimet impendere cognoscant. quod exemplum, fratres, fortiter fugite simulque gaudete, quod alienis plagis dei discitis disciplinam, per dominum 1 30
felicitatemne uirginitatis? at habent suas, et si non felices, habent tamen. sin uero ad uiduitatis sudorem gloriosum palmamque prouocauero, nobis 2 7 11
quod creditum est, consummata fides ultra nec minuitur nec augetur. sin uero ex utroque, patriarcharum semesa fides est ac per hoc illis 2 3 9
ipsam infidelitatis ream constituis, canentis cum uniuersa non credis? sin uero fidem spiritus calles, aliquam demonstra uirtutem: impera 2 3 14
est, quem altissimum dicit, cum ipse sit solus, a quo alius altior non sit? sin uero omni honorificentia deferentis patri uerba sunt filii, debetis 1 25 2
sed magistrae; illa enim decepta, hae sua sponte se diabolo dediderunt). sin uero pacifica et salutaria, profecto laetaberis eique tanto pro nuntio 2 7 16
si obuenerint dura, *fidem tamquam granum sinapis* te habere demonstra. sin uero, quod magis est, sub sono legis ac fidei saecularis amore iactantiae 2 3 15
ingeniorum argumentorumque uiribus retractando ac refellendo consumit. sin uero, sicut necesse est, una est illa nobilis et antiqua, quae non dicam 2 3 8
tormentis pro nomine domini. si obuenerint dura, *fidem tamquam granum sinapis* te habere demonstra. sin uero, quod magis est, sub sono legis ac 2 3 14
est Christus, cuius inlustratione maiestatis impressi atque signati, qua sincere uiuentes in custodiam nostrae salutis per spiritum sanctum 1 13 11
naturae a regibus ipsis quoque metuitur. sed necessario unicuique sinceri amoris est noscenda proprietas, ne sub sono nominis commutetur 1 36 25
indiscreta spiritus plenitudine nescio qua sua conscientia uelatum filii non sine affectu, sed sine discrimine amplectebatur. sed excogitatarum ut 1 56 1
sacrae mentis arcano insuspicabili ac soli sibi nota conscientia, filii non sine affectu, sed sine reuelamine amplectebatur. igitur ineffabilis illa 1 17 1
sit sapientiae nomine falso uestita, tamen suis commodis consulendo, quod sine alienis incommodis omnino non potest procurari, a quouis uere 2 1 3
uoluntas, *noua et uetera* duo testamenta, quae uidetis recte eadem sine ambiguitate a domino hic quoque *duorum denariorum* esse figura 1 37 9
egregius ille sacerdos, mortis iam lege dispunctus Sauli regi se desideranti sine ambiguitate non tantum suam praesentiam exhibet, sed etiam ad 1 2 8
quibus si deneges caritatem, utraeque cessabunt, quia neque fides sine caritate neque spes poterit operari sine fide. itaque Christianus tribus 1 36 1
cum inflata fides ac spes dilectionis a fundamento uelluntur. quid autem sine caritate sint non tantum istae, sed et aliae quoque uirtutes, indice 1 36 20
digito illis contingi manibus, quibus stipem denegauerat uiuus. odit iam sine causa ante quod amauerat; probat felicius esse quod oderat. gemit 1 2 10
partes iudicio uacant, quomodo unicuique merces pro suo actu reddetur? sine causa etenim laborare uidebitur iustus, nisi recipiat secundum facta 1 35 1
perueniri. adde quod illa in solo genitali uersatur, ille peregrinus est. illa sine contemplatione meritorum quibuslibet passim sua munera infulcit, 2 4 14
est filius, sine filio non est, et quod factum est a filio uel fieri potest, sine dignatione paterna non est, quia filius sine patre non est, ipso dicente: 1 45 3
plenitudine nescio qua sua conscientia uelatum filii non sine affectu, sed sine discrimine amplectebatur. sed excogitatarum ut ordinem instrueret 1 56 1
quia pro sua sanctitate Christianae plus nubunt. adde quod gentibus, quod sine dolore magno uel gemitu non potest dici. quae enim uox, quae 2 7 11
et alibi: *audi*, inquit, *terra, ex ore meo*. quo uocabulo gentiles homines sine dubio comprehendit, in quibus adhuc erant opera terrena. hoc est ergo 1 61 4
an ardori quaeres aliunde remedium? si obseruantiam pollicere, sine dubio fallis, cuius inpatientiae professio iam tenetur. si es autem 2 7 9
artes omnesque uirtutes, ipsa quoque elementa eius constare non posse sine eruditione uel freno. est enim matura semper, humilis, cauta, prudens, 1 4 1
aura corrupit, non fumus amarus infecit, non frigus elisit; quod plus est: sine fermento leuati sunt. certe caccabacei non sunt, non uetusti, non usti, 1 41 2
deo incredulitate cum lege. unde dubium non est legem non posse sine fide, fidem posse sine lege; alioquin ista innumerabilis simplicitate sua 2 3 2
cessabunt, quia neque fides sine caritate neque spes poterit operari sine fide. itaque Christianus tribus in rebus, si cupit esse perfectus, debet 1 36 1
quamuis et quod dictum est a patre uel dici potest, quia uerbum est filius, sine filio non est, et quod factum est a filio uel fieri potest, sine dignatione 1 45 3
est enim libido profunda, cupiditas caeca, tempestas insana, rapacitas sine fine, sollicitudo sine requie, ad sua numquam perueniens uota, quia 1 21
omnibus fideliter obtemperat incoactus, innocenter uiuit, iustitiam percolit, sine fine studet timere, ne quid praeter deum, quem diligit, timeat. denique 2 2 4
peruersa doctrina uterentur neque adtenderent fabulis et genealogiis, quae sine fine sunt, quae magis quaestiones praestant quam ueram rationem dei, 2 3 17
Iudaei habere uideatur aut gentis. ambo enim illi carnales sunt, ambo sine fructu. unde dubium non est neque praeputium aliquid esse neque 1 3 24
certe si quid sciunt, dicant operarii, qui mecum sunt. lucro gaudeo, sed sine furti conscientia, sane confiteor. denique et uos retinetis pondus 1 41 3
sine hac pacificum, sine hac fidele, sine hac securum, sine hac gloriosum, sine hac deo iunctum, sine hac possit esse perfectum. denique cum 1 36 16
illigasset. nihil est prorsus, quod sine hac gratum, sine hac pacificum, sine hac fidele, sine hac securum, sine hac gloriosum, sine hac deo 1 36 16
sine hac gratum, sine hac pacificum, sine hac fidele, sine hac securum, sine hac gloriosum, sine hac deo iunctum, sine hac possit esse perfectum. 1 36 16
connubii fideli propagine benigna caritas illigasset. nihil est prorsus, quod sine hac gratum, sine hac pacificum, sine hac fidele, sine hac securum, sine 1 36 16
benigna caritas illigasset. nihil est prorsus, quod sine hac gratum, sine hac pacificum, sine hac fidele, sine hac securum, sine hac gloriosum, 1 36 16
hac fidele, sine hac securum, sine hac gloriosum, sine hac deo iunctum, sine hac possit esse perfectum. denique cum dominus interrogaretur, quod 1 36 16
est prorsus, quod sine hac gratum, sine hac pacificum, sine hac fidele, sine hac securum, sine hac gloriosum, sine hac deo iunctum, sine hac 1 36 16
licet quibus uult uirtutibus fides, ac spes multa et magna proponat, tamen sine hac utraeque non stabunt: fides primo omnium si se ipsam non amet, 1 36 10
sit, si infirmari potest alterum de duobus. quid, quod Abel iustus est sine hoc uulnere inuentus? quid, quod Enoc a deo integer legitur esse 1 3 5
possum: fenerando pauperibus omnes copias auaritiae subactas uestrum sine inuidia transfertis in censum. quid enim esse potest ditius homine, 1 14 9
pietati aliquid derogetur, tantumque se in ipso amat, ut oderit se sine ipso. accedit ad cumulum, quod ideo *deus hominem ad imaginem et* 1 36 22
nos doceret. sequitur ac dicit: *omnia per ipsum facta sunt ac sine ipso factum est nihil*. uideamus nunc, optime Christiane, 2 8 4
quae celauerat faciem, non celat uentrem. defertur fornicationis rea sine labore accusatoris uidua praegnans. irascitur socer, eam produci iubet 1 13 3
de legitimo matrimonio filius de fide, non de aetate. concepit Sarra, portat sine labore uteri sarcinam, quae iam ambulare non poterat; tunc discit 1 62 2
cum lege. unde dubium non est legem non posse sine fide, fidem posse sine lege; alioquin ista innumerabilis simplicitate sua felicior turba adhuc 2 3 2
fructum praestare non poterit. denique Abraham placuit deo credulitate sine lege et Iudaicus populus displicuit deo incredulitate cum lege. unde 2 3 1
necessario discutienda secreta, apostolo utrumque prosequente, nam *qui sine lege*, inquit, *peccauerunt, sine lege peribunt. at qui in lege* 1 35 7
apostolo utrumque prosequente, nam *qui sine lege*, inquit, *peccauerunt, sine lege peribunt. at qui in lege peccauerunt, per legem iudicabuntur.* 1 35 7
memorata impar cultu semper ecclesia inueniretur. sed haec saecularia sine legitimo ac deuoto cultore nec sufficientia nec necessaria honori suo 2 6 3
denique cum eam comprehendere non possent — neque enim poterant sine magisterio diuinae sapientiae, cuius notitiam non habebant —, duas 2 1 2
mitis uos admonet uitulus, ut nulla ullo in opere captantes auguria, eius sine malitia succedentes iugo terramque uestrae carnis domando 1 38 3
unam, qua natus est; alteram, qua renatus. sed sicut est spiritalis prima sine matre, ita sine patre secunda carnalis. haec miranda, inenarrabilis illa, 2 8 2
omnibus momentis lac argenteum subministrat et caseum. Zachaeus sine mora quadriplicata expungit apophoreta, deus et dominus noster Iesus 1 24 4
sensu magistra dilectione conuerti, ut quiuis intelligat hoc fieri non posse sine naturalis amicitiae disciplina? quid autem pro se in necessitatibus 1 36 15
nostri Iesu Christi, qui *in omnibus omnia* est; qui uere aeternus est ac sine nocte dies; cui duodecim horae in apostolis, duodecim menses seruiunt 1 33 4
sui figura uestit artificem. parturit Maria non dolore, sed gaudio; nascitur sine patre filius, non totus matris, sibi debens quod conceptus est, donans 2 12 2
est a filio uel fieri potest, sine dignatione paterna non est, quia filius sine patre non est, ipso dicente: *si non facio facta patris, nolite mihi* 1 45 3
est; alteram, qua renatus. sed sicut est spiritalis prima sine matre, ita sine patre secunda carnalis. haec miranda, inenarrabilis illa, propheta 2 8 2
aut qualis fieri debeat, nemo praecipit, interrogat nemo. neque enim sine patris esse possit iniuria, si hac necessitate opus esset illi, qui in sinu 1 56 2
aduenit, menses in tempora, tempora in annos, annos in saecula pandens. sine pausa crescit in senium et tamen a cunis genitalibus non recedit. 1 58
magistra uniuersa quae diximus, sed et alia multa, immo omnia undique sine pausa quae scaturiunt mala nascuntur atque concelebrantur, quae 1 5 4

inconstans, totus concitatus in ruinam; res sine substantia, negotium sine persona? omnia cito temptat, omnia momento disturbat, mater 1 4 7
sol, nox, pluuiae, nascendi atque moriendi condicio, quae humano generi sine personarum aliqua exceptione aequabiliter iustitia est diuina largita. 2 1 18
lapidibus adamantinis meliores. exsultate, pueri, sacrae turris dulces ac sine pretio margaritae. felicia, exsultate, coniugia: meliores ornatui gemmas 2 6 10
quid faciat inuitatus, cui omnes nocendi aditus reserati praestant sine pugna, sine ullo labore uictoriam. non enim conabitur in dicionem 2 7 13
ex eo amplius requirendum quam ut quis eius nouerit uoluntatem, sine qua ei nec legitime seruire poterit nec placere. ceterum prouidentis dei 1 54 1
uno eodemque consensu quasi quendam patientiae deferuntur in portum, sine qua nec audiri nec concipi nec disci quicquam poterit nec doceri. nam 1 4 1
non habebit. unde primo omnium *spes* nobis proponenda est *futurorum*, sine qua nec praesentia quidem ipsa stare posse perspicimus. adeo tolle 1 36 2
uitae legitimam genitricem, hanc perpetuam futuri regni consortem, sine qua nemo possit omnino ad dei notitiam peruenire. unde primo 1 3 1
lignum auxiliare, quo tenditur uel portatur, crucis est dominicae signum, sine quo uiuere immortalitatemque apprehendere in toto non potest 2 11 4
quia ipse dictus est etiam petra, recte cultellos petrinos fecit (unde non sine ratione et *Simoni*, super quem aedificauit ecclesiam, *Petrus nomen* 1 3 16
filio, quia regnum traditur patri, maior patris iniuria est, si est aliquando sine regno. accedit, quod oramus cotidie, ut *adueniat regnum* patris, 2 5 5
profunda, cupiditas caeca, tempestas insana, rapacitas sine fine, sollicitudo sine requie, ad sua numquam perueniens uota, quia satiari non nouit. 1 21
arcano insuspicabili ac soli sibi nota conscientia, filii non sine affectu, sed sine reuelamine amplectebatur. igitur ineffabilis illa incomprehensibilisque 1 17 1
ad ecclesiam non uenire. sed multo peius est, si places marito: neque enim sine sacrilegio possis placere sacrilego. ut rem compendio transigam: utique 2 7 16
libere tractari potest, tuum etiam a Christianis ipsis minime consecratis sine sacrilegio uideri non potest? postremo detestabilis est uiuendi condicio, 2 7 14
edictis unum Christum dei filium spiritali temperamento conscribunt. quae sine se utilia esse non possunt, quia ueteri sicut nouum praestat fidem, ita 1 37 4
instabilis, caecus, incautus, inconstans, totus concitatus in ruinam; res sine substantia, negotium sine persona? omnia cito temptat, omnia 1 4 7
inde est, quod nostra non habet necessaria tormenta confessio, quod sine sudore tortoris facinora sua sponte reus, ut fiat innocens, confitetur. 2 24 2
in domo denique quae geruntur, sed et ipsis in fanis, Christiana fidelis, sine te esse non poterunt, quia uxor infelix es, si nescis, quid agatur in 2 7 13
inde est quod nostra non habet necessaria tormenta confessio, quod sine truculenti sudore tortoris facinora sua sponte reus, ut fiat innocens, 1 42 2
nihil sibi ipsa concilians, nihil proprium derelinquens, nisi quod fideliter sine ulla iactantia eius fungitur uoluntate. est autem in publicum tota 2 1 11
omne ius in uiribus habet: quod facere praeualuerit, aestimat rectum. adeo sine ulla reuerentia diuinae atque humanae religionis delet abrupte igni 2 1 7
faciat inuitatus, cui omnes nocendi aditus reserati praestant sine pugna, sine ullo labore uictoriam. non enim conabitur in dicionem redigere suam, 2 7 13
homo non potest nasci. totum denique sua luce resplendens corpus sine umbra gestabat, humilis carne, sed excelsus omnipotentiae maiestate. 1 54 5
sibi; quod parentes opulenti abolita sui nominis sanctitate filios suos non sine utriusque dedecore patiuntur errare stipi triuiali subiectos; quod liberi 1 5 6
eum, qui praeuaricatus fuerit e duobus. sed nec illis impune succedit, qui sine uxoribus amore peccandi liberius incertas atque inhonestas sibimet 1 1 14
uelut testudine quadam resistunt uincuntque facilius caritate, quod singillatim nuda uix possunt superare uirtute. elementa quoque ipsa, 1 36 15
est gaudium, certissimum periculum publicare. sed non opus est ire per singula, cum uno exemplo noscantur uniuersa eius mala, propheta dicente: 1 14 4
sibi quodam modo illa excarnata umbra tractabilis? longum est ire per singula. ecce peremptorius aliqui morbus totam machinam lecto prosternit, 2 4 16
gaudii, quae nunc fuerant orbitatis. sed longum est, fratres, ire per singula, maxime quia caritas sua ingerit fortiora. quae ita rebus uniuersis 1 36 10
adulteria spectaculo totius mundi quoque prostituit. non opus est ire per singula; quamuis et haec non fuerint dictu digna, tamen ad exprimendam 1 1 12
adulteros, alios sacrilegos, alios auaritia efficit caecos. longum est ire per singula: uarias atque innumerabiles *nocendi artes* habet, sed has omnes 1 38 7
nec singulare nec friuolum crimen est, fratres, uel maxime Christianum 1 5 1
si contemneret deum, aut crudelem, si occideret filium, nisi quadam singulari ac uere diuina patientia inter religionem pietatemque negotium 1 4 13
et praemium. o liberatoris nostri profunda prouidentia! o praestantia singularis! o dulcis sententia! o damnatio necessaria! in semet ipso homo 1 42 2
illi praestiterit. o liberatoris nostri profunda prouidentia! o praestantia singularis! o dulcis sententia! o damnatio necessaria! homo iugulatur, ut 2 24 3
totum possidet filius; unius est quod amborum est; quod unus possidet, singulorum, domino ipso dicente: *omnia quaecumque habet pater, mea* 2 5 9
ornamentum cuius unum si soluas in pretium distribuasque necessitatibus singulorum, ex eorum respiratione cognoscis, quantorum malo ille constat 2 1 19
omnes sunt semper aequales; quod unius est, omnium est; quod omnium, singulorum. uultis scire, quae illic beatitudo uersetur? nemo suam uestem, 1 5 18
pondus antiquum; habetis aginam: exagium facite quemadmodum uultis; singulos ponderate: inuenietis nullum habere minus. tripondes sunt omnes, 1 41 3
coronam. nam postquam turbari urbem funesta conuentione cognouit ac singulos quosque ad funestum illud spectaculum trahi, contemptis uniuersis 1 39 3
inexterminabilis uixit, quam diu imperata regalis edicti continuit. at ubi sinistro consensu inuidi ex lubricitate serpentis est inpatientiam mutuatus 1 4 8
tempus non sinit, fratres, imagini reddere ueritatem. uerum tamen, Iudaee, quid 1 9
tempus non sinit imagini reddere ueritatem. uerum tamen, Iudaee, quid designatione 2 16
licet facere uxori, quod marito placet; ubi proponis, quia nihil te gerere sinit, nisi quae disposuerit prior ipse compleuerit. quod si factum non 2 7 15
habet, quos peragrare competenti sermone urgentium sacramentorum non sinit pondus. uerum tamen ne in toto solemnitas cesset, paucis eius 1 10b 1
temporis fetus partu crudo in alterius contumeliam inpatientia non sinit praecipitare. quid auium diuersarum decora commercia litterataeque 1 4 6
in faciem pedum extrema nudare. ecce inter ipsa supplicia uacare non sinitur et orationis instar per carnificis tormenta meditatur. erexerat 1 39 7
dies festi omnisque solemnitas abominatio est apud deum. cum haec ita sint, a quibus, quomodo, unde pascha celebratur? adde quod agnum 1 46a 2
est enim unus timens dominum quam mille filii impii? cum haec ita sint, age uidua, quae sicut innocens uirgo nubere saepe festinas, 2 7 6
in spe, in fide, in caritate, quae ita inuicem sibi uidentur esse connexa, ut sint aliis alia necessaria. spes enim nisi praecedat, cui laborat fides? fides si 1 36 1
rebus demoror prope sanis, quasi, quae uere exsecranda sint, iam correcta sint crimina. pudet me dicere in populo graui anus saepe uideri nouas 2 7 10
quam oporteat. similiter Paulus: *noli altum sapere, sed time.* cum haec ita sint, cur legem lege distringis? cur sub imaginem fidei fidem deponis? cur 2 3 13
prorsus dies, quo iugiter sibi similis esse uideatur? cum haec aliter non sint, ergone dei imaginem non habemus? habemus plane et quidem 1 27 3
dicens: *ego ex ore altissimi prodiui ante omnem creaturam*. cum haec ita sint, humanitas, te, uersuta, cognosce uel sero et intemperanti linguae 2 8 3
sed sic ego in rebus demoror prope sanis, quasi, quae uere exsecranda sint, iam correcta sint crimina. pudet me dicere in populo graui anus saepe 2 7 10
iustos et iniustos generaliter dictos. sed ascendentes et descendentes qui sint, in exemplis agnoscimus. descendentes sunt, qui saeculo renuntiantes 1 37 12
in muros praestolantes dei transitum populi, ut persequentibus mare sint. inducitur in uiam Israel ingratus, spiritus in qua nec gladios possit timere nec 1 29 2
incitetis me in operibus manuum uestrarum et disperdam uos. quae autem sint ista opera manus humanae, spiritus sanctus in Psalmo nonagesimo 1 25 5
sunt destinati supplicio nullaque eos cognitio exspectat ulterius, quinam sint isti, quibus est iudicium praeparatum. et a quo scire debemus, nisi ab 1 35 4
utique Christianos designauit ac lubricos, *qui inter pios impiosque sint medii* nullam partem tenentes ad plenum, cum utramque tenere non 1 35 4
seruire minime potuerunt. sed inpatientiae hactenus exempla prolata sint. neque enim est studiose, ut arbitror, memorandum, quod optaueris 1 4 11
optinere potuissent. at cum diuina adiuratione in eculeo spiritali et qui sint nolentes edicant et inuiti discedant, procul dubio hoc sunt, quod sese 1 2 7
fides ac spes dilectionis a fundamento uelluntur. quid autem sine caritate sint non tantum istae, sed et aliae quoque uirtutes, indice Paulo 1 36 20
in populo graui anus saepe uideri nouas nuptas, quarum paene plures sint nuptiae quam natales. quae non rogantur ut nubant, sed ut dormiant 2 7 10
licet sectae sint plures, quae iniuriam Christi fabulari nitantur, tamen tres sunt 2 8 1
sed quid ego diutius demorer in humanis, quasi sola isto affectu sint praedita? nonne uidemus omne animantium genus congregatione, 1 36 15
aliqua exceptione aequabiliter iustitia est diuina largita. cum haec ita sint, procul dubio non est a tyranno dissimilis, qui solus habet quod potest 2 1 19
ista sunt uerba: *tempus coartatum est; superest ut qui habent uxores, sic sint quasi non habentes; praeterit enim figura huius mundi.* at cum ante 2 7 5
nunc nouos filios similiter et maritos? at e diuerso ipsae aestiment, quid sint, quibus in tam solemnibus uotis saepe contingit, ut nec filios habeant 2 7 10
uos in terram Israel; dabo spiritum meum in uos et uiuetis. cum haec ita sint, resurrectionem futuram cur, Christiane, non credis? cur de huius 1 2 13
peraequatio. at cum omnes omnino memorati omnesque felices eius dono sint tales, contumelia est laudare dominum, cuius condigne laudare non 1 4 19
conferente connexa, quae, licet sui proprietate, locis uocabulisque discreta sint, tamen trini profundi saporis una uirtus, una substantia, una est fluenti 1 7 4
sibimet conuenire diuersae religonis diem, quo tibi ecclesia, illi adeunda sint templa. quo genere unusquisque suum sacrificium procurabitis, quo 2 7 14
nunc primo omnium, optime Christiane, scire cupio, quae sint tua, cum sint timentibus deum uniuersa communia, sicut scriptum est: *turba autem* 2 1 18
mox uidebimus. nunc primo omnium, optime Christiane, scire cupio, quae sint tua, cum sint timentibus deum uniuersa communia, sicut scriptum est: 2 1 18
unius electio sit alterius reprobatio. uel si omnes omnino amplectendae sint, ut tot quis habeat fides quot non habet uerba, multo magis nihil 2 3 7
saeculorum pater adest dies, omni genere fructuum fetibus pollens, diuite sinu, momentis quibus uelis quattuor temporum munera expungens. 2 13
enim sine patris esse possit iniuria, si hac necessitate opus esset illi, qui in sinu patris commanens uoluntatis eius perfectionem non didicerat, sed 1 56 2
marmoreo stupore solidetur; cetina cymba inter aestuantis pelagi sollicitos sinus fidem tuam fideliter portet; solis cursus ac lunae ab occidui carceris 2 3 14
clamans similiter Petrus impetrauit a domino, ut profundi maris lubricos sinus insubditaque humanis gressibus liquidi aequoris terga, quibus uiator 1 34 3
per quam crucem euaserant Pharaonem. sed iterum *derelinquetur filia Sion* <...>. 1 61 8
tunc et a saeculis tu es. ubi hominem mixtum, sic prosequitur: *dicite filiae Sion: ecce rex tuus uenit tibi iustus et saluans, mitis, sedens super asinum* 2 5 2
consequere beneficium, si deo uiuas puris moribus libera et hominis non sis ancilla. at tu, uidua, secundas cur desideras nuptias, cum temperare 2 7 4
salutare, quem paulo ante ridiculo habueris, admirari; cuius exsecratus sis corruptelam, optes imitari uirtutem; quem cupidum semper horrueris, 2 29 3
uel tot ac tantis ex rebus quemadmodum rursum eadem quae es sis melior futura cognosce. praeterea granum uniuscuiusque frumenti 1 2 21
tibi in filio obtemperas. tu in spiritu sancto exsultas. tu cum in tribus una sis, nullo pacto diuideris, nulla humanae curiositatis calumnia commoueris. 1 36 32
Salomone dicente: *altiora te ne quaesieris et fortiora te ne scrutatus sis. quae praecepit tibi deus, illa cogita semper et in plurimis operibus* 2 3 16
orbis uacuus se duobus angustum; mirantur elementa hominem, qui factus sit *ad imaginem et similitudinem dei*, posse iugulari, et hoc a fratre. 1 4 9
cura torquetur. sed dicet aliquis: 'etiam Maria uirgo et nupsit et peperit.' sit aliqua talis, et cedo! ceterum illa fuit uirgo post connubium, uirgo post 2 7 4
firmum, quod habet statum semper incertum, quippe cum unius electio sit alterius reprobatio. uel si omnes omnino amplectendae sint, ut tot quis 2 3 7
prorsus nulli rei subiecta, unum tantummodo metuens, ne <non> sit amplius quae uocatur. denique in solitudine, quae a moechantibus 1 1 1
esse quodam modo etiam ipse miretur. igitur si homo potest facere, ut sit arbor quod non fuit, saluo quod fuit, quanto magis deus hominem 1 2 28
nefas! quae istae sunt tenebrae? inest omnibus et ab omnibus, quasi non sit, arguitur; accusatur et tamen colitur; iugulat et amatur. inuincibile 2 1 8
extra coniugium; Christiano enim, fratres, ultra licere non puto quam ut sit aut continens aut maritus. uenio nunc ad exempla, quae sunt negotio 1 1 14
maior est natura quam deus. at cum naturam ex nihilo fecerit Christus, sit autem ex natura tempus, ineptum satis est opus suo praeponere artifici 2 8 5
uigeat, huc atque illuc aestuans uarie caeca prorumpat, uicta sit autem, si dissimulatio celebritatem eius obscuret. nunc ad patientiae 1 4 11

dei templum. itaque beatus est, semper qui meminit, quod renatus sit; beatior, qui non meminerit, <quid> fuit, antequam renatus sit; 2 29 3
renatus sit; beatior, qui non meminerit, <quid> fuit, antequam renatus sit; beatissimus, qui infantiam suam prouectu temporis non mutauerit. 2 29 3
neque sapiens iniustus ipsa ratione docente. *qui enim stultus est, quid sit bonum* ac malum *nescit* nec potest quid reprobet scire, quid teneat, *et* 2 1 9
ad dei notitiam peruenire. unde primo omnium definiendum puto, quid sit circumcisio, ut tunc demum, qualis sit, iure possit agnosci. circumcisio 1 3 2
tantum ueniam delictorum taciturnitate, non uoce. quorum quis quid sit consecutus, accipite: qui totum sibi ipse promiserat, inanis, qui nihil 2 9 9
uim consociationis carnis et animae et hominis summum bonum ubinam sit constitutum, quiuis facillime possit agnoscere. posteaquam deus, fratres, 2 4 3
cuius enim impietas paterno affectui parem gratiam non refert, quantum sit criminis dici non potest: dominum patrem non dilexisse, cum peccatum 1 61 6
mora; patent duodecim portae, habitacula praeparata sunt infinita. nemo sit de mansione sollicitus: certae gloriae nostrae insignis res erit, si dei 1 5 18
homo. construitur mobile totumque se nesciens simulacrum et, ut imago sit dei, inspiratur a deo in *animam uiuentem*. concepit spiritum adaeque, 1 56 3
auremque praesenti commodare lectioni, ut edicerent nobis, quinam sit deus iste, qui dicit: *audi, populus meus, et loquar, Israel, et* 1 25 1
sit talis, ut numquam moretur in propriis, sed in publicum tota diffusa sit, diffamationibus uigeat, huc atque illuc aestuans uarie caeca prorumpat, 1 4 11
exserit gladium, ille ceruicem. uno uoto, una deuotione, ne quid profanum sit, diligenter ac patienter geritur, quod ab altero celebratur. sub tanto, 1 4 14
stultos iudicari se iustos quam sapientes iniustos, maxime cum iam sit eorum fraus omnis in medio. non enim rem ualuerunt transferre, sed 2 1 4
diuersa confundit. disputatio enim sicut excolit legem, ita, si uersuta sit, eradicat fidem, quia fides profecto non est, ubi quaeritur fides; deinde 2 3 4
quidem nec ueram sapientiam? quia fieri non potest, ut uerus sapiens non sit et iustus, iustus adaeque uerus non sit et sapiens, quia iustus esse non 2 1 9
de caelo descenderet, cum humanitatis a caelo et possessio longe dimota sit et natura? age, excita sensum, lector, inuenies ueritatem. qui erat in 2 4 2
quod elaboret — dispendio suae, non dicam facultatis, sed etiam, si opus sit et salutis — alii magis prodesse quam sibi; suam, quia, quamuis sit 2 1 3
non potest, ut uerus sapiens non sit et iustus, iustus adaeque uerus non sit et sapiens, quia iustus esse non potest stultus neque sapiens iniustus 2 1 9
dei cultus debeat custodiri, apud Salomonem maxime cum scriptum sit: *et si multiplicentur, non oblecteris in illis; si non est timor domini* 2 7 5
resurgescentibus ornatus iam non oleaster sit, sed oliua, cum et oleaster sit et tamen oleastrum se non esse quodam modo etiam ipse miretur. igitur 1 2 27
pudicitiam qui colit, quantae nobilitatis sit, facillime cognoscit; est etenim tantae uirtutis, ut sit honorabilis etiam 1 1 1
ex ratione nominum publicemus, ut quid appetendum quidue fugiendum sit facillime possit agnosci. sub uelamine Christi nominis, fratres, se 1 1 6
esse non potest quam quod est. igitur cum possibilitatis humanae non sit fidei uidere secreta, nusquam, frater, tua curiositas, nusquam tua 2 3 11
et quidem *repugnantia*. ac per hoc necessario requirendum nobis erit, quid sit fortius de duobus: illud quod sensibile est an quod caret sensu. uerum 1 7 2
excludit, orbem totum, si possit, ut rapiat. uultis scire, quale calamitatis sit genus? sane plus in eum, qui eam dilexerit, saeuit. quam qui uicerit, 1 21
requiratur iniuriam. quod futurum Salomon enuntiauit et cauendum quid sit his uerbis edocuit: *melior qui deficit sensu in timore quam qui abundat* 2 3 12
criminis dici non potest: dominum patrem non dilexisse, cum peccatum sit hominem non amasse. unde infelices et miseri sunt Iudaei, qui deum 1 61 6
sententiam damnationis excepit, quia, sicut est detestabilis qui, cum sit homo, deum se fingit, ita detestabilior qui deum colit, quem ipse 1 13 6
peribit. consequens est, ut scire nos par sit, in quo habitu regnaturus sit homo iste noster, qui tendit ad caelum, ne forte cum carne depereat, 1 2 24
dei), et alio loco dicat: *ego sum qui sum et non demutor.* cum hoc ita sit, homo quemadmodum dei imaginem portat, cuius uultus passibilis, 1 27 2
dei), et alio loco dicat: *ego sum qui sum et non demutor.* cum hoc ita sit, homo quemadmodum dei imaginem portat, cuius uultus omni 2 30 2
quantae nobilitatis sit, facillime cognoscit; est etenim tantae uirtutis, ut sit honorabilis etiam hostibus suis. haec totius humani generis fundamenta 1 1 1
superior, iam caelestia aspirans, iam, non dicam saeculi ludibria, sed, ut sit honoratior, se ipsam contemnens, iam ueritatem non imaginem 1 2 25
non pro tempore, quia uaria non est; *non aemulatur*, quia inuidia quid sit ignorat; *non inflatur*, quia humilitatem colit; *non malum cogitat*, quia 1 36 12
suam nebulis turbulentare non nouit. paenitentiam nescit; altercatio quid sit ignorat. omnes aut deuitat aut portat iniurias. incertum est, utrum 1 4 2
in eo se quis aestimet fideliorem, si loquatur argute, cum magis uerus sit ille fidelis, qui sacra in praedicatione non ultra, quam licitum est, aciem 2 3 12
resurrectionis ueritas omnibus claret. sed necessario disserendum est, quae sit in ea iniustorum iustorumque discretio, ne generalitas nominis in 1 2 23
domino; cetera autem nihil proderunt, si colentis pura mens non sit, in Ecclesiastico Salomone clamante: *dona iniquorum non probat* 1 25 9
occasionem ullam prorsus nocendi non praeterit. uultis scire, quod malum sit? in ipso fructu suo etiam ipse se odit. uenenis eius cotidie totus 1 36 27
uiam iustorum et iter impiorum peribit. consequens est, ut scire nos par sit, in quo habitu regnaturus sit homo iste noster, qui tendit ad caelum, ne 1 2 24
illa, propheta dicente: *natiuitatem autem eius quis enarrabit?*. cur autem sit inenarrabilis, patre loquente noscamus; dominus ipse nos edocet: 2 8 2
patris, cuius habet totum, iniuriam pertinebit nec est in illo aliquid, quod sit inferius, quia sicut pater nec plus potest habere nec minus; alter enim 2 5 10
quaeram.' hoc etiam gentes dicere consuerunt. ceterum apud deum quam sit iniustum, mox uidebimus. nunc primo omnium, optime Christiane, scire 2 1 18
memoratio, quoniam res est disconueniens et absurda, ut secundus sit inmortalis et qui mortalis est primus, cum inmortalitas in se ordinem 2 4 2
quid uelis: remedium an sanitatem. denique si uidetur, conferamus, quae sit inter uirginem nuptamque discretio. *nupta cogitat, quemadmodum* 2 7 3
est, utrum inpassibilis iudicetur, cum aliquid passa quasi nihil passa sit inuenitur. postremo impossibile est, fratres, eius aestimare uirtutem, 1 4 2
duorum imaginem et similitudinem fingitur nec tamen in eo, quid cuius sit, inuenitur. si igitur in opere extraneo paritas sacra distingui non potest, 1 45 2
omnium definiendum puto, quid sit circumcisio, ut tunc demum, qualis sit, iure possit agnosci. circumcisio est, fratres, in damnum rotundi 1 3 2
et deputatum est illi ad iustitiam? cum igitur integer, sicut Enoc et ceteri, sit iustificatus et postea circumcisus, manifestum est circumcisionem non 1 3 7
se fecisse quod fecerat; aliter etenim quis saluus esse non poterit, quamuis sit iustus, nisi exomologesin faciens et praesentia sua peccata exstinguat et 1 13 12
subiaceret, si legis periti tantum iustificari meruissent. at cum scriptum sit: *littera occidit, spiritus autem uiuificat,* quia *non sub lege, sed sub* 2 3 2
satietatem. ita omnes in rabiem una tempestate praecipitat, ut ubinam sit maior ignores. est autem similis igni arida pabula depascenti, quae nisi 1 14 1
principium, quae spes futurae beatitudinis credenti, cum scriptum sit: *maledictus homo, qui spem habet in homine*? ergo ubi purum deum 2 5 1
recti aliquid illam facere uel fecisse, quod fecerit? uultis scire, quam iusta sit? miseram se putat, nisi euerterit ueritatem. ceterum fortitudo, quae 2 1 7
post mortem nihil superesse contendis, quemadmodum per alium locutus sit mortuus ille, quem noueris. at dicis: 'hoc daemones fingunt'. o probatio 1 2 7
ludit aliena sententia! o quam adultera, quae non agnoscit, quo auctore sit nata! o quam ridiculosa, quae duobus confligentibus Christianis ab 2 3 10
timor discernitur a timore. fiunt enim duo: unus dei, alter qui naturae sit; naturae in homine nascitur, dei autem et discitur et docetur, quia non 2 2 1
cotidie mobilitatibus gaudet, uarietatibus studet; miserum se putat, si ipse sit, nec intellegit rem dementiae esse consimilem, in statu suo animum non 1 4 7
est nobis portantibus nota. incomprehensibilis enim dei imago inuisibilis sit, necesse est. denique oculis non est subiecta carnalibus; nam neque cum 1 27 3
non est portantibus nota. incomprehensibilis enim dei imago inuisibilis sit necesse est. denique oculis non est subiecta mortalibus. nam neque cum 2 30 3
aut muneris, totum respuit praesumens totum se habere, si pura sit. neminem foede desiderat nec ulli similiter se desiderabilem praestat. in 1 1 2
quod in Aegypto creuerit: at in originali decreuit solo; quod captiuitatis sit nexibus exsolutus: sed est nunc usque barbarici furoris moribus 1 52
refoueri, ut tunc demum credi possit resurgere, quod omnibus palam sit non penitus interire. gentes, quae ista non credunt, tamen cum libamine 1 2 3
quod alieno mouetur pulsu, quod quid sit, quid fuerit, quid futurum sit, non potest aliquando sentire. solus deus est itaque principium, qui ex 1 7 2
uenales esse propositas. uerum tamen ex his omnibus eligendum quid sit, non potest nosci aut comprehendi, quia non erit nec proprium nec 2 3 7
possumus imitari uirtutes. tanta enim probitate uixerunt, ut pars felicitatis sit nosse, quid fecerint. igitur Iob uir fuit iustus et uerax, ab uniuersis 1 15 1
non culpa; qui deum metuit, non naturam. uultis scire, cuius proprietatis sit? omnes timores, quoscumque inuaserint, incremento conficiunt; hic 2 2 7
potest habere nec minus; alter enim in alterius plenitudine infusus est, ut sit *omnia in omnibus* deus benedictus, pater in filio, filius in patre, cum 2 5 10
quia caritas sua ingerit fortiora. quae ita rebus uniuersis est praedita, ut sit omnium iure ipso regina. triumphet licet quibus uult uirtutibus fides, ac 1 36 10
uti sermone nouique operis arcem sacram laudibus geminare. sed quamuis sit optimum laudare, quae dei sunt, tamen praecipuum non est, quod cum 2 6 1
nemo rogat, nemo trepidat, nemo se excusat, nemo turbatur. ne uere sit parricidium, ille lignum quo inuratur sibi praeportat, ille aram struit. 1 4 14
spectaculum ac uere deo dignum, in quo definire difficile est, utrum sit patientior sacerdos an uictima! non percussoris, non percutiendi 1 4 14
praecedunt uos in regnum dei. haedum ei promittit, id est, quae sit peccatori peccati merces, ostendit. quam accipere deuitauit, quia inter 1 13 9
carissimi, secunda illa circumcisio ab Iesu Naue quo genere celebrata sit petrinis illis cultris: cor an praeputium circumciderit. etenim si 1 3 15
quemadmodum ab inprudentibus aestimatur. ceterum domini dictum quo sit pondere quaue ratione prolatum, explanat proprietas ipsa uerborum: *qui* 1 35 2
non credit esse uenturum? sed spes ex fide est, quae quamuis in futuro sit posita, fidei tamen est iure subiecta. ubi enim fides non est, nec spes 1 36 4
non deletur. nunc uideamus, intellegendum quemadmodum nobis sit, propheta quod ait: *beati omnes qui timent dominum.* si omnes, qui 2 2 3
si quis inter uos uidetur sapiens esse in hoc saeculo, stultus fiat, ut sit prudens; nam huius mundi sapientia stultitia est apud deum. ob quam 2 1 5
Christum induimus; qui, quae uis, qui exitus, quae merces carnis sit quaeue animae, deo magistro didicimus; qui non ignoramus uictoria 2 4 18
praeputium cordis uestri, ne exeat sicut ignis ira mea et exurat et non sit qui exstinguat. uidetis ergo, fratres, quia huius modi circumcisis deus 1 3 12
nec desertorem praemiis triumphalibus honorabit, maxime cum scriptum sit: *qui habet, dabitur illi et abundabit; qui autem non habet, etiam id* 1 36 7
non sic debetis accipere, ut operis sui laudem sibimet soli deberi testatus sit, qui in euangelio dicit: *si non facio facta patris, nolite mihi credere;* 1 25 8
laetatur pater in alio se, quem genuit ex se. quomodo autem generatus sit, qui processit, dementis est opinari. namque temperat se propter rerum 1 56 2
substantia tollitur, quod mutatur, quod alieno mouetur pulsu, quod quid sit, quid fuerit, quid futurum sit, non potest aliquando sentire. solus deus 1 7 2
metiri ac discernere posse praesumis, hic tibi ego respondere non audeo, sit quippe cum tutius imperitum uideri quam esse sacrilegum. et tamen 2 3 15
a deo facta sunt uel uidentur. itaque quod ad nos pertinet, uideamus, quid sit, quod deus ait: *faciamus hominem ad imaginem et similitudinem* 2 30 2
fecit. itaque quod specialiter ad nostras pertinet partes, uideamus, quid sit quod deus ait: *faciamus hominem ad imaginem et similitudinem* 1 27 2
stare *diuisum*. unde non sic sentiendum est, fratres, ut pater accepturus sit quod non habuerit aut filius tradendo quod habeat perditurus, cum et 2 5 9
flos temporis. coronemus nos rosis, antequam marcescant. nullum pratum sit, quod non transeat luxuria nostra. ubique relinquamus signa laetitiae, 2 4 10
alia necessaria. spes enim nisi praecedat, cui laborat fides? fides si non sit, quomodo spes ipsa nascetur? quibus si deneges caritatem, utraeque 1 36 1
carnis accepit, si ei necessarium non fuit?' huius propositionis quae sit ratio, fratres, accipite. igitur qui uenerat hominem uiuificare, per 1 3 17
quod est uerius atque iustius, transfer ad deum et, quale uelit illud sit, repente exstinguetur incendium. sed sic ego in rebus demoror prope 2 7 9
diem, terra tremore nimio firmitatem. hinc aestimare licet, quid eis sit reseruatum, quorum in causa funerei luctus poenae pertulit natura 1 47
nostrae et non est refrigerium in fine hominis et non est qui agnitus sit reuersus ab inferis, quia ex nihilo nati sumus et post hoc erimus 2 4 10
in perpetuum imperio Romano seruiret. sane uultis scire, quantae sit sanctitatis? quem mare sustinuit adunatum, non potest terra baiulare 1 52
opus sit, et salutis — alii magis prodesse quam sibi; suam, quia, quamuis sit sapientiae nomine falso uestita, tamen suis commodis consulendo, quod 2 1 3

largitur. tres pueri unanimes legumina inferunt primi, quibus, ut scitus sit sapor, salem sapientiae aspergunt. oleum Christus infundit. Moyses 1 24 2
nouae frondis promotione ramis resurgescentibus ornatus iam non oleaster sit, sed oliua, cum et oleaster sit et tamen oleastrum se non esse quodam 1 2 27
ut in ipsa quoque, si insanire cuiquam libeat, deus illi non colendus sit, sed quaerendus. quod nunc faciunt infideles, de quibus scriptura diuina 2 9 2
[nos]. non est enim parum criminis, ut semper apud ipsos diuinus sit sermo prolatus, nunc alteris uideatur ingestus. unde reiectio Iudaeorum 1 61 1
iudicandum? quam iudicii formam etiam ipsa humanitas, quamuis iniusta sit, seruat. nemo namque pater familias honesta fidelitatis suae lucra 1 35 8
sentiamus, ambo prophetae tenebuntur in crimine, ut aut Moyses fallax sit, si circumcisio recircumciditur rursum, ut hoc idem faciat aut ut quod 1 3 15
idem faciat aut ut quod non habet perdat; aut certe Iesu Naue parricida sit, si cultris corda hominum desecat. sed absit, fratres, ut spiritales uiros 1 3 15
septimus, non nonus, accepit ac per hoc necesse est, ut utrumque inane sit, si infirmari potest alterum de duobus. quid, quod Abel iustus est sine 1 3 4
tempus et locum et nomen proprium confitetur discessumque, uel qui sit signis euidentibus docet, ut plerumque aliquos noscamus eos esse, quos 1 2 6
quis est, quem altissimum dicit, cum ipse sit solus, a quo alius altior non sit? sin uero omni honorificentia deferentis patri uerba sunt filii, debetis 1 25 2
plus honestati consulens quam utilitati. uultis scire, quantae felicitatis sit [sit]? eam et qui habet diligit, et qui non habet diligit. si ergo exsultat 1 1 3
quis est iste, cui tantum defert? quis est, quem altissimum dicit, cum ipse sit solus, a quo alius altior non sit? sin uero omni honorificentia deferentis 1 25 2
sola est, ad quam prorsus res omnis spectet, dubium quippe cum non sit spem, fidem, iustitiam, humilitatem, castitatem, probitatem, 1 4 1
denique filios uocat, ut abdicatio timeatur; exaltatos, ut ruina terrori sit; spretores, ut poenam supplicii sibimet impendere cognoscant. quod 1 30
nouum, sacri gurgitis elemento sepelit. et cum omnium aquarum natura sit talis, ut, cum in profundum homines susceperit uiuos, euomat mortuos, 2 10 2
memorandum, quod optaueris compescendum, maxime cum eius natura sit talis, ut numquam moretur in propriis, sed in publicum tota diffusa sit, 1 4 11
fuerit: illic quia parum distrahit, hic quia non solus. uultis scire, quantis sit tenebris obuolutus? irascitur deo, si non semper fiat publicis luctibus 1 5 14
mente limpidior, usque adeo circumspectus atque inreprehensibilis, ut dei sit testimonio collaudatus. unde non inmerito beatus beata uita fruebatur. 1 15 2
custodias praecepta eius ex toto corde tuo et ex tota anima tua, ut bene sit tibi? uidetisne hunc timorem nobis necessarium, qui in dei amore 2 2 4
militabat; non pallescit uultus, non contremuit manus. quaerit puer, ubi sit uictima. quae mox, ita ne percuteretur tenera aetas, ostenditur, quo nec 1 62 4
incendia. sane in senibus ut est honoranda, ita miranda non est, quia licet sit uictrix, tamen triumphi sui palmam senectutis cum rigore partitur; 1 1 5
ait: *primus homo e limo terrae, secundus e caelo*, dubium quippe cum non sit unum hominem tantum e limo terrae a deo finctum eique eius ex latere 2 4 1
mala. nulla ulli competit excusatio, maxime cum res nostrae commissa sit uoluntati, propheta dicente: *ante hominem bonum et nequam, mors et* 2 4 18
fuit, quippe cum illius potentissimi artificis rerum omnium conditoris ipse sit usus impossibilium possibilitatem adserere ex eoque quod non est facere 1 2 16
igitur si, ut uolunt, deus materiam, qua usus est, non fecit, sed aeterna sit, ut ipse est, *duo* sunt ergo principia et quidem *repugnantia.* ac per hoc 1 7 1
dignus es enim immolatione tali, qui salutem tuam in incerti pecoris sitam uisceribus opinaris. sane quod passim multos occidis, edacitatis est 2 20 1
sempiternam qui caelestis panis nobiscum portamus annonam. illis sitientibus petra fluxit in poculum, at Christi fontem qui biberit, in 1 46b 3
defensanda regalia fortiter ac tenaciter signa; aestus, frigus, famem, sitim uniuersaque discrimina aequanimiter perferenda; mundum 2 4 11
petra fluxit in poculum, at Christi fontem qui biberit, in aeternum sitire non nouit. illis in deserto suauitas lactis et mellis exhibita est, nobis 1 46b 3
eia, fratres, quos beatae sitis exoptatus ardor incendit, cupiditate ac uelocitate ceruina lacteum 2 14
eia, fratres, quos beatae sitis exoptatus ardor incendit, quos nectarei fluenti dulce murmur inuitat, 1 12
ut recipiat unusquisque corporis sui merita secundum ea, quae gessit, siue bona siue mala. etenim, fratres, facilius est reformari quod fuerit 1 2 15
nisi primo quis uictor mortis iura praetereat. quae res efficit, ut siue metu siue incredulitate praeponantur praesentia futuris, mala bonis, fragilia 2 4 14
iustus possit esse qui stultus est neque sapiens qui fuerit iniustus. ceterum siue iusto siue sapienti si alterum defuerit ex duobus, quod illi putauerunt, 2 1 10
unusquisque corporis sui merita secundum ea, quae gessit, siue bona siue mala. etenim, fratres, facilius est reformari quod fuerit quam institui 1 2 15
nisi primo quis uictor mortis iura praetereat. quae res efficit, ut siue metu siue incredulitate praeponantur praesentia futuris, mala bonis, 2 4 14
duo sunt utique testamenta, quae ideo materiae ligni sunt comparata, siue quod in eius usu et perpetuo et tutius maneat testatoris uoluntas 1 37 8
esse qui stultus est neque sapiens qui fuerit iniustus. ceterum siue iusto siue sapienti si alterum defuerit ex duobus, quod illi putauerunt, nec 2 1 10
ederit partus effusione perciperet†. sed utrisque <aetas> ademerat spem sobolis: pignus succidaneum meruerunt. sic meruit fides quod ademerat 1 43 1
non habet concupiscentia locum, ubi patientia dominatur, ubi uiuitur sobrie, ubi mors timetur. itaque hanc obseruantiam, hunc timorem, quod 2 7 9
audite: conuersio, audientia, intellectus, credulitas, timor, sapientia, sobrietas, mansuetudo, temperantia, castitas, pietas, caritas, fides, ueritas, 1 37 15
defertur fornicationis rea sine labore accusatoris uidua praegnans. irascitur socer, eam produci iubet atque incendio concremari. at illa constanter 1 13 3
uxoribus talis est condicio: Liam excipit, prolixa tempora obseruat, omnia soceri libens tolerat imperata; qui si esset inpatiens, astu circumscriptus 1 4 16
quia adsertor pudoris eius nondum uenerat Christus. non cognoscitur a socero: ad Iudaeos enim, non ad gentes prophetae fuerant destinati. 1 13 9
conscientia redarguit, quem fratris sanguis accusat. quid inpatientiam Sodomorum, ubi inlicite uiri opprimebantur a uiris, prodigiosae libidinis 1 4 10
in suis martyribus computat totum. non fenestrarum lumen implorat, quia sol aeternus in eo manet. inaestimabilia unius plenitudinis tria illi sunt 2 6 7
sunt quaeras, rediuiui luminis lege suis sedibus resurrexisse agnoscas. sol cotidie nascitur eademque die qua nascitur moritur nec tamen instantis 1 2 18
conuersionemque quasi quaedam sollicita mater patientia custodiret. sol denique quamuis mira celeritate alternas mundi metas illustret, tamen 1 4 4
omnes qui beati sunt gustant; ecce enim de ipso dictum est: *orietur uobis sol iustitiae*. Iob uerax est appellatus; at est uera ueritas dominus, qui ait 1 15 7
medius, probans infirmitatibus carnem et uirtutibus maiestatem. hic sol noster, sol uerus, qui clarissimos ignes mundi germanos astrorumque 2 12 4
bonis putabant, quae eis erant, sed erant illis omnia communia, sicut dies, sol, nox, pluuiae, nascendi atque moriendi condicio, quae humano generi 2 1 18
probans infirmitatibus carnem et uirtutibus maiestatem. hic sol noster, sol uerus, qui clarissimos ignes mundi germanos astrorumque candentium 2 12 4
ubi refunderis, nec recedis. recte deus diceris, quia trinitatis potentiam sola conuertis. 1 36 32
damnatae uoluntatis inuidia, qui dominum nec agnoscere uoluerunt et sola crediderunt cogitatione puniri, quem nefarium fuerat etiam tardius 1 59 8
aeternitas mori, uiuit dominus post sepulcrum, et ad Iudaeos remansit sola damnatae uoluntatis inuidia, qui dominum nec agnoscere uoluerunt et 1 59 8
non dimittitur, sed mutatur. melius seruauit filium, dum non pepercit. sola enim fides deambulat inter gladios tuta, inter esurientes feras amica, 1 62 5
audiri nec concipi nec disci quicquam poterit nec doceri. nam profecto sola est, ad quam prorsus res omnis spectet, dubium quippe cum non sit 1 4 1
lapillos et surculos nostis, in praediis autem uestris fumantia undique sola fana non nostis, quae, si uera dicenda sunt, dissimulando subtiliter 1 25 10
inter gladios tuta, inter esurientes feras amica, in ignibus frigida. sola fides praeferenda: hac nos, qui per fidem filii Abrahae facti sumus, in 1 62 5
libros agnoscimus. sed quid ego diutius demorer in humanis, quasi sola isto affectu sint praedita? nonne uidemus omne animantium genus 1 36 15
Adam similiter dominica circumciditur cruce, et quia per mulierem, quae sola lignum letale contigerat, exceperat uterque sexus interitum, e diuerso 1 3 20
et non repugnat; pro percussoribus suis deum insuper et exorat. una illi sola principalis sollicitudo ac maxima est cautio, ne quid mundo debeat, ne 2 1 13
tuus census est totum in misericordiam habere quod habes. tu sola rogari non nosti. tu oppressos uel cum dispendio tui incunctanter 1 36 31
cetum in cymbam conuertit; haec in Maccabaeicae germanitatis exercitu sola uicit; haec in tribus pueris ignes amoenos effecit; haec mare pedibus 1 36 8
in se patris pietatem, quod unicus, quod sero, quod promissus, quod sola unica spes totius praeteritae sterilitatis damna sarciret. inuenta est 1 62 3
uniformiter interibat omne genus humanum. nec fuit ullus ulli usquam solacii locus. nam hominem uiuum, ut adhuc usque, consumebat labor, 2 4 6
spe Christi uenientis, qui non tantum prophetis synagogae lapsu desolatis solacium praebuit, sed etiam nos omnes in aliqua constitutos angustia 1 13 7
ipsa pudoris compendio mortis oderat moras, omnibus displicens, sed solae suae conscientiae placens, cum subito, quauis uersutia qui fallitur 1 1 19
uarie famulatur acies ualidissima columnarum, quia illi septem solae sufficiunt; non aeneum inhaeret mare, quia illi perennis fontis sui 2 6 6
implere, quod gerit. qui ad se ueniunt, professionem credulitatis ab eis solam ideo, quia eorum fidem uidere non potest, exigit. quam si abesse ex 2 3 3
dubium non est neque praeputium aliquid esse neque circumcisionem, sed solam obseruationem uoluntatis dei esse fideliter uiuentibus necessariam. 1 3 24
non inmerito dominus deus proximi dilectionem commendat, quoniam solam praesumit seruare posse quod praecipit. primum est itaque 1 36 20
e limo terrae a deo finctum eique eius ex latere mulierem coniugale solamen excussam, a quibus omne genus manauit humanum, caelestem 2 4 1
completa expiationis sacrae casta ieiunia, post clarissimae noctis suo sole dulces uigilias, post lactei fontis lauacro uitali in spem inmortalitatis 1 24 1
sub pondere argenti, auro ardens tota domus pugnet sua flamma cum sole honorumque exinanitus a te gradus non inueniat quod tibi praestet, 1 5 10
blandiris, obsequeris. et si quod forte acceptum relatumue fuerit a fanatico solemne mysterium, ipsa suscipis, ipsa reponis, ipsa custodis. una cibum 2 7 17
non perennes elementorum status, non tempora cognata connexione in solemnes reditus commearent, nisi rerum disciplinam conuersionemque 1 4 4
luna quoque, quae quibusdam uidetur errare curriculo menstruali, solemnes suae ignes aetatis quod numquam prorogat inportune nec 1 4 5
ultima senectute consumpta, sua morte reuiuescens, menstrualis ignis solemni germine accenso sumat rursus de fine principium. similiter 1 2 19
saeculorum heres [et] pernici cursu procurrens atque recurrens, solemni meta rotatus in sese, proferens sibi de fine principium, natalicia 1 33 1
sempiterni currus auriga, teretis metae sua replicans complicando gyro solemni uestigia, dies salutaris aduenit. idem sibi successor idemque 2 19 1
redimitus, per temporum ambages *pernicibus plantis* sua *recalcans* officio solemni *uestigia* dies salutaris aduenit. idem sibi successor idemque 1 44 1
[in] stabili cursu multiformi gratia redimitus per temporum <ambages> solemni uestigio dies salutaris aduenit. idem sui successor idemque 1 57
male dilatato queritur lecto; inuidiosis uocibus deo concinnat inuidiam, solemnia ipsa diuina, quibus a sacerdotibus dei quiescentes commendari 1 2 14
similiter et maritos? at e diuerso ipsae aestiment, quid sint, quibus in tam solemnibus uotis saepe contingit, ut nec filios habeant nec maritos. talis est 2 7 10
concepit, per sacramenta iam parturit? ad desiderata quantocius festinate! solemnis hymnus ecce iam canitur, ecce mox infantum dulcis uagitus 2 28
aetatis innumerabiles cunei? nonne cum inuitationi temporum parent solemnisque remigii specioso discursu uel aquas sulcant uel aera 1 4 6
cum suo sibi sacrificio reprobatur. ieiunia eorum, dies festi omnisque solemnitas abominatio est apud deum. cum haec ita sint, a quibus, 1 46a 1
urgentium sacramentorum non sinit pondus. uerum tamen ne in toto solemnitas cesset, paucis eius degustate sermonem. uinea dei quidem prior 1 10b 1
sed crescere nos augmentis caelestibus inuenimus. non sanguinem sterili solemnitate dimittimus, sed pudoris sanguinem retinemus, quem ambitiose 1 3 21
e caelo et a tergo longo flammarum albescentium tractu funereae facis solemnitate in occasus suos quasi quibusdam deducuntur exsequiis; quas si 1 2 17
in uberes fructus longius inuitata producitur, ui aliqua separetur. tum solemniter plorans clementer imbre suo rorat conceptaque musti felicibus 2 11 3
linguam mandare nescisti, quae in conluctatione martyrii prior solet domino confiteri. ductus est tandem beatus Archadius ad exoptatum 1 39 6
reddenda, ut et Christianus ueritatem et Iudaeus suum cognoscat errorem. solet enim magnis cum uociferationibus saepe iactare hanc esse gentis suae 1 3 1
inermis draconem necat, leonibus obiectus in periculo prandet, qui solet extra periculum ieiunare. et Ionas timens dominum spontaneum non 2 2 5
rege nimia crudelitate tribus pueris consulente fornacis ultra quam solet septenario pabulo ignis armatus est. credo diuina prouidentia 1 22 1
quando non fuit. tertia Iudaea est uere caeca, quae cum in lege, ut dicere solet, sua legat ubique duas patris et filii designari personas, tamen nunc 2 8 1

sub tanto, non dicam humanitatis, sed ipsius naturae metu laeti sunt soli. cedit affectus pietati, pietas religioni, fauet utrisque religio. medius 1 4 14
dictum, fratres, non sic debetis accipere, ut operis sui laudem sibimet soli deberi testatus sit, qui in euangelio dicit: *si non facio facta patris,* 1 25 8
hic alteri iubet, in opere nullus otiosus est? o sancta aequalitas ac sibi soli dignissima indiuiduae dealitatis! unus homo ad duorum imaginem et 1 45 2
scriptura iterum ibidem dicit: *sacrificans diis eradicabitur, nisi domino soli.* haec gentes, nisi conuertantur, manet diuina sententia, quae nec deum 1 25 5
quia *non sub lege, sed sub gratia sumus*, quae nos diligere deum ac soli illi seruire in sacramento semel creditae unitae trinitatis non 2 3 2
cum adsimulant se nosse rerum naturae secreta, cum stellis nomina, soli labores inponunt, cum errores suos lunari circulo adscribunt, cum 2 9 1
haec, ut cursus soliti contempta mensura Iesu Naue desiderio pareretur, soli lunaeque suos frenos induxit; haec de armato Golia Dauid inermi 1 36 8
omnium si se ipsam non amet, spes si non ametur. adde quod fides sibi soli prodest, caritas omnibus; adde quod fides non gratis pugnat, caritas 1 36 11
lex semper manat ex libro Genitali, fides autem tenaciter inhaeret suo soli proposito. lex ab alio transit in alium; fides interit, si ab suo statu 2 3 4
satis est opus suo praeponere artifici ac per hoc solum interest, quod soli se sciunt. denique apud Esaiam ad filium *sic dicit dominus deus* 2 8 5
sexu conspicua, in omni aetate miranda, in quauis condicione non dubia, soli sibi deuota, semper bene conscia, prorsus nulli rei subiecta, unum 1 1 1
saecula pater in profundo suae sacrae mentis arcano insuspicabili ac soli sibi nota conscientia, filii non sine affectu, sed sine reuelamine 1 17 1
mare et dextra laeuaque in abruptum digestis aggeribus stupens unda solidatur. dei populus nauigat plantis. mira res! iter eius barbaris 2 26 1
euanescat; sub gressibus tuis maris unda pinguescens marmoreo stupore solidetur; cetina cymba inter aestuantis pelagi sollicitos sinus fidem tuam 2 3 14
fortiores, sibi pares, trinitatis sacramento praemuniti, unitatis una fide solidi, <uirtutis> aequalitate pares, passionis uictoria gloriosi. hos 1 53 1
siue incredulitate praeponantur praesentia futuris, mala bonis, fragilia solidis, falsa ueris, terrena caelestibus, temporalia sempiternis. o caeca 2 4 14
inrorauit. non enim erant idonei aut digni, qui caelestis panis perpetua soliditate fruerentur. petra illis scaturiuit in fontem, ut biberent detritis e 1 18 2
dulcior, ex desperatione felicior putabatur. unicus numero et in amoris soliditate iam primus totum <paternae ac> maternae pietatis occupauerat 1 59 5
tres Hebraei uenerabilis numeri sacramento muniti, aetate teneri, sed fidei soliditate robusti, supplicio suffragante gloriosi amore diuinae religionis 2 22
primum est itaque dilectionis officium deo refundere, quod nati sumus, solique debere, quod uiuimus, nihilque prorsus cordis nostri in penetralibus 1 36 21
quibus subiecti ac se commendantes sequaces fructus adridunt, quos solis ardores, pluuiae uentique exercendo prouehunt ad maturitatemque 2 11 3
consummata omni iustitia expeditior sequitur Christum. ui tempestatis, solis atque imbris ad maturitatem cogitur; et iustus temptationibus crebris, 2 11 6
cymba inter aestuantis pelagi sollicitos sinus fidem tuam fideliter portet; solis cursus ac lunae ab occidui carceris receptaculo orationis freno 2 3 14
sed nos non ad auaros, sed de auaris sermonem fecimus, fratres; alioquin solis diuinis exemplis oportuerat perorare, esset si quis hic talis. sed quia 1 5 17
et sacrificium acceptum non habeo ex manibus uestris. quoniam a solis ortu usque in occasum clarificatum est nomen meum apud gentes, et 1 25 7
conueniunt, ita uiuenti deo uiua templa sunt necessaria. in his enim solis sacerdotum dei structura et propria est et perennis, qua et Iudaeos et 2 6 4
dei duce Moyse iussus est proficisci. huic per diem non circulus solis, sed columna nubis, non candida luna, sed ignis columna per noctem 1 29 1
subiecit. haec Moysi in mari rubro terram uitream fecit; haec, ut cursus soliti contempta mensura Iesu Naue desiderio pareretur, soli lunaeque suos 1 36 8
statimque actus ueteris uitae damnantes pro salute redimenda non solito more ad stupida simulacra concurrunt, non aris foetentibus funestos 1 34 9
cognoscit, omnem impietatis suae rabiem in filios eius effundit. nam cum solito more unanimes una epularentur in domo, subito concussis toto nisu 1 15 4
contempserunt, utpote qui ipsum contempserunt regem. qui ira sufflatus solito septies amplius caminum iussit incendi ac, ne quid immanitati 2 22
tantummodo metuens, ne <non> sit amplius quae uocatur. denique in solitudine, quae a moechantibus uocatur occasio, se tamquam arbitrum 1 1 2
<munitam> castitatis, quae certe uera et aeterna formositas, in paradisi solitudine, ubi Euam ab auctore operis sui meminerant esse deceptam, hac 1 1 17
incendio, in suadelam sacrilegam argumentis uehementer armata captat solitudinem, secretum captat et locum, in quali etiam non irritata 1 1 16
excusationisque uanae depone fallaciam: ingratis auaritiam pietate condis; solius dei potestas est futurorum commodis prouidere. 2 1 21
diuersis, magnis et plurimis, habitatori ulla ne querela subesset, sollertia mira perfecit, tunc *ad imaginem et similitudinem suam fecit sibi* 2 4 4
hic mihi, rustico uestro, beatissimi ignoscite agricultores, si quid uestrae sollertiae, uineae in ratione reddenda, ignauia nostra detraxerit. igitur, ut 2 11 1
imperium sibimet uindicauerat totum. haec cum diu sic haberentur, sollertissimus ille artifex rerum filius dei, cuius sapientia non habet finem 2 4 7
commearent, nisi rerum disciplinam conuersionemque quasi quaedam sollicita mater patientia custodiret. sol denique quamuis mira celeritate 1 4 4
quando exomologesin facies, quae plus pro ornatu es quam pro salute sollicita. quid autem a deo impetrare te posse credis, quae eum per id, per 1 14 6
a deo patre quod petitis impetratis, immo illa per uos impetrat, pro qua sollicite laboratis, ne, dum aliquid postulat, erubescat. beata cum adludit in 1 1 4
qui post haec Abraham sacratam deo approbat mentem. unicus ille filius solliciti senis adhuc paruulus, cui pietas et miseratio maior debetur, 1 43 3
subito compugnantium uentorum flatu uiolento lacessitum fremit mare sollicitique gurgitis praeruptorum montium canis uoluminibus 1 34 5
intrepidus, caelesti prandio satur nec Ionas inter aestuantes procellas sollicitique maris fluctus insanos tutior piscis aluo quam alueo nauis nec 2 18 1
marmoreo stupore solidetur; cetina cymba inter aestuantis pelagi sollicitos sinus fidem tuam fideliter portet; solis cursus ac lunae ab occidui 2 3 14
quid talentorum magnas struis congeries? quid hic remansura peruigil sollicitudine cassa nec tibi ipsi inde aliquid concedendo illibata custodis? 1 14 3
nascentisque de salute non gemit nulliusque momentis omnibus uariae sollicitudinis cura torquetur. sed dicet aliquis: 'etiam Maria uirgo et nupsit 2 7 3
libenter excipere quod sero datur et in tristissima senectute suscepta sollicitudinis mole gaudere; nam et risit Sarra munus iuuentutis subiens in 1 43 2
pro percussoribus suis deum insuper et exorat. una illi sola principalis sollicitudo ac maxima est cautio, ne quid mundo debeat, ne quid horum 2 1 13
innocentia, aequitas in medio, in fine patientia. pax colligit, caritas ligat, sollicitudo custodit, iustitia distribuit, pietas ministrat, puritas supplicat, 2 6 9
libido profunda, cupiditas caeca, tempestas insana, rapacitas sine fine, sollicitudo sine requie, ad sua numquam perueniens uota, quia satiari non 1 21
noster exploratus a deo in senectute suscepit unicum filium. nihil tam sollicitum patri, cuius aetas in annis uergentibus in occasus sui terminum 1 43 1
portae, habitacula praeparata sunt infinita. nemo sit de mansione sollicitus: certae gloriae nostrae insignis res erit, si dei ciuitatem felicitate 1 5 18
es miranda, pudicitia, quae aliter laudari te non uis quam ut custodiaris, solo bonae conscientiae ornamento contenta! tu in uirginibus felix, in 1 1 20
in sterquilinio foetido scaturiente uermibus, quasi nihil passus, sed solo dei timore contentus. o felix uir, qui mira patientia deum promeruit, 1 15 6
ac periculis magnis non possit ab aliquo perueniri. adde quod illa in solo genitali uersatur, ille peregrinus est. illa sine contemplatione 2 4 14
ceterum illa est fidei generositas uera, ut deo fideliter seruiat, in solo ipso fiduciam gerat, a fidelitate et fiducia fidelem se uocari cognoscat, 2 3 19
umbra? exsultat, quod in Aegypto creuerit: at in originali decreuit solo; quod captiuitatis sit nexibus exsolutus: sed est nunc usque barbarici 1 52
omnipotentiam propagat. *de deo nascitur deus*, de ingenito unigenitus, de solo solus, de toto totus, de *uero uerus*, de *perfecto perfectus*, totum patris 1 17 2
in phaleris pendent ornatae matronae! ornamentum cuius unum si soluas in pretium distribuasque necessitatibus singulorum, ex eorum 2 1 19
plangat, quem priorem inueniat, cui primum iustitiam crudi funeris soluat. quo nuntio accepto dei seruus *scidit uestimenta sua*, non ut deo 1 15 4
imminentes diei iudicii flammas, per quas omnes nudi transituri sumus. solum colitur, de quo dictum est: *idola gentium argentum et aurum*, pro 1 5 15
quidem, quia falso colit imaginem, qui eius non diligit ueritatem. sane hoc solum competenter gerunt, innocentes quod agnos passim quasi *lupi* 2 25 2
cuius aut pudor esset iugulandus aut anima, conscientiae suae conscium solum contestans deum honestam elegit mortem quam uitam turpem, 1 1 18
non remedium, sacrificium quod ipse reprobat fieri, qui praecepit. hoc solum dico: imple uel in ceteris legem, sicut scriptum est: praecinge 2 20 2
leuare ponderibus, quae prophetae pondere premebatur. tum Ionas, quem solum exspectabat bona illa tempestas, sorte ductus naufragus redditur, 1 34 6
ferro, haec spiritu; illa portionem, haec hominem totum; illa masculum solum, haec utrumque sexum; illa praeputium paruae cutis, haec 1 3 23
natura tempus, ineptum satis est opus suo praeponere artifici ac per hoc solum interest, quod soli se sciunt. denique apud Esaiam ad filium *sic dicit* 2 8 5
ac uersutiis armata bacchatur, salutis suae alienaeque contemptrix, solum metuens ne desit ulli quod radat. inde est, quod uniuersae nationes 1 5 2
pro inmortalitatis praemio, suae autem gratis laborent. uerum hoc est solum, nos in quo uincimus, quia pro sua sanctitate Christianae plus 2 7 11
deum dereliquerunt, altaria eius euerterunt: cui sacrificant? sane hoc solum proprium retinent, quod, ut uilem libidinem magis ac magis 1 51
longe non est. ius templorum ne quis uobis eripiat, cotidie litigatis. non hi solum, qui tales sunt, displicent deo, sed et illi, qui per sepulcra 1 25 11
aliquando certe nec bibitur nec in inferno cum suo praedone descendet, solum quod oculos infelices inanemque conscientiam ad hoc in maligni 1 5 16
uacaret locus et nihil Christus mundo praestiterat; si hominem solum, sicut quidam putant ab utero uirginis eum sumpsisse principium, 2 5 1
poenas luit? quanto magis in dei causa fortius praecauendum est, quem solum ueretur quicquid in uirtutibus naturae a regibus ipsis quoque 1 36 24
iam tenetur. si es autem sumptura remedium, dubium non est hoc esse solum, ut flammas tuas maritalis gladii contemplatione compescas. mihi 2 7 9
quod est, naturam creare extra naturam, nihil prorsus habere difficile solumque ei hoc deesse quod nolit esse; haec est enim proprietas dei, id 1 2 16
est iste, cui tantum defert? quis est, quem altissimum dicit, cum ipse sit solus, a quo alius altior non sit? sin uero omni honorificentia deferentis 1 25 2
sit? omnes timores, quoscumque inuaserint, incremento conficiunt; hic solus ad hoc crescit, ut immortalem, quem possederit, faciat. 2 2 7
solus deus est itaque principium, qui ex se ipso dedit sibi ipse principium; solus ante omnia et post omnia, quoniam in eius manu inclusa sunt omnia; 1 7 3
posse iugulari, et hoc a fratre. erubescit rudis terra pio sanguine impiata. solus Cain exsultat infelix et, quod teste caret, putat se caruisse facinore, 1 4 9
manens unus et idem alter ex semet ipso in semet ipsum deus, secreti sui solus conscius; cuius ex ore, ut rerum natura, quae non erat, fingeretur, 1 50
propagat. *de deo nascitur deus*, de ingenito unigenitus, de solo solus, de toto totus, de *uero uerus*, de *perfecto perfectus*, totum patris 1 17 2
obtulerat et filium; ubi enim fides fuit, non erat dolor. in illo sacrificio solus deus doluit, qui aliam uictimam procurauit; nam Abraham cum filio 1 43 7
quod quid sit, quid fuerit, quid futurum sit, non potest aliquando sentire. solus deus est itaque principium, qui ex se ipso dedit sibi ipse principium; 1 7 3
mundi. hic itaque dictus est *primitiuus*, quia paternae antiquitatis solus est conscius; hic *maturus*, quia post ipsum non est ullus; hic 1 8 2
quia occisus est et inuentus est uiuus; hic *immaculatus*, a peccato quia solus est mundus; hic *salutaris*, quia per ipsum uincimus mortem; hic 1 8 2
largita. cum haec ita sint, procul dubio non est a tyranno dissimilis, qui solus habet quod potest prodesse commodis plurimorum. quid, quod 2 1 19
sulcant uel aera distinguunt, et patienter ueniunt et patienter excedunt? solus homo praeceps, solus inpatiens, prauis cotidie mobilitatibus gaudet, 1 4 7
et intellectum altius proferamus. Abraham sub lege non erat, sed legem solus impleuit, et qui nullo iure legis tenebatur, omne ius diuinum 1 43 8
quia ex nihilo uniuersa constituit, uirtute regit, maiestate custodit; solus indemutabilis ac semper aequalis, quia in se non admittit aetatem; 1 7 3
et patienter ueniunt et patienter excedunt? solus homo praeceps, solus inpatiens, prauis cotidie mobilitatibus gaudet, uarietatibus studet; 1 4 7
exaltatus est Israel, quando tot et tanta tormenta Aegyptiorum solus ipse nihil aut timuit aut sensit. quid illud, quod per mare medium 1 61 7
innocentis animae interitu praestitutae circumcisionis iura uacuauit, quia solus octauus dies a deo circumcisionis priuilegium, non septimus, non 1 3 4
qualis est; solus perfectus, quia non potest illi aliquid nec addi nec minui; solus omnipotens, quia ex nihilo uniuersa constituit, uirtute regit, maiestate 1 7 3
sunt omnia; ex se est quod est; solus sui conscius, quantus et qualis est; solus perfectus, quia non potest illi aliquid nec addi nec minui; solus 1 7 3
opinationibus substantia naturae comprehendi, quam nemo nouit nisi ipse solus, qui fecit. itaque quod specialiter ad nostras pertinet partes, 1 27 1

dei uirtus deique sapientia est, *immaculatus*, quia peccatum non habet	solus, *salutaris*, quia mortem mutauit in uitam; propter nos qui est occisus	1	46a	2
solus indemutabilis ac semper aequalis, quia in se non admittit aetatem;	solus sempiternus, quia immortalitatis est dominus. hic est deus noster, qui	1	7	3
post omnia, quoniam in eius manu inclusa sunt omnia; ex se est quod est;	solus sui conscius, quantus et qualis est; solus perfectus, quia non potest	1	7	3
praeclarus, pretiosus ac speciosus unus est lapis, qui quadrae turris totam	solus sustinet molem. cui non innumerabilis uarie famulatur acies	2	6	6
multo magis, si fertilis fuerit: illic quia parum distrahit, hic quia non	solus. uultis scire, quantis sit tenebris obuolutus? irascitur deo, si non	1	5	14
uagit deus patiturque se pannis alligari, qui totius orbis debita uenerat	soluturus. in stabuli praesaepe deponitur populorum pastorem pabulumque	2	12	3
euigila, Christiane, omnique saecularis	somni torpore discusso, apertis auribus cordis a pueris disce uirtutem. sed	2	27	
sic se et alios perdiderunt. nam mutato nomine et cultu, quasi promota	somniis, illas scholares calumnias dei usque ad ecclesiam transmiserunt, ut	2	9	2
uere, fratres carissimi, cor eius non dormit, qui huius	somnium secretaque cognoscit. prophetia etenim semper figuris uariantibus	1	37	1
dominici imaginem praeferebat; etenim significabat nauis materia crucem,	somnus uero passionem. mare autem mundus est iste tumidus; fluctus eius	1	34	8
denique nulla natura, quae non timeat deum. cum grauamur rumpentibus	sonis, concussis undique cardinibus, cum praeter morem terrifico fragore	2	2	3
granum sinapis te habere demonstra. sin uero, quod magis est, sub	sono legis ac fidei saecularis amore iactantiae accensus nascentis dei de deo	2	3	15
sed necessario unicuique sinceri amoris est noscenda proprietas, ne sub	sono nominis commutetur regula ueritatis. est enim et alius amor sane	1	36	25
conatur Antichristus similiter pudicum, uti fallat. pudicitiae nominis	sonum post se trahit, sed quos fructus habeat, eius auctor ostendit.	1	1	6
quantum	sonus lectionis indicat, fratres, Iudaicus quidem populus impietatis	1	10a	
uirginitatis incenditur manus. qua tacto infante statim edax illa flamma	sopitur sicque illa medica feliciter curiosa diu admirata mulierem uirginem,	1	54	5
redditum uideretur, prior uir consummatur in cruce atque eo feliciter	soporato similiter de eius latere ictu lanceae non costa diuellitur, sed per	1	3	20
aliquid circa se habere possit inmundum, qui humani generis peccata,	sordes et maculas uenerat mundaturus. denique purgationes, quae sunt	1	54	4
nullis pedes onerati compedibus. non uos ullus terror exagitat, non ullae	sordes obfuscant. qui conscium timebatis, conscientiam non timetis. *uetus*	2	29	1
totis pallens iacuit resoluta uisceribus. non filius matris aut suis est ullis	sordibus delibutus; neque enim re uera aliquid circa se habere possit	1	54	4
est; et dominus sumendo carnem totius humani generis peccatorum est	sordibus obsoletatus. Iob uxor sua hortatur ut peccet; et dominum, ut	1	15	8
non haec caelestibus mysteriis coaptata cognoscat? hiems namque pigra,	sordida et tristis ad eos pertinet, qui idolatriae deseruientes, mundanis	1	33	2
patris uestri facere uultis), uestem uiduitatis deposuit, id est	sordidae religionis sordidos ritus abiecit. *aestiualia induit*: aestiua uestis,	1	13	8
pro nefas! adhuc fumantia busto complecteris membra sudoremque	sordidarum uaporis ararum carne tua deterges, iocaris, blandiris,	2	7	17
quae et ipsae partus dolore gementes et uos plorantes, sordidos, pannis	sordidis alligatos huic mundo dediticios intulerunt; sed laeta gaudentes,	1	32	
se crebro subiciunt, ingenti fragore confundunt exsertisque mucronibus	sordidis uelut testudine quadam resistunt uincuntque facilius caritate, quod	1	36	15
detersisti, crinium damno uelasti, scissis genis, liuore foedatis uberibus,	sordido plus puluere tecta quam ueste? tu, inquam, non es, quae nunc	2	7	7
uestrae pepererunt, quae et ipsae partus dolore gementes et uos plorantes,	sordidos, pannis sordidis alligatos huic mundo dediticios intulerunt; sed	1	32	
uestri facere uultis), uestem uiduitatis deposuit, id est sordidae religionis	sordidos ritus abiecit. *aestiualia induit*: aestiua uestis, fratres, et munda est	1	13	8
ubique relinquamus signa laetitiae, quoniam haec est pars nostra et haec	*sors.* illinc spiritus, quasi quidam dux peritissimus, horum omnium	2	4	10
populos et *gentes* accipimus, qui aduersus deum inaniter *fremuerunt*.	sors Ionam praecipitandum prodidit, prophetia passurum dominum	1	34	8
premebatur. tum Ionas, quem solum exspectabat bona illa tempestas,	sorte ductus naufragus redditur, immo a ligneo ad nauigium uitale	1	34	6
quid monumentis tui criminis gratularis? in Aegypto seruisti diu, non	sorte peregrini, sed merito. ereptus es inde, non tua euasisti uirtute.	1	9	
uenientibus iugulum, putauerat se feralem iudicis amentiam citae mortis	sorte satiare, dum subito manus iubetur extendere ac super caespitem	1	39	7
nascitur eademque die qua nascitur moritur nec tamen instantis finis	sorte terretur, suos ut repigret cursus, ut horas ac momenta producat, ut	1	2	18
mucro conuertitur. nec inde, ut dixi, sceleris sui crudelitas fructum	sortita est, quia, sicut in Isaac aliud offertur et aliud immolatur, ita et in	1	59	9
miserosque sua necessitate neglecta pietatis largiter furtim semina	spargit. nec rogari se permittit nec uicaria laudis remunerari mercede: hoc	2	1	12
ipsum contemnit, si gloriae spem futurae non gerit? quid agricola semina	spargit, si sudoris sui praemium non colligit messem? quid Christianus	1	36	3
aequatum iacet. altaria dei eius subuersa manu cum suis sibi sacrificiis	sparsa in puluerem uanuerunt. sacerdotalis *cathedra pestilentiae* suo	1	28	1
ratio! innumerabilium saeculorum diuersa mensura conterendo innouat	spatia, et tamen eius semper orbita est una. qui nos admonet, fratres,	1	26	
apostolos asseuerat, quorum praedicatione gloria domini per tota terrarum	spatia nuntiata est. terram homines intellegendos frequens prophetarum	1	61	3
anteuertit auroram; qui, quod maius est, duodenis non dicam	spatiis, sed momentis horarum aequabiliter se partiri non posset, si	1	4	4
fides moritur. quod autem inquit: *consolatus* est, utique intelligitur	spe Christi uenientis, qui non tantum prophetis synagogae lapsu desolatis	1	13	7
spem autem est, quod impossibile est ac non uidetur; sed possibile hac	spe fit, cum dei dicto indubitanter ac fortiter creditur. dicit enim dominus:	1	36	5
tribus in rebus Christiani culminis fundamenta consistunt, id est in	spe, in fide, in caritate, quae ita inuicem sibi uidentur esse connexa, ut sint	1	36	1
uere diuina patientia inter religionem pietatemque negotium temperaret, in	spe non denegans deo, quod *contra spem* acceperat a deo. igitur Isaac sibi	1	4	13
inanemque conscientiam ad hoc in maligni fulgoris cupidinem diram	spe potiundi praecipitat, ne gratis homo uideatur occisus. sed nos non ad	1	5	16
quoniam praemium quod spes habet fides meretur, quae quidem pro	spe pugnat, sed sibi uincit. amplectenda est igitur, fratres, tenaciter nobis	1	36	4
homo iste noster, qui tendit ad caelum, ne forte cum carne depereat, uana	spe si captus fuerit caduca atque carnali, de qua apostolus dicit: *caro et*	1	2	24
cadauer bacchatur insana nec Maccabaeae matris memoriam recolit, quae	spe succincta futurorum Antiocho saeuiente libenter semel septem filios	1	2	13
corrigendo. constat ergo omne Christianitatis magis in caritate quam in	spe uel fide esse depositum, sicut euidens testatur exemplum. Iudas	1	36	19
comprehendi, quam nemo nouit nisi ipse solus, qui fecit. itaque quod	specialiter ad nostras pertinet partes, uideamus, quid sit quod deus ait:	1	27	2
uicisti. inde est, quod et ego aeternam uitam me possidere contendo, quia	specialiter anxiam curam mortis mihi a deo praestitam recognosco.' recte	1	3	8
et mater es et corona. tu murus fidei, fructus spei, anima caritatis. tu	specialiter omnem populum diuinasque uirtutes quasi crines effusos in	1	4	22
post haec in terris uisus est et cum hominibus conuersatus est. qua in	specie spiritu sancto loquente noscamus: *et homo est*, inquit, *et quis*	2	8	6
opes multimodas ac profundas promittit, ostentat, obicit, donat,	speciem proponit suam faciemque, in quas illi libuerit figuras, speculo	2	4	9
arbitrium temporale dictauerit. nunc emendat, nunc delet quas amauerat	species, nunc subicit alias, nunc parturit nouas. manibus suis facta hydra	1	1	10
se habere, quod distrahat, ut rogetur, ut iugulet. atque utinam incorrupta	species uenderetur! ingemescit praeterea, si annus est sterilis, multo magis,	1	5	14
	specioso circulo sacer inflexus dies in mundani operis pensa quadriga	1	26	
cunei? nonne cum inuitationi temporum parent solemnisque remigii	specioso discursu uel aquas sulcant uel aera distinguunt, et patienter	1	4	6
stipendium, unam spiritus sancti praestat omnibus dignitatem. quam	speciosum est, fratres, quamque salutare, quem paulo ante ridiculo	2	29	3
non sicut in Iudaeae templo plurimi, sed magnus, praeclarus, pretiosus ac	speciosus unus est lapis, qui quadrae turris totam solus sustinet molem. cui	2	6	6
immo animi sui uitium et corporis demonstrantem, post multa adulteria	spectaculo totius mundi quoque prostituit. non opus est ire per singula;	1	1	11
Thamar cum esset *in domo patris sui*, id est in templis infamibusque	spectaculorum omnium locis (pater enim omnium corrupte uiuentium	1	13	8
illo se non posse displicere facinore, quod deo gerebatur auctore. o nouum	spectaculum ac uere deo dignum, in quo definire difficile est, utrum sit	1	4	14
camini eis baptismatis defuit gratia. o admirabile incendium! o uere	spectaculum deo dignum! qui audiunt, timent; qui incenderant, ardent; qui	1	22	2
funesta conuentione cognouit ac singulos quosque ad funestum illud	spectaculum trahi, contemptis uniuersis facultatibus suis, amputatis	1	39	3
expelli. sed dum bellum duri certaminis geritur et familia domini caelo	spectante probatur, Archadius beatissimus martyr huius inopinati sacrilegii	1	39	3
ad exoptatum iustis orationibus locum, et intuens caelum stetit deo	spectante securus. parauerat extensa futuris ictibus colla, nudauerat gladiis	1	39	7
omnibus spoliatur puella, uestitur incendio. inter tot instrumenta mortis	spectatore metuente secura calcat genera uniuersa terrorum; incolumis	2	2	7
poterit nec doceri. nam profecto sola est, ad quam prorsus res omnis	spectet, dubium quippe cum non sit spem, fidem, iustitiam, humilitatem,	1	4	1
alienis, hoc futura, non quod natura praestitit, sed quod ei ad examen	speculi arbitrium temporale dictauerit. nunc emendat, nunc delet quas	1	1	10
donat, speciem proponit suam faciemque, in quas illi libuerit figuras,	speculo conciliante semper incertam cotidie peregrinis coloribus mutat,	2	4	9
stibio fletus includis; ornamento ligas quod suspendio uoueras collum; ab	speculo oracula inquiris, quam commode possis circumscribere petitorem.	2	7	8
hanc rationem docente nos Paulo: *uidemus*, inquit autem, *modo per*	*speculum in aenigmate; tunc autem facies ad faciem erit.* unde dubium non	1	2	29
perit, unde cognoscitur ille, qui resurgit?' caro, fratres, quasi quoddam est	speculum intuentis plenitudine grauidatum, quod non tam imaginem suam	1	2	29
uero molesta est'. absit, fratres: immo potius ueneranda est, quia ueritatis	speculum, quia rigida quaedam dilectionis est forma; quicquid enim a iusto	1	36	18
iustus neque pater gentium esse potuisset. quapropter manifestum est	spei ac fidei unam inseparabilemque esse naturam, quia in homine ex his	1	36	6
tu cotidiana martyrum et mater es et corona. tu murus fidei, fructus	spei, anima caritatis. tu specialiter omnem populum diuinasque uirtutes	1	4	22
tamen est iure subiecta. ubi enim fides non est, nec spes est; *fides* enim	spei *substantia est* et spes fidei gloria, quoniam praemium quod spes habet	1	36	4
posse, periti legis, deo ipso loquente cognoscite; a quo appellatur synagoga	*spelunca latronum,* sacerdotalis cathedra *pestilentia*, sacrificium *canina*	2	25	1
pietatemque negotium temperaret, in spe non denegans deo, quod *contra*	*spem* acceperat a deo. igitur Isaac sibi dulcissimum filium, deo uictimam	1	4	13
consequuntur. per idem tempus duae cognatae concipiunt, una contra	spem, altera uerbo. haec miratur se habere quod nescit, laetatur illa quia	2	8	8
ipsa stare posse perspicimus. adeo tolle spem: torpet humanitas tota; tolle	spem: artes uirtutesque uniuersae cessabunt; tolle spem, et interempta sunt	1	36	2
spem in spem credidit deo, ut fieret pater multarum gentium. contra	spem autem est, quod impossibile est ac non uidetur; sed possibile hac spe	1	36	5
secum suis in uirtutibus portat. hoc est, quod Abraham *contra spem in*	*spem credidit deo, ut fieret pater multarum gentium.* contra spem autem	1	36	5
sicut euidens testatur exemplum. Iudas Scariothes traditor domini et	spem et fidem perdidit, quia caritas in ipso non mansit. nam et haereses et	1	36	19
humanitas tota; tolle spem: artes uirtutesque uniuersae cessabunt; tolle	spem, et interempta sunt omnia. quid facit ad litteratorem puer, si	1	36	2
sola est, ad quam prorsus res omnis spectet, dubium quippe cum non sit	spem, fidem, iustitiam, humilitatem, castitatem, probitatem, concordiam,	1	4	1
hiemis aut torridae aestatis iniurias, sed se ipsum contemnit, si gloriae	spem futurae non gerit? quid agricola semina spargit, si sudoris sui	1	36	3
spes futurae beatitudinis credenti, cum scriptum sit: *maledictus homo, qui*	*spem habet in homine*? ergo ubi purum deum significat, sic dicit in Genesi:	2	5	1
ea semper secum suis in uirtutibus portat. hoc est, quod Abraham *contra*	*spem in spem credidit deo, ut fieret pater multarum gentium.* contra spem	1	36	5
noctis suo sole dulces uigilias, post lactei fontis lauacro uitali in	spem inmortalitatis animas pullulantes, ex quo qui eratis aetate diuersi,	1	24	1
pium parricidium praebiturus. ecce carissimi, ut ait apostolus, *contra*	*spem* natum Abraham ad aram filium immolaturus domino auctore	1	59	6
ignorare uos, fratres, de dormientibus, ne contristemini sicut ceteri, qui	*spem non habent; si enim credimus, quia Iesus mortuus est et resurrexit,*	1	2	12
custodis, amplecteris innocentiam, ueritatem colis, patientiam diligis,	spem repraesentas. tu diuersos homines moribus, aetatibus, dicione ex una	1	36	30
filius ederit partus effusione perciperet†. sed utrisque <aetas> ademerat	spem sobolis: pignus succidaneum meruerunt. sic meruit fides quod	1	43	1

sine qua nec praesentia quidem ipsa stare posse perspicimus. adeo tolle spem: torpet humanitas tota; tolle spem: artes uirtutesque uniuersae 1 36 2
mortem, ut ea deuicta resurgens *homini* per hominem, *quem gerebat, et spem uincendae mortis offerret et* eum *ad praemia inmortalitatis admitteret.* 2 4 7
sine regno. accedit, quod oramus cotidie, ut *adueniat regnum* patris, speramus et filii. uacat ergo praesentis temporis regimen utroque cessante 2 5 5
profertur, quo calor genitalia iam relinquebat. mira prorsus, carissimi, et speranda saeculis post futuris diuinae ordinationis propago formata: ad 1 59 3
sibi lacus detritos, qui non possunt aquam portare. postremo infelices quid sperant de imagine, cuius nosse non sunt meriti ueritatem, dominum 1 18 2
profertur. uxor Abrahae fetus nescia, cum uisceribus frigente senio nec sperare subolem posset nec portare confideret, matris suscepit officia, quae 1 59 3
secretis. lasciua, non linguis non oculis non auribus parcens iocatur sperat ambit obsequitur zelatur insanit armatur precibus, armatur et ira, 1 1 9
Christum, cur dubitet Christianus, qui resurrectionem futuram et audit et sperat et repositam sibi praesumit de Christo? igitur primo omnium 1 2 2
interempta sunt omnia. quid facit ad litteratorem puer, si litterarum non sperat fructum? quid ratem profundo gurgiti nauta committit, si ei 1 36 3
nihil proficio. caritas enim, fratres, *omnia diligit, omnia credit, omnia sperat, omnia sustinet; caritas numquam excidet*. igitur non inmerito 1 36 20
fides tua te saluum fecit. igitur si nostra est, seruemus ut nostram, ut iure speremus aliena. nemo enim censum decoctori committit nec desertorem 1 36 7
ac per hoc operanti iram recte subiacet legi. atquin forte aliquis dicat: 'lex spernenda est, quia iusto necessaria non est, peccatori uero molesta est'. 1 36 18
in populum; adde quod fides paucorum est, caritas omnium; adde quod spes ac fides tempus habent, caritas autem finem non habet, momentis 1 36 11
nam et haereses et schismata sic disseminantur, cum inflata fides ac spes dilectionis a fundamento uelluntur. quid autem sine caritate sint non 1 36 19
quae ita inuicem sibi uidentur esse connexa, ut sint aliis alia necessaria. spes enim nisi praecedat, cui laborat fides? fides si non sit, quomodo spes 1 36 1
cum de eius loquitur seruis: *et si coram hominibus tormenta passi fuerint, spes eorum immortalitatis plena est; et in paucis uexati in multis bene* 2 5 6
futuro sit posita, fidei tamen est iure subiecta. ubi enim fides non est, nec spes est; *fides* enim spei *substantia est* et spes fidei gloria, quoniam 1 36 4
sibi ab eo perpetuae felicitatis tempus non credit esse uenturum? sed spes ex fide est, quae quamuis in futuro sit posita, fidei tamen est iure 1 36 4
ubi enim fides non est, nec spes est; *fides* enim spei *substantia est* et spes fidei gloria, quoniam praemium quod spes habet fides meretur, quae 1 36 4
sicut quidam putant ab utero uirginis eum sumpsisse principium, quae spes futurae beatitudinis credenti, cum scriptum sit: *maledictus homo, qui* 2 5 1
fides enim spei *substantia est* et spes fidei gloria, quoniam praemium quod spes habet fides meretur, quae quidem pro spe pugnat, sed sibi uincit. 1 36 4
spes enim nisi praecedat, cui laborat fides? fides si non sit, quomodo spes ipsa nascetur? quibus si deneges caritatem, utraeque cessabunt, quia 1 36 1
omnium iure ipso regina. triumphet licet quibus uult uirtutibus fides, ac spes multa et magna proponat, tamen sine hac utraeque non stabunt: fides 1 36 10
ex his defuerit, perfectionem sui operis non habebit. unde primo omnium *spes* nobis proponenda est *futurorum*, sine qua nec praesentia quidem ipsa 1 36 2
est fidei, quae tantum habet, quantum credit. igitur Isaac unicus filius, spes populorum et gentium, origo tot rerum, cari genitoris amplexibus 1 62 3
deneges caritatem, utraeque cessabunt, quia neque fides sine caritate neque spes poterit operari sine fide. itaque Christianus tribus in rebus, si cupit 1 36 1
iustitia distribuit, pietas ministrat, puritas supplicat, spiritus postulat, spes promittit, sapientia domus domina praerogat munera. exsultate, 2 6 9
sine hac utraeque non stabunt: fides primo omnium si se ipsam non amet, spes si non ametur. adde quod fides sibi soli prodest, caritas omnibus; adde 1 36 10
subiacent et futura: ista quia contemnit, illa quia sua esse praesumit; nec spes timet, ne non ueniant, quia ea semper secum suis in uirtutibus portat. 1 36 5
patris pietatem, quod unicus, quod sero, quod promissus, quod sola unica spes totius praeteritae sterilitatis damna sarciret. inuenta est causa, ubi 1 62 3
prata respirant. exsultat aestas noua, sed diues, in frumenti uarias moles spiceam feliciter contundens palmam. quam prosequitur congrue 1 33 1
operibus tuis; in tristitiae gemitu edes ex ea omnibus diebus uitae tuae; spinas et tribulos eiciet tibi et edes pabulum agri; in sudore uultus tui 1 2 30
arboris pomum male dulce delibauit, lacrimas repperit, dolores et gemitus, *spinas et tribulos* sibimet comparauit ultimoque *sudore* turbatus posteris 1 4 8
infeliciter flore discusso nullos potuit fructus afferre. denique pro fructibus spinas generauit, pro uua labruscam. cuius abhorrens infelicitatem dominus 2 11 1
ac profana loca lasciua passim se fronde diffundit, generauit pro fructibus spinas, pro uua labruscam. cuius rei indignitate commotus dominus illa 1 10b 2
gauderet, qui ad uictimam parabatur. aries haerebat in uepre implicitus spinis, capite obligatus: hic est qui pro Isaac immolatus est deo; hunc 1 43 8
habitant in Ierusalem: renouate inter uos nouitatem et ne seminaueritis in spinis. circumcidite praeputium cordis uestri, ne exeat sicut ignis ira mea 1 3 12
sumpto quippe *limo terrae hominem figurauit* eique animam, qua spiramus, infudit e proprio fonte spiritus sui. cui ab humo 'homo' nomen 2 4 4
non merum profundunt nec pecudum inexpectata morte rapti iecoris spirantes consulunt fibras nec per uarios auium uolatus coniecturis 1 34 9
Fauonio non uento, sed spiritu sancto generante *odorem diuinum* beata *spirantes* fide diuerso charismate, sed una natiuitate ecclesiae flores 1 33 2
sacrificium nescientibus procurare, lumen caecis inferre, tura non spirantibus concremare, allegare preces surdis, ab his custodiam petere, 1 25 4
cultorum suorum sacrilegio iure deleta est. exinanitum cornu iam non spirat unguenta. dies festos in luctum et cantica eius in lamentationem 1 19 1
innocens cum innocentibus deputatus hic *placuit deo. unctus in regem,* spiratus in uatem *non insolescit in regno*, obumbrat neminem prophetae 2 9 7
sed per aquam et sanguinem, quod est baptismus atque martyrium, spiritale corpus spiritalis feminae effunditur, ut legitime Adam per 1 3 20
mutiletur, ne ingruentium peccatorum rursum, sicut Adae et Euae spiritale praeputium, male repetita nuditas condemnetur, ne nouus homo 1 3 24
conuenit *corporale, utique* et spiritali deo *sacrificium est necessarium* spiritale; quod non ex sacculo, sed ex corde profertur; quod non bromosis 1 25 9
in infirmitatem, resurgit in uirtutem; seminatur corpus animale, surgit spiritale. satis, ut opinor, resurrectionis ueritas omnibus claret. sed 1 2 22
est, ut profiteatur, utrum hanc carnalem an spiritalem esse defendat. si spiritalem, cur de carne gloriatur? si carnalem, animae prodesse non 1 3 3
iam non potest. consequens est, ut profiteatur, utrum hanc carnalem an spiritalem esse defendat. si spiritalem, cur de carne gloriatur? si carnalem, 1 3 3
hoc domicilium imaginem dei debemus accipere, sed caelestis hominis spiritalem, quam in se credentibus dominus aetheria natiuitate renouatis 1 27 3
hoc indumentum imaginem dei debemus accipere, sed caelestis hominis spiritalem, quam nobis plenitudinis suae pio de fonte largitur. quam 2 30 3
pabulo ignis armatus est. credo diuina prouidentia sacramento trinitatis spiritalem quoque numerum conuenire. denique nec inrorati camini eis 1 22 2
Naue parricida sit, si cultris corda hominum desecat. sed absit, fratres, ut spiritales uiros ullo tangamus errore, maxime cum prophetia ad sui dicti 1 3 16
nam si diis *corporalibus* sacrificium conuenit *corporale, utique* et spiritali deo *sacrificium est necessarium* spiritale; quod non ex sacculo, sed 1 25 9
nominis inuasa optinere potuissent. at cum diuina adiuratione in eculeo spiritali et qui sint nolentes edicant et inuiti discedant, procul dubio hoc 1 2 7
characteris potestati subiacet cordis, quod nisi uerae circumcisionis spiritali fuerit sacramento purgatum, in aeternum homo, de quo agitur, 1 3 9
circumcisione carnali, quae Iudaeorum est; nunc breuiter de secunda spiritali, quae nostra est, edicamus. quae tantum potestatis gerit, ut a 1 3 19
fingunt, id est sacrae legis duobus edictis unum Christum dei filium spiritali temperamento conscribunt. quae sine se utilia esse non possunt, 1 37 4
ecclesiae, quae ei recte nupta non est, quia Christo ueniente baptismatis spiritali unda in gremio renatus ecclesiae filius eius futurus fuerat, non 1 13 7
ecce parientis uno de uentre clarissima turba procedit. noua res, ut iure spiritali unusquisque nascatur. ultro currite ad matrem, quae tunc non 2 28
se ipsam contemnens, iam ueritatem non imaginem quaerens, iam spiritalia non sua desiderans, de qua Paulus ait: *non omnis caro eadem est* 1 2 25
discipulos. quorum salutaria monita canentibus linguis, quasi quibusdam spiritalibus cultris, credentium populorum secundum Moysi dictum non in 1 3 16
et sanguinem, quod est baptismum atque martyrium, spiritale corpus spiritalis feminae effunditur, ut legitime Adam per Christum, Eua per 1 3 20
dilectissimi fratres, charismata uestra, hae uirtutes, quibus Hierusalem spiritalis instruitur, quibus sacrae orationis iste locus nouus et populus 2 6 11
probis moribus per gradus diuinorum obseruantiae praeceptorum cotidie spiritalis itineris gloria feruntur in caelum; quos apostolus Paulus 1 37 12
gentes, exsultate, nouella pignora in Christo, florentissimique hodierni spiritalis ortus uestri candorem, ne quo pacto maculetis, perpeti diligentia 1 38 1
patiatur errorem: unam, qua natus est; alteram, qua renatus. sed sicut est spiritalis prima sine matre, ita sine patre secunda carnalis. haec miranda, 2 8 2
sacram legem qui spiritaliter accipit, fratres, iste est, eius qui fructu lactatur. Iudaei etenim 1 8 1
populus liberatur resolutisque undis uia cum persecutore deletur. quantum spiritaliter intellegi datur, Aegyptus mundus est iste. Pharao cum populo 2 26 2
esse commemorat. quae parabola sublata dubitatione scalae sacramentum spiritaliter intuentibus patefecit: *homo* enim adgressuram passus Adam esse 1 37 10
familias cellis uinariis infertur, ut melius ueterescendo reddatur. quantum spiritaliter mediocritas nostra conicere potest, computatus ad mensuram 2 11 4
loto felicius manant doctrinae caelestis diuina fluenta, ruptis oculis, id est spiritaliter patefactis. praecedentibus foliis fructus sequela sese commendat; 2 11 5
mysterium deo, hoc opus carum, hos opus uiuum carnaliter geritur, sed spiritaliter promouetur. praestabit autem deus pater omnipotens, ut, 2 6 11
monstratur. ligaturis adstringitur, cum renuntians saeculo sponsione facta spiritaliter sacris interrogationibus obligatur. luxuriosi crines falce 2 11 5
deo considerant hominem factum, sed ex homine <deum>. ceterum si spiritaliter saperent, in ipso, quod infirmissimum putant, hoc potissimum 2 8 9
comminatur. sed et Moyses ipse, cuius asserunt se saepe discipulos, eodem spiritu ad Israel loquitur dicens: *nouissimis diebus circumcidet deus cor* 1 3 13
florem nulli legi subiecta fidei thesaurum custodi. esto sancta et corpore et spiritu, amore Christi ignem carnis exstingue, ut de resurrectionis gloria, 2 7 4
secundum carnem, de carne sua metet interitum; qui autem seminat in spiritu, de spiritu metet uitam aeternam. at uero dominus euidenter hoc 1 2 28
circumcisio desecat carnem, secunda animi desecat uitia; illa ferro, haec spiritu; illa portionem, haec hominem totum; illa masculum solum, haec 1 3 23
te non posse clamabas, nunc clusis dolore gemitibus saepe intermortua spiritu, labentibus membris ad terram incertas reddebas exsequias, cui 2 7 7
in te deus est et non est deus alius praeter te. sed et Ieremias eodem spiritu loquitur dicens: *hic est deus noster et non deputabitur deus alius* 2 8 6
quoque clarissimus probitate, fuit inter filios Iacob aetate minor, sed spiritu maior. hic inuidae germanitatis impulsu in Aegyptum est delatus 1 1 15
in symbolis inquit: *interrogabant et in uirgis suis annuntiabant; spiritu meretricio seducti sunt et fornicati sunt a deo suo.* agnosce igitur, 1 3 11
carnem, de carne sua metet interitum; qui autem seminat in spiritu, de spiritu metet uitam aeternam. at uero dominus euidenter hoc edocens sic 1 2 28
dignitatis debetur diuini operis perennis ista laudatio. exsultate, pauperes [spiritu]: per uos et in uobis dei maior est domus; nam et omnibus aequales 2 6 10
scriptura quod dicit: *proximus est deus contribulatis corde et humiles spiritu saluabit.* sed et dominus ipse nos pio promisso quid hortetur, 2 9 3
ut sit *omnia in omnibus* deus benedictus, pater in filio, filius in patre, cum spiritu sancto. 2 5 10
pater et ego in illo. constat ergo aequale esse, quod inuicem se capit cum spiritu sancto. 1 45 3
et conseruatorem nostrum Iesum Christum, qui est benedictus cum spiritu sancto ante saecula et in saeculis et in omnia saecula saeculorum. 1 13 13
uniuersisque incredulis gentibus perenni destinat poenae, in Psalmis spiritu sancto dicente: *ideo non resurgunt impii in iudicio neque peccatores* 1 2 23
incendium. ueritatem ratio protestatur. qui nunc in se credentes *baptizat spiritu sancto et igni*, ipse tunc quoque numero suae adfuit trinitatis. 2 27
properate, properate bene loturi, fratres! aqua uiua spiritu sancto et igne dulcissimo temperata blando murmure iam uos 1 23
tu diuina custodis. tu in patre imperas. tu tibi in filio obtemperas. tu in spiritu sancto exsultas. tu cum in tribus una sis, nullo pacto diuideris, 1 36 32
fontem debemus accipere, cuius diuite ex alueo Fauonio non uento, sed spiritu sancto generante *odorem diuinum* beata *spirantes* fide diuerso 1 33 2
poena tribuatur per dominum Iesum Christum, qui est benedictus cum spiritu sancto in aeterna saecula saeculorum. 1 35 9
per dominum nostrum Iesum Christum, qui est benedictus cum spiritu sancto in omnia saecula saeculorum. 1 19 2
pater omnipotens per dominum Iesum Christum, qui est benedictus cum spiritu sancto in saecula saeculorum. 1 10b 3

haec in terris uisus est et cum hominibus conuersatus est. qua in specie spiritu sancto loquente noscamus: *et homo est*, inquit, *et quis cognoscit* 2 8 6
et, ut imago sit dei, inspiratur a deo in *animam uiuentem*. concepit spiritum adaeque, quem nescit; intrantem non uidet, exeuntem non potest 1 56 3
ne dolori aliquid liceret in mortem. o fratres, secura deuotio! o pater spiritum captans, corpus uero mortemque contemnens! o qui seruum 1 43 6
unde angelos puto recte homines appellatos, quibus dominus sanctum per spiritum dicit: *ego dixi: dii estis et filii excelsi omnes, uos autem sicut* 1 37 11
nititur alteram subiugare, apostolo sic dicente: *caro concupiscit aduersus spiritum et spiritus aduersus carnem; haec duo inuicem aduersantur sibi.* 2 4 8
haustus quasi quasdam primitias auspicaris, totum prorsus iniquitatis spiritum libens concipis per maritum: infelix, iam plus in te est quam in 2 7 17
ex haedis utique propter peccatricis indumentum carnis, *ex ouibus* propter spiritum maiestatis. qui *primitiuus* est dictus, quia praeter patrem ante 1 46a 2
educam uos de monumentis uestris et inducam uos in terram Israel; dabo spiritum meum in uos et uiuetis. cum haec ita sint, resurrectionem futuram 1 2 12
denique fornicaria requisita non est inuenta, quia renatus per aquam et spiritum sanctum desinit esse, quod fuerat, et incipit esse, quod non erat. 1 13 12
atque signati, qua sincere uiuentes in custodiam nostrae salutis per spiritum sanctum imaginem referimus, quam tenemus. quod conuenit cum 1 13 11
tu diuersos homines moribus, aetatibus, dicione ex una natura unum spiritum, unum efficis corpus. tu martyres gloriosos a confessione 1 36 30
plumeae salutis inquirunt, sed a suo corde remedium salutare deposcunt spiritumque suum tota humilitate contribulatum ambitiose sacrificant 1 34 9
subiugare, apostolo sic dicente: *caro concupiscit aduersus spiritum et spiritus aduersus carnem; haec duo inuicem aduersantur sibi.* hinc caro tota 2 4 8
aqua portari an aquam terrae gremio contineri se nosse praesumat? quis spiritus aerios, quis figuras uentorum, quis inter marinos aestus fluminum 1 34 2
periti tantum iustificari meruissent. at cum scriptum sit: *littera occidit, spiritus autem uiuificat,* quia *non sub lege, sed sub gratia sumus*, quae nos 2 3 2
potiri uel paruis praesentibus bonis quam bonis ingentibus tardis. at uero spiritus bona non tantum sunt inuisibilia, tarda et abscondita, sed etiam 2 4 13
ream constituis, canentis cum uniuersa non credis? sin uero fidem spiritus calles, aliquam demonstra uirtutem: impera montibus, ut 2 3 14
autem populus dei templum, apostolo dicente: *uos estis templum dei et spiritus dei habitat in uobis*. et uerum est, nam sicut idolis insensatis 2 6 4
deum quoque portabunt, sicut et scriptum est: *uos estis templum dei, et spiritus dei habitat in uobis.* 2 30 4
tantum agnoscatur dominus triumphasse. sed durat inter haec martyris spiritus et morarum numerositate seruatus perstat uiuus, parte sui corporis 1 39 9
caelis. itaque, dulcissimi flores mei, talia sacrificia procurate, quae sanctus spiritus libenter offerat, pater probet, filius, qui magister est noster, probata 1 25 13
quia *ex haedis* humana designabatur caro suis onusta peccatis, *ex ouibus* spiritus maiestatis; quae utraque in Christo concreta agnum legitimum 1 8 1
datur, Aegyptus mundus est iste. Pharao cum populo suo diabolus et spiritus omnis iniquitatis. Israel populus Christianus, qui proficisci iubetur, 2 26 2
pater adhuc utrumque in semet ipso deus beatae perpetuitatis indiscreta spiritus plenitudine nescio qua sua conscientia uelatum filii non sine 1 56 1
sollicitudo custodit, iustitia distribuit, pietas ministrat, puritas supplicat, spiritus postulat, spes promittit, sapientia domus domina praerogat 2 6 9
signa laetitiae, quoniam haec est pars nostra et haec sors. illinc spiritus, quasi quidam dux peritissimus, horum omnium praedicit fugam, 2 4 11
quoque non morabitur mustum, quo repleti inebriatique feliciter spiritus sancti calore feruebunt, qui ut numquam refrigescat in omnibus 2 13
dicens: *igneus est ollis uigor et caelestis origo seminibus),* scilicet spiritus sancti conceptione, insita fit ante fecunda, ut, cum dissolutionis 1 2 26
uirtus, ecclesiae pulchritudo uel murus, dei ministra, Christi amica, spiritus sancti conuiua. huic et praesentia subiacent et futura: ista quia 1 36 4
quam esse. nam uos estis aurum uiuum dei, Christi uos argentum, uos spiritus sancti diuitiae; uos si terrena metalla temperitis, longe his uitae 1 5 17
ergo et docete omnes gentes intingentes eos in nomine patris et filii et spiritus sancti, docentes eos seruare omnia quaecumque praecepi uobis. 1 37 7
ecclesiam, *Petrus nomen imposuit*), id est sua doctrina formatos, spiritus sancti lima acuminatos constituit uiros apostolos omnesque 1 3 16
foetorosis suis cum pannis abicite, nouelli omnes, omnes candidati, omnes spiritus sancti munere mox diuites processuri. 1 49
hoc nos, fratres, sacramento tam uiri quam feminae circumcidimur. hoc spiritus sancti non signaculo, sed signo censemur. hac circumcisione non 1 3 21
ab imminenti supplicio; ecclesia ipsa ueritate, in nomine patris et filii et spiritus sancti, non tantum diaboli praesentes ignes exstinguit, sed etiam 1 13 13
in filium, ne quid sibimet derogaret. denique alter in altero exsultat cum spiritus sancti plenitudine una originali coaeternitate renitens, 1 7 4
uideatur aut minus, unam natiuitatem, unum lac, unum stipendium, unam spiritus sancti praestat omnibus dignitatem. quam speciosum est, fratres, 2 29 2
praeclarum. utique, fratres, calix sanguinem, mensa corpus, oleum donum spiritus sancti significat, uirga cum baculo crucem, in qua deus pro homine 1 13 10
quis enim exquisiuit ista de manibus uestris? per alium adaeque prophetam spiritus sanctus clamat et dicit: *praecingite uos et plangite, sacerdotes;* 1 25 6
capulo nuncupauit, quem ex ore domini prodire describit. gladius enim spiritus sanctus est unum capulum habens, id est unam substantiam, 1 37 2
uestrarum et disperdam uos. quae autem sint ista opera manus humanae, spiritus sanctus in Psalmo nonagesimo quinto declarat dicens: *omnes dii* 1 25 5
omnis eliditur, diabolus subiugatur, Antichristus non timetur, spiritus sanctus inducitur, glorificatur Christus, deus pater omnipotens 1 1 21
protexerat uirtus et ornabat pudor inlaesus. tunc in puero sancto Daniele spiritus sanctus ingressus ait, cum illa ad supplicium duceretur: *reuertimini* 1 40 2
et iterum: *texit caelos uirtus eius*, eo quod apostolos ad mirabilia facienda spiritus sanctus obumbrauit et texit. et denuo *caeli*, inquit, *enarrant* 1 61 3
habeo, quos nudare non debeo.' ista et infidelitatis est excusatio, quam spiritus sanctus per prophetam retundit hactenus dicens: *adolescentior fui* 2 1 20
ex angelis in homines deriuauit, ita dominus omnes in se credentes sancti spiritus semine a mortuis rursus gloriosos in angelos excitabit. ad hoc 1 2 26
hominem figurauit eique animam, qua spiramus, infudit e proprio fonte spiritus sui. cui ab humo 'homo' nomen imposuit, credo, sicut res ipsa 2 4 4
quos propter tunc impedimentum carnis uidere non possent, libertate spiritus uident, exinde intellegentes in thesauro naturae depositum 1 2 9
quam oculatis rebus sufficimus approbare. denique uagi atque inmundi spiritus utriusque sexus humani dolosa blanditiarum captione seu uiolentia 1 2 5
legis ac fidei saecularis amore iactantiae accensus nascentis dei de deo spiritusque sancti inaestimabilem incomprehensibilemque diuinitatis 2 3 15
luxuriosi crines falce tonduntur, id est omnia omnino peccata baptismate spiritusque sancti uigore amputantur. plorat feliciter uitis purgata materia; 2 11 5
unde non inmerito beatus beata uita fruebatur. namque erat illi splendidissima domus, diues census, diues quoque numerus liberorum et, 1 15 2
pondere feliciter fracta, ordinabiliter creta, omni furfure abiecto mirifico splendore in farinam candidam micuerunt; quae nullo adulterata fermento 1 41 1
sibi uiolenter extorta ex impudicitiae fouea nudus aufugit. sed pudicitiae splendore uestitus post calumniosam damnationem et liberatus a deo est et 1 1 16
libertatem. igitur uos, qui *circumcisi estis circumcisione non manu facta in spolationem carnis, sed circumcisione domini nostri Iesu Christi*, elaborate, 1 3 24
deesse uideatur, immittuntur etiam marina monstra; laciniis omnibus spoliatur puella, uestitur incendio. inter tot instrumenta mortis spectatore 2 2 6
cutem leprae deformis contagiosis scabrosisque grassantium ulcerum spoliauere uerticibus; per hanc, inquam, caecos uidere, surdos audire, 1 36 9
aliter etenim inmortalitatis stola illa non sumitur, nisi primo istud carnale spolium, blandum animae uenenum, secundum dei sententiam, unde 1 2 30
qui eius sanctificatori inuiolabili deseruit deo? nam si *ecclesia* ideo *Christi sponsa* est, quia *pudica*, ideo iugo thalami caelestis honorata, quia etiam 1 1 3
altitudo monstratur. ligaturis adstringitur, cum renuntians saeculo sponsione facta spiritaliter sacris interrogationibus obligatur. luxuriosi 2 11 5
infantes. aestas autem fidelis est populus, angelicus et mundus, qui sponsionis suae palmam fortiter retinens, peccatorum paleis limpidatus, 1 33 3
sui, cuius formam fuerat subiturus et creaturam, ut angelus, homo, puer, sponsus, gigas, crucifixus, sepultus, *primogenitus a mortuis* diceretur, hic 2 8 8
prandet, qui solet extra periculum ieiunare. et Ionas timens dominum spontaneum non timet adire naufragium, ceto inhiante miserabilius 2 2 5
fana, non domos? digne, digne iugulantur quae Christi ingratae beneficiis sponte ad mortem, de qua euaserant, reuertuntur. cum igitur semper 2 7 12
necessaria tormenta confessio, quod sine sudore tortoris facinora sua sponte reus, ut fiat innocens, confitetur. pretiosa indulgentia est, fratres, 2 24 2
tormenta confessio, quod sine truculenti sudore tortoris facinora sua sponte reus, ut fiat innocens, confitetur. pretiosa res est, fratres, quae et 1 42 2
peiores, Euae non discipulae, sed magistrae; illa enim decepta, hae sua sponte se diabolo dediderunt). sin uero pacifica et salutaria, profecto 2 7 16
irriduntque quasi uanam, quod, cum possit bonis frui mundi ac negligat, sponte se faciat infelicem, non credentes, quia dei praecepta custodiens, 2 1 14
rudis non gemit feta. non mundum, ut assolet, infans fusus ingrediens sponte uitae reptantis praeuiis lacrimis auspicatur. non mater eius tanti 1 54 4
exaggeret crimen; filios appellat, ut abdicatio, exaltatos, ut ruina timeatur, spretores sui, ut impios monstret. infelix culpa est, fratres, in qua locum 1 20
denique filios uocat, ut abdicatio timeatur; exaltatos, ut ruina terrori sit; spretores, ut poenam supplicii sibimet impendere cognoscant. quod 1 30
tunica rudis et unus denarius; quem qui libens acceperit acceptumque non spreuerit, quem sed in labore usque ad ultimum perdurauerit, turri completa 2 6 8
securus ab Horeb accessit. quid cotidiana dei colloquia? *ipsi autem me spreuerunt:* ad crucem enim perduxerunt, per quam crucem euaserant 1 61 8
terra, quoniam dominus locutus est: filios genui et exaltaui, ipsi autem me spreuerunt. grandem Iudaicae gentis offensam libri istius exordia 1 61 1
gurgitis praeruptorum montium canis uoluminibus repugnantium litorum spumantia ora contundens minatur per momenta naufragium. procellae 1 34 5
inmittit Capricornum uultu deformem, qui cornu exsiliens, labra liuentia spumantibus uenis ebulliens palpitante ruina captiui tota miserabiliter per 1 38 6
in obliquos horrores insani uertuntur orbes oculorum, acies dentium spumosis horrida globis inter labra liuentia stridit, intorta omnia passim 1 2 6
subsidunt. nonne cadauer est uiuum? ecce tabidus pulmo pinguibus sputamentis exesus detestabili macie omnia gestatoris sui ossa denudat. 2 4 15
salutem premit; aut cum uiantis itineri erectus in morsum, ardentibus squamis incensus tumidus sese anguis opponit; aut dorsa fugientis affectans 2 2 2
Hebraea, uerae decus pudicitiae, docuit feminas suae castitatis exemplo. stabat Susanna in iudicio perditorum falsorum testium oppressa mendaciis, 1 40 1
[in] stabili cursu multiformi gratia redimitus per temporum <ambages> 1 57
stabilis cursor multiformi gratia redimitus, per temporum ambages 1 44 1
nouitate et uetustate duo testamenta. hos duos denarios a Samaritano stabulario pro eo, qui a latronibus adgressuram passus fuerat, dominus 1 37 10
dominus, cui Iudaei dicebant: *hic Samaritanus est, daemonium habet*; *stabularius* doctor est legis, qui acceptis *duobus denariis*, id est duorum 1 37 10
patiturque se pannis alligari, qui totius orbis debita uenerat soluturus. in stabuli praesaepe deponitur populorum pastorem pabulumque se esse 2 12 3
hominem passum latrocinio diaboli angelorumque eius et huius mundi in *stabulo*, id est in ecclesia, quo pecora diuina succedunt, uenerabili 1 37 10
fides, ac spes multa et magna proponat, tamen sine hac utraeque non stabunt: fides primo omnium si se ipsam non amet, spes si non ametur. 1 36 10
dux peritissimus, horum omnium praedicit fugam, in armis expeditissime standum, uigilandum diligenter, undique castra munienda, defensanda 2 4 11
propheticum carmen suis actibus exponentes, pharisaeus et publicanus dei stantes in templo. pharisaeus insulse manus tendit in caelum, quae caedis 2 9 8
et filii. recte igitur patri tradet regnum qui dixit in monitis *regnum* non stare *diuisum*. unde non sic sentiendum est, fratres, ut pater accepturus sit 2 5 9
spes nobis proponenda est *futurorum*, sine qua nec praesentia quidem ipsa stare posse perspicimus. adeo tolle spem: torpet humanitas tota; tolle spem: 1 36 2
persuadet, timor excubat, disciplina coercet, continentia [se] refrenat. stat in angusto fides, in secreto pudicitia, in primo innocentia, aequitas in 2 6 9
sequestrauerat pignus, in quo nec Christum relinqueret nec propinquum. statim beatus martyr se latere non passus est; se ultro offerens iudici 1 39 5
paratus uenisset ad gloriam. mox itaque deuotum corpus carnifex uidit, statim cadentis <securis> ictus neruorum connexa dissoluit et cunctas 1 39 8
extollentia de alio in aliud elata quicquid uiderit mobilitate fugaci statim deperdit. dehinc sequitur: *neque ambulaui in magnis neque in* 2 9 5
repertam eiusdem esse uirginitatis incenditur manus. qua tacto infante statim edax illa flamma sopitur sicque illa medica feliciter curiosa diu 1 54 5
lecto prosternit, ecce tempestas undique mortis incumbit. nonne statim illa, quae erat domina uoluptatum, fit praeda morborum? postremo 2 4 16

accende, quamuis cruciatus exerce molem: nos a deo non potes separare.' statim iudex uiperei ueneni felle commotus iubet non usitata 1 39 6
in homicidio, in falso, in maleficio deprehenderit, carnifici destinat statim, non audiendum, sed competentibus poenis excruciandum. tertium 1 35 8
imbre suo rorat conceptaque musti felicibus lacrimis fluenta denuntiat. statim oculis apertis folia radiata procedunt, quibus subiecti ac se 2 11 3
gestam esse cognosce. in caminum missi ut submersi sunt flammis, statim sibilo roris incendia temperantur. mors refugiens mutat officium: 2 27
non esse mendacem, tanto propensius eius de pietate praesumunt statimque actus ueteris uitae damnantes pro salute redimenda non solito 1 34 9
fertur duodenis mensum perpeti cursu mutationibus diues, nulla statione contentus, quia inmortalitas eius est cursus. uerum currat an 1 26
eia quid statis, fratres, uestram quos per fidem genitalis unda concepit, per 2 28
quid statis genere, aetate, sexu, condicione diuersi, mox unum futuri? fontanum 1 55
suo soli proposito. lex ab alio transit in alium; fides interit, si ab suo statu aliquando uel in aliquo declinauerit. lex hominis conscientiam alloqui 2 3 5
angustam. itaque estote securi: nihil in illa deest umquam, nihil ab suo statu aut tollitur aut declinat; omnia bona atque perpetua exuberant 1 5 18
mira ratio, mira beatitudo! saluo reo punitur reatus in reo integroque statu moritur in homine propter quod homo fuerat moriturus. inde est, 2 24 2
mirum profecto mysterium! saluo reo punitur reatus in reo integroque statu moritur in homine propter quod homo fuerat moriturus. inde est 1 42 1
positus in honore. caelestis profecto est ista patientia, quam a suo statu non aerumna, non felicitas, non affectus potuit commouere. aduersus 1 4 17
foede desiderat nec ulli similiter se desiderabilem praestat. in suo statu omni loco, omni tempore manet plus honestati consulens quam 1 1 2
praestare, cui praestitit, ut rediuiuae uirginitatis honore polleret. itaque in statu, quo nata es, permanens, uirgo, gloriare sanctique pudoris florem 2 7 4
se putat, si ipse sit, nec intellegit rem dementiae esse consimilem, in statu suo animum non manere. inpatientia enim quid est nisi mens lubrica, 1 4 7
putant, infelices inde esse noscuntur. etenim commodius puto misero in statu suo manenti quam beato in ultimas miserias deuoluto. nam 1 18 1
deus noster, qui se digessit in deum; hic pater, qui suo manente integro statu totum se reciprocauit in filium, ne quid sibimet derogaret. denique 1 7 4
pii fontis ad gurgitem conuolate! uos constanter inmergite, saluo salutis statu *ueteris hominis* uestri felici morte uicturi! 2 23
aequalitate pares, passionis uictoria gloriosi. hos barbarus rex, quod eius statuam adorare contempserint, incendi praecepit. qui ubi iactati sunt in 1 53 1
quam deo domino dicenti: *reicitis mandatum dei, ut traditiones uestras statuatis*! sed non eo dico, ut ingratum faciam doctrinae beneficium, sed ut 2 3 10
est omne genus humanum. ac ne non ex integro principium suo statui redditum uideretur, prior uir consummatur in cruce atque eo 1 3 20
quaeque deleuerat bellum recuperatis in melius, felicitatis pristinae statum dissimulando non perdidit, sed mutauit. hic ego patientiam domini 1 4 19
consulunt fibras nec per uarios auium uolatus coniecturis inanibus statum plumeae salutis inquirunt, sed a suo corde remedium salutare 1 34 9
uiros reprehensio manet. Christianus ergo in toto dubitare non debet in statum pristinum mortuos excitari talesque legitima die ante conspectum 1 2 15
aut comprehendi, quia non erit nec proprium nec firmum, quod habet statum semper incertum, quippe cum unius electio sit alterius reprobatio. 2 3 7
uincit. non uirtutes possunt esse uirtutes, non perennes elementorum status, non tempora cognata connexione in solemnes reditus commearent, 1 4 4
crescebant. integer horum denique uasis semper in plenis manebat status quantumque eis impensae diurnae necessitas dempserat, tantum 2 1 20
peccatorum ac resurrectionem carnis?' facile, fratres, pugna ista concordat statusque futuri qualitas aperitur, fides si inlibata teneatur. unde rem 1 2 24
multis attingam, ut omnium probationem haud dubie in paucis expediam. stellae praecipites labuntur e caelo et a tergo longo flammarum 1 2 17
esse quod uolunt, cum adsimulant se nosse rerum naturae secreta, cum stellis nomina, soli labores inponunt, cum errores suos lunari circulo 2 9 1
sed crescere nos augmentis caelestibus inuenimus. non sanguinem sterili solemnitate dimittimus, sed pudoris sanguinem retinemus, quem 1 3 21
faceret pietas? praeceptum differri non potest. praestiteras, mater, cum sterilis esses: ad gladium nascitur puer. talem casum nemo doluit, nec quae 1 62 4
haec miratur se habere quod nescit, laetatur illa quia scit. Elisabeth sterilis fecunditate tumet feliciter uenter, Mariae maiestate. illa praeconem 2 8 8
utinam incorrupta species uenderetur! ingemescit praeterea, si annus est sterilis, multo magis, si fertilis fuerit: illic quia parum distrahit, hic quia 1 5 14
fecunditas, ut impleretur, quod scriptum est per prophetam: *exsulta, sterilis, quae non pariebas, erumpe et clama, quae non parturis, quoniam* 1 59 3
propago formata: ad principium aetas peracta reuocatur, accingitur de sterilitate fecunditas, ut impleretur, quod scriptum est per prophetam: 1 59 3
unicus, quod sero, quod promissus, quod sola unica spes totius praeteritae sterilitatis damna sarciret. inuenta est causa, ubi Abrahae fides temptatione 1 62 3
non amicis insultantibus cedit, sed uictor crudelitatis et impietatis in sterquilinio foetido scaturiente uermibus, quasi nihil passus, sed solo dei 1 15 6
Iob in sterquilinio pleno uermibus sedet; dominus quoque in uero sterquilinio, id est in huius mundi caeno uersatus est inter ebullientes 1 15 9
perhibentur; et domino sui sacerdotes, sui insultauere cultores. Iob in sterquilinio pleno uermibus sedet; dominus quoque in uero sterquilinio, id 1 15 9
in altum ferinaeque uoraginis est receptus hospitio, uigilat in ceto qui stertebat in naui. mira res! post naufragium, post natatile sepulcrum 1 34 6
membra saeuire. uiluerunt ungulae, inutiles ictus uisi sunt plumbatarum, stetit contemptus eculeus, crebri fustium imbres maioris poenae 1 39 6
Archadius ad exoptatum iustis orationibus locum, et intuens caelum stetit deo spectante securus. parauerat extensa futuris ictibus colla, 1 39 7
indulgenter excolis crinem; odorato puluere luctus puluerem mutas; in stibio fletus includis; ornamento ligas quod suspendio uoueras collum; ab 2 7 8
falso humanitas gestit; *camelum* enim *glutiens culicem liquat*; reicit stillas criminum et auaritiae, unde criminum fluenta funduntur, ebibit 1 5 4
excogita quibus potes suppliciis tormenta grauiora, maioribus te furoris stimulis accende, quamuis cruciatus exerce molem: nos a deo non potes 1 39 5
linguae exserit gladium, cum suis sibi ministris publicae leges insaniunt; stimulis acuitur feritas in ferocitatem et tamen hominibus mitior inuenitur. 2 2 6
uesana per populos hominumque lubricas mentes libidinum flagrantibus stimulis praecipitat in furorem, non sexui parcens, non aetati, non pietati, 1 1 6
ripas medium scissum mare, ductisque dextra laeuaque aggeribus in aciem stipatis undarum, saluo liquore arefactam profundi in semet contra se 1 18 1
subiecit ei omnia bona mundi et quia erat iam sapientia conditus, sensibus stipatus, eligendi mortem uitamque praecepti eruditione commonitus, eum 2 4 5
cognoscit cupitque mortuus uel uno digito illis contingi manibus, quibus stipem denegauerat uiuus. odit iam sine causa ante quod amauerat; probat 1 2 9
antecedis, qui Moysi reprobans dictum per hanc iniuriosam corporis stipem deo placere te posse praesumis.' 'iam completa est, inquit, in me 1 3 14
thalamos triumphauit alienos; haec uiros ardore uesano femineo stipendio ipsis feminis sic incognito inopinate dispungens suam docuit 1 1 8
quem plus amare uideatur aut minus, unam natiuitatem, unum lac, unum stipendium, unam spiritus sancti praestat omnibus dignitatem. quam 2 29 2
nominis sanctitate filios suos non sine utriusque dedecore patiuntur errare stipi triuiali subiectos; quod liberi parentum uitam sua damna iudicantes 1 5 6
et mortale hoc induere inmortalitatem. aliter etenim inmortalitatis stola illa non sumitur, nisi primo istud carnale spolium, blandum animae 1 2 30
ante fletibus rigat, ne pater dubitasse uideretur, si flesset. deuotus sic stricto uultu puerum ducit ad aram, stringit gladium medium, pectus fidei 1 62 4
orbes oculorum, acies dentium spumosis horrida globis inter labra liuentia stridit, intorta omnia passim membra tremore uibrantur; gemit, flet, 1 2 6
ablatus est. securi gaudete; nihil saeculo iam debetis. ecce nullum pondus, stridor nullus est mundanarum uestris in ceruicibus catenarum. uinculis 2 29 1
uideretur, si flesset. deuotus sic stricto uultu puerum ducit ad aram, stringit gladium medium, pectus fidei militabat; non pallescit uultus, non 1 62 4
et gentium, origo tot rerum, cari genitoris amplexibus inhaerebat. strinxerat in se patris pietatem, quod unicus, quod sero, quod promissus, 1 62 3
cultius erigant capitolia, sed in his omnibus operibus uero iudicio structores magis possunt placere quam sacerdotes. quid, quod aut nullum 2 6 1
uiuenti deo uiua templa sunt necessaria. in his enim solis sacerdotum dei structura et propria est et perennis, qua et Iudaeos et gentes uel ceteros 2 6 4
incensus uana cupiditate, uana cura torqueris? quid talentorum magnas struis congeries? quid hic remansura peruigil sollicitudine cassa nec tibi 1 14 3
ne uere sit parricidium, ille lignum quo inuratur sibi praeportat, ille aram struit. ille exserit gladium, ille ceruicem. uno uoto, una deuotione, ne quid 1 4 14
praeceps, solus inpatiens, prauis cotidie mobilitatibus gaudet, uarietatibus studet; miserum se putat, si ipse sit, nec intellegit rem dementiae esse 1 4 7
fideliter obtemperat incoactus, innocenter uiuit, iustitiam percolit, sine fine studet timere, ne quid praeter deum, quem diligit, timeat. denique huius 2 2 4
carnalis mentis homines, fratres dilectissimi, scandalum patiuntur, non studio noscendae, sed frustrandae ueritatis, quotiens deus dei filius, qui 1 45 1
animae uictoria utramque seruari: meliora sequamur saltem uel eo studio, quo sequimur mala. nulla ulli competit excusatio, maxime cum res 2 4 18
si quis studio uel noscendae uel impugnandae sacrae legis naturae Natiuitatis 2 4 1
potuerunt. sed inpatientiae hactenus exempla prolata sint. neque enim est studiose, ut arbitror, memorandum, quod optaueris compescendum, 1 4 11
curiositas, nusquam tua proficit pugna, quia quem putas uel de tuis ipsis studiosis fidelissimum, hic infidelis, et quem putaueris infidelem, hic fidelis 2 3 11
rei atrocitate perculsi, miserabiliter ingemescentes dimissis capitibus omne studium defensionis abiecerant, iam etiam ipsa pudoris compendio mortis 1 1 19
debes amare quam filios, ut habere merearis integros, incolumes ac beatos. stulta autem res est illis te uelle uitae substantiam prouidere, quibus nec 2 1 21
insignis uir sicut ait noster: *nouit deus cogitationes sapientium, quia sunt stultae.* nostram nobis stultitiam derelinquant, habeant secum sapientiam 2 1 15
impolitique sermonis (tamen dicentis: *nisi credideritis, neque intellegetis*) stultam putant irriduntque quasi uanam, quod, cum possit bonis frui 2 1 14
sic utramque mediis e manibus oculis patentibus perdiderunt: dei, cum stultam putant, quod elaboret — dispendio suae, non dicam facultatis, sed 2 1 3
ex corde puro et conscientia bona ex fide simplici. igitur si dei seruus es, *stultas et ineruditas quaestiones euita sciens, quia lites generant. seruum* 2 3 18
gloriam fructu populoso tenturum, hoc hactenus Paulo firmante: *stulte, tu quod seminas non uiuificatur, nisi mortuum fuerit,* et subiecit 1 2 22
non diligit eius similitudinem, sequitur ut oderit ueritatem. inde est, quod stulti praeponunt corpus animae, idolum deo. sed nos, qui Adam 2 4 17
quod sine alienis incommodis omnino non potest procurari, a quouis uere stultissimo negari non possit iniusta. ceterum si scire potuissent ueram 2 1 3
in hoc saeculo, stultus fiat, ut sit prudens; nam huius mundi sapientia stultitia est apud deum. ob quam causam idem deus per prophetam 2 1 5
omnis in medio. non enim rem ualuerunt transferre, sed nomina, iustitiam stultitiae, iniustitiam sapientiae uocabulis infamantes. quae si ad sua 2 1 4
ueram iustitiam, cuius est inmortalitas merces, propterea simulatae stultitiae uelamine adopertam, ut res magna magnis uirtutibus magnisque 2 1 4
noster: *nouit deus cogitationes sapientium, quia sunt stultae.* nostram nobis stultitiam derelinquant, habeant secum sapientiam suam; cuius quidem 2 1 15
si ad sua corrigas propriisque sedibus reddas, inuenies iniustitiae magis stultitiam, iustitiae sapientiam conuenire. quod etiam sacrae legis 2 1 4
dei non cognouit saeculum per sapientiam, deus optimum existimauit per stultitiam praedicationis saluos facere credentes; et iterum manifestius: *si* 2 1 5
magnis uirtutibus magnisque laboribus quaereretur, incunctanter optarent stultos iudicari se iustos quam sapientes iniustos, maxime cum iam sit 2 1 4
quod est utique sapientis. unde fit, *ut numquam iustus possit esse qui stultus est neque sapiens qui fuerit iniustus.* ceterum sive iusto siue sapienti 2 1 10
non potest stultus neque sapiens iniustus ipsa ratione docente. *qui enim stultus est, quid sit bonum* ac malum *nescit* nec potest quid reprobet scire, 2 1 9
et iterum manifestius: *si quis inter uos uidetur sapiens esse in hoc saeculo, stultus fiat, ut sit prudens; nam huius mundi sapientia stultitia est apud* 2 1 5
iustus, iustus adaeque uerus non sit et sapiens, quia iustus esse non potest stultus neque sapiens iniustus ipsa ratione docente. *qui enim stultus est,* 2 1 9
sis corruptelam, optes imitari uirtutem; quem cupidum semper horrueris, stupeas passim in pauperes et egenos sua bona uniuersa fundentem; 2 29 3
imbres maioris poenae contemplatione neglecti sunt. excogitatur nouum stupendumque supplicium, quo se in homine uincere crederet deum. 1 39 6
noctem. finditur mare et dextra laeuaque in abruptum digestis aggeribus stupens unda solidatur. dei populus nauigat plantis. mira res! iter eius 2 26 1
illorum profugus populus per mare rubrum dextra laeuaque undarum stupentibus rupibus pede sicco transiuit; at nostrum mare uoluntarios 1 46b 2

soli. cedit affectus pietati, pietas religioni, fauet utrisque religio. medius stupet gladius nullo impedimento suspensus mactatione terribili gloriam se 1 4 15
duceretur: *reuertimini ad iudicium; falsum enim isti contestati sunt de ea.* stupet populus, quod a supplicio ad iudicium repetendum reuocaretur 1 40 3
debens quod conceptus est, donans matri quod natus. quae principaliter stupet talem sibi filium prouenisse, qui ex se natus non crederetur, nisi, 2 12 2
actus ueteris uitae damnantes pro salute redimenda non solito more ad stupida simulacra concurrunt, non aris foetentibus funestos excitant ignes, 1 34 9
undarum, saluo liquore arefactam profundi in semet contra se obnixam stupidam pependisse naturam; uiam inter fluctus micuisse terrenam, quae 1 18 1
subito diuina prouidentia scinditur mare, aquae dextra laeuaque gelido stupore frenatae uitreos diriguntur in muros praestolantes dei transitum 1 29 2
corporis rupit. exsilierunt exsectae manus †et uenarum in se paululum stupore rursus in se riuus sanguinis ruens†. dehinc poplitibus surisque 1 39 8
rabies euanescat; sub gressibus tuis maris unda pinguescens marmoreo stupore solidetur; cetina cymba inter aestuantis pelagi sollicitos sinus fidem 2 3 14
iussit incendi ac, ne quid immanitati saeuientis deesse uideretur, pice et stuppa armatum citatur incendium; aestuantibus globis erubescit quoque 2 22
et nosse uentura. *filios*, inquit, *genui et exaltaui*. infinita Iudaei infidelitate sua apud dominum nostrum odia meruerunt, quoniam quanta fuit de 1 61 5
temptare conatus. Iob facultates, quas habuit, amisit; et dominus caelestia sua bona amore nostro neglexit pauperemque se fecit, ut nos diuites 1 15 8
quem cupidum semper horrueris, stupeas passim in pauperes et egenos sua bona uniuersa fundentem; postremo quem noueris idolatriae fanum, 2 29 3
a corona, tantum generosa ac perfecta fides quique illi fuerit cruciatus sua complicat uota. denique tres pueri in illo sacro certamine prae oculis 1 11
ipso deus beatae perpetuitatis indiscreta spiritus plenitudine nescio qua sua conscientia uelatum filii non sine affectu, sed sine discrimine 1 56 1
iustitiam stultitiae, iniustitiam sapientiae uocabulis infamantes. quae si ad sua corrigas propriisque sedibus reddas, inuenies iniustitiae magis 2 1 4
patiuntur errare stipi triuiali subiectos; quod liberi parentum uitam sua damna iudicantes iniecta uiolenter manu ipsi naturae, inuasis 1 5 6
accipite. pater familias panem uinumque pretiosum uobis ex usibus suis sua de mensa largitur. tres pueri unanimes legumina inferunt primi, 1 24 2
contemnens, iam ueritatem non imaginem quaerens, iam spiritalia non sua desiderans, de qua Paulus ait: *non omnis caro eadem est caro: alia est* 1 2 25
Simoni, super quem aedificauit ecclesiam, *Petrus nomen imposuit*), id est sua doctrina formatos, spiritus sancti lima acuminatos constituit uiros 1 3 16
facinore cibos a deo inmortales accepit, quos edacitas delibare nequiret: sua enim deminutione crescebant. integer horum denique uasis semper in 2 1 20
huic et praesentia subiacent et futura: ista quia contemnit, illa quia sua esse praesumit; nec spes timet, ne non ueniant, quia ea semper secum 1 36 5
barbarici furoris moribus alligatus. deus illi ducatum praebuit: idem a sua eum facie postmodum abiecit. consecutus est regnum, ut post regiam 1 52
sine fide, fidem posse sine lege; alioquin ista innumerabilis simplicitate sua felicior turba adhuc mortis imperio subiaceret, si legis periti tantum 2 3 2
gemat terra sub pondere argenti, auro ardens tota domus pugnet sua flamma cum sole honorumque exinanitus a te gradus non inueniat 1 5 10
tertium quoque, quem aduerterit fraudulentum, coloratis ratiociniis sua furta excusantem, reseruat examini, ut ponderatis damnis rebusque 1 35 8
totius humani generis peccatorum est sordibus obsoletatus. Iob uxor sua hortatur ut peccet; et dominum, ut corruptelam seniorum sequatur, 1 15 8
Christiane. Salomonis templum hostili uastatione subuersum cum ruina sua iacet sepultum: ubi sacrificant? sacerdotes iam non habent: qui eorum 1 51
omnibus, quia pater in ipsum alium se genuit ex se, ex innascibili scilicet sua illa substantia, in qua beatus manens in sempiternum omnibus, quae 1 17 2
denudat, esse non inuenit inpudicum; hic synagogam expugnauit, cum sua illi arma concedit; hic ubique turbulentus, ubique fertur insanus: 1 36 26
inter peccatorem et iustum. denique etiam ipse impiis iudicium, quia iam sua impietate praeiudicati sunt, non derelinquit neque peccatores, qui 1 35 3
quamuis non possit ueri simile tantam uim habere quam ueritas. oleaster sua infelix et amarus est in natura; sed cum fuerit peritissimi agricolae 1 2 27
orbitatis. sed longum est, fratres, ire per singula, maxime quia caritas sua ingerit fortiora. quae ita rebus uniuersis est praedita, ut sit omnium 1 36 10
qui humanarum legum iniqua impunitate decepti, iustitiam ueram nec ex sua ipsa uoluntate noscentes, quod pati nolunt libenter efficiunt; qui 1 1 13
non fuit. tertia Iudaea est uere caeca, quae cum in lege, ut dicere solet, sua legat ubique duas patris et filii designari personas, tamen nunc usque 2 8 1
oceani lacteo profundo demersi, surgentes inde nouello nouelli cum die, sua luce radiantes nobiscum possint inmortalitatis per aerium tramitem 1 44 2
se fecit nasci, quemadmodum homo non potest nasci. totum denique sua luce resplendens corpus sine umbra gestabat, humilis carne, sed 1 54 5
Paulus subtiliter prodidit dicens: *qui seminat secundum carnem, de carne sua metet interitum; qui autem seminat in spiritu, de spiritu metet uitam* 1 2 28
globum, paulatim deuergit in senium, donec ultima senectute consumpta, sua morte reuiuescens, menstrualis ignis solemni germine accenso sumat 1 2 19
ille peregrinus est. illa sine contemplatione meritorum quibuslibet passim sua munera infulcit, maxime indignis, ut ad se colligat turbas; ille 2 4 14
cadauera intecta inhumataque esse non patitur; pauperes miserosque sua necessitate neglecta pietatis largiter furtim semina spargit. nec rogari se 2 1 12
non glorietur sapiens in sua sapientia neque glorietur fortis in fortitudine sua neque diues in diuitiis suis, sed in hoc glorietur, qui gloriatur, 2 1 5
est fidei nosse naturam, quae talis ac tanta est, ut unicuique homini sua non ab alio commodetur, sed eius ex uoluntate nascatur. ceterum si, ut 2 3 1
exigua humus et peraequat et satiat, enorme quod cum tota ambitione sua non potest aurum. hinc unus pecuniam suam tamquam hamum 1 5 11
crudi funeris soluat. quo nuntio accepto dei seruus *scidit uestimenta sua*, non ut deo inuidiam faceret, sed ut expeditus cum hoste pugnaret. 1 15 5
caeca, tempestas insana, rapacitas sine fine, sollicitudo sine requie, ad sua numquam perueniens uota, quia satiari non nouit. fidem frangit, 1 21
orbe contenta. totum possidet et de inopia queritur semper. denique ad sua numquam peruenit uota. quantum fuerit auctior, fit tanto miserior: 1 5 2
exsultate, fratres, quos sua parturit fides, qui mundi huius fugientes insidias, reatum, uulnera ac 2 23
non membratim deum, sed totus exorat, quia timore totus est humilis, sua peccata contestans, secundum domini dictum a quo procedunt 2 9 9
non poterit, quamuis sit iustus, nisi exomologesin faciens et praesentia sua peccata exstinguat et futura repellat. Thamar arguitur, quod de 1 13 12
mundani pensa perpetuans, genitali semper nouellus occasu, a se in semet *sua per uestigia* reuolutus dies salutaris aduenit, officiis sacramenti 1 6
principium quod senescit, quod opus factum est alienum, quod non est in sua positum potestate, quod a sua substantia tollitur, quod mutatur, quod 1 7 2
commotus dominus illa deserta aliam sibi, id est ecclesiam matrem, sua pro uoluntate plantauit, quam sacerdotalibus officiis excolens piaque 1 10b 2
cuius abhorrens infelicitatem dominus rei, aliam sibi, id est populi nostri, sua pro uoluntate plantauit, in quam omnis fructus propheticus decucurrit. 2 11 1
sine causa etenim laborare uidebitur iustus, nisi recipiat secundum facta sua, quae gessit, iniustus. non ergo sic accipiendum est, quemadmodum ab 1 35 1
uehemens commotio est, fratres, cum is de iniuria sua queritur, qui se potest facillime uindicare. sed quia apud sapientes et 1 20
tulit auaro quam praestat, ac sic saepe contingit, ut merito perdat etiam sua, qui desiderat aliena. illinc alius uias uiantibus cludit, arcet ab herbis, 1 5 12
die ante conspectum dei ex illo naturae secreto produci, quales fuerint pro sua quique qualitate suscepti, apostolo dicente: *omnes nos manifestari* 1 2 15
multiformi gratia redimitus, per temporum ambages *pernicibus plantis sua recalcans* officio solemni *uestigia* dies salutaris aduenit. idem sibi 1 44 1
eorumque iter praecessisse, non intellegentes, quia exinde eos a facie sua remotos post suum dorsum cum postfuturis abiecerat; Erythraeum 1 18 1
sempiterni currus auriga, teretis metae sua replicans complicando gyro solemni uestigia, dies salutaris aduenit. 2 19 1
gratis laborent. uerum hoc est solum, nos in quo uincimus, quia pro sua sanctitate Christianae plus nubunt. adde quod gentibus, quod sine 2 7 11
idem deus per prophetam hactenus protestatur: *non glorietur sapiens in sua sapientia neque glorietur fortis in fortitudine sua neque diues in* 2 1 5
hunc timorem nobis necessarium, qui in dei amore consistit, qui uoluntate sua se parit, diuinae legis agnitione construit decorem, ad omnia genera 2 2 4
si uero fidem tractatus dicere coeperimus, erit profecto nec nostra nec sua, sed nec eius, cuius esse dicetur, quia tractatus fidem cum astruit, ex 2 3 6
monstrans. cuius sanctionem uestrae aetatis omni curriculo manente in sua semper infantia custodite ac fortiter praecauete, ne primi hominis 2 24 3
et filii festinant nec intelligunt, quia in exordio carminis sacri deus deo sua sibi et diuinitate et nomine comparatus omnes humani sensus 1 45 1
ei pepererint armati numero dies, menses et digiti. at plerumque cum sua sibi industria fenerator etiam ipse nudatur, ei cum casu aliquo fraus, 1 5 12
diuinae atque humanae religionis delet abrupte igni ferroque cum sua sibi tota substantia incolas, ciuitates et rura nihil omnino metuens 2 1 7
tormenta confessio, quod sine truculenti sudore tortoris facinora sua sponte reus, ut fiat innocens, confitetur. pretiosa res est, fratres, quae 1 42 2
habet necessaria tormenta confessio, quod sine sudore tortoris facinora sua sponte reus, ut fiat innocens, confitetur. pretiosa indulgentia est, 2 24 2
fecere peiores, Euae non discipulae, sed magistrae; illa enim decepta, hae sua sponte se diabolo dediderunt). sin uero pacifica et salutaria, profecto 2 7 16
opus factum est alienum, quod non est in sua positum potestate, quod a sua substantia tollitur, quod mutatur, quod alieno mouetur pulsu, quod 1 7 2
non desideratur examen. ex quo ne *infideles necesse est iudicare*, quia iam sua sunt incredulitate damnati; ex hac enim uita quis secum aut coronam 1 35 2
noueris, alium certe misereris: discoloratur per momenta color, figura sua tollitur a natura, in obliquos horrores insani uertuntur orbes oculorum, 1 2 6
inquam, agnus *perfectus*, quia in ipso magnus ille sacerdos pio mysterio sua uictima inclusus hodie deum reddidit hominem, quem litauit. 1 8 2
morte sua uiuens, sepulcri nido uegetatus innumerabiles temporum metas perenni 1 58
nam cum medullitus mulier ardoris insani conflagraret incendio, in suadelam sacrilegam argumentis uehementer armata captat solitudinem, 1 1 16
in his omnibus nihil aduersus deum improbe loquitur, non uxori inlicita suadenti succumbit, non amicis insultantibus cedit, sed uictor crudelitatis 1 15 6
in se credentes *baptizat spiritu sancto et igni*, ipse tunc quoque numero suae adfuit trinitatis. denique rem sacramento gestam esse cognosce. in 2 27
fas atque nefas, artibus multimodis ac uersutiis armata bacchatur, salutis suae alienaeque contemptrix, solum metuens ne desit ulli quod radat. inde 1 5 2
Iudaicum populum uniuersum salutis suae amisisse praesidium diuini carminis textus ostendit. in quo eum non 2 21
ueritati debeamus, scientes, quoniam, si quis imaginem laeserit, in exitium suae animae incitat ueritatem. nec est dicto longe probatio. si incliti 1 36 24
quia nostrae sacrae uirgines uiduaeque magno pro inmortalitatis praemio, suae autem gratis laborent. uerum hoc est solum, nos in quo uincimus, 2 7 11
sese confirment, rudes discant ipsique, qui blasphemare nituntur, salutis suae bono uel sero, si potest fieri, resipiscant. 2 18 2
inde Susanna illustris Hebraea, uerae decus pudicitiae, docuit feminas suae castitatis exemplo. stabat Susanna in iudicio perditorum falsorum 1 40 1
permaneret talis quoque post partum. o noua ratio! amore imaginis suae coactus in infantem uagit deus patiturque se pannis alligari, qui totius 2 12 3
ipse enim regalis potestatis imperio subiectum sibi corpus seruilibus officiis suae compellit implere desideria uoluntatis. qui si fuerit uitiosus, quot 1 3 9
pudoris compendio mortis oderat moras, omnibus displicens, sed solae suae conscientiae placens, cum subito, quauis uersutia qui fallitur 1 1 19
uos; nonne pater unus est omnium uestrum? quisque igitur nobilitatis suae conscientiam retinet, diligit fratrem nec aliquid audire exspectauit ex 1 36 22
praeclusa, cuius aut pudor esset iugulandus aut anima, conscientiae suae conscium solum contestans deum honestam elegit mortem quam 1 3 18
secreta! o quam praesumpta, quae mauult magis nouellae traditioni suae credi quam antiquitati, quam deo domino dicenti: *reicitis mandatum* 2 3 10
cuius sapientia non habet finem nec fortitudo mensuram, amore imaginis suae de caelo descendit, uteri uirginalis illustrat hospitium ibidemque in 2 4 7
ignes mundi germanos astrorumque candentium polorum claritatis suae de plenitudine accendit. hic, qui semel occidit et ortus est rursum 2 12 4
per hanc Iacob deo colluctari praeualuit; per hanc Ioseph Aegyptum suae dicioni subiecit. haec Moysi in mari rubro terram uitream fecit; haec, 1 36 7
cuius uita paternus affectus et maternus pendebat, ad explorationem fidei suae diuina uoce postulatur ad uictimam. ‘uolo, dixit deus, mihi fieri 1 43 3
feralis ictus assidua contemplatione uibrabat. haeserant confessionis suae glutino intrepidae martyris manus nec salientes digiti futurae mortis 1 39 7
quoque, quae quibusdam uidetur errare curriculo menstruali, solemnes suae ignes aetatis quod numquam prorogat inportune nec derogat, quid 1 4 5

in hominem demutare ualuisti. tu eum breuiatum paulisper a maiestatis suae immensitate peregrinari fecisti. tu uirginali carceri nouem mensibus 1 36 29
obdormiuit, ut uinceret mortem, ad hoc euigilauit, ut beatae resurrectionis suae in nos munus inmortalitatis conferret. quem conpetenter sequitur 1 38 4
omniumque sanctorum, quos synagoga pulsos Iudaei in damna salutis suae indignis caedibus mactauerunt. uenti saeuientes diuersi sunt reges, qui 1 34 7
quamuis iniusta sit, seruat. nemo namque pater familias honesta fidelitatis suae lucra offerentem sibi suum seruum iudicat, sed honorat ut filium. 1 35 8
denique si esset aliquid uirginitate melius, dei filius hoc magis potuerat suae matri praestare, cui praestitit, ut rediuiuae uirginitatis honore polleret. 2 7 4
solet enim magnis cum uociferationibus saepe iactare hanc esse gentis suae nobilitatem, hanc caelestis sacramenti uirtutem, hanc aeternae uitae 1 3 1
uidetur domicilium, sed nouus est inquilinus mutatione morum natiuitatis suae nobilitatem incredulis uariis uirtutibus monstrans. cuius sanctionem 2 24 3
domicilium, sed nouus inquilinus exsultat mutatione morum natiuitatis suae nobilitatem incredulis uariis uirtutibus probaturus. 1 42 2
perdiderunt: dei, cum stultam putant, quod elaboret — dispendio suae, non dicam facultatis, sed etiam, si opus sit, et salutis — alii magis 2 1 3
genus insaniae est eum rationem secreti naturae disquirere, qui uitae suae non possit reddere. non enim elementa pulchrius aut uerius uerbis 2 30 1
aestas autem fidelis est populus, angelicus et mundus, qui sponsionis suae palmam fortiter retinens, peccatorum paleis limpidatus, semet 1 33 3
et dominus ipse dicit: *quid prodest unicuique lucrari mundum et animae suae pati detrimentum?* i nunc, insatiabilis homo, et in detestabilis 1 5 9
indigestamque latentis naturae congeriem aceruo quodam magnitudinis suae per se in se manentem; *postea uero deum* hanc *diremisse* ex eaque 1 7 1
non formam, non sexum, non gradum, non sacrosanctum illum saltem suae pietatis affectum. hic facibus suis Euae pectus incendit; hic Adam suis 1 36 25
quam in se credentibus dominus aetheria natiuitate renouatis plenitudinis suae pio de fonte largitur per dominum nostrum Iesum Christum. 1 27 3
accipere, sed caelestis hominis spiritalem, quam nobis plenitudinis suae pio de fonte largitur. quam rationem Paulus euidenter prodidit dicens: 2 30 3
Susannam quoque, columen matronatus, inaffectatae formae pulchrius suae pulchritudinis ornamentum, insigne pudicitiae testimonium, *e* 1 1 17
diabolus adgressuris tantis nihil se profecisse cognoscit, omnem impietatis suae rabiem in filios eius effundit. nam cum solito more unanimes una 1 15 4
incunctanter est Christus, quem ante omnia saecula pater in profundo suae sacrae mentis arcano insuspicabili ac soli sibi nota conscientia, filii 1 17 1
male dulcibus uenenis occisum infernaeque sedi submersum maiestatis suae sacramento uiuificatum insuper regni caelestis participatione ditauit. o 1 36 28
gloriam, ut de ceteris taceam, maior est eius, qui in honorem deae suae — sane anus turpis atque amatricis — non paruam cutem eiusdem 1 3 2
et quidem non accusatione, sed probatione conuictum. denique iniuriae suae testes citat caelum terramque: terram, in qua uniuersa geruntur, 2 21
ille fidelis, qui sacra in praedicatione non ultra, quam licitum est, aciem suae tetenderit mentis; eo enim res deducta est, ut fides nostra per dei 2 3 12
medullitus mundat, ne quid reatui uel intrinsecus debeat; qui enim suam conscientiam non timet, is est, qui deum non timet. adde quod lex 2 3 5
stultae. nostram nobis stultitiam derelinquant, habeant secum sapientiam suam; cuius quidem sectatores paene omnes conspicor Christianos, qui 2 1 15
uesano femineo stipendio ipsis feminis sic incognito inopinate dispungens suam docuit expugnare naturam; haec libidinis mercedem uel maxime 1 1 8
uindicari. propter quod in praeceptis dominus ait: *qui dimiserit uxorem suam excepta causa adulterii, facit eam moechari*. quid hic respondere 1 1 13
ac profundas promittit, ostentat, obicit, donat, speciem proponit suam faciemque, in quas illi libuerit figuras, speculo conciliante semper 2 4 9
subesset, sollertia mira perfecit, tunc *ad imaginem et similitudinem suam fecit sibi ipse simulacrum sensibile atque intellegens*; sumpto quippe 2 4 4
ad cumulum, quod ideo *deus hominem ad imaginem et similitudinem suam fecit*, ut contemplatione imaginis pateremur reuerentiam ueritatis in 1 36 23
aestimabit non amore diuini cultus, sed alterius alicuius desiderio in suam hoc contumeliam procurari: castitatis obseruantiaeque uirtutem 2 7 18
post haec quid praesumant, aestimare non possum, homines qui salutem suam in pecorum morte constituunt, cum deus, posteaquam de Aegypto 2 25 1
hoc cupit uideri, quod illa est. interea miris excolit artibus sese faciemque suam in se, quam non habet, quaerit. pingit se in se ipsam et lenocinante 1 1 10
uirtus tantaque potestas, ut cultoribus suis etiam ipsa elementa contra suam naturam famulari compellat. unde, fratres, atrocissimae rei non uos 1 31
contenta, quauis turbationum tempestate tranquilla. serenitatem suam nebulis turbulentare non nouit. paenitentiam nescit; altercatio quid 1 4 2
qui Aegyptiacos de candidis faciunt, qui auguria captant salutemque suam pecudum uiolenter scissis in uentribus quaerunt, qui coniugale 1 25 11
ea nihil inueniat fama quod feriat. cruciatur diabolus, quod nulla ex parte suam perfecerit uoluntatem: nec adulterium enim, quod factum diffamabat, 1 40 3
ad iugum peruenit, cum praerogata omni facultate pauperibus crucem suam portans consummata omni iustitia expeditior sequitur Christum. ui 2 11 6
iam lege dispunctus Sauli regi se desideranti sine ambiguitate non tantum suam praesentiam exhibet, sed etiam ad consulta respondet liberiusque 1 2 8
meminerit, <quid> fuit, antequam renatus sit; beatissimus, qui infantiam suam prouectu temporis non mutauerit. 2 29 3
sine ullo labore uictoriam. non enim conabitur in dicionem redigere suam, quae esse eius ambiuit ancilla? in domo denique quae geruntur, sed 2 7 13
est speculum intuentis plenitudine grauidatum, quod non tam imaginem suam quam eius, cuius est in usibus, gerit. denique tot efficit uultus, quot 1 2 29
meam. uideamus, ne forte propheta ipse se inpugnet exaltando animam suam, qui cor suum se non exaltasse gloriatur. non sibi repugnat, sed 2 9 8
sed etiam, si opus sit, et salutis — alii magis prodesse quam sibi; suam, quia, quamuis sit sapientiae nomine falso uestita, tamen suis 2 1 3
gloria, maxime diuinis in rebus, in quibus felices obnixa deuotione suam religionem custodiunt potius quam salutem. igitur cum audio tres 1 31
quisquis resurrectionem negat, uitam suam, semet ipse condemnat. cur enim mereatur felicitatem futuri temporis 1 2 1
conuersatio lex fuit. audit imperatum sibi a deo exilium, ut cognationem suam simul dimisisset et terram. et tunc Abraham *respiciens oculis uidit* 1 62 1
de quibus dominus ait: *nemo retro attendens et superponens manum suam super aratrum aptus est regno dei*; et iterum: *mementote uxoris Lot*. 1 37 12
quod cum tota ambitione sua non potest aurum. hinc unus pecuniam suam tamquam hamum proponit, ut facultates ad se attrahat alienas; quam 1 5 12
illi, qui hominem fecit, qui ei munus perpetuae caritatis similitudinem suam tradidit, qui orbem terrae donauit, qui omnia elementa mundi cum 1 36 28
omnium, singulorum. uultis scire, quae illic beatitudo uersetur? nemo suam uestem, nemo suas margaritas abscondit, nemo lapides pretiosos, 1 5 18
loqueretur, apostolus mentionem dicens: *nam iustitiam dei ignorantes et suam uolentes constituere iustitiae dei non oboedierunt*. sed cum de futuro 2 1 2
beatus martyr se latere non passus est; se ultro offerens iudici moram suam uoluntarie praeiudiciis excusauit. cui cum prouinciae rector pristinae 1 39 5
cuius aeternitas in se non admittit aetatem. totum contra conscientiam suam ut homo infirmus patitur, ut homini mortis lege consumpto 2 12 3
eius uxor moritur. qui consolatus cum ad oues tondendas pergeret suas atque hoc Thamari nuntiaretur, quae Selom uiderat maturum ei nec 1 13 2
tunditur nec mouetur, sed tantum benedicit deum facultatesque suas contemnendo custodit. at ubi diabolus adgressuris tantis nihil se 1 15 3
ac ueri cultus gentibus praedicem. felicitatemne uirginitatis? at habent suas, et si non felices, habent tamen. sin uero ad uiduitatis sudorem 2 7 11
sic discernit, ut seminet. prauos ac lubricos colligit mores. legibus suis suas leges impugnat, ius iure distringit. quis non uideat numquam recti 2 1 7
uultis scire, quae illic beatitudo uersetur? nemo suam uestem, nemo suas margaritas abscondit, nemo lapides pretiosos, nemo aurum, nemo 1 5 18
non insolescit in regno, obumbrat neminem prophetae terrore. iniurias suas non exsequitur regia potestate; odientes se diligit; inimicis parcit; 2 9 7
etiam nos omnes in aliqua constitutos angustia recreare consueuit. *ad oues suas tondendas pergit*, id est, ab hominibus iustis bonorum operum fructus 1 13 8
a muliere, quae prior peccauerat, circumcisionis incipit cura, et quia suasione per aurem inrepens diabolus Euam uulnerans interemerat, per 1 3 19
omne genus humanum. namque sapientia densis exaestuans argumentis, suasorio ac delectabili luculentae orationis compta mendacio, armata uocis 2 1 6
temperata, in panes azymos reddita. hi, quos uidetis, egregia coctura suaue redolentes, qui excocti sunt non furno, sed fonte, non humano, sed 1 41 2
caelestis <...> libera peccatis omnibus absolutos non foetidis cunis, sed suaue redolentibus sacri altaris feliciter enutrit a cancellis, per dominum 1 32
inest mare, non quod naufragos faciat, sed quod naufragos ad uitam suauem perducat; non aurum, non argentum, quia in suis martyribus 2 6 6
non ex sacculo, sed ex corde profertur; quod non bromosis pecudibus, sed suauissimis moribus comparatur; quod non cruentis manibus, sed sensibus 1 25 9
at Christi fontem qui biberit, in aeternum sitire non nouit. illis in deserto suauitas lactis et mellis exhibita est, nobis uero, quod plus est, melle 1 46b 3
ad te, quotiens uolui colligere filios tuos sicut gallina pullos suos sub alas et noluisti? ecce remittetur uobis domus uestra; et iterum: *non* 2 6 3
parce.' ecce et meritum principale diuinam indulgentiam meruisse sub casibus: nam retro respiciens Abraham inuenit uictimam, quam 1 43 7
tubae regali tessera conuocati capient cum ingenti triumpho aeterno rege sub Christo; secunda uero, quae impios cum peccatoribus uniuersisque 1 2 23
suis facta hydra formarum procax semper incedit, quia erubescere alienis sub coloribus nescit, non domesticis, non affectibus, non maritis nota, non 1 1 10
senectutis cum rigore partitur; cessat enim concupiscentiae pugna, ubi sub crebrescentibus morbis ipsa necessitate etiam inpudicorum pudica fiunt 1 1 5
haec aliquotiens robusta regna subuertit; haec aut sub turpibus aut sub crudelibus factis subiugatos thalamos triumphauit alienos; haec uiros 1 1 8
denegat! sed quia haec prophetia nouissimis erat complenda temporibus sub domini saluatoris aduentum, qui non esset a Iudaeorum populis 1 61 2
testamenta heredes incognitos ex sese recitari mirantur; amicae sub fallacia manus innoxias animas secure conficit ebibita ueneni 1 5 3
metu forsitan ipso cessante illicita eis uota donabis (quod maritis etiam sub fidelibus multae fecere peiores, Euae non discipulae, sed magistrae; illa 2 7 16
sit: *littera occidit, spiritus autem uiuificat*, quia *non sub lege, sed sub gratia sumus*, quae nos diligere deum ac soli illi seruire in sacramento 2 3 2
sese; in admirationem tui rictu blandiente leonum rabies euanescat; sub gressibus tuis maris unda pinguescens marmoreo stupore solidetur; 2 3 14
nec puerum mors uicina contristat, ne trepidatio fidem prodat infirmam. sub hac denique immolantis immolandique constantia absolui meruit, dum 1 59 7
primo uocabulo, cui iam auiae reuerentiam senectus uerecunda detulerat. sub hac igitur, carissimi, desperatione natiuitatis et admiratione progenitus 1 59 2
altum sapere, sed time. cum haec ita sint, cur legem lege distringis? cur sub imaginem fidei fidem deponis? cur ipsum fontem diuinitatis 2 3 13
infanti et, cuius aetas auiam testaretur, matrem partus ornauit, cum sub incerto affectionis uocabulo pietas nutaret et, cum filium proferret 1 59 4
delectatur; at illa aegra fastidio nouem mensium non baiulat pondus, sub incerto partu parientis nascentisque de salute non gemit nulliusque 2 7 3
saepe in gentibus (quamuis illic fructuosa uel uera esse non possit, quia sub inpudico praedone uersatur), quanto magis debet esse gloriosior in 1 1 3
furto distracti, turpibus iam non contenti latibulis aliquotiens, pro nefas, sub ipsis obtutibus matronarum uesana congressione desudant, non 1 1 13
cucurrit, adorat prostratus in faciem, offert hospitium. *refrigerate*, inquit, *sub ista arbore magna*. similaginem conspargit, uitulum laniat. post haec 1 62 1
patens est guttur eorum, linguis suis dolose egerunt, uenenum aspidum sub labiis eorum, quorum os maledicto et amaritudinis plenum est; ueloces 1 3 11
gratia; illa imagine, haec ueritate; illa damno, haec lucro; illa agit captiua sub lege, haec omnibus praestat in Christo bonae fidei libertatem. igitur 1 3 23
fratres dilectissimi, legis arcana et intellectum altius proferamus. Abraham sub lege non erat, sed legem solus impleuit, et qui nullo iure legis 1 43 8
at cum scriptum sit: *littera occidit, spiritus autem uiuificat*, quia *non sub lege, sed sub gratia sumus*, quae nos diligere deum ac soli illi seruire 2 3 2
inaurata corpus, exsecrabili metallo procedis onusta, ubique delicata, sub monilibus fortis. denique ipso cultus rigore in oratione non flecteris, 1 14 6
ita se esse meminerat, ut patrem se esse nesciret! quid est pater? ecce sub oculis iacet filius uinculis adstrictus. ubi sunt lacrimae, ubi dolor, qui 1 43 6
excusauit. cui cum prouinciae rector pristinae eius fugae ueniam sub pactione promitteret, si se uel sero nefandis superstitionibus miscuisset, 1 39 5
et potestate et uirtute et dominatione *ponantur omnes inimici eius sub pedibus eius inimicaque destruatur mors*. hi autem ad principalem uim 2 5 7
pretiosorum lapidum discoloribus formis referta penetralia, gemat terra sub pondere argenti, auro ardens tota domus pugnet sua flamma cum sole 1 5 10
et ipsis nihil prosit ad utilitatem? sane recte hoc facere existimarentur, si sub praetextu alieni nominis inuasa optinere potuissent. at cum diuina 1 2 7

quaeritur lucrum et proscriptio industria uocitatur et appetitio rei alienae	sub praetextu propriae defensionis ac diligentiae callidissimis argumentis	2	1	17
testes citat caelum terramque: terram, in qua uniuersa geruntur, caelum,	sub quo geruntur. filios appellat, ut exaggeret crimen; exaltatos, ut ingratos	2	21	
tamquam granum sinapis te habere demonstra. sin uero, quod magis est,	sub sono legis ac fidei saecularis amore iactantiae accensus nascentis dei de	2	3	15
sed necessario unicuique sinceri amoris est noscenda proprietas, ne	sub sono nominis commutetur regula ueritatis. est enim et alius amor sane	1	36	25
profanum sit, diligenter ac patienter geritur, quod ab altero celebratur.	sub tanto, non dicam humanitatis, sed ipsius naturae metu laeti sunt soli.	1	4	14
quietis gentibus bellum; haec aliquotiens robusta regna subuertit; haec aut	sub turpibus aut sub crudelibus factis subiugatos thalamos triumphauit	1	1	8
ut quid appetendum quidue fugiendum sit facillime possit agnosci.	sub uelamine Christi nominis, fratres, se adserere conatur Antichristus	1	1	6
duris exuti gratias agunt. uestrae domus peregrinis omnibus patent;	sub uobis uiuus mortuusque diu numquam uisus est nudus. iam pauperes	1	14	8
candidam micuerunt; quae nullo adulterata fermento est, consparsa ac	subacta diligenter. sal inditum est illi; leuigata est oleo gremiali, officiis	1	41	1
occasum. hic, inquam, quo ferales diruptae sunt tenebrae, quo mors	subacta est, quo homines, quos susceperant mortuos, refundere inferi	2	19	2
o inaestimabilis gloria dei! sacramento trinitatis tam potentis elementi	subacta natura est. qui putabantur incendio exstingui, emicant beatiores	1	48	
gaudio tacere non possum: fenerando pauperibus omnes copias auaritiae	subactas uestrum sine inuidia transfertis in censum. quid enim esse potest	1	14	9
ignes ignis diuinus incendit intestinique facinoris foedus, quo infeliciores	subactis infami hasta persequentes hospitum terga depopulabantur, e caelo	1	4	10
metuente secura calcat genera uniuersa terrorum; incolumis quasi orbe	subacto de illo ferali caueae — iam non miserabilis, sed mirabilis —	2	2	7
in uentribus quaerunt, qui coniugale exasperant iugum affectuque calcato	subditiciis personis, ut obumbrent furta turpissimae utilitatis, rem	1	25	11
qui quod habet infelici tenacitate non aliis tantum, sed etiam sibi ipsi	subducit? ‘sed, inquies, iustum est, ut mea seruem, aliena non quaeram.’	2	1	17
utilitatibusque diuersis, magnis et plurimis, habitatori ulla ne querela	subesset, sollertia mira perfecit, tunc *ad imaginem et similitudinem suam*	2	4	4
miserandae uiduitatis es portus. tu sanctissimo coniugali iugo rudi ceruice	subeuntes in nisum laboris uel amoris aequalem retinaculis blandis quasi	1	4	21
est, sed dementis, maxime si deus, ut contentiosi putant, dispositioni	subiaceat. remotis enim paulisper nominibus patris et filii non potest nosse,	1	54	1
dei ministra, Christi amica, spiritus sancti conuiua. huic et praesentia	subiacent et futura: ista quia contemnit, illa quia sua esse praesumit; nec	1	36	5
carnalium rerum fugaci illuderis blandimento? quid deteriori meliorem	subiacere compellis, scriptum quippe cum noueris: *omnis caro fenum et*	2	4	15
caelo et terra testibus denotare, ut inexcusati facinoris competenti iudicio	subiacerent. denique res impleta est domini passione: caelum medio die	1	47	
ista innumerabilis simplicitate sua felicior turba adhuc mortis imperio	subiaceret, si legis periti tantum iustificari meruissent. at cum scriptum sit:	2	3	2
angelis clara, in omnibus uero regina. tu numquam carni, numquam ulli	subiaces legi. de uoluntate nasceris, sed bono puritatis uoluntatem ipsam	1	1	20
eam prodesse perspicio? quia huius circumscriptio characteris potestati	subiacet cordis, quod nisi uerae circumcisionis spiritali fuerit sacramento	1	3	9
autem ille est, qui caritatem non habet dei ac per hoc operanti iram recte	subiacet legi. atquin forte aliquis dicat: ‘lex spernenda est, quia iusto	1	36	17
hic Susannam conatus est duorum seniorum aut prodigiosis ignibus	subicere aut parricidali gladio iugulare; hic Ioseph mulieri flagitat esse	1	36	26
debeamus adserere. si tractatum fidei dixerimus, uehementer errabimus.	subici enim se loquacitatis artificio fidei natura non patitur, a qua nihil	2	3	6
dictauerit. nunc emendat, nunc delet quas amauerat species, nunc	subicit alias, nunc parturit nouas. manibus suis facta hydra formarum	1	1	10
praesaepe deponitur populorum pastorem pabulumque se esse contestans.	subicit se gradibus aetatis, cuius aeternitas in se non admittit aetatem.	2	12	3
non condicione, caritate, non necessitate, decore, <non diminutione>	subicitur, per quem pater semper honoratur. denique inquit: *ego et pater*	2	5	9
laboranti subueniunt, paene armis ipsis inimici certatim se crebro	subiciunt, ingenti fragore confundunt exsertisque mucronibus sordidis uelut	1	36	15
committunt amore non fidei, sed libidinis, qui publicanas mulieres cum ui	subiciunt sibi uiliores se esse quam illae sunt produnt, qui iracundia	1	25	11
firmante: *stulte, tu quod seminas non uiuificatur, nisi mortuum fuerit,* et	subiecit dicens: *sic et resurrectio mortuorum; seminatur in interitum,*	1	2	22
ac materiae semper suum et uereretur et ueneraretur artificem. post haec	subiecit ei omnia bona mundi et quia erat iam sapientia conditus, sensibus	2	4	5
Iacob deo colluctari praeualuit; per hanc Ioseph Aegyptum suae dicioni	subiecit. haec Moysi in mari rubro terram uitream fecit; haec, ut cursus	1	36	7
donauit, qui omnia elementa mundi cum animantibus suis eius potestati	subiecit, qui ei annos, tempora, menses, noctes ac dies clarissimosque duos	1	36	28
dissipato, passim uua detrahitur in torculariique operariorum pedibus	subiecta calcatur, prelo premitur duabusque tabulis uehementer urguetur,	2	11	3
enim dei imago inuisibilis sit, necesse est. denique oculis non est	subiecta carnalibus; nam neque cum ingreditur corpus nostrum neque cum	1	27	3
quo nata es, permanens, uirgo, gloriare sanctique pudoris florem nulli legi	subiecta fidei thesaurum custodi. esto sancta et corpore et spiritu, amore	2	7	4
enim dei imago inuisibilis sit necesse est. denique oculis non est	subiecta mortalibus. nam neque cum ingreditur corpus neque cum de	2	30	3
sed spes ex fide est, quae quamuis in futuro sit posita, fidei tamen est iure	subiecta. ubi enim fides non est, nec spes est; *fides* enim spei *substantia est*	1	36	4
non dubia, soli sibi deuota, semper bene conscia, prorsus nulli rei	subiecta, unum tantummodo metuens, ne <non> sit amplius quae	1	1	1
fluenta denuntiat. statim oculis apertis folia radiata procedunt, quibus	subiecti ac se commendantes sequaces fructus adridunt, quos solis ardores,	2	11	3
incunctanter ac fortiter bibite, dum licet, superfluentis amnis undae	subiecti toto impetu totaque deuotione uestra uasa replete, ut semper uobis	1	12	
ego et pater unum sumus. unde non diminutiua, sed religiosa, ut dixi,	subiectione est filius patri subiectus, cum quo originalis perpetuique regni	2	5	10
filios suos non sine utriusque dedecore patiuntur errare stipi triuiali	subiectos; quod liberi parentum uitam sua damna iudicantes iniecta	1	5	6
animo autem imperare non potest; ipse enim regalis potestatis imperio	subiectum sibi corpus seruilibus officiis subire compellit implere desideria	1	3	9
unde non diminutiua, sed religiosa, ut dixi, subiectione est filius patri	subiectus, cum quo originalis perpetuique regni una possessio,	2	5	10
dei imaginem portat, cuius uultus passibilis, omni conuersioni	subiectus momentis omnibus demutatur labore, aetate, languore, ira,	1	27	2
homo quemadmodum dei imaginem portat, cuius uultus omni conuersioni	subiectus momentis omnibus inmutatur labore, aetate, languore, gaudio,	2	30	2
suscepta sollicitudinis mole gaudere; nam et risit Sarra munus iuuentutis	subiens in senecta, unde nomen accepit infans, qui post haec Abraham	1	43	2
geris, pecuinam te esse cognoscis. an eius uirtutem diligis? frangit ac	subigit illam quiuis dolor. an pulchritudinem? leuis et commutabilis res est	2	4	15
putasne aut de lucis istius incongruis usuris aut de praeproperae mortis	subitis damnis familiam domini posse terreri, cum sciamus apostolica fide	1	39	5
at ille alio deflexus itinere nauem Tarsos petiturus ascendit, cum	subito compugnantium uentorum flatu uiolento lacessitum fremit mare	1	34	5
eius effundit. nam cum solito more unanimes una epularentur in domo,	subito concussis toto nisu quattuor angulis eius in confusam molem	1	15	4
etenim illi nullae inerant naues, nulla transfretandi praesidia, cum	subito diuina prouidentia scinditur mare, aquae dextra laeuaque gelido	1	29	2
quos parit numerare non possit. intrate ergo, intrate felices, omnes simul	subito futuri lactantes.	2	28	
animas pullulantes, ex quo qui eratis aetate diuersi, diuersi natione,	subito germani fratres, subito una geniti emersistis infantes, hortor uos	1	24	1
putauerat se feralem iudicis amentiam citae mortis sorte satiare, dum	subito manus iubetur extendere ac super caespitem [nudus] proiectus in	1	39	7
moras, omnibus displicens, sed solae suae conscientiae placens, cum	subito, quauis uersutia qui fallitur numquam, confestim adest in Daniele	1	1	19
succensa, impetibus crebris passim totas hominis dei facultates inuadit,	subito rapina, igne ferroque uniuersa uno momento disperdit. hinc Iob alta	1	15	3
qui amore luxuriandi atque bibendi in infamibus locis lagenis et calicibus	subito sibi martyres pepererunt, qui dies obseruant, qui Aegyptiacos de	1	25	11
ex quo qui eratis aetate diuersi, diuersi natione, subito germani fratres,	subito una geniti emersistis infantes, hortor uos natiuitatis tantae festa	1	24	1
reatu iam liberi mundi estis infantes et, quod est admirabile et gratum,	subito uno momento facti aetatibus diuersis aequaeui. sed curiositatem	1	38	1
seposita, non tamen potestate, amore hominis sui, cuius formam fuerat	subiturus et creaturam, ut angelus, homo, puer, sponsus, gigas, crucifixus,	2	8	8
fremit momentis omnibus bellum, cum unaquaeque pars nititur alteram	subiugare, apostolo sic dicente: *caro concupiscit aduersus spiritum et*	2	4	8
colitur; iugulat et amatur. inuincibile profecto calamitatis est genus, cui	subiugata sapientia seruit et uirtus. uidetisne iam manifeste sapientiam	2	1	8
robusta regna subuertit; haec aut sub turpibus aut sub crudelibus factis	subiugatos thalamos triumphauit alienos; haec uiros ardore uesano femineo	1	1	8
nouit. per te saeculum uincitur, concupiscentia omnis eliditur, diabolus	subiugatur, Antichristus non timetur, spiritus sanctus inducitur, glorificatur	1	1	21
passus fuerat, dominus datos esse commemorat. quae parabola	sublata dubitatione scalae sacramentum spiritaliter intuentibus patefecit:	1	37	10
uidit; quibus ad conflanda labia inquinata ab uno de seraphim ex ara dei	sublatum carbonem uaticinando perhibuit. etenim labia inquinata duos	1	37	2
temptamina porriguntur: exserit equidem ferrum et armata dextra	subleuat manum, sed uox eius, qui eam uictimam postulauerat, contradicit:	1	43	6
maerentem, ut Isaac non periturum ad aram, ita ad crucem Christum	sublimandum nefarii perduxerunt. sed quia nescit aeternitas mori, uiuit	1	59	8
quam si homines deus paterno honore dignetur adtendere et tanta illa	sublimitas humanam mediocritatem aut caram habeat aut dilectam? *filios,*	1	61	6
se non exaltasse gloriatur. non sibi repugnat, sed ostendit animae esse	sublimitatem superiora uicisse, quia *qui se exaltauerit, humiliatur et, qui se*	2	9	8
feliciter naufragos facit interimensque uniuersa peccata genitali unda	submergit, ut caelestes effecti terram desiderare non norint. denique illi	1	46b	2
non nox illi diesque succedit; semper enim caenosi gurgitis sui procella	submergitur, dum semper exaestuans libidinis turpitudo aut ueritate aut	1	1	6
denique rem sacramento gestam esse cognosce. in caminum missi ut	submersi sunt flammis, statim sibilo roris incendia temperantur. mors	2	27	
eum supra dicti amoris male dulcibus uenenis occisum infernaeque sedi	submersum maiestatis suae sacramento uiuificatum insuper regni caelestis	1	36	28
ammonet Paulus. Dauid regius pastor omnibus momentis lac argenteum	subministrat et caseum. Zachaeus sine mora quadriplicata expungit	1	24	3
haec mare penetrat, orbem circuit, commercio nationibus necessaria	subministrat. potentiam, fratres, cito eius edicam. quicquid locis natura	1	36	13
uxor Abrahae fetus nescia, cum uisceribus frigente senio nec sperare	subolem posset nec portare confideret, matris suscepit officia, quae uxoris	1	59	3
at uero nostrae aceruatim absoluunt quicquid inuenerint nec aliquid	subsiciui esse patiuntur, sed pectorum aperiunt cuncta penetralia, diligenter	2	24	1
iniuria. ecce procuratores uel gubernatores eius oculi aliquo ictu exstincti	subsidunt. nonne cadauer est uiuum? ecce tabidus pulmo pinguibus	2	4	15
persona, duplex uocabulum, sed originalis perpetuitatis ac deitatis est una	substantia, domino ipso dicente: *ego et pater unum sumus.* quod non	2	8	4
est iure subiecta. ubi enim fides non est, nec spes est; *fides* enim spei	*substantia est* et spes fidei gloria, quoniam praemium quod spes habet fides	1	36	4
quia pater in ipsum alium se genuit ex se, ex innascibili scilicet sua illa	substantia, in qua beatus manens in sempiternum omnibus, quae habet,	1	17	2
atque humanae religionis delet abrupte igni ferroque cum sua sibi tota	substantia incolas, ciuitates et rura nihil omnino metuens amicae mortis	2	1	7
naturae disquirere; non enim ullo pacto potest humanis opinationibus	substantia naturae comprehendi, quam nemo nouit nisi ipse solus, qui fecit.	1	27	1
instabilis, caecus, incautus, inconstans, totus concitatus in ruinam; res sine	substantia, negotium sine persona? omnia cito temptat, omnia momento	1	4	7
dimittitur, ut animatus ibidem genitalis humoris manente semper secum	substantia nutriatur. auxiliare illi necessario iungitur lignum, cuius tutela	2	11	2
pater familias Christus, *thesauri* eius indeminutae deitatis paterna	substantia paternaque uoluntas, *noua et uetera* duo testamenta, quae	1	37	9
uultus perdit humanos nec ullus in membris uoluptati motus. nihil in	substantia resederat corporis, sed nihil tamen in utero negabatur infanti et,	1	59	4
temporis regimen utroque cessante actumque est de mundo mundique tota	substantia, si uel uno momento diuinitatis cessat imperium. at si, ut ratio	2	5	5
factum est alienum, quod non est in sua positum potestate, quod a sua	substantia tollitur, quod mutatur, quod alieno mouetur pulsu, quod quid	1	7	2
perpetuique regni una possessio, coaeternitatis omnipotentiaeque una	substantia, una aequalitas, una uirtus maiestatis augustae, unito in lumine	2	5	10

uocabulisque discreta sint, tamen trini profundi saporis una uirtus, una substantia, una est fluenti natura nec potest incomprehensibilis 1 7 4
unde manifestum est dilectionem uirtutum omnium diuinarum esse substantiam naturalemque magistram, quoniam ex lege discitur, sed in 1 36 17
dubium non est in corporibus nostris, dum mortis lege seminantur, non substantiam, non imaginem, sed illud tantum quod inutile est discuti, quod 1 2 30
alimenta poscenti memorabilem uiduam ultimam uictus sui filiorumque substantiam non partitam, sed totam dedisse maluisseque se cum liberis 2 1 20
integros, incolumes ac beatos. stulta autem res est illis te uelle uitae substantiam prouidere, quibus nec natiuitatem dederis nec animas 2 1 21
gladius enim spiritus sanctus est unum capulum habens, id est unam substantiam, uirtutem, deitatem, maiestatem uoluntatemque patris et filii 1 37 2
undique sola fana non nostis, quae, si uera dicenda sunt, dissimulando subtiliter custoditis. probatio longe non est. ius templorum ne quis uobis 1 25 10
in id quod fuit! quam rationem seminum etiam beatissimus Paulus subtiliter prodidit dicens: *qui seminat secundum carnem, de carne sua* 1 2 28
quod enim naturae est, de loco ad locum transferri potest, ei autem subtrahi non potest. denique aurum argentumque, penitus quod eruitur 1 14 3
nec intelligis, quia homini inopia morienti tantis opibus qui cum possit subuenire non subuenit, ipse eum uidetur occidere? o quantarum neces 2 1 19
illa ante octauum uel post octauum diem nec ipsi morienti puero subuenit, haec a cunis ipsis infantiae usque ad supremos exitus cuiusuis 1 3 23
quia homini inopia morienti tantis opibus qui cum possit subuenire non subuenit, ipse eum uidetur occidere? o quantarum neces animarum in 2 1 19
infestationibus tyrannicis duci, omnes repente concelerant, laboranti subueniunt, paene armis ipsis inimici certatim se crebro subiciunt, ingenti 1 36 15
denique regium illud templum campis aequatum iacet. altaria dei eius subuersa manu cum suis sibi sacrificiis sparsa in puluerem uanuerunt. 1 28 1
non posse paucis accipe, Christiane. Salomonis templum hostili uastatione subuersum cum ruina sua iacet sepultum: ubi sacrificant? sacerdotes iam 1 51
denique qualiter diabolus infamaret, qui non potuit pudoris fundamenta subuertere. ibat ad supplicium non adulterum corpus, in quo extrema 1 40 2
haec saepe indixit quietis gentibus bellum; haec aliquotiens robusta regna subuertit; haec aut sub turpibus aut sub crudelibus factis subiugatos 1 1 8
prorsus existimat turpe nec pati nec facere, dummodo in effectu conata succedant. uerum tamen in ipso fructu suo, quo expugnati pudoris alieni 1 1 7
mundum abdicatione calcandum mortemque ipsam perennis cui beatitudo succedat, praemium uictoriae magis esse quam mortem. luculenta oratione 2 4 11
admonet uitulus, ut nulla ullo in opere captantes auguria, eius sine malitia succedentes iugo terramque uestrae carnis domando fecundantes laetam 1 38 3
iri tormentis eum, qui praeuaricatus fuerit e duobus. sed nec illis impune succedit, qui sine uxoribus amore peccandi liberius incertas atque 1 1 14
alienum qui appetit primo suum perdit. pure non nox illi diesque succedit; semper enim caenosi gurgitis sui procella submergitur, dum 1 1 6
eius et huius mundi in *stabulo*, id est in ecclesia, quo pecora diuina succedunt, uenerabili sacramento susceptum cotidianis praedicationum 1 37 10
profundere aut ornatus sertis uictimas trahere aut grauia nidoribus tura succendere aut inter fumidos ignes pallenti aruina, funesto sanguine 1 39 2
auxilium concitatis, terribili increpans tuba praedonum corda face furiali succensa, impetibus crebris passim totas hominis dei facultates inuadit, 1 15 3
sua *recalcans* officio solemni *uestigia* dies salutaris aduenit. idem sibi successor idemque decessor, longaeua semper aetate nouellus, anni parens 1 44 1
temporum <ambages> solemni uestigio dies salutaris aduenit. idem sui successor idemque decessor, longaeua semper aetate nouellus, anni parens 1 57
complicando gyro solemni uestigia, dies salutaris aduenit. idem sibi successor idemque decessor, longaeua semper aetate nouellus, anni parens 2 19 1
perciperet†. sed utrisque <aetas> ademerat spem sobolis: pignus succidaneum meruerunt. sic meruit fides quod ademerat tempus, extorsit 1 43 1
bacchatur insana nec Maccabaeae matris memoriam recolit, quae spe succincta futurorum Antiocho saeuiente libenter semel septem filios non 1 2 13
consumitur. huc accedit, quod, nisi insinuationem legis omni deuotione succincta praecedens amplectatur fides, quae tam sibi quam illi credendo 2 3 1
hac re ipsa nato consilio capere dolo adgrediuntur ac, nisi culpae succumbat, ueluti adulterae deprehensae magnum minitantur exitium. at 1 1 17
nihil aduersus deum improbe loquitur, non uxori inlicita suadenti succumbit, non amicis insultantibus cedit, sed uictor crudelitatis et 1 15 6
ecce enim, carissimi, in Sarra attractis aetate neruis et, deficiente sanguinis suco, arescentibus uenis, dura cum uisceribus cutis, deformis ac luridus 1 59 4
hoc est summa cum contumelia a persecutoribus illusi iugulantur. sucus earum in ultimo preli pondere duabusque tabulis exsiccatur; similiter 2 11 7
inde est, quod nostra non habet necessaria tormenta confessio, quod sine sudore tortoris facinora sua sponte reus, ut fiat innocens, confitetur. 2 24 2
quod nostra non habet necessaria tormenta confessio, quod sine truculenti sudore tortoris facinora sua sponte reus, ut fiat innocens, confitetur. 1 42 2
dolores et gemitus, *spinas et tribulos* sibimet comparauit ultimoque *sudore* turbatus posteris hereditatem indigestae mortis, quae homicidium 1 4 8
diebus uitae tuae; spinas et tribulos eiciet tibi et edes pabulum agri; in sudore uultus tui edes panem tuum, donec reuertaris in terram. sed et 1 2 30
at habent suas, et si non felices, habent tamen. sin uero ad uiduitatis sudorem gloriosum palmamque prouocauero, nobis fortassis insultent, quia 2 7 11
sed uenenum. pro nefas! adhuc fumantia busto complecteris membra sudoremque sordidarum uaporis ararum carne tua deterges, iocaris, 2 7 17
si gloriae spem futurae non gerit? quid agricola semina spargit, si sudoris sui praemium non colligit messem? quid Christianus credit in 1 36 3
maternorum uiscerum prosecutae sunt damno. nulla adhibita rudi fetae sueto more fomenta; neque enim, fratres, his poterat indigere, quae 1 54 4
pietatis excidium, ut in illa unius funeris turba paternus dolor non sufficeret orbitati, cum nescit, quem primum plangat, quem priorem 1 15 4
toto impetu totaque deuotione uestra uasa replete, ut semper uobis aqua sufficiat, hoc ante omnia scientes, quia hanc nec effundere licet nec rursus 1 12
genitalis fontis ad laticem conuolate. fortiter bibite, ut semper uobis aqua sufficiat, hoc principaliter scientes, quia hanc nec effundere licitum est nec 2 14
inueniretur. sed haec saecularia sine legitimo ac deuoto cultore nec sufficientia nec necessaria honori suo protestatur deus, hactenus dicens: 2 6 3
docuit, uiuere animas mortuorum non tam dicere quam oculatis rebus sufficimus approbare. denique uagi atque inmundi spiritus utriusque sexus 1 2 5
sententia praua deiecerat illustris conscientiae integritas erigebat. sufficit ergo pudicitiae conscientia; testis est deus. non respexit castitas, 1 40 2
uarie famulatur acies ualidissima columnarum, quia illi septem solae sufficiunt; non aeneum inhaeret mare, quia illi perennis fontis sui uiuum 2 6 6
imaginem contempserunt, utpote qui ipsum contempserunt regem. qui ira sufflatus solito septies amplius caminum iussit incendi ac, ne quid 2 22
sacramento muniti, aetate teneri, sed fidei soliditate robusti, supplicio suffragante gloriosi amore diuinae religionis regis adorare imaginem 2 22
gehennae paritura. tunc carnalis mimus ille finitur exsanguique nihil iam suffragantia tota illa ornamenta medentur, nisi quod a false plangentibus 2 4 16
studet timere, ne quid praeter deum, quem diligit, timeat. denique huius suffragio Daniel populis terribilem inermis draconem necat, leonibus 2 2 5
dicitur, ut et impudicitiae malum et bonum pudicitiae uno eodemque suggestu facillime possit agnosci. Ioseph, Hebraeus adolescens, clarus 1 1 15
labores inponunt, cum errores suos lunari circulo adscribunt, cum ingenii sui carmen coli uel maxime cupiunt, sic se et alios perdiderunt. nam 2 9 1
nostro, quem, pro nefas, uenerantur externi, si tamen dicendum est, sui carpunt. sane nullis argumentis armatus, quibus illi libenter utuntur, 2 18 1
quoniam in eius manu inclusa sunt omnia; ex se est quod est; solus sui conscius, quantus et qualis est; solus perfectus, quia non potest illi 1 7 3
consolatio saepe libertatem paris. tu paupertati praestas, ut habeat totum sui contenta, cum sustinet totum. tu prophetas prouexisti. tu Christo 1 4 22
martyris spiritus et morarum numerositate seruatus perstat uiuus, parte sui corporis iam sepultus. o dignus gloriosi exitus finis! ascensurus 1 39 9
facultatibus diuitem, dissimulauit in amissis liberis patrem, in poena sui corporis iustum. namque summo capitis a uertice usque ad imos 1 15 5
potest prohibere. et aestimat quisquam dei se posse scire secretum, qui sui corporis nescit arcanum? quare, fratres, propter quod facti et nati 1 56 3
dicit: *mulier sui corporis potestatem non habet, sed uir; similiter et uir sui corporis potestatem non habet, sed uxor.* sic igitur, quoniam una sunt 1 1 13
licet nec maritis, sicut praescribens talibus Paulus apostolus dicit: *mulier sui corporis potestatem non habet, sed uir; similiter et uir sui corporis* 1 1 13
suspensum gladiorum mucro conuertitur. nec inde, ut dixi, sceleris sui crudelitas fructum sortita est, quia, sicut in Isaac aliud offertur et aliud 1 59 9
figurauit eique animam, qua spiramus, infudit e proprio fonte spiritus sui. cui ab humo 'homo' nomen imposuit, credo, sicut res ipsa docet, ut 2 4 4
noster, qui dignitate interim seposita, non tamen potestate, amore hominis sui, cuius formam fuerat subiturus et creaturam, ut angelus, homo, puer, 2 8 8
cursus, ut horas ac momenta producat, ut saltem paulo diutius diei sui demoretur in uita, sed fidelis semper, semper intrepidus ad sepulcrum 1 2 18
fratres, ut spiritales uiros ullo tangamus errore, maxime cum prophetia ad sui dicti iam peruenerit ueritatem. Iesus enim Naue Christi imaginem 1 3 16
a quoquam deprehendi potest tantumque potestatis habet, ut, cum sui domicilii saepto teneatur, tamen quicquid uoluerit, omnibus momentis 1 27 3
a quoquam conspicari potest tantumque potestatis habet, ut, cum sui domicilii saepto teneatur, tamen quicquid uoluerit, omnibus momentis 2 30 3
fine principium. hic est, quo similiter, uerum tamen semel, amore hominis sui eius artifex deus et dominus noster occidit et exortus est rursum, 2 19 2
in euangelio sic dicatur: *dabit illi dominus deus thronum Dauid patris sui et regnabit super domum Iacob in saecula et regni eius non erit* 2 5 6
non capit plenitudo. interea promouent suum membra factorem et opus sui figura uestit artificem. parturit Maria non dolore, sed gaudio; nascitur 2 12 2
moriebatur, Eliae alimenta poscenti memorabilem uiduam ultimam uictus sui filiorumque substantiam non partitam, sed totam dedisse maluisseque 2 1 20
inopinati honoris culmen extollit. *Dauid* quippe *humilis, abiectus,* ignobilis sui iacebat in domo patris, oues semper pascendo propemodum peregrinus. 2 9 7
operum fructus exposcit. quo audito Thamar cum esset *in domo patris sui,* id est in templis infamibusque spectaculorum omnium locis (pater 1 13 8
o dignus gloriosi exitus finis! ascensurus altitudinem caeli corporis sui inpedimenta praemittit et exsequiis funeris ipse praecedit. cui haec est 1 39 9
ut corruptelam seniorum sequatur, synagoga compellit. Iob amici sui insultasse perhibentur; et domino sui sacerdotes, sui insultauere 1 15 8
compellit. Iob amici sui insultasse perhibentur; et domino sui sacerdotes, sui insultauere cultores. Iob in sterquilinio pleno uermibus sedet; dominus 1 15 8
magnificabis me; quod dictum, fratres, non sic debetis accipere, ut operis sui laudem sibimet soli deberi testatus sit, qui in euangelio dicit: *si non* 1 25 8
et aeterna formositas, in paradisi solitudine, ubi Euam ab auctore operis sui meminerant esse deceptam, hac re ipsa nato consilio capere dolo 1 1 17
manifestari oportet ante tribunal Christi, ut recipiat unusquisque corporis sui merita secundum ea, quae gessit, siue bona siue mala. etenim, fratres, 1 2 15
ueram ueramque iustitiam, inmortalitatis necesse est pro laboris sui munere inmortali beatitudine perfruatur. inde est, quod intra hominem 2 4 8
nullum, non Aries sed agnus excepit, qui uestram nuditatem uelleris sui niueo candore uestiuit, qui suum lacte beatum uagitu hiantibus uestris 1 38 3
gladiis amica uidemus esse quam sibi; quod parentes opulenti abolita sui nominis sanctitate filios suos non sine utriusque dedecore patiuntur 1 5 6
pretiosa resurrectionis euidenter nos edocet iura, quae nobilitatem generis sui non a parentibus accepit, non liberis tradit; ipsa est sibi uterque sexus, 1 2 20
humanus circa impietatem Iudaici populi deficit sermo, qui dei patientiam sui obstinati cordis impatientia superauit. non enim leue crimen est eius, 1 47
debet esse constructus. si quid enim ei ex his defuerit, perfectionem sui operis non habebit. unde primo omnium *spes* nobis proponenda est 1 36 2
numquam prorogat inportune nec derogat, quid aliud intelligi datur quam sui opificis moderationi deseruiens peritissima insignis patientiae disciplina? 1 4 5
pulmo pinguibus sputamentis exesus detestabili macie omnia gestatoris sui ossa denudat. nonne horrebit etiam sibi quodam modo illa excarnata 2 4 15
est honoranda, ita miranda non est, quia licet sit uictrix, tamen triumphi sui palmam senectutis cum rigore partitur; cessat enim concupiscentiae 1 1 5
ubi esset uictima quam disponeret et immolaret, securus de fide generis sui pater filio, de quo non dubitabat, patefecit, quid a se dominus 1 43 5
si gloriae spem futurae non gerit? quid agricola semina spargit, si sudoris sui praemium non colligit messem? quid Christianus credit in Christum, si 1 36 3
perdit. pure non nox illi diesque succedit; semper enim caenosi gurgitis sui procella submergitur, dum semper exaestuans libidinis turpitudo aut 1 1 6
recumbunt, freto aestus alternos in unum conferente connexa, quae, licet sui proprietate, locis uocabulisque discreta sint, tamen trini profundi 1 7 4
enim non nisi inbecilli praestatur nec potest eum reuereri, qui ingenii sui putat esse, quod ille fuerit aestimatus. ceterum illa est fidei generositas 2 3 18

didicit, sed praesumpsit, edicat mihi, perniciosa ista adinuentio tractatus sui quo proficit pugna. 'ne fides, inquit, intereat, cum male aut creditur aut 2 3 8
immerens trahebatur, iam totus populus in eius sanguine tumescebat, iam sui quoque familiares nouae rei atrocitate perculsi, miserabiliter 1 1 19
nescit ornari. haec uariis unguentis et odoribus fragrat; illa unici floris sui quouis prato iucundioris caelum ipsum honore laeto respirat. haec 2 7 3
synagoga compellit. Iob amici sui insultasse perhibentur; et domino sui sacerdotes, sui insultauere cultores. Iob in sterquilinio pleno uermibus 1 15 8
delictorum fax incensa omnibus momentis exurit; qui paedorem sui secum carceris portat; qui carnificem sentit, antequam uideat; qui 2 10 1
manens unus et idem alter ex semet ipso in semet ipsum deus, secreti sui solus conscius; cuius ex ore, ut rerum natura, quae non erat, fingeretur, 1 50
per temporum <ambages> solemni uestigio dies salutaris aduenit. idem sui successor idemque decessor, longaeua semper aetate nouellus, anni 1 57
inponat. inquieta semper exaestuat, saeuit, pugnat, rapit, congregat, seruat sui tenax, *appetens alieni*, non suo, non alieno, non ipso orbe contenta. 1 5 2
nihil tam sollicitum patri, cuius aetas in annis uergentibus in occasus sui terminum uersabatur et educationis tempus angustum et senectuti 1 43 1
conscientiae timor, quia quae diximus et alia his similia cum passibilitate sui transeunt; timor conscientiae non deletur. nunc uideamus, 2 2 2
ne etiam ipse similiter moreretur, praecepitque mulieri, ut in domo patris sui uidua permanens nuptias maturas exspectet. cum res sic se haberet, 1 13 1
omnibus denudatam, conuexis manibus se tegere conantem, immo animi sui uitium et corporis demonstrantem, post multa adulteria spectaculo 1 1 11
solae sufficiunt; non aeneum inhaeret mare, quia illi perennis fontis sui uiuum inest mare, non quod naufragos faciat, sed quod naufragos ad 2 6 6
fallunt, hostes probant, praedones laudant, latrones excusant, nec sui umquam uenit in mentem non esse humanae potestatis crastinum diem 1 5 7
crimen; filios appellat, ut abdicatio, exaltatos, ut ruina timeatur, spretores sui, ut impios monstret. infelix culpa est, fratres, in qua locum 1 20
prata, baias, ciuitates ac rura, uniuersis uoluptatibus saepta, in cupidinem sui utrumque sexum, omnes animas, omnes aetates isto carmine inuitans: 2 4 10
in Aegyptum est delatus atque distractus a fratribus. quem domini sui uxor peius amare coeperat quam oderant fratres. nam cum medullitus 1 1 15
est animae. huius rei testes sunt nobis duo homines propheticum carmen suis actibus exponentes, pharisaeus et publicanus dei stantes in templo. 2 9 8
ad funestum illud spectaculum trahi, contemptis uniuersis facultatibus suis, amputatis radicibus saeculi delitescens secessionis se commendauit 1 39 3
et de ipsa circumcisione in symbolis inquit: *interrogabant et in uirgis suis annuntiabant; spiritu meretricio seducti sunt et fornicati sunt a deo* 1 3 11
donec omnis dulcedo medullitus exigatur sicque pretiosum fluentum a suis calcatoribus et bibitur et patris familias cellis uinariis infertur, ut 2 11 3
ferisque donati, ubique dispersi, utrobique deperditi, semesis ossibus, etiam suis carnibus nudi. conspicite rem auaro condignam! ille, ille amplum qui 1 5 8
quam sibi; suam, quia, quamuis sit sapientiae nomine falso uestita, tamen suis commodis consulendo, quod sine alienis incommodis omnino non 2 1 3
constanter igitur ac fideliter *hominem* istum uestrum *ueterem* foetorosis suis cum pannis abicite, nouelli omnes, omnes candidati, omnes spiritus 1 49
caeditur et gratias agit; iugulatur et non repugnat; pro percussoribus suis deum insuper et exorat. una illi sola principalis sollicitudo ac maxima 2 1 13
barbarum regem fidei tenacitate confundunt. uindicantur de incensoribus suis. deum uident. mors transit in uitam, metus in gloriam. sic quis non 2 15
et iterum de ceteris membris: *sepulcrum patens est guttur eorum, linguis suis dolose egerunt, uenenum aspidum sub labiis eorum, quorum os* 1 3 11
uniuersa testatur, qua praedicat Christum oportere *regnare* cum sanctis suis, *donec* uacuatis omni principatu et potestate et uirtute et dominatione 2 5 7
denariorum esse figura uestita, hac uidelicet ratione, quia in *thesauris suis* duos denarios intelligi uoluit, nouitate et uetustate duo testamenta. hos 1 37 9
qui orbem terrae donauit, qui omnia elementa mundi cum animantibus suis eius potestati subiecit, qui ei annos, tempora, menses, noctes ac dies 1 36 28
substantiam non partitam, sed totam dedisse maluisseque se cum liberis suis emori quam iustitiam praeterire. pro quo tam illustri facinore cibos a 2 1 20
est semper incertum. praeterea numquam diligit deum, quem scit operibus suis esse contrarium. diaboli est sane mancipium; eius enim possidet 1 1 11
exhausta totis pallens iacuit resoluta uisceribus. non filius matris aut suis est ullis sordibus delibutus; neque enim re uera aliquid circa se habere 1 54 4
securos. tanta est enim fidei uirtus tantaque potestas, ut cultoribus suis etiam ipsa elementa contra suam naturam famulari compellat. unde, 1 31
gradum, non sacrosanctum illum saltem suae pietatis affectum. hic facibus suis Euae pectus incendit; hic Adam suis telis occidit; hic Susannam 1 36 26
quas amauerat species, nunc subicit alias, nunc parturit nouas. manibus suis facta hydra formarum procax semper incedit, quia erubescere alienis 1 1 10
cognoscit; est etenim tantae uirtutis, ut sit honorabilis etiam hostibus suis. haec totius humani generis fundamenta confirmat, haec nominum 1 1 1
libenter semel septem filios non dicam extulit, sed ipsa potius feliciter suis hortamentis occidit, religiose confidens deo filios se genuisse, non 1 2 13
quem chaos immensum a pauperis felicitate discernit, ardoribus suis implorando refrigerium Lazarum uerum diuitem sero cognoscit 1 2 9
ac necessario recipiant secundum quod mundanae administrationis suis in actibus portant, recte dicentes: *quisque suos patimur manes.* nos 1 2 4
illinc diabolus horrendum totis intonans armis ministrisque insuper suis in auxilium concitatis, terribili increpans tuba praedonum corda face 1 15 3
sua esse praesumit; nec spes timet, ne non ueniant, quia ea semper secum suis in uirtutibus portat. hoc est, quod Abraham *contra spem in spem* 1 36 5
aluo quam alueo nauis nec tres pueri, quo ardere putabantur incendio, de suis incensoribus uindicati, sed de domino nostro, quem, pro nefas, 2 18 1
naufragos ad uitam suauem perducat; non aurum, non argentum, quia in suis martyribus computat totum. non fenestrarum lumen implorat, quia sol 2 6 6
quod non potest credi. igitur non homines tantum, sed paene omnia suis mortibus uiuunt. unde pauca de multis attingam, ut omnium 1 2 17
doctus de regno caelorum similis est patri familias proferenti de thesauris suis noua et uetera. scriba, fratres, est praedicator, *pater familias* Christus, 1 37 9
non enim intellexere, quia *ex haedis* humana designabatur caro suis onusta peccatis, *ex ouibus* spiritus maiestatis; quae utraque in Christo 1 8 1
nisi quis hostem, a quo impugnatur, expugnet, numquam bonis suis poterit uti securus. sunt enim multi, qui adserere conantur *chaos in* 1 7 1
nam praedicant patres suos Aegyptium populum fugiendo delesse, deum suis praefuisse maioribus eorumque iter praecessisse, non intellegentes, quia 1 18 1
sapientia neque glorietur fortis in fortitudine sua neque diues in diuitiis suis, sed in hoc glorietur, qui gloriatur, intellegere et scire, quia ego 2 1 5
quas si per plagas unde refixae sunt quaeras, rediuiui luminis lege suis sedibus resurrexisse agnoscas. sol cotidie nascitur eademque die qua 1 2 17
diuerse hominum mentes capit ac decipit, sic Cupido uocitari a luxuriosis suis sibi cultoribus coepit. nunc ergo uideamus, unde uera caritas ueniat, 1 36 27
quid arduis uolatibus *aeriae grues*? quid piscium dissimilium cum suis sibi ductoribus gradatae aetatis innumerabiles cunei? nonne cum 1 4 6
de obsessis daemones fugere mortuosque saepe ipsos a sepulcris cum suis sibi exsequiis reuerti iusserunt, ut omnes mirarentur fieri lacrimas 1 36 9
aduersus Theclam accusator acerrimus linguae exserit gladium, cum suis sibi ministris publicae leges insaniunt; stimulis acuitur feritas in 2 2 6
illud templum campis aequatum iacet. altaria dei eius subuersa manu cum suis sibi sacrificiis sparsa in puluerem uanuerunt. sacerdotalis *cathedra* 1 28 1
artificio fidei natura non patitur, a qua nihil aliud laboratur, nisi ut suis sibi tantum uirtutibus adprobetur: non enim potest esse perfectum 2 3 6
accipite. pater familias panem uinumque pretiosum uobis ex usibus suis sua de mensa largitur. tres pueri unanimes legumina inferunt primi, 1 24 2
lites sic discernit, ut seminet. prauos ac lubricos colligit mores. legibus suis suas leges impugnat, ius iure distringit. quis non uideat numquam 2 1 7
suae pietatis affectum. hic facibus suis Euae pectus incendit; hic Adam suis telis occidit; hic Susannam conatus est duorum seniorum aut 1 36 26
denuntiante deo imminere per momenta et credit et timet arcamque, cum suis ut saluus foret, quam iussus est facere, non praecipiti festinatione 1 4 12
quam in cordibus commoratur; quod omne genus humanum suo interitu suisque calamitatibus delectatur uiliorem habens animam quam pecuniam; 1 14 7
temporum parent solemnisque remigii specioso discursu uel aquas sulcant uel aera distinguunt, et patienter ueniunt et patienter excedunt? 1 4 6
hospitum terga depopulabantur, e caelo imber fusus a domino flammis et sulphure armatus poenali procella deleuit? Iudaei contionibus tument; 1 4 10
suis, sed in hoc glorietur, qui gloriatur, intellegere et scire, quia ego sum dominus, qui facio misericordiam et iudicium et iustitiam super 2 1 5
reficiam uos. tollite iugum meum super uos et discite a me, quia mitis sum et humilis corde, et inuenietis requiem animabus uestris. deus noster, 2 9 4
meus, et loquar, Israel, et testificabor tibi, quoniam deus, deus tuus ego sum; et infra: *meus est orbis terrae et plenitudo eius. numquid manducabo* 1 25 1
ad imaginem et similitudinem dei), et alio loco dicat: *ego sum qui sum et non demutor.* cum hoc ita sit, homo quemadmodum dei imaginem 1 27 2
ad imaginem et similitudinem dei), et alio loco dicat: *ego sum qui sum et non demutor.* cum hoc ita sit, homo quemadmodum dei imaginem 2 30 2
omnem fidem, ita ut montes transferam, caritatem non habeam, nihil sum. et si in cibos distribuero omnia mea et si tradidero corpus meum, ut 1 36 20
in Esaiae libro: *quo mihi multitudinem sacrificiorum uestrorum? plenus sum holocaustomatis arietum et pinguamine agnorum. sanguinem taurorum* 1 25 6
de Aegypto egressi sunt, ubi imaginarium pascha gesserunt, dicat: *plenus sum holocaustomatis arietum et pinguamine agnorum; quis enim haec* 2 25 1
aperies os piscis: hoc est sacramentum uel quae in prouerbiis locutus sum non intellegentibus explanabis. denique hoc alibi manifestius ad omnes 1 37 6
deus hominem ad imaginem et similitudinem dei), et alio loco dicat: *ego sum qui sum et non demutor.* cum hoc ita sit, homo quemadmodum dei 1 27 2
deus hominem ad imaginem et similitudinem dei), et alio loco dicat: *ego sum qui sum et non demutor.* cum hoc ita sit, homo quemadmodum dei 2 30 2
aliquid de pistore sentiatur, mea nihil interest, fratres, quia, etsi pauper sum, tamen frontem meam tueor et fidem meam noui. certe si quid sciunt, 1 41 3
oracula uiam, uerum Christum dominum, prodiderunt, qui ait: *ego sum uia et ueritas.* illorum profugus populus per mare rubrum dextra 1 46b 2
uerax est appellatus; at est uera ueritas dominus, qui ait in euangelio: *ego sum uia et ueritas.* Iob diues fuit; et quid ditius domino, cuius sunt omnes 1 15 7
expressit, cum ad Timotheum loquitur instruendum his uerbis: *hortatus sum, ut denuntiares quibusdam, ne peruersa doctrina uterentur neque* 2 3 17
contaminant. iam uideat unusquisque, quemadmodum sacrificium aut sumat aut offerat; sicut enim indigne offerre sacrilegum est, ita indigne 1 25 12
sua morte reuiuescens, menstrualis ignis solemni germine accenso sumat rursus de fine principium. similiter Phoenix auis illa pretiosa 1 2 19
populus Pharisaeus occidit. Iob ulceribus maculatus est; et dominus sumendo carnem totius humani generis peccatorum est sordibus 1 15 8
hoc induere inmortalitatem. aliter etenim inmortalitatis stola illa non sumitur, nisi primo istud carnale spolium, blandum animae uenenum, 1 2 30
sed non illo, in quo diuersis epulis intrimentorum lenocinio saporis de summa certantibus obrutum pectus saepe crudis atque acidis uomitibus 1 24 1
ad supplicii locum deducuntur. ab operariis ibidem conculcantur, hoc est summa cum contumelia a persecutoribus illusi iugulantur. sucus earum in 2 11 6
et abscondita, sed etiam nimis in arduo constituta, ut ad ea nisi cum summa difficultate, laboribus ac periculis magnis non possit ab aliquo 2 4 13
requirat, agnoscit; si enim Adam curat, certe, in qua delicti omnis est summa, isto remedio curare non potest Euam. quid, quod nec ipsi uiro 1 3 9
alienas; quam peregrinantem ferali supputatione nutrire non desinit, ut summam quaerat, non quam commodatio dedit, sed quam ei pepererint 1 5 12
hominibus iustis. haec igitur omnia combinata unius fructus rediguntur in summam, quoniam uniuersa quamuis gemina esse noscantur, tamen una de 1 37 14
in amissis liberis patrem, in poena sui corporis iustum. namque summo capitis a uertice usque ad imos ungues pedum plaga inimici 1 15 5
pharisaei agere se legitimum pascha contendunt, qui cum templo summo, ut putabatur, summum sacerdotium perdiderunt. regalis unguenti 1 46a 1
fuisse prouidentiam, in passione sacramentum, in resurrectione summum bonum? hic nunc primum omnium scire debemus hominis 2 4 7
ut et prouidentiam dei et uim consociationis carnis et animae et hominis summum bonum ubinam sit constitutum, quiuis facillime possit agnoscere. 2 4 3
possit esse perfectum. denique cum dominus interrogaretur, quod esset summum legis sacrae praeceptum, sic ait dicens: *diliges dominum deum* 1 36 17
se legitimum pascha contendunt, qui cum templo summo, ut putabatur, summum sacerdotium perdiderunt. regalis unguenti cornu priuati sunt. 1 46a 1
humano generi *heres* et pater *est constitutus*? quid, quod Melchisedech, summus ipse sacerdos deo acceptissimus huius fuit cicatricis ignarus? quid, 1 3 5
cultrices. una denique asserit Iesum Christum ab utero uirginis Mariae sumpsisse principium deumque exinde ob iustitiam factum esse, non 2 8 1

si hominem solum, sicut quidam putant ab utero uirginis eum sumpsisse principium, quae spes futurae beatitudinis credenti, cum 2 5 1

dei loquitur filio, non sibi repugnat, sed inter deum hominemque, quem sumpsit, necessaria moderatione distinguit. si enim deum purum iugiter 2 5 1

et similitudinem suam fecit sibi ipse simulacrum sensibile atque intellegens; sumpto quippe *limo terrae hominem figurauit* eique animam, qua spiramus, 2 4 4

sint templa. quo genere unusquisque suum sacrificium procurabitis, quo sumptu, quibus uasis quibusue ministris? at si descrete fiunt ista, nihil 2 7 14

spolium, blandum animae uenenum, secundum dei sententiam, unde sumptum est, refundatur; dicit enim deus ad Adam: *maledicta terra erit in* 1 2 30

sine dubio fallis, cuius inpatientiae professio iam tenetur. si es autem sumptura remedium, dubium non est hoc esse solum, ut flammas tuas 2 7 9

filium non habere. quibus omnibus exempla uel ratio, quam prosecuturi sumus, argumentationis totius uno ictu omnes neruos abscindet. 2 8 2

et non est qui agnitus sit reuersus ab inferis, quia ex nihilo nati sumus et post hoc erimus tamquam qui non fuerimus; et non est reuersio 2 4 10

frigida. sola fides praeferenda: hac nos, qui per fidem filii Abrahae facti sumus, in ipsius gremium peruenire credamus. 1 62 5

littera occidit, spiritus autem uiuificat, quia *non sub lege, sed sub gratia sumus*, quae nos diligere deum ac soli illi seruire in sacramento semel 2 3 2

resurrectionis monstrat exemplum. cuius sane condicione nos beatiores sumus, quia ille occidit semper ut uiuat, fidelis autem post secundae 1 16 2

ac deitatis est una substantia, domino ipso dicente: *ego et pater unum sumus*. quod non utique sic ait, ut in unum duos redigendo confunderet, 2 8 4

praecipit. primum est itaque dilectionis officium deo refundere, quod nati sumus, solique debere, quod uiuimus, nihilque prorsus cordis nostri in 1 36 21

nemo imminentes diei iudicii flammas, per quas omnes nudi transituri sumus. solum colitur, de quo dictum est: *idola gentium argentum et* 1 5 15

qui sui corporis nescit arcanum? quare, fratres, propter quod facti et nati sumus, timeamus, amemus et honorificemus quem inuenimus deum. sane 1 56 3

per quem pater semper honoratur. denique inquit: *ego et pater unum sumus*. unde non diminutiua, sed religiosa, ut dixi, subiectione est filius 2 5 10

conpediti, libidini uacantes et gutturi, longae nocti, id est aeternae morti, sunt a deo, quod opus tenebrarum dilexerint, destinati. uer sacrum fontem 1 33 2

et in uirgis suis annuntiabant; spiritu meretricio seducti sunt et fornicati sunt a deo suo. agnosce igitur, Iudaee, uel sero erroris tui miserum 1 3 11

apud te, priusquam mundus fieret. qui resurgens ait: *omnia mihi tradita sunt a patre meo*. hic, qui purus de caelo descendit, carnatus ascendit in 2 5 4

naturae recuperauit, sicut est ipse testatus dicens: *omnia mihi tradita sunt a patre meo*. Iob uicarios filios genuit; dominus quoque post 1 15 9

esse omnipotentiam nos doceret. sequitur ac dicit: *omnia per ipsum facta sunt ac sine ipso factum est nihil*. uideamus nunc, optime Christiane, 2 8 4

quicquam Iudaei habere uideatur aut gentis. ambo enim illi carnales sunt, ambo sine fructu. unde dubium non est neque praeputium aliquid 1 3 24

est hominis, alia iumenti, alia caro uolucrum, alia piscium. et corpora sunt caelestia, sunt et terrestria. itaque inmortalitatis semine (de quo etiam 1 2 25

et uir sui corporis potestatem non habet, sed uxor. sic igitur, quoniam una sunt caro, unum diuini operis sacramentum, quoniam femina de uiro suo 1 1 14

fumus amarus infecit, non frigus elisit; quod plus est: sine fermento leuati sunt. certe caccabacei non sunt, non uetusti, non usti, non crudi, non 1 41 2

summum sacerdotium perdiderunt. regalis unguenti cornu priuati sunt. circumcisio, testimonium mentis impurae, iamiamque illis imminere 1 46a 1

uirga et baculus duo sunt utique testamenta, quae ideo materiae ligni sunt comparata, siue quod in eius usu et perpetuo et tutius maneat 1 37 8

sunt tarditate periculosae, nullo puerum maternorum uiscerum prosecutae sunt damno. nulla adhibita rudi fetae sueto more fomenta; neque enim, 1 54 4

supplicium duceretur: *reuertimini ad iudicium; falsum enim isti contestati sunt de ea*. stupet populus, quod a supplicio ad iudicium repetendum 1 40 2

nunc scire debemus, quoniam iusti uitae perpetuae, impii aeterno sunt destinati supplicio nullaque eos cognitio exspectat ulterius, quinam 1 35 4

ambitu superatis; denique sancti diuites pauci sunt, uos plures estis. haec sunt, dilectissimi fratres, charismata uestra, hae uirtutes, quibus 2 6 11

quidem uocabulo digni iudicarentur. pro quibus causis a deo non tantum sunt disperditi, sed etiam perpetuo poenali supplicio destinati. Aunan 1 13 4

templorum ne quis uobis eripiat, cotidie litigatis. non hi solum, qui tales sunt, displicent deo, sed et illi, qui per sepulcra discurrunt, qui foetorosis 1 25 11

uestris fumantia undique sola fana non nostis, quae, si uera dicenda sunt, dissimulando subtiliter custoditis. probatio longe non est. ius 1 25 10

cui si unum adimas, alterius inanis est usus. unde recte testamenta sunt duo, quae similiter duobus capitibus unam litteram fingunt, id est 1 37 4

gemina esse noscantur, tamen una de radice funduntur. testamenta sunt duo, sed testator est unus; et scribens canna diuisa est, sed unus 1 37 14

et gladius duas acies gerit, sed sunt unius corporis latera; et denarii sunt duo, sed una moneta signati; et scala duos scapos habet et gradus 1 37 14

sic: *quemadmodum reuertimini rursus ad ea, quae infirma et egena sunt elementa?* ascendentes uero sunt iusti, qui probis moribus per gradus 1 37 12

a quo impugnatur, expugnet, numquam bonis suis poterit uti securus. sunt enim multi, qui adserere conantur *chaos in principio fuisse*, id est 1 7 1

deus materiam, qua usus est, non fecit, sed aeterna sit, ut ipse est, *duo* sunt ergo principia et quidem *repugnantia*. ac per hoc necessario 1 7 1

interrogabant et in uirgis suis annuntiabant; spiritu meretricio seducti sunt et fornicati sunt a deo suo. agnosce igitur, Iudaee, uel sero erroris tui 1 3 11

singulorum, domino ipso dicente: *omnia quaecumque habet pater, mea sunt*, et iterum: *pater, omnia mea tua sunt et tua omnia mea*, quia pater 2 5 9

ululatus auditur. o magna potentia dei! incensores incendio concremati sunt et, qui incensi sunt, incendio suo superstites triumphantes de camino 1 53 2

ei gratias egerunt, sed uanis persuasionibus cogitationes eorum abductae sunt et tenebris opertum est cor eorum, ut *diligerent magis tenebras quam* 1 35 6

alia iumenti, alia caro uolucrum, alia piscium. et corpora sunt caelestia, sunt et terrestria. itaque inmortalitatis semine (de quo etiam poeta 1 2 25

quaecumque habet pater, mea sunt, et iterum: *pater, omnia mea tua sunt et tua omnia mea*, quia pater in filio et filius manet in patre; cui 2 5 9

est et nemo reuertitur; et infra: *uenite ergo, fruamur bonis, quae sunt, et utamur creatura tamquam iuuentute celeriter; uino pretioso et* 2 4 10

quibus si non credunt, neque illi, qui hinc missus fuerit, credituri sunt', euidenter ostendens non in oculis esse carnalibus uerum, sed in fide 1 2 10

eculeus, crebri fustium imbres maioris poenae contemplatione neglecti sunt. excogitatur nouum stupendumque supplicium, quo se in homine 1 39 6

nostra sunt, uidemus. aurum argentumque, Christiane, si uera dicenda sunt, exsecraris in simulacris, colis in penetralibus tuis. nam et illic aureis 1 14 5

sunt sanguine et digiti uestri in peccatis. labia autem uestra locuta sunt facinus et lingua uestra iniustitiam meditatur. et iterum de ceteris 1 3 10

alius altior non sit? sin uero omni honorificentia deferentis patri uerba sunt filii, debetis agnoscere, quantis catenis uincta tenebrarum mens laboret 1 25 2

rem sacramento gestam esse cognosce. in caminum missi ut submersi sunt flammis, statim sibilo roris incendia temperantur. mors refugiens 2 27

non amasse. unde infelices et miseri sunt Iudaei, qui deum patrem, a quo sunt geniti, respuerunt tanti immemores honoris, tantae dignitatis ignari. 1 61 6

Iob iustus dictus a deo est; ipse iustitia, de cuius fonte omnes qui beati sunt gustant; ecce enim de ipso dictum est: *orietur uobis sol iustitiae*. Iob 1 15 7

est autem haec parabola: semen est uerbum dei. qui autem iuxta uiam sunt, hi sunt, qui audiunt uerbum et uenit diabolus et tollit de corde 1 13 5

accepto scuto fidei, per quod poteritis omnes sagittas illius mali, quae sunt igne plenae, exstinguere. is enim infelicibus nonnumquam inmittit 1 38 6

eius statuam adorare contempserint, incendi praecepit. qui ubi iactati sunt in fornacem ignis ardentis, hos deuote cupidus ignis excepit. lambunt 1 53 2

signaque cognoscis nihilque aliud distat, nisi quod in tua domo minuta sunt, in templo maiora. quae si erogaueris, pecunia est, si seruaueris, 1 14 5

est inimica iustitiae. adeo inde est, quod frumento paucorum horrea plena sunt, inanis plurimorum uenter. inde populis deteriora mensuris pretia 2 1 16

o magna potentia dei! incensores incendio concremati sunt et, qui incensi sunt, incendio suo superstites triumphantes de camino procedunt, 1 53 2

desideratur examen. ex quo ne infideles necesse est iudicare, quia iam sua sunt incredulitate damnati; ex hac enim uita quis secum aut coronam 1 35 2

intrare uolentibus mora; patent duodecim portae, habitacula praeparata sunt infinita. nemo sit de mansione sollicitus: certae gloriae nostrae insignis 1 5 17

Natiuitatis Moysei librum lectitando saepius replicauit, fortassis, ut sunt ingenia cotidie quae uidemus uersutis contentionibus laeta, de apostoli 2 4 1

recte sanctissimus Dauid ait: *beati quorum remissae sunt iniquitates et quorum tecta sunt peccata*, quia beatus esse non potest, 2 10 1

enim in simplici corde scrutanda sunt testimonia eius, ita curiositate non sunt inquietanda secreta. *quis enim causas naturasque caeli huius* et 1 34 1

bonis quam bonis ingentibus tardis. at uero spiritus bona non tantum sunt inuisibilia, tarda et abscondita, sed etiam nimis in arduo constituta, ut 2 4 13

ambulaui in magnis neque in mirabilibus super me. magna eloquia dei sunt, ipse mirabilis in excelsis. cum in periculis esset, si in his propheta 2 9 6

enim nisi fuerit discussa, iure non potest mereri sententiam. et qui sunt isti, quos ambiguitas suo iudicio reseruauit? utique illi, sicut apostolus 1 35 6

dilexisse, cum peccatum sit hominem non amasse. unde infelices et miseri sunt Iudaei, qui deum patrem, a quo sunt geniti, respuerunt tanti 1 61 6

quia sancti de hoc mundo iudicabunt?; alterum impiorum, qui non sunt iudicandi, quia iam iudicati sunt, sed perituri, scriptura dicente: *iter* 1 35 7

dicat: *o altitudo diuitiarum sapientiae et scientiae dei! quam inenarrabilia sunt iudicia eius et quam inuestigabiles uiae eius! quis enim cognouit* 1 34 2

o altitudo diuitiarum et sapientiae et scientiae dei! quam inexquisita sunt iudicia illius et quam inuestigabiles uiae illius! quis enim cognouit 2 3 16

rursus ad ea, quae infirma et egena sunt elementa? ascendentes uero sunt iusti, qui probis moribus per gradus diuinorum obseruantiae 1 37 12

praeiudicati sunt, non derelinquit neque peccatores, qui iudicandi sunt, iustorum, qui non iudicabuntur, dignos esse consilio existimauit. 1 35 3

nesciret! quid est pater? ecce sub oculis iacet filius uinculis adstrictus. ubi sunt lacrimae, ubi dolor, qui in humanis sensibus uersari consueuit? in 1 43 6

semesa fides est ac per hoc illis constitutionis nostrae uidelicet decernendi sunt libri, ut possint esse perfecti! o quam misera est fides, quam uerba 2 3 9

et fidem meam noui. certe si quid sciunt, dicant operarii, qui mecum sunt. lucro gaudeo, sed sine furti conscientia, sane confiteor. denique et 1 41 3

locuti sunt unusquisque ad proximum suum; labia dolosa; in corde locuti sunt mala. disperdat deus uniuersa labia dolosa, linguam magniloquam; qui 2 9 2

est mundanarum uestris in ceruicibus catenarum. uinculis nullis impeditae sunt manus, nullis pedes onerati compedibus. non uos ullus terror exagitat, 2 29 1

quia sol aeternus in eo manet. inaestimabilia unius plenitudinis tria illi sunt membra, unum secretarium et patentes semper duodecim portae, quas 2 6 7

portare. postremo infelices quid sperant de imagine, cuius nosse non sunt meriti ueritatem, dominum nostrum Iesum Christum? 1 18 2

est quod timetur. itaque audiamus scripturam, quid dicat, cuius ista sunt monita: *et nunc, Israel, quid dominus deus tuus postulat a te, nisi ut* 2 2 4

idolis insensatis similia templa conueniunt, ita uiuenti deo uiua templa sunt necessaria. in his enim solis sacerdotum dei structura et propria est et 2 6 4

non fuerint dictu digna, tamen ad exprimendam uim impudicitiae uisa sunt necessaria, ut sciat unusquisque ad idolatriam pertinere luxuriam. 1 1 12

impiorum peribit; tertium peccatorum, quorum obliquae ancipitisque uitae sunt necessario discutienda secreta, apostolo utrumque prosequente, nam 1 35 7

puto quam ut sit aut continens aut maritus. uenio nunc ad exempla, quae sunt negotio uel maxime necessaria, quia plus est quod geritur quam quod 1 1 15

cor elatum est, cor cohibitum promotio est animae. huius rei testes sunt nobis duo homines propheticum carmen suis actibus exponentes, 2 9 8

huius est munus, quod alii ut nos aut plus quam nos proximi uel amici sunt nobis. huius est munus, quod diligimus seruos ut filios ac nos illi 1 36 14

ipsum est, peribit anima illa de populo suo. haec, fratres, sicut cauenda sunt nobis, ita quae bona, quae pura, quae simplicia, quae pia, quae sancta 1 25 13

corporis circumsaeptam. unde duae quoque uitae a deo attributae sunt nobis: una, qua nescientes communi cum pecudibus lege fundimur a 2 4 8

beati omnes qui timent dominum. si omnes, qui timent dominum, beati sunt, non beatus est nullus, quia nulla gens est, nulla sunt pecora, 2 2 3

denique etiam ipse impiis iudicium, quia iam sua impietate praeiudicati sunt, non derelinquit neque peccatores, qui iudicandi sunt, iustorum, qui 1 35 3

reddita. hi, quos uidetis, egregia coctura suaue redolentes, qui excocti sunt non furno, sed fonte, non humano, sed igni diuino: non illos aura 1 41 2

frigus elisit; quod plus est: sine fermento leuati sunt. certe caccabacei non sunt, non uetusti, non usti, non crudi, non mucidi. lacteus illis color est, 1 41 2

altitudinem, cuius non sequitur humilitatem! sequitur ac dicit: *neque elati sunt oculi mei*. oculorum peior est causa, quia exaltatio cordis ad paucos 2 9 5

claudicat color; non membra tremore uibrantur; non dimissi, non torui sunt oculi. nemo rogat, nemo trepidat, nemo se excusat, nemo turbatur. ne 1 4 14

ego sum uia et ueritas. Iob diues fuit; et quid ditius domino, cuius	sunt	omnes diuites serui, cuius est orbis totus omnisque natura, beatissimo	1	15	7
uultis; singulos ponderate: inuenietis nullum habere minus. tripondes	sunt	omnes, numismatis sacri una libra signati, qui mensae deseruiunt.	1	41	3
solus ante omnia et post omnia, quoniam in eius manu inclusa	sunt	omnia; ex se est quod est; solus sui conscius, quantus et qualis est;	1	7	3
hic est, inquam, qui *in omnibus omnia est*, quoniam per ipsum et in ipso	sunt	omnia. nec uos moueat, fratres, saecularis ac uere puerilis	2	8	8
spem: artes uirtutesque uniuersae cessabunt; tolle spem, et interempta	sunt	omnia. quid facit ad litteratorem puer, si litterarum non sperat	1	36	2
eius cotidie totus exaestuat mundus pestiferisque uoluptatibus ita corrupta	sunt	omnia, ut quicquid in eo geritur, non debere diligi a nobis sacris	1	36	27
quod geritur, negotium perorauit! his enim tribus rebus, quae fundamenta	sunt	omnium uitiorum, uiolentis quasi quibusdam tempestatibus	2	1	6
in libro sic habetur: *uirga tua et baculus tuus ipsa me consolata*	*sunt.*	*parasti in conspectu meo mensam aduersus eos, qui tribulant me.*	1	13	10
nascitur. huius est munus, quod cara uxor, quod generosi liberi, quod ueri	sunt	patres. huius est munus, quod alii ut nos aut plus quam nos proximi	1	36	14
Dauid ait: *beati quorum remissae sunt iniquitates et quorum tecta*	*sunt*	*peccata*, quia beatus esse non potest, fratres, in prima natiuitate	2	10	1
dominum, beati sunt, non beatus est nullus, quia nulla gens est, nulla	sunt	pecora, animantium denique nulla natura, quae non timeat deum.	2	2	3
carnifices in martyris membra saeuire. uiluerunt ungulae, inutiles ictus uisi	sunt	plumbatarum, stetit contemptus eculeus, crebri fustium imbres	1	39	6
qui publicanas mulieres cum ui subiciunt sibi uiliores se esse quam illae	sunt	produnt, qui iracundia tument, qui litibus fremunt, qui calumnias	1	25	11
altari, quoniam ablata est de domo dei uestri hostia et immolatio. multa	sunt,	quae dici possunt, sed satis otiosum est in his demorari, quae in toto	1	25	6
doctrina uterentur neque adtenderent fabulis et genealogiis, quae sine fine	*sunt,*	*quae magis quaestiones praestant quam ueram rationem dei, quae est*	2	3	17
debemus accipere, cuius ex ore duo denarii, id est duo testamenta prolata	sunt,	quae saluti cum domini gloria et Petri felicitate, utpote super quem	1	37	5
quasi quibusdam deducuntur exsequiis; quas si per plagas unde refixae	sunt	quaeras, rediuiui luminis lege suis sedibus resurrexisse agnoscas. sol	1	2	17
exhortatur et monstrat dicens: *si consurrexistis cum Christo, quae sursum*	*sunt*	*quaerite, ubi Christus est ad dexteram dei sedens*. possumus et sic,	1	37	12
urbes, deleta rura respirare non possunt, maria plus praedonibus saeua	sunt	quam natura; obseratae gladiis uiae humano cruore pinguescunt;	1	5	3
haec parabola: semen est uerbum dei. qui autem iuxta uiam sunt, hi	*sunt,*	*qui audiunt uerbum et uenit diabolus et tollit de corde illorum*	1	13	5
et descendentes qui sint, in exemplis agnoscimus. descendentes	sunt,	qui saeculo renuntiantes rursus reuertuntur ad saeculum, de quibus	1	37	12
tenentes ad plenum, cum utramque tenere non desinunt. fideles non	sunt,	*quia* habent *aliquid infidelitatis insertum*; infideles non sunt, quia	1	35	5
fideles non sunt, *quia* habent *aliquid infidelitatis insertum*; infideles non	sunt,	quia habent imaginem fidei, professione deo, factis saeculo seruientes.	1	35	5
ad se trahit. *impii non manent, quia his dei nomen in honore est; pii non*	*sunt,*	*quia* patrem uenerandum prauis moribus laedunt. *orant quia timent,*	1	35	5
qui dixerunt: linguam nosstram magnificabimus, labia nostra a nobis	*sunt.*	*quis noster dominus est?* hanc superbiam propheta tumidi cordis	2	9	2
spiritali et qui sint nolentes edicant et inuiti discedant, procul dubio hoc	sunt	quod sese esse unicuique confitentur. accipe et alia exempla et	1	2	7
licet sectae sint plures, quae iniuriam Christi fabulari nitantur, tamen tres	sunt	quodam modo principales. e quibus duae eius, quem cupiant	2	8	1
insulse manus tendit in caelum, quae caedis saepe, saepe ministrae	sunt	rapinarum. oculos inpudenter extollit, quorum lenocinio mundus in	2	9	9
damna salutis suae indignis caedibus mactauerunt. uenti saeuientes diuersi	sunt	reges, qui Iudaeam lugubri clangore tubarum armorumque fragore	1	34	7
deo dignum! qui audiunt, timent; qui incenderant, ardent; qui incensi	sunt,	sanctificati et incolumes de camino procedunt per dominum nostrum	1	22	2
exaudiat eos. similiter et de manibus dicit: *manus enim uestrae inquinatae*	*sunt*	*sanguine et digiti uestri in peccatis. labia autem uestra locuta sunt*	1	3	10
iudicabunt?; alterum impiorum, qui non sunt iudicandi, quia iam iudicati	sunt,	sed perituri, scriptura dicente: *iter impiorum peribit*; tertium	1	35	7
moritur nemo; omnes felices, omnes unanimes, omnes inmortales, omnes	sunt	semper aequales; quod unius est, omnium est; quod omnium,	1	5	18
Iohanne dicente: *nolite diligere mundum neque ea, quae in mundo*	*sunt.*	*si quis dilexerit mundum, non est caritas patris in illo, quoniam*	1	36	27
est in usu: *nolite*, inquit, *diligere mundum neque ea, quae in mundo*	*sunt.*	*si quis dilexerit mundum, non est caritas patris in eo, quoniam omne,*	2	9	5
hactenus contionatur: *nolite diligere mundum neque ea, quae in mundo*	*sunt.*	*si quis dilexerit mundum, non est caritas patris in illo, quoniam*	2	4	12
nobis, ita quae bona, quae pura, quae simplicia, quae pia, quae sancta	sunt,	sicut facitis, amplectenda, ut uidentes homines *opera uestra bona*	1	25	13
sub tanto, non dicam humanitatis, sed ipsius naturae metu laeti	sunt	soli. cedit affectus pietati, pietas religioni, fauet utrisque religio.	1	4	14
insignis uir sicut ait noster: *nouit deus cogitationes sapientium, quia*	*sunt*	*stultae.* nostram nobis stultitiam derelinquant, habeant secum	2	1	15
sacram laudibus geminare. sed quamuis sit optimum laudare, quae dei	sunt,	tamen praecipuum non est, quod cum gentibus uel Iudaeis potest	2	6	1
peccata, sordes et maculas uenerat mundaturus. denique purgationes, quae	sunt	tarditate periculosae, nullo puerum maternorum uiscerum prosecutae	1	54	4
cui totus militat mundus, aetas cui uniuersa deseruit. pro nefas! quae istae	sunt	tenebrae? inest omnibus et ab omnibus, quasi non sit, arguitur;	2	1	8
numquam sane repetiturus occasum. hic, inquam, quo ferales diruptae	sunt	tenebrae, quo mors subacta est, quo homines, quos susceperant	2	19	2
de *deo hoc nosse*, quod licitum est. sicut enim in simplici corde scrutanda	sunt	testimonia eius, ita curiositate non sunt inquietanda secreta. *quis enim*	1	34	1
cotidie concupiscentia, ambitione, auaritia ardet in saeculo. quare utraque	sunt	uana, quia et cordis exaltatio nullos fructus inuenit et oculorum	2	9	5
in pecorum morte constituunt, cum deus, posteaquam de Aegypto egressi	sunt,	ubi imaginarium pascha gesserunt, dicat: *plenus sum holocaustomatis*	2	25	1
pulchrius aut uerius uerbis humanis asseri possunt, quam a deo facta	sunt	uel uidentur. itaque quod ad nos pertinet, uideamus, quid sit, quod	2	30	1
infideles, de quibus scriptura diuina quid pronuntiet, audiamus; cuius ista	sunt	uerba: *deminuerunt ueritates a filiis hominum. uana locuti sunt*	2	9	2
sicut Isaac, immolatur ut uiuat, apostolo hortante nos Paulo, cuius ista	sunt	uerba: *exhibete corpora uestra hostiam uiuam, sanctam, placentem*	1	25	9
quod etiam sacrae legis testimoniis probare non desinam, cuius ista	sunt	uerba: *nam quia sapientiam dei non cognouit saeculum per sapientiam,*	2	1	5
cur desideras nuptias, cum temperare uideas apostolum primas? cuius ista	sunt	uerba: *tempus coartatum est; superest ut qui habent uxores, sic sint*	2	7	5
est inter ebullientes diuersis sceleribus ac libidinibus homines, qui ueri	sunt	uermes. Iob et sanitatem recepit et facultatem; at dominus resurgens	1	15	9
actus imitari. cuius rei facilis probatio est, illa cum interim, quae nostra	sunt,	uidemus. aurum argentumque, Christiane, si uera dicenda sunt,	1	14	4
dicto cognoscimus, qui ait: *uirga tua et baculus tuus ipsa me consolata*	*sunt.*	uirga et baculus duo sunt utique testamenta, quae ideo materiae ligni	1	37	8
est, quo homines, quos susceperant mortuos, refundere inferi coacti	sunt	uiuos. quem ut semper et ubique aucti fide, numero, caritate nostris	2	19	2
ad quos aliquid loqui superfluum est, quia, si uxor et maritus *in carne*	sunt	*una*, dubium non est, quia quod alter audit amborum est. quid agam,	2	7	11
cultros, sed eorum unus est morsus; et gladius duas acies gerit, sed	sunt	unius corporis latera; et denarii sunt duo, sed una moneta signati; et	1	37	14
dici possunt, sed satis otiosum est in his demorari, quae in toto iam non	sunt.	unum sane necessario proferemus exemplum, quod et Iudaei odiosum	1	25	6
cuius ista sunt uerba: *deminuerunt ueritates a filiis hominum. uana locuti*	*sunt*	*unusquisque ad proximum suum; labia dolosa; in corde locuti sunt*	2	9	2
omnes uestri corporis ambitu superatis; denique sancti diuites pauci	sunt,	uos plures estis. haec sunt, dilectissimi fratres, charismata uestra, hae	2	6	10
ait: *uirga tua et baculus tuus ipsa me consolata sunt*. uirga et baculus duo	sunt	utique testamenta, quae ideo materiae ligni sunt comparata, siue quod	1	37	8
at si utraeque partes iudicio uacant, quomodo unicuique merces pro	suo	actu reddetur? sine causa etenim laborare uidebitur iustus, nisi recipiat	1	35	1
suis annuntiabant; spiritu meretricio seducti sunt et fornicati sunt a deo	*suo.*	agnosce igitur, Iudaee, uel sero erroris tui miserum dolendumque	1	3	11
domino sic dicente: *simile est regnum caelorum homini, qui seminauit in*	*suo*	*agro bonum semen; dormientibus autem hominibus uenit inimicus eius*	1	3	22
se putat, si ipse sit, nec intellegit rem dementiae esse consimilem, in statu	suo	animum non manere. inpatientia enim quid est nisi mens lubrica,	1	4	7
uolatus coniecturis inanibus statum plumeae salutis inquirunt, sed a	suo	corde remedium salutare deposcunt spiritumque suum tota humilitate	1	34	9
aut iugulat. uellem scire tamen, tanta eius rabies quid uoluptatis habeat,	suo	cultori quid praestet. febrem non exstinguit, morbos non discutit,	1	5	16
spiritaliter intellegi datur, Aegyptus mundus est iste. Pharao cum populo	suo	diabolus et spiritus omnis iniquitatis. Israel populus Christianus, qui	2	26	2
simile est regnum caelorum homini, qui seminauit bonum semen in agro	*suo;*	*dormientibus autem hominibus uenit inimicus eius et superseminauit*	1	2	28
absque ipso. qui adinuenit uiam prudentiae et reuelauit eam Iacob puero	*suo*	*et Israel dilecto sibi. post haec in terris uisus est et cum hominibus*	2	8	6
prorsus nocendi non praeterit. uultis scire, quod malum sit? in ipso fructu	suo	etiam ipse se odit. uenenis eius cotidie totus exaestuat mundus	1	36	27
una sunt caro, unum diuini operis sacramentum, quoniam femina de uiro	suo	facta est alterque alteri tenetur obnoxius ac per hoc iure legis quoque	1	1	14
domini, et inmunditia eius super ipsum est, peribit anima illa de populo	*suo.*	haec, fratres, sicut cauenda sunt nobis, ita quae bona, quae pura, quae	1	25	12
id est ueniente sabbato, si non secundum legem circumcidat, de populo	suo	infantis anima peritura est. hic, fratres carissimi, eligat utrum uelit,	1	3	3
facie adludit quam in cordibus commoratur; quod omne genus humanum	suo	interitu suisque calamitatibus delectatur uiliorem habens animam quam	1	14	7
hic est, cui *data est potestas in caelo et in terra*, nomini eius noua a deo	suo,	ipso dicente: *ego te clarificaui in terra; opus perfeci, quod dedisti*	2	5	4
in domicilio castitatis et in uisceribus sacrae uirginis comparat sibi corpus	suo	iudicio nasciturus. in hominem coaptatus integumento carnis includitur	2	12	1
iure non potest mereri sententiam. et qui sunt isti, quos ambiguitas	suo	iudicio reseruauit? utique illi, sicut apostolus quoque ait, qui cognitum	1	35	6
est dominus. hic est deus noster, qui se digessit in deum; hic pater, qui	suo	manente integro statu totum se reciprocauit in filium, ne quid sibimet	1	7	4
infelices inde esse noscuntur. etenim commodius puto misero in statu	suo	manenti quam beato in ultimas miserias deuoluto. nam praedicant	1	18	1
pecunia possit; non necessitudo sanguinis, non amicitia, quia non	suo	merito, sed auri, argenti facultatumque beneficio quis aut amatur aut	1	5	5
sacrificiis sparsa in puluerem uanuerunt. sacerdotalis *cathedra pestilentiae*	suo	nomine deleta est. agnus salutaris, qui designatur *ex ouibus et ex*	1	28	1
saeuit, pugnat, rapit, congregat, seruat sui tenax, *appetens alieni*, non	suo,	non alieno, non ipso orbe contenta. totum possidet et de inopia	1	5	2
occidit; nec manducatur aliquando certe nec bibitur nec in inferno cum	suo	praedone descendet, solum quod oculos infelices inanemque	1	5	16
nihilo fecerit Christus, sit autem ex natura tempus, ineptum satis est opus	suo	praeponere artifici ac per hoc solum interest, quod soli se sciunt.	2	8	5
sine legitimo ac deuoto cultore nec sufficientia nec necessaria honori	suo	protestatur deus, hactenus dicens: *caelum mihi thronus et terra*	2	6	3
famosumque illud templum miserabili uastatione campis aequatum	suo	puluere iacet sepultum. sacerdotalis *cathedra pestilentiae* cultorum	1	19	1
hic mulierem, cuius nomen est Thamar, accepit uxorem maiori filio	suo.	qui filius cum maligne domini ante faciem uersaretur, scriptura teste a	1	13	1
decernentes sibimet ipsis pro domibus templa, erigentes aras nomini	suo,	qui, quae essent habituri sepulcra, nescirent, caelum promittentes sibi,	1	13	4
facere, dummodo in effectu conata succedant. uerum tamen in ipso fructu	suo,	quo expugnati pudoris alieni labe gaudere consueuit, semper infelix	1	1	7
producitur, ui aliqua separetur. tum solemniter plorans clementer imbre	suo	rorat conceptaque musti felicibus lacrimis fluenta denuntiat. statim	2	11	3
nec res in ambiguo est; quemadmodum etenim ille princeps iniquitatis	suo	semine per inuidiam protoplastos ex angelis in homines deriuauit, ita	1	2	26
ut, cum dissolutionis eius ac legitimae reparationis tempus aduenerit,	suo	semini respondens iure possit mereri quod credimus. nec res in	1	2	26
supplicium denotati uulneris inflictu minatur. omne genus pecudum cum	suo	sibi sacrificio reprobatur. ieiunia eorum, dies festi omnisque solemnitas	1	46a	1
una eademque nec ipsa, sed ipsa orbita circumducens dies magnus aduenit	suo	sibi semper nouellus occasu. quod praeterit sequitur, quod futurum est	1	16	1
completa expiationis sacrae casta ieiunia, post clarissimae noctis	suo	sole dulces uigilias, post lactei fontis lauacro uitali in spem	1	24	1
quia lex semper manat ex libro Genitali, fides autem tenaciter inhaeret	suo	soli proposito. lex ab alio transit in alium; fides interit, si ab suo statu	2	3	4

inhaeret suo soli proposito. lex ab alio transit in alium; fides interit, si ab suo statu aliquando uel in aliquo declinauerit. lex hominis conscientiam 2 3 5
angustam. itaque estote securi: nihil in illa deest umquam, nihil ab suo statu aut tollitur aut declinat; omnia bona atque perpetua exuberant 1 5 18
continere, positus in honore. caelestis profecto est ista patientia, quam a suo statu non aerumna, non felicitas, non affectus potuit commouere. 1 4 17
sit. neminem foede desiderat nec ulli similiter se desiderabilem praestat. in suo statu omni loco, omni tempore manet plus honestati consulens quam 1 1 2
uiuificatum est omne genus humanum. ac ne non ex integro principium suo statui redditum uideretur, prior uir consummatur in cruce atque eo 1 3 20
dei! incensores incendio concremati sunt et, qui incensi sunt, incendio suo superstites triumphantes de camino procedunt, praestante domino 1 53 2
semet pretiosum frumentum diuinis horreis inferre desiderans, licet suo uberet fonte, tamen aestuat semper iustae operationis ardore. 1 33 3
a quibus, quomodo, unde pascha celebratur? adde quod agnum legitimum suo uitio, quem inuenerant, perdiderunt. quem scriptura designabat *ex* 1 46a 2
de Christo? igitur primo omnium probandum puto animas nostras suorum corporum exuuiis <exui> nec cum labe carnalis huiusce domicilii 1 2 3
crebris osculis labra; totum corpus imbribus relauat lacrimarum crinium suorum damno cooperiens; miserandis affatibus in uberiores fletus incendit 1 2 14
suo puluere iacet sepultum. sacerdotalis *cathedra pestilentiae* cultorum suorum sacrilegio iure deleta est. exinanitum cornu iam non spirat 1 19 1
manenti quam beato in ultimas miserias deuoluto. nam praedicant patres suos Aegyptium populum fugiendo delesse, deum suis praefuisse maioribus 1 18 1
uiolenter manu ipsi naturae, inuasis hereditatibus ante tempus parentes suos compellunt uiuere miseriae, facultatibus mori. pro nefas! quid tibi tua 1 5 6
sed momentis horarum aequabiliter se partiri non posset, si inpatientia suos cursus urgueret. luna quoque, quae quibusdam uidetur errare 1 4 4
gerit. denique tot efficit uultus, quot ille intrinsecus tristes seu hilares suos fecerit motus, hanc rationem docente nos Paulo: *uidemus,* inquit 1 2 29
soliti contempta mensura Iesu Naue desiderio pareretur, soli lunaeque suos frenos induxit; haec de armato Golia Dauid inermi triumphos attulit; 1 36 8
tot martyria uideantur esse quot membra? armauerat diabolus satellites suos in domini populum, ueterani odii assertor antiquus, et totam familiam 1 39 2
naturae secreta, cum stellis nomina, soli labores inponunt, cum errores suos lunari circulo adscribunt, cum ingenii sui carmen coli uel maxime 2 9 1
deum promeruit, diabolum uicit, sanitatem recepit, facultates liberosque suos non perdidit, sed mutauit! Iob, quantum intellegi datur, fratres 1 15 6
esse quam sibi; quod parentes opulenti abolita sui nominis sanctitate filios suos non sine utriusque dedecore patiuntur errare stipi triuiali subiectos; 1 5 6
mundanae administrationis suis in actibus portant, recte dicentes: *quisque suos patimur manes.* nos uero, fratres, quos non ingeniosa suspicio, sed 1 2 4
ueritas! quam ex rebus ipsis agnoscite pariter et probate. Iudaei maiores suos Pharaonis exercitusque eius graui seruitutis iugo depressos de 1 46b 1
secundum quod deus suos promiserat per prophetas, filium suum saluatorem generi humano se 2 12 1
flammarum albescentium tractu funereae facis solemnitate in occasus suos quasi quibusdam deducuntur exsequiis; quas si per plagas unde refixae 1 2 17
scenam diripuit, †profectitium† crimen propere recluditur, sed scelus suos redit in auctores purgaturque per innocentiam pudor. sicque 1 1 19
missos ad te, quotiens uolui colligere filios tuos sicut gallina pullos suos sub alas et noluisti? ecce remittetur uobis domus uestra; et iterum: *non* 2 6 3
eademque die qua nascitur moritur nec tamen instantis finis sorte terretur, suos ut repigret cursus, ut horas ad momenta producat, ut saltem paulo 1 2 18
de quibus dominus ait: *nemo retro attendens et superponens manum suam super aratrum aptus est regno dei*; et iterum: *mementote uxoris Lot*. sed et 1 37 12
filiae Sion: ecce rex tuus uenit tibi iustus et saluans, mitis, sedens super asinum nouellum, et iterum: *tollite portas principis uestri et* 2 5 2
citae mortis sorte satiare, dum subito manus iubetur extendere ac super caespitem [nudus] proiectus in faciem pedum extrema nudare. ecce 1 39 7
sic dicatur: *dabit illi dominus deus thronum Dauid patris sui et regnabit super domum Iacob in saecula et regni eius non erit finis*. Salomon in 2 5 6
uobis: uidebitis caelum apertum et angelos dei ascendentes et descendentes super filium hominis, sicut et factum est, euangelista dicente: *tunc reliquit* 1 37 13
de carne sacrificii salutaris, quod est domini, et inmunditia eius super ipsum est, peribit anima illa de populo suo. haec, fratres, sicut 1 25 12
remittetur uobis domus uestra; et iterum: *non relinquetur in templo lapis super lapidem, qui non dissoluatur*. reprobat ergo tam inmensum, tam 2 6 3
deperdit. dehinc sequitur: *neque ambulaui in magnis neque in mirabilibus super me. magna eloquia dei sunt, ipse mirabilis in excelsis.* cum in 2 9 6
illis, quae magna ab hominibus hoc putantur in saeculo. at *cum addidit: super me*, ostendit numquam se elatum fuisse, cum posset. nulli enim 2 9 6
prandio pastus est ante nos, dicit: *quam dulcia faucibus meis eloquia tua super mel et fauum ori meo!* haec, fratres, si quis libenter crediderit, 1 24 4
prolata sunt, quae saluti cum domini gloria et Petri felicitate, utpote super quem aedificauit ecclesiam, duobus populis profecerunt. mare autem 1 37 5
etiam petra, recte cultellos petrinos fecit (unde non sine ratione et *Simoni,* super quem aedificauit ecclesiam, *Petrus nomen imposuit*), id est sua 1 3 16
quia ego sum dominus, qui facio misericordiam et iudicium et iustitiam super terram. o quam paucissimis uerbis omne hoc mundi, enixe quod 2 1 5
qui laboratis et onerati estis et ego reficiam uos. tollite iugum meum super uos et discite a me, quia mitis sum et humilis corde, et inuenietis 2 9 4
diaboli praesentes ignes exstinguit, sed etiam futuri diei iudicii incendia superabit. illa iustificata discessit; haec glorificata uestri numeri incrementis 1 13 13
abscindimus, quod habuisse non deberemus, quod ab inimico hominibus superadditum recognoscimus, domino sic dicente: *simile est regnum* 1 3 22
sed rore, dei dignatione, non poena. o felix supplicium, quod incolumitate superante inmortalitas prosequitur et corona. 2 22
dulcis occisio? ubi amor, qui in aequo unitoque coniugio, e duobus altero superante, non moritur? tune non illa es, quae mariti corpus expositum 2 7 6
in Omphales libidine turpiter uicit, quem terribilis turba monstrorum superare non potuit. ipsa Venerem membris omnibus denudatam, conuexis 1 1 11
resistunt uincuntque facilius caritate, quod singillatim nuda uix possunt superare uirtute. elementa quoque ipsa, fratres, satis diuersa satisque 1 36 15
nam et omnibus aequales estis et pedaturas omnes uestri corporis ambitu superatis; denique sancti diuites pauci sunt, uos plures estis. haec sunt, 2 6 10
manet in aeternum. sed dicit aliquis: 'si ita est, cur in se ipse potissimum superatur?' primo quia genus humanum magis uoluptati quam uirtuti 2 4 13
populi deficit sermo, qui dei patientiam sui obstinati cordis impatientia superauit. non enim leue crimen est eius, cum de eo ille queritur, qui mox 1 47
tibi excolis aurum, custodis argentum, uestem pretiosam ornamentaque superba et superuacanea pro sacrosancto habes sicut idolum, te per 2 1 19
caeca, libidine percita, delicate tumentis ac reflabilis tori plumeo sepulcro superba. iactat se ludibunda per nemora, fontes, prata, baias, ciuitates ac 2 4 9
et cantica secundum dei uocem in planctum et luctum illi profecerunt. superba illa ciuitas seruit. sane ouium greges infinitos interficit, quos in 1 28 2
quos prophetes egregius hactenus increpat dicens: *quid profuit nobis superbia aut quid diuitiarum ambitio contulit nobis? transierunt ista omnia* 1 5 9
inpotentia, iudices gratia, diserti mercennaria ac duplici lingua, reges superbia, negotiatores astutia, inani pauperes uoto, cultores dei odio 1 14 1
magnificabimus, labia nostra a nobis sunt. quis noster dominus est? hanc superbiam propheta tumidi cordis euitans sic infit ad dominum: *domine,* 2 9 3
quod non erat. mixtus itaque humanae carni se fingit infantem. Mariae superbus emicat uenter, non munere coniugali, sed fide, uerbo, non semine. 1 54 3
meminerimus. hic nunc mihi responde, qui hominis post mortem nihil superesse contendis, quemadmodum per alium locutus sit mortuus ille, 1 2 7
uideas apostolum primas? cuius ista sunt uerba: *tempus coartatum est; superest ut qui habent uxores, sic sint quasi non habentes; praeterit enim* 2 7 5
capit, sed suum sibi genitale in germen exspirans uetusti corporis superficie deleta, immo in melioris naturae iura transmissa, felix caput 1 2 22
fontis ad laticem conuolate incunctanter ac fortiter bibite, dum licet, superfluentis amnis undae subiecti toto impetu totaque deuotione uestra 1 12
in quibus cum peritius agant uniuersi homines, quam dici potest, superfluum est demorari. unde nunc ad ueram iustitiam ueniamus, 2 1 11
nec maritos. talis est etiam causa maritorum, ad quos aliquid loqui superfluum est, quia, si uxor et maritus *in carne* sunt *una*, dubium non 2 7 11
perpetui carceris poena perpetua inplacabilis affligebat infernus. non superi, non inferi parcebant simulacro dei: etenim mortis imperium sibimet 2 4 6
pura, iam libera, iam a conuersatione mundi huius extranea, iam morte superior, iam caelestia aspirans, iam, non dicam saeculi ludibria, sed, ut sit 1 2 25
gloriatur. non sibi repugnat, sed ostendit animae esse sublimitatem superiora uicisse, quia *qui se exaltauerit, humiliatur et, qui se humiliauerit,* 2 9 8
non sunt inquietanda secreta. *quis enim causas naturasque caeli huius* et superiorum *sciet?* quis corpoream aeris huius, ut quidam putant, 1 34 1
felix caput comis uirentibus redimitum quasi ab inferis emersum in superna sustollit perennitatis gloriam fructu populoso tenturum, hoc 1 2 22
reuertuntur ad saeculum, de quibus dominus ait: *nemo retro attendens et superponens manum suam super aratrum aptus est regno dei*; et iterum: 1 37 12
semen in agro suo; dormientibus autem hominibus uenit inimicus eius et superseminauit zizania in triticum. at fortasse adhuc quispiam dicat: 'si 1 2 28
agro bonum semen; dormientibus autem hominibus uenit inimicus eius et superseminauit zizania in triticum. quae necessario radicitus circumcisione 1 3 22
si ista cura sexui utroque prodesse potuisset. cum enim grauior causa supersit, periturum se, nisi ueritatem requirat, agnoscit; si enim Adam 1 3 9
contemplatio; non enim ulla est metuenda iam poena, cum incensorum superstes insultet ignibus uita. 1 31
dei! incensores incendio concremati sunt et, qui incensi sunt, incendio suo superstites triumphantes de camino procedunt, praestante domino nostro 1 53 2
posse, pro uno puncto requiei incunctanter tota, si liceat, paratus offerre. superstitibus fratribus saltem cupit esse consultum; Abraham patrem 1 2 10
in quo non erat pro religione sacrilegium. cogebatur Christi populus uanis superstitionibus interesse atque in cultum nefandi ritus nunc aut libamina 1 39 2
eius fugae ueniam sub pactione promitteret, si se uel sero nefandis superstitionibus miscuisset, talibus in eum sanctissimus martyr uocibus 1 39 5
feritatis grassatione turbabat. indixerat in homine deo bellum et infaustae superstitionis busto in nefas conscium toto mundo funereum fecerat 1 39 2
aurum, custodis argentum, uestem pretiosam ornamentaque superba et superuacanea pro sacrosancto habes sicut idolum, te per momenta 2 1 19
scriptum sciat: *homo uidet in facie, deus in corde*, nonne iniuriosum uel superuacaneum putabitur deo indicare quod nouerit? absit. indicat ille, sed 2 9 3
honori suo protestatur deus, hactenus dicens: *caelum mihi thronus et terra suppedaneum pedum meorum. quam mihi aedificabitis domum? aut quis* 2 6 3
ligat, sollicitudo custodit, iustitia distribuit, pietas ministrat, puritas supplicat, spiritus postulat, spes promittit, sapientia domus domina 2 6 9
corpus martyris uiduatur. numerent martyria, qui possunt numerare supplicia, et in uno corpore quantum diabolus publicatus est furere, 1 39 9
[nudus] proiectus in faciem pedum extrema nudare. ecce inter ipsa supplicia uacare non sinitur et orationis instar per carnificis tormenta 1 39 7
hominibus uiolenta infertur manus. ad torcular conportantur; id est ad supplicii locum deducuntur. ab operariis ibidem conculcantur, hoc est 2 11 6
per hoc iure legis quoque linea una tanguntur, dubium non est horrendi supplicii perennibus absumptum iri tormentis eum, qui praeuaricatus fuerit 1 1 14
ut abdicatio timeatur; exaltatos, ut ruina terrori sit; spretores, ut poenam supplicii sibimet impendere cognoscant. quod exemplum, fratres, fortiter 1 30
— funereo ambitu excedit uicti saeculi triumphum reportans, quam tot suppliciis omnes crediderant perituram. o necessarius timor, qui nihil aliud 2 2 7
mihi uiuere Christus est et mori lucrum? excogita quibus potes suppliciis tormenta grauiora, maioribus te furoris stimulis accende, 1 39 5
ad iudicium; falsum enim isti contestati sunt de ea. stupet populus, quod a supplicio ad iudicium repetendum reuocaretur addicta. falsos testes pauor 1 40 3
causis a deo non tantum sunt disperditi, sed etiam perpetuo poenali supplicio destinati. Aunan autem secundus frater Iudaicus est populus, cui 1 13 4
monile, anulum, uirgam seque liberauit sacramento numeri ab imminenti supplicio; ecclesia ipsa ueritate, in nomine patris et filii et spiritus sancti, 1 13 13
scire debemus, quoniam iusti uitae perpetuae, impii aeterno sunt destinati supplicio nullaque eos cognitio exspectat ulterius, quinam sint isti, quibus 1 35 4
in tribus una mens, una uirtus, unus triumphus exsultat. melioratur uita supplicio. rex non inuiderat pueris, si non eos praecepisset ardere. 2 27
numeri sacramento muniti, aetate teneri, sed fidei soliditate robusti, supplicio suffragante gloriosi amore diuinae religionis regis adorare 2 22
eis sit reseruatum, quorum in causa funerei luctus poenae pertulit natura supplicium. 1 47
ingens supplicium aliquotiens ingentior prosequitur gloria, maxime diuinis in 1 31

sed etiam, nisi legitime corde circumcidantur, ignis inexstinguibilis supplicium comminatur. sed et Moyses ipse, cuius asserunt se saepe 1 3 13
sunt. circumcisio, testimonium mentis impurae, iamiamque illis imminere supplicium denotati uulneris inflictu minatur. omne genus pecudum cum 1 46a 1
globos triumphantes barbarum regem, minas omnes, ipsum quoque supplicium docuerunt ignes sanctis hominibus non esse fortiores, per 1 11
tunc in puero sancto Daniele spiritus sanctus ingressus ait, cum illa ad supplicium duceretur: *reuertimini ad iudicium; falsum enim isti contestati* 1 40 2
auctoritati: exsultant adulteri, damnatur integritas. iamiamque Susanna ad supplicium immerens trahebatur, iam totus populus in eius sanguine 1 1 19
diabolus infamaret, qui non potuit pudoris fundamenta subuertere. ibat ad supplicium non adulterum corpus, in quo extrema libido senilis exarserat, 1 40 2
quodam modo pars est, fratres dilectissimi, martyrum non horruisse supplicium. quantum etenim multiformis crudelitatis lugubris contemplatio 1 11
poenae contemplatione neglecti sunt. excogitatur nouum stupendumque supplicium, quo se in homine uincere crederet deum. 'incidantur, ait, ab 1 39 6
excipiuntur non flamma, sed rore, dei dignatione, non poena. o felix supplicium, quod incolumitate superante inmortalitas prosequitur et 2 22
proponit, ut facultates ad se attrahat alienas; quam peregrinantem ferali supputatione nutrire non desinit, ut summam quaerat, non quam 1 5 12
munerifero semper uicissitudinis delectamento seruire praecepit, qui eum supra dicti amoris male dulcibus uenenis occisum infernaeque sedi 1 36 28
nec ipsi morienti puero subuenit, haec a cunis ipsis infantiae usque ad supremos exitus cuiusuis aetatis utroque generi salutare munus inpertit; illa 1 3 23
possit acceptum, qui uicinarum possessionum omnes glebulas, lapillos et surculos nostis, in praediis autem uestris fumantia undique sola fana non 1 25 10
detraxerit. igitur, ut optime saepe recolitis, mensura seruata amputatur in surculum palmes, in scrobem dimittitur, ut animatus ibidem genitalis 2 11 2
lumen caecis inferre, tura non spirantibus concremare, allegare preces surdis, ab his custodiam petere, quos fur non timet inuolare? quibus recte 1 25 4
ulcerum spoliauere uerticibus; per hanc, inquam, caecos uidere, surdos audire, mutos loqui, claudos currere, paralyticos reformari, de 1 36 9
malorum attrahat gloriam Christianae felicitatis. duplex itaque forma surgendi est: prima sanctorum, in qua illud beatitudinis regnum primae 1 2 23
iam nunc felix inuitat occasus, ut sacri oceani lacteo profundo demersi, surgentes inde nouello nouelli cum die, sua luce radiantes nobiscum 1 44 2
quidem nudi demergitis, sed aetheria ueste uestiti mox candidati inde surgetis. quam qui non polluerit, regna caelestia possidebit per dominum 1 23
seminatur in infirmitatem, resurgit in uirtutem; seminatur corpus animale, surgit spiritale. satis, ut opinor, resurrectionis ueritas omnibus claret. sed 1 2 22
se paulatum stupore rursus in se riuus sanguinis ruens†. dehinc poplitibus surisque porrectis et a germana coniunctione naturae gladio saeui latronis 1 39 8
Paulus exhortatur et monstrat dicens: *si consurrexistis cum Christo, quae sursum sunt quaerite, ubi Christus est ad dexteram dei sedens.* possumus et 1 37 12
creditur auctoritati: exsultant adulteri, damnatur integritas. iamiamque Susanna ad supplicium immerens trahebatur, iam totus populus in eius 1 1 19
quid diabolus machinetur, non metuat iustus, quia cum illo est deus. inde Susanna illustris Hebraea, uerae decus pudicitiae, docuit feminas suae 1 40 1
uerae decus pudicitiae, docuit feminas suae castitatis exemplo. stabat Susanna in iudicio perditorum falsorum testium oppressa mendaciis, 1 40 1
hic facibus suis Euae pectus incendit; hic Adam suis telis occidit; hic Susannam conatus est duorum seniorum aut prodigiosis ignibus subicere 1 36 26
scelus suos redit in auctores purgaturque per innocentiam pudor. sicque Susannam, quam inpudicitia mentiente in publicum traxerant, probatam et 1 1 19
rex iure secundus factus est regni, qui insignis rex erat iam ante pudoris. Susannam quoque, columen matronatus, inaffectatae formae pulchrius suae 1 1 17
ferales diruptae sunt tenebrae, quo mors subacta est, quo homines, quos susceperant mortuos, refundere inferi coacti sunt uiuos. quem ut semper et 2 19 2
et cum omnium aquarum natura sit talis, ut, cum in profundum homines susceperit uiuos, euomat mortuos, aqua nostra suscipit mortuos et euomit 2 10 2
frigente senio nec sperare subolem posset nec portare confideret, matris suscepit officia, quae uxoris iam munera nesciebat. atque eo tempore partus 1 59 3
denegauerat. Abraham patriarcha noster exploratus a deo in senectute suscepit unicum filium. nihil tam sollicitum patri, cuius aetas in annis 1 43 1
prima deuotio: libenter excipere quod sero datur et in tristissima senectute suscepta sollicitudinis mole gaudere; nam et risit Sarra munus iuuentutis 1 43 2
dei ex illo naturae secreto produci, quales fuerint pro sua quique qualitate suscepti, apostolo dicente: *omnes nos manifestari oportet ante tribunal* 1 2 15
id est in ecclesia, quo pecora diuina succedunt, uenerabili sacramento susceptum cotidianis praedicationum medicaminibus curat. quod autem ait 1 37 10
est et ineffabilis eius illa sapientiae ac uirtutis potestas intra hominem susceptum iacet, magis admirabilior, quia tantus est et talis. et homo 2 9 4
mendaciis, conscientiae tamen bonis contenta secretis, non tam rea susceptura sententiam quam dicata deo pro castitate fortiter moritura, et 1 40 1
hic namque, carissimi, desperatus parentibus, sed deo promittente susceptus in transacta aetate et generantis genitalis flore consumpto non 1 59 1
iustificatio aeternae decurreret uitae. uidetisne iam manifeste in homine suscipiendo fuisse prouidentiam, in passione sacramentum, in resurrectione 2 4 7
o bonae matris caritas pura! diuersos genere, sexu, aetate, condicione suscipiens necat odio criminum ut nouerca, pia seruat ut mater necatosque 2 29 2
quod forte acceptum relatumue fuerit a fanatico solemne mysterium, ipsa suscipis, ipsa reponis, ipsa custodis. una cibum praeterea capis, reliquias 2 7 17
stupentibus rupibus pede sicco transiuit; at nostrum mare uoluntarios suscipit, feliciter naufragos facit interimensque uniuersa peccata genitali 1 46b 2
esse comparatricem. factis praecepta consummat. postremam suscipit mortem, ut ea deuicta resurgens *homini* per hominem, *quem* 2 4 7
in profundum homines susceperit uiuos, euomat mortuos, aqua nostra suscipit mortuos et euomit uiuos, ex animalibus ueros homines factos, ex 2 10 2
scrobem fontem sacrum debemus accipere, qui uera sarmenta homines suscipit mortuos et inspiratos aqua caelesti mox efficit uiuos. lignum 2 11 4
luctus puluerem mutas; in stibio fletus includis; ornamento ligas quod suspendio uoueras collum; ab speculo oracula inquiris, quam commode 2 7 8
sacerdotalibus officiis excolens piaque potatione fecundans felici ligno suspensam uberrimam docuit afferre uindemiam. inde est, quod hodie 1 10b 2
itaque coepit furoris horror; accingitur turba feralis et ad inuisibilem suspensum gladiorum mucro conuertitur. nec inde, ut dixi, sceleris sui 1 59 9
contigerat, exceperat uterque sexus interitum, e diuerso per uirum ligno suspensum uiuificatum est omne genus humanum. ac ne non ex integro 1 3 20
religioni, fauet utrisque religio. medius stupet gladius nullo impedimento suspensus mactatione terribili gloriam se praestitisse, non crimen. quid hoc 1 4 15
uelle opinari secretum eiusque interna discutere, cuius extraria nequeat suspicari, quia deus hoc est quod est; quod uero homo definiendum 2 8 3
obseruantiaeque uirtutem deuocabit in crimen. quid enim ille mali non suspicetur, non efficiat diis crudelibus, diis adulteris seruiens? itaque 2 7 18
uictima displiceret. cesset itaque hic, carissimi, impietatis abominanda suspicio: Abraham dominum filio, sacerdotem praetulit patri, nec pium se 1 59 7
et in plurimis operibus illorum non eris curiosus; multos enim seduxit suspicio illorum et in uanitate detinuit sensus illorum. similiter Paulus 2 3 16
quisque suos patimur manes. nos uero, fratres, quos non ingeniosa suspicio, sed deus magister instruxit, propter nos in semet ipso probando 1 2 5
sanguinis iura, delentes merita maritorum, adulantes uiuis, mortuis suspirantes, nunc odientes ueteres, nunc nouos filios similiter et maritos? at 2 7 10
uita uirtutibus quaeritur, cuius cupidine flagrans humanitas per momenta suspirat, tamen omnes uno eodemque consensu quasi quendam patientiae 1 4 1
nunc ieiunus, nunc accusator, nunc reus; iocatur, ludit, pallet, tabet, suspirat, zelat, obsequitur; aut temptat aut decipit peiusque blanditur quam 1 36 26
contendit, cui nihil aliud de ueteri sacramento quam inanibus intexta suspiriis fabula remansit. denique regium illud templum campis aequatum 1 28 1
filius, ne exsertae maiestatis dominum non possit mundi istius mediocritas sustinere. cum imperat pater orbem fieri, opus cum dicto completur a filio. 1 56 2
caritas enim, fratres, *omnia diligit, omnia credit, omnia sperat, omnia sustinet; caritas numquam excidet.* igitur non inmerito dominus deus 1 36 20
pretiosus ac speciosus unus est lapis, qui quadrae turris totam solus sustinet molem. cui non innumerabilis uarie famulatur acies ualidissima 2 6 6
paris. tu paupertati praestas, ut habeat totum sui contenta, cum sustinet totum. tu prophetas prouexisti. tu Christo apostolos glutinasti. tu 1 4 22
Romano seruiret. sane uultis scire, quantae sit sanctitatis? quem mare sustinuit adunatum, non potest terra baiulare dispersum. 1 52
auxiliare illi necessario iungitur lignum, cuius tutela defensus sese sustollat. at ubi adoleuerit in uitem perfectam ad iugumque peruenerit, eius 2 11 2
caput comis uirentibus redimitum quasi ab inferis emersum in superna sustollit perennitatis gloriam fructu populoso tenturum, hoc hactenus 1 2 22
sentit, antequam uideat; qui nomen iudicis pertimescit; qui, sicunde susurrus ingruerit, se quaeri, se aestimat inueniri; cui securitatis profectus 2 10 1
ratio uidetur esse reddenda, ut et Christianus ueritatem et Iudaeus suum cognoscat errorem. solet enim magnis cum uociferationibus saepe 1 3 1
ipso carere non possit, quia uiolentior omni tortore conscientia numquam suum deserit peccatorem. in hoc reatu, fratres, usque nunc fuistis. sed 2 10 1
deum, et fratrem suum odit, mendax est; qui enim non diligit fratrem suum, deum, quem non uidet, non potest diligere. decertemus igitur, fratres, 1 36 23
iudicium praeparatum. et a quo scire debemus, nisi ab ipso domino, qui suum dictum prosequitur dicens: *hoc est autem iudicium, quia lux uenit in* 1 35 4
praecessisse, non intellegentes, quia exinde eos a facie sua remotos post suum dorsum cum postfuturis abiecerat; Erythraeum quoque in geminas 1 18 1
se diligit; inimicis parcit; *parricidalibus filiis* ignoscit. persecutorem suum et, quod magis est, regem aliquotiens a deo in manus traditum sibi 2 9 7
credo, sicut res ipsa docet, ut contemplatione opificii ac materiae semper suum et uereretur et ueneraretur artificem. post haec subiecit ei omnia 2 4 4
ac mente una agebant, nec fuit inter illos discrimen ullum nec quicquam suum ex bonis putabant, quae eis erant, sed erant illis omnia communia, 2 1 18
iacet, magis admirabilior, quia tantus est et talis. et homo curiosus cor suum extollit conaturque eius comprehendere altitudinem, cuius non 2 9 4
sibimet prodesse cognoscit, conserta manu inuersa uice adorta est in suum fomitem adolescentis ignem totis uiribus deriuare. at ille in 1 1 16
deus de terra finxit et homo idolum de terra composuit. *semen* ergo *suum fudit in terram*, hoc est dei mandata neglexit et idolis profudit. 1 13 6
exemplis sacraeque legis religiosis exhortationibus excitaret. at ille *semen suum fudit in terram*; semen significat non creaturae, sed cordis. etenim 1 13 5
ut intret ad fratris uxorem ac semen excitet fratris; qui ingressus semen suum fudit in terram. quod cum deo malignum quoque uideretur, pari 1 13 1
quam deo. interea instant illi ex amatoribus accusatores effecti crimenque suum in simplicitate circumuentae transfusum artificiose dum exaggerant, 1 1 18
ueritates a filiis hominum. uana locuti sunt unusquisque ad proximum suum; labia dolosa; in corde locuti sunt mala. disperdat deus uniuersa labia 2 9 2
excepit, qui uestram nuditatem uelleris sui niueo candore uestiuit, qui suum lacte beatum uagitu hiantibus uestris labris indulgenter infundit. 1 38 3
uniuersa genera peccatorum, pectus crebro percutiens quodam modo cor suum manu uerecunde castigat postulatque tantum ueniam delictorum 2 9 9
uirgo, quem mundus mundique non capit plenitudo. interea promouent suum membra factorem et opus sui figura uestit artificem. parturit Maria 2 12 2
futura contendat. Moyses et Aaron per id, quod erant, sacerdotium, per suum numerum demonstrabant duorum testamentorum sacramentum. 2 26 2
constanter edicit: *si quis dixerit, quoniam diligo deum, et fratrem suum odit, mendax est; qui enim non diligit fratrem suum, deum, quem* 1 36 23
non aetati, non pietati, non sibi, quia pudorem alienum qui appetit primo suum perdit. pure non nox illi diesque succedit; semper enim caenosi 1 1 6
exsultat in profundo, qui circa se uideret feliciter triumphum suum perire naufragio. haec Iudaeus praedicat, fratres, et tamen deo 1 29 2
igitur Iacob habet imaginem Christi, sed et lapis ipse, quem ad caput suum posuisse cognoscitur, quoniam *caput uiri Christus*, qui aliquotiens 1 37 1
diem, quo tibi ecclesia, illi adeunda sint templa. quo genere unusquisque suum sacrificium procurabitis, quo sumptu, quibus uasis quibusue 2 7 14
quae enim uox, quae increpatio has condigne possit arguere, quae dedecus suum sacrilegio dotantes *membra Christi* daemoniorum seruis addicunt, *dei* 2 7 12
secundum quod deus suos promiserat per prophetas, filium suum saluatorem generi humano se esse missurum commodum, tempore 2 12 1
ne forte propheta ipse se inpugnet exaltando animam suam, qui cor suum se non exaltasse gloriatur. non sibi repugnat, sed ostendit animae 2 9 8
nemo namque pater familias honesta fidelitatis suae lucra offerentem sibi suum seruum iudicat, sed honorat ut filium. alterum uero, quem uenena 1 35 8
in eo id, quod intus est, reuiuescit nec mortem medullitus capit, sed suum sibi genitale in germen exspirans uetusti corporis superficie deleta, 1 2 22
inquirunt, sed a suo corde remedium salutare deposcunt spiritumque suum tota humilitate contribulatum ambitiose sacrificant sicque legitime 1 34 9

consuerunt, profanis aliquotiens ululatibus rumpit taetraque inluuie suum totum deformans cultum cadauer amplectitur conclamatum; frigentia 1 2 14
ut uideri uolunt, Graeciae uiri praeter ceteros curiosi otioso negotio cor suum ultra quam licitum est argumentis insolentibus extulerunt. hi cum 2 9 1
se in se ipsam et lenocinante uario magistri medicaminis fuco uultum suum uultibus uestit alienis, hoc futura, non quod natura praestitit, sed 1 1 10
non est timor dei ante oculos eorum. et de ipsa circumcisione in symbolis inquit: *interrogabant et in uirgis suis annuntiabant; spiritu* 1 3 11
sua hortatur ut peccet; et dominum, ut corruptelam seniorum sequatur, synagoga compellit. Iob amici sui insultasse perhibentur; et domino sui 1 15 8
solemnitas cesset, paucis eius degustate sermonem. uinea dei quidem prior synagoga fuit, siluosis errantium palmitum crinibus uilis; quae cum per 1 10b 2
uasorum repudiationem prophetarum omniumque sanctorum, quos synagoga pulsos Iudaei in damna salutis suae indignis caedibus 1 34 7
non posse, periti legis, deo ipso loquente cognoscite; a quo appellatur synagoga *spelunca latronum,* sacerdotalis cathedra *pestilentia,* sacrificium 2 25 1
credulae praestaturus. quantum datur intelligi, fratres, nauis typus est synagogae: eius proretam sacerdotale corpus accipimus, nautas scribas et 1 34 7
filius eius futurus fuerat, non maritus. Iudas amittit uxorem, id est synagogae fides moritur. quod autem inquit: *consolatus* est, utique 1 13 7
est, utique intelligitur spe Christi uenientis, qui non tantum prophetis synagogae lapsu desolatis solacium praebuit, sed etiam nos omnes in aliqua 1 13 7
uiolentum, quem, etiam dum denudat, esse non inuenit inpudicum; hic synagogam expugnauit, cum sua illi arma concedit; hic ubique turbulentus, 1 36 26
potest esse commune; nam et illi, si liceat uel si uelint, fortassis cultius synagogas aedificent, cultius erigant capitolia, sed in his omnibus operibus 2 6 1
sed uirginalis uteri aula secretior: diuini sermonis arte formata in se tabescentis corporis uulua portauit. sed in caelesti prole, non semine, 1 59 8
ebrius, nunc ieiunus, nunc accusator, nunc reus; iocatur, ludit, pallet, tabet, suspirat, zelat, obsequitur; aut temptat aut decipit peiusque blanditur 1 36 26
eius oculi aliquo ictu exstincti subsidunt. nonne cadauer est uiuum? ecce tabidus pulmo pinguibus sputamentis exesus detestabili macie omnia 2 4 15
duabusque tabulis exsiccatur; similiter iudicii die a Christo secundum tabulas legis confessorum sanguinis uindicta usque ad ultimum quadrantem 2 11 7
immortalitatemque apprehendere in toto non potest Christianus. quod tabulatis infertur, caelestis uiae uitaeque altitudo monstratur. ligaturis 2 11 4
peruenerit, eius omnes crines luxuriosi falce tonduntur, pura materia tabulatis infertur, nodis adstringitur, ne a ligno, quo portatur uel cuius 2 11 2
illusi iugulantur. sucus earum in ultimo preli pondere duabusque tabulis exsiccatur; similiter iudicii die a Christo secundum tabulas legis 2 11 7
operariorum pedibus subiecta calcatur, prelo premitur duabusque tabulis uehementer urguetur, donec omnis dulcedo medullitus exigatur 2 11 3
credo. ecce nupsisti. ut de fragilitate humanitatis, casibus ut de ceteris taceam, ecce maritum tuum postridie aliqua necessitas rapit, quae a te 2 7 9
carnis exstingue, ut de resurrectionis gloria, quam hic iam tibi uindicas, taceam, in qua, ut dominus ait: *neque nubunt neque nubentur, sed sicut* 2 7 4
ferro circulata cicatrix. quam si Iudaeus aestimat gloriam, ut de ceteris taceam, maior est eius, qui in honorem deae suae — sane anus turpis 1 3 2
certissimum dominum impia Iudaeorum exarsere consilia. quem tacentem tamquam obnoxium et pro ipsorum tantummodo caecitate 1 59 8
diuersis in locis, uanitatis, quod cum amaritudine comedis, infelicitatis. taceo, quod commemoratio est ingrati, non remedium, sacrificium quod 2 20 2
uestrae possem dicere, nisi essetis mei. unum tamen prae gaudio tacere non possum: fenerando pauperibus omnes copias auaritiae subactas 1 14 9
cum libamine infausto ad sepulcra concurrunt et a mortuis, quos in quiete tacitae noctis agnouerint, expeti a se aliquotiens alimenta contendunt; ac 1 2 3
cor suum manu uerecunde castigat postulatque tantum ueniam delictorum taciturnitate, non uoce. quorum quis quid sit consecutus, accipite: qui 2 9 9
in testimonium repertam eiusdem esse uirginitatis incenditur manus. qua tactu infante statim edax illa flamma sopitur sicque illa medica feliciter 1 54 5
alius deos asserendo atque abominanda figmenta colendo — , tactu carbonis in unum populum per confessionem nominis Christi 1 37 3
omnes animas, omnes aetates isto carmine inuitans: *exiguum et cum taedio est tempus uitae nostrae et non est refrigerium in fine hominis et* 2 4 10
quiescentes commendari consuerunt, profanis aliquotiens ululatibus rumpit taetraque inluuie suum totum deformans cultum cadauer amplectitur 1 2 14
sibi proposuere, non flammas, praemium futuri, non poenam. sicque inter taetros undantis incendii globos triumphantes barbarum regem, minas 1 11
rector acri obseruatione detineri. ad futurae gloriae testimonium tale beatus Archadius debiti martyrii quodam modo sequestrauerat pignus, 1 39 4
potest. praestiteras, mater, cum sterilis esses: ad gladium nascitur puer. talem casum nemo doluit, nec quae genuerat mater. nemo plangit uiuas 1 62 4
tu, inquam, non es, quae nunc caelum ipsum ululatibus rumpens post talem maritum puncto temporis uiuere te non posse clamabas, nunc clusis 2 7 7
filios, inquit, *genui*: hoc dominum de hominibus dixisse quam dulce est! talem patrem laesisse quam turpe! *filios genui et exaltaui*: utique filios 1 61 7
praetereunt, non adimunt, sed accludunt; quae reum, qualem inuenerint, talem quoque dimittunt; quae in pari causa ipsi praestatori nihil prodesse 2 24 1
quod conceptus est, donans matri quod natus. quae principaliter stupet talem sibi filium prouenisse, qui ex se natus non crederetur, nisi, sicut fuit 2 12 2
argentique metallo incensus uana cupiditate, uana cura torqueris? quid talentorum magnas struis congeries? quid hic remansura peruigil 1 14 3
labentibus illam sanctissimam fratrum cohortem sepelit antequam iugulet taleque est commentus pietatis excidium, ut in illa unius funeris turba 1 15 4
at cum omnes omnino memorati omnesque felices eius dono sint tales, contumelia est laudare dominum, cuius condigne laudare non queas 1 4 19
diis adulteris seruiens? itaque deinceps fuge, uirgo, fuge, uidua, nuptias tales. excusatio prorsus nulla competit tibi. si continens esse non poteris, 2 7 18
ius templorum ne quis uobis eripiat, cotidie litigatis. non hi solum, qui tales sunt, displicent deo, sed et illi, qui per sepulcra discurrunt, qui 1 25 11
ergo in toto dubitare non debet in statum pristinum mortuos excitari talesque legitima die ante conspectum dei ex illo naturae secreto produci, 1 2 15
uesana congressione desudant, non aduertentes miseri, quoniam in tali negotio iudice deo quod non licet uxoribus non licet nec maritis, sicut 1 1 13
inuenere maiores. atque utinam tu inuenias! dignus es enim immolatione tali, qui salutem tuam in incerti pecoris sitam uisceribus opinaris. sane 2 20 1
genus alterius periculo discere, quid debeas deuitare. unde, fratres, in tali re non loquela est exhibenda, sed cura, quam paucis accipite. iram dei 1 10a
feminas a pudore diuellit, quae desertae, ardore seu dolore compulsae, si talia gerant, putant se aut imitari aut uindicari. propter quod in praeceptis 1 1 13
magnificent patrem uestrum, qui est in caelis. itaque, dulcissimi flores mei, talia sacrificia procurate, quae sanctus spiritus libenter offerat, pater 1 25 13
pactione promitteret, si se uel sero nefandis superstitionibus miscuisset, talibus in eum sanctissimus martyr uocibus exsiliit: 'quid, inquit, uanissime 1 39 5
deo quod non licet uxoribus non licet nec maritis, sicut praescribens talibus Paulus apostolus dicit: *mulier sui corporis potestatem non habet, sed* 1 1 13
Christianae fidelitatis felicitas maxima est fidei nosse naturam, quae talis ac tanta est, ut unicuique homini sua non ab alio commodetur, sed 2 3 1
hanc patientiam timiditatis nomine obscuret, in ducendis quoque uxoribus talis est condicio: Liam excipit, prolixa tempora obseruat, omnia soceri 1 4 16
in tam solemnibus uotis saepe contingit, ut nec filios habeant nec maritos. talis est etiam causa maritorum, ad quos aliquid loqui superfluum est, 2 7 11
sacrique horoscopi pandam tota breuitate secreta. igitur, fratres, genesis talis est uestra. primus uos, qui in se credentem reprobat nullum, non 1 38 3
fraus, inopia, fuga, mors extorserint debitorem. auaritiae enim natura talis est, ut auariorem faciat. plerumque plus tulit auaro quam praestat, ac 1 5 12
sed dicet aliquis: 'etiam Maria uirgo et nupsit et peperit.' sit aliqua talis, et cedo! ceterum illa fuit uirgo post connubium, uirgo post 2 7 4
intra hominem susceptum iacet, magis admirabilior, quia tantus est et talis. et homo curiosus cor suum extollit conaturque eius comprehendere 2 9 4
fratres, Iudaicus quidem populus impietatis arguitur, sed Christianus, ne talis euadat, pariter commonetur. denique ut iste plus timeat, ille terretur; 1 10a
crederetur, nisi, sicut fuit uirgo incorrupta post conceptum, permaneret talis quoque post partum. o noua ratio! amore imaginis suae coactus in 2 12 2
alioquin solis diuinis exemplis oportuerat perorare, esset si quis hic talis. sed quia in uobis fides et pietas, quae est idonea expultrix auaritiae, 1 5 17
sacri gurgitis elemento sepelit. et cum omnium aquarum natura sit talis, ut, cum in profundum homines susceperit uiuos, euomat mortuos, 2 10 2
quod optaueris compescendum, maxime cum eius natura sit talis, ut numquam moretur in propriis, sed in publicum tota diffusa sit, 1 4 11
et texit. et denuo *caeli,* inquit, *enarrant gloriam dei*; et hic utique non tam caelos loqui dicit, quos loquentes nullus audiuit, sed apostolos 1 61 3
nos in semet ipso probando quod docuit, uiuere animas mortuorum non tam dicere quam oculatis rebus sufficimus approbare. denique uagi atque 1 2 5
feritas in ferocitatem et tamen hominibus mitior inuenitur. ne quid scenae tam dirae immanitatis deesse uideatur, immittuntur etiam marina monstra; 2 2 6
requiratis et a nobis, qua genitura quoue signo tam diuersos, tam plures, tam dispares una uno partu uestra uos peperit mater. sicut paruulis morem 1 38 2
adhuc paradisi constitutus beatissimusque beati orbis imperio potiretur, tam diu felix, tam diu inexterminabilis uixit, quam diu imperata regalis 1 4 8
constitutus beatissimusque beati orbis imperio potiretur, tam diu felix, tam diu inexterminabilis uixit, quam diu imperata regalis edicti continuit. 1 4 8
non licebit, fortassis requiratis et a nobis, qua genitura quoue signo tam diuersos, tam plures, tam dispares una uno partu uestra uos peperit 1 38 2
susceptus in transacta aetate et generantis genitalis flore consumpto non tam ex parentibus quam diuina praeceptione meruit procreari atque in 1 59 1
auaritia quam facile arguitur ab omnibus, utinam posset tam facile non amari! est enim artifex ac dulce malum et hominibus 1 14 1
sic oportuit praedicari, quia primo, antequam esset, quod se fieri uoluisset, tam figura quam oraculis frequentibus publicauit. igitur 'dei filius' ad 2 4 3
quae ducit ad Elisium, eo fortius addentes, quod defunctorum ibidem non tam formae quam facta noscantur ac necessario recipiant secundum quod 1 2 4
manet atque gloriatur, digni estis uniuersi aurum argentumque non tam habere quam esse. nam uos estis aurum uiuum dei, Christi uos 1 5 17
maluisseque se cum liberis suis emori quam iustitiam praeterire. pro quo tam illustri facinore cibos a deo inmortales accepit, quos edacitas delibare 2 1 20
quasi quoddam est speculum intuentis plenitudine grauidatum, quod non tam imaginem suam quam eius, cuius est in usibus, gerit. denique tot 1 2 29
Christiani mundum. igitur gentium sacrificium quam exsecrabile est, tam inane; colunt enim uani uana figmenta in quaslibet formas, uultus, 1 25 3
in templo lapis super lapidem, qui non dissoluatur. reprobat ergo tam inmensum, tam insigne, tam opulens templum, quia in eo uerum non 2 6 4
lapis super lapidem, qui non dissoluatur. reprobat ergo tam inmensum, tam insigne, tam opulens templum, quia in eo uerum non erat templum. 2 6 4
in necessitatibus gerant, omnibus nota porcorum cotidiana propemodum tam iucundi certaminis exempla declarant; quia aliqui eorum cum forte de 1 36 15
sanctitas, non munitio, quia *nihil* est *tam sanctum quod non uiolari, nihil tam munitum quod non expugnari pecunia possit*; non necessitudo 1 5 5
nihil est, fratres dilectissimi, ante omnia homini timenti deum tam necessarium atque conueniens, quam ut se ipsum nouerit. etenim 1 27 1
nihil est, fratres dilectissimi, ante omnia homini nato tam necessarium atque conueniens, quam ut se ipsum nouerit. etenim 2 30 1
lapidem, qui non dissoluatur. reprobat ergo tam inmensum, tam insigne, tam opulens templum, quia in eo uerum non erat templum. etenim 2 6 4
cur, Christiane, non credis? cur de huius mundi labe in meliora migrantes tam pertinaciter plangis? pro nefas! hinc mater scissa ueste, laniatis 1 2 13
fortassis requiratis et a nobis, qua genitura quoue signo tam diuersos, tam plures, tam dispares una uno partu uestra uos peperit mater. sicut 1 38 2
o admirabilis ratio! o inaestimabilis gloria dei! sacramento trinitatis tam potentis elementi subacta natura est. qui putabantur incendio 1 48
oppressa mendaciis, conscientiae tamen bonis contenta secretis, non tam rea susceptura sententiam quam dicata deo pro castitate fortiter 1 40 1
Iudaeum, credulitatis iustitia Christianum. adde quod circumcisio ista non tam salutem pollicetur quam locum caputque criminis monstrat. Adam 1 3 8
hanc hoc sibi nomen inuenit; non sanctitas, non munitio, quia *nihil* est *tam sanctum quod non uiolari, nihil tam munitum quod non expugnari* 1 5 5
legis omni deuotione succincta praecedens amplectatur fides, quae tam sibi quam illi credendo praestet effectum, insinuatio inanis erit, quia 2 3 1
filios similiter et maritos? at e diuerso ipsae aestiment, quid sint, quibus in tam solemnibus uotis saepe contingit, ut nec filios habeant nec maritos. 2 7 10
noster exploratus a deo in senectute suscepit unicum filium. nihil tam sollicitum patri, cuius aetas in annis uergentibus in occasus sui 1 43 1
ait: *tristis est anima mea usque ad mortem.* quod dictum non tam timentis quam exsultantis ac docentis est. utique non enim quicquam 1 2 31

odissent et futura credidissent pariterque metuissent. nemo est enim tam uel ab istius mundi sapientiae gustu ieiunus, qui audeat dicere animas 1 2 2
Christum, Eua per ecclesiam renouaretur. hoc nos, fratres, sacramento tam uiri quam feminae circumcidimur. hoc spiritus sancti non signaculo, 1 3 21
sequiturque tempora et saecula infinita. parit sibi de fine principium et tamen a cunis genitalibus non recedit. profecto sacramenti dominici 1 57
in annos, annos in saecula pandens. sine pausa crescit in senium et tamen a cunis genitalibus non recedit. profecto sacramenti dominici 1 58
nosse legem, nolunt eius praecepta seruare. signum salutare uenerantur et tamen a mysteriis daemonum non recedunt. multos *namque dei metus in* 1 35 5
non opus est ire per singula; quamuis et haec non fuerint dictu digna, tamen ad exprimendam uim impudicitiae uisa sunt necessaria, ut sciat 1 1 12
frumentum diuinis horreis inferre desiderans, licet suo uberet fonte, tamen aestuat semper iustae operationis ardore. autumnus quoque martyrii 1 33 3
in iudicio perditorum falsorum testium oppressa mendaciis, conscientiae tamen bonis contenta secretis, non tam rea susceptura sententiam quam 1 40 1
inest omnibus et ab omnibus, quasi non sit, arguitur; accusatur et tamen colitur; iugulat et amatur. inuincibile profecto calamitatis est genus, 2 1 8
timet nec diuitias nec honores. o caeca mens hominum! quam uarie, unam tamen contendit in mortem: pauper, cum opes infeliciter quaerit, quas 1 5 11
omnibus palam sit non penitus interire. gentes, quae ista non credunt, tamen cum libamine infausto ad sepulcra concurrunt et a mortuis, quos in 1 2 3
exinanitus a te gradus non inueniat quod tibi praestet, meminisse tamen debes, quia mors non timet nec diuitias nec honores. o caeca mens 1 5 10
triumphum suum perire naufragio. haec Iudaeus praedicat, fratres, et tamen deo demens adhuc usque non credit, qui est benedictus in saecula 1 29 2
denique uultis scire conpendio ueritatem? factus est quod non erat, nec tamen desiit esse ante quod fuerat. 2 8 9
uindicati, sed de domino nostro, quem, pro nefas, uenerantur externi, si tamen dicendum est, sui carpunt. sane nullis argumentis armatus, quibus 2 18 1
aut lectas irritas putauerunt beneficio abiecti impolitique sermonis (tamen dicentis: *nisi credideritis, neque intellegetis*) stultam putant 2 1 14
innumerabilium saeculorum diuersa mensura conterendo innouat spatia, et tamen eius semper orbita est una. qui nos admonet, fratres, passionis 1 26
non recedunt. multos *namque dei metus in ecclesia continet, sed tamen* eos mundana uoluptas ad se trahit. *impii non manent, quia his dei* 1 35 5
bacchatur in alio, in utroque crescit, in utroque non desinit. uerum tamen eos uno momento exigua humus et peraequat et satiat, enorme quod 1 5 11
uenturum? sed spes ex fide est, quae quamuis in futuro sit posita, fidei tamen est iure subiecta. ubi enim fides non est, nec spes est; *fides* enim 1 36 4
credo, ne populi penuria laborarent, uenales esse propositas. uerum tamen ex his omnibus eligendum quid sit, non potest nosci aut 2 3 7
montibus, uiolentis undarum saeuientium cumulis, toto corpore insaniat, tamen extremorum pallido ex recursu uoluminum quasi ius terrae 1 4 5
de pistore sentiatur, mea nihil interest, fratres, quia, etsi pauper sum, tamen frontem meam tueor et fidem meam noui. certe si quid sciunt, 1 41 3
audeo, sit quippe cum tutius imperitum uideri quam esse sacrilegum. et tamen habeo, qui pro me tibi obsistat: nam lex, per quam me forte minus 2 3 16
rei quam reprobant faciunt. philosophi de anima uaria disserunt, sed tamen hanc esse inmortalem <et> Epicuri, Dicaearchi Democritique 1 2 4
ut sibi uindicet totum. nouum prodigii genus est: odit pudicitiam et tamen hoc cupit uideri, quod illa est. interea miris excolit artibus sese 1 1 9
ministris publicae leges insaniunt; stimulis acuitur feritas in ferocitatem et tamen hominibus mitior inuenitur. ne quid scenae tam dirae immanitatis 2 2 6
praeterea granum uniuscuiusque frumenti conditum terrae interit et tamen in eo id, quod intus est, reuiuescit nec mortem medullitus capit, sed 1 2 22
dealitatis! unus homo ad duorum imaginem et similitudinem fingitur nec tamen in eo, quid cuius sit, inuenitur. si igitur in opere extraneo paritas 1 45 2
ulceribus non distinctus est, sed totus unum uulnus effectus. uerum tamen in his omnibus nihil aduersus deum improbe loquitur, non uxori 1 15 6
turpe nec pati nec facere, dummodo in effectu conata succedant. uerum tamen in ipso fructu suo, quo expugnati pudoris alieni labe gaudere 1 1 7
praeterit sequitur, quod futurum est antecedit. in omnibus nouus est et tamen in omnibus uetus est. punctis omnibus commutatur, non natura, sed 1 16 1
non naufragus, sed uiator: timet profundum intercipere non timentem; nec tamen in toto dissimulat, ne per mare pedibus se ambulasse non credat. 2 2 6
membris uoluptati motus. nihil in substantia resederat corporis, sed nihil tamen in utero negabatur infanti et, cuius aetas auiam testaretur, matrem 1 59 4
agnoscas. sol cotidie nascitur eademque die qua nascitur moritur nec tamen instantis finis sorte terretur, suos ut repigret cursus, ut horas ac 1 2 18
non hiat uulnus, non defluit sanguis, non decolor color est. ipse est et tamen ipse non est. uetus quidem uidetur domicilium, sed nouus est 2 24 3
tempus non sinit imagini reddere ueritatem. uerum tamen, Iudaee, quid designatione tui criminis gratularis? in Aegypto seruis 2 16
tempus non sinit, fratres, imagini reddere ueritatem. uerum tamen, Iudaee, quid monumentis tui criminis gratularis? in Aegypto 1 9
naufragium, ceto inhiante miserabilius sepelitur quam praecipitatur et tamen litus, quo tendebat, inuenit antequam uideat, felix sepulcro quam 2 2 5
competenti sermone urgentium sacramentorum non sinit pondus. uerum tamen ne in toto solemnitas cesset, paucis eius degustate sermonem. uinea 1 10b 1
an iustus et circumcidi non debuit?' Abraham, fratres, et uir iustus fuit et tamen necessario circumcisus. quid enim scriptura dicit? *Abraham credidit* 1 3 6
sanguis; exspirantis non palpitat corpus, non decolor color est. ipse est et tamen non est ipse. uetus quidem uidetur domicilium, sed nouus inquilinus 1 42 2
sol denique quamuis mira celeritate alternas mundi metas illustret, tamen numquam dilectam uerecundamque anteuertit auroram; qui, quod 1 4 4
ut dicere solet, sua legat ubique duas patris et filii designari personas, tamen nunc usque contendit deum filium non habere. quibus omnibus 2 8 1
suas atque hoc Thamari nuntiaretur, quae Selom uiderat maturum ei nec tamen nupserat, uestem uiduitatis exponit, aestiualia induit, semet decore 1 13 2
ornatus iam non oleaster sit, sed oliua, cum et oleaster sit et tamen oleastrum se non esse quodam modo etiam ipse miretur. igitur si 1 2 27
quaeritur, cuius cupidine flagrans humanitas per momenta suspirat, tamen omnes uno eodemque consensu quasi quendam patientiae deferuntur 1 4 1
et uirgo deum. hic est deus noster, qui dignitate interim seposita, non tamen potestate, amore hominis sui, cuius formam fuerat subiturus et 2 8 8
commodum, tempore maturo, diuinitatis interim dignitate deposita, non tamen potestate, caelo egressus metatura praedicta sacrario templi 2 12 1
ad laudem huius beatitudinis uestrae possem dicere, nisi essetis mei. unum tamen prae gaudio tacere non possum: fenerando pauperibus omnes copias 1 14 9
non relatione tantum, sed etiam fide similitudinis adprobemus. unde tamen prae me fero, fratres dilectissimi, quod ista, et non ambigua, in 1 1 4
laudibus geminare. sed quamuis sit optimum laudare, quae dei sunt, tamen praecipuum non est, quod cum gentibus uel Iudaeis potest esse 2 6 1
sed ueritas, non imago, sed Phoenix, non alia, sed quamuis melior alia tamen prior ipsa. erubesce, Christiana conscientia, uel tot ac tantis ex 1 2 21
legis oracula iam in Christo completa nec probando cognoscis? uerum tamen pro tuo sensu si uis pascha legitimum celebrare, agnus requirendus 2 20 1
potest tantumque potestatis habet, ut, cum sui domicilii saepto teneatur, tamen quicquid uoluerit, omnibus momentis illustret. non ergo carnale hoc 1 27 3
potest tantumque potestatis habet, ut, cum sui domicilii saepto teneatur, tamen quicquid uoluerit, omnibus momentis illustret. non ergo carnale hoc 2 30 3
circumscriptionibus, non potest. glorietur qui uolet ista iustitia, uerum tamen sciat, quia misero est miserior qui miseriis ditatur alienis. 2 1 17
circumscribere petitorem. quicquid feceris, uirgo iam non eris; unum tamen scio, quia nihil distat a prodigio, quisquis alterius causa et formam 2 7 8
et ueni sequere me. de hoc nescio quid possit quispiam promouere; unum tamen scio, quia nullus est nostrum, qui non momentis omnibus elaboret, 2 1 16
disseminet, parit sibi de fine principium. hic est, quo similiter, uerum tamen semel, amore hominis sui eius artifex deus et dominus noster occidit 2 19 2
gratia, fratres dilectissimi, conspicuae ueritatis, quae dum secerni potest, tamen sibimet externa esse non potest. si enim uerbum in deo est et deus 2 8 4
felicitatemne uirginitatis? at habent suas, et si non felices, habent tamen. sin uero ad uiduitatis sudorem gloriosum palmamque prouocauero, 2 7 11
licet quibus uult uirtutibus fides, ac spes multa et magna proponat, tamen sine hac utraeque non stabunt: fides primo omnium si se ipsam non 1 36 10
quam sibi; suam, quia, quamuis sit sapientiae nomine falso uestita, tamen suis commodis consulendo, quod sine alienis incommodis omnino 2 1 3
argentum et aurum, pro quo quis aut iugulatur aut iugulat. uellem scire tamen, tanta eius rabies quid uoluptatis habeat, suo cultori quid praestet. 1 5 16
calumnia commoueris. a paterno fonte in filio tota refunderis et tamen, tota ubi refunderis, nec recedis. recte deus diceris, quia trinitatis 1 36 32
licet sectae sint plures, quae iniuriam Christi fabulari nitantur, tamen tres sunt quodam modo principales. e quibus duae eius, quem 2 8 1
connexa, quae, licet sui proprietate, locis uocabulisque discreta sint, tamen trini profundi saporis una uirtus, una substantia, una est fluenti 1 7 4
in senibus ut est honoranda, ita miranda non est, quia licet sit uictrix, tamen triumphi sui palmam senectutis cum rigore partitur; cessat enim 1 1 5
abscondit, nemo lapides pretiosos, nemo aurum, nemo argentum, et tamen ullus non timet furtum. 1 5 18
in summam, quoniam uniuersa quamuis gemina esse noscantur, tamen una de radice funduntur. testamenta sunt duo, sed testator est unus; 1 37 14
uoluntate. est autem in publicum tota prominens atque diffusa, sic tamen, ut sentiri se cupiat quam uideri, plane cauta, ne quam declinet in 2 1 12
ueritatem. nec est dicto longe probatio. si incliti cuiusquam regis, hominis tamen, uultus quiuis ulla uiolauerit ratione, nonne continuo uelut sacrilegii 1 36 24
uocatur. denique in solitudine, quae a moechantibus uocatur occasio, se tamquam arbitrum timet omneque secretum plus quam publicum 1 1 2
bene disponentur, quoniam deus temptauit illos et inuenit illos dignos se. tamquam aurum in fornace probauit illos et quasi holocaustomata accepit 2 5 6
eorundem ille sapientissimus dicat hanc esse mortem, cum corpore animus tamquam carcere clausus tenetur, illam esse ueram uitam, cum idem 1 2 2
gaude, in tormentis pro nomine domini. si obuenerint dura, *fidem tamquam granum sinapis* te habere demonstra. sin uero, quod magis est, 2 3 14
cum tota ambitione sua non potest aurum. hinc unus pecuniam suam tamquam hamum proponit, ut facultates ad se attrahat alienas; quam 1 5 12
et infra: *uenite ergo, fruamur bonis, quae sunt, et utamur creatura tamquam iuuentute celeriter; uino pretioso et unguentis nos impleamus et* 2 4 10
uel quasi de aliqua re esse conquestum, cum dicit *audi caelum et terra,* tamquam numquam aut caelum audierit aut terra, cum iussu dei et caelum 1 61 2
certissimum dominum impia Iudaeorum exarsere consilia. quem tacentem tamquam obnoxium et pro ipsorum tantummodo caecitate maerentem, ut 1 59 8
sit reuersus ab inferis, quia ex nihilo nati sumus et post hoc erimus tamquam qui non fuerimus; et non est reuersio finis nostrae, quoniam 2 4 10
tua et ex tota uirtute tua; et secundum simile huic: diliges proximum tuum tamquam te ipsum. in his duobus praeceptis pendet omnis lex et prophetae. 1 36 17
superbia aut quid diuitiarum ambitio contulit nobis? transierunt ista omnia tamquam umbra. sed et dominus ipse dicit: *quid prodest unicuique lucrari* 1 5 9
quae in conluctatione martyrii prior solet domino confiteri. ductus est tandem beatus Archadius ad exoptatum iustis orationibus locum, et 1 39 7
quod ipsius commenta nudentur. gaudent angeli, quod oppressa ueritas tandem defendatur in terris. triumphat maritus, quod castam inuenerit 1 40 3
te posse credis, quae eum per id, per quod irascitur, deprecaris? aperi tandem oculos cordis: inuenies te insultare potius quam rogare. postremo, 1 14 6
si cultris corda hominum desecat. sed absit, fratres, ut spiritales uiros ullo tangamus errore, maxime cum prophetia ad sui dicti iam peruenerit 1 3 16
miserandis affatibus in uberiores fletus incendit etiam eos, quos causa non tangit, tanto ambitiosior in dolore quam ditior — sane post momentum 1 2 14
est alterque alteri tenetur obnoxius ac per hoc iure legis quoque linea una tanguntur, dubium non est horrendi supplicii perennibus absumptum iri 1 1 14
dominum nostrum odia meruerunt, quoniam quanta fuit de amore gratia, tanta de eorum offensione futura uindicta est. certum est enim in eum 1 61 5
et aurum, pro quo quis aut iugulatur aut iugulat. uellem scire tamen, tanta eius rabies quid uoluptatis habeat, suo cultori quid praestet. febrem 1 5 16
saltem aliqua ex parte mores imitemur, si non possumus imitari uirtutes. tanta enim probitate uixerunt, ut pars felicitatis sit nosse, quid fecerint. 1 15 1
martyrium qui credit interritus, potest etiam ipse adipisci martyrium. tanta enim uis certaminis fuit, ut eam ipse quoque ignis horruerit. nam a 1 22 1
cum cognosco inter flammas rosculentos hymnum deo cecinisse securos. tanta est enim fidei uirtus tantaque potestas, ut cultoribus suis etiam ipsa 1 31
fidelitatis felicitas maxima est fidei nosse naturam, quae talis ac tanta est, ut unicuique homini sua non ab alio commodetur, sed eius ex 2 3 1
martyris manus nec salientes digiti futurae mortis exitio palpitabant. tanta fuit in martyris deuotione constantia, ut omni corpore paratus 1 39 7

enim beatius, quam si homines deus paterno honore dignetur adtendere et tanta illa sublimitas humanam mediocritatem aut caram habeat aut 1 61 6
gaudens nec mutatus est uultus eius, cum esset uictima commutata: cum tanta laetitia arietem obtulit, cum quanta obtulerat et filium; ubi enim fides 1 43 7
et caligo totam Aegyptum circumdedit; exaltatus est Israel, quando tot et tanta tormenta Aegyptiorum solus ipse nihil aut timuit aut sensit. quid 1 61 7
qui deum patrem, a quo sunt geniti, respuerunt tanti immemores honoris, tantae dignitatis ignari. quid enim beatius, quam si homines deus paterno 1 61 6
germani fratres, subito una geniti emersistis infantes, hortor uos natiuitatis tantae festa laeto celebrare conuiuio, sed non illo, in quo diuersis epulis 1 24 1
pudicitiam qui colit, quantae nobilitatis sit, facillime cognoscit; est etenim tantae uirtutis, ut sit honorabilis etiam hostibus suis. haec totius humani 1 1 1
tuisque consiliis quam in alienis nudisque sermonibus conquiescis neque tantam in multiplicandis uirtutibus laudem ponis, quantam in finiendis. tu 1 4 20
dilexit affectu et, quantam pietatem dilecto filio amatus pater exhibuit, tantam laesus exigit ultionem, quia, cum uicem non reddidit patri dilectus 1 61 5
euidens adhuc proferamus exemplum, quamuis non possit ueri simile tantam uim habere quam ueritas. oleaster sua infelix et amarus est in 1 2 27
rosculentos hymnum deo cecinisse securos. tanta est enim fidei uirtus tantaque potestas, ut cultoribus suis etiam ipsa elementa contra suam 1 31
et miseri sunt Iudaei, qui deum patrem, a quo sunt geniti, respuerunt tanti immemores honoris, tantae dignitatis ignari. quid enim beatius, quam 1 61 6
Abraham patrem deprecatur obnixe, ut aliquis nuntius pergat, qui eos tanti negotii certos efficiat; cui ille respondit: '*habent Moysen et prophetas*, 1 2 10
sponte uitae reptantis praeuiis lacrimis auspicatur. non mater eius tanti partus pondere exhausta totis pallens iacuit resoluta uisceribus. non 1 54 4
exsultemus, fratres in Christo, tantique prouentus redditu ditati deo patri omnipotenti laudes et gratias 1 41 1
melior alia tamen prior ipsa. erubesce, Christiana conscientia, uel tot ac tantis ex rebus quemadmodum rursum eadem quae es sis melior futura 1 2 21
ubi sunt lacrimae, ubi dolor, qui in humanis sensibus uersari consueuit? in tantis filii casibus laetatur et gaudet et se dominum promeruisse triumphat. 1 43 6
deum facultatesque suas contemnendo custodit. at ubi diabolus adgressuris tantis nihil se profecisse cognoscit, omnem impietatis suae rabiem in filios 1 15 4
in publico, ditior in secreto, nec intelligis, quia homini inopia morienti tantis opibus qui cum possit subuenire non subuenit, ipse eum uidetur 2 1 19
affatibus in uberiores fletus incendit etiam eos, quos causa non tangit, tanto ambitiosior in dolore quam ditior — sane post momentum misera 1 2 14
inuicem se amantium; quorum pro numero deo diurnas hostias offerebat. tanto autem puritatis ac fidei erat muro munitus, ut non auderet eum 1 15 2
post nuptias manet postmodum uirgo perpetua, nos, qui nascimur de tanto coniugio, omnifarie niti debemus, quemadmodum prosapiae nostrae 1 1 3
momentis omnibus crescit quantoque ab ea diligentibus inuicem creditur, tanto inuicem plus debetur. non quemquam pro persona diligit, adulari 1 36 11
denique ad sua numquam peruenit uota. quantum fuerit auctior, fit tanto miserior: expers otii, expers satietatis, per fas atque nefas, artibus 1 5 2
sit, diligenter ac patienter geritur, quod ab altero celebratur. sub tanto, non dicam humanitatis, sed ipsius naturae metu laeti sunt soli. cedit 1 4 14
quando ianuam claudere, patienter exspectat, dignus euadere, qui in tanto orbis metu non festinauit euadere. nunc mihi Abrahae memoranda 1 4 12
diabolo dediderunt). sin uero pacifica et salutaria, profecto laetaberis eique tanto pro nuntio morigera coniux pacem si non ingeris, nec negabis. quid 2 7 16
credunt et timent et quantum sciunt dominum non esse mendacem, tanto propensius eius de pietate praesumunt statimque actus ueteris uitae 1 34 9
cuius monile, anulum teneret et uirgam. qua re cognita Iudas non tantum ab ea se refrenauit, sed insuper eam et iustificauit. Iudas, quantum 1 13 3
supplicia, et in uno corpore quantum diabolus publicatus est furere, tantum agnoscatur dominus triumphasse. sed durat inter haec martyris 1 39 9
uos uestra nobilitate fide scientes, quoniam, quantum quis crediderit, tantum beatitudinis et habebit. o admirabilis et uere diuina sacrosancta 1 55
alta fidei radice robustus tot nuntiis lugubribus tunditur nec mouetur, sed tantum benedicit deum facultatesque suas contemnendo custodit. at ubi 1 15 3
concubitu prodigioso deleuit, pudicos equidem persequens, sed impudicos tantum congruenter occidens; haec, inquam, per momenta et parit omne 1 1 8
permitteris edocere. prima itaque natiuitas domini nostri in patris et filii tantum conscientia manet, nec quicquam habet interiectum neque 1 54 2
et eripiam te et magnificabis me. si pater loquitur, fratres, quis est iste, cui tantum defert? quis est, quem altissimum dicit, cum ipse sit solus, a quo 1 25 2
et aurum. unde apparet eum, qui diligit aurum et argentum, non tantum deos colere, sed eorum mores et actus imitari. cuius rei facilis 1 14 4
ecclesia ipsa ueritate, in nomine patris et filii et spiritus sancti, non tantum diaboli praesentes ignes exstinguit, sed etiam futuri diei iudicii 1 13 13
limo terrae, secundus e caelo, dubium quippe cum non sit unum hominem tantum e limo terrae a deo finctum eique eius ex latere mulierem coniugale 2 4 1
etenim multiformis crudelitatis lugubris contemplatio retrahit a corona, tantum generosa ac perfecta fides quique illi fuerit cruciatus sua complicat 1 11
et de ieiuna aetate puer robustior saginatur. nihil difficile est fidei, quae tantum habet, quantum credit. igitur Isaac unicus filius, spes populorum et 1 62 2
caelo est. quam qui sancte portauerint, sicut apostoli omnesque iusti, non tantum imaginem, sed ipsum deum quoque portabunt, sicut et scriptum 2 30 4
diligentissime, fratres carissimi, circumcisionis, cuius non tantum in praesenti lectione, sed et aliquot in locis fecit Paulus beatissimus 1 3 1
iudicium designauit; etenim quantum interest inter impium et peccatorem, tantum interest inter peccatorem et iustum. denique etiam ipse impiis 1 35 3
spes dilectionis a fundamento uelluntur. quid autem sine caritate sint non tantum istae, sed et aliae quoque uirtutes, indice Paulo cognoscite: *et si* 1 36 20
sua felicior turba adhuc mortis imperio subiaceret, si legis periti tantum iustificari meruissent. at cum scriptum sit: *littera occidit, spiritus* 2 3 2
Iudaeos non tantum legitimum pascha celebrare non posse, sed religionis diuinae 2 17
foret, quam iussus est facere, non praecipiti festinatione compingit nec tantum munus quasi praesumptor aut demens rapit, sed patienter aedificat, 1 4 12
praedicant liberatos. a diaboli rabie idolorumque turba uiolenta non tantum nostri maiores, sed omnis Christiana progenies de uera Aegypto, id 1 46b 1
aliquando uel in aliquo declinauerit. lex hominis conscientiam alloqui tantum potest, uidere autem non potest; fides conscientiam medullitus 2 3 5
est; nunc breuiter de secunda spiritali, quae nostra est, edicamus. quae tantum potestatis gerit, ut a femina coeperit, quod priori impossibile fuit. 1 3 19
inquit: *consolatus* est, utique intelligitur spe Christi uenientis, qui non tantum prophetis synagogae lapsu desolatis solacium praebuit, sed etiam 1 13 7
dum mortis lege seminantur, non substantiam, non imaginem, sed illud tantum quod inutile est discuti, quod teritur demutari, sicut scriptum est: 1 2 30
manebat status quantumque eis impensae diurnae necessitas dempserat, tantum rediuiua fecunditas reponebat. quapropter si pater bonus, si 2 1 20
qui exstinguat. uidetis ergo, fratres, quia huius modi circumcisis deus non tantum salutem non pollicetur, sed etiam, nisi legitime corde 1 3 13
niti debemus, quemadmodum prosapiae nostrae nobilitatem non relatione tantum, sed etiam fide similitudinis adprobemus. unde tamen prae me fero, 1 1 3
tineas, curculiones ac uermes? qui quod habet infelici tenacitate non aliis tantum, sed etiam sibi ipsi subducit? 'sed, inquies, iustum est, ut mea 2 1 17
et sanitatem recepit et facultatem; at dominus resurgens non sanitatem tantum, sed immortalitatem in se credentibus praestitit dominiumque totius 1 15 9
enim proprietas dei, id operari quod non potest credi. igitur non homines tantum, sed paene omnia suis mortibus uiuunt. unde pauca de multis 1 2 17
mortis iam lege dispunctus Sauli regi se desideranti sine ambiguitate non tantum suam praesentiam exhibet, sed etiam ad consulta respondet 1 2 8
quidem uocabulo digni iudicarentur. pro quibus causis a deo non tantum sunt disperditi, sed etiam perpetuo poenali supplicio destinati. 1 13 4
praesentibus bonis quam bonis ingentibus tardis. at uero spiritus bona non tantum sunt inuisibilia, tarda et abscondita, sed etiam nimis in arduo 2 4 13
percutiens quodam modo cor suum manu uerecunde castigat postulatque tantum ueniam delictorum taciturnitate, non uoce. quorum quis quid sit 2 9 9
fidei natura non patitur, a qua nihil aliud laboratur, nisi ut suis sibi tantum uirtutibus adprobetur: non enim potest esse perfectum quod 2 3 6
iustitiae dei non oboedierunt. sed cum de futuro nihil opinantes praesentis tantum uitae commoda inspiciunt falsamque aduersus ueram pro uera 2 1 3
creatorem. itaque tria conuenit esse iudicia: unum iustorum, qui non tantum, ut dictum est, non iudicabuntur, sed istum mundum ipsi 1 35 7
prout potest, uariis artibus aut adulatur aut nocet, si quid habuerint, tantum ut tollat. cui autem parcat, quae et mori momentis omnibus etiam 1 14 2
exarsere consilia. quem tacentem tamquam obnoxium et pro ipsorum tantummodo caecitate maerentem, ut Isaac non periturum ad aram, ita ad 1 59 8
satura, lucrorum enormitate miserior. nouum calamitatis est genus, quod tantummodo crescit, senescere ignorat. non illam parentum pietas frangit, 1 14 2
soli sibi deuota, semper bene conscia, prorsus nulli rei subiecta, unum tantummodo metuens, ne <non> sit amplius quae uocatur. denique in 1 1 1
nostrum neque cum de corpore egreditur, a quoquam deprehendi potest tantumque potestatis habet, ut, cum sui domicilii saepto teneatur, tamen 1 27 3
corpus neque cum de corpore egreditur, a quoquam conspicari potest tantumque potestatis habet, ut, cum sui domicilii saepto teneatur, tamen 2 30 3
audire exspectauit ex lege, ne admonitione pietati aliquid derogetur, tantumque se in ipso amat, ut oderit se sine ipso. accedit ad cumulum, 1 36 22
uirtutis potestas intra hominem susceptum iacet, magis admirabilior, quia tantus est et talis. et homo curiosus cor suum extollit conaturque eius 2 9 4
bonis ingentibus tardis. at uero spiritus bona non tantum sunt inuisibilia, tarda et abscondita, sed etiam nimis in arduo constituta, ut ad ea nisi cum 2 4 13
perducitur, sed hostia non sanguinis, sed salutis. ad hanc igitur gloriam tardi partus ubertas et fecunditas desperata profertur. uxor Abrahae fetus 1 59 2
cui perhibes testimonium. ubi est ille, qui inuicem desiderantibus uobis tardior ceteris uidebatur primus matrimonii dies? ubi pretiosae uirginitatis 2 7 6
mauultque potiri uel paruis praesentibus bonis quam bonis ingentibus tardis. at uero spiritus bona non tantum sunt inuisibilia, tarda et 2 4 13
sane parentum circa filium crescit affectus, qui ex promissione certior, ex tarditate dulcior, ex desperatione felicior putabatur. unicus numero et in 1 59 5
sordes et maculas uenerat mundaturus. denique purgationes, quae sunt tarditate periculosae, nullo puerum maternorum uiscerum prosecutae sunt 1 54 4
et sola crediderunt cogitatione puniri, quem nefarium fuerat etiam tardius adorari. ad cuius immanis ausi saeuitiam metuenda elementorum 1 59 8
enim peccatorum sarcinis premebantur. at ille alio deflexus itinere nauem Tarsos petiturus ascendit, cum subito compugnantium uentorum flatu 1 34 5
qui duplicem uiam apud inferos ponunt: impiorum unam, quae ducit in Tartarum, piorum aliam, quae ducit ad Elisium, eo fortius addentes, quod 1 2 4
semper duodecim portae, quas ab hostili defendit impulsu in modum tau litterae prominens lignum. o res uere miranda! cotidie aedificatur et 2 6 7
infra: *meus est orbis terrae et plenitudo eius. numquid manducabo carnes taurorum aut sanguinem hircorum potabo? immola deo sacrificium laudis et* 1 25 1
plenus sum holocaustomatis arietum et pinguamine agnorum. sanguinem taurorum et hircorum nolo; quis enim exquisiuit ista de manibus uestris? 1 25 6
in luctum et cantica eius in lamentationem conuersa prophetae testantur. tauros, arietes, hircos et agnos a domino saepe reprobatos accepimus. quid 1 19 2
sacrificant? sacerdotes iam non habent: qui eorum pro salute sacrificant? tauros, hircos, arietes et agnos abhorret dominus: unde sacrificant? deum 1 51
infundit. idem non tumidus ceruice, non toruus fronte, non minax cornu Taurus, sed optimus, dulcis, blandus ac mitis uos admonet uitulus, ut 1 38 3
insolubilis nodus aeternus. per te legitima ieiunia celebrantur, per te allegatae priusquam fundantur acceptantur preces. tu es sacrificium deo 1 1 21
et Sabain uiri excelsi ad te transibunt et tui erunt serui et sequentur te alligati compedibus et adorabunt te et in te precabuntur, quoniam in te 2 8 5
mori. pro nefas! quid tibi tua tollis, infelix? quid extraneo facias, qui in te auarus es? o detestabili detestabilius malum! inuicem dum exspoliant 1 5 7
potestas in caelo et in terra, nomini eius noua a deo suo, ipso dicente: *ego te clarificaui in terra; opus perfeci, quod dedisti mihi, ut facerem. et* 2 5 4
diuinitatis perpetuitatem iure ipso, quo ex sese est, argumentis te cogere, examinare, metiri ac discernere posse praesumis, hic tibi ego 2 3 15
seruaueris, simulacra. ancilla Christi, falso idolum respuis; mihi crede: in te colis, cuius ornatum, cuius imaginem non deponis. ad ecclesiam dei 1 14 6
es sacrificium deo carum, tu legitimum dei templum, sacrarium pudoris. te corruptio intrare non nouit. per te saeculum uincitur, concupiscentia 1 1 21
sed merito. ereptus es inde; non tua euasisti uirtute. columna nubis te deduxit per diem, ut ostenderet caecum; ignis columna per noctem, ut 2 16
te alligati compedibus et adorabunt te et in te precabuntur, quoniam in te deus est et non est deus alius praeter te. sed et Ieremias eodem spiritu 2 8 5
in patrem, ex quo omnia. *et inuoca me in tribulatione tua et eripiam te* dicendo ostendit, quoniam per se omnia prosecutus est. *et magnificabis* 1 25 8

in horum inquisitione exaestuans propheta dicit: *de profundis clamaui ad te, domine.* clamat namque de profundis, id est de imis praecordiis; clamat 1 34 2
caro fenum et gloria eius sicut flos feni? cuius si curam geris, pecuinam te esse cognoscis. an eius uirtutem diligis? frangit ac subigit illam quiuis 2 4 15
domo denique quae geruntur, sed et ipsis in fanis, Christiana fidelis, sine te esse non poterunt, quia uxor infelix es, si nescis, quid agatur in domo, 2 7 13
iniquitatis spiritum libens concipis per maritum: infelix, iam plus in te est quam in templo remansit! at si te serues atque contineas, aestimabit 2 7 17
et tui erunt serui et sequentur te alligati compedibus et adorabunt te et in te precabuntur, quoniam in te deus est et non est deus alius 2 8 5
et redde altissimo uota tua et inuoca me in tribulatione tua et eripiam te et magnificabis me. si pater loquitur, fratres, quis est iste, cui tantum 1 25 1
inspiciat.' [cui beatus Archadius ait:] o insania hominum! fraudauit te furor tuus; adhuc erat in uictima domini quod posses auferre: 1 39 6
lucrum? excogita quibus potes suppliciis tormenta grauiora, maioribus te furoris stimulis accende, quamuis cruciatus exerce molem: nos a deo 1 39 5
ubi non licet facere uxori, quod marito placet; ubi proponis, quia nihil te gerere sinit, nisi quae disposuerit prior ipse compleuerit. quod si factum 2 7 15
ardens tota domus pugnet sua flamma cum sole honorumque exinanitus a te gradus non inueniat quod tibi praestet, meminisse tamen debes, quia 1 5 10
pro nomine domini. si obuenerint dura, *fidem tamquam granum sinapis* te habere demonstra. sin uero, quod magis est, sub sono legis ac fidei 2 3 14
honorem decoremque conducis. felix aeternumque felix est, qui semper te habuerit in se. 1 4 22
quia uri deterius. *omnia* quidem *licent, sed non omnia expediunt.* iam te hic, Christiane, cognosce, elige quid uelis: remedium an sanitatem. 2 7 2
eos seruare omnia quaecumque praecepi uobis. dabis autem *pro me et pro te*: hoc est meam praedicabis crucem, sed et tu crucis tuae similiter 1 37 7
culpae cum denotat, etiam alia crimina fugienda cognoscat. 'ore tuo te, inquit, Christiane uicisti. inde est, quod et ego aeternam uitam me 1 3 8
id, per quod irascitur, deprecaris? aperi tandem oculos cordis: inuenies te insultare potius quam rogare. postremo, fratres, non potest timere 1 14 6
opus perfeci, quod dedisti mihi, ut facerem. et nunc tu clarifica me apud te ipsum claritate, quam habui apud te, priusquam mundus fieret. qui 2 5 4
uirtute tua; et secundum simile huic: diliges proximum tuum tamquam te ipsum. in his duobus praeceptis pendet omnis lex et prophetae. unde 1 36 17
obtundet, tuam faciem deformabit praestans aliquando et beneficium, cum te iubet ad ecclesiam non uenire. sed multo peius est, si places marito: 2 7 15
omnium coaequarum, tu tui propositi insolubilis nodus aeternus. per te legitima ieiunia celebrantur, per te allegatae priusquam fundantur 1 1 21
taceam, ecce maritum tuum postridie aliqua necessitas rapit, quae a te longe distractum decennio uel eo amplius, ut adsolet fieri, detineat 2 7 9
nam lex, per quam me forte minus peritum peccare compellis, ipsa te magnopere retundens ac redarguens confutabit, Salomone dicente: 2 3 16
magnopere retundens ac redarguens confutabit, Salomone dicente: *altiora te ne quaesieris et fortiora te ne scrutatus sis. quae praecepit tibi deus,* 2 3 16
redarguens confutabit, Salomone dicente: *altiora te ne quaesieris et fortiora te ne scrutatus sis. quae praecepit tibi deus, illa cogita semper et in* 2 3 16
cuius ista sunt monita: *et nunc, Israel, quid dominus deus tuus postulat a te, nisi ut timeas dominum deum tuum et ambules in omnibus uiis eius et* 2 2 4
o caritas, quam pia et quam opulenta, quam potens! nihil habet, qui te non habet. tu deum in hominem demutare ualuisti. tu eum breuiatum 1 36 29
ipsum ululatibus rumpens post talem maritum puncto temporis uiuere te non posse clamabas, nunc clusis dolore gemitibus saepe intermortua 2 7 7
reportauit. sed o quantum es miranda, pudicitia, quae aliter laudari te non uis quam ut custodiaris, solo bonae conscientiae ornamento 1 1 20
laeuaque in se refugiens unda testatur. denique eremo exciperis, quo te nunc peruenisse cognoscis; ubi sane ad hoc aquam de petra bibisti, 2 16
superba et superuacanea pro sacrosancto habes sicut idolum, te per momenta componis, diues in publico, ditior in secreto, nec intelligis, 2 1 19
sed merito. ereptus es inde, non tua euasisti uirtute. columna nubis te perduxit per diem, ut ostenderet caecum; ignis columna per noctem, ut 1 9
ascenderit, aperto ore eius inuenies duos denarios: da pro me et pro te. piscem primum a mortuis ascendentem Christum debemus accipere, 1 37 5
plus pro ornatu es quam pro salute sollicita. quid autem a deo impetrare te posse credis, quae eum per id, per quod irascitur, deprecaris? aperi 1 14 6
Moysi reprobans dictum per hanc iniuriosam corporis stipem deo placere te posse praesumis.' 'iam completa est, inquit, in me per Iesum Naue 1 3 14
tui erunt serui et sequentur te alligati compedibus et adorabunt te et in te precabuntur, quoniam in te deus est et non est deus alius praeter te. 2 8 5
facerem. et nunc tu clarifica me apud te ipsum claritate, quam habui apud te, priusquam mundus fieret. qui resurgens ait: *omnia mihi tradita sunt a* 2 5 4
Hierusalem, Hierusalem, quae interficis prophetas et lapidas missos ad te, quotiens uolui colligere filios tuos sicut gallina pullos suos sub alas 2 6 3
dei templum, sacrarium pudoris. te corruptio intrare non nouit. per te saeculum uincitur, concupiscentia omnis elidiтur, diabolus subiugatur, 1 1 21
itaque uel maxime res propria nostra est, domino ipso dicente: *fides tua te saluum fecit.* igitur si nostra est, seruemus ut nostram, ut iure speremus 1 36 7
in te precabuntur, quoniam in te deus est et non est deus alius praeter te. sed et Ieremias eodem spiritu loquitur dicens: *hic est deus noster et non* 2 8 5
per maritum: infelix, iam plus in te est quam in templo remansit! at si te serues atque contineas, aestimabit non amore diuini cultus, sed alterius 2 7 18
dominum, cuius condigne laudare non queas seruum. sed o quam uellem te, si possim, rerum omnium regina, patientia, magis moribus concelebrare! 1 4 20
freno refrena; anhelantis camini ignis exaestuans uicta natura sentiat per te tecum et ipse refrigerium; mortuorum in postliminium uitae animas 2 3 14
fatigata est Aegyptus et mercatus Aethiopum; et Sabain uiri excelsi ad te transibunt et tui erunt serui et sequentur te alligati compedibus et 2 8 5
ut habere merearis integros, incolumes ac beatos. stulta autem res est illis te uelle uitae substantiam prouidere, quibus nec natiuitatem dederis nec 2 1 21
altissimi prodiui ante omnem creaturam. cum haec ita sint, humanitas, te, uersuta, cognosce uel sero et intemperanti linguae silentii frenos 2 8 3
busto in nefas conscium toto mundo funereum fecerat rogum. scatebat per tecta culminum publicum scelus nec fuerat locus, in quo non erat pro 1 39 2
damno uelasti, scissis genis, liuore foedatis uberibus, sordido plus puluere tecta quam ueste? tu, inquam, non es, quae nunc caelum ipsum ululatibus 2 7 7
sanctissimus Dauid ait: *beati quorum remissae sunt iniquitates et quorum tecta sunt peccata*, quia beatus esse non potest, fratres, in prima natiuitate 2 10 1
cohortemque florentissimam dulcium liberorum atrocissimo impulsu, tectis parietum cum ruina confusis, nimia crudelitate festinus sepelit, 1 4 18
concussis toto nisu quattuor angulis eius in confusam molem parietibus tectisque labentibus illam sanctissimam fratrum cohortem sepelit antequam 1 15 4
lapidibus, margaritis per momenta distinguitur et quia opus est uiuum, tectum non habet nisi caelum. dicam praeterea, quae cotidie merces, quae 2 6 7
de inopia quereris, qui quod habes nescis. quicquid feceris, nihil horum tecum ad inferna portabis; quod enim naturae est, de loco ad locum 1 14 3
refrena; anhelantis camini ignis exaestuans uicta natura sentiat per te tecum et ipse refrigerium; mortuorum in postliminium uitae animas 2 3 14
pater omnipotens propitiatur. postremo ille felix in futurum regnabit, qui tecum illo peruenerit. 1 1 21
potuit. ipsa Venerem membris omnibus denudatam, conuexis manibus se tegere conantem, immo animi sui uitium et corporis demonstrantem, post 1 1 11
ideo pennatus, quia in quaecumque conceperit uelociter ruit; ideo telis facibusque constructus, quia inlicitis ardoribus semper iunctus est 1 36 25
pietatis affectum. hic facibus suis Euae pectus incendit; hic Adam suis telis occidit; hic Susannam conatus est duorum seniorum aut prodigiosis 1 36 26
uentum fuerit ad diuini certaminis campum coeperintque sacri nominis telo pulsari, tunc, cum alium noueris, alium certe misereris: discoloratur 1 2 6
inuictum aduersus diaboli impetus propugnaculum pariter ac telum, animae nostrae inpenetrabilis lorica, legis conpendiosa ac uera 1 36 4
omnia momento disturbat, mater criminum, curiositatis magistra, acumen temeritatis, auctor detestabilium pariter ac magistra malorum. hominis 1 4 7
patri a catholicis praedicatur. denique inde est, quod legis fundamenta temnentes uersuta disputatione, praetermisso deo de deo exeunte, ad 1 45 1
id est sacrae legis duobus edictis unum Christum dei filium spiritali temperamento conscribunt. quae sine se utilia esse non possunt, quia ueteri 1 37 4
audientia, intellectus, credulitas, timor, sapientia, sobrietas, mansuetudo, temperantia, castitas, pietas, caritas, fides, ueritas, humilitas, gratia, 1 37 15
non ambitio, non felicitas. semper inmobilis manet, alta quadam ac diuina temperantia robuste librata, uniuersas permotiones animorum placida 1 4 3
olim deprehendisset interitus, nisi ea inuicem mutuis aequalibusque temperantiae dotata muneribus perennis connubii fideli propagine benigna 1 36 16
in caminum missi ut submersi sunt flammis, statim sibilo roris incendia temperantur. mors refugiens mutat officium: incensores cremantur, incensis 2 27
hominis non sis ancilla. at tu, uidua, secundas cur desideras nuptias, cum temperare uideas apostolum primas? cuius ista sunt uerba: *tempus* 2 7 5
singulari ac uere diuina patientia inter religionem pietatemque negotium temperaret, in spe non denegans deo, quod *contra spem* acceperat a deo. 1 4 13
quomodo autem generatus sit, qui processit, dementis est opinari. namque temperat se propter rerum naturam filius, ne exsertae maiestatis dominum 1 56 2
properate bene loturi, fratres! aqua uiua spiritu sancto et igne dulcissimo temperata blando murmure iam uos inuitat. iam balneator praecinctus 1 23
sal inditum est illi; leuigata est oleo gremiali, officiis competentibus temperata, in panes azymos reddita. hi, quos uidetis, egregia coctura suaue 1 41 1
puerili depingitur, quia eius lasciua lubricitas nec annis senilibus temperatur; ideo nudus, quia uoluntas eius est turpitudo; ideo pennatus, 1 36 25
audistis, deus odit auaritiam. est enim libido profunda, cupiditas caeca, tempestas insana, rapacitas sine fine, sollicitudo sine requie, ad sua 1 21
amicae sub fallacia manus innoxias animas secure conficit ebibita ueneni tempestas; sepelitur noua odii rabie, antequam nascatur, matris iam non in 1 5 3
pondere premebatur. tum Ionas, quem solum exspectabat bona illa tempestas, sorte ductus naufragus redditur, immo a ligneo ad nauigium 1 34 6
ecce peremptorius aliqui morbus totam machinam lecto prosternit, ecce tempestas undique mortis incumbit. nonne statim illa, quae erat domina 2 4 16
uirgis ter caesus naufragio trino diluitur, cum insani populi furibunda tempestate lapideis imbribus feliciter grandinatur, cum *in profundo maris* 1 34 4
inicit cupiditatem, habentibus adimit satietatem. ita omnes in rabiem una tempestate praecipitat, ut ubinam sit maior ignores. est autem similis igni 1 14 1
cauta, prudens, prouida, omni necessitate contenta, quauis turbationum tempestate tranquilla. serenitatem suam nebulis turbulentare non nouit. 1 4 2
rebus, quae fundamenta sunt omnium uitiorum, uiolentis quasi quibusdam tempestatibus naufragatum momentis uniuersis in interitionem cogitur 2 1 6
suam portans consummata omni iustitia expeditior sequitur Christum. ui tempestatis, solis atque imbris ad maturitatem cogitur; et iustus 2 11 6
ne flos eius ullo morbo, ullo tempore deflorescat. tu uariarum semper in tempestatum crebris turbinibus constitutae fidissimus miserandae uiduitatis 1 4 21
dei habitat in uobis. et uerum est, nam sicut idolis insensatis similia templa conueniunt, ita uiuenti deo uiua templa sunt necessaria. in his enim 2 6 4
corruperant terrarum, insuper decernentes sibimet ipsis pro domibus templa, erigentes aras nomini suo, qui, quae essent habituri sepulcra, 1 13 4
conuenire diuersae religonis diem, quo tibi ecclesia, illi adeunda sint templa. quo genere unusquisque suum sacrificium procurabitis, quo 2 7 14
nam sicut idolis insensatis similia templa conueniunt, ita uiuenti deo uiua templa sunt necessaria. in his enim solis sacerdotum dei structura et 2 6 4
pertinere luxuriam. ipsa, inquam, mortuorum sepulcra conuertit in templa, tumulos in altaria, cadauera in simulacra, parentalia in sacrificia, 1 1 12
deposita, non tamen potestate, caelo egressus metatura praedicta sacrario templi uirginalis hospes pudicus inlabitur ibidemque qualis uelit esse 2 12 1
dea est, in cultoribus uero eorum ministra. uenerandam se procurat in templis, hilarem in theatris, inportunam in publicis, opportunam in 1 1 9
exposcit. quo audito Thamar cum esset *in domo patris sui*, id est in templis infamibusque spectaculorum omnium locis (pater enim omnium 1 13 8
in penetralibus tuis. nam et illic aureis argenteisque innumerabilibus ueluti templis tereti moneta percussis inesse similiter regum uultus signaque 1 14 5
totum sibi ipse promiserat, inanis, qui nihil praesumpsit, iustificatus de templo discessit. 2 9 9
noluisti? ecce remittetur uobis domus uestra; et iterum: *non relinquetur in templo lapis super lapidem, qui non dissoluatur.* reprobat ergo tam 2 6 3
cognoscis nihilque aliud distat, nisi quod in tua domo minuta sunt, in templo maiora. quae si erogaueris, pecunia est, si seruaueris, simulacra. 1 14 5
carmen suis actibus exponentes, pharisaeus et publicanus dei stantes in templo. pharisaeus insulse manus tendit in caelum, quae caedis saepe, 2 9 8
paucis insinuabo. in totius fabricae fundamentis non sicut in Iudaeae templo plurimi, sed magnus, praeclarus, pretiosus ac speciosus unus est 2 6 6

sacrilegio possis placere sacrilego. ut rem compendio transigam: utique a	templo regrediens necessario enarrabit tibi sciscitanti sibi de utriusque	2 7 16
spiritum libens concipis per maritum: infelix, iam plus in te est quam in	templo remansit! at si te serues atque contineas, aestimabit non amore	2 7 17
memorandum quoque necessario est etiam illud, a quo quid agatur in	templo. sacerdos uocat, ostium credulitas aperit, simplicitas introducit,	2 6 9
pharisaei agere se legitimum pascha contendunt, qui cum	templo summo, ut putabatur, summum sacerdotium perdiderunt. regalis	1 46a 1
sunt, dissimulando subtiliter custoditis. probatio longe non est. ius	templorum ne quis uobis eripiat, cotidie litigatis. non hi solum, qui tales	1 25 10
conciliabulum est contextio ista parietum, fidelis autem populus dei	templum, apostolo dicente: *uos estis templum dei et spiritus dei habitat in*	2 6 4
quam inanibus intexta suspiriis fabula remansit. denique regium illud	templum campis aequatum iacet. altaria dei eius subuersa manu cum suis	1 28 1
sed religionis diuinae prorsus nihil retinere, paucis accipite. Salomonis	templum, de quo praesumebant, cecidit. altaria dei ipsi euerterunt. *lex et*	2 17
sed ipsum deum quoque portabunt, sicut et scriptum est: *uos estis*	*templum dei, et spiritus dei habitat in uobis.*	2 30 4
parietum, fidelis autem populus dei templum, apostolo dicente: *uos estis*	*templum dei et spiritus dei habitat in uobis*. et uerum est, nam sicut idolis	2 6 4
inmensum, tam insigne, tam opulens templum, quia in eo uerum non erat	templum. etenim hominum conciliabulum est contextio ista parietum,	2 6 4
commendans deuotione consimili conuertuntur ad deum et sacerdos et	templum. exsultate igitur, fratres, aedificationemque uestram aede ista de	2 6 5
legitimum pascha celebrare non posse paucis accipe, Christiane. Salomonis	templum hostili uastatione subuersum cum ruina sua iacet sepultum: ubi	1 51
uniuersa fundentem; postremo quem noueris idolatriae fanum, gaudeas dei	templum. itaque beatus est, semper qui meminit, quod renatus sit; beatior,	2 29 3
aedibus nunc usque aliquatenus comparari? nam et Salomonis accepimus	templum luculento opere fuisse constructum atque ita elaboratum, ut	2 6 2
pascha possit celebrare, non uideo, cuius eminens famosumque illud	templum miserabili uastatione campis aequatum suo puluere iacet	1 19 1
sacrilegio dotantes *membra Christi* daemoniorum seruis addicunt, *dei*	*templum* profanis patefaciunt, sacraria usque ipsa denudant, sacra	2 7 12
non dissoluatur. reprobat ergo tam inmensum, tam insigne, tam opulens	templum, quia in eo uerum non erat templum. etenim hominum	2 6 4
acceptantur preces. tu es sacrificium deo carum, tu legitimum dei	templum, sacrarium pudoris. te corruptio intrare non nouit. per te	1 1 21
interim maiestate ab aetheria sede profectus in praedestinatae uirginis	templum sibimet castra metatur, quibus latenter infunditur in hominem	1 54 3
non uirtutes possunt esse uirtutes, non perennes elementorum status, non	tempora cognata connexione in solemnes reditus commearent, nisi rerum	1 4 4
seruiunt in prophetis; quem euangeliorum salutaria quattuor praedicant	tempora; cui non anniuersarii, sed cotidiani fructus respondent hymnum	1 33 4
totius concupiscentiae saecularis; illa octauo deseruit diei, huic deseruiunt	tempora, dies, horae uniuersaque momenta; illa ante octauum uel post	1 3 23
aetate nouellus, anni parens annique progenies antecedit sequiturque	tempora et saecula infinita. parit sibi de fine principium et tamen a cunis	1 57
aetate nouellus, anni parens annique progenies antecedit quae sequitur	tempora et saecula infinita disseminat. parit sibi de fine principium, hoc	1 44 1
aetate nouellus, anni parens annique progenies; antecedit quae sequitur	tempora et, ut saecula colligenda disseminet, parit sibi de fine principium.	2 19 1
una eademque orbita lustrans dies magnus aduenit, menses in tempora,	tempora in annos, annos in saecula pandens. sine pausa crescit in senium	1 58
elementa mundi cum animantibus suis eius potestati subiecit, qui ei annos,	tempora, menses, noctes ac dies clarissimosque duos regalium orbium	1 36 28
in ducendis quoque uxoribus talis est condicio: Liam excipit, prolixa	tempora obseruat, omnia soceri libens tolerat imperata; qui si esset	1 4 16
cursu una eademque orbita lustrans dies magnus aduenit, menses in	tempora, tempora in annos, annos in saecula pandens. sine pausa crescit in	1 58
non quod natura praestitit, sed quod ei ad examen speculi arbitrium	temporale dictauerit. nunc emendat, nunc delet quas amauerat species,	1 1 10
nullus hic error, diuersitas nulla est. Paulus enim de hominis adsumpti	temporali locutus est regno, in quo uenturus et *iudicaturus est uiuos et*	2 5 7
futuris, mala bonis, fragilia solidis, falsa ueris, terrena caelestibus,	temporalia sempiternis. o caeca mens hominum! quid praesentium	2 4 14
sane saluti nostrae contrarius, cui recte hominis forma tribuitur, quia	temporalis ac fragilis esse cognoscitur. ideo lineamento puerili depingitur,	1 36 25
oraculis prodita, ita inuenimus esse completam. etenim deus dei filius	tempore constituto dissimulata interim maiestate ab aetheria sede profectus	1 54 3
quantam in finiendis. tu uirginitati praestas, ne flos eius ullo morbo, ullo	tempore defloresca t. tu uariarum semper in tempestatum crebris turbinibus	1 4 20
aurum in fornace probauit illos et quasi holocaustomata accepit illos et in	*tempore erit respectus illorum. iudicabunt nationes et dominabuntur populis*	2 5 6
uenturus denuntiatus est per prophetas, qui secundum carnem natus in	tempore est, qui est excelsus in excelsis, humilis in terris, saeculorum	2 5 3
nec ulli similiter se desiderabilem praestat. in suo statu omni loco, omni	tempore manet plus honestati consulens quam utilitati. uultis scire,	1 1 2
filium suum saluatorem generi humano se esse missurum commodum,	tempore maturo, diuinitatis interim dignitate deposita, non tamen	2 12 1
merces, ostendit. quam accipere deuitauit, quia inter agnos uenturo	tempore, non inter haedos deputatur, qui pignus trinitatis acceperit.	1 13 9
qui si esset inpatiens, astu circumscriptus pro Rachel postmodum	tempore numquam reparato seruiret. similiter Ioseph patiens inuenitur, e	1 4 16
matris suscepit officia, quae uxoris iam munera nesciebat. atque eo	tempore partus profertur, quo calor genitalia iam relinquebat. mira	1 59 3
integumento carnis includitur deus humanamque uitam mutuatur de	tempore, qui praestat temporibus aeternitatem. mira res! concipit Maria de	2 12 1
ambitiosa non est; non pro sexu, quoniam illi unus est ambo; non pro	tempore, quia uaria non est; *non aemulatur*, quia inuidia quid sit ignorat;	1 36 12
exemplo perfacile est. meminimus in Regnorum proditum libris famis	tempore, quo totus passim populus moriebatur, Eliae alimenta poscenti	2 1 20
quemadmodum inter patrem filiumque tempus infulcias: si enim	tempori, non sibi, debent, quod est alter alteri obnoxius, procul dubio, ut	2 8 5
includitur deus humanamque uitam mutuatur de tempore, qui praestat	temporibus aeternitatem. mira res! concipit Maria de ipso, quem parit;	2 12 1
terra non denegat! sed quia haec prophetia nouissimis erat complenda	temporibus sub domini saluatoris aduentum, qui non esset a Iudaeorum	1 61 2
uitam suam, semet ipse condemnat. cur enim mereatur felicitatem futuri	temporis cernere, quem uideas sacrilega incredulitate dei potentiae	1 2 1
uino pretioso et unguentis nos impleamus et non praetereat nos flos	*temporis. coronemus nos rosis, antequam marcescant. nullum pratum sit,*	2 4 10
filium proferret uterus, nepotem senectus optaret. ita denique dissensione	temporis et naturae contra opinionem nato angelus Isaac nomen imposuit,	1 59 5
oliuis et felicitatem praestat et gratiam, cum [in] uniuscuiusque	temporis fetus partu crudo in alterius contumeliam inpatientia non sinit	1 4 6
fuit, antequam renatus sit; beatissimus, qui infantiam suam prouectu	temporis non mutauerit.	2 29 3
sit inmortalis et qui mortalis est primus, cum inmortalitas in se ordinem	temporis non recipiat, mortalitas capiat. uel si caelestis est primus, quid	2 4 2
umquam fuisse ab incolis renuntiatur. at Thamaris nostrae cum processu	temporis procedit et uterus. mirum profecto uidete mysterium! quae	1 13 3
cotidie, ut *adueniat regnum* patris, speramus et filii. uacat ergo praesentis	temporis regimen utroque cessante actumque est de mundo mundique tota	2 5 5
quod et nos et fecimus et facere plerumque debemus, ut et praesentis	temporis temptationes et futuri iudicii poenas euadere mereamur per Iesum	1 34 9
quae nunc caelum ipsum ululatibus rumpens post talem maritum puncto	temporis uiuere te non posse clamabas, nunc clusis dolore gemitibus saepe	2 7 7
stabilis cursor multiformi gratia redimitus, per	temporum ambages *pernicibus plantis* sua *recalcans* officio solemni *uestigia*	1 44 1
[in] stabili cursu multiformi gratia redimitus per	temporum <ambages> solemni uestigio dies salutaris aduenit. idem sui	1 57
specioso circulo sacer inflexus dies in mundani operis pensa quadriga	temporum fertur duodenis mensum perpeti cursu mutationibus diues, nulla	1 26
morte sua uiuens, sepulcri nido uegetatus innumerabiles	temporum metas perenni cursu una eademque orbita lustrans dies magnus	1 58
fructuum fetibus pollens, diuite sinu, momentis quibus uelis quattuor	temporum munera expungens. denique competentibus nostris finitur hiems	2 13
ductoribus gradatae aetatis innumerabiles cunei? nonne cum inuitationi	temporum parent solemnisque remigii specioso discursu uel aquas sulcant	1 4 6
haec duo inuicem aduersantur sibi. hinc caro tota deliciis fluens, uariis	temporum redimita muneribus opes multimodas ac profundas promittit,	2 4 9
Christi uos argentum, uos spiritus sancti diuitiae; uos si terrena metalla	tempseritis, longe his uitae uestrae thesaurus. uobis auro constructa	1 5 17
triumphat. accepit iam praemia, quae meretur; diuinae enim explorationis	temptamina porriguntur: exserit equidem ferrum et armata dextra subleuat	1 43 6
diabolus ter temptauit; similiter euangelista perhibente et dominum ter est	temptare conatus. Iob facultates, quas habuit, amisit; et dominus caelestia	1 15 8
nunc reus; iocatur, ludit, pallet, tabet, suspirat, zelat, obsequitur; aut	temptat aut decipit peiusque blanditur quam furit. occasionem ullam	1 36 26
in ruinam; res sine substantia, negotium sine persona? omnia cito	temptat, omnia momento disturbat, mater criminum, curiositatis magistra,	1 4 7
utilitate perueniens. desiderat facere quod timeat publicari. totum prorsus	temptat, ut sibi uindicet totum. nouum prodigii genus est: odit pudicitiam	1 1 9
metu non festinauit euadere. nunc mihi Abrahae memoranda est mira illa	temptatio, quae eum aut sacrilegum fecerat, si contemneret deum, aut	1 4 13
praeteritae sterilitatis damna sarciret. inuenta est causa, ubi Abrahae fides	temptatione fortior militaret: carissimi membra, quae osculis premere	1 62 3
et nos et fecimus et facere plerumque debemus, ut et praesentis temporis	temptationes et futuri iudicii poenas euadere mereamur per Iesum	1 34 9
ui tempestatis, solis atque imbris ad maturitatem cogitur; et iustus	temptationibus crebris, magnis ac uariis perducitur ad coronam. at ubi	2 11 6
animas reductas inspira; discute laborantibus morbos; cura languores; in	temptationibus gaude, in tormentis pro nomine domini. si obuenerint dura,	2 3 14
exacta, cum qua facile et opus fieri possit et tolerari ardor aestatis, id est	temptationis; quam esse utique credulitatem non potest dubitari, quia hanc	1 13 8
utero, ecclesia corde concepit, illa semine, haec uerbo. haedus ei mittitur,	temptationis uidelicet signum; etenim iustitiam qui sequitur, necesse est ut	1 13 11
aut dorsa fugientis affectans caedem uicino fremitu ferina rabies onerare	temptauerit; ubi cum amissis gubernaculis inter conpugnantes flatus ac	2 2 2
plena est; et in paucis uexati in multis bene disponentur, quoniam deus	*temptauit illos et inuenit illos dignos se. tamquam aurum in fornace*	2 5 6
eius, orbis terrarum et uniuersi qui habitant in eo? Iob diabolus ter	temptauit; similiter euangelista perhibente et dominum ter est temptare	1 15 8
alieno nutritur; non inuita, non inprudens moritur, sed cum maturum leti	tempus aduenerit, a semet ipsa inuitatis sacris ignibus libentissime	1 2 20
insita fit ante fecunda, ut, cum dissolutionis eius ac legitimae reparationis	tempus aduenerit, suo semini respondens iure possit mereri quod credimus.	1 2 26
in annis uergentibus in occasus sui terminum uersabatur et educationis	tempus angustum et senectuti exitus iam uicinus. ecce prima deuotio:	1 43 1
nuptias, cum temperare uideas apostolum primas? cuius ista sunt uerba:	*tempus coartatum est; superest ut qui habent uxores, sic sint quasi non*	2 7 5
prouehunt ad maturitatemque perducunt. at ubi uindemiae uenerit	tempus, decore dissipato, passim uua detrahitur in torcularique	2 11 3
facite semitas dei nostri. nunc uideamus quae consequuntur. per idem	tempus duae cognatae concipiunt, una contra spem, altera uerbo. haec	2 8 8
iudicii diem pellique se plangit, confitetur sexum, confitetur adgressurae	tempus et locum et nomen proprium confitetur discessumque, uel qui sit	1 2 6
sobolis: pignus succidaneum meruerunt. sic meruit fides quod ademerat	tempus, extorsit credulitas quod natura denegauerat. Abraham patriarcha	1 43 1
adde quod fides paucorum est, caritas omnium; adde quod spes ac fides	tempus habent, caritas autem finem non habet, momentis omnibus crescit	1 36 11
crebris, magnis ac uariis perducitur ad coronam. at ubi uindemiae uenerit	tempus, id est persecutionis dies, passim uuae diripiuntur, id est	2 11 6
deus. at cum naturam ex nihilo fecerit Christus, sit autem ex natura	tempus, ineptum satis est opus suo praeponere artifici ac per hoc solum	2 8 5
uideamus nunc, optime Christiane, quemadmodum inter patrem filiumque	tempus infulcias: si enim tempori, non sibi, debent, quod est alter alteri	2 8 5
naturae. alius inde rerum omnium captat annonam, aucupatur distrahendi	tempus, minor in mensura, maior in pretio; negat se habere, quod	1 5 14
credit in Christum, si promissum sibi ab eo perpetuae felicitatis	tempus non credit esse uenturum? sed spes ex fide est, quae quamuis in	1 36 3
	tempus non sinit, fratres, imagini reddere ueritatem. uerum tamen, Iudaeos,	1 9

	tempus non sinit imagini reddere ueritatem. uerum tamen, Iudaee, quid	2	16
pro ueteri uinea, quae a domino in Aegypto fuerat instituta, postulabat ad	tempus nouellae profecisse, inscriptio ipsa tituli psalmi lecti declarat; sic	2	11 1
iudicantes iniecta uiolenter manu ipsi naturae, inuasis hereditatibus ante	tempus parentes suos compellunt uiuere miseriae, facultatibus mori. pro	1	5 6
thesauro naturae depositum incolume requiescere, quod in hoc mundo ad	tempus perspicitur interire. similiter in inferno diues ille tenacissimus,	1	2 9
deum, sed non ex patre nobilitatis perpetuitate progenitum fuisseque	tempus, quando non fuit. tertia Iudaea est uere caeca, quae cum in lege, ut	2	8 1
inmortalitatis per aerium tramitem cursu seruato ad repromissionis	tempus, ubi in perpetuum quis oritur, peruenire.	1	44 2
animas, omnes aetates isto carmine inuitans: *exiguum et cum taedio est*	*tempus uitae nostrae et non est refrigerium in fine hominis et non est qui*	2	4 10
in hoc mundo ad tempus perspicitur interire. similiter in inferno diues ille	tenacissimus, quem chaos immensum a pauperis felicitate discernit,	1	2 9
rugiente non laeduntur. incensi hymnum canunt. barbarum regem fidei	tenacitate confundunt. uindicantur de incensoribus suis. deum uident. mors	2	15
ac nuditate pascit tineas, curculiones ac uermes? qui quod habet infelici	tenacitate non aliis tantum, sed etiam sibi ipsi subducit? ‘sed, inquies,	2	1 17
fides uero priuata, quia lex semper manat ex libro Genitali, fides autem	tenaciter inhaeret suo soli proposito. lex ab alio transit in alium; fides	2	3 4
quidem pro spe pugnat, sed sibi uincit. amplectenda est igitur, fratres,	tenaciter nobis et omni genere custodienda uirtutum. in hanc fortiter	1	36 4
diligenter, undique castra munienda, defensanda regalia fortiter ac	tenaciter signa; aestus, frigus, famem, sitim uniuersaque discrimina	2	4 11
inquieta semper exaestuat, saeuit, pugnat, rapit, congregat, seruat sui	tenax, *appetens alieni*, non suo, non alieno, non ipso orbe contenta. totum	1	5 2
ceto inhiante miserabilius sepelitur quam praecipitatur et tamen litus, quo	tendebat, inuenit antequam uideat, felix sepulcro quam naui. in oratione	2	2 5
fortis. denique ipso cultus rigore in oratione non flecteris, non manus	tendis, tumidum monilibus pectus prosternere dedignaris. sane ceruicem	1	14 6
est, ut scire nos par sit, in quo habitu regnaturus sit homo iste noster, qui	tendit ad caelum, ne forte cum carne depereat, uana spe si captus fuerit	1	2 24
pharisaeus et publicanus dei stantes in templo. pharisaeus insulse manus	tendit in caelum, quae caedis saepe, saepe ministrae sunt rapinarum.	2	9 9
mortuos et inspiratos aqua caelesti mox efficit uiuos. lignum auxiliare, quo	tenditur uel portatur, crucis est dominicae signum, sine quo uiuere	2	11 4
in hoc peruerso saeculo contra laudabiles uiros multiformes	tenduntur insidiae et diuersis calumniarum generibus factiosae emerserint	1	40 1
est, quid sit bonum ac malum *nescit* nec potest quid reprobet scire, quid	teneat, *et ideo semper peccat*, quod est iustitiae contrarium. *iustus autem*	2	1 9
deprehendi potest tantumque potestatis habet, ut, cum sui domicilii saepto	teneatur, tamen quicquid uoluerit, omnibus momentis illustret. non ergo	1	27 3
conspicari potest tantumque potestatis habet, ut, cum sui domicilii saepto	teneatur, tamen quicquid uoluerit, omnibus momentis illustret. non ergo	2	30 3
pugna ista concordat statusque futuri qualitas aperitur, fides si inlibata	teneatur. unde rem paucis expediam. omnis caro quam diu flagitiosis	1	2 24
sub lege non erat, sed legem solus impleuit, et qui nullo iure legis	tenebatur, omne ius diuinum praecipue custodiuit. cuius immolatione ille	1	43 8
manu forti et brachio excelso. exaltatus est Israel, quando per triduum	tenebrae et caligo totam Aegyptum circumdedit; exaltatus est Israel,	1	61 7
militat mundus, aetas cui uniuersa deseruit. pro nefas! quae istae sunt	tenebrae? inest omnibus et ab omnibus, quasi non sit, arguitur; accusatur	2	1 8
sane repetiturus occasum. hic, inquam, quo ferales diruptae sunt	tenebrae, quo mors subacta est, quo homines, quos susceperant mortuos,	2	19 2
post secundae natiuitatis occasum resurgens horrore numquam intercipitur	tenebrarum.	1	16 2
et gutturi, longae nocti, id est aeternae morti, sunt a deo, quod opus	tenebrarum dilexerint, destinati. uer sacrum fontem debemus accipere,	1	33 2
deferentis patri uerba sunt filii, debetis agnoscere, quantis catenis uincta	tenebrarum mens laboret incredulorum. *immola,* inquit, *deo sacrificium*	1	25 2
aliqui putant ascendentes esse angelos lucis, descendentes uero angelos	tenebrarum. sed hoc satis absurdum esse et inconueniens, fratres carissimi,	1	37 11
intonans concrepat caelum, cum inter caecas pinguibus conductas nubibus	tenebras crebrae micantes curuis ignibus flammae intercepti diei lumen	2	2 3
est autem iudicium, quia lux uenit in hunc mundum et dilexerunt homines	*tenebras magis quam lucem*? ambiguos utique Christianos designauit ac	1	35 4
eorum abductae sunt et tenebris opertum est cor eorum, ut *diligerent magis*	*tenebras quam lucem,* creaturam potius quam creatorem. itaque tria	1	35 6
quam diu, Iudaee, bruti cordis necdum discutis	tenebras sacraeque legis oracula iam in Christo completa nec probando	2	20 1
expediam. omnis caro quam diu flagitiosis illecebris huius mundi ac	tenebris feralibus agitatur, profecto pecuina est ac misero, fragili	1	2 25
sacraria usque ipsa denudant, sacra confundunt amissa luce laetantes in	tenebris, habentes fana, non domos? digne, digne iugulantur quae Christi	2	7 12
Christianum cupiditatis compedibus alligari profundaeque noctis feralibus	tenebris obcaecatum miserabiliter ad ima deferri. sed quia inexstinguibilis	1	5 1
illic quia parum distrahit, hic quia non solus. uultis scire, quantis sit	tenebris obuolutus? irascitur deo, si non semper fiat publicis luctibus diues.	1	5 14
egerunt, sed uanis persuasionibus cogitationes eorum abductae sunt et	*tenebris opertum est cor eorum,* ut *diligerent magis tenebras quam lucem,*	1	35 6
florentissimam edax in aeternum terra delebat; animam quoque feralibus	tenebris relegatam perpetui carceris poena perpetua inplacabilis affligebat	2	4 6
si secundum ipsos nos quoque carnaliter sentiamus, ambo prophetae	tenebuntur in crimine, ut aut Moyses fallax sit, si circumcisio	1	3 15
custodiam nostrae salutis per spiritum sanctum imaginem referimus, quam	tenemus. quod conuenit cum ea, fidelium communionis sanctae significabat	1	13 11
enim uerbum dei est, ara lex, forceps duo testamenta, quae credentes	tenent, non credentes incidunt. sed et Dauid hanc calamum nuncupauit,	1	37 3
designauit ac lubricos, *qui inter pios impiosque sint medii* nullam partem	tenentes ad plenum, cum utramque tenere non desinunt. fideles non sunt,	1	35 4
non coniugalis affectus, non cara germanitas, non ius amicitiae, non	tener pupillus, non dura uiduitas, non miseranda paupertas, non dei	1	14 2
manus. quaerit puer, ubi sit uictima. quae mox, ita ne percuteretur	tenera aetas, ostenditur, quo nec pater ferire posset, quia nec dominus	1	62 4
cum hostiam prouidet, cuius loco electus fuerat, requirebat. sed traduntur	tenerae adhuc uinculis manus [et], ne quid minus ab hostia uideretur;	1	59 6
quisquis alterius causa et formam mutat et mores. sed dicis: ‘ardor me	tenerae compellit aetatis.’ credo. ecce nupsisti. ut de fragilitate humanitatis,	2	7 9
impiosque sint medii nullam partem tenentes ad plenum, cum utramque	tenere non desinunt. fideles non sunt, *quia* habent *aliquid infidelitatis*	1	35 4
procurauerat, dicitque ei se debere conceptum, cuius monile, anulum	teneret et uirgam. qua re cognita Iudas non tantum ab ea se refrenauit,	1	13 3
tres Hebraei uenerabilis numeri sacramento muniti, aetate	teneri, sed fidei soliditate robusti, supplicio suffragante gloriosi amore	2	22
exitus contingeret, uix in eius casibus pater uiuere potuisset, si annis	teneris moreretur. hic igitur infans, e cuius uita paternus affectus et	1	43 3
cum melle prouidendo commonuit; nam infirmibus ac languidis mannae	teneritudinem inrorauit. non enim erant idonei aut digni, qui caelestis	1	18 2
uere rationis humanae omnia in se lineamenta depingit, nata sanguineae	teneritudinis dubio cornu primo quasi de cunis apparet paulatimque	1	2 19
dei filius, nullus irascitur de duobus. tu populi caelestis animam	tenes, cum ornas pacem, fidem custodis, amplecteris innocentiam,	1	36 30
lex partibus et discitur et docetur. adde quod tota nec intellegitur nec	tenetur. adde quod a quolibet pro ingenii qualitate argumentis asseritur.	2	3 5
dicat hanc esse mortem, cum corpore animus tamquam carcere clausus	tenetur, illam esse ueram uitam, cum idem animus custodia carceris	1	2 2
operis sacramentum, quoniam femina de uiro suo facta est alterque alteri	tenetur obnoxius ac per hoc iure legis quoque linea una tanguntur, dubium	1	1 14
dei uoluntas populis intimatur, per ipsam disciplina caelestis colligitur ac	tenetur, per ipsam, inquam, genus omne peccati, ne quis inprudens	2	3 3
si obseruantiam pollicere, sine dubio fallis, cuius inpatientiae professio iam	tenetur. si es autem sumptura remedium, dubium non est hoc esse solum,	2	7 9
inferis emersum in superna sustollit perennitatis gloriam fructu populoso	tenturum, hoc hactenus Paulo firmante: *stulte, tu quod seminas non*	1	2 22
ex uirgine, aequitatem iustitiamque terris inlatam. quam qui constanter	tenuerit ac fideliter ministrauerit, non dicam Scorpionem, sed, sicut	1	38 5
calamus fissus est, fratres, duosque uertices gerit in unius acuminis	tenuitate digestos, unam litteram utroque conficiens; cui si unum adimas,	1	37 4
totum deformans cultum cadauer amplectitur conclamatum; frigentia	tepefacit crebris osculis labra; totum corpus imbribus relauat lacrimarum	1	2 14
latrones in itineribus, latrones *in ciuitatibus* patitur, cum *a Iudaeis uirgis*	*ter caesus naufragio* trino diluitur, cum insani populi furibunda tempestate	1	34 4
Iob diabolus ter temptauit; similiter euangelista perhibente et dominum	ter est temptare conatus. Iob facultates, quas habuit, amisit; et dominus	1	15 8
plenitudo eius, orbis terrarum et uniuersi qui habitant in eo? Iob diabolus	ter temptauit; similiter euangelista perhibente et dominum ter est temptare	1	15 8
tuis. nam et illic aureis argenteisque innumerabilibus ueluti templis	tereti moneta percussis inesse similiter regum uultus signaque cognoscis	1	14 5
sempiterni currus auriga,	teretis metae sua replicans complicando gyro solemni uestigia, dies	2	19 1
foedus, quo infeliciores subactis infami hasta persequentes hospitum	terga depopulabantur, e caelo imber fusus a domino flammis et sulphure	1	4 10
maris lubricos sinus insubditaque humanis gressibus liquidi aequoris	terga, quibus uiator trepidus absorbebatur, et perambularet pariter et	1	34 3
haud dubie in paucis expediam. stellae praecipites labuntur e caelo et a	tergo longo flammarum albescentium tractu funereae facis solemnitate in	1	2 17
non imaginem, sed illud tantum quod inutile est discuti, quod	teritur demutari, sicut scriptum est: *oportet enim corruptiuum hoc induere*	1	2 30
nihil tam sollicitum patri, cuius aetas in annis uergentibus in occasus sui	terminum uersabatur et educationis tempus angustum et senectuti exitus	1	43 1
scire, quantae sit sanctitatis? quem mare sustinuit adunatum, non potest	terra baiulare dispersum.	1	52
apostoli essent et homines ex gentibus audituri, et ideo ait: *audi caelum et*	*terra*. caelos autem apostolos esse claro testimonio ueritatis affirmat. sic	1	61 2
significat, quia et *hominem deus de terra finxit* et homo idolum de	terra composuit. *semen* ergo *suum fudit in terram*, hoc est dei mandata	1	13 6
dicit *audi caelum et terra,* tamquam numquam aut caelum audierit aut	terra, cum iussu dei et caelum obsecundetur et terra, quia caelum pluuias	1	61 2
quod illi audire contempserint. *audi,* inquit, *caelum, et percipe auribus,*	*terra.* de caelo et terra prophetam fuisse testatum uel quasi de aliqua re	1	61 2
mortui quippe corpus figuramque illam florentissimam edax in aeternum	terra delebat; animam quoque feralibus tenebris relegatam perpetui carceris	2	4 6
unde sumptum est, refundatur; dicit enim deus ad Adam: *maledicta*	*terra erit in omnibus operibus tuis; in tristitiae gemitu edes ex ea omnibus*	1	2 30
frequens prophetarum assertio demonstrauit: *iubilate*, inquit, *omnis*	*terra*, et alibi: *audi*, inquit, *terra, ex ore meo*. quo uocabulo gentiles	1	61 4
est orbis totus omnisque natura, beatissimo Dauid dicente: *domini est*	*terra et plenitudo eius, orbis terrarum et uniuersi qui habitant in eo*? Iob	1	15 7
assertio demonstrauit: *iubilate*, inquit, *omnis terra*, et alibi: *audi*, inquit,	*terra, ex ore meo*. quo uocabulo gentiles homines sine dubio comprehendit,	1	61 4
fiant. terra uero hominem idolumque significat, quia et *hominem deus de*	*terra finxit* et homo idolum de terra composuit. *semen* ergo *suum fudit in*	1	13 6
deo probareris ingratus. per mare pedibus ambulasti, ut patereris in	terra naufragium. ad hoc sane in eremo aquam de petra bibisti, manna de	1	9
multorum obitus populorum. hic est, cui *data est potestas in caelo et in*	*terra*, nomini eius noua a deo suo, ipso dicente: *ego te clarificaui in terra;*	2	5 4
iussu dei et caelum obsecundetur et terra, quia caelum pluuias et fruges	terra non denegat! sed quia haec prophetia nouissimis erat complenda	1	61 2
et in terra, nomini eius noua a deo suo, ipso dicente: *ego te clarificaui in*	*terra; opus perfeci, quod dedisti mihi, ut facerem. et nunc tu clarifica me*	2	5 4
et similitudinem dei, posse iugulari, et hoc a fratre. erubescit rudis	terra pio sanguine impiata. solus Cain exsultat infelix et, quod teste caret,	1	4 9
promittentes sibi, pro quorum actibus, si posset, ipsa quoque erubesceret	terra, postremo deos esse aduersus deum asserentes, qui a sanae mentis	1	13 4
contempserint. *audi,* inquit, *caelum, et percipe auribus, terra.* de caelo et	terra prophetam fuisse testatum uel quasi de aliqua re esse conquestum,	1	61 2
aut caelum audierit aut terra, cum iussu dei et caelum obsecundetur et	terra, quia caelum pluuias et fruges terra non denegat! sed quia haec	1	61 2
quibus adhuc erant opera terrena. hoc est ergo quod ait: *audi caelum et*	*terra*, quod Iudaeis non audientibus Christus dominus esset ab apostolis et	1	61 4
audi, caelum, et percipe auribus,	*terra, quoniam dominus locutus est: filios genui et exaltaui, ipsi autem me*	1	61 1

Israel sic reprobus inuenitur et, dum clamat propheta *audi caelum et terra*, significat, quod illi audire contempserint. *audi*, inquit, *caelum, et* 1 61 1
tibi pretiosorum lapidum discoloribus formis referta penetralia, gemat terra sub pondere argenti, auro ardens tota domus pugnet sua flamma cum 1 5 10
honori suo protestatur deus, hactenus dicens: *caelum mihi thronus et terra suppedaneum pedum meorum. quam mihi aedificabitis domum? aut* 2 6 3
testatum uel quasi de aliqua re esse conquestum, cum dicit *audi caelum et terra*, tamquam numquam aut caelum audierit aut terra, cum iussu dei et 1 61 2
ac paene pro infecto habetur quod non diffamatur, censuit eos caelo et terra testibus denotare, ut inexcusati facinoris competenti iudicio 1 47
denique res impleta est domini passione: caelum medio die perdidit diem, terra tremore nimio firmitatem. hinc aestimare licet, quid eis sit 1 47
diei lumen inconstanter assimulant, cum ardent *plura fulminibus*, cum terra uel tremit uel hiatu se recipit in se, nullus hic beatitudinis locus est, 2 2 3
uenit diabolus et tollit de corde illorum uerbum, ne credentes salui fiant. terra uero hominem idolumque significat, quia et *hominem deus de terra* 1 13 6
e caelo, dubium quippe cum non sit unum hominem tantum e limo terrae a deo finctum eique eius ex latere mulierem coniugale solamen 2 4 1
insaniat, tamen extremorum pallido ex recursu uoluminum quasi ius terrae cognoscens ac uiolare deuitans mira patientia in se frangitur, his 1 4 5
qui ei munus perpetuae caritatis similitudinem suam tradidit, qui orbem terrae donauit, qui omnia elementa mundi cum animantibus suis eius 1 36 28
eius nobilis inquilinus exinde uisibilis necessario effectus, quia orbem terrae erat ipse facturus humanumque uisitaturus genus, alias aequalis in 1 50
Psalmis: *deus autem rex noster ante saecula operatus est salutem in medio terrae*, et alio loco: *parata sedes tua, deus ex tunc et a saeculis tu es.* 2 5 2
tibi, quoniam deus, deus tuus ego sum; et infra: *meus est orbis terrae et plenitudo eius. numquid manducabo carnes taurorum aut* 1 25 1
sed habebat. igitur orbe perfecto postremus digito dei manuque e limo terrae fingitur homo. construitur mobile totumque se nesciens simulacrum 1 56 3
se disserere posse mentiatur? quis terram aqua portari an aquam terrae gremio contineri se nosse praesumat? quis spiritus aerios, quis 1 34 1
fecit sibi ipse simulacrum sensibile atque intellegens; sumpto quippe *limo terrae hominem figurauit* eique animam, qua spiramus, infudit e proprio 2 4 4
futura cognosce. praeterea granum uniuscuiusque frumenti conditum terrae interit et tamen in eo id, quod intus est, reuiuescit nec mortem 1 2 22
penitus quod eruitur magno opere terrae uisceribus, iterum celandum terrae mandatur. etenim res est, quam habere falsum est gaudium, 1 14 4
dicto calumniosam nobis inferat quaestionem, qui ait: *primus homo e limo terrae, secundus e caelo*, dubium quippe cum non sit unum hominem 2 4 1
potest. denique aurum argentumque, penitus quod eruitur magno opere terrae uisceribus, iterum celandum terrae mandatur. etenim res est, quam 1 14 4
reciproca uicissitudine nunc pulsantibus caelum, nunc requirentibus terram aestuantibus undique uitreis armatum montibus, uiolentis undarum 1 4 5
huius, ut quidam putant, inanitatem se disserere posse mentiatur? quis terram aqua portari an aquam terrae gremio contineri se nosse praesumat? 1 34 1
interimensque uniuersa peccata genitali unda submergit, ut caelestes effecti terram desiderare non norint. denique illi post mare ad eremum 1 46b 2
imperatum sibi a deo exilium, ut cognationem suam simul dimisisset et terram. et tunc Abraham *respiciens oculis uidit <uiros> tres, cucurrit,* 1 62 1
terra finxit et homo idolum de terra composuit. *semen* ergo *suum fudit in terram*, hoc est dei mandata neglexit et idolis profudit. propter quod a deo 1 13 6
quorum praedicatione gloria domini per tota terrarum spatia nuntiata est. terram homines intellegendos frequens prophetarum assertio demonstrauit: 1 61 4
conuictum. denique iniuriae suae testes citat caelum terramque: terram, in qua uniuersa geruntur, caelum, sub quo geruntur. filios appellat, 2 21
clusis dolore gemitibus saepe intermortua spiritu, labentibus membris ad terram incertas reddebas exsequias, cui magis lacrimas commodarent: 2 7 7
uestra et educam uos de monumentis uestris et inducam uos in terram Israel; dabo spiritum meum in uos et uiuetis. cum haec ita sint, 1 2 12
ego sum dominus, qui facio misericordiam et iudicium et iustitiam super terram. o quam paucissimis uerbis omne hoc mundi, enixe quod geritur, 2 1 5
fratris uxorem ac semen excitet fratris; qui ingressus semen suum fudit in terram. quod cum deo malignum quoque uideretur, pari eum morte 1 13 1
pabulum agri; in sudore uultus tui edes panem tuum, donec reuertaris in terram. sed et dominus ex persona hominis, quem adsumpserat, ait: *tristis* 1 2 30
legis religiosis exhortationibus excitaret. at ille *semen suum fudit in terram*; semen significat non creaturae, sed cordis. etenim semen cordis 1 13 5
hanc Ioseph Aegyptum suae dicioni subiecit. haec Moysi in mari rubro terram uitream fecit; haec, ut cursus soliti contempta mensura Iesu Naue 1 36 8
sed probatione conuictum. denique iniuriae suae testes citat caelum terramque: terram, in qua uniuersa geruntur, caelum, sub quo geruntur. 2 21
aestu exuberante corruptum publica increpatione confutat. caelum terramque testes citat, ut exaggeret crimen; filios appellat, ut abdicatio, 1 20
ut nulla ullo in opere captantes auguria, eius sine malitia succedentes iugo terramque uestrae carnis domando fecundantes laetam diuinorum seminum 1 38 3
natura, beatissimo Dauid dicente: *domini est terra et plenitudo eius, orbis terrarum et uniuersi qui habitant in eo*? Iob diabolus ter temptauit; 1 15 7
adeo incertus, ut idem in duobus per orbem totum non possit inueniri terrarum? igitur in deum cum haec non incidant, ergo dei imaginem non 2 30 2
ferocitate uirtutis ac libidinis rabie digladiantes omnem orbem corruperant terrarum, insuper decernentes sibimet ipsis pro domibus templa, erigentes 1 13 4
undique proeliorum procellis miserabiliter per totum orbem dispersere terrarum. Ionas in naui dormiens sacramenti dominici imaginem 1 34 7
sed apostolos asseuerat, quorum praedicatione gloria domini per tota terrarum spatia nuntiata est. terram homines intellegendos frequens 1 61 3
quid adferat dubium est. sed oculis patentibus caeci dilatant horrea, terras angustant, urgent saltibus saltus et, si orbem totum possideant, fines 1 5 8
suam naturam famulari compellat. unde, fratres, atrocissimae rei non uos terreat contemplatio; non enim ulla est metuenda iam poena, cum 1 31
praeponantur praesentia futuris, mala bonis, fragilia solidis, falsa ueris, terrena caelestibus, temporalia sempiternis. o caeca mens hominum! quid 2 4 14
gentiles homines sine dubio comprehendit, in quibus adhuc erant opera terrena. hoc est ergo quod ait: *audi caelum et terra*, quod Iudaeis non 1 61 4
aurum uiuum dei, Christi uos argentum, uos spiritus sancti diuitiae; uos si terrena metalla tempseritis, longe his uitae uestrae thesaurus. uobis auro 1 5 17
se obnixam stupidam pependisse naturam; uiam inter fluctus micuisse terrenam, quae utique non caelestis populi meritum, sed terreni per orbem 1 18 1
fluctus micuisse terrenam, quae utique non caelestis populi meritum, sed terreni per orbem totum dispersionis futurae denuntiabat exitium. adeo eos 1 18 1
ieiunus, qui audeat dicere animas cum corporibus interire, caelestia cum terrenis absumi, praesertim cum eorundem ille sapientissimus dicat hanc 1 2 2
solus ipse nihil aut timuit aut sensit. quid illud, quod per mare medium terrenum duxit ingressum? quid [quibus] de caelo cotidianum manna in 1 61 8
capiat. uel si caelestis est primus, quid opus erat, ut fieret quoque terrenus? simile dictum euangelicum illud consentanea potest 2 4 2
usuris aut de praeproperae mortis subitis damnis familiam domini posse terreri, cum sciamus apostolica fide esse perscriptum: *mihi uiuere Christus* 1 39 5
promouetur. praestabit autem deus pater omnipotens, ut, quomodo isto in terrestri domicilio ei gratias agimus, ita in caelestibus regnis uberiores 2 6 11
alia caro uolucrum, alia piscium. et corpora sunt caelestia, sunt et terrestria. itaque inmortalitatis semine (de quo etiam poeta sapientissimus 1 2 25
ne talis euadat, pariter commonetur. denique ut iste plus timeat, ille terretur; ille uapulat, ut iste proficiat. compendiosum felicitatis genus 1 10a
nascitur eademque die qua nascitur moritur nec tamen instantis finis sorte terretur, suos ut repigret cursus, ut horas ac momenta producat, ut saltem 1 2 18
praeter deum, quem diligit, timeat. denique huius suffragio Daniel populis terribilem inermis draconem necat, leonibus obiectus in periculo prandet, 2 2 5
religio. medius stupet gladius nullo impedimento suspensus mactatione terribili gloriam se praestitisse, non crimen. quid hoc est? ecce immanitas 1 4 15
totis intonans armis ministrisque insuper suis in auxilium concitatis, terribili increpans tuba praedonum corda face furiali succensa, impetibus 1 15 3
sunt reges, qui Iudaeam lugubri clangore tubarum armorumque fragore terribili instantibus undique proeliorum procellis miserabiliter per totum 1 34 7
sibi de utriusque salute uel unanimitate deorum quae fuere responsa. si terribilia, consternata metu forsitan ipso cessante illicita eis uota donabis 2 7 16
post natatile sepulcrum incolumis tertio post die Nineuitas illustrat terribilibus oraculis salutem ciuitati credulae praestaturus. quantum datur 1 34 6
ipsa Herculem nouerca deterior in Omphales libidine turpiter uicit, quem terribilis turba monstrorum superare non potuit. ipsa Venerem membris 1 1 11
rumpentibus sonis, concussis undique cardinibus, cum praeter morem terrifico fragore intonans concrepat caelum, cum inter caecas pinguibus 2 2 3
hoc de ministris et de angelis dictum, quos domino, cum esset in terris, fecisse inuenimus officium, ipso dicente: *amen dico uobis: uidebitis* 1 37 13
per filium dei, qui incarnatus processit ex uirgine, aequitatem iustitiamque terris inlatam. quam qui constanter tenuerit ac fideliter ministrauerit, non 1 38 5
carnem natus in tempore est, qui est excelsus in excelsis, humilis in terris, saeculorum genitor, filius uirginis, immortalis sibi, homini moriturus; 2 5 3
numquam recepti noscuntur, neque lucis ascendunt, quia numquam in terris, sed semper in caelo manserunt. unde angelos puto recte homines 1 37 11
nudentur. gaudent angeli, quod oppressa ueritas tandem defendatur in terris. triumphat maritus, quod castam inuenerit coniugem. laetatur familia 1 40 3
et reuelauit eam Iacob puero suo et Israel dilecto sibi. post haec in terris uisus est et cum hominibus conuersatus est. qua in specie spiritu 2 8 6
impeditae sunt manus, nullis pedes onerati compedibus. non uos ullus terror exagitat, non ullae sordes obfuscant. qui conscium timebatis, 2 29 1
inpenetrabilis lorica, legis conpendiosa ac uera scientia, daemonum terror, martyrum uirtus, ecclesiae pulchritudo uel murus, dei ministra, 1 36 4
spiratus in uatem *non insolescit in regno*, obumbrat neminem prophetae terrore. iniurias suas non exsequitur regia potestate; odientes se diligit; 2 9 7
puniri. denique filios uocat, ut abdicatio timeatur; exaltatos, ut ruina terrori sit; spretores, ut poenam supplicii sibimet impendere cognoscant. 1 30
tot instrumenta mortis spectatore metuente secura calcat genera uniuersa terrorum; incolumis quasi orbe subacto de illo feralis caueae — iam non 2 2 7
iam uos inuitat. iam balneator praecinctus exspectat, *quod unctui, quod tersui* opus est praebiturus, sed et denarium aureum triplicis numismatis 1 23
nobilitatis perpetuitate progenitum fuisseque tempus, quando non fuit. tertia Iudaea est uere caeca, quae cum in lege, ut dicere solet, sua legat 2 8 1
quoque uideretur, pari eum morte damnauit. coniunctionem autem tertii filii apud nurum per aetatem excusat deterritus, ne etiam ipse 1 13 1
per industriam colligit, uno impetu aliquotiens clusis oculis illa <illidit>. tertio diues est auaritia, utraeque cuius exaggerare opulentiam uelocitate 2 1 8
in naui. mira res! post naufragium, post natatile sepulcrum incolumis tertio post die Nineuitas illustrat terribilibus oraculis salutem ciuitati 1 34 6
ne quo seducaris errore. unum est enim detestabile, alterum reprobum, tertium mundum. detestabile est gentium, reprobum Iudaeorum, populi 1 25 3
iam iudicati sunt, sed perituri, scriptura dicente: *iter impiorum peribit*; tertium peccatorum, quorum obliquae ancipitisque uitae sunt necessario 1 35 7
destinat statim, non audiendum, sed competentibus poenis excruciandum. tertium quoque, quem aduerterit fraudulentum, coloratis ratiociniis sua 1 35 8
qui deum colit, quem ipse disposuit. Selom autem praedictorum tertius frater minor ex gentibus uenientis nouelli populi imaginem 1 13 7
prima sanctorum, in qua illud beatitudinis regnum primae tubae regali tessera conuocati capient cum ingenti triumpho aeterno rege sub Christo; 1 2 23
iam pauperes nostri alimenta rogare non norunt; iam uiduae atque inopes testamenta conficiunt. plura ad laudem huius beatitudinis uestrae possem 1 14 9
maiestatem uoluntatemque patris et filii contestans; duas acies, id est duo testamenta gerens, quorum regalibus monitis et creduli deuotique seruantur 1 37 2
sunt quam natura; obseratae gladiis uiae humano cruore pinguescunt; testamenta heredes incognitos ex sese recitari mirantur; amicae sub fallacia 1 5 3
in *thesauris suis* duos denarios intelligi uoluit, nouitate et uetustate duo testamenta. hos duos denarios a Samaritano stabulario pro eo, qui a 1 37 9
Christum debemus accipere, cuius ex ore duo denarii, id est duo testamenta prolata sunt, quae saluti cum domini gloria et Petri felicitate, 1 37 5
designabat et unitatem; carbo enim uerbum dei est, ara lex, forceps duo testamenta, quae credentes tenent, non credentes incidunt. sed et Dauid 1 37 3
et baculus tuus ipsa me consolata sunt. uirga et baculus duo sunt utique testamenta, quae ideo materiae ligni sunt comparata, siue quod in eius usu 1 37 8
deitatis paterna substantia paternaque uoluntas, *noua et uetera* duo testamenta, quae uidetis recte eadem sine ambiguitate a domino hic 1 37 9
uerecundia, patientia, perseuerantia, consummatio. scaporum nomina duo testamenta. scala autem proprio nomine crux uocatur, quia per ipsam 1 37 15
caput uiri Christus, qui aliquotiens lapis est nuncupatus. scala autem duo testamenta significat, quae et euangelicis intexta praeceptis credentes 1 37 1

conficiens; cui si unum adimas, alterius inanis est usus. unde recte testamenta sunt duo, quae similiter duobus capitibus unam litteram 1 37 4
uniuersa quamuis gemina esse noscantur, tamen una de radice funduntur. testamenta sunt duo, sed testator est unus; et scribens canna diuisa est, sed 1 37 14
est dominus; illis columna nubis atque ignis uiam demonstrauit, nobis testamenti ueteris ac noui clarissima oracula uiam, uerum Christum 1 46b 2
et admonet prosequentibus Geminis, id est duobus salutare canentibus testamentis, ut principaliter idolatriam, inpudicitiam auaritiamque fugiatis, 1 38 4
id, quod erant, sacerdotium, per suum numerum demonstrabant duorum testamentorum sacramentum. columna uiam demonstrans Christus est 2 26 2
stabularius doctor est legis, qui acceptis *duobus denariis*, id est duorum testamentorum salutaribus monitis, adgressuram hominem passum 1 37 10
dilectissimi, quale diuinae pietatis munus acceperit, uetustae legis gesta testantur. Sarra uxor eius non inferior longae uitae transactis cursibus 1 43 1
dies festos in luctum et cantica eius in lamentationem conuersa prophetae testantur. tauros, arietes, hircos et agnos a domino saepe reprobatos 1 19 2
corporis, sed nihil tamen in utero negabatur infanti et, cuius aetas auiam testaretur, matrem partus ornauit, cum sub incerto affectionis uocabulo 1 59 4
nonne uidemus omne animantium genus congregatione, concordia testari caritatem atque ita omnis motus quasi uno sensu magistra dilectione 1 36 15
esse noscantur, tamen una de radice funduntur. testamenta sunt duo, sed testator est unus; et scribens canna diuisa est, sed unus calamus; et forfex 1 37 14
ligni sunt comparata, siue quod in eius usu et perpetuo et tutius maneat testatoris uoluntas inscripta, seu quod quasi ex transuerso in unam fidem 1 37 8
inquit, *caelum, et percipe auribus, terra.* de caelo et terra prophetam fuisse testatum uel quasi de aliqua re esse conquestum, cum dicit *audi caelum et* 1 61 2
tuos ad effundendum sanguinem dextra laeuaque in se refugiens unda testatur. denique eremo exciperis, quo te nunc peruenisse cognoscis; ubi 2 16
euangelia. cuius quam uim habeat amictus et currus, his uerbis propheta testatur: *deus sicut ignis ueniet et sicut procella currus eius retribuere in* 2 12 4
sicut sacra scriptura testatur, erat ante omnia manens unus et idem alter ex semet ipso in semet 1 50
magis in caritate quam in spe uel fide esse depositum, sicut euidens testatur exemplum. Iudas Scariothes traditor domini et spem et fidem 1 36 19
non mundo. hinc uxor amissi mariti desolationem se ferre non posse testatur frigidumque latus male dilatato queritur lecto; inuidiosis uocibus 1 2 14
sicut lectio diuina testatur, in Aegypto a Pharaone populoque eius Israel dei populus 2 26 1
punit irata quem docuit nullamque aliam ob causam promulgatam se esse testatur, nisi ut fides de infidelibus uindicetur. denique tolle peccatum: 2 3 3
in quo uenturus et *iudicaturus est uiuos et mortuos*, sicut lectio uniuersa testatur, qua praedicat Christum oportere *regnare* cum sanctis suis, *donec* 2 5 7
euangelica praedicatio missa per mundum mortem domini aduentumque testatur, sicut ad Corinthios scriptum est: *annuntiatis mortem domini,* 1 37 6
praestitit dominiumque totius naturae recuperauit, sicut est ipse testatus dicens: *omnia mihi tradita sunt a patre meo.* Iob uicarios filios 1 15 9
fratres, non sic debetis accipere, ut operis sui laudem sibimet soli deberi testatus sit, qui in euangelio dicit: *si non facio facta patris, nolite mihi* 1 25 8
filio suo. qui filius cum maligne domini ante faciem uersaretur, scriptura teste a deo perhibetur occisus. secundo imperat, ut intret ad fratris uxorem 1 13 1
rudis terra pio sanguine impiata. solus Cain exsultat infelix et, quod teste caret, putat se caruisse facinore, quem deus uidit, quem conscientia 1 4 9
cui securitatis profectus est nullus, etiam si contingat ei accusatore carere, teste conscio, cum se ipso carere non possit, quia uiolentior omni tortore 2 10 1
conscientia; testis est deus. non respexit castitas, quid falsi dicerent testes aut qualiter iudices circumuenti damnarent, non denique qualiter 1 40 2
quidem non accusatione, sed probatione conuictum. denique iniuriae suae testes citat caelum terramque: terram, in qua uniuersa geruntur, caelum, 2 21
exuberante corruptum publica increpatione confutat. caelum terramque testes citat, ut exaggeret crimen; filios appellat, ut abdicatio, exaltatos, ut 1 20
quod a supplicio ad iudicium repetendum reuocaretur addicta. falsos testes pauor inuadit. tremit diabolus, quod ipsius commenta nudentur. 1 40 3
depressio cor elatum est, cor cohibitum promotio est animae. huius rei testes sunt nobis duo homines propheticum carmen suis actibus 2 9 8
paene pro infecto habetur quod non diffamatur, censuit eos caelo et terra testibus denotare, ut inexcusati facinoris competenti iudicio subiacerent. 1 47
quinam sit deus iste, qui dicit: *audi, populus meus, et loquar, Israel, et testificabor tibi, quoniam deus, deus tuus ego sum*; et infra: *meus est orbis* 1 25 1
hoc nosse, quod licitum est. sicut enim in simplici corde scrutanda sunt testimonia eius, ita curiositate non sunt inquietanda secreta. *quis enim* 1 34 1
libenter utuntur, qui aduersus ueritatem falsa componunt, sed caelestibus testimoniis multis, manifestis ac puris, ut docti probent, minus instructi 2 18 2
magis stultitiam, iustitiae sapientiam conuenire. quod etiam sacrae legis testimoniis probare non desinam, cuius ista sunt uerba: *nam quia* 2 1 5
limpidior, usque adeo circumspectus atque inreprehensibilis, ut dei sit testimonio collaudatus. unde non inmerito beatus beata uita fruebatur. 1 15 2
et ideo ait: *audi caelum et terra*. caelos autem apostolos esse claro testimonio ueritatis affirmat. sic enim ait: *et uidebo caelos, opera digitorum* 1 61 3
formae pulchrius suae pulchritudinis ornamentum, insigne pudicitiae testimonium, *e senioribus duo,* sed uno incensi prodigio, secus quam 1 1 17
sibi gloria, ambo claritatis exemplum, ambo dei cultus admirabile saeculis testimonium. felix orbis fuerat, fratres, si omnes sic fierent parricidae. 1 4 15
sacerdotium perdiderunt. regalis unguenti cornu priuati sunt. circumcisio, testimonium mentis impurae, iamiamque illis imminere supplicium denotati 1 46a 1
at dicis: 'hoc daemones fingunt'. o probatio melior, quod etiam fallaces testimonium perhibent ueritati! cur autem fingant nomina, quorum est 1 2 7
post partum uirgo permansit. obstetricis incredulae periclitantis enixam in testimonium repertam eiusdem esse uirginitatis incenditur manus. qua 1 54 5
possunt, quia ueteri sicut nouum praestat fidem, ita nouo uetus perhibet testimonium, sicut scriptum est: *semel locutus est dominus et haec duo* 1 37 4
iubet crudelissimus rector acri obseruatione detineri. ad futurae gloriae testimonium tale beatus Archadius debiti martyrii quodam modo 1 39 4
fidei serua signaculum: pati non meretur iniuriam ipse, cui perhibes testimonium. ubi est ille, qui inuicem desiderantibus uobis tardior ceteris 2 7 6
innocens martyr offertur, immaculata hostia nec uictima imparata, qui testis diuini timoris ad fidem a domino poscitur, a parente perducitur, sed 1 59 2
illustris conscientiae integritas erigebat. sufficit ergo pudicitiae conscientia; testis est deus. non respexit castitas, quid falsi dicerent testes aut qualiter 1 40 2
suae castitatis exemplo. stabat Susanna in iudicio perditorum falsorum testium oppressa mendaciis, conscientiae tamen bonis contenta secretis, 1 40 1
ingenti fragore confundunt exsertisque mucronibus sordidis uelut testudine quadam resistunt uincuntque facilius caritate, quod singillatim 1 36 15
fidelis, qui sacra in praedicatione non ultra, quam licitum est, aciem suae tetenderit mentis; eo enim res deducta est, ut fides nostra per dei 2 3 12
quos semper uiderat, sed de apostolis, quos uidere optabat. et iterum: *texit caelos uirtus eius*, eo quod apostolos ad mirabilia facienda spiritus 1 61 3
eo quod apostolos ad mirabilia facienda spiritus sanctus obumbrauit et texit. et denuo *caeli*, inquit, *enarrant gloriam dei*; et hic utique non tam 1 61 3
populum uniuersum salutis suae amisisse praesidium diuini carminis textus ostendit. in quo eum non seueritas apud omnes condemnat, fratres 2 21
deo? nam si *ecclesia* ideo *Christi sponsa* est, quia *pudica*, ideo iugo thalami caelestis honorata, quia etiam post nuptias manet postmodum 1 1 3
rogantur ut nubant, sed ut dormiant inuitantur, propiores sepulcro quam thalamo; quae, ipsae cum pereunt, detestabili exemplo adolescentulas 2 7 10
mentiente in publicum traxerant, probatam et uindicatam ad mariti thalamos cum ingenti triumpho uictrix pudicitia reportauit. sed o quantum 1 1 19
regna subuertit; haec aut sub turpibus aut sub crudelibus factis subiugatos thalamos triumphauit alienos; haec uiros ardore uesano femineo stipendio 1 1 8
tres liberos habuit: Her, Aunan, Selom. hic mulierem, cuius nomen est Thamar, accepit uxorem maiori filio suo. qui filius cum maligne domini 1 13 1
faciens et praesentia sua peccata exstinguat et futura repellat. Thamar arguitur, quod de fornicatione conceperit; et ecclesia quasi legis 1 13 12
conuenit cum ea, fidelium communionis sanctae significabat sacramentum. Thamar *concepit in utero*, ecclesia corde concepit, illa semine, haec uerbo. 1 13 11
id est, ab hominibus iustis bonorum operum fructus exposcit. quo audito Thamar cum esset *in domo patris sui*, id est in templis infamibusque 1 13 8
frater minor ex gentibus uenientis nouelli populi imaginem depingebat, Thamar ecclesiae, quae ei recte nupta non est, quia Christo ueniente 1 13 7
accusata, quod sabbatum ruperit, quod eorum traditiones abiecerit. Thamar protulit monile, anulum, uirgam seque liberauit sacramento 1 13 13
moritur. qui consolatus cum ad oues tondendas pergeret suas atque hoc Thamari nuntiaretur, quae Selom uiderat maturum ei nec tamen nupserat, 1 13 2
quaeritur nullaque ibidem umquam fuisse ab incolis renuntiatur. at Thamaris nostrae cum processu temporis procedit et uterus. mirum 1 13 3
uero eorum ministra. uenerandam se procurat in templis, hilarem in theatris, inportunam in publicis, opportunam in quibuscumque secretis. 1 1 9
in toto dissimulat, ne per mare pedibus se ambulasse non credat. aduersus Theclam accusator acerrimus linguae exserit gladium, cum suis sibi 2 2 6
noua et uetera. *scriba*, fratres, est praedicator, *pater familias* Christus, *thesauri* eius indeminutae deitatis paterna substantia paternaque uoluntas, 1 37 9
duorum denariorum esse figura uestita, hac uidelicet ratione, quia in *thesauris suis* duos denarios intelligi uoluit, nouitate et uetustate duo 1 37 9
scriba doctus de regno caelorum similis est patri familias proferenti de thesauris suis noua et uetera. *scriba*, fratres, est praedicator, *pater familias* 1 37 9
carnis uidere non possent, libertate spiritus uident, exinde intellegentes in thesauro naturae depositum incolume requiescere, quod in hoc mundo ad 1 2 9
uirgo, gloriare sanctique pudoris florem nulli legi subiecta fidei thesaurum custodi. esto sancta et corpore et spiritu, amore Christi ignem 2 7 4
ditior, aequalis in omnibus consummaris. tu es *honor corporum,* tu thesaurus animarum, tu *fundamentum,* culmen ac fructus omnium 1 1 21
sancti diuitiae; uos si terrena metalla tempseritis, longe his uitae uestrae thesaurus. uobis auro constructa aetheria illa ciuitas destinata est. nulla 1 5 17
rectori, maxime cum in euangelio sic dicatur: *dabit illi dominus deus thronum Dauid patris sui et regnabit super domum Iacob in saecula et* 2 5 6
nec necessaria honori suo protestatur deus, hactenus dicens: *caelum mihi thronus et terra suppedaneum pedum meorum. quam mihi aedificabitis* 2 6 3
annuntiauerat, circumcisio. scriptum est enim: *et dixit deus ad Iesum: fac tibi cultellos petrinos nimis acutos et adside et circumcide secundo filios* 1 3 14
altiora te ne quaesieris et fortiora te ne scrutatus sis. quae praecepit tibi deus, illa cogita semper et in plurimis operibus illorum non eris 2 3 16
praesenti Psalmo propheta cum dicat: *misericordiam et iudicium cantabo tibi, domine*, quomodo dominus in euangelio dicit: *qui credit in me, non* 1 35 1
ut saepe contingit, in unum sibimet conuenire diuersae religonis diem, quo tibi ecclesia, illi adeunda sint templa. quo genere unusquisque suum 2 7 14
argumentis te cogere, examinare, metiri ac discernere posse praesumis, hic tibi ego respondere non audeo, sit quippe cum tutius imperitum uideri 2 3 15
gemitu edes ex ea omnibus diebus uitae tuae; spinas et tribulos eiciet tibi et edes pabulum agri; in sudore uultus tui edes panem tuum, donec 1 2 30
quod paupere cotidie moriente oppressione, fame, frigore, iniuria amicum tibi excolis aurum, custodis argentum, uestem pretiosam ornamentaque 2 1 19
peioribus separari permittis. tu ut nudum uestias, nuda esse contenta es. tibi fames saginatio est, si panem tuum inops esuriens manducauerit. tuus 1 36 31
qui cum eo de patibulo dextra laeuaque pendebant, ait: *amen, amen dico tibi: hodie mecum eris in paradiso.* itaque si homo mortuus in aeternum 1 2 11
caelestibus iungis arcana. tu diuina custodis. tu in patre imperas. tu tibi in filio obtemperas. tu in spiritu sancto exsultas. tu cum in tribus una 1 36 32
struis congeries? quid hic remansura peruigil sollicitudine cassa nec tibi ipsi inde aliquid concedendo illibata custodis? insuper de inopia 1 14 3
hominem mixtum, sic prosequitur: *dicite filiae Sion: ecce rex tuus uenit tibi iustus et saluans, mitis, sedens super asinum nouellum*, et iterum: 2 5 2
utrum circumcisionem obserues an legem. si circumcisionem, non est tibi lex necessaria, quia iustus Abraham, qui ex fide uixit, deum 1 3 12
occurrit, quia non artis est timere quod metuas; metuis autem *quod tibi nolis accidere*. exsistit quippe diuersis ex modis, cum aut exaestuat 2 2 1
aut neglegens disce Christiane, ne quo decipiaris errore: unam, quam tibi non licet quaerere, alteram, quam legitime, si possis, permitteris 1 54 2
imperitum uideri quam esse sacrilegum. et tamen habeo, qui pro me tibi obsistat: nam lex, per quam me forte minus peritum peccare compellis, 2 3 16
fidelissimum uiduarum. tu melior pupillorum, plus quam uterque parens. tibi oculos numquam siccos esse aut misericordia permittit aut gaudium. tu 1 36 31
flamma cum sole honorumque exinanitus a te gradus non inueniat quod tibi praestet, meminisse tamen debes, quia mors non timet nec diuitias nec 1 5 10
lucra letifera etiam ipsa elementa nouis artibus coge! licet radient tibi pretiosorum lapidum discoloribus formis referta penetralia, gemat terra 1 5 10

permittit aut gaudium. tu tuos ita diligis inimicos, ut inter eos carosque tibi quid distet, nemo discernat. tu, inquam, caelestia humanis, humana 1 36 31
deus iste, qui dicit: *audi, populus meus, et loquar, Israel, et testificabor tibi, quoniam deus, deus tuus ego sum*; et infra: *meus est orbis terrae et* 1 25 1
rem compendio transigam: utique a templo regrediens necessario enarrabit tibi sciscitanti sibi de utriusque salute uel unanimitate deorum quae fuere 2 7 16
fuge, uirgo, fuge, uidua, nuptias tales. excusatio prorsus nulla competit tibi. si continens esse non poteris, saltem noli tuas nuptias fenerare, ne in 2 7 18
pro tuo sensu si uis pascha legitimum celebrare, agnus requirendus est tibi, sicut praeceptum est, *ex agnis et haedis* discordi natura commissus, 2 20 1
suos compellunt uiuere miseriae, facultatibus mori. pro nefas! quid tibi tua tollis, infelix? quid extraneo facias, qui in te auarus es? o 1 5 7
praecepta eius ex toto corde tuo et ex tota anima tua, ut bene sit tibi? uidetisne hunc timorem nobis necessarium, qui in dei amore consistit, 2 2 4
Christi ignem carnis exstingue, ut de resurrectionis gloria, quam hic iam tibi uindicas, taceam, in qua, ut dominus ait: *neque nubunt neque* 2 7 4
argumentari plus quam oporteat. similiter Paulus: *noli altum sapere, sed time.* cum haec ita sint, cur legem lege distringis? cur sub imaginem fidei 2 3 12
exsulta, Christiane, et deum fortiter time, diaboli si uis incendia non timere. ecce pueri sacramento muniti tres 2 15
corporis nescit arcanum? quare, fratres, propter quod facti et nati sumus, timeamus, amemus et honorificemus quem inuenimus deum. sane quaerant 1 56 3
inlicitum putant habere uicinum. construunt praedia, sepulcra defodiunt; timeant omen qui non timent mortem: sic, sic interempti plerumque iacent 1 5 8
monita: *et nunc, Israel, quid dominus deus tuus postulat a te, nisi ut timeas dominum deum tuum et ambules in omnibus uiis eius et diligas* 2 2 4
percolit, sine fine studet timere, ne quid praeter deum, quem diligit, timeat. denique huius suffragio Daniel populis terribilem inermis draconem 2 2 4
gens est, nulla sunt pecora, animantium denique nulla natura, quae non timeat deum. cum grauamur rumpentibus sonis, concussis undique 2 2 3
sed Christianus, ne talis euadat, pariter commonetur. denique ut iste plus timeat, ille terretur; ille uapulat, ut iste proficiat. compendiosum felicitatis 1 10a
ad satietatem numquam lubrica utilitate perueniens. desiderat facere quod timeat publicari. totum prorsus temptat, ut sibi uindicet totum. nouum 1 1 9
sentienti nundinari deterius quam puniri. denique filios uocat, ut abdicatio timeatur; exaltatos, ut ruina terrori sit; spretores, ut poenam supplicii 1 30
citat, ut exaggeret crimen; filios appellat, ut abdicatio, exaltatos, ut ruina timeatur, spretores sui, ut impios monstret. infelix culpa est, fratres, in qua 1 20
non uos ullus terror exagitat, non ullae sordes obfuscant. qui conscium timebatis, conscientiam non timetis. *uetus* enim *homo* uester feliciter 2 29 1
domini cum illis, non corrideas animae illorum; melior est enim unus timens dominum quam mille filii impii? cum haec ita sint, age uidua, quae 2 7 5
obiectus in periculo prandet, qui solet extra periculum ieiunare. et Ionas timens dominum spontaneum non timet adire naufragium, ceto inhiante 2 2 5
sit, propheta quod ait: *beati omnes qui timent dominum.* si omnes, qui timent dominum, beati sunt, non beatus est nullus, quia nulla gens est, 2 2 3
quemadmodum nobis sit, propheta quod ait: *beati omnes qui timent dominum.* si omnes, qui timent dominum, beati sunt, non beatus est 2 2 3
et in nobis manent. ut est, fratres, Nineuitis nuntiatus interitus, credunt et timent et quantum sciunt dominum non esse mendacem, tanto propensius 1 34 9
uicinum. construunt praedia, sepulcra defodiunt; timeant omen qui non timent mortem: sic, sic interempti plerumque iacent canibus, alitibus 1 5 8
pii non sunt, quia patrem uenerandum prauis moribus laedunt. *orant quia timent, peccant quia uolunt.* unde non est absolutus reatus, ubi de amoris 1 35 5
o admirabile incendium! o uere spectaculum deo dignum! qui audiunt, timent; qui incenderant, ardent; qui incensi sunt, sanctificati et incolumes 1 22 2
marino fertur non naufragus, sed uiator: timet profundum intercipere non timentem; nec tamen in toto dissimulat, ne per mare pedibus se ambulasse 2 2 6
nihil est, fratres dilectissimi, ante omnia homini timenti deum tam necessarium atque conueniens, quam ut se ipsum 1 27 1
primo omnium, optime Christiane, scire cupio, quae sint tua, cum sint timentibus deum uniuersa communia, sicut scriptum est: *turba autem* 2 1 18
ait: *tristis est anima mea usque ad mortem.* quod dictum non tam timentis quam exsultantis ac docentis est. utique non enim quicquam 1 2 31
exsulta, Christiane, et deum fortiter time, diaboli si uis incendia non timere. ecce pueri sacramento muniti tres numero, sed una uirtute, 2 15
inuenies te insultare potius quam rogare. postremo, fratres, non potest timere maritum, quae non timet Christum. inde est, quod coniuges nuptiali 1 14 6
obtemperat incoactus, innocenter uiuit, iustitiam percolit, sine fine studet timere, ne quid praeter deum, quem diligit, timeat. denique huius suffragio 2 2 4
mare sint. inducitur in uiam Israel ingratus, in qua nec gladios possit timere nec fluctus. mira res! medio puluerulentus exsultat in profundo, qui 1 29 2
tam timentis quam exsultantis ac docentis est. utique non enim quicquam timere poterat, qui mortuos excitabat, *qui potestatem habuit ponendi* 1 2 31
magis est, regem aliquotiens a deo in manus traditum sibi mauult semper timere quam occidere, inuerso gratus officio, deo dei munus retinendo 2 9 7
discitur, sed impulsu nobis nostrae infirmitatis occurrit, quia non artis est timere quod metuas; metuis autem *quod* tibi *nolis accidere*. exsistit quippe 2 2 1
debeat; qui enim suam conscientiam non timet, is est, qui deum non timet. adde quod lex partibus et discitur et docetur. adde quod tota nec 2 3 5
solet extra periculum ieiunare. et Ionas timens dominum spontaneum non timet adire naufragium, ceto inhiante miserabilius sepelitur quam 2 2 5
funditus deleretur, denuntiante deo imminere per momenta et credit et timet arcamque, cum suis ut saluus foret, quam iussus est facere, non 1 4 12
o necessarius timor, qui nihil aliud agit, nisi ut beatos efficiat; qui timet arte, non casu, uoluntate, non necessitate, religione, non culpa; qui 2 2 7
cum adludit in pueris, beatior cum <in> adolescentibus lapsus feliciter timet, beatissima cum in iuuenibus carnalia exstinguere laborat incendia. 1 1 5
quam rogare. postremo, fratres, non potest timere maritum, quae non timet Christum. inde est, quod coniuges nuptiali sanctissimo repugnantes 1 14 6
nemo lapides pretiosos, nemo aurum, nemo argentum, et tamen ullus non timet furtum. 1 5 18
concremare, allegare preces surdis, ab his custodiam petere, quos fur non timet inuolare? quibus recte deus irascitur dicens: *nolite ambulare post deos* 1 25 4
ne quid reatui uel intrinsecus debeat; qui enim suam conscientiam non timet, is est, qui deum non timet. adde quod lex partibus et discitur et 2 3 5
et futura: ista quia contemnit, illa quia sua esse praesumit; nec spes timet, ne non ueniant, quia ea semper secum suis in uirtutibus portat. hoc 1 36 5
non inueniat quod tibi praestet, meminisse tamen debes, quia mors non timet nec diuitias nec honores. o caeca mens hominum! quam uarie, unam 1 5 10
in solitudine, quae a moechantibus uocatur occasio, se tamquam arbitrum timet omneque secretum plus quam publicum reueretur. pestiferas odit 1 1 2
ipsum honore laeto respirat. haec liberis gaudet; at illa liberorum non timet orbitatem. haec eorundem blanditiis uernantibus pascitur et 2 7 3
trepidatio est. Petrus aestu marino fertur non naufragus, sed uiator: timet profundum intercipere non timentem; nec tamen in toto dissimulat, 2 2 6
non ullae sordes obfuscant. qui conscium timebatis, conscientiam non timetis. *uetus* enim *homo* uester feliciter condemnatus est, ut absolueretur, 2 29 1
hic beatitudinis locus est, ubi non deuotionis, sed necessitatis est quod timetur. itaque audiamus scripturam, quid dicat, cuius ista sunt monita: *et* 2 2 3
locum, ubi patientia dominatur, ubi uiuitur sobrie, ubi mors timetur. itaque hanc obseruantiam, hunc timorem, quod est uerius atque 2 7 9
concupiscentia omnis eliditur, diabolus subiugatur, Antichristus non timetur, spiritus sanctus inducitur, glorificatur Christus, deus pater 1 1 21
se et meruisse et non ambisse quod meruit. ac ne quis hanc patientiam timiditatis nomine obscuret, in ducendis quoque uxoribus talis est condicio: 1 4 16
timor, quia quae diximus et alia his similia cum passibilitate sui transeunt; timor conscientiae non deletur. nunc uideamus, intellegendum 2 2 2
contritio et miseria in uiis eorum et iter pacis non cognouerunt; non est timor dei ante oculos eorum. et de ipsa circumcisione in symbolis inquit: 1 3 11
quidem, fratres dilectissimi, uocabulum est unum, sed accedente ratione timor discernitur a timore. fiunt enim duo: unus dei, alter qui naturae sit; 2 2 1
cum scriptum sit: *et si multiplicentur, non oblecteris in illis; si non est timor domini cum illis, non corrideas animae illorum; melior est enim unus* 2 7 5
aperit, simplicitas introducit, intellectus inuitat, ueritas persuadet, timor excubat, disciplina coercet, continentia [se] refrenat. stat in angusto 2 6 9
reportans, quam tot suppliciis omnes crediderant perituram. o necessarius timor, qui nihil aliud agit, nisi ut beatos efficiat; qui timet arte, non casu, 2 2 7
parturit carina naufragium. inter haec omnia deterior est conscientiae timor, quia quae diximus et alia his similia cum passibilitate sui transeunt; 2 2 2
scire, quid uocentur, audite: conuersio, audientia, intellectus, credulitas, timor, sapientia, sobrietas, mansuetudo, temperantia, castitas, pietas, 1 37 15
diuina ille profecto nec humana cognoscit. haec, si religiosus es, serua; timoratus si uere, custodi. de eo, quod modum humani sensus excedit, 2 3 18
sterquilinio foetido scaturiente uermibus, quasi nihil passus, sed solo dei timore contentus. o felix uir, qui mira patientia deum promeruit, diabolum 1 15 6
contribulatum. quapropter, fratres, *efferendum non est* prosperis *rebus, sed timore dei intra mansuetudinis* metas uerecundiae freno *cohibendum*, ut 2 9 3
uocabulum est unum, sed accedente ratione timor discernitur a timore. fiunt enim duo: unus dei, alter qui naturae sit; naturae in homine 2 2 1
et cauendum quid sit his uerbis edocuit: *melior qui deficit sensu in timore quam qui abundat astutia et transgreditur legem*; et iterum: *noli* 2 3 12
se laudat. publicanus autem non membratim deum, sed totus exorat, quia timore totus est humilis, sua peccata contestans, secundum domini dictum 2 9 9
in doctrinae ratione consistit, sicut scriptum est: *uenite, filii, audite me; timorem domini docebo uos.* naturalis ergo non discitur, sed impulsu nobis 2 2 1
nitantur, quod hominibus, quos perditos cupiunt, magis proficiat ad dei timorem et ipsis nihil prosit ad utilitatem? sane recte hoc facere 1 2 7
immolandique constantia absolui meruit, dum humanum ex se deponit timorem et, quantum ad fidem pertinet, pater promissa compleuit, dominus 1 59 7
ex toto corde tuo et ex tota anima tua, ut bene sit tibi? uidetisne hunc timorem nobis necessarium, qui in dei amore consistit, qui uoluntate sua se 2 2 4
ubi uiuitur sobrie, ubi mors timetur. itaque hanc obseruantiam, hunc timorem, quod est uerius atque iustius, transfer ad deum et, quale uelit 2 7 9
qui deum metuit, non naturam. uultis scire, cuius proprietatis sit? omnes timores, quoscumque inuaserint, incremento conficiunt; hic solus ad hoc 2 2 7
martyr offertur, immaculata hostia nec uictima imparata, qui testis diuini timoris ad fidem a domino poscitur, a parente perducitur, sed hostia non 1 59 2
timoris quidem, fratres dilectissimi, uocabulum est unum, sed accedente 2 2 1
quaeris? sed et alio loco hoc, quod agitur, euidenter expressit, cum ad Timotheum loquitur instruendum his uerbis: *hortatus sum, ut denuntiares* 2 3 17
est Israel, quando tot et tanta tormenta Aegyptiorum solus ipse nihil aut timuit aut sensit. quid illud, quod per mare medium terrenum duxit 1 61 7
in unam concordiam conuenere. namque tribus in pueris fides puniri non timuit. inmissis camino ignis exaestuans detulit, ut eos unius uirtutis esse 1 48
in exitu mortis concitata uictima calcitraret: securus enim pater optimus timuit, ne dolori aliquid liceret in mortem. o fratres, secura deuotio! o 1 43 5
Abraham nec dolor patri lacrimas persuasit, sed exsultat et gaudet. nec timuit, ne parricidium ei inputaretur, sed magis ut deuotioni pareret, 1 43 4
patris erat, quod leuauit, dei fuit, quod pepercit. nec qui feriebatur timuit, nec qui feriebat expauit. sacrificium domini non dimittitur, sed 1 62 5
pietati praeponit? qui hominibus fame laborantibus ac nuditate pascit tineas, curculiones ac uermes? qui quod habet infelici tenacitate non aliis 2 1 17
fuerat instituta, postulabat ad tempus nouellae profecisse, inscriptio ipsa tituli psalmi lecti declarat; sic enim se habet: *in finem pro his qui* 2 11 1
attulit; haec in Iob inter crebra et ingentia mala non desperauit; haec in Tobiae caecitate medica fuit; haec in Daniele ora leonibus alligauit; haec in 1 36 8
piscator recentes marinos affatim pisces apponit cum sarda mirabili. Tobias peregrinus fluuialis piscis interanea diligenter accurat et assat. 1 24 3
fratres, et munda est et exacta, cum qua facile et opus fieri possit et tolerari ardor aestatis, id est temptationis; quam esse utique credulitatem 1 13 8
est condicio: Liam excipit, prolixa tempora obseruat, omnia soceri libens tolerat imperata; qui si esset inpatiens, astu circumscriptus pro Rachel 1 4 16
potest, uariis artibus aut adulatur aut nocet, si quid habuerint, tantum ut tollat. cui autem parcat, quae et mori momentis omnibus etiam friuolo ac 1 14 2
si uis perfectus esse, uade et uende omnia tua et da pauperibus et tolle crucem tuam *et ueni sequere me.* de hoc nescio quid possit quispiam 2 1 15
se esse testatur, nisi ut fides de infidelibus uindicetur. denique tolle peccatum: cessat legis imperium. *lex* enim, sicut scriptum est, *iusto* 2 3 4
ipsa stare posse perspicimus. adeo tolle spem: torpet humanitas tota; tolle spem: artes uirtutesque uniuersae cessabunt; tolle spem, et interempta 1 36 2
torpet humanitas tota; tolle spem: artes uirtutesque uniuersae cessabunt; tolle spem, et interempta sunt omnia. quid facit ad litteratorem puer, si 1 36 2

sine qua nec praesentia quidem ipsa stare posse perspicimus. adeo	tolle spem: torpet humanitas tota; tolle spem: artes uirtutesque uniuersae	1	36	2
suos compellunt uiuere miseriae, facultatibus mori. pro nefas! quid tibi tua	tollis, infelix? quid extraneo facias, qui in te auarus es? o detestabili	1	5	7
autem iuxta uiam sunt, hi sunt, qui audiunt uerbum et uenit diabolus et	*tollit de corde illorum uerbum, ne credentes salui fiant.* terra uero	1	13	5
haec circa regum latera securos gladios facit; haec bella premit, lites	tollit, iura euacuat, fora compescit, odia eradicat, iras exstinguit. haec	1	36	13
non exstinguit, morbos non discutit, uulneribus non medetur, dolores non	tollit, mortem non repellit, nisi quod sanos occidit; nec manducatur	1	5	16
hic ubique turbulentus, ubique fertur insanus: promittit, fallit, dat,	tollit; nunc tristis, nunc hilaris, nunc humilis, nunc elatus, nunc ebrius,	1	36	26
Iohannes Baptista ante praedicauit his uerbis: *ecce agnus dei, ecce qui*	*tollit peccatum mundi.* hic itaque dictus est *primitiuus*, quia paternae	1	8	2
uenite, inquit, *qui laboratis et onerati estis et ego reficiam uos.*	*tollite iugum meum super uos et discite a me, quia mitis sum et humilis*	2	9	4
tibi iustus et saluans, mitis, sedens super asinum nouellum, et iterum:	*tollite portas principis uestri et eleuamini, portae aeternales, et introibit*	2	5	2
noueris, alium certe misereris: discoloratur per momenta color, figura sua	tollitur a natura, in obliquos horrores insani uertuntur orbes oculorum,	1	2	6
itaque estote securi: nihil in illa deest umquam, nihil ab suo statu aut	tollitur aut declinat; omnia bona atque perpetua exuberant passim. certe,	1	5	18
est alienum, quod non est in sua positum potestate, quod a sua substantia	tollitur, quod mutatur, quod alieno mouetur pulsu, quod quid sit, quid	1	7	2
cum res sic se haberet, eius uxor moritur. qui consolatus cum ad oues	tondendas pergeret suas atque hoc Thamari nuntiaretur, quae Selom	1	13	2
nos omnes in aliqua constitutos angustia recreare consueuit. *ad oues suas*	*tondendas pergit*, id est, ab hominibus iustis bonorum operum fructus	1	13	8
facta spiritaliter sacris interrogationibus obligatur. luxuriosi crines falce	tonduntur, id est omnia omnino peccata baptismate spiritusque sancti	2	11	5
uitem perfectam ad iugumque peruenerit, eius omnes crines luxuriosi falce	tonduntur, pura materia tabulatis infertur, nodis adstringitur, ne a ligno,	2	11	2
id est inconsiderate sanctis hominibus uiolenta infertur manus. ad	torcular conportantur; id est ad supplicii locum deducuntur. ab operariis	2	11	6
ubi uindemiae uenerit tempus, decore dissipato, passim uua detrahitur in	torcularique operariorum pedibus subiecta calcatur, prelo premitur	2	11	3
lasciua, auaritia caeca, libidine percita, delicate tumentis ac reflabilis	tori plumeo sepulcro superba. iactat se ludibunda per nemora, fontes,	2	4	9
totam Aegyptum circumdedit; exaltatus est Israel, quando tot et tanta	tormenta Aegyptiorum solus ipse nihil aut timuit aut sensit. quid illud,	1	61	7
quod homo fuerat moriturus. inde est, quod nostra non habet necessaria	tormenta confessio, quod sine sudore tortoris facinora sua sponte reus, ut	2	24	2
quod homo fuerat moriturus. inde est quod nostra non habet necessaria	tormenta confessio, quod sine truculenti sudore tortoris facinora sua sponte	1	42	2
mihi uiuere Christus est et mori lucrum? excogita quibus potes suppliciis	tormenta grauiora, maioribus te furoris stimulis accende, quamuis	1	39	5
inter ipsa supplicia uacare non sinitur et orationis instar per carnificis	tormenta meditatur. erexerat securem percussor insanus et signans oculis	1	39	7
magnis uestit ulceribus, quibus insuper uermes immittit edaces, ut in	tormenta morientis cum homine aduenticium uulnus inquilino uulnere	1	4	18
non nuditas, non persecutio, non metus, non periculum, non mors, non	tormenta morte ipsa grauiora, non potestas, non ambitio, non felicitas.	1	4	3
similiter dicit, cum de eius loquitur seruis: *et si coram hominibus*	*tormenta passi fuerint, spes eorum immortalitatis plena est; et in paucis*	2	5	6
tanguntur, dubium non est horrendi supplicii perennibus absumptum iri	tormentis eum, qui praeuaricatus fuerit e duobus. sed nec illis impune	1	1	14
efficis corpus. tu martyres gloriosos a confessione Christiani nominis nullis	tormentis, nulla nouitate mortis, nullis praemiis, nullis amicitiis, nullis	1	36	30
discute laborantibus morbos; cura languores; in temptationibus gaude, in	tormentis pro nomine domini. si obuenerint dura, *fidem tamquam granum*	2	3	14
qua nec praesentia quidem ipsa stare posse perspicimus. adeo tolle spem:	torpet humanitas tota; tolle spem: artes uirtutesque uniuersae cessabunt;	1	36	2
euigila, Christiane, omnique saecularis somni	torpore discusso, apertis auribus cordis a pueris disce uirtutem. sed uide,	2	27	
postmodum deuolutus, praeteritorum bonorum recordatione acrius	torquereris.	1	9	
illis asinumque praeponit, ut grauius possint, si resipiscant, comparatione	torqueri quam poena.	2	21	
miser homo, auri argentique metallo incensus uana cupiditate, uana cura	torqueris? quid talentorum magnas struis congeries? quid hic remansura	1	14	3
salute non gemit nulliusque momentis omnibus uariae sollicitudinis cura	torquetur. sed dicet aliquis: 'etiam Maria uirgo et nupsit et peperit.' sit	2	7	3
portus desideratus occurrit? quid miles non dicam horridae hiemis aut	torridae aestatis iniurias, sed se ipsum contemnit, si gloriae spem futurae	1	36	3
carere, teste conscio, cum se ipso carere non possit, quia uiolentior omni	tortore conscientia numquam suum deserit peccatorem. in hoc reatu,	2	10	1
mortis, nullis praemiis, nullis amicitiis, nullis affectibus omni sane	tortore pietatis mordacitate peioribus separari permittis. tu ut nudum	1	36	30
non habet necessaria tormenta confessio, quod sine truculenti sudore	tortoris facinora sua sponte reus, ut fiat innocens, confitetur. pretiosa res	1	42	2
quod nostra non habet necessaria tormenta confessio, quod sine sudore	tortoris facinora sua sponte reus, ut fiat innocens, confitetur. pretiosa	2	24	2
claudicat color; non membra tremore uibrantur; non dimissi, non	torui sunt oculi. nemo rogat, nemo trepidat, nemo se excusat, nemo	1	4	14
adeo uiris contra dei legem deique iustitiam euagandi *extra legitimum*	*torum* peregrina luxuria inspirat infeliciter quasi liberam facultatem ac sic	1	1	13
uestris labris indulgenter infundit. idem non tumidus ceruice, non	toruus fronte, non minax cornu Taurus, sed optimus, dulcis, blandus ac	1	38	3
quamuis melior alia tamen prior ipsa. erubesce, Christiana conscientia, uel	tot ac tantis ex rebus quemadmodum rursum eadem quae es sis melior	1	2	21
qui si fuerit uitiosus, quot habet unusquisque membra, poterit perpetrare	tot crimina. denique hoc genere Iudaeos scriptura denotat ab auribus	1	3	9
non tam imaginem suam quam eius, cuius est in usibus, gerit. denique	tot efficit uultus, quot ille intrinsecus tristes seu hilares suos fecerit motus,	1	2	29
et caligo totam Aegyptum circumdedit; exaltatus est Israel, quando	tot et tanta tormenta Aegyptiorum solus ipse nihil aut timuit aut sensit.	1	61	7
marina monstra; laciniis omnibus spoliatur puella, uestitur incendio. inter	tot instrumenta mortis spectatore metuente secura calcat genera uniuersa	2	2	7
coronam competenti ualeat sermone disserere, dum in uno corpore	tot martyria uideantur esse quot membra? armauerat diabolus satellites	1	39	1
uniuersa uno momento disperdit. hinc Iob alta fidei radice robustus	tot nuntiis lugubribus tunditur nec mouetur, sed tantum benedicit deum	1	15	3
electio sit alterius reprobatio. uel si omnes omnino amplectendae sint, ut	tot quis habeat fides quot non habet uerba, multo magis nihil habebit, quia	2	3	7
credit. igitur Isaac unicus filius, spes populorum et gentium, origo	tot rerum, cari genitoris amplexibus inhaerebat. strinxerat in se patris	1	62	3
— funereo ambitu excedit uicti saeculi triumphum reportans, quam	tot suppliciis omnes crediderant perituram. o necessarius timor, qui nihil	2	2	7
eos uno momento exigua humus et peraequat et satiat, enorme quod cum	tota ambitione sua non potest aurum. hinc unus pecuniam suam tamquam	1	5	11
sic ait dicens: *diliges dominum deum tuum ex toto corde tuo et ex*	*tota anima tua et ex tota uirtute tua; et secundum simile huic: diliges*	1	36	17
eius et diligas eum et custodias praecepta eius ex toto corde tuo et ex	*tota anima tua, ut bene sit tibi?* uidetisne hunc timorem nobis necessarium,	2	2	4
peperit mater. sicut paruulis morem geram sacrique horoscopi pandam	tota breuitate secreta. igitur, fratres, genesis talis est uestra. primus uos,	1	38	2
et spiritus aduersus carnem; haec duo inuicem aduersantur sibi. hinc caro	tota deliciis fluens, uariis temporum redimita muneribus opes multimodas	2	4	9
eius natura sit talis, ut numquam moretur in propriis, sed in publicum	tota diffusa sit, diffamationibus uigeat, huc atque illuc aestuans uarie caeca	1	4	11
labore culta, lauacro nitida, unguentis oblita, uestitu uaria, monilibus	tota distincta, conuiuiorum celebritate iucunda, uino madida, gemmis seu	2	4	9
formis referta penetralia, gemat terra sub pondere argenti, auro ardens	tota domus pugnet sua flamma cum sole honorumque exinanitus a te	1	5	10
sed a suo corde remedium salutare deposcunt spiritumque suum	tota humilitate contribulatum ambitiose sacrificant sicque legitime celebrata	1	34	9
tunc carnalis mimus ille finitur exsanguique nihil iam suffragantia	tota illa ornamenta medentur, nisi quod a false plangentibus adhuc uiuenti	2	4	16
labra liuentia spumantibus uenis ebulliens palpitante ruina captiui	tota miserabiliter per membra desaeuit. alios amentes, alios furiosos, alios	1	38	6
ipse compleuerit. quod si factum non fuerit factumue displicuerit, tum	tota mugiet litibus domus, blasphemabitur deus arreptoque forsitan ipso	2	7	15
deum non timet. adde quod lex partibus et discitur et docetur. adde quod	tota nec intellegitur nec tenetur. adde quod a quolibet pro ingenii qualitate	2	3	5
fideliter sine ulla iactantia eius fungitur uoluntate. est autem in publicum	tota prominens atque diffusa, sic tamen, ut sentiri se cupiat quam uideri,	2	1	12
nulla humanae curiositatis calumnia commoueris. a paterno fonte in filio	tota refunderis et tamen, tota ubi refunderis, nec recedis. recte deus	1	36	32
ueniamus, omnium fontem matremque uirtutum. quae praeter ceteras	tota se ad alienas utilitates colligit atque explicat sciens, quid deo	2	1	11
facultatibus notis mederi non posse, pro uno puncto requiei incunctanter	tota, si liceat, paratus offerre. superstitibus fratribus saltem cupit esse	1	2	10
diuinae atque humanae religionis delet abrupte igni ferroque cum sua sibi	tota substantia incolas, ciuitates et rura nihil omnino metuens amicae	2	1	7
temporis regimen utroque cessante actumque est de mundo mundique	tota substantia, si uel uno momento diuinitatis cessat imperium. at si, ut	2	5	5
audiuit, sed apostolos asseuerat, quorum praedicatione gloria domini per	tota terrarum spatia nuntiata est. terram homines intellegendos frequens	1	61	3
quidem ipsa stare posse perspicimus. adeo tolle spem: torpet humanitas	tota; tolle spem: artes uirtutesque uniuersae cessabunt; tolle spem, et	1	36	2
calumnia commoueris. a paterno fonte in filio tota refunderis et tamen,	tota ubi refunderis, nec recedis. recte deus diceris, quia trinitatis potentiam	1	36	32
diliges dominum deum tuum ex toto corde tuo et ex tota anima tua et ex	*tota uirtute tua; et secundum simile huic: diliges proximum tuum tamquam*	1	36	17
negotiatores astutia, inani pauperes uoto, cultores dei odio simulato,	totae autem gentes uniuersaeque nationes gladio. per orbem totum uesana	1	14	1
excelso. exaltatus est Israel, quando per triduum tenebrae et caligo	totam Aegyptum circumdedit; exaltatus est Israel, quando tot et tanta	1	61	7
uiduam ultimam uictus sui filiorumque substantiam non partitam, sed	totam dedisse maluisseque se cum liberis suis emori quam iustitiam	2	1	20
satellites suos in domini populum, ueterani odii assertor antiquus, et	totam familiam domini impastae feritatis grassatione turbabat. indixerat in	1	39	2
tractabilis? longum est ire per singula. ecce peremptorius aliqui morbus	totam machinam lecto prosternit, ecce tempestas undique mortis incumbit.	2	4	16
praeclarus, pretiosus ac speciosus unus est lapis, qui quadrae turris	totam solus sustinet molem. cui non innumerabilis uarie famulatur acies	2	6	6
fortiter bibite, dum licet, superfluentis amnis undae subiecti toto impetu	totaque deuotione uestra uasa replete, ut semper uobis aqua sufficiat, hoc	1	12	
tuba praedonum corda face furiali succensa, impetibus crebris passim	totas hominis dei facultates inuadit, subito rapina, igne ferroque uniuersa	1	15	3
igitur famigerabile committitur proelium: illinc diabolus horrendum	totis intonans armis ministrisque insuper suis in auxilium concitatis,	1	15	3
praeuiis lacrimis auspicatur. non mater eius tanti partus pondere exhausta	totis pallens iacuit resoluta uisceribus. non filius matris aut suis est ullis	1	54	4
manu inuersa uice adorta est in suum fomitem adolescentis ignem	totis uiribus deriuare. at ille in repugnatione ueste sibi uiolenter extorta ex	1	1	16
haec utrumque sexum; illa praeputium paruae cutis, haec praeputium	totius concupiscentiae saecularis; illa octauo deseruit diei, huic deseruiunt	1	3	23
igitur ne quis operis rationem a me forte disquirat, paucis insinuabo. in	totius fabricae fundamentis non sicut in Iudaeae templo plurimi, sed	2	6	6
est etenim tantae uirtutis, ut sit honorabilis etiam hostibus suis. haec	totius humani generis fundamenta confirmat, haec nominum proprietates	1	1	1
gradatim pro meritis quasi cum quibusdam elogiis paucissimis uerbis	totius humani generis iudicium designauit; etenim quantum interest inter	1	35	3
Sagittarius, formidabit umquam, uariis atque igneis sagittis armatus,	totius humani generis omni momento corda destringens; propter quod sic	1	38	6
occidit. Iob ulceribus maculatus est; et dominus sumendo carnem	totius humani generis peccatorum est sordibus obsoletatus. Iob uxor sua	1	15	8
sui uitium et corporis demonstrantem, post multa adulteria spectaculo	totius mundi quoque prostituit. non opus est ire per singula; quamuis et	1	1	11
parturit non dolore, sed gaudio. mira res! exsultans exponit infantem	totius naturae antiquitate maiorem. interea rudis non gemit feta. non	1	54	3
tantum, sed immortalitatem in se credentibus praestitit dominiumque	totius naturae recuperauit, sicut est ipse testatus dicens: *omnia mihi tradita*	1	15	9

suae coactus in infantem uagit deus patiturque se pannis alligari, qui totius orbis debita uenerat soluturus. in stabuli praesaepe deponitur 2 12 3
id est apostolorum duodecim, *corona* circumdat, quem per ambitum totius orbis non muta *quattuor animalia,* sed salutiferis praedicationibus 2 12 4
pietatem, quod unicus, quod sero, quod promissus, quod sola unica spes totius praeteritae sterilitatis damna sarciret. inuenta est causa, ubi Abrahae 1 62 3
fratres, quorum largitas prouinciis omnibus nota est, quorum pia semina totius quodam modo orbis per membra iactantur. uobis multi redempti, 1 14 8
nuntiabant; quem confirmat in scala rectissime positum, quia historia totius scripturae et propter ipsum et auctorem per ipsum impleta est. 1 37 8
omnibus exempla uel ratio, quam prosecuturi sumus, argumentationis totius uno ictu omnes neruos abscindet. quapropter duas esse natiuitates 2 8 2
legis sacrae praeceptum, sic ait dicens: *diliges dominum deum tuum ex toto corde tuo et ex tota anima tua et ex tota uirtute tua; et secundum* 1 36 17
ambules in omnibus uiis eius et diligas eum et custodias praecepta eius ex toto corde tuo et ex tota anima tua, ut bene sit tibi? uidetisne hunc 2 2 4
uitreis armatum montibus, uiolentis undarum saeuientium cumulis, toto corpore insaniat, tamen extremorum pallido ex recursu uoluminum 1 4 5
placiturus. rex mansuetus, pater pius, propheta modestus. totum potest, a toto dissimulat; magnis ac mirabilibus saeculi non mutatur; mitem 2 9 7
sed uiator: timet profundum intercipere non timentem; nec tamen in toto dissimulat, ne per mare pedibus se ambulasse non credat. aduersus 2 2 6
nec deo fidem. haec etiam uiros reprehensio manet. Christianus ergo in toto dubitare non debet in statum pristinum mortuos excitari talesque 1 2 15
fuere homines et rarissimi Christiani, cur ego Christiano orbe paene iam toto hominumque uiuacitate mundo senescente detrita *obtundam uerbis* 2 7 5
sunt, quae dici possunt, sed satis otiosum est in his demorari, quae in toto iam non sunt. unum sane necessario proferemus exemplum, quod et 1 25 6
ac fortiter bibite, dum licet, superfluentis amnis undae subiecti toto impetu totaque deuotione uestra uasa replete, ut semper uobis aqua 1 12
in homine deo bellum et infaustae superstitionis busto in nefas conscium toto mundo funereum fecerat rogum. scatebat per tecta culminum 1 39 2
nam cum solito more unanimes una epularentur in domo, subito concussis toto nisu quattuor angulis eius in confusam molem parietibus tectisque 1 15 4
circumcisio aduersus sabbatum pugnat, quod uiolandum ullo opere in toto non esse praeconat. etenim plerumque contingit, ut ei nascatur 1 3 3
est dominicae signum, sine quo uiuere immortalitatemque apprehendere in toto non potest Christianus. quod tabulatis infertur, caelestis uiae uitaeque 2 11 4
sermone urgentium sacramentorum non sinit pondus. uerum tamen ne in toto solemnitas cesset, paucis eius degustate sermonem. uinea dei quidem 1 10b 1
propagat. *de deo nascitur deus*, de ingenito unigenitus, de solo solus, de toto totus, de *uero uerus*, de *perfecto perfectus*, totum patris habens, nihil 1 17 2
omnibus demutatur labore, aetate, languore, ira, gaudio, tristitudine totque induat uultus, quot animi fuerint motus, nullusque prorsus dies, 1 27 2
subicit se gradibus aetatis, cuius aeternitas in se non admittit aetatem. totum contra conscientiam suam ut homo infirmus patitur, ut homini 2 12 3
cadauer amplectitur conclamatum; frigentia tepefacit crebris osculis labra; totum corpus imbribus relauat lacrimarum crinium suorum damno 1 2 14
pro nefas! hinc mater scissa ueste, laniatis crinibus, laniatis et genis, totum crebris ictibus liuida pectus gentili uanitate circa amissi cadauer 1 2 13
consuerunt, profanis aliquotiens ululatibus rumpit taetraque inluuie suum totum deformans cultum cadauer amplectitur conclamatum; frigentia 1 2 14
in hominem se fecit nasci, quemadmodum homo non potest nasci. totum denique sua luce resplendens corpus sine umbra gestabat, humilis 1 54 5
terrenam, quae utique non caelestis populi meritum, sed terreni per orbem totum dispersionis futurae denuntiabat exitium. adeo eos in eremum inde 1 18 1
parcebant simulacro dei: etenim mortis imperium sibimet uindicauerat totum. haec cum diu sic haberentur, sollertissimus ille artifex rerum filius 2 4 6
animi desecat uitia; illa ferro, haec spiritu; illa portionem, haec hominem totum; illa masculum solum, haec utrumque sexum; illa praeputium paruae 1 3 23
saginatio est, si panem tuum inops esuriens manducauerit. tuus census est totum in misericordiam habere quod habes. tu sola rogari non nosti. tu 1 36 31
cuius ornatum, cuius imaginem non deponis. ad ecclesiam dei opere uario totum inaurata corpus, exsecrabili metallo procedis onusta, ubique delicata, 1 14 6
una dignitas retinetur. si quid enim filio detraxeris, ad patris, cuius habet totum, iniuriam pertinebit nec est in illo aliquid, quod sit inferius, quia 2 5 10
perducat; non aurum, non argentum, quia in suis martyribus computat totum. non fenestrarum lumen implorat, quia sol aeternus in eo manet. 2 6 6
enormis pinguedine, usque adeo incertus, ut idem in duobus per orbem totum non possit inueniri terrarum? igitur in deum cum haec non incidant, 2 30 2
facere quod timeat publicari. totum prorsus temptat, ut sibi uindicet totum. nouum prodigii genus est: odit pudicitiam et tamen hoc cupit 1 1 9
fragore terribili instantibus undique proeliorum procellis miserabiliter per totum orbem dispersere terrarum. Ionas in naui dormiens sacramenti 1 34 7
et pater quod accepturus est habeat et filius non careat quod daturus. totum pater, totum possidet filius; unius est quod amborum est; quod unus 2 5 9
felicior putabatur. unicus numero et in amoris soliditate iam primus totum <paternae ac> maternae pietatis occupauerat pectus festinata 1 59 5
cordis *eructuat uerbum*, omnipotentia se propagat. *de deo nascitur deus* totum patris habens, nihil derogans patri. alter renitet in altero; cuiusuis 1 56 1
de solo solus, de toto totus, de *uero uerus*, de *perfecto perfectus*, totum patris habens, nihil derogans patri; procedit in natiuitatem qui erat, 1 17 2
caeci dilatant horrea, terras angustant, urgent saltibus saltus et, si orbem totum possideant, fines oderunt. inlicitum putant habere uicinum. 1 5 8
sui tenax, *appetens alieni*, non suo, non alieno, non ipso orbe contenta. totum possidet et de inopia queritur semper. denique ad sua numquam 1 5 2
quod accepturus est habeat et filius non careat quod daturus. totum pater, totum possidet filius; unius est quod amborum est; quod unus possidet, 2 5 9
retinendo placiturus. rex mansuetus, pater pius, propheta modestus. totum potest, a toto dissimulat; magnis ac mirabilibus saeculi non mutatur; 2 9 7
labris exhauris futurique haustus quasi quasdam primitias auspicaris, totum prorsus iniquitatis spiritum libens concipis per maritum: infelix, iam 2 7 17
lubrica utilitate perueniens. desiderat facere quod timeat publicari. totum prorsus temptat, ut sibi uindicet totum. nouum prodigii genus est: 1 1 9
laudis, non uituperationis, et *redde altissimo uota tua.* honorem totum refudit in patrem, ex quo omnia. *et inuoca me in tribulatione tua et* 1 25 8
carnis inimicae et quicquid ingesserit mundus uoluptatis aut muneris, totum respuit praesumens totum se habere, si pura sit. neminem foede 1 1 2
ingesserit mundus uoluptatis aut muneris, totum respuit praesumens totum se habere, si pura sit. neminem foede desiderat nec ulli similiter se 1 1 2
noster, qui se digessit in deum; hic pater, qui suo manente integro statu totum se reciprocauit in filium, ne quid sibimet derogaret. denique alter in 1 7 4
iura diuina contemnit, humana uersutis argumentis excludit, orbem totum, si possit, ut rapiat. uultis scire, quale calamitatis sit genus? sane 1 21
taciturnitate, non uoce. quorum quis quid sit consecutus, accipite: qui totum sibi ipse promiserat, inanis, qui nihil praesumpsit, iustificatus de 2 9 9
consolatio saepe libertatem paris. tu paupertati praestas, ut habeat totum sui contenta, cum sustinet totum. tu prophetas prouexisti. tu 1 4 22
paris. tu paupertati praestas, ut habeat totum sui contenta, cum sustinet totum. tu prophetas prouexisti. tu Christo apostolos glutinasti. tu cotidiana 1 4 22
odio simulato, totae autem gentes uniuersaeque nationes gladio. per orbem totum uesana bacchatur nouis ac uariis artibus feruens, numquam quieta, 1 14 2
digito dei manuque e limo terrae fingitur homo. construitur mobile totumque se nesciens simulacrum et, ut imago sit dei, inspiratur a deo in 1 56 3
etiam sibi; actus improuidus, instabilis, caecus, incautus, inconstans, totus concitatus in ruinam; res sine substantia, negotium sine persona? 1 4 7
de deo nascitur deus, de ingenito unigenitus, de solo solus, de toto totus, de *uero uerus*, de *perfecto perfectus*, totum patris habens, nihil 1 17 2
publicanus autem non membratim deum, sed totus exorat, quia timore totus est humilis, sua peccata contestans, secundum domini dictum a quo 2 9 9
quod malum sit? in ipso fructu suo etiam ipse se odit. uenenis eius cotidie totus exaestuat mundus pestiferisque uoluptatibus ita corrupta sunt omnia, 1 36 27
maius insania, deo se laudat. publicanus autem non membratim deum, sed totus exorat, quia timore totus est humilis, sua peccata contestans, 2 9 9
parturit Maria non dolore, sed gaudio; nascitur sine patre filius, non totus matris, sibi debens quod conceptus est, donans matri quod natus. 2 12 2
utraeque cuius exaggerare opulentiam uelocitate mira contendunt, cui totus militat mundus, aetas cui uniuersa deseruit. pro nefas! quae istae sunt 2 1 8
miserabiliter ad ima deferri. sed quia inexstinguibilis pestis incendio totus mundus exarsit, auaritia, ut putatur, crimen esse desiit, quia 1 5 1
fuit; et quid ditius domino, cuius sunt omnes diuites serui, cuius est orbis totus omnisque natura, beatissimo Dauid dicente: *domini est terra et* 1 15 7
erat enim futurum, ut omnium nationum in Christo credentibus populis totus orbis deo una ciuitas redderetur. denique comparationem salutaria 1 34 9
perfacile est. meminimus in Regnorum proditum libris famis tempore, quo totus passim populus moriebatur, Eliae alimenta poscenti memorabilem 2 1 20
integritas. iamiamque Susanna ad supplicium immerens trahebatur, iam totus populus in eius sanguine tumescebat, iam sui quoque familiares 1 1 19
pedum plaga inimici percussus populosis ulceribus non distinctus est, sed totus unum uulnus effectus. uerum tamen in his omnibus nihil aduersus 1 15 5
germinis adoptiua pinguedine absumptus, immo pinguedo ipse factus, totusque acceptum translatus in honorem nouae frondis promotione ramis 1 2 27
denudat. nonne horrebit etiam sibi quodam modo illa excarnata umbra tractabilis? longum est ire per singula. ecce peremptorius aliqui morbus 2 4 15
quod illius sacrificium publicum est, tuum secretum? illius a quouis libere tractari potest, tuum etiam a Christianis ipsis minime consecratis sine 2 7 14
sin uero, sicut necesse est, una est illa nobilis et antiqua, quae non dicam tractatu, sed ipsius natiuitate porro maior est legis, quae deum deo 2 3 8
est, non dei originis aut naturae. sequitur ut scire debeamus, utrum tractatum fidei an fidem tractatus debeamus adserere. si tractatum fidei 2 3 6
debeamus, utrum tractatum fidei an fidem tractatus debeamus adserere. si tractatum fidei dixerimus, uehementer errabimus. subici enim se 2 3 6
doctrinae beneficium, sed ut sciat unusquisque aliud esse fidem, aliud esse tractatum nec fidem per tractatum posse uel dari uel nosci uel destrui. dari 2 3 11
ut sciat unusquisque aliud esse fidem, aliud esse tractatum nec fidem per tractatum posse uel dari uel nosci uel destrui. dari non potest, quia si 2 3 11
aut naturae. sequitur ut scire debeamus, utrum tractatum fidei an fidem tractatus debeamus adserere. si tractatum fidei dixerimus, uehementer 2 3 6
perfectum quod aliunde exspectat sibi aliquid necessarium. si uero fidem tractatus dicere coeperimus, erit profecto nec nostra nec sua, sed nec eius, 2 3 6
erit profecto nec nostra nec sua, sed nec eius, cuius esse dicetur, quia tractatus fidem cum astruit, ex eo ipso eam, quo astruit, destruit. nec ulli 2 3 6
indicant nomina (quae si auferas, nulla fortassis est pugna), multos esse tractatus, multas etiam fides et quidem nouellas et litis labore ac fauore 2 3 7
quis habeat fides quot non habet uerba, multo magis nihil habebit, quia tractatus, qui eas genuit uel cotidie generat, adhuc potest generare. e 2 3 7
non didicit, sed praesumpsit, edicat mihi, perniciosa ista adinuentio tractatus sui quo proficit pugna. 'ne fides, inquit, intereat, cum male aut 2 3 8
praecipites labuntur e caelo et a tergo longo flammarum albescentium tractu funereae facis solemnitate in occasus suos quasi quibusdam 1 2 17
est, fratres, ut pater accepturus sit quod non habuerit aut filius tradendo quod habeat perditurus, cum et pater quod accepturus est habeat 2 5 9
in caelum. hic, inquam, de quo Paulus ait: *qui accipit regnum, regnat et tradet deo et patri*, et cetera. quid hinc scandalum pateris, Christiane, ex 2 5 4
dei et Christi, ostendens unum esse regnum patris et filii. recte igitur patri tradet regnum qui dixit in monitis *regnum* non stare *diuisum*. unde non 2 5 9
non habeam, nihil sum. et si in cibos distribuero omnia mea et si tradidero corpus meum, ut ardeam, caritatem autem non habeam, nihil 1 36 20
qui hominem fecit, qui ei munus perpetuae caritatis similitudinem suam tradidit, qui orbem terrae donauit, qui omnia elementa mundi cum 1 36 28
libidinis turpitudo aut ueritate aut imagine perpetratur. praemia aut tradit aut accipit, corrumpit aut corrumpitur, inicit amorem, paulo post 1 1 7
iura, quae nobilitatem generis sui non a parentibus accepit, non liberis tradit; ipsa est sibi uterque sexus, ipsa omnis affectus, ipsa genus, ipsa finis, 1 2 20
sacrae historiae, fratres dilectissimi, ad hoc nobis est tradita legenda narratio, ut maiorum, si fieri potest, saltem aliqua ex parte 1 15 1
totius naturae recuperauit, sicut est ipse testatus dicens: *omnia mihi tradita sunt a patre meo*. Iob uicarios filios genuit; dominus quoque post 1 15 9
habui apud te, priusquam mundus fieret. qui resurgens ait: *omnia mihi tradita sunt a patre meo*. hic, qui purus de caelo descendit, carnatus 2 5 4
Iudaeorum est a senioribus accusata, quod sabbatum ruperit, quod eorum traditiones abiecerit. Thamar protulit monile, anulum, uirgam seque 1 13 12
quam antiquitati, quam deo domino dicenti: *reicitis mandatum dei, ut traditiones uestras statuatis*! sed non eo dico, ut ingratum faciam doctrinae 2 3 10

etiam profani secreta! o quam praesumpta, quae mauult magis nouellae	traditioni suae credi quam antiquitati, quam deo domino dicenti: *reicitis*	2 3 10
uel fide esse depositum, sicut euidens testatur exemplum. Iudas Scariothes	traditor domini et spem et fidem perdidit, quia caritas in ipso non mansit.	1 36 19
persecutorem suum et, quod magis est, regem aliquotiens a deo in manus	traditum sibi mauult semper timere quam occidere, inuerso gratus officio,	2 9 7
prouisionis piae diuina mysteria? si minus sentis de filio, quia regnum	traditur patri, maior patris iniuria est, si est aliquando sine regno. accedit,	2 5 5
in perpetuum. quid hoc est? si in perpetuum regnat, Paulus errauit; si	traditurus est regnum, isti mentiuntur. absit! nullus hic error, diuersitas	2 5 7
qui cum hostiam prouidet, cuius loco electus fuerat, requirebat. sed	traduntur tenerae adhuc uinculis manus [et], ne quid minus ab hostia	1 59 6
damnatur integritas. iamiamque Susanna ad supplicium immerens	trahebatur, iam totus populus in eius sanguine tumescebat, iam sui quoque	1 1 19
ritus nunc aut libamina inceste profundere aut ornatus sertis uictimas	trahere aut grauia nidoribus tura succendere aut inter fumidos ignes	1 39 2
conuentione cognouit ac singulos quosque ad funestum illud spectaculum	trahi, contemptis uniuersis facultatibus suis, amputatis radicibus saeculi	1 39 3
compta mendacio, armata uocis tuba et gladio linguae omnes actus ad se	trahit, congregat turbas, contionatur. lites sic discernit, ut seminet. prauos	2 1 6
dei metus in ecclesia continet, sed tamen eos mundana uoluptas ad se	trahit. *impii non manent, quia his dei nomen in honore est; pii non sunt,*	1 35 5
similiter pudicum, uti fallat. pudicitiae nominis sonum post se	trahit, sed quos fructus habeat, eius auctor ostendit. discurrit quippe	1 1 6
cum die, sua luce radiantes nobiscum possint inmortalitatis per aerium	tramitem cursu seruato ad repromissionis tempus, ubi in perpetuum quis	1 44 2
prouida, omni necessitate contenta, quauis turbationum tempestate	tranquilla. serenitatem suam nebulis turbulentare non nouit. paenitentiam	1 4 2
namque, carissimi, desperatus parentibus, sed deo promittente susceptus in	transacta aetate et generantis genitalis flore consumpto non tam ex	1 59 1
essent futura, priusquam fierent, admonebat. proprium enim dei est scire	transacta et nosse uentura. *filios*, inquit, *genui et exaltaui*. infinita Iudaei	1 61 5
uetustae legis gesta testantur. Sarra uxor eius non inferior longae uitae	transactis cursibus †pius aut filius ederit partus effusione perciperet†. sed	1 43 1
ridiculosa, quae duobus confligentibus Christianis ab altero eorum, si non	transducitur, perfidia, cum transducta fuerit, fides uocatur! o quam non	2 3 10
Christianis ab altero eorum, si non transducitur, perfidia, cum	transducta fuerit, fides uocatur! o quam non uera, si *factionibus pollet*! o	2 3 10
coronemus nos rosis, antequam marcescant. nullum pratum sit, quod non	*transeat luxuria nostra. ubique relinquamus signa laetitiae, quoniam haec*	2 4 10
timor, quia quae diximus et alia his similia cum passibilitate sui	transeunt; timor conscientiae non deletur. nunc uideamus, intellegendum	2 2 2
itaque hanc obseruantiam, hunc timorem, quod est uerius atque iustius,	transfer ad deum et, quale uelit illud sit, repente exstinguetur incendium.	2 7 9
indice Paulo cognoscite: *et si habuero*, inquit, *omnem fidem, ita ut montes*	*transferam, caritatem non habeam, nihil sum. et si in cibos distribuero*	1 36 20
fidem spiritus calles, aliquam demonstra uirtutem: impera montibus, ut	transferant sese; in admirationem tui rictu blandiente leonum rabies	2 3 14
cum iam sit eorum fraus omnis in medio. non enim rem ualuerunt	transferre, sed nomina, iustitiam stultitiae, iniustitiam sapientiae uocabulis	2 1 4
per hanc, fratres, a deo Enoc meruit cum corpore contra legem naturae	transferri; per hanc euadens Noe non inuenit, cum quo diluuium fuisse	1 36 7
tecum ad inferna portabis; quod enim naturae est, de loco ad locum	transferri potest, ei autem subtrahi non potest. denique aurum	1 14 3
pauperibus omnes copias auaritiae subactas uestrum sine inuidia	transfertis in censum. quid enim esse potest ditius homine, cuius profitetur	1 14 9
sorte ductus naufragus redditur, immo a ligneo ad nauigium uitale	transfertur. qui ut est dimissus in altum ferinaeque uoraginis est receptus	1 34 6
magno clausus obice reprimebatur. etenim illi nullae inerant naues, nulla	transfretandi praesidia, cum subito diuina prouidentia scinditur mare,	1 29 2
aliqui etiam bibunt. mustum patris familias cellae reconditur, ut pretiosius	transfretatione reddatur; et martyr dominicae habitationis in recondita	2 11 7
accusatores effecti crimenque suum in simplicitate circumuentae	transfusum artificiose dum exaggerant, exinde iam priores se ipsi	1 1 18
habitationis in recondita adsumitur, ut ibidem ex homine in angelum	transfusus aeternae uitae beatitudine glorietur.	2 11 7
edocuit: *melior qui deficit sensu in timore quam qui abundat astutia et*	*transgreditur legem*; et iterum: *noli esse sapiens multum et noli*	2 3 12
inuidia eum, quia per se non ualebat, aliena forma blanditus per mulierem	transgressionem praecepti dei persuadendo miserabiliter iugulauit et exinde	2 4 5
saeculi, quae non est a patre, sed ex concupiscentia saeculi. et mundus	*transibit et concupiscentia eius. qui autem fecerit uoluntatem dei, manet in*	2 4 12
est Aegyptus et mercatus Aethiopum; et Sabain uiri excelsi ad te	*transibunt et tui erunt serui et sequentur te alligati compedibus et*	2 8 5
quid profuit nobis superbia aut quid diuitiarum ambitio contulit nobis?	*transierunt ista omnia tamquam umbra.* sed et dominus ipse dicit: *quid*	1 5 9
neque enim sine sacrilegio possis placere sacrilego. ut rem compendio	transigam: utique a templo regrediens necessario enarrabit tibi sciscitanti	2 7 16
caritas autem etiam ingratis conferre consueuit; adde quod fides non	transit in alium, caritas parum est dicere transit in alium quae transit in	1 36 11
libro Genitali, fides autem tenaciter inhaeret suo soli proposito. lex ab alio	transit in alium; fides interit, si ab suo statu aliquando uel in aliquo	2 3 5
consueuit; adde quod fides non transit in alium, caritas parum est dicere	transit in alium quae transit in populum; adde quod fides paucorum est,	1 36 11
fides non transit in alium, caritas parum est dicere transit in alium quae	transit in populum; adde quod fides paucorum est, caritas omnium; adde	1 36 11
praestitisse, non crimen. quid hoc est? ecce immanitas in fidem et scelus	transit in sacramentum; parricida incruentus redit et qui immolatus est	1 4 15
confundunt. uindicantur de incensoribus suis. deum uident. mors	transit in uitam, metus in gloriam. sic quis non optet ardere?	2 15
gelido stupore frenatae uitreos diriguntur in muros praestolantes dei	transitum populi, ut persequentibus mare sint. inducitur in uiam Israel	1 29 2
peior, nemo imminentes diei iudicii flammas, per quas omnes nudi	transituri sumus. solum colitur, de quo dictum est: *idola gentium argentum*	1 5 15
uiuos, ex animalibus ueros homines factos, ex hominibus in angelos	transituros, si prouectus aetatis eorum infantiam non mutauerit.	2 10 2
induit, semet decore componit locoque constituit, Iudas qua fuerat	transiturus. at ille uisam mulierem fornicariam putat, quae pudoris	1 13 2
mare rubrum dextra laeuaque undarum stupentibus rupibus pede sicco	transiuit; at nostrum mare uoluntarios suscipit, feliciter naufragos facit	1 46b 2
pinguedine absumptus, immo pinguedo ipse factus, totusque acceptum	translatus in honorem nouae frondis promotione ramis resurgescentibus	1 2 27
est sine hoc uulnere inuentus? quid, quod Enoc a deo integer legitur esse	translatus? quid, quod Noe incircumcisus saeuiente diluuio diuina	1 3 5
quasi promota somniis, illas scholares calumnias dei usque ad ecclesiam	transmiserunt, ut in ipsa quoque, si insanire cuiquam libeat, deus illi non	2 9 2
exspirans uetusti corporis superficie deleta, immo in melioris naturae iura	transmissa, felix caput comis uirentibus redimitum quasi ab inferis	1 2 22
ferro mactauit arietem, quo filium percutere iam parabat. a filio ad agnum	transtulit dextram semper laetatus et gaudens nec mutatus est uultus eius,	1 43 7
perpetuo et tutius maneat testatoris uoluntas inscripta, seu quod quasi ex	transuerso in unam fidem concurrentia crucifigi habuisse dei filium	1 37 8
pudor. sicque Susannam, quam inpudicitia mentiente in publicum	traxerant, probatam et uindicatam ad mariti thalamos cum ingenti	1 1 19
ad iudicium repetendum reuocaretur addicta. falsos testes pauor inuadit.	tremit diabolus, quod ipsius commenta nudentur. gaudent angeli, quod	1 40 3
inuenit antequam uideat, felix sepulcro quam naui. in oratione mons	tremit: monti, non apostolis trepidatio est. Petrus aestu marino fertur non	2 2 5
inconstanter assimulant, cum ardent *plura fulminibus,* cum terra uel	tremit uel hiatu se recipit in se, nullus hic beatitudinis locus est, ubi non	2 2 3
res impleta est domini passione: caelum medio die perdidit diem, terra	tremore nimio firmitatem. hinc aestimare licet, quid eis sit reseruatum,	1 47
horrida globis inter labra liuentia stridit, intorta omnia passim membra	tremore uibrantur; gemit, flet, denuntiatum pauet iudicii diem pellique se	1 2 6
an uictima! non percussoris, non percutiendi claudicat color; non membra	tremore uibrantur; non dimissi, non torui sunt oculi. nemo rogat, nemo	1 4 14
gemunt cedentibus uelis antennae, retunsa undique iter non inuenit prora.	trepidant nautae, festinant in cassum iactura uasorum nauem leuare	1 34 6
tremore uibrantur; non dimissi, non torui sunt oculi. nemo rogat, nemo	trepidat, nemo se excusat, nemo turbatur. ne uere sit parricidium, ille	1 4 14
felix sepulcro quam naui. in oratione mons tremit: monti, non apostolis	trepidatio est. Petrus aestu marino fertur non naufragus, sed uiator: timet	2 2 5
in immolandum gladius uibratur nec puerum mors uicina contristat, ne	trepidatio fidem prodat infirmam. sub hac denique immolantis	1 59 7
naturae in homine nascitur, dei autem et discitur et docetur, quia non in	trepidatione, sed in doctrinae ratione consistit, sicut scriptum est: *uenite,*	2 2 1
sinus insubditaque humanis gressibus liquidi aequoris terga, quibus uiator	trepidus absorbebatur, et perambularet pariter et euaderet. clamat de	1 34 3
dimisisset et terram. et tunc Abraham *respiciens oculis uidit* <*uiros*>	*tres, cucurrit, adorat* prostratus in faciem, offert hospitium. *refrigerate,*	1 62 1
	tres Hebraei uenerabilis numeri sacramento muniti, aetate teneri, sed fidei	2 22
Iudas	tres liberos habuit: Her, Aunan, Selom. hic mulierem, cuius nomen est	1 13 1
time, diaboli si uis incendia non timere. ecce pueri sacramento muniti	tres numero, sed una uirtute, anhelantibus flammis, camino rugiente non	2 15
ac perfecta fides quique illi fuerit cruciatus sua complicat uota. denique	tres pueri in illo sacro certamine prae oculis deum sibi proposuere, non	1 11
sollicitique maris fluctus insanos tutior piscis aluo quam alueo nauis nec	tres pueri, quo ardere putabantur incendio, de suis incensoribus uindicati,	2 18 1
Christiane, omnique uirtutum exemplo famigerabilem. Hebraei uere	tres pueri senum constantia maiores, iuuenum uirtute fortiores, sibi pares,	1 53 1
panem uinumque pretiosum uobis ex usibus suis sua de mensa largitur.	tres pueri unanimes legumina inferunt primi, quibus, ut scitus sit sapor,	1 24 2
suam religionem custodiunt potius quam salutem. igitur cum audio	tres pueros incensos, prius uehementer horresco, mox deinde eorum	1 31
licet sectae sint plures, quae iniuriam Christi fabulari nitantur, tamen	tres sunt quodam modo principales. e quibus duae eius, quem cupiant	2 8 1
magis tenebras quam lucem, creaturam potius quam creatorem. itaque	tria conuenit esse iudicia: unum iustorum, qui non tantum, ut dictum est,	1 35 7
immola, inquit, *deo sacrificium laudis.* primo omnium sacrificiorum	tria esse genera, nouelle, disce, Christiane, ne quo seducaris errore. unum	1 25 3
implorat, quia sol aeternus in eo manet. inaestimabilia unius plenitudinis	tria illi sunt membra, unum secretarium et patentes semper duodecim	2 6 7
ut homo infirmus patitur, ut homini mortis lege consumpto inmortalitas	tribuatur. haec est enim potestas dei, ut saluo quod est possit esse quod	2 12 3
aut excusatis aut emendatis indulgentia, impiis autem aeterna poena	tribuatur per dominum Iesum Christum, qui est benedictus cum spiritu	1 35 9
non hora, non sexu, non aetate, non condicione, non loco, non genere a	tribuenda homini salute depellitur, sed gloriosa semper in omnibus	1 3 22
plus est, melle dulcior ac lacte candidior aeternae uitae beatitudo dei	tribuetur in regno.	1 46b 3
enim et alius amor sane saluti nostrae contrarius, cui recte hominis forma	tribuitur, quia temporalis ac fragilis esse cognoscitur. ideo lineamento	1 36 25
ipsa me consolata sunt. parasti in conspectu meo mensam aduersus eos, qui	*tribulant me. inpinguasti oleo caput meum et poculum tuum inebrians*	1 13 10
eam; sed ut doceret, quoniam, cum uiuit in hoc mundo, semper in	tribulatione, semper iustus in poena est. cum autem mors, quae putatur	1 2 31
immola deo sacrificium laudis et redde altissimo uota tua et inuoca me in	*tribulatione tua et eripiam te et magnificabis me.* si pater loquitur, fratres,	1 25 1
tua. honorem totum refudit in patrem, ex quo omnia. *et inuoca me in*	*tribulatione tua et eripiam te* dicendo ostendit, quoniam per se omnia	1 25 8
tuis; in tristitiae gemitu edes ex ea omnibus diebus uitae tuae; spinas et	*tribulos eiciet tibi et edes pabulum agri; in sudore uultus tui edes panem*	1 2 30
patri omnipotenti laudes et gratias referamus. qui zizania, lolium, lappas,	tribulos in laeta frumenta mutauit, quae diligenti cultu purgata molarisque	1 41 1
male dulce delibauit, lacrimas repperit, dolores et gemitus, *spinas et*	*tribulos* sibimet comparauit ultimoque *sudore* turbatus posteris hereditatem	1 4 8
qualitate suscepti, apostolo dicente: *omnes nos manifestari oportet ante*	*tribunal Christi, ut recipiat unusquisque corporis sui merita secundum ea,*	1 2 15
dominum pietate. cetum esse non dubitatur infernum; sicut enim Ionas	tribus diebus et tribus noctibus fuit in uentre ceti euomitusque Niniue se	1 34 8
discordantia deuotione dominica in unam concordiam conuenere. namque	tribus in pueris fides puniri non timuit. inmissis camino ignis exaestuans	1 48

	tribus in rebus Christiani culminis fundamenta consistunt, id est in spe, in	1 36 1
fides sine caritate neque spes poterit operari sine fide. itaque Christianus	tribus in rebus, si cupit esse perfectus, debet esse constructus. si quid enim	1 36 2
cetum esse non dubitatur infernum; sicut enim Ionas tribus diebus et	tribus noctibus fuit in uentre ceti euomitusque Niniue se intulit ciuitati, ita	1 34 8
ut eam ipse quoque ignis horruerit. nam a barbaro rege nimia crudelitate	tribus pueris consulente fornacis ultra quam solet septenario pabulo ignis	1 22 1
conuertit; haec in Maccabaeicae germanitatis exercitu sola uicit; haec in	tribus pueris ignes amoenos effecit; haec mare pedibus ambulari posse in	1 36 8
uerbis omne hoc mundi, enixe quod geritur, negotium perorauit! his enim	tribus rebus, quae fundamenta sunt omnium uitiorum, uiolentis quasi	2 1 6
canentibus flamma blanditur. deus a creatura uniuersa benedicitur. in	tribus una mens, una uirtus, unus triumphus exsultat. melioratur uita	2 27
tu tibi in filio obtemperas. tu in spiritu sancto exsultas. tu cum in	tribus una sis, nullo pacto diuideris, nulla humanae curiositatis calumnia	1 36 32
demonstrat praemium, demonstrat et gladium, unicuique, quod elegerit,	tributura et ut iure possit implere, quod gerit. qui ad se ueniunt,	2 3 3
paris, quia uoluntas fit uoluptas postmodum tua, cum per eam cotidie	tricenos, sexagenos centenosque colligis fructus. tu in pauperibus diues, in	1 1 20
perduxit *manu forti et brachio excelso*. exaltatus est Israel, quando per	triduum tenebrae et caligo totam Aegyptum circumdedit; exaltatus est	1 61 7
connexa, quae, licet sui proprietate, locis uocabulisque discreta sint, tamen	trini profundi saporis una uirtus, una substantia, una est fluenti natura nec	1 7 4
quia inter agnos uenturo tempore, non inter haedos deputatur, qui pignus	trinitatis acceperit. denique expetisse atque accepisse describitur *monile,*	1 13 9
baptizat spiritu sancto et igni, ipse tunc quoque numero suae adfuit	trinitatis. denique rem sacramento gestam esse cognosce. in caminum missi	2 27
nos diligere deum ac soli illi seruire in sacramento semel creditae unitae	trinitatis non argumento, non necessitate, sed uoluntate compellit,	2 3 2
et tamen, tota ubi refunderis, nec recedis. recte deus diceris, quia	trinitatis potentiam sola conuertis.	1 36 32
tres pueri senum constantia maiores, iuuenum uirtute fortiores, sibi pares,	trinitatis sacramento praemuniti, unitatis una fide solidi, <uirtutis>	1 53 1
septenario pabulo ignis armatus est. credo diuina prouidentia sacramento	trinitatis spiritalem quoque numerum conuenire. denique nec inrorati	1 22 2
non incensis. o admirabilis ratio! o inaestimabilis gloria dei! sacramento	trinitatis tam potentis elementi subacta natura est. qui putabantur incendio	1 48
bona, non loquacitate, quae mater profecto peccati est, nosse praesumat	trinitatisque unam potentiae plenitudinem, quae una mente, una credulitate	2 3 19
latrones *in ciuitatibus* patitur, cum *a Iudaeis uirgis ter caesus naufragio*	trino diluitur, cum insani populi furibunda tempestate lapideis imbribus	1 34 4
quod unctui, quod tersui opus est praebiturus, sed et denarium aureum	triplicis numismatis unione signatum. gaudete itaque! in fontem quidem	1 23
uultis; singulos ponderate: inuenietis nullum habere minus.	tripondes sunt omnes, numismatis sacri una libra signati, qui mensae	1 41 3
cuius est in usibus, gerit. denique tot efficit uultus, quot ille intrinsecus	tristes seu hilares suos fecerit motus, hanc rationem docente nos Paulo:	1 2 29
caelestibus mysteriis coaptata cognoscat? hiems namque pigra, sordida et	tristis ad eos pertinet, qui idolatriae deseruientes, mundanis uoluptatibus	1 33 2
imis praecordiis; clamat de profundis, sed quibus saeptus erat maestus ac	tristis calamitatibus humanis! et clamat non uoce, sed corde, non clamore,	1 34 3
in terram. sed et dominus ex persona hominis, quem adsumpserat, ait:	*tristis est anima mea usque ad mortem.* quod dictum non tam timentis	1 2 31
ubique turbulentus, ubique fertur insanus: promittit, fallit, dat, tollit; nunc	tristis, nunc hilaris, nunc humilis, nunc elatus, nunc ebrius, nunc ieiunus,	1 36 26
iam uicinus. ecce prima deuotio: libenter excipere quod sero datur et in	tristissima senectute suscepta sollicitudinis mole gaudere; nam et risit Sarra	1 43 2
dicit enim deus ad Adam: *maledicta terra erit in omnibus operibus tuis; in*	*tristitiae gemitu edes ex ea omnibus diebus uitae tuae; spinas et tribulos*	1 2 30
infinita de occasu dies sempiternus eluxit; quo discussa conuolutae hiemis	tristitudine, nouo uento Fauonio blandiente, diuersis floribus genere colore	1 33 1
subiectus momentis omnibus inmutatur labore, aetate, languore, gaudio,	tristitudine, nunc macie deformis, nunc enormis pinguedine, usque adeo	2 30 2
momentis omnibus demutatur labore, aetate, languore, ira, gaudio,	tristitudine totque induat uultus, quot animi fuerint motus, nullusque	1 27 2
autem hominibus uenit inimicus eius et superseminauit zizania in	*triticum.* at fortasse adhuc quispiam dicat: 'si caro perit, unde cognoscitur	1 2 28
autem hominibus uenit inimicus eius et superseminauit zizania in	*triticum.* quae necessario radicitus circumcisione diuellimus, ut diri seminis	1 3 22
sanctitate filios suos non sine utriusque dedecore patiuntur errare stipi	triuiali subiectos; quod liberi parentum uitam sua damna iudicantes iniecta	1 5 6
	trium puerorum martyrium qui credit interritus, potest etiam ipse adipisci	1 22 1
uellem, fratres dilectissimi,	triumphali quodam modo uti sermone nouique operis arcem sacram	2 6 1
aliena. nemo enim censum decoctori committit nec desertorem praemiis	triumphalibus honorabit, maxime cum scriptum sit: *qui habet, dabitur illi*	1 36 7
dum beati Archadii martyris gesta annalibus	triumphanda mandamus, in agonem immortalis laudis Christianus semper	1 39 1
futuri, non poenam. sicque inter taetros undantis incendii globos	triumphantes barbarum regem, minas omnes, ipsum quoque supplicium	1 11
incendio concremati sunt et, qui incensi sunt, incendio suo superstites	triumphantes de camino procedunt, praestante domino nostro Iesu Christo.	1 53 2
quantum diabolus publicatus est furere, tantum agnoscatur dominus	triumphasse. sed durat inter haec martyris spiritus et morarum	1 39 9
in tantis filii casibus laetatur et gaudet et se dominum promeruisse	triumphat. accepit iam praemia, quae meretur; diuinae enim explorationis	1 43 6
gaudent angeli, quod oppressa ueritas tandem defendatur in terris.	triumphat maritus, quod castam inuenerit coniugem. laetatur familia	1 40 3
exsultemus, fratres in Christo,	triumphatorique perpetuo hymnis, citharis, tympanis, canticis gratiam	2 24 1
haec aut sub turpibus aut sub crudelibus factis subiugatos thalamos	triumphauit alienos; haec uiros ardore uesano femineo stipendio ipsis	1 1 8
quae ita rebus uniuersis est praedita, ut sit omnium iure ipso regina.	triumphet licet quibus uult uirtutibus fides, ac spes multa et magna	1 36 10
senibus ut est honoranda, ita miranda non est, quia licet sit uictrix, tamen	triumphi sui palmam senectutis cum rigore partitur; cessat enim	1 1 5
regnum primae tubae regali tessera conuocati capient cum ingenti	triumpho aeterno rege sub Christo; secunda uero, quae impios cum	1 2 23
traxerant, probatam et uindicatam ad mariti thalamos cum ingenti	triumpho uictrix pudicitia reportauit. sed o quantum es miranda, pudicitia,	1 1 19
soli lunaeque suos frenos induxit; haec de armato Golia Dauid inermi	triumphos attulit; haec in Iob inter crebra et ingentia mala non desperauit;	1 36 8
iam non miserabilis, sed mirabilis — funereo ambitu excedit uicti saeculi	triumphum reportans, quam tot suppliciis omnes crediderant perituram. o	2 2 7
res! medio puluerulentus exsultat in profundo, qui circa se uideret feliciter	triumphum suum perire naufragio. haec Iudaeus praedicat, fratres, et	1 29 2
deus a creatura uniuersa benedicitur. in tribus una mens, una uirtus, unus	triumphus exsultat. melioratur uita supplicio. rex non inuiderat pueris, si	2 27
et de martyris meritis non siletur. sed quis illustris martyrii palmiferam	trophaeis coronam competenti ualeat sermone disserere, dum in uno	1 39 1
inde est quod nostra non habet necessaria tormenta confessio, quod sine	truculenti sudore tortoris facinora sua sponte reus, ut fiat innocens,	1 42 2
sed cum fuerit peritissimi agricolae uirtute manu necessaria prouisione	truncatus, nobilitate alieni seminis grauidatur nutriturque ab eo ipso quod	1 2 27
carceri nouem mensibus relegasti. tu Euam in Mariam redintegrasti.	tu Adam in Christo renouasti. tu sacram crucem in salutem perdito iam	1 36 29
aequalem retinaculis blandis quasi quidam peritus auriga componis.	tu amicitiam *idem uelle atque idem nolle* docuisti. tu seruituti unica ac	1 4 21
uel cum dispendio tui incunctanter eripis in qualibet angustia constitutos.	tu caecorum oculus. tu pes claudorum. tu scutum fidelissimum uiduarum.	1 36 31
habeat totum sui contenta, cum sustinet totum. tu prophetas prouexisti.	tu Christo apostolos glutinasti. tu cotidiana martyrum et mater es et	1 4 22
clarificaui in terra; opus perfeci, quod dedisti mihi, ut facerem. et nunc	*tu clarifica me apud te ipsum claritate, quam habui apud te, priusquam*	2 5 4
sustinet totum. tu prophetas prouexisti. tu Christo apostolos glutinasti.	tu cotidiana martyrum et mater es et corona. tu murus fidei, fructus spei,	1 4 22
dabis autem *pro me et pro te*: hoc est meam praedicabis crucem, sed et	tu crucis tuae similiter dignitate gaudebis. igitur haec scala cuius esset	1 37 7
in patre imperas. tu tibi in filio obtemperas. tu in spiritu sancto exsultas.	tu cum in tribus una sis, nullo pacto diuideris, nulla humanae curiositatis	1 36 32
quam pia et quam opulenta, quam potens! nihil habet, qui te non habet.	tu deum in hominem demutare ualuisti. tu eum breuiatum paulisper a	1 36 29
innocentiam, ueritatem colis, patientiam diligis, spem repraesentas.	tu diuersos homines moribus, aetatibus, dicione ex una natura unum	1 36 30
tu, inquam, caelestia humanis, humana caelestibus iungis arcana.	tu diuina custodis. tu in patre imperas. tu tibi in filio obtemperas. tu in	1 36 32
et quam inuestigabiles uiae illius! quis enim cognouit cogitationem dei? et	tu eius naturam quaeris? sed et alio loco hoc, quod agitur, euidenter	2 3 17
in pauperibus diues, in diuitibus ditior, aequalis in omnibus consummaris.	tu es *honor corporum,* tu thesaurus animarum, tu *fundamentum,* culmen	1 1 21
celebrantur, per te allegatae priusquam fundantur acceptantur preces.	tu es sacrificium deo carum, tu legitimum dei templum, sacrarium pudoris.	1 1 21
medio terrae, et alio loco: *parata sedes tua, deus ex tunc et a saeculis*	*tu es.* ubi hominem mixtum, sic prosequitur: *dicite filiae Sion: ecce rex*	2 5 2
peregrinari fecisti. tu uirginali carceri nouem mensibus relegasti.	tu Euam in Mariam redintegrasti. tu Adam in Christo renouasti. tu	1 36 29
nihil habet, qui te non habet. tu deum in hominem demutare ualuisti.	tu eum breuiatum paulisper a maiestatis suae immensitate peregrinari	1 36 29
in omnibus consummaris. tu es *honor corporum,* tu thesaurus animarum,	tu *fundamentum,* culmen ac fructus omnium coaequarum, tu tui propositi	1 1 21
caelestia humanis, humana caelestibus iungis arcana. tu diuina custodis.	tu in patre imperas. tu tibi in filio obtemperas. tu in spiritu sancto	1 36 32
tua, cum per eam cotidie tricenos, sexagenos centenosque colligis fructus.	tu in pauperibus diues, in diuitibus ditior, aequalis in omnibus	1 1 21
arcana. tu diuina custodis. tu in patre imperas. tu tibi in filio obtemperas.	tu in spiritu sancto exsultas. tu cum in tribus una sis, nullo pacto	1 36 32
non uis quam ut custodiaris, solo bonae conscientiae ornamento contenta!	tu in uirginibus felix, in uiduis fortis, in coniugiis fidelis, in sacerdotibus	1 1 20
ita diligis inimicos, ut inter eos carosque tibi quid distet, nemo discernat.	tu, inquam, caelestia humanis, humana caelestibus iungis arcana. tu diuina	1 36 32
genis, liuore foedatis uberibus, sordido plus puluere tecta quam ueste?	tu, inquam, non es, quae nunc caelum ipsum ululatibus rumpens post	2 7 7
quem in gregibus pecuinis ipsi tui non inuenere maiores. atque utinam	tu inuenias! dignus es enim immolatione tali, qui salutem tuam in incerti	2 20 1
priusquam fundantur acceptantur preces. tu es sacrificium deo carum,	tu legitimum dei templum, sacrarium pudoris. te corruptio intrare non	1 1 21
aetatibus, dicione ex una natura unum spiritum, unum efficis corpus.	tu martyres gloriosos a confessione Christiani nominis nullis tormentis,	1 36 30
tu caecorum oculus. tu pes claudorum. tu scutum fidelissimum uiduarum.	tu melior pupillorum, plus quam uterque parens. tibi oculos numquam	1 36 31
renouasti. tu sacram crucem in salutem perdito iam mundo prouidisti.	tu mortem deum mori docendo uacuasti. tuum est, quod, cum occiditur ab	1 36 29
Christo apostolos glutinasti. tu cotidiana martyrum et mater es et corona.	tu murus fidei, fructus spei, anima caritatis. tu specialiter omnem populum	1 4 22
pura, in martyribus gloriosa, in angelis clara, in omnibus uero regina.	tu numquam carni, numquam ulli subiaces legi. de uoluntate nasceris, sed	1 1 20
est totum in misericordiam habere quod habes. tu sola rogari non nosti.	tu oppressos uel cum dispendio tui incunctanter eripis in qualibet angustia	1 36 31
docuisti. tu seruituti unica ac fortissima consolatio saepe libertatem paris.	tu paupertati praestas, ut habeat totum sui contenta, cum sustinet totum.	1 4 22
incunctanter eripis in qualibet angustia constitutos. tu caecorum oculus.	tu pes claudorum. tu scutum fidelissimum uiduarum. tu melior pupillorum,	1 36 31
ab hominibus deus omnipotentis dei filius, nullus irascitur de duobus.	tu populi caelestis animam tenes, cum ornas pacem, fidem custodis,	1 36 30
tu paupertati praestas, ut habeat totum sui contenta, cum sustinet totum.	tu prophetas prouexisti. tu Christo apostolos glutinasti. tu cotidiana	1 4 22
gloriam fructu populoso tenturum, hoc hactenus Paulo firmante: *stulte,*	*tu quod seminas non uiuificatur, nisi mortuum fuerit,* et subiecit dicens: *sic*	1 2 22
relegasti. tu Euam in Mariam redintegrasti. tu Adam in Christo renouasti.	tu sacram crucem in salutem perdito iam mundo prouidisti. tu mortem	1 36 29
crebris turbinibus constitutae fidissimus miserandae uiduitatis es portus.	tu sanctissimo coniugali iugo rudi ceruice subeuntes in nisum laboris uel	1 4 21

in qualibet angustia constitutos. tu caecorum oculus. tu pes claudorum. tu scutum fidelissimum uiduarum. tu melior pupillorum, plus quam 1 36 31
auriga componis. tu amicitiam *idem uelle atque idem nolle* docuisti. tu seruituti unica ac fortissima consolatio saepe libertatem paris. tu 1 4 21
manducauerit. tuus census est totum in misericordiam habere quod habes. tu sola rogari non nosti. tu oppressos uel cum dispendio tui incunctanter 1 36 31
et mater es et corona. tu murus fidei, fructus spei, anima caritatis. tu specialiter omnem populum diuinasque uirtutes quasi crines effusos in 1 4 22
diuitibus ditior, aequalis in omnibus consummaris. tu es *honor corporum,* tu thesaurus animarum, tu *fundamentum,* culmen ac fructus omnium 1 1 21
humana caelestibus iungis arcana. tu diuina custodis. tu in patre imperas. tu tibi in filio obtemperas. tu in spiritu sancto exsultas. tu cum in tribus 1 36 32
animarum, tu *fundamentum,* culmen ac fructus omnium coaequarum, tu tui propositi insolubilis nodus aeternus. per te legitima ieiunia 1 1 21
tibi oculos numquam siccos esse aut misericordia permittit aut gaudium. tu tuos ita diligis inimicos, ut inter eos carosque tibi quid distet, nemo 1 36 31
tu uirginitati praestas, ne flos eius ullo morbo, ullo tempore deflorescat. tu uariarum semper in tempestatum crebris turbinibus constitutae 1 4 21
beneficium, si deo uiuas puris moribus libera et hominis non sis ancilla. at tu, uidua, secundas cur desideras nuptias, cum temperare uideas apostolum 2 7 5
eum breuiatum paulisper a maiestatis suae immensitate peregrinari fecisti. tu uirginali carceri nouem mensibus relegasti. tu Euam in Mariam 1 36 29
tantam in multiplicandis uirtutibus laudem ponis, quantam in finiendis. tu uirginitati praestas, ne flos eius ullo morbo, ullo tempore deflorescat. tu 1 4 20
tempori, non sibi, debent, quod est alter alteri obnoxius, procul dubio, ut tu uis, maior est natura quam deus. at cum naturam ex nihilo fecerit 2 8 5
omni sane tortore pietatis mordacitate peioribus separari permittis. tu ut nudum uestias, nuda esse contenta es. tibi fames saginatio est, si 1 36 31
caecum; ignis columna per noctem, ut significaret arsurum. angelus tua castra praecedit, necubi crimen excuses. per mare ambulas; *ueloces* 2 16
ignis columna per noctem, ut admoneret arsurum. angelus praeuius tua castra promouit, ut etiam praesenti deo probareris ingratus. per mare 1 9
puritatis uoluntatem ipsam paris, quia uoluntas fit uoluptas postmodum tua, cum per eam cotidie tricenos, sexagenos centenosque colligis fructus. 1 1 20
uidebimus. nunc primo omnium, optime Christiane, scire cupio, quae sint tua, cum sint timentibus deum uniuersa communia, sicut scriptum est: 2 1 18
cum possibilitatis humanae non sit fidei uidere secreta, nusquam, frater, tua curiositas, nusquam tua proficit pugna, quia quem putas uel de tuis 2 3 11
busto complecteris membra sudoremque sordidarum uaporis ararum carne tua deterges, iocaris, blandiris, obsequeris. et si quod forte acceptum 2 7 17
saecula operatus est salutem in medio terrae, et alio loco: *parata sedes tua, deus ex tunc et a saeculis tu es.* ubi hominem mixtum, sic 2 5 2
regum uultus signaque cognoscis nihilque aliud distat, nisi quod in tua domo minuta sunt, in templo maiora. quae si erogaueris, pecunia est, 1 14 5
euidens declarat exemplum, quod Psalmorum in libro sic habetur: *uirga tua et baculus tuus ipsa me consolata sunt. parasti in conspectu meo* 1 13 10
in qua dominus incumbebat, ex Dauid dicto cognoscimus, qui ait: *uirga tua et baculus tuus ipsa me consolata sunt*. uirga et baculus duo sunt 1 37 8
uerbis huius modi continetur: *si uis perfectus esse, uade et uende omnia tua et da pauperibus* et tolle crucem tuam *et ueni sequere me.* de hoc 2 1 15
totum refudit in patrem, ex quo omnia. *et inuoca me in tribulatione tua et eripiam te* dicendo ostendit, quoniam per se omnia prosecutus est. *et* 1 25 8
sacrificium laudis et redde altissimo uota tua et inuoca me in tribulatione tua et eripiam te et magnificabis me. si pater loquitur, fratres, quis est iste, 1 25 1
ait dicens: *diliges dominum deum tuum ex toto corde tuo et ex tota anima tua et ex tota uirtute tua; et secundum simile huic: diliges proximum tuum* 1 36 17
hircorum potabo? immola deo sacrificium laudis et redde altissimo uota tua et inuoca me in tribulatione tua et eripiam te et magnificabis me. si 1 25 1
deum tuum ex toto corde tuo et ex tota anima tua et ex tota uirtute tua; et secundum simile huic: diliges proximum tuum tamquam te ipsum. 1 36 17
Aegypto seruisti diu, non sorte peregrini, sed merito. ereptus es inde, non tua euasisti uirtute. columna nubis te perduxit per diem, ut ostenderet 1 9
in Aegypto seruis diu, non necessitate, sed merito. ereptus es inde; non tua euasisti uirtute. columna nubis te deduxit per diem, ut ostenderet 2 16
daemoniis, *sacrificium laudis*, non uituperationis, et *redde altissimo uota tua.* honorem totum refudit in patrem, ex quo omnia. *et inuoca me in* 1 25 8
habet pater, mea sunt, et iterum: *pater, omnia mea tua sunt et tua omnia mea*, quia pater in filio et filius manet in patre; cui affectu, non 2 5 9
non sit fidei uidere secreta, nusquam, frater, tua curiositas, nusquam tua proficit pugna, quia quem putas uel de tuis ipsis studiosis fidelissimum, 2 3 11
omnia quaecumque habet pater, mea sunt, et iterum: *pater, omnia mea tua sunt et tua omnia mea*, quia pater in filio et filius manet in patre; cui 2 5 9
hoc prandio pastus est ante nos, dicit: *quam dulcia faucibus meis eloquia tua super mel et fauum ori meo!* haec, fratres, si quis libenter crediderit, 1 24 4
fides itaque uel maxime res propria nostra est, domino ipso dicente: *fides tua te saluum fecit.* igitur si nostra est, seruemus ut nostram, ut iure 1 36 7
suos compellunt uiuere miseriae, facultatibus mori. pro nefas! quid tibi tua tollis, infelix? quid extraneo facias, qui in te auarus es? o detestabili 1 5 7
eum et custodias praecepta eius ex toto corde tuo et ex tota anima tua, ut bene sit tibi? uidetisne hunc timorem nobis necessarium, qui in dei 2 2 4
sitam uisceribus opinaris. sane quod passim multos occidis, edacitatis est tuae, quod diuersis in locis, uanitatis, quod cum amaritudine comedis, 2 20 2
pro me et pro te: hoc est meam praedicabis crucem, sed et tu crucis tuae similiter dignitate gaudebis. igitur haec scala cuius esset materiae, in 1 37 7
omnibus operibus tuis; in tristitiae gemitu edes ex ea omnibus diebus uitae tuae; spinas et tribulos eiciet tibi et edes pabulum agri; in sudore uultus 1 2 30
ecce mitto angelum meum ante faciem tuam, qui praeparabit uiam tuam. ergo manifestum est prophetiae more angelos homines iustos et 1 37 11
perfectus esse, uade et uende omnia tua et da pauperibus et tolle crucem tuam *et ueni sequere me.* de hoc nescio quid possit quispiam promouere; 2 1 15
deus arreptoque forsitan ipso sacrificio tuo tuum pectus obtundet, tuam faciem deformabit praestans aliquando et beneficium, cum te iubet ad 2 7 15
solidetur; cetina cymba inter aestuantis pelagi sollicitos sinus fidem tuam fideliter portet; solis cursus ac lunae ab occidui carceris receptaculo 2 3 14
atque utinam tu inuenias! dignus es enim immolatione tali, qui salutem tuam in incerti pecoris sitam uisceribus opinaris. sane quod passim multos 2 20 1
ex fide uixit, deum credulitate, non lege promeruit. si legem, contemne tuam istam circumcisionem, quam euacuatam uidemus a lege, sic Ieremia 1 3 12
dilucidauit alio loco his uerbis: *ecce mitto angelum meum ante faciem tuam, qui praeparabit uiam tuam*. quis est iste angelus, fratres, nisi 2 8 7
sic dictum esse meminimus: *ecce mitto angelum meum ante faciem tuam, qui praeparabit uiam tuam*. ergo manifestum est prophetiae more 1 37 11
exhibetur, Dauid sancto dicente: *conuertere, anima mea, in requiem tuam, quia dominus benefecit mihi, quia liberauit animam meam a morte,* 1 2 32
uerbis: *ecce mitto angelum meum ante faciem tuam, qui praeparabit uiam tuam*. quis est iste angelus, fratres, nisi Iohannes baptista? cuius est 2 8 7
hominem ad imaginem et similitudinem nostram; non inquit: 'fac ad tuam', sed ait: *faciamus ad nostram*, ne quam filius hominem induturus 1 45 1
tradet deo et patri, et cetera. quid hinc scandalum pateris, Christiane, ex tuaque natura opinaris prouisionis piae diuina mysteria? si minus sentis de 2 5 5
autem sumptura remedium, dubium non est hoc esse solum, ut flammas tuas maritalis gladii contemplatione compescas. mihi crede: non habet 2 7 9
prorsus nulla competit tibi. si continens esse non poteris, saltem noli tuas nuptias fenerare, ne in illo resurrectionis die inter plurimos maritos 2 7 18
suasorio ac delectabili luculentae orationis compta mendacio, armata uocis tuba et gladio linguae omnes actus ad se trahit, congregat turbas, 2 1 6
armis ministrisque insuper suis in auxilium concitatis, terribili increpans tuba praedonum corda face furiali succensa, impetibus crebris passim totas 1 15 3
surgendi est: prima sanctorum, in qua illud beatitudinis regnum primae tubae regali tessera conuocati capient cum ingenti triumpho aeterno rege 1 2 23
uenti saeuientes diuersi sunt reges, qui Iudaeam lugubri clangore tubarum armorumque fragore terribili instantibus undique proeliorum 1 34 7
personis, ut obumbrent furta turpissimae utilitatis, rem familiarem tuendam committunt amore non fidei, sed libidinis, qui publicanas mulieres 1 25 11
mea nihil interest, fratres, quia, etsi pauper sum, tamen frontem meam tueor et fidem meam noui. certe si quid sciunt, dicant operarii, qui mecum 1 41 3
omnes conspicor Christianos, qui perfectam putant esse iustitiam propria tueri, aliena non quaerere, sapientiae uerae negligentes imperium, quod 2 1 15
loquitur dicens: *nouissimis diebus circumcidet deus cor tuum et cor seminis tui ad dominum deum tuum amandum.* hinc nunc uobis iterum dicam: 1 3 13
imagini reddere ueritatem. uerum tamen, Iudaee, quid monumentis tui criminis gratularis? in Aegypto seruisti diu, non sorte peregrini, sed 1 9
sinit imagini reddere ueritatem. uerum tamen, Iudaee, quid designatione tui criminis gratularis? in Aegypto seruis diu, non necessitate, sed merito. 2 16
spinas et tribulos eiciet tibi et edes pabulum agri; in sudore uultus tui edes panem tuum, donec reuertaris in terram. sed et dominus ex 1 2 30
et mercatus Aethiopum; et Sabain uiri excelsi ad te transibunt et tui erunt serui et sequentur te alligati compedibus et adorabunt te et in 2 8 5
quod habes. tu sola rogari non nosti. tu oppressos uel cum dispendio tui incunctanter eripis in qualibet angustia constitutos. tu caecorum oculus. 1 36 31
sunt et fornicati sunt a deo suo. agnosce igitur, Iudaee, uel sero erroris tui miserum dolendumque discrimen et dic nobis, utrum circumcisionem 1 3 12
agnis et haedis discordi natura commissus, quem in gregibus pecuinis ipsi tui non inuenere maiores. atque utinam tu inuenias! dignus es enim 2 20 1
animarum, tu *fundamentum,* culmen ac fructus omnium coaequarum, tu tui propositi insolubilis nodus aeternus. per te legitima ieiunia celebrantur, 1 1 21
uirtutem: impera montibus, ut transferant sese; in admirationem tui rictu blandiente leonum rabies euanescat; sub gressibus tuis maris unda 2 3 14
magis moribus concelebrare! scio enim, quia libentius in tuis moribus, tuis fundamentis tuisque consiliis quam in alienis nudisque sermonibus 1 4 20
dicit enim deus ad Adam: *maledicta terra erit in omnibus operibus tuis; in tristitiae gemitu edes ex ea omnibus diebus uitae tuae; spinas et* 1 2 30
frater, tua curiositas, nusquam tua proficit pugna, quia quem putas uel de tuis ipsis studiosis fidelissimum, hic infidelis, et quem putaueris infidelem, 2 3 11
postulatur ad uictimam. 'uolo, dixit deus, mihi fieri sacrificium, Abraham, tuis manibus in monte de filio tuo; haec mihi uictima placet, hoc me 1 43 3
admirationem tui rictu blandiente leonum rabies euanescat; sub gressibus tuis maris unda pinguescens marmoreo stupore solidetur; cetina cymba 2 3 14
regina, patientia, magis moribus concelebrare! scio enim, quia libentius in tuis moribus, tuis fundamentis tuisque consiliis quam in alienis nudisque 1 4 20
si uera dicenda sunt, exsecraris in simulacris, colis in penetralibus tuis. nam et illic aureis argenteisque innumerabilibus ueluti templis tereti 1 14 5
concelebrare! scio enim, quia libentius in tuis moribus, tuis fundamentis tuisque consiliis quam in alienis nudisque sermonibus conquiescis neque 1 4 20
auaritiae enim natura talis est, ut auariorem faciat. plerumque plus tulit auaro quam praestat, ac sic saepe contingit, ut merito perdat etiam 1 5 12
uasorum nauem leuare ponderibus, quae prophetae pondere premebatur. tum Ionas, quem solum exspectabat bona illa tempestas, sorte ductus 1 34 6
ducatu in uberes fructus longius inuitata producitur, ui aliqua separetur. tum solemniter plorans clementer imbre suo rorat conceptaque musti 2 11 3
prior ipse compleuerit. quod si factum non fuerit factumue displicuerit, tum tota mugiet litibus domus, blasphemabitur deus arreptoque forsitan 2 7 15
flammis et sulphure armatus poenali procella deleuit? Iudaei contionibus tument; altaria diuina cum uenerantur, euertunt; uaria caede prophetas 1 4 10
ui subiciunt sibi uiliores se esse quam illae sunt produnt, qui iracundia tument, qui litibus fremunt, qui calumnias pariunt, qui pauperes, qui 1 25 11
iocorumque festiuitate lasciua, auaritia caeca, libidine percita, delicate tumentis ac reflabilis tori plumeo sepulcro superba. iactat se ludibunda per 2 4 9
ad supplicium immerens trahebatur, iam totus populus in eius sanguine tumescebat, iam sui quoque familiares nouae rei atrocitate perculsi, 1 1 19
se habere quod nescit, laetatur illa quia scit. Elisabeth sterilis fecunditate tumet feliciter uenter, Mariae maiestate. illa praeconem portat, haec 2 8 8
quid tumet Pharisaeus inanis, quem momenti praeterita delectatur umbra? 1 52
temporibus aeternitatem. mira res! concipit Maria de ipso, quem parit; tumet uterus maiestate, non semine, capitque uirgo, quem mundus 2 12 2
nostra a nobis sunt. quis noster dominus est? hanc superbiam propheta tumidi cordis euitans sic infit ad dominum: *domine, non est exaltatum cor* 2 9 3
denique ipso cultus rigore in oratione non flecteris, non manus tendis, tumidum monilibus pectus prosternere dedignaris. sane ceruicem curuas 1 14 6
lacte beatum uagitu hiantibus uestris labris indulgenter infundit. idem non tumidus ceruice, non toruus fronte, non minax cornu Taurus, sed optimus, 1 38 3
materia crucem, somnus uero passionem. mare autem mundus est iste tumidus; fluctus eius Iudaeorum populos et *gentes* accipimus, qui aduersus 1 34 8

aut cum uiantis itineri erectus in morsum, ardentibus squamis incensus tumidus sese anguis opponit; aut dorsa fugientis affectans caedem uicino 2 2 2
contenta quam praemio accepitque ab eo eius monile, anulum, uirgam; tumque negotio confecto, conceptu signata, quem uerae fornicariae habent 1 13 2
semen, mors natalicius dies. denique post momentum festo exsultat in tumulo, non umbra, sed ueritas, non imago, sed Phoenix, non alia, sed 1 2 21
luxuriam. ipsa, inquam, mortuorum sepulcra conuertit in templa, tumulos in altaria, cadauera in simulacra, parentalia in sacrificia, mores in 1 1 12
auaro condignam! ille, ille amplum qui habuit censum, exiguum non habet tumulum; quos prophetes egregius hactenus increpat dicens: *quid profuit* 1 5 9
sibi a deo exilium, ut cognationem suam simul dimisisset et terram. et tunc Abraham *respiciens oculis uidit* <*uiros*> *tres, cucurrit, adorat* 1 62 1
et plurimis, habitatori ulla ne querela subesset, sollertia mira perfecit, tunc *ad imaginem et similitudinem suam fecit sibi ipse simulacrum* 2 4 4
nos Paulo: *uidemus,* inquit autem, *modo per speculum in aenigmate; tunc autem facies ad faciem erit.* unde dubium non est in corporibus 1 2 29
iacentes reliquias mors uindicat sibi, insuper ei poenas gehennae paritura. tunc carnalis mimus ille finitur exsanguique nihil iam suffragantia tota illa 2 4 16
ad diuini certaminis campum coeperintque sacri nominis telo pulsari, tunc, cum alium noueris, alium certe misereris: discoloratur per momenta 1 2 6
quasdam locis poenalibus relegari, quasdam *placidis sedibus* refoueri, ut tunc demum credi possit resurgere, quod omnibus palam sit non penitus 1 2 3
caritas est; qui manet in caritate, in deo manet et deus in illo manet — , tunc demum, fratres, caritatem per semet ipsum ei condigne reddemus, 1 36 21
peruenire. unde primo omnium definiendum puto, quid sit circumcisio, ut tunc demum, qualis sit, iure possit agnosci. circumcisio est, fratres, in 1 3 2
Sarra, portat sine labore uteri sarcinam, quae iam ambulare non poterat; tunc discit mater esse, cum desinit. marcidae mammae lactis ubertatem 1 62 2
iustus in poena est. cum autem mors, quae putatur metuenda, gustatur, tunc ei in aeternum manentis gloriae beatis in sedibus nullas deinceps 1 2 32
est salutem in medio terrae, et alio loco: *parata sedes tua, deus ex tunc et a saeculis tu es*. ubi hominem mixtum, sic prosequitur: *dicite filiae* 2 5 2
Zebedaei cum domino adstare fulgentes Moysen Eliamque, quos propter tunc impedimentum carnis uidere non possent, libertate spiritus uident, 1 2 9
infamauerat diabolus et quod protexerat uirtus et ornabat pudor inlaesus. tunc in puero sancto Daniele spiritus sanctus ingressus ait, cum illa ad 1 40 2
res, ut iure spiritali unusquisque nascatur. ultro currite ad matrem, quae tunc non laborat, si quos parit numerare non possit. intrate ergo, intrate 2 28
audiendus. *filios*, inquit, *genui et exaltaui*. haec domini uox est, qua iam tunc per prophetam Iudaeos obiurgabat incredulos et quae essent futura, 1 61 5
protestatur. qui nunc in se credentes *baptizat spiritu sancto et igni*, ipse tunc quoque numero suae adfuit trinitatis. denique rem sacramento gestam 2 27
descendentes super filium hominis, sicut et factum est, euangelista dicente: *tunc reliquit eum diabolus et ecce angeli accesserunt et ministrabant ei*. 1 37 13
disperdit. hinc Iob alta fidei radice robustus tot nuntiis lugubribus tunditur nec mouetur, sed tantum benedicit deum facultatesque suas 1 15 3
qui in aequo unitoque coniugio, e duobus altero superante, non moritur? tune non illa es, quae mariti corpus expositum lauisti lacrimis, osculis 2 7 7
peraeque unus panis cum signo datur, aqua cum uino, sal, ignis et oleum, tunica rudis et unus denarius; quem qui libens acceperit acceptumque non 2 6 8
qua deuotione festinet. si quis eam prouocat in iudicium, ut eius auferat tunicam, libens illi pallium quoque concedit; maledicitur et benedicit; 2 1 13
omnibus uiis eius et diligas eum et custodias praecepta eius ex toto corde tuo et ex tota anima tua, ut bene sit tibi? uidetisne hunc timorem nobis 2 2 4
praeceptum, sic ait dicens: *diliges dominum deum tuum ex toto corde tuo et ex tota anima tua et ex tota uirtute tua; et secundum simile huic:* 1 36 17
dixit deus, mihi fieri sacrificium, Abraham, tuis manibus in monte de filio tuo; haec mihi uictima placet, hoc me sanguine deplacabis, iste meis sacris 1 43 3
iam in Christo completa nec probando cognoscis? uerum tamen pro tuo sensu si uis pascha legitimum celebrare, agnus requirendus est tibi, 2 20 1
matricalis culpae cum denotat, etiam alia crimina fugienda cognoscat. 'ore tuo te, inquit, Christiane uicisti. inde est, quod et ego aeternam uitam me 1 3 8
litibus domus, blasphemabitur deus arreptoque forsitan ipso sacrificio tuo tuum pectus obtundet, tuam faciem deformabit praestans aliquando et 2 7 15
testimonio ueritatis affirmat. sic enim ait: *et uidebo caelos, opera digitorum tuorum*. hic utique non de caelis istis loquitur, quos semper uiderat, sed de 1 61 3
castra praecedit, necubi crimen excuses. per mare ambulas; *ueloces pedes tuos ad effundendum sanguinem* dextra laeuaque in se refugiens unda 2 16
dico: imple uel in ceteris legem, sicut scriptum est: praecinge lumbos tuos, indue pedibus calceamenta, arripe baculum manu. in eremum 2 20 2
oculos numquam siccos esse aut misericordia permittit aut gaudium. tu tuos ita diligis inimicos, ut inter eos carosque tibi quid distet, nemo 1 36 31
prophetas et lapidas missos ad te, quotiens uolui colligere filios tuos sicut gallina pullos suos sub alas et noluisti? ecce remittetur uobis 2 6 3
pedibus calceamenta, arripe baculum manu. in eremum proficiscere, si tuos uis imitari maiores. 2 20 2
simulacra concurrunt, non aris foetentibus funestos excitant ignes, non tura cremant, non merum profundunt nec pecudum inexpectata morte 1 34 9
ista dementia sacrificium nescientibus procurare, lumen caecis inferre, tura non spirantibus concremare, allegare preces surdis, ab his custodiam 1 25 4
inceste profundere aut ornatus sertis uictimas trahere aut grauia nidoribus tura succendere aut inter fumidos ignes pallenti aruina, funesto sanguine 1 39 2
fidem posse sine lege; alioquin ista innumerabilis simplicitate sua felicior turba adhuc mortis imperio subiaceret, si legis periti tantum iustificari 2 3 2
tua, cum sint timentibus deum uniuersa communia, sicut scriptum est: *turba autem eorum, qui crediderant, animo ac mente una agebant, nec fuit* 2 1 18
populus Iudaeorum. ab auctore itaque coepit furoris horror; accingitur turba feralis et ad inuisibilem suspensum gladiorum mucro conuertitur. nec 1 59 9
nouerca deterior in Omphales libidine turpiter uicit, quem terribilis turba monstrorum superare non potuit. ipsa Venerem membris omnibus 1 1 11
iugulet taleque est commentus pietatis excidium, ut in illa unius funeris turba paternus dolor non sufficeret orbitati, cum nescit, quem primum 1 15 4
infantum dulcis uagitus auditur, ecce parientis uno de uentre clarissima turba procedit. noua res, ut iure spiritali unusquisque nascatur. ultro 2 28
depressos de Aegypto praedicant liberatos. a diaboli rabie idolorumque turba uiolenta non tantum nostri maiores, sed omnis Christiana progenies 1 46b 1
assertor antiquus, et totam familiam domini impastae feritatis grassatione turbabat. indixerat in homine deo bellum et infaustae superstitionis busto 1 39 2
paululum distulit pugnam, iam debitus ad coronam. nam postquam turbari urbem funesta conuentione cognouit ac singulos quosque ad 1 39 3
armata uocis tuba et gladio linguae omnes actus ad se trahit, congregat turbas, contionatur. lites sic discernit, ut seminet. prauos ac lubricos 2 1 6
quibuslibet passim sua munera infulcit, maxime indignis, ut ad se colligat turbas; ille numquam remunerat quemquam, nisi primo quis uictor mortis 2 4 14
humilis, cauta, prudens, prouida, omni necessitate contenta, quauis turbationum tempestate tranquilla. serenitatem suam nebulis turbulentare 1 4 2
non torui sunt oculi. nemo rogat, nemo trepidat, nemo se excusat, nemo turbatur. ne uere sit parricidium, ille lignum quo inuratur sibi praeportat, 1 4 14
dolores et gemitus, *spinas et tribulos* sibimet comparauit ultimoque *sudore* turbatus posteris hereditatem indigestae mortis, quae homicidium mox [ut] 1 4 8
ullo tempore defloreseat. tu uariarum semper in tempestatum crebris turbinibus constitutae fidissimus miserandae uiduitatis es portus. tu 1 4 21
quauis turbationum tempestate tranquilla. serenitatem suam nebulis turbulentare non nouit. paenitentiam nescit; altercatio quid sit ignorat. 1 4 2
hic synagogam expugnauit, cum sua illi arma concedit; hic ubique turbulentus, ubique fertur insanus: promittit, fallit, dat, tollit; nunc tristis, 1 36 26
de hominibus dixisse quam dulce est! talem patrem laesisse quam turpe! *filios genui et exaltaui*: utique filios Israel dominus genuit, qui 1 61 7
excusat. proprios aut negat aut denudat affectu. nihil prorsus existimat turpe nec pati nec facere, dummodo in effectu conata succedant. uerum 1 1 7
conscium solum contestans deum honestam elegit mortem quam uitam turpem, melius credens hominibus se ream praebere debere quam deo. 1 1 18
qui se possit arguere derelinquit. omnes enim passim furore insatiabili turpes praecipitantur in quaestus, nec quisquam prorsus inueniri potest, 1 5 1
tollat. cui autem parcat, quae et mori momentis omnibus etiam friuolo ac turpi lucro festinat? quid igitur, miser homo, auri argentique metallo 1 14 2
gentibus bellum; haec aliquotiens robusta regna subuertit; haec aut sub turpibus aut sub crudelibus factis subiugatos thalamos triumphauit alienos; 1 1 8
nolunt libenter efficiunt; qui profanae libidinis detestabili furto distracti, turpibus iam non contenti latibulis aliquotiens, pro nefas, sub ipsis 1 1 13
cutem eiusdem membri, sed ipsum membrum radicitus abscisum mysteriis turpioribus immolauit, illa uidelicet ratione, quia Iudaeus post 1 3 2
etiam, quod peius est, gentium desiderat per momenta patrocinia! o quam turpis ac lubrica, de qua iudit aliena sententia! o quam adultera, quae non 2 3 10
de ceteris taceam, maior est eius, qui in honorem deae suae — sane anus turpis atque amatricis — non paruam cutem eiusdem membri, sed ipsum 1 3 2
iugum affectuque calcato subditiciis personis, ut obumbrent furta turpissimae utilitatis, rem familiarem tuendam committunt amore non 1 25 11
maximum fecit. ipsa Herculem nouerca deterior in Omphales libidine turpiter uicit, quem terribilis turba monstrorum superare non potuit. ipsa 1 1 11
caenosi gurgitis sui procella submergitur, dum semper exaestuans libidinis turpitudo aut ueritate aut imagine perpetratur. praemia aut tradit aut 1 1 6
nec annis senilibus temperatur; ideo nudus, quia uoluntas eius est turpitudo; ideo pennatus, quia in quaecumque conceperit uelociter ruit; 1 36 25
acceptumque non spreuerit, sed in labore usque ad ultimum perdurauerit, turri completa inaestimabiles diuitias in ea commanens possidebit. 2 6 8
iuuenes: uos estis lapidibus adamantinis meliores. exsultate, pueri, sacrae turris dulces ac sine pretio margaritae. felicia, exsultate, coniugia: meliores 2 6 10
sed magnus, praeclarus, pretiosus ac speciosus unus est lapis, qui quadrae turris totam solus sustinet molem. cui non innumerabilis uarie famulatur 2 6 6
seruauit filium, dum non pepercit. sola enim fides deambulat inter gladios tuta, inter esurientes feras amica, in ignibus frigida. sola fides praeferenda: 1 62 5
secum substantia nutriatur. auxiliare illi necessario iungitur lignum, cuius tutela defensus sese sustollat. at ubi adoleuerit in uitem perfectam ad 2 11 2
satur nec Ionas inter aestuantes procellas sollicitique maris fluctus insanos tutior piscis aluo quam alueo nauis nec tres pueri, quo ardere putabantur 2 18 1
posse praesumis, hic tibi ego respondere non audeo, sit quippe cum tutius imperitum uideri quam esse sacrilegum. et tamen habeo, qui pro me 2 3 15
ideo materiae ligni sunt comparata, siue quod in eius usu et perpetuo et tutius maneat testatoris uoluntas inscripta, seu quod quasi ex transuerso in 1 37 8
diebus circumcidet deus cor tuum et cor seminis tui ad dominum deum tuum amandum. hinc nunc uobis iterum dicam: 'Pharisaee, responde, ubi 1 3 13
tribulos eiciet tibi et edes pabulum agri; in sudore uultus tui edes panem tuum, donec reuertaris in terram. sed et dominus ex persona hominis, 1 2 30
perdito iam mundo prouidisti. tu mortem deum mori docendo uacuasti. tuum est, quod, cum occiditur ab hominibus deus omnipotentis dei filius, 1 36 29
quid dominus deus tuus postulat a te, nisi ut timeas dominum deum tuum et ambules in omnibus uiis eius et diligas eum et custodias praecepta 2 2 4
spiritu ad Israel loquitur dicens: *nouissimis diebus circumcidet deus cor tuum et cor seminis tui ad dominum deum tuum amandum.* hinc nunc 1 3 13
publicum est, tuum secretum? illius a quouis libere tractari potest, tuum etiam a Christianis ipsis minime consecratis sine sacrilegio uideri non 2 7 14
summum legis sacrae praeceptum, sic ait dicens: *diliges dominum deum tuum ex toto corde tuo et ex tota anima tua et ex tota uirtute tua; et* 1 36 17
aduersus eos, qui tribulant me. inpinguasti oleo caput meum et poculum tuum inebrians quam praeclarum. utique, fratres, calix sanguinem, mensa 1 13 10
nudum uestias, nuda esse contenta es. tibi fames saginatio est, si panem tuum inops esuriens manducauerit. tuus census est totum in misericordiam 1 36 31
litibus domus, blasphemabitur deus arreptoque forsitan ipso sacrificio tuo tuum pectus obtundet, tuam faciem deformabit praestans aliquando et 2 7 15
ut de fragilitate humanitatis, casibus ut de ceteris taceam, ecce maritum tuum postridie aliqua necessitas rapit, quae a te longe distractum decennio 2 7 9
uel errore fiunt una. quid, quod illius sacrificium publicum est, tuum secretum? illius a quouis libere tractari potest, tuum etiam a 2 7 14
tua et ex tota uirtute tua; et secundum simile huic: diliges proximum tuum tamquam te ipsum. in his duobus praeceptis pendet omnis lex et 1 36 17
[cui beatus Archadius ait:] o insania hominum! fraudauit te furor tuus; adhuc erat in uictima domini quod posses auferre: amputandam 1 39 6
es. tibi fames saginatio est, si panem tuum inops esuriens manducauerit. tuus census est totum in misericordiam habere quod habes. tu sola rogari 1 36 31
populus meus, et loquar, Israel, et testificabor tibi, quoniam deus, deus tuus ego sum; et infra: *meus est orbis terrae et plenitudo eius. numquid* 1 25 1
exemplum, quod Psalmorum in libro sic habetur: *uirga tua et baculus tuus ipsa me consolata sunt. parasti in conspectu meo mensam aduersus eos,* 1 13 10

incumbebat, ex Dauid dicto cognoscimus, qui ait: *uirga tua et baculus tuus ipsa me consolata sunt*. uirga et baculus duo sunt utique testamenta, 1 37 8
quid dicat, cuius ista sunt monita: *et nunc, Israel, quid dominus deus tuus postulat a te, nisi ut timeas dominum deum tuum et ambules in* 2 2 4
tu es. ubi hominem mixtum, sic prosequitur: *dicite filiae Sion: ecce rex tuus uenit tibi iustus et saluans, mitis, sedens super asinum nouellum*, et 2 5 2
exsultemus, fratres in Christo, triumphatorique perpetuo hymnis, citharis, tympanis, canticis gratiam referamus, qui nobis promissa perpetuans pia 2 24 1
cum omnibus ecclesiis, quas peperit, hymnum canens et pectoris uerum tympanum quatiens populum Christianum ducit, non in eremum, sed ad 2 26 3
urguentibus nec eques potest sequi nec nauis. Maria cum mulieribus tympanum quatit; hymnus canitur; dei populus liberatur resolutisque undis 2 26 1
non fugiunt, sed portant peccata, delentur. Maria, quae cum mulieribus tympanum quatit, typus ecclesiae fuit, quae cum omnibus ecclesiis, quas 2 26 3
repromissionis accepit. unde manifestum est Abraham gemini populi typum in semet ipso portasse, ut circumcisionis nota exprimeret Iudaeum, 1 3 7
portant peccata, delentur. Maria, quae cum mulieribus tympanum quatit, typus ecclesiae fuit, quae cum omnibus ecclesiis, quas peperit, hymnum 2 26 3
intelligi datur, ex parte prophetarum, ex parte patriarcharum patrumque typus erat, qui ob iustitiam dei omnes homines filios computabant. igitur 1 13 4
ciuitati credulae praestaturus. quantum datur intelligi, fratres, nauis typus est synagogae: eius proretam sacerdotale corpus accipimus, nautas 1 34 7
audacis lupi rabie denotatus in praesens periculum coeperit infestationibus tyrannicis duci, omnes repente concelerant, laboranti subueniunt, paene 1 36 15
iustitia est diuina largita. cum haec ita sint, procul dubio non est a tyranno dissimilis, qui solus habet quod potest prodesse commodis 2 1 19
fideles, non admisit ad iudicium infideles. at si utraeque partes iudicio uacant, quomodo unicuique merces pro suo actu reddetur? sine causa 1 35 1
qui idolatriae deseruientes, mundanis uoluptatibus conpediti, libidini uacantes et gutturi, longae nocti, id est aeternae morti, sunt a deo, quod 1 33 2
cludit, arcet ab herbis, arcet a siluis, arcet ab aquis, et quidem copiosis uacantibus plurimis negat hominibus, quod auibus, serpentibus, feris non 1 5 13
proiectus in faciem pedum extrema nudare. ecce inter ipsa supplicia uacare non sinitur et orationis instar per carnificis tormenta meditatur. 1 39 7
si enim deum purum iugiter praedicaret, passionis resurrectionisque uacaret locus et nihil Christus mundo praestiterat; si hominem solum, 2 5 1
accedit, quod oramus cotidie, ut *adueniat regnum* patris, speramus et filii. uacat ergo praesentis temporis regimen utroque cessante actumque est de 2 5 5
in salutem perdito iam mundo prouidisti. tu mortem deum mori docendo uacuasti. tuum est, quod, cum occiditur ab hominibus deus omnipotentis 1 36 29
si Iudaei uacuatae imaginis recordatione gloriantur, quanto magis Christianus, in 1 46b 1
testatur, qua praedicat Christum oportere *regnare* cum sanctis suis, *donec* uacuatis omni principatu et potestate et uirtute et dominatione *ponantur* 2 5 7
eorum luctus indicitur. immolatio aufertur. cessat unguentum. circumcisio uacuatur. sabbatum denotatur. neomeniae et dies festi odio habentur. 2 17
cum innocentis animae interitu praestitutae circumcisionis iura uacuauit, quia solus octauus dies a deo circumcisionis priuilegium, non 1 3 4
donec effusione sanguinis conceptum piaculum duplicetur. miratur orbis uacuus se duobus angustum; mirantur elementa hominem, qui factus sit *ad* 1 4 9
imperium, quod uerbis huius modi continetur: *si uis perfectus esse, uade et uende omnia tua et da pauperibus* et tolle crucem tuam *et ueni* 2 1 15
non tam dicere quam oculatis rebus sufficimus approbare. denique uagi atque inmundi spiritus utriusque sexus humani dolosa blanditiarum 1 2 5
post partum. o noua ratio! amore imaginis suae coactus in infantem uagit deus patiturque se pannis alligari, qui totius orbis debita uenerat 2 12 3
nuditatem uelleris sui niueo candore uestiuit, qui suum lacte beatum uagitu hiantibus uestris labris indulgenter infundit. idem non tumidus 1 38 3
festinate! solemnis hymnus ecce iam canitur, ecce mox infantum dulcis uagitus auditur, ecce parientis uno de uentre clarissima turba procedit. 2 28
sed quis illustris martyrii palmiferam trophaeis coronam competenti ualeat sermone disserere, dum in uno corpore tot martyria uideantur esse 1 39 1
serpentis nomen accepit, detestabili accensus inuidia eum, quia per se non ualebat, aliena forma blanditus per mulierem transgressionem praecepti dei 2 4 5
totam solus sustinet molem. cui non innumerabilis uarie famulatur acies ualidissima columnarum, quia illi septem solae sufficiunt; non aeneum 2 6 6
iniustos, maxime cum iam sit eorum fraus omnis in medio. non enim rem ualuerunt transferre, sed nomina, iustitiam stultitiae, iniustitiam sapientiae 2 1 4
potens! nihil habet, qui te non habet. tu deum in hominem demutare ualuisti. tu eum breuiatum paulisper a maiestatis suae immensitate 1 36 29
lucro festinat? quid igitur, miser homo, auri argentique metallo incensus uana cupiditate, uana cura torqueris? quid talentorum magnas struis 1 14 3
quid igitur, miser homo, auri argentique metallo incensus uana cupiditate, uana cura torqueris? quid talentorum magnas struis congeries? quid hic 1 14 3
gentium sacrificium quam exsecrabile est, tam inane; colunt enim uani uana figmenta in quaslibet formas, uultus, sexus, aetates auri argentique 1 25 3
audiamus; cuius ista sunt uerba: *deminuerunt ueritates a filiis hominum. uana locuti sunt unusquisque ad proximum suum; labia dolosa; in corde* 2 9 2
concupiscentia, ambitione, auaritia ardet in saeculo. quare utraque sunt uana, quia et cordis exaltatio nullos fructus inuenit et oculorum extollentia 2 9 5
sit homo iste noster, qui tendit ad caelum, ne forte cum carne depereat, uana spe si captus fuerit caduca atque carnali, de qua apostolus dicit: *caro* 1 2 24
hoc ipso, quod loquimur, quid possit contingere, ignoras excusationisque uanae depone fallaciam: ingratis auaritiam pietate condis; solius dei 2 1 21
nisi credideritis, neque intellegetis) stultam putant irriduntque quasi uanam, quod, cum possit bonis frui mundi ac negligat, sponte se faciat 2 1 14
igitur gentium sacrificium quam exsecrabile est, tam inane; colunt enim uani uana figmenta in quaslibet formas, uultus, sexus, aetates auri 1 25 3
poterit nec placere. ceterum prouidentis dei de deo argumentationibus uanis opinari uelle dispositum non colentis est, sed dementis, maxime si 1 54 1
deum non quasi dominum honorauerunt neque ei gratias egerunt, sed uanis persuasionibus cogitationes eorum abductae sunt et tenebris opertum 1 35 6
simpliciter credit, astutus autem nimia sapientia infatuatus inquisitionibus uanis semet ipsum confundit. sed dicit aliquis: 'si ita est, nulli ergo lex 2 3 2
in quo non erat pro religione sacrilegium. cogebatur Christi populus uanis superstitionibus interesse atque in cultum nefandi ritus nunc aut 1 39 2
illa opere mirifico eius cum dicto compleuit. hunc curiosi opinationibus uanis uiolare conantur nec intellegunt miseri, quoniam curiositas reum 1 50
talibus in eum sanctissimus martyr uocibus exsiliit: 'quid, inquit, uanissime omnium iudicum, putasne aut de lucis istius incongruis usuris 1 39 5
crinibus, laniatis et genis, totum crebris ictibus liuida pectus gentili uanitate circa amissi cadauer bacchatur insana nec Maccabaeae matris 1 2 13
illorum non eris curiosus; multos enim seduxit suspicio illorum et in uanitate detinuit sensus illorum. similiter Paulus curioso rescribit dicens: *o* 2 3 16
sed tamen hanc esse inmortalem <et> Epicuri, Dicaearchi Democritique uanitatem argumentatione manifesta conuincunt. poetae autem melius, qui 1 2 4
quod passim multos occidis, edacitatis est tuae, quod diuersis in locis, uanitatis, quod cum amaritudine comedis, infelicitatis. taceo, quod 2 20 2
altaria dei eius subuersa manu cum suis sibi sacrificiis sparsa in puluerem uanuerunt. sacerdotalis *cathedra pestilentiae* suo nomine deleta est. agnus 1 28 1
adhuc fumantia busto complecteris membra sudoremque sordidarum uaporis ararum carne tua deterges, iocaris, blandiris, obsequeris. et si quod 2 7 17
euadat, pariter commonetur. denique ut iste plus timeat, ille terretur; ille uapulat, ut iste proficiat. compendiosum felicitatis genus alterius periculo 1 10a
Iudaei contionibus tument; altaria diuina cum uenerantur, euertunt; uaria caede prophetas elidunt; Moysen amore nimio lapidare conantur; 1 4 10
contendunt; ac sic fidem rei quam reprobant faciunt. philosophi de anima uaria disserunt, sed tamen hanc esse inmortalem <et> Epicuri, 1 2 4
fideliter uitulinam. Isaac innocenter ollam portat et ligna. Iacob patienter uaria exhibet pecora. Ioseph promotus ad mensuram praerogat cunctis 1 24 2
quod blandimentis impetrare non potuit. libidinum commutatione uaria gaudet semper et paenitet, ad satietatem numquam lubrica utilitate 1 1 9
mutat, gulae labore culta, lauacro nitida, unguentis oblita, uestitu uaria, monilibus tota distincta, conuiuiorum celebritate iucunda, uino 2 4 9
non est; non pro sexu, quoniam illi unus est ambo; non pro tempore, quia uaria non est; *non aemulatur*, quia inuidia quid sit ignorat; *non inflatur*, 1 36 12
parientis nascentisque de salute non gemit nulliusque momentis omnibus uariae sollicitudinis cura torquetur. sed dicet aliquis: 'etiam Maria uirgo et 2 7 3
qui huius somnium secretaque cognoscit. prophetia etenim semper figuris uariantibus loquitur, sed res una in omnibus inuenitur. igitur Iacob habet 1 37 1
tu uirginitati praestas, ne flos eius ullo morbo, ullo tempore deflorescat. tu uariarum semper in tempestatum crebris turbinibus constitutae fidissimus 1 4 21
alios sacrilegos, alios auaritia efficit caecos. longum est ire per singula: uarias atque innumerabiles *nocendi artes* habet, sed has omnes salutari 1 38 7
undique dulce prata respirant. exsultat aestas noua, sed diues, in frumenti uarias moles spiceam feliciter contundens palmam. quam prosequitur 1 33 1
publicum tota diffusa sit, diffamationibus uigeat, huc atque illuc aestuans uarie caeca prorumpat, uicta sit autem, si dissimulatio celebritatem eius 1 4 11
qui quadrae turris totam solus sustinet molem. cui non innumerabilis uarie famulatur acies ualidissima columnarum, quia illi septem solae 2 6 6
mors non timet nec diuitias nec honores. o caeca mens hominum! quam uarie, unam tamen contendit in mortem: pauper, cum opes infeliciter 1 5 11
cessat imperium. at si, ut ratio ipsa proclamat, cessare nullo pacto potest uarietas ista regni, a legis conditore homini a deo assumpto iustisque eius 2 5 6
solus homo praeceps, solus inpatiens, prauis cotidie mobilitatibus gaudet, uarietatibus studet; miserum se putat, si ipse sit, nec intellegit rem 1 4 7
aut demens rapit, sed patienter aedificat, patienter exornat, patienter uariis animantibus replet. quando ingredi iubeatur, quando ianuam 1 4 12
est fides, quam uerba concinnant! o quam debilis, cuius cotidie dissipantur uariis argumentationibus membra! o quam indefensa, quae regum, iudicum, 2 3 10
paupertas, non dei contemplatio: ecce enim his omnibus, prout potest, uariis artibus aut adulatur aut nocet, si quid habuerint, tantum ut tollat. 1 14 2
uniuersaeque nationes gladio. per orbem totum uesana bacchatur nouis ac uariis artibus feruens, numquam quieta, non die, non nocte, non bello, non 1 14 2
quoque diabolum, qui uere est acerrimus Sagittarius, formidabit umquam, uariis atque igneis sagittis armatus, totius humani generis omni momento 1 38 6
colitur, quorum in actibus origo monstratur. ipsa Iouem innumerabilibus uariis magnisque criminibus maximum fecit. ipsa Herculem nouerca 1 1 11
amore nimio lapidare conantur; aduersus dominum semper ingrati uariis molitionibus pugnant multisque diis ac regibus seruire gestiunt, qui 1 4 10
imbris ad maturitatem cogitur; et iustus temptationibus crebris, magnis ac uariis perducitur ad coronam. at ubi uindemiae uenerit tempus, id est 2 11 6
carnem; haec duo inuicem aduersantur sibi. hinc caro tota deliciis fluens, uariis temporum redimita muneribus opes multimodas ac profundas 2 4 9
est inquilinus mutatione morum natiuitatis suae nobilitatem incredulis uariis uirtutibus monstrans. cuius sanctionem uestrae aetatis omni 2 24 3
exsultat mutatione morum natiuitatis suae nobilitatem incredulis uariis uirtutibus probaturus. 1 42 2
ornamentis ornatur; longe illa ornatior, aliunde quia nescit ornari. haec uariis unguentis et odoribus fragrat; illa unici floris sui quouis prato 2 7 3
suam in se, quam non habet, quaerit. pingit se in se ipsam et lenocinante uario magistri medicaminis fuco uultum suum uultibus uestit alienis, hoc 1 1 10
colis, cuius ornatum, cuius imaginem non deponis. ad ecclesiam dei opere uario totum inaurata corpus, exsecrabili metallo procedis onusta, ubique 1 14 6
pecudum inexpectata morte rapti iecoris spirantes consulunt fibras nec per uarios auium uolatus coniecturis inanibus statum plumeae salutis 1 34 9
superfluentis amnis undae subiecti toto impetu totaque deuotione uestra uasa replete, ut semper uobis aqua sufficiat, hoc ante omnia scientes, quia 1 12
genere unusquisque suum sacrificium procurabitis, quo sumptu, quibus uasis quibusue ministris? at si descrete fiunt ista, nihil prodest. ex uno 2 7 14
nequiret: sua enim deminutione crescebant. integer horum denique uasis semper in plenis manebat status quantumque eis impensae diurnae 2 1 20
iter non inuenit prora. trepidant nautae, festinant in cassum iactura uasorum nauem leuare ponderibus, quae prophetae pondere premebatur. 1 34 6
sacerdotale corpus accipimus, nautas scribas et pharisaeos, iacturam uasorum repudiationem prophetarum omniumque sanctorum, quos 1 34 7
effundimus, cum in persecutione pro nomine domini diabolum moriendo uastamus. postremo abscindimus, quod habuisse non deberemus, quod ab 1 3 21
celebrare, non uideo, cuius eminens famosumque illud templum miserabili uastatione campis aequatum suo puluere iacet sepultum. sacerdotalis 1 19 1
celebrare non posse paucis accipe, Christiane. Salomonis templum hostili uastatione subuersum cum ruina sua iacet sepultum: ubi sacrificant? 1 51
cum innocentibus deputatus hic *placuit deo. unctus in regem*, spiratus in uatem *non insolescit in regno*, obumbrat neminem prophetae terrore. 2 9 7

labia inquinata ab uno de seraphim ex ara dei sublatum carbonem uaticinando perhibuit. etenim labia inquinata duos populos Iudaeorum 1 37 2
adstringitur, ne a ligno, quo portatur uel cuius adminiculo uel ducatu in uberes fructus longius inuitata producitur, ui aliqua separetur. tum 2 11 2
semet pretiosum frumentum diuinis horreis inferre desiderans, licet suo uberet fonte, tamen aestuat semper iustae operationis ardore. autumnus 1 33 3
osculis detersisti, crinium damno uelasti, scissis genis, liuore foedatis uberibus, sordido plus puluere tecta quam ueste? tu, inquam, non es, quae 2 7 7
lacrimarum crinium suorum damno cooperiens; miserandis affatibus in uberiores fletus incendit etiam eos, quos causa non tangit, tanto 1 2 14
isto in terrestri domicilio ei gratias agimus, ita in caelestibus regnis uberiores sanctis cum omnibus referamus. 2 6 11
officiis excolens piaque potatione fecundans felici ligno suspensam uberrimam docuit afferre uindemiam. inde est, quod hodie uestro de 1 10b 2
sed hostia non sanguinis, sed salutis. ad hanc igitur gloriam tardi partus ubertas et fecunditas desperata profertur. uxor Abrahae fetus nescia, cum 1 59 2
circumcisione diuellimus, ut diri seminis contagione purgati integri in ubertate paterni seminis maneamus. haec, inquam, non die, non nocte, non 1 3 22
non poterat; tunc discit mater esse, cum desinit. marcidae mammae lactis ubertatem ostendunt et de ieiuna aetate puer robustior saginatur. nihil 1 62 2
largiflua, utrisque propria, nulli priuata. etenim damnum patientur ubertatis et gratiae, si adimatur, quod uno eodemque aestu alterum ex 1 7 4
unica spes totius praeteritae sterilitatis damna sarciret. inuenta est causa, ubi Abrahae fides temptatione fortior militaret: carissimi membra, quae 1 62 3
illi necessario iungitur lignum, cuius tutela defensus sese sustollat. at ubi adoleuerit in uitem perfectam ad iugumque peruenerit, eius omnes 2 11 2
matrimonii dies? ubi pretiosae uirginitatis festa, utrisque dulcis occisio? ubi amor, qui in aequo unitoque coniugio, e duobus altero superante, non 2 7 6
monstrat dicens: *si consurrexistis cum Christo, quae sursum sunt quaerite, ubi Christus est ad dexteram dei sedens*. possumus et sic, fratres, 1 37 12
tuum amandum. hinc nunc uobis iterum dicam: 'Pharisaee, responde, ubi cor habeas constitutum. si in regione pectoris, quid deformi uulnere 1 3 14
orant quia timent, peccant quia uolunt. unde non est absolutus reatus, ubi de amoris comparatione duarum contrariarum sibimet partium 1 35 6
sed tantum benedicit deum facultatesque suas contemnendo custodit. at ubi diabolus adgressuris tantis nihil se profecisse cognoscit, omnem 1 15 4
est pater? ecce sub oculis iacet filius uinculis adstrictus. ubi sunt lacrimae, ubi dolor, qui in humanis sensibus uersari consueuit? in tantis filii casibus 1 43 6
cum tanta laetitia arietem obtulit, cum quanta obtulerat et filium; ubi enim fides fuit, non erat dolor. in illo sacrificio solus deus doluit, qui 1 43 7
ex fide est, quae quamuis in futuro sit posita, fidei tamen est iure subiecta. ubi enim fides non est, nec spes est; *fides* enim spei *substantia est* et spes 1 36 4
feriendus. qui antequam ueniret in montem, cum de patre quaereret, ubi esset uictima quam disponeret et immolaret, securus de fide generis sui 1 43 5
signaculum: pati non meretur iniuriam ipse, cui perhibes testimonium. ubi est ille, qui inuicem desiderantibus uobis tardior ceteris uidebatur 2 7 6
et eleuamini, portae aeternales, et introibit rex gloriae, et iterum magi: *ubi est*, inquiunt, *qui natus est rex Iudaeorum?*. hic est, fratres, qui 2 5 2
castitatis, quae certe uera et aeterna formositas, in paradisi solitudine, ubi Euam ab auctore operis sui meminerant esse deceptam, hac re ipsa 1 1 17
terrae, et alio loco: *parata sedes tua, deus ex tunc et a saeculis tu es*. ubi hominem mixtum, sic prosequitur: *dicite filiae Sion: ecce rex tuus uenit* 2 5 2
in regno patientior, patientissimus, desideratos cum fratres agnosceret; et ubi iactantia se non potest continere, positus in honore. caelestis profecto 1 4 17
rex, quod eius statuam adorare contempserint, incendi praecepit. qui ubi iactati sunt in fornacem ignis ardentis, hos deuote cupidus ignis 1 53 2
morte constituunt, cum deus, posteaquam de Aegypto egressi sunt, ubi imaginarium pascha gesserunt, dicat: *plenus sum holocaustomatis* 2 25 1
non irritata adolescentia inuitis feminis saepe uiolenta esse consueuit. at ubi in destinata prorumpens neque blandimenta neque promissa sibimet 1 1 16
per aerium tramitem cursu seruato ad repromissionis tempus, ubi in perpetuum quis oritur, peruenire. 1 44 2
genuit, qui Abraham, unde nascerentur, elegit. hos in Aegypto genuit, ubi ingressis paucis hominibus innumerabilis multitudo processit et ad 1 61 7
redarguit, quem fratris sanguis accusat. quid inpatientiam Sodomorum, ubi inlicite uiri opprimebantur a uiris, prodigiosae libidinis ignes ignis 1 4 10
progrediens lasciui cursus ambagibus carpit pensa mundana. at ubi matura aureo igne flagrantis luciflui aurigae par laboribus fratris 1 2 19
habet concupiscentia locum, ubi patientia dominatur, ubi uiuitur sobrie, ubi mors timetur. itaque hanc obseruantiam, hunc timorem, quod est 2 7 9
terra uel tremit uel hiatu se recipit in se, nullus hic beatitudinis locus est, ubi non deuotionis, sed necessitatis est quod timetur. itaque audiamus 2 2 3
sacrilegio uideri non potest? postremo detestabilis est uiuendi condicio, ubi non licet facere uxori, quod marito placet; ubi proponis, quia nihil te 2 7 15
contemplatione compescas. mihi crede: non habet concupiscentia locum, ubi patientia dominatur, ubi uiuitur sobrie, ubi mors timetur. itaque hanc 2 7 9
desiderantibus uobis tardior ceteris uidebatur primus matrimonii dies? ubi pretiosae uirginitatis festa, utrisque dulcis occisio? ubi amor, qui in 2 7 6
est uiuendi condicio, ubi non licet facere uxori, quod marito placet; ubi proponis, quia nihil te gerere sinit, nisi quae disposuerit prior ipse 2 7 15
cum scriptum sit: *maledictus homo, qui spem habet in homine*? ergo ubi purum deum significat, sic dicit in Genesi: *et fecit deus hominem ad* 2 5 2
legem, ita, si uersuta sit, eradicat fidem, quia fides profecto non est, ubi quaeritur fides; deinde quia lex communis est, fides uero priuata, quia 2 3 4
commoueris. a paterno fonte in filio tota refunderis et tamen, tota ubi refunderis, nec recedis. recte deus diceris, quia trinitatis potentiam sola 1 36 32
templum hostili uastatione subuersum cum ruina sua iacet sepultum: ubi sacrificant? sacerdotes iam non habent: qui eorum pro salute 1 51
unda testatur. denique eremo exciperis, quo te nunc peruenisse cognoscis; ubi sane ad hoc aquam de petra bibisti, manna de caelo gustasti, ut scires, 2 16
hostiam uiuam, sanctam, placentem deo. hoc enim placitum est domino, ubi se ipsum candidus animus immolauerit domino; cetera autem nihil 1 25 9
diu inexterminabilis uixit, quam diu imperata regalis edicti continuit. at ubi sinistro consensu inuidi ex lubricitate serpentis est inpatientiam 1 4 8
fidei militabat; non pallescit uultus, non contremuit manus. quaerit puer, ubi sit uictima. quae mox, ita ne percuteretur tenera aetas, ostenditur, quo 1 62 4
senectutis cum rigore partitur; cessat enim concupiscentiae pugna, ubi sub crebrescentibus morbis ipsa necessitate etiam inpudicorum pudica 1 1 5
esse nesciret! quid est pater? ecce sub oculis iacet filius uinculis adstrictus. ubi sunt lacrimae, ubi dolor, qui in humanis sensibus uersari consueuit? in 1 43 6
et latibulum sibi perniciosum eorum in captiuitatibus quaerunt. at ubi uentum fuerit ad diuini certaminis campum coeperintque sacri nominis 1 2 6
iustus temptationibus crebris, magnis ac uariis perducitur ad coronam. at ubi uindemiae uenerit tempus, id est persecutionis dies, passim uuae 2 11 6
pluuiae uentique exercendo prouehunt ad maturitatemque perducunt. at ubi uindemiae uenerit tempus, decore dissipato, passim uua detrahitur in 2 11 3
mihi crede: non habet concupiscentia locum, ubi patientia dominatur, ubi uiuitur sobrie, ubi mors timetur. itaque hanc obseruantiam, hunc 2 7 9
suis sibi cultoribus coepit. nunc ergo uideamus, unde uera caritas ueniat, ubinam consistat, cui uel maxime debeatur: utique illi, qui hominem fecit, 1 36 28
dei et uim consociationis carnis et animae et hominis summum bonum ubinam sit constitutum, quiuis facillime possit agnoscere. posteaquam deus, 2 4 3
adimit satietatem. ita omnes in rabiem una tempestate praecipitat, ut ubinam sit maior ignores. est autem similis igni arida pabula depascenti, 1 14 1
mortuos, refundere inferi coacti sunt uiuos. quem ut semper et ubique aucti fide, numero, caritate nostris cum fratribus celebremus, 2 19 2
opere uario totum inaurata corpus, exsecrabili metallo procedis onusta, ubique delicata, sub monilibus fortis. denique ipso cultus rigore in oratione 1 14 6
sic, sic interempti plerumque iacent canibus, alitibus ferisque donati, ubique dispersi, utrobique deperditi, semesis ossibus, etiam suis carnibus 1 5 8
tertia Iudaea est uere caeca, quae cum in lege, ut dicere solet, sua legat ubique duas patris et filii designari personas, tamen nunc usque contendit 2 8 1
expugnauit, cum sua illi arma concedit; hic ubique turbulentus, ubique fertur insanus: promittit, fallit, dat, tollit; nunc tristis, nunc hilaris, 1 36 26
magnis ac mirabilibus saeculi non mutatur; mitem humilemque retinet ubique pastorem. post adiecit: *si non humiliter sentiebam, sed exaltaui* 2 9 7
marcescant. nullum pratum sit, quod non transeat luxuria nostra. ubique relinquamus signa laetitiae, quoniam haec est pars nostra et haec 2 4 10
inpudicum; hic synagogam expugnauit, cum sua illi arma concedit; hic ubique turbulentus, ubique fertur insanus: promittit, fallit, dat, tollit; nunc 1 36 26
morte sua uiuens, sepulcri nido uegetatus innumerabiles temporum metas perenni cursu una eademque 1 58
uehemens commotio est, fratres, cum is de iniuria sua queritur, qui se 1 20
ardoris insani conflagraret incendio, in suadelam sacrilegam argumentis uehementer armata captat solitudinem, secretum captat et locum, in quali 1 1 16
fidei an fidem tractatus debeamus adserere. si tractatum fidei dixerimus, uehementer errabimus. subici enim se loquacitatis artificio fidei natura non 2 3 6
potius quam salutem. igitur cum audio tres pueros incensos, prius uehementer horresco, mox deinde eorum particeps optauerim fieri, cum 1 31
unda solidatur. dei populus nauigat plantis. mira res! iter eius barbaris uehementer urguentibus nec eques potest sequi nec nauis. Maria cum 2 26 1
operariorum pedibus subiecta calcatur, prelo premitur duabusque tabulis uehementer urguetur, donec omnis dulcedo medullitus exigatur sicque 2 11 3
odissent et futura credidissent pariterque metuissent. nemo est enim tam uel ab istius mundi sapientiae gustu ieiunus, qui audeat dicere animas cum 1 2 2
temporum parent solemnisque remigii specioso discursu uel aquas sulcant uel aera distinguunt, et patienter ueniunt et patienter excedunt? solus 1 4 6
sunt patres. huius est munus, quod alii ut nos aut plus quam nos proximi uel amici sunt nobis. huius est munus, quod diligimus seruos ut filios ac 1 36 14
tu sanctissimo coniugali iugo rudi ceruice subeuntes in nisum laboris uel amoris aequalem retinaculis blandis quasi quidam peritus auriga 1 4 21
cum inuitationi temporum parent solemnisque remigii specioso discursu uel aquas sulcant uel aera distinguunt, et patienter ueniunt et patienter 1 4 6
dei structura et propria est et perennis, qua et Iudaeos et gentes uel ceteros antecedimus. incomparabilis autem gloria ac uere deo digna, 2 6 4
non habet uerba, multo magis nihil habebit, quia tractatus, qui eas genuit uel cotidie generat, adhuc potest generare. e diuerso prouocatus rursus eas 2 3 7
materia tabulatis infertur, nodis adstringitur, ne a ligno, quo portatur uel cuius adminiculo uel ducatu in uberes fructus longius inuitata 2 11 2
caelo descendit, filius hominis, qui erat in caelo. quomodo filius hominis uel cuius hominis nasci posset in caelo, ut de caelo descenderet, cum 2 4 2
affectans caedem uicino fremitu ferina rabies onerare temptauerit; uel cum amissis gubernaculis inter conpugnantes flatus ac fluctus gemens 2 2 2
misericordiam habere quod habes. tu sola rogari non nosti. tu oppressos uel cum dispendio tui incunctanter eripis in qualibet angustia constitutos. 1 36 31
aliud esse fidem, aliud esse tractatum nec fidem per tractatum posse uel dari uel nosci uel destrui. dari non potest, quia si uerbis dari potest, 2 3 11
frater, tua curiositas, nusquam tua proficit pugna, quia quem putas uel de tuis ipsis studiosis fidelissimum, hic infidelis, et quem putaueris 2 3 11
aliud esse tractatum nec fidem per tractatum posse uel dari uel nosci uel destrui. dari non potest, quia si uerbis dari potest, poterit et uerbis 2 3 11
minus est facere magna quam dicere. quamuis et quod dictum est a patre uel dici potest, quia uerbum est filius, sine filio non est, et quod factum est 1 45 3
infertur, nodis adstringitur, ne a ligno, quo portatur uel cuius adminiculo uel ducatu in uberes fructus longius inuitata producitur, ui aliqua 2 11 2
enim figura huius mundi. at cum ante annos ferme quadringentos uel eo amplius apostolicum hoc operetur edictum, quo et uiuaciores fuere 2 7 5
postridie aliqua necessitas rapit, quae a te longe distractum decennio uel eo amplius, ut adsolet fieri, detineat relegatum. quid facies? 2 7 9
exstingui, animae uictoria utramque seruari: meliora sequamur saltem uel eo studio, quo sequimur mala. nulla ulli competit excusatio, maxime 2 4 18
ex uno enim proficiscendo et in unum remeando si non confusione, uel errore fiunt una. quid, quod illius sacrificium publicum est, tuum 2 7 14
ius iure distringit. quis non uideat numquam recti aliquid illam facere uel fecisse, quod fecerit? uultis scire, quam iusta sit? miseram se putat, nisi 2 1 7
constat ergo omne Christianitatis magis in caritate quam in spe uel fide esse depositum, sicut euidens testatur exemplum. Iudas Scariothes 1 36 19
potest, quia uerbum est filius, sine filio non est, et quod factum est a filio uel fieri potest, sine dignatione paterna non est, quia filius sine patre non 1 45 3
uirtutes, ipsa quoque elementa eius constare non posse sine eruditione uel freno. est enim matura semper, humilis, cauta, prudens, prouida, omni 1 4 1
uniuersa crimina expellunt ac rursus diligenter accludunt, ne quid illo uel friuolum, inde quod excluditur, reuertatur. mira ratio, mira beatitudo! 2 24 1

Christianae plus nubunt. adde quod gentibus, quod sine dolore magno uel gemitu non potest dici. quae enim uox, quae increpatio has condigne 2 7 11
et quae una febri uel qualibet facillime deleatur iniuria. ecce procuratores uel gubernatores eius oculi aliquo ictu exstincti subsidunt. nonne cadauer 2 4 15
assimulant, cum ardent *plura fulminibus,* cum terra uel tremit uel hiatu se recipit in se, nullus hic beatitudinis locus est, ubi non 2 2 3
si quis studio uel noscendae uel impugnandae sacrae legis naturae Natiuitatis Moysei librum lectitando 2 4 1
lex ab alio transit in alium; fides interit, si ab suo statu aliquando uel in aliquo declinauerit. lex hominis conscientiam alloqui tantum potest, 2 3 5
sacrificium quod ipse reprobat fieri, qui praecepit. hoc solum dico: imple uel in ceteris legem, sicut scriptum est: praecinge lumbos tuos, indue 2 20 2
autem non potest; fides conscientiam medullitus mundat, ne quid reatui uel intrinsecus debeat; qui enim suam conscientiam non timet, is est, qui 2 3 5
laudare, quae dei sunt, tamen praecipuum non est, quod cum gentibus uel Iudaeis potest esse commune; nam et illi, si liceat uel si uelint, fortassis 2 6 1
nec singulare nec friuolum crimen est, fratres, uel maxime Christianum cupiditatis compedibus alligari profundaeque 1 5 1
cum errores suos lunari circulo adscribunt, cum ingenii sui carmen coli uel maxime cupiunt, sic se et alios perdiderunt. nam mutato nomine et 2 9 1
nunc ergo uideamus, unde uera caritas ueniat, ubinam consistat, cui uel maxime debeatur: utique illi, qui hominem fecit, qui ei munus 1 36 28
sit aut continens aut maritus. uenio nunc ad exempla, quae sunt negotio uel maxime necessaria, quia plus est quod geritur quam quod dicitur, ut et 1 1 15
dispungens suam docuit expugnare naturam; haec libidinis mercedem uel maxime parentum, filiorum, maritorum uxorumque in mortibus posuit; 1 1 8
in homine ex his quaecumque defecerit, ambae moriuntur. fides itaque uel maxime res propria nostra est, domino ipso dicente: *fides tua te* 1 36 7
aliquos noscamus eos esse, quos in idolatria commorantes nuper uel maxime ui aliqua obisse meminerimus. hic nunc mihi responde, qui 1 2 6
ac uera scientia, daemonum terror, martyrum uirtus, ecclesiae pulchritudo uel murus, dei ministra, Christi amica, spiritus sancti conuiua. huic et 1 36 4
si quis studio uel noscendae uel impugnandae sacrae legis naturae Natiuitatis Moysei 2 4 1
esse fidem, aliud esse tractatum nec fidem per tractatum posse uel dari uel nosci uel destrui. dari non potest, quia si uerbis dari potest, poterit et 2 3 11
huc accedit, quia bona carnis inuenit, non requirit, mauultque potiri uel paruis praesentibus bonis quam bonis ingentibus tardis. at uero spiritus 2 4 13
et inspiratos aqua caelesti mox efficit uiuos. lignum auxiliare, quo tenditur uel portatur, crucis est dominicae signum, sine quo uiuere 2 11 4
deseruiunt tempora, dies, horae uniuersaque momenta; illa ante octauum uel post octauum diem nec ipsi morienti puero subuenit, haec a cunis ipsis 1 3 23
mortem domini, donec ueniat. aperies os piscis: hoc est sacramentum uel quae in prouerbiis locutus sum non intellegentibus explanabis. denique 1 37 6
dolor. an pulchritudinem? leuis et commutabilis res est et quae una febri uel qualibet facillime deleatur iniuria. ecce procuratores uel gubernatores 2 4 15
et percipe auribus, terra. de caelo et terra prophetam fuisse testatum uel quasi de aliqua re esse conquestum, cum dicit *audi caelum et terra,* 1 61 2
adgressurae tempus et locum et nomen proprium confitetur discessumque, uel qui sit signis euidentibus docet, ut plerumque aliquos noscamus eos 1 2 6
generibus factiosae emerserint causae, quid homo pestilens excogitet uel quid diabolus machinetur, non metuat iustus, quia cum illo est deus. 1 40 1
nunc usque contendit deum filium non habere. quibus omnibus exempla uel ratio, quam prosecuturi sumus, argumentationis totius uno ictu omnes 2 8 2
meretricio seducti sunt et fornicati sunt a deo suo. agnosce igitur, Iudaee, uel sero erroris tui miserum dolendumque discrimen et dic nobis, utrum 1 3 12
omnem creaturam. cum haec ita sint, humanitas, te, uersuta, cognosce uel sero et intemperanti linguae silentii frenos impone. dementiae genus est 2 8 3
rector pristinae eius fugae ueniam sub pactione promitteret, si se uel sero nefandis superstitionibus miscuisset, talibus in eum sanctissimus 1 39 5
dederis nec animas inspiraueris nec salutem praestare possis. unde uel sero sacrilegam uocem comprime humanae fragilitatis memor, qui in 2 1 21
rudes discant ipsique, qui blasphemare nituntur, salutis suae bono uel sero, si potest fieri, resipiscant. 2 18 2
cum inmortalitas in se ordinem temporis non recipiat, mortalitas capiat. uel si caelestis est primus, quid opus erat, ut fieret quoque terrenus? simile 2 4 2
statum semper incertum, quippe cum unius electio sit alterius reprobatio. uel si omnes omnino amplectendae sint, ut tot quis habeat fides quot non 2 3 7
quod cum gentibus uel Iudaeis potest esse commune; nam et illi, si liceat uel si uelint, fortassis cultius synagogas aedificent, cultius erigant capitolia, 2 6 1
cum scriptum sciat: *homo uidet in facie, deus in corde*, nonne iniuriosum uel superuacaneum putabitur deo indicare quod nouerit? absit. indicat ille, 2 9 3
quamuis melior alia tamen prior ipsa. erubesce, Christiana conscientia, uel tot ac tantis ex rebus quemadmodum rursum eadem quae es sis melior 1 2 21
lumen inconstanter assimulant, cum ardent *plura fulminibus*, cum terra uel tremit uel hiatu se recipit in se, nullus hic beatitudinis locus est, ubi 2 2 3
si ergo exsultat gloria eius saepe in gentibus (quamuis illic fructuosa uel uera esse non possit, quia sub inpudico praedone uersatur), quanto 1 1 3
pulchrius aut uerius uerbis humanis asseri possunt, quam a deo facta sunt uel uidentur. itaque quod ad nos pertinet, uideamus, quid sit, quod deus 2 30 1
regrediens necessario enarrabit tibi sciscitanti sibi de utriusque salute uel unanimitate deorum quae fuere responsa. si terribilia, consternata metu 2 7 16
refrigerium Lazarum uerum diuitem sero cognoscit cupitque mortuus uel uno digito illis contingi manibus, quibus stipem denegauerat uiuus. odit 1 2 9
utroque cessante actumque est de mundo mundique tota substantia, si uel uno momento diuinitatis cessat imperium. at si, ut ratio ipsa 2 5 5
in quaestus, nec quisquam prorsus inueniri potest, qui ei saltem uel uno momento iustitiae frenos inponat. inquieta semper exaestuat, 1 5 1
iustitiam, cuius est inmortalitas merces, propterea simulatae stultitiae uelamine adopertam, ut res magna magnis uirtutibus magnisque laboribus 2 1 4
ut quid appetendum quidue fugiendum sit facillime possit agnosci. sub uelamine Christi nominis, fratres, se adserere conatur Antichristus similiter 1 1 6
necesse est, ut expedite uiuat et munde. igitur ne cognoscatur, faciem uelamine obscurat: necessario, quia adsertor pudoris eius nondum uenerat 1 13 9
ille uisam mulierem fornicariam putat, quae pudoris integritatem faciem uelando monstrabat. interpellat eam, poscit ingressum, missurum se 1 13 2
mariti corpus expositum lauisti lacrimis, osculis detersisti, crinium damno uelasti, scissis genis, liuore foedatis uberibus, sordido plus puluere tecta 2 7 7
perpetuitatis indiscreta spiritus plenitudine nescio qua sua conscientia uelatum filii non sine affectu, sed sine discrimine amplectebatur. sed 1 56 1
cum gentibus uel Iudaeis potest esse commune; nam et illi, si liceat uel si uelint, fortassis cultius synagogas aedificent, cultius erigant capitolia, sed in 2 6 1
crebrescentes insaniunt, horrendum sibilant funes, gemunt cedentibus uelis antennae, retunsa undique iter non inuenit prora. trepidant nautae, 1 34 5
dies, omni genere fructuum fetibus pollens, diuite sinu, momentis quibus uelis quattuor temporum munera expungens. denique competentibus nostris 2 13
sed non omnia expediunt. iam te hic, Christiane, cognosce, elige quid uelis: remedium an sanitatem. denique si uidetur, conferamus, quae sit 2 7 2
populo suo infantis anima peritura est. hic, fratres carissimi, eligat utrum uelit, circumcidat an differat. si circumcidit, sabbatum corrumpit; si non 1 3 4
sacrario templi uirginalis hospes pudicus inlabitur ibidemque qualis uelit esse disponit. immo quod iam olim disposuerat complendum latenter 2 12 1
hunc timorem, quod est uerius atque iustius, transfer ad deum et, quale uelit illud sit, repente exstinguetur incendium. sed sic ego in rebus 2 7 9
blandis quasi quidam peritus auriga componis. tu amicitiam *idem uelle atque idem nolle* docuisti. tu seruituti unica ac fortissima consolatio 1 4 21
placere. ceterum prouidentis dei de deo argumentationibus uanis opinari uelle dispositum non colentis est, sed dementis, maxime si deus, ut 1 54 1
frenos impone. dementiae genus est inuisibilis incomprehensibilisque uelle opinari secretum eiusque interna discutere, cuius extraria nequeat 2 8 3
habere merearis integros, incolumes ac beatos. stulta autem res est illis te uelle uitae substantiam prouidere, quibus nec natiuitatem dederis nec 2 1 21
et Iudaeo deterior Christianus dei filium deum esse non credant. quos uellem adesse paulisper auremque praesenti commodare lectioni, ut 1 25 1
uellem, fratres dilectissimi, triumphali quodam modo uti sermone nouique 2 6 1
idola gentium argentum et aurum, pro quo quis aut iugulatur aut iugulat. uellem scire tamen, tanta eius rabies quid uoluptatis habeat, suo cultori 1 5 16
laudare dominum, cuius condigne laudare non queas seruum. sed o quam uellem te, si possim, rerum omnium regina, patientia, magis moribus 1 4 20
reprobat nullum, non Aries sed agnus excepit, qui uestram nuditatem uelleris sui niueo candore uestiuit, qui suum lacte beatum uagitu hiantibus 1 38 3
sic disseminantur, cum inflata fides ac spes dilectionis a fundamento uelluntur. quid autem sine caritate sint non tantum istae, sed et aliae 1 36 19
sub labiis eorum, quorum os maledicto et amaritudinis plenum est; ueloces pedes eorum ad effundendum sanguinem; contritio et miseria in uiis 1 3 11
angelus tua castra praecedit, necubi crimen excuses. per mare ambulas; *ueloces pedes tuos ad effundendum sanguinem* dextra laeuaque in se 2 16
eia, fratres, quos beatae sitis exoptatus ardor incendit, cupiditate ac uelocitate ceruina lacteum genitalis fontis ad laticem conuolate. fortiter 2 14
<illidit>. tertio diues est auaritia, utraeque cuius exaggerare opulentiam uelocitate mira contendunt, cui totus militat mundus, aetas cui uniuersa 2 1 8
ac mortem paternae inplorastis auxilium maiestatis omnique non pedum uelocitate, sed mentis, pii fontis ad gurgitem conuolate! uos constanter 2 23
uoluntas eius est turpitudo; ideo pennatus, quia in quaecumque conceperit uelociter ruit; ideo telis facibusque constructus, quia inlicitis ardoribus 1 36 25
et Dauid hanc calamum nuncupauit, dicens: *lingua mea calamus scribae uelociter scribentis.* calamus fissus est, fratres, duosque uertices gerit in 1 37 4
euangelicae iussionis animaretur exemplo. ecce in eius hospitium uelut in hostilem praedam grassantium satellitum praeceps irruit manus, 1 39 4
regis, hominis tamen, uultus quiuis ulla uiolauerit ratione, nonne continuo uelut sacrilegii commissi capitales poenas luit? quanto magis in dei causa 1 36 24
subiciunt, ingenti fragore confundunt exsertisque mucronibus sordidis uelut testudine quadam resistunt uincuntque facilius caritate, quod 1 36 15
re ipsa nato consilio capere dolo adgrediuntur ac, nisi culpae succumbat, ueluti adulterae deprehensae magnum minitantur exitium. at illa non Eua, 1 1 17
colis in penetralibus tuis. nam et illic aureis argenteisque innumerabilibus ueluti templis tereti moneta percussis inesse similiter regum uultus 1 14 5
quas, quia uera uix potest inueniri, credo, ne populi penuria laborarent, uenales esse propositas. uerum tamen ex his omnibus eligendum quid sit, 2 3 7
conpage discussa iuncturas corporis rupit. exsilierunt exsectae manus †et uenarum in se paululum stupore rursus in se riuus sanguinis ruens†. 1 39 8
imperium, quod uerbis huius modi continetur: *si uis perfectus esse, uade et uende omnia tua et da pauperibus* et tolle crucem tuam *et ueni sequere me.* 2 1 15
quod distrahat, ut rogetur, ut iugulet. atque utinam incorrupta species uenderetur! ingemescit praeterea, si annus est sterilis, multo magis, si 1 5 14
est, fratres, quae et ueniam praestat et medicinam. ceterum qui parcit uenefico, homicidae, adultero, incestatori, sacrilego, nisi eius curauerit 2 24 2
sed ut reliquas nationes, quas idolatriae, de qua diximus, disseminatae uenena confecerant, ad dei cultum bonae uitae exemplis sacraeque legis 1 13 5
sibi suum seruum iudicat, sed honorat ut filium. alterum uero, quem uenena conterentem, in adulterio, in homicidio, in falso, in maleficio 1 35 8
exerce molem: nos a deo non potes separare.' statim iudex uiperei ueneni felle commotus iubet non usitata animaduersione poenarum nec 1 39 6
amicae sub fallacia manus innoxias animas secure conficit ebibita ueneni tempestas; sepelitur noua odii rabie, antequam nascatur, matris iam 1 5 3
uultis scire, quod malum sit? in ipso fructu suo etiam ipse se odit. uenenis eius cotidie totus exaestuat mundus pestiferisque uoluptatibus ita 1 36 27
delectamento seruire praecepit, qui eum supra dicti amoris male dulcibus uenenis occisum infernaeque sedi submersum maiestatis suae sacramento 1 36 28
lenocinio mundus in flore est. intonat lingua, caret quae numquam ueneno serpentis, et, quod omni est maius insania, deo se laudat. 2 9 9
membris: *sepulcrum patens est guttur eorum, linguis suis dolose egerunt, uenenum aspidum sub labiis eorum, quorum os maledicto et amaritudinis* 1 3 11
quid, uesana, laetaris? non est pax ista, sed bellum; non osculum, sed uenenum. pro nefas! adhuc fumantia busto complecteris membra 2 7 17
stola illa non sumitur, nisi primo istud carnale spolium, blandum animae uenenum, secundum dei sententiam, unde sumptum est, refundatur; dicit 1 2 30
et huius mundi in *stabulo*, id est in ecclesia, quo pecora diuina succedunt, uenerabili sacramento susceptum cotidianis praedicationum medicaminibus 1 37 10
caritas reddit. haec coniugalis affectus duos homines sacramento uenerabili unam cogit in carnem. haec humanitati praestat esse quod 1 36 13
tres Hebraei uenerabilis numeri sacramento muniti, aetate teneri, sed fidei soliditate 2 22

necessaria non est, peccatori uero molesta est'. absit, fratres: immo potius ueneranda est, quia ueritatis speculum, quia rigida quaedam dilectionis est 1 36 18
quod peius; nam in idolis dea est, in cultoribus uero eorum ministra. uenerandam se procurat in templis, hilarem in theatris, inportunam in 1 1 9
textus ostendit. in quo eum non seueritas apud omnes condemnat, fratres uenerandi, sed pietas. neque enim potest de quoquam bene mereri, quem 2 21
inter nos mutui amoris aemulatione gloriosa imaginemque dei dignissime uenerando declaremus, quid ipsi ueritati debeamus, scientes, quoniam, si 1 36 24
non manent, quia his dei nomen in honore est; pii non sunt, quia patrem uenerandum prauis moribus laedunt. *orant quia timent, peccant quia* 1 35 5
uolunt nosse legem, nolunt eius praecepta seruare. signum salutare uenerantur et tamen a mysteriis daemonum non recedunt. multos *namque* 1 35 5
poenali procella deleuit? Iudaei contionibus tument; altaria diuina cum uenerantur, euertunt; uaria caede prophetas elidunt; Moysen amore nimio 1 4 10
de suis incensoribus uindicati, sed de domino nostro, quem, pro nefas, uenerantur externi, si tamen dicendum est, sui carpunt. sane nullis 2 18 1
docet, ut contemplatione opificii ac materiae semper suum et uereretur et ueneraretur artificem. post haec subiecit ei omnia bona mundi et quia erat 2 4 4
faciem uelamine obscurat: necessario, quia adsertor pudoris eius nondum uenerat Christus. non cognoscitur a socero: ad Iudaeos enim, non ad 1 13 9
uirginem, admirata infantem deum ingenti gaudio exsultans, quae curatum uenerat, curata recessit. ita Christus in hominem se fecit nasci, 1 54 5
non fuit?' huius propositionis quae sit ratio, fratres, accipite. igitur qui uenerat hominem uiuificare, per hominem necesse habuit, ne phantasma 1 3 17
habere possit inmundum, qui humani generis peccata, sordes et maculas uenerat mundaturus. denique purgationes, quae sunt tarditate periculosae, 1 54 4
in infantem uagit deus patiturque se pannis alligari, qui totius orbis debita uenerat soluturus. in stabuli praesaepe deponitur populorum pastorem 2 12 3
turpiter uicit, quem terribilis turba monstrorum superare non potuit. ipsa Venerem membris omnibus denudatam, conuexis manibus se tegere 1 1 11
est dignatus induere, ut nemo se possit per carnem, cum iudicii dies uenerit, excusare. 1 54 5
uitam, cum idem animus custodia carceris liberatus ad eum locum, unde uenerit, reuertatur. si ergo hoc ille sensit, qui non nouerat Christum, cur 1 2 2
exercendo prouehunt ad maturitatemque perducunt. at ubi uindemiae uenerit tempus, decore dissipato, passim uua detrahitur in torcularique 2 11 3
crebris, magnis ac uariis perducitur ad coronam. at ubi uindemiae uenerit tempus, id est persecutionis dies, passim uuae diripiuntur, id est 2 11 6
esse, uade et uende omnia tua et da pauperibus et tolle crucem tuam *et ueni sequere me.* de hoc nescio quid possit quispiam promouere; unum 2 1 15
quodam modo cor suum manu uerecunde castigat postulatque tantum ueniam delictorum taciturnitate, non uoce. quorum quis quid sit 2 9 9
melius est enim nubere quam uri. alio autem loco ait: *hoc dico secundum ueniam, non secundum iussum; uolo autem omnes uos esse sicut et me,* ac 2 7 2
reus, ut fiat innocens, confitetur. pretiosa indulgentia est, fratres, quae et ueniam praestat et medicinam. ceterum qui parcit uenefico, homicidae, 2 24 2
praeiudiciis excusauit. cui cum prouinciae rector pristinae eius fugae ueniam sub pactione promitteret, si se uel sero nefandis superstitionibus 1 39 5
quam dici potest, superfluum est demorari. unde nunc ad ueram iustitiam ueniamus, omnium fontem matremque uirtutum. quae praeter ceteras tota 2 1 11
ista quia contemnit, illa quia sua esse praesumit; nec spes timet, ne non ueniant, quia ea semper secum suis in uirtutibus portat. hoc est, quod 1 36 5
sicut ad Corinthios scriptum est: *annuntiatis mortem domini, donec ueniat.* aperies os piscis: hoc est sacramentum uel quae in prouerbiis 1 37 6
suis sibi cultoribus coepit. nunc ergo uideamus, unde uera caritas ueniat, ubinam consistat, cui uel maxime debeatur: utique illi, qui 1 36 28
depingebat, Thamar ecclesiae, quae ei recte nupta non est, quia Christo ueniente baptismatis spiritali unda in gremio renatus ecclesiae filius eius 1 13 7
plerumque contingit, ut ei nascatur sabbatis filius, quem octauo die, id est ueniente sabbato, si non secundum legem circumcidat, de populo suo 1 3 3
spectante securus. parauerat extensa futuris ictibus colla, nudauerat gladiis uenientibus iugulum, putauerat se feralem iudicis amentiam citae mortis 1 39 7
ipse disposuit. Selom autem praedictorum tertius frater minor ex gentibus uenientis nouelli populi imaginem depingebat, Thamar ecclesiae, quae ei 1 13 7
moritur. quod autem inquit: *consolatus* est, utique intelligitur spe Christi uenientis, qui non tantum prophetis synagogae lapsu desolatis solacium 1 13 7
uim habeat amictus et currus, his uerbis propheta testatur: *deus sicut ignis ueniet et sicut procella currus eius retribuere in ira uindictam.* 2 12 4
enim, fratres, ultra licere non puto quam ut sit aut continens aut maritus. uenio nunc ad exempla, quae sunt negotio uel maxime necessaria, quia 1 1 15
responderet, neque Dauid filius esset neque nisi in filium Dauid Christus uenire potuisset; qui ideo circumcisus est, quia Iudaeis erat promissus, ideo 1 3 18
praestans aliquando et beneficium, cum te iubet ad ecclesiam non uenire. sed multo peius est, si places marito: neque enim sine sacrilegio 2 7 15
filius gaudens gaudente patre, patris dextra feriendus. qui antequam ueniret in montem, cum de patre quaereret, ubi esset uictima quam 1 43 5
in Sarra attractis aetate neruis et, deficiente sanguinis suco, arescentibus uenis, dura cum uisceribus cutis, deformis ac luridus pallor iam paene 1 59 4
uultu deformem, qui cornu exsiliens, labra liuentia spumantibus uenis ebulliens palpitante ruina captiui tota miserabiliter per membra 1 38 6
tanta fuit in martyris deuotione constantia, ut omni corpore paratus uenisset ad gloriam. mox itaque deuotum corpus carnifex uidit, statim 1 39 7
uerbum dei. qui autem iuxta uiam sunt, hi sunt, qui audiunt uerbum et uenit diabolus et tollit de corde illorum uerbum, ne credentes salui fiant. 1 13 5
qui suum dictum prosequitur dicens: *hoc est autem iudicium, quia lux uenit in hunc mundum et dilexerunt homines tenebras magis quam lucem*? 1 35 4
hostes probant, praedones laudant, latrones excusant, nec sui umquam uenit in mentem non esse humanae potestatis crastinum diem ac ne ipsum, 1 5 7
qui seminauit in suo agro bonum semen; dormientibus autem hominibus uenit inimicus eius et superseminauit zizania in triticum. quae necessario 1 3 22
qui seminauit bonum semen in agro suo; dormientibus autem hominibus uenit inimicus eius et superseminauit zizania in triticum. at fortasse adhuc 1 2 28
es. ubi hominem mixtum, sic prosequitur: *dicite filiae Sion: ecce rex tuus uenit tibi iustus et saluans, mitis, sedens super asinum nouellum*, et iterum: 2 5 2
reuersio finis nostrae, quoniam consignata est et nemo reuertitur; et infra: *uenite ergo, fruamur bonis, quae sunt, et utamur creatura tamquam* 2 4 10
non in trepidatione, sed in doctrinae ratione consistit, sicut scriptum est: *uenite, filii, audite me; timorem domini docebo uos.* naturalis ergo non 2 2 1
saluabit. sed et dominus ipse nos pio promisso quid hortetur, accipite. *uenite*, inquit, *qui laboratis et onerati estis et ego reficiam uos. tollite* 2 9 4
specioso discursu uel aquas sulcant uel aera distinguunt, et patienter ueniunt et patienter excedunt? solus homo praeceps, solus inpatiens, prauis 1 4 6
quod elegerit, tributura et ut iure possit implere, quod gerit. qui ad se ueniunt, professionem credulitatis ab eis solam ideo, quia eorum fidem 2 3 3
inde est, quod frumento paucorum horrea plena sunt, inanis plurimorum uenter. inde populis deteriora mensuris pretia quam inopia. inde fraus, 2 1 16
nescit, laetatur illa quia scit. Elisabeth sterilis fecunditate tumet feliciter uenter, Mariae maiestate. illa praeconem portat, haec iudicem. exsultate, 2 8 8
mixtus itaque humanae carni se fingit infantem. Mariae superbus emicat uenter, non munere coniugali, sed fide, uerbo, non semine. decem mensium 1 54 3
pulsos Iudaei in damna salutis suae indignis caedibus mactauerunt. uenti saeuientes diuersi sunt reges, qui Iudaeam lugubri clangore tubarum 1 34 7
ac se commendantes sequaces fructus adridunt, quos solis ardores, pluuiae uentique exercendo prouehunt ad maturitatemque perducunt. at ubi 2 11 3
deseruiens peritissima insignis patientiae disciplina? sed et mare uentis lacessitum, cum irascitur, quamuis reciproca uicissitudine nunc 1 4 5
dies sempiternus eluxit; quo discussa conuolutae hiemis tristitudine, nouo uento Fauonio blandiente, diuersis floribus genere colore pariter et odore 1 33 1
uer sacrum fontem debemus accipere, cuius diuite ex alueo Fauonio non uento, sed spiritu sancto generante *odorem diuinum* beata *spirantes* fide 1 33 2
itinere nauem Tarsos petiturus ascendit, cum subito compugnantium uentorum flatu uiolento lacessitum fremit mare sollicitique gurgitis 1 34 5
gremio contineri se nosse praesumat? quis spiritus aerios, quis figuras uentorum, quis inter marinos aestus fluminum augmenta, quis denique 1 34 2
infernum; sicut enim Ionas tribus diebus et tribus noctibus fuit in uentre ceti euomitusque Niniue se intulit ciuitati, ita dominus postridie ab 1 34 8
canitur, ecce mox infantum dulcis uagitus auditur, ecce parientis uno de uentre clarissima turba procedit. noua res, ut iure spiritali unusquisque 2 28
uterus. mirum profecto uidete mysterium! quae celauerat faciem, non celat uentrem. defertur fornicationis rea sine labore accusatoris uidua praegnans. 1 13 3
faciunt, qui auguria captant salutemque suam pecudum uiolenter scissis in uentribus quaerunt, qui coniugale exasperant iugum affectuque calcato 1 25 11
et latibulum sibi perniciosum eorum in captiuitatibus quaerunt. at ubi uentum fuerit ad diuini certaminis campum coeperintque sacri nominis telo 1 2 6
fierent, admonebat. proprium enim dei est scire transacta et nosse uentura. *filios*, inquit, *genui et exaltaui.* infinita Iudaei infidelitate sua 1 61 5
peccati merces, ostendit. quam accipere deuitauit, quia inter agnos uenturo tempore, non inter haedos deputatur, qui pignus trinitatis 1 13 9
si promissum sibi ab eo perpetuae felicitatis tempus non credit esse uenturum? sed spes ex fide est, quae quamuis in futuro sit posita, fidei 1 36 3
magi: *ubi est*, inquiunt, *qui natus est rex Iudaeorum?*. hic est, fratres, qui uenturus denuntiatus est per prophetas, qui secundum carnem natus in 2 5 3
est. Paulus enim de hominis adsumpti temporali locutus est regno, in quo uenturus et *iudicaturus est uiuos et mortuos*, sicut lectio uniuersa testatur, 2 5 7
ille quoque gauderet, qui ad uictimam parabatur. aries haerebat in uepre implicitus spinis, capite obligatus: hic est qui pro Isaac immolatus 1 43 8
hiems hodie peccatorum. oleo confecto laetabuntur. hodie eos etiam uer arridens diuersos in flores diuerso charismate redditurum, cum salubri 2 13
est aeternae morti, sunt a deo, quod opus tenebrarum dilexerint, destinati. uer sacrum fontem debemus accipere, cuius diuite ex alueo Fauonio non 1 33 2
uiolenta non tantum nostri maiores, sed omnis Christiana progenies de uera Aegypto, id est isto de mundo, semper momentis omnibus liberatur. 1 46b 1
non filius matris aut suis est ullis sordibus delibutus; neque enim re uera aliquid circa se habere possit inmundum, qui humani generis peccata, 1 54 4
ueritati! cur autem fingant nomina, quorum est confessio in ceteris uera, aut qua ratione isto argumento nitantur, quod hominibus, quos 1 2 7
uocitari a luxuriosis suis sibi cultoribus coepit. nunc ergo uideamus, unde uera caritas ueniat, ubinam consistat, cui uel maxime debeatur: utique illi, 1 36 28
insuspicabilis secreti reuerendaeque maiestatis uera cognitio est deum non nosse nisi deum nihilque ex eo amplius 1 54 1
tantum uitae commoda inspiciunt falsamque aduersus ueram pro uera defendunt, sic utramque mediis e manibus oculis patentibus 2 1 3
in praediis autem uestris fumantia undique sola fana non nosis, quae, si uera dicenda sunt, dissimulando subtiliter custoditis. probatio longe non 1 25 10
interim, quae nostra sunt, uidemus. aurum argentumque, Christiane, si uera dicenda sunt, exsecraris in simulacris, colis in penetralibus tuis. nam 1 14 5
si ergo exsultat gloria eius saepe in gentibus (quamuis illic fructuosa uel uera esse non possit, quia sub inpudico praedone uersatur), quanto magis 1 1 3
quam cum aduerterent muro <munitam> castitatis, quae certe uera et aeterna formositas, in paradisi solitudine, ubi Euam ab auctore 1 1 17
in labris, aliud in penetralibus cordis; similiter ne destrui quidem, quia si uera fides est, aliud esse non potest quam quod est. igitur cum 2 3 11
numero examinatus. scrobem fontem sacrum debemus accipere, qui uera sarmenta homines suscipit mortuos et inspiratos aqua caelesti mox 2 11 4
pariter ac telum, animae nostrae inpenetrabilis lorica, legis conpendiosa ac uera scientia, daemonum terror, martyrum uirtus, ecclesiae pulchritudo uel 1 36 4
transducitur, perfidia, cum transducta fuerit, fides uocatur! o quam non uera, si *factionibus pollet*! o quam publicana, cuius fabulantur etiam 2 3 10
ipso dictum est: *orietur uobis sol iustitiae*. Iob uerax est appellatus; at est uera ueritas dominus, qui ait in euangelio: *ego sum uia et ueritas*. Iob 1 15 7
etiam fides et quidem nouellas et litis labore ac fauore nutritas. quas, quia uera uix potest inueniri, credo, ne populi penuria laborarent, uenales esse 2 3 7
sui putat esse, quod ille fuerit aestimatus. ceterum illa est fidei generositas uera, ut deo fideliter seruiat, in solo ipso fiduciam gerat, a fidelitate et 2 3 19
quia huius circumscriptio characteris potestati subiacet cordis, quod nisi uerae circumcisionis spiritali fuerit sacramento purgatum, in aeternum 1 3 9
non metuat iustus, quia cum illo est deus. inde Susanna illustris Hebraea, uerae decus pudicitiae, docuit feminas suae castitatis exemplo. stabat 1 40 1
anulum, uirgam; tumque negotio confecto, conceptu signata, quem uerae fornicariae habent perosum ac semper uitant, uiduitatis uestem 1 13 2
putant esse iustitiam propria tueri, aliena non quaerere, sapientiae uerae negligentes imperium, quod uerbis huius modi continetur: *si uis* 2 1 15
uere stultissimo negari non possit iniusta. ceterum si scire potuissent ueram iustitiam, cuius est inmortalitas merces, propterea simulatae 2 1 4

homines, quam dici potest, superfluum est demorari. unde nunc ad ueram iustitiam ueniamus, omnium fontem matremque uirtutum. quae 2 1 11
non uideo; qui humanarum legum iniqua impunitate decepti, iustitiam ueram nec ex sua ipsa uoluntate noscentes, quod pati nolunt libenter 1 1 13
opinantes praesentis tantum uitae commoda inspiciunt falsamque aduersus ueram pro uera defendunt, sic utramque mediis e manibus oculis 2 1 3
et genealogiis, quae sine fine sunt, quae magis quaestiones praestant quam ueram rationem dei, quae est in fide. definitio autem iussionis est caritas 2 3 17
iam manifeste sapientiam huius mundi non esse iustitiam et quidem nec ueram sapientiam? quia fieri non potest, ut uerus sapiens non sit et iustus, 2 1 9
quia animus, qui uicerit mundum agnoscendo ac seruando religionem ueram ueramque iustitiam, inmortalitatis necesse est pro laboris sui 2 4 8
mortem, cum corpore animus tamquam carcere clausus tenetur, illam esse ueram uitam, cum idem animus custodia carceris liberatus ad eum locum, 1 2 2
animus, qui uicerit mundum agnoscendo ac seruando religionem ueram ueramque iustitiam, inmortalitatis necesse est pro laboris sui munere 2 4 8
ut pars felicitatis sit nosse, quid fecerint. igitur Iob uir fuit iustus et uerax, ab uniuersis concupiscentiis huius mundi secretus, conuersatione 1 15 2
sunt gustant; ecce enim de ipso dictum est: *orietur uobis sol iustitiae*. Iob uerax est appellatus; at est uera ueritas dominus, qui ait in euangelio: *ego* 1 15 7
sunt libri, ut possint esse perfecti! o quam misera est fides, quam uerba concinnant! o quam debilis, cuius cotidie dissipantur uariis 2 3 10
de quibus scriptura diuina quid pronuntiet, audiamus; cuius ista sunt uerba: *deminuerunt ueritates a filiis hominum. uana locuti sunt* 2 9 2
Isaac, immolatur ut uiuat, apostolo hortante nos Paulo, cuius ista sunt uerba: *exhibete corpora uestra hostiam uiuam, sanctam, placentem deo.* hoc 1 25 9
omnes omnino amplectendae sint, ut tot quis habeat fides quot non habet uerba, multo magis nihil habebit, quia tractatus, qui eas genuit uel cotidie 2 3 7
quod etiam sacrae legis testimoniis probare non desinam, cuius ista sunt uerba: *nam quia sapientiam dei non cognouit saeculum per sapientiam,* 2 1 5
a quo alius altior non sit? sin uero omni honorificentia deferentis patri uerba sunt filii, debetis agnoscere, quantis catenis uincta tenebrarum mens 1 25 2
nuptias, cum temperare uideas apostolum primas? cuius ista sunt uerba: *tempus coartatum est; superest ut qui habent uxores, sic sint quasi* 2 7 5
eum?. si ita est, quomodo ergo posset agnosci, prodidit Esaias his uerbis: *audite itaque, domus Dauid: non pusillum uobis certamen cum* 2 8 7
uel nosci uel destrui. dari non potest, quia si uerbis dari potest, poterit et uerbis auferri; nosci adaeque non potest, quia fieri potest, ut quis aliud 2 3 11
per tractatum posse uel dari uel nosci uel destrui. dari non potest, quia si uerbis dari potest, poterit et uerbis auferri; nosci adaeque non potest, quia 2 3 11
autem dignatus fuerit immolari, Iohannes Baptista ante praedicauit his uerbis: *ecce agnus dei, ecce qui tollit peccatum mundi.* hic itaque dictus est 1 8 2
signum ex prodromi quoque eius designatione dilucidauit alio loco his uerbis: *ecce mitto angelum meum ante faciem tuam, qui praeparabit uiam* 2 8 7
iniuriam. quod futurum Salomon enuntiauit et cauendum quid sit his uerbis edocuit: *melior qui deficit sensu in timore quam qui abundat astutia* 2 3 12
coronam portat aut poenam. quam rationem Dauid in Psalmo primo his uerbis expressit: *non resurgunt*, inquit, *impii in iudicio neque peccatores in* 1 35 3
agitur, euidenter expressit, cum ad Timotheum loquitur instruendum his uerbis: *hortatus sum, ut denuntiares quibusdam, ne peruersa doctrina* 2 3 17
tueri, aliena non quaerere, sapientiae uerae negligentes imperium, quod uerbis huius modi continetur: *si uis perfectus esse, uade et uende omnia tua* 2 1 15
qui uitae suae non possit reddere. non enim elementa pulchrius aut uerius uerbis humanis asseri possunt, quam a deo facta sunt uel uidentur. itaque 2 30 1
quam licitum est argumentis insolentibus extulerunt. hi cum ascendunt uerbis in caelum, cum deum persuadent hoc esse quod uolunt, cum 2 9 1
misericordiam et iudicium et iustitiam super terram. o quam paucissimis uerbis omne hoc mundi, enixe quod geritur, negotium perorauit! his enim 2 1 6
iam toto hominumque uiuacitate mundo senescente detrita *obtundam uerbis palpantibus* aciem ueritatis ac non plene denuntiem, obseruantiae 2 7 5
circumferunt euangelia. cuius quam uim habeat amictus et currus, his uerbis propheta testatur: *deus sicut ignis ueniet et sicut procella currus eius* 2 12 4
puto nimis astuto esse simplicem meliorem, quia simplex omnibus dei uerbis simpliciter credit, astutus autem nimia sapientia infatuatus 2 3 2
iustorum. gradatim pro meritis quasi cum quibusdam elogiis paucissimis uerbis totius humani generis iudicium designauit; etenim quantum interest 1 35 3
per idem tempus duae cognatae concipiunt, una contra spem, altera uerbo. haec miratur se habere quod nescit, laetatur illa quia scit. Elisabeth 2 8 8
Thamar *concepit in utero*, ecclesia corde concepit, illa semine, haec uerbo. haedus ei mittitur, temptationis uidelicet signum; etenim iustitiam 1 13 11
infantem. Mariae superbus emicat uenter, non munere coniugali, sed fide, uerbo, non semine. decem mensium fastidia nescit, utpote quae in se 1 54 3
dictum quo sit pondere quaue ratione prolatum, explanat proprietas ipsa uerborum: *qui credit, inquit, in me, non iudicabitur.* recte: *quid enim* 1 35 2
noscamus; dominus ipse nos edocet: *eructuauit*, inquit, *cor meum uerbum bonum* et cetera, et apud Salomonem hactenus dicens: *ego ex ore* 2 8 2
et iracundiam diuinae indignationis ostendunt, quae alias personas, ut uerbum dei ab ipsis potius audiatur, hortantur [nos]. non est enim parum 1 61 1
reiectio Iudaeorum est aliarum electio personarum, quia, cum alteris, ut uerbum dei audire debeant, dicitur, Israel sic reprobus inuenitur et, dum 1 61 1
conflati. etenim conflatio et puritatem designabat et unitatem; carbo enim uerbum dei est, ara lex, forceps duo testamenta, quae credentes tenent, 1 37 3
dei, cata Lucanum domino sic dicente: *est autem haec parabola: semen est uerbum dei. qui autem iuxta uiam sunt, hi sunt, qui audiunt uerbum et* 1 13 5
quid praedicet, fratres, accipite: *in principio*, inquit, *erat uerbum et uerbum erat apud deum et deus erat uerbum; hoc erat in principio apud* 2 8 3
in terram; semen significat non creaturae, sed cordis. etenim semen cordis uerbum est dei, cata Lucanum domino sic dicente: *est autem haec* 1 13 5
quam dicere. quamuis et quod dictum est a patre uel dici potest, quia uerbum est filius, sine filio non est, et quod factum est a filio uel fieri 1 45 3
sibimet externa esse non potest. si enim uerbum in deo est et deus est uerbum et hoc est, in quo est, quod est ille, qui inest, duplex persona, 2 8 4
semen est uerbum dei. qui autem iuxta uiam sunt, hi sunt, qui audiunt uerbum et uenit diabolus et tollit de corde illorum uerbum, ne credentes 1 13 5
in euangelio quid praedicet, fratres, accipite: *in principio*, inquit, *erat uerbum et uerbum erat apud deum et deus erat uerbum; hoc erat in* 2 8 3
in principio, inquit, *erat uerbum et uerbum erat apud deum et deus erat uerbum; hoc erat in principio apud deum.* admirabilis gratia, fratres 2 8 3
quae dum secerni potest, tamen sibimet externa esse non potest. si enim uerbum in deo est et deus est uerbum et hoc est, in quo est, quod est ille, 2 8 4
hi sunt, qui audiunt uerbum et uenit diabolus et tollit de corde illorum uerbum, ne credentes salui fiant. terra uero hominem idolumque significat, 1 13 5
illa uirtus incomprehensibilisque sapientia e regione cordis *eructuat uerbum*, omnipotentia se propagat. *de deo nascitur deus* totum patris 1 56 1
resurrectionis domini nostri Iesu Christi, qui *in omnibus omnia* est; qui uere aeternus est ac sine nocte dies; cui duodecim horae in apostolis, 1 33 4
referamus, qui nobis promissa perpetuans pia sanctione, ut aiunt, claues uere aureas misit, et quidem non illas, quae maligno beneficio crimina 2 24 1
progenitum fuisseque tempus, quando non fuit. tertia Iudaea est uere caeca, quae cum in lege, ut dicere solet, sua legat ubique duas patris 2 8 1
profecto nec humana cognoscit. haec, si religiosus es, serua; timoratus si uere, custodi. de eo, quod modum humani sensus excedit, disputare deuita. 2 3 18
Iudaeos et gentes uel ceteros antecedimus. incomparabilis autem gloria ac uere deo digna, cum uno consensu, una fide alter alterum commendans 2 6 5
displicere facinore, quod deo gerebatur auctore. o nouum spectaculum ac uere deo dignum, in quo definire difficile est, utrum sit patientior sacerdos 1 4 14
deum, aut crudelem, si occideret filium, nisi quadam singulari ac uere diuina patientia inter religionem pietatemque negotium temperaret, in 1 4 13
quantum quis crediderit, tantum beatitudinis et habebit. o admirabilis et uere diuina sacrosancta dignatio, in qua quae parturit non gemit, qui 1 55
serpentes inlaesa planta calcabit. sed nec ipsum quoque diabolum, qui uere est acerrimus Sagittarius, formidabit umquam, uariis atque igneis 1 38 6
incendium. sed sic ego in rebus demoror prope sanis, quasi, quae uere exsecranda sint, iam correcta sint crimina. pudet me dicere in populo 2 7 10
uere, fratres carissimi, cor eius non dormit, qui huius somnium secretaque 1 37 1
ab hostili defendit impulsu in modum tau litterae prominens lignum. o res uere miranda! cotidie aedificatur et cotidie dedicatur; floribus perpetuis ac 2 6 7
in ipso, quod infirmissimum putant, hoc potissimum praedicarent. etenim uere perfectus deus non esset, si esset aliquid quod esse uolens esse non 2 8 9
per ipsum et in ipso sunt omnia. nec uos moueat, fratres, saecularis ac uere puerilis inconsideratorum hominum disputatio, qui ideo iustum 2 8 9
uiuit; denique adimitur ei ortus, si ei auferatur occasus. luna quoque, quae uere rationis humanae omnia in se lineamenta depingit, nata sanguineae 1 2 19
oculi. nemo rogat, nemo trepidat, nemo se excusat, nemo turbatur. ne uere sit parricidium, ille lignum quo inuratur sibi praeportat, ille aram 1 4 14
inrorati camini eis baptismatis defuit gratia. o admirabile incendium! o uere spectaculum deo dignum! qui audiunt, timent; qui incenderant, 1 22 2
quod sine alienis incommodis omnino non potest procurari, a quouis uere stultissimo negari non possit iniusta. ceterum si scire potuissent 2 1 3
miram, Christiane, omnique uirtutum exemplo famigerabilem. Hebraei uere tres pueri senum constantia maiores, iuuenum uirtute fortiores, sibi 1 53 1
uterum filius aperuit primo uocabulo, cui iam auiae reuerentiam senectus uerecunda detulerat. sub hac igitur, carissimi, desperatione natiuitatis et 1 59 1
probata uoluntate prohibuit. ad huius ergo personam Christi refertur uerecunda natiuitas, sed uirginalis uteri aula secretior: diuini sermonis arte 1 59 8
mira celeritate alternas mundi metas illustret, tamen numquam dilectam uerecundamque anteuertit auroram; qui, quod maius est, duodenis non 1 4 4
peccatorum, pectus crebro percutiens quodam modo cor suum manu uerecunde castigat postulatque tantum ueniam delictorum taciturnitate, 2 9 9
castitas, pietas, caritas, fides, ueritas, humilitas, gratia, honestas, uerecundia, patientia, perseuerantia, consummatio. scaporum nomina duo 1 37 15
non est prosperis *rebus, sed* timore *dei intra mansuetudinis* metas uerecundiae freno *cohibendum*, ut possimus merito mereri, scriptura quod 2 9 3
res ipsa docet, ut contemplatione opificii ac materiae semper suum et uereretur et ueneraretur artificem. post haec subiecit ei omnia bona mundi 2 4 4
luit? quanto magis in dei causa fortius praecauendum est, quem solum ueretur quicquid in uirtutibus naturae a regibus ipsis quoque metuitur. sed 1 36 24
suscepit unicum filium. nihil tam sollicitum patri, cuius aetas in annis uergentibus in occasus sui terminum uersabatur et educationis tempus 1 43 1
nisi quod a false plangentibus adhuc uiuenti rapiuntur. unde, fratres, sicut ueri Christiani, *quasi hospites et peregrini abstinete uos a carnalibus* 2 4 17
quo me uertam, nescio. non enim uideo, quid in exhortationibus diuini ac ueri cultus gentibus praedicem. felicitatemne uirginitatis? at habent suas, et 2 7 11
uestri floris ornatis. exsultate, diuites, praerogationibus crebris et iustis ueri diuites facti; promotioni etenim caelestis uestrae dignitatis debetur 2 6 10
ad hoc unum euidens adhuc proferamus exemplum, quamuis non possit ueri simile tantam uim habere quam ueritas. oleaster sua infelix et amarus 1 2 27
nascitur. huius est munus, quod cara uxor, quod generosi liberi, quod ueri sunt patres. huius est munus, quod alii ut nos aut plus quam nos 1 36 14
uersatus est inter ebullientes diuersis sceleribus ac libidinibus homines, qui ueri sunt uermes. Iob et sanitatem recepit et facultatem; at dominus 1 15 9
praeponantur praesentia futuris, mala bonis, fragilia solidis, falsa ueris, terrena caelestibus, temporalia sempiternis. o caeca mens hominum! 2 4 14
dictum est: *orietur uobis sol iustitiae*. Iob uerax est appellatus; at est uera ueritas dominus, qui ait in euangelio: *ego sum uia et ueritas*. Iob diues 1 15 7
sobrietas, mansuetudo, temperantia, castitas, pietas, caritas, fides, ueritas, humilitas, gratia, honestas, uerecundia, patientia, perseuerantia, 1 37 15
uiam, uerum Christum dominum, prodiderunt, qui ait: *ego sum uia et ueritas*. illorum profugus populus per mare rubrum dextra laeuaque 1 46b 2
at est uera ueritas dominus, qui ait in euangelio: *ego sum uia et ueritas*. Iob diues fuit; et quid ditius domino, cuius sunt omnes diuites 1 15 7
dies. denique post momentum festo exsultat in tumulo, non umbra, sed ueritas, non imago, sed Phoenix, non alia, sed quamuis melior alia tamen 1 2 21
exemplum, quamuis non possit ueri simile tantam uim habere quam ueritas. oleaster sua infelix et amarus est in natura; sed cum fuerit 1 2 27
seminatur corpus animale, surgit spiritale. satis, ut opinor, resurrectionis ueritas omnibus claret. sed necessario disserendum est, quae sit in ea 1 2 22
animam quam pecuniam; inde est, quod iustitia honestas pietas fides ueritas perit; quod deus ipse momentis omnibus patitur contumeliam, cuius 1 14 7
uocat, ostium credulitas aperit, simplicitas introducit, intellectus inuitat, ueritas persuadet, timor excubat, disciplina coercet, continentia [se] 2 6 9
quis iocetur. non enim in ecclesia dei fucatus quaeritur sermo, sed ueritas pura, a qua longe omnes illi non immerito aberrauerunt, qui 2 1 1

gloriantur, quanto magis Christianus, in quo non est figura sed ueritas! quam ex rebus ipsis agnoscite pariter et probate. Iudaei maiores 1 46b 1
diabolus, quod ipsius commenta nudentur. gaudent angeli, quod oppressa ueritas tandem defendatur in terris. triumphat maritus, quod castam 1 40 3
sui procella submergitur, dum semper exaestuans libidinis turpitudo aut ueritate aut imagine perpetratur. praemia aut tradit aut accipit, corrumpit 1 1 6
munus inpertit; illa sanguine gaudet, haec gratia; illa imagine, haec ueritate; illa damno, haec lucro; illa agit captiua sub lege, haec omnibus 1 3 23
seque liberauit sacramento numeri ab imminenti supplicio; ecclesia ipsa ueritate, in nomine patris et filii et spiritus sancti, non tantum diaboli 1 13 13
quod fecerit? uultis scire, quam iusta sit? miseram se putat, nisi euerterit ueritatem. ceterum fortitudo, quae hominibus est cum feritate communis, 2 1 7
animam tenes, cum ornas pacem, fidem custodis, amplecteris innocentiam, ueritatem colis, patientiam diligis, spem repraesentas. tu diuersos homines 1 36 30
postremo infelices quid sperant de imagine, cuius nosse non sunt meriti ueritatem, dominum nostrum Iesum Christum? 1 18 2
beatissimus mentionem, ratio uidetur esse reddenda, ut et Christianus ueritatem et Iudaeus suum cognoscat errorem. solet enim magnis cum 1 3 1
aliquid quod esse uolens esse non posset. denique uultis scire conpendio ueritatem? factus est quod non erat, nec tamen desiit esse ante quod 2 8 9
sane nullis argumentis armatus, quibus illi libenter utuntur, qui aduersus ueritatem falsa componunt, sed caelestibus testimoniis multis, manifestis ac 2 18 2
nisi quis ante personam noscat et rationem, eius non potest nosse ueritatem. haec enim res et fecit et facit, ut Iudaeus et Iudaeo deterior 1 25 1
ullo tangamus errore, maxime cum prophetia ad sui dicti iam peruenerit ueritatem. Iesus enim Naue Christi imaginem praeferebat, qui uerus 1 3 16
poteritis. qui enim non diligit eius similitudinem, sequitur ut oderit ueritatem. inde est, quod stulti praeponunt corpus animae, idolum deo. sed 2 4 17
fratres carissimi, Christi imaginem praeferebat. denique comparatio indicat ueritatem. Iob iustus dictus a deo est; ipse iustitia, de cuius fonte omnes 1 15 7
quoniam, si quis imaginem laeserit, in exitium suae animae incitat ueritatem. nec est dicto longe probatio. si incliti cuiusquam regis, hominis 1 36 24
dicam saeculi ludibria, sed, ut sit honoratior, se ipsam contemnens, iam ueritatem non imaginem quaerens, iam spiritalia non sua desiderans, de 1 2 25
possessio longe dimota sit et natura? age, excita sensum, lector, inuenies ueritatem. qui erat in caelo, de caelo descendit; *qui descendit, ipse est et* 2 4 3
disce uirtutem. sed uide, ne aestimes falsum, quod eis cessit incendium. ueritatem ratio protestatur. qui nunc in se credentes *baptizat spiritu sancto* 2 27
prodesse potuisset. cum enim grauior causa supersit, periturum se, nisi ueritatem requirat, agnoscit; si enim Adam curat, certe, in qua delicti 1 3 9
colunt.' nec ipsam quidem, quia falso colit imaginem, qui eius non diligit ueritatem. sane hoc solum competenter gerunt, innocentes quod agnos 2 25 2
tempus non sinit imagini reddere ueritatem. uerum tamen, Iudaee, quid designatione tui criminis gratularis? 2 16
tempus non sinit, fratres, imagini reddere ueritatem. uerum tamen, Iudaee, quid monumentis tui criminis gratularis? 1 9
diuina quid pronuntiet, audiamus; cuius ista sunt uerba: *deminuerunt ueritates a filiis hominum. uana locuti sunt unusquisque ad proximum* 2 9 2
fingunt'. o probatio melior, quod etiam fallaces testimonium perhibent ueritati! cur autem fingant nomina, quorum est confessio in ceteris uera, 1 2 7
gloriosa imaginemque dei dignissime uenerando declaremus, quid ipsi ueritati debeamus, scientes, quoniam, si quis imaginem laeserit, in exitium 1 36 24
uiuacitate mundo senescente detrita *obtundam uerbis palpantibus* aciem ueritatis ac non plene denuntiem, obseruantiae qua perfectione dei cultus 2 7 5
ait: *audi caelum et terra*. caelos autem apostolos esse claro testimonio ueritatis affirmat. sic enim ait: *et uidebo caelos, opera digitorum tuorum*. 1 61 3
amoris est noscenda proprietas, ne sub sono nominis commutetur regula ueritatis. est enim et alius amor sane saluti nostrae contrarius, cui recte 1 36 25
suam fecit, ut contemplatione imaginis pateremur reuerentiam ueritatis in eaque res condicione dimissa est, ut, si quid mali seu boni 1 36 23
in principio apud deum. admirabilis gratia, fratres dilectissimi, conspicuae ueritatis, quae dum secerni potest, tamen sibimet externa esse non potest. 2 8 4
dilectissimi, scandalum patiuntur, non studio noscendae, sed frustrandae ueritatis, quotiens deus dei filius, qui patris maxima est gloria, aequalis 1 45 1
peccatori uero molesta est'. absit, fratres: immo potius ueneranda est, quia ueritatis speculum, quia rigida quaedam dilectionis est forma; quicquid 1 36 18
ubi mors timetur. itaque hanc obseruantiam, hunc timorem, quod est uerius atque iustius, transfer ad deum et, quale uelit illud sit, repente 2 7 9
qui uitae suae non possit reddere. non enim elementa pulchrius aut uerius uerbis humanis asseri possunt, quam a deo facta sunt uel uidentur. 2 30 1
quem diuitiis exspoliauerat magnis, magnis uestit ulceribus, quibus insuper uermes immittit edaces, ut in tormenta morientis cum homine aduenticium 1 4 18
inter ebullientes diuersis sceleribus ac libidinibus homines, qui ueri sunt uermes. Iob et sanitatem recepit et facultatem; at dominus resurgens non 1 15 9
qui hominibus fame laborantibus ac nuditate pascit tineas, curculiones ac uermes? qui quod habet infelici tenacitate non aliis tantum, sed etiam sibi 2 1 17
cedit, sed uictor crudelitatis et impietatis in sterquilinio foetido scaturiente uermibus, quasi nihil passus, sed solo dei timore contentus. o felix uir, qui 1 15 6
et domino sui sacerdotes, sui insultauere cultores. Iob in sterquilinio pleno uermibus sedet; dominus quoque in uero sterquilinio, id est in huius mundi 1 15 9
gaudet; at illa liberorum non timet orbitatem. haec eorundem blanditiis uernantibus pascitur et incrementis adolescentibus cotidie delectatur; at illa 2 7 3
effunditur, ut uita beata pretiosae mortis uindemia comparetur. dies uero ad sacramentum pertinet resurrectionis domini nostri Iesu Christi, qui 1 33 4
uirginitatis? at habent suas, et si non felices, habent tamen. sin uero ad uiduitatis sudorem gloriosum palmamque prouocauero, nobis 2 7 11
et descendentes, aliqui putant ascendentes esse angelos lucis, descendentes uero angelos tenebrarum. sed hoc satis absurdum esse et inconueniens, 1 37 11
lege fundimur a natura, quae est corporalis ac per hoc etiam breuis; alia uero animi, quam nos nobis ipsi hac in uita per fidem sacri fontis uiuo de 2 4 8
conscium qui ex paterni oris affectu processit uno consensu. secunda uero carnalis sicut est frequentibus oraculis prodita, ita inuenimus esse 1 54 2
aceruo quodam magnitudinis suae per se in se manentem; *postea uero deum* hanc *diremisse* ex eaque constituisse *mundum pariter et ornasse*. 1 7 1
qui autem seminat in spiritu, de spiritu metet uitam aeternam. at uero dominus euidenter hoc edocens sic ad discipulos ait: *simile est* 1 2 28
est et peperit omne quod peius; nam in idolis dea est, in cultoribus uero eorum ministra. uenerandam se procurat in templis, hilarem in 1 1 8
quod creditum est, consummata fides ultra nec minuitur nec augetur. sin uero ex utroque, patriarcharum semesa fides est ac per hoc illis 2 3 9
ipsam infidelitatis ream constituis, canentis cum uniuersa non credis? sin uero fidem spiritus calles, aliquam demonstra uirtutem: impera montibus, 2 3 14
potest esse perfectum quod aliunde exspectat sibi aliquid necessarium. si uero fidem tractatus dicere coeperimus, erit profecto nec nostra nec sua, 2 3 6
suis in actibus portant, recte dicentes: *quisque suos patimur manes*. nos uero, fratres, quos non ingeniosa suspicio, sed deus magister instruxit, 1 2 5
diabolus et tollit de corde illorum uerbum, ne credentes salui fiant. terra uero hominem idolumque significat, quia et *hominem deus de terra finxit* 1 13 6
cuius extraria nequeat suspicari, quia deus hoc est quod est; quod uero homo definiendum putauerit, non est. nam et Iohannes apostolus in 2 8 3
solamen excussam, a quibus omne genus manauit humanum, caelestem uero ibidem nec memoratum nec factum posse doceri nec natum. huc 2 4 1
synagogas aedificent, cultius erigant capitolia, sed in his omnibus operibus uero iudicio structores magis possunt placere quam sacerdotes. quid, quod 2 6 1
aliquis dicat: 'lex spernenda est, quia iusto necessaria non est, peccatori uero molesta est'. absit, fratres: immo potius ueneranda est, quia ueritatis 1 36 18
in mortem. o fratres, secura deuotio! o pater spiritum captans, corpus uero mortemque contemnens! o qui seruum domini ita se esse meminerat, 1 43 6
ab inferno resurgens se ciuitati Ierusalem intulit ante quam caelo. at uero Nineue imaginem portat ecclesiae, in qua gentium iam inde noster 1 34 9
dimittunt; quae in pari causa ipsi praestatori nihil prodesse possunt. at uero nostrae aceruatim absoluunt quicquid inuenerint nec aliquid subsiciui 2 24 1
quem altissimum dicit, cum ipse sit solus, a quo alius altior non sit? sin uero omni honorificentia deferentis patri uerba sunt filii, debetis agnoscere, 1 25 2
magistrae; illa enim decepta, hae sua sponte se diabolo dediderunt). sin uero pacifica et salutaria, profecto laetaberis eique tanto pro nuntio 2 7 16
imaginem praeferebat; etenim significabat nauis materia crucem, somnus uero passionem. mare autem mundus est iste tumidus; fluctus eius 1 34 8
profecerunt. mare autem mundum significasse non dubium est, hamum uero praedicationem, quia, sicut hamus missus in mare mortem piscis 1 37 6
profecto non est, ubi quaeritur fides; deinde quia lex communis est, fides uero priuata, quia lex semper manat ex libro Genitali, fides autem 2 3 4
forte degebat habitaculo, absentem esse assiduis uocibus inclamabat. hunc uero profitentem ad nefandam custodiam noxiae mentis mancipes 1 39 4
conuocati capient cum ingenti triumpho aeterno rege sub Christo; secunda uero, quae impios cum peccatoribus uniuersisque incredulis gentibus 1 2 23
lucra offerentem sibi suum seruum iudicat, sed honorat ut filium. alterum uero, quem uenena conterentem, in adulterio, in homicidio, in falso, in 1 35 8
obuenerint dura, *fidem tamquam granum sinapis* te habere demonstra. sin uero, quod magis est, sub sono legis ac fidei saecularis amore iactantiae 2 3 15
sitire non nouit. illis in deserto suauitas lactis et mellis exhibita est, nobis uero, quod plus est, melle dulcior ac lacte candidior aeternae uitae 1 46b 3
in sacerdotibus pura, in martyribus gloriosa, in angelis clara, in omnibus uero regina. tu numquam carni, numquam ulli subiaces legi. de uoluntate 1 1 20
argumentorumque uiribus retractando ac refellendo consumit. sin uero, sicut necesse est, una est illa nobilis et antiqua, quae non dicam 2 3 8
potiri uel paruis praesentibus bonis quam bonis ingentibus tardis. at uero spiritus bona non tantum sunt inuisibilia, tarda et abscondita, sed 2 4 13
cultores. Iob in sterquilinio pleno uermibus sedet; dominus quoque in uero sterquilinio, id est in huius mundi caeno uersatus est inter ebullientes 1 15 9
reuertimini rursus ad ea, quae infirma et egena sunt elementa? ascendentes uero sunt iusti, qui probis moribus per gradus diuinorum obseruantiae 1 37 12
deo nascitur deus, de ingenito unigenitus, de solo solus, de toto totus, de *uero uerus*, de *perfecto perfectus*, totum patris habens, nihil derogans patri; 1 17 2
mortuos, aqua nostra suscipit mortuos et euomit uiuos, ex animalibus ueros homines factos, ex hominibus in angelos transituros, si prouectus 2 10 2
sollicitum patri, cuius aetas in annis uergentibus in occasus sui terminum uersabatur et educationis tempus angustum et senectuti exitus iam uicinus. 1 43 1
uxorem maiori filio suo. qui filius cum maligne domini ante faciem uersaretur, scriptura teste a deo perhibetur occisus. secundo imperat, ut 1 13 1
uinculis adstrictus. ubi sunt lacrimae, ubi dolor, qui in humanis sensibus uersari consueuit? in tantis filii casibus laetatur et gaudet et se dominum 1 43 6
magnis non possit ab aliquo perueniri. adde quod illa in solo genitali uersatur, ille peregrinus est. illa sine contemplatione meritorum quibuslibet 2 4 14
feralibus agitatur, profecto pecuina est ac misero, fragili detestabilique uersatur in iure. at cum mera fide credentis salutari fuerit necata 1 2 25
illic fructuosa uel uera esse non possit, quia sub inpudico praedone uersatur), quanto magis debet esse gloriosior in populo Christiano, qui eius 1 1 3
sedet; dominus quoque in uero sterquilinio, id est in huius mundi caeno uersatus est inter ebullientes diuersis sceleribus ac libidinibus homines, qui 1 15 9
omnium est; quod omnium, singulorum. uultis scire, quae illic beatitudo uersetur? nemo suam uestem, nemo suas margaritas abscondit, nemo 1 5 18
altissimi prodiui ante omnem creaturam. cum haec ita sint, humanitas, te, uersuta, cognosce uel sero et intemperanti linguae silentii frenos impone. 2 8 3
catholicis praedicatur. denique inde est, quod legis fundamenta temnentes uersuta disputatione, praetermisso deo de deo exeunte, ad communia 1 45 1
duo in unum diuersa confundit. disputatio enim sicut excolit legem, ita, si uersuta sit, eradicat fidem, quia fides profecto non est, ubi quaeritur fides; 2 3 4
displicens, sed solae suae conscientiae placens, cum subito, quauis uersutia qui fallitur numquam, confestim adest in Daniele puero deus. 1 1 19
expers otii, expers satietatis, per fas atque nefas, artibus multimodis ac uersutiis armata bacchatur, salutis suae alienaeque contemptrix, solum 1 5 2
iustitiam negat, non cognoscit affectus, iura diuina contemnit, humana uersutis argumentis excludit, orbem totum, si possit, ut rapiat. uultis scire, 1 21
saepius replicauit, fortassis, ut sunt ingenia cotidie quae uidemus uersutis contentionibus laeta, de apostoli dicto calumniosam nobis inferat 2 4 1
dubium non est, quia quod alter audit amborum est. quid agam, quo me uertam, nescio. non enim uideo, quid in exhortationibus diuini ac ueri 2 7 11
liberis patrem, in poena sui corporis iustum. namque summo capitis a uertice usque ad imos ungues pedum plaga inimici percussus populosis 1 15 5
calamus scribae ueKociter scribentis. calamus fissus est, fratres, duosque uertices gerit in unius acuminis tenuitate digestos, unam litteram utroque 1 37 4
leprae deformis contagiosis scabrosisque grassantium ulcerum spoliauere uerticibus; per hanc, inquam, caecos uidere, surdos audire, mutos loqui, 1 36 9

omnem populum diuinasque uirtutes quasi crines effusos in unius uerticis nodum, honorem decoremque conducis. felix aeternumque felix est, 1 4 22
momenta color, figura sua tollitur a natura, in obliquos horrores insani uertuntur orbes oculorum, acies dentium spumosis horrida globis inter 1 2 6
demonstrauit, nobis testamenti ueteris ac noui clarissima oracula uiam, uerum Christum dominum, prodiderunt, qui ait: *ego sum uia et ueritas.* 1 46b 2
diues, nulla statione contentus, quia inmortalitas eius est cursus. uerum currat an recurrat, ambiguum est, cuius praeteritum restat, ut 1 26
felicitate discernit, ardoribus suis implorando refrigerium Lazarum uerum diuitem sero cognoscit cupitque mortuus uel uno digito illis 1 2 9
apostolo dicente: *uos estis templum dei et spiritus dei habitat in uobis.* et uerum est, nam sicut idolis insensatis similia templa conueniunt, ita uiuenti 2 6 4
uiduaeque magno pro inmortalitatis praemio, suae autem gratis laborent. uerum hoc est solum, nos in quo uincimus, quia pro sua sanctitate 2 7 11
ergo tam inmensum, tam insigne, tam opulens templum, quia in eo uerum non erat templum. etenim hominum conciliabulum est contextio 2 6 4
artificiose dum exaggerant, exinde iam priores se ipsi condemnant. uerum, pro nefas, creditur aetati, creditur auctoritati: exsultant adulteri, 1 1 18
bifaria natura commissum, qui inueniri non potest, quaerunt, sic agnum uerum, quem inuenerant, perdiderunt. non enim intellexere, quia *ex haedis* 1 8 1
quid sit fortius de duobus: illud quod sensibile est an quod caret sensu. uerum quis dubitet illud fortius esse, quod sentit, quod sapit, quod cogitat, 1 7 2
non affectibus, non maritis nota, non sibi, quia non potest notum esse nec uerum quod est semper incertum. praeterea numquam diligit deum, quem 1 1 10
fuerit, credituri sunt', euidenter ostendens non in oculis esse carnalibus uerum, sed in fide credentium constitutum. nam et dominus ista exempla 1 2 10
auaritia, bacchatur in alio, in utroque crescit, in utroque non desinit. uerum tamen eos uno momento exigua humus et peraequat et satiat, 1 5 11
inueniri, credo, ne populi penuria laborarent, uenales esse propositas. uerum tamen ex his omnibus eligendum quid sit, non potest nosci aut 2 3 7
populosis ulceribus non distinctus est, sed totus unum uulnus effectus. uerum tamen in his omnibus nihil aduersus deum improbe loquitur, non 1 15 6
existimat turpe nec pati nec facere, dummodo in effectu conata succedant. uerum tamen in ipso fructu suo, quo expugnati pudoris alieni labe gaudere 1 1 7
tempus non sinit, fratres, imagini reddere ueritatem. uerum tamen, Iudaee, quid monumentis tui criminis gratularis? in Aegypto 1 9
tempus non sinit imagini reddere ueritatem. uerum tamen, Iudaee, quid designatione tui criminis gratularis? in Aegypto 2 16
competenti sermone urgentium sacramentorum non sinit pondus. uerum tamen ne in toto solemnitas cesset, paucis eius degustate sermonem. 1 10b 1
sacraeque legis oracula iam in Christo completa nec probando cognoscis? uerum tamen pro tuo sensu si uis pascha legitimum celebrare, agnus 2 20 1
legum circumscriptionibus, non potest. glorietur qui uolet ista iustitia, uerum tamen sciat, quia misero est miserior qui miseriis ditatur alienis. 2 1 17
colligenda disseminet, parit sibi de fine principium. hic est, quo similiter, uerum tamen semel, amore hominis sui eius artifex deus et dominus noster 2 19 2
fuit, quae cum omnibus ecclesiis, quas peperit, hymnum canens et pectoris uerum tympanum quatiens populum Christianum ducit, non in eremum, 2 26 3
putaretur, edicta legis uniuersa complere. non enim aut *finis legis* aut uerus Christus esse potuisset, si quid praetermitteret, quod ab alio saluti 1 3 17
nascitur deus, de ingenito unigenitus, de solo solus, de toto totus, de *uero uerus*, de *perfecto perfectus*, totum patris habens, nihil derogans patri; 1 17 2
quia fieri non potest, ut uerus sapiens non sit et iustus, iustus adaeque uerus non sit et sapiens, quia iustus esse non potest stultus neque sapiens 2 1 9
peruenerit ueritatem. Iesus enim Naue Christi imaginem praeferebat, qui uerus omnium saluator esse cognoscitur et factis et nomine. hic enim, quia 1 3 16
probans infirmitatibus carnem et uirtutibus maiestatem. hic sol noster, sol uerus, qui clarissimos ignes mundi germanos astrorumque candentium 2 12 4
esse iustitiam et quidem nec ueram sapientiam? quia fieri non potest, ut uerus sapiens non sit et iustus, iustus adaeque uerus non sit et sapiens, 2 1 9
est. forte in eo se quis aestimet fideliorem, si loquatur argute, cum magis uerus sit ille fidelis, qui sacra in praedicatione non ultra, quam licitum est, 2 3 12
totae autem gentes uniuersaeque nationes gladio. per orbem totum uesana bacchatur nouis ac uariis artibus feruens, numquam quieta, non 1 14 2
contenti latibulis aliquotiens, pro nefas, sub ipsis obtutibus matronarum uesana congressione desudant, non aduertentes miseri, quoniam in tali 1 1 13
coniux pacem si non ingeris, nec negabis. quid agis, misera? quid, uesana, laetaris? non est pax ista, sed bellum; non osculum, sed uenenum. 2 7 17
se trahit, sed quos fructus habeat, eius auctor ostendit. discurrit quippe uesana per populos hominumque lubricas mentes libidinum flagrantibus 1 1 6
quod auibus, serpentibus, feris non potest denegare. mera profecto uesania est beneficiis inuidere naturae. alius inde rerum omnium captat 1 5 13
factis subiugatos thalamos triumphauit alienos; haec uiros ardore uesano femineo stipendio ipsis feminis sic incognito inopinate dispungens 1 1 8
in meliora migrantes tam pertinaciter plangis? pro nefas! hinc mater scissa ueste, laniatis crinibus, laniatis et genis, totum crebris ictibus liuida pectus 1 2 13
fomitem adolescentis ignem totis uiribus deriuare. at ille in repugnatione ueste sibi uiolenter extorta ex impudicitiae fouea nudus aufugit. sed 1 1 16
scissis genis, liuore foedatis uberibus, sordido plus puluere tecta quam ueste? tu, inquam, non es, quae nunc caelum ipsum ululatibus rumpens 2 7 7
signatum. gaudete itaque! in fontem quidem nudi demergitis, sed aetheria ueste uestiti mox candidati inde surgetis. quam qui non polluerit, regna 1 23
singulorum. uultis scire, quae illic beatitudo uersetur? nemo suam uestem, nemo suas margaritas abscondit, nemo lapides pretiosos, nemo 1 5 18
fame, frigore, iniuria amicum tibi excolis aurum, custodis argentum, uestem pretiosam ornamentaque superba et superuacanea pro sacrosancto 2 1 19
quem uerae fornicariae habent perosum ac semper uitant, uiduitatis uestem rursus accepit. interea secundum condictum haedus mittitur, 1 13 2
esse, quod fuerat, et incipit esse, quod non erat. sequitur, quod uiduitatis uestem rursus accepit, non utique ut quae fecerat faceret, sed ut defleret se 1 13 12
uos de diabolo patre estis et concupiscentias patris uestri facere uultis), uestem uiduitatis deposuit, id est sordidae religionis sordidos ritus abiecit. 1 13 8
Thamari nuntiaretur, quae Selom uiderat maturum ei nec tamen nupserat, uestem uiduitatis exponit, aestiualia induit, semet decore componit locoque 1 13 2
beneficium diligenter, fortiter ac fideliter custodite. etenim omnis [actus] uester contractus ablatus est. securi gaudete: nihil saeculo iam debetis. in 1 42 1
regale beneficium diligenter, fortiter ac fideliter custodite. etenim uester contractus omnis ablatus est. securi gaudete; nihil saeculo iam 2 29 1
qui conscium timebatis, conscientiam non timetis. *uetus* enim *homo* uester feliciter condemnatus est, ut absolueretur, sacri gurgitis unda 2 29 1
sane tortore pietatis mordacitate peioribus separari permittis. tu ut nudum uestias, nuda esse contenta es. tibi fames saginatio est, si panem tuum 1 36 31
per temporum ambages *pernicibus plantis* sua *recalcans* officio solemni *uestigia* dies salutaris aduenit. idem sibi successor idemque decessor, 1 44 1
currus auriga, teretis metae sua replicans complicando gyro solemni uestigia, dies salutaris aduenit. idem sibi successor idemque decessor, 2 19 1
pensa perpetuans, genitali semper nouellus occasu, a se in semet *sua per uestigia* reuolutus dies salutaris aduenit, officiis sacramenti dominici 1 6
cursu multiformi gratia redimitus per temporum <ambages> solemni uestigio dies salutaris aduenit. idem sui successor idemque decessor, 1 57
iustitiam crudi funeris soluat. quo nuntio accepto dei seruus *scidit uestimenta sua*, non ut deo inuidiam faceret, sed ut expeditus cum hoste 1 15 5
id est sordidae religionis sordidos ritus abiecit. *aestiualia induit*: aestiua uestis, fratres, et munda est et exacta, cum qua facile et opus fieri possit et 1 13 8
et lenocinante uario magistri medicaminis fuco uultum suum uultibus uestit alienis, hoc futura, non quod natura praestitit, sed quod ei ad 1 1 10
plenitudo. interea promouent suum membra factorem et opus sui figura uestit artificem. parturit Maria non dolore, sed gaudio; nascitur sine patre 2 12 2
iugulet. ipsum postremo, quem diuitiis exspoliauerat magnis, magnis uestit ulceribus, quibus insuper uermes immittit edaces, ut in tormenta 1 4 18
sine ambiguitate a domino hic quoque *duorum denariorum* esse figura uestita, hac uidelicet ratione, quia in *thesauris suis* duos denarios intelligi 1 37 9
magis prodesse quam sibi; suam, quia, quamuis sit sapientiae nomine falso uestita, tamen suis commodis consulendo, quod sine alienis incommodis 2 1 3
gaudete itaque! in fontem quidem nudi demergitis, sed aetheria ueste uestiti mox candidati inde surgetis. quam qui non polluerit, regna caelestia 1 23
coloribus mutat, gulae labore culta, lauacro nitida, unguentis oblita, uestitu uaria, monilibus tota distincta, conuiuiorum celebritate iucunda, 2 4 9
immittuntur etiam marina monstra; laciniis omnibus spoliatur puella, uestitur incendio. inter tot instrumenta mortis spectatore metuente secura 2 2 6
extorta ex impudicitiae fouea nudus aufugit. sed pudicitiae splendore uestitus post calumniosam damnationem et liberatus a deo est et 1 1 16
Aries sed agnus excepit, qui uestram nuditatem uelleris sui niueo candore uestiuit, qui suum lacte beatum uagitu hiantibus uestris labris indulgenter 1 38 3
cellam communi gaudio repleuerunt. quod ut uobis quoque fide uestra adolescente contingat, praestabit deus pater omnipotens per 1 10b 3
quae sancta sunt, sicut facitis, amplectenda, ut uidentes homines *opera uestra bona magnificent patrem uestrum, qui est in caelis.* itaque, dulcissimi 1 25 13
ex eo enim ipso, quod uos non capit locus, exinde intelligitur, quia fides uestra capit deum. igitur ne quis operis rationem a me forte disquirat, 2 6 5
per Ezechielem prophetam loquitur dicens: *ecce ego aperio monumenta uestra et educam uos de monumentis uestris et inducam uos in terram* 1 2 12
sicut gallina pullos suos sub alas et noluisti? ecce remittetur uobis domus uestra; et iterum: *non relinquetur in templo lapis super lapidem, qui non* 2 6 3
pauci sunt, uos plures estis. haec sunt, dilectissimi fratres, charismata uestra, hae uirtutes, quibus Hierusalem spiritalis instruitur, quibus sacrae 2 6 11
uiuat, apostolo hortante nos Paulo, cuius ista sunt uerba: *exhibete corpora uestra hostiam uiuam, sanctam, placentem deo.* hoc enim placitum est 1 25 9
digiti uestri in peccatis. labia autem uestra locuta sunt facinus et lingua uestra iniustitiam meditatur. et iterum de ceteris membris: *sepulcrum* 1 3 10
carnis, sed circumcisione domini nostri Iesu Christi, elaborate, ne uestra integritas mutiletur, ne ingruentium peccatorum rursum, sicut Adae 1 3 24
orneris, seruare per quod et ipse serueris. postremo aequiparatur laus uestra laudi pudicitiae; illa enim uobis exhibet sanctitatem, uos ei amorem. 1 1 4
uestrae inquinatae sunt sanguine et digiti uestri in peccatis. labia autem uestra locuta sunt facinus et lingua uestra iniustitiam meditatur. et iterum 1 3 10
semper uirginis matris dulcem ad uterum conuolate ibidemque uos uestra nobilitate fide scientes, quoniam, quantum quis crediderit, tantum 1 55
horoscopi pandam tota breuitate secreta. igitur, fratres, genesis talis est uestra. primus uos, qui in se credentem reprobat nullum, non Aries sed 1 38 3
licet, superfluentis amnis undae subiecti toto impetu totaque deuotione uestra uasa replete, ut semper uobis aqua sufficiat, hoc ante omnia 1 12
quoue signo tam diuersos, tam plures, tam dispares una uno partu uestra uos peperit mater. sicut paruulis morem geram sacrique horoscopi 1 38 2
suae nobilitatem incredulis uariis uirtutibus monstrans. cuius sanctionem uestrae aetatis omni curriculo manente in sua semper infantia custodite ac 2 24 3
in opere captantes auguria, eius sine malitia succedentes iugo terramque uestrae carnis domando fecundantes laetam diuinorum seminum messem 1 38 3
crebris et iustis ueri diuites facti; promotioni etenim caelestis uestrae dignitatis debetur diuini operis perennis ista laudatio. exsultate, 2 6 10
edictis feralibus liberati, multi condicionibus duris exuti gratias agunt. uestrae domus peregrinis omnibus patent; sub uobis uiuus mortuusque diu 1 14 8
me et non erit, qui exaudiat eos. similiter et de manibus dicit: *manus enim uestrae inquinatae sunt sanguine et digiti uestri in peccatis. labia autem* 1 3 10
iam mater nostra adoptat ut pariat, sed non ea lege, qua uos matres uestrae pepererunt, quae et ipsae partus dolore gementes et uos plorantes, 1 32
atque inopes testamenta conficiunt. plura ad laudem huius beatitudinis uestrae possem dicere, nisi essetis mei. unum tamen prae gaudio tacere 1 14 9
hic mihi, rustico uestro, beatissimi ignoscite agricultores, si quid uestrae sollertiae, uineae in ratione reddenda, ignauia nostra detraxerit. 2 11 1
spiritus sancti diuitiae; uos si terrena metalla tempseritis, longe his uitae uestrae thesaurus. uobis auro constructa aetheria illa ciuitas destinata est. 1 5 17
ornatui gemmas sculpitis, quam uos estis. exsultate, uiduae: quadratura uestrae uirtutis *angularis lapidis* coniugio cohaerentis. exsultate, uirgines: 2 6 10
deum et sacerdos et templum. exsultate igitur, fratres, aedificationemque uestram aede ista de nouella cognoscite, cuius quoque capacitatem felici 2 6 5
subito uno momento facti aetatibus diuersis aequaeui. sed curiositatem uestram bene noui. ueteris uitae usurpatione, quod quidem uobis ulterius 1 38 2
qui in se credentem reprobat nullum, non Aries sed agnus excepit, qui uestram nuditatem uelleris sui niueo candore uestiuit, qui suum lacte 1 38 3
eia quid statis, fratres, uestram quos per fidem genitalis unda concepit, per sacramenta iam 2 28
eis, et ne adoraueritis eos, ne quando incitetis me in operibus manuum uestrarum et disperdam uos. quae autem sint ista opera manus humanae, 1 25 4

antiquitati, quam deo domino dicenti: *reicitis mandatum dei, ut traditiones uestras statuatis*! sed non eo dico, ut ingratum faciam doctrinae 2 3 10
nouella pignora in Christo, florentissimique hodierni spiritalis ortus uestri candorem, ne quo pacto maculetis, perpeti diligentia custodite, quia 1 38 1
dei maior est domus; nam et omnibus aequales estis et pedaturas omnes uestri corporis ambitu superatis; denique sancti diuites pauci sunt, uos 2 6 10
pectus saepe crudis atque acidis uomitibus inurguetur, in quo musti uestri dulcedo saecularis uini pridiani exhalante foetore corrumpitur, sed 1 24 1
mitis, sedens super asinum nouellum, et iterum: *tollite portas principis uestri et eleuamini, portae aeternales, et introibit rex gloriae*, et iterum 2 5 2
Iudaeos sic increpante: *uos de diabolo patre estis et concupiscentias patris uestri facere uultis), uestem uiduitatis deposuit*, id est sordidae religionis 1 13 8
conuolate! uos constanter inmergite, saluo salutis statu *ueteris hominis* uestri felici morte uicturi! 2 23
coniugio cohaeretis. exsultate, uirgines: omnem istam celebritatem honore uestri floris ornatis. exsultate, diuites, praerogationibus crebris et iustis ueri 2 6 10
lugete omnes, qui deseruitis altari, quoniam ablata est de domo dei uestri hostia et immolatio. multa sunt, quae dici possunt, sed satis otiosum 1 25 6
et de manibus dicit: *manus enim uestrae inquinatae sunt sanguine et digiti uestri in peccatis. labia autem uestra locuta sunt facinus et lingua uestra* 1 3 10
uos nouitatem et ne seminaueritis in spinis. circumcidite praeputium cordis uestri, ne exeat sicut ignis ira mea et exurat et non sit qui exstinguat. 1 3 12
diei iudicii incendia superabit. illa iustificata discessit; haec glorificata uestri numeri incrementis ac fidei cum Christo in aeterna saecula 1 13 13
illa praeconem portat, haec iudicem. exsultate, feminae, promotionemque uestri sexus agnoscite. culpa deleta ueteri ecce per uos iungimur caelo: 2 8 8
infantia custodite ac fortiter praecauete, ne primi hominis quondam uestri umquam memoriam recolatis. 2 24 3
a me, quia mitis sum et humilis corde, et inuenietis requiem animabus uestris. deus noster, fratres, humilis corde est et ineffabilis eius illa 2 9 4
dicens: *ecce ego aperio monumenta uestra et educam uos de monumentis uestris et inducam uos in terram Israel; dabo spiritum meum in uos et* 1 2 12
possessionum omnes glebulas, lapillos et surculos nostis, in praediis autem uestris fumantia undique sola fana non nostis, quae, si uera dicenda sunt, 1 25 10
saeculo iam debetis. ecce nullum pondus, stridor nullus est mundanarum uestris in ceruicibus catenarum. uinculis nullis impeditae sunt manus, 2 29 1
uelleris sui niueo candore uestiuit, qui suum lacte beatum uagitu hiantibus uestris labris indulgenter infundit. idem non tumidus ceruice, non toruus 1 38 3
taurorum et hircorum nolo; quis enim exquisiuit ista de manibus uestris? per alium adaeque prophetam spiritus sanctus clamat et dicit: 1 25 6
circa uos, dicit dominus, et sacrificium acceptum non habeo ex manibus uestris. quoniam a solis ortu usque in occasum clarificatum est nomen 1 25 7
arietum et pinguamine agnorum; quis enim haec exquisiuit de manibus uestris?. utique, fratres, incunctanter eis ademit pascha, qui id, per quod 2 25 1
plantauit, in quam omnis fructus propheticus decucurrit. hic mihi, rustico uestro, beatissimi ignoscite agricultores, si quid uestrae sollertiae, uineae in 2 11 1
suspensam uberrimam docuit afferre uindemiam. inde est, quod hodie uestro de numero nouellae uites ad iugum perductae, scaturientis musti 1 10b 3
condentes ullam pro personis operari ne aestimetis hic gratiam. iudicio uestro nascimini scientes, quoniam, qui plus crediderit, nobiliorem se ipse 1 49
qui dicit ad eos in Esaiae libro: *quo mihi multitudinem sacrificiorum uestrorum? plenus sum holocaustomatis arietum et pinguamine agnorum*. 1 25 6
dona iniquorum non probat altissimus. hic quaerite, Christiani, sacrificium uestrum an esse possit acceptum, qui uicinarum possessionum omnes 1 25 10
abstinete uos a carnalibus desideriis, quae militant aduersus animam, nec uestrum frangat affectum, quod eius secretum figuramque nescitis; quam si 2 4 17
amplectenda, ut uidentes homines *opera uestra bona magnificent patrem uestrum, qui est in caelis*. itaque, dulcissimi flores mei, talia sacrificia 1 25 13
enim prophetes: *deus unus creauit uos; nonne pater unus est omnium uestrum?* quisque igitur nobilitatis suae conscientiam retinet, diligit fratrem 1 36 22
tacere non possum: fenerando pauperibus omnes copias auaritiae subactas uestrum sine inuidia transfertis in censum. quid enim esse potest ditius 1 14 9
nobiliorem se ipse praestabit. constanter igitur ac fideliter *hominem* istum uestrum *ueterem* foetorosis suis cum pannis abicite, nouelli omnes, omnes 1 49
eius indeminutae deitatis paterna substantia paternaque uoluntas, *noua et uetera* duo testamenta, quae uidetis recte eadem sine ambiguitate a domino 1 37 9
caelorum similis est patri familias proferenti de thesauris suis noua et uetera. scriba, fratres, est praedicator, *pater familias* Christus, *thesauri* 1 37 9
esse quot membra? armauerat diabolus satellites suos in domini populum, ueterani odii assertor antiquus, et totam familiam domini impastae feritatis 1 39 2
eodemque ictu, incolumi corporis manente materia, interficit *hominem ueterem*, creat nouum, sacri gurgitis elemento sepelit. et cum omnium 2 10 2
se ipse praestabit. constanter igitur ac fideliter *hominem* istum uestrum *ueterem* foetorosis suis cum pannis abicite, nouelli omnes, omnes candidati, 1 49
merita maritorum, adulantes uiuis, mortuis suspirantes, nunc odientes ueteres, nunc nouos filios similiter et maritos? at e diuerso ipsae aestiment, 2 7 10
calcatoribus et bibitur et patris familias cellis uinariis infertur, ut melius ueterescendo reddatur. quantum spiritaliter mediocritas nostra conicere 2 11 3
exsultate, feminae, promotionemque uestri sexus agnoscite. culpa deleta ueteri ecce per uos iungimur caelo: anus enim peperit angelum et uirgo 2 8 8
Iudaeus legitimum gerere se pascha contendit, cui nihil aliud de ueteri sacramento quam inanibus intexta suspiriis fabula remansit. denique 1 28 1
temperamento conscribunt. quae sine se utilia esse non possunt, quia ueteri sicut nouum praestat fidem, ita nouo uetus perhibet testimonium, 1 37 4
propheta quod pro ueteri uinea, quae a domino in Aegypto fuerat instituta, postulabat ad 2 11 1
illis columna nubis atque ignis uiam demonstrauit, nobis testamenti ueteris ac noui clarissima oracula uiam, uerum Christum dominum, 1 46b 2
fontis ad gurgitem conuolate! uos constanter inmergite, saluo salutis statu *ueteris hominis* uestri felici morte uicturi! 2 23
mendacem, tanto propensius eius de pietate praesumunt statimque actus ueteris uitae damnantes pro salute redimenda non solito more ad stupida 1 34 9
facti aetatibus diuersis aequaeui. sed curiositatem uestram bene noui. ueteris uitae usurpatione, quod quidem uobis ulterius non licebit, fortassis 1 38 2
ullae sordes obfuscant. qui conscium timebatis, conscientiam non timetis. *uetus* enim *homo* uester feliciter condemnatus est, ut absolueretur, sacri 2 29 1
quod futurum est antecedit. in omnibus nouus est et tamen in omnibus uetus est. punctis omnibus commutatur, non natura, sed numero. fit filius 1 16 1
utilia esse non possunt, quia ueteri sicut nouum praestat fidem, ita nouo uetus perhibet testimonium, sicut scriptum est: *semel locutus est dominus* 1 37 4
non palpitat corpus, non decolor color est. ipse est et tamen non est ipse. uetus quidem uidetur domicilium, sed nouus inquilinus exsultat mutatione 1 42 2
non defluit sanguis, non decolor color est. ipse est et tamen ipse non est. uetus quidem uidetur domicilium, sed nouus est inquilinus mutatione 2 24 3
Abraham, fratres dilectissimi, quale diuinae pietatis munus acceperit, uetustae legis gesta testantur. Sarra uxor eius non inferior longae uitae 1 43 1
ratione, quia in *thesauris suis* duos denarios intelligi uoluit, nouitate et uetustate duo testamenta. hos duos denarios a Samaritano stabulario pro 1 37 9
pia seruat ut mater necatosque non ante uiuificat, antequam omne uirus uetustatis exstinguat, ne quid adulterum pariat. ac ne quem plus amare 2 29 2
nec mortem medullitus capit, sed suum sibi genitale in germen exspirans uetusti corporis superficie deleta, immo in melioris naturae iura transmissa, 1 2 22
quod plus est: sine fermento leuati sunt. certe caccabacei non sunt, non uetusti, non usti, non crudi, non mucidi. lacteus illis color est, lacteus 1 41 2
tormenta passi fuerint, spes eorum immortalitatis plena est; et in paucis uexati in multis bene disponentur, quoniam deus temptauit illos et inuenit 2 5 6
noscamus eos esse, quos in idolatria commorantes nuper uel maxime ui aliqua obisse meminerimus. hic nunc mihi responde, qui hominis post 1 2 6
cuius adminiculo uel ducatu in uberes fructus longius inuitata producitur, ui aliqua separetur. tum solemniter plorans clementer imbre suo rorat 2 11 2
habet legibus perdat. quod est omni uiolentia deterius, quia illud, quod ui eripitur, nonnumquam repeti potest, quod legum circumscriptionibus, 2 1 17
zelatur insanit armatur precibus, armatur et ira, similiter nonnumquam ui extorquens quod blandimentis impetrare non potuit. libidinum 1 1 9
committunt amore non fidei, sed libidinis, qui publicanas mulieres cum ui subiciunt sibi uiliores se esse quam illae sunt produnt, qui iracundia 1 25 11
suam portans consummata omni iustitia expeditior sequitur Christum. ui tempestatis, solis atque imbris ad maturitatem cogitur; et iustus 2 11 6
quatit; hymnus canitur; dei populus liberatur resolutisque undis uia cum persecutore deletur. quantum spiritaliter intellegi datur, Aegyptus 2 26 1
oracula uiam, uerum Christum dominum, prodiderunt, qui ait: *ego sum uia et ueritas*. illorum profugus populus per mare rubrum dextra laeuaque 1 46b 2
est appellatus; at est uera ueritas dominus, qui ait in euangelio: *ego sum uia et ueritas*. Iob diues fuit; et quid ditius domino, cuius sunt omnes 1 15 7
scientiae dei! quam inenarrabilia sunt iudicia eius et quam inuestigabiles uiae eius! quis enim cognouit sensum domini? non enim in horum 1 34 2
maria plus praedonibus saeua sunt quam natura; obseratae gladiis uiae humano cruore pinguescunt; testamenta heredes incognitos ex sese 1 5 3
scientiae dei! quam inexquisita sunt iudicia illius et quam inuestigabiles uiae illius! quis enim cognouit cogitationem dei? et tu eius naturam 2 3 16
in toto non potest Christianus. quod tabulatis infertur, caelestis uiae uitaeque altitudo monstratur. ligaturis adstringitur, cum renuntians 2 11 4
argumentatione manifesta conuincunt. poetae autem melius, qui duplicem uiam apud inferos ponunt: impiorum unam, quae ducit in Tartarum, 1 2 4
immortalitatis fidelibus fructum, paenitentibus curam, catechuminis lucis uiam, competentibus remissa omnium peccatorum, sicque cunctos in unam 1 6
numerum demonstrabant duorum testamentorum sacramentum. columna uiam demonstrans Christus est dominus. quod duplicem nubis et ignis 2 26 2
praebuit, dux noster Christus est dominus; illis columna nubis atque ignis uiam demonstrauit, nobis testamenti ueteris ac noui clarissima oracula 1 46b 2
Iohannes baptista? cuius est praeparatio: *uox clamantis in deserto: parate uiam domini, rectas facite semitas dei nostri*. nunc uideamus quae 2 8 7
profundi in semet contra se obnixam stupidam pependisse naturam; uiam inter fluctus micuisse terrenam, quae utique non caelestis populi 1 18 1
dei transitum populi, ut persequentibus mare sint. inducitur in uiam Israel ingratus, in qua nec gladios possit timere nec fluctus. mira res! 1 29 2
in iudicio neque peccatores in consilio iustorum, quoniam scit dominus uiam iustorum et iter impiorum peribit. consequens est, ut scire nos par sit, 1 2 23
est deus noster et non deputabitur deus alius absque ipso. qui adinuenit uiam prudentiae et reuelauit eam Iacob puero suo et Israel dilecto sibi. 2 8 6
dicente: *est autem haec parabola: semen est uerbum dei. qui autem iuxta uiam sunt, hi sunt, qui audiunt uerbum et uenit diabolus et tollit de corde* 1 13 5
meminimus: *ecce mitto angelum meum ante faciem tuam, qui praeparabit uiam tuam*. ergo manifestum est prophetiae more angelos homines iustos 1 37 11
his uerbis: *ecce mitto angelum meum ante faciem tuam, qui praeparabit uiam tuam*. quis est iste angelus, fratres, nisi Iohannes baptista? cuius est 2 8 7
uiam demonstrauit, nobis testamenti ueteris ac noui clarissima oracula uiam, uerum Christum dominum, prodiderunt, qui ait: *ego sum uia et* 1 46b 2
contingit, ut merito perdat etiam sua, qui desiderat aliena. illinc alius uias uiantibus cludit, arcet ab herbis, arcet a siluis, arcet ab aquis, et quidem 1 5 13
aut cum hostilis imminens manus gladio salutem premit; aut cum uiantis itineri erectus in morsum, ardentibus squamis incensus tumidus 2 2 2
contingit, ut merito perdat etiam sua, qui desiderat aliena. illinc alius uias uiantibus cludit, arcet ab herbis, arcet a siluis, arcet ab aquis, et 1 5 13
non apostolis trepidatio est. Petrus aestu marino fertur non naufragus, sed uiator: timet profundum intercipere non timentem; nec tamen in toto 2 2 6
sinus insubditaque humanis gressibus liquidi aequoris terga, quibus uiator trepidus absorbebatur, et perambularet pariter et euaderet. clamat 1 34 3
et signans oculis uulneribus lineam feralis ictus assidua contemplatione uibrabat. haeserant confessionis suae glutino intrepidae martyris manus nec 1 39 7
globis inter labra liuentia stridit, intorta omnia passim membra tremore uibrantur; gemit, flet, denuntiatum pauet iudicii diem pellique se plangit, 1 2 6
non percussoris, non percutiendi claudicat color; non membra tremore uibrantur; non dimissi, non torui sunt oculi. nemo rogat, nemo trepidat, 1 4 14
securus animus, sed securior manus; elatus in immolandum gladius uibratur nec puerum mors uicina contristat, ne trepidatio fidem prodat 1 59 7
neglecta pietatis largiter furtim semina spargit. nec rogari se permittit nec uicaria laudis remunerari mercede: hoc damnum graue, hoc aestimat 2 1 12
sicut est ipse testatus dicens: *omnia mihi tradita sunt a patre meo*. Iob uicarios filios genuit; dominus quoque post prophetas filios sanctos 1 15 9
neque promissa sibimet prodesse cognoscit, conserta manu inuersa uice adorta est in suum fomitem adolescentis ignem totis uiribus deriuare. 1 1 16
filio amatus pater exhibuit, tantam laesus exigit ultionem, quia, cum uicem non reddidit patri dilectus filius, dignam sententiam percipit 1 61 5

sit genus? sane plus in eum, qui eam dilexerit, saeuit. quam qui uicerit, habebit uitam aeternam. 1 21
est. denique post negotium perpetratum odit et se ipsam cum illo quem uicerit. haec saepe indixit quietis gentibus bellum; haec aliquotiens robusta 1 1 7
fontis uiuo de gurgite conparamus, nobilis et aeterna, quia animus, qui uicerit mundum agnoscendo ac seruando religionem ueram ueramque 2 4 8
securior manus; elatus in immolandum gladius uibratur nec puerum mors uicina contristat, ne trepidatio fidem prodat infirmam. sub hac denique 1 59 7
hic quaerite, Christiani, sacrificium uestrum an esse possit acceptum, qui uicinarum possessionum omnes glebulas, lapillos et surculos nostis, in 1 25 10
incensus tumidus sese anguis opponit; aut dorsa fugientis affectans caedem uicino fremitu ferina rabies onerare temptauerit; uel cum amissis 2 2 2
et, si orbem totum possideant, fines oderunt. inlicitum putant habere uicinum. construunt praedia, sepulcra defodiunt; timeant omen qui non 1 5 8
uersabatur et educationis tempus angustum et senectuti exitus iam uicinus. ecce prima deuotio: libenter excipere quod sero datur et in 1 43 1
non sibi repugnat, sed ostendit animae esse sublimitatem superiora uicisse, quia *qui se exaltauerit, humiliatur et, qui se humiliauerit,* 2 9 8
disciplina? sed et mare uentis lacessitum, cum irascitur, quamuis reciproca uicissitudine nunc pulsantibus caelum, nunc requirentibus terram 1 4 5
ac dies clarissimosque duos regalium orbium currus munerifero semper uicissitudinis delectamento seruire praecepit, qui eum supra dicti amoris 1 36 28
etiam alia crimina fugienda cognoscat. 'ore tuo te, inquit, Christiane uicisti. inde est, quod et ego aeternam uitam me possidere contendo, quia 1 3 8
in cymbam conuertit; haec in Maccabaeicae germanitatis exercitu sola uicit; haec in tribus pueris ignes amoenos effecit; haec mare pedibus 1 36 8
fecit. ipsa Herculem nouerca deterior in Omphales libidine turpiter uicit, quem terribilis turba monstrorum superare non potuit. ipsa Venerem 1 1 11
contentus. o felix uir, qui mira patientia deum promeruit, diabolum uicit, sanitatem recepit, facultates liberosque suos non perdidit, sed 1 15 6
receptaculo orationis freno refrena; anhelantis camini ignis exaestuans uicta natura sentiat per te tecum et ipse refrigerium; mortuorum in 2 3 14
diffamationibus uigeat, huc atque illuc aestuans uarie caeca prorumpat, uicta sit autem, si dissimulatio celebritatem eius obscuret. nunc ad 1 4 11
caueae — iam non miserabilis, sed mirabilis — funereo ambitu excedit uicti saeculi triumphum reportans, quam tot suppliciis omnes crediderant 2 2 7
libentius offert. pedes quoque constringit, ne in exitu mortis concitata uictima calcitraret: securus enim pater optimus timuit, ne dolori aliquid 1 43 5
semper laetatus et gaudens nec mutatus est uultus eius, cum esset uictima commutata: cum tanta laetitia arietem obtulit, cum quanta 1 43 7
ne quid minus ab hostia uideretur; pedem ligatura destringit, ne incitata uictima displiceret. cesset itaque hic, carissimi, impietatis abominanda 1 59 6
Archadius ait:] o insania hominum! fraudauit te furor tuus; adhuc erat in uictima domini quod posses auferre: amputandam linguam mandare 1 39 6
iubenti ac deposcenti deo innocens martyr offertur, immaculata hostia nec uictima imparata, qui testis diuini timoris ad fidem a domino poscitur, a 1 59 2
agnus *perfectus*, quia in ipso magnus ille sacerdos pio mysterio sua uictima inclusus hodie deum reddidit hominem, quem litauit. 1 8 2
deo dignum, in quo definire difficile est, utrum sit patientior sacerdos an uictima! non percussoris, non percutiendi claudicat color; non membra 1 4 14
fieri sacrificium, Abraham, tuis manibus in monte de filio tuo; haec mihi uictima placet, hoc me sanguine deplacabis, iste meis sacris debetur; unde 1 43 3
non pallescit uultus, non contremuit manus. quaerit puer, ubi sit uictima. quae mox, ita ne percuteretur tenera aetas, ostenditur, quo nec 1 62 4
qui antequam ueniret in montem, cum de patre quaereret, ubi esset uictima quam disponeret et immolaret, securus de fide generis sui pater 1 43 5
senis adhuc paruulus, cui pietas et miseratio maior debetur, postulatur ad uictimam; cui si per humanam fragilitatem aliqua in corpore infirmitas 1 43 3
contra spem acceperat a deo. igitur Isaac sibi dulcissimum filium, deo uictimam dulciorem contemnit, ut seruet, destinat iugulare, ne iugulet, 1 4 13
praecipue custodiuit. cuius immolatione ille quoque gauderet, qui ad uictimam parabatur. aries haerebat in uepre implicitus spinis, capite 1 43 8
maternae pietatis occupauerat pectus festinata educatione nutritus, deo uictimam, parentibus pium parricidium praebiturus. ecce carissimi, ut ait 1 59 5
equidem ferrum et armata dextra subleuat manum, sed uox eius, qui eam uictimam postulauerat, contradicit: 'respice retro, dixit deus, et antequam 1 43 6
fides fuit, non erat dolor. in illo sacrificio solus deus doluit, qui aliam uictimam procurauit; nam Abraham cum filio sic probatus a deo est, ut 1 43 7
indulgentiam meruisse sub casibus: nam retro respiciens Abraham inuenit uictimam, quam innocens immolaret. eo ferro mactauit arietem, quo filium 1 43 7
maternus pendebat, ad explorationem fidei suae diuina uoce postulatur ad uictimam. 'uolo, dixit deus, mihi fieri sacrificium, Abraham, tuis manibus 1 43 3
nefandi ritus nunc aut libamina inceste profundere aut ornatus sertis uictimas trahere aut grauia nidoribus tura succendere aut inter fumidos 1 39 2
custodiens, huius modi officiis saeculares obterens uoluptates cum fuerit uictor carnisque nexibus liber, repromissae inmortalitatis inaestimabili 2 1 14
non uxori inlicita suadenti succumbit, non amicis insultantibus cedit, sed uictor crudelitatis et impietatis in sterquilinio foetido scaturiente uermibus, 1 15 6
ad se colligat turbas; ille numquam remunerat quemquam, nisi primo quis uictor mortis iura praetereat. quae res efficit, ut siue metu siue 2 4 14
carnis sit quaeue animae, deo magistro didicimus; qui non ignoramus uictoria carnis ambas exstingui, animae uictoria utramque seruari: meliora 2 4 18
postremo impossibile est, fratres, eius aestimare uirtutem, cuius uinci uictoria est. non illam loco uis ulla detorquet, non labor, non fames, non 1 4 3
unitatis una fide solidi, <uirtutis> aequalitate pares, passionis uictoria gloriosi. hos barbarus rex, quod eius statuam adorare 1 53 1
didicimus; qui non ignoramus uictoria carnis ambas exstingui, animae uictoria utramque seruari: meliora sequamur saltem uel eo studio, quo 2 4 18
calcandum mortemque ipsam perennis cui beatitudo succedat, praemium uictoriae magis esse quam mortem. luculenta oratione per Iohannem 2 4 11
unde dubium non est uoluntatem nostram, cui se iunxerit parti, praebere uictoriam eiusque in resurrectione aut praemio perfrui perenni aut 2 4 18
cui omnes nocendi aditus reserati praestant sine pugna, sine ullo labore uictoriam. non enim conabitur in dicionem redigere suam, quae esse eius 2 7 13
probatam et uindicatam ad mariti thalamos cum ingenti triumpho uictrix pudicitia reportauit. sed o quantum es miranda, pudicitia, quae 1 1 19
sane in senibus ut est honoranda, ita miranda non est, quia licet sit uictrix, tamen triumphi sui palmam senectutis cum rigore partitur; cessat 1 1 5
constanter inmergite, saluo salutis statu *ueteris hominis* uestri felici morte uicturi! 2 23
moriebatur, Eliae alimenta poscenti memorabilem uiduam ultimam uictus sui filiorumque substantiam non partitam, sed totam dedisse 2 1 20
somni torpore discusso, apertis auribus cordis a pueris disce uirtutem. sed uide, ne aestimes falsum, quod eis cessit incendium. ueritatem ratio 2 27
dimissa est, ut, si quid mali seu boni cuiquam fecerimus, deo fecisse uideamur; propter quod non inmerito Iohannes, peculiaris arcanorum 1 36 23
filio sic probatus a deo est, ut non postulans misericordiam mereretur. uideamus, fratres dilectissimi, legis arcana et intellectum altius proferamus. 1 43 8
cum passibilitate sui transeunt; timor conscientiae non deletur. nunc uideamus, intellegendum quemadmodum nobis sit, propheta quod ait: *beati* 2 2 3
post adiecit: *si non humiliter sentiebam, sed exaltaui animam meam.* uideamus, ne forte propheta ipse se inpugnet exaltando animam suam, qui 2 9 8
petrinos nimis acutos et adside et circumcide secundo filios Israel.' uideamus nunc ergo, fratres carissimi, secunda illa circumcisio ab Iesu 1 3 15
sequitur ac dicit: *omnia per ipsum facta sunt ac sine ipso factum est nihil.* uideamus nunc, optime Christiane, quemadmodum inter patrem filiumque 2 8 5
in deserto: parate uiam domini, rectas facite semitas dei nostri. nunc uideamus quae consequuntur. per idem tempus duae cognatae concipiunt, 2 8 8
nisi ipse solus, qui fecit. itaque quod specialiter ad nostras pertinet partes, uideamus, quid sit quod deus ait: *faciamus hominem ad imaginem et* 1 27 2
possunt, quam a deo facta sunt uel uidentur. itaque quod ad nos pertinet, uideamus, quid sit, quod deus ait: *faciamus hominem ad imaginem et* 2 30 2
sic Cupido uocitari a luxuriosis suis sibi cultoribus coepit. nunc ergo uideamus, unde uera caritas ueniat, ubinam consistat, cui uel maxime 1 36 28
competenti ualeat sermone disserere, dum in uno corpore tot martyria uideantur esse quot membra? armauerat diabolus satellites suos in domini 1 39 1
sis ancilla. at tu, uidua, secundas cur desideras nuptias, cum temperare uideas apostolum primas? cuius ista sunt uerba: *tempus coartatum est;* 2 7 5
condemnat. cur enim mereatur felicitatem futuri temporis cernere, quem uideas sacrilega incredulitate dei potentiae derogare? sed hoc amore 1 2 1
quam praecipitatur et tamen litus, quo tendebat, inuenit antequam uideat, felix sepulcro quam naui. in oratione mons tremit: monti, non 2 2 5
mores. legibus suis suas leges impugnat, ius iure distringit. quis non uideat numquam recti aliquid illam facere uel fecisse, quod fecerit? uultis 2 1 7
qui paedorem sui secum carceris portat; qui carnificem sentit, antequam uideat; qui nomen iudicis pertimescit; qui, sicunde susurrus ingruerit, se 2 10 1
dei secta alios non bene auocantes diuina sacramenta contaminant. iam uideat unusquisque, quemadmodum sacrificium aut sumat aut offerat; sicut 1 25 12
repetita nuditas condemnetur, ne nouus homo quicquam Iudaei habere uideatur aut gentis. ambo enim illi carnales sunt, ambo sine fructu. unde 1 3 24
uetustatis exstinguat, ne quid adulterum pariat. ac ne quem plus amare uideatur aut minus, unam natiuitatem, unum lac, unum stipendium, unam 2 29 2
animi fuerint motus, nullusque prorsus dies, quo iugiter sibi similis esse uideatur? cum haec aliter non sint, ergone dei imaginem non habemus? 1 27 2
hominibus mitior inuenitur. ne quid scenae tam dirae immanitatis deesse uideatur, immittuntur etiam marina monstra; laciniis omnibus spoliatur 2 2 6
criminis, ut semper apud ipsos diuinus sit sermo prolatus, nunc alteris uideatur ingestus. unde reiectio Iudaeorum est aliarum electio personarum, 1 61 1
a nobis sacris uocibus dum iubetur, recte sapientibus exsecrabilis esse uideatur, Iohanne dicente: *nolite diligere mundum neque ea, quae in* 1 36 27
maligni fulgoris cupidinem diram spe potiundi praecipitat, ne gratis homo uideatur occisus. sed nos non ad auaros, sed de auaris sermonem fecimus, 1 5 16
testimonium. ubi est ille, qui inuicem desiderantibus uobis tardior ceteris uidebatur primus matrimonii dies? ubi pretiosae uirginitatis festa, utrisque 2 7 6
ut semen excitet fratris, non utique illud, quod a deo damnatum iure uidebatur, sed ut reliquas nationes, quas idolatriae, de qua diximus, 1 13 5
gentes dicere consuerunt. ceterum apud deum quam sit iniustum, mox uidebimus. nunc primo omnium, optime Christiane, scire cupio, quae sint 2 1 18
cum male aut creditur aut docetur.' quod malum est ista ratio, mox uidebimus. nunc scire cupio, fides ex doctrina constet an ex credulitate an 2 3 8
esset in terris, fecisse inuenimus officium, ipso dicente: *amen dico uobis: uidebitis caelum apertum et angelos dei ascendentes et descendentes super* 1 37 13
unicuique merces pro suo actu reddetur? sine causa etenim laborare uidebitur iustus, nisi recipiat secundum facta sua, quae gessit, iniustus. non 1 35 1
autem apostolos esse claro testimonio ueritatis affirmat. sic enim ait: *et uidebo caelos, opera digitorum tuorum.* hic utique non de caelis istis 1 61 3
relicta repellitur. ad cuius fidem, carissimi, auctorem habemus, sanctum uidelicet Abraham, qui filium quondam Isaac habuit: simplex quidem 1 59 1
patriarcharum semesa fides est ac per hoc illis constitutionis nostrae uidelicet decernendi sunt libri, ut possint esse perfecti! o quam misera est 2 3 9
iugo acerrime premebatur. hunc deus praecipit proficisci, duce Moyseo uidelicet et Aaron, iter demonstrante nubis columna per diem, eadem ignis 2 26 1
nuptiali sanctissimo repugnantes iugo, pro se quisque nitentes (amore uidelicet nimio), hereditatem captat alter alterius; quod parentes filios, filii 1 14 7
a domino hic quoque *duorum denariorum* esse figura uestita, hac uidelicet ratione, quia in *thesauris suis* duos denarios intelligi uoluit, 1 37 9
ipsum membrum radicitus abscisum mysteriis turpioribus immolauit, illa uidelicet ratione, quia Iudaeus post sacramentum per hanc partem peccare 1 3 2
corde concepit, illa semine, haec uerbo. haedus ei mittitur, temptationis uidelicet signum; etenim iustitiam qui sequitur, necesse est ut probetur. 1 13 11
si legem, contemne tuam istam circumcisionem, quam euacuatam uidemus a lege, sic Ieremia dicente: *haec dicit dominus uiris Iuda et* 1 3 12
imitari. cuius rei facilis probatio est, illa cum interim, quae nostra sunt, uidemus. aurum argentumque, Christiane, si uera dicenda sunt, exsecraris 1 14 4
denique haec est causa, quod fratrum pia nomina plerumque gladiis amica uidemus esse quam sibi; quod parentes opulenti abolita sui nominis 1 5 6
tristes seu hilares suos fecerit motus, hanc rationem docente nos Paulo: *uidemus,* inquit autem, *modo per speculum in aenigmate; tunc autem facies* 1 2 29
diutius demorer in humanis, quasi sola isto affectu sint praedita? nonne uidemus omne animantium genus congregatione, concordia testari 1 36 15
librum lectitando saepius replicauit, fortassis, ut sunt ingenia cotidie quae uidemus uersutis contentionibus laeta, de apostoli dicto calumniosam nobis 2 4 1
propter tunc impedimentum carnis uidere non possent, libertate spiritus uident, exinde intellegentes in thesauro naturae depositum incolume 1 2 9

regem fidei tenacitate confundunt. uindicantur de incensoribus suis. deum uident. mors transit in uitam, metus in gloriam. sic quis non optet ardere? 2 15
quae simplicia, quae pia, quae sancta sunt, sicut facitis, amplectenda, ut uidentes homines *opera uestra bona magnificent patrem uestrum, qui est in* 1 25 13
consistunt, id est in spe, in fide, in caritate, quae ita inuicem sibi uidentur esse connexa, ut sint aliis alia necessaria. spes enim nisi 1 36 1
aut uerius uerbis humanis asseri possunt, quam a deo facta sunt uel uidentur. itaque quod ad nos pertinet, uideamus, quid sit, quod deus ait: 2 30 1
lacteus illis color est, lacteus sapor est. sed fortassis, quod nonnulli forma uidentur minores, si secus aliquid de pistore sentiatur, mea nihil interest, 1 41 3
Pharisaeus quemadmodum legitimum pascha possit celebrare, non uideo, cuius eminens famosumque illud templum miserabili uastatione 1 19 1
dolore nuptura. hic, hic quemadmodum se quis possit excusare, non uideo. non deest enim qui dicere possit: 'si est resurrectio, quare plangis? si 1 2 14
ulli dabit quod non habet, sed potius ut non habeat, adhuc ipse disquirit. uideo praeterea, sicut assertorum indicant nomina (quae si auferas, nulla 2 3 7
facit eam moechari. quid hic respondere possint lubrici mariti, non uideo; qui humanarum legum iniqua impunitate decepti, iustitiam ueram 1 1 13
homicidae, adultero, incestatori, sacrilego, nisi eius curauerit mentem, non uideo, quid illi praestiterit. o liberatoris nostri profunda prouidentia! o 2 24 2
alter audit amborum est. quid agam, quo me uertam, nescio. non enim uideo, quid in exhortationibus diuini ac ueri cultus gentibus praedicem. 2 7 11
dicit: *caro et sanguis regnum dei possidere non possunt.* at e diuerso uideor mihi audire proclamantem: 'si haec est condicio carnis, quid est 1 2 24
oues tondendas pergeret suas atque hoc Thamari nuntiaretur, quae Selom uiderat maturum ei nec tamen nupserat, uestem uiduitatis exponit, 1 13 2
digitorum tuorum. hic utique non de caelis istis loquitur, quos semper uiderat, sed de apostolis, quos uidere optabat. et iterum: *texit caelos uirtus* 1 61 3
uel in aliquo declinauerit. lex hominis conscientiam alloqui tantum potest, uidere autem non potest; fides conscientiam medullitus mundat, ne quid 2 3 5
fulgentes Moysen Eliamque, quos propter tunc impedimentum carnis uidere non possent, libertate spiritus uident, exinde intellegentes in 1 2 9
se ueniunt, professionem credulitatis ab eis solam ideo, quia eorum fidem uidere non potest, exigit. quam si abesse ex moribus deprehenderit, 2 3 3
non de caelis istis loquitur, quos semper uiderat, sed de apostolis, quos uidere optabat. et iterum: *texit caelos uirtus eius,* eo quod apostolos ad 1 61 3
non potest quam quod est. igitur cum possibilitatis humanae non sit fidei uidere secreta, nusquam, frater, tua curiositas, nusquam tua proficit pugna, 2 3 11
grassantium ulcerum spoliauere uerticibus; per hanc, inquam, caecos uidere, surdos audire, mutos loqui, claudos currere, paralyticos reformari, 1 36 9
fluctus. mira res! medio puluerulentus exsultat in profundo, qui circa se uideret feliciter triumphum suum perire naufragio. haec Iudaeus praedicat, 1 29 2
umbraculo, utrumque Christiano explicans uoto, ut et non longius uideretur a proelio et secedendo euangelicae iussionis animaretur exemplo. 1 39 3
sed ait: *faciamus ad nostram,* ne quam filius hominem induturus pati uideretur iniuriam. uidetisne, fratres dilectissimi, quia nullus exserte hic 1 45 1
ingressus semen suum fudit in terram. quod cum deo malignum quoque uideretur, pari eum morte damnauit. coniunctionem autem tertii filii apud 1 13 1
sed traduntur tenerae adhuc uinculis manus [et], ne quid minus ab hostia uideretur; pedem ligatura destringit, ne incitata uictima displiceret. cesset 1 59 6
amplius caminum iussit incendi ac, ne quid immanitati saeuientis deesse uideretur, pice et stuppa armatum citatur incendium; aestuantibus globis 2 22
genus humanum. ac ne non ex integro principium suo statui redditum uideretur, prior uir consummatur in cruce atque eo feliciter soporato 1 3 20
<...> Christus mundum latenter intrauit, ne sibi sapiens diabolus uideretur. qui consilio hominem deceperat, consilio uincitur, ut, quomodo 1 60
innocentis hominis obsequium nemo ante fletibus rigat, ne pater dubitasse uideretur, si flesset. deuotus sic stricto uultu puerum ducit ad aram, 1 62 4
potest, tuum etiam a Christianis ipsis minime consecratis sine sacrilegio uideri non potest? postremo detestabilis est uiuendi condicio, ubi non licet 2 7 14
iam correcta sint crimina. pudet me dicere in populo graui anus saepe uideri nouas nuptas, quarum paene plures sint nuptiae quam natales. quae 2 7 10
tota prominens atque diffusa, sic tamen, ut sentiri se cupiat quam uideri, plane cauta, ne quam declinet in partem, ne in aliquo se ipsa 2 1 12
hic tibi ego respondere non audeo, sit quippe cum tutius imperitum uideri quam esse sacrilegum. et tamen habeo, qui pro me tibi obsistat: nam 2 3 15
totum. nouum prodigii genus est: odit pudicitiam et tamen hoc cupit uideri, quod illa est. interea miris excolit artibus sese faciemque suam in 1 1 9
sapientes, ut uideri uolunt, Graeciae uiri praeter ceteros curiosi otioso negotio cor suum 2 9 1
fructus inuenit et oculorum extollentia de alio in aliud elata quicquid uiderit mobilitate fugaci statim deperdit. dehinc sequitur: *neque ambulaui* 2 9 5
uiuentem. concepit spiritum adaeque, quem nescit; intrantem non uidet, exeuntem non potest prohibere. et aestimat quisquam dei se posse 1 56 3
domine, non est exaltatum cor meum. cum scriptum sciat: *homo uidet in facie, deus in corde,* nonne iniuriosum uel superuacaneum 2 9 3
odit, mendax est; qui enim non diligit fratrem suum, deum, quem non uidet, non potest diligere. decertemus igitur, fratres, inter nos mutui amoris 1 36 23
nostrae cum processu temporis procedit et uterus. mirum profecto uidete mysterium! quae celauerat faciem, non celat uentrem. defertur 1 13 3
secretum figuramque nescitis; quam si propterea contemnitis, quia non uidetis, deum quoque, qui est inuisibilis, contemnere similiter poteritis. qui 2 4 17
officiis competentibus temperata, in panes azymos reddita. hi, quos uidetis, egregia coctura suaue redolentes, qui excocti sunt non furno, sed 1 41 2
uestri, ne exeat sicut ignis ira mea et exurat et non sit qui exstinguat. uidetis ergo, fratres, quia huius modi circumcisis deus non tantum saluem 1 3 13
substantia paternaque uoluntas, *noua et uetera* duo testamenta, quae uidetis recte eadem sine ambiguitate a domino hic quoque *duorum* 1 37 9
ad nostram, ne quam filius hominem induturus pati uideretur iniuriam. uidetisne, fratres dilectissimi, quia nullus exserte hic alteri iubet, in opere 1 45 2
sine lege peribunt. at qui in lege peccauerunt, per legem iudicabuntur. uidetisne, fratres, multum interesse inter damnatum et iudicandum? quam 1 35 8
praecepta eius ex toto corde tuo et ex tota anima tua, ut bene sit tibi? uidetisne hunc timorem nobis necessarium, qui in dei amore consistit, qui 2 2 4
iustificationem in omnes homines iustificatio aeternae decurreret uitae. uidetisne iam manifeste in homine suscipiendo fuisse prouidentiam, in 2 4 7
profecto calamitatis est genus, cui subiugata sapientia seruit et uirtus. uidetisne iam manifeste sapientiam huius mundi non esse iustitiam et 2 1 9
si cui forte asperum uidetur ac durum, quod fiducialiter loquimur, fratres, rerum paene contra 2 7 1
Christiane, cognosce, elige quid uelis: remedium an sanitatem. denique si uidetur, conferamus, quae sit inter uirginem nuptamque discretio. *nupta* 2 7 3
non decolor color est. ipse est et tamen ipse non est. uetus quidem uidetur domicilium, sed nouus est inquilinus mutatione morum natiuitatis 2 24 3
non decolor color est. ipse est et tamen non est ipse. uetus quidem uidetur domicilium, sed nouus inquilinus exsultat mutatione morum 1 42 2
posset, si inpatientia suos cursus urgueret. luna quoque, quae quibusdam uidetur errare curriculo menstruali, solemnes suae ignes aetatis quod 1 4 5
lectione, sed et aliquot in locis fecit Paulus beatissimus mentionem, ratio uidetur esse reddenda, ut et Christianus ueritatem et Iudaeus suum 1 3 1
morienti tantis opibus qui cum possit subuenire non subuenit, ipse eum uidetur occidere? o quantarum neces animarum in phaleris pendent 2 1 19
necessaria! in semet ipso homo iugulatur, ut uiuat. percussor non uidetur, percussoris non cernitur gladius, percussi non hiat uulnus, non 1 42 2
saluos facere credentes; et iterum manifestius: *si quis inter uos uidetur sapiens esse in hoc saeculo, stultus fiat, ut sit prudens; nam huius* 2 1 5
multarum gentium. contra spem autem est, quod impossibile est ac non uidetur; sed possibile hac spe fit, cum dei dicto indubitanter ac fortiter 1 36 5
retundit hactenus dicens: *adolescentior fui et senui et numquam uidi iustum derelictum nec semen eius quaerens panem;* et iterum: *diuites* 2 1 20
ut, non dicam notos aut amicos, sed saepe etiam eos, quos numquam uidimus, diligamus. huius est munus, quod antiquorum aut uirtutes ex 1 36 14
exsultat infelix et, quod teste caret, putat se caruisse facinore, quem deus uidit, quem conscientia redarguit, quem fratris sanguis accusat. quid 1 4 9
et incredulі desertoresque puniuntur. hanc Esaias in modum forcipis uidit; quibus ad conflanda labia inquinata ab uno de seraphim ex ara dei 1 37 2
corpore paratus uenisset ad gloriam. mox itaque deuotum corpus carnifex uidit, statim cadentis <securis> ictus neruorum connexa dissoluit et 1 39 8
suam simul dimisisset et terram. et tunc Abraham *respiciens oculis uidit <uiros> tres, cucurrit, adorat* prostratus in faciem, offert hospitium. 1 62 1
diis crudelibus, diis adulteris seruiens? itaque deinceps fuge, uirgo, fuge, uidua, nuptias tales. excusatio prorsus nulla competit tibi. si continens esse 2 7 18
etiam ipse similiter moreretur, praecepitque mulieri, ut in domo patris sui uidua permanens nuptias maturas exspectet. cum res sic se haberet, eius 1 13 1
non celat uentrem. defertur fornicationis rea sine labore accusatoris uidua praegnans. irascitur socer, eam produci iubet atque incendio 1 13 3
enim unus timens dominum quam mille filii impii? cum haec ita sint, age uidua, quae sicut innocens uirgo nubere saepe festinas, interroganti 2 7 6
si deo uiuas puris moribus libera et hominis non sis ancilla. at tu, uidua, secundas cur desideras nuptias, cum temperare uideas apostolum 2 7 5
uisus est nudus. iam pauperes nostri alimenta rogare non norunt; iam uiduae atque inopes testamenta conficiunt. plura ad laudem huius 1 14 9
coniugia: meliores ornatui gemmas sculpitis, quam uos estis. exsultate, uiduae: quadratura uestrae uirtutis *angularis lapidis* coniugio cohaeretis. 2 6 10
prouocauero, nobis fortassis insultent, quia nostrae sacrae uirgines uiduaeque magno pro inmortalitatis praemio, suae autem gratis laborent. 2 7 11
totus passim populus moriebatur, Eliae alimenta poscenti memorabilem uiduam ultimam uictus sui filiorumque substantiam non partitam, sed 2 1 20
tu caecorum oculus. tu pes claudorum. tu scutum fidelissimum uiduarum. tu melior pupillorum, plus quam uterque parens. tibi oculos 1 36 31
tument, qui litibus fremunt, qui calumnias pariunt, qui pauperes, qui uiduas, qui pupillos exspoliant, qui profanis fabulis neglecta dei secta alios 1 25 11
latronis plantarum limes inciditur et obsequio pedum corpus martyris uiduatur. numerent martyria, qui possunt numerare supplicia, et in uno 1 39 8
et quidem etiam apostolo hortante sic Paulo: *dico autem innuptis et uiduis: bonum est illis, si sic perseuerauerint sicut ego; si autem non* 2 7 2
solo bonae conscientiae ornamento contenta! tu in uirginibus felix, in uiduis fortis, in coniugiis fidelis, in sacerdotibus pura, in martyribus 1 1 20
non cara germanitas, non ius amicitiae, non tener pupillus, non dura uiduitas, non miseranda paupertas, non dei contemplatio: ecce enim his 1 14 2
diabolo patre estis et concupiscentias patris uestri facere uultis), uestem uiduitatis deposuit, id est sordidae religionis sordidos ritus abiecit. 1 13 8
in tempestatum crebris turbinibus constitutae fidissimus miserandae uiduitatis es portus. tu sanctissimo coniugali iugo rudi ceruice subeuntes in 1 4 21
nuntiaretur, quae Selom uiderat maturum ei nec tamen nupserat, uestem uiduitatis exponit, aestiualia induit, semet decore componit locoque 1 13 2
uirginitatis? at habent suas, et si non felices, habent tamen. sin uero ad uiduitatis sudorem gloriosum palmamque prouocauero, nobis fortassis 2 7 11
signata, quem uerae fornicariae habent perosum ac semper uitant, uiduitatis uestem rursus accepit. interea secundum condictum haedus 1 13 2
desinit esse, quod fuerat, et incipit esse, quod non erat. sequitur, quod uiduitatis uestem rursus accepit, non utique ut quae fecerat faceret, sed ut 1 13 12
moretur in propriis, sed in publicum tota diffusa sit, diffamationibus uigeat, huc atque illuc aestuans uarie caeca prorumpat, uicta sit autem, si 1 4 11
horum omnium praedicit fugam, in armis expeditissime standum, uigilandum diligenter, undique castra munienda, defensanda regalia fortiter 2 4 11
fortiter examinati estis. sed ut indulgentiam perciperetis, pro uobis bene uigilastis, optime estis auditi. nouum iudicii genus, in quo reus, si 2 10 2
examinati estis et, ut indulgentiam perciperetis, pro uobis ipsis bene uigilastis; optime estis auditi. nouum iudicii genus est, in quo reus, si 1 42 1
qui ut est dimissus in altum ferinaeque uoraginis est receptus hospitio, uigilat in ceto qui stertebat in naui. mira res! post naufragium, post 1 34 6
expiationis sacrae casta ieiunia, post clarissimae noctis suo sole dulces uigilias, post lactei fontis lauacro uitali in spem inmortalitatis animas 1 24 1
(de quo etiam poeta sapientissimus praesagauit dicens: *igneus est ollis uigor et caelestis origo seminibus),* scilicet spiritus sancti conceptione, insita 1 2 26
tonduntur, id est omnia omnino peccata baptismate spiritusque sancti uigore amputantur. plorat feliciter uitis purgata materia; de homine loto 2 11 5
postulat a te, nisi ut timeas dominum deum tuum et ambules in omnibus uiis eius et diligas eum et custodias praecepta eius ex toto corde tuo et 2 2 4
ueloces pedes eorum ad effundendum sanguinem; contritio et miseria in uiis eorum et iter pacis non cognouerunt; non est timor dei ante oculos 1 3 11
euerterunt: cui sacrificant? sane hoc solum proprium retinent, quod, ut uilem libidinem magis ac magis augeant, uilioribus se lauacris omni 1 51

ut arbitror, illis restitit proprium, nisi quod agno salutari neglecto ingrati uiles agnos cum amaritudine, homines amari, manducant. 2 17
quod omne genus humanum suo interitu suisque calamitatibus delectatur uiliorem habens animam quam pecuniam; inde est, quod iustitia honestas 1 14 7
non fidei, sed libidinis, qui publicanas mulieres cum ui subiciunt sibi uiliores se esse quam illae sunt produnt, qui iracundia tument, qui litibus 1 25 11
proprium retinent, quod, ut uilem libidinem magis ac magis augeant, uilioribus se lauacris omni momento baptizant, deo semper ingrati. 1 51
dei quidem prior synagoga fuit, siluosis errantium palmitum crinibus uilis; quae cum per uoluptuosa ac profana loca lasciua passim se fronde 1 10b 2
poenarum nec usuali in reos lege carnifices in martyris membra saeuire. uiluerunt ungulae, inutiles ictus uisi sunt plumbatarum, stetit contemptus 1 39 6
ratione quasi quadam claui aperire conabor, ut et prouidentiam dei et uim consociationis carnis et animae et hominis summum bonum ubinam 2 4 3
salutiferis praedicationibus quattuor circumferunt euangelia. cuius quam uim habeat amictus et currus, his uerbis propheta testatur: *deus sicut ignis* 2 12 4
adhuc proferamus exemplum, quamuis non possit ueri simile tantam uim habere quam ueritas. oleaster sua infelix et amarus est in natura; sed 1 2 27
singula; quamuis et haec non fuerint dictu digna, tamen ad exprimendam uim impudicitiae uisa sunt necessaria, ut sciat unusquisque ad idolatriam 1 1 12
eius sub pedibus eius inimicaque destruatur mors. hi autem ad principalem uim retulerunt, in cuius perpetuitate commanens in aeternum a patre filius 2 5 8
uites ad iugum perductae, scaturientis musti dulci fluento feruentes uinariam dominicam cellam communi gaudio repleuerunt. quod ut uobis 1 10b 3
pretiosum fluentum a suis calcatoribus et bibitur et patris familias cellis uinariis infertur, ut melius ueterescendo reddatur. quantum spiritaliter 2 11 3
ut ea deuicta resurgens *homini* per hominem, *quem gerebat, et spem uincendae mortis offerret et eum ad praemia inmortalitatis admitteret.* 2 4 7
sunt. excogitatur nouum stupendumque supplicium, quo se in homine uincere crederet deum. ‘incidantur, ait, ab articulis manus, a cruribus 1 39 6
cuius ista pia sacramenta celebramus, qui ad hoc *recubans obdormiuit*, ut uinceret mortem, ad hoc euigilauit, ut beatae resurrectionis suae in nos 1 38 4
inuenitur. postremo impossibile est, fratres, eius aestimare uirtutem, cuius uinci uictoria est. non illam loco uis ulla detorquet, non labor, non fames, 1 4 3
quoque gaudente et cum gaudio unici pignoris alligat manus, quas ille uinciendas libentius offert. pedes quoque constringit, ne in exitu mortis 1 43 5
a peccato quia solus est mundus; hic *salutaris*, quia per ipsum uincimus mortem; hic *masculus*, quia dei est uirtus; hic, inquam, agnus 1 8 2
praemio, suae autem gratis laborent. uerum hoc est solum, nos in quo uincimus, quia pro sua sanctitate Christianae plus nubunt. adde quod 2 7 11
quod spes habet fides meretur, quae quidem pro spe pugnat, sed sibi uincit. amplectenda est igitur, fratres, tenaciter nobis et omni genere 1 36 4
compescens, et ut omnia non magno opere deuincat, se primo uincit. non uirtutes possunt esse uirtutes, non perennes elementorum 1 4 3
sacrarium pudoris. te corruptio intrare non nouit. per te saeculum uincitur, concupiscentia omnis eliditur, diabolus subiugatur, Antichristus 1 1 21
sibi sapiens diabolus uideretur. qui consilio hominem deceperat, consilio uincitur, ut, quomodo homo in paradiso non cognouerat diabolum, sic et 1 60
deferentis patri uerba sunt filii, debetis agnoscere, quantis catenis uincta tenebrarum mens laboret incredulorum. *immola,* inquit, *deo* 1 25 2
ut patrem se esse nesciret! quid est pater? ecce sub oculis iacet filius uinculis adstrictus. ubi sunt lacrimae, ubi dolor, qui in humanis sensibus 1 43 6
cuius loco electus fuerat, requirebat. sed traduntur tenerae adhuc uinculis manus [et], ne quid minus ab hostia uideretur; pedem ligatura 1 59 6
pondus, stridor nullus est mundanarum uestris in ceruicibus catenarum. uinculis nullis impeditae sunt manus, nullis pedes onerati compedibus. non 2 29 1
exsertisque mucronibus sordidis uelut testudine quadam resistunt uincuntque facilius caritate, quod singillatim nuda uix possunt superare 1 36 15
non uitis, sed fossoris sanguis effunditur, ut uita beata pretiosae mortis uindemia comparetur. dies uero ad sacramentum pertinet resurrectionis 1 33 3
uentique exercendo prouehunt ad maturitatemque perducunt. at ubi uindemiae uenerit tempus, decore dissipato, passim uua detrahitur in 2 11 3
temptationibus crebris, magnis ac uariis perducitur ad coronam. at ubi uindemiae uenerit tempus, id est persecutionis dies, passim uuae 2 11 6
potatione fecundans felici ligno suspensam uberrimam docuit afferre uindemiam. inde est, quod hodie uestro de numero nouellae uites ad 1 10b 2
incensi hymnum canunt. barbarum regem fidei tenacitate confundunt. uindicantur de incensoribus suis. deum uident. mors transit in uitam, 2 15
est, fratres, cum is de iniuria sua queritur, qui se potest facillime uindicare. sed quia apud sapientes et honestos grauius est aliqua nota 1 20
ardore seu dolore compulsae, si talia gerant, putant se aut imitari aut uindicari. propter quod in praeceptis dominus ait: *qui dimiserit uxorem* 1 1 13
est. certum est enim in eum filium, posteaquam deliquit, granditer uindicari, quem pater plurimo dilexit affectu et, quantam pietatem dilecto 1 61 5
ignem carnis exstingue, ut de resurrectionis gloria, quam hic iam tibi uindicas, taceam, in qua, ut dominus ait: *neque nubunt neque nubentur,* 2 7 4
uoluptatum, fit praeda morborum? postremo iacentes reliquias mors uindicat sibi, insuper ei poenas gehennae paritura. tunc carnalis mimus ille 2 4 16
quam inpudicitia mentiente in publicum traxerant, probatam et uindicatam ad mariti thalamos cum ingenti triumpho uictrix pudicitia 1 1 19
nauis nec tres pueri, quo ardere putabantur incendio, de suis incensoribus uindicati, sed de domino nostro, quem, pro nefas, uenerantur externi, si 2 18 1
non inferi parcebant simulacro dei: etenim mortis imperium sibimet uindicauerat totum. haec cum diu sic haberentur, sollertissimus ille artifex 2 4 6
desiderat facere quod timeat publicari. totum prorsus temptat, ut sibi uindicet totum. nouum prodigii genus est: odit pudicitiam et tamen hoc 1 1 9
aliam ob causam promulgatam se esse testatur, nisi ut fides de infidelibus uindicetur. denique tolle peccatum: cessat legis imperium. *lex* enim, sicut 2 3 3
quoniam quanta fuit de amore gratia, tanta de eorum offensione futura uindicta est. certum est enim in eum filium, posteaquam deliquit, granditer 1 61 5
iudicii die a Christo secundum tabulas legis confessorum sanguinis uindicta usque ad ultimum quadrantem exigitur. calcatores de eodem 2 11 7
deus sicut ignis ueniet et sicut procella currus eius retribuere in ira uindictam. 2 12 4
in finem pro his qui immutabuntur. Iudaicus etenim populus, qui prior uinea dei dictus est, floruit quidem, sed infeliciter flore discusso nullos 2 11 1
tamen ne in toto solemnitas cesset, paucis eius degustate sermonem. uinea dei quidem prior synagoga fuit, siluosis errantium palmitum crinibus 1 10b 2
propheta quod pro ueteri uinea, quae a domino in Aegypto fuerat instituta, postulabat ad tempus 2 11 1
memoratae uineae disputatio, fratres dilectissimi, longe lateque diffusos limites habet, 1 10b 1
rustico uestro, beatissimi ignoscite agricultores, si quid uestrae sollertiae, uineae in ratione reddenda, ignauia nostra detraxerit. igitur, ut optime 2 11 1
atque acidis uomitibus inurguetur, in quo musti uestri dulcedo saecularis uini pridiani exhalante foetore corrumpitur, sed caelesti prandio, honesto, 1 24 1
prosequitur congrue *mustulentus autumnus*, ut necessario gratiae panis uini quoque iucunditas iungeretur. quis non haec caelestibus mysteriis 1 33 1
uestitu uaria, monilibus tota distincta, conuiuiorum celebritate iucunda, uino madida, gemmis seu floribus redimita, oculorum iocorumque 2 4 9
fruamur bonis, quae sunt, et utamur creatura tamquam iuuentute celeriter; uino pretioso et unguentis nos impleamus et non praetereat nos flos 2 4 10
annona. omnibus peraeque unus panis cum signo datur, aqua cum uino, sal, ignis et oleum, tunica rudis et unus denarius; quem qui libens 2 6 8
semper ac felices esse possitis, esurienter accipite. pater familias panem uinumque pretiosum uobis ex usibus suis sua de mensa largitur. tres pueri 1 24 2
non possunt. accedit, quod circumcisio aduersus sabbatum pugnat, quod uiolandum ullo opere in toto non esse praeconat. etenim plerumque 1 3 3
opere mirifico eius cum dicto compleuit. hunc curiosi opinationibus uanis uiolare conantur nec intellegunt miseri, quoniam curiositas reum efficit, 1 50
extremorum pallido ex recursu uoluminum quasi ius terrae cognoscens ac uiolare deuitans mira patientia in se frangitur, his denique fluctibus, quibus 1 4 5
inuenit; non sanctitas, non munitio, quia *nihil* est *tam sanctum quod non uiolari, nihil tam munitum quod non expugnari pecunia possit*; non 1 5 5
probatio. si incliti cuiusquam regis, hominis tamen, uultus quiuis ulla uiolauerit ratione, nonne continuo uelut sacrilegii commissi capitales 1 36 24
et locum, in quali etiam non irritata adolescentia inuitis feminis saepe uiolenta esse consueuit. at ubi in destinata prorumpens neque blandimenta 1 1 16
dies, passim uuae diripiuntur, id est inconsiderate sanctis hominibus uiolenta infertur manus. ad torcular conportantur; id est ad supplicii 2 11 6
de Aegypto praedicant liberatos. a diaboli rabie idolorumque turba uiolenta non tantum nostri maiores, sed omnis Christiana progenies de 1 46b 1
adolescentis ignem totis uiribus deriuare. at ille in repugnatione ueste sibi uiolenter extorta ex impudicitiae fouea nudus aufugit. sed pudicitiae 1 1 16
subiectos; quod liberi parentum uitam sua damna iudicantes iniecta uiolenter manu ipsi naturae, inuasis hereditatibus ante tempus parentes 1 5 6
de candidis faciunt, qui auguria captant salutemque suam pecudum uiolenter scissis in uentribus quaerunt, qui coniugale exasperant iugum 1 25 11
ut quis indefensus aut innocens quod habet legibus perdat. quod est omni uiolentia deterius, quia illud, quod ui eripitur, nonnumquam repeti potest, 2 1 17
inmundi spiritus utriusque sexus humani dolosa blanditiarum captione seu uiolentia uiuentium domos corporales infringunt et latibulum sibi 1 2 5
ei accusatore carere, teste conscio, cum se ipso carere non possit, quia uiolentior omni tortore conscientia numquam suum deserit peccatorem. in 2 10 1
perorauit! his enim tribus rebus, quae fundamenta sunt omnium uitiorum, uiolentis quasi quibusdam tempestatibus naufragatum momentis uniuersis 2 1 6
requirentibus terram aestuantibus undique uitreis armatum montibus, uiolentis undarum saeuientium cumulis, toto corpore insaniat, tamen 1 4 5
Tarsos petiturus ascendit, cum subito compugnantium uentorum flatu uiolento lacessitum fremit mare sollicitique gurgitis praeruptorum montium 1 34 5
subicere aut parricidali gladio iugulare; hic Ioseph mulieri flagitat esse uiolentum, quem, etiam dum denudat, esse non inuenit inpudicum; hic 1 36 26
potentiae plenitudinem, quae una mente, una credulitate concipitur, non uiolet, sed honoret. 2 3 19
pestilentia, sacrificium *canina mactatio*, ieiunia *odium*, populus *progenies uiperarum.* post haec quid praesumant, aestimare non possum, homines 2 25 1
cruciatus exerce molem: nos a deo non potes separare.’ statim iudex uiperei ueneni felle commotus iubet non usitata animaduersione poenarum 1 39 6
ac ne non ex integro principium suo statui redditum uideretur, prior uir consummatur in cruce atque eo feliciter soporato similiter de eius 1 3 20
probitate uixerunt, ut pars felicitatis sit nosse, quid fecerint. igitur Iob uir fuit iustus et uerax, ab uniuersis concupiscentiis huius mundi secretus, 1 15 2
circumcideretur? an iustus et circumcidi non debuit?’ Abraham, fratres, et uir iustus fuit et tamen necessario circumcisus. quid enim scriptura dicit? 1 3 6
uermibus, quasi nihil passus, sed solo dei timore contentus. o felix uir, qui mira patientia deum promeruit, diabolum uicit, sanitatem recepit, 1 15 6
beatitudine perfruetur. sed quid ad nos, quid illi dicant? insignis uir sicut ait noster: *nouit deus cogitationes sapientium, quia sunt stultae.* 2 1 15
Paulus apostolus dicit: *mulier sui corporis potestatem non habet, sed uir; similiter et uir sui corporis potestatem non habet, sed uxor.* sic igitur, 1 1 13
dicit: *mulier sui corporis potestatem non habet, sed uir; similiter et uir sui corporis potestatem non habet, sed uxor.* sic igitur, quoniam una 1 1 13
deleta, immo in melioris naturae iura transmissa, felix caput comis uirentibus redimitum quasi ab inferis emersum in superna sustollit 1 2 22
calix sanguinem, mensa corpus, oleum donum spiritus sancti significat, uirga cum baculo crucem, in qua deus pro homine pendere dignatus est, ut 1 13 10
cognoscimus, qui ait: *uirga tua et baculus tuus ipsa me consolata sunt.* uirga et baculus duo sunt utique testamenta, quae ideo materiae ligni sunt 1 37 8
charismate omnium credentium non colla, sed corda decorare consueuit. uirga per lignum sacramentum passionis domini annuntiabat, sicut euidens 1 13 10
sicut euidens declarat exemplum, quod Psalmorum in libro sic habetur: *uirga tua et baculus tuus ipsa me consolata sunt. parasti in conspectu meo* 1 13 10
in qua dominus incumbebat, ex Dauid dicto cognoscimus, qui ait: *uirga tua et baculus tuus ipsa me consolata sunt.* uirga et baculus duo sunt 1 37 8
dicitque ei se debere conceptum, cuius monile, anulum teneret et uirgam. qua re cognita Iudas non tantum ab ea se refrenauit, sed insuper 1 13 3
acceperit. denique expetisse atque accepisse describitur *monile, anulum, uirgam.* quibus ista significatio coaptatur? monile, fratres dilectissimi, lex 1 13 10
quod eorum traditiones abiecerit. Thamar protulit monile, anulum, uirgam seque liberauit sacramento numeri ab imminenti supplicio; ecclesia 1 13 13
magis illo contenta quam praemio accepitque ab eo eius monile, anulum, uirgam; tumque negotio confecto, conceptu signata, quem uerae fornicariae 1 13 2
breuiatum paulisper a maiestatis suae immensitate peregrinari fecisti. tu uirginali carceri nouem mensibus relegasti. tu Euam in Mariam 1 36 29

non tamen potestate, caelo egressus metatura praedicta sacrario templi uirginalis hospes pudicus inlabitur ibidemque qualis uelit esse disponit. 2 12 1
nec fortitudo mensuram, amore imaginis suae de caelo descendit, uteri uirginalis illustrat hospitium ibidemque in homine includit deum. utitur et 2 4 7
ad huius ergo personam Christi refertur uerecunda natiuitas, sed uirginalis uteri aula secretior: diuini sermonis arte formata in se tabescentis 1 59 8
Libram, ut nosceremus per filium dei, qui incarnatus processit ex uirgine, aequitatem iustitiamque terris inlatam. quam qui constanter 1 38 5
in Mariam, uniuersa cordis desecat uitia uulnusque mulieris, dum de uirgine nascitur, curat. signum salutis accipite! corruptelam integritas, 1 3 19
flamma sopitur sicque illa medica feliciter curiosa diu admirata mulierem uirginem, admirata infantem deum ingenti gaudio exsultans, quae curatum 1 54 5
remedium an sanitatem. denique si uidetur, conferamus, quae sit inter uirginem nuptamque discretio. *nupta cogitat, quemadmodum placeat* 2 7 3
quadratura uestrae uirtutis *angularis lapidis* coniugio cohaeretis. exsultate, uirgines: omnem istam celebritatem honore uestri floris ornatis. exsultate, 2 6 10
palmamque prouocauero, nobis fortassis insultent, quia nostrae sacrae uirgines uiduaeque magno pro inmortalitatis praemio, suae autem gratis 2 7 11
quam ut custodiaris, solo bonae conscientiae ornamento contenta! tu in uirginibus felix, in uiduis fortis, in coniugiis fidelis, in sacerdotibus pura, in 1 1 20
requiescit libens florentissimo in domicilio castitatis et in uisceribus sacrae uirginis comparat sibi corpus suo iudicio nasciturus. in hominem coaptatus 2 12 1
mundo praestiterat; si hominem solum, sicut quidam putant ab utero uirginis eum sumpsisse principium, quae spes futurae beatitudinis credenti, 2 5 1
est, qui est excelsus in excelsis, humilis in terris, saeculorum genitor, filius uirginis, immortalis sibi, homini moriturus; mortem gustat, ut mortem 2 5 3
simulant se esse cultrices. una denique asserit Iesum Christum ab utero uirginis Mariae sumpsisse principium deumque exinde ob iustitiam factum 2 8 1
aetate, sexu, condicione diuersi, mox unum futuri? fontanum semper uirginis matris dulcem ad uterum conuolate ibidemque uos uestra 1 55
dissimulata interim maiestate ab aetheria sede profectus in praedestinatae uirginis templum sibimet castra metatur, quibus latenter infunditur in 1 54 3
curat. signum salutis accipite! corruptelam integritas, partum est secuta uirginitas. Adam similiter dominica circumciditur cruce, et quia per 1 3 19
<...> non enim praecepto uirginitas prouocatur, sed nec continentia relicta repellitur. ad cuius fidem, 1 59 1
uirgo post conceptum, uirgo post filium. denique si esset aliquid uirginitate melius, dei filius hoc magis potuerat suae matri praestare, cui 2 7 4
tantam in multiplicandis uirtutibus laudem ponis, quantam in finiendis. tu uirginitati praestas, ne flos eius ullo morbo, ullo tempore deflorescat. tu 1 4 20
in exhortationibus diuini ac ueri cultus gentibus praedicem. felicitatemne uirginitatis? at habent suas, et si non felices, habent tamen. sin uero ad 2 7 11
uobis tardior ceteris uidebatur primus matrimonii dies? ubi pretiosae uirginitatis festa, utrisque dulcis occisio? ubi amor, qui in aequo unitoque 2 7 6
filius hoc magis potuerat suae matri praestare, cui praestitit, ut rediuiuae uirginitatis honore polleret. itaque in statu, quo nata es, permanens, uirgo, 2 7 4
incredulae periclitantis enixam in testimonium repertam eiusdem esse uirginitatis incenditur manus. qua tacto infante statim edax illa flamma 1 54 5
eorum. et de ipsa circumcisione in symbolis inquit: *interrogabant et in uirgis suis annuntiabant; spiritu meretricio seducti sunt et fornicati sunt a* 1 3 11
domini *latrones in itineribus*, latrones *in ciuitatibus* patitur, cum *a Iudaeis uirgis ter caesus naufragio* trino diluitur, cum insani populi furibunda 1 34 4
deleta ueteri ecce per uos iungimur caelo: anus enim peperit angelum et uirgo deum. hic est deus noster, qui dignitate interim seposita, non tamen 2 8 8
uariae sollicitudinis cura torquetur. sed dicet aliquis: 'etiam Maria uirgo et nupsit et peperit.' sit aliqua talis, et cedo! ceterum illa fuit uirgo 2 7 4
non efficiat diis crudelibus, diis adulteris seruiens? itaque deinceps fuge, uirgo, fuge, uidua, nuptias tales. excusatio prorsus nulla competit tibi. si 2 7 18
uirginitatis honore polleret. itaque in statu, quo nata es, permanens, uirgo, gloriare sanctique pudoris florem nulli legi subiecta fidei thesaurum 2 7 4
inquiris, quam commode possis circumscribere petitorem. quicquid feceris, uirgo iam non eris; unum tamen scio, quia nihil distat a prodigio, quisquis 2 7 8
quoniam deus praestat agonem. propter hoc dabit deus uobis signum: ecce uirgo in utero accipiet et pariet filium et uocabis nomen eius Emmanuel. 2 8 7
filium animarum omnium saluatorem. o magnum sacramentum! Maria uirgo incorrupta concepit, post conceptum uirgo peperit, post partum 1 54 5
talem sibi filium prouenisse, qui ex se natus non crederetur, nisi, sicut fuit uirgo incorrupta post conceptum, permaneret talis quoque post partum. o 2 12 2
quam mille filii impii? cum haec ita sint, age uidua, quae sicut innocens uirgo nubere saepe festinas, interroganti responde, bonumne amiseris 2 7 6
magnum sacramentum! Maria uirgo incorrupta concepit, post conceptum uirgo peperit, post partum uirgo permansit. obstetricis incredulae 1 54 5
uirgo incorrupta concepit, post conceptum uirgo peperit, post partum uirgo permansit. obstetricis incredulae periclitantis enixam in testimonium 1 54 5
thalami caelestis honorata, quia etiam post nuptias manet postmodum uirgo perpetua, nos, qui nascimur de tanto coniugio, omnifarie niti 1 1 3
peperit.' sit aliqua talis, et cedo! ceterum illa fuit uirgo post connubium, uirgo post conceptum, uirgo post filium. denique si esset aliquid uirginitate 2 7 4
Maria uirgo et nupsit et peperit.' sit aliqua talis, et cedo! ceterum illa fuit uirgo post connubium, uirgo post conceptum, uirgo post filium. denique si 2 7 4
et cedo! ceterum illa fuit uirgo post connubium, uirgo post conceptum, uirgo post filium. denique si esset aliquid uirginitate melius, dei filius hoc 2 7 4
suae in nos munus inmortalitatis conferret. quem competenter sequitur Virgo praenuntians Libram, ut nosceremus per filium dei, qui incarnatus 1 38 5
primo quasi de cunis apparet paulatimque crescendo iam puella, iam uirgo pro cotidianae aetatis incremento progrediens lasciui cursus 1 2 19
Maria de ipso, quem parit; tumet uterus maiestate, non semine, capitque uirgo, quem mundus mundique non capit plenitudo. interea promouent 2 12 2
nuptamque discretio. *nupta cogitat, quemadmodum placeat marito,* uirgo, quemadmodum deo. haec extrariis ornamentis ornatur; longe illa 2 7 3
et lapis ipse, quem ad caput suum posuisse cognoscitur, quoniam *caput uiri Christus*, qui aliquotiens lapis est nuncupatus. scala autem duo 1 37 1
deus sabaoth: fatigata est Aegyptus et mercatus Aethiopum; et Sabain uiri excelsi ad te transibunt et tui erunt serui et sequentur te alligati 2 8 5
de iustitia disputare, de cuius proprietate excellentes ingenio et doctrina uiri nihil certi libris ingentibus prodiderunt. sed ego non curem, de me 2 1 1
quem fratris sanguis accusat. quid inpatientiam Sodomorum, ubi inlicite uiri opprimebantur a uiris, prodigiosae libidinis ignes ignis diuinus incendit 1 4 10
sapientes, ut uideri uolunt, Graeciae uiri praeter ceteros curiosi otioso negotio cor suum ultra quam licitum est 2 9 1
Eua per ecclesiam renouaretur. hoc nos, fratres, sacramento tam uiri quam feminae circumcidimur. hoc spiritus sancti non signaculo, sed 1 3 21
cum homine aduenticium uulnus inquilino uulnere finiretur. at Iob cunctis uiribus aduersae partis exspectatione placida profligatis, in semet fortior 1 4 19
illi non immerito aberrauerunt, qui iustitiam dei manere in eloquentiae uiribus aestimabant. denique cum eam comprehendere non possent — 2 1 1
manu inuersa uice adorta est in suum fomitem adolescentis ignem totis uiribus deriuare. at ille in repugnatione ueste sibi uiolenter extorta ex 1 1 16
fortitudo, quae hominibus est cum feritate communis, omne ius in uiribus habet: quod facere praeualuerit, aestimat rectum. adeo sine ulla 2 1 7
atrocitatis inueteratae in examen iusti quibus possit armis, quibus possit uiribus, niteretur. igitur nouum ac paene incredibile committitur proelium. 1 4 18
e diuerso prouocatus rursus eas pro ingeniorum argumentorumque uiribus retractando ac refellendo consumit. sin uero, sicut necesse est, una 2 3 7
facinorosa facinorosorum et colenda crimina et imitanda persuadet. adeo uiris contra dei legem deique iustitiam euagandi *extra legitimum torum* 1 1 13
quam euacuatam uidemus a lege, sic Ieremia dicente: *haec dicit dominus uiris Iuda et omnibus, qui habitant in Ierusalem: renouate inter uos* 1 3 12
accusat. quid inpatientiam Sodomorum, ubi inlicite uiri opprimebantur a uiris, prodigiosae libidinis ignes ignis diuinus incendit intestinique facinoris 1 4 10
est summa, isto remedio curare non potest Euam. quid, quod nec ipsi uiro aliquid eam prodesse perspicio? quia huius circumscriptio characteris 1 3 9
una sunt caro, unum diuini operis sacramentum, quoniam femina de uiro suo facta est alterque alteri tenetur obnoxius ac per hoc iure legis 1 1 14
id est sua doctrina formatos, spiritus sancti lima acuminatos constituit uiros apostolos omnesque discipulos. quorum salutaria monita canentibus 1 3 16
aut sub crudelibus factis subiugatos thalamos triumphauit alienos; haec uiros ardore uesano femineo stipendio ipsis feminis sic incognito inopinate 1 1 8
quotienscumque in hoc peruerso saeculo contra laudabiles uiros multiformes tenduntur insidiae et diuersis calumniarum generibus 1 40 1
res est, fratres, nec coniugio seruare caritatem nec deo fidem. haec etiam uiros reprehensio manet. Christianus ergo in toto dubitare non debet in 1 2 14
suam simul dimisisset et terram. et tunc Abraham *respiciens oculis uidit* < *uiros* > *tres, cucurrit, adorat* prostratus in faciem, offert hospitium. 1 62 1
sit, si cultris corda hominum desecat. sed absit, fratres, ut spiritales uiros ullo tangamus errore, maxime cum prophetia ad sui dicti iam 1 3 16
in omnibus patri. quicquid enim pater praecepit, ut fieret, filius, utpote *dei uirtus deique sapientia*, omnia illa opere mirifico eius cum dicto compleuit. 1 50
ipsum nullus est primus, *maturus*, quia aeternus est, *perfectus*, quia *dei uirtus deique sapientia* est, *immaculatus*, quia peccatum non habet solus, 1 46a 2
lorica, legis conpendiosa ac uera scientia, daemonum terror, martyrum uirtus, ecclesiae pulchritudo uel murus, dei ministra, Christi amica, spiritus 1 36 4
uiderat, sed de apostolis, quos uidere optabat. et iterum: *texit caelos uirtus eius*, eo quod apostolos ad mirabilia facienda spiritus sanctus 1 61 3
libido senilis exarserat, sed quod infamauerat diabolus et quod protexerat uirtus et ornabat pudor inlaesus. tunc in puero sancto Daniele spiritus 1 40 2
hic *salutaris*, quia per ipsum uincimus mortem; hic *masculus*, quia dei est uirtus; hic, inquam, agnus *perfectus*, quia in ipso magnus ille sacerdos pio 1 8 2
sed excogitatarum ut ordinem instrueret rerum, ineffabilis illa uirtus incomprehensibilisque sapientia e regione cordis *eructuat uerbum*, 1 56 1
coaeternitatis omnipotentiaeque una substantia, una aequalitas, una uirtus maiestatis augustae, unito in lumine una dignitas retinetur. si quid 2 5 10
flammas rosculentos hymnum deo cecinisse securos. tanta est enim fidei uirtus tantaque potestas, ut cultoribus suis etiam ipsa elementa contra 1 31
inuincibile profecto calamitatis est genus, cui subiugata sapientia seruit et uirtus. uidetisne iam manifeste sapientiam huius mundi non esse iustitiam 2 1 8
locis uocabulisque discreta sint, tamen trini profundi saporis una uirtus, una substantia, una est fluenti natura nec potest incomprehensibilis 1 7 4
blanditur. deus a creatura uniuersa benedicitur. in tribus una mens, una uirtus, unus triumphus exsultat. melioratur uita supplicio. rex non 2 27
incendia non timere. ecce pueri sacramento muniti tres numero, sed una uirtute, anhelantibus flammis, camino rugiente non laeduntur. incensi 2 15
seruis diu, non necessitate, sed merito. ereptus es inde; non tua euasisti uirtute. columna nubis te deduxit per diem, ut ostenderet caecum; ignis 2 16
diu, non sorte peregrini, sed merito. ereptus es inde, non tua euasisti uirtute. columna nubis te perduxit per diem, ut ostenderet caecum; ignis 1 9
uincuntque facilius caritate, quod singillatim nuda uix possunt superare uirtute. elementa quoque ipsa, fratres, satis diuersa satisque repugnantia 1 36 15
regnare cum sanctis suis, *donec* uacuatis omni principatu et potestate et uirtute et dominatione *ponantur omnes inimici eius sub pedibus eius* 2 5 7
Hebraei uere tres pueri senum constantia maiores, iuuenum uirtute fortiores, sibi pares, trinitatis sacramento praemuniti, unitatis una 1 53 1
nunc ad patientiae reuertamur uirtutem, quae maioribus nostris illustri uirtute perennem gloriam peperit et salutem. Abel ideo martyr, quia 1 4 12
nec addi nec minui; solus omnipotens, quia ex nihilo uniuersa constituit, uirtute regit, maiestate custodit; solus indemutabilis ac semper aequalis, 1 7 3
dominum deum tuum ex toto corde tuo et ex tota anima tua et ex tota uirtute tua; et secundum simile huic: diliges proximum tuum tamquam te 1 36 17
nihil passa sit inuenitur. postremo impossibile est, fratres, eius aestimare uirtutem, cuius uinci uictoria est. non illam loco uis ulla detorquet, non 1 4 3
enim spiritus sanctus est unum capulum habens, id est unam substantiam, uirtutem, deitatem, maiestatem uoluntatemque patris et filii contestans; 1 37 2
desiderio in suam hoc contumeliam procurari: castitatis obseruantiaeque uirtutem deuocabit in crimen. quid enim ille mali non suspicetur, non 2 7 18
sicut flos feni? cuius si curam geris, pecuinam te esse cognoscis. an eius uirtutem diligis? frangit ac subigit illam quiuis dolor. an pulchritudinem? 2 4 15
saepe iactare hanc esse gentis suae nobilitatem, hanc caelestis sacramenti uirtutem, hanc aeternae uitae legitimam genitricem, hanc perpetuam futuri 1 3 1
uniuersa non credis? sin uero fidem spiritus calles, aliquam demonstra uirtutem: impera montibus, ut transferant sese; in admirationem tui rictu 2 3 14
si dissimulatio celebritatem eius obscuret. nunc ad patientiae reuertamur uirtutem, quae maioribus nostris illustri uirtute perennem gloriam peperit 1 4 12
ridiculo habueris, admirari; cuius exsecratus sis corruptelam, optes imitari uirtutem; quem cupidum semper horrueris, stupeas passim in pauperes et 2 29 3

saecularis somni torpore discusso, apertis auribus cordis a pueris disce uirtutem. sed uide, ne aestimes falsum, quod eis cessit incendium. 2 27
in humilitatem, resurgit in gloriam; seminatur in infirmitatem, resurgit in uirtutem; seminatur corpus animale, surgit spiritale. satis, ut opinor, 1 2 22
uirtutis hanc esse maximam gloriam, ipsam calcare naturam. sed quia uirtutem uoluptates semper offuscant nihilque unicuique, nisi quod 2 7 1
numquam uidimus, diligamus. huius est munus, quod antiquorum aut uirtutes ex libris aut ex uirtutibus libros agnoscimus. sed quid ego diutius 1 36 14
quid autem sine caritate sint non tantum istae, sed et aliae quoque uirtutes, indice Paulo cognoscite: *et si habuero*, inquit, *omnem fidem, ita* 1 36 20
castitatem, probitatem, concordiam, caritatem, omnes artes omnesque uirtutes, ipsa quoque elementa eius constare non posse sine eruditione uel 1 4 1
non magno opere deuincat, se primo uincit. non uirtutes possunt esse uirtutes, non perennes elementorum status, non tempora cognata 1 4 4
compescens, et ut omnia non magno opere deuincat, se primo uincit. non uirtutes possunt esse uirtutes, non perennes elementorum status, non 1 4 4
fructus spei, anima caritatis. tu specialiter omnem populum diuinasque uirtutes quasi crines effusos in unius uerticis nodum, honorem decoremque 1 4 22
uos plures estis. haec sunt, dilectissimi fratres, charismata uestra, hae uirtutes, quibus Hierusalem spiritalis instruitur, quibus sacrae orationis iste 2 6 11
potest, saltem aliqua ex parte mores imitemur, si non possumus imitari uirtutes. tanta enim probitate uixerunt, ut pars felicitatis sit nosse, quid 1 15 1
perspicimus. adeo tolle spem: torpet humanitas tota; tolle spem: artes uirtutesque uniuersae cessabunt; tolle spem, et interempta sunt omnia. quid 1 36 2
potissimum superatur?' primo quia genus humanum magis uoluptati quam uirtuti consentit, deinde quia delicias plus diligit quam laborem. huc 2 4 13
natura non patitur, a qua nihil aliud laboratur, nisi ut suis sibi tantum uirtutibus adprobetur: non enim potest esse perfectum quod aliunde 2 3 6
monile, fratres dilectissimi, lex est, quae salutaribus monitis diuersis uirtutibus diuersoque charismate omnium credentium non colla, sed corda 1 13 10
est praedita, ut sit omnium iure ipso regina. triumphet licet quibus uult uirtutibus fides, ac spes multa et magna proponat, tamen sine hac utraeque 1 36 10
in alienis nudisque sermonibus conquiescis neque tantam in multiplicandis uirtutibus laudem ponis, quantam in finiendis. tu uirginitati praestas, ne 1 4 20
diligamus. huius est munus, quod antiquorum aut uirtutes ex libris aut ex uirtutibus libros agnoscimus. sed quid ego diutius demorer in humanis, 1 36 14
propterea simulatae stultitiae uelamine adopertam, ut res magna magnis uirtutibus magnisque laboribus quaereretur, incunctanter optarent stultos 2 1 4
inter patrem hominesque adstitit *medius*, probans infirmitatibus carnem et uirtutibus maiestatem. hic sol noster, sol uerus, qui clarissimos ignes 2 12 4
inquilinus mutatione morum natiuitatis suae nobilitatem incredulis uariis uirtutibus monstrans. cuius sanctionem uestrae aetatis omni curriculo 2 24 3
in dei causa fortius praecauendum est, quem solum ueretur quicquid in uirtutibus naturae a regibus ipsis quoque metuitur. sed necessario 1 36 24
praesumit; nec spes timet, ne non ueniant, quia ea semper secum suis in uirtutibus portat. hoc est, quod Abraham *contra spem in spem credidit deo,* 1 36 5
exsultat mutatione morum natiuitatis suae nobilitatem incredulis uariis uirtutibus probaturus. 1 42 2
etsi beata diuersis uita uirtutibus quaeritur, cuius cupidine flagrans humanitas per momenta 1 4 1
est populus, id est hemithei omnes potentissimi et reges, qui ferocitate uirtutis ac libidinis rabie digladiantes omnem orbem corruperant terrarum, 1 13 4
sibi pares, trinitatis sacramento praemuniti, unitatis una fide solidi, <uirtutis> aequalitate pares, passionis uictoria gloriosi. hos barbarus rex, 1 53 1
gemmas sculpitis, quam uos estis. exsultate, uiduae: quadratura uestrae uirtutis *angularis lapidis* coniugio cohaeretis. exsultate, uirgines: omnem 2 6 10
puniri non timuit. inmissis camino ignis exaestuans detulit, ut eos unius uirtutis esse persensit. denique arsit incendium incendentibus, non incensis. 1 48
contra naturam, iamiamque desinat permoueri, intellegens Christianae uirtutis hanc esse maximam gloriam, ipsam calcare naturam. sed quia 2 7 1
deus noster, fratres, humilis corde est et ineffabilis eius illa sapientiae ac uirtutis potestas intra hominem susceptum iacet, magis admirabilior, quia 2 9 4
qui colit, quantae nobilitatis sit, facillime cognoscit; est etenim tantae uirtutis, ut sit honorabilis etiam hostibus suis. haec totius humani generis 1 1 1
credulo percipe corde rem miram, Christiane, omnique uirtutum exemplo famigerabilem. Hebraei uere tres pueri senum constantia 1 53 1
amplectenda est igitur, fratres, tenaciter nobis et omni genere custodienda uirtutum. in hanc fortiter incumbendum; ipsa est enim uitae nostrae 1 36 4
sua se parit, diuinae legis agnitione construit decorem, ad omnia genera uirtutum intrepidus corrigit, praeceptis omnibus fideliter obtemperat 2 2 4
praeceptis pendet omnis lex et prophetae. unde manifestum est dilectionem uirtutum omnium diuinarum esse substantiam naturalemque magistram, 1 36 17
unde nunc ad ueram iustitiam ueniamus, omnium fontem matremque uirtutum. quae praeter ceteras tota se ad alienas utilitates colligit atque 2 1 11
lignum letale contigerat, exceperat uterque sexus interitum, e diuerso per uirum ligno suspensum uiuificatum est omne genus humanum. ac ne non 1 3 20
pia seruat ut mater necatosque non ante uiuificat, antequam omne uirus uetustatis exstinguat, ne quid adulterum pariat. ac ne quem plus 2 29 2
qui credit interritus, potest etiam ipse adipisci martyrium. tanta enim uis certaminis fuit, ut eam ipse quoque ignis horruerit. nam a barbaro rege 1 22 1
calceamenta, arripe baculum manu. in eremum proficiscere, si tuos uis imitari maiores. 2 20 2
exsulta, Christiane, et deum fortiter time, diaboli si uis incendia non timere. ecce pueri sacramento muniti tres numero, sed 2 15
non sibi, debent, quod est alter alteri obnoxius, procul dubio, ut tu uis, maior est natura quam deus. at cum naturam ex nihilo fecerit 2 8 5
Christo completa nec probando cognoscis? uerum tamen pro tuo sensu si uis pascha legitimum celebrare, agnus requirendus est tibi, sicut 2 20 1
uerae negligentes imperium, quod uerbis huius modi continetur: *si uis perfectus esse, uade et uende omnia tua et da pauperibus* et tolle 2 1 15
sed o quantum es miranda, pudicitia, quae aliter laudari te non uis quam ut custodiaris, solo bonae conscientiae ornamento contenta! tu in 1 1 20
idolum deo. sed nos, qui Adam abiecimus, Christum induimus; qui, quae uis, qui exitus, quae merces carnis sit quaeue animae, deo magistro 2 4 18
fratres, eius aestimare uirtutem, cuius uinci uictoria est. non illam loco uis ulla detorquet, non labor, non fames, non nuditas, non persecutio, non 1 4 3
et haec non fuerint dictu digna, tamen ad exprimendam uim impudicitiae uisa sunt necessaria, ut sciat unusquisque ad idolatriam pertinere luxuriam. 1 1 12
decore componit locoque constituit, Iudas qua fuerat transiturus. at ille uisam mulierem fornicariam putat, quae pudoris integritatem faciem 1 13 2
ut possint beate uiuere, puniri festinant. descendit quippe gladius pius in uiscera peccatoris et uno eodemque ictu, incolumi corporis manente 2 10 2
aetate neruis et, deficiente sanguinis suco, arescentibus uenis, dura cum uisceribus cutis, deformis ac luridus pallor iam paene uultus perdit 1 59 4
ubertas et fecunditas desperata profertur. uxor Abrahae fetus nescia, cum uisceribus frigente senio nec sperare subolem posset nec portare confideret, 1 59 3
denique aurum argentumque, penitus quod eruitur magno opere terrae uisceribus, iterum celandum terrae mandatur. etenim res est, quam habere 1 14 4
non mater eius tanti partus pondere exhausta totis pallens iacuit resoluta uisceribus. non filius matris aut suis est ullis sordibus delibutus; neque 1 54 4
dignus es enim immolatione tali, qui salutem tuam in incerti pecoris sitam uisceribus opinaris. sane quod passim multos occidis, edacitatis est tuae, 2 20 1
adsumit. namque requiescit libens florentissimo in domicilio castitatis et in uisceribus sacrae uirginis comparat sibi corpus suo iudicio nasciturus. in 2 12 1
purgationes, quae sunt tarditate periculosae, nullo puerum maternorum uiscerum prosecutae sunt damno. nulla adhibita rudi fetae sueto more 1 54 4
carnifices in martyris membra saeuire. uiluerunt ungulae, inutiles ictus uisi sunt plumbatarum, stetit contemptus eculeus, crebri fustium imbres 1 39 6
fingeretur, prodiuit unigenitus filius, cordis eius nobilis inquilinus exinde uisibilis necessario effectus, quia orbem terrae erat ipse facturus 1 50
necessario effectus, quia orbem terrae erat ipse facturus humanumque uisitaturus genus, alias aequalis in omnibus patri. quicquid enim pater 1 50
eam Iacob puero suo et Israel dilecto sibi. post haec in terris uisus est et cum hominibus conuersatus est. qua in specie spiritu sancto 2 8 6
peregrinis omnibus patent; sub uobis uiuus mortuusque diu numquam uisus est nudus. iam pauperes nostri alimenta rogare non norunt; iam 1 14 8
ulla est metuenda iam poena, cum incensorum superstes insultet ignibus uita. 1 31
qui renascitur plorare non nouit! haec renouatio, haec resurrectio, haec uita aeterna, haec est mater omnium, quae nos adunatos, ex omni gente et 1 55
martyrii locus est, in quo non uitis, sed fossoris sanguis effunditur, ut uita beata pretiosae mortis uindemia comparetur. dies uero ad 1 33 3
ut dei sit testimonio collaudatus. unde non inmerito beatus beata uita fruebatur. namque erat illi splendidissima domus, diues census, diues 1 15 2
pater uiuere potuisset, si annis teneris moreretur. hic igitur infans, e cuius uita paternus affectus et maternus pendebat, ad explorationem fidei suae 1 43 3
ac per hoc etiam breuis; alia uero animi, quam nos nobis ipsi hac in uita per fidem sacri fontis uiuo de gurgite conparamus, nobilis et aeterna, 2 4 8
necesse est iudicare, quia iam sua sunt incredulitate damnati; ex hac enim uita quis secum aut coronam portat aut poenam. quam rationem Dauid in 1 35 2
sit uoluntati, propheta dicente: *ante hominem bonum et nequam, mors et uita; quod elegerit, hoc dabitur ei.* unde dubium non est uoluntatem 2 4 18
horas ac momenta producat, ut saltem paulo diutius diei sui demoretur in uita, sed fidelis semper, semper intrepidus ad sepulcrum noctis cognatae 1 2 18
in tribus una mens, una uirtus, unus triumphus exsultat. melioratur uita supplicio. rex non inuiderat pueris, si non eos praecepisset ardere. 2 27
etsi beata diuersis uita uirtutibus quaeritur, cuius cupidine flagrans humanitas per momenta 1 4 1
animamque lineamentis corporis circumsaeptam. unde duae quoque uitae a deo attributae sunt nobis: una, qua nescientes communi cum 2 4 8
sentiat per te tecum et ipse refrigerium; mortuorum in postliminium uitae animas reductas inspira; discute laborantibus morbos; cura languores; 2 3 14
recondita adsumitur, ut ibidem ex homine in angelum transfusus aeternae uitae beatitudine glorietur. 2 11 7
est, nobis uero, quod plus est, melle dulcior ac lacte candidior aeternae uitae beatitudo dei tribuetur in regno. 1 46b 3
dei non oboedierunt. sed cum de futuro nihil opinantes praesentis tantum uitae commoda inspiciunt falsamque aduersus ueram pro uera defendunt, 2 1 3
ex parentibus quam diuina praeceptione meruit procreari atque in ultimis uitae curriculis Sarrae uterum filius aperuit primo uocabulo, cui iam auiae 1 59 1
tanto propensius eius de pietate praesumunt statimque actus ueteris uitae damnantes pro salute redimenda non solito more ad stupida 1 34 9
diuinis praecinentibus obsecundando, in quibus aeternae fructus est uitae, et defenditur pariter et nutritur. ad iugum peruenit, cum praerogata 2 11 5
de qua diximus, disseminatae uenena confecerant, ad dei cultum bonae uitae exemplis sacraeque legis religiosis exhortationibus excitaret. at ille 1 13 5
Iudaeorum gentiumque debemus accipere, qui, cum essent anterioris uitae facinoribus inquinati — unus Christum blasphemando atque 1 37 3
gentis suae nobilitatem, hanc caelestis sacramenti uirtutem, hanc aeternae uitae legitimam genitricem, hanc perpetuam futuri regni consortem, sine 1 3 1
omnes aetates isto carmine inuitans: *exiguum et cum taedio est tempus uitae nostrae et non est refrigerium in fine hominis et non est qui agnitus* 2 4 10
genere custodienda uirtutum. in hanc fortiter incumbendum; ipsa est enim uitae nostrae inmobile fundamentum, inuictum aduersus diaboli impetus 1 36 4
dignos esse consilio existimauit. nunc scire debemus, quoniam iusti uitae perpetuae, impii aeterno sunt destinati supplicio nullaque eos cognitio 1 35 4
non gemit feta. non mundum, ut assolet, infans fusus ingrediens sponte uitae reptantis praeuiis lacrimis auspicatur. non mater eius tanti partus 1 54 4
etenim genus insaniae est eum rationem secreti naturae disquirere, qui uitae suae non possit reddere. non enim elementa pulchrius aut uerius 2 30 1
merearis integros, incolumes ac beatos. stulta autem res est illis te uelle uitae substantiam prouidere, quibus nec natiuitatem dederis nec animas 2 1 21
iter impiorum peribit; tertium peccatorum, quorum obliquae ancipitisque uitae sunt necessario discutienda secreta, apostolo utrumque prosequente, 1 35 7
uetustae legis gesta testantur. Sarra uxor eius non inferior longae uitae transactis cursibus †pius aut filius ederit partus effusione perciperet†. 1 43 1
in omnibus operibus tuis; in tristitiae gemitu edes ex ea omnibus diebus uitae tuae; spinas et tribulos eiciet tibi et edes pabulum agri; in sudore 1 2 30
uos spiritus sancti diuitiae; uos si terrena metalla tempseritis, longe his uitae uestrae thesaurus. uobis auro constructa aetheria illa ciuitas destinata 1 5 17
per unius iustificationem in omnes homines iustificatio aeternae decurreret uitae. uidetisne iam manifeste in homine suscipiendo fuisse prouidentiam, 2 4 7
aetatibus diuersis aequaeui. sed curiositatem uestram bene noui. ueteris uitae usurpatione, quod quidem uobis ulterius non licebit, fortassis 1 38 2

in toto non potest Christianus. quod tabulatis infertur, caelestis uiae uitaeque altitudo monstratur. ligaturis adstringitur, cum renuntians saeculo 2 11 4
tempestas, sorte ductus naufragus redditur, immo a ligneo ad nauigium uitale transfertur. qui ut est dimissus in altum ferinaeque uoraginis est 1 34 6
post clarissimae noctis suo sole dulces uigilias, post lactei fontis lauacro uitali in spem inmortalitatis animas pullulantes, ex quo qui eratis aetate 1 24 1
gradientes exsultemus fide,iucundemur bona conuersatione, ut perpetuam uitam adipisci mereamur per dominum Iesum Christum. 1 33 4
sane plus in eum, qui eam dilexerit, saeuit. quam qui uicerit, habebit uitam aeternam. 1 21
carne sua metet interitum; qui autem seminat in spiritu, de spiritu metet uitam aeternam. at uero dominus euidenter hoc edocens sic ad discipulos 1 2 28
cum corpore animus tamquam carcere clausus tenetur, illam esse ueram uitam, cum idem animus custodia carceris liberatus ad eum locum, unde 1 2 2
patre fideli ipse quoque fidelior, nec recusabat mortem, quam deus qui uitam dederat imperabat. laetatur pater filio quoque gaudente et cum 1 43 5
'ore tuo te, inquit, Christiane uicisti. inde est, quod et ego aeternam uitam me possidere contendo, quia specialiter anxiam curam mortis mihi a 1 3 8
uindicantur de incensoribus suis. deum uident. mors transit in uitam, metus in gloriam. sic quis non optet ardere? 2 15
in hominem coaptatus integumento carnis includitur deus humanamque uitam mutuatur de tempore, qui praestat temporibus aeternitatem. mira 2 12 1
quia peccatum non habet solus, *salutaris*, quia mortem mutauit in uitam; propter nos qui est occisus et uiuit, sepultus et resurrexit, homo 1 46a 2
sepulcro incognitum pecus, quod legitimam nec mortem potuit sentire nec uitam. recte igitur apostolus ait: *radix omnium malorum est auaritia*; hac 1 5 3
dedecore patiuntur errare stipi triuiali subiectos; quod liberi parentum uitam sua damna iudicantes iniecta uiolenter manu ipsi naturae, inuasis 1 5 6
quisquis resurrectionem negat, uitam suam, semet ipse condemnat. cur enim mereatur felicitatem futuri 1 2 1
sui uiuum inest mare, non quod naufragos faciat, sed quod naufragos ad uitam suauem perducat; non aurum, non argentum, quia in suis 2 6 6
suae conscium solum contestans deum honestam elegit mortem quam uitam turpem, melius credens hominibus se ream praebere debere quam 1 1 18
et quia erat iam sapientia conditus, sensibus stipatus, eligendi mortem uitamue praecepti eruditione commonitus, eum propriae uoluntati 2 4 5
conceptu signata, quem uerae fornicariae habent perosum ac semper uitant, uiduitatis uestem rursus accepit. interea secundum condictum 1 13 2
iungitur lignum, cuius tutela defensus sese sustollat. at ubi adoleuerit in uitem perfectam ad iugumque peruenerit, eius omnes crines luxuriosi falce 2 11 2
docuit afferre uindemiam. inde est, quod hodie uestro de numero nouellae uites ad iugum perductae, scaturientis musti dulci fluento feruentes 1 10b 3
denique prior circumcisio desecat carnem, secunda animi desecat uitia; illa ferro, haec spiritu; illa portionem, haec hominem totum; illa 1 3 23
interemerat, per aurem intrat Christus in Mariam, uniuersa cordis desecat uitia uulnusque mulieris, dum de uirgine nascitur, curat. signum salutis 1 3 19
quibus cogitur, refrenatur. haec germinantibus pratis, messibus flauis, uitibus curuis, semipallidis oliuis et felicitatem praestat et gratiam, cum 1 4 6
quomodo, unde pascha celebratur? adde quod agnum legitimum suo uitio, quem inuenerant, perdiderunt. quem scriptura designabat *ex ouibus* 1 46a 2
negotium perorauit! his enim tribus rebus, quae fundamenta sunt omnium uitiorum, uiolentis quasi quibusdam tempestatibus naufragatum momentis 2 1 6
seruilibus officiis suae compellit implere desideria uoluntatis. qui si fuerit uitiosus, quot habet unusquisque membra, poterit perpetrare tot crimina. 1 3 9
peccata baptismate spiritusque sancti uigore amputantur. plorat feliciter uitis purgata materia; de homine loto felicius manant doctrinae caelestis 2 11 5
iustae operationis ardore. autumnus quoque martyrii locus est, in quo non uitis, sed fossoris sanguis effunditur, ut uita beata pretiosae mortis 1 33 3
denudatam, conuexis manibus se tegere conantem, immo animi sui uitium et corporis demonstrantem, post multa adulteria spectaculo totius 1 1 11
Ioseph Aegyptum suae dicioni subiecit. haec Moysi in mari rubro terram uitream fecit; haec, ut cursus soliti contempta mensura Iesu Naue 1 36 8
nunc pulsantibus caelum, nunc requirentibus terram aestuantibus undique uitreis armatum montibus, uiolentis undarum saeuientium cumulis, toto 1 4 5
prouidentia scinditur mare, aquae dextra laeuaque gelido stupore frenatae uitreos diriguntur in muros praestolantes dei transitum populi, ut 1 29 2
maturamque procurauit agninam, Abraham pinguem conditamque fideliter uitulinam. Isaac innocenter ollam portat et ligna. Iacob patienter uaria 1 24 2
refrigerate, inquit, *sub ista arbore magna*. similaginem conspargit, uitulum laniat. post haec promittitur ei de legitimo matrimonio filius de 1 62 1
minax cornu Taurus, sed optimus, dulcis, blandus ac mitis uos admonet uitulus, ut nulla ullo in opere captantes auguria, eius sine malitia 1 38 3
laudis. immola, inquit, *deo*, non daemoniis, *sacrificium laudis*, non uituperationis, et *redde altissimo uota tua*. honorem totum refudit in 1 25 8
properate, properate bene loturi, fratres! aqua uiua spiritu sancto et igne dulcissimo temperata blando murmure iam uos 1 23
est, nam sicut idolis insensatis similia templa conueniunt, ita uiuenti deo uiua templa sunt necessaria. in his enim solis sacerdotum dei structura et 2 6 4
quadringentos uel eo amplius apostolicum hoc operetur edictum, quo et uiuaciores fuere homines et rarissimi Christiani, cur ego Christiano orbe 2 7 5
rarissimi Christiani, cur ego Christiano orbe paene iam toto hominumque uiuacitate mundo senescente detrita *obtundam uerbis palpantibus* aciem 2 7 5
postmodum laticem, domino dicente: *me dereliquerunt fontem aquae uiuae et foderunt sibi lacus detritos, qui non possunt aquam portare*. 1 18 2
hortante nos Paulo, cuius ista sunt uerba: *exhibete corpora uestra hostiam uiuam, sanctam, placentem deo.* hoc enim placitum est domino, ubi se 1 25 9
regione uiuorum. haec nos felicitas manet, hoc munus exspectat. sic ergo uiuamus, ut bonis operibus decorati nos quoque deo patri placere 1 2 32
puer. talem casum nemo doluit, nec quae genuerat mater. nemo plangit uiuas exsequias et innocentis hominis obsequium nemo ante fletibus rigat, 1 62 4
nubentur, sed sicut angeli erunt. magnum consequere beneficium, si deo uiuas puris moribus libera et hominis non sis ancilla. at tu, uidua, 2 7 4
offertur; quod non iugulatur ut pereat, sed, sicut Isaac, immolatur ut uiuat, apostolo hortante nos Paulo, cuius ista sunt uerba: *exhibete corpora* 1 25 9
gerat, a fidelitate et fiducia fidelem se uocari cognoscat, inculpatis moribus uiuat, conscientia eum bona, non loquacitate, quae mater profecto peccati 2 3 19
non potest dubitari, quia hanc qui habuerit, necesse est, ut expedite uiuat et munde. igitur ne cognoscatur, faciem uelamine obscurat: 1 13 8
cuius sane condicione nos beatiores sumus, quia ille occidit semper ut uiuat, fidelis autem post secundae natiuitatis occasum resurgens horrore 1 16 2
dulcis sententia! o damnatio necessaria! in semet ipso homo iugulatur, ut uiuat. percussor non uidetur, percussoris non cernitur gladius, percussi non 1 42 2
singularis! o dulcis sententia! o damnatio necessaria! homo iugulatur, ut uiuat. percussor percussorisque non cernitur gladius; percussi non hiat 2 24 3
consecratis sine sacrilegio uideri non potest? postremo detestabilis est uiuendi condicio, ubi non licet facere uxori, quod marito placet; ubi 2 7 15
morte sua uiuens, sepulcri nido uegetatus innumerabiles temporum metas perenni 1 58
se nesciens simulacrum et, ut imago sit dei, inspiratur a deo in *animam uiuentem*. concepit spiritum adaeque, quem nescit; intrantem non uidet, 1 56 3
Christus, cuius inlustratione maiestatis impressi atque signati, qua sincere uiuentes in custodiam nostrae salutis per spiritum sanctum imaginem 1 13 11
Pisces in signo, id est duo ex Iudaeis et gentibus populi baptismatis aqua uiuentes, in unum populum Christi uno signo signati. 1 38 7
et uerum est, nam sicut idolis insensatis similia templa conueniunt, ita uiuenti deo uiua templa sunt necessaria. in his enim solis sacerdotum dei 2 6 4
tota illa ornamenta medentur, nisi quod a false plangentibus adhuc uiuenti rapiuntur. unde, fratres, sicut ueri Christiani, *quasi hospites et* 2 4 16
circumcisionem, sed solam obseruationem uoluntatis dei esse fideliter uiuentibus necessariam. 1 3 24
infamibusque spectaculorum omnium locis (pater enim omnium corrupte uiuentium diabolus designatur, domino Iudaeos sic increpante: *uos de* 1 13 8
spiritus utriusque sexus humani dolosa blanditiarum captione seu uiolentia uiuentium domos corporales infringunt et latibulum sibi perniciosum 1 2 5
deus magister instruxit, propter nos in semet ipso probando quod docuit, uiuere animas mortuorum non tam dicere quam oculatis rebus sufficimus 1 2 5
domini posse terreri, cum sciamus apostolica fide esse perscriptum: *mihi uiuere Christus est et mori lucrum*? excogita quibus potes suppliciis 1 39 5
auxiliare, quo tenditur uel portatur, crucis est dominicae signum, sine quo uiuere immortalitatemque apprehendere in toto non potest Christianus. 2 11 4
ipsi naturae, inuasis hereditatibus ante tempus parentes suos compellunt uiuere miseriae, facultatibus mori. pro nefas! quid tibi tua tollis, infelix? 1 5 6
nasceretur aut humanus exitus contingeret, uix in eius casibus pater uiuere potuisset, si annis teneris moreretur. hic igitur infans, e cuius uita 1 43 3
pietas iudicis nostri, a quo uniuersi generis peccatores, ut possint beate uiuere, puniri festinant. mira ratio, mirum profecto mysterium! saluo reo 1 42 1
pietas iudicis nostri, a quo uniuersi generis peccatores, ut possint beate uiuere, puniri festinant. descendit quippe gladius pius in uiscera peccatoris 2 10 2
caelum ipsum ululatibus rumpens post talem maritum puncto temporis uiuere te non posse clamabas, nunc clusis dolore gemitibus saepe 2 7 7
uestris et inducam uos in terram Israel; dabo spiritum meum in uos et uiuetis. cum haec ita sint, resurrectionem futuram cur, Christiane, non 1 2 12
propositionis quae sit ratio, fratres, accipite. igitur qui uenerat hominem uiuificare, per hominem necesse habuit, ne phantasma putaretur, edicta 1 3 17
necat odio criminum ut nouerca, pia seruat ut mater necatosque non ante uiuificat, antequam omne uirus uetustatis exstinguat, ne quid adulterum 2 29 2
iustificari meruissent. at cum scriptum sit: *littera occidit, spiritus autem uiuificat*, quia *non sub lege, sed sub gratia sumus*, quae nos diligere deum 2 3 2
exceperat uterque sexus interitum, e diuerso per uirum ligno suspensum uiuificatum est omne genus humanum. ac ne non ex integro principium 1 3 20
uenenis occisum infernaeque sedi submersum maiestatis suae sacramento uiuificatum insuper regni caelestis participatione ditauit. o caritas, quam 1 36 28
tenturum, hoc hactenus Paulo firmante: *stulte, tu quod seminas non uiuificatur, nisi mortuum fuerit,* et subiecit dicens: *sic et resurrectio* 1 2 22
domino nostro cunctus redemptus est orbis, quo aetherio semine nouellus uiuificatus est populus; hic, inquam, qui nobis resurrectionis monstrat 1 16 2
est, ut absolueretur, sacri gurgitis unda sepultus, ut sepulcri nido uiuificatus resurrectionis iura gustaret. o magna prouidentia dei nostri! o 2 29 1
dilectionis officium deo refundere, quod nati sumus, solique debere, quod uiuimus, nihilque prorsus cordis nostri in penetralibus retinere, quod alieno 1 36 21
confundentes sanguinis iura, delentes merita maritorum, adulantes uiuis, mortuis suspirantes, nunc odientes ueteres, nunc nouos filios similiter 2 7 10
transit in sacramentum; parricida incruentus redit et qui immolatus est uiuit. ambo sibi gloria, ambo claritatis exemplum, ambo dei cultus 1 4 15
ad sepulcrum noctis cognatae contendit scius in ipso se habere quod uiuit; denique adimitur ei ortus, si ei auferatur occasus. luna quoque, quae 1 2 18
sublimandum nefarii perduxerunt. sed quia nescit aeternitas mori, uiuit dominus post sepulcrum, et ad Iudaeos remansit sola damnatae 1 59 8
est illi ad iustitiam; qui ideo iustus, quia fidelis; *iustus enim ex fide uiuit*; ideo fidelis, quia credidit deo; qui nisi credidisset, neque iustus 1 36 6
ponendi animam et iterum resumendi eam; sed ut doceret, quoniam, cum uiuit in hoc mundo, semper in tribulatione, semper iustus in poena est. 1 2 31
sicut scriptum est, *iusto posita non est*, sed peccatori, quia *iustus ex fide uiuit,* infidelis iniuste. errat igitur quisquis disputationem legis aestimat 2 3 4
corrigit, praeceptis omnibus fideliter obtemperat incoactus, innocenter uiuit, iustitiam percolit, sine fine studet timere, ne quid praeter deum, 2 2 4
salutaris, quia mortem mutauit in uitam; propter nos qui est occisus et uiuit, sepultus et resurrexit, homo aestimatus est et inuentus est deus 1 46a 2
mihi crede: non habet concupiscentia locum, ubi patientia dominatur, ubi uiuitur sobrie, ubi mors timetur. itaque hanc obseruantiam, hunc timorem, 2 7 9
alia uero animi, quam nos nobis ipsi hac in uita per fidem sacri fontis uiuo de gurgite conparamus, nobilis et aeterna, quia animus, qui uicerit 2 4 8
oculos meos a lacrimis, pedes meos a lapsu; placebo domino in regione uiuorum. haec nos felicitas manet, hoc munus exspectat. sic ergo uiuamus, 1 2 32
adsumpti temporali locutus est regno, in quo uenturus et *iudicaturus est uiuos et mortuos*, sicut lectio uniuersa testatur, qua praedicat Christum 2 5 7
aquarum natura sit talis, ut, cum in profundum homines susceperit uiuos, euomat mortuos, aqua nostra suscipit mortuos et euomit uiuos, ex 2 10 2
susceperit uiuos, euomat mortuos, aqua nostra suscipit mortuos et euomit uiuos, ex animalibus ueros homines factos, ex hominibus in angelos 2 10 2
mortem gustat, ut mortem deuincat; inferos penetrat, ut mortuos uiuos inde reducat; unigenitus prodeundo de patre ante originem rerum, 2 5 3
sarmenta homines suscipit mortuos et inspiratos aqua caelesti mox efficit uiuos. lignum auxiliare, quo tenditur uel portatur, crucis est dominicae 2 11 4

est, quo homines, quos susceperant mortuos, refundere inferi coacti sunt uiuos. quem ut semper et ubique aucti fide, numero, caritate nostris cum 2 19 2
omnium sacerdotum, hoc mysterium deo, hoc opus carum, hos opus uiuum carnaliter geritur, sed spiritaliter promouetur. praestabit autem deus 2 6 11
aurum argentumque non tam habere quam esse. nam uos estis aurum uiuum dei, Christi uos argentum, uos spiritus sancti diuitiae; uos si terrena 1 5 17
gubernatores eius oculi aliquo ictu exstincti subsidunt. nonne cadauer est uiuum? ecce tabidus pulmo pinguibus sputamentis exesus detestabili macie 2 4 15
solae sufficiunt; non aeneum inhaeret mare, quia illi perennis fontis sui uiuum inest mare, non quod naufragos faciat, sed quod naufragos ad 2 6 6
crederet deum. 'incidantur, ait, ab articulis manus, a cruribus pedes; uiuum se cadauer inspiciat.' [cui beatus Archadius ait:] o insania 1 39 6
gemmis, lapidibus, margaritis per momenta distinguitur et quia opus est uiuum, tectum non habet nisi caelum. dicam praeterea, quae cotidie 2 6 7
genus humanum. nec fuit ullus ulli usquam solacii locus. nam hominem uiuum, ut adhuc usque, consumebat labor, gemitus, impietas, dolor, 2 4 6
potest credi. igitur non homines tantum, sed paene omnia suis mortibus uiuunt. unde pauca de multis attingam, ut omnium probationem haud 1 2 17
post ipsum non est ullus; hic *sempiternus*, quia occisus est et inuentus est uiuus; hic *immaculatus*, a peccato quia solus est mundus; hic *salutaris*, 1 8 2
exuti gratias agunt. uestrae domus peregrinis omnibus patent; sub uobis uiuus mortuusque diu numquam uisus est nudus. iam pauperes nostri 1 14 8
mortuus uel uno digito illis contingi manibus, quibus stipem denegauerat uiuus. odit iam sine causa ante quod amauerat; probat felicius esse quod 1 2 9
inter haec martyris spiritus et morarum numerositate seruatus perstat uiuus, parte sui corporis iam sepultus. o dignus gloriosi exitus finis! 1 39 9
ad consulta respondet liberiusque canit mortuus, quam canere consueuerat uiuus; unde libet exclamare: 'profectus potius est iste quam mortuus.' in 1 2 8
aliqua in corpore infirmitas nasceretur aut humanus exitus contingeret, uix in eius casibus pater uiuere potuisset, si annis teneris moreretur. hic 1 43 3
quadam resistunt uincuntque facilius caritate, quod singillatim nuda uix possunt superare uirtute. elementa quoque ipsa, fratres, satis diuersa 1 36 15
fides et quidem nouellas et litis labore ac fauore nutritas. quas, quia uera uix potest inueniri, credo, ne populi penuria laborarent, uenales esse 2 3 7
mores imitemur, si non possumus imitari uirtutes. tanta enim probitate uixerunt, ut pars felicitatis sit nosse, quid fecerint. igitur Iob uir fuit iustus 1 15 1
non est tibi lex necessaria, quia iustus Abraham, qui ex fide uixit, deum credulitate, non lege promeruit. si legem, contemne tuam istam 1 3 12
beati orbis imperio potiretur, tam diu felix, tam diu inexterminabilis uixit, quam diu imperata regalis edicti continuit. at ubi sinistro consensu 1 4 8
et domini filios prophetas insanus populus Pharisaeus occidit. Iob ulceribus maculatus est; et dominus sumendo carnem totius humani 1 15 8
a uertice usque ad imos ungues pedum plaga inimici percussus populosis ulceribus non distinctus est, sed totus unum uulnus effectus. uerum tamen 1 15 5
iugulet. ipsum postremo, quem diuitiis exspoliauerat magnis, magnis uestit ulceribus, quibus insuper uermes immittit edaces, ut in tormenta morientis 1 4 18
in nitidam cutem leprae deformis contagiosis scabrosisque grassantium ulcerum spoliauere uerticibus; per hanc, inquam, caecos uidere, surdos 1 36 9
eius aestimare uirtutem, cuius uinci uictoria est. non illam loco uis ulla detorquet, non labor, non fames, non nuditas, non persecutio, non 1 4 3
unde, fratres, atrocissimae rei non uos terreat contemplatio; non enim ulla est metuenda iam poena, cum incensorum superstes insultet ignibus 1 31
sibi ipsa concilians, nihil proprium derelinquens, nisi quod fideliter sine ulla iactantia eius fungitur uoluntate. est autem in publicum tota 2 1 11
perducere nullis rationibus possunt. si ex credulitate, non ei opus est ulla interpretatio, quia sicut semel creditur, ita semel ex eo ipso, quod 2 3 9
alimoniis utilitatibusque diuersis, magnis et plurimis, habitatori ulla ne querela subesset, sollertia mira perfecit, tunc *ad imaginem et* 2 4 4
iniurias libenter amplectitur; non fallit, quia fidem ipsa custodit; non ulla re indiget, quia ei praeter quod est nihil est necessarium. haec rura, 1 36 12
ius in uiribus habet: quod facere praeualuerit, aestimat rectum. adeo sine ulla reuerentia diuinae atque humanae religionis delet abrupte igni ferroque 2 1 7
longe probatio. si incliti cuiusquam regis, hominis tamen, uultus quiuis ulla uiolauerit ratione, nonne continuo uelut sacrilegii commissi capitales 1 36 24
nullis pedes onerati compedibus. non uos ullus terror exagitat, non ullae sordes obfuscant. qui conscium timebatis, conscientiam non timetis. 2 29 1
portas, fratres, intrate aeternique gurgitis alueo genitali condentes ullam pro personis operari ne aestimetis hic gratiam. iudicio uestro 1 49
aut temptat aut decipit peiusque blanditur quam furit. occasionem ullam prorsus nocendi non praeterit. uultis scire, quod malum sit? in ipso 1 36 26
seruari: meliora sequamur saltem uel eo studio, quo sequimur mala. nulla ulli competit excusatio, maxime cum res nostrae commissa sit uoluntati, 2 4 18
quia tractatus fidem cum astruit, ex eo ipso eam, quo astruit, destruit. nec ulli dabit quod non habet, sed potius ut non habeat, adhuc ipse disquirit. 2 3 6
bacchatur, salutis suae alienaeque contemptrix, solum metuens ne desit ulli quod radat. inde est, quod uniuersae nationes mutuis cadunt per 1 5 2
praesumens totum se habere, si pura sit. neminem foede desiderat nec ulli similiter se desiderabilem praestat. in suo statu omni loco, omni 1 1 2
in angelis clara, in omnibus uero regina. tu numquam carni, numquam ulli subiaces legi. de uoluntate nasceris, sed bono puritatis uoluntatem 1 1 20
confectum uniformiter interibat omne genus humanum. nec fuit ullus ulli usquam solacii locus. nam hominem uiuum, ut adhuc usque, 2 4 6
totis pallens iacuit resoluta uisceribus. non filius matris aut suis est ullis sordibus delibutus; neque enim re uera aliquid circa se habere possit 1 54 4
sed optimus, dulcis, blandus ac mitis uos admonet uitulus, ut nulla ullo in opere captantes auguria, eius sine malitia succedentes iugo 1 38 3
inuitatus, cui omnes nocendi aditus reserati praestant sine pugna, sine ullo labore uictoriam. non enim conabitur in dicionem redigere suam, quae 2 7 13
laudem ponis, quantam in finiendis. tu uirginitati praestas, ne flos eius ullo morbo, ullo tempore deflorescat. tu uariarum semper in tempestatum 1 4 20
accedit, quod circumcisio aduersus sabbatum pugnat, quod uiolandum ullo opere in toto non esse praeconat. etenim plerumque contingit, ut ei 1 3 3
genus insaniae est eum rationem secreti naturae disquirere; non enim ullo pacto potest humanis opinationibus substantia naturae comprehendi, 1 27 1
sit, si cultris corda hominum desecat. sed absit, fratres, ut spiritales uiros ullo tangamus errore, maxime cum prophetia ad sui dicti iam peruenerit 1 3 16
quantam in finiendis. tu uirginitati praestas, ne flos eius ullo morbo, ullo tempore deflorescat. tu uariarum semper in tempestatum crebris 1 4 20
a domino saepe reprobatos accepimus. quid ultra? non potest, fratres, ullum celebrare mysterium, cuius sacrificium diuina sententia aduertitis 1 19 2
qui crediderant, animo ac mente una agebant, nec fuit inter illos discrimen ullum nec quicquam suum ex bonis putabant, quae eis erant, sed erant illis 2 1 18
antiquitatis solus est conscius; hic *maturus*, quia post ipsum non est ullus; hic *sempiternus*, quia occisus est et inuentus est uiuus; hic 1 8 2
cutis, deformis ac luridus pallor iam paene uultus perdit humanos nec ullus in membris uoluptati motus. nihil in substantia resederat corporis, 1 59 4
abscondit, nemo lapides pretiosos, nemo aurum, nemo argentum, et tamen ullus non timet furtum. 1 5 18
fluenta funduntur, ebibit fontem. huic non iura, non leges, non honor ullus obsistit, quia quicquid aut emitur aut distrahitur, liberum non est: 1 5 5
nullis impeditae sunt manus, nullis pedes onerati compedibus. non uos ullus terror exagitat, non ullae sordes obfuscant. qui conscium timebatis, 2 29 1
confectum uniformiter interibat omne genus humanum. nec fuit ullus ulli usquam solacii locus. nam hominem uiuum, ut adhuc usque, 2 4 6
uestram bene noui. ueteris uitae usurpatione, quod quidem uobis ulterius non licebit, fortassis requiratis et a nobis, qua genitura quoue 1 38 2
impii aeterno sunt destinati supplicio nullaque eos cognitio exspectat ulterius, quinam sint isti, quibus est iudicium praeparatum. et a quo scire 1 35 4
argenteum compleuerit globum, paulatim deuergit in senium, donec ultima senectute consumpta, sua morte reuiuescens, menstrualis ignis 1 2 19
passim populus moriebatur, Eliae alimenta poscenti memorabilem uiduam ultimam uictus sui filiorumque substantiam non partitam, sed totam 2 1 20
etenim commodius puto misero in statu suo manenti quam beato in ultimas miserias deuoluto. nam praedicant patres suos Aegyptium populum 1 18 1
tam ex parentibus quam diuina praeceptione meruit procreari atque in ultimis uitae curriculis Sarrae uterum filius aperuit primo uocabulo, cui 1 59 1
summa cum contumelia a persecutoribus illusi iugulantur. sucus earum in ultimo preli pondere duabusque tabulis exsiccatur; similiter iudicii die a 2 11 7
lacrimas repperit, dolores et gemitus, *spinas et tribulos* sibimet comparauit ultimoque *sudore* turbatus posteris hereditatem indigestae mortis, quae 1 4 8
qui libens acceperit acceptumque non spreuerit, sed in labore usque ad ultimum perdurauerit, turri completa inaestimabiles diuitias in ea 2 6 8
a Christo secundum tabulas legis confessorum sanguinis uindicta usque ad ultimum quadrantem exigitur. calcatores de eodem musto bibunt; et 2 11 7
quantam pietatem dilecto filio amatus pater exhibuit, tantam laesus exigit ultionem, quia, cum uicem non reddidit patri dilectus filius, dignam 1 61 5
quicquid legitimum fuerit extra coniugium; Christiano enim, fratres, ultra licere non puto quam ut sit aut continens aut maritus. uenio nunc ad 1 1 14
uiribus, niteretur. igitur nouum ac paene incredibile committitur proelium. ultra morem diabolus pugnat, sed Iob dissimulando plus pugnat. ille eius 1 4 18
semel creditur, ita semel ex eo ipso, quod creditum est, consummata fides ultra nec minuitur nec augetur. sin uero ex utroque, patriarcharum semesa 2 3 9
tauros, arietes, hircos et agnos a domino saepe reprobatos accepimus. quid ultra? non potest, fratres, ullum celebrare mysterium, cuius sacrificium 1 19 2
argute, cum magis uerus sit ille fidelis, qui sacra in praedicatione non ultra, quam licitum est, aciem suae tetenderit mentis; eo enim res deducta 2 3 12
uolunt, Graeciae uiri praeter ceteros curiosi otioso negotio cor suum ultra quam licitum est argumentis insolentibus extulerunt. hi cum 2 9 1
nam a barbaro rege nimia crudelitate tribus pueris consulente fornacis ultra quam solet septenario pabulo ignis armatus est. credo diuina 1 22 1
clarissima turba procedit. noua res, ut iure spiritali unusquisque nascatur. ultro currite ad matrem, quae tunc non laborat, si quos parit numerare 2 28
nec propinquum. statim beatus martyr se latere non passus est; se ultro offerens iudici moram suam uoluntarie praeiudiciis excusauit. cui 1 39 5
puluere tecta quam ueste? tu, inquam, non es, quae nunc caelum ipsum ululatibus rumpens post talem maritum puncto temporis uiuere te non 2 7 7
sacerdotibus dei quiescentes commendari consuerunt, profanis aliquotiens ululatibus rumpit taetraque inluuie suum totum deformans cultum cadauer 1 2 14
mira res: opacitas intus, incendium foris est; intus hymnus canitur, foris ululatus auditur. o magna potentia dei! incensores incendio concremati 1 53 2
quid tumet Pharisaeus inanis, quem momenti praeterita delectatur umbra? exsultat, quod in Aegypto creuerit: at in originali decreuit solo; 1 52
homo non potest nasci. totum denique sua luce resplendens corpus sine umbra gestabat, humilis carne, sed excelsus omnipotentiae maiestate. qui 1 54 5
quid diuitiarum ambitio contulit nobis? transierunt ista omnia tamquam umbra. sed et dominus ipse dicit: *quid prodest unicuique lucrari mundum* 1 5 9
natalicius dies. denique post momentum festo exsultat in tumulo, non umbra, sed ueritas, non imago, sed Phoenix, non alia, sed quamuis melior 1 2 21
sui ossa denudat. nonne horrebit etiam sibi quodam modo illa excarnata umbra tractabilis? longum est ire per singula. ecce peremptorius aliqui 2 4 15
suis, amputatis radicibus saeculi delitescens secessionis se commendauit umbraculo, utrumque Christiano explicans uoto, ut et non longius 1 39 3
declinet in partem, ne in aliquo se ipsa reprehendat, ne opere coepto umquam deficiat. haec captiuorum iuga redemptionibus frangit; 2 1 12
condictum haedus mittitur, fornicaria quaeritur nullaque ibidem umquam fuisse ab incolis renuntiatur. at Thamaris nostrae cum processu 1 13 3
infantia custodite ac fortiter praecauete, ne primi hominis quondam uestri umquam memoriam recolatis. 2 24 3
nostri numeri fecerimus angustam. itaque estote securi: nihil in illa deest umquam, nihil ab suo statu aut tollitur aut declinat; omnia bona atque 1 5 18
ipsum quoque diabolum, qui uere est acerrimus Sagittarius, formidabit umquam, uariis atque igneis sagittis armatus, totius humani generis omni 1 38 6
fallunt, hostes probant, praedones laudant, latrones excusant, nec sui umquam uenit in mentem non esse humanae potestatis crastinum diem ac 1 5 7
regni una possessio, coaeternitatis omnipotentiaeque una substantia, una aequalitas, una uirtus maiestatis augustae, unito in lumine una dignitas 2 5 10
sicut scriptum est: *turba autem eorum, qui crediderant, animo ac mente una agebant, nec fuit inter illos discrimen ullum nec quicquam suum ex* 2 1 18
a fanatico solemne mysterium, ipsa suscipis, ipsa reponis, ipsa custodis. una cibum praeterea capis, reliquias poculi propinati lambendo labris 2 7 17
ut omnium nationum in Christo credentibus populis totus orbis deo una ciuitas redderetur. denique comparationem salutaria gesta confirmant, 1 34 9
uideamus quae consequuntur. per idem tempus duae cognatae concipiunt, una contra spem, altera uerbo. haec miratur se habere quod nescit, 2 8 8

praesumat trinitatisque unam potentiae plenitudinem, quae una mente, una credulitate concipitur, non uiolet, sed honoret. 2 3 19
in summam, quoniam uniuersa quamuis gemina esse noscantur, tamen una de radice funduntur. testamenta sunt duo, sed testator est unus; et 1 37 14
e quibus duae eius, quem cupiant deprauatum, simulant se esse cultrices. una denique asserit Iesum Christum ab utero uirginis Mariae sumpsisse 2 8 1
praeportat, ille aram struit. ille exserit gladium, ille ceruicem. uno uoto, una deuotione, ne quid profanum sit, diligenter ac patienter geritur, quod 1 4 14
substantia, una aequalitas, una uirtus maiestatis augustae, unito in lumine una dignitas retinetur. si quid enim filio detraxeris, ad patris, cuius habet 2 5 10
quos aliquid loqui superfluum est, quia, si uxor et maritus *in carne* sunt *una*, dubium non est, quia quod alter audit amborum est. quid agam, quo 2 7 11
perpetis anni pernicem cursum in bis senae mutationis augmentum una eademque nec ipsa, sed ipsa orbita circumducens dies magnus aduenit 1 16 1
sepulcri nido uegetatus innumerabiles temporum metas perenni cursu una eademque orbita lustrans dies magnus aduenit, menses in tempora, 1 58
suae rabiem in filios eius effundit. nam cum solito more unanimes una epularentur in domo, subito concussis toto nisu quattuor angulis eius 1 15 4
discreta sint, tamen trini profundi saporis una uirtus, una substantia, una est fluenti natura nec potest incomprehensibilis communisque undae 1 7 4
uiribus retractando ac refellendo consumit. sin uero, sicut necesse est, una est illa nobilis et antiqua, quae non dicam tractatu, sed ipsius 2 3 8
quiuis dolor. an pulchritudinem? leuis et commutabilis res est et quae una febri uel qualibet facillime deleatur iniuria. ecce procuratores uel 2 4 15
incomparabilis autem gloria ac uere deo digna, cum uno consensu, una fide alter alterum commendans deuotione consimili conuertuntur ad 2 6 5
uirtute fortiores, sibi pares, trinitatis sacramento praemuniti, unitatis una fide solidi, <uirtutis> aequalitate pares, passionis uictoria gloriosi. 1 53 1
quo qui eratis aetate diuersi, diuersi natione, subito germani fratres, subito una geniti emersistis infantes, hortor uos natiuitatis tantae festa laeto 1 24 1
iugulatur et non repugnat; pro percussoribus suis deum insuper et exorat. una illi sola principalis sollicitudo ac maxima est cautio, ne quid mundo 2 1 13
cognoscit. prophetia etenim semper figuris uariantibus loquitur, sed res una in omnibus inuenitur. igitur Iacob habet imaginem Christi, sed et lapis 1 37 1
inuenietis nullum habere minus. tripondes sunt omnes, numismatis sacri una libra signati, qui mensae deseruiunt. 1 41 3
flamma blanditur. deus a creatura uniuersa benedicitur. in tribus una mens, una uirtus, unus triumphus exsultat. melioratur uita supplicio. 2 27
est, nosse praesumat trinitatisque unam potentiae plenitudinem, quae una mente, una credulitate concipitur, non uiolet, sed honoret. 2 3 19
duas acies gerit, sed sunt unius corporis latera; et denarii sunt duo, sed una moneta signati; et scala duos scapos habet et gradus plurimos, sed eius 1 37 14
uento Fauonio blandiente, diuersis floribus genere colore pariter et odore una natiuitate diffusis germinantia undique dulce prata respirant. exsultat 1 33 1
generante *odorem diuinum* beata *spirantes* fide diuerso charismate, sed una natiuitate ecclesiae flores clarissimi ac dulces nostri funduntur infantes. 1 33 2
spem repraesentas. tu diuersos homines moribus, aetatibus, dicione ex una natura unum spiritum, unum efficis corpus. tu martyres gloriosos a 1 36 30
derogaret. denique alter in altero exsultat cum spiritus sancti plenitudine una originali coaeternitate renitens, quemadmodum, si dicere dignum est, 1 7 4
subiectione est filius patri subiectus, cum quo originalis perpetuique regni una possessio, coaeternitatis omnipotentiaeque una substantia, una 2 5 10
circumsaeptam. unde duae quoque uitae a deo attributae sunt nobis: una, qua nescientes communi cum pecudibus lege fundimur a natura, quae 2 4 8
mensura conterendo innouat spatia, et tamen eius semper orbita est una. qui nos admonet, fratres, passionis resurrectionisque dominicae 1 26
proficiscendo et in unum remeando si non confusione, uel errore fiunt una. quid, quod illius sacrificium publicum est, tuum secretum? illius a 2 7 14
tu tibi in filio obtemperas. tu in spiritu sancto exsultas. tu cum in tribus una sis, nullo pacto diuideris, nulla humanae curiositatis calumnia 1 36 32
persona, duplex uocabulum, sed originalis perpetuitatis ac deitatis est una substantia, domino ipso dicente: *ego et pater unum sumus*. quod non 2 8 4
originalis perpetuique regni una possessio, coaeternitatis omnipotentiaeque una substantia, una aequalitas, una uirtus maiestatis augustae, unito in 2 5 10
locis uocabulisque discreta sint, tamen trini profundi saporis una uirtus, una substantia, una est fluenti natura nec potest incomprehensibilis 1 7 4
et uir sui corporis potestatem non habet, sed uxor. sic igitur, quoniam una sunt caro, unum diuini operis sacramentum, quoniam femina de uiro 1 1 14
est alterque alteri tenetur obnoxius ac per hoc iure legis quoque linea una tanguntur, dubium non est horrendi supplicii perennibus absumptum 1 1 14
inicit cupiditatem, habentibus adimit satietatem. ita omnes in rabiem una tempestate praecipitat, ut ubinam sit maior ignores. est autem similis 1 14 1
possessio, coaeternitatis omnipotentiaeque una substantia, una aequalitas, una uirtus maiestatis augustae, unito in lumine una dignitas retinetur. si 2 5 10
proprietate, locis uocabulisque discreta sint, tamen trini profundi saporis una uirtus, una substantia, una est fluenti natura nec potest 1 7 4
blanditur. deus a creatura uniuersa benedicitur. in tribus una mens, una uirtus, unus triumphus exsultat. melioratur uita supplicio. rex non 2 27
si uis incendia non timere. ecce pueri sacramento muniti tres numero, sed una uirtute, anhelantibus flammis, camino rugiente non laeduntur. incensi 2 15
a nobis, qua genitura quoue signo tam diuersos, tam plures, tam dispares una uno partu uestra uos peperit mater. sicut paruulis morem geram 1 38 2
lucis uiam, competentibus remissa omnium peccatorum, sicque cunctos in unam Christi corporis gratiam congregatos ad caelestia regna perducit per 1 6
sapientiae, cuius notitiam non habebant —, duas asseruere iustitias: unam ciuilem, alteram naturalem. quarum fecit apertissime, cum ad 2 1 2
reddit. haec coniugalis affectus duos homines sacramento uenerabili unam cogit in carnem. haec humanitati praestat esse quod nascitur. huius 1 36 13
nobis ignis ac fidei. etenim duo discordantia deuotione dominica in unam concordiam conuenere. namque tribus in pueris fides puniri non 1 48
utique sic ait, ut in unum duos redigendo confunderet, sed ut duorum unam diuinitatis potestatisque esse omnipotentiam nos doceret. sequitur ac 2 8 4
maneat testatoris uoluntas inscripta, seu quod quasi ex transuerso in unam fidem concurrentia crucifigi habuisse dei filium nuntiabant; quem 1 37 8
pater gentium esse potuisset. quapropter manifestum est spei ac fidei unam inseparabilemque esse naturam, quia in homine ex his quaecumque 1 36 6
est usus. unde recte testamenta sunt duo, quae similiter duobus capitibus unam litteram fingunt, id est sacrae legis duobus edictis unum Christum 1 37 4
est, fratres, duosque uertices gerit in unius acuminis tenuitate digestos, unam litteram utroque conficiens; cui si unum adimas, alterius inanis est 1 37 4
ne quid adulterum pariat. ac ne quem plus amare uideatur aut minus, unam natiuitatem, unum lac, unum stipendium, unam spiritus sancti 2 29 2
loquacitate, quae mater profecto peccati est, nosse praesumat trinitatisque unam potentiae plenitudinem, quae una mente, una credulitate concipitur, 2 3 19
necessario scire debet populus Christianus, ne quem patiatur errorem: unam, qua natus est; alteram, qua renatus. sed sicut est spiritalis prima 2 8 2
poetae autem melius, qui duplicem uiam apud inferos ponunt: impiorum unam, quae ducit in Tartarum, piorum aliam, quae ducit ad Elisium, eo 1 2 4
Iesu Christi, rudis aut neglegens disce Christiane, ne quo decipiaris errore: unam, quam tibi non licet quaerere, alteram, quam legitime, si possis, 1 54 2
uideatur aut minus, unam natiuitatem, unum lac, unum stipendium, unam spiritus sancti praestat omnibus dignitatem. quam speciosum est, 2 29 2
describit. gladius enim spiritus sanctus est unum capulum habens, id est unam substantiam, uirtutem, deitatem, maiestatem uoluntatemque patris et 1 37 2
non timet nec diuitias nec honores. o caeca mens hominum! quam uarie, unam tamen contendit in mortem: pauper, cum opes infeliciter quaerit, 1 5 11
est una. qui nos admonet, fratres, passionis resurrectionisque dominicae unanimes atque concordes salutaria celebrare mysteria, per dominum et 1 26
uinumque pretiosum uobis ex usibus suis sua de mensa largitur. tres pueri unanimes legumina inferunt primi, quibus, ut scitus sit sapor, salem 1 24 2
rapit, nemo proscribit, nemo iugulat, moritur nemo; omnes felices, omnes unanimes, omnes inmortales, omnes sunt semper aequales; quod unius est, 1 5 18
omnem impietatis suae rabiem in filios eius effundit. nam cum solito more unanimes una epularentur in domo, subito concussis toto nisu quattuor 1 15 4
regrediens necessario enarrabit tibi sciscitanti sibi de utriusque salute uel unanimitate deorum quae fuere responsa. si terribilia, consternata metu 2 7 16
quod intra hominem clandestinum fremit momentis omnibus bellum, cum unaquaeque pars nititur alteram subiugare, apostolo sic dicente: *caro* 2 4 8
murmure iam uos inuitat. iam balneator praecinctus exspectat, *quod unctui, quod tersui* opus est praebiturus, sed et denarium aureum triplicis 1 23
peregrinus. innocens cum innocentibus deputatus hic *placuit deo. unctus in regem,* spiratus in uatem *non insolescit in regno*, obumbrat 2 9 7
eia quid statis, fratres, uestram quos per fidem genitalis unda concepit, per sacramenta iam parturit? ad desiderata quantocius 2 28
quae ei recte nupta non est, quia Christo ueniente baptismatis spiritali unda in gremio renatus ecclesiae filius eius futurus fuerat, non maritus. 1 13 7
uer arridens diuersos in flores diuerso charismate redditurum, cum salubri unda perfusi, limpidae aestatis messe gaudentes panem nouum coeperint 2 13
tui rictu blandiente leonum rabies euanescat; sub gressibus tuis maris unda pinguescens marmoreo stupore solidetur; cetina cymba inter 2 3 14
enim *homo* uester feliciter condemnatus est, ut absolueretur, sacri gurgitis unda sepultus, ut sepulcri nido uiuificatus resurrectionis iura gustaret. o 2 29 1
finditur mare et dextra laeuaque in abruptum digestis aggeribus stupens unda solidatur. dei populus nauigat plantis. mira res! iter eius barbaris 2 26 1
suscipit, feliciter naufragos facit interimensque uniuersa peccata genitali unda submergit, ut caelestes effecti terram desiderare non norint. denique 1 46b 2
pedes tuos ad effundendum sanguinem dextra laeuaque in se refugiens unda testatur. denique eremo exciperis, quo te nunc peruenisse cognoscis; 2 16
una est fluenti natura nec potest incomprehensibilis communisque undae diuidi magnitudo ex utroque in utrumque commeando largiflua, 1 7 4
conuolate incunctanter ac fortiter bibite, dum licet, superfluentis amnis undae subiecti toto impetu totaque deuotione uestra uasa replete, ut 1 12
non flammas, praemium futuri, non poenam. sicque inter taetros undantis incendii globos triumphantes barbarum regem, minas omnes, 1 11
terram aestuantibus undique uitreis armatum montibus, uiolentis undarum saeuientium cumulis, toto corpore insaniat, tamen extremorum 1 4 5
scissum mare, ductisque dextra laeuaque aggeribus in aciem stipatis undarum, saluo liquore arefactam profundi in semet contra se obnixam 1 18 1
uia et ueritas. illorum profugus populus per mare rubrum dextra laeuaque undarum stupentibus rupibus pede sicco transiuit; at nostrum mare 1 46b 2
ac fortiter creditur. dicit enim dominus: *omnia possibilia credenti*. unde *Abraham credidit deo et deputatum est illi ad iustitiam*; qui ideo 1 36 6
lucis ascendunt, quia numquam in terris, sed semper in caelo manserunt. unde angelos puto recte homines appellatos, quibus dominus sanctum per 1 37 11
uniuersa eius mala, propheta dicente: *idola gentium argentum et aurum*. unde apparet eum, qui diligit aurum et argentum, non tantum deos colere, 1 14 4
zizania in triticum. at fortasse adhuc quispiam dicat: 'si caro perit, unde cognoscitur ille, qui resurgit?' caro, fratres, quasi quoddam est 1 2 29
camelum enim *glutiens culicem liquat*; reicit stillas criminum et auaritiae, unde criminum fluenta funduntur, ebibit fontem. huic non iura, non leges, 1 5 4
concordia esse connexam animamque lineamentis corporis circumsaeptam. unde duae quoque uitae a deo attributae sunt nobis: una, qua nescientes 2 4 8
autem, *modo per speculum in aenigmate; tunc autem facies ad faciem erit*. unde dubium non est in corporibus nostris, dum mortis lege seminantur, 1 2 30
sine lege et Iudaicus populus displicuit deo incredulitate cum lege. unde dubium non est legem non posse sine fide, fidem posse sine lege; 2 3 2
uideatur aut gentis. ambo enim illi carnales sunt, ambo sine fructu. unde dubium non est neque praeputium aliquid esse neque 1 3 24
tunc reliquit eum diabolus et ecce angeli accesserunt et ministrabant ei. unde dubium non est unum esse iter aerii culminis angelis lucis et 1 37 13
hominem bonum et nequam, mors et uita; quod elegerit, hoc dabitur ei. unde dubium non est uoluntatem nostram, cui se iunxerit parti, praebere 2 4 18
facit, quia *praui* bonique *notitiam* gerit, quod est utique sapientis. unde fit, *ut numquam iustus possit esse qui stultus est neque sapiens qui* 2 1 10
suis etiam ipsa elementa contra suam naturam famulari compellat. unde, fratres, atrocissimae rei non uos terreat contemplatio; non enim ulla 1 31
felicitatis genus alterius periculo discere, quid debeas deuitare. unde, fratres, in tali re non loquela est exhibenda, sed cura, quam paucis 1 10a
medentur, nisi quod a false plangentibus adhuc uiuenti rapiuntur. unde, fratres, sicut ueri Christiani, *quasi hospites et peregrini abstinete uos* 2 4 17
mihi uictima placet, hoc me sanguine deplacabis, iste meis sacris debetur; unde immolari iam iubeo.' non contristat frontem deuotissimus Abraham 1 43 3
dominum patrem non dilexisse, cum peccatum sit hominem non amasse. unde infelices et miseri sunt Iudaei, qui deum patrem, a quo sunt geniti, 1 61 6

respondet liberiusque canit mortuus, quam canere consueuerat uiuus; unde libet exclamare: 'profectus potius est iste quam mortuus.' in 1 2 8
non circumcisionis, sed in acrobustia meritae repromissionis accepit. unde manifestum est Abraham gemini populi typum in semet ipso 1 3 7
tamquam te ipsum. in his duobus praeceptis pendet omnis lex et prophetae. unde manifestum est dilectionem uirtutum omnium diuinarum esse 1 36 17
filios genui et exaltaui: utique filios Israel dominus genuit, qui Abraham, unde nascerentur, elegit. hos in Aegypto genuit, ubi ingressis paucis 1 61 7
mole gaudere; nam et risit Sarra munus iuuentutis subiens in senecta, unde nomen accepit infans, qui post haec Abraham sacratam deo approbat 1 43 2
quem pater semper honoratur. denique inquit: *ego et pater unum sumus*. unde non diminutiua, sed religiosa, ut dixi, subiectione est filius patri 2 5 10
prauis moribus laedunt. *orant quia timent, peccant quia uolunt.* unde non est absolutus reatus, ubi de amoris comparatione duarum 1 35 6
determinauit mensura officiisque competentibus seruire praecepit? unde non est principium quod senescit, quod opus factum est alienum, 1 7 2
circumspectus atque inreprehensibilis, ut dei sit testimonio collaudatus. unde non inmerito beatus beata uita fruebatur. namque erat illi 1 15 2
igitur patri tradet regnum qui dixit in monitis *regnum* non stare *diuisum*. unde non sic sentiendum est, fratres, ut pater accepturus sit quod non 2 5 9
hic enim, quia ipse dictus est etiam petra, recte cultellos petrinos fecit (unde non sine ratione et *Simoni*, super quem aedificauit ecclesiam, *Petrus* 1 3 16
agant uniuersi homines, quam dici potest, superfluum est demorari. unde nunc ad ueram iustitiam ueniamus, omnium fontem matremque 2 1 11
abominatio est apud deum. cum haec ita sint, a quibus, quomodo, unde pascha celebratur? adde quod agnum legitimum suo uitio, quem 1 46a 2
credi. igitur non homines tantum, sed paene omnia suis mortibus uiuunt. unde pauca de multis attingam, ut omnium probationem haud dubie in 1 2 17
regni consortem, sine qua nemo possit omnino ad dei notitiam peruenire. unde primo omnium definiendum puto, quid sit circumcisio, ut tunc 1 3 2
si quid enim ei ex his defuerit, perfectionem sui operis non habebit. unde primo omnium *spes* nobis proponenda est *futurorum*, sine qua nec 1 36 2
est, inquit, inferior.' quid, quod inde non esse approbatur inferior, quia, unde processit, paterni cordis est exsecutor? non enim minus est facere 1 45 3
litteram utroque conficiens; cui si unum adimas, alterius inanis est usus. unde recte testamenta sunt duo, quae similiter duobus capitibus unam 1 37 4
in occasus suos quasi quibusdam deducuntur exsequiis; quas si per plagas unde refixae sunt quaeras, rediuiui luminis lege suis sedibus resurrexisse 1 2 17
apud ipsos diuinus sit sermo prolatus, nunc alteris uideatur ingestus. unde reiectio Iudaeorum est aliarum electio personarum, quia, cum alteris, 1 61 1
ista concordat statusque futuri qualitas aperitur, fides si inlibata teneatur. unde rem paucis expediam. omnis caro quam diu flagitiosis illecebris huius 1 2 24
pro salute sacrificant? tauros, hircos, arietes et agnos abhorret dominus: unde sacrificant? deum dereliquerunt, altaria eius euerterunt: cui 1 51
Iudaei unde se beatos putant, infelices inde esse noscuntur. etenim commodius 1 18 1
carnale spolium, blandum animae uenenum, secundum dei sententiam, unde sumptum est, refundatur; dicit enim deus ad Adam: *maledicta terra* 1 2 30
nobilitatem non relatione tantum, sed etiam fide similitudinis adprobemus. unde tamen prae me fero, fratres dilectissimi, quod ista, et non ambigua, 1 1 4
natiuitatem dederis nec animas inspiraueris nec salutem praestare possis. unde uel sero sacrilegam uocem comprime humanae fragilitatis memor, qui 2 1 21
ueram uitam, cum idem animus custodia carceris liberatus ad eum locum, unde uenerit, reuertatur. si ergo hoc ille sensit, qui non nouerat Christum, 1 2 2
uocitari a luxuriosis suis sibi cultoribus coepit. nunc ergo uideamus, unde uera caritas ueniat, ubinam consistat, cui uel maxime debeatur: 1 36 28
quae non timeat deum. cum grauamur rumpentibus sonis, concussis undique cardinibus, cum praeter morem terrifico fragore intonans 2 2 3
praedicit fugam, in armis expeditissime standum, uigilandum diligenter, undique castra munienda, defensanda regalia fortiter ac tenaciter signa; 2 4 11
floribus genere colore pariter et odore una natiuitate diffusis germinantia undique dulce prata respirant. exsultat aestas noua, sed diues, in frumenti 1 33 1
horrendum sibilant funes, gemunt cedentibus uelis antennae, retunsa undique iter non inuenit prora. trepidant nautae, festinant in cassum 1 34 5
aliqui morbus totam machinam lecto prosternit, ecce tempestas undique mortis incumbit. nonne statim illa, quae erat domina uoluptatum, 2 4 16
lugubri clangore tubarum armorumque fragore terribili instantibus undique proeliorum procellis miserabiliter per totum orbem dispersere 1 34 7
eademque magistra uniuersa quae diximus, sed et alia multa, immo omnia undique sine pausa quae scaturiunt mala nascuntur atque concelebrantur, 1 5 4
glebulas, lapillos et surculos nostis, in praediis autem uestris fumantia undique sola fana non nostis, quae, si uera dicenda sunt, dissimulando 1 25 10
nunc pulsantibus caelum, nunc requirentibus terram aestuantibus undique uitreis armatum montibus, uiolentis undarum saeuientium 1 4 5
tympanum quatit; hymnus canitur; dei populus liberatur resolutisque undis uia cum persecutore deletur. quantum spiritaliter intellegi datur, 2 26 1
suorum sacrilegio iure deleta est. exinanitum cornu iam non spirat unguenta. dies festos in luctum et cantica eius in lamentationem conuersa 1 19 1
templo summo, ut putabatur, summum sacerdotium perdiderunt. regalis unguenti cornu priuati sunt. circumcisio, testimonium mentis impurae, 1 46a 1
ornatur; longe illa ornatior, aliunde quia nescit ornari. haec uariis unguentis et odoribus fragrat; illa unici floris sui quouis prato iucundioris 2 7 3
sunt, et utamur creatura tamquam iuuentute celeriter; uino pretioso et unguentis nos impleamus et non praetereat nos flos temporis. coronemus nos 2 4 10
cotidie peregrinis coloribus mutat, gulae labore culta, lauacro nitida, unguentis oblita, uestitu uaria, monilibus tota distincta, conuiuiorum 2 4 9
Iohannem. sacerdotibus eorum luctus indicitur. immolatio aufertur. cessat unguentum. circumcisio uacuatur. sabbatum denotatur. neomeniae et dies 2 17
sui corporis iustum. namque summo capitis a uertice usque ad imos ungues pedum plaga inimici percussus populosis ulceribus non distinctus 1 15 5
nec usuali in reos lege carnifices in martyris membra saeuire. uiluerunt ungulae, inutiles ictus uisi sunt plumbatarum, stetit contemptus eculeus, 1 39 6
uariis molitionibus pugnant multisque diis ac regibus seruire gestiunt, qui uni deo per inpatientiam seruire minime potuerunt. sed inpatientiae 1 4 10
potest, deus in alio se inferior esse quemadmodum potest? quicquid enim uni ex duobus indiscrete in omnibus sibimet similantibus detraxeris, cui 1 45 2
in fide credentium constitutum. nam et dominus ista exempla confirmans uni ex latronibus in se credenti, qui cum eo de patibulo dextra laeuaque 1 2 11
componis. tu amicitiam *idem uelle atque idem nolle* docuisti. tu seruituti unica ac fortissima consolatio saepe libertatem paris. tu paupertati 1 4 21
et cognoscite, quoniam in me est pater et ego in illo, dictum significatione unica maiestatis et affectu indiuiduo pietatis, quia laus filii est patris et laus 1 25 8
in se patris pietatem, quod unicus, quod sero, quod promissus, quod sola unica spes totius praeteritae sterilitatis damna sarciret. inuenta est causa, 1 62 3
aliunde quia nescit ornari. haec uariis unguentis et odoribus fragrat; illa unici floris sui quouis prato iucundioris caelum ipsum honore laeto 2 7 3
dederat imperabat. laetatur pater filio quoque gaudente et cum gaudio unici pignoris alligat manus, quas ille uinciendas libentius offert. pedes 1 43 5
nolentes edicant et inuiti discedant, procul dubio hoc sunt, quod sese esse unicuique confitentur. accipe et alia exempla et quidem certiora. primo in 1 2 7
felicitas maxima est fidei nosse naturam, quae talis ac tanta est, ut unicuique homini sua non ab alio commodetur, sed eius ex uoluntate 2 3 1
ista omnia tamquam umbra. sed et dominus ipse dicit: *quid prodest unicuique lucrari mundum et animae suae pati detrimentum?* i nunc, 1 5 9
ad iudicium infideles. at si utraeque partes iudicio uacant, quomodo unicuique merces pro suo actu reddetur? sine causa etenim laborare 1 35 1
calcare naturam. sed quia uirtutem uoluptates semper offuscant nihilque unicuique, nisi quod amauerit, rectum est, maxime quod uno desiderio 2 7 1
nunc seuera, nunc blanda demonstrat praemium, demonstrat et gladium, unicuique, quod elegerit, tributura et ut iure possit implere, quod gerit. qui 2 3 3
in uirtutibus naturae a regibus ipsis quoque metuitur. sed necessario unicuique sinceri amoris est noscenda proprietas, ne sub sono nominis 1 36 25
Abraham patriarcha noster exploratus a deo in senectute suscepit unicum filium. nihil tam sollicitum patri, cuius aetas in annis uergentibus 1 43 1
nihil difficile est fidei, quae tantum habet, quantum credit. igitur Isaac unicus filius, spes populorum et gentium, origo tot rerum, cari genitoris 1 62 3
accepit infans, qui post haec Abraham sacratam deo approbat mentem. unicus ille filius solliciti senis adhuc paruulus, cui pietas et miseratio maior 1 43 3
certior, ex tarditate dulcior, ex desperatione felicior putabatur. unicus numero et in amoris soliditate iam primus totum <paternae ac> 1 59 5
cari genitoris amplexibus inhaerebat. strinxerat in se patris pietatem, quod unicus, quod sero, quod promissus, quod sola unica spes totius praeteritae 1 62 3
miserabiliter iugulauit et exinde hereditaria condicione confectum uniformiter interibat omne genus humanum. nec fuit ullus ulli usquam 2 4 5
omnipotentia omnipotentiam propagat. *de deo nascitur deus*, de ingenito unigenitus, de solo solus, de toto totus, de *uero uerus*, de *perfecto* 1 17 2
cuius ex ore, ut rerum natura, quae non erat, fingeretur, prodiuit unigenitus filius, cordis eius nobilis inquilinus exinde uisibilis necessario 1 50
ut mortem deuincat; inferos penetrat, ut mortuos uiuos inde reducat; unigenitus prodeundo de patre ante originem rerum, *primogenitus a* 2 5 3
tersui opus est praebiturus, sed et denarium aureum triplicis numismatis unione signatum. gaudete itaque! in fontem quidem nudi demergitis, sed 1 23
quae nos diligere deum ac soli illi seruire in sacramento semel creditae unitae trinitatis non argumento, non necessitate, sed uoluntate compellit, 2 3 2
Christi noscuntur esse conflati. etenim conflatio et puritatem designabat et unitatem; carbo enim uerbum dei est, ara lex, forceps duo testamenta, 1 37 3
iuuenum uirtute fortiores, sibi pares, trinitatis sacramento praemuniti, unitatis una fide solidi, <uirtutis> aequalitate pares, passionis uictoria 1 53 1
una substantia, una aequalitas, una uirtus maiestatis augustae, unito in lumine una dignitas retinetur. si quid enim filio detraxeris, ad 2 5 10
pretiosae uirginitatis festa, utrisque dulcis occisio? ubi amor, qui in aequo unitoque coniugio, e duobus altero superante, non moritur? tunc non illa 2 7 6
incensis hymnum canentibus flamma blanditur. deus a creatura uniuersa benedicitur. in tribus una mens, una uirtus, unus triumphus 2 27
optime Christiane, scire cupio, quae sint tua, cum sint timentibus deum uniuersa communia, sicut scriptum est: *turba autem eorum, qui* 2 1 18
per hominem necesse habuit, ne phantasma putaretur, edicta legis uniuersa complere. non enim aut *finis legis* aut uerus Christus esse 1 3 17
nomine crux uocatur, quia per ipsam dominus Iesus Christus mysteria uniuersa conficiens atque concludens patri et Adam reportauit et iter ad 1 37 15
potest illi aliquid nec addi nec minui; solus omnipotens, quia ex nihilo uniuersa constituit, uirtute regit, maiestate custodit; solus indemutabilis ac 1 7 3
magnitudinem, opus, ornatum anne materiam; ita enim in unum decorem uniuersa conuenerant, ut legitima domus dei caduca illa ambitio putaretur. 2 6 2
Euam uulnerans interemerat, per aurem intrat Christus in Mariam, uniuersa cordis desecat uitia uulnusque mulieris, dum de uirgine nascitur, 1 3 19
esse patiuntur, sed pectorum aperiunt cuncta penetralia, diligenter uniuersa crimina expellunt ac rursus diligenter accludunt, ne quid illo uel 2 24 1
uelocitate mira contendunt, cui totus militat mundus, aetas cui uniuersa deseruit. pro nefas! quae istae sunt tenebrae? inest omnibus et ab 2 1 8
publicare. sed non opus est ire per singula, cum uno exemplo noscantur uniuersa eius mala, propheta dicente: *idola gentium argentum et aurum.* 1 14 4
cupidum semper horrueris, stupeas passim in pauperes et egenos sua bona uniuersa fundentem; postremo quem noueris idolatriae fanum, gaudeas dei 2 29 3
sua peccata contestans, secundum domini dictum a quo procedunt uniuersa genera peccatorum, pectus crebro percutiens quodam modo cor 2 9 9
denique iniuriae suae testes citat caelum terramque: terram, in qua uniuersa geruntur, caelum, sub quo geruntur. filios appellat, ut exaggeret 2 21
ad proximum suum; labia dolosa; in corde locuti sunt mala. disperdat deus uniuersa labia dolosa, linguam magniloquam; qui dixerunt: linguam 2 9 2
quaeris, quam etiam ipsam infidelitatis ream constituis, canentis cum uniuersa non credis? sin uero fidem spiritus calles, aliquam demonstra 2 3 13
nostrum mare uoluntarios suscipit, feliciter naufragos facit interimensque uniuersa peccata genitali unda submergit, ut caelestes effecti terram 1 46b 2
radix omnium malorum est auaritia; hac enim matre eademque magistra uniuersa quae diximus, sed et alia multa, immo omnia undique sine pausa 1 5 4
igitur omnia combinata unius fructus rediguntur in summam, quoniam uniuersa quamuis gemina esse noscantur, tamen una de radice funduntur. 1 37 14
inter tot instrumenta mortis spectatore metuente secura calcat genera uniuersa terrorum; incolumis quasi orbe subacto de illo ferali caueae — 2 2 7
est regno, in quo uenturus et *iudicaturus est uiuos et mortuos*, sicut lectio uniuersa testatur, qua praedicat Christum oportere *regnare* cum sanctis 2 5 7
passim totas hominis dei facultates inuadit, subito rapina, igne ferroque uniuersa uno momento disperdit. hinc Iob alta fidei radice robustus tot 1 15 3

adeo tolle spem: torpet humanitas tota; tolle spem: artes uirtutesque uniuersae cessabunt; tolle spem, et interempta sunt omnia. quid facit ad 1 36 2
contemptrix, solum metuens ne desit ulli quod radat. inde est, quod uniuersae nationes mutuis cadunt per momenta uulneribus, concussae 1 5 3
inani pauperes uoto, cultores dei odio simulato, totae autem gentes uniuersaeque nationes gladio. per orbem totum uesana bacchatur nouis ac 1 14 1
defensanda regalia fortiter ac tenaciter signa; aestus, frigus, famem, sitim uniuersaque discrimina aequanimiter perferenda; mundum abdicatione 2 4 11
saecularis; illa octauo deseruit diei, huic deseruiunt tempora, dies, horae uniuersaque momenta; illa ante octauum uel post octauum diem nec ipsi 1 3 23
inmobilis manet, alta quadam ac diuina temperantia robuste librata, uniuersas permotiones animorum placida moderatione compescens, et ut 1 4 3
quae est idonea expultrix auaritiae, manet atque gloriatur, digni estis uniuersi aurum argentumque non tam habere quam esse. nam uos estis 1 5 17
si fatetur. magna ratio, magna potestas, magna pietas iudicis nostri, a quo uniuersi generis peccatores, ut possint beate uiuere, puniri festinant. mira 1 42 1
o magna potestas, magna peritia, magna pietas iudicis nostri, a quo uniuersi generis peccatores, ut possint beate uiuere, puniri festinant. 2 10 2
ut opinor, praestigiae mundanae patuerunt. in quibus cum peritius agant uniuersi homines, quam dici potest, superfluum est demorari. unde nunc 2 1 11
Dauid dicente: *domini est terra et plenitudo eius, orbis terrarum et uniuersi qui habitant in eo*? Iob diabolus ter temptauit; similiter 1 15 7
totius humani generis fundamenta confirmat, haec nominum proprietates uniuersis affectibus praestat, haec parentum, coniugum liberorumque sacra 1 1 1
felicitatis sit nosse, quid fecerint. igitur Iob uir fuit iustus et uerax, ab uniuersis concupiscentiis huius mundi secretus, conuersatione limpidus, 1 15 2
ire per singula, maxime quia caritas sua ingerit fortiora. quae ita rebus uniuersis est praedita, ut sit omnium iure ipso regina. triumphet licet 1 36 10
ac singulos quosque ad funestum illud spectaculum trahi, contemptis uniuersis facultatibus suis, amputatis radicibus saeculi delitescens 1 39 3
uitiorum, uiolentis quasi quibusdam tempestatibus naufragatum momentis uniuersis in interitionem cogitur omne genus humanum. namque sapientia 2 1 6
tam facile non amari! est enim artifex ac dulce malum et hominibus uniuersis semper infestum. denique non habentibus diuitias habendi inicit 1 14 1
iactat se ludibunda per nemora, fontes, prata, baias, ciuitates ac rura, uniuersis uoluptatibus saepta, in cupidinem sui utrumque sexum, omnes 2 4 10
aeterno rege sub Christo; secunda uero, quae impios cum peccatoribus uniuersisque incredulis gentibus perenni destinat poenae, in Psalmis spiritu 1 2 23
Iudaicum populum uniuersum salutis suae amisisse praesidium diuini carminis textus ostendit. 2 21
uelociter scribentis. calamus fissus est, fratres, duosque uertices gerit in unius acuminis tenuitate digestos, unam litteram utroque conficiens; cui si 1 37 4
cultros, sed eorum unus est morsus; et gladius duas acies gerit, sed sunt unius corporis latera; et denarii sunt duo, sed una moneta signati; et scala 1 37 14
proprium nec firmum, quod habet statum semper incertum, quippe cum unius electio sit alterius reprobatio. uel si omnes omnino amplectendae 2 3 7
omnes unanimes, omnes inmortales, omnes sunt semper aequales; quod unius est, omnium est; quod omnium, singulorum. uultis scire, quae illic 1 5 18
et filius non careat quod daturus. totum pater, totum possidet filius; unius est quod amborum est; quod unus possidet, singulorum, domino ipso 2 5 9
culminis angelis lucis et hominibus iustis. haec igitur omnia combinata unius fructus rediguntur in summam, quoniam uniuersa quamuis gemina 1 37 14
antequam iugulet taleque est commentus pietatis excidium, ut in illa unius funeris turba paternus dolor non sufficeret orbitati, cum nescit, quem 1 15 4
ad praemia inmortalitatis admitteret. sicque factum est, ut, quomodo per unius hominis damnationem in omnes homines damnatio, sic per unius 2 4 7
per unius hominis damnationem in omnes homines damnatio, sic per unius iustificationem in omnes homines iustificatio aeternae decurreret 2 4 7
fenestrarum lumen implorat, quia sol aeternus in eo manet. inaestimabilia unius plenitudinis tria illi sunt membra, unum secretarium et patentes 2 6 7
tu specialiter omnem populum diuinasque uirtutes quasi crines effusos in unius uerticis nodum, honorem decoremque conducis. felix aeternumque 1 4 22
fides puniri non timuit. inmissis camino ignis exaestuans detulit, ut eos unius uirtutis esse persensit. denique arsit incendium incendentibus, non 1 48
rursum eadem quae es sis melior futura cognosce. praeterea granum uniuscuiusque frumenti conditum terrae interit et tamen in eo id, quod 1 2 22
curuis, semipallidis oliuis et felicitatem praestat et gratiam, cum [in] uniuscuiusque temporis fetus partu crudo in alterius contumeliam 1 4 6
leuare consuerunt. hanc in Apocalypsi Iohannes bis acutum gladium cum uno capulo nuncupauit, quem ex ore domini prodire describit. gladius 1 37 2
habet interiectum neque conscium qui ex paterni oris affectu processit uno consensu. secunda uero carnalis sicut est frequentibus oraculis prodita, 1 54 2
ceteros antecedimus. incomparabilis autem gloria ac uere deo digna, cum uno consensu, una fide alter alterum commendans deuotione consimili 2 6 5
uiduatur. numerent martyria, qui possunt numerare supplicia, et in uno corpore quantum diabolus publicatus est furere, tantum agnoscatur 1 39 9
trophaeis coronam competenti ualeat sermone disserere, dum in uno corpore tot martyria uideantur esse quot membra? armauerat diabolus 1 39 1
Esaias in modum forcipis uidit; quibus ad conflanda labia inquinata ab uno de seraphim ex ara dei sublatum carbonem uaticinando perhibuit. 1 37 2
ecce iam canitur, ecce mox infantum dulcis uagitus auditur, ecce parientis uno de uentre clarissima turba procedit. noua res, ut iure spiritali 2 28
nihilque unicuique, nisi quod amauerit, rectum est, maxime quod uno desiderio omnes excolunt populi, dubium non est, quia aut hostis 2 7 1
refrigerium Lazarum uerum diuitem sero cognoscit cupitque mortuus uel uno digito illis contingi manibus, quibus stipem denegauerat uiuus. odit 1 2 9
quibus uasis quibusue ministris? at si descrete fiunt ista, nihil prodest. ex uno enim proficiscendo et in unum remeando si non confusione, uel errore 2 7 14
priuata. etenim damnum patientur ubertatis et gratiae, si adimatur, quod uno eodemque aestu alterum ex altero decoratur. 1 7 4
cuius cupidine flagrans humanitas per momenta suspirat, tamen omnes uno eodemque consensu quasi quendam patientiae deferuntur in portum, 1 4 1
puniri festinant. descendit quippe gladius pius in uiscera peccatoris et uno eodemque ictu, incolumi corporis manente materia, interficit *hominem* 2 10 2
geritur quam quod dicitur, ut et impudicitiae malum et bonum pudicitiae uno eodemque suggestu facillime possit agnosci. Ioseph, Hebraeus 1 1 15
certissimum periculum publicare. sed non opus est ire per singula, cum uno exemplo noscantur uniuersa eius mala, propheta dicente: *idola* 1 14 4
exempla uel ratio, quam prosecuturi sumus, argumentationis totius uno ictu omnes neruos abscindet. quapropter duas esse natiuitates domini 2 8 2
mortis fiducia. denique quod sapientia legibus per industriam colligit, uno impetu aliquotiens clusis oculis illa <illidit>. tertio diues est auaritia, 2 1 7
ornamentum, insigne pudicitiae testimonium, *e senioribus duo,* sed uno incensi prodigio, secus quam decuerat *deperire coeperant.* quam cum 1 1 17
dissimulando plus pugnat. ille eius magnum atque opulentissimum censum uno momento disperdit cohortemque florentissimam dulcium liberorum 1 4 18
totas hominis dei facultates inuadit, subito rapina, igne ferroque uniuersa uno momento disperdit. hinc Iob alta fidei radice robustus tot nuntiis 1 15 3
utroque cessante actumque est de mundo mundique tota substantia, si uel uno momento diuinitatis cessat imperium. at si, ut ratio ipsa proclamat, 2 5 5
in alio, in utroque crescit, in utroque non desinit. uerum tamen eos uno momento exigua humus et peraequat et satiat, enorme quod cum tota 1 5 11
iam liberi mundi estis infantes et, quod est admirabile et gratum, subito uno momento facti aetatibus diuersis aequaeui. sed curiositatem uestram 1 38 1
in quaestus, nec quisquam prorsus inueniri potest, qui ei saltem uel uno momento iustitiae frenos inponat. inquieta semper exaestuat, saeuit, 1 5 1
feliciter non habet; diues, cum diuitias putat se non habere, quas habet. in uno nititur auaritia, bacchatur in alio, in utroque crescit, in utroque non 1 5 11
qua genitura quoue signo tam diuersos, tam plures, tam dispares una uno partu uestra uos peperit mater. sicut paruulis morem geram sacrique 1 38 2
gemit instanti poenae aliquid de facultatibus notis mederi non posse, pro uno puncto requiei incunctanter tota, si liceat, paratus offerre. superstitibus 1 2 10
congregatione, concordia testari caritatem atque ita omnis motus quasi uno sensu magistra dilectione conuerti, ut quiuis intelligat hoc fieri non 1 36 15
amne non magno opere noster Aquarius delere consueuit. quem necessario uno sequuntur duo Pisces in signo, id est duo ex Iudaeis et gentibus populi 1 38 7
et gentibus populi baptismatis aqua uiuentes, in unum populum Christi uno signo signati. 1 38 7
sibi praeportat, ille aram struit. ille exserit gladium, ille ceruicem. uno uoto, una deuotione, ne quid profanum sit, diligenter ac patienter 1 4 14
unius acuminis tenuitate digestos, unam litteram utroque conficiens; cui si unum adimas, alterius inanis est usus. unde recte testamenta sunt duo, 1 37 4
quod duplicem nubis et ignis imaginem gerit, iudicia duo designat: unum aquae, quod gestum est, ignis alterum, quod futurum. mare fontem 2 26 2
quem ex ore domini prodire describit. gladius enim spiritus sanctus est unum capulum habens, id est unam substantiam, uirtutem, deitatem, 1 37 2
duobus capitibus unam litteram fingunt, id est sacrae legis duobus edictis unum Christum dei filium spiritali temperamento conscribunt. quae sine se 1 37 4
dignum est, duo maria, quae in semet recumbunt, freto aestus alternos in unum conferente connexa, quae, licet sui proprietate, locis uocabulisque 1 7 4
miraretur: magnitudinem, opus, ornatum anne materiam; ita enim in unum decorem uniuersa conuenerant, ut legitima domus dei caduca illa 2 6 2
errat igitur quisquis disputationem legis aestimat fidem, quisquis duo in unum diuersa confundit. disputatio enim sicut excolit legem, ita, si uersuta 2 3 4
corporis potestatem non habet, sed uxor. sic igitur, quoniam una sunt caro, unum diuini operis sacramentum, quoniam femina de uiro suo facta est 1 1 14
ipso dicente: *ego et pater unum sumus*. quod non utique sic ait, ut in unum duos redigendo confunderet, sed ut duorum unam diuinitatis 2 8 4
homines moribus, aetatibus, dicione ex una natura unum spiritum, unum efficis corpus. tu martyres gloriosos a confessione Christiani nominis 1 36 30
et ecce angeli accesserunt et ministrabant ei. unde dubium non est unum esse iter aerii culminis angelis lucis et hominibus iustis. haec igitur 1 37 13
seruitus, non habent hereditatem in regno dei et Christi, ostendens unum esse regnum patris et filii. recte igitur patri tradet regnum qui dixit 2 5 8
tria esse genera, nouelle, disce, Christiane, ne quo seducaris errore. unum est enim detestabile, alterum reprobum, tertium mundum. 1 25 3
spiritus semine a mortuis rursus gloriosos in angelos excitabit. ad hoc unum euidens adhuc proferamus exemplum, quamuis non possit ueri simile 1 2 27
quid statis genere, aetate, sexu, condicione diuersi, mox unum futuri? fontanum semper uirginis matris dulcem ad uterum 1 55
enim a iusto didicit, id facere iniustum quoque compellit, bifarie inclita: unum glorificando, alium corrigendo. constat ergo omne Christianitatis 1 36 18
primus homo e limo terrae, secundus e caelo, dubium quippe cum non sit unum hominem tantum e limo terrae a deo finctum eique eius ex latere 2 4 1
creaturam potius quam creatorem. itaque tria conuenit esse iudicia: unum iustorum, qui non tantum, ut dictum est, non iudicabuntur, sed 1 35 7
pariat. ac ne quem plus amare uideatur aut minus, unam natiuitatem, unum lac, unum stipendium, unam spiritus sancti praestat omnibus 2 29 2
nosse, uter patiatur iniuriam, nisi quod ambo patiuntur, quia amborum unum nomen est deus. igitur duas natiuitates esse domini nostri Iesu 1 54 1
id est duo ex Iudaeis et gentibus populi baptismatis aqua uiuentes, in unum populum Christi uno signo signati. 1 38 7
deos asserendo atque abominanda figmenta colendo — , tactu carbonis in unum populum per confessionem nominis Christi noscuntur esse conflati. 1 37 3
est mater omnium, quae nos adunatos, ex omni gente et natione collectos unum postmodum efficit corpus. 1 55
at si descrete fiunt ista, nihil prodest. ex uno enim proficiscendo et in unum remeando si non confusione, uel errore fiunt una. quid, quod illius 2 7 14
possunt, sed satis otiosum est in his demorari, quae in toto iam non sunt. unum sane necessario proferemus exemplum, quod et Iudaei odiosum et 1 25 7
in eo manet. inaestimabilia unius plenitudinis tria illi sunt membra, unum secretarium et patentes semper duodecim portae, quas ab hostili 2 6 7
timoris quidem, fratres dilectissimi, uocabulum est unum, sed accedente ratione timor discernitur a timore. fiunt enim duo: 2 2 1
neces animarum in phaleris pendent ornatae matronae! ornamentum cuius unum si soluas in pretium distribuasque necessitatibus singulorum, ex 2 1 19
domo, infelicior certe, si scieris. proponamus itaque, ut saepe contingit, in unum sibimet conuenire diuersae religonis diem, quo tibi ecclesia, illi 2 7 14
tu diuersos homines moribus, aetatibus, dicione ex una natura unum spiritum, unum efficis corpus. tu martyres gloriosos a confessione 1 36 30
ac ne quem plus amare uideatur aut minus, unam natiuitatem, unum lac, unum stipendium, unam spiritus sancti praestat omnibus dignitatem. quam 2 29 2
ac deitatis est una substantia, domino ipso dicente: *ego et pater unum sumus*. quod non utique sic ait, ut in unum duos redigendo 2 8 4

subicitur, per quem pater semper honoratur. denique inquit: *ego et pater unum sumus*. unde non diminutiua, sed religiosa, ut dixi, subiectione est 2 5 10
plura ad laudem huius beatitudinis uestrae possem dicere, nisi essetis mei. unum tamen prae gaudio tacere non possum: fenerando pauperibus omnes 1 14 9
possis circumscribere petitorem. quicquid feceris, uirgo iam non eris; unum tamen scio, quia nihil distat a prodigio, quisquis alterius causa et 2 7 8
tuam *et ueni sequere me*. de hoc nescio quid possit quispiam promouere; unum tamen scio, quia nullus est nostrum, qui non momentis omnibus 2 1 16
dubia, soli sibi deuota, semper bene conscia, prorsus nulli rei subiecta, unum tantummodo metuens, ne <non> sit amplius quae uocatur. 1 1 1
plaga inimici percussus populosis ulceribus non distinctus est, sed totus unum uulnus effectus. uerum tamen in his omnibus nihil aduersus deum 1 15 5
sunt duo, sed testator est unus; et scribens canna diuisa est, sed unus calamus; et forfex in duos producitur cultros, sed eorum unus est 1 37 14
debemus accipere, qui, cum essent anterioris uitae facinoribus inquinati — unus Christum blasphemando atque persequendo, alius deos asserendo 1 37 3
cum cognationis ipsa hoc exigant iura. clamat enim prophetes: *deus unus creauit uos; nonne pater unus est omnium uestrum?* quisque igitur 1 36 22
unum, sed accedente ratione timor discernitur a timore. fiunt enim duo: unus dei, alter qui naturae sit; naturae in homine nascitur, dei autem et 2 2 1
panis cum signo datur, aqua cum uino, sal, ignis et oleum, tunica rudis et unus denarius; quem qui libens acceperit acceptumque non spreuerit, sed 2 6 8
nescit; non pro honore, quia ambitiosa non est; non pro sexu, quoniam illi unus est ambo; non pro tempore, quia uaria non est; *non aemulatur*, quia 1 36 12
in Iudaeae templo plurimi, sed magnus, praeclarus, pretiosus ac speciosus unus est lapis, qui quadrae turris totam solus sustinet molem. cui non 2 6 6
est, sed unus calamus; et forfex in duos producitur cultros, sed eorum unus est morsus; et gladius duas acies gerit, sed sunt unius corporis latera; 1 37 14
exigant iura. clamat enim prophetes: *deus unus creauit uos; nonne pater unus est omnium uestrum?* quisque igitur nobilitatis suae conscientiam 1 36 22
sicut sacra scriptura testatur, erat ante omnia manens unus et idem alter ex semet ipso in semet ipsum deus, secreti sui solus 1 50
tamen una de radice funduntur. testamenta sunt duo, sed testator est unus; et scribens canna diuisa est, sed unus calamus; et forfex in duos 1 37 14
et scala duos scapos habet et gradus plurimos, sed eius ascensus est unus. gradus autem eius, fratres dilectissimi, si uultis scire, quid uocentur, 1 37 14
est? o sancta aequalitas ac sibi soli dignissima indiuiduae dealitatis! unus homo ad duorum imaginem et similitudinem fingitur nec tamen in 1 45 2
quae cotidie merces, quae impendatur annona. omnibus peraeque unus panis cum signo datur, aqua cum uino, sal, ignis et oleum, tunica 2 6 8
et satiat, enorme quod cum tota ambitione sua non potest aurum. hinc unus pecuniam suam tamquam hamum proponit, ut facultates ad se 1 5 12
totum pater, totum possidet filius; unius est quod amborum est; quod unus possidet, singulorum, domino ipso dicente: *omnia quaecumque habet* 2 5 9
est timor domini cum illis, non corrideas animae illorum; melior est enim unus timens dominum quam mille filii impii? cum haec ita sint, age uidua, 2 7 5
deus a creatura uniuersa benedicitur. in tribus una mens, una uirtus, unus triumphus exsultat. melioratur uita supplicio. rex non inuiderat 2 27
tamen ad exprimendam uim impudicitiae uisa sunt necessaria, ut sciat unusquisque ad idolatriam pertinere luxuriam. ipsa, inquam, mortuorum 1 1 12
ista sunt uerba: *deminuerunt ueritates a filiis hominum. uana locuti sunt unusquisque ad proximum suum; labia dolosa; in corde locuti sunt mala*. 2 9 2
sed non eo dico, ut ingratum faciam doctrinae beneficium, sed ut sciat unusquisque aliud esse fidem, aliud esse tractatum nec fidem per tractatum 2 3 11
dicente: *omnes nos manifestari oportet ante tribunal Christi, ut recipiat unusquisque corporis sui merita secundum ea, quae gessit, siue bona siue* 1 2 15
compellit implere desideria uoluntatis. qui si fuerit uitiosus, quot habet unusquisque membra, poterit perpetrare tot crimina. denique hoc genere 1 3 9
uno de uentre clarissima turba procedit. noua res, ut iure spiritali unusquisque nascatur. ultro currite ad matrem, quae tunc non laborat, si 2 28
secta alios non bene auocantes diuina sacramenta contaminant. iam uideat unusquisque, quemadmodum sacrificium aut sumat aut offerat; sicut enim 1 25 12
religonis diem, quo tibi ecclesia, illi adeunda sint templa. quo genere unusquisque suum sacrificium procurabitis, quo sumptu, quibus uasis 2 7 14
sicut et scriptum est: *uos estis templum dei, et spiritus dei habitat in uobis*. 2 30 4
lacteum genitalis fontis ad laticem conuolate. fortiter bibite, ut semper uobis aqua sufficiat, hoc principaliter scientes, quia hanc nec effundere 2 14
subiecti toto impetu totaque deuotione uestra uasa replete, ut semper uobis aqua sufficiat, hoc ante omnia scientes, quia hanc nec effundere licet 1 12
uos si terrena metalla tempseritis, longe his uitae uestrae thesaurus. uobis auro constructa aetheria illa ciuitas destinata est. nulla intrare 1 5 17
fuistis. sed fortiter examinati estis. sed ut indulgentiam perciperetis, pro uobis bene uigilastis, optime estis auditi. nouum iudicii genus, in quo reus, 2 10 2
prodidit Esaias his uerbis: *audite itaque, domus Dauid: non pusillum uobis certamen cum hominibus, quoniam deus praestat agonem. propter hoc* 2 8 7
et filii et spiritus sancti, docentes eos seruare omnia quaecumque praecepi uobis. dabis autem *pro me et pro te*: hoc est meam praedicabis crucem, 1 37 7
operis perennis ista laudatio. exsultate, pauperes [spiritu]: per uos et in uobis dei maior est domus; nam et omnibus aequales estis et pedaturas 2 6 10
filios tuos sicut gallina pullos suos sub alas et noluisti? ecce remittetur uobis domus uestra; et iterum: *non relinquetur in templo lapis super* 2 6 3
subtiliter custoditis. probatio longe non est. ius templorum ne quis uobis eripiat, cotidie litigatis. non hi solum, qui tales sunt, displicent deo, 1 25 10
templum, apostolo dicente: *uos estis templum dei et spiritus dei habitat in uobis*. et uerum est, nam sicut idolis insensatis similia templa conueniunt, 2 6 4
possitis, esurienter accipite. pater familias panem uinumque pretiosum uobis ex usibus suis sua de mensa largitur. tres pueri unanimes legumina 1 24 2
ipse serueris. postremo aequiparatur laus uestra laudi pudicitiae; illa enim uobis exhibet sanctitatem, uos ei amorem. per hanc attingitis Christum, 1 1 4
diuinis exemplis oportuerat perorare, esset si quis hic talis. sed quia in uobis fides et pietas, quae est idonea expultrix auaritiae, manet atque 1 5 17
fuistis, sed fortiter examinati estis et, ut indulgentiam perciperetis, pro uobis ipsis bene uigilastis; optime estis auditi. nouum iudicii genus est, in 1 42 1
tuum et cor seminis tui ad dominum deum tuum amandum. hinc nunc uobis iterum dicam: 'Pharisaee, responde, ubi cor habeas constitutum. si in 1 3 14
est, quorum pia semina totius quodam modo orbis per membra iactantur. uobis multi redempti, multi edictis feralibus liberati, multi condicionibus 1 14 8
gentes quam Iudaei fuerant crediturі, domino dicente: *amen, amen dico uobis, quia publicani et meretrices praecedunt uos in regnum dei*. haedum 1 13 9
uinariam dominicam cellam communi gaudio repleuerunt. quod ut uobis quoque fide uestra adolescente contingat, praestabit deus pater 1 10b 3
tamen prae me fero, fratres dilectissimi, quod ista, et non ambigua, in uobis renitet assertio; deum enim patrem uos et habere et possidere 1 1 4
cum hominibus, quoniam deus praestat agonem. propter hoc dabit deus uobis signum: ecce uirgo in utero accipiet et pariet filium et uocabis nomen 2 8 7
fonte omnes qui beati sunt gustant; ecce enim de ipso dictum est: *orietur uobis sol iustitiae*. Iob uerax est appellatus; at est uera ueritas dominus, 1 15 7
ipse, cui perhibes testimonium. ubi est ille, qui inuicem desiderantibus uobis tardior ceteris uidebatur primus matrimonii dies? ubi pretiosae 2 7 6
cum esset in terris, fecisse inuenimus officium, ipso dicente: *amen dico uobis: uidebitis caelum apertum et angelos dei ascendentes et descendentes* 1 37 13
duris exuti gratias agunt. uestrae domus peregrinis omnibus patent; sub uobis uiuus mortuusque diu numquam uisus est nudus. iam pauperes 1 14 8
curiositatem uestram bene noui. ueteris uitae usurpatione, quod quidem uobis ulterius non licebit, fortassis requiratis et a nobis, qua genitura 1 38 2
uos ei amorem. per hanc attingitis Christum, immo illa per uos uobiscum complectitur Christum. per hanc a deo patre quod petitis 1 1 4
dabit deus uobis signum: ecce uirgo in utero accipiet et pariet filium et uocabis nomen eius Emmanuel. butyrum et mel manducabit, priusquam 2 8 7
ualuerunt transferre, sed nomina, iustitiam stultitiae, iniustitiam sapientiae uocabulis infamantes. quae si ad sua corrigas propriisque sedibus reddas, 2 1 4
alternos in unum conferente connexa, quae, licet sui proprietate, locis uocabulisque discreta sint, tamen trini profundi saporis una uirtus, una 1 7 4
atque in ultimis uitae curriculis Sarrae uterum filius aperuit primo uocabulo, cui iam auiae reuerentiam senectus uerecunda detulerat. sub hac 1 59 1
deum asserentes, qui a sanae mentis hominibus ne hominum quidem uocabulo digni iudicarentur. pro quibus causis a deo non tantum sunt 1 13 4
inquit, *omnis terra*, et alibi: *audi*, inquit, *terra, ex ore meo*. quo uocabulo gentiles homines sine dubio comprehendit, in quibus adhuc erant 1 61 4
et qui ascendit in caelum, filius hominis, qui erat in caelo; filius hominis uocabulo, non natura. non enim bis carnem induit dominus. sed sic 2 4 3
aetas auiam testaretur, matrem partus ornauit, cum sub incerto affectionis uocabulo pietas nutaret et, cum filium proferret uterus, nepotem senectus 1 59 4
timoris quidem, fratres dilectissimi, uocabulum est unum, sed accedente ratione timor discernitur a timore. 2 2 1
uidelicet Abraham, qui filium quondam Isaac habuit: simplex quidem uocabulum, sed multiplex pronuntiatio. hic namque, carissimi, desperatus 1 59 1
et hoc est, in quo est, quod est ille, qui inest, duplex persona, duplex uocabulum, sed originalis perpetuitatis ac deitatis est una substantia, 2 8 4
seruiat, in solo ipso fiduciam gerat, a fidelitate et fiducia fidelem se uocari cognoscat, inculpatis moribus uiuat, conscientia eum bona, non 2 3 19
quoque necessario est etiam illud, a quo quid agatur in templo. sacerdos uocat, ostium credulitas aperit, simplicitas introducit, intellectus inuitat, 2 6 9
confutat. humana sentienti nundinari deterius quam puniri. denique filios uocat, ut abdicatio timeatur; exaltatos, ut ruina terrori sit; spretores, ut 1 30
rei subiecta, unum tantummodo metuens, ne <non> sit amplius quae uocatur. denique in solitudine, quae a moechantibus uocatur occasio, se 1 1 1
ab altero eorum, si non transducitur, perfidia, cum transducta fuerit, fides uocatur! o quam non uera, si *factionibus pollet*! o quam publicana, cuius 2 3 10
sit amplius quae uocatur. denique in solitudine, quae a moechantibus uocatur occasio, se tamquam arbitrum timet omneque secretum plus quam 1 1 2
scaporum nomina duo testamenta. scala autem proprio nomine crux uocatur, quia per ipsam dominus Iesus Christus mysteria uniuersa 1 37 15
exitium et deo ante negotium parricida est; nec eius saltem coercentis uoce comprimitur, sed eo magis ac magis instat, donec effusione sanguinis 1 4 9
paternus affectus et maternus pendebat, ad explorationem fidei suae diuina uoce postulatur ad uictimam. 'uolo, dixit deus, mihi fieri sacrificium, 1 43 3
castigat postulatque tantum ueniam delictorum taciturnitate, non uoce. quorum quis quid sit consecutus, accipite: qui totum sibi ipse 2 9 9
saeptus erat maestus ac tristis calamitatibus humanis! et clamat non uoce, sed corde, non clamore, sed fide, quam scit deum libenter audire. 1 34 3
animas inspirauerіs nec salutem praestare possis. unde uel sero sacrilegam uocem comprime humanae fragilitatis memor, qui in hoc ipso, quod 2 1 21
inter pecora non potest inueniri. dies festi eius et cantica secundum dei uocem in planctum et luctum illi profecerunt. superba illa ciuitas seruit. 1 28 2
est unus. gradus autem eius, fratres dilectissimi, si uultis scire, quid uocentur, audite: conuersio, audientia, intellectus, credulitas, timor, 1 37 15
posse testatur frigidumque latus male dilatato queritur lecto; inuidiosis uocibus deo concinnat inuidiam, solemnia ipsa diuina, quibus a 1 2 14
sunt omnia, ut quicquid in eo geritur, non debere diligi a nobis sacris uocibus dum iubetur, recte sapientibus exsecrabilis esse uideatur, Iohanne 1 36 27
nefandis superstitionibus miscuisset, talibus in eum sanctissimus martyr uocibus exsiliit: 'quid, inquit, uanissime omnium iudicum, putasne aut de 1 39 5
martyris, qui in eius forte degebat habitaculo, absentem esse assiduis uocibus inclamabat. hunc uero profitentem ad nefandam custodiam noxiae 1 39 4
ueritatem et Iudaeus suum cognoscat errorem. solet enim magnis cum uociferationibus saepe iactare hanc esse gentis suae nobilitatem, hanc 1 3 1
suasorio ac delectabili luculentae orationis compta mendacio, armata uocis tuba et gladio linguae omnes actus ad se trahit, congregat turbas, 2 1 6
enim diabolus cum diuerse hominum mentes capit ac decipit, sic Cupido uocitari a luxuriosis suis sibi cultoribus coepit. nunc ergo uideamus, unde 1 36 27
ac bella. cotidie mugitibus alienis quaeritur lucrum et proscriptio industria uocitatur et appetitio rei alienae sub praetextu propriae defensionis ac 2 1 17
quid auium diuersarum decora commercia litterataeque quid arduis uolatibus *aeriae grues*? quid piscium dissimilium cum suis sibi ductoribus 1 4 6
morte rapti iecoris spirantes consulunt fibras nec per uarios auium uolatus coniecturis inanibus statum plumeae salutis inquirunt, sed a suo 1 34 9
etenim uere perfectus deus non esset, si esset aliquid quod esse uolens esse non posset. denique uultis scire conpendio ueritatem? factus est 2 8 9
apostolus mentionem dicens: *nam iustitiam dei ignorantes et suam uolentes constituere iustitiae dei non oboedierunt*. sed cum de futuro nihil 2 1 2
prodidit, prophetia passurum dominum praedicauit, utrosque uolentes, illum condicione, dominum pietate. cetum esse non dubitatur 1 34 8

uobis auro constructa aetheria illa ciuitas destinata est. nulla intrare uolentibus mora; patent duodecim portae, habitacula praeparata sunt 1 5 17
repeti potest, quod legum circumscriptionibus, non potest. glorietur qui uolet ista iustitia, uerum tamen sciat, quia misero est miserior qui miseriis 2 1 17
alio autem loco ait: *hoc dico secundum ueniam, non secundum iussum; uolo autem omnes uos esse sicut et me,* ac per hoc ideo nubere melius, quia 2 7 2
ad explorationem fidei suae diuina uoce postulatur ad uictimam. 'uolo, dixit deus, mihi fieri sacrificium, Abraham, tuis manibus in monte de 1 43 3
non omnis caro eadem est caro: alia est hominis, alia iumenti, alia caro uolucrum, alia piscium. et corpora sunt caelestia, sunt et terrestria. itaque 1 2 25
potestatis habet, ut, cum sui domicilii saepto teneatur, tamen quicquid uoluerit, omnibus momentis illustret. non ergo carnale hoc domicilium 1 27 3
potestatis habet, ut, cum sui domicilii saepto teneatur, tamen quicquid uoluerit, omnibus momentis illustret. non ergo carnale hoc indumentum 2 30 3
remansit sola damnatae uoluntatis inuidia, qui dominum nec agnoscere uoluerunt et sola crediderunt cogitatione puniri, quem nefarium fuerat 1 59 8
Hierusalem, quae interficis prophetas et lapidas missos ad te, quotiens uolui colligere filios tuos sicut gallina pullos suos sub alas et noluisti? 2 6 3
sed sic oportuit praedicari, quia primo, antequam esset, quod se fieri uoluisset, tam figura quam oraculis frequentibus publicauit. igitur 'dei 2 4 3
uestita, hac uidelicet ratione, quia in *thesauris suis* duos denarios intelligi uoluit, nouitate et uetustate duo testamenta. hos duos denarios a 1 37 9
potestatis crastinum diem ac ne ipsum, quo res agitur, quia quod uoluitur semper, in momento quid adferat dubium est. sed oculis 1 5 7
lacessitum fremit mare sollicitique gurgitis praeruptorum montium canis uoluminibus repugnantium litorum spumantia ora contundens minatur per 1 34 5
cumulis, toto corpore insaniat, tamen extremorum pallido ex recursu uoluminum quasi ius terrae cognoscens ac uiolare deuitans mira patientia 1 4 5
hi cum ascendunt uerbis in caelum, cum deum persuadent hoc esse quod uolunt, cum adsimulant se nosse rerum naturae secreta, cum stellis 2 9 1
diremisse ex eaque constituisse *mundum pariter et ornasse.* igitur si, ut uolunt, deus materiam, qua usus est, non fecit, sed aeterna sit, ut ipse est, 1 7 1
sapientes, ut uideri uolunt, Graeciae uiri praeter ceteros curiosi otioso negotio cor suum ultra 2 9 1
quia habent imaginem fidei, professione deo, factis saeculo seruientes. uolunt nosse legem, nolunt eius praecepta seruare. signum salutare 1 35 5
uenerandum prauis moribus laedunt. *orant quia timent, peccant quia uolunt.* unde non est absolutus reatus, ubi de amoris comparatione duarum 1 35 5
martyr se latere non passus est; se ultro offerens iudici moram suam uoluntarie praeiudiciis excusauit. cui cum prouinciae rector pristinae eius 1 39 5
undarum stupentibus rupibus pede sicco transiuit; at nostrum mare uoluntarios suscipit, feliciter naufragos facit interimensque uniuersa peccata 1 46b 2
approbet deo gratum, apud Malachiam prophetam: *non est mihi uoluntas circa uos, dicit dominus, et sacrificium acceptum non habeo ex* 1 25 7
eius lasciua lubricitas nec annis senilibus temperatur; ideo nudus, quia uoluntas eius est turpitudo; ideo pennatus, quia in quaecumque conceperit 1 36 25
de uoluntate nasceris, sed bono puritatis uoluntatem ipsam paris, quia uoluntas fit uoluptas postmodum tua, cum per eam cotidie tricenos, 1 1 20
comparata, siue quod in eius usu et perpetuo et tutius maneat testatoris uoluntas inscripta, seu quod quasi ex transuerso in unam fidem 1 37 8
Christus, *thesauri* eius indeminutae deitatis paterna substantia paternaque uoluntas, *noua et uetera* duo testamenta, quae uidetis recte eadem sine 1 37 9
ergo lex prodest.' absit; prodest, et quidem plurimum, nam per ipsam dei uoluntas populis intimatur, per ipsam disciplina caelestis colligitur ac 2 3 3
semel creditae unitae trinitatis non argumento, non necessitate, sed uoluntate compellit, manifestissimum puto nimis astuto esse simplicem 2 3 2
proprium derelinquens, nisi quod fideliter sine ulla iactantia eius fungitur uoluntate. est autem in publicum tota prominens atque diffusa, sic tamen, 2 1 11
tanta est, ut unicuique homini sua non ab alio commodetur, sed eius ex uoluntate nascatur. ceterum si, ut quidam putant, docentis pendet ex ore, 2 3 1
omnibus uero regina. tu numquam carni, numquam ulli subiaces legi. de uoluntate nasceris, sed bono puritatis uoluntatem ipsam paris, quia 1 1 20
timor, qui nihil aliud agit, nisi ut beatos efficiat; qui timet arte, non casu, uoluntate, non necessitate, religione, non culpa; qui deum metuit, non 2 2 7
legum iniqua impunitate decepti, iustitiam ueram nec ex sua ipsa uoluntate noscentes, quod pati nolunt libenter efficiunt; qui profanae 1 1 13
infelicitatem dominus rei, aliam sibi, id est populi nostri, sua pro uoluntate plantauit, in quam omnis fructus propheticus decucurrit. hic 2 11 1
dominus illa deserta aliam sibi, id est ecclesiam matrem, sua pro uoluntate plantauit, in quam sacerdotalibus officiis excolens piaque potatione 1 10b 2
ad fidem pertinet, pater promissa compleuit, dominus parricidium probata uoluntate prohibuit. ad huius ergo personam Christi refertur uerecunda 1 59 7
ut pater esset pariter et sacerdos. consimilis filii quoque est ex diuina uoluntate securitas. qui cum hostiam prouidet, cuius loco electus fuerat, 1 59 6
uidetisne hunc timorem nobis necessarium, qui in dei amore consistit, qui uoluntate sua se parit, diuinae legis agnitione construit decorem, ad omnia 2 2 4
saeculi. et mundus transibit et concupiscentia eius. qui autem fecerit uoluntatem dei, manet in aeternum, quomodo et deus manet in aeternum. 2 4 12
numquam ulli subiaces legi. de uoluntate nasceris, sed bono puritatis uoluntatem ipsam paris, quia uoluntas fit uoluptas postmodum tua, cum 1 1 20
fama quod feriat. cruciatur diabolus, quod nulla ex parte suam perfecerit uoluntatem: nec adulterium enim, quod factum diffamabat, exercuit nec 1 40 3
nequam, mors et uita; quod elegerit, hoc dabitur ei. unde dubium non est uoluntatem nostram, cui se iunxerit parti, praebere uictoriam eiusque in 2 4 18
nisi deum nihilque ex eo amplius requirendum quam ut quis eius nouerit uoluntatem, sine qua ei nec legitime seruire poterit nec placere. ceterum 1 54 1
significat, quae et euangelicis intexta praeceptis credentes homines uoluntatemque dei facientes quasi per quosdam obseruantiae gradus in 1 37 1
capulum habens, id est unam substantiam, uirtutem, deitatem, maiestatem uoluntatemque patris et filii contestans; duas acies, id est duo testamenta 1 37 2
eligendi mortem uitamue praecepti eruditione commonitus, eum propriae uoluntati commisit. at liuidus ille criminator, qui, quod sensim serpat, 2 4 5
mala. nulla ulli competit excusatio, maxime cum res nostrae commissa sit uoluntati, propheta dicente: *ante hominem bonum et nequam, mors et uita;* 2 4 18
praeputium aliquid esse neque circumcisionem, sed solam obseruationem uoluntatis dei esse fideliter uiuentibus necessariam. 1 3 24
iniuria, si hac necessitate opus esset illi, qui in sinu patris commanens uoluntatis eius perfectionem non didicerat, sed habebat. igitur orbe 1 56 2
quod ab omnibus appetitur et a nullo completur. adde quod index dei uoluntatis est, non dei originis aut naturae. sequitur ut scire debeamus, 2 3 5
uiuit dominus post sepulcrum, et ad Iudaeos remansit sola damnatae uoluntatis inuidia, qui dominum nec agnoscere uoluerunt et sola 1 59 8
subiectum sibi corpus seruilibus officiis suae compellit implere desideria uoluntatis. qui si fuerit uitiosus, quot habet unusquisque membra, poterit 1 3 9
multos *namque dei metus in ecclesia continet, sed tamen* eos mundana uoluptas ad se trahit. *impii non manent, quia his dei nomen in honore est;* 1 35 5
nasceris, sed bono puritatis uoluntatem ipsam paris, quia uoluntas fit uoluptas postmodum tua, cum per eam cotidie tricenos, sexagenos 1 1 20
quia dei praecepta custodiens, huius modi officiis saeculares obterens uoluptates cum fuerit uictor carnisque nexibus liber, repromissae 2 1 14
hanc esse maximam gloriam, ipsam calcare naturam. sed quia uirtutem uoluptates semper offuscant nihilque unicuique, nisi quod amauerit, rectum 2 7 1
ac luridus pallor iam paene uultus perdit humanos nec ullus in membris uoluptati motus. nihil in substantia resederat corporis, sed nihil tamen in 1 59 4
cur in se ipse potissimum superatur?' primo quia genus humanum magis uoluptati quam uirtuti consentit, deinde quia delicias plus diligit quam 2 4 13
sordida et tristis ad eos pertinet, qui idolatriae deseruientes, mundanis uoluptatibus conpediti, libidini uacantes et gutturi, longae nocti, id est 1 33 2
ipse se odit. uenenis eius cotidie totus exaestuat mundus pestiferisque uoluptatibus ita corrupta sunt omnia, ut quicquid in eo geritur, non debere 1 36 27
se ludibunda per nemora, fontes, prata, baias, ciuitates ac rura, uniuersis uoluptatibus saepta, in cupidinem sui utrumque sexum, omnes animas, 2 4 10
pestiferas odit blanditias carnis inimicae et quicquid ingesserit mundus uoluptatis aut muneris, totum respuit praesumens totum se habere, si pura 1 1 2
quis aut iugulatur aut iugulat. uellem scire tamen, tanta eius rabies quid uoluptatis habeat, suo cultori quid praestet. febrem non exstinguit, morbos 1 5 16
tempestas undique mortis incumbit. nonne statim illa, quae erat domina uoluptatum, fit praeda morborum? postremo iacentes reliquias mors 2 4 16
synagoga fuit, siluosis errantium palmitum crinibus uilis; quae cum per uoluptuosa ac profana loca lasciua passim se fronde diffundit, generauit 1 10b 2
saporis de summa certantibus obrutum pectus saepe crudis atque acidis uomitibus inurguetur, in quo musti uestri dulcedo saecularis uini pridiani 1 24 1
ad nauigium uitale transfertur. qui ut est dimissus in altum ferinaeque uoraginis est receptus hospitio, uigilat in ceto qui stertebat in naui. mira 1 34 6
unde, fratres, sicut ueri Christiani, *quasi hospites et peregrini abstinete uos a carnalibus desideriis, quae militant aduersus animam,* nec uestrum 2 4 17
fronte, non minax cornu Taurus, sed optimus, dulcis, blandus ac mitis uos admonet uitulus, ut nulla ullo in opere captantes auguria, eius sine 1 38 3
non tam habere quam esse. nam uos estis aurum uiuum dei, Christi uos argentum, uos spiritus sancti diuitiae; uos si terrena metalla 1 5 17
momento corda destringens; propter quod sic Paulus apostolus ait: *induite uos armaturam dei, ut possitis uos constare aduersus nequitias diaboli* 1 38 6
sanctum per spiritum dicit: *ego dixi: dii estis et filii excelsi omnes, uos autem sicut homines moriemini.* sed et de Iohanne Baptista sic dictum 1 37 11
non pedum uelocitate, sed mentis, pii fontis ad gurgitem conuolate! uos constanter inmergite, saluo salutis statu *ueteris hominis* uestri felici 2 23
quod sic Paulus apostolus ait: *induite uos armaturam dei, ut possitis uos constare aduersus nequitias diaboli accepto scuto fidei, per quod* 1 38 6
corrupte uiuentium diabolus designatur, domino Iudaeos sic increpante: *uos de diabolo patre estis et concupiscentias patris uestri facere uultis),* 1 13 8
prophetam loquitur dicens: *ecce ego aperio monumenta uestra et educam uos de monumentis uestris et inducam uos in terram Israel; dabo spiritum* 1 2 12
deo gratum, apud Malachiam prophetam: *non est mihi uoluntas circa uos, dicit dominus, et sacrificium acceptum non habeo ex manibus uestris.* 1 25 7
laus uestra laudi pudicitiae; illa enim uobis exhibet sanctitatem, uos ei amorem. per hanc attingitis Christum, immo illa per uos uobiscum 1 1 4
ait: *hoc dico secundum ueniam, non secundum iussum; uolo autem omnes uos esse sicut et me,* ac per hoc ideo nubere melius, quia uri deterius. 2 7 2
digni estis uniuersi aurum argentumque non tam habere quam esse. nam uos estis aurum uiuum dei, Christi uos argentum, uos spiritus sancti 1 5 17
felicia, exsultate, coniugia: meliores ornatui gemmas sculpitis, quam uos estis. exsultate, uiduae: quadratura uestrae uirtutis *angularis lapidis* 2 6 10
promittit, sapientia domus domina praerogat munera. exsultate, seniores: uos estis huius operis firmamenta. exsultate, iuuenes: uos estis lapidibus 2 6 10
exsultate, seniores: uos estis huius operis firmamenta. exsultate, iuuenes: uos estis lapidibus adamantinis meliores. exsultate, pueri, sacrae turris 2 6 10
ista parietum, fidelis autem populus dei templum, apostolo dicente: *uos estis templum dei et spiritus dei habitat in uobis.* et uerum est, nam 2 6 4
imaginem, sed ipsum deum quoque portabunt, sicut et scriptum est: *uos estis templum dei, et spiritus dei habitat in uobis.* 2 30 4
laboratis et onerati estis et ego reficiam uos. tollite iugum meum super uos et discite a me, quia mitis sum et humilis corde, et inuenietis requiem 2 9 4
quod ista, et non ambigua, in uobis renitet assertio; deum enim patrem uos et habere et possidere monstratis, cum pudicitiam, in qua deus habitat, 1 1 4
diuini operis perennis ista laudatio. exsultate, pauperes [spiritu]: per uos et in uobis dei maior est domus; nam et omnibus aequales estis et 2 6 10
per alium adaeque prophetam spiritus sanctus clamat et dicit: *praecingite uos et plangite, sacerdotes; lugete omnes, qui deseruitis altari, quoniam* 1 25 6
uestris et inducam uos in terram Israel; dabo spiritum meum in uos et uiuetis. cum haec ita sint, resurrectionem futuram cur, Christiane, 1 2 12
quod amisit. propter quod Paulus beatissimus ait: *nolumus autem ignorare uos, fratres, de dormientibus, ne contristemini sicut ceteri, qui spem non* 1 2 12
inplacabilis cupiditas pestifera flamma repleuerit. sed haec non ad uos, fratres, quorum largitas prouinciis omnibus nota est, quorum pia 1 14 8
Christum. per hanc a deo patre quod petitis impetratis, immo illa per uos impetrat, pro qua sollicite laboratis, ne, dum aliquid postulat, 1 1 4
dicente: *amen, amen dico uobis, quia publicani et meretrices praecedunt uos in regnum dei.* haedum ei promittit, id est, quae sit peccatori peccati 1 13 9
monumenta uestra et educam uos de monumentis uestris et inducam uos in terram Israel; dabo spiritum meum in uos et uiuetis. cum haec ita 1 2 12
uiua spiritu sancto et igne dulcissimo temperata blando murmure iam uos inuitat. iam balneator praecinctus exspectat, *quod unctui, quod tersui* 1 23
promotionemque uestri sexus agnoscite. culpa deleta ueteri ecce per uos iungimur caelo: anus enim peperit angelum et uirgo deum. hic est 2 8 8

salutaris inuitat; iam mater nostra adoptat ut pariat, sed non ea lege, qua uos matres uestrae pepererunt, quae et ipsae partus dolore gementes et uos 1 32
qui *in omnibus omnia est*, quoniam per ipsum et in ipso sunt omnia. nec uos moueat, fratres, saecularis ac uere puerilis inconsideratorum hominum 2 8 9
subito germani fratres, subito una geniti emersistis infantes, hortor uos natiuitatis tantae festa laeto celebrare conuiuio, sed non illo, in quo 1 24 1
sicut scriptum est: *uenite, filii, audite me; timorem domini docebo uos.* naturalis ergo non discitur, sed impulsu nobis nostrae infirmitatis 2 2 1
capacitatem felici numero fecistis angustam. ex eo enim ipso, quod uos non capit locus, exinde intelligitur, quia fides uestra capit deum. igitur 2 6 5
ipsa hoc exigant iura. clamat enim prophetes: *deus unus creauit uos; nonne pater unus est omnium uestrum?* quisque igitur nobilitatis suae 1 36 22
dominus uiris Iuda et omnibus, qui habitant in Ierusalem: renouate inter uos nouitatem et ne seminaueritis in spinis. circumcidite praeputium cordis 1 3 12
quoue signo tam diuersos, tam plures, tam dispares una uno partu uestra uos peperit mater. sicut paruulis morem geram sacrique horoscopi pandam 1 38 2
uos matres uestrae pepererunt, quae et ipsae partus dolore gementes et uos plorantes, sordidos, pannis sordidis alligatos huic mundo dediticios 1 32
omnes uestri corporis ambitu superatis; denique sancti diuites pauci sunt, uos plures estis. haec sunt, dilectissimi fratres, charismata uestra, hae 2 6 10
eos, ne quando incitetis me in operibus manuum uestrarum et disperdam uos. quae autem sint ista opera manus humanae, spiritus sanctus in Psalmo 1 25 4
sub lege, haec omnibus praestat in Christo bonae fidei libertatem. igitur uos, qui *circumcisi estis circumcisione non manu facta in spolationem* 1 3 24
tota breuitate secreta. igitur, fratres, genesis talis est uestra. primus uos, qui in se credentem reprobat nullum, non Aries sed agnus excepit, qui 1 38 3
sunt. lucro gaudeo, sed sine furti conscientia, sane confiteor. denique et uos retinetis pondus antiquum; habetis aginam: exagium facite 1 41 3
in Christo, omnique desiderio conuolantes *caelestia dona* percipite. iam uos sempiterni fontis calor salutaris inuitat; iam mater nostra adoptat ut 1 32
non hodie mihi ad uos sermo est, fratres carissimi, de humanis gestis aut meritis nec Daniel 2 18 1
estis aurum uiuum dei, Christi uos argentum, uos spiritus sancti diuitiae; uos si terrena metalla tempseritis, longe his uitae uestrae thesaurus. uobis 1 5 17
habere quam esse. nam uos estis aurum uiuum dei, Christi uos argentum, uos spiritus sancti diuitiae; uos si terrena metalla tempseritis, longe his 1 5 17
suam naturam famulari compellat. unde, fratres, atrocissimae rei non uos terreat contemplatio; non enim ulla est metuenda iam poena, cum 1 31
accipite. *uenite*, inquit, *qui laboratis et onerati estis et ego reficiam uos. tollite iugum meum super uos et discite a me, quia mitis sum et* 2 9 4
fontanum semper uirginis matris dulcem ad uterum conuolate ibidemque uos uestra nobilitate fide scientes, quoniam, quantum quis crediderit, 1 55
praedicationis saluos facere credentes; et iterum manifestius: *si quis inter uos uidetur sapiens esse in hoc saeculo, stultus fiat, ut sit prudens; nam* 2 1 5
nullis impeditae sunt manus, nullis pedes onerati compedibus. non uos ullus terror exagitat, non ullae sordes obfuscant. qui conscium 2 29 1
sanctitatem, uos ei amorem. per hanc attingitis Christum, immo illa per uos uobiscum complectitur Christum. per hanc a deo patre quod petitis 1 1 4
tantum generosa ac perfecta fides quique illi fuerit cruciatus sua complicat uota. denique tres pueri in illo sacro certamine prae oculis deum sibi 1 11
responsa. si terribilia, consternata metu forsitan ipso cessante illicita eis uota donabis (quod maritis etiam sub fidelibus multae fecere peiores, Euae 2 7 16
possidet et de inopia queritur semper. denique ad sua numquam peruenit uota. quantum fuerit auctior, fit tanto miserior: expers otii, expers 1 5 2
rapacitas sine fine, sollicitudo sine requie, ad sua numquam perueniens uota, quia satiari non nouit. fidem frangit, caritatem neglegit, iustitiam 1 21
hircorum potabo? immola deo sacrificium laudis et redde altissimo uota tua et inuoca me in tribulatione tua et eripiam te et magnificabis me. 1 25 1
non daemoniis, *sacrificium laudis*, non uituperationis, et *redde altissimo uota tua.* honorem totum refudit in patrem, ex quo omnia. *et inuoca me in* 1 25 8
maritos? at e diuerso ipsae aestiment, quid sint, quibus in tam solemnibus uotis saepe contingit, ut nec filios habeant nec maritos. talis est etiam 2 7 10
ac duplici lingua, reges superbia, negotiatores astutia, inani pauperes uoto, cultores dei odio simulato, totae autem gentes uniuersaeque nationes 1 14 1
sibi praeportat, ille aram struit. ille exserit gladium, ille ceruicem. uno uoto, una deuotione, ne quid profanum sit, diligenter ac patienter geritur, 1 4 14
secessionis se commendauit umbraculo, utrumque Christiano explicans uoto, ut et non longius uideretur a proelio et secedendo euangelicae 1 39 3
puluerem mutas; in stibio fletus includis; ornamento ligas quod suspendio uoueras collum; ab speculo oracula inquiris, quam commode possis 2 7 8
quis est iste angelus, fratres, nisi Iohannes baptista? cuius est praeparatio: *uox clamantis in deserto: parate uiam domini, rectas facite semitas dei* 2 8 7
exserit equidem ferrum et armata dextra subleuat manum, sed uox eius, qui eam uictimam postulauerat, contradicit: 'respice retro, dixit 1 43 6
et gentibus audiendus. *filios*, inquit, *genui et exaltaui*. haec domini uox est, qua iam tunc per prophetam Iudaeos obiurgabat incredulos et 1 61 5
gentibus, quod sine dolore magno uel gemitu non potest dici. quae enim uox, quae increpatio has condigne possit arguere, quae dedecus suum 2 7 12
distulit pugnam, iam debitus ad coronam. nam postquam turbari urbem funesta conuentione cognouit ac singulos quosque ad funestum illud 1 39 3
ulla re indiget, quia ei praeter quod est nihil est necessarium. haec rura, urbes ac populos composita pace conseruat; haec circa regum latera 1 36 13
nationes mutuis cadunt per momenta uulneribus, concussae gemunt urbes, deleta rura respirare non possunt, maria plus praedonibus saeua 1 5 3
gentium, hic iustitiam non didicit, sed genuit. non illum accessus infecerat urbium. non habuit legem, cuius conuersatio lex fuit. audit imperatum sibi 1 62 1
dubium est. sed oculis patentibus caeci dilatant horrea, terras angustant, urgent saltibus saltus et, si orbem totum possideant, fines oderunt. 1 5 8
longe lateque diffusos limites habet, quos peragrare competenti sermone urgentium sacramentorum non sinit pondus. uerum tamen ne in toto 1 10b 1
dei populus nauigat plantis. mira res! iter eius barbaris uehementer urguentibus nec eques potest sequi nec nauis. Maria cum mulieribus 2 26 1
horarum aequabiliter se partiri non posset, si inpatientia suos cursus urgueret. luna quoque, quae quibusdam uidetur errare curriculo 1 4 4
pedibus subiecta calcatur, prelo premitur duabusque tabulis uehementer urguetur, donec omnis dulcedo medullitus exigatur sicque pretiosum 2 11 3
sub praetextu propriae defensionis ac diligentiae callidissimis argumentis urguetur, ut quis indefensus aut innocens quod habet legibus perdat. quod 2 1 17
si autem non fuerint continentes, nubant: melius est enim nubere quam uri. alio autem loco ait: *hoc dico secundum ueniam, non secundum iussum;* 2 7 2
autem omnes uos esse sicut et me, ac per hoc ideo nubere melius, quia uri deterius. *omnia* quidem *licent, sed non omnia expediunt.* iam te hic, 2 7 2
grauidatum, quod non tam imaginem suam quam eius, cuius est in usibus, gerit. denique tot efficit uultus, quot ille intrinsecus tristes seu 1 2 29
esurienter accipite. pater familias panem uinumque pretiosum uobis ex usibus suis sua de mensa largitur. tres pueri unanimes legumina inferunt 1 24 2
non potes separare.' statim iudex uiperei ueneni felle commotus iubet non usitata animaduersione poenarum nec usuali in reos lege carnifices in 1 39 6
confectum uniformiter interibat omne genus humanum. nec fuit ullus ulli usquam solacii locus. nam hominem uiuum, ut adhuc usque, consumebat 2 4 6
nomine et cultu, quasi promota somniis, illas scholares calumnias dei usque ad ecclesiam transmiserunt, ut in ipsa quoque, si insanire cuiquam 2 9 2
patrem, in poena sui corporis iustum. namque summo capitis a uertice usque ad imos ungues pedum plaga inimici percussus populosis ulceribus 1 15 5
de quo praesumebant, cecidit. altaria dei ipsi euerterunt. *lex et prophetae usque ad Iohannem*. sacerdotibus eorum luctus indicitur. immolatio 2 17
dominus ex persona hominis, quem adsumpserat, ait: *tristis est anima mea usque ad mortem.* quod dictum non tam timentis quam exsultantis ac 1 2 31
diem nec ipsi morienti puero subuenit, haec a cunis ipsis infantiae usque ad supremos exitus cuiusuis aetatis utroque generi salutare munus 1 3 23
quem qui libens acceperit acceptumque non spreuerit, sed in labore usque ad ultimum perdurauerit, turri completa inaestimabiles diuitias in ea 2 6 8
die a Christo secundum tabulas legis confessorum sanguinis uindicta usque ad ultimum quadrantem exigitur. calcatores de eodem musto bibunt; 2 11 7
huius mundi secretus, conuersatione limpidus, mente limpidior, usque adeo circumspectus atque inreprehensibilis, ut dei sit testimonio 1 15 2
gaudio, tristitudine, nunc macie deformis, nunc enormis pinguedine, usque adeo incertus, ut idem in duobus per orbem totum non possit 2 30 2
quod possit quamuis ruina in se mergentibus idolatriae aedibus nunc usque aliquatenus comparari? nam et Salomonis accepimus templum 2 6 2
decreuit solo; quod captiuitatis sit nexibus exsolutus: sed est nunc usque barbarici furoris moribus alligatus. deus illi ducatum praebuit: idem 1 52
nec fuit ullus ulli usquam solacii locus. nam hominem uiuum, ut adhuc usque, consumebat labor, gemitus, impietas, dolor, aegritudo, miseria; 2 4 6
solet, sua legat ubique duas patris et filii designari personas, tamen nunc usque contendit deum filium non habere. quibus omnibus exempla uel 2 8 1
securi gaudete: nihil saeculo iam debetis. in magno quidem reatu nunc usque fuistis, sed fortiter examinati estis et, ut indulgentiam perciperetis, 1 42 1
sacrificium acceptum non habeo ex manibus uestris. quoniam a solis ortu usque in occasum clarificatum est nomen meum apud gentes, et in omni 1 25 7
daemoniorum seruis addicunt, *dei templum* profanis patefaciunt, sacraria usque ipsa denudant, sacra confundunt amissa luce laetantes in tenebris, 2 7 12
naufragio. haec Iudaeus praedicat, fratres, et tamen deo demens adhuc usque non credit, qui est benedictus in saecula saeculorum. 1 29 2
conscientia numquam suum deserit peccatorem. in hoc reatu, fratres, usque nunc fuistis. sed fortiter examinati estis. sed ut indulgentiam 2 10 2
est: sine fermento leuati sunt. certe caccabacei non sunt, non uetusti, non usti, non crudi, non mucidi. lacteus illis color est, lacteus sapor est. sed 1 41 2
testamenta, quae ideo materiae ligni sunt comparata, siue quod in eius usu et perpetuo et tutius maneat testatoris uoluntas inscripta, seu quod 1 37 8
ad omnes. de quibus Iohannes discipulis quid praedicet, omnibus est in usu: *nolite,* inquit, *diligere mundum neque ea, quae in mundo sunt. si quis* 2 9 5
ueneni felle commotus iubet non usitata animaduersione poenarum nec usuali in reos lege carnifices in martyris membra saeuire. uiluerunt 1 39 6
inquit, uanissime omnium iudicum, putasne aut de lucis istius incongruis usuris aut de praeproperae mortis subitis damnis familiam domini posse 1 39 5
diuersis aequaeui. sed curiositatem uestram bene noui. ueteris uitae usurpatione, quod quidem uobis ulterius non licebit, fortassis requiratis et 1 38 2
mundum pariter et ornasse. igitur si, ut uolunt, deus materiam, qua usus est, non fecit, sed aeterna sit, ut ipse est, *duo* sunt ergo principia et 1 7 1
quippe cum illius potentissimi artificis rerum omnium conditoris ipse sit usus impossibilium possibilitatem adserere ex eoque quod non est facere 1 2 16
unam litteram utroque conficiens; cui si unum adimas, alterius inanis est usus. unde recte testamenta sunt duo, quae similiter duobus capitibus 1 37 4
secunda spiritali, quae nostra est, edicamus. quae tantum potestatis gerit, ut a femina coeperit, quod priori impossibile fuit. denique a muliere, quae 1 3 19
caelum terramque testes citat, ut exaggeret crimen; filios appellat, ut abdicatio, exaltatos, ut ruina timeatur, spretores sui, ut impios monstret. 1 20
humana sentienti nundinari deterius quam puniri. denique filios uocat, ut abdicatio timeatur; exaltatos, ut ruina terrori sit; spretores, ut poenam 1 30
non timetis. *uetus* enim *homo* uester feliciter condemnatus est, ut absolueretur, sacri gurgitis unda sepultus, ut sepulcri nido uiuificatus 2 29 1
sunt inuisibilia, tarda et abscondita, sed etiam nimis in arduo constituta, ut ad ea nisi cum summa difficultate, laboribus ac periculis magnis non 2 4 13
omnis iniquitatis. Israel populus Christianus, qui proficisci iubetur, ut ad futura contendat. Moyses et Aaron per id, quod erant, sacerdotium, 2 26 2
meritorum quibuslibet passim sua munera infulcit, maxime indignis, ut ad se colligat turbas; ille numquam remunerat quemquam, nisi primo 2 4 14
humanum. nec fuit ullus ulli usquam solacii locus. nam hominem uiuum, ut adhuc usque, consumebat labor, gemitus, impietas, dolor, aegritudo, 2 4 6
te perduxit per diem, ut ostenderet caecum; ignis columna per noctem, ut admoneret arsurum. angelus praeuius tua castra promouit, ut etiam 1 9
necessitas rapit, quae a te longe distractum decennio uel eo amplius, ut adsolet fieri, detineat relegatum. quid facies? obseruabisne redeuntem, an 2 7 9
iniuria est, si est aliquando sine regno. accedit, quod oramus cotidie, ut *aduenitat regnum* patris, speramus et filii. uacat ergo praesentis temporis 2 5 5
deo uictimam, parentibus pium parricidium praebiturus. ecce carissimi, ut ait apostolus, *contra spem* natum Abraham ad aram filium immolaturus 1 59 6
prodeundo de patre ante originem rerum, *primogenitus a mortuis*, ut ait apostolus, post multorum obitus populorum. hic est, cui *data est* 2 5 3
canticis gratiam referamus, qui nobis promissa perpetuans pia sanctione, ut aiunt, claues uere aureas misit, et quidem non illas, quae maligno 2 24 1
saltem cupit esse consultum; Abraham patrem deprecatur obnixe, ut aliquis nuntius pergat, qui eos tanti negotii certos efficiat; cui ille 1 2 10

potestate, amore hominis sui, cuius formam fuerat subiturus et creaturam, ut angelus, homo, puer, sponsus, gigas, crucifixus, sepultus, *primogenitus a* 2 8 8
mensura seruata amputatur in surculum palmes, in scrobem dimittitur, ut animatus ibidem genitalis humoris manente semper secum substantia 2 11 2
et dies festi odio habentur. potiuntur eorum Romani regno. nihil, ut arbitror, illis restitit proprium, nisi quod agno salutari neglecto ingrati 2 17
sed inpatientiae hactenus exempla prolata sint. neque enim est studiose, ut arbitror, memorandum, quod optaueris compescendum, maxime cum 1 4 11
sum. et si in cibos distribuero omnia mea et si tradidero corpus meum, ut ardeam, caritatem autem non habeam, nihil proficio. caritas enim, 1 36 20
naturae antiquitate maiorem. interea rudis non gemit feta. non mundum, ut assolet, infans fusus ingrediens sponte uitae reptantis praeuiis lacrimis 1 54 4
quid moliri potuerit incitatus, maxime cum a deo acceperit facultatem, ut atrocitatis inueteratae in examen iusti quibus possit armis, quibus possit 1 4 18
inopia, fuga, mors extorserint debitorem. auaritiae enim natura talis est, ut auariorem faciat. plerumque plus tulit auaro quam praestat, ac sic saepe 1 5 12
nos quoque carnaliter sentiamus, ambo prophetae tenebuntur in crimine, ut aut Moyses fallax sit, si circumcisio recircumciditur rursum, ut hoc 1 3 15
qui ad hoc *recubans obdormiuit*, ut uinceret mortem, ad hoc euigilauit, ut beatae resurrectionis suae in nos munus inmortalitatis conferret. quem 1 38 4
omnes crediderant perituram. o necessarius timor, qui nihil aliud agit, nisi ut beatos efficiat; qui timet arte, non casu, uoluntate, non necessitate, 2 2 7
eum et custodias praecepta eius ex toto corde tuo et ex tota anima tua, ut bene sit tibi? uidetisne hunc timorem nobis necessarium, qui in dei 2 2 4
panis perpetua soliditate fruerentur. petra illis scaturiuit in fontem, ut biberent detritis e lacunis, ut merebantur, caenulentum postmodum 1 18 2
haec nos felicitas manet, hoc munus exspectat. sic ergo uiuamus, ut bonis operibus decorati nos quoque deo patri placere mereamur domino 1 2 32
naufragos facit interimensque uniuersa peccata genitali unda submergit, ut caelestes effecti terram desiderare non norint. denique illi post mare ad 1 46b 2
cogitat, quod mouet, quod mouetur, quod mira prouidentia chaos ipsum ut chaos non esset effecit, quod eius membra discreuit, ratione disposuit, 1 7 2
sic ante fecisset. at fortasse quispiam dicat: 'peccator ergo fuit Abraham, ut circumcideretur? an iustus et circumcidi non debuit?' Abraham, fratres, 1 3 6
manifestum est Abraham gemini populi typum in semet ipso portasse, ut circumcisionis nota exprimeret Iudaeum, credulitatis iustitia 1 3 7
legem, cuius conuersatio lex fuit. audit imperatum sibi a deo exilium, ut cognationem suam simul dimisisset et terram. et tunc Abraham 1 62 1
quod ideo *deus hominem ad imaginem et similitudinem suam fecit*, ut contemplatione imaginis pateremur reuerentiam ueritatis in eaque res 1 36 23
sui. cui ab humo 'homo' nomen imposuit, credo, sicut res ipsa docet, ut contemplatione opificii ac materiae semper suum et ueretur et 2 4 4
opinari uelle dispositum non colentis est, sed dementis, maxime si deus, ut contentiosi putant, dispositioni subiaceat. remotis enim paulisper 1 54 1
est sordibus obsoletatus. Iob uxor sua hortatur ut peccet; et dominum, ut corruptelam seniorum sequatur, synagoga compellit. Iob amici sui 1 15 8
deo cecinisse securos. tanta est enim fidei uirtus tantaque potestas, ut cultoribus suis etiam ipsa elementa contra suam naturam famulari 1 31
seminibus), scilicet spiritus sancti conceptione, insita fit ante fecunda, ut, cum dissolutionis eius ac legitimae reparationis tempus aduenerit, suo 1 2 26
ad hoc sane in eremo aquam de petra bibisti, manna de caelo gustasti, ut, cum esses ad egestatem postmodum deuolutus, praeteritorum bonorum 1 9
sacri gurgitis elemento sepelit. et cum omnium aquarum natura sit talis, ut, cum in profundum homines susceperit uiuos, euomat mortuos, aqua 2 10 2
egreditur, a quoquam deprehendi potest tantumque potestatis habet, ut, cum sui domicilii saepto teneatur, tamen quicquid uoluerit, omnibus 1 27 3
egreditur, a quoquam conspicari potest tantumque potestatis habet, ut, cum sui domicilii saepto teneatur, tamen quicquid uoluerit, omnibus 2 30 3
dicioni subiecit. haec Moysi in mari rubro terram uitream fecit; haec, ut cursus soliti contempta mensura Iesu Naue desiderio pareretur, soli 1 36 8
sed o quantum es miranda, pudicitia, quae aliter laudari te non uis quam ut custodiaris, solo bonae conscientiae ornamento contenta! tu in uirginibus 1 1 20
in caelo. quomodo filius hominis uel cuius hominis nasci posset in caelo, ut de caelo descenderet, cum humanitatis a caelo et possessio longe dimota 2 4 2
aetatis.' credo. ecce nupsisti. ut de fragilitate humanitatis, casibus ut de ceteris taceam, ecce maritum tuum postridie aliqua necessitas rapit, 2 7 9
uulneris ferro circulata cicatrix. quam si Iudaeus aestimat gloriam, ut de ceteris taceam, maior est eius, qui in honorem deae suae — sane 1 3 2
mores. sed dicis: 'ardor me tenerae compellit aetatis.' credo. ecce nupsisti. ut de fragilitate humanitatis, casibus ut de ceteris taceam, ecce maritum 2 7 9
esto sancta et corpore et spiritu, amore Christi ignem carnis exstingue, ut de resurrectionis gloria, quam hic iam tibi uindicas, taceam, in qua, ut 2 7 4
uiduitatis uestem rursus accepit, non utique ut quae fecerat faceret, sed ut defleret se fecisse quod fecerat; aliter etenim quis saluus esse non 1 13 12
mente limpidior, usque adeo circumspectus atque inreprehensibilis, ut dei sit testimonio collaudatus. unde non inmerito beatus beata uita 1 15 2
cum ad Timotheum loquitur instruendum his uerbis: *hortatus sum, ut denuntiares quibusdam, ne peruersa doctrina uterentur neque* 2 3 17
esse, quod ille fuerit aestimatus. ceterum illa est fidei generositas uera, ut deo fideliter seruiat, in solo ipso fiduciam gerat, a fidelitate et fiducia 2 3 19
funeris soluat. quo nuntio accepto dei seruus *scidit uestimenta sua*, non ut deo inuidiam faceret, sed ut expeditus cum hoste pugnaret. contempsit 1 15 5
exsultat et gaudet. nec timuit, ne parricidium ei inputaretur, sed magis ut deuotioni pareret, laetabatur hoc iussisse deum. de filio hostiam parat, 1 43 4
tempus, quando non fuit. tertia Iudaea est uere caeca, quae cum in lege, ut dicere solet, sua legat ubique duas patris et filii designari personas, 2 8 1
itaque tria conuenit esse iudicia: unum iustorum, qui non tantum, ut dictum est, non iudicabuntur, sed istum mundum ipsi iudicabunt, 1 35 7
cogitationes eorum abductae sunt et tenebris opertum est cor eorum, ut diligerent magis tenebras quam lucem, creaturam potius quam 1 35 6
zizania in triticum. quae necessario radicitus circumcisione diuellimus, ut diri seminis contagione purgati integri in ubertate paterni seminis 1 3 22
et ad inuisibilem suspensum gladiorum mucro conuertitur. nec inde, ut dixi, sceleris sui crudelitas fructum sortita est, quia, sicut in Isaac aliud 1 59 9
inquit: *ego et pater unum sumus.* unde non diminutiua, sed religiosa, ut dixi, subiectione est filius patri subiectus, cum quo originalis 2 5 10
qui potestatem habuit ponendi animam et iterum resumendi eam; sed ut doceret, quoniam, cum uiuit in hoc mundo, semper in tribulatione, 1 2 31
falsa componunt, sed caelestibus testimoniis multis, manifestis ac puris, ut docti probent, minus instructi sese confirment, rudes discant ipsique, qui 2 18 2
huius est munus, quod diligimus seruos ut filios ac nos illi colunt libenter ut dominos. huius est munus, ut, non dicam notos aut amicos, sed saepe 1 36 14
ut de resurrectionis gloria, quam hic iam tibi uindicas, taceam, in qua, ut dominus ait: *neque nubunt neque nubentur, sed sicut angeli erunt.* 2 7 4
paene plures sint nuptiae quam natales. quae non rogantur ut nubant, sed ut dormiant inuitantur, propiores sepulcro quam thalamo; quae, ipsae cum 2 7 10
quod non utique sic ait, ut in unum duos redigendo confunderet, sed ut duorum unam diuinitatis potestatisque esse omnipotentiam nos doceret. 2 8 4
comparatricem. factis praecepta consummat. postremam suscipit mortem, ut ea deuicta resurgens *homini* per hominem, *quem gerebat, et spem* 2 4 7
potest etiam ipse adipisci martyrium. tanta enim uis certaminis fuit, ut eam ipse quoque ignis horruerit. nam a barbaro rege nimia crudelitate 1 22 1
quos uellem adesse paulisper auremque praesenti commodare lectioni, ut edicerent nobis, quinam sit deus iste, qui dicit: *audi, populus meus, et* 1 25 1
ullo opere in toto non esse praeconat. etenim plerumque contingit, ut ei nascatur sabbatis filius, quem octauo die, id est ueniente sabbato, si 1 3 3
quanto amore, qua deuotione festinet. si quis eam prouocat in iudicium, ut eius auferat tunicam, libens illi pallium quoque concedit; maledicitur et 2 1 13
in pueris fides puniri non timuit. inmissis camino ignis exaestuans detulit, ut eos unius uirtutis esse persensit. denique arsit incendium incendentibus, 1 48
naufragus redditur, immo a ligneo ad nauigium uitale transfertur. qui ut est dimissus in altum ferinaeque uoraginis est receptus hospitio, uigilat 1 34 6
comparationem salutaria gesta confirmant, quae et in nobis manent. ut est, fratres, Nineuitis nuntiatus interitus, credunt et timent et quantum 1 34 9
cum in iuuenibus carnalia exstinguere laborat incendia. sane in senibus ut est honoranda, ita miranda non est, quia licet sit uictrix, tamen 1 1 5
in locis fecit Paulus beatissimus mentionem, ratio uidetur esse reddenda, ut et Christianus ueritatem et Iudaeus suum cognoscat errorem. solet enim 1 3 1
uel maxime necessaria, quia plus est quod geritur quam quod dicitur, ut et impudicitiae malum et bonum pudicitiae uno eodemque suggestu 1 1 15
se commendauit umbraculo, utrumque Christiano explicans uoto, ut et non longius uideretur a proelio et secedendo euangelicae iussionis 1 39 3
reddiderunt. quod et nos et fecimus et facere plerumque debemus, ut et praesentis temporis temptationes et futuri iudicii poenas euadere 1 34 9
sacramenti arcanum euidenti ratione quasi quadam claui aperire conabor, ut et prouidentiam dei et uim consociationis carnis et animae et hominis 2 4 3
per noctem, ut admoneret arsurum. angelus praeuius tua castra promouit, ut etiam praesenti deo probareris ingratus. per mare pedibus ambulasti, ut 1 9
facta commutatione quod eius est fit pro partibus nostris. sequens est, ut etiam proximos eo affectu, quo nos ipsos diligimus, diligamus, maxime 1 36 22
in qua uniuersa geruntur, caelum, sub quo geruntur. filios appellat, ut exaggeret crimen; exaltatos, ut ingratos ostendat. bouem illis asinumque 2 21
corruptum publica increpatione confutat. caelum terramque testes citat, ut exaggeret crimen; filios appellat, ut abdicatio, exaltatos, ut ruina 1 20
credulitatem non potest dubitari, quia hanc qui habuerit, necesse est, ut expedite uiuat et munde. igitur ne cognoscatur, faciem uelamine 1 13 8
accepto dei seruus *scidit uestimenta sua*, non ut deo inuidiam faceret, sed ut expeditus cum hoste pugnaret. contempsit denique in perditis 1 15 5
ipso dicente: *ego te clarificaui in terra; opus perfeci, quod dedisti mihi, ut facerem. et nunc tu clarifica me apud te ipsum claritate, quam habui* 2 5 4
non potest aurum. hinc unus pecuniam suam tamquam hamum proponit, ut facultates ad se attrahat alienas; quam peregrinantem ferali supputatione 1 5 12
tormenta confessio, quod sine sudore tortoris facinora sua sponte reus, ut fiat innocens, confitetur. pretiosa indulgentia est, fratres, quae et ueniam 2 24 2
confessio, quod sine truculenti sudore tortoris facinora sua sponte reus, ut fiat innocens, confitetur. pretiosa res est, fratres, quae et honorem 1 42 2
docuit nullamque aliam ob causam promulgatam se esse testatur, nisi ut fides de infidelibus uindicetur. denique tolle peccatum: cessat legis 2 3 3
quam licitum est, aciem suae tetenderit mentis; eo enim res deducta est, ut fides nostra per dei requiratur iniuriam. quod futurum Salomon 2 3 12
genus, alias aequalis in omnibus patri. quicquid enim pater praecepit, ut fieret, filius, utpote *dei uirtus deique sapientia*, omnia illa opere mirifico 1 50
portat. hoc est, quod Abraham *contra spem in spem credidit deo, ut fieret pater multarum gentium.* contra spem autem est, quod impossibile 1 36 5
non recipiat, mortalitas capiat. uel si caelestis est primus, quid opus erat, ut fieret quoque terrenus? simile dictum euangelicum illud consentanea 2 4 2
nos proximi uel amici sunt nobis. huius est munus, quod diligimus seruos ut filios ac nos illi colunt libenter ut dominos. huius est munus, ut, non 1 36 14
fidelitatis suae lucra offerentem sibi suum seruum iudicat, sed honorat ut filium. alterum uero, quem uenena conterentem, in adulterio, in 1 35 8
temporis et naturae contra opinionem nato angelus Isaac nomen imposuit, ut firmaret laetitia, quod aetatis inbecillitas desperauit. nouus sane 1 59 5
tenetur. si es autem sumptura remedium, dubium non est hoc esse solum, ut flammas tuas maritalis gladii contemplatione compescas. mihi crede: 2 7 9
crimen; exaltatos, ut ingratos ostendat. bouem illis asinumque praeponit, ut grauius possint, si resipiscant, comparatione torqueri quam poena. 2 21
ac fortissima consolatio saepe libertatem paris. tu paupertati praestas, ut habeat totum sui contenta, cum sustinet totum. tu prophetas prouexisti. 1 4 22
esse desideras, sicut ille Abraham, deum plus debes amare quam filios, ut habere merearis integros, incolumes ac beatos. stulta autem res est illis 2 1 21
crimine, ut aut Moyses fallax sit, si circumcisio recircumciditur rursum, ut hoc idem faciat aut ut quod non habet perdat; aut certe Iesu Naue 1 3 15
aetatem. totum contra conscientiam suam ut homo infirmus patitur, ut homini mortis lege consumpto inmortalitas tribuatur. haec est enim 2 12 3
aeternitas in se non admittit aetatem. totum contra conscientiam suam ut homo infirmus patitur, ut homini mortis lege consumpto inmortalitas 2 12 3
formam dedit, quoniam ad hoc deus pro homine mortis iura gustauit, ut homo per deum ius inmortalitatis reciperet, quod amisit. propter quod 1 2 11
moritur nec tamen instantis finis sorte terretur, suos ut repigret cursus, ut horas ac momenta producat, ut saltem paulo diutius diei sui demoretur 1 2 18
reddatur; et martyr dominicae habitationis in recondita adsumitur, ut ibidem ex homine in angelum transfusus aeternae uitae beatitudine 2 11 7
nunc macie deformis, nunc enormis pinguedine, usque adeo incertus, ut idem in duobus per orbem totum non possit inueniri terrarum? igitur in 2 30 2

aut inter fumidos ignes pallenti aruina, funesto sanguine perlitare, ut illiciti administratione ministerii Christi panis mentibus possit expelli. 1 39 2
fingitur homo. construitur mobile totumque se nesciens simulacrum et, ut imago sit dei, inspiratur a deo in *animam uiuentem*. concepit spiritum 1 56 3
respuitur. Ionas adaeque propheta ad Nineuitas missus a deo est, eorum ut imminere ciuitati interitum nuntiaret; ingentibus enim peccatorum 1 34 5
quoscumque inuaserint, incremento conficiunt; hic solus ad hoc crescit, ut immortalem, quem possederit, faciat. 2 2 7
filios appellat, ut abdicatio, exaltatos, ut ruina timeatur, spretores sui, ut impios monstret. infelix culpa est, fratres, in qua locum qualiscumque 1 20
ad principium aetas peracta reuocatur, accingitur de sterilitate fecunditas, ut impleretur, quod scriptum est per prophetam: *exsulta, sterilis, quae non* 1 59 3
uirga cum baculo crucem, in qua deus pro homine pendere dignatus est, ut in deum hominem, quem induerat, commutaret. anulus quoque 1 13 10
excusat deterritus, ne etiam ipse similiter moreretur, praecepitque mulieri, ut in domo patris sui uidua permanens nuptias maturas exspectet. cum res 1 13 1
sepelit antequam iugulet taleque est commentus pietatis excidium, ut in illa unius funeris turba paternus dolor non sufficeret orbitati, cum 1 15 4
somniis, illas scholares calumnias dei usque ad ecclesiam transmiserunt, ut in ipsa quoque, si insanire cuiquam libeat, deus illi non colendus sit, sed 2 9 2
magnis, magnis uestit ulceribus, quibus insuper uermes immittit edaces, ut in tormenta morientis cum homine aduenticium uulnus inquilino 1 4 18
domino ipso dicente: *ego et pater unum sumus*. quod non utique sic ait, ut in unum duos redigendo confunderet, sed ut duorum unam diuinitatis 2 8 4
in hoc reatu, fratres, usque nunc fuistis. sed fortiter examinati estis. sed ut indulgentiam perciperetis, pro uobis bene uigilastis, optime estis auditi. 2 10 2
in magno quidem reatu nunc usque fuistis, sed fortiter examinati estis et, ut indulgentiam perciperetis, pro uobis ipsis bene uigilastis; optime estis 1 42 1
habetur quod non diffamatur, censuit eos caelo et terra testibus denotare, ut inexcusati facinoris competenti iudicio subiacerent. denique res impleta 1 47
caelum, sub quo geruntur. filios appellat, ut exaggeret crimen; exaltatos, ut ingratos ostendat. bouem illis asinumque praeponit, ut grauius possint, 2 21
reicitis mandatum dei, ut traditiones uestras statuatis! sed non eo dico, ut ingratum faciam doctrinae beneficium, sed ut sciat unusquisque aliud 2 3 11
candida luna, sed ignis columna per noctem iter pandebat ignotum. qui ut inter duo elementa peruenit, ibidem praesentariae exitum mortis 1 29 1
esse aut misericordia permittit aut gaudium. tu tuos ita diligis inimicos, ut inter eos carosque tibi quid distet, nemo discernat. tu, inquam, caelestia 1 36 31
uersaretur, scriptura teste a deo perhibetur occisus. secundo imperat, ut intret ad fratris uxorem ac semen excitet fratris; qui ingressus semen 1 13 1
si, ut uolunt, deus materiam, qua usus est, non fecit, sed aeterna sit, ut ipse est, *duo* sunt ergo principia et quidem *repugnantia*. ac per hoc 1 7 1
tamquam obnoxium et pro ipsorum tantummodo caecitate maerentem, ut Isaac non periturum ad aram, ita ad crucem Christum sublimandum 1 59 8
arguitur, sed Christianus, ne talis euadat, pariter commonetur. denique ut iste plus timeat, ille terretur; ille uapulat, ut iste proficiat. 1 10a
pariter commonetur. denique ut iste plus timeat, ille terretur; ille uapulat, ut iste proficiat. compendiosum felicitatis genus alterius periculo discere, 1 10a
rationem, eius non potest nosse ueritatem. haec enim res et fecit et facit, ut Iudaeus et Iudaeo deterior Christianus dei filium deum esse non 1 25 1
ac magistra malorum. hominis nam salutem ab incunabulis mundi mors ut iugularet ac iugulet, ab ipsa prorupit. denique Adam in arce cum esset 1 4 7
in mensura, maior in pretio; negat se habere, quod distrahat, ut rogetur, ut iugulet. atque utinam incorrupta species uenderetur! ingemescit 1 5 14
praemium, demonstrat et gladium, unicuique, quod elegerit, tributura et ut iure possit implere, quod gerit. qui ad se ueniunt, professionem 2 3 3
fides tua te saluum fecit. igitur si nostra est, seruemus ut nostram, ut iure speremus aliena. nemo enim censum decoctori committit nec 1 36 7
auditur, ecce parientis uno de uentre clarissima turba procedit. noua res, ut iure spiritali unusquisque nascatur. ultro currite ad matrem, quae tunc 2 28
sententia in eum, prout debitor exstiterit, iure possit expromi. ita erit, ut iustis corona, peccatoribus aut excusatis aut emendatis indulgentia, 1 35 9
anne materiam; ita enim in unum decorem uniuersa conuenerant, ut legitima domus dei caduca illa ambitio putaretur. quod si ita esset, inter 2 6 2
baptismum atque martyrium, spiritale corpus spiritalis feminae effunditur, ut legitime Adam per Christum, Eua per ecclesiam renouaretur. hoc nos, 1 3 20
mortis induxit. necessario ergo luxurioso populo deus hoc signum dedit, ut, locum matricalis culpae cum denotat, etiam alia crimina fugienda 1 3 8
historiae, fratres dilectissimi, ad hoc nobis est tradita legenda narratio, ut maiorum, si fieri potest, saltem aliqua ex parte mores imitemur, si non 1 15 1
aetate, condicione suscipiens necat odio criminum ut nouerca, pia seruat ut mater necatosque non ante uiuificat, antequam omne uirus uetustatis 2 29 2
non aliis tantum, sed etiam sibi ipsi subducit? 'sed, inquies, iustum est, ut mea seruem, aliena non quaeram.' hoc etiam gentes dicere consuerunt. 2 1 18
a suis calcatoribus et bibitur et patris familias cellis uinariis infertur, ut melius ueterescendo reddatur. quantum spiritaliter mediocritas nostra 2 11 3
fruerentur. petra illis scaturiuit in fontem, ut biberent detritis e lacunis, ut merebantur, caenulentum postmodum laticem, domino dicente: *me* 1 18 2
faciat. plerumque plus tulit auaro quam praestat, ac sic saepe contingit, ut merito perdat etiam sua, qui desiderat aliena. illinc alius uias uiantibus 1 5 12
uirtutes, indice Paulo cognoscite: *et si habuero*, inquit, *omnem fidem, ita ut montes transferam, caritatem non habeam, nihil sum. et si in cibos* 1 36 20
genitor, filius uirginis, immortalis sibi, homini moriturus; mortem gustat, ut mortem deuincat; inferos penetrat, ut mortuos uiuos inde reducat; 2 5 3
homini moriturus; mortem gustat, ut mortem deuincat; inferos penetrat, ut mortuos uiuos inde reducat; unigenitus prodeundo de patre ante 2 5 3
ipsae aestiment, quid sint, quibus in tam solemnibus uotis saepe contingit, ut nec filios habeant nec maritos. talis est etiam causa maritorum, ad quos 2 7 10
contundens palmam. quam prosequitur congrue *mustulentus autumnus*, ut necessario gratiae panis uini quoque iucunditas iungeretur. quis non 1 33 1
omnipotentiae maiestate. qui sane ideo carnem est dignatus induere, ut nemo se possit per carnem, cum iudicii dies uenerit, excusare. 1 54 5
templum luculento opere fuisse constructum atque ita elaboratum, ut nesciret inspector, in eo quid potissimum miraretur: magnitudinem, 2 6 2
hostias offerebat. tanto autem puritatis ac fidei erat muro munitus, ut non auderet eum adtemptare diabolus nisi a deo iussus. iam hic 1 15 2
seruos ut filios ac nos illi colunt libenter ut dominos. huius est munus, ut, non dicam notos aut amicos, sed saepe etiam eos, quos numquam 1 36 14
ipso eam, quo astruit, destruit. nec ulli dabit quod non habet, sed potius ut non habeat, adhuc ipse disquirit. uideo praeterea, sicut assertorum 2 3 6
uictimam procurauit; nam Abraham cum filio sic probatus a deo est, ut non postulans misericordiam mereretur. uideamus, fratres dilectissimi, 1 43 7
quod generosi liberi, quod ueri sunt patres. huius est munus, quod alii ut nos aut plus quam nos proximi uel amici sunt nobis. huius est munus, 1 36 14
et dominus caelestia sua bona amore nostro neglexit pauperemque se fecit, ut nos diuites faceret. Iob filios furens diabolus interemit; et domini filios 1 15 8
conferret. quem competenter sequitur Virgo praenuntians Libram, ut nosceremus per filium dei, qui incarnatus processit ex uirgine, 1 38 5
ipso dicente: *fides tua te saluum fecit.* igitur si nostra est, seruemus ut nostram, ut iure speremus aliena. nemo enim censum decoctori 1 36 7
diuersos genere, sexu, aetate, condicione suscipiens necat odio criminum ut nouerca, pia seruat ut mater necatosque non ante uiuificat, antequam 2 29 2
quarum paene plures sint nuptiae quam natales. quae non rogantur ut nubant, sed ut dormiant inuitantur, propiores sepulcro quam thalamo; 2 7 10
omni sane tortore pietatis mordacitate peioribus separari permittis. tu ut nudum uestias, nuda esse contenta es. tibi fames saginatio est, si panem 1 36 31
cornu Taurus, sed optimus, dulcis, blandus ac mitis uos admonet uitulus, ut nulla ullo in opere captantes auguria, eius sine malitia succedentes iugo 1 38 3
facit, quia *praui* bonique *notitiam* gerit, quod est utique sapientis. unde fit, *ut numquam iustus possit esse qui stultus est neque sapiens qui fuerit* 2 1 10
quod optaueris compescendum, maxime cum eius natura sit talis, ut numquam moretur in propriis, sed in publicum tota diffusa sit, 1 4 11
quo repleti inebriatique feliciter spiritus sancti calore feruebunt, qui ut numquam refrigescat in omnibus nobis praestabit deus pater 2 13
qui coniugale exasperant iugum affectuque calcato subditiciis personis, ut obumbrent furta turpissimae utilitatis, rem familiarem tuendam 1 25 11
lege, ne admonitione pietati aliquid derogetur, tantumque se in ipso amat, ut oderit se sine ipso. accedit ad cumulum, quod ideo *deus hominem ad* 1 36 22
similiter poteritis. qui enim non diligit eius similitudinem, sequitur ut oderit ueritatem. inde est, quod stulti praeponunt corpus animae, 2 4 17
saepe ipsos a sepulcris cum suis sibi exsequiis reuerti iusserunt, ut omnes mirarentur fieri lacrimas gaudii, quae nunc fuerant orbitatis. sed 1 36 9
mortis exitio palpitabant. tanta fuit in martyris deuotione constantia, ut omni corpore paratus uenisset ad gloriam. mox itaque deuotum corpus 1 39 7
uniuersas permotiones animorum placida moderatione compescens, et ut omnia non magno opere deuincat, se primo uincit. non uirtutes possunt 1 4 3
quae non in cassum a deo *magna ciuitas* dicta est; erat enim futurum, ut omnium nationum in Christo credentibus populis totus orbis deo una 1 34 9
sed paene omnia suis mortibus uiuunt. unde pauca de multis attingam, ut omnium probationem haud dubie in paucis expediam. stellae praecipites 1 2 17
est. *et magnificabis me*; quod dictum, fratres, non sic debetis accipere, ut operis sui laudem sibimet soli deberi testatus sit, qui in euangelio dicit: 1 25 8
quod illi putauerunt, nec sapiens profecto erit ille nec iustus. satis, ut opinor, praestigiae mundanae patuerunt. in quibus cum peritius agant 2 1 11
resurgit in uirtutem; seminatur corpus animale, surgit spiritale. satis, ut opinor, resurrectionis ueritas omnibus claret. sed necessario disserendum 1 2 22
sollertiae, uineae in ratione reddenda, ignauia nostra detraxerit. igitur, ut optime saepe recolitis, mensura seruata amputatur in surculum palmes, 2 11 2
filii non sine affectu, sed sine discrimine amplectebatur. sed excogitatarum ut ordinem instrueret rerum, ineffabilis illa uirtus incomprehensibilisque 1 56 1
es inde; non tua euasisti uirtute. columna nubis te deduxit per diem, ut ostenderet caecum; ignis columna per noctem, ut significaret arsurum. 2 16
es inde, non tua euasisti uirtute. columna nubis te perduxit per diem, ut ostenderet caecum; ignis columna per noctem, ut admoneret arsurum. 1 9
iam uos sempiterni fontis calor salutaris inuitat; iam mater nostra adoptat ut pariat, sed non ea lege, qua uos matres uestrae pepererunt, quae et 1 32
imitemur, si non possumus imitari uirtutes. tanta enim probitate uixerunt ut pars felicitatis sit nosse, quid fecerint. igitur Iob uir fuit iustus et uerax, 1 15 1
monitis *regnum* non stare *diuisum*. unde non sic sentiendum est, fratres, ut pater accepturus sit quod non habuerit aut filius tradendo quod habeat 2 5 9
Abraham ut pater esset multarum gentium, hic iustitiam non didicit, sed genuit. non 1 62 1
immolaturus domino auctore perducit nec deest ad ministerium gladius, ut pater esset pariter et sacerdos. consimilis filii quoque est ex diuina 1 59 6
ut etiam praesenti deo probareris ingratus. per mare pedibus ambulasti, ut patereris in terra naufragium. ad hoc sane in eremo aquam de petra 1 9
uero mortemque contemnens! o qui seruum domini ita se esse meminerat, ut patrem se esse nesciret! quid est pater? ecce sub oculis iacet filius 1 43 6
generis peccatorum est sordibus obsoletatus. Iob uxor sua hortatur ut peccet; et dominum, ut corruptelam seniorum sequatur, synagoga 1 15 8
turbatus posteris hereditatem indigestae mortis, quae homicidium mox [ut] peperit, dereliquit. denique nec mora est: inpatienter fraterni inuidus 1 4 8
non cruentis manibus, sed sensibus mundis offertur; quod non iugulatur ut pereat, sed, sicut Isaac, immolatur ut uiuat, apostolo hortante nos 1 25 9
non potest, exigit. quam si abesse ex moribus deprehenderit, confestim ut perfidum punit irata quem docuit nullamque aliam ob causam 2 3 3
huius diei luce gradientes exsultemus fide,iucundemur bona conuersatione, ut perpetuam uitam adipisci mereamur per dominum Iesum Christum. 1 33 4
frenatae uitreos diriguntur in muros praestolantes dei transitum populi, ut persequentibus mare sint. inducitur in uiam Israel ingratus, in qua nec 1 29 2
proprium confitetur discessumque, uel qui sit signis euidentibus docet, ut plerumque aliquos noscamus eos esse, quos in idolatria commorantes 1 2 6
tamen scio, quia nullus est nostrum, qui non momentis omnibus elaboret, ut plus habeat, quam habebat; quod cum nititur, auaritiae utique partes 2 1 16
filios uocat, ut abdicatio timeatur; exaltatos, ut ruina terrori sit; spretores, ut poenam supplicii sibimet impendere cognoscant. quod exemplum, 1 30
fraudulentum, coloratis raticiniis sua furta excusantem, reseruat examini, ut ponderatis damnis rebusque seruatis sententia in eum, prout debitor 1 35 8
sed timore *dei intra mansuetudinis* metas uerecundiae freno *cohibendum*, ut possimus merito mereri, scriptura quod dicit: *proximus est deus* 2 9 3
peritia, magna pietas iudicis nostri, a quo uniuersi generis peccatores, ut possint beate uiuere, puniri festinant. descendit quippe gladius pius in 2 10 2
potestas, magna pietas iudicis nostri, a quo uniuersi generis peccatores, ut possint beate uiuere, puniri festinant. mira ratio, mirum profecto 1 42 1

est ac per hoc illis constitutionis nostrae uidelicet decernendi sunt libri, ut possint esse perfecti! o quam misera est fides, quam uerba concinnant! o 2 3 9
propter quod sic Paulus apostolus ait: *induite uos armaturam dei, ut possitis uos constare aduersus nequitias diaboli accepto scuto fidei, per* 1 38 6
idem a sua eum facie postmodum abiecit. consecutus est regnum, ut post regiam dignitatem maiore dedecore in perpetuum imperio Romano 1 52
gustant, aliqui etiam bibunt. mustum patris familias cellae reconditur, ut pretiosius transfretatione reddatur; et martyr dominicae habitationis in 2 11 7
prosequentibus Geminis, id est duobus salutare canentibus testamentis, ut principaliter idolatriam, inpudicitiam auaritiamque fugiatis, quae est 1 38 4
securus ut redeat; domum patri commendat, sensim mitisque discedit, ut probet se et meruisse et non ambisse quod meruit. ac ne quis hanc 1 4 16
temptationis uidelicet signum; etenim iustitiam qui sequitur, necesse est ut probetur. denique fornicaria requisita non est inuenta, quia renatus per 1 13 11
autem deinceps per hanc partem peccare iam non potest. consequens est, ut profiteatur, utrum hanc carnalem an spiritalem esse defendat. si 1 3 3
hoc igitur e profundo clamans similiter Petrus impetrauit a domino, ut profundi maris lubricos sinus insubditaque humanis gressibus liquidi 1 34 3
pharisaei agere se legitimum pascha contendunt, qui cum templo summo, ut putabatur, summum sacerdotium perdiderunt. regalis unguenti cornu 1 46a 1
sed quia inexstinguibilis pestis incendio totus mundus exarsit, auaritia, ut putatur, crimen esse desiit, quia neminem qui se possit arguere 1 5 1
incredulitate dei potentiae derogare? sed hoc amore criminum faciunt, ut putent impunita fore quae clanculo gerunt. nam si iudicii diei 1 2 1
quod non erat. sequitur, quod uiduitatis uestem rursus accepit, non utique ut quae fecerat faceret, sed ut defleret se fecisse quod fecerat; aliter etenim 1 13 12
apostolum primas? cuius ista sunt uerba: *tempus coartatum est; superest ut qui habent uxores, sic sint quasi non habentes; praeterit enim figura* 2 7 5
totus exaestuat mundus pestiferisque uoluptatibus ita corrupta sunt omnia, ut quicquid in eo geritur, non debere diligi a nobis sacris uocibus dum 1 36 27
eius aemulae rabiem breuiter etiam ex ratione nominum publicemus, ut quid appetendum quidue fugiendum sit facillime possit agnosci. sub 1 1 6
sua non ab alio commodetur, sed eius ex uoluntate nascatur. ceterum si, ut quidam putant, docentis pendet ex ore, procul dubio eodem aut cessante 2 3 1
naturasque caeli huius et superiorum *sciet?* quis corpoream aeris huius, ut quidam putant, inanitatem se disserere posse mentiatur? quis terram 1 34 1
potest, poterit et uerbis auferri; nosci adaeque non potest, quia fieri potest, ut quis aliud gestit in labris, aliud in penetralibus cordis; similiter ne 2 3 11
est deum non nosse nisi deum nihilque ex eo amplius requirendum quam ut quis eius nouerit uoluntatem, sine qua ei nec legitime seruire poterit nec 1 54 1
propriae defensionis ac diligentiae callidissimis argumentis urguetur, ut quis indefensus aut innocens quod habet legibus perdat. quod est omni 2 1 17
atque ita omnis motus quasi uno sensu magistra dilectione conuerti, ut quiuis intelligat hoc fieri non posse sine naturalis amicitiae disciplina? 1 36 15
fallax sit, si circumcisio recircumciditur rursum, ut hoc idem faciat aut ut quod non habet perdat; aut certe Iesu Naue parricida sit, si cultris 1 3 15
diabolus uideretur. qui consilio hominem deceperat, consilio uincitur, ut, quomodo homo in paradiso non cognouerat diabolum, sic et diabolus 1 60
sed spiritaliter promouetur. praestabit autem deus pater omnipotens, ut, quomodo isto in terrestri domicilio ei gratias agimus, ita in caelestibus 2 6 11
offerret et eum *ad praemia inmortalitatis admitteret.* sicque factum est, ut, quomodo per unius hominis damnationem in omnes homines damnatio, 2 4 7
contemnit, humana uersutis argumentis excludit, orbem totum, si possit, ut rapiat. uultis scire, quale calamitatis sit genus? sane plus in eum, qui 1 21
tota substantia, si uel uno momento diuinitatis cessat imperium. at si, ut ratio ipsa proclamat, cessare nullo pacto potest uarietas ista regni, a 2 5 6
apostolo dicente: *omnes nos manifestari oportet ante tribunal Christi, ut recipiat unusquisque corporis sui merita secundum ea, quae gessit, siue* 1 2 15
et benedictionem lucratus est et fratrem. dat iracundiae locum, securus ut redeat; domum patri commendat, sensim mitisque discedit, ut probet se 1 4 16
cursus. uerum currat an recurrat, ambiguum est, cuius praeteritum restat, ut redeat. mira prorsus ratio! innumerabilium saeculorum diuersa mensura 1 26
melius, dei filius hoc magis potuerat suae matri praestare, cui praestitit, ut rediuiuae uirginitatis honore polleret. itaque in statu, quo nata es, 2 7 4
excitet fratris, non utique illud, quod a deo damnatum iure uidebatur, sed ut reliquas nationes, quas idolatriae, de qua diximus, disseminatae uenena 1 13 5
est, si places marito: neque enim sine sacrilegio possis placere sacrilego. ut rem compendio transigam: utique a templo regrediens necessario 2 7 16
die qua nascitur moritur nec tamen instantis finis sorte terretur, suos ut repigret cursus, ut horas ac momenta producat, ut saltem paulo diutius 1 2 18
semet ipso in semet ipsum deus, secreti sui solus conscius; cuius ex ore, ut rerum natura, quae non erat, fingeretur, prodiuit unigenitus filius, cordis 1 50
inmortalitas merces, propterea simulatae stultitiae uelamine adopertam, ut res magna magnis uirtutibus magnisque laboribus quaereretur, 2 1 4
minor in mensura, maior in pretio; negat se habere, quod distrahat, ut rogetur, ut iugulet. atque utinam incorrupta species uenderetur! 1 5 14
deterius quam puniri. denique filios uocat, ut abdicatio timeatur; exaltatos, ut ruina terrori sit; spretores, ut poenam supplicii sibimet impendere 1 30
testes citat, ut exaggeret crimen; filios appellat, ut abdicatio, exaltatos, ut ruina timeatur, spretores sui, ut impios monstret. infelix culpa est, 1 20
nostris competentibus praestaturus, quos nunc inuitat felix occasus, ut sacri oceani lacteo profundo dimersi inde nouello nouellique cum die 1 57
hodie competentibus praestaturus, quos iam nunc felix inuitat occasus, ut sacri oceani lacteo profundo demersi, surgentes inde nouello nouelli 1 44 2
anni parens annique progenies; antecedit quae sequitur tempora et, ut saecula colligenda disseminet, parit sibi de fine principium. hic est, quo 2 19 1
nescis, quid agatur in domo, infelicior certe, si scieris. proponamus itaque, ut saepe contingit, in unum sibimet conuenire diuersae religonis diem, quo 2 7 14
sorte terretur, suos ut repigret cursus, ut horas ac momenta producat, ut saltem paulo diutius diei sui demoretur in uita, sed fidelis semper, 1 2 18
mortis lege consumpto inmortalitas tribuatur. haec est enim potestas dei, ut saluo quod est possit esse quod non est. hic est deus noster aeterni dei 2 12 3
deo imminere per momenta et credit et timet arcamque, cum suis ut saluus foret, quam iussus est facere, non praecipiti festinatione 1 4 12
sed caelesti prandio, honesto, puro, salubri atque perpetuo, quod, ut saturi semper ac felices esse possitis, esurienter accipite. pater familias 1 24 1
digna, tamen ad exprimendam uim inpudicitiae uisa sunt necessaria, ut sciat unusquisque ad idolatriam pertinere luxuriam. ipsa, inquam, 1 1 12
statuatis! sed non eo dico, ut ingratum faciam doctrinae beneficium, sed ut sciat unusquisque aliud esse fidem, aliud esse tractatum nec fidem per 2 3 11
adde quod index dei uoluntatis est, non dei originis aut naturae. sequitur ut scire debeamus, utrum tractatum fidei an fidem tractatus debeamus 2 3 6
scit dominus uiam iustorum et iter impiorum peribit. consequens est, ut scire nos par sit, in quo habitu regnaturus sit homo iste noster, qui 1 2 24
ubi sane ad hoc aquam de petra bibisti, manna de caelo gustasti, ut scires, miser, quid fueras perditurus. 2 16
de mensa largitur. tres pueri unanimes legumina inferunt primi, quibus, ut scitus sit sapor, salem sapientiae aspergunt. oleum Christus infundit. 1 24 2
omnia homini timenti deum tam necessarium atque conueniens, quam ut se ipsum nouerit. etenim genus insaniae est eum rationem secreti 1 27 1
ante omnia homini nato tam necessarium atque conueniens, quam ut se ipsum nouerit. etenim genus insaniae est eum rationem secreti 2 30 1
ipsa praepostera memoratio, quoniam res est disconueniens et absurda, ut secundus sit inmortalis et qui mortalis est primus, cum inmortalitas in 2 4 2
Aunan autem secundus frater Iudaicus est populus, cui praecipitur, ut semen excitet fratris, non utique illud, quod a deo damnatum iure 1 13 5
omnes actus ad se trahit, congregat turbas, contionatur. lites sic discernit, ut seminet. prauos ac lubricos colligit mores. legibus suis suas leges 2 1 7
dei ab ipsis potius audiatur, hortantur [nos]. non est enim parum criminis, ut semper apud ipsos diuinus sit sermo prolatus, nunc alteris uideatur 1 61 1
quos susceperant mortuos, refundere inferi coacti sunt uiuos. quem ut semper et ubique aucti fide, numero, caritate nostris cum fratribus 2 19 2
ceruina lacteum genitalis fontis ad laticem conuolate. fortiter bibite, ut semper uobis aqua sufficiat, hoc principaliter scientes, quia hanc nec 2 14
amnis undae subiecti toto impetu totaque deuotione uestra uasa replete, ut semper uobis aqua sufficiat, hoc ante omnia scientes, quia hanc nec 1 12
uoluntate. est autem in publicum tota prominens atque diffusa, sic tamen, ut sentiri se cupiat quam uideri, plane cauta, ne quam declinet in partem, 2 1 12
feliciter condemnatus est, ut absolueretur, sacri gurgitis unda sepultus, ut sepulcri nido uiuificatus resurrectionis iura gustaret. o magna 2 29 1
igitur Isaac sibi dulcissimum filium, deo uictimam dulciorem contemnit, ut seruet, destinat iugulare, ne iugulet, securus illo se non posse displicere 1 4 13
quibus recte deus irascitur dicens: *nolite ambulare post deos alienos, ut seruiatis eis, et ne adoraueritis eos, ne quando incitetis me in operibus* 1 25 4
pateremur reuerentiam ueritatis in eaque res condicione dimissa est, ut, si quid mali seu boni cuiquam fecerimus, deo fecisse uideamur; propter 1 36 23
perueniens. desiderat facere quod timeat publicari. totum prorsus temptat, ut sibi uindicet totum. nouum prodigii genus est: odit pudicitiam et tamen 1 1 9
te deduxit per diem, ut ostenderet caecum; ignis columna per noctem, ut significaret arsurum. angelus tua castra praecedit, necubi crimen 2 16
est in spe, in fide, in caritate, quae ita inuicem sibi uidentur esse connexa, ut sint aliis alia necessaria. spes enim nisi praecedat, cui laborat fides? fides 1 36 1
non esse quodam modo etiam ipse miretur. igitur si homo potest facere, ut sit arbor quod non fuit, saluo quod fuit, quanto magis deus hominem 1 2 28
extra coniugium; Christiano enim, fratres, ultra licere non puto quam ut sit aut continens aut maritus. uenio nunc ad exempla, quae sunt negotio 1 1 14
colit, quantae nobilitatis sit, facillime cognoscit; est etenim tantae uirtutis, ut sit honorabilis etiam hostibus suis. haec totius humani generis 1 1 1
superior, iam caelestia aspirans, iam, non dicam saeculi ludibria, sed, ut sit honoratior, se ipsam contemnens, iam ueritatem non imaginem 1 2 25
potest habere nec minus; alter enim in alterius plenitudine infusus est, ut sit *omnia in omnibus* deus benedictus, pater in filio, filius in patre, cum 2 5 10
quia caritas sua ingerit fortiora. quae ita rebus uniuersis est praedita, ut sit omnium iure ipso regina. triumphet licet quibus uult uirtutibus fides, 1 36 10
si quis inter uos uidetur sapiens esse in hoc saeculo, stultus fiat, ut sit prudens; nam huius mundi sapientia stultitia est apud deum. ob 2 1 5
quemquam, nisi primo quis uictor mortis iura praetereat. quae res efficit, ut siue metu siue incredulitate praeponantur praesentia futuris, mala bonis, 2 4 14
Naue parricida sit, si cultris corda hominum desecat. sed absit, fratres, ut spiritales uiros ullo tangamus errore, maxime cum prophetia ad sui dicti 1 3 16
denique rem sacramento gestam esse cognosce. in caminum missi ut submersi sunt flammis, statim sibilo roris incendia temperantur. mors 2 27
artificio fidei natura non patitur, a qua nihil aliud laboratur, nisi ut suis sibi tantum uirtutibus adprobetur: non enim potest esse perfectum 2 3 6
alienas; quam peregrinantem ferali supputatione nutrire non desinit, ut summam quaerat, non quam commodatio dedit, sed quam ei pepererint 1 5 12
naturae Natiuitatis Moysei librum lectitando saepius replicauit, fortassis, ut sunt ingenia cotidie quae uidemus uersutis contentionibus laeta, de 2 4 1
sunt monita: *et nunc, Israel, quid dominus deus tuus postulat a te, nisi ut timeas dominum deum tuum et ambules in omnibus uiis eius et diligas* 2 2 4
potest, uariis artibus aut adulatur aut nocet, si quid habuerint, tantum ut tollat. cui autem parcat, quae et mori momentis omnibus etiam friuolo 1 14 2
electio sit alterius reprobatio. uel si omnes omnino amplectendae sint, ut tot quis habeat fides quot non habet uerba, multo magis nihil habebit, 2 3 7
credi quam antiquitati, quam deo domino dicenti: *reicitis mandatum dei, ut traditiones uestras statuatis*! sed non eo dico, ut ingratum faciam 2 3 10
uero fidem spiritus calles, aliquam demonstra uirtutem: impera montibus, ut transferant sese; in admirationem tui rictu blandiente leonum rabies 2 3 14
tempori, non sibi, debent, quod est alter alteri obnoxius, procul dubio, ut tu uis, maior est natura quam deus. at cum naturam ex nihilo fecerit 2 8 5
quasdam locis poenalibus relegari, quasdam *placidis sedibus* refoueri, ut tunc demum credi possit resurgere, quod omnibus palam sit non penitus 1 2 3
peruenire. unde primo omnium definiendum puto, quid sit circumcisio, ut tunc demum, qualis sit, iure possit agnosci. circumcisio est, fratres, in 1 3 2
adimit satietatem. ita omnes in rabiem una tempestate praecipitat, ut ubinam sit maior ignores. est autem similis igni arida pabula depascenti, 1 14 1
et iracundiam diuinae indignationis ostendunt, quae alias personas, ut uerbum dei ab ipsis potius audiatur, hortantur [nos]. non est enim 1 61 1
reiectio Iudaeorum est aliarum electio personarum, quia, cum alteris, ut uerbum dei audire debeant, dicitur, Israel sic reprobus inuenitur et, 1 61 1
non esse iustitiam et quidem nec ueram sapientiam? quia fieri non potest, ut uerus sapiens non sit et iustus, iustus adaeque uerus non sit et sapiens, 2 1 9
quae simplicia, quae pia, quae sancta sunt, sicut facitis, amplectenda, ut uidentes homines *opera uestra bona magnificent patrem uestrum, qui est* 1 25 13

sapientes, ut uideri uolunt, Graeciae uiri praeter ceteros curiosi otioso negotio cor 2 9 1
eius euerterunt: cui sacrificant? sane hoc solum proprium retinent, quod, ut uilem libidinem magis ac magis augeant, uilioribus se lauacris omni 1 51
cuius ista pia sacramenta celebramus, qui ad hoc *recubans obdormiuit*, ut uinceret mortem, ad hoc euigilauit, ut beatae resurrectionis suae in nos 1 38 4
martyrii locus est, in quo non uitis, sed fossoris sanguis effunditur, ut uita beata pretiosae mortis uindemia comparetur. dies uero ad 1 33 3
mundis offertur; quod non iugulatur ut pereat, sed, sicut Isaac, immolatur ut uiuat, apostolo hortante nos Paulo, cuius ista sunt uerba: *exhibete* 1 25 9
cuius sane condicione nos beatiores sumus, quia ille occidit semper ut uiuat, fidelis autem post secundae natiuitatis occasum resurgens horrore 1 16 2
o dulcis sententia! o damnatio necessaria! in semet ipso homo iugulatur, ut uiuat. percussor non uidetur, percussoris non cernitur gladius, percussi 1 42 2
singularis! o dulcis sententia! o damnatio necessaria! homo iugulatur, ut uiuat. percussor percussorisque non cernitur gladius; percussi non hiat 2 24 3
fidelitatis felicitas maxima est fidei nosse naturam, quae talis ac tanta est, ut unicuique homini sua non ab alio commodetur, sed eius ex uoluntate 2 3 1
feruentes uinariam dominicam cellam communi gaudio repleuerunt. quod ut uobis quoque fide uestra adolescente contingat, praestabit deus pater 1 10b 3
hanc *diremisse* ex eaque constituisse *mundum pariter et ornasse*. igitur si, ut uolunt, deus materiam, qua usus est, non fecit, sed aeterna sit, ut ipse 1 7 1
priuilegium, non septimus, non nonus, accepit ac per hoc necesse est, ut utrumque inane sit, si infirmari potest alterum de duobus. quid, quod 1 3 4
est et nemo reuertitur; et infra: *uenite ergo, fruamur bonis, quae sunt, et utamur creatura tamquam iuuentute celeriter; uino pretioso et unguentis nos* 2 4 10
remotis enim paulisper nominibus patris et filii non potest nosse, uter patiatur iniuriam, nisi quod ambo patiuntur, quia amborum unum 1 54 1
his uerbis: *hortatus sum, ut denuntiares quibusdam, ne peruersa doctrina uterentur neque adtenderent fabulis et genealogiis, quae sine fine sunt, quae* 2 3 17
ad huius ergo personam Christi refertur uerecunda natiuitas, sed uirginalis uteri aula secretior: diuini sermonis arte formata in se tabescentis corporis 1 59 8
matrimonio filius de fide, non de aetate. concepit Sarra, portat sine labore uteri sarcinam, quae iam ambulare non poterat; tunc discit mater esse, 1 62 2
finem nec fortitudo mensuram, amore imaginis suae de caelo descendit, uteri uirginalis illustrat hospitium ibidemque in homine includit deum. 2 4 7
deus praestat agonem. propter hoc dabit deus uobis signum: ecce uirgo in utero accipiet et pariet filium et uocabis nomen eius Emmanuel. butyrum et 2 8 7
communionis sanctae significabat sacramentum. Thamar *concepit in utero*, ecclesia corde concepit, illa semine, haec uerbo. haedus ei mittitur, 1 13 11
uoluptati motus. nihil in substantia resederat corporis, sed nihil tamen in utero negabatur infanti et, cuius aetas auiam testaretur, matrem partus 1 59 4
sepelitur noua odii rabie, antequam nascatur, matris iam non in utero sed sepulcro incognitum pecus, quod legitimam nec mortem potuit 1 5 3
Christus mundo praestiterat; si hominem solum, sicut quidam putant ab utero uirginis eum sumpsisse principium, quae spes futurae beatitudinis 2 5 1
simulant se esse cultrices. una denique asserit Iesum Christum ab utero uirginis Mariae sumpsisse principium deumque exinde ob iustitiam 2 8 1
tu scutum fidelissimum uiduarum. tu melior pupillorum, plus quam uterque parens. tibi oculos numquam siccos esse aut misericordia permittit 1 36 31
cruce, et quia per mulierem, quae sola lignum letale contigerat, exceperat uterque sexus interitum, e diuerso per uirum ligno suspensum uiuificatum 1 3 20
generis sui non a parentibus accepit, non liberis tradit; ipsa est sibi uterque sexus, ipsa omnis affectus, ipsa genus, ipsa finis, ipsa principium; 1 2 20
diuersi, mox unum futuri? fontanum semper uirginis matris dulcem ad uterum conuolate ibidemque uos uestra nobilitate fide scientes, quoniam, 1 55
praeceptione meruit procreari atque in ultimis uitae curriculis Sarrae uterum filius aperuit primo uocabulo, cui iam auiae reuerentiam senectus 1 59 1
more fomenta; neque enim, fratres, his poterat indigere, quae accipere in uterum meruerat filium animarum omnium saluatorem. o magnum 1 54 4
aeternitatem. mira res! concipit Maria de ipso, quem parit; tumet uterus maiestate, non semine, capitque uirgo, quem mundus mundique non 2 12 2
renuntiatur. at Thamaris nostrae cum processu temporis procedit et uterus. mirum profecto uidete mysterium! quae celauerat faciem, non celat 1 13 3
sub incerto affectionis uocabulo pietas nutaret et, cum filium proferret uterus, nepotem senectus optaret. ita denique dissensione temporis et 1 59 4
nominis, fratres, se adserere conatur Antichristus similiter pudicum, uti fallat. pudicitiae nominis sonum post se trahit, sed quos fructus habeat, 1 1 6
quis hostem, a quo impugnatur, expugnet, numquam bonis suis poterit uti securus. sunt enim multi, qui adserere conantur *chaos in principio* 1 7 1
uellem, fratres dilectissimi, triumphali quodam modo uti sermone nouique operis arcem sacram laudibus geminare. sed quamuis 2 6 1
Christum dei filium spiritali temperamento conscribunt. quae sine se utilia esse non possunt, quia ueteri sicut nouum praestat fidem, ita nouo 1 37 4
rediuiua fecunditas reponebat. quapropter si pater bonus, si prouidus, si utilis esse desideras, sicut ille Abraham, deum plus debes amare quam 2 1 21
uaria gaudet semper et paenitet, ad satietatem numquam lubrica utilitate perueniens. desiderat facere quod timeat publicari. totum prorsus 1 1 9
est miserior qui miseriis ditatur alienis. quisquamne iustum putet, qui utilitatem rei familiaris pietati praeponit? qui hominibus fame laborantibus 2 1 17
perditos cupiunt, magis proficiat ad dei timorem et ipsis nihil prosit ad utilitatem? sane recte hoc facere existimarentur, si sub praetextu alieni 1 2 7
fontem matremque uirtutum. quae praeter ceteras tota se ad alienas utilitates colligit atque explicat sciens, quid deo principaliter debeatur, nihil 2 1 11
suo statu omni loco, omni tempore manet plus honestati consulens quam utilitati. uultis scire, quantae felicitatis sit [sit]? eam et qui habet diligit, et 1 1 2
aptatum distinctumque elementis, opibus, animantibus, alimoniis utilitatibusque diuersis, magnis et plurimis, habitatori ulla ne querela 2 4 4
affectuque calcato subditiciis personis, ut obumbrent furta turpissimae utilitatis, rem familiarem tuendam committunt amore non fidei, sed 1 25 11
in pretio; negat se habere, quod distrahat, ut rogetur, ut iugulet. atque utinam incorrupta species uenderetur! ingemescit praeterea, si annus est 1 5 14
auaritia quam facile arguitur ab omnibus, utinam posset tam facile non amari! est enim artifex ac dulce malum et 1 14 1
ambitiosior in dolore quam ditior — sane post momentum misera (atque utinam semel!) nimio dolore nuptura. hic, hic quemadmodum se quis 1 2 14
quem in gregibus pecuinis ipsi tui non inuenere maiores. atque utinam tu inuenias! dignus es enim immolatione tali, qui salutem tuam in 2 20 1
enim sine sacrilegio possis placere sacrilego. ut rem compendio transigam: utique a templo regrediens necessario enarrabit tibi sciscitanti sibi de 2 7 16
mundum et dilexerunt homines tenebras magis quam lucem? ambiguos utique Christianos designauit ac lubricos, *qui inter pios impiosque sint* 1 35 4
et opus fieri possit et tolerari ardor aestatis, id est temptationis; quam esse utique credulitatem non potest dubitari, quia hanc qui habuerit, necesse 1 13 8
cognoscitur. nam si diis *corporalibus* sacrificium conuenit *corporale, utique* et spiritali deo *sacrificium est necessarium* spiritale; quod non ex 1 25 9
quam dulce est! talem patrem laesisse quam turpe! *filios genui et exaltaui*: utique filios Israel dominus genuit, qui Abraham, unde nascerentur, elegit. 1 61 7
oleo caput meum et poculum tuum inebrians quam praeclarum. utique, fratres, calix sanguinem, mensa corpus, oleum donum spiritus 1 13 10
et pinguamine agnorum; quis enim haec exquisiuit de manibus uestris?. utique, fratres, incunctanter eis ademit pascha, qui id, per quod ab eis 2 25 2
unde uera caritas ueniat, ubinam consistat, cui uel maxime debeatur: utique illi, qui hominem fecit, qui ei munus perpetuae caritatis 1 36 28
mereri sententiam. et qui sunt isti, quos ambiguitas suo iudicio reseruauit? utique illi, sicut apostolus quoque ait, qui cognitum *deum non quasi* 1 35 6
frater Iudaicus est populus, cui praecipitur, ut semen excitet fratris, non utique illud, quod a deo damnatum iure uidebatur, sed ut reliquas 1 13 5
uxorem, id est synagogae fides moritur. quod autem inquit: *consolatus* est, utique intelligitur spe Christi uenientis, qui non tantum prophetis 1 13 7
stupidam pependisse naturam; uiam inter fluctus micuisse terrenam, quae utique non caelestis populi meritum, sed terreni per orbem totum 1 18 1
affirmat. sic enim ait: *et uidebo caelos, opera digitorum tuorum*. hic utique non de caelis istis loquitur, quos semper uiderat, sed de apostolis, 1 61 3
loquitur saecularibus. *in magnis et mirabilibus* se dicit non ambulasse, utique non dei, sed in illis, quae magna ab hominibus hoc putantur in 2 9 6
mortem. quod dictum non tam timentis quam exsultantis ac docentis est. utique non enim quicquam timere poterat, qui mortuos excitabat, *qui* 1 2 31
obumbrauit et texit. et denuo *caeli*, inquit, *enarrant gloriam dei*; et hic utique non tam caelos loqui dicit, quos loquentes nullus audiuit, sed 1 61 3
cum praeputio Nineuitarum populus dei est indulgentia liberatus? quos utique omnes circumcidi praecepisset, si carnis circumcisionem eorundem 1 3 5
elaboret, ut plus habeat, quam habebat; quod cum nititur, auaritiae utique partes agit, quae est inimica iustitiae. adeo inde est, quod frumento 2 1 16
perdiderunt. quem scriptura designabat *ex ouibus et haedis*: *ex haedis* utique propter peccatricis indumentum carnis, *ex ouibus* propter spiritum 1 46a 2
abstinet, quod propterea facit, quia *praui* bonique *notitiam* gerit, quod est utique sapientis. unde fit, *ut numquam iustus possit esse qui stultus est* 2 1 10
una substantia, domino ipso dicente: *ego et pater unum sumus*. quod non utique sic ait, ut in unum duos redigendo confunderet, sed ut duorum 2 8 4
tua et baculus tuus ipsa me consolata sunt. uirga et baculus duo sunt utique testamenta, quae ideo materiae ligni sunt comparata, siue quod in 1 37 8
esse, quod non erat. sequitur, quod uiduitatis uestem rursus accepit, non utique ut quae fecerat faceret, sed ut defleret se fecisse quod fecerat; aliter 1 13 12
uteri uirginalis illustrat hospitium ibidemque in homine includit deum. utitur et figura et condicione mortali. iustitiam docet inmortalitatis esse 2 4 7
aequalis in omnibus patri. quicquid enim pater praecepit, ut fieret, filius, utpote *dei uirtus deique sapientia*, omnia illa opere mirifico eius cum dicto 1 50
coniugali, sed fide, uerbo, non semine. decem mensium fastidia nescit, utpote quae in se creatorem mundi concepit; parturit non dolore, sed 1 54 3
gloriosi amore diuinae religionis regis adorare imaginem contempserunt, utpote qui ipsum contempserunt regem. qui ira sufflatus solito septies 2 22
testamenta prolata sunt, quae saluti cum domini gloria et Petri felicitate, utpote super quem aedificauit ecclesiam, duobus populis profecerunt. mare 1 37 5
fides si non sit, quomodo spes ipsa nascetur? quibus si deneges caritatem, utraeque cessabunt, quia neque fides sine caritate neque spes poterit 1 36 1
impetu aliquotiens clusis oculis illa <illidit>. tertio diues est auaritia, utraeque cuius exaggerare opulentiam uelocitate mira contendunt, cui totus 2 1 8
uult uirtutibus fides, ac spes multa et magna proponat, tamen sine hac utraeque non stabunt: fides primo omnium si se ipsam non amet, spes si 1 36 10
hoc dicendo *exemit iudicio fideles, non admisit ad iudicium infideles*. at si utraeque partes iudicio uacant, quomodo unicuique merces pro suo actu 1 35 1
commoda inspiciunt falsamque aduersus ueram pro uera defendunt, sic utramque mediis e manibus oculis patentibus perdiderunt: dei, cum stultam 2 1 3
qui non ignoramus uictoria carnis ambas exstingui, animae uictoria utramque seruari: meliora sequamur saltem uel eo studio, quo sequimur 2 4 18
inter pios impiosque sint medii nullam partem tenentes ad plenum, cum utramque tenere non desinunt. fideles non sunt, *quia* habent *aliquid* 1 35 4
designabatur caro suis onusta peccatis, *ex ouibus* spiritus maiestatis; quae utraque in Christo concreta agnum legitimum praestiterunt. hic est agnus, 1 8 1
cotidie concupiscentia, ambitione, auaritia ardet in saeculo. quare utraque sunt uana, quia et cordis exaltatio nullos fructus inuenit et 2 9 5
transactis cursibus †pius aut filius ederit partus effusione perciperet†. sed utrisque <aetas> ademerat spem sobolis: pignus succidaneum meruerunt. 1 43 1
ceteris uidebatur primus matrimonii dies? ubi pretiosae uirginitatis festa, utrisque dulcis occisio? ubi amor, qui in aequo unitoque coniugio, e 2 7 6
undae diuidi magnitudo ex utroque in utrumque commeando largiflua, utrisque propria, nulli priuata. etenim damnum patientur ubertatis et 1 7 4
naturae metu laeti sunt soli. cedit affectus pietati, pietas religioni, fauet utrisque religio. medius stupet gladius nullo impedimento suspensus 1 4 14
quod parentes opulenti abolita sui nominis sanctitate filios suos non sine utriusque dedecore patiuntur errare stipi triuiali subiectos; quod liberi 1 5 6
utique a templo regrediens necessario enarrabit tibi sciscitanti sibi de utriusque salute uel unanimitate deorum quae fuere responsa. si terribilia, 2 7 16
census, diues quoque numerus liberorum et, quod est parentibus gratum, utriusque sexus et inuicem se amantium; quorum pro numero deo diurnas 1 15 2
oculatis rebus sufficimus approbare. denique uagi atque inmundi spiritus utriusque sexus humani dolosa blanditiarum captione seu uiolentia 1 2 5
quia nescit iterare quod praestat. ecce pueri, adolescentes, iuuenes, senes utriusque sexus, qui eratis rei, eratis et inmundi mundana natiuitate, 1 38 1
plerumque iacent canibus, alitibus ferisque donati, ubique dispersi, utrobique deperditi, semesis ossibus, etiam suis carnibus nudi. conspicite 1 5 8
regnum patris, speramus et filii. uacat ergo praesentis temporis regimen utroque cessante actumque est de mundo mundique tota substantia, si uel 2 5 5

duosque uertices gerit in unius acuminis tenuitate digestos, unam litteram utroque conficiens; cui si unum adimas, alterius inanis est usus. unde recte 1 37 4
se non habere, quas habet. in uno nititur auaritia, bacchatur in alio, in utroque crescit, in utroque non desinit. uerum tamen eos uno momento 1 5 11
haec a cunis ipsis infantiae usque ad supremos exitus cuiusuis aetatis utroque generi salutare munus inpertit; illa sanguine gaudet, haec gratia; 1 3 23
nec potest incomprehensibilis communisque undae diuidi magnitudo ex utroque in utrumque commeando largiflua, utrisque propria, nulli priuata. 1 7 4
,quas habet. in uno nititur auaritia, bacchatur in alio, in utroque crescit, in utroque non desinit. uerum tamen eos uno momento exigua humus et 1 5 11
est, consummata fides ultra nec minuitur nec augetur. sin uero ex utroque, patriarcharum semesa fides est ac per hoc illis constitutionis 2 3 9
recognosco.' recte Iudaeus hoc diceret, fratres, si ista cura sexui utroque prodesse potuisset. cum enim grauior causa supersit, periturum se, 1 3 9
haec parentum, coniugum liberorumque sacra iura custodit, haec in utroque sexu conspicua, in omni aetate miranda, in quauis condicione non 1 1 1
nunc scire cupio, fides ex doctrina constet an ex credulitate an ex utroque. si ex doctrina constat, non habent ergo fidem qui litteras nesciunt, 2 3 9
praecipitandum prodidit, prophetia passurum dominum praedicauit, utrosque uolentes, illum condicione, dominum pietate. cetum esse non 1 34 8
Iudaee, uel sero erroris tui miserum dolendumque discrimen et dic nobis, utrum circumcisionem obserues an legem. si circumcisionem, non est tibi 1 3 12
per hanc partem peccare iam non potest. consequens est, ut profiteatur, utrum hanc carnalem an spiritalem esse defendat. si spiritalem, cur de 1 3 3
quid sit ignorat. omnes aut deuitat aut portat iniurias. incertum est, utrum inpassibilis iudicetur, cum aliquid passa quasi nihil passa sit 1 4 2
o nouum spectaculum ac uere deo dignum, in quo definire difficile est, utrum sit patientior sacerdos an uictima! non percussoris, non percutiendi 1 4 14
uoluntatis est, non dei originis aut naturae. sequitur ut scire debeamus, utrum tractatum fidei an fidem tractatus debeamus adserere. si tractatum 2 3 6
de populo suo infantis anima peritura est. hic, fratres carissimi, eligat utrum uelit, circumcidat an differat. si circumcidit, sabbatum corrumpit; si 1 3 4
radicibus saeculi delitescens secessionis se commendauit umbraculo, utrumque Christiano explicans uoto, ut et non longius uideretur a proelio 1 39 3
incomprehensibilis communisque undae diuidi magnitudo ex utroque in utrumque commeando largiflua, utrisque propria, nulli priuata. etenim 1 7 4
noster incunctanter est Christus, quem ante omnia saecula pater adhuc utrumque in semet ipso deus beatae perpetuitatis indiscreta spiritus 1 56 1
priuilegium, non septimus, non nonus, accepit ac per hoc necesse est, ut utrumque inane sit, si infirmari potest alterum de duobus. quid, quod Abel 1 3 4
obliquae ancipitisque uitae sunt necessario discutienda secreta, apostolo utrumque prosequente, nam *qui sine lege*, inquit, *peccauerunt, sine lege* 1 35 7
spiritu; illa portionem, haec hominem totum; illa masculum solum, haec utrumque sexum; illa praeputium paruae cutis, haec praeputium totius 1 3 23
baias, ciuitates ac rura, uniuersis uoluptatibus saepta, in cupidinem sui utrumque sexum, omnes animas, omnes aetates isto carmine inuitans: 2 4 10
est, sui carpunt. sane nullis argumentis armatus, quibus illi libenter utuntur, qui aduersus ueritatem falsa componunt, sed caelestibus 2 18 2
perducunt. at ubi uindemiae uenerit tempus, decore dissipato, passim uua detrahitur in torcularique operariorum pedibus subiecta calcatur, prelo 2 11 3
nullos potuit fructus afferre. denique pro fructibus spinas generauit, pro uua labruscam. cuius abhorrens infelicitatem dominus rei, aliam sibi, id est 2 11 1
loca lasciua passim se fronde diffundit, generauit pro fructibus spinas, pro uua labruscam. cuius rei indignitate commotus dominus illa deserta aliam 1 10b 2
at ubi uindemiae uenerit tempus, id est persecutionis dies, passim uuae diripiuntur, id est inconsiderate sanctis hominibus uiolenta infertur 2 11 6
fratres, quos sua parturit fides, qui mundi huius fugientes insidias, reatum, uulnera ac mortem paternae inplorastis auxilium maiestatis omnique non 2 23
incipit cura, et quia suasione per aurem inrepens diabolus Euam uulnerans interemerat, per aurem intrat Christus in Mariam, uniuersa 1 3 19
futurae denuntiabat exitium. adeo eos in eremum inde perduxit uulneraque detestabilis mentis curanda lacte cum melle prouidendo 1 18 2
ut in tormenta morientis cum homine aduenticium uulnus inquilino uulnere finiretur. at Iob cunctis uiribus aduersae partis exspectatione 1 4 18
responde, ubi cor habeas constitutum. si in regione pectoris, quid deformi uulnere inferna metiris? si, quod quidem recte aestimas, in infernis, procul 1 3 14
si infirmari potest alterum de duobus. quid, quod Abel iustus est sine hoc uulnere inuentus? quid, quod Enoc a deo integer legitur esse translatus? 1 3 5
quod radat. inde est, quod uniuersae nationes mutuis cadunt per momenta uulneribus, concussae gemunt urbes, deleta rura respirare non possunt, 1 5 3
tormenta meditatur. erexerat securem percussor insanus et signans oculis uulneribus lineam feralis ictus assidua contemplatione uibrabat. haeserant 1 39 7
suo cultori quid praestet. febrem non exstinguit, morbos non discutit, uulneribus non medetur, dolores non tollit, mortem non repellit, nisi quod 1 5 16
qualis sit, iure possit agnosci. circumcisio est, fratres, in damnum rotundi uulneris ferro circulata cicatrix. quam si Iudaeus aestimat gloriam, ut de 1 3 2
mentis impurae, iamiamque illis imminere supplicium denotati uulneris inflictu minatur. omne genus pecudum cum suo sibi sacrificio 1 46a 1
intrepidus ad ministerium immolationis armatur; libratur ad ictum uulneris securus animus, sed securior manus; elatus in immolandum 1 59 7
inimici percussus populosis ulceribus non distinctus est, sed totus unum uulnus effectus. uerum tamen in his omnibus nihil aduersus deum improbe 1 15 5
immittit edaces, ut in tormenta morientis cum homine aduenticium uulnus inquilino uulnere finiretur. at Iob cunctis uiribus aduersae partis 1 4 18
percussor non uidetur, percussoris non cernitur gladius, percussi non hiat uulnus, non defluit sanguis; exspirantis non palpitat corpus, non decolor 1 42 2
ut uiuat. percussor percussorisque non cernitur gladius; percussi non hiat uulnus, non defluit sanguis, non decolor color est. ipse est et tamen ipse 2 24 3
per aurem intrat Christus in Mariam, uniuersa cordis desecat uitia uulnusque mulieris, dum de uirgine nascitur, curat. signum salutis accipite! 1 3 19
sed cura, quam paucis accipite. iram dei generaliter comminantis qui uult effugere, debet illi inculpate seruire. 1 10a
est praedita, ut sit omnium iure ipso regina. triumphet licet quibus uult uirtutibus fides, ac spes multa et magna proponat, tamen sine hac 1 36 10
in se ipsam et lenocinante uario magistri medicaminis fuco uultum suum uultibus uestit alienis, hoc futura, non quod natura praestitit, sed quod ei 1 1 10
si non facio facta patris, nolite mihi credere; sed si mihi credere non uultis, factis credite et cognoscite, quoniam in me est pater et ego in 1 45 3
si non facio facta patris, nolite mihi credere; sed si mihi credere non uultis, factis credite et cognoscite, quoniam in me est pater et ego in 1 25 8
deus non esset, si esset aliquid quod esse uolens esse non posset. denique uultis scire conpendio ueritatem? factus est quod non erat, nec tamen 2 8 9
non necessitate, religione, non culpa; qui deum metuit, non naturam. uultis scire, cuius proprietatis sit? omnes timores, quoscumque inuaserint, 2 2 7
semper aequales; quod unius est, omnium est; quod omnium, singulorum. uultis scire, quae illic beatitudo uersetur? nemo suam uestem, nemo suas 1 5 18
humana uersutis argumentis excludit, orbem totum, si possit, ut rapiat. uultis scire, quale calamitatis sit genus? sane plus in eum, qui eam 1 21
non uideat numquam recti aliquid illam facere uel fecisse, quod fecerit? uultis scire, quam iusta sit? miseram se putat, nisi euerterit ueritatem. 2 1 7
omni loco, omni tempore manet plus honestati consulens quam utilitati. uultis scire, quantae felicitatis sit [sit]? eam et qui habet diligit, et qui non 1 1 3
dignitatem maiore dedecore in perpetuum imperio Romano seruiret. sane uultis scire, quantae sit sanctitatis? quem mare sustinuit adunatum, non 1 52
magis, si fertilis fuerit: illic quia parum distrahit, hic quia non solus. uultis scire, quantis sit tenebris obuolutus? irascitur deo, si non semper fiat 1 5 14
sed eius ascensus est unus. gradus autem eius, fratres dilectissimi, si uultis scire, quid uocentur, audite: conuersio, audientia, intellectus, 1 37 15
blanditur quam furit. occasionem ullam prorsus nocendi non praeterit. uultis scire, quod malum sit? in ipso fructu suo etiam ipse se odit. uenenis 1 36 27
retinetis pondus antiquum; habetis aginam: exagium facite quemadmodum uultis; singulos ponderate: inuenietis nullum habere minus. tripondes sunt 1 41 3
uos de diabolo patre estis et concupiscentias patris uestri facere uultis), uestem uiduitatis deposuit, id est sordidae religionis sordidos ritus 1 13 8
exstinguere. is enim infelicibus nonnumquam inmittit Capricornum uultu deformem, qui cornu exsiliens, labra liuentia spumantibus uenis 1 38 6
fletibus rigat, ne pater dubitasse uideretur, si flesset. deuotus sic stricto uultu puerum ducit ad aram, stringit gladium medium, pectus fidei 1 62 4
pingit se in se ipsam et lenocinante uario magistri medicaminis fuco uultum suum uultibus uestit alienis, hoc futura, non quod natura praestitit, 1 1 10
ad agnum transtulit dextram semper laetatus et gaudens nec mutatus est uultus eius, cum esset uictima commutata: cum tanta laetitia arietem 1 43 7
ad aram, stringit gladium medium, pectus fidei militabat; non pallescit uultus, non contremuit manus. quaerit puer, ubi sit uictima. quae mox, ita 1 62 4
cum hoc ita sit, homo quemadmodum dei imaginem portat, cuius uultus omni conuersioni subiectus momentis omnibus inmutatur labore, 2 30 2
cum hoc ita sit, homo quemadmodum dei imaginem portat, cuius uultus passibilis, omni conuersioni subiectus momentis omnibus demutatur 1 27 2
uenis, dura cum uisceribus cutis, deformis ac luridus pallor iam paene uultus perdit humanos nec ullus in membris uoluptati motus. nihil in 1 59 4
nec est dicto longe probatio. si incliti cuiusquam regis, hominis tamen, uultus quiuis ulla uiolauerit ratione, nonne continuo uelut sacrilegii 1 36 24
demutatur labore, aetate, languore, ira, gaudio, tristitudine totque induat uultus, quot animi fuerint motus, nullusque prorsus dies, quo iugiter sibi 1 27 2
imaginem suam quam eius, cuius est in usibus, gerit. denique tot efficit uultus, quot ille intrinsecus tristes seu hilares suos fecerit motus, hanc 1 2 29
est, tam inane; colunt enim uani uana figmenta in quaslibet formas, uultus, sexus, aetates auri argentique detrimento matris limae moderato 1 25 3
ueluti templis tereti moneta percussis inesse similiter regum uultus signaque cognoscis nihilque aliud distat, nisi quod in tua domo 1 14 5
uitae tuae; spinas et tribulos eiciet tibi et edes pabulum agri; in sudore uultus tui edes panem tuum, donec reuertaris in terram. sed et dominus ex 1 2 30
uteri aula secretior: diuini sermonis arte formata in se tabescentis corporis uulua portauit. sed in caelesti prole, non semine, progenitum certissimum 1 59 8
hanc igitur gloriam tardi partus ubertas et fecunditas desperata profertur. uxor Abrahae fetus nescia, cum uisceribus frigente senio nec sperare 1 59 3
ne in illo resurrectionis die inter plurimos maritos non possis, cuius fueris uxor, agnoscere. noli esse sacrilega, noli proditrix legis. profano cur nubas, 2 7 18
occidit, religiose confidens deo filios se genuisse, non mundo. hinc uxor amissi mariti desolationem se ferre non posse testatur frigidumque 1 2 14
diuinae pietatis munus acceperit, uetustae legis gesta testantur. Sarra uxor eius non inferior longae uitae transactis cursibus †pius aut filius 1 43 1
est etiam causa maritorum, ad quos aliquid loqui superfluum est, quia, si uxor et maritus *in carnę* sunt *una*, dubium non est, quia quod alter audit 2 7 11
sed et ipsis in fanis, Christiana fidelis, sine te esse non poterunt, quia uxor infelix es, si nescis, quid agatur in domo, infelicior certe, si scieris. 2 7 13
uidua permanens nuptias maturas exspectet. cum res sic se haberet, eius uxor moritur. qui consolatus cum ad oues tondendas pergeret suas atque 1 13 2
in Aegyptum est delatus atque distractus a fratribus. quem domini sui uxor peius amare coeperat quam oderant fratres. nam cum medullitus 1 1 15
haec humanitati praestat esse quod nascitur. huius est munus, quod cara uxor, quod generosi liberi, quod ueri sunt patres. huius est munus, quod 1 36 14
habet, sed uir; similiter et uir sui corporis potestatem non habet, sed uxor. sic igitur, quoniam una sunt caro, unum diuini operis sacramentum, 1 1 13
carnem totius humani generis peccatorum est sordibus obsoletatus. Iob uxor sua hortatur ut peccet; et dominum, ut corruptelam seniorum 1 15 8
teste a deo perhibetur occisus. secundo imperat, ut intret ad fratris uxorem ac semen excitet fratris; qui ingressus semen suum fudit in terram. 1 13 1
renatus ecclesiae filius eius futurus fuerat, non maritus. Iudas amittit uxorem, id est synagogae fides moritur. quod autem inquit: *consolatus* est, 1 13 7
Her, Aunan, Selom. hic mulierem, cuius nomen est Thamar, accepit uxorem maiori filio suo. qui filius cum maligne domini ante faciem 1 13 1
imitari aut uindicari. propter quod in praeceptis dominus ait: *qui dimiserit uxorem suam excepta causa adulterii, facit eam moechari.* quid hic 1 1 13
cuius ista sunt uerba: *tempus coartatum est; superest ut qui habent uxores, sic sint quasi non habentes; praeterit enim figura huius mundi.* at 2 7 5
uerum tamen in his omnibus nihil aduersus deum improbe loquitur, non uxori inlicita suadenti succumbit, non amicis insultantibus cedit, sed uictor 1 15 6
non potest? postremo detestabilis est uiuendi condicio, ubi non licet facere uxori, quod marito placet; ubi proponis, quia nihil te gerere sinit, nisi quae 2 7 15
qui praeuaricatus fuerit e duobus. sed nec illis impune succedit, qui sine uxoribus amore peccandi liberius incertas atque inhonestas sibimet 1 1 14
non aduertentes miseri, quoniam in tali negotio iudice deo quod non licet uxoribus non licet nec maritis, sicut praescribens talibus Paulus apostolus 1 1 13

ne quis hanc patientiam timiditatis nomine obscuret, in ducendis quoque uxoribus talis est condicio: Liam excipit, prolixa tempora obseruat, omnia 1 4 16
sperare subolem posset nec portare confideret, matris suscepit officia, quae uxoris iam munera nesciebat. atque eo tempore partus profertur, quo calor 1 59 3
manum suam super aratrum aptus est regno dei; et iterum: *mementote uxoris Lot*. sed et apostolus sic: *quemadmodum reuertimini rursus ad ea,* 1 37 12
haec libidinis mercedem uel maxime parentum, filiorum, maritorum uxorumque in mortibus posuit; haec nomina pietatis nonnumquam 1 1 8
regius pastor omnibus momentis lac argenteum subministrat et caseum. Zachaeus sine mora quadriplicata expungit apophoreta, deus et dominus 1 24 4
potius est iste quam mortuus.' in euangelio quoque Petrus filiique Zebedaei cum domino adstare fulgentes Moysen Eliamque, quos propter 1 2 9
ieiunus, nunc accusator, nunc reus; iocatur, ludit, pallet, tabet, suspirat, zelat, obsequitur; aut temptat aut decipit peiusque blanditur quam furit. 1 36 26
linguis non oculis non auribus parcens iocatur sperat ambit obsequitur zelatur insanit armatur precibus, armatur et ira, similiter nonnumquam ui 1 1 9
suo; dormientibus autem hominibus uenit inimicus eius et superseminauit zizania in triticum. at fortasse adhuc quispiam dicat: 'si caro perit, unde 1 2 28
dormientibus autem hominibus uenit inimicus eius et superseminauit zizania in triticum. quae necessario radicitus circumcisione diuellimus, ut 1 3 22
redditu ditati deo patri omnipotenti laudes et gratias referamus. qui zizania, lolium, lappas, tribulos in laeta frumenta mutauit, quae diligenti 1 41 1

Appendix of Variant Readings

abscide	1.3.122
abscidet	2.8.14
abscidimus	1.3.183
abscissum	1.3.16
accidit	1.3.151
accidit	2.4.133
accidit	2.5.39
acuto	2.3.20
addo	1.3.62
addo	1.36.82
addo	1.36.83
addo	1.36.85
addo	1.36.86
addo	1.36.87
addo	1.46a.9
addo	2.3.50
addo	2.3.51
addo	2.3.52
addo	2.3.53
addo	2.3.54
addo	2.4.138
addo	2.7.120
adeptus	1.37.71
adniti	1.1.27
aequabilitas	1.45.16
aequabilitas	2.5.88
aestuans	2.1.51
aeternaliter	1.50.3
afferret	2.4.69
amica	1.4.199
amplectabatur	1.56.6
angelus	1.33.21
aspectet	1.4.7
assumptus	1.2.250
at	1.1.45
augustis	1.2.169
bramosis	1.25.75
bramosum	1.28.13
capitulo	1.37.12
capitulum	1.37.13
certari	1.2.45
cessauerunt	1.39.57
ceteros	1.11.8
Christianis	1.39.22
circulis	1.2.169
clausui	1.29.11
coartum	2.7.47
cognita	1.4.27
committatur	1.36.201
comparatione	1.1.49
concitans	1.4.62
congeris	1.14.26
connexis	1.1.109
conniti	1.1.27
conresurrexistis	1.37.111
consecutus	1.37.71
conspersa	1.41.9
contemplata	1.24.2
contempseritis	1.5.126
corrigit	2.1.55
corrigit	2.1.89
corrigitur	2.3.26
crassantium	1.36.71
crassantium	1.39.34
crassatione	1.39.13
curros	1.36.241
curru	1.58.3
currus	2.3.142
daemonas	1.2.57
daemonas	1.36.74
debitori	1.36.52
deitatis	1.45.16
delicatam	1.4.31
deorum	1.13.91
dirempsisse	1.7.7
discit	2.8.74
distinguit	2.1.56
diuitias	1.59.75
diuturnae	2.1.185
dixerunt	1.2.27
edic	1.3.98
eligunt	1.35.3
emensis	1.5.62
emensum	1.2.193
equidem	1.2.67
equidem	1.5.94
equidem	1.7.9
equidem	2.1.73
equidem	2.3.25
equidem	2.3.68
equidem	2.7.12
equidem	2.21.6
erastreum	1.18.8
eruo	1.43.72
exinanire	2.3.152
expectet	1.4.7
facibus	1.1.107
faex	2.10.5
fastigia	1.54.26
flagrat	2.7.24
fleuit	1.34.34
fluendi	1.7.38
foeterosis	1.25.91
foeterosis	1.49.7
frangore	1.34.55
frangore	1.36.125
geminantia	1.33.7
gemmantibus	1.4.45
hostiam	1.62.7
humanitatis	2.2.55
humum	1.5.84
ideo	1.18.14
ideo	1.33.16
ille	1.3.40
illic	1.5.93
illic	1.5.102
immortale	1.2.276
impietatis	1.15.32
inambulare	1.62.11
incestas	1.1.143
includunt	2.24.8
indeptae	1.37.71
indeptus	1.37.71
inducat	1.15.50
infirmauerat	1.40.18
ingemiscentes	1.1.190
ingemiscit	1.5.101
inimicum	2.1.161
inormi	1.29.3
inormitate	1.14.15
inquirenda	1.34.4
insane	1.39.63
intimis	1.59.9
inuidiae	1.1.154
iungunt	1.5.57
iussi	2.27.7
laetantur	1.14.74
laetatur	1.8.3
laginis	1.25.93
lambruscam	2.11.8
lanbruscam	1.10b.10
lasciuia	1.1.82
libens	1.4.149
liberata	1.4.23
ligno	2.6.63
Lucam	1.13.56
macra	1.2.224
magnopere	1.4.24
magnopere	1.14.32
magnopere	1.38.50
mensium	1.26.3
metuentibus	1.1.11
ministeria	1.37.136
ministeriis	1.3.17
miseris	1.2.45
mollibus	1.14.51
nacto	1.1.175
nascentes	1.1.62
nec	1.6.2
necat	1.1.63
nimis	1.4.174
nobilis	1.4.13
nubilis	2.2.27
numerifero	1.36.241
nutrimentorum	1.24.8
occludunt	2.24.13
oleum	1.24.19
omisisse	2.21.2
operationem	2.6.43
opificis	2.4.43
otioso	1.6.2
pascuo	1.4.153
paternici	1.33.2
peccato	2.1.195
penetrabilia	1.5.73
penetrabilibus	1.14.42
penetrabilibus	2.3.114
perculsus	1.39.26
praeclara	1.36.79
praemotus	1.24.20
praerogat	1.4.36
praesagiuit	1.2.234
praeuidet	1.59.49
prelia	1.5.59
prolitare	1.39.21
properae	1.39.49
prophetem	1.25.46
prosapiei	1.1.28
pupillarum	1.36.268
quamuis	1.4.12
quanto	1.2.129
que	1.2.215
quidem	1.1.76
quidem	1.43.54
quot	2.3.75
reatum	1.1.182
religasti	1.36.250
remigis	1.4.53
remissam	1.2.218
remissam	1.6.9
renitiens	1.7.34
reprimit	1.62.28
res	1.22.9
resurgentibus	1.2.252
reuiuiscens	1.2.171
reuiuiscit	1.2.189
rimatur	1.59.57
robustia	1.3.57
rosidos	1.53.9
sacramentis	1.17.4
sacramentorum	1.37.84
sacramento	2.11.38
sacrilegium	1.25.106
sacrilego	1.19.6
Salamone	1.25.83
Salamone	2.3.157
Salamonis	1.51.3
satur	1.14.15
scaphorum	1.37.134
scaphos	1.37.128
secundo	1.35.21
semensa	2.3.93
si	1.1.137
spectante	1.4.78
sperationis	1.59.12
stringit	1.62.33
strues	1.14.26
sursus	1.2.242
totius	1.37.63
tunduntur	2.11.20
tunduntur	2.11.45
uaporis	1.7.37
uerborum	1.2.68
uidit	1.2.16
uigore	1.1.45
uisceribus	1.4.163
uisceribus	1.4.173
uiuentem	1.25.79
unigeniti	1.24.6
uocatis	2.5.62
uolatilibus	1.4.50
uoluntatis	1.5.112
uox	2.28.5
urbem	1.36.101
urbium	1.36.241
urguentibus	1.43.10
utilitatem	1.4.8
utrique	1.3.71
utrique	1.3.201
zizaniam	1.2.264
zizaniam	1.3.187
zizaniam	1.41.5